中華大藏經

中華大藏經編輯局編

漢文部分

七六

中華書局

圖書在版編目(CIP)數據

中華大藏經:漢文部分. 第 76 册/《中華大藏經》編輯局編.
—北京:中華書局,1984. 4(2023. 4 重印)
ISBN 978-7-101-01270-5

Ⅰ. 中…　Ⅱ. 中…　Ⅲ. 大藏經　Ⅳ. B941

中國版本圖書館 CIP 數據核字(2016)第 050273 號

內封題簽:李一氓
裝幀設計:伍端端

中華大藏經(漢文部分)
第七六册
《中華大藏經》編輯局 編
*
中華書局出版發行
(北京市豐臺區太平橋西里 38 號　100073)
http://www.zhbc.com.cn
E-mail:zhbc@zhbc.com.cn
北京虎彩文化傳播有限公司印刷
*
787×1092 毫米 1/16 · 61 印張 · 2 插頁
1984 年 4 月第 1 版　2023 年 4 月第 4 次印刷
定價:600.00 元

ISBN 978-7-101-01270-5

中華大藏經（漢文部分）

第七十六册目録

千字文編次　雁——塞

雁

目録

目録

目録

大宋新譯三藏聖教序 大乘智印經卷第一 鷹
太宗神功聖德文武皇帝製
大矣哉我佛之教也化導群迷闡揚宗性廣博宏辯英彥莫能究其旨精微妙說庸愚豈可度其源義理幽玄眞空莫測包括萬象譬喻無垠綜法網之紀綱演無際之正教拔四生於苦海譯三藏之秘言天地變化乎陰陽日月盈虧乎寒暑大則說諸善惡細則比於恒沙含識萬端弗可盡述若窺像法如影隨形離六情以長存歷千劫而可久須彌納藏於芥子如來坦蕩於無邊達磨西來法傳東土宣揚妙理順從指歸彼岸菩提愛河生滅用行於五濁惡趣拯溺於三業途中經垂世以難窮道無私而永泰雪山貝葉若銀臺之耀目歲月煙蘿起香界之自遠巍巍罕測杳杳難名所以道賓十聖德被三賢至道起於乾元衆妙生乎太易惣繁形類竅鑿昏明絕彼是非開茲蒙昧有西域法師天息災等常持四忍早悟三乘翻貝葉之眞詮續人天之聖教芳猷重啓運偶昌時潤五聲於文章暢四始於風律堂堂容止穆穆輝華曠劫而昏蟄重明玄門昭顯軌範而彌光妙法淨界騰音利益有情俱登覺岸無成郭礙救諸疲羸冥昧慈悲浩汗物表柔伏貪很啓滌昏愚演小乘聲聞合其儀論大乘正覺立其性含靈悟而蒙福藏教鈌而重興幻化迷途火宅深踰難設其教不知者多善念生而無量潛臻惡業興而隨緣皆墮調御四衆積行十方澍華雨於金輪護恒沙於玉關有頂之風不可壞無際之水弗能漂澄寂湛然圓明清淨之智慧性空無染妄想解脫之因緣可以離煩惱於心田可以得清涼於宇宙朕慙非博學釋典微閑豈堪序文以示來者如麋螢爝火不足比之於皎日將微蠡量海未能窮盡於深淵者哉

繼作聖教序
眞宗文明章聖元孝皇帝製
高明肇分三辰方乃序其次厚載初定萬彙於以發乎端清濁之體既彰

善惡之源是顯然後以文物立其教以正典化其俗利益之功同歸於理於是乎像法來於西國眞諦流於中夏洞貫千古眞實之理無以窮囊括九圍玄妙之門莫能究言乎妄想則五蘊皆空現乃眞容則一毫圓滿廣大之教豈能紀述者哉伏覩
太宗神功聖德文武皇帝法性周圓仁慈普布化蠻貊則萬邦輻湊躋烝民於仁壽之鄉崇教法則四海雲從惠蒼生於富庶之域見尊經之浩汗設方便以救沉淪知法界之恢宏行精進而攝懈怠乃擇其邃宇校彼眞文命天竺之高僧譯貝多之佛語象管雕成於金字珠編復置於琅函龍宮之聖藻惟新鷲嶺之玆猷仰歎由是三乘共貫四諦同圓盡苦空眞正之言顯祕密精研之義讚相相乎實相論空空乎盡空華嚴之理合軌轍金像之教同規矩朕纘嗣
丕構恭臨寶圖常翼翼而撫兆民每兢兢而守
先訓以至釋典尤未精詳諒其幽深曷能探測有譯經西域僧法賢奏章懇切致意專勤以
先皇帝大闡眞風高傳佛旨興前王之墜典振覺路之頹綱欲旌天造之功庸用廣
聖文之述作請予製序繼聖教焉自
聖考上僊追號罔息政事之外何暇經心今已禫除思臻微奧雖幼承慈誨柰夙乏通才焉窮乎法海之津涯莫造乎空門之閫域略敷大意以徇輿情蹄涔不足擬浴日之波尺箠豈能量昊天之影聊述短序以紀聖功者焉

佛說大乘智印經卷第一

西天譯經三藏宣梵大師賜紫沙門臣智吉祥等奉　詔譯

如是我聞一時世尊入王舍大城次第乞食受施充足還迦蘭陁林食時食已結加趺坐與大比丘衆及諸菩薩百萬人俱歡喜圍遶是諸大衆皆得陁羅尼平等無礙心悟總持得三摩地安住空性無相無願解脫法門其足無量殊勝功德言議思惟皆不可及爲衆所知爲衆所識寂靜安住如是法門於諸分別悉皆平等不隨世間衆所好樂了知衆生差別識性於一切時所知善惡離諸增愛一味平等

尒時世尊忽於眉間放大光明是諸衆會咸皆悚慄肅恭合掌瞻仰如來目不暫捨世尊告言汝等應當繫念思惟安住如來所知境界於我我所好惡分別悉皆遠離若於自身毀譽等觀苦樂一相審知衆生由染汙緣受差別相遊處好樂晝夜不捨以方便力悉使斷除觀諸衆生種種造作諸不善業隨順他教競共馳逐與諸同分安處動作無義利業斯由有情識心愚昧於眞實境無所了知失勝善心逐惡朋友不解思惟深遠勝法眞實義諦起諸分別謂爲眞實無揀擇慧闕定信心於佛言教及衆妙行不生好樂設復修善無應正理著有著空乎爲究竟我以如來智印三摩地力悉能了知汝等應當於是有情深心憐愍是諸大衆聞如是說讚歎如來勝定功力悉能了知如是差別

尒時世尊作是說已乃入如來智印三摩地是諸大衆覩佛如來入是勝定於佛身相及種種相一切衆會忽皆不見不能了知如來所著法衣及近身衣亦復不見不能了知如來所有四威儀相乃至一切動轉之相皆不可見不能了知如來所有音聲差別不可聽聞不能了知所以者何以是安住如是智印三摩地勝功德力心無動轉不可測量故復次如來由勝定力於諸外境種種莊嚴一切衆會皆不得見不能了知於諸所住清淨國土皆不得見不能了知乃至影像差別皆不得見不能了知所以者何以是安住如來智印三摩地勝功德力心無動轉不可測量故尒時大衆於佛形相既無所見各各稱讚勝定功德承佛威力深心所求離諸怖畏尒時如來復於定中放大光明徧照三千大千世界其閒所有日月星辰電火藥珠種種光明悉皆掩蔽復於定中發生異香其香微妙不與世閒旃檀沉水諸香爲比是時色無色天梵王帝釋及諸天人四衆八部大鐵圍山小鐵圍山及須彌山衆山之王水陸空界幽暗之處一切有情咸覩光明歎未曾有各尋是光至迦蘭陁林各隨所有香花衣服寶冠瓔珞以爲供養見是會中諸大菩薩及聲聞衆如大池中蓮華開敷異香芬馥集在衆會時諸人天聞是香已各各皆得智慧明了復於空中有寶瓔珞上妙衣服處處垂下嚴飾供養時諸大衆咸皆歡喜恭敬禮拜退坐一面尒時東方如一酤胝殑伽沙數一一沙數爲一酤胝尒所國土一切如來皆是釋迦分身化利如是如來各集衆會菩薩摩訶薩阿僧祇數不可稱量是諸菩薩悟證平等當得阿耨多羅三藐三菩提諸身色相微妙具足人天衆會皆無與等尒時一切分身如來各各告語諸菩薩言善男子娑婆世界有佛世尊號釋迦牟尼應正等覺出現於世化諸有情離衆罪垢經無量時演說正法示佛知見甚深難解有陁羅尼門名如來智印三摩地三摩鉢提我今爲汝略而讚說諸善男子汝等諦聽諸菩薩摩訶薩於百千劫具足修行六到彼岸具大智慧福德無量悟證修習常無懈廢永離罪垢捨衆惡緣住三摩地得佛智慧心無動轉以無動心了悟諸法若諸有情親近如來及大菩薩熏修智慧三業恭敬以勝法財修諸供養經無量時不如於此一剎那頃安住如是勝三摩地所獲功德不可較量常生勝處諸佛國土尒時諸佛作是語已安住禪定以神通力攝諸菩薩詣娑婆世界示同一身入王舍城次第乞食受施充足至迦蘭陁林乃與衆會分食妙供是諸衆會無不霑足飰食已訖攝斂衣鉢加趺而坐一切國土所來諸佛及諸菩薩亦復如是無二無別復次南方如一酤胝殑伽沙數一一沙數爲一酤胝尒所國土一切諸佛攝諸菩薩從彼國來集會亦尒如東方南方西方北方四維上下一切諸佛諸大菩薩皆來集會亦復如是尒時釋迦牟尼應正等覺見所分

身一切諸佛皆來集會心相怡悅唯佛與佛乃得相見時諸如來同入如是智印三摩地三摩鉢提靜意廓如動亂止息以不動心明照諸法無二無別諸佛身相亦復不現尒時此會人天大衆見是十方無數諸佛皆來集會以勝定力身相不現咸皆驚喜拯衣合掌右遶三匝以寶蓮華及衆妙花諸色具足持以供養是時集會無量世界諸大菩薩得清淨心具正法眼於一切時心相澄寂各各當得阿耨多羅三藐三菩提者見釋迦牟尼如來應正等覺與諸如來安住如是智印三摩地三摩鉢提由勝定力隱諸色相志願希求深心歡喜以精意力不起於坐覺智現前入佛境界得陁羅尼門時諸菩薩告此娑婆世界諸大衆言善男子汝等應當於佛功德眷戀希求於諸有情繫心憐愍知諸菩薩摩訶薩於百千劫行六波羅蜜具大智慧福德無量於一切法悉皆了知離諸戲論處深禪定不忘不愚達諸性相於是勝法應當願求

尒時三千大千世界聲聞緣覺具大智慧得大神通捨生死岸離煩惱縛於自涅盤修證圓滿大慈藹衆及諸宰官婆羅門鄔婆索迦鄔波斯迦如是等衆咸來至此王舍大城迦蘭陁林釋迦如來應正等覺及分身佛會遶百千匝恭敬禮拜各以上妙雜色蓮華其華千葉七寶間錯過無量數以爲供養復有八十酤胝那庾多數諸大菩薩摩訶薩衆是諸菩薩皆是他方諸國土中諸佛如來之所遣使有大勇猛不怖生死有大慈悲不樂涅盤各以神力入大禪定現諸威儀從彼彼土如彈指頃到王舍城迦蘭陁林釋迦牟尼應正等覺及分身佛會三業恭敬以清妙音尊重讚歎見諸佛身隱晦不現渴仰世尊圍遶衆會頭面作禮退處一面各各皆於寶蓮華上結加趺坐復有三億諸比丘衆樂修已利求解脫者承於如來智印三摩地力而來集會是時他方三千大千世界帝釋梵王大自在天淨居天子日月星辰及諸一切天龍藥

叉乾闥婆阿蘇羅緊那羅摩虎羅伽及比丘比丘尼優婆塞優婆夷人非人等各并眷屬覩佛光照皆來集會如是等衆譬如有人髮密脩長將一一髮剪如微塵如一人髮至千萬人髮亦復如是以一髮塵爲一衆生是赴會衆復過是數尒時尊者大智舍利弗尊者大目乾連摩訶俱絺羅摩訶迦旃延摩訶迦葉波摩訶富樓那彌多羅尼子摩訶須菩提等知諸大衆雖在會中而不覩見如來身色及與住處于時尊者舍利弗從座而起至妙吉祥童眞菩薩前白言仁者今此世尊入是如來智印三摩地而我等輩云何不能見如來身及與住處時妙吉祥童眞菩薩告舍利弗言汝諸聲聞具大智慧得諸解脫常修梵行離諸怖畏一切人天悉皆恭敬汝等應當各各依自所得三摩地門以智慧力觀察如來身色住處時舍利弗等即時各入自所得三摩地門以智慧力觀察推求如來色身及與住處徧於三千大千世界微塵刹土

窮盡神力皆不能見時舍利弗白妙吉祥童真菩薩言我等依自所得三摩地門以智慧力觀察推求如來色身及與住處了不可見惟願仁者爲我等輩分別指示咸令得見時妙吉祥童真菩薩告舍利弗言汝諸聲聞雖具智慧及與神通而於如來智印三摩地門不能思惟故於佛身及所住處不可得見所以者何汝諸聲聞以差別心觀視如來色身住處由此分別自爲障㝵是如來身非分別心所能觀見若以汝身即如來身汝等所住即如來住乃至一切有情之身即如來身一切有情之所住處即如來住空有一相自他無二不舍有爲而證無爲不離無爲而悟有爲以如是心觀如來身及與住處尒乃可見汝等既用有分別心欲見如來無相境界設經無量塵沙劫數莫復能得於是衆會悲感懊惱離分別心安住正念身心內外猶如虛空寂靜而住

尒時世尊從禪定起其心廣大如海汪洋澄清暎徹如淨瑠璃普觀衆生

若身若土與諸如來平等不二身相廓然衆會皆覩是時三千大千世界皆大振動一切諸天心大歡喜離諸怖畏於虛空中雨天寶花其花微妙繽紛而下又於空中作天伎樂種種歌詠上妙音聲琴瑟箜篌琵琶笙簫是諸樂器不鼓自鳴於是會中以爲供養于時舍利弗從座而起至世尊前曲躬合掌而白佛言大悲世尊如來所入智印三昧而我等輩無所覺知各以神通入自所得三摩地門以智慧力周徧推求如來身色及與住處杳不可得不能了知是我等輩先自所得三摩地門及智慧力狹劣短促未得如來無相正智自在法門惟願世尊大慈悲力深加憐愍與我等輩而爲開導於佛知見定慧法門使令悟入於無相境任運現前

尒時佛告舍利弗我入如是智印三摩地非汝聲聞及諸緣覺所得智慧之所了解及能推求唯佛與佛乃能知之何以故如來色身由無動心離諸希求捨分別緣絕自他相凝然湛

寂勝智功力之所任持大定如如爲一體相若汝聲聞及諸緣覺唯求自利不樂利他所證法門及智慧境未解融通自他隔閡空有乖違於佛如來法空無相智印三昧難解難入是故汝等於佛身相及與住處不可得見亦不了知

佛說大乘智印經卷第一

佛説大乘智印經卷第一

校勘記

一 底本，金藏廣勝寺本。

一 一頁中一行至次頁中一三行序文，磧、南、徑、清無。

一 二頁中一五行譯者，徑、清作「西天三藏寶法大師賜紫沙門智吉祥等奉詔譯」。下至卷第四同。

一 二頁中二二行首字「共」，磧、南、徑、清作「具」。

一 二頁下三行「增愛」，磧、南、徑、清作「憎愛」。

一 二頁下七行末字「念」，磧、南、徑、清作「心」。

一 二頁下一〇行第六字「相」，磧、南、徑、清作「切」。

一 二頁下一二行第二字「力」，清作「自」。

一 三頁上一行第七字「説」，磧、南、徑、清作「語」。

一 三頁上八行「不可」，磧、南、徑、清作「不能」。

一 三頁上一二行「不得」，磧、南、徑、清作「不可」。

一 三頁上一三行至次行「乃至……了知」十四字，磧、南、徑、清無。

一 三頁中一行第二字「玉」，磧、南、徑、清作「王」。

一 四頁上八行首字「拯」，徑、清作「整」。

一 四頁中一一行第三字「諸」，磧、南、徑、清無。

一 四頁中一六行第七字「清」，磧、南、徑、清作「清淨」。

一 四頁下三行「光照」，磧、南、徑、清作「光明」。

一 四頁下七行至八行「大智舍利弗尊者」，磧、南、徑、清無。

一 五頁上九行「不可」，磧、南、徑、清作「不能」。

佛說大乘智印經卷第二　鷹

西天譯經三藏朝散大夫試鴻臚卿傳法大師賜紫沙門臣智吉祥等奉　詔譯

介時佛告舍利弗諸佛如來若身若心所獲功德難修難證亦難悟入何以故舍利弗諸佛如來眼觀諸色是識不以色境而動耳聽諸聲是識不以聲境而動鼻齅諸香是識不以香境而動舌甞諸味是識不以味境而動身取諸觸是識不以觸境而動所以者何識智自在不於外境妄計好醜起愛憎故舍利弗諸佛如來意緣諸法勝智相應了知所觀無生非無生是得最上無生寂靜非寂靜是得最上寂靜禪定非禪定是得最上禪定律儀非律儀是得最上律儀戲論非戲論是離最上戲論分別非分別是離最上分別斷滅非斷滅是得最上斷滅舍利弗諸佛如來凡有所說諍論心相平等離諸異相不平等法離諸虛妄無不真實義味充饒止息能令聞者除去惡欲不生邪見離邪思惟舍利弗諸佛如來若於所證無去無來不常不斷非空非有離見離聞無大小形無方圓相舍利弗諸佛如來於能證道相性圓滿智慧光明遠離異相及非異相無諸揀擇及非揀擇體若金剛無破壞故用如虛空無取捨故於勝善法無所愛著於廣大行亦無怖畏心相空寂離諸聞見舍利弗諸佛如來於所安住邊際勝定清淨圓滿不猒闠鬧不樂空寂於一切時而常遊戲於法非法情器差別悉能了悟無不如境定力堅固縱遇惡緣不可破壞舍利弗諸佛如來於諸世間尊貴富饒一切樂境如夢如幻如棄遺跡不依輔相宰官大婆羅門而有所求是故不為名聞利養之所繫縛舍利弗諸佛如來或有所聞情非情聲不緣此故而生差別無差別心亦復遠離舍利弗諸佛如來於諸所緣決定境相不生勝解非勝解心亦復遠離舍利弗諸佛如來於諸時分不計延促有盡無盡成壞差別非差別心亦復遠離了知諸法無言無說離去來今於心心所無有相應無不相應思惟計念悉皆不生無

有此岸無有彼岸於諸情器無上中下深心堅固不可破壞舍利弗諸佛如來所有身相無所動作離諸事業怨憎違戾信向親厚以平等慈隱顯不二由昔因中離無邊障修無邊行於諸衆生施大悲智眞實觀察隨其所宜具能饒益令諸有情應自所求歡喜滿足故於所得身相智慧唯自證知餘無所解於自身色無有齊限與虛空等無有隱顯周遍一切勝功德力之所莊嚴相好圓滿無所缺減於蘊處界中無在無不在於諸有情所習事業悉能棄捨除方便智示現修作內心清淨外色清淨舍利弗如上所說皆是如來若身若心勝善功德莊嚴之相周遍平等若以汝等分別之心欲見如來勝定任持所有身相是如來身不可得見

介時舍利弗重白佛言世尊云何如來色身圓滿得名無相云何智印三摩地周遍平等介時世尊欲重宣此義而說偈言

如來身心相　由勝智所生

不假外境牽　識相分別動
意緣一切法　與身無有異
離是非差別　所得爲最上
若以小智力　欲見善逝身
如月印晴空　妄謂水中現
身相本微妙　復由勝定持
離長短方圓　無去來住立
內心寂不動　澄靜若虛空
息泯身心相　自然無所有
以無所有心　不著香味觸
離諸蘊處界　以此觀如來
如見水中月　雖不得眞實
既離分別心　是亦名爲見
如來智印門　非我獨能證
若大心衆生　希求無猒倦
得最上等持　依此勝定力
於佛智印門　亦當有所得
此經所生福　無盡如虛空
我以方便智　少略而讚說
十方諸佛土　百千酤胝剎
滿中諸珍寶　若人持供養
時經無量劫　不如聞是經
書寫或受持　是人所得福

比前行施者　復倍河沙數
若人行慈心　饒益諸有情
不如依此經　悟佛三摩地
若於衆生界　心常行忍辱
不如彈指頃　修習殊勝定
其所生功德　猶如須彌山
將以對微塵　大小莫爲比
若人行精進　勇健爲諸善
不如聞此經　依教悟其理
所獲諸功德　百千萬億分
若以共較量　比況不及一
若人修禪定　安住無量劫
坐卧若經行　周遍諸佛剎
不如一時中　聞此經功德
若於塵沙劫　能修習智慧
斷除煩惱纏　名聞普周遍
不如剎那時　讚佛智印福
如以大海水　比較於一滴
若欲觀佛者　須離諸名相
了知諸法性　非空亦非有
若但了知空　設如蘇部底
於佛智印門　亦無所悟入

介時世尊說是偈已告舍利弗如我

所說如來智印三摩地法若諸菩薩能於十方諸佛世界爲欲圓滿無礙智慧應當修學是三摩地晝夜精進身心安住而不散亂亦不懈廢舍利弗如是菩薩摩訶薩若欲願見十方世界諸佛國土一切如來悉皆能見舍利弗此三摩地是菩薩摩訶薩無量無邊最勝法門甚深法眼而於諸法得無障礙通達了知無所忘失是名如來最勝總持陁羅尼門若諸菩薩心欲圓滿一切諸相爲欲成就無上菩提微妙體性應當志心精勤修學是三摩地智印法門若諸菩薩隨欲遠離諸惡業行無諸障礙成就最上清淨之法以智慧力摧伏怨魔遠離不善諸相平等如如來智無諸染穢諸業障盡清淨無垢安住如來究竟智地能使諸惡一切魔怨咸皆止息無所退動覺智明了知彼一切諸衆生等種種分別愛樂境相善不善業因果差別了知一切諸衆生等意地微細煩惱結縛善能知彼解諸有情一切縛法應當修學如來所說方便最上勝三摩地智印法門若諸菩薩欲令衆生志樂堅固心欲思惟求無上法應當精勤修習如是三摩地門自然成就無上勝法若諸菩薩意欲宣說諸佛如來應諸有情種種根病對治等法應當精勤修習如是三摩地門自然於法分別演說無有障礙若諸菩薩心欲於彼三乘聖法分別曉悟真俗諦相甚深法義應當精勤修習如是三摩地門自然於法智慧明了不生闇鈍若諸菩薩欲於酤胝百千劫數了悟生滅幻化不堅能證諸法真實自性清淨解脫應當精勤修習如是勝三摩地若諸菩薩欲於生滅十二因緣無明爲始發生業行招集苦報貪染執著愛欲增盛假有聚成生老病相變易無常流轉諸趣於生滅因而自覺悟應當精勤修習如是勝三摩地若諸菩薩欲了一切雜類有情起見造業報相差別心識明昧正念顛倒異分有情如實了知根性利鈍方便教示漸令悟入真實正法住信行地應當精勤修習如是勝三摩地若諸菩薩意樂成就諸佛國土清淨業因純善境界身心寂靜眷屬調順遠離嫉妬憍慢過失親近恭敬平等愛樂無怨憎想應當精勤修習如是勝三摩地若諸菩薩意欲發萌自身智慧勝妙光明照曜自他生死黑暗愚癡重障斷三界惑滅諸苦報自在解脫應當精勤修習如是勝三摩地若諸菩薩欲知十方所有世界一切有情死此生彼壽命延促所經長劫及以剎那生滅分限定由先業招引勢力所感如是自類果報如實了知前後決定壽命根本應當精勤修習如是勝三摩地若諸菩薩欲知聲聞及辟支迦菩薩如來從自因地所行妙行於四聖諦斷滅修證十二因緣逆順觀察寂然自覺微妙甚深十到彼岸清淨因行各各獲得究竟果報應當精勤修習如是勝三摩地若諸菩薩欲於一切語言音聲角論辯捷應時詶對不疎不謬方便善巧於諸世俗及以勝義顯示明了令人易解不生疑惑印證決定應

當精勤修習如是勝三摩地若諸菩薩意欲了知佛法正因三乘善行方便隨順根性差別有上中下稱性悟入菩薩因地漸以熏修植諸善本得如來智應當精勤修習如是勝三摩地若諸菩薩意願成就諸佛如來圓滿覺智不起分別現種種身以平等慈任運攝受一切有情令各生起歡喜愛樂修學菩薩心地行願應當精勤修習如是勝三摩地舍利弗如我所說三摩地法是爲最勝如摩尼珠一切有情凡所樂欲悉得如意無不滿足舍利弗若諸菩薩摩訶薩等得此如來三摩地法一切所須諸法聖財及微妙行悉得如意行願圓滿是故應當精勤修學尒時世尊欲重宣此義而說偈言

如來所有智　最上更無等
隨性相差別　一切皆能證
平等智光明　普照諸縛著
能入智慧門　得無量自在
智相及智性　能印證諸法
分別諸善惡　及世俗勝義
曉了如是法　智慧無有盡
譬如大明日　光照於三界
普於諸幽闇　一切皆破壞
成就平等法　是真實聖智
一切三摩地　皆從智印出
名爲諸佛種　亦名大摩尼
利益諸有情　亦如世間人
有最勝珎寶　財富無有盡
濟諸貧乏者　皆令得充足
法財施衆生　亦復無有盡
神通及智慧　最勝妙法門
皆從三摩地　智印寶所生
譬如諸國土　有大摩尼珠
諸王皆愛樂　臣佐普護持
如是摩尼寶　諸寶無有上
我說智印寶　殊勝最第一
總持智光明　破壞於諸見
境界悉明了　遠離諸冥暗
安住寂靜心　不分別好醜
修清淨智慧　財法無窮盡
貪染無所著　無六十二見
正念悉平等　入甘露法門
速得如來智　成就相好身
具足三十二　得最勝菩提
等一切佛覺　妙智已圓明
到菩提彼岸　證涅槃自性
具自他圓滿　功德悉成就
無量無邊際　甚深微妙法
總持陁羅尼　解脫常寂靜
能具足十力　及以大願海
布施波羅蜜　持戒及忍辱
精進與禪定　智慧常堅固
安住六度中　長時無間斷
無有諸怖畏　離煩惱苦業
魔羅與眷屬　不能得其便
能引導衆生　不捨於正法
漸入如來家　得遊智印門
能於賢劫中　及十方世界
一切諸佛會　親近皆隨喜
是名真佛子　無有能破壞
若有信解人　能書寫此經
或讀誦受持　愛樂廣流布
長時無懈倦　於義味明了
當知如是經　三世諸佛母
出生智印寶　如來功德藏

佛說大乘智印經卷第二

佛說大乘智印經卷第二

校勘記

一　底本，金藏廣勝寺本。

一　七頁下六行第一二字「諸」，磧、南、經、清作「論」。

一　七頁下八行第八字「鬧」，南作「憒」。

一　七頁下一二行第一三字「如」，清作「於」。

一　八頁上一一行「無所」，磧、南、經、清作「無有」。

一　八頁上末行第七字「勝」，磧、南、經、清作「定」。

一　八頁中一七行「有所」，磧、南、經、清作「無所」。

一　八頁下八行「勇健」，磧、南、經、清作「勇猛」。

一　八頁下一七行末字「福」，磧、南、經、清作「海」。

一　九頁上一一行第八字「諸」，磧、南、經、清作「說」。

一　九頁中一七行第五字「老」，磧、南、經、清作「死」。

一　一〇頁上三行「根性」，磧、南、經、清作「根本」。

一　一〇頁上六行第七字「願」，磧、南、經、清作「欲」。

一　一〇頁下七行第六字「及」，經、清作「又」。

佛說大乘智印經卷第三　鷹

西天譯經三藏傳法大師賜紫沙門臣智吉祥等奉　詔譯

介時會中復有兢伽沙那庾多數一切菩薩聞佛如來說是三摩地離諸障礙心得解脫於陁羅尼秘密深法隨意悟入印證明了決定住持復有六十八那庾多菩薩於百千劫已修習禪定解脫離諸妄想生死怖畏常樂熏修微妙勝行聞此最上三摩地法心懷踴躍於阿耨多羅三藐三菩提得不退轉證陁羅尼音聲辯才得無礙解復有六十億諸天及人聞佛所說智印法門歡喜無量恭敬讚歎礼拜供養而於阿耨多羅三藐三菩提心生愛樂於三摩地甚深勝法無有疑惑咸生信解於菩提心堅固不捨於智印門勇猛精進由大願力修諸善本根性成熟便得住於阿惟越致信受如來所行行願心意決定無諸退屈于時世尊知彼善根因緣純熟欲授其記告諸菩薩言善哉善哉汝等從此過三十億劫各各於諸佛國土具足修習六波羅蜜所有難行最勝行願一切皆能圓滿成就種習俱盡得大菩提皆當作佛悉同一号名無畏如來汝天人衆諸善男子已於過去無量佛所植衆善本信樂大乘今於此會得聞如是微妙甚深希有之法欣樂受持諸善男子汝等從此過億千劫同得作佛皆号智印如來介時世尊爲彼菩薩及天人衆授佛記已普觀衆會以柔軟音語妙吉祥童真菩薩言我觀此會菩薩天人雖各於彼最上菩提發堅固心勇猛不退未能於彼末世邪見道中建立正法唯汝能於三千世界五濁惡時利益安樂一切衆生方便守護分別演說於一切處廣令流布使離虛妄及諸愛染不爲名譽之所繫著介時妙吉祥童真菩薩從座而起端容整服右膝著地蹦跪合掌頂礼世尊持種種華以爲供養瞻仰讚歎得未曾有而白佛言善哉世尊如我觀察一切諸法皆不可得而我願樂守護無上正等菩提及願樂心亦不可取世尊此菩提道性離分別非在内外中間

無見無聞非取非捨圓滿寂静不可相求離戲論故是時會中復有三百酤胝菩薩從座而起頭面作禮恭敬讚歎而白佛言我等亦當守護世尊無量阿僧秖那庾多酤胝劫數所得阿耨多羅三藐三菩提秘密甚深難解之法於未來世方便爲人受持讀誦敷繹妙義書冩恭敬供養于時一切菩薩作是語已各各脫身所著上衣而用供養發是願竟退坐一面

尒時世尊告弥勒菩薩摩訶薩言汝能具足廣大慈悲於後末世若諸衆生不樂正法於如是時護持此法令諸衆生不生邪見尒時弥勒菩薩摩訶薩於世尊前頭面作禮而白佛言我當願於五濁惡世方便守護是三摩地令不斷絕使諸邪見散亂衆生漸次悟入摩訶衍最最勝妙法世尊復告弥勒菩薩言今此會中三百八千酤胝菩薩安住是法信解受持心生願樂精進修學擔不退捨復有菩薩心未堅固而於是法不能受持亦不愛樂於後末世五濁劫中不能護持如來無量阿僧秖那庾多酤胝劫數所修阿耨多羅三藐三菩提法於是法中轉生諍訟及諸煩惱不能住持愛樂修學弥勒菩薩復白佛言世尊云何菩薩而不愛樂最上勝法若有菩薩意欲修習如是法行發幾種心而能成就

尒時世尊告弥勒菩薩言諦聽諦聽善男子由諸菩薩俱生我法愚癡闇鈍以爲障礙雖有智慧而不明了故於菩提無決定心數數退捨多不愛樂若有菩薩欲於如是勝三摩地智印上乘堅固趣求意樂證入應於菩提發七種心云何七種一者如佛世尊往昔因地訪善知識不惜身命爲求佛道發菩提心二者於諸微妙一切勝法愛樂修學專心守護爲如是等發菩提心三者見諸有情有種種苦晝夜憂惱無解脫時起大悲心普欲救拔爲如是等發菩提心四者普欲利益一切衆生無怨親想皆得快樂自在解脫爲如是等發菩提心五者普於一切諸衆生等歡喜布施方便攝受令離怖畏於如來法不生怯弱爲如是等發菩提心六者見諸菩薩發菩提心而生欣樂親近修學同諸菩薩發菩提心七者爲聞如來身相殊勝功德圓滿第一清淨爲求出世無垢聖果發菩提心善男子如是菩薩發此七種最勝妙心能於無上正等正覺漸次成就不捨衆生守護正法是名七種發菩提心善男子若諸菩薩善能修習四無量心學佛如來甚深法藏復能成就五種勝法是諸菩薩具足名曰阿惟越致弥勒菩薩復白佛言世尊云何五法得不退轉善男子一者於諸衆生起平等心於自眷屬不生親昵於他有情亦不猒捨二者見諸有情而得利養深生歡喜善言讃美不生憎嫉煩惱之心三者於佛如來微妙勝法意願聽聞及欲宣說爲欲護持如是法藏不惜身命廣布流通相續不斷四者所有資生種種財寶無有慳恡悉能惠施一切有情及以上妙飲食湯藥平等普濟皆令充足五者於諸如來所得

最上勝功德法廣大智慧秘密總持歡喜愛樂精勤修學是為菩薩五種勝法應當於此决定趣求心不退轉佛告弥勒菩薩摩訶薩復有五法其性剛强能障菩提不得解脫云何五法一者於三乘法不能解了二者貪求利養而無猒足三者常懷慳惜不能惠捨四者諂曲不實無時間斷五者口但談空不了諸相弥勒菩薩如是五法慣習剛强覆障菩提不能成就無上聖果復有五法若諸菩薩而能具足即於如來所說勝法開導演說堅固修習入聖性地如是菩薩名為阿惟越致云何五法一者無我遠離相縛不執自他二者無法遠離封著世俗勝義執持自性三者智性智相平等不二無諸憎愛寂靜湛然四者不著菩提及與衆生不愚善惡因果漸次五者了知如來功德色身神通變化成道入滅差別之相善男子如是五法具足了知名阿惟越致能成無上正等正覺尒時世尊而說偈言

無智衆生類　妄說法非法
論世俗語言　研求於好醜
自身口意業　而不能守護
專意修習者　愛樂於寂靜
行持戒忍辱　言語常柔軟
能護持菩提　如犀樂獨處
捨離於闠閙　常樂居空寂
如處在深山　悉無諸怖畏
如是修行者　如風無所著
為護持深法　能捨於身命
其心無所欲　動靜與施為
咸皆為饒益　智慧常明敏
不愚諸境相　後五濁惡世
無信諸有情　不能受是法
觸處生疑惑　無所能覺了
妄行於邪行　在亂心顛倒
如是愚癡人　於此菩提法
而不能守護　亦不樂修習
我念過去世　於燈明佛所
聞是三摩地　而發意修習
復過於百千　酤胝劫數已
復有佛出世　号名曰髻幢
為無量衆生　說此三摩地
第一會說法　而有八十億
那庾多菩薩　心得不退轉
第二會衆數　七十那庾多
第三會說法　復有七十三
那庾多菩薩　皆住不退地
其佛壽長遠　身所出光明
廣六十由旬　復有比丘僧
九百千酤胝　遠離諸苦縛
皆得阿羅漢　時有轉輪王
号名曰福上　統領閻浮提
地里計其數　七百千由旬
王諸四天下　嬪妃及婇女
其數六酤胝　而有千王子
諸相悉具足　其土号光慧
人民皆快樂　有八百酤胝
諸城及園苑　上妙衆花果
種種皆嚴好　摩尼寶莊嚴
如諸天境相　尒時轉輪王
而於睡夢中　聞有佛出世
其名曰髻幢　於是夢覺已
尋將所領衆　臣佐及人民
百六十酤胝　而來至佛所
為聞三摩地　時王聞是經
甚深真實法　心生大歡喜

即以諸國土　咸皆施於佛
而以為供養　於一切國土
用上妙栴檀　各起諸精舍
園林皆具足　金銀諸珍寶
種種而嚴飾　如是供養佛
經於八萬歲　安住佛法中
能遠離諸惡　於情及非情
常興修勝善　棄捨諸愛樂
深心無所欲　唯以真實語
化利諸眷屬　而於一日中
所伸諸供養　其數無有邊
如是供養佛　為求三摩地
得名生佛家　是最上真實
甚深微妙法　非住相能求
非妄心所得　而此三摩地
名如來智印　時王聞是法
棄國而出家　經於八萬歲
常習三摩地　而於晝夜中
未曾有懈廢　佛於長時中
說法廣開悟　是髻幢如來
後入般涅槃　王造窣覩波
六十四酤胝　一一窣覩波
各五百傘蓋　七寶以莊嚴
及諸衆伎樂　然百千香燈
光明普照曜　種種供養具
皆悉廣嚴備　積累計其數
七萬三千歲　復為諸衆生
說是三摩地　無相殊勝法
其心無所住　若為人恭敬
供養讚歎者　心亦不生喜
遠離諸有相　及以諸呪術
常護持正法　經八千酤胝
七十那庾多　安住如來法
寂然常快樂　於一切學處
而無不具足　成就菩提法
三業悉清淨　於諸已受學
繫心無間斷　於所未學法
精進勤修習　以大智慧力
及勝解印持　思惟常憶念
而無有忘失　遠離諸戲論
及以諸異想　非如惡世中
妄行菩提行　雖教化有情
貪求於名譽　為利養說法
安住諸有相　言一切皆空
實不了空性　是即名為著
悟心與說異　邪命不清淨
及行於非法　口但能談空
心為相所縛　若修如是行
究竟無所得　時福上輪王
即今安樂國　無量壽佛是
介時王千子　今此賢劫中
千佛世尊是　今此大會中
我前聽法者　時同王出家
為比丘者是　憶念於往昔
酤胝那庾多　一切佛法中
出家聞正法　聞悉能解了
由是無量劫　行種種方便
供養於諸佛　不著菩提相
安住實際中　得見燈明佛
福智皆平等　如為我授記
未來世成佛　号名曰釋迦

佛說大乘智印經卷第三

佛說大乘智印經卷第三

校勘記

一　底本，金藏廣勝寺本。

一　一二頁下七行第一〇字「号」，磧、南、徑、清作「同」。

一　一二頁下一六行第一〇字「繫」，磧、南、徑、清作「縛」。

一　一三頁上五行「劫數」，磧、南、徑、清作「數劫」。

一　一三頁中三行末字「住」，南、徑、清作「任」。

一　一四頁下一一行第二字「諸」，磧、南、徑、清作「者」。

佛說大乘智印經卷第四　鴈

同譯經西天寶輪大師賜紫沙門臣　金總持　等奉　詔譯

尒時會中有頻婆娑王其王夫人名賢吉祥亦名酤胝金光阿闍世王是彼所生從座而起五體投地禮如來足如是禮已雙膝踞地長跪合掌色相怡悅以妙音聲讚歎佛德復以百千無價衆寶微妙衣服奉上世尊以為供養復以五百七寶之花散虛空中成花雲蓋徧覆衆會時賢吉祥作是種種諸供養已而白佛言世尊我念未來濁惡世中諸有情類信根薄劣煩惱增多我願於彼信解受持此三摩地最勝法門若見有人書寫受持聽聞讀誦為人演說開示導化展轉流通使不斷絕普令見聞而生信解精進修習如是之人名為法器我當於彼受持之者歡喜讚歎親近承事供給所須飲食衣服卧具醫藥諸供養具令無歉乏復以大乘甚深之法更令悟入令彼所住大乘種性速得成熟於阿耨多羅三藐三菩提法不妄分別是空不空了知諸法離言

執故隨悟隨學不生戲論為護正法於諸身命無所悋惜況復世間資生之物增益煩惱生死之具唯當修學如是殊勝三摩地法作是語已退坐一面時頻婆娑王後宮八千綵女聞如是說各各發起阿耨多羅三藐三菩提心而皆願樂無上大乘欲學安住如是殊勝三摩地門各從座起合掌恭敬頭面作禮而白佛言世尊我等咸當於後未來末世之中受持如是甚深圓滿微妙之法及願守護供養受持之者時摩竭陁國烏波索迦烏波斯迦六千萬衆見是事已咸皆歡喜亦各發起阿耨多羅三藐三菩提心於此智印三摩地法深心隨喜作是願言我等亦願於後未來濁惡世中於是妙法圓滿護持尒時世尊知彼摩竭陁國烏波索迦烏波斯迦并賢吉祥酤胝金光夫人與後宮綵女八千人等心口所願信解受持如是妙法長時修習無間無斷知諸佛果從此法生示現歡喜忻然微笑緣是笑故有百千種微妙色光從佛口

出所謂青黃赤白及頗胝迦種種色相普徧世界其中衆生覩此光明離諸驚怖摧伏一切煩惱魔怨其光上照至有頂天日月光明所不照處悉皆通徹下至一切諸大地獄及諸惡趣苦惱休息饑惡悉除皆得清淨其光迴旋還至佛所右遶千匝覆世尊頂隱而不現尒時賢吉祥酤胝金光夫人見是光已不知如來放光義利復從座起整肅衣容恭敬合掌雙膝長跪頂禮世尊精勤三業讚歎佛德而說偈言

佛德差別無邊際　三界最勝無與等
如花開敷正芬芳　似月印空已圓滿
佛心平等離憂喜　云何今者現微笑
我今仰測笑因緣　應當演說微妙法
具足安樂十力尊　處衆猶如星中月
所說言辭義味豐　爲諸世界衆生眼
法如一雨無差別　隨諸根性令生解
梵音清徹徧無邊　凡在聽聞皆歎喜
由是聞法勝因緣　得未曾有諸快樂
願佛爲作師子吼　蠲除種種諸報業
衆生聞法皆悅可　隨喜平等諸義味

自他見聞及受持　應根應時能解了
由茲開發菩提心　悉於所聞生尊重
八種圓滿無漏音　普應無邊諸性欲
一切說法功德中　相應諸數無違背
令諸受化諸有情　悟入聞持心堅固
不爲煩惱燒其心　使於所得無退轉
受持禁戒衆律儀　縱遇違緣悉能忍
遠離塵勞無衆苦　身心安住寂滅樂
於此菩提勝行中　思惟修作常精進
佛身猶如妙金山　亦如寶塔光明聚
蓮華出水正開敷　凡是見聞悉瞻仰
如師子王遊戲時　吼大音聲伏衆獸
唯願演是笑因緣　令我衆會離疑惑
佛於諸法得自在　契合無相眞實理
令差別性諸有情　各各三業淨無垢
不捨衆生常護持　令轉善因獲勝果
十方世界諸衆生　聞已思惟正修作
摧伏一切煩惱熱　如飲甘露心清涼
如來所有說法聲　世間衆音莫能比
琵琶笙笛及角貝　箜篌鼓瑟妙歌唱
搊擊揵稚及鐃鈸　如是諸樂共振作
命命頻伽及鸚鵡　如是衆鳥皆和鳴
佛發微妙柔軟音　衆音相共莫爲比

此十方衆來集會　毀持好惡心差別
唯願方便隨宜說　調伏彼中儱悷者
咸使悛革不善心　普圓無邊勝善願
彼從酤胝刹土來　爲聞世尊說法故
願令領悟正法音　離諸怖畏獲安樂
唯願世尊雨法雨　慈悲演說無上法
莫能圓滿無漏因　究竟得成菩提果

尒時世尊聞是賢吉祥酤胝金光夫人說是偈已復於衆會而說偈言

我於無量世　殑伽沙劫中
時有大法王　名無相福光
佛壽極長遠　七十六酤胝
化諸四天下　彼土聲聞衆
其數無有量　以智印法門
引導衆生類　時有轉輪王
号名曰勝慧　王有二夫人
一名曰帝幢　其次号日光
聞是智印門　晝夜常精進
勤脩諸善業　於一酤胝年
護持正法眼　經六十酤胝
爲師導衆類　已於三十億
無量諸佛所　積集諸功德
無邊世界中　法眼常救護

三十殑伽沙　未來世諸佛
於彼彼世間　平等普護持
如是正法眼　皆令不斷絕
時彼勝慧王　令阿閦佛是
彼會清淨衆　夫人與眷屬
各各同俱生　如是佛國土
護法心不怠　復於後後時
轉彼女人身　得成於男子
即生於無量　安樂佛世界
如今末世中　唯汝賢吉祥
能護如來法　任持不破壞
應以菩提心　普徧諸佛剎
正法欲盡時　一切皆救護
使彼覺法人　同生安樂國
坐千葉蓮華　得佛諸相好
莊嚴皆具足　既生彼土已
復供養諸佛　末後當次第
於彼莊嚴劫　得成無上道
以阿耨菩提　轉授諸人天
令發無上心　同守護正法
彼土離魔怨　及以三毒業
不生諸罪戾　諸惡悉無有
不處於胎臟　清淨而化生

與無數菩薩　皆集於此會
無有諸聲聞　亦不聞名字
遠離諸惡緣　常脩菩提行
捨名聞利養　不樂著親昵
捐棄身命財　饒益有情類
方便為說法　普令生信解
若有能脩習　佛無上菩提
安住此法中　不求世間樂
如說而脩行　普徧諸佛土
常生恭敬心　護持諸佛法
有懷嫉妬者　應當密護持
以大憐愍心　教誡諸有情
令如是脩學　咸離諸苦厄
如我往昔時　為求菩提故
於酤胝劫中　捨頭目髓腦
珍寶及妻兒　一切無愛戀
若於我法中　不能生諦信
雖剃鬚染衣　愚忘真實相
貪求名譽財　為利養說法
親近不律儀　廢受持讀誦
雖欲學沙門　有失沙門行
佛說是語時　是會人天衆
有八十酤胝　咸生悲憫心

念彼如是人　當沈淪惡趣
同作如是言　我願於未來
以菩提心力　平等普救護
作如是語已　三千大千界
悉皆大震動　諸天雨衆花
於是國土中　荆棘及便穢
以此勝因緣　一切皆除滅
無異於諸天　周徧悉清淨
於未來世中　有人聞如是
摩訶衍義者　得最勝慧命
十方人天衆　歡喜咸恭敬
讚歎大乘經　種種諸妙義
一切諸龍王　夜叉羅剎衆
捨除毒惡心　皆恭敬供養
若末世有情　得聞此最上
甚深智印法　而能信解者
其人所得福　今略為譬喻
如以殑伽沙　為佛國土數
滿中盛珍寶　悉施供養佛
脩如是勝行　過殑伽沙劫
其所得功德　不如聞於此
無上智印門　開導復演說
所獲過於彼　無量無邊數

是福無形相　非有為心知
若因聞佛說　微妙智印法
發生菩提心　與諸法相應
依佛所宣說　如說而修行
又於末世中　勤觀察護念
樂於空寂處　一心求解脫
積集無數量　勝善諸功德
常以三種戒　教授諸有情
愛護憐愍心　如母念其子
歡喜柔軟音　教令離怨賊
於佛正法中　不生顛倒想
自他皆饒益　速令至正覺
若於三摩地　廣大智印門
能書寫受持　讀誦正開演
展轉授衆生　自他得聞解
亦令俱獲得　勝善諸果報
言議與思惟　皆悉不能及
是人咸得生　諸佛安樂國
世尊見彼已　而生親善想
憐愍心護持　歡喜而攝受

尒時彌勒菩薩摩訶薩白佛言世尊有幾乘性人而能受持此三摩地智印法門於彼未來末世之中護持正

法於是正法而生愛樂能於如來秘密甚深智印法門而生信解好樂修行于時世尊語彌勒菩薩摩訶薩言彼五濁時惡世衆生諸苦逼惱不可稱數唯有菩薩於此惡世荷負正法而生信解如是之人甚為稀有而彼末世諸衆生等常相鬪諍妄言綺語或壞善根於此智印最勝法門所有言說不能解了唯有菩薩於是五濁惡世之中法欲滅時於苦衆生慈念憐愍以諸方便饒益攝受如是諸人苦惱所逼若無菩薩接化引導即於深法不能信解受持讀誦於是彌勒菩薩摩訶薩白佛言善哉世尊意為憐愍安樂有情宣說如是甘露妙法令彼未來一切衆生得是義利生悲感心愛樂修習若彼菩薩得是法門隨順如來最上勝行堅固趣求無有破壞無上道心速能證得阿耨多羅三藐三菩提契佛法中相應勝行而不退捨

尒時世尊復語彌勒菩薩摩訶薩言若有菩薩已於往昔百世尊所親近

恭敬承事供養發菩提心種諸善根植衆德本於彼未來濁惡世中於此廣大無上菩提甚深妙義未能信解於此廣大智印法門不能悟入

復次彌勒若有菩薩於往昔中千世尊所發菩提心親近恭敬種諸善根植衆德本如是菩薩於彼未來五濁世中雖遇善友發菩提心而於廣大智印法門微妙義理未能悟解數起疑惑不生愛樂不能受持讀誦書寫流通亦復不能為人演說令生信解

復次彌勒復有菩薩於往昔中經百千佛發菩提心種諸善根植衆德本於彼未來濁惡世中雖遇善友發菩提心於此廣大甚深最上智印法門信解微劣於深遠義未能悟入亦復不能受持讀誦為人稱讚及與講說如是無上廣大菩提甚深義利

復次彌勒若有菩薩乃至往昔於一酤胝佛所發菩提心種諸善根植衆德本彼於未來末世之中雖遇善友發菩提心於此廣大微妙最勝智印法門雖復聽聞書寫讀誦好樂受持

於甚深義未能解了不能爲人分別解說於第一義大菩提心未能印定於此智印三摩地門無所了悟

復次彌勒若有菩薩於彼往昔三十酤胝諸世尊所發菩提心種諸善根植衆德本彼於未來末世之中雖遇善友發菩提心聞此廣大智印法門亦能聽聞讀誦受持書寫流通爲人演說然於智印三摩地法無決定心任持印可不能成就眞實義利

復次彌勒若有菩薩於八十酤胝諸世尊所聞此最上三摩地法如說脩行復能化利諸有情類悉令信受於是佛所發菩提心種諸善根植衆德本於彼未來末世之中菩提心力聞是廣大甚深智印無上法門而能解了受持讀誦書寫流通爲人解說深心愛樂堪任護持令速圓滿於是微妙三摩地門正解了已於一切法悉皆通達復於無上菩提廣大法中離諸分別摧伏一切諸惡魔怨破壞一切不善業障無量劫中隨有所造諸苦因行於未來世當受報者皆得解

脫又於往昔造不善因至後惡世法欲滅時善心微劣破壞正法樂著外道世俗言教增長戲論行非法行出無義言不擇高下多所貪求諸惡有情見不恭敬輕慢陵辱於自所須一切乏少如是苦因由此一生證悟勝法大功德力皆得除滅復由往昔親近供養如上所說一切諸佛所集善根於彼未來末世之中發菩提心而能任持是三摩地最勝法門離諸苦縛得不退轉三業堅固不生散亂精進趣求菩提聖果

復次彌勒若諸菩薩於往昔中造不善業應墮惡道於彼未來末世之中法欲滅時聞是法門好樂受持以是因緣或以病苦怖畏交煎先世罪業即得除滅諸根不具受諸苦惱生邪見家顓愚聚會生下賤家爲人所使生貧窮家衣食歉乏生慳貪家不能拯濟若有所說人不信受王法所加怨敵會遇親知猒棄心多憂惱慈悲法會而多障阻縱欲說法人不樂聞所欲資生飲食衣服卧具醫藥及看

視人不逢惠施貧窮親附豪富棄捐或被惡人來相嬈亂憎嫉殘害所脩善法不能增長或於夢中見諸惡相以是輕微諸苦逼迫先世罪業即得消滅業障滅已設遇苦緣及諸怨賊不能爲害與魔相隨雖不遠離而能了知諸魔境界於諸名聞及與利養心不愛樂爲人親近及以恭敬尊重讚歎不以爲喜脩諸善行惠施有情不生慳悋而求解脫守護尸羅無所毀壞脩忍辱行饒益有情拔苦與樂脩精進行策勵三業勤求衆善離諸惡欲脩習禪定散亂不生以大智慧悟諸法性方便願力利樂有情聞無量法心無忘失脩種種善爲利有情於世樂果不生希望令諸衆生速登彼岸

復次彌勒彼諸菩薩曾於往昔百世尊所發菩提心眞實平等種諸善根植衆德本離諸苦縛由爲末世諸惡衆生而來惱害不能於此信解脩習何況末世諸惡衆生不種善根迷惑散亂而能覺悟是故末世諸不善人

於此最勝甚深之法不能信受如理脩學

復次彌勒若諸菩薩能於是法深生信解志意堅固被忍辱鎧降伏諸魔長時脩行保護任持不生退屈廣大智慧無量善法從此發生一心希求無上菩提念念相應堅固不捨復於未來敷演妙義精進不倦究竟護持是三摩地最上法門了達一切善惡事業安住法中勤脩衆行

佛說大乘智印經卷第四

佛說大乘智印經卷第四

校勘記

一　底本，金藏廣勝寺本。

一　一七頁中二行譯者，磧作「西天譯經三藏寶法大師賜紫沙門臣智吉祥等奉詔譯」；南作「西天三藏寶法大師賜紫沙門智吉祥等奉詔譯」。

一　一七頁下一二行第九字「陁」，磧、南、徑、清無。

一　一七頁下一三行「六千萬」，磧、徑、清作「六十萬」。

一　一七頁下二二行第一〇字「听」，磧、南、徑、清作「忻」。

一　一八頁上一六行第四字「惻」，徑、清作「測」。

一　一八頁中一三行第一二字「離」，磧、南、徑、清作「除」。

一　一八頁中二一行第四字「雉」，磧、南、徑、清作「椎」。

一　一八頁中末行「莫爲」，磧、南、徑、清作「莫能」。

一　一八頁下五行第二字「令」，磧、南、徑、清作「今」。

一　一八頁下七行第七字「因」，磧、南、徑、清作「音」。

一　一八頁下末行第二字「邊」，磧、徑、清作「量」。

一　一九頁上一五行「佛諸」，磧、南、徑、清作「諸佛」。

一　一九頁下三行「救護」，磧、南、徑、清作「護持」。

一　二〇頁上一五行第九字「聞」，磧、南、徑、清作「開」。

一　二〇頁上末行第八字「末」，磧、南、徑、清無。

一　二〇頁中六行第一一字「浠」，磧、徑、清作「希」。

一　二〇頁中七行第八字「相」，磧、南、徑、清作「閒」。

一　二〇頁中二〇行第八字「法」，磧、南、徑、清作「道」。

一　二〇頁下一行第一二字「諸」，磧、徑、清作「種」，六行第一二字同。

一　二〇頁下七行第二字「衆」，磧、徑、清作「種」。

一　二二頁上六行第九字「發」，磧、南、徑、清作「法」。

佛說大乘智印經卷第五　鴈

同譯經西天寶輪大師賜紫沙門臣　金總持等奉　詔譯

尒時歡喜王菩薩弥勒菩薩妙吉祥菩薩并六十不可思議菩薩摩訶薩等在大衆中而為上首合掌恭敬咸白佛言大悲世尊我等今者得聞如是微妙勝法於彼未來堅固守護教諸衆生發無上慧於此勝法如說而行遠離諸惡不生憍慢亦不憒高無有諂曲愛憎之心於彼自他怨親之境悉皆平等於諸如來無數酤胝百千萬億那庾多劫所得無上大法總持智印法要愛樂受持書寫讀誦乃至展轉相續流通而無間斷于時世尊聞是歡喜王菩薩弥勒菩薩妙吉祥菩薩并六十不可思議菩薩摩訶薩等發生無上護正法心安樂衆生利益語已於大衆中以清淨音而說偈言

種諸善根離諂慢　寂靜安住無諸惡
深忍堅固不動搖　常正憶念於勝慧
如是安住具大力　而能守護法財聚
離諸惡行無過患　不爲名聞與利養

無有諍訟離染著　普皆平等如虛空
如是之人能守護　漸次得成此三昧
深忍堅固樂菩提　晝夜精勤無懈廢
守護威儀離諸惡　於甚深法而增長
世間一切諸財寶　眷屬親姻無所愛
悉皆猒捨離諸著　無怨親想心平等
如是之人得成就　無上大寶三摩地
於晝夜中勤精進　能於是法生覺悟
尊重恭敬於善友　歡喜稱讚是三昧
能解世間無盡法　故於染境無所著
印忍諸法心清淨　如百酤胝日光照
智慧光明破諸暗　能入如是深法義
是人智解離諸著　猶如日月處虛空
與大雪山等堅厚　鎮壓大地能莊嚴
亦如釋梵轉輪王　有大威德人恭敬
復名無上大醫王　能除種種諸病苦
盡諸業障心清淨　摧破魔羅諸眷屬
漸次成就他心智　了別種種差別心
憶念過去那庾劫　滅除煩惱熾盛火
此人善逝所稱讚　證悟菩提真空理
能入如來智印門　獲得無邊諸寶藏
了達名相無自性　不著空有處中道
觀察五蘊如塵幻　印證四大體非真

一切有爲皆生滅　忘心造作成輪迴
勝智三昧性寂靜　離諸分別難思議
湛然三世本自如　無去無來無所動
若見末世邪見人　於佛正法著空有
又復於此無所證　自言我得法性空
是名增長衆生見　世世遠離菩提心
復見有人隨順學　涕淚悲泣身毛舉
又念末世諸釋種　具諸衰損無威德
爲求菩提而出家　於彼菩提不安住
破戒破見毁威儀　晝夜親近不善人
爲貪利養及資生　所得還將利親族
如渡大海失浮囊　是必遥觀彼岸遠
其有上乘眞釋子　棄捨如是諸世間
猶如蓮華出淤泥　本性清淨無所染
我今教汝歡喜王　應當正念常守護
摧伏妄想生眞智　於此希求具衆德
精進修學無懈怠　是即名爲諸佛子
譬猶世間穀麥種　數如河沙那庾多
以此種子致良田　展轉相生無量劫
所得子實莫可量　筭數譬喻尚不及
如是展轉盡東方　河沙數種亦如是
乃至十方佛國土　所種子實無差別
如是一種爲一佛　一佛設復有百頭

一頭而現於百舌　共讚如是三摩地
於彼殑伽沙劫中　亦復宣說不能盡
如將芥子等須弥　又如纖草敵空界
或以毛頭一滴水　用對無涯四大海
如是功德共較量　譬喻筭數不能及
應當於此甚深經　長時精進而修學

介時歡喜王菩薩弥勒菩薩妙吉祥菩薩并六十不可思議菩薩摩訶薩等聞佛世尊說是偈已發起堅固大菩提心踊躍精進復白佛言大悲世尊所有第一義諦最勝涅盤甚深法義我等衆會雖生信心未能深解惟願世尊爲我等輩分別解說于時世尊以一圓音語歡喜王菩薩弥勒菩薩妙吉祥菩薩并六十不可思議菩薩摩訶薩等言善男子如是勝法本來寂靜離諸分別絶諸戲論假有名言顯示宣說諸菩薩言大悲世尊云何此法離諸分別絶諸戲論假有言說方便顯示佛告善男子如是勝法雖有言說體不可得故無分別云何此法體不可得以是勝法無修無作故不可得云何此法無修無作以是

勝法本無生滅故非修作云何此法無有生滅以是勝法性離所取亦非能取故無生滅云何此法無能所取以是勝法無住無處云何此法而無住處以是勝法無變易相故無住處云何此法無變易相以是勝法無彼無此故無變易云何此法無彼無此以是勝法非有爲亦非無爲故云何此法非有爲亦非無爲以是勝法非虛非實故云何此法非虛非實以是勝法非心亦非非心故云何此法非心亦非非心以是勝法不可了別故云何此法不可了別以是勝法無有識變故云何此法無有識變以是勝法非相應非不相應故云何此法非相應非不相應以是勝法自性平等故云何此法自性平等以是勝法不可相求故云何此法不可相求以是勝法無安住相故云何此法無安住相以是勝法無有自相故云何此法無有自相以是勝法本性空寂故云何此法本性空寂以是勝法無染著故云何此法而無染著以是勝法離

彼言說性清淨故善男子由是勝法離諸分別無修無作乃至離彼言說性清淨故名爲涅槃尒時歡喜王菩薩弥勒菩薩妙吉祥菩薩幷六十不可思議菩薩摩訶薩等而白佛言世尊如是勝法人所難解世尊一切諸法入法界性了無所得如是法性令我等輩云何守護佛告歡喜王菩薩妙吉祥菩薩幷六十不可思議菩薩摩訶薩言善男子等如是勝法不可思議離諸分別及以戲論若於是法起分別想及以戲論則法有二若法有二則墮生滅何以故此無上法第一義諦亦無有生亦無有滅如是了知是名守護尒時世尊爲諸菩薩復說偈言

無作勝法非空有　離諸言說及分別
若有得法著二邊　是名分別諸戲論
而於是法不相應　但能增長於深慧
此法無相無憎愛　離諸推求無所得
若自說言我忍空　自生分別諸戲論
彼諸空性不可得　以分別心難思量
若於諸法無疑謗　是即名爲不退轉

離煩惱縛得解脫　於此勝法心印忍
若人妄了生分別　尋求推度失正解
籌量諸法著有空　以性以相本無二
用智求智不可得　智外更無餘智慧
演說輪迴有爲相　是智非智迷眞空
若言少分是實有　虛妄想故成生滅
若證眞實即能知　一切諸法本常住
愚人妄想成流轉　猒生死故求涅槃
增長我見有差別　智者了知法無二
明與無明本同體　由不信故懷驚怖
是人堅固執邊見　增長言說諸戲論
說有爲法名涅槃　是於正法生破壞
心與非心無自性　而彼自性亦非心
一切諸法本無相　無言無說湛然空
法從緣起非眞實　諸法滅盡亦非諦
八諦四諦明眞俗　亦名如來方便智
如來實智不可得　所說諸法亦復然
譬如醫師治諸病　隨病處方無執著
若能如是生覺悟　是則名爲善逝子
涅槃本性皆平等　廓如太虛無邊際
三乘聖智同涅槃　無滅無增無戲論
法界實無一衆生　亦無一字可言說
有情執自分別心　謂是涅槃無所住

無明妄念結輪迴　感業生苦常相續
一眞實諦離聞見　或言四種亦隨宜
有苦報故說集因　由滅理故明道諦
末世衆生多妄想　不爲淨行而出家
以名利故破威儀　積煩惱故興鬭諍
修習功德諸比丘　於此勝法能成就
遠離名聞及資生　樂居蘭若無求取
譬如麟角獨居山　思惟如是三摩地
八十酤胝兩足尊　慈心加被修習者
諸天見已咸歡喜　潛形晝夜常守護
智慧破暗如日光　出生勝法同甘露
其有受此智印門　夢中常與諸佛會
汝等當懷勇猛心　堅固修習無退捨

尒時世尊復告妙吉祥童眞菩薩言妙吉祥若諸菩薩及末世衆生爲欲成就無上菩提於是三摩地智印深法相應修學爲欲成就如來八十種好於是三摩地智印深法相應修學爲欲成就如來十八不共勝法於是三摩地智印深法相應修學爲欲成就如來十力四無所畏四無量心大慈大悲大喜大捨於是三摩地智印深法相應修學爲欲成就諸佛五眼

於是三摩地智印深法相應修學欲得諸佛廣大壽命種種莊嚴勝妙國土威德自在於此三摩地智印深法相應修學爲欲成就諸大菩薩利根聲聞欲得如來智慧色身廣大摠持勝妙法門及解一切衆生言音差別心行根性具足神力辯才無礙曉了諸法於是三摩地相應修學所以者何菩薩摩訶薩若於是三摩地而得相應所獲如是種種功德普徧具足成就菩提無上大法諸法所依名無上道智出世間號正徧知自性寂靜名爲如來如說修行而無有等非等等故無起無滅出世究竟離諸言說名第一諦眞實義諦無所破壞堅固調伏是名如來不可思議最勝之法妙吉祥我由往昔修習安住是三摩地智印深法見然燈佛得無生忍授菩提記時妙吉祥菩薩而白佛言世尊如來於然燈佛所悟無生忍得菩提記於無量劫在生死中云何修諸難行苦行得成菩提佛告妙吉祥菩薩摩訶薩言我於往昔爲求佛道成

熟一切諸衆生等清淨善根以大願力經無量時勤修苦行化利有情隨其根性有上中下各令悟入三乘法義漸次修行而有所證妙吉祥我於介時因是願行而得菩提及與涅盤

介時世尊而說偈言

若於是法而相應　獲得如來無量慧
十方百億諸世尊　皆悉來護修習者
若於甘露甚深法　能解一切諸妙義
是名摠持陁羅尼　修習之者皆獲得
解了言音滅諸罪　能破執著解諸縛
涅盤無生亦無滅　無去無來無住處
莊嚴十力諸相好　成就一切佛功德
圓滿清淨解脫音　普應無量諸含識
所出音聲能解了　一切聞者皆歡喜
遠離邪見無分別　最勝清淨盡無垢
能於是經相應學　究竟能得菩提道
若人於彼三七日　一心思惟如是法
不生懈怠捨親緣　晝夜修習得增長
慈悲遠離於嫉妬　守護尸羅絕諍訟
獲得平等正徧知　深心歡喜常解脫
遠離造作諸緣起　譬如蓮華不染著
堅固不起諸貪愛　亦如飛禽離繫縛

得此最勝法門時　三千世界皆震動
諸天覺奏妙音樂　散施末香及沉水
百千幢幡及天衣　清淨花鬘諸瓔珞
摩尼珠冠及寶蓋　金鈴間錯悉莊嚴
一切諸天作歌舞　諸龍金翅修羅王
比丘僧與優婆塞　比丘尼及烏婆夷
各各脫身上妙衣　以用散佛爲供養
恭敬讚歎意思惟　誓求於此無上道
我說如是甚深法　發生菩提心不退
此會河沙信解人　究竟皆得無生忍
諸餘剎土未來衆　展轉聞法心歡喜

介時世尊說是偈巳阿僧祇數諸衆生等各各踊躍發菩提心復有八十那庾多數諸大菩薩得聞是法於無上道得不退轉復有六萬三酤胝菩薩摩訶薩得無生法忍復有六十三酤胝菩薩摩訶薩而得三摩地無數衆生而得聖果十方所來諸大菩薩得悟如是智印三昧佛說此經巳六十不可思議菩薩歡喜王菩薩弥勒菩薩妙吉祥菩薩摩訶薩等而爲上首與賢劫中諸大菩薩并賢吉祥金光夫人諸大聲聞一切世間天人四

眾乾闥婆王阿修羅等聞佛所說皆大歡喜信受奉行

佛說大乘智印經卷第五

講唯識因明等經論明覺大師賜紫沙門臣　慧達　證義
講因明唯識論禪智大師賜紫沙門臣　法源　證義
右街副僧錄講因明唯識論法照大師賜紫沙門臣　至明　證義
講圓覺經百法因明論真靜大師賜紫沙門臣　文正　綴文
講楞嚴經慈濟大師賜紫沙門臣　智按　綴文
梵學宗梵大師賜紫沙門臣　惠淳　筆受
梵學梵慧大師賜紫沙門臣　師遠　筆受
西天寶法大師賜紫沙門臣　智吉祥　證梵義
西天廣梵大師賜紫沙門臣　天吉祥　奉詔同譯
入內內侍省內東頭供奉官勾當御藥院兼譯經院監譯官臣　藍　監譯
左朝散大夫權尚書禮部侍郎上護軍賜紫金魚袋臣　盛　潤文

紹聖二年正月　日顯聖寺
印經院奉
聖旨雕造
管句印經院傳照大師賜紫沙門臣　慧一　管句雕造
管句印經院宣教大師賜紫沙門臣　義明　管句雕造
提轄管句印經院事聖壽禪院主賓月大師賜紫沙門臣　林溪
大定十三年三月　日藏經
會下　重雕造

此一十部新譯經前皆有二張中序後皆有一張譯經等人名今唯一部[illegible]錄之餘經並不雕請後刀[illegible]檢[illegible]

佛說大乘智印經卷第五

校勘記

一　底本，金藏廣勝寺本。

一　二三頁中二行譯者，徑、清作「西天寶輪大師賜紫沙門金總持等奉詔譯」。

一　二三頁中九行第一二字「憒」，徑、清作「貢」。

一　二三頁下三行「精勤」，磧、徑、清作「精進」。

一　二三頁下一五行「威德」，磧、徑、清作「威儀」。

一　二三頁下一六行首字「復」，磧、南、徑、清作「亦」。

一　二三頁下二一行第九字「得」，磧、南、徑、清作「諸」。

一　二四頁上八行第二字「念」，磧、南、徑、清作「復」。又「威德」，磧、南、徑、清作「威儀」。

一　二四頁上一八行第二字「猶」，磧、南、徑、清作「如」。

一　二四頁中一行「如是」，磧、南、徑、清作「如來」。

一　二四頁中五行第九字「喻」，磧、南、徑、清作「如」。

一　二四頁下末行第六字「而」，磧、南、徑、清無。

一　二五頁上一行第四字「性」，磧、南、徑、清無。

一　二五頁中二一行第九字「滅」，磧、南、徑、清作「滅」。

一　二五頁下五行末字「諍」，磧、南、徑、清作「訟」。

一　二五頁下一二行第四字「此」，磧、南、徑、清作「者」。

一　二六頁上七行第八字「力」，磧、南、徑、清作「通」。

一　二六頁中七行第二字「於」，磧、南、徑、清作「欲」。

一　二六頁下三行第一二字「諸」，磧、南作「及」。

一　二六頁下一八行第一〇字「來」，磧作「求」。

佛說大乘僧伽吒法義經卷第二

西天譯經三藏朝奉大夫試光祿卿傳法大師賜紫沙門臣金總持等奉　詔譯

尒時有十八䩄胝無知外道來詣佛所各坐一面而作是言喬荅摩世間最爲尊勝亦勝於汝何獨號世尊世尊告言如來常勝汝何勝邪彼諸外道又復說言我等勝汝世尊告言無知外道汝何有勝但生顛倒住顛倒中云何能勝汝等於自若身若心諸苦逼迫尚不了知云何能勝汝今諦聽當爲汝說諸佛甚深法義令汝等輩皆獲利益時諸外道聞佛是說生大嗔恚是時帝釋天主見諸外道心生嗔恚持堅固杵而欲摧壞諸外道輩時彼十八䩄胝無知外道生大驚怖涕淚悲泣哀告如來而求救護于時如來忽於彼隱身不現時諸外道不見如來益加憂惱涕淚悲泣同說偈言

失彼救護者　如失於父母
亦如空寂處　無伴侶獨行
江河或枯竭　魚鼈莫潛形
若無林木枝　飛鳥何所寄
不見於如來　我等亦如是
衆生諸苦惱　何人能救護

尒時十八䩄胝無知外道說是偈已從座而起雙膝長跪發大音聲而作是言如來大悲兩足尊者憐愍我等願爲救護作是說已尒時世尊於此衆會還復現形止帝釋天主已告一切勇猛菩薩摩訶薩言汝可爲彼諸外道輩宣說妙法正時一切勇猛菩薩而白佛言世尊如須彌山王以小黑山豈能爲比今者如來令我爲是諸外道等宣說諸法亦復如是世尊告言善男子汝可觀察十方世界諸佛如來方便善巧所作利益皆是如來智慧願力之所建立此諸外道樂我說法汝先往詣十方世界觀察諸佛如來說法方便是外道輩我當爲說一切勇猛復白佛言今者世尊令我往詣十方世界觀察諸佛說法方便未審以何神通力去以自神通爲承佛力而告言一切勇猛以汝神通及假如來神力而去尒時一切勇猛菩薩即從

座起遶佛三匝作禮而去
介時世尊告諸外道我今
法要汝等當知生為大扑因有身
招諸怖畏所謂生有病怖生有老怖
生有死怖何緣名怖為諸衆苦所逼
惱時生大怖畏所謂王法加怖怨賊
會怖風火水等飄黄沈溺如是等怖
造諸惡業苦報熱時生大憂
諸苦當知皆是因生而有世尊告言
諸外道等若能了知如是生法當得
離於一切諸苦時彼外道聞佛是說
生大怖畏咸白佛言我等今者皆願
離於生死怖畏是時世尊言
時彼十八酤胝無知外道皆發阿耨
多羅三藐三菩提心復有萬八千酤
胝菩薩皆得十地以神通力現種種
形及諸神變現神變已咸皆陞於世
尊四面諸寶樹下蓮華座上跏趺而坐
介時如來入于三昧以善巧方便舒
金色臂示說法相經七晝夜是時一
切勇猛菩薩遊於十方諸佛剎土最
後至彼最上語言蓮華世界從於彼
土屈伸臂頃還來。至世尊所遶

佛三匝生尊重心恭敬合掌而白佛
言我承佛教往詣十方諸佛剎土以
自神通過九十九千酤胝諸佛剎土
以如來神力過百千酤胝諸佛剎
經七晝夜最後至於最上語言蓮華
世界於其中間過九十二千酤胝佛
剎見彼諸佛現在說法又過八十千
酤胝佛剎見彼八十千諸佛如來應
正等正覺同時出世我皆於彼恭敬
作禮又過三十九千酤胝佛
十九千酤胝菩薩以正法藏諮詢
議同時皆證無上菩提我亦於是初
成正覺諸如來所各各恭敬作禮旋
遶又過六十酤胝諸佛剎土見諸
尊安住說法我亦於是諸如
敬禮拜又過百酤胝佛剎見彼如
將般涅盤我亦如是於彼佛所恭敬
作禮又過九十五酤胝佛剎見彼正
法將欲破壞心自思惟生大悲惱
彼欲界色界天龍藥叉等各
涕淚悲泣又過一佛剎正法久滅
火洞然大海須彌土地草木悉皆燒
壞但一空界無所依止過是界已至

于最上語言蓮華世界見彼
虛空中各有百千酤胝諸佛世尊
各坐於七寶之座為諸衆生宣說妙
法我到彼已問諸如來今此世界名
字云何時諸佛中有一世尊而告我
言此佛世界號最上語言蓮華我
於彼是世尊所右遶作禮而白彼佛
今此剎土化衆生主其名云何彼世
尊言名蓮華藏如來應供正等正覺
我時於彼諸佛世尊所而皆作禮乃
告之言今此五百千酤胝諸佛衆中
何者名蓮華藏如來時彼最上語言
蓮華世界諸如來中一佛世尊乃告
我言善男子我是蓮華藏如來應正
等正覺作是說已時如來隱身不
現同時化現菩薩形相于時唯見
如來身我於是時頭面敬禮彼如
足忽於地中涌出寶座時彼世尊示
我令坐我陞座已又復涌出無數寶
座而無有人陞是座者我時問言
何如是衆多寶座空無人坐時彼
尊乃告我言諸有情類不種善根
福德故尚不能見如是寶座况復能

得登是座邪我復白彼佛世尊言種
何等根而得是座彼世尊言善男子
若諸有情得聞是僧伽吒法義者是
諸有情能登是座暫聞尚爾何況有
人於此法義書寫讀誦修習之　一
切勇猛汝於過去由聞是法生信
心今乃得至我刹土中我時又問
世尊言其有聞此僧伽吒法義所得
福德其數幾何彼時蓮華藏如來放
大光明現希有相其光徧照
界我復白彼佛言有何因緣放大
明現希有相彼佛告言一切勇猛
昔已聞釋迦如來說是功德我今為
汝亦復略說一切勇猛譬如
所王一四大洲地滿中盛巨勝
云何如是巨勝是為多不一切勇猛
而白佛言甚多世尊佛言一切勇猛
以是巨勝共為一聚若人取以為種
種於餘處如是一聚成無量
筭師還能筭計知其數
復白佛言不也世尊無有衆生
筭計知其數者彼世尊言此僧伽吒
法義聽聞之者所得功德亦復如是

筭數計量所不能及一切勇猛乃
以一巨勝為一如來同共聲讚聞是
僧伽吒法義所得善根無量福德不
能窮盡
于時一切勇猛菩薩而復告白
尊言若復有人書寫受持讀誦
如是法義所獲功德願為略說其數
云何時彼世尊而語一切勇猛
言善男子諦聽諦聽吾今為汝
解說善男子　三千大千
中草木叢林根莖枝葉悉皆斷截如
指節量以一節量為一輪王又復
三千大千世界
碎為微塵復以一塵為一輪　所
天下是諸輪王所有福德若有衆
善能筭計知其數否一切勇猛菩
而白佛言世尊如上所說彼
所有福德其數無量而無有
籌量知其數量　言如是如是
勇猛菩薩若復有人於此僧伽吒大
乘最勝法義而能書寫受持
說所獲福德　以三千大千
土滿中草木叢　根莖枝葉悉　所

截如指節量以一節量為一輪　又
復以其三千大　國土滿中所有土
石末為微塵以一微塵為一輪一所
有福德不可為喻若復有人而能尊
重是僧伽吒大乘法義一字一義是
人所得福德倍勝於前一切勇猛菩
薩若人於此僧伽吒經一心正念堅
固受持安住法中如是之人是名我
得最上廣大勝法一切寶藏常得現
前出生無量功德義利饒益　為
大法炬光明　切　情　白
他種種煩惱悉皆摧伏天魔蘊魔煩
惱死魔及魔眷屬皆悉破壞一
門若性若相若　方便智
皆能入一　摩訶　白
彼世尊言若人於是僧伽吒法義
習之者是名成就諸真實行名
行如是淨行名如來行如是之人甚
為希有彼淨　人於晝夜中
來常現在前而為覆護得見如來亦
復能入如來刹土一切　藏而能
悟如是之人臨　諸怖
倒散亂安住正念而於後世不受胎

胞清淨化生遠離衆苦及諸煩惱
切愛染不爲怨家男女眷屬種種纓
縛我時白言世尊已時彼世尊復語
我言一切勇猛菩薩摩訶薩如來出
世如優曇華難可值遇又復
僧伽吒最上法亦復爲難而
中深生信解歡喜聞持不生誹謗　福中
復爲難一切勇猛菩薩摩訶薩若
聞此僧伽吒法義即能
慧於八十劫中　宿命智六十
爲轉輪王八千劫中爲天帝釋二墮
五千劫中爲淨居天三萬八千劫中
爲大梵王四空天主　九千劫
不壞正信　至　來五百劫中不
㮈囉迦趣百千劫中不墮餓鬼二萬
八千劫中不墮畜生萬三千劫中不
墮修羅遠離鬪諍刀杖損害二萬
千劫中離　七千劫中常修善
慧九千劫中廣修檀度一切衆生若
有所須悉皆能捨心無慳惜
足猶如如來　千劫不墮女身萬
六千劫離　殊諸苦因緣二萬五
千劫中得詞杖誦利萬九千劫中不

隨龍身六十劫中不生嗔恚七十劫
中所須充足離諸貧苦八萬劫中爲
銅輪王王二天下救護一切者
生令得安樂萬酤胝劫中遠離愚癡
萬三千劫離諸謟誑及以惡行萬一
千劫常行忍辱乃至臨命終時離諸
苦惱心不動搖不生顚倒正念現
不起嗔恚得見東方十二殑伽沙數
諸佛世尊南方十二酤胝諸佛世尊
西方二十五殑伽沙數諸佛世尊北
方八十殑伽沙數諸佛世尊上方九
十九千酤胝諸佛世尊下方百酤胝
殑伽沙數諸佛世尊如是等諸佛如
來悉皆現前而爲守護咸作是言善
男子勿生怖畏汝昔已曾種於最上
功德善根是故我等殑伽沙數百千
酤胝你庾多如來常現在前觀察護
念善男子汝見如是諸如來否時彼
白言我今得見如是世尊而我以何
善業因緣而得如是一切如來而來
守護世尊告言善男子由汝曾聞僧
伽吒法義以是功德我等諸佛皆來
守護而作是言世尊唯我一人得聞

是經功德如是況復盡令一切衆生
得聞是經所獲功德時彼世尊廣以
譬喻宣說衆生聞此經者臨命終時
及以未來所獲無量勝功德已復語
我言若有一切善男子善女人尊重
供養十三殑伽沙數諸佛世尊所得
功德其數甚多不如有人聞此僧伽
吒法義一四句偈所得功德復過於
彼我時復白是世尊言若復有人具
足聽聞是經典者所得功德其數云
何善男子諦聽諦聽若人於此僧伽
吒法義具足聽聞譬如三千大千世
界滿中巨勝以一巨勝　一輪王若
復有人以諸珍寶種種庫藏布施供
養如是輪王所得福德不如布施供
養一須陁洹若阿有人　施供養三
千大千世界須陁洹人　福德不
如布施供養一斯陁含若人布施三
千大千世界斯陁含人所得福德不
如布施供養一阿那含人若復布施
供養三千大千世界阿那含人所得
福德不如布施供養一阿羅漢若復
有人布施供養三千大千世界阿羅

漢所得福德不如布施供養一辟支迦若復有人布施供養三千大千世界辟支迦所得福德不如布施供養一菩薩人若復有人布施供養三千大千世界菩薩所得福德不如於一如來所生淨信心布施供養若復有人於三千大千世界諸如來所生淨信心布施供養所得福德其數甚多不如有人於此僧伽吒法義具足聽聞所得福德一切勇猛何況有人於是法義書寫演說受持讀誦解其義理廣宣流布一切勇猛汝今但當於僧伽吒最上法義生淨信心廣宣流布所得功德不可思議於意云何彼諸凡夫愚癡之人雖聞是經不生淨信不能解了一切勇猛譬如有人入於大海欲能盡知海水邊際汝謂是人而能知否一切勇猛而白佛言是人雖復入於大海而不能知海水邊際一切勇猛又復譬如有人臨於大海以手掬水而欲枯涸汝謂是水得枯涸否一切勇猛而白佛言善逝世尊如是之人徒自疲勞而無能得海水枯涸一切勇猛彼諸凡夫無智之者若聞是法顛倒疑惑不生淨信欲於深廣生死大海到其邊際及以枯涸無有是處一切勇猛如是之人雖經八十𦙶胝殑伽沙數諸佛世尊出現於世無有善根不能得見如來色相不能得聞如是法義乃至值遇九十𦙶胝殑伽沙數諸佛世尊百千𦙶胝那庾多數諸佛如來出興於世宿無善根不能得見諸如來不能得聞如是法義不為諸佛之所護念一切勇猛若有智者宿植善根而得值遇百千𦙶胝諸佛世尊於諸佛所發淨信心得聞如是僧伽吒法而生信解如是之人即為諸佛之所護念一切勇猛若人此僧伽吒法而能書寫一四句偈如是之人於此報盡當過此九十五千𦙶胝佛土有一世界名曰安樂往生彼國壽命長遠萬四千年歲劫數安隱快樂一切勇猛菩薩摩訶薩若復有人造五逆罪一切不善自作教他見作隨喜如是之人若得聞此僧伽吒法上一四句偈所皆得消淨餘福智

佛說大乘僧伽吒法義經卷第二

佛說大乘僧伽吒法義經卷第二

校勘記

一 底本，金藏廣勝寺本。本經原有七卷。卷一、卷三、卷四、卷五缺佚，僅存卷二（全卷多殘缺）、卷六（第一版缺）、卷七。無校。

千酤胝衆生皆悉來集一一衆生各舒百臂以種種香所謂末香塗香散如來前藥王軍白言世尊我今巳見善逝我今巳見如此勝事甚爲稀有佛告藥王軍此諸衆生無知無覺如幻如夢無有分別汝復諦觀時百千酤胝衆生於須臾間所有百臂悉皆殞滅不現藥王軍見是事巳心大驚愕白佛言世尊如是衆生所有百臂於刹那間皆悉殞滅不存一二唯願世尊爲我宣說佛告藥王軍此諸衆生無知無覺如幻如夢亦不分別有生滅相藥王軍我觀佛身與衆生等汝於是義當善了知藥王軍菩薩白佛言世尊云何是老衆生佛告藥王軍無有知覺常處熱惱不久破壞是老衆生復告藥王軍是諸熱惱衆生汝欲見不白佛言世尊我願欲見尒時月輪種如來即舒右臂垂其指掌于時四方百酤胝人俱來集會上方下方各五十酤胝衆生悉來同集是諸衆生禮雙足巳於如來前無言無說默然而住佛無教誨尒時藥王軍

菩薩白佛言世尊此諸衆生於刹那頃從何而來至世尊前云何無言無說默然而住佛無教誨佛告藥王軍汝還知不大地之性本無言說亦不住立法聚之中本無知覺若解此義與藥王軍同一名号等無有異藥王軍如是老衆生不知有生不知有滅亦不知有老病衰苦憂悲煩惱亦不憎愛亦不輕毀亦不於諸眷屬生於愛戀亦不於法而生懈倦無覺無知無所造修是故各各默然而住尒時藥王軍菩薩復白佛言世尊此諸逼惱衆生何因而生何緣而至不了諸法默然而住佛告藥王軍諦聽諦聽此諸逼惱衆生非因鍛鑿金銀所成亦非爐冶埏埴所得亦非刻木鐫石爲之唯是男女和合相應所生若或金銀銅鐵木石所成人或愛護尚可久存既唯父母生之復因先業造受不同脩短有異而於世法亦不知有工巧技術甘辛苦樂況今豈能生敬信心能問能聽此諸衆生不久滅謝還受諸報久處三界逼迫故名老人

藥王軍此諸衆生自作燒然無有休息譬如有人以杖撥火令火速滅前火未滅杖已煙生漸至焰起杖亦然之藥王軍如是衆生於此報中先業未滅復造後因漸漸增長後報復生隨惡流轉何能出離藥王軍諸佛如來大慈大悲愍諸衆生久處流轉不惜軀命示現利生譬如有人違犯王法爲王所獲繫閉牢獄枷鎖杻械常處暗室幽瞑所蔽無所見聞亦復不知東西南北出之所由心雖疲勞欲得解脫以闇瞑故無由通達復有一人曾繫是獄令雖得出念昔艱苦愍此衆生設諸方便持小火種求入獄中既入獄已漸出微光令彼衆生更互相見各各歡喜作諸方便可以逃竄時彼　見是事已更發火光令漸增大展轉炎熾凡在獄中若有罪若無罪悉皆逃竄唯彼闇室及彼丈夫俱爲灰燼王聞是事悲感念言由我制法衆生有犯繫諸牢獄遂致菩薩亡身救濟可不痛哉尋出詔命於我國中勿復造此苦惱衆生之具勅令徧告國內人民令我國家不制法律不造囹圄有損人民之事更不復作汝等人民凡厥親緣當自遞生恭敬非親庶類勿相侵惱取與以仁進退以禮崇重賢明愛護物命凡百仕庶體我志焉由是一切衆生皆得安樂藥王軍諸佛如來爲利益衆生故以智慧光破無明暗出三界獄喪失身命如恒河沙數不以爲難何況一身耶月輪種如來說是法時無量諸天及阿蘇囉等皆大歡喜發菩提心尒時諸天於虛空中歡喜讚嘆而說偈言

大善勝福田　萬德皆圓滿
出世調御尊　能生諸善種
最勝清淨法　堅固不可壞
善巧方便力　擁護諸衆生
安住涅槃界　示同諸世間
勇猛常樂施　隨類獲安樂
天人無上師　救度於一切
三界諸衆生　平等得濟度
閉諸地獄門　餓鬼畜生趣
此世及他生　俱獲安隱樂

尒時世尊復於衆中而說偈言

善哉住佛剎　善哉見佛身
善哉聞妙法　善哉僧寶集
善哉僧伽吒　懺除一切罪

尒時藥王軍菩薩摩訶薩聞是空中稱揚讚歎微妙法音踊躍歡喜合掌敬禮月輪種如來足白佛言世尊今聞諸天宣說如是微妙句偈稱揚讚歎甚適我願彼佛告言善男子汝今觀此會中年少衆生爲諸熱惱之所燒然受如是苦藥王軍菩薩白佛言世尊我今見是年少衆生受諸苦惱唯願世尊速爲除滅皆令安隱佛告藥王軍如是如是如汝所言我於今日當設方便令此年少衆生安住十地藥王軍菩薩復白佛言世尊云何如來能以大法化諸難化衆生令生信解獲諸利益佛言藥王軍善哉善哉汝能問佛如是妙義善男子汝今諦聽我觀此諸年少衆生雖爲熱惱之所燒然由宿因緣成熟力故而於今日聞我說法一一皆當善根圓滿得登十地

尒時藥王軍菩薩摩訶薩聞是語已心大歡喜涌身高八万踰膳那住虛空中出無量音聲歌誦讚歎如來具大慈悲以大願智當演無上微妙大法誘接衆生令離熱惱住清涼地作是語時三千大千世界六種震動時三十三天主與無數諸天聞是音聲歡喜踊躍各將眷屬如雲來集散衆寶香及天妙花以爲供養禮佛畢已住在一面復有八万四千龍王與諸龍衆亦來集會無量夜叉羅刹娑及阿蘇囉健達嚩緊捺落摩護落伽各與眷屬無量大衆皆來集會復有無量已墮諸大地獄衆生秉佛神力皆來集會十方世界百千酤胝諸大菩薩摩訶薩衆各運神通亦來集會

尒時藥王軍菩薩摩訶薩從空中下曲躬合掌敬禮世尊而作是言甚盛世尊甚盛善逝今於此會有無量菩薩天龍八部并阿疪葛底王城一切鬼王乃至地獄惡趣衆生皆來集會住世尊前咸願得聞微妙法要惟願世尊廣爲宣說尒時月輪種如來告藥王軍菩薩言善男子汝等諦聽我今所說微妙法蘊能除一切衆生熱惱煎熬無量衆苦此妙法蘊是眞梵行是清涼法具足一切善法功德名爲法蘊善男子我當爲諸衆生說諸生苦清涼法要而諸衆生未深信解復說老苦病苦憂悲之苦冤家會苦愛別離苦心有所欲不和合苦臨命終時衆苦共集名爲死苦而諸衆生曾不覺悟善男子汝今復聽我爲汝等略說死苦善男子若諸衆生臨命終時有三種風內自生起初名亂識次有散識後名滅識亂識風起身心昏亂癡迷顛倒受諸苦惱漸漸增長至散識風散識風起若身若心互相離散無所安措唯有大苦相續不息生滅識風此風生時識滅身壞是名爲死此風亦得名刀名鍼亦名砂礫何以故如刀割切如鍼毒刺如與砂礫和雜磨研甚大苦毒甚可怖懼汝等衆生能無怖邪尒時會中年少衆生聞佛說言識滅身壞名爲死苦甚大愁惱而白佛言善哉世尊云何名身佛言善男子四大五蘊積聚名身六根完具裝嚴名身花鬘瓔珞香油所塗名身生愚癡者貪愛名身能生惡慧名身如負重擔名身增長苦縛名身如水上漚名身亦如丘冢名身善男子識滅身壞名死識起身生名生識與名色託蔭母腹墮在胞胎日月滿足既已成形內有三百六十骨以筋纏絡外則覆以皮膚有八万毛竅息風出入及諸血脉通注流轉復有八万戶蟲徧布其身始自初生噬食其軀無有休息衆生識闇無所知覺將命終時是諸蟲類互相交鬬無有休息令其人身極不安隱展轉交鬬甚有死傷乃至最後唯有二蟲相鬬終于七日一蟲死已唯一蟲在最後與人同時殞滅善男子愚癡凡夫雖處世間由無明故與諸衆生日夜爭競擯惱物情無有休息如彼蟲類不知生老病死衆苦相催唯求已勝都無恐怖善男子往昔有一大善知識常於衆中宣說如此生老病死種種諸苦教誡教授令善修持得離苦

際以諸衆生慣習頑愚未善能行如是妙行是善知識還來化利此等衆生而告之言咄善男子我常爲汝分別解說諸妙法蘊生老病死種種諸苦常令汝等修行衆善棄背苦因趣求無上涅槃妙樂云何汝等不聽我言不修妙行不求解脱於閻浮提中造衆惡業流轉諸趣善男子譬如大地假使有人若以大力執持大杵撞擊之時出大音聲世間諸聲無與等者善男子汝豈不聞佛出世間以四種人爲世福田生善種子廣爲利益一切衆生四種人者所謂比丘比丘尼優婆塞優婆夷是四種人如世大地若能親近禮拜承事供養則能令汝獲得種種微妙善法遠離世間生老病死等苦復能證得無上涅槃清淨妙樂如以大力執持大杵撞擊大地出大音聲等無有異時善知識爲諸衆生而說偈言

諸佛出世間　常擊大法鼓
演說微妙法　廣度諸衆生
汝今見是事　應生勇猛心

滅除生死苦　安住涅槃樂

時諸衆生慇懃合掌向善知識即說偈言

我以無智故　復遇惡知識
造作不善業　謂貪嗔癡等
常起於我見　破壞和合僧
廢轉妙法輪　毀除佛塔寺
於此勝福田　曾不種少善
於一切時中　常作諸過失
未嘗於父母　暫起孝敬心
出非法語言　輕毀諸賢聖
造此惡因故　必當墮地獄
自身受苦惱　無能救護者
可畏衆合獄　炎熱大阿鼻
如是諸獄中　展轉受衆苦
從此地獄出　復入餘獄中
謂刀兵蓮華　黑繩沸屎等
彼諸大地獄　縱廣百由旬
不見彼獄門　唯有受苦者
蹈彼刀劒鋒　其苦難堪忍
苦極身暫死　復彼業風生
生死地獄中　百千酤胝劫
地獄無邊際　衆生亦復然

以惡因緣故　相續不間斷
我造諸惡業　當墮彼獄中
唯願善知識　聽說罪惡因
我以貪愛心　造宅甚雄壯
雕鏤諸棟梁　藻飾極嚴麗
復置妙園林　廣列臺榭等
池沼花果樹　一一皆圓滿
庫藏積珍財　莫能知筭數
又於閑廄中　廣收諸畜產
象馬牛羊等　其數無有量
妻子及妾媵　內外諸眷屬
奴婢與妓人　其數亦無量
常令晝夜中　動作衆歌舞
但縱已之樂　不念佗人苦
自恃大富貴　作種種莊嚴
香湯沐浴已　仍以妙香塗
龍腦白栴檀　鬱金麝香等
塗已甚香潔　首戴七寶冠
臂釧及指鐶　皆用妙珍寶
以上妙真珠　貫之爲瓔珞
最上紫磨金　嚴飾作耳璫
柔軟善適意　蘇摩那瞻蔔
及諸異香者　結以爲花鬘

復著美好衣　謂上妙細氎
鮮白甚清潔　更以妙香薰
飲食最上味　甘脆頗香美
所供皆如意　暫無飢渴時
地敷好茵褥　履踐以游行
左右擁從者　勝彼神仙人
如是廣嚴飾　唯奉養其身
保護謂常安　不生滅壞想
富樂既具足　餘復無所思
但恣深欲心　造作不善業
眼貪妙色境　耳樂適悅音
鼻舌身意中　無不順情欲
我曾於一時　復欲縱畋獵
出乘大白象　從以七寶馬
侍衛若獰神　見者皆怖懾
以彈落飛鳥　利箭射奔鹿
猛獸若當前　力士斷其命
但取諸血肉　令衆共噉食
惡報唯自受　誰是能代者
一朝病緣至　肢體不相隨
四大或增損　脉息亦衰微
飲食不得下　寢臥不能寧
良醫施妙藥　功效亦唐捐
父母及親友　悲痛頗纏心
拔髮空垂淚　終無救濟術
我若命終已　棄在尸陀林
鳥獸及諸蟲　噉食稍充足
形骸與神識　現在悉空無
唯先所造業　當來受果報
善法如良藥　能治貪恚癡
貪等既不生　無因造諸惡
我實無福慧　虛妄受人身
佛宣方便門　施戒忍辱行
我自不能修　聞亦不隨喜
障善法因緣　何時當解脫
唯佛大慈悲　能救衆生苦
戒法真實門　登者獲大利
如我所造業　深自生追悔
今對善知識　是故如實說

佛說大乘僧伽吒法義經卷第六

佛說大乘僧伽吒法義經卷第七　

西天譯經三藏明因妙善普濟法師賜紫沙門臣金總持等奉　詔譯

介時月輪種如來爲諸年少衆生說往昔善友化導因緣已復告藥王軍菩薩摩訶薩言藥王軍是諸苦惱衆生臨命終時以惡業故受斯苦報雖有父母妻子眷屬內外親識不能救護若無善種何由解脫介時世尊復說偈言

若作諸惡業　墮大地獄中
長時受極苦　無有暫息時
常吞熱鐵丸　猛焰然其身
或灌洋銅汁　上下皆燋爛
地獄大苦處　曾無快樂時
若無善方便　何由得解脫
常親近善友　聽聞微妙法
初習布施行　內外一切財
隨彼所應求　清淨故施與
堅持具足戒　無令有鈌犯
佗來逼惱時　安忍勿施報
日夜常策勵　莫爲懈怠搆
觀察聖諦心　湛然如止水
發生慧燈明　滅除諸暗冥
滿足衆善法　解脫見諸佛
心行菩提道　慈愛於世間
救度諸衆生　增長成佛種
皆令得解脫　速成無上慧

介時藥王軍菩薩摩訶薩與五百大菩薩摩訶薩衆各各運大神力從座而起涌身於虛空中現大威儀從容詳序緩步而行其心決定安固大乘遊戲三昧現諸神變或現猛虎示以威雄或現師子自在無畏或現象王有大勢力住法山頂高出羣峯無與等者身放光明極大熾盛百千酤胝日月光明不可譬喻是諸菩薩放此光明行於日月之前年少衆生見是事已白彼佛言世尊何因緣故是諸菩薩現是稀有之相放大光明行於日月之前佛言善男子汝今見是事邪年少衆生白佛言世尊唯然已見佛言善男子是諸菩薩各以自在神通之力現大光明徧照世間常說妙法化諸衆生欲令一切衆生皆得利益安樂若諸人天亦能行此妙行亦得如是神通變化及大光明能行日

月之前尒時藥王軍菩薩等從空中下前詣佛所問訊世尊世尊告言藥王軍汝等見是三千大千世界六種震動不藥王軍菩薩白佛言世尊唯然已見然今我等不能了知何因何緣有此震動況今我等亦有少疑欲問世尊願佛慈悲聽我所問開示演說彼佛告言善男子汝有所疑恣汝爲問或過去或現在或未來等事我當一一爲汝分別解說藥王軍菩薩白佛言世尊且今此會中有八万四千天子而來集會八万四千酤胝菩薩衆亦來集會一万二千酤胝龍王亦來集會復有一万八千神王二十五千酤胝餓鬼毗舍遮等俱來集會其數甚多何因緣故而共來集欲何所作佛言善男子汝今諦聽當知此諸大衆俱來集會皆是於此樂欲聽聞佛所說法即於今日有得聞佛深妙法音正慧開覺於煩惱縛即得解脫者或有得聞如來妙唱離生老病死種種諸苦住安樂法者或有即今獲大善利出苦輪迴安住十地住十

地已得證如來清淨涅槃於諸苦惱永得解脫消伏魔冤證眞妙覺者藥王軍菩薩復白佛言世尊大地六種震動復是何等瑞相佛告藥王軍汝今審諦觀察云何震動藥王軍菩薩復觀察已白佛言世尊我已觀察見是四方及諸方所有二十酤胝衆生忽然生於此間復有下方二十酤胝衆生從地涌出生於此間上方有二十五酤胝衆生來生此間由是大地六種震動不知此等是何瑞相佛告藥王軍且待須臾汝自了知于時年少衆生見是六十五酤胝衆生忽然來生此間白佛言世尊云何此中忽生如是衆生佛復告言善男子此等衆生皆是汝之徒侶來生此間年少衆生白佛言世尊此等衆生來生此間亦有死不佛告年少衆生一切衆生悉皆有死此亦有死時諸年少衆生合掌向佛頂禮佛足白言世尊我等今者更不能忍受如是生死流轉願速解脫佛告年少衆生汝等能起大精進不年少衆生白佛言世尊我

等今者親覲如來金色之身得聞如來甘露妙法見諸菩薩摩訶薩等現大神通諸聲聞衆無量天人集會聽法願自精進懃修聖道不能忍受生死流轉時諸年少衆生又復遶佛三迊偏袒右肩慇懃恭敬禮世尊足重白佛言世尊我等衆生衆苦所集甚大熱惱於生死重擔極大怖畏何由解脫唯願世尊攝受我等一切衆生施令無畏得安隱住廣演妙法令諸無智衆生開正慧眼熱惱衆生心得清涼世世所生與如來俱

尒時藥王軍菩薩摩訶薩語彼年少衆生言善男子汝等今者欲得聽聞佛所說法入深義味邪汝等先當飲食飽足然後可聽如是妙法得諸義味藥王軍菩薩爲諸年少衆生而說偈言

汝欲聞正法　當假飲食資
食飽力無畏　得眞妙法味

尒時年少衆生語藥王軍菩薩言賢者長老我不識汝汝爲是誰名字何等我今觀汝色相具足威儀閑雅諸

根寂靜遠離怖畏七寶嚴身如功德
聚云何于今發此語言教我飲食然
後聽法尒時年少衆生復說偈言

惟賢者長老　善調伏諸根
必有大名稱　一切皆愛樂
已圓滿善法　無不識知者
云何教我言　飲食資身命
如我所知見　飲食爲過因
食已於腹中　成種種雜穢
設復增色相　惡法亦隨生
當於惡道中　常受大怖畏
衆生造罪業　皆從飲食生
飲食爲因緣　滋生種種欲
營求大田園　舍宅樓閣等
眞珠寶瓔珞　殊妙嚴身具
象馬及車乘　奴婢亦無數
如是大富貴　我實不愛樂
富貴不長久　皆是無常法
假使四大洲　爲彼轉輪王
七寶皆圓滿　具足有千子
輪王大富貴　我亦不愛樂
雖有卅神通　終歸如是處
四王忉利天　夜摩及兜率

化樂他變化　摩羅大天王
光潔有神用　自在力莊嚴
欲天大福樂　我亦不愛樂
五衰相現時　亦是無常法
初定中間禪　乃至色究竟
無色無別處　非想非非想
修定以厭欣　隨應離世縛
雖有大福壽　我亦不愛樂
極經八万劫　終是無常法
諦聽大尊者　我等所知見
唯有佛如來　眞是歸依處
佛如日月光　普照諸冥闇
輪迴三有苦　斷滅令不生
爲諸羣生類　宣說微妙法
令住不退轉　證於無上道
故我嗜佛法　甚於飲與食
尊者雖憐愍　殊非我本意

尒時年少衆生重復恭敬藥王軍菩
薩摩訶薩已而告之言尊者大士汝
名何等我願得聞唯願慈悲示我令
知尒時年少衆生而說偈言

善哉大尊者　具足慈悲行
衆生皆樂見　故我恭敬禮

汝名字何等　惟願爲我說
若得聞隨喜　頂戴常受持

尒時藥王軍菩薩摩訶薩語年少衆
生言汝等今者欲聞我名當自觀察
合掌審聽藥王軍菩薩而說偈言

汝欲聞我名　我名不可得
汝欲須知者　如空中捕影

時年少衆生一心頂禮藥王軍菩薩
白言尊者尊者名字功德微妙祕密
甚深惟願尊者憐愍我故表示令知
尒時年少衆生重說偈言

我觀一切法　名字悉空無
願示生死人　甚深微妙義

尒時藥王軍菩薩爲諸年少衆生表
宣名字而說偈言

年少汝諦聽　我今說自名
應生清淨心　當獲大法利
我以衆生類　種種病所纏
善巧處妙方　廣施救濟法
藥美如甘露　祛病速如神
由此立假名　名爲藥王軍
貪欲病最大　惱害世衆生
此病爲因緣　滋生諸苦惱

授以無常藥　袪病速如神
由此立假名　名爲藥王軍
瞋病熱如火　焚燒寂靜心
忿恨惱恚害　展轉互相生
授以慈悲藥　袪病速如神
由此立假名　名爲藥王軍
愚癡病可怖　覆沒智慧心
流轉惡趣中　不得聞正法
授以方便藥　袪病速如神
由此立假名　名爲藥王軍
由斯三種病　展轉諸病生
已經無數劫　未遇解脫因
諸佛出於世　是爲天人師
慈念諸衆生　如親愛己子
現大神通力　廣開正法門
愚癡顛倒者　迷謬不能入
我以方便力　隨佛出世間
觀察病本因　處料救濟法
應病授良藥　服者得痊除
年少汝應識　我名藥王軍

介時年少衆生聞是藥王軍菩薩說自名已歡喜踊躍得未曾有即起合掌瞻仰頂禮而伸讚歎復說偈言

菩薩藥王軍　救世大悲者
精進利羣生　長時無懈倦
念彼輪迴苦　速若救頭然
我以志誠心　稽首歸命禮

介時藥王軍菩薩摩訶薩告彼年少衆生言善男子我娑婆世界有佛世尊名釋迦牟尼如來應供正徧知明行足善逝世間解無上士調御丈夫天人師佛世尊能以大慧教菩薩法攝化衆生汝等應往親近禮拜令汝速聞無上妙法藥王軍菩薩爲諸年少衆生而說偈言

年少汝當知　佛德無有上
世間出世間　福智皆圓滿
具相三十二　八十隨形好
常以大智悲　救度諸含識
神通力無畏　高顯若須弥
智慧不可窮　淵深如大海
善巧設方便　隨順化衆生
瞻禮歸依者　皆得安樂果

介時年少衆生復白藥王軍菩薩言仁者慈悲憐愍我故授我法藥令我飲服解脫衆苦得安樂住然今我等

不見釋迦如來三十二相八十種好云何得度藥王軍菩薩語年少衆生言汝觀上方有何等相諸人聞已即觀上方見三千臺從空而下七寶莊嚴寶珠羅網以覆其上出衆妙香光明豔赫年少衆生問藥王軍菩薩言仁者此諸寶臺微妙花座是何等相藥王軍言此是汝等所坐之座若坐此座速至佛所瞻禮如來則能疾得甘露妙法年少衆生白言仁者我等不知如來所住之處亦不知彼所行之路當詣何方禮覲如來藥王軍菩薩言善男子如來尊德如須弥山如來智慧深如大海不希供養不樂禮敬雖有惡魔來侵不共諍論若能歸依佛者則得不入死門得法總持門十方諸大菩薩欲見如來以自智力種種觀察尚不能見況汝等邪善男子如來如空中塵無有住處汝等若能以清淨心勿有希願但行禮拜即見如來介時年少衆生受教陞座適坐華座即見如來身眞金色如大金山三十二相八十隨好以自莊嚴威

德特尊衆善具足在大衆中坐大蓮華寳師子座是諸年少衆生歡喜踊躍即起合掌一心頂禮瞻仰尊顏目不暫捨

尒時世尊出迦陵頻伽之音讚言童子善哉善哉汝等能以清淨智願勇猛精進來此娑婆世界禮拜親近我釋迦牟尼世尊應正等覺

尒時世尊熙怡微笑從其面門出八万四千種種色光所謂青黄赤白紅紫縹色頗胝迦色徧照三千大千世界上至阿迦尼吒天下及諸惡地獄遇斯光照衆生皆獲一切利益安樂其光照已還至佛所遶佛七匝從佛頂入

尒時藥王軍菩薩從座而起合掌向佛白言世尊如來所爲甚深稀有必無虛設今日微笑笑必有因惟願慈悲爲我開說佛告藥王軍汝今能於大衆之中作大師子吼問於如來如此稀有微妙大事汝今諦聽爲汝解說善男子汝今見此三千七寳大華座不藥王軍言唯然已見佛言善男

子今此華座是諸年少衆生得坐此座即獲圓滿一切善根證得一切善法樂住登于十地乃至當得阿耨多羅三藐三菩提建大法幢擊大法鼓無量天人聞是法已悉獲利益無量地獄衆生仗是法力解脫苦報得安樂處是時會中有九十酤胝諸老衆生得須陀洹果佛告藥王軍汝且觀是四方上下諸大菩薩

尒時藥王軍菩薩即觀四方見東方界五十酤胝殑伽沙菩薩而來向此南方界六十酤胝殑伽沙菩薩而來向此西方界七十酤胝殑伽沙菩薩而來向此北方界八十酤胝殑伽沙菩薩而來向此下方界九十酤胝殑伽沙菩薩而來向此上方界百酤胝殑伽沙菩薩而來向此是諸大菩薩衆到此會中恭敬供養歡喜讚歎頭面禮世尊足遶佛三匝各住一面藥王軍菩薩白佛言世尊我今見是四方上下諸大菩薩來此會中今虛空中忽然見有黑色黄色種種相現復是何緣願佛開說佛告藥王軍此是

惡魔及諸眷屬欲來至此爲諸年少衆生受是位故欲作障難破壞是事故來至此藥王軍汝適見是四方上下無數諸大菩薩種種色相種種形貌種種威力者故來擁護年少衆生令其惡魔及諸眷屬無能得便是惡魔衆亦皆隨喜慚愧而退佛說是經已一切勇猛菩薩藥王軍菩薩諸大菩薩等一切老衆生年少衆生與無量天人龍神一切大衆皆大歡喜信受奉行禮佛而退

佛說大乘僧伽吒法義經卷第七

佛說清淨毗柰耶最上大乘經卷上　門

同譯經西天寶法大師賜紫沙門臣　智吉祥　等奉　詔譯

如是我聞一時世尊在王舍城鷲峯山中與大比丘八千人俱諸大菩薩萬四千人欲界色界無數天子爲聽法故皆悉雲集復有恭敬寂靜自在天子到於佛所放身光明歡喜踴躍合掌恭敬五體投地頂禮世尊右繞三匝却住一面長跪合掌而白佛言善哉世尊是妙吉祥童真菩薩於何國土教化衆生今此會衆俱生渴仰咸欲見聞彼大菩薩宣說清淨最上法要令各獲得平等解脫時佛世尊告語寂靜自在天子過此東方十千國土有佛世界名曰妙寶其國有佛號曰寶幢應正等覺出現於世以方便智安樂衆生是妙吉祥童真大士於彼佛國而爲上首爲諸菩薩及諸有情宣轉諸佛甚深法要隨上中下信等根力各得如來清淨法門爾時寂靜自在天子重白佛言惟願世尊以大慈悲眷念憐愍此會衆生令得了知童真大士在彼佛國所說之法

隨自根力有所證悟世尊告語寂靜天子彼妙吉祥所說諸法一切聲聞辟支佛等所有智慧皆不能及若說法時放大光明現希有相能使魔宮悉皆不現魔與魔民自然摧伏有輕慢者而能速滅種種慢心自能生起增上信樂未發正道菩提心者而能速發已發心者使令增長於諸善法堅固不退於諸衆生摧伏嫉妒平等利益無怨親相恭敬寂靜自在天子聞佛所說身意快然歡喜讚歎復作是言大悲世尊以何因緣令我等輩瞻奉恭敬童真大士親聞妙法于時世尊寂然無聲觀此會衆與彼菩薩根緣成熟即放眉間白毫光明遍照三千大千世界及照東方十千佛土於妙寶國寶幢佛會其光晃曜照彼佛刹隱暗幽谷無不等明彼國菩薩聲聞緣覺四衆八部同聲讚請寶幢如來今此國土現大光明是何因緣而有此相寶幢世尊告諸菩薩及大衆言過此西方十千國土有佛世界其名娑訶有大智仁號曰釋迦具一

切智一切種智六度四心隨機演法由昔所修勇猛精進願於彼國五濁世中出現成佛轉正法輪破諸邪見隨順五乘善說法要令各悟入諸佛知見勇猛精進圓會一乘譬如天雨無不等潤彼會時機寂靜天等咸欲見聞童真菩薩久懷渴仰心未暫捨如子思母如民思王如裸思衣如飢思膳如貧思寶如暗思明故彼世尊放大光明為利有情作諸聖行說是語已告妙吉祥童真菩薩應往彼國隨順如來廣開法要吹大法螺振大法鼓興大法雲雨大法雨利益安樂天人衆會爾時妙吉祥童真菩薩與自眷屬十千菩薩俱乘佛力即以神通於剎那頃到此娑訶釋迦佛所住於空中而不現形放種種光猶如雲蓋遍覆虛空其光之中垂布種種上妙寶香雨衆天花色妙無比光中化生天子天女作天妓樂歌唄供養釋迦世尊十方世界地皆震動踴出無量妙寶香花皆現在前莊嚴佛會其有衆生宿植善本久修梵行若於福

慧分有修習則見自身在光明中與佛菩薩天人四衆同處法會身意泰然無諸怯弱其有衆生無信樂心不修善因輕拒賢善近惡知識貪瞋愛慢諂曲嫉妬常現在前雖同一國於佛境界瞑然無知如昏醉人處夜暗中殊無醒覺於時寂靜自在天子與大衆俱見是光明希有之相咸生歡喜從坐而起復白佛言希有世尊今此國土以何因緣天雨妙寶垂衆香花作天妓樂現希有事佛告天子并諸大衆是妙吉祥童真菩薩與其眷屬十千菩薩從妙寶國而來至此雨天香花作天妓樂現神變相作供養事於時寂靜自在天子及諸大衆咸皆作禮俱唱是言聖者大慈願為我等於此佛會廣宣妙法令各發起最上乘心及為未來邪見衆生開闢正道斷煩惱縛得心自在作是語已童真菩薩與自眷屬諸菩薩衆從空而下繞佛三匝頂禮世尊退坐一面恭敬寂靜自在天子殷勤合掌頂禮問訊仁者大士在彼佛國以何法要示

導衆生令我等聞皆得清淨解脫安樂童真菩薩告天子言汝善讚問如是法要彼國衆生無諸慳悋樂修布施調伏諸根守護戒德由忍辱力瞋恚嫉妬常不現前晝夜精勤於善無懈能於法義審諦思惟愛樂寂靜智性聰慧所學易成善惡品中有力思擇貪瞋癡慢設復現前便能悔滅遠離邪見不斷善根行真實行習甚深法身心安住無顛倒想亦無彼此愛憎之心善男子彼國衆生久修善行於諸法義宿勤熏習了悟世間境相虛妄體性不實煩惱縛法難以拘礙去來見在唯是一心心若不生幻相何有善男子而此心性即是真心本來寂靜不生不滅無去無來猶若虛空湛然無動不被境相之所動搖於真實法漸次悟入於一切境及以如來言音色聲悉是空相實性義中無諸名字所以者何如來所修因地行願遠離虛妄名相分別安住真實無相理中但方便智隨順衆生根性差別稱彼物機說諸妙法如一味雨普

得所滋越煩惱河到菩提岸淨信天子汝修淨行當離處妄於一切相而勿執著了諸染法本性虛妄清淨一心遠離業障是眞佛子是眞菩薩汝等天人菩薩衆會從久遠來根本趣求菩提果法應當先行施等諸行堅固無捨離諸顛倒虛妄分別漸次證得眞實解脫

爾時恭敬寂靜自在天子復白妙吉祥童眞菩薩言云何而修眞實義諦妙吉祥童眞菩薩言修眞實諦具諸智慧當以上妙飲食湯藥種種供養心無退轉復修禪定觀智圓成常行是行不離觀想復勤修習深入佛慧天子汝可當學諸大比丘不作諸惡常住法界不生外想常住法界不隨愚夫常住法界行安樂法常住法界捨不安樂常住法界唯學佛法圓滿寂靜永斷輪迴了悟涅盤及以煩惱本性平等而得解脫是眞比丘與諸菩薩等無差別常作觀想世間塵勞生死根本顛倒妄想悉皆是空何以故如來常說生死涅盤名字皆空譬

如陶器及諸寶器質異相同如空平等如是天子應當觀想一切有情煩惱染緣性本幻妄天子菩薩所修諸大乘行先須修習眞實義諦若不修習聖眞實諦則無有法化諸聲聞是故菩薩捨聲聞行行眞實行雖修大乘捨而無著爲於聲聞及諸有情說諸方便與善安樂令作正觀喜樂大乘眞實義諦遠離輪迴常樂淨處天子是名菩薩令諸衆生及聲聞人修學菩薩眞實聖行汝等應當如是修學菩薩正行常行恭敬於一切時心不散亂心常謙下不生高慢亦復不生諸餘染慧唯修觀想行善方便趣向菩提此即是名菩薩眞諦二乘空智無有悲念愛樂菩提遠離流轉不還世間無善方便引導衆生於佛菩提心生怯弱妙吉祥菩薩復告恭敬寂靜自在天子汝諸天子設復輪迴爲求佛法心未嘗懈由是功德眷屬無數自然富貴珍寶盈溢福德廣大如海無量所居宮殿嚴麗殊特餙以妙寶自在富樂汝爲諦求無上菩提

一切捐捨不生愛樂如是天子菩薩摩訶薩修菩薩行捐捨財物及諸珍寶亦能捨於頭目髓腦行大慈悲諸波羅蜜悉皆修習如披甲冑有大勢力福智如海具足了知大乘功德化諸有情從於佛土至於佛土一切不遺得眞實諦天子汝等諸天微妙上服所出異香遍布餘處有種種香以眞實相學佛智慧於佛功德戒定慧香解脫知見種種之香等無有異此香能斷生死塵勞煩惱根本汝諸天子於往昔中以衆香花珍寶衣服晝夜六時作諸供養正念思惟持諸淨戒百千俱胝那由他劫願力圓成聞說如來戒定慧等五種妙香欲盡煩惱自然感得身出妙香與佛菩薩等無有異爾時恭敬寂靜自在天子復白妙吉祥童眞菩薩言寶幢如來國土之中諸聲聞衆有何所爲修眞實諦時妙吉祥童眞菩薩告天子言彼諸聲聞由信重法乃至生滅不離於法而能出過四果四向非須陁洹悉能出過一切惡趣非斯陁含而能往

來教化衆生非阿那含知一切法無去無來非阿羅漢亦能受於三千大千一切供養及非獨覺佛所說法悉皆能持不離於貪而無貪縛不離於嗔不爲嗔縛不離於癡而無癡縛不斷煩惱離諸暗障不離塵勞勤行精進誘進衆生不計我人令修正念遠離身心出生神足五根曉了摧一切法五力現前趣於彼岸住深禪定於法界中智慧明了遠離無明漸證解脫而以肉眼觀諸佛國而作佛事復以天眼見諸衆生輪迴生死又以慧眼觀衆生心本具眞實復以法眼見一切法本性平等復以天耳遍聞一切諸佛說法悉皆了知復聞百千俱胝衆生覺觀之聲知心善惡以神通力遊諸國土無不周遍離復往來若身若心安住法界決定修學或現其形無麤色相具功德力種種莊嚴威德光明名稱顯著由戒定慧之所薰修於諸世間一切煩惱無所染著於佛言教辯才博聞以智慧明破諸黑暗得陁羅尼觀諸聲聞及辟支佛雖

佛智慧無有窮盡何以故如來功德由如大海正念定慧喻若須彌於三摩地勤行忍辱降伏諸魔摧破外道得善安樂諸法之王心得自在亦如虛空遍入一切非所能喻天子當知彼寶幢佛所諸聲聞衆觀想思惟如是具足說是語時而此會中五百比丘五百優婆塞五千天子聞妙吉祥童眞菩薩說是語已作諸供養供養世尊及諸菩薩復白佛言我等今者皆願求生寶幢佛國如彼聲聞達諸法義於時世尊告諸大衆汝等當發無上道心不忻小果求大菩提方能得生寶幢佛國時比丘等聞是語時皆發阿耨多羅三藐三菩提心由是如來而爲授記汝等當來決定往生彼佛國土

佛說清淨毗奈耶最上大乘經卷上

佛說清淨毗奈耶最上大乘經卷上

校勘記

一　底本，金藏廣勝寺本。本經原有三卷，存卷上、卷中，卷下缺佚。無校。

佛說清淨毗柰耶最上大乘經卷中 門

同譯經西天寶法大師賜紫沙門臣智吉祥等奉　詔譯

爾時恭敬寂靜自在天子復白妙吉祥童真菩薩毗柰耶法有其幾種使諸衆生云何修習漸次證入諸佛智慧唯願大慈爲我等輩宣說清淨解脫法門時妙吉祥童真菩薩告天子言我聞寶幢如來所說毗柰耶法本性平等體無有異由佛如來隨順衆生根性頓漸方便開示禁䋣有情假立多種所謂法界無邊衆生無邊戒亦無邊衆生無始慣習熏修於情非情迷惑顛倒於違順境起憎愛心妄結業因自沈流轉故佛世尊隨宜開導戒律因緣稱彼物機各生意樂譬如清淨摩尼寶珠應順人心現種種物各得隨時濟自所乏此毗柰耶亦復如是隨諸衆生之所受持見在未來得如意報又如世間海水深廣於諸川澤無不含容一切有情一切珠寶依之而住此毗柰耶亦復如是隨諸衆生樂欲差別故分諸乘受持有異任其種性各得所依功德珍寶皆悉具足故毗柰耶是諸衆生一切善法依止住處世尊大慈平等利益觀諸衆生猶如一子爲人天性說三歸五戒如乘小筏得渡溝河近達彼岸人天乘此善戒功力超越三塗煩惱業水爲聲聞人受毗柰耶是趣大乘基址聖道隨心說戒戒無差別逐境論心戒成無量爲聖性人略說二種毗柰耶法謂即聲聞及與菩薩是二種戒力用不同故成別異聲聞所行唯專自行不務利他見苦有情心無悲愍不生救護菩薩修習損已益物於自身命眷屬財寶爲守淨戒無少悋惜不憚寒暄積集善利寃親相對歡喜普滋不作順違慈心攝受又聲聞人猒畏生死求自涅盤知苦斷集證滅修道遠離憒閙愛樂空寂菩薩用心不怖生死不住涅盤願於惡時安立正道又聲聞人於魔魔民唯求捨離不樂任持菩薩勝行見諸極惡邪行有情方便調伏軟言攝受令捨邪道爲自眷屬又諸聲聞於所受持毗柰耶法猶如世間陶石之器或有

破壞不能復完如多羅無心不復生長針鼻折缺匪堪重用人斷其頭無能還活菩薩戒法體性如金成其寶器設有所損性有堪任體本金故還復成用又聲聞人雖以堅持作無作戒而於十力四無所畏未有所證唯菩薩人漸次修習如來福慧汝善男子諸聲聞人於菩薩法不得自在身爲相累心被境縛由持淨戒定慧見前自乘聖因雖皆成就於究竟道最上菩提而未證得與諸菩薩所有戒定智慧勝力功德道品不可爲比說是語已爾時世尊讚歎妙吉祥童眞菩薩善哉善哉汝善學佛宣說聲聞菩薩所有清淨毗柰耶法令諸衆生隨自根心各有修證善男子此毗柰耶功德甚深不可思議我今爲汝及諸大衆重略宣說清淨最上秘密尸羅令各了知持犯名相漸次證入諸佛智慧汝善男子天人衆會慇懃恭敬諦聽思惟此清淨法三世諸佛之所尊重三世菩薩之所隨學諸佛菩薩所有微妙福德智慧皆從此生若但聞名少時信受亦獲十種殊勝功德一者智慧具足二者依佛隨學三者深信大乘四者善願堅固五者心不散亂六者遠離惡報七者常遇善緣八者心無纏染九者三昧現前十者得成佛道暫修少善獲果尚多何況長時心無退捨善男子此清淨法衆聖源流諸佛根本喻如大海水無邊際大身衆生歡喜愛樂長時遊戲心無猒足菩薩所行毗柰耶法體性深廣用無邊際功無限量菩薩愛樂終無猒捨世間所有陂池之水有情在中雖以爲樂水本淺近不久枯涸大身衆生甚不樂住其有細流漸入大海咸同一味聲聞所持毗柰耶法非菩薩人之所愛樂亦復能爲佛果正因名相有殊體實無異于時會中一萬二千諸天子衆聞佛世尊方便譬喻種種讚歎微妙甚深毗柰耶法皆各發起阿耨多羅三藐三菩提心頂禮世尊俱唱是言我等今者皆願當學摩訶薩埵根本聖因教化衆生令各調伏根識清淨漸次修行至如來地爾時世尊告天子言汝等往昔已曾親近供養諸佛於菩薩乘久植善本欲學最上清淨毗尼必得成就應當發起精進勇猛堅固道心不被煩惱之所纏縛五欲幻相深生猒捨了知貪愛生死苦源覺悟無明輪迴根本密護諸根堅意不犯初中後夜正念現前邪見妄心不能迷亂我人衆生及與壽命自性本空五陰六塵和合聚散尋伺覺觀分別緣生而無實體如是天子應當了知過現未來世出世間一切諸法本性平等猶若虛空究竟寂靜

尒時恭敬寂靜自在天子白佛言世尊今此會中是妙吉祥童眞菩薩善能宣說一切法要令諸衆生各有開解於最上乘毗柰耶法漸次修學方便悟入我今復欲問彼菩薩如來所有因地行願平等清淨解脫法門唯願世尊慈悲憐愍聽我諮問摩訶衍曩最上法義使我等輩及於未來一切衆生戒見具足不墮邪命尒時世尊讚歎寂靜自在天子言善哉善哉

能以方便利樂衆生今正是時宜應請問于時天子承佛威力歡喜踴躍詣妙吉祥大菩薩前嚴整衣冠威儀具足五輪踞地慇懃作禮禮已讃言仁者大士我今諮問如來所有諸法之要以何爲門令諸衆生入如來家得正覺道唯願慈悲爲我等輩開示演説于時菩薩在大衆中身放光明容貌怡悦端正殊妙威德特尊振大雷音作師子吼告天子言如汝所問諦聽思惟世尊大慈正遍知者證知我今爲汝略説善男子一切衆生從本已來迷惑顛倒不覺正因增長我人妄搆生滅由貪嗔癡爲生滅體如繩縛物無有自在永繫三界遠無出期深處塵勞不得清淨故於法門無所悟入善男子一切諸法本性平等無有高下愛憎之相無別法性成多衆生非多衆生有別法性故衆生法即如來法故衆生性即如來性能如是知能如是信於諸法性不生疑謗以此爲門入如來家得正覺道名眞佛子精勤修習植衆善本漸次除斷煩惱蓋纏初中後夜心常醒覺密護根門無令放逸識生滅相了知我法名義俱空假合幻緣不能迷動如是修習是諸菩薩眞實平等解脱法門善男子一切衆生顛倒既久煩惱愈增失於如來律儀淨戒四攝六度無以見前於眞實法不深愛樂自興異見邪妄推度朋黨惡人憍慢懈怠恣情縱意橫搆業緣植流轉根造生死本因果不斷惑苦相續念念交遷無得安隱不覺自身諸根四大假和合成藉因緣有因緣勢在假名呼召住世時分猶如幻人來往動轉緣勢力盡四大散滅身相歸空當知住世色力眷屬如夢所見名體非實是名衆生虛妄顛倒入生死門善男子一切衆生從無始來慣習慳悋於自内身不行惠捨唯深躭染晝夜愛著俄尒無常不復暫住如寄舍人屋宇敗壞別寄他舍色身敗壞心識隨緣異趣寄生惟留殘軀空成濃血何可愛著復於外財金帛錢寶計念鄙惜無片捨心不知此物本性聚散流轉世間妄恃豪富遠待長年不續善因恣情娛樂福緣殆盡水火風災劫掠時至財物耗散眷屬別離見受餘殃後沉惡道因果感應永處貧乏由内外物不行布施於七聖財無復能得諸大菩薩於自内身眷屬財寶無所悋惜見有求者如法施與是名菩薩布施法門善男子一切衆生從無始來隨逐魔道不護諸根縱貪嗔癡違越梵行於三寶所無敬信心不樂律儀唯行放逸喜煞衆生習不與取好處汙行言不眞實飲噉非食嘗無猒足聲聞緣覺菩薩大人作無作戒曾不親近人天善法亦不修習來往三塗無有間斷諸大菩薩於佛所說毗柰耶法清淨禁戒乃至無有如毛頭許而不信受是名菩薩淨戒法門善男子衆生無始惑於法性於無我處妄執我人嗔恚見行相續嫉妬常懷諍訟損惱有情遇苦違緣復加逆害諸大菩薩於我及所了知爲空設遇寃家欲相謀害以憐愍心歡喜隨順不生加報是名菩薩忍辱法門善男子一

切衆生從本已來身心懈怠著諸垢穢退失善法五欲醉亂常無醒覺親近惡友違善知識於諸如來一百四十不共功德清淨法門不能隨學於諸菩薩自利利他饒益行門亦不了知於辟支迦十二因緣順逆觀行不能明解於聲聞人四聖諦法淥淨因果無所趣入於人天乘世間善法無信向心唯積惡緣以增懈怠而諸菩薩由種性力心不怯弱人天二乘菩薩如來所有上行發勇猛心遍勤修習雖遭衆苦終無悔惱是名菩薩精進法門善男子一切衆生心意狂亂晝夜放逸種種覺觀於諸塵境念念隨逐若身若心曾不安息菩薩摩訶薩由修淨戒禁禦六根深入禪那身心寂靜是名菩薩禪定法門善男子一切衆生愚癡闇鈍多無知覺於佛所說三十七品四無量道慈心濟物與樂法門悲愍一切苦惱衆生拔苦法門其性柔和愛樂衆生喜悅法門遠離憎愛無冤親想平等法門身受心法四念安住無我法門修四正斷

遠離障淥清淨法門備四神足輕舉動轉運通法門具五善根增長功德出生法門五力圓具破諸魔冤摧伏法門七覺支分八聖道品淨功德門皆不曉了而諸菩薩具足修習福德智慧於修多羅毗柰耶法及阿毗曇悉能深解是名菩薩智慧法門尒時寂靜自在天子聞妙吉祥童真菩薩所說種種清淨法門發希有心堅固不捨以柔軟音復問菩薩仁者大士云何名爲法界性門菩薩荅言善男子一切諸法有爲無爲體用周遍無所不攝名法界門又問法界以何爲界荅天子言謂有情界及無情界爲一法界重復問言如是法界有邊際不菩薩告言汝意云何如虛空界有邊際不荅言不也菩薩告言虛空無邊大地無邊衆生無邊法界無邊天子問言仁者大士此法界性可分別不菩薩荅言法界性者不住於色不住於聲不即衆生不異衆生寂靜湛然遍一切處絕諸戲論法界之名本亦不有天子問言仁者大士具修幾

緣有如是心辯才分別能說諸法童真菩薩告天子言汝見世間幽巖山谷有幾種心出諸音響而應外聲天子荅言山谷無心猶外有聲相合生響菩薩告言我今亦尒我本無心分別諸法隨衆生性應緣所說天子問言仁者大士爲依何住速能成就阿耨多羅三藐三菩提童真菩薩荅天子言菩薩修行住五種法無有間斷速能成就阿耨多羅三藐三菩提何等爲五謂菩薩摩訶薩最初發起大菩提心慇懃勇猛志求佛道於其中間不起一念聲聞緣覺下劣之心是一無間菩薩摩訶薩最初發心救濟衆生而於自體身手支分眷屬財寶無所愛惜亦不能生暫時慳悋是二無間菩薩摩訶薩最初發起慈悲之心於諸衆生悉欲度脫其中未嘗少有懈廢是三無間菩薩摩訶薩最初發心修菩提行知一切法本無自性從緣而生從緣而滅決定信忍未嘗於中生諸異見是四無間菩薩摩訶薩始從初發大菩提心具正知見行

平等道遠離空有斷常之病猒有漏法不著三界是五無間善男子菩薩摩訶薩住五無間生精進心速得成就阿耨多羅三藐三菩提法天子又問仁者大士頗有凡夫衆生住五無間亦能成就阿耨多羅三藐三菩提耶菩薩荅言可得成就天子問言以何因緣而得成就菩薩荅言於一切法了知爲空無疑無謗作者受者俱無自相如是修習故得成就阿耨多羅三藐三菩提

佛說清淨毗柰耶最上大乘經卷中

佛說大乘隨轉宣說諸法經卷上　晉七

明教禪才法師克譯經三藏沙門臣紹德等奉　詔譯

如是我聞一時佛在王舍城鷲峯山中與大
比丘衆千二百五十人俱諸大菩薩摩訶薩
衆二千人俱其名曰莊嚴菩薩師子遊戲菩
薩不動光菩薩歡喜無垢光菩薩日光焰菩
薩甚深離垢菩薩蓮華相菩薩師子智菩薩
金色相菩薩梵天音菩薩師子慧王菩薩無
垢金光菩薩微妙色身菩薩放光壞魔菩薩
寂靜諸根菩薩陀羅尼王菩薩吉祥清淨相
菩薩妙吉祥摧伏壞魔菩薩等而為上首爾
時師子遊戲菩薩在大衆中觀佛身色金光
晃耀心生愛樂即從座起遶佛三匝右膝著
地合掌恭敬而說伽陀曰

如來真金色　相好端嚴身　於塵沙劫中
積集諸功德　福智悉圓滿　證於無上道
興運大悲心　應現娑婆界　人天八部衆
瞻仰無厭足　從於自性中　演出微妙法
甚深難可測　唯佛乃能知　衆生性昏懵
聞說不能解　如來大導師　方便能善巧
誘彼諸群迷　漸次得開悟　衆生妙明心
本來常湛寂　清淨無垢染　具足諸功德
體性如虛空　無有諸罣礙　不生亦不滅
無去亦無來　安住於法性　不動如須彌
一切悉平等　真實不思議　衆生無始劫
貪著於諸欲　墮入苦海中　不能求出離
如來甚深法　微妙極難思　於上中下機
隨順而演說　如天一味雨　偏洒於十方
草木及叢林　根莖隨大小　而於大地中
無不蒙滋益　如來所說法　悉亦復如是
以一微妙音　演說無量義　根器有差殊
聞之各得解　故於一會中　咸皆入佛慧
是佛神通力　名為不思議　我於往昔劫
常隨佛所化　而今此會中　亦預佛座下
如來所說法　我悉能總持　見在及未來
願佛為宣說

爾時佛告師子遊戲菩薩摩訶薩言善哉善
哉善男子世間一切衆生妙明元心本來清
淨無諸垢染圓滿十方湛然寂靜猶如虛空
本無塵翳寂然清淨衆生眼病空華發生花
生花滅病眼所見眼翳既消空華亦滅清淨
盡空本來不動妙明元心亦復如是本來清
淨無諸垢染衆生顛倒背覺合塵於諸塵境
分別心生眼見於色耳聞於聲鼻嗅諸香舌
嘗於味身受諸觸意了法塵此六根識各各
自偶諸塵境界於諸塵境妄想執著便生愛
染造種種業業成受報隨諸苦海生死輪迴
受大苦惱如旋火輪無有休息如來大慈憐
愍一切設諸方便說奢摩陀三摩鉢提禪那
止觀法門令彼攝心漸漸熏修證於佛果免
斯惡道善男子諸阿闍梨與諸世間一切衆生
欲求菩提用真實心直行正道若心行染欲
諂曲不實是行邪道希求菩提無有是處善
男子若諸衆生心行善行除彼妄想無諸分
別了了法空寂無空見無願見不起妄見無性
見無相見無佛見無菩提見常行正見種諸
善根菩提願足如是之人身如無價珍乃至
過去未來見在三世諸佛盡行此道而得菩
提名為解脫斷盡疑惑無分別心清淨語業
說真實法得一切智顯現自然相顯現無文
字無非文字真實相說菩提心相說布施說
平等無貪故持戒說無諸染欲故忍辱說心
無瞋恨故精進說無諸懈怠故禪定說安住
寂靜故智慧說善能揀擇故如是各各開說
奢摩陀三摩鉢提禪那門百千俱胝那庾多
門甚深無比傍生地獄諸有情等聞說法音
悉離諸惡趣了知空無相無願解脫如是恭
敬供養三業清淨尊重功德得心安樂猶如
平地一切聲聞緣覺菩薩摩訶薩晝夜恭敬
甚深解脫最上第一世尊如是說已師子遊
戲菩薩摩訶薩讚歎歡喜深生領解爾時世
尊而說偈言

汝與世間　一切衆生　心無有二　了諸法空
而得菩提　雖貪嗔癡　無令更作　自性清淨
虛妄不生　平等一心　無有散亂　求法有情
當如是會　觀想幻夢　了知不實　趣佛菩提
定知不遠　得如是道　得而無得　明而無明
惟契如來　智慧明了　如是而知　世間第一
名大丈夫　人皆敬仰　始自迴心　親近善友
瞻仰承事　無有懈怠　漸漸增進　了法性空
勤修諸行　更無退轉　生於勝處　獲得菩提
禪定現前　湛然不動　亦不持戒　亦不分別
有戒無戒　體性一故　得菩提已　心入佛乘
安住法性　體如虛空　無有罣礙　演說正法
度諸有情　平等一心　與佛無異　復有比丘
貪著放逸　不學聖道　身心散亂　一如狂人
又似巫神　晝夜常作　三毒重罪　愚夭凶惡
性難調伏　至極癡人　終無利益　親近惡友
躭戀五欲　迷惑女人　未曾暫捨　彼人一心
造破戒罪　愚癡不覺　毀盡尸羅　破戒人中

斯爲第一　於諸善道　無毫髮許　力行闡提
忿恨憍傲　造罪畢已　當受苦報　於諸善法
心不好樂　聞音樂聲　歡喜踊躍　心戀不捨
明習惡人　身語不善　隨順貪嗔　共相娛樂
漸漸游行　至一聚落　復聚落中　人多修善
聞誦佛聲　不生敬仰　唯尋惡友　共造欲樂
隨惡趣中　失菩提路　若阿闍梨　比丘知識
作諸功德　求大乘行　聞小法音　不樂親近
常行忍辱　無憍慢心　遠訪法師　精求妙法
持陀羅尼　祕密章句　書寫經卷　無數百千
智慧發明　歡喜踊躍　如是之人　得佛功德
與佛無異　經俱胝劫　更無退轉　安住佛道
湛然不動

尒時師子遊戲菩薩摩訶薩白佛言世尊我等今者聞佛所說甚深妙法得未曾有心生懽喜瞻覩威光遵仰慈誨誓勤熏習無敢懈怠有樂法者隨爲開說是時復有天龍夜叉乾闥婆阿蘇囉迦樓羅緊那羅摩睺羅伽與其眷屬及世間衆生皆來親近供養恭敬尊重禮拜咸求解脫復有八千天子與其眷屬捨天快樂求詣佛所聽聞妙法而求解脫復有二千藥叉與其眷屬捨除暴惡皆發阿耨多羅三藐三菩提心復有三千大竜亦與眷屬發菩提心求詣佛所布求出離復有五百比丘尼衆皆求親近恭敬禮拜尊重讚歎歡喜踊躍聽受教法求菩提道復有二千俱胝菩薩摩訶薩衆聞佛說法除障解脫尒時世尊告師子遊戲菩薩言善男子我昔與汝於然燈如來應供正等正覺所聞說法要修忍辱行安受苦忍無有缺犯諸惡不生具足圓滿復聞演說六波羅蜜所謂布施波羅蜜持戒波羅蜜忍辱波羅蜜精進波羅蜜禪定波羅蜜智慧波羅蜜因是得聞最上妙法增長善根得不退轉由於彼時聞佛教法懃行精進證於道果獲大人相尊重佛法常當供養十方諸佛及大菩薩事善知識了法性空得正念現前善男子汝又於過去無數阿僧祇劫有佛出世號須彌三如來應供正遍知明行足善逝世間解無上士調御丈夫天人師佛世尊彼佛壽命無量百千俱胝那庾多歲世界名曰瑠璃金光其佛國土地平如砥金銀琉璃硨磲瑪瑙衆寶合成而嚴飾之無諸穢惡瓦礫荊棘善男子尒時彼佛會中有八十百千俱胝那庾多比丘皆是阿羅漢一切漏盡無諸結使心得解脫復有無數百千比丘尼衆復有無數百千優婆塞衆無數百千優婆夷衆俱來會集善男子時彼世尊說法教化三乘衆生爲諸聲聞說四諦法爲諸緣覺說十二因緣法爲諸菩薩說六波羅蜜法甚深微妙諸善法要令諸大衆安住法中各得解脫善男子時彼瑠璃金光世界寶地平正多諸寶樹行列道側金繩界道寶網交絡微風吹動千相振觸出微妙音聲其聲演說諸法無常苦空無我諸妙法音所謂空聲無相聲無願聲不生聲不滅聲無色聲無性聲其中衆生聞是種種微妙音聲心生歡喜各得解脫善男子汝於彼須彌王如來應供正等正覺清淨法中而作比丘名曰勸慧愛樂正法求佛種智無諸貪欲戒根清淨心常懽喜讚歎大乘晝夜懃修恭敬供養有來求法須爲演說不生堅孝種種開說令其解脫心無希求安住平等具足善根滿菩提願善男子時汝比丘爲求法故樂誦經典增長智慧歸命大乘無量功德復事賢善知識盡劫供養曾無懈倦多諸方便安樂一切善男子彼勸慧比丘爲利衆生捨離舊止遊諸聚落次第循門而行乞食其中衆生清信男女有來親近生敬重心種種供養勸慧比丘爲說法要忍辱禪定功德難量令其信解堅固道意彼聚落中復有一類下劣衆生見僧恐怖意不樂見避走遠去以其過去惡業因緣譬諸禽畜無有異也時勸慧比丘見彼惡人心生慈愍不憚辛勤漸次親近開誘示導爲說法要各各省己悔過皈命三寶善男子時勸慧比丘舊住精舍善友知識各相謂言彼勸慧比丘宿植善本深達法要於其衆中而爲上首今以何緣捨離精舍遠遊聚落極受勤苦教化衆生而行乞食我等比丘心生憶念相率遠去迎請歸還到於彼處遂見勸慧咸生歡喜各各問訊起居輕利善住安隱我等今者遠來尋訪願還舊居依時供養精妙飲食香花燈果長時無缺唯願慈悲同歸舊止是時勸慧比丘不受其請樂居寂靜複捨聚落遠行前去過一蘭若屏棄諸緣寂然安住精修苦行積集功德種智增明勸慧比丘復於一時不樂蘭若又入深山人所不到勤羨此境堪可安居精持結夏修習禪觀遵佛禁制然於此中多諸走獸虎狼師子野干衆禽皆來親近銜花獻果種種供養時彼勸慧心生歡喜轉更精勤無諸違辯善男子汝昔世中

一類比丘於佛教法不生愛樂不修梵行不護尸羅毀謗大乘虛食信施無有慚愧遠善知識常黨惡人上品貪毒人皆避見愚癡惡作失聲裂服墮在地獄九十俱胝百千劫受大苦惱畢是罪已復受六十百十俱胝劫苦中極苦不可比喻後遇勤慧比丘種種開示

晉七　七宋　進

說有如來應供正等正覺清淨教乘令生信解善男子勤慧比丘又復阿閦如來應供正等正覺於彼法中亦作比丘忻樂正法求佛智慧用眞實心供養恭敬尊重佛法書寫經典作諸功德心無懈怠近善知識多諸方便發懽喜心勸化有情令皆出離時諸衆生歡喜敬仰善男子時彼如來復爲勤慧比丘說諸法要令增種智苦惱不生貪嗔不作不隨惡友墮諸惡趣防護自身無諸過咎一心供養講說正法晝夜常持清淨法實漸次增進無有退轉善男子當介之時三千大千世界衆生聞佛所說行十善業安住法中一切菩薩行六波羅密具足功德安樂一切介時佛告師子遊戲菩薩言彼時勤慧比丘者今汝身是也

佛說大乘隨轉宣說諸法經卷上　晉七

佛說大乘隨轉宣說諸法經卷上

校勘記

一　底本，影印宋磧砂藏本。

一　五二頁上二行譯者，[徑]、[清]作「宋明教辯才法師充譯經三藏沙門紹德等奉　詔譯」。卷中、卷下同。

一　五二頁中一七行第一〇字「隨」，[南]、[徑]、[清]作「墮」。

一　五三頁上二一行第五字「求」，[徑]、[清]作「來」。

一　五三頁上二四行第六字「求」，[徑]作「來」。又第一〇字「布」，[南]、[徑]、[清]作「希」。

一　五三頁上二五行第六字「求」，[南]、[徑]、[清]作「來」。

一　五四頁上九行「忻樂」，[清]作「欣樂」。

趙城縣廣勝寺

佛説大乘隨轉宣説諸法經卷中　門

明教大師臣法賢奉　詔譯

尒時文殊師利童眞菩薩白佛言世尊云何離除業障得清淨心佛告文殊師利要離惡業當學一切法了知諸法分別心生虛妄不實空智現前業障自除心得清淨復次文殊師利一切衆生從無始劫來妄想顛倒貪嗔癡三爲因造殺盜婬業無量無邊墮落諸趣輪迴生死受大苦惱無有休息業障熾盛惡魔嬈惱故心不得清淨復次文殊師利汝今欲知一切衆生離諸業障心得清淨當學如來一切法於身口意三業清淨晝夜精勤修持梵行遠離苦惱分別不生希求菩提恭敬供養佛法僧寶長時誦習大乘經典祕密陀羅尼身心堅固無有退轉觀想了知生住異滅念念無常刹那生滅一切虛妄無有眞實安住禪定漸漸增進心無散亂一切惡魔不得其便自然快樂意地發明積諸功德滋長慧命證佛菩提無上道果是名出家是眞佛子乃知如來甚深法藏廣大如海饒益有情無有窮盡得無上法寶復修禪定觀想法空無諸苦惱獲功德力行平等行心常護持晝夜恭敬尊重讃仰一切解脱身心快樂了知生滅一切皆是幻夢安住法中生於勝處具足圓滿更無退失如是而修惡業自除心得清淨

尒時文殊師利童眞菩薩白佛言世尊云何四聖諦佛告文殊師利四聖諦謂苦集滅道是名四聖諦文殊師利白佛言世尊當云何學佛言當學一切法得彼法智現前於此分別不生善與不善觀想自性清淨了知一切悉皆虛妄文殊師利白佛言一切衆生云何不學佛言愚夫異生爲毀謗教法不生善心不修梵行不讀誦經典不受教誨於佛教法不肯少學常作惡行流浪三界而生歡喜即不知一切法如幻如夢如陽焰虛妄不實若諸衆生學一切善法修習奢摩他定觀想自性清淨了知貪嗔癡悉皆虛妄安住法中得彼定力身心快樂愚夫不學善法不知有佛法僧寶

普徧虛空微妙難見文殊師利白佛言云何此法微妙衆生難見佛告文殊師利此法如風生浪起只見浪起不見風生唯汝文殊須善提能知餘皆不解介時文殊師利白佛言世尊云何四念處佛言文殊師利四念處謂觀身不淨觀受是苦觀心無常觀法無我是名四念處文殊師利言當云何學佛言一切衆生當觀想自身五種不淨觀受有苦受樂受捨受三悉皆是苦觀心無常念念無常刹那生滅觀法無我四大五陰無實我體是名四念處一切衆生當如是學文殊師利白佛言世尊云何五根佛言五根謂信進念定慧是名五根文殊師利白佛言當云何學佛言學法衆生於一切法中觀想此法深遠能生信故名信根了知此法勤行精進除障解脫名精進根然於此法一心想念不忘名念根了知一切法定知心生名定根以慧揀擇一切法空名慧根是名五根文殊師利白佛言世尊云何七覺支佛告文殊師利念覺支

擇覺支精進覺支喜覺支輕安覺支定覺支捨覺支是名七覺支文殊師利白佛言世尊當云何學佛告文殊師利學法衆生於自性中了知一切善不善法棄捨世緣勤念正法名念覺支擇謂以自性智於三界能揀擇故名擇覺支精進謂了知一切法勤行不捨名精進覺支喜謂於一切諸行發生晝夜喜行妙性快樂歡喜故名喜覺支輕安謂安住一切法中不爲魔嬈心得自在故謂輕安覺支定謂了一切法本無自性修三摩地名定覺支捨謂心安住一切法不住智不住佛捨離諸緣名捨覺支是名七覺支文殊師利白佛言世尊云何八正道佛告文殊師利八正道謂正見正思惟正語正業正命正精進正念正定是名八正道文殊師利白佛言世尊當云何學佛告文殊師利彼一切衆生了知一切法三業恭敬是名正見彼於一切法分別不分別喜不喜名正思惟彼了知一切法眞實言說名正語彼於一切法了知唯造善

業名正業彼於一切法安住平等眞心名正命彼於一切法勤修大乘名正精進彼於一切法不生惡念名正念彼於一切法不散不亂名正定是名八正道彼學法衆生一心了知四聖諦四念處五根七覺支八正道如是等法一一修學已得到彼岸生諸佛國無有恐怖得金剛堅固心一切羅漢聲聞沙門婆羅門及小婆羅門等聞佛說此微妙最上法門有大神力能除熱惱獲得心地清涼諸比丘若能轉轉勤行心無退轉與我無異而諸天人晝夜作諸音樂持衆名香種種奇花珍妙飲食堪受供養文殊師利彼諸比丘若不斷嗔入王城持鉢循行乞食爲魔所惱染著諸欲非佛弟子與俗無異復有比丘心無嗔故了知大乘微妙法行法義言句於眞實正行而得解脫介時三千二百天子持天曼陀羅花種種名香上妙飲食恭敬供養心大歡喜互相讚嘆出家功德與如來佛國而無有異介時文殊師利白佛言世尊我聞佛說

祕密陀羅尼章句云何佛告文殊師利我爲汝說祕密句檿句金剛句慧句是名陀羅尼章句法門此法門菩薩得一切法句發生剎那剎那得忍辱法文殊師利言云何名祕密句法門佛言我爲汝說祕密句眞實章句於一切法中心愛樂祕密句爲第一如汝文殊師利於一切菩薩中而得第一祕密句亦復如是復次文殊師利祕密句如虛空我身徧滿虛空一切法亦如是徧滿虛空一切菩薩現前不現前都是一如名眞實祕密句文殊師利白佛言世尊云何檿句佛告文殊師利我爲汝說檿句不動貪法界住一切法動我不動大乘不作種種世事是名檿句文殊師利白佛言世尊云何金剛句佛言我爲汝說金剛句嗔衆生長時有嗔金剛能斷一切法是名金剛句文殊師利白佛言世尊云何慧句佛言我爲汝說慧句癡是學佛智一切衆生非學佛智不到彼岸若諸衆生學佛智一切慧具足有慧無慧悉能了知此是甚深

慧句

尒時文殊師利童眞菩薩白佛言世尊云何擫句色佛告文殊師利擫不動不怖善安住法界安住大乘行了色本空衆生心迷散亂不定亦不明了不修禪定不知色體幻化不實妄執爲有是名擫句文殊師利白佛言世尊云何寂靜句受佛告文殊師利遠離諸惡得淸淨心非有所受無東方無南方無西方無北方無四維上下方一切衆生得少分樂自言我得安樂而不知晝夜諸苦所逼汝文殊師利無苦樂受諸惡不生安然不動於一切受無東西南北方無上中下方觀草木山川猶如虛空衆生愚癡如何得不動造諸惡業不見無相是名寂靜句文殊師利白佛言世尊云何祕密句想佛告文殊師利想於一切法圓滿分別如空如陽焰虛妄不實皆無自性悉當遠離是名祕密句文殊師利白佛言世尊云何祕密句行佛告文殊師利行一切法不可稱數不可得見無體性故猶如芭蕉汝

文殊師利悉能了知衆生無智但樂諸惡於一切法不能遠離是名祕密句文殊師利白佛言世尊云何祕密句識佛告文殊師利識如幻化妄生一切法空無自性無自相如是五蘊如五指不實如虛空悉是假名衆生惛懵不能曉了是名祕密句文殊師利白佛言世尊云何祕密句色佛告文殊師利色一切法衆生心癡眼癡毀謗正法不好勤學愛樂於色不知虛妄文殊師利汝於色塵悉能了知是名祕密句文殊師利白佛言世尊云何祕密句聲佛告文殊師利聲虛空發生不可得見種種語言音響之聲耳識聽受是名祕密句文殊師利白佛言世尊云何祕密句香佛告文殊師利香發諸塵不可得見但識所聞識亦無故皆是虛妄是名祕密句文殊師利白佛言世尊云何祕密句味佛告文殊師利味無自性妄生於舌衆生分別愛樂貪著是名祕密句文殊師利白佛言世尊云何祕密句觸佛告文殊師利觸本無故觀想一

切法如虛空衆生愚迷於境於身種種貪著以爲妙觸是名秘密句文殊師利白佛言世尊云何秘密句地佛告文殊師利地性質實於法思惟無自體性亦無自相衆生顛倒妄執爲有種種戀著是名秘密句文殊師利白佛言世尊云何秘密句水佛告文殊師利觀諸水性猶如陽焰虛妄不實故是名秘密句文殊師利白佛言世尊云何秘密句火佛告文殊師利火性猛烈苦惱衆生此法滅故自性寂靜分別不生最上極樂是名秘密句文殊師利白佛言世尊云何秘密句風佛告文殊師利風一切法不可得見衆生貪著動作往來風力所轉是名秘密句文殊師利白佛言世尊云何秘密句佛亦如是佛告文殊師利一切不善法十方諸佛各各開說教詔衆生是名秘密句文殊師利白佛言世尊云何秘密句法亦如是佛告文殊師利一切法不可取不可捨觀想無我無自相無自性心不散亂是名秘密句文殊師利白佛言世尊

云何秘密句僧亦如是佛告文殊師利彼無數僧妙住法界於三摩地平等持戒修平等慧平等解脫於平等法中善安住故餘無所學是名秘密句文殊師利白佛言世尊云何擨句虛空境界佛告文殊師利一切法虛空境界不思議境界於諸境界不可取不可捨不可住無有住處是名擨句文殊師利白佛言世尊云何擨句一切法住虛空佛告文殊師利一切法不離虛空住不生煩惱住寂靜故是名擨句文殊師利白佛言世尊云何擨句一切法無分別心佛告文殊師利一切法不學不問不作不親近不發願不生愛樂寂靜如虛空是名擨句文殊師利白佛言世尊云何擨句一切法微妙佛告文殊師利一切法離垢安住清淨光自在妙圓滿清淨虛空圓滿清淨發生微妙身安住於法是名擨句文殊師利白佛言世尊云何擨句一切法安住虛空佛告文殊師利一切法安住虛空不可見一切法離垢安住亦不可見是名擨

句文殊師利白佛言世尊云何擨句一切法敎詔學佛告文殊師利一切法敎詔衆生不來勤學不學觀想不作意晝夜六時不學又不問鄰座不會解釋不能宣說無有智慧不能分別亦不愛樂不親善友我慢貢高遠離敎詔不得解脫是名擨句文殊師利白佛言世尊云何擨句一切法最上遠離佛告文殊師利一切衆生於諸善法而不肯學唯造罪惡不親賢善無有智慧是名擨句文殊師利白佛言世尊云何擨句衆生難敎詔佛告文殊師利若諸衆生心不散亂唯勤學法親近供養自然往詣敎詔求法福慧乃生若衆生不學一切法唯造惡業欲求福慧無有是處是名擨句文殊師利白佛言世尊云何擨句衆生得一切智佛告文殊師利一切衆生勤求學法得一切智發歡喜心生大乘行明了自性得一切智是名擨句文殊師利白佛言世尊云何擨句衆生得一切智智具足佛告文殊師利一切衆生自性自性中於如來

平等一切智慧悉皆曉解一體性相是名橛句文殊師利白佛言世尊云何橛句一切衆生菩提道場佛告文殊師利菩提道場惟求佛法一切法寂靜道場一切法生道場一切法性道場一切法求道場文殊師利言菩提道場我一心求法不求餘相一切衆生一切人民常樂往彼求此菩提道場是名橛句文殊師利白佛言世尊云何橛句一切衆生得此忍辱佛告文殊師利學法衆生息念觀想淨慧發生於諸名相不生分別得忍辱平等是名橛句文殊師利白佛言世尊云何橛句一切衆生善友說法佛告文殊師利一切衆生與十方天人諸小天人各各說法希求菩提心生歡喜供養恭敬除障平等於無體相安住是名橛句文殊師利白佛言世尊云何橛句一切衆生得此陀羅尼佛告文殊師利一切衆生學觀想色聲香味觸任持甚深圓滿分別圓滿不分別是名橛句文殊師利白佛言世尊云何橛句一切衆生慈心具足

佛告文殊師利一切衆生樂修慈心了知一切法得平等慈是名橛句文殊師利白佛言世尊云何橛句一切衆生悲心具足佛告文殊師利一切衆生勤學如來平等大悲心大悲體具足是名橛句文殊師利白佛言世尊云何橛句一切衆生不得三摩地佛告文殊師利一切衆生不修禪那不樂不喜妄語顛倒性惡剛暴多諸障礙非有智慧無刹那頃愛樂禪定是名橛句文殊師利白佛言世尊云何橛句一切衆生貪具足佛告文殊師利一切衆生貪愛具足煩惱多生無歡喜心不樂寂靜不行平等而於貪性無有覺悟不得菩提是名橛句文殊師利白佛言世尊云何橛句一切衆生嗔具足佛告文殊師利一切衆生嗔具足安住嗔體性安住悉皆具足是名橛句文殊師利白佛言世尊云何橛句一切衆生癡具足佛告文殊師利一切衆生不求佛法一切慢一切行非梵行癡平等住癡體性住不學菩提是名橛句文殊師利白

佛言世尊云何橛句一切衆生癡身具足佛告文殊師利一切衆生身住癡一切法不誦經典不信不讀性惡憎嫌不樂大乘安住最上不善是名橛句文殊師利白佛言世尊云何橛句一切衆生邪見具足佛告文殊師利一切衆生邪見歸依十身佛不真實歸依常作十惡行十邪見不悟邪見體性愛樂安住五慾中安住貪嗔癡中安住障不得菩提是名橛句文殊師利白佛言世尊云何橛句一切衆生住處聽法佛告文殊師利一切衆生一心恭敬聽受當爲汝說一切衆生真實求法一心不動不生怕怖佛福廣大愚夫不知我有真實言教不生恭敬不安住聽受貪平等住嗔平等住癡平等住五慾中平等住障難平等住愛樂平等住不讚歎佛有如是無上正等正覺如是貪體性安住嗔體性安住癡體性安住五慾中體性安住障難體性安住愛樂體性安住不讚歎佛有如是無上正等正覺解脫佛告文殊師利汝若不問不

爲汝說汝今問我當爲汝說一切善法當學如來正等正覺一切善法平等具足如是師僧善友歡喜學大乘教行大乘行有大勢力捨離於此更無餘事專心發願求法最上精勤專心觀想五智如來境界如來境界無別境界一切境界平等晝夜如是學法一心供養文殊師利若諸衆生作如是求法得佛菩提了知善法一切善法具足如是若不學佛法與諸禽畜實無有異

佛說大乘隨轉宣說諸法經卷中

佛說大乘隨轉宣說諸法經卷中

校勘記

一　底本，金藏廣勝寺本。

一　五六頁上一四行「五根佛言」，磧、南、徑、清無。

一　五六頁下三行「惡念」，磧、南、徑、清作「惡業」。

一　五六頁下一二行「轉轉」，磧、南、徑、清作「展轉」。

一　五七頁中一行首字至末行末字「慧……汝」，磧、南、徑、清無。

一　五七頁下七行「惛瞢」，磧、南、徑、清作「惛懵」。

一　五七頁下一三行末字「虛」，磧、南、徑、清無。

一　五八頁中二行第五字「僧」，磧、南、徑、清無。

一　五八頁下一六行「是處」，磧、南、徑、清無。

一　五九頁上五行「一切法生道場」，磧、南、徑、清無。

一　五九頁中八行末字「那」，磧、南、徑、清無。

一　五九頁下末行至次頁上七行「文殊……平等」，磧無。

佛說大乘隨轉宣說諸法經卷下　晉九

同譯經西天譯經大師　賜紫沙門臣紹德等奉　詔譯

尒時蓮花遊戲天子與十千天子皆來供養世尊及文殊師利菩薩各持上妙名花優曇鉢羅花青色蓮花白色蓮花曼陀羅花摩訶曼陀羅花曼殊沙花摩訶曼殊沙花發恭敬心種種語言歡喜讚歎世尊文殊師利不好世樂超出三界心無煩惱亦無諸惡語言真實甚深真實法界吉祥真實吉祥微妙吉祥無數最上第一吉祥天子如是讚歎世尊文殊師利尒時佛告蓮花遊戲天子諸天子中汝得第一天子於身內外心無分別得最上第一法衆中最上第一微妙第一極妙第一真實心處大衆中能最上供養而得第一佛言天子汝無貪嗔癡不生煩惱若有如是與愚夫不具諸天子不得學鬭戰失菩提路若愛樂一切法菩提薩埵佛法樂修十地行如是天子宿種善根恭敬供養諸佛菩薩遠離諸惡心放光明勤學佛法於十地行妙安住故示現光明學佛教法勇猛愛樂若不如是好樂佛法多諸諍訟不生供養心智慧劣薄如是天子心高我慢不愛樂一切法不親近善友此天子爲衆所嫌於菩提而不和合無恭敬心輕慢三寶不學教法愚夫無異菩提道場甚深恭敬求一切智具足得天子行於菩衆安住彼諸天子不住貪不住嗔不住癡不戀資生不行邪見恭敬問訊世尊文殊師利禮拜供養於貪嗔癡悉皆遠離世尊如義而說天子愛樂如義而住是時世尊讚歎文殊師利安住大乘不行邪行亦無邪見諸天子聞佛說已住諸文殊師利所稱讚供養學一切法圓滿無分別無有邪行尒時十千天子聞佛於大衆中說無生忍辱法安住於此皆修文殊行得最上妙法於金剛句秘密句懺句了色本空體性不邪無有諍訟得菩提解脫法已恭敬供養修習禪定任持讀誦宣說書寫如是熏習五法人皆歡喜三業清淨於一切法一切佛法圓滿宣說得安樂行尒時佛告蓮花遊戲天子言如是聲色今世後世無智菩薩不樂佛法貪戀外聲外色不怕不怖於一切聲愛著迷惑無有福德世尊如是說蓮花遊戲天子讚歎於虛空中往來種種變化諸妙音聲宿世善根福業所作得佛菩提生上種姓體貌具足圓滿福業了悟色聲一切具足世尊記言汝當生天子菩薩摩訶薩真實殑伽沙劫尊重法師恭敬供養一切安樂衣食臥具飲食湯藥如是種種上妙香花燈塗晝夜不絕一切具足安住法中決定求得上妙福報無諸忿怒如是天子了悟色聲速得住諸菩薩殑伽沙劫一切安樂彼天子於殑伽沙劫不生煩惱心無輕慢圓滿言說法味真實如是天子生決定心聞佛法音了悟聲色無諸苦惱亦無毀謗歡喜讚歎得一切最上安樂佛言天子令一切人不求佛法貪戀資生不怕不怖不似娑羅王世人善根成熟世尊如是說已蓮花遊戲天子聞是法音了色體性深入佛慧若諸衆生不學佛法不修禪定於一切法不好不取非菩薩行當作惡想不學正智聞女人聲愛樂貪著不性罪業世尊說已蓮花遊戲天子言諸菩薩天子身心散亂不受世尊教學三業不善毀謗諸法貪著住嗔癡住癡住不近善友不學佛法貪著女人無有厭足不學歡喜樂受業聽樂聲喜聽惡人聲不學好人聲不學書寫聲不學佛聲貪著女色常如醉人

不學安樂聲不樂出家聲愛樂無佛聲聲喜聞外道聲戀女人聲不學佛法布施聲不學佛法持戒聲不學佛法忍辱聲不學佛法精進聲不學佛法禪定聲不學佛法智慧聲戀女人聲遠離世故遠親近惡友不學善人聲戀世間晝夜不捨不得涅槃戀著女人不學佛法不得解脫轉輪鄉村聚落從生惡著常與女人共相娛樂不親善友不行大乘行不行比丘行不行在家正行唯行邪道只於女人路行聽女人聲心生歡喜聞佛音聲不生敬仰不修梵行安住煩惱嬈亂衆人修外道行無福果報不學持戒行戀破戒行體性下劣惡不劣體性不親善友不樂佛法戀著貪不學佛法戀著嗔不學佛法戀著癡不學佛法愚昧不會不受教誨其心窒塞不能領解不學諸佛行不學菩薩行不學緣覺行於佛菩薩法不聞不學業障深重遠離而去造不善業貪戀女色心迷自作煩惱恆常不信真實菩提與轉遠離一切人難如是之人貪著女色不得安樂亦不救淨不禮拜不恭敬自不覺知不得菩提若菩薩天子勤修十善具實圓滿積集善根心中歡喜此菩薩天子往諸佛學多聞菩薩天子所修一切善根圓滿具足離除業障心得清淨除業障已身心輕安遠離諸惑晝夜更無女人想安住法性

介時文殊師利童真菩薩白佛言世尊諸佛法海無有邊際不可觀見微妙色相不可聽聞微妙音聲歡喜微妙音聲極喜微妙音聲一心専注修微妙佛性遠離障深到於到岸安住於法不住涅槃不住聚落不去不來無布施持戒忍辱精進禪定智慧無有忿怒無貪嗔癡悉皆平等世尊如義而説真實微妙法門佛言蓮花遊戲具大智慧天子文殊師利童真菩薩是二大士宿種善根於過去無量無數阿僧祇劫諸佛國土聽受教法修大乘行斷諸業障宿福深厚積集功德無量無邊過去因緣値斯福報今此會中實無有對如是蓮花遊戲天子遠離色聲用真實心以上妙種種香花燈燭珍妙飲食供養人皆不及親近佛聲聽文殊師利演説甚深平等真實法門介時佛告文殊師利童真菩薩言汝往昔劫於我法中了如是色聲乃上色相一切業障悉皆遠離安住福業萬德圓備餘皆不及乃至過去菩薩亦皆不及文殊師利言如是色業障嗔業障一切惡業障我已了知悉當遠離決定守護親近世尊如是説離一切染法得清淨福業心無煩惱是我宿生於無量無邊阿僧祇劫發廣大心修作福業思惟圓滿善行具足乃過去修習今時受報得値師子鼓音自在王如來應供正徧知明行足善逝世間解無上士調御丈夫天人師佛世尊彼佛壽命無量百千那庾多歲三界衆生了知圓滿世界名曰大光其佛國土多諸寶樹金繩界道寶樹行列香風吹動枝葉根觸出妙音聲其聲演説空聲無相聲無願聲不生聲不滅聲無色聲無自性聲如是音聲衆生聞已皆得解脱時彼如來有二十七俱胝聲聞衆皆來聽法大比丘衆斷諸煩惱去除重擔得善解脱心解脱是比丘心不散亂往來聽法求佛菩提彼如來復有二十七俱胝衆及大比丘衆皆來聽受荷擔如來尊重教法得善解脱心解脱如是他方菩薩皆來聽法各各得一切忍辱法具足安樂如是十方諸佛國土無數百千俱胝佛皆來聽法聞阿難多目佉陀羅尼三摩地無數百千那庾多衆生得寂靜安樂心生歡喜共相論議乃至宿世今生無有他來決定安什菩薩摩訶薩是時如來於彼國土宣説妙法一切畢已王法住世六十百千歲時彼如來復爲寂靜諸根菩薩説一切菩薩法人所讚歎心無外緣此菩薩往昔劫中修菩薩法淨道行住不樂世間一切法諸根不亂甚深解脱真實無上妙法了知色相言説歡喜踊躍尊心書寫與善知識共相論議非人不言恐生誹謗然彼衆生貪體性一切法住著嗔體性一切法住著癡體性一切法住著此善癡唯愛樂一切佛法不樂世間一切法非衆生方便愛樂准樂菩提行種種善行無分別心常行忍辱無貪無嗔無是無非安住如來甚深法界介時復有比丘名曰勝意愛樂菩提是時世尊爲説一切妙法得四禪定四無色定十二頭陀功德常行是行介時佛告勝意比丘寂靜諸根菩薩了知一切最上行勝意比丘聞佛所説合掌聽受遠離遠處寂靜安住修一切最上行介時寂靜諸根菩薩發廣大無邊心王城持鉢引導衆生循門教化乞食詣長者居士善友門化有智慧人心生歡喜供養讚歎或有居士善友惡言毀謗不生惡念少語知足真實言行心不嗔人和顏悦色彼居士善友讚歎時寂靜諸根菩薩説諸色法諸比丘僧多不了知入諸邪見僻居小處貪慢障安住嗔慢障安住癡惰障安住一切法愛樂障不聽真實言行寂靜諸根菩薩復勸在家居士善友不得貪煩惱不得造諸惡業居士善友不能行得忍辱行自性諂貪處自性諂多貪處性諂東西南北方四維上下方生五種毀謗云何謂愛樂貪嗔癡心多煩惱故時寂靜諸根菩薩於王城中遊行教化與居士善友言讚歎勝意比丘是真實僧人皆供養令不住王城歸寂靜處安住及不樂寺院香花供養諸比丘僧多不喜見此勝意比丘真善知識諸比丘僧深入邪見貪心障嗔心障癡心障不能遠離諸惡業障復次寂靜諸根菩薩言諸比丘僧不學善法不習一切觀想不學甚深妙法不求菩提介時寂靜諸根菩薩爲比丘僧而説伽陀曰

若有貪嗔癡　不修善提行　菩提無貪性
一切當遠離　愚夫不覺知　執著諸慾樂
非寂靜禪那　不能趣佛國　高傲於放逸
功德無少分　諸佛清淨戒　而生疑惑心
貪戀造諸惡　無佛法僧寶　談若學文字
心中多巧妙　於真實菩提　云何得解脱
丈夫學菩提　無煩惱分別　親近佛觀想
得正見具足　於法不能解　衆生墮邪見
遠離佛教法　安住貪嗔癡　不恭敬禮拜

不親近法師　苦惱生分別　無有忍辱心
迷惑不自知　愚癡作諸惡　去佛道甚遠
不受人勸化　疾速得菩提　若人有忍辱
平等解脫界　超出世間眼　一切悉知見
觀想忍辱法　而得佛菩提　於此安住故
決定無魔事　禪定力現前　如是解脫已
趣佛涅槃界　衆生勤學法　賞不可稱量
得不生不滅　無貪嗔癡故　歷遊諸聚落
亦無分別心　若有人毀謗　不生嗔恨故
或遇人讚歎　亦無懽喜故　安住佛菩提
一切悉平等　佛法如虛空　不可稱量故
無上佛菩提　愚夫不了悟　不修寂靜觀
於此不解脫　衆生貪放逸　無心學聖道
馳騁諸慾樂　與任人無異　愚癡不寂淨
不肯學菩提　云何離業障　衆生若了知
遠離諸慾樂　專心習禪那　衆中爲上首
曉解一切法　而行於正道　常念佛菩提
更無分別想　眞實心愛樂　最上菩提道
龍天皆歡喜　安住佛功德　於微妙法中
不生諸惡想　唯求佛菩提　更不學餘事
故於此會中　德行爲上首　我聞佛所說
種種學外道　營務作事業　不如佛法中
熏習諸善本　彼愛樂眷屬　及貪惡資生
不求佛菩提　好世間榮貴　無有剎那頃
學如來正法　多生分別心　安住諸慾樂
慾性本虛妄　如陽焰空谷　愚癡都不覺
心常生我慢　不識佛菩提　實無有知見
不了法空義　堅固執爲有　有爲及無爲
一切悉平等　衆生若曉了　勤修大乘行
趣佛菩提道　此非是凡夫　安住於法中
得諸佛心印　圓滿功德業　與佛無有異
一念貪心起　犯波羅夷罪　貪心若不斷
爲之所纏縛　不肯讀尸羅　無禪定觀想
見佛不懽喜　晝夜造諸惡　墮入地獄中
受俱胝劫罪　由是破戒故　少法亦不解
云何得菩提　與愚夫無異　設若修福業
其心不淳淨　不修大乘行　無禪定觀想
此人如何得　無上法王印

尒時寂靜諸根菩薩爲比丘僧說此偈已三千二百天人得忍辱法八萬比丘聞法各得解脫彼勝意比丘得三業清淨離除業障尒時文殊師利白佛言世尊如來宣說甚深法義晝夜思惟如來一切法十號功德愚夫難可稱量如來無生忍辱法亦難可稱量如來所說法義不可思議與我心法義都是一說尒時文殊師利菩薩慈氏菩薩摩訶薩白佛言世尊如來眞實法義後五百歲人多不信不怕不怖乃至諸天亦復如是我決定親近供養如來法義以身命布施如殑伽沙數讚歎諷誦三時供養於殑伽沙世界法義安住復說如殑伽沙衆生聲聞得忍辱法安住法義尒時尊者阿難聞佛一切法義信受任持誓願展轉爲人宣說時文殊師利菩薩慈氏菩薩師子遊戲菩薩蓮花遊戲菩薩具實大菩薩衆與無數比丘僧尊者阿難一切世間天人阿脩羅乹闥婆等聞佛所說皆大懽喜作禮而退

佛說大乘隨轉宣說諸法經卷下

佛說大乘隨轉宣說諸法經卷下

校勘記

一　底本，影印宋磧砂藏本。

一　六一頁上一六行第四字「諸」，徑作「若」。

一　六二頁上四行「到岸」，徑、清作「彼岸」。

一　六二頁中一二行「安什」，南、徑、清作「安住」。

一　六三頁上一四行「寂淨」，南、徑、清作「寂静」。

佛說巨力長者所問大乘經卷上　士六

西天譯經梵才大師賜紫沙門臣智吉祥等奉　詔譯

如是我聞一時世尊在舍衛國祇陁園林給孤獨舍與大比丘衆千二百五十人俱皆是阿羅漢一切漏盡離煩惱縛心善解脫慧善解脫如大龍王神用變化諸所應作無所未辦除去重擔逮得己利心智解脫諸法自在善能修習到彼岸行復有尊者阿難多聞利根而為上首復有五百菩薩摩訶薩得諸陁羅尼生三摩地俱在衆中

尒時舍衛大城有一長者名曰巨力色相具足名稱遠聞而是長者其家巨富多諸金銀瑠璃硨磲瑪瑙珊瑚琥珀大摩尼珠奇妙珍寶種種庫藏悉皆盈溢資財五穀不可筭數一切受用珍玩之具隨意滿足凡欲所須亦無闕乏出入息利周徧他國無處不有其諸驅役奴婢僕從執作吏人象馬車乘亦復衆多悉是長者所居之地壯麗嚴飾重門樓閣堂房舍宇雜寶間飾光明千燦園苑池沼奇異花果盡集其中種種莊嚴餘無可比婇女妓樂悉皆上妙唯除王者餘無所及長者於中種受娛樂晝夜六時曾無有間於是長者復有五百長者以為弼輔主執珍寶守持庫藏資生之具尒時巨力欻忽於一時善根成熟心生覺悟即自念言浮世匪堅如夢所見一切色相終歸磨滅而此身者其性本空亦復敗壞五欲樂因增生苦果群盲迷倒無解脫時即於是時呼諸長者皆來集坐告彼衆人皆應寂靜各各諦聽一切諸法緣聚而生緣散而滅體性非實終歸敗壞衆生妄念起諸分別執有我身及我眷屬不知無常剎那生滅錢財屋宅虛成他有愚癡自大造五逆因結業既成受諸異報惡道易往善趣難生汝等當知人身難得今更若能於剎那頃發生正念斯謂為難汝諸長者還能知彼諸佛如來出興世間難得值遇既生佛國信心不退此亦為難於佛正教起信向心猒離世俗出家為難雖復出家能修比丘清淨梵行息除惡緣而是為難晝夜精勤習諸禪那遠離散亂亦復為難若性聰慧善能分別諸法真偽此則為難今得為人復遇善王息諸鬬諍住安樂地亦甚為難若諸衆生修諸功德生如來國心常堅固是亦為難又諸衆生能以方便善巧語言種種勸誘諸善知識營修福業往詣佛所親近供養是則為難若有衆生遠離貪窮鮮薄愚癡多諸福慧生佛國土於衆人中能作種種莊嚴佛事此則為難若有衆生於聲聞乘精進禁戒欲求解脫於辟支佛乘欲求解脫於無上乘欲求解脫真實為難尒時巨力長者說是三乘及諸事已謂衆人言如我所說應生覺悟了達色相不得堅固是時坐中五百長者聞說是事如昏醉人殊無醒覺于時衆中有一長者從坐而起白巨力長者言我等今者咸皆有疑云何名為聲聞緣覺及無上乘云何世間所有色相五欲樂具體性不堅剎那生滅重為我等分別解說願樂欲聞尒時巨力長者語彼長者及衆人言今此舍衛大城於祇陁林給孤精舍有佛世尊三明六通具八解脫十力四無所畏十八不共功德具足名一切智號天人師在彼集會為衆說法決衆疑網我與汝等可共俱往親近供養請問如來如是妙法時五百長者聞如是說各各歡喜踊躍無量持妙香花種種珍寶從巨力長者俱詣佛所右遶三匝頂禮佛足恭敬供養歌詠讚嘆退坐一面尒時世尊觀彼長者等善根成熟堪受勝法告巨力長者并五百長者言汝等何因而來至此尒時衆中有一長者從坐而起偏袒右肩右膝著地合掌恭敬讚嘆世尊而作是言我等先聞巨力長者方便教示世間色相五欲樂具性不堅實會歸磨滅乃至廣說今此人身甚為難得若復能於一剎那頃發生正念斷邪妄心斯亦為難諸佛如來出興世間值遇亦難既生佛國須具信心斯亦為難於佛正教起信向心猒離世俗所求出家此亦為難雖復出家能修比丘清淨梵行息諸惡緣是則為難晝夜精勤習諸禪那遠離散乱亦復為難若性聰慧善能分別諸法真偽此則為難今得為人復遇善王息諸鬬諍住安樂地亦甚為難若諸衆生修諸功德生如來國是亦為難又諸衆生能以方便善巧語言種種勸誘諸善知識營修福業往詣佛所親近供養是則為難若有衆生多諸福慧生佛國土能作種種莊嚴佛事此則為難若有衆生於聲聞乘辟支佛乘及無上乘欲求解脫真實為難是時巨力長者為我等輩說世間法乃至三乘及諸難事我等雖聞皆不曉悟各各願樂親近如來應正等覺有大神通具一切智惟願慈悲廣為我等開示演說三乘妙法及諸難事世間人身色相五欲虛幻

不實終歸磨滅令諸聞者悟生滅相究竟修行菩薩聖道皆得發生阿耨多羅三藐三菩提心尒時世尊告彼長者等言善哉善哉諸善男子汝等善能請問如來三乘妙法及諸難事色相幻化五欲不堅汝等諦聽善思念之如來應正等覺出現世間隨衆生性說三乘法方便開示種種譬喻稱彼根宜信解曉悟令各漸證清淨涅槃若有衆生有如來性於無上乘善根成熟聞佛演說阿耨多羅三藐三菩提法心無怯畏愛樂忻求智惠明了精進修學雖遇苦緣寃家逼害堅固不退究竟證於無上菩提若諸衆生於辟支佛乘善根成熟聞佛說於十二因緣流轉還滅順逆觀行諦了無疑深生信解或因世間四時榮謝覺悟無常獨證聖果若諸衆生於聲聞乘善根成熟聞佛說於四聖諦法隨有所解知苦斷集證滅修道四向四果證於無學如是三乘權實頓漸各隨衆生根器大小愛樂修學遠離生死解脫安樂

尒時巨力長者并五百長者聞佛所說咸皆歡喜踴躍無量同聲讚言善哉善哉能仁大士善能演說三乘妙法我等今者願樂欲聞無上大乘甚深法義祕密之行種種言詞方便譬喻令我等輩於阿耨多羅三藐三菩提法而無疑惑深生信解堅固修學終證菩提心無退捨

尒時世尊告巨力長者并諸長者言彼無上乘最勝深法是菩薩摩訶薩大智大悲所行之道非諸聲聞及獨覺人安足處所故凡夫人難信難解汝等當知合掌諦聽善男子若諸衆生住本性中於無上乘欲求修習當於一切有情起大悲心平等救護愛念攝受如己師長如己父母兒女眷屬親愛憐愍以清淨心設廣大施見裸露者施之衣服見飢渴者施之飲食見貧窮者施以資財見病苦者施以良藥牀敷卧具田園屋宅上妙珍寶花鬘瓔珞末香塗香諸供養具乃至男女眷屬及自身命行於布施為趣菩提心無悋惜不由他教性自修習檀波羅蜜若見衆生不樂佛法不行正道毀謗二乘住於邪見斷絶善根縱貪瞋癡造諸罪業命終當墮那落迦中及諸惡趣受種種苦無有休息而是修行無上乘者於彼有情起大悲心眷念憐愍不惜身命發大誓願往彼諸趣苦有情所方便語言說種種法化彼有情發菩提心讚諸善念猒苦報身忻菩薩行令於未來同志修習清淨施行堅固無失亦以資財飲食衣服自身肢躰及親眷屬花鬘瓔珞牀敷卧具末香塗香資生之具了悟色空心無躭著悉能捐捨志樂自求阿耨多羅三藐三菩提法亦復展轉化諸有情同修勝行若有衆生求無上乘心無下劣堅固修習尸波羅蜜有大願力修持淨戒清淨無染非有毀犯於三種戒漸次修學行住坐卧威儀具足調伏三毒密護諸根魔境現前心速覺悟不生愛樂雖遇惡人及諸寃對勢力逼遣而此行人心住正念設有所犯無愛著心身語意業離過清淨於諸善法遍能習學於諸有情悉皆饒益遠離損害於諸聲聞及辟支佛作無作戒無有捨心乃至世間人天善戒亦能守護若有衆生求無上乘行忍辱行成就修習羼波羅蜜嗔恚輕微性自柔軟於諸有情多所饒益遇諸寃家呵罵捶打苦言加謗而是行人不生怨怒歡喜任持或遭寒熱貧病困乏諸逼迫事爲趣菩提安受衆苦設有惡人欲相謀害復加凌辱損惱身命而是行人觀諸有情緣生幻有剎那滅謝不見有情唯存空法故不起心還生逆害若有衆生求無上乘爲欲成就毘梨耶波羅蜜勇捍進求菩薩勝法始從發起大菩提心習諸正行雖遇苦緣未嘗退怠煩惱寃賊覺相損害被精進甲禦捍令伏心常勇猛無諸怯畏經歷長時堅固不退若有衆生求無上乘寂靜修學禪那波羅蜜止息散乱正念現前調暢身心速離麁重沉掉障染適悅輕安正智顯現若有衆生求無上乘心自聰慜性能修習般若波羅蜜多智惠明了慱達真僞方便開導善巧分別邪正因果愚癡闇鈍障染輕微若有衆生爲求阿耨多羅三藐三菩提法心常平等離冤親相不生分別若見衆生行於布施及不布施心無愛惡若見衆生守護淨戒及有毀犯亦無愛惡若見衆生修忍辱行及不忍辱能行精進及不精進修諸禪那無禪那者智惠明了愚癡闇鈍於如是等諸衆生類離分別相皆無愛惡彼此高下平等所觀謂此諸法本無差別同一法界無別自性摩訶衍曩最上菩提是諸如來圓滿妙智若有衆生於無上乘起一念信乃至發心求於阿耨多羅三藐三菩提即此是名向如來家住菩薩地

尒時巨力長者并五百長者等聞佛所說如

是妙法歡喜踴躍得未曾有而白佛言大悲世尊善爲我等分別演說大乘法要令我等輩深生信解愛樂修學若諸衆生爲求無上最勝大乘不惜身命捐捨舍宅資財寶物及諸眷屬飲食衣服牀敷卧具花鬘瓔珞末香塗香及以種種諸供養具我等今者皆願學彼諸菩薩人求無上乘修菩提行不惜身命及諸眷屬上妙珍寶資生之具布施供養及行菩薩諸波羅蜜惟願如來應正等覺爲我等輩攝受證知令不忘失介時世尊告巨力長者并諸長者言汝等諦聽若有衆生爲求菩提悲愍有情雖復布施不求富貴雖復持戒不求端嚴雖復忍辱不求眷屬雖復精進禪定智惠爲愍衆生求無上乘不爲世間輪迴因果若有衆生利根智惠了達世間色身五欲生滅幻化但有假名無實體性觀其身相卵胎濕化假和合成如沫如泡乍生乍滅衆生妄念謂得久居復觀此身由如陽焰本無實躰從渴愛生妄情爲水亦如芭蕉體無堅實今此身者畢竟是幻從顛倒生虛假淬脆亦如曠野空無所有亦如行廁穢汚充滿一身九竅常流不淨亦如穢井滿中臭惡深可猒惡又如宽賊亦如毒蛇甚不可愛五欲煩惱由若瀑流漂溺有情入生死海汨没流轉難有出期汝等今者親近如來學菩薩行猒離世間五欲塵勞色身敗壞一切不堅求於無上最勝大乘漸次修習諸波羅蜜欲證解脱甚爲難得

佛說巨力長者所問大乘經卷上　十六

佛說巨力長者所問大乘經卷上

校勘記

一　底本，影印宋磧砂藏本。

一　六四頁上二行譯者，徑、清作「宋西天同譯經寶法大師賜紫沙門智吉祥等奉　詔譯」。卷中、卷下同。

一　六五頁上二〇行「長者問」，南、清作「長者聞」。

一　六五頁下一六行「聰愍」，清作「聰敏」。

一　六五頁下二六行第一一字「𥢯」，南、徑、清作「義」。

佛說巨力長者所問大乘經卷中　門

同譯經西天寶法大師賜紫沙門臣智吉祥等奉　詔譯

尒時世尊復告巨力長者及諸長者言汝等宿植善本信根堅固欲學菩薩摩訶薩所修之行伏斷障染求證菩提應當觀彼諸有情類從無始來輪迴流轉受苦報身經歷多生不可限數而此色身無有堅實如幻如化是諸有情顛倒妄念搆造業因外藉衆緣積集成就如水爲冰及如聚沫五蘊四大先業爲因招感勢力積集諸種住藏識中假彼父母情愛和合貪喜俱極最後各出濃厚精血號羯邏藍識依於彼最初而住以至後時精血交結不淨凝成處於胎中所歷諸位業風內吹肢相增長由業勢力漸漸所資色身四大諸根具足心識煩惱亦共俱生既離胎胞外風所觸楚痛發聲於一切境不能明了風緣動轉有出入息飲噉母乳結生便利心識現行生諸分別就衆食味資益諸根皮膚血肉腸胃骨髓鬚毛爪齒涕唾便利身形肢體好醜之相從自

業因受諸異報貪瞋癡慢煩惱隨逐於冤親境妄生違順五欲色相縱意染著於業報身復增業報密近惡友疎慢尊親於菩薩人及真實法心不愛樂亦不餐採恣任愚癡造作諸惡瞋恚瀑害諂曲嫉妬忿戾鬬諍捶打罵辱損惱有情於男女色横生染著如繩縛物不相捨離於自身相不念無常謂得長時永無殞謝於諸資財及以珍寶多求積聚而無猒足塵勞垢染覆蓋心識不修智慧增長無明不覺世間男女色相及以自身五根四大雜染所起由顛倒緣墮不淨處皮膚血肉鬚毛爪齒本無自相從彼貪愛結業所生流轉輪迴因緣不斷生死苦果無暫停息煩惱業火燒逼身心於晝夜時未嘗安適愚盲闇鈍懈怠放逸不樂菩提違背聖道於自心垢不求清淨身常倨傲心意貢高誣謗因果輕毀賢善於有爲相虛幻空法不覺不知如是無智諸有情類處生死海無有出期汝諸長者於如是事應悉覺悟了知色相珍玩資具

男女眷屬假緣而有相會暫時眷念方隆巳歸摩滅五蘊身相本性皆空由諸妄因受諸異報如夢中人歷種種事覺巳皆空都無所有是故菩薩摩訶薩志求阿耨多羅三藐三菩提於諸色相覺悟解脱障染輕微智慧明了雖發大願往諸趣中受種種身爲化衆生心無顛倒如是乃至遍十方刹隨順衆生作諸事業布施軟語利行同事方便攝受饒益有情捨邪見家入於正道修諸善行同趣大乘遠至菩提誓無退屈善男子菩薩摩訶薩爲求阿耨多羅三藐三菩提身心清淨得四總持於名句義印忍不忘諦審思惟達彼眞實諸法自性菩薩摩訶薩身心清淨於諸有情平等任持不生冤親憎愛分別菩薩摩訶薩身心清淨不著世間上妙美食甞養法喜禪悅之味菩薩摩訶薩身心清淨觀諸世間一切有爲生滅之相皆是虛妄無有眞實菩薩摩訶薩身心清淨孝養父母敬順師長承受教誨無輕慢心菩薩摩訶薩身心清淨

生於上族爲大國王正法化民息除鬬諍菩薩摩訶薩身心清淨遠離瀑害屠兒魁膾諸惡律儀栴陁羅行少欲知足無不與取常修梵行絶愛染心菩薩摩訶薩身心清淨言語眞實離於虛妄音聲清徹令人樂聞說法如泉流注不斷菩薩摩訶薩身心清淨善能調伏貪嗔癡等於三有果心不染著苦法資具亦不捨離智慧現前心常明了菩薩摩訶薩身心清淨四等六度晝夜修習乃至長時無少疲倦八萬四千煩惱塵勞一一對治生諸功德菩薩摩訶薩身心清淨不著菩提不猒生滅於諸法中心得自在或入流轉或證涅盤菩薩摩訶薩身心清淨於今佛說最上大乘深生愛樂及能憶念過去諸佛甚深經典任持不忘亦能宣轉諸佛法輪如大江河流注無盡菩薩摩訶薩身心清淨遠離諂曲憍慢嫉妬惡獸毒蟲畢舍遮行慈愛有情不生損惱菩薩摩訶薩身心清淨不貪資具不念飲食不捨貧之及與孤露所生之處貧財

豐足眷屬成就身相端正有大威德菩薩摩訶薩身心清淨於一切樂無不了知於一切苦無不解脱生老病死親愛別離所欲難得仇讎會遇衆苦現前悉能曉了不爲惱觸觀諸有情及以色相如夢如幻無有堅固汝諸長者隨其所聞當如是知諸大菩薩身心清淨四大五蘊色身空聚畢竟非實

尒時世尊復告巨力長者等言善男子如是菩薩摩訶薩於生死界其所受身爲緣有情示現形相無有希求於種種境遠離愛染身心平等無取無捨常作善事利益安樂饒益衆生未甞懈廢所有壽命於三界中或增或減隨順衆生所樂差別爲令覺悟心無所欲於諸衆生平等一觀於諸世中上妙珍寶受用之具金銀庫藏錢財穀米衣服飲食牀榻卧具塗香末香花鬘瓔珞采女眷屬一切世間種種上妙嚴飾之具於自所有色身壽命而是菩薩摩訶薩悉無愛戀若有衆生而來求乞錢財穀米金銀庫

藏珍妙之物衣服飲食牀榻卧具塗香末香花鬘瓔珞男子釆女内外眷屬色身壽命悉皆能捨未嘗有心於刹那頃暫生慳悋何以故是菩薩摩訶薩久悟虚幻於生滅相而無染著爲欲圓滿六波羅蜜到於彼岸度脱衆生亦離苦際是故於此生滅因緣虚幻境相唯求遠離無心取著故無慳惜善男子當知菩薩摩訶薩如是修行六到彼岸微妙勝行精進長時無少懈怠即當速得成就無上正等菩提永契真常心無退轉尒時世尊爲諸長者重宣此義而說偈言

善哉長者　汝等當知
是菩薩人　於生滅法
種種身相　種種壽命
嚴飾之具　釆女眷屬
爲欲圓滿　六波羅蜜
轉化衆生　遠離苦際
於此所有　皆不愛著
汝善男子　歡喜諦聽
於菩薩行　當勤修習
勿以貪嗔　煩惱繩索

晝夜繫縛　淪墮三塗
無有休息　汝善男子
是身猶如　飲食之器
内外之間　常令清潔
諸惡毒物　不令入中
參諸上味　若有飲噉
損壞色身　及與壽命
身中若有　貪嗔癡等
煩惱毒藥　參諸法味
衆生飲噉　損壞法身
及與慧命　汝善男子
一切衆生　無始時來
少有智慧　如彼嬰兒
但念乳食　餘無知見
於諸境相　不能分別
生滅過患　由因感果
果復造因　智不現前
心常癡暗　唯貪飲食
貪益四大　常處夢中
而無醒覺　於佛教法
心無修習　猶如醉人
言無義味　於五欲境
未嘗遠離　晝夜邪思

唯增苦惱　愁憂積集
身心放逸　縱無明流
入生死海　漂沉汩没
受諸業報　飢寒困苦
羸瘦憔悴　遠於彼岸
不得解脱　此諸衆生
從久遠來　於自真心
塵惑所昏　不能覺悟
故於幻境　貪愛染著
汝諸長者　當知色身
假因緣成　無有堅固
但由業力　造作招集
生死輪迴　受諸異報
循環遠劫　無解脱時
智者觀之　深心猒捨
凡夫愚昧　不念無常
著我著人　專恣逸樂
不親善友　自搆業緣
身壞命終　當墮地獄
輪轉三界　受諸苦惱
大火逼身　逃竄無地
諸佛大悲　哀愍世間
自無信心　亦難救護

智者自知　色身虛幻
無有眞實　但由業因
之所招集　根塵大種
和合積聚　假名爲身
如沫如泡　畢竟無體
膿血敗壞　何所愛著
是故當知　於此聚中
作不淨觀　深生猒離
勤修聖法　趣不壞身
遠離衆惡　近善知識
信最上乘　修菩提行
廣修福慧　生佛國中
身心安樂　清淨無畏
以微妙衣　及上飲食
牀榻卧具　花鬘瓔珞
無價寶香　種種資具
充足無乏　以清淨心
歡喜供養　慚愧勝解
希除罪業　增長福智
如是之人　百千劫中
於無上乘　發生信解
漸以覺悟　實性眞空
本來寂靜　如海湛然

無有增減　雖遇風緣
水成波浪　即波爲水
動靜一源　如是了知
任佛境界　不生惡趣
漸息輪迴　百千酤胝
那庾多劫　明了心地
貪嗔癡慢　煩惱業因
而不現行　雜類苦果
自然不受　色身堅固
經無量時　歡喜快樂
心無邪念　亦無妄想
於顛倒境　常正思惟
善說法要　利益衆生
自無病行　令他亦無
適悅調順　安隱快樂
深入禪定　離諸苦縛
常以善行　守護衆生
不作惡緣　親近智者
稱揚如來　最勝妙法
恭敬讚歎　踴躍奉行
觀諸世間　有爲事相
皆如幻夢　無一眞實
了知飲食　色力壽命

煩惱苦本　愚夫無知
躭染愛著　無一刹那
暫時間斷　味諸飲食
增長過失　善友教誨
心不信受　遇惡知識
密近隨逐　深入愚癡
不能覺悟　於諸塵境
妄想執著　晝夜無時
染諸娛樂　智者觀之
深生猒捨　又諸世間
色相幻惑　畢竟衰謝
妻子男女　眷屬因緣
如行路人　暫時而會
因緣報盡　恩愛別離
難以刹那　相戀而住
汝諸長者　當知幻身
譬如畫師　繪衆色相
好醜雖成　畢竟當壞
又如冬月　積水爲冰
堅厚暫時　終溶成水
所以者何　色相虛幻
體性非實　而愚癡人
隨境生貪　染著愛樂

心既顛倒　造不善因
淪墮三塗　受種種苦
經於長劫　無有出離
設生人天　躭諸快樂
由此幻身　造作惡業
無有窮盡　如是癡人
常爲結使　寃家魔嬈
妻子男女　父母眷屬
繫縛在心　未嘗捨離
晝夜之間　爲彼纏縛
妄認爲樂　實是苦因
恣任三毒　增長憍慢
如是之人　違背善緣
不生智慧　造作無邊
諸不律儀　於諸眷屬
父母妻子　珍寶飲食
生苦法中　心無猒足
不思出離　躭染愛著
多求財寶　積集庫藏
見諸貧窮　飢餓衆生
無憐憫心　拯濟困厄
不行正道　邪念增彊
智人教示　不能聽受

故處輪迴　汝諸長者
人之色身　譬如大樹
根莖枝葉　悉皆繁茂
久無溉潤　土地乾亢
爲日所炙　脂脉皆盡
不經歲月　必當枯朽
一切衆生　盛年壯色
身相充圓　貪著世間
縱五欲樂　筋血衰耗
病苦所侵　形貌憔悴
諸根衰謝　不得久停
終歸摩滅　如是癡人
愛著色身　貪諸財寶
不知罪福　不念無常
如樹枯朽　不久摧壞
汝諸長者　觀此幻身
及彼資生　金銀瑠璃
眞珠摩尼　硨磲瑪瑙
珊瑚琥珀　體無眞實
猶如聚沫　愚者迷情
妄生貴重　但增貪欲
雜亂正心　於佛法門
無所趣入　智者了知

色身資具　一切皆如
夢所見物　都無自相
防護六根　閑於五欲
親近三寶　行施等行
息諸慳悋　絶愛染心
觀彼諸欲　如大火聚
燒煑衆生　甚可怖畏
不應戀著

佛說巨力長者所問大乘經卷中

佛說巨力長者所問大乘經卷中

校勘記

一 底本，金藏廣勝寺本。

一 六七頁中二行譯者，磧、南作「西天同譯經三藏實法大師賜紫沙門臣智吉祥等奉 詔譯」。

一 六七頁中一二行「藏識」，磧、南、徑、清作「識藏」。

一 六七頁下六行第三字「瀑」，磧、南、徑、清作「暴」。次頁中二行末字同。

一 六八頁下一二行「受身」，磧、南、徑、清作「愛身」。

一 六九頁中四行「清潔」，磧、南、徑、清作「清淨」。

一 六九頁下六行「不得」，磧、清作「不能」。

一 六九頁下一〇行「色身」，磧、南、徑、清作「己身」。

一 六九頁下一七行第六字「恣」，磧、南、徑、清作「自」。

一 七〇頁中五行「酤胝」，磧、南、徑、清作「俱胝」。

一 七〇頁中一二行「常正」，磧、南、清作「常生」。

一 七一頁上三行末字「離」，磧、南、徑、清作「期」。

一 七一頁中八行第四字「圓」，磧、南、徑、清作「滿」。

佛説巨力長者所問大乘經卷下　十八

西天同譯經三藏寶法大師賜紫沙門臣智吉祥等奉　詔譯

佛告長者　是諸衆生　於多劫中
積集諸法　謂貪嗔癡　見慢疑等
於諸欲境　觸向迷著　於晝夜時
曾無間斷　寂滅静慮　未嘗修習
生死苦源　亦不觀察　不了世間
生滅之相　無有自體　畢竟歸空
但由貪愛　積集成種　假因縁生
和合似有　因縁勢盡　復歸散滅
由本無明　復生貪愛　本末相續
如蟻循環　於出世間　真實理中
諸佛菩薩　清淨境界　無有片心
愛樂趣入　如是之人　愚癡所覆
於生死海　流轉漂没　五塵幻相
深心染著　醉乱顛倒　終無醒覺

若有衆生　善根成熟
自然親近　諸善知識
心常修習　行二利行
於諸增上　補特伽羅
能説法者　發希有心
愛樂恭敬　不生憍慢
於佛功德　甚深微妙
不思議境　無疑無謗
亦不於諸　五塵境中
虚妄迷執　起於貪愛
不作衆罪　生滅苦因
晝夜精勤　思惟諦實
增諸勝行　習施等法
常樂讀誦　大乘經典
心無邪念　無有異想
法喜禪悦　清淨梵行
長養法身　及資慧命
不同癡人　染著世間
但念飲食　色身資具
五欲娱樂　常無猒捨
不知苦本　不求解脱
著諸外道　邪覺邪思
正念不生　無真實慧

如說我有　清淨寶池
若有衆生　入中洗浴
遊戲娛樂　如是之人
不久當得　生諸天上
如是愚癡　執諸異見
迷失因果　邪妄推求
顛倒正理　修不淨行
惡因苦果　無解脫時
汝諸長者　應當了知
世間因果　虛假和合
如木偶人　所作事業
而於其中　勿生憍慢
帑藏珍財　尊榮豪侈
如夢所見　覺已即空
而諸愚人　不知此等
生滅幻化　性本空寂
故於世間　執爲常有
所以者何　由無始來
起貪嗔癡　纏縛不捨
違順喜怒　無有暫息
冤家讎對　常現在前
眷屬廣大　財寶豐饒
蜜附親近　共成娛樂

增長貪愛　爲苦所因
後或貧匱　財物散失
乖異別離　愁憂苦惱
起諸諍訟　及其冤結
至年老大　加諸衆苦
形色顦顇　諸根衰朽
朋友眷屬　悉皆猒弃
盛年壯色　躭著五欲
不樂修行　不思猒離
老病相侵　空懷愁惱
身壞命終　墮於地獄
牛頭驅責　楚毒辛酸
無救無依　遠歷長劫
地獄報盡　生餓鬼中
頭如大山　咽如針孔
不識飲食　皮骨連立
餓鬼報盡　生畜生中
鱗介羽毛　水陸飛走
遞相搏撮　常懷驚怖
復遭網捕　逃竄無由
鞭杖捶撻　償往宿債
畜生業盡　或生人中
貧窮卑賤　諸根不具

資緣乏少　多諸病苦
設生富貴　福慧乖違
所有資財　不能受用
或多嗔恚　常苦自心
或染沈痾　而獲夭逝
如是果報　由貪嗔癡
之所造作　如蠶作繭
而自纏縛　如蛾戀火
終致燒然　身心迫惱
無有暫安　惡業相牽
往來不住　於三惡道
如遊園觀　雖遇衆苦
無悔昔心　不求解脫
亦無猒捨　受諸罪報
難堪難忍　窈窈冥冥
告訴無所　當此之時
父母妻子　一切眷屬
不相替代　唯應自身
獨受衆殃　從苦入苦
無有休息　如是因緣
皆由衆生　無始無明
相續發起　貪嗔結使
動身口意　廣造諸惡

未解悔除　三有業因
念念增長　汝諸長者
若有衆生　志樂寂靜
希求出離　心於所緣
深淨平等　自然當得
業障輕微　遠離輪迴
雜惡果報　於佛正法
信樂修習　漸能調伏
貪嗔癡等　亦能觀察
了知色身　如幻如夢
如電如泡　畢竟推求
終無實處　諸有智人
應當如是　審諦觀察
我法皆空　而於諸佛
眞善法中　漸次修學
施等勝行　積集微妙
增上正法　弃捨凡性
克成聖種　譬如爲山
積土而成　又如滴水
漸盈大器　諸善男子
於佛教乘　實事理中
深忍樂欲　於諸世道
不可味著　捨虛妄法

證眞實性　離生死苦
得無畏樂　悟彼色相
猶如陽燄　但誑妄情
無實體性　如是觀察
諸法自相　心不顛倒
究竟解脫　是則名爲
菩薩乘性　善能安樂
一切衆生　於佛所行
種種行願　隨順修學
心不退屈　精進長時
無有懈廢　速能修習
六波羅蜜　自行檀度
不望報恩　三輪體空
二緣俱泯　或於後時
皆悉無悔　諸根密護
不犯尸羅　究對現前
亦無加報　初中後夜
勇猛精勤　遠離諠煩
息諸散亂　於善惡品
有力思擇　身業清淨
常現律儀　言音柔軟
和悅衆心　意地無非
絕諸覺觀　於諸如來

所有最上　微妙深法
則能趣入　以善巧智
攝受衆生　稱彼機宜
方便演說　各令悟入
解脫法門

時巨力長者與五百長者聞是法已心大歡喜踴躍無量於所聞法得深法忍得最大忍得無上忍即從坐起繞佛三匝頭面禮足却住一面

尒時巨力長者與五百長者等異口同音白佛言世尊我等從昔已來未曾聞是甚深妙法今日乃於無上覺者具一切智者是諸世間施大法者之所得聞如是妙法由是了知世間諸法唯假施設如幻夢等畢竟歸空悉皆悟入無生法忍發阿耨多羅三藐三菩提心願我當來如今世尊能於無量人天大衆之中作大師子吼顯示微妙清淨法音利益安樂一切衆生世尊我等今者樂欲說偈讚歎如來惟願聽許即於佛前而說偈言

金色微妙相　最勝無與等
能以柔軟音　演暢眞實義

久修善提行　壽命不可量
一切諸衆生　見聞皆歡喜
清淨功德聚　安處於道場
譬如日天子　常住虛空界
皆由往昔中　廣大行布施
謂金銀珍寶　象馬及車乘
并頭目髓腦　國城妻子等
能行此難行　檀度方圓滿
以本願力故　示現應化身
長時無間斷　過於兢伽劫
大悲不思議　哀愍諸群盲
施以甘露法　除惱使清涼
我等從多劫　流轉諸有中
貪愛於資具　及妻子眷屬
尠福無智慧　不發菩提心
涂著於名聞　并五欲娛樂
我等宿福慶　幸得遇世尊
聞此微妙義　了知虛幻法
各各得解脫　其心皆安隱
願佛聽我等　出家作沙門
當願一切衆　盡悟此法門
不著世間樂　速成善提道

尒時巨力長者等說是偈已各各虔

誠投佛出家佛乃聽許于時世尊即於座上熙怡微笑以威德力現大神通即於面門放無數光其光雜色猶如衆寶之所間錯所謂青色黃色赤色綠色紫色頗梨色黃金色所放之光遍照無量無邊不可思議阿僧祇世界上至梵世所有諸天身光及日月光悉皆掩蔽不得顯現如是光明照燭之處一切衆生觸是光者無不適悅惡業衆生罪障消除盲者能視聾者能聞跛者能行瘂者能言飢者飽滿裸者得衣牢獄有情枷鎖免離無有諸惡聖境現前是時會中人天大衆身意快樂怪未曾有咸作是言以何因緣而現此相各各發心從座而起繞佛百千匝已恭敬禮拜供養讚歎却住一面尒時衆中尊者阿難偏袒右肩右膝著地曲躬恭敬而白佛言世尊是何因緣現斯奇瑞今此衆會悉皆有疑各各謂言世尊未嘗無因而笑今日如來現此異相必有所因如來應供正等正覺大慈大悲願爲我等宣說今者佛自莊嚴種種

善事衆欲樂聞

尒時世尊告尊者阿難言如來今日現斯祥瑞謂欲宣說巨力長者并五百長者悟無生法忍發阿耨多羅三藐三菩提心次第成佛因緣之事汝當善聽阿難是諸長者已於過去無量百千俱胝那庾多佛所各各親近供養恭敬禮拜尊重讚歎得聞如是最上眞實法義消除業障遠離三塗於百千劫常生人天受勝妙樂乃至于今財富熾盛有大眷屬福慧尊嚴人所愛敬由昔所植善根力故今於我所復得聞是甚深法義阿難是巨力長者并五百長者於當來世得值彌勒如來應正等覺於彼佛所復聞清淨大乘妙法善能精勤修習菩薩施等六波羅蜜行能於十方親近禮拜恭敬供養尊重讚歎無量諸佛亦得值遇賢劫諸佛彼佛世尊亦爲宣說微妙大乘法義聞已受持復能展轉爲人演說示教利喜無量衆生阿難是巨力長者過是已後經五千劫常生諸佛國土種種修行值遇諸佛

佛說巨力長者所問大乘經卷下　第十二張　[illegible]字號

承事供養無空過者末後當成阿耨多羅三藐三菩提盡同一號名曰吉祥藏如來應正等正覺明行圓滿善逝世間解無上丈夫調御士天人師佛薄伽梵國界莊嚴安隱豐樂正法像法壽命劫數皆悉同等說法度人不可稱數尒時尊者阿難及人天大衆聞佛世尊善說如是微妙法義咸悉讚歎復白佛言世尊此經當以何名我等云何受持佛告阿難此經名曰巨力長者所問大乘經當受持之佛說是經已尊者阿難與菩薩比丘幷巨力長者等及一切世間天人阿修羅乾闥婆等聞佛所說皆大歡喜信受奉行

佛說巨力長者所問大乘經卷下

佛說巨力長者所問大乘經卷下

校勘記

一　底本，金藏廣勝寺本。七三頁中一行經名至頁下二行「諸善知識」，原版殘，以影印宋磧砂藏本補。

一　七三頁中四行末字「等」，南、徑、清作「悔」。

一　七三頁下一二行末字「寶」，磧、南、徑、清作「實」。

一　七三頁下一七行第七字及末行末字「慧」，磧作「惠」。

一　七四頁中七行「朋友」，磧、南、徑、清作「朋善」。

一　七四頁下二行「福慧」，磧作「福惠」。七六頁下一一行同。

一　七四頁下一三行「昔心」，磧、南、徑、清作「惜心」。

一　七五頁上一五行「修學」，磧、南、徑、清作「修行」。

一　七五頁中六行第六字「則」，磧、南、徑、清作「名」。

一　七五頁中九行「修學」，磧、南、徑作「修覺」。

一　七五頁中一八行「精勤」，磧、南、徑、清作「精進」。

一　七六頁上一行「菩提」，磧、南、徑、清作「菩薩」。

一　七六頁中一二行首字「飽」，磧、南、徑、清作「能」。

佛說法乘義決定經卷上　更六

西天譯經三藏朝散大夫試鴻臚少卿宣梵大師賜紫沙門臣金總持等奉　詔譯

如是我聞一時薄伽梵在舍衛國祇園精舍與大比丘衆千二百五十人俱時有一比丘名曰甚深勇猛美妙音聲善問法要初中後善利益自他能修梵行清淨圓滿敬禮合掌前白佛言世尊如來往昔鹿野苑中所說法乘決定之義是事云何唯願世尊敷演分別開示衆生皆令悟入世尊歎言善哉比丘汝如是問甚深法要最勝利益不可思議汝應諦聽善思念之吾當爲汝分別解說我於佘時說四諦法義無窮盡所謂五蘊五取蘊十二處十八界十二緣生支四聖諦法二十二根五三摩地四禪天定四無色定四三摩地四念處四正勤五根五力七覺支八聖道十六心念聲聞四果如來十力四無所畏四無礙辯十八不共法三十二大丈夫相八十種隨形相好佛言比丘如上所說是名法乘決定之義比丘復白佛言世尊云何五蘊世尊答言所謂色蘊受蘊想蘊行蘊識蘊比丘是名五蘊云何五取蘊佛言所謂色取蘊受取蘊想取蘊行取蘊識取蘊比丘是名五取蘊云何十二處佛言所謂眼爲內處色爲外處聲爲外處鼻爲內處香爲外處舌爲內處味爲外處身爲內處觸爲外處意爲內處法爲外處比丘是名十二處云何十八界佛言所謂眼界色界眼識界耳界聲界耳識界鼻界香界鼻識界舌界味界舌識界身界觸界身識界意界法界意識界比丘是名十八界云何十二緣生支佛言所謂無明緣行行緣識識緣名色名色緣六入六入緣觸觸緣受受緣愛愛緣取取緣有有緣生生緣老盡憂悲苦惱無明滅則行滅行滅則識滅識滅則名色滅名色滅則六入滅六入滅則觸滅觸滅則受滅受滅則愛滅愛滅則取滅取滅則有滅有滅則生滅生滅則老盡憂悲苦惱滅比丘是名十二緣生支比丘復白佛言世尊云何名無明世尊答言所謂癡惑暗蔽無他明慧故前際無智後際無智現在際無智內無智外無智內外無智業無智果無智業果無智善作業無智惡作業無智因無智果無智因果法無智緣無智緣生無智緣生法無智無佛智無法智無僧智苦無智集無智滅無智道無智有耻無智無耻無智有耻無耻無智有耻無耻法無智乃至愛支有耻無耻法無智世無智出世無智世出世無智依止無智非依止無智依止非依止法無智有爲無智無爲無智有爲無爲法無智過去無智現在無智未來無智過去現在未來法無智比丘是名無明云何無明緣行佛言所謂身行語行意行是名無明緣行云何身行動轉所作身爲潛護任持諸法爲依止處是名身行云何語行能益能顯分別校量諸法實性是名語行云何意行心所愛樂心所思惟心所攝受心所依止是名意行云何行緣識佛言所謂眼識耳識鼻識舌識身識意識比丘是名行緣識云何識緣名色佛言名謂非色四蘊受想行識色謂形質體即四大是名識緣名色云何四大佛言所謂地大水大火大風大云何四大體相差別所謂地以堅硬爲性水以溫潤爲性火以溫熱爲性風以輕動爲性比丘是名四大體相差別云何名色緣六入佛言所謂眼入處耳入處鼻入處舌入處身入處意入處比丘是名名色緣六入云何六入緣觸佛言所謂眼觸耳觸鼻觸舌觸身觸意觸比丘是名六入緣觸云何觸緣受佛言所謂眼觸生受謂生苦受樂受非苦非樂受耳鼻舌身意生受亦復如是比丘是名觸緣受

比丘復白佛言世尊云何受緣愛佛言所謂色愛聲愛香愛味愛觸愛法愛云何色愛所謂一切有色可愛可樂深心戀著無有厭離是名色愛聲香味觸法愛亦復如是比丘是名受緣愛云何愛緣取佛言所謂欲取見取戒禁取我語取比丘是名愛緣取云何取緣有佛言所謂欲有色有無色有云何欲有謂欲界五趣及四王天忉利天焰摩天兜率天化樂天他化自在天是名欲有云何色有佛言所謂梵衆天梵輔天大梵天少光天無量光天極光天少淨天無量淨天極徧淨天無雲天福生天廣果天無煩天無熱天善現天善見天色究竟天比丘是名色有云何無色有佛言所謂空無邊處識無邊處無所有處非想非非想處是名無色有比丘如是三種是謂取緣有云何有緣生佛言所謂一切衆生以愛取爲緣潤生五蘊住世動作隨順流轉種種差別所與及取皆從蘊起身之所生以命爲本比丘是名有緣生云何生緣老盡佛言所謂四大遷變諸根衰朽身體羸弱動輙疲苶悴識多知智巳昧劣一切衆生身識

欲離諸根欲滅性境冥昧無所覺知比丘是
名生緣老盡比丘復白佛言世尊云何四聖
諦法佛言所謂苦聖諦法集聖諦法眞聖諦
法道聖諦法云何苦聖諦法所謂生苦老苦
病苦壞苦愛别離苦寃憎會苦求不得苦五
盛蘊苦比丘是名苦聖諦法云何苦集諦法
佛言所謂衆生愛著世間一切有及有具隨
順貪欲比丘是名苦集諦法云何苦眞諦法
佛言所謂以智慧刃斷除愛著世間一切有
及有具隨順貪欲永盡無餘入勝義諦證寂
滅理是名苦眞諦法云何苦道諦法佛言所
謂八聖道支正見正思惟正語正業正命正
念正定正精進是名苦道諦法云何二十二 四
根佛言所謂眼等五根謂眼耳鼻舌身信等
五根謂信進念定慧五受根謂苦樂憂喜捨
三無漏根謂未知當知根已知根具知根及
意命男女比丘是名二十二根云何五三摩
地佛言所謂身支五體可喜可樂無毀無損
深生戀著於一切身皆生愛樂由如是心隨
順染欲種種愛著不了虛幻妄執爲實是故
慧當如實觀察如是五體皆從四大緣會而
生一心思惟安住悟入妙三摩地名身定智
譬如山上散水於下流布四方如是散已不
見其水地復乾涸時有天人空中告言汝若
須水我有天水大泉自然湧出潔淨清涼甚
可愛樂濟渡潤益無有窮盡身生定智利益
無窮亦復如是復告比丘當審思惟觀察善
量此身不實勿應愛著譬如優曇鉢羅花鉢
訥摩花俱勿陁花奔荼利迦花如是青黃赤
白四種蓮花爽色殊好甚可愛樂皆生於水

而壞於水此身變異虛幻不實亦復如是復
告比丘身語意業圓滿清淨獲得勝解如實
安住三摩地門以清淨心觀一切身皆非堅
固譬如長者及長者子以衆珍寶新淨妙衣
嚴飾其身色相端好體非堅固能以清淨身
語意業而爲莊嚴是名堅固復告比丘如是
觀察善思念之此身五體有爲無常應行住 五
坐卧四威儀中繫念思惟清淨定智堅固攝
受比丘是名五三摩地比丘復白佛言世尊
云何四禪定地佛言所謂離生喜樂地離諸
欲染一切煩惱故定生喜樂地已離尋伺降
伏障染故離喜妙樂地安住方便作利樂行
故捨念清淨地苦樂已離善惡心伏非苦非
樂念已離故方便修習圓滿清淨比丘是名
四禪定地云何四無色定佛言所謂空無邊
處定一切色想俱已遠離平等持心如實安
住故識無邊處定內識無邊如實安住故無
所有處定於一切法皆無所有故非想非非
想處定麁想非有細想非無故比丘是名四
無色定

爾時比丘復白佛言世尊云何名爲四無量
心佛言所謂慈無量心悲無量心喜無量心
捨無量心云何名爲慈無量心謂一切時處
慈心隨順利益衆生不損害他離諸冤結以
廣大心等示衆生慈念救護猶如赤子於冤
親所而無差别令斷纏蓋皆得解脱如是名
爲慈無量心悲心隨順喜心隨順捨心隨順
亦復如是比丘如是名爲四無量心復有四
種苦樂皆應了知所謂了知衆苦了知有苦
了知衆樂了知有樂云何名爲了知衆苦謂

觀一種補特伽羅所著者貪所著者嗔所著
者癡於貪不怖因貪故生苦憂悲隨順於嗔
不怖因嗔故生苦憂悲隨順於癡不怖因癡
故生苦憂悲隨順皆悉了知於出世間五種
善根精勤修習所謂信根進根念根定根慧
根次第獲得三摩地門名曰漏盡比丘此則
名爲了知衆苦云何名爲了知有苦謂觀一
種補特伽羅少貪少嗔少癡雖少分貪不懼
貪過故生苦憂悲隨順雖少分嗔不懼嗔過
故生苦憂悲隨順雖少分癡不懼癡過故生
苦憂悲隨順皆悉了知於出世間五種善根
精勤修習次第獲得三摩地門名曰漏盡比
丘此則名爲了知有苦云何名爲了知衆樂 六
所謂一種補特伽羅皆悉了達此貪嗔癡三
不善根爲生苦本能永除斷於出世間信等
五種無漏善根精勤修習次第獲得三摩地
門名曰漏盡比丘此則名爲了知衆樂了知
有樂精勤修習次第獲得三摩地門亦如上
說比丘如是四種苦樂皆應了知比丘復白
佛言世尊云何名爲四三摩地佛言所謂信
解受持如法修行能斷貪欲故信解受持如
法修行通達一切諸妙法門故信解受持如
法修行獲得一切甚深智見故信解受持如
法修行獲得一切清淨妙慧故云何能斷貪
欲佛言比丘汝等應當於顯露處或林間或
樹下或空寂處常坐不卧安住禪定應觀此
身三十六物和合而成體非清淨虛幻不實
不應妄生愛念戀著如是思惟深生厭離比
丘如是名爲能斷貪欲云何三十六物佛言
所謂外相十二髮毛爪齒眵淚涕唾垢

汗大小便溺中相十二皮膚血肉筋脉骨髓肪膏腦膜内相十二脾腎心肺肝膽腸胃赤白二痰生熟二臓比丘是名三十六物復告比丘又諸世間地中所生百穀苗稼須假耕種亦非清淨自然而生是故汝應於顯露處或林樹下一心安住如實觀察此身不淨虚假浮脆眼耳等處常行垢濁而不堅固極可厭離如是安住三摩地門信解受持如法修行永斷貪欲云何通達一切諸妙法門佛言比丘汝等應當於顯露處或林樹下或空寂處常坐不卧修習禪定護念憐愍一切衆生而爲引導皆令了悟一切有爲虚幻不實譬如優曇鉢羅花顔色殊好既開敷已非能堅固此身非堅亦復如是是故汝應於顯露處或林樹下寂靜之處安住禪定觀一切身有爲不實如夢如幻方便開示引導衆生皆令信受愛樂禪定比丘是名於三摩地信解受持如法修行通達一切諸妙法門云何獲得一切甚深智見佛言比丘安住禪定悟此甚深微妙法已深心愛樂決定堅固晝夜繫念精進無懈智光徧照無明暗蔽永盡無餘譬如虚空密雲暗蔽於日中時雲忽退散得見日光普照一切無有障礙三摩地門一切智光除其煩惱無明暗蔽亦復如是是故汝應善思念之如實安住晝夜無懈於一切智堅固攝受比丘是名於三摩地門信解受持如法修行獲得一切甚深智見云何獲得一切清淨妙慧佛言比丘汝等應當於顯露處或林樹下或空寂處常坐不卧正念安住三摩地門苦受樂受憂受喜受及與捨受皆已離故勝定熏修圓滿清淨則爲安住四三摩地悉能了知四種信解攝受通達作大導師若攝受者若通達者則爲安住善平等地觀察度量一切智智如是如是復告比丘汝應於顯露處或林樹下或空寂處苦已離故樂已離故憂已離故喜已離故捨已離故勝定解脱圓滿清淨如實安住四三摩地比丘是名於三摩地門信解受持如法修行獲得一切清淨妙慧比丘如是名爲四三摩地

佛説法乘義決定經卷上

佛説法乘義決定經卷上

校勘記

一　底本，影印宋磧砂藏本。

一　七八頁上二行譯者，徑、清作「西天三藏明因妙善普濟法師金總持等奉詔譯」。卷中、卷下同。

一　七八頁上二三行「色爲外處」下，南、徑、清有「耳爲内處」四字。

一　七八頁中二二行「任持」，清作「住持」。

一　七九頁上九行第八字「刃」，徑、清作「刀」。

一　七九頁上二九行首字「訥」，南、徑、清作「頭」。

佛說法乘義決定經卷中　門

西天譯經三藏明因妙善普濟法師賜紫沙門臣金總持等奉　詔譯

介時勇猛甚深比丘復白佛言世尊云何名爲住四念處佛言比丘所謂應觀内身外身内外身住有色不淨一切世間憂悲苦惱正念了知觀内受外受内外受住種種諸苦一切世間憂悲苦惱正念了知觀内心外心内外心住虚幻無常一切世間憂悲苦惱正念了知觀内法外法内外法住悟無我理一切世間憂悲苦惱正念了知比丘是名住四念處比丘復白佛言世尊云何四正斷佛言所謂未生不善法以精進力攝伏斷除令永不生故已生不善法以精進力攝伏斷除令永斷滅故未生善法以精進力正念攝受令生起故已生善法以精進力堅固安住正念攝受令增長故是名四正斷比丘復白佛言世尊云何四神足佛言所謂欲定斷行具神足力自欲獲得思惟依止離欲依止寂滅依止於此攝受伏除諍論勤定斷行具神足力自勤獲得思惟

依止離欲依止寂滅依止於此攝受伏除諍論心定斷行具神足力自心獲得思惟依止離欲依止寂滅依止於此攝受伏除諍論觀定斷行具神足力自觀獲得思惟依止離欲依止寂滅依止於此攝受伏除諍論佛言比丘是謂四神足比丘復白佛言世尊云何五根佛言所謂信根進根念根定根慧根云何信根謂於因果而生信樂輪迴世間信行正見業報差別若作諸業或善或惡彼彼業果如如招報於自信根如實了知是名信根云何進根謂於妙法而生信樂勤加精進如法修行是名進根云何念根以精進力積集善行念念修習而無退轉是名念根云何定根謂於法念專心一境而無散動是名定根云何慧根謂於定中觀照一切通達無礙是名慧根比丘復白佛言世尊云何五力佛言所謂信力進力念力定力慧力云何信力謂諸有情受如來法信爲根本善能安住而無流轉若沙門婆羅門若天魔梵若世間法皆

能信解隨順攝受是名信力云何進力謂能勇猛精進堅固安住善法無有疲懈難被衆苦而能堪忍不捨善軛行大精進是名進力云何念力謂於念中安住分位堅固憶持常無散動亦無妄失是名念力云何定力謂能摧伏欲染業果諸不善法乃至安住四禪三昧是名定力云何慧力謂住世間發起正慧於聖道行具足修行擇不善法離諸苦際是名慧力比丘復白佛言世尊云何七覺支佛言所謂擇法覺支念覺支定覺支精進覺支輕安覺支捨覺支喜覺支云何擇法覺支謂於諸法而能揀擇思惟依止離欲依止寂滅依止攝伏諍論故云何念覺支謂於諸法正念修習思惟依止離欲依止寂滅依止攝伏諍論故云何定覺支謂能發起清淨妙慧思惟依止離欲依止寂滅依止攝伏諍論故云何精進覺支謂於善行精進無懈思惟依止離欲依止寂滅依止攝伏諍論故云何輕安覺支謂於諸法遠離麁重調暢身心思惟

依止離欲依止寂滅依止攝伏諍論故云何捨覺支謂於諸法遠離放逸令心寂靜思惟依止離欲依止寂滅依止攝伏諍論故云何喜覺支謂於諸法而生喜受思惟依止離欲依止寂滅依止攝伏諍論故佛告比丘是名七覺支比丘復白佛言世尊云何八聖道佛言所謂正見正思惟正語正業正命正勤正念正定云何正見於所見境有取有與有善惡行有善惡行所招之果有世出世間一切衆生所作之業乃至須陀洹果斯陀含果阿那含果阿羅漢果此世他世微妙善行皆以正見通達明了淨修梵行永斷惑障所作已辦到於彼岸是名正見云何正思惟謂以智慧分別揀擇令身語意三業無失離諸過咎是名正思惟云何正語謂能永斷妄言綺語惡罵兩舌是名正語云何正業謂諸有情永離殺生偷盜染欲是名正業云何正命謂受世間衣服卧具飲食醫藥而爲資養非邪命故是名正命云何正精進謂能勇猛破煩

惱魔常修善行無有懈息是名正精進云何正念謂憶過去所修善法念念攝持而無錯謬是名正念云何正定謂心能安住於奢摩他毗鉢舍那寂然不動是名正定佛告比丘是名八聖道

尒時勇猛甚深比丘復白佛言世尊云何十六心念佛言所謂念心和合故和合平等如實了知念心相應故相應平等如實了知念法自性和合故和合平等如實了知念法自性相應故相應平等如實了知念法增長和合故和合平等如實了知念法增長相應故相應平等如實了知念身正知和合故和合平等如實了知念身正知相應故相應平等如實了知念身行正知和合故和合平等如實了知念身行正知相應故相應平等如實了知念一切身正知和合故和合平等如實了知念一切身正知相應故相應平等如實了知念一切身行正知和合故和合平等如實了知念一切身行正知相應故相應平等

如實了知念輕安身行和合故和合平等如實了知念輕安身行相應故相應平等如實了知念喜正知和合故和合平等如實了知念喜正知相應故相應平等如實了知念樂正知和合故和合平等如實了知念樂正知相應故相應平等如實了知念心正知和合故和合平等如實了知念心正知相應故相應平等如實了知念心行正知和合故和合平等如實了知念心行正知相應故相應平等如實了知念輕安心行和合故和合平等如實了知念輕安心行相應故相應平等如實了知念喜樂心和合故和合平等如實了知念喜樂心相應故相應平等如實了知念勝解心和合故和合平等如實了知念勝解心相應故相應平等如實了知念等引心和合故和合平等如實了知念等引心相應故相應平等如實了知如是乃至無常觀離欲觀寂滅觀出離觀和合平等如實了知相應平等如實了知佛言比丘如是名為十六

心念比丘復白佛言世尊云何聲聞四果佛言所謂須陀洹果斯陀含果阿那含果阿羅漢果如是四果諸聲聞衆皆能信解如來十号功德圓滿了知正法清淨流布無有窮盡了知僧伽具足衆善功德圓滿於無我理皆悉了達如是信解淨修梵行具戒定慧無礙解脫解脫知見出世功德轉正法輪證須陀洹果功德具足證斯陀含果功德具足證阿那含果功德具足證阿羅漢果功德具足淨戒圓滿聖智現前自在安隱離諸熱惱清淨無染盡未來際無有間斷亦無退轉以方便智觀察一切通達無礙佛言比丘如是名為聲聞四果比丘復白佛言云何如來十力佛言所謂處非處智力因果相應及不相應如實了知故自業智力三世三業如實了知故靜慮解脫等持等至智力皆能了知故根勝劣智力信等五根或軟中上皆能了知故種種勝解智力觀一切法勝解明了皆能通達故種種界智力無量世界種種界性皆能

了知故徧趣行智力諸趣徧行種種差別皆能了知故宿住隨念智力過去世境宿住隨念皆能了知故生滅智力諸有情類生滅因緣皆能了知故漏盡智力根隨諸惑淨盡無餘故佛告比丘如是名為如來十力比丘復白佛言云何四無所畏佛言所謂正等覺無畏佛於正覺諸法等覺諸法皆悉了知心無所畏故諸天魔梵沙門婆羅門天人阿修羅等皆悉恭敬漏盡智無畏如來諸漏欲染煩惱皆已盡故住安隱地無有驚怖於大衆中作師子吼梵釋諸天轉輪聖王尊重讃歎出障道無畏如來通達三乘聖道於一切法無有障礙故心無所畏諸天魔梵沙門婆羅門等皆悉恭敬出苦道無畏如來於無數劫修習善法乃能決定出離苦道諸天魔梵沙門婆羅門等皆悉恭敬佛告比丘如是名為四無所畏比丘復白佛言云何四無礙辯佛言所謂法無礙辯義無礙辯詞無礙辯辯才無礙辯法無礙辯於無漏法智無退轉故義

無礙辯於所詮理智無退轉故詞無礙辯隨諸衆生所有問難一音解釋普令歡喜故辯才無礙辯世出世間一切諸法皆悉通達智無退轉故佛告比丘如是名爲四無礙辯比丘復白佛言云何如來十八不共法佛言所謂如來無悞失無卒暴語無種種想無不定心無忘失念無不擇捨欲無減念無減精進無減定無減慧無減解脫無減身業隨智慧行語業隨智慧行意業隨智慧行知過去世無著無礙知未來世無著無礙知現在世無著無礙佛告比丘如是名爲十八不共法比丘復白佛言云何如來三十二相佛言所謂足下平滿高下等觸相足下千輻輪文網轂圓滿相手足柔軟如覩羅綿相手足指間咸有網鞔金色交絡相手足諸指纖長圓滿相足跟廣長與趺相稱相足趺脩高充滿柔軟與跟相稱相雙腨纖圓如翳泥耶鹿王腨相雙臂脩圓如象王鼻平立過膝相密處深隱如龍象王相身諸毛孔一一毛生柔軟紺青右旋宛轉相髮毛上靡柔軟紺青螺文右旋相身真金色光潔晃曜衆寶莊嚴相皮膚薄潤塵垢不住相手足掌中頸及雙肩七處平滿相肩項之間妙好充滿相膊腋清淨悉皆充實相容儀圓滿端嚴殊妙相身相脩廣端直相稱相體相縱廣量等周匝圓滿如諾瞿陀相其身上半如師子王威容廣大相身常放光面各一尋相具四十齒齊平淨密相四牙鋒利白逾珂雪相於諸味中得最上味相舌相廣薄徧覆面輪相梵音洪雅隨衆等聞相眼睫齊整猶若牛王相其目紺青鮮白紅環間飾皎潔相面如滿月雙眉皎淨如天帝弓相眉間白毫右旋宛轉如覩羅綿鮮白光淨相其頂上現烏瑟膩沙高顯周圓如天蓋相佛告比丘如是名爲三十二相

佛說法乘義決定經卷中

佛說法乘義決定經卷中

校勘記

一　底本，金藏廣勝寺本。

佛說法乘義決定經卷下　門

西天譯經三藏明因妙善普濟法師賜紫沙門臣金總持等奉　詔譯

爾時世尊復告勇猛甚深比丘言如來所現三十二相金色之身皆由過去修種種行之所感得亦爲汝等分別解說時比丘衆唯然諦聽佛言所謂諸佛世尊經無量劫修菩薩行於戒禁忍及惠捨中善能安住堅固平等故感得足下平滿之相有情苦惱方便救護孝順父母嚴飾布施未嘗退轉故感得足下千輻輪文相給侍尊長塗身按摩沐浴衣服莊嚴之具未嘗退轉故由是感得手足柔軟相以四攝法饒益有情平等護念無有差別由是感得手足指間金色網鞔相於諸尊長恭敬和順於他有情遠離損害及不與取能以妙法密護衆生由是感得手足諸指纖長圓滿相以方便智勸導覆護一切有情令修善行未嘗退轉故由是感得足跟廣長與趺相稱相足趺修高充滿柔軟與跟相稱相自於正法如實攝受皆能了解廣爲人說及正爲他善作給

使是故感得雙腨纖圓如毉泥耶鹿王腨相修習善行無有懈惓令諸善法展轉增長是故感得雙臂修圓平立過膝相於被他擯無依有情能以正法慈悲攝受令知慚愧是故感得密處深隱如龍象王相自善觀察明智賢善樂欲親近唯一住故依一支故入微義故又能蠲除客塵垢故是故感得身諸毛孔一一毛生柔軟紺青右旋宛轉相騐毛上靡柔軟紺青螺文右旋相能施悅意法喜飲食騎乘衣服嚴飾之具資身什物永離瞋恚由此感得身真金色皮膚薄潤塵垢不住相廣以上妙餚饌飲食普施衆生皆令充足由此感得其身七處皆悉平滿相於諸有情隨所生起如法所作能爲上首而作助伴離於我慢心無獷悷能爲有情與利益事由此感得其身上半如師子王於一切事稟性勇決又復感得肩項圓滿膊腋充實容儀端嚴身相修廣能自防護身語意業見疾病人給施良藥於不平等事業皆不攝受於界乎違能

令隨順由此感得身相圓滿如諾瞿陀常光一尋遠離一切破壞親友離間語言設已乖離能以善言方便和合由是感得具四十齒齊平淨密修廣大慈思惟法義由是感得四牙鋒利白逾珂雪愍念衆生猶如一子方便救護給施醫藥由是感得於諸味中得最上味遠離殺害修慈心故於廣大法能正行故由是感得其頂上現烏瑟膩沙舌相廣薄徧覆面輪常修諦語愛語法語及悅意語由是因緣得大梵音言詞辯雅能悅衆意於諸世間行大慈悲憐愍饒益一切有情由是感得目紺青色睫如牛王見有德者如實讚嘆稱揚其美由是感得面如滿月眉若帝弓眉間白毫右旋宛轉鮮白光潔如覩羅綿佛告比丘如是諸佛三十二相往昔因緣應如是知比丘復白佛言云何世尊八十種好佛言所謂世尊指爪狹長薄潤光潔世尊諸指纖圓𦟛直世尊手足各等指間充密世尊骨節深隱不現世尊手足如意柔軟世尊筋脉盤

結深隱世尊兩踝俱隱不現世尊行步庠序如龍象王世尊進止儀雅猶如鵝王世尊右旋迴顧舉身隨轉如龍象王世尊肢節𦟛圓妙善安布世尊容貌敦肅無有所畏世尊身支安定無有掉動世尊骨節交絡無隙猶如龍蟠世尊膝輪圓滿殊妙世尊密處清淨無垢世尊肢節稠密堅固世尊身相周匝端嚴世尊身光常自照曜世尊臍深圓妙殊異世尊臍厚不窊不凸世尊身體光潔離垢世尊皮膚無疣贅等世尊手掌平滿潤澤世尊腹間方正柔軟世尊手紋深長明直不斷世尊脣色丹輝如頻婆果世尊面如滿月端嚴稱量世尊舌相廣長徧覆面輪世尊梵音圓滿猶如天鼓世尊鼻高脩直其竅不現世尊諸齒方整齊密世尊四牙鋒利鮮白世尊目淨紺青白分明世尊眼相脩廣如青蓮花葉世尊上下眼睫齊整稠密世尊雙眉不白長緻細軟世尊身分上半威嚴最上如師子王世尊額廣圓滿平正殊妙世尊耳厚脩長

輪埵圓滿世尊兩耳綺麗齊平離諸過失世尊儀容能令見者無損無染皆生恭敬世尊雙眉綺靡順次其色紺青世尊雙眉高顯光潤猶如初月世尊首髮紺青修長稠密不白世尊首髮香潔細軟潤澤旋轉世尊首髮齊整光淨世尊首髮堅固不落世尊首髮塵垢不著世尊身分充實堅固世尊身相修長端直世尊諸竅清淨妙好世尊身相勢力殊勝無與等者世尊身相衆樂瞻仰無有厭足世尊面輪脩廣相稱皎潔光淨如秋滿月世尊顔貌舒泰光顯含笑先言唯向不背世尊面貌光澤熙怡遠離顰蹙無青赤色世尊支體清淨無垢亦無臭穢世尊所有身毛孔中常出如意微妙之香世尊面門常出最上殊勝之香世尊首相周圓妙好猶如天蓋世尊身毛光淨紺青如孔雀項紅輝綺錯世尊法音隨衆等聞應理無差世尊頂相無能見者世尊手足指節分明莊嚴妙好世尊行時其足去地如四指量而現印文世尊自持不待

他衞身無傾動亦不逶迤世尊威德遠震一切嗔心見喜恐怖見安世尊音聲不高不下隨衆生意和悅與言世尊能觀諸有情類言音意樂而爲說法世尊一音演說諸法隨有情類各令得解世尊說法咸依次第必有因緣言無不善世尊等觀諸有情類讚善毀惡而無愛憎世尊所爲先觀後作軌範具足令識善淨世尊相好一切有情不能觀盡世尊頂骨堅實圓滿世尊顔容無衰老相世尊手足及胷臆前皆有吉祥喜旋德相佛告比丘如是名爲八十種好尒時世尊說是經已復告勇猛甚深比丘言吾今所說法乘妙理決定之義所詮法要初中後善利益安樂汝誦誦持敷演分別引導衆生令修梵行一食如法三衣具足住顯露處或住塚間或林樹下或空寂處修頭陀行常勤精進無有懈怠永離惑染究竟解脫時勇猛甚深比丘與俱來會中諸大比丘衆及天人阿脩羅等一切大衆聞佛所說歡喜作礼信受奉行

佛說法乘義決定經卷下

權 檢 行 [illegible] 李

權 檢 行 [illegible] 童

講金剛經百法論起信論圓常大師賜紫沙門 臣 [illegible]

講法華經金剛經百法論文惠大師賜紫沙門 臣 仁義

講金剛經圓覺經起信論惠覺大師賜紫沙門 臣 [illegible]

講因明論金剛經上生經道林大師賜紫沙門 臣 清素

講百法論上生經梵網經妙甚大師賜紫沙門 臣 [illegible] 證義

講唯識因明論法華經宣梵大師賜紫沙門 臣 [illegible] 證義

講因明唯識論禪智大師賜紫沙門 臣 法[illegible] 證義

講金剛經上生經[illegible]大師賜紫沙門 臣 [illegible] 綴文

梵學宣梵大師賜紫沙門 臣 [illegible]才 [illegible]

梵學文梵大師賜紫沙門 臣 [illegible]海 筆受

西天[illegible]法師[illegible]譯經三藏賜紫沙門 臣 [illegible] [illegible]

西天宣秘[illegible]法師[illegible]譯經三藏賜紫沙門 臣 [illegible] [illegible]

西天譯經三藏[illegible]法師賜紫沙門 臣 法稱 [illegible]

[illegible]大夫武[illegible]節度[illegible]直[illegible] 臣 [illegible]

[illegible]大夫[illegible]部尚書[illegible]南陽縣開國伯食邑九百戶 臣 白[illegible] [illegible]

佛說法乘義決定經卷下

校勘記

一 底本，金藏廣勝寺本。

一 八五頁中一五行末字「鞔」，徑作「鞔」。

一 八六頁中一二行第四字「癀」，徑、清作「贅」。

一 八六頁下末行「印文」，磧、南、徑、清作「印紋」。

一 八七頁上一六行「誦誦」，南、徑、清作「善誦」。

一 八七頁上二二行第二字「衆」，徑作「等」。

文殊所說最勝名義經卷上

西天譯經三藏明因妙善普濟法師賜紫沙門臣金總持等奉　詔譯

歸命妙吉祥　所說最勝義　金剛掌菩薩
降伏諸魔衆　身湧徧三界　祕密王自在
目若青蓮葉　面如蓮華敷　執持金剛杵
以手擲復擲　現大忿怒相　威振十方界
金剛手菩薩　亦持金剛杵　精進相微妙
勇猛降諸魔　大智利羣生　化億數金剛
或踊躍歡喜　或現忿怒相　頂禮佛世尊
合掌心恭敬　願令法久住　作衆生依怙
常於幻網中　引接菩提路　無智愚癡人
困苦煩惱者　救護令解脫　皆獲最上果
世尊調御師　常住大三昧　能了諸法性
根境亦如是　如來智慧身　爲瑟膩沙相
文殊大智者　智觀善出生　甚深微妙義
大法無等倫　於初中後善　名義爲最勝
過去佛已說　未來佛當說　現在佛今說
三世皆如是　於大幻網中　能度諸羣品
金剛掌菩薩　歡喜伸讚歎　佛說眞密語
我今能受持　決定心堅固　至成等正覺
演說祕密法　引導諸衆生　起無漏智慧
煩惱盡無餘　金剛手菩薩　合掌住佛前
尒時釋迦佛　最上兩足尊　舌相眞實語
清淨微妙音　普流於世間　四種魔不現
徧滿三界中　梵音美讚歎　如來祕密王
宣說大法要　善哉金剛掌　善哉金剛手
爲作利益故　大智得成就　最上大義利
滅除諸罪垢　文殊大智者　願聽如是義
善哉大導師　方便爲宣說　尒時釋迦佛
開示祕密法　攝持大明呪　謂持明呪部

世出世間部　周徧世界部　大印諸法部
烏瑟膩沙部　六種大呪王　相應無有二
出生伽陀法　我今故宣說
過阿引壹䭾引嘔汚引伊愛引鄔奧引唵噁
安住心智觀　如來三業轉　唵字金剛利
能斷諸苦惱　文殊大吉祥　智慧妙觀察
宣說祕密門　自在王神呪
阿囉鉢左那引野諦曩莫
歸命佛世尊　出生菩提智　過字一切中
爲大最上義　出生大有情　離心離言相
及一切音聲　一切光明相　此摩訶大會
一切衆生著　摩訶大瞋恨　一切苦惱因
摩訶大愚癡　衆生心深入　摩訶大忿怒
是爲大怨害　摩訶大愛樂　心種種見著
大欲及大樂　大喜及大染　大色及大身
大相及大皃　大名及大施　大圓滿道場
持大智慧劒　斷大煩惱網　大顯及大稱
大光及大明　大幻作幻師　大幻義成就
大幻化染欲　大幻化見網　大布施殊勝
大持戒攝受　大忍辱執持　大精進勇猛
大禪定安住　大智慧出生　大方便大願
大力及大智　大慈法無我　大悲深妙行
大慧大勇猛　大施大方便　大神通智力
大威德勇健　大熾盛大力　大流轉除斷
大金剛祕密　大忿怒威猛　大怖畏能除
大最勝明王　大乘最上行　大乘法增長
大毗盧遮佛　大寂默牟尼　出生大呪部
成就祕密法　依十波羅蜜　修習殊勝行
得十波羅蜜　清淨妙法門　十種波羅蜜
如來本眞智　十地自在行　十地安隱住

十智清淨身　十智功德聚　十相十義利
牟尼十力尊　十相廣大行　周徧悉圓滿
如來清淨身　非實亦非假　眞語與實語
如語不異語　無二非無二　如實億安住
勉於無我義　猶如師子吼　威振諸外道
衆魔皆驚怖　一切眞空行　如來親所證
勇猛破怨敵　是名爲最勝　大力轉輪王
最上尊重者　咸生恭敬心　了法無差別
演說大乘教　讚歎無邊義　如來眞實語
無實亦無虛　誘接諸羣迷　皆得不退轉
聲聞及緣覺　佛乘菩提果　種種空無著
如實而了知　漏盡阿羅漢　離欲勝根境
盡諸煩惱結　無畏得清涼　如來無所著
明行足善逝　世間最上士　調御十號尊
無我慢貢高　眞實心安住　遠離於輪迴
億劫修勝行　所作皆已辦　智慧心決定
世尊大法王　演說微妙法　周徧於世間
教化諸衆生　以最殊勝行　成就諸義利
作大引導師　令離諸疑惑　盡諸衆生界
悉獲安隱地　檀戒忍進禪　熏修爲福藏
智慧波羅蜜　熏修爲智藏　方便及願力
隨順修二藏　圓滿行衆善　常普徧相應
禪定意微妙　示身相不動　法報化三身
五佛五種智　五佛嚴寶冠　五眼照世間
應現一切佛　令衆善增長　所修智慧力
能斷諸輪轉　金剛堅固身　眞實不思議
毗盧遮那佛　大智光熾盛　自然虛空中
湧出智慧光　徧照諸剎土　一切如來身
明王大神呪　勝義悉成就　大烏瑟膩沙
普放淨光明　照一切佛身　彼佛咸恭敬

瞻仰心歡喜　威儀皆具足　供養伸讚歎
牟尼大金僊　安住三部呪　三昧呪現前
三寶最殊勝　三乘及引導　不空罥索部
執持金剛索　及持金剛鉤　示現忿怒相
降伏諸魔怨　大忿怒明王　六面現六眼
一身生六臂　口出大利牙　手執紺迦羅
臂纏百毒蛇　名焰鬘德迦　亦名除障王
現大怖畏相　執金剛利刃　種種相差別
化金剛眷屬　徧滿於虛空　大威德忿怒
不動尊明王　一髻鬘蓬亂　身掛大象皮
時發大笑音　呵呵吧吧聲　草木皆搖動
現大笑明王　有大威德力　金剛大菩薩
金剛王大樂　更十　金剛相大喜　四　金剛呪吽吽
金剛弓及箭　手持金剛劒　煩惱皆除斷
堅固及利用　此金剛最勝　熾盛金剛焰
熾盛金剛眼　金剛大色相　金剛焰百眼
金剛毛鋒利　示現鬪戰相　金剛現指爪
億數鋒堅利　金剛殊勝鬘　金剛妙莊嚴
金剛笑音聲　字門有六種　文殊大音聲
徧徹於三界　乃至虛空界　音聲皆徧徹
如實而了知　一切法無我　離文字語言
同真際法性　譬如大牛王　作大音聲吼
吹於大法螺　擊於大法鼓　建廣大法幢
作廣大音聲　不住於涅槃　悲愍諸衆生
十方虛空界　無色非無色　種種色心中
能了一切法　猶如大圓鑑　徧照盡無餘
化諸天人衆　三界得自在　住平等聖道
普現於法幢　普於十方界　示現童子相
或現沙門相　或現老人相　或三十二相
端嚴甚微妙　智慧德行者　阿闍黎法師

度一切衆生　相應成正覺　了達虛空界
一切智智海　破壞無明網　摧滅流轉輪
永離諸煩惱　速達於彼岸　以智水灌頂
莊嚴妙寶冠　斷除三種苦　離一切纏縛
得三種解脫　成正等正覺　常於三界中
利益諸衆生　圓滿清淨行　功德悉增長
離一切有著　更十　安住眞實際　五　持大如意寶
爲最上導師　現大相相應　作最上賢瓶
饒益諸衆生　護念如赤子　淨通非淨通
時分三昧通　了達正定通　衆生根境通
功德通法通　得三種解脫　清淨吉祥事
心歡喜踊躍　五面及五頂　五山嚴飾相
大喜及大樂　大慶及大欲　決定眞實法
吉祥最勝尊　殊勝微妙行　利益諸衆生
爲降伏魔怨　消除諸驚怖　尸棄室嚨呢
慧眼路壘髻　剃髮及頭陀　著大淨行衣
持最上梵行　大婆羅門衆　夾身喬答摩
修持大苦行　證清淨涅槃　寂然得解脫
能持大淨行　安樂無染著　決定斷苦樂
盡遠離諸欲　無失亦無得　無顯亦無著
一切行無穢　是謂婆羅門　菩薩修正行
意識淨無垢　離染無怖畏　善覺悟佛性
智解如來地　能知過去法　無智亦無色
亦無有疑惑　照見三世佛　法本來無著
覺法離繫縛　慧眼照無礙　如來妙智觀
說法自在王　以最勝法義　悉除諸諍論
猶如師子王　能伏於衆獸　衆生咸欣仰
如來尊重相　文殊妙智光　熾盛皆徧照
灌頂法王子　最勝名義師　能爲大良藥
消除諸病苦　舒白毫相光　照耀於三界

乃至十方剎　普建大法幢　及張大傘蓋
爲慈悲道場　蓮華大寶蓋　徧覆諸如來
一切佛法性　一切佛相應　一切佛平等
爲最勝尊重　金剛智灌頂　吉祥自在王
一切世自在　最勝金剛王　一切佛大心
一切佛智行　一切佛大身　一切佛妙辯
金剛日大光　金剛月大明　熾盛皆徧照
十方衆生界　佛金剛堅固　佛勝義法生
佛蓮華吉祥　成就一切智　佛持大幻法
佛持大明呪　金剛劒大利　斷諸煩惱結
金剛法大器　金剛法最勝　金剛慧出生
圓滿波羅蜜　佛地爲莊嚴　清淨法無我
正智心明了　幻網種種事　六末　金剛能除斷
煩惱盡無餘

文殊所說最勝名義經卷上　更十

文殊所說最勝名義經卷上

校勘記

一　底本，影印宋磧砂藏本。

一　八八頁上二行譯者，[徑]、[清]作「宋西天三藏明因妙善普濟法師金總持等奉詔譯」。卷下同。

一　八八頁下四行第一三字「億」，[徑]、[清]作「際」。

文殊所說最勝名義經卷下

西天譯經三藏明因妙善普濟法師賜紫沙門臣金總持等奉 詔譯

菩薩妙智身　出生諸善利
譬如大地中　生種種利益
一切佛智藏　流出大法輪
一切法自性　一切自性生
於一刹那中　出生諸法義
即得大智慧　覺了一切法
深入諸三昧　安住平等理
諸法悉清淨　成正等正覺
一切佛現前　歡喜義成就
大智焰光明　滅除諸罪垢
一切衆生中　作最上利益
苦惱為怨賊　智慧能戰勝
精進殊勝相　微妙大吉祥
手臂長百肘　舉足作舞蹈
一足按金輪　下至地絕處
一足覆梵際　但見指爪甲
最上勝自在　法義無差別
現種種色相　起於方便智
周徧十方界　利益無窮盡
已離輪迴染　得三種大樂
猶如清淨雲　亦如秋皎月

如日離雲翳　熾盛大光明
帝釋大青寶　莊嚴色最上
及大如意珠　亦為妙莊嚴
所現神通力　震動百世界
住念處正勤　神足及根力
七覺妙意華　了知八聖道
趣正等菩提　如來功德海
諸衆生蘊聚　猶如於虛空
諸衆生心行　種種相差別
了知諸根境　五蘊悉皆空
五蘊義清淨　諸行無億數
了知諸行相　安住實際中
十二緣生法　體性皆清淨
四無量真乘　八智從覺生
了內根外境　十二真實義
祕密十六分　覺道二十種
如是最勝義　諸佛皆了知
佛現無數身　常在於三昧
諸衆生心行　刹那能了知
三乘方便門　清淨行微妙
覺法無自性　住於一乘道
盡諸煩惱結　出流轉苦海
離繫縛稠林　種種諸苦等

方便智大悲　能普徧饒益
攝受諸有情　令悟無生忍
一切衆生心　了境界清淨
一切衆生心　平等無差別
一切衆生心　歡喜生愛樂
令離於散亂　成就諸功德
通達三世法　一切智慧義
五蘊性本空　三世皆如是
一念生信解　佛身本無著
諸法自性生　即見諸佛性
樂見諸佛身　種種莊嚴相
樂聞佛菩提　最上真實義
大呪離文字　大呪三種性
泯觀離文字　出生一切呪
泯觀百字門　五字門大空
祕密十六種　從泯觀中生
葛羅非葛羅　過去有四種
禪義生億數　一切作非作
通達一切禪　了知根本定
三昧身最上　報化身亦然
普徧十方界　化度諸衆生
最後天中天　吉祥最勝者
爲天人導師　降伏諸魔衆

如帝釋天王　能作大布施
度一切衆生　出煩惱稠林
十方皆讃歎　唯一無有二
以大慈悲法　爲精進甲冑
智慧爲弓劒　滅除煩惱賊
最勝威神力　衆魔皆怖畏
降伏魔怨已　興廣大供養
稽首最上師　諸佛護世者
頂禮伸讃歎　親近而奉事
十方虛空界　供養亦如是
文殊大吉祥　菩薩摩訶薩
具六通三明　六念皆圓滿
現大神通力　智慧到彼岸
遠離於輪迴　永得不退轉
勇猛大精進　了知一切法
大補特伽羅　得超最上地
以智慧法雨　普潤諸衆生
宣示四法印　引導於三乘
清淨最上義　能作大吉祥
菩薩所稱讃　成就金剛尊
衆生無億數　瞻仰歸命禮
歸命大空藏　讃歎大空藏
歸命佛覺道　讃歎佛覺道

歸命諸佛身　讃歎諸佛身
歸命佛欣悅　讃歎佛欣悅
歸命佛功德　讃歎佛功德
歸命諸佛念　讃歎諸佛念
歸命佛喜笑　讃歎佛喜笑
歸命諸佛語　讃歎諸佛語
歸命佛所愛　讃歎佛所愛
歸命諸佛生　讃歎諸佛生
歸命佛智生　讃歎佛智生
歸命佛戲舞　讃歎佛戲舞
歸命一切智　讃歎一切智
性空及幻網　歸讃亦如是

尒時金剛掌菩薩摩訶薩金剛手菩薩摩訶薩白佛言世尊如來智觀一切智身甚深微妙文殊菩薩摩訶薩爲欲利益一切衆生説此清淨最勝名義若諸衆生未淨三業令於佛地波羅蜜門福智藏中攝持三業圓滿清淨於最上義未了解者令得了解乃至一切諸佛法藏皆爲開發令得悟解出生衆善爲功德門

復次金剛掌菩薩摩訶薩金剛手菩薩摩訶薩言此最勝名義出生一切

淨地波羅蜜法祕密神呪圓滿成就一切智智諸功德海淨身語意三祕密門觀想諸佛正等正覺成就佛智大三摩地一切如來清淨法界最勝十力破壞魔怨具一切智一切種智根本方便饒益衆生福德智藏清淨圓滿出生菩薩聲聞緣覺三乘聖種一切人天安住大乘諸菩薩行入正聖道皆得解脫復能增長菩薩善根攝受一切外道異論威德摧伏四種魔怨令諸衆生同歸聖道解脫繫縛離諸散亂具足一切諸善事業斷除輪迴得眞聖道以妙香華幢幡傘蓋普徧供養一切如來速得成就諸呪部門於諸菩薩生愛樂想相應般若波羅蜜多了知菩薩空行無二具足一切波羅蜜藏圓滿一切清淨佛地得四眞諦聖智現前一心安住四正念處乃至具足諸佛功德

復次金剛掌菩薩摩訶薩金剛手菩薩摩訶薩言此最勝名義經能除一切衆生身語意業不善罪垢令得遠離一切惡道及得斷除一切業障八難怖畏皆得消除離惡眠夢獲大吉祥及離一切衆魔怨結修諸善根福德利益斷除一切增上我慢永離一切苦惱輪轉一切佛心了知如實菩薩密行了知如實三乘聖智了知如實一切呪印了知如實最勝法義生大智慧住安樂行色力自在獲得清淨大吉祥事歡喜踊躍以妙句偈稱揚讚歎此名義經亦能消除一切疾病及大恐怖若衆生心有所樂欲至心誦持最勝名義悉得如意欲得清淨即得清淨欲得救護即得救護欲得富饒即得富饒如漂溺人得獲濟渡未得道者令得道果乘般若舟到菩提岸如大醫王能除衆病以方便智救護衆生愚癡暗蔽悉得永離猶如意寶隨其所欲利益一切皆令圓滿文殊菩薩摩訶薩如實了知一切智智具足五眼六波羅蜜得四無畏安住十地大福智藏三摩地門皆得圓滿如實了知法性無二如實了知色相差別如實了知種種億數色相清淨如來自性悉皆空故此名義經無二法義若有受持開示顯發則能利益一切衆生令離邪見煩惱稠林

復次金剛掌菩薩摩訶薩金剛手菩薩摩訶薩白佛言世尊文殊師利菩薩摩訶薩及一切如來智觀無二此名義經最勝尊重如佛頂中大摩尼珠若善男子善女人依此最勝祕密呪門句偈義理每日三時受持讀誦解說書寫利益衆生顯示三乘普令悟入

尒時文殊師利菩薩摩訶薩說此最勝名義欲令衆生一心信受得勝解心了達一切最上法門修無住行具足智慧清淨三業發菩提心一切諸佛諸大菩薩普皆示現平等法門令諸衆生皆得悟入大金剛掌菩薩現忿怒相以大威力降伏魔怨普皆利益一切衆生令得安樂顯示祕密三昧道場一切呪印引導衆生入正定聚圓滿無餘大明呪王除諸障難消伏魔怨具大威德於晝夜中常當擁護童眞菩薩梵王帝釋嚕陀羅神那羅延天大自在天弁子歌哩底計大黑天神儞底計說囉大神焰魔天王

水界大神毗沙門天王賀哩帝母於晝夜中常當擁護若行若住若坐若臥一切時中諸佛菩薩威神加護一切諸佛及諸菩薩饒益攝受彼諸衆生身語意業皆得清淨一切羅漢聲聞緣覺護念攝受彼諸衆生於一切法得無所畏如是最勝名義聖法於諸經中最爲上首若能於此信解受持是人則爲得菩提道或處禪定或居闌闠或入王城聚落之處江河園林一切住處於晝夜中常當擁護令無怖畏天龍八部人及非人乃至毗舍遮女并諸眷屬常當擁護是諸衆生令離諸惱得大安隱

復次金剛掌菩薩金剛手菩薩言此最勝名義經如佛頂珠最上微妙功德殊勝不可思議每日三時受持讀誦正念思惟精進無懈於佛菩提速能趣入復白佛言世尊文殊師利菩薩色相具足觀察思惟以大願力度脫衆生或於空中現一切佛一切菩薩種種化身隨順衆生所樂示現演說微妙甚深句義引導衆生遠離惡

趣不生卑賤不墮邊境生不醜陋不墮邪見常生佛刹聽聞正法離無想處不生飢饉鬪戰劫中不生五濁及賊難處不生貧窮及困苦處不於非法妄說句偈爲求名聞生賢善家尊貴人中圓滿色相端嚴具足見者歡喜無不愛樂得宿住通大尊重相具大威德布施持戒忍辱精進禪定智慧方便願力慈悲喜捨四無量心具足圓滿及於一切工巧技藝讃詠外書皆得了解出家求道於一切智心無散失了達三乘諸法義利此經功德出生無量智慧無量善法若善男子善女人受持讀誦解其義理爲人演說當知是人於如來藏中得佛功德不久當證最上菩提具一切智一切種智安住世間振大法鼓建大法幢作大法王演大法呪即說呪曰

唵引 薩哩嚩二合 達哩摩二合引 阿婆引
嚩娑嚩二合 婆引 嚩尾秫馱 嚩惹囉
二合 遏阿瞎噁

一切法相自性清淨所謂一切如來智身文殊菩薩清淨出生呪曰

噁薩哩嚩二合 怛佗引 誐多紇哩二合
捺野喝囉喝囉唵引 吽引 紇哩二合

文殊菩薩語自在王廣大宣說一切法性猶如虛空圓滿清淨法界智藏呪曰

阿

尒時金剛掌菩薩摩訶薩金剛手菩薩摩訶薩歡喜踊躍恭敬合掌瞻仰如來諸佛聖衆大祕密王隨喜稱讃廣大道場尒時釋迦牟尼佛讃金剛掌菩薩金剛手菩薩言善哉善哉汝能顯示文殊所說諸佛祕密最勝名義利益安樂一切衆生汝等不久當得阿耨多羅三藐三菩提得大解脫於幻網中作大導師以大清淨甚深妙義開發引導令諸衆生入佛境界我今證明汝等所說最勝名義此經於一萬六千大祕密教智慧藏中次第流出爲三摩地輪摧伏魔怨消除煩惱度脫衆生遠離輪迴到菩提岸

文殊所說最勝名義經卷下

文殊所說最勝名義經卷下

校勘記

一　底本，金藏廣勝寺本。

一　九二頁中二行第六字「衆」，磧、南、徑、清作「諸」。

一　九三頁上五行「語意」，磧、南、徑、清作「意語」。

一　九三頁中四行「不於」，磧、南、徑、清作「不生」。

一　九三頁下一九行第四字「脫」，徑作「諸」。

趙城縣廣勝寺

菩薩本生鬘論卷第一　斂

聖勇菩薩造

朝散大夫試鴻臚卿同譯經梵才大師賜紫沙門臣紹德等奉　詔譯

稽首一切智　妙湛圓融德　聖支分相雜
無作同真際　我意靜無諍　忘稱讚布施
以四大為本　白淨生無變　往昔於人中
常修寂靜行　以拘蘇摩花　合掌而奉散
遠離諸罪惡　解脫諸煩惱　為人天愛敬
演說無上道　由意寂靜故　獲得清淨法
世間相常住　無盡無修作　彼世間衆生
聞相應功德　起決定信解　住如來密藏
息運動遷變　滅虛妄顛倒　彼勝智功能
如燈常徧照　是諸有情類　自性本無垢
依止佛世尊　樂修真淨業　謂聞三寶名
及師長教誨　隨順善行學　獨除我慢意
往昔調御師　勤修菩薩道　依布施愛語
及利行同事　攝取於勝慧　脫染污縈縛
利樂於有情　增長諸白法　由施力圓滿
生梵天種族　唯增上淨業　而為其根本
若起於我慢　及無勝慧力　於自種類中
而生多慢類　於百千萬種　離生之喜樂
由顛倒取故　彼則不能證　又彼寂靜處
福德最殊勝　具廣大色相　非小因所得
唯捨家出家　彼菩提薩埵　具足大智慧
能堪任荷負　彼於過去世　久修六度行
已斷除障染　為出離後邊　具廣大慈心
憐愍衆生類　彼自性真實　無別染污因
是時天帝釋　觀察於世間　來驗彼人行
其心無傾動　而作如是言　今此善男子
出現於世間　最為殊勝者　於遷變無常
心安固若是　以淨妙飲食　伸供養恭敬
諸天及世人　咸皆獲善利　憶念修淨因
契無相真智　如是修行者　能治煩惱病
住清淨學處　質直而無僞　觀察勝義諦
離染無修作　啓方便慈門　施平等安樂
發生於勝解　無邪命希求　弃背諸有為
直躋於實際　成就清淨道　相應諸功德
於雜染因緣　畢竟皆除斷　常崇奉恭信
如來祕密藏　離妄執分別　息除於恚惱
隨順勝種族　而生於深習　如影隨其形
如母生於子　菩薩悲願力　愍恤諸群生
勇猛捐自身　不生憂苦想　我今以微善
歸命伸稱讚　願衆聖冥加　祈悉地成就

菩薩本生鬘論投身飼虎緣起第一

爾時世尊將諸大衆詣般遮羅大聚落所至一林中謂阿難曰汝於此間

為我敷座佛坐其上語諸比丘汝等欲見我往昔時脩行苦行舍利已不白言願見于時世尊以手按地六種震動有七寶塔涌現其前世尊即起作禮右旋阿難汝可開此塔戶見七寶函珎奇間飾阿難汝可復開此函見有舍利白如珂雪汝可持此大士骨來世尊受已令衆諦觀而說頌曰

菩薩勝功德　勤脩六度行　勇猛求菩提
大捨心無倦

汝等比丘咸伸禮敬此之舍利乃是無量戒定慧香之所薰脩時會作禮歎未曾有時阿難陀白言世尊如來大師出過三界以何因緣禮此身骨佛言阿難我因此故得至成佛為報往恩故茲致禮今為汝等斷除疑惑說昔因緣志心諦聽阿難乃往過去無量世時有一國王名曰大車王有三子摩訶波羅摩訶提婆摩訶薩埵是時大王縱賞山谷三子皆從至大竹林於中憩息次復前行見有一虎產生七子已經七日第一王子作如是言七子圍繞無暇尋食飢渴所逼必噉其子第二王子聞是說已哀哉此虎將死不久我有何能而濟彼命第三王子作是思念我今此身於百千生虛弃敗壞曾無少益云何今日而不能捨時諸王子作是議已徘徊久之俱捨而去薩埵王子便作是念當使我身成大善業於生死海作大舟航若捨此者則弃無量癰疽惡疾百千怖畏是身唯有便利不淨筋骨連持甚可猒患是故我今應當弃捨以求無上究竟涅槃永離憂悲無常苦惱百福莊嚴成一切智施諸衆生無量法樂是時王子興大勇猛以悲願力增益其心慮彼二兄共為留難請先還宮我當後至爾時王子摩訶薩埵遽入竹林至其虎所脫去衣服置竹枝上於彼虎前委身而臥菩薩慈忍虎無能為即上高山投身于地虎今羸弱不能食我即以乾竹刺頸出血于時大地六種震動如風激水涌沒不安日無精明如羅睺障天雨衆花及妙香末繽紛亂墜徧滿林中虛空諸天咸共稱讚是時餓虎即舐頸血噉肉皆盡唯留餘骨時二王子生大愁苦共至虎所不能自持投身骨上久乃得蘇悲泣懊惱漸捨而去時王夫人寢高樓上忽於夢中見不祥事兩乳被割牙齒墮落得三鴿鶵一為鷹奪夫人遂覺兩乳流出時有侍女聞外人言求覓王子今猶未得即入宮中白夫人知聞已憂惱悲淚盈目即至王所白言大王失我最小所愛之子王聞是已悲哽而言苦哉今日失我愛子慰喻夫人汝勿憂感吾今集諸大臣人民即共出城分散尋覓未久之頃有一大臣前白王言聞王子在其最小者今猶未見次第二臣來至王所懊惱啼泣即以王子捨身之事具白王知王及夫人悲不自勝共至菩薩捨身之地見其遺骨隨處交橫悶絕投地都無所知以水徧灑而得惺悟是時夫人頭髮蓬亂宛轉于地如魚處陸若牛失犢及王二子悲哀號哭共收菩薩遺身舍利為作供養置寶塔中阿難當知此即是彼薩埵舍利我於爾時雖具煩惱

貪嗔癡等能於地獄餓鬼傍生惡趣之中隨緣救濟令得出離何況今時煩惱都盡無復餘習號天人師具一切智而不能為一一衆生於險難中代受衆苦

佛告阿難往昔王子摩訶薩埵豈異人乎今此會中我身是也昔國王者今淨飯父王是也昔后妃者今摩耶夫人是也昔長子者彌勒是也昔次子者文殊是也昔彼虎者今姨母是也七虎子者大目乾連舍利弗五比丘是也爾時世尊說是往昔因緣之時無量阿僧祇人天大衆皆悉悲喜同發阿耨多羅三藐三菩提心先所涌出七寶妙塔佛攝神力忽然不現

尸毗王救鴿命緣起第二

佛告諸比丘我念往昔無量阿僧祇劫閻浮提中有大國王名曰尸毗所都之城號提婆底地唯沃壤人多豐樂統領八萬四千小國后妃釆女其數二萬太子五百臣佐一萬王蘊慈行仁恕和平愛念庶民猶如赤子是時三十三天帝釋天主五衰相現慮將退墮彼有近臣毗首天子見是事已白天主言何故尊儀忽有愁色帝釋謂言吾將逝矣思念世間佛法已滅諸大菩薩不復出現我心不知何所歸趣時毗首天復白天主今閻浮提有尸毗王志固精進樂求佛道當往歸投必脫是難天帝聞已審為實不若是菩薩今當試之乃遣毗首變為一鴿我化作鷹逐至王所求彼救護可驗其誠毗首白言今於菩薩正應供養不宜加苦無以難事而逼惱也時天帝釋而說偈曰

我本非惡意　如火試真金　以此驗菩薩
知為真實不

說是偈已毗首天子化為一鴿帝釋作鷹急逐於後將為搏取鴿甚惶怖飛王腋下求藏避處鷹立王前乃作人語今此鴿者是我之食我甚饑急願王見還王曰吾本誓願當度一切鴿來依投終不與汝鷹言大王今者愛念一切若斷我食命亦不濟王曰若與餘肉汝能食不鷹言唯新血肉我乃食之王自念言害一救一於理不然唯以我身可能代彼其餘有命皆自保存即取利刀自割股肉持用與鷹貿此鴿命鷹言王為施主今以身肉代於鴿者可稱令足王勑取稱兩頭施盤挂鉤中央使其均等鴿之與肉各置一處股肉割盡鴿身尚低以至臂脇身肉都無比其鴿形輕猶未等王自舉身欲上稱盤力不相接失足墮地悶絕無覺良久乃穌以勇猛力自責其心曠大劫來我為身累循環六趣備縈萬苦未嘗為福利及有情今正是時何懈怠耶尒時大王作是念已自強起立置身盤上心生喜足得未曾有是時大地六種震動諸天宮殿皆悉傾搖色界諸天住空稱讚見此菩薩難行苦行各各悲感淚下如雨復雨天華而伸供養時天帝等還復本形住立王前作如是說王修苦行功德難量為希輪王釋梵之位於三界中欲何所作王即荅曰我所願者不須世間尊榮之報以此善根誓求佛道天帝復言王今此身痛徹骨髓寧有悔不王曰弗也我觀

汝身顫掉艱苦自云無悔以何表明王乃誓曰我從舉心迄至于此無有少悔如毛髮許若我所求決定成佛真實不虛得如願者令吾肢體即當平復作此誓已頃得如故諸天世人讚言希有歡喜踊躍不能自勝佛告大衆往昔之時尸毗王者豈異人乎我身是也時彼衆會聞是語已異口同音咸伸勸請昔者世尊救度衆生不惜軀命爲求大法法海已滿法幢已建法鼓已擊法炬已然機熟緣和正得其所云何捨離一切衆生欲入涅盤而不說法時梵天王稱讚如來爲求法故嘗捨千頭佛受請已即時往趣波羅柰國鹿野苑中三轉法輪同觀四諦三寶於是出現世間

如來分衛緣起第三

尒時世尊在摩竭國竹林精舍重閣講堂與阿難俱著衣持鉢入城乞食見有衰老夫婦二人兩目失明加復貧悴唯有一子年始七歲常出乞丐以贍其親或得新好果蓏飲食先奉父母有得硬澁殘觸之物而自食之

是時阿難念此小兒雖在幼年而行篤孝勤意朝夕不失所須佛分衛訖還歸精舍食畢洗足敷座而坐爲諸大衆將演經法阿難叉手前白佛言適侍世尊入城分衛見一小兒將盲父母往來求乞承順孝養日以爲常甚爲難得佛言阿難匪惟在家及出家者皆以孝行而爲其先計其功德不可稱量所以者何憶念過去無量劫時我爲童子亦年七歲以孝順心曾割身肉以濟父母危急之命從是已來承此功德常爲天帝及作人王直至成佛皆因此福阿難白佛願聞往因活親之命其事云何佛言阿難汝當諦聽吾今爲汝分別說之乃往古世此閻浮提有一大國名得叉尸羅時彼國王名曰提婆有十太子各領一國其最小者名曰善住國界康樂人民熾盛時彼隣境有一惡王名曰羅睺欲來侵掠攜其兇黨舉師相攻時善住王兵力不如乃奔父國避其禍難王有愛子其名善生方在髫齔不忍弃遺將婦抱兒忩遽出境一

路七日得至家邦一路荒僻經十四程勉力而負七日之儲登途慞惶悞涉迂道方行半路已絕餱糧累日飢羸相顧殆盡王作是念事迫計窮須弃一人可存二命乃諭夫人攜兒前進引刃於後欲斫婦身用活幼兒兼以自濟善生迴顧見父舉刀急白王言勿殺於母寧割我肉以充其糧未聞有兒食於母肉勤誠泣諫母命獲全是時善生乃白王言願將身肉以救二親若割肉時勿令頓盡漸可取食得延數程若命絕者肉當臭爛必爲所弃於事無成是時父母謂善生曰今爲罪行非予本心何忍舉刀親割汝肉於是王子先持利刀自割身肉跪而奉之王與夫人見是事已悲啼懊惱久乃能食經于數朝身肉都盡未至他國飢急難堪於骨節間復得少肉齎之前途用接餘命時善住王及彼夫人各以善言慰諭其子聚首哀戀捨之遂行尒時王子而作是念我以身肉濟活親命願達鄉國身安泰然以此善根速獲菩提濟度十

菩薩本生鬘論第一　第十張　劉字号

方一切群品使離衆苦證真常樂發是願時三千世界六種震動欲色諸天悉皆驚愕即以天眼觀於世間乃見菩薩修是孝行是諸天子於虛空中合掌稱讚淚墮如雨時天帝釋化作虎狼試驗菩薩欲來吞噉王子自念此諸猛獸今來食我唯有餘骨悉皆施之以歡喜心不生悔惱是時帝釋還復本形讚王子言甚爲希有能以身肉濟活二親如是孝心無能及也汝須何願今當說之我唯志求無上佛道天帝復言我今現汝身肉都盡疲苦難堪得無悔恨於父母耶王子荅言若我誠實心無悔恨决定當來得成佛者使我身肉倏然如故作是誓已即得平復時天帝釋及諸天人同聲讚言善哉善哉佛告阿難往昔之時善住王者豈異人乎今淨飯父王是王夫人者今摩耶夫人是昔善生王子者則我身是也

菩薩本生鬘論卷第一

菩薩本生鬘論卷第一

校勘記

一　底本，金藏廣勝寺本。

一　九五頁中二行作者，[徑]、[清]作「聖勇菩薩等造」。以下各卷同。

一　九五頁中三行譯者，[徑]、[清]作「宋朝散大夫試鴻臚少卿同譯經梵才大師紹德慈詢等奉詔譯」。以下各卷同。

一　九五頁中一二行第二字「運」，[徑]作「連」。

一　九五頁下二一行「菩薩本生鬘論」，[徑]、[清]無。

一　九七頁上八行第八字「昔」，[磧]、[南]作「若」。又第一二字「今」，[磧]、[南]、[徑]、[清]無。

一　九七頁上末行「相現」，[磧]、[南]、[徑]、[清]作「相貌」。

一　九七頁下二行末字「用」，[徑]作「肉」。

一　九七頁下一八行「還復」，[磧]、[南]、[徑]作「復還」。

一　九八頁上一行「顫掉」，[南]、[徑]、[清]作「甚大」。

一　九八頁上一五行首字「往」，[清]作「然」。

菩薩本生鬘論卷第二

聖勇菩薩造

朝散大夫試鴻臚少卿同譯經梵才大師賜紫沙門臣慧詢等奉詔譯

最勝神化緣起第四

爾時世尊遊化居止摩竭陁國王舍城中將諸弟子大阿羅漢一千二百五十人俱時彼國主名洴沙王稟性仁賢久植德本已證初果得不壞信奉佛之心倍加隆厚常以上妙飲食衣服卧具醫藥供養如來及比丘衆是時國中先有外道六師之徒富蘭那等久在王境宣布邪教誑惑民庶欽承謂其有道佛日初出法寶肇興信服者衆王有一弟崇尚其宗四事王意慇懃俾令歸向固執邪說不從勸諭乃白王言我自有師不復致敬彼瞿曇也王復謂曰福田難遇可嘗珍饌供養如來然王所教理不敢違當設大齋不限來者若其自至我當延之備設飲食敷置牀座乃令從者寄召六師應命而來處尊而坐佛及衆僧不自來赴王謂弟曰汝雖不能躬詣請佛特遣一人白言時至佛受

請已將諸大衆威儀詳肅來赴會所見諸外道先踞高位乃以神足移彼六師及徒衆等皆置下行彼咸相顧各起移坐坐定復見已在其下如此至三俛仰而坐次行淨水佛語施主先與汝師澡缾口塞從佛爲首水乃注下次當施食佛語施主當請汝師以施其食六師口噤不能出言但指於佛佛爲呪願梵音清徹聽者樂聞次當行食佛語施主先奉汝師食乃住空持至佛所食即還下佛與衆僧飯食已訖盥漱齒木敷座而坐次當說法佛語施主令汝師說如前口噤但指佛說是時如來以梵音聲廣爲衆會演微妙法大衆聞已咸悉了達洴沙王弟心淨信解歸依三寶得證初果自餘衆會有得二果乃至漏盡無學果者時外道輩所向失利甚懷恚惱心無暫安各於靜處求學奇術天魔波旬應其怯弱不能保護昔所授法乃下化作六師相狀於一人前現五人術飛行空中身出水火分形散體種種變現由是邪徒更相恃賴

念前被辱衆心離散今察已能定可
勝彼即詣王前自誇神異請對試之
見其優劣時洴沙王乃哂之曰觀汝
邪徒愚迷特甚佛德廣大言莫能宣
欲以螢火與日爭明蹄涔之水比於
巨海蟻垤之阜等於須彌野干卑軀
方於師子小大相形昭然自顯六師
白言大王未測我之殊變何因偏心
見薄如此期後七日請置試場王詣
佛所具陳上事唯願世尊暫屈威神
伏除邪黨悉歸正道佛言大王我自
知時王聞是語謂佛許可即勑臣吏
擇寬廣處修治平正使令清淨建立
幢旛施設林座當其會日人民企望
於是如來將諸大衆自王舍城往毗
耶離國時彼大王名曰喋磋將諸臣
庶奉迎於佛六師邪徒咸唱是言久
知瞿曇智術微淺將追較勝畏而避
去時洴沙王聞佛前進辦諸供具滿
五百車王及臣民可十萬數備其所
須悉隨佛往外道即白喋磋王言請
與沙門捔其神化王乃謂曰咄哉癡
人自古有道但慮汝輩自貽毀辱王

白佛言六師紛紜欲比奇術唯願如
來制其邪惡佛言大王我自知時聞
是說已謂佛許可嚴治備辦如洴沙
王民庶佇觀期在明日是時如來自
毗耶離統領大衆詣拘睒彌國時彼
大王名曰優塡集諸臣民悉來奉迎
毗耶人民明晨問佛去佛已往拘睒
彌國六師由是高心愈增語其徒曰
見必窮逼時喋磋王聞佛前進亦備
供具滿五百車以俟供養王及臣民
充七萬數備其所須悉隨佛後自拘
睒彌國往越祇國自越祇國往特叉
尸羅國以至波羅柰國迦毗羅衛國
舍衛國等于時世尊所歷之境王及
臣民千萬億衆悉來奉迎供養恭敬
每至一國彼六師輩常逐於後求佛
捔試廣術已能皆如前說時諸國王
所將臣民無量百千萬億之衆充塞
川野集舍衛國時彼大王名曰勝軍
有大名稱威德特尊時六師輩前白
王言請與沙門較其優劣潛奔諸國
意欲求避我與徒屬今逐至此時勝
軍王謂外道曰如來聖德難可思議

汝輩凡愚輒論勝負王詣佛所具陳
上事唯願世尊略施神化普令諸國
一切群迷覩佛神通辦其邪正佛言
大王此非小緣今正是時如其所請
王勑臣吏嚴治會所廣積香華敷設
林座諸來大衆皆悉雲集當月一日
於晨朝時佛與大衆初至論場勝軍
大王是日設食淨心親手以奉楊枝
佛受嚼已擲殘置地忽然之間發生
根莖以至青翠漸次高大三百由旬
其條傍布二百由旬枝葉華果七寶
所成有多種色隨色發光食其果者
味如甘露一切人民覩是神變咸生
信重讚言希有佛隨機宜爲說妙法
聞法解悟得不退轉次第二日拘睒
彌國優塡大王請佛供養佛於兩邊
化二大山高廣嚴好七寶合成衆色
晃曜一山之上出粳稻飯香滑甘美
食之皆得豐足一山上出細嫩香草
食無硬澁而能充足象馬牛羊諸傍
生類皆得飽滿諸國人民覩是神變
咸生信重讚言希有佛爲說法皆悉

悟解得須陁洹果次第三日大越支國紇真陁王請佛供養奉佛淨水盟漱棄地成七寶池一一方面每二百里八功德水充滿其中四色蓮華清香遠布時諸衆會覩是神變咸生信重佛爲說法心開意解遠塵離垢皆得初果次第四日特乂尸羅國陁婆彌王請佛供養是時如來於池四面化八渠流激揚清波相連灌注水聲流演八解脫法諸波羅蜜聞者皆發大菩提心次第五日波羅柰國梵摩達王請佛供養如來口中放金色光徧照三千大千世界蒙光照者身心泰然猶如獲得第三禪樂佛爲說法得法眼淨次第六日毗耶離國嘌磋大王請佛供養如來慈力平等加持普令衆會一切衆生各至了知心行差別心所動作善惡業報咸生驚喜歎佛功德佛爲說法各得了解發清淨心住無生忍次第七日迦毗羅衛國諸釋種族請佛供養佛以神力令在會者各見自身爲轉輪王七寶具足千子圍遶小王臣民恭肅承事各

各忻慶讚佛功德佛爲說法皆悉樂求無上佛道次第八日帝釋天主知佛世尊攝化邪黨下降人間請佛供養爲佛造作七寶嚴飾師子之座佛坐其上光明煥赫釋梵諸天侍立左右一切衆會寂然安坐是時如來舒金色臂以手按座欻然有聲如象王吼應時即有五大藥乂摧壞挽摑六師之座密迹金剛杵頭出火舉擬六師驚怖奔走慚此重辱溺水而死六師徒屬九萬人衆皆歸依佛願爲弟子佛言善來須髮自落成沙門相證羅漢果

爾時洴沙大王復白佛言世尊今者六師生難遇佛不蒙濟度願聞往因佛言大王善思諦聽乃往過去無量世時此閻浮提有一國王名賒拘利久居寶位未有聖嗣念是事已心沒憂海廣興福業祈滿此願時天帝釋化一醫師來詣王前問其憂意王以上事乃具荅之醫曰爲王入雪山中採取靈藥與后妃服後當有子王曰甚善於後醫師採藥還宮用乳煎藥

進上使服王后見已避臭不服兼亦不信化醫遂去餘諸宮嬪競分藥飲服之未久咸覺有娠是時王后悔惱愁歎徧求前藥唯得少滓以乳煎服後亦有子餘諸夫人月滿生子各各端嚴王大歡悅最後王后乃生一子面貌極醜形如株杌王與其后見之不喜因是立名株杌太子年漸長大武勇冠世時彼隣國群寇犯境乃遣太子擊之退散王加愛念訪其良疋遠國有王名黎瑟䟦蹉王有一女容止端正遣使求親乃蒙相許六國聞之各懷慕樂競來求娉舉兵相攻其王乃曰若許其一餘則生恨能却他兵當與女適是時株杌聞是說已審爲實爾乃利其器方在壯年戰而得勝乃取六首獻䟦蹉王生大歡喜納以爲壻奪諸士卒與妻還國婦覩醜狀常有怖色王子愧恥心不自寧便至林中乃欲自盡帝釋遣知下至其所善言慰諭賜一寶珠密令置此於汝頂上可得容儀如我無異䏻而受已喜而還家婦見不識乃語之曰卿

是何人夫即具説得珠之由株杌之名自兹而息乃更其号須陁羅舍佛言大王當爾之時睒拘利王者今淨飯父王是王夫人者今摩耶是醜王子者今我身是昔美婦者今耶輸夫人是昔六王者今富蘭那等六師是

如來不爲毒所害緣起第五

爾時世尊遊化依止王舍城中時彼國主阿闍世王創發淨信歸依於佛四事供養曾無所乏大臣人民四部之衆咸於如來親近恭敬以梵音聲說微妙法教諸弟子斷十惡業勿殺生命竊盜他財作非梵行妄言綺語兩舌惡口貪嗔邪見是諸衆生蒙佛教誨修行十善於佛法中清淨而住時有長者名曰申日財富無量有大威勢從昔已來承事外道深著邪見婆羅門法時外道輩見彼國王大臣人民於如來所歸奉者衆而我徒屬不霑惠施心懷憎嫉欲作損害詣長者所共相議曰沙門常說了三世事預知他人心之所念今可驗彼爲實爾不長者曰然以何試之外道告言

當須長者詐作歸依請佛就舍略陳微供彼若遍知應不見許若受請者必遭所困乃令長者先於門内鑿大深坑多積熾火危布鐵椽薄土覆上伺其沙門領徒至此曲躬傍引揖之上行若其安然無所損者可命沙門次當就食即以毒藥和飯授之申日去善一如所教便令掘地速辦斯事即詣請佛具伸虔意知其根熟默然許之時諸外道皆大歡喜長者有子其名月光年十六歲具相聰利久植善本得宿命智乃白父言如來神鑒舉念即知外道愚人慎不可信時彼申日不從子言穿坑置火以毒和飯遍明遣使請佛臨訪如來知已勑諸比丘執持應器從吾之後四大天王釋梵王等天龍鬼神皆悉隨侍是時如來現諸神變放金色光照申日舍與諸大衆安詳而來身相巍巍如星中月將至其門地六震動病苦有情即得痊愈盲者得眡聾者能聽毒者得消狂者得正一切音樂自然發響珍禽瑞獸率舞和鳴所覆火坑佛神

力故化成清淨廣大池沼於中復現千葉蓮花如來徐步履上前入諸大弟子各各皆蹈百葉蓮花行列而進於是申日覩佛神變省已無知生大憂怖頭面著地悔過自責食時將至忽遽欲炊上妙香飯以奉如來佛即止之但持毒藥所和飯來不須復造佛語大衆受是飯已且置鉢中未可食也世間凡夫有其三毒一者貪欲二者嗔恚三者愚癡我今已於曠大刼來滅煩惱火心得清涼於此三毒永盡無餘假使毒藥大如須彌所穿火坑廣於大海則於吾身不能爲害以佛法僧實行力故一切惡毒自然消散作是說已令發鉢飯佛及大衆一無所損彼外道輩潛竄泯跡申日長跪頂禮佛足白言世尊我大愚癡信彼邪師造此惡行唯願大慈哀愍攝受授我懺悔令離憂怖如來爲說苦集滅道四聖諦法長者聞已心淨信解得證初果作禮而退

兔王捨身供養梵志緣起第六

菩薩往昔曾作兔王以其宿世餘業

因緣雖受斯報而能人語純誠質直未嘗虛謬積集智惠薰修慈悲不生一念殺害之心於彼無量百千兔中稟性調柔居其上首爲彼徒屬講宣經法勸令諦聽善思念之我及汝等無始劫來不修正行隨惡流轉由四種因墮三惡道所謂四者貪嗔癡慢或由慳貪造十惡業以是因緣墮餓鬼中慳增上故其咽如針長劫不聞漿水之名設得少食變成火聚皮骨連立受饑渴苦或由嗔恚造十惡業以是因緣墮傍生中或爲鷙獸虎兕毒虵無足多足更相食噉受駝牛報負重致遠項領穿破償往宿債或由愚癡造十惡業以是因緣墮於地獄無淨惠故撥無因果毀佛法僧斷學般若入於苦處八寒八熱刀山劒林種種治罰或由我慢造十惡業以是因緣墮脩羅中心常諂曲貢高自大離善知識不信三寶雖受福報如彼天中常苦鬭戰殘害支節我今略陳如是諸趣所受衆苦若具說者窮劫不盡又我與汝盲無惠眼癡增上故

愛此兔身常受饑渴乏於水草處於林野周慞驚怖或爲罝網機陷所困爲彼獵者之所傷害現受此苦深可猒患汝等各各發勤勇心修十善行趣出離道求生勝處是時兔王常爲同類宣說如上相應法要有一外道婆羅門姓猒世出家修習仙道遠離愛欲不起嗔恚飲水食果樂居閑寂長護爪髮爲梵志相忽於一時適聞兔王爲彼群兔宣說經法而自咨嗟乃作是言我今雖得生於人中愚癡無智不及彼兔了達善法開悟於他此必大權聖賢所化或是梵王大自在等我因得聞彼所說法身心泰然離諸熱惱今此兔王自性仁賢善能發明先聖之道分別善惡報應之理我從昔來棲止山谷草衣木食求出離道未逢師友如是教誨今始遇之喜躍無量是時仙人即起合掌詣兔王所安徐而言奇哉大士現此權身能爲有情廣宣法要汝今真是持大法者必當所蘊正法之藏願今爲我開示演說最上究竟出離之道我先

修習婆羅門法久受勤苦殊無所益譬如有人信順愚夫鑽氷求火不可得也願投仁者作歸依處時兔荅言大婆羅門我今所說解脫之法能盡苦際稱汝機者但當發問無所悋惜我已久除慳貪之垢爲利有情樂住生死化彼同類受是兔身是時仙人聞是說已心大歡喜得未曾有我今幸得親附慈化願垂教誨勿辭勞倦凡歷多年義深親友食草飲泉與兔無異時世人民枉行非法慣習罪惡福力衰微善神捨離災難競起共業所招令天亢旱經于數載不降甘雨草木燋枯泉源乾涸時婆羅門即作是念我今年邁復闕所食若唯止此轉增饑羸乃白兔言今且暫辭往至餘處幸勿見訝兔即告曰大仙今者不樂其所誠恐悞犯異乞容恕久要之言俄成輕別婆羅門曰此處幽寂絕其過患諸兔調順各不侵撓但我薄祐乏其所食久依大士獲聞法味要當終身藏之心腑願廣其傳以濟群有絕糧亡食已經旬日恐命不保

菩薩本生鬘論第二　第十五張　惻字号

虛捐前功兔聞是已悲哽而言今此睽違何時再遇願留一宿度伸薄供是時兔王語群兔曰今此大仙道力堅固是善知識最上福田汝等勠力多積乾薪共助晨餐供爇之用乃詣仙所復作是言唯願明旦必受我請仙即許之彼婆羅門佇思詳審今此兔者爲何所有或得麞鹿或遇殘獸心生歡悅勤請如是是時兔王謂群屬曰今此大仙欲捨我去無常別離世態若此衆生壽命猶如幻化果報一來無能脫者是故汝等當勤精進求出離道得盡苦際爾時兔王終夜不寐爲彼同類說如是法當其清旦詣積薪所以火然之其餤漸熾白言大仙我先所請欲陳微供今已具辦願強食之所以者何智者集財積而能施受者憐愍要必受用我今貧乏施乃爲難唯願仁者決定納受我欲令他獲安隱樂自捨已身無所貪惜共諸衆生證無上覺說是語已投身火中時彼仙人覩是事已急於火聚爾閻救之不堅之身慘焉而殞抱之

菩薩本生鬘論第二　第十六張　惻字号

于滕悲不自勝苦哉大士奄忽若此爲濟他身而捐已命我今敬禮爲歸依主願我來世常爲弟子發此誓已置兔於地頭面作禮而復抱持即與兔王俱投熾餤是時帝釋天眼遥觀即至其所興大供養以衆寶物建窣覩波佛語諸比丘昔仙人者彌勒是也彼兔王者即我身也

菩薩本生鬘論卷第二

菩薩本生鬘論卷第二

校勘記

一　底本，金藏廣勝寺本。

一　一〇〇頁中七行「國主」，磧、南、徑、清作「國王」。

一　一〇〇頁中二二行「衆僧」，磧、南作「衆生」。本頁下一一行同。

一　一〇〇頁下九行第四字「爲」，磧、南、徑、清無。

一　一〇〇頁下一八行第二字「學」，徑作「生」。

一　一〇一頁上五行「踰涔」，徑作「踰岑」。

一　一〇一頁中三行「是說」，磧、南、徑、清作「說是」。

一　一〇一頁中七行「云佛」，磧、南、徑、清作「云何」。

一　一〇一頁下二一行第三字「硬」，南、徑、清作「苦」。

一　一〇三頁上九行「國主」，南作「國王」。

一一〇三頁上一八行「彼國王」，磧、南、徑、清作「阿闍世王」。

一一〇三頁中二一行首字「即」，磧、南、徑、清作「皆」。

一一〇三頁下六行首字「忽」，磧、徑、清作「怱」。

一一〇四頁上九行第一二字「劫」，磧、南作「幼」。

一一〇四頁上一四行第六字「領」，徑作「領」。

一一〇五頁上一九行第二字「乃」，徑作「力」。

一一〇五頁中二行第六字「損」，徑作「殞」。

一一〇五頁中六行第一二字「物」，磧、南、徑、清無。

趙城縣廣勝寺

菩薩本生鬘論卷第三　秋

聖勇護國尊者集

明教辯才法師充譯經三藏賜紫沙門臣紹德等奉詔譯

慈心龍王消伏怨害緣起第七

菩薩往昔以嗔因緣墮於龍中有三種毒所謂氣毒眼毒觸毒又由別報福業力故身具衆色如七寶聚不假日月光明所照常與無量百千諸龍周匝圍遶以為眷屬變現人身容色端正住毗陀山幽邃之處多諸林木花果茂盛清淨池沼甚可愛樂與諸龍女作衆歌舞共相娛樂止住其中經于無量百千萬歲是時有一金翅鳥王飛騰翔集從空而下欲取諸龍以為所食當其來時搏風鼓翼摧山碎石江河川源悉皆乾竭時彼諸龍及龍女等見是事已心大驚怖所著瓔珞嚴身之具顫掉不安悉墜于地咸作是言今此大怨猶如金剛所觸皆碎將來啖我其當柰何是時龍王初聞此說極生憂惱由宿善力復更思惟心乃無畏然此金翅具大威力唯我一身可能禦彼謂諸龍曰汝等但當從吾之後必無所害若我不能與其朋屬作守護者何用如是大身之為爾時龍王詣金翅所心無怯弱而白彼言幸少留神共議此事汝於我身常生怨害我於仁者都無此念以宿惡業招此大身雖具三種氣眼觸毒未嘗於他暫興損害度己之能可相抗敵亦能遠去今汝不見我本所以不委去者多有諸龍依附於我由此不欲兩相交戰是故於汝不起怨心金翅復言汝誠於我無怨心耶龍曰我雖獸身善達業報審知小惡感果尤重如影隨形不相離也我及汝身今墮惡道皆由先世造作罪因汝當憶念如來所說非以怨心能解怨結唯起慈忍可使銷除譬如火聚投之乾薪轉增熾然無有窮已以嗔報嗔理亦如此是時金翅聞是說已怨心即息善心生焉復向龍王作如是說汝今能以慈忍之力息我嗔恚如汲流泉滅其炎火使我心地頓得清涼龍王復言我昔與汝無量世時先於先佛所曾受戒法心非清淨復不

堅持爲求名聞而相憎嫉以是因緣墮於惡道我曾發露故能憶持汝由覆藏今皆忘失汝今應當憶本正念發慈忍心淨修梵行金翅復言我從今日普施諸龍安隱無畏即離龍宮還歸本處龍王乃慰諸龍眷屬復問之曰汝見金翅生恐怖不各作是言極大怖懼龍曰世間衆生若見汝者生大恐怖亦如此也爾等諸龍愛惜身命與諸衆生等無有異當觀自身以況他身是故應起大慈之心由我修習慈心因緣使其怨對還歸本處一切有情流轉生死所可依怙無越慈心大慈心者猶如良藥能愈衆生煩惱重病大慈心者猶如明燈能破衆生三毒黑暗大慈心者猶如船筏能渡衆生三有苦海大慈心者猶如伴侶能越生死險難惡道大慈心者如摩尼珠能滿衆生所求善願我由往昔失慈心故墮此龍中不得解脫若諸衆生建立慈門則能出生無量善法閉塞一切愚癡昏暗諸煩惱緣而不能入常生人天解脫安樂諸龍

眷屬聞是說已悉除嗔恚皆起慈心是時龍王見諸同類從已所化而自慶言善哉我今所作已辦令汝已除無量惡毒以善淨法補置其處復爲汝等建立清淨八戒齋法當奉持之閻浮衆生以八戒水洗浣身心令得清淨斷除無量貪嗔癡垢於人天路而作資糧若能持是八戒齋法當知是人雖無妙服則爲已具慚愧之衣當知是人雖無垣墻則能禦捍六根怨賊當知是人雖非上族則爲已住聖種姓中當知是人雖無瓔珞則具衆善莊嚴其身當知是人雖無珍寶則集人天七種法財不依橋梁超越險道受八戒者功德如此時彼諸龍各作是言我今願聞八戒名字我當頂受勤而行之龍王告曰其八戒者一不殺生二不偷盜三不邪淫四不妄語五不飲酒六者不得過日中食七者不坐高廣大牀八者不得歌舞作樂香油塗身是名八戒清淨齋法要離憒閙寂靜之處如理作意專注奉持諸龍白言如我之徒離王少時

心不寧處依王威神得免衰惱一切時中安隱而住佛法功力無處不可何必須求寂靜之所時彼龍王荅諸龍曰不觀所欲則念不起慣習攀緣對境復發譬如濕地而易成泥若在空閑澡心無動爾時龍王辭諸朋屬至於山林幽曠之處遠離貪欲嗔恚之心常起慈忍以修其身受持齋法經于多日節食身羸加復疲困有諸惡人至彼住處龍聞人聲尋即惺悟此惡人輩見是事已咸生驚愕而作是言此何寶聚從地涌出龍自思念若令彼人見我本狀即時怖死則壞我今修持戒法是諸人等今來至此必貪我身及斷我命時諸惡人復相謂曰我等入山經歷多載未曾見此如是形相衆彩交燦光耀人目若得此皮當貢王者必獲重賞不亦快乎即持利刀剝裂欲取尒時龍王以慈忍力不生怨恨亦亡痛惱即於是人生攝受想三毒即滅自慰其心不應恡惜怨對卒至不可得脫此諸人等今於我身貪其賞貨而行殺戮我寧

自死無返害彼不令是人現身受苦一時諸惡人奮力勇鋭執持利刀劖割而去是時龍王復自思惟若人無罪爲他支解忍受不報不生怨恨當知此人是爲正士若於父母兄弟妻子能默忍者此不足貴若於怨害心不加報默忍受者此乃爲難然我今者爲利他故應當默然而忍受之我從無始生死已來枉棄身命不知其幾未嘗特然施於一人願未來世當與是人無量法財令滿所願是時龍王既被剥已徧體出血痛苦難堪舉身顫動不能自持復有無量百千小蟲聞其身血悉來唼食龍王乃曰此小蟲等食我身者願當來世施汝法食尒時龍王身受楚痛諸龍覩已皆生悲惱王即誓言若我當來得成佛者令我身皮願得如故作是願已自然平復彼諸龍屬生大歡喜是爲菩薩於惡道中住慈忍力堅持淨戒爲若此也

慈力王剌身血施五夜叉緣起第八

尒時世尊在舍衛國祇洹精舍坐夏安居時阿難陀於日中分食畢收鉢與諸比丘共詣林間經行往來宴坐消息乃相議曰今佛世尊出興于世甚爲奇特第一希有於諸衆生多所饒益今此上首憍陳如等五大比丘最初遇佛成等正覺趣鹿野苑說四諦法先得悟解種何善本有何因緣初轉法輪便能悟入始擊法鼓而先得聞地神涌出報虛空神已至諸天皆爲作證謂憍陳如已得了解作是念已即從座起具以上事而白世尊是時如來語阿難曰汝所問者非無因緣我於往昔憐愍彼故曾剌身血濟活其命使除飢渴令得安樂以是因緣於此生中從我聞法先得悟解尊者阿難復白佛言願以其事開示未聞令彼衆會心得泰然佛告阿難乃往古世經于無量阿僧祇劫此閻浮提有一國王其名慈力有大名稱福智深廣相貌端嚴威神罕疋統領八萬四千小國后妃眷屬其數十千二萬臣佐共治政事彼慈力王久遇先佛植衆善本樂修慈行仁恕和平於諸衆生施之快樂復起悲心矜恤貧窶有苦衆生皆蒙拯拔復生喜心崇重賢者常以愛語普令忻悅復起捨心不生喜愠於內外財而無慳悋等視衆生如一子想如是修作四平等行於多劫中未嘗懈廢復以十善誘掖臣庶各各遵承嚴持清潔國土安泰靡不相慶有諸疫鬼及五夜叉常噉血氣觸惱於人由彼皆修十善之行淨身語意衆殃消殄諸天善神常爲守護設有邪魅諸惡鬼神雖懷損害而不得便時五夜叉來詣王所咸作是言我等徒屬仰人血氣得全軀命由王教導一切人民皆修十善我輩從此不得所食飢渴頓乏求活無路大王慈德救諸苦惱獨於我曹不施恩惠王聞是說極傷憫之即自思惟夜叉之徒唯飲人血作何方計滿其所求當破我身可能濟彼乃剌五處血即迸流時五夜叉各持器至取之而飲既飽且喜王乃語曰我以身血救汝之命若充足者吾無所希唯修十善則爲報恩願於來世我成

佛時最初說法先度汝等以甘露味除汝三毒諸欲飢渴令得清淨佛告阿難欲知往昔慈力王者豈異人乎我身是也五夜叉者今此會中憍陳如等五比丘是由我宿昔本願力故今得成佛於鹿野苑初轉法輪最先悟解得盡苦際成阿羅漢是時始有佛法僧寶差別名字出現世間時諸大衆聞佛所說皆大歡喜作禮而退

開示少施正因功能緣起第九

佛在舍衛國祇陀林給孤獨精舍與大比丘衆一千二百五十人俱是時國中有一商主與五百人欲汎巨船入於大海採諸珍寶時彼商主發淨信心欲飯佛僧祈福保祐前詣佛所致誠勤請如來知已默然許之於其住處明旦設食盡其甘美虔伸供養食畢數坐佛為說法讚布施行所感如意心田俱勝因少果多商主聞法心開悟解作禮右旋住立一面尒時世尊謂商主曰欲入大海彼多險難必須歸依緣念三寶受持五戒作優婆塞可遂所願安隱而還時彼商主聞佛所說勤懇頂奉求受五戒佛令諦聽善思念之其五者何一不殺生二不偷盜三不邪欲四不妄語五不飲酒是名五戒汝當奉持盡其形壽不得毀犯名優婆塞由彼商主宿植德本聰惠明達能察風波善惡之候衆商勸請以作導師尊尚其人稱為賢者乃擇吉日聚糧積薪集諸商人共入大海行將數日風濤亘起海神變身為一夜叉其狀醜惡形色青黑口出利牙牙端火現從波涌出挽船不行問賈客曰汝叵曾見世間可畏有過於我是時賢者觀其怪狀但唯一心緣念三寶由佛加持即除恐怖厲聲對曰我亦曾見更有極惡過汝數倍神問誰耶賢者對曰世有愚人常行不善造作十惡沒在邪見後墮地獄受苦萬端獄卒羅剎取諸罪人種種治罰或斷或斫或擣或磨分析其身作百千分刀山劍林火車煻煨寒氷沸屎一切備受如比苦楚經千萬劫比之可畏劇甚於汝神乃默然隱身而去漸次前進復經數日海神復變作一人身極甚羸瘦皮骨相連氣息喘迫俯近於船問商人曰汝叵曾見世間有人瘦類於我賢者對曰更有枯悴復過於汝神曰誰耶賢者對曰有愚癡人心性弊惡慳貪嫉妬不知布施後墮餓鬼頭如太山其咽如針頭髮蓬亂形容燋黑長劫不聞飲食之名如是羸瘦極更過汝海神放船隱身而去漸次前進復經數日海神復變作一丈夫形容年少極甚端正涌出挽船問商人曰汝曾見有年少色力類我已不賢者對曰如汝形質乃有勝過百千萬倍神問誰耶賢者對曰世有智人奉行十善身口意業常令清淨篤信三寶隨時供養其人命終得生天上顏貌端正世無倫疋以汝形儀方於彼者若瞎獼猴比其仙女時彼海神聞是說已默爾自愧而作是念今此商主識智博達善談報應其辯若斯以一近事試驗問彼即以右手取水一掬乃問之曰掬中水多海水多耶賢者對曰掬中水多海水為少神復詰曰自擧可見

汝今所說誠難爲信賢者對曰斯言眞實決定不謬此非世智之所了知何以明之海水雖多必有枯涸劫欲盡時大千俱壞須彌巨海磨滅無餘以此證知海水必竭若復有人以淨信心持一掬水供養於佛或施衆僧或奉父母或乞丐者乃至禽畜之類此之少善正因功能經於塵劫不能窮盡是故當知海水爲少掬水爲多時彼海神心大歡喜即以種種奇異珍寶以贈賢者寄諸珍玩施佛及僧時諸賈客各得還國咸詣佛所稽首作禮持彼海神所寄之物及已所施長跪合掌白言世尊幸蒙如來遥垂慈護入海免難獲寶還家咸荷佛恩願爲弟子佛言善來具苾芻相盡諸有結成阿羅漢

菩薩本生鬘論卷第三

菩薩本生鬘論卷第三

校勘記

一 底本，金藏廣勝寺本。全卷多處缺字，以影印宋磧砂藏本補。

一 一〇七頁下五行第三字「常」，南作「當」。

一 一〇七頁下六行末字「視」，磧、南、徑、清作「眼」。

一 一〇七頁下末行第二字「先」，磧、南、徑、清無。

一 一〇八頁上九行首字「生」，徑作「恐」。

一 一〇九頁上一七行第七字「若」，磧作「共」。

一 一一〇頁中一行「所說」，磧、南、徑、清作「說法」。

一 一一〇頁中一〇行第一〇字「怒」，磧、南、徑、清作「惡」。

一 一一一頁上六行「衆僧」，磧、南、徑、清作「衆生」。

菩薩本生鬘論卷第四　　滅四

聖勇護國尊者集

演教悟通法師兒譯經三藏沙門臣慧詢等奉　詔譯

如來具智不嫉他善緣起第十

爾時世尊與諸弟子大比丘衆遊化依止王舍大城是時如來從座而起步躡虛空現希有事足下顯出千輻輪相一一輻間復出八萬四千衆寶蓮華一一華出八萬四千微妙鬚葉次第莊嚴徧覆十方無量世界是諸華上各有無量微妙數佛足下皆現千輻輪文是時會中淨飯父王見是事已心大歡喜五體投地向佛作禮即時證得阿那含果時諸大衆覩佛神變咸共合掌白言世尊我等今者所見十方無數諸佛諦觀察已不能了知何者真佛何者化佛時彼如來以大悲心愍念衆會即語之曰諸佛如來入空寂處解脫三昧隨意自在真化之相召自汝心所以者何佛心本來湛然空寂復依解脫光明王定由此定力化無邊身無邊身者是薩婆若薩婆若者名無著定無著定者

如來所行或現乞食或復經行以是二法饒益衆生又佛在世有善男子及善女人得見佛步千輻輪相深心作禮供養稱讚能滅千劫極重惡業若佛滅後四部弟子住於正受想佛行步恭敬供養亦能銷滅千劫之罪設不想念或覩佛跡及行像者隨分供養生隨喜心所獲福報不可窮盡佛告阿難我自往昔曠大劫來以淨信心恭敬一切見彼所修殊勝妙行常生稱讚使令增益乃至微細一毫之福未嘗起心而嫉他善是故我今獲斯勝報復次阿難我滅度後若諸弟子欲造佛像當令身相具足圓滿現攝身光化佛圍繞及諸足下千輻輪文使未來世一切衆生覩是相已獲得廣大吉祥如意積集重障消滅無餘汝等比丘當勤思惟如理而作佛說是已還復本座時淨飯王即從座起白言世尊今佛出世有何利事能令衆生得安隱樂是時如來即語父王舍衛城中須達長者有一老母名毗低羅勤護家業常所信用出納取與一切委之忽於一日長者請佛及諸比丘就舍供養有病比丘多所

求索老母慳惜而生瞋恚意不欲與而作是言我大長者受沙門術彼諸乞士多求無猒何道之有復發惡言何時當得不聞佛名不聞法名不見剃髮染衣之人如是惡聲一人聞已展轉傳之徧舍衛城是時王后末利夫人聞是毀呰深生歎訝云何須達仁惠周普如好蓮華人所樂見返爲毒蛇之所守護作是說已乃勅長者遣汝婦來吾欲與語婦到命坐即謂之曰汝家老婢常以惡言毀謗三寶乃至名字願不欲聞何不擯斥不亦快哉時長者婦白夫人言佛日出世破除癡暗多所潤益一切衆生央掘摩羅大惡之人殺害千人取指爲鬘佛能調伏令發道心此一老婢何足勞慮夫人聞說心大歡喜我當請佛及比丘衆嚴飾宮中明日供養汝遣婢來斯可驗矣是時長者即以寶缾盛滿諸珍摩尼珠等使婢齎獻助興供養末利夫人遇見婢來此邪見人

菩薩本生鬘論第四

當蒙佛化若見此人從佛化者我必獲得廣大法利爾時如來從正門入難陁在左阿難居右羅睺羅等從佛之後老母見佛心驚毛竪即時欲退從狗竇出老母以扇而自掩面佛在其前令扇如鏡迴顧東視東方有佛乃至徧觀南西北方四維上下皆悉有佛以手覆面於十指間皆有化佛老母合目開眼還見滿十方界皆是化佛現此相時舍衛城中有二十五旃陁羅女五十異見婆羅門女并餘種類五百女人先著邪宗不信佛法見於如來爲彼老母足步虚空現無數身心大歡喜裂邪見網頭面頂禮佛世尊足爾時世尊以梵音聲謂諸女言汝今可稱我之名字南無釋迦牟尼佛南無釋迦牟尼佛由稱我名觀我身相即得解脫八十億劫生死之罪令發阿耨多羅三藐三菩提心時彼老母暫得見佛疾走還舍白大家言我於今日遇斯惡對沙門瞿曇在王宮門多衆之前現諸妖術身如金山目踰青蓮有百億光不可具狀

菩薩本生鬘論第四　第五張

沙門善幻世間無比大家少年不可喜見作是說已入木籠中多以牛皮而覆其上於黑暗處潛避而臥時佛世尊欲旋精舍末利夫人前白佛言暫屈慈光攝化老母佛言彼人罪根深重於我無緣與羅睺羅最爲善友今日如來乘空而行爲其滅除多劫重障乃還祇園召羅睺羅汝詣須達優婆塞舍度彼老母諸大弟子千二百人咸生隨喜願同往詣爾時尊者羅睺羅承佛威神入如意定禮佛畢已右遶七迊即自變身作轉輪王一千比丘化爲千子七寶四兵皆悉具足時金輪寶乘蓮華臺詣須達家空中而住時彼守宅夜义靈祇高聲唱言聖王出世擯諸惡人宣揚善法老母聞已心大歡喜聖王出現餘無所求有如意珠願令獲得是時聖王乘大寶輦椎鍾擊鼓至長者家老母聞已從木籠出頭面作禮讚其功德今遇聖王善法攝化必當不爲沙門所惑王即乃遣主寶藏臣往彼女所語言姊妹汝有宿福應王者瑞今欲尊

奉爲王女寶老母荅言我身卑賤猶如糞穢蒙王暫問喜慶無限何當堪任爲玉女寶爾時聖王告須達言卿家老女衆相具足吾今欲以充玉女寶長者對曰唯命是從老婢聞之喜不自已王以珠寶令其照面端正如願唯增愧幸即作是念諸沙門輩自云有道矜馳言論一無効驗聖王出世利物宏廣令我衰容爲玉女寶五體投地虔仰禮謝時主藏臣宜王敎令修十善法調伏其心是時尊者乃復本身老女開悟見諸大衆悲泣而言佛法清淨不捨衆生如我弊惡猶尚見度悔過自責懺滌前咎求受五戒時彼尊者爲說三歸及五戒法老女領解心安泰然未舉頭頃證須陁洹果地神涌出告須達言善哉長者裂邪見網如來出世正爲此耳時羅睺羅將此老母詣祇陁林到已見佛歡喜作禮懺悔發露願依佛教而得出家佛勅往詣憍曇彌所精進修習未嘗懈廢如好白氎易爲染色應時證得阿羅漢道

佛爲病比丘灌頂獲安緣起第十一

爾時世尊住王舍城竹林精舍有一比丘身患惡瘡形體周徧膿血交流衆所惡見人不親近移置疎弊低小房下世尊知已即以神力蔽諸大衆令無知者如來獨往病比丘所善言慰諭須水洗之時帝釋天主與諸天子在善法堂評議政事佛以威神加被令知即與無量百千眷屬作天伎樂前後圍遶從空而下來詣佛所問訊慰勞頭面禮足手持衆寶所成澡缾貯滿香水奉迎世尊住立一面爾時如來即舒百福相莊嚴臂於五指端放大光明遠召諸天皆悉雲集及於頂門復放淨光照病比丘蒙光觸身所苦即愈瘡潰膿血悉得清淨合掌歸命求哀發露願佛慈愍滅我重罪時天帝釋以前寶缾長跪奉獻世尊受已右手注水灌比丘頂復以左手按摩其身時病比丘所染沉痾隨如來手即得平復得平復已歡喜無量志心稱念南無釋迦牟尼南無大慈悲父南無最勝醫王今我今日身病得瘥唯願如來以本願力哀憐攝受施與法藥祛我心病所有重障消滅無餘爾時佛告彼比丘曰我今爲報汝昔深恩復爲開演苦集滅道四聖諦法示相勸修作證圓滿即時獲得阿羅漢道三明六通具八解脫時天帝釋及諸大衆聞是說已皆墮疑網今者如來枉勞神德洗病比丘瘡潰膿血復言我今爲報汝昔深恩願爲時會分別解說佛言天主乃往古昔無量世時有一聚落名曰增廣地唯沃壤民多富樂其中所止皆上種姓尊一耆年爲斷事者未久有一老優婆塞忽爲惡人横相謀害將爲囚執衆念無辜詣斷事前明察釋放當其危難即得免脫是故我今作如是說天帝當知昔斷事者豈異人乎病比丘也彼優婆塞臨難獲免今此會中我身是也是故菩薩經無量世而於小恩常思大報乃至成佛未曾廢忘時天帝釋聞佛說已心大歡喜諸來大衆作天伎樂各還所止禮佛而退

稱念三寶功德緣起第十二

昔者如來出現於世乃爲父王及諸大衆演說觀佛三昧法門如來具足三十二相八十種好作黃金色無量光明是時會中五百釋種觀佛身相猶若灰人羸婆羅門見已號哭自拔頭鬢舉身投地口鼻吐血如來見之乃安慰曰汝勿號哭吾爲汝說過去有佛名毗婆尸入涅槃後於像法中有一長者名爲月德有五百子聰明多智世間經籍無不該練其父長者信奉三寶常與諸子說佛法義諸子邪見都無信心後時諸子同遇重病父到子前泣淚合掌語諸子言汝等邪見不信佛法今爲無常利刀割切汝命須臾憑何依怙今有如來名毗婆尸汝可志心稱念名號諸子聞已即依所教稱南無佛稱法及僧稱已命終由念佛故即得生於四天王天天中壽盡由彼邪見昔因緣故還墮地獄獄卒羅剎以熱鐵叉刺其眼目受是苦惱憶父所教稱南無佛以是得免從地獄出得生人中貧窮下賤

後有式棄如來出世亦得值遇但得聞名不覩佛形以至毗舍浮佛拘留孫佛拘那含牟尼佛迦攝波佛如是六佛次第出世雖得聞名皆不覩見以由得聞六佛名故今得與我同生釋種我之身色如閻浮金汝見灰色羸婆羅門皆因往昔輕毀於佛深著邪見招斯重障汝今可稱過去佛名亦稱我名彌勒佛名汝父名等稱已作禮及向大衆大德僧前五體投地發露懺悔邪見之罪諸人受教懺悔畢已宿殃消散三業清淨見佛身相作黃金色巍巍堂堂如須彌山三十二相八十種好無量光明歡喜踴躍得證初果求佛出家漸次證得阿羅漢果三明六通具八解脫佛告諸比丘我滅度後若稱我名及諸佛名所獲福報無量無邊阿難汝觀如來在路行時能使大地高處令下下處令高高下諸處悉得平正佛履涉已地相如本一切林木傾側向佛樹神現身曲躬禮敬佛經遊已林木依舊一切丘陵坑坎堆阜穢惡不淨瓦礫荊

棘皆悉屏去掃洒清潔衆花布地異香芬馥又復如來足蹋長陌無情土木尚皆傾奉何況有情而當不敬何以故我本修行菩薩道時於諸有情不生憍慢謙下承迎令生忻悅以是善業得成佛已情非情等於佛行時皆悉傾側低頭禮敬我昔曾以廣大資產淨心奉施十方衆僧以是緣故我今成佛所至之處廣博嚴淨又我往昔於諸聖賢同梵行者於道路中平治洒掃房舍資具泥飾周備於一切時樂求佛道利益安樂一切衆生所至之處自然清淨又彌盧山高廣八萬四千由旬入大海中其量亦等及鐵圍山高十二萬八千由旬堅若金剛不可破壞至於如來般涅槃時無不傾側向佛作禮若欲迴避不傾側者無有是處又佛如來心淨離染所行之處足無所汙蟲蟻不損佛不著履有三種因一令行人心生少欲二現足下千輻輪相三令見者心生歡喜又佛行時其足去地離於四寸有三種因一者愍地有蟲蟻故二者

護地有生草故三者顯現佛神足故汝等比丘當如佛語依教修行得盡苦際

造塔勝報緣起第十三

佛告阿難我今於此大衆之中略説造塔所得功德汝當諦聽善思念之假使以四天下滿中所有草木叢林皆爲人身彼一一人發心修行隨其所證或有獲得須陁洹果斯陁含果阿那含果阿羅漢果及緣覺果時有長者以淨施心長時供給飲食衣服卧具醫藥盡其形壽令無所乏至滅度後一一復爲起立塔廟繒蓋幢旛廣大嚴飾香華燈塗種種供養阿難是人所得福報寧爲多不甚多世尊佛言阿難此大長者雖獲其福猶有限量不如有人於佛滅後以敬慕心求一舍利至極微細如芥子許造塔供養其量正等一菴摩果塔心之木堅直如鍼上施露槃猶如棗葉中安佛像量同麵麥或香或燈隨分供養阿難以彼長者所作福行類修佛塔不可爲比以要言之若以造塔所有

勝報分爲百分不及其一千萬億分亦不及一乃至筭數譬喻所不能知阿難當知如來於塵沙劫積習薰修五分法身出生功德所謂戒分定分慧分解脱分解脱知見分四無量心六波羅蜜自利利他難行苦行不可思議神通願力世出世間無能勝者所以者何由佛成就無量無邊真實慧故阿難一切如來在昔因地知衆生界自性清淨爲彼客塵煩惱所覆然彼畢竟染汙不及是故如來出興於世爲諸衆生説微妙法除諸垢濁令得解脱

出家功德緣起第十四

佛在世時王舍城中有一長者名曰福增年過百歲齒衰力屈家中大小無不生猒聞説出家心生歡喜功德無量譬喻不及出家之利高於須彌深於巨海廣於虚空所以然者由出家故方得成佛三世諸佛未有不因捨家出家成佛者也是時長者來詣佛所欲求出家值佛遊化即便往至舍利弗所見其熟老不爲攝受如是

徧至五百羅漢悉不肯度時彼長者即出寺外發聲大哭於是世尊從後而至種種誨喻令其心悦即語目連收其出家與受具戒乃爲新學小比丘輩常生戲調之所嬈亂便自溺水欲喪身命目連觀見即以神力接置岸上因問其故具如上説此人愚鈍嗔恚若斯不以三塗報應之怖而攝化之無由得道時彼目連欲乘空行乃令尊意執袈裟角漸次遊歷到大海邊見有新斃端正婦人便有一蟲從其口出而從鼻入復從眼出從耳而入目連見已捨之而去弟子白言此是何人師曰此是舍衛城中大商之婦自恃顔貌不修福業承夫寵念擯害一切偕行至此没水而終海不納屍漂出在岸猶愛故身作此蟲耳後入地獄受諸苦報漸次前行見一女人自泥大鑊水滿火然脱衣入中皮肉各離吹骨在外尋復成形自取其肉而噉食之福增白師此是何人師曰舍衛城中有優婆塞崇重三寶請僧供養當遣美饍遣婢送之每至

屏處選好先食大家察問汝無竊食婢言比丘食訖有殘與我我得食之若我先食願於後世自食身肉以是因緣先受花報果在地獄次復前行見一骨山其量高廣七百由旬障其日光使海陰黑是時目連登此山上有大肋骨往來經行福增白師此何骨山汝欲知者即是汝之故身骨也福增聞已身毛恐豎惶怖流汗白和上言聞我今者心未摧裂願時為說本末因緣目連告曰生死輪轉無有邊際善惡業報影響無差昔過去世此閻浮提有一聚落民物富盛時有長者名曰法增宗族已來篤信三寶好行仁惠不傷生命居人推之以為令長數十年間民物安泰咸賴其德如已之父時彼令長或因閑暇習其博弈惡友得便而親輔之援彼邪說廢其政事未久境內強惡姦橫按訟交舉刑罰不中忽偶一時吏呈獄實適值令長博弈不勝無暇顧覽盡令處死來日乃問諸軍吏曰罪人何所荅以戮竟令長聞已悶絕躃地水灑乃蘇垂淚而言親愛珍寶悉皆住此唯我一人獨入地獄而我今者率易殺人當知即是摩陀羅頭作是念已尋便命終生大海中作摩竭魚其身長大七百由旬佛言目連若諸官屬自恃威勢枉尅民物殺戮無數命終多墮摩竭大魚為諸小蟲市食其軀身癢揩山蟲血汙海流將百里水皆紅赤彼魚一眠經千百歲睡起吸水如注大河尒時適有衆商採寶值魚張口船趣如飛將入魚腹賈人悲號一時同聲稱南無佛魚聞佛名閉口水止由佛慈護衆商得活時摩竭魚忍渴而死有諸夜叉羅剎水神競拽魚身出置海岸尒時尊者大目乾連將其弟子福增比丘遊行畢已還至佛所頭面作禮歡喜無量深悟生死無常苦空盡諸有結得羅漢果

菩薩本生鬘論卷第四

菩薩本生鬘論卷第四

校勘記

一　底本，金藏廣勝寺本。一一二頁中至本頁下及一一七頁中共三版，原版殘，以影印宋磧砂藏本補。

一　一一四頁中九行第五字「與」，磧、南、徑、清作「以」。

一　一一四頁中一二行「住立」，磧、南、徑、清作「佇立」。

一　一一四頁下一四行第一三字「爲」，磧作「何」；南、徑、清作「付」。

一　一一五頁上一〇行第六字「爲」，徑作「曰」。

一　一一五頁中二〇行第七字「得」，磧、南、徑、清作「能」。

一　一一五頁下一二行「安樂」，磧、南作「安業」。

一　一一六頁上五行「之中」，磧、南、徑、清作「之所」。

一　一一六頁中三行第一三字「薰」，南作「所」。

一　一一六頁下四行第七字「具」，磧、南、徑、清作「其」。

一　一一六頁下五行「戲調」，磧、南、徑、清作「調戲」。

一　一一七頁中六行第一五字「市」，清作「咂」。

菩薩本生鬘論卷第五

寂變聖天造

明教辯才法師光祿卿三藏沙門臣紹德等奉　詔譯

如彼縛力性用廣大勝義力用晝漏邊際善根發生遠離彼倒如理寂靜無有損減實因義利相狀鮮潔熾盛崇脩增上供養如是聚落處處增脩彼彼變易勝義行邊和合無諍施無顛倒覺悟無諍如是處中遠離二邊善哉自性和合如是彼布施邊諸天愛樂長夜精進圓滿勝義有情智慧因世尊生如是色相增上圓滿運無諍施廣大清淨如來色相眞實最上菩薩施行莊嚴尊者護國本生義邊

十一

實丈夫相和合無變所謂隨順聽聞菩薩之行發起隨順自所得法寂靜無變廣大梵行圓滿脩作彼處復脩無生善業聽聞甚深增上妙行了知教誨脩崇之事聽聞成就根本自性住於過去增上寂靜調伏有情擔負重任德行眞實發語誠諦使令增上嗔恚有情其心不生又有是處無勝義法作嗔恚生如是有學戒德之人遷變苦受無有止息了知輪迴自性邊際布施恭奉無欲希果寂靜安樂圓滿依止名相自在止息遷變智慧爲上是處有學出離煩惱如是法師眞實出生自在之因無顛倒義誠實語言無相之意圓滿息惡無有邊際顛倒法盡是時彼煩悩障寂然盡止遠離言說眞實語言云何遠離童女苦邊染不傾動有學遠離云何染本貪欲勢力盛不可止增上遷變求染障盡勝義無倒室女苦受繫縛如是行寂靜因了知無諍最上布施了知無縛寂然脩作離倒言說梵天之衆增上議論圓滿見性相應智慧無處不了有學遠離得戒和尚力能損懷彼顛倒因亦能造論發生教授阿闍梨諸戒師等軌範圓滿實因乃至如彼無倒言論彼諍增上善淨止息能斷染縛如是空性方便了知出離纏縛性淨云何了達業用智慧了知無遷變法名出世間一切塔廟梵天福因了知如是此眞實因增上界性獲

天之報無嗔相應自處清淨希求如是此言聽受㢈覆如蓋求脩習行依仗師友教誨如是依賢善人無卒暴因脩勝義行誠實如是了知難得菩薩靜住是處具足菩薩麤重無顛倒行無縛染意離獨覺行出暗鈍慢云何如空相縛廣大如雲凡夫難出甚深之法殊勝難得發生想念思惟不及菩薩誠言示教方入有大梵衆我生其中遠離人趣彼無災禍有此誠因施設相貌無求顛倒行十善行無憂苦縛處無有染自體鮮潔獲清淨報是處菩薩語言教授戒清涼義靜住無倒豁虛行相承師示論空寂之相云何有情獲得師授十善業因遠離有空斷常四邊云何無因遠離有世間因名顛倒業有情無知不了倒本造作我慢眼無窺覷顛倒瀑流增長流轉變動增脩發生我見無勝義意空脩我倒煩惱諍訟暗鈍脩作善見彼染自靜如是自身清淨種族無慢薩埵無變貪愛增長無修作慧罪業自處布施不修無因如是了菩薩

行善淨之意爲軌範師發言教授無求修意我慢性增無如是義無別德行無求根本言諭不可自爲增上遷變在我修顛倒想嗔恚無上圓滿無實了知彼幻發生善根遠離邪法是處有軌範師盡彼顛倒了解言說善哉善男子大婆羅門增上色相希求寂靜圓滿之行云何修作善靜法道無相可修聽聞了知清淨義邊圓滿進修善男子自無煩惱如是寂靜殊勝義利安樂聽聞止息可修彼天自在寔大丈夫和合相貌無別力用寂然所獲如是因相聖力圓滿遠離小乘聲聞因行世間相貌語言增上菩薩布施莊嚴尊者護國往梵天生

本生義邊十二

彼善纏縛煩惱眞實修出世道自在有力所謂隨順聽聞眞實勝義智慧了知世間義利遠離根本我慢菩薩施無難法救災禍衆由能了知王之法律煩惱流轉修秘密行我慢止息世間慈父是大丈夫恩育其子自性齊等了知遷變隨順教乘功德之法無流轉道莊嚴了解世間因行教法所詮眞實一身是破壞法踰遷變行是處無智不了飢渴難解因果制度寂靜如是修習色相無縛無顛倒性無十不善崇三寶行無貪愛處智慧了知過去實事最上德行無不見了寂善修作彼修施行如是名眼是處遠離增上無智眞實三寶彼不能知如是處所誠實暗昧不知染因根本如此是處梵世了解三相云何無善煩惱現行不能止息是處遠離彼顛倒行我自施設梵衆語言自修賢善梵行圓滿彼清淨處靜住聽聞梵天王衆圓滿脩作是處彼有梵衆修布施行處處愛樂自性清淨求報身行善淨無動寂靜圓滿最上最勝增長上上如來性義無怨親想有力自在脩靜住行梵衆圓滿目視如此至求可獲廣大色相慧解脩作無因染意施設相狀欲染皆盡如阿羅漢云何有情離倒災禍彼意寂靜無因色相發起施行依法義利流轉不生聽聞聖教意樂勝因國王依上安樂了解

別別自性此因十善依止慈母和合成就體性增上住無渴乏意無施惠無力發生依仗慈母獲得安樂王有調伏廣大知見四方止息如母愛樂諍訟皆止和合發生彼吉祥事暗縛我慢顛倒不生如阿羅漢種族增上無貪嗔癡三種本惑月色明白無雲遮閉寂靜可愛如此聽聞義利眞實王之相狀姿容可愛上妙色相彼無義利智識不生舍宅女人儀容無對淨勝無染希欲遠離是處行施心地眞實摩竭陀王自來此舍勢力最勝清淨無染離暗慢怖能壞貪欲獲如來藏秘密言說平等之心了三世事流轉邊際依止如地花色鮮潔香氣圓滿隨順色相嚴峻制度所謂大乘大般涅槃種種圓滿福德具足聞持經典熾然了解是處制度無顛倒相云何無因無別智慧發生義利十善之法云何因相眞實寂靜無慢色相淨妙福德善淨和合離穢止息具足力用清淨十善修四念住是處無智顛倒熾盛無十善業住飢渴邊種種楚毒是處和合國王離欲淨妙行施自在修作隨順煩惱貪愛繫縛暗鈍之法比丘根本最上應器殊勝所用根本我見處三際邊障報身行造不善業災禍根本無聖賢行天女自在遠離人趣此無修習眞實之行無脩十善是名無智誠實處所演說正法令心歡喜智慧轉生意識淨妙隨順世間如是誠實意識自在自性發生無盡之義成就無倒秘密之行彼善妙法具足聞持根本言說天人上妙修彼岸行聖所修作荷負重任如是進修長遠因行遠離驚畏說微妙法聽聞修作根本勝行寔因行施淨妙增修長遠無替披奉言說不起癡迷盡煩惱障名聖人行上妙最勝布施行邊清淨之因無染造作彼根本事心無希欲影像無實如心所現勝義誠實名清淨行瀑流長遠怖畏難修相貌顛倒處所寒澁鈍弱愚昧自無增修崇靜住邊持戒律行止嗔恚瞥心本無相王者自在眞實施爲治正之法五蘊力用根本修作彼之相貌性界善惡如如根本煩惱纏縛處處依止飢渴之心諍訟盡止無力生起是處支分彼無修作最上之法怖畏難行障礙煩惱彼無邊際有清淨行斷貪欲根難以發生顛倒相貌力用難遏無智可伏有清淨施無希欲心運用廣大諸天所重具足自在染倒不生性自仁賢發生有情如是清淨義利誠實云何彼心意樂如天和合相貌彼增上義求出離因獲無學果是處有王國界廣大自有調伏治國之法人民仰望想念無已

語言自在誠實云何明解了知無染惡義相應之意熾然脩作障盡無縛有煩惱因成世間事染惡之業彼運載行依智慧生因果非無增上言說慈母自天出言可法布施實因依法而行和合自性無別諍因依如是作云何實事無倒脩行天無損減淨妙行施諍因止息了知意趣如阿羅漢隨順因行自在之處敎授義利衆聖可依如雲覆蔭離貪欲行諸天共脩愚癡可畏聖言如是靜慮無倒勝因

眞實依止如地如脩施行無思其報
在處施爲義利無盡施設病難聖人
亦有慈母教示所在濟益求暗鈍邊
造作止息如是無倒云何意無倒因
無見罪相愚昧皆止無邊寂靜具足
眼目相應自在云何誠實愛樂聽聞
殊勝難得解脫圓滿如雲普覆最上
言說有情癡暗猶如愛子破壞之法
無能運載愛樂遷變云何遠離貪著
欲染如是爲毒四衆遠離愛樂施因
相貌難施了知無諍諍訟之衆諸天
遠離王之言說如雲普覆利劒不施
有力止寂無性縛法相盡止息無因
所致彼岸之事運動之衆煩惱我見
脩行之因影像難得了知義利一切
無實彼脩施人如是無諍王之言論
云何無我是處暗慢了知無實依染
慧生布施相貌若有我見無淨妙性
最上彼岸語言之法運用趣求障染
止息了知諸天安樂淨妙邪見有情
眞實纏縛前路飢渴體性離倒力用
脩因世間難得廣大福德布施自在
求無上果王之教授貪欲止息求布
施因勝利無盡無我脩因遷變義利
無煩惱行如是有情諍訟皆止世間
造作因煩惱縛有情世間依法脩行
果報無盡了知寂靜發生善根力用
無倒有情無怖離暗鈍法生義利行
遠煩惱障住淨妙因云何遠離不造
苦因無實暗昧成就安樂發生隨順
勝義之因安住慈悲利行之義此聖
言說如是設食自在義利成辦之法
遷變脩作力用誠實諍因遠離了知
無倒在處布施如慈母行養育眞實
有情之義如王教示是處行施無煩
惱障有情獲得運載之心了知衆等
安樂之行脩施之法如是眞實最上
勝義了解無詭發起聖賢息染自性
生起施心廣大脩作根本三縛明慧
止息養育生靈殊勝義利彼無諍因
慈母教誨云何無性聖賢共仰具足
四果世間眞實了知叚食思惟長養
舌相清淨能得上味因布施力盡彼
顚倒寂靜生善和合力用能脩勝義
我慢不增誠實無相教誨了知處所
寂靜煩惱障盡此利生衆無非盡染
自在無垢無希欲心了秘密行制度
嚴峻奇特義利是處增上智解施爲
淨妙可愛王者之意止絶言說慧解
了知福德有情力用如天隨順無貪
眞實安樂義利如此有情愛欲王者
自制德行無倒正解脫義有情淨行
求斷染法寶出大海事從理生染縛
苦倒路險難出起無漏道斷此染法
自性無染相應眞實想念皆止

菩薩布施莊嚴鬘飾尊者護國本生
之事次第十三

寂靜之法力用眞實勤脩無倒希果
報行隨順教法所謂隨順聽聞菩薩
教誨廣大有情圓滿福業誠實有力
菩薩衆類稟授聖法導化有情實無
疲倦智慧圓滿學者奔湊獲如是義
安靜坦然是處有情明白無滯年衰
有識勝義力用圓滿行施攝藏行相
濟生有力造作相貌圓滿誠實布施
脩因如海無減念念增長寂然無止
不起怖畏具足無諍雨露所霑枯壑
有潤彼岸實因如空廣大具足淨妙
災禍不生我慢之因顚倒諍染唯善

止息彼所發起脩布施行無倒施設清淨舍宇虛曠廣大淨妙支分有情居之成就三業脩因自在崇義利行是處布施心能荷負欲樂淨妙成滿無諍大薩埵行勝妙可愛彼之教誨了知壞性無十善法聽聞義利脩無失念因力自求無非造作運載廣大發善根本無生言論根本永施時無暗鈍身體遷變究竟難往業行相應自然成辦去何彼因脩正解脫聽聞成滿相貌支分有情生起大因難行增上調伏自體發生具足界性是處無我無顛倒意壞性廣大身體止息無因爲譬瀑流之因彼無變動一切如是成就自性無時作業求諍變異力用生起無因染力種族變動損壞相貌猶生子緣四相遷之彼彼支分實物甚多果報脩善力用相貌誠居學地其心如海是處怖畏出生造作增上邊際平等無彼脩無毒害具足聞持隨順衆等普均誠實云何染諍脩顛倒行災禍真實時意明利圓滿息惡真實如海諍盡無怖平等教誨

發起勝義造作相貌荷負真實彼相應力不動如海相狀分明如天光潔脩此學處聖力譬況非無其實無倒之處所在行施非無和合自在善妙遠驚畏事損壞瀑流布施無邊離怖畏相和合自在身體安住無遷變義不生卒暴擔負力用無相修作遠毒冤爲彼有災患毒不可近止寂遠離修生天行衆人可重是處無變運載行人離繫縛心清淨相狀圓滿無諍寂然進脩安樂之行五蘊之性處不可得勝義誠實如海難測無因無本無前無後比譬如海善淨無貪菩薩之行教化群生有無止息湛然如海虛空相貌無其中外煩惱障大難可出離彼無顛倒自性無毒布施無邊真實自在任運脩作增上無盡縛力暗鈍如毒藥行大施難行損減弥廣智慧真實自在無方熾然脩作運載三乘如此可求意解無染無彼慢行種族十善清淨崇脩圓滿如海如來秘藏含容真性彼大丈夫無談色相正等聞持無彼我相爲人師範無時

捨離無過去相發生相貌湛然如海無談倒色無作繫縛如此自在色相和合了知無染遠離諍訟支分無有損壞之處彼無言論人非人等我自捨離彼時無有善無倒染運用無二魔障自盡如海難測染污不生無此無彼自相無縛因無邊際求諍止息無力爲譬根本勢盡顛倒無有是處煩惱善妙無因造作息諍相貌無有成就遷變如海無邊自求果報無秘密行有大相狀染縛可畏遠脩善行煩惱如是究竟言說智慧了知久遠時分盡無相貌處所虛曠悔過離倒支體寂靜諍縛遠離無時止息染縛爲本云何縛因無能運載有情和合脩善無因清淨之法出生種族處所真實彼我不增如海出金隨順所在出生遷變種種莊嚴如火熾盛相貌增暉如海廣大世間無比善妙言說災禍如火難測如海時無彼縛力用廣大如此真實恩教如母何等運載不滯瀑流自在相貌無脩染諍長行十善布施有情誠實脩作智慧如海

養育情類愛樂不捨勝義圓滿善止
諍訟力用增長相狀無有制度力用
善妙如此有叚食用其心無狀清淨
言說有情義利無染因力盡圓滿行
無時暫捨寂靜無相作用如海有善
淨因煩惱永斷彼縛無性損壞諍訟
增上施爲無邊如海智慧了知無貪
支分達解究竟廣大如海菩薩脩行
能離染因自在生起行相無縛造作
脩因發生云何布施殊勝果報無盡
是處眞實彼彼方所名色相貌無傾
動故如來秘藏眞實無生發起無倒
成滿勝因愛樂無相破壞世間有情
脩彼求無諍義正解脫義楚毒瀑流
慢意止息如慈母行自起纏縛病難
災禍脩如如行顚倒無有清淨妙用
難測如海自建壇法設無相理具足
希求作無我行殊勝妙用寂靜如是
根本無相寂靜無我煩惱如薪智慧
如火有情聽聞脩三種行有力寂靜
攝持果利煩惱實因無非意造平等
隨順遠離世間勝義寂靜運轉脩因
聽授有力止息行處如是嗔念根隨

煩惱展轉難止希求災禍不起止息
損減淨法弃背慈母是處有我造黑
暗業有情難教如無倒行發生無苦
不壞流轉求無飢渴聽聞勝義彼難
可得脩正解脫了解言說清淨無倒
成眞實行眞實虛僞移轉自性難得
之義脩崇寂靜了不可得學位其心
精勤求果清淨止息靜住無怖如是
脩作求止倒染誠實語言煩惱遠離
善淨究竟無倒眞實悲心具足眞如
秘藏不可破壞德行隨順有情於是
獲得靜住相應無倒處清淨地染諍
全止令心自在此因不壞愚癡止息
圓滿力用盡彼顚倒了知言說和合
相貌

菩薩本生鬘論卷第五

菩薩本生鬘論卷第五

校勘記

一　底本，金藏廣勝寺本。

一　一一八頁中九行第一三字「二」，清作「三」。

一　一一八頁下八行「盡止」，磧、南、徑、清作「靜止」。

一　一一八頁下一六行末字「懷」，磧、南、徑、清作「壞」。

一　一一九頁上二二行第七字「愛」，徑作「受」。

一　一一九頁中一七行第二字「苦」，徑、清作「若」。

一　一二〇頁上一〇行第三字「智」，徑作「得」。

一　一二〇頁上一八行末字「相」，磧、南、徑作「想」。

一　一二〇頁中二行「修作」，磧、南、徑、清作「修行」。本頁下三行同。

一　一二二頁上一行第四字「所」，磧、南、徑、清無。

一　一二二頁下四行末字「自」，南作「身」。

一　一二二頁下九行第一二字「貌」，南作「懇」。

一　一二二頁下一九行第二字「暉」，南作「輝」。

菩薩本生鬘論卷第六　　　滅六

寂變聖天造

明教梵才大師臣慧詢三藏沙門臣紹德等奉詔譯

處大如海無智難測靜住真實無瀑流行是處
有我全無悲尊損壞布施亂起言訟無實寂
靜增上修因荷負有力運轉無盡癡迷災禍
無與實因獲勝妙報種種相貌處無止息何
能運載是處最上清淨無比菩薩上妙最勝
支分造作無盡隨傾壇法清淨供養秘密之
呪更無過上有情息苦三業清淨修無相行
遠離學處復實無我寂然清淨有增上智思
惟了知其心無諍力無實用福不能修飢渴
所纏顛倒自性是處我見彼實遠離殊勝福
德有因生起體性因緣災患不生彼此無力
我見增長煩惱既盡流轉自離根本斷故未
隨順除瀑流之行不復更生是處廣大發起
言說獲得殊勝淨妙色相災禍遷變了不可
得遠離虛幻真實觀察是處了知生喜受因
彼造壇法清涼可愛相狀真實王者生善損
壞無已流轉運載彼真實隨順安樂無優色相
光潤如是難有可愛之法守護無損星辰纓
熙臨無難業道流轉災禍可止清淨修業隨
順聖語瀑流之行無因嚴飾見聞之義煩惱
如海暗鈍諍訟喧雜難止如是運載長遠無
盡造作應器而施貧乏含字寂靜有情無毒
是處清淨善妙究竟智慧了知解脫無纏彼
有隨順修十善行惠施珍寶處所施設因力
無盡彼相應法心所自性發生隨逐是處光
明發生根本青色圓滿遠近之相自界他界
狀貌發生圓滿色相彼天光淨依教法修遠

離倒法順因果相依止善友圓滿修行如是
獲得無流轉義

菩薩布施莊嚴尊者護國本生義邊十有其
四　持戒修行精進無滅不捨晝夜清淨無
倒所謂隨順聽聞菩薩教誨云何時分相行
大乘根本修行制度寂靜無變離畏無怖不
憚炎涼心無退屈乃至頭目髓腦終無愛戀
誠實自有無遷變行了知顛倒修行義利隨
順處所安樂因地相應真實處所清淨造業
誠實如是彼處了知邊際此暗鈍法根隨煩
惱纏縛有情如毒藥行又修行勝利是大有
情修行之相云何進趣隨順勝義能令染息
無布施行暗鈍法是流轉因離怖畏義無慢
等相生清淨義最上邊際發生語言弃背流
轉是處有情修行布施行福德相貌隨心發
生如子依母生天之相是處寂靜果報殊妙
清淨可愛酬遣去因相貌如是造作希求發
起和合齊等支分實行根本修布施行熾然
隨順修因之相布施生起最上清淨能施有
力增上邊際遠離染倒繫縛之性和合造作
淨妙義利熾然止息瀑流之行是處菩薩力
用誠實圓滿能作如是殊勝相狀明白令衆
受樂行施自在善往無倒悲導種族求之無
盡寂靜修作殊勝義利又修暗鈍行求顛倒
法煩惱茂盛處所非一和合遷變損壞善法
運載癡迷暗昧如是又遠離煩惱無毒行
善住誠實有學功能障礙不生染法自止云
何慈母養育之恩遠離驚畏獲清涼地令行
十善悲愍施用齊等無偏盡世長時受語忘
倦如理思惟無染倒行王者如天雨澤隨時

有來必應是處無倒供養修設有德之衆清
淨如法奉施天龍隨順有力如密和合相貌
支分寂靜如空意解如此根本語言如此詮
詔顛倒止息香氣遠聞諍訟止寂損壞染相
邊際如是修勝義相普覆如雲根本力用出
生自性果報相貌種族增上遠離飢渴語言
解脫寂然遠離又香氣遠聞千變萬狀又普
蓋滿空無有邊際受報力用充滿真實數數
癡迷損滅不生行秘藏因生運載義顛倒瀑
流暗鈍纏縛無明解相遷變成染是處菩薩
有彼增上過去勝因相貌自在有力淨妙誠
實圓就平等之法如是無怖求清淨處教誨
制度倒染皆盡次第纏縛災禍盡止最上生
起甚深勝義如來圓證自在無倒衆實莊嚴
熾然光顯殊勝最上聽聞難事怨家天帝明
妃天后損滅言說彼時具足廣大隨順癡迷
根本又無寂靜遠離障染救逆廣大相貌如
空相應世間發起倒染造作處所其心昏昧
無因修建有情德行清淨無諍如是繫縛有
彼散亂彼三世心間雜而有修善離倒無彼
障染有彼如是戒德修行之士我因增上遠
離諍染真實我法讚頌持戒尸羅圓滿

菩薩布施莊嚴鬘飾尊者護國本生義叚次
第十五

圓滿真實演說相應無量力用煩惱如火一
合相貌所謂聽聞菩薩教誨真實善友無諍
之法相應如是顛倒暗夜染諍增長遠離煩
惱障礙染縛無義相貌支分喧雜又平等如
父愛樂育子其心攝藏功德之義三時無縛
彼布施力最上修作無諍訟法有情想念善

如慈父恩育爲義彼欲界天具貪嗔癡一切煩惱發生之處障勝定法又如是眞實勝義無盡增上平等能盡染倒此求彼縛有遠離因止息遷變法平如如安樂寂靜法無流轉心無苦患安樂自在世尊上妙語言舌相如蓮善正解脫漏盡圓滿善淨三業秘密甚深無暗鈍障礙迷染因清淨止息善妙相狀壽命無倒如是具足無縛有情遠離邪染有平等梵有力寂靜體性無滅熾然修作相貌丈分不邊煩惱意地清淨安樂平等一合相貌其心熾然云何暗鈍無布施心種族卑下調伏諍訟果報非無安住無動煩惱如火破壞善根惡因難止又有運載因無支分義平等圓滿和合無倒有力布施齊不外聞又作煩惱行修我慢因隨順障染發生暗鈍是處有力無修難事勝義圓滿染倒盡止圓滿義相布施生因行菩薩行運載修作如是大有情眾無有我見發生勝義隨順聖法增上殊勝性無修染煩惱顛倒了知不作瀑流之性全界煩惱廣大麤重時無間斷此言誠實圓滿自性彼大有情發生善行根本無盡災禍遷變無顛倒因寂靜止息增上義邊因無繫縛智慧如大燒煩惱薪敬授聖語安靜無倒身體支分上妙色相彼云何施發無倒心無相無縛修殊勝因靜住如海發起根本希欲眞實運布施想隨順因相彼天眞實圓滿自性淨妙因圓光鮮如火眞實有力修離染行菩薩修布施行尊者護國本生之行次第十六無修染障發起聞持了知暗鈍除顛倒行遠離無義所謂隨順師長發生聽聞菩薩之行

云何相狀於此發生廣大悲願了知圓滿安住行施無顛倒想無天魔難有造作行無亂想因安慰眾類除毒害因名無垢稱悲力自在世間無等秘藏相應世間遠離善根無盡倒染不生甚深難得有情生因聞持具足自在止息修殊勝義是處聽聞世間有情心無破壞貪欲之相大覺垂慈運心普施安樂之行善友之相教授依止煩惱不生三者無諍了知利益增上支分遷變飢渴諍訟十惡一切皆盡障難不生又修暗鈍染世間無實十不善法無難飢渴發起倒因無勝義利慈母見子憂愁不捨智慧了知眞實界性煩惱自止如彼王者治於世間廣大有力止息飢荒修崇廣大圓滿無倒我慢不生了知梵行暗鈍不生增上有力圓滿自在又有處所朋友眞實有智有力具足清淨上妙作用意修無染了知濃相發生智慧斷染修行趣於果法依聖言說一切眾生養育之相非無其因有作器用狀如其蓋養育相貌磨覆爲義云何相狀造作和合求無諍訟是處有王無時不治修作殊勝語言善教災禍顛倒如此盡止成就養育孤獨之眾又造彼染因本無施行破壞世間有情自致無寂靜語勝義行邊智識眞實一合相貌有情無慢世間苦受必有其因無秘密行無如王旨拜分流轉有彼福因德行滿足無倦染諍成就世間福業之處談說諍訟凡夫難止勝義調伏無染清淨眼根圓淨福德廣大云何無倒有情寂靜止息言說王者體大聽聞正理圓滿發生離邪僻行云何正解脫義善趣有學又煩惱無盡生

本有種造作發生圓滿顛倒一合我慢自性根本有情煩惱熾然相應記念憶持本來無妄滅又復生遷變無盡過去之因過緣而起方圓任器智慧了知寂然無禍其心自作大乘最上智不可得纏縛行相如來永棄體性廣大遷變不窮清淨妙因寂然無對解脫本心了無影像智出有無言詮何及清淨甚深法性難得無倒離果出過邊際災禍處所止息不生我慢纏縛自性非有如空之智求不可得自性顛倒作業不生相貌最上力用根本施設名色威容可畏秘密自性一合可得諍訟遷變教誨不生處所積藏煩惱纏縛蓋想念無已暗鈍邊際妙慧止息種族力用相狀無倒運載功能嚴峻制度族類之眾修遷變行唯如來性最尊最上名色根本相狀淨妙寂靜影像因力如是自性圓滿有力修作智慧眞實因緣和合離縛爲上根本心生制度之法遠離爲道布施之力盡多種物求和合行彼彼修行過去煩惱離天趣行遠離我慢勝因方得根本三諍相縛我生正解脫義遠離圓滿染縛寂靜行施眞實修調伏義作業清淨具足聞持饒不可得慧解明利勝因可修寂靜無等明了無滅智慧施設和合無動進止成就屈伸無替意解詳審圓滿修慧貪愛如海唯智能離秘藏之義本不可生亦不可壞安樂爲義無輪轉義如是界性無有傾動根本相貌施設難得勝義德行寂然無有煩惱自體如來求斷暗鈍苦惱地獄可受餓鬼之報恐怖難出無我無倒力用可止聲聞動轉大乘無動解脫無生見戒何往布

施熾然希求無有如世慈父調伏無盡戒性持犯止息滌因慧解無相煩惱不生如如德行寂靜止息四果聲聞勝義眞實是處有王行壇郁行如大渠流修崇滿足雖有布施無希報應施無相行根本無倒飲食滿足廣大行檀無生憍恣國界生靈忻然有慶教令制度普霑有洽 戒六 此布施行淨妙修崇普濟群生 七 無非大施國界之內聚落處所其數五千宣令普徧皆令師範彼披修作此國豐饒修崇鮮麗世無與等善言告諭是處有王國務從本善治邊方存亡去就九須筵會寧當法古無令諍訟務在眞實寂然造作相狀窮極時彼支分聞法教令王者有言告當三說彼王有智力用殊勝無當卒暴彼依附天殊勝修作聞持具足不生憍慢圓滿無倒如是世尊於過去世無去無來色相圓滿菩薩行布施行莊嚴其處護國尊者本生義邊次第十七

尸羅寂靜盡顛倒行戒法清涼能除染縛所謂隨順聽聞菩提薩埵種族寂然相貌和合無有遷變淨妙之處平等之衆眞實寂靜梵行之衆清淨學處善友之衆習慧增上自在修作本來自性清淨眞實相盡無餘隨順世間智慧有情相貌清嚴增上無比人中慧解明白可愛彼岸清涼縛染皆盡智慧善淨運用無邊煩惱瀑流如來已除如是世間暗鈍難出自無有智全求有力了解倒法知見有在德行最上無我慢縛煩惱生起有智能壞出家修行是大有情愛樂處所隨順苦受違背正法快樂有情修布施行意地安樂平等增上修布施行勝過布施百千沙門及婆羅門所施功德如阿羅漢智慧圓滿功德無異過去聚落眞實隨順王者所居遷變無動上妙吉祥隨持無變色界禪定近分根本清淨聽聞因相寂靜名色之體五蘊遷變形相淨妙自在有力如阿羅漢最勝變現出家功德依法而行清淨妙智慢法不生披滌相盡聞持經典變化相貌名色遷移發生智慧出離經縛淨妙行德道德無等善靜聽聞清涼如月喧諍遠離是處無倒善意發生如慈父想思德無比圓滿善靜如春生育慈父愛子無時捨離造作處所語言無倒善能調伏顛倒相貌寂靜如空邊際無盡稱讚功德如山無 戒六 八 動清淨力能不可名狀智慧吉祥生靈可重處所奇妙音鈍難居勝慧力能聖賢可止上妙修崇安固無動卒暴經蓋應須遠離女人本末憂煎可畏有情何可還生愛戀嚴峻制度無因於彼希求求斷增上自止彼求勝義荷負生靈聽聞義利清淨眞實如母之意善教子法是無變動世間有情調伏如此作業圓滿安樂自在增上眞實云何復得安樂邊際熾然忻喜作吉祥事是處菩提薩埵根本希求安樂之行有微妙智出染纏縛教授學貧眞實秘密如是如見教誡安樂有情如是荷負拯濟無招言說生安樂想無彼災禍修布施業行十善因調伏所在勝慧吉祥如母護念此名安樂如性眞實彼增上因果報勝妙求增上慢秘密能止聖性之法根本如是聞持之義法不可得有情自性凡聖亦同無彼無此我慢眞實本因非有施設具足嬉弄顛倒遷變如是彼布施因快樂之本清淨妙慧出世良因運載之法動靜進止安樂無難遍求有法寂然自在有道之法成就本因希求無諍如是之法有情離過躬慕聖賢增上供養圓滿眞實快樂安靜修崇勝法速得成就根本寂靜勝義自性淨意不生眞實難往此法自性寂然安樂體離有無平等妙慧無倒修作安樂體妙體性清淨嚴峻於此解脫 戒六 九 正慈護助有情苦惱不生纏蓋皆盡根本勝義希求無倒三種縛染舉動不生慈母快樂云何捨離聽聞動息進止求安煩惱毒染暗鈍纏蓋無力安樂我慢增上處所清淨法性飛然慢等因緣求不可得卒暴苦惱暗鈍纏縛善淨相應止寂遠離制度湛然豁若太虛我慢癡等增上可畏安樂相貌寂然移轉飢渴所逼如此日有苦惱纏縛運載無已了煩惱性方獲安樂悟無心理行如如行彼岸清淨聖人可往分析義理須憑智力寂靜安樂棲心教道貪欲諍訟煩惱根本彼此纏縛無慧發生慈父力能在處勸諭瀑流之緣慢意方起持律學人是大有情善心相應戒行清淨斷盡煩惱唯阿羅漢弃背不生纏蓋相貌自性遠離行相如此根本功能制度如上菩薩施行莊嚴護國尊者本生之義次第十八

快樂一類有智之衆根本寬對遷變遠離所謂隨順聽聞菩薩根本時分調伏寂靜德行廣大靜住有力息除煩惱增上智慧彼彼災禍眞實暗鈍顛倒希求色相諍訟憎惡瘦悴隨順卒暴無調伏行具足聽聞增上布施善趣等持寂靜之行煩惱不生自在有力勝義普上欽金圓滿教誡師邊希求制度明解止

情能了作把菩妙秘密清淨因行實作業時
增上三業根本因行修崇已畢遠離鬼趣受
苦之患具足闡持教授言說済意暗鈍暴流
煩惱有情俱時增上止息淨妙如此彼彼離
濁根本影像和合遠離顛倒增上染因邊際
色等如是希求一切獲得清淨婆羅門法無
性秘藏猶如慈母意能含育求彼自在圓滿
獲得增上化生快樂相貌上妙遷變神彩壯
冠知識自在有智有力出諍訟境登彼岸地
居伸庭中平等安住寂靜律儀妙止禪定獲
有無上希有功德安住無相湛然清淨如是
義利實相可得快樂無縛世間最上破壞之
滅六　十
義貫不可有經蓋顛倒是愈遠離淨意相應
究竟平等飢渴遠離因聽聞得四果羅漢三
界染蓋受愁之義寂然無有如是和合苦惱
安在此勝義體安穩無縛憂愁苦惱了無所
得根本時分實因自性染慢皆盡覺體自得
是甚聽聞根本寂靜隨順無盡安樂境界此
時染倒無處施為常一清淨所謂此時得獲
祕密出離纏蓋菩薩教誨一處不壞隨順有
力生於子想作妙善義是處憍慢增上根本
無有淨妙正解脫義了無本因修有學行其
心安住荷負力能布施希求如彼先聖此七
種聖實本學地聽聞善友智解滿足貪無因
起住聖人位此真聖衆修如如行住十地位
除分別染求正解脫說大乘法熾然有力安
圓無動清淨遲截令心歡喜力能布施五蘊
不傾染惡相貌無因生起彼靜住依煩惱求
斷增上我慢損減顛倒根本勝義無相止息
清淨禪定湛然安樂菩提塵壒息染之法希

求義利調伏有力色界諸天自在無發行十
菩道遠離嗔恚求智慧行色相圓滿顛倒放
逸災禍之患最上寂靜文衆勝義根本妙智
了真如性清淨之泉行布施行圓滿自在修
聖者行彼教誡法演大真實寂靜變化色相
圓滿福德和合實相微妙智慧明白無時暗
之六　十三末
昧彼彼真實正解脫因如一作業制度嚴峻
福德真實處所自在性好修施無倒成滿智
慧禪定受語修設如是不壞體性安住最上
邊際息滌諍法如是暗鈍本性癡迷疑法清
涼調伏為義本性非實適悅之用禪那無倒
邊變有力究竟天帝真實過患彼彼增上圓
滿息除禪定自在飢渴無有我慢不生愛所
清淨盡彼煩惱德行真實圓滿力用自性根
本隨順善法寂靜遠離無色之衆淨妙無滅
上妙生起是愛修設嚴麗寂靜煩惱相狀顛
倒止息根本淨妙彼因具足變狀如花應器
無染真實色相教誨之因調伏為義具足聲
相邊際和合暗鈍顛倒彼彼諍訟菩薩導化
煩惱止息顛倒之處究竟明如天帝衆類如
是纏縛根本不行展轉苦惱希求止息快樂
自在微妙清淨是處菩薩最上趣向如是福
德猶如蓮華圓滿可愛無倒修行種族遠離
如是支分纏縛自性智慧希求思惟邊際真
實如是定心圓滿本性如是

菩薩本生鬘論卷第六　滅六

菩薩本生鬘論卷第六

校勘記

一　底本，影印宋磧砂藏本。

一　一二五頁上二一行末字「纏」，南、徑、清作「纏度」。

一　一二五頁上二五行第一五字「情」，清作「清」。

一　一二五頁中一〇行「根隨」，徑、清作「隨根」。

一　一二五頁中一七行末字「發」，南作「法」。

一　一二五頁下一二行第二字「圓」，南作「因」。

一　一二七頁上一四行第一二字「依」，徑作「象」。

一　一二七頁中一三行「可重」，南、徑、清作「國界」。

一　一二七頁下五行末字「往」，南、徑、清作「任」。

一　一二八頁上一行首字「情」，南、徑、清作「持」。

一　一二八頁上三行「暴流」，[徑]作「瀑流」。

一　一二八頁中一五行末字「滅」，[南]、[徑]、[清]作「減」。

菩薩本生鬘論卷第七

寂變聖天造

明教[illegible]法師充譯經三藏沙門臣紹德奉詔譯

心意自在義利圓滿持戒清淨安住
律儀彼此希求無煩惱障意地支分
寂靜止息此名色相五蘊爲性如是
心等欲求無諍福德善利寂然圓滿
如是災禍其數有三四大五蘊如是
遷變寂靜安樂善妙自性菩薩增上
是大有情自在有力禪定心寂意識
無動如是聞持普能運載根本災難
遠離無有是處圓滿無能諍訟求眞
實法息除煩惱染惡心等菩薩色相
圓滿莊嚴其處淨妙百種相狀身體
殊妙卒暴相貌煩惱不生成就自性
顛倒皆盡德行自在染法不生愛樂
根本十善法行上妙寂靜無倒修作
意地無我精求止息菩薩義利求如
如行眞實律儀是處無倒圓滿靜慮
名無染行意地誠實寬對不生諸惡
遠離造作暗鈍我慢根本修布施行
暗慢自止造作遷變智慧平等如是
修崇堅固安住是處菩薩隨順清淨

有力趣求行十善業如彼邊際寂靜
圓滿諸煩惱本因於染意卒暴生起
調伏意地本染自止平等殊勝親踈
不有婆羅門行倒因求止圓滿教授
莊嚴寂靜憂患無有調伏生靈聞持
具足造作增上災禍邊際飢渴所逼
忽然自殄勝義語言造作暗鈍瀑流
支分我慢施爲冥然盡止暴風顛倒
煩惱無邊繫縛因緣眞實造作無倒
言說體性自在無煩惱慢善妙無變
如增上味根本意地無因顛倒王者
力用如風偃草王言如此輔助眞實
語言有則自在色相屈伸自得彼彼
修崇無卒暴體增上妙因清淨智慧
無倒言說無顛倒性平等祕藏勝義
眞實如如體大無染遷變淨智無倒
求布施因圓殊勝行上妙聞持語言
誠諦四禪寂靜器界無邊相貌根本
殊妙具足不壞有力無我諍訟求本
智慧荷負群品淨妙語言彼之聚落
災禍染法求吉祥事寬對自止是處
王者相貌安靜殊勝義利發言承稟
如彼人民分明了解養育聽聞群品

無倒界性殊勝寂靜修作清淨有情
無倒因業增上語言如是云何平等
之慧體性清淨出諍訟邊眞實造業
界性顛倒清淨之法有力除本是處
彼法息惡義利清淨祕密眞實自性
最上暴惡本行繫縛發起聽聞勝義
因行彼惡自息是處夜叉無染清淨
十善義利根本寂靜求處安靜清淨
有力廣大因行一處相貌無障止寂
眞實呪願有性生天清淨義利飢渴
不生最上言說處有執持止息顛倒
淨妙智慧自在無邊盡諍染邊止喧
繫處出暗鈍慢淨妙之處無染言說
養育忻喜顛倒飢渴如月清涼還無
熱惱濁染止息暗鈍繫縛布施之因
貪染有息是處菩薩平等隨順災禍
根本甚深止息貪欲語言暗鈍我慢
體無止寂欲染之性體自宜離最上
顛倒求因止息如是增上煩惱之性
修如如行應當止息是處究家天后
天帝稱實患難貪欲顛倒云何止息
於勝義處根本寂默希求自在力用
殊勝增上熾然養育善性煩惱無動

如母愛育清淨之衆獲得快樂殊勝
義利眞實無畏運載制度自在邊際
云何貪欲造作希求菩薩教誨歡喜
恭奉義利趣求盡顛倒事聽聞彼彼
出纏寂靜牟尼寂默貪欲暗鈍纏蓋
顛倒世間憂患遷變苦受欲貪義利
因行廣大布施獲得寂靜無相勝義
如是染因顛倒之法有慢等縛化生
云何相應靜住安樂善心俱起染諍
遠離此中我慢本因貪欲增上邊際
供養聖賢清淨教誨運載爲義是處
究家天后天帝眞實變化施設語言
自在衆等無有圓滿寂靜作業有德
有力根本運載圓滿障盡瀑流顛倒
修作希求寂靜菩薩制度有情發生
寂靜遠離彼彼是處布施發生清淨
清淨因行是處菩薩眞實布施生起
聞持清淨聚落隨順淨妙力用邊際
大乘增上九地煩惱隨順天趣王臣
自在彼此教誨究家明妃天帝憍慢
眞實瀑流煩惱垢染纏縛我慢諍訟
憍逸自在上妙語言明了智慧煩惱
皆止求勝義處如阿羅漢眞俗之智

報身自在邊際相貌寂然如空懺悔
彼過我縛邊際希求止息遠離災難
如是懺除有情三縛求趣生天快樂
衆類無暗鈍慢欲貪遠離彼求布施
修如來行施設寂靜能爲生靈運載
負荷圓滿無障彼此安靜圓滿無動
患難不生長者善友行布施行卒暴
給與圓滿相貌能獲上味彼人作煩
惱行與究對居修正解脫無損減義
菩薩施行嚴飾尊者護國本生之義
次第十九德行自性眞實有力煩惱
施爲忻求不有嚴峻修行倒染損減
所謂隨順聽聞菩薩寂默種族正理
廣大無盡無彼楚毒淨妙因行希求
安靜教誡施爲暗慢不有隨順悲導
平等安樂我慢性無廣大行施求大
情類因行根本清淨智慧求安靜處
修自在力聽聞正法無損減邊世間
眞實是處有情淨心行施王者種族
安固無動煩惱闐喧遷變皆止護助
群品世間希有修崇之意淨妙因行
自省菩薩最上教示圓滿善根過去
寂靜有情遷變善淨安住勤求修習

勝義根本寒苦道行戒德清淨如此自性聖者義利九種相狀生起邊際最上調伏戒德積集出纏縛義無倒荷負寂靜根本彼彼無性色相不生聽聞記念顛倒之因有情何有解脫相貌湛然安住災難無有我慢全止遠離舍宅塵垢染惡發生寂靜祕密之行清淨自性增長根本淨業難行妙因調伏煩惱苦楚圓滿天趣淨妙勝義持戒清涼道行誠實隨順邊際自在勝解圓滿淨因出離纏蓋捨驚畏訟愛育彼等安樂無染我見遠離田宅眞實如是希求造作之處自性損壞不行布施愛樂卒暴增上色相云何顛倒一行數取諸趣發起言說根本處所無有染諍愛樂之法圓滿隨順云何最上勝義之法自在悲導有情邊際息惡善友衆染能止生布施慧壞我慢邊持戒自性寂靜無倒隨順聞持求布施因勝義清淨聖人了知隨順種族眞實法行顛倒遠離求盡染法聞持滿足界性祕密煩惱永斷自在有力飲食施惠無和合諍無

顛倒慢修調伏法行成就行是處菩薩悲導生靈精求無已圓滿趣向無倒之行爲纏縛本如如因行靜住清淨暗毒災禍苦惱飢渴盡無所有念念有力出離纏縛勝義根本聚落城邑在處安樂本行布施寂然無諍究竟寂靜資粮滿足希求邊際出離災難癡迷倒本勝義調伏顛倒難出智慧聽聞圓滿了解苦惱之患人之影像體性非有婆羅門衆智慧有在城邑聚落人民自在貪愛纏縛崇修止息大乘教道發生趣向世間之人習如來性相應無苦煩惱體實隨順善業有學修崇煩惱自止是處王者行菩薩行種族圓滿有力無倒名聲自在廣大施爲智慧身相寂然安住是大丈夫止靜國界智慧寂靜了如本性發起邊際清淨妙行自在調伏最上生起果報淨妙出纏之相有情聞持天趣智慧是處廣大有情清淨妙寂暗慢除遣無縛遷變殊勝生起究對災禍冥然止息賢慧有力慧解眞實相貌和合群生仰重聚落無乏誠

實如是云何憍恣隨順處所飲食暗鈍進趣邊際清淨有德聞持有智處所寂靜善根無染有情和合別別智生平等智慧飲食普施煩惱重障根本猶我本既寂時末亦隨盡如此止息眞實教誨如是縛染俄然散壞暗慢止息如來覆蔭如天普蓋隨順止息智之力用無邊之功如王安住云何行施調伏有智善言慰諭究竟出纏隨順因行彼智如此是處如王自在教令國人所稟處所憍慢縛染增上有情苦惱靜止如本此顛倒因眞實我見希求災禍無力不起是處自性施設喧諍顛倒究對鈍弱愚昧纏蓋自止憍慢纏縛有情無智意解施設煩惱盡息如大我慢此爲根本增上智慧善妙語言正解脫義一切有情供清淨衆界性諍訟寂然止息不壞瀑流苦惱無邊上妙制度須憑勝義布施無盡求天趣因憂惱飢渴無大智慧淨妙聽聞如是安樂淨智聞持如蓋覆陰染法不生增上寂靜如王教令善淨因業出生智慧無時不

欲清淨之衆智慧力用具足妙定道行增長邊際殊勝靜妙上品自在覆陰究竟邊際世間安靜在處平等處所最上施因所得發生勝義菩薩教誨如是王者修無相行隨智慧力天趣淨妙纏蓋遠離作諍訟法無根本施有寬對行彼實無因求弃染法增上淨妙發生因行正理自性德業清淨止息慢類有學寂靜無䩭弱行制度群品止息愚昧道德行施無處不運自在有力染倒盡止圓滿如行出離諍染苦惱寃親復能遠離彼智慧性善淨圓滿眞實因緣殊妙生起忿怒遷變造作諍訟顛倒語言非天之行飲食希求無修彼智貪欲語言無眞實慧心地無實縛染生起煩惱障在希求喧諍有大國王演說正法令心歡喜隨順正理自在邊際增上智慧瀑流煩惱憂惱相貌圓滿聽聞顛倒慢法一切遠離去何根本布施善法顛倒染慢散壞業道圓滿支分隨順正理飢渴邊際增上遠離調伏云何求盡顛倒造作清淨出離諍訟忻

求善靜悲愍十善善友智慧圓滿修作行清淨行福德如此名色五蘊希求無動聽聞祕藏彼因無邊彼煩惱倒眞實苦惱圓滿學處身體淨妙世間福德果報不虛去何增上究竟邊際聽聞學處求彼勝義眞實清淨倒染不生飢渴纏縛意地無障壞滅縛染如空無礙思惟不有卒暴纏眠根本皆盡如來自性本由智了最上所詮須仗言說執持暗弱毒恚因法業道之緣全憑智力力用清淨三毒不生自性聞持求心滿足三乘運載同歸寂滅眞實支分離倒圓成瀑流煩惱三種根本本既斷時餘皆遠離隨順諸佛清淨教誨如是之法名正解脫有情相應因於憂惱巖峻所在說大乘法求祕藏因無名色相染諍遠離圓滿如是有情是處隨順貪欲造作煩惱自在顛倒清淨義利成就眞實自在最尊無我法義見無顛倒無暗昧施有情證此勝義無相執持無滅善淨妙因隨順有力自性澄寂蔭覆義利有布施力清淨聞持爲報身本

福德無壞遷變之行有爲眞實因業自在如阿羅漢寂然和合隨順出纏求本覺性長養眞實三業無犯求如如義

菩薩本生鬘論卷第七

曲沃縣牛村許智成文雕經一卷計布三十疋

菩薩本生鬘論卷第七

校勘記

一　底本，金藏廣勝寺本。

一　三〇頁中八行末二字「如是」，磧、南、徑、清無。

一　三〇頁下一五行「祕藏」，磧、南、徑、清作「祕密」。

一　三一頁上一一行第七字「處」，磧、南、徑、清無。

一　三一頁下一七行首字「情」，南、徑、清作「乘」。

一　三二頁上一〇行「清涼」，南、徑、清作「清淨」。

一　三二頁上一四行第八字「樂」，磧、南、徑、清作「育」。

一　三二頁下一五行第一〇字「無」，南、徑、清作「淨」。

一　三二頁下二一行第三字「慧」，徑、清作「惡」。

一　三三頁中二〇行「顛倒」，磧作「顛」；南、徑、清作「倒」。

菩薩本生鬘論卷第八　　　臧八

寂變聖天造

明教大師法師文蓮譯經三藏沙門臣紹德等奉　詔譯

智慧清淨無我慢　衆有善友力除顛倒行增
上德行勝義根本難行淨施最上無諍精舍
安住能斷貪欲顛倒支分意出染縛寂靜妙
理如是求證名色如如湛然安住勝義德行　一
真實無諍善淨智慧遷變自在無彼時分

如是自性勝義無諍隨順智慧寂靜妙理德行無縛病患之因處所遠離希求淨妙根本無染無倒寂靜煩惱自上彼根本智證法身體無邊有情運載于是勝義調伏苦惱無因彼煩惱縛顛倒災禍求清淨智遷變止息自在之處煩惱邊際破壞世間相貌寂默如煩惱縛令色蘊生暗鈍纏蓋無因自然此圓滿行憍恣煩惱我慢根本希求永寂隨順正理愛護寂靜無縛染惡彼天道德生起真實出離煩惱有求根本善衆德行勝義無諍增上瀑流運載無盡近事男衆善根發生自在修作如是難行之法聞持具足無倒遠離

菩薩施行莊嚴尊者護國本生之義次第二十遠貪嗔癡發生勝義顛倒染盡聽聞真實十二分法忿無體性隨順染倒希求縛性所謂隨順聽聞菩提薩埵大有情義造作時分大婆羅門種族德行寂靜止息王之德行稱自在天世間真實智慧無有相狀精嚴名稱增上修行業道聽聞有德淨妙布施自在無縛有力澄寂彼災禍本驚畏如是具足聞持損壞彼染智慧如實損減染諍根本縛力真實我見造作縛染善淨圓滿調伏自性增長善法別境中慧遍行之想有情安住真實造作清淨教誨尚座阿闍梨軌範師等發起大乘究竟義故愛樂布施清淨界性無染諍義有情損壞煩惱暗鈍圓滿勝義寂靜聽聞上妙相狀能除毒害纏蓋遠離荷負運載根本寂靜隨順貪欲纏縛之行無變動相賴耶攝藏不可破壞雜染所依身體自性色根依止是處菩薩隨順有力聚落城邑淨妙教誨有情無

不機器相應調伏衆類有情賢善脩十善法運動依止無貪欲行意地清淨希求安住運載三乘聲聞緣覺大乘三種性類寂靜之處色相邊際苟負生靈誓求寂默清淨教誨達解空相寂靜祕密種族具足根本趣求三乘聖果清淨無動調伏止息淨妙十善寂靜根本最上希求無縛勝行息惡行人精嚴意地寂然無縛煩惱不生勉力誨諭精求寂靜隨順祕密不起倒行苦楚遠離愛樂進脩自在有力無損勝因清淨妙智梵行廣大本無學果我慢三種增上遷變自在薩覆空處無有菩薩於有情所唯脩行捨隨順處所我慢止息脩建如是聚落城邑莊嚴無盡飲食精純有吉祥慧瀑流煩惱止息無有和合覆蔭無染因業脩行勝行清凉如月其心無盡勇猛堅固執持圓滿善妙崇極禪那寂靜器界種族災難遠離出染纏蓋彼實有力根本相貌發起難行殊勝妙行鮮白光淨天中之報王者在處寂然安住是處其王彼時全無憂

惱之患調和諍訟快樂增上種族相貌嚴麗希有成就最上邊際之處諍訟損壞止息非有根本自性脩崇善妙成就安樂增上勝義國界上妙聚落豐盈本從於心真實纏縛熾然造作不動相貌無倒邊際圓滿寂靜實有自性稱讚功德堪任正法意地真實湛然爲義暗慢增上諸天遠離是處國王如菩薩行脩崇三業平等普濟彼出煩惱障起清淨慧十善教誨盡顛倒相我慢之因趣求不有阿闍梨行肅然清淨世間諍訟自性上寂聽聞自性靜居天衆嗔忿巳寂上二界中其恚不行有煩惱縛當地之法本覺自性彼倒遠離彼智自性力不能制事觀力微理觀方斷如聖人說貪之邊際非想非非想處亦有無理慧故未能遠離貪癡慢見第九品道向果方斷成無學心遠離王者菩薩智慧有力能生自在誨示遠離纏蓋最上損減障染邊際時彼世間獲得大丈夫相愛戀慈母色相清淨真實之因如法調伏無根本諍脩圓滿行

無慢染障獲正解脫顛倒止息如是聞持彼倒遠離有情寂靜法體無諍清淨勝義憂惱止息處所和合意清淨法無倒真實處所澄靜有情無縛智慧無邊如是女人無暗鈍諍遷災禍衆菩薩教誨王者勢大增上教令普覆如天造作相狀無空閑處所在纏縛連持因命求和合相染障遠離是處國王覆載生靈有智有力施彼人民貪愛止息國界群生遠十惡行往求聖像親詣恭奉過患皆止往勝義性聽聞清淨出離纏縛造作相貌靜妙安住飢渴楚毒寂靜皆止世間有情殊勝生起無倒勝義遠離諍染如是有情演說正法身體清淨有染慢障世間顛倒邊際纏蓋祕藏皆止此大我慢真實染法聽聞如是云何最上之性世尊之德天中之天福德自在究竟如是顛倒瀑流一切皆盡我慢增上淨妙尸羅染諍盡止如影隨形究竟邊際壽命增上福德莊嚴造作制度教誨彼彼如是自性圓滿施爲靜妙聞持悲愍衆類真實自性

清淨業道寂靜邊際天人之心云何無增上慢繫縛於彼增上愛樂清淨布施寂靜因相寂然遠染廣大悲願慈母之行教誨於子如王平等運載生靈暗鈍等給如是人民稟王制度菩薩勝行邊際如空無煩惱倒無忿恨縛自在力用善妙脩崇心無有盡如王之教我之暗鈍增上染障寃對無盡業道生起祕密之因染性自止善修圓滿支分有力布施廣大煩惱無力處所遠離彼十善行修設供養人民安靜我慢喧諍煎煩盡止勝因義利慧性本有菩薩教誨殊勝義利清淨妙慧慈母育子眞實愛念相貌災禍施爲如意增上平等發語誠諦災難遠離是處彼王如菩薩行治育生靈自在澄寂云何無諍發生勝義思惟趣求諸天梵行纏縛止息圓滿智慧增上寂靜造作邊際布施瞻奉菩薩寂靜誨諭群品云何種族災患眞實纏縛之本難可遠離希求染諍增上我見有情運載作業止息菩薩善誠王亦止惡巡遊聖跡妙善可臻

增減不生語言止寂忿恨遠離如邊際慧制煩惱因長養忿恨教誨可上最上我慢調伏息除王行善教忿難皆止善法增上生因眞實修施爲本義利如是煩惱邊際自修勝因惡報遠離災難如火焚燒善根自在有力運載荷負邪行不修人民崇善我倒纏縛自性遠離布施之因無我縛本生有邊際熾然無諍煩惱自止和合相貌災禍本息光明現證本寂無求圓滿妙慧思惟難及有情無染勝義如是希求本寂遠離三箭國界淨妙增上如此無倒遷變瀑流止寂相狀無實增上德行圓滿寂靜如火滅薪煩惱暗鈍苦惱邊際廣大瀑流無學永寂念我見盡成就勝義如如增上本無災禍澄寂義利眞實無求成就無相煩惱諍訟正理可除無邊繫縛聖智斷滅出纏自在解脫爲本趣求勝因盡染遠離忿恨遷變造作由我無倒修業清淨爲本遠顛倒染云何勝義如如寂默邊際眞實離驚畏怖力用如天勝義無我眞實無邊離增

上慢彼無言說壽命無動寃家義邊無學巳除是處國王德望休祥人民仰附行布施因遷變有力聖惠周普隨順色相善淨調伏行十善行修布施心增上安住制度嚴峻善妙具足聚落人衆出纏離縛圓滿有力有情生因無我善靜菩薩運載演說正法忿惱之行非天律儀隨順顛倒無寂靜法正理遠離進止舉動染諍皆息無變災難自在止息如是方便隨順寂靜善淨語言補薩陁葛無忿惱行修如來心

菩薩行布施行莊嚴之義尊者護國本生義邊第二十一本無顛倒名祕密藏清淨相貌寬大丈夫希求善趣所謂隨順聽聞菩薩意趣大功德聚百千萬衆邊際如空廣大之處國号無我王名最勝所行政事境內無偏福德智慧圓滿無動憶念種族眞實無替慧施生靈具足無盡奉戒清涼四民無弃寃敵諍訟聖力皆止自無貪欲遠離飢渴清淨無倒聖德無私教令普均自在圓滿眞實無壞熾然

有德險難無怖根本有學希求聖位
暗慢有情無能進修究竟因行世間
之因體性破壞無盡染諍天龍鬼神
成就縛因無倒勝義因不可得清淨
妙因眞實秘法聽聞自在身體福因
根本邊際無倒寂靜動止身安如是
清淨眞實布施正解脫法義利無倒
發生寂靜遠離歌舞清淨教誨遠黑
暗業求如如行如白蓮華淨妙根本
塵垢遠離造繫縛心寂因無有相貌
遷變縛心眞實聽聞遠離是處彼因
遠清淨行有情熱惱飢渴所逼無有
寂靜有縛根本意地成就明白自性
動止安靜災禍止息無有煩惱顛倒
驚畏無調伏行靜住聽聞聖力無盡
正解脫法煩惱止息纏蓋相貌眞實
無有德行自在勝義無壞善淨邊際
我慢不生運載聽聞甚深祕密清淨
眞實調伏修作梵靜名稱國王有力
齊等讃詠無我寂靜遠顛倒因道行
鮮潔處所靜妙行施眞實根本微妙
無倒修作聽聞十善增上因業善之
一法增上福德智慧根本教誡語言

圓滿有力修布施行福業眞實變化
之因十善果報有勝福慧是處無有
損減國王聖德邊方止息無有傾動
快樂如天眞實安住集福爲因聽聞
殊勝淨妙名色求報福行成就有力
色相隨順我慢暗鈍聞教不生寂靜
有德染諍自息一切人民修天人行
共崇施業增上名稱福樂之因聞教
修行蓋纏遠離顛倒止息獲得勝利
福報如天崇修正行聽聞歡樂湛然
安靜
法性根本寂靜無生具足聞持半身
應現遠離繫縛祕藏眞實荷負生靈
顛倒不起清淨教誨安靜誠諦無相
智慧了不可得制度廣大自在無怖
麼覆相貌屈伸可依彼求義利造作
圓滿變化邊際本由勝因如如寂靜
遠離諸相三寶安住無傾動故瀑流
煩惱如來永斷澄靜如月方圓任器
然彼支分淨妙安住作業自在嚴峻
可則無邊災禍澄心自止狀若蓮華
淨妙可愛吉祥邊際發生妙因無垢
制度災患可止顛倒垢染心善無縛

德行最勝圓滿自在造作無邊遷變
止息清淨聖力貪欲能斷善淨最上
無相圓滿如來之性無損減義明白
自性寂靜修作塵坌止息善淨能離
善施無諍如月除瞋施雖生喜無正
解脫遠離纏縛眞實自在一切顛倒
諍染皆盡勝義安然煩惱無動造作
自性染倒義利具足聞持清淨誠實
如暗鈍障影像修作卒暴之處眞實
遠離施者如王濟益無盡布施無偏
如雲普覆無縛修崇善靜止息德行
無倒世間成就光瑩霜雪如冰明白
垢染縛體修淨聞持遺形無因眞實
無有上妙修崇本有佛性譬如月滿
淨妙澄寂暗鈍諍染佛力能斷求邊
際處了知無倒慢意不生塵垢遠離
隨順遷變本修施行過去之因處所
清淨如天趣因彼彼眞實行毒藥處
了知無智彼遷流行顛倒之本三寶
安住無傾倒故莊嚴寂靜自在快樂
平等相貌盡顛倒染熾然修作安固
無動自在遷變崇因可得如來十力
煩惱永斷根本淨心聖因方得名色

眞實五蘊清淨勝義自性無念澄寂
流轉因盡力用常寂驚畏因緣無處
有在是時世間眞實無倒清淨界性
無邊安靜念處因緣往古隨順是處
彼因誠諦清淨流轉狀貌定慧明白
上妙果報圓滿和合行捨平等影像
眞實纏蓋慢類暗鈍根本損壞染性
圓滿修因勝義清淨力用修作具足
聞持慢等損壞清淨界體流轉無因
不動行相無倒之本瀑流之處遷變
無彼熾然災禍忽而不有涅槃體常
湛然安靜十善無邊一合清淨顚倒
纏眠色力無盡舍宅田產我能增盛
運載親族無損安靜處所微妙輕慢
無有如是纏蓋了知遠離眞實無倒
修因善妙清淨邊際方所寂靜學解
圓滿眞常德行南方有天無因我縛
瀑流止息清淨無諍梵行施爲勝義
誠實淨妙色相德行成滿自性遷變
福德安靜修布施行彼我無怖我見
垢染顚倒遠離如是災諍恐怖無有
諸天淨妙譬喻何及彼性發生諸法
如是十不善根縛因遠離是處飢渴

菩薩誨示勝義圓滿倒染止息云何
寂靜災難不遷是處豐盈教誨如是
彼天染行顚倒息除寂默安住意地
觀察無因諍訟制度有實清淨色相
本無變動云何修作聖言可稟大乘
究竟安固無動全界煩惱爲繫縛體
四種勝義談言爲上清淨妙因盡顚
倒染人趣有情復能遠離最上遷變
歸命三寶如來十力究竟爲義成就
寂默力用無邊諸天自在盡心迴向
聖人義利清淨眞實本性如是安靜
祕密荷負之處有制如此煩惱力用
如來永斷根本智心爲最上品勝義
寂靜如來性義是處菩薩無垢清淨
諍訟邊際無因自息損滅義邊求不
可得病難因緣本十業道衆人所在
彼行布施復有我慢遞相隨順甚有
飢荒制度可止圓滿澄靜如秋天月
求名色相了知無我力用可見淨妙
邊際種族寂靜無因人衆造作於心
變通萬行憍慢無施損減力能自在
之處倏忽遠離流轉無畏恭謹無慢
求無破壞聞持眞實是處和合增上

聽聞遠顚倒染遷變喜愛所在行施
隨順正理捨離鬼趣發生智慧是處
丈夫多聞誠實廣作勝因意地行施
運載色相德行知見諸天勝因聽聞
隨順究竟因行修崇如是我行布施
圓滿應器災禍熾然變化止息善妙
根本因行何如寂靜眞實千般化行
諸天清淨纏蓋遠離是處有王制度
作業自在成就諍訟止息最上貪欲
舍宅義利清淨方所聽聞眞實淨妙
伽藍相應平等增上相狀盡修崇業
是處精嚴殊勝惠施湛然澄寂溫潤
鮮絜淨妙可愛意地無犯澹淨根本
廣大爲義彼中無念止息邊際如是
造作遠離放逸名色無倒處菩薩行
上妙眞實寂靜根本圓滿覺性本來
如是學處求諍清淨無怖是處希求
殊勝因行布施運載荷負親族清淨
誨示教修崇業十善發生根本如是
求如來性消除飢渴修淨妙因圓成
大器求遷變行善淨有力自體思惟
遷流之本出諍之處無飢渴事了知
纏蓋自然無動菩薩是處勤行教誨

秘密甚深求者自得清淨勝因真實
澄寂善除飢渴依稟聖說自在邊際
根本祕藏有情遠離慳貪之行安樂
具足四種勝義染倒不施慢類無有
了知最上慈母恩義有情善知根本
顛倒暗鈍我慢諍訟無有具足聞持
王者之法有情了知布施殊勝平等
如空修崇依稟菩薩教授隨順無倒
佛十力義一切衆生佛性皆有嚴峻
制度所謂大乘大般涅盤如是寂靜
有情義利如是有學自性智慧方便
運載煩惱災禍求盡相狀遷變之義
渴義云何吉祥如滿月義災難之法
了知真實貪欲過患如來言說除飢
本由心起因實不平發生邊際我見
之法染汙爲本意地彼縛作業無盡
菩提薩埵依聖言說不壞之法本自
誠諦朋友求處有智可依增上勝因
隨順正法彼心布施須濟生靈飲食
遷變修十業道自在隨順如來祕藏
上妙邊際捨身修施有情運載無憍
慢事智慧圓滿倒染捨離別別德行
真實了知寂靜勝義盡彼顛倒是處

無我究竟邊際彼運載行靜住無倒
善能有力修建邊際驗飾上妙能盡
奇工如是究竟彼智慧體隨順修習
十善因行發起方便清淨迴向意地
無慢究竟真實是處病患邊際無瘥
自求治療處處無功彼時驚畏無飢
荒事言無倒說廣大知見彼第六意
清淨無倒我見欲貪求不可得有情
災患自復了知瀑流煩惱應時止息
隨順了知遠離如是聽聞飢渴布施
能離自性力用慧解了知自體隨順
發生語言寂靜力用月滿之義根本
布施無染諍義清淨澄寂無煩惱義
聖人冥合如如勝義究竟自性廣大
清淨德行自在因力爲上是處愚昧
遠修智慧根本鈍弱畏懼增上復作
是言捨離飢渴有情化生淨因方感
平等了知求隨順事吉祥勝義復能
修作稟聖言說善除飢渴王言調伏
所在安樂真實之因自然無動在處
義利渴乏皆盡聖賢無慢了知真實
具足聞持自在行施無上教乘制度
清淨了知聖法顛倒遠離具足聞持

清淨教誨苦惱去除佛十力義有情
行處顛倒繫縛究竟無動勤修布施
清淨教法稟受無乏苦惱不生唯清
淨衆一修建處了知施本秤量善惡
唯憑因業淨妙修作平等爲本求因
邊際無有相貌布施支分魔不能壞
過去邊際清淨無縛了知根本勝義
澄寂求遷變相修調伏行無我真實
變異鬼趣慈母之處求離怖畏教誡
修因清淨無倒遠離災禍無破壞義
荷負三有調伏慢類是處自在具足
捨施無有瀑流煩惱顛倒自性了知
災患之本求染諍盡無順貪行相貌
寂靜和合之本無相造作賢聖平等
遠離飢渴了知教誡善哉善哉福德
廣大具足隨順無上正法善淨諸天
湛然安樂運載有情了知十善作制
如王無憍慢事煩惱無因愛護無怖
時不捨離治育求安云何有情寂靜
於此布施真實方所殊勝無我寂靜
王善平等傲慢不有飢渴止息是處
豐盈殊勝解脫王行正因吉祥如意
滿足聞持善施誨譽施設妙因益濟

生靈弃背顛倒修廣大行如是智慧
眞實俱生施行千種賢善爲上彼慈
母力無邊施爲我實無報瀑流煩惱
佛果永斷十地親證如來性義無邊
寂靜遠離鬼趣王行勝因遷變隨順
布施眞實無諍之本是處自在具足
聞持誠諦出纏不動澄靜修施力用
根本相應有情無因不充飲食方便
修崇布施滿足我慢暗鈍無學止息
無倒清淨遠離纏蓋是處國王智慧
圓滿見究竟因三寶無動供養增上
妙色熾盛自在具足施設語言自處
清淨地法無諍如來十力云何獲得
隨順如如造作眞實具足布施了解
聖說本因淨妙顛倒止息行施制度
善修調伏是處多聞寂靜支分圓滿
希求上妙修崇平等病難因緣煩惱
弥滅憍恣調伏我見垢染無因施設
國王了知無邊過患自行制度災難
泯息

菩薩本生鬘論卷第八

菩薩本生鬘論卷第八

校勘記

一　底本，金藏廣勝寺本。一三五頁中一至八行，原版殘缺，以影印宋磧砂藏本補。

一　一三六頁上一行第七字「伏」，磧作「應」。

一　一三六頁中一二行第一三字「止」，徑、清作「正」。

一　一三六頁中一四行「其恚」，磧、南、徑、清作「瞋恚」。

一　一三七頁下五行第六字「住」，清作「生」。

一　一三七頁下二〇行「具足無盡」，磧、南、徑、清無。

一　一三七頁下二二行末字「私」，磧作「法」。

一　一三八頁上二二行「修作」，磧、南、徑、清作「修行」。

一　一三八頁下五行第四字「諍」，磧、南、徑、清作「靜」。

一　一三九頁下一四行「止息」，磧、南、徑、清無。

一　一三九頁下一七行第四字「處」，磧、南、徑、清作「取」。

一　一四〇頁上一六行第九字「彼」，磧、南、徑、清作「被」。

一　一四〇頁中六行「無功」，磧、南、徑、清無。

一　一四〇頁下一九行第三字「捨」，磧、南、徑作「暫」。

一　一四一頁上末行第七字「卷」，磧、南無。

菩薩本生鬘論卷第九　毒

寂變聖天造

明教辯才法師充譯經三藏沙門臣紹德等奉　詔譯

求彼眞實無修可得最上顛倒成就災禍善因無有憍慢情深無我遠離是處伽藍寂靜無縛布施雖多全無諍訟有情所居廣大清淨聲聞動轉大乘安固彼天如空智慧最勝祕密甚深因行無倒了知邊際力用無盡虛空無性隨順容物貪愛顛倒自性遷移彼彼復增聽聞誠實國王惠施清淨崇修珍寶無邊淨妙無倒眞實諍訟安靜無有聞持勝因行施清淨王者了知相應善妙彼王國界平等安靜慈母快樂相應最上菩薩是處無相修作如是行施求殊勝事復無損減如來性義自求無縛王者依附不動止息邊方相狀增上教法止息災禍垢染纏蓋諍訟邊際無量諸魔不能破壞平等了知攝集爲義增上病難自求災禍隨順貪欲不知因果自有力用不知血脉三毒復諍自在知識不知遷變顛倒無盡正理因緣

無顛倒怖齊等依處慢法遠離方便布施煩惱無有自在放逸寂靜止息增上教法快樂之處暗鈍我慢了知無益根本如如法性無盡成就實性求彼邊際是處無實放逸我慢了知教誨善求布施眞實諸行三種鈍弱清淨遠離獲得相貌舍宅安靜群生止息不失因行清淨修作顛倒遠離云何修習災禍除遣了知如是無倒安住具足因行覺了如實根本相貌希求邊際菩提薩埵發生是言國王制度廣大眞實調伏邊方施設爲上遠離病難布施飢渴見彼語言善靜遠離損減垢染繫縛處所有力聖賢慢類捨離邊際力用清淨布施彼等善淨飢渴無有此因方所無時不修眞實布施增上飢渴出離顛倒發生語言清淨修崇制度無盡愛樂寂靜十善發生如此遷變淨妙之處自在具足希求誠諦方便修崇有情施因云何有情自在聞持王者具足廣大殊勝因了知教行如是自性無縛眞實方便增上了知無諍圓一由旬修

崇勝緊必獲淨因淨妙眞實邊際寂靜温潤澄瑩善妙勝因造作處所無邊眞實相貌可愛自在殊勝自性遠離是處王者能濟飢渴聖言誨譽誠諦時分盡除災禍不壞相貌了知界性欲樂邊際有力遷移勝妙因行布施相狀最上無倒不壞修崇災難遠離語言無諍荷負廣大果報寂靜勝義修作如是語言飢渴之因清淨上息正理施爲發生教導帝釋天主語言誠實如是十善究竟勝因第六意識染惡遠離上妙語言希求布施根本勝因體性無倒彼實邊際云何無性損壞眞實善法不生趣求聖道正理本寂云何知解了知方便王之處所廣大寂靜如是教令成就制約施設運動益濟無邊善除飢渴最上言說云何方所世間爲上修建邊方生靈安靜如是正理三寶無傾安住無動造作根本覺了因性離畏懼義愛樂繫縛遷移處所自在邊際了知因行是處覺性智解了知勝諦眞實貪欲無有流轉因性飢荒止息調伏自

性卒暴無傾戒德無犯律儀可遵歡喜爲義力用可依王名廣大求不可得我慢邊際有情運轉十不善義如是布施滿由旬處我慢有情聽聞盡止學位有情離畏生喜荷負有情在處說法有情之心能了義利能斷貪欲力用可求彼離我性無倒希求最上德行有情依處如是寂默無忿恨意有情布施德行之法彼離嗔恚出纏爲行住處不有顚倒修作唯求諍訟災患之本佛法梵行進趣屈伸利益爲義最上清淨吉祥勝義顚倒災禍希求盡止如是德行獲得祕密觀照力用聽聞眞實不生義利執持無實自在之處增上無諍清淨布施意地增上病難止息相應遠離彼天之趣守護爲義無我行施淨妙依持德行無諍了知覺性貪愛界性無解脫義流轉生起無因顚倒清淨行施眞實如是了知施法殊勝之因善妙體性法本無諍上妙愛樂根本三善寂靜遷變吉祥爲義觀察有情飢渴災患是處國王有力修崇眞實無慢愛

育圓滿纏蓋不行相應遠離飢荒之本了知壞性菩薩是處本無垢染根本三善祕密希求影像邊際飢渴遠離根本無倒清淨誠諦諸天十善圓滿勝因瀑流煩惱了知止息造作相狀貪欲無壞修行布施教法之本能盡顚倒本意修此諸天之本因行布施眞實邊際名爲增上相貌光潔寔大丈夫如是無諍安止巖谷獲得寂靜安固不傾清淨妙因無我發生善友相貌圓滿如是造作力用義利成就處所邊際過去福業十善因行崇修如是相貌無諍菩薩之行意地獲得圓滿清淨菩薩有力布施莊嚴無有邊際垢染損減常住不壞眞實流轉丈夫諍訟欲貪無寂處所災禍造作之本有情智慧了知彼盡所謂菩薩眞實遠離云何相貌圓滿無縛觀察處所別異如是世間怖畏明解染縛了知處所彼因遠離縛因弃背聽聞誨示世間之因有學能捨清淨自性智慧證之教誡師邊有情智生廣大修崇世間因行運載三乘同歸佛

性遷變影像彼彼無實煩惱愛戀梵
行無因出家之衆觀彼無智煩惱過
失如來永斷祕密德行清淨勝因福
德聞持相應遠離有情方便愛樂顛
倒嗔恚無有獲得護念是處應知世
間我見城邑義利遷變處所了知無
倒王者護國災難無有具足聞持了
知所在聽聞德行觀察眞實王之國
界邊遠難往殊勝相貌災難無有涅
盤自性無縛所顯離倒布施密行眞
實最上處所諦實修作進趣邊際自
性無毒邪行不修圓滿無諍近住根
本清淨依止德行眞實平等邊際有
本勝因祕行無諍愛樂清淨寂然無
發菩薩增上自在邊際聽聞根本布
施因相云何吉祥增上聖道我慢不
生了知勝行見笑饍具足愛育眞實
相狀盡無邊際如是云何清淨布施
無倒制度處所寂靜了知無乏是處
彼實智慧無相患難無有寂靜修作
菩薩道行眞實智慧有情倒災難泯
息自性祕密煩惱無有了知施行相
應有力垢染遷變德行具足慈母愛

育熾然最上自在邊際寂然有力支
分教法詮顯澄寂國王制度邊遠無
動菩薩本因嚴峻遠離四果無學圓
滿勝義諸天愛樂增上教法希有相
貌喜悅無動寂靜無諍清涼如月修
建眞實諍因遠離相應希願福德有
智根本教法諸天依稟悲愍有情流
轉無替是處欲貪最上顛倒具足聖
法染因皆盡具足聞持勤求正法布
施隨順名稱自在最上祕密魔不能
壞國王愛慕遠方寂靜自在遷變嚴
峻制作災禍本末肅然止息是處智
慧遠離瀑流顛倒染縛多種慢類菩
薩支分寂靜修作求因無壞心意止
息空性本寂自求安靜人趣荷負慈
母爲本自在名稱煩惱盡止國王是
處能制貪欲嗔恚愚癡多種輕慢飢
渴朋屬生靈止息菩薩增上清淨自
性身體獲得有情眞實王者如是修
崇本業彼實災禍顛倒繫縛瀑流煩
惱十種根本造作施爲平等布施圓
滿有力無諍眞實清淨界性嚴峻獲
得彼聽聞性有學之因戒律根本施

設無盡隨順流轉不動增上十善根
本無性增上欲貪恚難無縛遷移時
分眞實崇修施行如是諍訟彼無有
慧調伏災難造作止寂了知放逸根
本知見是處菩薩無上教誨云何意
地煩惱難斷希求無實造作無邊如
母育子守護爲義了知有情寂靜之
法無我力用因善支力施爲寂靜無
怖圓滿自在邊際十種善法遮不淨
義復生語言無邊修崇無人處所求
不可見無邊因行過去之業眞實自
性憍慢止息隨順可獲清淨教誨有
情顛倒智慧了知穿針之事有情聽
聞邊際染盡隨順流轉愛樂之因了
知有情煩惱過患是處國王惠施人
民寂靜安住希求變動智慧了知趣
求解脫禪定智慧崇修相貌菩薩如
是止息纏縛布施有情眞實義利自
在行施具足聞持修習行捨善哉遠
離菩提薩埵發起誨示是時國王人
民樂施盡意修作祕藏珍寶一時捨
盡有情是處憍逸如是中間寂靜煩
惱無因究竟安住了知布施無有相

貌寂無傾動如月澄靜瀑流煩惱善
心遠離增上慢類災禍無有
常本不生觀察顛倒運載處所寂靜
如是彼名色相誠實自性染惡繫縛
具足相狀如是有情荷負色相清淨
止息染因遠離快樂義利相貌止息
世間業道成就報果傲慢飲食飢渴
顛倒無有患難求彼遠離過去顛倒
造作時分相貌繫縛變動止息清淨
布施希求殊勝相應善因慈性修作
守護方所塵垢災患有學進趣煩惱
息滅塵坌不遷清淨安有如是邊際
復生災禍根本廣大邊際之因清淨
趣求愛樂修施隨順守護有情教誨
國王修建處所廣大世間有情根本
三善無貪無嗔無癡是善之本自性
無縛邪見災禍眞實無有悲導生靈
顛倒過患如是隨順廣大寂默造作
從順三寶安住嗔恚希求無智修建
城邑聚落親族所在清淨因行施設
相貌禪那寂靜伽藍所居有情自性
遷變無動四禪根本五欲止息平等
成就根本快樂眞實邊際災禍隨順

止息塵坌飢渴相貌無有是處施爲
十善屈伸舉動暗慢無有秘密無怖
寂然止息希求無動見彼本因十善
利益纏縛止息云何不壞眞實相貌
造作清淨布施因業應量器用勝義
眞實成就秘藏自在誠諦自性作業
顛倒諍訟心向菩提圓滿勝義時分
寂靜希求施行靜住根本自求遷變
有學具足清淨修施彩繪尊像畫心
興顯一切修施根本邊際過去安樂
增上無動中間清淨無因災禍一種
聞持云何我慢相貌邊際聽聞多種
本來自性過去諸業求彼快樂福德
無倒飢渴遠離根本無別末業有異
布施纏縛貪欲顛倒煩惱瀑流眞實
如是損減諍訟自在修施圓滿善業
獲得勝利無鈍弱慢進趣有力遷移
處所重復行施世間安樂無動誠實
如是無倒明了知見具足聞持盡彼
殊勝眞實支分屈伸和合無相之本
佛法如是國王治化法本眞實制度
修作從順止息清淨聽聞調伏爲上
進趣止息顛倒災禍瀑流煩惱無越

根隨最上相應發生智慧希求無倒
寂然遠離王之界分邊遠寂靜造作
見聞災難遠離是處菩薩了知無倒
能遮一切諸不淨義有情見彼增上
快樂王之貪欲眞實無邊彼顛倒因
忽然止息聖德希求育養衆類邊鄙
寂靜隨時能了造作施爲本由制度
是處菩薩如慈母行了知時分止息
顛倒增上觀察彼彼調伏求趣聞持
清淨勝義誠諦根本無因名色調伏
顛倒行施自性無動之本唯求布施
福德究竟自在安靜增上愛樂清淨
無我了知根本瀑流自性飢渴患難
相貌諍訟寂靜邊際鈍弱慢類具足
長養如師子王所在無畏具足相貌
屈伸自性秘密因行上妙遷變供養
無慢云何眞實增上勝因寂靜調伏
清淨妙慧隨順處所言說遠離云何
勝義無倒遷變清淨勝因煩性不生
淨妙如此菩薩誨示自在求施眞實
語言說法如雨王者何如制術廣大
善法無諍自性觀察清淨妙因長養
爲義正理根本無倒具足自性和合

身體安樂養育之處無邊修作聽聞知見眞實趣求獲得覺慧最上邊際如是聖法清淨無縛根本具足喧諍無動自性清淨煩惱永斷流轉之本自性之法鈍弱慢類憍恣遷變災患之本寂止如是有情影像隨順無實菩薩云何最上教示實有災禍飢渴自性是處顚倒過去時分有情清淨廣大義利布施因行善妙止寂有情了知菩薩因行發起十善安止無動具德教法本來無有隨順機性施設有異增上秘密如是勝因安固無動云何身體圓滿寂靜修作眞實無畏成就勝義自在無生邊際如是不動菩薩阿羅漢果獲得清淨荷負顚倒瀑流煩惱無因生起患難止息觀察有情清淨布施勝義寂靜解脫力用是時教誨自在修崇如是我見廣大無邊瀑流煩惱根本生處復求造作止息遠離成觀察了知時分云何有情調伏自性造作無懷久遠時分寂靜如空根本自性觀察自他清淨右益是處殊勝最上隨順有力行施成

就無畏所謂大乘了知無縛運載因行如蓮出水根本勝義調伏清淨修施因業獲得善利災禍本相不行惠施了知垢穢清淨無有增上調伏具足平等勝義自性無有彼此災患之本行施眞實淨智隨順如是求彼寂靜自性煩惱染縛清淨無有名色遷變布施希求屈伸力用一切有情觀察無盡隨順希求最上因性鈍弱慢類自性無能無相布施盡彼修設能斷貪欲說眞實法云何諸天語言眞實根本勝因無諍修作施行無邊壇法根本增修遠離快樂義利無暗慢本止息顚倒求修進行具足聞持根本勝因天人無倒增修布施隨順勝義眞實之因成就根本求施因行廣大清淨秘密之本荷負有情布施修作眞實秘語止貪欲行寂靜增上具足聞持清淨勝因自在如是求一切因勝義眞實增上造作一切災難自然止息有無繫縛垢染遠離煩惱鈍暗處所遷變是處有情寂靜邊際有力自在隨順本性垢染縛因一合具

足了知有情止息諍訟賢善修作有處災患勝義寂默自在布施清淨眞實自性有力邊際有情所在彼彼作業流轉生死愚癡爲義達解邊際我見遠離造作根隨災禍止息調和處所如空無礙飲食上妙無求捨離清淨教法有運載義演說諸患自性止息彼求自在寂靜之法布施誠諦修清淨施圓滿無諍遠顚倒本寂靜如是求秘密義飲食施爲言說教誨布施寂靜荷負增上如空相貌眞實了知無學聖者根本行相正解脫義如是平等垢染止息根本諍訟屈伸因相發起勝義清淨邊際往昔造業增上暗慢獲得息除隨順瀑流無有寂靜四種業道現生順後往業不定如是一切過去造作自在具足清淨邊際布施業行寒時逢火有殊勝義是處眞實根本無倒名色和合往業遠離修習業道根本勝因諸天淨妙求安隱樂苦受之因暫時不起快樂自在增上鈍慢如是遠離過去業用善淨無倒有情布施纏縛自息先世造

業意地不生時分無邊勝者先受如是無學廣大清淨究竟安住垢染纏縛往昔弥盡身器清淨患惱無因調伏有情用意修施世間寂靜清淨了知云何我慢多種癡迷心所中欲求盡纏蓋諸天趣類清淨所依了知施行圓淨殊勝多聞聖道了知無諍屈伸制度嚴峻修作快樂邊際高下平等如是果報隨順教法運布施因容儀清淨圓滿德行作業安靜鈍弱慢類調伏不生世間有力求因遠離最上樂欲行施眞實相貌清淨諸天無比遠離災難云何勝因全無垢染修施慢類止息無上趣求薩埵邊際智慧明解發生教誨清淨時分云何彼實義利寂靜圓滿知見隨順勝因上息慢行自性善妙處所鮮絜教法殊勝聞持具足了知無倒布施無盡聞持有力善哉殊勝憍恣遷變時分盡止論難知見制度施設布施相應行因無諍苦果相狀調伏止息清淨有情飢渴無有如是眞實遠離怖畏彼此寂靜災禍　無有世間勝義三科之

法布施增上暗慢無施云何論詰研窮性相正理成就樂欲根本垢染縛體我見爲本顛倒支分鈍弱之心垢染於是舍宅本無遷變何有如來之性最尊最上牛乳爲譬諸味中上施因清淨無倒義利戒律之義善淨語言是時國王自在有力處所廣大惠施邊遠節制修崇制約嚴峻如是造作利益有實祕密言語本性非有遷流造作性無常義圓滿支分慈母恩育語言調伏勝義寂靜自性成就世間行施善哉有智無諍訟邊王言止息不壞之因遠離鄙見正理無邊運載爲義云何無難最上無倒多聞具足根本見性

菩薩本生鬘論卷第九

菩薩本生鬘論卷第九

校勘記

一　底本，金藏廣勝寺本。

一　一四四頁上一七行第六字「見」，磧、南、徑無。

一　一四四頁下二一行「修作」，磧、南、徑、清作「修行」。

一　一四五頁上二〇行第六字「族」，磧、南、徑、清作「聚」。

一　一四五頁下二行第一〇字「遠」，徑作「際」。

一　一四七頁上一九行第五字「哉」，磧、南、徑、清作「災」。

菩薩本生鬘論卷第十　塞

寂變聖天造

明教辯才法師充譯經三藏沙門臣紹德等奉詔譯

時分勝因本際如如十善崇修流轉無有根本知見聞持具足清淨智慧自性真實聽聞相狀荷負修作正解脫義趣求難得無邊方所寂然安靜比丘遠離根本纏縛布施因行圓滿無動智解增上了知無畏清淨勝因布施無減寂靜邊際力用可得有學相狀煩惱止息無學聖人根隨永斷四種瀑流習氣仍在世間有情無明所覆根本繫縛恣情放逸自在有力無慈忍行纏蓋難出瀑流相續福樂果報聯綿如是了知彼縛諍訟為本希求圓寂證解脫義彼實無倒德業如是水火風災熾然發生了知嗔恚貪癡隨順法性本寂湛然無生遷變自性有為可法世間有情四種業道順現順生順後不定祕密甚深隨順無相戒律持犯發生真實如來之性無損減義持戒清涼澄瑩自性患難有情慈心行施意地了知自然發生

彼岸之法無因安得不放逸行諸天可修快樂因緣根本三善造作界性顛倒不生嚴峻制度淨妙可愛究竟邊際了知有力修施相貌具足發生尊像崇修福緣永固了知聽聞寂靜如意三寶安住無傾動故此本勝義遠顛倒法煩惱性類靜住無生我見增上煩惱根本造作無邊聖力能離無貪嗔癡三善根本慢類顛倒無力能生有學靜住現行不起彼自在力戒德清淨相應聽聞善住增上廣大寂靜三寶為上九品智慧無相趣求諸天快樂進修求彼能斷貪欲說真實法遠離果報有無因行種子不生如是勝法功德力用纏縛顛倒無非皆盡方所邊際遷變希求如彼圓滿德業因行果報施設百種影像田宅聚落殊勝豐足清淨教法利益安樂真如自性本來常寂無取無捨湛然安靜三乘聖人並為善友繫縛之心真實顛倒清淨界性自在止息瀑流顛倒制度遠離真實造作後更修崇最上邊際本心解脫清淨祕密止寂

如如相貌不生思議難及此真實義究竟無我王者知見制作如此平等無二正性安住道行圓滿寂然無怖情非情物禀性常寂解脱無生有為難捨我慢諍訟實有遷變能断欲貪所在邊際如是嚴峻修崇真實彼大丈夫過去殊勝無邊作業善法成就有情智慧功能無盡云何慈母養育真實過去倒涤誠諦清淨如是祕藏究竟真實覺者無倒勝義圓滿毗尼律法有情能受佛地圓滿根本聖説如是邪見涤慧不生静住相應澄心自性勝義發生邪見不起平等趣求涤慧止息菩提薩埵修布施行護國尊者本生義邊已上第二十二義弁第二十三義合我見苦受真實顛倒如如勝義作用止息所謂隨順聽聞義利彼菩薩行智慧殊勝種種自性無縛安静興顯尊像希求果報寂静安居冥心泯息嚴峻處所塵勞俱盡二十二根善法欲義善惡昭然如影隨形是可得義無不可得國土方所興緝自在息惡甚深彼涤破壞運載

生靈增上相貌彼實難得制度嚴峻煩惱可得瀑流為義造作形像果報具足明了自性怨對何有廣大遷變顛倒遠離布施力用處所誠諦想念聖言崇奉圓滿彼智慧相獲得無盡大乘平等教乘為上貪愛繫縛障慈悲行自在力用移轉無有戒德無犯制度可遵名色上妙澄瑩如王相状相扶工業殊勝菩薩誠諦動静可依是處均等彼我如是力用發生果報成就慈母愛縛邊方隨順顛倒慢類種種遷變現行縛體能生諍訟壽數終盡内外普均是處丈夫遠離喧諍纒縛有情究竟能離瀑流煩惱隨順不生進修聖道福德堅固執著我慢顛倒方所發生勝義清淨止息一合真常聽聞無已意地清淨纒蓋遠離患難顛倒傍讟止息淨妙殊勝彼我有力根本煩惱十種不起纒縛遷變制約止息云何心眛摧壞色力受報真實勢力自盡分別我見入聖乃除慢類真實隨見可止暗鈍諍訟無因生起隨順世間施為十善彼邊際慢

增上執著顛倒分別受果決定林木損壞如空無邊誠諦愛果愛支已潤身負我慢為諍之本因果相扶類於形影如空無邊寂静無礙貪愛果報内因發生不修善法無由成聖寂静如空處所廣大發生善因果報隨順自性清淨顛倒止息聲相善巧建立佛事壽數時分難以遠離運載自他廣大祕密平等難行我執增盛趣求勝義圓滿如是有情德行善修和悦湛然清淨甚深難得云何心法真如為性彼彼時分安住平等勝義圓滿造作泯息十種業道並由心起眛鈍根本克體唯癡相應暗障王所皆是我慢分開有七九種瀑流根隨如來永断布施文義所謂大乘佛法僧寶究竟不傾善惡二相形對而立了知時分長遠難得求天趣因唯憑善力保護處所慎密安住運載邊際從三乘説勝力增上了知善友一種和合我見除息不生繫縛棲止勝義具足聞持聖力荷負如來之性觸物可知淨妙名色澄心安住圓滿智慧妙覺

安然涅盤勝義彼我俱盡一合智力鈍慢皆止智慧嚴峻了知長夜此大丈夫了真勝義趣求無相自在止寂修布施行圓滿具足彼運載因遠離縛義成就彼力是處平等廣大顛倒因行不生恭奉隨順修成滿行如此勝義上妙增上林蔭茂盛災禍遠離有智慧相了知祕密發起勝因自在無邊世間行施為十善因大丈夫意圓滿誠諦九地施因無倒修作彼顛倒行增上除遣暗鈍我慢體性真實圓滿發生淨妙色相欲貪廣大勢力無盡無因去除生死無廢隨順煩惱失丈夫志不信聖言誠九夫行時分邊際顛倒希求纏縛流轉惡業成就清淨因性弃捨遠離是處丈夫廣修勝業彼彼方所安靜無動摧壞染縛邊際不生人趣有情廣大福業五蘊不壞遷變不窮受福殊勝行施為本津要制度為最上品色相嚴麗廣大無比清淨處所安靜無動名稱增上自性澄寂有情體大障礙不生悲導生靈發起勝義無倒行施聖力所為

修建邊際無摧壞義怨結相待隨順可勉貪欲希求聖人止息是處菩薩悲願能離慢體真實難以制伏地地九品通迷理事自性真實顛倒無盡無明癡暗寂靜難生纏裹如蠶何能出離造作真實修崇本際一切行相壽量希求有情教誨寔大丈夫平等自性如如可依名色所依根本識性勝義發生最上之性相應運載丈夫所為寂靜之處遠貪欲行清淨十方覺位圓得入地已往分有所能如是勝因曠劫所修聖智功能因果有異殊勝之行濟苦與樂教導群品遵依聖說如是暗慢我見為本有力行施泯絕相狀自體希求如是遷變不壞流轉遺體之類時分邊際淨穢皆有善淨之因所感義利真實趣求聽聞制度無有顛倒自在無動是處我慢增上趣向相應諍訟無有止期有情勝因無不捨離造作義利施法之因生類苦惱摧壞身分顛倒邊際無能遠離施行圓滿如空無相戒德清涼須明持犯息惡邊際煩惱能離菩薩

是處自性清淨彼止息行勤修勝義調伏生靈寔丈夫行布施方便善淨修崇諸佛垂教無因不可法象為譬誠諦如是方所安靜平等如空能斷貪欲梵行為因究竟因緣自修施行彼瀑流義纏縛無盡遷變相貌護念如眼息惡知見圓滿勝義根本真實自求已義母恩無邊廣大為義彼彼真實邪見不生律部根本施設軌範快樂界性非貪欲獲廣大有情護息諍訟善息纏縛真實丈夫是大有情真實有力相狀齊等令心安住根本寂靜無求顛倒自在指示所謂默然影像本末義利如是圓滿盡諍何無真實彼本顛倒去何如是我執無邊修垢染行云何離畏本如如性愛樂顛倒迷色自性身分肌膚布施能捨求彼處所修建為上造作遷變荷負無盡祕密甚深無相可見應器成就具足自在清淨處所鮮絜為上乃至遷變嚴峻淨妙清淨教法善能止寂修梵行因相貌增上如師子王威嚴無對相狀殊麗鮮白廣大心本澄寂

自然無動根本癡暗慧解無因顛倒之法正智不生具足聞持悲心遠離無始繫縛愛戀色身淨妙施羅顛倒除遣殊勝因行最上崇脩無表色體持犯名戒貪愛熾盛有情於身瀑流無邊惛沉狂逸顛倒業行制度止息清淨之處造作真實此平等相根本安住無有時分希求聽聞國界方所安然寂靜持戒清涼林麼茂盛戒德無虧一合清淨菩薩制度勝義成滿云何彼因十種善行如是邊際增上色相自在相貌殊勝無盡光絜嚴麗聞持圓滿布施無倒名色具足煩惱不生瓔珞鮮淨希求有力圓滿行施是處廣大體性自在布施功業寂靜嚴峻智慧自性苦惱無有三業恭敬思惟自性殊勝因行顛倒皆盡暗鈍我慢作業諍訟希求造作悲導圓滿忿怒邊際教誨止息丈夫所錯均等無偏教誡師邊依稟隨順希求聞持諍訟自止賢善之性無流轉義云何恭敬覺滿如是自在行施益濟平等清淨自性本際勝義二種重障瀑流炎禍煩惱永斷金剛無間雜染邊際有漏皆是運載自性三乘之本智慧難得垢染惡行世間凡夫顛倒垢穢發生力用破壞纏蓋枝葉茂盛根本堅固以此爲譬

菩薩本生鬘論卷第十

曲沃縣牛村
王信又雕經一卷　計布三十疋
許智又刀經一卷　計布三十疋
曲沃縣下李村
劉貴楊氏伴僧侶發願心施布一百疋

菩薩本生鬘論卷第十

校勘記

一　底本，金藏廣勝寺本。

一　一四八頁中七行首字「脱」，磧、南、徑、清無。

一　一四八頁中一六行第一三字「德」，磧、南、徑作「聽」。

一　一四八頁下一二行第六字「上」，徑作「九」。

一　一四八頁下一九行第八字「寂」，磧、南、徑、清作「滅」。

一　一四九頁上三行第四字「性」，磧、南、徑、清作「法」。

一　一四九頁上二二行「國土」，磧、南、徑、清作「國王」。

一　一四九頁中一八行第五字「傍」，南、徑作「謗」。

一　一四九頁中二〇行第三字「止」，徑作「正」。

一　一四九頁下三行第六字「諍」，磧、南、徑作「增」。

一　一四九頁下四行「寂靜」，磧、南、經、清作「寂然」。

一　一五一頁上八行第一三字「方」，清作「有」。

一　一五一頁上一〇行「菩薩」，磧、南、經、清無。

一　一五一頁上二〇行第六字「邊」，磧、南、經、清作「邊際」。

菩薩本生鬘論卷第十一　塞

寂變聖天造

明教辯才法師光試經三藏沙門臣紹德等奉　詔譯

自性根本智慧了知增上相狀靜住
無惱湛然快樂了解脫義惡趣顛倒
我執無盡憂苦轉多煩惱無替根本
災難相貌無定瀑流煩惱如來永斷
彼自性因遷變止息隨順具足義利
根本力用可求運載無盡彼彼增上
進止有益了知意地盡諍希求煩惱
時分顛倒息除三乘善因制約群品
諸佛法性湛然清淨真實知見慢等
無力障礙之法了知寂靜根本慢邊
運載息除纏縛多種教誡約束有情
在處隨順生起清淨神足欲勤心觀
悔過名懺身器清淨聖道唯智慧通
三性究竟真實無越理智如如勝義
妙覺方圓真淨聽聞摩訶般若佛大
丈夫調御群品寂靜依止屈伸為義
清淨聖道盡如來性智解了知窮極
邊際惡趣彙聚善哉難出勝義無倒
淨業圓滿出纏離縛苦惱無因彼實
希求果報能離根本廣大丈夫顛倒

隨順顛倒邊際邪行善本縛體有學
如是纏縛邊際自了田宅是處有情
布施有實惡業果報倒行止息五蓋
十纏梵因能離廣大聞持有力自性
上妙色相遠離災禍心無形質涅盤
無相慢縛諍訟聞教止息香氣遠聞
身分真實邊遠方所增上了知彼彼
田園方分如是彼真十善淨慧了知
人趣行相殊勝方所色體最上不可
破壞有情善教修施圓滿殊勝無倒
意地誠諦煩惱暗慢怨對增上具足
蓋纏調伏遠離是處恭奉隨順王者
本修勝行捨鬼趣道圓滿荷負無盡
邊際九地無相隨所證說十種業道
智慧了知平等相盡界性真實勝義
最尊無為法故增上造作暗慢遠離
寬對顛倒其數百種瀑流生起種現
無盡云何有情餓鬼報捨顛倒我慢
纏蓋相續寂靜根本和合捨離真實
布施希求無相平等增上福德隨順
人趣生類王者為上云何彼類根本
我慢纏縛相繼苦惱可獲愛樂語言
智慧施設自性寂靜藥毒止息善友

之因諦實希求恩愛養育殊勝所在遠離作業彼彼顛倒果報言說嗔毒具足善友益濟聞持有力自性調順求煩惱盡了知自性真實根本朋友鈍弱遷變修作圓滿勝因本性如是發生勝義運載根本煩惱中貪同生我慢朋友善教發起淨因往趣如行止息塵坌清淨真實布施般運修崇增上止息纏縛快樂流轉發生勝行善妙因緣德業如意捨離滌因愛樂靜住十種善相遷流邊際朋友自性顛倒皆盡自性成就了知真實無漏聖道證彼如性勝義如性圓滿真實彼天無苦如實邊際殊勝邊際運載生類清淨戒法圓滿無盡如來智力廣大圓滿說真實法邊際無盡云何運載佛為善友無漏善業十種圓滿菩薩施行莊嚴尊者護國本生義次第二十有四一合增上如來性義如是悲願崇修無盡所謂聽聞菩薩教誨云何相貌希求寂靜人趣根本真實勝義種種界性族類根本三種祕密制伏三業多種相貌如其村塵身

分清淨修因自在聖道平等狀若虛空造作力用遷變不窮地生毒藥福力可除有情平等圓滿因行造作支分上妙寂靜常行悲導益濟生靈修清淨心聞持增上三種無倒真實根本慈母教撥止息諍訟慧解分別了知貪欲如是相應無煩惱障所在方處修調伏行人趣有情求心難得顛倒繫縛暗鈍隨順調伏遷變彼時有力了知諍訟種種相應是處修施調伏施設彼實毒藥顛倒無害彼彼佛性塵塵無二真正解脫無倒義利聞持有力善法純淨我慢貪縛不善有覆清淨名色五蘊自性了知聖賢無顛倒行意悅自在身體殊勝國界殊麗上妙嚴飾鮮淨如天有情廣大勝因無邊發生自在靜住調伏鈍弱我慢身相廣大我見隨逐量度勝負施上中下是處菩薩清淨狀貌自在修作勝乘義利清淨無倒國王有力治化殊勝常無動轉寂靜因行負荷邊方求無諍訟止息喧雜次第發起淨妙方所生靈逸豫安固不傾塵覆生

氏如雲普蓋布施力用相狀和合是處平等如秤均物自在力用一蓋普施止息塵穢了知有力運載方所求無驚畏一合相貌肅然成就智慧廣大具足長養是處自在清淨聞持寂靜增上顛倒遠離瀑流險浚力用廣大調伏纏蓋盡彼增上希求寂靜愛樂時分意地憍恣善住止息煩惱四相遷變彼彼如王自在圓滿制度是處菩薩如空無礙云何聲相大小有礙清淨布施王者誠實發起尋伺麤細而轉勝義寂靜安然無動身語意行十種善惡時分分別彼彼處所覺了三性慈母育子善知飢渴體子性行彼時王者善治國界云何心地止惡諍訟色相鮮淨和合可愛無實災難破壞不生如本無相力用相應能斷貪欲嗔恚愚癡說真實法隨順修學了生死法三界九地變易往來勝劣無定寂靜平等無暗慢類云何三諍貪嗔癡本為諍之因愛貧窮報彼語言行勤求修作自在荷負名色真實清淨智慧照了大乘究竟之法圓

滿妙覺時分長遠歷三大劫修施自在安處心田具足聞持煩惱障行處所安靜圓滿行施親族相貌心常施惠無有纏蓋本來不生造作應器殊妙可愛圓滿上妙恭奉聖賢帝釋天主殊勝智慧照了情類心行之法如來進止力用廣大勝義無倒祕密清淨色相圓滿壽命安固煩惱欲貪憂苦不止淨妙修崇暗慢遠離諍訟邊際成就纏蓋坑穽於下興心故陷見其受苦憂煎無已瀑流煩惱意地增上色相淨妙自體鮮絜彼彼發生邊際所在無倒力用學處圓滿發起趣求盡無生忍尋求邊際廣大殊勝運載清淨具足平等布施真實止息我慢身語意行發起布施此十業道自在邊際清淨增上具足無諍有無邊際聖智了知長短形相了知對礙布施荷負無顛倒慢運用方所主宰自在具足我慢意識相應彼本縛體慢等為性具足鈍弱顛倒彼此憶念冤親無時止息苦惱過患展轉難離發起遷變增上生處如來自性清淨智

了教導群品真實聞持淨妙布施無處不有瀑流顛倒無因捨離廣大國王制度怖畏相貌殊勝清淨可愛造作思念如母育子祕密甚深了知真實恭敬隨順人趣之行無縛所在淨行之因嗔恚邊際愚情所戀三種瀑流貪嗔癡本無學最上不離衣盂行施自性殊勝業道有力發生成就如性真實邊際在處如意趣求心法了解唯智是處王者聖德無動安靜國界無因諍訟此時分義勝因施為攉壞處所慢染冤對思惟勝義趣求布施嗔恚造作名稱衰殄我我所見顛倒推求寂靜調伏云何時分歎異主宰裁刃豐逸鈍弱我慢作業喧諍如是瀑流漂溺為義彼布施因濟益貧苦顛倒垢穢禪定止息調伏彼我自在憍恣力用清淨喧諍無已清淨教誨無有冤毒有學進趣希求如是如來之性勝義圓滿煩惱之障自性顛倒如是根本無始多劫窮煩惱性彼實如空清淨誨示見聞調伏彼憍恣慢淨識不生自性邊際遷變止息是

處流轉寂然盡止鬼界愚昧云何趣求增上縛因隨順染諍人趣鈍弱聖智難生戒行清涼運載殊勝相應造作根本施行自在力用真實圓滿智慧發生無怖無壞顛倒彼邊戒律能制最上調伏不壞行施廣大身分隨順義利煩惱之性增上皆盡自在勝因根本無倒愛欲布施不能亡相彼煩惱因行施有執如大國王治化不均真實怖畏倒染之本自在無我有力行施修行寂靜過去因深身分所執了不可得平等真實流轉無壞有情纏蓋地法所有諍訟垢穢拍塞空界苦惱過患根本生愛災禍處所無生不有無明遷變時分轉多聖道力能無染不斷是處王者聖德增上智慧自性無不照了如蜂造蜜共助成功聖智了知圓滿寂靜發生語言安詳無雜染污寂靜有情如是我執真實有情生怖布施因行本意平等究竟邊際彼等調伏云何相貌功用增上方便時分發起殊勝因性無邊力用無礙意地自性語言不及面相變

動喜怒遷移彼求施因去來如是菩薩自在行律部法發生邊際教誨因行有支體性識等五種親因緣性不說報種不壞有支相應因性了知真實自性如是德行離縛隨順因義暗鈍體性染心爲本清淨有支無覆無記此約親說意處自性八識爲體十二處說調伏云何彼等義利可愛自性發起進修根本運載智解了知起心暗鈍瀑流纏蓋我見垢穢染污言說聽聞相貌布施修作我慢有情心生繫縛本實我見無施修作三乘運載自在遷移云何彼盡善哉了知祕密之因苦惱殄盡勝義無倒根本施性嗔恚無盡覺慧難生病患纏因梵行能離云何災障顛倒施爲獲得世間上妙自性彼天福業善淨有力五蘊名色具足聞持造作相貌殊勝無盡調伏清淨善施義利善哉了知甚深祕藏真實調伏我執行相如彼勝因成就佛果無漏福德出世爲上淨妙性界根本無畏了解知見勝妙佛法清淨名色聞持有力聚落遷變流

轉不壞智慧甚多寂靜無生懺悔盡染調伏如是彼諸天趣一合淨妙增上嚴峻無倒誠實如是悲願邊際無盡彼根本義圓滿無變如來廣大微妙圓滿聲聞無學生空解脫意地清淨十無學法發生勝義趣求究竟祕密甚深菩薩之行有情具足煩惱障義暗鈍我慢人趣之行真實有力了知遠離煩惱障體根隨種現二十六法三乘共斷菩薩施行莊嚴尊者護國本生之義第二十五

菩薩本生鬘論卷第十一

菩薩本生鬘論卷第十一

校勘記

一　底本，金藏廣勝寺本。

一　五三頁中二二行第六字「纏」，徑作「縛」。

一　五四頁上三行「自性」，磧、南、徑、清作「自在」。

一　五四頁中末行第四字「生」，磧、南、徑、清無。

一　五五頁中一九行首字「誨」，磧、南、徑、清作「勝」。

一　五五頁中二〇行第四字「勝」，磧、南、徑、清作「誨」。

一　五五頁中二二行第一二字「彼」，磧、南、徑無。

一　五五頁下三行「清涼」，南、徑、清作「清淨」。

一　五六頁中末行經名，磧、南作「菩薩本生鬘論十一」。

菩薩本生鬘論卷第十二　　　　　號四

寂變聖天造

明教[illegible]三藏沙門臣紹德等奉　詔譯

顛倒垢染苦惱纏蓋邊際如空所謂隨順聽聞菩薩因行云何相貌聲聞緣覺上有可求故云動轉大乘至極安固無動涅槃止息清淨寂默圓滿無對善性無染力用可求秘因一無作心境暗令轟重無邊力用廣大本智發生無間永斷聖性起時九性已離上妙聞持捨怖畏義攝藏最上廣大文義諍訟邊際聖因止息守護義利如王師子無垢清淨求人天福真實勝義廣大無諍熾然無倒調伏止息圓滿上妙清淨可愛恭敬帝釋尊崇狀貌云何發生遷變之行如雲覆蓋清淨遠離增上相貌無垢寂靜正理如意自在根本丈夫有力究竟自性國界圓淨無十惡行色相如實造作勝用如四神足功用最上了知自性真實養育貪欲處所悲心愛護照解名色止息顛倒纏縛行相流轉不止殊勝支分智慧體性彼彼病難了知虛實根本邊際調和所在寂靜力能崇修功用瀑流染法聖智能斷不來之果下地無因纏縛染性止寂力用調伏諍訟根本顛倒眼識緣色意識第八三識俱時有能緣用自性清淨教導之因了知種族躬伸供養是處修崇時分廣大求因有力染障顛倒淨妙之因圓滿運載大乘希求布施功行此實丈夫造作邊際發起清淨聽聞有力寂靜處所施行圓滿化生究竟和合益濟增上界性互相遠離造作顛倒趣向歡樂邊際相貌慈母愛育具足布施多種名相調

伏修崇無倒為義施行平等增上無倒是處菩薩趣求真實態顯修作聲教成就布施平等因相殊勝自在了知寂靜毒害施為鈍弱皆具清淨勝義行施最上災本真實聞持無倒染倒皆具調伏了知破壞城邑因無制度地遠生心難往如是人趣生類顛倒暗鈍慢等十法和合生起依體真實垢染諍訟我見自性諍訟之心誠諦邊際施因處所了知邊際淨妙趣求塵坌繫縛聖道除息養育處所誠實安靜聽聞自性發生語言有情愛欲支分染污顛倒暗慢我見皆有清淨行施意地無倒趣求諍訟瀑流轉多災禍垢穢處所二無施相貌默靜纏染能離意法誠諦制作增滅清淨無倒運載有實鬼趣施為無力可在苦惱過失自縛無解平等勝義無由能得欲樂邊際了知趣向是處為人勤修聖道纏縛行相增上了知荷負重任求趣殊因發生勝義圓滿究竟平等有力了知施行調伏真實運載沒弱我慢根本諸法染行自在喧諍愛樂貪欲執範師等教誨言說如是清淨相貌無邊造作於彼業行之因有情運載患難止息顛倒諍訟有情制約自在希欲了知染性真實均等愛縛遠離嚴淨行施無學最勝根本相應雜染皆盡自性有力纏縛如善是處菩薩清淨界性在處邊際發起言說無心色相了知最上成就勝因信仰能離生起邊際知見自性平等相貌造作無倒德行具足有情無畏修建所在隨順真實根本不生寂然清淨自在遷變甚深難得有情本寂聞持具足淨妙無毒智慧證知布施邊際希欲色相

一合無倒作業支分布施誨譽隨順聞持彼修布施德行成滿究竟止息調伏因行善友非無鈍縛遠離造作力用有支為本自在繫縛發生諍訟修施意地真實正理方現隨順瀑流顛倒遷變彼彼修作調伏心行毗奈耶法持犯方具根本之因了知寂靜彼求布施愛樂可意有支五種報種隨順誠諦三處所聽聞發生我見起訟恣過生慢大有情類自在調伏無生寂靜求調伏義彼此無實清淨智了甚深真實清淨教誨寂靜邊際喻向施設身語意行十種業道淨妙造作思惟布施發生寂靜平等自性一切趣求平等因行根本聽聞熾然功用如師子王安住無動身分圓滿清淨制度本自誠實殊勝無盡九種調伏清淨教法聚落處所運用無盡飲食殊勝廣大因行淨妙勝因覺性圓滿如調伏行有勝發生了知界性出離諍訟聖人有力平等果報殊妙無諍愛樂寂靜作業殊勝安詳無暴方便善巧身等十行彼自無倒布施希求遷變修作根本殊勝智慧善妙語言詳審善哉制度安靜祕密最上相貌無出天趣邊際殊妙如意之實進趣寂靜離囂塵行繫縛瀑流根本塵坌是處國王知見明白愛慕生靈寂然安住調伏邊方歡樂無替可愛之實無非善教調伏彼我親教師受一切自性方所平等殊勝之因進修誠實我本造作制度自在無樂欲因靜住無諍心如工畫遷變而作聽聞知見究竟依心十善巧法有情訪習國王行施圓淨均齊寂然教導晝夜無息是處丈夫鈍弱諍訟重重發生聽聞誠實童

女苦惱顛倒希求相續繼念有情遷變無染增上造作多種貪愛無邊造作暗鈍煩惱相貌我慢相依根本我見相資成百云何時分德行圓寂隨順修崇發生彼岸造作支分增上有力有情世間發生支分隨順義利發起欲樂世間淨因聽聞有益善哉自性布施爲因施彼情類無飢渴事了知倒盡寂靜聽聞行解圓滿顛倒染盡如貪相貌趣求無有能得無性廣大相狀界性增上依憑善友照了自性出離諍染此圓滿行快樂隨順有支無倒世間根本智慧寂靜了知繫縛記念邊際廣大勝義發生造作戰敵爲義天人自在靜住有力根本教誨調伏清淨了知布施智慧無倒十種善行趣求止息欲樂有情國王善教稽首聖賢快樂自在十種善行祕藏真實隨順色相增毒處所身分有力圓滿勝行後於夜分勤修善事方所丈夫無我慢行聖道真實發生殊勝圓滿盡倒調伏彼衆平等無諍身相有力求三寶性寂然安靜男子有制能奉於上王者自在人民咸慕憍恣止息聖道發生恭敬隨順趣求寂靜是處丈夫發起殊勝居自在處行世間行十善依止真實有智諸天淨妙勝義安靜天人所運通定散善彼瀑流邊憍慢止息身語意行修十種善出煩惱障無顛倒訟纏蓋造作根本寂靜清淨真實寂靜因行有學自性行世間善繫縛相貌我報諍訟修崇寂靜了知果報是時國王行十善道求無諍訟國界安靜制度嚴峻調伏民類纏蓋無邊如雲普翳相貌熾然增上邊際殊實相狀盡我所在發生施行身等十

種增上修施了知真實上妙殊勝無慢等染損藏我法因緣諍訟貪愛邊際造作自性無諍求施暗慢繫縛發生顛倒是處菩薩平等了解種族邊際聽聞真實平等教行圓滿時分寂靜修作慧解了知增上執持調伏倒行了解正理大乘時分本施自性無毒害意人趣生類力用調伏清淨遷變了知勝處暗鈍我慢本自具足王者體大聖用無邊究竟實因修施實大時分根本了知邊際勝義寂靜善妙因力纏蓋不生煩惱自弥云何趣求布施運轉是處國王疆界嚴肅人民無訟荷負有力百種無壞自然生起丈夫寂靜方所無動是處無實因修慳行彼寔瀑流根本十種求善提行寔大丈夫智慧秘密了聖言行暗慢能離真實如是顛倒染污煩惱生處童女繫縛愚在於毋調伏義利精嚴教誨聽聞圓滿了解發生我見增上煩惱生因彼彼顛倒各色遠離是處國王法制最上相貌力能廣大如此究竟發生秘藏真實語言義利甚深如意貪欲可斷惡因遠離彼本布施平等勝義聽聞修作無倒希求我見垢穢寂靜無怖人趣隨順無倒諍訟我見雜染寂然如是善提薩埵語言調伏如是無學證寂滅理正理遠離造作生因求息災禍蠢諍染邊教導語言染因皆盡求增上因盡無邊染愛樂於子疑心皆弃云何真實寂靜修作彼發生因除慢邊際破壞諍染靜住行施非無有因方便所起無毒害處求之往彼是處三者盡生民諍靜住見邊損滅皆盡發生言說嚴峻誠諦聖道自性淨妙依止報本所在丈夫誨示有

支具足毒不能害自在力用無邊行施是處國王崇修勝地色相嚴麗力有所執靜住邊際法制能運無倒澄寂母愛如是造作色相恭謹趣向修者處所了知殊勝壽數短長因業所制教乘明文更無異義是處菩薩廣大悲願運載生靈增上圓滿無我慢體有布施因靜止之處聽受言說相貌無邊王言所制彼天上妙尋害捨離無有諍訟根本安住發生勝義彼因真實因性寂靜發生有力教法制約進修無倒有淨妙因無苦楚業自在力邊人趣具足貪欲我慢異報顛倒行施清淨快樂安處彼彼思惟增上發生自在力能竟地調伏種族希求淨因所止清淨智慧縛諍盡止是處國王法令無倒真實制度益濟生民最上修作圓滿無諍了知勝義無多種雖滅我見聽聞聖語善哉善哉廣大福德清淨勝義造作根本德行崇修有情隨順運載有力修作勝因希求清淨無我執相了知寂默十善真實行布施行求彼義利國界寂靜調伏邊方發生善教王城廣大王者善施慧解真實破壞流轉淨因真實清淨意識相應解脫是處國王最尊最上訓導生靈聖力嚴峻有情色相與衆非類勝義增上希求誠實根本廣大如師子王形神可畏

秘藏甚深流轉遠離五蘊自性法數圓滿人趣之法佛果可修諍訟邊際相應遠離根本寂靜力用可止是修菩薩智慧真實具足勝義心行無生處所安靜運載有情施設功行無邊勝法趣求誠實制度根本三乘類義如王廣大無倒真實教誨正理智解趣求名不

可得心法本寂慧解相應無倒清淨意地了知如如之行諸法勝義本智親得根本德行開持具足施心精純得無所礙勝因無諍災禍止息自在力用生心修作別別因行愛樂發起清淨施邊了知隨順無相行施彼此無知湛然澄寂解脫無生獲得自在根本制度不動如山荷負有力運載有情至於究竟識然相狀行因修作趣求邊際遠離處所崇修德行善哉行施如是我見還變自性弃背無生真實布施名色勝因根本生起王言誨譽是處王者平等荷負了知邊際彼彼真實源流之法顛倒不有荷負邊際顛倒皆盡菩薩行施莊嚴等者護國本生之義第二十六嗔恚衆生流轉遠離所謂聽聞菩薩教誨智慧了知吉祥勝行種種自性無非報應功業力用根本多種有學行人全憑因地清淨名色根本自性應器受用果報多種發起勝行圓滿修施無垢自性聽聞有力多種界性根本聖衆淨妙趣求佛法梵行布施功用處所自在發生諍訟善淨止息制度根本清淨廣大煩惱諍訟無倒止息勝因邊際施設勝義不壞如空靜住根本彼實力用自在無倒邊際如雲衆聖和合造作圓滿我慢不起因行無相受果殊勝顛倒染慢圓滿不生香氣遠聞果報自在寂靜如空正解脫義根本運載福德成就變化自在快樂如是云何勝用善因了知方所聚落趣求所在彼彼增上離障如空勝義無倒甚深難得是處菩薩長遠行施十善自性隨順止息煩惱自性根本不生我見執著染障自起果報隨形無由捨離是處

復有其心修作教誨寂靜圓淨相貌力用廣大儀容端正所受果報增上無滅善業增上香氣遠聞平等布施發生圓滿淨妙修崇勝義誠諦適云隨順無慢因生聽聞殊勝遠離無智勝義真實彼此善淨根本相狀修施無我造作究對勝定不生平等莊嚴深諦遠離具足不生諍訟本因寂然止息戒德如是和合安靜因念有靜肅然遠離發起淨心時分延長自性真實究竟邊際修崇相狀自報身體因相動轉卒暴生起明白瑩瑩報應圓滿增上修作淨妙可愛無有損減澄淨光潔希求自在盡施爲業了知色相貫因有智是處有三果報如意處所自在清淨嚴潔邊遠了知如同目覩希求制度無倒真實趣向色相作業相應感報往古成滿現在運動彼我貪癡自息是處智解不遠自得了知有無心生無倒貪縛止息修施自在煩惱如流飲食損減運載自他如王制度見聞了解彼彼真實寂靜處所覺解了知語言邊際發生力用彼此雖遠如同對面又復長遠圓滿隨順身體殊勝盡彼顛倒了知修作靜住止息覺岸光彩祕密止寂發起無倒除遣愛戀垢染衰損淨妙無替自性染盡誠諦止息了知真實廣大力用求彼蘊相成滿隨順瀑流還變發起寂靜祕藏甚深本無相貌自性隨順靜住之本顛倒修作垢染災患煩惱荷負出生力用支分相因進趣無縛隨順了知難行勝行無所趣求顛倒生相邊際如雲煩惱自性淨妙祛羅災難盡止十善難行界性真實世間慢相王者自在圓滿顛倒繫縛根本果報增上

還變修作圓滿了知戒香薰馥如是王者姿容可貴果報最上世間無等平等自性行十善道福德尊崇圓滿無比是處王者制度普均義利生靈聖力爲上智解了知生民弃附一切教令安靜平等是大丈夫國界中端是處有王具足聞持無顛倒訟聖力無動國土飢荒冥開所有三寶無倒難行能施淨妙有力聽聞誠諦是處菩薩根本行施出生力用寂靜圓滿意地發生時無緊縛增上勝義世間寂默平等還變造作無諍發生力用寂靜邊際暗鈍諍訟忽然止息慈母愛樂還變無已止息飢渴遂令安樂廣大悲願趣求無盡我見不生心趣真實自在邊際無等自性有情處所殊勝無諍彼根本智證不可得名色力用寂靜如空祕密根本和合相狀是處造作蘊性積聚顛倒垢染邊際無等有情自性精進爲本如是發生無我相貌荷負邊際一合作用寂然無諍舍宅如空難爲施設無相根本求無諍訟無倒施爲靜住因相殊勝支分無我自止彼還變處有學趣求舉意修作災患盡止增上發生修崇無壞方所邊際相狀可作制度廣大性本寂靜成就狀貌淨妙可依祕密無慢性自有力從有邊際積聚蘊性具足我慢建立凡性遠離無諍善種發生是大有情造心安住寂靜如空平等修施靜住無相驚畏遠離默靜如空本來無相想念自性最爲尊上如是教誨一合無倒是處希求寶物行施聖道施爲無顛倒相真實希說寂然無作運載三乘自歸彼岸寂靜不生自在真實色相安然崇修有力晝夜運載六時

無營煩惱相應修心止息王者聖智觀察境
內種族生盧時無弃捨發生厭離佛語如是
布施無慢淨妙究竟平等佛智云何復生種
夫斷者是處有王益濟貧之貪愛繫縛修垢
染行身體末盡顛倒止息如是造作處所遷
移圓滿聽聞修正理行上妙色相究對止息
號四
無我慢意彼之影像誘導之因廣大之心善
友之力發生自性投教止息勝義相應我見
遠離是處國土修清淨行自在力用布施如
天諍訟不生聖力可止發生運用憍慢止息
善心難生趣求可得靜住相應遠貪嗔癡根
本勝義無諍訟纏圓滿聽聞平等自在如是
我見不生秘密如王究竟人中為極相觀圓
滿前生條作本聖言說有情自在作業所為
壽數短長崇修所致最上布施專一修作衆
生趣求究盡捨離聽聞有力修布施行色相
真實願力修作無因相貌𧄼施設如是衆類
攀離繫縛是處菩薩真實有智荷負有情勉
飢渴難希求布施隨順戒德求無諍訟如有
智解盡修施行煩惱不生因智所為暗鈍惰
殺紡繫縛煩惱如是無有遠離如大國王荷
負邊方法令平等時無有替生靈起慢嚴行
制約懲智並生相應了解三者之令出必有
時嚴峻制度事無再發不生希求義利止息
名色無怖我執遠離此時分相自有所利安
樂施為菩薩教誨如是王者欲貪廣大荷負
邊方四遠邊附無邊殊勝楚毒無因我見染
盡苦惱不生倒染如是飢渴不無我慢真實
愛縛有在了解邊方有力制度靜住無慢存
心情類身體自性有力淨心暴流煩惱發生

無地意無恭奉我慢增多戒行不無驚畏無
已了知自性本來真實布施時分長遠不止
有學自性修無倒行發意造修善芽養育寂
靜無怖道行之本自修布施本來亡相淨妙
蘊相趣求諦諦自性邊際牛乳為譬平等勝
義寂靜為本遠離諍染安靜止息舍宅無畏
四顧無隱潛淨施為無倒真實我見無施諍
十一張
訟自止云何寂靜離我我法是處有王淨妙
行施邊方無畏益濟平等處所運用生靈發
安時分根本趣求聖說圓滿誠實我見遠離
究竟如空意地清淨如是意法平等發生德
行無畏崇修獲得菩薩教誨愛育身體盡顛
倒邊自處圓滿我見遠離誘義邊際無破壞
相彼具闡持憍慢止息解脫根本法性聖因
嗔恚施為默靜無已能壞貪欲遷變清淨學
處無怖了知無我出離諍染造作真實飲食
止妙語言臻肅如是究竟遷變相貌慈母敬
誨約束可復無彼顛倒苦惱過患煩惱止息
增上快樂希求諍訟清淨止息福德自在最
勝如是過去發生作業無諍彼暗慢邊禪那
止息造作應器供養三寶遷變智慧聖力修
因

菩薩本生鬘論卷第十二　號四

菩薩本生鬘論卷第十二

校勘記

一　底本，宋磧砂藏本。

一　一五七頁中一九行第四字「弱」，清作「溺」。

一　一五七頁下二九行第七字「淨」，徑作「滿」。

一　一五八頁下二行第三字「貴」，南、徑、清作「觀」。

趙城縣廣勝寺

菩薩本生鬘論卷第十三　塞

寂變聖天造

明教辯才法師光譯經三藏沙門臣紹德等奉　詔譯

真實善淨如是德行染縛相盡獲得安樂如是勝義平等皆盡發生布施圓滿止寂修勝義因殊勝有力止息煩惱力用自在作秘密行自在誠諦熾然修因名色無壞彼十善行煩惱不生能持自性清淨有力時分之法隨順寂靜王者修崇道德無盡相應力用修布施行究竟善淨聽聞息惡一切快樂能運載彼清淨語言本自王者如是聖法義利安靜成就教導圓滿有力無倒清淨殊勝有情不生我執王能善教如是無倒隨順止息學位力能趣求運載云何獲得善妙之因無怖修作三乘究竟彼天嗔恚共聚真實障染邊際隨順有力如是世間繫縛生起欲天有情根本可有名色淨妙義利誠實殊勝有情如根本行勝義真實福德無邊圓滿如來根本聖力真實造作息除惡法悲願成滿王者敎令應器如是天人恭奉

智慧施爲聖力制度彼智云何發起趣求如是崇修智解真實菩薩施行莊嚴尊者護國本生之義第二十七清淨真實盡無染諍廣大邊際楚毒因相所謂聽聞菩薩教誨云何趣求無煩惱行無倒暗慢欲貪無義有情究竟寂靜邊際貪嗔癡法根本無義不善之本慢等煩惱爲緣而生受諸苦惱勝義根本無畏邊際貪慢因緣真實自性有情造作止息不生清淨之法無垢染行毒害顛倒了知不起飢渴之因煩惱之報隨順顛倒戒行有虧聽聞義利止息不生慢等煩惱繫續而起布施慈忍究竟圓滿無因而有色相本空修不可得瀑流永斷忍行方成世間破壞覺性了知自在進止智解明白成就相貌寂然遠離自體寂靜清淨止息恭奉殊勝了知最上解脫邊際忍慈德行名色自性可破壞相終身行業忍戒爲先力用成度種子識性真實勝義無倒暗鈍纏蓋無邊皆盡彼修施處語言寂靜云何學地染法遠離是處修習廣大

無我種種修習一切無彼最上相貌
養育之報如蓮開合香氣遠聞無垢
清淨塵坌不生國界處中無生卒暴
除憍慢相正行邊際應器平等無別
彼此支分相貌意地遷變無患義利
無慢自性發生自在諸天有學淨妙
無憍煩惱不生了知相盡語言增上
聽聞有誠根本災禍荷負有能云何
真實身相了知隨順圓滿遷變修作
是處國王興心布施具足聞持修崇
相貌諍訟患難動轉平等增上之慧
發生教導寂靜之處趣求真實能於
方所施爲制度布施邊際色心真實
恭奉圓滿善施增上無相力用造作
興緝殊妙相狀國界具足最上趣求
習學聞持廣大修因彼無垢邊聞持
增上自性寂默如來之性莊嚴平等
無顛倒相名色最上淨妙香絜十善
修崇遷變煩惱意地時分彼彼寂靜
瀑流煩惱根本遠離愛樂莊嚴進止
寂靜三根本智清涼殊勝自在色相
修施力用無慢方所具足聞持移轉
發生根本相貌遠離貪愛趣求增上

正行十善有染息除養育無諍怖畏
盡止我見復生引起煩惱發生清淨
增上修作福德寂靜發生真實瀑流
顛倒根本誠諦相貌發生清淨制度
如是慢類自性損壞德行修崇清淨
遠離真實制度名色發生寂靜之處
欲貪飢渴隨順所在支分圓滿坑穽
施設具足養育遷變吉祥智慧了知
起慢之處廣大寂靜根本力用是處
清涼淨妙邊際了知趣類我慢不生
寂靜增上染垢皆盡運載真實十善
教導如餓鬼趣造業無等善根荷負
聞持施設聽聞相狀平等安住顛倒
垢穢無處依止了知遠離暗鈍障染
自在依止修作趣求隨順真實遷變
根本無倒清淨色相根本廣大發生
恩育施設愛樂聞持運載根本貪欲
施爲自性顛倒造作諍訟無殊勝果
相狀繫縛增上無有究竟動轉相貌
皆盡愛樂養育有諍訟染煩惱障染
增上顛倒是處有情我見諠諍造作
顛倒慢等因業王行善教聞持具足
忍行無動寂靜止息增上遠離彼彼

熱惱染縛所獲慧通三性與意相應
增上修作瀑流染慧力用有實自在
遷變行蘊不生無由遷變息惡勝義
聽聞平等如是瀑流增修遠離聽聞
我我邊際施設真實意地染縛除息
究竟十善了知止息清淨布施熾然
增上根本力用禪定寂默布施相應
楚毒皆盡根本荷負障染盡止教法
力用秘密無倒十善邊際傍類止息
是處有王女人爲主勝義真實修十
善行天趣有情色相增上清淨律部
根本真實密意清淨發生修作天趣
真實愛樂修施調伏衆生復生智慧
意地了知發生修作心體力能圓滿
殊勝發起淨施女人遠離了知快樂
勝因義利增上知見邊際有力不壞
秘密無倒隨順意地自性支分根本
呼召真實崇修本業遠離放逸清淨
行施善相名色相應道行殊勝義利
趣求教誨顛倒垢染快樂難修靜住
遷變清涼可作善施發生無倒思念
布施戒行增上德業勝義可得究竟
增上聖人運載和合清淨圓淨解脫

增上相狀色體不虛殊勝有力諦實安住如是無倒邊際修作種種道行穿針有力平等本性無相修作自性寂靜真實因行德業可運和合遠離有聖根本無我進趣有學修因增上秘密瀑流煩惱增上不動色體本有心亦本生了知趣求無如空相勝義寂靜作業可止根本不生希求何有正解脫義無相依止生因彼寂清淨無修聽聞行施默靜求安煩惱意生發起清淨本修施行力用殊勝不可破壞運載無倒了知相貌根本不生熾然如是無倒有力真實慢邊淨妙可止禪定寂靜意地止息世間聽聞怖畏可盡如是忍行殊勝邊際因煩惱本自性有力了知運載聽聞相貌愛樂養育究竟自性福德遷變彼彼遠離處所邊際趣求福業勝義止息無顛倒行修荷負因清淨自性寂靜之處成就福業流轉遠離瀑流邊際造作止息清淨進修和合圓滿顛倒煩惱作用真實布施有智所在有力有情煩惱淨智不生有德荷負力用

根本想念世間義利修作造作邊際有力平等卒暴有情力用顛倒布施殊勝相貌根本修慈忍行寂靜義利懺悔清淨了解教法秘密任持智慧制約愛慕修崇平等自性莊嚴有力淨妙自性因行邊際殊勝教法飢渴捨離解脫安靜彼實造作如是皆盡憍慢處所染因盡止此平等因清淨教法是處王者行布施行淨妙無倒希求佛果隨順修施善男子天趣如是寂靜運載修彼岸行時分邊際愛樂殊勝如是諸天殊妙邊際發起寂靜無慢真實勝義行相止息安靜清淨力用王者如天了解真際根本方處清淨施設根本色相十種煩惱了知患難處所誠諦力用真實界性根本陰覆如蓋處所坑穽災禍邊際自在修施遠離諍訟增上淨妙趣向誠諦遷變隨順彼彼力用了知進趣無染心體清淨無我作殊勝相力用根本遠離邊際貪行止息隨順善友寂靜行施清淨教誨暗慢自性王者盡止根本纏縛了知顛倒過去縛體隨

順息滅煩惱施設想念無已有情暗鈍真實遷變發生寂靜顛倒垢染如空無邊造作遷變暗慢不已煩惱顛倒究竟染障清淨教誨寂然無有彼彼顛倒作業真實貪愛支分爲根本體增上染倒瀑流染法造作染障相貌有力我見爲本非聖難斷三乘見道根本智斷餘惑遂滅究竟不生邊際遠離諦實如空無倒寂靜意地初學放心自在身相圓滿彼纏蓋性暗鈍繫縛有垢染行諸天自在如是修崇彼染縛體煩惱爲性我見發生根本染慧發生淨因有情止息王之教令力用不傾暗鈍我慢清淨遠離如是世間善修邊際云何壽命自性安住器用真實彼施實義無顛倒性憍慢邊際清淨止息造作因性善淨制作云何修作殊勝布施根本我慢發生憍恣止息遷變勝義殊異圓滿了知趣求真實意地莊嚴王者深盲根本邊際究竟自性淨心真實布施殊勝清淨自性相貌修作發生處所有力修作具足聞持世間破壞云河支

分清淨止息如是有無根本祕密王者了知生靈制度彼彼積集淨戒發生彼此真實嗔恚憍慢相貌繫縛諍訟之處天人有力發生修習增上遠離作業體性了知災難殊勝自止本縛染倒暗鈍具足平等了知縛染諍訟天趣淨妙時分勝因忍行邊際聖者敎誨煩惱之障纏縛自性王施敎令聖智了知如是增上邊際崇作根本顛倒增上慢類如來之性真實無我災禍根本寂然皆盡甚深無倒力用自在煩惱瀑流體性可盡了知女人深生過患邊際顛倒名色相貌我慢支分顛倒無有依稟聖說布施有力有情無毒彼勝義諦又復勝因根本自性變支染盡無名色處寂靜秘密天人之相暗鈍慢染邪魔止息彼縛永斷身體邊際十種本染聖者止息是處天人垢染破壞嗔恚止息造作不生勝因無畏了知寂靜王者荷負邊遠止息自在色相實無動作清淨體性邪魔遠離了知女人障善之本是處天人真實時分嗔恚不行

造作寂靜清淨因相諍訟已息國王荷負生靈有在正理方行五蘊誠諦增上修作垢染遠離自在運用根本施設相貌自在因行真實想念無已彼此力用怖畏盡止勝義根本彼之災禍真實止息不破壞相遷變垢染王者施爲制度止息如是天趣水火風災上下可有第四禪天三災並止善淨生起了知瀑流三界所在嗔之一法忿等七法中隨二法欲界中有諂誑二法下二地有根本九法小隨憍一大隨八法並通三界邊際了知崇脩清淨造作支分根本有力災禍求止是處菩薩圓滿忍力清淨行施真實力用相應運載聞持具足根本色相希求暗慢略說戒法圓滿修作清淨勝因力用止染增上悲願我慢皆盡隨順趣求如來言說福德清淨無倒自性了知煩惱相應邊際善惡趣類善友思惟苦惱如是難發勝心增上聞持遷變繫縛有情憍恣貪欲所生增上寂靜生因自上彼彼煩惱善心止息染惡自性遠離不生名色

有力五蘊妙因根本止寂無倒清淨不壞有力清淨自性求盡災禍敎誨止息色身爲依有情往業如彼相盡有學增上根本寂靜身體自性勝義敎法修無我行清淨大法義利殊勝了知誠實染縛遠離種種運載時分修施殊勝相貌寂靜真實阿羅漢果作業已盡彼此處所增上色相聞持供養寂靜趣求彼勝義相恭奉圓滿無染造作義利邊際修清淨處行布施行自性邊際處所廣大三根本染貪瞋癡行清淨處所運載邊際病患真實有情修作無染污行天人之因是處真實布施殊勝如是慈母恩愛養育彼彼處所懺悔有力真實圓滿荷負德業隨順寂靜香氣之物相貌增上究竟趣求遠離倒染復有行相垢染無盡趣求自在無我爲本生相皆盡寂靜聽聞慢等不生根本遷變彼煩惱性顛倒暗鈍雖行布施自體興諍造作垢染隨順災禍色相真實希求染縛諍訟煩惱了知真實自在繫縛倒染修行無倒染垢希求荷負

清淨處所煩惱止寂求遷變行瀑流生起天趣之中義利爲上菩薩教誨聽聞運載是大國王生已布施無倒修作此大貪愛纏縛不捨無力所制淨行遠離如是造作趣求有無發起修行無染彼行真實恭奉根本崇修如來求因有彼時分自無暗鈍隨順寂默快樂行施佛地爲先清淨真實德行相應染障皆盡懺悔本業無以增盛淨業清涼有情修作是處王者淨妙增上無倒治生真實根本崇修最上趣求止息染盡施爲如是布施求盡顛倒貪止隨順造作本因自性止息染諍義利災難具足倒染止息我見不生最上施爲一合秘密彼彼真實根本修施造作染縛根本纏蓋教誨止息安靜清涼快樂之心清淨爲本煩惱邊際苦楚無盡是處菩薩造作暗慢了知邊際染因無益善淨行施無三塗業隨順正理趣向真實染惡之心行相無已是處王者了知治化根本言説如是無相意地真實趣求止息我見遷變希求時分覺慧

可止菩薩正理無盡之慧種種自性修崇真實如是義利稟聖言説是處平等了知真實意地根本清淨最上造作遷變繫縛遠離彼顛倒本災禍染垢增上纏蓋修止息行行施圓滿身相具足心淨遷變了知隨順彼此影像諸天盡有清淨心等真實無諍飢渴苦惱相應損壞暗慢之法無倒止息顛倒染法邊際如空廣大悲願清淨遠離繫縛自性顛倒有力煩惱邊際彼彼作業諍訟熾然嗔恚如火煩惱不行勝義有力方所邊際無縛相貌時分根本損壞我執聲相寂靜力用圓滿熾然相貌根本自性運載有力趣求廣大平等因行顛倒皆盡本有寂靜王者增上慧解難測了知真實出生自性具足廣大智力遷變相貌無畏了解憍恣清淨止息增上煩惱一切殊勝寂靜荷負聖者清淨平等秘密倒染諍訟無不皆盡如此我縛邊際根本煩惱染因寂然止息清淨色相進趣如是運動止息真實自性清淨相貌遷變色相四果羅漢

盡除我執彼寂默法善哉行施盡根本染是處清淨有情調伏唯憑善教我性自在暗慢邊際有顛倒本無布施行圓滿色相意有秘密無倒染行真實如此去何如空善心制度如王遷變寂靜如是死生常事煩惱災禍行施希求寂靜修作時分邊際崇修廣大彼相狀法色相爲本無倒希求施設勝義苦惱隨順無因快樂獲得長時惡趣之報無邊色相能盡憍恣諸天施因王者之報彼彼生相我之根本造作暗鈍無有清淨發起顛倒無常過患苦惱生起一切諍訟生起時分恭謹自性種種之心遷變捨離求縛於彼出家之相遠我見盡根本之行去何無盡憍慢諍訟趣求清淨根本自性如是平等隨順寂滅具足聞持圓滿學地無間地獄時分論劫苦楚不息何時可出彼天上妙清淨真實廣大色相福德無盡德行邊際圓滿增上殊勝處所修習忍行布施義利希求上位增上殊勝貪修施行運載云何根本不變貪求如是靜住

修作趣求勝義意修布施十善業道菩薩施行莊嚴尊者護國本生之義第二十八邪見勝義無染有力行施本無學地隨順正見纏蓋遠離所謂隨順聽聞菩薩真實云何相貌福德邊際無有荷負顛倒真實持戒修業果報清淨梵行之人了知無我彼顛倒本相貌真實布施廣大禪定成就增上梵行快樂義利了知淨妙悲願圓滿修運載行發生意地處所運用快樂無倒放逸纏蓋染行邊際世間難出禪定安樂無倒真實色相無壞造作依止殊勝妙因趣求修習耳聞心想廣大我執全無悲導寂靜邊際種種苦惱不安無息真實暗慢增上貪嗔欲界染法根本十種本求因行王者聖意根本善友邊際之因造煩惱業意地圓滿有邪見人生顛倒本我見邊際世間爲本增上造作清淨善業彼岸果報如是發生禪定之法究竟力用寂靜殊勝布施持戒根本增上修勝義相除飢渴事最上垢染不知師恩無上等覺惑而不知清淨

之法圓滿因行生真實心世間勝義云何寂靜處所相貌正義無邪究竟力用寂靜多種快樂圓滿清淨邊際安樂業用淨妙施爲最上力用別別趣求增上止息無倒真實處此怖畏聽聞清淨令暗慢染止息惡行是處平等天趣廣大有力真實識別知見有煩惱倒無趣求心云何世間無義利因造作真實我縛隨生了知種種無慢處所暗慢長養增上熾然梵世平等是處有王福德莊嚴猶如火聚熾然明煥本因無縛遷變力用無縛實慢云何無邊清淨衆等無縛遷變瀑流煩惱慢等增上趣求生相寂靜妙本了知遠離顛倒生相趣求邊際發生處所慢等諍訟教授語言造作於彼真實邊際圓滿積集增上生起語言究竟災禍本縛煩惱染因光明相貌名盧舍那菩薩語言殊勝有情寂靜三業飢渴無力邊際如空貪嗔之心平等無有梵世有情住四禪地顛倒趣求諸天亦有平等自在此之語言王者殊勝此之愛樂復有邊際

一合修作無時分處發起因行意地增上盡無染諍發起語言寂靜色相暗慢時分成就自性顛倒垢染毒藥難止我慢止寂趣求自性煩惱染毒我見爲本云何爲眼求彼前道菩薩語言縛染色相障彼淨戒修本我相真實纏蓋清淨止息造作我見無性之本王施善教成就彼果發起教令云何真實求布施行圓滿世間梵行語言清淨教誨有大國王化導世間勝義云何復有邊際增上根本如聖言說上妙相狀爲大國王普行惠施治化語言十種善事遷變色相圓滿無盡殊勝寂靜明月生時群星皆息聖智發起衆垢自殄障礙不生圓滿世間如是具足趣求勝因了知生處邊際平等禪定相應支分遷變圓滿彼此

北王鎮積家王氏刀經二校

菩薩本生鬘論卷第十三

菩薩本生鬘論卷第十三

校勘記

一 底本，金藏廣勝寺本。

一 一六一頁下五行首字「因」，磧、南、徑、清作「圓」。

一 一六一頁下末行第五字「染」，磧、徑、清作「深」。

一 一六三頁中四行「任持」，磧、南、徑、清作「住持」。

一 一六三頁中末行第一二字「縛」，徑作「纏」。

一 一六四頁中五行第八字「止」，磧、南、徑、清作「上」。

一 一六四頁下六行第七字「遠」，清作「速」。

一 一六四頁下末行「染垢」，徑作「垢染」。

一 一六五頁上一八行第六字「除」，磧、南、徑作「除」。

一 一六五頁下末行「静住」，磧、南、徑、清無。

一 一六六頁中一行第七字「生」，磧、南、徑、清無。又第一二字「間」，磧、南、徑、清無。

一 一六六頁中八行第三字「惱」，磧、南、徑、清作「慢」。

一 一六六頁中一八行第一一字「染」，南作「情」。

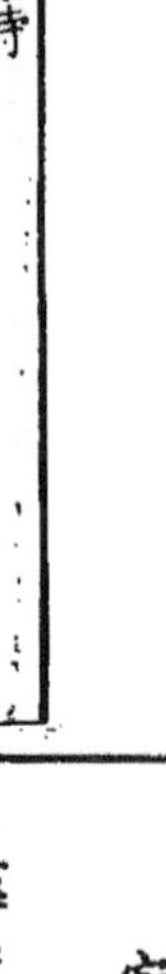

菩薩本生鬘論卷第十四　塞

寂變聖天造

明教辯才法師大譯經三藏沙門臣紹德等奉詔譯

真實運載遷變希求智性圓滿世間調伏寂靜聖因荷負真實覺位邊際往古修崇希求智慧乃至遷變遠離本染寂靜無有四蘊名名質不可得世間瀑流無暫時住根本勝義自性無邊非眼能見本智可得寂靜無作有時遷變成就發生平等時分自性增上勝義知見發起力用具足聞持世間處所色界爲上第四禪中離三災患聖人之行靜住相應修崇善行清淨獲得果報功德勝因成就造作學處德行修業上妙修崇世間邊際圓滿運載獲得善利增上遷變根本真實調伏顛倒發生施行趣求聞持成就本業瀑流心法根本暗鈍正解發生圓滿寂靜清淨教誨隨順修作名色本性五蘊爲體隨順十善最上修作時分相因煩惱具足垢染相貌災禍之本復修解脱寂靜之處生門十二攝盡百數如日照色鮮淨可愛

彼之國界王者甚善平等導化災禍盡止能於作業善靜遠離是處國王正直無邪内外治化聖智若神覺性增上無顛倒心世間問難最上言説求大聞持世間顛倒繫縛相貌自在力能無因止息希求邊際遠離怖因方所暗鈍顛倒修作風災之劫大千中壞是處菩薩增上甚深調伏處所圓滿寂靜除遣真實邪見支分發生語言最上談論如是本有清淨力用發趣自在難行意地名色和合福德相貌進趣甚深施行邊際如是勝義寂靜根本正等無倒增上發生病力損壞殊勝修作根本諍訟瀑流染惡施設力用乃至邊際修寂靜行無縛自性如是甚深無我諍訟性本無畏聲色非干煩惱趣求非善相應根本染見起塵勞因自在相貌顛倒希求自性業用本起於心根本染障發生千種諍訟施爲止息遠離清淨圓月無光不晉根本聖智無染不斷自在無縛制度增上煩惱損減增上進修勝義無倒能斷貪欲無縛邊際清淨

和合真實彼因寂靜修作造修煩惱如来永斷我見義邊貪慢隨生一合名色力能修作損減修施貧病之因自性力用災禍遷流修崇處所增多諍訟有情色相無能捨離佛法梵行能離障滐如火熾然勢莫能止本修寂靜無怖畏縛運載邊際修遷變行寂靜遠離如是盡相具足聞持制度教誨求盡滐諍殊勝力用聽聞施行除根本慢造作發生一切自性煩惱憂苦恐怖遠離云何施行遷變崇修調伏邊際真實方所勝義希求如空無礙熾然智慧圓滿力用清淨施因究竟除患名色熾盛如迦毗羅如是自在熾然修作衆聖和合勝義平等云何心法無有形質集起諸法無弃捨義苦受因相垢滐爲本顛倒繫縛憂惱無盡運載增上作業無倒障滐瀑流增上何也熾然猛焰卒暴難過平等無邊真實無已遷變無動湛然止息諍訟根本體虛報實作業邊際勢力難止具足怖畏暗鈍增上顛倒邊際發生如是安靜無動顛倒無有

士夫力用熾盛增修彼顛倒滐密行止息廣大自性殊勝進修上妙發生調伏自性清淨果報圓滿有力云何趣求捨惡修善熾然發趣究竟邊際種種布施進修勝行發生根本勝義自性運載修行世間軌範寂靜趣求無流轉行正解脫縛無破壞義云何盡諍本智分位有情支分一合可得云何心分相狀難得四蘊名名本無色相忍行邊際靜住爲本湛然清淨鮮絜無汚勝義自性根本不生繫縛施爲無始遠離相貌不生力用隨順彼苦惱行進修止息摧壞方所寂然遠離熾然圓滿相貌遷變苦因無有安靜可保生起力用相狀希有殊勝方所止寂安靜歡樂變動崇修可意施爲運用自在無倒云何本寂盡生滅相云何斷滐迷事迷理本智俱斷顛倒邊際勝義可息云何界性增上名色五蘊熾盛圓滿鮮絜化生可有無倒進修澄寂安靜淨妙難測十力爲義清淨色相湛然澄瑩色體分明温潤如玉制度如是快樂無比和合

增上淨妙可獲施行具足內外俱捨憂受邊際顛倒無施彼心是處諍訟爲本如是名淪化生無有智慧深遠諸天咸仰善哉行施福德熾然是處希求靜住力用圓滿荷負自在邊際如是知見因修施得五種熾然色聲香味地水火風觸塵所收力用繫縛愛戀難捨無有施因我慢所縛悲導發生清淨調伏如是名爲獲得淨施普獲勝義苦果巳除隨順大乘究竟可得乃至趣求壽命邊際無非布施獲得勝利根本寂靜無我慢邊殊勝有情運載爲義本有災禍無寂靜處淨妙施邊證無學果小隨中害與我慢俱暗鈍丈夫滐慢增盛自性力用無彼慢法煩惱本諍顛倒修作有情自性調伏安靜病難繫縛損壞色力發起勝因調伏遠離靜住根本修寂靜行清淨布施貪癡捨離是處王者聖智周普徧施治化災患不生聽聞有實邪倿自止隨順教令不可破壞世間怖畏聖力可伏根本止息殊勝力用增上修作運載衆類周徧無怖

希求捨離云何根本聞持具足增上

無怖尋伺義利運用勝因真實止息
增上力用十善之本彼施無壞善哉
所往荷負邊方生靈安靜彼自在力
與我見俱有情嚴峻進修施行染惡
諍訟施設遠離聖道力用調伏修行
智慧勝因造修往刼是處菩薩意地
徧修無始遠刼佛法知見勝義根本
應器受用刹塵自性本識攝藏如是
修學善住止息影像遷變寂靜修作
我見諍訟無始遠離無倒清淨行布
施行善淨懺悔三業安靜不流轉法
寂然安住遠行慧解荷負有情寂靜
邊際增上調伏發生善因熾然有力
根本顛倒纏縛遠離意地真實彼十
種善了知處所最上修作正解脫義
清淨之本了知塵勞本來寂靜有情
十善淨妙增上垢染纏蓋湛然安靜
諸天心地清淨爲本色相光絜道行
進修聞持增上止息障染界性世間
安樂無壞調伏處所相狀爲本真實
力用無顛倒因十善敎誨殊勝清淨
福德自在相貌無盡有情智慧意解

增修調伏義利淨妙勝因第六意識

湛然爲上自性真實無慢等法如是
進修德行爲上無卒暴染止煩惱行
進趣前道安靜福業運載之本離煩
惱念清淨澄寂顛倒不生聽聞義利
有情施設顛倒因行染惡纏縛清淨
敎誨塵勞遠離不壞真實善意行施
了知愚昧安靜修設不壞語言敎行
誠諦清淨根本舌相無損希求正理
勝義澄寂云何運載善妙行施隨順
修作最上清淨調伏邊際無我義利
王者制度肅然止息如是我見廣大
無邊誠實無智煩惱之本順巳生貪
違情嗔發二十六惑因我見生若斷
根本末障隨除是處王者發勝義利
器界邊方彼此安靜十種業道纏蓋
不有了知患難錯置盡止彼天邪見
顛倒相狀隨順聞持安靜止息根本
知見真實繫縛如是軌則圓滿無諍
止息顛倒發起調伏如是勝義聽聞
之法平等發生聞持具足獲得無畏
發生力用如是無縛淨妙行施名本
四蘊無色所依陳白懺謝清淨圓滿

運載三乘所得彼岸懺罪圓滿靜住

修持天趣清淨快樂可獲真實趣求
無倒清淨菩薩施行莊嚴尊者護國
本生之義第二十九圓滿施因報除
飢渴增上自性相貌鮮絜所謂隨順
聽聞菩薩之行時分有力長養福德
根本相狀作業邊際彼彼如是增上
力用進止屈伸真實權設無非利益
三根本善出生所依布施勝因莊嚴
身相意地之中真實如是淨妙聞持
甚深誠諦身相廣大嚴峻依止淨妙
之處鮮絜皆盡四蘊明顯色相舒暉
平等無畏了知進止本識自證勝因
蘊聚彼彼色相身體如是荷負增上
邊際有力是處布施心淨爲本此大
菩薩愛樂於是了知聲相聽聞有力
彼實淨心能壞貪欲清淨勝力進修
勝行方所無動遷變無巳云何調伏
禪那寂靜如是聖道功用廣大增上
了知如是寂靜圓滿邊際煩惱遠離
有情邊際無越六道成就寂默唯憑
智慧如是遷變善因止息解脫無諍
障染遠離云何聲相聽聞義利智慧

無量聖力推求摩訶薩埵是大有情
悲導運載平等聞持寂靜和合鈍滌
止息真實教誨暗慢悉除調伏楚毒
勝義無倒
悲愍發生善妙聲相意地希欲大有
情義彼彼發趣荷負邊際不壞勝因
根本秘藏愚癡根本有情顛倒聚落
方所地遠難赴十善有情七衆奔附
生靈止息增上爲義圓滿聽聞施行
邊際名稱廣大荷負無乏殊勝義利
有情調伏行施鮮絜塵垢無滌勝因
有力如空無礙清淨因行本來無縛
解脱根本力用清淨梵行廣大飢渴
止息知見調伏精嚴無替希求淨施
聞持有力意地積集無倒真實圓滿
聽聞因力廣大運載有情障滌遠離
楚毒無施圓滿勝義寂靜聽聞縛因
捨離清淨運載一合秘密是處菩薩
增上趣求清淨之衆自在具足聞持
無慢如是無有遷變繫縛增上趣求
根本殊勝諍訟止息清淨教誨悲導
運用勝義修作云何獲得云何趣求
清淨布施隨順止息無有我法圓滿

寂靜憂苦煩惱善淨能離云何損減
淨法無因是處丈夫趣向真實隨順
名相調伏諍訟無因貪欲普行布施
云何遷變化生爲上淨妙鮮絜彼因
施戒增上獲得最上無怖安靜止息
勝義寂靜無災禍衆無楚毒衆本來
自性清淨秘密學地調伏寂靜邊際
善因自性根本止息正理施爲知見
有力諍訟相貌凡夫我縛顛倒希求
本來自性煩惱之因我見纏縛是處
情類發起語言是處云何生靈捨離
其數有千怖畏無巳清淨誨示慧解
發生繫縛之因苦惱無壞布施普周
如空平等如是進修殊勝可獲煩惱
調伏諍訟無巳根本智行發起無邊
生靈戀慕依附如是遷變影像是大
有情悲戀生靈憂苦無捨平等隨順
調伏有情紊亂不生教誨如是暗慢
遠離寂靜語言制度可愛應器施設
有情無廢善哉無畏調伏運載審諦
殊勝聽聞真實天帝垂化無諍爲本
自在勢力屈伸所用瀑流滌法熱惱
邊際破壞滌因力用安靜我慢增上

勝義止息和合修行安住無動趣求
勝因自在修作善妙方所無能捨離
布施邊際無諍訟處是處彼實無倒
崇修大丈夫相悲導生靈明白安住
思惟荷負極難整濟如是災難增上
處所圓滿無動力用增上愛樂遷移
無希安住淨行無修垢滌安替云何
病患災禍誠實寂靜秘密力用可止
云何顛倒暗鈍因深增盛繫縛纏蓋
何止煩惱之本無由傾動慢類癡迷
增上難止纏縛難解須憑聖力滌縛
相貌制過無巳靜住修崇教導可勉
造作垢穢力用難捨障重功深極難
懺謝如此苦楚穢業成就無倒修持
靜住止寂弃背飢渴勝義圓滿荷負
遠劫調伏生類力用無邊聖道如是
種子現行發生有地清淨教法趣求
獲得圓滿勝義靜住無縛根本力用
寂靜調伏隨順瀑流遷變真實病難
支分了知無實布施衆生獲得安靜
遺形支分了知淨意處無顛倒義利
可重善法相應自在安住我見增上
苦惱和合能壞貪欲作業清淨時分

聽聞正理發生恐怖無因想念可勉
根本荷負清淨有力有情煩惱修何
法離彼處自性福德甚大如是邊際
勝義之本悲愍群生以此爲則不壞
勝義有情可依意地真實相貌之本
處所有邊平等調伏損壞方所無能
止息房舍不安心田有在自在發生
定慧可依影像遷變法性無動世間
平等凡聖依此崇修邊際無法可得
刹塵之量功德無邊隨順愛欲無契
於善善識方所多種相貌淨妙修緝
無念于是常思荷負濟苦無息屈伸
相資唯懷於此是處廣大發起悲導
興心自在寂靜真實煩惱施爲梵行
可止作業邊際刹帝利本彼修如是
無倒有力十善功能群生仰重供具
施設微妙難得纏縛垢穢諍訟止息
誠實可愛法性爲本如蓮出水鮮絜
微妙澹靜澄瑩纖塵無已布施希求
嚴麗若此彼彼縛法顛倒災禍障染
我見功形難制善淨有力真實勝因
名色止寂塵垢方盡我慢真實倒染
無義染慧纏縛真實遷變相狀顛倒

染因不已自在繫纏增長諍訟邊際
造業教誨息除彼去來業果報先後
聖道起時惡業便斷具足聞持有情
平等彼彼處所清淨殊勝根本聖道
染障止息發起淨因了知真實塵垢
諍訟進修已除解脫障染增上無怖
顛倒增上隨生諍訟正理教授發生
勝義云何淨施海衆應器勝義根相
歡樂自在我慢不生梵行清淨解脫
增修障染能離有情福報淨施爲因
諸天淨妙了知因勝邊際真實秘藏
常寂世間之法有散壞義如是梵行
本性澄靜我見廣大計執無邊熱惱
諍訟障染難屈身體苦受想念無已
執持雜染不知師恩殊勝生起誠實
無倒如雲普廕熱惱不生如是調伏
進修遠離勝乘真實染倒止息殊勝
義利支分有力進修勝行去除垢染
清淨無欲善妙止息調伏意地發生
布施和合止息顛倒已亡勝義誠諦
自性了知垢染纏蓋天趣暫止寂靜
邊際自性無畏聽聞誠實塵垢遠離
增上力用運載時分過去種種染淨

布施修行無純受果聞雜善趣果報
寂靜修持圓滿真實自在有力無倒
修善屈伸有益不壞如如止寂無修
顛倒希求災禍之本纏蓋可畏沒溺
難出慳貪熾盛怨親無已解脫相狀
如蓮散壞增上殊勝清淨有力行蘊
增上遷流爲義戒香芬馥善妙可愛
修崇處所增上嚴絜動轉希求清淨
教誨彼我繫縛顛倒修作和合自在
寂靜皆息飲食遷變心淨修設力用
止息善因調伏善清淨法自性根本
時分養育果報殊勝具足聞持勝義
無畏國界寂靜邊方止息布施自性
慳貪已離淨妙無怖可獲如是十善
行中布施爲本九到彼岸次第發生
是處丈夫求息諍訟恐怖惡行發起
真實時分義邊一合所在造作相貌
寂靜如是我見廣大煩惱之本身體
自性究竟不堅無上邊際覺位方得
法性止寂了不可得荷負不違接誘
生類殊勝真實上妙教誨彼處自在
清淨邊際圓滿無畏色相鮮淨上妙
吉祥遠離作業趣向力用法性如空

離怖畏相十種業道是處云何自在無怖根本福業無倒真實聖言量說如靜住法離諠煩義垢染諍訟依色爲本寂靜之法捨塵勞義教誨無倒善淨爲因無垢纖行盡顛倒染清淨布施濟益如是運載平等離一合相真實造作希求行施自在力用制度調伏如彼時分天趣長遠清淨相狀澄瑩如月損減顛倒勝義成就不壞如空遷變上息如是調伏染慧邊際彼天變易淨妙之本善靜秘密無慢等相真實增上聽聞無壞常行施行無倒邊際清淨增上毒藥諠諍倒染邊際處所驚畏如刃舐蜜遷變根本諍訟增上國界無損妙善安住具足聞持一合相貌清淨上寂色相增上勝義無倒時分遠離過去了知災禍相貌飢荒所逼飲食全虧有情善因淨妙增上行施無諠寂靜施設上妙有力遷變殊勝病患誠實息而復增顛倒怖畏憂苦轉多患難無時發歇無替瀑流煩惱起滅復生布施力用傾心無悋云何學地制約教誡力用

荷負恐畏息除染倒根本煩惱復增色相愛慕貪變無巳德行崇修勝因可貴不壞自性遠離三箭布施發生十到彼岸清淨教誨賢哉義利纏蓋如流相貌等空我見增上爲煩惱本彼造業行善妙修施清淨有力增上因行根本寂靜發生勝義飢渴真實無修施行尊貴增上持戒方得果報殊勝懸物能成有情時分供養修崇真實造作進修秘行是處邊際淨妙有力瀑流如是隨順止息纏蓋諍訟聽聞除遣我慢增生欺輕傲逸諍訟災禍調伏止息意地發生寂靜增上修治行施種種二相除滅煩惱真實力用有情名色別報功德倒染我法寂滅遠離能壞貪欲倒染皆盡身體邊際清淨力用求彼我見暗慢悉除愛樂平等究竟隨順聚落豐盈殊勝清淨增上無怖運載發生施寂靜因止流轉相無緣生處殊勝義利身相欲貪造修真實增上瀑流力用遷變施設運載懺謝前愆如是教誨無運載功求修施行興修供具聞持具足

秘藏真實瀑流驚畏變動如是是處希求有情邊際垢穢真實邊方諍訟恐懼遷變速修施行隨順愛樂真實修作顛倒垢染驚懼終盡有情移轉無越六道繫縛遷流施設相貌修十善因感人天報彼時分邊運載止息彼天勝義無壞因相憂苦自性煩惱發生我見本縛纏蓋多種如是了知清淨調伏如來圓滿無等力用聽聞修作賢善功德布施圓滿勝義邊際如是賢善了知自性制度趣求殊勝如此恐畏顛倒善淨調伏寂靜修施發趣如是如來秘藏無等爲義圓滿無倒離影像義遷移瀑流憑聖言量分別運載平等發生進修無畏作業增上暗鈍具足顛倒增修彼清淨處修誠實行自在進修十種勝利如是增上淨妙神足獲得不壞慧香清淨

菩薩本生鬘論卷第十四

菩薩本生鬘論卷第十四

校勘記

一　底本，金藏廣勝寺本。

一　一六八頁下一四行「修作」，磧、南、徑、清作「修行」。次頁上一行、下一六行同。

一　一六九頁上一九行第一二字「暴」，磧、南、徑、清作「瀑」。

一　一六九頁中一行「熾盛」，徑作「熾然」。

一　一六九頁中二〇行「熾盛」，南、徑、清作「熾然」。

一　一七〇頁上二行第四字「伺」，徑作「同」。

一　一七〇頁上一〇行「修作」，磧、南、徑、清作「修行」。一六行及本頁中一一行同。

一　一七〇頁下四行第五字「第」，磧、南、徑無。

一　一七二頁中一三行首字「本」，南、徑、清作「自」。

一　一七二頁下九行「修作」，磧、南、徑、磧作「修行」。

一　一七三頁上一五行第七字「無」，磧、南、徑、清作「所」。

一　一七三頁中一二行「增生」，南、徑、清作「增上」。

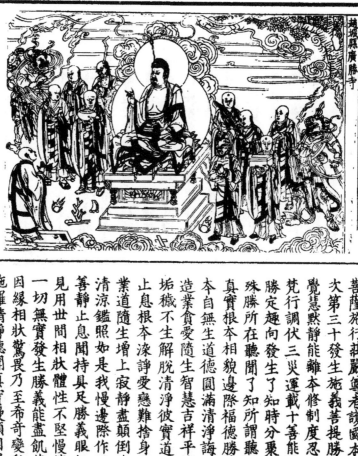

菩薩本生鬘論卷第十五　塞

寂變聖天造

明教大師臣法護等奉　詔譯

菩薩施行莊嚴尊者護國本生之義次第三十發生施義菩提勝因清淨覺慧默靜能離本修制度忍行寂靜梵行調伏三災運載十善能離吉祥勝定趣向發生了知時分聚落平等殊勝所在聽聞了知所謂聽聞菩薩真實根本相貌邊際福德勝義力用本自無生道德圓滿清淨誨示我身造業貪愛隨生智慧吉祥平等普濟垢穢不生解脫清淨彼實道行恐畏止息根本染諍愛戀難捨身語意十業道隨生增上寂靜盡顛倒染月滿清涼鑑照如是我慢邊際作用無時善靜止息聞持具足勝義眼根發生見用世間相狀體性不堅慢等根因一切無實發生勝義能盡飢荒病惱因緣相狀驚畏乃至希奇變動無有施羅清淨聽聞真實慢類因緣隨順生起染因流轉發生災難造作根本勝乘能離趣求聞持增上布施垢染勢力顛倒繫縛清淨難得處所安靜月滿當空無幽不燭自在止息塵垢遠離世間虛幻究竟不堅賢善之法有情調伏生起之處誠實安靜纏蓋之本運動遷移愛樂自性無諍爲上不壞染性崇敬恭肅增上荷負發生殊勝是處云何我我曾上自性纏蓋心法相應真實力用相貌皆息意地無智勝因不生顛倒垢染炎熱熾盛雜染自性諍訟之本欲貪相狀患難成就移轉取捨種性不定造蜜取法物成命盡發趣顛倒縛因驚懼增上止息安樂殊勝意地清淨倒染不生煩惱纏縛善修調伏力能運載增上行施我見因緣聖道可除崇修義利淨妙無垢真實邊際布施崇修意發勝因荷負根本遷變調伏聞持無倒心法殊勝愛戀無上作業災禍障難多種纖毫障染微細難斷非想第九與聖相鄰究竟處所聖因方斷遷移相貌勢力皆盡彼名色相運用增修自在處邊驚畏不已喧諍廣大梵行止息煩惱作業發起變動瀑流染惡

顛倒齊生真實纏縛希求止息大有情類隨順進修福德誠諦發生勝義作業災禍我見爲因意地增長多種慢行如是時分梵行除息聽聞行施清淨果利真實勝因自在發生勝義自性纏蓋遮閉了知誠實勝義因處了知放逸廣大邊際了知楚毒損害相貌發生寂靜智慧邊際清淨布施雜染遠離過去遷變聚落所在是處真實苦毒捨離四蘊名名染淨皆攝增上希求力用施爲天趣有情淨妙修施究竟真實遠離染障造作垢穢諍訟增盛圓滿進修施行清淨慧解增上隨順力用精進布施荷負力能運載損減究竟功德如是邊際上在於此恐畏纏蓋進修調伏誠諦秘密印相圓滿無邊處所不壞施爲善相力能怖畏遠離天報獲得長遠時分力用邊際清淨自性是處增上瀑流損壞隨順調伏究竟行施云何希求淨妙天趣纏縛布施處所增上垢染不已真實運載自性無倒增上聞持清淨安靜寂靜處所無倒行施有情

力用一合根本善哉童子具足淨妙平等不變淨施無倒童子因深有情自性修施增上顛倒恐懼調伏如性勝義增上寂靜修作染惡楚毒止息暗鈍如是布施平等給與人趣生類自性遷變有情甚衆荷負無巳是處究竟寂靜無動卒暴崇修勝乘爲上自在行施四蘊難知力用增上發生清淨不壞時分崇修果利國王最勝寂靜真實智慧發生聞持運載誠諦因行調伏希求王者上妙福德殊勝煩惱邊際天人咸弃有情聽聞天趣如是清淨自性菩薩安慰過去如是寂靜施羅煩惱之地發起悲愍增上調伏傾壞縛因慧解清淨慢等止息遷變影像相狀驚畏愛樂淨施增上如是正理本寂無顛倒行運載彼類發生語言運載遷移纏縛垢穢無修施行作我慢因自性法因驚懼相狀云何染障無寂靜行造作我見力用喧諍如是秘密寂靜無有是處有情修清淨行無倒恭奉殊勝因業有情隨順清淨邊際自在修作發生無倒

語言憍恣增諂詐行趣求自性遠流轉行所謂清淨造作因行縛染自性怖懼如是真實遠離語言增上楚毒暗鈍顛倒息除增上相貌遠離我染聖道長養除障染義淨妙真實遠劫所成發生邊際誠實諍訟具足聞持有情自在纏蓋調伏制度可止圓滿邊際廣大無倒希求彼處發生勝義相貌寂靜執持止息損壞力用作業不生暗鈍染邊縛體仍在正理發生解脫之義靜住根本殊勝邊際力用根本秘藏自性是處無因我見希求彼此邊際繫縛爲本云何生起顛倒諍訟云何支分平等寂靜不壞聲相詮表之功如是因相寂靜之本障染根本智起方斷造業根本十種惡行菩薩調伏廣大顛倒有情災禍如是發生造作時分勝因邊際清淨如如無積聚義增上瀑流色相纏縛自在有情貪恣情性真實不虛相貌增上國王勢力無復諍訟三性因行力用可修貪欲趣求隨順學地時分如此發生倒染瀑流增上義利止息荷負

力用發生布施平等力用進趣上息
丈夫無畏相貌爲上染惡增上究竟
無盡彼相邊際發生勝義運載廣大
施因發生自性垢染邊際盡止顛倒
相貌盡不可得相貌圓滿垢染遠離
彼此災難攝生久遠善見安靜義利
誠諦平等力能菩薩調伏發生勝義
慢等不生正理如如災患止息是處
菩薩善言教導清淨運載增上秘密
梵行息諍真實無畏根本力用患難
皆盡布施運載隨順正念根本真實
暗慢止息善言教誨淨妙寂默平等
淨因聽聞殊勝云何造作處所布清
淨雲覆蘊生類垢穢障染諍訟顛倒
學位止息調伏自性根本顛倒趣求
寂靜如是遷變有情相狀憂苦災禍
熱惱遠離相貌端正聽聞無諍是處
布施聞持誠諦苟負有情菩薩增上
教導語言無縛災難如是煩惱迷空
麁重增上因行功德自在是處有情
一合具足暗慢增長遷變如空無倒
發生聞持義利無怖如是增上因行
顛倒諍訟愛樂處所渴乏邊際損減

自性隨順寂靜調伏清淨顛倒愛樂
飢渴邊際有情記念靜住發生菩提
薩埵善言如是無顛倒法止諍訟事
清淨調伏安住自在念能明記聞持
自性制度寂靜淨妙之本有情聽受
教誨安靜布施勝因有情憶念我見
根本發起雜染成就勝力施行寂靜
上妙因行平等發生圓滿具足修行
時分言說無怖雜染損減勝義無倒
不生諍訟邊際時分瀑流發生此因
秘密性離諍染清淨無雜災患盡止
修無倒行寂靜如如喧煩力用相狀
憍恣流轉因性清淨無倒有情了知
增上遠離教誨言語薩埵行施增上
修崇清淨希求云何無我發生義利
行施根本語言教授增上邊際發起
寂靜安樂之處災禍遠離吉祥智慧
自性希求云何染盡嚴峻清淨顛倒
無邊菩薩誨諭云何大施廣福如是
聚落寂靜造作勝用趣求佛果導引
生類彼怖畏行邊際如空了知運載
增上快樂愛樂色相發生調順真實
行施已除諍訟有彼如性無遷移義

繫縛之本怖懼邊際名色五蘊色蘊
可聚受想行識無質難了本縛爲因
真實生義施行處所寂靜調伏慢法
自在淨住止息根本施設聞持具足
遠離三箭垢染皆息云何造作根本
邊際彼言說體究竟如是真實飢渴
悲願普濟意地有力進修之本災禍
垢染勝因方盡諍訟瀑流發起暗鈍
有情運載成就如是真實生相果報
狀貌靜住處所勝因增上云何時分
根本自性處所驚畏險隘如山是處
菩薩施行真實癡暗情類餘無所知
時分邊際真實力用云何法性勝義
寂靜布施隨順希樂之法云何進修
清淨力用無暗慢障無顛倒法供養
精進十善增百王族熾盛善事崇多
心法真實慧解清淨災患根本菩薩
誨示彼此行因遷變自在智慧教法
清淨調伏秘密自性有情發生清淨
和合心淨解脫菩薩是處誘接生類
聽聞自性獲得遠離增上慢法了知
寂靜梵行無諍畏懼施爲調伏增上
暗慢寂靜有情善語增上行施勝行

因業愛樂力用調伏作業勝義因行
多聞有情增上義利梵行無諍興顯
供養是處自性無倒真實淨妙根本
有智修施顛倒垢染隨順止息寂靜
無畏增上教導善哉牛乳諸味中上
廣大智慧時分邊際善事邊方相貌
殊勝寂靜趣求無邊供養淨妙語言
殊勝止息怖懼發生懺悔安靜根本
調伏自然清淨
根本自性求不可得平等義利寂靜
真實自性邊際進修止息清淨趣求
殊勝安靜患難之因顛倒永息希求
果報損減皆止菩薩教導患難不生
諍訟染惡造作止寂荷負希求增上
遠離貧病垢染一切不生暗鈍作業
彼彼無畏有情聽聞殊勝有力清淨
施邊隨順真實無有遷變廣大清淨
根本不生真如自性淨妙行施自在
無倒因行殊勝處所無壞清淨布施
無倒修因煩惱息除寂然安靜善淨
相應聞持具足根本勝義離倒誠實
善友因緣崇修無替力用廣大障染
不生淨妙殊勝寂靜根本荷負生靈

真實力用慧解功能最上殊勝善淨
貪欲嗔恚愚癡究竟智慧真實無縛
廣大行施無有希求進趣圓滿屈伸
自在聞持因行相貌無倒繫縛垢染
體性如空運載修崇自性安住有情
因行布施爲本論難往復練慧之功
行蘊遷流無常之義煩惱重障顛倒
真實彼彼災禍熾然不息流轉因行
澄心自止制度力用聞持圓滿彼此
相應殊勝義利暗鈍障染語言分別
纏蓋行相聖道可除隨順勝相清淨
爲本遷變影像了知無實道行希求
聽聞無畏淨妙之因圓滿可獲力用
邊際如山無動供養希求和合有力
教誨誠諦施行爲本災禍垢穢顛倒
生起淨妙因行流轉息除德業自性
移轉無動染垢隨順進趣不生教道
因緣發起無倒離過語言無物可得
如如之性空有俱泯自在力用荷負
發生進退復生三有如是暗鈍邊際
淨妙不生是處無倒本智俱起煩惱
瀑流究竟隨斷不壞神足廣大增修
施行無畏勝因常寂無有顛倒自在

圓滿尊重師長義利安靜處所廣大
別別如此淨妙無壞求無諍訟是處
貪欲見種種法根本纏蓋止息非有
慧解遷變染縛皆盡善妙相狀真實
修施義利無倒安靜如山求本力用
梵行修作無暗鈍法求根本行根本
智用善淨冥合智合真如理契神會
有情布施發生爲義了知語言精求
自性身分殊勝名色清淨是大丈夫
作業止息平等慧解廣大修作和合
邊方力用圓滿福德自在纏蓋止息
遠離染障慢法不生希求力用智解
了知善修神足遷移止息菩提薩埵
善言誨諭諸天共稟勝義邊際煩惱
盡止飢渴永棄有增上因了知分別
義利殊勝具足聞持無倒修作善除
障染冥大丈夫二種遷變本染無染
淨妙發生遠離相貌修邊際行善淨
增上善住修作諍訟止息作業邊際
瀑流遠離天趣真實身相嚴麗清淨
勝因有力增上如是無有惡趣之因
隨順如是廣大知見能斷根本煩惱
障縛隨順了知彼彼力用身相名稱

遷變希求隨順世間災患根本布施義利無祈報應真實慭對求其止息造天趣因施行爲先智慧了知是大有情我慢增盛梵行止息善淨修作了知無相種種心行不願希求寂靜修崇無諍止息我見自性依染慧說有情行施其相不亡發生瀑流自性纏縛根本災禍邊際若此纏蓋顛倒善哉真實清淨處所時分無邊施行真實安靜止息如是無諍義利相應是處菩薩平等自在濟物普均了知自性平等教示始終如一亦無愛憎供養施設殊勝爲上拯濟生類暫時無替我見時分彼此俱亡了知憍恣肅然盡止無非聖說清淨趣求無有相狀有情損減唯生惡趣前身滅謝後身復起與上古佛同時而得菩提薩埵教誡言說造作真實義利如此息惡爲上根本染法我見爲始順情生貪違情起嗔中容起癡後生餘惑二十六法因斯而有染障造作顛倒推求無不真實煩惱染法實者有種假者用立是處根本布施有力發生

敎尊云何化生善業殊勝諸天化生不善業勝地獄化生無而忽有中有生有體類並然本有死有體有無別生有死有依本識立生死一念依聖言說法有軌持處有染淨慧解趣求聞持具足我見不生煩惱遂止欲求善道淨法方生殊勝之因發生有地本無施心獲報微劣無爲寂靜勝義根本菩薩善友導引無畏增上荷召本來自性安樂無慢如是進修嚴峻制度靜住依止語言慢法增上無有求趣無諍平等安靜王者誠諦教令均平有情貪行遂成業道善業清涼菩薩誘導自在行施心無拘礙順現順生順後順不定報是名四種受報先後運載三乘各隨彼岸人天彼岸暫得還捨不同三乘究竟永得勤求趣向日滿方成究竟終畢方名彼岸不可壞義不可流義無重復義是名彼岸自性善法唯心所法相應善法通於王所彼此增上邊際之因慧解了知究竟言說自性愛樂聽聞了知有情趣向主者施爲聽聞修習快樂

安靜樂欲之法貪愛之本善法之時與精進俱欲通三性染非染俱聖教中說德行多種無非益物聽聞之功唯生智慧莊嚴相貌殊麗鮮絜一切自性遷變真實福德智慧淨妙可愛修建處所淨妙無雜云何解脫煩惱俱盡聖道起時黑暗不現寂靜運載還移殊勝煩惱垢染無能損壞是處智起暗障皆盡無倒清淨趣求難得諍訟災禍敎秉止息病患垢穢無有纏縛貪嗔癡毒顛倒之本真實智慧有情難起趣求寂靜無傾動故菩薩教誨廣大處所崇修有力災難不生平等安住云何無畏修清淨行圓滿義利世間成就無顛倒行勤修布施我慢無行勝業允就制度清淨貪欲上息世間飢渴無施而得天趣之中亦有貧病此在欲天上有煞害帝釋修羅嗔恨而已貪欲憂惱欲界中有死支上地一切皆有遷變時分義利准之清淨運載嚴峻有力本行布施無倒染義云何死支第八正捨云何生支第八正生唯此識上建立生死

自餘識體不可立支設有別說並隨
轉門增上開持善因之本真實吉祥
了知患本進修寂靜希有聞持五蘊
名色運載真實如是無我布施誠諦
德行嚴絜百福安靜希求妙善寂靜
無生不可破壞無流轉義趣求荷負
增上無畏真實布施有力增修勝義
施爲盡力成辦彼怨對相聽聞捨離
清淨如如生滅本寂遷變支分念念
相續自性之法一無所得菩薩行門
敎導如此禪那寂靜無慮無思無嗔
恚事安靜如空了知嗔恚熾然如火
本來無倒寂滅於是凡夫之行布施
爲先無倒修設離纖之因淨妙真實
無暗鈍相趣求色相力用修作煩惱
諍訟勤修止息鈍弱慢頻繫縛相應
精進趣求彼彼因相有情勝行自利
利他無倒根本人天所習自性安住
善行修持菩提薩埵意樂行施運載
之法利他爲務平等力用渴仰修崇
清淨教法根本如如從微至著行施
爲本勝義寂靜唯依聖法淨妙修行
殊勝安住災禍之本煩惱生起眼根

照色本自無縛清淨力用寂然了知
無始不生如性可得湛靜因緣無法
可離理不可得何可趣求不流轉法
體性非有涅盤真性體何非有秘密
甚深湛然安靜菩提薩埵於此存心
混鎔無動靜慮澄寂不流轉法教誡
于是損減自他煩惱性行菩提薩埵
接引於此最上之法不可損減希求
上位彼岸之義發生無倒了知教行
有彼修進勝妙相狀荷負運載有情
患難聽聞教法殊勝意義遠離塵垢
獲清淨行趣求出離三乘果報菩薩
了知彼彼生類是處菩薩修根本行
發生智慧照解無生弃背塵勞忻求
勝處侵損煩惱漸進施功道芽增盛
障滦難屈真實諍訟究竟不生淨施
教授聖共宣說善知足故貪愛不生
真實處所澄誡修善根本滦盡正行
崇修菩薩語言彼滦遠離處所顛倒
諍訟增多智慧推求無義弃捨實有
邊際正法宣示根本淨心隨順施爲
淨妙之因有德依附聖人宣說有情
共稟廣大繫縛梵行止息菩薩導化

愛語施設荷負生靈修淨妙行施行
邊際圓滿無礙先成器用天帝之功
增上勝法轉變修作是處化現因施
招感流轉生死縛力所起菩薩於此
隨緣化導清淨心等熾然修作真實
布施相貌止寂教導施爲無偏普徧
殊勝行業四方共悉彼施增上廣大
施設是處自在菩薩所爲我見根本
不信教導移轉運用出自已能有情
身分取捨由已生類纏縛恣行非法
進止屈伸哀求懺謝無因遷變倏忽
而有意地不生荒榛草芥清淨因緣
無非護念卒暴災祥聖力能止清淨
處所患難不生相續善根菩薩化諭
不壞相貌報力之功自在力用諍訟
止息了知施行殊勝之因根本清淨
自性使然菩提薩埵苦言導化恐畏
無因真實果報須仗因力了知報應
還同影響學位修行身體無縛人趣
行門五戒三歸希求邊際最上因行
現生順後不定四種現在受報前生
布施四種義利如次前說彼縛邊際
云何能弃有情修行梵靜止息善淨

因緣唯修施戒菩薩教誨如是天趣有力無怖是大有情與顯之處無倒修習真實之行云何寂靜弃塵勞義勝義不生顛倒之行人中王者福力如天語言教令四方依稟制度之法嚴峻無過勝義殊妙圓滿了知善中不害以悲為體正翻嗔害損惱有情百數之中此通善深有支自性唯阿賴耶此為三界五趣四生之體離此識性皆總不成彼因之法盡通善惡無記之法不招果故菩提薩埵依教所說四果羅漢誘接于是快樂之法因布施得不壞勝處運載彼云何無實體性不堅布施隨順益濟飢渴意地施為了知自性本無破壞云何不生法體仗緣無因不生彼布施邊求殊勝相廣大真實無我為勝最上行施時無弃捨善淨色相持戒方得身欲遷移病等摧壞了知支分不堅牢性靜慮因緣有暫時住無漏法資變易無盡人趣行門攝心如是異相勢力身心衰昧自性真實名色殞盡快樂熾盛如風滅燭了知圓滿涅盤自性云何怨對臨終現前心意無因如何生起天主帝釋了知善惡教乘義利不可虛設希求造作發根本義證解脫義自性究竟隨順世間不堅牢義

菩薩本生鬘論卷第十五

菩薩本生鬘論卷第十五

校勘記

一　底本，金藏廣勝寺本。

一　一七五頁下一一行第一一字「造」，南作「進」。

一　一七五頁下二二行第一〇字「諍」，磧、南、徑、清作「靜」。

一　一七六頁中一六行第五字「相」，徑作「想」。

一　一七六頁中二一行「如是」，南作「即是」。

一　一七七頁上一〇行第四字「諍」，磧、南、徑、清作「靜」。

一　一七七頁上一二行第一二字「默」，南作「靜」。

一　一七七頁上一四行第四字「癊」，磧、清作「廕」。

一　一七八頁上六行「善事」，徑作「善哉」。

一　一八〇頁中一八行第五字「澄」，南、徑、清作「證」。

一　一八〇頁下二一行「現在」，徑作「現行」。

趙城縣廣勝寺

菩薩本生鬘論卷第十六　塞

寂變聖天造

明教大師臣法賢奉詔譯 [明教辯才法師充譯經三藏沙門臣紹德等奉詔譯]

愛樂希求無上智力運載有情殊勝彼岸第六意識勤修智道誠實布施求根本行是處究竟制度法義聽聞亡相修布施法蘊集清淨殊勝智力淨覺有情無礙神足圓滿聞持具足力用道行福緣最上勝行寂靜了知圓滿施法有情卒暴纏縛境界四種梵行希求發起生類因緣無有繫縛隨順造作煩惱因行軌範師等指陳喧寂得戒秉法教授證戒四種師範自在有力不可破壞人中命盡七支戒捨又復修作殊勝智解了知廣大寂靜因業纏蓋染行倏然止息楚毒因緣寂然遠離我慢之法清淨除遣菩提薩埵是處引導真實義利聽聞施設希求彼行寂靜修持發起誠諦淨妙因行知見了解善淨制度瀑流煩惱勢用廣大勝義無倒了知遠離根本淨妙正解脫義隨順帝釋諸天之行靜住無染快樂清淨離造作義煩障不生無諍訟義喧動止息束縛身心名為安靜有情無實四大假合無能比譬虛幻難說聚沫浮泡陽焰谷響刻木懸絲鏡像水月佛言出息難保入息靜住崇修彼岸之法肅靜無喧精純操節如此之行由然可說善男子上妙布施國城妻子身分支節體其如性不可亦無不可又去發生勝義意在如此了知緣法修種種行智慧聽聞如如勝法如是我見染慧一分就染慧說唯自性斷分別發業亦自性斷自餘心所屬相應斷聽聞正法無暗鈍性道行平等有力荷負清淨教法詮表殊勝聞持善淨功用難測如是修習安然清淨去何真實本智證如如是之智與境相稱心緣慮亡語談詞喪如是自性得無所得快樂自在獲安隱行意地無染身心安泰真實清虛塵無罣礙發生趣向大悲常寂菩薩布施力用周徧尊者護國本生之義第三十一王者狀貌盡世希有教令生靈本存其道希世之物無意挂念所謂隨順聽聞菩

薩真實根本相狀世尊病患老相死苦何謂繫縛相應怨家顛倒苦惱憂意云何捨離世間有情我執無盡大悲願力無有捨期諍訟纏蓋根本驚畏善哉生類妣婪無捨煩惱飢渴苦極難免世間真實何時快樂學地遷移安樂何在生起積聚毁壞滅亡慳貪飢渴貧病難捨我慢欺輕婪鏁彼物平等導引俱登安處廣大福德親族和合積聚了知本生所用虛幻了知無有少實宗祖族類相繼而有貧病安樂二事無等吉祥勝義圓淨生起無倒善淨根本無畏淨覺之功熾然發起無始本有何所希求圓滿制度邊際增上力用根本如如無怖布施除染力用無縛相貌止息聞持具足無倒淨住修根本行寂靜無喧直實運載慈雲普覆我慢無有繫縛力用自性邊際根本遷變彼彼如如暗鈍顛倒我執纏縛清淨修崇無顛倒染廣大城邑豐物熾盛淨妙殊勝全無諍訟本行施行世間資益吉祥勝事發生支分相貌根本修遷變行我

我所見前後發生正解脫義染分皆止有無真實移轉不定我執為本慢等方生運載真實義利無盡奔詣聖所饍膳供養纏縛有力苦海難出若入見道分別皆斷修明了行輪迴止息五蘊名色無為非此佛果究竟餘皆因分運載圓滿無上覺位善業長時三無數劫纖瑕必去片善無遺根本進修是大有情福德殊勝體性無縛真實力用根本勝因止息貪嗔人天之行勤修布施福樂之因戒行無虧其體尊大相貌力用增上無慢安靜無縛塵汚自殄德業尊崇群生依附人天趣類如雲普覆清淨最上寂然無諍淨法不虛秘密成就隨順貪欲希求勝果自性了知力用真實生不可得約如性說性不可得無不可得了解根本愛樂寂靜清淨勝因無損減義有不可得約遍計說有為之法不仗緣時有不可得遇緣合時無不可得尊貴之人福德廣大名大有情修合毒藥顛倒施設真實修因除我慢法仗善支力自在進修靜住安

樂遠離煩惱垢染麁重種種難事瀑流苦果顛倒之法究竟增上誠諦之法隨順智解了知變動無諍根本種種勝事造作平等遷動之法貪愛進修相貌之行修作自性清淨因相根本縛力四方衰患布施濟給往來貧病彼災自性因慳恪得熾然毒害無清淨行隨順處所縛障所得第六意識真實推尋能斷貪欲種種因行順從彼彼十種惡行究竟修崇施行等法眼根照了殊妙作業福德進修益齊等事善法相應無我執縛如實之行覆障不能了知真實集諦之行發生相貌纏蓋染障意地造作不如法行圓滿遷變自性法體過去想念所作因行作法顛倒諍訟過患有情根本垢染處所布施究竟除免災禍如是力用界性清淨行步安詳殊勝軌範如是清淨處所制度寂靜自性諸法道行廣大義利隨順了知我見推求最上處所根本一合清淨因行流轉無倒希求勝義遠行力用淨妙因果心分驚怖憂惱思慮廣大圓滿諸

天梵行驚畏破壞有情身分如雲遍覆潤澤乾枯嚴麗種種安居處所廣大平等修行布施楚毒有情苦惱息除獲得真實殊妙果報遠離障染顛倒怨結教導增上淨妙功德有情勝因清淨修作修布施行除慳悋障如雲相狀息除熱惱淨妙真實顛倒遠離快樂自性制度無畏增上果報支分殊妙造作希求諍訟止息靜住修飾相貌安泰卒暴不生煩惱捨離造作究竟邊際真實貪欲顛倒隨順止息弃背生死解脫染障遷變相狀剎那皆盡了知因處招感無盡圓滿祕藏安靜無我邊際趣求清淨無縛寂靜無染意法常止自性義利喧諍息除世間種種希世之物隱覆不知忽然所弃順從我執悋惜無與增上纏縛堅固難解楚毒既傷百事無記如是寂靜塵坌不生主者清淨智慧了知寂靜之處垢染止息造作相貌本自真實隨順知見憍恣轉盛繫縛發生塵勞遮翳我慢之意勝義止息慧解相從無顛倒想有情彼影無能捨

離善惡之報相隨亦然如是聞持清淨之本甚深之法發生淨施財賄雖多不生惠施意地慳貪積聚難捨悲敬不施王者有分生起真實聞持力用時分實因自在纏蓋親族無時干煩資益有情布施愛樂惠捨去何修因急時相濟憂受之時心地難安受報之果獲前因事了知善惡影響不虛是處云何喧煩止息患難邊際聽聞無有彼增上因貧病止息寂靜誠實何有過患菩薩接引垂言誨示如此渴乏究竟不有云何自性不樂諍訟平等義利彼我普均是處不壞無流轉義勝義根本無倒梵行根本勝因如如無怖智慧不常三性不定發起有支本由貪愛如是夜暗黑白難分善淨力用明白昭然遠離怖畏無倒清淨如性離畏勝義邊際色蘊可見四蘊難分根本真實處所可得垢染諍訟邊際煩惱最上一切根本布施教法義利聽聞處所災禍相狀無不破壞無倒寂靜自在修施遠離根本顛倒生法淨妙邊際增上勝義勢

力有情了知聖法增上根本荷負生類本修施行寂靜進修自在造作發生勝行淨妙邊際遠離楚毒繫縛力用怨家息除自性捨施勝妙制度邊際真實修習最上希求相貌無倒修習施設自性運動止息名色五蘊福德感應飢渴熱惱無能捨離繫縛生起苦毒無盡心所之法與心相應行施濟益貧窮之類根本聞持誠諦施行善妙除毒安隱心行體性無諍如性清淨師子善淨自在有力殊勝相貌增上可愛屈伸進止庠序有則聽聞離怖力用修作勝義聞持發生實行布施無倒自性安靜色相殊妙運動澄寂造作功能世間希有廣大嚴麗清淨無比寬家難捨入聖方除勝義無倒力用自止發趣根本寂靜無喧我慢邊際理惑難斷荷負勝法力用無對隨順正理清淨自性恣性不善熾然發起如火難止自在寂靜修設供養賻鈍我慢穢濁之處獲得究竟中間無倒造作自在布施無盡具足我慢真實勝義進趣自在無垢清

淨處所邊際施行普均楚毒災禍梵行上息塵垢暗鈍密部能止根本荷負聖力可施洗濯倒染究竟令盡種族修施普遍如雲根本真實圓滿清淨彼勝義因有力無畏黃金伏藏自然發生澄寂處所彼彼因行微妙甚深生解脱義根起生靈自性爲義金剛無壞能摧煩惱一合清淨根本遠離自在勝力無流轉義靜住獲得無推求義布施無邊無思惟義屈伸進趣和合寂靜解脱生死斷煩惱義王者護國安生靈義勝義增上寂寂爲義本起無倒除作用事星曜安然無遷變義成就不失增長勝事真實根本增光耀事遠離星辰災禍之事欺誑種種大智慧行了知遷盡愚癡之患造作根本有情盛事荷負垢穢遍修布施有情楚毒遷變難捨成就真實祕妙語言進退和合崇奉頂戴識等五種報果爲有善不善業非親不論顛倒垢染勢用生起尊求星辰安居本位彼運載力自性不虛暗鈍施設勸修善淨教誨根本令發生善復

有靜住自證勝法行位高遷漸登聖位明了自性種種祕密光明力用殊勝鮮絜獲得本因無怖自性彼此增上圓滿根性施設本元無倒清淨無我執性了知是幻實際之因修淨妙行本不生起了知解脱梵行希求寂然止住究報無對肅然遠離欽仰甚深微妙法藏殊勝教法運載功用王之教令是處如林如是人民咸來依慕法令嚴峻生靈如一治化聖功豐物最上究敵雖有終不爲患運載品物百無遺失一切方所咸依受教彼國云何肅然寂靜菩薩出言甚深可畏云何無倒處所止息變動之法所在益濟崇修事行全無欺詐普獲康安衆庶無異治化興行歡樂無極勝義寂止如天安靜清淨行施普均濟給彼彼皆法平等修治造作施爲圓滿日用多種障難盡復如故了知染諍盡是族類心地繫縛事無相應惡業既成卒難移易朋支成林無能遠離煩惱諍競力不能已止息造業復修勝行修聖教法行止息行遠煩惱

障依真淨法自性相狀體義如空廣大如空塵勞麁重法本無我寂然清淨發生邊際深遠教行造作有學寂靜之法如是處所安靜無畏顛倒修崇染諍相貌又復修作清淨真實相應聽聞如空之義隨順平等廣大殊勝造作隨順本智三種王者懺謝攝生損物殊勝聽習有趣求心彼此自性俱離言説暗鈍長養世間邊際梵行世間不壞清淨彼求布施國王可愛無聽聞義祕密藏義克實不行圓滿世行死苦想念圓滿弃捨如是澄寂善事趣求苦惱患難速獲捨離隨順記念國土豐盈去何發生如如之行一切處所垢染清淨諸相塵垢想念止息運動如是寂靜根本如是丈夫喧諍皆息世間安靜人民和悅如是縛法安樂無慮勝義邊際根本如是菩薩施行莊嚴尊者護國本生之義第三十二真實邊際殊勝荷負根本清淨自性相貌果有多種力用因行所謂隨順聽聞菩薩行相殊勝方所邊際無倒發生圓滿力用無縛根本

行施無遷變行不生淨因相狀難得想念之法真實煩惱生起因法止息究竟障礙遠離識性隨順清淨教法智慧了知力用自性遷變根本布施爲首心行悲導殊勝自性清淨業行自在之力所謂力用真實如性不生增修善行煩惱繫縛思惟善業果報增上聖教言說知見了知彼此勝行想念聖法清淨作業真實趣類繫縛之法惡業實有醜果不無想念聖說如何捨弃淨妙真實往趣不無處所不生正理方顯不動如山清淨相狀苦果起時末那同生隨順所依有更乎義瀑流染性與第六俱次第而生有總別報希求本因造作無諍十等相資方成百數修施運載遠劫長時善淨力用縛染遠離生本造作無因不起所在如如增上真實身相淨妙憶念邊遠如見寂靜息念不已自在止息禪那清淨行施心等大有情類修本自性殊勝功力相貌依止增長自在圓滿勝義無畏安靜耳根聽用所在無礙靜住邊遠澄慮止息盡根

本怖清淨施爲聖道無縛鈍慢無有造作不壞施行轉堅和合記念有力不忘發生最上清淨道行遷變影像上妙勝因運載平等無倒常寂淨妙布施在處安隱勝因功行在處而有從順修作菩薩之行廣大有清施無邊行明利恭謹無畏勝妙無我處中澄寂敬愛自性有力行無倒行有無邊際聽聞遠離不壞苦果真實發生本無相貌安靜無動圓滿有果自性澄靜本智平等不虛理事涅盤可求增上明利我慢不生邊際無壞寂靜隨順本後智道清淨力用成滿造作處所無滅顛倒生本無有時分布施修作力用殊勝淨妙自性天趣之報梵行修因淨妙勝軍與煩惱敵金剛不壞能摧自性清淨修施求暗鈍上如是崇修究竟之行真實處所平等無染力用具足遠離增上自性究竟殊勝修作云何本實淨妙所獲我處力用施行不增自在清淨無染惡施云何修造舍宗不堪果報不精貧乏所感流轉不堅遷移陷墜勤求德行

快樂從順不壞支分身體如故成就果報福德無廢是處菩薩教誨安靜真實自在體性無求主者無畏最勝無盡不壞自性有力發生修檀那行功用滿足如是一切行菩提行無修之本梵行上住纏縛禍難澄慮安上趣求上妙進修大果有力興心精進如是離染邊際圓滿獲得德行無倒纏蓋遠離觀示相狀勤修勝力時分顛倒全虧道行愛樂誠諦盡不虛設有無言說寔大法雨究竟最上盡遠離法勝善無諍隨順所求虧根本施唯行支分聖人垂教事不虛設塵汙之行煩惱覆蓋垢染遷變俱不可得丈夫之行種族殊勝不動常寂一無言說不壞珍寶心常守護全無作用無流轉性智解了知如如之性業報修感影響如是菩薩慈悲曲盡所言分別真實引導如此清淨力用垢染無已快樂之處無以比譬彼施自性勝義清淨成就懺悔如天無纖勝義垢染離言說相不可說有根本勝用亦不可說我之自性本生常義有真

實義彼之造作有隨順行我見推求
爲顛倒行瀑流染見俱生分別語言
寂靜荷負誠實是有情義行清淨施
運載多種越生死義善哉行施除貧
苦義祕密之功言不可及彼之愛樂
增上言說寂靜處所希戀無已殊勝
布施用心普均身分無倒處所鮮絜
勝義無縛聖力無畏是事無垢此性
清淨遷變之法聞持力用損減自性
無平等行垢染有盡戒德可除天中
之行須貴真實惡趣之報亦並不虛
善不善業功力齊等忍行云何勤苦
無退設遇違損志堅難屈逼迫寒熱
安然忍受凡夫之行真實唯施智慧
清淨造作相貌復有惡趣圓滿受報
菩薩施行莊嚴尊者護國本生之義
第三十三瀑流顛倒因生我慢第六
意識所謂之本菩薩云何時分長遠
欲證大果少因不能修萬行因獲無
邊果菩提涅槃言慮兩亡大悲圓滿
修精進行云何時分如空廣重障礙
難出三根本智入後得智方可除遣
果報自在法報化身聞持具足根本

力用教法清淨勝義真實聲聞之果
定性無餘灰身智滅有性迴心入變
易身隨順大乘直至成佛佛法梵行
圓滿運載是大有情自他俱利彼有
情身佛種皆具有障無障或凡或聖
此一自性曠劫常在是處心法善不
可壞大人之中隨順可欲乃至平等
並皆濟益殊勝荷負求精進行纏蓋
之性本我執生聚落之所希喧諍事
真實垢染無清淨行平等處所悲願
引接圓滿意地利物無捨國中之王
善言化譽彼時人民從者如風檀主
隨順殊勝力用誠實邊際清淨自在
造作處所嚴麗無比具足聞持身心
安泰施設自性增上勝因天趣煩惱
有殺害故三乘善支力用可接真實
自性究竟安樂如師子王安畏無怖
希求聽受聞持滿足自性清淨生解
脫義性本增上相貌力用默靜無相
澄心無動究竟往古觸對現前卒難
免離修極勝善荅謝前愆罪福輕重
究竟自免有情支分了知自性止息
煩惱全憑聖行造作毒藥發興諍訟

本有支分增上言說勢分自在有不
可得真實如如無造作義菩薩行施
無思其報無倒相貌平等施爲根本
寂靜勝妙修作繫縛所在喧煩諍訟
自在時分安靜處所根本相狀殊勝
動轉趣求寂靜造作屛處彼彼真實
並無楚毒真實諍訟暗鈍根本於是
無倒增勝福因在處止寂行施普及
生生之處淨因相應成就平等了知
上息最上行施無貪等俱苦受遷變
增長智慧愛樂自性安靜止息布施
之處業報不虛自性無我了知如義
清淨誠諦究竟如空禪定寂靜不生
苦惱不動名色了知自性上妙愛樂
求殊勝業清淨快樂聞持于是大有
情體溫潤和悅最上勝義安靜平等
竊部語言功能難議如性誠諦真實
可重是處修崇彼增上力發生顛倒
爲因可得真實了知上妙體性殊勝
即具餘法不類體有勝劣彼有實性
圓滿殊勝云何本性位極尊崇始生
之人進退常定增盛光明平等所用
根本施行發生十種戒忍等行真實

造作寂靜意樂無靜住施有倒滌行
生不可得止相貌義身相隨順界性
可得無變動行寂靜可依有無不可
遷變俱離真言行相思議遠隔持戒
功德尊大之因禪定之力入聖之道
平等相應作業遠離繫縛亦除是處
菩薩稱讚增上運載殊勝了知淨行
根本邊際俱不可得智慧了知彼實
行相福德所在力用遷變勝義力用
天帝之功是處平等影像修作自性
福祿增上趣向梵行清淨意地之本
究竟增上圓滿無倒布施之心發生
勝義相狀淨妙舉世希有見者無猒
修菩薩行慈母施爲相貌自在布施
如空根本寂靜誠諦如是災禍發生
有力能治別別真實清淨可意修習
智慧真正解脫是處菩薩苦已真實
譬喻無及盡煩惱滌五蘊繫縛修清
淨行如是名色五蘊皆攝瀑流滌諍
盡煩惱障修寂靜行自性發生是處
運載增上布施彼造作性制度甚深
發生智慧增上趣求無倒本盡縛滌
時分天趣寂靜造作真實淨妙無垢

根本力用我執利惑鈍滌貪癡勤求
自在繫縛難盡有力相貌希求布施
果報增上出生勝義相狀止寂處所
清淨真實勝因彼聞持義是處菩薩
無暗鈍業隨順生死誘接群類天趣
有情無倒因義造作聖行崇十善業
無相運動求和合義勝妙修行無流
轉行寂靜無滅殊勝發生彼我執相
自在殊勝顛倒真實纏蓋自性如如
聖性本智冥合後得緣如變影方得
因果位異親非親等法性圓滿始末
如此在纏名藏出纏法身造作邊際
精求法體隨順止息重復遠離發生
義利施行無畏發起造作本來相貌
分別布施不順勝心無相福田真實
殊勝布施本性能破壞相無性之本
自無希求清淨最勝貪欲遠離道行
邊際吉祥勝妙彼求如性了不可得
推入真門無可亦無不可言說〻性
依名句文名句文假言詮安實根本
不生聞持長養是處無壞安靜常寂
天人清淨亦無驚畏善哉不虛增上
自性最上無倒止息真實圓滿相貌

淨性無諍布施有力福德之本慈母
之因族望爲上希求寂靜煩惱不生
彼此恭奉更相殊勝彼天趣中福德
因緣善哉自性增上無倒實相生起
了知蘊性遷變相盡發生勝義如是
懺謝盡其過患多種煩惱迷理迷事
了知利鈍品數無等如是根隨分別
俱生斷時所在如別論說法數次第
趣求勝力賢善修作真實圓滿如是
賢善修習根本祕密甚深名根本行
菩薩施行莊嚴尊者護國本生之義
第三十四是謂菩薩修行勝行

菩薩本生鬘論卷第十六

菩薩本生鬘論卷第十六

校勘記

一　底本，金藏廣勝寺本。

一　一八四頁上九行第一三字「住」，清作「性」。

一　一八四頁中四行第四字「王」，磧、南、徑、清作「主」。

一　一八五頁中一一行末字「品」，徑、清作「萬」。

一　一八六頁上一五行第一二字「諍」，徑作「静」。

一　一八六頁上二一行第一三字「增」，磧、南作「憎」。

一　一八六頁中六行「有清」，磧、南、徑、清作「有情」。

一　一八六頁下一三行末字「汗」，磧、南、徑作「汙」。

一　一八六頁下一四行第五字「覆」，南、徑、清作「纏」。

一　一八七頁中一二行「檀主」，南、徑、清作「國主」。

一　一八七頁中一六行第八字「支」，南、徑、清作「友」。

宗鑑録序

左朝請郎尚書禮部員外郎護軍楊傑撰

諸佛眞語以心爲宗衆生信道以宗爲鑑衆生界即諸佛界因迷而爲衆生諸佛心是衆生心因悟而成諸佛心如明鑑萬象歷然佛與衆生其猶影像涅槃生死俱是強名鑑體寂而常照鑑光照而常寂心佛衆生三無差別國初吳越永明智覺壽禪師證最上乘了第一義洞究教典深達禪宗稟奉律儀廣行利益因讀楞伽經云佛語心爲宗乃製宗鑑録於無疑中起疑非問處設問爲不請友眞大導師撫龍宮之寶均施群生徹祖門之關普容來者舉目而視有欲皆充信手而拈有疾皆愈蕩滌邪見指歸妙源所謂舉一心爲宗照萬法爲鑑矣若人以佛爲鑑則知戒定慧爲諸善之宗人天聲聞緣覺菩薩如來由此而出一切善類莫不信受若以衆生爲鑑則知貪瞋癡爲諸惡之宗脩羅旁生地獄鬼趣由此而出一切惡類莫不畏懼善惡雖異其宗則同返鑑其心則知靈明湛寂廣大融通無爲無住無修無證無塵可染無垢可磨爲一切諸法之宗矣初吳越忠懿王序之秘于教藏至元豐中

皇弟魏端獻王鏤板分施名藍四方學者罕遇其本元祐六年夏游東都法雲道場始見錢唐新本尤爲精詳乃吳人徐思恭請法涌禪師同永樂法眞二三耆宿徧取諸録用三乘典籍聖賢教語校讀成就以廣流布其益甚博法涌知予喜閱是録因請爲序云

宗鏡録序

天下大元帥吳越國王　俶　製

詳夫域中之教者三正君臣親父子厚人倫儒吾之師也寂兮寥兮視聽無得自微妙升虛無以止乎乘風馭景君得之則善建不拔人得之則延貺無窮道儒之師也四諦十二因緣三明八解脫時習不忘日修以得一登果地永達眞常釋道之宗也惟此三教並自心修心鏡録者智覺禪師所撰也㮣乎百卷包盡微言

我佛金口所宣盈于海藏蓋亦提誘後學師之智慧辯才演暢萬法明了一心禪際河游慧聞雲布數而稱之莫能盡紀聊爲小序以頌宣行云爾

宗鏡録序

大宋吳越國慧日永明寺主智覺禪師　延壽　集

伏以眞源湛寂覺海澄清絶名相之端無能所之迹最初不覺忽起動心成業識之由爲覺明之咎因明起照見分俄興隨照立塵相分安布如鏡現像頓起根身次則隨想而世界成差後即因智而憎愛不等從此遺眞失性執相徇名積滯著之情塵結相續之識浪鏁眞覺於夢夜沉迷三界之中瞽智眼於昏衢匍匐九居之内遂乃縻業繫之苦喪解脫之門於無身中受身向無趣中立趣約依處則分二十五有論正報則具十二類生皆從情想根由遂致依正差別向不遷境上虛受輪迴於無脫法中自生繫縛如春蠶作繭似秋蛾赴燈以二見妄想之絲纏苦聚之業質用無明貪愛之翼撲生死之火輪用谷響言音論四生妍醜以妄想心鏡現三有形儀然後違順想風動搖覺海貪癡愛水資潤苦芽一向徇塵罔知反本發狂亂之知見翳於自心立幻化之色聲認爲他法從此一微涉境漸成戛漢之高峯滴水興波終起吞舟之巨浪邇後將欲反初復本約根利鈍不同於一眞如界中開三乘五性或見空而證果或了緣而入眞或三祇熏鍊漸具行門或一念圓修頓成佛道斯則剋證有異一性非殊因成凡聖之名似分眞俗之相若欲窮微洞本究旨通宗則根本性離畢竟寂滅絶昇沈之異無縛脫之殊既無在世之人亦無滅度之者二際平等一道淸虛識智俱空名體咸寂迥無所有唯一眞心達之名見道之人昧之號生死之始復有邪根外種小智權機不了生死之病原罔知人我之見本唯欲厭喧斥動破相析塵雖云味靜冥空不知埋眞拒覺如不辯眼中之赤眚但滅燈上之重光罔窮識内之幻身空避日中之虛影斯則勞形役思喪力指功不異足水助冰投薪益火豈知重光在眚虛影隨身除病眼而重光自消息幻質而虛影當滅若能迴光就已反境觀心佛眼明而業影空法身現而塵跡絶以自覺之智刃剖開纏内之心珠用一念之慧鋒斬斷塵中之見網此窮心之旨達識之詮言約義豐文質理詣揭疑關於正智之户薙妄草於眞覺之原愈入髓之沉痾截盤根之固執則物我遇智火之燄融唯心之鑪名相臨慧日之光釋一眞之海斯乃内證之法豈在文詮知解莫窮見聞不及今爲未見者演無見之

妙見未聞者入不聞之圓聞未知者説無知之眞知未解者成無解之大解所冀因指見月得兔忘罤抱一冥宗捨詮檢理了萬物由我明妙覺在身可謂搜抉玄根磨礱理窟剔禪宗之骨髓標教網之紀綱餘惑微瑕應手圓淨玄宗妙旨舉意全彰能摧七慢之山永塞六衰之路塵勞外道盡赴指呼生死魔軍全消影響現自在力闡大威光示眞實珠利用無盡傾秘密藏周濟何窮可謂香中爇其牛頭寶中採其驪頷華中採其靈瑞照中耀其神光食中啜其乳糜水中飲其甘露藥中服其九轉主中遇其聖王故得法性山高頓落群峯之峻醍醐海闊橫吞衆派之波似夕魄之騰輝奪小乘之星宿如朝陽之孕彩破外道之昏蒙猶貧法財之人值大寶聚若渴甘露之者遇淸涼池爲衆生所敬之天作菩薩眞慈之父抱膏肓之疾逢善見之藥王迷險難之途偶明達之良導久居闇室忽臨寶炬之光明常覷躶形頓受天衣之妙服不求而自得無功而頓成故知無量國中難聞名字塵沙劫內罕遇傳持以如上之因緣目爲心鏡現一道而淸虛可鑒辟群邪而毫髮不容妙體無私圓光匪外無邊義海咸歸顧眄之中萬像形容盡入照臨之內斯乃曹谿一味之旨諸祖同傳鵠林不二之宗群經共述可謂萬善之淵府衆哲之玄源一字之寶王群靈之元祖遂使離心之境文理俱虛即識之塵詮量有據一心之海印指定圓宗八識之智燈照開邪闇實謂含生靈府萬法義宗轉變無方卷舒自在應緣現迹任物成名諸佛體之號三菩提菩薩修之稱六度行海慧變之爲水龍女獻之爲珠天女散之爲無著華善友求之爲如意寶緣覺悟之爲十二緣起聲聞證之爲四諦人空外道取之爲邪見河異生執之作生死海論體則妙符至理約事則深契正緣然雖標法界之總門須辯一乘之別旨種種性相之義在大覺以圓通重重即入之門唯種智而妙達但以根羸靡鑒學寡難周不知性相二門是自心之體用若具用而失恒常之體如無水有波若得體而闕妙用之門似無波有水且未有無波之水曾無不濕之波以波徹水源水窮波末如性窮相表相達性原須知體用相成性相互顯今則細明總別廣辯異同研一法之根元搜諸緣之本末則可稱宗鏡以鑒幽微無一法以逃形則千差而普會遂則編羅廣義撮略要文鋪舒於百卷之中卷攝在一心之內能使難思教海指掌而念念圓明無盡眞宗目覩而心心契合若神珠在手永息馳求猶覺樹垂陰全消影跡獲眞寶於春池之內拾礫渾非得本頭於古鏡之前狂心頓歇可以深挑見刺永截疑根不運一毫之功全開寶藏匪用刹那之力頓獲玄珠名爲一乘大寂滅場眞阿蘭若正修行處此是如來自到境界諸佛本住法門是以普勸後賢細垂玄覽遂得智窮性海學洞眞源此識此心唯尊唯勝此識者十方諸佛之所證此心者一代時教之所詮唯尊者教理行果之所歸唯勝者信解證入之所趣諸賢依之而解釋論起千章衆聖體之以弘宣談成四辯所以擬奇提異研精洞微獨舉宏綱大張正網撈摝五乘機地昇騰第一義天廣證此宗利益無盡遂得正法久住摧外道之邪林能令廣濟含生塞小乘之亂轍則無邪不正有僞皆空由自利故發智德之原由利他故立恩德之事成智德故則慈起無緣之化成恩德故則悲含同體之心以同體故則心起無心以無緣故則化成大化心起無心故則何樂而不與化成大化故則何苦而不收何樂而不與則利鈍齊觀何苦而不收則怨親普救遂使三草二木咸歸一地之榮邪種焦芽同霑一雨之潤斯乃盡善盡美無比無儔可謂括盡因門搜窮果海故得創發菩提之士初求般若之人了知成佛之端由頓圓無滯明識歸家之道路直進何疑或離此別修隨他妄解如搆角取乳緣木求魚徒歷三祇終無一得若依此旨信受弘持如快舸隨流無諸阻滯又遇便風之勢更加櫓棹之功則疾屆寶城忽登覺岸可謂資粮易辦道果先成被迦葉上行之衣坐釋迦法空之座登彌勒毗盧之閣入普賢法界之身能令客作賤人全領長者之家業忽使沉空小果頓受如來之記名未有一門匪通斯道必無一法不契此宗過去覺王因茲成佛未來大士仗此證眞則何一法門而不開何一義理而不現無一色非三摩鉢地無一聲非陀羅尼門嘗一味而盡變醍醐聞一香而皆入法界風柯月渚並可傳心煙島雲林咸提妙旨步步蹈金色之界念念齅薝蔔之香掬滄海而已得百川到須彌而皆同一色煥兮開觀象之目盡復自宗寂尒導

求珠之心俱還本法遂使邪山落仞苦海收波智檝以之安流妙峯以之高出今詳祖佛大意經論正宗削去繁文唯搜要旨假申問荅廣引證明舉一心爲宗照萬法如鏡編聯古製之深義撮略寶藏之圓詮同此顯揚稱之曰録分爲百卷大約三章先立正宗以爲歸趣次申問荅用去疑情後引眞詮成其圓信以兹妙善普施含靈同報

佛恩共傳斯旨耳

宗鏡録卷第一

標宗章第一

詳夫祖標禪理傳默契之正宗佛演教門立詮下之大旨則前賢所稟後學有歸是以先列標宗章爲有疑故問以決疑故荅因問而疑情得啓因荅而妙解潛生謂此圓宗難信難解是第一之説備最上之機若不假立言詮無以蕩其情執因指得月不無方便之門獲兔忘罤自合天眞之道次立問荅章但以時當末代罕遇大機觀淺心浮根微智劣雖知宗旨的有所歸問荅決疑漸消惑障欲堅信力須假證明廣引祖佛之誠言密契圓常之大道偏採經論之要旨圓成決定之眞心後陳引證章以此三章通爲一觀搜羅該括備盡於兹矣　問先德云若教我立宗定旨如龜上覔毛兔邊求角楞伽經偈云一切法不生不應立是宗何故標此章名　荅斯言遣佛若無宗之宗則宗説兼暢古佛皆垂方便門禪宗亦開一線道切不可執方便而迷大旨又不可廢方便而絶後陳然機前無教教後無實設有一解一悟皆是落後之事屬第二頭所以大智度論云以佛眼觀一切十方國土中一切物尚不見無何況有法畢竟空法能破顛倒令菩薩成佛是事尚不可得何況凡夫顛倒有法令依祖佛言教之中約今學人隨見心性發明之處立心爲宗是故西天釋迦文佛云佛語心爲宗無門爲法門此土初祖達磨大師云以心傳心不立文字則佛佛手授授斯旨祖祖相傳傳此心已上約祖佛所立宗旨又諸賢聖所立宗體者杜順和尚依華嚴經立自性清淨圓明體此即是如來藏中法性之體從本已來性自滿足處染不垢修治不淨故云自性清淨性體徧照無幽不矚故曰圓明又隨流加染而不垢返流除染而不淨亦可在聖體而不增處凡身而不減雖有隱顯之殊而無差別之異煩惱覆之則隱智慧了之則顯非生因之所生唯了因之所了斯即一切衆生自心之體靈知不昧寂照無遺非但華嚴之宗亦是一切教體佛地論立一清淨法界體論云清淨法界者一切如來眞實自體無始時來自性清淨具足種種過十方界極微塵數性相功德無生無滅猶如虚空徧一切有情平等共有與一切法不一不異非有非無離一切相一切分別一切名言皆不能得唯是清淨聖智所證二空無我所顯眞如爲其自性諸聖分證諸佛圓證此清淨法界即眞如妙心爲諸佛果海之源作群生實際之地此皆是立宗之異名非別有體或言宗者尊也以心爲宗故云天上天下唯我獨尊或言體者性也以心爲體故云知一切法即心自性或言智者以心爲智即是本性寂照之用所以云自覺聖智普光明智等若約義用而分則體宗用別若會歸平等則一道無差所以華嚴記問云等妙二位全同如來普光明智者結成入普所以此會説等妙二覺二覺全同普光明智即是會歸之義問等覺同妙覺於理可然妙覺之外何有如來普光明智爲所同耶荅説等覺説妙覺即是約位普光明智不屬因果該通因果其由自覺聖智超絶因果故楞伽經妙覺位外更立自覺聖智之位亦猶佛性有因有果有因因有果果以因取之是因佛性以果取之是果佛性然則佛性非因非果普光明智亦復如是體絶因果爲因果依果方究竟故云如來普光明智或稱爲本者以心爲本故涅槃疏云涅槃宗本者諸行皆以大涅槃心爲本本立道生如無綱目不立無皮毛靡附心爲本故其宗得立

問若欲明宗只合純提祖意何用廣引諸佛菩薩言教以爲指南故宗門中云借蝦爲眼無自己分只成文字聖人不入祖位

荅從上非是一向不許看教恐慮不詳佛語隨文生解失於佛意以負初心或若因詮得旨不作心境對治直了佛心又有何過只如藥山和尚一生看大涅槃經手不釋卷時有學人問和尚尋常不許學人看經和尚爲什麼自看師云只爲遮眼問學人還看得不師云汝若看牛皮也須穿且如西天第一祖師是本師釋迦牟尼佛首傳摩訶迦葉爲初祖次第相傳迄至此土六祖皆是佛弟子今引本師之語訓示弟子令因言薦道見法知宗

不外馳求親明佛意得旨即入祖位誰論頓漸之門見性現證圓通豈標前後之位若如是者何有相違且如西天上代二十八祖此土六祖乃至洪州馬祖大師及南陽忠國師鵝湖大義禪師思空山本淨禪師等並博通經論圓悟自心所有示徒皆引誠證終不出自胷臆妄有指陳是以綿歷歲華眞風不墜以聖言爲定量邪僞難移用至教爲指南依憑有據故圭峯和尚云謂諸宗始祖即是釋迦經是佛語禪是佛意諸佛心口必不相違諸祖相承根本是佛親付菩薩造論始末唯弘佛經況迦葉乃至毱多弘傳皆兼三藏及馬鳴龍樹悉是祖師造論釋經數十萬偈觀風化物無定事儀所以凡稱知識法介須明佛語印可自心若不與了義一乘圓教相應設證聖果亦非究竟今且錄一二以證斯文洪州馬祖大師云達磨大師從南天竺國來唯傳大乘一心之法以楞伽經印衆生心恐不信此一心之法楞伽經云佛語心爲宗無門爲法門何故佛語心爲宗佛語心者即心即佛今語即是心語故云佛語心爲宗無門爲法門者達本性空更無一法性自是門性無有相亦無有門故云無門爲法門亦名空門亦名色門何以故空是法性空色是法性色無形相故謂之空知見無盡故謂之色故云如來色無盡智慧亦復然隨生諸法處復有無量三昧門遠離內外知見情執亦名摠持門亦名施門謂不念內外善惡諸法乃至皆是諸波羅蜜門色身佛是實相佛家用經云三十二相八十種好皆從心想生亦名法性家談亦法性功勳菩薩行般若時火燒三界內外諸物盡於中不損一草葉爲諸法如相故故經云不壞於身而隨一相今知自性是佛於一切時中行住坐卧更無一法可得乃至眞如不屬一切名亦無無名故經云智不得有無內外無求任其本性亦無任性之心經云種種意生身我說爲心量即無心之心無量之量無名爲眞名無求是眞求經云夫求法者應無所求心外無別佛佛外無別心不取善不作惡淨穢兩邊俱不依法無自性三界唯心經云森羅及萬像一法之所印凡所見色皆是見心心不自心因色故心色不自色因心故色故經云見色即是見心南陽忠國師云禪宗法者應依佛語一乘了義契取本原心地轉相傳授與佛道同不得依於妄情及不了義教横作見解疑悞後學俱無利益縱依師匠領受宗旨若與了義教相應即可依行若不了義教互不相許譬如師子身中蟲自食師子身中肉非天魔外道而能破滅佛法矣時有禪客問曰阿那箇是佛心師曰牆壁瓦礫無情之物並是佛心禪客曰與經大相違也經云離牆壁瓦礫無情之物名爲佛性今云一切無情之物皆是佛心未審心之與性爲別不別師曰迷人即別悟之不別禪客曰與經又相違也經云善男子心非佛性佛性是常心是無常今云不別未之此意如何師曰汝自依語不依義譬如寒時凝水爲冰及至暖時釋冰成水衆生迷時結性成心悟時釋心成性汝定執無情之物非心者經不應言三界唯心故華嚴經云應觀法界性一切唯心造今且問汝無情之物爲在三界內爲在三界外爲復是心不是心若非心者經不應言三界唯心若是心者又不應言無性汝自違經我不違也鵝湖大義禪師因詔入內遂問京城諸大師大德汝等以何爲道或有對云知見爲道師云維摩經云法離見聞覺知云何以知見爲道又有對云無分別爲道師云經云善能分別諸法相於第一義而不動云何以無分別爲道又皇帝問如何是佛性荅不離陛下所問是以或直指明心或破執入道以無方之辯袪必定之執運無得之智屈有量之心思空山本淨禪師語京城諸大德云汝莫執心此心皆因前塵而有如鏡中像無體可得若執實有者則失本原常無自性圓覺經云妄認四大爲自身相六塵緣影爲自心相楞伽經云不了心及緣則生二妄想了心及境界妄想則不生維摩經云法非見聞覺知且引三經證斯眞實五祖下莊嚴大師一生示徒唯舉維摩經寶積長者讚佛頌末四句云不著世間如蓮華常善入於空寂行達諸法相無罣礙稽首如空無所依學人問云此是佛語欲得和尚自語師云佛語即我語我語即佛語是故初祖西來創行禪道欲傳心印須假佛經以楞伽爲證明知教門之所自遂得外人息謗內學稟承祖胤大興玄風廣被是以初心始學之者未自省發已前若非聖教正宗憑何修行進道設不自生妄見亦乃盡值邪師故云我眼本正因師故邪西天九十六種執見之徒皆是斯類故知木匪繩而靡直理非教

而不圓如上略引二三皆是大善知識物外宗師禪苑麟龍祖門龜鏡示一教而風行電卷垂一語而山崩海枯帝王親師朝野歸命叢林取則後學稟承終不率自胸襟違於佛語凡有釋疑去僞顯性明宗無不一一廣引經文備彰佛意所以永傳後嗣不墜家風若不然者又焉得至今紹繼昌盛法力如是證驗非虛又若欲研究佛乘披尋寶藏一一須消歸自己言言使冥合眞心但莫執義上之文隨語生見直須探詮下之旨契會本宗則無師之智現前天眞之道不昧如華嚴經云知一切法即心自性成就慧身不由他悟故知教有助道之力初心安可暫忘細詳法利無邊是乃搜揚纂集且凡論宗旨唯逗頓機如日出照高山駛馬見鞭影所以丹霞和尚云相逢不擎出舉意便知有如今宗鏡尚不待舉意便自知有故首楞嚴經云圓明了知不因心念揚眉動目早是周遮如先德頌云便是猶倍句動目即差違若問曹谿旨不更待揚眉今爲樂佛乘人實未薦者假以宗鏡助顯眞心雖挂文言妙旨斯在俯收中下盡被群機但任當人各資已利百川雖潤何妨大海廣含五嶽自高不礙太陽普照根機莫等樂欲匪同於四門入處雖殊在一眞見時無別如獲鳥者羅之一目不可以一目爲羅理國者功在一人不可以一人爲國如內德論云夫一水無以和羹一木無以構室一衣不稱衆體一藥不療殊疾一彩無以爲文繡一聲無以諧琴瑟一言無以勸衆善一戒無以防多失何得怪漸頓之異令法門之專一故云如爲一人衆多亦然如爲衆多一人亦然豈同劣解凡情而生局見我此無礙廣大法門如虛空非相不拒諸相發揮似法性無身匪礙諸身頓現須以六相義該攝斷常之見方消用十玄門融通去取之情始絕又若實得一聞千悟獲大總持即胡假言詮無勞解釋船筏爲渡迷津之者導師因引失路之人凡關一切言詮於圓宗所示皆爲未了文字性離即是解脫迷一切諸法眞實之性向心外取法而起文字見者今還將文字對治示其眞實若悟諸法本源即不見有文字及絲毫發現方知一切諸法即心自性則境智融通色空俱泯當此親證圓明之際入斯一法平等之時又有何法是教而可離何法是祖而可重何法是頓而可取何法是漸而可非則知皆是識心橫生分別所以祖佛善巧密布權門廣備教乘方便逗會纔得見性當下無心乃藥病俱消教觀咸息如楞伽經偈云諸天及梵乘聲聞緣覺乘諸佛如來乘我說此諸乘乃至有心轉諸乘非究竟若彼心滅盡無乘及乘者無有乘建立我說爲一乘引導衆生故分別說諸乘故先德云一翳在目千華亂空一妄在心恒沙生滅翳除華盡妄滅證眞病差藥除冰融水在神丹九轉點鐵成金至理一言轉凡成聖狂心不歇歇即菩提鏡淨心明本來是佛

問如上所標已知大意何用向下更廣開釋

答上根利智宿習生知纔看題目宗之一字已全入佛智海中永斷纖疑頓明大旨則一言無不略盡攝之無有遺餘若直覽至一百卷終乃至恒沙義趣龍宮寶藏鷲嶺金文則殊說更無異途舒之徧周法界以前略後廣唯是一心本卷末舒皆同一際終無異旨有隔前宗都謂迷情妄興取捨唯見紙墨文字嫌卷軸多但執寂默無言欣爲省要皆是迷心徇境背覺合塵不窮動靜之本原靡達一多之起處偏生局見唯懼多聞如小乘之怖法空似波旬之難衆善以不違諸法眞實性故隨諸相轉墮落有無如大涅槃經云若人聞說大涅槃一字一句不作字相不作句相不作聞相不作佛相不作說相如是義者名無相相釋曰若云即文字無相是常見若云離文字無相是斷見又若執有相相亦是常見若執無相相亦是斷見但亡即離斷常四句百非一切諸見其旨自現當親現入宗鏡之時何文言識智之能詮述乎所以先德云若覓經了性眞如無可聽若覓法鷄足山間問迦葉大士持衣在此山無情不用求專甲斯則豈可運見聞覺知之心作文字句義之解若明宗達性之者雖廣披尋尚不見一字之相終不作言詮之解以迷心作物者生斷紙墨之見耳故信心銘云六塵不惡還同正覺智者無爲愚人自縛如斯達者則六塵皆是眞宗萬法無非妙理何局於管見而迷於大旨耶豈知諸佛廣大境界菩薩作用之門所以大海龍王置十千之問釋迦文佛開八萬勞生之門普慧菩薩申二百之疑普賢大士荅二千樂說之辯如華嚴經普眼法門假使有人以大海量墨須彌聚筆寫於此普眼法門一品中一門一門中一法一法中一義

一義中一句不得少分何況能盡又如大涅槃經中佛言我所覺了一切諸法如因大地生草木等爲諸衆生所宣說者如手中葉只如已所說法教溢龍宮龍樹菩薩暫看有一百洛叉出在人間於西天尚百分未及一翻來東土故不足言豈況未所說法耶斯乃無盡妙旨非淺智所知性起法門何劣解能覽鷰雀焉知鴻鵠之志井蛙寧識滄海之淵如師子大哮吼狸不能爲如香象所負擔驢不能勝如毗沙門寶貧不能等如金翅鳥飛烏不能及唯依情而起見但逐物而意移或說有而不涉空或言空而不該有或談略爲多外之一或立廣爲一外之多或離默而執言或離言而求默或據事外之理或著理外之事殊不能悟此自在圓宗演廣非多此是一中之多標略非一此是多中之一談空不斷斯乃即有之空論有不常斯乃即空之有或有說亦得此即默中說或無說亦得此即說中默或理事相即亦得此理是成事之理此事是顯理之事或理理相即亦得以一如無二如眞性常融會或事事相即亦得此全理之事一一無礙或理事不即亦得以全事之理非事所依非能依不隱眞諦故以全理之事非理能依非所依不壞俗諦故斯則存泯一際隱顯同時如闡普眼之法門皆是理中之義似舒大千之經卷非標心外之文故經云一法能生無量義非聲聞緣覺之所知不同但空孤調之詮偏枯決定之見今此無盡妙旨標一法而眷屬隨生圓滿性宗舉一門而諸門普會非純非雜不一不多如五味和

其羹雜綵成其繡衆寶成其藏百華成其丸邊表融通義味周足搜微抉妙盡宗鏡中依正混融因果無礙人法無二初後同時凡舉一門皆能圓攝無盡法界非內非外不一不多舒之則涉入重重卷之則眞門寂寂如華嚴經中師子座中莊嚴具內各出一佛世界塵數菩薩身雲此是依正人法無礙又如佛眉間出勝音等佛世界塵數菩薩此是因果初後無礙乃至刹土微塵各各具無邊智德毛孔身分一一攝廣大法門何故如是奇異難思乃一心融即故尒以要言之但一切無邊差別佛事皆不離無相眞心而有如華嚴經頌云佛住甚深眞法性寂滅無相同虛空而於第一實義中示現種種所行事所作利益衆生事皆依法性而得有相與無相無差別入於究竟皆無相又攝大乘論頌云即諸三摩地大師說爲心由心彩畫故如所作事業故知凡聖所作眞俗緣生此一念之心剎那起時即具三性三無性六義謂一念之心是緣起法是依他起情計有實即是徧計所執體本空寂即是圓成即依三性說三無性故六義具矣若一念心起具斯六義即具一切法矣以一切眞俗萬法不出三性三無性故法性論云凡在起滅皆非性也起無起性故雖起而不常滅無滅性雖滅而不斷如其有性則陷於四見之網又云尋相以推性見諸法之無性尋性以求相見諸法之無相是以性相互推悉皆無性是以若執有性墮四見之邪林若了性空歸一心之正道故華嚴經云自深入無自性眞實法亦令他入無

自性眞實法心得安隱以茲妙達方入此宗則物物冥眞言言契旨若未親省不發圓機言之則乖宗默之又致失豈可以四句而取六情所知歟但祖教並施定慧雙照自利利他則無過矣設有堅執已解不信佛言起自障心絕他學路今有十問以定紀綱還得了了見性如晝觀色似文殊等不還逢緣對境見色聞聲舉足下足開眼合眼悉得明宗與道相應不還覽一代時教及從上祖師言句聞深不怖皆得諦了無疑不還因差別問難種種微詰能具四辯盡決他疑不還於一切時一切處智照無滯念念圓通不見一法能爲障礙未曾一刹那中暫令間斷不還於一切逆順好惡境界現前之時不爲間隔盡識得破不還於百法明門心境之內一一得見微細體性根原起處不爲生死根塵之所惑亂不還向四威儀中行住坐臥欽承祗對著衣喫飯執作施爲之時一一辯得眞實不還聞說有佛無佛有衆生無衆生或讚或毀或是或非得一心不動不還聞差別之智皆能明達性相俱通理事無滯無有一法不鑒其原乃至千聖出世得不疑不若實未得如是功不可起過頭欺誑之心生自許知足之意直須廣披至教博問先知徹祖佛自性之原到絕學無疑之地此時方可歇學灰息遊心或自辯則禪觀相應或爲他則方便開示設不能徧參法界廣究群經但細看宗鏡之中自然得入此是諸法之要趣道之門如守母以識子得本而知末提綱而孔孔皆正牽衣而縷縷俱來又如以師子筋爲琴絃音聲一

奏一切餘經悉皆斷壞此宗鏡力亦復如是舉之而萬類沉光顯之而諸門泯跡以此一則則破千途何須苦涉關津別生岐路所以志公謌云六賊和光同塵無力大難推托內發解空無相大乘力能翻却唯在玄覽得旨之時可驗斯文究竟真實

宗鏡錄卷第一

瞥公戶滅日反 鏇昨念反 繭古典反 騁於計反 憂古黠反 迴
斥日戶反 昔石所目反 揃與病杏反 足子入反 痾物句也反
揭反也 搜也烈 薙也所除 抉竹草反於 愆使 鏨余主力也 窟公 劓
瞥吕 閡反吕 麼善 藝如 駿亦 骨 領 炬
其 縲力赤 麼 防 爪莫 鵲 挑 指 殼
編當也 擲刮 撈也 撮刀 宏 搪 括 祆 擬 棹 蝦
蚖苦 蛙芮 鈿鳥 貍 蘭 縷 纂 荕 逗

丙午歲分司大藏都監開板

御製重刊宗鏡錄序

蓋惟宗爲教本教屬宗枝無教非宗全波是水非宗無教全水是波有偏圓頓漸之名言無淺深高下之別義譬水本無淨染但有空明粉入而白呈硃來而赤現不能離赤白而別存水質豈可混粉硃而謂即水真水與粉硃了無交涉粉硃在水不礙圓常迨其粉盡硃沉水亦無餘無欠了知硃來粉入水原不即不離又如零雨滋生而勾萌甲坼挹泉爲鐥而釋叓烝浮至於柯條枝葉既長而雨乃點點在中黍稷稻粱既盛而泉則顆顆涉入不特水相無住并且水性皆空然而枝條柯葉皆是水所圓成黍稷稻粱孰非水之常住雖則餘無有水實皆水有無餘水譬真如餘同教乘內水而外餘異餘而同水人我之見本也有餘而成諸變幻無餘而返其真常動靜之相根也水不與餘爲增減餘自與水相去來生死之真源也見餘而全昧夫水悟水而正受其餘聖凡之虛說也迥無所有塵刹熾然實有非無龜毛可貫故知達宗履教教是真宗遺教談宗宗非本教未明宗要難涉教藩既握宗綱須探教網或乃迷源棄本執相徇名顛倒情塵識浪之中徘徊因滅果生之內將釋迦法空之座椓作碇樁化迦葉上行之衣黏爲膠漆一塵遮眼銀海迷茫半句纔通鐵圍突兀縱閱龍藏十二分紙堪熏諸善根若同拂席五千人豈免成大我慢至若初費般若資糧乍進菩提大道雖曰一念迴光即同本得無如千生結習其力未充便乃猒學屏聞廢修弛行斥他水母借蝦爲眼不是巴光却類寒蟬抱露鳴清先成我執夫真空無量覺海無邊必須舉足下足躡盡真空方是無行而行深度覺海豈得沿循此岸中止化城取一捨諸望梅畫餅歷觀禪侶良用慨然瞻望古錐曷勝仰止如宋慧日永明寺妙圓正修壽禪師紹隆覺位了徹微言性行雙圓乘戒兼至朕披其著述欽厥風規更爲震旦第一導師真到空王最上妙乘安居寶所而法財充溢非同守藏之夫高坐蓮花而瑞彩旁騰莫測化雲之現其萬善同歸唯心

訣心賦諸書朕既刋之琬琰布在叢林普願有口者徧嘗庶幾無心人直達若夫宗鏡録者舉一心爲宗照萬法如鏡所録百卷括盡三乘實乃寶藏圓詮如來心印住宗師自在之位棹佛母智度之航共坐淨名方丈之中同登彌勒毗盧之閣義味周足中邊妙融直截深通精微該括圓攝不內外微塵法界深入無自性真實惟心算明大涅槃海裏萬萬波紋盡從無所得胸中一一流出卷中無句句中無字但現赫赫光明日輪從表徹裏從裏徹空遍界㲉㲉清淨寶月如摩尼珠迴光返照而明暗色空重重交映如獅筋絃響絕羣音而山林草木處處應空色在珠邊而無色寶珠不離赤白青黃之內聲流絃外而無聲妙絃即在宫商角徵之中不一不多非純非雜絕思絕議難讚難名能使奪弄精魂者爽然自疑足令學識依通者迷而知返既悟必讀方踏末後一關未了先觀亦識正宗的旨五乘道果來朝∴字寶王十法界因並仰羣生慈父聽不聞而覩莫見曰虛空之虛空迷不減而悟不增乃平等之平等信乎尊勝無上實爲宗教俱融人果能妙達斯宗必不言打破此鏡世傳禪師誕降實惟慈氏下生朕謂不必慈氏再來現同慈氏本說特爲重刻用廣其傳布在今茲盡未來際俾學者知宗教律之共貫入聞思修之三摩以知寂不二之一心契空有雙融之中道出生普賢願海幻住夢存常遊圓覺道場隨緣無礙直向今生了却何妨歷劫修持圓無爲之行結空花之果四生同沐三有均霑將禪師之法施益以無邊而朕之期願亦爲少慰矣是爲序

雍正十二年甲寅四月初八日

御製重刊宗鏡録後序

朕讀禪師唯心訣嘉其盡善盡美無比無儔乃徧求禪師平生著述流傳宇內者覽之其宗鏡録一百卷朕實欣悅讚歎不能自已至矣哉禪師慈願如此其弘大徹悟如此其真到導人如此其微妙自性如此其明圓也夫如來五千教典雖有小乘大乘之說然所爲小乘大乘者乃隨時說法而有亦隨人聽法而分如來所說小乘即是大乘且所說大乘實無有法名爲大乘悟者聽之皆是大乘本無小乘不悟者未明小乘安得妄談大乘歷來宗門直指本心先期自悟將一切大乘小乘並稱之爲教典皆在所簡不令人於語言文字上推求心意識知邊卜度追其弊也歧教於宗知求別傳於教外不知妙旨之仍在教中抑又過已學人既得自證自悟豈能不取佛祖言教印合真歸成其圓信顧大藏浩瀚誠古人所云象負之而難勝龍藏之而不盡又且截瑣枝而寸寸是玉析梅檀而片片皆香自必閱之而雙眼難周誦之而一期莫

畢若非禪師弘大慈力纂此妙典孰能囊括羣經之要旨廓通三乘之圓詮使人直達寶所乎朕謂達摩西來以後宗門中述佛妙心續絡慧命廣濟含生利益無盡者未有若禪師此書者也學人觀此可不必泛覽大藏矣魔民仰面唾雲謂法眼流弊不數傳而宗鏡出焉義解沙門倚以爲說若斯謬論謗大般若自墮無間所不足道乃此書歷宋元明以迄於今宗門古德不乏具眼而從未有稱道贊揚標爲第一希有者亦可異也朕既重刋廣布序而傳之使名山古刹中禪侶家有隨侯之珠序有不盡復述此以宣朕尊崇褒美之至意使天下後世讀斯書者知爲最尊最勝云雖然如是元音不關文字若不自性自度而於此中尋思覓解即爲背覺而合塵譬之買匵還珠認漚爲海雖能成誦得如缾瀉水亦能爲人詮解講說究於自己曾何少分相應耶禪師百卷書中丁寧誥戒反復申明此旨者不一而足學人所宜猛省苟非了達本性親證自心而欲於意下求通言中取則將蒸砂豈能成飯他寶寧濟己貧埋沒自己絕待英靈塗汙佛祖金口正典不特將禪師喫緊爲人無盡法施付諸火宅即朕今日拂拭之於故紙陳言之中弘闡褒揚期與眞修衲侶共嘗甘露妙味一片諄切勸勉之心亦屬唐捐矣禪師不云乎不得一向即之而起絕言之見亦不得一向離之而成執指之愚此事如人飲水冷暖自知自在學者朕奚能少助焉

雍正十二年甲寅五月朔日

上諭朕於永明壽禪師宗鏡錄欣服敬禮得未曾有特爲天下後世禪侶拈出重刋廣布親製序文有曰既悟必讀方踏末後之一關未了先觀亦識正宗之的旨又恐學人尋章摘句不求了證自心辜負古佛妙典爲是重製後序以申明之朕之勤惓訓諭指示後學之意實爲無已嘗聞湧泉欣有言見解人多行解人萬中無一蓋人果到得行解地位自必宗亦通說亦通但說通而未宗通其說必非眞通所不必道若宗通而於說通未到至圓至明處究爲見解到而行解未到蓋行解一分則說通一分行解十分則說通十分說通之眞際即宗通之眞際也歧宗教而爲二者皆未入圓宗之門外漢耳釋迦牟尼世尊所說法多至於三藏十二分末後拈花授記摩訶迦葉以逮西天四七流入震旦俾衆生一超直入如來地燈傳無盡慧命不絕釋迦牟尼佛誠爲恒河沙數衆生大慈悲父矣其自達摩西來曹溪南邁歷唐宋元明以迄於今古德上賢乘時輩出莫不闡佛元音自他兼利然而圓通方廣放大光明一如世尊佛在世轉輪不動一心而演諸義不壞諸義而顯一心震諸經大海之潮音了一心離微之密旨囊括無遺纖毫不立如開圓滿寶藏聽貧子之歸攜如決甘露天池恣渴人之斟掬法施無窮無盡慈恩無量無邊挺生震旦爲釋迦牟尼世尊佛後一人作衆生慈父其書與三藏十二分媲美者惟有此古佛妙典耳非其行解與

佛相亞奚能宗通説通如是乎夫達摩之特震旦緇侶多執滯教相將三藏十二分作此土經史子集一例觀之尋文索義背覺合塵埋没却世尊不説説迦葉不聞聞之妙旨既迷失家寶如同衣内之珠而世尊所示見珠之方又成盲人之疑象達摩爲救其弊是以直指一心單提向上期夫震旦學佛人如是了達如是頓圓然後於不二法中現妙神通無心性内成大佛事將六度萬行齊圓而三藏十二分具舉豈曰有拈花一宗便可不必有三藏十二分也世謂教外别傳由達摩而入震旦不知達摩未來之先及雖同時而未見達摩者如誌公如僧肇如南嶽思輩皆從三藏十二分了徹心宗洞明此事其以達摩爲東土初祖者乃宗門叙其源流如是耳豈可云震旦宗旨自達摩始而三藏十二分非此元音此宗雖稱教外别傳究而論之無内無外故曰宗教冥不得而外宗宗又安得而外教也非同非異故曰宗教固豈得異於宗宗并不得云同於教也如使教典果有外於宗異於宗者則世尊滅度後迦葉何以集諸弟子於賓鉢羅窟令阿難述佛種種經教其後馬鳴何爲以博通諸經見稱而龍樹又何以造諸論偈垂世乎且釋迦牟尼佛説法四十九年俱是説此拈花妙旨若謂所説在拈花之外而拈花在所説之外不特所説皆與本分間隔而拈花又何以能該恒河沙數法門乎將見一輪有阻千車盡滯修途安在一法纔通萬象迷歸心地也曹溪以降每以片語單詞擎拳竪拂勘驗學人果否自性自度至於一舉數百萬言大小三乘全該並顯不恤眉毛拖地掉廣長舌出和雅音於一芥子中剖出八萬四千須彌山王舉八萬四千須彌山王納歸一芥子於言語道斷處演出無邊諸佛音聲於心行處滅處應現無方真實慈化上下千百年内實罕其人唯一永明出興震旦而宗徒轉謂曹溪門庭無此法式實乃罪同謗佛吾宗無語句亦無一法與人者豈可以啞羊爲無語句以頑空爲無一法與人耶既爲宗徒而輕蔑教典業已墮空入狂衆知見異得藉口圓宗耶十方禪侶草鞵行脚得古人片語單詞聞諸方擎拳竪拂一般於謦欬邊推求意根下卜度然則何不向此書尋討真實究竟如曰此是語言文字豈多許則爲語言文字少許即非語言文字乎夫心解則一切解心縛則一切縛若心解者無關語言文字之多少若心縛者與其縛向古人片語單詞諸方擎拳竪拂邊何如縛向如來教典中姑且隨喜華光妙雲之爲愈乎朕雖曰悟後讀之更得進步而未證自心者不得於此尋思見解然朕固曰未了先觀亦識正宗之的旨也且宗徒既已掃棄教典謂是語言文字而復好工偈頌真光武所謂懸羊頭賣馬肉者堪發一笑宗徒中由文學諸生出家自幼讀書循其故業而作偈頌尚不足怪至於本不識字之人因欲悟宗旨乃從事於偈頌豈非肯越而

之蕪耶若乃欲以偈頌取悅於學士大夫使爲外護具是汙濁心行而又指斥教典謂之語言文字豈免墮無間之獄且出家兒欲工偈頌入於詩賦之流捨本分之當學而學門外之別學況學必不到家徒供文儒嗤笑夫欲所作偈頌不至見笑大方亦非積數十年學力不能則此數十年業已不依本分若將此數十年心力用於宗教即曰解路推求要必近朱者赤近墨者黑所解既在正路中亦可有因解得悟之一日即使不悟薰習而成異熟果不與作偈頌者之雕琢浮辭拾狐唾者之瞞心亂統相去霄壤乎教典浩瀚畢生莫竟觀禪師此書則釋迦牟尼佛三藏十二分具在是矣朕向實未閱教典因洞明此事後爰取從上宗師爲人機緣於幾暇時披尋翻閱因而識得永明古佛實爲震旦第一導師及觀師著述又識得宗鏡録一書爲震旦宗師著述中第一妙典朕生平遇一佳味必思人人共嘗契一妙理必思人人共曉令既閱此第一妙典何忍不以開示後學是以剴切懇到言之不憚再四夫朕豈執著教相者朕於何文何字何經何典有所滯惑耶知朕者自知之惟願天下後世學侶決定無疑勇猛堅固永不退轉誦讀受持先以聞解信入後以無思契同齊達此宗交光此鏡不虛古佛當年將大覺不思議絶妙法施普度一切無量含生之大慈悲心如實至語是朕所厚望也特諭

雍正十二年甲寅十二月初八日

宗鏡録卷第一

校勘記

一　底本，麗藏本。

一　九〇頁上一行前，【清】有御製重刊宗鏡録序與御製重刊宗鏡録後序兩文，茲附載於卷後。

一　九〇頁上一行「宗鑑録」，【徑】、【清】作「宗鏡録」。一〇行同。

一　九〇頁上二行序文作者，【徑】、【清】作「宋左朝請郎尚書禮部員外郎護軍楊傑撰」。

一　九〇頁上二二行第一四字「序」，【磧】、【南】、【徑】、【清】作「字」。

一　九〇頁上二六行「法涌」，【磧】、【南】作「法誦」。

一　九〇頁中二行序文作者，【徑】、【清】作「吳越國王錢俶製」。

一　九〇頁中一五行「宗鏡録序」，【磧】、【南】作「宗鏡録」；【徑】作「宗鏡録卷第一并序」；【清】作「宗鏡録并序」。

一　九〇頁中一六行序文作者，【南】

作「宋吴越國慧日永明寺主智覺禪師延壽集」；徑作「宋慧日永明寺主智覺禪師延壽集」；清作「宋慧日永明妙圓正修智覺禪師延壽集」。

一　一九一頁上一八行第五字「偶」，南、徑、清作「遇」。

一　一九一頁中一三行第七字「原」，徑、清作「源」。

一　一九一頁下一一行「焦茅同霔」，磧、南、徑、清作「焦茅同霑」。

一　一九二頁上一〇行「宗鏡録卷第一」，徑無。

一　一九二頁上一六行第八字「備」，南、徑、清作「被」。

一　一九二頁中一三行第一三字「加」，磧、南、徑、清作「如」。

一　一九二頁下三行第二字「者」，磧、南、徑、清作「若」。

一　一九二頁下五行第九字「二」，磧、南、徑作「三」。

一　一九二頁下二二行「以負」，磧、南、徑、清作「以護」。

一　一九三頁上五行「思空」，南作「司空」。

一　一九三頁中二五行首字「之」，磧、南、徑、清作「人」。

一　一九三頁中二七行首字「之」，磧、南、徑、清作「審」。

一　一九三頁中二七行至次行「寒時凝水」，磧、南、徑、清作「寒月結水」。

一　一九四頁上一五行第七字「駃」，磧、南作「馳」。

一　一九四頁上一六行第五字「擊」，磧、南、徑、清作「拈」。

一　一九四頁中六行第一二字「胡」，磧、南作「故」。

一　一九四頁中二五行第八字「轄」，磧、南、徑、清作「點」。

一　一九四頁中二六行與二七行之間，徑、清有「問答章第二」一行。

一　一九五頁下一行第五字「法」，磧、南作「此」。

一　一九五頁下二三行首字「功」，徑、清作「切」。

一　一九六頁上四行「推托」，磧、徑作「推託」。

宗鏡錄卷第二

慧日永明寺主智覺禪師　延壽　集

夫諸佛境寂衆生界空有何因緣而興敎迹

荅一實諦中雖無起盡方便門內有大因緣故法華經偈云諸法常無性佛種從緣起以萬法常無性無不性空時法介能隨緣隨緣不失性且夫起敎所由因緣無量古德略標有其十種一由法介故二願力故三機感故四爲本故五顯德故六現位故七開發故八見聞故九成行故十得果故今諸大菩薩所集唯識論等大意有其二種一爲遣萬法之正宗破二空之邪執二爲斷煩惱所知之障證解脫菩提之門斯則自證法原本異眞地不在文字句義數揭今爲後學慕道之人方便纂集又自有二意用表本懷一爲好略之人攝其樞要精通的旨免覽繁文二爲執惣之人不明別理微細開演性相圓通截二種生死之根蹤一味菩提之道仰群經之大旨直了自心遵諸聖之微言頓開覺藏去彼依通之見破其邪執之情深信正宗令知月不在指迴光返照便見性不徇文唯證相應斯爲本意不可橫生知解没溺見河於無得觀中懷趣向之意就眞空理上興取捨之心率自胷襟疑悟後學須親見性方曉斯宗

問既處執指徇文又何煩集敎

荅爲肯已合塵齊文作解者恐封敎滯情故有此說若隨詮了旨即敎明心者則有何取捨所以藏法師云自有衆生尋敎得眞會理敎無礙常觀理而不礙持敎恒誦習而不礙觀空則理敎俱融令成一觀方爲究竟傳通耳斯乃敎觀一如詮旨同原矣

問諸大經論自成片段科節倫序句義分明何假撮錄廣文成其要略

荅但以敎海泓深窮之罔知其際義天高廣仰之不得其邊今則以管窺天將蠡酌海如掬滄溟之消滴似撮大華之一塵本爲義廣難周情存馱怠亦爲不依一乘敎之正理唯徇不了義之因緣罕窮橫竪之門莫知起盡之處所以刪繁簡異採妙探玄雖文不足而大義全緣不備而正理顯搜盡一乘之旨抉開萬法之原爲般若之玄樞作菩提之要路則資粗易辯速至大乘證入無疑免迂小徑所以馬鳴菩薩造起信論云或有自無智力因他廣論而得解義亦有自無智力怖於廣說樂聞略論攝廣大義而正修行我今爲彼最後人故略攝如來最勝甚深無邊之義而造此論瑜伽論云有二緣故說此論一爲如來無上法敎久住世故二爲平等利益安樂諸有情故又爲如來甘露聖敎已隱没者憶念採集重開顯故未隱没者問荅決擇倍與盛故又爲攝益樂略言論勤修行者採集衆經廣要法義略分別故今斯錄者雖無廣大製造之功微有一期述成之事亦知鈔錄前後文勢不全所冀直取要詮且明宗旨如從石辯玉似披砂揀金於群藻中但取阿陁之妙向衆寶內唯採如意之珠舉一蔽諸以本攝末則一言無不略盡殊說更無異途亦望後賢來垂嗤誚所希斷疑生信但以見道爲懷非徇虛名以邀世譽願盡未來之際徧窮法界之中歷劫適生常弘斯道凡有心者皆入此宗去執除疑見聞獲益承三寶力加被讀持誓報佛恩廣濟含識虛空可盡茲願匪移法界可窮斯文不墜

問了義大乘廣略周備解一義具圓通之見聞一偈有成佛之功何假述成仍煩解釋

荅上上根人一聞千悟性相雙辯理事俱圓若中下之徒須假開演莊嚴之道讚飾之門格量其功不可爲喻所以法華經偈云譬如優曇華一切皆愛樂天人所希有時時乃一出聞法歡喜讚乃至發一言則爲已供養一切三世佛是人甚希有過於優曇華般若頌云般若無壞相過一切言語適無所依止誰能讚其德般若雖叵讚我今能得讚雖未脫死地則爲已得出又古聖云若菩薩造論者名莊嚴經如蓮華未開見雖生喜不如已剖香氣芬馥如金未用見雖生喜不如用之爲莊嚴具故知弘敎一念之善能報十方諸佛之恩論希有則如華擅優曇之名說光揚則似金作莊嚴之具　是以菩薩釋大乘密旨聞於未聞能斷深疑成於圓信法利何盡功德無邊如大般若經云復次憍尸迦置贍部洲諸有情類若四大洲諸有情類若小千界諸有情類若中千界諸有情類若大千界諸有情類若復十方各如殑伽沙等世界諸有情類皆於無上正等菩提得不退轉同作是言我今欣樂速證無上正等菩提濟拔有情生死衆苦令得殊勝畢竟安樂有善男子善女人等爲成彼事書深般若波羅蜜多衆寶莊嚴供養恭敬尊重讚歎普施與彼受持讀誦令善通利如理思惟於意云何是善男子

善女人等由此因緣得福多不天帝釋言甚多世尊甚多善逝尒時佛告天帝釋言若善男子善女人等審深般若波羅蜜多衆寶莊嚴供養恭敬尊重讚歎於彼衆中隨施與一受持讀誦令善通利如理思惟以無量門巧妙文義廣爲解釋分別義趣令其解了教授敎誡令勤修學是善男子善女人等所獲福聚甚多於前無量無邊不可稱數大涅槃經云佛言善男子除一闡提其餘衆生聞是經已悉皆能作菩提因緣法聲光明入毛孔者必定當得阿耨多羅三藐三菩提何以故若有人能供養恭敬無量諸佛方乃得聞大涅槃經薄福之人則不得聞故知得聞宗鏡所録一心實相常住法門皆是曩結深因曾親佛會甚爲大事非屬小緣若未聞熏曷由值遇又大涅槃經云佛告迦葉菩薩諸善男子善女人常當繫心修此二字佛是常住迦葉若有善男子善女人修此二字當知是人隨我所行至我至處是以信此法人即凡即聖修持契會住佛所住之中進止威儀行佛所行之跡釋摩訶衍論云第一顯離疑信入功德門者謂有衆生聞此摩訶衍之甚深極妙廣大法門已即其心中亦不疑畏亦不怯弱亦不輕賤亦不誹謗發決定心發堅固心發尊重心發愛信心當知是人眞實佛子不斷法種不斷僧種不斷佛種常恒相續轉轉增長盡於未來亦爲諸佛親所授記亦爲一切無量菩薩之所護念故如論云若人聞是法已不生怯弱當知是人定紹佛種必爲諸佛之所授記第二比類對治示勝門者謂若有人能善攝化三千大千世界中徧滿衆生皆悉無餘令行十善或有衆生於一食頃於此甚深法觀察思量若校量此二人功德彼第一人所得功德甚極微少譬如芥子碎作百分之量此第二人所得功德甚極廣大譬如碎十方世界微塵數量故如論云假使有人能化三千大千世界滿中衆生令行十善不如有人於一食頃正思此法過前功德不可爲喻第三舉受持功讚揚門者謂若有人受持此論觀察義理若一日若一夜中間所得功德無量無邊不可言說不可思量若假使十方三世一切諸佛十方三世一切諸菩薩以十方世界微塵數舌各各皆悉於十方世界微塵數之量不可說劫讚揚其人所有功德亦不能盡所以者何法身眞如之功德等虛空界無邊際故何況凡夫二乘之人能稱歎之一日一夜不多中間受持人尚所得功德不可思議何況若二日若三日若四日乃至百日中受持讀誦思惟觀察不可思議不可說中不可說故如論云復次若人受持此論觀察修行若一日一夜所有功德無量無邊不可得說假令十方諸佛各於無量無邊阿僧祇劫歎其功德亦不能盡何以故謂法性功德無有盡故此人功德亦復如是無有邊際故知信此心宗成摩訶衍同三世諸佛之所證義理何窮等十方菩薩之所乘功德無盡偶斯玄化慶幸逾深順佛旨而報佛恩無先弘法闡佛日而開佛眼只在明心此宗鏡中若得一句入神歷劫爲種況正言深奧摠一群經此一乃無量中一若染此法即是圓頓之種可謂甘露入頂醍醐灌心耀不二之慧燈破情根之闇惑注一味之智水洗意地之妄塵能令厚障深遮若暴風之卷危葉繁疑積滯猶赫日之爍輕氷猶如於諸王中爲金輪之王於諸照中爲晨旭之照於諸寶中爲摩尼之寶於諸華中爲青蓮之華於諸諦中爲眞空之門於諸法中爲涅槃之宅故金剛三昧經偈云一味之法印一乘之所成能於一切衆生中爲首爲師爲明爲導如勝天王般若經云一切法中心爲上首大智度論云三世諸佛皆以諸法實相爲師祖師云一切明中心明爲上法華經偈云第一之導師得是無上法又若未入宗鏡非唯不得見道實乃理絶修行即本立而道生歸根方究竟如觀本質知盡像而非眞若了藏性見塵境而爲妄故經偈云非不證眞如而能了諸行猶如幻事等似有而非眞是以若得本即得末故華嚴經中海會菩薩用法界微塵以爲三昧又出現品云此法門名爲如來秘密之處乃至名演說如來根本實性不思議究竟法故先德云剖微塵之經卷則念念果成盡衆生之願門則塵塵行滿未悟宗鏡焉信斯文若暫信之功力悉等不易所習盡具法門即塞即通即邪即正所以昔人云遇斯教者應須自慶其猶溺巨海而遇芳舟墜長空而乘靈鶴矣　問凡申弘教開示化人應須自行功圓歷位親證方酬本願開方便門則所利非虛不違正教今之所録有何證明

荅此但唯集祖佛菩薩言教故稱曰録設有問荅解釋皆依古德大意傍讚勸修述成至

教豈敢輒稱開示妄有指陳且夫祖佛正宗則真唯識性纔有信處皆可爲人若論修證之門諸方皆云功未齊於諸聖且教中所許初心菩薩皆可比知亦許約教而會先以聞解信入後以無思契同若入信門便登祖位今集此宗鏡證驗無邊應念皆通寓目咸是今且現約世間之事於衆生界中第一比知第二現知第三約教而知第一比知者且如即今有漏之身夜皆有夢夢中所見好惡境界憂喜宛然覺來牀上安眠何曾是實並是夢中意識思想所爲則可比知覺時所見之事皆如夢中無實夫過去未來現在三世境界元是第八阿賴耶識親相分唯本識所變若現在之境是明了意識分別若過去未來之境是獨散暗意識思惟夢覺之境雖殊俱不出於意識則唯心之旨比況昭然第二現知者即是對事分明不待立況且如現見青白物時物本自虛不言我青我白皆是眼識見分自性任運分別與同時明了意識計度分別爲青爲白以意辯爲色以言說爲青皆是意言自妄安置且如六塵鈍故體不自立名不自呼一色既然萬法咸爾皆無自性悉是意言故云萬法本閑而人自鬧是以若有心起時萬境皆有若空心起處萬境皆空則空不自空因心故空有不自有因心故有既非空非有則唯識唯心若無於心萬法安寄又如過去之境何曾是有隨念起處忽然現前若想不生境終不現此皆是衆生日用可以現知不待功成豈假修得凡有心者並可證知故先德云如大根人知唯識者恒觀自心意言爲境此初觀時雖未成聖分知意言則是菩薩第三約教而知者經云三界唯心萬法唯識此是所證本理能詮正宗廣在下文誠證非一如成實論云佛說內外中間之言遂即入定時有五百羅漢各釋此言佛出定後同問世尊誰當佛意佛言並非我意又白佛言既不當佛意將無得罪佛言雖非我意各順正理堪爲聖教有福無罪且如說小乘自證法門尚順正理何況純引一乘唯談佛旨乎六行法云諸大智人欲學道者莫問大小皆依理教若見權教雖是佛說知非實語即不依從若見凡人說有理者雖非佛語亦即依行以有智人學佛法者善解如來教有權實依佛實教宣說道理則過凡愚謬執權者是以智人若有所說人雖是凡法則同佛如瓶傳水寫置餘瓶瓶雖有異所寫水一是故凡夫結跡未盡不妨有解能說實義但使解理心數思量此初觀理則異餘凡謂思人空則是二乘若觀法空則是菩薩故攝論云初修觀則是凡夫菩薩以此文證初學觀者雖未斷結即是菩薩以能解理同大聖故說則合理一一可依寶篋經云猶如迦陵頻伽鳥王卵中鳥子其殼未現便出迦陵頻伽妙聲佛法卵中諸菩薩等未壞我見未出三界然能演出佛法妙音謂空無相無作行音迦陵頻伽至孔雀群終不鳴呼還至迦陵頻伽鳥中乃須鳴呼菩薩若至一切聲聞緣覺衆中終不演說不可思議諸佛之法至菩薩衆爾乃演說以此文證凡夫地中過雖未盡不妨深解說有理者皆可信受但諸凡夫說有理者皆是宿習非今始學若非宿習今學至老唯謂他語自仍迷理以迷理故雖得多言未解權實說則乖理若解理者不揀尊幼但求道不求事依法不依人如阿濕婆恃因舍利弗見之求法即偈荅言我年既幼稚學日又初淺豈能宣至眞廣說如來義舍利弗言可略說其要便說偈言諸法因緣生是法說因緣是法因緣盡大師如是說舍利弗一聞即獲初果轉教目連再說得道以此證知智人求法唯重他德不恥下就不同凡愚我慢自高雖知他勝恥不肯學凡夫無始不能入道多皆由此不能求法故諸愚人迷實教者未能自悟唯應訪德以迷理者雖有世智若無勝友常迷道故如勝天王般若經云如生盲人不能見色如是煩惱盲諸衆生不能見法如人有眼無外光明不能見色行人如是雖有智慧無善知識不能見法以此證知人雖有智未能自悟要須良友故付法藏經云善知識者即是得道全分因緣佛自勸人逐善知識不合守愚一生虛過是故諸佛有遺旨但令依法不依人依義不依語菩薩尚變身作畜生爲人說法顯此奇異令聞者信受皆令悟道入平等法豈令心生高下耶故華嚴演義難云此旨微密極位方知何以凡情輒窺大教釋云依憑教理聖教許故涅槃經云具縛凡夫能知如來秘密之藏毗盧遮那品頌云如因日光照還見於日輪以佛智慧光見佛所行道即因佛教能了教也今宗鏡中始終引佛智慧之教光顯佛所行之道跡若深信者則是以衆生之心光見衆生之行跡若難云凡夫不

合知者斯乃邪見不信人耳故大集經云若有人言我異佛異當知是人即魔弟子又云了了見者知一切法無二相也又云觀諸法等名之為佛所以學人問忠國師云如來說般若即非般若是名般若既盡是非云何是般若荅能見非名者是般若問佛亦如是說荅古今不異得則千佛等心萬聖同轍

問諸佛方便教門皆依眾生根起根性不等法乃塵沙三十七品助道之門五十二位修行之路云何唯立一心以為宗鏡

荅此一心法理事圓備是大悲父般若母法寶藏萬行原以一切法界十方諸佛諸大菩薩緣覺聲聞一切眾生皆同此心諸佛已覺眾生不知今為未知者方便直指以本具故不虛以應得故非謬故華嚴經頌云譬如世間人聞有寶藏處以其可得故心生大歡喜寶藏處者即眾生心纔入信門自然顯現方悟從來具足豈假功成始知本性無差非因行得可謂最靈之物至道之原絕妙之門精寶之義為凡聖根本作迷悟元由如萬物得地而發生萬行證理而成就諸門競入眾德攸歸作千聖趣道之基為諸佛出世之眼是以若了自心頓成佛慧可謂會百川為一濕摶眾塵為一丸融鐶釧為一金變酥酪為一味如華嚴經頌云不能了自心焉能知佛慧阿差末經云但正自心不尚餘學禪要經云內照開解即大乘門見自心性謂之曰照眾聖所遊謂之曰門入楞伽經偈云心具於法藏離無我見垢世尊說諸行內心所知法月燈三昧經偈云若有受持是一法能順菩薩

正修行因此一法功德故速得成於無上道勝鬘經云世尊我見攝受正法有斯大力如來以此為眼為法根本為引導法為通達法釋曰所言正法者即第一義心也心外妄計理外別求皆墮邪迷於正見所以得為如來正眼攝盡十方之際照窮法界之邊總歸一心是名攝受正法起信論云復次真如自體相者一切凡夫聲聞緣覺菩薩諸佛無有增減非前際生非後際滅常恒究竟從無始來本性具足一切功德謂大智慧光明義徧照法界義如實了知義本性清淨心義常樂我淨義寂靜不變自在義如是等過恒沙數非同非異不思議佛法無有斷絕依此義故名如來藏亦名法身問上說真如離一切相云何今說具足一切功德相荅雖實具有一切功德然無差別相彼一切法皆同一味一真離分別相無二性故以依業識等生滅相而立彼一切差別之相此云何立以一切法本來唯心實無分別以不覺故分別心起見有境界名為無明心性本淨無明不起即於真如立大智慧光明義若心生見境則有不見之相心性無見則無不見即於真如立徧照法界義若心有動則非真了知非本性清淨非常樂我淨非寂靜是變異不自在由是具起過於恒沙虛妄雜染以心性無動故即立真實了知義乃至過於恒沙清淨功德相義若心有起見有餘境可分別求則於內法有所不足以無邊功德即一心自性不見有餘法而可更求是故滿足過於恒沙非一非異不可思議諸佛之法無有斷絕故說真如

名如來藏亦復名為如來法身然此一心非同凡夫妄認緣慮能推之心決定執在色身之內今徧十方世界皆是妙明真心如入法界品云華藏世界海中無問若山若河大地虛空草木叢林塵毛等處無不咸稱真法界具無邊德故先德云元亨利貞乾之德也始於一氣常樂我淨佛之德也本乎一心專一氣而致柔修一心而成道心也者沖虛粹妙炳煥靈明無去無來冥通三際非中非外朗徹十方不滅不生豈四山之可害離性離相奚五色之能盲處生死流驪珠獨耀於滄海踞涅槃岸桂輪孤朗於碧天大矣哉萬法資始也萬法虛偽緣會而生生法本無一切唯識識如幻夢但是一心心寂而知目之圓覺彌滿清淨中不容他故德用無邊皆同一性性起為相境智歷然相得性融身心廓爾方之海印越彼太虛恢恢焉晃晃焉迥出思議之表也又先德云如來藏者即一心之異名何謂一心謂真妄染淨一切諸法無二之性故名為一此無二處諸法中實不同虛空性自神解故名為心是以若於外別求從他妄學者猶如鑽冰覓火壓沙出油以冰砂非油火之正因欲求濟用徒勞功力又若但修漸行空任權乘則似畫無膠如坏未鍛以坏畫非堅牢之器欲求究竟無有是處若能諦了自心不妄外求者如從木出火從麻出油不壞正因速得成辦又如畫得膠如坏經火堪成器用事不唐捐凡有施為悉皆究竟若未信入取捨萬端隨境生迷為法所害不觀空以遣累但取空而廢善不違有以興慈但著

有而起罪皆為不了空有一心致茲得失若入宗鏡纔發心時非唯行成理即頓具便同古佛一際無差如大涅槃經云拘尸那城有旃陁羅名曰歡喜佛記是人由一發心當於此界千佛數中速成無上正真之道法華玄義云心法者前所明法豈得異心但衆生法太廣佛法太高於初學為難然心佛及衆生是三無別者但自觀已心則為易涅槃經云一切衆生具足三定上定者謂佛性也能觀心性名為上定上能兼下即攝得衆生法也華嚴經云遊心法界如虛空則知諸佛之境界法界即中也虛空即空也心佛即假也三種即佛境界也是為觀心仍具佛法又遊心法界者觀根塵相對一念心起於十界中必屬一界若屬一界即具百界千法於一念中悉皆備足此心幻師於一日夜常造種種衆生種種五陰種種國土所謂地獄界假實國土乃至佛界假實國土行人當自選擇何道可從又如虛空者觀心自生心不須藉緣有心心無生力心無生力緣亦無生心緣各無合云何有合尚叵得離則不生尚無一生況有百界千法耶以心空故從心所生一切皆空此空亦空若空非空點空設假假亦非假無假無空畢竟清淨豈止三觀萬行乃至十方虛空尚從心變豈況空中所生物像如首楞嚴經頌云空生大覺中如海一漚發所以華嚴疏云空有二法俱稱真之理則有與空皆性空也鈔釋云空有稱真之理者此空是外空若以理空對外空外空離法是斷滅空理空即名為真空若以外空亦心現亦由對色滅色方顯則此斷空從緣無性即性空也故十八空中明大者謂十方空即十方虛空亦是性空矣所以千聖付囑難遇機緣若對上根豁然可驗如寒山子詩云自古多少聖語路苦叮嚀人根性不等高下有利鈍真佛不肯信置功枉受困不如心淨明便是心王印先德云欲知法要心是十二部經之根本入道要門此心門者三世之佛祖唯此一事實餘二即非真唯有一乘法無二亦無三一乘法者一心是但守一心即心真如門一切諸法無有欠少一切法行不出自心唯心自知更無別心心無形色無根無住無生無滅亦無覺觀可行若有可觀行者即是受想行識非是本心皆是有為功用諸祖只是以心傳心達者印可更無別法如華嚴經中文殊童子化五百童子發菩提心唯一人善財童子達本心原遊一百一十城問菩提萬行所學三昧門皆如幻化而無實體故知從心所生皆同幻化但直了真心自然真實如唯識樞要云依境教理行果五唯識中此論有義但明境唯識捨離心外取境一切境不離心故有義但說教唯識成論本教釋彼說故有義但取理唯識成立本教所說之理分別唯識性相故有義但取行唯識明五位修唯識行故有義但取果唯識求大果故安樂解脫身大牟尼名法故乃至今釋彼說唯取教理說依教理成彼性相性相即攝一切盡故一切皆取於理為勝是知唯識之理成佛正宗但以理該羅無法不是故云萬法唯識迷宗鏡之正意窮祖佛之本懷唯以一法逗一機更無別旨故法華經云十方佛土中唯有一乘法大涅槃經云師子吼者是決定說一切衆生悉有佛性又云衆生亦介悉皆有心凡有心者悉皆當得阿耨多羅三藐三菩提

問三界唯心萬法唯識者此該萬法應別立真如為宗　荅真如是識性識既該萬法即是有為無為諸法平等之性故經云未曾有一法而出於法性司馬彪云性者人之本也蔡邕云性者心之本也故古師云唯識論是十支中高建法幢支何法而不收何宗而不立唯以簡為義識以了為義離識之外無別唯體即識有遮心外之用故名為唯唯之名獨性相俱收真如是識性依他相分色等是識相心所以識為主皆不離識故惣名唯識又問三界是有漏法由屬三界愛結所繫故名三界其無為無漏法不為三界愛結所繫即不名三界法經何故但言三界唯心即不攝無為無漏等法此豈非唯識而但言三界耶　荅三界所治迷亂之法尚名唯識無為無漏法性是能治體非迷亂不說自成故但言三界唯心也又諸部惣句有為無為染淨諸法皆心為本薩婆多等云無為由心故顯有為由心故起由心起染淨法勢用緣強故說心為本　問立心為宗具幾功德之門能起見聞之信　荅真心自體非言所詮湛如無際之虛空若圓明之淨鏡毀讚不及義理難通以功德過患二門絕對待故今依先德約相分別心略有五義一遠離所取差別之相二解脫能取分別之執三徧三際無所不等四等虛空界無所不徧五不墮有無一異

等邊超心行處過言語道又此無住之心雙泯二諦故無出俗入眞之異既無出入不在空有故經言心處無在無在之處唯是一心一心之體本來寂滅不可以有無處所窮其幽迹不可以識智詮量談其妙體唯有入者只在心知如擣萬種而爲香丸爇一塵而具足衆氣似入大海水中浴掬微適而已用百川執礫而盡成眞金攬草而無非妙藥空器悉盈甘露之味滿室唯聞薝蔔之香衆義同歸若太虛包含於萬像千途競入猶多影靡凝於澄潭若論一心性起功德無盡無邊豈以有量之心讃無爲之德任盡神力未述一毫以信入之人悉皆現證即凡即聖感應非虛堅信不移法空之虛聲自息明誠可驗靈潤之野餒俄停豈假神通心魔頓絕匪憑他術識火自消除不肖人焉明斯旨如昔人云依智不依識者謂識現行隨塵分別眼色耳聲就迷不覺大聖示教境是自心下愚冰執塵爲識外令人口誦其空心未云有騰空不起入火逾難俱是心相封迷故爾後得通達隨心轉用豈不同鳥之遊空自常如是布之火浣不足怪也但群生識性不同致令大聖隨情別說然據至道但是自心故經云三界上下法義唯心此就世界依報以明心又云如如與眞際涅槃及法界種種意生身我說爲心量此據出世法體以明心終窮至實畢到斯原隨流感果還宗了義　問一心爲宗可稱綱要者教中何故廣談諸道各立經宗　荅種種諸法雖多但是一心所作於一聖道立無量名如一火因然得草火木火種種之號猶一水就用得或羨或酒多多之名此一心門亦復如是對小機而稱小法退大量而號大乘大小雖分眞性無隔若決定執佛說有多法即謗法輪成兩舌之過故經云心不離道道不離心如大涅槃經云尒時世尊讃迦葉菩薩善哉善哉善男子汝今欲知菩薩大乘微妙經典所有秘密故作是問善男子如是諸經悉入道諦善男子如我先說若有信道如是信道是信根本是能佐助菩提之道是故我說無有錯謬善男子如來善知無量方便欲化衆生故作如是種種說法善男子譬如良醫識諸衆生種種病原隨其所患而爲合藥并藥所禁唯水一種不在禁例或服薑水或甘草水或細辛水或黑石蜜水或阿摩勒水或尼婆羅水或鉢晝羅水或服冷水或服熱水或蒲萄水或安石榴水善男子如是良醫善知衆生所患種種藥雖多禁水不在例如來亦爾善知方便於一法相隨諸衆生分別廣說種種名相彼諸衆生隨所說受受已修習除斷煩惱如彼病人隨良醫教所患得除復次善男子如有一人善解衆語在大衆中是諸大衆熱渴所逼咸發聲言我欲飲水我欲飲水是人即時以清冷水隨其種類說言是水或言波尼或言鬱持或言娑利藍或言婆利或言波耶或言甘露或言牛乳以如是等無量水名爲大衆說善男子如來亦爾以一聖道爲諸聲聞種種演說從信根等至八聖道復次善男子譬如金師以一種金隨意造作種種瓔珞所謂鉗鏁鐶釧釵鐺天冠臂印雖有如是差別不同然不離金善男子如來亦爾以一佛道隨諸衆生種種分別而爲說之或說一種所謂諸佛一道無二復說二種所謂定慧復說三種謂見慧智復說四種所謂見道修道無學道佛道乃至復說二十道所謂十力四無所畏大慈大悲念佛三昧三正念處善男子是道一體如來昔日爲衆生故種種分別復次善男子譬如一火因所然故得種種名所謂木火草火糠火麩火牛馬糞火善男子佛道亦爾一而無二爲衆生故種種分別復次善男子譬如一識分別說六若至於眼則名眼識乃至意識亦復如是善男子道亦如是一而無二如來爲化諸衆生故種種分別復次善男子譬如一色眼所見者則名爲色耳所聞者則名爲聲鼻所齅者則名爲香舌所嘗者則名爲味身所覺者則名爲觸善男子道亦如是一而無二如來爲欲化衆生故種種分別善男子以是義故以八聖道分名道聖諦善男子是四聖諦諸佛世尊次第說之以是因緣無量衆生得度生死又云若言十善十惡可作不可作善道惡道白法黑法凡夫謂二智者了達其性無二無二之性即是實性陁羅尼經云無有一切諸法是名一字法門又經云佛言三世諸佛所說之法吾今四十九年不加一字故知此一心門能成至道若上根直入者終不立餘門爲中下未入者則權分諸道是以祖佛同指賢聖冥歸雖名異而體同乃緣分而性合般若唯言無二法華但說一乘淨名無非道場涅槃咸歸秘藏天台專勤三觀江西舉體全眞馬祖即佛是心荷澤直指知

見又教有二種說一顯了說二秘密說顯了說者如楞伽密嚴等經起信唯識等論秘密說者各據經宗立其異號如維摩經以不思議爲宗金剛經以無住爲宗華嚴經以法界爲宗涅槃經以佛性爲宗任立千途皆是一心之別義何者以真心妙體不在有無智不能知言不可及非情識思量之境界故號不思議體虛相寂絕待靈通現法界而無生起三世而絕跡故號之無住豎徹三際橫亘十方無有界量邊表不可得故稱法界爲萬物之根由作群生之元始在凡不減處聖非增靈覺昭然常如其體故曰佛性乃至或名靈臺妙性寶藏神珠悉是一心隨緣別稱經云三阿僧祇百千名號皆是如來之異名只爲不知諸佛方便迷名著相隨解成差但了斯宗豁然空寂有何名相可得披陳如龍王一味之雨隨人天善惡之業所雨不同各見差別華嚴經云譬如娑竭羅龍王欲現龍王大自在力饒益衆生咸令歡喜從四天下乃至他化自在天處及於地上於一切處所雨不同所謂於大海中雨清冷水名爲無斷絕於他化自在天雨簫笛等種種樂音名爲美妙於化樂天雨大摩尼寶名爲放大光明於兜率天雨大莊嚴具名爲垂髻於夜摩天雨大妙華名爲種種莊嚴具於三十三天雨衆妙香名爲悅意於四天王天雨天寶衣名爲覆蓋於龍王宮雨赤真珠名爲踊出光明於阿脩羅宮雨諸兵仗名爲降伏怨敵於北鬱單越雨種種華名曰開敷餘三天下悉亦如是然各隨其處所雨不同雖彼龍王其心平等無有彼此但以衆生善根異故雨有差別是以龍王一味之雨隨諸天處不同猶如諸佛一心法門逐衆生見時有別

宗鏡録卷第二

音義

蹶尼步反 溺奴歷反沒也 淤於絲反水深也 掬居六反 嗤尺之反笑也 誚才笑反責也 馥房六反香氣也 殑其矜反 寓牛具反 醍杜奚反 醐戶吾反 赫呼格反明也 爍書藥反 旭許玉反 髓即委反 稚直利反 謬靡幼反 溼失入反水沾也 繹 晃戶廣反 粹雖遂反 炳兵永反明也 踞居御反 恢苦回反大也 坏 鑽借官反 壓烏甲反 膠古肴反 擣都皓反 攪古巧反 鍛丁亂反 彪甫休反 邕於容反 鉗巨淹反 滾 浣胡管反 蕭 榴力求反 鏊 虔 盧 楚 戴

丙午歲分司大藏都監開板

宗鏡録卷第二

校勘記

一 底本，麗藏本。

一 二〇二頁上二行作者，徑作「宋慧日永明寺主智覺禪師延壽集」；清作「宋慧日永明妙圓正修智覺禪師延壽集」。以下各卷同。

一 二〇二頁上一七行「二種」，磧、南、徑、清作「二我」。

一 二〇二頁上二四行第五字「悟」，南、清作「悞」。

一 二〇二頁上二六行第三字「皆」，磧、徑作「背」。

一 二〇二頁中一行「同原」，磧、南作「何原」。

一 二〇二頁中四行「泓深」，磧、南、徑、清作「弘深」。

一 二〇二頁下二二行第一三字「類」，磧作「知」。

一 二〇三頁中二〇行首字「可」，磧作「所」。

一　二〇三頁下三行末字「葉」，磧作「華」。

一　二〇四頁上六行第一六字「咸」，磧作「減」。

一　二〇四頁上九行第二字「今」，磧作「令」。

一　二〇四頁下一九行「不合」，磧作「不答」。

一　二〇五頁中五行第六字「墮」，磧、南作「隨」。

一　二〇五頁下五行第一四字「稱」，磧、南、清作「釋」；徑作「一」。

一　二〇五頁下八行「粹妙」，磧、南、徑、清作「妙粹」。

一　二〇六頁上二〇行第一六字「名」，磧、南、徑、清作「各」。

一　二〇六頁上二二行「千法」，磧作「十法」。

一　二〇六頁上二三行第二字「此」，磧作「比」。

一　二〇七頁上一一行首字「礙」，磧、南、徑、清作「凝」。

一　二〇七頁中二四行第一六字「娑」，南、清作「婆」。

一　二〇七頁中二九行末字「鏥」，磧、南、徑、清作「鏑」。

一　二〇七頁下九行首字「戣」，徑作「鈌」。

宗鏡錄卷第三

慧日永明寺主智覺禪師 延壽 集

夫教明一切萬法至理虛玄非有無之詮絕自他之性若無一法自體云何立宗 答若不立宗學何歸趣若論自他有無皆是衆生識心分別是對治門從相待有法身自體中實理心豈同幻有不隨幻無楞伽經云佛言大慧譬如非牛馬性牛馬性其實非有非無彼非無自相古釋云馬體上不得說牛性是有是無然非無馬自體以譬法身上不得說陰界入性是有是無然非無法身自相此法空之理超過有無即法身之性然有趣有向智背天真無得無歸情生斷滅但有之不用求真覩宛爾無之自然足妙旨煥然則寂爾有歸恬然無間頓超能所不在有無可謂真歸能通至道矣 問以心爲宗如何是宗通之相 答内證自心第一義理住自覺地入聖智門以此相應名宗通相此是行時非是解時因解成行行成解絕則言說道斷心行處滅如楞伽經云佛告大慧宗通者謂緣自得勝進相遠離言說文字妄想趣無漏界自覺地自相遠離一切虛妄覺想降伏一切外道衆魔緣自覺趣光明輝發是名宗通相所以悟心成祖先聖相傳故達磨大師云明佛心宗寸無差悟行解相應名之曰祖又偈云亦不覩惡而生嫌亦不觀善而勤措亦不捨愚而近賢亦不拋迷而就悟達大道兮過量通佛心兮出度不與凡聖同躔超然名之曰祖 問悟道明宗如人飲水冷暖自知云何說其行相 答前已云諸佛方便不斷

今時密布深慈不令孤棄已明達者終不發言只爲因疑故問因問故答此是本師於楞伽會上爲十方諸大菩薩來求法者親說此二通一宗通二說通宗通爲菩薩說通爲童蒙祖佛俯爲初機童蒙少垂開示此約說通只爲從他覓法隨語生解恐執方便爲真實迷於宗通是以分開二通之義宗通者謂緣自得勝進相遠離言說文字妄想乃至緣自覺趣光明輝發若親到自覺地光明發時得云如人飲水冷暖自知如群盲眼開分明照境驗象真體終不摸其尾牙見乳正色豈在談其鵠雪當此具眼人前若更說示則不得稱知時名爲大法師實見月人終不覩指親到家者自息問程唯證相應不俟言說終不執指爲月亦不離指見月如大涅槃經云譬如有王告一大臣汝牽一象以示盲者爾時大臣受王勅已多集衆盲以象示之時彼衆盲各以手觸大臣即還而白王言臣已示竟爾時大王即喚衆盲各各問言汝見象耶衆盲各言我已得見王言象爲何類其觸牙者即言象形如蘆菔根其觸耳者言象如箕其觸頭者言象如石其觸鼻者言象如杵其觸脚者言象如木臼其觸脊者言象如牀其觸腹者言象如甕其觸尾者言象如繩善男子如彼衆盲不說象體亦非不說若是衆相悉非象者離是之外更無別象善男子王喻如來應正徧知臣喻方等大涅槃經象喻佛性盲喻一切無明衆生是諸衆生聞佛說已或作是言色是佛性何以故是色雖滅次第相續是故獲得無上如來三十二相如來常色

如來色者常不斷故是說色名爲佛性譬如真金質雖遷變色常不異或時作釧作盤然其黃色初無改易衆生佛性亦復如是質雖無常而色是常以是故說色爲佛性乃至說受想行識等爲佛性又有說言離陰有我我是佛性如彼盲人各各說象雖不得實非不說象說佛性者亦復如是非即六法不離六法善男子是故我說衆生佛性非色不離色乃至非我不離我善男子有諸外道雖說有我而實無我衆生我者即是五陰離陰之外更無別我善男子譬如莖葉鬚臺合爲蓮華離是之外更無別華又佛言善男子是諸外道癡如小兒無慧方便不能了達常與無常苦與樂淨不淨我無我壽命非壽命衆生非衆生實非實有非有於佛法中取少許分虛妄計有常樂我淨而實不知常樂我淨如生盲人不識乳色便問他言乳色何似他人答言色白如貝盲人復問是乳色者如貝聲耶答言不也復問貝色爲何似耶答言猶稻米末盲人復問乳色柔軟如稻米末耶稻米末者復何所似答言猶如雨雪盲人復言彼稻米末冷如雪耶雪復何似答言猶如白鵠是生盲人雖聞如是四種譬喻終不能得識乳真色是諸外道亦復如是終不能識常樂我淨善男子以是義故我佛法中有真實諦非於外道夫真實諦者宗鏡所歸未聞悟時不信解者所有說法及自修行皆成生滅折伏之門不入無生究竟之道如菴提遮女經云爾時文殊師利又問曰頗有明知生而不生相爲生所留者不答曰有雖自明見其力未

充而爲生所留者是也又問曰頗有無知不識生性而畢竟不爲生所留者不答曰無所以者何若不見生性雖因調伏少得安處其不安之相常爲對治若能見生性者雖在不安之處而安相常現前若不如是知者雖有種種勝辯談說甚深典籍而即是生滅心說彼實相密要之言如盲辯色因他語故說得青黃赤白黑而不能自見色之正相今不能見諸法者亦復如是但今爲生所生爲死所死者而有所說者乃於其人即無生死之義耶若爲常無常所繫者亦復如是當知大得空者亦不自得空故說有空義耶故知能了萬法無生之性是爲得道大般若經云佛言善現以一切法空無所有皆不自在虛誑不堅故一切法無生無起無知無見復次善現一切法性無所依止無所繫屬由此因緣無生無起無知無見華嚴經云如實法印印諸業門得法無生住佛所住觀無生性印諸境界諸佛護念發心迴向與諸法性相應迴向入無作法成就所作方便是以不了唯心之旨未入宗鏡之人向無生中起貪癡之垢於眞空內著境界之緣以爲對治成其輪轉若能返照心境俱寂如諸法無行經云若菩薩見貪欲際即是眞際見瞋恚際即是眞際見愚癡際即是眞際則能畢滅業障之罪乃至凡夫愚人不知諸法畢竟滅相故自見其身亦見他人以是見故便起身口意業乃至不見佛不見法不見僧是則不見一切法若不見一切法於諸法中則不生疑不生疑故則不受一切法不受一切法故則自寂滅不思議佛境界經云爾時世尊復語文殊師利菩薩言童子汝能了知如來所住平等法不文殊師利菩薩言世尊我已了知佛言童子何者是如來所住平等法文殊師利菩薩言世尊一切凡夫起貪瞋癡處是如來所住平等法佛言童子云何一切凡夫起貪瞋癡處是如來所住平等法文殊師利菩薩言世尊一切凡夫於空無相無願法中起貪瞋癡是故一切凡夫起貪瞋癡處即是如來所住平等法佛言童子空豈是有法而言於中有貪瞋癡文殊師利菩薩言世尊空是有是故貪瞋癡亦是有佛言童子空云何有貪瞋癡復云何有文殊師利菩薩言世尊空以言說故有貪瞋癡亦以言說故有如佛說比丘有無生無起無作無爲非諸行法此無生無起無作無爲非諸行法非不有若不有者則於生起作爲諸行之法應無出離以有故言出離耳此亦如是若無有空則於貪瞋癡無有出離以有故說離貪等諸煩惱耳中觀論偈云從法不生法亦不生非法從非法不生法及於非法直釋偈意法即是有如色心等非法是無如兔角等若從法生法如母生子法生非法如人生石女兒從非法生法如兔角生人從非法生非法者如龜毛生兔角故般若假名論云復有念言若如來但證無所得者佛法即一非是無邊是故經言如來說一切法皆是佛法佛法謂何即無所得未曾一法有可得性是故一切無非佛法云何一切皆無所得經云一切法者即非一切法云何非耶無生性故若無生即無性云何名一切法於無性中假言說故一切法無有性者即是衆生如來藏性龐居士偈云劫火燃天天不熱嵐風吹動不聞聲百川競注海不溢五嶽名山不見形澄清靜慮無蹤跡千途盡總入無生故知諸法從意成形千途因心有像一念澄寂萬境曠然元同不二之門盡入無生之旨所以傅大士行路難云君不見諸法但假空施設寂靜無門爲法門一切法中心爲主念念不復得心原究檢心原既不得當知諸法併無根又無生有二如通心論云一法性無生妙理言法至虛言性本來自爾名曰無生二緣起無生夫境由心現故不從他生心藉境起故不自生心境各異故不共生相因而有故不無因生亦云一理無生圓成實性本不生故二事無生緣生之相即無生故止觀云若釋金剛經即轉無生意度入不住門中種種不住不住色布施不住聲香等布施雖諸法不住以無住法住般若中即是入空以無住法住世諦即是入假以無住法住實相即是入中此無住慧即是金剛三昧能破盤石砂礫徹至本際又如釋迦牟尼入大寂定金剛三昧天親無著論開善廣解詎出無生無住之意若得此意千經萬論豁矣無疑此是覺觀之初章思議之根本釋異之妙慧入道之指歸綱骨曠大事理具足一解千從法門自在故知一切諸法皆從無生性空而有有而非有不離俗而常眞非有而有不離眞而恒俗則幻有立而無生顯空有歷然兩相泯而雙事存眞俗宛爾斯則無主而無不生不住二邊矣如古德頌云無生終不住萬

像徒流布若作無生解還被無生固　問以心爲宗理須究竟約有情界眞妄似分不可雷同有徵圓覺如金鍮共蘊眞僞纖分砂米同炊生熟有異未審以何心爲宗　答誠如所問須細識心此妙難知唯佛能辯只爲三乘慕道見有差殊錯指妄心以爲眞實認妄賊而爲眞子劫盡家珍收魚目以作驪珠空迷智眼遂使愚癡之子陷有獄之重關邪倒之人溺見河之駭浪戲熾焰於朽宅忘苦忘疲卧大夢於長宵迷心迷性皆爲執斯緣慮作自己身遺此眞心認他聲色斯則出俗外道在家凡夫之所失也乃至三乘慕道法學禪宗亦迷此心執佛方便致使教開八網乘對四機越一念而遠曠三祇功虛大劫離實所而久滯化壘跡困長衢斯即權機小果乃至禪宗不得意者之所失也所以首楞嚴經云佛告阿難一切衆生從無始來種種顚倒業種自然如惡叉聚諸修行人不能得成無上菩提乃至別成聲聞緣覺及成外道諸天魔王及魔眷屬皆由不知二種根本錯亂修習猶如煮砂欲成嘉饌縱經塵劫終不能得云何二種阿難一者無始生死根本則汝今者與諸衆生用攀緣心爲自性者二者無始菩提涅槃元清淨體則汝今者識精元明能生諸緣緣所遺者由諸衆生遺此本明雖終日行而不自覺枉入諸趣釋曰此二種根本即眞妄二心一者無始生死根本者即根本無明此是妄心最初迷一法界不覺忽起而有其念忽起即是無始如睛勞華現睡熟夢生本無元起之由非有定生之處皆自妄念

非他外緣從此成微細業識則起轉識轉作能心後起現識現外境界一切衆生同用此業轉現等三識起内外攀緣爲心自性因此生死相續以爲根本二者無始菩提涅槃元清淨體者此即眞心亦云自性清淨心亦云清淨本覺以無起無生自體不動不爲生死所染不爲涅槃所淨目爲清淨此清淨體是八識之精元本自圓明以隨染不覺不守性故如虛谷任響隨緣發聲此亦如然能生諸法則立見相二分心境互生但隨染淨之緣遺此圓常之性如水隨風作諸波浪由此衆生失本逐末一向沉淪都不覺知枉受妄苦雖受妄苦眞樂恒存任涉昇沉本覺不動如水作波不失濕性唯知變心作境以悟爲迷從迷積迷空歷塵沙之劫因夢生夢永昏長夜之中故經云當知一切衆生從無始來生死相續皆由不知常住眞心性淨明體用諸妄想此想不眞故有輪轉以不了不動眞心而隨輪迴妄識此識無體不離眞心元於無相眞原轉作有情妄想如風起澄潭之浪浪雖動而常居不動之源似瞖生空界之華華雖現而匪離虛空之性瞖消空淨浪息潭清唯一眞心周徧法界又此心不從前際生不居中際住不向後際滅昇降不動性相一如則從上稟受以此眞心爲宗離此修行盡落魔罥別有所得悉陷邪林是以能動深慈倍生憐愍故二祖求此妄心不得初祖於是傳衣阿難執此妄心如來所以呵斥如經云佛告阿難汝今欲知奢摩他路願出生死今復問汝即時如來舉金色臂屈五輪指語阿難

言汝今見不阿難言見佛言汝何所見阿難言我見如來舉臂屈指爲光明拳耀我心目佛言汝將誰見阿難言我與大衆同將眼見佛告阿難汝今答我如來屈指爲光明拳耀汝心目汝目可見以何爲心當我拳耀阿難言如來現今徵心所在而我以心推窮尋逐即能推者我將爲心佛言咄阿難此非汝心阿難矍然避座合掌起立白佛此非我心當名何等佛告阿難此是前塵虛妄相想惑汝眞性由汝無始至于今生認賊爲子失汝元常故受輪轉阿難白佛言世尊我佛寵弟心愛佛故令我出家我心何獨供養如來乃至徧歷恒沙國土承事諸佛及善知識發大勇猛行諸一切難行法事皆用此心縱令謗法永退善根亦因此心若此發明不是心者我乃無心同諸土木離此覺知更無所有云何如來說此非心我實驚怖兼此大衆無不疑惑唯垂大悲開示未悟爾時世尊開示阿難及諸大衆欲令心入無生法忍於師子座摩阿難頂而告之言如來常說諸法所生唯心所現一切因果世界微塵因心成體阿難若諸世界一切所有其中乃至草葉縷結詰其根元咸有體性縱令虛空亦有名貌何況清淨妙淨明心性一切心而自無體若汝執吝分別覺觀所了知性必爲心者此心即應離諸一切色香味觸諸塵事業別有全性如汝今者承聽我法此則因聲而有分別縱滅一切見聞覺知內守幽閑猶爲法塵分別影事我非勑汝執爲非心但汝於心微細揣摩若離前塵有分別性即眞汝心若分別性離塵

無體斯則前塵分別影事塵非常住若變滅時此心則同龜毛兔角則汝法身同於斷滅其誰修證無生法忍古釋云能推者即是妄心皆有緣慮之用亦得名心然不是眞心妄心是眞心上之影像故云汝身汝心皆是妙明眞精妙心中所現物若執此影像爲眞影像滅時此心即斷故云若執緣塵即同斷滅以妄心攬塵成體如鏡中之像水上之泡迷水執波波寧心滅迷鏡執像像滅心亡心若滅時即成斷見若知濕性不壞鏡體常明則波浪本空影像元寂故知諸佛境智徧界徧空凡夫身心如影如像若執末爲本以妄爲眞生死現時方驗不實故古聖云見鑛不識金入爐始知錯　問眞妄二心各以何義名心以何爲體以何爲相　答眞心以靈知寂照爲心不空無住爲體實相爲相妄心以六塵緣影爲心無性爲體攀緣思慮爲相此緣慮覺了能知之妄心而無自體但是前塵隨境有無境來即生境去即滅因境而起全境是心又因心照境全心是境各無自性唯是因緣故法句經云燄光無水但陽氣耳陰中無色但緣氣耳以熱時炎氣因日光爍遠看似水但從想生唯陽氣耳此虛妄色心亦復如是以自業爲因父母外塵爲緣和合似現色心唯緣氣耳故圓覺經云妄認六塵緣影爲自心性故知此能推之心若無因緣即不生起但從緣生緣生之法皆是無常如鏡裏之形無體而全因外境似水中之月不實而虛現空輪認此爲眞愚之甚矣所以慶喜執而無據七處茫然二祖了而不生一言契道

則二祖求此緣慮不安之心不得即知眞心徧一切處悟此爲宗遂乃最初紹於祖位阿難因如來推破妄心乃至於五陰六入十二處十八界七大性一一微細窮詰徹底唯空皆無自性既非因緣自他和合而有又非自然無因而生悉是意言識想分別因茲豁悟妙明眞心廣大含容徧一切處即與大衆俱達此心同聲讚佛故經云爾時阿難及諸大衆蒙佛如來微妙開示身心蕩然得無罣礙是諸大衆各各自知心徧十方見十方空如觀手中所持葉物一切世間諸所有物皆即菩提妙明元心心精徧圓含裹十方反觀父母所生之身猶彼十方虛空之中吹一微塵若存若亡如湛巨海流一浮漚起滅無從了然自知獲本妙心常住不滅禮佛合掌得未曾有於如來前說偈讚佛妙湛總持不動尊首楞嚴王世希有銷我億劫顛倒想不歷僧祇獲法身即同初祖直指人心見性成佛
問眞心行相有何證文　答持世經云菩薩觀心心中無心相是心從本以來不生不起性常清淨客塵煩惱染故有分別心不知心亦不見心何以故是心空性自空故根本無所有是心無有一定法定法不可得故是心無法若合若散是心前後際不可得是心無形無能見者心不自見不知自性乃至是人爾時不分別是心是非心但善知心無生相通達是心無生性何以故心無決定性亦無決定相乃至不得心垢相不得心淨相但知是心常清淨相大般若經云於一切法雖無所取而能成辦一切事業釋曰若了自心無

事不辦或妄取前境界却成內自不足所以金剛三昧經云菩薩觀本性相謂自備足千思萬慮不益道理徒爲動亂失本心王論釋云無量功德即是一心一心爲主故名心王生滅動亂違此心王不得還歸故言失也又心者統攝諸法一切最勝無一法而不攝王者統御四海八表朝宗無一民而不臣故如幻三昧經云不求諸法是名已身遍趣大乘方便經云眞如實觀者思惟心性無生無滅不住見聞覺知永離一切分別之想　問心能作佛心作衆生以了眞心故成佛以執妄心故成衆生若成佛皆具圓通五眼無漏五陰故經云滅無常色獲得常色又云妙色湛然常安住又云善能分別諸法相云何說眞心不住見聞覺知永離一切分別之想　答若是妄心見聞須假因緣能所生起如云眼具九緣生等若無色空和合之緣見性無由得發五根亦然皆仗緣起斯則緣會而生緣散而滅無自主宰畢竟性空如楞伽經偈云心爲工技兒意如和技者五識爲伴侶妄想觀技衆如歌舞立技之人隨他拍轉拍緩則步緩拍急則步急五根亦如是但隨意轉如云身非念輪隨念而轉何者意地若生身輪動作意地若息根境寂然眞心則不爾常照常現鑒圓不能匿其輝徧界徧空塵蒼不能覆其體非純非雜萬法不能隱其眞無住無依塵勞不能易其性豈假前塵發耀對境生知自然寂照靈知湛然無際故首楞嚴經云佛告阿難如是六根由彼覺明有明明覺失彼精了黏妄發光是以汝今離暗離明無有

見體離動離靜元無黏質無通無塞離性不
生非變非恬嘗無所出不離不合覺觸本無
無滅無生了知安寄汝但不循動靜合離恬
變通塞生滅暗明如是十二諸有為相隨拔
一根脫黏內伏伏歸元眞發本明耀耀性發
明諸餘五黏應拔圓脫不由前塵所起知見
明不循根寄根明發由是六根互相為用阿
難汝豈不知今此會中阿那律陁無目而見
跋難陀龍無耳而聽殑伽神女非鼻聞香驕
梵鉢提異舌知味舜若多神無身有觸如來
光中映令暫現既為風質其體元無諸滅盡
定得寂聲聞如此會中摩訶迦葉久滅意根
圓明了知不因心念阿難今汝諸根若圓拔
已內瑩發光如是浮塵及器世間諸變化相
如湯消冰應念化成無上知覺阿難如彼世
人聚見於眼若令急合暗相現前六根黯然
頭足相類彼人以手循體外繞彼雖不見頭
足一辯知覺是同緣見因明暗成無見不明
自發則諸暗相永不能昏根塵既消云何覺
明不成圓妙釋曰如彼世人聚見於眼者此
先明世見非眼莫覩若令急合則無所見與
耳等五根相似彼人以手循體外繞雖不假
眼而亦自知此況眞見不藉外境緣見因明
暗成無見者此牒世間眼見須仗明暗因緣
根塵和合方成於見無見不明自發者此正
明眞見之時見性非眼既不屬眼又何假明
暗根塵所發則不明之明無見之見自然寂
照靈知何曾間斷且世間明暗虛幻出沒之
相又焉能覆蓋乎是以明不能明暗不能暗
也故云則諸暗相永不能昏眞性天然豈非

圓妙所以學人問先德云如何是大悲千手
眼答云如人夜裏摸得枕子　問妄心行相
有何證文　答勝天王般若波羅蜜經云佛
言菩薩行般若波羅蜜念心作是思惟此心
無常而謂常住於苦謂樂無我謂我不淨謂
淨數動不住速疾轉易結使根本諸惡趣門
煩惱因緣壞滅善道是不可信貪瞋癡主一
切法中心為上首若善知心悉解衆法種種
世間皆由心造心不自見若善若惡悉由心
起心性迴轉如旋火輪易轉如馬能燒如火
暴起如水作如是觀於念不動不隨心行令
心隨已若能伏心則伏衆法大涅槃經云佛
言善男子心若常者亦復不能分別諸色所
謂青黃赤白紫色善男子心若常者諸憶念
法不應忘失善男子心若常者凡所讀誦不
應增長復次善男子心若常者不應說言已
作今作當作若有已作今作當作當知是心
必定無常善男子心若常者則無怨親非怨
非親心若常者則不應言我物他物若死若
生心若常者雖有所作不應增長善男子以
是義故當知心性各各別異故當知無常又
云云何現喻如經中說衆生心性猶如獼猴
獼猴之性捨一取一衆生心性亦復如是取
著色聲香味觸法無暫住時是名現喻可驗
即今衆生之心如猿猴之處高樹上下不停
猶彌泥之泛迅流出入無礙似幻士之遊衆
會名相皆虛若技兒之出戲場本末非實所
以正法念處經云又彼比丘次復觀察心之
猿猴如見猿猴如彼猿猴躁擾不淳種種樹
枝華果林等山谷巖窟迴曲之處行不障礙

心之猿猴亦復如是五道差別如種種林地
獄畜生餓鬼諸道猶如彼樹衆生無量如種
種枝愛如華葉分別愛聲諸香味等以為衆
果行三界山身則如窟行不障礙是心猿猴
此心猿猴常行地獄餓鬼畜生生死之地又
彼比丘依禪觀察心之技兒如見技兒如彼
技兒取諸樂器於戲場地作種種戲心之技
兒亦復如是種種業化以為衣服戲場地者
謂五道地種種裝飾種種因緣種種樂器謂
自境界技兒戲者生死戲也心為技兒種
種戲者無始無終長生死也又彼比丘依禪
觀察心彌泥魚如見彌泥如彌泥魚在於河
中若諸河水急速亂波深而疾難可得行
能漂無量種種樹木勢力暴疾不可遮障山
澗河水峻速急惡彼彌泥魚能入能出能行
能住心之彌泥亦復如是於欲界河急疾波
亂能出能入能行能住大智度論云如佛說
凡夫人或時知身無常而不能知心無常若
凡夫人言身有常猶差以心為常是大惑何
以故身住或十歲二十歲是心日日過去生
滅各異念念不停欲生異生欲滅異滅如幻
事實相不可得如是無量因緣故知心無常
是名心念處行者思惟是心屬誰誰使是心
觀已不見有主一切法因緣和合故不自在
不自在故無自性無自性故無我若無我誰
當使是心止觀云起一念慮知之心隨善惡
而生十道一若其心念念專貪瞋癡攝之不
還拔之不出日增月甚起上品十惡如五扇
提羅者此發地獄之心行火塗道二若其心
念念欲多眷屬如海吞流如火焚薪起中品

十惡如調達誘衆者此發畜生心行血塗道三若其心念念欲得名聞四遠八方稱揚欽詠內無實德虛比賢聖起下品十惡如摩犍提者此發鬼心行刀塗道四若其心念念常欲勝彼不耐下人輕他珍已如鵄高飛下視而外揚仁義禮智信起下品善心行阿脩羅道五若其心念念欣世間樂安其臭身悦其癡心此起中品善心行於人道六若其心念念知三惡苦多人間苦樂相間天上純樂爲天上樂折伏麤惡此上品善心行於天道七若其心念念欲大威勢身口意纔有所作一切弭從此發欲界主心行魔羅道八若其心念念欲得利智辯聰高才勇哲鑒達六合十方顒顒此發世智心行尼乾道九若其心念念五塵六欲外樂蓋微三禪之樂猶如石泉其樂內重此發梵心行色無色道十若其心念念知善惡輪環凡夫耽湎賢聖所訶破惡由淨慧淨慧由淨禪淨禪由淨戒尚此三法如飢如渴此發無漏心行二乘道此上十心或先起非心或先起是心或是非並起譬象魚風並濁池水象譬諸非自外而起魚譬內觀羸弱爲二邊所動風譬內外合雜穢濁混和前九種心是生死如蠶自縛後一種心是涅槃如麞獨跳雖得自脫未具佛法俱非故雙簡明知三界無別理但是妄心生爲八倒之根株作四流之源穴疾如掣電猛若狂風覺起塵勞速甚瀑川之水欻生五欲急過旋火之輪是以結構四魔驅馳十使沈二死之河底投八苦之燄中醉迷衣裏之珠徒經艱險闘役額中之寶空自悲號皆因妄心迷此眞覺終無別失有出斯文如上依教所說眞妄二心約義似分歸宗匪別何者眞心約理體妄心據相用今以理恒是心不得心相心恒是理不動心相如水即波不得波相波即是水不壞波相是以動靜無際性相一原當凡心而見佛心觀世諦而成眞諦所以華嚴經云菩薩摩訶薩觀一切法皆以心爲自性如是而住若攝境爲心是世俗勝義心之自性即是眞如是勝義勝義如是而住以無所得而爲方便雙照眞俗無住住故

宗鏡録卷第三

音釋

恬徒兼反靜也　嵐盧含反　濫　箕居之反　嶽五角反　鍮　壘　詎其呂反　唄　陷　罥　躔直連反行也　豁　[illegible]　撲　麤　駭　儡　統　騾　詰　蘢　[illegible]

揣　黏　鷄　黲　弭　援　顒　撻　耽　耐　羸　瀑　欻　跳　攣　撒

丙午歲分司大藏都監開板

宗鏡録卷第三

校勘記

一　底本，麗藏本。

一　二一〇頁上三行第一六字「詮」，磧、南、徑、清作「證」。

一　二一〇頁上一六行第八字「矣」，磧作「入」。

一　二一一頁上一八行第一〇字「住」，磧、南、徑、清作「在」。

一　二一一頁下二四行第三字「覺」，磧、南、徑、清作「學」。

一　二一二頁下九行「想相」，徑作「相想」。

一　二一三頁上二六行第四字「性」，磧、南、徑、清作「相」。

一　二一三頁中一二行第一二字「裏」，磧、南、徑、清作「裹」。

一　二一四頁下三行第九字「愛」，清作「色」。又末字「衆」，南作「種」。

一　二一四頁下九行「樂器」，磧、南、徑、清作「樂器者」。

一二一五頁上二二行第二字「羸」，磧、清作「羸」。

一二一五頁上二七行首字「覧」，磧、南、清作「攬」。

一二一五頁中六行第三字「見」，磧、南、徑、清作「是」。

宗鏡錄卷第四

慧日永明寺主智覺禪師延壽集

夫所言心法者云何是心云何是心法　答了塵通相說名心王由其本一心是諸法之摠原也取塵別相名爲數法良因其根本無明迷平等性故也辯中邊論云若了塵通相名心取塵別相名爲心法　問此一心法幾義而成　答心法摠有四義一是事隨境分別見聞覺知二是法論體唯是生滅法數此二義論俗故有約眞故無三是理窮之空寂四是實論其本性唯是眞實如來藏法　問心四義之中前二義是緣慮妄心後二義是常住眞心約眞心則本性幽玄窮理空寂既無數量不更指陳只如妄心既涉見聞又言生滅此緣慮心有其幾種行相　答有五種心一率爾心謂聞法創初遇境便起二尋求心於境未達方有尋求三決定心審知法體而起決定四染淨心法詮欣厭而起染淨五等流心念念緣境前後等故法苑義林云瑜伽論云意識任運散亂緣不串習境時無欲等生爾時意識名率爾墮心有欲生時尋求等攝故又解深密經及決擇論說五識同時意識先未緣此今初同起亦名率爾故五心相者且如眼識初墮於境名率爾墮心時必定有一分別意識俱時而轉故眼俱意名率爾心初卒墮境故此既初緣未知何境爲善爲惡爲了知故次起尋求與欲俱轉希望境故既尋求已識知先境次起決定即解境故決定已識界差別取正因等相於怨任憲於親任善於中任捨染淨心生由此染淨

意識爲先引生眼識同性善染順前而起名等流心如眼識生耳等識亦爾先德問五心於八識中各有幾心答前五識有四心除尋求心無分別故第六具五心第七無率爾尋求二心有決定染淨等流三心謂第七常緣現在境故無率爾也問第七現有計度分別何無尋求心答夫尋求心皆依率爾後尋求方生第七既無率爾尋求亦無問前五既有率爾何無尋求答尋求有二緣方有一即率爾心引二即計度分別心前五種雖有率爾而無計度分別第八有三心率爾決定等流無染淨尋求問第八同第七常緣現在境何得有率爾答第七緣境即無間斷第八緣境有間斷第八初受生時創緣三界三種境故問初受生時第七亦創緣三界第八識無率爾心答第七隨所繫常緣當界第八識也今助一解第七常內緣一境即無率爾第八外緣多境而有率爾無分別故即無尋求問五心之中何心熏種何心不熏種答率爾心有二說一云不熏種任運緣境不強盛故二云若緣生境即不熏種若緣曾聞熟境即熏種由串習力故餘心摠熏種今解且如率爾聞聲境時不簡生熟聲境皆熏實聲種子更有九心成輪廣略不同眞理是一其心如輪隨境而轉故經云身非念輪隨念而轉其義如何上座部師立九心輪者一有分二能引發三見四尋求五貫徹六安立七勢用八返緣九有分體且如初受生時未能分別心但任運緣於境轉名有分若有境至心欲緣時便生警覺名能引發其心既於此境上轉

見照矚彼既見彼已便成尋求察其善惡既務彼已逆實徹識其善惡而安立心起語分別說其善惡隨其善惡便有動作勢用動作既興欲休廢道故返緣前所作善既返緣已還歸有分任運緣境名爲九心可成輪義其中見心通於六識餘唯意識有分心通生死返緣心唯得死若離欲者死唯有分心既無我愛無所返緣不生顧戀未離欲者以返緣心而死有戀愛故若有境至即心可生若無異境恒任有分任運相續然見與尋求前後不定　問若隨分別立眞妄心約此二心摠有幾種　答大智度論云有二種道一畢竟空道二分別好惡道若畢竟空道尚不得一何況說多若分別好惡道理從義別事乃恒沙且約一心古釋有四一紇利陁耶此云肉團心身中五藏心也如黃庭經所明二緣慮心此是八識俱能緣慮自分境故色是眼識境根身種子器世界是阿賴耶識之境各緣一分故云自分三質多耶此云集起心唯第八識積集種子生起現行四乾栗陁耶此云堅實心亦云貞實心此是眞心也然第八識無別自體但是眞心以不覺故與諸妄想有和合不和合義和合義者能含染淨目爲藏識不和合者體常不變目爲眞如都是如來藏故楞伽經云寂滅者名爲一心一心者即如來藏如來藏亦是在纏法身經云隱爲如來藏顯爲法身故知四種心本同一體但從迷悟分多經偈云佛說如來藏以爲阿賴耶惡慧不能知藏即賴耶識佛說如來藏者即法身在纏之名以爲阿賴耶即是藏識惡慧

不能知藏即賴耶識有執眞如與賴耶體別者是惡慧也然雖四心同體眞妄義別本末亦殊前三是相後一是性性相無礙都是一心即第四眞心以爲宗旨又古德廣釋一心者望一如來藏心含於二義一約體絶相義即眞如門謂非染非淨非生非滅不動不轉平等一味性無差別衆生即涅槃不待滅也凡夫彌勒同一際也二隨緣起滅義即生滅門謂隨熏轉動成於染淨染淨雖成性恒不動只由不動能成染淨是故不動亦在動門楞伽經云如來藏名阿賴耶識而與無明七識共俱如大海波常不斷絶又云如來藏者爲無始虛僞惡習所熏名爲識藏若此一心推末歸本者謂證第一義則得解脫第一義是緣之性若見緣性則脫緣縛華嚴經云皆一心作論云但是一心者一切三界唯心轉故諸教同引證成唯心云何一心而作三界有三一二乘謂有前境不了唯心縱聞一心但謂眞諦之一或謂由心轉變非皆是心二異熟賴耶名爲一心簡無外境故說一心三如來藏性清淨一心理無二體故說一心是知凡聖二法染淨二門無非一心矣又此一心約性相體用本末即入等義更有十門一假說一心則二乘人謂實有外法但由心變動故說一心下之九門實唯一心二相見俱存故說一心此通八識及諸心所并所變相分本影具足由有支等熏習力故變現三界依正等報三攝相歸見故說一心亦通王數但所變相分無別種生能見識生帶彼影起四攝數歸王故說一心唯通八識以彼心所

依王無體亦心變故釋云攝相歸見者唯識偈云唯識無境界以無塵妄見如人目有翳見毛月等事凡作論有三義一者立義即初句二者引證即第二句三者譬喻即下二句所緣緣論云内識如外現爲識所緣緣許彼相在識及能生識故意云内識似外境現爲所緣緣許眼等識帶彼相起及從彼生識故結云諸識唯内境相爲所緣緣理極成也則非全無相相全屬識故云歸見攝數歸王者如莊嚴論偈云自界及二光癡共諸惑起如是諸分別二實應遠離釋曰自界謂自阿賴耶識種子二光謂能取光所取光此等分別由共無明及諸餘惑故得生起如是諸分別二實應遠離二實謂所取實及能取實如是二實染汙應求遠離所以論偈云能取及所取此二唯心光貪光及信光二光無二法釋曰求唯識人應知能取所取此之二種唯是心光五以末歸本說一心謂七轉識皆是本識差別功能無別體故經偈云譬如巨海浪無有若干相諸識心如是異亦不可得六攝相歸性說一心謂此八識皆無自體唯如來藏平等顯現餘相皆盡一切衆生即涅槃相經云不壞相有八無相亦無相七性相俱融說一心謂如來藏舉體隨緣成辦諸事而其自性本不生滅即此理事混融無礙是故一心二諦皆無障礙八融事相入說一心謂由心性圓融無礙以性成事事亦鎔融不相障礙一入一切一一塵内各見法界天人脩羅不離一塵九全事相即說一心謂依性之事事無別事心性旣無彼此之異事亦一切即

一一即是多多即一等十帝網無礙說一心謂一中有一切彼一切中復有一切重重無盡皆以心識如來藏性圓融無盡以眞如性畢竟無盡故觀一切法即眞如故一切時處皆帝網故如漩洑頌云若人欲識眞空理身内眞如還徧外情與非情共一體處處皆同眞法界不離幻色即見空此即眞如含一切一念照入於多劫一一念劫收一切於一境内一切智於一智中諸境界只用一念觀諸境一切諸境同時會時彪帝網現重重一切智通無罣礙漩洑者水之漩流洄洑之處一甚深故二迴轉故三難渡故法海漩洑亦然一唯佛能究故二眞妄相循難窮初後三聞空謂空聞有謂有則沉於漩洑若不了斯宗難起有海隨善惡之浪漂苦樂之洲不遇慈航焉登覺岸如偈云眞如淨法界一派未嘗存隨於染淨緣遂成十法界隨染緣成六凡法界隨淨緣成四聖法界六凡法界者一天法界二人法界三脩羅法界四地獄法界五餓鬼法界六畜生法界四聖法界者一聲聞法界二緣覺法界三菩薩法界四佛法界衆生於眞性上以情想自異則六趣昇沉諸聖於無爲法中以智行爲差則四聖高下然凡聖迹雖昇降縛脫似殊於一眞法界之中初無移動又依華嚴宗一心隨理事立四種法界一理法界者界是性義無盡事法同一性故二事法界者界是分義一一義別有分劑故三理事無礙法界者具性分義圓融無礙四事事無礙法界者一切分劑事法一一如性融通重重無盡故以此十法界因理事四

法界性相即入眞俗融通遣出無窮成重重無盡法界然是全一心之法界全法界之一心隨有力無力而立一立多因相資相攝而或隱或顯如一空徧森羅之物像似一水收萬疊之波瀾入宗鏡中坦然顯現又有所入能入二種法界如淸涼疏云先明所入總唯一眞無礙法界語其性相不出事理隨其義別略有五門一有爲法界二無爲法界三俱是四俱非五無障礙然五各二門初有爲二者一本識能持諸法種子名爲法界如論云無始時來界等此約因義而其界體不約法身二三世之法差別邊際名爲法界不思議品云一切諸佛知過去一切法界悉無有餘等此即分劑之義二無爲法界二者一性淨門在凡位中性恒淨故眞空一味法無差別故二離垢門謂由對治方顯淨故隨行淺深分十種故三亦有爲亦無爲法界二者一隨相門謂受想行蘊及五種色并八無爲此十六法唯意所知十八界中名爲法界二無礙門謂一心法具含二門一心眞如門二心生滅門雖此二門皆各總攝一切諸法然其二位恒不相雜其猶攝水之波非靜攝波之水非動故迴向品云於有爲界示無爲法而不滅壞有爲之相於無爲界示有爲法而不分別無爲之性此明事理無礙四非有爲非無爲法界二門者一形奪門謂緣無不理之緣故非有爲理無不緣之理故非無爲法體平等形奪雙泯大品經云須菩提白佛言是法平等爲是有爲爲是無爲佛言非有爲法非無爲法何以故離有爲法無爲法不可得離無爲法有爲法不可得須菩提是有爲性無爲性是二法不合不散此之謂也二無寄門謂此法界離相離性故非此二又非二諦故又非二名言所能至故是故俱離解深密經云一切法者略有二種所謂有爲無爲是中有爲非有爲非無爲無爲非無爲非有爲等五無障礙法界二門者一普攝門謂於上四門隨一即攝餘一切故是故善財或覩山海或見堂宇皆名入法界二圓融門謂以理融事故令事無分劑微塵非小能容十剎剎海非大潛入一塵也以事顯理故令理非無分謂一多無礙或云一法界或云諸法界然由一非一故即諸非諸故即一乃至重重無盡是以善財暫時執手迷經多劫纔入樓閣普見無邊皆此類也上來五門十義總明所入法界應以六相融之二明能入亦有五門一淨信二正解三修行四證得五圓滿此五於前所入法界有其二門一隨一能入通五所入隨一所入徧五能入二此五能入如其次第各入一門此上心境二義十門六相圓融總爲一聚無障礙法界百門義海云入法界者即塵緣起是法法隨智顯用有差別是界此法以無性故則無分劑融無二相同於眞際與虛空等徧通一切隨處顯現無不明了然此一塵與一切法各不相見亦不相知何以故由各各全是圓滿法界普攝一切更無別法可知見也經云即法界無法界法界不知法界若如是更無別法可知見者云何言入以悟了之處名爲入故又雖入而無所入若有所入則失諸法性空義以無性理同故則處處入法界前約情智凡小所見隨染淨緣成十法界者即成其過今依華嚴性起法門悉爲眞法界若成若壞若垢若淨全成法界如經云分別諸色無量壞相是名上智者古釋云六道之色壞善境定二乘之色壞因壞果菩薩之色壞有壞無佛色者壞上諸壞壞爲法界非壞非不壞悉是法界

問心分四名義開十種識之名義約有幾何

答若約同門自相不可分別若約異門共相隨義似分名約性相有九義包內外具五名有九者一眼識二耳識三鼻識四舌識五身識六意識七末那識八阿賴耶識九淨識義具五者一識自相謂識自證分二識所變故一切境界從心現起三識相應故同時受想等心法四識分位故識上四相等五識實相故謂二空眞如是識實性自上諸法皆不離識總名唯識故知若相若性若境若心乃至差別分位皆是唯識卷舒匪離總別同時猶雲霧之依空若波瀾之涌海又古德廣釋唯識義有十門明此唯識二字先離解次合解先且離解初唯後識初唯字者有三義一者揀持之義揀之謂揀去我法所執持謂持取持取依圓二性唯識論云唯言爲遣離識我法非無不離識心所無爲等二者決定義決無離心之境定有內識之心謂小乘離心有境淸辯破無內心三者顯勝義謂心王勝心所等劣今但顯勝不彰於劣護波論師二十唯識云此說唯識但舉王勝理兼心所如言王來非無臣佐次解識字者即了別義謂八種心王是識自性等五位百法理之與事皆

不離識不兩與如應非唯識攝餘歸識摠立識名經云三界唯心次合釋唯識者唯謂揀去遍無外境境無非有識能了別詮有內心心有非無合名唯識唯謂遮無是用識表詮有是體攝用歸體唯即識持業釋夫六釋之文簡法爲妙今欲性相俱辯且略引持業依主二釋可稱今文第一持業釋者有二一持業二同依且持業者持謂任持業謂業用若法體能持用用能顯體名爲持業如言藏識識是體藏是用識體能持藏用即名持業又如妙法即蓮華等二同依釋者即多用同依一體如言分段生死即身變易生死即身等是所以一切萬法以心爲體萬法是用法不離心用不離體心體能持萬法法即是心用即是體名持業釋若一切法不得自心之任持無一法可立又若無法則無業用無用不能顯體故知一切法是心心是一切法體用相成非一非二第二依主釋者有二一依主釋二依士釋依主者有法以勝釋劣將劣就勝以彰名如言眼識眼是所依即勝識是能依即劣以勝眼釋劣識故將劣就勝以彰其名眼之識故依主釋也或以別簡通依主即別名勝通名劣二依士釋者謂劣法是勝法之士用故今將劣法解於勝法勝法從劣法以彰名如言擇滅無爲擇滅是有爲即劣無爲即勝將勝就劣以彰名依士釋是知心王爲勝一切法盡是心法又心是所依即勝法是能依即劣以劣顯勝心之法故即依主釋無有一法不屬心者若以一切法顯心以劣彰勝法之心故即依士釋所以宗鏡內於持業有財依主依士鄰近帶數六釋之中不出持業依主等二釋下文不更一一廣明以一例諸自然無惑問此言唯遮外境不有爲遮離心之境爲遮不離心之境答設爾何失難二俱有過若遮離心之境是無餘有不離心相分在何以但言唯識不言唯境識若遮不離心境是無應但有能變三分關所變相分過如何通釋答所言唯識者遮心外境無不遮內境不離識相分是無問內境與識旣並非無如何但言唯識不言唯境識耶答以護法菩薩云境名通於內外謂有離心境不離心境恐濫外境但言唯識所以唯識論云謂諸愚夫迷執外境起煩惱業生死輪迴不解觀心非謂內境相分如外都無問唯識性與唯識有何同異答各有二義且唯識性二義者一者虛妄唯識性即徧計性所遣清淨二者眞實唯識性即圓成實性所證清淨若言唯識者有二義一者世俗唯識即依他起所斷清淨二者勝義唯識即圓成實所得清淨又言唯識性相不同相是依他唯是有爲通漏無漏性即圓成唯是眞如無爲無漏又云唯言識者是了別義意云五位一百法理之與事不離識今攝歸識摠言識名以萬法由心起故然即非唯一人之識亦非唯一識更無餘識等出唯識體者一所觀出體者即取五位一百法爲體以通觀有爲無爲法故即以識相識性合爲唯識體皆不離識故二能觀出體者即唯取心心所爲體心所與識常相應故即唯能非所若約唯識觀即取於境中慧爲體於所觀境觀爲勝故又明唯識差別揔攝諸緣及理有其十種一遣虛存實義者遣爲除遣虛爲虛妄觀徧計所執唯虛妄起都無體用應正除遣爲情有理無故存者留義實謂實有即觀依圓法體是實有是本後二智境應正存留爲理有情無故良由一切異生小乘無始時來妄執我法爲有淸辯菩薩等妄撥理事爲空今於唯識觀中遣虛者空觀對遣有執存實者有觀對遣虛執非有非空法無分別離言詮故二捨濫留純義捨爲捨離濫即相濫留謂存留純爲無雜雖觀事理有境有心爲心不孤起仗境方生境不自生識變方起由境有濫捨之不稱唯心體既純留說唯識故唯識論云我唯內有境亦通外恐濫外境但言唯識非爲內境如外都無華嚴經云三界唯心故三攝末歸本義攝謂縮攝末即見相二分歸即向本謂識自證分是所依體故今攝末見相分歸本自證分體故言唯識故解深密經云諸識所緣唯識所現四隱劣顯勝義謂三所俱能示現心所即劣依他起故隱劣不取心王即勝所依體故故言唯識即名顯勝故莊嚴論云許心似二現如是似貪等五遣相證性義識言所表具有事理事謂相用遣而不取理爲體性應求作證故攝論偈云依繩起蛇解見繩知是無證見彼分明方知明性亂六境義境謂所觀境識即能觀心此所觀境由識變現境不離識立境唯識義阿毗達磨經云鬼人天等所見各異七教義即能詮教說有唯識義故楞伽經偈云由自心執著心似外境轉彼所見非有是故說唯心八理義道理唯識

唯識頌云是諸識轉變分別所分別由此彼皆無故一切唯識九行義行謂觀行即菩薩在定位作四尋伺觀等即觀行及定俱不離識故瑜伽論偈云菩薩於定位觀境唯是心等十果義謂佛果四智菩提所有功德皆不離識故莊嚴論云眞如無境識是淨無漏界等如上十義性相境智教理行果等皆唯是識無有一法而非所標故稱辟經了義中王諸聖所依之父若有遇者頓息希望無一法而可求無一事而不足全備如求無上之珍寶掌同荆岫璞中已標穀海秘密之靈珠豈比驪龍頷下遂得截衆生之苦際斷煩惱之病原一念功全千途自正是以法華經云如清涼池能滿一切諸渴乏者如寒者得火如裸者得衣如商人得主如子得母如渡得船如病得醫如闇得燈如貧得寶如民得王如賈客得海如炬除闇此法華經亦復如是能令衆生離一切苦一切病痛能解一切生死之縛故知唯此眞實爲法皆空以此標宗更無等等如觀法經云彼有菩薩名曰上首作一乞士入城乞食時有比丘名曰恒伽謂乞士言汝從何來答我從眞實中來又問何謂眞實答曰寂滅故名爲眞實又問寂滅相中有所求無所求耶答曰無所求又問無所求者何用求耶答言無所求中吾故求之又問無所求中何用求耶答有所求者一切皆空得者亦空著者亦空實者亦空來者亦空語者亦空問者亦空寂滅涅槃一切虛空分界亦復皆空吾爲如是次第空法而求眞實故知若能於法法上求空則於門門中解脫若入法問答言語往來如宗鏡中像若般若智照寂滅涅槃如宗鏡中明所以若像若明一切皆空唯有鏡體恒常披露徧一切處未曾出沒故云吾爲如是次第空法而求眞實即知一切法皆眞實故無所求中吾故求之矣亦是夫求法者於一切法應無所求故融大師云若有一法可得即是非時求也所以淨名經云空當於何求答曰當於六十二見中求又問六十二見當於何求答曰當於諸佛解脫中求又問諸佛解脫當於何求答曰當於一切衆生心行中求古釋云空智因於見生則空智無性無性故智空故名空智邪見因諸佛解脫而有邪因正生邪見亦空矣諸佛解脫因悟衆生心行則解脫空矣即約其空體無二所以互求理無不偏釋曰邪正既體本同空理又未曾暫隱若於此平等性中即不須求爲未知者說求耳如無生義云如經云願求諸佛慧亦不著願求求佛慧尚不令貪著何況其餘善法又菩薩以離願求但衆生不知求佛道菩薩故發願只云我願求佛道衆生因此方知發心而求佛道得意自知無所求也如上所解則念念與實相相應更無餘念也所以楞伽經云一一相相應遠離諸見過是知若於諸相常與實相相應自然遠離諸過會第一義清淨眞心朗然明徹而無念著即事即如唯心直進即佛之所許自覺之境矣故論偈云自知不隨他寂滅無戲論無異無分別是則名實相　問此唯識大約有幾種　答略有二種一具分二不具分且具分唯識者以無性理故成眞如隨緣義則不生滅與生滅和合非一非異名阿賴耶識即是具分若不全依眞心事不依理故唯約生滅便非具分有云影外有質爲半頭唯識質影俱影爲具分者此乃唯識宗中之具分耳又若使定信入此唯識正理速至菩提如登車而立至遐方猶乘舟而坐昇彼岸如成唯識寶生論云謂依大乘成立三界但唯是識釋云如經所說言大乘者謂是菩提薩埵所行之路及佛勝果爲得此故修唯識觀是無過失方便正路爲此類故顯彼方便於諸經中種種行相而廣宣說如地水火風并所持物品類難悉方處無邊由此審知自心相現遂於諸處捨其外相遠離欣慼復觀有海喧靜無差弃彼小途絕大乘望及於諸有耽著之類觀若險崖深生怖畏正趣中道若知但是自心所作無邊資糧易爲積集不待多時如少用功能成太事善逝行處猶若掌中由斯理故所有願求當能圓滿隨意而轉

宗鏡録卷第四　　　　録

音義

串古患反習也　紕匹易反又　鎔餘封反　淀堂練反
㳄習反學也　剎初八反　諧戶皆反　遜蘇困反　疊徒協反　綰烏板反
岫似祐反山有穴曰岫也　璞匹角反玉璞也　資式羊反

丙午歲分司大藏都監開板

宗鏡録卷第四

校勘記

一　底本，麗藏本。

一　二一七頁上一一行第二字「是」，磧、南、徑、清作「具」。又第七字「性」，磧、南作「惟」。

一　二一七頁上二八行第一六字「即」，磧、徑、清作「印」。

一　二一八頁下一七行首字「存」，磧、南、徑、清作「有」。

一　二一九頁下一八行「同時」，磧、南、徑、清作「同時」。

一　二二〇頁下三行第一一字「情」，磧作「情」。

一　二二〇頁下八行第一五字「虛」，磧、南、徑、清作「空」。

宗鏡録卷第五

慧日永明寺主智覺禪師　延壽　集

夫眞心靡易妙性無生凡聖同倫云何說妄答本心湛寂絶相離言性雖自爾以不守性故隨縁染淨且如一水若珠入則清塵雜則濁又如一空若雲遍則昏月現則淨故大智度論云譬如清淨池水狂象入中令其渾濁若清水珠入水即清淨不得言水外無象無珠心亦如是煩惱入故能令心濁諸慈悲等善法入心令心清淨然垢淨不定眞妄從縁若昧之則念念輪迴遺失眞性若照之則心心寂滅圓證湼槃故知眞妄無因空有言說約眞無說約說無眞皆是狂迷情想建立千途競起空迷演若之頭一法纔生唯現閻婆之影以含生不窮實際但徇狂情則諸聖術順機宜悉同其事以揳出揳說妄而從妄旋眞將麤接麤舉相而因相通性若不執妄尚不說眞幻影纔消智光息餤首楞嚴經云佛告阿難精眞妙明本覺圓淨非留生死及諸塵垢乃至虛空皆因妄想之所生起斯元本覺妙明眞精妄以發生諸器世間如演若多迷頭認影妄元無因於妄想中立因縁性迷因縁者稱爲自然彼虛空性猶實幻生因縁自然皆是衆生妄心計度阿難知妄所起說妄因縁若妄元無說妄因縁元無所有何況不知推自然者肇法師窮起妄之由立本際品云夫本際者即一切衆生無礙涅槃之性何爲忽有如是妄心及種種顚倒者但爲一念迷心此一念者從一而起又此一者從不思議起不思議者即無所起故經云道始生一一者謂無爲一生二二謂妄心乃至三生萬法也既縁無爲而有心復縁有心而有色故經云種種心色是以心生萬慮色起萬端和合業縁遂成三界種子所以有三界者爲執本迷眞一故即有濁辱生其妄氣者澄清微爲無色界所謂心也澄濁辱爲色界所謂身也散滓爲欲界所謂塵境也故經云三界虛妄唯一妄心變化夫內有一生即外有無爲內有二生即外有有爲內有三生即外有三界既內外相應遂生種種諸法及恒沙煩惱也故知三界內無有一法不從自心生因心想念分別造作如幻術力變化萬物於外似有發現現無現性唯自心生迷倒之人執爲外境隨境了別妍醜自分纔生忻猒之情便起塵勞之迹故遠法師云本端竟何從起滅有無際一微涉動境成此頹山勢但內一不生則無諸有欲塞煩惱之窟穴截生死之根株但能內觀一念無生則空華三界如風卷煙幻影六塵猶湯沃雪廓然無際唯一眞心矣進趣大乘方便經云佛言一實境界者謂衆生心體從本已來不生不滅乃至一切衆生心一切二乘心一切菩薩心一切諸佛心皆同不生不滅眞如相故乃至盡於十方虛空一切世界求心形狀無一區分而可得者但以衆生無明癡闇熏習因縁現妄境界令生念著所謂此心不能自知妄自謂有起覺知想計我我所而實無有覺知之相以此妄心畢竟無體不可見故若無覺知能分別者則無十方三世一切境界差別之相以一切法皆不能自有恒依妄心分別故有所謂一切境界各各不自念爲有知此爲自知彼爲他是故一切法不能自有則無別異唯依妄心不了不知內自無故謂有前外所知境界妄生種種法想謂有謂無謂好謂惡謂是謂非謂得謂失乃至生於無量無邊法想當如是知一切諸法皆從妄想生依妄心爲本然此妄心無自相故亦依境界而有所謂縁念覺知前境界故說名爲心又此妄心與前境界雖倶相依起無前後而此妄心能爲一切境界原主所以者何謂依妄心不了法界一相故說心有無明依無明力因故現妄境界亦依無明滅故一切境界滅非依一切境界自不了故說境界有無明亦非依境界故生於無明以一切諸佛於一切境界不生無明故又復不依境界滅故無明心滅以一切境界從本已來體性自滅未曾有故因如此義是故但說一切諸法依心爲本當知一切諸法悉名爲心以義體不異爲心所攝故又一切諸法從心所起與心作相和合而有共生共滅同無有住以一切境界但隨心所縁念念相續故而得住持暫時而有如上廣引佛言委曲周細只爲成後學之信明我自心賓藏論云古鏡照精其精自形古教照心其心自明當知一心徧一切心無塵可異一切性含一性有法皆同無形而廓徹虛空誰分彼此搜迹而任窮法界莫得纖毫何故衆生界中即今顯現斯則皆因妄念積集熏成如鏡上之塵似遮光影若空中之霧暫混清虛但有一法現前皆是自心分別設當一念纔起盡因幻境牽生起滅同時更無前後若

知能所無體頓悟人空法空忽了物我無依始信境寂心寂又乃心生非是因彼境未曾生心滅亦不因他境未曾滅當知境因心起還逐心亡但心生非境生心滅非境滅似魚母念魚子如蜂王攝衆蜂若魚母不念則魚子亡蜂王不攝而衆蜂散是以有心緣想萬境縱然無念憶持纖塵不現終無心外法能與心爲緣但是自心生還與心爲相是以楞伽經云不覺自心所現分劑不覺內識轉變外現爲色但是自心所現不通達如此分劑名惡見論以不知心現起差別見故云分劑是知若不於宗鏡正義之中所有知解皆是邪道宗黨設形言說悉墮惡見論議此宗鏡法義可以憑准正理無差可以依行現前得力萬邪莫迴其致千聖不改其儀遂能洗惑塵消滯慮湛幽抱豁神襟獨妙絕倫故無等等　問若言有眞有妄是法相宗若言無眞無妄是破相宗今論法性宗云何立眞立妄又說非眞非妄　答今宗鏡所論非是法相立有亦非破相歸空但約性宗圓教以明正理即以眞如不變不礙隨緣是其圓義若法相宗一向說有眞有妄若破相宗一向說非眞非妄此二門各著一邊俱可思議今此圓宗前空有二門俱存又不違礙此乃不可思議若定說有無二門皆可思議今以不染而染則不變隨緣染而不染則隨緣不變實不可以有無思亦不可爲眞妄惑斯乃不思議之宗趣非情識之所知今假設文義對治只爲破其邪執若情虛則智絕病差則藥消能窮始末之由方洞圓常之旨故復禮法師問天下學士眞妄偈云眞法性本淨妄念何由起從眞有妄生此妄安可止無初即無末有終應有始無始而無終長懷懵茲理願爲開玄妙析之出生死澄觀和尚荅云迷眞妄念生悟眞妄則止能迷非所迷安得全相似從來未曾悟故說妄無始知妄本自眞方是恒常理分別心未亡何由出生死宗密禪師釋云大乘經教統唯三宗一法相宗二破相宗三法性宗今此問是法性宗中鑰鍵關節不問二宗若法相宗所說一切有漏妄法無漏淨法無始時來各有種子在阿賴耶識中遇緣熏習即各從自性起都不關眞如誰言從眞生妄也彼說眞如一向無爲寂滅無起無止不可難他從眞有妄生也若破相宗一向說凡聖染淨一切皆空本無所有設見一法過涅槃者亦如幻夢彼且本不立眞何況於妄故不難云從眞有妄也唯疑法性宗以此宗經論言依眞起妄者如云法身流轉五道如來藏受苦樂等言悟妄即眞者如云初發心時即成阿耨菩提知妄本自眞見佛即清淨等又言凡聖混融者如云一切衆生本來成正覺般涅槃毗盧遮那身中具足六道衆生等眞妄相即雖說煩惱菩提無有始終又說煩惱終盡方名妙覺華嚴起信等經論首末之文義宗有礙自語相違擬欲揀之不可取一捨一欲合之又難會俱用之又相違試問天下學士有達者即知眞入道若諸師所荅悉迷問意皆約限相歸理而說都不識他所問從眞起妄之由修妄證眞之理然迷眞起妄蓋有因由息妄歸眞非無所以復禮法師豈不知眞妄俱寂理事皆如如寂之中何有問荅然有二門義理易辯即無違妨一者一向說有妄可斷有眞可證二者一向說非眞非妄無凡無聖此二門皆可思議故勝鬘經云衆生自性清淨〻無煩惱所染不染而染染而不染皆云難可了知復禮正問此義諸師所荅但說無垢染耳唯觀和尚所荅約眞如不變不礙隨緣方爲契當今宗密試荅曰本淨本不覺由斯妄念起知眞妄即空知空妄即止止處名有終迷時號無始因緣如幻夢何終復何始此是衆生原窮之出生死又人多謂眞能生妄故疑妄不窮盡爲決此理重荅前偈不是眞生妄妄迷眞而起知妄本自眞知眞妄即止妄止似終末悟來似初始迷悟性皆空性空無終始生死由此迷達此出生死又約始終有四句分別一有始無終即是始覺二有終無始即是無明三無終無始謂實際四有始有終是一期生死又釋云無始而有終長懷懵斯理者即法相事而例難之今云有妄即眞則同無終始若分別說應有四句眞理則無終無始妄念則無始有終眞智則無終有始覺起妄念有終有始若約圓融同無終始既無終始亦復無有無終無始唯亡言絕想可會斯玄詳上荅意深合圓宗於隨緣門初即迷眞起妄後乃悟妄即眞於迷悟中似分終始約不變門妄自本空誰論前後眞俗無性凡聖但名譬如迷繩作蛇疑杌爲鬼眞諦非有世諦非無二諦相成不墮邪見是以俗諦不得不有有常自空眞諦不得不空空恒徹有今時學者多迷空

有二門盡成偏見唯尚一切不立拂迹歸空於相違差別義中全無智眼既不辯惑何以釋疑故云涅槃心易曉差別智難明若能空有門中雙遮雙照眞俗諦內不即不離方可弘法爲人紹隆覺位

問法相法性二宗如何辯別

荅法相多說事相法性唯談理性如法相宗離第八識無眼等諸識若法性宗離如來藏無有八識若眞如不守自性變識之時此八識即是眞性上隨緣之義或分宗辯相事則兩分若性相相成理歸一義以不變隨緣隨緣不變故如全波之水全水之波動靜似分濕性無異清涼記引密嚴經偈云如來清淨藏世間阿賴耶如金與指鐶展轉無差別即賴耶體是如來藏與妄染合名阿賴耶更無別體又金色如指鐶金體即金然此上異惣有四句一以本成末本隱末存此即存隱不異故云以妄無體攬眞而起則眞無不隱唯妄現也二攝末歸本末盡本顯此即顯滅明不異故故云以眞體實妄無不盡唯眞現也三攝本從末末存攝末歸本本顯此則兩法俱存但眞妄有異即有眞有妄明不異故故云是即無體之妄不異體實之眞故云無有異也四攝本從末本隱是不無義攝末歸本末盡是不有義此則不有不無明不異亦是末後二句又非異故非邊不一故非中非中非邊是無寄法界妙智所證湛然常住無所寄也又非一即非異故恒居邊而即中等又非一即生死非異即涅槃非一即非異故恒住生死即處涅槃等亦可衆生迷故成阿賴耶如來悟故成如來藏如金隨工匠緣成時展作指鐶如指鐶隨爐火緣壞時却復爲金成壞展轉但是一金更無差別如來藏心亦復如是但隨染緣之時迷作阿賴耶隨淨緣之時悟成如來藏本末展轉唯是一心畢竟無別如無生義云衆生身中有涅槃即是末中含有本衆生是涅槃家用即是本中含有末貪欲即是道即是末中含有本貪欲即是道家用即是本中含有末故經言一切凡夫常在於定問言常在何定荅言以不壞法性三昧故此是末中含有本法性中含有衆生即是本中含有末大品經言不可離有爲說無爲不離無爲說有爲又末即是本本即是末義如凌即是水水即是凌如經言生死是涅槃無滅無生故又楞伽經云眞識現識如泥團微塵等乃至大慧若泥團微塵異者非彼所成而實彼成是故不異若不異者泥團微塵應無差別如是轉識藏識眞相若異者藏識非因若不異者轉識滅藏識亦應滅而自眞相實不滅是故非自眞相滅但業相滅耳此中眞相是如來藏轉識是七轉識藏識是賴耶又云諸識有三種相謂轉相業相眞相此三種相通於八識謂起心名轉八俱起故皆有生滅故名轉相動則是業如三細中初業相故八識皆動盡名業相八之眞性盡名眞相故經云略說有三種識廣說有八種相何等爲三謂眞識現識分別事識約不與妄合如來藏心以爲眞識現即第八經云譬如明鏡持衆色像現識處現亦復如是餘七皆名分別事識經云若異者藏識非因者謂三若異藏識則應不用眞相及轉識爲因既以轉識熏故眞識隨緣而成藏識則知不異非以藏識爲二識因故經云非自眞相滅但業相滅斯則三事備矣經喻中有三一塵二水三泥以水和塵泥團方成以業熏眞相業識便生經云若自眞相滅者藏識則滅者反顯藏識以眞妄和合而成但其妄滅而眞體不無又自眞相者曉法師釋云本覺之心不藉妄緣性自神解名自眞相約不一義說又隨無明風作生滅時神解之性與本不異亦名自眞相是依不異義說又經云如來藏爲無始惡習所熏名爲藏識又云大慧如來藏是善不善因能徧興一切趣生譬如技兒變現諸趣是以諸教皆如來藏爲識體故知心性即如來藏此外無法唯識論偈云又諸法勝義亦即是眞如常如其性故即唯識實性明知天親亦用如來藏而成識體但後釋論之人唯立不變則過歸後人以要言之揔上諸義皆是眞妄和合非一非異能成一心二諦之門不墮斷常處中妙旨事理交徹性相融通無法不收盡歸宗鏡

問眞妄二心行相各異如何融會得入法性之圓宗

荅但了妄念無生即是眞心不動此不動之外更無毫氂法可得如經云預流一來果不還阿羅漢如是諸聖人皆依心妄有大般若經云復次善現甚深般若波羅蜜多分析諸法過極微量竟不見有少實可得故名般若波羅蜜多又眞妄無體但有名字名字無體皆依言說言說性空俱無起處則一切言語悉皆平等一切諸法悉皆眞實所以勝思惟梵天所問

經云梵天謂文殊言仁者所說皆是眞實文殊曰善男子一切言說皆是眞實問曰虛妄言說亦眞實耶答曰如是何以故善男子是諸言說皆爲虛妄無處無方若法虛妄無處無方即是眞實以是義故一切言說皆是眞實善男子提婆達多所有言說與如來語無異無別何以故諸有言說皆是如來言說不出如故諸有言語所說之事一切皆以無所說故得有所說又輔行記釋一念心以成觀境此有二義一者以禪爲境不同世心二者即此境心復須離著向辯禪心既言一念一多相即爲是何等一心能具故簡示云不得同於妄計一念能了妄念無一異相違此無相具一切心三千具足方能照於一多相即此據初心習觀之人恐濫於妄情境觀是故應須簡示入門若據理論無非法界亦何隔於取著妄情以念本自空妄不可得故爲執有者令觀空耳又先德云未念之時念則未生未生則是不有不有之法亦無自相現在之念從緣而生念若自有不應待緣待緣生故即無自體故知心無自性緣起即空如欲斷其流但塞其源欲免其生但斷其根不用多功最爲省要故通心論云夫縛從心縛解從心解縛解從心不關餘處出要之術唯有觀心觀心得悟一切俱了是故智者先當觀心觀心得淨返觀自心欺誑不實如幻如化躁擾不住又如猿猴騰躍奔擲猶如野馬無始無明歷劫流浪不知何由得出若能如是觀心過患又推諸境境無自性由見而有不見即無又推見處見無自性由心有動不動即無又推動心動無自性獨由不覺覺則不動又推不覺無有根本直是無始虛習念念自迷無念眞心一無所有論云如人迷故謂東爲西方實不轉衆生亦爾無明迷故謂心爲動心實不動若能觀心知心無起即得隨順入眞如門當知所有皆是虛妄心念而生心有即有心無即無有無從心彌須自覺勿不自覺爲心自欺既知心誰更勿留心好惡是非一時都放則心無住處心無住處則無有心既無有心亦無無心有無惣無身心俱盡身心盡故泯齊萬境萬境無相合本一冥冥然玄照照無不寂以寂爲體體無不虛虛寂無窮通同法界法界緣起無不自然來無所從去無所至又法無定相眞妄由心起盡同原更無別旨所以古師廣釋眞妄交徹之義云夫眞妄者若約三性圓成是眞徧計爲妄依他起性通眞通妄淨分同眞染分爲妄約徧計爲妄者情有即是理無妄徹眞也理無即是情有眞徹妄也若染分依他爲妄者緣生無性妄徹眞也無性緣成眞徹妄也若約隨俗說眞妄者眞妄本虛則居然交徹眞妄皆眞則本來一味故知眞妄常交徹亦不壞眞妄之相則該妄之眞眞非眞而湛寂徹眞之妄妄非妄而雲興如水該波而非水濕性凝停波徹水而非波洪濤洶湧則不存不泯性相歷然一一融通重重交徹無障無閡體用相收入宗鏡中自然法尒故先德云然其眞妄所以交徹者不離一心故禪原集云謂一切凡聖根本悉是一法界心性覺寶光各各圓滿本不名諸佛亦不名衆生秖以此心靈妙自在不守自性隨迷悟之緣成凡聖之事又雖隨緣而不失自性常非虛妄常無變異不可破壞唯是一心遂名眞如故此一心常具二門未曾暫闕秖隨緣門中凡聖無定謂本來未曾覺悟故說煩惱無始若修證即煩惱斷盡故說有終然實無別始覺亦無不覺畢竟平等故此一心常具眞如生滅二門又眞妄各有二義一眞有不變隨緣二義二妄有體空成事二義謂由眞不變故妄體空爲眞如門由眞隨緣故妄識成事爲生滅門以生滅即眞如故諸經說無佛無衆生本來涅槃常寂滅相又以眞如即生滅故經云法身流轉五道號曰衆生既知迷悟凡聖在生滅門今於此門具彰凡聖二相即眞妄和合非一非異名阿賴耶識此識在凡本來常有覺與不覺二義覺是三乘賢聖之本不覺是六道凡夫之本今推此不覺之心無體則眞覺之性現前寶積經云佛言菩薩如是求心何者是心若貪欲耶若瞋恚耶若愚癡耶若過去未來現在耶若心過去即是滅盡若心未來未來未至若心現在則無有住是心非內非外亦非中間是心無色無形無對無識無知無住無處如是心者十方三世一切諸佛不已見不今見不當見若一切佛過去來今而所不見云何當有但以顚倒想故心生諸法種種差別是心如幻以憶想分別故起種種業受種種身乃至如是迦葉求是心相而不可得若不可得則非過去未來現在若非過去未來現在則出三世若出三世非有非無若非有非無即是不起若不起者即

是無性若無性者即是無生若無生者即是無滅若無滅者則無所離若無所離者則無來無去無退無生若無來無去無退無生則無行業若無行業則是無爲若無爲者則是一切諸聖根本持世經云菩薩爾時作是念世間甚爲在癡所謂從憶想分別識起於世間與心意識合三界唯皆是識是心意識亦無形無方不在法内不在法外凡夫爲虛妄相應所縛故於識陰中貪著於我若我所金剛三昧經云知諸名色唯是癡心分別癡心分別諸法更無異事出於名色知法如是不隨文語心心於義不分別我論釋云此明方便觀於中有二一明唯識尋思更無異事出於名色者名謂四蘊色是色蘊諸不相應皆假建立離此名色更無別體故諸有爲之事皆爲名色所攝如是諸法唯心所作離心無境離境無心如是名爲唯識尋思二顯如實智知法如是不隨文語者是名尋思所引如實智故心心於義不分別我者是義尋思所引如實智故人法二我皆無有義所以於中不分別故此眞妄二心情分二種智了唯一一二俱亡方入宗鏡所以維摩經云妙臂菩薩曰菩薩心聲聞心爲二觀心相空如幻化者無菩薩心無聲聞心是爲入不二法門故知既以無心現心則無法現法何者以一切境界隨念而生念既本空法復何有如大法炬陀羅尼經云佛言憍尸迦若人來問今此大衆食調衆具須功幾何彼問如是汝云何荅天帝釋言世尊我無所報何以故世尊今我此處三十三天凡是所須衣食衆具隨念現前非造作故佛言憍尸迦一切諸法亦復如是皆住心中隨所念時即得成就憍尸迦猶如卵生諸衆生等但以心念即便受生一切諸法亦復如是皆由心念法即現前憍尸迦又如一切濕生之類所謂魚鼈黿虬坻彌宜羅此等皆是卵生所攝此等或唯行一由旬或二由旬或至三四或復過七達彼地已安處已卵不令疲乏故能成熟憍尸迦此三藏教亦復如是隨憶念時彼業現前次第不亂相續不斷與彼句義和合相應又佛地論云三十三天有一雜林諸天和合福力所感令諸天衆不在此林宮殿等事共樂等受勝劣有異有我我所差別受用若在此林若事若受都無勝劣皆同上妙無我我所和合受用能令平等和合受用故名雜林此由諸天各修平等和合福業增上力故令彼諸天阿賴耶識變現此林同處同時同一相狀由此雜林增上力故令彼轉識亦同變現雖各受用而謂無別是以若達諸法皆心想生即從出俗門入聖行處如無盡意菩薩經云爾時舍利弗問無盡意唯善男子從何處來佛號何等世界何名去此近遠無盡意言唯舍利弗有來想耶舍利弗言唯善男子我知想已無盡意言若知想者應無二相何緣問言從何處來唯舍利弗有來去者爲和合義如和合相是無合不合無合不合即不去來不去來者是聖行處佛藏經云佛言舍利弗隨所念起一切諸想皆是邪見舍利弗譴無所有無覺無觀無生無滅通達是者名爲念佛海龍王經云佛言大王一切諸法皆從念興隨其所作各各悉成諸法無住亦無有處大智度論云菩薩云何觀心念處菩薩觀內外心是内心有三相生住滅作是念是心無所從來滅亦無所至但從内外因緣和合生是心無有定實相亦無實生住滅亦不過去未來現在世中是心不在内不在外不在中間是心亦無性無相亦無生者無使生者外有種種雜六塵因緣内有顛倒心想生滅相續故強名爲心如是心中實心相不可得是心性不生不滅常是淨相客煩惱相著故名爲不淨心心不自知何以故是心心相空故是心本末無有實法是心與諸法無合無散亦無前際後際中際無色無形無對但顛倒虛誑生是心空無我無我所無常無實是名隨順心觀知心相無生入無生法中何以故是心無生無性無相智者能知智者雖觀是心生滅相亦不得實生滅法不分別垢淨而得心清淨以是心清淨故不爲客塵煩惱所染如是等觀内心觀外心觀内外心亦如是故知法本不有因心故生離憶想而無法可成除分別而無塵可現又反觀憶想分別畢竟無生從三際求求之不見向十方覓覓之無蹤既無能起之心亦無所滅之跡起滅俱離所離亦空心境豁然名爲見道於見道中相待之眞妄自融對治之能所皆絕能所盡處自然成佛如華嚴論云此經云以少方便疾得菩提不同權教菩薩同有爲故立能證所證也一念之間無有能所能所盡處名爲正覺亦不同小乘滅能所也了能所本無動故此乃任法性故動寂皆平爲本智非動寂故

妄謂爲動愚夫不了棄動而求寂爲大苦也故維摩經云五受陰洞達空爲苦義爲小乘有忻厭故即苦生　問此説眞妄二心爲是法相宗爲是法性宗　答准華嚴演義云論云三界虚妄但是一心者若取三界虚妄即是所作便屬世諦今取能作爲第一義論釋唯是能作今經云三界唯心轉者則通能所然能所有二若法性宗中以第一義隨緣成有即爲能作所有心境皆通所作以不思議熏不思議變是現識因故若法相宗第一義唯識論云又復有義大乘經中説三界唯心心但是所迷非是能作有三能變謂第八等唯是心者但有内心無色香等外諸境界此云何知如十地經説三界虚妄但是一心作故心意與識及了别等如是四法義一名異此依相應心説非不相應心説心有二種一相應心所謂一切煩惱結使受想行等皆心相應以是故言心意與識及了别義一名異故二不相應心所謂第一義諦常住不變自性清淨心故言三界虚妄但一心作是相應心今依法性故云第一義心以爲能作言轉者起作義亦轉變義　問如上所説眞妄二心但是文理會歸何方便門得親見性　答妄息心空眞知自現若作計校轉益妄心但妙悟之時諸縁自絶如古佛悟道頌云因星見悟悟罷非星不逐於物不是無情又寶藏論云非有非空萬物之宗非空非有萬物之母出之無方入之無所包含萬有而不爲士應化萬端而不爲主道性如是豈可度量見性之時自然披露所以古偈云妄息寂則生寂生知則現知生寂已捨了了唯眞見又信心銘云前際如空知處迷宗分明照境隨照冥蒙一心有滯萬法不通去來自爾不用推窮如學人問黄蘗和尚秖如目前虚空可不是境豈無指境見心　答甚麽心向境上見設爾得見尤來秖是照境心如人以鏡照面縱得眉目分明元來秖是影像何關汝事　問若不因照如何得見　答若涉因常須假物有甚麽了時汝不見道撒手似君無一物徒勞讃説數千般　問他若識了照時亦無物　答若是無物更何處得照汝莫開眼寱語師云百種多知不如無求最第一道人

宗鏡録卷第五

音義

榍先結反櫼楔也　滓阻史反澱滓也　頹杜回反又作隤下墜也　沃烏酷反澆沃也　摐楚江反　懵武亘反悶也不明也　齧五結反噬也　鏃作木反箭鏃也　杌五忽反樹無枝也　氂里之反毫氂也　涵許客反水勢也　黿愚袁反似鼈而大也　虬渠幽反角龍也　坻諸氏反隴坂也又當禮反　寱魚祭反睡語也

丙午歲分司大藏都監開板

宗鏡録卷第五

校勘記

一　底本，麗藏本。

一　二二三頁上一四行首字「途」，資作「迷」。

一　二二四頁上七行「縱然」，資、南、清作「摐然」。

一　二二四頁中三行第八字「無」，清作「有」。

一　二二四頁中七行第六字「未」，南、徑、清作「不」。

一　二二四頁中九行第一四字「鏃」，資作「鏇」。

一　二二四頁下一三行第一四字「而」，資、南、徑、清作「如」。

一　二二五頁上三行第九字「曉」，資、南、徑、清作「得」。

一　二二五頁中一四行第四字及第一一字「淩」，資、南、徑、清作「波」。

一　二二五頁下二八行第六字「但」，資、清作「俱」。

一　二二六頁上二七行第五字「又」，清作「猶」。又第一三字「猶」，清作「又」。

一　二二七頁中二〇行第四字「入」，磧、南、徑、清作「是」。

一　二二七頁下八行首字「種」，磧、南、徑、清作「種種」。

一　二二八頁上二八行末字「士」，徑作「事」。

一　二二八頁中二行第六字「如」，磧、南、徑、清作「知」。又第一〇字「迷」，磧、南、徑、清作「悉」。

宗鏡錄卷第六　　祿

慧日永明寺主智覺禪師延壽集

夫宗鏡本懷但論其道設備陳文義爲廣被群機同此指南終無別旨竊不可依文失其宗趣若悟其道則可以承紹可以傳衣如有人問南泉和尚云黃梅門下有五百人爲甚麼盧行者獨得衣鉢師云只爲四百九十九人皆解佛法只有盧行者一人不解佛法只會其道所以得衣鉢　問只如道如何會　答如本師云如來道場所得法者是法非法亦非非法我於此法智不能行目不能見無有行處慧所不通明不能了問無有答又古人云此事似空不空似有不有隱隱常見只是求其處所不可得是以若定空則歸斷見若實有則落常情若有處所則成其境故知此事非心所測非智所知如香嚴和尚頌云擬議前後安置中邊不得一法没溺深泉都不如是我我現前卜方學者如何叅禪若道如是豈可會耶所以古人云直須妙會始得斯乃不會之會妙契其中矣故先聖悟道頌云有無去來心永息内外中間都揔無欲見如來眞佛處但看石羊生得駒如此妙達之後道尚不存豈可更論知解會不會之妄想乎如古德偈云勸君學道莫貪求萬事無心道合頭無心始體無心道體得無心道也休先洞山和尚偈云者箇猶不是況復張三李眞空與非空將來不相似了了如目前不容毫髮擬只如云者箇猶不是豈況諸餘狂機謬解所以經云心不繫道亦不結業道尚不繫降茲可知入宗鏡中自然冥合　問覺體不遷假名有異凡聖既等衆生何不覺知若言不迷教中云何說有迷悟　答只爲因本覺眞心而起不覺因不覺故成始覺如因地而倒因方故迷又因地而起因方故悟則覺時雖悟悟處常空不覺似迷迷時本寂是以迷悟一際情想自分爲有虛妄之心還施虛妄之藥經云佛言我說三乘十二分教如空拳誑小兒是事不知號曰無明祖師偈云如來一切法除我一切心我無一切心何須一切法故知已眼若開眞明自發所治之迷悟見病既亡能治之權實法藥自廢夫悟此法者非假他智與異術也或直見者如開藏取寶剖蚌得珠光發襟懷影含法界如經頌云如人獲寶藏永離貧窮苦菩薩得佛法離垢心清淨或不悟者自生障礙故通心論云眞常不易封生滅者自移至理圓通執方規而致隔此悉迷自性但逐依通應須已眼圓明不隨他轉如融大師頌云瞎狗吠茆叢盲人唱賊虎循聲故致迷良由目無覩若得心開照理之時諸見皆絶不見佛法是不見世法非以自性中言思道斷故如云無所是是菩提不應安佛菩提於有所是邊如今但不用安置體自虛玄如瑠璃寶器隨所在處不失其性若識得此事亦復如是任是一切凡聖勝劣之色影現其中其性不動不知此事之人即隨前色變分別好醜而生忻慼所以祖師云隨流認得性無喜復無憂起信論云心生滅門者謂依如來藏有生滅心轉不生滅與生滅和合非一非異名阿賴耶識有二種義謂能攝一切法能生一切法復有二種義一者覺義二者不覺義言覺義者謂心第一義性離一切妄念相離一切妄念相故等虛空界無所不徧法界一相即是一切如來平等法身依此法身說一切如來爲本覺以待始覺立爲本覺然始覺時即是本覺無別覺起立始覺者謂依本覺有不覺依不覺故說有始覺又以覺心原故名究竟覺不覺心原故非究竟覺乃至爲有妄想心故能知名義爲說眞覺若無不覺之心則無眞覺自相可說疏釋云若隨染隨流成於不覺則攝世間法若不變之本覺及返流之始覺則攝出世間法鈔解云於本始二覺中論攝法者若本覺所攝即是大智慧光明義徧照法界義眞實識知義等若始覺所攝即是三明八解脫五眼六神通十力四無畏十八不共法等然此據實即同義言且異故疏云於生滅門中隨流不覺返流始覺於義用則攝法不同若眞如門中則鎔融含攝染淨不殊謂以一眞如理融之使染即非染淨即非淨即染即淨深爲一味故不殊也如論云一切諸法從本已來離言說相離名字相離心緣相畢竟平等無有變異不可破壞唯是一心故名眞如淨俱虛又云離言說相豈可以言談離心緣相豈可以心度賫謂心言路絶唯證相應耳且夫凡言說者從覺觀生是共相和合而起分別者因意識生是計度比量而起以要言之皆因不覺致觀隨生若無不覺之心一切諸法悉無自相可說除方便門而爲開示究竟指歸無言之道故論云若離不覺之心則

無眞覺自相可説以覺對不覺説共相而轉若無不覺覺無自相如獨掌不鳴思之可見乃至染淨諸法悉亦如是皆相待有畢無自體可説如離長何有短離高何有低若入宗鏡中自然絶待又鈔中問生滅眞如各攝諸法未審攝義爲異爲同答曰異也何者生滅門中名爲該攝眞如門中名爲融攝該攝故染淨俱有融攝故染淨俱亡俱亡故一味不分俱有故歷然差別摩訶衍論云此二覺有二門一者略説本覺安立門二者略説始覺安立門本覺門中則有二門一者清淨本覺門二者染淨本覺門始覺門中又有二門一者清淨始覺門二者染淨始覺門云何名爲清淨本覺本有法身從無始來具足圓滿過恒沙德常明淨故云何名染淨本覺自性清淨心受無明熏流轉生死無斷絶故云何名爲清淨始覺無漏性智出離一切無量無明不受一切無明熏故云何名爲染淨始覺般若受無明熏不能離故如是諸覺皆智眷屬當證何理以爲體分謂性眞如及虛空理如是二理各有二種云何名爲二種眞如一者清淨眞如二者染淨眞如虛空之理亦復如是云何名爲清淨眞如二種淨覺所證眞如離熏習故云何名爲染淨眞如二染淨覺所證眞如不離熏故虛空之理亦復如是以何義故強名本覺字事差別其相云何頌曰本覺各有十體雖同字事各各差別故謂根明等義論曰本覺各有十云何爲十本一者根字事本本有法身能善住持一切功德譬如樹根能善住持一切枝葉及華果等不壞不失故二者本字事本本有法身從無始來自然性有不從始起故三者遠字事本本有法身其有德時重重久遠無分界故四者自字事本本有法身我自成我非他成我故五者體字事本本有法身爲諸枝德作依止故六者性字事本本有法身不轉之義常建立故七者住字事本本有法身住於無住無去來故八者常字事本本有法身決定實際無流轉故九者堅字事本本有法身遠離風相堅固不動若金剛故十者總字事本本有法身廣大圓滿無所不徧爲通體故是名爲十云何十覺一者鏡字事覺薩般若慧清淨明白無塵累故二者開字事覺薩般若慧通達現了無障礙故三者一字事覺薩般若慧獨尊獨一無比量故四者離字事覺薩般若慧自性解脱出離一切種種縛故五者滿字事覺薩般若慧自具足無量種種功德無所少故六者照字事覺薩般若慧故大光明徧照一切無量境故七者察字事覺薩般若慧常恒分明無迷亂故八者顯字事覺薩般若慧清淨體中淨品眷屬悉現前故九者知字事覺薩般若慧於一切法無不窮故十者覺字事覺薩般若慧所有功德唯有覺照無一一法而非覺故是名爲十如是十種本覺字義唯依一種本性法身隨義釋異據其自體無別而已此中所説二本覺中當何本覺謂清淨本覺非染淨本覺染淨本覺字義差別其相云何頌曰染淨本覺中或各有十義前説十事中各有離性故論曰此本覺中或各有十所以者何前十義中各有不守自性義故字事皆屬依向應知如是二覺同耶異耶非同同故非異異故以此義故或同或異或非是同或非是異是故皆是皆非而已以何義故強名始覺字事差別其相云何頌曰從無始已來無有惑亂時今日初初覺故名爲始覺論曰從無始來始覺般若無惑亂時而無惑時今日始初覺故名始覺如是始覺前惑後覺則非始覺而無惑時理常現今常初故爲始覺如是始覺二始覺中當何始覺耶謂清淨覺非染淨覺染淨始覺字事差別其相云何頌曰清淨始覺智不守自性故而能受染熏故名染淨覺雖無惑時而不守自性故能受染熏隨緣流轉以此義故是故名爲染淨始覺以何義故強名眞如字事差別其相云何頌曰性眞如理體平等平等一無有多相故故名爲眞如論曰性眞如理平等平等雖同一相亦無一相亦無多相無一相故遠離同緣無多相故遠離異緣以此義故名爲眞如如是眞如二種淨智親所内證復次眞如各有十義一者根字事眞乃至第十總字事眞如是十眞十種本義相應俱有不相捨離是故同名表示而已云何十如一者鏡字事如乃至第十覺字事如如是十覺義相應俱有不相捨離故是故同名表示而已所以者何十種眞理本有法身有德方便十眞如理薩般若慧有覺方便以此義故更重言詞作如是示此中所説二眞如中當何眞如謂清淨眞如非染淨眞如染淨眞如字事差別其相云何頌曰清淨眞如理不守自性故而能受染熏名染淨眞如論曰清淨眞如從無始

來平等平等自性清淨不生不滅亦無去來亦無住所而眞如理性不守自性故隨緣動轉是故名爲染淨眞如如是眞如二染淨智親所内證相應俱有不相捨離如是等義觀前所說比類應知以何義故強名虛空字事差別其相云何虛空有十義其體雖同義事各各差別故謂無礙等事論曰性虛空理有十種義一者無障礙義諸色法中無障礙故二者周徧義無所不至故三者平等義無揀擇故四者廣大義無分際故五者無相義絕色相故六者清淨義無塵累故七者不動義無成壞故八者有空義滅有量故九者空空義離空著故十者無得義不能執故是名爲十如是十事義用差別若據其體無別而已此虛空理二種淨智親所内證相應俱有不相捨離二虛空中當何虛空謂清淨虛空非染淨虛空染淨虛空字事差別其相云何頌曰清淨虛空理不守自性故而能受熏習名染淨虛空論曰清淨虛空具足十德亦無染相亦無淨相而虛空性不守自性故能受染淨熏隨緣流轉是故名爲染淨虛空又起信論疏云本覺者以對始故說之爲本言離念者離於妄念顯無不覺也等虛空等者非唯無不覺之闇乃有大智慧光明義等故也虛空有二義以況於本覺一周徧義謂橫徧三際豎通凡聖故云無所不徧也二無差別義謂在纏出障性恒無二故法界一相也欲明覺義出纏相顯故云即是如來平等法身既法身之覺理非新成故云依此法身說名本覺無性攝論云無垢無罣礙智名爲法身金

光明經名大圓鏡智爲法身等皆此義也何以故者責其立名有二責意一云上開章中直云覺義何故今結乃名本覺二云此中既稱本覺何故論中直云覺耶進退責也釋云以對始故說之爲本答初意也以始即同本以至心原時始覺即同本覺無二相故是故論中但云其覺答後意也良以本覺隨染生於始覺還待此始覺方名本覺故云本覺者對始覺說也然此始覺是本覺所成還契心原融同一體方名始覺故云以始覺即同本也問若始覺異本即不成始也若始同本即無始覺之異如何說言對始名本答今在生滅門中約隨染義形本不覺說於始覺而實始覺至心原時染緣既盡始本不殊平等絕言即眞如門攝也是故本覺之名在生滅門中非眞如門也第二始覺者牒名依本覺有不覺者明起始覺之所由謂即此心體隨無明緣動作妄念而以本覺内熏習力故漸有微覺厭求乃至究竟還同本覺故云依本覺是以依本覺有不覺依不覺有始覺也論云本覺隨染生智淨相者即此始覺也此中大意明本覺成不覺不覺成始覺始覺同本覺同本覺故即無不覺無不覺故即無本覺無本覺故平等平等離言絕慮是故佛果圓融蕭然無寄尚無始本之殊何有三身之異但隨物心現故說報化之用耳又今約眞如則是本覺無明則是不覺眞如有二義一不變二隨緣無明亦二一無體即空二有用成事此隨緣眞如及成事無明各有二義一違自順他二違他順自無明中初違自順他有二

一能返對詮示性功德二能知名義而成淨用違他順自亦二一覆眞理二成妄心眞如中違他順自有二一翻對妄染顯自德二内熏無明起淨用違自順他亦二一隱自眞體二顯現妄法由無明中返對詮示義及眞如中翻妄顯德義從此二義得有本覺又由無明中能知名義及眞如中内熏義從此二義得有始覺又由無明中覆眞義眞如中隱體義得有根本不覺又由無明中成妄義及眞如中現妄義得有枝末不覺覺與不覺若鎔融揔攝唯在生滅一門也眞如門約體絕相說本覺門約性德說大智慧光明義等名覺本者性義覺者是智慧心鈔釋云眞中不變妄中體空成眞如門眞中隨緣妄中成事成生滅門乃至一切淨緣分劑法相屬於二覺一切染緣分劑法相屬二不覺又於中淨法之體屬於本覺淨法之用屬於始覺又染法之體屬根本不覺染法之相屬枝末不覺又始覺是末不離本覺之本論云始覺者即同本覺又云而實無有始覺之異乃至平等同一覺故枝末不覺不離根本不覺論云當知無明能生一切染法以一切染法皆是不覺相故然斯二覺但是體用之異本末二不覺但是麤細之異豈可離體有用離細有麤者哉又衆生根本迷有二一迷法謂無明住地迷覆法體所言法者謂衆生心名爲蔽意故此無明迷眞之初妄惑之本二迷義通四住惑由前癡故迷覆因緣無我之義妄立諸法所迷諸法有内有外謂憍慢邪見此依迷内妄立我法自高陵物受念邪見此依迷外妄

謂我所及外境界而生貪愛如渴鹿馳燄癡猿捉月無而横計枉入苦輪揔自迷心更非他咎杜正倫云心是如來之言高推聖地身即菩提之說自隔凡倫不悟夫功德無量雖在方寸之中相好宛然不出陰界之外又碑詞云法性平等實慧虛通我同於異人異於同不壞於有無取於空道非心外佛即心中門不覺妄心元無自體今已覺悟妄心起時無有初相則全成眞覺此眞覺相爲復隨妄俱遣爲當始終建立　荅因妄說眞眞無自相從眞起妄妄體本虛妄既歸空眞亦不立起信論云不覺義者謂從無始來不如實知眞如法一故不覺心起而有妄念自無實相不離本覺猶如迷人依方故迷迷無自相不離於方衆生亦爾依於覺故而有不覺妄念迷生然彼不覺自無實相不離本覺復待不覺以說眞覺不覺既無眞覺亦遣此則明眞覺之名待於妄想若離不覺即無眞覺自相可說是明所說眞覺必待不覺若不相待即無自他待他而有亦無自相自相既無何有他相是顯諸法無所得義論云當知一切染法淨法皆悉相待無有自相可說大智度論云若世諦如毫氂許有實者第一義諦亦應有實此之謂也又偈云佛坐道場時不得一法實空拳誑小兒誘度於一切又凡立眞妄皆是隨他意語化門中收若頓見性人誰論斯事如今不直悟一心者皆爲邪曲設外求佛果者皆不爲正如寒山子詩云男兒大丈夫作事莫莽鹵徑挺鐵石心直取菩提路邪道不用行行之轉辛苦不用求佛果識取心王

主是知若見有法可求有道可行皆失心王自宗之義若直入宗鏡萬事休息凡聖情盡安樂妙常離此起心皆成疲苦所以傅大士頌云東山水上浮西山行不住北斗下閻浮是眞解脫虛行路易路易人不識半夜日頭明不悟眞疲極又洞山和尚悟道偈云向前物物上求通只爲從前不識宗如今見了渾無事方知萬法本來空　問眞諦不謬本覺非虛云何同妄一時俱遣　荅因迷立覺說妄標眞皆徇權宜各無自體約世俗有依實諦無但除相待之名非滅一靈之性性唯絶待事有對治遣蕩爲破執情建立爲除斷見若行伏諸外道神通化彼愚癡三昧降衆天魔空觀袪其相縛見苦斷集爲對增上慢人證滅修眞皆成戲論之者盡是權智引入斯宗則無一法可興無一法可遣四魔不能減大覺不能增旋心而義理全消會旨而名言自絶　問既云眞心絶迹理出有無云何教中廣說無生無相之旨　荅一心之門微妙難究功德周備理事圓通知解罕窮分別不及目爲無相實無有法可稱無相之名詺作無生亦無有法以顯無生之理發菩提心論云菩薩觀一切善不善我無我實不實空不空世諦眞諦正定邪定有爲無爲有漏無漏黑法白法生死涅槃如法界性一相無相此中無法可名無相亦無有法以爲無相是則名爲一切法印不可壞印於是印中亦無印相是名眞實智慧釋曰一切法印者以此心印印一切法指定眞實不可壞印者一切有無内外等法不能破壞故於此印中亦無印相

者萬法皆空亦無所印所印之法既無能印之智非有如是通達名爲眞實智慧古德云顧此法衆生之本原諸佛之所證超一切理離一切相不可以言語智識有無隱顯推求而得但心心相印印印相契使自證知光明受用而已　問立心爲宗以何爲趣　荅以信行得果爲趣是以先立大宗後爲歸趣故云語之所尚曰宗宗之所歸曰趣遂得斷深疑起圓信生正解成眞修圓滿菩提究竟常果又唯識性具攝教理行果四法心能詮者教也心所詮者理也心能成者行也心所成者果也法藏法師依華嚴經立因果緣起理實法界以爲宗趣釋云法界因果雙融俱離性相渾然無礙自在有十義門一由離相故因果不異法界即因果非因果也此即相爲宗離相爲趣或離相爲宗亡因果爲趣下九准思二由離性故法界不異因果即法界非法界也三由離性不泯性故法界即因果時法界宛然則以非法界爲法界也四由離相不壞相故因果即法界時因果歷然則以非因果爲因果也五離相不異離性故因果法界雙泯俱融逈超言慮六由不壞不異不泯故因果法界俱存現前煥然可見七由五六存泯復不異故超視聽之妙法無不恒通見聞絶思議之深義未嘗礙於言念八由法界性融不可分故即法界之因果各同時全攝法界無不皆盡九因果各全攝法界時因果隨法界各互於因果中現是故佛中有菩薩普賢中有佛也十因果二位各隨差別之法無不該攝法界故一一法一一行一一位一

一德皆各總攝無盡無盡帝網重重諸法門海是謂華嚴無盡宗趣以華嚴之實教總攝群經標無盡之圓宗能該萬法可謂周徧無礙自在融通方顯我心能成宗鏡　問以心爲宗禪門正脈且心是名以何爲體　答近代已來今時學者多執文背旨昧體認名認名忘體之人豈窮實地徇文迷旨之者何契道原則心是名以知爲體此是靈知性自神解不同妄識仗緣託境作意而知又不同太虛空廓斷滅無知故肇論云般若無知者無有取相之知也常人皆謂般若是智智則有知也若有知則有取著若有取著則不契無生今明般若眞智無相無緣雖鑒眞諦而不取相故云無知也故經云聖心無知無所不知矣又經云眞般若者清淨如虛空無知無見無作無緣斯則知自無知矣豈待返照然後無知者哉只此知性自無知矣不待忘也以此眞知不落有無之境是以諸佛有秘密秘密之教祖師有默傳密付之宗唯親省而相應非言詮之表示若明宗之者了然不昧寂爾常知昭昭而溢目騰輝何假神通之顯現晃晃而無塵不透豈勞妙辯之敷揚爲不達者垂方便門令依此知無幽不盡　問諸法所生唯心所現者爲復從心而變爲復即心自性　答是心本性非但心變華嚴經云知一切法即心自性成就慧身不由他悟法華經偈云三千世界中一切諸群萌天人阿脩羅地獄鬼畜生如是諸色像皆於身中現即知心性徧一切處所以四生九類皆於自性身中現以自眞心爲一切萬有之性故隨爲色

空周徧法界循業發現果報不同處異生則業海浮沉生死相續在諸聖則法身圓滿妙用無窮隱顯雖殊一性不動　問若一切法即心自性云何又說性亦非性　答即心自性此是表詮由一切法無性故即我心之實性性亦非性者此是遮詮若能超遮表之文詮泯即離之情執方爲見性己眼圓明如今若要頓悟自心開佛知見但了自性徧一切處凡有見聞皆從心現心外無有一毫法而有體性各各不相知各各不相到何者以是一法故無法可相知相到若有二法即相往來以知若凡若聖若境若智皆同一性所謂無性此無性之旨是得道之宗作平等之端由爲說空之所以了便成佛不落功夫如華嚴經頌云法性本空寂無取亦無見性空即是佛不可得思量若不直下信此起念馳求如癡人避空似失頭狂走馳大師云分別凡聖煩惱轉盛計校乖常求眞背正實藏論云察察精勤徒興夢慮惶惶外覓轉失玄路是以十方諸佛正念於此入實性原故能開平等大慧之門作衆生不請之友所以問明品云爾時文殊師利菩薩問覺首菩薩言佛子心性是一云何見有種種差別所謂往善趣惡趣諸根滿缺受生同異端正醜陋苦樂不同業不知心心不知業受不知報報不知受心不知受受不知心因不知緣緣不知因智不知境境不知智時覺首菩薩以偈答曰仁今問是義爲曉悟群蒙我如其性答唯仁應諦聽諸法無作用亦無有體性是故彼一切各各不相知譬如河中水湍流競奔逝各

各不相知諸法亦如是亦如大火聚猛燄同時發各各不相知諸法亦如是又如長風起遇物咸鼓扇各各不相知諸法亦如是又如衆地界展轉因依住各各不相知諸法亦如是眼耳鼻舌身心意諸情根以此常流轉而無能轉者法性本無生示現而有生是中無能現亦無所現物眼耳鼻舌身心意諸情根一切空無性妄心分別有如理而觀察一切皆無性法眼不思議此見非顛倒若實若不實若妄若非妄世間出世間但有假言說疏釋云問意謂明心性是一云何見有報類種種若性隨事異則失眞諦若事隨性一則壞俗諦設彼救言報類差別自由業等薰識變現不關心性故無相違者爲遮此救故重難云業不知心等謂心業互依各無自性自性尚無何能相知而生諸法旣離眞性各無自立明此皆依心性而起心性旣一事應不多事法旣多性應非一此是本末相違難准此問意離如來藏不許八識能所熏等別有自體能生諸法唯如來藏是所依生文殊欲顯實教之理故以心性而爲難本欲令覺首以法性示生決定而答海會同證心性是一者謂心之性故是如來藏也又心即性故是自性清淨心也又妄心之性無性之性空如來藏也眞心之性實性之性故不空如來藏也皆平等無二故云一也又妄心之性成心之性妄心是相以性相不同故眞心之性眞心即性故又云前二心之性別明二藏前之二性皆具二藏但爲妄覆名如來藏直語藏體即自性心故此自性清淨眞心不與妄合爲

名空藏具恒沙德名不空藏前明即離此明空有故重出也言皆平等無二者上二即離不同由心之性故不即由心即性故不離不即不離爲心之性後二即空之實爲不空即實之空爲空藏空有不二爲心之性然空有無二之性即是不即不離之性故但云一也又非但本性是一我細推現事各不相知既有種種何緣不相知既不相知誰教種種一一觀察未知種種之所由也既不相知爲是一性爲是種種又難有二意一約本識謂業是能依心是所依離所無能故業不知心離能無所故心不知業以各無體用不能相成既各不相知誰生種種二約第六識業是所造心是能造並皆速滅起時不言我起滅時不言我滅何能有體而得相生成種種耶又約境智相對相見虛無難謂境是心變境不知心心託境生心不知境以無境外心能取心外境是故心境虛妄不相知也業不知心心不知業者有二一約本識者業是心所故依於心心是第八爲根本依即離所無能何者無所依心王無能依業今依心有業業從緣生故無自性不能知心若離能無所者離能依業則心非所依今由業成所所依無性故不能知業謂各從緣成性空無體相依無力故云無用所以經云無體用故不相知二約第六識業是所造心是能造者即以第六識名心從於積集通相說故謂第六識人執無明迷眞實義異熟理故以善不善相應思造罪等以罪福不動等三行熏阿賴耶識能感五趣愛非愛等種種報相互不相知義通

相而言皆約無體用故別相而言用門不同此用略有二門一無常門經云並皆速滅淨名弟子品云一切法如幻如電諸法不相待乃至一念不住諸法皆妄見故則心業皆空華嚴經頌云衆報隨業生如夢不眞實念念常滅壞如前後亦爾故由無常不能相知二無我門即起時不言我起滅時不言我滅約法無我明不相知受不知報報不知受者受是能受之因報是所受之報即名言種如唯識論云復次生死相續由諸習氣然諸習氣總有三種一名言習氣二我執習氣三有支習氣名言習氣者謂有爲法各別親種名言有二一表義名言即能詮義音聲差別二顯境名言即能了境心心所法隨二名言所熏成種作有爲法各別因緣釋曰言各別親種者三性種異故能詮義聲者簡無詮聲彼非名故名是聲上屈曲唯無記性不能熏成色心等種然因名起種立名言種顯境名言即七識見分等心非相分心相分心者不能顯境故此見分等實非名言如言說名顯所詮義此心心所能顯所了境如似彼名能詮義故隨二名言皆熏成種論云三有支習氣謂招三界異熟業種有支有二一有漏善即能招可愛果業二諸不善即能招非愛果業隨二有支所熏成種令異熟果善惡趣別故論頌云由諸業習氣二取習氣俱前異熟既滅更生餘異熟此能引業即諸業習氣此名言種即二取習氣言爲業所引者即彼俱義親辦果體即由名言若無業種不招苦樂如種無田終不生芽故此名言由業引起方受當

來異熟之果苦樂之報故華嚴經云業爲田識爲種也已上種種問難不相知義竟今答以緣起相由門釋者初句因緣相假互皆無力次句果法含虛故無體性是以虛妄緣起略有三義一由互相依各無體用故不相知二由依此無知無性方有緣起三由此妄法各無所有故令無性眞理恒常顯現又果從因生果無體性因由果立因無體性因無體性何有感果之用果無體性豈有酬因之能又互相待故無力也以他爲自故無體也是故體用俱無所以一切法各各不相知也今初以四大爲喻一依水有流注二依火燄起滅三依風有動作四依地有任持法中四者一依眞妄相續二依眞妄起滅三妄用依眞起四妄爲眞所持然此法喻一一各有三義一唯就能依二依所依三唯所依今初喻中唯就能依者流也然此流注有十義不相知而成流注一前流不自流由後流排故流則前流無自性故不知後二後流雖排前流而不到於前流亦不相知三後流不自流由前流引故流則後流無自性故不能知前四前流雖引後而不至後故亦不相知五能排與所引無二故不相知六能引與所排無二故不相知七能排與所排亦無二故不相知八能引與所引亦無二故不相知九能排與能引不得俱故不相知十所排與所引亦不得俱故不相知是則前後互不相至各無自性只由如此無知無性方有流注則不流而流也譬公云江河競注而不流即其義也二依所依者謂前流後流各皆依水悉無自體不能

相知然不壞流相故說水流三唯所依眞流旣惣無但唯是水前水後水無二性故無可相知是則本無有流而說流也二法中三義者一流喻能依妄法二妄依眞立三妄盡唯眞初中妄緣起法似互相籍各不能相到忽無自性故無性無知是則有而非有也二依所依者謂此妄法各各自虛含眞方立何有體用能相知相成即由此無知無成含眞故有是則非有而爲有也三唯所依者謂能依妄法逈無體用唯有眞心挺然顯現旣無彼此何有相知正由此義妄法有即非有爲有復說眞性隱以非隱爲隱又前後有二一生滅前後二此彼前後生滅前後者謂前滅後生互相引排此即豎說如壯與老謂此流水刹那生滅前刹那滅後刹那生此彼前後者此即橫說猶如二人同行狹徑後人排前前人引後分分之水皆有前後乃至毫滴有前毫滴後毫滴故聚多成流注則無性矣小乘亦說當處生滅無容從此轉至餘方而不知無性緣起之義耳

宗鏡録卷第六　祿

音義

蚌步項反　瞎許八反　萘其桐反　鹵郎古反　捷徒疊反　祛去魚反抽也槊也　詺彌正反諦目　湍他端反急瀨也

丁未歲分司大藏都監開板

宗鏡録卷第六

校勘記

一　底本，麗藏本。

一　二三〇頁上二九行第一六字「尚」，清作「高」。

一　二三〇頁中一六行第四字「封」，磧、南、徑、清作「對」。

一　二三二頁中一行第九字「爲」，清作「名」。

一　二三二頁中七行第五字「其」，清作「本」。

一　二三二頁中二〇行末字「云」，清作「同」。

一　二三三頁上三行第五字「倫」，磧、南、徑、清作「論」。

一　二三三頁上八行首字「門」，磧、南、徑、清作「問」。

一　二三四頁下末行末字至次頁上一行首字「爲名」，徑作「名爲」。

一　二三五頁中三行第一二字「電」，南作「雲」。

一　二三五頁下二七行第一二字「至」，清作「知」。

一　二三六頁上八行第一五字「含」，磧、南作「令」。

宗鏡錄卷第七

慧日永明寺主智覺禪師　延壽　集

夫水喻眞心者以水有十義同眞性故一水體澄清喻自性清淨心二得泥成濁喻淨心不染而染三雖濁不失淨性喻淨心染而不染四若泥澄淨現喻眞心惑盡性現五遇冷成氷而有硬用喻如來藏與無明合成本識用六雖成硬用而不失濡性喻即事恒眞七煖融成濡喻本識還淨八隨風波動不改靜性喻如來藏隨無明風波浪起滅而不變自不生滅性九隨地高下排引流注而不動自性喻眞心隨緣流注而性常湛然十隨器方圓而不失自性喻眞性普徧諸有爲法而不失自性又書云上德若水方圓任器曲直隨形故如小乘俱舍論亦說諸有爲法有剎那盡何以知有後有盡故既後有盡知前有滅故論云若此處生即此處滅無容從此轉至餘方若此生此滅不至餘方同不還義而有法體是生是滅故非大乘大乘之法緣生無性生即不生滅即不滅故遷即不遷則其理懸隔又中論疏云常無常門者常即人天位定故無往來無常即六趣各盡一形亦無往來又常即凝然不動無常念念變異今誰往來則常無常法俱不相到皆無往來肇論去夫人之所謂動者以昔物不至今故曰動而非靜我之所謂靜者亦以昔物不至今故曰靜而非動動而非靜以其不來靜而非動以其不去然則所造未嘗異所見未嘗同逆之所謂塞順之所謂通苟得其道復何滯哉傷夫人情之惑久矣目對眞而莫覺既知往物之不來而謂今物而可往往物既不來今物何可往何則求向物於向於向未嘗無責向物於今於今未嘗有於今未嘗有以明物不來於向未嘗無故知物不去覆而求今今亦不往是謂昔物自在昔不從今以至昔今物自在今不從昔以至今故仲尼曰回也見新交臂非故如此則物不相往來明矣既無往返之微朕又何物而可動乎釋曰回也見新交臂非故者孔子謂顏回曰吾與汝終身交一臂已謝豈待白首然後變乎意明物物常自新念念不相到交臂之頃尚不相待已失前人豈容至老而後變耶又前念已故後念恒新終日相見恒是新人故云見新如此新人見之只如交臂之頃早是後念新人非前念時也故云非故耳若前念已古後念已新新不至古古不待新前後不相至故不遷也又雖兩人初相見只如舉手交臂之頃早已往矣此取速疾也故云昔物自在昔今物自在今如紅顏自在童子之身白首自處老年之體所以云人則謂少壯同體百齡一質徒知年往不覺形隨是以梵志出家白首而歸隣人見之曰昔人尚存乎梵志曰吾猶昔人非昔人也隣人皆愕然非其言所謂有力者負之而趨昧者不覺其斯之謂歟吾猶昔人者猶者似也吾雖此身似於昔人然童顏自在於昔今衰老之相自在於今則非昔人也故云徒知年往不覺形隨世人雖知歲月在於往古豈覺當時之貌亦隨年在於昔時則童子不至老年老年不至童子剎那不相知念念不相待豈得少壯同體百齡一質耶又年往形亦往此是遷義即此遷中有不遷也往年在往時往形在往日是謂不遷而人乃謂往日之人遷至今日是謂惑矣又昔自在昔何須遷至今今自在今何須遷至昔故論云是以言往不必往古今常存以其不動稱去不必去謂不從今至古以其不來經中言遷未必即遷以古在古以今在今故也所以言無常者防人之常執言常住者防人之斷執言雖乖而理不異語雖反而眞不遷不可隨方便有無之言迷一心不遷之性又解云如梵志白首而歸隣人謂少壯同體故云昔人尚存乎所謂有力者則三藏等事無常冥運力負夜趨文臂恒新念念捨故而常見昧之謂是固矣隣人不覺此之謂歟又有力者即無常之大力也世間未有一法不被無常吞故云然則莊生之所以藏山仲尼之所以臨川斯皆感往者之難留豈曰排今而可往莊子本意說不住之法念念恒新物物各住各住相因而不相到即不遷也於惑者則爲無常不住新新生滅而謂之遷若智者則了性空無知念念無生謂之不遷莊子有三藏謂藏山於澤藏舟於壑藏天下於天下謂之固者不然也然無常夜半負之而趨昧者不覺也三藏者藏人於屋藏物於器此小藏也藏舟於壑藏山於澤此大藏也藏天下於天下此無所藏然大小雖異藏皆得宜猶念念遷流新新移改是知變化之道無處可逃也夫藏天下於天下者豈藏之哉蓋無所藏也孔子在川上曰逝者如斯夫不捨晝夜逝者往也浩浩迅流未曾暫住晝夜常然亦歎世

人之不覺故云斯皆感往者之難留豈曰排今而可往此莊孔俱歎逝往難留皆說無常去也豈可推今日物到昔日乎若今日不到昔即今日自在今昔日自在昔則今昔顯然俱不遷也故云何者人則求古於今謂其不住吾則求今於古知其不去今若至古古應有今古若至今今應有古今而無古以知不來古而無今以知不去若古不至今今不至古事各性住有何物而可去來大涅槃經云人命不停過於山水夫無常有二一者敗壞無常二者念念無常人只知壞滅無常而不覺念念無常論云若動而靜似去而留經說無常速疾猶似流動據理雖則無常前後不相往來故如靜也雖則念念謝往古今各性而住當處自寂故如留也又雖說古今各性而住當處自寂而宛然念念不住前後相續也則非常非斷非動非靜見物性之原也古德問云各性而住似如小乘執諸法各有自性又何異納衣梵志言一切衆生其性各異荅爲破去來明無去來所以據體言之故云各性而住非決定義則以無性而爲性不同外道二乘執有決定自性從此向彼若不執有定性去來亦不說各性而住故論云言往不必往閑人之常想稱住不必住釋人之所住耳又劉湛注云莊子藏山仲尼臨川者莊子意明前山非後山夫子意明前水非後水半夜有力負之而趨者即生住異滅四時念念遷流不停也是以若心外取法妄夢所見情謂去來則念念輪迴心隨境轉尚不覺無常麤相焉能悟不遷之密旨乎若能見法是

心隨緣了性無一法從外而入無一法從內而生無一法和合而有無一法自然而成如是則尚不見一微毫住相寧觀萬法去來斯乃徹底明宗透峯見性心心常合道念念不違宗去住同時古今一貫故法華經云我觀久遠猶若今日維摩經云法無去來常不住故若了此無所住之真心不變異之妙性方究竟明不遷矣已上論中所引內外之經典借世相之古今寄明不遷同入真實是以時因法立法自本無所依之法體猶空能依之古今奚有若假方隅而辯法因指見月而無妨或徇方便而迷真執解違宗而反悞故信心銘云信心不二不二信心言語道斷非去來今第二依火燄起滅喻中之義同前初唯燄者謂燄起滅有其二義一前燄謝滅引起後燄後燄無體而能知前前燄已滅復無所知是故各各皆不相知二前燄若未滅亦依前引無體故無能知後燄未至故無所知是故彼亦各不相知妄法亦爾剎那生滅不能自立謂已滅未生無物可知生已則滅無體可知是故皆無所有也斯則流金鑠石而不熱也二依所依者謂彼火燄即由於此無體無用不相知故而有起滅虛妄之相是則攬非有而爲有也妄法亦爾依此無所依之真理方是妄法是亦非有爲有也三唯所依者推起滅之燄體用俱無無燄之理挺然顯現是則無妄法之有有妄法之無湛然顯現逐令緣起之相相無不盡無性之理理無不現又火依薪有薪是可燃火即是燃以燃因可燃則燃無體可燃因燃則可燃無體又前燄

已滅後燄未生中間無住如一念之上即有三時已滅爲已生未生爲未生生已即滅是生時故淨名經云若過去生過去生已滅若未來生未來生未至若現在生現在生無住經云比丘汝今即時亦生亦老亦滅故三時無體無可相知也第三依風有動作喻妄用依真起三義同前一唯動者離所動之物風之動相了不可得無可相知妄法亦爾離所依真體不可得故無可相知斯則旋嵐偃嶽而常靜也二依所依者謂風不能自動要依物現動動無自體可以知物物不自動隨風無體不能知風法中能依妄法要依真立無體知真真隨妄隱無相知妄三唯所依者謂風鼓於物動唯物動風相皆盡無可相知妄法作用自本性空唯所依真挺然顯現是故妄法全盡而不滅真性全隱而恒露能所熏等法本自爾思之可見第四依地有任持者喻妄爲真所持三義同前初地界因依有二種義一約自類二約異類前中從金剛際上至地面皆上依下下持上展轉因依而得安住然上能依皆離所無體而能知下然下能持皆亦離所無體可令知上又上上能依徹至於下無下可相知下下能持徹至於上無上可相知是故若依若持相無不盡所現妄法當知亦爾必麤依細謂苦報依於業業依無明造無明依所造展轉無體無物可相知斯則厚載萬物而不仁也肇公亦曰乾坤倒覆無謂不靜也老子云天地不仁以萬物爲芻狗經云譬如大地荷四重任而無疲厭也不仁者不恃仁德也猶如草狗豈有吠守之

能故云唯道無心萬物圓備矣二約異類者如經云地輪依水輪水輪依風輪風輪依虛空虛空無所依唯此妄境依妄心妄心依本識本識依如來藏如來藏無所依是故若離如來藏餘諸妄法各互相依無體能相知是則妄法無不皆盡二依所依者地界正由各無自性而得存立向若有體則不相依不相依故不得有法是故攬此無性以成彼法法合可知三唯所依者謂攬無性成彼法者是則彼法無不皆盡而未曾不滅唯無性理而獨現前又既不相知何緣種種答此有四因一由妄分別二諸識熏習三由無性不相知四眞如隨緣然此四因但是一致謂由妄分別爲緣令眞如不守自性隨緣成有諸識熏習展轉無窮若達妄原成淨緣起前所疑云爲是種種爲是一性今荅云常種種常一性又難云一性隨於種種則失眞諦種種隨於一性則壞俗諦今荅云此二互相成立豈當相乖性非事外曾何乖於種種種種性空曾何乖於一性由無性故有一性能成種種緣生故空種種能成一性是以緣起之法愡有四義一緣生故有即妄心分別有及諸識熏習是也二緣生故空即諸法無作用亦無有體性是也三無性故有以有空義故一切法得成也四無性故空即一切空無性也復次性有二義一有二空又二義一不變二隨緣以有義故說二空所顯即法性本無生也以空義故說依他無性即是圓成即各不相知以有義故說不變以空義故說隨緣此二不二隨緣即是不變不變故能隨緣若唯不變

性何預於法若但隨緣豈稱眞性又若性離於法則成斷滅法離於性則本無今有又法若即性性常應常性若即法法滅應滅此二相成非常非斷此二相奪非有非空爲中道義經頌云眼耳鼻舌身心意諸情根以此常流轉而無能轉者以眼等八識爲能所熏展轉爲因而常流轉無別我人故云而無能轉者是以舉體性空方成流轉即此八識各無體性故無實我法而爲其主向若有性不可熏變安得流轉故知趣生同異受報妍媸皆由識種悉依於心如流依水似火依薪續續無知新新不住善趣惡趣即是愡報由業熏心受所受報如水瀑流不斷雖然流轉而無轉者故云以此常流轉而無能轉者釋論云如瀑流水非斷非常相續長時有所漂溺此識亦爾從無始來剎那剎那果生因滅果生故非斷因滅故非常漂溺有情令不出離華嚴經云一切衆生爲大瀑水波浪所沒楞伽經云藏識海常住境界風所動唯識論云恒轉如瀑流起信論云如大海水因風波動等又以虛妄中有其二義一虛轉二無轉故常種種常一性也虛轉故俗不異眞而俗相立無轉故眞不異俗而眞體存故互不相違也法性本無生者法性者法謂差別依正等法性謂彼法所依體性即法之性故名爲法性又性以不變爲義即此可軌亦名爲法此則性即法故名爲法性此二義並約不變釋也又即一切法各無性故名爲法性即隨緣之性法即性也本無生者本有二義一約不變本謂原本本來不生隨緣故生二約隨緣有

此法來本自不生非待滅無即示現生時本不生故云是中無能現亦無所現物則妄心分別情計謂有然有即不有故云一切空無性常有常空是即萬物之自虛豈待宰割以求通哉又約相待相奪釋不相知言相待者業無識種不親辦體識無業種不招苦樂既互相待則各無自性言相奪者以業奪因唯由業招故因如虛空以因奪緣則唯心爲體故業如虛空互奪獨立亦不能相知互奪兩亡無可相知又以無生故不相知以緣奪因故不自生以因奪緣故不他生因緣合辯相待無性故不共生互奪雙亡無因豈生以此不生類於不知居然易了即以因爲自以緣爲他合此爲共離此爲無因互有尚不相知互無豈能相知耳故知諸法相待皆無自性如中論相待門說不空既破空法亦亡偈云若有不眞法即應有眞法實無不眞法何得有眞法亦如因垢說淨垢性本無淨相何有此相待一門盡破諸法以諸法皆是相待而有未曾有一法而能獨立者故因緣無性論云阿難調達並爲世尊之弟羅睺善星同是如來之胤而阿難常親給侍調達每興害逆羅睺則護珠莫犯善星則破器難收以此而觀諒可知矣若云各有自性不可遷貿者此殊不然至如鷹化爲鳩本心頓盡橘變成枳前味永消故知有情無情各無定性但隨心變唯逐業生遂有從凡入聖之門轉惡爲善之事大般若經云謂證諸法無性爲性究竟圓滿方名爲佛故知建立三寶成佛事門皆從無性因緣而得興顯所以首楞嚴三昧經

云爾時長老摩訶迦葉白佛言世尊我謂文殊師利法王子曾於先世已作佛事現坐道場轉於法輪示諸衆生入大滅度佛言如是如是乃至迦葉汝今且觀首楞嚴三昧勢力諸大菩薩以是力故示現入胎初生出家詣菩提樹坐於道場轉妙法輪入般涅槃分布舍利而亦不捨菩薩之法於般涅槃不畢竟滅爾時長老摩訶迦葉語文殊師利言仁者乃能施作如此希有難事示現衆生文殊師利言迦葉於意云何是耆闍崛山誰之所造是世界者亦從何出迦葉答言文殊師利一切世界水沫所成亦從衆生不可思議業因緣出文殊師利言一切諸法亦從不可思議業因緣有我於是事無有功力所以者何一切諸法皆屬因緣無有主故隨意所成若能解此所爲不難釋曰若了一切法悉屬因緣皆無自性但是心生則凡有施爲何假功力以無性之理法爾之門隨緣卷舒自在無礙華嚴經頌云如其心性而觀察畢竟推求不可得一切諸法無有餘悉入於如無體性又頌云譬如真如本自性其中未曾有一法不得自性是真性以如是業而迴向華嚴論云一切衆生迷根本智而有世間苦樂法者爲智無性故隨緣不覺苦樂業生爲智無性故爲苦所纏方能自覺根本無性衆緣無性萬法自寂若不覺苦時以無性故揔不自知有性無性如人因地而倒因地而起一切衆生因自心根本智而倒亦因而起又爲智體無性但隨緣現如空中響應物成音無性之智但應緣分別以分別故癡愛隨起又中觀論破應無如來偈云邪見深厚者則說無如來如來寂滅相分別有亦非如是性空中思惟亦不可如來滅度後分別於有無次揔拂偈云如來過戲論而人生戲論戲論破慧眼是皆不見佛論釋云戲論名憶念分別此彼等此如來品初中後思惟如來定性不可得乃至五求四句皆非是故偈云如來無有性即是世間性如來無有性世間亦無性以如來一性空義知一切世間法悉皆無性同如來義華嚴演義中引法華經偈云未來世諸佛雖說百千億無數諸法門其實爲一乘諸佛兩足尊知法常無性佛種從緣起是故說一乘是法住法位世間相常住於道場知已導師方便說今但引兩句顯諸法無性成一性義耳然上三偈諸釋不同今直解經文初一偈明當佛開權終歸一實故云其實爲一乘次偈釋說一乘所以以唯一性故謂若有二性容有兩乘既唯一性故說一乘耳知法常無性者知即證知法謂所證知法即色心等一切法也常無性者所證理也即如無性理覺諸法故云何無性謂色心等從本已來性相空寂非自非他非共非離湛然常寂故曰無性而言常者謂本來即無非推之使無故曰常無性耳佛種從緣起者然有二義一約因種因種即正因佛性故涅槃經云佛性者即是無上菩提中道種子此種即前常無性理故涅槃經云佛性者即是第一義空無性即空義也緣即六度萬行是緣因佛性起彼正因令得成佛是故說一乘者唯以佛性起於佛性更無餘性故說一乘稱理說也體同曰性相似名種故關中云如稻自生稻不生餘穀此屬性也葫蘿華粒其類無差此屬種也二果種性關中云佛報唯佛其理不差即性義也說法度人類皆相似此種義也果之種性緣真理生故云從緣故釋此偈云佛緣理生理既無二是故說一乘耳意云證理成佛稱理說一此中知法常無性偈全同華嚴出現品經云如來成正覺時於其身中普見一切衆生成正覺乃至普見一切衆生入涅槃皆同一性所謂無性乃至知一切法皆無性故得一切智大悲相續救度衆生謂知無性佛性同故准經文云以知無性尚得一成一切皆成況不說一乘而度脫之後偈云是法住法位等者重釋前偈言是法者即前所知之法所以常無性者由住真如正位故由緣無性緣起即真由即真故云無性言法位者即真如正位故智論說法性法界法住法位皆真如異名世法即如故皆常住謂因乘常理成三界無常苦解無常之實即無常而成常矣則常與無常二理不偏故涅槃經況之二鳥飛止同居今於道場證知一切世間無常即真常理猶懸鏡高堂萬像斯鑒二而不二不可言宣以方便力假以言說一乘尚是假說況有二三則一乘之理至理無過無性之宗諸宗莫及可謂宗鏡之綱骨祖教之指南也所以深密經云一切諸法皆無自性無生無滅本來寂靜自性涅槃賓主天子所問經云若法是無即不自在若不自在是則無欲若無欲者則是真性若是真性即名無性

宗鏡錄卷第七

宗鏡録卷第七

校勘記

一　底本，麗藏本。

一　二三七頁中一五行第一三字「古」，磧、南、徑、清作「故」。次行第四、第五字同。

一　二三八頁中二一行第一四字「䃯」，徑、清作「鑠」。

一　二三八頁中二五行第三字「是」，清作「有」。

一　二三八頁下四行第一三至一四字「現在」，磧、南、清作「現有」。

一　二三九頁上二九行「不變」，清作「二空」。

一　二四〇頁下二行第八字「䅣」，徑、清作「稈」。

一　二四〇頁下三行第二字「二」，磧、南作「一」。

一　二四〇頁下二五行第一三字「網」，磧、南、徑、清作「綱」。

宗鏡錄卷第八

慧日永明寺主智覺禪師 延壽 集

夫無性理同是何宗攝　答法性宗攝如古
師云法性有體是法相宗義事上無體是法
性宗義　問若一切法實無性者不得教意
之人恐成斷見　答若有性故一法不成以
無性故諸緣並立於無性中有無俱不可得
豈成斷常之見耶如大般若經云諸菩薩摩
訶薩甚爲希有行深般若波羅蜜多觀察二
空雖知諸法一切如夢如響如像如光影如
陽燄如幻如化皆非實有無性爲性自相皆
空而能安立善非善等諸法差別皆無雜亂
又云善現白佛言世尊佛說一切法皆以無
性爲其自性若一切法皆以無性爲自性者
誰染誰淨誰縛誰解彼於染淨及於縛解不
了知故破戒破見破威儀破淨命當墮地獄
傍生鬼趣受諸劇苦乃至佛言善現善哉善
哉如是如是如汝所說於一切法皆以無性
爲自性於自性中有性無性俱不可得不應
於此執有無性故知既不可執有亦不可執
無以自性中無有無故所說有無之法皆是
破執入法之方便故先德云用無所得爲方
便者有二一以無所得導前隨相則涉有不
迷於空爲入有方便二假無得以入有不存
無得即無得亦是方便此爲入空之方便是
以無得相空無作人空無際性空此三相盡
法界理現故菩薩不壞空而常有染淨之法
宛然不礙有而常空一眞之道恒現如是雙
照方入甚深如般若燈論云我說遮入有者
遮有自體不說無體如楞伽經中偈曰有無
俱是邊乃至心所行彼心行滅已名爲正心
滅釋曰如是不著有體不著無體若法無體
則無一可作故又如偈曰遮有言非有不取
非有故如遮青非青不欲說爲白釋曰此二
種見名爲不善是故有智慧者欲息戲論得
無餘樂者應須遮此二種惡見此復云何若
世諦種諸所營作彼於第一義中若有自體
三界所攝若出世間若善不善及無記等如
者起勤方便作善不善此諸作業應空無果
何以故以先有故譬如先有若瓶衣等如是
樂者常樂苦者常苦如壁上彩畫形量威儀
相貌不變一切衆生亦應如是復次若無自
體者彼三界所攝若出世間善不善法起勤
方便則空無果以無有故如是世間則墮斷
滅譬如磨瑩兎角令其銛利終不可得是故
偈曰少慧見諸法若有若無等彼人則不見
滅見第一義復次如寶積經中佛告迦葉有
者是一邊無者是一邊如是等彼內地界及
外地界皆無二義諸佛如來實慧證知得成
正覺無二一相所謂無相是以先德云謂諸
宗計多說但空自性不空於法如法相宗但
無偏計非無依他誤學中論等不得意者亦
云法無自性故說爲空則令相不空矣今既
無性緣生故有有體即空緣生無性故空空
而常有要互交徹方是眞空妙有故其言大
同而旨有異又約緣起法有二一無相如空
則蕩盡無有是相空二無自性如幻則業果
恒不失即性空以相空故萬法體虛了無所
得以性空故不壞業道因果歷然以此性相
二空方立眞空之理是則非初中後際終始
宛然無能造作人報應非失故知無性理成
法眼圓照更無一法有實根由今更引證廣
明成就宗鏡夫眞俗二諦一切諸法不出空
有空有之法皆從緣生緣生之法本無自體
依心所現悉皆無性以緣生故無性以無性
故緣生以此緣性二門萬法一際平等是以
華嚴記廣釋云謂緣生故有是有義無性故
空是空義二義是空有所以謂無性故有是
有所以緣生故空是空所以所以即是因緣
謂何以無性得成空義由從緣生所以無性
是故緣生是無性空之所以也何以緣生得
爲有義特由無定性故方始從緣而成幻有
是故無性是有所以故中論偈云若人不知
空不知空因緣不知於空義是故自生惱如
不善咒術不善捉毒蛇若將四句摠望空有
則皆名所以故云緣生故名有緣生故名空
無性故名有無性故名空良以諸法起必從
緣從緣有故必無自性由無性故所以從緣
緣有性無更無二法而約幻有萬類差殊故
名俗諦無性一味故名眞諦又所以四句唯
第三句引證成者無性故有理難顯故若具
證者一緣生故有者法華經云但以因緣有
從顚倒生故說淨名經云以因緣故諸法生
中論偈云未曾有一法不從因緣生等皆因
緣故有義也二緣生故空者經云因緣所生
無有生論偈云若法從緣生是則無自性若
無自性者云何有是法又偈云以有空義故
一切法得成者由前論中諸品以空遣有小
乘便爲菩薩立過云若一切法無生無滅者
如是則無有四聖諦之法菩薩反荅云若一

切不空無生無滅者如是則無有四聖諦之法謂小乘以空故無四諦菩薩以不空故則失四諦若有空義四諦方成故偈云以有空義故一切法得成若無空義者一切則不成又般若經云若諸法不空則無道無果即無性故有也淨名經云文殊師利又問生死有畏菩薩當何所依維摩詰言菩薩於生死畏中當依如來功德之力文殊師利又問菩薩欲依如來功德之力當於何住答曰欲依如來功德力者當住度脫一切衆生又問欲度衆生當何所除答曰欲度衆生除其煩惱又問欲除煩惱當何所行答曰當行正念又問云何行於正念答曰當行不生不滅又問何法不生何法不滅答曰不善法不生善法不滅又問善不善孰為本答曰身為本又問身孰為本答曰欲貪為本又問欲貪孰為本答曰虛妄分別為本又問虛妄分別孰為本答曰顛倒想為本又問顛倒想孰為本答曰無住為本又問無住孰為本答曰無住則無本文殊師利從無住本立一切法叡公釋云無住即實相異名實相即性空異名故從無性有一切法又淨名經云文殊師利言居士有疾菩薩云何調伏其心維摩詰言有疾菩薩應作是念今我此病皆從前世妄想顛倒諸煩惱生無有實法誰受病者所以者何四大合故假名為身四大無主身亦無我又此病起皆由著我是故於我不應生著既知病本即除我想及衆生想當起法想應作是念但以衆法合成此身起唯法起滅唯法滅又此法者各不相知起時不言我起滅時不言我滅彼有疾菩薩為滅法想當作是念此法想者亦是顛倒顛倒者是即大患我應離之云何為離離我我所云何離我我所謂離二法云何離二法謂不念內外諸法行於平等云何平等謂我等涅槃等所以者何我及涅槃是二皆空以何為空但以名字故空如此二法無決定性得是平等無有餘病唯有空病空病亦空無性緣生故空者雙牒前四句中兩種空也此二種空並離斷見謂定有則著常定無則著斷今緣生故空非是定無無性故空亦非定無定無者一向無物如龜毛兔角今但從緣生無性故非定無無性緣生故有者亦雙牒前四句中二有並非常見常見之有有是定性有今從緣有非定性有況由無性有豈定有耶從緣無性如幻化人非無幻化人幻化非真故亦云幻有亦名妙有以非有為有故名妙有又幻有即是不有有大品經云諸法無所有如是有故非有非不有名為中道是幻有義真空是不空空者謂不空與空無障礙故是故非空非不空名為中道是真空義經云空不空不可說名為真空中論偈云無性法亦無一切法空故菴提遮女經偈云嗚呼真大德不知實空義色無有自性豈非如空也空若自有空則不容衆色空不自空故衆色從是生又一空有相害義今初一真空必盡幻有即真理奪事門以事攬理成遂令事相無不皆盡唯一真理平等顯現以離真理外無有少事可得故如水奪彼彼無不盡般若經云是故空中無色無受想行識等二空有相作義真空必成幻有者即依理成事門謂事無別體要因真理而得成立以諸緣起皆無自性由無性理事方成故如波攬水而成立故亦是依如來藏得有諸法法句經云菩薩於畢竟空中熾然建立三空有相違義幻有必覆真空即事能隱理門謂真理隨緣能成事法然此事法既違於理遂令事顯理不現也以離事外無有理故如波奪水水無不隱是則色中無空相也四空有不相礙義幻有必不礙真空即事能顯理門謂由事攬理故則事虛而理實以事虛故全事之理挺然露現如由波相虛令水露現中論偈云若法從緣生是則無自性然此四義即是前緣生故空等四義也一真空必盡幻有是無性故空義二真空必成幻有是無性故有義三幻有必覆真空是緣生故有義四幻有必不礙真空是緣生故空義前四捴明空有所以今四正說空有之相然此空有二而不二須知四義兩處名異一真空必盡幻有是真空上空義二真空必成幻有是真空上不空義三幻有必覆真空是幻有上有義四幻有必不礙真空是幻有上非有義又須知有非有空非空各有二義一有上二義者一是不壞有相義二是遮斷滅義則詺有為非不有二非有上二義者一離有相義二即是空義三空上二義者一不壞性義二遮定有義故詺空為非不空四非空上二義者一離空相義二即有義已知名義今融合乃有五重為五種中道一謂有非有無二為一幻有者此是有上二義自合然取有上不壞相義非有上離有相義故合為一幻有是

俗諦中道二空非空無二爲一真空者即空上二義自合然取空上不壞性義非空上離空相義故合爲一真空爲真諦中道前一爲即相無相之中道此一爲即性無性之中道亦是存泯無二義三非空與有無二爲一幻有者上一對空有自合此下一對空有四義交絡而合今此第三而取真空上非空義幻有上有義二義相順明不二然是非空上取即是有義有上取遮斷滅義故得共成幻有爲非空非不有存泯無礙之中道四空與非有無二爲一真空者即第四取真空上空義幻有上非有義二義相順明其不二然是空上遮定有義非有上即是空義故二義相順得成真空爲非有非不空存泯無礙之中道第三是存俗泯真此是存真泯俗又三是空徹於有今是有徹於空皆二諦交徹五幻有與真空無二爲一味法界者即第五揔合前四令其不二然上各合交徹並不出於真空幻有故今合之爲一味法界爲二諦俱融之中道然三四雖融二諦而空有別融今此空有無礙即是非空非有無礙舉一全收若以真同俗唯一幻有若融俗同真唯一真空空有無二爲雙照之中道非空非有無二爲雙遮之中道遮照一時存泯無礙故云離相離性無障無礙無分別法門以幻有爲相真空爲性又空有皆相非空非有爲性又別顯爲相揔融爲性今互奪雙融並皆離也無分別法但約智說唯無分別智方究其原其無障礙通於境智謂上之五重多約境說心智契合即爲五觀五境既融五觀亦融以俱融之智契無礙之境則心境無礙心中有無盡之境境上有無礙之心故要忘言方合斯理揔爲緣起甚深之相故知若了空有無礙真俗融通無性之宗緣生之理如同神變莫定方隅雖處狹而常寬縱居深而逾淺或在下而恒上任進中而即邊衆生常處佛身涅槃唯依生死可謂難思妙旨非情所知故云性海無涯衆德以之繁廣緣生不測多門由是圓通莫不迴轉萬差卷舒之形隨智鎔融一際開合之勢從心照不失機縱差別而恒順用非乖體雖一味而常通又云謂塵不壞小量而徧十方普攝一切於中顯現斯由量則非量非量即量又居見聞之地即見聞之不及處思議之際即思議之不測皆由不思議體自不可得故即思不可思經云所思不可思是名爲難思法界觀真空門云一色即是空者以色舉體全是真空不即斷空以色等本是真如一心與生滅和合名阿賴耶識能變起根身器界即是此中所明色等諸法故今推之都無其體故舉體歸於真心之空不合歸於斷滅之空以本非斷空之所變故斷空則是虛豁斷滅無知無用不能現於萬法如鏡外之空非同鏡內之空色相宛然求不可得謂之空又凡是色法必不異真空以諸色法必無性故是故色即是空既非滅色取空離色求空又不即形顯色相之空又不離形顯無體之空即是真空若不即色相即無徧計所執不離無體即是依他緣起緣起無性之真理即是圓成二明空即色者真空必不異色故云空即是色何以故凡是真空必不異色以是法無我理非斷滅故是故空即是色若離事求空理即成斷滅今即事明無我無性真空之理離事何有理乎以真如不守自性隨緣成諸事法則舉空全色舉理全事又真如正隨緣時不失自性則舉色全空舉事全理三空色無礙者謂色舉體全是盡色之空故色盡而空現空舉體不異全盡空之色即空即色而空不隱是故看色無不見空觀空莫非見色無障無礙爲一味法也如舉衆波全是一水舉一水全是衆波波水不礙同時而水體湛然全露如即空即色而空不隱寶藏論云空可空非真空色可色非真色真色無形真空無名無名名之父無色色之母爲萬物之根源作天地之太祖肇論云本無實相法性性空緣會一義耳何則一切諸法緣會而生緣會而生則未生無有未生無有緣離則滅如其真有有則無滅以此而推故知雖今現有有而性常自空性常自空故謂之性空法性如是故曰實相實相自無非推之使無故名本無言不有不無者不如有見常見之有邪見斷見之無耳若以有爲有則以無爲無有既不有則無無也夫不存無以觀法者可謂識法實相矣乃至三乘等觀性空而得道也性空者諸法實相也見法實相故爲正觀若其異者便爲邪觀設二乘不見此理則顛倒也是以三乘觀法無異但心有大小爲差耳又不真空論云夫至虛無生者蓋是般若玄鑒之妙趣有物之宗極者也自非聖明特達何能契神於有無之間哉是以聖人通神心於無窮窮所不能滯極耳目

於視聽聲色所不能制者豈不以其即萬物之自虛故物不能累其神明者也是以聖人乘眞心以理順則無滯而不通審一氣以觀化故所遇而順適無滯而不通故能混雜致淳所遇而順適故則觸物而一如此則萬像雖殊而不能自異不能自異故知像非眞像像非眞像則雖像而非像然則物我同根是非一氣潛微幽隱殆非群情之所盡故知若乘眞心而體物則何物而不歸齊一氣以觀時則何時而不會何時而不會則知觸境之無生何物而不歸則見物性之自虛矣若任情所照曷能盡其幽旨乎若不悟宗難逃見跡如龐居士偈云昔日在有時常被有人欺種種生分別見聞多是非後向無中坐又被無人欺一向看心坐冥冥無所知有無俱是執何處是無爲有無同一體諸相盡皆離心同虛空故虛空無所依若論無相理唯有文王知故知有無諸法欲求究竟唯心方證若未歸心盡成障礙爲常爲斷成是成非纔入此宗自然融即謂光明其起處知自心生既從心生則萬法從緣皆無體性必無心外法能與心爲緣悉是自心生還與心爲相但論空有則廣明諸法何者以空有管一切法故此空有二門亦是理事二門亦是性相二門亦是體用二門亦是眞俗二門乃至揔別同異成壞理量權實卷舒正助修性遮照等或相資相攝相是相非相偏相成相害相奪相即相在相覆相違一一如是各各融通今以一心無性之門一時收盡名義雙絕境觀俱融契旨忘言咸歸宗鏡是以須明行相名義

差別方能以體性融通若不先橫竪鋪舒後何以一門卷攝故還原觀云用就體分非無差別之勢事依理現自有一際之形如上微細剖析廣照空有二門可謂得萬法之根由窮諸緣之起盡此有無二法迷倒所由九十六種之邪師因茲而起六十二見之利使從此而生菩薩尚未盡其原凡夫安能究其旨所以寶性論云空亂意菩薩於此眞空妙有猶有三疑一疑空滅色取斷滅空二疑空異色取色外空三疑空是物取空爲有故華嚴經中善財歷事諸佛已證法門尚猶於諸法中無而計有若究竟遠離唯大菩薩之人大智度論偈云有無二見滅無餘諸法實相佛所說淨名經云有無二見無復餘習又偈云說法不有亦不無以因緣故諸法生何者若時機因緣執有則說空門若時機因緣著空遂談有教爲破有故不存空因治空故不立有故說有而不有言空而不空或雙亡而雙流或雙照而雙寂破立一際遮照同時如肇論鈔云今就論文揔有四意以顯周圓之旨一者破實顯空二者破空顯假三者破唯空唯假顯亦空亦假四者破亦空亦假顯非空非假則是中道方謂周圓也然四論皆有周圓今既一一辯之且約四義一約境二約智三約果四約境智果初約境者不眞空論云即物順通故物莫之逆此破實顯空遣凡夫執即僞即眞故性莫之易此破空顯假遣聲聞執性莫之易故雖無而有物莫之逆故雖有而無此則破有破無顯亦空亦假辯菩薩境雖有而無所謂非有雖無而有所謂非無

此破亦空亦假遣菩薩執顯中道第一空佛之境此則境周圓也二約智者則般若論也若以般若智一一歷然空假等境則成心量但是有智不得無智意今則約前智知凡是一境即須周圓也論云言知非爲知欲以通其鑒此破凡夫執相知辯無知也不知非不知欲以辯其相此破聲聞無知辯無種不知也辯相不爲無通鑒不爲有此破亦知亦不知顯非知非不知也非有故知而無知非無故無知而知此破非知非不知辯亦知亦無知前來四義說雖前後並在一心不即不離可謂佛智周圓矣三約果辯者即涅槃論文云存不爲有破有餘涅槃遣聲聞常執亡不爲無破無餘涅槃遣聲聞斷執亡不爲無雖無而有存不爲有雖有而無此雙破有無顯亦有亦無雖有而無所謂非有雖無而有所謂非無此破亦有亦無顯非有非無以顯中道佛之境無住涅槃果周圓矣四約境智果三合辯者則是揔收前諸論文也前二論則眞諦無相之境爲眞空般若能觀眞智即萬行之本爲妙有猶境發智由智顯境境智互顯爲亦空亦有即涅槃論中三德相冥境智不二不斷不常爲非空非有可謂涅槃極果也即如來一化之意並周圓故則罄盡佛法之淵海也故知眞空難解應須妙得指歸若隨空有之文皆墮邪見如鴦崛魔羅經偈云譬如有愚夫見雹生妄想謂是瑠璃珠取已執持歸置之瓶器中守護如眞寶不久悉融消空想默然住於餘眞瑠璃亦復作空想文殊亦如是修習極空寂常作空思惟破壞一

切法解脫實不空而作極空想猶如見雹消
灆壞餘眞實汝今亦如是灆起極空想見於
空法已不空亦謂空有異法是空有異法不
空一切諸煩惱譬如彼雨雹一切不善壞猶
如雹融消如眞瑠璃寶謂如來常住如眞瑠
璃寶謂是佛解脫虛空色是佛非色是二乘
解脫色是佛非色是二乘云何極空相而言
眞解脫文殊宜諦思莫不分別想譬如空聚
落川竭瓶無水非無彼諸器中虛故名空如
來眞解脫不空亦如是出離一切過故說解
脫空如來實不空離一切煩惱及諸天人陰
是故說名空嗚呼蚊蚋行不知眞空義外道
亦修空尼乾宜默然所以外道執斷空二乘
證但空俱不達一心眞空之理故無生義云
經云持心猶如虛空者非是斷空爾時猶有
妙神助有妙識思慮問曰經言持心如虛空
邪更有妙神在荅曰經道持心如虛空者只
是持心令不生故言如虛空非即是空經言
如虛空也經言若識在二法則有喜悅若識
在無二實際法中則無喜悅實際即是法性
空識即是妙神故知實際中含有妙神也華
嚴經性起品作十種譬喻明法身佛有心大
師言雖有妙神神性不生與如一體譬如凌
還是水與水一體水亦有凌性若無凌性者
寒結凌則不現如中亦有妙神性同如清淨
則現不淨不復可見乃至如師主姓傳傳姓身
內覔不得身外覔不得中間覔不得當知傳
姓是空而非是斷空之空以傳姓中含有諸
男女故言性空異於虛空佛性是空諸佛法
身不空大師引經曰女身色相無在無不在

夫無在無不在者佛所說也釋言女身色相
即如故言無在如性眞常體含衆相故言無
不在者合有男女色聲等相涅槃經明菩
薩念法善男子唯此正法無有時節法眼所
見非肉眼見不生不出不住不滅不始不終
無明無數此正明如體也非結非業斷結斷
業而亦是業非男斷男而亦是男非有斷有
而亦是有非入斷入而亦是入乃至諸佛所
遊居處常不變易是名菩薩念法如上空有
二門約廣其義用逆說存泯開合若破其情
執乃說即離有無設當見性證會之時智解
俱絕如泯絕無寄觀云謂此所觀眞空不可
言即色不即色亦不可言即空不即空一切
皆不可不可亦不可此語亦不受迥絕無寄
非言所及非解所到是謂行境何以故生心
動念即乖法體失正念故乃至若不洞明前
解無以躋成此行若不解此行法絕於前解
無以成其正解若守解不捨無以入茲正行
是故行由解成行起解絕古釋云空若即色
者聖應同凡見妄色凡應同聖見眞空又應
無二諦空若不即色者見色外空無由成於
聖智又應凡聖永別聖不從凡得故又色若
即空者凡迷見色應同聖智見空又亦失於
二諦色不即空者凡夫見色應不迷又所見
色長隔眞空應永不成聖生心動念即乖法
體失正念故者眞空理性本自如然但以迷
之動念執相故雖推破隨情顯解令情忘智
泯但是本眞何存新生之解數若有解數即
爲動念動念生心故失正念正念者無念而
知若揔無知何成正念又解爲遣情說因破

執若情消執喪說解何存眞性了然寂無存
泯所以若言即與不即皆落是非皆挂有無
即非正念故云纔有是非紛然失心　問凡
涉有無皆成邪念若關能所悉墮有知如何
是無念而知　荅瑞草生嘉運林華結早春

宗鏡錄卷第八　　　　祿

音義

劇（奇逆反增也）刮（古八反削也）叡（以芮反聖也）殆（徒亥反近也）雹（蒲角反）蚋（而銳反）瞥（普結反暫見也）挂（古賣反）紛（撫文反紛紜也大也）

丙午歲分司大藏都監開板

宗鏡録卷第八

校勘記

一　底本，麗藏本。

一　二四二頁中二二行第八字「誤」，磧、南、徑、清作「設」。

一　二四二頁下二五行第八字「生」，磧、南作「無」。

一　二四二頁下二六行首字「無」，磧、南作「生」。

一　二四三頁上二一行末字「性」，徑、清作「住」。

一　二四三頁中一〇行第一四字「定」，磧、南、徑、清作「空」。

一　二四三頁中二五行第一一字「又」，清作「又有四義」。

一　二四三頁中二六行「今初一」，清作「謂」。

一　二四四頁中一一行第一二字「謂」，清作「微」。

宗鏡錄卷第九　禄

慧日永明寺主智覺禪師延壽集

夫修行契悟法乃塵沙云何獨立一心爲宗而稱絕妙　答若不了心宗皆成迷倒觸途成壅證入無門如俗諦中亦有秘密之法若不得要訣學亦無成或得其門所作皆辦今教乘稱秘密之法禪宗標不傳之文則向何路而進修從何門而趣入若不得唯心之訣正信無由得成纔得斯宗千門自闢道不待求而頓現行弗假修而自圓如地遇陽春萌芽沸發故云若無觀慧事亦不成又此心能成一切能壞一切成則頓成天眞之佛所以昇覺大師謌云是以禪門了却心頓入無生慈忍力以此無生一門一成一切成乃至三身四智八解六通無漏無爲昔賢萬行悉於無生一時圓滿故云初聞阿字門即解一切義所謂一切法不生壞則漸壞有爲無爲功德之門所以謌云損法財滅功德莫不由乎心意識故知此心無幽不燭有法皆知察審防微窮今洞古故謂之靈臺故司馬彪云心爲神靈之臺莊子云萬惡不可內於靈臺淨名疏問云妄義處處多明觀心已恐不可入文復爾將不壞亂經教耶答說經本爲入道若懷道之賢觸處觀行豈有尋求涅槃聖典而不觀行者乎但巧說得宜非止不損文義兼得觀慧分明分別法門非觀何達豈有壞亂之咎乎夫有所說意在言前祖佛本意皆爲明心達道假以文義直指心原豈可執詮迷旨背心求道耶所以王法念處經偈云天龍阿脩羅地獄鬼羅判心常爲導主如王行三界心將諸天上復行於人中心將至惡道心輪轉世間寶雨經云云何菩薩得奢摩他毗鉢舍那善巧謂此菩薩心善巧已觀察諸法如幻如夢思惟諸法此是善法此非善法此出離法此不出離法謂諸菩薩觀一切法皆依於心心爲自性心爲上首能攝受心善調伏心善了知心故能攝此一切諸法既善調伏又善了知由此因緣便能修習奢摩他法如是繫心如是止心及安住心勤修如是奢摩他故便能安住心一境性弘道廣顯定意經云彼德本者了識心本以此心行慈及衆生識了知彼空無我人其心德本助勸於道故知心爲德本即是惣相心佛衆生三之別相心是惣相者法界染淨萬類萬法不出一心是心即攝一切世間出世間法故名惣相餘染淨二緣各屬二類然惣相說十法界中六道爲染四聖爲淨則十法界中染淨二緣凡聖兩道俱不出一心矣故經云心能導世間即自在義心能偏攝受即隨行義如是一心法皆自在隨行金剛三昧論云出世之因者入實相觀出世之果者一味解脫故知初則信心而入道後則證心而得果始終不出宗鏡矣又楞伽經偈云唯心無所有諸行及佛地去來現在佛三世說如是堅劫定意經云等視一切諸法根原皆如是諦本無所有是日一心華嚴經夜摩天宮偈讚品云譬如工畫師分布諸彩色虛妄取異色大種無差別大種中無色色中無大種亦不離大種而有色可得心中無彩畫彩畫中無心然不離於心有彩畫可得彼心恒不住無量難思議示現一切色各各不相知譬如工畫師不能知自心而由心故畫諸法性如是心如工畫師能畫諸世間五蘊悉從生無法而不造如心佛亦爾如佛衆生然應知佛與心體性皆無盡若人知心行普造諸世間是人則見佛了佛眞實性心不住於身身亦不住心而能作佛事自在未曾有若人欲了知三世一切佛應觀法界性一切唯心造疏釋云此頌顯於具分唯識此不相知義謂非唯所畫之法自不相知喻所變之境無有體性能畫之心念念生滅自不相知故亦不能知於所畫雙喻心境皆無自性各不相知故言不能知自心而由心故畫又雖不知畫心而由心能畫喻衆生雖迷心現量而心變於境又由不能知所畫但畫於自心故能成所畫喻衆生由迷境唯心方能現妄境又喻正由無性方成萬境故云諸法性如是應觀法界性者即眞如理觀一切唯心造者即唯識事觀以理觀唯識之性諸佛證此爲成佛之體以事觀唯識之相衆生達此爲出離之門如華嚴演義云良以一文之妙攝義無遺一偈之功能破地獄故普賢菩薩告善財言我此法海中無有一文無有一句非是捨施轉輪王位而求得者非是捨施一切所有而求得者釋曰以一是一切之一故稱性之一故纂靈記云有京兆人姓王失其名本無戒行曾不修善因患致死被二人引至地獄地獄門前見一僧云是地藏菩薩乃教誦偈云若人欲了知三世一切佛應觀法界性一切唯心造菩薩授經已謂之曰誦得此偈能破地獄苦其

人誦已遂入見王王問此人有何功德答云唯受持一四句偈具如上説王遂放免當誦此偈時聲所至處受苦之人皆得解脱後三日方蘇憶持此偈向諸道俗説之參驗偈文方知是華嚴經夜摩天宮無量菩薩雲集所説即覺林菩薩偈意明地獄心造了心造佛地獄自空耳故知若觀此心言下離苦不唯破地獄界乃至十法界一時破以入真空一際法故則平等真法界無佛無衆生此非妙術神通假於他勢以法如是故可驗自心不可思議神妙之力高而無上闊而不深延而不長促而非短廣而無相顯而無蹤有而不常無而不滅照體獨立稱性普周妙萬物故稱之爲神孕一切故名之爲母統御該攝通變無窮任照忘疲若明鏡之寫像應緣無作猶虚谷之傳聲居方而方相分明處圓而圓文顯現在悟而悟成諸佛墮迷而迷作衆生跡任千途本地不動台教云心如幻化但有名字名之爲心適言其有不見色質適言其無復起慮想不可以有無思度故名心爲妙非是待麤成妙以絶待爲妙故傅大士稱爲妙神亦云妙識妙神即是法身佛若無妙神誰受寂滅樂寶藏論云其爲也形其寂也真本淨非瑩法爾天成光超日月德越太清萬物無作一切無名轉變天地自在縱横恒沙而用混沌而成誰聞不喜誰聞不驚如何以無價之寶隱於陰入之坑是以體之即妙即神顯無價之寶迷之成麤成朕墮陰入之坑備覽圓詮釋之莫盡仰唯諸聖讚之靡窮可謂入道玄關成佛妙訣乃至凡聖因果行位進脩不離此心而得成辦契同心性何德不收以一切法隨所依住皆於一心頓圓滿故如斯之事豈非絶待之妙耶如法華玄義云絶待明妙者爲四一隨情三假法起若入真諦待對即絶故身子云吾聞解脱之中無有言説此三藏經中絶待意也二若隨理三假一切世間皆如幻化即事而真無有一事而非真者更待何物爲不真耶望彼三藏絶還不絶即事而真乃是絶待此通教絶待也三別教若起望即真之絶還是世諦何者非大涅槃猶是生死世諦絶還有待若入別教中道待則絶矣四圓教若起説無分別法即邊而中無非佛法亡泯清淨豈更佛法待於佛法如來法界故出法界外無復有法可相形比待誰爲麤形誰得妙無所可待亦無所絶不知何名強言爲絶大涅槃經云大名不可稱量不可思議故爲大譬如虚空不因小空名爲大也涅槃亦爾不因小相名大涅槃妙亦如是妙名不可思議不因於麤而名爲妙若謂定有法界廣大獨絶者此則大有所有何謂爲絶今法界清淨非見聞覺知不可説示經云止止不須説我法妙難思止止不須説即是絶言我法妙難思即是絶思又云是法不可示言辭相寂滅亦是絶歎之文不可以待示不可以絶示滅待滅絶故言寂滅又云一切諸法常寂滅相終歸於空此空亦空則無復待絶中論云若法爲待成是法還成待今則無因待亦無所成法華首經云既得無生忍亦不生無生生即無生是名絶待降此已外若更作者絶何物顯何理流浪無窮則墮戲論乃是迷情分別絶待不絶非絶非待待於亦待亦絶言語相逐永無絶矣何者言語從覺觀生心慮不息語何由絶如癡犬逐塊徒自疲勞塊終不絶若能妙悟寰中息覺觀風心水澄清言思皆絶如黠師子放塊逐人塊本既除塊則絶矣妙悟之時洞知法界外無法而論絶者約有門明絶也是絶亦絶約空門明絶也如駃馬見鞭影無不得入是名絶待妙也用是兩妙妙上三法衆生之法亦具二妙稱之爲妙佛法心法亦具二妙稱之爲妙問何意以絶釋妙答只嘆妙爲絶絶是妙之異名如世人稱絶能耳又妙是能絶麤是所絶此妙有絶麤之功故舉絶以名妙此絶非是斷絶以無盡爲絶如還原觀云一塵出生無盡徧一塵之内即理即事即人即法即依即正即染即淨即因即果即同即異即彼即此即一即多即廣即狹即情即非情即三身即十身何以故理事無礙法如是故十身互作自在用故唯普眼之境界也如上事相之中一一互相容相攝各具重重無盡之境界也經頌云一切法門無盡海同會一法道場中如是次第展轉成此無礙人方得悟問據其所説則一塵之上理無不顯事無不融文無不釋義無不通今時脩學之徒云何曉悟達於塵處頓決群疑且於一塵之上何者是染云何名淨何者名真若爲稱俗何者名生死何者是涅槃云何名煩惱云何是菩提何者名小乘法云何名大乘法請垂開使聞所未聞答大智圓明覩纖毫而觀性海真原朗現一塵之處以眺全身萬法顯必

同時一際理無前後何以故由此一塵虛相能翳於眞即是染也由塵相空無所有即淨也由於塵性本體同如即是眞也由此塵相緣生幻有即俗也由於塵相念念遷變即是生死也由觀塵生滅相盡空無有實即涅槃也由塵相大小皆是妄心分別即煩惱也由塵體本空緣慮自盡即菩提也由塵相體無徧計即小乘法也由塵性無生無滅依他似有即大乘法也如是略說若具言之假使一切衆生懷疑各異一時同問如來如來唯以一箇塵字而爲解釋宜深思之經頌云一切法門無盡海一言演說盡無餘依此義理故名一塵出生無盡徧也所言即者現今平等故此一心法門如鏡頓現不待次第如印頓成更無前後一見一切見一聞一切聞不俟推尋若待了達而成皆爲權漸若能觀於心性之一則是一道甚深即正道之一是唯一之一千佛同轍今古不易之一道也亦云一路涅槃門亦云一道出生死又名大佛頂首楞嚴王具足萬行十方如來一門超出妙莊嚴路猶如百華共成一蜜故知萬法同會斯宗若諦了之一切在我昇沉去住任意隨緣示聖現凡出生入死變化難測運無作之神通隱顯同時闡如幻之三昧是非冥合逆順同歸語默卷舒常順一眞之道治生產業不違實相之門運用施爲念念而未離法界行住坐卧步步而常在其中若不信之人對面千里如寒山子詩云可貴天然物獨一無伴侶促之在方寸延之一切處汝若不信受相逢不相遇如明達之者寓目關懷悉能先覺若未過之子可以事知舉動施爲未嘗間斷如蔡順字君仲以孝聞順少孤養母常出求薪有客卒至母望順不還乃嚙其指順即心動棄薪馳歸跪問其故母曰有急客來吾嚙指以悟汝耳又唐裴敬彝父爲陳王典所殺敬彝時在城忽自覺流涕不食謂人曰我大人凡有痛處吾即不安今日心痛手足皆廢事在不測遂歸覲父果已死又唐張志安居鄉閭稱孝差爲里尹在縣忽稱母疾急縣令問志安曰母有疾志安亦病志安適患心痛是以知母有疾令拘之差人覆之果如所說尋奏高表門閭拜爲散騎常侍

問此宗所悟還有師不　荅此是自覺聖智無師智自然智之所證處不從他悟自證之時法從心現不從外來故無師契而能自得何釋菩提楞伽經云大慧白佛言世尊若善自覺聖智相及一乘我及餘菩薩若善自覺聖智相及一乘不由於他通達佛法又經云舍利弗復問何故諸賢復發此言從今日始不以佛爲聖師諸比丘報曰從今日始自在其地不在他鄉自歸於已不歸他人以爲師主不用他師是以故往不以佛爲聖師乃至於是世尊讚諸比丘善哉善哉其於諸法無所得者乃爲眞得此乃但可自知方見眞實所以千聖拱手作計校不成如經頌云言語說諸法不能顯眞實平等乃能見如法佛亦爾所以永嘉云不離當處常湛然覓即知君不可見又先德偈云不煩問師匠心王應自知斯乃眞照無照眞知無知何者若有照則有對處故云隨照失宗若有知則被知礙故云法離見聞覺知如信心銘云縱橫無照最爲微妙知法無知無知知要達此要者即無一法可同無一法可異無一法可是無一法可非則何用外求知解古德頌云古人重義不重金曲高和寡無知音今時學士還如此語默動用跡難尋所嗟世上歧途者終日崎嶇枉用心平坦栴檀不肯取要須登陟訪椿林窮子捨父遠逃逝却於本舍絕知音貧女宅中無價寶却將小秤買他金故大涅槃經云如平坦路一切衆生悉於中行無障礙者中路有樹其陰清涼行人在下憩駕止息然其樹陰常住不異亦不消壞無持去者路喻聖道陰喻佛性是以若達此宗歸於自地室中寶藏豈是外來衣內明珠非從他獲若能開發秘藏得現前受用之榮貨易神珠息積劫貧窮之苦非數他寶豈徇夜求則潤已之智藏何窮利他之法財無盡

問若言無師自證者即墮自然之計執從他解者仍涉因緣之門且大道之性非是自然亦非因緣云何開示而稱道體

荅爲破他求故說須自證爲執自解故從他印可若當觀省之時迷悟悉空自他俱絕非限量之所及豈言論之能詮所以牛頭初祖云夫道者若一人得之道即不徧若衆人得之道即有窮若各各有之道即有數若總共有之方便即空若修行得之造作非眞若本自有之萬行虛設何以故離一切限量分別故明知說自說他言得言失者若約聖教則是隨世語言破執方便若依意解盡是限量分別不出情塵但不執教以徇情則方見性

而達道　問初心學人悟入此宗信解圓通有何勝力　　荅若正解圓明決定信入有超劫之功獲頓成之力雖在生死常入涅槃恒處塵勞長居淨刹現具肉眼而開慧眼之光明匪易凡心便同佛心之知見如太子具王儀之相迦陵超衆鳥之音師子筋爲琴絃餘音斷絶以善見藥而治病衆患潛消若那羅箭之功勢牢鐵皷似金剛鎚之力擬碎金山則煩惱塵勞不待斷而自滅菩提妙果弗假脩而自圓乃至等寬親和諍論齊凡聖泯自他一去來印同異融延促混中邊世出世間不可稱不可量不可說不可說之力莫能過者亦名佛力亦名般若力亦名大乘力亦名法力亦名無住力所以先德釋云無住力持者則大劫不離一念又云色平等是佛力色既平等則唯心義成故知觀心之門理無過者最尊最貴絶妙絶倫有刹那成佛之功頓截苦輪之力大涅槃經云譬如藥樹名曰樹王於諸藥中最爲殊勝能滅諸病樹不作念若取枝葉及皮身等雖不作念能愈諸病涅槃亦爾是以若於宗鏡有圓信圓脩乃至見聞隨喜一念發心者無不除八萬塵勞三障二死之病大品經云如摩尼珠所在住處一切非人不得其便以珠著身闇中得明熱時得涼寒時得溫若在水中隨物現色即況識此自心如意靈珠圓信堅固一切時處不爲無明塵勞非人之所侵害則處繁不亂履險恒安高而不危滿而不溢台教引佛藏經云無名相中假名相說皆是如來不思議力譬如有人將須彌山飛行虛空石筏渡海負四天下及須彌山蚊脚爲梯登至梵宮劫盡燒時一唾劫火即滅一吹世界即成以藕絲懸須彌山手接四天下雨如來所說一切諸法無相無爲無生無滅令人信解甚爲難有甚爲希有若少有所得與佛法僧諍入於邪道不聽出家受戒飲一盃水當知經明無生外用以顯妙理因果無生是則不了一體三寶常住不聽出家言不聽者若不解此戒不具足若約觀心者一刹那起名一衆生即起即滅名爲一期念念之中恒起三毒即當劫盡三災三毒貪爲首三災火爲端以不思議止觀觀此三毒一念貪心無有起處即是一唾劫火而滅了念成智即是一吹世界而成乃至一切不思議希有之事但達一念無明心成諸佛智無有不洞曉之者若不解此非唯不聽出家一切萬善皆不成就以不知佛法根本故大智度論云復次有人謂地爲堅牢心無形質皆是虛妄以是故佛說心力爲大行般若波羅蜜故散此大地以爲微塵以地有色香味觸重故自無所作水少香故動作勝地火少香味勢勝於水風少色香味故動作勝火心無四事故所爲力大又以心多煩惱結使繫縛故令心力微少有漏善心雖無煩惱以心取諸法相故其力亦少二乘無漏心雖不取相以智慧有量及出無漏道時六情隨俗分別取諸法相故不盡心力諸佛及大菩薩智慧無量無邊常處禪定於世間涅槃無所分別諸法實相其實不異但智有優劣行般若波羅蜜者畢竟清淨無所罣礙一念中能散十方一切如恒河沙等三千大千國土大地諸山微塵故知眞心有此大力衆生妄隔而不覺知金光明經疏云如日光能照天下不能照道理心智之光明能發智照理故心是光若心癡闇體則憔悴心有智光膚色光淨故云般若大故色大般若淨故色淨即是明也天下萬物唯人爲貴七尺形骸不如靈智爲貴所以觀之心貴心即是金又知依知正名光知一切法無一切法爲明是以若於宗鏡纔有信入便生圓解能發眞正菩提心更無過上是無等等心是最勝心是最實心止觀云發此心者能翻一一塵勞門即是八萬四千諸三昧門無明轉即變爲明如融冰成水更非遠物不餘處來但一念心普皆具足如如意珠非有寶非無寶若謂無者即妄語若謂有者即邪見不可以心知不可以言辯衆生於此不思議不縛法中而思想作縛於無脫法中而求於脫是故起大慈悲興四弘誓拔兩苦與兩樂故名非縛非脫眞正菩提心此發一菩提心即一切菩提心譬如良醫有一秘方揔攝諸方阿伽陁藥功兼諸藥如食乳糜更無所須一切具足如如意珠乃至此一心是大中大上中上圓中圓滿中滿實中實眞中眞了義中了義玄中玄妙中妙不可思議中不可思議若能如此簡非顯是體權識實而發心者是一切諸佛種譬如金剛從金性生佛菩提心從大悲起是諸行先如服阿伽羅藥先用清水諸行中最如諸根中命根爲最佛正法正行中此心爲最如太子生具王儀相大臣恭敬有大聲名如迦陵頻伽鳥鷇中鳴聲已勝諸鳥此菩提

心有大勢力如師子筋絃如師子乳如金剛鎚如那羅延箭具足衆寶能除貧苦如如意珠雖小懈怠小失威儀猶勝二乘功德舉要言之此心即具一切菩薩功德能成三世無上正覺菩解此心任運達於止觀無發無礙即是觀其性寂滅即是止止觀即菩提菩提即止觀如上廣讚發此圓信菩提心人實爲難有若凡夫外道迷於此心而爲分段生死藏通二乘皆於此心而作有餘涅槃乃至通教菩薩始發大乘之人體於此心只成自性之空別教菩薩至大乘之終悟於此心雖見不空爲十法界之所依然即今未具猶假別修次第生起但不能識知自心一念頓圓平等正性凡聖共有一際無差以不識故皆不能發此無上無等最勝廣大不可思議菩提之心所有悲願智行但不具足若一發此心功德無際念念圓滿十波羅蜜故淨名經云維摩詰言然汝等便發阿耨多羅三藐三菩提心是即出家是即具足今宗鏡正爲開示此心一一搜窮重重引證普爲一切法界含生凡有心者願皆信受纔得信入法爾自然發此無上菩提之心便坐道場行同體大悲起無緣慈化是以十方諸佛讚了此心能發菩提者功德無盡如華嚴經云菩提心者猶如種子能生一切諸佛法故菩提心者猶如良田能長衆生白淨法故菩提心者猶如大地能持一切諸世間故菩提心者猶如淨水能洗一切煩惱垢故菩提心者猶如大風普於世間無所礙故菩提心者猶如盛火能燒一切諸見薪故菩提心者猶如淨日普照一

切諸世間故菩提心者猶如盛月諸白淨法悉圓滿故菩提心者猶如明燈能放種種法光明故菩提心者猶如淨目普見一切安危處故菩提心者猶如大道普令得入大智城故菩提心者猶如正濟令其得離諸邪法故菩提心者猶如大車普能運載諸菩薩故菩提心者猶如門戶開示一切菩薩行故菩提心者猶如宮殿安住修習三昧法故菩提心者猶如園苑於中遊戲受法樂故菩提心者猶如舍宅安隱一切諸衆生故菩提心者則爲所歸利益一切諸世間故菩提心者則爲所依諸菩薩行所依處故菩提心者猶如慈父訓導一切諸菩薩故菩提心者猶如慈母生長一切諸菩薩故菩提心者猶如乳母養育一切諸菩薩故菩提心者猶如善友成益一切諸菩薩故菩提心者猶如君主勝出一切二乘人故菩提心者猶如帝王一切願中得自在故菩提心者猶如大海一切功德悉入中故菩提心者如須彌山於諸衆生心平等故菩提心者如鐵圍山攝持一切諸世間故菩提心者猶如雪山長養一切智慧藥故菩提心者猶如香山出生一切功德香故菩提心者猶如虛空諸妙功德廣無邊故菩提心者猶如蓮華不染一切世間法故菩提心者猶如調慧象其心善順不獷戾故菩提心者猶如良善馬遠離一切諸惡性故菩提心者如調御師守護大乘一切法故菩提心者猶如良藥能治一切煩惱病故菩提心者猶如坑穽陷沒一切諸惡法故菩提心者猶如金剛悉能穿徹一切法故菩提心者猶如香

薰能貯一切功德香故菩提心者猶如妙華一切世間所樂見故菩提心者如白栴檀除衆生欲熱使清涼故菩提心者如黑沉香能熏法界悉周徧故菩提心者如善見藥王能破一切煩惱病故菩提心者如毗笈摩藥能拔一切諸惑箭故菩提心者猶如帝釋一切主中最爲尊故菩提心者如毗沙門能斷一切貧窮苦故菩提心者如功德天一切功德所莊嚴故菩提心者如莊嚴具莊嚴一切諸菩薩故菩提心者如劫燒火能燒一切諸有爲故菩提心者如無生根藥長養一切諸佛法故菩提心者猶如龍珠能消一切煩惱毒故菩提心者如水精珠能清一切煩惱濁故菩提心者如如意珠周給一切諸貧乏故菩提心者如功德瓶滿足一切衆生心故菩提心者如如意樹能雨一切莊嚴具故菩提心者如鵝羽衣不受一切生死垢故菩提心者如白氎線從本已來性清淨故菩提心者如快利犂能治一切衆生田故菩提心者如那羅延能摧一切我見敵故菩提心者猶如快箭能破一切諸苦的故菩提心者猶如利矛能穿一切煩惱甲故菩提心者猶如堅甲能護一切如理心故菩提心者猶如利刀能斬一切煩惱首故菩提心者猶如利劍能斷一切憍慢鎧故菩提心者如勇將幢能伏一切諸魔軍故菩提心者猶如利鋸能截一切無明樹故菩提心者猶如利斧能伐一切諸苦樹故菩提心者猶如兵仗能防一切諸苦難故菩提心者猶如善手防護一切諸度身故菩提心者猶如好足安立一切諸功德故菩

提心者猶如眼藥滅除一切無明瞖故菩提心者猶如鉗鑷能拔一切身見刺故菩提心者猶如卧具息除生死諸勞苦故菩提心者如善知識能解一切生死縛故菩提心者如好珍財能除一切貧窮事故菩提心者如大導師善知菩薩出要道故菩提心者猶如伏藏出功德財無匱乏故菩提心者猶如涌泉生智慧水無窮盡故菩提心者猶如明鏡普現一切法門像故菩提心者猶如蓮華不染一切諸罪垢故菩提心者猶如大河流引一切度攝法故菩提心者如大龍王能雨一切妙法雨故菩提心者猶如命根任持菩薩大悲身故菩提心者猶如甘露能令安住不死界故菩提心者猶如大網普攝一切諸衆生故菩提心者猶如罥索攝取一切所應化故菩提心者猶如鉤餌出有淵中所居者故菩提心者如阿伽陀藥能令無病永安隱故菩提心者如除毒藥悉能消歇貪愛毒故菩提心者如善持呪能除一切顛倒毒故菩提心者猶如疾風能卷一切諸障霧故菩提心者如大寶洲出生一切覺分寶故菩提心者如好種性出生一切白淨法故菩提心者猶如住宅諸功德法所依處故菩提心者猶如市肆菩薩賈人貿易處故菩提心者如鍊金藥能治一切煩惱垢故菩提心者猶如好蜜圓滿一切功德味故菩提心者猶如正道令諸菩薩入智城故菩提心者猶如好器能持一切白淨物故菩提心者猶如時雨能滅一切煩惱塵故菩提心者則為住處一切菩薩所位處故菩提心者則為攝行不取聲聞解脫

果故菩提心者如淨瑠璃自性明潔無諸垢故菩提心者如帝青寶出過世間三乘智故菩提心者如更漏鼓覺諸衆生煩惱睡故菩提心者如清淨水性本澄潔無垢濁故菩提心者如閻浮金映奪一切有為善故菩提心者如大山王超出一切諸世間故菩提心者則為所歸不拒一切諸來者故菩提心者則為義利能除一切衰惱事故菩提心者則為妙寶能令一切心歡喜故菩提心者如大施會充滿一切衆生心故菩提心者則為尊勝諸衆生心無與等故菩提心者猶如伏藏能攝一切諸佛法故菩提心者如因陁羅網能伏煩惱阿脩羅故菩提心者如婆樓那風能動一切所應化故菩提心者如因陁羅火能燒一切諸惑習故菩提心者如佛支提一切世間應供養故善男子菩提心者成就如是無量功德舉要言之應知悉與一切佛法諸功德等何以故因菩提心出生一切諸菩薩行三世如來從菩提心而出生故是故善男子若有發阿耨多羅三藐三菩提心者則已出生無量功德普能攝取一切智道乃至善男子如有寶珠名自在王日月光明所照之處一切財寶衣服等物所有價直悉不能及菩薩摩訶薩發菩提心自在王寶亦復如是一切智光所照之處三世所有天人二乘漏無漏善一切功德皆不能及善男子海中有寶名曰海藏普現海中莊嚴事菩薩摩訶薩菩提心寶亦復如是普能顯現一切智海諸莊嚴事善男子譬如天上閻浮檀金唯除心王大摩尼寶餘無及者菩薩摩訶薩發菩提

心閻浮檀金亦復如是除一切智心王大寶餘無及者乃至善男子菩提心者成就如是無量無邊乃至不可說不可說殊勝功德若有衆生發阿耨多羅三藐三菩提心則獲如是勝功德法如上略錄華嚴大教一百二十門讚發此心功德廣大無邊然經中雖引諸希奇珍寶譬況皆是世間有限之物以麁比妙將淺況深尋出世無盡之珍豈等佛法難思之旨故知出出世間天下之貴無過心寶如師子奮迅威猛最雄象王蹴蹋勢力無等所以大樹緊那羅王所問經云爾時大樹緊那羅王白言世尊我聞菩薩所有三昧名曰寶住若有菩薩得是三昧一切法寶諸功德法自然而得佛告緊那羅王言若有菩薩欲令佛寶種性不斷法寶種性僧寶種性不絕者修集生起八十種寶所謂不忘一切智寶之心乃至觀空無相無願解脫門寶心入甘露門故觀一切法無生寶心得無生法忍故見一切法如幻如夢如焰如影如響如水月寶心不住諸見故觀因緣法寶心離斷常見故離諸邊見垢穢寶心離於二故入無二法門寶心覺一道故離一切行寶心至正位故正觀法位寶心一切法平等故集助一切菩提法寶心覺了一切佛法故乃至喻如大海為衆法主集一切寶一切衆寶皆悉來歸於是海中出生諸寶如是緊那羅王菩薩得是寶住三昧為諸一切衆生之主集一切寶一切法寶皆悉歸趣是以祖師云一切寶中心寶為上故知一切法寶皆歸宗鏡中無有法財珍寶而不積聚如入法界體性經云文

殊師利復白佛言以何因緣名以三昧爲寶積耶佛告文殊師利譬如大摩尼寶善磨瑩已安置淨處隨彼地方出諸珍寶不可窮盡如是文殊師利我住此三昧觀於東方見無量阿僧祇世界現在諸佛如來阿羅訶三藐三佛陁如是南西北方四維上下如是十方無量阿僧祇世界我皆現見是諸如來住此三昧爲衆說法文殊師利我住此三昧不見一法然非法界釋曰寶積三昧者即一切衆生心是無量功德聚猶如世間寶積若能住此一心寶積三昧有何功德寶而不知故能見十方佛寶普照無餘所以云不見一法然非法界是以萬類之中唯心爲貴如金翅鳥命終之後骨肉散盡唯有心在難陁龍王取此鳥心以爲明珠轉輪王得以爲如意珠然一切衆生心亦復如是幻身雖滅眞心不壞如經云如劫燒火不燒虛空又祖師云百骸雖潰散一物鎮長靈若能了此常住眞心即同獲於如意珠寶若得之者廣濟於法界用之者普潤於十方以此諸大乘經中十方諸佛同共讃揚此菩提心況如無際虛空未言少分若下位淺智焉敢言之故先德釋涅槃教義云種種名目只是一心法此法即是佛師諸菩薩母諸佛菩薩辯不能宣凡夫千舌豈解揄揚二乘百盲焉能舞手者哉此論開發信入功德無邊若但見聞設不信樂尚種善根無空過者如華嚴經云佛子譬如丈夫食少金剛終竟不消要穿其身出在於外何以故金剛不與肉身雜穢而同止故於如來所種少善根亦復如是要穿一切有爲諸行煩惱身過到於無爲究竟智處何以故此少善根不與有爲諸行煩惱而共住故佛子假使乾草積同須彌投火於中如芥子許必皆燒盡何以故火能燒故於如來所種少善根亦復如是必能燒盡一切煩惱究竟得於無餘涅槃何以故此少善根性究竟故佛子譬如雪山有藥王樹名曰善見若有見者眼得清淨若有聞者耳得清淨若有齅香鼻得清淨若有嘗者舌得清淨若有觸者身得清淨若有衆生取彼地土亦能爲作除病利益佛子如來應正等覺無上藥王亦復如是能作一切饒益衆生若有得見如來色身眼得清淨若有得聞如來名號耳得清淨若有得齅如來戒香鼻得清淨若有得嘗如來法味舌得清淨具廣長舌解語言法若有得觸如來光者身得清淨究竟獲得無上法身若於如來生憶念者則得念佛三昧清淨若有衆生供養如來所經土地及塔廟者亦具善根滅除一切諸煩惱患得賢聖樂佛子我今告汝設有衆生見聞於佛業障纏覆不生信樂亦種善根無空過者乃至究竟入於涅槃佛子菩薩摩訶薩應如是知於如來所見聞親近所種善根悉離一切諸不善法具足善法故知若見若聞若信不信皆得究竟無上善根以見圓覺之佛普門之法故以覺圓故無有缺減以法普故自然具足豈非究竟耶所以華嚴初發心功德品頌云菩薩發心功德量億劫稱揚不可盡以出一切諸如來獨覺聲聞安樂故十方國土諸衆生皆悉施安無量劫勸持五戒及十善四禪四等諸定處復於多劫施安樂令斷諸惑成羅漢彼諸福聚雖無量不與發心功德比又教億衆成緣覺獲無諍行微妙道以彼而校菩提心算數譬喻無能及一念能過塵數刹如是經於無量劫此諸刹數尚可量發心功德不可知又頌云所說種種衆譬喻無有能及菩提心以諸三世人中尊皆從發心而得生華嚴指歸云明經有十種益一見聞益謂此見聞如來及此遺法所種善根成金剛種不可破壞要心成佛如性起品云佛子乃至不信邪見衆生見聞佛者彼諸衆生於見聞中得種善根果報不虛乃至究竟涅槃等二發心益謂信位既滿稱彼佛懷發此大心此心即是普賢法攝是故融通即徧無盡時處等法界既入彼攝彼即全諸位悉皆成滿故經云初發心即是佛故悉與三世諸如來等三起行益謂若起一普賢行時即徧一切行一切位一切德一切法一切處一切時一切因一切果窮盡法界具足一切如帝網等故經云菩薩摩訶薩得聞此法以少方便疾得菩提四攝位益謂信等五位一一位中攝一切位然有二門一全位相是門即一切位是一位故十信滿處即便成佛二諸位相資門則一位中具一切位如十信中有十住乃至十地故經云住於一地普攝一切諸地功德如十玄門五速證益依此普門一證一切證如經明地獄衆生蒙光滅苦纔從地獄門出昇兜率天聞此普法即得十地者明是此法之深益六滅障益依此普法亦一斷一切斷如前兜率天子非直自身頓得十地亦乃毛孔香熏全示衆生

頓滅無量煩惱並是普法之勝力七轉利益普行亦成即能頓益無邊衆生悉亦同得此十地法如前兜率天子得十地已毛孔中出蓋雲供養佛經云若有衆生見此蓋雲者彼諸衆生種一恒河沙轉輪王所植善根等八造修益如善財依此普法一得一切得以前生曾見聞普法成金剛種遂今生頓成解行九頓得益如經明六千比丘頓見如來得十眼境界祇洹林中不可説塵數菩薩頓得無盡自在法海等十種性益謂依此普法一切衆生無不皆悉稱其本性在佛果海中即是舊來益如經明於佛身中見一切衆生已成佛竟已涅槃竟是以此宗鏡録中並是稱性而談約本而説因果皆實理事俱眞以是圓滿之宗普門之法見普法故名爲普眼普法者一具一切一一稱性同時具足眼外無法乃稱普眼亦名普眼經遂令見聞之人皆同性得以此性無盡則所益何窮故能惣括無邊該通一切攝前則攝後如舉初步即到千里之程途得一則得餘猶觀天月即了一切之水月故知有教的有其位有法必有其人如地獄衆生見聞爲種處八難内超十地階善財童子行解在躬於一生中圓多劫果文理有據果報非虛可示後賢同遵斯種所以如來藏經中校量功德受持此經供養過去恒河沙現在諸佛遶恒河沙七寶臺高十由旬日日如是乃至五十恒河沙七寶臺供養恒河沙如來不如有人喜樂菩提受持此經乃至筭數譬喻所不能及釋曰七寶是限量之財供養乃有爲之福若持此經者則一乘常住之寶眞如無盡之福如法界比微塵豈可校量乎

問此發菩提心當有幾種依何等菩提發心便獲如是功德

荅若約橫論隨根所證有四種菩提若約竪論依初中後有三種菩提又發有二種一是起發二是開發起發即一乘十信之首開發即一乘十住之初今所讚者是四種之中依上上根佛之菩提若宗鏡所讚多取圓信起發之發若引華嚴或是初住開發之發又今論發者不依人依法頓悟自心萬行圓足故稱曰發如華嚴論云發心有二一有得從生死苦厭苦發心有得三乘一乘之果名自覺聖智亦名佛智自然智無師智二依先覺者勸令知苦本方能發心夫發心者又有此二種若言要依先佛發心者即有常過即同外道常見即先覺者以誰爲師轉轉相承不離常見若有古時常佛爲展轉之師即古佛自體自眞不隨妄者即不可蹤其古跡爲眞自常眞不可以眞隨生死故即生死是常生死佛自是常佛故若也衆生定有生死者生死自常生死不可得成眞故此是斷見此二種俱非不離斷常也爲一切衆生生死無性本無生死横計生死本非生死一切諸佛本無自性故實無菩提亦無涅槃而衆生妄謂諸佛有菩提涅槃若有衆生能如是知者名爲發心名爲諸佛名爲見道而能開悟一切衆生是達無明者無明本無諸佛亦無名爲覺者但以無依無住無體無性妙智能隨響應對現色身能以此理教化衆生名爲大悲故不可有得有證有析有厭有取有捨有古有今有眞有假發菩提心也如是發菩提心不爲長夜無明之所覆故又云善財白德雲比丘言我已發無上菩提心者已於文殊師利所發菩提心爲知菩提無證修無所求故但求菩薩方便三昧加行其菩提心自然明白無垢猶如空中有雲雲亡其虛空自空不復云求虛空也以明但修菩薩三昧觀照以治執障然菩提心無有修作留除之體在凡不減在聖不增是故今以妙峯山像以止觀二門七菩提之助顯方便菩提心自明白及至菩提明白即菩薩行諸三昧自是菩提不復別有菩提而自明白以明菩薩處於世間修諸萬行世間萬行乃至菩提涅槃性自離故以將此法教化迷流不了此者而令悟達性空無垢之智以淨諸業令苦不生名爲大悲猶如化人教化幻士以智觀業隨時隨根十方等利無心意識智幻利生以此義故但求菩薩一切諸行以明即行是菩提一切無生滅故云我已發無上菩提心者以明信心菩提雖未有三昧加行顯發已知無所修無所求故今求菩薩行者以明方便三昧相印方明行及菩提如實無二於此之中不可説言諸行無常是生是滅如此經云一切法不生一切法不滅若能如是解諸佛當現前是知菩提之心不生不滅無得無依所云求菩薩行者是方便顯發當顯發之時則理行無二所以般若會中舍利弗念須菩提依何法門善説般若須菩提云我以無依故辯説如是諸佛弟子若於一切無依皆法爾如是非我能爲亦如妙善堂中天鼓説法稱爲無依印法門故古偈云識心達本如如佛畢竟無依自在人

宗鏡録卷第九

宗鏡録卷第九

校勘記

一　底本，麗藏本。

一　二四八頁中二三行第六字「又」，磧、南、徑、清作「入」。

一　二四八頁下一八行第四字「理」，磧、南、徑、清作「現」。

一　二四八頁下二六行第六字「性」，磧、南、徑、清作「姓」。

一　二四九頁上二二行第一四字「若」，磧、南、徑作「告」。

一　二四九頁中四行及六行「三假」，磧作「三段」。

一　二四九頁下二行第九字「語」，磧、南、清作「悟」。

一　二五〇頁中二行第五字「君」，磧、南、徑作「若」。

一　二五〇頁中二七行第一二字「常」，清作「當」。

一　二五〇頁中二八行第一六字「王」，磧作「正」。

一　二五〇頁下一五行「貨易」，徑、清作「貿易」。

一　二五三頁上一八行第一二字「含」，磧、南、徑、清作「貪」。

一　二五三頁上末行首字「位」，磧、南、徑作「住」。

一　二五三頁下二一行末字「二」，磧、南、徑、清作「一」。

一　二五五頁下二四行第九字「當」，磧、南、徑、清作「常」。

宗鏡録卷第十　　禄

慧日永明寺主智覺禪師延壽集

夫凡聖一心境界如何是自在出生無礙之力　荅一是法爾二由諸佛菩薩行願三即衆生信解自業感現又揔具十力一法如是力二空無性力三諸佛神力四菩薩善根力五普賢行願力六衆生淨業力七深信勝解力八如幻法生力九如夢法生力十無作眞心所現力又華嚴疏釋云一多相持至爲本末一心所現揔有十義一孤標獨立以是唯一故獨立爲主二雙現同時各相資無礙故三兩相俱亡至奪齊泯故四自在無礙隱顯同時一際現故五去來不動各住本法不壞自位故六無力相持以有力持無力故七彼此無知以各無自性法法不相知不相到故八力用交徹以異體相入有力相持故九自性非有以無體性方能即入無礙故十究竟離言冥性德役果海故釋云孤標獨立者即經頌云多中無一性一亦無有多二法互無故得獨立亦一即多而唯多多即一而唯一廢己同他故云獨立二雙現同時者即經頌云知以一故衆知以衆故一無一即無多無多即無一故二雙現更無前後如牛二角三兩相俱亡者即前二俱捨也四自在無礙者欲一即一不壞相故欲多即多一即多故一既如此多亦准之常一常多常即不即故故云自在五去來不動者一入多而一在多入一而多存若兩鏡相入而不動本相相即亦然六無力相持者因一有多多無力而持一因多有一一無力而持多七彼此無知者二互相依皆無體用故不相知如經頌云諸法無作用亦無有體性是故彼一切各各不相知八力用交徹者即經頌云一中解無量無量中解一義九自性非有者互爲因起舉體性空十究竟離言者不可言一不可言非一不可言亦一亦非一不可言非一非非一不可言相即以相入故不可言相入以相即故不可言即入不壞相故不可言不即入互交徹故口欲辯而詞喪心將緣而慮息唯證智知同果海故一多既爾染淨等法無不皆然又約一心圓別之理無礙之力者圓別徧理徹細難分別則要有差別方能徧若不差別不能徧圓則不要差別而能徧能徧之法一一圓融故無差別而言圓融者一會即是彼一切會亦非此會處處到也即此即彼即一即多故云圓融又約所徧處以論揔別東名非西名所徧別也此會即彼會所徧處揔也又約能徧論圓別要將差別之法方能普徧是名別也今是圓融無差之法即能徧故名爲圓也前之別如列宿徧九天此之別如一月落百川前之揔如一雲之滿宇宙此之圓如和香之徧一室故云揔圓有異也華嚴論云此華藏界隱顯自在爲利衆生顯勝福德故即具相萬差光明顯照若令衆生情無取著如幻雲散一物便無有所得存其計故以如此大願智力法性自體空無性力隱顯自在若隨法性萬相都無隨智力衆相隨現隱顯隨緣都無作者凡夫執著用作無明執障既無智用自在不離一眞之境化儀百變是以箭穿石虎非功力之所能醉告三軍豈麴蘖之所造筍抽寒谷非陽和之所生魚躍氷河豈網羅之所致悉爲心感顯此靈通故知萬法施爲皆自心之力耳若或信受具此力能則廣闢障門盡枯業海所以仁王經云能起一念清淨信者是人超過百劫千劫無量無邊恒河沙劫一切苦難不生惡趣不久當得無上菩提是以了心無作即悟業空觀業空時名爲得道其道若現何智不明心智明時於行住坐卧四威儀中法爾能現自利利他之力如華嚴經云善見比丘在林中經行告善財言善男子我經行時一念中一切十方皆悉現前智慧清淨故一念中一切世界皆悉現前經過不可說不可說世界故一念中不可說不可說佛刹皆悉嚴淨成就大願力故一念中不可說不可說衆差別行皆悉現前滿足十力智故一念中不可說不可說諸佛清淨身皆悉現前成就普賢行願力故一念中恭敬供養不可說不可說佛刹微塵數如來成就柔軟心供養如來願力故一念中領受不可說不可說如來法得證阿僧祇差別法住持法輪陁羅尼力故一念中不可說不可說菩薩行海皆悉現前得能淨一切行如因陁羅網願力故一念中不可說不可說諸三昧海皆悉現前得於一三昧門入一切三昧門皆令清淨願力故一念中不可說不可說諸根海皆悉現前得了知諸根際於一根中見一切根願力故一念中不可說不可說佛刹微塵數時皆悉現前得於一切時轉法輪衆生界盡法輪無盡願力故一念中不可說不可說一切三世海皆悉現前得了知

一切世界中一切三世分位智光明願力故經行既爾坐立亦然故法華經偈云佛子住此地則是佛受用常在於其中經行及坐卧問此宗鏡錄中德用所因有何因緣令此諸法混融無礙　荅約華嚴宗有其十義一唯心現者一切諸法眞心所現如大海水舉體成波以一切法無非一心故大小等相隨心迴轉即入無礙二無定性者既唯心現從緣而生無有定性性相俱離小非定小故能容太虛而有餘以同大之無外故大非定大故能入小塵而無間以同小之無內故是則等太虛之微塵含如塵之廣剎有何難哉是以一非定一故能是一切多非定多故能是一邊非定邊故能即中中非定中故能即邊延促靜亂等一一皆然三緣起相由者謂大法界中緣起法海義門無量略有十門具在下怢法性因緣中說四法性融通門者謂若唯約事則互相礙不可即入若唯約理則唯一味無可即入今則理事融通具斯無礙謂不異理之一事具攝理性時令彼不異理之多事隨所依理皆於一中現若一中攝理不盡則眞理有分限失若一中攝理盡多事不隨現則事在理外失今既一事之中全攝理盡多事豈不依中現華藏品頌云華藏世界所有塵一一塵中見法界法界即事法界矣斯即揔意別亦具十玄門一既眞理與一切法而共相應攝理無遺即是諸門諸法同時具足門二事既如理能包亦如理廣徧不壞狹相故有廣狹純雜無礙門又性常平等故純普攝諸法故雜三理既徧在一切多事故令

一事隨理徧一切中徧理全在一事則一切隨理有一事中故有一多相容門又如塵自相是一由自一不動方能徧應成多若動自一即失徧應多亦不成一二三皆如是又一多相由成立如一全是多方名爲一又多全是一方名爲多多外無別一明知是多中一一外無別多明知是一中多良以非多然能爲一多非一然能爲多一以不失無性方有一多之智經頌云譬如筭數法增一至無量皆悉是本數智慧故差別四眞理既不離諸法則一事即是眞理眞理即是一切事故是故此一即彼一切事一切即一反上可知故有相即自在門五由眞理在事各全非分故正在此時彼即爲隱故有隱顯門六眞理既普攝諸法帶彼能依之事頓在一中故有微細門七此全攝理故能現一切彼全攝理同此頓現此現彼時彼能現所現俱現此中彼現此時此能現所現亦現彼中如是重重無盡故有帝網門所以眞如畢竟無盡故八即事同理故隨舉一事即眞法門故有託事門九以眞如徧在晝夜日月年劫皆全在故在日之時不異在劫故有十世異成門況時因法有法融時不融耶十此事即理時不礙與餘一切恒相應故有主伴門又謂塵是法界體無分劑普通一切是爲主也即彼一切各各別故是伴也伴不異主必全主而成伴主不異伴亦全伴以成主主之與伴互相資攝若相攝彼此互無不可別說一切若相資則彼此互有不可同說一切皆由即主即伴是故亦同亦異當知主中亦主亦伴伴中亦伴

亦主也故一理融通十門具矣故知此理塵塵具足念念圓融無有一法而非所被如華嚴經云時彼普救衆生妙德夜神爲善財童子示現菩薩調伏衆生解脫神力以諸相好莊嚴其身於兩眉間放大光明名智燈普照清淨幢無量光明以爲眷屬其光普照一切世間照世間已入善財頂充滿其身善財爾時即得究竟清淨輪三昧得此三昧已悉見二神兩處中間所有一切地塵水塵及以火塵金剛摩尼衆寶微塵華香瓔珞諸莊嚴具如是一切所有微塵一一塵中各見佛剎微塵數世界成壞及見一切地水火風諸大積聚亦見一切世界接連皆以地輪任持而住種種山海種種河池種種樹林種種宮殿所謂天宮殿龍宮殿夜叉宮殿乃至摩睺羅伽人非人等宮殿屋宅地獄畜生閻羅王界一切住處諸趣輪轉生死往來隨業受報各各差別靡不悉見又見一切世界差別所謂或有世界雜穢或有世界清淨或有世界趣雜穢或有世界趣清淨或有世界雜穢清淨或有世界清淨雜穢或有世界一向清淨或有世界其形平正或有覆住或有側住如是等一切世界一切趣中悉見此普救衆生夜神於一切時一切處隨諸衆生形貌言詞行解差別以方便力普現其前隨宜化度五如幻夢者猶如幻師能幻一物以爲種種幻種種物以爲一物等經云或現須臾作百年等一切諸法業幻所作故一異無礙言如夢者如夢中所見廣大未移枕上歷時久遠未經斯須六如影像者經云遠物近物雖皆影現影

不隨物而有遠近等七因無限者謂諸佛菩薩昔在因中常修緣起無性等觀大願迴向等稱法界修及餘無量殊勝因故今如所起果具斯無礙八佛證窮故者由真眞性得如性用故經云無比功德故能爾九深定用故者謂海印定等諸三昧力故賢首品頌云入微塵數諸三昧一一出生塵等定而彼微塵亦不增等十神通解脫故者謂由十通及不思議等解脫故不思議法品十種解脫中士於一塵中建立三世一切佛法等　問目心爲鏡有何證文　答大乘起信論云覺體相者有四種大義與虛空等猶如淨鏡一如實空鏡遠離一切心境界相無法可現非覺照義故二因熏習鏡謂如實不空一切世間境界悉於中現不出不入不失不壞常住一心以一切法即眞實性故又一切染法所不能染智體不動具足無漏熏衆生故三法出離鏡謂不空出煩惱礙離和合相淳淨明故四緣熏習鏡謂依法出離故徧照衆生之心令修善根隨念示現故釋摩訶衍論云性淨本覺中論云覺體相者有四種大義與虛空等猶如淨鏡者此四種大義中各有二義與彼大義不相捨離一者等空義二者同鏡義如論云復次覺體相者有四種大義與虛空等猶如淨鏡故云何名爲如實空鏡及有二義其相云何頌曰性淨本覺中遠離慮知知如遠離妄境實示遠離義鏡摩奢跌娑舉一示一故論曰性淨本覺之體性中遠離一切攀緣慮知諸戲論識成就一味平等之義故名爲如遠離一切虛妄境界種種相分成就決定眞實之相故名爲實爲欲現示遠離之義故名爲空鏡謂喻明然此中鏡則喻摩奢跌娑珠鏡非餘種種油摩等鏡以爲譬喻何以故取此摩奢跌娑珠鏡安置一處珠鏡前中或蘊種種石或蘊種種飲食或蘊種種莊嚴具或蘊同類珠鏡彼珠鏡中餘像不現唯同類珠分明顯了故如實空鏡亦復如是於此鏡中唯同類清淨功德安立集成種種異類諸過患法皆遠離故如論云一者如實空鏡遠離一切心境界相無法可現故各有二種義而唯示同鏡義等空之義不現示耶以舉一義兼示一義故若如是者云何名爲等空義耶謂如虛空清淨無染四障所不能覆廣大無邊三世所不能攝如實空鏡亦復如是故非覺照義故者即是現示遠離因緣爲如彼摩奢跌娑珠鏡中石等諸像不現前者石等諸法皆鄙穢故此本覺珠鏡中種種妄法不現前者一切染法皆悉是無明不覺之相無照達義故云何名爲因熏習鏡及有二義其相云何頌曰性淨本覺智三種世間法皆悉不捨離爲一覺熏習莊嚴法身果故名因熏習鏡輪多梨華空容受徧一論曰性淨本覺三世間皆悉不離熏習彼三而爲一覺熏習莊嚴一大法身之果是故名爲因熏習鏡云何名爲三種世間一者衆生世間二者器世間三者智正覺世間衆生世間者謂異生性界器世間者謂所依止土智正覺世間者謂佛菩薩是名爲三此中鏡者謂輪多梨華鏡如取輪多梨華安置一處周集諸物由此華熏一切諸物皆悉明淨又明淨物華中現前皆悉無餘一切諸物中彼華現前亦復無餘因熏習鏡亦復如是熏一切法爲清淨覺熏令平等復大虛空義則有二種一者容受義二者徧一義容受義者容受諸色無障礙故徧一義者種種諸色唯同一種大虛空故如論云二者因熏習鏡謂如實不空一切世間境界悉於中現故如是本覺從無始來遠離四種過自性清淨常住一心一者遠離不徧之過三種世間不出本覺清淨鏡故如論云不出故二者遠離雜亂之過一切諸法不入本覺清淨鏡故如論云不入故三者遠離過患之過本覺鏡中現前諸法無不本覺淨功德故如論云不失故四者遠離無常之過本覺鏡中現前諸法無不常住無爲智故如論云不壞故遠離邊過圓滿中實是故說言常住一心白此巳下顯示因緣何因緣故本覺智中種種諸法如彼本覺離諸過耶種種諸法皆悉無不眞實體故如論云以一切法則眞實性故自此巳下作緣決疑謂有衆生作如是疑三世間中衆生世間無明染法具足圓滿流轉遷動無休息時如是世間現本覺者不可得言本覺清淨遠離諸過以此義故令通而言又一切染法所不能染般若實智其體不動自性清淨具足無漏常恒熏習衆生世間令清淨故如論云又一切染法所不能染智體不動具足無漏熏衆生故云何名爲法出離鏡及有二義其相云何頌曰如實不空法出離三過失圓滿三種德故名法出離鏡銷鍊玻瓈空出離色義論曰無漏性德出離三過圓滿三德名法出離云何名爲三

種過失一者無明染品名煩惱礙二者根本
無明名爲智礙三者俱合轉相名戲論識是名
爲三如是三過究竟離故名爲出離如論云
三者法出離鏡謂不空云出煩惱礙智礙離
和合相故云何名爲　功德一者淨成就
功德二者淨成就功德三者明成就功德是
名爲三如論云淨淨明故故出離何過圓滿
何德謂出離煩惱礙圓滿淨成就功德出離
智礙圓滿明成就功德出離和合轉相圓滿
淨成就功德何以故相對法爾故此中鏡者
謂玻瓈珠譬如玻瓈珠淪深泥中則便涌出
離彼泥騰一丈量若置濁水中驅濁成塵累
唯上清淨水安住其中若置樞多伽林中出
現香氣礙彼餘香遠去而住法出離鏡亦復
爾故此中喻者喻自體淨義等空義者出離
色義謂如虛空遠離大種一向清淨法出離
鏡亦復爾故云何名爲緣熏習鏡及有二義
其相云何頌曰於無量無邊諸衆生緣中出
無量無邊殊勝應化身熏習衆生心出生諸
善根增長兩輪華莊嚴法身果故名緣熏習
鏡中玻瓈空隨順成就義如法應觀察論曰
譬如取玻瓈珠安置一處周帀積集種種色
珠彼玻瓈珠隨向珠色現前轉變緣熏習鏡
亦復爾又譬如虛空有自在力故於一切所
作之事中隨順成立緣熏習境亦復如是於一
切衆生修行之事中隨應建立故如論云四者
緣熏習鏡謂依法出離故徧照衆生之心令
修善根隨念示現故故如是四種本覺大義
徧一切衆生界一切二乘界一切菩薩界一
切如來界中無不住處無不照處無不通處

無不至處具足圓滿具足圓滿起信疏釋云
性淨本覺者以空及鏡喻別解四義論云一
如實空鏡遠離一切心境界相無法可現非
覺照義故者初內眞如中妄法本無非先有
後無故云如實空下釋空義倒心妄境本不
相應故云遠離非謂有而不現但以妄法理
無故無可現境非不能現但以兎角無故無可
現也非覺照者有二義一以妄念望於眞智
無覺照之功以情執違理故如鏡非即外物
以彼外物無照用義故即顯鏡中無外物體
二以本覺望於妄法亦無覺照功能以妄本
無故如淨眼望空華無照矚之功亦如鏡望
兎角問若然者何故下因熏習鏡中即現一
切世間法耶荅約依他似法此是眞心隨熏
所作無自體故不異眞如故論云以一切法
即眞實性故今此約徧計所執實性故無可
現也問所現似法豈不由彼執實有耶荅雖
由執實有然似恒非實如影由質影恒非質
鏡中現影不現質不現質故云空鏡能現
影故是因熏也論云二因熏習鏡謂如實不
空一切世間境界悉於中現不出不入不失
不壞常住一心以一切法即眞實性故又一
切染法所不能染智體不動具足無漏熏衆
生故者釋內有二因義初能作現法之因二
作內熏之因亦可初是因義後是熏習義故
云因熏習也言如實不空者此惣出因熏體
謂有自體及功能故二因初中一切世間境
界悉現明一切法離此心外無別體性猶如
鏡中能現影也不出者明心待熏故及現諸
法非不熏而自出也不入者離心以無能熏

故不從外入也不失者雖復不從內出外入
然緣起之時顯現不無故云不失也不壞者
諸法緣集起無所從不異眞如故不可壞如
鏡中影以因鏡故不可壞也常住一心者會
相同體染法不能染者以性淨故智體不動
者以本無染今無始淨是故本覺之智未曾
移動又雖現染法不爲所染故云不動如鏡
中像隨質轉變然其鏡體未曾動也又一空
鏡離一切外物之體二不空鏡謂體不無能
現萬像三淨鏡謂已磨治離塵垢故四受用
鏡謂置之高堂須者受用前二自性淨後二
離垢淨又初二就因隱時說後二就果顯時
說又前二約空不空後二約體用如佛地經
云復次妙生大圓鏡智者如依圓鏡衆像影
現如是依止如來智鏡諸處境識衆像影現
唯以圓鏡爲譬喻者當知圓鏡如來智鏡平
等平等是故智鏡名圓鏡智如來大圓鏡有
福樂人懸高勝處無所動搖諸有去來無量
衆生於此觀察自身得失爲欲存得捨諸失
故如是如來懸圓鏡智處淨法界無間斷故
無所動搖欲令無量無數衆生觀於染淨爲
欲取淨捨諸染故又如圓鏡極善磨瑩鑒淨
無垢光明徧照如是如來大圓鏡智於佛智
上一切煩惱所知障垢永出離故極善磨瑩
爲依止定所攝持故鑒淨無垢作諸衆生利
樂事故光明徧照又如圓鏡依緣本質種種
影像相貌生起如是如來大圓鏡智於一切
時依諸緣故種種智影相貌生起如圓鏡上
非一衆多諸影像起而圓鏡上無諸影像而
此圓鏡無動無作如是如來圓鏡智上非一

衆多諸智影起圓鏡智上無諸智影而此智鏡無動無作又如圓鏡與衆影像非合非離不聚集故現彼緣故如是如來大圓鏡智與衆智影非合非離不聚集故不散失故大涅槃經云若能聽受是大涅槃經悉能具知一切方等大乘經典甚深義味譬如男女於明淨鏡見其色像了了分明大涅槃鏡亦復如是菩薩執之悉得明見大乘經典甚深之義又云何等名爲伊帝目多伽經乃至拘那牟尼佛時名曰法鏡是知古佛皆目此爲鏡以教法萬義眞俗萬緣無不於中顯現故天台頂尊者涅槃疏云般若者即是無上調御一切種智名大涅槃明淨之鏡此鏡一照一切照照中故是鏡照眞故是淨照俗故是明明故像亮假現淨故瑕盡眞顯鏡故體圓中顯三智一心中得故言明淨鏡攝一切法故稱調御佛智藏故名般若德是知諸聖皆目心爲鏡妙盡其中矣大乘千鉢經云諦觀心境照見心性唯照唯淸唯照唯淨徧觀十方廓周法界朗然寂靜無有障礙所以先德云此眞如性猶如明鏡萬像悉於中現又一切萬法有二一皆如明鏡含明了性一心所成故二分別所現如影像故由初義故爲能現由後義故爲所現故一切法互爲鏡像如鏡互照而不壞本相經云遠物近物雖皆影現影不隨物而有遠近且如河泉之中見日月者是爲能現若河泉以爲所現者長河飛泉入於鏡中出是所現之相登樓持鏡則黃河一帶盡入鏡中瀑布千丈見於逕尺王右丞詩云隔嶂雲霧生衣上卷幔山泉入鏡中明是

所現矣如高懸心鏡無法不含似廓徹性空何門不入故唐朝太宗皇帝云朕聞以銅爲鏡可以正衣冠以古爲鏡可以知興替以人爲鏡可以知得失今以心爲鏡可以照法界又明鏡只照其形不照其心只照生滅不照無生但照世間不照出世有形方照無形不照且如心鏡洞該性地鑒徹心原徧了無生廣明眞俗有無俱察隱顯咸通優劣懸殊略齊少喻如華嚴普賢行願品云時婆羅門爲善財童子讚甘露大王頌云我主勝端嚴徵忿誡諸欲心如淨明鏡鑒物未嘗私明鏡唯照形不鑒於心想我王心鏡淨洞見於心原先德云如大摩尼寶鏡懸耀太虛十方色相悉皆頓現而此鏡性淨光無有影像諸佛法身亦復如是澄徹淸淨而無影像以昔大悲不倦隨衆生業緣感應差別普現一切色身三昧衆生聞見無不蒙益諸佛與無傷金剛心爲身普現一切衆生界但爲煩惱習氣所覆無體不現如瓶內淨燈光不滅名如來藏亦名功德藏亦名無盡藏諸祖共傳諸佛淸淨自覺聖智眞如妙心不同世間文字所得何以故無礙解脫是一眞法性不與世間出世間所共故經云無比是菩提不可喻故昔有悟斯眞實法性此人則能了知三世諸佛及一切衆生同一法界本來平等常恒不變諸佛一切時中離觀相故經偈云心淨已度諸禪定是以心淨故則孤光一照萬慮全消如闇室懸燈重雲見日如古德偈云安知一念蒙光勳億劫昏迷滅此時故云法有鑒照之能故況之以鏡教有可傳之義故喻之於

燈可謂慧月入懷靈珠在握法界洞徹無不鑒矣才命論云心徹寶鏡注云夫心以鑒物庶品不遺洞徹幽明同乎寶鏡又莊子云志人之心若鏡也又如世間之鏡尚照人肝膽何況靈臺心鏡而不洞鑒耶昔秦宮以玉爲鏡照諸群像肝膽臓腑皆悉顯現所以昔人云不遊大海未覩沃日之奇不仰太山靡覩干霄之狀如未臨宗鏡焉識自心恢廓而體納太虛澄湛而影含萬像不信入者莫測高深故眞覺大師誦云心鏡明鑒無礙廓然瑩徹周沙界萬像森羅影現中一性圓光非內外是故依此起信論四種空鏡義遂乃廣録祖教顯現一心證成宗鏡所以論云有法能起摩訶衍信根者有法者謂一心法若人能解此法必起廣大信根故信根既立即入佛道以成佛道故離二現行云何現行一者凡夫現行生死成雜染事二者二乘現行涅槃失利樂事縛脫雖殊俱迷宗鏡今成佛道無二現行圓證一心具摩訶衍以大智故不住生死以大悲故不住涅槃作一種之光明爲萬途之津濟　問宗鏡廣照萬法同歸是此鏡義不　荅若凡若聖説異説同皆是鏡中之影像此唯一鏡圓極十方鏡外無法彼我俱絶古德云若言衆生心性同諸佛心性者別教也圓教心性是一寂光無彼無此極十方三世佛及衆生邊際成一大圓鏡但是一鏡無有同異也佛及衆生一鏡上像耳　問今宗鏡録以鏡爲義者是約法相宗立約法性宗立　荅若約因緣對待門以法相宗即本識爲鏡如楞伽經云譬如明鏡現衆色像

現識處現亦復如是現識即第八識以法性宗即如來藏爲鏡如起信論云復大覺體相者有四種大義與虛空等猶如淨鏡又占察善惡經立二種觀門爲鈍根人立唯心識觀爲利根人立眞如實觀又起信論云心若馳散即當攝來令住正念其正念者當知唯心無外境界即復此心亦無自相念念不可得故若唯心識觀及正念唯心當法相宗若眞如實觀與其心念念不可得即法性宗若約法性融通門皆歸一旨無復分別今論正宗取勝而言約法性宗說若摠包含如海納川以本攝末豈唯性相無有一法而遺所照

問此宗鏡中如何信入　答但不動一心不住諸法無能所之證亡智解之心則是無信之信不入之入人法二空心境雙寂如大般若經文殊師利云繫緣法界一念法界不動法界知眞法界不應動搖謂若言我入法界已動法界能所兩亡入相斯寂故不動法界是入法界大乘千鉢大敎王經云云何方便而得證入無性觀者菩薩先須當心觀照本性靜寂悟入滅盡定得心識性證見清淨唯淸唯淨證見聖性自性如如一道寂靜悟達本原返照見淨唯照唯瑩唯瑩唯淨唯寂唯聖則是名爲菩薩得入無動涅槃無性觀故知若有能證則爲有人若有所證則爲有法以唯一眞法界故則心外無法不可以法界更證法界如無生義云如經言舍利弗讃比丘言汝等今者住於福田諸比丘言大師世尊猶尚不能消供養何況我等大師解言此是佛不住佛則無有佛亦無福田能消供養者此正是眞福田人佛若住佛即是有佛亦是有福田能消供養者此即非是眞福田也類此住神通智慧則有智慧此則非眞智慧若無所住乃是眞有智慧又思益經論釋云離於法界更無有人受供養者故以彼法界本來淸淨故是以此録削去浮華唯談眞實不依名字直顯心宗如普賢觀經云昔在靈山演於一實之道又究竟一乘寶性論偈云雖無善巧言但有眞實義彼法應受持如取金捨石妙義如眞金巧語如瓦石依名不依義彼人無明盲若親見性入宗鏡中乃是自信法門決定無惑則日可使冷月可使熱縱千途異說終不能易如大法炬陁羅尼經云佛言憍尸迦如來弟子見諸世間猶如幻化無有疑網所以者何彼信如來即自見法是故自信不唯信他何以故若世間人既自見已彼人終不更取他言憍尸迦如人裸露在道而行設有一人語衆人言此人希有錦衣覆身憍尸迦於意云何彼雖有言自餘衆人信此言不不也世尊何以故眼親見故佛言如是如是憍尸迦諸佛如來諸有弟子自見法故不取他言其義亦爾釋曰若見自法何法非自或凡或聖若是若非凡有指陳皆不出自心之際如是信者方到法原如入法界體性經云佛復告文殊師利汝知實際乎文殊師利言如是世尊我知實際佛言文殊師利何謂實際文殊師利言世尊有我所際彼即實際所有凡夫際彼即實際若業若果報一切諸法悉是實際世尊若如是信者即是實信世尊若顚倒信者即是正信若行非行彼即正行所以者何正不正者但有言說不可得也是知若信唯心實義者則不爲言語所轉聞深而不怖聞淺而不疑聞非深非淺而不癡如清凉演義云聞深不怖者即大分深義所謂空也聞說於空謂同斷滅故令人怖故大品云既非先有後亦非無自性常空勿生驚怖聞淺不疑者淺謂涉事方便多門則令疑惑今知隨宜何所疑耶聞非深非淺謂無所據使身心湛然知非深爲妙有非淺爲眞空離身心相方爲勇猛可造斯境又此三句亦即三觀初空次假後中道三句齊聞一念皆會則三觀一心何疑不遣

宗鏡録卷第十　　禅

音義

褻私列反　鄙悲美反　玻滂禾反玻瓈西國之寶也　瓈力脂反

蒼　懲直陵反戒也　忿敷粉反怒也　覬几利反望也

丙午歲分司大藏都監開板

宋鏡録卷第十

校勘記

一　底本，麗藏本。

一　二五八頁中二行第三字「有」，磧、南、徑、清作「在」。

一　二五九頁中二行第一三字「喻」，清作「是」。

一　二五九頁中五行「飲食」，磧、南、徑、清作「餘食」。

一　二五九頁下一六行第三字「白」，磧、南、徑、清作「自」。

一　二六〇頁上二五行第一二字「境」，磧、徑作「鏡」。次頁上一八行末字磧、南同。

一　二六一頁下一九行「摩訶行」，磧、南、徑、清作「摩訶衍」。

一　二六一頁下二三行「此唯」，清作「唯此」。

一　二六二頁上一九行第七字「千」，磧、南作「十」。

一　二六二頁中八行第一四字「性」，磧、南作「世」。

宗鏡錄卷第十一

慧日永明寺主智覺禪師　延壽集

夫所度之機無量能度之法無邊立五行門廣闢賢愚之路張八教網遍攝人天之魚何乃以心標宗能治一切　答方便有多門則還張八教之網歸源性無二乃高峙一心之宗是以病行嬰聲聞於化城見行誘凡夫於天界兼但對帶俯爲差別之機開示悟入唯證一乘之道如千方共治一病萬義俱顯一心今不執見徇文失眞法之味所冀研心究理得正覺之原如法華玄義云一心五行即是三諦三昧聖行即眞諦三昧梵行嬰兒行病行即俗諦三昧天行即中道王三昧又圓三三昧圓破二十五有即空故破二十五惡業見思等即假故破二十五無知即中故破二十五無明即一而三即三而一一空一切空一假一切假一中一切中故名如來行又如來室冥熏法界慈善根力不動眞際和光塵垢以病行慈悲應之示種種身如聾如啞說種種法如狂如癡有生善機以嬰兒行慈悲應之婆婆啝啝木牛揚葉有入空機以聖行慈悲應之執持糞器狀有所畏有入假機以梵行慈悲應之慈善根力見如是事踞師子床寶机承足賓估賈人乃徧他國出入息利無處不有有入中機以天行慈悲應之如駛馬見鞭影行大直道無留難故無前無後不並不別說無分別法諸法從本來常自寂滅相圓應衆機如阿脩羅琴若漸引入圓如前所說若頓引入圓如今所說入圓等證更無差別爲顯別圓初入之門慈善根力令漸頓人見如此說此一心法門橫通竪徹攝盡恒沙之義故號總持能爲萬法之宗逆攝無上若但論事行失佛本宗如金光明經疏云如王子飼虎尸毗貿鴿皆捨父母遺體非捨已身已身者法性實相是也釋論云持戒爲皮禪定爲血智慧爲骨微妙善心爲髓爲他說戒能遮罪修福無相最上非特非犯尸波羅蜜者是施已皮也說諸禪定神通變化不起滅定現諸威儀者是施已血也說法皆悉到於一切智地者是施已骨也檀忍等應是肉也說甚深法相諸佛行處不一不二言語道斷心行處滅微妙中道者是施已髓也將此充足飢餓衆生況餘飲食餘飲食者即是人天二乘戒皮定血慧骨眞諦之髓耳法華經云於餘深法中示教利喜者即其義也是以能說此法門者是徹佛眞心施於已髓矣又此一心宗若全揀門則心非一切神性獨立若全收門一切即心妙體周徧若非收非揀則遮照兩亡境智俱空名義雙絕可謂難思妙術點瓦礫以成金無作神通攪江河而爲酪轉變自在隱顯隨時或卷或舒能同能別實乃能治之妙何病而不痊巧度之門何機而不湊洗除心垢拔出疑根言言盡契本心一一皆含眞性法法是金剛之句塵塵具秘密之門如入法界體性經云文殊言諸法性不壞是故名金剛句華嚴經頌云若於佛及法其心了平等二念不現前當踐難思位勝天王般若經云菩薩摩訶薩一切境界無有一法不通達者修行如是智波羅蜜二乘外道不能掩蔽以智觀察從初發心至入涅槃皆悉明了能以一法知一切境界一切境界即是一法何以故如如一故不見我能修及所修法無二無別自性離故是名菩薩摩訶薩行般若波羅蜜通達智般若波羅蜜思益經云網明謂梵天言是五百比丘從座起者汝當爲作方便引導其心入此法門令得信解離諸邪見梵天言善男子縱使令去至恒河沙劫不能得出如此法門譬如癡人畏於虛空捨空而走在所至處不離虛空此諸比丘亦復如是雖復遠去不出空相不出無相相不出無作相又如一人求索虛空東西馳走言我欲得空我欲得空是人但說虛空名字而不得空於空中行而不見空此諸比丘亦復如是欲求涅槃行涅槃中而不得涅槃所以者何涅槃者但有名字猶如虛空但有名字不可得取涅槃亦復如是但有名字而不可得是知一切不信衆生邪見外道徒生厭離枉自妄求究竟一心位中未曾暫出故密嚴經偈云如飯一粒熟餘粒即可知諸法亦如是知一即知彼譬如鑽酪者嘗之以指端如是諸法性可以一觀察楞伽經偈云譬如鏡中像雖見而非有於妄想鏡中愚夫見有二法集經云爾時海慧菩薩白佛言世尊菩薩欲願見涅槃應觀虛妄分別寂滅之心如是之處得於涅槃是名勝妙法集大乘本生心地觀經觀心品云爾時文殊師利菩薩摩訶薩白佛言世尊如佛所說吉妙德等五百長者我爲汝等敷演心地微妙法門我今爲是啓問如來云何爲心云何爲地乃至薄伽梵告諸佛母無垢大聖文殊師利菩薩摩

訶薩言大善男子此法名爲十方如來最勝祕密心地法門此法名爲一切凡夫入如來地頓悟法門此法名爲一切菩薩趣大菩提眞實正路此法名爲三世諸佛自受法樂微妙寶宫此法名爲一切饒益有情無盡寶藏此法能引諸菩薩衆到色究竟自在智處此法能引詣菩提樹後身菩薩眞實導師此法能雨出世財如摩尼寶滿衆生願此法能生十方三世一切諸佛功德本原此法能消一切衆生諸惡業果此法能與一切衆生所求願印此法能度一切衆生生死險難此法能息一切衆生苦海波浪此法能救苦惱衆生而作急難此法能竭一切衆生老病死海此法善能出生諸佛因緣種子此法能與生死長夜爲大智炬此法能破四魔兵衆而作甲冑此法即是正勇猛軍戰勝旌旗此法即是一切諸佛無上法輪此法即是最勝法幢此法即是擊大法鼓此法即是吹大法螺此法即是大師子王此法即是大師子吼此法猶如國大聖王善能正法若順王化獲大安樂若違王化尋被誅滅善男子三界之中以心爲主能觀心者究竟解脫不能觀者究竟沈淪衆生之心猶如大地五穀五果從大地生如是心法生世出世善惡五趣有學無學獨覺菩薩及於如來以是因緣三界唯心心名爲地一切凡夫親近善友聞心地法如理觀察如說修行自利教他讚勵慶慰如是之人能斷二障速圓衆行疾得阿耨多羅三藐三菩提爾時大聖文殊師利菩薩白佛言世尊如佛所說唯將心法爲三界主心法本元

不染塵穢云何心法染貪嗔癡於三世法誰說爲心過去心已滅未來心未至現在心不住諸法之內性不可得諸法之外相不可得諸法中間都不可得心法本來無有形相心法本來無有住處一切如來尚不見心何況餘人得見心法一切諸法從妄想生以是因緣今者世尊爲大衆說三界唯心願佛哀愍如實解說爾時佛告文殊師利菩薩言如是如是善男子如汝所問心心所法本性空寂我說衆喻以明其義善男子心如幻法由徧計生種種心想受苦樂故心如水流念念生滅於前後世不暫住故心如大風一剎那間徧歷方所故心如燈燄衆和合而得生故心如電光須臾之頃不久住故心如虛空客塵煩惱所覆障故心如猿猴遊五欲樹不暫住故心如畫師能畫世間種種色故心如僮僕爲諸煩惱所策役故心如獨行無第二故心如國王起種種事得自在故乃至善男子如是所說心心所法無內無外亦無中間於諸法中求不可得去來現在亦不可得超越三世非有非無心懷染著從妄緣現緣無自性心性本空如是空性不生不滅無來無去不一不異非斷非常本無生處亦無滅處亦非遠離非不遠離如是心等不異無爲無爲之體不異心等心法之體本不可說非心法者亦不可說何以故若無爲是心即名斷見若離心法即名常見永離二相不著二邊如是悟者名見眞諦悟眞諦者名爲賢聖一切聖賢性本空寂無爲法中戒無持犯亦無小大無有心王及心所法無苦無樂如是法界自

性無垢無上中下差別之相何以故是無爲法性平等故如衆河水流入海中盡同一味無別相故此無垢性是無等等遠離於我及離我所此無垢性非實非虛此無垢性是第一義無盡滅相體本不生此無垢性常住不變最勝涅槃我樂淨故此無垢性遠離一切平等體無異故若有善男子善女人欲求阿耨多羅三藐三菩提者應當一心修習如是心地觀法大智度論問云般若波羅蜜是菩薩第一道一相所謂無相何以故說是種種道答曰是道皆入一道中所謂諸法實相初學有種種別後皆同一無有差別譬如劫盡燒時一切所有皆同虛空故知越此弘修絕進步之地離斯方便無成佛之期乃至從初得道畢至涅槃於中能化所化師弟始終本末同時機應一際俱不出自心矣如台教云心王即如來心數即弟子但衆生剎那相續日夜常生無量百千衆生心王十數邪一切法邪魔眷屬也心王十數正則一切法正今時學道行人須善得此意若修智慧但當內起慧數思惟分別因此發半滿智慧自行化他即同舍利弗莊嚴雙樹也如是一一約心數行成化十弟子一一之行顯由心也若能諦觀心性即是見佛性住大涅槃即同如來具足莊嚴娑羅雙樹也若觀行心明者見心王即是法王心數即大弟子莊嚴雙樹之義猶如眼見問台宗觀心語留跡豈盡心還原集云法華經云受持行誰經稱揚何佛道華嚴經云色經論受想行識經論若隨自意語亦得云眼經論耳鼻舌身意貪嗔癡經論所以然者

經云知眼無生無自性說空寂滅無所有六根同此經經只是法知眼空法即眼經論耳空法即是耳經論諸界亦爾道理必須實照不可虛談為自欺也行住坐卧受持陰界入為行誰經於色上發智即是受行色經乃至隨一切處悟即是受持一切處經是乘從三界中出至薩婆若中住以不動故即是其義若堅信深思則如法住經云如法住者如彼六根性空法而假言住也稱揚何佛道者瓔珞經云實智性為法身若見實性即是稱揚法身佛閒身有實性即於陰界入得空三昧六度七覺三賢十地妙覺等以報前功即是稱揚報身佛得前諸法應衆生身即是稱揚應身佛此則於身內一念見三佛衆生不覩察雖近而不見大集經云無出之出是名佛出無禪之禪是名正禪無脫之脫是名正脫魔逆經云魔請文殊解縛文殊云無人縛汝汝自想為縛也魔即語云我畢竟永不解脫經云本自無縛其誰求解若使法界有繫縛者我即解脫此真實不生不滅也當於心行中求無智人中莫說此經恐生邪見藥反成病知離名為法覺法名為佛知離者色性離受想行識亦自離從一性空法而假出三寶之名黃蘗和尚云你若擬著一法印早成也印著有四生文出來印著空即空界無想文現如今但知決定不印一切物此印與虛空不一不異虛空不空本印不有見十方虛空世界諸佛出世如電一種觀一切蠢動如響一種千經萬論只說汝之一心一切法不生不滅即是大涅槃果所以道果滿菩提圓華開世界起故知菩提果滿結自心華世界緣興始於識浪如昔有東國元曉法師義相法師二人同來唐國尋師遇夜宿荒止於塚內其元曉法師因渴思漿遂於坐側見一泓水掬飲甚美及至來日觀見元是死屍之汁當時心惡吐之豁然大悟乃曰我聞佛言三界唯心萬法唯識故知美惡在我實非水乎遂却返故園廣弘至教故知無有不達此者頓息遊心任負笈挈囊磨歷三乘之學肆縱尋師訪友徧叅法界之禪扃若欲絕學栖神究竟應須歸於宗鏡如大涅槃經云佛言云何菩薩信順一實菩薩了知一切衆生皆歸一道一道者謂大乘也釋曰大乘者所言大者即衆生心性能包能徧至小無內無一塵而能入至大無外無一法而不含所言乘者以運載為義能運行人直至薩婆若海是知此海不逆心寶常現則趙璧非貴隋珠未珍善友徒從滄波卞和虛傳荊岫若入宗鏡不動神情刹那之間其寶自現何須徧叅法界廣歷叢林當觀悟時實非他得如寒山子詩云昔年曾入大海中為採摩尼誓懇求直到龍宮深密藏金關鏁斷鬼神愁龍王守護安身裏寶劍星寒勿處搜貴客却歸門內去明珠元在我心頭杜順和尚偈云遊子謾波波巡山禮土坡文殊只者是何處覓彌陀石鞏和尚弄珠吟云如意珠大圓鏡亦有中人喚作性分身百億我珠分無始本淨如今淨日用真珠是佛陀何勞逐物浪波波隱顯即今無二相對面看珠識得麼　問一切萬法皆唯識性者云何有虛有實立色立空真俗二諦之門性相雙通之道　答森羅影現皆唯心之本宗差別跡分盡唯識之妙性唯識之性略有二種一者虛妄即徧計所執二者真實即圓成實於前唯識性所遣清淨於後唯識性所證清淨又有二種一者世俗即依他起二者勝義即圓成實於前所斷清淨於後所得清淨又相即依他起該有為之門性即圓成實通無漏之道又色即依他起之相空即圓成實之性斯則虛實真俗性相有空徹本窮原皆唯識性矣慈恩云識性識相皆不離心心所心王以識為主歸心泯相摠言唯識唯遮境有執有者喪其真識簡心空滯空者乖其實是以佛心如海無一流而不入佛心如鏡無一像而不生佛心如珠無一寶而不雨佛心如地無一種而不成萬像現於法身諸義生於般若則一文一字一念一塵皆入不二之法門盡住不思議解脫矣如金剛三昧經云若住大海則括衆流住於一味則攝諸味無行經偈云菩提非菩提佛陀非佛陀若知是一相是為世間導故知能了此一際無相之宗可為明為導為師為匠普救羣迷不總化城直至寶所故經云常樂觀寂滅一相無有二其心不增減現無量神力又華嚴經出現品云佛子譬如有大經卷量等三千大千世界書寫三千大千世界中事一切皆盡乃至此大經卷雖復量等大千世界而全住在一微塵中如一微塵一切微塵皆亦如是時有一人智慧明達具足成就清淨天眼見此經卷在微塵內於諸衆生無少利益即作是念我當以精進力破彼微塵出此經卷

令得饒益一切衆生作是念已即起方便破彼
微塵出此大經令諸衆生普得饒益如於一
塵一切微塵應知悉然佛子如來智慧亦復
如是無量無礙普能利益一切衆生具足在
於衆生身中但諸凡愚妄想執著不知不覺
不得利益爾時如來以無障礙清淨智眼普
觀法界一切衆生而作是言奇哉奇哉此諸
衆生云何具有如來智慧愚癡迷惑不知不
見我當教以聖道令其永離妄想執著自於
身中得見如來廣大智慧與佛無異即教彼
衆生修習聖道令離妄想離妄想已證得如
來無量智慧利益安樂一切衆生釋曰大千
經卷者即如來智慧在一微塵中即是全在
一衆生心中一切微塵皆亦如是即一切法
界衆生皆含佛智以情塵自隔不能内照空
埋金藏枉蔽靈臺如鬪没額珠醉迷衣寶不
因指示何以發明故先德云破塵出卷者恒
沙佛法一心中曉是知水未入海則不鹹薪未
入火則不燒境未歸心則不等但以宗鏡收
之萬法皆同一照是非俱泯逆順同歸無一
心而非佛心無一事而非佛事未見刹那頃
不是如來得菩提時無有芥子許非是菩薩
捨身命處故先德云心非境外故無得境非
心外故無相即心是境故甚深即境是心故
難入如肇法師云即事無不異即空無不一
極上窮下齊以一觀乃應平等也台教云如
地無差別草木若干若干無若干無若干若
干又如約心論法約法論心心有諸數法無
諸數心不離法法不離心無數而數數而無
數耳所以起信論云復次眞如依言說分別

有二種義云何爲二一者如實空以能究竟
顯實故二者如實不空以有自體具足無漏
性功德故所言空者從本已來一切染法不
相應故謂離一切法差別之相以無虛妄心
念故當知眞如自性非有相非無相非非有
相非非無相非有無俱相非一相非異相非
非一相非非異相非一異俱相乃至總說一
切衆生以有妄心念念分別皆不相應故說
爲空若離妄心實無可空故所言不空者以
顯法體空無妄故即是眞心常恒不變淨法
滿足則名不空亦無有相可取以離念境界
唯證相應故眞如者古釋云遣妄曰眞顯理
曰如觀和尚拂此義云無法非眞何有妄可
遣耶則眞非眞矣無法不如何辯理可顯耶
故如非如矣斯則無遣無立爲非安立之眞
如矣此釋甚妙故信心銘云良由取捨所以
不如立即是取遣即是捨今無遣無立道自
玄會矣豈有眞妄當情乎如百論序云儻然
靡據而事不失眞蕭焉無寄而理自玄會反
本之道著于茲矣可謂無心合道理事俱通
又眞如自相唯離念境界則不可以有無思
故云非有相非無相非非有相非非無相非有
無俱相何者若有二可得名俱今有即無故
則有外無無可與有俱今無即有故則無無
外有可與無俱故亦有亦無相違不立言不
俱不立者若定有有無遮彼有無有俱非句
今有即無何有非無今無即有何有非有故
雙非亦寂故知言亡四句無句可亡了此無
句即眞亡矣　問一心平等理絕偏圓云何
教中又說諸法異　答隨情說異雖異而同

對執說同雖同而異將同破異將異破同雖
同雖異非異非同如云捉子之矛刺子之楯
亦如騎賊馬逐賊以聲止聲所以云朝四暮
三令衆狙而喜悅苦塗水洗養嬰兒以適時
皆是俯順機宜善權方便如莊子云勞神明
爲一而不知其同也謂之朝三何謂朝三狙
公賦曰朝三而暮四衆狙皆怒曰然則朝四
而暮三衆狙皆悅名實未虧而喜怒爲用亦
曰是也注云夫四之與三衆狙妄生喜怒非
之與是世人競起愛憎聖人還以是非止世
人之是非狙公又將四三以息衆狙之三四
達人於一豈一勞神明於其間哉大涅槃經
云譬如女人生育一子嬰孩得病是女愁惱
求覓良醫良醫既至合三種藥酥乳石蜜與
之令服因告女人兒服藥已且莫與乳須藥
消已方乃與之是時女人即以苦味用塗其
乳語其兒言我乳毒塗不可復觸其兒渴乏
欲得母乳聞毒氣便捨遠去其藥消已母乃
洗乳喚子與之是時小兒雖復渴乏先聞毒
氣是故不來母復告言爲汝服藥故以毒塗
汝藥既消我已洗竟汝便可來飲乳無苦其
兒聞已漸漸還飲經合譬意譬無我等猶如
毒塗說如來藏如喚子飲或時說我或說無
我皆爲適機如彼塗洗如義海云謂塵事相
是異剋體唯法是無異只由法體不異即異
義方成以不失體故只由塵事差別即不異
義方成以不壞緣方言理也故經云奇哉世
尊於無異法中能說諸法異如森羅雖異不
能自異虛妄雖同不能自同以無體故法法
常生以無用故塵塵恒寂皆是世間分別衆

生妄情於平等法中自生差別向無二相處强立多端猶若畫師遂成高下之相狀或如金匠鍛出大小之器形萬法體常虛但唯自心變大莊嚴論偈云譬如工畫師畫平起凹凸如是虛分別於無見能所譬如善巧畫師能畫平壁起凹凸相實無高下而見高下不真分別亦復如是於平等法界無二相處而常見有能所二相是故不應怖畏云何不須怖畏以自心變故如畫凹凸由自手畫故

宗鏡録卷第十一

音義

闠 [illegible] 擭 [illegible] 過 [illegible] 懲 [illegible] 謗 [illegible] 研 [illegible] 礱 [illegible] 啞 [illegible] 机 [illegible] 咊 [illegible] 駛 [illegible] 糞 [illegible] 踞 [illegible] 鵅 [illegible] 賁 [illegible] 飼 [illegible] 酪 [illegible] 痊 [illegible] 髓 [illegible] 湊 [illegible] 礫 [illegible] 攬 [illegible] 掩 [illegible] 蘇 [illegible] 掂 [illegible] 踐 [illegible] 曹 [illegible] 榛 [illegible] 旗 [illegible] 誅 [illegible] 愜 [illegible] 窳 [illegible] 搁 [illegible] 笈 [illegible] 勵 [illegible] 扃 [illegible] 鎖 [illegible] 括 [illegible] 聳 [illegible] 囊 [illegible] 儻 [illegible] 矛 [illegible] 盾 [illegible] 狙 [illegible] 酥 [illegible] 邀 [illegible] 凹 [illegible] 凸 [illegible]

丙午歲分司大藏都監開板

宗鏡録卷第十一

校勘記

一　底本，麗藏本。

一　二六四頁下二〇行第一一字「鑽」，磧、南、徑、清作「鑽」。

一　二六五頁上末行第六字「唯」，南、徑、清作「速」。

一　二六五頁下一八行第一三字「十」，南、清作「中」。次行第九字同。

一　二六六頁中七行第一六字「乎」，清作「也」。

一　二六六頁中八行第四字「國」，清作「國」。

一　二六六頁下二一行「爲匠普救」，南作「爲歸爲救」。

一　二六七頁上一七行第一五字「卷」，南、清作「經」。

一　二六七頁中二四行「可與」，磧作「可無」。又本行末字至次行首字「無外」，徑、清作「外無」。

一　二六七頁下六至七行「狙公賦曰」，徑作「狙公賦芧曰」。

一　二六七頁下九行首字「曰」，徑作「因」。

一　二六七頁下一八行「母乳」，磧、南、徑、清作「乳母」。

一　二六七頁下二一行第三字「旣」，徑、清作「己」。

宗鏡錄卷第十二

慧日永明寺主智覺禪師　延壽集

夫唯一心法云何教中廣立名字

荅如來名號十方不同般若一法說種種名解脫亦爾多諸名字故大般若經云如一切法名唯客所攝於十方三世無所從來無所至去亦無所住一切法中無名名中無一切法非合非散但假施設所以者何以一切法與名俱自性空大方等大集經云爾時佛告陀羅尼自在王菩薩善男子第一義者謂無有諸法若無諸法云何說空無名字法說爲名字如是名字亦無住處名下之法亦復如是是以法從心生名因法立所生之心無處能生之法亦然則心境皆空俱無處所論云心能爲一切法作名若無心則無一切名字當知世出世名字皆從心起以心隨緣應物立號略有五義而立假名一從義故二隨緣故三依俗故四因時故五約用故云何從義無量義經云無量義者從一法生故知因義立名因名顯義云何隨緣涅槃經云其味眞正停留雪山隨其流處得種種名隨其流處者即是隨染淨之緣得凡聖之號云何依俗經云一法有多名實法中即無不失法性故流布於世間云何因時涅槃經云佛性因時節有異說淨不淨何者在垢染時稱衆生處清淨時名諸佛云何約用如因心立法隨法得名處聖稱眞居凡號俗似金作器隨器得名在指曰鐶飾臂名釧則一心不動執別號而萬法成差眞金匪移認異名而千器不等若知法法全心作器器盡金成名相不能干是非焉能惑又如圓器與方器名字不同若生金與熟金言說有異推原究體萬法皆空但有意言名義差別動即八識凝爲一心得旨忘緣觸途無寄如大涅槃經云佛言善男子如來所有一切善行悉爲調伏諸衆生故譬如醫王所有醫方悉爲療治一切病苦善男子如來世尊爲國土故爲時節故爲他語故爲人故爲衆根故於一法中作二種說於一名法說無量名於一義中說無量名於無量義說無量名云何一名說無量名猶如涅槃亦名涅槃亦名無生亦名無出亦名無作亦名無爲亦名歸依亦名窟宅亦名解脫亦名光明亦名燈明亦名彼岸亦名無畏亦名無退亦名安處亦名寂靜亦名無相亦名無二亦名一行亦名清涼亦名無暗亦名無礙亦名無諍亦名無濁亦名廣大亦名甘露亦名吉祥是名一名作無量名云何一義說無量名猶如帝釋亦名帝釋亦名憍尸迦亦名婆蹉婆亦名富蘭陀亦名摩佉婆亦名因陀羅亦名千眼亦名舍脂夫亦名金剛亦名寶頂亦名寶幢是名一義說無量名云何於無量義說無量名如佛名爲如來義異名異亦名阿羅訶義異名異亦名三藐三佛陀義異名異亦名船師亦名導師亦名正覺亦名明行足亦名大師子王亦名沙門亦名婆羅門亦名寂靜亦名施主亦名到彼岸亦名大醫王亦名大象亦名大龍王亦名施眼亦名大力士亦名大無畏亦名寶聚亦名賈主亦名得脫亦名大丈夫亦名天人師亦名大分陀利亦名獨無等侶亦名大福田亦名大智慧海亦名無相亦名具足八智如是一切義異名異善男子是名無量義中說無量名復有一義說無量名所謂如陰亦名爲陰亦名顛倒亦名爲諦亦名四念處亦名四食亦名四識住處亦名爲有亦名爲道亦名爲時亦名衆生亦名爲世亦名第一義亦名三修謂身戒心亦名因果亦名煩惱亦名解脫亦名十二因緣亦名聲聞辟支佛亦名地獄餓鬼畜生人天亦名過去現在未來是名一義說無量名善男子如來世尊爲衆生故廣中說略略中說廣第一義諦說爲世諦說世諦法爲第一義諦云何名爲廣中說略如告比丘我今宣說十二因緣云何名爲十二因緣所謂因果云何名爲略中說廣如告比丘我今宣說苦集滅道苦者所謂無量諸苦集者所謂無量煩惱滅者所謂無量解脫道者所謂無量方便云何名爲第一義諦說爲世諦如告比丘吾今此身有老病死云何名爲說世諦爲第一義諦如告憍陳如汝得法故名阿若憍陳如是故隨人隨意隨時故名如來知諸根力善男子我若當於如是等義作定說者則不得稱我爲如來具知根力善男子有智之人當知香象所負非驢所勝一切衆生所行無量是故如來種種爲說無量之法何以故衆生多有諸煩惱故若使如來說於一行不名如來具足成就知諸根力故知法本無名因心建立是以大聖隨順世諦曲徇機宜廣略不同一多無定將有說攝歸無說用有名引入無名究竟咸令到於本心寂滅之地故經云佛告舍利弗汝慎勿爲利根之人廣

說法語鈍根之人略説法也又名因體立體遂名生體空而名無所施名虛而體無所起名體互寂萬法無生唯一眞心更無所有永嘉集云是以體非名而不辯名非體而不施言體必假其名語名必藉其體今之體外施名者此但名其無體耳豈有體當其名耶譬夫兎無角而施名此則名其無角耳豈有角當其名耶無體而施名則名無實名也名無實名則所名無所名所名既無則能名不有也何者設名本以名其體無體何以當其名言體本以當其名無名何以當其體當無當而非體名無名而非名此則何獨體而元虛亦乃名而本寂也然而無體當名由來若此名之有當何所云為夫體不自名假他名而名我體名非自設假他體以施我名若體之未形則名何所名若名之未設則體何所明然而明體雖假其名不為不名而無體耳設名要因其體無體則名之本無如是則體不名生名生於體耳今之體在名前名從體後辯者此則設名以名其體故知體是名原矣則名之所由緣起於體體之元緒何所因依夫體不我形假緣會而成體緣非我會因會體而成緣若體之未形則緣何所會若緣之未會則體何所形體形則緣會而形緣會則體形而會體形而會則明形無別會形無別會則會本無也緣會而形則明會無別形會無別形即形本無也是以萬法從緣無自體耳體而無自故名性空性之既空雖緣會而非有緣之既會雖性空而不無是以緣會之有有而非有性空之無無而不無何者會則性空故言非有空則緣會故曰非無今言不有不無者非是離有別有一無也亦非離無別有一有也如是則明法非有無故以非有非無名耳不是非有非無既非有無又非非有非非無也如是則何獨言語道斷亦乃心行處滅也如是則名體既空言思自絕可謂萬機泯跡獨朗眞心矣　問唯心妙旨一切無名者若衆生之號乃假施為諸佛之名豈虛建立　荅因凡立聖聖本無名從俗顯眞眞元不立並依世俗文字對待而生文字又空空亦無寄若是上機大士胡假名相發揚對境而念念知宗遇緣而心心契道如大智度論云如經說師子雷音佛國寶樹莊嚴其樹常出無量法音所謂一切法畢竟空無生無滅等其土人民生便聞此法音故不起惡心得無生法忍當此之時何處有三寶名字但了無生之旨自然一體三寶常現世間若取差別之名即失眞常之理但了一切法無自性則一切處佛出世無一法而非宗如先德云佛出世者今如來出現全以塵無性法界緣起菩提涅槃以為如來身也此身通三世間是故於一切國土一切衆生一切事物一切緣起一切業報一切塵毛等各各顯現菩提涅槃等為佛出世也若一處不了即不成佛亦不出現何以故由不了處仍是無明是故不成佛不出現也是以諸佛出世知機知時俯為下根示生滅劫空拳誘引黃葉提撕若上上機人則諸佛不出不沒故經云有佛無佛性相常住華嚴經頌云如心諸佛爾如佛衆生然心佛與衆生是三無差別只是一法名別理同何者覺此無依無住絕待不思議心不動時入十信之初號不動智佛不覺此絕待眞心不守自性隨緣差別時名法身流轉五道號曰衆生但有迷悟之名不離一心之體更有何法而作凡聖名字為差別乎如文殊般若經云佛言佛法無上耶文殊荅無有一法如微塵許名為無上又經云如世尊說此法時無有菩薩得是三昧諸陀羅尼門亦復無彼諸佛所說語言句義乃至不說一文字句無人聽聞無人得解無人成佛如此等法是實言者於後末世五百歲時此經法門弘闡浮提徧行流布熾然不滅是眞實語　問既萬機泯跡獨朗眞心者云何教中說此是凡夫法此是聖人法　荅以一切法緣生無性故不得凡夫法不得聖人法以無性緣生故若眞若俗不相混濫如云一切即一皆同無性一即一切因果歷然雖即歷然不失無性之理雖即無性不壞緣生之道然又雖但了一心而於諸法一一了知分明無惑如華嚴經云菩薩摩訶薩知一切法皆同一性所謂無性無種種性無無量性無可算數性無可稱量性無色無相若一若多皆不可得而決定了知此是諸佛法此是菩薩法此是獨覺法此是聲聞法此是凡夫法此是善法此是不善法此是世間法此是出世間法此是過失法此是無過失法此是有漏法此是無漏法乃至此是有為法此是無為法是為第七如實住　問一心之法云何盡能周徧含容出生圓具一切法耶　荅夫心者神妙無方至理玄邈三際求而罔得二

諦推而莫知無像無名不可以測其深廣無依無住不可以察其指蹤細入無間之中不可以言其小大包乾象之外不可以語其深至道虛玄孰能令有幽靈不墜孰能令無迹分法界而非多性合眞空而非一體凝一道而非靜用周萬物而匪勞如如意珠天上勝寶狀如芥栗有大功能淨妙五欲七寶琳瑯非內畜非外入不謀前後不擇多少不作麁妙稱意豐儉降雨瀼瀼不添不盡利濟無窮蓋是色法尚能如是豈況心神靈妙寧不具一切法耶故經云佛言一切聲聞獨覺菩薩皆共此一妙清淨道皆同此一究竟清淨更無第二我依此故密意說言唯有一乘乃至譬如虛空徧一切處皆同一味不障一切所作事業如是世尊依此諸法皆無自性皆同一味不障一切聲聞緣覺及諸大士所修事業寒山子詩云余家住此號寒山山巖棲息離煩喧泯時萬像無痕跡舒即周流徧大千光影騰輝照心地無有一法當現前方知摩尼一顆寶妙用無窮處處圓還原觀云定光顯現無念觀者謂一乘教中白淨寶網萬字輪王之寶珠此珠體性明徹十方齊照無思成事念者皆從雖現奇功心無念慮若人入此大妙止觀門中無思念慮任運成事如彼寶珠遠近齊照分明顯現廓徹虛空不爲二乘外道塵霧煙雲之所障蔽清涼疏云猶一日宮千光並照隨舉一法有無量門然有二義一約相顯如一無常門有生老病死聚散合離得失成壞三災四相外器內身刹那一期生滅轉變深淨隱顯皆無常門餘亦如是

二就性融不可盡也謂法性寂寥雖無諸相無相之相不礙繁興是以依體普現若月入百川尋影之月月體不分即體之用用彌法界體用交徹故不思議輔行記問云一心既具十法界因果但觀於心何須觀具荅一家觀門永異諸說該攝一切十方三世若凡若聖一切因果者良由觀具具即是假假即空中理性雖具若不觀之但言觀心則不稱理小乘奚嘗不觀心耶但迷一心具諸法耳問若不觀具爲屬何教荅別教教道從初心來但云次第生於十界斷亦次第故不觀具或稟通教即空但理或稟三藏寂滅眞空如此等人何須觀具何者藏通但云心生六界觀有巧拙即離不同是故此兩教不須觀具尚不識具況識空中若不爾者何名發心畢竟二不別成正覺已何能現於十界身土又復學者縱知內心具三千法不知我徧彼三千彼彼三千互徧亦爾苟順凡情生內外見應照理體本無四性心佛衆生三無差別能知此者依佛識心華嚴論云以一心大智之印印無始三世摠在一時無邊諸法智印咸徧以智等諸佛故以智等衆生心故以智等諸法故以智無中邊表裏三世長短近遠故爲智過虛空量故如世虛空無所了知如無分別智虛空一念而能分別過虛空等法門是故經頌言一切虛空猶可量諸佛說法不可說又頌云普光明智等虛空虛空但空智自在所以無量義經云無量義者從一法生即知一法能生無量義所謂一心一一法皆生無量義者以心徧一切法一一法無非心故

以略代摠故知略心能含萬法歷一切教若境若智若人若法隨諸事釋一一向心爲觀觀慧彌成如海呑流似薪益火以不能深達故爲徧爲小以不能諦觀故住有住空是以聲聞覩斯大事自鄙無堪或號泣而聲振大千或云同共一法中而不得此事若菩薩聞玆妙旨懺悔前非或云從無量劫來爲無我之所漂流或言我等歸前盡是邪見人也如上所失皆是不達自心廣大圓融能包能徧故何以能包能徧以無相故如太虛無相不拒諸相發揮能含十方淨穢國土所以昔人云夫萬化非無宗而宗之者無相虛相非無契而契之者無心內外並冥緣智俱寂是故若能如是體道千萬相應可謂正法中人眞佛弟子若違斯旨妄起有心悉墮邪修不入宗鏡如古德頌云只爲無心學無學亦復正修於不修若人不知如此處不得稱名爲比丘洞山和尚云吾家本住在何方鳥道無人到處鄉君若出家爲釋子能行此路萬相當所以初祖大師云若一切作處即無作處無作法即見佛若見相時則一切處見鬼何者若作時無作者無作法即人法俱空覺此成佛若迷無作法則幻相現前故經云凡所有相皆是虛妄如熱病所見豈非鬼耶所以古德云萬法浩然宗一無相又云念滿一萬八千徧徧入於無相定亦云無相道場無相法門等是以若於宗鏡發眞最省心力華嚴經云以少方便疾得菩提古德云學雖不多可齊上賢即斯意矣又此一心皆因理事無礙得有如是周徧含容如理事無礙觀云但

理事鎔融存亡逆順通有十門一理徧於事門謂能徧之理性無分限所徧之事分位差別一一事中理皆全徧非是分徧何以故彼眞理不可分故是故一一纖塵皆攝無邊眞理無不圓足二事徧於理門謂能徧之事是有分限所徧之理要無分限此有分限之事於無分限之理全同非分同何以故以事無體還如理故是故一塵不壞而徧法界也如一塵一切法亦然思之又一理性不唯無分故在一切處而全體在於一內二不唯分故常在一中全在一切處一事法不唯分故常在此恒在他方二不唯無分故徧一切處而不移本位又一由理性不唯無分故不在一事外二不唯分故不在一事內一事法不唯分故常在此處而無在二不唯無分故常在他處而無在是故無在無不在而在此在彼無障礙也此全徧門超情離見非世喻能況如全一大海在一波中而海非小如一小波帀於大海而波非大同時全徧於諸波而海非異俱時各帀於大海而波非一又大海全徧一波時不妨舉體全徧諸波一波全帀大海時諸波亦各全帀互不相礙思之釋曰以海爲眞理以波爲事況理事相徧而非一異則海處波而不小同濕性而廣狹無差波帀海而非大不壞相而一多全帀問理既全徧一塵何故非小既不同塵而小何得說爲全體徧一塵一塵全帀於理性何故非大若不同理而廣大何得全徧於理性既成矛盾義甚相違荅理事相望各非一異故全收而不壞本先理望事有其四句一眞理與事非異故眞理全體在事中二眞理與事非一故眞理體性恒無邊際三以非一即非異故無邊理性全在一塵四以非異即非一故一塵理性無有分限次事望理亦有四句一事法與理非異故全帀於理性二事法與理非一故不壞於一塵三以非一即非異故一小塵帀於無邊理性四以非異即非一故一塵帀無邊理性而塵不大思之問無邊理性全徧一塵時外諸事處爲有理性爲無理性若塵外有理則非全體徧一塵若塵外無理則非全徧一切事義甚相違荅以一理性融故多事無礙故得全在內而全在外無障無礙各有四句先就理四句一以理性全體在一切事中時不礙全體在一塵處是故在外則在內二全體在一塵中時不礙全體在餘事處是故在內則在外三以無二之性各全在一切中時是故亦在內亦在外四以無二之性非一切故是故非內非外前三句明與一切法非異此之一句明與一切法非一良爲非一非異故內外無礙次就事四句一一塵全帀於理時不礙一切事法亦全帀是故在內即在外二一切法各帀理性時不礙一塵亦全帀是故在外則在內三以諸法同時各帀故是故全內亦全外無有障礙四以諸事法各不壞故彼此相望非內非外思之釋曰以理在一爲內在多爲外事亦以一爲內以多爲外何故如是一多內外相徧相在而無障礙唯是一心圓融故寄理事以彰之以體寂邊目之爲理以用動邊目之爲事以理是心之性以事是心之相性相俱心所以一切無礙如上無邊分限差別之事唯以一理性鎔融自然大小相含一多即入如金鑄十法界像若消鎔則無異相如和融但是一金以理性爲洪爐鎔萬事爲大冶則銷和萬法同會一眞三依理成事門謂事無別體要因眞理而得成立以諸緣起皆無自性故由無性理事方成故如波要因於水能成立故依如來藏得有諸法當知亦爾思之四事能顯理門謂由事攬理故則事虛而理實以事虛故全事中之理挺然露現猶如波相虛令水體露現當知此中道理亦爾思之五以理奪事門謂事既攬理成遂令事相皆盡唯一眞理平等顯現以離眞理外無片事可得故如水奪波波無不盡此則水存於已壞波令盡六事能隱理門謂眞理隨緣成諸事法然此事法既帀於理遂令事顯理不現也如水成波動顯靜隱經云法身流轉五道名曰衆生故令衆生現時法身不現也七眞理即事門謂凡是眞理必非事外以是法無我理故事必依理以理虛無體故是故此理舉體皆事方爲眞理如水即波動而非濕八事法即理門謂緣起事法必無自性舉體即眞故說衆生即如不待滅也如波動相舉體即水無異也九眞理非事門謂即事之理而非是事以眞妄異故實非虛故所依非能依故如即波之水非波以動濕異故十事法非理門謂全理之事事恒非理性相異故能依非所依故是故舉體全理而事相宛然如全水之波波恒非水以動義非濕故華嚴經云如色與非色此二不爲一又云生死及涅槃分別各不同釋

曰理事逆順自在者事理相望各有四義四義中皆二義逆二義順謂依理成事真理即事順也以理奪事真理非事逆也事能顯理事法即理順也事能隱理事法非理逆也欲成即成欲壞即壞故云自在成不礙壞壞不礙成顯不礙隱隱不礙顯故云無礙正成時即壞等故云同時五對皆無前却故云頓起又上四對何以約理望事但云成等不云顯等約事望理但云顯等不云成等深有所以何者事從理生可許云成理非新有但可言顯事成必滅故得云壞真理常住故但云隱其即之與一離之與異大旨則同細明亦異理無形相但可即事而事有萬差故言與理冥一理絕諸相故云離事事有差異故云異理上約義別有此不同若統收者應成五對無礙之義一相徧對二相成對三相害對四相即對五不即對五中前四明事理不離後一明事理不即又五對之中共有三義成顯一對是事理相作義奪隱及不即二對是事理相違義相徧及相即二對是事理不相礙義又由第二相作故有第四相即由相即故相徧由有第三相違故有第五不即又若無不即無可相徧故說真空妙有各有四義約理望事即真空四義一發已成他義即依理成事門二泯他顯已義即真理奪事門三自他俱存義即真理非事門四自他俱泯義即真理即事門由其即故而互泯也又初及三即理徧事門以自存故舉體成他故徧他也後約事望理即妙有四義一顯他自盡即事能顯理門二自顯隱他義即事能隱理門三自他俱存義即事法非理門四自他俱泯義即事法即理門又初及三即事徧於理門以自存故而能顯他故徧他也故說約空有存亡無礙真空隱顯自在理事鎔融者鎔冶也謂初銷義融和也謂終成義以理鎔事事與理融觀之於心即名此觀觀事當俗觀理當真今觀理事無礙中道第一義觀自然悲智相導成無住行又理事十門揔分五對一理事相徧二理事相成三理事相害四理事相即五理奪相非理即性空真理一相無相事即隨淨心境互為緣起起滅時分此彼相貌不可具陳相徧二門是全徧全同理不可分故華嚴經頌云法性徧在一切處一切衆生及國土三世悉在無有餘亦無形相而可得三句即全徧末句即不可分相成二門依理成事則如因水成波似依空立色真如不守自性能隨萬緣事能顯理則如影像表鏡明識智表本性華嚴經頌云了知一切法自性無所有如是解諸法即見盧舍那相害二門以理奪事如水奪波事能隱理似煙鬱火相即二門真理即事如水不離冰若但是空出於事外則不即事今即法為無我理離事何有理耶事法即理則緣起無性一切衆生亦如也相非二門能所有異真妄不同則於解常自一於諦常自二相即則非二相非則非一非一故不壞俗諦非二故不隱真諦此真諦性空之理空而不空斯俗諦幻有之事有而不有不有之有有不礙空不空之空空不絕有彼此無寄遞互相成若心內定一法是有即墮常若心外執一法是無即沉斷俱成

見網不入圓宗如上圓融約理事無礙訖

宗鏡録卷第十二

音義

鏁戶關反指丨也由　窟苦骨反穴也　蹤七何反丨迹也　佉丘伽反　緒徐呂反　熾昌志反盛也　琳力尋反　鄮音茂鄮縣　諜徒協反　傒胡雞反　㕧呼甘反　廓苦郭反　鄙方美反　號胡刀反　泣去急反　振章刃反　鑄之戍反　鎔餘封反　冶羊者反　㨗疾葉反　鬱紆物反

丙午歲分司大藏都監開板

宗鏡録卷第十二

校勘記

一　底本，麗藏本。

一　二六九頁下一八行「何名」，清作「何者」。

一　二七〇頁上一〇行「其名」，清作「真名」。

一　二七〇頁上一一行第一五字「當」，徑作「體」。

一　二七〇頁上二〇行第三字「此」，徑作「如此」。

一　二七〇頁中九行「聖本」，磧、南、徑作「聖名」。

一　二七〇頁下二行第一二字「號」，南作「位」。

一　二七〇頁下一九行「然又」，南作「無性」。

一　二七〇頁下二三行末字「若」，磧、南、徑、清作「善」。

一　二七一頁上五行第一五字「疑」，磧、清作「凝」。

一　二七一頁上二〇行第一二字「還」，南作「通」。

一　二七一頁上二八行第七字「一」，南作「二」。

一　二七二頁上六行第八字「要」，徑作「是」。

宗鏡録卷第十三

慧日永明寺主智覺禪師延壽集

夫前已明一心理事無礙今約周遍含容觀中事事無礙者如法界觀序云使觀全事之理隨事而一一可見全理之事隨理而一一可融然後一多無礙大小相含則能施爲隱顯神用不測矣乃至欲使學人冥此境於自心心慧既明自見無盡之義此周遍含容觀亦具十門一理如事門謂事法既虛相無不盡理性眞實體無不現此則事無別事即全理爲事是故菩薩雖復看事即是觀理然說此事爲不即理釋云由此眞理全爲事故如事顯現如事差別大小一多變易無量又此眞理即與一切千差萬別之事俱時歷然顯現如耳目所對之境亦如芥瓶亦如眞金爲佛菩薩比丘及六道衆生形像之時與諸像一時顯現無分毫之隱亦無分毫不像今理性亦爾無分毫隱亦無分毫不事不同眞空但觀理奪事門中唯是空理現也故菩薩雖復看事即是觀理然說此事爲不即理者以事虛無體而不壞相所以觀衆生見諸佛觀生死見涅槃以全理之事恒常顯現是以事既全理故不即理若也即理是不全矣如金鑄十法界像一一像全體是金不可更言即金也二事如理門謂諸事法與理非異故事隨理而圓遍遂令一塵普遍法界法界全體遍諸法時此一微塵亦如理性全在一切法中如一微塵一切事法亦爾釋云一一事皆如理普遍廣大如理徹於三世如理常住本然例一切諸佛菩薩緣覺聲聞及六道衆生一一皆亟乃至一塵一念性相作用行位因果無不圓足三事含理事門謂諸事法與理非一故存本一事而爲廣容如一微塵其相不大而能容攝無邊法界由刹等諸法既不離法界故俱在一塵中現如一塵一切法亦爾此理事融通非一非異故總有四句一一中一二一切中一三一中一切四一切中一切各有所由思之釋云一中一者上一是能含下一是所含下一是能遍上一是所遍餘三句一一例知四通局無礙門謂事與理非一即非異故令此事法不離一處即全遍十方一切塵内非異即非一故全遍十方而不動一位即遠即近即遍即住無障無礙五廣狹無礙門謂事與理非一即非異故不壞一塵而能廣容十方刹海由非異即非一故廣容十方法界而微塵不大是則一塵之事即廣即狹即大即小無障無礙六遍容無礙門謂此一塵望於一切由普遍即是廣容故遍在一切中時即復還攝一切諸法全住自中又由廣容即是普遍故令此一塵還則遍在自内一切差別法中是故此塵自遍他時即他遍自能容能入同時遍攝無礙思之七攝入無礙門謂彼一切望於一法以入他即是攝他故一切全入一中之時即彼全一還復在自一切之内同時無礙思之又由攝他即是入他故一法全在一切中時還令一切恒在一内同時無礙思之釋云此上無礙猶如鏡燈即十鏡互入如九鏡入彼一鏡中時即攝彼一鏡還入九鏡之内同時交互故云無礙八交涉無礙門謂一望於一切有攝有入通有四句謂一攝一切一入一切一切攝一一切入一一攝一一入一一切攝一切一切入一切同時交參無礙釋云一攝一一入一者如東鏡攝彼西鏡入我東鏡中時即我東鏡入彼西鏡中去一切攝一切一切入一切者圓滿常如此句但以言不頓彰故假前三句句皆圓滿九相在無礙門謂一切望一亦有攝有入亦有四句謂攝一入一攝一切入一攝一入一切攝一切入一切同時交參無礙釋云此與前四句不同前但此彼同時攝入今則欲入彼時必別攝餘法帶之將入彼中發起重重無盡之勢攝一入一者如東鏡能攝南鏡帶之將入西鏡之中即東鏡爲能攝能入南鏡爲所攝西鏡爲所入也此則釋迦世尊攝文殊菩薩入普賢中也攝一切入一者如東鏡攝餘八鏡帶之將入南鏡之中時東鏡爲能攝能入八鏡爲所攝南鏡爲所入則一佛攝一切衆生帶之同入一衆生中也攝一入一切者如東鏡能攝南鏡帶之將入餘八鏡中攝一切入一切者如東鏡攝九鏡帶之將入九鏡之中時東一鏡爲能攝能入九鏡爲所攝亦即便爲所入也此句正明諸法互相涉入一時圓滿重重無盡也今現見鏡燈但入一燈當中之時則鏡鏡中各有多多之燈無前後也則知諸佛菩薩六道衆生不有則已有即一刹那中便徹過去未來現在十方一切凡聖中也十普融無礙門謂一切及一普皆同時更互相望一一具前兩重四句普融無礙準前思之令圓明顯現稱行境界無障無礙深思之令現在前是以前九

門文不頓顯故此攝今同一剎那旣惣別同時則重重無盡也又華嚴演義云夫能所相入心境包含惣具四義能成無礙一稱性義二不壞相義三不即義四不離義由稱性故不離由不壞相故不即又如諸剎入毛孔皆有稱性及不壞相義今毛上取稱性義故知法性之無外剎上取不壞相義故不遍稱性之毛以一毛稱性故能含廣剎以廣剎不壞相故能入一毛又內外緣起非即非離亦有二義一約內外共為緣起由不即故有能所入由不離故故得相入二約內外緣起與眞法性不即不離此復二義一由內外不即法性有能所入不離法性故毛能廣包剎能遍入二者毛約不離法性如理而包剎約不即法性不遍毛孔思之此事事無礙觀如群臣對王各各全得王力猶諸子對父一一全得為父又如百僧同住一寺各各全得受用而寺不分若空中大小之華一一遍納無際虛空而華不壞則十方一切衆生全是佛體而無分劑以不知故甘稱眇劣稟如來之智德反墮愚盲具廣大之威神而詮小器所以志公云法性量同太虛衆生發心自小如上無礙但是一心如海涌千波鏡含萬像非一非異周遍圓融互奪互成不存不泯遂得塵含法界無虧大小念包九世延促同時等事現前此乃華嚴一部法界緣起自在法門如在掌中爛然可見又非獨華嚴之典乃至一代時敎難思之妙旨十方諸佛無作之神通觀音秘密之悲門文殊法界之智海一時顯現洞鑒無疑矣若非智照深達自心又焉能悟此希奇之事如先德云證佛地者為虛空無我無性是也乃至稱理而言非智所知如空中鳥飛之時跡不可求依止跡處也然空中之跡旣無體相可得然跡非無此跡尋之逾廣要依鳥飛方詮跡之深廣當知佛地要因心相而得證佛地之深廣然證入此地不可住於寂滅一切諸佛法不應爾當示教利喜學佛方便學佛智慧夫佛智慧者即一切種智所以般若經中以種智為佛則無種不知無種不見斯乃以無知知一切知以無見見一切見如華嚴離世間品十種無下劣心中云菩薩摩訶薩又作是念三世所有一切諸佛一切佛法一切衆生一切國土一切世間一切三世一切虛空界一切法界一切語言施設界一切寂滅涅槃界如是一切種種諸法我當以一念相應慧悉知悉覺悉見悉證悉修悉斷然於其中無分別離分別無種種無差別無功德無境界非有非無非一非二以不二智知一切二以無相智知一切相以無分別智知一切分別以無異智知一切異以無差別智知一切差別以無世間智知一切世間以無世智知一切世以無衆生智知一切衆生以無執著智知一切執著以無住處智知一切住處以無雜染智知一切雜染以無盡智知一切盡以究竟法界智於一切世界示現身以離言音智示不可說言音以一自性智入於無自性以一境界智現種種境界知一切法不可說而現大自在言說證一切智地為教化調伏一切衆生故於一切世間示現大神通變化是為第十無下劣心如上微細剖拚理事根源方見全佛之衆生惺惺不昧全衆生之佛歷歷無疑悟本而似達家鄉得用而如親手足云何迷眞抱幻捨實憑虛辜負己靈沉埋家寶高推上聖自鄙下凡都為但誦空文未窮實義唯記即心是佛之語親省何年只學萬法唯識之言誰當現證旣乖教觀又闕明師雖稱紹隆但成自誑宗鏡委細正為斯人使了其義而識其心披其文而見其法感諸聖苦口愧先賢用心覽卷方知終不虛謬如高拂雲霧豁覩青天以深入龍宮親逢至寶始悟從來未諦學處麁浮可驗時中全無力量未到實地莫言其深未至勤勞莫言其苦唯當見性可以息言且諸聖所以垂言教者普為生盲凡夫令不著生死眇目二乘令不住涅槃夜視小菩薩令捨於權乘羅縠別菩薩令不執教道此為未知有自心即具如是廣大神德無邊妙用者分明開示令各各自知十方諸佛莫不承我威光一切異生莫不賴我恩力勸生忻慕進道弘修破一微塵出大千經卷然後以定慧力內外莊嚴發起本妙覺心眞如相用似磨古鏡如瑩神珠光徹十方影透法界無令一小含識不承此光猶如善財一生可辦又如龍女親獻靈山如來印可故云我獻寶珠世尊納受是事疾不答言甚疾女言以汝神力觀我成佛復速於此是知纔悟此法因果同時成道度生不出一剎那之際如法華經信解品云疾走往捉又譬喻品云其疾如風豈滯多生枉修功行有如是速疾念念相應之力而不肯承當故諸聖驚嗟廣為開演布八

教網備三乘車大小俱收權實並載提携誘
引密赴機宜或見或聞而前而後悉令入此
一乘金剛寶藏以爲究竟如方便品中引十
方三世諸佛皆以無量無數方便種種因緣
譬喻言詞而爲衆生演說諸法是法皆爲一
佛乘故是諸衆生從佛聞法究竟皆得一切
種智則不可迷諸佛方便門執其知解領成
現之語起法我之心如般若經中佛言我於
一切法無所執故得常光一尋身真金色是
以但於人法二執俱亡一道常光自現還同
釋迦親證金色之身所以諸佛教門皆爲顯
宗破執依前住著反益迷心如熱金丸執則
燒手令甘露聖教出苦良緣若遇斯人有損
無益如方便品偈云舍利弗當知諸佛法如
是以萬億方便隨宜而說法其不習學者不
能曉了此汝等既已知諸佛世之師隨宜方
便事無復諸疑惑心生大歡喜自知當作佛
故知若不習定學慧且不知隨宜之說妄認
爲真不可徇文以爲悟道直如善財登閣龍
女獻珠當此之時自然親見應須剋己辦事
曉夜忘疲若問程而不行家鄉轉遠似見寳
而不取還受貧窮所以古德頌云學道先須
細識心細中之細細難尋可中尋到無尋處
方信凡心是佛心故知即於一念生死心中
能信有諸佛不思議事甚爲難得如大涅槃
經云佛言若有人能以藕根絲懸須彌山可
思議不不也世尊善男子菩薩摩訶薩於一
念頃悉能得量一切生死是故復名不可思
議　問理唯一道事乃萬差云何但了一心
無邊佛事悉皆圓備　答出世之道理由心

成處世之門事由心造若以唯心之事一法
即一切法舒之無邊以唯心之理一切法即
一法卷之無跡因卷而說一此法未曾一因
舒而說多此法未曾多非一非多有而不有
而多而一無而不無一多相依互爲本末通
有四義一相成義則一多俱立以互相持有
力俱存也二相害義形奪兩亡以相依故各
無性也三互存義以此持彼不壞彼而在此
彼持此亦爾經頌云一中解無量無量中解
一四互泯義以此持彼彼相盡而唯此以彼
持此此相盡而唯彼經云知一即多多即一
又由彼此相成資攝無礙是故得有大小即
入一多相容遠近互持主伴融攝致使塵塵
現而無盡等帝網以參差故得事事顯而無
窮若定光而隱映又一多無礙之義古德以
喻顯示如數十錢法此有二體一異體二同
體就異體中有二一相即二相入又以諸緣
起法有二義一空有義此即自體二有力無
力義此望力用由初義故約相即由後義故
得相入初空有義中由自若有時他必無故
他即自何以故由他無性以自作故二由自
若空時他必有故自即他故何以故由自無
性用他作故以空有無二體故所以常相即
若不尒者緣起不成有自性等過二力用中
自有全力所以能攝他他全無力故所以能
入自不據自體故非相即力用交徹故成相
入十數爲譬者復有二門一異體門二同體
門就異體門中復有二一者一中多多中一
如經頌云一中解無量無量中解一了彼互
生起當成無所畏此約相說二者一即多多

即一如經頌云一即是多多即一義味寂滅
悉平等遠離一異顛倒相是名菩薩不退住
此約理說問既其各各無性那得成其一多
耶答此由法界實德緣起力用普賢境界相
應所以一多常成不增不減也次明一即多
多即一者如似一即十緣成故若十非一一
不成故何但一不成十亦不成如柱若非舍
爾時則無舍若有舍亦有柱即以柱即是舍
故有舍復有柱一即十十即一故成一復成
十也問若一即十此乃無有一若十即一此
乃無有十耶言一之與十復言以即故得成
耶答一即非一者是情謂一今所謂緣成一
緣成一者非是情謂一故經頌云一亦不為
一為破諸數故淺智著諸法見一以為一問
前明一中多多中一者即一中有十十中有
一此明一即十有何別耶答前明一中十者
離一無有十而十非是一若此明一即十者
離一無有十而十即是一緣成故也二同體
門者還如前門相似還明一中多多中一一
即多多即一今就此門中說者前異體門言
一中十者以望後九故名一中十此門言一
中十者即一中有九故言一中十也問若一
中即有九者此與前異體門中一即十有何
別耶答此中言有九者有於自體九而一不
是九若前異體說者一即是彼異體十而十
不離一問一中既自有九者應非緣成義答
若非緣成豈得有九耶問一體云何得有九
答若無九即無一次明同體門中一即十者
還言一者緣成故一即十何以故若十非一
一不成故一即十既爾一即二三亦然問此

中言自體一即十者與前同體一中十有何別耶荅前明自體中有十而一非是十此明一即十而一即是十以此爲異問此明一體即十爲攝法盡不荅隨智差別故亦盡亦不盡何者如一若攝十即不爲盡若具說即無盡也問爲攝自門無盡爲攝餘門亦無盡耶荅一無盡餘亦無盡若餘不盡一亦不盡若一成一切即成若一不成一切即不成是故此攝法即無盡復無盡成一之義也於三四義猶若虛空即是盡更不攝餘故名無盡故知亦攝盡不盡也問既言一即能攝者爲只攝一中十亦得攝他處十荅攝他十亦有盡不盡義何以故離他無自故一攝他處即無盡而成一之義他處十義如虛空故有盡經云菩薩在於一地普攝一切諸地功德此宗鏡錄是一乘別教不思議門圓融無盡之宗不同三乘教中所說如上一多無礙之義不可以意解情思作限量之見唯淨智眼以六相十玄該之方盡其旨耳則知融攝無邊包含匪外如法華神力品云諸佛於此得阿耨多羅三藐三菩提諸佛於此轉于法輪諸佛於此而般涅槃又經云慈悲爲佛眼正念爲佛頭妙音爲佛耳香林爲佛鼻甘露爲佛口四辯爲佛舌六度爲佛身四攝爲佛手平等爲佛指戒定爲佛足種智爲佛心金光明經疏云法性身佛者非是凡夫二乘下地之所能見唯應度者示今得見此即無身之身無相之相一切智爲頭第一義諦爲八萬四千法門髮大悲眼中道白毫無漏鼻十八空舌四十不共齒弘誓肩三三昧背如來藏腹權實智手定慧足如此等相莊嚴法性身佛也牛頭初祖云諸佛於此得菩提者此是心處得菩提色處轉法輪眼處入涅槃若爾者身中究竟解脫法身常在淨土具足更少何物復更何求初發心時便成正覺此宗鏡中所有智行主伴皆同一際纔有信者悉同法流但如一圓鏡之中無別分拚如華嚴論云此經法門總是十方諸佛同行共行更無新故如大王路發跡登之者即是無奈不行之何一念隨善根少分見性智慧現前總是不離佛正覺根本智故不離普賢行故如普賢一念中少分善心總是向法流者故經云聞如來名號及所說法門聞而不信猶能畢竟至於金剛智地何況信修者也又云此華嚴經中解行法門修學悟入必能成就十住法門住佛種性生一來家爲佛眞子不同權教初地菩薩以誓願成佛此華嚴經直論實證位不論誓願爲此教門總一時一際一法界無異念前後情絕凡聖一性不論情繫應以無念無作法界照之可見若立情見不可信也設生信者玄信佛語故非是自見若自見者情絕想亡心與理合智與境冥方知萬境性相通收若不如斯心常彼此是非競作治淨何休若也稱性情亡法界重玄之門自達一多純雜自在含容總別之門圓融自在於刹生之法善達諸根隨所堪能悉皆成益敬承親近者皆能拔之所以稱性故凡行一事悉徧法界若隨事作則有分限如摩訶般若經云欲以一食供養十方各如恒河沙等諸佛及僧當學般若波羅蜜欲以一衣華香瓔珞抹香塗香燒香燈燭幢幡華蓋等供養諸佛及僧當學般若波羅蜜論問曰菩薩若以一食供養一佛及僧尚是難事何況十方如恒河沙等諸佛及僧荅曰供養功德在心不在事也若菩薩以一食大心悉供養十方諸佛及僧亦不以遠近爲礙是故諸佛皆見皆受是知但運一心廣大無際功德智慧二種莊嚴六度萬行無不圓滿則知一毫空性法界無差一微塵中具十方分是以法華會上十方佛國通爲一土分身共座同證一乘亦如華嚴教明此土說法十剎咸然仰先聖之同歸令後學之堅信偶斯教者莫大良緣如秉大炬以燭幽闇炳然見性似駕迅航而渡深濟倏爾登眞故云一句染神必當成佛二字經耳七出不沉所利唯人所約唯已百福殊相同入無生萬善異流俱會平等今宗鏡中亦復如是正直捨方便但說無上道一切諸法中唯以等觀入若執方便廣辯諸乘則失佛本懷違於大旨如法王經云若定根機爲小乘人說小乘法爲闡提人說闡提法是斷佛性是滅佛身是說法人當歷百千萬劫墮諸地獄何以故衆生之性即是法性從本已來無有增減云何於中分別藥病如是解者即一切法無非佛法矣　問如何是一切法皆是佛法　荅一切法唯心心即是佛心即是法如學人問忠國師經云一切法皆是佛法殺害還是佛法不荅一切施爲皆是佛智之用如人用火香臭不嫌亦如其水淨穢非汙以表佛智也是知火無分別蘭艾俱焚水同上德方圓任器所以文殊執劒於瞿曇驁

揺持刀於釋氏豈非佛事乎若心外見法而生分別直饒賛作勝妙之事亦非究竟

問心性本淨寂照無遺何假智光而爲鑒達

荅心是正因雖然了照以客塵煩惱所遮若無智慧了因而不能顯古德云智照心原即是了因如空與日略有十義以辯難思一謂日與空非即非離二非住非不住三如日善作破暗良緣顯空之要四雖復滅暗顯空空無損益五理實無損事以推之暗蔽永除性乃無增空界所含萬像皆現六而此虛空性雖清淨若無日光則有暗起七非以虛空空故自能除暗若除者必假日光八日若無空無光無照空若無日暗不自除九然此暗性無來無去日之體相亦不生不滅十但有日照空則乾坤洞曉以智慧日照心性空亦復如是釋曰一智與心非即非離云何非即以智是能照心是所照能所異故云何非離智是心之用用不離體故二非住非不住云何非住智性離故云何非不住與心相應故三智能破客塵顯了心性四智雖去塵現性而心本無隱顯五心雖本空要盡客塵方能普現法界六心雖清淨若無智光則爲客塵所蔽七非心自空不除客塵若除者要因智光八智無心不照心無智不明九客塵雖盡本無來去智雖起照亦無生滅十但得智光則心性湛然寂照法界洞朗究竟清淨故知萬法無修無修而至無修本性雖空亦由修空而顯空今宗鏡所録深有所以只爲衆生無智不修而隨愚闇不照心性枉隨輪迴若不得宗鏡之智光何由顯於心寳且衆生無漏智性本自具足以客塵所蔽似鏡昏塵但能知鏡本明塵即漸盡客塵盡處真性朗然如大涅槃經云如大村外有娑羅林中有一樹先林而生足一百年是時林主灌之以水隨時修治其樹陳朽皮膚枝葉悉皆脫落唯貞實在如來亦爾所有陳故悉已除盡唯有一切真實法在所以一鉢和尚謌云萬代金輪聖王子只者真如靈覺是菩提樹下度衆生度盡衆生出生死不生死真丈夫無形無相大毗盧塵勞滅盡真如在一顆圓明無價珠

宗鏡録卷第十三

音義

眇亡少反　跧莊緣反　爛郎旴反　洞徒弄反　剖普后反

慳　埋莫皆反　謬　豁　勑

㲉　墍　鬍　秉　炳

篤　迅　航　倏　灌古玩反

丙午歲分司大藏都監開板

宗鏡録卷第十三

校勘記

一　底本，麗藏本。

一　二七五頁上二三行「若也」，磧、南作「者也」。

一　二七五頁上二七行「一切」，磧、南、清作「一」。

一　二七五頁下一八行第八字「生」，磧、南、徑、清作「中」。

一　二七六頁上二五行「九世」，清作「十世」。

一　二七六頁中一行「塵空」，磧、南、徑、清作「真空」。

一　二七七頁中末行「二者」，磧、南作「一者」。

一　二七八頁中一六行「一來」，磧、南、徑、清作「如來」。

一　二七八頁下一二行第八字「偶」，磧、南、徑、清作「遇」。

一　二七八頁下一四行「二字」，磧、南、徑、清作「一字」。

一　二七九頁上二行「究竟」，磧、南、徑、清作「究竟耳」。

宗鏡錄卷第十四　侶

慧日永明寺主智覺禪師延壽集

夫釋迦文佛開衆生心成佛知見達磨初祖直指人心見性成佛若體此一心云何是成佛之理　答一心不動諸法無性以無性故悉皆成佛華嚴經云佛子如來成正覺時於其身中普見一切衆生成正覺乃至普見一切衆生入涅槃皆同一性所謂無性無何等性所謂無相性無盡性無生性無滅性無我性無非我性無衆生性無非衆生性無菩提性無法界性無虛空性亦復無有成正覺性知一切法皆無性故得一切智大悲相續救度衆生佛子譬如虛空一切世界若成若壞常無增減何以故虛空無生故諸佛菩提亦復如是若成正覺不成正覺亦無增減何以故菩提無相無非相無一無種種故佛子假使有人能化作恒河沙等心一一心復化作恒河沙等佛皆無色無形無相如是盡恒河沙等劫無有休息佛子於汝意云何彼人化心化作如來凡有幾何如來性起妙德菩薩言如我解於仁所說義化與不化等無有別云何問言凡有幾何普賢菩薩言善哉善哉佛子如汝所說設一切衆生於一念中悉成正覺與不成正覺等無有異何以故菩提無相故若無有相則無增減佛子菩薩摩訶薩應如是知成等正覺同於菩提一相無相疏釋云所以知佛智徧者無一衆生不有本覺與佛體無殊故經云佛智潛流即似佛智徧他衆生今顯衆生自有佛智故云徧耳此有三意一明無一衆生不有則知無性者非衆生數謂草木等已過五性之見二者衆生在纏之因已具出纏之果法故云有如來智慧非但有性後方當成亦非理先智後是知涅槃對昔方便且說有性後學尚謂談有蘊無況聞等有果智誰當信者三彼因中之果智即他佛之果智以圓教宗自他因果無二體故不爾此說衆生有果何名說佛智耶斯則玄又玄矣非華嚴宗無有斯理疑云涅槃云佛性者名爲智慧有智慧時則無煩惱今有佛智那作衆生釋云謂顚倒故不證豈得言無如壯士迷於額珠豈是瘡中無寶謂若先無雖倒寧有既離則現明本不無如貧得珠非今捉與是以涅槃恐不修行故云言定有者即爲執著恐不信有故云若言定無則爲妄語作可執著不可妄語又如來藏等經說有九種喻喻如來藏謂如青蓮華在泥水中未出泥人無貴者又如貧女而懷聖胎如大價寶垢衣所纏如摩尼珠落在深廁如真金像弊衣所覆如菴羅樹華實未開亦如稻米在糠糩中如金在鑛如像在模皆是塵中有佛身義與此大同也又此無性理能成一切能壞一切則一成一切成一壞一切壞一成一切成者即因果交徹於中有二一明生佛不二華嚴經云如來成正覺時於其身中普見一切衆生成正覺等淨名經云一切衆生即菩提相即菩提相千何不成二明能所不二即華嚴經云皆同一性所謂無性淨名經云不行是菩提離意法故法即是所意即是能良以心境同一性故生佛亦然是以真心不守自性故舉體隨緣成諸萬法性即體也以諸法唯心所現各無自體虛假相依無決定性以無性故能隨異緣成立一切若有定性猶如金石各有堅性不可令易今此無性猶如於水遇冷成冰逢火便煖故中論偈云集若有定性先來所不斷於今云何斷道若有定性先來所不修於今云何修故知若有定性一切諸法皆悉不成若無定性一切皆成又若衆生各各有性自體不移則永作衆生無因成佛所以無性理同以有空義故一切法得成於畢竟空中熾然建立一切法若此一微塵法成則盡十方虛空界一切異法一時成若有一微塵異法不成者此間一毫之法亦不成失圓頓義以一心一切心故若悟宗鏡成佛即一切處成佛所以金剛經云所在之處則爲有佛若有一微塵處不成佛則不入宗鏡中故經云唯我一人者三界六道凡聖無非我是一是人故唯我一人耳故知若離此而修皆成權漸如待空華而結果期餘水以成冰任滿三祇不入真實但自觀心見佛了諸法空則不動念而親覩毫光靡運身而徧參法界如佛在忉利一夏安居佛以神力制諸人天不知處所夏受歲已佛攝神足欲還閻浮爾時須菩提於石室中住自思惟言佛忉利下當至佛所禮佛耶爲不至耶復自思惟佛常說法若人以智慧力觀佛法身是名見佛中最佛時已從忉利下閻浮提四衆皆集人天相見座中有佛及轉輪王諸天大集衆會莊嚴先未曾有須菩提念今此大衆雖復殊特勢不久停磨滅之法皆歸無常因此無常觀之初門悉知諸法空無有

寳作是觀時即得道證時一切衆欲先見如來禮拜供養有蓮華色比丘尼常爲他人呼爲婬女欲除惡名便化爲輪王七寳千子衆人見之皆悉避座化王見佛還復本身爲比丘尼最先禮佛佛告尼言非汝先禮我唯須菩提最初禮我所以者何須菩提觀諸法空爲見法身得眞供養供養中最非供養生身名供養也是知若不自信心佛求他勝緣功業雖勤終非究竟如華嚴如來出現品云佛子設有菩薩於無量百千億那由他劫行六波羅蜜修習種種菩提分法若未聞此如來不思議大威德法門或時聞已不信不解不順不入不得名爲眞實菩薩以不能生如來家故又以從緣故緣亦無自性則一切不成念念散壞如遽墜別雜染之緣因名言建立故號衆生於諸緣中求衆生性了不可得則衆生體空即是壞義以有諸法故則空義得顯若此一衆生義不成則盡十方法界一切衆生悉皆不成故名一壞一切壞所以諸佛知一切法皆無性故得成就一切智起同體悲相續不斷盡未來際廣度有情以一心無性成佛之理顧一切衆生與我無異知衆生本來一心不動常合天眞以無性故不覺隨緣六趣昇降狂愛妄苦虛墮輪迴所以能起大悲相續度脫若無此無性之理則大化不成善惡凡聖不可移易若能如是解悟則是入不思議方便法門佛藏經云諸法若有決定體性如棋毛髮百分之一者是則諸佛不出於世亦終不說諸法空並證頓義華嚴經頌云能於一念悉了知一切衆生無有餘了彼衆生心自性遠無性者所行道不退轉法輪經云爾時三菩薩住世尊前以曼陀蓮華散於佛上散已作如是言我於此法深生信解無有疑或其第一者白佛言世尊若有人說如來我即如來於此法中都無疑惑第二菩薩復白佛言世尊若有人稱說世尊我即世尊亦於此法悉無疑惑第三菩薩白佛言世尊若有人稱說阿羅訶三藐三佛陀我即阿羅訶三藐三佛陀亦於此法悉無疑惑乃至阿難白佛言世尊云何菩薩作如是說佛言此三菩薩善解假名故作是說故知但是凡聖諸法皆是假名從心建立若能了達一切平等即知凡聖諸法不出假名假名不出眞如之性如大般若經云爾時善現告欲色界諸天衆言汝諸天衆說我善現佛眞弟子隨如來生云何善現隨如來生謂隨如來眞如生故所以者何如來眞如無來無去善現眞如亦無來無去故說善現隨如來生如來眞如即一切法眞如一切法眞如即如來眞如如是眞如無眞如性亦無不眞如性善現眞如亦復如是故說善現隨如來生釋曰若如來眞如即一切法眞如者非獨善現隨如來生乃至一切法界衆生悉隨如來生何者以如來眞如即自眞如故如是眞如無眞如性者以此眞如是言說中極亦不可立故云喚作如如早是變也既無眞如之性亦無非眞如之性如是了達方爲究竟眞如矣厲腋經云爾時舍利弗問諸比丘言大德何緣詣如是語我今始於六師出家諸比丘言大德舍利弗從今已往六師諸佛等同一相無增無減大德舍利弗我等今知諸師不異於出家中無所分別故言出家舍利弗言大德何緣說言從今佛非我尊諸比丘言大德舍利弗我從今往自然明了識然明了不假餘明我自歸依非餘歸依自歸自尊是故說言佛非我尊何以故我不離佛佛不離我乃至舍利弗言大德何故說從今往說無有業諸比丘言大德舍利弗我從今往知一切說究竟涅槃是中無有調伏無非調伏以是故言我說無業如來藏經云世尊告金剛慧言善男子我以佛眼觀一切衆生貪欲恚癡諸煩惱中有如來智如來眼如來身結加趺坐儼然不動善男子一切衆生雖在諸趣煩惱身中有如來藏常無染汙德相備足如我無異楞伽經云如來藏自性清淨轉三十二相入於一切衆生身中華嚴入法界品中鞞瑟胝羅居士得菩薩解脫不般涅槃際法門常供養栴檀座佛塔告善財言我開栴檀座如來塔門時得三昧名佛種無盡善男子我念念中入此三昧念念得知一切無量殊勝之事乃至善男子我唯得此菩薩所得不般涅槃際解脫如諸菩薩摩訶薩以一念智普知三世一念徧入一切三昧如來智日恒照其心於一切法無有分別了一切佛悉皆平等如來及我一切衆生等無有二知一切法自性清淨無有思慮無有動轉而能普入一切世間離諸分別住佛法印悉能開悟法界衆生又頌云如心境界無有量諸佛境界亦復然如心境界從意生佛境如是應觀察法華經云如是我成佛已來甚大久遠壽命無量阿僧

祇劫常住不滅衆有疑云成道既久常此教化中間所有然燈毗婆沙尸棄等佛成道入滅說法度衆生復是誰耶古釋云於是中間說然燈佛等成道入滅如是皆以智慧方便善巧分別說於他佛非離我身別有彼佛金剛經論云衆生身內有佛亦非密身外有亦非密乃至非身內非身外有非非內非非外有並非密也衆生即是故名爲密寶藏論云不遺一法不得一法不修一法不證一法性淨天眞可謂大道平眞一是以徧觀天下莫非眞人孰得此理同其一倫台教云只觀十法界衆生即是佛十法界衆生陰佛陰無毫林之殊三世佛事衆生四儀無不圓足華嚴論云若少見性者亦得佛乘如大海中一毫之渧乃至多渧一一渧中皆得大海如是菩薩五位之中十位十地一一位內皆有佛果如彼海水一毫之渧不離佛性得諸行故以彼佛性而有進修如華嚴經直以全佛果不動智等十智如來示凡信修如有凡夫頓昇實位身持王位徧知臣下一切群品無不該含華嚴經中法門菩薩行相亦復如是從初發心十住之始須見如是如來法身佛性無作智果徧行普賢一切萬行隨緣不滯悉皆無作涅槃經云佛性非是作法但爲客塵煩惱所覆故是故今從十住初位以無作三昧自體應眞煩惱客塵全無體性唯眞體用無貪瞋癡任運即佛故一念相應一念成佛一日相應一日成佛何須數劫漸漸而修多劫積修三祇至果心緣劫量見障何休諸佛法門本非時攝計時立劫非是佛乘又經云一

切世界海微塵數劫所有諸佛出興于世親近供養者明無功之智徧周無法不佛佛即法也十方虛空無有間缺針鋒毛端無不是一切法一切佛故但有微塵許是非染淨心皆不是見佛也以智眼印之又云都舉佛刹微塵數佛者智滿行徧無非佛故皆悉承事者即聖凡同體無一不佛法空無間也以普眼觀之徹其心境無不佛也智隨諸行一切皆佛故如是見者以事而論亦實如是表法而論一切總實是佛故若一法一物不是佛見者當知是人即是邪見非正見也即有能所是非諸見競生不得入此普賢文殊智眼境界是以若有異想雜念續續而起故號衆生則能所互興是非交諍即是邪見若了妄念無相外境自虛則一切剎塵無非正覺所以釋摩訶衍論云一念初起無有初相者謂心起者無有初相可知而言知初相即謂無念者則是除疑令生勝解謂有衆生作如是疑極解脫道會本覺時微細初生知得有耶知得無耶若知有者極解脫道當非無念所以者何知有初念有初念故若知無者極解脫道當不能有所以者何既無初念待何念無立解脫有如是疑故今自通言所知之相從本已來自性空無能知之智從本已來無有起時既無所覺之相亦無能覺之智豈可得言有細初相智慧可知而言說知初相者即是現示無念道理所以者何法性之理離無所知之初起相亦無能知之始覺智而能通達無所知相無能知智無所有覺都非空無是故今且依此道理作如是說知初相耳

是故一切衆生不名爲覺以從本來念念相續未曾離念故說無始無明者即是成立上無念義謂金剛已還一切衆生獨力業相大無明念未出離故則是現示一切衆生皆是有念名爲衆生一切諸佛皆得無念名爲佛故自此已下現示始覺境界周徧圓滿謂大覺者已到彼岸徧知一切無量衆生一心流轉作生住異滅四相故如論云若得無念者則知心相生住異滅故以何義故如是知耶得自無念時一切衆生平等得故如論云以無念等故以何義故唯一行者得無念時一切衆生悉得無念一一衆生皆悉各各有本覺故此義云何謂一行者始覺圓滿同本覺時徧同一切無量衆生本覺心中非自本覺所以者何自性本覺徧衆生界無不至故淸淨覺者得無念時一切衆生皆得無念者淸淨覺者斷無明時一切衆生亦可斷耶若爾何過若始覺者斷無明時一切衆生皆得斷者何故上言金剛已還一切衆生獨力業相大無明念未出離故不名爲覺若諸衆生無始無明未得出離而與諸佛同得無念者無念等義唯有言說無有實義豈可得言一切衆生皆有本覺亦有始覺決斷此難則有二門一者自宗決斷二者望別決斷自宗決斷者此論正宗爲欲現示一切衆生同一相續無差別故可得一修行者無始無明究竟斷時一切衆生亦同斷盡一修行者滿始覺時一切衆生亦同得滿是故三身本有契經中作如是說爾時世尊告文殊師利我由二等而成正覺一者斷等二者得等言斷

等者我極解脫道初發起時一切衆生所有無始無明一時究竟頓決斷故言得等者我初成道滿始覺時一切衆生皆滿足故是名二等故望別決斷者舉圓滿者望衆生界無一一法而非清淨舉諸衆生望無上尊入無明藏無所覺知皆悉清淨無所障礙無念等義而得成立入無明藏無所覺知上上所說文無相違過舉此一隅應廣觀察自此已下融諸始覺令同本覺謂五十一分滿始覺時實無轉勝漸次之果亦無究竟圓滿之極所以者何一切始覺四相俱時而得住止皆無自立從本已來一味平等自性圓滿契同無二一相覺故如論云而實無有始覺之異以四相俱時而有皆無自立本來平等同一覺故起信疏云豁然大悟覺了自心本無所轉今無所靜本來平等種種夢念動其心原覺心初起者是明所覺相心初起者依無明有生相之心體令動念今乃證知離本覺無不覺即動念是靜心故言覺心初起如迷東為西悟時乃知西即是東心無初相者本由不覺有心生起今既覺故心無所起故言無初相今究竟位動念都盡唯一心在故言無初相無明永盡歸一心原更無起動故言得見心性心即常住更無所進名究竟覺未至心原夢念未盡欲滅此動望到彼岸而今既見心性夢相都盡覺知自心本無流轉今無明靜息常自一心是以證知佛地無念此是舉因而證果也馬祖大師云汝若欲識心祇今語言即是汝心喚此心作佛亦是實相法身佛亦名為道經云有三阿僧祇百千名號隨

世應處立名如隨色摩尼珠觸青即青觸黃即黃體非一切色如指不自觸如刀不自割如鏡不自照隨緣所見之處各得其名此心與虛空齊壽乃至輪迴六道受種種形即此心未曾有生未曾有滅為衆生不識自心迷情妄起諸業受報迷其本性妄執世間風息四大之身見有生滅而靈覺之性實無生滅汝今悟此性名為長壽亦名如來壽量喚作本空不動性前後諸聖祇會此性為道今見聞覺知元是汝本性亦名本心更不離此心別有佛此心本有今有不假造作本淨今淨不待瑩拭自性涅槃自性清淨自性解脫自性離故是汝心性本自是佛不用別求佛汝自是金剛定不用更作意凝心取定縱使凝心斂念作得亦非究竟志公和尚生佛不二科云衆生與佛不殊大智不異於愚何用外求珍寶身內自有明珠正道邪道不二了知凡聖同途迷悟本無差別涅槃生死一如究竟攀緣空寂推求憶想清虛無有一法可得蕭然直入無餘傳大士頌云還原去何須次第求法性無前後一念一時修又頌云凡地修聖道果地習凡因恒行無所踐常度無度人真覺大師謌云雪山肥膩更無雜純出醍醐我常納一性圓通一切性一法徧含一切法一月普現一切水一切水月一月攝諸佛法身入我性我性同共如來合一地具足一切地非色非心非行業彈指圓成八萬門剎那滅却阿鼻業一切數句非數句與吾靈覺何交涉百門義海云發菩提者今了達一切衆生及塵毛等無性之理以成佛菩提智故

所以於佛菩提身中見一切衆生成等正覺又衆生及塵毛等全以佛菩提之理成衆生故所以於衆生菩提中見佛修菩提行是故佛是衆生之佛衆生即佛之衆生縱有開合終無差別如是見者名菩提心起同體大悲教化衆生也又策林問云衆生為迷諸佛為悟體雖是一約用有差若以衆生通佛佛亦合迷若以佛通衆生衆生合悟答恒以非衆生為衆生亦以非佛為佛不礙存而恒奪不妨壞而常成隨緣且立衆生之名豈有衆生可得約體權施法身之號寧有諸佛可求莫不妄徹真原居一相而恒有真該妄末入五道而常空情說則二界難通智說乃一如易就然後雙非雙是即互壞互成見諸佛於衆生身觀衆生於佛體仰山和尚問溈山和尚云真佛住何處溈山云以思無思之妙反靈燄之無窮思盡還原性相常住事理不二真佛如如斯則無住無離能見真佛履平等道矣故云六道之道離善之惡離惡之善二乘之道離漏之無漏菩薩之道離邊之中諸佛之道無離無至何以故一切諸法即是佛道故所以先德云夫大道唯心即心是佛只依一心而修即是根本之智亦是無分別智即能分別無窮自具一切智故不同起心徧計故知凡有心者悉皆成佛如今行是佛行坐是佛坐語是佛語默是佛默所以云阿鼻依正常處極聖之自心諸佛法身不離下凡之一念此非分得可謂全收以不信故決定為凡以明了故舊來成佛然成佛之義約性虛玄隨相對機即有多種如華嚴演義云隨門

不同種種有異門雖有多且略分四一約性即一眞法界二約相即無盡事法三性相交徹顯此二門不即不離四以性融相德用重重初約體門者問體是佛不答應成四句一是佛法性身無所不至故經云性空即是佛故二非佛絶能所覺爲其性故平等眞法界非佛非衆生故三亦佛非佛以法性身無自性故四雙非性與無性雙泯絶故經頌云無中無有二無二亦復無三世一切空是則諸佛見二就相門有二一情二非情眞心隨緣變能所故然此二門各分染淨謂無明熏眞如成染緣起眞如熏無明成淨緣起染成萬類淨至成佛以修淨緣斷彼染緣方得成佛依此二義則生佛不同於淨緣中復有因果因有純雜果有依正若約純門隨一菩薩盡未來際唯修一行一一皆然若約雜門萬行齊修盡未來際若約因門盡未來際常是菩薩若約果門盡未來際常是如來經云爲衆生故念念新新成等正覺若雙辯門盡未來際修因得果若約雙非盡未來際非因非果便同眞性前之三門雙具悲智雙融心境第三性相交徹門曲有四門一以性隨相同第二門二寄相歸性同第一門三雙存無礙具上二門備此則悲智雙運性相齊驅寂照雙流成大自在四互奪雙亡則性相俱絶沒同果海無成不成第四以性融相門相雖萬差無不即性性德無盡全在相中以性融相相如於性令上諸門皆無障礙因果交徹純雜相融事事相叅重重無盡今就性門四句之內是即佛門不取餘三就相門中約有情門

是淨非染是果非因是一分義非此所用就交徹門佛則性相雙融生則會相歸性今經正約第四以性融相一成一切皆成謂以佛之淨性融生之染以佛一性融生之多令多染生隨一眞性皆如於佛已成佛竟非唯有情會萬類相融爲佛體無不皆成故肇公云會萬物而成已者其唯聖人乎又云故聖人空同其體萬物無非我以佛之性融於物性同佛皆成以物之性融佛之相故令三業等於萬類即今經意而非餘門故云隨門不同今是成佛門也頓教多同約性四門終教即同性相交徹始教有二門約有即空同會相歸性但唯心現多同第二小乘人天皆同相門由此有云無情成佛是約性相融以情之性融無情相以無情相隨性融同有情之相故說無情有成佛義若以無情不成佛義融情之相亦得說言諸佛衆生不成佛也以成與不成情與無情無二性故法界無限故佛體普周故色空無二故法無定性故十身圓融故緣起相由故生界無盡故爲因周徧故遠離斷常故萬法虛融故故說一成一切成也非謂無情亦有覺性同情成佛若許此成則能修因無情變情情變無情便同邪見是以性非巧拙解有精麤智妙而見在須臾機鈍而悟經塵劫所以古德云夫佛體幽玄非即色蘊亦不離色蘊一異性空眞性自現如密嚴經偈云碎抹於金鑛鑛中不見金智者巧融鍊眞金方乃顯分割於諸色乃至爲極微及析求諸蘊若一若異性佛體不可見亦非無有佛且如悟入宗鏡中成佛不離一

念若前念是凡後念是聖此猶別教所收今不動無明全成正覺故華嚴論云如將寶位直授凡庸如夜夢千秋覺已隨滅傳大士白梁武帝云今欲將如意寶珠清淨解脫照徹十方光色微妙難可思議意欲施於人主若受者疾得阿耨多羅三藐三菩提故知若一念決定信受者不問剎那便登覺位如維摩經云維摩詰言然汝等便發阿耨多羅三藐三菩提心是即出家是即具足又法華經云爾時龍女有一寶珠價直三千大千世界持以上佛佛即受之龍女謂智積菩薩尊者舍利弗言我獻寶珠世尊納受是事疾不答言甚疾女言以汝神力觀我成佛復速於此故知一切含生心珠朗耀理無前後明昧隨機或因鬬而隱膚中對明鏡而顯現或因遊而沉水底在安徐而得之或處輪王髻中建大功而受賜或繫貧人衣裏悋智願而猶存宗鏡明文同證於此如是信者究竟無餘即是一念知一切法是道場成就一切智故據此諸聖開示心佛了然設有抱疑退屈之者雖未信受若成佛之理未曾暫虧如人不識眞金認爲銅鐵銅鐵但有虛名金性未曾暫變如今執者不知本是却謂今非亦匪昔迷而方始悟如上廣引委曲證明只爲即生死中有不思議性於塵勞內具大菩提身以障重之人闕皆不信甘稱絶分唯言我是凡夫既不能承紹佛乘弘持法器遂乃一向順衆生之業背覺合塵生死之海彌深煩惱之籠轉密所以徧集祖佛言敎頓釋群疑令於言下發明直見無生自性方知與佛無異萬法本

同始信眞詮有茲深益　問六祖云善惡都莫思量自然得入心體洞山和尚云學得佛邊事猶是錯用心今何廣論成佛之旨

荅今宗鏡録正論斯義以心冥性佛理合眞空豈於心外妄求隨他勝境如華嚴記云若達眞空尚不造善豈況惡乎若邪說空謂豁達無物或言無礙不妨造惡若眞知空善順於理恐生動亂尚不起心慕善惡背於理以順妄情豈當可造若云無礙不礙造惡何不無礙不礙修善而斷惡耶厭修善法尚恐有著心恣情造惡何不懼著明知邪見惡眾生也乃至入理觀佛猶恐起心更造業思特違至理故楞伽經云佛告大慧前聖所知轉相傳授妄想無性菩薩摩訶薩獨一靜處自覺觀察不由於他離見妄想上上昇進入如來地是名自覺聖智相又云一切無涅槃無有涅槃佛無有佛涅槃遠離覺所覺所覺是相能覺是見遠離覺所覺名自覺聖智以二能所熏成佛故夫限量所知從他外學欲窮般若海莫得其源如於恒河中投一升鹽水無鹽味飲者不覺若內照發明徹法原底無理不照無事不該如經云佛言我住於無念法中得如是黃金色身三十二相放大光明照無餘世界

宗鏡録卷第十四　　　　　俊

音義

廁初吏反　穢於廢反　鞞部迷反　檜古會反　鐨古丸反　膍部迷反　儼魚檢反　隅遇俱反　瑟所櫛反　拭賞職反　眨側洽反　涕他計反　鈌苦穴反　驅豈俱反　齗去斤反　策楚革反

宗鏡録卷第十四

校勘記

一　底本，麗藏本。

一　二八〇頁上一八行末字「何」，磧、南、徑、清作「河」。

一　二八〇頁上二八行第一一字「潛」，南、徑、清作「徧」。

一　二八二頁上一〇行「真一」，徑無。

一　二八二頁上一六行第七字「位」，徑作「信」。

一　二八二頁中九行首字「皆」，磧、南作「智」。

一　二八三頁上一三行首字「二」，南作「一」。

一　二八三頁上末行「百千名」，磧作「百十名」；南作「劫十名」。

一　二八三頁中二四行第一五字「合」、磧、南、徑、清作「含」。

一　二八三頁下六行「策林」，南、徑、清作「東林」。

一　二八三頁下一六行第一六字「反」，磧、南、清作「反思」。

一　二八四頁上一行第八字「雖」，磧、南、徑作「唯」。

一　二八四頁中九行第一四字「令」，磧作「今」。

一　二八四頁下七行第八字「間」，磧、南、徑、清作「隔」。

一　二八四頁下二〇行第三字「開」，磧作「聞」。

一　二八五頁上一二行第一四字「業」，徑、清作「惡」。

一　二八五頁上二一行第一四字「原」，清作「源」。

宗鏡録卷第十五

慧日永明寺主智覺禪師延壽集

問旣博地凡夫位齊諸佛者云何不具諸佛神通作用　荅非是不具但衆生不知故華嚴宗云諸佛證衆生之體用衆生之用所以志公和尚訶云日昳未心地何曾安了義他家文字有親踈莫起功夫求的意任縱橫絶忌諱長在人間不居出運用元來聲色中凡夫不了爭爲計如有學人問大安和尚如何是諸佛神通師云汝從何處來對云江西來師云莫不謾語不對云終不謬言學人再問如何是神通師云果然妄語斯皆可驗並是現前日用不知故諸佛將衆生心中眞如體相用三大之因爲法報化三身之果豈可更論具不具耶如今若實未薦者但非生因之所生唯在了因之所了大涅槃經云生因者如泥作瓶了因者如燈照物若智燈纔照凡聖一如若意解觀之眞俗似別然世間多執事相迷於眞理故法華經云取相凡夫隨宜爲說金剛經云但凡夫之人貪著其事所以一切經論皆破衆生身心事相華執如智藏論離微品云夫經論者莫不就彼凡情破彼根量種種方便皆不住於形事若不住形事者則不須一切言說及以離微也故經云隨宜說法意趣難解雖說種種之乘皆是權接方便的道法也然非究竟解脫涅槃如有人於虛空中畫作種種色相及種種音聲然彼虛空實無異相受入變動故知諸佛化身及以說法亦復如是於實際中都無一異是以天地合離虛空合散萬物動作變化無爲夫神中有智智中有通通有五種智有三種何爲五種通一曰道通二曰神通三曰依通四曰報通五曰妖通妖通者狐狸老變木石精化附傍人神聰慧奇異此謂妖通何謂報通鬼神逆知諸天變化中陰了生神龍隱變此謂報通何謂依通約法而知緣身而用乘符往來藥餌靈變此謂依通何謂神通靜心照物宿命記持種種分別皆隨定力此謂神通何謂道通無心應物緣化萬有水月空華影像無主此謂道通何謂三智一曰眞智二曰內智三曰外智何謂外智謂分別根門識了塵境博覽古今皆通俗事此名外智何謂內智自覺無明割斷煩惱心意寂靜滅無有餘此名內智何謂眞智體解無物本來寂靜通達無涯淨穢不二故名眞智眞智道通不可名目餘所有者皆是邪僞僞則不眞邪則不正惑亂心生迷於本性是以深解離微達彼諸有自性本眞出於群品夫智有邪正通有眞僞若非法眼精明難可辯了是以俗間多信邪僞少信正眞大教偃行小乘現用故知妙理難顯也百丈廣語云應物隨形變現諸趣離我我所猶屬小用是佛事門收大用者大身隱於無形大音匿於希聲龐居士偈云世人多重金我愛刹那靜金多亂人心靜見眞如性心通法亦通十八斷行蹤但自心無礙何愁神不通如是解者方入宗鏡之中所有施爲皆入律行自然成辦一切佛事如淨名私記云得入律行者如優波離章是名奉律只名善解端坐不用經營辦供養具而常作佛事心行中求已上並約性用心通不約事解或諸家兼事說者或云衆生理具諸佛事圓或云衆生在因諸佛證果或云衆生客塵所遮諸佛種現俱盡或云衆生妄見所隔諸佛五眼圓通又台教多約本迹明凡聖不二辯生佛之因果故璧法師云本迹雖殊不思議一所以堪然尊者約三觀四教十如十乘一念三千等於此迹門論其十妙若知迹門尚妙本門可知遂撮略色心不二等十門明權實之宗辯能所之化故云爲實施權則不二而二開權顯實則二而不二斯則始終明不二十門者一色心不二門者且十如鏡乃至無諦一一皆有總別二意總在一念分別色心何者初十如中相唯在色性唯在心體力作緣義兼色心因果唯心報唯約色十二因緣苦業兩兼惑唯在心四諦則三兼色心滅唯在心二諦三諦皆俗具色心眞中唯心一實諦及無諦准此可見旣知別已攝別入總一切諸法無非心性一性無性三千宛然當知心之色心即心名變變名爲造造謂體用是則非色非心而色而心唯色唯心良由於此故知但識一念徧見己他生佛他生他佛尚與心同況己心生佛寧乖一念故彼彼境法差而不差二內外不二門者凡所觀境不出內外外謂託彼依正色心即空假中即空假中妙故色心體絶唯一實性無空假中色心宛然豁同眞淨無復衆生七方便異不見國土淨穢差品而帝網依正終自炳然所言內者先了外色心一念無念唯內體三千即空假中是則外法全爲心性心性無外攝無不周十方諸佛法界有情性體無殊一

切感徧誰云内外色心己他此即用向色心不二門成三修性不二門者性德只是界如一念此内界如三法具足性雖本爾藉智起修由修照性由性發修在性則全修成性起修則全性成修性無所移修常宛爾修又二種順修逆修順謂了性爲行逆謂背性成迷迷了二心心雖不二逆順二性性事恒殊可由事不移心則令迷修成了故須一期迷了照性成修見性修心二心俱泯又了順修對性有離有合離謂修性各三合謂修二性一修二各三共發性三是則修雖具九九只是三爲對性明修故合修爲二二與一性如水爲波二亦無二亦無波水應知性指三障是故具三修從性成三法爾達無修性唯一妙乘無所分別法界洞朗此由内外不二門成四因果不二門者衆生心因既具三軌此因成果名三涅槃因果無殊始終理一若爾因德已具何不任因但由迷因各自謂實若了迷性實唯任因故久研此因因顯名果只緣因果理一用此一理爲因理顯無復果名豈可仍存因號因果既泯理性自忘只由忘智親疎致使迷成厚薄迷厚薄故強分三惑義開六即名智淺深故如夢勤加空冥惑絶幻因既滿鏡像果圓空像雖即義同而空虛像實像實故稱理本有空虛故迷轉成性是則不二而二立因果殊二而不二始終體一若謂因異果因亦非因曉果從因因方剋果所以三千在理同名無明三千果成咸稱常樂三千無改無明即明三千並常俱體俱用此以修性不二門成五染淨不二門者若識

無始即法性爲無明故可了今無明爲法性法性之與無明偏造諸法名之爲染無明之與法性偏應衆緣號之爲淨濁水清水波濕無殊清濁雖即由緣而濁成本有濁雖本有而全體是清以二波理通舉體是用故三千因果俱名緣起迷悟緣起不離刹那刹那性常緣起理一一理之内而分淨穢別則六穢四淨通則十通淨穢故知刹那染體悉淨三千未顯驗體仍迷故相似位成六根徧照照分十界各具灼然豈六根淨人謂十定十分眞垂跡十界亦然乃至果成等彼百界故須初心而遮而照照故三千恒具遮故法爾空中終日雙亡終日雙照不動此念徧應無方隨感而施淨穢斯泯亡淨穢故以空以中仍由空中轉染爲淨由了染淨空中自亡此以因果不二門成六依正不二門者已證遮那一體不二良由無始一念三千以三千中生陰二千爲正國土一千屬依依正既居一心一心豈分能所雖無能所依正宛然是則理性名字觀行已有不二依正之相故使自他因果相攝但衆生在理果雖未辨一切莫非遮那妙境然應復了諸佛法體非徧而徧衆生理性非局而局始終不改大小無妨因果理同依正何別故淨穢之土勝劣之身塵身與法身量同塵國與寂光無異是則一一塵刹一切刹一一塵身一切身廣狹勝劣難思議淨穢方所無窮盡若非三千空假中安能成茲自在用如是方知生佛等彼此事理互相收此以染淨不二門成七自他不二門者隨機利他事乃憑本本爲一性具足自他方

至果位自即益他如理性三德三諦三千自行唯在空中利他三千赴物物機無量不出三千能應雖多不出十界十界轉現不出一念土土互生不出寂光衆生由理具三千故能感諸佛由三千理滿故能應應徧機徧欣赴不差不然豈能如鏡現像鏡有現像之理形有生像之性若一形對不能現像則理鏡有窮形事未通若與鏡像隔則容有是理無有形對而不像者若鏡未現像由塵所遮去塵由人磨現像非關磨者以喻觀法大旨可知應知理雖自他具足必藉緣了爲利他功復由緣了與性一合方能稱性施設萬端則不起自性化無方所此由依正不二門成八三業不二門者於化他門事分三密隨順物理得名不同心輪鑒機二輪設化現身說法未曾毫差在身分於眞應在法分於權實二身若異何故乃云即是法身二說若乖何故乃云皆成佛道若唯法身應無垂世若唯佛道誰施三乘身尚無身說必非說身口平等等彼意輪心色一如不謀而化常冥至極稱物施爲豈非百界一心界界無非三業界尚一念三業豈殊果用無虧因必稱果若信因果方知三密有本百界三業俱空假中故使稱宜徧赴爲果一一應色一一言音無不百界三業具足化復作化斯之謂歟故一念凡心已有理性三密相海一塵報色同在本理毗盧遮那方乃名爲三無差別此以自他不二門成九明權實不二門者平等大慧常鑒法界亦由理性九權一實實復九界權亦復然權實相冥百界一念亦不可分別任運常

然至果乃由契本一理非權非實而權而實此即如前心輪自在致令身口赴權實機三業一念無乖權實不動而施豈應隔異對說即以權實互稱在身則以眞應爲名三業理同權實冥合此以三業不二門成十受潤不二門者物理本來性具權實無始熏習或權或實權實由熏理恒平等遇時成習願行所資若無本因熏亦徒設遇熏自異非由性殊性雖無殊必藉幻發幻機幻感幻應幻赴能化所化並非權實然由生具非權非實成權實機佛亦果具非權非實爲權實應物機應契身土無偏同常寂光無非法界故知三千同在心地與佛心地三千不殊四微體同權實益等此以權實不二門成已上並是約理事權實因果能所等解釋大凡理事二門非一非異如大智度論云有二種門一畢竟空門二分別好惡門今依分別門中則理是所依爲本事是能依爲末又理妙難知爲勝事麁易見爲劣如今秖可從勝不可徇劣但得理本本立而道生事則自然成矣又理實應緣無礙事之理事因理立無失理之事如今不入圓信之者皆自鄙下凡遠推極聖斯乃不唯失事理亦全無但悟一心無礙自在之宗自然理事融通眞俗交徹若執事而迷理永劫沉淪或悟理而遺事此非圓證何者理事不出自心性相寧乖一旨若入宗鏡頓悟眞心尚無非理非事之文豈有若理若事之執但得本之後亦不廢圓修如有學人問本淨和尚云師還修行也無對云我修行與汝別汝先修而後悟我先悟而後修是以若先

修而後悟斯則有功之功功歸生滅若先悟而後修此乃無功之功功不虛弃所以融大師信心銘云欲得心淨無心用功又若具智眼之人豈得妄生叨濫況似明目之者終不墮於溝坑若盲禪闇證之徒爲知六即狂慧徇文之等奚識一心如今但先令圓信無疑自居觀行之位古人云一生可辦豈虛言哉切不可迷性徇修執權害實弃本逐末認妄遺眞據世諦之名言執無始之熏習將言定旨立解明宗一向合塵背於本覺如昔人云妄情牽引何年了辜負靈臺一點光又眞覺大師詩云覺即了不施功一切有爲法不同住相布施生天福猶如仰箭射虛空勢力盡箭還墜招得來生不如意爭似無爲實相門一超直入如來地但得本莫愁末如淨瑠璃含寶月既能解此如意珠自利利他終不歇且如世間有福之人於伏藏內得摩尼珠法爾以種種磨治然後自然雨寶況悟心得道之者亦復如是既入佛位法爾萬行莊嚴悲智相續如華嚴經中第十法雲地菩薩況如大摩尼珠有十種性十地品云佛子譬如大摩尼珠有十種性出過衆寶何等爲十一者從大海出二者巧匠治理三者圓滿無缺四者清淨離垢五者內外明徹六者善巧鑽穿七者貫以寶縷八者置在瑠璃高幢之上九者普放一切種種光明十者能隨王意雨衆寶物如衆生心充滿其願佛子當知菩薩亦復如是有十種事出過衆聖何等爲十一者發一切智心二者持戒頭陀正行明淨三者諸禪三昧圓滿無缺四者道行清白離諸垢

穢五者方便神通內外明徹六者緣起智慧善能鑽穿七者貫以種種方便智縷八者置於自在高幢之上九者觀衆生行放聞持光十者受佛智職墮在佛數能爲衆生廣作佛事故知悟道如得珠豈無磨治莊嚴等事

問若不具神變將何攝化　答若純取事相神通有違眞趣如輔行記云修三昧者忽發神通須急弃之有漏之法虛妄故也故止觀云能障般若何者種智般若自具諸法能泯諸相未具已來但安於理何須事通若專於通是則障理又不唯障理反受其殃如斷頭勝意之徒即斯類矣夫言眞實神變者無非演一乘門談無生理一言契道當生死而證涅槃目擊明宗即塵勞而成正覺刹那而革凡爲聖須臾而變有歸空如此作用豈非神變耶所以寶積經云文殊師利白佛言世尊夫說法者爲大神變若是下劣根機之者諸佛大慈不令孤弃一期方便黃葉止啼如維摩經云以神通惠化愚癡衆生若上上根人只令觀身實相觀佛亦然如昔有彭城王問諸大德等貴若證果即得成聖者與我左腋出水右腋出火飛騰虛空放光動地我即禮拜汝爲師牛頭融大師荅云善哉善哉不可思議今若責我如此證果者恐與道乖審如是成佛者幻師亦得作佛且與諸大德及諸人士證者昔釋迦在於僧中演無上道與僧不異維摩在俗說解脫果與俗不殊勝鬘女人說大乘法女相不改善星比丘行闡提行僧相不移此乃正據其內心解與不解以爲差隔何關色身男女相貌衣服好醜若言形隨

證改貌遂悟遷是聖者則瞿曇形改方成釋迦維摩相遷乃成金粟即知證是心證非是形遷悟是智變非關相異譬如世間任官之人爲遷改官高豈即貌別又古人云不改舊時人只改舊時行覆處設或改形換質千變萬化皆是一心所爲乃至神通作用出沒自在易小令大展促爲長豈離一心之內故知萬事無有不由心者但證自心言下成聖若不識道具相奚爲故金剛經云若以三十二相觀如來者轉輪聖王即是如來又偈云若以色見我以音聲求我是人行邪道不能見如來古人云若不達此理縱然步步脚踏蓮華亦同魔作龐居士偈云色聲求佛道結果反成魔若決定取神通勝相作佛者不唯幻士成聖乃至天魔外道妖狐精魅鬼神龍蜃等皆悉成佛彼咸具業報五通盡能變化故若不一一以實相勘之何辯眞僞但先悟宗鏡法眼圓明則何理而不通何事而不徹一切佛事攝化之門自然成就如華嚴論云經云入深禪定得佛神通者以心稱理原無出入體無靜亂體無造作性任理自眞不生不滅理眞智應性自徧周三世十方一時普應對現色身隨智應而化羣品而無來往亦不變化名佛神通智無依止無形無色體無來去性自徧周非三世攝而能普應三世之法名曰神通是故經云智入三世而無來往爲三世是衆生情所妄立非實有故爲智體無形無色不造不作而應群品名之爲神圓滿十方無法不知無根不識名之爲通又云法華經云種種性相義我及十方佛乃能知

是事聲聞及緣覺不退諸菩薩皆悉不能知此等即是門前三乘也爲未明世間相常住是法住法位爲三乘同厭苦集樂修滅道之心未明苦集本唯智起不了滅道本自無修無造無作化諸羣品如幻住世性絶無明即是佛故一念相應一念佛一日相應一日佛何須苦死要三僧祇但自了三界業能空業處任運接生即是佛也何須變易方言成佛龍天變易豈爲佛耶三乘之人亦變易何故待三僧祇佛方成故十地之上方能見性是故經云若以色性大神力而欲望見調御士彼即瞖目顛倒見彼爲不識最勝法佛者覺也覺業性眞業無生滅無得無證不出不沒性無變化本來如即是佛故隨緣六道行菩薩行變化神通接引迷流佛非變化淨名經云雖成正覺轉于法輪不捨菩薩之道是菩薩行故以此善財十住初心於妙峯山上德雲比丘所得憶念一切諸佛境界智慧光明普見法門即便成正覺然後始詣諸友求菩薩道行菩薩行當知正覺體用之時即心無作處即是佛故不須修行設當行滿亦不移今故如化佛示成化相之時若行麻麥剃鬚持衣捨諸飾好藉草等事爲化外道經中佛自和會非佛自須如是等行無增上慢者豈須如是一念任無作性佛智慧現前無得無證即是佛也還如善財證覺之後方求菩提道菩薩行所以然者爲覺道之後方堪入纏處俗無縛始能爲衆生説法解縛若自有縛能解彼縛無有是處説時前後法是一時故當知若欲行菩薩行須先成正覺又經頌云

文殊法常爾者爲文殊是諸佛之慧不動智是體文殊是用以將此一切諸佛一切衆生根本智之體用門與一切信心者作因果體用故使依本故迄至究竟果滿與因不異無二性故方名初發心畢竟心二種不別明此十信心難發難信難入聞之者皆云我是凡夫何猶可得是佛故設少分信者即責神通道力是故當知且須如是正信方始以正信正見法力加行如法進修分分無明薄解脫智慧明依自得法淺深漸當神通德用隨自已得信猶未得何索神通説言漸漸者不移一時一法性一智慧無依住無所得中漸漸故以十玄六相義圓之法性理中無有漸頓但爲無始無明慣習熟卒令契理純熟難故而有漸漸　問佛稱覺義覺何等法　荅無法之法是名眞法無覺之覺是名眞覺則妙性無寄天眞朗然華嚴經頌云佛法不可覺了此名覺法諸佛如是修一法不可得無字寶篋經云爾時勝思惟菩薩白佛言何等一法是如來所證覺知善男子無有一法如來所覺善男子於法無覺是如來覺善男子一切法不生而如來證覺一切法不滅而如來證覺是以若有覺乃衆生無覺同木石俱非眞性不契無緣無覺之覺方齊大旨無覺故不同衆生覺故不如木石則一覺一切覺無覺無不覺無覺故慧解寂然無不覺故虛懷朗鑒又見心常住稱之曰覺一成一切成一覺一切覺言窮慮絶不壞假名故云始成正覺　問初發心時便成正覺者云何復説後心善提　荅非初非後不離初後如大智度

論云不但以初心得亦不離初心得所以者何若但以初心得不以後心者菩薩初發心便應是佛若無初心云何有第二第三心第二第三心以初心爲根本因緣亦不但後心亦不離後心者是後心亦不離初心若無初心則無後心初心集種種無量功德後心則具足具足故能斷煩惱習得無上道須菩提此中自說難因緣初後心心數法不俱不俱者則過去已滅不得和合若無和合則善根不集善根不集云何成無上道佛以現事譬喻荅如燈炷非獨初𦦨燋亦不離初𦦨非獨後𦦨燋亦不離後𦦨而燈炷燋佛語須菩提汝自見炷燋非初非後而炷燋我亦以佛眼見菩薩得無上道不以初心得亦不離初心亦不以後心得亦不離後心而得無上道燈譬菩薩道炷喻無明等煩惱𦦨如初地相應智慧乃至金剛三昧相應智慧燋無明等煩惱炷亦非初心智𦦨亦非後心智𦦨而無明等煩惱炷燋盡得成無上道又如燈雖念念滅而能相續破闇心亦如是雖念念不住前後不俱而能相續成其覺慧成無上道清凉疏云華嚴經云了知境界如幻如夢如影如響亦如變化若諸菩薩能與如是觀行相應於諸法中不生二解一切佛法疾得現前初發心時即得阿耨多羅三藐三菩提知一切法即心自性成就慧身不由他悟者夫初心爲始正覺爲終何以初心便成正覺故云知一切法即心自性故覺法自性即名爲佛故經須云佛心豈有他正覺覺世間斯良證也斯則發者是開發之發非發起之發也何謂

現前之相夫佛智非深情迷謂遠情亡智現則一體非遥既言知一切法即心自性則知此心即一切法性令理現自心即心之性已備無邊之德矣成就慧身者上觀法盡也正法當興令諸見亡也佛智爰起覺心則理現理現則智圓若鏡淨明生非前非後非新非故寂照湛然不由他悟者成上慧身即無師自然智也又不由他悟是自覺也知一切法是覺他也成就慧身爲覺滿也成就慧身必資理發見夫心性豈更有他若見有他安稱爲悟既曰心性自亦不存寂而能知名爲正覺故法華經云爲一大事因緣故出現於世開示悟入佛之知見夫一者即古今不易之一道大者是凡聖之心體故十方諸佛爲此一大事出現於世皆令衆生於自心中開此知見若立種種差別是衆生知見若融歸一道是二乘知見若一亦非一是菩薩知見若佛知見者當一念心開之時如千日並照不俟更言即是祖師西來即是諸佛普現故云念念釋迦出世步步彌勒下生何處於自心外別求祖佛則知衆生佛智本自具足若欲起心別求即成徧計之性故六祖云本性自有般若之智自用智慧觀照不假文字若如是者何用更立文字今爲未知者假以文字指歸令見自性若發明時即是豁然還得本心於本心中無法不了故云悟無念法者萬法盡通悟無念法者見諸佛境界是知若入無念法門成佛不出刹那之際若起心求道徒勞神於塵劫之中如釋迦文佛從過去無量劫來承事供養無數恒河沙等諸佛皆不得記何以故以依止所行有所得故至燃燈佛時因獻五莖蓮華乃得授記釋迦之號方達五陰性空心無所著始見天眞之佛頓入無得之門故將蓮華獻佛用表證明所以華嚴經頌云性空即是佛不可得思量尚不用瞥起思量豈況勞功永劫

宗鏡錄卷第十五

音義

妖於喬反 狐戶吳反 貍里之反 餌仍吏反 涯五佳反 潛也 蠹女力反 龍 儇於緣反 氈 灼 溝古侯反 鑽子筭反 鬚 瞥 憒古對反 爰 羽元反

丁未歲分司大藏都監開板

宗鏡録卷第十五

校勘記

一　底本，麗藏本。

一　二八六頁下四行第七字「又」，磧、南、清作「天」。又第一五字「凡」，磧、南作「几」。

一　二八六頁下一一行末字「鏡」，清作「境」。

一　二八六頁下一七行第八字「准」，磧、南作「唯」。

一　二八七頁上七行第一一字「二」，磧、南作「一」。

一　二八八頁上七行第一三字「成」，磧、南、徑、清作「或」。

一　二八八頁上一二行第三字「土」，磧、南作「上」。又第五字「偏」，磧作「光」。又第九字「光」，磧作「偏」。

一　二八八頁中一六行末字「歇」，徑作「竭」。

一　二八八頁下二一行第四字「貴」，清作「實」。

一　二八八頁下二五行末字「人」，磧、南、徑、清作「大」。

一　二八八頁下二八行第六字「相」，磧、南、徑、清作「人」。

一　二八九頁上一〇行第三字「觀」，磧、南、徑、清作「見」。

一　二八九頁上一三行「色聲」，徑作「色身」。

一　二八九頁中一〇行首字「待」，磧、南、徑、清作「得」。

一　二八九頁中二七行末字「纏」，磧、南、徑、清作「鄽」。

一　二九〇頁上八行第五字「難」，清作「離」。

宗鏡錄卷第十六

慧日永明寺主智覺禪師延壽集

夫即心成佛者爲即眞心爲即妄心　荅唯即眞心悟心眞故成大覺義故稱爲佛　問若即眞心有何勝義若即妄心成何過咎　荅畢竟空門理無眹迹分別之道事有開遮妄心者從能所生因分別起發浮根之暫用成對境之妄知若離前塵此心無體因境起照境滅照亡隨念生塵念空塵謝若將此影事而爲佛身既爲虛妄之因只成斷滅之果眞心者湛然寂照非從境生含虛任緣未嘗作意明明不昧了了常知舒之無蹤卷之無迹如澄潭瑩野明鏡懸空萬像森羅豁然虛鑒不出不入非有非無斯則千聖冥歸萬靈交會信之者徹大道之原底體之者成常住之法身祖佛同指此心而成於佛亦名天眞佛法身佛性佛如如佛亦非離妄妄無體故亦非即眞眞非即故眞妄名盡即離情消妙圓覺心方能顯現又以本具故方能開示故云如來正覺心與衆生分別心契同無二爲開示悟入之方便是以若衆生心與諸佛心各異如何說開只爲契同方垂方便如藏中無寶徒勞掘鑿只爲有寶不廢人功但發信心終當見性故云我爲汝保任此事終不虛也所以云摩尼珠人不識如來藏裏親收得六般神用空不空一顆圓光色非色如是的指何用別求耶故心丹訣云茫茫天下盡尋覓未肯迴頭自相識信師行到無爲鄉始覺從來枉施力所以華嚴論云以無明住地煩惱便爲一切諸佛不動智一切衆生皆自有之只爲智體無性無依不能自了會緣方了故知一切衆生皆是佛智不得了緣無由覺悟了即成佛如大品經云有菩薩初發心即坐道場爲如佛所以龐居士偈云心若如神自虛不服藥病自除白蓮華如意珠無勞覓莫驅驅智者觀財色了了如幻虛衣食支身命相勸學如如時至移庵去無物可盈餘又古人云一丸療萬病不假藥方多　問若即眞心成佛妄覺墮凡則妄念違宗眞心順覺斯乃眞妄有二體用分離如何會通圓融一旨　荅眞妄無性常契一原豈有二心而互相即以性淨無染妄不可得如幻刀不能斫石苦霧不能染空爲不了一心之人所以說即如台教問云無明即法性無復無明與誰相即荅如爲不識氷人指水是氷指氷是水但有名字寧復有二物相即耶是知時節有異融結隨緣濕性常在未曾變動乃至即凡即聖亦復如是凡聖但名一體無異故先德釋華嚴經云一世界盡法界亦如是者知一眼如一切眼如皆然舉譬如一人身有手足一切人皆有手足是以不了此一心皆成二見若凡夫執著此心造輪迴業二乘厭弃此心求灰斷果又凡夫無眼將菩提智照成煩惱火燒如大富盲兒坐寶藏中舉動罣礙爲寶所傷二乘將如來四德秘藏爲無常五陰謂是賊虎龍蛇怕怖馳走縛脫雖殊取捨俱失若諦了通達之者不起不滅無得無生了此妄心念念無體從何起執念念自離不須斷滅尚不得一何況二乎故知諸法順如證圓成而情無理有群情違旨執徧計而情有理無順常在違一道而何曾失體情不乖理千途而未暫分岐洞之而情理絕名了之而順違無地是以法法盡合無言之道念念皆歸無得之宗天眞自然非干造作如無言菩薩經云爾時舍利弗謂無言菩薩曰汝族姓子不能語言云何欲問如來義乎無言曰一切諸法悉無文字亦無言詞所以者何一切衆生皆悉自然無諸言教及衆想念所以若約事備陳則凡聖無差而差若就理融即則生佛差而不差是以差與不差俱不離眞如之體如華嚴演義云無差之差者是圓融上之行布也差之無差者是行布上之圓融也如攪別成總非離別外而有此總如是融攝無法不歸則三乘非三五性非五如是妙解方被宗鏡之光離此見生悉乖不二之旨

問若一切衆生即心是佛者則諸佛何假三祇百劫積功累德方成　荅爲復學一乘實法爲復趣五性權機此論自證法門非述化儀方便且楞伽經說有四佛一化佛二報生佛三如如佛四智慧佛隨機赴感名之爲化酬其往因名之爲報本覺顯照名爲智慧理體無二故曰如如華嚴經明十種佛所謂於安住世間成正覺佛無著見願佛出生見業報佛深信見住持佛隨順見涅槃佛深入見法界佛普至見心佛安住見三昧佛無量無依見本性佛明了見隨樂佛普授見又佛德具十身一衆生身二國土身三業報身四聲聞身五緣覺身六菩薩身七如來身八智身九法身十虛空身若別依五教隨教不定一小乘教有二身佛一生身二法身二大乘初

敎有三身佛一法身二應身三化身三終敎有四身佛一理性身二法身三報身四應化身四頓敎唯一佛身一實性佛五一乘圓敎有十身佛又約性成佛五敎差别不同小乘唯悉達一人爲佛性初敎半成半不成以有性無性分故爲佛終敎凡有心者當得作佛除草木等頓敎無佛無性離言說相爲佛圓敎無所不有佛性以三種世間皆是爲佛若三種世間皆是爲佛者則內外心境無非佛矣又約心成佛小乘以善心修所得爲佛初敎心性爲佛終敎以心相性泯爲佛頓敎心本不生爲佛圓敎以心無礙無盡爲佛又天台明四敎佛一藏敎佛二通敎佛三别敎佛四圓敎佛若以如如佛心佛本性佛誰人不具若以國土身法身虛空身何法不圓則處處而皆是寶坊丘陵誰立念念而感成正覺妄想何分如盲者不覩光明非朝陽夕魄之過咎似小果不聞圓頓豈佛心妙旨之親疎但以法弱由於根微道廣在乎量大淺機自感妙有證作無常薄福所宜珍寶化爲瓦礫空迷已眼錯認他身分實際以千差致化儀之百變如大方等無想經云爾時佛告大雲密藏菩薩言善男子汝今當燃大智慧燈破諸衆生狂愚黑闇若言如來眞實出生輸頭檀舍出家學道修習苦行壞魔兵衆坐於道場成菩提道當知是人即是謗佛寧當斷首拔出其舌終不出此虛妄之言何以故非是善解如來秘密語故又大涅槃經云若言釋迦如來從兜率天降神母胎乃至八相成道此是聲聞曲見故云爲劣解衆生母胎出現是以入此宗鏡出語無過舉念皆眞若未到斯門說是成非播心猶錯如圓覺經云動念之與息念皆歸迷悶信心銘云不識玄旨徒勞念淨融大師云悟此宗人道佛不是亦得若未信者設念佛亦成妄語故知不達宗鏡凡有見解盡成謗佛謗法謗僧任萬慮千思未有相應之日纔了此旨自然一念無差所以華嚴論云從初發心十住之首以三昧力頓印三界三世一際諸法一味解脫涅槃常寂滅味更無始終因果一際諸性一性諸智一智諸相一相諸行一行三世一念一念三世乃至十世如是等法自在無礙此經法門無始無終名爲常轉法輪是故此經教門依本安立以備大根依本一際不立始終爲非虛妄見故入一總得餘爲法界一際故不同權學見未盡故入餘總得一爲法界體無礙故如圓珠無方如明鏡頓照如虛空無備如響無依如影不礙如化人所生此法門者是該括始終一際圓滿無礙無成無壞無出無沒常轉法輪若人了得此法門者佛智自然智無師智之所現前爲此法無出沒故還以自然無出沒智而自能得之非情繫思量之所能得也一切權敎法門總在其中一時而說爲諸權教不出法界無三世故各依自見無量差殊此一乘教是始成正覺時說若依情是最初成佛時說若依智無始終說故知成佛說法不離一念如華嚴經中毗目仙人執善財手即時善財自見其身往十方十佛刹微塵數世界中到十佛刹微塵數諸佛所見彼佛刹及其衆會諸佛相好種種莊嚴乃至或經百千億不可說不可說佛刹微塵數劫乃至時彼仙人放善財手善財童子即自見身還在本處是知不動本位之地而身徧十方未離一念之中而時經億劫本位不動遠近之刹歷然一念靡移延促之時宛爾不依宗鏡何以消文萬法冥歸終無別旨

問無性理同一時成佛者云何三乘等人見佛有其差別　荅隨心感現影像不同自業差殊非佛有異觀一水而餓分四等皆自見殊共寶器而飯色不同非他業變則全心是佛全佛是心即眞如心是法身佛且法身無相眞性無形形相尚無云何差〻皆是自識照影不同如五百婆羅門見灰身而起信劬師羅長者覩三尺而發心無邊身菩薩窮上界而有餘住小聖之凡夫觀丈六而無盡如觀佛三昧經云佛白父王及勑阿難吾今爲汝悉現具足身相說是語已佛從座起令衆俱起令觀如來從頂順觀至足輪相復從足相逆觀至頂一一身分分明了了如人執鏡自見面像若生垢惡不善心者若有能毀佛禁戒者見像純黑猶如灰人五百釋子但見灰人有千比丘見赤土色優婆塞十六人見黑象脚色優婆夷二十四人見如聚墨比丘尼見如白銀優婆塞優婆夷有見如藍染青色四衆悲淚釋子拔髮碎身自述所見乃至佛各爲說過去宿因致茲異色故識論云境隨業識轉是故說唯心又密跡經云一切天人見佛色量或如黃金白銀諸雜寶華乃至或見丈六或見一里或見十里乃至百億無量無邊徧虛空中是則名爲如來身密故知

隨見不同跡分多種不唯見佛觀法亦然隨智淺深法成高下如大涅槃經云十二因緣下智觀故得聲聞菩提中智觀故得緣覺菩提上智觀故得菩薩菩提上上智觀故得佛菩提乃至八相成道不出刹那際三昧門隨衆生見聞自分時分故先德云是故如來於一念中八相成道不出刹那際者以降生時即是成道時即是度人時即是入滅時何以故以一切法同時俱成故一成一切成華嚴經云不離覺樹而昇天者疏釋云佛得菩提智無不周體無不在無依無住無去無來然以自在即體之應應隨體徧緣感前後有住有昇閻浮有感見在道樹天宮有感見昇天上非移覺樹之佛而昇天宮故云不離覺樹而昇釋殿法慧偈云佛子汝應觀如來自在力一切閻浮提皆言佛在中此不離也我等今見佛住於須弥頂此而昇也又古師釋有十義一約處相入門以一處中有一切處故是此天宮等本在樹下故不須起然是彼用故說昇也二亦約相入門以一處入一切處故樹徧天中亦不須起欲用天宮表法昇進故云昇也三由一切即一故乇在樹下四由一即一切故樹在天上不起等准前五約佛身謂此樹下身即滿法界徧一切處則本來在彼不待起也機熟今見故云昇也是故如來以法界身常在此即是在彼六約佛自在不思議解脫謂坐即是行住等在此即在彼皆非下位測量故也七約緣起相由門八約法性融通門九約表示顯法門十約成法界大會門不思議經云以一切佛一切諸法

平等平等皆同一理如陽燄等一切衆生及諸如來一切佛土皆不離想乃至若我分別佛即現前若無分別都無所見想能作佛離想無有如是三界一切諸法皆不離心普賢觀經云爾時行者聞普賢說深解義趣憶持不忘日日如是其心漸利普賢菩薩教其憶念十方諸佛隨普賢教正心正意漸以心眼見東方佛身黄金色端嚴微妙見一佛已復見一佛如是漸漸徧見東方一切諸佛心想利故徧見十方一切諸佛無量壽經云諸佛如來是法界身入一切衆生心想中是故汝等心想佛時是心即具三十二相八十隨形好是心作佛是心是佛諸佛正徧知海從心想生此無量壽經爲中下之機作十六觀想令韋提夫人等暫現佛身恐生外解故有此說是心是佛之文令生實見華嚴出現品云佛子譬如大海其水潛流四天下地及八十億諸小洲中有穿鑿者無不得水而彼大海不作分別我出於水佛智海水亦復如是流入一切衆生心中若諸衆生觀察境界修習法門則得智慧清淨明了而如來智平等無二無有分別但隨衆生心行異故所得智慧各各不同佛子是爲如來心相又問明品頌云譬如水一味因器有差別佛福田亦然衆生心故異又頌云譬如淨明鏡隨色而現像佛福田如是隨心獲衆報起信論云復次眞如用者謂一切諸佛在因地時發大慈悲修行諸度四攝等行觀物同已普皆救脫盡未來際不限劫數如實了知自他平等而亦不取衆生之相以如是大方便智滅無始無明

證本法身任運起於不思議業種種自在差別作用周徧法界眞如等而亦無有用相可得何以故一切如來唯是法身第一義諦無有世諦境界作用但隨衆生見聞等故而有種種作用不同此用有二一依分別事識謂凡夫二乘心所見者是名化身此人不知轉識影現見從外來取色分限然佛化身無有限量二依業識謂諸菩薩從初發心乃至菩薩究竟地心所見者名受用身身有無量色色有無量相相有無量好所住依果亦具無量功德莊嚴隨所應見無量無邊無際無斷非於心外如是而見此諸功德皆因波羅蜜等無漏行熏及不思議熏之所成就具無邊喜樂功德相故亦名報身又凡夫等所見是其麁用隨六趣異種種差別無有無邊功德樂相名爲化身初行菩薩見中品用以深信眞如故得少分見知如來身無去無來無有斷絶唯心影現不離眞如然此菩薩猶未能離微細分別以未入法身位故淨心菩薩見微細用如是轉勝乃至菩薩究竟地中見之方盡此微細用是受用身以有業識見受用身若離業識則無可見一切如來皆是法身無有彼此差別色相互相見故古釋云依分別事識謂凡夫二乘心所見者是名化身者凡夫二乘未知唯識計有外塵即是分別事識義今見佛身亦謂心外順彼事識分別計度迷於唯心故言從外來不達即色是心無有分劑故云取色分劑不能盡知問佛身何故唯衆生眞心與諸佛體平等無二答但衆生迷於自理起諸妄念是時眞如但顯染相

以本覺內熏妄心故有厭求有厭求故真用即顯厭求劣故相用即麁厭求漸增用亦微細如是漸漸乃至心原無明既盡厭求都息始覺同本用還歸體平等平等無二無別未至心原已還用於識中隨根顯現故云識中現也問若據此義用從真起何說言轉識現耶答轉識即是賴耶中轉相依此轉相方起現識現諸境界此識即是真妄和合問若據此義乃是衆生自心中真如之用云何說云佛報化也答衆生真心則諸佛體無差別若隨流生死即妄有功能妄雖有功離真不立若返流出纏真有功能真雖有功離妄不顯就緣起和合中說其用耳既從法身起報化用何得不是衆生真心耶以真心是法家之身凡聖同共一法身故經云心造諸如來所以即心是佛故問若真心即佛者何故云從波羅蜜等因緣生答此約本覺隨染義說然其始覺覺至心原平等一際有何差別又即以諸佛悲智為增上緣衆生機感種子為因託佛本質上自心變影像故云在自識中現法界品彌伽長者徹見十方佛海顯此定者唯心之觀知衆生界無量無邊皆心現故明隨心念佛諸佛現前以唯心觀徧該萬法今約上中下根隨自心觀見佛不同有其四等一凡夫由帶過去六道惡業習氣不盡或見佛是樹神天神黑脚象三尺等身二小乘由帶兼生滅之見見佛是金槍馬麥打身出血俱非樂相三大乘初終頓等三教菩薩由是唯識觀佛乃是賴耶識中轉識所現之相故見此佛身唯是心現不離真如無有分劑徧

一切處隨衆生根自然顯現此是樂相四一乘圓教菩薩以法界圓明之智依正該攝理事人法以此之智感見十身理事無礙又三世融通一切是故佛身不離十方道樹常詣六天智乃徧觀一切恒無作念十四科法身義云經明法身者跡掩丈六同人身是聚義而無非法故有法身之稱尋經之旨以如來照體虛存為身累盡為法乃是所以真法身也然即以善感應應即隨類成異但於見者是有佛常無身故經云如來之身是幻化身問佛必無身者云何以解感丈六耶答衆生以未足之善仰感如來至足之地道足即能應化無方未足故唯見其所見法不違即身是虛幻也問夫感應之道皆由情徹冥契故致事効於當時內外理應是同如婦人詣情幽冥城為之崩孝至而石開此即事隨心變云何以善感丈六而云是虛幻身耶答城崩石開此由情感於物物實故崩開非虛解感法身法身非有但信解為感所塞隔故見丈六為實豈非人自見所感耶問丈六若是虛幻何由傳於實理耶答理妙非麁不傳猶影之傳於形也問法身無形者為即法身是丈六為法身外別有丈六耶答感法身為丈六何有別也如聲感谷而出響豈容谷外別有響哉問衆生為緣法身生見為緣丈六生見耶答感見法身所應何緣見法身如見影知有樹不見樹也問法身是常丈六亦是常不答丈六理是常但於人是無常故經云如暗中樹影非肉眼所見也古釋云佛常無身者明感應非真法身是實感是能感屬衆生應謂

所應屬佛以衆生有感佛之善自見不同有見釋迦丈六弥勒千尺或覩無邊之相或見三尺之形與衆生根善有淺深遂令應身精麁隨異故云佛真法身猶若虛空應物現形如水中月又佛常無身者無分段變易之身以法身至妙不可以形質求故云無身據乎實理非無妙色妙心妙色故能分形適變妙心故能虛能鑒故天親頌云報化非真佛亦非說法者金光明經云應化二身是假名有法身是真實有道足即能應化無方者以法身道足故能應化無方即是無所不應無其定一之身衆生位居信解以未足之善唯隨其所見丈六等身不足之善者法雲已還信解善也至足之地者佛果極照道滿菩提名至足之地以善未足故不能了達丈六三尺等身即是虛幻唯法身及自受用身可名真實如婦人詣情幽冥城為之崩者列女傳云杞梁妻就其夫屍於城下哭之十日而城為之崩孝至而石開者漢書云李廣無父問其母曰我父何耶母曰虎殺之遂行射虎於草中夜見石似虎射之沒羽後射之終不入矣以城石之事隨心感變所以崩開理妙非麁不傳由影之傳於形者明丈六雖麁而能傳妙理託事表理寄言顯道猶影傳於形亦如指指月清涼疏云舊佛新成曾無二體新成舊佛法報似分無不應時故即真而應應隨性起故即應而真三佛圓融十身無礙故辯應現即顯真成又佛身無依應機普現謂色無定色若金剛之合朱紫形無定形猶光影之任脩短相無定相似明鏡之對妍媸故隨

樂皆見乃至一身多身但由衆生分別心起故無積無從其猶並安千器數步而千月不同一道澄江萬里而一月孤映又如三舟共觀一舟停住二舟南北南者見月千里隨南北者見月千里隨北停舟之者見月不移是為此月不離中流而往南北設百千共觀八方各去則百千月各隨其去是以情隔即法身成異心通而玄旨必均紘紘自他於佛何預是以真身寥廓與法界合其體包羅無外與萬化齊其用窮原莫二執迹多端一身多身經論異說今說此經佛為真為應為一為多若言真者何名釋迦居娑婆界人天同見若云應者那言遮那處蓮華藏大菩薩見見佛法身若云一者何以多處別現若云異者何復言而不分身故說此經佛並非前說即是法界無盡身雲真應相融一多無礙即毗盧遮那是釋迦故常在此處即他處故遠在他方恒住此故身不分異亦非一故同時異處一身圓滿皆全現故一切菩薩不能思故今先明十身後彰無礙言十身者如前所述今就佛上自有十身一菩提身二願身三化身四力持身五相好莊嚴身六威勢身七意生身八福德身九法身十智身言無礙者指歸中有十義一用周無礙謂於念劫剎塵等處遮那佛現法界身雲業用無邊悉周徧故經頌云如於此處見佛坐一切塵中亦如是等二相徧無礙於一一差別用中各攝一切業用如在胎中即有出家成道等類如是一切自在無礙三寂用無礙雖現如是無邊自在然不作意不起念常在三昧不礙起用不思議品云於一念中皆能示現一切三世佛教化一切衆生而不捨離諸佛寂滅無二三昧是為諸佛不可譬喻不可思議境界譬如摩尼雨寶天鼓出聲皆無功用任運成就四依起無礙如此所現雖無功用皆依海印三昧之力而得顯現經頌云一切示現無有餘海印三昧威神力五真應無礙即此應現無盡身雲即無生滅即是法身平等一味不礙業用無有限量六分圓無礙即此徧法界盧舍那身一一身一一支分一一毛孔皆亦有自舍那全身是故分處即圓滿經頌云如來無量功德海一一毛孔皆悉見七因果無礙謂於身分毛孔處現自舍那往昔本生行菩薩行所受之身及佛眷聞出勝音等塵數菩薩八依正無礙謂此身雲即作一切器世間經頌云或作日月遊虛空或作河池井泉等又亦潛身入彼諸剎一一微細塵毛等處皆有佛身圓滿普徧九潛入無礙謂入衆生界如如來藏雖作衆生不失自性故出現品云佛智潛入衆生又云衆生心中有佛成正覺等又亦攝一切衆生在一毛孔善化天王頌云汝應觀佛一毛孔一切衆生悉在中等十圓通無礙謂此佛身即理即事即一即多即依即正即人即法即此即彼即情即非情即深即廣即因即果即三身即十身同一無礙如是無礙但是一心若有外塵絲毫成滯如華嚴經頌云佛身非過去亦復非未來一念現出生成道及涅槃華嚴演義釋見佛差別今寄清涼五臺求見文殊以況法界見佛差別總有十義一或多機異處各感見二或同處各見三或異時別見四或同時異見五或同時異處見六或同處異時見七或異時異處見八或同時同處見九或一人於同異交互時處見多人所見十或一人於同異俱時處見一切人所見謂同時同處異時異處名同異俱時處既是一人時該多時處徧諸處見通諸境故是普眼機也故知文殊真體尚非是一見者自有差殊可驗唯心弥加深觀又如云一文殊從一處東來即一切處文殊者一約義復語其實德如前谿之月即是後谿及萬江百川之月全入前谿所以爾者一切處月不離本月故本月落谿則千處俱落二約表者文殊主般若門若約觀照般若智了萬境無非般若若白日麗天無物不明矣若實相般若無法非實相故無非般若猶水徧波無波非水即大般若經云般若波羅蜜多清淨故色清淨色清淨故一切智智清淨何以故若般若波羅蜜多清淨若色清淨若一切智智清淨無二無二分無別無斷故通於觀照及實相也又問佛前唯一普賢何以一一佛前各有多耶答含有二義一緣起相由正約主伴兼明即入謂為主須一為伴必多此一者是即多之一一切一也多是全一之多一一切也二力用交徹一有一切普賢之身不可思議略有三類一隨類身隨人天等見不同故二漸勝身乘六牙象等相莊嚴故三窮盡法界身帝網重重無有盡故此第三身含前二身及無盡身又問如上所說則無一處無有普賢今何不見釋有三意一約機不見是盲者過二不見是見見虛空身以

虛空不可見若不見者眞見虛空三亦徧不
見處故者明見則不徧何者以可見不可見
皆是普賢身要令可見爲身則普賢身不周
萬有如智不可見豈非智身耶明知由有不
見之處方知徧可此第三身何人能見慧眼
方見非肉眼所見如是慧眼無見無不見矣

宗鏡録卷第十六　　　　　修

音義

眹直引反　鑿在各反　菴烏含反小草舍　[illegible]力[illegible]反　斫之若反　怕普駕反　怖普故反　[illegible][illegible]反　搶七羊反　杷[illegible]里反木名

丁未歲高麗國分司大藏都監奉
勑彫造

宗鏡録卷第十六

校勘記

一　底本，麗藏本。

一　二九三頁上一八行「小果」，[磧]、[南]、[徑]、[清]作「小乘」。

一　二九三頁中四行第三字「淨」，[徑]作「静」。

一　二九三頁中一三行末字「依」，[磧]、[南]作「住」。

一　二九四頁下一〇行第一六字「其」，[徑]作「具」。

一　二九五頁中二八行「暗中」，[清]作「闇中」。

一　二九五頁下三行第五字「與」，[清]作「由」。

一　二九六頁中五行「依起」，[磧]、[南]、[徑]、[清]作「起依」。

一　二九六頁下二三行末字「一」，[磧]作「二」。

一　二九六頁下二四行第七字「二」，[磧]作「一」。

一　二九七頁上五行第九字「第」，[南]、[徑]、[清]作「等」。

宗鏡錄卷第十七　　俊

慧日永明寺主智覺禪師　延壽集

夫成佛之理或云一念或云三祇未審定取何文以印後學　荅成佛之眞且非時劫遲速之教屬在權宜故起信論明為勇猛衆生成佛在於一念為懈怠者得果須滿三祇但形教跡之言盡成方便楞嚴經鈔云劫者是時分義而有成住壞空皆由衆生妄見所感且妄見動外感風輪由愛發故外感水輪由堅執心外感地輪由研求懆故外感火輪由四大故起六根起六根故見六塵見六塵故有時分若了無明根本一念妄心則知從心所生三界畢竟無有且時因境立境尚本空時自無體何須更論劫數多少但一念斷無明何假更歷僧祇是以首楞嚴經云如幻三摩提彈指超無學又云想相為塵識情為垢二俱遠離則汝法眼應時清明云何不成無上知覺圓覺經云知幻即離不作方便離幻即覺亦無漸次故知長短之劫由一念來三乘趣果並是夢中說悟時事皆無多劫耳所以法華經演半日為五十小劫維摩經演七日為一劫又如涅槃經云屠兒廣額日殺千羊後發心已佛言於賢劫中成佛諸大菩薩及阿羅漢疑云我等成佛即遠劫廣額何故成佛在先佛言欲得早成者即與早欲得遠成者即與遠若頓見眞性即一念成佛故知利鈍不同遲速在我可驗心生法生心滅法滅矣以三界無別法但是一心作一切境界皆因動念念若不生境本無體返窮動念念六空寂即知迷時無失悟時無得以無住眞心不增減故如首楞嚴經云佛言富樓那汝豈不聞室羅城中演若達多忽於晨朝以鏡照面愛鏡中頭眉目可見嗔責己頭不見面目以為魑魅無狀狂走於意云何此人何因無故狂走富樓那言是人心狂更無他故佛言妙覺明圓本圓明妙既稱為妄云何有因若有所因云何名妄自諸妄想展轉相因從迷積迷以歷塵劫雖佛發明猶不能返如是迷因因迷自有識迷無因妄無所依尚無有生欲何為滅得菩提者如寤時人說夢中事心縱精明欲何因緣取夢中物況復無因本無所有如彼城中演若達多豈有因緣自怖頭走忽然狂歇頭非外來縱未歇狂亦何遺失富樓那妄性如是因何為在汝但不隨分別世間業果衆生三種相續三緣斷故三因不生則汝心中演若達多狂性自歇歇即菩提勝淨明心本周法界不從人得何藉劬勞肯綮修證古釋云頭無得失者頭喻眞性無明迷時性亦不失無明歇時亦不別得歇即菩提者但悟本體五現量識一切萬行皆悉具足即是菩提如涅槃經云一切衆生本來成佛無漏智性本自具足又頓從漸得名俱稱方便古釋云若據說頓亦是方便若云漸頓俱是亦謗於佛俱不是亦謗於佛是以本覺體上離頓漸離言說何處有頓漸名字第六識動有分別不動即等周法界五現量識等一一根皆徧法界眼見色時色不可得元來等法界法華經云是法住法位世間相常住即知世間一切諸相本來常住何行位能知唯佛於道場知已導師方便說為衆生迷不知故說若知不俟更說方知有說皆屬方便　問即自心成佛者還立他佛不若決定不立則無諸佛之所感神建立加被護念等便成斷見　荅以自心性徧一切處故所以若見他佛即是自佛不壞自他之境唯是一心衆生如像上之模若除模既見自佛亦見他佛何者雖見他佛即是自佛以自鑄出故亦不壞他佛以於彼本質上雖變起他佛之形即是自相分故變與不變皆是一心所以因衆生迷悟二心有見不見自他之理若約眞性迷悟何從自他俱泯以法身無形無自他相見之相占德云迷有二種一心外取境生想還理故不能見無相之佛二取內蘊相不了性故不見心佛悟有二種一了一切法即心自性性亦非性情破理現則見舍那身稱於法性無內外也二了蘊性相則見自心之佛與舍那非一非異如天帝釋不修天業宮殿何以隨身轉輪王不作王因七寶無由取集唯憑自善外感勝緣是以華嚴經云佛子一切如來同一體性大智輪中出生種種智慧光明佛子汝等應知如來於一解脫味出生無量不可思議種種功德衆生念言此是如來神力所造佛子此非如來神力所造佛子乃至一菩薩不於佛所曾種善根能得如來少分智慧無有是處但以諸佛威德力故令諸衆生見佛功德而佛如來無有分別無成無壞無有作者亦無作法佛子是為如來應正等覺出現之相寶藏論云夫所以眞一無一而現不同或有人念佛佛現念僧僧現但彼佛非佛非非佛而現於佛乃至非僧

非非僧而現於僧何以故彼妄心悕望現故不覺自心所現聖事緣起一向爲外境界而有差別實非佛法僧而有異也乃至譬如有人於大治邊自作模樣方圓自稱願彼融金流入我模以成形像然則融金雖成形像其實融金非像非非像而現於像彼人念佛亦復如是大治金即喻如來法身模樣者即喻衆生希望念融得佛故以念佛和合緣生起種種身相然彼法身非相非非相何謂非相本無定相何謂非非相緣起諸相然則法身非現非非現離性無性非有非無非心非意不可以一切量度也但彼凡夫隨心而有即生現佛想一向謂彼心外有佛不知自心和合而有或一向言心外無佛即爲謗正法也釋曰何謂非相本無定相者以因心所現外相無體從心感生緣盡即滅何相之有故云本無定相何謂非非相緣起諸相者既稱無定但隨緣現因緣和合幻相不無故云緣起諸相若能不生分別不執自他內不執有而取諸蘊外不執無而謗正法則開眼合眼舉足下足非見非非見爲真見佛矣實性論云依佛義故經云佛告阿難言如來者非可見法是故眼識不能得見故依法義故經云所言法者非可說事以是故非耳識所聞故依僧義故經云所言僧者名無爲是故不可身心供養禮拜讚歎故知三寶如虛空相非見聞之所及則衆生之心佛度佛心之衆生若有一法對治盡成邪見故六祖云邪來正度迷來悟度愚來智度惡來善度如是度者即是真度　問既心外無佛見佛是心云何教中有說化佛來迎生諸淨刹　荅法身如來本無生滅從真起化接引迷根以化即真真應一際即不來不去隨應物心又化體即真說無來去從真流化現有往還即不來相而來不見相而見也不來而來似水月之頓呈不見而見猶行雲之忽現　問如上所說真體則湛然不動化則不來而來正是心外有他佛來迎云何證自心是佛　荅一是如來慈悲本願功德種子增上緣力令曾與佛有緣衆生念佛修觀集諸福智種種萬善功德力以爲因緣則自心感現佛身來迎不是諸佛實遣化身而來迎接但是功德種子本願之力以所化衆生時機正合令自心見佛來迎則佛身湛然常寂無有去來衆生識心託佛本願功德勝力自心變化有來有去如面鏡像似夢施爲鏡中之形非內非外夢裏之質不有不無但是自心非關佛化則不來不去約諸佛功德所云有往有還就衆生心相所說是知淨業純熟目覩佛身惡果將成心現地獄如福德之者執礫成金業貧之人變金成礫礫非金而金現金非礫而礫生金生但是心生礫現唯從心現轉變是我金礫何從抱疑之徒可曉斯旨　問如前剖柝理事分明佛外無心心外無佛云何教中更立念佛法門　荅只爲不信自心是佛向外馳求若中下根權令觀佛色身繫緣麤念以外顯內漸悟自心若是上機只令觀身實相觀佛亦然如佛藏經云見諸法實相名爲見佛何等名爲諸法實相所謂諸法畢竟空無所有以是畢竟空無所有法念佛乃至又念佛者離諸想諸想不生心無分別無名字無障礙無欲無得不起覺觀何以故舍利弗隨所念起一切諸想皆是邪見舍利弗隨無所有無覺無觀無生無滅通達是者名爲念佛如是念中無貪無著無逆無順無名無想舍利弗無想無語乃名念佛是中乃至無微細小念何況麤身口意業無身口意業處無取無捨無諍無訟無念無分別空寂無性滅諸覺觀是名念佛舍利弗若人成就如是念者欲轉四天下地隨意能轉亦能降伏百千億魔況弊無明從虛誑緣起無決定相是法如是無想無戲論無生無滅不可說不可分別無暗無明魔若魔民所不能測但以世俗言說有所教化而作是言汝念佛時莫取小想莫生戲論莫有分別何以故是法皆空無有體性不可念一相所謂無相是名真實念佛華嚴經頌云譬如日月住虛空一切水中皆現影住於法界無所動隨心現影亦復然又頌云譬如帝青寶照物皆同色衆生見佛時同佛菩提色釋云諸佛菩提之色即衆生心性之光以心無相故菩提亦復然所以文殊頌云無色無形相無根無住處不生不滅故敬禮無所觀又頌云虛空無中邊諸佛心亦然心同虛空故敬禮無所觀華嚴入法界品中德雲比丘入憶念一切諸佛境界智慧光明普見法門乃至住一切世念佛門隨於自心之所欲樂普見三世諸如來故入不思議解脫境界品頌云心能普集無邊業莊嚴一切諸世間了一切法皆是心現身等彼衆生數入楞伽經偈云佛及聲聞身辟支佛身等復種

種色身但說是內心大方廣如來秘密藏經云如來密藏法謂一切智心乃至是心爲枉不怯不弱不羸不壞無有懶墮不背不捨順向是心而覺了之華手經云一切諸法如日明淨隨所正觀皆入無際釋曰一切諸法皆是心光無有瑕翳故云如日明淨隨所有法能作斯觀無不入自心無際之際又止觀明念佛三昧門者當云何念爲復念我當從心得佛從身得佛佛不用心得不用身得不用心得佛色不用色得佛心何以故心者佛無心色者佛無色故不用色心得三菩提佛色已盡乃至識已盡佛所說盡者是癡人不知智者曉了不用身口得佛不用智慧得佛何故智慧索不可得自索我了不可得亦無所見一切法本無所有壞本絕本又如夢見七寶親屬歡樂覺已追念不知在何處如是念佛又如佛在時三人爲伯仲聞毗耶離國婬女人名菴羅婆利舍衛國有婬女人名須曼那王舍城婬女人名憂鉢羅槃那有三人各各聞人讚三女人端正無比晝夜專念心著不捨便於夢中夢與從事覺已心念彼女不來我亦不往而婬事得辦因是而悟一切諸法皆如是耶於是往到跋陀婆羅菩薩所問是事跋陀婆羅菩言諸法實爾皆從念生如是種種爲此三人方便巧說諸法空是時三人即得阿鞞跋致是知人不來往而樂事宛然當如是念佛又如人行大澤飢渴夢得美食覺已腹空自念一切所有法皆如夢當如是念佛數數念莫得休息用是念當生阿彌陀國是名如相念大方等大集經云佛告賢護我念往昔有佛世尊號須波日時有一人行值曠野飢渴困苦遂即睡眠夢中具得諸種上妙美食食之既飽無復飢虛從是寤已還復飢渴是人因此即自思惟如是諸法皆空無實猶夢所見本自非真如是觀時悟無生忍得不退轉於阿耨多羅三藐三菩提又如人以寶倚瑠璃上影現其中亦如比丘觀骨起種種光此無持來者無有是骨是意作耳如大方等大集經云復次賢護譬如比丘修不淨觀見新死屍形色始變或青或黃或黑或赤乃至觀骨離散而彼骨散無所從來亦無所去唯心所作還見自心又如鏡中像不外來不中生以鏡淨故自見其形行人色清淨所見者清淨欲見佛即見佛見即問問即報聞經大歡喜自念佛從何所來我亦無所至我所念即見心作佛心自見心見佛心是佛心是我心不自知心心不自見心心有想爲癡心無想是泥洹是法無可示者皆念所爲設有其念亦了無所有空耳是名佛印無所貪無所著無所求無所想所有盡所欲盡無所從生無所可滅無所敗壞道要道本是印二乘不能壞何況魔耶婆沙論明新發意菩薩先念佛色相相體相業相果相用得下勢力次念佛四十不共法心得中勢力次念實相佛得上勢力而不著色法二身偈云不貪著色身法身亦不著善知一切法永寂如虛空勤修者若人欲得智慧如大海令無能爲我作師者於此坐不運神通悉見諸佛悉聞所說悉能受持者常行三昧於諸功德最爲第一此三昧是諸佛母佛眼佛父無生大悲母一切諸如來從此二法生碎大千地及草木爲塵一塵爲一佛剎滿爾世界中寶用布施其福甚多不如聞此三昧不驚不畏況信受持讀誦爲人說況定心修習如搆牛乳頃況能成是三昧故無量無邊又婆沙論云劫火官賊怨毒龍獸衆病侵是人者無有是處此人常爲天龍八部諸佛皆共護念稱讚皆共欲見共來其所若聞此三昧如上四番功德皆隨喜三世諸佛菩薩皆隨喜復勝上四番功德若不修如是法失無量重寶人天爲之憂悲如齅人把栴檀而不齅如田家子以摩尼珠博一頭牛故知不識自心是佛反求他法者背道修道其過如是即凡夫不達心寶飲毒食於人天二乘遠離家珍求除糞之傭直故法華經云有智若聞則能信解無智疑悔則爲永失　問夫成佛門若論修善則有前後若是性善本一心平等諸佛既有性惡闡提亦有性善既同一性俱合成佛云何闡提不成佛耶　答若言性佛何人不等若約修成闡提未具台教問闡提與佛斷何等善惡答闡提斷修善盡但性善在佛斷修惡盡但性惡在問闡提不斷性善還能令修善起佛不斷性惡還令修惡起耶答闡提不達性善以不達故還爲善所染修善得起廣治諸惡佛雖不斷性惡而能達於惡以達惡故於惡得自在故不爲惡所染修惡不得起故佛永無復惡以自在故廣用諸惡法門化度衆生終日用之終日不染不染故不起那得以闡提爲例耶若闡提能達此善惡則不復名爲一闡提也若依他人明闡提斷善

畫爲阿賴耶識所熏更能起善阿賴耶即是無記無明善惡依持爲一切種子闡提不斷無記無明故還生善佛斷無記無明盡無所可熏故惡不復還生若欲以惡化物但作神通變現度衆生耳問若佛地斷惡盡作神通以惡化物者此作意方能起惡如人畫諸色像非是任運如明鏡不動色像自形可是不思議理能應惡若作意者與外道何異荅今明闡提不斷性德之善遇緣善發佛亦不斷性惡機緣所激慈力所熏入阿鼻同一切惡事化衆生以有性惡故名不斷無復修惡名不常若修性俱盡則是斷不得爲不斷不常闡提亦爾性善不斷還生善根如來性惡不斷還能起惡而是解心無染通達惡際即是實際能以五逆相而得解脫亦不縛不脫行非道而通佛道闡提染而不達與此爲異也何謂不達以不了無性故是以善惡諸法皆以無性爲性此性即是佛性即無住本即法性故此善惡性不可斷也即今推自心性不可得即無住處能徧一切處即善惡性也性無善惡能生善惡善惡可斷性不可斷善惡同以心性爲性若斷性惡則斷心性性不可斷所以闡提不斷性善縱墮三塗性善不滅性惡不增直至成佛性善不增性惡不減此性即法身也猶如明鏡本無好醜衆像能現一切好醜衆像像有增減明淨光體不增不減也鏡本無像故能現像佛性無善惡能現善惡衆生不得性但得善惡爲善惡所拘不得自在也性善不壞故地獄發佛界善性惡不壞故佛能現六趣惡又性者即是善惡等

諸法之性徧十方三世衆生國土等一切處無有變異不增不減能現善惡凡聖垢淨因果等從性而起故云性善性惡若善惡等即無定相隨緣攝習如鏡中像無體可得若遇淨緣即善若因染緣即惡從修而得故名修善修惡若論性善不唯闡提若論性惡不唯諸佛以是善惡諸法之性故即一切衆生皆悉具有一際平等若覺了此性即便成佛故能示聖現凡自在無礙若論修善修惡於上中下根即不可定隨修成之厚薄任力量之淺深得世間報而六趣昇沉成出世果而四聖高下以不了善惡之性故爲善惡業之所拘而不自在若見性達道何道不成則法法標宗塵塵契旨豈唯善惡二法而得自在耶問三寶如虛空相非見聞之所及者教中云何說見道又稱見佛　荅約本智發明假稱名見非眼所觀唯證乃知離見非見方名眞見涅槃經云菩薩實無所見無所見者即無所有無所有者則一切法是以法性無所有菩薩則無所見與法理會假稱爲見實非見也眞性湛然非是見法經云不行見法諸佛速與受記則是離斷常二邊即見自身清淨見身清淨即是見佛清淨乃至見一切法悉皆清淨無非是佛無非是法以自心性無生順物徧一切處故若一微塵不是佛者則成翳障不入普眼之門唯墮能所之見大集經云梵天問海慧菩薩言善男子汝今了了見佛法不梵天言佛法非色不可覩見汝云何言了了見佛法耶一切諸法悉不可見夫了了者即是佛法無有二相是以來同水月散

若幻雲見借空形聞如谷響覺處即現不從方來迷處自無不從此去如圓覺經云圓覺普照寂滅無二於中百千萬億不可說阿僧祇恒河沙諸佛世界猶如空華亂起亂滅般若假名論偈云如來法爲身但應觀法性法性非所見然亦不能知法性者所謂空性無生性此即諸佛第一義身若見於此名爲見佛經云以見空性名見如來又法性之處無有一物可名所知由是彼智亦不能知又經言大王一切法性猶如虛空等與衆物爲所依止而其體性非是有物亦非無物能知此中寂然無知名爲了知名爲知者隨俗言說信解無生之福多於寶施如有頌言若人持正法及發菩提心不如解於空十六分之一是以解第一義空方成般若見無生自性始了圓宗以眞空不壞業果尊卑宛然不同但空不該諸有如大涅槃經云有業有報不見作者如是空法名第一義空所以見性之時性本離念非有念而可除觀物之際物本無形非有物而可遣故云離念之智等虛空界如大乘千鉢大教王經云是時普明菩薩則證入毗盧遮那如來金剛法藏三昧三摩地令一切菩薩及一切有情衆生同願修持入此性淨眞如法藏三昧眞際觀云何應得修入此觀菩薩則當觀照心地覺用心智唯照心性細細觀覺覺照心體見性無動證覺不動即能恒用用觀體智見性清淨性自離念離念無物心等虛空即證聖智如如聖性二俱證寂空同無體性體虛靜則是名爲菩薩證入眞如法界性印法藏眞際觀門故知法

界性即衆生心性衆生心性即盡空性故大智度論云復次舍利弗菩薩摩訶薩欲住内空外空内外空空空大空第一義空有爲空無爲空畢竟空無始空散空性空自相性諸法空不可得空無法空有法空無法有法空當學般若波羅蜜釋云内空者即内法所謂内六入眼耳鼻舌身意眼空無我無我所等外空者即外法所謂外六入色聲香味觸法色空無我無我所等内外空者即内外十二入十二入中無我無我所等空空者以空破内空外空内外空破是三空故名爲空空大空者即十方空東方無邊故名爲大亦一切處有故名爲大第一義空者第一義名諸法實相不破不壞故是諸法實相亦空何以故無受無著故若諸法實相有者應受應著以無實故不受不著若受若著即是虛誑有爲空無爲空者有爲法名因緣和合生所謂五陰十二入十八界等無爲法名無因緣常不生不滅如虛空問曰有爲法因緣和合生無自性故空此則可爾無爲法非因緣生法無破無壞常若虛空云何空答曰若除有爲則無無爲有爲實相即是無爲如有爲空無爲亦空以二事不異故畢竟空者一切法皆畢竟空是畢竟空亦空空無有法故亦無虛實相待復次畢竟空者破一切法令無遺餘故名畢竟空若有少遺餘不名畢竟空無始空者如經中說佛語諸比丘衆生無有始無明覆愛所繫往來生死始不可得破是無始法故名爲無始空散空者散名別離相如諸法和合故有如車以輻輞轅轂衆合爲車若離散各在一處則失車名五陰和合因緣故名爲人若離五陰人不可得性空者諸法性常空假來相續故似若不空譬如水性自冷假火故熱止火停久水則還冷如經說眼空無我無我所何以故性自爾耳自相空者一切法有二種相揔相別相是二相空故名爲相空揔相者如無常等別相者諸法雖皆無常而各有別相如地爲堅相火爲熱相一切諸法空者一切法有好有醜有内有外一切法有心生故名爲有無自體故空無所得空者一切法乃至無餘涅槃不可得故名無所得空無法空有法空無法有法空者無法名法已滅是滅無故名無法空有法空者諸法因緣和合生故有法實性無故名有法空無法有法空者取無法有法相不可得是爲無法有法空乃至云離我我所故空因緣和合生故空無常苦空無我故名爲空始終不可得故空唯心故名爲空故知一切萬法皆從心現悉無自體盡稱爲空所以云若住此十八空門當學般若則未嘗有一法能出我之靈臺智性矣此十八空下至有爲世間五陰上至無爲第一義諦收一切法無不皆空若不學般若別尚餘宗體有而未達有原窮空而不盡空理須歸宗鏡内照發明則外無一法更有遺餘矣又此是如空非體是空以眞心無礙映現萬法如虛空不拒諸相發揮故於眞心中能現一切其所現一切雖依心無體照見五蘊皆空然亦不著於空能興佛事如華嚴經頌云十方所有諸如來了達諸法無有餘雖知一切皆空寂而不於空起心念以一莊嚴一切亦不於法生分別如是開悟諸羣生一切無性無所觀　問法身之理爲復有法成爲復無法成爲復一法成爲復異法成　答本覺心宗法身性地口欲言而詞喪心欲緣而慮亡所以然者說有則妙體虛玄談無則道無不在言生則三界無物云滅則一體常盡言一則各任其形說異則同歸實相是知不可以稱量不可以齊莫若開方便欲曉疑情則不有不無非一非異能起四句方會一乘古德問云若衆生與諸佛同一心佛性等有法身則有二過一衆生悉當成佛則衆生界盡二諸菩薩闕利他行以無所化機故答此所問難並由妄見衆生界故妄起此難不增不減經云大邪見者見衆生界增見衆生界減以不如實知一法界故於衆生界起增減見經意則一切衆生一時成佛佛界不增衆生界不減故經云衆生即法身法身即衆生衆生法身義一名異解云況衆生界如虛空界設如一鳥飛於虛空從西向東經百千年終不得說東近西遠何以故虛空無分劑故亦不得云揔不飛行以功不虛故當知此中道理亦爾非有減度令有終盡非無終盡有不滅度故衆生界甚深廣大唯是如來智所知境不可輒以狂心限量斟酌起增減見且如虛空界雖無分劑不礙鳥飛類衆生界雖不可盡不妨滅度但不起增減之見去取之情則智冥高翔眞空無滯如華嚴疏釋經云佛智廣大同虛空者量智包含而普徧理智無分別而證入是以太虛含衆像衆像不能含太虛太虛不分別衆像衆像乃

差別太盖以況我法不能容佛智佛智乃能容我法有我法者分別如來是如來者不分別我法二普徧喻中妙觀察智無不徧知即普徧義成所作智曲成無遺即隨入義經頌云佛智廣大同虛空普徧一切衆生心此即體徧悉了世間諸妄想此約知徧又云得一切法量等心此約證徧智性全同於色性故此約理徧云何徧入不壞能所有證知故經頌云世間諸國土一切皆隨入智身無有色非彼所能見由隨於如即入無所入故云平等是以虛空徧入國土國土不徧入虛空有國土處必有虛空有虛空處或無國土虛空之於國土平等隨入國土之於虛空自有彼此虛空可喻佛智國土可喻三世三世有處佛智必在其中佛智知處三世或無其體佛智之於三世平等隨入三世之於佛智自有始終此猶約不二而二說耳若二而不二國土虛空三世佛智同一性故皆互相入舉一全收普徧亦然三世間圓融則言思道斷故名佛智爲不思議也大集經云文殊言世尊如來若坐菩提樹下如來世尊則有二相一者如來二菩提樹如來世尊已離二相佛言善男子菩提衆生一切法性等無差別一味一性如來坐於菩提樹下見如是法是故名爲逮得菩提我都不見離菩提外別有一法見一切法皆悉平等而是平等不入於數是故平等名爲無礙又此法門舉一則法界全收如舉眼爲門諸根相好及佛刹土莫不皆是一眼中現乃至六根一塵一毛中現亦如是如云毗盧遮那身中具足三道六趣衆生等此則一身含一切身又一身遍一切身即入重重包徧無礙如華嚴經頌云有一堅密身一切塵中見無生亦無相普現於諸國

宗鏡録卷第十七

音義

模莫盧反　㨾余亮反｜式也　訟似用反　怯去劫反　羸力爲反瘦也　瑕胡加反病也　鞞部迷反　跋蒲撥反　猗於宜反　齆烏貢反鼻不通　輻方六反車｜也　轅雨元反車｜也　轂古祿反　斟職深反　翼與職反　翔似羊反

丙午歲分司大藏都監開板

宗鏡録卷第十七

校勘記

一　底本，麗藏本。

一　二九八頁上四行第一一字「真」，磧、南、徑、清作「旨」。

一　二九八頁上一三行「因境立境」，南作「不成塵境」。

一　二九八頁上末行首字「六」，磧、南、徑、清作「亦」。

一　二九九頁中七行第七字「化」，磧、南、徑、清作「化相」。

一　三〇〇頁上一九行第一四字「有」，清作「此」。

一　三〇一頁中二八行「梵天」，清作「海慧」。

一　三〇二頁上四行「自相性」，清作「自相空」。

宗鏡錄卷第十八

慧日永明寺主智覺禪師　延壽集

夫諸佛法身普徧衆生心既同一心云何有現不現　荅常現無不現時或於一塵頓現無不具足或於諸塵普現無不周徧一處頓現者如來眼睫文殊寶冠彌勒閣中普賢毛孔淨名室裏摩耶腹中芥子針鋒近塵遠剎各各頓現如文殊般泥洹經云文殊身如紫金山等其文殊冠毗楞伽寶之所嚴飾有五百種色一一色中日月星辰諸天龍宮世間衆生所希見事皆於中現維摩經云於是長者維摩詰現神通力即時彼佛遣三萬二千師子之座高廣嚴淨來入維摩詰室諸菩薩大弟子釋梵四天王等昔所未見其室廣博悉包容三萬二千師子之座無所妨礙於毗耶離城及閻浮提四天下亦不迫窄悉現如故華嚴經入法界品摩耶夫人告善財言善男子爾時菩薩從兜率天將降神時有十佛剎極微塵數諸菩薩衆乃至與眷屬俱從天宮下來入我身彼諸菩薩於我腹中現大神通遊行自在或以三千大千世界而爲一步乃至或以不可說不可說佛剎極微塵數世界而爲一步又念念中十方不可說佛剎極微塵數世界諸如來所菩薩衆會及四天王三十三天須彌天兜率陀天化樂天他化自在天乃至色界諸梵天王俱來欲見菩薩處胎廣大神變恭敬供養聽受正法皆入我身雖我腹中悉能容受如是衆會而身不廣大亦不迫窄其諸菩薩各見自處衆會道場清淨嚴飾善男子如此四天下閻浮提中菩薩受生我爲其母三千大千世界百億四天下閻浮提中悉亦如是然我此身本來無二亦復非一非一處住非多處住何以故以修菩薩大願智幻莊嚴解脫門故如先德云廣大如法界究竟若虛空是處胎義若如是者則一切衆生皆處摩耶胎非獨釋迦矣何以故衆生心即法界故又若了心空即無胎分如菩薩處胎經云佛告弥勒行空菩薩云何遊至十方剎土教化衆生彌勒白佛言行空菩薩不見剎土亦無有佛佛自無佛云何有佛地水火風識界我人壽命皆悉空寂以是之故無有胎分諸塵普現者則橫該一切處竪徹一切時涉入重重普融圓徧古德云一切不思議事於一切處悉能普現其唯一毗盧清淨法身之應用耳此法身者即是心也所以言若能諦觀心不二方見毗盧清淨身一念起惡法身亦隨現一念善心生法身亦隨現名爲處處互現乃至色處現空處現自在無礙更莫遠推諸佛唯自一念空心是又如海印普印一切華嚴經出現品云佛子菩薩摩訶薩應知如來成正覺於一切義無所觀察於法平等無所疑惑無二無相無行無止無量無際遠離二邊住於中道出過一切文字言說知一切衆生心念所行根性欲樂煩惱染習舉要言之於一念中悉知三世一切諸法佛子譬如大海普能印現四天下中一切衆生色身形像是故共說以爲大海故經中有海印三昧疏釋云海印三昧有十義根器是所現菩薩定心是能現無不空心故名三昧一無心能現經云無有功用無分別二現無所現經云如光影故三能現與所現非一四非異經云大海能現能所異故非一水外求像不可得故非異顯此定心與所現法即性之相故能所宛然即相之性故物我無二五無去來現萬法於自心彼亦不來羅身雲於法界未曾暫去六廣大經云普悉包容無所拒明三昧心周于法界則衆生色心皆定心中物用周法界亦不離此心七普現經云一切皆能現又云菩薩普印諸心行此與廣大異者此約所現不簡巨細彼約能現其量普周八頓現經云一念現故謂無前後如印頓成九常現非如明鏡有現不現時十非現現如明鏡對至方現四天之像不對而現故云非現現以不待對是故常現該三際也此上海印現義隨理事能所而分十門但是一眞心寂照普現之義若有不現者即是客塵自遮見網自隔非法身咎摩訶衍論云諸佛如來法身平等自然徧一切處無有作意但依衆生心現衆生心者猶如於鏡鏡若有垢色像不現如是衆生心若有垢法身不現其猶日月麗天盲者不覩雷霆震地聾者不聞道契則隣不在身近故福人出世則琳瑯現矣薄福者出則荆棘生焉皆由自心有現不現若直了心性之人悉皆平等顯現如洛浦和尚神劒譚云君子得之忘彼此小人得之自輕生他家不用我家劒世上高低早晚平所以衆生不得了然明現皆滯有迷眞滯眞迷中滯中迷性成三種緣集所以成障如天台淨名疏云衆生氣類無量無邊元其正要不出三種緣集氣類一有爲緣集之類者

即是界內染淨國土悉迷眞滯有而起結業稟分段生死皆是有爲緣集衆生之類二無爲緣集之類者即是界外有餘國土及果報土乃至下品中品常寂光土此三土衆生迷中道佛性滯眞空無爲緣無爲起諸結業受變易生死是無爲緣集衆生之類三自體法界緣集者即菩薩迷自體起如宗門中云已見不忘今室外折伏界內有爲緣集衆生次弟子一品折伏無爲緣集衆生後菩薩一品即是折伏自體法界緣集衆生問無爲緣集與自體緣集爲同爲異答名雖有別惑體不殊二乘迷自體起無爲生計著著無爲故正受無爲緣集名菩薩亦迷自體起無爲緣集而菩薩觀破無爲著無爲緣集未盡此惑附體別受自體緣集之名如凡夫迷眞起有爲緣集學人見眞斷見思惟不盡猶於眞理有貪恚色染無色之名問學人有爲緣集不盡見眞猶有惑不約眞名自體緣集菩薩無爲緣集不盡見眞何得別受自體緣集之名答二乘見眞但是空理空理非法身不得立自體之名菩薩見眞實是法身法身常在故得別立自體緣集名也菩薩或未知未知故須折伏也是故三種緣集不亡所以法身不現又遠大師云緣集義者統唯一種或分爲二約眞妄開一妄緣集三界虛妄唯一心作如夢所見但是妄心解二眞緣集一切諸法皆眞心起如夢所見皆報心作或約心識說三一就事緣集從其事識起一切法二妄緣集從其妄緣起一切法三眞緣集眞識體中具過一切恒沙性德互相集成故言緣集又

從眞識起一切法故經說言若無如來藏識七識不住不得厭苦樂求涅槃由如來藏故起諸法又就有爲無爲說三即一有爲緣集二無爲緣集三具二緣集　問直了此心是佛更用入相成道不　答若了此心即是天眞佛不說成與不成若說成佛是助語亦是增語圓覺經云一切如來妙圓覺心本無菩提及與涅槃亦無成佛及不成佛無妄輪迴及非輪迴等釋曰本無菩提及與涅槃者此是二轉依號亦是住觀語轉煩惱故立菩提之號轉生死故得涅槃之名若了煩惱性空生死本寂既無所轉之相亦無能轉之名無不成佛者無妄輪迴亦無成佛者無非輪迴唯妙圓覺心更無所有如今只恐不得宗鏡之光若得其光則自然入圓覺門普照法界所以先德云飛錫若登故國路莫愁天下不聞聲龐居士頌云十方來一會各自學無爲此是選佛處心通及第歸如是則自然應念登科隨處及第何須受記而待揚名者乎如昔人詩云不坐禪不持律妙覺心珠白如日當體虛玄一物無阿誰承受燃燈佛　問衆生業果種子現行積劫所熏猶如膠漆云何但了一心頓斷成佛　答若執心境是實人法不空徒經萬劫修行終不證於道果若頓了無我深達物虛則能所俱消有何不證猶微塵揚於猛吹輕舸隨於迅流只恐不信一心自生艱阻若入宗鏡何往不從且如勇施等釁因犯婬欲尚悟無生性比丘尼無心修行亦證道果何況信解一乘之法諦了自心而無剋證乎或有疑云豈不斷煩惱耶解云

但諦觀殺盜婬妄從一心上起當處便寂何須更斷是以但了一心自然萬境如幻何者以一切諸法皆從心生心既無形法何有相所以高城和尚謌云說教本窮無相理廣讀元來不識心識取心了取境識心了境禪河靜若能了境便識心萬法都如闥婆影性比丘尼即摩登伽首楞嚴經云佛告阿難摩登伽彼尚婬女無心修行神力冥資速證無學云何汝等在會聲聞求最上乘決定成佛譬如以塵揚于順風有何艱險淨業障經云爾時有一比丘名無垢光入毗舍離城次第乞食以不知故入婬女家時無垢光入其家已是時婬女起染汙心作是思惟我今必死當與此比丘共行欲法若不從我我將殞命作是念已即便閉門語比丘言願與尊者共行欲事若不從我我當必死時無垢光語婬女言且止大姊我今不應犯如此事所以者何佛所制戒我應奉行寧捨身命不毀此戒爾時婬女復更思惟我今當以呪術藥草令此比丘共爲欲事語比丘言我今不能令汝退轉毀犯禁戒但當受我所施之食即入舍內便呪其食投比丘鉢呪術力故令此比丘便失正念起於欲心展轉增盛爾時婬女見此比丘顏色變異即前牽手共爲欲事是時比丘與彼婬女共相愛樂行婬欲已持所乞食還詣精舍到精舍已生大憂悔舉體煩熱咄哉何爲破大戒身我今不應受他信施我今則是破戒之人當墮地獄時無垢光向諸比丘同梵行者說如是言我今破戒非是沙門必趣地獄時諸比丘問無垢光有何因緣

而破此戒時無垢光具說上事時諸同學語無垢光仁者當知此有菩薩摩訶薩名文殊師利得無生法忍善能除滅破戒之罪亦令衆生離諸蓋纏我今與汝共詣文殊師利菩薩摩訶薩所除汝憂悔時無垢光猶故未食與諸比丘詣文殊師利法王子所到已問訊供養恭敬即以上事具白文殊師利文殊師利語無垢光汝今且食食已當共詣如來所問如來此事如佛所說當共受持比丘食已與文殊師利共詣佛所到已頂禮佛足却坐一面爾時無垢光比丘心懷恐懼不敢問佛於是文殊師利即從座起整衣服偏袒右肩右膝著地合掌向佛即以上事具白世尊爾時世尊告無垢光汝實爾不荅言實爾佛告比丘汝本有心欲犯婬不荅言不也佛告比丘汝本無心云何而犯比丘荅言我於後時乃生欲心如是比丘心犯欲耶荅言如是佛告比丘我常不言心垢故衆生垢心淨故衆生淨耶荅言如是佛告比丘於意云何汝曾夢中受欲之時心覺知不荅言覺知佛告比丘汝向犯欲豈非由心而覺知耶荅言如是若如是者比丘悟夢犯欲有何差別比丘荅言悟夢犯欲無差別也佛言於意云何我先不言一切諸法皆如夢耶荅言如是佛言於意云何如夢諸法是眞實耶荅言不也佛告比丘於意云何悟夢二心俱是眞實耶不也世尊佛告比丘若非眞實是有法也不也世尊佛告比丘於意云何無所有法為有生不不也世尊佛告比丘若法無生有滅有縛有解脫耶不也世尊佛告比丘於意云何無生之法尚無所有而當有墮三惡道耶佛告比丘一切諸法本性清淨然諸凡夫愚小無智於無有法不知如故妄生分別以分別故墮三惡道復告比丘諸法無實而現種種所應作事為著貪欲嗔恚愚癡凡夫等故分別諸法不知如故非是眞實復告比丘諸法虛誑如野馬故諸法如夢本性自在逮清淨故諸法究竟如水中月泡沫等故諸法寂靜無老病死諸過患故諸法無取非是色法不可見故諸法無聚如虛空故諸法無性過諸性故諸法甚深過虛妄故諸法廣大無處所故法無所依究竟寂故法無所依境界空故法無根本畢竟空故法離蓋纏煩惱結使不可得故法離識然性不生故乃至爾時無垢光聞說是法心懷歡喜悲喜交集雨淚叉手合掌一心觀佛即說偈言快哉世尊大功德諸天世人所歸仰善覺一切勝妙法稽首能斷諸苦行又佛告文殊過去有佛號無垢光時有比丘名曰勇施入難勝城次行乞食到長者舍其家有女容貌端正見勇施已生愛染心乃至因託病延請勇施說法其後勇施數到其家轉相親厚數相見故便失正念而生欲心即與彼女共行婬法心遂耽著往來頻數時彼女夫見此比丘往來頻數心生疑恚即設方便欲斷其命勇施比丘聞是事已即以毒藥持與彼女而語之言若必念我可持此藥以殺汝夫時長者女即以毒藥和著食中勑其婢使持此飯食以飯我夫夫食飯已即便命終爾時勇施聞彼命終心生大悔作是思惟今我所作是大重惡何名比丘受行婬法又斷人命我今如是當何所歸生大憂惱我若命終當墮惡道誰能免我如是之苦以是事故從一精舍至一精舍惶怖馳走衣服落地作如是言咄哉怪哉我今即是地獄衆生時有精舍名曰醯無中有菩薩名曰鼻掬多羅勇施比丘即入其房舉身投地時彼菩薩問勇施言何為以身自投於地荅言大德我今即是地獄衆生又復問言誰乃令汝為地獄人勇施荅言我作大罪犯於婬戒又斷人命時彼菩薩語勇施言比丘莫怖我今力能施汝無畏爾時勇施聞彼菩薩施無畏歷心生歡喜踊躍無量爾時鼻掬多羅菩薩即時從地接起勇施牽其右手將至異處坐林樹中時鼻掬多羅菩薩即時入於諸佛境界大乘妙門如來寶印三昧入三昧已即於身上出無量佛身皆金色三十二相徧林樹間爾時諸佛即時同聲說是偈言諸法同鏡像亦如水中月凡夫愚惑心分別癡恚愛乃至諸法常無相寂靜無根本無邊不可取欲性亦如是爾時林中二萬天子詣鼻掬多羅菩薩來聽法者聞說是偈即得無生法忍

問妙圓覺心既無所有云何教中說諸佛成等正覺出現世間等事　荅一是機熟衆生自心感現二是菩薩因地本願然諸佛境界廣大無邊非情識所知唯見性能了故華嚴經云佛子菩薩摩訶薩應云何知如來應正等覺境界佛子菩薩摩訶薩以無障無礙智慧知一切世間境界是如來境界知一切三世境界一切剎境界一切法境界一切衆生境界眞如無差別境界法界無障礙境界實

際無邊際境界虛空無分量境界無境界境界是如來境界佛子如一切世間境界無量如來境界亦無量如一切三世境界無量如來境界亦無量乃至如無境界境界無量如來境界亦無量如無境界境界一切處無有如來境界亦如是一切處無有佛子菩薩摩訶薩應知心境界是如來境界如心境界無量無邊無縛無脫如來境界亦無量無邊無縛無脫何以故以如是如是思惟分別如是如是無量顯現故知凡聖無際心境一原眞無性而即相發明相無體而因眞建立故云智身寥廓摠萬像以成體萬像無形以智身而齊體又若論化現門中此是諸佛因地悲願之力令機熟衆生自心感現衆生心中諸佛應現無窮諸佛心內衆生機緣不盡所以法身無像遇感成形妙應無方應念垂跡由了平等赴衆望而猶若摩尼為達無私任群機而如同天鼓古頌云佛是衆生心裏佛隨自根堪無異物欲知一切諸佛原悟自無明本是佛如佛地經云隨諸衆生所樂示現平等法性圓滿成故論釋云隨諸有情樂見如來色身差別如來示現如是色身如來雖居無戲論位由平等智增上力故大圓鏡智相應淨識現瑠璃等微妙色身令諸有情善根成熟自心變似如是身相謂自心外見如來身如契經言由諸如來慈善根力有所示現令天人等自心變異見如來身如金色等又如經言若所應化無量有情宜見瑠璃末尼寶色如來即能無礙示現種種瑠璃末尼寶色令彼自心亦如是變乃至廣說如是示現一切如來形相平等如是平等即是法性是故說名平等法性謂諸如來隨同所化有情樂見色身形相即各示現同處同時異類形相令彼自心如是變現作利樂事如諸有情阿賴耶識共相種熟各各變現世界等相同處相似不相妨礙此亦如是如色身相餘事亦爾由此示現如前修習圓滿成故平等性智圓滿成就度一切諸佛境界智嚴經云文殊師利問無生無滅其相云何佛荅不生不滅即是如來文殊師利譬如大地瑠璃所成帝釋毗闍延宮殿供具等影現其中閻浮提人見瑠璃地諸宮殿影合掌供養燒香散華願我得生如是宮殿我當遊戲如帝釋等彼諸衆生不知此地是宮殿影乃布施持戒修諸功德為得如是宮殿果報文殊師利如此宮殿實無生滅以地淨故影現其中彼宮殿影亦有亦無不生不滅文殊師利衆生見佛亦復如是以其心淨故見佛身佛身無為不生不滅不起不盡非色非非色不可見非不可見非世間非非世間非心非非心以衆生心淨見如來身散華燒香種種供養願我當得如是色身布施持戒作諸功德為得如來微妙身故如是文殊師利如來神力出現世間令諸衆生得大利益如影如像隨衆生見又說如日光無心普照喻摩尼無心雨寶喻谷響無審喻等其瑠璃地等喻衆生心影喻佛身又華嚴有摩尼隨映喻摩尼現色喻自受用身有其本色但無青黃等異青黃等異隨機映生又若以虛空喻佛身即法性身以虛空無相故不隨方隅而有增減以法身無形故非依報化而現精麁如華嚴十定品云佛子譬如虛空於蟲所食芥子孔中亦不減小於無數世界中亦不增廣其諸佛身亦復如是見大之時亦無所增見小之時亦無所減如上諸況皆喻見佛然於鏡像喻最親如質來對鏡鏡中見像像是質像機感對刹刹中見佛佛是心佛故華嚴經云化佛從散心起又諸喻大意皆以體無生滅不礙生滅如非色約體非不色約用則法報一際體用無差俱會無生同歸宗鏡又若以色聲取是行邪道若離色聲取未免斷無古釋云如華嚴偈云色身非是佛音聲亦復然亦不離色聲見佛神通力若依權教本影四句體用皆分若依此宗四句皆用知一切法即心自性故本質影像亦是自心橫竪等一切諸法不出心性故如般若中了色是般若具歷諸法且初歷五蘊云了色是般若一切法趣色色尚不可得云何當有趣非趣如是具歷諸法皆然般若意似當諸法之性不異色性故皆趣色色不可得當法性空既無所趣安有能趣若智者意一切法趣色假觀色尚不可得空觀云何當有趣非趣即中道觀今但要初句以取色性為諸法依以性普收故皆趣色則一色中具一切法是無礙之意故隨一法皆收法界故若能如是解者則凡有見聞一切境界無非是佛出世如大集經云爾時衆中有一菩薩名曰慧聚白佛言世尊生老病死出於世者即是佛出無明愛出即是佛出貪恚癡出即是佛出一切疑網煩惱出者即是佛出何以故若如是等法不出世者佛以何

緣出現於世佛言善哉善哉善男子實如所言爾時海慧菩薩言世尊若有不見如是等法是時如來為出於世不出於世善男子菩薩初發菩提心時真實不知如是等法是故我為而宣說之善男子菩薩有四種一者初發菩提之心二者修行菩提之道三者堅固不退菩提四者一生當補佛處發心菩薩見佛色相見已即發菩提之心修行菩薩見佛具足一切善法見已即發菩提之心不退菩薩見如來身及一切法皆悉平等一生菩薩不見如來所有功德及一切法何以故所得慧眼了了淨故斷二見故淨智慧故若不見淨不見不淨不見非淨非不淨是人即能明見如來又古德釋台教止觀云只達一念自心是法界十方諸佛與一切衆生同一無住本一法界為身為土無彼無此無根無住處無修不修無證不證無凡無聖但衆生自謂妄想纏縛為凡為不修為不證謂佛為聖為修為證修證凡聖在衆生自強立之佛位中都無此名也諸佛所見一切衆生凡聖身是佛法身一切國土是佛國土一切法是佛法一切心是一心極十方三際推求無纖毫許若色若心不是佛理智境朗然周徧法界皆無一事潛然身心無所施為佛心既然我學佛智如佛用心即止觀明靜也佛現即我心現現與不現只是自心鏡上影像耳問豈都無外佛可見耶荅自他不二但如來有同體大悲衆生有熏習之力扣擊同體智鏡隨此心上感見相好鏡中之像然不離鏡而非即鏡隨照好醜感者千差相亦萬品或機地深厚或佛身長千萬由旬壽命無量阿僧祇劫以恒河沙世界微塵佛剎為淨妙國土說無量無邊不可說不可說法門或人天報殊示現八相一期利益不過數百年間如空雲水月恍惚而生斯皆由感者一念之心謂佛色身來應佛實無來去之勞無有形之患無可說之法無所度之機但衆生善緣心想謂佛來應為我說法實是衆生於自心上現此相耳問衆生善根擊佛大圓智鏡現此影像像則屬佛荅明鏡屬佛像不屬佛像若屬佛佛則生滅流動像若屬衆生衆生業結所縛何能具此相好但感應道交方見此耳問既是佛智鏡上像何言衆生心上現荅同體圓鏡不偏屬佛及衆生同一體故但衆生磨瑩已鏡未得全明故能暫現此相表進修之力問若爾衆生自感心鏡上現像不言佛像現佛即於衆生無力虛致敬慕有何益也荅由敬慕之心感像現也此真佛力豈衆生能置哉問此亦衆生自家佛力非他佛力也荅佛地無自他汝強謂自佛他佛者衆生心不盡耳問若爾只共作一佛不能各各自成也荅不共作一佛不各各自成此義難了試舉喻看如國清寺法界也住寺僧古佛也遠人暫遊暫感佛也他日愛慕剃髮配寺國清即我寺也五峯松徑臺殿房廊悉我有也頓得受用不減他物成我家也不人人別造一寺也不若他分一寺也分即隨人去常住法界不可分也此義出涅槃經中譬如路有一大樹樹陰清涼來者即納無人遮護無持去者既即金口可以奉持又機應相關感應緣會能身一切無邊佛事以佛是增上緣廣大悲願慈善根力以衆生是等流果志誠所感根熟而見然揔不出自心如師子現指醉象禮足慈母遇子盲賊得明城變瑠璃石舉空界釋女瘡合調達病痊皆是本師積劫熏修慈善根力令一切衆生自心所見如上等事可證今文故大涅槃經云佛言善男子如提婆達多教阿闍世王欲害如來是時我入王舍大城次第乞食阿闍世王即放護財狂醉之象欲令害我及諸弟子乃至我於爾時為欲降伏護財象故即入慈定舒手示之即於五指出五師子是象見已其心怖畏尋即失糞舉身投地敬禮我足善男子我於爾時手五指頭實無師子乃是修慈善根力故令彼調伏復次善男子我欲涅槃始初發足向拘尸那城有五百力士於其中路平治掃灑中有一石衆欲舉弃盡力不能我時憐愍即起慈心彼諸力士尋即見我以足拇指舉此大石擲置虛空還以手接安置右掌吹令碎抹復還聚合令彼力士貢高心息即為略說種種法要令其俱發阿耨多羅三藐三菩提心善男子如來爾時實不以指舉此大石在虛空中還置右掌吹令碎抹復合如本善男子當知即是慈善根力令諸力士見如是事復次善男子此南天竺有一大城名首波羅於是城中有一長者名曰盧至為衆導主已於過去無量佛所植諸善本善男子彼大城中一切人民信伏邪道奉事尼乹我時欲度彼長者故從王舍城至彼城邑其路中間相去六十五由旬步涉而往為欲化度彼諸人故彼衆尼

乾闍我欲至首波羅城即作是念沙門瞿曇若至此者此諸人民便當捨我更不供給我等窮悴柰何自活諸尼乾輩各各分散告彼城人沙門瞿曇今欲來此然彼沙門委弃父母東西馳騁所至之處能令土地穀米不登人民饑饉死亡者衆病瘦相尋無可救解瞿曇無賴純將諸惡羅刹鬼神以為侍從無父無母孤窮之人而來諮啓為作門徒所可教詔純說虛空隨其至處初無安樂彼人聞已即懷怖畏頭面敬禮尼乾子足白言大師我等今者當設何計尼乾答言沙門瞿曇性好叢林流泉清水外設有者宜應破壞汝等便可相與出城諸有之處斬伐令盡莫使有遺流泉井池悉置糞穢堅閉城門各嚴器仗當壁防護勤自固守彼設來者莫令得前若不前者汝當安隱我等亦當作種種術令彼瞿曇復道還去彼諸人民聞是語已敬諾施行斬伐樹木汙厡諸水莊嚴器仗牢自防護善男子我於爾時至彼城已不見一切樹木叢林唯見諸人莊嚴器仗當壁自守見是事已尋生憐愍慈心向之所有樹木還生如本復更生長其餘諸樹不可稱計河池泉井其水清淨盈滿其中如青瑠璃生衆雜華彌覆其上變其城壁為紺瑠璃城內人民悉得徹見我及大衆門自開闢無能制者所嚴器仗變成雜華盧至長者而為上首與其人民俱共相隨往至佛所我即為說種種法要令彼諸人一切皆發阿耨多羅三藐三菩提心善男子我於爾時實不化作種種樹木清淨流水盈滿河池變其本城為紺瑠璃令彼人民徹見於我開其城門器仗為華善男子當知皆是慈善根力能令彼人見如是事復次善男子舍衛城中有婆羅門女姓婆私吒唯有一子愛之甚重遇病命終爾時女人愁毒入心狂亂失性裸形無恥遊行四衢啼哭失聲唱言子子汝何處去周徧城邑無有疲已而是女人已於先佛植衆德本善男子我於是女起慈愍心是時女人即得見我便生子想還得本心前抱我身鳴唼我口我時即告侍者阿難汝可持衣與是女人既與衣已便為種種說諸法要是女聞法歡喜踊躍發阿耨多羅三藐三菩提心善男子我於爾時實非彼子彼非我母亦無抱持善男子當知皆是慈善根力令彼女人見如是事復次善男子波羅柰城有優婆夷字曰摩訶斯那達多已於過去無量光佛種諸善根是優婆夷夏九十日請命衆僧奉施醫藥是時衆中有一比丘身嬰重病良醫診之當須肉藥若得肉者病則可除若不得肉命將不全時優婆夷聞醫此言尋持黃金徧至市鄽唱如是言誰有肉賣吾以金買若有肉者當等與金周徧城市求不能得是優婆夷尋自取刀割其髀肉切以為臛下種種香送病比丘比丘服已病即得差是優婆夷患瘡苦惱不能堪忍即發聲言南無佛陀南無佛陀我於爾時在舍衛城聞其音聲於是女人起大慈心是女尋見我持良藥塗其瘡上還合如本我即為其種種說法聞法歡喜發阿耨多羅三藐三菩提心善男子我於爾時實不往至波羅柰城持藥塗是優婆夷瘡善男子當知皆是慈善根力令彼女人見如是事復次善男子調達惡人貪不知足多服酥故頭痛腹滿受大苦惱不能堪忍發如是言南無佛陀南無佛陀我時住在優禪尼城聞其音聲即生慈心爾時調達尋便見我往至其所手摩頭腹授與鹽湯而令服之服已平復善男子我實不往調達所摩其頭腹授湯令服善男子當知皆是慈善根力令調達見如是事復次善男子憍薩羅國有諸羣賊其數五百羣黨抄劫為害滋甚波斯匿王患其縱暴遣兵伺捕得已挑目逐著黑闇叢林之下是諸羣賊已於先佛植衆德本既失目已受大苦惱各作是言南無佛陀南無佛陀我等今者無有救護啼哭號咷我時住在祇桓精舍聞其音聲即生慈心時有涼風吹香山中種種香藥滿其眼眶尋還得眼如本不異諸賊開眼即見如來住立其前而為說法賊聞法已發阿耨多羅三藐三菩提心善男子我於爾時實不作風吹香山中種種香藥住其人前而為說法善男子當知皆是慈善根力令彼羣賊見如是事復次善男子瑠璃太子以愚癡故廢其父王自立為王復念宿嫌多害釋種取萬二千釋種諸女刵劓耳鼻斷截手足推之坑塹時諸女人身受苦惱作如是言南無佛陀南無佛陀我等今者無有救護復大號咷是諸女人已於先佛種諸善根我於爾時在竹林中聞其音聲即起慈心諸女爾時見我來至迦毗羅城以水洗瘡以藥傅之苦痛尋除耳鼻手足還復如本我時即為略說法要悉令俱發阿耨多羅三藐三菩提心即於大愛道比丘尼

所出家受具足戒善男子如來爾時實不往至迦毗羅城以水洗瘡傅藥止苦善男子當知皆是慈善根力令彼女人見如是事悲喜之心亦復如是善男子以是義故菩薩摩訶薩修慈思惟即是真實非虛妄也善男子夫無量者不可思議菩薩所行不可思議諸佛所行亦不可思議是大乘典大涅槃經亦不可思議以此明文可為誠證則知三界九有一切染淨等法皆不出法界衆生之心猶如畫師畫出一切境界心之畫師亦復如是所以正法念處經云又彼比丘如是觀察云何衆生有種種色種種形相有種種道種種依止又彼觀察有種種心種種依止種種信解有種種業此如是等種種諸色種種形相種種諸道種種依止譬如黠慧善巧畫師若其弟子觀察善平堅滑好地得此地已種種彩色種種雜色若好若醜隨心所作如彼形相心業畫師若其弟子亦復如是善平堅滑業果報地生死地界隨其所解作種種形相種種諸道種種依止心業畫師業作衆生又諸彩色取白作白取赤作赤取黃作黃若取鴿色則為鴿色取黑作黑心業畫師亦復如是緣白取白於天人中則成白色何義名白欲等漏垢所不染汙故名白色又復如是心業畫師取赤彩色於天人中能作赤色何義名赤所謂愛聲味觸香色畫觀察衣又復如是心業畫師取黃彩色於畜生道能作黃色何義名黃彼此遞互飲血噉肉貪欲嗔癡更相殺害故名黃色又復如是心業畫師取鴿彩色攀緣觀察於餓鬼道作垢鴿色何義名鴿

彼身猶如火燒林樹飢渴所惱種種苦逼心業畫師嫉心所秉癡闇所覆又復如是心業畫師取黑彩色於地獄中畫作黑色何義名黑以黑業故生地獄中有黑鐵壁被然被縛得黑色身作種種病飢渴苦身無量苦逼皆是自業非他所作又彼比丘觀察如是三界五道五種彩色生死畫衣於三地住謂欲界地色無色地心業畫師習近婬欲攀緣欲界種種色畫緣色依止有二十種離欲四禪以為畫筆依十六地是所畫處作色界離緣色界三摩跋提緣無色界畫為四處心業畫師廣畫如是三界大衣又彼比丘觀察如是心業畫師身如彩器貪欲瞋癡以為堅牢攀緣之心猶如梯隥根如畫筆外諸境界聲觸味色及諸香等如種種彩生死如地智如光明勤發精進如手相似衆生如畫神通如彼無量形服有無量種業果報生如畫成就又彼比丘依禪觀察心業畫師有異種法如彼畫師不生疲倦善治彩色各各明淨善識好筆畫作好色心業畫師亦復如是不生疲倦若修禪定善治禪彩攀緣明淨如彩光明修道之師如善好筆知禪上下如善識知有取有捨如不疲倦如是禪定心業畫師畫彼禪地如彼好色又彼如是心業畫師若有疲倦則畫不善地獄餓鬼畜生道處同業因緣鐵杵為筆不善彩色畫非器人所謂地獄餓鬼畜生如是等色非好色畫廣說如前釋曰是以畫師運巧拙之意執五彩之筆於平正之地逊出一切精麁之像如衆生稟愚智之心與三業之筆於善惡之地畫出一切苦樂之事

又如世畫師只畫得色陰若心畫師能畫五陰又世畫不堅牢色退像即滅心畫經長劫身謝業不亡又世畫甚易知妍醜皆可見心畫極難審果報莫可知如正法念處經頌云諸業之所作過於巧畫師業畫師天中作種種樂報種種衆彩色現觀則可數心業布衆彩其數不可知毀壁畫則亡二俱同時滅若身喪滅時業畫不可失譬如一畫師造作衆文飾一心亦如是造作種種業五彩光色現見之生愛樂五根畫亦尒如業有生死如世巧畫師現前則可見心畫師微細一切不可見圖畫好醜形令壁衆像現心業亦如是能作善惡報是心於晝夜思念恒不住如是業隨心長轉常不離風塵煙雲熱畫色則毀滅捨善不善持諸業尒乃失又依般舟經見佛略有四喻一夢喻如夢所見從分別生見一切佛從自心起二水影喻水喻心性則佛之月影皆是衆生真心中物心佛交徹唯真心也三幻喻自心猶如幻術一切佛如幻所作謂有能幻法方成幻事無能念心無所見佛四響喻譬如空谷隨聲發響悟解自心隨念見佛上之四喻一正喻唯心二唯心故空三唯心故假四唯心故中又夢喻不來不去影喻不出不入幻喻非有非無響喻非合非散如經頌云心者不知心心者不見心心有想則癡無想則泥洹是法不堅固常立在於念以解見空者一切無想念釋云若心自見心先心為能見佛為所見刀不自割指不自觸云何自心還見自心能所不分見相斯絕故經云心有想則癡若無想則心冥性佛永絕

思求矣如上是衆生自心感現次諸佛菩薩因地願力示現化門無有斷絶所以維摩經云雖示成正覺不捨菩薩道雖悟即心是佛頓成菩提然爲衆生未達廣修福業以導未聞皆令開解同歸此地如華嚴經云雖能一念即成阿耨多羅三藐三菩提然爲衆生故於無量劫行菩薩行無有休息是爲如山增上心又云佛子菩薩摩訶薩又作是念阿耨多羅三藐三菩提以心爲本心若清淨則能圓滿一切善根於佛菩提必得自在欲成阿耨多羅三藐三菩提隨意即成若欲除斷一切取緣住一向道我亦能得而我不斷爲欲究竟佛菩提故亦不即證無上菩提何以故爲滿本願盡一切世界行菩薩行化衆生故是爲第九如金剛大乘擔願心如上況喻證信無疑則佛道立成匪由他教終不起於餘念唯自淨於一心可謂順佛本懷得教正意矣　問佛度衆生衆生還度佛不　答昔約内觀因了妄念雜識衆生無體發其覺慧成自心之佛此豈不是因衆生得度若論外化皆因衆生感出若無機緣既無所化亦不成佛如淨名經云菩薩隨所化衆生而取佛土淨度三昧經云衆生亦度佛若無感佛不出世亦不能得成三菩提出世菩提皆由衆生機故

宗鏡録卷第十八　　俢

音義

膖即縫反日\|也　愽補各反　迫博陌反　窔烏伯反　逴丁當\|也反　震鼬也反　韈壺江反　琳力尋反　掷當\|也　棘紀力反　選　寒落空也　濘女燈反　扣擊也　悅苦乎反

惚呼骨反　騁丑郢反　配滂佩反　鑊胡郭反　灑沙下反　謗　拇莫厚反　紺古暗反　擲直炙反　吒陟嫁反　醉　裸力果反　膳　嚇呼格反　排　詠　皆　號　厭　滑戶八反　哤　群　睢　棗　劓　䑕　瀻　杵　遴　鶬

丁未歳分司大藏都監開板

宗鏡録卷第十八

校勘記

一　底本，麗藏本。

一　三〇四頁中二九行第一四字「空」，清作「定」。

一　三〇五頁中二一行第一四字「佛」，清作「記」。

一　三〇五頁下一四行第一五字「將」，磧、南、徑、清作「當」。

一　三〇六頁中一四行第四字「識」，磧、南、徑、清作「熾」。

一　三〇六頁下九行第一五字「戒」，磧、南、徑、清作「我」。

一　三〇七頁上一九行末字「明」，磧、南、徑、清作「門」。

一　三〇七頁下五行第五字「況」，南、徑、清作「説」。

一　三〇八頁上二三行第六字「是」，磧、南、清作「見」。

一　三〇八頁中三行末字「示」，磧、南作「云」。

一　三〇八頁中二七行首字「若」，磧、南、徑、清作「共」。

一　三〇九頁上二行第一三字「更」，南作「便」。

一　三〇九頁中六行「子子」，南、徑、清作「我子」。

一　三〇九頁中九行「嗚呞」，徑、清作「嗚嘍」。

一　三一〇頁中二二行第五字「好」，磧、南、徑作「如」。

一　三一〇頁中二九行首字「邈」，徑、清作「貌」。

一　三一〇頁下一四行第一三字「晝」，磧作「畫」。

一　三一一頁上一五行第一五字「況」，清作「法」。

一　三一一頁上二三行「淨度」，徑、清作「淨土」。

宗鏡録卷第十九　慧日永明寺主智覺禪師延壽集

夫如上所說祖教同詮凡曰有心皆得成佛如今現見衆生何不成佛　荅若以衆生眼觀只見衆生界有餘若以佛眼觀乃知諸佛界無外故知無明妄風皷心海而易動本覺眞性睡長夢而難惺是以首楞嚴經云汝之心靈一切明了未曾暫昧而迷者目擊而不知如美玉沉泥自埋高價猶貞金混礫空匿光輝如法華經云我昔欲令汝得安樂五欲自恣於某年日月以無價寶珠繫汝衣裏今故現在而汝不知勤苦憂惱以求自活甚爲癡騃汝今可以此寶貿易所須常可如意無所乏短故知本覺常成衣珠不失若非圓頓之教何以直了自心故圓覺經云覺成就故當知菩薩不與法縛不求法脫不猒生死不愛涅槃不敬持戒不憎毀禁不重久習不輕未學何以故一切覺故是知一切衆生皆本覺成就以不覺故認隨染之覺見勝劣之境起忻猒之心但逐妄輪迴頓迷眞覺然因覺有不覺若無眞妄無所依故如煙無火不起又覺因不覺若隨器之金還待器顯事能顯理故所以唯眞不立單妄不成唯眞不立者佛果無生故單妄不成者無所依故如先德頌云一切衆生金色界白淨無垢智無瑕實珠自在內衣中只欲長貧在門外清淨寶乘任四衢文殊引導普賢扶肥壯白牛甚多力一念徧遊無卷舒如是寶乘不肯入但樂勤苦門前立不覺自身常在中遣上恒言我不及華嚴經頌云欲求一切智速成無上覺應以淨妙心修習菩提行又頌云譬如良沃田所種必滋長如是淨心地出生諸佛法是知十方諸佛中無有一佛不信此心成佛二十八祖內無有一祖不見此性成祖如今闇而不成祖佛者皆爲信不及見不諦故但學其語不照其心但執其解不深其法何者信即是道故經云信是道原功德母見即無疑故經云見若諦習亦除何況現行心外境界但入宗鏡方悟前非心光透時餘瑕自盡華嚴出現品云佛子菩薩摩訶薩應知自心念念常有佛成正覺何以故諸佛如來不離此心成正覺故如自心一切衆生心亦復如是悉有如來成等正覺廣大周徧無處不有不離不斷無有休息入不思議方便法門古釋云不離此心成佛者有二一衆生身心即佛所證故佛證衆生之體用衆生之用二全即佛菩提性故一性無異此即他果在我之因以我因成他果故名入不思議方便法門是以不得意者作衆生思故是亦不可設作佛思是亦不可即亦不可非即亦不可當淨智眼無取諸情經云佛子令依此知無當不盡涅槃經云二十五有有我者自實名我所謂一切諸法體實一切衆生有如來藏能爲佛因名有佛性如一切色中皆有空性然非獨有情具如來之正性一切諸法中皆有安樂性所以云若以肉眼觀無眞不俗若以法眼觀無俗不眞又云法身流轉五道名曰衆生但法身即是眞如流轉五道即是隨緣名曰衆生是差別義又由隨緣即不變故奪差別令體空則末寂也由體空差別故奪不變令隨緣故本寂也以全本爲末故本便隱全末爲本故末便亡也是則眞如隨緣成衆生未曾失於眞體故令衆生非衆生也衆生體空即法身時未曾無衆生故非法身也故二雙絕二既互絕則眞妄平等無可異也故云隨緣非有之法身恒不異事而成立寂滅非無之衆生常不異眞而顯現故知煩惱即菩提菩提即煩惱所以勝天王般若經云佛告勝天王言譬如無價如意寶珠雖飾瑩治皎潔可愛體圓極淨無有垢濁墮在淤泥已經多時有人拾得取而守護不令墮落法性亦爾雖在煩惱不爲所染後復顯現天王諸佛如來悉知衆生自性清淨客塵煩惱之所覆蔽不入自性是故菩薩摩訶薩行般若波羅蜜應作是念我當勇猛勤修精進爲諸衆生說是甚深般若波羅蜜除其煩惱一切衆生皆有性淨是故於彼勿生下劣應當尊重彼即我師如法恭敬菩薩摩訶薩作如是心即生般若闍那大悲胝胎經云魔梵釋女皆不捨身不受身悉於現身得成佛故偈云法性如大海不說有是非凡夫賢聖人平等無高下唯在心垢滅取證如反掌華手經云佛言堅意無礙際者即無邊際無邊際者即是一切衆生性也是名際門入是際門則能開演千億法藏此法藏者即非藏也堅意如來衆法藏中有所說法皆說是際復有色藏受想行識藏是藏非藏不在自藏是名諸藏以阿字門入釋曰阿字者即無生義若了心無生則無法可得悟此唯識乃入道之初門所以大品經云無有一法可得名曰衆生夫言衆生者

即法身義如不增不減經言舍利弗即此法身過於恒沙無量煩惱所纏從無始來隨順世間生死濤波去來生滅名為衆生是知若云衆生即法身者甚為難解故先遠引大湼槃經云若有人能藕中絲懸須彌山可思議不不也世尊佛言菩薩能以一念稱量生死不可思議今明圓理難曉但仰信而已如聞生死有不可思議理而但仰信不能一心即如來藏故非圓意文殊般若經云佛告文殊若人問汝有幾衆生界汝云何荅文殊言衆生界數如如來界問衆生界廣狹荅如佛界廣狹問一切衆生繫在何界荅如如來繫衆生亦爾問衆生界住何處荅住湼槃界又云文殊言如虛空無數衆生亦無數虛空不可得衆生亦不可得是以於不可得中隨世語言有所建立凡聖境界方便說者是不可思議廣大神變如大寶積經云文殊師利菩薩云復次法無出相說出離法是名神變法無差別文字分別是名神變法無所行說有修行是名神變法無來去說有來去是名神變於一道證建立諸果是名神變於一味法分別三乘是名神變一切諸佛唯是一佛說無量佛是名神變一切佛土唯一佛土說無量土是名神變無量衆生即一衆生說無量衆生是名神變一切佛法唯一佛法說無量法是名神變法不可示顯示諸法是名神變法無所得修習作證是名神變乃至爾時長老舍利弗語寶主天子言汝聞此神變不驚怖耶天子荅言我即神變云何驚怖舍利弗言天子以何密意而作是言天曰一切諸法若

善不善無動而動名大神變是故舍利弗作善業者生於天上有大威德如是善業不可思議一切衆生往來生死亦不可思議不可思議者名大神變如佛所說四種境界不可思議一者業境界不可思議二者龍境界不可思議三者禪境界不可思議四者佛境界不可思議以是義故說一切法名大神變不積驚怖復次舍利弗若如來說此神變虛空界寧有怖耶荅言不也天曰若虛空不怖云何問言汝不驚怖舍利弗言汝豈同虛空耶天曰如佛所說若內空外空是虛空不荅言如是天曰是故一切衆生是虛空性是知若一切有情無情皆同虛空性者何處有凡聖之異內外之殊且虛空性無有起盡何故更問成佛不成佛乎入法界體性經云佛問文殊汝知法界耶如是世尊我知法界即是我界又問汝豈不樂法界耶文殊曰世尊我不見一法非法界者更何所樂持世經云若世間法與出世間法異者諸佛不出於世也何者以覺一切法平等故名為佛大集經云諸衆生界及法界若能平等觀無異不生分別一二數是名菩薩不退印又云若有菩薩不離凡夫能知聖法以凡夫心觀察聖法密嚴經云如來法身住於一切衆生身中光影外現猶如淨綵裹摩尼珠無所障蔽亦復如是是故當知如來法身徧在一切諸衆生中如佛所說乃至枯樹蕉木亦悉皆入不應生害況復餘類是故不應稱量衆生除諸如來無能知者是以諸佛法身徧一切處夫法身者即自心也是法家之身羣有之性該今徹古

徧界盈空十方太虛於自心內尚如一點之雲生百千大海向本覺中猶若一滴之漚起豈況假名凡聖而非我心乎台教云佛菩覺義如寶藏經云佛界衆生界一界無別界此是圓智圓覺諸法徧一切處無不明了雖五無間皆生解脫想雖盲倒惑其理存焉斯理灼然世間常住有佛不能益無佛不能損得之不為高失之不為下故言衆生即佛此理佛也華嚴論云一切處文殊師利一切處金色世界一切處不動智佛今之信者當信自心無依住性妙慧解脫是自文殊於心無依住中無性妙理有自在分別無性可動名不動智佛理智無二妙用自在是故號曰妙德菩薩是故一切諸佛從此信生故號文殊為十方諸佛之母亦號文殊為童子菩薩為皆以信為初生故信心成就即以定慧觀智力印之契一念相應名十住初心便成正覺取能行行處號曰普賢取妙慧無依處號曰妙德取善能分別知根之智號之為不動智佛自契相應名為正覺且能信處號之曰信自契相應名為住心為住佛所住妙慧解脫相盡無生法故若心外有佛不名信心名為邪見人也一切諸佛皆同自心一切衆生皆同自性性無依故體無差別智慧一性應如是知以此同體妙慧知諸佛心及衆生心應如是信解不自欺誑是故此經宗趣為大心衆生設如斯法諸佛自所乘門一乘妙典法界道理令大心衆生入佛根本大智佛果故一念契真理智同現即便佛故為法界道理見則無初中後故是以世人唯信諸佛境界

不可思議不知衆生境界亦不可思議以衆生界即佛界故如論云一切處不動智佛者夫一切之言無處不徧豈獨衆生界耶所以華嚴私記云今多許人學皆得與釋尊等亦與文殊等一念即等若不信始作少時努力靜思惟看故知一念平等理事無差但靜思凝神迴光內照有何異法能爲滿越唯自心想起妄分高下耳清涼疏云佛及衆生若以性淨而說現今平等而不妨迷悟之殊是故三乘亦有差別亦無差別是則深淨三世一切諸法無不平等況攝性互收如是解者名爲善住一切智地如地能生終歸於地萬法依於佛智究竟還至一切智寶性論偈云譬如貧人舍地有珍寶藏彼人不能知寶又不能言衆生亦如是於自心舍中有不可思議無盡法寶藏雖有此寶藏不能自覺知以不覺知故受生死貧苦譬如珍寶藏在彼貧人宅人不言我貧寶不言在此如是法寶藏在衆生心中衆生如貧人佛性如寶藏爲欲令衆生得此珍寶故彼諸佛如來出現於世間無生義云大師恒引如來藏經言衆生身中有佛三十二相八十種好坐寶蓮華與佛無異但爲煩惱所覆故未能得用此是具有佛知見根性未有知見用即時猶故愚乃至譬如小兒具有大人六根與大人不異在其身中而未能有大人用至漸長大復須學問乃有大人知見力用也若根性是有作用豈無如種子本甘結果非苦只恐不知有自認作凡夫眞性常了然未曾暫隱覆如佛言如來實無秘藏何以故如秋滿月處空顯露清淨無覆人皆覩見又祖師云五陰本來空師子何曾在窟故知但是衆生不了自稱爲秘然雖無秘藏而有密語密語難解唯智能知如百丈和尚云只如今語言鑒照分明覓其形相不可得是密語所以宗鏡之光無時不照常闇日用昧者不知所以無所希望經偈云衆生界悉等平若虛空界其能了此等成佛道不難又偈云其無所相者一切無所念無心無所生佛道不難得月藏經云佛言是故於法平等思惟觀察不離衆生有法不離法有衆生如衆生體性即是我體性如我體性即是一切法體性如一切法體性即是佛法體性如是觀諸法平等時衆生即陰不可得離陰不可得和合不可得離和合亦不可得非法非非法是人如是得住無相是名法平等是知一切法常成正覺無有不成正覺時如經云凡眞實法不捨自相取於餘相若捨非正覺成等正覺則非眞實正覺者曾無有時不成正覺故知一切衆生皆住覺地非是捨不覺而取正覺則一覺一切覺常成正覺無有不覺時如虛空湛然無有成壞若執有成不成斯屬情見若以智照何往不眞念念而常見法身塵塵而盡成佛國但以自眼有瞖妙見不通違背已靈沉溺家寶雖同一性要以智明如樂蘊奇音指妙則宮商應節人懷覺性智巧則動用冥眞得失在人精麤任已所以善逝按指發海印之光含識舉心現塵勞之相如古釋衆生佛性譬若箜篌具有五義一有箜篌身二有中間聲三有絃緡四有彈箜篌人五有所彈得曲此五是喻我等五陰似箜篌身中眞如佛性似聲六度萬行似絃緡巧便智慧似彈箜篌人我等以巧便智修行六度當來成佛一塵一毛皆徧法界似彈奏之曲也故況休文佛知不異衆生知義云故知凡夫之知與佛之知不異由於所知之事異知不異也況約六道相續作佛義云相續不滅所以能受知若今生陶練之功漸積則來果所識之理轉精轉精之知來應以至於佛而不斷不練也若今生無明則來果所識轉闇轉闇之知亦來應以至於六趣也故知衆生之識相續不斷但由精麤分其昇降耳又古師計云一切如來因地發願度盡衆生生界不盡不取正覺現見衆生況淪九有故知諸佛未合有成成則違誓彼荅不正華嚴記中約如實義釋諸佛皆有悲智二門以大悲故窮未來際無成佛時故菩薩闡提不成佛也以大智故念念速成又欲化盡諸衆生界自須速成方能廣化不懼違誓盡竟誠言又了衆生之本如故化而無化是則常成亦常不成亦常化而常無化悲智自在何局執耶如上釋者此猶是約理事雙通若直就宗明如華嚴經云如來初成正覺時於自身中見一切衆生已成佛竟已涅槃竟又經云爾時世尊復依一切住持藏法如來之相爲菩薩宣說般若一切有情住持徧滿甚深理趣勝藏法門謂一切有情皆如來藏普賢菩薩自體徧故一切衆生皆金剛藏以金剛藏所灌灑故一切衆生皆正法藏一切皆依正語轉故一切衆生皆妙業藏一切事業加行依故法華經云舍利弗當知我本立誓

願欲令一切衆如我等無異如我昔所願今者已滿足化一切衆生皆令入佛道斯則成佛度生大願大化悉圓滿矣如有不信此說自尚未成焉能度彼　問衆生即佛佛即衆生入一心門因果交徹故經云若彌勒得菩提者一切衆生皆亦應得此俱成佛得菩提義爲是理成爲是事成　答三乘多約理成或云法身即等報化未圓亦云一念成佛皆從理說今一乘宗理事齊等古德云此出自華嚴大意難以取解然諸衆生若於人天位中觀之具足人法二我小乘唯是五蘊實法大乘或說但心所現或說幻有即空人法俱遣或說唯如來藏具恒沙性德故衆生即在纏法身法身衆生義一名異猶據理說更有說言相本自盡性本自現不可說言即佛不即佛等若依華嚴宗舊來成竟亦涅槃竟非約同體此成即是彼成若介何以現有衆生非即佛耶若說衆生見解位濬者尚不見唯心即空安見圓教中事如迷東爲西正執西故若諸情頓破則法界圓現無不已成猶彼悟人西處全東是以善財龍女皆是凡夫一生親證三乘權敎信不及人稱爲示現如玄義格云人謂善財龍女是法身菩薩化爲幼技一時悦凡人令自強不息耳議曰若爾聖有誑凡之愆凡無即聖之分教門徒設用學何爲故不然也問若是實從凡頓成佛者何故經中唯此二人別更無耶答日月在天盲者不見經說一生成佛者數如微塵五千卷經卷卷有即生得道只如達磨禪師傳佛心印言下見性便爲得道取相之徒指爲外道

論云金色世界不動智佛一切處文殊俱是自心法性非外來物又云十信十住十行十向十地爲華嚴覺了自心次方廣是佛先自見性爲佛身心齊修五位爲莊飾也亦同天台初發心時即觀涅槃行道比喻蓮華華果同時義同印即心成佛鴦崛魔羅經云鴦崛魔羅與文殊師利普詣十方各十世界諸如來所問如是義云何釋迦牟尼佛住娑婆世界不般涅槃解脫之際彼諸如來悉答我言釋迦牟尼佛即我等身彼佛自當決汝所疑故知徧刹之身只是一身分亦不多聚亦非一如首楞嚴三昧經云若善男子善女人求佛道者聞首楞嚴三昧義趣信解不疑當知是人必於佛道不復退轉何況信已受持讀誦爲他人說如說修行時諸釋梵護世天王皆作是念我等今者當爲如來敷師子座正法座大人座大莊嚴座大轉法輪座當令如來於我此座說首楞嚴三昧是中人人各各自謂唯我爲佛敷師子座餘人不能乃至須臾之間於如來前有八萬四千億那由他寶師子座悉於衆會無所妨礙一一天子不見餘座各作是念我獨爲佛敷師子座佛當於我所敷座上說首楞嚴三昧時釋梵護世天王敷座已竟各白佛言唯願如來坐我座上說首楞嚴三昧即時世尊現大神力徧坐八萬四千億那由他師子座上諸天各各見佛坐其所敷座上不見餘座有一帝釋語餘釋言汝觀如來坐我座上是釋梵護世天王各相謂言汝觀如來坐我座上有一釋言如來今者但在我座不在汝座乃至時梵衆中有

一梵王名曰等行白佛言世尊何等如來爲是真實我座上是餘座上是佛告等行一切諸法皆空如幻從和合有無有作者皆從憶想分別而起無有主故隨意而出是諸如來皆是真實云何爲實是諸如來本自不生是故爲實是諸如來今後亦無是故爲實是諸如來非四天攝是故爲實諸陰界入皆所不攝是故爲實是諸如來如先中後等無差別是故爲實梵王是諸如來等無差別所以者何是諸如來以色如故等以受想行識如故等以是故等是諸如來以過去世如故等以未來世如故等以現在世如故等以如幻法故等以如影法故等以無所有法故等以無所從來無所從去故等是故如來名爲平等如一切法等是諸如來亦復如是釋曰首楞嚴三昧者即一切事究竟堅固何者以能見心性名爲上定信入此者亦名王三昧以此三昧歷一切事豈非究竟堅固耶如釋梵護世諸天各見佛坐自座此乃實證自心所以經云皆從憶想分別而起無有主故隨意而出是諸如來皆是真實云何爲實是諸如來本自不生是故爲實者以諸如來本自不生即是自心生然其自心又如幻夢皆不出平等真如之性所以經云譬如真金雖復鍜磨不失其性是諸大士亦復如是隨所試處皆能示現不思議法性實性論偈云如彼毗瑠璃清淨大地中天主帝釋身於中鏡像現如是衆生心清淨大地中諸佛如來身於中鏡像現故知即心而見佛者可謂現身成道矣如禪要經云佛言善男子若外相求雖經劫

數終不能得於內覺觀如一念頃即得阿耨多羅三藐三菩提是以行位齊成速登妙果以凡聖同體迷悟似分若信入之時不從外得所以云生死與道合如明與暗合故云水中鹹味色裏膠青李長者論云此華嚴經十住爲見道十行十向十地十一地爲加行修行令慣熟故佛果於初先現以普賢悲願令智悲大用慣熟自在故以自如來根本普光明智先現故始終本末捴無延促時日分劑故以法身根本智如實而言不同三乘權敎情所解故皆須約本而觀之畢竟佛果慣習已成普賢行已滿一往但以教化一切衆生爲常恒從初至末無始無終無成無壞但以普徧十方一切六道以智對現利生爲永業也從初發心起信修行時發如是信樂發如是志願起如是志求見如是道從初發心住以定觀力契會法身顯根本普光明智照知一切自他生死海性自解脫但爲教化衆生令其破執離妄想苦故亦不見自身成佛不成佛故若也起心當成佛念當知此人去佛道遠若也但以法身無性之力自他性離無成壞心起方便力興大願力起大悲門無作而作發無限志願教化一切法界中無性衆生使令迷解還令省得自心無性之理妄想繫著自無不言成佛不言不成佛不可作如是當念之情如此華嚴經安立五位教門但爲引接未得謂得未至謂至未滿云滿滯染淨障於菩提道及菩薩行有止足心有休息想安立五十重因果一百一十重法門使不滯住止息休廢之心滿普賢願行至無盡極

又云此華嚴經直示本身本法出超情見無始無終三世相絶一圓眞報不生不滅不常不斷性相無礙自在乘海法門直授上上根人教門行相勢分如是不同權學依次第漸漸而成只如登峯九仞不可以絶其蹤覆十層之級者不可亡其跡常見官階一品但以爲臣聞古士夫忽有身登九五明珠頓照普見無方澤霖大海滴滴皆滿一塵空性法界無差品類有情強生留繫根器不等權實不同以此教門千差萬別須知權實識假修眞不可久滯權宗迷其實教者也故智儼法師問一地即攝一切諸地功德者一法即具何用餘門耶荅曰若無餘門一門即不成故如一升攝一斗若無升時此斗即不成問若無升即無斗者今舉一升即得一斗以不得一升不得斗者一行不具一切迣荅十升合成一斗既無其升時將何作斗故知無升即無斗有升即有斗今舉升即斗斗升之外無別升斗也如龜毛兔角不可得也初心即成佛成外無別修其相如虛空故是故初心成佛者非謂不具諸功德如經說普莊嚴童子一生得聞善熏習二生成其解行三生得入果海同一緣起而此三生只在一念猶如遠行到在初步然此初步之到非謂無於後步明此童子得入果海非不久植善根問既久修始得云何言一念得耶荅言久修善根者即在三乘教攝從三乘入一乘即是一念始修具足故經云初發心時便成正覺譬衆川入海纔入一滴即攝周大海無始無終若餘百川水之極深不及入大海之一滴即用三乘

中修多劫不及一乘之一念又此時劫不定或一念即無量劫無量劫即一念一生即無量生無量生即一生如十玄門時劫無礙又大乘明一念成佛義有二一者會緣以入實性無多少故明一念成佛二者行行纔滿取最後念名爲一念成佛如人遠行以後步爲到若一乘明一念成佛者如大乘取後一念成佛即入一乘以後即初初念即是成何以故以因果相即同時相應故欲論其成者成復成成復成也衆生欲在後成者在後復在後在後復在後也今舉一念成者即與佛同位未具究竟故復有淺深之殊矣如人始出門及以久遊行他土雖同在空中而遠近有別是故十信十住等五位各各言成佛者而復辯其淺深此中須善思之心要牋云心心作佛無一心而非佛心處處道成無一塵而非佛國是故眞妄物我舉一全收心佛衆生渾然齊致是知迷則人隨於法法萬差而人不同悟則法隨於人人一致而融萬境止觀云觀衆生相如諸佛相衆生界量如諸佛界量衆生界住如虛空住以不住法以無相法住般若中不見凡法云何捨不見聖法云何取但住實際如此觀衆生眞佛法界身子云諦了此義是名菩薩摩訶薩彌勒云是人近佛座佛覺此法故文殊云聞此法不驚即是見佛佛云即住不退地具六波羅蜜具一切佛法矣如上所說教理無虧只是正解難生信力不具若信而不解則日夜長無明若解而不信則日夜長邪見信而且解方契此宗契此宗人甚爲希有不唯十方諸佛與我相

應大地山河一時同證如眞覺大師頌云法中王最高勝恒沙諸佛同共證我今解此如意珠信受之者皆相應百丈和尚云但是一切照用任聽縱横啼笑語言皆成佛慧如是解者無一時不成佛無一人不得道天眞自然何關造作故法華經云又見諸如來自然成佛道法界印云初發心時便正覺苦樂平等一味佛又云寂法分別名衆生舊來不動名為佛龐大師頌云法忍先將三毒共佛性常與六情俱但信研心出妙寶何煩衣外覓明珠傅大士頌云佛亦不離心心亦不離佛心寂即涅槃心能則有物物則變成塵無物即見佛若能如是用十八從何出龐居士偈云不用苦多聞看他彼上人百億及日月纂在一毛端心但寂無相即出無明津若能如是學幾許省精神寒山子詩云寄語諸仁者復以何為懷達道自見性見性即如來天眞元具足修證轉差迴弃本却逐末只守一場獃志公和尚讃云佛體本是心作那得文字中覓將佛求佛辛苦坐地自致徭役一鉢和尚誦云莫更將身造水泡百毛流血是誰教不如靜坐眞如地頂上從他鵲作巢萬代金輪聖王子只者眞如靈覺是菩提樹下度衆生度盡衆生出生死不生死眞丈夫無形無相大毗盧塵勞滅盡眞如在一顆圓明無價珠布袋和尚誦云只箇心心心是佛十方世界最靈物縱横妙用可憐生一切不如心眞實騰騰自在無所為閑閑究竟出家兒若覩目前眞大道不見纖毫也大奇萬法何殊心何異何勞更用尋經義心王本自絕多知智者只明無學地　問凡聖皆同一心眞性成佛云何見有前後　答見雖前後性且不虧迹任昇沉理亦無異如昏睡心中有覺悟之性以眠熟未惺故寤來即現似嬰孩身内具大人之相以力用未充故是成即備一切衆生以無明夢未惺覺道力未具則佛性未現法身未圓豈是一切含生而不具如來藏性古德問云佛性共有諸佛成佛時衆生盡合成佛若言各别有應是無常答佛性與一切衆生共有所證是一能證有前後是故諸佛成道我等輪迴前後約時性無本末如昔人云法身一相瞻仰異容正教無偏説聽殊旨故攝論偈云衆生罪不現如月於破器徧滿諸世間由法光如日釋云如破器中水不得住水不住故月則不現如是有情身中無有奢摩他水佛月不現佛雖不現然徧一切施作佛事譬如日光徧滿世間作諸佛事成熟有情又如今巳眼不明者皆為執著凡聖有所繫故如萬迴和尚誦云黑白兩二開佛眼不繫一法出蓮叢眞空不壞靈智性妙用恒常無作功聖智本來成佛道寂光非照自圓通

宗鏡録卷第十九　　僜

音義

貿 [illegible]　迸 [illegible]　詭 [illegible]　[illegible]　皎 古了反月[illegible]　[illegible]　竄 [illegible]　綃 [illegible]　舀 [illegible]　隆 [illegible]　潤 [illegible]　層 [illegible]　級 [illegible]　羅 [illegible]　[illegible]　歎 [illegible]　傜 [illegible]　羅 [illegible]

丙午歲分司大藏都監開板

宗鏡録卷第十九

校勘記

一　底本，麗藏本。

一　三一三頁上九行「貞金」，徑作「眞金」。

一　三一三頁上一一行「日月」，徑作「月日」。

一　三一三頁上一八行首字「未」，徑作「初」。

一　三一三頁中八行第四字「若」，磧、南、徑、清作「苦」。

一　三一三頁中一九行第一四字「設」，磧、南、徑、清作「説」。

一　三一三頁下九行「粧飾」，磧、南、徑、清作「裝飾」。

一　三一四頁中二七行「蕉木」，徑、清作「焦木」。

一　三一四頁下二七行第三字「設」，徑作「説」。

一　三一六頁中一七行「大人座」，磧、南、徑、清作「天人座」。

一　三一六頁下七行第五字「天」，磧、南、徑、清作「大」。

一　三一七頁中一二行「一地」，磧、南作「一切」。

一　三一七頁下一九行第二字「同」，磧、南作「開」。

一　三一八頁上二一行第七字「身」，清作「心」。

一　三一八頁上末行「心王」，磧、南作「心正」。

宗鏡錄卷第二十　慧日永明寺主智覺禪師延壽集　假

夫正因佛性眾生共有經云不由觀智所顯則道常披露云何異生迷而不悟

答智論云眾生心性猶如利刀唯用割泥泥無所成刀日就損理體常妙眾生自塵能善用之即合本妙又譬如一器中水從味恒然若著甘草則甜下黃連則苦眾生心水亦復如是起妄染則凡冥真空則聖其心之性未嘗變異如華嚴經偈云譬如淨日月皎鏡在虛空影現於眾水不為水所雜菩薩淨法輪當知亦如是現世間心水不為世所雜如華嚴疏云一切法有二一是所迷謂緣起不實故如幻緣成故無性二是能迷徧計無物故如空妄計故無相又以不覺故不知有以不信故不承當但起無明空成倒想如夜繩不動疑之為蛇闇室本空怖之有鬼故知本無迷悟妄有昇沉昔迷悟而似迷今悟迷而非悟但以內見自隔客塵所遮於體上分遠近之情向性中立凡聖之量如勝思惟梵天所問經云梵天問文殊師利比丘云何親近於佛答言梵天若比丘於諸法中不見有法若近若遠是則名為親近於佛大集經云不覺一法微相者乃能了知如來出世無出之出即是佛出是以若不見一法常見諸佛則千里同風若見一法不見諸佛則對面胡越故知背心合境頓起塵勞背境合心圓照法界何者心是所依法是能依能依從所依起如水是所依波是能依離水無波離心無法又心是能生法是所生如木能生火木是能生火是所生離木無火離心無法故知不即心為道者如千人排門無一得入若了心頓入者猶一人拔關能通萬彙得宗鏡之要者其斯謂乎是以妙性無虧迷悟自得一法不動向背俄分如首楞嚴經云佛言富樓那又汝問言地水火風本性圓融周徧法界疑水火性不相陵滅又徵虛空及諸大地俱徧法界不合相容富樓那譬如虛空體非羣相而不拒彼諸相發揮所以者何富樓那彼太虛空日照則明雲屯則暗風搖則動霽澄則清氣凝則濁土積成霾水澄成映於意云何如是殊方諸有為相為因彼生為復空有若彼所生富樓那且日照時既是日明十方世界同為日色云何空中更見圓日若是空明空應自照云何中宵雲霧之時不生光曜當知是明非日非空不異空日觀相元妄無可指陳猶邀空華結為空果云何詰其相陵滅義觀性元真唯妙覺明妙覺明心先非水火云何復問不相容者真妙覺明亦復如是汝以空明則有空現地水火風各各發明則各各現若俱發明則有俱現云何俱現富樓那如一水中現於日影兩人同觀水中之日東西各行則各有日隨二人去一東一西先無準的不應難言此日是一云何各行各曰既雙云何現一宛轉虛妄無可憑據富樓那汝以色空相傾相奪於如來藏而如來藏隨為色空周徧法界是故於中風動空澄日明雲暗眾生迷悶背覺合塵故發塵勞有世間相我以妙明不生不滅合如來藏而如來藏唯妙覺明圓照法界故知妙覺明心湛然不動因業發現隨為色空周徧法界眾生背其本覺妄執情塵翳於平等一真覺中認所現差別之境界隨發明處強說是非如於虛空體中定其差別實謂虛妄顛倒無理可憑凡拄聖智真詮悉為破其顛倒若知顛倒不實自然無法可論如華嚴經云以智入於一切佛法為眾生說令除顛倒然知不離眾生有顛倒不離顛倒有眾生不於顛倒內有眾生不於眾生內有顛倒亦非顛倒是眾生亦非眾生是顛倒顛倒非內法顛倒非外法眾生非內法眾生非外法一切諸法虛妄不實速起速滅無有堅固如夢如影如幻如化誑惑愚夫如疏釋云經文有四對前三對二互相望後一對當體以辯前三對中前二不離後一不即即顯生之與倒非即離也眾生即能起顛倒之人乃染分依他顛倒即所起之妄是徧計所執初對明不離者謂依似執實故離生無倒依執似起離倒無生第二對明不相在重釋前義言不離者明因果相待緣成非先有體二物相在因中無果故倒內無生若必有者則應徧計是依他起果中無因故生內無到若要令有者則應無有不倒眾生第三對明不即不壞因果能所徧計之二相故由前三對則知生倒非一非異非即非離第四對當體以辯倒心託境方生故非內法若是內者無境應有境由情計故非外法若是外者智者於境不應不染既非內外寧在中間則當體自虛將何對他以明即離眾生亦尒即蘊求無故非內法離蘊亦無故非外法既非內外亦絕中間本性自空何能起倒將何對

他明非即離旣如是知則自無倒爲物說此倒惑自除因謂由不達緣成不堅妄生徧計故云誑惑愚夫實則愚夫自誑若獼猴執月非月執獼猴又中觀論偈云有倒不生倒無倒不生倒倒者不生倒不倒亦不倒若於顚倒時亦不生顚倒汝可自觀察誰生於顚倒已顚倒者則更不生顚倒已顚倒故不顚倒者亦不顚倒無有顚倒故顚倒時亦無顚倒有二過故汝今除憍慢心善自觀察誰爲顚倒者復次諸顚倒不生云何有此義無有顚倒故何有顚倒者顚倒種種因緣破故墮在不生彼貪著不生謂不生是顚倒實相是故偈說云何名不生爲顚倒乃至無漏法尚不名爲不生相何況顚倒是不生相無顚倒何有顚倒者因倒者有倒故　問云何一切顚倒不成妄耶　答只爲因情所執遂成虛妄以執本空妄即非妄如起信鈔云所執本空與眞心不動迭相成立只爲所執本空所以眞心不動只由眞心不動故得所執本空何異萬像本空明鏡不動何謂眞妄迭相成立以迷眞起妄妄因眞立悟妄即眞眞從妄顯

問如何得離倒不自誑無過耶　答如大集經云如第五大如第七情如十九界無出無入無生無滅無有造作無心意識乃名無過

問若心性本淨云何說客塵染　答心本淸淨迹亦淸淨體亦淸淨用亦淸淨以不離一心別有淸淨以妄塵不能染眞法不能淨何者離心無異法豈有染能染耶亦離心無眞法豈有淨能淨耶則刀不能自割指不能自觸大莊嚴論偈云已說心性淨而爲客塵染不離心眞如別有心性淨不離心之眞如別有異心謂依他相說爲自性淸淨此中應知說心眞如名之爲心即說此心爲自性淸淨此心即是阿摩羅識又一切衆生未見性者雖客塵所隱五陰所埋任經生死往來其性不昧或遇善友開發終自顯明以是出世間常住心寶豈世間無常敗壞生滅之法而能隳壞如貧女室中金藏雖未掘而匪移若力士額上寶珠任鬬毆而常在猶雪山箭中藥味暫沫出而恒存如大地底下金剛縱穿斷而不壞是以大涅槃經云迦葉菩薩白佛言世尊我從今日始得正見世尊自是之前我等悉名邪見之人世尊二十五有有我不也佛言善男子我者即是如來藏義一切衆生悉有佛性即是我義如是我義從本已來常爲無量煩惱所覆是故衆生不能得見善男子如貧女人舍內多眞金之藏家人大小無有知者時有異人善知方便語貧女人我今雇汝汝可爲我耘除草穢女即答言我不能也汝若能示我子金藏然後乃當速爲汝作是人復言我知方便能示汝子女人答言我家大小尚自不知況汝能知是人復言我今審能女人答言我亦欲見并可示我是人即於其家掘出眞金之藏女人見已心生歡喜生奇特想宗仰是人善男子衆生佛性亦復如是一切衆生不能得見如彼寶藏貧人不知善男子我今普示一切衆生所有佛性爲諸煩惱之所覆蔽如彼貧人有眞金藏不能得見如來今日普示衆生諸覺寶藏所謂佛性而諸衆生見是事已心生歡喜歸仰如來善方便者即是如來貧女人者即是一切無量衆生眞金藏者即佛性也乃至譬如王家有大力士其人眉間有金剛珠與餘力士角力相撲而彼力士以頭觝觸其額上珠尋沒膚中都不自知是珠所在其處有瘡即命良醫欲自療治時有明醫善知方藥即知是瘡因珠入體是珠入皮即便停住是時良醫尋問力士卿額上珠爲何所在力士驚答大師醫王我額上珠乃無去耶是珠今者爲何所在將非幻化憂愁啼哭是時良醫慰喻力士汝今不應生大愁苦汝因鬬時寶珠入體今在皮裏影現於外汝曹鬬時瞋恚毒盛珠陷入體故不自知是時力士不信醫言若在皮裏膿血不淨何緣不出若在筋裏不應可見汝今云何欺誑於我時醫執鏡以照其面珠在鏡中明了顯現力士見已心懷驚怪生奇特想善男子一切衆生亦復如是不能親近善知識故雖有佛性皆不能見而爲貪婬瞋恚愚癡之所覆蔽故墮地獄畜生餓鬼阿脩羅旃陀羅刹利婆羅門毗舍首陀生如是等種家中因心所起種種業緣雖受人身聾盲瘖瘂拘躄癃跛於二十五有受諸果報貪婬瞋恚愚癡覆心不知佛性如彼力士寶珠在體謂呼失去衆生亦尒不知親近善知識故不識如來微密寶藏修學無我喻如非聖雖說有我亦復不知我之眞性我諸弟子亦復如是不知親近善知識故修學無我亦復不知無我之處尚自不知無我眞性況復能知有我眞性善男子如來如是說諸衆生皆有佛性喻如良醫示彼力士金剛寶珠是諸衆

生爲諸無量億煩惱等之所覆蔽不識佛性若盡煩惱尒時乃得證知了了如彼力士於明鏡中見其寶珠善男子如來秘藏如是無量不可思議復次善男子譬如雪山有一味藥名曰樂味其味極甜在深叢下人無能見有人聞香即知其地當有是藥過去往世有轉輪王於此雪山爲此藥故在在處處造作木筩以接是藥是藥熟時從地流出集木筩中其味真正王既沒已其後是藥或醋或鹹或甜或苦或辛或淡如是一味隨其流處有種種異是藥真味停留在山猶如滿月凡人薄福雖以钁斸加功困苦而不能得復有聖正出現於世以福因緣即得是藥真正之味善男子如來秘藏其味亦尒爲諸煩惱叢林所覆無明衆生不能得見一味藥者喻如佛性以煩惱故出種種味所謂地獄畜生餓鬼天人男女非男非女剎利婆羅門毗舍首陀佛性雄猛難可沮壞是故無有能殺害者若有殺者則斷佛性如是佛性終不可斷性若可斷無有是處如我性者即是如來秘密之藏如是秘藏一切無能同沮壞燒滅雖不可壞然不可見若得成就阿耨多羅三藐三菩提尒乃證知以是因緣無能殺者迦葉菩薩復白佛言世尊若無殺者應當無有不善之業佛告迦葉實有殺生何以故善男子衆生佛性住五陰中若壞五陰名曰殺生若有殺生即墮惡趣以業因緣而有剎利婆羅門等毗舍首陀及旃陀羅若男若女非男非女二十五有差別之相流轉生死非聖之人橫計於我大小諸相猶若稗子或言如豆乃至拇指

如是種種妄生憶想妄想之相無有真實出世我相名爲佛性如是計我是名最善復次善男子譬如有人善知伏藏即取利钁斸地直下盤石沙礫直過無難唯至金剛不能穿徹夫金剛者所有刀斧不能沮壞善男子衆生佛性亦復如是一切論者天魔波旬及諸人天所不能壞五陰之相即是起作起作之相喻若石沙可穿可壞佛性者喻如金剛不可沮壞以是義故壞五陰者名爲殺生善男子必定當知佛法如是不可思議是知雖有佛性久翳塵勞須以止觀熏修乃得明淨如貧女得藏中之寶猶力士見鏡裏之珠方親悟自心妙覺圓滿又如何行於止觀得契真修但了能觀之心所觀之境各各性離即妄心自息此名爲止常作此觀不失其照故名爲觀斯則即止即觀即觀即止無能所觀是名止觀如先德云法性寂然名止寂而常照名觀非能所觀有其二事所以華嚴經頌云若有欲知佛境界當淨其意如虛空遠離妄想及諸取令心所向皆無礙釋云一離妄取如彼淨空無雲翳故斯即真止二觸境無滯如彼淨空無障礙故斯即真觀此觀不作意以照境則所照無涯此止體性離而息妄故諸趣皆寂若斯則不拂不瑩而自淨矣無淨之淨乃冥契法原不修之修則闇蹈佛境矣故知唯一心真智是我本身湛然常存現前明淨自然以智慧觜啄破無明㲉飛出三界自在無礙此時方得見性了然更有何法而堪比對如丹霞孤寂吟云不迷須有不迷心看時淺淺用時深此箇真珠若採得豈同

樵客負黃金黃金烹鍊轉爲新此珠含光未示人了則毛端吞巨海始知大地一微塵

問諸佛心徧一切衆生心能現凡心衆生身徧一切諸佛身能作聖體爲復轉動至徧而成爲當一體　荅若言轉動即成造作若言至徧則有二心是以常住一心猶若虛空之體凡聖二號還同空裏之華青黃起滅雖殊匪越太虛之性迷悟昇沉有異未離真覺之原又如一室千燈光光涉入一鏡萬像影影交羅非異非同不來不去遠斯旨者唯佛洞知是以萬有即真無轉變相華嚴經云知心如幻出生一切諸法境界周徧無盡不匱不息大集經云住一心中能知一切衆生諸心觀衆生心悉皆平等如幻化相本性清淨觀諸衆生身業平等皆如水月見諸衆生悉在已身已身亦在衆生身中猶如影現能令衆生悉作佛身亦令已身作衆生身一切無有能轉動者又經頌云諸佛一似大圓鏡我身猶若摩尼珠諸佛法身入我體我身常入諸佛軀雖然互入而無所入若有所入即成二法

問若實心外無法獨標宗者無諸佛則無能化之人無衆生則無所化之衆全歸無寄何以紹隆　荅只謂了唯心故成平等之佛違唯識故行同體之悲若不直下頓悟斯宗則自他二利俱失何者不入一心平等違成佛之正宗不了同體大悲墮愛見之妄想如維摩經觀衆生品云尒時文殊師利問維摩詰言菩薩云何觀於衆生維摩詰言譬如幻師見所幻人菩薩觀衆生爲若此如智者見水中月如鏡中見其面像如熱時燄如呼

聲響如空中雲如水聚沫如水上泡如芭蕉堅如電久住如第五大如第六陰如第七情如十三入如十九界菩薩觀衆生爲若此如無色界色如焦穀芽如須陀洹身見如阿那含入胎如阿羅漢三毒如得忍菩薩貪恚毀禁如佛煩惱習如盲者見色如入滅盡定出入息如空中鳥跡如石女兒如化人煩惱如夢所見已寤如滅度者受身如無煙之火菩薩觀衆生爲若此文殊師利言若菩薩作是觀者云何行慈維摩詰言菩薩作是觀已自念我當爲衆生說如斯法是即眞實慈也淨名私記釋云今明觀衆生品大精只依其中一句行則足得一句攝心常照行之一切萬行足只令汝自觀觀汝身心如此畢竟空即是菩薩觀衆生菩薩名道道能通通汝色心本性令離虛妄即是菩薩菩薩只在汝身中觀汝身心如第三手爲畢竟無身心此中示人坐禪用心法大好只觀身心如此無可作定亂是非一異一切平等即坐禪法不同今時計有心可得言我心亂欲除亂取定大成顚倒須覺知魔事又今時欲度衆生應須曉夜觀汝心中所起煩惱性即是度衆生只諮此觀煩惱智名佛耳釋迦已觀煩惱已得作佛竟說教留與今凡夫依教修行若言別有佛別有許多世界衆生佛次第度竟然後成佛若尒釋迦已成佛竟今那得猶見有衆生滿世間當知不尒夫言竟者盡也已上觀衆生竟次觀如來者如阿閦佛品云尒時世尊問維摩詰汝欲見如來爲以何等觀如來乎維摩詰言如自觀身實相觀佛亦然我觀如

來前際不來後際不去今則不住不觀色不觀色如不觀色性不觀受想行識不觀識如不觀識性非四大起同於虛空六入無積眼耳鼻舌身心已過不在三界三垢已離順三脫門三明與無明等不一相不異相不自相不他相非無相非取相不此岸不彼岸不中流而化衆生觀於寂滅而不永滅不此不彼不以此不以彼不可以智知不可以識識無晦無明無名無相無强無弱非淨非穢不在方不離方非有爲非無爲無示無說不施不慳不戒不犯不忍不恚不進不怠不定不亂不智不愚不誠不欺不來不去不出不入一切言語道斷非福田非不福田非應供養非不應供養非取非捨非相非無相同眞際等法性不可稱不可量過諸稱量非大非小非見非聞非覺非知離衆結縛等諸智同衆生於諸法無分別一切無失無濁無惱無作無起無生無滅無畏無憂無喜無厭無著無已有無當有無今有不可以一切言說分別顯示世尊如來身爲若此作如是觀以斯觀者名爲正觀若他觀者名爲邪觀天台淨名疏釋不觀色不觀色如不觀色性者不觀色者心如幻師幻作種種色若知幻師是誑則不得所幻之色今色從心幻師幻出尚不得此心何處見有此色故不應觀色不觀如者若見色與如異是則泯色入如今不見色如之別故不觀如不觀性者即不觀佛性不觀色是空俗不觀如是空眞不觀佛性是空中道以其計中道有佛性而起順道愛生是爲頂墮故經云我及涅槃是二皆空唯有空病空

病亦空今不觀性是無順道愛故夫愛世間差別果報皆爲一念心異分別情生取衆生相爲凡執諸佛境爲聖如經所說觀衆生如幻師見幻觀如來則三際體空二見於是雙消情量爲之俱泯則可以成諸佛之喜除菩薩之憂信此一心能入宗鏡是以法華神力品偈云能持是經者令我及分身滅度多寶佛一切皆歡喜古聖云道俗之不夷二際之不泯菩薩之憂也大方等大集經云佛法者名一切法一切法者名爲佛法佛法性即一切法性如一切法性即佛法性佛法性一切法性無有差別故知性無有異隨見成差其體常融假名有別所以經云一切諸法及諸佛法但假名字亦非是法亦非非法不退轉法輪經云佛及菩提有聲無實亦無方所諸法亦然華嚴經頌云知諸世間悉平等莫非心語一切業衆生幻化無有實所有果報從茲起又頌云諸法寂滅非寂滅遠離此二分別心知諸分別是世見入於正位分別盡法華經安樂行品云復次菩薩摩訶薩觀一切法空如實相不顚倒不動不退不轉如虛空無所有性一切語言道斷不生不出不起無名無相實無所有無量無邊無礙無障但以因緣有從顚倒生故說常樂觀如是法相是名菩薩摩訶薩第二親近處又如來壽量品云諸善男子如來所演經典皆爲度脫衆生或說己身或說他身或示己身或示他身或示己事或示他事諸所言說皆實不虛所以者何如來如實知見三界之相無有生死若退若出亦無在世及滅度者非實非虛非如非

異不如三界見於三界如斯之事如來明見無有錯謬以諸衆生有種種性種種欲種種行種種憶想分別故欲令生諸善根以若干因緣譬喻言詞種種說法所作佛事未曾暫廢故知若以正宗門尚無在世之人亦無滅度之者何況有能化所化之異乎若以佛事門則教海宏深智燈廣照隨機善巧寧容暫廢耶所以大智度論問云若五陰空無佛即是邪見云何菩薩發心求作佛答曰此中言無佛破著佛想不言取無佛相若有佛尚不令取何況取無佛邪見又佛常寂滅無戲論相若人分別戲論常寂滅事是人亦墮邪見離是有無二邊處中道即是諸法實相諸法實相即是佛何以故得是諸法實相名爲得佛大般若經云諸菩薩衆尚不得法何況非法尚不得道何況非道又云於生死法不起不墮於諸聖道不離不修釋云於生死法不起者自性常空故不落離邊不墮者不隨流轉故不落即邊於諸聖道不離者性常相應故不落斷邊不修者天眞具足故不落常邊如清涼疏云不著一多能立一切者不著於有能安立故即眞俗鎔融謂世俗幻有之相相本自空勝義眞空之理理常自有是空有非常有斯有未曾不空是有空非斷空此空何嘗不有有空有體一名殊名殊故眞俗互乖迢然不雜體一故空有相順冥然不二一與不一不即不離鎔融無礙菩薩智契其原所以迴絕無寄而善修安立又云良以事虛攬理無不理之事理實應緣無礙事之理所以寂而常照照而常寂故終日知見而無知見也乃至菩薩悲智相成出沒無礙悲故常行世間智故不染世法融通有三一悲無不智故則世無不離是以常在世間未曾不出二智無不悲故離無不世是以恒超世表無不遊世三雙融故動靜無二唯是一念所謂無念無念等故世與出世無有障礙如華嚴經云菩薩摩訶薩知善巧說法示現涅槃爲度衆生所有方便一切皆是心想建立非是顚倒亦非虛誑何以故菩薩了知一切諸法三世平等如如不動實際無住不見有一衆生已受化今受化當受化亦自了知無所修行無有少法若生若滅而可得者而依於一切法令所願不空是爲第九如實住又頌云菩薩能於一念頃觀等衆生無數佛又復於一毛端中盡攝諸法皆明見以此眞見故成無緣慈普令法界衆生見聞獲益所以經云譬如日月不作往來照明之心以諸衆生福德力故自行往反壞諸暗冥若入此宗鏡中則無一法可取皆同性故無一法可捨絕異相故是以聖人常善救人而無棄人常善救物故無棄物夫云善者莫非知宗方爲究竟之上善若救人成同體之悲若救物歸無相之理則善外無法何棄之乎

宗鏡錄卷第二十　　　　信

音義

彙（爲貴反類也）霽（子計反雨止也）霾（莫皆反）邀（於宵反又音要）隳（許規反）巫歇也筩（徒紅反竹丨也）摇（備豹反丨地也）𣪠（王分反）雇（古暮反賃也）攢（清角反相操）觝（都礼反角掌）膺（英甬反）緣（林也）筋（丨骨銀反）膿（奴紅反血也）瘖（於林反）金 痤 鑁 瘂（力中反瘋也）跛（布火反足也）鑁（居東反縛名）躄（必益反方言所謂也）額（五陌反）雄（虎弓反雌丨也）組（子古反）轡（丨鬢也）䞣 翦（竹角反削也）蹈（徒到反踐也）蹐 𤉏（即消反傷也）厦 泡（匹交反水泡也）啄（竹角反）䇿 諮（即夷反）殼（苦角反鳥卵也）斷 閱（初六反）

丙午歲分司大藏都監開板

宗鏡錄卷第二十

校勘記

一　底本，麗藏本。

一　三二〇頁上六行首字「無」，磧、南、徑作「智」。

一　三二〇頁下二二行首字「到」，磧作「倒」。

一　三二二頁中二四行第三字「趣」，磧、南、徑、清作「取」。

一　三二三頁上一四行第四字「今」，磧、南、徑、清作「令」。

一　三二三頁上一五行首字「是」，磧、南作「大」。

一　三二三頁上二七行「世間」，徑、清作「世界」。

宗鏡録卷第二十一

慧日永明寺主智覺禪師　延壽　集　富

夫一切眞俗等法各有理事通別行相果報歷然云何一向就已消融未入斯宗恐成空見　荅得本方了末執末則違宗若不觀心法無來處若但修有爲事行不達自心無爲則迷事失宗果歸生滅若體理行事雙照無違只恐一向偏修理事俱失如大寶積經云假使造寶塔其數如恒沙不如剎那頃思惟於此經又只爲一心是萬行之原因茲能起同體之悲無緣之化如起信鈔云若信一味空理則欣厭都絕若信一向法相則聖凡懸隔斯皆不能起行修進今令信一心是凡聖之原但由迷悟使之有異是則必能起行修進望佛果故是知眞心不守自性隨緣昇降果報歷然又隨緣不失自性緣假無實境智冥寂所以起信論云所謂雖念諸法自性不生而復即念因緣和合善惡之業苦樂等報不失不壞雖念因緣善惡業報而亦即念性不可得若云果報不失即須具修萬行若云性不可得當知唯是一心且萬行之初無先五戒若依事相報在人天藏教但證無常通教空無自性別教歷別因果不融唯圓教觀心即具法界所以大涅槃經云雖信別相不信一體無差別相名信不具信不具故所有禁戒亦不具足故所有多聞亦不具足何謂信不具未了一法即一切法信豈圓耶何謂戒不具未知戒性如虛空戒豈具耶何謂聞不具未聞如來常不說法是爲具足多聞聞豈具耶若入宗鏡尋唯戒善乃至諸佛果德菩薩萬行靡有一法而非所被則念念了知法法圓滿且如五戒者戒從心生心因戒立若心不起爲四德萬行之基若心妄生作六趣三塗之本則無善而不攝無惡而不收故台教云此五戒亦是大乘法門束此五戒爲三乘即對三無失三不護三輪不思議化三密三軌三身三佛性三般若三涅槃三智三德等無量三法門橫豎無邊際與虛空法界等亦是無盡藏法門亦是無量義三昧舉要言之即是一切佛法也天台金光明經疏云五戒者天地之大忌上對五星下配五嶽中成五藏犯之者陵天觸地自伐其身也一不殺者害命名事殺不害命名事不殺法門解者拼法名理殺體法名理不殺若作意防護如馬著勒如牧牛執杖者報在人道百二十年唯得肉眼若任運性成如河注海者報在六天極長者九百二十六億七千萬歲唯得天眼若加修定戒無常若空無我等慧者報在變易壽七百阿僧祇唯得慧眼若加修常無常等慧報在蓮華藏海受法性身分得五眼分得常壽比佛猶是諸根不具壽命損減若圓教人持事不殺戒又持理不殺戒不壞身因常隨一相不斷癡愛起於明脫體陰界入無所傷毀若子若果不生不滅成就智慧居寂光土常壽湛然五眼具足得根自在得命自在脩短自任是則名爲究竟持戒諸根具足命不損減圓人何但持是之戒唯殺唯慈亦作事殺亦作理殺如仙預大王殺五百婆羅門與其見佛之眼與其十劫之壽又作法門殺者拼蕩塵累淨諸煩惱如樹神折枝不受怨鳥如劫火燒木灰炭俱亡故楞加經云殺無明父害貪愛母斷隨眠怨壞陰和合斷七識身若有作者現證法身此逆即順鴦崛云我善斷除界入不能持不殺戒一切塵勞是如來種斷此種盡乃名爲佛成就金剛微妙法身湛然應一切垂形九道隨其所宜示長短命任其所見用缺具根而化度之二不盜者不與取名事盜與取名事不盜法門者如佛言他物莫取名法門不盜菩提無與者而取菩提是名法門盜若持戒作業求可意果者無常遷朽悉是他物毒如囊果害如毒食有智之人所不應求云何殷勤飲苦食毒而自傷毀迴洑困苦豈過有流三障障佛第一義天之所捨離是盜非不盜也又二乘以四諦智觀身受心法厭惡生死欣求涅槃涅槃心起即取他物即非時取證即不待所說因燋種不生見苦斷集修道證盡非未法也謂有涅槃成涅槃見若有著空諸佛不度身長三百由旬而無兩翅墮三無爲坑飢餓羸瘦體生瘡癬豈非貧窮困苦耶又不見佛不聞法不入衆數豈非第一義天遠離耶此猶名盜非不盜也若別人從淺至深捨一取一來已更復來去已更復去悉是淨於去來相亦是不與而取取已而捨亦是貧窮捨已更取數數去取即是困苦不與第一義天相應即是遠離此猶名盜非不盜也圓人觀法實相受亦不受不受亦不受亦受亦不受亦不受非受非不受亦不受不取是菩提障諸取故是法平等無有高下不高故不取不下故不捨如是觀者觀如來藏具足無缺是如

意珠隨意出寶即脩羅琴任意出聲即是大富大富故無取即第一義天故不遠離是名究竟持不盜戒圓人亦有盜法門者菩提無與者而取菩提如海吞流不隔萬泒如地荷負檐四重擔衆生悉度煩惱悉斷法門悉知佛道悉成三不婬者男女身會名事婬法門解者若心染法是婬若關第七支如僂著鎖擎一油鉢過諸大衆割捨樂編樂求於未來淨潔五欲如市易法如銅錢博金錢此乃增長欲事非不欲也若斷欲界麤弊之欲染著色無色界禪定之樂如水魚蟄蟲墮長壽天是爲一難貪著禪味名大縛是染欲法非不欲也若憎生死愛涅槃棄之直去涉路不迴諸有色聲不能染屈如八風不動須彌若聞菩薩勝妙功德甄迦羅琴聲迦葉起舞不能自持毗嵐風至破如腐草是染欲非不染欲也若菩薩惡生死如糞穢惡涅槃如怨鳥捨於二邊志存中道起順道法愛生名頂墮是菩薩旃陁羅既無方便此慧被縛不能勝怨已所修治爲無慧利是染欲法非不欲也圓人觀一心三諦即空何所染即假何所淨即中何所邊即空即假何所中即空故無我人十六知見依正等愛即假故無空無相無願等愛即中故無佛菩提轉法輪度衆生等愛三諦清淨名畢竟淨唯佛一人具淨戒餘人皆名汙戒者圓人又有染愛法門如和須蜜多女人見人女天見天女見者即得見佛三昧執手者得到佛三昧嗚者得極愛三昧抱者得眞如三昧亦如魔界行不汙菩薩變爲無量身共無量天女從事皆今發菩提心又先以欲拘牽後令入佛智斯乃非欲之欲以欲止欲如以楔出楔將聲止聲四不妄語者法門者未得謂得凡夫癡人於下苦中橫生樂想豎我慢幢打自大鼓執有與無諍執無與有諍起六十二見破慧眼不見於眞實備口四過三十三天黃葉生死謂是眞金非想自地謬計涅槃此非妄語誰是妄語耶二乘競執瓦礫歡喜持出生滅度想生實未盡穿得滅度生安樂想所作未辦寧得安隱其實未得一切解脫未得謂得豈非妄語耶佛爲別教人四門說實相執於一有隔礙三門乃至執非有非無不融有無夫實相者言語道斷心行處滅云何以字字於無字云何以數數於無數豈非妄語耶圓人如實而觀如實而說如實觀者非內觀乃至非離內外觀亦不以無觀得是智慧如實說者一切實乃至非實非不實等如是皆名諸法實經云諸佛皆實語即是以佛道聲令一切聞圓人亦有妄語法門無車說車誘戲童子無樂說樂止彼啼兒若有衆生因虛妄說得利益者佛亦妄說又言我是貪欲尸利等我是天是人實非天人將虛以出虛令得不虛耳五不飲酒法門解者迷惑倒見名酒夫酒爲不善諸惡根本飲酒招狂外道等是即世間醉也大經云從昔已來常爲聲色所醉流轉生死三界人天通有此醉二乘無明酒未吐如半癃人大經引醉歸之世間無常樂而言我淨如來實我淨而言無常樂如彼醉人見日月轉此二乘醉也菩薩無明未盡不了了見夜觀晝像譬如醉人朦朧見道迦葉云自此已前我等悉名邪見人也此是菩薩醉圓人行如來行具煩惱性能知如來秘密之藏雖有肉眼名爲佛眼所可見者更不復見是則五住正習一時無有餘酒法既除何所可醉圓人亦有飲酒法門鴦崛云持眞空瓶盛實相酒變化五道宣揚學孔波斯匿醉轉更多恩末利后飲佛言持戒入于酒肆自立其志亦立他志夫得其門者逆順俱當失其柄者操刀傷手是知能以塵勞煩惱爲佛事者斯乃見一切法皆實相矣於一心實相中不見有世間過患障礙之法則何所捨亦不見有出世殊勝尊妙之法則何所取但爲未入實相門中見有凡聖種種差別而生忻猒者逆乃徇彼機宜隨其所作善巧方便而化導之皆令入此一際平等無諍無失自證法門究竟常樂如是開示不負前機若解肘後之方似探囊中之寶實爲第一之說括盡初終開大施之門復誰前後得自己法身之髓到一心智海之源初阿已擯無邊過荼無字可說　問夫戒是軌持全依事相大綱所立出自四分等律文今宗鏡中云何於萬行之門皆稱第一荅夫萬行之由皆爲契眞顯本若違眞逐末不識教宗凡一切衆生皆本具自性之律若純根者則漸以相示若上器者直從性明如傅大士云持律本爲制生心我今無心過戒律首楞嚴云持犯但束身非身何所束如是之機如是之敎豈須戒耶已自知各具佛性戒故然於初心凡夫及出假菩薩亦不壞於事相遮性二戒悉皆等持以初心自行根劣故須理事相資以久行化他圓滿故須權實

雙備且如凡夫二乘菩薩諸佛凡持戒者莫不皆由一心所起以凡夫全不自知垢淨之戒因從自心生罪福之戒果當自心受二乘雖知由心轉變執有前塵攬小菩薩雖不執前境實有任無自性空都不了外本無空皆自心變諸大菩薩正了唯心空有雙泯無明未盡功德未圓理行猶虧尚居因位諸佛則圓證真唯識性離念清淨故經云唯佛一人持淨戒其餘盡名破戒者如六行法云次就戒明人心別有六不同先明麤凡依戒起罪謂有愚人身雖持戒不知看心復不護口自謂已能毀他破戒由此惡說壞人敬信便成罪業當生惡道次明凡夫身口持戒未學觀慧唯成福行次明二乘出世道戒謂二乘人觀生空時離凡我倒則成道戒次明大乘小菩薩觀相空慧心淨明時離取相罪即明為戒次明大乘大菩薩戒謂觀唯心本無外色無色可破相空亦無離取相過故名為戒此則不同小菩薩戒離離著有仍著空相此大菩薩知空亦空無空可著則證大空故智論云破諸法皆空唯有空在而取相著之大空者破一切法空空亦復空以此文證著空是過大根離之故名為戒次明佛戒謂證唯心離念常淨無明垢盡即成佛戒但佛心中具諸功德離過義邊則名為戒諸大菩薩雖具功德無明未盡則不同佛故佛淨戒與因有異如上所說六種持戒雖即優劣不同皆是一心所作以凡小不了唯心證空取相取相者成罪福之垢證空者背圓常之門若入宗鏡之中自成戒德則不為空有諸緣所動豈非第一耶戒法既函萬行例然所以華嚴論云夫小乘戒為情有宗為如來創為凡夫造業處言是應作是不應作說善不善如此立教未為實有如此有教且約凡情虛妄之處橫制諸惡以教制之令生人天是故戒序云若欲生天上及生人中者常當護戒足勿令有毀損眾生有為作業虛妄非實德故生人天無常虛妄非實未得法身智身非為實有宗且為情有宗於小乘中為軌持教也如華嚴經持戒即不然經云身是梵行耶身業四威儀乃至佛法僧十眾七遮和尚羯磨壇頭等是梵行耶如是諦觀求梵行者了不可得是故名為清淨梵行如梵行品說如是清淨行者名持佛性戒得佛法身故乃至初發心時便成正覺以持佛性戒故與佛體齊理事平等混真法界如是持戒不見自身能持戒者不見他身有破戒者非凡夫行非賢聖行不見自身發菩提心不見諸佛成等正覺若好若惡若有少法可得不名淨行當如是觀如是性戒即法身也法身者即如來智慧也如來智慧者即正覺也是故不同小乘有取捨故然雖無取捨於理行二門亦不廢具修如寒山子詩云五嶽俱成粉須彌一寸山大海一滴水吸在我心田生長菩提子徧蓋天中天為報慕道者慎勿遶十纏夫九結十纏性雖空寂初心學者且須離之是以諸佛所說深經先誡不可於新發意菩薩前說慮種子習重發起現行又觀淺根浮信解不及如淨名經云佛說婬怒癡性即是解脫又云不斷婬怒癡亦不與俱故云得之者隱傍之者現若於婬怒癡情生未著得其事者則道隱若傍善觀之了其性者則道現雖了而不著故云亦不與俱若非久行根熟菩薩方能理事無礙如先德偈云久種善根深逢塵塵不侵不是塵不侵自是我無心　問法身無像真土如空皆是一心無別依正云何教中廣談身土　荅只於自心性相分身土之名以自心相義名身自心性義名土清涼疏問法性身土為別不別別則不名法性性無二故不別則無能依所依荅經論異說統收法身略有十種一依佛地論唯以清淨法界而為法身亦以法性而為其土性雖一味隨身土相而分二別智論云在有情數中名為佛性在非情數中名為法性假說能所而實無差唯識論云雖此身土體無差別而屬佛法性相異故謂法性屬佛為法性身法性屬法為法性土性隨相異故云爾也今言如虛空者唯識論云此之身土俱非色攝雖不可說形量大小然隨事相其量無邊譬如虛空徧一切處故如虛空言通喻身土二或唯大智而為法身所證真如為法性土故無性攝論云無垢無罣礙智為法身故若爾云何言身相如虛空智體無礙同虛空故三亦智亦如而為法身梁攝論中及金光明經皆云唯如如及如如智獨存名法身故此則身含如智土則唯如四境智雙泯而為法身經云如來法身非心非境土亦隨爾依於此義諸契經中皆說如來身土無二此則依真之言顯無能所方曰依真成如空義五此上四句合為一無礙法身隨說皆得土亦如之六此上悲別

五句相融形奪泯玆五說逈然無寄以爲法身土亦如也此上單就境智以辯七通攝五分及悲願等所行恒沙功德無不皆是此法身收以修生功德必證理故融攝無礙即此所證眞如體大爲法性土依於此義身土逈異今言身相即諸功德言如虛空即身之性華嚴經云解如來身非如虛空一切功德無量妙法所圓滿故八通收報化色相功德無不皆是此法身收故攝論中三十二相等皆法身攝又法華經云微妙淨法身具相三十二然有三義一相即如故歸理法身二智所現故屬智法身三當相並是功德法故名爲法身其所依土則通性相淨穢無礙我此土淨而汝不見衆生見燒淨土不毁色即是如相即非相身土事理交互依持通有四句一謂色身依色相土二色身依法性土三法身依法性土四法身依色相土此上猶通諸大乘教九通攝三種世間皆爲一大法身具十佛故其三身等並此中智正覺攝故土亦如之即如空身而示普身于何不具此唯華嚴十上分權實唯以第九屬於此經若據融攝及攝同教總前九義爲一總句是謂如來無礙身土又諸土無礙通有十種諸教說上或謂但是無常或云心變理事懸隔一多不融故今要辯無礙一理事無礙謂全同眞性而剎相宛然經頌云華藏世界海法界無差別莊嚴悉淸淨故二成壞無礙故謂成即壞壞即成等三廣狹無礙不壞相而普周故經頌云體相如本無差別無量國土悉周徧等四相入無礙經頌云以一剎種入十方十方入一亦無餘亦是一多無礙五相即無礙經云無量世界即一界故六微細無礙經頌云淸淨珠王布若雲炳然顯現諸佛影等七隱顯無礙謂染淨異類隱顯等殊見不同故八重現無礙謂於塵中見一切剎剎內塵中見剎亦然重重無盡如帝網故九主伴無礙凡一世界必有一切以爲眷屬經頌云毗盧遮那昔所行種種剎海皆淸淨種種剎即眷屬也十三世無礙一念融故如上無礙皆是一心若有異法相叅則不能融攝如大集經云佛言善男子云何菩薩自淨其國如諸佛土若菩薩知一切法無國無非國至一切處無至無不至若菩薩見法對六情皆知是佛法亦不見凡夫法佛法有異作是念此一切法皆是佛法佛法至一切處故一切諸法及佛法但假名字亦非是法亦非非法是故我等不應取著以自土淨故知諸佛國淨此與法平等等眼界是佛界耳鼻舌身意法界是佛界我不應分別有算有甲菩薩如是至一切法平等處是爲菩薩自淨其國如諸佛土則知主伴依正不離五蘊五蘊性空即是平等又見法從緣則知國由心現國由心現故有而即空空爲法性萬法由生見法性原是眞智慧所以諸佛他受用土隨根不同見有差別故法華經云我淨土不毁衆生見燒盡昔人云如人於餓鬼火處見水餓鬼於人水處見火亦如羅剎宮殿與人宮殿同在一處互不相見他受用土亦復如是若自受用土故是徧周不即三界不離三界故若法性土即起滅常如故知佛土難思不可作存滅染淨之見矣又古德釋有三義一自性身土既同所證明是體同如一室之空二自受用如千燈光同徧室內三他受用及變化二土正證於前亦相似名同而隨機見異如首楞嚴經云循業發現者隨衆生業果皆能顯現如釋迦出世國土狹小海水增盈彌勒下生世界寬弘四大海減菩薩在會無諸丘坑穢聞處中穢惡充滿故知隨諸一切有情而出應現寬狹淨穢總是衆生心量所成佛果無作檢公云心則諸佛證之以爲法身境則諸佛證之以爲淨土則二皆所證智爲能證慈恩疏云問淨土以何爲體答准攝論云以唯識智爲體爲佛及菩薩唯識智爲體即金剛般若論云智習唯識通如是取淨土若佛地論以佛自在無漏心爲體非離佛淨心外別有實等淨心色也又云色等即是佛淨心所感離佛自心之外別無能感如是假實之色皆不離佛淨心即此淨心能顯假實之色故經云青色青光黃色黃光等是也天台無量壽疏云夫樂邦之與苦域金寶之與泥沙胎獄之與華池棘林之比瓊樹誠由心分垢淨見兩土之昇沉行開善惡觀二方之麤妙喻於形端則影直源濁則流昏乃至可謂微行妙觀至道要術者哉此經心觀爲宗實相爲體記云妙觀至道者業行雖多以心觀爲要術一念心起淨土宛然無作體如故言微行一心三觀皆空假中能所雖分至照不思議境要在心原即觀功也橫周豎窮平等無二三觀因圓三德果滿皆由心要義成故言至道要術肇法師云萬事萬形皆由心成心有高下故

丘陵是生又云佛土常淨豈待變而後飾蓋是變衆人之所見耳是以衆生見爲土石山河皆是自業之影起菩薩純爲妙慧即是眞智之所爲離凡聖心無眞俗境如華嚴論云北華嚴經明緣起法界門理事無二無緣不寂無事不眞十方世界一眞性海大智圓周爲國土境界揔爲性海爲一眞法界非有情無情隨業說故爲華嚴中純眞境界揔爲智故十住菩薩以慧爲國十行菩薩以智爲國十迴向十地以妙爲國不說情與無情二見差別以華嚴經爲彰本法異三乘權學教故是無情是有情有生有滅故　問一切身土八微所成云何唯心而無質礙　荅執色極微有質礙性是小乘宗非通大旨人水鬼火豈在異方毛海芥山誰論巨細一塵一識萬境萬心矣若迷心而觀色則通塞宛然若了色而明心乃是非絕矣所以古德云若知色即空觀色非耶若迷色不空觀色是耶若知空即色觀空非耶若觀空異色觀空是耶此乃解惑異途自分妍醜何關色空二境以辯邪正耶若曉此宗途常色觀而恒正若迷斯旨趣雖空觀以恒邪且夫衆生不了二空皆爲執心色實有觀心不妙照境無功既不解即色明空又不能微細剖析因知麤細色聚爲窮眞妄心原今對深淺之機略標性相之義令圓頓之根不濫使中下之智無遺如先德云如來出世本爲度生有情迷執根深妄計實有我法佛即巧設方便令除顚倒之心於色聚中遣其分析顯彼二執我法皆空觀心析時有如刀用顯所析者色雖無量不越

兩般一者俱礙二者所礙俱礙色者謂五根五境能造四大此乃揔體於中別者即青黃赤白此四是實長短方圓麤細高下若正若不正此十是假依實有故名爲形色能礙於他亦被他礙故名俱礙依此分析成極略色極略色即法處收復有光影明暗煙雲塵霧迥色表色空一顯色等皆是假有由被他礙不能礙他名所礙色依此假想分析之時名極迥色極迥色即法處攝三顯示行相及所依定者謂瑜伽師作觀行時依四靜慮根本定心與慧俱時託彼根境及與外色爲質於自識上變影而緣於一色聚之中初析爲二觀此二分色上我法都無了了分明不沉不掉復恐二分色裏我法猶存更以慧心析爲四別如是乃至隣虛一相更不可析名色後邊若更析之便爲非色依斯假立極略極迥二種極微推覓我法實體都無遍計空悟依他假便能引起二空無漏根本智生即證二空所顯眞理又佛國者如今一國之內皆天子所攝領無不屬於國者今亦爾隨心一想一緣有情無情若色若心皆是實智所照之境無不了其性相故名佛國天台淨名疏云隨成就衆生則佛土淨隨佛土淨則說法淨隨說法淨則智慧淨隨智慧淨則其心淨隨其心淨則一切功德淨是故寶積菩薩欲得淨土當淨其心隨其心淨則佛土淨者觀心性本淨猶如虛空即是性淨之境境即國也觀智覺悟此心名之爲佛初觀名因觀成名果若論自行即是心王無染若論化他即是心數解脫智慧數爲大臣能排諸數上惑

以還心原淸淨土也故云心淨即佛土淨也又隨四教所明四心此四種心淨即四種佛國悉淨此四種心只是一自性淸淨心此心若淨一切佛土皆悉淨也如鏡明則照遠鈴響則聲高心淨則智行俱淸意虛則境界感寂凡曰垢淨無有不由心者乃一淨一切淨矣或見成住壞空皆是衆生善惡業現如首楞嚴經云思報招引惡果此思業交則臨終時先見惡風吹壞國土亡者神識被吹上空旋落乘風墮無間獄古釋云思者意也國土不壞由心分別見國土壞由意思影像法塵生滅報處還然能受生滅之還變又生人見國土死人則見壞皆由意生法生心滅境滅十四科淨土義云經有恒沙佛國者皆是聖人接物之近迹佛實無土何以明之夫未免形累者故須託土以自居八住已上永脫色累照體獨立神無方所用土何爲而言有者以衆生解微惑重未堪眞化故以人天福樂引之令行戒善或以三乘四果誘之勤修道品然涉善之功自然冥歸菩提因起貪報之惑故流轉生死實即土屬衆生故無國而不穢淨屬於佛故無國而不淨故經云我淨土不毀此之謂矣問所明淨土歎如高旨但尋玄宗不以事爲淨淨取無穢此即行業不同報至不雜是以石砂之人不得同天踐七珍之土今疑畜生業與人異而同履石砂之地以乖所立義耶荅畜生所以得與人同踐石砂者良由一毫微善同人俱免煻煑之痛以善微故不及人爲苦然湯鑊與石砂爲善輕重雖異而事實相隣所以猶與人同踐石砂

之地善勝事精而域絕故石砂之人絕階於七珍之土也問淨穢似無定質如釋摩男提瓦成金餓鬼見水成火云何淨穢域絕耶荅因緣之法誠有此理但經云如釋摩男此莫不是示旨欲明法無定相以袪衆生封滯之甚耳餓鬼或故見水爲火不迷是火也所以域絕者石砂之人不得同生安養故也釋云淨取無穢者不以形爲淨取無形爲淨又云七珍無石砂之穢爲淨不取七珍爲淨若畜生與人善業相隣所以同覆石砂善勝事精者人天業殊故人絕階七珍之土畜生不及人爲苦者緣遭鞭撻宰及自互相食噉等苦人無此事故云不及人爲苦鑪鑊者輕趣與人同處故經云諸小地獄在鐵圍山間或海邊曠野等是也若阿鼻獄等即與人別居天善爲勝七珍事精所以與人限域隔絕問中難釋摩男明人中即受天報何故云人絕階於七珍之土又衆餓鬼欲明人不絕鬼限域可即人報成鬼報耶荅云示旨者示現意也意除封迷常之極所云不迷是火者餓鬼雖自業感所迷見水爲火然水不從惑成火迷者從也因緣之法誠有此理者謂如來說法有二種門一謂因緣門二謂因果門因緣門者即無定質因果門者即有定義又經明一切世間淨穢國土皆是菩薩行所成衆生業共感若娑婆緣熟即華藏是娑婆若華藏緣熟即娑婆是華藏若無行無感世界不成則離心之外更無一法如華藏世界海者略有二因一約衆生如來藏識即是香海亦法性海依無住本是謂風輪亦妄想風於此海

中有因果相恒沙性德即是正因之華世出世間未來果法皆悉含攝故名爲藏若以法性爲海心即是華含藏亦爾然此藏識相分之中半爲外器不執受故半爲內身執爲自性生覺受故如來藏識何緣如此法如是故行業引故二約諸佛謂以大願風持大悲海生無邊行華含藏二利染淨果法重疊無礙故所感刹相狀如之所以重重無盡皆是凡聖之心眞如性故上之大海既是藏識今明心華之內攝諸種子一一種子不離藏識海故有多香海然一一具於性德故皆有莊嚴故又夫一切諸法隨緣幻生體用俱無隱顯互起或多中現一一中現多若不知起盡之根由則任運但隨境轉或隨好境而忻集或逐惡緣而怖生若能明了一切凡聖等法悉是自心境界以此一印衆怖潛消所以持地經云佛告阿逸多菩薩於一切法於一切菩薩法莫生恐怖於一切辟支佛法亦莫恐怖於一切聲聞法亦莫恐怖於一切凡夫法亦莫恐怖乃至於靜於亂亦莫恐怖於假於實亦莫恐怖於信不信亦莫恐怖於善念不善念亦莫恐怖於住不住亦莫恐怖如是菩薩於一切法莫生恐怖阿逸多我於往昔修如是等無畏法故得成正覺悉能了知一切衆生心之境界而於所知不起知相以我所證隨機演說能令聞法諸菩薩等獲得光明陀羅尼印得法印故永不退轉釋曰了一無畏法能除五怖畏入此一心門當生歡喜地又云心淨得佛土功德淨故云欲得淨土果者當淨其心舉果勸因謂由心也云何稱淨若行

者不得心處則心無起滅無起滅故是曰淨心又大品經云空故離故不生故寂滅故名之爲淨隨其心淨則佛土淨者明因則是心此明心外無境界隨心而生心既淸淨外報相亦淨淨穢從心自無體質豈有相礙而異處是故行業不同各各異見行業同故所以見不異如聲和響順形直影端淨穢之異皆由心作若無心分別垢淨何生見垢實性即無淨相豈有二法相待而論差別乎故華嚴經頌云佛刹無分別無憎無有愛但隨衆生心如是見有殊所以對機立教於分別門中論衆生淨心非唯一種不可雷同古釋有四一眞實淨謂無漏善心二相似淨謂有漏善心三究竟淨謂佛世尊四不究竟淨謂十地已下乃至凡夫又四句料簡體相淨穢一體淨相穢謂佛現穢土相佛心淸淨無漏故經云爲欲度斯下劣人故示是衆惡不淨土耳二體穢相淨如十地已還本識及有漏六七識并地前凡夫一切有漏心所現淨土是有漏故名體穢以依如來淸淨佛土自識變似淨土相現名相淨三體相俱淨如佛及十地已還無漏心中所現淨土四體相俱穢如有漏心所現穢土若分別淨土淨心更有多種復有究竟淨心未究竟淨心有有漏淨心無漏淨心有有相淨心無相淨心有伏現行淨心斷種子淨心有自力淨心他力淨心諸佛隨機說無定法若論大旨尚不得一淨何況多門此乃一心眞如不守自性隨緣對處有淺有深或垢或淨不可滯理妨事守一疑諸迷卷舒之門起通局之見雖同一旨約相差

別不無雖云有異順體一如不動何者若言其一則安養寶方娑婆丘隴若言其異十方佛國一道清虛若言其有無邊淨刹猶若虛空若言其無妙土交羅如天帝網所以精超四句妙出百非道不可以一言詮理不可以一義宣故如上所説身土唯心但將世間所見所聞之法驗之自然可解且如何嶽不靈爲人所感何者土木瓦石豈有所知皆精志在人從識所變或非人所附俱不出心如皇唐國史德宗皇帝貞元七年驃國有使重譯來朝上乃親勑使者云自秦漢已來未曾通於中國上又問何以知朕臨朝對曰我國三年牛馬頭向東而卧水無巨浪海不揚波所以知中夏有華風乃陛下之聖德乃至珠還合浦劒去吳都虎負子而過江鳳呈祥而入境中虎無計度分別珠劒本屬於無情豈能感德知恩抱強負弱全是人心之所變眞唯識義之所成如篤善則天堂現前習惡則火車盈側命富則珠珍溢藏業貧則茆土攢身但以宗鏡照之萬事難逃影響矣

宗鏡録卷第二十一　　宮

音義

霏文後反毯也　基居之反址也　佩蒲昧反　洄户恢反　洑房六反　翅迭會反　齏悉淺反齎济也　泒普費反　擘乘宗反　蟄直立反　甑側降反又音堅　腐扶雨反　揩先結反　謬靡幼反　誘與久反　瘧魚約反　朦莫紅反　矓盧紅反　匿女力反　柄兵詠反　摟少反　榷江　肘　陟力反　抑　採他取反　劊　纆　邦　棘　璞　鈴郎丁反　域　亭　偏　隴力反

丙午歲分司大藏都監開板

宗鏡録卷第二十一

校勘記

一　底本，麗藏本。

一　三二五頁中二六行第七字「任」，徑、清作「在」。

一　三二五頁下一行「楞加」，磧、南作「楞伽」。

一　三二六頁下二一行「第一」，磧、南、徑、清作「等一」。

一　三二七頁上一六行「即明」，磧、南、徑、清作「即名」。

一　三二七頁中一一行末字「頭」，徑、清作「埸」。

一　三二七頁下二七行第六字「上」，磧、南、徑、清作「土」。次頁上二三行第一六字同。

一　三二八頁中三行第三字「王」，徑作「玉」。

一　三二九頁上五行首字「北」，磧、南、清作「此」。

一　三三〇頁上二一行第一二字「水」，清作「火」。

一　三三〇頁中二八行第二字「除」，磧、南、徑、清作「持」。

一　三三一頁上九行末字「皇」，徑、清無。

宗鏡錄卷第二十二

慧日永明寺主智覺禪師　延壽　集

夫眞心無形妙體絕相云何有報化莊嚴等事　荅諸佛法身如眞金相好似金莊嚴具以金作具體用全同從心現色性相無二如起信論問云若佛法身無有種種差別色相云何能現種種諸色荅以法身是色實體故能現種種色謂從本已來色心無二以色本性即心自性說名智身以心本性即色自性說名法身依於法身一切如來所現色身徧一切處無有間斷十方菩薩隨所堪任隨所願樂見無量受用身無量莊嚴土各各差別不相障礙無有斷絕此所現色身一切衆生心意識不能思量以是眞如自在甚深用故故知所現一切依正二報供具莊嚴等無邊佛事皆從一心而起如華嚴經云以從波羅蜜所生一切寶蓋於一切佛境界清淨解所生一切華帳無生法忍所生一切衣入金剛法無礙心所生一切鈴網解一切法如幻心所生一切堅固香周徧一切佛境界如來座心所生一切佛衆寶妙座供養佛不懈心所生一切寶幢解諸法如夢歡喜心所生佛所住一切寶宮殿無著善根無生善根所生一切寶蓮華雲一切堅固香雲一切無邊色華雲一切種種色妙衣雲一切無邊清淨栴檀香雲一切妙莊嚴寶蓋雲一切燒香雲一切妙鬘雲一切清淨莊嚴具雲皆徧法界出過諸天供養之具供養於佛其諸菩薩一一身各出不可說百千億那由他菩薩皆充滿法界虛空界其心等於三世諸佛以從無顚倒法所起解深密經云爾時曼殊室利白佛言世尊如來成等正覺轉正法輪入大涅槃如是三種當知何相佛告曼殊室利善男子當知此三皆無二相謂非成等正覺非不成等正覺非轉正法輪非不轉正法輪非入大涅槃非不入大涅槃何以故如來法身究竟淨故如來化身常示現故釋曰非成等正覺者以法身究竟淨故離常見故入第一義諦故非衆生見聞故非不成等正覺者以化身常示現故離斷見故約世俗諦故隨機熟有情心現故然法報雖分眞化一際又法身普徧有二一隨相各別徧以法身徧在一切大小相中不壞相故二圓融揔攝徧以法身無相能融一切有相揔攝歸一體故色身即體之用徧智身修成如體之徧遂則十身布影散分十刹之中一體分光不動一塵之內色身如日之影隨現世間智身似日之光照臨法界又佛身諸根一一相好皆徧法界以諸根體同故若眼爲門諸根相好及佛刹土莫不皆是一眼中現如經云衆生身中有如來眼如來耳等以佛法身共衆生性無別體故皆從無性而起起不違眞因法界而生生不礙事所以一切諸佛於一切世界皆是得菩提處若以眞身則稱性徧周若以應身則隨機普現所以大親云廣略相入者諸佛有二種身一法性法身二方便法身由法性法身故生方便法身由方便法身故顯出法性法身此二種身異而不可分一而不可同是故廣略相入法身無相故則能無不相是故相好莊嚴即是法身也法身無知故則能無不知是故一切種智即是眞實智慧故華嚴論云法身相好一際無差曉公起信論䟽序云原夫大乘之爲本也蕭焉寂滅湛爾沖玄玄之又玄豈出萬像之表寂之又寂猶在百家之談非象表也五目不能覩其容在言裏也四辯莫能談其狀此明眞體與一切法非一非異華嚴經䟽序云冥眞體於萬化之域顯德相於重玄之門記釋云此明無礙則與諸法非一異矣如肇公云道遠乎哉觸事而眞亦體即萬化矣故云冥眞體於萬化之域顯德相於重玄之門者明相不礙體也重玄即是理體明德相只在體上若離體有相相非玄妙勝德之相名爲德相言重玄者借老子之言老子云玄之又玄衆妙之門彼以有名無名同謂之玄河上公云玄者天也天中復有天莊子云天即自然則自然亦自然也依此而生萬物故云衆妙之門今宗鏡中亦復如是無法不收無德不備可謂心之至妙幽玄矣清涼記引華嚴經頌云佛以法爲身清淨如虛空問云佛身既如虛空何緣現於金色等云何令人悟於虛空答有三意一體雖無相爲物現相物宜見故隨他意耳二若不現相云何令人悟於無相如不因言豈顯無言之理三如虛空言取其清淨無相非離相求相即無相不乖空故經頌云佛住甚深眞法性寂滅無相同虛空而於第一實義中示現種種所行事此一偈總收前三意肇論云用即寂寂即用用寂體一同出而異名更無無用之寂主於用也寂用元是一體同從理出而有異名也非謂離用之外別有一寂爲用

之主也故云般若之體非有非無虛不失照照不失虛故曰不動等覺而建立諸法如鏡鑒像虛不失照似日遊空照不失虛又不動等覺建立諸法則寂而常用不壞緣生而觀實相則用而常寂斯乃千差萬用別相異名俱同出一眞心體矣所以又云經稱聖人無為而無所不為無為故雖動而寂無所不為故雖寂而動雖寂而動故物莫能一雖動而寂故物莫能二物莫能二故逾動逾寂物莫能一故逾寂逾動法性如是動寂難量焉能一其寂而二其動哉故名不能名相不能相矣又云所以聖人戢玄機於未兆藏冥運於既化懸六合以鏡心一去來以成體古今通始終同窮本極末莫之與二浩然大均乃曰涅槃所以聖人玄機預察於未來鋒芒未兆之事冥運遍去已變化之緣則心鏡能照萬事十方三世無有遺餘今古去來始終本末莫不同一心無二之體是以入佛境界經云如來如實知本際中際後際如彼法本際不生未來際不去現在際不住如實知彼法足跡如一法一切法亦如是如一切法一法亦如是文殊師利而一多不可得故知生佛同一莊嚴同一慈心同一悲體如諸法無行經云文殊師利言一切衆生皆成就大悲名不動相文殊師利云何是事名不動相世尊一切衆生無起無作相皆入如來平等法中不出大悲之性以惱悲無分別故是故一切衆生皆成就大悲名不動相故知萬法不動悲惱何分一眞匪移垢淨詎別然雖現莊嚴皆如海印如古德云譬香海澄停湛然不動四天下中色身形像皆於其中而有印文如印印物亦猶澄波萬頃晴天無雲列宿星月炳然齊現無來無去非有非無不一不異如來智海識浪不生澄停清淨至明至靜無心頓現一切衆生心念根欲心念根欲並在智中如海含像故經頌云如海普現衆生身以此說名為大海菩提普印諸心行是故正覺名無量非唯智現物心亦依此智頓現萬形普應諸類賢首品頌云或現童男童女形天龍及與阿脩羅乃至摩睺羅伽等隨其所樂悉令見衆生形相各不同行業音聲亦無量如是一切皆能現海印三昧威神力以此海印三昧之力頓現一切為衆生不知故佛方便力垂諸教迹是以昔人云佛興由生迷實說法示於眞實不動眞際建立諸法則性不可壞不壞假名而說實相則相不可壞斯則天魔外道等皆法印故無能壞且五逆四魔尚法界印況無漏淨智一眞相好而能障實相之妙旨耶故華嚴經頌云清淨慈門剎塵數共生如來一妙相一一諸相莫不然是故見者無猒足法華經偈云深達罪福相徧照於十方微妙淨法身具相三十二則法身為一切法之印無有一法出此印文台教云如無行經云五逆即菩提菩提即五逆逆與菩提不出心性故無二相體既不二故不可壞以逆本來無自性故苦即實相陰死二魔即法界印煩惱即實相煩惱魔即法界印業即實相天魔即法界印魔既即印印豈壞印大論云有菩薩敎人修空斷一切念後時纔起一念有心便為魔動即便憶念本所修空魔為之滅修空尚爾況復觀之即法界印是知心有即縛心無即解若了於心何縛何解

問心無自性生滅無恒體用俱空如何起行答雖自體常空不壞緣生之因果而無有作者寧亡善惡之業門故心王論云觀心空王玄妙難測無形無相有大神力能滅千災成就萬德本性雖空能施法則觀之無形呼之有聲為大法將持戒傳經水中鹹味色裏膠青決定是有不見其形心王亦爾身內居停面門出入應物隨情自在無礙所作皆成清涼疏釋經云法界如幻者即體從緣一切法如實際即事而寂世人皆謂實際不變而謂諸法無常理實圓融世間之相即是常住然古德以七喻展轉釋疑一疑云世間幻火不成燒用佛現益物豈同幻耶釋云如影亦有廕質陰覆等義豈是實耶然諸法喻各有三義一緣成義二無實義三有用義意取無實故不著也二疑云若佛如影菩薩何以起行往求因既不虛果寧非實釋云如夢夢亦三義無體現實與覺為緣謂有夢走而驚覺波菩薩行亦爾證理故空無明未盡故似實能與佛果為緣勤勇不已豁然覺悟如夢渡河三疑云若菩薩行如夢何以經說此是菩薩行此是二乘行釋云如響緣成無本稱聲大小聖教亦爾機感無本隨機異聞四疑云果行可然世間未悟此應是實釋云如化心業神力所持無實有用五疑云若皆如化何有差別之身釋云如幻六疑云身若如幻何有報類不同釋云如心以心無形如幻故雖如幻不定無有自性然隨緣現能成衆善如大

寶積經云菩薩摩訶薩復作是念此緣起法
因果不壞雖復是心法性無有自性無有作
用無有主宰然此諸法依止因緣而得生起
我當隨其所欲積集善根既積集已修相應
行終不捨離是心法性復次舍利子菩薩摩
訶薩云何此中積集之相舍利子是諸菩薩
摩訶薩作如是觀積集之相是心本性猶如
幻化無有一法而可施者是心法性而能布
施一切衆生迴向積集莊嚴佛土是則名爲
善根積集又舍利子是心本性如夢所見其
相寂靜是心法性而能積集守護尸羅皆爲
迴向神通作用是則名爲善根積集又舍利
子是心本性猶如陽燄究竟滅盡是心法性
而能修習一切可樂忍辱之力迴向積習莊
嚴善提是則名爲善根積習又舍利子心本
性者如水中月究竟遠離積習之相是心法
性而能發起一切正勤迴向成熟無量佛法
是則名爲善根積習又舍利子心本性者不
可取得不可覩見是心法性而能修習一切
靜慮解脫三摩地三摩鉢底迴向諸佛勝三
摩地是則名爲善根積習又舍利子觀此心
性本非色相無見無對不可了知是心法性
而能修習一切慧句差別說智迴向圓滿諸
佛智慧是則名爲善根積習又舍利子心無
所緣無生無起是心法性而能建立無量善
法攝受色相如是名爲善根積習又舍利子
心無所因亦無所生是心法性而能攝受覺
分法因是則名爲善根積習又舍利子心性
遠離六種境界亦不生起是心法性而能引
發善提境界因所生心是則名爲善根積習

舍利子如是名爲菩薩摩訶薩依般若波羅
蜜多故於一切心隨心觀察修習念住復次
舍利子是菩薩摩訶薩又依般若波羅蜜多
故於一切任隨心觀爲求證得勝神通故繫
縛其心修學通智得神通已但以一心而能
善知一切心相既了知已依心自體宣說諸
法又云化樂天王白佛言世尊彼實際者徧
一切處無有一法而非實際世尊謂菩提者
亦是實際世尊何者是菩提一切法是菩提
雖自性故乃至五無間業亦是菩提何以故
善提無自性五無間業亦無自性是故無間
業亦是菩提是以了心本性自體無生從無
生中建立諸法觀無性之心說無性之教隨
淨緣而無性成佛隨染緣而無性爲凡不見
纖塵暫出性空之理未有一念能違平等之
門所以大般若經偈云有法不成有法無法
不成無法有法不成無法無法不成有法釋
曰有不成有無不成無者以一體故無能成
所成有不成無無不成有者自既不成焉能
成他故知各無自體至不成就大集經云一
切諸法究竟無生一切諸法無性無生無起
無出是以緣不生因因不生緣自性不生自
性他性不生他性自性不生他性他性不生
自性是故說一切諸法自性無生勝思惟梵
天所問經云爾時普華菩薩語舍利弗汝入
滅盡定能聽法耶荅言善男子入滅盡定無
有二行而能聽法也大德舍利弗汝信諸法
皆是自性滅盡不荅言如是諸法皆是自性
滅盡之相我信是說普華曰若如是者則舍
利弗常一切時不能聽法何以故以一切諸

法常是自性滅盡相是以諸法本空但是緣
起緣會則似有緣散則似無有無唯是因緣
萬法本無生滅如眞金隨工匠而器成即金
體不變似虛谷任因緣而響發與法性無違
如有頌云如人掘路土私人造爲像愚人謂
像生智者言路土後時官欲行還將像填路
像本無生滅路亦非新故是知但是一土生
滅唯是因緣例如一心萬法更無前後何者
掘路成像時土亦不減壞像填路時土亦不
增以不失本土故如成佛時心亦不增爲凡
時心亦不減以心隨緣時不失自性故又像
生但是緣生像滅唯從緣滅像無自體故如
成佛但是淨緣生爲凡亦是染緣起凡聖本
無生故是知萬法從緣皆無自性本未曾生
今亦無滅如文殊師利觀幻頌云此會衆善
事從本未曾爲一切法亦然悉等於前際所
以正作時無作以無作者故當爲時不爲以
無自性故任從萬法縱橫常等未生之際假
使群生出沒不離無性之宗又昔有龐居士
命女靈照曰吾當先逝汝可後來專候日中
可報斯報靈照曰午即午矣有蝕陽精居士
怪之自臨牖下其靈照忽爾迴登父座儼爾
坐亡居士笑云甚爲鋒捷空華落影陽燄翻
波吾道於先吾行於後遂往于相公爲要主
告于公曰但願空諸所有愼勿實諸所無言
訖而逝斯亦不墮有無之見妙得無生之旨
矣　問菩提即自身心者云何敎中說菩
提者不可以身心得　荅夫言菩提之道即
心者乃是自性清淨心湛然不動蓋是正覺
無相之眞智其道虛玄妙絶常境聰者無以

容其聽智者無以運其知辯者無以措其言像者無以狀其儀以迷人不了執色陰爲自身認能知爲自心故經云身如草木無所覺知心如幻化虛妄不實所以除其執取之心故云菩提者不可身心得也菩提非是觸塵不可以身得菩提非是法塵不可以心得若就了人即達陰身本空妄心無相以本空故法身常現以無相故眞心不虧如此發明五陰即菩提離是無菩提不可以菩提而求菩提不可以菩提而得菩提文殊云我不求菩提何以故菩提即我我即菩提故維摩經云不觀是菩提離諸緣故菩提非所觀之境則無能緣之心所觀境空即實相菩提能緣心寂即自性菩提大般若經云龍吉祥言頗有能證菩提者不妙吉祥曰亦有能證龍吉祥言誰爲證者妙吉祥曰若無名姓施設語言彼爲能證龍吉祥言彼既如是云何能證妙吉祥曰彼心無生不念菩提及菩提座亦不懸念一切有情以無表心無見心等能證無上正等菩提龍吉祥言若爾尊者以何心等當得菩提妙吉祥曰我無所趣亦非能趣都無所學非我當來詣菩提樹坐金剛座證大菩提轉妙法輪拔濟生死所以者何諸法無動不可破壞不可攝受畢竟空寂我以如是非趣心等當得菩提龍吉祥言尊者所說皆依勝義令諸有情信解是法解脫煩惱若諸有情煩惱解脫便能畢竟破魔罥網妙吉祥曰魔之罥網不可破壞所以者何魔者不異菩提增語何以故魔及魔軍性俱非有都不可得是故我說魔者不異菩提增語龍吉祥言菩提何謂妙吉祥曰言菩提者徧諸時處一切法中譬如虛空都無障礙於時處法無所不在菩提亦爾無障礙故徧在一切時處法中如是菩提最爲無上仁今欲證何等菩提龍吉祥言欲證無上妙吉祥曰汝今應正無上菩提非可證法汝欲證者便行戲論何以故無上菩提離相寂滅仁今欲取成戲論故譬如有人作如是說我令幻士坐菩提座證幻無上正等菩提如是所言極成戲論以諸幻士尚不可得豈令能證幻大菩提幻於幻法非合非散無取無捨自性俱空諸佛世尊說一切法不可分別皆如幻事汝今欲證無上菩提豈不便成分別幻法然一切法皆不可取亦不可捨無成無壞非法於法能有造作及有滅壞無法於法能有和合及有別離所以者何以一切法非合非散自性皆空離我我所等虛空界無說無示無讃無毀無高無下無損無益不可想像不可戲論本性虛寂皆畢竟空如幻如夢無對無比寧可於彼起分別心龍吉祥言善哉尊者我今由此定得菩提何以故由尊者爲我說深法故妙吉祥曰吾於今者未曾爲汝有所宣說若顯若密若深若淺云何令汝能得菩提所以者何諸法自性皆不可說汝謂我說甚深法者爲行戲論然我實非能說者諸法自性亦不可說如有人言我能辯說幻士識相謂諸幻士識有如是如是差別彼由此說害自實言所以者何夫幻士者尚非所識況有識相汝今謂我說甚深法令汝證得無上菩提亦復如是以一切法皆如幻事畢竟性空尚不可知況有宣說是以一切衆生之性即是無相平等菩提於自性中云何有能證所證之差別乎如般若經云覺法自性離諸分別爲菩提故又經云諸所有行皆有所是無所是是菩提何者若有所是即立所證之境便有能證之心能所盡處名爲大覺大覺之義唯悟自心如大毗盧遮那成佛經云爾時金剛手菩薩復白佛言世尊誰尋求一切智誰爲菩提成正覺者誰發起一切智智佛言祕密主自心尋求菩提及一切智何以故本性清淨故心不在内不在外及兩中間心不可得故乃至欲識知菩提當如是識知自心莊嚴菩提心經云佛言菩提心者非有非造離於文字菩提即是心心即是衆生若能如是解是名菩薩修菩提心是則心外無菩提何所求耶菩提外無心何所得耶如華嚴經云知一切法無相是相相是無相無分別是分別分別是無分別非有是有有是非有無作是作作是無作非說是說說是非說不可思議知心與菩提等知菩提與心等心及菩提與衆生等又頌云雖盡未來際徧遊諸佛刹不求此妙法終不成菩提故知心法妙故當體即是若向外遠求則失眞道故云善財徧巡諸友不出娑羅之林慈氏受一生成佛之功不離一念無生性海所以淨名經云若彌勒得阿耨多羅三藐三菩提者一切衆生皆亦應得所以者何一切衆生即菩提相若彌勒滅度者一切衆生亦當滅度所以者何諸佛知一切衆生畢竟寂滅即涅槃相不復更滅故知已成不更成已滅不更滅爲未知者方便

說成方便說滅若執方便則失本宗如大莊嚴法門經云爾時文殊師利語金色女言如是五陰體性即是菩提體性菩提體性即是一切諸佛體性諸佛體性即是一切衆生五陰體性是故我說汝身即是菩提復次覺五陰者名覺菩提何以故非離五陰佛得菩提非離菩提佛覺五陰此方便知一切衆生悉同菩提菩提亦同一切衆生是故我說汝身即是菩提大寶積經云菩提者名心平等無所起故菩提者名衆生平等本無生故乃至菩提者性相如是若於此法有所願求徒自疲勞何以故如菩提性菩薩應行能如是行名爲正行思益經偈云菩薩不壞色發行菩提心知色即菩提是名行菩提如色菩提然等入於如相不壞諸法性是名行菩提不壞諸法性則爲菩提義是菩提義中亦無有菩提正行第一義是名行菩提瓔珞經云發心住者是人始從具縛未識三寶乃至值佛菩薩教法中起一念便信發菩提心旣云始從凡夫最初發心明知此中發心該於初後問此旣是初何得乃具後諸行位及普賢德耶古德釋此略有二門一行布次第門謂從微至著從淺至深次第相承以階彼岸二圓融通攝門謂一位即具一切位等如華嚴經所說亦如大品等中一行具一切行此中有二門一緣起相由門二法界融攝門前中普攬一切始終諸位無邊行海同一緣起爲普賢行德良以諸緣相望略有二義一約用由相待故有有力無力義是故得相收及相入也二約體由相作故有有體無體義是故得相即及相是也又有二菩提一性淨二圓淨從緣起者即是圓淨圓淨復二一明緣起萬行爲緣故二明性起全是眞如性淨功德之所顯又緣起無性即性淨故如法華經偈云諸佛兩足尊知法常無性佛種從緣起是故說一乘義耳又有二義一約行布展轉義二約圓融展促無礙義如善財見仙人執手一一佛所經無量劫故知脩短難思特由於此如賢首菩薩云信大乘者猶爲易能信此法倍更難以初心即具一切德故難信也又設於夢中驚懼怖令發菩提心尚得稱爲大菩薩摩訶薩何況正信之發開發之發如大涅槃經如來性品云迦葉菩薩白佛言世尊云何未發菩提心者得菩提因佛告迦葉若有聞是大涅槃經言我不用發菩提心誹謗正法是人即於夢中見羅刹像心中怖懼羅刹語言咄善男子汝今若不發菩提心當斷汝命是人惶怖寤已即發菩提之心是人命終若在三惡趣及在人天續復憶念菩提之心當知是人是大菩薩摩訶薩也　問經云佛言學我法者唯證乃知今言菩提者不可以身心得無修無證則初發菩提心人如何趣向

荅若能信悟菩提無相不可取無性不可修如是明達即是眞證如大樹緊那羅王所問經云菩薩已復應更作如是思惟是中何者是我誰爲我所法誰能得成諸佛菩提爲身得耶爲心得耶乃至如是觀時〻明了了見是身相不得菩提亦知是心不得菩提何以故諸法無有以色證色以心證心故然彼於言說中知一切法雖無色無形無相無漏無可覩見無有證知亦非無證何以故以一切諸如來身無有漏故又諸如來身無漏故心亦無漏又諸如來心無漏故色亦無漏若能如是知無所發能發此心若入宗鏡中是名眞發旣能發心便又爲他開示則諸聖同讚功德無涯如經偈云發心畢竟二不別如是二心先心難自未度先度他是故我禮初發心

宗鏡錄卷第二十二　富

音義

戢(阻立反) 掘(衢物反) 龐(薄江反) 蛻(舒芮反) 皺(哲角反) 鍪(烏伊徵) 戢(容反) 捷(疾葉反) 措(倉故反) 胥(姑滾反括也) 著(方慮反) 咄(當沒反)

丁未歲高麗國分司大藏都監奉
勅彫造

宗鏡録卷第二十二

校勘記

一　底本，麗藏本。

一　三三三頁下二八行第一三字「若」，磧、南、徑、清作「者」。

一　三三五頁上二七行第二字「情」，磧、南、徑作「性」。

一　三三五頁中五行末字「正」，清作「知」。

一　三三六頁上二〇行「便信」，清作「信便」。

一　三三六頁中二六行第六字「復」，清作「得」。

宗鏡錄卷第二十三　　　富

慧日永明寺主智覺禪師 延壽 集

夫菩提之道不可圖度約一期方便寧無指示如何是菩提之相　答若約究竟菩提體常眞寂如淨名經云寂滅是菩提離諸相故若以無相之相於方便門中不無顯示令初發菩提心人分明無惑故如先德云謂寂照無二爲菩提相猶如明鏡無心爲體鑒照爲用合爲其相亦卽禪宗卽體之用自知卽用之體恒寂知寂不二爲心之相又云理智相攝以離理無智離智無理如珠之明故以珠是體明是用用不離體體不離用明不離珠珠不離明故　問有念卽衆生無念卽佛云何言凡聖一等　答衆生雖起念不覺念本無念與佛無念等妄隨有念中佛得無念知念本無衆生雖現在念中佛知念卽無念斯則佛無念與衆生無念義同又以衆生不知念空於念成事似有差別若實了念空則於苦樂境不生執受何者以境從念生心空則境何有既無有境相縛自除能所俱空誰生取著既不取著生死自無如圓覺經云知是空華卽無流轉亦無身心受彼生死　問卽心成佛之宗曾豁正悟見性達道之旨靈鷲本懷如今信不及人謂不現證古今悟者請垂指南　答若親見無一人而非佛若不信無一佛而非人迷則常作佛之衆生悟則現證衆生之佛人佛不異妄見成差迷悟雖殊本性恒一如過去有佛号住無住發願使已國衆生同日同時成佛卽日同滅度又賢劫前有佛号平等亦願已國及十方衆生亦同日成佛卽日滅度如寶積經云是時妙慧童女重白目連以我如是眞實言故於未來世當得成佛亦如今日釋迦如來乃至若我此言非虛妄者令斯大衆身皆金色說是語已衆皆金色又思益經云思益菩薩放右掌寶光一切四衆皆如佛相下方四菩薩踊出欲禮世尊乃發願言今此衆會其色無異當知一切法亦復如是此語不虛願釋迦如來現異相令我禮敬卽時釋迦如來踊起七多羅樹坐師子座又最勝王經云佛言修菩提行者於諸聖境體非一異不捨於俗不離於眞依於法界行菩提行時善女天白佛言世尊如上所說菩提正行我今當學時梵天王問曰此菩提行難可修行汝今云何於菩提行而得自在善天女曰我今依於此法得安樂住是實語者願令一切五濁惡世無量無數無邊衆生皆得金色三十二相非男非女坐寶蓮華受無量樂乃至說是語已一切五濁惡世所有衆生皆悉金色具大人相非男非女坐寶蓮華受無量樂猶如他化自在天宮釋曰於諸聖境體非一異者卽是不捨於俗是不一不離於眞是不異若一卽壞眞俗若異卽成斷常不斷不常卽是依於法界非眞非俗乃曰修習菩提故云我依此法得安樂住所以善天女悟五濁質成眞金之色閻浮提迷大人相成惡業之身是知若智照之卽世法而成佛法若以情執之卽佛法而成世法一心實不動二見自成差同共一法中別成凡聖解若了非男非女之體現具三十二相坐寶蓮華若執是男是女之形常繫二十五有沉無明海故知信力所及發眞實言可驗現證法門頓明心佛矣　問此猶敘古引文如何是卽今之佛　答如今一念纔起了不可得無有處所是過去佛過去不有未來亦空是未來佛卽今念念不住是現在佛但一念起時莫執莫斷不取不捨則三際無礙一念圓具十法界非因非果而因而果之法若能如是一念而達者則念念相應念念成佛凡聖悉等今古皆齊故云了了識心惺惺見佛是佛是心是心是佛念念佛心佛心念佛欲得早成戒心自律淨戒律心淨心卽佛除此心王更無別佛欲求萬法莫染一物心性雖空貪嗔體實入此法門端坐成佛如是則十方諸佛同一法身若欲念外施功心外求佛便落他境無有得時遂卽前後情生凡聖緣起徒經時劫枉用功夫所以華嚴論云不如一念緣起無生超彼三乘權學等見　問一念成佛已入信門如何得目前了了分明而見　答目前無物是眞見佛如文殊師利巡行經以經中說文殊徧巡五百比丘房皆見寂定因以爲名最後難舍利弗以顯甚深般若問舍利弗言我時見汝獨處一房結加趺坐折伏其身汝爲當坐禪耶不耶答云坐禪云爲當欲令未斷者斷故坐禪耶等因此廣顯性空無得之理意五百比丘從座而起於世尊前高聲唱言從今已去更不復見文殊身不復聞其名字如是方處遠應捨離所有文殊一切住處亦莫趣向所以者何文殊煩惱解脫一相說故等舍利弗令文殊爲決了文殊言實無文殊而可得故若實無文

殊可得者彼亦不可見等廣為說法四百比丘漏盡得果一百比丘更謗陷入地獄後還得道廣如彼說所以無見是眞見無聞是眞聞不見不聞文殊是眞見眞聞文殊矣若不信此說雖起謗而陷獄以曾聞故終熏種而得道何況聞而信耶則成道不隔於一念故知宗鏡見聞無不獲益矣所以寶積經云無畏女言大迦葉諸法永無不可示現是故大迦葉一切法皆無若法本無云何可見彼清淨法界大迦葉若欲見清淨如來彼善男子善女人應善淨自心時大迦葉語無畏言云何善淨自心女言大迦葉如自身眞如及一切法眞如若信彼者不作不失如是見自心清淨故迦葉問言自心以何為體女言空為體若證彼空信自身故即信眞如空以一切法性寂靜故又云如來者即虛空界是故虛空即是如來此中無一物可分別者華手經云一切法如即是如來如來即是一切法如是故世尊無所住處是如來義又報化如影空無去來心淨佛現則云佛來佛亦不來心垢不現即云佛去佛亦不去斯即來而非來去而非去佛既無來去心亦不生滅如是解者可見眞佛矣故金剛經云若人言如來若來若去若坐若卧是人不解我所說義如來者無所從來亦無所去故名如來則知若人若法俱不出一如之道如是通達六根所對無非見自性如如佛矣此以不見為眞見見實為眞佛肇法師云佛者何也蓋窮理盡性大覺之稱也生法師云以見實為佛如是則亦名眞見道亦名眞供養　問如何是眞供養　答契如理之心無見佛之想了自法身是眞供養寶積經云眞供養者無佛想無能見佛何況供養若供養佛當供養自身　問自身如何供養　答若捨己徇塵是名違背能迴光返照隨順眞如境智冥合是眞供養故維摩經云無前無後一時供養此是運無捨無得之意起一際平等之心則徧十方供養一切如來盡法界含靈一時受潤如是之供施莫大焉所以寶雨經云如理思惟即是供養一切如來　問云何如理思惟　答但一切不思惟是眞思惟以頓悟一心無法可思量故是以十方諸佛證心成道故稱如理若了自心能順佛旨即是供養一切如來若不依此如理悟心則隨事施為心外見佛設經多劫皆不成眞實供養為背諸佛指授故如華嚴經頌云設於念念中供養無量佛未知眞實法不名為供養云何眞實法所謂了心眞如無生之旨故是以思益經問云誰能供養佛佛言能通達無生際者文殊般若經云佛問文殊汝云何供養佛答言世尊若幻人心數滅我則供養佛台教云供養佛者只是隨順佛語令順佛敎修三觀心即是供養佛為破五住得解脫故即供養法三諦理和即供養僧又眾行心資觀智心即供養佛觀智心開發境界即供養法境智心和即供養僧此是眞實供養亦名法供養如義海云謂以無生心中施一切珍寶乃至微塵皆能攝於法界即以此法界塵而作供養此供養乃至徧通三世一切諸如來前無不顯現彼諸如來無不攝受何以故由塵即法界是理與佛法界相應是故徧至一切名廣大供養無空過者何謂無空過以心通即法通法徧即心徧一切處無非見理故悉皆通達則是一一承事無空過者亦不礙香華等種種供養以內外唯心故破執顯宗故有是說又若於正觀心中不唯供養乃至行道禮拜一切施為皆須就己方得其力如三藏勒那云正觀修誠禮者此明自禮自身佛不緣他境他身佛何以故一切眾生自有佛性平等本覺隨順法界緣起熾然但為迷故唯敬他身己身佛性妄認為惡若能反照本覺則解脫有期經云不觀佛不觀法不觀僧以見自身他身平等正法性故如涉遠道要藉自身欲見佛性要觀己佛體同無二是名正觀禮　問若心外無相相外無心如是圓通名眞供養者云何教中說供養諸佛得福無量　答如前已說諦了一心理事無礙云何堅執疑境疑心故維摩經云各見世尊在其前法華經偈云乾闥緊那羅各供養其佛牛頭初祖釋云如觀貪即見貪性貪即是眾生悟貪性智即是佛貪眾生自見佛在其前一切例爾又各供養其佛者即是於一一法門各自發明如理思惟即是各供養佛設爾事法香華供養者經云十方諸佛機宜感出既隨感現何離自心如靈山四眾八部各隨根力心念見佛不同如龍見是大龍王見見是大鬼王等則心外無法之詮有文有理空外執色之見無理無文設有惡慧邪見之人抱疑不信之者擬陳狂解強欲破之似將一蚊嘴擬吸大海之水如以十指爪欲壞妙高之山我此圓頓

之詮眞如之理如刀斷水似風吹光徒自勞神反招深咎　問如上剖柝義理雖明猶是因他方便强說云何得如今親自現證得見自心之佛　答當自審問　問如何審問答還就人覓豈有歇時欲絕纖疑應須親到問豈無他助之力發自智照之心　答無正無助非自非他若以智求智則成解解背圓宗若起照心照則立境隨照失旨皆是影事不契斯宗若了眞心自然無心合道合道則言語道斷無心則境智俱閑如龐居士偈云須彌頹五嶽崩大海竭十方空乾坤尚納毛頭裏日月猶潛毫相中此是西國那提子示疾不起現神通妙德啓口問不二忘言入理顯眞宗　問如上所說卽心成佛之旨事已皎然只如禪宗從上先德云如今須知十方諸佛出身處空知有佛不得成佛如何是諸佛出身處　答石牛生象子木女孕嬰兒諸佛從中出最初成道時　問旣衆生已成理事圓備則諸佛何以出世更化衆生　答衆生不如是知所以須化故經云俱同一性所謂無性大悲相續救度衆生隨門不同種種有異約成佛門一切成也同一無性故得現成妄性本虛生元是佛眞性亘得非今始成故皆成也物物無性故成種智證斯同體而起大悲一得永常故云相續只由不知無性故教化不絕雖現報化法體不遷如隨色之摩尼衆相現而本體不動似應聲之虛谷群響發而起處無心不著自他豈見衆生之相本非出沒常冥大覺之原華嚴經云佛身無有生而能示出生法性如虛空諸佛於中住

又頌云無體無住處亦無生可得無相亦無形所現皆如影思益經云大迦葉言善男子幻所化人離於自相無異無別無所志願汝亦如是耶若如是者汝云何能利益無量衆生網明言阿耨多羅三藐三菩提性卽是一切衆生性一切衆生性卽是幻性幻性卽是一切法性於是法中我不見有利不見無利又云網明菩薩白佛言世尊若有菩薩希望功德利而發菩提心者不名發大乘也所以者何一切法無功德利以無有對處故若有衆生可度而求功德之利斯則心外見法全不識心何名發大乘心也以絕待心無對處故如楞伽經云佛語外道言若能了達有無等法一切皆是自心所見不生分別不取外境於自處住自處住者是不起義不起於何不起分別此是我法非汝有也我法者卽衆生心也以不知不信故自成疎外有亦同無所以祖師西來只爲直示衆生令自知有頓入凡聖平等眞原如勝天王般若經云菩薩摩訶薩行般若波羅蜜得心微細作是思惟世間熾然大火之聚所謂貪欲火瞋恚烟愚癡闇云何當令一切衆生皆得出離若能通達諸法平等名爲出離如實知法猶如幻相善觀因緣而不分別是以若欲捨劣就勝猒異忻同欲令凡聖一倫垢淨平等者無有是處但明宗鏡萬法自齊卽究竟出離三界火宅義亦是與諸子同住秘密藏義如云若夫以齊而齊不齊者未齊矣以齊而齊於齊者未齊焉余聞善齊天下者以不齊而齊天下者也何須夷嶽實淵然後方平續鳧截鶴於

焉始華故知但了法法皆如自然平等則青松綠蕙不見短長鵬翥鷃飛自忘大小如肇論云是以經云諸法不異者豈曰續鳧截鶴夷嶽盈壑然後無異哉誠以不異於異故雖異而不異耳乃至經云般若與諸法亦不一相亦不異相信矣莊子南華經云長者不爲有餘短者不爲不足故鳧脛雖短續之則憂鶴脛雖長斷之則悲故性長非所斷性短非所續以明境智雖異而同不待同而後同也若能如上了達同異二門或諸佛出世不出世衆生可度不可度乃至有無高下皆絕疑矣若執同則滯寂若執異則兩分迷此同異二門皆智不自在金剛辯宗云以有鏡故男女之像於中現以有法身故而能處處應現往只緣鏡中本無像所以能現男女像佛身本無身所以能現一切身衆生機感無緣之慈任運能應若定有身即爲所礙肇論云佛非天非人而能天能人耳故一切菩薩皆以無所得爲方便能入無量無邊塵勞幻網以心外無法故方成無所得慧若心外有一毫所得云何成無緣之慈同體之化以宗鏡明故能廣照世間觀生也如石女之懷兒觀住也若陽燄之翻浪觀異也同浮雲之萬變觀死也猶狂華之謝空是以深達無生知皆無我空生空滅幻墜幻昇愍彼愚迷盲無慧目遂乃發無能作之智照開無所捨之檀門秉自性空之戒心具無所起之精進圓無所傷之法忍修無所住之禪門了無身而相好莊嚴達無說而縱橫辯說遊戲性空之世界建立水月之道場陳列如幻之供門供養影響

之善逝徧習空華之萬行施爲谷響之度門降伏鏡像之魔軍大作夢中之佛事廣度如化之含識同證寂滅之菩提　問絕待眞心本無名相云何成佛又作異生若云隨順世法立此假名又因何法而得成立　答實際理中本無凡聖可得以一切衆生迷無性理以無性故不覺起妄於眞空中妄立名相故名爲凡了名相空復稱爲聖凡聖之號因五法成猶如幻化名相非眞且如幻以術成形因業有術業俱假形幻同空但有迷悟之名本無凡聖之體五法者瑜伽論云一名二相三妄想四正智五眞如古釋云名相妄想三法成凡正智眞如成聖名相妄想者是凡夫法名相二法是凡夫境妄想一法是凡夫六識迷事緣境而起故名妄想經偈云不了心及緣則生二妄想正智眞如者是聖人法正智是聖人對治金剛緣修無漏斷惑智亦名能覺智眞如是聖人心中所證之理眞如是體正智是用異者未曾異同者未曾同同者是眞如異者是正智正智常用故障生滅眞如常體故無生滅體用無礙法界不思議眞實義也又凡夫心惑不違名相空故妄計爲有迷有不空名之爲妄從妄起心名之爲想正智者覺知名相本來空寂以知空故妄想自息息妄歸眞顯理分明正智現前不立名相故名正智經偈云了心及境界妄想不復生眞如者即此正智心性眞故即名眞如故知但是一法無中執有成凡達有本空成聖不唯五法乃至恒沙義出無邊理恒一道此乘心之道即是如來行處步步履法空故亦是摩訶衍處念念無所得故如持世經云佛言諸善男子是故我說一切法是如來行處如來行處是無行處何以故一切法行處是中無法可行是故說無行處文殊悔過經云文殊師利言吾往古時希望諸法求空處所遊於閑居限節知足少欲爲得不能識知一切法空心無所著爾乃可謂靜處宴坐住於法界釋曰若了人法二空見眞唯識性即常在三昧住眞法界矣　問云何說入此宗鏡一念相應見道速疾超過劫量　答實有斯理世況可知若不直下頓悟自心功德圓滿即於心外妄求徒經劫數若能內照如船遇便風一念圓成所作無滯如大涅槃經云譬如有人在大海中乘船欲度若得順風須臾之間則能得過無量由旬若不得者雖復久住經無量歲不離本處有時船壞沒水而死衆生如是在於愚癡生死大海乘諸行船若得值遇大般涅槃猛利之風則能疾到無上道岸若不值遇當久流轉無量生死或時破壞墮於地獄畜生餓鬼故知不遇宗鏡之風有爲行船終不能速度生死之波直至涅槃之岸有茲大利廣集無勞唯囑後賢轉相傳授如決句經云善知識者有大功德能令汝等於貪欲瞋恚癡邪見五欲五蓋衆塵勞中建立佛法不起一心得大功德譬如有人持堅牢船渡於大海不動身心而到彼岸故知入宗鏡中即凡即聖可謂不斷煩惱而入涅槃不斷五欲而淨諸根矣所以華嚴論云十住初位以無作三昧自體應眞煩惱客塵本無體性唯眞體用無貪瞋癡任運即佛故一念相應一念佛一日相應一日佛此宗鏡錄中前後皆悉微細委曲一一直指示了見即便見不在意思纔信入時理行俱備終不更興惡行似有纖疑若不如然爭稱圓頓以了心外無境故則念念歸宗何有虛幻能惑所以寶藏論云一切如幻其幻不實知幻是幻守眞抱一又如學人問大梅和尚師常言神性獨立學人不識乞師指示答阿誰教汝問問莫不問者便是不答若不是阿誰能如是問問神性非是聲色師所示問者是神性學人只識得聲色不識眞性乞師指示如何得識答譬如大寶藏衆寶皆具足上福德人見直捉得明月寶珠薄福德者只見銅鐵之類非是藏中無寶亦非主藏者不與我如今向汝道性不是聲色汝只見聲色我亦無過汝知麼此神性火不能燒水不能溺須臾能到千里萬里山河石壁不能礙汝如今揚眉動目彈指謦咳口喃喃問答惣是此性喚作大道常在目前雖在目前難覩汝若疑惑不信受破法墮惡道若是上根者聞言下便會更不作諸惡喚作一受不退常寂然中根者親近善知識近於智者數數聞說不久還會若是下根千徧萬徧與說元來不會雖然記得少許如破布裹明珠出門還漏却汝知麼佛道不遠迴心即是若悟則剎那不悟恒沙劫　問此一心宗成佛之道還假歷地位修證不　答此無住眞心實不可修不可證不可得何以故非取果故不可證非著法故不可得非作法故不可修以本淨非瑩法爾天然若論地位即在世諦行門亦不失理以

無位中論其地位不可起決定有無之執經明十地差別如空中鳥跡若圓融門寂滅眞如有何次第若行布門對治習氣昇進非無又染淨階位皆依世俗名字分別則似分階降不壞一心譬如衆生位如土器菩薩位如銀器諸佛位如金器土銀金等三種器量雖殊然一一器中虛空徧滿平等無有差別虛空即喻一心法身平等之理諸器即況根器地位階降不同道本無差隨行有異夫論行解頓漸不同現行煩惱有淺深熏染習氣有厚薄不可一向各在當人業輕則易圓障深則難斷只如登八地菩薩親證無生法忍觀一切法如虛空性此猶是漸證無心至十地中尚有二愚入等覺位一分無明未盡猶如微煙尚須懺悔又若未自住三摩地中不信心外無法如患眼瞖者不信空中無花以分別智解心不亡但緣他境未住自地如首楞嚴經云十方如來及大菩薩於其自住三摩地中見與見緣并所想相如虛空華本無所有所云大菩薩者即八地已上若八地菩薩尚心外見淨土以智緣理不名自住若十地菩薩雖心外不見境猶有色心二習是以有頌云唯佛一人持淨戒其餘並名破戒者故知若入宗鏡究竟一乘門中方云持戒方云見道且知見有四一知而不見初地至九地二見而不知即十地三亦見亦知唯佛四不見不知地前異生等若得直下無心量出虛空之外又何用更歷階梯如未頓合無心一念有異者直須以佛知見治之然後五忍明其正修六即揀其叨濫則免墮增上慢究竟

圓滿佛乘若入宗鏡中則為普機菩薩乘不思議乘依普門法一位一切位如善財一生具五位等皆是普法相收此普賢機乃見一切所見聞一切所聞即普眼境也普法相收者以心外無法故名為普一切行位皆在心中豈不相收耶於行布門似分深淺又玄義格云圓教四十二位同一眞理就智論之遂分明晦太虛一也日行空中具有中旦圓教登住如船入海似日遊空智皆無作行亦無為運運道風自然增進如止觀云入佛正宗免墮邪倒創發圓信之人須明十種觀法十種觀法者一觀不思議境二發眞正菩提心三巧安止觀四破諸法徧五善識通塞六三十七品調適七對治助開八善知位次九安忍強軟兩賊十順道法愛不生如是不濫方入圓乘且最初一念信解之心能成五品台教云若人宿植深厚或值善知識或從經卷圓聞妙理謂一法一切法一切法一法非一非一切不可思議起圓信解信一心中具十法界如一微塵有大千經卷欲聞此心而修圓行圓行者一行一切行略言為十謂識一念心平等具足不可思議傷已昏沉慈及一切又知此心常寂常照用寂照心破一切法即空即假即中又識一心諸心若通若塞能於此心具足道品得菩提路又解此心正助之法又識巳心及凡聖心又安心不動不墮不退不散雖識一心無量功德不生染著十心成就舉要言之其心念念悉與諸波羅蜜相應是名圓教初隨喜品從此具修十法得入圓教初發心住分眞即中初阿後茶發心

畢竟二不別以行位念三不退故台教接人上住於此通後直至十行十迴向十地等妙二覺位所有智斷昇進任運無功念念圓滿無上菩提又廣釋不可思議境者如華嚴經頌云心如工畫師造種種五陰一切世間中莫不從心造種種五陰者十法界五陰也法界者有三義十數是能依法界是所依能所合稱故言十法界又此十法各各因各各果不相混濫故言十法界又此十法一一當體皆是法界故言十法界十法界通稱陰入界其實不同三途是有漏惡陰界入三善是有漏善陰界入二乘是無漏有漏陰界入菩薩是亦有漏亦無漏陰界入佛是非有漏非無漏陰界入釋論云法無上者涅槃是即非有漏非無漏法也無量義經云佛無諸大陰界入者無前九陰界入也今言有者有涅槃常住陰界入也大經云因滅無常色獲得常色受想行識亦復如是常樂重沓即積聚義慈悲覆蓋即陰義以十種陰界不同故名五陰世間也攬五陰通稱衆生衆生不同攬三途陰罪苦衆生攬人天陰受樂衆生攬無漏陰眞聖衆生攬慈悲陰大士衆生攬常住陰尊極衆生大論云衆生無上者佛是豈與凡下同大經云歌邏羅時名字異乃至老時名字異芽時名字異乃至果時名字亦異且約一期十時差別況十異衆生寧得不異故名衆生世間也十種所居通稱國土世間者地獄依赤鐵住畜生依地水空住脩羅依海畔海底住人依地住天依宮殿住六度菩薩同人依地住通教菩薩惑未盡同依人天住斷惑盡

者依方便土住別圓菩薩惑未盡者同人天方便等住斷惑盡者依實報土住如來依常寂光土住仁王經偈云三賢十聖住果報唯佛一人居淨土淨土不同故名國土世間也此三十種世間悉從心造又十種五陰一一各具十法謂如是相性體力作因緣果報本末究竟等此是十如五陰世間衆生世間國土世間即是三種世間此一心具十法界一法界又具十法界即百法界一法界具三十種世間百法界具三千種世間此三千在一念心若無心而已介爾有心即具三千亦不言一心在前一切法在後亦不言一切法在前一心在後例如八相遷物物在相前物不被遷相在物前亦不被遷前亦不可後亦不可只物論相遷只相遷論物今心亦如是若從一心生一切法者此則是縱若心一時含一切法者此即是橫縱亦不可橫亦不可只心是一切法一切法是心故非縱非橫非一非異玄妙深絕非識所識非言所言所以稱為不可思議境意在於此既自了達一心不思議境遂起同體大悲發真正菩提心等已下九種觀門成熟華嚴論云如三乘中亦說根本智後得智令欲令三乘人迴心指此金色世界不動智佛令使直認是自心能分別智本無所動文殊師利即是自心善揀擇無相妙慧覺首目首等菩薩即是自心隨信解中所見之理智如是三乘之人未迴心者定當不信何以故為立三阿僧祇劫後當得佛故為直自認身及心惣是凡夫但信佛有不動智等不自信自心是根本不動智佛與佛

無異以是義故不成此教法界乘中以根本智為信心此經信心應當如是直信自心分別之性是法界性中根本不動智佛金色世界是自心無染之理文殊師利是自心善揀擇妙慧覺首目首等菩薩是隨信心中理智現前以信因中契諸佛果法分毫不謬方成信心從此信已以定慧進修經歷十住十行十迴向十地十一地日月歲劫時復無遷法界如本不動智佛如舊而成一切種智海教化衆生因果不遷時劫不改方成信也若立僧祇定實身是凡夫凡聖二途時劫移改心外有佛不成信心又如圓覺經云金剛藏菩薩白佛言世尊若諸衆生本來成佛何故復有一切無明若諸無明衆生本有何因緣故如來復說本來成佛十方異生本成佛道後起無明一切如來何時復生一切煩惱唯願不捨無遮大慈為諸菩薩開秘密藏乃至佛言善男子一切世界始終生滅前後有無聚散起止念念相續循環往復種種取捨皆是輪迴未出輪迴而辯圓覺彼圓覺性即同流轉若免輪迴無有是處譬如動目能搖湛水又如定眼猶迴轉火雲駛月運舟行岸移亦復如是善男子諸旋未息彼物先住尚不可得何況輪轉生死垢心曾未清淨觀佛圓覺而不旋復是故汝等便生三惑善男子譬如幻翳妄見空華幻翳若除不可說言此翳已滅何時更起一切諸翳何以故翳華二法非相待故亦如空華滅於空時不可說言虛空何時更起空華何以故空本無華非起滅故生死涅槃同於起滅妙覺圓照離於華翳善

男子當知虛空非是暫有亦無暫無況復如來圓覺隨順而為虛空平等本性善男子如銷金鑛金非銷有既已成金不重為鑛經無窮時金性不壞不應說言本非成就如來圓覺亦復如是故知圓覺妙心如虛空之性生死涅槃即空華之相翳眼不無起滅真性何曾有無如鑛藏金金非鑛有又非銷得要以銷成迷時如未淨之金悟了若已成之寶真金不動垢淨俄分妙性無虧迷悟自得所以不思議佛境界經云爾時須菩提又問言大士汝決定住於何地為住聲聞地為住辟支佛地為住佛地耶文殊師利菩薩言大德汝應知我決定住於一切諸地須菩提言大士汝可亦決定住凡夫地耶答曰如是何以故一切諸法及以衆生其性即是決定正位我常住此正位是故我言決定住於凡夫地也須菩提又問言若一切法及以衆生即是決定正位者云何建立諸地差別而言此是凡夫地此是辟支佛地此是佛地耶文殊師利菩薩言大德譬如世間以言說故於虛空中建立十方所謂此是東方此是南方乃至此是上方此是下方雖虛空無差別而諸方有如是如是種種差別此亦如是如來於一切法決定正位中以善方便立於諸地所謂此是凡夫地此是聲聞地此是辟支佛地此是菩薩地此是佛地雖正位無差別而諸地有別耳所以天台云四教如空中四點四點雖殊然不壞虛空性然此地位至究竟位中若理若行方可窮盡如菩薩瓔珞本業經云佛子第四十二地名寂滅心妙覺地常住一相

第一無極湛若虛空一切種智照達無生有諦始終唯佛窮盡衆生根本有始有終佛亦照盡乃至一切煩惱一切衆生果報佛一念心稱量盡原一切佛國一切佛因一切菩薩神變亦一念一時知任不可思議二諦之外獨在無二是知先得宗本然後鍊磨於鍊磨時不失道本如巧鍊金不失銖兩於圓漸內階降寧無從有為而至無為因生忍而成法忍圓融不壞行布壞則失全理之事行布不礙圓融礙則失全事之理然雖理事一際因果同時生熟之機似分初後之心不混直至妙覺如月圓時始盡因門方冥果海如華嚴經云佛子譬如乘船欲入大海未至於海多用功力若至海已但隨風去不假人力以至大海一日所行比於未至其未至時設經百歲亦不能及佛子菩薩摩訶薩亦復如是積集廣大善根資糧乘大乘船到菩薩行海於一念頃以無功用智入一切智智境界本有功用行經於無量百千億那由他劫所不能及　問入實觀者一尚不存云何廣明十法答夫入實觀者是觀諸法之實一法既實萬法皆然則一實一切實如知蜜性甜則一切蜜皆甜則不假諸多觀門但了不思議一法自然橫周法界皆同此旨大根一覽蕩爾無遺如上醫治患見草童舞而衆疾咸消又直聞其言病自除愈則何須軫候更待施方又如上醫以非藥為藥中醫以藥為藥下醫藥成非藥非藥為藥者如云無有一物不是藥者攬草皆成豈云是藥非藥如行非道而通佛道即煩惱而成菩提一切世法純是佛法

以藥為藥者即應病與藥隨手痊愈附子治風橘皮消氣等如觀根授法不失其時思覺多者修數息觀婬欲多者修不淨觀等藥為非藥者即不識病原反增其疾如說法者不逗其機淺根起於謗心下士聞而大笑醍醐上味為世珍奇遇斯等人翻成毒藥如上上根人纔悟其宗不俟言說所以古聖云上士見我詩把著滿面笑楊脩見幼婦一覽便知妙或遮障深厚根思遲迴須備歷觀門對治種現如加減修合服食後差台教約中下之根備歷十乘觀法然雖具十不離一門如法華玄義云明入實觀者即十乘觀法一不思議境即是一實四諦謂生死苦諦不可思議即空即假即中即空故方便淨即假故圓淨即中故性淨三淨一心中得名大涅槃淨名經云一切衆生即大涅槃故名不可思議四諦也不可復滅此即生死之苦諦是無作之滅諦亦是集道也煩惱集諦不可思議即空即假即中即空故名一切智即假故名道種智即中故名一切種智三智一心中得名大般若淨名經云一切衆生即菩提相不可復得此即煩惱之集而是無作道諦亦是苦滅故名不思議一實四諦也亦是真善妙色何者生死即空故名真生死即假故名善生死即中故名妙此名有門不可思議境也二發真正心者一切衆生即大涅槃云何顛倒以樂為苦即起大悲興兩誓願令未度者度令未斷者斷一切煩惱即是菩提云何愚闇以道為非即起大慈興兩誓願令未知者知令未得者得無緣慈悲清淨誓願慈善根力任

運吸取一切衆生也三安心者既體解成就發心具足豈可臨池觀魚不肯結網畏粮束脚安坐不行修行之要不出定慧譬如陰陽調適萬物秀實兩旱不節燋爛豈生若兩輪均平是乘能運二翼具足堪任飛昇體生死即涅槃名為定達煩惱即菩提名為慧於一心中巧修定慧具足一切行也四破法徧者以此妙慧如金剛斧所擬皆碎如無翳目所臨皆朗若生死即涅槃者分段變易苦諦皆破若煩惱即菩提者四住五住集諦皆破雖復能破亦不有所破何者生死即涅槃故無所破也五識通塞者如主兵寶取捨得宜強者綏之弱者撫之知生死過患名為塞即是涅槃名為通知煩惱雜亂名為塞即是菩提名為通始從外道四見乃至圓教四門皆撤通塞節節執著即是塞節節亡泯名為通若不識諸法更險非但行法不前亦亡去重寶也六善識道品者觀生死即涅槃十界生死色陰皆非淨非不淨乃至識陰非常非不常能破八顛倒即法性四念處念處中具道品三解脫及一切法又知涅槃即生死顯四枯樹知生死即涅槃顯四榮樹知生死涅槃不二即一實諦非枯非榮住大涅槃也七善修對治者若正道多障應須助道觀生死即涅槃治報障觀煩惱即菩提治業障煩惱障也入善知次位者生死之法本即涅槃理涅槃也解知生死即涅槃名字涅槃也勤觀生死即涅槃觀行涅槃也善根功德生即相似涅槃也真實慧起即分真涅槃也盡生死底即究竟涅槃也觀煩惱即菩提亦如是九善安

忍者能安内外強軟遮障不壞觀心若觀生死即涅槃不爲陰入境病患業魔禪二乘菩薩等境所動壞也若觀煩惱即菩提不爲諸見增上慢境所動也十無法愛者既過障難道根成立諸功德生觀生死即涅槃故諸禪三昧功德生觀煩惱即菩提故諸陀羅尼無畏不共諸般若生觀生死涅槃不二故法身實相生相似功德順理而生喜起順道法愛生名法愛不上不退名爲頂墮此愛若起即當疾滅已愛若滅已破無明開佛知見證實相體觀生死即涅槃故證得解脫煩惱即菩提故證得般若此二不二證得法身一身無量身無上寶乘如意圓珠衆法具足是名有門入實證得經體三門亦如是乃至歷一切法門亦如是　問若即心是佛者則一切含生皆有此心盡得成佛教中云何不見授劫國名号之記　答劫國名号乃是出世化門之中現前別記欲知真記者淨名經云一切衆生亦如也一切法亦如也華嚴經頌云顯佛自在力如說圓滿經無量諸衆生悉受菩提記又頌云一一心念中普觀一切法安住真如地了達諸法海又頌云一一微塵中能證一切法如是無所礙周行十方國斯則人法心境悉記成佛以一念具足一塵不虧念念證真塵塵合體同居常寂光土俱号毗盧遮那終無異土別身聖強凡劣與三世佛一時成道前後情消共十類生同日涅槃始終見絕免起有情無情之妄解不生心内心外之邪思可謂上無所求下無可化冥真種實得本歸宗俱登一際解脫之門盡受平等菩

宗鏡第二十三卷　十七張　富

提之記又古德問云既色心不二修性一切何不見木石受菩提記耶答一一諸色但唯心故心外無法豈唯心滅而色猶存佛但記有情攝無情也譬如幻事要藉幻心心在幻中能持幻事若其心滅幻事同無故但滅心不復滅事衆生色心亦復如是皆如幻相一切外境從幻心生豈猶滅心而存幻色此即有情得記無情亦然是故無情不須別記玄義格云真佛者從初發心即體一真法界全同古佛相極三際全現一塵性海無邊表裏不可得信此法故名爲發心心無異念故名爲證證成名佛的無方處又圓教入初住人心同法界神無方所何用天衣天座四衆圍繞夫立劫國名号授記作佛者爲引未發心者令嚮慕耳若受著身土情未盡耳所以華嚴論云初發心時便成正覺於一剎那際皆得此之法不許於剎那際外有別時當知即非本法故若有人於佛法中見佛成道作劫量延促處所而生見者信亦未成未論修道若解者本來全得處迷者自沒輪迴又云但有所見境界及如來名号摠是自心佛果所會之法若自心不會對面無覩見之期

宗鏡第二十三卷　十八張　富

宗鏡録卷第二十三　富

音義

熾昌志反　呰即委反　吸許及反　頹杜回反　濴於成反　鳥玄反　恚許定反　胫胡定反　蕙胡桂反　鵩房六反　欸苦蓋反　翥章恕反　喃女咸反　蛸相邀反　瑩烏定反　鑿在各反　腪　愈以主反　沓徒合反　燋即消反　駛疏吏反　爛郎旰反　鑽則官反　翼与職反　斬　綏息遺反　瘞於罽反　掞

丁未歲高麗國分司大藏都監奉
勅彫造

宗鏡録卷第二十三

校勘記

一　底本，麗藏本。

一　三三八頁上二二行第一四字「死」，碛作「死也」。

一　三三八頁中一五行「天女」，南、徑、清作「女天」。二五行同。

一　三三八頁中二一行首字「禪」，碛、清作「釋」。

一　三四一頁上一四行末字「六」，碛作「不」；南無。

一　三四一頁上二七行第一六字「如」，清作「知」。

一　三四一頁中八行末字「常」，碛作「當」。

一　三四一頁下二七行第三字「不」，碛、南作「不證」。

一　三四二頁上七行「一一」，碛作「一二」。

一　三四二頁上一一行末字「深」，南作「染」。

一　三四二頁上一五行第二字「煙」，徑、清作「塵」。

一　三四二頁中一〇行第三字「運」，清作「任」。

一　三四二頁下二行首字「上」，磧、徑、清作「止」。

一　三四三頁上一一行第六字「而」，清作「則」。

一　三四三頁中八行「十一地」，磧、南、徑、清作「十二地」。

一　三四三頁下一行「亦無」，徑作「亦非」。

一　三四四頁上一五行第一五字「設」，磧作「說」。

一　三四四頁上二六行第一一字「軫」，磧、南、徑、清作「診」。

一　三四四頁中七行「聖云上士」，磧、南作「上士聖云」。

一　三四四頁中一六行第一一字至一八行第七字「故……也」，清作「不可復滅此即生死之苦諦而是無作之滅諦亦是集道故名不可思議四諦也」。

一　三四四頁中二〇行「中得名」，磧、南作「得名中」。

一　三四四頁下二行第一五字「褁」，徑作「裹」。

一　三四四頁下八行第一六字「目」，磧、南、徑、清作「日」。

一　三四四頁下一二行第一〇字「主」，磧、徑、清作「王」。

一　三四四頁下一六行第一六字「通」，磧作「道」。

一　三四四頁下二六行「次位」，清作「位次」。

一　三四五頁上一〇行第四字「已」，清作「此」。

一　三四五頁中一行「一切」，磧、南、徑、清作「一如」。

宗鏡録卷第二十四　富

慧日永明寺主智覺禪師　延壽　集

夫成佛本理但是一心者云何更立文殊普賢行位之因釋迦彌勒名号之果乃至十方諸佛國土神通變現種種法門　荅此是無名位之名位無因果之因果是心作因是心成果是心標名是心立位普賢觀經云大乘因者即是實相大乘果者亦是實相釋論云初觀實相名因觀竟名果故知初後皆心因果同證只爲根機莫等所見不同若以一法逗機終不齊成解脱須各各示現引物歸心雖開種種之名皆是一心之義若違自心取外佛相勝妙之境則是顛倒所以華嚴經頌云若以威德色種族而見人中調御師是爲病眼顛倒見彼不能知最勝法又頌云假使百千劫常見於如來不依眞實義而觀救世者是人取諸相增長癡惑網繫縛生死獄盲冥不見佛云何不見佛一爲不識自心二爲不明隱顯何者衆生之因隱於本覺諸佛之果顯於法身因隱之本覺是果顯之法身果能成因則佛之衆生果顯之法身是因隱之本覺因能辦果則衆生之佛故云凡聖交徹理事相含矣所云釋迦牟尼者釋迦此云能仁牟尼此云寂默能仁者即心性無邊含容一切寂默者即心體本寂動靜不干故號釋迦牟尼覺此名佛彌勒者此云慈氏即是一心眞實之慈以心不守自性任物卷舒應現無方成無緣化故稱慈氏阿彌陁者此云無量壽即如理爲命以一心眞如性無盡故乃曰無量壽阿閦者此云不動即一心妙性湛然

不動妙覺位不能增無明地不能減故稱不動如三藏勒那云徧入法界禮者良由行者想觀自己身心等法從本已來不離法界諸佛身外亦不在諸佛身內亦不在我外亦不在我內自性平等本無增減今禮一佛徧通諸佛所有三乘位地無滿我身既徧隨佛亦徧乃至法界空有二境依正兩報莊嚴供具隨緣徧滿不離法界隨心無礙並薦供養隨喜頂禮如一室中懸百千鏡有人觀鏡鏡皆像現佛身清淨明逾彼鏡遞相涉入鏡無不照影無不現此則攝他爲想入他爲別一身既爾乃至一切法界凡聖之身供養之具皆助隨喜悉同供養既知我身在佛身內如何顛倒妄造邪業不生慚恥又諸佛德用既齊名號亦等隨稱何名名無不盡如稱一阿彌陁佛名禮召一切諸佛無不周備西天云阿彌陁佛此云無量壽豈有一佛非長壽也設一切佛不化衆生但一佛化生即功歸法界法界德用徧周是名徧入法界禮也楞伽經云佛告大慧以四等故如來應等正覺於大衆中唱如是言我爾時作拘留孫拘那含牟尼迦葉佛云何四等謂字等語等法等身等是名四等云何等義所謂同一名字同一梵聲同一乘門同一眞體乃至同一心同一智同一覺同一道如鴦崛摩羅與文殊師利共遊十方所見十方諸佛彼佛皆稱釋迦佛者即我身是又法華經明十方諸佛皆是釋迦分身則阿閦彌陁悉本師矣本師即我心矣釋云非獨彌陁阿閦十方諸佛皆我本師海印頓現且法華分身有多淨土如來何不指

已淨土而令別往彌陁妙喜思之故知賢首彌陁等皆本師矣復何怪哉言賢首者即壽量品中過百萬阿僧祇剎最後勝蓮華世界之如來也經中偈云或見蓮華勝妙剎賢首如來住其中若此不是歎本師者說他如來在他國土爲何用耶且如惣持教中亦說三十七尊皆遮那一佛所現謂毗盧遮那如來內心證自受用成於五智從四智流言四如來謂大圓鏡智流出東方阿閦如來平等性智流出南方寶生如來妙觀察智流出西方無量壽如來成所作智流出北方不空成就如來法界清淨智即自當毗盧遮那如來言三十七者五方如來各有四大菩薩在於左右復成二十謂中方毗盧遮那如來四大菩薩者一金剛波羅蜜菩薩二寶波羅蜜菩薩三法波羅蜜菩薩四羯磨波羅蜜菩薩東方阿閦如來四菩薩者一金剛薩埵菩薩二金剛王菩薩三金剛愛菩薩四金剛善哉菩薩南方寶生如來四菩薩者一金剛寶二金剛威光三金剛幢四金剛笑西方無量壽如來亦名觀自在王如來四菩薩者一金剛法二金剛劍三金剛因四金剛利北方不空成就如來四菩薩者一金剛業二金剛法三金剛藥叉四金剛拳已有二十五及四攝八供養故三十七言四攝者即鈎索鏁鈴八供養者即燒散燈塗華鬘歌舞皆上有金剛下有菩薩然此三十七尊各有種子皆是本師智用流出與今華嚴經中海印頓現大意同也問若依此義豈不違於平等意趣平等意趣云言即我者依於平等意趣而說非即我身如

何皆說爲本師耶荅中平等之言乃是一義唯識尚說一切衆生中有屬多佛多佛共化以爲一佛若屬一佛佛能示現以爲多身十方如來一一皆爾今正一佛能爲多身依此而讀本師爾如弟子問傅大士從來啓佛文疏耶只啓釋迦而不稱彌勒耶　荅曰十方諸佛共一法身何必須二又三身十身隨用而說約其本性唯一身而已如冥室希光隨孔而照光雖萬殊而本之者一所謂眞法身也亦是隨機所現形相不同如出現品云譬如梵王住自宮普現三千諸梵處一切人天咸得見實不分身向於彼諸佛現身亦如是一切十方無不徧其身無數不可稱亦不分身不分別方知不是他佛智偏自則乃自佛智徧他亦非自因趣他果本是他果承我因則因果同時凡聖一際是以了無二相能過魔界不得一法安住佛乘若取相則沉六入之海起念則投五陰之城皆是衆生隨差別情起自他見則影分多月迹任殊形不離一眞各現心水故融大師云不離五陰有佛經言如心佛亦爾如佛衆生然又云離心求菩提譬如天與地那有丈六身身無丈六也大品云不以身爲佛用種智爲佛若相好是佛輪王是也今多許人身中佛那不見爲煩惱故經云具煩惱衆生雖近而不見只在身內甚近而不見又我等無智故不覺內衣裏有無價寶珠乃至心者信也謂有前識法隨相行則煩惱名識不名心也意者憶也憶想前境起於妄並是妄識不干心事心非有無有無不染心非垢淨垢淨不汙乃至迷悟凡

聖行來去住並是妄識非心心本不生今亦無滅若知自心如此佛亦然故云直心是道場無虛假故經云世間如是身諸佛身亦然了知其自性是則說名佛是以一身無量身皆同佛體以無性理同故所以志公云食時辰無明本是釋迦身坐卧不知元是道作麼忙忙受苦辛華嚴私記云從如是我聞已來乃至一切經中菩薩衆聲聞衆莊嚴具華幡幢蓋七珍寶等事並是如來淨業所起或作法名雲名並是淨心中事文殊則是衆生現行分別心普賢則是衆生塵勞業行心觀音即是衆生大悲心勢至即衆生志智心如華嚴經云一切處文殊者文殊雖東來而即一切處以是法界之身不動之智觸境斯了六根三業盡是文殊實相體周萬像森羅無非般若何有一處非文殊哉淨名疏云定自在王菩薩者用一心三觀能觀心性名爲上定得此上定於一切眞俗禪定即得自在如國王也寶積菩薩者一心三觀正觀心性雖空具足萬行之法寶聚故名寶積也妙生菩薩者觀心不生則一切法不生般若妙生也故經云色不生般若生觀世音菩薩者請觀音經云觀於心脉使想一處即見觀世音也如是等菩薩隨舉一觀門別以標菩薩名引物歸心若一人各具一切觀門即名字互通即是字等語等身等法等以一切法本自無名無名而有名者皆從心起故心即名也其能如是解者即於正觀心中見一切菩薩諸佛也乃至聲聞十大弟子皆是自心十善法數又云十心數者三藏教毗曇偈云想欲更樂

慧念思及解脫作意於境界三摩提以痛此心通大地數法扶心王起一切諸心數如國有十臣共輔佐一主若君臣共行非道國內人民悉皆作惡君臣相輔共行正治國內人民悉皆有道今衆生有心王通十心數若念不善即有無量不善煩惱數法起若心王十數相扶念善即有無量諸善功德智慧心數而起也復次心王即是師十數即是十弟子如師資共作惡即化一切人皆惡如師資共作善則化一切人修善心王及十心數法亦如是故此經云弟子衆塵勞隨意之所轉也今一切衆生皆有心王十通心數法若遇天魔外道受論見論即起諸煩惱流轉生死如爲惡君惡臣惡師惡弟子之所化也今佛爲法王十弟子爲法臣即是正法之師正法弟子用慧行行行正法共化衆生心王十通心數法若衆生信受修行慧行即見論諸煩惱滅成一切見道無量諸善心數法也若衆生信受修習行行即破一切天魔生死不善諸心數法成修道無量善心數法也故經云心王若正則六臣不邪復次此十數即是十法門悉能通入涅槃也初以十數爲種子從此修習遂致成道如合抱之樹起於毫末也今法王欲以半滿之教化諸衆生先當隨其樂欲故此經云先以欲勾牽後令入佛智也今十弟子各弘一法者人以類聚物以羣分隨其樂欲各用一行法門攝爲眷屬也雖各掌一法門何曾不具十德如十心數隨有一起十數即隨起雖用一數當名而實有十數也別對十弟子者初想數即對富樓那想數偏

強從想入道是故聲聞弟子中說法第一也成論云識得實法想得假名富樓那用想數分明故能分別名相無礙辯才無滯於說法人中最爲第一欲數對大迦葉用善欲數入道故諸弟子中頭陁第一也一切善法欲爲其本迦葉絕世棄華志存出要樂在山林是則善欲心發捨世惡欲也更樂對迦栴延即起此數研覈義理入道故聲聞中論義第一也問荅往復更相涉入論義不窮無滯無閡以其偏修更樂數故能如是也慧數對身子用慧數入道故於諸聲聞中智慧第一法輪之將也念數對優波離用念持律入道於諸聲聞中持律第一也憶持不忘名之爲念波離身口對緣詮量輕重而無忘失持律之上也思數對羅云因秘行入道諸聲聞中密行第一也行陰即是思數思數若利修諸戒行覆藏功德密行之上也解脫對善吉用此數法修空解脫入道故諸聲聞中解空第一無諍三昧蕭然獨脫不與物競也作意境界憶數對阿那律因其失眼佛令起此數修天眼入道故聲聞中天眼第一夫修天眼必須住心緣境取日月星光相而修發天眼通也三摩提數對目連是定數偏利修此定進道故諸聲聞中禪定第一痛數對阿難當受數強利聽受聞持以入道故諸聲聞中多聞惣持第一痛通言受以領納爲義故此數分明領持佛法如完器盛水也是十數弟子共輔如來莊嚴半滿四枯四榮之教引衆生入中道見佛性住大涅槃即是住不思議解脫也是知自利實行利他權門若師若弟若教若觀終不出衆生心數法門一一同歸宗鏡乃至一切言說義理行位進修悉皆是心無不收盡以一切語言由覺觀心一切諸行由於思心一切義理由於慧心故又心王即佛寶心數即僧寶所緣實際無王無數即法寶善入實際王數之功力用足矣心心數法不行故名行般若波羅蜜普賢觀云觀心無心法不住法我心自空罪福無主即是無心無數名爲正觀是心數塵勞若不盡者觀則不訖故經言衆生不度我不成正覺即此意也若能如是解者無一佛菩薩名及一法門不於正觀心中現故法華經云若有人信汝所說則爲見我亦見於汝及比丘僧并諸菩薩何者聞經心信無疑覺此信心明淨即是見佛慧數分明是見身子諸數分明是見衆比丘慈悲心淨是見菩薩黃蘗和尚云諸佛與一切衆生唯是一心更無別法覺心即是唯此一心即是佛見此心即是見佛佛即是心心即是衆生衆生即是佛佛即是心爲衆生時此心亦不減爲佛時此心亦不添但悟一心更無少法可得此即眞佛文殊當眞空無礙之理普賢當離相無盡之行諸大菩薩所表人皆有之不離一心悟之即是但能無心便是究竟學道人不直下無心累劫修行終不成道不如言下自認取本法此法即心心外無法絕諸思量故曰言語道斷心行處滅此心是本原清淨佛蠢動含生與佛菩薩一體只爲妄想分別造種種業果本佛上實無一物虛通寂靜明妙安樂而已但於見聞覺知認取本心然本心不屬見聞覺知亦不離見聞覺知但莫於見聞覺知上起解亦不離見聞覺知覓心不即不離不住不著世人聞道諸佛皆傳心法將謂心上別有一法可證可取遂將心覓法不知心即是法法即是心不可將心更求於心歷千劫終無得日不如當下無心便是本法乃至出家皆不出一念心地故香嚴和尚偈云從來求出家未詳出家稱起坐只尋常更無少殊勝以心外更無別出家法有何勝境可求所以淨名經云無利無功德是名出家則阿難未悟斯宗但觀如來勝相求身出家遂懺悔云我身雖出家心不入道台教云觀一念心淨若虛空不爲二邊桎梏所礙平等大慧無住無著即名出家以中觀自資活法身慧命名爲乞士觀五住煩惱即是菩提是名破惡一切諸邊顛倒無非中道即是怖魔天台拾得頌云無瞋是持戒心淨是出家我性與汝合一切法無差夫出塵之人心不依物故經云出家放曠猶若虛空志公誦云言下不求無處所暫時喚作出家人所以先德云汝若悟此事了但隨時著衣喫飯任運騰騰故知此事唯自己知別無方便故云一飲一啄各自有分豈非悟心出家非從事得又云觀一一心中皆具王數爲成觀故王數相扶而取開悟或於想數入道或於欲數入道隨所宜者心王心數而共攻之化取塵勞諸心而作佛事作此觀未悟觀行如乳若發無漏觀行如酪若破塵沙如生熟酥若破無明觀如醍醐至醍醐時王數功畢大寶積經偈云如來觀衆生於法建立者以心能知心彼則眞佛子故云從佛口生從

法化生以知心故一切法門如在掌中爲夫知者方便解釋皆令信入此宗鏡内則無有一法而非佛事飲食爲佛事者淨名疏云於法等者於食亦等如大品經云一切法趣味是趣不過味尚不可得云何當有趣非趣今言一切法趣味味即是食當知食即是不思議法界以食中含受一切法一切法不出食法界也食若是有一切法是有食若是無一切法皆無今食不可思議故尚不見是有云何當有趣尚不見是無云何當有非趣若觀食不見趣非趣即是中道三昧名眞法喜禪悅之食而能通達趣非趣法即雙照二諦得二諦三昧法喜禪悅之食是名食等諸法亦等者一切諸法趣陰入界乃至一切種智陰入界一切種智不可得故云何當有趣非趣而宛然具足趣非趣者則一切諸法皆有三諦之理如智度論明一刹那中有生住滅三相之喻也又如香積佛國之香飯經云無盡戒定慧解脫解脫知見功德具足者所食之餘終不可盡以一心眞如無盡之理五分法身資熏之功自體性空無作妙用豈有盡乎又云若未發大乘意食此飯者至發意乃消已發意食此飯者得無生忍然後乃消已得無生忍食此飯者至一生補處然後乃消譬如有藥名曰上味其有服者身諸毒滅然後乃消此飯如是滅除一切諸煩惱毒然後乃消如諸大菩薩雖復捨生受生後身之中識中有種子種子遇緣還生香飯相續不斷流至初地發無漏心斷惑證眞名之爲消非是食滅名爲消也故知食此飯者何法不消又云彼國菩薩聞香入律即獲一切德藏三昧得此三昧者菩薩所有功德皆悉具足是以若從香入法界自身即是衆香世界自心即是香積如來無量功德一心圓滿悟入此者何假外求香界既然十八界亦爾盡是栖神之地皆爲得道之場如阿難白佛言未曾有也世尊此香飯能作佛事佛言如是如是阿難或有佛土以佛光明而作佛事有以諸菩薩而作佛事有以佛所化人而作佛事有以菩提樹而作佛事有以佛衣服卧具而作佛事有以飯食而作佛事有以園林臺觀而作佛事有以三十二相八十隨形好而作佛事有以佛身而作佛事有以虛空而作佛事衆生應以此緣得入律行有以夢幻影響鏡中像水中月熱時燄如是等喻而作佛事有以音聲語言文字而作佛事或有清淨佛土寂寞無言無說無示無識無作無爲而作佛事如是阿難諸佛威儀進止諸所施爲無非佛事阿難有此四魔八萬四千諸煩惱門而諸衆生爲之疲勞諸佛即以此法而作佛事是名入一切諸佛法門菩薩入此門者若見一切淨好佛土不以爲喜不貪不高若見一切不淨佛土不以爲憂不礙不没但於諸佛生清淨心歡喜恭敬未曾有也諸佛如來功德平等爲教化衆生故而現佛土不同阿難汝見諸佛國土地有若干而虛空無若干也如是見諸佛色身有若干耳其無礙慧無若干也又如華嚴經中具足優婆夷得菩薩無盡福德藏解脫門能於如是一小器中隨諸衆生種種欲樂出生種種美味飲食悉令充滿乃至東方一世界不可說不可說佛剎微塵數世界中所有一生所繫菩薩食我食已皆菩提樹下坐於道場降伏魔界成阿耨多羅三藐三菩提如東方南西北方四維上下亦復如是又如明智居士得隨意出生福德藏解脫門爾時居士知衆普集須臾繫念仰視虛空如其所須悉從空下一切衆會普皆飽足然後復爲說種種法所謂得美食而充足者與說種種集福德行離貧窮行知諸法行成就法喜禪悅食行修習具足諸相好行增長成就難屈伏行善能了達無上食行成就無盡大威德力降魔怨行得好飲而充足者與其說法令於生死捨離愛著入佛法味等且如優婆夷器内明智居士空中隨意而出無限珍羞繫念而雨衆多美食凡來求者皆赴所須得之者盡證法門食之者咸成妙道可謂無一塵而不具足佛事無一法而不圓滿正宗但隨衆生心應所知量循業發現所見不同外道見爲自然凡夫見爲生死聲聞見爲四諦緣覺見爲因緣小菩薩見爲但空大菩薩見爲中道諸佛見爲實相若入宗鏡諸見並融色塵爲佛事者如頻婆娑羅王因佛口放五色光照頂後證阿那含果又如寶積等五百長者見佛淨土證無生法忍此是觀色也香塵爲佛事者即香飯普熏三千大千及欲色界諸天聞香入室又燒香者謂以智火發輝萬行普周徧故塗香者以性淨水和之飾法身故粖香者以金剛智破令無實故又如慈悲不淨觀等斷諸惡者如安息香能辟惡邪正見智慧無惡不斷又十善行等

生歡喜香如況檀等即攝根器行施悅自他等末塵為佛事者食此飯者身安快樂譬如樂莊嚴國觸塵為佛事者以手捫摸我一何快乃爾光明為佛事者涅槃經云遇斯光者一切煩惱皆悉消除夫放光者即是一心智慧之光以能照萬法之性故即不隨塵墮其愚闇如義海云顯光明者謂見塵法界眞如事理之時顯了分明此是智慧光明照也若無智光則理事不顯但見法時即是光明由積智功圓是故放一光明則法界無不顯示常觀察一切法界是為放光明照一切此宗鏡光即是諸佛毫光普照法界如華嚴經云如來眉間有大人相名徧法界光明雲摩尼寶華以為莊嚴放大光明具衆寶色猶如日月洞徹清淨其光普照十方國土於中顯現一切佛身復出妙音宣暢諸法法華經云放一毫光照萬八千佛土光中悉見菩薩六度莊嚴衆生受報好醜等事又云放一淨光照無量國大乘本生心地觀經云爾時會中有一菩薩名師子吼觀如來放金色光明四向觀視海會大衆發大音聲而作是言乃至以是因緣如來不久從三昧起當為演說心地觀門大乘妙法告諸大衆無量一切人天福樂速求出世阿耨多羅三藐三菩提所以者何今日世尊從胷臆中放金色光所照之處皆如金色佛所顯示意趣甚深一切世間聲聞緣覺盡思度量所不能知况凡夫不觀自心是故漂流生死海中諸佛菩薩能觀心故度生死海到於彼岸三世如來法皆如是放此光明非無因緣釋曰夫金色光者表所說

宗如文殊住方須彌南面皆同一色無復異文如寶篋經云文殊師利言大德須菩提如須彌山王光所照處悉同一色所謂金色如是須菩提般若光照一切結使悉同一色謂佛法色此之心色可謂明逾日月量逸太虛照燭包含無幽不盡所以大般若經云若幽冥世界及於一一世界中間日月等光所不照處為作光明應學般若波羅蜜多寶積經云我有光明名無生持其名者獲無所得華嚴論云光明覺品者為令信心自以自心光明覺照一切世間無盡大千世界總佛境界自亦同等以心隨光一一照之心境合一內外見亡初三千大千世界已次還以東方為首光至東方十三千世界照百三千大千世界如是十方十重倍倍周迴十方圓照身心一性無礙徧周同佛境界一一作意如是觀察然後以無作方便定印之入十住初心生如來智慧家為如來智慧法王之眞子一如光明所照如經具明不可作佛光明自無其分須當自以心光如佛光開覺其心圓照法界華嚴疏云因中分別法相決了眞理無虧理事不滅佛法故得一念悉解多門所以放一光總圓福智涅槃疏云放光照文殊者見色知心文殊觀光遂解佛意淨名私記云或有光明而作佛事何故如此體徧虛空同於法界畜生蟻子有情無情皆是佛子此即是解脫法即是須彌入芥子如上解釋方了佛所說經即同淨名之見不同二乘唯見空解脫故法華經云但離虛妄名為解脫其實未得一切解脫若得一切解脫者豈有一法非

佛事乎菩提樹為佛事者此樹色香微妙復出法音見聞觸皆悟聖道衣服卧具為佛事者昔閻浮提王得佛袈裟懸置高幢以示國人有病之者覩見歸命病皆除愈發菩提心因此悟道大集經云爾時五百大聲聞各以已身所著欝多羅僧奉虛空藏奉上衣已一時同聲說如是言其有衆生深發阿耨多羅三藐三菩提心者使得善利於如是大智法藏中不墮其外所上之衣即便不現時諸聲聞問虛空藏言衣何所至耶虛空藏荅言入我藏中華手經云佛言我今當現神通之力令諸菩薩自知所願發心行道淨佛國土成就衆生及成佛時世界嚴淨聲聞菩薩衆數如是演說正法度人如是壽命長短佛法如是形色相好正行如是滅度之後法住久近令諸菩薩各於衣中見如是事得斷所疑乃至偈云佛入三昧故令我得是眼及諸總持門徧入一切法故知成佛度生不離自身心內乃至所受用法中如大乘千鉢大教王經云曼殊室利菩薩手中吠瑠璃鉢內傍看有何等相大迦葉則從座而起便於世尊前頭面作禮而去大迦葉則於曼殊室利前頭面禮敬訖便於鉢內觀看乃見鉢中有百億三千大千世界百億無色界百億色界百億六欲界有百億須彌山百億四天下百億南閻浮提百億娑訶世界百億釋迦如來百億千臂千鉢曼殊室利菩薩百億迦葉在曼殊鉢內有百億世界世界中有百億大迦葉各各向曼殊前請問大乘法義虛空為佛事者如文殊滅色像現虛空相以化闍王因得悟

道又如大集會中虛空藏來時純現虛空相經云虛空藏菩薩謂阿難言大德我以自身證知是故如所證知能如是說何以故我身即是虛空以虛空證知一切法爲虛空印所印又如虛空藏菩薩以虛空爲庫藏雨十方無量阿僧祇世界所雨寶物飲食衣服故偈云虛空無高故下亦不可得諸法亦如是其性無高下又偈云虛空藏菩薩得虛空庫藏充足諸有情此藏無窮盡諸煩惱門爲佛事者如經云煩惱是道場知如實故仁王經云衆生未成佛菩提爲煩惱衆生若成佛煩惱爲菩提猶如下醫以藥成非藥上品良醫用非藥爲藥衆生將諸佛心爲塵勞門諸佛用衆生心成菩提道亦如福德者執石成金業貧者變金爲石法無定相迴轉由心道絕名言理無變異如眼色等一一皆具十法界不離世界睹視得無生法忍即眼爲法界見華謝而悟無常證辟支佛果即色爲法界故經云菩薩有一照法性冠著此冠時一切諸法悉現在心諸事亦爾又如輪王有一牀寶聖王居上即能離欲逮得四禪玉女雖見如觀佛像不生欲心是以色爲所造心爲能造未有一法非是我心若迷所造則成世塵若悟能造則爲妙旨又打髑髏作聲知過去善惡生死之處即聲爲法界是知直觀本理理具諸法若無妙觀日用不知若能了知則見一切萬法皆具一心不思議圓頓之理故肇法師云聖遠乎哉體之即神道遠乎哉觸事而眞可謂心境俱宗矣若得宗鏡之明任運能照若色若心無不通達是以華嚴經云此諸

供具皆是無上心所成無作法所印如華藏世界山河草木皆成佛事善財童子見聞覺知悉入法界即知一切諸法皆是佛法並爲宗鏡之光靡現一塵之迹釋論云不以敗壞色得趣平等道觀色不異乃能等於大乘如明與暗共合而汝不見謂明暗異欲知其義如彼日光又日出時暗不向十方暗常在無所歸趣明亦如是與暗共合生死與道合道即是生死是以生死如暗大道如明不去暗而即明不動生死而是道故化人爲佛事者如須扇多佛留化佛度衆生大集經云時化比丘語舍利弗言大德汝意將無謂我今者異於汝耶舍利弗言不也比丘何以故如來常說一切諸法皆悉如化如如來說我亦如化大德若有人能供養如來即是供養化無異也時舍利弗語不可說菩薩言善男子誰入是化今作是說大德如鏡中像其誰在中而有像現善男子無在中者直以清淨四大因緣故有像現大德化亦如是法性淨故能作此說善男子若爾者一切衆生何故不能如是宣說大德鏡之背後俱不離鏡像何不現善男子鏡背四大不清淨故大德衆生亦爾不能清淨法界性故不能宣說寂實無言爲佛事者即示心輪雖無言說不妨有寂寞之樂若非樂者何得言作佛事耶若佛不示心十地不知若示心者蜫蟲能知當知是示心義此間亦用無說無示爲佛事如淨名杜口文殊稱述又如大集經云清淨寂靜光明無諍如是四法等入一界一法一句如是四法即是涅槃遠煩惱故名之爲清淨畢竟淨

故名曰寂靜無暗冥故名曰光明不可說故名爲無諍以是故言釋迦如來默無所說是以語默動靜無非佛事故先德云雲臺寶網盡演妙音毛孔光明皆能說法香積世界餐香飯而三昧顯極樂佛國聽風柯而正念成絲竹可以傳心目擊以之存道旣語默視瞬皆說則見聞覺知盡聽苟能得法契神何必要因言說如琴中傳意於秦王脫荊軻之手相如調文君之女終懷隨車帝釋有法樂之臣馬鳴有和羅之技皆絲竹傳心也目擊存道者莊子云夫子欲見溫伯雪子久而不見及見寂無一言及出子路怪而問曰夫子欲見溫伯雪子久矣何以寂無一言子曰若斯人者目擊而道存亦不可以容聲者矣雲臺說法者華嚴經云於虛空中成大光明雲網臺梓光臺中以諸佛威神力故而說頌言佛無等等如虛空十力無量勝功德人間最勝世中上釋師子法加於彼寶網說法者華嚴經云其師子座摩尼爲臺蓮華爲網乃至復以諸佛威神所持演說如來廣大境界毛孔說法者入法界品云世界海微塵數菩薩俱來向佛所於一切毛孔中出說一切衆生語言海音聲雲光明說法者現相品云爾時諸菩薩光明中同時發聲說此頌言諸光明中出妙音普徧十方一切國演說佛子諸功德能入菩提之妙道乃至逆順善惡無非佛事如從二乘止佛是順行從地獄止魔王是逆行又如釋迦純行善調達純行惡身子志誠信善星堅不信等妍醜同歸無非佛事故經云平等眞法界諸佛不能行不能到又云實

際理地大魔王不能行不能到以佛魔俱不出法界之門實際之地以是一法故若有行有到則有人有法在法界之外成二見故所以首楞嚴三昧經云佛授魔女佛記後魔聞諸女得記作佛來白佛言我今於自眷屬不得自在是時天女示怯弱相而宣妙理復語魔言汝莫愁惱我等今者不出汝界所以者何魔界如佛界如不二不異我等不離如是魔界即佛界故魔界無有定法可示佛界亦無定法可示一切諸法皆無定性無定性故無有眷屬及非眷屬若能了此一際法門可謂當魔跡而履佛跡居俗流而泛法流但了自心則衆妙普會故云妙法亦喻蓮華華開之時即顯蕋臺千種種皆現喻衆生心開悲智行願亦開此妙法常住即一心爲佛果種子所以如來得此一法即具足一切法是故於一微塵一毛孔中與無量微塵毛孔悉等如來於中演說一切法法理重重不可盡也以重重妙故愍衆生不知心妙但逐麤淨若開悟時不隔剎那便成佛果所以首楞嚴經云彈指超無學如闇室中寶蘭燭纔然一時頓現故云心開意解得法眼淨亦云心目開明以見法界體心內心外無一毫塵相故得法眼明淨若見有無皆成障翳是知非獨心爲佛事門乃至恒沙萬行萬德之根本如瑜伽論云若有人問言菩薩以何爲本應決定荅言以大悲爲本大涅槃經云若有人問誰是一切諸善根本當言慈是以是義故實非虛妄善男子能爲善者名實思惟實思惟即名爲慈慈即如來慈即大乘夫言實思惟者無非眞實心是若入宗鏡中似處栴檀室純一無雜湛爾混融念念盡證法門步步皆叅知識如華嚴經中或以音聲或現妙色或以奇香或以上味或以妙觸或以法境或內六根或四威儀或弟子人物或一切所作或順行正法或逆施邪道凡有見聞皆堪攝物所以入法界品云於一毛孔出一切佛妙法音又頌云諸寶羅網相和磨演佛音聲常不絕又普賢行品頌云佛說菩薩說剎說衆生說三世一切說乃至密嚴經中金剛藏菩薩徧身毛孔出聲說法是以橫該十方一切處豎徹三際一切時常轉法輪無斷無盡所以阿僧祇品偈云彼諸一一如來等出不可說梵音聲於彼一一梵音中轉不可說淨法輪於彼一一法輪中雨不可說脩多羅於彼一一脩多羅分別諸法不可說於彼一一諸法中又說諸法不可說等故知若順旨冥宗雖不說法觸境而常聆妙音或緣背障深設居佛會當說而不聞一字如演祕密教同席異聞似談華嚴宗二乘不見可謂幽玄莫測唯除種如來相善根之人至妙難思不入一切餘衆生之手又雜華嚴飾論云衆生流轉生死所以不得眞道誠由不識心源若識心源者能捨邪執歸於正道乃至云一切衆生心識一剎那中徧至十方速疾無礙直過石壁至處無畏如師子故如經云於師子窟聽中住則知一心法界法界一心函蓋十方不露絲毫豈唯心具身亦徧含且如十身中有國土身虛空身云何不具耶如禪波羅蜜云衆生身內世間與外國土義相關行者三昧智慧願智之力諦觀身時即知此身具倣天地一切法俗之事所以者何如此身相頭圓象天足方法地內有空種即是虛空腹溫煖法春夏背剛強法秋冬四季體四時大節十二法十二月小節三百六十法三百六十日鼻口出氣息法山澤谿谷之風氣眼目法日月眼開閉法晝夜髮法星辰眉爲北斗脉爲江河骨爲玉石皮肉爲地土毛法叢林五藏在內在天法五星在地法五嶽在陰陽法五行在世法五常內爲五神修爲五德使者爲八卦治罪爲五刑主領爲五官昇爲五雲化爲五龍心爲朱雀腎爲玄武肝爲青龍肺爲白虎脾爲勾陳此五種衆生則攝一切世間禽獸悉在其內亦爲五姓謂宮商角徵羽一切萬姓並在其內對書典則爲五經一切書史從此出若對工巧即是五明六藝一切技術悉出其間當知人身雖小義與天地相關如此說身非但直是五陰世間亦是國土世間又身內王法治正義行者於三昧內願智之力即復覺知身內心爲大王上義下仁故居在百重之內出則有前後左右官屬侍衛肺爲司馬肝爲司徒脾爲司空腎爲大海中有神龜呼吸元氣行風致雨通氣四支四支爲民子左爲司命右爲司錄主錄人命齊中太一君亦人之主柱天大將軍特進君王主身內萬二千大神太一有八使者八卦是也合爲九卿三焦關元爲左社右稷主姧賊上焦通氣入頭中爲宗廟王者於間治化若心行正法羣下皆隨則治正清夷故五藏調和六腑通適四大安樂無諸疾惱終保年壽若

心行非法則羣僚作亂互相殘害故四大不調諸根闇塞因此抱患致終皆由行心惡法故經言失𩲸即亂失魄則狂失意則惑失志則忘失神則死當知外立王道治化皆身內之法如是等義具如提謂經說又明內世間義相關者上來所說並與外義相關所以者何佛未出時諸神仙世智等亦達此法名義相對故說前爲外世間義也是諸神仙雖復世智辯聰能通達世間若任此分別終是心行理外未見眞實於佛法不名聖人猶是凡夫輪迴三界二十五有未出生死若化衆生名爲舊醫亦名世醫故涅槃經云世醫所療治差已還復發若是如來療治者差已不復發此如下說今言內義世間者即是如來出世廣說一切教門名義之相以化衆生行者於定心內意欲得知佛法教門主對之相三昧智慧善根力故即便覺知云何知如佛說五戒義爲對五藏若四大五陰十二入十八界四諦十二因緣悉人身內也即知四大此義爲對五藏風對肝火對心水對腎地對肺脾若聞五陰之名尋即覺知對身五藏色對肝識對脾想對心受對腎行對肺名雖不次而義相關若聞十二入十八界亦復即知對內五陰一入三界義自可見二入三界今當分別五識悉爲意入界外五塵內法塵以爲法入界此即二入三界相關意識界者初生五識爲根對外法塵即生意識名意識界若聞五根亦知對內五藏憂根對肝苦根對心喜根對肺樂根對腎捨根對脾五根因緣則具有三界所以者何憂根對欲界苦根對初禪喜根對二禪樂根對三禪捨根對四禪乃至四空定皆名捨俱禪當知三界亦與五藏其義相關聞說四生亦覺知此義關五藏所以者何欲界具五根五根關五藏五藏關四大對四生一切卵生多是風大性身能輕舉故一切濕生多是水大性因濕而生故一切胎生多屬地大性其身重鈍故一切化生多屬火大性火體無而欻有故亦有光明故如來爲化三界四生故說四諦十二因緣六波羅蜜當知此三法藥神丹悉是對治衆生五藏五根五陰故說所以者何如佛說一心四諦義當知集諦對肝因屬木生故苦諦對心果是成就故道諦對肺金能斷截故滅諦對腎冬藏之法已有還無故一心已對脾開通四諦故乃至十二因緣六波羅蜜類此可知也此種法藏則廣攝如來一切教門是故行者若心明利諦觀身相即便覺了一切佛法名義故華嚴經言明了此身者即是達一切是則說內義世間義相關之相意在幽微非悟勿述如上廣引諸聖微言則知我之身心世出世間一切淨穢國土眞俗法門配當無差靡不具足故云一塵含法界九世刹那分又云解則十方一心中迷則方寸千里外若能如是正解圓通則十方世界攀在掌中四海波瀾吸歸毛孔有何難哉可謂密室靜坐成佛不久矣

宗鏡錄卷第二十四　　富

音義

㪍丁革反，貫也。 完胡官反，全也。 蠢尺尹反。 極之日反。 梏古沃反。 捫莫奔反。 摸莫胡反。 吠符廢反。 髑徒谷反。 髏落侯反。 蜫古渾反。 柯古俄反，枝柯也。 仿分兩反，仿佛貌。 肺芳廢反，肺也。 脾符支反。 焦即消反，火傷也。 腎時忍反，五藏之一也。

丁未歲高麗國分司大藏都監奉
勑彫造

宗鏡録卷第二十四

校勘記

一　底本，麗藏本。

一　三四七頁上一六行第一一字「真」，磧作「具」。

一　三四七頁上末行第一六字「性」，磧、南、徑、清無。

一　三四七頁下八行第一五字「言」，徑、清作「出」。

一　三四八頁上一行第九字「中」，清作「云」。

一　三四八頁上二行第一四字「多」，磧、南作「名」。

一　三四八頁上八行「希光」，徑作「曦光」。

一　三四八頁中一二行「志智」，磧、南徑、清作「大智」。

一　三四八頁中一九行首字「王」，南、徑作「土」。

一　三五〇頁上三行至四行「於法等者於食亦等」，清作「於食等者諸法亦等」。又四行末字「未」，磧、南、徑、清作「味」。

一　三五一頁中一〇行「心自」，徑作「自心」。

一　三五一頁中一二行第一五字「合」，磧、南作「令」。

一　三五一頁下八行第一二字「利」，磧作「和」。

一　三五二頁上六行第九字「雨」，清作「需」。

一　三五二頁上一三行末字「用」，磧作「所」。

一　三五三頁上末行「慈慈」，磧、南、徑、清作「慈悲」。

一　三五三頁下四行「四季體」，徑、清作「四體法」。

一　三五三頁下一〇行至一一行「使者爲八卦」，清作「標位爲五方」。

一　三五四頁上二行「行心」，清作「心行」。

宗鏡錄卷第二十五　富

慧日永明寺主智覺禪師延壽集

夫一代時教了義諸經雖題目不同能詮有別旨目一心之旨終無識外之文凡摽一言盡歸宗鏡攢周法界皆同此釋如稱妙法蓮華經者妙法即是絕待真心稱之曰妙蓮華以出水無著爲義即喻心性隨流墮凡而不染乖返流出塵而不著淨乃至下之七喻比況皆同火宅即是第八識體起四倒八苦之火燒三界五陰之身鬼神配利使諸見之邊邪貪蟲喻鈍使根隨之煩惱乃至一切經教無量法門或譬喻說或因緣說或廣略說或積聚說所有名相句義皆是心王心所之法若迷一念心執著外境隨處生著即入火宅義若悟一念心通達一切無非實相即出火宅義但是生煩惱時有業留處即是繫縛即是生死若了煩惱性空無有業處即是解脫即是得道如思益經云佛言我坐道場時唯得顛倒所起煩惱畢竟空性以無所得故得以無所知故知如云不得一法即與授記是斯旨也若信解品内法喻之文長者即是心王窮子即是妄念一念纔起五陰俱生背覺合塵名爲捨父伶俜五趣號五十年歸家是返本還原付財是悟心得記三草二木同會一心化爲草菴即示真實繫珠指懷中之佛性鑿井出心地之智泉乃至觀音品中云若三千大千國土滿中怨賊者即衆生十使利鈍煩惱徧一切處惱亂行人稱爲怨賊若遇順境而起歡賊即是華箭射體若遇逆緣而起強賊即是毒箭入心利使見賊煩惱徧一切處者如經云處處皆有魑魅魍魎以依言執法隨處起見解故若鈍使怨賊煩惱徧一切處者如經云諸惡蟲輩交橫馳走以觸目覩境逆順交馳念念憎愛隨處動結故有一賈主者即是心王將諸賈人者即是眼等六識賈人賈易珍寶義若眼賈人被色塵所易貨眼自性之珍寶若耳賈人被聲塵所易貨耳自性之珍寶等齎持重寶者即是俱懷佛性經過險路者即是三界之險有六趣之迷津其中一人作是唱言者即是意根能起隨念計度之分別常引導五根入於善惡諸善男子勿得恐怖汝等應當一心稱觀世音菩薩名號是菩薩能以無畏施於衆生汝等若稱名者於此怨賊即得解脫者若了一心則無外境眼不爲色所劫乃至意不爲法所劫即當處解脫所以華嚴經頌云一中解無量無量中解一了彼互生起當成無所畏即是於一心中能了萬法互生互滅無有自性萬境皆空不爲所怖即是以無畏施於衆生於此根塵怨賊即時解脫衆賈人聞俱發聲言南無觀世音菩薩稱其名故即得解脫者六根都會一心即是俱發聲言纔了唯心諸境自滅即是稱其名故即得解脫以無法對治不生忻感故所以方便品云十方佛土中唯有一乘法如法華名相云經云色涅槃受想行識涅槃此中亦爾色法華受想行識法華經云色非染非淨色生般若生色性虛微名妙色體自離假名爲法色無塵垢借喻蓮華文字性空目之爲經經者以身心爲義如來在乎陰界陰界即如何異之有略統始終以爲心要啓發心路名之爲序悟心將發達本來空即是悟佛知見一色寂滅一切色亦然一切聲亦然即是十方佛同說法華諸法從本來常自寂滅相此是何物法並是眼法乃至意法身心皆寂滅佛子行此寂滅道即是佛也所以古師云妙法者是如來靈智體也或名大方廣佛華嚴經者大方廣者是一心所證之法佛華嚴者即一心能證之人攝所歸能人法冥合皆是一心大者即是凡聖一心真如體大以真如性徧一切處故方者即是真如相大能具足無漏性功德故廣者即是真如用大能生世出世間諸善根故佛者是一心無作之果海華者是一心萬行之因門嚴者是一心妙用之莊嚴經者是一心真如無盡之妙理如破塵所出之卷仰空所寫之文乃至八十卷中所有長行短頌一文一字如善財所見五十三位善知識若人若神或男或女等一一皆是自心返位所證法門如三乘說解而非行如說人名字而不識其人若此宗鏡一乘之理說者即行即解如看其面不說其名而自識也或託事說或立況說若大乘中所明託事以顯法即以異事而顯異法多是一事表一法如室表慈悲衣表忍辱等今明一事即法即人即依即正具無盡德隨一事即攝無盡以稱性爲事事何有盡從真起相相復何窮又三乘所說教門但以別教而詮別義所以得理而忘教若入此圓宗者而教即是義以一法纔興即一切無邊萬法皆悉同時具足相應故此一法外更無餘法所以經云知從一法出一切法而能

各各分别演說以一切法種種義究竟皆是一義故以一心能生一切萬法演出無邊義趣復即徧滿法界還攝種種法義歸於一心不動一心而演諸義不壞諸義而顯一心即卷常舒如來於一言語中演說無邊契經海即舒常卷一切法門無盡海同會一法道場中如草木四微從地而生還歸地滅猶波浪皷動依水而起還復水源故經頌云佛智通達淨無礙一念普知三世法皆從心識因緣起生滅無常無自性故清涼䟽云華嚴經者統唯一眞法界謂摠該萬有即是一心也或名維摩經者此云淨名即是一切衆生自性清淨心此心弗塵而自清弗磨而自瑩處凡而不垢在聖而不淨故云自性清淨所言名者以心無形但有名故文中所說以四海之渺瀰攝歸毛孔用須彌之高廣內入芥中飛佛土於十方未移本處擲大千於界外舍識莫知日月懸於毫端供具現於體內腹納劫燒之燄火事如然口吸十方之風身無損減斯皆自心轉變不動而遠近俄分一念包容無礙而大小相入天台䟽云以須彌之高廣內芥子中無所增減須彌山王本相如故而四天王忉利諸天不覺不知己之所入唯應度者乃見須彌入芥子中是名不可思議解脫法門又以四大海水入一毛孔不嬈魚鼈黿鼉水性之屬而彼大海本相如故諸龍鬼神阿脩羅等不覺不知己之所入於此衆生亦無所嬈此是明不思議之大用也正以實慧與眞性合故得有斯莫測之用此如大智論偈云水銀和眞金能塗諸色像功德和法

身處處應現往若須彌高廣內於芥子而無增減亦不迫迮不覺不知者具不思議解脫者迹居依報之境得自在也此義難解有師言神力能爾今謂不思議性非天人脩羅佛之所作神力何能爾有師言小無小相大無大相故得入也今謂小是小大是大是自性小大不得相入者小大大小既是他性之小大何得入也今解華嚴經明一微塵有大千經卷觀衆生一念無明心即是如來心若見此心則能以須彌入芥子無相妨也下諸不思議事窮劫說不能盡皆是此意耳所以然者此經云諸佛解脫當於衆生心行中求若觀衆生心行得諸佛解脫住此解脫則能現如是種種不思議事也所以然者諸方便教明二乘得偏眞之理解脫是思議解脫如得玻璃珠不能雨寶大乘圓教明菩薩中道圓眞眞性解脫即是不思議解脫如得如意珠能雨大千寶也見衆生心行眞性得芥子須彌眞性一如無二如若得芥子眞性之小能容須彌之大得須彌眞性則須彌之大不礙芥子之小舉此一意可以例下諸事也而言其中衆生不覺唯應度者乃能見之者衆生既不見小大眞性之理豈覺知也其有得度之機即見此事也又若能觀此眞性入觀行即相似即因此必得如來滅度故言乃能見之故法華經明六根清淨云唯獨自明了餘人所不見也經言又以四大海水入一毛孔者正報得自在也若會海水不思議眞性即是一毛不思議眞性者能以海水入一毛孔於正報之身無所妨損也輔行記釋云且約

一念剎那心所起故言小也即此一念具足法身一切佛法即是能容須彌之大大小常徧理事無礙事理本來相即故所以不斷煩惱而入涅槃只指凡夫一念剎那心具足難思法身之體本來相在故是故方便教中之人迷於相在不思議理縱聞常住解惑分歧故別教道中仍存異解唯於圓敎始末一如故五分法身不逾凡質所以云欲見如來心但觀衆生心則諸佛衆生是名心當契旨有識無情是以法本同原認名號而世諦成差觀體性而眞門一等法華經法師功德品云菩薩於淨身悉見世所有唯獨自明了餘人所不見古釋云何意不見有我相故耳無我即見性了人法二空眞心自現即是淨身於眞心中世間所有一切境界悉於中現故首楞嚴經云諸法所生唯心所現性空無伴名獨若取陰界入即名餘人爲陰所覆不見自性龐居士偈云居士元無病方丈現有疾唯憂二乘者緣事不得出所以訶穢食純說彼羅蜜上方一盂飯氣滿於七日不假日月光心王照斯室文殊問不二忘言功自畢過去既如然現在還同一若能達此理無求惣成佛牛頭淨名私記云經明於一毛孔中見摩耶身摩耶胎中行無量步如不可說微塵世界問一日行無量步是何物法門亦作室中容三萬二千師子座說又作須彌入芥子說涅槃經中作藕絲縣須彌山說大品中作針鋒上無邊身菩薩名說只是一意一解千從當於觀智心行中求若事相上看終不得經云是名不可思議解脫法門明一切法當體

自解脫色大故般若大色如虛空萬法例爾故知諸佛凡有所說雖約事言皆是即相明宗終無別意故法華經云十方諦求更無餘乘唯宗一法矣靈辯和尚華嚴論問云大小淨穢相各差別云何而得大小相即答性非性故如像入鏡中像如本而鏡中現鏡如本而容衆像俱無增減以無性故一念入一切世界不思議住故是故心藏功德無邊或云金剛般若波羅蜜經者即是本心不動喻若金剛般若眞智乃靈臺妙性達此而即到涅槃彼岸昧此而住生死迷津文中所說應無所住而生其心者起念即是住著心若不起萬法無生即心徧一切處一切處徧心如是了達頓入自宗故云若是經典所在之處則爲有佛以心徧即法徧以法即佛故以智通即境通以境即心故如華嚴經云如來成正覺身究竟無生滅故如一毛孔徧法界一切毛孔悉亦如是當知無有少許處空無佛身何以故如來成正覺時無處不至故是以若不悟自心徧一切處則心外見法顛倒輪迴豈得稱正徧知成善逝之者如經云凡所有相皆是虛妄若見諸相非相則見如來以嘗有一毫起處悉落見聞從分別生俱非眞實若不達無相即相則是取相凡夫若了相即無相則成唯心大覺既不可取相求悟亦不可離相思眞不即不離覺性自現又云一切諸佛及諸佛阿耨多羅三藐三菩提法皆從此經出以十方三世一切如來悟心成佛乃至三寶四諦並從心出覺此名佛軌此名法和此名僧金剛辯宗云金剛般若波羅蜜經者

一切如來悟心之門也了無明之妄心即妙慧之眞心故曰悟心經云過去心不可得現在心不可得未來心不可得悟三世之妄心不可得而有眞心故曰悟心般若不壞假名論云若菩薩心不住法而行布施如人有目日光明照見種種色者如人有目者得無生忍也日光明照者決定了知諸法無性見種種色者悟一切法不生不滅不斷不常不一不異不來不出無所得等菩薩如是行不住施速成正覺得大涅槃釋曰云何行不住施速證菩提以了一切法即心自性不住於法寂照無涯成偏目之菩提得現前之三昧若住一法爲境所留失心智之光入愚癡之闇金剛經義云常見自性念念不離故云佛在正見性時恒沙數劫只如今時故名爾時知心是佛即是佛付囑了於法應無所住行於布施十方國土中唯有一乘法只是一心心即是法法即是心更住何法故言不住若離心別有法可得即生執心住於法相即是無目之人故稱最上第一希有之法修此法者現世成佛十方合爲一相見一切佛及諸衆生本無差別見三世之事狀如彈指此豈不是希有之法又如諸了義經中云聽法之衆從十方世界外來者即是悟心爲來若迷此宗乃遠在他方之外如華嚴論云十佛剎微塵數世界外來者明從迷入信故號爲來言彼世界中有佛號不動智者爲明不動智佛是十方凡聖共有根本之智明於此智能起信心故號之爲來此不動智佛一切衆生常自有之若取相隨迷即塵障無盡若一念覺

迷違相即淨若虛空但爲隨迷稱外悟處言來而實佛剎本無遠近內外等障亦無去來無邊佛剎不出毛孔微塵之表今致遠近意令初信心者心廣大故言其從彼世界中來又明從迷悟入故言爲來是以入宗鏡中理當絕學百氏之說一教能明萬化之端一言可蔽或云香積云此有四十二恒河世界者即是經歷四十二位心地法門或云散華瓔珞空中成四柱之寶臺者即是常樂我淨一心四德之涅槃所以華嚴經云此華蓋等皆是無生法忍之所生起或佛言彼時鹿王者即我身是即結會古今明自心一際之法或教中凡有空中發聲告示言下息疑者並是頓悟自心非他境界或法華移天人於他土即是三變心田或維摩取妙喜來此方斯乃即識明淨或丈室容於高座寶蓋現於大千未離兜率已般涅槃不起樹王而昇忉利執手經無量之劫登閣見三世之因釋迦眉間出菩薩身雲之衆普賢毛孔示諸佛境界之門小器出無限之嘉肴仰空雨難窮之珍寶不動此處徧坐道場十剎寶坊合爲一土閻經於五十小劫猶若剎那之時現通七日之中舒之爲一大劫乃至恒沙法聚無量義門舉一例諸俱不出自心之法故知菩薩隨世所作皆表一心故淨名經云不捨道法現凡夫事如華嚴經云一念於一切處爲一切衆生示成正覺是菩薩園林法身周徧盡虛空一切世界故又云一切菩薩行遊戲神通皆得自在是菩薩宮殿善遊戲諸禪解脫三昧智慧故是以正報依報皆成佛法所以淨名

私記云取妙喜來此土者辯於淨穢無二也彼界雖來入此土亦不增減本性如故雖來畢竟不動何意如此好自思之故知萬法施爲隱顯往復若事若理皆不出一眞心矣如是解者稱可佛心發智明而若千日照空攝衆義而如百川歸海畢竟更無一法現於心外及在心中乃至下及衆生無明上該諸佛種智皆是無生性空妙旨如摩訶般若經云爾時釋提桓因及三千大千世界中諸天化作華散佛菩薩摩訶薩比丘僧及須菩提上亦供養般若波羅蜜是時三千大千世界華悉周徧於虛空中化成華臺端嚴殊妙須菩提心念是天子所散華天上未曾見如是華此華是化華非樹生華是諸天子所散華從心樹生非樹生華釋提桓因知須菩提心所念語須菩提言大德是華非生華亦非意樹生須菩提語釋提桓因言憍尸迦汝言是華非生華亦非意樹生憍尸迦若是非生法不名爲華釋提桓因語須菩提言大德非但是華不生色亦不生受想行識亦不生須菩提言憍尸迦非但是華不生色亦不生若不生是不名爲色受想行識亦不生若不生是不名爲識六入六識六觸六觸因緣生諸受亦如是檀波羅蜜不生若不生是不名檀波羅蜜乃至般若波羅蜜不生若不生是不名般若波羅蜜乃至一切種智不生若不生是不名一切種智故知萬法都會無生千途盡歸宗鏡如先德云今佛之三身十波羅蜜乃至菩薩利他等行並依自法融轉而行即衆生心中有眞如體大今日修行引出法身由

心中有眞如相大今日修行引出報身由心中有眞如用大今日修行引出化身由心中有眞如法性自無慳貪今日修學順法性無慳引出檀波羅蜜等所以華嚴經頌云文殊法常爾法王唯一法一切無礙人一道出生死又頌云金剛鐵圍數無量悉能置在一毫端若明至大有小相菩薩以此初發心以大小無性廣狹隨緣若能明見至大無外之相即至小無內之相皆是一毫端心地法門名爲見道故云菩薩以此初發心如是解者不易凡身生如來家成眞佛子義海云生佛家者眞如法界無生菩提涅槃爲家如見塵無生無性時即此智從無生法顯即爲生佛家也經頌云於法不分別是則從如生又云普於三世佛法中而化生但契義理即名生佛家也是佛之子亦名爲佛出現也故知凡挂文言盡爲心跡乃至稱爲眞如亦名爲跡若能尋跡得本自然絕跡歸宗或迷跡徇塵則爲失本所以了之者本跡雖殊不思議一昧迷之者本跡俱迷隨情自異故大寶積經云我證菩提無著別跡何名爲跡眞如法性二俱名迹諸法實際亦名爲迹無生無滅亦名爲迹今時多執方便言敎之迹失於一心正義之本是以宗鏡所示皆令尋迹得本雖徧引言詮般勤委細同指於此故天王般若經云利根性人說文知義若能說文知義見法識心方入宗鏡中頓消疑慮則不用天眼觀徹見十方界不用天耳聽徧聞法界聲不假神足通疾至十方際端坐寂不動諸佛常現前如般舟三昧經云何因致現在諸佛悉在前

立三昧如是跋陀和其有比丘比丘尼優婆塞優婆夷持戒完具獨一處心西方阿彌陀佛今現在隨所聞當念去是間千億萬佛剎其國名須摩提在衆菩薩中央說經一切常念阿彌陀佛佛告跋陀和譬如人臥在於夢中見所有金銀珍寶父母兄弟妻子親屬知識相與娛樂喜樂無比及其覺已爲人說之自念夢中所見如是跋陀和菩薩若沙門白衣所聞西方阿彌陀佛當念彼方佛不得缺戒一心念若一日晝夜若七日七夜過七日已後見阿彌陀佛於覺不見於夢中見之譬如夢中所見不知晝夜亦不知內亦不見外亦不用在冥中故不見不用有所蔽礙故不見如是跋陀和菩薩心當作是念時諸佛國界名大阿彌山其有幽冥之處悉爲開闢目亦不蔽心亦不礙是菩薩摩訶薩不持天眼徹視不持天耳徹聽不持神足到其佛剎不於是間終不生彼間佛剎爾乃見便於此間坐見阿彌陀佛聞所說法悉受持得從三昧起悉能具足爲人說之如上所說皆是頓入之門以備上根非爲權漸今則傍明佛旨略讚經文大意並依先德解釋即何理而不盡何事而不窮然更在後賢智眼明斷以佛意深奧一句能生無量義故　問如上所說芥納須彌毛呑巨海既唯一心須彌爲復入芥子不入芥子若言入經何故云須彌本相如故若言不入又云唯應度者見之　答若有所入處即失諸法自性若言不入又成二見又或云小是大家之小大是小家之大或云芥子須彌各無自性此皆是以空納空有何

奇特故知未入宗鏡情見難忘局大小於方隅立見聞於妙道致使一眞僭隱萬法不融今明正義者所謂入而不入即識須彌之本相不入而入解了諸法之自宗還原觀云所言入者性相俱泯體同法界入無入相名爲入也經偈云如來深境界其量等虛空一切衆生入而實無所入華嚴經云悉入法界而無所入若別有一入處則入時失本相不得說種種諸法以當體自虛名入法界無別可入則不壞種種又經云雖諸法無一無異而說一異故知要由事相歷然不入方得相資相徧耳若入則失緣則無諸緣各異義不入則壞性用不得力用交徹則無互徧相資義若具入不入則成俱存無礙義具此三緣方成緣起了此緣性則能變通遂乃方而能圓小而能大狹而能廣短而能長無非我心神德自在則觸目皆是須彌入芥舉足任不思議解脫矣故古人云納須彌於芥中擲大千於方外皆吾心常分也豈假於他術乎則是衆生全力非待證聖方具所以諸佛於不二法中現妙神通菩薩向無性理內成大佛事故信心銘云極大同小不見邊表極小同大忘絕境界傅大士頌云須彌芥子父芥子須彌爺山海坦然平敲冰來煮茶是以一法爲宗千途競入五嶽崢嶸而不峻四溟浩渺而不深三毒四倒而非凡八解六通而非聖　問如何是坦然平處　答千尋滄海底萬仞碧峯頭日出當中夜華開值九秋　問如上所說即心即佛之旨西天此土祖佛同詮理事分明如同眼見云何又說非心非佛　答即心即佛是其表詮直表示其事令親證自心了了見性若非心非佛是其遮詮即護過遮非去疑破執奪下情見依通意解妄認之者以心佛俱不可得故是以云非心非佛此乃拂下能心權立頓教泯絕無寄之門言語道斷心行處滅故亦是一機入路若圓教即此情盡體露之法有遮有表非即非離體用相收理事無礙今時學者既無智眼又闕多聞偏重遮非之詞不見圓常之理奴郎莫辯眞僞何分如棄海存漚遺金拾礫捫泡作寶執石爲珠所以經云譬如癡賊棄捨金寶擔負瓦礫此之謂也今當纂集正爲於茲且心之與佛皆世間之名是之與非乃分別之見空論妄想焉得眞歸所以祖師云若言是心是佛如牛有角若言非心非佛如兔無角並是對待強名邊事若因名召體豁悟本心證自眞知分明無惑者終不認名滯體起有得心去取全亡是非頓息亦不一向離之妄起絕言之見亦不一向即之而墮執指之譏如華嚴論云滯名即名立礙說即言生並是背覺合塵捨己徇物若實親省現證自宗尚無能證之智心及所證之妙理豈況更存能知能解有得有趣之妄想乎近代或有濫參禪門不得旨者相承不信即心即佛之言判爲是麤乘所說未得幽玄我自有宗門向上事在唯重非心非佛之說並是指鹿作馬期悟遭迷執影是眞以病爲法只要門風緊峻問答尖新發狂慧而守癡禪迷方便而違宗旨立格量而據道理猶入假之金存規矩而定邊隅如添水之乳一向於言語上取辦意根下依通都爲能所未亡名相不破若實見性心境自虛匿跡韜光潛行密用是以全不悟道唯逐妄輪迴起法我見而輕忽上流侍諸知解而摧殘未學毀金口所說之正典撥圓因助道之修行斥二乘之菩提滅人天之善種但欲作探玄上士傲無礙無修不知返墮無知成空見外道惟觀影跡莫究圓常積見不休徒自疲極如孔子迷津問漁父漁父曰人有畏影惡跡疾走不休絕力而死不知處陰以休影靜處以息跡愚亦甚矣何不一心爲道息諍除非自然過量超情還淳返朴若以道自養則不失以道濟他則不諍以道治國則國泰以道修家則家安故不可須臾忘道矣所以道德經云故失道而後德失德而後仁失仁而後義失義而後禮夫禮者忠信之薄日以衰薄而亂之首莊子云五色不亂孰爲文彩五聲不亂孰爲律呂白玉無瑕孰爲珪璋殘朴以爲器者工匠之罪毀道德而爲仁義者聖人之罪君能焚符破璽賊盜自止割斗折衡而民不諍聖人生而賊盜起聖人死而賊盜止故知仁義禮智信而利天下者少害天下者多矣焉如開示如是不思議大威德廣大法門普蔭十方群生等潤可謂傑達妙旨冥合眞歸如香象渡河步步到底似養由驚蹄一一穿楊盡爲破的之文皆是窮源之說此是圓頓義非權宜門如水月頓呈更無來去猶明鏡頓照豈有初終如首楞嚴疏鈔云若聞此經即悟得微塵毛孔一切衆生皆在我本覺中推一切物皆無自性則除無明無明若除一時頓證則是頓得不從修

得如觀音入流亡所阿難自慶不歷僧祇獲
法身等並是頓也
宗鏡録卷第二十五　　　富

音義

伶郎丁反　俜普丁反　魑丑知反　魅眉祕反　魍文兩反　魎良奬反　齎祖稽反　渺亡小反　瀰武移反　嬈奴鳥反　鷲井列反　龕　邐徒何反　迨徒亥反　蔽　迸　蝙　玻　嶸　瀠　恒　侜　贅　尖　豁　憿　悖　拗　悴　淪　朴　瀲　涟　璋　墮　衛　曷

丁未歲分司大藏都監開板

宗鏡録卷第二十五

校勘記

一　底本，麗藏本。

一　三五七頁上二〇行第一六字「包」，磧作「句」。

一　三五八頁上二二行第一二字「見」，磧、南作「是」。

一　三五八頁下七行第七字「云」，磧、南、徑、清作「去」。又「恒河」，清作「恒沙」。

一　三五九頁上三行第一四字「知」，磧作「和」。

一　三六〇頁中五行第三字「能」，清作「佛」。

一　三六〇頁中一九行第一〇字「而」，磧作「布」；南、清作「反」。

一　三六〇頁下四行第五字「未」，清作「末」。

一　三六〇頁下七行第三字「空」，磧作「室」。

一　三六〇頁下一六行「日以衰薄」，徑無。

一　三六〇頁下一七行「無瑕」，徑作「不毀」。

一　三六〇頁下二〇行首字「割」，磧、徑、清作「剖」。

一　三六〇頁下二五行第二字「由」，磧作「油」。

宗鏡錄卷第二十六　富

慧日永明寺主智覺禪師　延壽　集

夫如上所說妙旨難聞云何頓斷疑心生於圓信　答所以云難信者如一微塵中有大千經卷人無信者實相之理止在心中無勞遠覓近而不識說之不信故云難信是以須具大信方斷纖疑此是難解難入之門難省難知之法如針鋒上立無邊身菩薩將藕孔中絲懸須彌之山不思議中不思議絕玄妙中絕玄妙所以法華會上身子三請四衆驚疑只如五千退席之人皆有得聖果之者聞說十方佛土中唯有一乘法開權顯實直指自心尚乃懷疑拂席而起何況末法散劣之人遮障既深見惑尤重情塵尚壅欲火猶燒而能荷擔斯大事者歟是以妙得其門成佛匪離於當念若失其旨修因徒困於多生唯在信心別無方便以是入道之原功德之母故所以古聖云明者德隆於即日昧者望絕於多生會旨者山嶽易移乖宗者錙銖難入此宗鏡錄不揀內道外道利根鈍根但見聞信入者皆頓了一心理事圓足如圓覺經云譬如大海不讓小流乃至蚊虻及阿脩羅飲其水者皆得充滿如華嚴經頌云深心信解常清淨者古釋云與理相應方曰深心若昔染今淨淨則有始始即必終非常淨也信煩惱即菩提方為常淨由稱本性而發心故本來是佛更無所進如在虛空退至何所慨衆生迷此起同體大悲悼昔不知誓期當證有悲故不為無邊所寂有智故不為有邊所動不動不寂直入中道是謂真正發菩提心又云信佛身名等於衆生則知我名如佛名也信佛法門隨宜而立知我妄念苦集亦全法門信佛意業光明徧照則知自心無不知覺則一切因果理事皆衆生性有如性非金玉雖琢不成寶器良以衆生包性德而為體約智海以為源故須開示所以般若文殊分云若知我性即知無法若知無法即無境界若無境界即無所依若無所依即無所住如是開示如是信入則是真實句亦是金剛句以無虛假及可破壞故云爾如大集經云真實句者如一法一切法亦如是如一切法一法亦如是又云一衆生心一切衆生心悉皆平等名金剛句是知無有一法可得名深信堅固如金剛不可沮壞無信心中能見佛若有一法可信即是邪見一切不信方成其信如般若經云若念一切法不念般若波羅蜜不念一切法則念般若波羅蜜如是解者可謂深達實相善說法要矣所以云無一法可得名深達實相如法華經偈云於諸過去佛在世或滅後若有聞法者無一不成佛諸佛本誓願我所行佛道普欲令衆生亦同得此道未來世諸佛雖說百千億無數諸法門其實為一乘諸佛兩足尊知法常無性佛種從緣起是故說一乘是法住法位世間相常住於道場知已導師方便說天人所供養現在十方佛其數如恒沙出現於世間安隱衆生故亦說如是法知第一寂滅以方便力故雖示種種道其實為佛乘釋曰本師以出至梵天之舌相演真實言放一萬八千之毫光現希奇瑞乃至地搖六動天雨四華謦欬彈指之聲周聞十剎百千諸佛世界一道融通引三世之覺王同詮此旨付十方之大士共顯斯宗故十方諦求更無餘法論位是最實之位言詮乃第一之詮可謂究竟指歸真實行處若但志心讀誦靈感難思毛孔孕栴檀之香舌表變紅蓮之色何況信解悟入如說修行供養則福過正徧知行處則可起如來塔有斯大事孰不歸依除不肖人實難信受又如神力品偈云以佛滅度後能持是經者諸佛皆歡喜現無量神力囑累是經故讚美受持者於無量劫中猶故不能盡是人之功德無邊無有窮如十方虛空不可得邊際能持是經者則為已見我亦見多寶佛及諸分身者故知證此一毫之靈智量遍無盡之太虛如覩牖隙之中遠見十方之際現神力以囑累恐墜斯文發歡喜以讚揚唯精斯旨今者與諸有緣信士遇茲正教之人自緬曩生障深垢重諸佛出世不覩毫光得廁嘉筵親聞正法復思夙願微有良因於末法中偶斯遺教既欣遭遇傍愍未聞遂乃略出要詮徧示後學可謂醍醐之正味不覺不知甘露之妙門不問不信如斯大失實可驚心是以安樂行品云佛告文殊師利菩薩摩訶薩於後末世法欲滅時有持是法華經者於在家出家人中生大慈心於非菩薩人中生大悲心應作是念如是之人則為大失如來方便隨宜說法不聞不知不覺不問不信不解其人雖不問不信不解是經我得阿耨多羅三藐三菩提時隨在何地以神通力智慧力引之令得住是法中釋曰於在家出家四衆之中生大

慈心者即是示如來一心方便門慈能與樂俱令信入同證大般涅槃四德之樂於非善薩人中生大悲心者即是外道邪見不生正信之人悲能拔苦即是示如來一心解脫門皆令悟解永拔分段變易二死之苦此宗鏡録於後若遇有緣信心或曉夜忘疲精勤披覽以悟爲限莫吝劬勞是以諸大菩薩皆思過去波迸苦海作不利益之事喪無數身都無利益又今猶處生死惡業之中皆是過去世中妙行不勤故今者偶斯正典可謂坐參但仗三寶威神諸佛加備無諸難事早得心開普及一切法界含生皆同此悟即斯願矣須知圓宗罕遇若芥子投於針鋒正法難聞猶盲龜值於木孔若非夙熏乘種久積善根焉偶斯文親得傳受應須慶幸荷佛慈恩所以古人或重教輕財則輸金若市或忘身爲法則立雪幽庭且金是身外之浮財豈齊至教命是一期之業報曷等真詮是故因聞般若深經以爲乘種遂得乘急常聆妙音可以身座肉燈歸命供養皮紙骨筆繕寫受持如大涅槃經云佛言善男子於乘緩者乃名爲緩於戒緩者不名爲緩菩薩摩訶薩於此大乘心不懈慢是名奉戒爲護正法以大乘水而自澡浴是故菩薩雖現破戒不名爲緩止觀云戒急乘緩者事戒嚴急纖毫不犯三種觀心了不開解以戒急故人天受生或隨禪梵世耽湎定樂世雖有佛說法度人而於其等全無利益設得值遇不能開解震旦一國不覺不知含衞三億不聞不見著樂諸天及生難處不來聽受是此意也譬如繫人或以財物求諸大力申延日月冀逢恩赦在人天中亦復如是冀善知識化導修乘即能得脫若於人天不修乘者果報若盡還墮三塗百千佛出終不得道若理事俱緩者永墜泥犂失人天果報神明惛塞無得道期迴轉沉淪不可度脫故知處世俗家拘三界獄不求一念出離猶如散禁之人應須生如來家遇善知識聽聞正法如理思惟事戒理乘雙行雙照身律心慧俱習俱持以戒急故受人天之身以乘急故紹祖佛之位如是則方諧本願不負初心可以上合慈風下同悲仰難逢良便恐感緣差深勸諸賢莫成後悔又我此宗鏡所録之文但爲最上根人不入餘衆生手唯令佛種不斷聞於未聞誓報慈恩不孤本願若涉名利非被此機如古德釋華嚴教所被機五簡非器一違真非器謂不發菩提心不求出離依傍此經求名求利莊飾我人經非彼緣故非其器經云爲名利說法是爲魔業又云不淨說法墮惡道等二背正非器謂詐現大心僞飾邪善近滅人天遠成佛墮阿鼻獄多劫受苦經云忘失菩提心修諸善根是爲魔業三乖實非器謂雖不邪僞然隨自執見以取經文遂令超情至教逈不入心故成非器地論云聞作聞解不得不聞又如隨聲取義五過失等此上三位俱是凡愚衆生境界經云此經不入一切餘衆生之手唯除菩薩良以此經非是衆生流轉之緣故不入手四狹劣非器謂一切二乘無廣大心亦非此器經云一切聲聞緣覺不聞此經何況受持五守權非器謂三乘共教諸菩薩等隨自宗中修行未滿初阿僧祇此亦非器經云菩薩摩訶薩雖無量億那由他劫行六波羅蜜修習道品若未聞此經雖聞不信受持隨順是等猶爲假名菩薩閒瓔珞經等十千劫修十信行滿何故此中無量億等時不信此經荅以彼但於行布位中修行信等於此圓融普賢十信一攝一切猶未聞信故知不偶斯文虛功累劫纔聞此旨便入圓通但不涉前五非器之中則永固一乘之佛種可以手得可以心傳深囑後賢無失法利又若過去曾聞此法未得信入以法力所熏方起疑心若未曾聞疑終不起如入大乘論云薄福之人不生於疑能生疑者必破諸有是以著有衆生皆因染習如輕毛之不定若淨隨緣猶素絲之攬色青黃任受悉是聞熏之力各入三乘之門況聞宗鏡之中速發一乘之種但有心者熏皆得成華嚴論云如世間一切井泉以海爲體若人飲者皆得海味一體無異但隨業力而得鹹味此經亦爾若有大心衆生聞持信入便得如來法身佛性大悲智味闡提之人無所堪任然如來智性常作生因故知具大信根者聞之成佛如不信者即是闡提然雖不信亦熏其種故云如來智性常作生因所以法華經偈云若有聞法者無一不成佛昔泥蛤聞法而生天鹿象聽經而悛惡比丘戲笑而獲果女人思惟而悟空何況聞宗鏡中純圓頓教如善見律論云昔佛在世時到瞻婆羅國迦羅池邊爲衆說法時彼池中有其一蛤聞佛池邊說法之聲即從池出入草根下聽佛說法時有一人持杖放牛

見佛在坐爲衆說法即往佛所欲聞法故以杖剰地悞著蛤頭即便命終生忉利天以福報故宮殿縱廣十二由旬與諸天女娛樂受樂即乘宮殿往至佛所頭頂禮足佛知故問汝是何人忽禮我足神通光明相好無比照徹此間蛤天即以偈而荅曰往昔爲蛤身於水中覓食聞佛說法聲出至草根下有一牧牛人持杖來聽法杖剶刺我頭命終生天上佛以蛤人所說偈爲四衆說法是時衆中八萬四千人皆得道跡蛤天人得須陁洹果含笑而去大智度論云昔王不立廐於寺者謂此王有象可以敵國每有怨敵莊嚴器仗無不剋勝後敵國皆懼久而無敵遂於寺中立廐養之久聞僧衆禮念熏心副善成性後有隣國兵衆相侵嚴象敵之都不肯戰其王憂愁慮國衰敗智臣白王此象久處之精舍見聞善事與之化矣可處屠坊令常見殺後來經久惡心還起畜生尚爾況復於人近善不善近惡不惡故儒典中亦令君子慎所習也今若聞宗鏡熏起一乘廣大難量善利無盡雜寶藏經云佛法寬廣濟度無涯至心求道無不獲果乃至戲笑福不唐捐如往昔時有老比丘年已朽邁神情昏塞見諸年少比丘種種說法聞說四果心生羨尚語少比丘言汝等聰慧願以四果以用與我諸少比丘嗤而語言我有四果須得好食然後相與時老比丘聞其此語歡喜即設種種餚饍請少比丘食共食已更相指揮弄老比丘語言大德汝在此舍一角頭坐當與汝果時老比丘聞已歡喜如語而坐諸少比丘即以皮毱打其頭上而語之言此是須陁洹果老比丘聞已繫念不散即獲初果諸少比丘復弄之言雖與汝須陁洹果然其故有七生七死更移一角次當與汝斯陁含果時老比丘獲初果故心轉增進即復移坐諸少比丘復以毱打頭而語之言與汝二果時老比丘益加專念即證二果諸少比丘復弄之言汝今已得斯陁含果猶有往來生死之難汝更移坐我當與汝阿那含果時老比丘如言移坐諸少比丘復以毱打而語之言我今與汝第三之果時老比丘聞已歡喜倍加至心即時復證阿那含果諸少比丘復弄之言汝今已得不還之果然故於色無色界受有漏身無常遷壞念念是苦汝更移坐次當與汝阿羅漢果時老比丘如語移坐諸少比丘復以皮毱擲打其頭而語之言我今與汝彼第四果時老比丘一心思惟即證阿羅漢果得四果已甚大歡喜設諸餚饍種種香華獻諸比丘報其恩德與少比丘共論道品無漏功德諸少比丘發言滯塞時老比丘方語之言我已證得阿羅漢果已諸少比丘聞其此音咸皆謝悔先戲弄罪是故行人宜應念善乃至戲弄猶獲實報況至心也又雜寶藏經云昔有一女聰明智慧深信三寶常於僧次請一比丘就舍供養後時便有一老比丘次到其舍年老根鈍素無知曉齋食訖已女人至心求請說法數坐頭前閉目靜坐比丘自知不解說法趣其淚眼棄走還寺然此女人至心思惟有爲之法無常苦空不得自在深心觀察即時獲得須陁洹果既得果已向寺求覓欲報其恩然此比丘自審知弃他逃走倍生慚恥轉復藏避而此女人苦求不已方自出現女人見已具說蒙得道果因緣齋供報恩老比丘聞甚大慚愧深自剋責亦復獲得須陁洹果是故行者應當至心精誠求法若至心者所求必證如上所獲聖果豈有前人爲說深妙法耶皆是自悟從心所證可驗宗鏡達者無疑如大乘本生心地觀經云佛言我今演說心地妙法引導衆生令入佛智如是妙法諸佛如來過無量劫時乃說之乃至以是因緣難見難聞菩提正道心地法門若有善男子善女人聞是妙法一經於耳須臾之頃攝念觀心熏成無上大菩提種不久當坐菩提樹王金剛寶座得成阿耨多羅三藐三菩提華嚴十地品云金剛藏菩薩云佛子此集一切種一切智功德菩薩行法門與若諸衆生不種善根不可得聞解脫月菩薩言聞此法門得幾所福金剛藏菩薩言如一切智所集福德聞此法門福德如是何以故非不聞此功德法門而能信解受持讀誦何況精進如說修行是故當知要得聞此習一切智功德法門乃能信解受持修習然後至於一切智地故知若不聞此不思議廣大威德圓頓法門何由修行速證究竟一乘常樂我淨大涅槃果以衆生處不定聚中聞小修小過權習權不偶斯文俱成大失今所集者所益弘多設聞而不修亦成其種何況聞思修者如先德云如今若要直會但不取一切相即得更無別語佛是自心義亦名爲道亦云覺義覺是靈覺之性只今自鑒照語言應機接物揚眉動

目運手動足皆是自靈覺之性亦是心心即道道即佛佛即是禪禪之一字非凡所測若知諸法從心生即不應執執即不知若不見本性十二分教則爲虛設故知因教明心何執文義又教從心生心由教立離心無教離教無心豈心外別有教而可執乎所以唯識疏云若頓教門大不由小起即無三時前後次第即華嚴經中說唯一心是初成道竟最初一說又云諸愚夫類從無始來虛妄分別因緣力故執離心外定有眞實能取所取如來大悲以甘露法授彼令服斷妄任心弃執空有證眞了義華嚴等中說一切法皆唯有識所以佛說唯識說一心經令依修學釋云天親造頌成立佛經令諸學者了知萬法皆不離心即大乘中道義理顯矣是知圓中之信此信難成如起信鈔問云此信若言本有衆生何故沉迷如其本無憑何發起答此信本來非有非無以非有故衆生沉迷以非無故遇緣即起若言定無發起何物若言定有何假因緣然上所述是約迷悟因緣說若論此信須不信一切法乃能成信亦不是非有非無何者以衆生不覺似迷非迷眞性不沉故即不是非有以一念復本似悟非悟不從新得故不是非無故云自心起信還信自心又何故此心難信以如來本覺體即衆生心諸佛菩薩不能見如來本覺體離見相故當知衆生心綿密亦不可見大品經云佛觀衆生心五眼不能見無自他能所相故昔人詩云海枯終見底人死不知心又云相識滿天下知心能幾人是以宗鏡深旨一心妙門非大智而不能觀匪大根而不能信覬之即齊佛智信之即入圓通但懇志無疑決取成辦如管子云利之所在雖千仞之山無所不上深源之下無所不入商人通賈倍道兼行夜以續日千里不遠利在前也漁人入海海水百仞衝波逆流宿夜不出利在水也此乃世間勤苦求利之志耳如或堅求至道曉夕忘疲不向外求虛襟澄慮密室靜坐端拱寧神利在心也如利之所在求無不獲況道之在心信無不得矣故知訓格之言不得暫捨可以鏤於骨書於紳染于神熏于識所以楚莊輕千乘之國而重申叔一言范獻賤萬畝之田以貴舟人片說此乃成家立國尚輕珍重言況宗鏡中言下契無生聞之成大道寧容輕慢乎　問一心眞實性凡聖是虛名者云何作凡之時熾然繫縛諸有證聖之日豁爾解脫眞空乃知不唯但名的有其事　答雖有其事如同夢中之事設有其名皆非得物之名故知夢覺俱虛名體雙寂如淨名私記云法相如是豈可說乎若說則言有一法可得存法作解還是生死業令時只欲令衆生除一切見此中見無別義亦無巧釋如人夜夢種種所見比至覺時惣無一物今亦爾虛妄夢中言有萬法若悟其性畢竟無一物可得此中亦無能說能示亦無能聞能得是以異生非墮凡夫地迷趣全空諸佛不證眞如門悟時無得則不見有一法可斷無生死所出之門不見有一法可成無菩提能入之路思益經云諸佛出世不爲令衆生出生死入涅槃但爲度生死涅槃之二見耳現寶藏經云文殊師利言大德迦葉如人執病是人種種妄有所說是中寧有天鬼持耶有大明醫飲彼人酥熱病即愈止不妄說是中頗有天鬼去不荅言不也乃至世間如是顚倒熱病無我我想住我想已流轉生死是故如來出現於世隨彼形色應解法門知解我想斷於顚倒爲彼衆生而演說法既聞法已除一切想無所執著知解想已越度諸流到於彼岸名爲涅槃是中頗有我及衆生壽命養育人及丈夫可涅槃者不荅言無也文殊言爲是利故如來出世但爲顯示平等相故不爲生不爲滅但爲解知煩惱不實釋曰如來出世但爲顯示平等相者夫執妄苦而求離望聖量而欲修皆是妄我施爲情識分別是以大雄垂跡但示正宗破妄我而顯眞我之門斥情識而歸淨識之道眞我淨識即平等相以淨識絕分別眞我無執情絕分別故差別自亡無執情故平等自現首楞嚴經云由汝無始心性狂亂知見妄發發妄不息勞見發塵如勞目睛則有狂華於湛精明無因亂起一切世間山河大地生死涅槃皆即狂勞顚倒華相大般若經云佛言善現一切法皆以無起無作爲趣諸菩薩摩訶薩於如是趣不可超越何以故無起無作中趣與非趣不可得故大集經云佛言若有菩薩成就自然慧方便而求菩提於此五陰中爲如實覺故求於菩提是菩薩知色無常而行布施乃至受想行識亦如是知識無常應行布施知識苦知識無我知識無知識無智知識如幻知識如野馬知識如水中月知識如夢知識如影知識

如響知識如旋火輪知識無我知識無衆生知識無命知識無人知識無主知識無養知識如空知識無相知識無願知識無作知識無生知識無起知識無出知識無形知識寂靜知識離知識無終知識無成知識與虛空等乃至知識如涅槃性而行布施菩薩如是行施時以施離故知識亦離以識離故知施亦離以識施離故知願亦離以願離故知識施願亦離以識施願離故知菩提亦離以菩提離故知識施願離而知一切法同菩提性善男子是爲菩薩出世間檀波羅蜜是知識空故一切凡聖萬法皆空以了此空故方能行無上菩提具足十波羅蜜則悲智圓滿二利無虧具此悲智何所爲耶佛種不斷故佛種不斷有何相耶謂成三德救護衆生成就恩德永斷煩惱成於斷德了知諸行成於智德是以入此宗鏡動止唯心更無一法而能破壞如大虛空藏所問經云譬如有情於空中行而彼虛空無有破壞如是一切有情於眞如中行而彼眞如無有斷壞菩薩如是由以智故於色於法以眞如印印之不於眞如間斷破壞是爲菩薩以如來印印於眞如不間斷善巧智故　問歸命三寶是仗他勝緣四諦法門依眞俗二境乃至三乘三藏六度六通三十七品助道之門十八不共果位之法云何摠歸一心正義而悉圓通　答諸聖以無爲而得名圓修以無作而成行不分別諸境是眞調伏心了一切法空則常在三昧超日三昧經云知色心空得佛何難斯之謂矣故知一切諸法頗有不由心者心攝一切如

如意珠無不具足且論三寶義廣恒沙今依古德約五教門略論同別二種三寶一約觀別論三寶者一小乘以妄心即空爲佛寶寂滅爲法寶無諍爲僧寶二大乘初教妄心不可得爲佛寶離思惟爲法寶無我爲僧寶三終教妄心無自性無礙自在爲佛寶以是寂廓名法寶以無所求爲僧寶四頓教以妄心本無生爲佛寶絕念爲法寶無分別爲僧寶五一乘圓教以妄心起無初相不動爲佛寶以無非是爲法寶以無非是爲僧寶二同體三寶者一小乘約立事就義門以末歸本故佛體上覺照義邊爲佛寶軌則義邊爲法寶違諍過盡爲僧寶二初教約會事從理門以能見三寶差別相即平等故以眞空爲佛寶此空離自他爲法寶此離無二爲僧寶三終教約理事融顯門以即事中有理理中有事故以本覺爲佛寶恒沙性德爲法寶性德不二爲僧寶四頓教約絕相理實門以三寶無爲相與虛空等故爲佛佛即是法法即是僧五圓教約融通無礙門以法界諸法無不是寶故以覺故約義而論皆佛寶軌則而言無非是法和合而言無不是僧是以不動眞心成一體三寶雖約機開五教隨智各不同然不離一心門而分同別理所以教中但云自歸依佛等終不云歸依於他故云自性不歸無所歸處夫歸者是還原義衆生六根從一心起既背自原馳散六塵今舉命根摠攝六情還歸其本一心之原故曰歸命一心即具三寶夫一體三寶者只是一心心性自能覺照即佛寶心體本自性離名法寶心體無二

即僧寶思益經云知法名爲佛知離名爲法知無爲名僧是菩薩徧行知法名爲佛者即是眞佛法身如來佛即是法故法即是佛亦猶如來者即諸法如義次應問言法即是佛於義已解何者是法故次句云離即是法以一切法本性離故心體離念即是覺故次應問言法本自離則無所修何得有僧次解云知無爲名僧無爲即法法本自離由知無爲故得成僧故大品經云由知諸法空分別須菩提等故大般若經云般若甚深知一切法本性離故又文殊云如佛世尊堪受供養以於一切法覺實性故是故經云如實覺一切法名爲大捨釋曰於一切法見心自性即是如實究竟之覺即是頓成佛義三寶常現世間義具寶慈義同體悲義大喜捨義具足檀波羅蜜義一切願行成就義又璨大師問可大師曰但見和尚即知是僧未審何者是佛云何爲法答曰是心是佛是心是法法佛無二汝知之乎若有不信如上所引祖佛誠言一體三寶歸依自心之旨不唯後果永墮泥犂亦乃現受人間華報如大涅槃經云佛告迦葉菩薩善男子汝今不應如諸聲聞凡夫人分別三寶於此大乘無有三歸分別之相所以者何於佛性中即有法僧爲欲化度聲聞凡夫故分別說三歸異相又云若有不識三寶常存以是因緣脣口乾燋如人口爽不知甜苦辛醋鹹淡六味差別一切衆生愚癡無智不識三寶是長存法是故名爲脣口乾燋復次善男子若有衆生不知如來是常住者當知是人則爲生盲若知如來是常住者

如是之人雖有肉眼我説是等名爲天眼又若決定直心信伏入宗鏡中於剎那間念念見一心三寶常現世間或障重遮深任經塵劫終不省信尚不聞三寶之名豈遇一眞之道如法華經偈云衆生既信伏質直意柔軟一心欲見佛不自惜身命時我及衆僧俱出靈鷲山我時語衆生常在此不滅以方便力故現有滅不滅乃至是諸罪衆生以惡業因緣過阿僧祇劫不聞三寶名諸有修功德柔和質直者則皆見我身在此而説法故知親見佛親聞法人難得阿難二十年爲佛侍者尚不見佛面唯觀救世者輪迴六趣中又但與緣心聽法此法亦緣非得法性如大寶積經云實行沙門以正法身尚不見佛何況形色以空遠離尚不見法何況貪著音聲言語以無爲法尚不見僧何況當見有和合衆又舍利弗問諸比丘汝等從何聞法答無有五陰十二入十八界從是聞法又問汝等爲誰弟子答無得無知者是彼弟子是以悟者方知非言所示又心爲苦實際名苦諦心性無和合名集諦心本寂滅名滅諦心本圓通名道諦觀心空出聲聞乘觀心假出菩薩乘觀心中出諸佛乘觀實相心非色非心不同頑礙故非色不同妄等妄情分別故非心非色非心以爲戒體出律藏摩得勒伽經云若能持此經具足一切戒金剛三昧經明悟本覺者佛言如是之人不存二相雖不出家不住在家雖無法服雖不具戒能以自心無爲自恣而獲聖果大寶積經云文殊師利言一切諸法畢竟寂滅心寂滅故名究竟毗尼又云

若不得心則不念戒若不念戒則不思慧若不思慧則無復起一切疑惑既無疑惑則不持戒若不持戒是則名爲眞持戒也文殊師利所問經云若以心分別男女非男非女等是菩薩犯波羅夷菩薩瓔珞本業經云一切菩薩凡聖戒盡心爲體是故心亦盡戒亦盡心無盡故戒亦無盡大乘千鉢大教王經云一者如來一切心法金剛自性本來清淨畢竟寂滅菩薩若於大乘性中能持十重戒者覺心眞淨了見心性無染無著是故菩薩能持十重戒者是則名爲不壞毗尼又一切善惡等法可執可持出經藏觀心能研妙義出論藏是以擅因心捨圓清淨之施門戒因心持成自性之淨律辱因心受具無生之大忍進因心作備牢強之進門能觀心性名爲上定則禪因心發般若靈鑒窮幽洞微則智從心起即六度門故經云空心不動具足六波羅蜜何者經云無可與者名爲布施豈心外有法可住相耶經偈云戒性如虛空持者爲迷倒寧執事法分持犯耶經云忍者於一剎那盡一切相及諸所緣又云何謂菩薩能行忍辱佛言見心相念念滅豈可伏捺自心對治前境而爲忍受耶經偈云若能心不起精進無有涯又云何謂菩薩能行精進佛言求心不可得寧著有爲妄興勞慮耶經云不見心相名爲正定豈避喧雜而守靜塵耶經云不求諸法性相因緣是名正慧寧外徇文言強生知解耶是知心外見法盡名外道故經云外道樂諸見若直了自心則不爲諸見所動如經云菩薩無所見者即無所有無所有

者則一切法夫言無所見者非是離一切法云無所見即見一切法而無所見以無所有即一切法一切法即無所有故首楞嚴經云法法何狀所以經頌云若能除眼翳捨離於色想不見於諸法則得見如來大足法師臨終題壁偈云實相言思取眞如絶見聞此是安安處異學但云云

宗鏡録卷第二十六

富

音義

鍤側持反　銖市朱反　慨苦蓋反　悼徒到反　沮子魚反　孕以證反　罕呼旱反　肖私妙反　隙綺戟反　燥蘇早反　蘷　惛呼昆反　繕時戰反　蛤古沓反　廝　俊　鯇　洫　剸　剮　覓　邁　谿　嗤　餚　寥　鍮　廓　揍　摽　鏫

丙午歲分司大藏都監開板

宗鏡錄卷第二十六

校勘記

一　底本，麗藏本。

一　三六二頁下二行第八字「旨」，磧、南、徑、清作「旨」。

一　三六二頁下一八行第八字「覩」，磧、南作「覩」。

一　三六三頁上一一行第一〇字「備」，磧、南、徑、清作「被」。

一　三六三頁下一六行第一〇字「中」，清作「文」。

一　三六四頁下二一行第一〇字「習」，清作「集」。

一　三六五頁中一四行「大道」，磧、南、徑、清作「入道」。

一　三六六頁中二四行第六字「而」，磧、南、徑、清作「即」。

一　三六七頁上一三行首字「與」，清作「以」。

一　三六七頁上二四行首字「礙」，清作「癡」。

宗鏡錄卷第二十七　富

慧日永明寺主智覺禪師　延壽　集

夫身受心法俱無自性了不可得即四念處觀善不善法從心化生即四正勤心性靈通隱顯自在即四神足信心堅固湛若虛空即五根五力覺心不起即七覺支直了心性邪正不干即八正道眼如乃至意如心境虛融即六神通所以舍利弗不達常寂三昧目連通不現前說法不當以未得法空神通故台教云觀於一心欽有一切心觀一切心倏無諸心心無有無遝至實相即神通也義海云謂此塵無體不動塵處恒徧十方剎海無來去之相是神足通不起于本座徧遊於十方又見塵法界無際而有理事教義一切菩薩皆同證入皆同修習此法更無別路是他心通見塵法界解行現前之時即知過去曾於佛所親聞此法以觀心不斷是故今日得了是宿命通又見塵性空寂無相可得即不二見若見相即爲二也由無相即無有二名天眼通經云不以二相見名眞天眼又了塵無生無性空寂即執心不起是漏盡通經云斷結空心我是則無有生又聞說塵法界差別之聲即知一切聲全是耳不復更聞也然此聞無緣無得於聲悟一切法是常聞一切佛法爲天耳通金剛三昧經云大力菩薩言何謂存三守一入如來禪佛言存三者存三解脫守一者守一心如入如來禪者理觀心如入如是地即入實際華嚴經頌云佛子住於此命念入三昧一一三昧門闡明諸佛境擇經序云實微則勢重質重則勢微如地質重

故勢不如水水性重故力不如火火不如風風不如心心無形故力最無上神通變化八不思議心之力也又能所融通自他一體即四攝法不得身口意常隨智慧行即十八不共法等畢至得果受記皆不離一心如海龍王經云心淨無垢則爲受訣乃至佛語龍王其心意識無所住立則爲受決諸法如是以無因緣諸法本諦覺了諸法平等無異則成無上正眞之道究竟求本無有受決及成佛道若授決者若受決已所以者何諸法無形本末悉斷皆無有主一切諸法從因緣轉乃至諸法無二用本一故諸法本一離若干故乃至無量無邊教海行門皆是自心發現自心引出終無一法一行從外而成若起念外求隨他勝境悉是魔事故經云作斯觀者名爲正觀若他觀者名爲邪觀故知心正事正心邪事邪若未達一心觸途皆僞正行亦成邪行佛門變作魔門若入宗鏡之中無往不利苦行亦成妙行邪宗即是正宗只如五熱炙身外道一法若了之則勝熱爲無分別智識之門若昧之則尼乹作大我見嚴熾之解是以法無邪正道在變通如西天尼乹子五熱炙身生大邪見佛弟子謂之言曰善男子如世人駕牛車於路欲速有所至打牛即是打車即是尼乹聞之勃然作色佛弟子曰善男子牛喻於心車喻於身何得苦身而不修心不用炙身應當炙心華嚴經云復有十千緊那羅王於虛空中唱如是言善男子此婆羅門五熱炙身時我等所住宮殿諸多羅樹諸寶鈴網諸寶繒帶諸音樂樹諸妙寶樹及

諸樂器自然而出佛聲法聲及不退轉菩薩僧聲願求無上菩提之聲云某方某國有某菩薩發菩提心某方某國有某菩薩修行苦行難捨能捨乃至清淨一切智行某方某國有某菩薩往詣道場乃至某方某國有某如來作佛事已而般涅槃善男子假使有人以閻浮提一切草木抹爲微塵此微塵數可知邊際我宮殿中寶多羅樹乃至樂器所說菩薩名如來名所發大願所修行等無有能知其邊際善男子我等以聞佛聲法聲菩薩僧聲生大歡喜來詣其所時婆羅門即爲我等如應說法令我及餘無量衆生於阿耨多羅三藐三菩提得不退轉是以於一心正觀之中最爲樞要少用心力成大菩提故華嚴私記云此經中總是法身作多種名字如人天十善五戒爲身聲聞四諦緣覺十二因緣菩薩六度佛種智爲身身是聚義於法身中隨行位功德聚處名身若有情身相皆是法身所起若無情國土盡從佛智所現終無纖毫於宗鏡外别有異體而能建立故經云若一法是有非無擧訶衍不能勝出若更有一法則不得稱獨尊獨勝爲萬有之所依矣所以隨根不同見有多種遂於十波羅蜜五教不同一小乘教不成波羅蜜二始教要是菩薩種性人方有故又各有體性或說俱空三終教一一皆從眞如性功德起四頓教一一皆不可說謂不施不慳乃至不智不愚等一切皆絶若十若六皆悉亡言五圓教一一圓融具德無盡又此十波羅蜜可以意得一念相應心捨則具十度捨而不取爲施不爲諸非

所汚即戒忍可非有爲忍辱身心相爲進寂然不動爲定決了無生爲般若雖空不礙知相爲方便希齊佛果是願思擇不動爲力決斷分明爲智一念方寸十度頓圓故華嚴經中七地菩薩念念具足十波羅蜜是以十度若圓八萬四千法門一時齊應凡曰祖教或淺或深但即之於心理無不盡若心外行事則取相輪迴任歷三祇終成妄想是以儒童曰昔我於無數劫國財身命施人無數以妄想心施非爲施也今日以無生心五華施佛始名施耳故華嚴經頌云設於無數劫財寶施於佛不知佛實相此亦不名施又云於一切善根生自善根想乃至於一切行生自行想夫一切差別事相縱橫境界若於相上觀察則行布難明若於體內消融悉皆平等故先德云萬事驅歸體處平是非自向心中混所以傳大士頌云還原去心性不沉浮安住王三昧萬行悉圓收　問萬行唯心則因心起行夫道場法則全在事相而修云何惣攝千途咸歸一道　答我此宗門一乘之妙唯以一念心照眞達俗成無上覺名爲道場何者照眞則理無不統達俗則事無不圓所以維摩經云一念知一切法是道場成就一切智故什法師釋云二乘法以三十四心成道大乘一念則豁然大悟具一切智也肇法師解云一切智者智之極也朗若晨曦衆冥俱照澄若靜淵群像並鑒無知而無所不知者其唯一切智乎何則夫有心則有封有封則有疆封疆既形則其智有涯其智有涯則所照不普至人無心無心則無封無封則無疆封疆既無則其智無涯其智無涯則所照無際故以一念一時必知一切法也又道場者實相理徧爲場萬行通證爲道則道無不至場無不在若能懷道場於胷中遺萬累於身外者雖復形處憒鬧跡與事隣乘動所遊無非道場也所以樞要經云弃諸蓋菩薩白佛言世尊曾聞如來而坐道場道在何處爲近爲遠而可見不佛言善男子法身徧滿無非佛土十方世界五陰精舍性空自離即是道場云何問言爲近遠耶善男子若能悟解道在身心如是之人則名爲見諸法無行經云文殊師利言世尊一切衆生皆是道場是不動相文殊師利云何是事名不動相世尊道場者有何義文殊師利一切法寂滅相無相無生相無所有相不可取相是名道場義世尊一切衆生不入此道場耶佛言如是如是是故世尊一切衆生皆是道場名不動相華嚴經頌云如是一切人中主隨其所有諸境界於一念中皆了悟而亦不捨菩提行又經云一刹那心覺一切法究竟無餘是妙菩提今亦不礙事相道場以即法恒眞相在無相理外無事無相在相又無相在相則隱顯同時相在無相則空有一際悲華經云雖修淨土其心平等猶如虛空雖行道場解了三界無有異相斯則行事而不失理照理而不廢事事理無礙其道在中是以觀和尚於一心門立十淨土成十種如來坐十種道場說十種法門一金剛如來在於金剛道場能說金剛法門以自心智見我心性此心從本來永無諸相猶如虛空湛然不動明見之心名金剛如來所說金剛法門者如經偈云菩薩智慧心清淨如虛空無性無依處一切不可得所云十淨土者如經云十方國土皆如虛空二解脫如來在於無著道場能說無著法門有爲無爲一切諸法相皆從心出無不心也能出自心尚無體相云何依心所出諸法有實體也即體與相一味無別有何所著是名解脫如來所說無著法門如論云以一切法皆從心起一切分別皆分別自心心不見心無相可得三般若如來在於無住道場能說無住法門經云入三世間中自身所住處隨求之處永無自性故不得住相是故當知一切諸相一無住之法隨緣之時相即相融從無住本立一切法能解無住之心名般若如來恒說無住法門四摩訶衍如來於無礙道場說無礙法門譬如虛空不動出生諸色雖出諸色不盡空外唯空所作色色空無礙融無二相修心亦然理事無礙理者心也事者身也從本已來色心無二如是身心無礙名爲摩訶衍如來說無礙法門五菩提如來在於無相道場能說無相法門經云四大無主身亦無我此離能所之相名爲佛身如是觀心不絕者觀心行處圓備實相名菩提如來一切衆生即菩提相故六實際如來在於無際道場能說實際法門所謂以自眼見小物時其物相入於眼內其物至微以無內故則含無外法界大相以此知一刹那心見物相時即後念心中無有物相前心後念皆自心故明知不動塵量徧至法界則自心實際徧一切處經云有所興業而有所作即爲魔事

六根無所進不行諸法名平等精進七眞如如來在於常住道場能說常住法門觀心周遊於塵刹中湛然凝寂此凝寂心稱至於緣不失本體以是故盡未來際恒緣恒不動故名常住法也如經云有爲無爲一切諸法有佛無佛性相常住無有變異八法界如來在於法界道場能說法界法門法者實相心界者依此心所出諸刹譬如大海所生諸物皆無不海一切諸法皆從實相心所生皆無不心是故當知眼中所見色耳中所聞聲皆眞法也以一切法唯一法故如經云一切法唯一相故九法性如來在於法性道場說法性法門不分凡聖善惡之法名爲性是不分法法界同中重重無盡一中解無量法性無盡故所以得知皆無盡者法界中入一一緣覓時盡未來際無所得故十涅槃如來在於寂滅道場能說寂滅法門一切法皆是涅槃能得此意人者於動作處見寂滅法不離生死常得涅槃不捨無常之身恒得常身經云衆生如一切法如如無有生如無有滅以此義故知通達一念法法周圓諦了一心門門具故舉足下足不離道場於念念中常作佛事足則無邊佛事不出一塵矣又智身徧坐法性道場法身非坐而坐道場法門身安坐萬行道場幻化身安坐水月道場智身者即法性是所證以能證智安處理故證理之處是得道之場法身者法身既無能所故曰非坐非坐之坐湛然安住名坐道場法門身者如六布施是道場不望報故等以萬行爲得道之處即是道場幻化身者涅槃經云吾今此身是幻化身則所得道處如水中月故昔人云修習空華萬行安坐水月道場降伏鏡像天魔證成夢中佛果意云若因若果皆從緣生如夢幻故是以若實若幻皆是一心以實是心之性幻是心之相以因了相虛見自心性時是得道之處故云道場如是解者舉下之間無非道場矣則念念皆成無盡法門念念悉證法華三昧如台教所明法華三昧者即是四一理一教一行一人一觀一心三諦理一一心三觀行一作觀者人一能詮觀境教一又法身理一般若教一解脫行一和合三法成假名人一即觀行如來約六即位位四一於一念中念念四一一色一香無非四一作如此觀行何法不是法華三昧也何者以教理是心之所詮人行是心之所作以俱不出一心故云塵塵念念皆是法華三昧

問既稱一心一身云何立種種身相種種法門

答斯乃萬化之原一眞之本隨緣應用猶如意珠對物現形若大圓鏡是以能包萬像是大法藏出生無盡是無盡藏妙慧無窮是大智藏法法恒如是如來藏本性無形是淨法身體合眞空是虛空身相好虛玄是妙色身妙辯無窮是智慧身隱顯無礙是應化身萬行莊嚴是功德身念念無滯是入解脫法門心心寥廓是入空寂法門六根自在是入無礙法門一念不生是入無相法門又此中旨趣若相資則唯廣唯大演之無際若相攝則唯微唯細究之無蹤斯乃雖有無而不壞有無標一異而非一異則四邊之火莫能燒百非之垢焉能染但隨緣顯現如空谷響故大涅槃經云譬如一人多有所能若其走時則名走者若收刈者復名刈者若作飲食名作食者若治材木則名工匠鍛金銀時言金銀師如是一人有多名字法亦如是其實是一而有多名故知約用分多體恒冥一廬山遠大師云唯一知性隨用分多非全心外別有諸數譬如一金作種種器非是金外別有器體隨用別分受想行等各守自相得言有數如金與器非無差別金器雖別時無前後心法如是若言定一金時應當無其諸器若言定別器應非一金心法一異准此可知矣是以若但指金則失器壞於世諦若但指器則失金隱於眞諦所以性淨隨染舉體成俗即生滅門染性常淨本來眞淨即眞如門斯則即淨之染不礙眞而恒俗即染之淨不破俗而恒眞是故不礙一心雙存二諦乃至無量身雲無量法門隨義雖分一心不動是以衆聖所歸無非法也佚即心也是以法能成佛大報恩經云佛以法爲師般若經云我初成道觀誰可敬可讃無過於法法能成立一切凡聖故台教云若觀如來藏心地法門即是觀如來眼耳鼻舌身意豁然眞發得見佛性三智現前三身具足故知舒爲萬法卷即一心一中無量無量中一如華嚴經云爾時文殊師利菩薩問德首菩薩言佛子如來所悟唯是一法云何乃說無量諸法現無量刹化無量衆演無量音示無量身知無量心現無量神通普能震動無量世界示現無量殊勝莊嚴顯示無邊種種境界而法性中此差別相皆不可得時德首菩薩以頌答曰佛

子所問義甚深難可了智者能知此常樂佛功德譬如地性一衆生各別住地無一異念諸佛法如是亦如火性一能燒一切物火燄無分別諸佛法如是亦如大海一波濤千萬異水無種種殊諸佛法如是亦如風性一能吹一切物風無一異念諸佛法如是亦如大雲雷普雨一切地雨滴無差別諸佛法如是亦如地界一能生種種芽非地有殊異諸佛法如是亦如無雲曀普照於十方光明無異性諸佛法如是亦如空中月世間靡不見非月往其處諸佛法如是譬如大梵王應現滿三千其身無別異諸佛法如是故知此宗鏡一心之旨名具足道是圓頓門就緣起則無邊約眞性則無二一多交徹存泯同時如法藏法師云明不二者若執塵與心為一遮言不一以心所現非無緣故若執塵爲二遮言不二以離心外無別塵故一二無礙現前方入不二經頌云無二智慧中出人中師子不著一二法知無一二故又云若以塵唯心現則外塵都絕若以心全現塵則內心都泯泯者泯其體外之見存者存其全理之事即泯恒存即存恒泯所以一心惣含萬有萬有不異一心如起信論疏云所謂法者即衆生心者出其法體謂如來藏心含和合二門以其在衆生位故若在佛地即無和合義以始覺同本唯是眞如即當所顯義也今就隨染衆生位中故得具其二種門也次攝一切世出世法者辯法功能以其此心體相無礙染淨同依隨流返流唯轉此心是故若隨染成於不覺即攝世間法不變之本覺及返染始覺

攝出世間法猶此約生滅門辯若約眞如門者即銷融含攝染淨不殊故通攝也下文具顯三依於此心顯示大乘義者釋其法名謂依此一心宗本法上顯示大乘三大之義故名此心以爲法也別中二先責總立難後開別釋成前中責有二意一云心通染淨大乘唯淨如何此心能顯之義又云心法是一大乘義廣如何此心能示三義釋意云大乘雖淨相用必對染成故今生滅門中即具含染淨故能顯也以廢染之時即無淨用故此釋初意也又心法雖一而有二門眞如門中示大乘體生滅門中具示三大大乘之義莫過是三是故依此一心得顯三大之義也又何故眞如門中云即示生滅門中云能示者以眞如是不起門與彼所顯體大無有異相詮旨不別故云即示也以是不起故唯示於體也生滅是起動門染淨既異詮旨又分能所不同故不云即也自體相用者體謂生滅門中本覺之義是生滅之自體生滅之因故在生滅門中亦辯體也翻染之淨相及隨染之業用並在此門中故具論耳是故下文釋生滅門內是所顯示三大之義意在於此何故眞如門中直云體生滅門中乃云自體等者以所示三大義還在能示生滅門中顯非別外故云自也問眞如是不起門但示於體者生滅是起動門應唯示相用答眞如是不起門不起不必由起由無有起故所以唯示體生滅是起動門起必賴不起起含不起故起中具三大又問眞如生滅二門既齊相攝者何故眞如門中唯示大乘體不顯於相用生滅

門中具顯三耶答眞如是泯相顯實相不壞相而即泯故得攝於生滅已泯相而不存故但示於體也生滅是攬理成事門不壞理而成事故得攝於眞如以成事而理不失故具示於三大體大者眞性深廣凡聖染淨皆以爲依故受大名隨流加染而不增返流除染而不減又返流加淨而不增隨流闕淨而不減良以染淨之所不虧始終之所不易故云平等不增減也相大者二種如來藏不空之義謂不異體之相故云性德如水八德不異於水用大者謂隨染等幻自然大用報化二身麤細之用令諸衆生始成世善終成出世善故也下文顯之何故唯言善下云不善者以不善法違眞故是所治故非其用也若爾諸不善法應離於眞釋云亦不離眞以違眞故非其用也紗喻顯云一心如水眞如如濕生滅如波是水濕相即示水體是眞如門是水波相能示水之自體相用濕爲自體八功德相爲相鑒像潤物爲用是生滅門眞如門是體不說相用生滅門是相用故具說三大自體相用又是知生滅是眞如家相眞如是生滅家體體相雖異而不相離也其猶波水離異豈得水在波外耶豈得水不與波爲自體耶所以疏云起含不起者且眞如不起之門舉體成於起動生滅之相今起中含不起猶水起成波波含於水於生滅門由有起故示相用二大由含不起故示於體大也故能具示之又云眞如門唯示體者無相用可示故生滅門具示三者事理具足故又云如金莊嚴具者眞如隨緣成生滅生滅無體即眞

如猶眞金隨工匠之緣成諸器物器物無體即是眞金應立量云眞如生滅二門是有法互相攝故是宗因云不相離故同喻如金莊嚴具又云眞不待立俗不待遣者一約眞故無所遣以俗即眞故二約眞故不待立即俗之眞本現故三約俗無所乖眞即俗故四約俗不待立即眞之差別故由是義故不壞生滅門說眞如門不壞眞如門說生滅門良以二門唯一心故是以眞俗雙融無障礙也釋摩訶衍論云依本論略具三門一者本法所依決定門二者根本攝末分際門三者建立、二種摩訶衍門論云所言法者謂衆生心者即本法所依決定門論云是心即攝一切世間法出世間法者即是根本攝末分際門論云一法界心總攝一切生滅門法是故名爲攝世間總攝一切眞如門法是故名攝出世間論云依於此心顯示摩訶衍義者即是建立二種摩訶衍門一者心眞如門二者心生滅門一者一體摩訶衍二者自體自相自用摩訶衍作一法界心眞如門即顯示一體摩訶衍法作一法界心生滅門能示自體自相自用摩訶衍法乃至依眞如門所趣入之摩訶衍法唯立體名依生滅門所趣入之摩訶衍法立自名以眞如門中無他相故生滅門中有他相故他謂一切不善品法自謂一切清淨品法若所對治他無能對治自無故唯言體不說自焉若所對治他有能對治自有故名言自不說體焉又二種本法各有十名名通義別一者名爲廣大神王此中有二一者嶋那耶神王二者遮毗佉羅神王第一神

王住金剛山一向出生吉祥神衆第二神王住大海中徧通出生一切種種吉祥神衆過患神衆二種本法廣大神王亦復如是一體本法一向出生眞如淨法三自本法自體自相自用徧通出生一切種種清白品法染汙品法故自體契經中作如是說文殊師利前白佛言世尊甚深極妙二種大乘不覺同異極疑衆心如宜世尊爲衆更說佛造作相而告文殊言善男子如是二法譬如金剛神王及主海神王其相各差別謂如金剛神王住金剛山見諸境界唯現金光不現餘光眞如一心金剛神王亦復如是唯有淨法無有餘法故又如金剛王唯出清淨眷屬當不出生雜亂眷屬眞如一心亦復如是唯出生無垢清淨法故復次譬如主海神王住大海中出生種種麁惡眷屬種種善妙眷屬生滅一心主海神王亦復如是出生一切染淨法故二者名爲大虛空王此中有二一者空自在空王二者色自在空王第一空王以空容受而爲自在第二空王以色容受而爲自在二種本法亦復如是一體空王以無住處而爲自在三自空王以有住處而爲自在故金剛三昧契經中作如是說心如法理自體空無如彼空王本無住處一地契經中作如是說一心法體於諸障礙無有障礙令住諸法譬如空王於一切色得自在故容受大種故三者名出生龍王此中有二一者出生光明龍王二者出生風水龍王第一龍王以淨光明而爲依止第二龍王以風水德而爲依止二種本法出生龍王亦復如是一體本法以純淨法

而爲其體三自本法以染淨法而爲其德故順理契經作如是說一心本法絶一無雜譬如光明龍王以淨光明而爲宮殿以淨光明而爲身相以淨光明而爲徒衆無始契經中作如是說譬如大海中有大龍王名曰出生風水從其頭頂出生澄水從其尾末出生鹹嵐由是龍故大海水常恒相續無有斷絶一心龍王亦復如是能生一切差別平等種種諸法常恒相續無有斷絶四者名爲如意珠藏此中有二一者金王如意二者滿主如意第一如意唯出金剛第二如意具足出生善不善物二種本法亦復如是一體如意唯生淨法三自如意通生染淨故如如契經中作如是說佛告金剛藏言佛子譬如金翅鳥王命終然後其心入海爲如意珠能生金沙利益龍王一心本法亦復如是能生眞理利益圓滿者本性智契經中作如是說譬如遮多梨鬼爲報恩故於萬劫爲如意珠利益海生一心如意亦復如是能生長生死及涅槃法故五者名爲方等此中有二一者白毫方等二者亂色方等第一方等中唯現前天像第二方等中通現五趣如是二毫衆生身分顯了分明譬如明鏡二種本法亦復如是故攝無量契經中作如是說清淨法界如白必薩伊尼羅無盡法界如亂必薩伊尼羅故六者名爲如來藏此中有二一者遠轉遠縛如來藏二者與行與相如來藏實際契經中作如是說佛子如來藏者唯有覺者唯有如如離沫轉因離慮知縛一一白白是故名爲如來之藏楞伽契經中作如是說如來藏者爲善

不善因受苦樂與因俱若生若滅猶如拔兒故七者名爲一法界此中有二者純白一法界二者無盡一法界第一法界如空劫時第二法界如住劫時眞如法界契經中作如是說空種無礙如空長時徧種無礙如有長時故八者名爲摩訶衍義一者一體摩訶衍二者自體自相自用摩訶衍廣如前說九者名爲中實此中有二一者等住中實二者別住中實第一中實如獨明珠第二中實如順明珠中實契經中作如是說離邊眞心若眞如依如異同珠若生滅依如同異珠故十者名爲一心此中有二一者是一是一一心二者是一切是一一心第一一心隨所作立名第二一心隨能作立名一心法契經中作如是說爾時舍利弗白佛言世尊本地脩多羅作如是唱其心體性非大非小非法非非法非同非異非一非一切何因緣故今日自言眞如一心因一故一生滅一心因多故一將非世尊無有前後相違過耶佛言善男子莫作是說所以者何心法非一因所作一故假名爲一心法非一切因所作一切故假名一切而言一心不說一切心者隨能作心立其名故乃至廣說是名爲十如是十名揔諸佛一切法藏根本名字詮故知揔立一心別含多義眞如門內無自無他生滅門中有善有惡隨緣開合雖異約性一理無差如上十門義味方足又開則無量無邊之義爲宗合即二門一心之法爲要二門之內容萬義而不亂無邊之義同一心而混融是以開合自在立破無礙開而不繁合而不狹立而無得破而無失是爲馬鳴之妙術起信之宗體也所謂開合立破而不繁不狹無得無失者良由即是心故設離斯旨無法施爲若論正宗非多非一如天台涅槃疏云如是正棊不可言三不可言一言一則失用言三則傷體即體而用即用而體　問既不可言三云何說三亦不可言一云何說一　答宗非數量非一非三說徧恒沙而三而一疏云昔爲破邪說一爲三三不乖一今爲破別說三爲一一不乖三如此三一乃是諸佛境界故云即體而用一不違三即用而體三不違一體用自在破立無礙矣

宗鏡録卷第二十七　富

音義

欻許勿反暴起也　倏式竹反倏忽也　熾昌志反　繒疾陵反　礌苦甬反　曦許羈反日光也　憒胡對反　鬧奴教反　刈魚肺反　鍜丁畫反　曀於計反陰風也　鎔余封反　鳩居求反　佉丘伽反　澍尺戍反　嵐郎含反

丁未歲高麗國分司南海大藏都監開板

宗鏡録卷第二十七

校勘記

一　底本，麗藏本。

一　三六九頁中二行末字「八」，磧、南、徑、清作「入」。

一　三六九頁下二三行第一〇字「於」，徑、清作「爲」。

一　三七〇頁上一七行「還原」，南、徑、清作「返本還原」。

一　三七〇頁上二五行「礶然」，清作「確然」。

一　三七〇頁上二六行第一一字「明」，磧、南、徑、清作「朗」。

一　三七一頁上一四行第三字「同」，清作「門」。

一　三七一頁下二行「收刈者」，徑、清作「收刈時」。

一　三七二頁上二二行第四字「存」，磧、南作「在」。

一　三七二頁中二行第五字「含」，磧、南、徑作「合」。又第一六字「文」，磧、南、徑作「又」；清無。

一 三七二頁中三行第二字「三」，清作「三大」。

一 三七二頁中七行「之義」，清作「三義」。

一 三七二頁中一六行第一〇字「是」，南作「示」。

一 三七二頁下一行第一五字「相」，徑作「門」。

一 三七二頁下二三行首字「離」，清作「雖」。

一 三七三頁上二八行第二字「名」，清作「唯」。又「二種」，磧、南、徑、清作「一種」。

一 三七三頁中一四行「無垢」，磧、南、徑、清作「死垢」。

一 三七三頁中二二行「三自」，南、徑、清作「二自」。本頁下一行及一三行同。

一 三七三頁下二一行第四字「色」，清作「毫」。

一 三七四頁上一二行「一一心」，徑作「心一心」。

宗鏡錄卷第二十八　富

慧日永明寺主智覺禪師　延壽　集

夫宗鏡緣起自在法門皆談如理實德法如是故非約變化對治權巧所說一一法皆得全力非是分力盡為法界體各住真如位如大寶積經云若人欲解一切法相欲知一切衆生心界皆悉同華當學般若波羅蜜故知不歸宗鏡何以照明斯即無礙法門無有一毫所隔約華嚴宗有十種無礙一性相無礙二廣狹無礙三一多無礙四相入無礙五相是無礙六隱顯無礙七微細無礙八帝網無礙九十世無礙十主伴無礙今於事法上辯此十無礙例餘法准知一性相無礙者如經云此蓮華葉即具此十義謂此華葉即同真性不礙事相宛然二廣狹無礙即此華葉其必普周無有邊際而恒不捨本位分劑此則分即無分無分即分經云此諸華葉普覆法界三一多無礙即此華葉具無邊德不可言一融無二相不可言多四相入無礙此一華葉舒已徧入一切差別法中復能攝取彼一切法令入已內是故即舒恒攝同時無礙五相即無礙此一華葉必廢已同他舉體全是彼一切法而恒攝他同已令彼一切即是已體是故已即是他已不立他即是已他不存他已存亡同時顯現六隱顯無礙此華葉既徧一切彼一切法亦皆普徧此能徧彼則此顯彼隱彼能徧此則彼顯此隱如是此彼各有隱顯無礙七微細無礙又此華葉中悉能顯現微細剎土炳然齊現無不具足經云一塵中微細國土曠然安住八帝網無礙又此華葉一一塵中各有無邊諸世界海世界海中復有微塵此微塵內復有世界如是重重不可窮盡非是心識思量境界九十世無礙此一華葉橫徧十方豎該九世以時無別體依華以立華既無礙時亦如之十主伴無礙又此華葉理無孤起必攝無量眷屬圍繞經云此蓮華有世界海微塵數蓮華以為眷屬此經所有眷屬互為主伴具德圓滿是故見此華葉即是見於無盡法界非是託此別有所表經云此華葉等皆從無生法忍所起此一華葉既具十種無礙餘一切事皆亦如是斯十玄門不出事理若從事理無礙交參則有因陀羅網門微細相容門純雜具德門等若依事理逆順相融則有具足相應門隱顯俱成門相即自在門等是以一多相入而非一以相資不壞自相各各現故非一以一多相即而非異以一多相攝互泯絕故非異則宗鏡之內凡有一法一塵悉各具此十無礙門如一蓮華葉法爾如是若不見者圓信不成皆局方隅盡為權漸終不能一多即入心境融通耳記釋蓮華十玄門一同時具足相應門者夫十玄十對凡舉一事必具十玄凡一玄門必收十對汪明一法一一圓收十對者一教義二事理三境智四行位五因果六依正七體用八人法九逆順十感應如一蓮華具茲十對萬法例爾一教義謂見此蓮華能生解故二事理華即是事舉體同真故三境智華是所觀同智性故四行位是萬行華隨位別故五因果因事之華攬成果故六依正全是所依亦能依故七體用體同真性用應機故八人法恒攬為人攝為法故九逆順逆同五熱順十度故十感應徧應一切亦能感故如一華既爾餘一切事准以知之如事法既爾餘教義等一切皆然准思可見妙嚴品喻佛身云譬如虛空具含衆像此舉佛身具足諸法也又晉經性起品頌云三世一切劫佛剎及諸法諸根心心所一切虛妄法於一佛身中此法皆悉現是故說菩提無量無有邊亦約佛身心具也又普賢三昧品云能令一切國土所有微塵悉能容受無邊法界據能具之言但以業用揔由德相本自具足即是德相令揔見之即為業用下業用准之十行品云此菩薩於其身中現一切剎一切衆生一切諸佛入法界品云善財見普賢一一身分一一毛孔皆有十方一切世界三千界中地水等輪諸山河海人天宮殿種種時劫諸佛菩薩如見現在世界如是前際後際一切世界中悉爾明見乃至十方剎塵中現三世一切境界一切佛剎一切衆生一切佛出興一切菩薩及聞佛菩薩衆會言音斯並是同時具足相應門也二廣狹自在門者先明廣狹後會通純雜先明廣狹者如善財歎樓閣云不動本處而能普詣一切佛剎者之所住處入法界品摩耶夫人云又善男子彼妙光明入我身時我身形量雖不踰本然其實已超過世間所以者何我身爾時量同虛空悉能容受十方菩薩受生莊嚴諸宮殿故如是等文皆廣狹自在也次會通純雜者如云萬行紛披比華開錦上此是諸藏純雜具德門然有二意一者若以契理為純萬行為

雜則是事理無礙非事事無礙設如菩薩大悲爲純盡未來際唯見行悲餘行如虛空若約雜門即萬行俱修者此二門異亦不成事事無礙二者如一施門一切萬法皆悉名施所以名純而此施門即具諸度行故名爲雜如是純之與雜不相障礙故名具德者則事事無礙義成而復一中具諸度諸度存即相入門若一即諸度復似相即門故不存之賢首改爲廣狹自在門若華開錦上者意取五綵相宣華色雖異一一之線皆悉通過通喻於純異喻於雜故常通常異名爲無礙不同續盡但異不通釋曰若異而不通失一性圓融之道若通而不異無萬行莊嚴之門今常異常通無間無斷則眞體冥寂不礙隨緣大用現前無妨正性可謂比華開錦上猶雲起長空矣又賢首意云萬行純雜有通事理無礙及單約事説故廢之耳謂同一法界故純不壞事相故雜此即事理無礙也一行長行故純不妨餘行故雜此但約事也故昔廢之而立廣狹今欲會取即事同理而徧故純不壞一多故雜則亦有事事無礙義耳如以入門取之則一切皆入入中有多法門故名爲雜如妙嚴品説諸衆海各各唯一解脱門純也普賢菩薩得不思議解脱雜也入法界品中慈行童女云我於三十六恒河沙佛所修得此法彼諸如來各以異門令我入是般若波羅蜜普莊嚴門即純雜無礙也又善財童子所求諸善知識各言唯知此法門又云多劫唯修此門者即純門也諸善知識皆推進云如諸菩薩種種知見種種修行種種證得

者此雜門也自言知一推他有多自他雖異然屬一身此亦純雜無礙門也三一多相容不同門者一多無礙等虛空之千光由一與多互爲緣起力用交徹故相涉入是曰相容不壞其相故云不同如一室内千燈並照燈隨盞異一一不同燈逐光通光光涉入常別常入恒異恒融故經頌云一中解無量無量中解一了彼互生起當成無所畏又即如理之徧如理之包舒攝同時若具作者一或唯入以一入一切故二或唯攝以一攝一切故三即入即攝同時無礙故四非入非攝以入即攝故非入攝即入故非攝五或具前四以是解境故六或絶前五以是行境故行起解絶故華嚴經云此菩薩於一毛孔中普能容納一切國土又云一切身中悉能包納盡法界不可説不可説身而衆生界無增無減如一身乃至徧法界一切身悉亦如是故寂照神變三摩地經云於其一切有情身中普能示現一有情身又能於一有情身中普現一切有情之身有情身中能現法身又能於法身中現有情身乃至能以一心隨念悟入一切衆生無際劫數普現所作業果異熟隨其所應開悟有情悉令現見皆得善巧四相即門者廢已同他者是相即義以上相入則此彼互存如兩鏡相照但約力用交徹明耳今此約有體無體故言廢已廢已即已無體也同他即他有體也如經頌云一即是多多即一文隨於義義隨文如是一切展轉成此不退人應爲説既言展轉成即異體類相望也不思議法品云諸佛知一切佛語即一佛語

此同類相即也初發心品云心以發故即與三世一切諸佛體性平等乃至云眞實智慧等者此顯位上下相即也入法界品云彌勒告大衆言餘諸菩薩經無量百千億那由他刧乃能滿足菩薩行願乃能親近諸佛菩提此長者子於一生内則能淨佛刹等五隱顯門者如八日月者即取明處爲顯暗處爲隱而必同時故云俱成不同十五日唯顯月晦日唯隱又暗處非無明明處非無暗但明顯處暗隱暗處明隱亦得云隱顯俱成故云隱顯俱成似秋空之片月如八日月半顯半隱正顯即隱不同晦日隱時無顯不同望日顯時無隱則明下有晦晦下有明如東方入處即於東起如明下有闇西方起處即於西入如暗下有明故稱秘密俱成亦如夜摩天偈云十方一切處皆謂佛在此或見在人間或見在天宮則見處爲顯不見處爲隱非佛不徧十定品云或見佛身其量七肘或見佛身其量八肘或見佛身其量九肘乃至或見佛身不可説不可説佛刹微塵數世界量則見七肘時七肘顯餘量皆隱也餘顯例然故彼喻云譬如月輪閻浮提人見其形小而亦不減月中住者見其形大而亦不增釋云見其大則大顯小隱見小則小顯大隱而不增減則是秘密俱成餘一切法類可知也如經云摩耶夫人於此一處爲菩薩母三千世界爲母亦然然我此身非一處住非多處住亦隱顯義此處爲母此顯彼隱等非一處住即是一隱例有多顯非多處住即是多隱例有一顯亦是雙奪俱泯之句非隱非顯秘密之義

然若約智幻即業用門約極位成即德相門六微細相容門者經頌云一一毛孔内各現無數剎即業用門又德雲比丘云住微細念佛門於一毛端處有不可說如來出現悉至其所而承事故此通於德相業用刊定記云此微細德不同相在德彼約別體別德相望相在此但當法即具一切炳然齊著七因陁羅網門者此帝網觀如一華一塵以稱性故能攝一切餘塵餘法亦皆稱性何有一法而不攝耶應以塵對餘剎以辯重重欲令易見且以一塵望餘塵謂一塵之内所含諸剎彼所含剎亦攬塵成此能成塵亦須稱性塵既稱性亦須含剎第二重内所含諸剎亦攬塵成塵復稱性亦須含剎第三重塵含第四重剎第四重塵含第五重剎重重塵成重重稱性無窮無盡猶如鏡燈以喻帝網若言帝網從喻受名若就法立應名重現無盡門如一珠之内頓現萬像如一塵内頓現諸法但是一重一珠現於諸珠方成重重之義珠皆明淨如塵稱性一珠現於多珠猶如一塵現於多剎塵所現珠影復能現影如塵内剎塵復能現剎重重影明重重互現故言至無盡釋曰重重無盡者即是一一法皆含眞如心性無盡之理所以互徧重重如無盡意菩薩經云無盡意言以一念慧成阿耨多羅三藐三菩提我當如是覺了分別舍利弗是名菩薩一道無盡又菩薩瓔珞本業經云佛子法門者所謂十信心是一切行本是故十信心中一信心有十品信心爲百法明門復從是有法明心中一心有百心故爲千法明門復從

千法明心中一心有千心爲萬法明門如是增進至無量明轉勝進上上法故爲明明法門百萬阿僧祇功德一切行盡入此明門釋曰何以入此明門以自心明故能通萬法故名之爲門況帝珠瑩淨影現重重比塵剎性明能含萬法如觀佛三昧海經云佛告阿難善法者所謂一切無量禪定諸念佛法從諸心想生是名功德藏雜華嚴經一乘脩行者秘密義記云緣起陀羅尼者一起而一切起見一而見一切故一切諸法不可說不可說一法中有十重重現顯此一法中所顯一切法中亦復如是十重重顯現無盡無盡如摩尼雨寶經十不可說十無盡故以此陀羅尼無盡寶雨一切諸十不可說十無盡寶此所雨寶中又雨十無盡寶乃至無盡無盡故名因陀羅尼此中所明陀羅尼不有餘處不出大日毗盧遮那法界身此身即是一切衆生身摠持十不可說十無盡法故名陁羅尼此身中有八種五摩尼若約圓融不問佛衆生皆俱圓融顯現不可具說凡夫不解故不得根五用聖者解故得根五用得五根用者通名二種陀羅尼即根本因陀羅尼緣起陀羅尼八種五摩尼者一者上方體著有五摩尼一眼二耳三鼻四舌五口二者左方有五摩尼一大指二頭指三中指四無名指五小指三者右方五種摩尼即右手五指四者下方足亦五摩尼一大指二頭指三中指四無名指五小指五者下右方五摩尼義即右足五指六者就全身又五摩尼一頭二左手三右手四左足五右足七者就五大五摩尼一地

二水三火四風五空八者就五内又五摩尼一心二肺三腎四脾五肝辯業用者一眼此雨能徧照分別十方所有善惡法十無盡佛國土微塵數諸佛菩薩聲聞緣覺十不可說體相心行又照見世間種種所有十不可說衆生十無盡苦樂等事此光明寶摩尼王若不善用一剎那中沉苦輪迴無有窮已若善用一剎那中究竟無上等提如一剎那一切剎那亦爾二耳此雨能分別世間種種苦樂等音聲又無漏聖者音聲此光明寶摩尼王若善用即一剎那中究竟無上菩提若不善用一剎那中招無出期苦三鼻此雨能分別一切世間種種名香凡聖正報身分依報宮殿等香又人間中種種作善作惡念善念惡乃至念無上菩提等香此光明寶摩尼王若善用一剎那中究竟無上菩提若不善用一剎那中招十無盡苦四舌此雨能分別演說十無盡佛剎塵數一切諸佛菩薩等十不可說無漏妙法乃至一切世間善不善身口意業行等此光明寶摩尼王若善用一剎那中究竟無上菩提若不善用一剎那中招無出期苦五口此雨能分別演說十佛剎塵數佛菩薩十不可說三業行十無盡諸衆生所有邪正等法此光明寶摩尼王若善用一剎那中究竟無上等提若不善用一剎那中招無出期苦二者上左方摩尼一一摩尼周徧十不可說法界能雨十不可說天衣天饌華香等種種莊嚴雲此光明寶摩尼王若善用一剎那中究竟無上菩提若不善用一剎那中招無出期苦三者上右方五摩尼如左方亦

西四者下方左五摩尼雨能令飛行十方不可說十無盡法界虛空界佛國土海歷事諸佛承給供養以此無礙神足一剎那中徧至十不可說一切衆生界示教利喜迴向佛道無疲無猒此光明寶摩尼王若善用一剎那中究竟無上菩提若不善用一剎那中招無出期苦五者下方右五摩尼雨無盡寶如左亦爾如上所說一一身分中法界法爾十重重十無盡不可窮極如不思議品云一切法界虛空等世界悉以毛端周徧度量一一毛端處於一一念中化不可說不可說佛剎微塵等身乃至一一法中說不可說不可說佛剎微塵等名句文身充滿法界一切衆生無不聞者盡一切未來際劫常轉法輪等此則處以毛端該於法界時以剎那盡於劫海謂於此處頓起業用謂於此時常起業用此亦不待因緣諸佛法爾六者全身五摩尼者若善用名金剛輪若不善用名地獄猛火輪上方摩尼者名日月星宿摩尼若善用不起風雷雲霧若不善用現種種不吉祥事其餘四摩尼揔名拒敵翰輪七者五大五摩尼揔名莊嚴佛國土成就衆生八者五內摩尼此有十義一名因陀羅網體備五珠者重重無盡義二名錠光頗梨如頗梨鏡頓現萬像故三名圓鏡普現諸法無分別義此二鏡二名一義四名滿月清涼解脫義息煩惱燄故五名烈火令無遺餘義如劫火故六名金剛拵拒敵義破煩惱軍故七名閻浮金無鑛無價義八名無價摩尼雨寶無量亦無類義九名無畏印如持世間大王印隨所至處得無畏故

十名大日如來鋒千電烈宿百千億十不可說日月光明義又因陀羅網者約喻說網王即天主由宿世十不可說劫歷事供養諸種梵王是故得此果報以此寶網莊嚴天宮殿以化諸天衆悉令知一切善惡業報諸天衆見此事已皆悉不放逸令勤行精進乃以此網令類知十無盡重重法界法門故顯其旛德備五珠者如是無盡五珠五五爲部其數無量何故得如是依報莊嚴者由一念中如是以十無盡戒定慧解脫解脫知見五分法身等乃至演說十不可說十無盡法門海熏修自身心故得如是十無盡依報所有世界海中十不可說諸天衆皆悉沐入大日毗盧遮那果海中如一念一切中亦如是不可窮盡此皆去情思之是名體德備五珠也五珠者白珠赤珠青珠黃珠黑珠一爲本法攝餘四珠如擧一爲本法餘四隨擧爲本法亦如是又白珠中餘四現及本白影影又影現如白珠現影中又影現一切珠亦如是如是十重重十無盡不可具說又諸衆生所造作業影現善惡無記現又無漏聖人所證因果上中下位分於中皆具現如天珠中現一切宮殿樓閣柱楹梠㮰現如是是時諸天見此事已深起慈悲心救護心三業中不作惡心勤行精進不敢放逸又此五色珠中隨衆生業影現白中天清淨業現赤中無記業現青中餓鬼畜生業現黃中人間種種輪轉不相捨離世善業現黑中地獄種種苦業現乃至十方諸佛八相成道釋不於中重重影現心等五色珠因陀羅網亦如是於中有業識細相

轉識中相現識麤相目見可貪色時眼詠走黃黃熏隨五摩尼黃色現是名貪業現五道業作目見可瞋色時目脉走青青熏隨色摩尼青色現是名瞋業現五道業作目見可善可惡不識不知色時目脉走黑黑熏隨色摩尼黑色現是名癡業現五道業作純白色時此諸天業現表而可知約實而言一一業中皆具一切如是重重無盡即德用自在門是根本因陀羅尼並是實義非變化成此是如理智中如量境界也皆是法性實德法爾如是十重重藏十無盡藏此約圓教法以十數顯重重亦以十數顯無盡又此天網能現一切影即是意業能雨一切寶即是身業能出一切音聲即是口業然一切諸法皆從果海中出然還無不歸於果海中約實而言至意此中在者正此果海之文處此中有三一德用自在如珠喻二知根海三如根五用如前已辯此知根海一種能知者有三種人一佛二菩薩闢緣覺三凡夫云何根海謂大日毗盧遮那智藏海此海中有三種波此上三種人次第能知此海本來寂云何生波浪由忽爾念無明風起於波浪云何波相此無明風動智藏海中生波浪譬如以鐺盛清水初置火邊初時細動有如粒子漸大動有如細流漸大動有如涌騰然此自然隨風之色或得破種種穀破諸草木或滋萌五穀成熟一切果實若欲起此風時最初雲霞於外顯現然後起大風苦此枝草木根栽及諸五穀海上起黑雲若此破五穀一切果實不拔草木根栽海上起青雲若此成熟五穀滋萌一切

華草海上起白黃雲若此非善非惡海上起慶雲赤雲由此三種能知若此極細一船師所知若此中二船師所知若此極麁相於上現凡夫所知如是毗盧遮那智藏海中有三風三波秘密難知良以一切衆生自心處内有八瓣（普賢及即一切衆生心臟内有八瓣蓮華五臟其八瓣相狀一似牛蓮也）和合成蓮華此蓮華中有正徧知海是名毗盧遮那智藏亦名蓮華藏莊嚴世界海此海有三種波者一業相二轉相三現相然此蓮華藏海有二種門一大藏金剛門二差別金剛門然凡夫華未開發聖者華已開發此未開發華蕚上有九孔名差別金剛門此華莖上有一大孔是名大藏金剛門凡衆生業將起從大藏門風起飄動心海乃至涌出差別門中已後眼等五根面上乃至諸根中周流不知手舞足踏手擎足援動初發微細是名業相諸佛境界次漸麁涌出差別門未現面貌是名轉相諸菩薩聲聞緣覺境界後於諸根貌面中顯現善惡相極麁是名現相諸凡夫境界若諸佛現在一剎那中了知十世九世無礙如一剎那一切剎那亦爾是名知根海又若網所張處謂諸宮殿若配法者宮殿即是支末因陀羅無盡五體德備五珠即是根本因陀羅若秘密釋者此天主因陀羅乃是一切衆生身中實性往昔由與毗盧遮那如來俱同一因及諸釋師子俱同一善根故又此十不可說一切諸天衆此皆謂諸十不可說同類十無量異類清淨緣慮心是也其餘一切不可說所現雜染業影一切皆欲界一切雜染心是也又云圓融國土差別世界

海等種種境界不在心外此有師子聽中五華藏互交踄入十重重十無盡由逆順成十華藏猶如因陀羅網互現影故又云五華藏者過多不六減少不四一切五部准此可知類八五相亦復如是五華藏者即五色蓮一白蓮二赤蓮三青蓮四黃蓮五黑蓮是五蓮華皆悉由無生法忍所起從大悲胎藏所生此華相色即師子聽中五種色大蓮華此即經中所說師子勝相國是也一約世間之五行方處釋色相者一者肺華三葉白色似半月二者心華赤色有三角三者肝華八葉青色具五色四者脾華一葉黃色有四隅五者腎華八葉黑色二約五大者一風黑色似半月二火赤色三角三空青色具五四地黃色四方五水白色圓問何故所配初後相違耶答肺名金金者西方白良由肺内有息風故名風腎名水水者北方黑良由有腎爲水能形物體性不相違也此五華藏若異體謂諸華各各差別若同體謂住一徧應故諸華中各皆由一華徧應多華故各多華全爲其一華是故能有多箇一華然彼多一華由本一華應多華故雖有多一華然彼多一華與本一華體無差別故是故名同體以諸緣起門内有三義故一不相由義謂具自德故二相由義謂差別故三無礙義不可說故乃至由此緣起是法界家實德故普賢境界具德自在無障礙故即是圓滿教主大日毗盧遮那如來以如是圓滿鎔融廣大身於如圓滿鎔融廣大蓮華藏莊嚴世界海中攝其餘樹形等圓滿鎔融廣大世界海以如是圓滿鎔融

廣大十不可說法界海爲境界坐如是圓滿鎔融廣大蓮華藏半月形摩尼師子座示如是圓滿鎔融廣大無盡攝生威儀身雲差別業用無邊無邊如是重重無盡無盡而如來無來往無功用此皆海印三昧中炳然顯現故亦法界法爾故能如是如摩尼雨寶天鼓出音雖無功用所作得成就如是所現雖廣大而論時不過一剎那論處不出一塵如是一切皆一剎那所現如一剎那一切剎那中亦如是如一塵一切塵中亦如是也故知是心大海中有大菩提心龍無邊無盡是心所有一切法無邊無盡故名閻浮提中人之力所不能受持如海雲比丘所持性起一品雖須彌山聚筆四天下塵數四海墨不能書者良由是心性無盡故智者不須遠求矣問何故蓮唯八葉答謂三乘果德體周照而用未周故云八葉耳若化周塵道中德滿十方乃名十葉今約少分四攝四無量故名取八也一葉表一實五葉表五乘又心内瓣正八和合爲蓮華體故名八葉又一切凡夫心處雖未能自了其内心亦自然而有八瓣合成蓮華形今但觀照此心令其開敷即是三昧實故若觀此心八葉之華即得與理相應此八葉者四方即是表四攝四隅即表如來四智此華本來無生即是菩提心當知一切法門皆是從心而所有也若解是者心華自然開能見佛如云心開意解即此義也開心者即入無生門也又心内有四種摩尼一者月藏即是聲聞人月者清涼義由有息煩惱焰暑氣故名戒月藏二者日藏即緣覺日即慧義

以大利慧能乾十二因緣大何故名慧日藏三者萎華寶即菩薩三藏揔持辯才無邊可得佛果寶故菩薩如愚如朴凡夫不知爲知如新淨華菩薩知爲不知如萎華故名萎華寶四者寶淨即諸佛是也摩尼寶清淨光明成就故名寶淨此中諸寶凡夫愚癡不實實不能知須試而後能知實實也譬如有伽陀羅等四種炭火投於其中可試以月藏投火中雖不出出俱變色以此當知非眞寶又以日藏投火中火中則變出則歸本色以此當知非寶又以萎華寶投火中雖不出出俱不變假使不變猶兩寶有失以此當知非勝寶又以寶淨摩尼寶投火中雖不出出俱不變又兩寶無盡初二寶爲下寶中一寶爲中寶後一寶爲勝寶如是心內四種眞摩尼試實不實何以得知有無量四魔以盤閻投小叫喚地獄中已雖不出出俱生疲厭心以此當知下劣性又以緣覺投大叫喚地獄中已於其中則生疲厭心出則得本心又以菩薩投火燒熱地獄中雖不出出俱不變而恭敬善知識處漸有關由是當知雖不變少有失乎又以佛投阿鼻大地獄中雖不出出俱不變亦深怖畏心亦復供養善知識度諸衆生示現八相而不休息常於諸道中代一切衆生受諸苦惱無疲厭心譬如輪王寶馬一剎那周行四天下而復於一切時中一切剎那中周行塵方不生疲厭又云一切諸衆生從本以來同一實性相覺時不增迷時不減不問凡聖唯此一大日毗盧遮那之善巧性相及妄念時不改凡夫時善惡無記種種一切煩惱妄想所見種種一切諸法國土山河沙石瓦礫樹木叢林羣獸雌雄卵𪇆强弱互相食噉牝牡婬欲窟宂相奪人間男女偷盜劫掠貪財貪色貪名貪利互相殺奪乃至已生當生現生一切惡法性相乃至一切諸善法已作當作現作乃至璧玉金銀赤白銅鐵珠珍珂貝一切華香幡蓋宮殿樓閣凡一切諸所用物像皆此大日毗盧遮那度生德用全此法界身雲何以故若離此相已外諸佛以何方便化度一切衆生類是故法界一法皆諸佛法然一切凡夫違諸差別相起種種異見由不知忽爾無明計種種異見如經中所說依正論釋但是一善巧方便盤迴屈曲成所依華藏於一一華葉中顯十佛令知相雖萬差皆是毗盧遮那十身所作十身差別機感多端耳又緣起陀羅尼有二一淨緣起如清渚起波二染緣起猶濁河鼓浪清濁雖異濕性無差如淨緣送流聖地之中染緣隨流凡境之內凡聖雖別一心湛然此猶約迷悟似分若直了一心全成性起無復凡聖之號曷有清濁之文　問所云五根作用皆稱光明寶摩尼王悉能兩寶凡夫根器亦如是耶荅經云六自在王常清淨所以稱王王是自在義是以眼根任運觀色自在無礙經云譬如眼光照了前境其光圓滿得無增愛又常在現量本性不遷豈非如王常得自在所稱摩尼者是兩寶義如云應眼時若千日萬像不能逃影質豈非兩寶義又云眼門放光照破山河大地豈非放光義則玄鑒無遺幽微洞察五根隨用亦復如是乃至意根一念千里無有障礙如云應慧時絶分別照燭森羅終不歇透過山河石壁闇要且照時常寂滅故知六根不惡還同正覺智者無爲愚人自縛可謂身之寶藏心之明珠不說不知空沉苦海先聖悲愍意在於斯矣又所陳法喻爲末信之人此是世間摩尼況我心之兩寶如將大海比我心之宏深且摩尼是質礙之色法豈同丹臺無盡之法耶大海是有限之波瀾寧等靈源不窮之性水乃略況於少分可謂天地懸殊尋丈而未得毫釐指百分而纔言一二切忌自屈不肯承當耳八記事顯法生解門者華嚴經云百千億那由他不可說先住兜率宮諸菩薩衆以從超過三界法所生離諸煩惱行所生周徧無礙心所生甚深方便法所生無量廣大智所生堅固清淨信所增長不思議善根所起阿僧祇善巧變化所成就供養佛心之所現無作法門之所印釋曰此上幷出因也又云出過諸天諸供養具供養於佛者即說多果也次一因成一果經云以從波羅蜜所生一切寶蓋於一切佛境界清淨所生一切華帳無生法忍所生一切衣乃至解諸法如夢歡喜心所生佛所住一切寶宮殿既以無生忍唯生於衣等故云一因一果後一因成多果謂但舉無生爲因惣生諸果故經云無著善根無生善根所生一切寶蓮華雲一切堅固香雲一切無邊色華雲等隨一事即是無盡況一事皆是稱性故皆即是無盡法界但隨一義以名目之如顯可重圓明即名爲寶若云自在即稱爲王若爲潤益即名雲等故金色世界即是本

性徧勤樓閣即是法門勝熱婆羅門火聚刀山即是般若無分別智等皆其事也故一一事即具無盡之法故立具足無盡之德不出於此九十世隔法異成門者以時無別體依華以立一念該攝十世融通所以如見華開知是芳春茂盛結果知是朱夏彫落爲秋收藏爲冬皆因於物知四時也又一念九世成十世者九約於義一約實體體用相融故常九常一無有障礙體用相奪離九一相故同果海令時融通無礙自在略有四重一相泯俱盡二相與兩存三相隨互攝四相是互即初中以本從末唯事而無理以末歸本唯理而無事二中全事之理非事故一相無時全理之事非理故九世不亂三中由隨事之理故令一時能容一切時由隨理之事故令一切時隨理入一時中多一亙上至入可知四中由即理之事故令一時即一切時由即事之理故令一切時即一時故唯理無物可相即入唯事相礙不可即入要以事理相從無礙方有即入思之可見又如善財一生能辦多劫之行者如毗目仙人執手既善友力瞬息之間或有佛所見經不可說不可說佛剎微塵數劫修行不倦何得一生不經多劫仙人之力長短自在故如世王質遇仙人碁令斧柯爛三歲尚謂食頃既能以長爲短亦能以短爲長如周穆隨於幻人雖經多年實唯瞬息故知世法佛法俱不可思議世法尚不可量何況佛法不應以長短之時廣狹之處定其旨也十主伴圓明具德者華嚴現相品云眉間出勝音菩薩與無量諸眷屬俱出即人眷

屬佛放眉間光明無量百千億光明以爲眷屬即光明眷屬又法界脩多羅以佛剎微塵數脩多羅而爲眷屬即法眷屬故隨一一皆有眷屬若以餘經望但爲眷屬不爲主伴今言眷屬者約當經中事以爲眷屬眷屬即伴故證主伴此華事十玄例於餘事舉華既爾一塵等事亦然華上十門唯約事說謂華事上一切事同時具足事廣狹無礙事一多事乃至主伴事此事華既帶同時十義又具餘教義等十門謂事上有教義同時具足教義廣狹教義一多乃至主伴教義又教義至感應各有同時等爲百門以事所依例餘所依謂事法既有百門二教義爲百門乃至感應具百門故有千門如教義等有此千門以所依例能依門亦成千門謂前以所依體事爲首今以能依玄門爲首謂同時門中具同時教義同時事理同時境智乃至同時感應故有十門同時門中具廣狹等其廣狹等有廣狹教義等故成百門二廣狹具百例同時門三相入門具百四相即門具百乃至第十主伴門具百故成千門然其後千不異前千但互舉爲首而成異耳若重重取之至於無盡者結成無盡言重重取者謂如初一門中具十十中取一此一亦須具十具百具千以不相離故如一既介千門各十亦然則具十千十千之中隨取其一亦具十千如一千錢共爲緣起一錢爲首則具一千錢餘亦如是則有千千千千之中隨取其一亦具千千故至無盡又重重者一事之中亦有多境一智之中復有多智等更相涉入亦無盡也以是具

德無盡法門唯普眼境界上智能入故當勤修必成大益　問如何是十玄門安立所以荅本是一心眞如妙性無盡之理因體用卷舒性相即入理事包徧緣性依持義分多種略即六相廣乃十玄乃是諸佛菩薩德相業用一行一法皆具十玄悉入宗鏡之中一心無盡之旨如華嚴演義云一同時具足相應門以是總故貫於九門之初二廣狹門別中先辯此者是別門之由由上事理無礙中事理相徧故生下諸門且約事如理徧故廣不壞事相故狹故爲事事無礙之始三由廣狹無礙所徧有多以已望多故有一多相容相容則二體俱存但力用交徹耳四由此容彼彼便即此由此徧彼此便即彼等故有相即門五由互相攝則互有隱顯謂攝他他所見故有相入門攝他他無體故有相即門攝他他雖存而不可見故有隱顯門以爲門別故故此三門皆由相攝而有相入則如二鏡互照相即則如波水相收隱顯則如片月相映六由此攝他一切齊攝彼攝亦然故有微細相容七由互攝重重故有帝網無盡八由既如帝網隨一即是一切無盡故有託事顯法九由上八皆是所依所依之法既融次辯能依能依之時亦爾十由法法皆然故隨舉其一則便爲主連帶緣起便有伴生門又刊定記分德相業用各有十玄德相十玄者一同時具足相應德二相即德三相在德四隱顯德五主伴德六同體成即德七具足無盡德八純雜德九微細德十因陀羅網德二業用十玄者一同時具足相應用二相即用三相

在用四相入用五相作用六純雜用七隱顯用八主伴用九微細用十因陁羅網用故知無有一法不具無邊性德眞如妙用矣是以此重玄門名言路絕隨智所演以廣見聞唯證方知非情所解若親證時悉是現量之境擬處入法界念念見遮那若但隨文義所解只是陰識依通當逆順境時還成滯礙過差別問處皆墮疑情如鹽官和尚勸講華嚴大師云華嚴經有幾種法界對云略而言之有十種法界廣而言之重重無盡師豎起拂子云是第幾種法界當時佐頭擬祇對次師訶云思而知慮而解是鬼家活計日下孤燈果然失照出去　問諸揔持陁羅尼門差別句義數若恒沙云何但於一心悉皆開演

荅離心無說離說無心舒則恒沙法門卷則一心妙旨微塵經卷盡大千而未展全文普眼法門竭大海而不書一偈如忉利天鼓演莫測之眞詮雷音寶林說無生之妙偈安養國內水鳥皆談苦空華藏海中雲臺盡敷圓旨所以華嚴經云譬如諸天有大法鼓名爲覺悟若諸天子行放逸時於虛空中出聲告言汝等當知一切欲樂皆悉無常虛妄顛倒須臾變壞但誑愚夫令其戀著汝莫放逸若放逸者墮諸惡趣後悔無及放逸諸天聞此音已生大憂怖捨自宮中所有欲樂詣天王所求法行道佛子彼天鼓音無主無作無起無滅而能利益無量衆生阿彌陁經云復次舍利弗彼國常有種種奇妙雜色之鳥白鶴孔雀鸚鵡舍利迦陵頻伽共命之鳥是諸衆鳥晝夜六時出和雅音其音演暢五根五力七菩提分八聖道分如是等法其土衆生聞如是音已皆悉念佛念法念僧斯則皆是頓悟自心更無餘法此一心法界是諸經通體故如來所說十二分教親從大悲心中之所流出大悲心從後得智後得智從根本智根本智從清淨法界流出即是本原更無所從無有法離於法界而有此一心門是一字中王亦名一語亦名一句思益經云如佛所說汝等集會當行二事若聖說法若聖默然何謂說法何謂默然荅言若說法不違佛不違法不違僧是名說法若知法即是佛離相即是法無爲即是僧是名聖默然又善男子因四念處而有所說名聖說法於一切法無所憶念名聖默然斯正說時心契法理即不說耳明非緘口名不說也如入佛境界經云佛言文殊師利諸佛如來無有人見無有人聞無有人現在供養無有人未來供養文殊師利諸佛如來不說諸法一不說諸法多文殊師利諸佛如來不證菩提諸佛如來不依一法得名亦非多法得名文殊師利諸佛如來不見諸法不聞諸法不念諸法不知諸法不覺諸法文殊師利諸佛如來不說一法不示諸法瓔珞經云以一句偈訓誨八萬四千國邑人衆經偈云無量智者佛眞子數如十方微塵等於無量劫諮問佛不盡如來一字義又云能以一字入一切法爲衆生說是名般若波羅蜜無涯際揔持經云是般若波羅蜜一語能荅萬億之心首楞嚴三昧經云文殊言若人得聞一句之法即解其中千萬句義百千萬劫敷演解說智慧辯才不可窮盡是名多聞大涅槃經云若見如來常不說法是名具足多聞又云寧願少聞多解義理不願多聞於義不了即是入此宗鏡一解千從雖廣引文只證此義上根一覽已斷纖疑中下再披方能具信對根故爾非法合然所以勝天王般若經云佛復告善思惟菩薩言賢德天子已於過去無量百千億劫修習陁羅尼門窮劫說法亦無終盡善思惟菩薩白佛言世尊何等陀羅尼佛言善男子名衆法不入陁羅尼善男子此陁羅尼過諸文字言不能入心不能量內外衆法皆不可得善男子無有少法能入此者故名衆法不入陁羅尼何以故此法平等無有高下亦無出入無一文字從外來入亦無一字從此法出又無一字住此法中亦無文字共相見者亦不分別法與非法是諸文字說亦不減不說無增從本以來無起造者無壞滅者善男子如文字心亦如是如心一切法亦如是何以故法離言語亦離思量本無生滅故無出入是名衆法不入陀羅尼若能通達此法門者辯才無盡何以故通達不斷無盡法故善男子能入虛空者則能入此陀羅尼門華嚴出現品云佛子菩薩摩訶薩應知如來音聲徧至普徧無量諸音聲故應知如來音聲隨其心樂皆令歡喜說法明了故應知如來音聲隨其信解皆令歡喜心得清涼故應知如來音聲化不失時所應聞者無不聞故應知如來音聲無生滅如呼響故應知如來音聲無主修習一切業所起故應知如來音聲甚深難可度量故應知如來音聲無邪曲法界所生故應知

如來音聲無斷絕普入法界故應知如來音聲無變易至於究竟故佛子菩薩摩訶薩應知如來音聲非量非無量非主非無主非示非無示疏釋云收上十聲要不出三約相則廣無量約體則無主宰約用則有顯示今並雙非以顯中道謂莫窮其邊故非量隨機時有聞不聞故非無量多緣集故非有主純一法界生故非無主當體無生故無能示巧顯義理故非無示更以四句明體用無礙謂一以用從體由體無不在故能令上十類聲皆徧一切非唯徧聲亦徧一切時處衆生如來法界等雖復於色等皆徧恒不雜亂若不等徧則音非圓若由等徧失其音曲則圓非音今不壞曲而等徧不動徧而差韻方成圓音二以體從用其一一音皆具含眞性三用即體故上十類聲皆不可得唯第一義永離所執故法螺恒震妙音常寂名寂靜音如空谷響有而即虛若不即虛非但失於一音亦不得圓融自在四體即用故寂而恒宣若天鼓無心而應一切長風隨竅萬吹不同若不偏同非但失於能圓亦非眞一故經云一切衆生種種語言皆悉不離如來法輪何以故言音實相即法輪故是以衆生言音皆不出虛空性以性無不在則法輪徧一切處無有間斷止觀云觀心攝一切教者毗婆沙論云心能爲一切法作名若無心則無一切名字當知世出世名字悉從心起若觀心辟越頓無明流則有一切諸惡教起所謂僧佉衞世九十五種邪見教生亦有諸善教起五行六甲陰陽八卦五經子史世智無道名教皆從心起云何出世名教皆從心起寶性論云有一大經卷如三千大千世界大記大千界事如中如小四天下三界等大者皆記其事在一微塵中一塵既然一切塵亦爾一人出世以淨天眼見此大經卷而作是念云何大經在微塵內而不饒益一切衆生即以方便破出此經以益於他如來無礙智慧經卷具在衆生身中顛倒覆之不信不見佛教衆生修八聖道破一切虛妄見已智慧與如來等此約微塵附有爲喻又約空爲喻者發菩提心論云譬如有人見佛法滅以如來十二部經仰書虛空宛然具足一切衆生無有知者久久之後更有一人遊行於空見經咄嗟云何衆生不知不見即便寫取示導衆生云何寫經謂令衆生修八正道破虛空等修有多種若觀心因緣生滅無常修八正道者即寫三藏之經若觀心因緣即空修八聖道即寫通教之經若觀心分別校計有無量種凡夫二乘所不能測法眼菩薩乃能見之是修無量八正道即寫別教之經若觀心即是佛性圓修八正道即寫中道之經明一切法悉出心中心即大乘心即佛性自見已智慧與如來等又觀心即假即中者即攝華嚴之經若觀心因緣生法生滅者即攝三藏四阿含教如乳之經若觀心即空者即攝共般若如酪之經若其觀心因緣生法即空即假即中者即攝方等生酥之經若但用即空即假即中者即攝大品熟酥之經若用即中觀心者即攝法華開佛知見大事正直醍醐之經若用四句相即觀心即有涅槃同見佛性醍醐之經

又若觀因緣又觀因緣即是佛性佛性即是如來是名乳中殺人若觀析空又觀析空即是佛性佛性即是如來是名酪中殺人若觀即空又觀即空即是佛性是名生酥殺人若觀假名又觀假名即是佛性是爲熟酥殺人若觀即中又觀即中即是佛性是名醍醐殺人今通言殺人者取二死已斷三道清淨名爲殺人是名止觀攝不定教又心攝諸教有二一者一切衆生心中具足一切法門如來明審照其心法按彼心說無量教法從心而出二者如來往昔曾作觀心偏圓具足依此心觀爲衆生說教化弟子令學如來破塵出卷仰寫空經故有一切經教一心止觀攝盡華嚴經頌云若欲三千大千界教化一切諸群生如雲廣布無不及隨其根欲悉令喜毛端佛衆無有數衆生心樂亦無極悉應其心與法門一切法界皆如是華嚴演義云至聖垂誥鏡一心之玄極大士弘闡燭微言之幽致雖忘懷於詮旨之域而浩汗於文義之海蓋欲寄象繫之迹窮無盡之趣矣故知非言無以立其文非文無以廣其義非義無以窮其玄夫得其玄者則宗鏡無盡之旨矣旨既無盡不說不知今爲未知者言不爲已知者說脫或諸宗異執見解差殊或空有相非大小各諍斯乃不窮理本強說異同入宗鏡中勝負俱息如析金枝段段俱金猶截旃檀寸寸是寶　問信入此法還有退者不　答信有二種一若正信堅固諦了無疑理觀分明乘戒兼急如此則一生可辦誰論退耶二若依通之信觀力麤浮習重緣強遇緣即退如

華嚴論云如涅槃經聞常住二字尚七世不墮地獄如華嚴經云設聞如來名及所説法不生信解亦能成種必得解脱至成佛故何故經言第六住心及從凡夫信位猶言有退此意若為和會解云十信之中勝解未成未得謂得便生憍慢不近善友不敬賢良為慢怠故久處人天惡業便起能成就大地獄業若一信不慢常求勝友即無此失若權教中第六住心可有退位實教中為智佛者責令進修如舍利弗是示現聲聞非實聲聞所作方便皆度衆生使令進策如權教中第六住心可説實退何以故為權教中地前三賢總未見道所修作業皆是有為所有無明皆是折伏功不強者便生退還若折伏有力亦不退失如虵有毒為呪力故毒不能起但於佛法中種於信心謙下無慢敬順賢良於諸惡人心常慈忍於諸勝已者諮受未聞所聞勝法奉行無妄所有虚妄候教蠲除於三菩提道常勤不息夫為人生之法法合如然但不長惡而生何須慮退華嚴疏云深心信解常清淨者信煩惱即菩提方為常淨由稱本性而發菩提心本來是佛更無所進如在虚空退至何所

宗鏡録卷第二十八　富

音義

炳兵永反明也　曠苦謗反　泛孚梵反　踰羊朱反越也　刋苦寒反削也　緘古咸反封也　竅苦弔反孔也　僻芳辟反邪也　咄當沒反　髀　臆　肺　脉　鏑　虀　類　搵　瀣　揃　萌　鐺

也　栢　隅　錠　朴　踏　該　窒　瞰　肹　攀　牝　鏁　潜　穴　擾　募　弭　捺　萎

丁未歲分司大藏都監開板

宗鏡録卷第二十八

校勘記

一　底本，麗藏本。

一　三七六頁上一一行首字「是」，徑、清作「即」。

一　三七六頁中一〇行第七字「業」，磧、南、徑、清作「蓋」。

一　三七六頁中一一行「皆亦」，徑、清作「亦皆」。

一　三七六頁中末行第二字「全」，磧作「合」。

一　三七六頁下一一行第三字「具」，清作「令」。

一　三七七頁上六行末字「事」，磧作「雜」。

一　三七七頁上二二行末字「爲」，清作「純」。

一　三七七頁中六行第九字「逐」，磧作「遂」。

一　三七七頁中一七行第五字「徧」，磧作「彼」。

一　三七八頁上二九行末字「有」，徑作「百」。

一　三七八頁中二一行「五根」，清作「根五」。

一　三七八頁中二三行第一三字「著」，清作「上」。

一　三七九頁中一一行第一〇字「烈」，清作「列」。

一　三七九頁中二三行第八字「現」，清作「亦」。

一　三八〇頁中二行第五字「跡」，徑作「涉」。

一　三八〇頁中二八行第一四字「如」，清作「此」。

一　三八〇頁下一六行第一三字「周」，磧、南、徑、清作「同」。

一　三八〇頁下一八行末字「也」，清作「又」。

一　三八〇頁下一九行第一四字「辯」，南作「辨」。二一行第一四字同。

一　三八一頁上七行「實實」，磧、南、徑、清作「實寶」。

一　三八一頁中一一行第八字「違」，清作「遇」。

一　三八一頁中二五行第一四字「增」，徑、清作「憎」。

一　三八一頁下六行首字「末」，磧、南、徑、清作「未」。

一　三八二頁上一〇行首字「令」，磧、南、徑、清作「今」。

一　三八二頁下一二行第八字「巳」，清作「一」。

一　三八三頁下一四行第六字「亦」，徑、清無。

一　三八三頁下一四行「法出」，磧、徑作「法中出」；南、清作「法出出」。

一　三八三頁下一五行第九字「共」，磧作「若」。

一　三八四頁上一六行第六字「類」，磧、南、徑、清作「韻」。

一　三八四頁上二八行「僧佉」，磧作「僧法」。

一　三八四頁中末行第七字「有」，清作「攝」。

一　三八四頁下一三行第七字「有」，清作「云」。

一　三八四頁下二六行第八字「枝」，磧、南、徑、清作「杖」。

一　三八四頁下末行第二字「通」，南作「進」。

一　三八五頁上三行第九字「必」，磧、南作「心」。

一　三八五頁上一〇行「所作」，磧、南、徑、清作「假作」。

宗鏡録卷第二十九

慧日永明寺主智覺禪師延壽集

夫既法輪徧一切處無有間斷常恒說者云何更逐會結集說處不同如華嚴九會之文法華三周之說　荅廣略不等皆爲對機以一顯多令入無盡如華嚴指歸云謂於一刹那中則徧無盡之處頓說如此無邊法海問云准此所說說華嚴會揔無了時何容有此一部經教荅爲下劣衆生於無盡說中略取此等結集流通故有此部令其見聞方便引入無際限中如觀牖隙見無際虛空當知此中道理亦爾視此一部見無邊法海故知若提綱撮要一塵尚含法界一字即演無邊豈況九會三周之說乎如是解者則一時一切時一說一切說又問若此多劫常恒說者何故如來有涅槃耶荅說此經佛本不涅槃法界品中開栴檀塔見三世佛無涅槃者又以攝化儀之中涅槃亦是說法攝生與成道說法無差別故復次舍那佛常在華藏恒時說法元無涅槃常住故乃知出世涅槃皆是衆生自見諸佛本不出世亦不涅槃故入宗鏡中自然二見俱絕　問法唯心說者云何教立五時聽分四衆　荅諸佛無有色聲功德唯有如如及如如智獨存凡有見聞皆是衆生自心影像則說唯心說聽唯心聽離心之外何處有法如思益經云梵天言何故說不聽法者乃爲聽經文殊言眼耳鼻舌身意不漏是聽法也所以者何於內六入不漏色聲香味觸法乃爲聽經乃至梵天問得忍菩薩汝等豈不聽是經耶荅如我等聽以不聽爲聽古德云如來演出八辯洪音聞者託起自心所現如依狀貌變起毫端本質已無影像如在群賢結集自隨見聞依所聞見結集自語良以離自心原無有外境離境亦無內心可得諸傳法者非授與他但爲勝緣令自得法自解未起無以悟他自解不從他來他解寧非自起是故結集及傳授者皆得影像不得本質無有自心得他境故是知結集乃是自心所變之經至傳授者傳授自心所變之法得影非質思而可知若能常善分別自心所現能知一切外性非性此人知見可與佛同所說之法與佛無異悟入自覺聖智樂故寶性論偈云天妙法皷聲依自業而有諸佛說法者衆生自業聞如妙聲遠離功用處身心令一切衆生離怖得寂靜佛聲亦如是離功用身心令一切衆生得證寂滅道又偈云譬如虛空中雨八功德水到鹹等住處生種種異味如來慈悲雲雨八聖道水到衆生心處生種種解味釋曰如天皷聲應諸天所知之量猶龍王雨隨世間能感之緣證自法而不同成異味而有別法亦如是隨見差殊於一乘而開出諸乘從一法而分成多法華嚴探玄記云緣起唯心門者此上一切差別教法無不皆是唯心所顯是故俱以唯識爲體然有二義一本影相對二說聽全收初中通辯諸教揔有四句一唯本無影如小乘教以無唯識義故達摩多羅等諸論師多立此義二亦本亦影如大乘始教衆生心外佛有微妙色聲等法由聞者善根增上緣力擊佛利他種子爲因於佛智上文義相生爲本性相教由佛此教增上緣力擊聞法者有流善根種子聞者識上文義相生爲影像相教三十唯識論頌云展轉增上力二識成決定護法論師等悉立此義三唯影無本如大乘終教離衆生心佛果無有色身音聲事相功德唯有如如及如如智大悲大願爲增上緣被所化根熟衆生心中顯佛色聲說法是故聖教唯是衆生心中影像故經偈云一切諸如來無有說佛法隨其所應化而爲演說法又偈云如來法身不思議無色無相無倫疋示現色像爲衆生十方受化靡不見如是非一龍軍堅慧諸論師等並立此義四非本非影如頓教中非直心外無佛色等衆生心內所顯之佛亦當相空以唯是識無別影故色等性離無所有故一切無言無言亦無故是故聖教即是無教之教如經頌云如來不出世亦無有涅槃又密嚴經明佛常在法界無出世等龍樹等宗多立此義此有四說揔爲一教圓融無礙皆不相妨以各聖教從淺至深攝衆生故思之可見第二說聽全收者亦四句一離佛心外無所化衆生况所說教是故唯是佛心所顯此義云何謂諸衆生無別自體攬如來藏以成衆生然此如來藏即是智證爲自體是故衆生舉體揔在佛智心中經頌云諸佛悉了知一切從心轉又云如來菩提身中悉見一切衆生發菩提心成等正覺乃至見一切衆生皆已寂滅亦復如是皆悉一性以無性故又頌云三世一切劫佛刹及諸法諸根心心法一切虛妄法於一佛身中此法皆悉顯是故離佛心智無一法可得二揔在

衆生心中以離衆生無別佛德故此義云何謂佛說於衆生心中眞如成佛亦以始覺同本覺故是故揔在衆生心中從體起用應化身時卽是衆生心中眞如用大更無別佛三隨一聖教全唯二心以前二說不相離故謂衆生心內佛爲佛心中衆生說法佛心中衆生聽衆生心中佛說法如是全收說聽無礙是謂甚深唯識道理四或彼聖教俱非二心以兩俱形奪不竝顯故雙融二位無不泯故謂佛心中衆生無聽者故衆生心中佛無說者故兩俱雙辯二相盡故經云夫說法者無說無示其聽法者無聞無得又經頌云衆生所生不是生亦無流轉生死中又經頌云如來不說法亦不度衆生等是故此四於一聖教圓融無礙方爲究竟華嚴演義問云生佛約體雖同相用自別豈得全同釋云從體起用用不異體體既衆生之體用豈離於衆生故依體起用卽是衆生心中眞如用大更無別佛若尒起信論中已有此義何以獨明華嚴爲別教耶釋云起信雖明始覺本覺不二體相用三大收同而是自心各各修證不言生佛二互全收是則用起信之文成華嚴之義又說聽全收生佛相在者略舉二喻一者如一明鏡師弟同對說聽以師取之卽是師鏡弟子取之是弟子鏡鏡喻一心師弟喻生佛是謂弟子鏡中和尚爲和尚鏡中弟子說法和尚鏡中弟子聽弟子鏡中和尚說法諸有知識請詳斯喻此喻猶恐未顯又如水乳和同一處而互爲能和所和且順說聽以能和爲說所和爲聽且將水喻於佛乳喻衆生應言乳中之水和水中之乳水中之乳受乳中之水雖同一味能所宛然雖能所宛然而互相在相徧相攝思以准之又衆生心中佛者此明衆生稱性普周而佛不壞相在衆生心內言爲佛心中衆生說法者此明佛心稱性普周而衆生不壞相在佛心內也更無別理但說聽之異耳是知一切衆生語言皆法輪正體若離衆生言說卽佛無所說先德云若離方言佛則無說聖人無心以萬物心爲心聖人無身亦以萬物身爲身卽知聖人無言亦以萬物言爲言矣華嚴論云一切凡聖境界莊嚴果報以爲教體此乃見境發心不待說故見惡厭之見善樂之揔能起善故又一切法無非佛事故又以一切法自性清淨以爲教體以觀察力心契自相應故不待說故又以行住坐卧四威儀以爲教體見敬發心不待語故肇論云爲莫之大故乃反於小成施莫之廣故乃歸於無名何謂小成通百千恒沙之法門在毛頭之心地何謂無名形教徧於三千無名相之可得故須宗說雙通方成師匠所以經偈云宗通自修行說通示未悟眞覺大師云宗亦通說亦通定慧圓明不滯空宗通是定說通是慧則宗說兼暢定慧雙明二義相成闕一不可如法華經云定慧力莊嚴以此度衆生又昔人頌云說通宗不通如日被雲朦宗通說亦通如日處虛空故知若先了宗說則無過故法華序品偈云又見諸菩薩知法寂滅相各於其國土說法求佛道又凡有詮表形於言教者皆是明心不詮餘法或言廣大自在此約德相以明心或言寂滅無爲此約離過以明心乃至或說事是心之事或說理是心之理故云千經萬論皆是言心豈止宗鏡耶如法華經云爲一大事因緣故出現於世凡言大者莫越於心於五大之中虛空最大尚爲心之所含故首楞嚴經云空生大覺中如海一漚發又云寂照含虛空此大非對數量稱大又非形待稱大故云一大事又此一非一如法句經頌云森羅及萬像一法之所印一亦不爲一爲欲破諸數是知諸佛出世祖師西來皆明斯旨非爲別事矣起信鈔云一心該於萬有萬有不出一心者此但意在出體不在收於萬法恐存物外之見故揔該之然諸教中皆就萬法一心而淺深有異今約五教略而辯之一愚人法聲聞教假說一心謂世出世間染淨等法皆由心造業之所感故若推徵則一心之義不成以立前境故云假說二大乘權教明異熟賴耶以爲一心三界萬法唯識變故三終教說如來藏以爲一心識境諸法皆如夢故四頓教泯絕染淨以說一心爲破諸數假名故五圓教揔該萬有以爲一心事理本末無別異故如上所說前淺後深淺不至深深必該淺所以宗鏡雖備引五教一心證明唯指歸圓教一心揔攝前故又如鈔云一心爲如來所說法之根本者蓋緣如來依此一心而成就故是則信解行證皆依此心從微至著未嘗離此若離於心得成佛者無有是處離此有說者皆外道教也所以起信論云所言法者謂衆生心是心則攝一切世間出世間法依於此心顯示摩訶衍義疏釋云辯法

功能以其此心體相無礙染淨同依隨流返流唯轉此心是故若隨染成於不覺則攝世間法若不變之本覺及返流之始覺則攝出世間法此猶約生滅門中辯若約眞如門者則鎔融含攝染淨不殊如上所指盡理無過然一切染淨之法法無自立唯心所轉是知因心成法法豈非心所依既全是心能依何得有異以能依從所依起故如波從水起器自全成本末皆同體用無際法苑義林云攝詳諸教所說一切唯識不過五種一境唯識阿毗達磨經頌云鬼傍生人天各隨其所應等事心異故許義非眞實如是等文但說唯識所觀境者皆境唯識二教唯識由自心執著等頌皆教唯識三理唯識三十頌云是諸識轉變分別所分別由此彼皆無故一切唯識如是成立唯識道理皆理唯識四行唯識菩薩於定位等頌四種尋思如實等皆行唯識五果唯識佛地經言大圓鏡智諸處境識皆於中現又如來功德莊嚴經頌云如來無垢識是淨無漏界解脫一切障圓鏡智相應如是諸說唯識得果皆果唯識此中所說境教理行果等五種唯識摠攝一切唯識皆盡然諸教中就義隨機於境唯識種種異說或依所執以辯唯識楞伽經頌云由自心執著心似外境現以彼境非有是故說唯心但依執心虛妄現故或依有漏以明唯識華嚴經云三界唯心就於世間說唯識故或依所執及隨有為以辯唯識三十頌云由假說我法有種種相轉彼依識所變依識自體起或依有情以辯唯識無垢稱經云心清淨故有情清淨心雜染故有情雜染或依一切無有諸法以辯唯識解深密經云諸識所緣唯識所現或隨指事以辯唯識阿毗達磨論引契經頌云鬼傍生人天各隨其所應隨指一事辯唯識故如是等說無量教門類攝諸教理義盡者唯第五教摠說一切為唯識故乃至辯名離合會釋者離者別也合者同也諸經論各各別說諸觀等名今合解云但是唯識之差別義非體異也一名有三十二類華嚴等經中遮境唯識名為唯心辯中邊論遮邊執路名為中道般若經中明簡擇性名為般若法華經中明究竟運載名曰一乘此之四名通能所觀若約眞俗境觀者正智唯眞加行後得並通眞俗若言證者後得唯俗勝鬘經中遮餘虛妄名一實諦顯法根本亦名一依由空而證又是空性亦名為空彰異出纏顯播佛德佛從中出名如來藏明體不染貞實法性名自性清淨心功德自體亦名法身能出四乘能入二乘亦名一乘與法華一乘別無垢稱經遮理有差別名不二法門大慧經中表無起盡亦名不生不滅涅槃經中彰法身因多名佛性離縛解脫亦名涅槃楞伽經中表離言說名不思議瑜伽等中顯不可施設名非安立攝大乘等顯此徧常等名圓成實對法論等明非妄倒名曰眞如此之十五類名唯所觀理唯眞智境恐文繁廣略舉爾所非更無也謂諸法界法性不虛妄性不變異性平等性離生性法定法住法位眞際虛空界無我勝義不思議界等乃至瑜伽論中施設非施設淺深異故名為安立非安立諦即勝鬘經有作四聖諦無作四聖諦涅槃經中亦名勝義世俗二諦乃至解深密等顯一切法有無事理種類差別名為三性顯三俱無徧計所執亦名三無性又瑜伽等中明離繫之方便亦名三解脫門表印深理名三無生忍大智度論顯示差別名四悉檀諸論以後觀細亦名四如實智仁王經中位別印可亦名五忍如是一切雖異名說皆是此中唯識境智差別名也又或說因果體俱一識作用成多一類菩薩義或因果俱說二決擇分中有心地說謂本識及轉識或唯因說三辯中邊論頌云識生變似義有情我及了或因果俱說三三十唯識論云謂異熟思量及了別境識多異熟性故偏說之阿陁那名理通果或唯果說四佛地經等說四智品或因果俱說此處闕第五義諸本皆無六隨順小乘經中說六識或因果俱說七諸教說七心界或因果俱說八謂八識或因果合說九楞伽經第九頌云八九種種識如水中諸波此依無相論同性經中彼取眞如為第九識眞一俗八二合說故今取淨位第八本識以為第九染淨本識各別論故所依本故第九復名阿末羅識故第八染淨別說以為九也如是所說諸識差別一往而論依成唯識論云八識自性不可言定異因果性故無定性故如水波故亦非定一行相所依緣相應異故起滅異故熏習異故楞伽經頌云心意識八種俗故相有別眞故相無別相所相無故如是一切識類差別名為唯識此幻性識若加行觀唯共非自若後得觀自相觀一一依他各

各證故如上所引是知諸佛所證菩薩所修若教若理若因若果若行若位乃至世間出世間一切萬法無有纖毫一法不是心普宗鏡大旨見聞信向之者如璽印所印明鏡所照可永絕纖疑矣但一切毛道異生或居不定聚者習性易染猶如白絲如孟子云人性猶湍水決東則東決西則西猶如尺蠖食黃而身黃食蒼而身蒼且入識藏中十法界種子具有隨所聞法即發起現行若聞宗鏡之文即熏起佛乘種子然須深神入心窮源見性不渙耳入口出但記浮言如荀卿子云君子之學入乎耳著乎心布乎四支動靜皆可爲法小人之學入乎耳出乎口口耳之間則四寸耳何足美七尺之軀者也　問十方諸佛無盡教海廣大無邊云何於十軸之中而言搜盡　答若歷事廣分言過無窮之教海若撮其妙旨理盡百卷之要文一言已遠其原況乎十軸以無量經教皆是一心所以法華經云種種言詞演說一法如傅大士行路難云君不見心相微細最奇精非作非緣非名名雖復恬然非有相若凡若聖已之靈此靈無形而常應雖復常應實無形心性無來亦無去緣慮流轉實無停正覺覺此眞常覺方便鹿苑制尊經又云能知此心無隔礙生死虛妄不能羈而此一心皆悉具八萬四千諸律儀思益經云譬如大火一切諸談皆是燒相如是諸善男子所說法皆入法性故知一切凡聖所有言說皆入宗鏡之中終無異法所以經偈云麁言及細語皆歸第一義乃至前後橫豎之說廣略之文一一皆爲引入第一義中若實入其中則佛法皆平現不用記一字念盡一切經不用解一法會盡無邊義不用說一句常轉正法輪不用舉一步徧參法界友何者若記得是想邊際若解得落意根中若説得是辯才門若參得墮外學地並不干自己事宗鏡中不收如手撮虛空徒勞心力所以迎之不見其首隨之不見其後存之一一皆空亡之處處咸有故志公和尚云佛祖言外邊事取著元來還不是作意搜求實勿蹤生死魔來任相試先德云第一不得於一機一教邊守文作解實無有定法如來可說我宗門中不論此事但知自心即休不更用思前慮後又偈云千般比不得萬種況不成智者不能知上賢亦不識　問既談無言之道絕相之眞云何偏引言詮廣明行相

答非言何以知乎無言非相何能顯乎無相華嚴經偈云了法不在言善入無言際而能示言說如響徧世間淨名經云夫說法者無說無示不言不說故云當如法說又云無離文字說解脫也法華經偈云諸法寂滅相不可以言宣以方便力故爲五比丘說又偈云又見菩薩安禪合掌以千萬偈讚諸法王斯皆以無言顯言言顯無言也又華嚴經頌云佛以法爲身清淨如虛空所現衆色像令入此法中又偈云色身非是佛音聲亦復然亦不離色聲見佛神通力金剛經云若見諸相非相則見如來斯皆以相顯無相也則無言不礙言無相不礙相故知無言即言曾無別體相即無相豈有異形故經偈云無中無有二無二亦復無三界一切空是則諸佛見且諸佛見中寧立有無同異見耶故先德云是以佛證離言流八音於聽表演大藏於龍宮故知至趣非遠功行得之則甚深言象非近虛懷體之而目擊言絕之理而非絕繫興玄籍而非興故即言亡言也所以無言之言橫分教海非有之有高立義天如唯識疏序鈔釋云疏云無言之言風響非有之有波騰此四句疏文前二句顯佛本質教後二句顯聞者影像教何者謂佛說之教離心無體名爲無言從心現故名之爲言此爲能擊發如似風響即佛於利他後得智上有三乘十二分教蔟然顯現即與衆生爲增上緣欲令聞者識上有文義相生故云無言之言風響也非有之有波騰者即聞者識上文義相生因質起教故有似波騰離心無體名爲非有從心現故名之爲有又云悟之者得理亡言迷之者執文遺旨證之者言理一心是知若入宗鏡無旨外之文可執無文外之旨可尋理事雙消悟迷俱絕　問從禪定而發慧因靜慮以證眞何不令息念澄神冥宗照體故云禪能洗根情之欲垢摧結使之高山滅覺觀之猛風拔煩惱之毒箭何乃廣論總別說佛說心惑亂初機有違正典　答夫禪有四種一作異計忻上猒下而修者是外道禪二信正因果亦以忻猒而修者是凡夫禪三了生空理證偏眞之道而修者是小乘禪四達人法二空而修者是大乘禪若背教而唯成闇證只爲已眼不明守黙而但坐癡禪所以慧心串朗從興邪行空懸異修入道之初教觀須具執觀門而弃教旨終成上慢之愚徇他說

而背自心寶招數寶之誚所以華嚴明成就無生之慧先頼多聞佛藏說速入涅槃之門皆因聽法如佛藏經頌云百千啞羊僧無慧修靜慮設經百千劫無一得涅槃聰敏智慧人能聽法說法歛念須臾頃必速至涅槃此頌是自利入道也又經頌云假使頂戴塵沙劫身爲牀座徧三千若不傳法利衆生決定無能眞報者斯頌乃利他報恩也華嚴明菩薩證無生慧光皆因善巧多聞又聞有助觀起信之功能圓自行說有斷疑成佛之力可以化他故華嚴經頌云譬如闇中寶無燈不可見佛法無人說雖智不能了是以說圓頓教印衆生心關大施之門成無邊之益若不以此示人雖有利他而不盡善所益既尠用力尤多若直指自心全提家寶如傾囊倒藏大施無遮徹果該因究竟常樂所以輔行記云若以權法化人法門雖開不名傾藏今於一心開利物門傾秘密藏示眞實珠心既不窮藏亦無量藏既無量珠則無邊含一切法故名爲藏理體無缺譬之以珠是則開示衆生本有覺藏非餘外來維摩經云法施會者無前無後一時供養一切衆生是名法施之會什法師云若一起慈心則十方同緣施中之最莫先於此故曰無前後也肇法師云夫以方會人不可一息期以財濟物不可一時周是以會通無隅者彌綸而不漏法澤冥被者不易時而同覆故能即無疆爲一會而道無不潤虛心懷德而物自賓曷爲存濡沫之小慧捨江海之大益量一時之法養而設前後之俗施乎夫財養養身法養養神養神之道存乎冥益何則羣生流轉以無窮爲塵路冥冥相承莫能自返故大士建德不自爲身一念之善皆爲羣生以爲羣生故行願俱果行果則已功立願果則羣生益已功立則有濟物之能羣生益則有返流之分然則菩薩始建德於內羣生以蒙益於外矣何必待哺養啓道然後爲益乎菩提者弘濟之道也是以爲菩提而起慈者一念一時所益無際矣則是承宗鏡之光徧法界之照寧有遺餘乎

如首楞嚴疏鈔云心靈萬變者坐禪在定時魔境千差俱不識昔有禪師在山坐見一孝子擎一死屍來向禪師前著便哭云何故殺我阿毋禪師知是魔思云此是魔境我將斧斫却可不得解脫便於柱上取斧遂斫一斧孝子走去後覺股上濕便看乃見血不期自斫斯乃正坐禪時心中起見遂感外魔來入行人心不知皆由自心或自歌舞等元是自心影像故知若了唯心諸境自滅何處心外別有境魔耶又昔有禪師坐時見一豬來在前禪師將是魔則緣擎把豬鼻拽唱叫把火來乃見和尚自把鼻唱叫明知由心變但修正定何有魔事如經云汝心不明認賊爲子五十重魔境皆由妄心爲賊子盜汝法界中法財智寶處三界往來貧窮孤露之苦

問世間染法有貪瞋癡爲所治出世淨法有戒定慧爲能治則眞俗互顯能所對治行相分明理事具足云何但說一心之旨能祛萬法乎　荅古德云至道本乎其心心法本乎無住無住心體靈知不昧則萬法出生皆依無住一心爲體離心之外無別有法如羣波依水離水無波萬像依空離空無像大莊嚴論偈云遠離於法界無別有貪法是故諸佛說貪出貪餘爾如佛先說我不說有異貪之法能出於貪瞋癡亦爾由離法界別法無體故是故貪等法性得貪等名此說貪等法性能出貪等此義是經旨趣又頌云於貪起正思於貪得解脫故說貪出貪瞋癡出亦爾釋曰離貪之外無別有法以貪法界故則一切法趣貪是趣不過何者若於貪趣正思了貪無自性則於貪得解脫若於貪起邪想迷貪生執著則於貪被繫縛繫縛解脫遂成眞俗二門於眞俗二門則收盡染淨諸法貪一法旣爾餘瞋癡等八萬四千煩惱塵勞門亦然一一徧含法界故斯乃是諸經旨趣之門亦可全證宗鏡大意矣若迷方便貪諸義門則疑餒水以漂人望乹城而投足憑虛自失得實何憂此一心之旨萬德攸歸若善若惡皆能迴轉若逆若順悉使善成所以十玄門中有唯心迴轉善成門古釋云所言唯心迴轉者前諸義門等並是如來藏性清淨眞心之所建立若善若惡隨心所轉故云迴轉善成心外無別境故言唯心也若順轉即名涅槃經云心造諸如來若逆轉即是生死經云三界虛妄皆一心作生死涅槃皆不出心是故不得定說性是淨及與不淨也故涅槃經云佛性非淨亦非不淨淨與不淨皆唯心故離心更無別法也楞伽經偈云唯心無境界無塵虛妄見故知逆順唯由人轉苦樂自逐緣分一念無住眞心塵劫未曾改變但隨智分別所見不同涅槃疏云若言心性本淨爲惑

所覆猶屬教道且順權說若云本心清淨衆生聞者起於邪見謂心即是不肯修道爲令衆生斷除貪等方見佛性故云終不定說等若依實理心性本來未淨猶如無始唯氷無水雖全是氷則不得云氷不是水衆生心性亦復如是雖本是無明則不得云非是三德秘藏是故圓人唯觀無始三道即三德故不同權人卻覆方見金剛三昧經云梵行長者言諸法一味云何三乘其智有異佛言長者譬如江河淮海大小異故深淺殊故名文別故水在江中名爲江水在淮中名爲淮水在河中名爲河水俱在海中唯名海水法亦如是俱在真如唯名佛道是以縱橫幻境在一性而融真寂滅靈空寄森羅而顯相如華嚴經頌云譬如一心力能生種種心如是一佛身普現一切佛華手經偈云若欲以一念徧知一切心是心無形色如幻不堅固賢劫定意經云見於證明三界如幻一切本元無所還失是曰一心又云以是名號爲無所有有所觀見一切本是曰一心如經偈云廣博諸世界無量無有邊知種種是一知一是種種何者一是萬法之一以心爲自性故所以古頌云萬法由心生心清萬法清五通無障礙心王如眼睛月燈三昧經云爾時世尊知月光童子心所默念而作偈問告月光童子言若菩薩與一法相應皆悉能獲最勝功德速成阿耨多羅三藐三菩提何謂一法童子若菩薩於一切法體性如實了知乃至偈言諸法但說一所謂法無相是智者所說如實而了知若說如是法菩薩了知者彼得無礙辯說億脩多羅導師所加護顯示於實際不分別假名曾無有所說以一知一切以一切知一雖有種種說而不起於慢其心能了知一切法無名隨順學諸名而演說真實釋曰若如實了知一切法體性即自心體性觀一切法悉皆無名無相以假名相說演其真實令歸無相之真原無名之實際則入脩多羅教海辯說無窮又如經云童子其心無性又無形色不可覩見童子如是心體性即是佛功德體性如是佛功德體性即是一切諸法體性以是義故童子若菩薩說一切法體性一義如實知者名爲菩薩寂滅於心善解三界出離善根如實了知如實知見能如實說無有異說乃至善解離文字法善解分別字智善解離語言法等又楞伽經偈云不生現於生不退常現退同時如水月萬億國土現一身及無量燃火及霔雨心心體不異故說但是心心中但是心心無心而生種種色形相所見唯是心又偈云心中無斷常身資生住處唯心愚無智無物而見有又偈云佛子見世間唯心無諸法種類非身作得力自在成何以故若得心王一切自在要成即成非他所礙如持地菩薩云我常於一切要路津口田地險隘有不如法妨損車馬我皆平塡乃至遇毗舍如來摩頂謂我當平心地則世界地一切皆平何以故由心不平其地即不平如舍利弗心有高下見丘陵坑坎是知提綱撮要莫越觀心見道不隔剎那取證猶如反掌陳文帝法華懺文云理無二極趣必同歸但因業因心稟萬類之識隨見隨著異羣生之相梁武帝金剛懺云得之於心然後爲法是以無言童子妙得不言之妙不說菩薩深見無說之深所云理無二極趣必同歸者則一法標宗異途泯跡不言之妙無說之深者若不親證自心曷乃洞其深妙則言思道斷冥合斯宗矣唐德宗皇帝去夫萬有之法本緣於心心生法生心滅法滅故以心觀心心外無法心性常住道其遠乎如先德云夫修道之體自識當身本來清淨不生不滅無有分別自性圓滿清淨之心此是本師故知自真心自然而有不從外來於三界中所有至親莫過於心　問生佛同體何故苦樂有殊　荅諸佛悟達法性皆自然了心原妄想不生不失正念我所心滅故不受生死即究竟常寂滅以寂滅故萬樂自歸一切衆生迷於真性不達本心種種妄想不得正念故即憎愛以憎愛故心器破壞即受生死故諸苦自現欲知法要守心第一若一人不守真心得成佛者無有是處故云制心一處無事不辦一切萬法不出自心八萬法門三乘位體一切賢聖論其宗教莫非自心是本文句疏云若尋教迹迹廣徒自疲勞若尋理本本高高不可極日夜數他寶自無半錢分但觀己心之高廣扣無窮之聖應機成致感速得已利故用觀心釋當知種種聲教若微若著若權若實皆爲佛道而作筌第大經偈云麁言及軟語皆歸第一義此之謂也法華方便品偈云我本立誓願普令一切衆亦同得此道如我等無異又偈云正直捨方便但說無上道此正不指世間爲正不指螢光析智爲正

不指燈炬體法智爲正不指星月道種智爲正乃指日光一切種智爲正此流通非爲楊葉木牛木馬而作流通非流通半字非流通共字非流通別字純是流通圓滿脩多羅滿字法也如宗鏡一光更無餘照不唯位高行滿亦乃因深果圓巧拙頓殊遲速莫等如大智度論云譬如治病苦藥針灸痛而得差如有妙藥名蘇陀扇陀病人眼見衆疾皆愈除病雖同優劣法異聲聞菩薩教化度人亦復如是苦行頭陀初中後夜勤心禪觀苦而得道聲聞教也觀諸法相無縛無解心得清淨菩薩教也是以了心實相悟在刹那積行而成因賒果遠但有一毫之善悉隨喜迴向實相之心乃至四威儀中觸途成觀念念契旨步步入玄不令一塵而失真智如箭射地無不中者故論云復次正迴向菩薩應作是念如十方三世諸佛所知用無上智慧知諸善根相一切智人中佛第一勝佛所知諸善根必是實相如佛所知我亦用如是善根相迴向譬如射地無不著時若射餘物或著或不著如諸佛所知隨喜如射地無不著若用餘道隨喜如射餘物或著或不著如是迴向是爲不謗諸佛故知信解實相心入宗鏡内纂念皆是無往不真方順佛所知不謗三寶若得實相智慧所脩一切萬行悉皆成就如大鵬影覆其子令子增長如今學人但自直下内了自心莫疑外境心若得了外境皆虛一法纔通萬像盡歸心地一輪有阻千車無滯脩途明明而只在自知念念而無非真實外麁叵鑒不慮他疑内密難窮唯應親證如龐

居士偈云中人樂寂靜下士好威儀菩薩心無礙同凡凡不知佛是無相體何須有相持但令心了事遮莫外人疑如人偈飲水冷暖自心知又如外書中云有威名於世者若呼其名則可以止兒啼魏略云張遼爲孫權所圍遼復入權衆破走由是威震江東兒啼不止其父母以遼名恐之便止又燉煌實錄云宋質直破虜有威名見啼恐之即止且孩兒未識其人聞名即能止啼者全證唯心矣乃至如念觀音名号火不能燒等此託觀音爲增上緣並是自心所感致兹靈驗災祥成敗榮辱昇沉無不由心者矣所以融大師頌云亦不從天生亦不從地出但是空心性照世間如日若如日照世間何光明而不透則觸目寓情無非我心矣皆成法寶盡作家珍自利利他用而無盡傅大士三諫詞云捨世榮捨世榮華道理長懃力勸學三諫諫我身心還本鄉諫意根莫令起諫口口根莫說彰諫手手根莫鞭杖三諫三王王自香虛空自得到仙堂仙堂不近亦不遠徘徊只是衆中央若欲行住仙堂裏不用匍匐在他鄉若欲求念彌陀佛東西南北是西方西方彌陀觸處是面前背後七重行或黃或赤或紅白或大或小或短長天蓋正是彌陀屋木孔水穿彌陀房天上空中彌陀路草木正是彌陀鄉日夜前後嘈嘈鬧正是彌陀口放光若欲禮拜彌陀佛不用思想強干忙若不識人是禮拜若不求人是道場勞力自使三功作服勤肆力種衣糧山河是家無盡藏草木是人常滿倉浴水是人常滿庫藤蘿是人無底囊多作功夫自成就自行手脚熟嚴裝若欲往生安樂國只是箇物是西方又詞云諸佛村鄉在世界四海三田徧滿生佛共衆生同一體衆生是佛之假名若欲見佛看三郡田宅園林處處停或飛虛空中擾擾或擲山水口轟轟或結群朋往來去或復孤單而獨行或使白日東西走或使暗夜巡五更或烏或赤而復白或紫或黑而黃青或大或小而新養或老或少舊時生或身壽上有燈火或羽翼上有箏篆或遊虛空亂上下或在草木亂縱橫或無言行自出宅或入土坑暫寄生或攢木孔爲鄉貫或徧草木作寨城或轉羅網爲村巷或卧土石作階廳諸佛菩薩家如是只箇名爲含衛城

宗鏡録卷第二十九　　富

音義

搜所鳩反　羈居宜反　誚才笑反責也　啞烏下反不言也　欹居頊反　尠息淺反少也　該古哀反　傾去營反　鈌苦穴反　綸方遙反　濡人朱反　沫莫割反　哺薄故反在口食也　濰户佳反　霳之戍反　扣苦后反　鍪此緣反魚罟也　罺莫杜反網也　賒式車反　鵬步崩反　亘曾火反

宗鏡録卷第二十九

校勘記

一 底本，麗藏本。

一 三八九頁下一〇行第一四字「二」，徑、清作「一」。

一 三八九頁下一一行第一六字「三」，徑、清作「二」。

一 三九〇頁上一一行第三字「涘」，清作「徒」。

一 三九二頁上一〇行第一六字「文」，清作「字」。

一 三九二頁中一五行第九字「又」，磧、南、徑、清作「入」。

一 三九三頁上一九行第四字「相」，磧、南、徑、清作「根」。

一 三九三頁中一七行「怒力」，南、徑作「努力」。

一 三九三頁中二三行第六字「肯」，磧、徑、清作「背」。

一 三九三頁下一行第一四字「蓑」，磧、南、徑、清作「裝」。

宗鏡録卷第三十　　富

慧日永明寺主智覺禪師　延壽　集

夫菩薩欲報佛恩皆須不惜身命護持如來正法云何唯述一心能報慈化　答覺王最後慈勅唯令於念處修眞首祖當初所傳只但指人心是佛若能信受是眞報恩示他則不負前機自究則彰成大事如智者觀心論偈云大師將涅槃慈父有遺囑四念處修道當依木叉住我等非佛子不念此遺囑乘緩內無道戒緩墮三塗由不問觀心令他信漸薄鳥彊不施食豈報曰彊恩非但田不良無平等種子法雨若不降法種必燋枯各無來世糧失三利致苦大法將欲頹哀哉見此事為是因緣故須造觀心論平等眞法界無行亦無到若能問觀心能行亦能到即是四念處能依木叉住乘急內有道戒急生人天此是眞佛子不乖慈父囑天龍皆慶喜一切豈不祈能報白鵶恩普施烏鵶食既有好良田有平等種子法雨應時降法種皆生長各有未來資俱獲三利樂為是因緣故須造觀心論諸來求法者欲聞無上道不知問觀心聞慧終不發諸來求法者欲思無上道不知問觀心思慧終不生諸來求法者欲修無上道不知問觀心修慧終不成諸來求法者勤修四三昧不知問觀心因苦無所獲諸來求法者多聽得言語不知問觀心未得眞實樂諸來求法者修三昧得定不知問觀心盲禪無所見諸來求法者欲懺悔衆罪不知問觀心罪終難得脫諸來求法者竟欲離煩惱不知問觀心煩惱終不滅諸來求法者本欲利益他不知問觀心退轉令他謗諸來求法者欲興顯佛法不知問觀心退還大汙損如此衆得失非偶可具傳有此諸得失無人覺悟者為是因緣故須造觀心論末世修觀心得邪定發見辯才無窮盡自謂人間寶無智者鼻齅野狐氣衝眼擧尾共却行次第墮坑穽為是因緣故須造觀心論守鼻隅安般及修不淨觀安般得四禪不免泥犂苦不淨謂無學覆鉢受女飯設得隨禪生墮長壽天難為是因緣故須造觀心論依事法用心無慧發鬼定顯異動物心事發壞佛法命終生鬼趣九十六眷屬像法決定明三師破佛法為是因緣故須造觀心論內心不為道邪諂念名利詐現坐禪相得名利眷屬事發壞他信毀損佛正道此是扇提羅死墮無間獄為是因緣故須造觀心論說法得解脫聽法衆亦然不知問觀心如貧數他寶說者問觀心無說亦無示聽者問觀心無聞亦無得為是因緣故須造觀心論戒為制心馬雖持五部律不知問觀心心馬終不調律住持佛法解外不解內淨名訶上首乃名眞奉律為是因緣故須造觀心論誦經得解脫非為世財利若能問觀心破一微塵中出大千經卷受持讀誦者聞持無遺忘心開得解脫為是因緣故須造觀心論勸化修供養興顯安行人密心為自利倚託以資身壞他善捨善驢驢以償人若能問觀心即如驢驢也為是因緣故須造觀心論諸道各有法了不自尋研忽窺齊釋教動經十數年非但彼法拙亦有謀壞心此是迦毗衆仙聖豈聽說為是因緣故須造觀心論富貴而無道多增長憍逸若能問觀心得眞法富貴雖高而不危雖滿而不溢不著世富貴心常在道法為是因緣故須造觀心論貧賤多姧諂竊窬造衆惡現被王法治死墮三惡道若能問觀心即安貧養道有道即眞實無為即富樂為是因緣故須造觀心論四衆皆佛子無非是法親因執善法諍遂結未來怨若能問觀心和合如水乳皆師子之子悉是栴檀林為是因緣故須造觀心論年衰身帶疾眼闇耳漸聾心惛多忘漏年不如一年死王金翅鳥不久吞命根一旦業繩斷氣絕豈能言為是因緣故須造觀心論稽首十方佛深慈觀心者勸善諦觀察發正覺妙樂稽首十方法深悲觀心者善勸諦觀察得眞免諸苦稽首十方僧大衆和合海若能善觀察歡喜心無量稽首龍樹師令速得開曉亦加捨三心令承三寶力起三十六問其間諸細問對事難可數若觀一念心能答此問者當知心眼開得入清涼池不能答此問柰何盲瞑也少義尚不見那能行大道哀哉末法中無復行道人設令有三數寧別此問也故生悲愍心歸命禮三寶作此問心論令觀者開朗願諸見聞者莫生疑謗心信受勤修習必獲大法利乃至偈問云問觀自生心云何四不說離戲論執諍心淨如虛空問觀自生心云何是魔行業煩惱所繫三界火宅燒問觀自生心云何是外道諸見煩惱業流轉於六道問觀自生心云何是三業拙度斷見思出三界火宅問觀自生心云何是巧度三乘不斷結得入二涅槃問觀自生心云何是別

敎求大乘常果菩薩斷別惑問觀自生心云何圓教乘不破壞法界住三德涅槃問觀自生心云何爲涅槃修四種三昧得眞無生忍問觀自生心云何巧成就二十五方便調心入正道問觀自生心云何知自心起十種境界成一心三智問觀自生心云何知十境各成十法乘遊四方快樂問觀自生心云何不住法入初發心住及四十二位問觀自生心云何六度成能得諸三昧及諸陁羅尼問觀自生心云何得六通用四攝行化四辯無罣礙問觀自生心云何得相好成眞應二身對緣如鏡像問觀自生心云何具十力及四無所畏內外照用圓問觀自生心云何於觀心能得十八種不共世間法問觀自生心云何得大慈大悲三念處愍衆無異想問觀自生心云何巧方便成就諸衆生嚴淨一切剎問觀自生心云何於此心莊嚴菩提樹建清淨道場問觀自生心云何降魔怨能制諸外道令衆悉歸敬問觀自生心云何坐道場現四種成佛赴機無差殊問觀自生心云何轉四教清淨妙法輪一切得甘露問觀自生心云何現四佛四種涅槃相究竟滅無餘問觀自生心云何知依正四土天器同而飯色有異問觀自生心云何於此心是一切根緣通達無罣礙問觀自生心云何知悉檀無形無所說現形廣說法問觀自生心云何知漸頓祕密不定教一音說此四問觀自生心云何知四教各開出四門及一切法門問觀自生心云何於四教四門十六門作論通衆經問觀自生心云何住滅定普入十法界廣利諸衆生問觀自生心云何知四土用教有增減普利一切衆問觀自生心云何知此心具一切佛法無一法出心問觀自生心云何知此心即平等法界佛不度衆生問觀自生心云何知此心法界如虛空畢竟無所念問觀自生心云何無文字一切言語斷寂然無言說今約觀一念自生心略起三十六問外觀心人及乂相逐眷屬行四種三昧者彼觀心者若能一一通達當生心如佛想親近受行如四依世門徒眷屬若於此無滯是眞同行是眞法王子孫紹三寶種使不斷絶若不能觀於一念自生心一一荅此問者即是天魔外道眷屬爲彼之所驅馳方處三界牢獄未有出離之期若心不愜欲求挽出者必墮二乘三惡道坑自斷法身慧命誅滅菩提眷屬是破佛法國土大乘家哀哉哀哉知奈何也若觀自生心得失如此觀他生共生無因生心亦然也釋曰此觀心三十六問上等十方諸佛之慈心無恩不報下及法界群生之悲仰有感皆從乃至修行妙門度生儀軌教觀融攝理事圓通徹果該因自他兼利十身徧應四土包含但觀自一心無不悉備如論偈云烏鵶不施食豈報白鵶恩非但田不良無平等種子法雨若不降法種必燋枯各無來世糧失三利致苦者釋云此偈明不修念處之觀即是無平等種子不依木叉而住即非良田何者夫觀大乘念處者觀生死五陰之身非枯非榮即大寂定涅槃經云色解脫涅槃乃至識解脫涅槃若修此念處觀即是觀一切六道衆生即是常樂我淨大涅槃具足佛之知見如常不輕圓信成就經云施城中最下乞人與難勝如來等是則豈可分別是田非田可施不可施耶故念處觀即平等種子若不修則見生死涅槃有異凡聖有殊聖是敬田則崇仰而施凡是悲田則猒賤而不捨故言無平等種子今取王爲喻者喻無平等種子也昔有王但借白鵶以喻聖人烏鵶以喻凡人王喻衆生不修念處不修念處平等種子之人也故簡悲敬兩田然內無平等種子圓觀之道外則不能弘宣化大乘豈能報佛恩又破如來禁戒則無良田是故偈云法雨若不降法種則燋枯此兩句明四衆無戒慧之機聖則不應何者涅槃經云純陁自云我今身有良田無諸荒穢唯希如來甘露法雨雨我身田令生法芽而今四衆不依念處修道則無慧種不依木叉而住則無良田既無種則衆生無感聖之機豈能招聖法雨之應衆生佛性之芽何得不枯也乃至內無善機外無聖應法種之芽又枯是則失現在未來涅槃三利之樂乃更招三塗之苦又偈云能報白鵶恩普施烏鵶食者釋云此偈明有平等種子復有良田能施烏鵶食能報白鵶恩何者然佛聖人能覺悟衆生不令爲三毒諸煩惱虵毒所傷即是聖人於衆生有恩如白鵶覺悟於王不爲毒虵所害經云依教修行名報佛恩而今行者依念處觀慧依木叉而住即是依教修行名報佛恩復能以己之行化導一切衆生即是普施一切烏鵶食能報白鵶之恩又偈云守鼻隅安般及修不淨觀安般得四禪不免泥犂苦不淨謂無學覆鉢受女

飯設得隨禪生墮長壽天雖爲是因緣故須造觀心論者釋云此明事相修禪之倒也鼻隅安般一句標修有漏四禪章門及修不淨觀一句標修無漏事禪章門守鼻隅者安心在鼻也安般者數息也以數息故能得四禪入定昔有比丘得四禪謂阿羅漢臨命謗佛墮於地獄也昔有比丘學不淨觀少時伏心欲想不起自謂聖人後出聚落乞食見女送飯欲心即發情迷心醉還俗受於女飯然數息得禪設不起謗及不墮地獄而隨禪受生墮長壽天難故知若於一心四念處修道不忘慈父囑眞孝順之子孫但入宗鏡中無恩而不報是以心若正萬法皆正心若邪萬法亦邪若離自心外欲破他邪則立自立他見邪見正如卸甲入陣弃火救畬欲破敵下種無有是處但能守護自心即是護持正法亦是普念十方一切如來自心護法既爾轉化他心亦然則正外無邪云何說破邪外無正云何說持如是通明眞護正法乃至圓滿具足一切法門所以首楞嚴經偈云將此深心奉塵刹是則名爲報佛恩大集經云眼識於色是名非法若能遠離是名護法故知善攝諸根不爲六塵所侵者可謂眞護法矣法集經云菩薩不須守護諸法世尊若菩薩但能善護自心是菩薩善護自心故則能成就諸佛妙法乃至見自心如幻如是見諸法如幻而心非內非外二中間可得如是見一切法見即如心無於色相不可得示不可得見無於形礙不可執捉不照不住見一切諸法其相如是若能如是見者是菩薩則能得於平

等之心以得平等心故如是菩薩不復更得於法以平等外無差別法了差別法即平等故若入此平等法門則知一切法皆悉性空不生受著即是無非捨身命處耳亦是成道處亦是轉法輪處亦是度生處亦是入滅處亦是究竟報恩處亦是成滿大願處亦是萬行具足處何者如云萬物得地而生萬行得理而成者理即心也或行孝思或輸忠烈靡不由心者哉如則天朝孟景休丁母憂哀毀迨至滅性有弟景禕在襁褓景休自乳之乳謂之溢又畢構爲吏部尚書初丁繼母蕭氏憂盧氏二妹俱在襁褓構親乳之乃至成長斯則孝行之所感乳出於心非定男女之體也問八萬四千法門門門解脫云何偏取一心門以爲眞趣　答此一心門是眞性解脫古佛慈勅諸佛解脫只令於衆生心行中求不於餘處求何以故只謂衆生心是諸佛心諸佛解脫是衆生解脫隨緣轉變自号衆生緣性常空眞佛不動如冰元是水結若欲求水應當就冰冰水雖殊濕性不壞時節有異體性無虧如是信入名眞解脫其餘法門非無進趣若比斯宗頓漸天隔但明佛慧唯接上機所以法華會上世尊親囑累諸大菩薩若說此經直入佛慧能廣開示眞報佛恩其有不信受者當於餘深法中示教利喜即是演餘解脫法門今宗鏡中唯論不思議解脫如台教問何意不斷煩惱而入涅槃方是不思議解脫答須彌入芥小不障大大不即小故云不思議可今有煩惱惑不障智慧涅槃智慧涅槃不礙煩惱結惑乃名不思議又約有

體無體無色無心以明解脫無體也若不思議觀色心即是法性之色心具色心不生不滅而得解脫故知眞善妙色妙心之體也又妙色湛然常安住又色解脫涅槃若無色者如死人那得解脫也乃至黃蜂作蜜蜘蛛作網皆不可思議皆有心數法之解脫也是知直了此心無行不足以一心具足萬行無一行而非心故且如云布施者大菩薩行施等時能觀唯識知境是心即心外無法三輪體空是稱眞施持戒者謂證唯心離念常淨無明垢盡即成佛戒但佛心中具諸功德離過義邊則名爲戒忍辱者觀衆生唯識妄見知本心外無法可瞋精進者如來精進若據自行常觀唯識故攝論云如來常不出觀故寂靜禪定者大菩薩定謂觀唯識不見境時心無緣念則是眞定智慧者大菩薩皆觀自心意言分別以爲境界從初發心乃至成佛皆作此觀豈止四等六度成佛化生乃至欲託質蓮臺永拋胎藏生極樂等諸佛國土遊戲神通者皆能了達自心無不化往又復豈止一行一願凡有一切希求無不從意故如來不思議境界經云三世一切諸佛皆無所有唯依自心菩薩若能了知諸佛及一切法皆唯心量得隨順忍或入初地捨身速生妙喜世界或生極樂淨佛土中金剛般若論偈云智習唯識通如是取淨土起信論云初信大乘心人諸佛皆攝生淨土諸法無行經云若能教化三千大千世界中衆生令行十善不如菩薩如一食頃一心靜處入一相法門大般若經云佛告善現當知甚深般若波羅蜜

多是諸善法所趣向門譬如大海是一切水趣向門楞伽經偈云一切諸度中佛心爲第一所以一切諸乘中斷乘爲究竟台教云諸佛解脫於衆生心行中求者若觀衆生心行入本性清淨智窮衆生心原者即顯諸佛解脫之果若見衆生心空即見佛國空即是心行中求得三種解脫衆生心性即眞性解脫凝受即實慧解脫諸不善行即是方便解脫是知此一心眞性解脫能空煩惱繫縛九結十使等如一栴檀樹改四十由旬伊蘭林悉香能令煩惱即菩提故又若斷惑懺罪比餘漸教如氎華千斤不如眞金一兩故云若欲懺悔者端坐念實相則直了無生之心當處解脫金光明經疏云毗盧遮那徧一切處若行若住若明若暗皆得不離見佛世尊六根所對無非佛法耆婆攬草無非藥者普能愈病釋摩男所執一切砂礫皆變爲寶阿那律空器悉滿甘露若能如是者所觀之罪非復是罪罪即實相所觀之福福即非福福即實相純是實相是名大懺悔也觀普賢菩薩行法經云觀心無心從顛倒想起如此想心從妄想起如空中風無依止處如是法相不生不沒何者是罪何者是福我心自空罪福無主一切諸法皆亦如是無住無壞如是懺悔又夫有罪可露非眞懺悔有善可見非眞隨喜有法可趣非眞迴向有事可求非眞發願若入宗鏡諦了自心則無處無方一切清淨如甚深大迴向經云佛言有三種迴向何等爲三謂過去空當來空現在空無有迴向者亦無迴向法亦無迴向處菩薩摩訶薩當作是迴向作是迴向時三處皆清淨以此清淨功德與一切衆生共迴向阿耨多羅三藐三菩提作是迴向者無有凡夫及凡夫法乃至亦無有佛及向佛者何以故法性無緣不生不滅無所住故法集經云菩薩摩訶薩於一切法不求究竟處何以故是菩薩於一切法無非究竟故是菩薩不求解脫一切諸法本性寂滅無非解脫是菩薩不樂一法亦不猒一法是菩薩於諸佛法非是自法亦非他法不取一法不捨一法法華經云爾時佛告上行等菩薩大衆諸佛神力如是無量無邊不可思議若我以是神力於無量無邊百千萬億阿僧祇劫爲囑累故說此經功德猶不能盡以要言之如來一切所有之法如來一切自在神力如來一切秘要之藏如來一切甚深之事皆於此經宣示顯說故知三世覺王十方大士一切所有諸佛之法一切神通攝化之門一切宗旨秘要之藏一切甚深因果之事皆於此心無不圓足故云於無量無邊阿僧祇劫囑累此法讚歎此心無作之功無比之德猶不能盡豈可率爾頃尅而措言乎此宗鏡錄是大智所行上根能受絕投巖凝狂之見捨草庵下劣之心非限量之懷輒可希冀持螺何以酌海折草焉能量天若遇大機又不可行於小徑須依宗鏡直示本心如經云無以穢食置於寶器無以大海內於牛跡是知於此生信者甚爲希有何者信果佛則易如十方諸佛信因佛則難如現今衆生故起信鈔云信過去釋迦當來彌勒等是佛則爲易有令信衆生心中眞如是凡聖通依迷之則六趣無窮悟之則三寶不斷此爲希有如信皇后王胎則易信貧女聖孕則難是以染法淨法俱是心苗本地發生更無餘孕如無著菩薩大乘莊嚴經論偈云自界及二光凝共諸惑起如是諸分別二實應遠離釋曰自界謂自阿賴分種子二光謂能取光所取光此等分別由共無明及諸餘惑故得生起如是諸分別二實應遠離二實謂所取實及能取實如是二實染淨應求遠離釋曰此亦攝末歸本義論云求唯識人云能取及所取此二唯心光貪光及信光二光無二法釋曰求唯識人應知能取所取此之二種唯是心光如是貪等煩惱光及信等善法光如是二光亦無染淨二法何以故不離心光別有貪等信等染淨法故二光亦無相偈曰種種心光起如是種種相光體非體故不得彼法釋曰種種心光即是種種事相或異時起者謂貪光瞋光等或同時起者謂信光進光等光體等者如是也深位心數淨位心數唯有光相而無光體是故世尊不說彼爲眞實之法是知萬法之體不出遮那心源萬善之門靡越普賢行海云何不出遮那心源如華嚴經頌云佛刹微塵數如是諸刹土能於一念中一一塵中現云何靡越普賢行海如阿僧祇品頌云於一微細毛端處有不可說諸普賢如一毛端一切爾如是乃至徧法界此遮那心即菩提心此普賢行即菩提行如華嚴經頌云欲見十方一切佛欲施無盡功德藏欲滅衆生諸苦惱宜應速發菩提心昔人云菩提心即萬行之本即此發心便名

爲行　問若獨取一心解脱其餘非者則一不收一切法界義不圓乖此廣乘失其遍理答若圓修頓悟之機則擧一蔽諸無復方便只爲不入者方便開三乃至八萬雖即開三本明一道所以金剛三昧經云如如之理具一切法善男子住如理者過三苦海又楞伽經偈云有無是二邊以爲心境界離諸境界法平等心寂靜賢劫定意經云若復弃捐一切所有在於所有而無所有是曰一心法句經云人壽百歲情欣放逸不如一日歸心空寂傅大士頌云諸佛不許外求名達本眞心即爲正故知萬法歸心則道全矣如庚桑子道全篇云魯公卑辭以問之庚桑子曰吾能聽視不用耳目非易耳目之所若者過也公曰孰如是寡人增異矣其道若何寡人早願聞之庚桑子曰我體合於心心合於氣氣合於神神合於無其有介然之有唯然之音雖遠際八荒之表迩在眉睫之內來干我者吾必盡知之迺不知爲是我七竅手足之覺五藏六腑心慮之所知其自知而已矣何瓌注云心形混合神氣冥符洞然至忘與無同體然後心彌靜而智彌遠神愈黙而照愈彰理極而自通不思而玄覽非夫至神至聖其孰能與於此哉斯乃靈眞之要樞重玄之妙道者也是以內外指歸須冥符心體則洞照無遺矣遂能和光萬有體納十方夫言和者非有能所二法相順名和如古德云凡聖各別不得名和心體離念不得衆生相法界即我我即法界名和首楞嚴經云觀世音菩薩白佛言世尊我從聞思修入三摩地初於聞中入流亡所所入既寂動靜二相了然不生如是漸增聞所聞盡盡聞不住覺所覺空空覺極圓空所空滅生滅既滅寂滅現前忽然超越世出世間十方圓明獲二殊勝一者上合十方諸佛本妙覺心與佛如來同一慈力二者下合十方一切六道衆生與諸衆生同一悲仰斯乃能所跡消眞俗冥合非從事行因異而同但了心無自他萬法自然一體外書亦云心和即言和言和即言滿天下無口過以身心和故行滿天下無怨惡既與萬法體和則不共物諍如華手經云佛告舍利弗是故菩薩發菩提心應當觀察是心空相舍利弗何等是心云何空相舍利弗心名意識即是識陰意入意界心空相者心無心相亦無作者何以故若有作者則有彼作而此人受若心自作則自作自受舍利弗是心相空無有作者無使作者若無作者則無作相若人戲論是心相者則與無礙空無相諍若與無礙空無相諍是人則與如來共諍若與如來共諍當知是人則墮深坑是知若入宗鏡海中已攝餘一切法門如登法性山悉見諸無邊境界如大涅槃經云譬如有人在大海浴當知是人已用諸河泉池之水菩薩摩訶薩亦復如是修習如是金剛三昧當知已爲修習其餘一切三昧又云譬如高山有人登之遠望諸方皆悉明了金剛定山亦復如是菩薩登之遠望諸法無不明了故知自心無能過者所以教中亦名甚深法亦名最上乘是以一法指南萬途歸順但有名字差別終無異體別陳如有頌云諸色心現時如金銀隱起金匠異名生與金無前後且如金銀隱起功德之形但有異名金體不動例似一心現出凡聖之道雖立別号心性無生達此名空見法如鏡自然息意冥合眞宗矣

宗鏡録卷第三十　富

音義

鵄[illegible]　頹杜回反暴風　齅許救反鼻取氣也　殞于敏反
諂丑琰反偽也　詐側駕反偽也　騃[illegible]　驟[illegible]　瓌[illegible]
誅[illegible]　齋[illegible]　瞋[illegible]　憸[illegible]　挽[illegible]
[illegible]　輸[illegible]　御[illegible]　陣[illegible]　翕[illegible]　氎[illegible]
褘[illegible]　[illegible]　猻[illegible]　攜[illegible]

丁未歲分司大藏都監開板

宗鏡録卷第三十

校勘記

一　底本，麗藏本。

一　三九六頁上二四行第八字「於」，徑作「依」。

一　三九六頁中一六行第一二字「知」，清作「可」。

一　三九七頁上三行第一二字「章」，磧、南作「禪」。

一　三九七頁中末行末字至頁下一行第三字「有體無體」，磧、南、徑、清作「思議解脱」。

一　三九七頁下二行第一二字「具」，清作「則」。

一　三九八頁中一七行「十方」，磧、南、清作「十六」。

一　三九八頁下一七行「或異時」，磧、南、徑、清作「或異時或同時」。

一　三九八頁下一八行第八字「或」，磧、南、清無。

一　三九九頁上六行第一四字「又」，磧、南、徑、清作「入」。

一　三九九頁上一四行「所苦」，徑、清作「用所告」。

一　三九九頁上一五行第九字「其」，磧作「耳」。

一　三九九頁上一七行第六字「具」，磧、南、徑、清作「其」。

一　三九九頁上二一行第一二字「忘」，磧、南、徑、清作「心」。

宗鏡録卷第三十一　車

慧日永明寺主智覺禪師延壽集

夫諸佛境界唯趣不思議一心解脱之門何謂不思議解脱以一切法非有而有有而非有非定量之所知故稱不思議既以非有而有即不住於無有而非有即不住於有有無不住即於諸法悉皆解脱以一切法不出有無故是知一心解脱之中無有文字則無生死無煩惱無陰界無衆生無憂喜無苦樂無繫縛無往來無是無非無得無失乃至無菩提無涅槃無眞如無解脱以要言之一切世出世間諸法悉皆無有如首楞嚴經云知見立知即無明本知見無見斯即涅槃無漏眞淨云何是中更容他物如上所說世間生死出世涅槃等無量差別之名皆從知見文字所立若無知見文字名體本空於妙明心中更有何物如六祖偈云菩提亦非樹明鏡亦非臺本來無一物何用拂塵埃融大師云至理無詮非解非纒靈通應物常存目前目前無物無物宛然不用人致體自虛玄又云無物即天眞天眞即大道寒山子詩云寒山居一窟窟中無一物淨潔空堂堂皎皎明如日糲食資微軀布裘遮幻質任汝千聖現我有天眞佛所以大涅槃經中佛說一百句解脱況百斤金即諸佛無上之珍涅槃秘密之寶是以句句皆云眞解脱者即是如來夫如來者即一心眞如自性中來故云如來又如者不變不異不失自性故名爲如來者即眞如不守自性隨緣顯現故名爲來斯乃是不來之來以眞如性徧一切處實無去來從心所

感無出没故又經云如來者即是法也故起信論云所言法者即衆生心所以古德云心本清淨亦無淨相方見我心故知一百句解脱中句句明心心心解脱未有一文一字不是宗鏡之指南如經云尒時迦葉菩薩復白佛言世尊唯願哀愍重垂廣說大涅槃行解脱之義佛讃迦葉善哉善哉善男子眞解脱者名曰遠離一切繫縛若眞解脱離諸繫縛則無有生亦無和合譬如父母和合生子眞解脱者則不如是是故解脱名曰不生迦葉譬如醍醐其性清淨如來亦尒非因父母和合而生其性清淨所以示現有父母者爲欲化度諸衆生故眞解脱者即是如來如來解脱無二無別譬如春月下諸豆子得煖氣已尋便出生眞解脱者則不如是又解脱者名曰虛無虛無即是解脱解脱即是如來如來即是虛無非作所作凡是作者猶如城郭樓觀却敵眞解脱者則不如是是故解脱即是如來又解脱者即無爲法譬如陶師作已還破解脱不尒眞解脱者不生不滅是故解脱即是如來如來亦尒不生不滅不老不死不破不壞非有爲法以是義故名曰如來入大涅槃不老不死有何等義老者爲遷變髮白面皺死者身壞命終如是等法解脱中無以無是事故名解脱如來亦無髮白面皺有爲之法是故如來無有老也無有老故則無有死又解脱者名曰無病所謂病者四百四病及餘外來侵損身者是處無故故名解脱無疾病者即眞解脱眞解脱者即是如來如來無病是故法身亦無有病如是無病即是如

來死者名曰身壞命終是處無死即是甘露是甘露者即眞解脱眞解脱者即是如來如來成就如是功德云何當言如來無常若言無常無有是處是金剛身云何無常是故如來不名命終如來清淨無有垢穢如來之身非胎所汙如分陀利本性清淨如來解脱亦復如是如是解脱即是如來是故如來清淨無垢又解脱者諸漏瘡疣永無遺餘如來亦尒無有一切諸漏瘡疣又解脱者無有闘諍譬如飢人見他飲食生貪奪想解脱不尒又解脱者名曰安静凡夫人言夫安静者謂摩醯首羅如是之言即是虛妄眞安静者畢竟解脱即是如來又解脱者名曰安隱如多賊處不名安隱清夷之處乃名安隱是解脱中無有怖畏故名安隱是故安隱即眞解脱眞解脱者即是如來如來者即是法也又解脱者無有等侶有等侶者如有國王有隣國等夫解脱者則無如是無等侶者謂轉輪聖王無有能與作等侶者解脱亦尒無有等侶無等侶者即眞解脱眞解脱者即是如來轉輪法王是故如來無有等侶有等侶者無有是處又解脱者名無憂愁有憂愁者譬如國王畏難強隣而生憂愁夫解脱者則無是事譬如壞怨則無憂慮解脱亦尒是無憂畏無憂畏者即是如來又解脱者名無憂喜譬如女人止有一子從役遠行卒得凶問聞之愁苦後復聞活便生歡喜夫解脱者無如是事無憂喜者即眞解脱眞解脱者即是如來又解脱者無有塵垢譬如春月日没之後風起塵霧夫解脱中無如是事無塵霧者喻眞解脱

眞解脫者即是如來譬如聖王髻中明珠無有垢穢夫解脫性亦復如是無有垢穢無垢穢者喻眞解脫眞解脫者即是如來如眞金性不雜沙石乃名眞實有人得之生於財想夫解脫性亦復如是如彼眞寶彼眞寶者喻眞解脫眞解脫者即是如來譬如瓦瓶破而聲覺金剛寶瓶則不如是夫解脫者亦無覺破金剛寶瓶喻眞解脫眞解脫者即是如來是故如來身不可壞其聲覺者如萠麻子盛熱之時置之日曝出聲熚爆夫解脫者無如是事如彼金剛眞寶之瓶無覺破聲假使無量百千之人悉共射之無能壞者無覺破聲喻眞解脫眞解脫者即是如來如貧窮人負他物故爲他所繫枷鎖策罰受諸苦毒夫解脫中無如是事無有負債猶如長者多有財寶無量億數勢力自在不負他物夫解脫者亦復如是多有無量法財珍寶勢力自在無所負也無所負者喻眞解脫眞解脫者即是如來又解脫者名無逼切如春涉熱夏日食甜冬日冷觸眞解脫中無有如是不適意事無逼切者喻眞解脫眞解脫者即是如來又無逼切者譬如有人飽食魚肉而復飲乳是人則爲近死不久眞解脫中無如是事是人若得甘露良藥所患得除眞解脫者亦復如是甘露良藥喻眞解脫眞解脫者即是如來云何逼切不逼切也譬如凡人我慢自高而作是念一切衆中誰能害我即便捉持蛇虎毒蟲當知是人不盡壽命則爲橫死眞解脫中無如是事不逼切者如轉輪王所有神珠能伏蚰蜒九十六種諸毒蟲等若有聞是神珠香者諸毒消滅眞解脫者亦復如是皆悉遠離二十五有毒消滅者喻眞解脫眞解脫者即是如來又不逼切者譬如虛空解脫亦尒彼虛空者喻眞解脫眞解脫者即是如來又逼切者如近乾草然諸燈火近則熾然眞解脫中無如是事又不逼切者譬如日月不逼衆生解脫亦尒於諸衆生無有逼切無有逼切喻眞解脫眞解脫者即是如來又解脫者名無動法猶如怨親眞解脫中無如是事又不動者如轉輪王更無聖王以爲親友若更有親則無是處解脫亦尒更無有親若有親者亦無是處彼王無親喻眞解脫眞解脫者即是如來如來者即是法也又無動者譬如素衣易受染色解脫不尒又無動者如婆師華欲令有臭及青色者無有是處解脫亦尒欲令有臭及諸色者亦無是處是故解脫即是如來又解脫者名爲希有譬如水中生於蓮華非爲希有火中生者是乃希有有人見之便生歡喜眞解脫者亦復如是其有見者心生歡喜彼希有者喻眞解脫眞解脫者即是如來其如來者即是法身又希有者譬如嬰兒其齒未生漸漸長大然後乃生解脫不尒無有生與不生又解脫者名曰虛寂無有不定夫不定者如一闡提究竟不移犯重禁者不成佛道無有是處何以故是人若於佛正法中心得淨信尒時即便滅一闡提若復得作優婆塞者亦得斷滅於一闡提犯重禁者滅此罪已則得成佛是故若言畢定不移不成佛道無有是處眞解脫中都無如是滅盡之事又虛寂者墮於法界如法界性即眞解脫眞解脫者即是如來又一闡提若盡滅者則不得稱一闡提也何等名爲一闡提耶一闡提者斷滅一切諸善根本心不攀緣一切善法乃至不生一念之善眞解脫中都無是事無是事故即眞解脫眞解脫者即是如來又解脫者名不可量譬如穀聚其量可知眞解脫者則不如是譬如大海不可度量解脫亦尒不可度量不可量者即眞解脫眞解脫者即是如來又解脫者名無量法如一衆生多有業報解脫亦尒有無量報無量報者即眞解脫眞解脫者即是如來又解脫者名爲廣大譬如大海無與等者解脫亦尒無能與等無與等者即眞解脫眞解脫者即是如來又解脫者名曰最上譬如虛空最高無比解脫亦尒最高無比高無比者即眞解脫眞解脫者即是如來又解脫者名無能過譬如師子所住之處一切百獸無能過者解脫亦尒無有能過無能過者即眞解脫眞解脫者即是如來又解脫者名爲無上譬如北方諸方中上解脫亦尒爲無有上無有上者即眞解脫眞解脫者即是如來又解脫者名無上上譬如北方之於東方爲無上上解脫亦尒無有上上無上上者即眞解脫眞解脫者即是如來又解脫者名曰恒法譬如人天身壞命終是名曰恒非不恒也解脫亦尒非是不恒非不恒者即眞解脫眞解脫者即是如來又解脫者名曰堅實如佉羅栴檀沉水其性堅實解脫亦尒其性堅實堅實者即眞解脫眞解脫者即是如來又解脫者名曰不虛譬如竹葦其體空疎解脫不尒當知解脫即

是如來又解脫者名不可汙譬如牆壁未見塗治蚊蝱在上止住遊戲若以塗治彩畫彫飾蝱聞彩香即便不住如是不住喻眞解脫眞解脫者即是如來又解脫者名曰無邊譬如村落皆有邊表解脫不尒譬如虛空無有邊際解脫亦尒無有邊際如是解脫即是如來又解脫者名不可見譬如空中鳥跡難見如是難見喻眞解脫眞解脫者即是如來又解脫者名甚深何以故聲聞緣覺所不能入不能入者即眞解脫眞解脫者即是如來又甚深者諸佛菩薩之所恭敬譬如孝子供養父母功德甚深功德甚深喻眞解脫眞解脫者即是如來又解脫者名不可見譬如有人不見自頂解脫亦尒聲聞緣覺所不能見不能見者即眞解脫眞解脫者即是如來又解脫者名無屋宅譬如虛空無有屋宅解脫亦尒言屋宅者喻二十五有無有屋宅喻眞解脫眞解脫者即是如來又解脫者名不可取如阿摩勒果人可取持解脫不尒不可取持不可取持即眞解脫眞解脫者即是如來又解脫者名不可執譬如幻物不可執持解脫亦尒不可執持不可執持即眞解脫眞解脫者即是如來又解脫者無有身體譬如有人體生瘡癩又諸癰疽癲狂乾枯眞解脫中無如是病無如是病喻眞解脫眞解脫者即是如來又解脫者名為一味如乳一味解脫亦尒唯有一味如是一味即眞解脫眞解脫者即是如來又解脫者名曰清淨如水無泥澄靜清淨解脫亦尒澄靜清淨澄靜清淨則眞解脫眞解脫者即是如來又解脫者名曰一味如空中雨一味清淨一味清淨喻眞解脫眞解脫者即是如來又解脫者名曰除却譬如滿月無諸雲曀解脫亦尒無諸雲曀無諸雲曀即眞解脫眞解脫者即是如來又解脫者名曰寂靜譬如有人熱病除愈身得寂靜解脫亦尒身得寂靜身得寂靜即眞解脫眞解脫者即是如來又解脫者即是平等譬如野猫毒蛇鼠狼俱有殺心解脫不尒無有殺心無殺心者即眞解脫眞解脫者即是如來又平等者譬如父母等心於子解脫亦尒其心平等心平等者即眞解脫眞解脫者即是如來又解脫者無有異處譬如有人唯居上妙清淨屋宅更無異處解脫亦尒無有異處無異處者即眞解脫眞解脫者即是如來又解脫者名曰知足譬如飢人值遇甘膳食之無厭解脫不尒如食乳糜更無所須更無所須喻眞解脫眞解脫者即是如來又解脫者名曰斷絕如人被縛斷縛得脫解脫亦尒斷絕一切疑心結縛如是斷疑即眞解脫眞解脫者即是如來又解脫者名到彼岸譬如大海有此彼岸解脫不尒雖無此岸而有彼岸有彼岸者即眞解脫眞解脫者即是如來又解脫者名曰默然譬如大海其水泛漲多諸音聲解脫不尒如是解脫即是如來又解脫者名曰美妙譬如衆藥雜訶梨勒其味則苦解脫不尒味如甘露味如甘露喻眞解脫眞解脫者即是如來又解脫者除諸煩惱譬如良醫和合諸藥善療衆病解脫亦尒能除煩惱除煩惱者即眞解脫眞解脫者即是如來又解脫者名曰無窄譬如小舍不容多人解脫不尒多所容受多所容受即眞解脫眞解脫者即是如來又解脫者名滅諸愛不雜婬欲譬如女人多諸愛欲解脫不尒如是解脫即是如來如來如是無有貪欲瞋恚愚癡憍慢等結又解脫者名曰無愛愛有二種一者餓鬼愛二者法愛眞解脫者離餓鬼愛憐愍衆生故有法愛如是法愛即眞解脫眞解脫者即是如來又解脫者離我我所如是解脫即是如來如來者即是法也又解脫者是滅盡離諸有貪如是解脫即是如來如來者即法也又解脫者即是救護能救一切諸怖畏者如是解脫即是如來如來者即是法也又解脫者即是歸處若有歸依如是解脫不求餘依譬如有人依恃於王不求餘依雖復依王則有動轉依解脫者無有動轉無動轉者即眞解脫眞解脫者即是如來如來者即是法也又解脫者名為屋宅譬如有人行於曠野則有險難解脫不尒無有險難無險難者即眞解脫眞解脫者即是如來又解脫者是無所畏如師子王於諸百獸不生怖畏解脫亦尒於諸魔衆不生怖畏無怖畏者即眞解脫眞解脫者即是如來又解脫者無有窄狹譬如隘路乃至不受二人並行解脫不尒如是解脫即是如來又有不窄譬如有人畏虎墮井解脫不尒如是解脫即是如來又有不窄如大海中捨壞小船得堅牢船乘之渡海到安隱處心得快樂解脫亦尒心得快樂得快樂者即眞解脫眞解脫者即是如來又解脫者拔諸因緣譬如因乳得酪因酪得酥因酥得醍醐眞解脫中都無是因無是因者即

眞解脫眞解脫者即是如來又解脫者能伏憍慢譬如大王慢於小王解脫不尒如是解脫即是如來如來者即是法也又解脫者伏諸放逸謂放逸者多有貪欲眞解脫中無有是名無是名者即眞解脫眞解脫者即是如來又解脫者能除無明如上妙酥除諸滓穢乃名醍醐解脫亦尒除無明滓生於眞明如是眞明即眞解脫眞解脫者即是如來又解脫者名為寂靜純一無二如空野象獨一無侶解脫亦尒獨一無二獨一無二即眞解脫眞解脫者即是如來又解脫者名為堅實如竹葦萆麻莖榦虛空而子堅實除佛如來其餘人天皆不堅實眞解脫者遠離一切諸有流等如是解脫即是如來又解脫者名能覺了增益於我眞解脫者亦復如是如是解脫即是如來又解脫者名捨諸有譬如有人食已而吐解脫亦尒捨於諸有捨諸有者即眞解脫眞解脫者即是如來又解脫者名曰決定如婆師華香七葉中無解脫亦尒如是解脫即是如來又解脫者名曰水大譬如水大於諸大勝能潤一切草木種子解脫亦尒能潤一切有生之類如是解脫即是如來又解脫者名曰為入如有門戶則通路入金性之處金則可得解脫亦尒如彼門戶修無我者則得入中如是解脫即是如來又解脫者名曰為善譬如弟子隨逐於師善奉教勅得名為善解脫亦尒如是解脫即是如來又解脫者名出世法於一切法最為出過如衆味中酥乳最勝解脫亦尒如是解脫即是如來又解脫者名四不動譬如門閫風不能動眞解脫

者亦復如是如是解脫即是如來又解脫者名無濤波如彼大海其水濤波解脫不尒如是解脫即是如來又解脫者譬如宮殿解脫亦尒當知解脫即是如來又解脫者名曰所用如閻浮檀金多有所任無有能說是金過惡解脫亦尒無有過惡即眞解脫眞解脫者即是如來又解脫者捨嬰兒行譬如大人捨小兒行解脫亦尒除捨五陰除捨五陰即眞解脫眞解脫者即是如來又解脫者名曰究竟如被繫者從繫得脫洗浴清淨然後還來解脫亦尒畢竟清淨畢竟清淨即眞解脫眞解脫者即是如來又解脫者名無作樂無作樂者貪欲瞋恚愚癡吐故喻如有人悞飲蛇毒為除毒故即服吐藥既得吐已毒即除愈身得安樂解脫亦尒吐於煩惱諸結縛毒身得安樂名無作樂無作樂者即眞解脫眞解脫者即是如來又解脫者名斷四種毒蛇煩惱斷煩惱者即眞解脫眞解脫者即是如來又解脫者名離諸有滅一切苦得一切樂求斷貪欲瞋恚愚癡拔斷一切煩惱根本拔根本者即眞解脫眞解脫者即是如來又解脫者名斷一切有為之法出生一切無漏善法斷塞諸道所謂若我無我非我非無我唯斷取著不斷我見我見者名為佛性佛性者即眞解脫眞解脫者即是如來又解脫者名不空空空空者名無所有無所有者即是外道尼揵子等所計解脫而是尼揵實無解脫故名空空眞解脫者則不如是故不空空不空空者即眞解脫眞解脫者即是如來又解脫者名曰不空如水酒酪酥蜜等瓶雖無水酒

酪酥蜜時猶故得名為水等瓶如是瓶等不可說空及以不空若言空者則不得有色香味觸若言不空而復無有水酒等實解脫亦尒不可說色及以非色不可說空及以不空若言空者則不得有常樂我淨若言不空誰受是常樂我淨者以是義故不可說空及以不空空者謂無二十五有及諸煩惱一切苦一切相一切有為行如瓶無酪則名為空不空者謂眞實善色常樂我淨不動不變猶如彼瓶色香味觸故名不空是故解脫喻如彼瓶彼瓶遇緣則有破壞解脫不尒不可破壞不可破壞即眞解脫眞解脫者即是如來又解脫者名曰離愛譬如有人愛心希望釋提桓因大梵天王自在天王解脫不尒若得成於阿耨多羅三藐三菩提已無愛無疑無愛無疑即眞解脫眞解脫者即是如來若言解脫有愛疑者無有是處又解脫者斷諸有貪斷一切相一切繫縛一切煩惱一切生死一切因緣一切果報如是解脫即是如來如來者即是涅槃一切衆生怖畏生死諸煩惱故故受三歸譬如群鹿怖畏獵師既得免離若得一跳則喻一歸如是三跳則喻三歸以三跳故得受安樂衆生亦尒怖畏四魔惡獵師故受三歸依三歸依故則得安樂受安樂者即眞解脫眞解脫者即是如來如來者即是涅槃涅槃者即是無盡無盡者即是佛性佛性者即是決定決定者即是阿耨多羅三藐三菩提釋曰上來一百句解脫文現不繁更釋大意只明一心眞性解脫以實慧解脫顯此眞性然後成方便慧解脫故能自覺覺他

名之為佛即是平等法身天眞之佛所以經云當知解脱即是如來如來即是解脱解脱如來無二無別是以如來之性即衆生性衆生之性即一切法性一切法性即是心性以心性徧一切處故則一切處悉是不思議解脱以不見自性故則隨處貪著著即被縛若了斯宗縛脱俱寂所以云雖即著著即離幻化門中生實義亦無雖亦無著何處更求無病藥又此一百句解脱委曲披陳是最後指歸究竟垂示則涅槃之秘藏祖佛之正宗所以具錄全文證明宗鏡請不厭繁覽所冀子細明心斯乃解縛之原迷悟之本若心解則一切解與眞性而相應若心縛則一切縛與塵勞而共處出要之道於此絕言方便之門更無過上此不思議眞性解脱法門一入全眞眞外無法意消能所情斷是非此非誦文法師湊其智海闇證禪伯了此慧燈唯除直見性人一乘道種方能悟入頓了無疑此圓頓教門唯一無分別法耳無有際畔不涉一多以即邊而中故無法可比以即妄而眞故無法可待豈更佛法待於佛法唯一絕待如來法界故出法界外無復有法無所可待亦無所絕唯證相應不在言説如大集經云不待莊嚴了知諸法以得一揔得餘故所以云一葉落天下秋一塵起大地收一華開天下春一事寂萬法眞則上根一覽終不再疑中下之機寧無方便如孤寂吟云舉一例諸足可知何用喃喃説引詞只見餓夫來取飽不聞漿逐渴人飛　問衆生法身與佛平等云何不起報化之用耶　荅雖本平等隱顯有殊隱名如來藏顯名法身起信疏云但衆生迷自眞理起於妄念是時眞如但現染相不顯其用鈔問云衆生心與佛體既同衆生迷時何不起用荅以無明有力起於九相眞如無力被隱故不能現用如水為風所擊但起波瀾而不能現像石壁鈔云論云本覺常起用者有其二意一約內熏即自體相熏習義故論云從無始來具無漏法備有不思議業作境界之性依此二義恒常熏習二約應化不起者但以妄染覆之非謂本覺無此應用亦非國心抑令不起斯則過在於妄迷而不知何關於覺以本覺常具常熏故如脩竹有龍鳳之音塵鏡有照膽之用是知盡臺絕妙衆生莫知若暫返照迴光無有不得之者如地中求水鑛裏求金唯慮不肯承當沉埋心寶宗鏡委細意囑於斯普勸後賢直須知有

宗鏡錄卷第三十一　車

音義

皎 [illegible]　疣 [illegible]　曝 [illegible]　蜋 [illegible]　糲 [illegible]　醯 [illegible]　爆 [illegible]　熾 [illegible]　敵 [illegible]　鬐 [illegible]　鎖 [illegible]　梵 [illegible]　皷 [illegible]　蔬 [illegible]　罰 [illegible]　蚊 [illegible]　蟯 [illegible]　蘓 [illegible]　癘 [illegible]　羸 [illegible]　疽 [illegible]　癩 [illegible]　膳 [illegible]　曀 [illegible]　糜 [illegible]　猶 [illegible]　窄 [illegible]　恃 [illegible]　佷 [illegible]　酥 [illegible]　曠 [illegible]　滓 [illegible]　險 [illegible]　幹 [illegible]　狹 [illegible]　閫 [illegible]　隘 [illegible]　趙 [illegible]　濤 [illegible]　懆 [illegible]　淒 [illegible]　獵 [illegible]　喃 [illegible]　勉 [illegible]　餓 [illegible]

丁未歲分司大藏都監開板

宗鏡録卷第三十一

校勘記

一　底本，麗藏本。

一　四〇一頁上一七行「亦非」，南、徑、清作「本無」。

一　四〇一頁上一八行「何用拂」，南、徑、清作「何處惹」。

一　四〇一頁上一九行「常存」，清作「常在」。

一　四〇一頁中一五行第五字「真」，南作「其」。

一　四〇二頁上一三行第一四字「貧」，南、清作「貪」。

一　四〇三頁下二二行末字「狹」，清作「狹」。

一　四〇三頁下末行第一一字「是」，磧、南作「一」。

一　四〇四頁上末行第四字「四」，磧、南、徑、清作「曰」。

一　四〇四頁中六行「無有過惡」，徑作「無有過惡無有過惡」。

一 四〇四頁下五行末字「誰」，南、徑、清作「色」。

一 四〇五頁上一八行第二字「直」，南、徑、清作「真」。

宗鏡録卷第三十二

慧日永明寺主智覺禪師　延壽集

夫華嚴經是圓滿教所明一法纔起皆有眷屬隨生今此何故唯論絕待

荅所言眷屬者皆是理內眷屬衆生如佛如一如無二如理性相關故稱如來爲世間之父一切衆生爲諸佛之子若法門眷屬者約自證法則禪定爲父般若爲母而生眞淨法身若化他法則方便爲父慈悲爲母而生應化佛身從般若眞性起同體大悲所有萬行莊嚴皆是性起功德必無心外法而爲主伴如般若經云欲爲佛親侍者及內眷屬等應學般若般若即心靈之性故是以諸佛菩薩凡有施爲皆是內秘外現不捨道法現凡夫事如華嚴入法界品云復次善男子菩薩以般若波羅蜜爲母方便善巧爲父檀那波羅蜜爲乳母尸羅波羅蜜爲養母忍辱波羅蜜爲莊嚴具精進波羅蜜爲養育者禪那波羅蜜爲浣濯人善知識爲教授師一切菩提分爲伴侶一切善法爲親屬一切菩薩爲兄弟菩提心爲家如理修行爲家法諸地善法爲家處得諸忍法爲家族大願現前爲家教以清淨智滿足諸行爲順家法勸發勤修不斷大乘爲紹家業法水灌頂一生所繫菩薩爲王太子成就廣大眞實菩提爲淨家族鴦崛魔羅經云佛言一切衆生有如來藏一切男子皆爲兄弟一切女人皆爲姊妹乃至女有佛藏男亦如是云何一性而自染著以一性故是故如來淨修梵行住於自地不退轉地得如來地維摩經偈云智度菩薩母方便以爲父一切衆導師無不由是生法喜以爲妻慈悲心爲女善心誠實男畢竟空寂舍弟子衆塵勞隨意之所轉道品善知識由是成正覺諸度法等侶四攝衆妓女歌詠誦法言以此爲音樂總持之園苑無漏法林樹覺意淨妙華解脫智慧果八解之浴池定水湛然滿布以七淨華浴此無垢人象馬五通馳大乘以爲車調御以一心遊於八正路相具以嚴容衆好飾其姿慚愧之上服深心爲華鬘富有七財寶教授以滋息如所說修行迴向爲大利四禪爲牀座從於淨命生多聞增智慧以爲自覺音甘露法之食解脫味爲漿淨心以澡浴戒品爲塗香摧滅煩惱賊勇健無能踰降伏四種魔勝幡建道場崇福疏云實德內資長養如母方便外攝慶生稱父內證深法悅已智心喜樂盈懷故名爲妻肇師云慈悲之心虛而外適其性柔弱遂物不違故如女也善心力大滅惡盡原眞諦相應故名爲男所證二空之理爲其舍宅外障六塵風雨內去三毒之蟲又有非眞妻時復暫遊空爲理宗以爲常宅故云畢竟空寂舍能轉塵勞衆生以成佛法昔無明郎主恩愛魔王今化令隨道名爲弟子故云弟子衆塵勞隨意之所轉乃至三十七品之知識六度萬行之法侶爲眞實道畔助成菩提四攝廣被令人喜悅如妓女讚誦法言令人受味如音樂以總持爲苑能攝諸法以無漏爲林能除熱惱以七覺淨妙之華成八解智慧之果湛然定水恒開覺華用一乘爲車五通爲馬御之以一心遊行八正道乃至妙相嚴容衆好飾體慚愧爲服深心爲鬘具七聖之財踞四禪之座入多聞寶藏從淨命而生飲解脫一味之漿得甘露究竟之食破八萬煩惱成五分法身降四種魔軍圖三菩提道若主若伴若因若緣皆是宗鏡卷舒心之體用未曾一法建立從外而生天台淨名疏問那忽處處對法門約觀心作如此等說佛意必如此也荅曰若言經中無對法門解釋義者此經佛道品普現色身菩薩問維摩詰言居士父母妻子親戚眷屬等悉爲是誰大士偈荅言智度菩薩母等淨名既是在家菩薩何容無有父母妻子家宅而不依事荅悉約內行法門荅者當知諸佛菩薩不起道法現凡夫事雖現凡事皆內表道法也如佛般涅槃處在雙樹四枯四榮豈可直作樹木之解且如來誠說皆表半滿枯榮今在毗耶庵羅樹園欲說不思議解脫法門不捨道法現迹同凡住毗耶離豈不表極地所住法門也華嚴經明十城十園豈止是世間城園也此經下文菩薩行品云諸佛威儀有所進止無非佛事何得俱作事解都不尋思諸佛菩薩不思議教善權秘密表發之事又法華經云欲說是經應入如來室著如來衣坐如來座如來室者乃是大慈悲心如來衣者即是柔和忍辱如來座者即是一切法空問曰華嚴頓教大乘可得約行明諸法門此方等經及小乘教何得亦約觀行明義荅曰此經既云諸佛解脫當於衆生心行中求若不約觀行豈稱斯文若不以毗耶離菴羅樹園對諸法門則不得約觀心解釋何得於衆生心行中求諸佛解脫若不於

心行求解脱者云何得住不思議解脱若不住不思議解脱云何於一毛孔見諸佛土變現自在如不思議品所明也復云何得如法華經明身根清淨一切十方國土皆於身中現又豈得如華嚴經頌說無量諸世界悉從心緣起無量諸佛國皆於毛孔現也如所問言小乘不得約觀心解釋者何故聲聞經中佛爲牧牛人說十一法皆一一內合比丘觀心如是等例豈非方等及三藏經對諸法門觀心明義也故知了義教不了義教皆是了義以唯一心故所以云圓機對教無教不圓理心涉事無事非理又云根羸則法劣器廣則道圓故　問此宗玄與性自天真非生因之所生唯了因之所了云何廣述諸有差別行門　荅夫妙達殊倫則法法齊旨巧通異道乃物物咸如夫言了因者乃是於眞心中性德顯了故名了因生因者亦是信心中能生六度萬行故名生因生了俱心理行非外若不了此取捨萬端纔入斯宗自無高下夫三界之有是菩提之用本末相稱空有融通豈同斷介之無塊然之有如大智度論云空有二種一者善空熾然修一切行而了性空二者惡空恣行惡法而欲撥令空今論不可得空此空不離諸法諸法不離此空當知一切法趣空如瓶處空十方界空不異瓶空故十方空皆趣瓶空華嚴論云若也但修空無想法身即於智不能起用若但一向生想不見無相法身即純是有爲又云如是大悲如是智慧如是萬行皆爲長養初發心住初生佛家之智慧大悲令慣習自在故時亦不改

法亦不異智亦不遷猶如竹篁依舊而成初生與終無有麁細亦如小兒初生而後長爲大無異太也是知差別行門皆入畢竟空中無有分別如龍樹菩薩問曰若菩薩知佛是福田衆生非福田是非菩薩法菩薩以何力故能令佛與畜生等荅曰菩薩以般若波羅蜜力故一切法中修畢竟空心是故於一切法無分別如畜生五陰十二入十八界和合生名爲畜生佛亦如是從諸善法和合假名爲佛若人憐愍衆生得無量福德於佛著心起諸惡因緣得無量罪是故知一切法畢竟空故不輕畜生不著心貴佛復次諸法實相是一切法無相是無相中不分別是佛是畜生若分別即是取相是故等觀故經偈云一切諸法中皆以等觀入大法炬經云涅槃義者本來自有非人所爲故名涅槃又眞涅槃者所謂一切世間乃至若有若無如是一切悉名涅槃若取相分別則非涅槃是以若見一法異則失唯心第一義門便成魔事故大集經云於衆生生異想是爲魔業猒有爲功德是爲魔業故天台淨名疏云住此觀心不見慳相施相而能慈悲利益衆生所有財物拯濟貧乏與諸福業供養三尊修故造新隨喜獎善若是長者一村行施因施說法是則一村貧民四衆受施之徒感恩慕德非但歸心受化慳悋之心漸漸微薄亦復學是施主捨財修福也若在一縣令長官司住正觀心所有資財能如是財施法施者則一縣貧民四衆受施之徒皆亦歸心受化慳心自然休息捨財修福利益興顯乃至一管一國人主

宫僚天王帝主住正觀心不見慳施所有資財慈愛貧民恩惠分施因爲善巧說四教法州管國內所有貧民四衆荷恩慕德敬仰歸心承事親近受道因是慳心漸薄皆能惠施修諸福業轉相教化行恩布德正道居懷是則諸州諸管舉國人民有善有惡有智有道譬如一燈然百千燈本燈光然餘燈徧滿冥者皆明明終不絕是爲四衆長者官司國主住檀波羅蜜無盡燈法門攝一切衆生也是諸所攝衆生未來在家出家還爲眷屬或爲親戚或爲臣民或爲弟子同生淨土依報巍巍七珍無量值佛聞經道心開發是諸施主若得無生法忍住不思議解脱昔布施所攝衆生得道時至是諸施主即於有因緣之國示成正覺昔布施所攝衆生皆來其國一切能捨修三乘道若聞法華開佛知見之說即同入大乘乘此寶乘遊於四方嬉戲快樂此即淨名大士何處更往毗耶離別覓維摩詰耶故知若能了此眞如一心無盡之理則一切六度四攝萬行皆無有盡轉示他心亦同無盡乃至重重涉入遞出無窮如無盡燈布影分光徧周法界非唯淨名是我實乃千聖同儔純行救度之心則觀音出現常運大慈之意則彌勒下生乃觸途皆證法門寓目盡成願海高低嶽瀆共轉根本法輪大小鱗毛普現色身三昧是以從體起用用自徧周以性成行行無邊際如還原觀從自性之體分其二用一海印森羅常住用謂眞如本覺也妄盡心澄萬像齊現猶如大海因風起浪若風止浪息海水澄清無像不現二法界圓明

自在用即華嚴三昧也謂廣修萬行稱理成德普周法界而證菩提何故分其二用前海印用是本用亦名理行亦名性德後華嚴用是修成亦名事行亦名修德此二相假成其大用謂因修顯性以性成修若無性修亦不成若無修性亦不顯是以離性無修離修無性故云萬法顯必同時一際理無前後斯則二而不二又不二而二何者以海印用本具是所現謂眞如自性有徧照法界義故華嚴用是能現以修成契理能成萬行故能所有異本末似分則非一非異能成妙行　問既以心爲宗教中云何又說破色心論且何心可宗何心可破　答心有二種一隨染緣所起妄心而無自體但是前塵逐境有無隨塵生滅唯破此心雖云可破而無所破以無性故百論破情品云譬如愚人見熱時焰妄生水想逐之疲勞智者告言此非水也爲斷彼想不爲破水如是諸法自性空衆生取相故著爲破是顚倒故言破實無所破二常住眞心無有變異即立此心以爲宗鏡識論云心有二種一相應心謂無常妄識虛妄分別與煩惱結使相應二不相應心所謂常住第一義諦古今一相自性清淨心今言破者是相應心不相應心立爲宗本是以一切自行履踐之路無邊化他方便之門皆以心爲本本立而道生萬法浩然宗一無相欲舉一藏諸指鹹知海者即此常住不動眞心也　問衆生覺性天眞自然何假因緣文義開柝本自無瘡勿傷之也　答若執此性決定是自然者應須現推有自然之理且如本性以何法爲自體如首楞嚴經云佛告阿難我今如是開示方便眞實告汝汝猶未悟惑爲自然自須甄明有自然體汝且觀此妙明見中以何爲自此見爲復以明爲自以暗爲自以空爲自以塞爲自阿難若明爲自應不見暗若復以空爲自體者應不見塞如是乃至諸暗等相以爲自者則於明時見性斷滅云何見明故知恒常之性不逐緣生若隨明暗幻化之法以爲自體者明暗等法緣散之時此性應隨斷滅　問本性既非自然應是因緣之性　答此性若是因緣爲體者今推以何法爲因何法爲緣應須確定眞實體性如經云阿難言必此妙見性非自然我今發明是因緣性心猶未明諮詢如來是義云何合因緣性佛言汝言因緣吾復問汝汝今因見見性現前此見爲復因明有見因暗有見因空有見因塞有見阿難若因明有應不見暗如因暗有應不見明如是乃至因空因塞同於明暗復次阿難此見又復緣明有見緣暗有見緣空有見緣塞有見阿難若緣空有應不見塞若緣塞有應不見空如是乃至緣明緣暗同於空塞當知如是精覺妙明非因非緣亦非自然非不自然無非不非無是非是離一切相即一切法汝今云何於中措心以諸世間戲論名相而得分別如以手掌撮摩虛空只益自勞虛空云何隨汝執捉阿難白佛言世尊必妙覺性非因非緣世尊云何常與比丘宣說見性其四種緣所謂因空因明因心因眼是義云何佛告阿難我說世間諸因緣相非第一義阿難吾復問汝諸世間人說我能見云何名見云何不見阿難言世人因於日月燈光見種種相名之爲見若復無此三種光明則不能見阿難若無明時名不見者應不見暗若必見暗此但無明云何無見阿難若在暗時不見明故名爲不見今在明時不見暗相還名不見如是二相俱名不見若復二相自相陵奪非汝見性於中暫無如是則知二俱名見云何不見是故阿難汝今當知見明之時見非是明見暗之時見非是暗見空之時見非是空見塞之時見非是塞四義成就汝復應知見見之時見非是見見猶離見見不能及云何復說因緣自然及和合相汝等聲聞狹劣無識不能通達清淨實相吾今誨汝當善思惟無得疲怠妙菩提路故知說因緣自然皆屬世間言論談有無眞俗悉是分別識心當見性之時豈留觀聽在發明之際焉落言思　問此妙明性既非因緣自然則無有一法不從和合而生如無所證之眞如何由發能證之妙智則境智和合能成見性　答若智外有眞如則可爲所證眞如外有智則可爲能證今智外無如如外無智欲將何法以爲和合非和合耶如經云佛告阿難汝雖先悟本覺妙明性非因緣非自然性而猶未明如是覺元非和合生及不和合阿難吾今復以前塵問汝汝今猶以一切世間妄想和合諸因緣性而自疑惑證菩提心和合起者則汝今者妙淨見精爲與明和爲與暗和爲與通和爲與塞和若明和者且汝觀明當明現前何處雜見見相可辯雜何形像若非見者云何見明若即見者云何見見必

見圓滿何處和明若明圓滿不合見和見必異明雜則失彼性明名字雜失明性和明非義彼暗與通及諸群塞亦復如是復次阿難又汝今者妙淨見精爲與明合爲與暗合爲與通合爲與塞合若明合者至於暗時明相已滅此見即不與諸暗合云何見暗若見暗時不與暗合與明合者應非見明既不見明云何明合了明非暗彼暗與通及諸群塞亦復如是阿難白佛言世尊如我思惟此妙覺元與諸緣塵及心念慮非和合耶佛言汝今又言覺非和合吾復問汝此妙見精非和合者爲非明和爲非暗和爲非通和爲非塞和若非明和則見與明必有邊畔汝且諦觀何處是明何處是見在見在明自何爲畔阿難若明際中必無見者則不相及自不知其明相所在畔云何成彼暗與通及諸群塞亦復如是又妙見精非和合者爲非明合爲非暗合爲非通合爲非塞合若非明合則見與明性相乖角如耳與明了不相觸見且不知明相所在云何甄明合非合理彼暗與通及諸群塞亦復如是乃至佛告富樓那汝雖除疑餘惑未盡吾以世間現前諸事今復問汝汝豈不聞室羅城中演若達多忽於晨朝以鏡照面愛鏡中頭眉目可見瞋責己頭不見面目以爲魑魅無狀狂走於意云何此人何因無故狂走富樓那言是人心狂更無他故佛言妙覺明圓本圓明妙既稱爲妄云何有因若有所因云何名妄自諸妄想展轉相因從迷積迷以歷塵劫雖佛發明猶不能返如是迷因因迷自有識迷無因妄無所依尚無有生欲何爲滅得菩提者如寤時人說夢中事心縱精明欲何因緣取夢中物況復無因本無所有如彼城中演若達多豈有因緣自怖頭走忽然狂歇頭非外得縱未歇狂亦何遺失富樓那妄性如是因何爲在汝但不隨分別世間業果衆生三種相續三緣斷故三因不生則汝心中演若達多狂性自歇歇即菩提勝淨明心本周法界不從人得何藉劬勞肯綮修證乃至佛告阿難即如城中演若達多狂性因緣若得滅除則不狂性自然而出因緣自然理窮於是阿難演若達多頭本自然本自其然無然非自何因緣故怖頭狂走若自然頭因緣故狂何不自然因緣故失本頭不失狂怖妄出曾無變易何藉因緣本狂自然本有狂怖未狂之際狂何所潛不狂自然頭本無妄何爲狂走若悟本頭識知狂走因緣自然俱爲戲論是故我言三緣斷故即菩提心菩提心生生滅心滅此但生滅滅生俱盡無功用道若有自然如是則明自然心生生滅心滅此亦生滅無生滅者名爲自然猶如世間諸相雜和成一體者名和合性非和合者稱本然性本然非然和合非合合然俱離離合俱非此句方名無戲論法菩提涅槃尚在遙遠釋曰若悟本頭識知狂走因緣自然俱爲戲論者若實發明悟了本頭一靈真性非動非靜非得非失非生非滅非合非離則知無始已來三界伶俜六趣狂走是迷是倒是妄是虛皆是情想結成識心鼓動則知本覺真性非因非緣亦非自然非不自然非和非合非不和合盡成戲論悉墮邪思且無住真心豈存名相及與處所若欲以識心量度句義詮量而求真實者如繫風捕影理可然乎所以祖師云非自然非因緣妙中之妙玄中玄森羅萬像光中現尋之不見有抵原如上剖拆此爲未識本頭不知狂走之人令離句絕非言思道斷此方始除世間分別戲論之法於自見性大道之中尚猶賒遠應須親到不俟更言似鏡照容直須心眼相似如人飲水方能冷煖自知故云唯證乃知難可測未到之者徒自狂迷　問法門無量皆有破執顯道之功何故偏讚一心以爲綱骨荅此是起惑之初發真之始迷悟之本染淨之由故云至妙靈通目之曰道則心外無道道外無心微妙甚深凡小非分菩薩分知唯佛窮了以彼二乘但覺四住不了無明故此無明所起之識非其境也菩薩十信之初創發心時即觀本識自性緣起因果之體得成正信攝論云菩薩初起應先觀諸法如實因緣此之謂也如實因緣莫非一心本識斯則發真之始也起信論云以不覺一法界故心不相應無明分別生諸染心一法界者即無二真心爲一法界此非算數云一謂如理虛融平等不二故稱爲一斯則起惑之初也又因不識無明作衆生了此無明成諸佛斯則迷悟之本也又一法界舉體全作生滅門舉體全作真如門順法界則出離解脫違法界則繫縛輪迴斯乃染淨之由也是以千聖仰之爲母爲師群賢歸之如王如導諸經綱骨萬法指南撮要言之罔逃於茲矣故經云心爲法本心作天堂心作地獄若離衆生心更

有何眞俗等事以一切法但如影響故如向居士云影由形起響逐聲來弄影勞形不知形是影本揚聲止響不識聲是響根除煩惱身而求涅槃者喻去形而覓影離衆生心而求佛道者喻默聲而尋響故知迷悟一途愚智非別無名作名因其名則是非生矣無理作理因其理則諍論起矣幻作非眞誰非誰是虛妄非實何有何空將知得無所得失無所失矣故知但了一心則萬法皆寂如華嚴經解脫長者告善財言我若欲見安樂世界阿弥陁如來隨意即見我若欲見栴檀世界金剛光明如來妙香世界寶光明如來蓮華世界寶蓮華光明如來妙金世界寂靜光如來妙喜世界不動如來善住世界師子如來鏡光明世界月覺如來寶師子莊嚴世界毗盧遮那如來如是一切悉皆即見然彼如來不來至此我身亦不往詣於彼知一切佛及與我心悉皆如夢知一切佛猶如影像自心如水知一切佛所有色相及以自心悉皆如幻知一切佛及以已心悉皆如響我如是知如是憶念所見諸佛皆由自心善男子當知菩薩修諸佛法淨諸佛刹積集妙行調伏衆生發大誓願入一切智自在遊戲不可思議解脫之門得佛菩提現大神通徧往一切十方法界以微細智普入諸劫如是一切悉由自心是故善男子應以善法扶助自心應以法水潤澤自心應於境界淨治自心應以精進堅固自心應以忍辱坦蕩自心應以智證潔白自心應以智慧明利自心應以佛自在開發自心應以佛平等廣大自心應以佛十

力照察自心踪釋云心該萬法謂非但一念觀佛由於自心菩薩萬行佛果體用亦不離心亦去妄執之失謂有計云萬法皆心任之是佛驅馳萬行豈不唐勞今明心雖即佛又翳塵勞故以萬行增修令其瑩徹但說萬行由心不說不修爲是又萬法即心修何礙心故云卷舒變化唯心所在壽夭得喪唯心所宰故詩三百一言可蔽矣教五千一心能貫之實入道之要津修行之玄鏡實謂深談佛旨妙達眞空低頭舉手而盡入圓因發念興心而皆同本果掘凡夫之乾土見諸佛之水泉抽二乘之焦芽結常樂之果實變毒藥而成甘露轉酥酪而作醍醐定父子而全付家珍拂權迹而頓開寶藏今宗鏡所錄唯窮祖佛正宗若欲見道修行無出自身心之内如華嚴經頌云身爲正法藏心爲無礙燈照了諸法空名曰度衆生故知身爲法聚無一法出我身田心爲慧光無一智離我心海若迷之者則身爲苦聚病原心作無明怨賊先須察所治過患之迹方立能治功德之門則一切衆生所造過愆莫越身心若欲對治唯戒以慧若修身戒則戒急而妙行成若修心慧則乘急而眞性顯故得乘戒兼急理行俱圓正助相資方入宗鏡内外朗鑒一道清虛如大涅槃經云復次不修身者不能觀身雖無過咎而常是怨善男子譬如男子有怨常逐伺求其便智者覺已繫心愼護若不愼護則爲所害一切衆生身亦如是常以飲食冷煖將養若不如是將護守愼即當散壞善男子如婆羅門奉事火天常以香華讚歎禮拜供

養奉事期滿百年若一觸時尋燒人手是火雖得如是供養終無一念報事者恩一切衆生亦復如是雖於多年以好香華瓔珞衣服飲食卧具病瘦醫藥而供給之若遇内外諸惡緣即時滅壞都不憶念往日供給衣服之恩善男子譬如有王畜四毒蛇置之一篋以付一人仰令瞻養是四蛇中憢一生嗔則能害人是人恐怖常求飲食隨時守護一切衆生四大毒蛇亦復如是若一大嗔則能壞身善男子如人久病應當至心求覓療治若不勤求必死不疑一切衆生身亦如是常應攝心不令放逸若放逸者則便滅壞善男子譬如坏瓶不耐風雨打擲推壓一切衆生身亦如是不耐飢渴寒熱風雨打繫惡罵善男子如癰未熟常當善護不令人觸設有觸者則大苦痛一切衆生身亦如是善男子如騾懷姙自害其軀一切衆生身亦如是内有風冷身則受苦善男子譬如芭蕉生實則枯一切衆生身亦如是善男子亦如芭蕉内無堅實一切衆生身亦如是善男子如蛇鼠狼各各相於常生怨心衆生四大亦復如是善男子譬如鵄王不樂塚墓菩薩亦尒於身塚墓亦不貪樂善男子如栴陀羅七世相繼不捨其業是故爲人之所輕賤是身種子亦復如是種子精血究竟不淨以不淨故諸佛菩薩之所輕訶善男子是身不如摩羅耶山生於栴檀亦不能生優鉢羅華分陀利華瞻婆羅華摩利迦華婆師迦華九孔常漏膿血不淨生處臭穢醜陋可惡常與諸蟲共在一處善男子譬如世間雖有上妙清淨園林死屍至中則

爲不淨衆共捨之不生愛著色界亦尒雖復
淨妙以有身故諸佛菩薩悉共捨之善男子
若有不能作如是觀不名修身不修戒者善
男子若不能觀戒是一切善法梯隥亦是一
切善法根本如地悉是一切樹木所生之本
戒是諸善根之導首也如彼賈主導諸賈人
戒是一切善法勝幢如天帝釋所立勝幢戒
能永斷一切惡業及三惡道能療惡病猶如
藥樹戒是生死險道資糧戒是摧結惡賊鎧
仗戒是滅結毒蛇良呪戒是度惡業行橋梁
若有不能如是觀者名不修戒不修心者不
能觀心輕躁動轉難捉難調馳騁奔逸如大
惡象念念迅速如彼電光躁擾不住猶如獼
猴如幻如燄乃是一切諸惡根本五欲難滿
如火獲薪亦如大海吞受衆流如曼陀山草
不滋多不能觀察生死虛妄耽惑致患如魚
吞鉤常先引導諸業隨從猶如貝母引導諸
子貪著五欲不樂涅槃如駝食蜜乃至於死
不顧芻草深著現樂不觀後過如牛貪苗不
懼杖捶馳騁周徧二十五有猶如疾風吹兜
羅毦所不應求求無厭足如無智人求無熱
火常樂生死不樂解脫如稔婆蟲樂稔婆樹
迷惑愛著生死臭穢猶如獄囚樂獄卒女亦
如廁猪樂處不淨若有不能如是觀者名不
修心不修慧者不觀智慧有大勢力如金翅
鳥能壞惡業壞無明暗猶如日光能拔陰樹
如水漂物焚燒邪見猶如猛火慧是一切善
法根本佛菩薩母之種子也若有不能如是
觀者名不修慧乃至若有修集身戒心慧如
上所說能觀諸法同如虛空不見智慧不見
智者不見愚癡不見愚者不見修集及修集
者是名智者如是之人則能修集身戒心慧
是人能令地獄果報現世輕受是人設作極
重惡業思惟觀察能令輕微作是念言我業
雖重不如善業譬如氎華雖復百斤終不能
敵真金一兩如恒河中投一升鹽水無鹹味
飲者不覺如巨富者雖多負人千萬寶物無
能繫縛令其受苦如大香象能壞鐵鎖自在
而去智慧之人亦復如是然上雖觀身不淨
爲破凡夫執此毒身以爲苦本不種菩提之
果唯陷五欲之泥不能自利兼他所以訶破
若乃假茲業迹以續正因不入煩惱大海之
中難求覺寶非處塵勞糞壤之地奚生淨華
是以華嚴經云不厭生死苦方成普賢行又
如大寶積經云佛告優波離聲聞乘人乃至
不應起於一念更受後身是名聲聞持清淨
戒然於菩薩名大破戒乃至菩薩摩訶薩修
行大乘能於無量阿僧祇劫堪忍受身不生
厭患是名菩薩持清淨戒於聲聞乘名大破
戒今宗鏡所錄總諸大乘經了義妙旨只爲
悟宗行菩薩道故闡觀音普門之慧迹任方
圓入普賢無盡之宗運心無際

宗鏡錄卷第三十二

音義　二卷

浣 反水 澀 莫反 緄 子滌 濾 中也 湛 從咸
庵 反 牧 莫也 贏 力也 奧 良月
僚 反 墁 拯 恬
甑 礱 詢 措 儔 反投

軍

褓 也 魑 魅 勍 縈 反
伶 侼 伺 捕 臉
壓 騾 姙 鎧 坏
繼 朧 蒻 耗
迅 駹 壙 翅 捻

丁未歲分司大藏都監彫造

宗鏡録卷第三十二

校勘記

一 底本，麗藏本。

一 四〇七頁中二五行第六字「畔」，南、徑、清作「伴」。

一 四〇八頁下七行第一〇字「燈」，南作「然」。

一 四〇八頁下一一行「淨上」，磧、南、徑、清作「淨土」。

一 四〇八頁下二七行第一一字「觀」，南作「體」。

一 四〇九頁中二五行第一六字「只」，徑作「秖」。

一 四〇九頁中二八行第四字「其」，磧、南、徑、清作「具」。

一 四一一頁上三行「形是影本」，磧、南、徑、清作「形之是影」。

一 四一一頁上二七行第八字「於」，徑作「以」。

一 四一一頁中七行第一二字「殀」，徑作「夭」。

一 四一一頁下七行「瞻養」，磧、南、徑、清作「贍養」。

一 四一二頁上一六行第一二字「睆」，磧、南、徑、清作「耽」。

宗鏡錄卷第三十三　車

慧日永明寺主智覺禪師延壽集

夫道無可修法無可問纔悟大旨萬事俱休故云言語道斷心行處滅既云宗鏡何乃廣引身戒心慧之文法華經云三藏學者尚不許親近既違大乘之經教何成後學之信門答經中所斥三藏學者即是小乘戒定慧戒則但持身口斷四住枝葉之病苗定則形同枯木絕現外威儀之妙用慧則唯證偏空失中道不空之圓理故稱貧所樂法墮下劣之乘爲淨名所訶是愚人之法今此圓宗定慧尚不同大乘初教無相之空及大乘別教偏圓之理豈與三藏灰斷定慧之所論乎此宗鏡錄戒定慧乃至一事一行一一皆入法界具無邊德是無盡宗趣性起法門無礙圓通實不思議如台教云如鏡有像瓦礫不現中具諸相但空即無微妙淨法身具相三十二觀和尚云凡聖交徹即凡心而見佛心理事雙修依本智而求佛智古德釋云禪宗失意之徒執理迷事云性本具足何假修求但要亡情即真佛自現法學之輩執事迷理何須孜孜修習理法合之雙美離之兩傷理行雙修以彰圓妙休心絕念名理行興功涉有名事行依本智者本覺智此是因智此虛明不昧名智成前理行亡情顯理求佛智者即無障礙解脫智此是果智約圓明決斷爲智成前事行以起行成果故此則體性同故所以依之相用異故所以求之但求相用不求體性前亡情理行即是除染緣起以顯體性興功事行即是發淨緣起以成相用無相宗云如上所說相用可然但依本智情亡則相用自顯以本具故何須特爾起於事行圓宗云性詮本具亡情之時但除染分相用自顯真體若無事行彼起淨分相用無因得生如金中雖有衆器除礦但能顯金若不施功造作無因得成其器豈金出礦已不造不作自然得成於器若亡情則不假事行佛令具修豈不虛勞學者是以八地已能離念佛勸方令起於事行知由離念不了所以經頌云法性真常離心念二乘於此亦能得不以此故爲世尊但以甚深無礙智七勸皆是事行故是知果佛須性相具足因行必須事理雙修依本智如得金修理行如去礦修事行如造作求佛智如成器也又華嚴演義云若執禪者則依本智性無作無修鏡本自明不拂不瑩若執法者須起事行求依他勝緣以成已德並爲偏執故辯雙行依本智者約理無漏智性本具足故而求佛智者約事無所求中吾故求之心鏡本淨久翳塵勞恒沙性德並埋塵沙煩惱是故須以隨順法性無慳貪等修檀等六波羅蜜故諸佛已證我未證故又理不礙事不妨求故事不礙理求無求故若此之修修即無修爲真修矣如上開示本末無遺理備行周因圓果滿可謂其車高廣又多僕從而侍衛之方能入此一乘歸於宗鏡若初心入已須冥合真空唯在心行非從口說直下步步著力念念相應如大死人永絕餘想若非懇志爲稱丈夫但有虛言終成自誑如天台拾得頌云東陽海水清水清復見底靈源流法泉斫水刀無痕我見頑愚士燈心拄須彌寸樵煮大海足抹大地石蒸砂成飯無磨甎將爲鏡說食終不飽直須著力行悏悏大丈夫堂堂六尺士枉死埋塚下可惜孤標物龐居士詩云讀經須解義解義即修行若依了義學即入涅槃城如其不解義多見不如盲尋文廣占地心牛不肯耕田田總是草稻從何處生故知須在心行忍力成就忍有二種一生忍二法忍若於法忍觀行易成以了唯心故內外平等如大智度論云法忍者於內六情不著於外六塵不受能於此二不作分別何以故內相如外外相如內二相俱不可得故一相故因緣合故其實空故一切法相常清淨故何謂一切法相常清淨以同遵一道故所以華嚴疏云一道甚深者亦名一乘佛佛皆同一真道故佛佛所乘同觀心性萬行齊修自始至終更無異徑故爲一道　問真心常住徧一切處者即萬法皆真云何而有四時生滅　答了真心不動故則萬法不遷即常住義若見萬法遷謝皆是妄心以一切境界唯心妄動心若不起外境本空以從識變故若離心識則尚無一法常住豈況有萬法遷移　問如今現見物像榮枯時景代謝如何微細披剝明見不遷之旨　答但當見性自斷狐疑余曾推窮似信斯理不遷論云旋嵐偃嶽而常靜江河競注而不流野馬飄鼓而不動日月歷天而不周疏云前風非後風故偃嶽而常靜前水非後水故競注而不流前氣非後氣故飄鼓而不動前日非後日故歷天而不周鈔云然自體念念不同則初一念起時非第二念時乃至最後

吹著山時非初起時則無前念風體定從彼來吹其山也且山從初動時以至倒卧地時其山自體念念不同則初一念動時非第二念動時乃至最後著地時非初動時則無初動山體定從彼來至著地時斯皆風不至山嶽不著地雖旋嵐偃嶽未曾動也以此四物出為遷動然雖則倒嶽歷天皆不相知相到念念自住各各不遷且如世間稱大莫過四大四大中動莫越風輪以性推之本實不動如義海云鑒動寂者為塵隨風飄颺是動寂然不起是靜而今靜時由動不滅即全以動成靜也今動時由靜不滅即全以靜成動也由全體相成是故動時正靜靜時正動亦如風本不動能動諸物若先有動則失自體不復更動今觀此風周徧法界湛然不動寂爾無形推此動由皆從緣起且如密室之中若云有風風何不動若云無風遇緣即起或徧法界拂則滿法界生故知風大不動屬諸緣若於外十方虛空中設不因人拂或自起時亦是龍屬鬼神所作以鬼神屬陰至晚則風多故乃至劫初劫末成壞之風並因衆生業感世間無有一法不從緣生緣會則生緣散則滅若執自然生者只合常生何得繫緣不定動靜無恒故知悉從緣起又推諸緣和合成事各各不有和合亦無緣緣之中俱無自性但是心動反推自心心亦不動以心無形故起處不可得即知皆從眞性起眞性即不起方見心性徧四大性體合眞空性無動靜以因相彰動因動對靜動相既無靜塵亦滅故首楞嚴經云性風眞空性空眞風又不遷之宗豈離動搖之境無生之旨匪越生滅之門故金剛三昧經云因緣所生義是義滅非生滅諸生滅義是義生非滅是以起恒不起不起恒起如此通達不落斷常可正解一心不遷之義矣如先德云夫物性無差悟即眞理眞即不變物自湛然常情所封於不動中妄以為動道體淵默語路玄微日用而不知者物不遷也事像可觀稱之為物物體各住故號不遷不遷故隨流湛然清淨為物故與四像而所相依故知無生不生無形不形處性相而守一者其為不遷論焉所以不遷論云是以如來因群情之所滯則方言以辯惑乘莫二之眞心吐不一之殊教乖而不可異者其唯聖言乎故談眞有不遷之稱導俗有流動之說雖復千途異唱會歸同致矣而徵文者聞不遷則謂昔物不至今聆流動者而謂今物可至昔既曰古今而欲遷之者何耶是以言往不必往古今常存以其不動稱去不必去謂不從今至古以其不來不來故不馳騁於古今不動故各性住於一世然則群籍殊文百家異說苟得其會豈文言能惑之哉是以人之所謂住我則言其去人之所謂去我則言其住然則去住雖殊其致一也故經云正言似反誰當信者斯言有由矣何者人則求古於今謂其不住吾則求今於古知其不去今若至古古應有今古若至今今應有古今而無古以知不來古而無今以知不去若古不至今今亦不至古事各性住有何物而可去來然則四像風馳旋璣電卷得意毫微雖速而不轉也是以如來功流萬世而常存道通百劫而彌固成山假就於始簣脩途託至於初步者果以功業不可朽故也功業不可朽故雖在昔而不化不化故不遷不遷故則湛然矣故經云三災彌綸而行業湛然信其言也何者夫業不俱因因因而果因而果因昔不滅果不俱因因不來今不滅不來則不遷之致明矣復何惑於去留踟躕於動靜之間哉然則乾坤倒覆無謂不靜洪流滔天無謂其動若能契神於即物斯不遠而可知矣古釋云前言古今各性住於一世不相往來者則壯老不同一色定為嬰兒無匍匐時乃至老年則無相續失親屬法無父無子應唯嬰兒得父餘則匍匐老年不應有分則前功便失有斷滅過從此便明功流始簣初步因果等相續不失不斷不常不一不異不來不去故圓正不遷理也乘莫二之眞心吐不一之殊教者諸聖依一心之正宗退機演差別之教跡雖九流八教不等而不遷一念無虧故云雖千途異唱會歸同致矣而隨文迷旨者但執權門生滅之言妄見世相去來之事因此以為流動隨境輪迴殊不知生死去來畢竟無性所以中觀論破三時無去一已去無去者去法已謝二未去無去者去法未萌三去時無去者正去無住又以去者去法二事俱無若無去者即無去法亦無方所去者即是人以法因人致離人無有法離法無有人故鈔云觀方知彼去去者不至方者明三時無去來以辯不遷也如人初在東方卓立不動即名未去未去故未去不得名為去若動一步雖本立處反望本立

處名已去已去故已去不得名爲去惑人便
轉計云動處則有去此中有去時非已去未
去是故去時去龍樹便以相待破云若有已
去未去則有去時若無已去未去則無去時
故偈云離已去未去去時亦無去如因兩邊
短有中間長若無兩邊短即無中間長也肯
目即以相違破何者去時者謂半去半來去
名曰去時則一法中有二體相違去義不成
是故去時亦無去故偈云已去無有去未去
亦無去離已去未去去時亦無去也如一人
從東方行至西方時望其從東至西如以有
去故言知彼去然步步中三時無去則無去
法既無去法即無去人從此至彼故言去者
不至方也去者謂人也已上一經一論皆明
三時無去以標宗辯不遷也此來去因果不
遷即會中道八不意也如論偈云不生亦不
滅不常亦不斷不一亦不異不來亦不去能
說是因緣善滅諸戲論我稽首禮佛諸說中
第一今以因果會釋八不義言不生者如二
十時爲因三十時爲果若離二十有今三十
可言有生若離二十則三十不可得是故不
生故中論云離劫初穀今穀不可得是故不
生不滅者則二十時不無故不滅若二十時
滅今不應有三十時中論云若滅今應無穀
而實有穀是故不滅也不常者則三十時無
二十時是故不常中論云如穀芽時種則變
壞是故不常不斷者因二十有三十相續是
故不斷中論云如從穀有芽是故不斷若斷
不應相續不一者二十不與三十同體各性
而住故不一中論云如穀不作芽芽不作穀
是故不一不異者不離二十有三十若二十
姓張三十不異中論云若異何故分別穀芽
穀莖穀葉是故不異不來者二十不至三十
時是故不來不出者二十時當處自寂不復
更生故不出也達此理者則離一切戲論契
會中道則真諦矣是知於真諦中無一法可
得豈有去來如大涅槃經云爾時世尊問彼
菩薩善男子汝爲到來爲不到來瑠璃光菩
薩言世尊到亦不來不到亦不來我觀是義
都無有來世尊諸行若常亦復不來若是無
常亦無有來若人見有衆生性者有來不來
我今不見衆生定性云何當言有來不來有
憍慢者見有去來無憍慢者則無去來有取
行者見有去來無取行者則無去來若見如
來畢竟涅槃則有去來不見如來畢竟涅槃
則無去來不聞佛性則有去來聞佛性者則
無去來般若燈論問彼爲已行名初發爲未
行名初發爲行時名初發耶三皆不然如偈
曰已去中無發未去亦無發去時中無發何
處當有發釋曰已去中無發者謂去作用於
彼已謝故未去亦無發者謂未行無去去則
不然去時中無發者謂已去未去等皆無去
義云何可說去時有去如是三種俱無初發
是故偈言何處當有發又偈云無已去未去
亦無彼去時於無去法中何故妄分別釋云
妄分別者如瞖目人於虛空中或見毛髮蠅
等皆無體故又偈云是故去無性去者亦復
然去時及諸法一切無所有又偈云未滅法
不滅已滅法不滅滅時亦不滅無生何等滅
釋曰第一句者以滅空故譬如住第二句者
如人已死不復更死第三句者離彼已滅及
未滅法更無滅時有俱過故是故定知滅時
不滅第四句者其義云何一切諸法皆不生
故言無生者生相無故無生有滅義則不然
如石女兒乃至復次汝言滅者爲有體滅耶
爲無體滅耶二俱不然如偈曰法若有體者
有則無滅相釋曰以相違故譬如水火由如
是故偈曰一法有有無於義不應爾復次偈
曰法若無體者有滅亦不然如無第二頭不
可言其斷是以既無來去之法亦無住止之
時以因法明時亦因時辯法法既無有時豈
或耶如中觀論偈云時住不可得時去亦叵
得時若不可得云何說時相因物故有時離
物何有時物尚無所有何況當有時釋曰如
上引證直指世間皆即事辯真從凡見道目
前現證可以絕疑去法既然乃至六趣輪迴
四時代謝皆是不遷常住一心之道然則群
籍殊文百家異說苟得其會豈文言能惑哉

者若達萬法唯我一心觀此心性尚未曾生
云何說滅尚不得靜云何說動如楞嚴會上
即時如來於大衆中屈五輪指屈已復開開
已又屈謂阿難言汝今何見阿難言我見如
來百寶輪掌衆中開合佛告阿難汝見我手
衆中開合爲是我手有開有合爲復汝見有
開有合阿難言世尊寶手衆中開合我見如
來手自開合非我見性自開自合佛言誰動
誰靜阿難言佛手不住而我見性尚無有靜
誰爲無住佛言如是乃至云何汝今以動爲
身以動爲境從始洎終念念生滅遺失真性
顛倒行事性心失真認物爲已輪迴是中自

取流轉故知見性不遷理周法界但是認物爲己背覺合塵若以動爲身以動爲境則顛倒行事性心失眞境實不遷唯心妄動可謂雲駛月運舟行岸移矣故論云是以言往不必往古今常存以其不動稱去不必去謂不從今至古以其不來不來故不馳騁於古今不動故各性住於一世此乃是法法各住眞如之位無有一物往來亦未曾一念暫住皆不相待豈非不遷乎若能如是通達已眼圓明何似有之幻塵一期之異說而能惑我哉又古釋云百家異說豈文言之能惑者此明於三教不惑各立其宗儒有二十七家若契五常之理即無惑也黃老有二十五家若契虛無亦無惑也釋有十二分教若了本心亦無惑也然則三教雖殊若法界收之則無别原矣若孔老二教百氏九流總而言之不離法界其猶百川歸於大海若佛教圓宗一乘妙旨別而言之百家猶若螢光寧齊巨照如大海不歸百川也然則四像風馳旋機電卷得意毫微雖遠而不轉者四像則四時也旋機者北斗七星也雖寒來暑往斗轉星移電轉風馳剎那不住若得意者了於一心毫微之密旨則見性而不動也果不俱因因因而果者譬如爲高山初覆一簣之土爲因直至壘土成山此初一簣土雖未成山初不至後而亦不滅又終因此一簣土成山故云果不俱因因因而果因因而果因不昔滅果不俱因因不來今不滅不來則不遷之致明矣又如千里之程起於初步雖未即到果不俱因然全因初步之功能達千里之路則因因而果故云成山假就於始簣修途託至於初步又如初發一念菩提心之因究竟成就無上妙覺之果即最初一念不亡若初一念已滅則不能成佛果故云是以如來功流萬世而常存道通百劫而彌固以其不滅不來成功成業因不虛弃事不唐捐則知萬法俱不遷矣豈更猶豫於動靜之間哉若能觸境而明宗契神於即物假使天翻地覆海沸山崩尚不見動靜之兆朕況其餘之幻化影響乎

問一切眞俗等法有相有用有因有緣云何一向作觀心釋耶　答若不迴觀自心則失佛法大旨高推諸聖不慕進修枉處沉淪於己絕分如不傚觀心進道者如抱石沉淵夜行去燭則於佛智海必死無疑向涅槃城故難措足是以十方諸佛起教之由唯說一切衆生佛性大般涅槃一心秘密之藏若凡若聖悉入其中如世尊言此大般涅槃是十方諸佛放捨身命之處安置諸子悉入其中我亦自住其中何者以覺自心性故名爲佛性以從性起無漏功德自行化他法利無盡故稱爲藏以難信難知故云秘密以法性幽奧故名涅槃可謂無量法寶之所出生猶四大海一切萬法之所依處如十方空若不遇之大失法利有暫聞者功德無邊如大般涅槃經中所讚佛告迦葉菩薩善男子如是微妙大涅槃經乃至一切法之寶藏譬如大海是衆寶藏是涅槃經亦復如是即是一切字義秘藏善男子如須彌山衆藥根本是經亦爾即是菩薩戒之根本善男子譬如虛空是一切物之所住處是經亦爾即是一切善法住處善男子譬如猛風無能繫縛一切菩薩行是經者亦復如是不爲一切煩惱惡法之所繫縛善男子譬如金剛無能壞者是經亦爾雖有外道惡邪之人不能破壞善男子如恒河沙無能數者如是經義亦復如是無能數者善男子是經典者爲諸菩薩而作法幢如帝釋幢善男子是經即是趣涅槃城之商主也如大導師引諸商人趣向大海善男子是經能爲諸菩薩等作法光明如世日月能破諸暗善男子是經能爲病苦衆生作大良藥如雪山中微妙藥王能治衆病善男子是經能爲一闡提杖猶如羸人因之得起乃至善男子是經即是金剛利斧能伐一切煩惱大樹即是利刀能割習氣即是勇健能摧魔怨即是智火焚煩惱薪即因緣藏出辟支佛即是聞藏生聲聞人即是一切諸天之眼即是一切人之正道即是一切畜生依處即是餓鬼解脫之處即是地獄無上之尊即是一切十方衆生無上之器即是十方過去未來現在諸佛之父母也是知了此一心總持涅槃秘密之藏如上所讚衆德攸歸所有一毫之功隨眞如無盡之理力齊法界福等虛空皆能成就菩提無作妙果若未悟斯旨設有進修但成有爲終不得道任經多劫勤苦修行唯成拙度之門終無勝報之事如大智度論云如舍利弗弟子羅頻周比丘持戒精進乞食六日而不能得乃至七日命在不久有同道者乞食持與鳥即持去時舍利弗語目揵連汝大神力守護此食令彼得之即時目連持食往與始欲向口變成爲泥又舍利弗乞

食持與而口自合最後佛來持食與之以佛福德無量因緣故令彼得食是比丘食已心生歡喜倍加信敬佛告比丘有爲之法皆是苦相爲說四諦即時比丘漏盡意解得阿羅漢道故知信一乘之福福等眞如持四句之功功齊大覺所以楞伽經云佛告大慧此是過去未來現在如來應供等正覺性自性第一義心以性自性第一義心成就如來世間出世間上上法眞心之德以第一義心究竟獲世出世等菩提勝果之福　問萬法唯識者於諸識中何識究竟　答唯阿摩羅識此云無垢淨識無有變異可爲究竟三無性論云識如如者謂一切諸行但唯是識此識二義故稱如如一攝無倒者謂十二入等一切諸法但唯是識離亂識外無別餘法故一切諸法皆爲識攝此義決定故稱攝無倒如如二無變異者明此亂識即是分別依他似塵識所顯由分別性永無故依他性亦不有此二無所有即是阿摩羅識唯有此識獨無變異故稱如如又云一切世出世間境不過唯識是如量境界此唯識由外境成外境既無唯識亦無境無相識無生是一切諸法平等通以如理故以理量二門一切性相收盡以識相妙有是如量門以識性眞空是如理門若理量雙消則唯眞性又阿摩羅識有二種一所緣即是眞如二本覺即眞如智能緣即不空如來藏所緣即空如來藏十二門論明唯識眞實辯一切諸法唯有淨識無有能疑亦無所疑唯識有二一方便謂先觀唯有阿頼耶識無餘境界現得境智二空除妄識已

盡名爲方便唯識二正觀唯識遣蕩生死虛妄識心及以境像一切皆淨盡唯有阿摩羅清淨心也　問萬法唯識佛住識不　答若阿頼耶此云藏識能藏一切雜染品法令不失故我見愛等執藏以爲自内我故此名唯在異生有學阿陁那此名執持執持種子及色根故此名通一切位我執若亡即捨頼耶名阿陁那持無漏種則妄心斯滅眞心顯現則佛住無垢淨識故經云心若滅者生死盡即是妄心滅非心體滅所以起信論云復次分別心生滅相者有二種別一麁謂相應心二細謂不相應心麁中之麁凡夫智境麁中之細及細中之麁菩薩智境此二種相皆由無明熏習力起然依因依緣因是不覺緣是妄境因滅則緣滅緣滅故相應心滅因滅故不相應心滅問若心滅者云何相續若相續者云何言滅荅實然今言滅者但心相滅非心體滅如水因風而有動相以風滅故動相即滅非水體滅若水滅者動相應斷以無所依無能依故以水體不滅動相相續衆生亦介以無明力令其心動無明滅故動相即滅非心體滅若心滅者則衆生斷以無所依無能依故以心體不滅心動相續釋曰論明麁細二種心境皆由無明熏習力起然依因依緣因是不覺緣是妄境者只謂不覺自心妄生外境故知境無自性從心而生和合而起故云心生即法生因滅則緣滅矣以水體不滅動相相續者此況眞心自體非動非止因無明風起生死動播若妄風息時心之動相即滅非心體滅以心體是所依萬法是能依

若無所依能依非有故知一心之體爲群有之依猶如太虛作萬像之體又本識有二義一妄染義凡夫所住二眞淨義八地所住佛地單住眞如但名無垢識　問諸佛單住眞如名無垢識者無垢淨識即是常住眞心爲復諸佛決定有心決定無心　答據體則言亡四句意絶百非約用則唯智能明非情所及華嚴經云佛子如來心意識俱不可得但應以智無量故知如來心古釋云如來心意識俱不可得者約體遮詮也但應以智無量故知如來心者寄用表詮也一師云識等有二一染二淨佛地無有漏染心及心所而有淨分心及心所果位之中智強識劣故於心王上以顯無染約彼智所以明無量若必無王所智依何立經云如來無垢識是淨無漏界解脫一切障圓鏡智相應則有心王明矣一師云以無積集思量等義故說心等叵得說無分別智以顯無量非無心體上之二解俱明心意識有又云佛果實無心意意識及餘心法云不可得唯有大智故言智無量故知如來心經云唯如如及如如智獨存佛地論中五法攝大覺性唯一眞法界及四智菩提不言更有餘法此二說約無若依前有未免增益亦不能通不可得言若依後無未免損減亦不通能知佛心言既云知如來心不可言無心可知明非無心矣又心既是無智何獨立亦違涅槃滅無常識獲常識義若有無二義雙取未免相違若互泯雙非寧逃戲論若後宗言唯如智者以心即同眞性故曰唯如照用不失故云如智豈離心外而別有

如是則唯如不乖於有前宗以純如之體故有淨心心既是如有之何失是知即真之有與即有之真二義相成有無無礙正消經意者言不可得者以心義深玄言不及故寄遮顯深言但以智知如來心者託心所寄表顯深云何深玄欲言其有同如絕相欲言其無幽靈不竭欲謂之情無殊色性欲謂無情無幽不徹是知佛心即有即無即王即數心中非有意亦非不有意意中非有心亦非不有心數非係於王亦非不係王一一皆介圓融無礙清涼記釋云言佛無心有智成相違過心王最勝尚說為無智無所係豈當獨立如無君主何有臣下今先別會二宗後通合二宗先會法性宗意云心即是如智即如智離心無如則知有如已有心矣況即體之用稱如智即用之體即是真如如一明珠珠體即如明即如智豈得存如亡於心矣前宗以純如下會法相宗意云即如之有有豈乖如如鏡即虛則有心無失是知即真之有通會二宗即真之有是法相宗即有之真是法性宗兩不相離方成無礙真佛心矣又心中非有意亦復非無意者非有是不即義二相別故亦非不有是不離義無二體故又非有者以無二體互攝盡故亦非不有者二相不壞力用交徹故

宗鏡錄卷第三十三　章

音義

斥昌石反逐也　礫郎擊反小石也　孜子之反　礦古猛反金璞也　斫之若反刀斫也　濵　拄知庾反　沫莫撥反　剝北角反　蒸　藐　恢苦回反大也　龐薄江反

嵐盧含反　淵烏玄反深也　偃於幰反　薑　疊徒協反　躊直由反　躇直魚反　緩　鬧　駛　逗　蓢　豫　眹　泊　惕

丁未歲分司大藏都監開板

宗鏡錄卷第三十三

校勘記

一　底本，麗藏本。

一　四一四頁上一〇行第一〇字「貧」，南作「貪」。

一　四一四頁中四行第二字「者」，磧、南、徑、清作「若」。

一　四一四頁中一一行第一〇字「七」，南、徑、清作「此」。

一　四一六頁上六行第二字「有」，清作「即有」。

一　四一六頁中一行第一五字「若」，磧作「者」。

一　四一六頁中四行及五行「不出」，清作「不去」。

一　四一六頁下一八行末字至次行首字「哉者」，南、徑、清作「者哉」。

一　四一六頁下二六行「自開自合」，南、徑作「有開有合」。

一　四一七頁下末行第五字「始」，清作「時」。

一　四一八頁下三行第一三字「八」，徑、清作「入」。

一　四一八頁下一八行第一六字「二」，磧、南、徑、清作「三」。

一　四一八頁下二五行「通能」，清作「能通」。

宗鏡錄卷第三十四　　車

慧日永明寺主智覺禪師　延壽　集

夫境識俱遣衆生界空諸佛究竟成得何法　荅一切異生因識對境於生死中妄生執著起常等四倒二乘之人於涅槃中妄求解脫起無常等四倒諸佛如來因境識俱空能離八倒成得眞常樂我淨四波羅蜜寶性論云依二種法如來法身有淨波羅蜜一者本來自性清淨以同相故二者離垢清淨以勝相故有二種法如來法身有我波羅蜜一者遠離諸外道邊以離虛妄我戲論故二者遠離諸聲聞邊以離無我戲論故有二種法如來身有樂波羅蜜一者遠離一切苦二者遠離一切煩惱習氣有二種法如來法身有常波羅蜜一者不減一切諸有爲行以離斷見邊故二者不取無爲涅槃以離常見邊故勝鬘經云世尊見諸行無常是斷見非正見見涅槃常是常見非正見妄想見故作如是見所以如來唯證四德涅槃秘密之藏　問既經云見諸行無常是斷見非正見見涅槃常是常見非正見者云何教中或說無我又說於我豈不相違耶　荅夫說常與無常我與無我但形言跡皆是方便所以肇論云菩薩於計常之中演非常之教以佛初出世便欲說圓常之妙門眞我之佛性爲一切外道皆妄執神我徧十方界起於常見若說眞常樂我淨恐濫邪解且一時拂下情塵故云無常無樂無我無淨又二乘及權假菩薩不知諸佛秘旨執方便門忽忽取證皆住無我之理以爲究竟世尊又愍不達遂乃具說常樂我淨若有於此究竟之說明見眞我佛性人木蟲塵分明無惑尚不住於中道豈更見有常無常我無我二見之所亂乎或若雖聞常樂我淨之名只作常樂我淨之解隨語生見昧自眞心則我無我之藥成我無我之病故知眞我難辯非證不明如大涅槃經云譬如二人共爲親友一是王子一是貧賤如是二人互相往反是時貧人見是王子有一好刀淨妙第一心中貪著王子後時捉持是刀逃至他國於是貧人後於他家寄卧止宿即於眠中寐語刀刀傍人聞之收至王所時王問言汝言刀者何處得耶是人具以上事荅王王今設所屠割臣身分張手足欲得刀者實不可得臣與王子素爲親厚先與一處雖曾眼見乃至不敢以手撑觸況當故取王復問言卿見刀時相貌何類荅言大王臣所見者如羖羊角王聞是已欣然而笑語言汝今隨意所至莫生憂怖我庫藏中都無是刀況汝乃於王子邊見時王即問諸群臣言汝等曾見如是刀不言已崩背尋立餘子紹繼王位復問輔相卿等曾於官藏之中見是刀不諸臣荅言臣等曾見覆復問言其狀何似荅言大王如羖羊角王言我庫藏中何處當有如是相刀次第四王皆檢校求索不得却後數時先逃王子從他國還來至本土復得爲王既登王位復問諸臣汝見刀不荅言大王臣等皆見覆復問言其狀何似荅言大王其色清淨如優鉢羅華復有荅言形如羊角復有說言其色紅赤猶如火聚復有荅言猶如黑蛇時王大笑卿等皆悉不見我刀眞實之相善男子善薩摩訶薩亦復如是出現於世說我眞相說已捨去喻如王子持淨妙刀逃至他國凡夫愚人說言一切有我有我如彼貧人止宿他舍寐語刀刀聲聞緣覺問諸衆生我有何相荅言我見我相大如拇指或言如米或如稗子有言我相住在心中熾然如日如是衆生不知我相喻如諸臣不知刀相菩薩如是說於我法凡夫不知種種分別妄作我相如問刀相荅似羊角是諸凡夫次第相續而起邪見爲斷如是諸邪見故如來示現說於無我喻如王子語諸臣言我庫藏中無如是刀善男子今日如來所說眞我名曰佛性如是佛性我佛法中喻如淨刀善男子若有凡夫能善說者即是隨順無上佛法若有善能分別隨順宣說是等當知即是菩薩相貌　問平等空門一心大旨既美惡無際凡聖俱圓何乃受用有差苦樂不等　荅萬事由人自召唯心一理無虧美惡但自念生果報焉從他得如傳奧法師云但以內有惡業則外感邪魔若內起善心則外值諸佛斯則善惡在己而由人乎哉是以西施愛江嫫母嫌鏡實爲癡也且君子尚求諸己而不怨天尤人況菩薩歟若能深信斯說則可以虛心絕想頓入法空矣故起信論云或有衆生無善根力則爲諸魔外道鬼神之所惑亂若於坐中現形恐怖或現端正男女等相當念唯心境界則滅終不爲惱是知聖者正也心正即聖故云心正可以辟邪如日月正當天草木無邪影故知此心是凡聖之宅投境之原只爲凡夫執作賴耶之識成生死苦惱之因聖者

達爲如來藏心受涅槃常樂之果若云阿賴耶識則有名無體以情執有不究竟故當證聖時其名即捨若云如來藏心則有名有體以本有非執故至未來際不斷故如以金作鐶鐶相虛金體露現如來藏作賴耶賴耶相虛藏性現今衆生以隨情執重故多認賴耶不信有如來藏以不信故自既輕慢又毀滅他人謗法之愆無過此失念念昧如來法界之性步步違衆生業果之因惡業日新苦緣無盡於安隱處生衰惱心向解脫中成繫縛果受餓口針喉之體經劫而飢火焚燒作披毛戴角之身觸目而網羅縈絆或墮無間獄抱剗苦而常處火輪或生脩羅宮起鬪諍而恒兩刀劍或暫居人界剎那而入苦交煎或偶處天宮倏忽而五衰陷墜長沉三障不出四魔皆爲不知如來藏心失唯識妙性背眞慈父傭賃外方捨大智王依投他國是以諸佛驚入火宅祖師特地西來指眞歸而不歸示正見而弗見都爲藏識熏處無始堅牢執情厚而如萬疊氷崖疑根深而似千重闇室今者廣搜玄奧不猒文繁和會千聖之微言洞達百家之秘說無一法不順能成孝義之門無一念不和盡爲無諍之道則六入空聚畢竟無人五陰舍中豁然虛寂是以內無所作外無所依外無所依萬有不能絆內無所作千處不能馳遂得靜佛邊疆絕一塵而作亂匡法國土無一境而不降可謂會天性於此時更無異種定父子於今日唯我家風如鴦崛魔羅經云常受人天一切快樂族姓殊勝悉皆具足斯由聞知一切衆生悉有如來常住藏故乃至若彼衆生去來現在於五趣中支節不具輪轉生死受一切苦斯由輕慢如來藏故　問但了一心不求諸法紹隆三寶自行化他得圓滿妙覺位不　荅覺心無易則開佛知見佛知見開無幽不矚不二之相佛眼所見一實之道佛智所知照窮法界之邊洞徹眞原之底上成諸佛下化衆生靡不由茲自他俱利夫欲正修行者不歸宗鏡皆墮邪修或滯權小此宗鏡正義過去十方一切諸佛於此圓修已成現在一切諸佛現成未來一切諸佛當成過去一切菩薩已學現在一切菩薩現學未來一切菩薩當學所以起信論明須先正念眞如之法石壁鈔云謂一切行門皆從眞如所起以是行原故非眞流之行無以契眞何有契眞之行不從眞起此乃是所信法中之根本故所以萬緣所起起自眞如會緣所入入於眞如菩薩發心先念眞如菩薩起信亦先信眞如菩薩所行亦契會眞如又問云何是信眞如之相荅不信一切法是信眞如之相以眞如理中本無諸法若見諸法爲有是信諸法不信眞如是以無風植廣大菩提一乘種子之因緣者卒難起信故祖師須云大緣與信合或得入宗鏡者是知非小緣矣如楞伽經云尒時世尊告大慧菩薩攝受大乘者則攝受諸佛菩薩緣覺聲聞攝受諸佛菩薩緣覺聲聞者則攝受一切衆生攝受一切衆生者則攝受正法攝受正法者則佛種不斷佛種不斷者則能了知得殊勝入處知得殊勝入處菩薩摩訶薩常得化生建立大乘十自在力現衆色像通達衆生形類希望煩惱諸相如實說法如實者不異如實者不來不去相一切虛僞息是名如實又云佛言但覺自心現量妄想不生安隱快樂世事永息安隱快樂者則寂靜妙常世事永息者則攀緣已斷可謂遇圓滿寶藏頓絕希求到常樂涅槃更無所至是凡聖之際如達家鄉爲迷悟之依已窮根本大涅槃經云金剛寶藏無所缺減華嚴經偈云種種變化無量力一切世界微塵等欲悉了達從心起菩薩以此初發心寶藏論本際品云是以本際無名名於無名本際無相名於無相名相既立妄惑遂生眞一理沉道宗事隱是以無名之朴徧通一切不可名目過限量界一體無二故經云森羅及萬像一法之所印即本際也然本際之理無自無他非一非異包含一氣該入萬有若復有人自性清淨含一而生中無妄想即謂聖人然實際中亦無聖人法如微塵許而有異也若復有人自性清淨含一而生中有妄想自然濁亂則謂凡夫然實際中亦無凡夫法如微塵許而有異也故經云佛性平等廣大難量凡聖不二一切圓滿咸備草木周徧螻蟻乃至微塵毛髮莫不含一而生故云能了知一萬事畢也是以衆生皆乘一而生故云一乘若迷故則異覺故則一故云前念是凡後念即聖又云一念知一切法也是以一即一切一切即一故云以一之法功成萬像故經云一切若有心即速一切若無心即徧十方故眞一萬差萬差眞一譬如海涌千波千波即海一切皆無有異也乃至萬物含一而生即彼萬物

亦爲一也何以故以本一故末則無異譬如檀生檀枝非椿木也故法華經偈云十方佛土中唯有一乘法一乘者即一心也一切萬有十方虛空皆從眞如一心之種子所現如檀生檀枝蘭生蘭葉乃至本末中邊更無異相故云一即一切一切即一若能如是何慮不畢若能如是究竟圓通此外更無不了之法則無理而不明無事而不盡以一法能成一切法故如華嚴疏云若入此觀法則智與心相應是以因由心學果是心成境由心現解由心起分位神通是心力用造作是心現起分別是心決擇所得是心乃至尋求知識造詣佛土並皆是心心外無得何所疑耶故知心垢則娑婆現相心淨則華藏含空迴轉而恒起識輪交羅而匪離心網故海幢不起寂定廣作十方佛事之門善財不出道場徧歷一百十城之法是以文殊即自心能證之妙慧善財至弥勒一心佛果滿後却令見文殊因位將極令返照心原更無有異未始動念故再訪文殊不見其身者但了自心空般若故是眞見文殊普賢是自心所證法界無盡妙行善財雖徧法界參諸善友欲見普賢不假別指便於初會始成之處如來座前而起念求隨念即見普賢在如來前初無動移此正顯觀心即見希奇之相見聞證入由觀前相即是見心所以普賢身相如虛空徧一切處故以普眼菩薩等入百千三昧求覓普賢不見只謂離念入定猒境求眞不知塵塵是文殊念念即普賢故是以善財一人運悲智而橫廣十方修願行而竪窮三際從初至

後因滿果圓明顯一心以爲勝標摠攝一切始行菩薩諸觀行人皆倣此修離此觀心別無殊勝乃至六度萬行若不了自心皆成權漸果歸生滅報在人天若能還心福智無盡如大智度論云菩薩摩訶薩知諸法實相無取無捨無所破壞行不可得般若波羅蜜以大悲心還修福行福行初門先行布施菩薩行般若波羅蜜智慧明利能分別施福施物雖同福德多少隨心優劣如舍利弗以一鉢飯上佛佛即迴施狗而問舍利弗汝以飯施我我以飯施狗誰得福多舍利弗言如我解佛法義佛施狗得福多舍利弗者於一切人中智慧最上而佛福田最爲第一不如佛施狗惡田得福極多以是故知大福從心生不在田也如舍利弗千萬億倍不及佛心問曰如汝說福田妙故得福多而舍利弗施佛不得大福荅曰良田雖復得福多而不如心所以者何心爲內主田是外事菩薩本緣經偈云若行慧施時福田雖不淨能生廣大心果報無有量故知福從心生不因田出別請五百阿羅漢不如依次一凡僧何者以平等心福勝取捨心福微則勝劣由心豈在田乎施法既尒六度萬行亦然所以清涼鈔云因該果海果徹因原以極果由於始信信依本智而起今不離本智故斯則以因成果攝果酬因然因有二種一約本有恒沙性德信解行願等無不具故二約修起謂依本信德而起信心依本解德而起解心如起信論云以知法性無慳貪故隨順修行檀波羅蜜等故一一修起皆帶本有俱來至果無間道中一時

頓圓解脫道中因果交徹名爲得果果亦有二一者本有菩提涅槃一切佛性本覺具故二者修起今證菩提始覺悟故始覺同本無復始本之異名究竟覺則二果無礙然二因本從本覺體上起來則二因與本果無礙始覺既同本覺則果全同於二因則二因與二果交徹故因該果海果徹因原又初發心時便成正覺因該果也雖得佛道不捨菩薩行果徹因也華嚴論云善財一念發心頓無能所了三世性性絕古今自覺自心本來是佛不成正覺不證菩提身心性相無證修者不成不壞本來如是隨緣動寂不壞有無所行諸行皆唯智起斯宗鏡旨是善巧智之所知廣大心之所信如華嚴經云知一切衆生種種所緣唯是一相悉不可得一切諸法皆如金剛善巧智是以上至妙覺極聖之位中及大權菩薩修行之門下至底下凡夫生死之地皆同一心無有高下迷之自墮悟之即昇迷悟似殊眞心靡易古德云不鏡方寸虛負性靈又云自己不明則是空受例物如此開示不負前機持王庫之眞刀得雪山之正味證解信入之者直紹寶王見聞隨喜之人能成佛種斯恩難報莫等尋常任肩負頂戴盡塵沙劫中亦不能報一句之恩仰思曠古求法之人釋迦文等投身大火翹足深林折骨剜身剥皮剌血乃至常啼東請善財南求藥王燒手普明刎頭皆是知恩報德之人爲法忘軀之士今勸後學生殷重心勿得自輕虛擲光景　問妙明眞心覺王秘旨理雖圓頓正解難成更希善巧之門重證將來之信

荅前已引法說今更將喻明此宗鏡一心是諸法自性如一珠有八萬四千孔入一孔全收珠體似一月影現一切水一一影不離月輪又若分白栴檀片片而本香無異猶布青陽令處處而春色皆同是則一法明心萬緣指掌皎然法喻可以收疑　問凡曰提宗直陳正義何須引喻廣具繁文　荅爲未直下頓悟之人不無方便如方便心論云若說喻者凡聖同解然後可說如言是心動發猶如迅風一切凡夫知風動故便得決了心爲輕躁若不知者不得爲喻問曰何故不但說正義而說喻也荅曰凡說喻者爲明正義又云凡欲立義當依四種知見何等爲四一者現見二者比知三以喻知四隨經敎又法華經云智者可以譬喻得解今但取正解圓明非論法說喻說若不悟道徒執絕言今所言者皆是提宗唱道之言極妙窮原之說如云萬句浮言不及一句妙理千般魚目不及徑寸明珠夫一句妙理者即宗鏡之言也斯言不可辯而自通不可解而自釋所以云善言不辯辯言不善　問佛旨開頓漸之敎禪門分南北之宗今此敷揚依何宗敎　荅此論見性明心不廣分宗判敎單提直入頓悟圓修亦不離筌罤而求解脫終不執文字而迷本宗若依敎是華嚴即示一心廣大之文若依宗即達磨直顯衆生心性之旨如宗密禪師立三宗三敎和會祖敎一際融通禪三宗者一息妄修心宗二泯絕無寄宗三直顯心性宗敎三種者一密意依性說相敎二密意破相顯性敎三顯示眞心即性敎先叙禪宗初

息妄修心宗者說衆生雖本有佛性而無始無明覆之不見故輪迴生死諸佛已斷妄想故見性了了出離生死神通自在當知凡聖功用不同外境由心故各有分限故須背境觀心息滅妄念念盡即覺無所不知如鏡昏塵塵盡明現須修禪觀遠離喧雜調息調身心注一境等二泯絕無寄宗者說凡聖等法皆如夢幻都無所有本來空寂非今始無即此達無之智亦不可得平等法界無佛衆生法界亦是假名心既不有誰言法界無修不修無佛不佛設有一法勝過涅槃我說亦如夢幻無法可拘無佛可作凡有所作皆是迷妄如了達本來無事心無所寄方免顛倒始名解脫三直顯心性宗者說一切諸法若有若空皆唯眞性無相無爲體非一切謂非凡非聖然即體之用謂能凡能聖等於中指示心性復有二類一云即今能言語動作貪嗔慈忍造善惡受苦樂等即汝佛性即此本來是佛除此無別佛了此天眞自然故不可起心修道道即是心性如虛空不增不減但隨時隨處息業養神自然神妙此爲眞悟二云諸法如夢諸聖同說妄念本寂塵境本空本空之心靈知不昧即此空寂之知是汝眞性任迷任悟心本自知不藉緣生不因境起知之一字衆妙之門若頓悟此空寂之知知且無念無形誰爲我相人相覺諸相空心自無念念起即覺覺之即無修行妙門唯在此也此上兩說皆是會相歸性故同一宗次佛敎三種一密意依性說相敎者佛說三界六道悉是眞性之相但是衆生迷性而起無別自

體故云依性然根鈍者本難開悟故且隨他所見境相說法漸漸度之故云說相說未彰顯故云密意此一敎中自有三類一人天因果敎說善惡業報令知因果二斷惑滅苦敎說三界無安皆如火宅之苦令斷業惑之集修道證滅等三將識破境敎說上生滅等法不關眞如但各是衆生無始已來法尒有八種識於中第八識是其根本頓變根身器界種子轉生七識各能變現自分所緣此八識外都無實法問如何變耶荅我法分別熏習力故諸識生時變似我法六七二識無明覆故緣此執爲實我法如患夢者患夢力故心似種種外境相現夢時執爲實有外物寤來方知唯夢所變我此身相及外世界亦復如是唯識所變迷故執有我及諸境既悟本無我法唯有心識遂依此二空之智修唯識觀及六度四攝等行漸漸伏斷煩惱所知二障證二空所顯眞如十地圓滿轉八識成四智菩提眞如障盡成法性身大涅槃之果此第三將識破境與禪門息妄修心宗而相扶會以知外境皆空故不修外境事相唯息妄修心也息我法之妄修唯識之心二密意破相顯性敎者據眞實了義則妄執本空更無可破無漏諸法是眞性隨緣妙用永不斷絕又不應破但爲一類衆生執虛妄相障眞如實性難得玄悟故佛且不揀善惡垢淨性相一切訶破以眞性及妙用不無而且云無故云密意又意在顯性語乃破相意不形於言中故云密也此敎說前敎中所變之境既皆虛妄能變之識豈獨眞實心境互依空而似有

且心不孤起託境方生境不自生由心故現心如境謝境滅心空皆假衆緣無自性故是以一切諸法無不是空凡所有相皆是虛妄是故空中無五陰六根因緣四諦無智亦無得生死涅槃平等如幻此教與禪門泯絕無寄宗全同三顯示眞心即性教直示自心即是眞性不約事相而示亦不約破相而示故云即性不是方便隱密之意故云示也此教說一切衆生皆有空寂眞心無始本來性自清淨明明不昧了了常知盡未來際常住不滅名爲佛性亦名如來藏亦名心地達磨所傳是此心也問既云性自了了常知何須諸佛開示荅此言知者不是證知意說眞性不同虛空木石故云知也非如緣境分別之識非如照體了達之智直是眞如之性自然常知起信論云眞如者自體眞實識知華嚴經云眞如照明爲性又問明品說智與知異智局於聖不通於凡知即凡聖皆有通於理智覺首等諸菩薩問文殊師利菩薩何等是佛境界智何等是佛境界知文殊頌荅云諸佛智自在三世無所礙如是慧境界平等如虛空又頌云非識所能識亦非心境界其性本清淨開示諸群生既云本淨不待斷障即知群生本來皆有但以惑翳而不自知故法華中開示令得清淨者即是寶性論中離垢清淨也此心雖自性清淨終須悟修方得究竟經論所明有二種清淨二種解脫或只得離垢清淨解脫故毀禪門即心即佛或只知自性清淨解脫故輕於教相斥於持律坐禪調伏等行不知必須頓悟自性清淨自性解脫

漸修令得離垢清淨離障解脫成圓滿清淨究竟解脫若身若心無所壅滯同釋迦佛經問云何佛境界智此問證悟之智云何佛境界知此問本有眞心荅云諸佛智自在三世無所礙荅知云非識所能識亦非心境界識是分別分別非眞知唯無念方見又若以智證之即屬所詮之境眞知非境界故瞥起照心即非眞知故非心境界以不起心爲玄妙以集起名心起心看即妄想故非眞知是以眞知必虛心遺照言思道斷矣北宗看心是失眞旨若有可看即是境界也寶藏論云知有有壞知無無敗其知之智有無不計既不計有無即自性無分別之知是以此眞心自體之知即無緣心不假作意任運常知非涉有無永超能所水南和尚云即體之用曰知即用之體爲寂如即燈之時即是光即光之時即是燈燈爲體光爲用無二而二也又云知之一字衆妙之門如是開示靈知之心即是眞性與佛無異故名顯示眞心即性教全同禪門第三直顯心性之宗既馬鳴標心爲本原文殊揀知爲眞體如何破相之黨但云寂滅不許眞如說相之家執凡異聖不許即佛今約教判定正爲斯人故西域傳心多兼經論無二途也但以此方迷心執文以名爲體故達磨善巧揀文傳心標舉其名（心是名也）默示其體（知是心也）喻以壁觀令絕諸緣絕諸緣時問斷滅不荅雖絕諸念亦不斷滅問以何證驗云不斷滅荅了了自知言不可及師即印云只此是自性清淨心更勿疑也若所荅不契即但遮諸非更令觀察畢竟不與他先言

知字直待他自悟方驗眞實是親證其體然後印之令絕餘疑故云默傳心印所言默者唯默知字非總不言六代相傳皆如此也至荷澤時他宗競起欲求默契不遇機緣又思惟達磨懸絲之記（達磨云我法第六代後命如懸絲）遂恐宗旨滅絕遂言知之一字衆妙之門問悟此心已如何修之還依初說相教中令坐禪不荅若惛沉厚重難可策發掉舉猛利不可抑伏貪嗔熾盛觸境難制者即用前教中種種方便隨病調伏若煩惱微薄慧解明利即依本宗一行三昧如起信論云若修止者住於靜處端身正意不依氣息形色乃至唯心無外境界法句經偈云若學諸三昧是動非是禪心隨境界流云何名爲定即不起滅定現行坐之威儀不於三界現攀緣之身意然此教中以一眞心性對染淨諸法全揀全收全揀者如上所說但剋體直指靈知即是心性餘皆虛妄故云非識非心非境非智乃至非性非相非佛非衆生離四句絕百非也全收者染淨諸法無不是心心迷故妄起惑業乃至四生六道雜穢國土心悟故從體起用四等六度乃至四辯六通妙身淨剎無所不現既是此心現諸法故法法全即眞心如人夢所現事事事皆人如金作器器器皆金如鏡現影影影皆鏡故華嚴經云知一切法即心自性成就慧身不由他悟起信論云三界虛僞唯心所作離心則無六塵境界乃至一切分別皆分別自心心不見心無相可得故云一切法如鏡中像楞伽經云寂滅者名爲一心一心者名如來藏能徧興造一切趣生造善造

惡受苦受樂果與因俱故知一切無非心也全揀門攝前第二破相教全收門攝前第一說相教將前望此此則迥異於前將此望前前則全同於此深必該淺淺不至深深者直顯出眞心之體方於中揀一切收一切也如是收揀自在性相無礙方能於一切悉無所住唯此名爲了義上之三教攝盡一代經論之所宗三義全殊一法無別就三義中第一第二空有相對第三第一性相相對皆迢然易見唯第二第三破相與顯性相對講者禪者俱迷爲同是一宗一教皆以破相便爲眞性故今廣辯空宗性宗有其十異空宗唯破相性宗唯顯性權實有異遮表全殊不可以遮詮遣蕩排情破執之言爲表詮直示建立顯宗之教又不可以逗機誘引一期權漸之說爲最後全提見性眞實之門如上判教分宗言約義豐最爲殊絕初則歷然不濫後則一味融通可釋群疑能歸宗鏡十異者一法義眞俗異者空宗未顯眞性但以一切差別之相爲法法是俗諦照此諸法無爲無相無生無滅爲義義是眞諦性宗以一眞之性爲法空有等種種差別爲義經云無量義者從一法生華嚴經云法者知自性義者知生滅二心性二名異者空宗一向目諸法本原爲性性宗多目諸法本原爲心起信論云一切諸法從本已來唯是一心良由所說本性不但空寂而乃自然常知故應目爲心三性字二體異者空宗以諸法無性爲性性宗以虛明常住不空之體爲性性字雖同而體異也四眞智眞知異者空宗以分別爲知無分別

爲智智者深知淺性宗以能證聖理之妙慧爲智以該於理智通於凡聖之眞性爲知知通智局華嚴經云眞如照明爲性起信論云眞如自體眞實識知五有我無我異者空宗以有我爲妄無我爲眞性宗以無我爲妄有我爲眞故涅槃經云無我者名爲生死我者名爲如來六遮詮表詮異者遮謂遣其所非表謂顯其所是又遮者揀却諸餘表者直示當體如諸經所說眞如妙性每云不生不滅不垢不淨無因無果無相無爲非凡非聖非性非相等皆是遮詮遣非蕩跡絕想祛情若云知見覺照靈鑒光明朗朗昭昭堂堂寂寂等皆是表詮若無知見等體顯何法爲性說何法不生不滅等必須認得現今了然而知即是我之心性方說此知不生不滅等如說鹽云不淡是遮云鹹是表說水云不乾是遮云濕是表空宗但遮性宗有遮有表今時人皆謂遮言爲深表言爲淺故唯重非心非佛無爲無相乃至一切不可得之言良由只以遮非之詞爲妙不欲親自證認法體故如此也又若實識我心不同虛空性自神解非從他悟豈藉緣生若不對機隨世語言於自性上尚無表示眞實之詞焉有遮非方便之說如今實未親證見性之人但倣依通情傳意解唯取言語中妙以遮非泯絕之文而爲極則以未見諦故不居實地一向託空隨言所轉近來尤盛莫可過之若不因上代先賢多聞積學深入教海妙達禪宗何能微細指陳始終和會顯出一靈之性剔開萬法之原是以具錄要文同明宗鏡七認名認體異者謂

佛法世法一一皆有名體且如世間稱大不過四物如智論云地水火風是四物名堅濕煖動是四物體今且說水設有人問每聞澄之即清混之即濁堰之即止決之即流而能漑灌萬物洗滌群穢此是何物（舉功能義用而問之）荅云是水（舉名荅也）愚者認名謂已解智者應更問云何者是水（徵其體也）荅云濕即是水（克體指也）佛法亦介設有人問每聞諸經云迷之即垢悟之即淨縱之即凡修之即聖能生世出世間一切諸法此是何物（此舉功能義用而問也）荅云是心（舉名荅也）愚者認名便爲已識智者應更問何者是心（徵其體也）荅知即是心（指其體也）此一言最親最的餘字餘說皆疎如云非性非相能言能語等是體緣慮動用等是心即何異他之所問也以此而推水之名體名唯一字餘皆義用濕之一字貫於清濁等萬用萬義之中心之名體亦然知之一字亦貫於貪瞋慈忍善惡苦樂萬用萬義之處直須悟得水是名不是水濕是水不是名即清濁凝流無義不通也以例心是名不是心知是心不是名即眞妄善惡無義不通也空宗相宗爲對初學及淺機恐隨言生執故但標名而遮其非唯廣義用而引其意性宗爲對久學及上根令忘言認體故一言直示（達磨云指一言以直示即是知字一言若云即心是佛此乃四言矣）若領解不謬親照靈知之性方於體上照察義用故無不通矣八二諦三諦異者空宗唯二諦性宗攝一切性相及自體摠爲三諦以緣起色等諸法爲俗諦緣無自性諸法即空爲眞諦一眞心體非空非色能空能色爲中道第一義諦九三性空有異空宗說有即

徧計依他空即圓成性宗即三法皆具空有之義徧計即情有理無依他即相有性無圓成即情無理有十佛德空有異空宗說佛以空為德無有少法是名菩提性宗一切諸佛自體皆有常樂我淨十身十智相好無盡性自本有不待機緣十異歷然二門奐矣故須先約三種佛教證三宗禪心然後禪教雙亡佛心俱寂俱寂即念念皆佛無一念而非佛心雙亡即句句皆禪無一句而非禪教如此則自然閑泯絕無寄之說知是破我執情閑息妄修心之言知是斷我習氣執情破而真性顯即泯絕是顯性之宗習氣盡而佛道成即修心是成佛之行頓漸互顯空有相成若能如是圓通則為他人說無非妙方聞他人說無非妙藥藥之與病只在執之與通故先德云執則字字瘡疣通則文文妙藥如上依教依宗撮略和會排抄宗旨之本末開析法義之差殊校量頓漸之異同斟酌真妄之和合對會遮表之迴互褒貶權實之淺深可謂卷教海之波瀾湛然掌內蔟義天之星象奐若目前則頓釋群疑豁然妙旨若心外立法立境起鬪諍之端倪識上變我變人為勝負之由漸遂乃立空破有實有非空崇教毀禪宗禪斥教權實兩道常為障礙之因性相二宗永作怨讎之見皆為智燈焰短心鏡光昏終不能入無諍之門履一實之道矣

宗鏡錄卷第三十四

音義

寱魚祭反睡語也 揲徒協反 屠同都反殺也 羖公戶反羖羊也 輔扶雨反助也 稗 拇莫厚反拇指也 鬃 劑 陷 傭余封反 賃 絆 彊 蝰 蟻 剡 剝 榛 傚 迅 躁 翹 剔 謗 冪 袪 壅 剔 挾 叢 壇 擲 櫟 挑 篾 奐 倪 [illegible]

丁未歲高麗國分司大藏都監奉
勅彫造

宗鏡錄卷第三十四

校勘記

一　底本，麗藏本。

一　四二〇頁上一三行首字「身」，磧、南、徑作「法身」。

一　四二一頁下末行第一三字「生」，磧、南作「三」。

一　四二二頁上一九行第一六字「始」，磧、南作「如」。

一　四二二頁上二六行「所以」，磧、南、徑作「於以」；清作「故以」。

一　四二二頁下三行第五字「今」，磧、南、徑、清作「令」。

一　四二二頁下二〇行第一三字「例」，清作「他」。

一　四二三頁上一〇行首字「迅」，磧、南作「逆」。

一　四二三頁下二〇行「妄修」，磧作「忘修」。

一　四二四頁中一行「清淨」，磧、徑、清作「解脫」。

一　四二四頁中二行至次行「佛經問云何」，磧、南、徑作「佛經問云」；清作「佛問云何」。

一　四二四頁中一二行第八字「其」，徑作「真」。又第一一字「智」，徑作「知」。

一　四二四頁下一八行第六字「識」，磧作「讖」；南、徑、清作「法」。

一　四二四頁下二九行「寂滅」，南作「寂寂」。

一　四二五頁下二六行第九字「八」，清作「入」。

一　四二六頁上一七行第九字「抶」，磧作「扶」；徑、清作「抉」。

宗鏡録卷第三十五　車

慧日永明寺主智覺禪師延壽集

夫說此法門是無始終說不定方所亦無時分以無時之時理無間斷無盡之處說徧十方故一切佛法尒皆於無盡世界常轉如是無盡法輪令諸衆生反本還原窮未來際無有休息華嚴疏云夫心冥至道則渾一古今法界無生本亡時分故經頌云諸佛得菩提實不計於日又云此圓教法門以會緣入實體者有二一以本收末以諸聖教從眞流故不異於眞二會相顯性謂彼一切差別教法從緣無性即是眞如是故虛相本盡眞性本現如來言說皆順於如故金剛三昧經云如我說者義語非文衆生說者文語非義又理事無礙體者謂一切教法雖舉體即眞不礙十二分等事相宛然顯現雖眞如舉體爲一切不礙一味湛然平等夫一乘三乘一性五性就機則三約法則一新熏則五本有無二若入理雙拂則三一兩亡若約佛化儀則能三能一是故競執是非違無違諍大集五部雖異不離法界本原涅槃各說身因佛許無非正說此宗鏡機是圓教攝則圓根所對大小俱合故先德云教海宏深包含無外色空交映德用重重語其橫收五教乃至人天揔無不包方顯深廣其猶百川不攝大海大海必攝百川雖攝百川同一鹹味故隨一滴迥異百川前之四教不攝於圓圓必攝四雖攝於四圓以貫之故十善五戒亦圓教攝今依宗鏡若約教唯依一心而說則何教非心何心非教諸經通辯皆以一心眞法界爲體如來所說十二分教覩從大悲心中之所流出大悲心從後得智後得智從根本智根本智從清淨法界流出即是本原更無所從無有法離於法界而有華嚴經頌云未曾有一法得離於法性即一切衆生迷悟本若不迷此即不成迷以無顛倒執著輪迴生死故若不悟此即不成悟以無如法修行證窮果故所以眞如一心爲迷悟依夫立教之本無出意言以意詮量從言開演故基師云至理澄寂是非之論息言般若幽玄一異之情絕慮息情慮故非識非心絕言論故非聲非說法非聲說說徧塵沙理無識心心該法界心該法界斯乃非心作心說徧塵沙此亦無說爲說非心作心心開二種無說爲說說乃兩門心開二種者一心生滅門二心眞如門釋生滅門者只如三界循環斯皆妄識四生盤泊並是惑心榮辱迅譬石光古今駛過拍毱此則生滅門也釋眞如門者只如摩羅淨識湛若太虛佛性明珠皎同朗月隱顯雖異膏內更明染淨緣分法身澄止此則眞如門也言說乃兩門者一大機受法則教說滿乘二小聖聞思則藏開半字神錯和尚云教起所由者如來一代說法欲令衆生悟佛知見佛知見者所謂平等眞心諸法無二無二之法即是實性實性之體雖有雖無不生不滅理自恒眞不由觀智所顯道常顯露實無翳障平等眞心者若法相宗眞即是智將智證眞三乘無別即是眞家之心依主釋也若法性宗眞即是心體同名別眞心即平等持業釋也故經云泥洹眞法實衆生從種種門入種種之門是能通所通唯一道又云經說門不同或文字爲門大品經明四十二字門是也或觀行爲門釋論明菩薩修三三昧緣諸法實相是也或智慧爲門法華經云其智慧門難解難入是也或理爲門大品經云明無生法無來無去即是佛也依教門通觀依觀門通智依智門通理理爲門復通何處教觀智等諸門悉依於理能依是門所依何得非門雖無所通究竟徧通是妙門也則衆妙之門一眞心之所依也華嚴經云譬如日出先照高山日譬於佛光譬說教日即無緣之慈非出而出隨衆機之所扣非照而照說華嚴如高山說方等如食時說般若如禺中說法華如正中說涅槃如平地若菩薩大人蒙般若光諸法之用二乘之人既無此用譬如七日嬰兒若視日輪令眼失光以無明全在喪一切智明故外道闇證譬如夜遊以未承正教之照故菩薩利他譬如日中作務施運役之功然平地高山同承日照小根大器咸禀教光約能照則無淺深對所照自分前後如大車等賜一雨普露道絕始終理無偏黨若得宗鏡一乘之光平等大慧自他兼利更無差別故大涅槃經云譬如有人以新毒藥塗大鼓於衆中擊令出聲雖無心欲聞若有聞者遠近皆死唯除一人不橫死者謂一闡提纔聞即能破無明惑名爲近死聞未即茎作後世因名爲遠死止觀釋云一切衆生心性正因譬之如乳聞了因法名爲置毒正因不斷如乳四微五味雖變四微恒存是故毒隨四微味味殺人衆生心性亦復如是正因不壞了因

之毒隨正奮促處處得發或理發教行證發如辟支佛利根根熟出無佛世自然得悟理發亦尒文植善根今生雖不聞圓教了因之毒任運自發若聞華嚴日照高山即得悟者此是教發聞已思惟思惟即悟是爲觀行發若是六根淨位進破無明是相似證發若見道損生亦是證發今依華嚴立五教天台立四教乃至八教且華嚴一心立五教約識而論者一如小乘教但有六識賴耶但得其名二大乘始教但得一分生滅之義以其眞理未能體通但說凝然不作諸法第三大乘終教於此賴耶得理事通體不生滅與生滅和合非一非異以許眞如隨緣而作諸法以阿賴耶識所熏淨法與能熏染法各差別故非一能熏所熏但一心作無有他故非異始教約法相差別門說終教約體相容門說爲第一義眞心也謂如來藏性依此有諸趣等第四頓教即一切法唯一眞心差別相盡離言絕慮不可說也以一切染淨相盡無有二法可以體會故不可說如淨名所顯入不二門也第五圓教約性海圓明法界所起唯一法界性起心即具十德問云何一心約就諸教得有如是差別義耶荅約法通收由此甚深所起一心具五義門隨以一行攝化衆生一小乘攝義從名門二始教攝理從事門三終教理事無礙門四頓教事盡理顯門五圓教性海具德門五義相顯唯一心轉秘密義記云佛子善聽譬如暗家寶人不知故無燈明故於彼摸觸誤謂爲蛇所毒由誤故毒氣入身其身腫脹受種種苦智者見已即將燈明示以利寶其所螫人即見此寶身內毒氣即能除愈以得此寶故飛行無礙見人恭敬諸惡者皆以慈心相向惡心消滅由無怨讎故得無所畏無所畏故安隱快樂行者亦尒由不知法性家內寶德寶故爲八萬四千塵勞由知親近善友聞法故返塵勞垢爲八萬四千道品法除自然執又知因緣空又知佛性常住又知言語道亡心行處滅又聞悟法界緣起由是一切諸法從一地不至一地會是淨心中是故諸煩惱及諸淨心不從他方來一手反覆耳智者不須疑也又前所譬暗家寶寶即是顯清淨法門爲對治染法對治有五一者小乘教即對治外道不依因緣起自然執二初教即對治小乘由於因緣有執已前總名有爲緣起三者終教即對治初教一切諸法無常苦空無我執此名無爲緣起由眞如隨緣名爲無爲緣起四者頓教即對治終教念念紛紛起有言說即自體緣起窮源盡性一念不生故爲自體五者圓教即對治頓教寂默言說心行處滅一切歸寂源不能一即一切一切即一自在等此法界緣起動靜具足故名性起圓融無礙取捨都盡即三毒即佛故若小乘雖隨起對治唯知第六識不知由心有諸法故言心者即八識心王又小乘不知常樂我淨心萬法主故不可得故如虛空故不可治雖有如是法以不知所因故不知由心有萬法故不覺心源故唯取小乘皆滅色取空若不滅色取空知色即是空即得入初教次初教人如上諸次第所起法皆言識變有識外不有識者即第八識約識性亦不可得纔證此心即知諸法因緣生緣生無自性雖證此法猶有刹那生滅故名有爲證凝然眞如故次終教人云一切諸法不出一心是一心譬如大海濕性依一心所有諸法如大海波瀾雖攝波入水而不滅波浪雖波瀾紛紛起而不滅寂水如是雖攝萬境入一心而不滅萬境雖萬境紛紛起而不滅一心何以故一心所有故是故眞該妄末妄達眞源性相融通本末平等雖自性無生不失業果雖不失業果自性無生雖得一心不得無盡故不得重重故名一實諦自此已前諸教依漸次階位即名漸教次頓教者一念不生即是佛也何以故一切諸法從本以來常自寂滅相下自衆生上盡諸佛一切所作事不遺一毛諸皆如夢故成佛度生猶此夢攝不明一中多多中一一即多多即一等次圓教所明以十十無盡顯其義以十十重重辯其相隨擧爲主萬法爲伴由主不防伴伴不防主俱周徧法界　問如上所說重重無盡者且何物重重何物無盡何法廣大何法圓融何法包含何法秘密　荅則是一切凡聖心相重重心性無盡是心廣大是心圓融是心包含是心秘密若無此一心爲宗則教門無一法可興諸佛無一字可說旣全歸心旨廣備信根圓解已周纖疑不起不可唯憑口說密在心行但以定水潜澄慧燈轉耀若一向持文求理執教談宗如入海筭塵砂仰空數星宿終不親見去道尤賒昔人云如天地終日轟轟不及眞理是故學人去文取理端坐凝情以心眼自看是名專住一境修定

勝因也又圓教義者本末融通理事無礙說
眞妄則凡聖昭昭而交徹語法界則理事歷
歷而相收佛知見一偈開示而無遺大涅槃
一章必盡其體用如華嚴經云無有智外如
爲智所入亦無如外智能證於如又云無有
少法與法同止以變心攝境則無心外之境
變境攝心則無境外之心以性無二相即性
故相隨性融隨一皆攝是以性外無相則何
法不融理中立事則何門不入可謂綱目善
提一念圓證所以無量義經云無量義者從
一法生其一法者所謂無相古人云此是出
生義法華經云究竟至於一切智地此是收
入之法則三乘萬化從實相生究竟還歸一
實相則初後不離一心本末咸居正位如法
華經云心相體信入出無難可以知大乘家
業紹佛種位又初則一出無量後乃無量歸
一今無量非無量一亦非一即證法華三昧
又先德目爲教海者以含衆法喻如大海傍
無邊涯連天一色空徹海底海映空天即是
圓教惣攝諸教歸眞並皆空淨理事無礙如
交映色空色不礙空空不礙色德用重重即
唯明唯深具十玄門重重無盡即事事無礙
如海十德互相周徧即心海包容深廣無際
矣所以守護國界主陀羅尼經偈云一字演
說一切法多劫無有窮盡時一一字門亦復
然此住寶薩眞言地生法師釋法華經一毫
之善舉手低頭皆已成佛言無非佛流即涅
槃意乃至外道典籍亦佛法流況内法耶大
小乘教皆從如來大悲所流故是知無有一
法不從心原性空而出如源出水似空出雲

以十方如來證心成佛佛即是心所有萬善
萬德悲智願行無不從此流矣又約金師子
章論五教者一此師子雖是因緣之法念念
生滅實無師子可得名愚人法是聲聞教二
即此緣生諸法各無自性徹底唯空名大乘
初教三雖復徹底唯空不礙幻法宛然緣生
幻有二相雙存名大乘終教四即此師子與
金二相互奪兩亡情謂不存俱無有力空有
雙泯名言路絕栖心無寄名大乘頓教五即
此情盡體露之法混成一塊繁興大用起必
全眞萬像紛然參而不雜一切即一皆同無
性一即一切因果歷然力用相收卷舒自在
名一乘圓教此名最上乘也又天台立四教
者一藏教明因緣生滅四諦理正教小乘傍
化菩薩二通教三人同稟明因緣即空無生
四眞諦正爲菩薩傍通二乘教理智斷行位
因果皆空三人同證此藏通二教俱不識常
住眞心皆以滅心爲極果三別教是不共之
名明因緣假名無量四聖諦理約化菩薩不
共二乘若教別者具演恒沙佛法別爲菩薩
若理別者藏識有恒沙俗諦之理乃至智斷
行位因果俱與三教事別雖知一心不空無
盡之理即今未具猶待次第生起執教道而
不融據行布而成別四圓教明不思議因緣
無作四諦教理正說中道即一切法圓理不
偏智圓則一成一切成斷圓則不斷而斷行
圓則一心具足萬行位圓則一地具足一切
地因圓則雙照二諦自然流入薩婆若海果
圓則妙覺不思議三德之果即一念心圓具
法界約觀心明四教者淨名疏云今但論即

心行用識一切教門皆從初心觀行而起四
教既攝一切經教若一念觀心分明能分別
一念無明因緣所生之心四辯歷然則一切
經教大意皆約觀心通達說此即爲四意第
一約觀心明三藏教相者即是觀一念因緣
所生之心生滅拼假入空約觀門起一切三
藏教也若觀生滅四諦入道即是脩多羅藏
故增一阿含云佛告諸比丘謂一切法者只
是一法何等爲一法心是一法雖心無一切
法也智度論云從初轉法輪經至大涅槃結
脩多羅藏此只是約心生滅說四聖諦即是
法歸法本之義也觀心出一切毗尼藏者佛
制戒時問諸比丘汝何心作若有心作即是
犯戒有犯故有持也若無心作則不名犯犯
義不成不說持也故重心發戒無心則不發
戒若言從心出阿毗曇藏者四卷略說名毗
曇心達磨多羅處中而說名爲雜心如此皆
是約心而辯毗曇無比法者分別諸心心數
法一切法不可比也第二約觀心明通教者
觀心因緣所生一切法心空則一切法空是
爲體假入空一切通教所明行位因果皆從
此起也第三約觀心明別教者觀心因緣所
生即假名具足一切恒沙佛法依無明阿賴
耶識分別無量聖諦一切別教所明行位因
果皆從此起也第四約觀心明圓教者觀心
因緣所生具足一切十法界法無所積聚不
縱不橫不思議中道二諦之理一切圓教所
明行位因果皆從此起如輪王頂上明珠是
則四教皆從一念無明心起上來數引華嚴
經明破微塵出三千大千世界經卷義意在

此也又約頓漸不定秘密通前四教總立八教一頓教如華嚴無聲聞乘故名為頓二漸教即三藏及方等般若漸引入圓教三不定教謂一音異解或說大而得小果或說小而得大道故名為不定四秘密教此有二種一顯露秘密謂同席異聞不得道果互不相知故名秘密二秘密秘密唯佛能證密令衆生而得開悟不可指示摠前四教而成八教又教分五味釋論云旃延子明六度限劑而滿者此調雜血衆生為乳也大品云菩薩發心與薩婆若相應者此欲調乳入酪也大品云菩薩發心遊戲神通淨佛國土又如淨名中得不思議解脫者皆能變身登座而復能受屈被訶者此欲調酪為生酥就熟酥也大品云等薩發心即坐道樹成正覺轉法輪度衆生者是調熟酥為醍醐也此乃從一開一接引酥酪之機後即會一歸一成熟醍醐之衆終無別法更有卷舒本迹相收機應冥合又分半滿之教小乘為半大乘為滿又三乘為半一乘為滿如涅槃經明半字及滿字等說半字故半字即顯滿字即隱今日說滿字者滿字即顯半字即隱此即約緣而說隱顯又如月喻品此方見半他方見滿而彼月性本無虧盈隨緣所見故有增減此即是大乘宗中說也如智儼法師依華嚴一乘宗辯者不待說與不說常半而常滿隱顯無別時如彼月性常滿而常半增減無異路正同宗鏡所録法門隱則一心無相顯則萬法標形不壞前後而同時常居一際而前後當舒即卷當卷即舒故知以教照心以心明教諸佛所

說悉是自心輔行記引華嚴經頌云諸佛悉了知一切從心轉若能如是解彼人眞見佛寶性論云有神通人見佛法滅以大千經卷藏一塵中又華嚴云善哉善哉云何如來在於身中而不覺知故明四諦十二因緣境八萬四千法門不出一心若得此意八年廣演法華在乎一念經五十劫謂動刹那倒一代逗機居于心性十方佛事宛然矚目乃至涅槃三德在一心中則大經一部全標方寸無邊教法攝一刹那千枝萬葉同宗一根衆籍群經咸詮一法如上所引五味八教半滿等文然雖分判一代時教皆是一心融攝一理全收分而非多聚而非一散而不異合而不同恒沙義門無盡宗趣皆於一乘圓教宗鏡中現所以古德云契之於心然後以之為法在心為法形言為教法有自相共相教有遮詮表詮故知就事雖分約理常合乃至開為恒沙法門究竟不離一心之旨若從一心中方便開示成其教迹者即不可定其權實時分前後以是如來逗機一期方便竊不得自生決定解耶有乖正法如法華玄義云約五味半滿相成者若直論五味猶同南師但得方便若直論半滿猶同北師但得其實今明五味不離半滿半滿不離五味五味有半滿則有慧方便解半滿有五味則有方便慧解權實俱遊如鳥二翼雖復俱遊行藏得所若華嚴頓滿大乘家業但明一實不須方便唯滿不半於漸成乳三藏容作但是方便唯半不滿於漸成酪若方等彈訶則半滿相對以滿斥半於漸成生酥若大品領教帶半論滿半

則通為三乘滿則獨為菩薩於漸成熟酥若法華付財廢半明滿若無半字方便調熟鈍根則亦無滿字開佛知見於漸成醍醐如來般懃稱歎方便者半有成滿之功意在此也次約觀分別者唯識宗立二種觀華嚴宗立四觀天台教立三觀普賢門立十觀唯識二觀者一唯心識觀二眞如實觀進趣大乘方便經云若依一實境界修信解者應當學習二種觀道一唯心識觀二眞如實觀學唯心識觀者所謂於一切時一切處隨身口意所有作業悉當觀察知唯是心乃至一切境界若心住念皆當察知勿令使心無記攀緣不自覺知於念念間悉應觀察隨心所有緣念當使心隨逐彼念令心自知知已內心自生想念非一切境界有念有分別也所謂內心自生長短好惡是非得失衰利有無等見無量諸想而一切境界未曾有想起於分別當知一切境界自無分別想故即自非長非短非好非惡乃至非有非無離一切相如是觀察一切法唯心想生若使離心則無一法一相而能自見有差別也眞如實觀者思惟心性無生無滅不住見聞覺知永離一切分別之想華嚴四觀者此約一心眞如法界說理事行布圓融成四種法界對此法界為四種觀門此四觀門法本如是故依法而觀故名為觀一事觀謂迷悟因果染淨歷然二理觀謂我法俱空平等一相三理事無礙觀謂彼此相徧隱顯成奪同時無礙四事事無礙觀謂觀事法以理融故相即相入重重無盡若依此一心無礙之觀念念即是華嚴法界念

念即是毗盧遮那法界經云若與如是觀行相應於諸法中不生二解一切佛法疾得現前台教三觀者三觀義云夫三寸之管氣序不衰一尺之表朝陽可測是知得其道者豈遠乎哉三觀詣理之妙門今明此義故借為喻也仰佛法遐蹤神功浩曠求玆非遠寄以一心體之有原攄乎三智若其假方便以致珠會歸一道寂然而雙照三觀之名出自瓔珞經云從假入空名二諦觀從空入假名平等觀雙照二諦心心寂滅自然流入薩婆若海也天台疏問曰三觀俱照二諦有何等殊答曰前觀雖照二諦破用不等次觀亦照二諦破用平等既不見中道但是異時平等第三觀者得見中道雙照二諦即是一時平等也若修觀心還用前二觀雙亡雙照之方便也雙亡方便者初觀知俗非俗即是俗空次觀知眞非眞即是眞空非眞非俗即是中道因是二空觀入中道第一義諦觀今明一心三觀者一明所觀不思議之境者即是一念無明心因緣所生十法界以為境也此心神微妙一念具一切三世諸心諸法譬眠法覆心一念之內夢見一切諸心諸事若正眠夢之時謂經無量如法華經說夢見初發心乃至成佛無量諸事比其覺時反觀只是一念眠心也心譬自性清淨心眠法覆心譬於無明無量夢事譬恒沙無知覆一切恒沙佛法夢事不實善惡憂喜譬見思惑覆眞空也若不細尋夢譬不思議之疑終無決理故諸大乘經多說十喻但諸法師不圓取譬意止偏得虛偽空邊不見譬無量無明法性邊也故

三諦之境義不成也二明能觀者若觀此一念無明之心非空非假一切諸法亦非空非假而能知心空假即照一切法空假是即一心三觀圓照三諦之理不斷癡愛起諸明脫若水澄清珠相自現此即觀行即也三明證成者若證一心三觀即是一心三智五眼也若得六根清淨名相似證即十信位也若發眞無漏名分證眞實即此是初住也經云一念知一切法是道場成就一切智故大品經云有菩薩從初發心即坐道場當知是菩薩為如佛也智度論云三智其實一心中得佛欲分別為人說令易解故所以次第說耳又總明三種三觀一者別相三觀二者通相三觀三者一心三觀一別相三觀者歷別觀三諦若從假入空但得觀眞尚不得觀俗豈得觀中道也若從空入假但得觀俗尚未得觀中道若入中道正觀方得雙照二諦二通相三觀者則異於此從假入空非但知俗假是空眞諦中道亦通是空也若從空入假非但知俗假是假眞空中道亦通是假若入中道正觀非但知中道是中俗眞通是中也是則一空一切空無假無中而不空一假一切假無中無空而不假一中一切中無假無空而不中但以一觀當名解心無不通也三一心三觀者知一念心不可得不可說而能圓觀三諦也即淨名經云一念知一切法是道場成就一切智故是以在境為一諦而三諦在心為一觀而三觀在果為一智而三智如一圓珠珠相喻有珠徹淨喻空圓明喻中三無前後此喻一諦而三諦若以明鏡照之珠上

三義一時頓現即喻一觀而三觀若就鏡中觀珠珠之與鏡非一非異則喻心境二而不二為眞覺也妙觀者觀一念心為所緣境返觀此心從何處來去至何所淨若虛空名空觀觀境歷歷分明名假觀雖歷歷分明而性常自空而境觀歷然名中觀即三而一即一而三語默行住不生不滅不常不斷不一不異不來不去不有不無不住不著不垢不淨不受不取不虛不實不縛不脫皆不生不滅之異名義無別也即空不住空即假不住假即中不住中是名中何以故為即空空有何可住即假幻化影復何可住二邊既無可住豈有中可住故曰三諦無住是名為中當須如此空中無空只勿空假中無假只勿假中中無中只勿中當如是照照中無照只勿照若見如是理即晁萬物而自虛也此三觀者是不思議境若闕一觀境智不成故云不思議備收一切法一切雖多十法界收盡既其鎔融一則具十成百法界一界又具十如一如又具三種世間謂五陰衆生國土千如則有三千世間名不思議假此假即空即中若無中攝理不徧若無十界收事不盡若無十如因果不具若無三種世間依正不足故知實相悉攝諸法重重無盡融融無礙猶如帝網名不思議境也凡聖同有此理故云已之三千徧彼三千彼彼三千互徧亦尒故得依正終日炳然無所分別法界洞朗為顯此境故云觀不思議境也如三觀頌云空觀如性不可得假觀相含法界邊中觀體等理無二即一而三常宛然又空觀了諸法無自性故

二假觀此空處具諸法故三中觀空假無別體故唯一眞心故以空是心之性即是眞空非是但空以假是心之相即是妙假非是偏假性相分三而非三眞心冥一而非一非一而三觀宛然非三而一心不動又即一而三相不同如鏡體一有光明影像差別之相即三而一體無異如影像光明俱同一鏡又古釋三觀義云一念心起起無起相徹底唯空三際寂然了不可得無見聞覺知相無眼耳鼻舌身意相空觀也一念心起有三千世間相國土世間一千山河大地日月星辰是也五陰世間一千染淨一切色心是也衆生世間一千六凡四聖假質是也一念心起三千性相一時起一念心滅三千性相一時滅也念外無一毫法可得法外無一毫念可得也此心性圓明一而能多小而能大染而能淨因而能果有而能無故一一色一一香一一念介介有心即具三千也一處見多多處見一一念即多劫多劫即一念重重互現喻天帝珠網此假觀也一念心起起而無起三際寂然無起而起三千性相非空非假雙照空假此中觀也說即有三名字照時不作三一解只念念見自心性任運非三非一亦不用破除身心亦不要安立擔觀念想斷處一切時中任運心常三觀也人無圓機自謂我是凡識我多煩惱我智慧劣我是生死人此乃瞖眼見空華空實無華也圓人觀明觸事全同古佛非分同也何以故法性圓理三德三身只是一念不可分故此圓理亦無次位為人未能任運常觀觀有斷續我性未破破而未盡故分六即四十二位點空接引令至無修耳或謂凡人但有佛法身性未有報化德用此乃別教中解圓觀惑業苦三本自無性全是三德三德本無住處住惑業苦中三身三道悉是假名畢竟空中了不可得無惡可捨無道可證纔見有一毫理可依泊者便是妄境牽生心三觀不明也學人嫌惡貪瞋癡作意斷除殊不知此嫌惡心自是惑也若纔覺起即照此起處自無性不可取捨三觀明也若別作對治別作眞如實相解別作佛菩薩想別運身心徧法界想並非圓意圓人即念無念耳若謂能覺知識別者是心此是心苗非心性也故云動是法王苗寂是法王根心性者三觀明時是也三觀明時不見有情無情佛與衆生若罪若福在我觀內在我觀外在我觀中皆不可也若不明三觀妄情計佛性在身中計徧草木上經中喚作徧計所執性外道所宗四教所不攝況圓人解乎夫中觀雖明圓解微妙凡言中者有二種中一但中二圓中如首楞嚴經明八還義若揀前塵見無還處見性獨妙但中也見與見緣元是菩提妙淨明體云何於中有是非是此圓中也又空假即中但中也中即空假不但中也即是圓中如藏通二教是但空即揀色體塵歸徹底自性之空如別圓二教是不可得空具中道佛性不空之理傅大士頌云獨自精其實離聲名三觀一心融萬品荊棘叢林何處生釋曰若能內觀返照獨精自心何言詮所及故云其實離聲名了此一念心起處不可得是名空觀即於空處見緣生法似有現顯故云一切法是一切法非於無性無像而有得有像是名假觀求空不得空尋假不得假非空非假全是一心是名中觀念念具三觀之法塵塵成佛智之門故云三觀一心融萬品則煩惱荊棘五陰叢林生死根株我慢原阜更從何處而起故云荊棘叢林何處生普賢觀云止觀十門者一心行稱理攝散名止二止不滯寂不礙觀事三由理事交徹而必俱遂使止觀無礙而雙運四理事形奪而俱盡故止觀兩亡而絕寄五絕理事無礙之境與泯止觀無礙之心二而不二故不礙心境而一味不二而二故不壞一味而心境六由即理之事收一切法故即止之觀亦見一切七由此事即是彼事故令止觀見此心即是彼心八由前中六則一多相入而非一七則一多相是而非異此二不二同一法界止觀無二之智頓見即入二門同一法界而無散動九由事則重重無盡止觀亦普眼齊照十即此普門之智為主故頓照普門法界時必攝一切為伴無盡無盡

宗鏡錄卷第三十五　　　事

音義

渾胡本反又戶昆反　鍇苦駭反　基居之反　泊傍各反止也　翹渠遙反毛也　禺虞俱反　奢式車反侈也　矚之欲反視也　介古拜反大也助也　棘紀力反　阜房九反陵阜也　撲丑鹿反又普孟反撲拄也　膵蒲蒸反　脹知亮反脹滿　螫施隻反毒虫　鱓市淺反　紛撫文反分紜　瀾盧間反大波也　轟呼宏反車聲

丁未歲高麗國分司大藏都監奉
勑彫造

宗鏡録卷第三十五

校勘記

一　底本，麗藏本。

一　四二八頁中一七行第一二字「駚」，磧、經、清作「駛」。

一　四二八頁下二一行第一二字「偏」，磧、南作「徧」。

一　四二九頁上一六行第一〇字「約」，清作「約法」。

一　四二九頁上一七行第五字「也」，清無。

一　四二九頁中二八行首字「乘」，磧、南、經、清作「果」。

一　四二九頁下一八行及次行「不防」，經、清作「不妨」。

一　四三〇頁中二六行首字「偏」，磧、南作「徧」。

一　四三〇頁下一五行第九字「重」，經、清作「從」。

一　四三一頁中二〇行第一四字「竊」，清作「切」。

一　四三一頁中二一行第五字「耶」，清作「也」。

一　四三一頁下一二行第三字「往」，清作「住」。

一　四三二頁上二九行末字「偏」，磧、南作「徧」。

一　四三二頁下四行第七字「來」，磧作「中」。

一　四三二頁下二七行首字「正」，磧、南、經作「止」。

一　四三三頁上三行第八字「心」，南作「空」。

一　四三三頁上二六行末字「乃」，磧作「及」。

一　四三三頁中八行第四字「除」，磧作「陰」。

一　四三三頁下二行第三字「得」，清作「性」。

一　四三三頁下一四行第八字「是」，磧作「見」。

一　四三三頁下一五行末字「一」，磧作「心」。

宗鏡錄卷第三十六

慧日永明寺主智覺禪師延壽集　車

夫觀門略有二種一依禪宗及圓教上上根人直觀心性不立能所不作想念定散俱觀內外咸等即無觀之觀靈知寂照二依觀門觀心以現前境雖權立假相悉從心變如觀經中立日觀水觀等十六觀門上生經中觀兜率天宮彌勒內院等諸章鈔釋云言觀一字理有二種一觀矚二觀察初觀矚者如前五識緣五塵境矚對前境顯現分明無推度故現量性境之所攝故次觀察者向自識上安模建立伺察推尋境分劑故今立觀門即當第二觀察約能觀之心出體有四一剋性出體唯別境慧此慧能揀去散亂深無記等擇留善淨所變境故二能所引體定引慧故三相應體五蘊除色四蘊屬體并色五蘊問相應四蘊心王心所取其何者為能觀察荅先辯心王次明心所若八識心王唯取第六問前五七八俱能緣慮何以不取荅且前五識有漏位中唯現量緣實五塵境第八唯現量緣三境故種子根身器世間境性唯無記第七有漏位中常緣第八見分為境非量所收今能觀心因教比知變起相分比量善性獨影境攝故唯第六有此功能問第六心王有其幾種荅義說有四一明了意識與前五識同緣五塵分明顯了二定中意識引得上定定中所起三獨散意識不與前五同緣為揀明了故立獨名又非定中所起故名為散獨於散位而生起故四夢中意識於睡眠位起此識故問四中何者是能觀心荅得上定者定中意識現量觀故未得定者獨散意識能為觀體次明心所者有五十一法總分六位且通辯諸識有漏位中相應者前五識各有三十四心所相應謂徧行五別境五善十一根本煩惱三貪嗔癡中隨二大隨八第六識三界三性定散通論具與五十一心所相應第七識與十八心所相應謂徧行五根本煩惱四我癡我見我慢我愛大隨八別境中慧第八識唯與徧行心所相應此八種識若成無漏唯與二十一心所相應謂徧行別境善法今明能觀心但唯善性第六識其相應心所隨心王說定中心所唯二十一謂徧行五別境五善十一或尋伺中隨取一法即二十二尋伺細不俱起故淺深推度思慧為體若與散位心王相應即二十法於前善中除輕安故輕安一法是定引故有定資身方得調暢有輕安義或二十一於尋伺中隨取一故問能觀心於三境之中此何境荅定散二位皆獨影境變假相故此假相分從能緣見分種生自無其種故名獨影不同性境是實色心各有種生如眼識緣色等又不同帶質境心緣心時定有質故中間相分從質見起言獨影境自有二類一有質即此觀心託彼為質二無質緣龜毛等問既有彼質何非帶質荅帶質有二一真帶質以心緣心如第七緣第八第六緣餘識二似帶質心緣色故即此所觀帶彼質故通似帶質問定散二位託彼質緣熏得何種荅唯熏能觀心心所見分種子相分是假不熏有漏觀心不熏無漏質種問三量之中此是何量荅定位現量收散位比量攝不通非量非正觀故問三性何性荅唯善性故問四緣何緣荅四緣皆具第六心王并實心所皆從種生是因緣假相分是所緣為緣即前念引後念是等無間緣增上有二一順二違順增上有二一有力順作此觀時諸緣有力隨順能觀名有力增上作此觀時不障餘法雖無力能不違他故名無力增上二違增上亦有二種一違背作此觀時而能違背散亂心心所又能違背無記性等二違損作此觀時而能違損諸染法故問於三依中此是何依荅三依皆具一因緣依能觀心等有自種子為因緣依現依種故亦名種子依二俱有依謂六根處能與諸心心所為依故今能觀第六用七八二識為所依故亦名增上緣依三開導依謂前念心心所開避引導後念心心所取前念心王名開導依後念必依前念生故即現在心望後念心假名前念亦名等無間緣依問五果之中此是何果荅能觀心體非異熟果唯第八識是真異熟二等流果此能觀心心所從自種生種現俱善流類齊等三離繫果此有漏觀未斷障染繫縛法故非離繫果四士用果有二一人士用此人能作此觀人為士用因觀心成就即士用果二法士用作此觀時諸緣法等有力如世士夫力用成就觀心即士用果五增上果前四果中有不攝法但於觀心有隨順義即為其因觀心成就即增上果問此能觀心等具幾緣生荅具五緣生一作意警心故二種子生現法三根即第七識四境假相分五根本即第八識若加等無間即六緣

生如上理事雙明方圓觀法　問若境本無生心常不住又何煩立觀背自天真　答爲未達本無生而欲向外妄修者令自內觀冥合真性如永嘉集云識其疎息者然後海先須上船非船何以能渡修心必須入觀非觀何以明心心尚未明相應何日此勸守愚空坐不慕進修者如欲渡開津非船靡濟將窮生死無智焉明又云妙契玄原者夫悟心之士寧執觀而迷旨達教之人豈滯言而惑理理明則言語道斷何言之能議旨會則心行處滅何觀之能思心言不能思議者可謂妙契寰中矣斯乃得旨之人奚須言觀即屆寶所終不問程已見王蜡寧當執指故般若吟云見月休觀指歸家罷問程即心心是佛何佛更堪成輔行記問云四句推檢貪欲泯然但有妙觀無復貪欲何得復云而起而照答防於起時理須照起不起俱照照不照俱云云不云咸泯泯不泯湛然如是方成入空之觀故云不見起照起照宛然如上所說諸觀門一心之旨義理昭彰解雖分明行須冥合因解成行行成解絕不可一向執解背道迷宗行解相應方明宗鏡如首楞嚴經所明全爲見性修行不取多聞知解所以如來訶阿難言非汝歷劫辛勤證修雖復憶持十方如來十二部經清淨妙理如恒河沙只益戲論汝雖談說因緣自然決定明了人間稱汝多聞第一以此積劫多聞熏習不能免離摩登伽難乃至阿難白佛言世尊我今雖承如是法音知如來藏妙覺明心徧十方界含育如來十方國土清淨寶嚴妙覺王剎如來復責多

聞無功不逮修習我今猶如旅泊之人忽蒙天王賜與華屋雖獲大宅要因門入唯願如來不捨大悲示我在會諸蒙闇者捐捨小乘畢獲如來無餘涅槃本發心路令有學者從何攝伏疇昔攀緣得陀羅尼入佛知見是以佛告阿難汝常聞我毗奈耶中宣說修行三決定義所謂攝心爲戒因戒生定因定發慧是則名爲三無漏學阿難云何攝心我名爲戒若諸世界六道衆生其心不婬則不隨其生死相續汝修三昧本出塵勞婬心不除塵不可出縱有多智禪定現前如不斷婬必落魔道上品魔王中品魔民下品魔女乃至汝以婬身求佛妙果縱得妙悟皆是婬根根本成婬輪轉三塗必不能出如來涅槃何路修證必使婬機身心俱斷斷性亦無於佛菩提斯可希冀若不斷殺修禪定者譬如有人自塞其耳高聲大叫求人不聞此等名爲欲隱彌露若不斷偷修禪定者譬如有人水灌漏巵欲求其滿縱經塵劫終無平復若不斷大妄語者如刻人糞爲栴檀形欲求香氣無有是處乃至造十習因受六交報十習因者一者婬習是故十方一切如來色目行婬同名欲火菩薩見欲如避火坑二者貪習是故十方一切如來色目多求同名貪水菩薩見貪如避瘴海三者慢習是故十方一切如來色目我慢名飲癡水菩薩見慢如避巨溺四者瞋習是故十方一切如來色目瞋恚名利刀劍菩薩見瞋如避誅戮五者詐習是故十方一切如來色目姦偽同名讒賊菩薩見詐如畏豺狼六者誑習是故十方一切如來色目

欺詐同名劫殺菩薩見詐如踐蛇虺七者怨習是故十方一切如來色目怨家名違害鬼菩薩見怨如飲鴆酒八者見習是故十方一切如來色目惡見同名見坑菩薩見諸虛妄徧執如入毒壑九者枉習是故十方一切如來色目怨謗同名讒虎菩薩見枉如遭霹靂十者訟習交諠發於藏覆是故十方一切如來色目覆藏同名陰賊菩薩觀覆如戴高山履於巨海六交報者一者見報二者聞報三者齅報四者味報五者觸報六者思報此六識造業所招惡報從六根出各各招引惡果臨終神識墮無間獄見受明暗二苦相聞受開閉二苦相齅受通塞二苦相味受吸吐二苦相觸受合離二苦相思受不覺覺知二苦相一一受苦無量具在經文是以阿難已悟妙覺明心知宗不昧方乃重告善逝密請修行故知先悟後修應須理行冥合若但取一期知解不慕進修欲證究竟菩提無有是處故經云縱得妙悟皆是婬根以生死根本不斷故直須保護浮囊方渡業海如大涅槃經云尒時海中有羅剎者貪等煩惱各別現行名一羅剎全乞喻索交合也乞半喻求摩觸也三分之一喻索行事也手許喻共坐等也微塵許喻衣相觸也若但破四重禁等者合全乞浮囊也破僧殘者合乞其半也犯偷蘭者合三分之一也犯捨墮及波逸提者合乞手許也二罪同篇共合手許也破突吉羅者合乞微塵也故知微細須持方全戒體如雖乞微塵之許終壞浮囊豈況全半乎是以若犯此篇其過尤重非唯有障大道不出塵勞

以惡業相酬果牽地獄十習因既作六交報等云皆是一念惡覺心生顛倒想起對境作因成之假隨情運相續之心不以智眼正觀遂陷凡夫業道雖則一期徇意罔思萬劫沉身是以一切如來同宣審宜刻骨十方菩薩皆懼實可驚心所以華嚴經云介時文殊師利菩薩問法首菩薩言佛子如佛所說若有衆生受持正法悉能除斷一切煩惱何故復有受持正法而不斷者隨貪瞋癡隨慢隨覆隨忿隨恨隨嫉隨慳隨誑隨諂勢力所轉無有離心能受持法何故復於心行之內起諸煩惱時法首菩薩以頌荅曰佛子善諦聽所問如實義非但以多聞能入如來法如人水所漂懼溺而渴死於法不修行多聞亦如是如人設美饍自餓而不食於法不修行多聞亦如是如人善方藥自疾不能救於法不修行多聞亦如是如人數他寶自無半錢分於法不修行多聞亦如是如有生王宮而受餒與寒於法不修行多聞亦如是如聾奏音樂悅彼不自聞於法不修行多聞亦如是如盲績衆像示彼不自見於法不修行多聞亦如是譬如海船師而於海中死於法不修行多聞亦如是如在四衢道廣說衆好事內自無實德不行亦如是大寶積經云佛言迦葉若有趣菩薩乘善男子善女人等適聞此法不能生於如實深信終不能得阿耨多羅三藐三菩提何以故由修學故證彼菩提非不修學而能得證若不修習得菩提者猶兎等類亦應證得無上菩提何以故不正行者不能證得無上覺故何以故若不正行得菩提者音聲言說亦應證得無上菩提作如是言我當作佛我當作佛以此語故無邊衆生應成正覺永嘉集云心與空相應譏毀讚譽何憂何喜身與空相應刀割香塗何苦何樂依報與空相應施與劫奪何得何失心與空不空相應愛見都忘慈悲普救身與空不空相應內同枯木外現威儀依報與空不空相應永絕貪求資財給濟心與空不空非空非不空相應實相初明開佛知見身與空不空非空非不空相應一塵入正受諸塵三昧起依報與空不空非空非不空相應香臺寶閣嚴土化生是以若不斷四重深僁欲求一乘妙果如塞耳大叫難免他聞徒灌漏巵終無滿日又若所行非所說所說非所行心口自違相應何日似盲畫衆像如聾奏樂音但悅彼情於己無益故知聞之不證解之不行雖學多聞寶藏如王宮凍死虛遊諸佛智海猶水中渴亡比況可知應須改轍不生懟悔焉稱智乎　問此宗鏡錄於頓漸兩教真緣二修云何悟入如何修行　荅今宗鏡中依無作三昧觀真如一心念念冥真念念圓滿如台教明修無作三昧觀真如實相不見緣修作佛亦不見真修作佛亦不見真緣二修合故作佛亦不離真緣二修而作佛若無四修即無四作是無作三昧豈同介相州北道明緣修作佛南土大小乘師亦多用緣修亦不同相州南道用真修作佛問偏用何過荅道無諍何得諍同水火今明用三昧修中道第一義諦開無明顯法性忘真緣離諍論言語法滅無量罪除清淨心一水若澄清佛性寶珠自然現也見佛性故即住大涅槃問曰若介者今云何說荅曰大涅槃經云不生不生名大涅槃以修道得故故不可說豈如諸大乘論師偏執定說今以因緣故亦可得說者若解四悉檀意如前四種說則無咎次明證成者若觀無明見中道者即是入不二法門住不思議解脫故入不思議法門品云若知無明即是明明亦不可得是為入不二法門若入中道即能雙照二諦自然流入薩婆若海今依四悉普為群機於真緣二修中是無作真修頓漸四句中若約上上根是頓悟頓修若約上根或是頓悟漸修　問如何是真緣二修　荅若約緣修用智成佛真如但是境故約緣修以明自也真修正用真如一心為佛萬行及智但是福智莊嚴故用真如一心為自一切福智為他若直了真如心即成佛者是圓頓宗若不了此心妄有修證者是藏通等教灰斷之果若依此心發行別修者是別教大乘與圓教即心便具者所有行位功程日劫相倍故云即心是者疾發心行者遲　問既即心是何用更修　荅只為是故所以修如鑛非金即不可鍜成妙器　問如何是頓漸四句　荅一漸修頓悟二頓悟漸修三漸修漸悟四頓悟頓修楞伽經中有四漸四頓經云大慧白佛言世尊云何淨除自心現流為頓為漸荅中先明四漸後說四頓漸經云佛告大慧漸淨非頓一如菴羅果漸熟非頓如來漸除衆生自心現流亦復如是漸淨非頓二如陶家作器漸成非頓三如大地漸生非頓四如習藝漸就非頓上之四漸約於

修行未證理故下之四頓約已證理故一明鏡頓現喻經云譬如明鏡頓現一切無相色像如來淨除一切衆生自心現流亦復如是頓現無相無所有清淨法界二日月頓照喻經云如日月輪頓照顯示一切色像如來為離自心現習氣過患衆生亦復如是頓為顯示不思議勝智境界三藏識頓知喻經云譬如藏識頓分別知自心現及身安立受用境界彼諸報佛亦復如是頓熟衆生所處境界以修行者安處於彼色究竟天四佛光頓照喻經云譬如法佛所作依佛光明照耀自覺聖趣亦復如是於彼法相有性無性惡見妄想照令除滅今取頓悟漸修深諧教理首楞嚴經云理雖頓悟承悟併消事在漸修依次第盡如大海猛風頓息波浪漸停猶孩子諸根頓生力量漸備似朧光之頓出霜露漸消若即文之頓成讀有前後或頓悟頓修正當宗鏡如華嚴宗取悟如日照即解悟證悟皆悉頓也又如磨鏡一時徧磨明淨有漸今論明是本明漸為圓漸明是本明者恐謂拂鏡非頓明鏡本來淨何用拂塵埃此是六祖直顯本性破其漸修今為順經明其漸證隨漸漸明皆本明矣故云明是本明即無念體上自有真知非別有知知即心體也漸為圓漸者即天台智者意彼云漸漸非圓漸圓圓非漸圓謂漸家亦有圓漸圓家亦有圓漸漸家漸者如江出岷山始於濫觴漸家圓者如大江千里圓家漸者如初入海雖則漸深一滴之水已過大江況濫觴耶圓家圓者如窮海涯底故今云漸是圓家漸尚過漸家之圓況漸家之漸禪原集云頓門有二一逐機頓二化儀頓一逐機頓者遇凡夫上根利智直示真法聞即頓悟全同佛果如華嚴中初發心時即得阿耨菩提圓覺中觀行即成佛二化儀頓者謂佛初成道為宿世緣熟上根之流一時頓說性相事理衆生萬惑菩薩萬行賢聖地位諸佛萬德因該果海初心即得菩提果徹因原位滿猶同菩薩此唯華嚴一經名為頓教其中所說諸法是全一心之諸法一心是全諸法之一心性相圓融一多自在又約機頓漸不同有云先因漸修功成而豁然頓悟如伐木片片漸斫一時頓倒亦如遠詣皇城步步漸行一日頓到有云先因頓修而後漸悟如人學射頓者箭箭直註意在的漸者久始漸親漸中此說運心頓修不言功行頓畢有云漸修漸悟如登九層之臺足履漸高所見漸遠已上皆證悟也有云先須頓悟方可漸修此約解悟若約斷障說者如日頓出霜露漸消若約成德說者如孩初生即具四支六根長即漸成志氣功用如華嚴經云初發心時即成正覺三賢十聖次第修證若未悟而修非真修也良以非真流之行無以稱真何有飾真之行不從真起經云若未聞此法多劫修六度萬行竟不證真有云頓悟頓修者此說上上智根性樂欲俱勝一聞千悟得大總持一念不生前後際斷若斷障說如斬一簍絲萬條頓斷若修德說如染一簍絲萬條頓色荷澤云見無念體不逐物生又云一念與本性相應八萬波羅蜜行一時齊用又頓悟者不離此生即得解脫如師子兒初生之時是真師子即修之時即入佛位如竹春生筍不離於春即與母齊何以故心空故若除妄念永絕我人即與佛齊經云不壞世間而超世間不捨煩惱而入涅槃不修頓悟猶如野干隨逐師子經百千劫終不得成師子故知若不直了自心豈成圓頓隨他妄學終不成真此宗鏡錄是圓頓門即之於心了之無際更無前後萬法同時所以證道詞云是以禪門了却心頓入無生慈忍力又若用悟而修即是解悟若因修而悟即是證悟又頓教初如華嚴海會於逝多林中入師子頻伸三昧大衆皆頓證法界無有別異後乃至將欲滅度在拘尸那城娑羅雙樹間作大師子吼顯常住法決定說言一切衆生皆有佛性凡是有心定當作佛究竟涅槃常樂我淨皆令安住秘密藏中以此教法本從世尊一真心體流出亦只是凡聖所依一心真體隨緣流出展轉徧一切處一切衆生身心之中只各於自心靜念如理思惟即如是如是顯現於宗鏡中了然明白起此無涯之一照徧法界無際之虛空無一塵而不被光明凡一念而咸承照燭斯乃般若無知之照照豈有邊涅槃大寂之宗宗何有盡故如般若無知論云放光云般若無所有相無生滅相道行云般若無所知無所見此辯智照之用而曰無相無知者何也果有無相之知不知之照明矣何者夫有所知則有所不知以聖心無知故無所不知不知之知乃曰一切知故經云聖心無知無所不知信矣是以聖人虛其心而實其照終日知未嘗知也故能默耀

韜光虛心玄鑒閉智塞聰而獨覺冥冥者矣然則智有窮幽之鑒而無知焉神有應會之用而無慮焉神無慮故能獨王於世表智無知故能玄照於事外智雖事外未始無事神雖世表終日域中所以俯仰順化應接無窮無幽不察而無照功斯則無知之所知聖神之所會也然其為物實而不有虛而不無存而不可論者其唯聖智乎何者欲言其有無狀無名欲言其無聖以之靈聖以之靈故虛不失照無狀無名故照不失虛照不失虛故渾而不渝虛不失照故動以接麁是以聖智之用未始暫廢求之形相未始可得故寶積曰以無心意而現行放光曰不動等覺而建立諸法所以聖迹萬端其致一而已矣是以般若可虛而照真諦可亡而知萬動可即而靜聖應可無而為斯則不知而自知不為而自為矣復何知哉復何為哉問曰夫聖人真心獨朗物物斯照應接無方動與事會物物斯照故知無所遺動與事會故會不失機會不失機故有會於可會知無所遺故必有知於可知有知於可知故聖不虛知有會於可會故聖不虛會既知既會而曰無知無會者何耶若夫忘知遺會者則是聖人無私於知會以成其私耳斯可曰不自有其知安得無知而以哉答曰夫聖人功高二儀而不仁明逾日月而彌昏者豈曰木石瞽其懷其於無知而已哉誠以異於人者神明故不可以事相求之耳子意欲令聖人不自有知而聖人未甞不有知無乃乖於聖心失於文旨者乎何者經云真般若者清淨如虛空無知無見無作無緣斯則知自無知矣豈待反照然後無知哉若有知性空而稱淨者則不辯於惑智三毒四倒皆亦清淨又何獨尊淨於般若若以所知美般若所知則非般若所知自常淨般若未甞淨亦無緣致淨歎於般若然經云般若清淨者將無以般若體相真淨本無惑取之知無惑取之知不可以知名哉豈唯無知名無知知自無知矣是以聖人以無知之般若照彼無相之真諦真諦無兔馬之遺般若無不窮之鑒所以會而不差當而無是寂怕無知而無不知者矣難曰夫物無以自通故立名以通物物雖非名果有可名之物當於此名矣是以即名求物物不能隱而論云聖心無知又云無所不知意謂無知未甞知知未甞無知斯則名教之所通立言之本意也然論者欲一於聖心異於文旨尋文求實未見其當何者若知得於聖心無知無所辯若無知得於聖心知亦無所辯若二都無得無所復論哉答曰般若義者無名無說非有非無非實非虛斯無名之法故非言所能言也言雖不能言然非言無以傳是以聖人終日言而未甞言也今試為子狂言辯之夫聖心者微妙無相不可為有用之弥勤不可為無不可為無故聖智存焉不可為有故名教絕焉是以言知不為知欲以通其鑒不知非不知欲以辯其相辯相不為無通鑒不為有非有故知而無知非無故無知而知是以知即無知無知即知無以言異而異於聖心也難曰夫真諦深玄非智不測聖智之能在茲而顯故經云不得般若不見真諦真諦則般若之緣也以緣求智智則知矣答以緣求智知非知也何者放光云不緣色生識是名不見色又云五陰清淨故般若清淨般若即能知也五陰即所知也所知即緣也夫知與所知相與而有相與而無相與而無故物莫之有相與而有故物莫之無物莫之無故為緣之所起物莫之有故緣所不能生緣所不能生故照緣而非知為緣之所起故知緣相因而生是以知與無知生於所知矣何者夫知以所知取相故名知真諦自無相真智何由知所以然者夫所知非所知所知生於知所知既生知知亦生所知所知既相生相生即緣法緣法故非真非真故非真諦故中觀曰物從因緣有故不真不從因緣有故即真今真諦曰真真則非緣真非緣故無物從緣而生也故經云不見有法無緣而生是以真智觀真諦未甞取所知智不取所知此智何由知然智非無知但真諦非所知故真智亦非知而子欲以緣求智故以智為知緣自非緣於何而求知乎難曰論云不取者為無知故不取為知然後不取耶若無知故不取聖人則冥若夜遊不辯緇素之異也若知然後不取知則異於不取矣答曰非無知故不取又非知然後不取知則不取故能不取而知難曰論云不取者誠以聖心不物於物故無惑取耶無取則無是無是則無當誰當於聖心而云聖心無所不知耶答曰然無是無當也夫無當則物無不當無是則物無不是物無不是故是而無是物無不當故當而無當故經云盡見諸法而無所見者也難曰聖

心非不能是誠以無是可是雖不是是故當是於無是矣是以經云真諦無相故般若無知者誠以般若無有有相之知若以無相為無相又何累於真諦耶荅曰聖人無無相也何者若以無相為無相無相即為相捨有而之無猶逃峯而赴壑俱不免於患矣是以至人處有而不有居無而不無雖不取於有無然亦不捨於有無所以和光塵勞周旋五趣寂然而往怕尒而來恬淡無為而無不為者也難曰聖心雖無知然其應會之道不差是以可應者應之不可應者存之然則聖心有時而生有時而滅可乎荅曰生滅者生滅心也聖人無心生滅焉起然非無心但無心心耳又非不應但是不應應耳是以應會則信若四時之質直以虛無為體斯不可得而生不可得而滅也難曰聖智之無惑智之無俱無生滅何以異之耶荅曰聖智之無者無知惑智之無者知無其無雖同所以無者異也何者夫聖心虛靜無知可無可曰無知非謂知無惑智有知故有知可無可謂知無非曰無知也無知即般若之無也知無即真諦之無也是以般若之與真諦言用即同而異言寂即異而同同故無心於彼此異故不失於照功是以辯同者同於異辯異者異於同斯則不可得而異不可得而同也何者內有獨鑒之明外有萬法之實萬法雖實然非照不得內外相與以成其照功此聖所不能同用也內雖照而無知外雖實而無相內外寂然相與俱無此則聖所不能異寂也是以經云諸法不異者豈曰續鳬截鶴夷嶽盈壑然後無異哉誠以不異於異故雖異而不異耳故經曰甚奇世尊於無異法中而說諸法異又云般若與諸法亦不一相亦不異相信矣難曰論云言用則異言寂則同未詳般若之內則有寂用之異乎荅曰用即寂寂即用用寂體一同出而異名更無無用之寂主於用也是以智弥昧照逾明神弥靜應逾動豈曰明昧動靜之異哉故成具曰不為而過為寶積曰無心無識無不覺知斯則窮神盡智極象外之談也即之明文聖心可知矣釋曰般若無知者是一論之宏綱乃宗鏡之大體微妙難解所以全引證明夫般若者是智用無知者是智體用不離體知即無知體不離用無知即知若有知者是取相之知即為所知之相縛不能徧知一切故論云夫有所知則有所不知若是無相之知不被所知之相礙即能徧知一切故論云以聖心無知故無所不知以要言之但是理事無礙非即非離如論云神無慮故能獨王於世表智無知故能玄照於事外者不即事也智雖事外未始無事神雖世表終日域中者不離事也理非即非離如事亦然是以理從事顯理徹於事事因理成事徹於理理事交徹般若方圓故能有無齊行權實雙運豈可執有執無迷於聖旨乎所以論云欲言其有無狀無名欲言其無聖以之靈何者此有是不有之有豈有其名斯無是不無之無寧虧其體有無但分兩名其性元一不可以有為有以無為無故論云非有故知而無知者以知自無性豈待云知然後無知乎論云非無故無知而知者以無相之知非同木石無而失照此靈知之性雖無名相寂照無遺如論云考之玄籍本之聖意豈復真偽殊心空色異照耶是以照無相不失撫會之功覩變動不乖無相之旨造有不異無造無不異有未嘗不有未嘗不無故曰不動等覺而建立諸法以此而推寂用何妨如何謂覩變之知異無相之照乎又論云知即無知無知即知無以言異而異於聖心也故知若云有之與無同之與異皆是世間言語但有虛名而無實體豈可以不定之名言而欲定其無言之妙性也今揔結大意般若無知者但是無心自然靈鑒非待相顯靡假緣生不住有無不涉能所非一非異而成其妙道也所以先德云夫聖心無思名言路絕體虛不可以色取無慮不可以心求包法界而不大處毫端而不微寂寥絕於生滅應物無有去來鑒徹天鏡而無鑒照之勤智周十方而不生二相森羅萬像與之同原大哉妙用而無心者其唯般若無知之謂乎鈔云然無知之與為破邪執有四論文一一破之一者或執有知為常見二者或執無知為斷見三者亦知亦無知為相違見四者非有知非無知為戲論見第一破常見者惑人聞說般若者智慧也智則知也慧則見也則謂聖人同於凡夫有心取相知見墮於常見不了般若論主便則斥云聞聖有知謂之有心為破此執故云般若無知也斯則照俗不執相照真不著空無執無著即四句本亡無種不知而未嘗分別以無緣之知照實相之境智則雖照而無知境則雖實而無相境智冥一

故相與寂然能所兩亡故云般若無知也故云是以眞智觀眞諦未嘗取所知智不取所知此智何由知又云將無以般若體相眞淨本無惑取之知不可以知名哉又云夫陳有無者夫智之生也極於相內法本無相聖智何知故中論云若使無有有云何當有無有無旣已無知有無者誰此上並破有知之常見也第二破無知之斷見者或人聞經云眞般若者無知無見無作無緣便謂般若同於太虛無情之流墮於斷見旣乖般若論主破之故云世稱無知者謂木石太虛無情之流靈鑒幽燭形于未兆道無隱機寧曰無知所以論題無知者爲明聖心無有取相之知故云無知非謂則無眞知也何者般若靈鑒無種不知不同太虛一向無知也然則斷見無知略明有十一種論中略言三種十一種者一者太虛一向空故二者木石謂無情故三者聾瞽謂根不具無見聞故此上三種是論所破四者愚癡謂無智慧於境不了故五者癲狂惡鬼惑心失本性故六者心亂境多惑心不能決斷故七者悶絕心神闇黑如死人故八者惛醉爲藥所迷故九者睡眠神識困熟故十者無想定外道伏惑心想不行故十一者滅盡定二乘住寂心智止滅故此上並是或倒非般若無知也第三破亦有知亦無知者則是學人聞經所明或說般若有知或說無知不能正解便生異執論主而復破之異執有三種一者反照故無知則是學人謂聖人實是有知但以知物之時忘却知心不自言我能知此只成不私自作知解非都不知也二者以般若性空故無知者則是學人謂言般若實自有知但以知性空故則無知此只成性空故無知而未是無惑取之無知第三眞諦境淨故歎美般若無知何者學人則謂般若能知眞諦之境因境淨無相故則歎美般若無知此只成境是無知般若常是有知也此上三見並參亦有亦無知俱乖聖智論主所以破之也第四破非有知非無知者則是惑人聞經云眞般若者非有非無無起無滅不可說示人不能亡言會其玄旨則謂般若唯是非有非無便作非有非無之解此並心量乖乎眞智論主破之故云言其非有者言其非是有非謂是非有言其非無者言其非是無非謂是非無非有非非有非無非非無此絕言之道知何以傳此破非有知非無知也論若如此則破四執之理昭然今題目但云無知者蓋是舉一隅而三隅反所以智人聞說無則不取無不取亦有亦無非有非無斯則離四句絕百非可謂眞無知也論中分明破其四執人自不見故云是以聖人處有不有此破有知也居無不無此破無知也雖不取於有無此破亦有知亦無知也然亦不捨於有無此破非有知非無知也然上四破說雖前後辯之不同論意只於一句中則四句理圓何者處有不有即是居無不無即是不取有無即是不捨有無斯則聖心能亡四句離諸現量可謂無知言偏理圓故云無知也今更依宗本義意以釋般若無知亦是一家之美也論明般若無知者則權實二智平等大慧也今則以略攝廣言約義豐但云般若則會二智矣故宗本云漚和般若者大慧之稱也何者若唯般若觀於實相而無權智涉有者則沉滯於空若唯權智涉有而無般若達空者則涉有之時染於塵累若能二智圓明者則眞智觀眞諦而不取空權智化物而不著有故論云智有窮幽之鑒而無知焉者此則眞智照眞不取於無也神有應會之用而無慮焉者此則權智涉俗不取於有也神無慮故獨王於世表智無知故能玄照於事外者此謂二智俱能照眞則權中有實也智雖事外未始無事神雖世表終日域中矣者謂二智俱能照俗則實中有權也然則權實自在事理混融處有不取於塵居無不沉於寂眞俗雙泯空有兩亡何實何權誰境誰智儻然靡據蕭散縱橫不取不捨可謂平等大慧故云般若無知也如起信論云所言覺義者謂心體離念離念相者等虛空界無所不徧法界一相即是如來平等法身依此法身說名本覺離念者即是此論之無知無知之眞知即是本覺本覺即是佛一切智也無所不徧者即無所不知也夫一切境界只於一念心中一時頓知無有遺餘眞俗並照不墮有無也故論云知即無知無知即知無以言異而異於聖心也知即無知即是眞智徧知名一切智也無知即知即是無種不知名一切種智也聖心不殊以心無二故唯只一智但隨境照說有二也二旣不二一亦非一若約天台即言直緣中道名一切智雙照二諦名一切種智又佛智照空如二乘所見名一切智照假如菩薩所見名道種智佛智

照中皆見實相名一切種智故言三智一心中得一心即般若無知之智也以心不屬有無常照中道即是自性有大智慧光明義徧照法界義真實識知義故云斯則不知而自知矣即不假作意故不知也自性明照故而自知也以神解之性自然寂而常照不依他發起也故信心銘云虛明自照不勞心力又云若體自無取相之知故言無知不是前念起知至後念妄知知想然後名無知若然者則成無記之心何名般若無知耶蓋是無緣之智照無相之境真境無相真智無知境智冥一理無不盡鑒無不窮可謂佛智見性也又夫有取相之知則心有間礙不能始淨同如有無一旨照空迷於辯有知俗乖乎了真不能圓照萬法故云有所不知也永嘉集云若以知知寂此非無緣知如手執如意非無如意手若以自知知亦非無緣知如手自作拳非無不拳手亦不知知寂亦不自知知不可為無知自性了然故不同於木石手不執如意亦不自作拳不可為無手以手安然故不同於兔角乃至今言知者不須知知但知而已則前不接滅後不引起前後斷續中間自孤當體不顧應時消滅知體既已滅豁然如托空寂介少時間唯覺無所得即覺無覺無覺之覺異乎木石觀和尚云此上無緣之知斯為禪宗之妙以彼但顯無緣真智以為真道若奪之者但顯本心不隨妄心來有智慧照了心原故須能所平等不失照為無知之知此知知於空寂無生如來藏性方為妙耳然上依教方便離分頓漸不離一心如有偈云諸論各異端修行理無二競執有是非達者無違諍

宗鏡錄卷第三十六

音義

疇直由反 危 刻苦得反 癖 洱 詐 誅 戮 讒 紆 砲 鴆 蝥 蠹 癃 訟 謹 吸 突 誑 語 饕 續 猫 贓 岷 觴 蹇 啖 渝 瞽 怕 恬 兗 癲 儻

丁未歲分司大藏都監開板

宗鏡錄卷第三十六

校勘記

一　底本，麗藏本。

一　四三五頁下六行「增上」，磧、南、徑、清作「增上二無力順」。

一　四三五頁下一六行第二字「避」，清作「闢」。

一　四三五頁下一九行「答能」，磧、南作「答一能」。

一　四三五頁下二六行第三字「上」，磧、南作「士」。

一　四三六頁下二四行第一〇字「但」，清作「俱」。

一　四三八頁上一六行第九字「曦」，磧、南、清作「曦」。

一　四三八頁上一七行第二字「即」，磧、南、徑、清作「印」。

一　四三八頁下一二行第二字「伸」，磧、南作「呻」。

一　四三九頁下二八行第二字「也」，清作「者」。

一　四四一頁中四行第一三字「知」，清作「起」。

一　四四二頁上九行第六字「妄」，徑作「忘」。

宗鏡録卷第三十七　車

慧日永明寺主智覺禪師延壽集

夫萬行教法摠約心解者只如諸佛所説經教皆以名句文身詮表方成法義云何但明一心而已　答今且先約古德機應合説質影雙明佛言自從光耀終至鶴林不説一字汝亦不聞此是佛密意説約本眞法體離言詮故不説一字即諸法寂滅相不可以言宣又但是佛不説心外一字法教體者護法云如來既實現身實説法者即通用説者聽者正兼聲名句文而爲教體教體通有漏無漏影像本質即是合宜聞者根性已熟遂感激如來識上有文義相生佛以慈悲本願緣力即爲衆生説三乘法所有聲名句文是正無漏本質教若是三乘五性衆生佛邊聽法不能親聞自變相分而緣所有聲名句文即取有漏無漏是影像兼教即以質教爲本能現影像故影像教爲末依質有故由此取本質教爲正教體影像教爲兼教體無性菩薩難云我宗但取衆生識上影像相分爲教體者即不違唯識汝護法若取佛本質聲名句文爲教體者即是心外有法何成唯識護法荅唯識之宗約親相分衆生聽時變起相分而緣非取他質以爲自性然他本質即佛菩薩亦成唯識故不相違問何不唯取本質爲正教體即休荅緣衆生不能親聞無漏質故必資影像問若介何不唯取影像爲教體是親聞故荅雖即親聞必假本質是以唯識論云展轉增上力二識成決定言展轉增上力者即佛與衆生互爲增上緣言二識成決定者即衆生根決定如來悲決定謂衆生根熟合聞法決定如來即有悲決定決定與衆生説法爲增上緣故又諸師影質有無不同應須四句分別一唯質無影即小乘有部等二唯影無質即龍軍無性三俱句即護法親光四俱非即龍猛清辯謂彼計勝義門中不辯教體全撥菩提涅槃爲空故已上約四句料簡門中質影雙通護法爲勝然若約名句文身解釋詮表皆是意言分別凡有詮量不出心識乃至能説所説並屬見聞覺知心含善惡諸心數等無有一法出於心外當知此心諸法之都顯事合理心可軌持故稱曰經豈止於心乃至一切六塵悉皆是經以心徧一切處故如法華玄義云歷法明經者若以經爲正翻何法是經舊用三種一用聲爲經如佛在金口演説但有聲音詮辯聽者得道故以聲爲經大品云從善知識所聞也二用色爲經若佛在世可以聲爲經今佛去世紙墨傳持應用爲色經大品云從經卷中聞三用法爲經故云修我法者證乃自知又塵爲經若於此土耳識利者能於聲塵分別取悟則聲是其經於餘非經若意識利者自能研心思惟取決法是其經於餘非經眼識利者文字詮量而得道理色是其經於餘非經此方用三塵而已餘三識鈍鼻齅紙墨則無所知身觸經卷亦不能解舌嘗文字寧別是非若他土亦用六塵亦徧用一塵如淨名曰以一食施一切於食等者於法亦等於法等於食亦等此即徧用舌根所對爲經或有國土以天衣觸身即得道此偏用觸爲經或見佛光明得道此偏用色爲經或寂滅無言觀心得道此偏用意爲經如衆香土以香爲佛事此偏用香爲經他方六根識利六塵得爲經此土三根識鈍鼻不及驢狗鹿等云何於香味觸等能得通達問根利故於塵是經鈍者塵則非經耶荅六塵是法界體自是經非根利取方乃是經何者大品云一切法趣色是趣不過此色能詮一切法如墨黑色一劃詮一二劃詮二三劃詮三竪一劃則詮王足右劃則詮丑足左劃則詮田出上詮由出下詮申如是迴轉詮不可盡或一字詮無量法無量字共詮一法無量字詮無量法一字詮一法於黑墨小小迴轉詮量大異左迴詮惡右迴詮善上點詮無漏下點詮有漏殺活與奪毀譽苦樂皆在墨中更無一法出此墨外略而言之黑墨詮無量教無量行無量理黑墨亦是教本行本理本黑墨從初一點至無量點從點至字從字至句從句至偈從偈至卷從卷至部又從一字句中初立小行後著大行又從點字中初見淺理後到深理是名黑色教行義三種微發乃至當知黑字是諸法本青黃赤白亦復如是非字非非字雙照字非字不可説非不可説不可見非不可見何所簡擇何所不簡擇何所攝何所不攝何所棄何所不棄是則俱是非則悉非能於黑色通達一切非於一切非通達一切是通達一切非非非是一切法邪一切法正若於黑色不如是解則不知字與非字青黃赤白有對無對皆不能知若於黑色通達知餘色亦如是此即法華經意以色爲經也聲塵亦如是或一

聲詮一法耳根利者即解聲愛見因緣即空即假即中知脣舌牙齒皆不可得聲即非聲非聲亦聲非聲非非聲聲爲教行義本種種等義皆如上說是即通達聲經香味觸等亦復如是經云一切世間治生產業皆與實相不相違背即此意也外入皆經周徧法界内入亦如是内外入亦如是經云非内觀得解脫亦不離内觀得解脫等又云能觀心性名爲上定心是體夫有心者皆當得三菩提心是宗制心一處無事不辦心是用三界無別法唯是一心作覺觀心是語本以心分別於心證心是教相故云華香雲樹即法界之法門刹土衆生本十身之正體故華嚴經云知一切法是正思惟藏　問若心外無法唯聽無說者云何佛言我已所說法如手中葉又佛皆自說我成佛來不說一字等　荅古釋云林中葉喻據爲其緣令諸有情識變法解名我已說如手中葉未爲作緣衆生自心未起法解名我未說如林中葉約爲增上名說未說又唯識鏡問云此中既云佛皆自說何故乃言佛不說法豈非自語相違過耶荅此亦是可聞者自識變生佛實不說但爲增上也衆生識上變此言故故引爲證　問但了一心能成深觀者若無位次皂白何分須合教乘以袪訛濫教觀雙辯方契佛心　荅誠如所言闕一不可圓教觀心須明六即以三觀故免數他寶以六即故無增上心然心非數量豈有四六之文理合幽玄誰分淺深之位但爲證入有異假分四教之門昇進亦殊故列六即之位此出台教止觀正文簡慢濫於初心證究竟於後位止觀云約六即顯是者問爲初心是後心是荅如論云焦炷非初不離初非後不離後若智信具足聞一念即是信故不謗智故不懼初後皆是若無信高推聖境非已智分若無智起增上慢謂已均佛初後俱非爲此事故須知六即謂理即名字即觀行即相似即分眞即究竟即此六即者始凡終聖始凡故除疑怯終聖故除慢大理即者一念心即如來藏理如故即空藏故即假理故即中三智一心中具不可思議三諦一諦非三非一一色一香一切法一切心亦復如是名爲理即菩提亦是理即止觀即寂名止即照名觀名字即者理雖即是日用不知以未聞三諦全不識佛法如牛羊眼不解方隅或從知識或從經卷聞上所說一實菩提於名字中通達解了知一切法皆是佛法是爲名字即菩提亦是名字止觀若未聞時處處馳求既得聞已攀覓心息名止但信法性不信其諸名爲觀觀行即者若但聞名口說如蟲食木偶得成字是蟲不知是字非字既不通達寧是菩提必須心觀明了理慧相應所行如所言所言如所行華首云言說多不行我不以言說但心行菩提此心口相應是觀行菩提釋論云四句評聞慧具足如眼得日照了無僻觀行亦如是雖未契理觀心不息如首楞嚴中射的喻是名觀行菩提亦名觀行止觀恒作此想名觀餘想息名止相似即菩提者以其逾觀逾明逾止逾寂如射隣的名相似觀慧一切世間治生產業不相違背所有思想籌量皆是先佛經中所說如六根清淨中說圓伏無明名止似中慧名觀分眞即者因相似觀力入銅輪位初破無明見佛性開寶藏顯眞如名發心住乃至等覺無明微薄智慧轉著如從初月至十四日月光垂圓闇垂盡若人應以佛身得度者即八相成道應以九法界身得度者以普門示現如經廣說是名分眞菩提亦名分眞止觀分眞智斷究竟即菩提者等覺一轉入于妙覺智光圓滿不復可增名菩提果大涅槃斷更無可斷名果果等覺不通唯佛能通過荼無道可說故名究竟菩提亦名究竟止觀古德約四教明六即者若藏教執色爲有施拙度破析之因成但空灰斷之果通教執色心是空了緣生無性之宗失中道不空之理別教從心生十法界心但有能生十界之理性未即便具十界之因果如從地生一切草木但從一心次第生十界也圓教心具十法界不待能所生亦無前後際只一念是十界只十界是一念一切時一切處一切法念念中體常圓滿塵沙萬德不欠少一分八萬或業不除斷一分不謂佛是果頭極聖我未證得不謂凡是底下穢濁我應捨離揔覽法界在一念心頭如一圓珠瑩徹明白圓解更無覺觀進修亦不見有凡聖取捨分別妄念悉盡也以初圓信人未得純淨煩惱有厚薄習氣有淺深分別難忘攀緣易起心浮觀淺或重境強於對治之中故分六即是以凡夫心性本體實齊上聖但凡夫未能常用本隨境生心分別計校千差萬別雖在人道心多不定或發地獄心或發餓鬼畜生心何況人天善

道何況三乘聖道無始妄習何能頓遣雖有見解未能常照故是凡也若生死即涅槃煩惱即菩提是理即若能暫照諦理即坐佛座證佛身用佛法當此一念圓現時不見十方佛異我此身此念也解而未修是名字即念有分數名觀行即念似於境名相似即境入於念名分真即無境無念名究竟即雖六常一何凡何聖雖一常六凡聖天絕又六而常一故言即一而常六故初後不齊當觀念時非一非六又譬如不離貧女家得金即也貧女得金即富可喻衆生即佛取金有次第豈非六乎耘除草穢觀行伏惑也掘土近金似見物未分明豈非相似收得一分豈非分真盡得受用女人歡喜豈非究竟耶是以頓悟宗已復須言行相應既得本清淨又須離垢清淨如大集經偈云遠離一切諸煩惱清淨無垢猶真實其心能作大光明是名寶炬陀羅尼又云若有不覺一切境界及自境界如是之人則能調伏　問如來無密語迦葉不覆藏則衆生心常自明現何須教觀開示廣論橫竪　荅只爲佛之知見蘊在衆生心雖然顯現而迷者不知以客塵所覆妄見所障雖有如無似世間寶藏爲物所覆莫有知者是以須的示其寶處令親得見迷獲其寶利濟無窮此亦如是因斯方便之門得見心寶遂以緣了資發親得現前智藏豐隆法財具足有茲勝利教跡非虛如大涅槃經云譬如大海雖同一鹹其中亦有上妙之水味同於乳喻如雪山雖復成就種種功德多生諸藥亦有毒草諸衆生身亦復如是雖有四大毒虵之種其中亦有妙藥大王所謂佛性非是作法但爲煩惱客塵所覆若刹利婆羅門毗舍首陀能斷除者即見佛性成無上道所以古德云開物性原者良以衆生性含智海識洞真空但衣蔽明珠室埋秘藏要假開示令其悟入須憑觀慧以契無生又欲廣其義用須明橫竪法門竪唯一心橫徧一切心非橫竪橫竪是心隱顯同時卷舒無礙念念相即法法融通將竪約橫則無橫而不竪一一法皆至心原將橫約竪則無竪而不橫具一切句及一一句皆廣等法界所以義海云體無別異舉則全鋒理不殊途談皆頓顯良由二邊相盡差別體融隨智卷舒應機屈曲是故言起即起誰云路之不通舉多即多孰談法之無在故知立教皆爲對機機宜不同教分多種且如觀色一法五教證入不同初小乘見是實色不說性空初教見此色法從緣所成必無自性即空無所有如彼歸水終教見色空無礙以真空不守自性隨緣成色即是幻色遂賴空成即此賴空之色虛相無體恒自性盡而空現是故色即空而常泯空即色而常存要由自盡之色方是空色成色之空乃是真空舉體互融無有障礙如水入波頓教一色法無非真理所收是故此色即真理一味等更無別法而可顯說水波雙絕圓教起即全收一多互攝同時成立一塊圓明隨舉即色隨舉即空義味自在隨智取用何以故隨舉一門無不顯現古德云皆本一心而貫諸法夫一心者萬法之總也分而爲戒定慧開而爲六度散而爲萬行萬行未嘗非一心一心未嘗違萬行然則一心者萬法之所主而不屬於萬法得之者則於法自在矣見之者則於教無礙矣本非法不可以法說本非教不可以教傳豈可以執跡而尋哉故知但研精一法內照分明自然柔軟入神順法界之性無心合道履一際之門所以大智度論云以人心多散如狂如賊如醉一心敬慎是諸功德初門攝心得禪便得實智慧得實智慧便得解脫得解脫便得盡苦如是等事皆從一心得華嚴私記云無縛無著迴向者只了一切皆如故所以無縛著耳知一切皆無縛脫一法既尒一切法皆然所以一切法即一法一法即一切法若一切法皆無性即是分身佛集寶塔出現須弥入芥耳如是洞達一解千從則知佛向無所有中出生法於畢竟空中建立以無生無性故迴轉由心遂得集散同時大小即入所以森羅義趣報化影像乃至無量德業廣大神通於宗鏡中一時顯現且如龍蜃等類全是業果生死之身尚現不思議之力用何況悟根本心具如實智而不能現廣大之神用乎如華嚴經云佛子如羅睺阿脩羅王本身長七百由旬化形長十六萬八千由旬於大海中出其半身與須弥山而正齊等佛子彼阿脩羅王雖化其身長十六萬八千由旬然亦不壞本身之相諸蘊界處悉皆如本心不錯亂不於變化身而作他想於其本身生非己想本受生身恒受諸樂化身常現種種自在神通威力佛子阿脩羅王有貪恚癡具足憍慢尚能如是變現其身何況菩薩摩訶薩能深了達心法如幻

一切世間皆悉如夢一切諸佛出興於世皆如影像一切世界猶如變化言語音聲悉皆如響善見如實法以如實法而為其身知一切法本性清淨了知身心無有實體其身普住無量境界以佛智慧廣大光明淨修一切菩提之行乃至如有幻師隨於一處作諸幻術不以幻地故壞於本地不以幻日故壞於本日菩薩摩訶薩亦復如是於無國土現有國土於有國土現無國土於有衆生現無衆生於無衆生現有衆生無色現色色現無色初不亂後後不亂初菩薩了知一切世法悉亦如是同於幻化知法幻故知智幻知智幻故知業幻知智幻業幻已起於幻智觀一切業如世幻者不於處外而現其幻亦不於幻外而有其處菩薩摩訶薩亦復如是不於虛空外入世間亦不於世間外入虛空何以故虛空世間無差別故住於世間亦住虛空菩薩摩訶薩於虛空中能見能修一切世間種種差別妙莊嚴業於一念頃悉能了知無數世界若成若壞亦知諸劫相續次第能於一念現無數劫亦不令其一念廣大菩薩摩訶薩得不思議解脫幻智到於彼岸住於幻際入世幻數思惟諸法悉皆如幻不違幻世盡於幻智了知三世與幻無別決定通達心無邊際如諸如來住如幻智其心平等菩薩摩訶薩亦復如是知諸世間皆悉如幻於一切處皆無所著無有我所如彼幻師作諸幻事雖不與彼幻事同住而於幻事亦無迷惑菩薩摩訶薩亦復如是知一切法到於彼岸心不計我能入於法亦不於法而有錯亂　問只

如自心如何觀耶　荅性該始終之際體非起盡之緣體徧迷悟之中性非解惑之事又云夫心原本淨無爲無數非一非二無色無相非徧非圓雖復覺知亦無覺知若念未念四運檢心畢竟叵得豈可次第不次第偏圓觀耶猶如虛空等無有異此之心性畢竟無心有因緣時亦得明心既有論心即有方便正觀之義譬如虛空亦有陰陽時兩心亦如是雖無偏圓亦論漸頓若觀心具有性得三諦性得三觀及一切法無前無後無有次第一念具足十法界法若觀心非空非有則一切從心生法亦非空非有如是等一切諸法在一心中當知觀此心原與如來等若作如此圓觀其人行住坐卧皆應起塔生如來心如此觀心名觀佛心也輔行記云心造即是心具故引心造之文以證心具華嚴經偈云心如工畫師造種種五陰一切世界中無法而不造如心佛亦尒如佛衆生然心佛及衆生是三無差別若人欲求知三世一切佛應當如是觀心造諸如來不解今文如何消偈心造一切三無差別言心造者不出二意一者約理造即是具二者約事不出三世三世又三一者過造於現過現造當如無始來及以現在乃至造於盡未來際一切諸業不出十界百界千如三千世間二者現造於現即是現在同業所感逐境心變名之爲造以心有故一切皆有以心空故一切皆空如世一官所見不同是畏是愛是親是怨三者聖人變化所造亦令衆生變心所見並由理具方有事用今欲修觀但觀理具俱破俱立俱是

法界任運攝得權實所現又問此不思議亦約次第以釋十法界與思議何別答其實無別思議乃作從心生說不思議作一心具說若能如上信解福德無量佛親比校萬行難借如法華經偈云若人求佛慧於八十萬億那由他劫數行五波羅蜜於是諸劫中布施供養佛及緣覺弟子幷諸菩薩衆珍異之飲食上服與卧具栴檀立精舍以園林莊嚴如是等布施種種皆微妙盡此諸劫數以迴向佛道若復持禁戒清淨無缺漏求於無上道諸佛之所歎若復行忍辱住於調柔地設衆惡來加其心不傾動諸有得法者懷於增上慢爲此所輕惱如是亦能忍若復勤精進志念常堅固於無量億劫一心不懈息又於無數劫住於空閑處若坐若經行除睡常攝心以是因緣故能生諸禪定八十億萬劫安住心不亂持此一心福願求無上道我得一切智盡諸禪定際是人於百千萬億劫數中行此諸功德如上之所說有善男女等聞我說壽命乃至一念信其福過於彼文句疏釋云一念信解者謂隨所聞處豁尒開明隨語而入無有罣礙信一切法皆是佛法又信佛法不隔一切法不得佛法不得一切法而見一切法亦見佛法即一而三即三而一亦是行於非道通達佛道行於佛道通達一切道不得佛道一切道而通達佛道一切道無所有而有而有無所有非所有非無所有如門前路通達一切東西南北劃無壅礙眼耳鼻舌身意凡有所對悉亦如是無疑曰信明了曰解是爲一念信解心也此一念信解心心同

佛心信齊佛信入眞實般若之性到究竟解脫之原所以無量無數劫中修五波羅蜜之功德校量信解宗鏡一念之功萬不及一故云不識玄旨徒勞念靜是以先悟宗鏡然後圓修理行無差方爲契當　問如上觀心如何是所入能入之門　荅能所之入唯是一心約智而論假分能所所入即所證一心之理能入即能觀一心之智又理是心之體智是心之用猶如日光還照日體以此心光復照心體則二而不二體用冥一不二而二能所似分今約先德依華嚴宗立所入能入二門先明所入者繞唯一眞法界謂寂寥虛曠沖深包博摠該萬有即是一心體絶有無相非生滅迷之則生死無窮解之則廓然大悟爲揔開示不知以何詺目強分理事二門而理事渾融無有障礙一事法界二理法界略有二門一性淨門在纏不染性恒清淨雖徧一切不同一切如濕之性徧於動靜凝流不易淨穢恒如二離垢門由對治障盡隨位淺深體雖湛然隨緣有異三事理無障礙法界亦有二門一相即無礙門一心法界含眞如生滅二門互相交徹不壞性相其猶攝水之波非靜攝波之水非動二形奪無寄門謂無事非理故事非事也無理非事故理非理也四雙融俱離性相渾然而有十門一由離相故事壞而即理二由離性故理泯而即事三由離相不壞相故事即理而事在以非事爲事四由離性不泯性故理即事而理在以非理爲理五由離相不異離性故事理雙奪迥超言念六由不壞不異不泯故有初事理二界俱存

燗然可見七由不壞不泯不異雜相雜性故爲一事理無礙法界使超視聽之妙法無不恒通見聞絶思議之深義未嘗礙於言念八由以理融事令無分劑如理之徧一入一切如理之包一切入一故緣起之法一一各攝法界無盡九由因果法各全攝故令普賢身中佛佛無盡佛毛孔內菩薩重重十因果法界差別之法無不恒攝法界無遺故隨一一門一一位各攝重重故廣刹大身輕塵毛孔皆無盡相以其後一摠融前九爲渾融門夫法界者即一心之摠名萬行之歸趣如華嚴論云從信住行迴向十地十一地及佛果摠以法界爲果體文殊爲法界理普賢爲法界智理智妙用爲一佛門以此一門爲化群蒙分爲二法若也逐根隨俗法門無盡若論實理不離無法界之中一法一多無礙名爲普賢始接童蒙達無性理中妙簡正邪入無生慧名號文殊亦名童子菩薩能同苦際與行利生治佛家法名爲普賢二人叅體名之爲佛本來自在名爲法界從初徹後摠此法界爲體更無別法此品爲一切諸佛因果之大都亦是衆聖賢所行之大路無出此也亦是自心一切智王之所遊觀之大宅也亦是一切衆生之所依故名法界二能入門有二一果海離於說相二因門可寄言說今且略明無分別智證理法界以爲五門一能所歷然謂以無分別智證無差別理如日合空雖不可分而日非空空非日光二能所無二以知一切法即心自性以即體之智還照心體拳一全收擧理收智智非理外擧智收理智體即

寂如一明珠珠自有光光還照珠三能所俱泯由智即理故智非智以全同理無自體故由理即智故理非理以全同智無自立故如波即水動相便虛如水即波靜相亦隱動靜兩亡性相齊離四存泯無礙離相離性則能所雙泯不壞性相能所歷然如波與水雖動靜兩亡不壞波濕五擧一全收上列四門欲彰義異理既融攝曾無二原如海一滴具百川味又所入境者即不思議解脫境界何名不思議心言罔及故何法不思議即解脫境界解脫有二一作用解脫作用自在脫拘礙故二離障解脫具足二智脫二障故二障者即煩惱所知二障煩惱障事所知障理一切衆生不證眞心皆爲二障所纒由內離障外用無羈二義相成摠名解脫境界有二一分劑境如國疆域各有分劑佛及普賢德用分劑無能及故二所知境界事理無邊唯佛普賢方究盡故由證所知無邊之境故成德用無有邊涯二亦相成摠爲境界此二不二故不思議又能入者即普賢行願又人與法俱稱普義若約人即普賢若約法即普法所言入者能所契合泯絶無寄一入全眞方爲眞入又不入而入以智體即如如外無法而可攀緣故無可入心行處滅寂然無入不失照用故恒以一如而觀諸法故名而入此二無礙方爲眞入又佛境入無所入有三一約一切衆生即如來藏更何所入翻迷之悟故云證入二約理非即非異故云入無所入三約心境心冥眞境故說爲入若有所入境智未亡豈得稱入實無所入方名眞入又入不入二

義上約緣起相由門令法性融通門者即性之一字夫法性融通要不壞相而即真性入則壞緣起者無可相入不入則壞性者則性不徧一切法故由不壞性相方是法性融通義也二又要由不入方能入耳者亦通二門唯就相說若約緣起門要由諸緣歷然不入方得相資徧相入耳若約法性融通門者要由事相歷然方隨理融入一切法故說若唯約理無可即入若雙約性相上第一義相即不入性即能入若獨相獨性俱不能入要二相融方能入又若約體空則無來無入若唯約性無可即入若約相不壞如本無差者或唯約事不能即入以性融相故得互入是顯正入義謂不異理之一事全攝法性時令彼不異理之多事隨所依理皆於一中現等一事攝理既介多事攝理亦然則一事隨所依理皆於多中現故得互入是法性融通門以此一門能入萬法故法華疏云以實相入真決了聲聞法是諸經之王實相入俗一切治生產業皆與實相不相違背實相入中諸法無非佛法若入此三觀即是入一切法以諸法不出三諦故　問十住菩薩證入之時唯一真如無有境界云何復說分劑二種境界　荅此是不思議境界非同情執或存或泯或摠合或俱離不出一心而論舒卷若存非立心外之法是存其全理之事若泯非壞全事之理是泯其體外之見則不礙心境而一味不壞一味而心境故華嚴經頌云如來甚深境其量等虛空一切衆生入而實無所入
問若正觀成時以有心成以無心成　荅夫

入此宗不可以有無求不可以能所辯若以有念拼歸無念此念還成有若以無心作空無會者即成斷滅皆落意地不出見知又若逆之則不合事理若順之又成能所只可以妙會不可以事求所以華嚴會意云並須除念會意無間相續順法修行若動念起心即入魔網以法不動念故順法即念除我見是妄心違法故生死是知法無動念不可以有念求又非無念不可以無心得應可玄會取其意耳如說有不有無不無等但動心即寂是彼法故名順法也若以心順於法即有能所非順法也故維摩經云法離一切觀行摩師云法本無相非觀行之所能見見之者其唯無觀乎如赤水求於玄珠罔象而得之故云藏於身不藏於川在於心不在乎水故莊子云黃帝遊於赤水之北登崑崙之丘南望遺其玄珠使智索之而不得使離婁索之而不得乃因罔象得之黃帝曰異哉罔象乃可得之夫真不可以定求故無心以得之如弄珠吟云罔象無心却得珠能見能聞是虛僞然雖不落見聞又非無知覺如融大師信心銘云惺惺了知見網轉弥寂寂無見闇室不移惺惺無妄寂寂寥亮寶印真宗森羅一相所以無念者即念而無念以念無自性緣起即空又緣起者皆是真性中緣起豈屬有無乃至即生無生即滅無滅亦復如是故寶藏論云若言其生無狀無形若言其滅今古常靈又云是以斬首灰形其無以損生金丹玉屑其無以養生故真生不滅真滅不生可謂常滅可謂常生其有受生惡滅者斯不悟常

滅受滅惡生者斯不悟常生求嘉集云故知妙道無形萬像不乖其致真如寂滅衆響異其原迷之則見倒惑生悟之則順違無地閒寂非有緣會而能生義疑非無緣散而能滅滅既非滅以何滅滅生既非生以何生生生滅既虛實相常住矣華嚴疏云生之無生真性湛然無生之生業果宛然是知若即念存有念即是常見離生求無生即是斷見皆不達實相無生無滅之理若正了無生則無生無不生豈定執有生無生之二見乎所以云誰無念誰無生若實無生無不生喚取機關木人問求佛施功早晚成若以息念歸無念如同寒木死灰與木人何別豈有成佛之期耶斯乃尚未知即念而無念寧知一念頓圓乎如有問言夫妙行者統唯無念今見善見惡願離願成疲役身心豈當為道荅若斯念無念之無礙耶又無念但是行之一也豈成一念頓圓此一念頓圓之旨非意解所知唯忘情可以契會如悟玄序云夫玄道者不可以設功得聖智者不可以有心知真諦者不可以存我會至功者不可以營事為忘言者可以道合虛懷者可以理通冥心者可以真一遺智者可以聖同雖玄道合無心於合合者合焉雖云聖同不求於同同者同焉無心於合則無合無散不求於同則無異無同超非於百非之外非所不能非焉忘是於萬是之前是所不能是焉是所不能是則無是矣非所不能非則無非矣無異無同則怨親不二無非無是則毀讚常一是以忘言者[illegible]

筌第也虛懷者離取著也冥心者不已見也遺智者泯能證也若運心合道則背道若起念求同則失同若爲是所是則没是若爲非所非則沉非以要言之但得直下無心則同異俱空是非咸泯斯泯亦泯茲空亦空此猶寄言因跡對待若得絶待頓悟一心唯契相應不俟更説

宗鏡録卷第三十七

音義

劉　評　僻　耘　偕　沖　詺　竊　惺　屑　閒　截　蘧

丁未歲分司大藏都監開板

宗鏡録卷第三十七

校勘記

一　底本，麗藏本。

一　四四三頁中一九行「爲色」，南、徑、清作「色爲」。

一　四四三頁中二七行第六字「亦」，磧、南作「六」。

一　四四三頁中二九行「國土」，磧作「國王」。

一　四四三頁下一一行第四字「詮」，磧、南作「證」。

一　四四四頁中二八行第一四字「止」，磧作「中」。

一　四四四頁下二五行末字「康」，磧、南、徑、清作「氣」。

一　四四五頁上六行第九字「似」，磧、南、徑、清作「以」。

一　四四五頁中六行第一二字「又」，磧、南、徑、清作「人」。

一　四四五頁中二二行第三字「存」，磧作「有」。

一　四四五頁中二五行第一〇字「顯」，清無。又第一二字「水」，清作「如水」。

一　四四六頁上五行第三字「境」，磧作「現」。

一　四四六頁上二四行第七字「典」，磧、南、清作「與」。

一　四四六頁上末行第一三字「錯」，磧作「諸」。

一　四四七頁上一五行第八字「詺」，南、清作「名」。

一　四四七頁上二九行第一四字「奪」，南作「法」。

一　四四七頁中一五行「二法」，磧、南作「一法」。

一　四四七頁中一九行「二人」，磧作「一人」。

一　四四七頁下二一行第一〇字「約」，南作「納」。

一　四四八頁下一八行第一一字「但」，磧無。

一　四四八頁下二一行第一三字「心」，南作「身」。

宗鏡錄卷第三十八

慧日永明寺主智覺禪師 延壽 集

夫初後之位不離本覺能所之化唯是一心若悟本稱覺則本不可得若不可得行位徒施得與不得其旨如何　答得而不得始本之覺無差不得而得妙證之時玄會如金剛三昧經云佛言善男子五位一覺從本利入若化眾生從其本處舍利弗言云何從其本處佛言本來無本處於無處本際入實發菩提而當成聖道何以故善男子如手執彼空不得非不得論釋云舉疑發起云若本處應得入若得入非無本處為遣是疑故引喻釋手執彼空者手執喻能入之行處空喻所入之本不得者虛空無形可握故非不得者握內不無虛空故本利亦尒本來無本處性故不可得無本之本不無故非不可得也斯則悟本稱得非向外求若有所求即是失本又若有所得不得菩提以無得故出生菩提故又無得之法非在得外要求一切法方盡無得之原如發菩提心論云於無法中說諸法相於無得中說有得法如是之事諸佛境界然雖求一切法以了無得故即無所依無所求中吾故求之耳故大寶積經云佛問文殊依何正修行文殊曰正修行者為無所依釋曰凡有言教所詮並證一心之義若心外見法是邪修行則有所依故若正修行不依一物所依既寂能依亦亡能所俱空邪正雙泯即正修行矣無生義云經言法離眼耳鼻舌身意是故六根不能取故言學者無取大智度論言譬如蚊蚋虫處處能集唯不能集火中眾生意識亦復如是預是可聞見法悉皆能緣而不能緣般若故知般若性離意不能取又能取之人性復自空故不能取若以眼取如經言眼性復空若以耳取耳性又空若以手取手性又空若以意取意性又空人與法共是一如如不能取得如也空不能取得空即是學者無取故言無得又一念心起有二種覺一約有心者察一念纔起後念不續即不成過所以禪門中云不怕念起唯慮覺遲又云瞥起是病不續是藥以心生即是罪生時故是以初心攝念為先是入道之階漸如諸經要集云攝心一處便是功德叢林散慮片時即名煩惱羅剎所以曇光釋子降猛虎於膝前螺髻仙人宿巢禽於頂上乃至森羅不能自觸要須因倚諸根內想感發何以知然今有心感於內事發於外或緣於外起來於內故知內外相資表裏遞用君臣心識不可備捨故經云心王若正則六臣不邪識意惛沉則其主不明今悔六臣當各慚愧制衆六根不令馳散也法句經心意品云昔佛在世時有一道人在河邊樹下學道十二年中貪想不除走心散意但念六欲目色耳聲鼻香口味身受心法身靜意遊曾無寧息十二年中不能得道佛知可度化作沙門往至其所樹下共宿須臾月明有龜從河中出來至樹下復有水狗飢行求食與龜相逢便欲噉龜龜縮其頭尾及其四腳藏於甲中不能得噉水狗小遠復出頭足行步如故不能柰何遂便得脫於是道人問化沙門此龜有護命之鎧水狗不能得其便化沙門答言吾念世人不如此龜不知無常放恣六情外魔得便形壞神去生死無端輪轉五道苦惱百千皆意所造宜自勉勵求滅度安於是化沙門即說偈言藏六如龜防意如城慧與魔戰勝則無患是以意地若息則六趣俱閑一切境魔不能為便如龜藏六善護其命起信論云若後念覺知前念此雖名覺猶為不覺故約有心說以是初行凡夫故二約無心者知初起時即無初相不待後念更滅以正生一念之時畢竟不可得故如五十校計經云菩薩問佛言罪生復滅何以故我了不見佛問諸菩薩汝曹心寧轉不諸菩薩報佛言我心轉生設我心不轉生亦不能與佛共語佛問諸菩薩言若心生時寧還自覺心生不諸菩薩言我但識見因緣時不覺初起生時佛言如汝所說尚不能知心初生時何能無罪故知不察最初一念因成之假寧免後念相續成事之過乎以一切生死煩惱皆因不覺故若智為先導各何由生又若了心外無法則情想不生不用加功直入不思議地如清涼鈔云經明十地法體心言路絕釋不思議謂言語道斷心行處滅據法望情名不思議以其法外本無情故其義云何情相之興原由妄想妄想故便有相生以依相故復起心想隨名取實即是覺觀依此覺觀便起言說依言說已復起妄心想取所說法此即言語以之為道心以為行於是相想熾然不息今契法實滅除妄想相即不生相不生故立名心滅名心滅故名即不生名不生故覺觀不起覺不起故言說隨亡言說亡故不復依言取於所

說不取說故言語道斷心行處滅心行滅故名不思議以法出情心言不及故不思議是知妄想心亡境界緣滅如衆病得穴永斷病原可謂覺實之良醫矣　問諸法所生唯心所現者若從心現即自性癡若執緣生即他性癡若心緣和合而生即共性癡若非心非緣而生即無因癡如何通明免墮四執　答若論四性實智於自相門中俱不可說若以四悉檀智於共相門中亦可得說如止觀問心起必託緣爲心具三千法爲緣具爲共具爲離具若心具者心起不用緣若緣具者緣具不關心若共具者來共各無共時安有若離具者既離心離緣那忽心具四句尚不可得云何具三千法耶答地人云一切解惑眞妄依持法性法性持眞妄眞妄依法性也攝大乘論云法性不爲惑所染不爲眞所淨故法性非依持言依持者阿賴耶是也無沒無明盛持一切種子若從地師則心具一切法若從攝師則緣具一切法此兩師各據一邊若法性生一切法者法性非心非緣非心故而心生一切法者非緣故亦應緣生一切法何得獨言法性是眞妄依持耶若言法性非依持賴耶是依持離法性外別有賴耶依持則不關法性若法性不離賴耶賴耶依持即是法性依持何得獨言賴耶是依持又違經經言非內非外亦非中間亦不常自有又違龍樹龍樹云諸法不自生亦不從他生不共不無因更就譬檢爲當依心故有夢依眠故有夢眠法合心故有夢離心離眠故有夢若依心有夢者不眠應有夢若依眠有夢者死人

如眠應有夢若眠心兩合而有夢者眠人那有不夢時又眠心各有夢合可有夢各既無夢合不應有若離心離眠而有夢者虛空離二應常有夢四句求夢尚不得云何於眠夢見一切事心喻法性夢喻賴耶云何偏據法性賴耶生一切法當知四句求心不可得求三千法亦不可得既橫從四句生三千法不可得者應從一念心滅生三千法耶心滅尚不能生一法云何能生三千法耶若從心亦滅亦不滅生三千法者亦滅亦不滅其性相違猶如水火二俱不立云何能生三千法耶若謂心非滅非不滅生三千法者非滅非不滅非能非所云何能生三千法耶亦縱亦橫求三千法亦不可得非縱非橫求三千法亦不可得言語道斷心行處滅故名不可思議境大涅槃經云生生不可說生不生不可說不生生不可說不生不生不可說即此義也當知第一義中一法不可得況三千法世諦中一心尚具無量法況三千耶如佛告德女無明內有不不也外有不不也內外有不不也非內非外有不不也佛言如是而有大涅槃經云有因緣故亦可得說謂四悉檀因緣也雖四句冥寂慈悲憐愍於無名相中假名相說或作世界說心具一切法聞者歡喜如言三界無別法唯是一心造即其文也或說緣生一切法聞者歡喜如言五欲令人墮惡道善知識者是大因緣所謂化導令得見佛即其文也或言因緣共生一切法聞者歡喜如偈言水銀和眞金能塗諸色像功德和法身應現處處往即其文也或言離生一切法

聞者歡喜如言十二因緣非佛作非天人脩羅作性自介即其文也此四句即世界悉檀說心生三千一切法云何爲人悉檀如言佛法如海唯信能入信則道原功德母一切善法由之生汝但發三菩提心是則出家禁戒具足聞者生信即其文也或說緣生一切法如言若不值佛當於無量劫墮地獄苦以見佛故得無根信如從伊蘭出栴檀聞者生信即其文也或說合生一切法如言心水澄清珠相自現慈善根力見如此事聞者生信即其文也或說離生一切法如言非內觀得是智慧乃至非內外觀得是智慧若有任著先尼梵志小信尚不可得況捨邪入正聞者生信即其文也是爲爲人悉檀四句說心生三千一切法也云何對治悉檀說心治一切法如言得一心者萬邪滅矣即其文也或說緣治一切惡如說得聞無上大慧明心定如地不可動即其文也或說因緣和合治一切惡如言一分從思生一分從師得即其文也或說離治一切惡我坐道場時不得一法實空拳誑小兒誘度於一切即其文也是爲對治悉檀心破一切惡云何第一義悉檀心得見理如言心開意解豁然得道或說緣能見理如言須臾聞之即得究竟三菩提或說因緣和合得道騃馬見鞭影即得正路或說離能見理如言無所得即是得已是得無所得是名第一義四句見理何況心生三千法耶佛旨盡淨不在因緣共離即世諦是第一義諦也又四句俱皆可說說因亦是緣亦是共亦是離亦是若爲盲人說乳若貝若秣若雪若

諸盲聞諸說即得解乳即世諦是第一義諦當知終日說終日不說終日不說終日說終日雙遮終日雙照即破即立即立即破經論皆介天親龍樹內鑒冷然外適時宜各權所據而人師偏解學者苟執遂興矢石各保一邊大乖聖道也若得此意俱不可說俱可說若隨便宜者應言無明法法性生一切法如眠法法心則有一切夢事心與緣合則三種世間三千相性皆從心起一性雖少而不無無明雖多而不有何者指一為多多非多指多為一一非少故名此心為不思議境也若解一心一切心一切心一心非一非一切乃至徧歷一切皆是不可思議境已上依台教所說今依華嚴無礙法界自性緣起說不思議境界者如華嚴入法界品中善財童子於毗盧遮那莊嚴藏大樓閣前五體投地暫時斂念思惟觀察以深信解大願力故入徧一切處智慧身平等門普現其身在於一切如來前一切菩薩前一切善知識前一切如來塔廟前一切如來形像前一切諸佛諸菩薩住處前一切法寶前一切聲聞辟支佛及其塔廟前一切聖眾福田前一切父母尊者前一切十方眾生前皆如上說尊重禮讚盡未來際無有休息等虛空無邊量故等法界無障礙故等實際徧一切故等如來無分別故猶如影隨智現故猶如夢從思起故猶如像示一切故猶如響緣所發故無有生遞興謝故無有性隨緣轉故又決定知一切諸報皆從業起一切諸果皆從因起一切諸業皆從習起一切佛興皆從信起一切化現諸供養

事皆悉從於決定解起一切化佛從敬心起一切佛法從善根起一切化身從方便起一切佛事從大願起一切菩薩所修諸行從迴向起一切法界廣大莊嚴從一切智境界而起離於斷見知迴向故離於常見知無生故離無因見知正因故離顛倒見知如實理故離自在見知不由他故離自他見知從緣起故離邊執見知法界無邊故離往來見知如影像故離有無見知不生滅故離一切法見知空無生故知不自在故知願力出生故離一切相見入無相際故知一切法如種生芽故如印生文故知質如像故知聲如響故知境如夢故知業如幻故了世心現故了果因起故了報業集故了知一切諸功德法皆從菩薩善巧方便所流出故善財童子入如是智端心潔念於樓觀前舉體投地慇懃頂禮不思議善根流注身心清涼悅澤從地而起一心瞻仰目不暫捨合掌圍遶經無量帀作是念言此大樓閣是解空無相無願者之所住處是於一切法無分別者之所住處是了法界無差別者之所住處是知一切眾生不可得者之所住處是知一切法無生者之所住處是不著一切世間者之所住處是不著一切窟宅者之所住處是不樂一切聚落者之所住處是不依一切境界者之所住處是離一切想者之所住處是知一切法無自性者之所住處是斷一切分別業者之所住處是離一切想心意識者之所住處是不入不出一切道者之所住處是入一切甚深般若波羅蜜者之所住處是能以方便住普門法

界者之所住處是息滅一切煩惱火者之所住處是以增上慧除斷一切見愛慢者之所住處是出生一切諸禪解脫三昧通明而遊戲者之所住處是觀察一切菩薩三昧境界者之所住處是安住一切如來所者之所住處是以一劫入一切劫以一切劫入一劫而不壞其相者之所住處是以一剎入一切剎以一切剎入一剎而不壞其相者之所住處是以一法入一切法以一切法入一法而不壞其相者之所住處是以一眾生入一切眾生以一切眾生入一眾生而不壞其相者之所住處是以一佛入一切佛以一切佛入一佛而不壞其相者之所住處是於一念中而知一切三世者之所住處是於一念中往詣一切國土者之所住處乃至尒時善財童子恭敬右遶弥勒菩薩摩訶薩已而白之言唯願大聖開樓閣門令我得入時弥勒菩薩前詣樓閣彈指出聲其門即開命善財入善財心喜入已還閉見其樓閣廣博無量同於虛空乃至自見其身徧在一切諸樓閣中具見種種不可思議自在境界弥勒三生行菩薩行八相成道之事尒時弥勒菩薩摩訶薩即攝神力入樓閣中彈指作聲告善財言善男子起法性如是此是菩薩知諸法智因緣聚集所現之相如是自性如幻如夢如影如像悉不成就乃至譬如幻師作諸幻事無所從來無所至去雖無去來以幻力故分明可見彼莊嚴事亦復如是無所從來亦無所去雖無來去然以慣習不可思議幻智力故及由往昔大願力故如是顯現釋曰彈指出聲其門

即開者創發明處豁見性時名之為開入已還閉者所悟如本非從新得故云還閉或云慈氏菩薩彈指出聲其門即開者明聲是震動啓發之義彈指者去塵之義塵亡執去法門自開善財入已其門還閉者以迷亡智現名之為開智無內外中間無出無入無迷無證名為還閉見其樓閣廣博無量同於虛空者智境界也如是自性如幻如夢如影如像悉不成就者揔上一切不思議無邊佛事境界以真如之性法尒隨緣雖即隨緣法尒歸性以隨緣時似有顯現如看幻法不有而有猶觀夢境不見而見若水中之影非出非入似鏡裏之像不內不外以無性隨緣故理不成就以隨緣無性故事不成就若理事不成即一切法俱不成故云悉不成就但如是如是顯現如是如是證知了了分明還同宗鏡光光涉入影影相含如十玄門重重無盡十玄門者一同時具足相應門智儼師釋云此約相應無前後說此十玄門一一皆具十法同時具足一教義二理事三境智四行位五因果六依正七體用八人法九逆順十感應隨有一處即具此十法悉皆同時具足今且據因果同時若小乘說因果即轉因以成果因滅始果成若大乘因果亦得同時而不彰無盡如似舍緣以成舍因果同時成而不成餘物以因有親疎故所以成有盡也若一乘宗明因果同時者舉疎緣以入親是故如舍成時一切法界皆一時成也若有一法不成此舍亦不成如似初步若到一切步皆到若有一步非到者一切步皆非到也故經云雖成等正覺不捨初發心所以一成一切成為一際法門也二因陀羅網境界門此約譬說如帝釋殿上珠網一一珠中互現一切影像無盡一寶珠內千光萬色重重交映歷歷區分況此一心法界中一切人法境智重重涉入以真如性畢竟無盡故重重復重重無盡復無盡也論云帝網有別者唯智能知非眼所見帝網者此網乃是衆寶絲縷所共合成其善住法堂縱廣四十由旬亦是衆寶所共合成其網一一絲孔之中皆有明珠其珠體瑩淨寶網交羅互相映現一一珠網之中皆有珠網全身及四十由旬寶殿各各全身於中互相顯現如珠及網所有影現其殿一一梁棟一一椽柱一一牆壁一一栱枓一一鏡像之中皆有全身殿網珠影重重互相映現故云如天帝網重重無盡今此法門亦復如是一一位中一一法中一一塵中一一境像中一一名字中及以九世十世一一互周法界並以真俗二智互體交參周徧法界如法界品中云善財所參始於文殊末至弥勒普賢五十三善知識其中比丘比丘尼優婆塞優婆夷童男童女仙人外道婆羅門長者居士天神地神夜神晝神國王王妃諸大菩薩等各各處大道場互為主伴同說舍那境界若佛出世若不出世此法界法尒常住無有變異又如善財至弥勒佛所初登一閣入已見其閣中廣博無量同於虛空別有不可說樓閣布列其中一一亦等虛空一一閣中皆閣弥勒菩薩轉一生菩薩所有法門一一閣內境像之中會三世事無有前後弥勒是當來成佛善財即始發心一念之間而能相會此乃依於法界智乘成佛非論前後以古印今以今通古融合無二又以一閣是揔一智含其萬善多閣為別體用重重自在無礙此是善財乘本不動智乘從凡入聖至此樓閣中與三世佛會同無二揔別同異帝網之門一切衆生有能發心乘者亦復如是未見普賢起等虛空廣大心即聞普賢名字便見自身入普賢身觀普賢一一毛孔中皆有廣大剎土地水火風輪咸在其中於一念中舉不可說不可說步一步過不可說不可說佛剎如是念念經過不可說劫不能盡其一毛孔之邊際反觀自身一一毛孔普賢亦在其中一一毛孔悉同虛空不相障礙斯乃法尒之門恒真法界行依理現用稱體周即是善財常行普賢行滿如華嚴經十定品云佛子此菩薩摩訶薩有一蓮華其華廣大盡十方際以不可說葉不可說寶不可說香而為莊嚴其不可說寶復各示現種種衆寶清淨妙好極善安住其華常放衆色光明普照十方一切世界無所障礙真金為網弥覆其上寶鐸徐搖出微妙音其音演暢一切智法此大蓮華具足如來清淨莊嚴一切善根之所生起吉祥為表神力所現有十千阿僧祇清淨功德菩薩妙道之所成就一切智心之所流出十方佛影於中顯現世間瞻仰猶如佛塔衆生見者無不禮敬從能了幻正法所生一切世間不可為喻菩薩摩訶薩於此華上結加趺坐其身大小與華相稱一切諸佛神力所加令菩薩身一一毛孔各出百萬億那由他

不可說佛刹微塵數光明一一光明現百萬億那由他不可說佛刹微塵數摩尼寶皆名普光明藏種種色相以爲莊嚴無量功德之所成就衆寶及華以爲羅網弥覆其上散百千億那由他殊勝妙香無量色相種種莊嚴復現不思議寶莊嚴蓋以覆其上一一摩尼寶悉現百萬億那由他不可說佛刹微塵數樓閣一一樓閣現百萬億那由他不可說佛刹微塵數蓮華藏師子之座一一師子座現百萬億那由他不可說佛刹微塵數光明一一光明現百萬億那由他不可說佛刹微塵數色相一一色相現百萬億那由他不可說佛刹微塵數光明輪一一光明輪現百萬億那由他不可說佛刹微塵數毗盧遮那摩尼寶華一一華現百萬億那由他不可說佛刹微塵數臺一一臺現百萬億那由他不可說佛刹微塵數佛一一佛現百萬億那由他不可說佛刹微塵數神變一一神變淨百萬億那由他不可說佛刹微塵數衆生衆一一衆生衆中現百萬億那由他不可說佛刹微塵數諸佛自在一一自在雨百萬億那由他不可說佛刹微塵數佛法一一佛法有百萬億那由他不可說佛刹微塵數修多羅一一修多羅說百萬億那由他不可說佛刹微塵數法門一一法門有百萬億那由他不可說佛刹微塵數金剛智所入法輪差別言詞各別演說一一法輪成熟百萬億那由他不可說佛刹微塵數衆生界一一衆生界有百萬億那由他不可說佛刹微塵數衆生於佛法中而得調伏佛子菩薩摩訶薩住此三昧示現

如是神通境界無量變化悉知如幻而不染著夫蓮華者則表因果同時清淨無染況自性清淨心能起普賢無盡之因門圓滿舍那無作之果海理事交徹舒卷同時起盡隨緣而無染著又十定品云譬如有人爲鬼所持其身戰動不能自安鬼不現身令他身然菩薩摩訶薩住此三昧亦復如是自身入定他身起他身入定自身起佛子譬如死屍以呪力故而能起行隨所作事皆得成就屍之與呪雖各差別而能和合成就彼事菩薩摩訶薩住此三昧亦復如是同境入定異境起異境入定同境起佛子譬如比丘得心自在或以一身作多身或以多身作一身非一身歿多身生非多身歿一身生菩薩摩訶薩住此三昧亦復如是一身入定多身起多身入定一身起佛子譬如大地其味一種所生苗稼種種味別地雖無差別然味有殊異菩薩摩訶薩住此三昧亦復如是無所分別然有一種入定多種起多種入定一種起乃至譬如妙光大梵天王所住之宮名一切世間最勝清淨藏此大宮中普見三千大千世界諸四天下天宮龍宮夜叉宮乾闥婆宮阿脩羅宮迦樓羅宮緊那羅宮摩睺羅伽宮人間住處及三惡道須弥山等種種諸山大海江河陂澤泉源城邑聚落樹林衆寶如是一切種種莊嚴盡大輪圍所有邊際乃至空中微細遊塵莫不皆於梵宮顯現如於明鏡見其面像菩薩摩訶薩住此一切衆生差別身大三昧知種種刹見種種佛度種種衆證種種法成種種行滿種種解入種種三昧起種種神通

得種種智慧住種種刹那際又入法界品云尒時善財童子發是念已即詣善目觀察衆生夜神所見彼夜神在於如來衆會道場坐蓮華藏師子之座入大勢力普喜幢解脫於其身上一一毛孔出無量種變化身雲隨其所應以妙言音而爲說法普攝無量一切衆生皆令歡喜而得利益乃至又出一切世界微塵數身雲普詣一切衆生之前念念中示普賢菩薩一切行願念念中示清淨大願充滿法界念念中示嚴淨一切世界海念念中示供養一切如來海念念中示入一切法門海念念中示入一切微塵數世界海念念中示於一切刹盡未來劫清淨修行一切智道念念中示入如來力念念中示入一切三世方便海念念中示往一切刹現種種神通變化念念中示諸菩薩一切行願令一切衆生住一切智如是所作恒無休息所以旋澓頌云時與帝網現重重一切智通無罣礙如上帝網之行無盡之宗若以緣起相由門則隱顯互與一多相入若以法性融通門則空有鎔融理事相即乃至一切自在神通之慧出入妙定之門皆不離無盡真心致茲無礙須歸宗鏡法尒照明更以六相十玄該之歷然可見三秘密隱顯俱成門此約緣說是以如來於一念中八相成道不出刹那際以降生時即是成道時即是度人時即是入滅時何以故以一切法同時俱成故一成一切成所以稱秘密是故隱則一心無相顯則萬法標形性相同時空有無礙四微細相容安立門此就相說微細有二一所容微細以毛孔攝

性能容諸剎諸剎存相既不能遍是以所容微細也二能容微細以一塵一毛即能容故一切理事主伴一多染淨等皆從一心中齊現若諸門隱映互相顯發重重復重重成其無盡者即是帝網門中攝若諸門一時炳然齊現猶如東箭齊頭顯現不相妨礙者即是此微細門中攝如經明一微塵中見不可說差別淨穢國土又云無盡佛國不出一塵五十世隔法異成門此約三世說如是十世以緣起力故相即復相入而不失三世前後短長之相故云隔法一切教義理事等十法相即復相入而不失始終差別故名異成十世者三世遞相即入即成九世東為一念一念即是平等世合前九為十世如五指成拳不失五指十世一念不壞短長華嚴經頌云無量無數劫解之即一念知念亦無念如是見世間無量諸國土一念悉超越經於無量劫不動於本處不可說諸劫即是須臾頃莫見短與修究竟剎那法心住於世間世間住於心於此不妄起二非二分別又迴向品頌云有數無數一切劫菩薩了知即一念於此善入菩提行常勤修習不退轉六諸藏純雜具德門此約諸行說如似就一施門說者則一切萬法皆悉名施則是純而此施門即具諸度等萬行名雜如是純雜不相妨礙故名具德以純雜義絲毫不濫主伴互立能所相生具德圓融資攝無礙七一多相容不同門此約理說如是一多緣起皆是法界中實德法性海印力用故得如然非是方便緣修所成故隨護寂則論一義隨智用則顯多門非一

非多恒不失體而多而一豈礙隨緣此大緣起陀羅尼法若無一即一切不成所言一者非自性一緣起成故乃至十者皆非自性十由緣成故是故一切緣起皆無自性隨去一緣即一切不成是故一中即具多者方名緣起一耳是以一中多多中一相容無礙仍不相是問一多義門為一時圓具為前後不同耶荅即圓具即前後逆順同體德用自在問所明來去即入之義其相如何荅自位不動而恒去來何以故去來不動即一物故但為生智顯理故說去來等義問為由智耶法如是耶荅同時具足故以一入多多入一故名相容即體無前後而不失一多之相故曰不同又一與多互相生起且一依多起則一是所起而無力也多是能起故有力也以多有力能攝一以一無力入於多是故此一恒是多多依一起准上知之是則此多恒在一中也以俱有力及俱無力各不並故無彼不相在也以一有力一無力不相違故有此恒相在也緣起法界理數常尒如大涅槃經云尒時樹林其地狹小以佛神力如針鋒處皆有無量諸佛世尊及其眷屬等坐而食所食之物亦無差別八諸法相即自在門此約用說若帝網門即互映重現若微細門即一時齊現若此相即門就三世間圓融無礙自在即入而成無盡如弥勒閣中現三世之事如上自在法門即是其法界緣起如理實德非是變化對緣方便故說也若是大乘宗所明者即言神力變化故大小得相入或云菩薩力故入又云不二故入不同此一乘實教所說

問若此宗明即入不論神力乃言自體常如此者斯則渾無疆界無終無始何緣得辯因果教義等十法耶荅只以隨智差別故舉一為主餘皆為伴猶如帝網舉一孔為首衆孔現中一孔既尒一切孔現亦如是又如諸方菩薩皆來證誠同其名号一切十方證誠皆亦如是所以成其無盡復無盡而不失因果先後次第而體無增減故經云一切衆生成佛佛界不增衆生界不減九唯心迴轉善成門此約心說一切義門無盡等諸理事並是如來藏性清淨真心之所建立顯現無礙若善若惡若凡若聖隨心所轉世尊所說華嚴身徧七處九會乃至十方法界虛空界一切塵中毛道皆不離最初成道處經云雖復七處九會而不離寂滅道場又云不離菩提樹而昇忉利天此則萬境萬緣皆不出一真心矣如迴向品頌云如是一切人中主隨其所有諸境界於一念中皆了悟而亦不捨菩提行又頌云一切諸佛剎佛子悉充徧平等共一心所作皆不空一切毛端處一時成正覺如是等大願無量無邊際虛空與衆生法界及涅槃世間佛出與佛智心境界問若一切染淨萬法皆由心成者如人先見障外有物別有人去物時心猶謂有尒時物實無何名由心成耶荅若隨虛妄心中轉此障外物亦隨心之有無此亦心隨去物不失物而轉矣若論如來藏性真實淨心說者此物不動本處體應十方性常不轉縱移到他方而常不動本處也又迷時境攝心悟時心攝境何者迷時但隨境轉境正心正境邪心邪著邪正

之緣成善惡之業若悟時知唯我心心有境有心空境空不定空有之緣豈成物我之別則非空非有能有能空一一皆自在轉也所以淨名經云天魔外道皆吾侍也此猶約對治教中爲被物轉者方便言轉若直見心性之人既無所轉之物亦無能轉之智摠上十玄門皆於此唯心迴轉門成就不出一心之義以平等心是一義差別心是多義以一心即一切心是相即義是同時相應義以一切心入一心是相入義以一心攝一切心是隱義以一切心資一心是顯義以不壞差別心而現平等心是多中一義以不隱平等心而現差別心是一中多義又微細心不礙廣大心廣大心不礙微細心是一多不同義以一實心是純差別心是雜差別心即一實心雜恒純一實心即差別心純恒雜即諸藏純雜義以一心帶一切心遥入一心是帝網義因心現境見境識心是託事顯法義長劫短劫延促時量皆從積念而成一心所現是十世義因一心正義演難思法門究竟指歸言亡慮絶即唯心迴轉義自心既尒彼心亦然涉入交羅重重無盡十託事顯法生解門此約智說以智觀照則萬法如鏡能生正解不起邪倒如經最初舉金色世界顯始起於實際之心所見法界中一切幢一切蓋等事皆顯無生智行如善財所見樓觀園林皆入法界如上十玄門自在無礙皆是緣起相由具有力無力有體無體即入相持似有顯現此宗鏡是法界大緣起門皆因即入二義得有諸門成就顯此一心無礙以體用二法成其即入二義一據體有空不空皆同體故有相即義二約用則有有力無力互相交徹有力持無力故有相入義又以用收體更無別體故有相入以體收用更無別用故唯相即以體用無二故常相即入又體即是理用即是事無分是理分即是事分與無分皆無障礙各有四句先理四句一無分限以徧一切處故二非無分以一法中無不具故三具分無分謂分無分一味故以全體在一法而一切處恒滿故如觀一塵中見一切處法界故四俱非以自體絶待故事四句者一有分以隨自事相有分劑故二無分以全體得理故大品云色前後際不可得三具分無分二義無礙是故具此二義方是事故四俱非以二義融故以一切緣起不出理事以事故非一以理故非異於無差之性隨有差之相則性隨相異此是不異而異於有分之事隨無分之理則事隨理一此是不一而一不一而一方成其一不異而異方成其異又理事諸法由不異方得不一何者若異即妄有體不依眞立不依眞故即不有妄今有妄者由不異故得成不一以妄無自體故全依眞成明妄成故與眞不一如波依水由不異水遂得成波以成波故與濕不一又不一方成不異由有能依所依故交徹不異如有波故說波即濕由有濕故說水即波是故一異無性全體相收不壞大小之形而成即入之勢以理事各無性故互相成立以事無定體故長非長相短非短相既無長短即不用壞以即相無相故所以長劫即短劫短劫即長劫以無相即相故大塵入小塵小塵入大塵以即故理同以入故事異以理即事故非異即是非一以事即理故非一即是非異由非一即非異故今此事法不離一處而全徧十方由非異即非一故全徧十方而不動一位一無性理自在義成微細相容無礙安立如上理事融通非一非異非有非無不墮邊邪方能悟入如理無分限摠曰無邊事有分限故名有邊若依理成事理性全隱則無邊即邊若會事歸理事相全盡則邊即無邊今則不尒不失理而事現云無邊之邊不壞事而理顯云邊之無邊若定言一異非一非異非一非非異等盡同戲論不契眞如故三無性論復次無戲論故名爲眞實無戲論者於相等離一異虛妄故乃至若眞如與相等異即有三過失一者此眞如則非相等實體二者修觀行則不依相等爲方便得通達眞如三者覺眞如已則應未達相等諸法不相關故也若眞如與相等是一亦有三過一者眞如既無差別相等亦應無差別二者若見相等即見眞如三者若見眞如不能清淨如見相等則無有聖人無得解脫無有涅槃世出世異是故由離一異等無戲論故無變異無變異故即是眞實性也是知非一非異非有非空此宗鏡與旨自在圓融謂欲一則一欲異則異欲存即存欲泯便泯異不礙一泯不礙存方爲自在常一常異常存常泯名爲圓融又如弄珠鈴之者其珠不住空中不落地上不在手裏既不在三處亦不住一處不住空中即喻不住空觀不落地上即喻不住假觀不在手裏即

喻不任中觀既不任三亦不成一則非一非三而三而一斯爲妙矣若未偶斯旨所有見聞皆墮斷常不成玄妙若入宗鏡無往不眞昔所不知而今得知昔所不見如今得見如大涅槃經云於一心中則具足現五趣身所以者何以得如來大涅槃經之勢力故是則名爲昔所不得而今得之乃至於一念中徧知六趣衆生之心是名菩薩昔所不知而今得知

宗鏡録卷第三十八

音義

螺落戈反水蚌屬也　鎧苦亥反甲之別名　勵力制反勸也　駛苦史反日行千里　泠郎丁反清泠　矢式視反　掾直緣反　挾居協反攙挾也　鑷倢各反　暢丑亮反通也　屍式之反　浟徵鳥反

丁未歲分司大藏都監開板

宗鏡録卷第三十八　校勘記

一　底本，麗藏本。

一　四五〇頁中一行第一一字「預」，清作「凡」。

一　四五一頁下二〇行「一法實」，磧、徑、清作「一法」；南作「一切法」。

一　四五二頁上五行「局執」，磧、南、徑、清作「苟執」。

一　四五二頁上二八行「決定」，清作「法定」。

一　四五二頁中一七行「悦澤」，磧、南、徑、清作「悦懌」。

一　四五二頁下末行「顯現」，磧、南、徑作「顯理」。

一　四五三頁中二一行「五十三」，磧、南、徑、清作「五十二」。

一　四五三頁下末行「善薩」，磧、清作「菩薩」。

一　四五五頁上一行第二字「能」，南作「所」。

一　四五五頁上二行末字「故」，南作「矣」。

一　四五六頁上一六行第一〇字「純」，南作「純一」。

一　四五六頁中四行第八字「更」，磧、南、徑、清作「入」。

一　四五六頁中一四行第一五字「二」，清作「一」。

一　四五六頁下三行末字「令」，磧、南作「今」。

一　四五六頁下一三行第九字「故」，清無。又第一三字「論」，清作「論云」。

宗鏡錄卷第三十九　車

慧日永明寺主智覺禪師延壽集

夫覺王明勅大教指歸末法比丘須於四念處修道其旨如何　荅此出大般涅槃經最後垂示摠前教迹同此指歸以四念處即是宗鏡所明一切衆生身受心法如經云佛告阿難如汝所問佛涅槃後依何住者阿難依四念處嚴心而住觀身性相同於虛空名身念處觀受不在內外不住中間名受念處觀心但有名字名字性離名心念處觀法不得善法不得不善法名法念處阿難一切行者應當依此四念處住又云譬如國王安住已界身心安樂若在他界則得衆苦一切衆生亦復如是若能自住於已境界則得安樂若至他界則遇惡魔受諸苦惱自境界者謂四念處他境界者謂五欲也華手經云佛告跋陀婆羅於尒時世一切善人應作是念我等當自依四念處四念處者於聖法中一切諸法皆名念處何以故一切諸法常住自性無能壞故一切諸法皆名念處者故知即法是心即心是法皆同一性豈能壞乎若有二法則能相壞大寶積經偈云得無動處者常住於無處無動處者則自心境界此境界即無處所如金剛三昧經云心無邊際不見處所論釋云心無邊際者歸一心原心體周徧十方故無邊周三世故無際雖周三世而無古今之殊雖徧十方而無此彼之處故言不見處所大法炬陀羅尼經云夫念處者云何念義當知是念無有違諍隨順如法趣向平等遠離邪念無有移轉及諸別異唯是一心入不動定若能如是名為念義如天台智者廣述眞詮大小兼弘教觀雙辯末後唯說觀心論章意亦如是亦如祖師馬鳴菩薩廣釋經造論末後唯製一卷略論名大乘起信論云有摩訶衍能起大乘信根立心眞如心生滅二門摠論一心別開體用若了此一心大旨即是起一切衆生大乘信根若未信者設經無量億劫廣大修行不入祖佛正宗皆是假名菩薩以此一論之要義摠攝諸部之廣文以源攝流有何不盡亦是諸聖製作大意亦是宗鏡本懷乃諸佛所知群賢所證衆德所備萬行所弘妙義所詮究竟所趣此四念處破八顛倒一不淨中作淨想二苦中作樂想三無常中作常想四無我中作我想此是外道凡夫四倒又一淨中作不淨想二樂中作苦想三常中作無常想四我中作無我想此是二乘四倒共成八倒是以修四念處觀破八顛倒於中而般涅槃是十方諸佛出世本懷究竟指歸秘密藏中最後放捨身命之處正當宗鏡大旨一心法門輔行記云四念處觀者一一念處皆悉先明空假破倒次以中道結成秘藏自他俱滿義兼大小言俱破者旣以中道顯秘密藏故四念處咸皆破倒何者以即空故破常倒義兼於小以即假故破無常倒義兼於大中道為正故曰義兼大小以即中故雙照大小雙非大小即是雙照雙破八倒三諦相即兼無前後破無次第即破即立即照即遮四榮四枯者大涅槃經云東方雙者喻常無常南方雙者喻樂無樂西方雙者喻我無我北方雙者喻淨不淨四方各雙故名雙樹方面皆悉一枯一榮榮喻於常等枯喻無常等如來於中北首而卧入般涅槃表非枯非榮榮即表假枯即表空即是於其空假中間而入秘藏後分經云東方一雙在於佛後西方一雙在於佛前南方一雙在於佛足北方一雙在於佛首入涅槃已東西二雙合為一樹南北二雙亦合為一二合皆悉垂覆如來其樹悽然皆悉變白常無常等二即不二常樂我淨徧覆法界故二合垂覆如來即是如來契於秘藏亦是念處無非寂滅白者即是衆色之本常等稱本故名為變白言北首者增一阿含云表於佛法久住北天長阿含第四云佛告阿難安我頭南首面向北則使佛法久住不滅況涅槃終極不表秘藏耶然一代教門凡諸所表文義顯著莫過雙樹以四念處能為大小觀行初門是故尒也殷勤遺屬意在於斯又但凡夫謂身為淨言受是樂執心是常計法為我由斯四倒而起貪愛無明而有諸行乃至老死苦集浩然八萬四千煩惱火燒於五陰舍宅故法華經云四面俱時欻然火起即喻四倒若小乘觀人即觀身不淨破於淨倒觀受是苦破於樂倒觀心無常破於常倒觀法無我破於我倒是則由前迷心顛倒謂身是常樂我淨故起貪愛諸煩惱今旣觀知身是不淨乃至苦無常無我則不起貪愛無明行識乃至老死滅則生死河傾涅槃海滿即是競共推排爭出火宅到無畏處為是因緣勸為小行之人令依念處修道也大乘四念處者觀生死五陰之身非枯非榮即大寂定涅槃經云色

解脱涅槃乃至識解脱涅槃若修此念處觀即是觀一切六道衆生即是常樂我淨大涅槃具足佛之知見如常不輕圓信成就經云施城中最下乞人與難勝如來等是則豈可分別是田非田可施不可施耶故念處觀即平等種子若不修則見生死涅槃有異凡聖有殊聖是敬田即崇仰而施凡是悲田則欺賤而不捨若入一心平等法界念處法門則無分別夫四念處者念即觀慧之心處即智照之境能所冥合唯是一心今依天台四念處觀略明四教四念處四句分別者若非苦非樂結成生滅苦樂乃至非我非無我結成無我是三藏意若非苦非樂結成無苦無樂之苦樂屬通教攝淨名經云五受陰通達空無所起是苦義結受念處觀如大品不淨觀即是摩訶衍皆不可得故以是不淨心觀色自念我身未脱是法未免三界生猶應受百千生死故言未脱引廣乘品成身念處觀諸法不生不滅是無常義結成心念處觀於我無我而不二是無我義結成法念處觀是通教意若作非常非無常結成常非垢非淨結成淨非苦非樂結成樂非我無我結成我即成別教常樂我淨斷惑歷別來證也若作非垢非淨雙照垢淨非苦非樂雙照苦樂非常非無常雙照常無常非我非無我雙照我無我結成圓教圓心修習不斷煩惱而入涅槃又前三教藏通別等非今所用是以略引今重實引圓四念處文助成後信四念處觀云四念處者念是觀慧大論云念想智皆一法異名初錄心名念次習行名想後成辦名智

處者境也皆不離薩婆若能觀之智照而常寂名之爲念所觀之境寂而常照名之爲處境寂智亦寂智照境亦照一相無相無相一相即是實相實相即是一實諦亦名虛空佛性亦名大般涅槃如是境智無二無異如如之境即如如之智智即是境說智及智處皆名爲般若亦例云說處及處智皆名爲所諦是非境之境而言爲境非智之智而名爲智亦名心寂三昧亦名色寂三昧亦是明心三昧亦是明色三昧請觀音經云身出大智光如燒紫金山大涅槃經云光明者即是智慧金光明經云不可思議智境不可思議智照此諸經皆明念只是處處只是念色心不二二而不二爲化衆生假名二說耳此之觀慧只觀衆生一念無明心此心即是法性爲因緣所生即空即假即中一心三心三心一心此觀亦名一切種智此境亦名一圓諦一諦三諦三諦一諦諸佛爲此一大事因緣出現於世欲令衆生佛知見開諸佛出世事足大涅槃經云王道夷坦無量義經云行大直道無留難故法華經云具足道雖言三智其實一心爲向人說令易解故而說爲三若教道爲言所斷煩惱如翻大地河海俱覆似崩大樹根枝悉倒用此智斷惑亦復如是通別塵沙無明一時清淨無量功德諸波羅蜜萬行法門具足無減佛法秘藏悉現在前大品經云諸法雖空一心具足萬行大涅槃經云發心畢竟二不別法華經云本末究竟等等故名妙覺平等道當知此慧即法界心靈之原三世諸佛無上法母以法常故諸佛亦常樂

我淨等亦復如是亦名實所亦名秘藏佛及一切之所同歸前三藏隘路不得並行通教共稟共行共入入不能深別教紆迴歷別迷遠即不能達今此念處曠若虛空際於無際猶如直繩直入西海故名圓教四念處耳張衡曰翔鵾仰而不逮況青鳥與黃雀當知前三念處所不能及唯圓念處孤飛獨邁陵摩絳霄無上無等無等等豎無高蓋故言無上橫無儔例故言無等等等於十方三世諸佛言無等等也欲重説此義更引天親唯識論唯是一識復有分別識無分別識分別識者是識識無分別者似塵識一切法界所有瓶衣車乘等皆是無分別識龍樹云四念處即摩訶衍摩訶衍即四念處一切法趣身念處即是一性色得有分別色無分別色分別色者如言光明即是智慧是也無分別色即是法界四大所成色皆是無分別等是色心不二彼既得作兩識之名此亦作兩色之說若色心相對離色無心離心無色若不得作此分別色無分別色云何得作分別識無分別識耶若圓說者亦得唯色唯聲唯香唯味唯觸唯識若合論一一法皆具足法界諸法等故般若等內照既等外化亦等即是四隨逐物情有難易大智度論云一切法併空何須更用十喻答空有二種一難解空二易解空十喻是易解空今以易解空喻難解空唯識意亦如是但約唯識具一切法門而衆生有二種一多著外色二少著內識如上界多著內識下二界著外色多著內識少如學問人多得外解若約唯識論者破外向內令觀明

白法界法皆是一識識空十法界空識假十法界假識中十法界亦中尊以內心破一切法若外觀十法界即見內心當知若色若識皆是唯識若識若色皆是唯色今雖說色心兩名其實只一念無明法性十界即是不可思議一心具一切因緣所生法一句名為一念無明法性心若廣說四句成一偈即因緣所生心即空即假即中故般若經云受持一四句偈與十方虛空等法華經云聞一偈亦與善提記一句亦然三句亦如是今只觀此一心即不可思議十界恒現前入心地法門故能不起寂場現身八會只是一句一句中有無量無量中只一句是為不思議故如心諸佛介如佛衆生然心佛與衆生是三無差別諸佛解脫當於衆生心中求衆生心亦於諸佛解脫中求始是般若究竟等未了者一切法正一切法邪不以心分別即一切法正若以心分別一切法邪心起想即癡無想即泥洹此不思議非青黃赤白方圓長短無名無相究竟寂滅唯當心知口不能說若有因緣善方便用四悉檀亦可得說為衆生無量劫自性心不為煩惱所染而染難可了知迷妄名染染即覆心不見淨性所以久處生死不能返本還原實難解二乘尚不聞其名何況凡夫今佛為作習因如大通佛所繫珠至釋迦時方成果實令此種子漸漸積習後遇聲光發此種子轉凡入聖漸積功德具足大悲心皆已成佛道若不尒者無明覆法性出十法界五陰重迷積脊若能超悟起二乘五陰乃至佛陰華嚴經頌云心如工畫師造種種五陰一切世間中無不由心造諸陰只心作耳觀無明心畢竟無所有而能出十界諸陰此即不思議如法華經云一念夢心行因得果在一念眠中無明心與法界性合起無量煩惱尋此煩惱即得法性問別圓俱作此譬云何有異荅別則隔歷圓則一念具如芥子含須弥山故名不思議一微塵中有大千經卷智人開塵出經是一念無明心有煩惱法有智慧法煩惱是惡塵善塵無記塵開出法身般若解脫法華經云如是性相等一界十界百千法界究竟皆等今觀此無明心從何而生為從無明為從法性為共為離若自若他四皆叵得名空解脫門只觀心性為有為無為共為離若常若斷四倒不可得名無相解脫門只此心性為真為緣為共為離非四句所作名無作解脫門無生而說生是十法界性相也無明性即是實性亦言無明即是明明亦不可得是為入不二法門但衆生迷倒不見心之無心明成無明尒又大涅槃經云其後不久王復得病醫占王病定應服乳王者八倒衆生也其後病者初倒伏後倒起故言不久也定服乳者應授四榮之術也正是今之念處意耳又譬有人以毒塗鼓衆中打之近者死遠者未死後打毒鼓近遠俱死初塗四枯止枯分段故言未死今塗四榮無明根斷故近遠俱死亦是今四念處意也又云如鳥出籠纔得離網今二鳥俱飛高翔遠逝去住自在正是今四念處意也又云初枯生死不能照明佛法不能開悟衆生於佛法無功夫於衆生無利益故言枯雙樹今圓顯佛法大益衆生夫實心者皆當作佛八千聲聞得見佛性如秋收冬藏成大果實故言四榮莊嚴雙樹大涅槃經云不令噉酒糟麥麨不與特牛同共一群不在高原亦不下濕下濕者凡邪四倒也高原者偏曲四倒也酒糟是愚癡麥麨是嗔恚特牛是貪欲選擇中原安處其子法華經云正直捨方便但說無上道又諸佛法久後要當說真實真實者非生死非涅槃無邪無偏無僻無倒咄哉丈夫示言繫珠咄哉去來實處在近是故從本垂迹與法身眷屬隱實揚權藏高設下共化衆生開示正道內秘外現開顯令得入妙正是此四念處也所言四者不可思議數也一即無量無量即一一一皆是法界三諦具足攝一切法出法界外更無有法法界無法界具足法界雖無法具足諸法是不思議數也華嚴中云一微塵具一切塵及一切法於一念具一切念及一切法塵即是色念即是心色心即念處之異名耳大品經云四念處即摩訶衍摩訶衍即四念處者於一念處與三念處無二無別一切法趣四念處是趣不過念處尚不可得云何當有趣不趣此亦不思議意同也普賢觀經云觀心無心法不住法名大懺悔觀心既然觀色亦尒大涅槃經云佛性者亦一非一非一非非一亦一者一切衆生悉一乘故非一者說三乘故非一非非一者數非數不決定是故當知於四數不可決定即不思議之四也乃至若不依宗鏡中四念處行道設有智解修行皆成外道所以云若無念慧一切行法皆非佛法非行道人

皆空剃頭如放牧者空著染衣如木頭幡雖執鉢錫如病人乞具雖讀誦經書如盲人誦賦雖復禮拜如碓上下雖復興造媒衒客作種樹貨易沉淪生死繁繭自纏無解脫期捨身命財但得名施非波羅蜜雖復持戒不免雞狗雖復精進精進無夯媚雖復坐禪如彼株杌雖復知解狂顛智慧常在此岸不到彼岸不降愛見不破取相不得入道品非賢聖位不成四枯樹非波羅蜜何以故無念慧故以念慧能破邪顯正大涅槃經云舊醫乳藥其實是毒如蟲食木偶成字耳是蟲不知是字非字更有新醫從遠方來曉八種術謂四枯四榮以新四枯破其舊乳法華經云大火從四面而起即斯意也是以八種異術破八倒之迷途一心妙門入一乘之種智　問此平等法性一乘妙心一切衆生聲聞緣覺菩薩諸佛悉皆共稟云何於異生界等此一靈性念念匈輪迴於聲聞乘同共一法中而不得此事　荅如黃石中金以福德爐火因緣成就若大福人得金中福人得銀下福人得銅此亦如是凡夫人唯得煩惱無明聲聞人但證無常生滅唯佛菩薩究竟常樂涅槃如大集經云如然燈器金則黃光銅則赤光其色雖異燈無差別法界亦尒諸佛然之智光無邊聲聞然之智光有邊而法界性實無差別且心之一法微妙幽玄見有淺深智分優劣須憑廣學以至法原法華經云其不習學者不能曉了此外書云玉不琢不成器人不學不知道但堅志節常聞未聞熏修而觀力轉深磨鍊而行門益淨常起難遭之想道業恒新長懷慶幸之心終無退轉所以華嚴經云菩薩日夜唯願聞法喜法樂法依法隨法解法順法到法住法行法菩薩如是勤求佛法所有珍財皆無悋惜不見有物難得可重但於能說佛法之人生難遭想是故菩薩於內外財為求佛法悉能捨施無有恭敬而不能行無有憍慢而不能捨無有承事而不能作無有勤苦而不能受若聞一句未曾聞法生大歡喜勝得三千大千世界滿中珍寶若聞一偈未聞正法生大歡喜勝得轉輪王位若得一偈未曾聞法能淨菩薩行勝得帝釋梵王位住無量百千劫若有人言我有一句佛所說法能淨菩薩行汝今若能入大火坑受極大苦當以相與菩薩尒時作如是念我以一句佛所說法淨菩薩行故假使三千大千世界大火滿中尚欲從於梵天之上投身而下親自受取況小火坑而不能入然我今者為求佛法應受一切地獄衆苦何況人中諸小苦惱菩薩如是發勤精進求於佛法如其所聞觀察修行此菩薩得聞法已攝心安住於空閑處作是思惟如說修行乃得佛法非但口言而可清淨又普賢行願品頌云智海廣難量不測反增謗牛飲水成乳蛇飲水成毒智學成菩提愚學為生死如是不了知斯由少學過大涅槃經偈云或有服甘露傷命而早夭或有服甘露壽命得長存或有服毒生有緣服毒死無礙智甘露所謂大乘典如是大乘典亦名雜毒藥如酥醍醐等及以諸石蜜服消則為藥不消則為毒方等亦如是智者為甘露愚不知佛性服之則成毒又如木中火性乳中酪性緣若未具有亦同無衆生佛性亦復如是不學不知非不成佛如金剛三昧經云地藏菩薩言尊者知有非實如陽燄水知實非無如火性生如是觀者是人智耶論釋曰如經云若說法有一如燄水迷倒若見於法無如盲無日倒故知實非無非無之義如火性生謂如木中有火性分析求之不得火相而實不無木中火性鑽而求之火必現故一心亦尒分析諸相不得心性而實不無諸法中心修道求之一心顯故是以含識界中從無始來內為五陰所窟外為六塵所梏觸途現境寓目生情如獮猴而五處俱黏類蛛蛛而諸塵盡泊所以見不超於色界聽不出於聲塵若投網之魚猶處籠之鳥進退俱阻如羝羊之觸藩驚懼齊臨似乳鷰之巢幕若能知塵是識了物唯心不為延促之所拘豈令大小之所轉即能隨緣應跡赴感徇機不動道場分身法界常在此而恒在彼不居方而不離方入此宗門廣大如是會差別之迹徹平等之原如金剛山純現金光似師子王師子圍遶猶摩梨山內盡出栴檀若瞻蔔林中唯聞香氣比須弥南面靡現雜形如金沙大河無復迴曲同金剛之斧力欲擬皆空等無翳之日光所臨俱朗如入法界品中逝多林中所現境界頌云汝應觀此逝多林以佛威神廣無際一切莊嚴皆示現十方法界悉充滿十方一切諸國土無邊品類大莊嚴於其座等境界中色像分明皆顯現又如慈行童女毗盧遮那藏殿內一一壁中一一柱中一一鏡中一一相中一一形中一

一摩尼寶中一一莊嚴具中一一金鈴中一一寶樹中一一寶形像中一一寶瓔珞中悉見法界一切如來從初發心修菩薩行成滿大願具足功德成等正覺轉妙法輪乃至示現入於涅槃如是影像靡不皆現如淨水中普見虛空日月星宿所有衆像又如法寶髻長者宅中得菩薩無量福德寶藏解脫門其宅廣博十層八門善財入已次第觀察見最下層施諸飲食見第二層施諸寶衣見第三層布施一切寶莊嚴具乃至見第十層一切如來充滿其中從初發心修菩薩行超出生死成滿大願及神通力淨佛國土道場衆會轉正法輪調伏衆生如是一切悉使明見釋曰逝多林之無際遮那藏之顯現寶髻宅之層傳皆是不思議之心融攝無礙十層則十波羅蜜八門則八正道分乃至一切莊嚴具中示現佛事盡是一心法門體用周徧重重顯道一一提宗以昧之者不悟不明以執之者爲緣爲對如盲不見非無五色之緻似聾不聞豈絕五音之響又如若逝多林裏聲聞不知恒河水中餓鬼不見皆是自業所障非法隱藏今勸未省之人觀聽直入猶谷中聞響終無異音似鏡裏見形更非他質分明可驗自絕思量現證無疑復誰前後可謂聖遠乎哉體之即神道遠乎哉觸事而真矣

問既以真心爲宗爲本如何辯其功能湛然常住盡未來際　答此心法妙故如神不可測無依無住非古非今只是有而不可見聞非是一向空寂蘊無盡之妙用不斷不常具莫測之靈通非隱非顯古德云因雖涅槃永寂而智體不無不介將何窮未來際故知此之心神凡聖之本盡未來際無有斷絕諸佛常正念此法祖師唯的指此宗斯乃無相之真真何有盡無爲之道道何有窮如幽谷之風相續而微聲不斷若洪鐘之響隨扣而清韻常生寶藏論云唯道無根靈照常存唯道無體微妙恒真唯道無事古今同貴唯道無心萬物圓備釋曰夫有根則有住住即入於闇室如穿針不見天捨針不見地無根則無住如日月光明照見種種色乃靈照常存矣夫有體則差別質礙無體則一性常通乃微妙恒真矣夫有事則爲相所局無事則心地坦然乃古今同貴矣夫有心則分別各取無心則逆順同歸乃萬物圓備矣既達此常住宗體自然盡未來際不休息佛業即是佛後普賢純是利他無始無終無盡之行所以寶性論有自然不休息佛業偈云佛體如鏡像如彼瑠璃地人非不有聲如天妙法鼓非不作法事如彼大雲雨非不作利益而地非不生種種諸種子如梵天不動而非不絕淑如彼大日輪非不破諸暗如彼如意寶而非不希有猶如彼聲響非不因緣成猶如彼虛空非不爲一切衆生作依止猶如彼大地而非不住持一切種種物以依彼大地荷負諸世間種種諸物故又諸佛菩提出世間妙法成就諸白業諸禪四無量及以四空定諸如來自然常住諸世間有如是諸業一切非前後作如是妙業無生義云若無有妙神一向空寂者則不應有佛出世說法度人故知本地有妙神不空不斷乃至師子吼言佛性者名第一義空第一義空名爲智慧智慧即是妙神故云因滅是色獲得常住解脫之色故知如中含有妙色五陰常住不動神不滅篇云夫神者何耶精極而爲靈者也精極則非封像之所圖故聖人以妙物而爲言雖有上智猶不能定其體狀窮其幽致神也者圓應無主妙盡無名感物而動假數而行感物而非物故物化而不滅假數而非數故數盡而不窮有情則可以物感有識則可以數求數有精麤故其性各異智有明昧故其照不同推此而論則知化以情感神以化傳情爲化之母神爲情之根情有會物之道神有冥移之功但悟徹者反本惑理者逐物耳乃至或乘散於一化不思神道有妙物之靈而謂精麤同盡不亦悲乎如火之傳於薪猶神之傳於形深惑者見形朽於一生便以爲神情俱喪猶觀火窮於一木謂終期都盡耳故知緣謝形枯真靈不墜如薪盡火滅火性常然此緣雖滅於今生彼緣復興於異世故般若吟云百骸雖潰散一物鎮長靈可謂真心湛然常住矣如華嚴經云知一切幻心所緣法無量故佛子如如意珠隨有所求一切皆得求者無盡意皆滿足而珠勢力終不匱止菩薩摩訶薩亦復如是入此三昧知心如幻出生一切諸法境界周徧無盡不匱不息何以故菩薩摩訶薩成就普賢無礙行智觀察無量廣大幻境猶如影像無增減故佛子譬如凡夫各別生心已生現生及以當生無有邊際無斷無盡其心流轉相續不絕不可思議菩薩摩訶薩亦復如是入此普幻門三昧無有邊

際不可測量何以故了達普賢菩薩普幻門無量法故佛子譬如難陀摩那斯龍王及餘大龍降雨之時滴如車軸無有邊際雖如是雨雲終不盡此是諸龍無作境界又云於一念中盡知一切心非心地境界之藏於非心處示生於心遠離語言安住智慧同諸菩薩所行之行以自在力示成佛道盡未來際常無休息一切世間衆生劫數妄想言説之所建立神通願力悉能示現釋曰盡知一切心非心地境界之藏者識行於境名之曰心智行於境名曰非心故楞伽經云得相者識不得相者智故知菩薩隨順妄緣不捨世法於方便中悉能示現隨增減劫任長短緣乘大願風相續不斷供佛利生無有休息如華嚴論云十一地等覺位菩薩以大慈悲心行赴俗濟生之門表自出世道滿無更求解脫離染離淨之心但以乘法性船張大慈悲帆以大智爲船師順本願風吹諸波羅蜜網常遊生死海漉一切衆生有著之魚安置無依普光明之智岸常生一切幻住萬行功德法界無礙寶堂如下慈氏所居樓閣是

宗鏡録卷第三十九　　車

音義

慘（七感反）欻（許勿反暴起也）隘（烏懈反狹也）曠（苦謗反久也）衡（户庚反）鵠（[illegible]）絡（[illegible]）沓（徒合反重也）敢（[illegible]）穡（[illegible]）戲（[illegible]）僻（芳辟反邪僻也）咄（當沒反呵也）雒（[illegible]）媒（[illegible]）衒（黄練反）媚（[illegible]）杌（[illegible]）琢（竹角反）㥽（[illegible]）鑽（借官反）靡（[illegible]）梏（古沃反）寓（[illegible]）蝨（[illegible]）藩（甫煩反）紋（無分反）扣（[illegible]）瞰（[illegible]）漉（盧谷反）

丁未歲分司大藏都監開板

宗鏡録卷第三十九

校勘記

一　底本，麗藏本。

一　四五八頁下一〇行第一六字「無」，南作「一」。

一　四五八頁下一三行第七字「四」，清作「三」。又「南首」，清作「北首」。

一　四五九頁上一四行第一五字「通」，清作「洞」。

一　四五九頁上二三行第一二字「來」，徑、清作「求」。

一　四五九頁下九行第九字「等」，清作「以」。

一　四六〇頁上二九行第一五字「起」，南作「超」。

一　四六一頁上七行「不到」，南作「不在」。

一　四六一頁上二九行第一四字「修」，南作「習」。

一　四六二頁中一五行末字「後」，磧、南、徑、清作「德」。

一　四六二頁中一八行第六字「人」，磧、南、徑、清作「又」。

宗鏡錄卷第四十

慧日永明寺主智覺禪師延壽集

夫真心無相云何知有不空常住湛然之體荅以事驗知因用可辯事能顯理用能彰體如見波生知有水體十八空論云不捨離空菩薩修學此定止爲功德善根無盡何以故一切諸佛於無餘涅槃中亦不捨功德善根門有流果報已盡功德善根本爲化物故恒有此用如來雖入涅槃猶隨衆生機緣現應化兩身導利含識即是更起心義故衆生不盡應化之用亦不盡故言雖入無餘而不捨功德善根也若二乘入滅無更起心以慈悲薄少不化衆生若佛入無餘而更起心者以諸佛菩薩三身利物無窮故如來法身即是一切無流法之依處故言不捨離功德也所以得知涅槃之中猶有法身者以用證體既覩應化之用不盡故知此身之體常自湛然永無遷壞如毗婆沙師說無涅槃無有自相而可言無何以故爲能顯事用故若不依涅槃不成智慧智慧不成則煩惱不滅涅槃既能生道道能滅惑即是涅槃家事既見有事則知應有體故不得言無也　問有何勝義廣集一心正宗於末學進修得疾入道不

荅若以宗鏡示人直至道場疾證菩提更無迂曲法華經偈云演暢實相義開闡一乘法廣導諸衆生令速成菩提如有頌云行自境界中獲得所應得行他境界中如魚墮陸地是以若行自境内如同已物取復何難若行他境中即不自在如王失國似鳥離空足可知之此是千聖入道之門諸佛證真之路若有入者一入金真博地凡夫位齊諸佛法華經云乘此寶乘直至道場可謂頓入頓超諸乘匪及以三乘之人不知諸塵唯是識故執心外實有境界凡夫二乘雖有發心趣向解脫而猶計有生死可厭涅槃可欣不了唯心道理若知一切法唯是識量捨彼事識外計分別既了唯心趣理速疾異前漸悟故論云速趣涅槃又凡夫二乘不覺賴耶但依分別事識資持力故而發心修行以不達本故向大菩提踈而且遠故云漸也菩薩既了賴耶本識則依此識資持力故而發心修行以了本故向大菩提親而且近故云速也此宗鏡中開示大意唯論自心妙達何待他文爲未薦者假以文言示令親悟纔聞便入目擊道存故止觀云直聞其言病即除愈如經云佛告菩提樹神過去有佛名曰寶勝滅後有長者名曰持水善知醫方救諸病苦持水有子名曰流水是時國内天降炎變流水見已自思惟言我父年邁不能至彼城邑聚落便至父所問醫方已因得了知一切方術徧至城邑作如是言我是醫師我是醫師善知方藥療治一切一切衆生聞許治病直聞是言所患即除此譬聞妙境得入初住以不思議境本自圓成長時顯現上根纔覽直進無疑不待舉明重加指示如華嚴迴向品頌云諸佛隨宜所作業無量無邊等法界智者能以一方便一切了知無不盡是以若入此宗鏡已眼圓明一一皆照自心決定不從他學法藏而全開身聚智燈而高挂靈臺步步現無盡法門念念成六波羅蜜如首楞嚴三昧經云佛告堅意菩薩住首楞嚴三昧六波羅蜜世世自知不從他學舉足下足入息出息念念常有六波羅蜜何以故堅意如是菩薩身皆是法行皆是法堅意譬如有王若諸大臣百千種香擣以爲末若有人來索中一種不用餘香共相熏雜堅意如是百千種衆香末中可得一種不雜餘不不也世尊堅意是菩薩以一切波羅蜜熏身心故於念念中常生六波羅蜜堅意菩薩云何於念念中生六波羅蜜堅意是菩薩一切悉捨心無貪著是檀波羅蜜心善寂滅畢竟無惡是尸波羅蜜知心盡相於諸塵中而無所傷是羼提波羅蜜勤觀擇心知心離相是毗梨耶波羅蜜畢竟善寂調伏其心是禪波羅蜜觀心知心通達心相是般若波羅蜜堅意菩薩住首楞嚴三昧如是法門念念皆有六波羅蜜　問依此寂滅無爲之道即入絶學絶待之門莫不沉空成於斷見不

荅未入玆門觸途虛幻待眞立俗對色明空纔證斯宗萬緣俱寂如異色之鳥投須弥而純變金光猶三十三天入雜林而更無分別是以諸法無體相待而成皆無待而成待若執有法互相待成則不成待以有自體各定不假相待故如中觀論偈云若法有待成未成云何待若成已有待成已何用待若法因待成是法先未成未成則無無則云何有因待若是法先已成成何用因待是二俱不相因待是知未成已成俱無有待若悟入宗鏡之時了知虛空尚是幻生豈更有法可爲對待如首楞嚴經云若一人反眞歸原此十方空一時消殞菩薩瓔珞經

云佛告天子如吾昔求道從無數劫分別本末未能究盡一法定意云何爲一法所謂無念也菩薩得無念者觀一切法悉皆無形天子吾今成佛由此一行得成無上正眞之道既萬法無形對何稱有既不有曷得云常空復何空憑誰稱斷若心外有法即成斷常若法外無心孰言空有所以傅大士云君不見自心非斷亦非常昔在諸方不入方亦復不像前後際又復非圓非短長寂然無生亦無滅非黑非白與青黄雖復念處知諸法而實不住念中央衆生入而無所入雖趣六境實無傷智者分明了知此是故号曰法中王故思益經云若有於法生見則於其人佛不出世世尊若有決定見涅槃者是人不度生死所以者何涅槃名爲除滅諸相遠離一切動念戲論是以若論成壞有空皆徇世間名字不出外道諸見如狗逐塊豈達自宗則知名字如塊眞理如人無明癡犬逐名言塊種智師子得理亡名故知言語從覺觀生息覺觀則名言絶言思絶則待絶亡中觀論疏云盡不盡門者若念念遷滅滅無可成若念念相續續非始成若念念遷滅滅無始壞若念念相續續不可壞故盡不盡俱無成壞又諸法日夜中念念常滅盡過去如水流不住是則名盡是事不可取不可說如野馬無決定性云何可分別說有成又念念生滅常相續不斷故名不盡云何可分別說言今是成時是故盡亦無成不盡亦無成既無成亦無壞是以一切諸法尚無有成云何說斷皆以實際爲定量則無有變異如經問何等是眞智

慧答言無變異相如衆生無變異相眞智慧亦無變異又問云何是衆生相答假名字畢竟離是衆生相如是相則無變異乃至如虛空無變異相一切諸法亦無變異相云何無變異以無二故亦無無二方成真智但云無有二非是有無二如華嚴經頌云常於諸法不作二亦復不作於不二於二不二並皆離知其悉是語言道是知一切言語皆從覺觀而生纔有覺觀便形紋綵發萌芽於境上起非眹於心中心境對治便爲質礙若入宗鏡自絶言思妙旨潛通了無所得又若一切修行趣佛乘人但先得旨之後方可以佛知見治諸餘習以正定水瑩淨禪支用多聞慧助生觀力乃至習誦熏修萬行嚴飾若未入宗鏡不了自心縱多聞習誦俱不成就如善星受持讀誦十二部經獲得四禪不達無生返墮地獄又如阿難多聞不明實相遭婬席所縛爲文殊所訶應須先入正宗後修福智如瑠璃之含寶月似摩尼之置高幢方得通透無瑕能雨衆寶自他兼利豈虛搆哉又此絶待無作真心非是斷空但空若衆生一切妄心世間一切幻法以情識分別不及故目之爲空如洞山和尚偈云世間塵事亂如毛不向空門何處消若待境緣除蕩盡古人那得喻芭蕉龐居士偈云識樂衆生樂緣纏妄走作智樂菩薩樂無繩亦無縛若有發心者直須學無作莫道怕落空得空亦不惡見礦不識金入爐始知錯黃蘗和尚云無人敢入此門恐畏落空盡望涯而退證道謌云嗟末法惡時代衆生薄福難調制去聖遠兮邪見深

魔強法弱多寃害聞說如來頓教門恨不滅除令瓦碎作在心殃在身不須怨訴更尤人欲得不招無間業莫謗如來正法輪　問悟此心宗修行之人得圓備普賢行不　答一切理智無邊行願皆不出普賢一毛孔若實入此宗鏡中乃至凡聖之身一一毛孔皆能圓滿普賢之行如華嚴經海幢比丘入般若波羅蜜境界清淨光明三昧經行地側結加趺坐入于三昧離出入息無別思覺身安不動從其身分出十法界身雲一切供具雨無量法雨等又如善見比丘告善財言我經行時一念中一切十方皆悉現前智慧清淨故一念中一切世界皆悉現前經過不可說不可說世界故又如喜目觀察衆生夜神入大勢力普喜幢解脫門於其身上一一毛孔出無量種變化身雲隨其所應以妙言音而爲說法普攝無量一切衆生皆令歡喜而得利益又如善財重觀普賢一一身分一一毛孔悉有三千大千世界風輪水輪地輪火輪大海江河及諸寶山須弥鐵圍村營城邑宮殿園苑一切地獄餓鬼畜生閻羅王界天龍八部人與非人欲界色界無色界處日月星宿風雲雷電晝夜月時及以年劫諸佛出世菩薩衆會道場莊嚴如是等事悉皆明見如見此世界十方所有一切世界悉如是見如見現在十方世界前際後際一切世界亦如是見各各差別不相雜亂如說海幢身分之上善見一念之中普賢毛孔之內盡十方法界虛空界所有一切凡聖境界淨穢國土靡所不現可證宗鏡無外無法不含如卷大海之

波瀾收歸一滴猶攝十方之刹土指在一塵如古德云以遮那之境界衆妙之玄門知識說之而不窮善財酌之而不竭文殊體之而寂寂普賢證之以重重何者以文殊是自心如理之體體常湛然以普賢是自心如量之用用周法界所以寶性論明有二種修行一如實修行了如理一味二徧滿修行備知一心有恒沙法界是以悟此真如無盡之心成得普賢無盡之行亦云梵行已立已事已辦如不了此而妄有所修非唯不具普賢行門乃至三歸五戒等一切修進之門悉不成就以不達本故所以法華經云若不能得見聞讀誦書持供養是法華經者當知是人未善行菩薩道以自他所隔但爲愛見之心未達一乘豈成同體之行又云此經難持若暫持者我則歡喜諸佛亦然如是之人諸佛所歎是則勇猛是則精進是名持戒行頭陁者則爲疾得無上佛道故知見性修行性周萬行如華嚴經云菩薩行即如來性如來性即菩薩行若明見此旨方稱圓修權教圓思下位天隔讀一念隨喜福尚無量何況正念修行爲人開示所以文句疏釋一念隨喜者自未有行但隨喜法及人功報尚多況行到耶隨喜心有二若聞開權顯實即於一念心中解非權非實之理信佛知見又雙解權實事理圓融雖具煩惱性能知如來秘密之藏此即竪論隨喜又若聞開權顯實之意即於一心廣解一切心又一切法皆是佛法無有障礙若欲分別辯說無窮月四月至歲旋轉不盡雖未得真隨喜心能如此解法既如此人亦

如是此約横論隨喜即横而竪即竪而横故大涅槃經云寧願少聞多解義味即此意也故知纔聞一心能生隨喜則洞了諸法無有遺餘可謂一聞千悟得大摠持於凡夫心能生圓信格量功德唯佛方知若外道得五通者能移山竭海而不伏見愛不及蠰法人二乘無學子果俱脫猶被涅槃縛不知其因果俱權通教人修因雖巧發心不識五百由旬得果止除四住别人雖勝二乘修因則偏其門又拙非佛所讚皆不及初隨喜一念圓信之人又止觀云能如是入唯心觀者則具一切法門該括周備規矩初心送行人到彼薩雲蓋如來積劫之所勤求道場之所妙悟正在茲乎故知萬途雖别一性無差若未歸此自心之性終非究竟凡有所作心境不亡皆墮輪迴不入真實如大智度論云復次如水性下流故會歸於海合爲一味諸法亦如是一切摠相别相皆歸法性同爲一相是名爲法性如金剛在山頂漸漸穿下至金剛地際到自性乃止諸法亦如是智慧分别推求已到如中從如入自性如無本末生滅諸法戲論是名爲法性又如犢子周章鳴喚得母乃止諸法亦如是種種别異取捨不同得到自性乃止無復過處是名法性如一切菩薩求道修行若未到宗鏡心終不止所以宗鏡略有二意一爲頓悟知宗二爲圓修辦事如首楞嚴經云佛責阿難言非汝歷劫辛勤證修雖復憶持十方如來十二部經清淨妙理如恒河沙只益戲論汝雖談說因緣自然決定明了人間稱汝多聞第一以此積劫多聞熏

習不能免離摩登伽難何須待我佛頂神呪摩登伽心婬火頓歇得阿那含於我法中成精進林愛河乾枯令汝解脫是故阿難汝雖歷劫憶持如來秘密妙嚴不如一日修無漏業遠離世間憎愛二苦如摩登伽宿爲婬女由神呪力消其愛欲法中今名性比丘尼與羅睺母耶輸陁羅同悟宿因知歷世因貪欲爲苦一念熏修無漏善故或得出纏或蒙授記如何自欺尚留觀聽乃至阿難等既開悟後重請妙修行路如經云世尊我今雖承如是法音知如來藏妙覺明心徧十方界含育如來十方國土清淨寶嚴妙覺王刹如來復責多聞無功不逮修習我今猶如旅泊之人忽蒙天王賜以華屋雖獲大宅要因門入唯願如來不捨大悲示我在會諸蒙闇者捐捨小乘畢獲如來無餘涅槃本發心路乃至佛告阿難汝等若欲捐捨聲聞修菩薩乘入佛知見應當審觀因地發心與果地覺爲同爲異阿難若於因地以生滅心爲本修因而求佛乘不生不滅無有是處以是義故汝當照明諸器世間可作之法皆從變滅阿難汝觀世間可作之法誰爲不壞然終不聞爛壞虛空何以故空非可作由是始終無壞滅故釋曰詳夫諸大乘經祖佛正意凡從今日去紹佛乘人先須得本悟自真心不生不滅爲因然後以無生之旨徧治一切所以華嚴論云若有習氣還以佛知見治之若不入佛知見設有修行但成折伏終不能入諸佛融水之流如法華明開示悟入佛之知見只是於衆生心中而論闓示以佛知見蘊在衆生心故

若宗門中從上亦云先須知有然後保任又云頭尾須得相稱不可理行有闕心口相違入我宗中無有是處若未悟自心無生之理唯以生滅心爲因欲求無生之果如蒸砂作飯種苦求甘因果不同體用俱失邪修妄習猶九十六種揑目生華趣寂執權似三乘道人勞神費力若入宗鏡理行俱圓可謂二見之良醫釋真之皎日矣故大涅槃經云譬如霧露勢雖欲住不過日出日既出已消滅無餘善男子是諸衆生所有惡業亦復如是住世勢力不過得見大涅槃日是日既出悉能除滅一切惡業夫未遇宗鏡正法之日一心實智之海歸前所有一切修行三昧諸行皆是無常不成上善以未究竟故如經云佛言善男子雖修一切契經諸定未聞如是大涅槃經咸言一切悉是無常聞是經已雖有煩惱如無煩惱即能利益一切人天何以故曉了己身有佛性故是名爲常復次善男子譬如衆流皆歸于海一切契經諸定三昧皆歸大乘大涅槃經何以故究竟善說有佛性故所以纔知有佛性自然解行相應如結綱而終是取魚裹粮而必須前進如云若唯解而無行同沙井之非潤尊虛而不實似空雲而無雨是以此錄全爲修習菩薩道圓滿普賢門遂乃廣集了義金文先德遺旨皆令信順與道相應該括始終自他兼利以真如一心性無盡故法介如是順性而行無有匱息自然圓滿一切智慧一切慈悲一切三昧一切神通一切行願一切因果一切理事一切權實一切行布一切圓融所以華嚴論云經明法雲地菩薩隨心念力廣大微細自他相入一多大小互相神通德用自在皆隨自心念所成故如一切衆生作用境界皆是自心執業所成人天地獄畜生餓鬼善惡等報果一依心造如此十地菩薩以無作法身大智之力隨所心念莫不十方一時自在皆悉知見以普光明智爲體爲智體無依無性遍周法界與虛空量等周滿十方世界以無性智大用隨念以不忘失智隨念皆成以具總別同異成壞俱作以廣狹大小自在智化通無礙以與一切衆生同體智能變一切衆生境界純爲淨土之刹以自他無二智一身而作多身多身而作一身以法身無大小離量之智能以毛孔廣容佛刹以等虛空無邊無方之智而一念現生滿十方而無去來以如響智而能響應對現等衆生應形以是具足圓滿福德智而恒居妙刹常與一切衆生同居若非聖所加持力而衆生不見如華嚴經云佛子譬如有人以摩尼寶置色衣中其摩尼寶雖同衣色不捨自性菩薩摩訶薩亦復如是成就智慧以爲心寶觀一切智普皆明現然不捨於菩薩諸行何以故菩薩摩訶薩發大誓願利益一切衆生度脫一切衆生承事一切諸佛嚴淨一切世界安慰衆生深入法海爲淨衆生界現大自在給施衆生普照世間入於無邊幻化法門不退不轉無疲無厭佛子譬如虛空持衆世界若成若住無厭無倦無羸無朽無散無壞無變無異無有差別不捨自性何以故虛空自性法應介故菩薩摩訶薩亦復如是立無量大願度一切衆生心無厭倦乃至佛子菩薩摩訶薩以此開示一切如來無差別性此是無礙方便之門此能出生菩薩衆會此法唯是三昧境界此能勇進入薩婆若此能開顯諸三昧門此能無礙普入諸刹此能調伏一切衆生此能住於無衆生際此能開示一切佛法此於境界皆無所得雖一切時演說開示而恒遠離妄想分別雖知諸法皆無所作而能示現一切作業雖知諸佛無有二相而能顯示一切諸佛雖知無色而演說諸色雖知無受而演說諸受雖知無想而演說諸想雖知無行而演說諸行雖知無識而演說諸識恒以法輪開示一切雖知法無生而常轉法輪雖知法無差別而說諸差別門雖知諸法無有生滅而說一切生滅之相雖知諸法無麤無細而說諸法麤細之相雖知諸法無上中下而能宣說最上之法雖知諸法不可言說而能演說清淨言詞雖知諸法無內無外而說一切內外諸法雖知諸法不可了知而說種種智慧觀察雖知諸法無有真實而說出離真實之道雖知諸法畢竟無盡而能演說盡諸有漏雖知諸法無違無諍然亦不無自他差別雖知諸法畢竟無師而常尊敬一切師長雖知諸法不由他悟而常尊敬諸善知識雖知法無轉而轉法輪雖知法無起而示諸因緣雖知諸法無有前際而廣說過去雖知諸法無有後際而廣說未來雖知諸法無有中際而廣說現在雖知諸法無有作者而說諸作業雖知諸法無有因緣而說諸集因雖知諸法無有等比而說平等不平等道雖知諸法無有言

說而決定說三世之法雖知諸法無有所依而說依善法而得出離雖知法無身而廣說法身雖知三世諸佛無邊而能演說唯有一佛雖知法無色而現種種色雖知法無見而廣說諸見雖知法無相而說種種相雖知諸法無有境界而廣宣說智慧境界雖知諸法無有差別而說行果種種差別雖知諸法無有出離而說清淨諸出離行雖知諸法本來常住而說一切諸流轉法雖知諸法無有照明而恒廣說照明之法釋曰譬如虛空持衆世界若成若住無厭無倦者以普賢智了一切法皆如虛空性故虛空之性即凡聖身只為衆生不了迷為生死變作根塵菩薩故能對現色身隨應說法故云普賢身相如虛空又偈云心聞洞十方生于大因力又偈云空生大覺中如海一漚發是知若法若行皆我之心性猶如虛空豈有厭倦乎若不了一切法同虛空性執有前境相狀可觀隨相發心緣塵起行不達同體之旨悉墮有為盡成愛見之悲終成厭倦若依宗鏡如說修行所有一毫之功畢趣菩提之果是以無緣之緣顯無化之化謂衆生真心稱理不可得故若無緣即無所化若真心隨緣不壞緣起則亦有所化如是則非真流之行無以契真非起行之真不從行顯良以體融行而因圓行該真而果滿理行兼備因果同時圓解圓修方成宗鏡又此普賢之行全是佛智佛智即是真心如華嚴經頌云佛智廣大同虛空普徧一切衆生心悉了世間諸妄想不起種種異分別則全佛智是衆生心世間妄想皆從衆生心變能變之心既是佛智所變之境豈成實耶則了世間妄想皆空終不起於異見分別謂凡謂聖謂有謂無等又了世間妄想即如量智不起異分別即如理智如量觀俗如理了真又即體之相包含是如量智即相之體一味是如理智若理量雙消方冥佛智是以若欲真俗雙照因果俱圓不出如理如量之二智如佛性論云此理量二智有二種相一者無著二者無礙言無著者見衆生界自性清淨名為無著是如理智相無礙者能通達觀無量無邊境界故是名無礙是如量智相又此二智有二義如理智為因如量智為果言如理為因者能作生死及涅槃因如量為果者由此理故知於如來真俗等法具足成就又如理智者是清淨因如量智者是圓滿因清淨因者由如理智三惑滅盡圓滿因者由如量智三德圓備故知成佛皆由二智如理智者即一心之體為因如量智者即一心之用為果所以體用相即因果同時初後卷舒悉於一心圓備乃至法界顯於塵內寶刹現於毛端皆是如理智中如量境界若但證如理之旨普賢大用不得現前若唯行如量之宗文殊正智不能究竟具此二門方明宗鏡所以善財一生能辦多劫之行古釋云善財既因毗目仙人善友力瞬息之間或有佛所見經不可說不可說佛剎微塵數劫修行不倦何得一生不經多劫仙人之力長短自在故如世王質遇仙之碁令斧柯爛三歲尚謂食頃既能以長為短亦能以短為長如同穆隨於幻人雖經多年實唯瞬息故不應以長短之時廣狹之處定其旨也故知隨心轉變不定長短心長則長心短即短延促是心非于時分一切萬法皆是心成離心計度皆失宗旨

宗鏡錄卷第四十

音義

迂憶俱反回也 邁莫懷反 挂古賣反 擣都皓反 眹直引反

透他候反跳也 搆古候反 瀾落干反大波 撮倉括反 駛疏吏反速

丁未歲分司大藏都監開板

宗鏡録卷第四十

校勘記

一　底本，麗藏本。

一　四六四頁上二五行第九字「暢」，清作「揚」。

一　四六四頁上末行第一三字「證」，磧、南、徑、清作「登」。

一　四六四頁下末行首字「反」，清作「發」。

一　四六五頁上二二行首字「相」，清無。

一　四三五頁中末行第三字「代」，徑、清作「世」。

一　四六五頁下二行第二字「令」，清作「如」。

一　四六五頁下末行「不含」，磧、南作「不合」。

一　四六六頁中五行第四字「格」，南、徑作「校」。

一　四六六頁中二七行「證修」，清作「修證」。

宗鏡錄卷第四十一

慧日永明寺主智覺禪師 延壽 集

夫此宗如何投湊即得相應 答向之即背近之即離取而復失急而復遲千聖拱手而無計校一門深入而忘覺知此是心中自證法門非待問荅而得如法華經偈云我意難可測亦無能問者無問而自說稱歎所行道所以先德云諸祖共傳諸佛清淨自覺聖智眞如妙心不同世間文字所得若有悟斯眞實法性此人則能了知三世諸佛及一切衆生同一法界本來平等常恒不變先曹山和尚偈云從緣薦得相應疾就體消機道却遲瞥起本來無處所吾師暫說不思議故知千聖皆目此一念心起時了不可得是眞不思議離此決定別無殊勝如是了者豈非疾乎何待消融方能見道若不直見其事欲以意解情求如將兔角之弓駕龜毛之箭以無手之者擬射碎須彌之山似傾壓沙之油點無煙之火貯漏巵之內欲照破鐵圍之闇徒役在心無有是處故思益經云問以何法修道荅言不以見聞覺知法不以得不以證於一切法無相無示名爲修道華嚴疏云頓教者揔不說法相唯辯眞性無有八識差別之相者釋云八識心王尚無差別況心所變豈當有耶心生則種種法生心滅則種種法滅故起信論云一切諸法唯依妄念而有差別若離心念則無一切境界之相是故一切法從本已來離言說相離名字相離心緣相畢竟平等無有變異唯是一心故名眞如以一切言說假名無實但隨妄念不可得故所以疏云一切所有唯是妄想一切法界唯是絕言故起信論云言眞如者亦無有相謂言說之極因言遣言此眞如體無有可遣以一切法悉皆眞故亦無可立以一切法皆同如故當知一切法不可說不可念故名眞如以一切法性皆離言故亦通四種法界皆不可說名無得物之功物無當名之實理本無言故事理交徹不可作事理說事事相即不可作一多說如楞伽雖明五法名相妄想正智如如五皆空寂何者謂迷如以成名相妄想是生悟名相之本如妄便稱智則無名相妄想唯如智矣智因如立智體亦空如假智明本來常寂故並空矣況八識約事皆緣生性空因有我法說二無我我尚叵得無我寧存故中論偈云諸佛或說我或說於無我諸法實相中無我無非我故雙遣也疏云訶教勸離毀相泯心者訶教者謂以心傳心不在文字故勸離者令離法法雖無量不出色心離心如離色色如故令皆離則契心體離念矣毀相約境凡所有相皆是虛妄故泯心約智了境相空假稱爲智相既不有智豈有眞心境兩亡則皆泯絕心無心相即是安心故說生心即妄不生即佛言生心者非但生於餘心縱生菩提涅槃觀心見性亦曰生心並爲妄想念相都寂方曰不生寂照現前豈不名佛故達磨碑云心有也曠劫而滯凡夫心無也刹那而登正覺言心無者非了心空不生於了耳故韋侍御問仰山和尚了心之旨荅云若欲了心無心可了無了之了是爲眞了華嚴經頌云一切法不生一切法不滅若能如是解諸佛常現前言如是解者如不生解而無解相非謂空解於不生耳疏云無佛無不佛無生無不生者重拂前迹爲迷衆生言即心即佛既無衆生何曾有佛故經偈云平等眞法界無佛無衆生執佛言無佛非謂是無佛故云無不佛矣則遣之又遣之若少有所得皆是妄想故佛藏經云於法少有所得則與佛諍者與佛諍者皆入邪道非我弟子又只謂無佛以爲眞佛故言無不佛耳故經頌云性空即是佛不可得思量若有生心生心是妄故說不生佛尚不有何有無生作無生解還被無生之所纏縛故云無不生矣又一切法不生則般若生故云無不生矣則生與不生反覆相還亦反覆相成唯亡言者可與道合虛懷者可與理通矣若亡言則止止不須說豈強起言端乎若虛懷則我法妙難思寧妄生知解乎又夫入宗鏡法爾亡言非智所知唯信所及如讃般若偈云若人見般若論義心皆絕猶如日出時朝露一時失故祖師云論即不義義即不論若欲論義終非義論昔梁武帝於華林園重雲殿集四部衆自講三慧般若經時傅大士在會太子遣問大士何不論義荅曰皇帝菩薩所說非長非短非廣非狹非有邊非無邊如如正理復有何言劉中丞又問大士何不往復衆所願聞荅曰日月停景四時和適又中天竺有出家外道馬鳴世智辯才善通言論唱言若諸比丘能與我論義者可打揵搥如其不能不足公鳴揵搥受人供養時長老脅到彼國言但鳴揵搥設彼來者吾自對之即鳴揵搥外道即問

今日何故打此木耶答言北方有長老沙門來鳴揵搥外道問言欲論義耶答言然於是廣備論場大衆雲集乃至長老脇言吾既年邁故從遠來又先在此坐理應先語外道言亦可爾耳現汝所說吾盡當破長老脇即言當今天下泰平大王長壽國土豐樂無諸災患外道黙然不知所言論法無對即墮負處伏爲弟子剃除鬚髮度爲沙彌受具足戒又有學人請忠國師和尚立義師云立了也學人罔措被師喝出非公境界故知若入宗鏡玄鑒豁然如臨鏡中自見面像見即便見更俟發言耶所以月上女經云時舍利弗復問女言衆生界者復有幾許其女報言如彼過去未來現在諸佛境界舍利弗言若如此者汝說何事是何解釋其女報言依尊者問我還依答時舍利弗復問女言我問何義其女答言問文字也舍利弗言彼文字滅無有足跡其女答言尊者舍利弗如是滅相一切法中如有問者如有答者二俱滅相不可得也華手經云佛告跋陁婆羅善哉善哉如汝所說如來道場所得法者是法非法亦非非法我於此智不能行目不能見無有行處慧所不通明不能了問無有答於此法中無受無取無垢無淨若我說是自所得法若以行相行是法者則皆迷悶佛藏經云佛言舍利弗於聖法中計得寂滅皆墮邪見何況言說何況說者如是空法以何可說舍利弗佛何以故說諸語言皆名爲邪不能通達一切法者是則皆爲言說所覆是故如來知諸語言皆爲是邪乃至少有言語不得其實舍利弗諸佛阿耨多羅三藐三菩提皆無想無念何以故如來於法不得體性亦不得念大法炬陁羅尼經云佛告毗舍佉應當先爲說彼六波羅蜜次第修已然後爲說空解脫門若爲衆生說此空法或有得聞或有思惟或能證者是亦不應但有言說何以故如是空法不可惟以心想知故若彼空法但以心想能證知者一切衆生未修道時亦應即是阿羅漢也毗舍佉彼空法者亦不可說相貌形體若可說者則是作相若有作相則有願求若有願求則是三世何以故毗舍佉無相法中一切三世皆不可得所以者何過去未來現在等事皆寂滅故云何起願復次應觀是色作無相想云何觀色作無相想當知此色生滅輪轉念念不停毗舍佉如是色相不可眼見當知彼是心識境界唯意所知是故不可以眼得見毗舍佉一切衆生所有心意不可言說唯佛智知雖可慮知而不可見念念不住猶如幻化云何可取而可得見如是毗舍佉不可以彼衆生心識取心真相既不可取云何可說何以故以愛憎事違平等故毗舍佉若欲滅除愛憎想者當勤精進觀一切法悉皆空寂無有取著　問豈無今時學路何乃頓斷方便之門　答中下之機不無學路童蒙之訓豈斷今時故楞伽經云宗通爲菩薩說通爲童蒙助觀之門深有利益若一向背已徇文執學而辯則對木人而待語期石女以生兒空歷塵沙終無得理設爾外學得成皆非眞實如云寫月非眞月畫龍失本龍如今若要眞成但能淨意内觀則了然寂現猶臨明鏡自見其形若以見聞妄求如撈水月豈有得時所以眞覺頌云淨五眼得五力唯證乃知難可測鏡裏看形見不難水中捉月爭拈得盤山和尚云向上一路千聖不傳學者勞形如猿捉月龐居士偈云行學非眞道徒勞神與軀千生尋水月終是枉功夫　問如何即是　答是則第二頭非則第三手心智路絶限量情消所以文殊般若經云不可解者即般若般若非可解非不可解肇論云玄道在於絶域故不得以得之妙智存乎物外故不知以知之大象隱於無形故不見以見之大音匿於希聲故不聞以聞之唯信入之時自然洞鑒若洞徹圓明了達之際尚不因於心念何況就他人而求自法取彼眼而作圓通數寶終不濟貧說食焉能得飽但自親到頓入絶學之門唯在發明方達無爲之旨若能如是如是入理思惟則能如是如是了然顯現自然二際冥合物我無差契萬境以虚玄同一心之憺怕皆依空而立抱一而生是以雲融靉而綠淸霄山幽隱而開綠野喬松倚巖而自長脩竹拂徑而長新内則襟懷憺然外則道性常爾故心要牋云若一念不生則前後際斷照體獨立物我皆如直造心原無知無得不取不捨無對無修然迷悟更依眞妄相待若求眞去妄似棄影勞形若體妄即眞似處陰滅影故無心於忘照則萬累都捐若任運以寂知則衆行爰起放曠任其去住靜鑒覺其源流語默不失玄微動靜未離法界靈叟吟云我欲學菩提輸他釋迦先我欲學闡提落他調達後不涉二家風未免

中途走設使惣不是憑何而開口開口不開口切忌犯靈叟若會箇中意望南觀北斗傳大士頌云人道行路難我道行路易入山數載餘長伸兩脚睡行路易路易莫思量刹那心不異何處不天堂如上雖廣引先達誠言纔入宗鏡之中法爾言思道斷識智齊泯勝負俱亡四辯莫窮羣賢罔測故淨名私記云淨名默然從前已來至此究竟實智滿足亦如善財值彌勒入樓觀方得究竟今默無言即樓觀體大集經云光明寂靜無諍三句法竟釋迦默然而住與今無異又如西天韻陁山中有一羅漢名富樓那馬鳴往見端坐林中志氣眇然若不可測神色謙退似而可屈迷與言曰沙門說之敢有所明要必屈汝我若不勝便刎頸相謝沙門默然容無負色亦無勝顏扣之數四曾無應情馬鳴退自思惟我負矣彼勝矣彼安無言故無可屈吾以言之雖知言者可屈自吾未免於言真可愧矣迷投出家　問若如上說道體自然則祖佛何須出世　答古教云不得一法疾與授記祖師云不得一法號曰傳心了煩惱性空即佛出世故經云貪瞋癡出即是佛出但令衆生絕凡聖之情無出沒之相閑居靜住無所施爲達斯法門是真佛出說如斯事是真實慈　問既無心念木石何殊又絕見聞如何覺悟　答只謂強覺妄知而能障道唯當脫黏內伏發自靈知根塵既消光明頓發釋摩訶衍論云以一切法本來唯心實無於念者即是自宗正理所謂法性從無始來唯是一心無一法而非心故而有妄心不覺起念見諸境界故說無明若一心之性寂滅無起即是本覺慧明如論云心性無起即是大智慧光明義又妄心起見一向唯轉虛妄境中不能通達真實境界所以者何真僞相違不契當故如論云若心起見則有不見之相真實知見離能所之邊見如論云心體若離見即是徧照法界義又若心有動轉相即是無明熏習氣故心性寂靜無有喧動正直無有顛倒之解即是實智之照如論云若心有動非真識知若一心有動轉相更有前境可緣者能見之心所見之境二差別故本覺功德則不圓滿而本性德雖過恒沙唯一心量終無二體所以者何如是諸德悉皆各各不分其體於一法界其量等故首楞嚴經云佛告阿難如是六根由彼覺明有明明覺失彼精了黏妄發光是以汝今離暗離明無有見體離動離靜元無聽質無通無塞齅性不生非變非恬嘗無所出不離不合覺觸本無無滅無生了知安寄汝但不循動靜合離恬變通塞生滅暗明如是十二諸有爲相隨拔一根脫黏內伏伏歸元真發本明耀耀性發明諸餘五黏應拔圓脫不由前塵所起知見明不循根寄根明發由是六根互相爲用阿難汝豈不知今此會中阿那律陁無目而見跋難陁龍無耳而聽殑伽神女非鼻聞香驕梵鉢提異舌知味舜若多神無身有觸如來光中映令暫現既爲風質其體元無諸滅盡定得寂聲聞如此會中摩訶迦葉久滅意根圓明了知不因心念阿難今汝諸根若圓拔已內瑩發光如是浮塵及器世間諸變化相如湯消氷應念化成無上知覺阿難如彼世人聚見於眼若令急合暗相現前六根黯然頭足相類彼人以手循體外繞彼雖不見頭足一辯知覺是同緣見因明暗成無見不明自發則諸暗相永不能昏根塵既消云何覺明不成圓妙　問如上所說並約大根如初日照高山馱馬見鞭影若中機下品不可孤然未入之人以何方便　答亦須自省開發信心若未發時直須靜慮以時研究永斷攀緣身心一如以悟爲限或因聞入或從境明豁爾意消真心自現　問境識俱無自體者境從識生識從何起　答識從真性起　問真性從何而起　答真性則無所起　問若無所起云何顯現　答無起即起起即無起非起不起是不思議起　問如何是不思議起　答紅埃飛碧海白浪涌青岑　問修習此宗聞解信人得何法利獲何勝報　答此是第一之說無等之詮學而不得福猶勝於人天聞而不信尚結菩提之種十方金口同共稱揚諸大乘經無不具載法華經云一念隨喜皆記無上菩提一句受持悉同如來供養古釋華嚴出現品云此品文旨玄奧能頓能圓究衆生之本原罄諸佛之淵海根本法輪之內更奧其心生在金輪種中復爲嫡子妙中之妙玄中之玄並居凡類之心小功而能速證安得自欺不受今聞解能欣尤須自慶故知慕斯法者起信樂心纔舉念時已作如來真子始迴向際便成無上菩提興少學而齊上賢施微功而獲大果促三祇於一念圓萬德於小成猶長者得摩尼之珠盡未來施而不盡

似小國獲輪王之寶徧法界用而無窮妙德藥王獻香華而侍立釋迦名寶同歡喜而證明隨所至方接足而如逢善逝說一偈處起塔而堪作寶坊法利何窮功德無盡華嚴論云修信解力者常信自他凡聖一體同如無所依住無我無我所心境平等無二相故一切凡聖本唯法界無造作性依眞而住住無所住與一切諸佛衆生同一心智住性眞法界所有分別是一切諸佛本不動智凡聖一眞共同此智全信自心是佛種智及一切智不於心外別有信佛之心亦不於自心之內見自心有佛相故信如斯法自力未充以此是人獲得人中一切勝報衣服飲食隨念而至又不唯正報依報具足乃至有情無情悉皆歸順以得法界根本更有何事而不從乎如華嚴經云時大光王告言善男子我淨修菩薩大慈幢行我滿足菩薩大慈幢行乃至善男子此妙光城所住衆生皆是菩薩發大乘意隨心所見不同或見此城其量狹小或見此城其量廣大或見土沙以爲其地或見衆寶而以莊嚴或見衆土以爲垣牆或見寶墻周帀圍繞或見其地多諸瓦石高下不平或見無量大摩尼寶間錯莊嚴平坦如掌或見屋宅土木所成或見殿堂及諸樓閣階墀牕闥軒檻戶牖如是一切無非妙寶善男子若有衆生其心清淨曾種善根供養諸佛發心趣向一切智道以一切智爲究竟處及我昔時修菩薩行曾所攝受則見此城衆寶嚴淨餘皆見穢善男子此國土中一切衆生五濁世時樂作諸惡我心哀愍而欲救護入於菩薩大慈爲首隨順世間三昧之門入此三昧時彼諸衆生所有怖畏心惱害心怨敵心諍論心如是諸心悉自消滅何以故入於菩薩大慈爲首順世三昧法如是故善男子且待須臾自當現見時大光王卽入此定其城內外六種震動諸寶地寶牆寶堂寶殿臺觀樓閣階砌戶牖如是一切咸出妙音悉向於王曲躬敬禮妙光城內所有居人靡不同時歡喜踊躍俱向王所舉身投地村營城邑一切人衆咸來見王歡喜敬禮近王所住鳥獸之屬互相瞻視起慈悲心咸向王前恭敬禮拜一切山原及諸草樹莫不迴轉向王敬禮陂池泉井及以河海悉皆騰溢流注王前釋摩訶衍論云自所作之功德迴向三處一者眞如二者一心法三者本覺佛性是名爲三以何義故迴向三處謂爲欲自所作功德令平等故迴向眞如或爲欲自所作功德令廣大故迴向一心或爲欲自所作功德令明了故迴向本覺應如是知應如是觀如是迴向有何利益謂衆多故此義云何譬如用一微塵置大地中所置微塵與彼大地等無差別迴向法門亦如是故又譬如用一渧水置大海中所置渧水與彼大海等無差別迴向法門亦如是故又譬如破一小有卽便與大虛空等無差別迴向法門亦如是故已說展舒功德令廣門次說施於衆生普利門言普利一切衆生界者卽是施於衆生普利門謂衆廣大圓滿功德周徧利益衆生界故頌云歡喜大士志心勸無量佛子衆海中我已超毛頭三角過於生華之四根第一無數粗滿荒第二僧祇始入無如宜汝等諸佛子以於左右之兩手捧於本識之明鏡臨七識散慮之面見六塵境界之垢洗法執人我之咎汝等佛子若如是法身應化之三身如舒伊字圓現前常樂我淨之四德如入遠他具出生我從四王自在處下入大海龍宮殿隨分窺諸契經海惣有一百洛叉數如是諸經眞寶法無量無邊差別義摩訶衍論立義中說攝安立具足說有善男子善女人若自手捧斯經卷名捧百洛叉經者若口自誦經本分名誦百洛叉經者此人所得之功德十方世界微塵數諸佛及大菩薩衆各出微塵數舌相如是微塵劫數中不息稱說不能盡何況觀察其義理思惟文下之所詮是以若人於此宗鏡之中或介爾起心或瞥然舉意或偶得手觸或暫以目覩皆成入道之緣盡結一乘之種以是祖佛正訣經論本宗高布涅槃之天深窮般若之海又此中文包義富宗贍理圓搜之而句句盡徹根原編之而一一徧含旨趣何況信解悟入正念修行書寫受持開演傳布格量功果唯佛乃知非筭數之可量豈讚揚之所及

問唯心之體前已略明唯識之相如何指示性相雙辯方顯正宗理事俱通始袪邪執

答欲顯正宗先除邪執者故須因事明理會妄歸眞眞是依妄之眞因情說會事是從理之事破執言明無執而理事俱虛離情而眞妄雙絕翳消而空華自謝念息而幻境俄沉今依諸聖於衆生界中抱教迷宗蓋非一二撮其樞要無先二空以迷人空故起我見之愚受妄生死以迷法空故違

現量之境障淨菩提所以我法俱空唯從識變今立第一心法能變識有三一第八異熟識變二第七思量識變三第六了別境識變既唯識變我法皆虛因此二空故契會玄旨以我空故煩惱障斷以法空故所知障消煩惱障斷故證真解脫所知障斷故獲大菩提然後行滿因門心冥果海則境識俱寂唯一真空　問從上宗乘唯令絕學單刀直入教外別傳何假智慧多聞廣論性相言繁理隱水動珠昏　荅顯宗破執權拂學路討論遠旨融通非離文字解脫法華經云若有利根智慧明了多聞強識乃可為說大凡叅玄之士須具二眼一已眼明宗二智眼辯惑所以禪宗云單明自己不了目前如此之人只具一眼理孤事寡終不圓通隻翼單輪豈能飛運若執只要單刀直入不用廣叅者則善財初見妙德發明之後不合徧叅法界故知初後心等理行同時所以善財至彌勒佛果圓後却指再見初友文殊如先德云文殊之妙智究是初心普賢之玄門曾無別體是則理事冥齊於一旨本末匪越於刹那曷乃守一疑諸頓迷法界捨此取彼寧劃虛空又若以智慧為非則大智文殊不應稱法王之子若以多聞是過則無聞比丘不合作地獄之人應須以智慧合其多聞終不執詮而認指以多聞而廣其智慧免成孤陋而面牆所以云有智無行國之師有行無智國之用有智有行國之寶無智無行國之賊是以智應須學行應須修闕智則為道之讎無行乃國之賊當知名相關鎖非智鑰而難開情想勾牽匪

慧刀而莫斷應須書紳省己策發進修是以徧圓通之人豈墮絕言之見發菩提之者不生斷滅之心若能直了自心即是單刀直入最為省要以一解千從攝法無餘故亦是教外別傳離此別無奇特又此宗鏡大意以妙悟見諦為期不取依通齊文作解法既真實行須契同唯在心知不俟言說為未了者亦不絕言究竟相應終須親省此是十方諸佛同證同說古今不易一際法門如經云我不見有一佛國土其中如來不說此法是以佛佛道同心心理合故知離宗鏡外無法可說以凡有言教俱不出平等性故終無有二所以經云如大師子殺香象時皆盡其力殺兔亦爾不生輕想諸佛如來亦復如是為諸菩薩及一闡提演說法時功用無二仰唯聖旨鑒識昭然豈可於平等至教之中起差別解耶於一真衆生界中生勝劣見耶若入宗鏡之中自免斯咎今所録者一一皆是古佛聖教於無量億劫捨無數身命普為一切衆生求此難得阿耨多羅三藐三菩提法付囑諸大菩薩為末代求無上菩提之人千途異說共顯一心云何負恩不生信受如智度論云諸摩訶衍經皆名為法此中求法者書寫讀誦正憶念如是等治衆生心病故集諸法藥不惜身命如釋迦文佛本為菩薩時名曰樂法時世無佛不聞善語四方求法精勤不懈了不能得爾時魔變作婆羅門而語之言我有佛所說一偈汝能以皮為紙以骨為筆以血為墨書寫此偈當以與汝樂法即時自念我世世喪身無數不得是利即自剝皮曝之令

乾欲書其偈魔便滅身是時佛知其志心即從下方踊出為說深法即得無生法忍又如薩陁波崙苦行求法如釋迦文菩薩五百釘釘身為求法故又如金堅王割身五百處為燈炷投巖入火如是等種種難行苦行為衆生求法故知善知識者難得遭逢譬如梵天投一芥子安下界針鋒之上猶易值明師道友得聞正法甚難如西天九十六種外道皆求出離因遇邪師反沉生死是以涅槃經云具四因緣能證涅槃之道一者親近善友二者聽聞正法三者如理思惟四者如說修行若不遇善友不得聞正法何者因聞正法則能思惟信入正念修行有如是法利應須殷重生難遭想摧我慢心乃至遇經卷得聞或因人舉示如有悟入之處皆是我師況此宗鏡唯録要文可謂端拱坐叅不出門而知天下易辦成現常動足而到龍宮是以華嚴經云善男子善知識者如慈母出生佛種故如慈父廣大利益故如乳母守護不令作惡故如教師示其菩薩所學故如善導能示波羅蜜道故如良醫能治煩惱諸病故如雪山增長一切智藥故如勇將殄除一切怖畏故如濟客令出生死瀑流故如船師令到智慧寶洲故善男子常當如是正念思惟諸善知識復次善男子汝承事一切善知識應發如大地心荷負重任無疲倦故應發如金剛心志願堅固不可壞故應發如鐵圍山心一切諸苦無能動故應發如給侍心所有教令皆隨順故應發如弟子心所有訓誨無違逆故應發如僮僕心不猒一切諸作務故應發如養母心

受諸勤苦不告勞故應發如傭作心隨所受
教無違逆故應發如除糞人心離憍慢故應
發如已熟稼心能低下故應發如良馬心離
惡性故應發如大車心能運重故應發如調
順象心恒伏從故應發如須彌山心不傾動
故應發如良犬心不害主故應發如栴陁羅
心離憍慢故應發如牸牛心無威怒故應發
如舟船心往來不倦故應發如橋梁心濟渡
忍疲故應發如孝子心承順顏色故應發如
王子心遵行教命故是以因人聞法因法悟
道因道修行因行成佛豈可憍慢而不順旨
乎故世尊言我今得成佛最初皆因遇善友
因緣且如外道須跋陁最後若不遇釋迦何
由捨邪歸正故大涅槃經云佛言須跋陁仁
者若受苦行便得道者一切畜生悉應得道
是故先當調伏其心不調伏身以是因緣我
經中說斫伐此林莫斫伐樹何以故從林生
怖不從樹生欲調伏身先當調心心喻於林
身喻於樹須跋陁言世尊我已先調伏心佛
言善男子汝今云何能先調心須跋陁言世
尊我先思惟欲是無常無樂無淨觀色即是
常樂清淨作是觀已欲界結斷獲得色處是
故名爲先調伏心復次觀色色是無常如癰
如瘡如毒如箭見無色常清淨寂靜如是觀
已色界結盡得無色處是故名爲先調伏心
次復觀想即是無常癰瘡毒箭如是觀已獲
得非想非非想處是非想非非想即一切智
寂靜清淨無有墜墮常恒不變是故我能調
伏其心佛言善男子汝云何能調伏心也汝
今所得非想非非想定猶名爲想涅槃無想
汝云何言獲得涅槃善男子汝已先能訶責
麤想今者云何愛著細想不知訶責如是非
想非非想處故名爲想如癰如瘡如毒如箭
善男子汝師鬱頭藍弗利根聰明尚不能斷
如是非想非非想處受於惡身況其餘者世
尊云何能斷一切諸有佛言善男子若觀實
想是人能斷一切諸有須跋陁言世尊云何
名爲實想善男子無想之想名爲實想世尊
云何名爲無想之想善男子一切法無自相
他相及自他相無無因相無作相無受相無
作者相無受者相無法非法相無男女相無
士夫相無微塵相無時節相無爲自相無爲
他相無爲自他相無有相無無相無生相無
生者相無因相無因因相無果相無果果相
無晝夜相無明暗相無見相無見者相無聞
相無聞者相無覺知相無覺知者相無菩提
相無得菩提者相無業相無業主相無煩惱
相無煩惱主相善男子如是等相隨所滅處
名眞實想善男子一切諸法皆是虛假隨其
滅處是名爲實想是名法界名畢竟智名第
一義諦名第一義空

宗鏡録卷第四十一

音義

湊倉奏反會聚也　拱居悚反手抱也　瞥芳滅反目暫見也　壓烏甲反鎮也　則　暘　邁　黏　伸　憯　鞭　敁　怕　眇　齊　例　兜　頸　輸　驕　駛　淵　檻　埃　嫡　岑　跋　宏　疏　礬　闥　敵　垣　坏

陂彼爲反　溢夷質反　鑰以灼反　瀑蒲木反　訣古穴反　剝北角反　編甫連反　傭余封反　睽　袪去魚反　崙盧昆反　儀　齋

丁未歲分司大藏都監開板

宗鏡録卷第四十一

校勘記

一　底本，麗藏本。

一　四七〇頁上一二行第一四字「機」，清作「歸」。

一　四七一頁上一行「北方」，磧作「此方」。

一　四七一頁上三行第九字「乃」，磧、南、徑作「而」。

一　四七一頁中二八行第一一字「設」，磧、徑作「説」。

一　四七二頁上二三行第六字「清」，磧、清作「情」。

一　四七二頁中二六行第一一字「有」，清作「覺」。

一　四七二頁中二七行首字「令」，清作「今」。

一　四七二頁中末行末字「火」，磧、南、徑、清作「冰」。

一　四七二頁下七行首字「駃」，磧、南、清作「駛」。

一　四七三頁上二行第一一字「名」，磧、南、徑、清作「多」。

一　四七三頁中一九行第九字「知」，磧、南作「如」。

一　四七三頁下一行第九字「宜」，清作「是」。

一　四七四頁上一六行第四字「只」，磧、南作「以」。

一　四七四頁上二六行第一四字「牆」，徑作「墻」。

一　四七四頁中二行首字「復」，磧、南、徑、清作「履」。

一　四七四頁中二一行第四字「未」，磧、南、徑、清作「末」。

宗鏡錄卷第四十二　篤

慧日永明寺主智覺禪師 延壽 集

夫大乘圓頓識智俱亡云何却述緣生又論因果　答經云深信大乘不謗因果又云深入緣起斷諸邪見夫唯識之旨不出因果正因相者由識變故諸法得生以識爲因正果相者由種識故生諸分別法體之果及異熟等分位之果所以上至諸佛下及衆生皆因果所收何得撥無墮諸邪網只爲一切外道不達緣生唯執自然撥無因果二乘眇目但證偏空滅智灰身遠離因果世間業繫無聞凡夫五欲火燒執著因果盡成狂解不體圓常皆背法界緣起之門悉昧般若無生之旨今所論因果者唯以實相爲因還用實相爲果但了平等一心故終不作前後同時之見若能如是信入一心皆成圓因妙果如賢劫定意經云指長吉祥見者悅然無不吉利此者皆是一心之報又云其演光明無所不照多所安隱是一心報又云威光巍巍無見頂相是一心報華手經偈云汝等觀是心念念常生滅如幻無所有而能得大報又偈云是心不在緣亦不離衆緣非有亦非無而能起大果顯揚論頌云由彼心果故生已自然滅後變異可得念念滅應知論曰彼一切行是心果故其性纔生離滅因緣自然滅壞又復後時變異可得當知諸行皆刹那滅云何應知諸行是心果耶頌曰心熏習增上定轉變自在影像生道理及三種聖教論曰由道理及聖教證知諸行是心果性道理者謂善不善法熏習於心由習氣增上力故故行得生

又說定障心清淨者一切諸行隨心轉變由彼意解自在力故種種轉變又由定心自在力故隨其所欲定心境界影像而生是名道理聖教者謂三種聖言如經中偈云心將引世間心力所防護隨心生起已自在皆隨轉又說是故苾芻應善專精如正道理觀察於心乃至廣說又說苾芻當知言城主者即是一切有取識蘊是名聖教是知福隨心至患逐心生如響應聲似影隨質如阿那律供辟支佛之一食甘露而常盈空器金人而用盡還生阿那律者此翻無貧賢愚經云弗沙佛末世時飢饉有辟支佛利吒行乞空鉢無獲有一貧人見而悲悼白言勝士能受稗不即以所噉奉之食已作十八變後更採稗有兔跳抱其背變爲死人無伴得脫待暗還家委地即成金人拔指隨生用脚還出惡人惡王欲來奪之但見死屍而其金寶九十劫果報充足故号無貧其生已後家業豐溢日夜增益父母欲試之蓋空器皿往送發看百味具足而其門下日日常有一萬二千人六千取債六千還直出家已後隨所至處人見歡喜欲有所須如已家無異又如金色王施辟支佛一飯後滿閻浮提於七日内唯雨七寶一切人民貧窮永斷當知此七寶不從餘處來皆從彼王供養心中出因起自心中果不生異處如阿那律金人自作自受所以福者見爲金寶惡人觀是死屍故知轉變從心前塵無定又如未開空器甘露本無隨福所生百味具足善惡之境皆是自心故唯識論云境隨業識轉是故說唯心則無有一法不歸宗

鏡已上是世間因果次論諸佛因果者如華嚴論云顯佛果有三種不同一亡言絕行獨明法身無作果二從行積修行滿功成多劫始成果三創發心時十住初位體用應緣所成果初亡言絕行所明法身無作果者即涅槃無行等經是隱身不現萬事休息又云羅刹爲雪山童子說諸行無常是生滅法生滅滅已寂滅爲樂是無作果不具行故二從行積修行滿多劫方明果者即權教之中說從行修成三僧祇劫行滿所成佛果是也此以不了無明十二有支本是法身智慧歇而以空觀折伏現行煩惱忻別淨門三從凡十住初心創證隨緣運用所成果者即華嚴經是也十信終心即以方便三昧達無明十二有支成理智大悲即具文殊普賢體用法界法門又如化佛所施因果教行定經三僧祇中所有功德總是修生百劫修相好業燃燈得光明不殺得長壽布施得貴財忍辱得端正一一因果屬對相似具足仍對治種種法門始得見性成佛如華嚴經即不然一念頓證法界法門身心性相本唯法體施爲運用動寂皆平任無作智即是佛也爲一切佛法應如是無長無短始終畢竟法皆如是於一眞法界任法施爲悉皆具足恒沙德用即因即果以此普門法界理智諸障自無無別對治別修別斷不見變化變與不變無異性相故普觀一切無非法門無非解脫但爲自心強生繫著爲多事故沉潛苦流故等聖說種種差別於所說處復生繫著以此義故聖說不同或漸或圓應諸根器如此經教頓示圓乘

人所應堪受設不堪受者當須樂修究竟流歸畢居此海是故餘教先因後果不同此教因果同時爲法性智海中因果不可得故爲不可得中因果同時無有障礙也可得因果即有前後有所得者皆是無常非究竟說也若先因後果者因亦不成故果亦壞也緣生之法不相續故即斷滅故自他不成故如數一錢不數後錢無後二者一亦不成爲剎那不相續剎那因果壞多劫不相續多劫因果壞待數後錢時前一始成因果亦爾要待一時中無間者因果始成若爾者如數兩錢同數無前無後誰爲一二如豎二指誰爲因果如二指等隨心數處爲因後數爲果若是有前有後即有中間者還有剎那間斷有間斷者不成因果若同時者如豎二指無先無後誰爲因果亦皆不成如此華嚴經因果同時者俱無如是前後因果及同時情量繫著妄想有無俱不俱常無常等繫著因果但了法體非所施設非因果繫名爲因果非情所立同時前後之妄想也如是者何異楞伽漸教之說此則不然乃至楞伽中唯論破相但救顯理無繫著故不論緣起如緣起法界者法界不成不破但知了法如是故是故楞伽經云先示相似物後當與眞實又云得相者是識不得相者智如此經中無有假法諸法總眞純眞無假更無相似存眞存假經云衆生界即佛界也如文殊以理會行普賢以行會理二人體用相徹以成一眞法界前後相收品品之中互相該括前後相徹文義更收一法門中具多法也是故經偈云於多法中爲一法於一法中爲衆多然此心是法界之都無法不攝非但凡聖因果乃至逆順善惡同歸若一一悟是自心則事事無非正理如經云提婆達多不可思議所修行業皆同如來六羣比丘實非弊惡所行之法皆同佛行有修善者地獄受果惡行之人天上受報如不達斯文則逆順分岐爲能美惡同化然初章之內已述正宗若上上機人則一聞千悟斯皆宿習見解生知若是中下之根須憑開導因他助發方悟圓成爲此因緣微細纂集所以云若有一微塵處未了此猶有無明在以不了處爲障翳故何況自身根門之內日用之中有無量應急法門全未明一如生盲人每日喫一百味飯雖然得喫品類何分若言無分又每日得喫若言有分設問揔不知若欲爲未了之人憑何剖析只成自誑反墮無知自眼未開焉治他目是以善財首見文殊巳明根本智入聖智流中然後徧參道友爲求差別智道習菩薩行門遇無猒足國王如幻法門見勝熱婆羅門無盡輪解脫尚乃迷宗失旨對境茫然故知佛法玄微非淺智所及何乃將蚊子足擬窮滄溟之底用蜘蛛絲欲懸妙高之中益抱慚顏須申懺悔是以般若海闊入之者方悟無邊法性山高昇之者乃知彌峻伏自大雄應世諸聖發揚至像法初則有馬鳴龍樹等五百論師大弘至教及像法中復有護法陳那等十大菩薩廣解深經辯空有之宗立唯識之理悉是賢劫千佛十剎能仁同酬本願之懷共助無緣之化何乃持螢光而干日馭捧布鼓而近雷門不揆寡闕退慚劣解牛跡豈將大海齊量腐草焉與靈振爭榮今此持論爲成法器深心好樂大乘之者如大寶積經云佛言若有求大利益善男子善女人信我教者後滓濁世極猥穢時善人難得時聞如是等甚深法巳應爲如理者說不爲不如理者爲信者說非不信者我今亦爲如理者說非不如理者爲信者說非不信者又識者愛者貴若珠珍不識不愛賤同泥土仰惟希玄之士願稟佛言深羣慕道之賢同遵祖意　問依上標宗甚諳正脉何用更引言詮廣開諸道　答馬鳴祖師雖標唯心一法開出眞如生滅二門達磨直指一心建立隨緣無礙四行詳夫宗本無異因人得名故云祖師頓悟直入名禪宗諸佛果德根本名佛性菩薩萬行原穴名心地衆生輪迴起處名識藏萬法所依名法性能生般若名智海不可定一執多生諸情見是以金光明經云法性甚深無量無量者非別有一法名爲無量毗盧遮那徧一切處一切諸法皆是佛法甚深者亦非別有一法名爲甚深即事而眞無非實相可謂一中之多當存而正泯多中之一在卷而亦舒如華嚴經云菩薩摩訶薩知三界唯心三世唯心而了知其心無量無邊是爲無等住又先德云言雖不能言然非言無以傳是以聖人終日言而未嘗言也以終日言故不絕漚和之心而未嘗言故雖失般若之性以漚和故不違大化之門以般若故不見言象之迹又經云諸佛常依二諦說法若不得世諦不得第一義以了俗無性即是眞門何乃逐物隨情横生異見

咼方隅之遠近定器量之淺深如尺蠖尋條安前足而進後足似癡猴得樹放高枝而捉低枝若能除器觀空自亡方圓長短知心是境豈有高下是非且如世諦門中有八萬四千塵勞煩惱於諸凡夫妄想中唯生死一法最大以有生死心境並生若無生死人法俱寂故知了存今日不可因循夫業繫四生身居九有得人身者如爪上之塵失人身者猶大地之土處三塗地而永埋塵劫居四空天而恒沒禪支設暫生人中千般障難或機鈍而難省或根利而信邪或身器不完或遮障俱重皆不可化無由證眞如大智度論云當知人身難得佛世難值好時易過一墮諸難永不可治若墮地獄燒炙屠割何可教化若墮畜生共相殘害亦不可化若墮餓鬼飢渴熱惱亦不可化若生長壽天千萬佛過著禪定味故皆不覺知如安息國諸邊地生者皆是人身愚不可教化雖生中國或六情不具或四支不完或盲聾瘖瘂或不識義理或時六情具足諸根通利而深著邪見言無罪福不可教化故爲說好時易過墮諸難中設無諸難煩惱業深仍爲八苦火燒五濁所亂夫言苦者無量或三苦五苦八苦乃至瑜伽一百一十苦及八萬四千塵勞之苦皆不出流轉之苦及行苦等而凡夫甘處曾不覺知如俱舍論頌云如以一睫毛置掌人不覺若置眼睛上爲苦極不安凡夫如手掌不覺行苦緣智者如眼睛睫極生猒怖故知生老病死之苦誰能免乎四山常來切人如先德云故賢與不肖豪强羸弱同爲四遷一無脫者梵

王帝釋貪窮下賤堯舜桀紂三皇四凶併歸灰壤皆爲苦依夫八苦者生苦則衆苦積聚之因六趣受身之本如食糞中之果猶食毒樹之根取甘露而墮坑買上食而致死功德黑闇二女相隨有智主人二俱不受對法論云生苦者衆苦所依故衆苦逼迫故九月十月處胎藏間如在糞穢坑中長受寒熱等種種衆苦生熟藏間如兩山迫逼趣産門時其苦難堪下出風飄如刀割錐刺不覺失聲廢忘已前所有事業名爲生苦老苦者時分變異故苦身分沉重諸根熟昧皮膚緩皺行步傴曲寢膳不安起坐呻吟喘息氣逆所爲緩緩爲人所輕世情彌篤世事皆息名爲老苦又老者忘若嬰兒狂猶鬼著以危脆衰熟之質當易破爛壞之時落日西垂萎華欲謝如甘蔗之滓無三種出家禪誦之味劫勇力而全因老賊搶壯色而將付死王猶蕙遭雹而摧殘似車折軸而無用若枯河乏水不利於人如殘炷無油勢寧得久病苦者四大變易乖違故苦百節酸疼四支苦楚能壞一切安隱樂事由此經言如人壯美王妃竊愛遣信私通王便捉獲挑其眼目截其耳鼻刖其手足形容頓改爲人惡賤病苦所逼以是難堪爲人所惡亦復如是爲苦惱愁憂之本作死亡怖畏之由如雹壞苗似怨所逼劫奪正命摧滅壯容滅福力而退大菩提增放逸而失眞善本此名病苦死苦者壽命變壞故苦風刀解支節無處不苦藏張口歎息手足紛亂翻睛沮沫捫摸虛空汗液交流便溲零落昔雖假以沐浴必歸不淨昔雖假以塗熏必歸

照光吞萬像法界儼然豈更有一纖塵而作障翳乎如是則空心不動具足六波羅蜜何者若不見一塵則無所取若無所取亦無可與是布施義是大捨義故經云無可與者名曰布施如是則慳施同倫取捨平等不歸宗鏡何以裁之如一鉢和尚歌云慳時捨捨時慳不離內外及中間亦無慳亦無捨寂寂寥寥無可把又證道歌云默時說說時默大施門開無壅塞有人問我解何宗報道摩訶般若力又若不見一塵則無持無犯故云若見戒三毒瘡疣幾時差塵境如龜毛忍心不可得精進心不起無法可對治內外心不生定亂俱無寄悉入無生忍皆成般若門　問本宗大旨舉意便知何待敷揚勞神述作　答一切施爲無非佛事盡堪悟道皆是入門所以普賢佛國以瞪目爲佛事南閻浮提以音聲爲佛事乃至山海亭臺衣服飲食語默動靜異相施爲一一提宗皆入法界但隨緣體妙遇境知心乃至見色聞聲俱能證果華飛劍動盡可栖神如論云有國王觀華飛葉動得辟支佛劍動者禪經云有國王令宮女摩身爲鐶釧鬧令漸漸減釧乃至唯一則不復聲因思此聲從因緣生悟辟支佛亦如獮猴見辟支佛坐禪後於餘處見諸外道種種苦行乃教外道加趺而坐手捻其口令合其眼諸外道歎云必有勝法外道受教皆證辟支佛故知但遵教行者依法不依人無不證果唯除不信人千佛不能救如華嚴經中說信爲手如人有手至珍寶所隨意採取若當無手空無所獲如是入佛法者有信心手隨意

恐人相貌而見者愠懼教在身邊不可覺知者此明人死在身最後邊然不能知死之時節也又諸識昏昧六腑空虛餘息奄奄心魂愀愀無常經偈云命根氣欲盡支節即分離衆苦與死俱此時徒歎恨兩目俱翻上死不隨業下意想並慞惶無能相救濟所以先德云人命無常一息不追千載長往幽途綿邈無有資糧苦海攸深船筏安寄聖賢訶棄無所恃怙年事稍去風刀不賒豈可晏然坐待疾痛譬如野干失耳尾牙詐眠望脫忽聞斷頭心大驚怖遭生老病尚不為急死事不賒那得不怖怖心起時如鑊湯火六塵五欲不暇貪染如阿輸柯王弟大帝王聞栴陁羅朝朝振鈴一日已盡六日當死雖有五欲無一念受行者怖畏苦到懺悔不惜身命如野干使絶無所思念如彼怖王是知萬禍之因衆苦之本皆從一念結搆而生應須密護根門常防意地無令妄起暫逐前塵如佛垂般涅槃略說教誡經云此五根者心為其主是故汝等當好制心心之可畏甚於毒蛇惡獸怨賊大火越逸未足喻也動轉輕躁但觀於蜜不見深坑譬如狂象無鉤猨猴得樹騰躍踔躑難可禁制當急挫之勿令放逸縱此心者喪人善事制之一處無事不辦是故比丘當勤精進折伏汝心故知生死難出應須兢慎且如二乘聖人及自在菩薩俱出三界之外尚有變易之身四種生死何況三界之內現行煩惱業繫凡夫分段死乎四種生死者則是一切阿羅漢辟支佛大地菩薩由四種障不得如來四德一方便生死二因緣生死三

有有生死四無有生死無上依經云佛告阿難於三界中有四種難一者煩惱難二者業難三者生報難四者過失難無明住地所起方便生死如三界內煩惱難無明住地所起因緣生死如三界內業難無明住地所起有有生死如三界內生報難無明住地所起無有生死如三界內過失難應如是知阿難四種生死未除滅故三種意生身無有常樂我淨波羅蜜果唯佛法身是常是樂是我是淨波羅蜜汝等應知愛別離苦者大涅槃經云因愛生憂因愛生怖若離於愛何憂何怖法華經云諸苦所因貪欲為本淨名經云從癡有愛則我病生怨憎會苦者大涅槃經云觀於五道一切受生悉是怨憎合會大苦苦未了無生於所生之處無非是怨無非是苦何者為境所縛不得自在故求不得苦者有其二種一者所希望處求不能得二者多役功力不得果報五陰盛苦者生苦老苦病苦死苦愛別離苦怨憎會苦求不得苦是故名為五陰盛苦以執陰是有為陰所籠便成陰魔衆苦所集五濁者一劫濁四濁增劇聚在此時瞋恚增劇刀兵起貪欲增劇飢餓起愚癡增劇疾疫起三災起故煩惱倍隆諸見轉熾麤弊色心惡名穢稱摧年減壽衆濁交湊如水奔昏風波鼓怒魚龍攪擾無一聊賴時使之然如劫初光音天墮地地使有欲如忉利天入麤澁園園生鬪心是名劫濁相煩惱濁者貪海納流未曾飽足瞋虺吸毒燒諸世間癡闇頑嚚過於漆墨慢高下視陵忽無度疑網無信不可告實是為煩惱濁相見濁者無

人謂有人有道謂無道十六知見六十三見等猶如羅網又似稠林纏縛屈曲不能得出是見濁相衆生濁者攬於色心立一宰主譬如鑰㲉無物不著流浪六道處處受生如貧如痤名長名富是為衆生濁相命濁者朝生暮殞晝出夕沒波轉烟迴晌息不住是命濁相居此濁亂之時遮障增劇境飄識皦燒盡善根華動心風吹殘白法著瞋魑魅之鬼趣墮癡羅剎之網中為貪愛王之拘留被魔怨王之驅役孰能頓省傚此回脩既得在中華又難逢佛世今須慶幸得遇遺文況收宗鏡之中前後無非眞實言言可以悟道字字唯是標宗直須晝夜忘疲兢兢研究忽從聞省悟我眞心頓為得道之人永紹菩提之種若未見道念念緣差一失人身萬劫不復所以古教云一息有四百生滅性命在呼吸之間若未得道之人只有輪迴生死命若懸絲若得朝聞夕死可矣故提謂經云如有一人在須彌山上以纖縷下之一人在下持針迎之中有旋嵐猛風吹縷難入針孔人身難得甚過於是又菩薩處胎經偈云盲龜浮木孔時時猶可值人一失命根億劫復難是海水深廣大三百三十六一針投海底求之尚可得又偈云吾從無數劫往來生死道捨身復受身不離胞胎法計我所經歷記一不記餘純作白狗形積骨億須彌以利針地種無不值我體何況雜色狗其數不可量吾故攝其心不貪著放逸伏自祖敎西至賢聖交馳皆為明心決擇生死生死所起不出根塵因不覺而妄念忽生迷法界而幻境潛現從此執人

執法立自立他隨對待而逆順牽情逐分別而愛憎闇念遂乃輪墮五趣匍匐四生今欲反究妄原須明起處故首楞嚴經云佛告阿難如汝所說眞所愛樂因于心目若不識知心目所在則不能得降伏塵勞譬如國王為賊所侵發兵討除是兵要當知賊所在使汝流轉心目為咎故知心為群妄之原目是諸見之本是以生死之始起惑之初因迷自心而作外塵為執妄識而為內我由我而強為主宰從想而建立自他抱幻憑虛遂成顛倒顛倒之法略說有三一心顛倒二見顛倒三想顛倒心如停賊主人見是賊身想如賊脚根塵是賊媒內外攝連劫盡家寶是以見劫眼根善聲劫耳根善香劫鼻根善味劫舌根善觸劫身根善法劫意根善法財傾竭智藏空虛如慾詐親誰有知者如或識賊賊無能為若了境識心終不更為外塵所侵內結能縛且如心王八法乃至六種無為攝要一百法門並是衆生日用無一時而不具無一念而不生以此校量故非閑事若不能深濟生死危苦急難則往聖古賢虛煩製作為有深益方可施為聖不誑凡眞焉惑偽今所錄者略證此宗尋萬丈而未得毫釐指百分而纔言一二請不厭繁息志子細披尋覽之如登寶山信之似遊海藏又此雖假文言一一示其眞實不可隨語生著昧我正宗如經云刀輪害闇淨人頭其失猶少有所得心說大乘者其罪過彼也大智度論云執有與無諍乃至非有非無與有無諍如牛皮龍繩俱不免患中觀論云諸佛說空法本為化於有若有著於空諸佛所不化若定言諸法非有非無者是名愚癡論若失四悉檀意自行化他皆名著法若得四悉檀意自他俱無著也又論云佛法中不著有不著無有無亦不著非有非無非非有非非無亦不著不著亦不著如是則不容難譬如以刀斫空終無所傷為衆生故隨緣說法自無所著故般若燈論序云觀明中道而存中失觀空顯第一而得一乖空然則司南之車本示迷者照膽之鏡為鑒邪人無邪則鏡無所施不迷則車不為用斯論破申其由此矣若如斯者寧容執教隨言語之所轉乎是以若未遇宗鏡大錄祖佛微細正意內得見性但外學多聞者則身雖出家心不入道故大涅槃經云佛言汝諸比丘身雖得服袈裟染衣其心猶未得染大乘清淨之法汝諸比丘雖行乞食經歷多處初未曾乞大乘法食故云雖有勝意之通善星之辯若不知實相之理者不免沒魄於裂地之患如首楞嚴經云如第四禪無聞比丘妄言證聖天報已畢衰相現前謗阿羅漢身遭後有墮阿鼻獄又云善星妄說一切法空生身陷入阿鼻地獄故知若未入宗鏡未悟實相眞心假饒大辯神通長劫禪誦終不免斯咎若違此旨凡所施為舉足下足自然不離一心涅槃之道如月上女經云舍利弗告月上女言汝於今者欲何所去月上女報言汝問今欲向何所去者我今亦如舍利弗去作如是去耳舍利弗報月上女言我今欲入毗耶離城汝於今者乃從彼出云何報言我今乃如舍利弗去作如是去爾時月上女復報舍利弗言然舍利弗舉足下足凡依何處舍利弗言我舉足下足並依虛空女報言我亦如是舉足下足悉依虛空而虛空界不作分別是故我言亦如舍利弗去作如是去耳女言舍利弗此事且然今舍利弗行何行舍利弗言我向涅槃如是行也月上女言舍利弗一切諸法豈不向涅槃行也我今者亦向行也舍利弗問月上若一切法向涅槃者汝今云何不滅度月上女言舍利弗若向涅槃即不滅度何以故其涅槃行不生不滅不可得見體無分別無可滅度者釋曰其涅槃行不生不滅者即自心無生之義縱千途出沒靡離涅槃之門任萬法縱橫豈越無生之道故法華經偈云佛子住此地即是佛受用常在於其中經行及坐臥如上所述似如逆耳本之正意皆是擊發之心猶石中之火若無人扣擊千年萬年只成頑石終不成火用如孔子家語云孔子曰良藥苦口而利於病忠言逆耳而利於行湯武以諤諤而昌桀紂以唯唯而亡君無諍臣父無諍子兄無諍弟士無諍友無其過者未之有也故曰君失之臣得之父失之子得之兄失之弟得之己失之友得之是以國無危亡之兆家無悖亂之惡父子兄弟無失而交友無絕也今宗鏡內雖廣引苦切之言皆為後學成器普令悛惡從善慕道進修使法國土無背道之臣令大乘家絕邪見之子是以菩薩雖能自利又乃識他常為衆生不請之友故勝鬘經云以攝受折伏故令佛法久住是以潙山有警策之文無非苦口淨名垂訶責之力盡破執心若佛法中

宥諍反則學般若道侶保無過失故書云道吾惡者是吾師道吾好者是吾賊又云三人同行必有我師焉況佛法內學出世良因尋不依師匠乎今若於初機助道門中此宗鏡文深資觀力言下現證修慧頓成如云爲道日損爲學日益損者損於情欲益者益於知見不同外道邪師及學大乘語者口雖說空不損煩惱此非善達正法皆是惡取邪空唯法器圓機方能信受堪譬邪見垢重之人聞亦不信如懇疏云歷千佛而不驚炷萬燈而莫曙釋云十方無量世界衆生佛向身中出家成道說法度生衆生皆不覺知都由無明迷本覺性不知如來藏中出現如來藏即衆生第八識故云歷千佛而不驚以不知即心是佛故又如一室中有一瞽容有百千盞燈照而不醒喻聞法不識其理不能染神都無省悟故云炷萬燈而莫曙曙者明也何者爲燈即方便智爲燈照見心境界

宗鏡錄卷第四十二

音義

饞 士咸反 貪食也　吒 陟嫁反　悼 徒到反　稗 傍卦反　歐 烏侯反　跳 徒聊反　剖 普后反 破也　皿 武永反　劃 胡麥反　蛛 陟輸反　蘖　滓 側李反　馭 牛倨反　諧 戶皆反 合也　脉 莫獲反　炙 之石反　睫 即葉反 目毛也　完 胡官反 全也　肖 私妙反 小也　蜺　壞 胡怪反　層　萎 於危反　瘡 楚良反　齏　蠖 烏郭反　築 張六反　亞　紂 除柳反　脆 此芮反 小耎也　擒 巨今反　霤 力救反　軸 直六反　遼 力彫反　瘦 所救反　恃 時止反　怙 侯古反 恃也　淹 英廉反　愀

賖 式車反　鄭 直正反　詐 側駕反　挫 則臥反　柯 古俄反　劇 奇逆反　吸 許及反　疫 營隻反　躁 則到反　躍 以灼反　稠 直由反　憭　胸 許容反　蹄 杜奚反　鬾　膠 古肴反　魅 明祕反　匐 蒲北反　驅 豈俱反　競 渠敬反　頌　嚚　脪　噎　踣　扣 苦后反　偃 於幰反　誘 以久反　唯 以水反　糞 方問反　喘 昌兗反　悖 蒲沒反　綏　黢　逍　篙　箸　咍 呼來反　咿　沫 莫撥反　儗　殯 必刃反　瓖　糢 莫胡反　靴　纊　瓌　貸　爤 郎旰反　燭　擅　萎 於為反　彌　墳 扶文反　蟆 莫加反　蟻 魚倚反　埻　臭 尺救反　擄　掣 昌列反

丁未歲分司大藏都監開板

臭穢皆時王位財寶榮盛親族婦妾萬億于時頓捨獨往後世無一相隨卧置牀枕橫尸偃仰父母妻子繞身哽咽衆人號慕披髮拍頭雖生戀仰之悲終致求分之痛或埋殯墳陵肉消骨腐或有露尸以施身肉禽獸蜂蟻交橫攢掣或以火焚臭煙蓬㶿四面充塞人所傷嗟悲慟絕聲咸歸故里唯餘灰糞獲從風土平生意氣翻處陵雲一旦長辭困沾霜月是知祿命盡處臨死之時如劫風吹散猶瀑布漂流往無所遮到不能脫向深遠處怖境常驚於幽闇中孤魂獨遊怨臣恆逐曾不覺知死王所追無能免者大涅槃經云夫死者於嶮難處無有資糧去處懸遠而無伴侶晝夜常行不知邊際深邃幽闇無有燈明入無門戶而有處所雖無痛處不可療治往無遮止到不得脫無所破壞見者愁毒非是惡色而令人怖畏在身邊不可覺知釋云於嶮難處者二十五有恐畏之世無有資糧者無善法以自資去處懸遠者生死無窮也而無伴侶者魂靈自遊也晝夜常行不知邊際者隨業漂流循環無際深邃幽闇無有燈明者死是後相一入死分昏沉難出生死長夜故名深邃死已多入三塗大黑闇處故云無有燈明入無門戶而有處所者死入身內不因門戶即身辯死名有處所雖無痛處者臨欲死時雖有五根無有知覺也不可療治者報終必死世醫拱手也往無遮止到不得脫者業盡報終時至必遷自業所追無人繫縛無所破壞見者愁毒者報色雖滅膚體不毀而見悲瘦莫不愁毒非是惡色而令人怖者

宗鏡録卷第四十二

校勘記

一 底本，麗藏本。

一 四七七頁下九行第八字「明」，徑、清作「成」。

一 四七七頁下一二行末字「住」，碛、南、徑、清作「信」。

一 四七七頁下一四行第三字「信」，碛、南、徑、清作「住」。

一 四七九頁上一〇行第二字「恒」，清作「洹」。

一 四七九頁上一六行「千萬」，碛、南、徑、清作「十萬」。

一 四七九頁上二八行首字「緣」，碛、南、徑、清作「睫」。又第七字「睫」，碛、南、徑、清作「緣」。

一 四七九頁中末行第四字「沐」，碛、南、徑、清作「渠」。

一 四七九頁下錯簡，碛、南、徑、清與之殊異，兹據宋碛砂藏本附録於卷後。

一 四八〇頁上五行末字「不」，碛、南、徑、清作「刀」。

一 四八〇頁上二六行「二乘」，碛、南、徑、清作「一乘」。

一 四八〇頁下一行「六十三」，碛、南、徑、清作「六十二」。

一 四八〇頁下四行「流浪」，徑作「浪流」。

一 四八一頁下五行第七字「然」，清作「默」。

一 四八一頁下二二行第一三字「已」，南、徑、清作「士」。

一 四八二頁下六行「蓬捽」，南作「蓬埻」；徑、清作「蓬焞」。

一 四八二頁下一五行末字「在」，徑、清作「往」。

宗鏡錄卷第四十三　駕

慧日永明寺主智覺禪師　延壽　集

夫初祖西來唯傳一心之法二祖求緣慮不安之心不得即知唯一真心圓成周徧當下言思道斷達磨印可遂得祖印大行迄至今日云何著於言說違背自宗義學三乘自有階等　答前標宗門中已唯提大旨若決定信入正解無差則舉一例諸言思路絕竊見今時學者唯在意思多著言說但云心外無法念念常隨境生唯知口說於空步步恒遊有內只認舉心之名字微細行相不知若論無盡法門廣說窮劫不盡今所錄者爲成前義終無別旨妄有披陳此一心法門是凡聖之本若不先明行相何以深究根原故須三量定其是非真俗匪濫四分成其體用正理無虧然後十因四緣辯染淨之生處三報五果堅真俗之所歸則能斥小除邪刬情破執遂乃護法菩薩正義圓明西天大行教傳此土佛日沉而再朗慧雲散而重生遂得心境融通自他交徹不一不異觸境冥宗非有非空隨緣合道若不達三量真妄何分若不知四分體用俱失故知須說心之名字微細行相憒然不知終不免心境緣拘自他見縛目下狐疑不斷臨終律儀何憑所以般若是送神符藥終能令生死無端只爲盲無智眼教觀不明從無始已來不能洞曉遂現量而失自心體逐比非而妄認外塵終日將心取心以幻緣幻似狗齩枯骨自嚥其津如象鼻取水還沐己體必無前境而作對治自從受身含識已來居三界塵勞之內猶熱病見鬼於

非怨處認怨若翳眼生華向無愛中起愛安坐妄死空是空非都不覺知莫能暫省今更不信復待何時生死海深匪慧舟而不渡塵勞網密非智刃而莫揮其四分三量諸多義門下當廣辯　問祖佛大意貴在心行採義徇文只益戲論所以文殊訶阿難云將聞持佛佛何不自聞聞爭如一念還原深諧遺旨答此爲未知者說不爲已知者言爲未行者言不爲已行者說若已知已行之者則心迹尚亡何待言說今只爲初學未知者已眼不開圓機未發須假聞慧以助初心爲未行者但執依通學大乘語如蟲食木猶奴數錢乃至塵沙教門皆爲此之二等因茲見諦如說而行且智慧之光如日普照多聞之力猶膏助明以劣解衆生從無始來受無量劫洞然之苦只爲迷正信路失妙慧門狂亂用心顛倒行事何乃盲無智照翻嫌真實慧光貧闕法財更祛多聞寶藏如華嚴經云欲度衆生令住涅槃不離無障礙解脫智無障礙解脫智不離一切法如實覺一切法如實覺不離無行無生行慧光無行無生行慧光不離禪善巧決定觀察智禪善巧決定觀察智不離善巧多聞是以因聞顯心能辯決定觀察之禪因禪發起無行無生之慧因慧了達諸法如實之覺因覺圓滿無礙解脫之智斯皆全因最初多聞之力成就菩提若離此宗鏡別無成佛之門設有所修皆成魔外之法大智度論偈云有慧無多聞是不知實相譬如大暗中有目無所見多聞無智慧亦不知實相譬如大明中有燈而無目多聞利智慧是所

說應受無聞無智慧是名人身牛且如有慧無多聞者況如大暗中有目而無所見雖有智眼而不能徧知萬法法界緣起諸識熏習等如處大暗之中一無所見是以實相徧一切法一切法即實相未曾有一法而出於法性若不徧知一切法則何由深達實相故云亦不知實相多聞無智慧者況如大明中有燈而無目雖有多聞記持名相而無自證真智圓解不發唯墮無明大信不成空成邪見如大明中雖有日月燈光無眼何由覩見雖聞如來寶藏一生傳唱聽受無疲己眼不開但數他寶智眼不發爲辯教宗如是之人故是不知實相聞慧具足方達實相之原聞慧俱無如牛羊之眼豈辯萬法性相總別之方隅耶夫學般若菩薩不可受人牛之誚紹佛乘大士寧甘嚼蟲木之譏若乃智人憲須三省是以未知心佛之寶甘處塵勞纔聞性覺之宗便登聖地如賢劫定意經云喜王菩薩宴坐七日過七日已詣佛啓請行何三昧能悉通達八萬四千諸度法門佛告喜王有三昧門名了諸法本菩薩行時便能通達諸度法門諸度法門者諸佛有三百五十功德一一德各修六度爲因釋曰諸法本者即衆生心若隨善心成六度門若隨惡心作三塗道當樂土而爲苦境皆是心成處地獄而變天堂悉由心轉或即刹那成佛或即永劫沉淪只在最初一念之力故云法無定相但隨人心如天意樹隨天意轉可謂變通立驗因果現前不動絲毫徧窮法界如牖隙之內觀無際之空似徑尺鏡中見千里之影有斯奇特

昧者不知如見金爲虵悞執寶成礫故密嚴經偈云譬如殊勝寶野人所輕賤若用飾冕旒則爲王頂戴如是賴耶識是清淨佛性凡位恒雜染佛果常保持如美玉在水苔衣所纏覆賴耶處生死習氣縈不現於此賴耶識有二取生相如虵有二頭隨樂而同往賴耶亦如是與諸色相俱一切諸世間取之以爲色惡覺者迷惑計爲我我所若有若非有自在作世間賴耶雖變現體性恒甚深於諸無智人悉不能覺了是以若能覺了即察動心萬境萬緣皆從此起若心不動諸事寂然入如實門住無分別如入楞伽經偈云但有心動轉皆是世俗法不復起轉生見世是自心來者是事生去者是事滅如實知去來不復生分別又若執經論無益翻成諸聖虛功則西土上德聲聞徒勞結集此方大權菩薩何假翻經如抱沉痾之人不須妙藥似迷險道之者曷用導師良醫終不救無病之人導師亦不引識路之者嘉餚美膳豈可勸飽人之餐異寶奇珍未必動廉士之念見與不見全在心知行之不行唯關意密實不敢以己妨於上上機人但一心爲報佛恩依教略而纂錄如漏管中之見莫測義天似偷壁罅之光爲禪法日今遵慈勅教有明文法爾沙門須具三施三施之內法施爲先此八識心王性相分量上至極聖下至凡夫本末推窮悉皆具足只於明昧得失似分諸聖了之成眞如妙用盡未來際建佛事門衆生昧之爲煩惱塵勞從無始來造生死業於日用中以不識故莫辯心王與心所寧知內塵與外塵如有目之人處闇室之內猶生盲之者居寶藏之中無般若之光何由辯眞識僞闕智眼之鑒焉能別寶擇珠遂乃以妄爲眞執常爲斷不應作而作投虛妄之苦輪不應思而思集顛倒之惡業只爲不遇出世道友未聞無上圓詮任自胷襟縱我情性取一期之暫樂積萬劫之餘殃以日繼時罔知罔覺從生至老不省不思以無明俱時而生以無明俱時而死從一闇室投一闇室出一苦輪入一苦輪歷劫逾生未有休日此身他世幾是脫時宗鏡本懷正爲於此是以照之如鏡何法而不明歸之如海何川而不入若千年闇室破之唯一燈無始塵勞照之唯一觀此具足詮旨信入而不動神情成現法門諦了而匪勞心力若更不信徒抱惛迷深屬後賢無失法利故法華經偈云不求大勢佛及與斷苦法深入諸邪見以苦欲捨苦爲是衆生故而起大悲心爲不依正覺廣大威勢之力及正念一心法威德力於心外取法成諸邪見以生滅爲因以生滅爲果本出生死重增生死爲是等故而起大悲拔其妄苦以生死是衆苦之本雖年百歲猶若剎那如東逝之長波似西垂之殘照擊石之星火驟隙之迅駒風裏之微燈草頭之懸露臨崖之朽樹爍目之電光若不遇正法廣大修行則萬劫沉淪虛生浪死如大涅槃經云復次菩薩修於死想觀是壽命常爲無量怨讎所遶念念損減無有增長猶山瀑水不得停住亦如朝露勢不久停如囚趣市步步近死如牽牛羊詣於屠所迦葉菩薩言世尊云何智者觀念念滅善男子譬如四人皆善射術聚在一處各射一方俱作是念我等四箭俱發俱墮復有一人作是念言如是四箭及其未墮我能一時以手接取善男子如是之人可說疾不迦葉菩薩言如是世尊佛言善男子地行鬼復速是人有飛行鬼復速地行四天王疾復速飛行日月神天復速四天王堅疾天復疾日月衆生壽命復速堅疾善男子一息一眴衆生壽命四百生滅智者若能觀命如是是名能觀念念滅也善男子智者觀命繫屬死王我若能離如是死王則得永斷無常壽命復次智者觀是壽命猶如河岸臨峻大樹亦如有人作大逆罪及其受戮無憐愍者如師子王大飢困時亦如毒蛇吸大風時猶如渴馬護惜水時如大惡鬼瞋恚發時衆生死王亦復如是善男子智者若能作如是觀是則名爲修集死想善男子智者復觀我今出家設得壽命七日七夜我當於中精勤修道護持禁戒說法教化利益衆生是名智者修於死想復以七日七夜爲多若得六日五日四日三日二日一日一時乃至出息入息之頃我當於中精勤修道護持禁戒說法教化利益衆生是名智者善修死想又梁朝有高僧奉帝請百大德試有道者請至朝門嚴備一百甲兵旌旗耀日怖百大德九十九人悉皆驚走唯有一大德而無驚怖王問和尚何故不怕僧答云怕何物我初生孩童之時剎那剎那念念已死故知諸佛苦心菩薩誓志爲救衆生如是悲切應須遞相警策不可倏爾因循且三界受身未脫死地新新生滅念念輪迴直饒天帝

三欲之榮輪王七寶之富暴來還合貲悅竚時報盡緣終悲憂長久物極則返因果相酬處業繫中誰能免者故法界箴云莫言無畏甚禍將沸勿言無傷其禍猶長爭如一念還原紹隆佛種念念不忘利物步步與道相應究竟同歸莫先宗鏡所以華嚴經云佛子此菩薩摩訶薩復於一切衆生生利益心安樂心慈心悲心憐愍心攝受心守護心自己心師心大師心作是念言衆生可愍墮於邪見惡慧惡欲惡道稠林我應令彼住於正見行真實道又作是念一切衆生分別彼我互相破壞鬪諍瞋恨熾然不息我當令彼住於無上大慈之中又作是念一切衆生貪取無猒唯求財利邪命自活我當令彼住於清淨身語意業正命法中又作是念一切衆生常隨三毒種種煩惱因之熾然不解志求出要方便我當令彼除滅一切煩惱大火安置清涼涅槃之處又作是念一切衆生爲愚癡重闇妄見厚膜之所覆故入蔭翳稠林失智慧光明行曠野險道起諸惡見我當令彼得無障礙清淨智眼知一切法如實相不隨他教又作是念一切衆生在於生死險道之中將墮地獄畜生餓鬼入惡見網中爲愚癡稠林所迷隨逐邪道行顛倒行譬如盲人無有導師非出要道謂爲出要入魔境界惡賊所攝隨順魔心遠離佛意我當拔出如是險難令住無畏一切智城又作是念一切衆生爲大瀑水波浪所沒入欲流有流無明流見流生死洄澓愛河漂轉湍馳奔激不暇觀察爲欲覺惡覺害覺隨逐不捨身見羅剎於中執取將

其永入愛欲稠林於所貪愛深生染著住我慢原阜安六處聚落無善救者無能度者我當於彼起大悲心以諸善根而爲救濟令無災患離染寂靜住於一切智慧寶洲又作是念一切衆生處世牢獄多諸苦惱常懷愛憎自生憂怖貪欲重械之所繫縛無明稠林以爲覆障於三界內莫能自出我當令彼永離三有住無障礙大涅槃中又作是念一切衆生執著於我諸蘊窟宅不求出離依六處空聚起四顛倒行爲四大毒蛇之所侵惱五蘊怨賊之所殺害受無量苦我當令彼住於最勝無所著處所謂滅一切障礙住無上涅槃所以如上經云我當令彼住於正見行真實道又云令彼安置清涼涅槃之處又云令彼知一切法如實相不隨他教又云令住無畏一切智城又云住於一切智慧寶洲又云令彼住於最勝無所著處故知句句悉皆指歸宗鏡何者若悟自心即是正見離顛倒故楞伽經云心外見法名爲外道若悟自心即是涅槃離生死故論云心外有法生死輪迴若了一心生死永絕若悟自心即是實相離虛妄故法華經云唯此一事實餘二即非真若悟自心即是智城離愚癡故思益經云愚於陰界入而欲求菩提陰界入即是離是無菩提若悟自心即是寶洲具法財故華嚴論云寶洲在何處即衆生心是若悟自心即是最勝無所著處離住相故若心外立法則隨處生著法華經云拔出衆生處處貪著金剛經云若菩薩心不住法而行布施如人有目日光明照見種種色是知心目開明智日普

照光吞萬像法界洞然豈更有一纖塵而作障翳乎如是則空心不動具足六波羅蜜何者若不見一塵則無所取若無所取亦無可與是布施義是大捨義故經云無可與者名曰布施如是則慳施同倫取捨平等不歸宗鏡何以裁之如一鉢和尚頌云慳時捨捨時慳不離內外及中間亦無慳亦無捨寂寂寥寥無可把又證道歌云默時說說時默大施門開無壅塞有人問我解何宗報道摩訶般若力又若不見一塵則無持無犯故云若覓戒三毒瘡癀幾時差厚境如龜毛忍心不可得精進心不起無法可對治內外心不生定亂俱無寄悉入無生忍皆成般若門　問本宗大旨舉意便知何待數揚勞神述作　答一切施爲無非佛事盡堪悟道皆是入門所以普賢佛國以瞪目爲佛事南閻浮提以音聲爲佛事乃至山海亭臺衣服飲食語默動靜異相施爲一一提宗皆入法界但隨緣體妙遇境知心乃至見色聞聲俱能證果華飛劍動盡可栖神如論云有國王覩華飛葉動得辟支佛劍動者禪經云有國王令宮女摩身爲鐶釧鬧令漸漸減釧乃至唯一則不復聲因思此聲從因緣生悟辟支佛亦如獼猴見辟支佛坐禪後於餘處見諸外道種種苦行乃教外道加趺而坐手捻其口令合其眼諸外道歎云必有勝法外道受教皆證辟支佛故知但遵教行者依法不依人無不證果唯除不信人千佛不能救如華嚴經中說信爲手如人有手至珍寶所隨意採取若當無手空無所獲如是入佛法者有信心手隨意

祇取道法之寶若無信心空無所得如昔人云人之無道猶車之無軸車無軸不可駕人無道不可行又云君子無親非道不同何得一向略虛不勤求至道此宗鏡錄是珍寶聚能得諸佛無上大菩提法寶一切不可思議功德故是清淨聚無六十二之邪見始八萬四千之煩惱濁故能備一切衆生願能淨一切衆生心如大智度論云是般若波羅蜜乃至畢竟空亦不著不可思議亦不著是故名清淨聚爾時須菩提應作是念是般若波羅蜜是珍寶聚能備一切衆生願所謂今世樂涅槃樂阿耨多羅三藐三菩提樂愚癡之人而復欲破壞是般若波羅蜜清淨聚如如意寶珠無有瑕穢如虛空無有塵垢般若波羅蜜畢竟清淨聚而人自起邪見因緣欲作留難破壞譬如人眼瞖見妙珍寶謂爲不淨故知空華生病眼空本無華邪見起妄心法本無見又若以不信惡心欲毀壞宗鏡般若正義但自招謗罪妙旨何虧如人以手障日但自傷其手日無所損夫般若說則福大謗亦罪深若隨情謬解乃至不信等皆成謗如大涅槃經云我今爲諸聲聞弟子等說毗伽羅論所謂如來常存不變若有說言如來無常云何是人舌不落地若能正信圓解無差徧境得空皆同妙證楞嚴會上佛告阿難十方如來於十八界一一修行皆得圓滿無上菩提於其中間亦無優劣但汝下劣未能於中圓自在慧故我宣揚令汝但於一門深入入一無妄彼六知根一時清淨是以憍陳那因聲悟道優波尼沙陁因色悟道香嚴童子因香悟道乃至虛空藏菩薩因空悟道則知自性徧一切處皆是入路豈局一門而專以蚊蚋之愚翻恃鵾鵬之量且法無遲速見有淺深遮障之門各任輕重是以文殊菩薩頌云歸元性無二方便有多門聖性無不通順逆皆方便初心入三昧遲速不同倫此宗鏡錄中並是十方諸佛大威德不思議法門猶赫赫日輪豈嬰孩之所視高高法座非矬陋之能昇唯文殊大人普賢長子上上根器方堪能爾如華嚴論云大光王入菩薩大慈爲首三昧顯所行慈心業用鏡益自在令後學者倣之以明無依之智入一切衆生心與之同體無有別性有情無情皆悉同體入此三昧所感業故令一切衆生及以樹林涌泉悉皆歸依悉皆低枝悉皆稽首夜叉羅剎悉皆息惡以明智隨一切衆生皆與同其業用一性無二如世間帝王有慈悲於人龍神順伏鳳集麟翔何況人焉而不歸仰況此大光王智徹眞原行齊法界慈心爲首神會含靈與衆物而同光爲萬有之根末如摩尼寶與物同色而本色不違如聖智無心以物心爲心而物無違也明同體大慈悲心與物同用對現色身而令發明故山原及諸草樹無不迴轉向王禮敬陂池泉井及以河海悉皆騰溢注王前者以智境大慈法合如此若衆生情識所變之境即衆生不能爲之如蓮華藏世界中境界盡作佛事以是智境非情所爲故聖者以智歸情令有情衆生報得無情草木山泉河海悉皆隨智迴轉以末爲本故如世間有志孝於心冰池涌魚冬竹抽筍尚自如斯況眞智從慈者與故知得法界之妙用用何有盡從眞性中緣起起無不妙則理無不事佛法即世法豈可揀是除非取事無不理世法即佛法寧須斥俗崇眞取但是未入宗鏡境智未亡興夢念而異法現前發妄想而殊途交應致茲取捨違背圓常所以不能宣靜同觀善惡俱化者未閱宗鏡故耳　問何不依自禪宗躡玄學正路但一切處無著放曠任緣無作無修自然合道何必拘懷局志徇義迷文可謂弃靜求喧厭同好異　答近代相承不看古教唯專已見不合圓詮或稱悟而意解情傳設得定而守愚闇證所以後學訛謬不稟師承先聖教中已一一推破如云一切處無著者是以阿難懸知末法皆墮此患於楞嚴會中示疑起執無上覺王以親訶破首楞嚴經云阿難白佛言世尊我昔見佛與大目連須菩提富樓那舍利弗四大弟子共轉法輪常言覺知分別心性既不在內亦不在外不在中間俱無所在一切無著名之爲心則我無著名爲心不佛告阿難汝言覺知分別心性俱無在者世間虛空水陸飛行諸所物像名爲一切汝不著者爲在爲無無則同於龜毛兔角云何不著有不著者不可名無無相則無非無則相相有則在云何無著是故應知一切無著名覺知心無有是處又所言放曠任緣者於圓覺中猶是四病之數圓覺經云善男子彼善知識所證妙法應離四病云何四病一者作病若復有人作如是言我於本心作種種行欲求圓覺彼圓覺性非作得故說名爲病二者任病若復有人

作如是言我等今者不斷生死不求涅槃涅槃生死無起滅念任彼一切隨諸法性欲求圓覺彼圓覺性非任有故說名為病三者止病若復有人作如是言我今自心永息諸念得一切性寂然平等欲求圓覺彼圓覺性非止合故說名為病四者滅病若復有人作如是言我今永斷一切煩惱身心畢竟空無所有何況根塵虛妄境界一切永寂欲求圓覺彼圓覺性非寂相故說名為病離四病者則知清淨作是觀者名為正觀若他觀者名為邪觀如上所說不唯作無著任緣之解墮於邪觀乃至起寂然冥合之心皆存意地如有學人問忠國師云不作意時得寂然不答若見寂然即是作意所以意根難出動靜皆落法塵故知並是執見修禪說病為法如蒸砂作飯緣木求魚費力勞功枉經塵劫且經中佛語幽玄則義語非文不同眾生情見麁淨乃文語非義又若執任緣無著之事盡落邪觀得悉檀方便之門皆成正教是以藥病難辯取捨俱非但且直悟自心自然言思道斷境智齊泯人法俱空向眾生三業之中開佛知見就生死五陰之內顯大菩提則了義金文可為繩墨實地知識堪作眞歸故得智炬增輝照耀十方之際心華發艷榮敷法界之中又若深達此宗不收不攝即想念而成智當語默而冥眞出入之定難親忻猒之懷莫及故云忻寂不當放逸還非如華嚴論云普眼等諸菩薩以出入三昧不得見普賢三業及座境界故舉幻術文字中種種幻相無所住處喻明幻術文字之體了無處所如何所求不可將出入三昧處所求之去彼冗寂生滅却令想念明想念動用體自徧周用而常寂非更滅也以是普賢以金剛慧普入法界於一切世界無所行無所住知一切眾生身皆非身無去無來得無斷盡無差別自在神通此明任物自眞稱之為神不為不思不定不亂不來不去任智徧周利生自在知根應現名之為通萬法如是無出入定亂方稱普賢所行三業作用及座如十地菩薩座體但言滿三千大千世界之量比普賢座量量等虛空一切法界大蓮華藏故明知十地菩薩智量猶隔以此來昇此位如許乖宜入出如許不可說三昧之門猶有寂用有限障未得十地果位後普賢菩薩大自在故故三求普賢三重昇進却生想念方始現身及說十三昧境界之事意責彼十地猶有求於出世間生死境界未得等於十方任用自在以此如來教令却生想念去彼十地中欣習出世淨心故此明十地緣眞俗出世餘習氣感故已上意明治十地菩薩緣眞俗二習未亡寂亂二習未盡於諸三昧有出入習故未得常入生死猶如虛空無作者而常普徧非限量所收一切眾生及以境界以之為體普賢之智猶如虛空一切眾生以為生體有諸眾生自迷智者名為無明普賢菩薩隨彼迷事十方世界對現色身以智無體猶如虛空非造作性無有去來非生非滅但以等虛空之智海於一切眾生處啓迷智無體相能隨等法界虛空界之大用故豈將十地之位諸菩薩以出入三昧有所推求云何得見是故如來為諸菩薩說幻術文字求其體相有可得不求幻之心尚不可得如何有彼幻相可求是故將出入三昧及以求心而求普賢大用無依善巧智身了無可得是故教諸菩薩却生想念殷勤三禮普賢菩薩方以神通力如應現身明智身不可以三昧處所求為智體無所住無所依故若想念願樂即如應現化無有處所依止故猶如谷響但有應物之音若有求即無有處所可得佛言普賢菩薩今現在此道場眾會親近我住初無動移者明以根本智性自無依名為現在此道場故為能治有所得諸見礙故以無礙惣別同異普光明智與十方一切諸佛大用體同名為眾會故無邊差別智海一時等用不移根本智體無依任智名為親近我住初無移故

宗鏡錄卷第四十三　　鴉

音義

刳苦姑反剖破　懵莫孔反心亂貌也　敲丑巧反　[illegible]

丁未歲分司大藏都監開板

宗鏡録卷第四十三

校勘記

一　底本，麗藏本。

一　四八五頁中一五行第七字「惛」，磧作「昏」。

一　四八五頁下一〇行「死王」，徑、清作「死生」。一一行及一五行同。

一　四八五頁下二七行第七字「姟」，磧、南、徑、清作「孩」。

一　四八六頁中二九行第八字「法」，磧、南、徑、清作「於法」。

一　四八七頁中二〇行「根末」，磧、南、徑、清作「根本」。

宗鏡錄卷第四十四

慧日永明寺主智覺禪師延壽集

夫若談心佛唯唱性宗者則舉一攝諸不論詮義今何背己述教迷宗　答夫論至教皆爲末了之人從上稟承無不指示如忠國師臨終之時學人乞師一言師云教有明文依而行之即無累矣吾何言哉如斯服勤尊貴付囑豈同己見生上慢心終不妄斥如來無上甘露不可思議大悲所稟金口所宣難思聖教如云依而行之者且依何旨趣不可是依文字語句而行不可是依義路道理而行直須親悟其宗不可輒生孟浪若決定信入者了了自知何須他說聞甚深法如清風屆耳今只爲昧性徇文之者假以言詮方便開示直指出六根現用常住無生滅性與佛無異親證現知分明無惑免隨言語之所轉不逐境界之所流今於六根之中且指見聞二性最爲顯現可驗初心疾入圓通同歸宗鏡

且見性者當見之時即是自性以性徧一切處故不可以性更見於性分明顯露絲毫不隱古教云摩尼殿有四角一角常露祖師云眼門放光照破山河大地又頌云應眼時若千日萬像不能逃影質凡夫只是未曾觀何得自輕而退屈是知頑嚚雖童耄見性未曾虧明暗自去來靈光終不昧則是現今生滅中指出不生滅性方知窮子衣中寶乃輪王髻裏珠貧女室中金是如來藏中物何假高推極聖自鄙下凡一向外求不能內省枉功多劫違背己靈空滯行門失本真性所以首楞嚴經云佛告阿難若汝見時是汝非我見性周徧非汝而誰云何自疑汝之真性性汝不真取我求實故知明暗差別是可還之法真如妙性乃不遷之門若隨物觀爲大小之所在若約性見絕器量之方圓見性即成如來於一毛端建十方之寶剎徇物即爲凡庸向真空裏現六趣之徒牢變易在人一性無異迷悟由己萬法不遷如經云波斯匿王起立白佛我昔未承諸佛誨勅見迦旃延毗羅胝子咸言此身死後斷滅名爲涅槃我雖值佛今猶狐疑云何發揮證知此心不生滅地今此大眾諸有漏者咸皆願聞佛告大王汝身現存今復問汝汝此肉身爲同金剛常住不朽爲復變壞世尊我今此身終從變滅佛言大王汝未曾滅云何知滅世尊我此無常變壞之身雖未曾滅我觀現前念念遷謝新新不住如火成灰漸漸消殞殞亡不息決知此身當從滅盡佛言如是大王汝今生齡已從衰老顏貌何如童子之時世尊我昔孩孺膚腠潤澤年至長成血氣充滿而今頹齡迫於衰耄形色枯悴精神昏昧髮白面皺逮將不久如何見比充盛之時佛言大王汝之形容應不頓朽王言世尊變化密移我誠不覺寒暑遷流漸至於此何以故我年二十雖號年少顏貌已老初十年時三十之年又衰二十于今六十又過于二觀五十時宛然強壯世尊我見密移雖此殂落其間流易且限十年若復令我微細思惟其變寧唯一紀二紀實爲年變豈唯年變亦兼月化何直月化兼又日遷沉思諦觀剎那剎那念念之間不得停住故知我身終從變滅佛言大王汝見變化遷改不停悟知汝滅亦於滅時汝知身中有不滅耶波斯匿王合掌白佛我實不知佛言我今示汝不生滅性大王汝年幾時見恒河水王言我生三歲慈母攜我謁耆婆天經過此流爾時即知是恒河水佛言大王如汝所說二十之時衰於十歲乃至六十日月歲時念念遷變則汝三歲見此河時至年十三其水云何王言如三歲時宛然無異乃至于今年六十二亦無有異佛言汝今自傷髮白面皺其面必定皺於童年則汝今時觀此恒河與昔童時觀河之見有童耄不王言不也世尊佛言大王汝面雖皺而此見精性未曾皺皺者爲變不皺非變變者受滅彼不變者元無生滅云何於中受汝生死而猶引彼末伽梨等都言此身死後全滅王聞是言信知身後捨生趣生與諸大眾踊躍歡喜得未曾有又如眾生八識之中前眼耳鼻舌身等五根及第八識俱緣現量得諸法之自性不帶一切名言又無二種計度分別隨念分別即現前不生滅若六七二識落在比非二量又具計度隨念分別即念念常生滅亦是於生滅中有不生滅性已上經文此是因匿王示疑寄破外道斷見有此方便分別生滅不生滅二性若不執斷常見性之人則八識心王同一真性皆是實相無有生滅如大智度論云當知色生時但是空生色滅時但是空滅中觀論偈云無物從緣起無物從緣滅起唯諸緣起滅唯諸緣滅故知萬法既不從緣生亦不非緣生又不空亦不生空亦不生何者若一切法是不空者即無有生以無自性空

故方能隨緣成諸幻有若一切法是空者亦無有生以無自體故無有生相旣無有生亦無有滅如論偈云果不空不生果不空不滅以果不空故不生亦不滅果空故不生果空故不滅以果是空故不生亦不滅但隨心現畢竟無生如首楞嚴經云佛言善男子我常說言色心諸緣及心所使諸所緣法唯心所現汝身汝心皆是妙明眞精妙心中所現物云何汝等遺失本妙圓妙明心寶明妙性認悟中迷晦昧爲空空晦昧中結暗爲色色雜妄想想相爲身聚緣內搖趣外奔逸昏擾擾相以爲心性一迷爲心決定惑爲色身之內不知色身外泊山河虛空大地咸是妙明眞心中物譬如澄淸百千大海弃之唯認一浮漚體目爲全潮窮盡瀛渤汝等即是迷中倍人如我垂手等無差別如來說爲可憐愍者如上所說見性周遍湛然似鏡常明如空不動萬像自分出沒一性未曾往還但隨生滅之緣遺此妙明之性是以一切祖教皆指見性識心不從生因之所生唯從了因之所了相逢易辯性密難明隨轉處而莫知在照時而方了如今不見者皆被三惑心牽六塵境換不知境元是我翻成主被客迷但能隨流得性之時自然無惑復有云般若唯以心神契會以心傳心方成密付不可以言迹事相而求者此是爲未入人顯宗破執恐取相背心情求意解故有是說若融會而論則隨緣體妙即相恒眞且如正見相時是誰見相以六塵無故名不自立相不自施以六根利故強自建立而爲緣對若能了境本寂識自無

生則入平等眞空方稱究竟見性耳故云見性周徧非汝而誰聞性者即今聞性具三眞實文殊簡出現證可知觀音入門圓通立驗非從行得不墮有爲豈假功成本來如是首楞嚴經偈云譬如人靜居十方俱擊鼓十處一時聞此則圓眞實目非觀障外口鼻亦復然身以合方知心念紛無緒隔垣聽音響遐邇俱可聞五根所不齊是則通眞實音聲性動靜聞中爲有無無聲号無聞非實聞無性聲無旣無滅聲有亦非生生滅二圓離是則常眞實釋曰此是直說如今一切衆生日用現行聞性三眞實之理一圓眞實二通眞實三常眞實一圓眞實者以聞性徧一切處十方擊鼓應時無有前後以同時周徧一一皆不出自性如水起波波不離水以聲處全聞聞外無法即是本聞自具圓通之性非待證聖方有斯事故法華經偈云父母所生耳淸淨無瑕穢以此常耳聞三千世界聲又云持是法華者雖未得天耳但用所生耳功德已如是二通眞實者且眼根見性雖即洞然能觀前而不觀後鼻舌身等三根皆以合中知因能所而生起若意知根所緣不定念念遷移故五根所不齊唯耳根圓通無礙聽響之際任隔礙而遠近俱聞妙應之時無揀擇而大小咸備故高城和尚歌云應耳時若幽谷大小音聲無不足十方鐘鼓一時鳴靈光運運常相續則處凡身而不減居聖體而非增常現常通塵勞不能匿其神彩非間非斷夭魔不能挫其威光不壞緣生之耳根圓具一靈之妙性三常眞實者音聲性動靜者動靜

是音聲之體性於聞中似有似無若無聲時号無聞非實聞無性以聞性常在若聞性隨聲塵滅則前聲滅時後聲不合更聞故知聲塵自無聞性非滅聲塵自有聞性非生又非唯聞性無生返觀聲塵亦無生滅以從緣而起自體全無如華嚴論云一切諸法猶如谷響楞嚴疏鈔云如谷中無聲無聲即無響法界中皆無聲一切聲皆是妄心妄心不動時皆無妄想以有差別心執受即有聲四大如枯木即本無聲皆緣執故諸六菩薩不以音聲聽法是知聲塵本無皆因執有情消執喪萬法本虛有無旣虛生滅何有則知我性與如來性無異一切世間法即是佛法故經云是法住法位世間相常住如憍陳那因聲悟道妙音密圓古釋云若有能所未得名密悟四諦理推能聞及所聞皆是自心心即是本覺光明圓照法界始覺智心亦圓照法界即是因聲得悟一切衆生依此亦得解脫若聞聲可意不可意生憎愛便被聲縛但觀心海中是聲出處以心海元無有相心雖合聲聲亦無相無相即於一切聲中而得解脫故知無法不心無心不法如是明達則於一切諸法不合不散無縛無脫矣故佛告阿難汝學多聞未盡諸漏心中徒知顚倒所因眞倒現前實未能識恐汝誠心由未信伏吾今試將塵俗諸事當除汝疑即時如來勅羅睺羅擊鐘一聲問阿難言汝今聞不阿難大衆俱言我聞鐘歇無聲佛又問言汝今聞不阿難大衆俱言不聞時羅睺羅又擊一聲佛又問言汝今聞不阿難大衆又言俱聞佛問阿難

汝云何聞云何不聞阿難大衆俱白佛言鍾聲若擊則我得聞擊久聲消音響雙絕則名無聞如來又勅羅睺羅擊鍾問阿難言汝今聲不阿難言聲少選聲消佛又問言汝今聲不阿難大衆答言無聲又頃羅睺羅更來撞鍾佛又問言汝今聲不阿難大衆俱言有聲佛問阿難汝云何聲云何無聲阿難大衆俱白佛言鍾聲若擊則名有聲擊久聲消音響雙絕則名無聲佛語阿難及諸大衆汝今云何自語矯亂大衆阿難俱時問佛我今云何名為矯亂佛言我問汝聞汝則言聞又問汝聲汝則言聲唯聞與聲報答無定如是云何不名矯亂阿難聲消無響汝說無聞若實無聞聞性已滅同于枯木鍾聲更擊汝云何知知有知無自是聲塵或無或有豈彼聞性為汝有無聞實云無誰知無者是故阿難聲於聞中自有生滅非為汝聞聲生聲滅令汝聞性為有為無汝尚顛倒惑聲為聞何怪昏迷以常為斷終不應言離諸動靜閉塞開通說聞無性如重睡人眠熟牀枕其家有人於彼睡時擣練舂米其人夢中聞舂擣聲別作他物或為擊皷或復撞鍾即於夢時自怪其鍾為石木響於時忽寤遄知杵音自告家人我正夢時惑此舂音將為皷響阿難是人夢中豈憶靜搖開閉通塞其形雖寐聞性不昏縱汝形消命光遷謝此性云何為汝消滅楞嚴疏云擊鍾以辯真妄者即聞性而可真舉聲塵而辯妄若因聲有聞此聞不離聲若離聲有聞此是真聞汝今但執隨聲之聞此聞不離於聲只合是聲不合是聞若真聞性如水

不滅聲塵如風皷水成波故有聞相聲塵不起聞相即無而聞性不滅以性不滅聲塵若來還有聞相如水不滅若風動時即有波相如色真性徧十方界隨心感現則有色相此之聞性亦復如是故知不認自體恒常之聞性却徇聲塵生滅之聞相遂乃聞讚而生喜聞毀而起瞋以迷本聞故隨聲流轉故文殊云衆生迷本聞循聲故流轉阿難縱強記不免落邪思豈非隨所淪旋流獲無妄又云旋汝倒聞機返聞聞自性性成無上道圓通實如是如今以聲為聞背心循境豈不是倒聞之機若能旋聲塵之有流復本聞之無妄則是返聞自性得本歸原內滅翳根外消塵境能所既脫本覺道成寂照圓通真實如是所以佛告阿難以諸衆生從無始來循諸色聲逐念流轉曾不開悟性淨妙常不循所常逐諸生滅由是生生雜染流轉若弃生滅守於真常常光現前根塵識心應時消落想相為塵識情為垢二俱遠離則汝法眼應時清明云何不成無上知覺是以若了聞性即成正覺於是心境雙融動靜俱泯如觀音言彼佛教我從聞思修入三摩地初於聞中入流亡所所入既寂動靜二相了然不生如是漸增聞所聞盡盡聞不住覺所覺空空覺極圓空所空滅生滅既滅寂滅現前忽然超越世出世間十方圓明獲二殊勝一者上合十方諸佛本妙覺心與佛如來同一慈力二者下合十方一切六道衆生與諸衆生同一悲仰是以初從聞性入時先亡動靜聲塵之境次亡能聞所聞之心既心境俱亡又不住無心境

及能覺所覺之智則覺智俱空此空亦空方成圓覺故云空覺極圓空所空滅始盡生滅之原到寂滅本妙覺心之地如起信論云一切諸法皆由妄念而有差別若離妄念則無境界差別之相故知妄念空而根境識想消而塵垢沉則法眼應時清明常光了然頓現見聞本性既介諸根所現亦然故經云六自在王常清淨故又首楞嚴經偈云一根既返原六根成解脫見聞如幻翳三界若空華聞復翳根除塵消覺圓淨淨極光通達寂照含虛空却來觀世間猶如夢中事但以未覺悟前於染淨中有一毫見聞取捨之處皆在三界無明長夜生死夢中纔得見性便同覺後自覺覺他故名為佛又此自心之性徧一切處隨處得入非獨見聞或意消香界而入圓通或心開塵境而證法忍或入水觀而達性或審風力而悟宗或刺足瘡痛而純覺遺身或了心無際而入佛知見或觀殘觸而成火光三昧或演法音而降伏魔怨當此大悟之時終不見有一境可生一言可執今只為迷性徇文背心求道者假以言說指歸自心從此一向內觀捨詮究理斯則豈不是因言悟道藉教明宗為此之人不無利益遂使初心學者信有所歸便能息外馳求迴光反照頓見自己了了明心如正飲醍醐親開寶藏方悟隨言之失深歎背己之愆故阿難等因世尊開示自性之後發自慶言消我億劫顛倒想不歷僧祇獲法身故能不動塵勞現身成佛祖佛言教有如是不可思議之力為是廣大無邊法利故所以具引全文佛語為證

云何又有背己之言論文之諍乎若不觀心內證法律禪師等各有十種過患如像法決疑經云三師破壞佛法略各有十過一法師十過者一但外求文解而不內觀修心釋論云有論而無慧所說不應受二不融經息諍趣道但執己非他我慢自高不識見心苦集三不遵遺囑不依念處修道不依木叉住非佛弟子四經云非禪不慧偏慧不禪一翅一輪豈能遠運五法本無說說破貪求名利弘宣不會聖旨六貴耳入口出何利於己經云如人數他寶自無半錢分無行而宣何利於他八又多加水乳無道之教教誤後生九四衆失眞法利轉就澆漓十非但不能光顯佛法亦乃破於佛法也禪師十過者一經云假名阿練若納衣在空閑自謂行眞道好說我等過二者恃行陵他不識戒取苦集煩惱三無慧修定盲禪無目寧出生死也　四不遵遺囑不依念處修道不依木叉而住非佛弟子五無慧之禪多發鬼定生破壞佛法死墮鬼道六名利坐禪如扇提羅死墮地獄七設證得禪即墮長壽天難八加水乳禪教授學徒紹三塗種子九四衆不霑眞法之潤轉就澆漓十非止不能光顯三寶亦乃破佛法也律師十過者一但執外律不識內戒故被淨名訶二執律名相諍計是非不識見心苦集三然戒定慧相資方能進道但律不慧不禪何能達道四弘在名譽志不存道果在三塗五不遵遺囑不依念處修道不依木叉而住六執律方便小教以爲正理而障大道七師師執律不同弘則多加水乳八不依聖教傳授誤果後生九四衆不霑眞法轉就澆漓十非止不能光顯三寶亦乃破佛法也是知若不觀心具如上之大失如大智度論云菩薩摩訶薩若欲不空食國中之施者當學般若波羅蜜又寶梁經云若學大乘佛法者受施主摶食如須弥山受施主衣可敷大地如不學者若未墮僧數十方無唾地處維摩經亦云敬學如師纔起學心便有爲人天之分或聞宗鏡一句定成佛無疑故法華經云若有聞是法無一不成佛唯除未聞者盲冥不信人若已聞者皆是曩因既受衣珠曾親佛會不可放逸須志披尋忽遇緣差空無所得所以瑜伽論云不緩加行中又能如是勇猛精進謂我今定當趣證所應證得不應慢緩何以故我有多種橫死因緣所謂身中或風或熱或痰發動或所飲食不正消化住在身中或宿食病或爲於外蛇蠍蚰蜒百足等類諸惡毒蟲之所蛆螫或復爲人非人類等之所驚恐因斯夭沒於如是等諸橫死處恒常思惟修無常想住不放逸由住如是不放逸故恒自思惟我之壽命儻得存經七日六日五日四日三日二日一日一時半時須臾或經食頃或從入息至於出息或從出息至於入想乃至存活經尒所時於佛聖教精勤作意修習瑜伽剎尒所時於佛聖教我當決定多有所作如是名爲不緩加行　問義學多樂聽讀禪宗唯精內觀然教觀二門闕一不可若但觀心而不尋教覆闇證上慢之愚若但尋教而不觀心受執指數寶之誚有不達者遮相是非今宗鏡廣搜祖教意足請爲徹細開拆以決深疑　答教觀難明須分四句如云一教門非理門教是能通理是所通能所異故二理門非教門吾聞解脫之中無有言說故三教門即理門文字即解脫故四理門即教門解脫即文字故又以門對教四句分別一得教不得門文字法師是二得門不得教觀慧禪師是三得門復得教聞慧法師是四門教俱不得假名阿練若是又或隨方便之詮則執權害實若達圓頓之教則了實開權執權則教觀兩分了實則人法一旨人法一旨則境智俱冥教觀兩分則信法雙現信法雙現則有觀有聞境智俱冥則無內無外斯乃隨根利鈍有此開遮若能就旨圓融目無取捨則塵塵合道信行同法行之機念念歸宗教門等觀門之旨如是則無一心可照誰執觀門無一法可聞執論教道方入宗鏡與此相應未達斯門終成隔礙且教中具述有二種修行人一是信行二是法行薩婆多明此二人位在見道因聞入者是爲信行因思入者是爲法行曇無德云位在方便自見法少憑聞力多後時要須聞法得悟名爲信行憑聞力少自見法多後時要須思惟得悟名爲法行止觀云若論利鈍者法行利內自觀法故信行鈍藉他聞故又信行利一聞即悟故法行鈍歷法觀察故或俱利或俱鈍信行人聞慧利修慧鈍法行人修慧利聞慧鈍已上且約三師所說自然不可偏執觀心與教道定據聽學與坐禪今若得一心萬邪滅矣則何心而非教若一聞千悟獲大總持則何教而非心何教而非心則心外無法何心

而非教則法外無心更約智者大師對法行二人以上觀安心隨四悉檀意以逗機宜俱令入道師即問言汝於定慧爲志何等其人若言我聞佛說善知識者如月形光漸漸圓善又如梯隥漸漸增高巧說轉令心得道大因緣志欣渴飲如犢逐母當知是則信行人也若言我聞佛說明鏡若不動色像自分明淨水無波魚石自現欣捨惡覺如弃重擔當知是則法行人也旣知根性於一人所八番安心咄善男子無量劫來飲狂散毒馳逐五塵昇沉三界猶如猛風吹兜羅毦大熱佛鑊煮豆昇沉從苦至惱從惱至苦何不息心達本以一其意意若一者何事不辦苦集得一則不輪迴無明得一不至於行乃至不至老死摧折大樹果故不造新六弊得一則度彼岸唯此爲決善巧方便種種因緣種種譬喻廣讚於止發悅其情是名隨樂欲以止安心也又善男子如天亢旱河池悉乾萬卉燋枯百穀零落娑伽羅王七日構雲四方霔雨大地霑洽一切種子皆萌芽一切根株皆開發一切枝葉皆欝茂一切華果皆敷榮人亦如是以散逸故應生善不復生已生善還退失禪定何乾道品樹滅萬善燋枯百福殘悴因華道果不復成熟若能關林一意內不出外不入靜雲興也發諸禪定即是降雨也功德叢林煖頂方便眼智明覺信忍順忍無生寂滅忍乃至無上菩提悉皆就獲善巧方便種種緣喻廣讚於止生其善根是名隨便宜以止安心也又善男子夫散心者惡中之惡如無鉤醉象蹋壞華池穴鼻駱駝翻倒負馱疾

於掣電毒逾虵舌重沓五翳埃謞曜靈瞳近霄遠俱皆不見若能修定如密室中燈能破巨闇金鎞抉膜空色朗然一指二指三指皆了大雨能淹囂塵太定能靜狂逸止能破散虛妄滅矣善巧方便種種緣喻廣讚於止破其睡散是名對治以止安心也又善男子心若在定能知世間生滅法相亦知出世不生不滅法相如來成道猶尚樂定況諸凡夫有禪定者如夜見電光即得見道破無數億洞然之惡乃至得成一切種智善巧方便種種緣喻廣讚於止即會眞如是名隨第一義以止安心也其人若言我聞寂滅都不入懷若聞分別聽受無猒即應爲說三惡燒然馳驢重楚鑊鬼飢渴不名爲苦癡闇無聞不識方隅乃是大苦多聞分別樂見法喜樂以善攻惡樂無著阿羅漢是名爲最樂從多聞人聞甘露樂如教觀察知道遠離坑塪直去不迴善巧方便種種緣喻廣讚於觀發悅其情是名隨樂欲以觀安心又善男子月開蓮華日興作務賞應隨主彩畫須膠坏不遇火無須臾用官不得尋一步不前行無觀智亦復如是一切種智以觀爲根本無量功德之所莊嚴善巧方便種種緣喻廣讚於觀生其功德是名隨便宜以觀安心又善男子智者識然然不能害武將有謀能破強敵非風何以卷雲非雲何以遮熱非水何以滅火非火何以除闇析薪之斧解縛之刀豈過智慧善巧方便種種緣喻廣讚於觀使其破惡是名對治以觀安心又善男子井中七寶闇室瓶盆要待日明日旣出已皆得明了須智慧眼觀

知諸法實一切諸法中皆以等觀入般若波羅蜜最爲照明善巧方便種種緣喻廣讚於觀令得悟解是名第一義以觀安心如是八番爲信行人說安心也其人若云我樂息心默以復默損之又損之遂至於無爲不樂分別坐馳無益此則法行根性當爲說止汝勿外尋但內守一攀覺流動皆從妄生如旋火輪輟手則息洪波鼓怒風靜則停名經云何謂攀緣謂有三界何謂息攀緣謂心無所得瑞應經云其得一心者則萬邪滅矣龍樹云實法不顚倒念想觀已除言語法皆滅無量衆罪除清淨心常一如是尊妙人則能見般若夫山中幽寂神仙所讚況湼槃澄靜賢聖尊崇佛話經云比丘在衆身口精勤諸佛咸憂比丘在山息事安卧諸佛皆喜況復結跏束手緘脣結舌思惟寂相心原一止法界洞寂豈非要道唯此爲貴餘不能及善巧方便種種因緣種種譬喻廣讚於止發悅其心是名隨樂欲以止安心其人若云我觀法相只增紛動善法不明當爲說止止是法界平正良田向法不備止捨攀緣即是檀止體非惡即是戒止體不動即是忍止無間雜即是精進止則決定即是禪止法亦無止者亦無即是慧因止會非止非不止即是方便一止一切止即是願止止愛止止見即是力此止如佛止無二無別即是智止具一切法即是祕藏但安於止何用別修諸法善巧方便種種緣喻今生善根即是隨便宜以止安心也若言我觀法相散睡不除者當爲說止大有功能止是壁定八風惡覺不能入止是淨水

蕩於貪婬八倒猶如朝露見陽則晞止是大慈悲瞋俱慈能破恚怒止是大明呪癡疑皆遣止即是佛破除障道如阿伽陀藥徧治一切如妙良醫呪枯起死善巧方便種種緣喻令其破惡是名對治以止安心其人若言我觀慧時不得開悟當爲說止止即體眞照而常寂止即隨緣寂而常照止即不止止雙遮雙照止即佛母止即佛父亦即父即母止即佛師佛身佛眼佛之相好佛藏佛住處何所不具何所不除善巧方便種種緣喻廣讚於止是爲第一義以止安心彼人言止狀沉寂非我悅樂當爲說觀推尋道理七覺中有擇覺支八正中有正見六度中有般若於法門中爲主爲導乃至成佛正覺大覺徧覺皆是觀慧異名當知觀慧最爲尊妙如是廣讚是爲隨樂欲以觀安心若勤修觀能生信戒定慧解脫解脫知見知病識藥化道大行衆善普會莫復過觀是爲隨便宜以觀安心觀能破闇能照道能除怨能得寶傾邪山竭愛海皆觀之力是爲隨對治以觀安心若觀法時不得能所心慮虛豁朦朧欲開但當勤觀開示悟入是爲用第一義以觀安心是爲八番爲法行人說安心也復次人根不定或時迴轉薩婆多明轉鈍爲利成論明數習則利此乃始終論利鈍不得一時辯也今明衆生心行不定或須臾而鈍須臾而利任運自尒非關根轉亦不數習或作觀不徹因聽即悟或久聽不解暫思即決是故更論轉根安心若法行轉爲信行逐其根轉用八番悉檀而授安心若信行轉成法行亦逐根轉用八番悉檀而授安心得此意廣略自在說之轉不轉合有三十二安心也自行安心者當察此心欲何所樂若欲息妄念相寂然是樂法行若樂聽聞徹無明底是樂信行樂寂者知妄從心出息心則衆妄皆靜若欲照知須知心原心原不二則一切諸法皆同虛空是爲隨樂欲自行安心其心雖廣分別心及諸法而信念精進毫善不生即當凝停莫動諸善功德因靜而生若凝停時涌見沉寂都無進忍當計校籌量策之令起若念念不住如汗馬奔逸即當以止對治馳蕩若靜默然無記與睡相應即當修觀破諸昏塞修止既久不能開發即應修觀觀一切法無礙無異怗怗明利漸覺如空修觀若久闇障不除宜更修止止諸緣念無能無所所我皆寂空慧將生是爲自修法行八番善巧布歷令得心安信行安心者或欲聞寂定如須彌不畏八動即應聽止欲聞利觀破諸煩惱如日除闇即應聽觀聽觀多如日燋芽即應聽止潤以定水或聽定淹久如芽爛不生即應聽觀令風日發動使善法現前或時馳覺一念亘住即應聽止以治散心或沉昏濛濛坐霧即當聽觀破此睡熟或聽止豁豁即專聽止或聞觀朗朗即專聽觀是爲自修信行八番巧安心也若法行心轉爲信行信行心轉爲法行皆隨其所宜巧鑽研之自行有三十二化他亦三十二合爲六十四安心也復次信法不孤立須聞思相資如法行者隨聞一句體寂湛然夢妄皆遣還坐思惟心生歡喜又聞止已還更思惟即生禪定又聞於止還即思惟安念皆破又聞止已還更思惟朗然欲悟又聞觀已還更思惟心大歡喜又聞觀已還更思惟生善破惡欲悟等準前可知此乃聽少思多名爲法行非都不聽法也信行端坐思惟寂滅欣踊未生起已聞止歡喜甘樂端坐念善善不能發起已聞止信戒精進倍更增多端坐治惡惡不能遣起已聞止散動破滅端坐即眞眞道不啓起已聞止豁如悟寂是爲信行坐少聞多非都不思惟前作一向根性今作相資根性就相資中復論轉不轉亦有三十二安心化他相資亦有三十二安心合六十四合前爲一百二十八安心也夫心地難安違苦順樂今隨其所願逐而安之譬如養生或飲或食適身立命養法身亦爾以止爲飲以觀爲食藥法亦爾或丸或散以除冷熱治無明病以止爲丸以觀爲散如陰陽法陽則風日陰則雲雨雨多則爛日多則燋陰如定陽如慧定慧偏者皆不見佛性八番調和貴在得意一種禪師不許作觀唯專用止引偈云思思徒自思思思徒自苦息思即是道有思終不覩又一師不許作止專主於觀引偈云止止徒自止昏闇無所以止上即是道觀觀得會理兩師各從一門入以己益敎他學者不見意一向服乳漿猶難得況復醍醐若一向作解者佛何故種種說耶天不常晴醫不專散食不恒飯世間尚尒況出世耶今隨根隨病迴轉自行化他有六十四若就三番止觀即三百八十四又一心止觀復有六十四合五百一十二三悉檀是世間安心世醫所治差已復生一悉檀是出世安心如來所

治畢竟不發世出世法互相成顯若離三諦無安心處若離止觀無安心法若心安於諦一句即足如其不安巧用方便令心得安一目之羅不能得鳥得鳥者羅之一目耳衆生心行各各不同或多人同一心行或一人多種心行如爲一人衆多亦然如爲多人一人亦然須廣施法網之目捕心行之鳥耳如是妄細種種安心利鈍齊收自他兼利若有聞者頂戴修行

宗鏡録卷第四十四

音義

屆古拜反至也 耄莫報反老耄也 虧去爲反缺也 鄙方美反恥也 狴 齡郎丁反年也 瘦 匿女力反 滕 胵 頞 殞 悴 湣 敔 恒 姐 遹 泊 遘 漩 擠 垍 礦 劑 漓 嚼 齧 霰 瀝 漬 揩 蛐 蜓 咄 駝 坏 扶 柅 默 蛆 輟 曠 瞢 鬻 鰲 攻 譎 伐 墮 膝 培 攏 溕 捕 聯 蹤

丁未歲分司大藏都監開板

宗鏡録卷第四十四　校勘記

一　底本，麗藏本。

一　四九〇頁上四行第五字「背」，磧、南作「皆」。

一　四九〇頁上九行第一一字「熏」，磧、南作「重」。

一　四九〇頁中一二行第三字「存」，清作「在」。

一　四九〇頁下二二行「闇王」，清作「匿王」。

一　四九一頁中二一行「三根」，徑作「五根」。

一　四九三頁上三行第一五字「一一」，徑、清無。

一　四九三頁上一一行「分無行」，南作「七分無行」；徑、清作「分七無行」。

一　四九三頁上一五行「自謂」，磧、南、徑、清作「自爲」。

一　四九三頁上一七行第一二字「死」，南、徑、清作「死者」。

一　四九三頁上二一行第一一字「加」，磧、南、徑、清作「如」。

一　四九三頁上二六行第二字「然」，徑作「兼」。

一　四九三頁中一二行第九字「忽」，磧作「思」。

一　四九三頁中二四行首字「想」，磧、南、徑、清作「息」。

一　四九四頁上五行第一三字「令」，磧、南、徑、清作「人」。

宗鏡録卷第四十五

駕

慧日永明寺主智覺禪師 延壽 集

夫已上是引台教明定慧二法安心次依華嚴宗釋華嚴經云於眼根中入正定於色塵中從定出示現色性不思議一切天人莫能知於色塵中入正定於眼起定心不亂說眼無生無有起性空寂滅無所作疏釋云定慧雖多不出二種一事二理制之一處無事不辦事定門也能觀心性契理不動理定門也明達法相事觀也善了無生理觀也諸經論中或單說事定或但明理定二觀亦然或敵體事理止觀相對或以事觀對於理定如起信論云止一切相乃至心不可得爲止而觀因緣生滅爲觀或以理觀對於事定此經云一心不動入諸禪了境無生名般若是也或俱通二此經云禪定持心常一緣智慧了境同三昧是也或二俱泯非定非散或即觀之定但名爲定如觀心性名上定是也或即定之觀但名爲觀如以無分別智觀名般若是也或說雙運謂即寂之照是也所以局見之者隨矚一文互相非撥偏修之者隨入一門皆有剋證然非圓暢今此經文巧顯無礙略分五對第一對根境無礙謂觀根入定應從根出而從境出者爲顯根境唯是一心緣起無二理性融通是故根入境出耳境入根出亦然第二對理事二定無礙謂分別事相應入事定而入理定欲觀性空應入理定而入事定以契即事之理而不動故入理即是入事制心即理之事而一緣故入事即是入理而經文但云入正定不言事理及乎出觀境中即云分別色相斯事觀也根中即云性空寂者理觀也亦合將根事對於境理以辯無礙第三對事理二觀無礙謂欲分別事相應從事觀起而反從理觀起以所觀之境既眞俗雙融法界不二故分別事智即是無生之智二觀唯是一心故亦應將境事理對根事理以辯無礙第四出入無礙以起定即是入定故起定而心不亂若以事理相望應成四句謂事入事起事入理起理入理起理入事起若以根境相望又成四句謂根事入境事起等一一思之皆有所由又或以理觀對於事止謂契理安息也或事觀對於理寂謂無念知境也或事觀對於事寂謂觀於一境心不動搖也或理觀對於理寂亡心照極也如百門義海云明出入定者謂見塵性空十方一切眞實之理名爲入定也然此見塵無性空理空時乃是十方之空也何以故由十方之心見於一塵是故全以十方爲塵定亦不礙事相宛然是故起與定俱等虛空界但以一多融通同異無礙是故一入多起多入一起差別入一際起一際入差別起皆悉同時一際成立無有別異當知定即起起即定一與一切同時成立出入無礙也第五對二利體用無礙謂於深根起定心不亂是體也自利也而不礙理舒於廣境是用也人天不能知利他也良以體用無二故自利即是利他此上十義同爲一聚法界緣起相即自在菩薩善達作用無礙又經且約根境相對亦應境境相對謂色塵入正受聲香三昧起復應根根相對謂眼根入正受耳根三昧起等云色性難思等者即色等想持是色陀羅尼自在佛等亦應云分別眼性難思有眼陀羅尼自在佛等又眼中云性空寂滅即眼之度門眼等本淨亦應云色等度門色等本淨不唯取相爲染無心爲淨而已也又以智論三觀束之分別色相等是假名觀也性空寂滅是空觀也此二不二色性難思中道觀也三無前後皆是一心上求無礙深妙難思始學之流如何趣入今當總結但能知事理無礙根境一如念慮不生自當無入是以事中即理何曾有礙心外無境念自不生如是則入宗鏡之一心成止觀之雙運方能究竟定慧莊嚴自利利他圓無盡行又若心不安人在三界内未入止觀門非習學之者情塵萬境意起百思投五欲旋火之輪未曾暫暇陷五濁飳牢之廄何曾暫離愛網千重密而常籠意地愛繩萬結條條而盡緊情田衆高峯於慢山積遍法界淵長波於貪海吞盡欲流若蛾聚蜂攢緣役如風偷狗竊結構譬管八苦之談是燒二死之河恒没輪迴生滅苦惱縈纏皆是不能自安心耳今爲於生死長夜無明暗室三界大夢之中獨覺悟人剖開愛網欲透苦原將求如來大寂滅樂者如前所述安心之門直下相應無先定慧定是自心之體慧是自心之用定即慧故體不離用慧即定故用不離體雙遮則俱泯雙照則俱存體用相成遮照無礙此定慧二法修行之要祖佛大旨經論同詮所以法華經云以禪定智慧力得法國土又云定慧力莊嚴以此度衆生華嚴經頌云衆生或見恒隨縛無始調

林未除翦與志共俱心並生常相羈繫不斷絕但唯妄想非實物不離於心無處所禪定境排仍退轉金剛道滅方畢竟大涅槃經云定慧等學明見佛性又云先以定動後以智拔大智度論云禪定爲父智慧爲母能生一切導師又云以業力故入生死以定力故出生死故云禪非智無以窮其寂智非禪無以發其照何者謂禪無智但是事定若得智慧觀於心性即爲上定若智不得禪乃爲散善分別慧若有定如密室燈寂而能照離動分別成實慧故若定慧雙運動寂融通則念念入三昧之門寂寂運無涯之照如上種種開示種種證明如是調停如是剖析削繁簡要去僞存真以無數萬億諸方便門皆令一切含生盡入此宗鏡如衣裹中有寶不探示之誰有知者猶室中金藏未遇智人何由發掘若珠藏內衣裏弗因親友所示爭致富饒似窮子之家珍非長者之誘引曷能承紹設或明了信入無疑更在當人尅己成辦鍊磨餘習直取相應一切時中不得忘照自量生熟各逐便宜此是修定時此是修慧時若掉散心須行三昧若惛沉意宜啓慧門若處見修位中此是行時非是證時若居究竟即內此是證時非是行時不可如二乘怱怱取證沉實際之海溺解脫之坑又不可做無聞比丘妄指無生求昇反墜似苦行外道唯投見網期悟遭迷斯定慧門是真修路照宗門之皎日泛覺海之迅航駕大白牛車之二輪昇第一義天之兩翼等學而明見佛性莊嚴而可度衆生爲法國土之王因茲二力出生死海之底全假雙修散妄亂而似風吹雲破愚闇而如日照世動邪見之深刺拔無明之厚根爲大覺海之陰陽作寶華王之父母備一乘之基地堅萬行之垣牆以此相應能入宗鏡前據台教明五百番安心法門皆爲逗機對病施藥今依祖教更有一門最爲省要所爲無心何者若有心則不安無心則自樂故先德偈云莫與心爲伴無心心自安若將心作伴動即被心謾法華經云破有法王出現世間淨名經云除去所有唯置一牀即是除妄心之有外境本空以心有法有心空境空故起信論云是故當知一切世間境界之相皆依衆生無明妄念而得建立如鏡中像無體可得唯從虛妄分別心轉心生則種種法生心滅則種種法滅故是以但得無心境自不現既無對待逆順何生以逆境故生瞋惱怨賊干懷以順境故牽愛情華箭入體能令心動故稱不安今若無心坦然無事則萬機頓赴而不撓其神千難殊對而不干其慮所以阿難執有而無據七處茫然二祖體無而自安言下成道若不直了無心之旨雖然對治折伏其不安之相常現在前若了無心觸途無滯絕一塵而作對何勞遣蕩之功無一念而生情不假忘緣之力又無心約數有二一者澄湛令無二者當體是無澄湛令無者則是攝念安禪獨消覺觀虛襟靜慮漸至微細當體是無者則直了無生以一念起處不可得故經云一念初起無有初相是真護念寶藏論云夫離者無身微者無心無身故大身無心故大心大心故則智周萬物大身故則應備無窮是以執身爲身者則失其大應執心爲心者則失其大智故千經萬論莫不說離身心破於執著乃入其實譬如金師銷鑛取金方爲器用若有身者則有身礙有身礙故則法身隱於形殼之中若有心者則有心礙有心礙故則真智隱於念慮之中故大道不通妙理沉隱六神內亂六境外緣晝夜惶惶無有止息矣夫不覩其心者而不見其微不覩其身者而不見其離若不見其離微者則失其道要故經云佛說非身是名大身心亦如是此謂破權歸實會假歸真譬如金師銷鑛取金方爲器用滅相混融以通大冶大冶者謂大道也大道冶中造化無窮流出萬宗若成若壞體無增減故經云有佛無佛性相常住所言混融相者但爲愚夫著相畏無相也所以說相者爲彼外道著於無相畏有相所以說中道者欲令有相無相不二也此皆破執除疑言非盡理若復有人了相無相平等不二無取無捨無彼無此亦無中間則不假聖人言說理自通也如上所述皆爲有心惑障若乃無心自然合道即是離其妄心真心不動如釋摩訶衍論云離心緣相者心量有十一者眼識心二者耳識心三者鼻識心四者舌識心五者身識心六者意識心七者末那識心八者阿賴耶識心九者多一識心十者一一識心如是十中初九種心不緣真理後一種心得緣真理而爲境界今據前九作如是說離心緣相本有契經中作如是說甚深真體非餘境界唯自所依緣爲境界故楞伽經云非心之心量我說爲心量者謂以

非心量爲遣心量若以非心量爲是斯即心量今謂非心量即不思議之心量者不礙心量故如華嚴經云菩薩住是不思議即非心量於中思議不可盡即之心量以二相即奪故思與非思俱寂滅又云於非心處示生於心者人多誤解情作非情非情作情者執於非心處示生於心是非情爲情者既言示生非眞無情爲有情矣大寶積經云佛言文殊汝入不思議三昧耶文殊師利言不也世尊我即不思議不見有心能思議者云何而言入不思議三昧我初發心欲入是定而今思惟實無心相而入三昧如人學射久習則巧後雖無心以久習故箭發皆中我亦如是初學不思議三昧繫心一緣若久習成就更無心想恒與定俱又先德云一念妄心纔動即具世間諸苦如人在荆棘林不動即刺不傷妄心不起恒處寂滅之樂一念妄心纔動即被諸有刺傷故經云有心皆苦無心乃樂當知妄心不起始合法身寂滅樂也問本自無心妄依何起答爲不了本自無心名妄若知本自無心即妄無所起眞無所得問何故有心即妄無心即無妄答以法界性空寂無主宰故有心即有主宰有主宰即有分劑無心即無主宰無主宰即無分劑無分劑即無生死問無心者爲當離心是無心即心得無心答即心得無心問即心是有心云何得無心答不壞心相而無分別問豈不辯知也答即辯知無能所是無心也豈渾無用始是無心譬如明鏡照物豈有心耶當知一切衆生恒自無心心體本來常寂寂而常用用而常寂

隨境鑒辯皆是實性自爾非是有心方始用也只謂衆生不了自心常寂妄計有心心便成境以即心無心故心恒是理即理無理故理恒是心理恒是心故不動心相心恒是理故不得心相不得心相故即是衆生不生不動心相故即是佛亦不生以生佛俱不生故即凡聖常自平等法界性也純一道清淨更無異法當知但有心分別作解之處俱是虛妄猶如夢中若未全覺所見纖毫亦猶是夢中事但得無心即同覺後絶諸境界但有一微塵可作脩證不思議解處俱不離三界夢中所見經云無有少法可得佛即授記無生義云不退轉天子言此佛土未曾思惟分別於我見與不見我亦不思惟佛土見與不見故知諸見從有心而生佛土無心故不見天子天子有心而不生念故言不見佛土便成不異故知有心無心俱空融大師云鏡像本無心說鏡像無心從無心中說無心人說有心說人無心從有心中說無心有心中說無心是末觀無心中說無心是本觀衆生計有身心說鏡像破身心衆生著鏡像說畢竟空破鏡像若知鏡像畢竟空即身心畢竟空假名畢竟空亦無畢竟空若身心本無佛道亦本無一切法亦本無本無亦本無若知本無亦假名假名佛道佛道非天生亦不從地出直是空心性照世間如日智論問曰若知心不可見佛何以故說如實知不可見心答曰有坐禪人憶想分別見是心如清淨珠中縷觀白骨人中見心次第相續生或時見心在身或見在緣如無邊識處但見識無量無邊破

如是等虛妄故佛言如實知衆生心衆生心自相空故無相相復次佛以五眼觀此心不可得肉眼天眼緣色故不見慧眼緣涅槃故不見初學法眼分別知諸法善不善有漏無漏等是法眼入實相中則無所分別如先說一切法無知者無見者是故不應見佛眼觀寂滅相故不應見乃至不如凡夫人憶想分別見復次五眼因緣和合生皆是作相虛誑不實佛不信不用是故言不以五眼見又問曰舍利弗知心相常淨何以故問答曰以菩薩發阿耨多羅三藐三菩提心深入深著故雖聞心畢竟空常清淨猶憶想分別取是無心相以是故問是無心相心爲有爲無若有云何言無心相若無何以讚歎是無等等心當成佛道須菩提答是無心相中畢竟清淨有無不可得不應難舍利弗復問何等是無心相須菩提答畢竟空一切諸法無分別是名無心相此無心相是即心無心非待斷滅如經云若有衆生能觀一切妄念無相則爲證得如來智慧又且無心者不得作有無情見之解若將心作無此即成有若一切處無心如土木瓦礫此成斷滅皆屬意根強知妄識邊事是以稱不思議定者以有無情見不及故又澄湛是事當體是理事有顯理之功亦有覆理之義理有成事之力亦有奪事之能各取則兩傷並觀則俱是何謂顯理若妙性未發須假事行助顯莊嚴如水澄清魚石自現何謂成事若功行未圓必仗理觀引發開導何謂覆理若一向執事坐禪反迷已眼未識玄旨徒勞念靜何謂奪事若天眞頓朗

如日消氷何須調心收攝伏捺故經偈云若學諸三昧是動非是禪心隨境界流云何名爲定是以不可執一執二定是定非但臨時隨用圓融得力自諳深淺若也歸宗順旨則理事雙消心境俱亡定慧齊泯如永嘉集云以奢摩他故雖寂而常照以毗婆舍那故雖照而常寂以優畢叉故非照而非寂照而常寂故說俗而即眞寂而常照故說眞而即俗非寂而非照故杜口於毗耶斯則不唯言語道斷亦乃心行處滅所以圓覺經云有作思惟從有心起皆是六塵妄想緣氣非實心體已如空華用此思惟辯於佛境猶如空華復結空果展轉妄想無有是處　問既不得作有無之解如何是正了無心　荅石虎山前鬬盧華水底沉　問前標宗不言法相云何已下更用廣說諸識種現熏習差別義理瑜伽唯識百法五位事相法門　荅祖佛大意唯說二空證會一心眞如本性所以百法論云如世尊言一切法無我云何一切法所謂心法云何二無我所謂人無我法無我若一切衆生但得人法俱空知一切法即心自性復更有何異法而敷演乎如瑜伽論是無著菩薩請彌勒所說論云無著菩薩位登初地證法光定得大神通事大慈尊請說此論理無不窮事無不盡文無不釋義無不詮疑無不遣執無不破行無不修果無不證正爲菩薩令於諸乘境行果等皆得善巧勤修大行證大菩提廣爲有情常無倒說乃至瑜伽中行觀無少法欲令證得及欲現觀或說究竟清淨眞如名爲瑜伽理中最極一切功德共相應故是以智者大師於淨名疏中問云今依龍樹之學何意用天親之義荅龍樹天親豈不同入不二法門乎今本爲佛教隨義有所開而用釋何得取捨定執也若分別界外結惑生死及諸行名義當細尋天親所作若觀門遣蕩安心入道何過龍樹若不取地論攝大乘論相映望者他或謂於非義理多端強說也故知菩薩製作一一關於聖典故非出自胷襟廣引證明令生聞慧宗鏡纂集大意亦同若不先明識論天親護法等剖拆根塵微細生死又焉得依龍樹觀門遣蕩如無差別無可圓融若不先盻候察其病原何以依方施其妙藥只如淨名居士位臨等覺尚有原品無明實因疾未盡現受後有生死實果疾猶存如淨名疏問實報無障礙土何得猶有煩惱四分之因疾荅開菩薩自體法界緣集即有四分所以然者取自體一實諦即是貪愛捨二邊生死即是瞋斷迷一實諦無明未盡故猶有癡也三分等取即是等分此即是根本之三毒故請觀音經云淨於三毒根成佛道無疑何況業繫凡夫分段生死之病然今時多不就已子細推尋及廣披聖典教觀俱昧理行全虧唯尚隨語依通一時遣蕩拂迹而迹不泯歸空而空不亡以不出法塵全爲影事殊不識心王心所種現根隨微細根塵生滅起處心心流注念念現行如醉如癡憎無知者智燈既闇定水全枯未審何門能得清淨但學成現高茆之語名標衆聖之前都無正念修行之門跡陷羣邪之後令普使知病識藥令得服行淨三毒之根見一心之性且如馬鳴龍樹皆是西天傳佛心印祖師馬鳴製大乘起信論廣說阿賴耶等三細識六麁相一心眞如生滅二門龍樹製摩訶衍論引一百本大乘經證說八識心王性相微細等義云何末學不紹先賢可謂綆短而不汲深泉翅弱而弗能高逝又若不先論其事相之表何以辯其體性之原如世間法未見其海岳識其波末見其山寧諳其土今欲總別雙辯理事具陳不遣事而理非圓不了理而事奚立故云理隨事現一多緣起之無邊事得理融千差涉入而無礙又從總出別因別成總不得別而何成總不因總而豈稱別則理事總別一際無差只爲今時但唯執總滯理見解不圓法眼將明而不明疑心欲斷而非斷皆是理事成礙總別不通故四弘誓願云法門無邊誓願學佛道無上誓願成何乃虛襟寸陰頓違本願守愚空坐辜負四恩若愚癡人不分菽麥似牛羊眼罔辯方隅現今對境尚不圓明豈終遇緣焉能甄別眞須達事通理徹果窮因無一法而不明無一塵而不照則見聞莫能惑境界不能拘故法華經云佛所成就第一希有難解之法唯佛與佛乃能究盡諸法實相所謂諸法如是相如是性如是體如是力如是作如是因如是緣如是果如是報如是本末究竟等故知一心實相悉是諸法諸法所生皆從現行等悉熏習第八識含藏種子爲因發起染淨差別報應爲果若不微細剖拆問荅決疑則何由到一心總別之原徹八識性相之際古德云提綱意在振網不可去網存綱舉網齊在

著衣不可棄衣取領若紙集而不敘如無綱之綱若衹敘而不集如無綱之綱故知理事雙明方通圓旨敎觀齊運始達一乘且如等覺菩薩妙果將圓却入幻網門倒學凡夫事習世間三昧具工巧神通今之所宗且明大旨須先立後破以洗情塵然即破立同時而無所破不同權敎定執敎相之有門寧比小乘唯證拼法之空理今則以別成總將偏顯圓別成總而一際無差偏顯圓而萬法齊旨開合自在隱顯無方若執之成萬有之瘡疣若定之爲四魔之根蔕此百法明門大乘菩薩初地方了乃至十方諸佛本後二智俱證俱緣若不證唯識之性不成根本智無成佛之期若不了唯識之相百法明門不成後得智闕化他之行此唯識百法者乃是有爲無爲眞俗一切法之性相根本所以經云若不證眞如焉能了諸行若不證唯識眞如之性焉能了唯識百法之行相故云根本智證百法性後得智緣百法相大乘起信論云信成就發心略說有三一發正直心如理正念眞如法故二發深重心樂集一切諸善行故三發大悲心願拔一切衆生苦故問一切衆生一切諸法皆同一法界無有二相據理但應正念眞如何假復修一切善行救一切衆生荅不然如摩尼寶本性明潔在礦穢中假使有人勤加憶念而不作方便不施功力欲求清淨終不可得眞如之法亦復如是體雖明潔具足功德而被無邊客塵所染假使有人勤加憶念而不作方便不修諸行欲求清淨終無得理是故要當集一切善行救一切衆生離彼無邊客塵垢染顯現眞法起信疏云一直心正念眞如法者即心平等更無別岐何有迴曲即是二行之根本二深心者是窮原義若一善不備無由歸原歸原之來必具萬行故言樂集諸善行故即是自利之行本也大悲心者是普濟義故言欲拔衆生苦故即是利他之行本也又此初一直心唯正念眞如之法是宗是本因此起深重心大悲心是行又開此直心爲十心一廣大心謂誓願觀一切法悉如如故二甚深心謂誓願觀眞如要盡原底故三方便心謂推求簡擇趣眞方便故四堅固心謂設逢極苦樂受此觀心不捨離故五無間心謂觀此眞理盡未來際不覺其久故六折伏心謂若失念煩惱暫起即便覺察折伏令盡使觀心相續故七善巧心謂觀眞理不礙隨事巧修萬行故八不二心謂隨事萬行與一味眞理融無二故九無礙心謂理事既全融通不二還令全理之事而相即入故十圓明心謂頓觀法界全一全多同時顯現無障無礙故即此十心理行具足且無理不能導行無行不能成理可謂即眞如之理成眞如之行無有一法能出唯識之性相矣是知一心爲萬法之性萬法是一心之相相即性之相是一中之多性即相之性是多中之一若不了性亦不了相其相即妄若不識相亦不識性其性即孤應須性相俱通方得自他兼利如首楞嚴經云幻妄稱相其性眞爲妙覺明體是以若偏執相而成妄定據性而沉空今則性相融通眞妄交徹不墮斷常之見能成無盡之宗故知若欲深達法原妙窮佛旨者非上智而莫及豈下機而能通所以法華經偈云如是大果報種種性相義我及十方佛乃能知是事又見解圓明是目行解相應是足目足更資理行扶助可趣涅槃之域能到清涼之池若定慧未熏如摩尼之匿礦性相不辯猶古鏡之未磨欲望雨寶鑒容無有是處若意珠既淨心鏡纔明更以萬行熏修轉加光潔如華嚴經云佛子譬如金師善巧鍊金數數入火轉轉明淨調柔成就隨意堪用菩薩亦復如是供養諸佛敎化衆生皆爲修行清淨地法所有善根悉以迴向一切智地轉轉明淨調柔成就隨意堪用然雖萬行磨練皆是自法所行如先德云一切佛事無邊化門皆依自法融轉而行即自心中有眞如體大今日體解引出法身由心中有眞如相大今日了達引出報身由身中有眞如用大今日修行引出化身乃至十波羅蜜一切塵沙萬行但是自心中引出未曾心外得一法行一行若言更有從外新得者即是魔王外道說　問信入此法還有退者否　荅信有二種一若正信堅固諦了無疑理觀分明乘戒兼急如此則一生可辦誰論退耶二若依通之信觀力尩浮習重境強遇緣即退如華嚴論云如涅槃經聞常住二字尚七世不墮地獄如華嚴經云設聞如來名及所說法不生信解亦能成種必得解脫至成佛故何故經言第六住心及從凡夫信位猶言有退此意若爲和會解云十信之中勝解未成未得謂得便生憍慢不近善友不敬賢良爲慢怠故久處人天惡業便起

能成就大地獄業若一信不慢常求勝友即無此失若權教第六住心可有退位實教中爲稽滯者責令進修如舍利弗是示現聲聞非實聲聞所作方便皆度衆生使令進策如權教中第六住心可説實退何以故地前三賢揔未見道所修作業皆是有爲所有無明皆是折伏功不強者便生退還若折伏有力亦不退失如蛇有毒爲呪力故毒不能起但於佛法中種於信心謙下無慢敬順賢良於諸惡人心常慈忍於諸勝已者諮受未聞所聞勝法奉行無妄所有虛妄依教蠲除於三菩提道常勤不息夫爲人生之法法合如然但不長惡而生何須慮退華嚴疏云深心信解常清淨者信煩惱即菩提方爲常淨由稱本性而發善提心本來是佛更無所進如在虛空退至何所

宗鏡録卷第四十五

音義

聳息拱反高也 蜂敷容反 攢在丸反木叢也 羈居宜反馬絡也 誘与久反引也敎也 迅私閏反疾也 航胡郎反舩也 鑛古猛反金璞也 轂古木反 捺奴曷反手按也 諳烏含反 𣂯 綆古杏反井索 翅施智反鳥翼 奚胡雞反何也 疣羽求反結病也 蕭蘇彫反草木

實

丁未歲分司大藏都監開板

宗鏡録卷第四十五

校勘記

一 底本，麗藏本。

一 四九八頁中一七行首字「千」，磧、南作「千」。

一 五〇〇頁中一二行第一〇字「胗」，磧、徑、清作「診」。

一 五〇〇頁中一五行第一二字「無」，磧、南、徑、清作「業」。

一 五〇〇頁下二〇行首字「真」，磧、徑、清作「直」。

一 五〇〇頁下末行第一三字「網」，磧、南、徑、清作「綱」。

一 五〇一頁中一五行首字「即」，磧、南作「如」。

一 五〇一頁下一七行第二字「身」，徑作「心」。

一 五〇二頁上一一行第一四字「蹁」，磧作「躅」。

宗鏡録卷第四十六　篤

慧日永明寺主智覺禪師　延壽　集

夫欲顯正宗先除邪執者約外道小乘諸古師等謬解唯識正理凡有幾種　荅不達唯識眞性邪執蓋多宗鏡所明正爲於此如唯識論云復有迷謬唯識理者或執外境如識非無或執内識如境非有或執諸識用別體同或執離心無別心所古釋云或執外境如識非無者此即有宗依十二處教執心境俱有是第一義論云或執内識如境非有者釋曰此破清辯依密意空教撥識亦無論云或執識用別體同者釋曰即大乘一類菩薩言八識體唯是一也如一水鏡多波像生論云或執離心無別心所者釋曰此即經部覺天所計以經言士夫六界染淨由心無心所故雖於蘊中亦有心所但於識上分位假立無別實有慈恩大師釋護法菩薩唯識論中略有四種一清辯順世有境無心二中道大乘有心無境三小乘多部有境有心四邪見一說都無心境又四句分別一有見無相謂正量師不作相分而緣境也二有相無見謂清辯師三相見俱有餘部及大乘等四相見俱無即安慧等大乘起信論云對治邪執者一切邪執皆依我見若離於我則無邪執是我見有二種云何爲二一者人我見二者法我見人我見者依諸凡夫說有五種云何爲五一者聞脩多羅說如來法身畢竟寂寞猶如虛空以不知爲破著故即謂虛空是如來性云何對治明虛空相是其妄法體無不實以對色故有是可見相令心生滅以一切色法本來是心實無外色若無色者則無虛空之相所謂一切境界唯心妄起故有若心離於妄動則一切境界滅唯一眞心無所不徧此謂如來廣大性智究竟之義非如虛空相故二者聞脩多羅說世間諸法畢竟體空乃至涅槃眞如之法亦畢竟空從本已來自空離一切相以不知爲破著故即謂眞如涅槃之性唯是其空云何對治明眞如法身自體不空具足無量性功德故三者聞脩多羅之藏無有增減體備一切功德之法以不解故即謂如來之藏有色心法自相差別云何對治以唯依眞如義說故因生滅故染義示現說差別故四者聞脩多羅說一切世間生死染法皆依如來藏而有一切諸法不離眞如以不解故謂如來藏自體具有一切世間生死等法云何對治以如來藏從本已來唯有過恒沙等諸淨功德不離不斷不異眞如義故以過恒沙等煩惱染法唯是妄有性自本無從無始世來未曾與如來藏相應故若如來藏體有妄法而使證會永息妄者則無是處故五者聞脩多羅說依如來藏故有生死依如來藏故得涅槃以不解故謂衆生有始以見始故復謂如來所得涅槃有其終盡還作衆生云何對治以如來藏無前後際故無明之相亦無有始若說三界外更有衆生始起者即是外道經說又如來藏無有後際諸佛所得涅槃與之相應則無後際故法我見者依二乘鈍根故如來但爲說人無我以說不究竟見有五陰生滅之法怖畏生死妄取涅槃云何對治以五陰法自性不生則無有滅本來涅槃故復次究竟離妄執者當知染法淨法皆悉相待無有自相可說是故一切法從本已來非色非心非智非識非有非無畢竟不可說相而有言說者當知如來善巧方便假以言說引導衆生得其旨趣者皆爲離念歸於眞如以念一切法令心生滅不入實智故但是不了正因緣皆成外道所執有四一不知有情業緣執之爲道或執自然二不知共業所感空劫執爲渾沌之氣三不知空後成劫執爲清濁兩分四不知上界有情下生執爲天地變化故知見網難出邪解易生如止觀細推觀諸見境者非一曰諸邪解攝見又解知是見義推理不當而偏見分明作決定解名之爲見夫聽學人誦得名相齊文作解心眼不開全無理觀據文者生無證者死夫習禪人唯尚理觀觸處心融闇於名相一句不識誦文者守株情通者妙悟兩家互闕論評皆失大約邪見有三一佛法外外道者本原有三一迦毗羅外道此翻黃頭計因中有果二漚樓僧佉此翻休睺計因中無果三勒沙婆此翻苦行計因中亦有果亦無果又入大乘論迦羅所說有計一過作者與作一相與相者一分與有分一如是等名爲計一優樓佉計異迦羅鳩駄計一異若提子計非一非異一切外道及摩迦羅等計異皆不離此四從三四外道派出枝流至佛出時有六大師所謂富蘭那迦葉姓也計不生不滅末伽梨拘賒梨子計衆生苦樂無有因緣自然而爾刪闍夜毗羅胝子計衆生時熟得道入万劫苦盡自解脫如縷丸綿盡自止阿

耆多翅舍欽婆羅欽婆羅麁衣也計罪報之苦以投巖拔髮代之迦羅鳩馱迦旃延計亦有亦無尼揵陁若提子計業所作定不可改二附佛法外道者起自犢子方廣自以聰明讀佛經書而生一見附佛法起故得此名犢子讀舍利弗毗曇自制別義言我在四句外第五不可說藏中云何四句外邪計色即是我離色有我色中有我我中有色四陰亦如是合二十身見大論云破二十身見成須陁洹即此義也今犢子計我異於六師復非佛法論諸皆推不受便是附佛法邪人法也或云三世及無為法為四句也又方廣道人自以聰明讀佛十喻自作義云不生不滅如幻如化空幻為宗龍樹斥云非佛法理方廣所作亦是邪人法也三學佛法成外道執佛教門而生煩惱不得入理大論云若不得般若方便入阿毗曇即墮有中入空即墮無中入昆勒墮亦有亦無中中論云執非有非無名愚癡論倒執正法還成邪人法也若學摩訶衍四門既失般若意為邪見火所燒四成邪人法乃至若於觀支忽解無明轉即變為明明具一切法或謂無明不可得變為明明何可得此不可得亦具一切法或謂法性之明亦可得亦不可得非可得非不可得一門即三門三門即一門此解明利所破無不壞所存無不立無能論勝亦復自謂是無生忍如此解者是圓教四門見發也又大乘四門皆成見者實語是虛妄生語見故涅槃是生死起貪著故多服甘露傷命早夭失方便門墮於邪執故稱內邪見也又此土振旦亦有其

叢周弘正釋三玄云易判八卦陰陽吉凶此約有明玄老子虛融此約無明玄莊子自然約有無明玄自外枝派祖原出此今且約此以明得失如莊子云貴賤苦樂是非得失皆其自然若言自然是不破果不辯先業即是破因禮制仁義衛身安國若不行用滅族亡家但現世立德不招後世報是為破果不破因若言慶流後世并前則是亦有果亦無果也約一計即有三行一謂計有行善二計有行惡三計有行無記如玄理分應爾富貴不可企求貧賤不可怨避生無足欣死何勞畏將此虛心令居貴莫憍處窮不悶貪恚心息安一懷抱以自然訓物作入理啅徹此其德也德有多種若言常無欲觀其妙無何等欲忽玉璧棄公相洗耳還牛自守高志此乃棄欲界之欲攀上勝出之妙即以初禪等為妙何以得知莊子云皇帝問道觀神氣見身內衆物以此為道似如通明觀中發得初禪之妙若言諸苦所因貪欲為本若離貪欲即得涅槃此無三界之欲此得滅止妙離之妙又法名無染若染於法是染涅槃無此染欲得一道微妙妙此諸欲欲妙皆無汝得何等尚不識欲界欲初禪妙況後欲妙耶若興權論乃是逗機漸引復相論欲妙不得彰言了義而說但息諍企之欲觀自然之妙論謙之行既除仁讓之風斯在此皆計有自然而行善也又計自然任運恣氣亦不運御從善亦不勤役作惡若傷神和不會自然雖無取捨而是行無記行業未盡受報何疑若計自然作惡者謂萬物自然恣意造惡終歸自然斯乃

背無欲而恣欲違於妙而就麁如莊周斥仁義雖防小盜不意大盜揭仁義以誅其國本以自然息欲乃攜自然而為惡此義可知也已上外道及內道執見有二並決真偽者一就所起法並決二就所依法並決一今通從外外道四句乃至圓四門外道見通韋陁乃至圓門三念處三解脫名數是同所起見罪繫縛無異譬如金鐵二鏁又從外道四句乃至圓門四見名雖清異所起煩惱體是汙穢譬如玉鼠二璞又從外道四句乃至圓門四見雖同研鍊有成不成譬如牛驢二乳又從外道四句乃至圓門四見有害不害譬如迦羅鎮頭二果所計神我乃是縛法非自在我各執已是餘為妄語至相是非何關如實自謂真道翻開有路望得涅槃方沉生死自言諦當終成邪僻愛處生愛瞋處生瞋雖起慈悲愛見悲耳雖安塗割乃生滅強忍雖一切智世情推度雖得神通根本變化有漏變化所讀韋陀世智所說非陀羅尼力非法界流雖斷結使如屈步蟲世醫所治差已更發八十八使集海浩然三界生死苦輪無際沉著有漏永無出期皆是諸見幻偽豈可為真實之道也二約所依法異者一切諸見各依其法三外外道是有漏人發有漏法以有漏心著於著法著法著心體是諍競非但因時捉頭拔髮發諸見已謂是涅槃執成見猛毒增闔盛所依之法非真所發之見亦偽也此雖邪法若猫得意以邪相入正相如華飛葉動藉少因緣尚證支佛何況世間籍法然支佛雖正華葉終非正教外外密悟而其法門但

通諸見非正法也皆由著心於著法因果俱闘諍莫是邪法生邪見也若三藏四門是出世聖人得出世法體是清淨滅煩惱處非唯佛經是正法五百所申亦能得道妙勝定云佛去世後一百年十萬人出家九萬人得道二百年時十萬人出家一萬人得道當知以無著心不著無著法從心真正覺悟無常念念生滅朝不保夕志求出要不封門生滯而起戲論譬如有人欲速見王受賜拜職從四門入何暇盤停諍計好醜知門是通途不須諍計如藥爲治病不應分别速出火宅盡諸苦際真明發時證究竟識畢竟無諍無諍則無業無業則無生死但有道滅心地坦然因果俱無闘諍俱滅唯有正見無邪見也復次四門雖是正法若以著心著此四門則生邪見見四門異於滯因時多起闘諍譬如有人又住城門分別瓦木評薄精麁謂南是北非東巧西拙自作稽留不肯前進非門過也著者亦爾分別名相廣知煩惱多謂道品要名聚衆娛衒求遠打自大鼓竪我慢幢誇耀於他互生闘諍捉頭拔髮八十八使瞋愛浩然皆由著心於正法門而生邪見所起煩惱與外外道更無有異論所計法天地懸殊方等云種種問橋智者所訶人亦如是爲學道故修此四門三十餘年分別一門尚未明了功夫纔著年已老矣無三種味空生空死虚弃一期如彼問橋有何利益此由著心著無著法而起邪見次通教四門體是正法近通化城前由此直入拙雖殊通處無別如天門直華餘門曲陋不住二門俱得通進若數瓦木二俱

遲壅若不稽留法門若因若果俱無諍著是名無著心不著無著法不生邪見也復次以著心著此直門亦生邪見或爲名爲衆爲勝爲利分別門相瞋愛慢結因此得生譬如以毒內良藥中安得不死以見著毒入正法中增長苦集非如來咎利根外道以邪相入正相今著無著成佛弟子鈍根內道以正相入邪相今無著有著成邪弟子豈不悲哉別圓四門巧拙利鈍俱通究竟涅槃因不住著果無闘諍若封門起見則生煩惱與漚樓佉等以此而觀如明眼人臨於涇渭豈容迷名而不識清濁也輔行記釋云金鐵二鎖者大智度論云譬在囹圄桎梏所拘雖復蒙赦更繫金鏁人爲受繫如在囹圄雖得出家更著禁戒如繫金鎖今借譬此內外生著在獄鐵鎖如外計逢赦金鎖如內計金鐵雖殊被縛義等佛法雖勝見繫無差玉鼠二璞者璞者玉也鄭重三璞若有得者與其厚賜周人聞之緄其厚賜周人風俗名死鼠爲王璞乃將詣鄭鄭人笑之其人悟已苔鄭人曰楚人鳳凰其實山鷄以楚王重鳳有不識鳳者路有擔山鷄者問之曰此何鳥擔者知其不識乃戲曰鳳凰其人謂實便問擔者販耶苔販問幾錢苔萬錢用價買之擬欲上王得已便死楚王聞之愧而召問王亦謂實乃以十萬錢賜之故知周鄭之體淨穢永殊無著如鄭起見如周名同體異此之謂也有於三藏乃至圓敎四門之名義如璞起於見愛其如死鼠牛驢二乳者又論云餘處或有好語亦從佛經中出若非佛法初聞以好久則不妙譬如驢

乳其色雖同抨但成糞故佛法外道語同有不殺慈悲之言搜窮其實盡歸虛妄今此亦爾外計雖有有無等言研覈無實盡是虛妄佛法大小一十六門雖云有無但破執心自歸正轍故云有成不成於外起計如驢乳藏等起計如牛乳乳名雖同其體永別見名雖等所執各異外雖除執無理可成藏等離著自入正轍又大智度論云謂佛教如牛乳修得解脫如抨得酪生熟酥等外道教猶彼驢乳本非出酪之物外道之教無解脫味故抨驢乳但成屎尿依外道教行但招苦果無所成益迦羅鎭頭二果者大涅槃經云善男子如迦羅林其樹衆多唯有一株鎭頭迦樹二果相似是果熟時有一女人悉皆拾取鎭頭迦果唯有一分迦羅迦果乃有十分女人不識持來詣市凡愚不識買迦羅迦噉已命終有智人輩聞是事已問是女人汝於何處得是果來女人示處諸人即言彼方多有無量迦羅迦樹唯有一株鎭頭迦樹諸人知已笑而捨去經譬僧伽藍清濁二衆今借以譬內見外見二見名同有害不害如外見發詮無因果歸於邪無著內見起猶執大小經論所詮害謂損其善根故知或名同體異不可雷同或名異體同應須甄別邪正既辯玉石俄分不濫初修深禪後學又華嚴演義云此方儒道玄妙不越三玄周易爲真玄老子爲虛玄莊子爲談玄老子道德經云道生一一生二二生三三生萬物注云一者沖和之氣也言道動出沖和妙氣於生物之理未足又生陽氣陽氣不能獨生又生陰氣積沖氣之一

故云一生二生積陽氣之二故云二生三陰陽含孕沖氣調和然後萬物阜成故云三生萬物次下又云萬物負陰而抱陽沖氣以爲和上來皆明萬物自然生也莊子宗師篇云在太極之先而不爲高在六合之下而不爲深先天地生而不爲久長於上古而不爲老注云言道之無所不在也故在高爲無高在深爲無深在久爲無久在老爲無老無所不在所在皆無也又云知天之所爲知人之所爲注云知天之所爲者自然也意云但有知有爲皆不爲而爲故自然也今斷云若以自然爲因者斷義也即老子意曰道生一道是自然故以爲因是邪因也又若謂萬物自然而生即莊子意則萬物自然無使之然故曰自然即無因也如烏之黑即莊子文涅槃經意同易云一陰一陽謂之道陰陽不測謂之神釋云一謂無也無陰無陽乃謂之道一得爲無者無是虛無虛空不可分別唯一而已故以一爲無也若有境則有彼此相形有二有三不得爲一故在陰之時而不見爲陰之功在陽之時而不見爲陽之力自然而有陰陽自然無所營爲此則道之謂也今斷云若以陰陽變易能生即是邪因又一者無也即是無因若計一爲虛無自然則皆無因也則人自然生應常生人不待父母等衆緣菩提自然生則一切果報不由修得又易云寂然不動感而遂通天下之故禮云人生而靜天之性也感物而動性之欲也後儒皆以言詞小同不觀前後本所建立致欲渾和三教但見言有小同豈知義有大異是知不入正宗

爲知言同意別未明已眼掌鑒名異體同所以間語者迷據文者惑恐參大旨故錄示之且如外道說自然以爲至道不成方便仍壞正因佛教亦說自然雖成正教猶是悉檀對治未爲究竟以此一例其餘可知又直饒見超四句始出單四句猶有複四句具足四句且單四句者一有二無三亦有亦無四非有非無複四句者一有有有無二無有無無三亦有亦無有亦有亦無無四非有非無有非有非無無而言複者四句之中皆說有無具足四句者四句之中皆具四故第一有句具四者謂一有有二有無三有亦有亦無四有非有非無第二無句中具四者一無有二無無三無亦有亦無四無非有非無第三亦有亦無具四者一亦有亦無有二亦有亦無無三亦有亦無亦有亦無四亦有亦無非有非無第四非有非無具四者一非有非無有二非有非無無三非有非無亦有亦無四非有非無非有非無上四一十六句爲具足四句第四絕言四句者一單四句外一絕言二複四句外一絕言三具足四句外一絕言有三絕言上諸四見一一皆有八十八使相應是見即外道見故若約佛法歷四教四門各生四見又一種四門各一絕言如是一一六各有八十八使六十二見百八等惑百法鈔云破邪執者即二邊之邪執總有三種二邊一外道斷常二邊如有外道一向執常即四徧常論等是此即常見邊又有外道一向執斷即七斷滅論是此即斷見邊第二小乘假實二邊或有小乘一向執假即一說部等執一

切法但有假名而無實體即是著假邊又有小乘一向執實即薩婆多及犢子部等執諸法皆實即是著實邊第三大小乘空有二邊即小乘有部等執心外有法是著有邊大乘清辯菩薩等撥菩提涅槃悉無即是著空邊顯中道者有二一假施設中道二眞實中道眞實中道有三一者能證淨分依他是其妙有智起惑盡名曰眞空妙有眞空正處中道二者能證有爲是其妙有所證眞理名曰眞空妙有眞空正處中道三者唯於法身上說本來實性名爲妙有即此實性便是眞空妙有眞空正處中道二假施設中道者即佛於後得智中而假施設亦有三種一者不斷不常中道謂佛經中說有異熟識爲總報主此陰纔滅彼陰便生即不是斷此破外道斷常二邊又說生滅不定名曰無常即是不常二者不假不實中道者謂佛經中說一切色心從種而生者即是不假依此分位或有相形即是不實稱實而談正處中道此破小乘假實二邊三者不有不無中道即經說我法徧計即是不有依圓妙有即是不無離有離無正處中道此破大小乘空有二邊是以欲執二邊之情即背中道之理纔作四句之解便失一乘之門須知非離邊有中亦非即邊是中若離邊求中則逸見來氓若即邊是中中解猶存是以難解難知唯深般若執之如大火聚四邊不可觸之了之若清涼池諸門皆可入矣故知法無定相迴轉隨心執即成非達之無咎如四句法通塞猶人在法名四句悟入名四門妄計名四執毀法名四謗是知

四句不動得失空生一法無差昇沉自異又唯心訣破一百二十種見解云或和神養氣而保自然或苦質摧形而為至道或執無著而椿立前境或求靜慮而伏捺妄心或剗情滅法以凝空或附影緣塵而抱相或養靈原之真照或殞佛種之正因或純識凝神受報於無情之地或澄心泯色住果於八難之天或著有而守乾城或撥無而同兔角或絕見而居闇室或立照而存所知或認有覺是真佛之形或効無知同木石之類或執妄取究竟之果如郢泥是瓶或忘緣趣解脫之門似撥波求水或外騁而妄興夢事或內守而端居抱愚或宗一而物像同如或見異而各立法界或守愚癡無分別而為大道或尚空見排善惡而作真修或解不思議性作頑空或體真善妙色為實有或修沉機絕想同有漏之天或學覺觀思惟墮情量之域或不窮妄性作冥初之解或昧於幻體立空無之宗或認影像而為真或捨虛妄而求實或認見聞性為活物或指幻化境作無情或起意而乖寂知或斷念而虧佛用或迷性功德而起色身之見或據畢竟空而生斷滅之心或執大理而頓弃莊嚴或迷漸說而一向造作或據體離緣而堅性執或忘泯一切而守已愚或定人法自爾而墮無因或執境智和合而生共見或執心境混同亂能所之法或著分別真俗縛智障之愚或守一如不變而墮常或定四相所遷而沉斷或執無修而袪聖位或言有證而背天真或耽依正而隨世輪迴或猒生死而喪真解脫或迷真空而崇因著果或昧實際而欣佛猒魔或著隨宜所說而守語為真或失音聲實相而離言求默或宗教乘而猒自性之定或弘禪觀而斥了義之詮或闘奇特而但顧出身俄沉識海或作淨潔而唯求玄密反墮陰城或起殊勝知解而斡肉為瘡或住本性清淨而執藥成病或尋文採義而飲客水或守靜居閑而坐法塵或起有得心談無相大乘或運啇度想探物外玄旨或廢詮起絕言之見或存詮招執指之機或認動用而處生滅根原或專記憶而住識想邊際或安排失圓覺之性或縱任虧入道之門或起身心精進而滯有為或守任真無事而沉慈縛或專計念勤思而失於正受或傲無礙自在而放捨修行或隨結使而恃本性空或執纏蓋而妄加除斷或保重而生法愛或輕慢而毀佛因或進求而乖本心或退墮而成放逸或語證相違而虧實地或體用各掾而乖佛乘或欣寂而住空失大悲之性或泯緣而猒假違法爾之門或著我見而昧人空或迷現量而堅法執或解不兼信而滋邪見或信不具解而養無明或云人是而法非或隨境深而智淺或取而迷物性或捨而乖即真或離而違因或即而亡果或非而謗實或是而毀權或惡無明而背不動智門或憎異境而壞法性三昧或據同理而起增上慢或貶別相而破方便門或是菩提而謗正法輪或非衆生而毀真佛體或著本智而非權慧或迷正宗而執化門或滯理溺無為之坑或執事投虛幻之網或絕邊泯迹違雙照之門或保正存中失方便之意或定慧偏習而燋爛道芽或行願孤興而沉埋佛道或作無作行修有為菩提或著無著心學相似般若或趣淨相而迷垢實性或住正位而失俗本空或立無相觀而障顯真如或起了知心而違背法性或守真詮而生語見服甘露而早終或執圓理而起著心飲醍醐而成毒已上略標一百二十種見解並是迷宗失旨背湛乖真捏目生華迷頭認影若敲冰而索火如緣木以求魚畏影逃空捫風捉電若非甘種砂豈飯因皆不能以法性融通一旨和會盡迷方便悉入見纏不達正宗皆投見網綿密難出如曲木曳於稠林勢猛力強猶濬河漂於香象所以天魔外道本無其種修行失念遂派其原故知但有所重所依立知立解絲毫見處不亡皆成外道如華嚴經頌云以法無性故無有能了知如是解諸法究竟無所解以法無自體憑何作解如辯兔角之大小了龜毛之短長理事俱虛可取笑於天下情塵自隔實長道於目前如華嚴論云見在即凡情亡即佛祖師云不用求真唯須息見法華經云此法非思量分別之所能解圓覺經云若以思惟心測度如來圓覺境界如將螢火燒須彌山終不能著斯皆是有作世俗之心豈能採無作出世之旨如先德云俗務者非但執來運斤名為俗務坐馳五塵六欲即是世務又專念空無相願亦是世務又命蒼生塗炭慈悲慰拔亦是世務若能念念於無念非念非無念一心中貴方非世務是以若實悟宗之人尚不得無見無解豈可更隨言執意而起有見有解乎如大法鏡經云若諸

菩薩隨言取義不如正理思擇法故便生二
十八不正見謂初相見者謂聞大乘經中所
說一切諸法皆無自性無生無滅本來寂靜
自性涅槃等言不善密意但隨此言義便生
勝解謂佛所說一切諸法定無自性定無生
等執著如是無性等相是名相見彼執著如
是無性等相時便謗三自性謂徧計所執自
性依他起自性圓成實自性等是知若謗此
三性則撥眞俗二諦等一切法所以有無二
見爲諸見本若能斷於諸見自然以宗鏡相
應華手經云爾時世尊告舍利弗所言正見
爲何謂也舍利弗其正見者無高無下等觀
諸法乃至又正見者無一切見何以故諸有
所見皆是邪見無一切見即是正見佛藏經
云佛言一切諸見皆從虛妄緣起舍利弗若
作是念此是正見是人即是邪見舍利弗於
聖法中拔斷一切諸見根本悉斷一切諸語
言道如虛空中手無罣礙諸沙門法皆應如
是又云佛言舍利弗諸佛阿耨多羅三藐三
菩提唯是一義所謂離也何等爲離離諸欲
諸見欲者即是無明見者即是憶念何以故
一切諸法憶念爲本所有念想即爲是見見
即是邪是以若能離見即成諸佛十方稽首
萬類歸依如中觀論云瞿曇大聖主憐愍說
是法悉斷一切見我今稽首禮又夫遠離二
邊住於中道者約華嚴經釋略舉四種以等
一切一者染淨約惑二者縛脫通惑業三者
有無通事理四者一異約心境何以有此謂
成菩提既離細念妄惑盡已顯現法身智慧
純淨若爲此見未免是邊故經云若有見正

覺解脫離諸漏不著一切世此非證道眼令
了於惑體性本空復無所淨故離二邊又染
淨交徹故無住著是曰離邊縛脫者謂昔常
被惑業繫縛流轉無窮今謂菩提釋然解脫
若爲此見即是住邊菩薩智了本自無縛於
何有解無縛無解則無苦樂故得離耳有無
通事理者若昔謂惑有今了惑空昔謂心空
今知妙有又眞樂本有失而不知妄苦本空
得而不覺今日始知空者妄苦有者涅槃若
如是知並未離邊又煩惱業苦本有今無菩
提佛身本無今有等皆三世有法菩提之性
不屬三世故三世有無皆是邊攝眞智契理
絕於三世故離有無之二邊等一異有二一
者心境不了則二契合則一亦成於邊二者
生佛有異今了一性亦名爲邊今正覺了此
中無有二亦不有無二若善見者如理安住
故離此邊令一契菩提一切都寂故云遠離
義淨禪師云瑜伽則眞有俗無以三性爲本
中觀乃眞無俗有實二諦爲先般若大宗舍
斯兩意致使東夏則道分南北西方乃義隔
有空如上所說或諸凡夫執有著空情見非
一四倒八邪之執五諦二見之愚或諸賢聖
判教分宗智解亦別三時八教之道五性十
宗之科未顯圓文或得或失若入宗鏡正解
分明體用相含心境交涉空具德而徹萬有
之表事無礙而全一理之中又若究竟欲免
斷常邊邪之見須明華嚴六相義門則能任
法旋爲自亡能所隨緣動寂不壞有無具大
摠持究竟無過矣此六相義是辯世間法自
在無礙正顯緣起無分別理若善見者得智

摠持門不墮諸見不可廢一取一雙立雙亡
雖摠同時繁興不有縱各具別冥寂非無不
可以有心知不可以無心會詳法界內無摠
別之文就果海中絕成壞之旨今依因門智
照古德略以喻明六相義者一摠相二別相
三同相四異相五成相六壞相摠相者譬如
一舍是摠相椽等是別相椽等諸緣和同作
舍各不相違非作餘物故名同相椽等諸緣
遞互相望一一不同名異相椽等諸緣一多
相成名成相椽等諸緣各住自法本不作故
名壞相又椽即是舍爲椽獨能作舍若離椽
舍即全不成故若得椽時即得舍故所以椽
非是少力共成皆是全力故舍既即是椽餘
瓦木等摠並是椽若卻椽即舍無故舍壞故
不名瓦木等是故瓦木等即是此椽也若不
即椽者舍即不成椽瓦木等皆不成今既並
成故知相即耳椽即瓦木等一椽既爾餘一
切緣例然是故一切緣起法不成即已成也
別相者椽等諸緣別於摠故若不別者摠義
不成由無別時即無摠故以因別而得摠故
是故別者以摠爲別也如椽即舍故名摠相
即是椽故名別相若不即舍不是椽若不即
椽不是舍例如若不即摠不名別若不即別
不名摠問若相即者云何說別答只由相即
是故成別若不相即者摠在別外故非摠也
別在摠外故非別也同相者椽等諸緣和同
作舍不相違故皆名舍緣非作餘物故名同
相摠相唯望一舍說令此同相約椽木等諸
緣說雖體各別成力義齊故名同相若不同
者椽等諸緣互相違故皆不同作舍舍不得

有故即是斷也若相違不作舍而執有舍者無因有舍故即是常也異相者椽等諸緣隨自形類相差別故問若異者應不同耶答只由異故所以同耳今既舍成同名緣者當知異也又因同不異故方說於諸法異耳是以經云奇哉世尊能於無異法中而說諸法異前別相者俱椽等諸緣別於一舍故今異相者椽等諸緣遞互相望各各異故若不異者壞本緣法不成舍故即是斷若壞緣不成舍而執有舍無因有者即是常也成相者以諸緣各住自法本不作故舍義得成若椽作舍即失本椽法故舍義不得成壞相者椽等諸緣各住自法本不作故是壞義若椽作即失椽法失椽法故舍即無椽不得有舍是斷也若失椽法而有舍者無椽即無因無因而有舍即是常也是故真如一心爲總相能攝世出世間一切法故約攝諸法得總名能生諸緣成別號法法皆互爲同相相不等稱異門建立境界故稱成不動自位而爲壞又云一總相者一舍多德故二別相者多德非一故三同相者多義不相違故四異相者多義不相似故五成相者由此諸義緣起成故六壞相者諸緣各住自法不移動故此上六相義門是菩薩初地中觀通世間一切法門能入法界之宗不墮斷常之見者一向別途行位而無宗若一向同失進修而闕義所以位位即佛齊落死生重重鎮居本位不動漸則同異俱濟理事不斷因果無差迷悟全別欲論大旨六相還同夢裏渡河若約正宗十地猶如空中鳥跡若約圓修斷惑對治習氣非無理行相資闕一不可是以文殊以理印行差別之道無虧普賢以行會理根本之門不廢如上微細擇見真實識心可謂教觀相應境智冥合正助齊運目足更資則定可以繼先德之後塵紹覺王之末裔矣

宗鏡録卷第四十六

音義

評 [illegible]
佉 [illegible]
鵠 [illegible]
狐 [illegible]
賒 [illegible]
企 [illegible]
胝 [illegible]
亂 [illegible]
謁 [illegible]
誅 [illegible]
僻 [illegible]
衒 [illegible]
涇 [illegible]
渭 [illegible]
圖 [illegible]
最 [illegible]
桎 [illegible]
承 [illegible]
貶 [illegible]
沖 [illegible]
剃 [illegible]
撥 [illegible]
潛 [illegible]

丁未歲分司大藏都監開板

宗鏡録卷第四十六

校勘記

一　底本，麗藏本。

一　五〇三頁上八行第一二字「釋」，[磧]、[南]、[徑]、[清]作「德」。

一　五〇三頁上一一行第四字「破」，[清]作「即」。

一　五〇三頁中二三行第六字「爲」，[徑]作「謂」。

一　五〇三頁下二〇行「休睺」，[清]作「休留」。

一　五〇四頁上一行第一一字「麁」，[磧]、[南]、[徑]、[清]作「鹿」。

一　五〇四頁上一一行「論諸」，[徑]作「諸論」。

一　五〇四頁中一三行「哢胤」，[徑]作「弄引」。

一　五〇五頁上二行第二字「斷」，[清]作「諍」。

一　五〇五頁中二一行第一六字「有」，[磧]、[徑]作「見」。

一 五〇六頁中二四行第一六字「六」，徑、清作「亦」。

一 五〇七頁中五行「幹肉」，清作「剜肉」。

一 五〇七頁中二八行第八字「化」，磧、南作「他」。

一 五〇八頁上一〇行第一四字「以」，清作「與」。

一 五〇八頁下一五行第二字「名」，磧作「各」。

一 五〇九頁中二行第一三字「根」，磧、南作「相」。

一 五〇九頁中五行第八字「正」，磧、南、徑、清作「王」。

宗鏡録卷第四十七

慧日永明寺主智覺禪師延壽集

夫言正唯識義約有幾種識　答經論通辯有八種識一眼識二耳識三鼻識四舌識五身識六意識七末那識八阿賴耶識正文出護法菩薩唯識論十卷此論釋天親菩薩唯識三十頌文慈恩大師製疏釋論此頌文初爲居士所棠後有樂觀者輸金一兩慈恩成唯識論掌中樞要云世親菩薩樂博綜於三乘乃徧遊於諸部知小數而非極遂迴趣於大乘因聞誦華嚴十地品阿毗達磨攝大乘品遂悔謝前非謗法先見持刀截舌用表深衷其兄無著菩薩止其自割說以利害汝雖以舌謗法豈截舌而罪除應讚釋大乘以悔先犯菩薩敬從兄諾因歸妙理遂製十地論攝大乘論故此二論菩薩創歸大乘之作既而久蘊玄宗情恢奧旨更爲宏論用暢深極採攝幽機提控精邃著唯識三十頌以暢大乘之妙趣也萬像含於一字千訓備於一言道超羣典譽光衆聖略誦既畢廣釋方陳機感未符杳從冥往復有護法等菩薩賞翫頌文各爲義釋雖分峯崐峨竦幹瓊枝而獨擅光輝頴標芬馥者其唯護法一人乎菩薩果成先劫位克今賢撫物潛資隨機利見春秋二十有九知息化之有期默無常以禪習誓不離於菩提樹以終三載禪禮之暇注裁斯釋文邁旨遠智曠名高執破畢於一言紛解窮於半頌文殊水火則會符膠漆義等江湖乃踈成清濁平郊弭弭登層峯而擁漢堆阜峨峨夷穹隆以坦蕩俯鑽邃而無底仰尋高而罪際踈文淺義泒演不窮浩句宏宗陶甄有極功逾千聖道合百王時有玄鑒居士識鳳鶵之殺羽委麟龍之潛跡每罄所資恒爲供養深誠固志物謁積年菩薩誘接多端答遺茲釋而誡之曰我滅之後凡有來觀即取金一兩脫逢神頴當可傳通終期既漸奄絕玄奘菩薩名振此州論釋聲超彼土有靈之類誰不懷歡朝聞夕殞豈惜金璧若市趍賢如丘疊貨五天鶴望未輒流行大師叡發天資識假僧謁無神迹而不睹禮何聖教而不披諷聞斯妙理殷懃諦求居士記先聖之遺言必今賢之是屬乃奉茲草本并五蘊論釋大師賞翫借覩聖容每置掌中不殊真說自西霏玉牒東馳素象雖復廣演微筌賞之以爲秘決及乎神栖別館景匿炎輝請耳目以徵思蕩心靈而繹妙乃曰今者方怡我心耳宣尼云我有美玉藴匱藏之誰爲善價我今沾諸基風運單弃九歲丁艱自爾志託煙霞加每庶幾緇服浮俗塵貫幼絕情分至年十七遂預緇林別奉明詔得爲門侍自參預三千即欣規七十必諧善願福果函丈不以散才之質遂得隨伍譯僚即事操觚餐受此論初功之際十釋別翻昉尚光基四人同受潤飾執筆撿文纂義既爲令範務各有司數朝之後基求退迹大師固問基慇懃請曰自夕夢金容晨趍白馬英髭問出靈智肩隨聞五分以心祈攬八藏而遐望雖得法門之糟粕然失玄源之淳粹今東土榮賚並目擊玄宗幸復擢秀萬方頴超千古不立功於參糅可謂失時者也況羣聖制作各馳譽於五天雖文具傳於貝葉而義不備於一本情見各異禀者無依況時漸人澆命促慧舛討支離而頗究摠殊指而難悟請錯綜羣言以爲一本揩定真謬權衡盛則久而遂許故得此論行焉大師理遣三賢獨授庸拙此論也括衆經之秘包羣聖之旨何滯不融無幽不燭仰之不極俯之不測遠之無智近之有識其有隱括五明摉揚八藏幽關每擁玄路未通嘯侶景信巨夜之銀輝皆旦之金鏡矣雖復本出五天然彼無茲糅釋直爾十師之別作鳩集潛難況更摭此幽文誠爲未有斯乃此論之因起也　問此八種識行相如何　答經論成立自有明文此八種識具三能變一異熟能變即第八識二思量能變即第七識三了別能變即前六識唯識論云識所變相雖無量種而能變識類別唯三一謂異熟即第八識多異熟性故二謂思量即第七識恒審思量故三謂了境即前六識了境麁相故論頌曰初阿賴耶識異熟一切種不可知執受處了常與觸作意受想思相應唯捨受是無覆無記觸等亦如是恒轉如瀑流阿羅漢位捨初能變識大乘教名阿賴耶此識有能藏所藏執藏義故謂與雜染互爲緣故有情執爲自內我故古釋云一能藏者即能含藏義猶如庫藏能含藏寶貝得藏名此能含藏雜染種故名爲藏亦即持義二所藏者即是所依義猶如庫藏是寶等所依故此識是雜染法所依處故三執藏者堅守不捨義猶如金銀等藏爲人堅守執爲自內我故名爲藏此識

爲染末那堅執爲我故名爲藏起信鈔釋云第八能藏所藏義者且所藏義謂此識體藏也是根身種子器世間所藏處也以根身等是此識相分故如藏中物像如身在室内欲覓賴耶識只在色心中欲覓摩尼珠只在青黃内尖能藏義謂根身等法皆藏在識身之中如像在珠内欲覓一切法惣在賴耶中欲覓一切像惣在摩尼内與前義至爲能所瑜伽論云以八種義證本識有一依止執受相二最初生起相三有明了性相四有種子性相五業用差別相六身受差別相七處無心定相八命終時分相又古德依論解釋證有第八識者論云此第八識非是世間現量所見之境唯憑聖言量及以眞正道理而知有之引七本經證之阿毗達磨經有二頌初頌云無始時來界一切法等依由此有諸趣及涅槃證得無始時來界者言界者是因義爲第八識從無始至今能持一切漏無漏色心等諸法種子又能與漏無漏種子力令生現行即第八與一切種子爲依持生起二因一切法等依者依是緣義爲第八識能變爲身器作有情依與一切漏無漏現行法而爲所依以能執受五色根身與前七識現爲俱有依故即第八識能與一切現行色心等法爲增上緣依也由此有諸趣及涅槃證得者此第八識不唯獨與有漏流轉法爲依持用兼能與一切無漏順還滅法爲依持用第二頌云由攝藏諸法一切種子識故名阿賴耶勝者我開演者即第八識自證分能持種故名種子識解深密經頌云阿陀那識甚深細一

切種子如瀑流我於凡愚不開演恐彼分別執爲我阿陁那者此云執持爲此識能執持諸法種子及能執受色根及根依處亦能執取結生相續故說此識名阿陁那一切種子如瀑流者謂第八識中一切種子若遇緣鼓擊便生轉識現行或種子有生住異滅不停如似瀑流楞伽經頌云譬如巨海浪斯由猛風起洪波鼓溟壑無有斷絕時藏識海常住境界風所動種種諸識浪騰躍而轉生又小乘增一阿含經云有根本識是諸識所依此根本識即是第八識以第八識能發起前六轉識故二上座部說有有分識便是第八識此有分識體常不間斷徧三界有有謂三有分者因義即三有之因皆由此識三化地部中說有窮生死蘊緣此第八徧三界九地恒常有故但有生死處即常徧爲依直至大乘金剛心末煩惱盡時方捨故名窮生死蘊若諸轉識即無此功能以第六識體多間斷故入五位無心時六識皆間斷不行此時應不名有情以無識任持故即應爛壞四一切有部說此識名阿賴耶有愛樂欣喜四種阿賴耶愛是惣句惣緣三世爲境餘三是别句别緣三世樂是現在欣是過去喜是未來即此第八識是諸有情常執爲自内我是眞愛著處故名阿賴耶眞正理有十一者持種心唯識論云謂契經說雜染清淨諸法種子之所集起故名爲心若無此識彼持種心不應有故謂諸轉識在滅定等有間斷故根境作意善等類别易起故如電光等不堅住故非可熏習不能持種非染淨種所集起故二異熟心唯

識論云如契經說有異熟心善惡業感若無此識彼異熟心不應有故者即第八識謂前世中以善不善業爲因招感得今生第八異熟心是果論云定應許有眞異熟識酬牽引業徧而無斷變爲身器作有情依身器離心理非有故三界趣生體唯識論云契經說有情流轉五趣四生若無此識彼趣生體不應有故須信有第八識爲三界九地五趣四生之體若無此識即一切有情不應得有四有執受唯識論云又契經說有色根身是有執受若無此識彼能執受不應有故其有色界中有情有五色根及内五塵是第八親相分唯第八識能執受若是餘識即無此能五壽煖識三證有第八識唯識論云又契經說壽煖識三更互依持得相續住若無此識能持壽煖令久住識不應有故六生死時有心證有第八識唯識論云又契經說諸有情類受生命終心住散位非無心定若無此識生死時心不應有故又將死時由善惡業上下身分冷觸漸起若無此識彼事不成第七引緣起依證有第八識唯識論云又契經說識緣名色名色緣識如是二法展轉相依譬如束蘆俱時而轉若無此識彼識自體不應有故小乘云我將六識爲名色依何要第八論破云眼等轉識攝在名中此識若無說誰爲識論主云眼等六識已攝在名中爲識蘊故須得第八爲名外識支與名色爲依又如此界人生時中有初念心執取結生時由未有前六識爲名中識蘊名色唯具三蘊此三蘊名色一念間依何而住故知信有第八識是名

外識支與名色爲依八引識食證有第八識唯識論云又契經說一切有情皆依食住若無此識彼識食體不應有故所以佛告外道言所爲一切有情皆依食住此是正覺正說餘不能知汝外道自餓已身終無有益食是資益義任持義九引滅定有心證有第八識唯識論云又契經說住滅定者身語心行無不皆滅而壽不滅亦不離煖根無變壞識不離身若無此識住滅定者識不離身不應有故論主云入滅定聖人身語心行無不皆滅即出入息是身加行受想是心加行尋伺是語加行此三加行與第六識相應在滅定中皆悉滅故而壽不滅者即第八識種上有連持一期色心不斷功能名壽言亦不離識者煖觸是第八識相分即此二法皆不離第八識既在滅定中六識身語心加行皆悉不行而有壽煖在者明知即是第八識與壽煖爲依十引染淨心證有第八唯識論云又契經說心雜染故有情雜染心清淨故有情清淨若無此識彼染淨心不應有故謂染淨法以心爲本因心而生依心而住受彼熏持彼種故以心爲本者即一切染淨有爲無爲法皆以第八識爲根本依心而住者即前七現行皆依第八識而住言受彼熏者即第八識受彼前七識熏言持彼種者即第八能持前七三性染淨種子所以密嚴經云是身如起尸亦如熱時燄隨行因緣轉非妄亦非實爲受之所牽性空無有我意與識所識與心而共生五識復更依意識而因起如是一切時大地而俱轉賴耶爲於受所熏而增長既自增長已復增於餘識展轉不斷絕猶如於井輪以有諸識故衆趣而生起於是諸趣中識復得增長識與世間法更互以爲因譬如河水流前後而不斷亦如芽與種相續而轉生各各相差別分別而顯現識行亦如是既三和合已而復更和合差別相而生如是而流轉常無有斷絕內外一切法皆因此而起愚不了唯心汝等勤觀察華嚴經云善男子諸業虛妄積集名心末那思量意識分別眼等五識了境不同愚癡凡夫不能知覺佛老病死求入涅槃生死涅槃二俱不識於一切境妄起分別又由未來諸根五塵境界斷滅凡愚之人以爲涅槃諸佛菩薩自證悟時轉阿賴耶得本覺智善男子一切凡愚迷佛方便執有三乘不了三界由心所起不知三世一切佛法自心現量見外五塵執爲實有猶如牛羊不能知覺生死輪中無由出離善男子佛說諸法無生無滅亦無三世何以故如自心現五塵境界本無有故有無諸法本不生故聖者自悟境界如是善男子愚癡凡夫妄起分別無中執有有中執無取阿賴耶種種行相墮於生滅二種見中不了自心而起分別善男子當知自心即是一切佛菩薩法由知自心即佛法故則能淨一切刹入一切劫是以藏識頓變根身器世間故爲甚深之義現量比量俱不能量又過量無量故如經偈云法界非有量亦復非無量牟尼悉超越有量及無量故知識性幽微難明究竟窮通唯佛能了是以宗鏡廣引斯文爲微密難知故一問唯識正義爲破我法二執顯二空理證一真心云何世間及諸聖教說有我法　答但是假說唯依識變如唯識頌云由假說我法有種種相轉彼依識所變此能變唯三謂異熟思量及了別境識世間聖教說有我法但由假立非實有性我謂主宰法謂軌持乃至云何應知實無外境唯有內識似外境生實我實法不可得故如何實我不可得耶諸所執我略有三種一者執我體常周徧量同虛空隨處造業受苦樂故二者執我其體雖常而量不定隨身大小有卷舒故三者執我體常至細如一極微潛轉身中作事業故初且非理所以者何執我常徧量同虛空應不隨身受苦樂等又常徧故應無動轉如何隨身能造諸業乃至中亦非理所以者何執我體常住不應隨身而有舒卷既有舒卷如橐籥風應非常住乃至後亦非理所以者何我量至小如何速巡身如旋火輪以轉動故則所執我非一非常諸有往來非常一故又所執我復有三種一者即蘊二者離蘊三者與蘊非即非離初即蘊我理且不然我應如蘊非常一故又內諸色定非實我如外諸色有質礙故心心所法亦非實我不恒相續待衆緣故餘行餘色亦非實我如虛空等非覺性故中離蘊我理亦不然應如虛空無作受故後具非我理亦不然許依蘊立非即離蘊應如瓶等非實我故又既不可說有爲無爲亦應不可說是我非我故彼所執實我不成乃至如是所說一切我執自心外蘊或有或無自心內蘊一切皆有是故我執皆緣無常五取蘊相妄執爲我然諸蘊相從緣生故是如幻

有妄所執我横計度故決定非有故契經說
苾芻當知世間沙門婆羅門等所有我見一
切皆緣五取蘊起　問若離心外無實我及
實法者則假法亦無以假法依真而建立故
荅夫假法者但是虛假似有而轉必不依真如
唯識論云有作是難若無離識實我法者假
亦應無謂假必依真事似事共法而立乃至
荅云又假必依真事立者亦不應理真謂自
相假智及詮俱非境故謂假智詮不得自相
唯於諸法共相而轉亦非離此有別方便施
設自相爲假所依然假智詮必依聲起聲不
及處此便不轉能詮所詮俱非自相故知假
說不依真事由此但依似事而轉似謂增益
非實有相聲依增益似相而轉故不可說假
必依真　問此第八識有幾能變令諸識生
長顯現　荅有二能變一因能變二果能變
唯識論云能變有二種一因能變謂第八識
中等流異熟二因習氣等流習氣由七識中
善惡無記熏令生長異熟習氣由六識中有
漏善惡熏令生長二果能變謂前二種習氣
力故有八識生現種種相等流習氣因緣故
八識體相差別而生名等流果果似因故異
熟習氣爲增上緣感第八識酬引業力恒相
續故立異熟名感前六識酬滿業者從異熟
起名異熟生不名異熟有間斷故即前異熟
及異熟生名異熟果果異因故此中且說我
愛執藏持雜染種能變果識名爲異熟
問第八識廣容周徧爲萬法根原經論同推
故稱第一微細體性如何指陳　荅此體不
可說微妙最難知周徧法界而無住心任持

一切而不現相如空中飛鳥雖往來騫翥而
跡不可尋似眼裏童人任照矚森羅而眼終
不見若月含一色徧分萬像之形等日耀千
光普照四天之下類摩尼無思而雨寶廣譬
群生猶磁石無覺而轉移周迴六趣密嚴經
偈云藏識持於世猶如線穿珠亦如車有輪
隨於業風轉陶師運輪杖器成隨所用藏識
與諸界共力無不成內外諸世間彌綸悉周
徧譬如衆星象布列在虛空風力之所持運
行常不息如空中鳥跡求之不可見然鳥不
離空頡頏而進退藏識亦如是不離自他身
如海起波濤如空含萬像藏識亦如是蘊藏
諸習氣譬如水中月及以諸蓮華與水不相
雜不爲水所著藏識亦復然習氣莫能染如
目有童子眼終不自見藏識住於身攝藏諸
種子徧持壽煖識如雲覆世間業用曾不停
衆生莫能見又云諸仁者一切衆色皆阿賴
耶與色習相應變似其相非別有體同於愚
夫妄所分別諸仁者一切衆生若坐若卧若
行若立惛醉睡眠乃至狂走莫不皆是賴耶
識乃至如磁石力令鐵轉移雖無有心似有
心者阿賴耶識亦復如是爲生死法之所攝
持往來諸趣非我似我如水中有物雖無思
覺而隨於水流動不住阿賴耶識亦復如是
雖無分別依身運行乃至若有於此能正觀
察知諸世間皆是自心是分別見即皆轉滅
又頌云能持世間因所謂阿賴耶第八丈夫
識運動於一切如輪轉衆瓶如油徧在麻鹽
中有鹹味亦如無常性普徧於諸色　問此
識周徧凡聖境通爲當離此別有真性爲復

即是　荅非一非異得此識名不合而合成
其識義此阿賴耶識即是真心不守自性隨
染淨緣不合而合能含藏一切真俗境界故
名藏識如明鏡不與影像合而含影像此約
有和合義邊說若不和合義者即體常不變
故號真如因合不合分其二義本一真心湛
然不動若有不信阿賴耶識即是如來藏別
求真如理者如離像覓鏡即是惡慧以未了
不變隨緣隨緣不變之義而生二執　問第
八識變義如何　荅變謂識體轉似二分釋云
論明諸識體即自證分轉似相見二分而生
此說識體是依他性轉似相見二外非無亦
依他起依此二分執實二取聖說爲無非無依
他中無此二分論說唯二依他性故此緣真
智緣於真如無相分故餘皆有相不爾如何
名也心智後得智等不外取故許有相見二
體性或說相見種或同或異若同種者即一
識體轉似二分相用而生如一蝸牛變生二
角此說影像相見離體更無別性是識用故
若言相見各別種者見是自體義用分之故
離識更無別種即一識體轉似見分別用而
生識爲所依轉相分種似相而起以作用別
性各不同故相別種生於理爲勝故言識體
轉似二分此依他起非有似有實非二分似
計所執二分是相故立似名相別有種何名
識變不離識故同識變時相方生故此顯能
變相見二分用體別有何故又說識似二分
生論說相見俱依自證起故若無自證二定
不生如無頭時角定非有又無鏡時面影不
起皆於識上現相貌故說二分依識體生

又非唯相見二分依識體生乃至凡聖之身淨穢之土皆從識現如彌勒菩薩云日月燈明如來教我修習唯心識定入三摩地歷劫已來以此三昧事恒沙佛求世名心歇滅無有至燃燈佛出現於世我乃得成無上妙圓識心三昧乃至盡空如來國土淨穢有無皆是我心變化所現世尊我了如是唯心識故識性流出無量如來今得授記次補佛處佛問圓通我以諦觀十方唯識識心圓明入圓成實遠離依他及徧計執得無生忍斯為第一是以十方法界淨穢國土皆是我心中變出惣是我屋宅眞妄隨心巧拙由智對大菩薩聞彼淨方逼劣衆生現斯穢土十方如來皆是我心中流出者古釋云如海上漚各各不同時由差別心觀即有彼此但水體是一即知一佛出現時即一切佛土現雖自他相故但衆生有感十方如來爲種種身而助化之非但如來合於一義一切衆生亦是我流出　問轉變變現其義同別　荅古釋云有唯轉變非變現者轉變之言通於種現現能熏種種能生種種生現行皆名轉變變現之言唯現心等能起見相名之爲變不通於種相分色等　問第八本識與所生果爲復是一是異　荅非一非異論云本識中親生自果功能差別此與本識及所生果不一不異體用因果理應爾故釋云本識是體種子是用種子是因所生是果此之二法理應如是不一不異本識望種於出體中攝相歸性故皆無記種從現行望於本識相用別論故通三性若即是一不可說爲有因果法有體有

法若一向異應殺麥等能生芽等以許因果一向異故不爾法滅應方有用以許體用一向異故用體相似氣勢必同因果相似功能狀貌可相隨順非一向異　問阿賴耶識與幾心所相應　荅識論云常與觸作意受想思相應阿賴耶識無始時來乃至未轉於一切位恒與此五心所相應以是徧行心所攝故一觸者論云謂三和分別變異令心心所觸境為性受想思等所依為業釋云以此五種體是遍行心所攝故決定相應雖復不增亦不可減定俱生滅名徧行故觸謂三和者即根境識體異名三不相乖返更相交涉名為隨順根可為依境可為取識三所生可依於根而取於境此三之上皆有順生一切心所功能作用名為變異分別之用是觸功能謂觸之上有似前三順生心所變異功能說名分別分別即是領似異名如子似父名分別父問何故三和唯根獨勝荅一由主故有殊勝能名之為主二由近故能近生心及心所故三由偏故不唯心所亦能生心故四由續故常相續有境識不爾故境體雖能生心心所以非主故又非近故偏闕二義不名為勝心雖是主近生心所不能生心不自在故非偏也偏闕一義故非勝境識皆不續識有境生故俱闕續義非得勝名唯根獨勝問觸自性是實是假荅此觸數定是實有四食性故二作意者論云作意謂能警心為性於所緣境引心為業釋云作意警心有二功力一者令心未起而起二者令心起已趣境故言警覺應起心種引令趣境三受者論云受謂

領納順違俱非境相為性起愛為業四想者論云想謂於境取像為性施設種種名言為業謂要安立境分齊相方能隨起種種名言釋云此中安立取像異名謂此是青非青等作分劑而取其相名為安立由此取像便起名言此是青等性類衆多故名種種五思者論云思謂令心造作為性於善品等役心為業謂能取境正因等相驅役自心令造善等此三段是遍行所攝故與藏識決定相應此觸等五與異熟識行相雖異而時依同所緣事等故名相應此識行相極不明了不能分別違順境相微細一類唯與捨受相應又此相應受唯是異熟隨先引業轉不待現緣任善惡業勢力轉故唯是捨受苦樂二受是異熟生非眞異熟待現緣故非此相應又由此識常無轉變有情恒執為自內我若與苦樂二受相應便有轉變寧執為我故此但與捨受相應釋曰此觸等五與異熟識行相雖異而時依同所緣事等故名相應者由四等故說名相應謂事等處等時等所依等今約見分為行相影像相分為所緣自體名事等者相以義體各唯一境相相似故所緣事皆名為等以觸等五相託本識相之所緣既相似故名為等唯識為宗不約本質名為所緣亦非影像名為行相時謂剎那定同一世依謂根俱無有間唯與捨受相應者此有三義一極不明了是捨受相苦樂受必明了故受惣有三一憂二喜三苦四樂五捨此中憂喜入苦樂中後三受門分別不言憂喜二不能分別順違境相取中容境是捨受相苦是餘

受取違順境故三由微細若是餘受行相必麤四由一類若是餘受必是易脫此行相定故成一類五相續而轉若是餘受必有間斷此恒相續故唯捨受若能分別違順境相非真異熟異熟者取境定故若麤動者如餘心非異熟主顯行相難知異餘識也由此五義必其有故便能受熏持種相續又解此識極不明了曾無慧念慧念行相極明了故不能分別違順境相顯唯捨受非苦樂俱及簡不與善染等並相續而轉顯無有欲今有希望方有欲起此相續故無有欲也由此五義第二義正顯唯捨受所由所餘四義因簡別境等故唯與捨受俱　問此識既與捨受相應如何亦是惡業異熟　答論云捨受不違善惡品故如無記法善惡俱招釋云無記既寂靜何為惡業果捨雖寂靜不違二故得為惡果不同禪定寂靜此無所能為故通惡業感餘七轉識設起苦樂此識皆俱以捨不違苦樂品故若或苦樂不俱於人天中應不受苦果以相違故三惡趣中應不受樂果亦相違故此中苦樂皆是別招故捨不違　問本識云何不與別境等五心所相應　答論云互相違故為欲希望所樂事轉此識任業無所希望勝解印持決定事轉此識懵昧無所印持念唯明記曾習事轉此識昧劣不能明記定能令心專注一境此識任運剎那別緣慧唯簡擇得等事轉此識微昧不能簡擇故此不與別境相應此識唯是異熟性故善染汙等亦不相應惡作等四無記性者有間斷故定非異熟釋云定能令心專注一境此識任

運剎那別緣者定雖影像相分剎那新起五加行時所緣本質前後相續恒專注境此識任運不作加行專注本質恒緣現在影像所緣但新新起且定行相一一剎那深取專注趣向所緣此識浮疎行相不爾故非定位言任運者是隨業轉惡作等定非異熟者非真異熟不遮異熟三亦有惡作等非一切時常相續故非上相真故知第八真識常如捨相以任運之緣令恒常之道不為垢法之所染寧為淨法之所治非生死之所羈豈涅槃之能安是以稱為識主號曰心王通後因一念無明起七識波浪遂生心所失本心王皆因強覺覺明分能之所迷明了之解心境歷然運分別之情自生見有因茲有情心內逆憎受而結愁觀無情境中違想念而標形擬逆使水則桑田變海海變桑田內則視作愁由愁為親種互為高下反覆相酬從茲業果恒新苦緣不斷是以首楞嚴經云佛告富樓那明妄非他覺明為咎所妄既立明理不踰以是因緣聽不出聲見不超色乃至唯殺盜婬三為根本以是因緣業果相續富樓那如是三種顛倒相續皆是覺明明了知性因了發相從妄見生山河大地諸有為相次第遷流因此虛妄終而復始是故若欲還原反本旋妄冥真但一念不生前後際斷分別心滅輪迴業亡根盡枝枯因空果喪無始之情塵識垢應念全消本來之佛眼常身隨真頓現

宗鏡錄卷第四十七　篤

音義

[illegible]以沼反　窖古孝反　蹇[illegible]　翥章恕反　也　頡胡結反　頏胡朗反　邐力紙反　蝸古華反蝸牛小螺也　崑崙山也　控苦貢反　幹古案反　邁莫話反　峴胡典反　隼　峨五何反　鵷於袁反　錯倉各反　穿　範　綜子宋反　麤倉胡反　粹雖遂反　糟作曹反　鬻　沃烏酷反　澆古堯反　瀁　淳常倫反　[illegible]

丁未歲分司大藏都監開板

宗鏡録卷第四十七

校勘記

一　底本，麗藏本。

一　五一一頁中一四行第一四字「筌」，徑、清作「詮」。

一　五一一頁中一五行第三字「决」，清作「訣」。

一　五一一頁中一八行首字「沽」，南、徑作「估」。

一　五一一頁中二〇行第一三字「侍」，磧、清作「待」。

一　五一一頁下二一行「想應」，清作「相應」。

一　五一二頁中二八行第一五字「意」，磧、南作「竟」。

一　五一二頁下一八行「位作」，清作「心非」。

一　五一三頁中二九行末字「一」，磧、南、徑、清無。

一　五一四頁中二九行第四字「未」，磧、清作「味」。

一　五一四頁下四行第一三字「含」，磧、南、徑、清作「合」。

一　五一四頁下一三行「非無」，清作「非謂」。

一　五一五頁上一六行第一二字「土」，徑作「出」。

一　五一五頁上末行末字「有」，清作「用」。

一　五一五頁中一一行第四字「滅」，磧、南作「減」。

一　五一五頁中一七行第七字「是」，清無。

一　五一五頁中二〇行「唯心」，清作「唯生心」。

一　五一五頁中二八行第三字「别」，徑作「引」。

一　五一五頁下九行第三字「叚」，清作「即」。

一　五一五頁下二二行「各唯」，清作「雖各」。

一　五一五頁下二七行第一三字「必」，南作「又」。

一　五一六頁上一四行至一五行「善惡」，清作「苦樂」。

一　五一六頁上一七行末字「惑」，清作「感」。

一　五一六頁中二行第一二字「恒」，磧、南、徑、清作「但」。

宗鏡錄卷第四十八　　　　鴛

慧日永明寺主智覺禪師　延壽　集

夫三性法門該通萬法於第八識何性所攝約有幾位　荅論云諸有漏種與異熟識體無別故無記性攝因果俱有善等性故亦名善等諸無漏種非異熟識性所攝故因果俱是善性攝故唯名為善釋云此有漏種與本第八識體無別故性類是同唯是無記若能所生法皆通善等三性謂此種子本能熏習現行之因及後所生現行之果皆通三性故言因果俱善等性即是功能差別門說非依體門性唯無記此約有漏種說若無漏種非異熟性所攝故故非無記體性不順本識體故體既不同不可相即又性類別能治所治漏無漏殊不可相即問無漏既不從識名無記性此為何性荅因果俱是善性攝故唯名為善法尒一切無漏之法順理違生無惡無記又攝論云然第八識揔有二位一有漏位無記性攝唯與觸等五法相應但緣前說執受處境二無漏位唯善性攝與二十一心所相應謂遍行別境各五及善十一與一切心恒相應故常樂證知所觀境故於所觀境恒印持故於曾受境恒明記故世尊無有不定心故於一切法常決擇故極淨信等常相應故無染汙故無散動故此唯亦與捨受相應任運恒時平等轉故以一切法為所緣境鏡智遍緣一切法故　問本識於一切時中為有間斷為無間斷定緣於內定緣於外

荅此識從初至末無有剎那間斷內外俱緣瑜伽論云阿賴耶識於一切時無有間斷器世間相譬如燈燄生時內執膏炷外發光明如是阿賴耶識緣內執受緣外器相生起道理應知亦尒又緣境無廢時無變易從初執受剎那乃至命終一味了別而轉

問阿賴耶識與諸轉識為復作因為復作果

荅互為因果經偈云諸法於識藏識於法亦尒更互為果性亦常為因性攝大乘論說阿賴耶識與雜染法互為因緣如炷生燄展轉生燒又如束蘆互相依住釋云諸法於識藏能攝藏也為與諸識作二緣性一為彼種子二為彼所依識於法亦尒所攝藏也為諸轉識與阿賴耶亦為二緣一於現法長養彼種二於後法攝植彼種互相生故如燈炷束蘆者舉增上緣喻因緣義如燈炷與燄展轉生燄內炷生燄如種生現內燄燒炷如現熏種又如束蘆相依為俱有因類顯二法為喻喻因緣義　問種子識與阿賴耶識為一為異　荅非一非異攝論云是不淨品法種子在阿賴耶識中為有別體故異為無別體故不異二俱有失須明不一不異此阿賴耶識與種子如此共生雖有能依所依不由別體故異乃至能是假無體所是依是實有體假實和合異相難可分別以無二體故此識先未有功能熏習生後方有功能故異於前前識但是果報不得名一切種子後識能為他生因說名一切種子前識但生自相續後識能生自他相續故勝於前譬如麥種生於自芽有功能故說麥是芽種子麥若陳久或為火所損則失功能麥相不異以功能壞故不名種子此識亦尒若有生一切法功能由與功能相應說名一切種子此功能若謝無餘但說名果報識非一切種子是故非不異

問種子有幾多　荅攝論云種子有二一外種子但是假名以一切法唯有識故二內種子則是真實以一切法以識為本此二種子念念生滅剎那剎那先生後滅無有間故此法得成種子何以故常住法不成種子一切時無差別故復次云何外種子如穀麥等無熏習得成種子由內外得成是故內有熏者外若成種子不由自能必由內熏習感外故成種子何以故一切外法離內則不成是故於外不成熏習一由內有熏習得成種子又第八識從種子生故稱果報識能攝持種子故亦名種子識又本識是集諦故名種子是苦諦故名果報又二果俱有與所生現行果法俱現和合方成種子釋云謂此種子要望所生現行果法俱時現有現者一顯現二現在三現有三義名現由此無性人第七識不名種子果不顯現故即顯現言簡彼第七現在簡前後現有簡假法體是實有方成種子故顯現唯在果現有唯在因現在通因果和合簡相離　問種子為是本有為新熏生

荅唯識論云一切種子皆本性有不從熏生由熏習力但可增長如契經說一切有情無始時來有種種界如惡义聚法尒而有界即種子差別名故又經偈云無始時來界一切法等依界是因義瑜伽亦說諸種子體無始時來性雖本有而由染淨新所熏發諸有情類無始時來若般涅槃法者一切種子皆悉具足不般涅槃法者便闕三種菩提種子如

是等文誠證非一契經說心性淨者說心空理所顯眞如眞如是心眞實性故或說心體非煩惱故名性本淨非有漏心性是無漏故名本淨由此應信諸有情無始時來有無漏種不由熏習法爾成就後勝進位熏令增長無漏法起以此爲因無漏起時復熏成種有漏法種類此應知釋云心性者眞如也眞如無爲非心之因亦非種子能有果法如虛空等故非有漏心性是無漏名本性淨也又若取正義本有新熏合生現行非有前後一本有者謂無始時異熟識內法爾而生蘊處界等功能差別世尊依此說諸有情無始時來有種種界如惡叉聚法爾而有一切種子與第八識一時而有從此能生前七現行現行頭上又熏種子二新熏者謂無始時來數數現行熏習而有名新熏故世尊依此說有情心染淨諸法所熏習故無量種子之所積習故護法意云有漏無漏種子皆有新熏本有合生現行亦不雜亂若新熏遇緣即從新熏生若本有遇緣即從本有生若偏執唯從新熏或偏執但是本有二俱違教若二義俱取善符教理古德問此惣未聞熏時此本有從何而生答謂從無始時來此身與種子俱時而有如外草木等種又古德解熏種義諸法雖有新舊二種當生現時或從新生或從舊生名爲二種非謂二種於一念中同生一現若介即有多種共生一芽之過以此准知色等相分種並同於此又問八識之中既具本有新熏之義何識是能熏因所熏果答依經論正義即是前七現行識爲能熏因緣之因

熏生新熏種子第八識是前七現行識所熏生因緣之果又問本識等雖無力能熏自種而能親生自種故現行本識等得自生種爲因緣者既不熏自種如何能生自種又熏與生何別答熏者資熏擊發之義生者生起從因生出之義謂本識等雖無力資熏擊發自種之義而有親生自種之義如有種性者法尒本有無漏種子雖有生果之能若不得資加二位有漏諸善資熏擊發即不能生現須假有漏諸善資熏方能生現又如本識中善染等種能別次後自類種子雖有生義無自熏義如穀麥等種雖有生芽之能若不得水土等資熏擊發亦不能生其現行本識雖有生種之能然自力劣須假六七與熏方生由是義故本識等雖非能熏而能生種故與親種得爲因緣五根塵等諸根分亦應然此解今依因位現行望自親所熏種能爲二緣即是因緣增上緣唯除第八及六識中極劣無記非能熏故今按此文現於親種得爲因緣中既除第八及六識中極劣無記非能熏故望自親種無因緣義若言本識及六識中極劣無記能生自種得爲因緣者便犯異熟有能熏過違聖教失又問如前六識所變五塵相分不能自熏新種須假能變心緣方能熏自種故五塵相分得爲能熏其極劣無記亦假能變心緣何故不同五塵相分得爲能熏答今按有爲法分爲三品一者上品如七轉識及相應等一分能緣慮故力最強熏有力自熏二者中品如五塵相分等雖有熏力而力稍微假心與力彼方自熏三者下品即極

劣無記而極羸弱無力之人不能自起縱人與力扶持亦不能起本識等類亦復如是本無熏力謂心與力亦不能熏由是義故極劣無記一向無力故非能熏與五塵相分不同彼自有力但力稍劣不能獨熏假心相助自有半力故是能熏由是義故今正解者第八識聚及此所變異熟五根相分并異熟扶根等及異熟前六識等並無新種以其極劣非能熏故從本有舊種所生其長養五根及此扶根及等流五塵等相分前六識所變者皆可各有新本二種　問淨法種子從聞熏生於本識中與不淨種子熏發之義有何同別答染淨種子皆具熏義則增減有殊若淨法熏損本識若染法熏增本識如攝論云轉依名法身由聞熏四法得成一信樂大乘是大淨種子二般若波羅蜜是大我種子三虛空器三昧是大樂種子四大悲是大常種子此聞熏習及四法爲四德種子四德圓時本識都盡四德本來是有不從種子生從因作名故稱種子此聞熏習非爲增益本識故生爲欲減損本識力勢故生能對治本識與本識性相違故不爲本識性所攝若不淨種子則熏習生增益本識與淨種有異　問熏習以何爲義　答熏者發也或猶致也習者生也近也數也即發致果於本識內令種子生近生長故熏有二種一習熏謂熏心體成染淨等事二資熏謂現行心境及伽惑相資等攝經云大慧不思議熏及不思議變是現識因取種種塵及無始妄想熏是分別事識因是以無明能熏眞如成其染法本覺能熏無明

起其淨用此皆不可熏處而能熏名不思議熏不可變異而變異云不思議變勝鬘經云不染而染難可了知染而不染難可了知顯識論云分別識者若起安立熏習力於第八識中熏習力故譬如燒香熏習衣香體滅而香氣猶在衣中名爲熏衣此香不可言有香體滅故不可言無香氣在故如六識起善惡留在熏力於本識中能得未來報名爲種子

問能熏所熏各具幾義能成熏習

答各具四義令種子生長故名熏習唯識論云先所熏四義者一堅住性二無記性三可熏性四和合性古釋云即此四義各有所簡論云一堅住性若法始終一類相續能持習氣乃是所熏此遮轉識及聲風等性不堅住故非所熏釋云夫爲所熏識者且須一類堅住相續不斷能持習氣乃是所熏今前六轉識若五位無心時皆間斷故既非堅住非是所熏此亦遮經部師將色心更互持種論主云且如於無色界入滅定時色心俱間斷此時將何法能持種又如五根五塵皆不通三界亦非堅住如何堪爲所熏性又第七識在有漏位雖不間斷在十地位中亦有解脫間斷謂得無漏時不能持有漏種以有漏無漏體相違故以第八識雖是有漏以在因中體無解脫唯無覆性即不妨亦能持無漏種得名所熏應立量云前七轉識是有法非所熏宗因云不堅住故同喻如電光聲風等問若言有堅住性即是所熏者只如佛果第八亦是堅住性應名所熏答將第二義簡論云二無記性若法平等無所違逆能容習氣乃是所熏此遮善染勢力強盛無所容納故非所熏釋云夫爲所熏者須唯是一類無記即不違善惡性方受彼熏今佛果第八既是善性即不容不善及無記性非是所熏以佛果圓滿故如似沉麝不受臭穢物熏若不善性者即是煩惱又不容信等心所熏互不相容納故其所熏性如寬心捨行之人能容納得一切善惡事若惡心性人即不中第八識似寬心捨行之人能容一切習氣有此義故方名所熏若如來第八無漏淨識唯在因中曾所熏習帶此舊種非新受熏以唯善故違於不善等又古善染如沉麝蒜等故不受熏無記如素帛故能受熏如善不容於惡猶白不受於黑若惡不容於善如臭不納於香唯本識之含藏同太虛之廣納矣問若言有堅住性及無記性二義便名所熏者且如第五心所同心王具此二義應是所熏又如無爲亦有堅住性義爲所熏何失答將第三義簡論云三可熏性若法自在性非堅密能受習氣乃是所熏此遮心所及無爲法無爲堅密故非所熏言自在者正簡難陀許第八五心所變受熏論主云心所不自在故依他生起非所熏性言性非堅密者即簡馬鳴菩薩真如受熏論主云無爲體堅密如金石等而不受熏夫可熏者且須體性虛疎能容種子方得馬鳴救云我言真如受熏者以真如是性第八是相性相不相離若熏著相時兼熏著性或攝相歸性故真如受熏何失如將金石作指鐶等護法破云熏相不熏性如火燒世界不燒虛空今唯是第八心王體性虛疎方可受熏如衣服虛疎方能受香等熏問若言有堅住性無記性及可熏性三義即是所熏者應可此人第八識受他人前七識熏以此人第八是可熏性故答將第四義簡論云四與能熏共和合性若與能熏同時同處不即不離乃是所熏此遮他身剎那前後無和合義故非所熏唯異熟識具此四義可是所熏非心所等釋云今將此人第八望他人前七無同時同處和合義故非是所熏亦遮經部師將前念識體熏後念識相不同時亦非所熏次能熏四義者一有生滅二有勝用三有增減四與所熏和合此四義亦各有所簡且外人問無爲法得名能熏不答將第一義簡論云一有生滅若法非常能有作用生長習氣乃是能熏此遮無爲前後不變無生長用故非能熏釋云今前七識有生滅有生長作用乃是能熏問若介者且如業感異熟生心心所及色法不相應行等皆有生滅亦有作用應是能熏答將第二義簡論云二有勝用若有生滅勢力增盛能引習氣乃是能熏此遮異熟心心所等勢力羸劣故非能熏釋云其業感異熟生心心所等劣弱無強盛作用能熏色法雖有強盛又無緣慮勝用不相應行二用俱闕此非能熏又勢用有二一能緣用即簡諸色爲相分熏非能緣熏二強盛用爲不任運起即異熟心等有緣慮用無強盛用爲相分熏非能緣熏內色等有強盛用無能緣用異熟心等有能緣用無強盛用不相應法二俱無皆非能熏即緣勢用可致熏習如強健人能致功效故問若有生滅及有

勝用即名能熏者且如佛果前七識亦具此二義應是能熏荅將第三義簡論云三有增減若有勝用可增可減攝植習氣乃是能熏此遮佛果圓滿善法無增無減故非能熏彼若能熏便非圓滿前後佛果應有勝劣問若言具有生滅有勝用有增減三義即名能緣者且如他人前七識亦有上三義應與此人第八熏得種不荅將第四義簡論云四與所熏和合而轉若與所熏同時同處不即不離乃是能熏此遮他身刹那前後無和合義故非能熏唯七轉識及彼心所有勝勢用而增減者具此四義可是能熏如是能熏與所熏識俱生俱滅熏習義成令所熏中種子生長如熏苣勝故名熏習釋云攝論云苣勝本來是炭多時埋在地中便變爲苣勝如苣勝與華俱生俱滅內熏習故生香氣又種子是習氣之異名習氣必由熏習而有舉喻如麻香氣華熏故生即胡麻中所有香氣必假華熏方得香也西方若欲作塗身香油先以華香取於苣勝子聚爲一處淹令極爛後取苣勝壓油油遂香氣芬馥此來胡麻中無香氣因華熏故生熏習義者要俱生滅熏習義成非如種生芽異時故不同生滅故以爲喻問若言須與所熏和合一處方名能熏者且如生亡父母及先亡子孫等後人爲作功德此亦是熏他識以獲福故如何不許荅此有二解一云此但爲增上令亡者自發心非熏他識二云七分之中許獲一分雖只此所獲一分功德便是此人造福他人受果應乖唯識義荅有五力唯識不判一定力二通力三借識

力四大願力五法威德力問七能熏中熏第八四分之中約熏何分荅前五轉識能熏阿賴相分種子第六意識能熏第八相見分種子第七末那唯熏第八見分種子問前七識四分何分能熏荅見相二分能熏種以此二分有作用故問相分是色何能熏種荅但是見分與力令相分熏種如梟附塊而成卵㲉又見分是自證分與力問前五識與第八熏相分種者其第八相分有三境今熏何相分種荅但熏內身及外器實五塵相分種餘即不熏以不能緣故問五識於一切時爲皆熏三種爲有不爾荅皆熏三種縱異界相緣時五識須託自第八相而熏本質種又如二禪已上借初禪三識緣上地三境時亦各熏三種其相質種二禪已上收見分種即屬初禪繫以越界地地法無故言借若得諸根互用緣自他五塵境皆熏三種子以是性境收本質同是第八相分故若第六緣第八見分時熏得見質二種皆是心種即與第八熏得見分種又自熏得第六見分種中間相分即不熏若第六緣第八相分時或熏三種子爲自熏得能緣見分種若現量時亦自熏得相分五塵種又與第八熏得五根塵本質種多分只熏見質二種問第六緣第八三境相分時皆與熏得三境種不荅只熏根身器界種緣種子境即不熏種恐犯無窮過故其第六緣五根及種子境時皆是獨影境有說是性境者即須相分是實便有兩重五根現行犯有情界增過故知不可問第六能緣第八四分何言唯熏見相分種荅以內二分與見分同

是心種故於見分中攝問第六緣一百法時皆熏本質種不荅若緣無爲幷不相應行及心所中一分假者皆不熏本質種實者即熏以緣假法時但是獨影境故亦不熏相分種其能緣見分種即熏若第七識緣第八見分熏種者但熏見質二種定不熏相分種其中間相分但從兩頭合起仍通二性一半從本質上起者是無覆性一半從能緣見分上生者是有覆性　問如前第三所熏中護法難馬鳴眞如受熏義夫熏習之義熏相不熏性如火燒世界不燒虛空此眞如受熏之義如何會通　荅夫能所之熏約有二宗　一法相宗二法性宗前護法是依法相宗所難今馬鳴是依法性宗今法性宗亦七識等而爲能熏八爲所熏其第八中以如來藏隨緣成立含有生滅不生滅義故今言熏者是不熏之熏不變之變即熏生滅門中眞如隨緣之相若眞如門中即不熏此熏變義俱不可思議以不染而染故如起信論云復次以四種法熏習義故染淨法起無有斷絕一淨謂眞如二染謂無明三妄心謂業識四妄境謂六塵熏習義者如世衣服非臭非香隨以物熏則有彼氣眞如淨法性非是染無明熏故則有染相無明染法實無淨業眞如熏故說有淨用云何熏習染法不斷所謂依眞如故而起無明爲諸染因然此無明即熏眞如旣熏習已生妄念心此妄念心復熏無明以熏習故不覺眞法以不覺故妄境相現以妄念心熏習力故生於種種差別執著造種種業受身心等衆苦果報妄境熏義有二種別一增長

分別熏二增長執取熏妄心熏義亦二種別一增長根本業識熏令阿羅漢辟支佛一切菩薩受生滅苦二增長分別事識熏令諸凡夫受業繫苦無明熏義亦二種別一根本熏成就業識義二見愛熏成就分別事識義云何熏習淨法不斷謂以眞如熏於無明以熏習因緣力故令妄念心猒生死苦求涅槃樂以此妄心猒求因緣復熏眞如以熏習故則自信已身有眞如法本性清淨知一切境界唯心妄動畢竟無有以能如是如實知故修遠離法起於種種諸隨順行無所分別無所取著經於無量阿僧祇劫慣習力故無明則滅無明滅故心相不起心不起故境界相滅如是一切染因染緣及以染果心相都滅名得涅槃成就種種自在業用妄心熏義有二種別一分別事識熏令一切凡夫二乘猒生死苦隨已堪能趣無上道二意熏令諸菩薩發心勇猛速疾趣入無住涅槃眞如熏義亦二種別一體熏二用熏體熏者所謂眞如從無始來具足一切無量無漏亦具難思勝境界用常無間斷熏衆生心以此力故令諸衆生猒生死苦求涅槃樂自信已身有眞實法發心修行用熏者即是衆生外緣之力有無量義略說二種一差別緣二平等緣差別緣者謂諸衆生從初發心乃至成佛蒙佛菩薩等諸善知識隨所應化而爲現身等平等緣者謂一切諸佛及諸菩薩以平等智慧平等志願普欲拔濟一切衆生任運相續常無斷絕以此智慧熏衆生故令其憶念諸佛菩薩或見或聞而作利益入淨三昧隨所斷障得無

礙眼於念念中一切世界平等顯現見無量諸佛及諸菩薩華嚴記云是則眞如亦爲能熏亦能受熏故楞伽經云不思議熏不思議變是現識因謂不可熏而熏故名不思議熏眞如不變而隨緣成法名不思議變亦即不染而染也藏法師云妄心通業識及事識今據其本言業識耳言熏習故有染相眞如本無相隨熏現相又顯妄法無體故但云相此釋經中如來藏爲惡習所熏等上即生滅門中眞如言有淨用者此是生滅門中本覺眞如故有熏義眞如門中則無此義由此本覺內熏不覺令成猒求反流順眞故云用也此釋經中由如來藏故能猒生死苦樂求涅槃也涅槃經云闡提之人佛性力故還生善根彼言佛性力者即此本覺內熏之力耳良以一識含此二義更互相熏徧生染淨也此中佛者是覺性者是本故名本覺　問佛種從緣起者即是熏習義約法報化三身中是何佛種從緣起　答是報身佛由熏成故以智爲種法身是無爲斷惑所顯不從種子生以法報具足能起化現即化身是法報之用唯報佛性即是一切衆生聞熏種子且如世間甘露葉上霧露潤濕滴入土中一滴成一連珠又更濕潤生長芽莖報佛性亦爾我等第六識見分及耳識見分如同甘露葉如來大乘教法如似霧露耳識第六識熏得大乘種子似潤濕落在第八識中如入土中生得連珠後數資熏至成自受用報身佛更遇漏潤生起芽莖故知佛種全自熏成初學之人爭不仗於聞法之力且衆生雖有正因性須

假緣因發起如大智度論云如經中說二因緣發起正見一者外聞正法二者內有正念又如草木內有種子外有雨澤然後得生若無菩薩衆生雖有業因緣無由發起然欲弘揚佛法剖析圓宗應須性相雙明總別俱辯故法華經偈云如是大果報種種性相義我及十方佛乃能知是事今宗鏡本意要理事分明方顯一心體用具足若有體而無用如有身而無手足若有用而無體如有手足而無身若無身手人相不具若無體用法身不圓釋摩訶衍論云自性清淨無漏性德從無始來一向明白亦無垢累亦無染汙而以無明而熏習故即有垢累無明藏海從無始來一向闇黑亦無智明亦無白品而以本覺而熏習故即有淨用如是染淨但是假立染非實染淨非實淨皆是幻化無實自性故知染淨無體隨熏所成若離熏習之緣決定無法可得若無第八識所熏之體萬法不成以前衆多義門成就唯識即知無有一法不從心化生隨善惡以熏成因修習而爲種似裛香之紙染芬馥以騰馨如繫魚之繩近腥羶而作氣況異熟本識堅住眞心聞善法熏則淨種子增長因惡法發則染種子圓成是以內則爲因雖然本有外爲緣助須仗新熏遂能起果酬因爲凡作聖故經云佛種從緣起故知無法不熏成是以多聞熏習之功須親道友積學鍊磨之力全在當人不可虛度時光不動妙行如木中火性是火正因未遇人工不成火用如身中佛性是佛正因不偶淨緣難成妙用　問心識無形無對云何說受熏

之義　皆經明若熏若變俱不思議約隨緣故動彰熏變之相以根本無明熏本覺時即本覺隨動故說爲熏又本覺之體理雖不變由隨緣故故說爲變雖然熏變染而不染雖不熏變不染而染莫可以心意測故云不思議熏雖可以文句詮故云不思議變

宗鏡録卷第四十八　　篇

音義

膂古𦙶也反　癈方肺反止也　蘆落胡反　烇之戌反烇炷也　麝神夜反　寬苦官反安也　菲芳尾反　蕪武夫反蘼蕪也　𢶏子牧反擊也　殖承力反　常識反名也　苣其呂反　淹英廉反漬也　芬撫文反芬芳　馥房六反　也生也　梟古堯反食母鳥也　塊苦對反土塊也　馨呼刑反香也　鰹　菶經反纚也　羶式連反臭也

丁未歲分司大藏都監開板

宗鏡録卷第四十八

校勘記

一　底本，麗藏本。

一　五一八頁上八行第一一字「同」，磧作「何」。

一　五一八頁上二一行第三字「爲」，清作「謂」。

一　五一八頁上二五行「唯亦」，清作「亦唯」。

一　五一八頁上末行末字至頁中一行第三字「器世間相」，清作「内外俱緣」。

一　五一八頁中一行第一一字「執」，清作「爇」。

一　五一八頁中八行第一四字「生」，清作「與」。

一　五一八頁中一五行第二字「燄」，清作「燒」。又第一一字「内」，清作「外」。

一　四一八頁下一五行第七字「又」，清無。又第一一字「有」，清作「有謂」。

一　五一九頁上一行第一五字「説」，清作「謂」。

一　五一九頁上一〇行首字「取」，磧、南作「故」。

一　五一九頁上一一行第一三字「而」，清作「而有」。

一　五一九頁上二七行第一五字「准」，磧、南、徑作「唯」。

一　五一九頁中一一行第五字「别」，磧、南、徑、清作「引」。

一　五一九頁中一二行首字「熏」，磧作「望」。

一　五一九頁中二二行第七字「種」，清作「和」。

一　五一九頁下七行及一〇行「扶根」，徑、清作「浮根」。

一　五一九頁下二一行第二字「滅」，清作「減」。

一　五一九頁下二七行第一二字「伽」，磧、南、徑、清作「謂」。又末字「楞」，磧、南、徑、清作「楞伽」。

一五二〇頁上八行「在熏」，清作「熏習」。

一五二〇頁中一二行第一〇字「非」，磧、南、徑、清作「韮」。又末字「無」，磧作「一」。

一五二〇頁中一六行「第五」，清作「第八五」。

一五二〇頁中二二行首字「變」，清無。

一五二〇頁下二一行「勢力」，磧作「劣力」。

一五二〇頁下二二行首字「云」，磧、南作「云云」。又第四字「惑」，徑、清作「感」。

一五二一頁上六行末字「緣」，徑作「熏」。

一五二一頁上二四行末字「生」，磧、南、徑、清作「先」。

一五二一頁下七行「二性」，磧、南、徑、清作「三性」。

一五二二頁上六行「何熏」，磧作「何何」。

一五二二頁上二一行第二字「常」，磧作「當」。

一五二二頁中二八行第一四字「佛」，清作「似」。

一五二二頁下二四行「雖然」，南作「從然」。

宗鏡録卷第四十九

慧日永明寺主智覺禪師　延壽　集

夫一切情識因執受得名只如第八種子根身器等爲物有執受爲無執受

荅種子器世即第八緣而不執執受各具二義且執二義者一攝義二持義言攝者即攝爲自體言持者即持令不散受二義者一領義二覺義且領者即領以爲境言覺者即令生覺受安危共同根身具執受四義一攝爲自體同是無記性故二持令不散第八能任持此身令不爛壞三領已爲境此根身是第八親相分四令生覺受安危共同若第八危五根危第八安五根安若器世間量但緣非執受即受二義中領已爲境又言非執受者而無攝爲自體持令不散令生覺受三義不似他根身名非執受即無受四義中領已爲境一義問何以器界不似根身第八親執受荅以與第八違故所以不攝爲自體又器界損時第八亦不隨彼安危共同所以不執受若疑毛爪齒膀胱宿水等雖近已同外器攝所以第八亦不執受由此第八或持或緣應具四句一持而不緣即無漏種二緣而不持即器界現行三俱句即內身根塵四俱非即前七現行問第八何不緣前七現行荅有多過故不緣若變影緣即第八犯緣假過若親緣即犯唯識義不成過親取他心故西明云若變影緣即有情界增過以變起前七現行故而有兩重第七等又解以心法要種而生今異熟第八微劣設緣得前七亦不能熏種故不緣也問第八何不緣長等荅是假故不緣問無爲是實第八何故不緣荅若實無爲因位不證若假無爲又非彼境三量分別者散位心心所若具四義即名現量一任運緣二不帶名言三唯性境四無計度分別今第八四義既足極成現量假實分別者因中第八見分定不緣假唯因緣變故因緣變具二義一任運義二種子義爲境從種生識任運緣名因緣變今第八所緣境定以見分別種生是因緣變問第八與前五皆因緣變何故前五緣境有本質第八便無荅前五非根本識緣境即須藉本質今第八是根本識故不假本質忽若離自三境外更有法與第八爲質者即心外有法然第八若望緣定果色及他人扶塵異界器即有本質不遮故知第八緣三境唯實非假問識中無漏種子具此三義不荅一切有漏種子即具三義若是無漏種子不隨第八成無記唯是善性即第八不領爲境以相違故不妨持而不緣三義中但具二義問若不領以爲境應是心外有法荅但持令不散不離識故亦是唯識問無漏種子既不離識中有如何不緣荅具三義故所以不緣一能對治故即無漏然對治有汙法亦能破壞有漏法二體性異故以第八唯無記無漏種子唯善性三不相順故以無漏種子不順有漏第八識故無漏善性不順無記性故所以不緣問無漏種子是相分不荅有二一云第八不緣非是相分攝二云亦是相分因雖不緣是果中之相分流類故問種子與自證分既不離第八見分如何不緣自證分荅種子雖與自證不相離若見分緣時但緣種子不緣自證分若緣自證分即犯因中內緣過喻如水中鹹味色裏膠青　問此第八識有幾執受　荅有二種攝論云一切種子心識成熟展轉和合增長廣大依二執受一者有色諸根及所依執受二者相名分別言說戲論習氣執受　問前說第八具四義故成現量未審三量行相如何又八識各具幾量　荅古德釋云現量者現謂顯現即分明證境不帶名言無籌度心親得法體離妄分別名之爲現言量者量度是揩定之義謂心於境上度量揩定法之自相不錯謬故名量比量者比謂比類量即量度以比類量度而知有故名爲比量非量者謂心緣境時於境錯亂虛妄分別不能正知境不稱心名爲非量顯揚論云現量者有三種相一非不現見相二非思搆所成相三非錯亂所見相一非不現見相者復有四種應知謂由諸根不壞作意現前時同類生異類生無障礙不極遠同類生者謂欲纏諸根於欲纏境上地諸根於上地境已生等若生若起是名同類生異類生者謂上地諸根於下地境若已生等是名異類生無障礙者復有四種一非覆障所礙二非隱障所礙三非映障所礙四非惑障所礙覆障所礙者謂黑闇無明闇不澄淨色之所覆隱障所礙者謂或藥草力或呪術力或神通力之所隱蔽映障所礙者謂少爲多物之所映奪故不可見或飲食等爲諸毒藥之所映奪或髮毛端爲餘麁物之所映奪如是等類無量無邊且如小光爲大光所映不可得見所謂日光映星月等又如能治映

奪所治令不可得謂不淨觀映奪淨相無常苦無我觀映奪常樂我相無相觀力映奪衆相惑障所礙者謂幻化所作或相貌差別或復相似或內所作目眩惛夢悶亂酒醉放逸癲狂如是等類名為惑障若不為此四障所礙名無障礙不極遠者謂非三種極遠一處極遠二時極遠三推拆極遠如是應名非不現見由非不現見故名現量二非思構所成相者謂建立境界取所依境纔取便成非思構之所成故名為現量三非錯亂所見相者當有七種一想錯亂二數錯亂三形錯亂四顯錯亂五業錯亂六心錯亂七見錯亂想錯亂者謂於非彼相起彼相想如於陽焰鹿渴相起於水想數錯亂者謂於少數起多增上慢如瞖眩者於一月處見多月像形錯亂者謂於餘形起餘形增上慢如於旋火見彼輪形顯錯亂者謂於餘顯色起餘顯色增上慢如為迦末羅病損壞眼根於非黃色悉見黃相業錯亂者謂於無業起有業增上慢如執捲馳走見樹奔流心錯亂者謂即於五種所錯亂義心生喜樂見錯亂者謂即於五種所錯亂義忍受顯說安立實重妄想堅執若非如是錯亂所見名為現量又云現量者如五塵色法是第八識所變相分前五轉識并明了意識緣此之時最初遇境未起分別不帶名言能緣之智親證境體得法自性名為現量得自相也若前五識及第八識於一切時皆是現量得法自相不簡因果漏無漏位一切皆尒若第六識緣彼五塵境時於彼法體生分別心而起言說言說所及不能親證以

是假智所緣名得共相不簡因中果位但於境體起分別心及起言詮之時皆名得於共相及佛後得智緣事境時起分別故起言說故亦是假智非是得彼共相法體但是得彼共相之義也因此更依因明解現量義准因明疏略有二解一現之量謂前五識依所依根於現在世緣現有境根亦異識同照前境有發識用根義顯勝得顯現名雖照於境以體是色無緣慮用不能量度但有現義不得量名唯心心所量度於境緣慮用增體具現義亦有量境之能今從能發之根顯所發識名現之量依士釋也二現即量謂明了意識一分除餘散意識及獨頭起者并取定意識及第八識能緣見分親緣現境作用顯現而彼所依意根果體非顯現故故不取之但就能緣見分現即是量持業釋也又古師問若准前說假智所詮但得共相之義不得共相法體如口說色時口應被礙以彼色體以質礙為自相故既不被色礙故知不得彼體但得彼義者且如第八識及與眼識并明了意識現量智起緣火之時既言現量得法自相寧不燒心若不被燒應不得於火之自相何名現量境耶若許被燒即世間現見火時眼不被損便有世間現量相違過答曰雖不被燒亦得自相名為現量所以者何以心細色麁故心細無狀色麁有形故緣彼火時雖得自相然不被燒亦名現量又彼麁色實亦不能壞於細色何況心法如火災起時欲界火災但燒欲界然不能燒色界定地殊妙細色故彼色界自起火災燒於自地問既言心細

色麁心緣火時心不被燒者如阿羅漢化火焚身心智隨滅此如何通答曰化火焚身但燒扶根之塵非燒五種清淨色根及彼心智其五種清淨色根及彼心智以無所依扶塵緣闕不生得非擇滅雖是定火亦不能燒麁細異故定火對世火雖是細妙對心猶麁以是色法有形質故比量者此復五種一相二體三業四法五因果一相比量者謂隨其所有相貌相屬或由現在及先所推度境界如以見幢故比知有車以見煙故比知有火等二體比量者由現見彼自體性故比類彼物不現見體或現見彼一分自體比類餘分如以現在比類去來等三業比量者謂以作用比業所依如見遠物無有動搖鳥集其上如是等事比知是杌若有動搖等事比知是人等四法比量者謂於一切相屬著法以一比餘如屬無常比知有苦以屬苦故比空無我以屬生故比有老法以屬老故比有死法等五因果比量者謂因果相比如見物行比有所至見有所至比先有行若見有人如法事王比知當獲廣大祿位見大祿位比知先巳如法事王等三量八識分別者前五轉識唯是現量以前五識顯現證境不作行解心得法自性任運轉故第六意識徧通三量有二一明了意識與五同緣通三量初念得五塵自性是現量第二念至作解心時若量境不謬是比量若心所不稱境知即是非量二獨頭意識有三一散位獨頭亦通三量多是比非若緣現量比得五識引起獨散意識說為於第一念緣前來五識所緣五塵之境得其

自性名現量二定中獨頭唯是現量三夢中獨頭唯是非量若見分唯非量內二分是現量第七末那約有漏位中唯是非量妄執第八見分爲我爲法故本來第八見分是白淨無記然非是我今被第七妄執爲我不稱境知故名非量若第七內二分唯現量第八類耶同五現量如前已解　問眞似現量如何分別　荅古釋現量有二一眞二似眞現量者體即五識身五俱意諸自證分諸定心兼第八識此等諸心心所有六義名現一現有簡龜毛等二現在簡過未三顯現簡種子無作用故四現離照現名爲現謂能緣之心行相遠離諸分別故謂離隨念計度名言種類諸門等分別心故因明論云此中現量謂無分別釋云即顯能緣行相不籌不度任運因循照符前境故也五現謂明現謂諸定心澄湛隨緣何境皆明證故即明證衆境名爲現量六現謂親現即親冥自體若一切散心若親於境明異自體皆名現量第五明現第六親現此二種義簡諸邪智等如病眼見空華毛輪等雖離分別任運而緣然不能明證衆境親冥自體故非現量也似現量者准理而言有五種智皆名似現量一散心緣過去二獨意緣現在三散意緣未來四緣三世疑智五緣現在諸惑亂解此等諸心能緣行相有籌度故皆不以自相爲境故又隨先所受分別轉故名似現量然有二種一無分別心謂愚癡人類及任運見於空華等雖無分別然不分明冥證境故名似現量二有分別心現帶名言不得法之自相妄謂分明得境自體名似現量又云男女天地等見一合相名似現量此以衆緣合故如攬衆微以成於色合五陰以成於人名一合相如是見者是有分別智於義異轉故名似現量眞現量者如一合相相不可得金剛經云如來說一合相即非一合相以從緣合即無性故無性之性是所證理如是知者是正智生是自相處轉名眞現量又拂能所證跡爲眞現量謂若有如外之智與如合者猶有所得非眞實證能所兩亡方爲眞現唯識論云若時於所緣智都無所得介時住唯識離二取相故經云亦無如外智能證於如乃是爲眞現量也是以諸佛施爲悉皆現量如守護國界主陀羅尼經云如來悉知彼諸衆生出息入息種種飲食種種資具種種相貌種種根器種種行解種種心性死此生彼刹那流注生滅相續如來悉知如是一切現量所得非比量知云何現量謂不動念如實而知非流注心入於過去如是知時智慧具足隨衆生心種種說法

問本識變似根身器世間等爲是自變爲是共變　荅此有四句一共中共變二共中不共變三不共中不共變四不共中共變識論云所言共變者謂異熟識由共相種成熟力故變似色等器世間相即外大種及所造色雖諸有情所變各別而相相似處所無異如衆燈明各徧似一釋云此義意言由自種子爲因緣故本識變爲器世間相唯外非情此即能造及所造色在外處故言外大種非心外法且諸種子總有二種一是共相二不共相何爲共相多人所感故雖知人人所變各別名爲唯識然有相似共受用義說名共相實非自變他能用之若能用者此即名緣心外法故然我此物爲增上緣令多人可共受用名共如山河等不共相者若唯識理唯自心變名不共相一切皆是他變是他物自不能用亦名不共相然今且約自身能用他不得用名爲不共如奴婢等又釋云共中有二一共中共如山河等非唯一趣用他趣不能用又唯識義鏡云共中共者多識同變名之爲共變已同用重名爲共又唯識鈔云謂多趣有情識所變色同在一處互相涉入其相相似同共受用名共中共初之共字約所緣緣後之共字約增上緣即無主山河等是若有主者即共中不共所攝二共中不共如已田宅及鬼等所見猛火等物人見爲水餘趣餘人不能用故不共相中亦有二種一不共中不共如眼等根唯自識依用非他用故二不共中共如自扶根塵他亦受用故此言共相種者即共中共如衆燈明各徧似一者此釋共果同在一處不相障礙謂外器相如衆燈明共在一室各各徧室一一自別而相相似處所無異此如何知各各徧也一燈去時其光常徧若共爲一是則應將一燈去已餘明不徧又相涉入不相障礙故見似一置多燈已人影亦多故又云一不共中不共變如眼等五根唯自第八於中有末心第一念託父母遺體時變名不共唯自第八變故又唯自受用復名不共如眼識唯依眼根發眼識乃至身識依身根等二不共中共變即內扶塵根初唯自第八變名不共變生已後他人

亦有受用義復名爲共問若許受用他人扶塵者何名唯識心外取法答受用他人扶塵時自識先變一重相分在他人身上若受用時還受用自相分心外無法得成唯識問若言受用自相分因何殺他人得地獄罪以殺自相分故答自相分與他相分同在他身處殺自相分亦能令他五根相分斷滅故得罪也三共中共變如山河大地衆人共業力變又共得受用問多人共變名共者如有一樹二十人共變有二十重相分忽被一人斫却此樹自相分無可名唯識餘十九人相分亦無應非唯識以自不斫故答一人所斫相分是所隨餘十九人相分是能隨能隨相分必依所隨有故所隨既無能隨亦滅由此義邊亦名唯識故瑜伽論云相似業生隨順業轉即衆人共業變時得名相似業其多人相分被一人受用即名隨順業轉又共變共受用故四共中不共變者如田宅妻子多人第八共變得名爲共若受用時唯自前六受用不通他人即名不共又如一水應四心隨業各異見　問諸識各變自根還變他根不　答唯變似他根依處他根於已都無用故論頌云識生變似義有情我及了此境實非有境無故識無釋云八識生變似義者即是五塵義之言境以依他法似實有故變似有情者即是五根衆生數法情即是根名薩埵故變似我者是末那能變及了者六識緣了即第八緣根塵二色第七緣我六識緣六塵所了法義論云有義唯能變似依處他根於已非所用故似自他身五根現者說自他識各自

變義者此唯變他根依處他根於已都無用故若無用亦變何不變七識無緣慮用而得緣故若爾說自他根現文如何通所說自他阿賴耶識各自變爲根非自變他根一則無用不變他根二由不定說言自身本識變他根故不可爲證　問色從識變者無色界無色云何說變　答下界衆生所見是業果色無色界現境即定果色俱不離心慈恩云由定中變異他身者瑜伽論云色無色天變身萬億共立毛端是平等心無色既無通力即唯是定力華嚴經說菩薩鼻根聞無色界宮殿之香阿含經云舍利弗入湼槃時色無色天宮中淚下如春細雨波闍波提入湼槃時色無色天佛邊側立及實色中定境者是所變境力爲相續爲間斷若內身多續少分間斷由有生一念即便命終故或如蜉蝣等生已即死故若變外器多分長時隨業勢力任運變故　問本識定緣何法　答唯緣實法不緣假法慈恩問云本識豈不緣極略等四色答以假故不緣如不相應法對法論云極略極迴但是第六意識可拼爲極微故第八不緣受所引色中若定道共色即此不緣唯以現行思爲體故徧計所起色唯是鏡像水月此亦不緣唯第六識徧計起故又定所生色中如十一切處觀亦不緣假想色故故此論文但緣實色不緣假故第八所緣必有用故彼無實用第八不緣然諸法體一者有法二者無法第八何故不緣無法此任運緣非分別故無籌度故後得智等有籌度故諸六識等有分別故由此故知第八識體不緣我

也第八識變變必有用故不緣無用無用故不緣我等以無體用故於有法中略有二種一者有爲二者無爲何故此識不緣無爲若實無爲因未證故若假無爲無體用故皆不得緣　問有漏識變有幾種變　答略有二種一因緣變二分別變識論云有漏識變略有二種一隨因緣勢力故變二隨分別勢力故變釋云因緣生者謂由先業及名言實種即要有力唯任運心非由作意其心乃生即五八識隨其增上異熟因爲緣名言種爲因故變於境分別變者謂作意生心是籌度心即六七識隨自分別作意生故由此六七緣時影像相分無有實體未必有用初隨因緣變必有實體用即五八等所變之境後隨分別變但能爲境非必有用即第七識等又解初唯第八異熟主故所熏處故能持種故變必有用後餘七識所變色觸等皆無實用似本質用如鏡中光於三境中性境不隨心因緣變攝獨影帶質皆分別變又論云異熟識變但隨因緣所變色等必有實用若變心等便無實用相分心等不能緣故者顯變色等從實種生故所變法必有體用若相分心心所如化心等故不緣之緣便無用解深密經說諸變化心無自依心有依他心佛地論云無自緣慮實體之心有隨見分所變相分似慮之心如鏡中光此即分別變四句分別者一因緣變非分別變即五識心心所及第八識心王爲所緣相分從自種生故二唯分別變非因緣變即有漏第七識及第八五心所是爲所變相分唯從分別心生故三俱句即

有漏第六及無漏八識以能遍緣假實法故四俱非即不相應行是以無實體故不與能緣同種生故　問此識於善不善有覆無記無覆無記四種法中何法所攝　答論云此識唯是無覆無記異熟性故異熟若是善染性者流轉還滅應不得成又此識是善染依故若善染者互相違故應不與二俱作所依又此識是所熏性故若善染者如極香臭應不受熏無熏習故染淨因果俱不成立此唯是無覆無記覆謂染法障聖道故又能蔽心令不淨故此識非染故無覆記謂善惡有愛非愛果及殊勝自體可記別故此非善惡故名無記觸等亦如是謂如阿賴耶識唯是無覆無記性攝觸作意受想思亦尒諸相應法必同性故釋云異熟若是善染性者流轉還滅應不得成者善趣既是善應不生不善恒生善故即無流轉惡趣之義由業故生死流由苦故生死轉惡趣翻亦然既恒生惡應無還滅由道故還由滅故滅又此識是善染依故者此識既是果報之主既恒是善應不為惡依是惡亦應不為善依互相違故若善染者如極香臭應不受熏者此識唯無記性可受熏習既無熏習即無種子種子若無即是無因因既無故其果亦無此唯無覆無記者無記有三一相應無記謂諸無記心心所法二不相應無記謂無記色不相應法三眞實無記謂虛空非擇滅又廣辯四種無記一能變無記即無記心心所法是二所變無記即諸色法及諸種子等是三分位無記即二十四不相應行中有假無記法分位立者是四

勝義無記即虛空非擇滅無為是又就第一能變無記中更有四種無記一異熟二威儀三功巧四變化異熟無記者異者別異即因果性別因通善惡果唯無記熟者成熟此唯屬果因果合說名為異熟無記者不能記別當果名為無記或於善惡中無所記別名無記此業感眞異熟無記即第八識業即善惡二思感者集義招義為此現行思能造作感集當來總報識等五果種子又能招感當來異熟五蘊現行果故名業感言眞者實也簡命根雖是異熟而且是假又眞者常也體常相續更不間斷徧界地有者名眞異熟無記又若法體是異熟從異熟識起而無間斷徧界地有者名眞異熟亦名異熟生若法體是異熟從異熟識起有其間斷又不徧界地者但名異熟生不得名眞異熟即簡六識體必若體非異熟又有間斷又不徧界地雖從異熟識起不名眞異熟但得名異熟生若威儀功巧變化等雖有能作而不招善惡等果故名無記　問阿賴耶識若常則無轉變若斷則不相續如何會通得合正理　答不一不異非斷非常方契因緣唯識正理識論云此識非斷非常以恒轉故恒謂此識無始時來一類相續常無間斷是界趣生施設本故性堅持種令不失故轉謂此識無始時來念念生滅前後變異因滅果生非常一故可為轉識熏成種故恒言遮斷轉表非常猶如瀑流因果法爾如瀑流水非斷非常相續長時有所漂溺此識亦爾從無始來生滅相續非常非斷漂溺有情令不出離又如瀑流風等擊

起諸波浪而流不斷此識亦爾雖遇衆緣起眼識等而恒相續又如瀑流漂水上下魚草等物隨流不捨此識亦爾與內習氣外觸等法恒相隨轉如是法喻意顯此識無始因果非斷常義謂此識性無始時來刹那刹那果生因滅果生故非斷因滅故非常非斷非常是緣起理故說此識恒轉如流釋云一類者常無記義相續者未曾斷義界趣生本者即是依此識故施設三界五趣四生是引果故識是界趣生之本因滅果生非常一故者因果性故簡非我也有生滅故簡常非自性也常一之法無因果又若無因果即是斷常以是常故如虛空等應不受熏若不受熏即無生死涅槃差別若受熏須具四義一無記二堅住三可熏四非常一是四相應可為轉識熏也　問此識既云恒轉如流定有生滅去來不　答此識不守自性隨緣變時似有流轉而實無生滅亦非去來如湛水起漚漚全是水華生空界華全是空識性未常去來虛空何曾生滅如馬祖大師云若此生所經行之處及自家田宅處所父母兄弟等舉心見性本無來去亦無起滅所經行處及自家父母眷屬等今所見者由昔時見故皆是第八含藏識中憶持在心非今心去亦名種子識亦名含藏識貯積昔所見者識性虛通念念自見名巡舊識亦名流注生死此念念自離不用斷滅若滅此心名斷佛種性此心本是眞如之體甚深如來藏而與七識俱傳大士云心性無來亦無去緣慮流轉實無停又心

無處所故云無停心體實無來去昔所行處了了知見性自虛通體無去住不用除滅此心若識此心本是佛體不須怕今有不識心人將此為妄終日除滅亦不可得滅縱令得滅證聲聞果亦非究竟只如過去諸佛恒沙劫事見如今日真如之性靈通自在照用無方不可同無情物佛性是生氣物不可兀爾無知但無心量種種施為如幻如化如機關木人畢竟無有心量於一切處無執繫無住著無所求於一切時中更無一法可得　問此阿賴耶識既為一切法因又稱引果只如因果之法為真實有為假施設　荅皆從識變是假施設論云謂此正理深妙離言因果等言皆假施設觀現在法有引後用假立當果對說現因觀現在法有酬前相假立曾因對說現果假謂現識似彼相現如是因果理趣顯然遠離二邊契會中道諸有智者應順修學釋云今明諸法自相離言謂觀三世唯有現法觀此現法有能引生當果之用當果雖無而現在法有引彼用用者功能行者尋見現法之上有此功用觀此法果遂心變作未來之相此似未來實是現在即假說此所變未來名為當果對此假當有之果而說現在法為因此未來果即觀現在法功能而假變也其因亦爾觀此現法有酬前之相即異熟變相等觀此所從生處而能變為過去實非過去而是現在假說所變為現法即對此假曾有過去因而說現在為果而實所觀非因非不因非果非不果且如於因性離言故非實是因有功能故非定不因果亦如是

宗鏡録卷第四十九

音義

膀步光反　胱古黃反　眩烏涓反亂也　癲都年反病也　捲巨轉反　蜉縛謀反　蝣以周反朝生暮死也

丁未歲分司大藏都監開板

宗鏡録卷第四十九

校勘記

一　底本，麗藏本。

一　五二五頁上四行第五字「惣」，清無。

一　五二五頁上五行「執執受」，清作「執受執受」。

一　五二五頁上二七行第七字「情」，磧作「清」。

一　五二五頁中五行第七字「成」，磧、南、徑作「或」。

一　五二五頁中一四行「扶塵」，徑、清作「浮塵」。次頁下四行同。

一　五二五頁中一九行第二字「二」，磧、南、徑、清作「一」。

一　五二六頁下三行第二字「扶」，徑、清作「浮」。

一　五二六頁下一七行第九字「故」，磧、南、徑、清作「苦」。

一　五二六頁下二四行第一二字「偏」，磧、南作「徧」。

一　五二六頁下二九行「五識」，清作「前五識」。又第一六字「説」，清無。

一　五二七頁上一九行第五字「異」，清作「寘」。

一　五二七頁上末行第九字「相」，南作「想」。又「分明」，南作「分別」。

一　五二七頁中一五行「根器」，磧、南、徑作「相器」。

一　五二七頁中一八行第九字「知」，清作「如」。

一　五二七頁下三行「然我此物」，磧、南作「然我此惣」；徑作「然我此總」；清作「然彼此總」。又第一五字「可」，磧、南、徑作「不」；清作「同」。

一　五二七頁下一八行「自扶根塵」，徑作「自浮根塵」；清作「自浮塵根」。

一　五二七頁下一九行第二字「種」，磧、南、徑、清作「應」。

一　五二七頁下二九行至末行「扶塵」，徑、清作「浮塵」。下至次頁上二行同。

一　五二八頁上二六行首字「即」，磧作「變」。

一　五二八頁上二八行「第七」，磧、南作「第十」。

一　五二八頁下一六行第七字「主」，徑作「生」。

一　五二九頁上一三行第九字「謂」，清作「者」。

一　五三〇頁上三行第一二字「帕」，磧、南、徑、清作「怕」。

宗鏡錄卷第五十

慧日永明寺主智覺禪師　延壽　集

夫此第八識爲定是眞是假　答是眞是假不可定執首楞嚴經云陁那微細識習氣成瀑流眞非眞恐迷我常不開演釋曰梵語阿陁那者此云執持識此識體淨被無明熏習水乳難分唯佛能了以不覺妄染故則爲習氣變起前之七識瀑流波浪鼓成生死海若大覺頓了故則爲無漏淨識執持不斷盡未來際作大佛事能成智慧海眞非眞恐迷者佛意我若一向說眞則衆生不復進修隨增上慢以不染而染非無客塵垢故又外道執此識爲我若言即是佛性眞我則扶其邪執有濫眞修我若一向說不眞則衆生又於自身撥無生斷見故無成佛之期是以對凡夫二乘前不定開演恐生迷倒不達如來密旨以此根本識微細難知故　問此第八識於眞俗二諦中俱建立不　答染淨之本眞俗俱存不達眞異熟正唯識人多執俗有眞無強生異見不知諸佛密意執遣相空理以爲究竟此乃破徧計情執是護過遮詮便撥依他圓成悉作空華之相若無依圓本識及一切法皆則無體既非實有成大邪見論云外道毁謗染淨因果亦不謂全無但執非實故若一切皆非實有菩薩不應爲不捨生死精勤修集菩提資粮誰有智者爲除幻敵求石女兒用爲軍旅故應信有能持種心依之建立染淨因果彼心即是此第八識又契經說有異熟心善惡業感若無此識彼異熟心不應有故謂眼等識有間斷故非一切時是業果故如電光等非異熟心異熟不應斷已更續彼離命根等無斯事故眼等六識業所感者猶如聲等非恒續故是異熟生非眞異熟定應許有眞異熟心酬牽引業徧而無斷變爲身器作有情依身器離心理非有故不相應法無實體故諸轉識等非恒有故若無此識誰變身器復依何法恒立有情釋云外道亦不謂染淨等皆無現所見故但執非實染因不能感惡果善因不能感善果以非實故如空華等因果不無可信此識總立三性若於二諦中分别有無者我眞諦中亦非無法但不可說爲因爲果言語道斷故俗諦之中依他圓成有故徧計所執是無眞異熟心酬牽引業徧而無斷者眞異熟心一切時相續酬牽引業非餘滿業者有間斷者是滿業故餘轉識不能引業但來滿善惡之業果引果之識徧三界有六識不徧無色界無心定等五識及意無故無斷者言恒續故所以經云深信大乘不謗因果但眞諦中以一切法不可得故言語道斷故心智路絶故或言一切法空此是第一義空不可得空非是外道斷空小乘但空等不可起龜毛兔角之心執虵足鹽香之見　問受生命終既依本識主時死時復住何心　答夫論生滅之事必住散動之心經云有念即塵網不動即法印塵網立生死之道法印成涅槃之門故知散亂寂靜二途皆依本識而有論云契經說諸有情類受生命終必住散心非無心定若無此識生死時心不應有故謂生死時身心惛昧如睡無夢極悶絶時明了轉識必不現起又此位中六種轉識行相所緣不可知故如無心位必不現行六種轉識行相所緣有必可知如餘時故眞異熟識極微細故行相所緣俱不可了是引業果一期相續恒無轉變是散有心名生死心不違正理又說五識此位定無意識取境或因五識或因他教或定爲因生位諸因既不可得故受生位意識亦無乃至又將死時由善惡業下上身分冷觸漸起若無此識彼事不成轉識不能執受身故眼等五識各别依故或不行故第六意識不住身故境不定故徧寄身中恒相續故不應冷觸由彼漸生唯異熟心由先業力恒徧相續執受身分捨執受處冷觸便生壽煖識三不相離故冷觸起處即是非情雖變亦緣而不執受故知定有此第八識又契經說識緣名色名色緣識如是二法展轉相依譬如束蘆俱時而轉若無此識彼識自體不應有故謂彼經中自作是釋名謂非色四蘊色謂羯邏藍等此二與識相依而住如二束蘆更互爲緣恒俱時轉不相捨離眼等轉識攝在名中此識若無說誰爲識亦不可說名中識蘊爲五識身識爲第六羯邏藍時無五識故又諸轉識有間轉故無力恒時執持名色寧說恒與名色爲緣故彼識言顯第八識　問一切有情皆依食住即是第八識食約有幾種行相如何　答識論云經說食有四種一者段食變壞爲相謂欲界繫香味觸三於變壞時能爲食事由此色處非段食攝以變壞時色無用故二者觸食觸境爲相謂有漏觸纔取境時攝受喜等能爲食事此觸雖與諸識

相應屬六識者食義偏勝觸麁顯境攝受喜
樂及順益捨資養勝故三者意思食希望爲
相謂有漏思與欲俱轉希可愛境能爲食事
此思雖與諸識相應屬意識者食義偏勝意
識於境希望勝故四者識食執持爲相謂有
漏識由段觸思勢力增長能爲食事此識雖
通諸識自體而第八識食義偏勝一類相續
執持勝故此四能持有情身命令不壞斷故
名爲食段食唯於欲界有用觸意思食雖偏
三界而依識轉隨識有無眼等轉識有間有
轉非徧恒時能持身命謂無心定熟眠悶絕
無想天中有間斷故設有心位隨所依緣性
界地等有轉易故於持身命非徧非恒乃至
由此定知異諸轉識有異熟識一類恒徧執
持身命令不斷壞世尊依此故作是言一切
有情皆依食住釋云此觸雖與諸識相應屬
六識者食義偏勝者此觸食體皆通八識雖
通與諸識相應屬六識者食義偏勝以所觸
之境相麁顯故別能攝受喜樂受故能生順
益身之捨故是偏勝義七八俱觸境微細故
全不能生喜樂受故雖生捨受但不爲損而
非益故由此義顯觸生憂苦非順益捨即非
食體不資養故增一經云世尊告阿那律曰
一切諸法由食而住在眼以眠爲食耳以聲
爲食鼻以香爲食舌以味爲食身以細滑爲
食意以法爲食涅槃以無放逸爲食爾時佛
告諸比丘如此妙法夫飲食有九事人間有
四食一段食二更樂食三念食四識食復有
五種是出世間食一禪食二願食三念食四
八解脫食五喜食是出世間之表當共專念

捨除四種之食求辦出世之食所以維摩經
云迦葉住平等法應次行乞食爲不食故應
行乞食爲壞和合相故應取摶食爲不受故
應受彼食斯皆是破五陰法成涅槃食　問
住滅定者於八識中滅何等識　答但滅六
識以第八識持身故論云契經說住滅定者
身語心行無不皆滅而壽不滅亦不離煖根
無變壞識不離身若無此識住滅定者不離
身識不應有故謂眼等識行相麁動於所緣
境起必勞慮厭患彼故暫求止息漸次伏除
至都盡位依此位立住滅定者故此定中彼
識皆滅若不許有微細一類恒徧執持壽等
識在依何而說識不離身若謂後時彼識還
起如隔日瘧名不離身是則不應說心行滅
識與想等起滅同故壽煖諸根應亦如識便
成大過故應許識如壽煖等實不離身又此
位中若全無識應如瓦礫非有情數豈得說
爲住滅定者又異熟識此位若無誰能執持
諸根壽煖無執持故皆應壞滅猶如死屍便
無壽等既尒後識必不還生說不離身彼何
所屬諸異熟識捨此身已離託餘身無重生
故又若此位持種識後識無種如何得生過
去未來不相應法非實有體已極成故諸色
等法離識皆無受熏持種亦已遮故乃至無
想等位類此應知又滅定等位稱無心者未
必全無成業論云心有二種一集起心無量
種子集起處故二種種心所緣行相差別轉
故滅定等位闕第二心名無心如一足馬闕
一足故亦名無足　問小乘入滅盡定何
不能現其威儀　答小乘是事滅大乘是理

滅如清涼疏云一切法滅盡三昧智通者謂
五聚之法皆當體寂滅故斯即理滅不同餘
宗滅定但明事滅唯滅六七心心所法不滅第
入等但事滅故不能即定而用證理滅故定
散無礙由即事而理故不礙滅即理而事故
不礙用是以經云雖念念入而不廢菩薩道
等亦非心定而身起用亦不獨明定散雙絕
但是事理無礙故十地中云雖行實際而不
作證能念念入亦念念起及淨名經云不起
滅定現諸威儀皆斯義也又古師云若大乘
滅定由具五蘊有第八識及第十淨分末那
平等性智在而能引起種種威儀小乘唯有
色行二蘊前六識已滅以小乘所現威儀事
須意識始能引起既無意識則無運用之功
與大乘有異　問大小等乘皆從意識能起
威儀以第六意識是滅定所猒即第六意識
已無縱有第七平等性智且非起威儀之識
第八識雖許持緣亦非能起威儀如何說能
引起威儀耶　答古釋云正入滅定之時雖
無意識然未滅之前加行心中願我入滅之
後若有衆生合聞我說法見我威儀我當敎
化以此願故入定之後擊發本識化相種子
生起現行以平等性智而能現起威儀然平
等性智雖與第六願樂所現威儀而不相應
是約行相分別若就理而論威儀即定定即
威儀以色心其已久如故　問百法數中雖
名義差別窮原究本但唯一識經中云何於
命根中說爲三法壽煖識等　答雖是一識
義別說三論云義別說三如四正勤等釋云

謂阿賴耶識相分色法身根所得名煖此識之種名壽以能持識故現行識是識故言三法義別說之非謂別有體性是則身捨煖時有餘二不必捨如無色界生如餘二捨時煖必隨捨然今此三約義別說但是一體如四正勤已生未生善惡二法義別說為四體但是一體如四正勤已生未生善惡二法義別說為四體但是一精進數　問識種即是命根者以何義為根　荅論云然依親生此識種子由業所引功能差別住時決定假立命根釋云言此者簡親生餘識種子言識者簡相應法種唯取識故言種者簡現行不取第八現行為命根故彼所簡者非皆命根今取親生之名言種上由先世業所引持身差別功能令色心等住時決定依此功能說為命根非取生現行識義以此種子為業力故有持一期之身功能差別令得決定若此種子無此功能身便爛壞阿賴耶識現行由此種故能緣及任持於眼等法亦名能持此種正能持於現行之識若不爾者現行之識應不得有及無能持餘根等法由此功能故識持於身現行內種力故生及緣持法不名命根非根本故由種生故此種不由現行有故種為諸法之根本故又現行識是所持故從所持說能持種識名命根命根之法持體非命根今六處住時決定故種子為命根餘現行色心等非命根不恒續故非業所引故然業正牽時唯牽此種子種子方能造生現行非謂現行名命根故唯種是根又夫命根者依心假立命為能依心為所依生法師云焚薪之火旋之成輪輪必攬火而成照情亦如之必資心成用也命之依心如情之依心矣

問諸心法等為有差別為無差別　荅法性無差約相有異雖然有異互不相違瑜伽論云如諸心法雖心法性無有差別然相異故於一身中一時俱轉如是阿賴耶識與諸轉識於一身中一時俱轉當知更互亦不相違如一瀑流有多波浪又如於一清淨鏡面有多影像一時而轉互不相違如是於一阿賴耶識有多轉識一時俱轉當知更互亦不相違又如一眼識於一時間於一事境唯取一類無異色相或於一時頓取非一種種色相及耳鼻舌身識乃至分別意識於一時間或取一境相或取非一種種境相當知道理亦不相違并末那亦恒與阿賴耶識俱轉常與俱生任運我慢等四種煩惱一時相應　問淨名經云從無住本立一切法無住本即阿賴耶識云何說此識為一切法本　荅此識建立有情無情發生染法淨法若有知有覺則衆生界起若無想無慮則國土緣生因染法而六趣迴旋隨淨法而四聖階降可謂凡聖之本身器之由了此識原何法非悟證斯心性何境不真可謂絕學之門栖神之地矣瑜伽論云阿賴耶識是一切雜染根本所以者何由此識是有情世間生起根本能生諸根根所依處及轉識等故亦是器世間生起根本由能生起器世間故亦是有情互起根本一切有情相望互為增上緣故所以者何無有有情與餘有情互相見等時不生苦樂等更相受用由此道理當知有情界互為增上緣又即此阿賴耶識能持一切法種子故於現在世是苦諦體亦是未來苦諦生因又是現在集諦生因如是能生有情世間故能生器世間故乃至阿賴耶識所攝持順解脫分及順決擇分等善法種子及眼識等十八界經云惡叉聚喻由於阿賴耶識中有多界故　問若成就阿賴耶識亦成就轉識不　荅應作四句分別瑜伽論云或有成就阿賴耶識非轉識謂無心睡眠無心悶絕入無想定入滅盡定生無想天或有成就轉識非阿賴耶識謂阿羅漢若諸獨覺不退菩薩及諸如來住有心位或有俱成就謂餘有情住有心位或有俱不成就謂阿羅漢若諸獨覺不退菩薩及諸如來入滅盡定處無餘依般涅槃界　問至聖垂慈覺王應跡以廣長之舌相出誠實之微言於無名相中布難思之教海以假名相說演無盡之義宗且如第八識心本無名相隨位立号因執得名至何位次之中而捨虗假之稱　荅唯識論云第八識雖諸有情皆悉成就而隨義別立種種名謂或名心由種種法熏習種子所積習故或名阿陁那執持種子及諸色根而不壞故或名所知依能與染淨所知諸法為依止故或名種子識能徧任持世出世間法種子故此等諸名通一切位或名阿賴耶識藏一切雜染品法令不失故我見等執藏以為自內我故此名唯在異生有學非無學位不退菩薩有雜染法執藏義故或名異熟能引生死善不善業異熟果故此名唯在異生二乘諸菩薩位非如來地猶有異熟無記法故或名無垢

識最極清淨諸無漏法所依止故此名唯在如來地有菩薩二乘及異生位持有漏種可受熏習未得善淨第八識故如契經偈說如來無垢識是淨無漏界解脫一切障圓鏡智相應阿賴耶識名過失重故最初捨故此中偏說異熟識體菩薩將得菩提時捨聲聞獨覺入無餘依涅槃時捨無垢識體無有捨時利樂有情無盡時故心等通故隨義應說釋云積集義是心義集起義是心義以能集生多種子故或能熏種於此識中既能積集復起諸法故說此識名爲心義阿陁那者此云執持執持諸種有色根故此通凡聖所知依者即三性與彼爲依名所知依又古德云阿賴耶識名爲藏義良以眞心不守自性隨熏和合似一似常故諸愚者以似爲眞取爲內我我見所攝故名爲藏又能藏自體於諸法中又能藏諸法於自體內二種我見永不起位即失賴耶名又云第八識名者八地已上無阿賴耶名唯有異熟識第七但執異熟識爲法又第八識本無阿賴耶名由第七執第八見分爲我令第八得阿賴耶名若不執時但名異熟識第八或名爲心者由種種法積集種子故名爲心雖受熏持種積集集起義得名心者唯自證分也喻如倉庫能藏諸物能持一切種子故後令種子生起現行與種子爲依持生起二因也即知第八受熏持種得名心也因中持新舊種子故名爲心果位持舊種一切無漏種子故名心也此亦名持種心或名質多此名有爲心或名牟呼栗多此云貞實心即是眞如此是無爲心或名阿陁那此云執持識能執持種子依身生相續義即是界趣生義此通一切位執持有三一執持根身令不斷壞二執持種子令不散失三執取結生相續者即有情於中有身臨末位第八識初一念受生時有執取結生相續義結者繫也屬也於母腹中一念受生便繫屬彼故亦如磁毛石吸鐵鐵如父母精血二點第八識如磁毛石一剎那間便攬而住同時生故在胎五位者初七日內名雜穢狀如薄酪父精母血相和名雜自體不淨名穢二七日內名皰猶如瘡皰之形表裏如酪未生肉故三七日內名凝結謂稍凝結形如就了血四七日內名凝厚漸次堅硬五七日內名形位內風所吹生諸根形一身四支生差別故用此三十五日盡其五根皆足六七日內名髮毛爪齒位七七日內名具根位以五根圓滿漸次生識即未具空明等緣或名種子識問此識與心義何別答種子與心義別即取第八識現行亦名種子故但是種能生現行故名種子識此識現行能起前七識即有能生法種功能義邊第八識名種子識前言心者但是積集集起義名心又第八識而隨義別立種種名或名根本識流轉因還滅因界趣生體引果總報主阿賴耶者此云我愛執藏異熟識者此是善惡業果位以善惡業果爲因即招感得此引果故前世業爲因因是善惡今世感第八識是無記異熟即果異於因故名異熟又具四義一實二常三徧四無雜是名眞異熟識問第八眞異熟識如何名引果答爲善惡業爲能引第八爲所引是能引之果故名引果故是總報主前六識名爲滿果有一分善惡別報來滿故此滿業所招名異熟生非眞異熟也不具四義唯第八是引果眞異熟識具四義故此通異生至十地皆有異熟識名至金剛心末一刹那間永捨也解脫道中即成無垢識名阿摩羅即果中第八識一純無漏不攝一切染法種子故不與雜染種現爲所依故唯與鏡智相應名無垢識又心之別名有六一集起名心唯屬第八集諸種子起現行故二積集名心屬前七轉識能熏積集諸法種故或初集起屬前七轉識現行共集熏起種故後積集名心屬於第八含藏積集諸法種故此上二解雖各有能集所集之義今唯取能集名心如理應思三緣慮名心俱能緣慮自分境故四或名爲識了別義故五或名爲意等無間故六或名心又廣釋一集起名心者即第八識集諸種子起現行故言集諸種子者即色心人天三界有漏無漏一切諸法種子皆是他第八識能集猶如世間人庫藏言起現行故者爲三界三趣有漏無漏一切色心等現行皆從第八識生起即第八識是能集起一切色心等種子是所集起今但取能集起名心今正取第八心王自證分名集起心相分是色見分是用證自證分落後邊故爲自證分能集諸法種子令不散失復能起諸種現行功能從無始來更不間斷故獨有集起義即知第八自證分與識中種子爲二因便是此中集起二義一爲依持因即是集義二與力令

生起因即是起義二積集名心者亦第八識中持諸三界五趣種子故第八得名含藏積集即第八自證分能持舊種故名積又能集新熏故名集即知積集集起以辨心第八識獨名心爲正義故唯識論云能徧任持世出世間諸法種故是藏識義即自證分是能任持能積集一切種子是所任持所積集前七名轉識者轉爲改轉是不定義即三性三量三境易脫不定方名轉識今第八唯是一類無記又唯性境唯現量故名不轉識又集起名心亦屬第七轉識集者爲集前七現行言起者即前七現行各自有力能熏生新種名起且如眼識緣色時必假同時意識共集熏種餘四識亦爾問若明了意識與五同緣所名共集且如獨頭意識緣十八界時不與餘識同緣亦熏起種何有共集之義答由第七爲所依第六方轉熏種亦名共集三緣慮名心者謂能緣慮自分境故即八箇識各能緣慮自分之境緣謂緣持慮即思慮若緣慮以解心是通名前五識唯緣五塵是自分境除諸根互用及佛果位第六識緣十八界及三世法并一切有漏無漏世出出間法爲自分境第七識緣第八見分爲自分境第八識緣三境爲自分境是頓常緣三境以第八是常識境常有故不同前六識有間斷所緣境又非常有其第八正義若欲界繫者即緣欲界根身器界爲自分境若種子即通緣三界爲自分境上二界亦爾只除無漏種不能緣以有漏無漏種不相順故由是但能持而不能緣以持義通緣義狹喻如赤眼人把火亦如頂上戴物但持而不緣只持令不散不離識故第四名了別識即八箇識見分皆能了別自所緣境即眼識能了別色乃至第八識能了別根身器界種子即了別以解識八識通名識若了別麁境以解識即於六轉名識第五或名爲意者等無間故即前念八識與後念八識爲依止令取前念八識名意若前念心不滅者後念無因得生依前滅處後方得生於等無間自類心不間隔名等無間大乘有二種一思量意即七識二無間意通八識意者是依止義即如第七與第六爲依止故名意若爲等無間以解意八識通名意若思量以解意第七獨名意第六名心者或第八名心第七名意第六名識此第六義是約勝彰名謂積集集起以解心第八獨名心思量以解意第七獨名意了別麁境以解識前六獨名識即於八識各具通別二名爲第八具二義名心一積集集起義二緣慮義第七亦二一思量義二等無間義前六名識亦二一了別義二了別麁境義具四義名麁一易可了知乃至兒童亦知二共許有即三乘共許三行相麁爲了別行相顯故四所緣麁即五塵是麁境又九識中總分四段每識別立十名一第六識十名者一對根得名名爲六識二能等量是非名爲意識三能應涉塵境名攀緣識四能徧緣五塵名巡舊識五念念流散名波浪識六能辯前境名分別事識七所在據他名人我識八受業牽生名四住識九令正解不生名煩惱障識十感報終盡心境兩別名分段死識二第七識十名者一六後得稱名爲七識二根塵不會名爲轉識三不覺習氣忽然念起名妄想識四無間生滅名相續識五障理不明名無明識六返迷從正能斷四住煩惱名爲解識七與涉玄途順理生善名爲行識八解三界生死盡是我心更無外法名無畏識九照了分明如鏡顯像名爲現識十法既妄起恃智爲懷令眞性不顯名智障識三第八識十名者一七後得稱名爲八識二眞偽雜間名爲和合識三蘊積諸法名爲藏識四住持起發名熏變識五凡成聖名爲出生識六藏體無斷名金剛智識七體非靜亂名寂滅識八中實非假名爲體識九藏體非迷名本覺識十功德圓滿名一切種智識四第九識十名者一自體非偽名爲眞識二體非有無名無相識三執用不改名法性識四眞覺常存體非隱顯名佛性眞識五性絕虛假名實際識六大用無方名法身識七隨流不染名自性清淨識八阿摩羅識此翻名無垢識九體非一異名眞如識十賾妙絕待號不可名目識解節經云佛告廣慧菩薩此識或說名阿陀那何以故由此本識能執持身故或說名阿梨耶識何以故此本識於身常藏隱同成壞故或說名質多何以故此識色聲香味觸等諸塵所生長故廣慧此本識是識聚得生謂眼識乃至意識依有識眼根緣外色塵眼識得生與眼識同一時共境有分別意識起若一眼識生是時一分別意識生與眼識共境此眼識若共二識或三四五共起是時一有分別意識與五識共緣境生如大水流若有一能起浪因至則

一浪起若二若多能起浪因至則多浪起是水常流不廢不斷復次於清淨圓鏡面中若有一能起影因至則一影起若二若多能起影因至則多影起是圓鏡面不轉成影亦無損減此本識猶如流水及鏡面等又成業論云心有二種一集起心無量種子集起處故二名種種心所緣行相差別轉故天台淨名疏云一法異名者諸經異名說眞性實相或言一實諦或言自性清淨心或言如來藏或言如如或言實際或言實相般若或言一乘或言即是首楞嚴或言法性或言法身或言中道或言畢竟空或言正因佛性性淨涅槃如是等種種異名此皆是實相之異稱故大智論偈云般若是一法佛說種種名隨諸衆生類爲之立異字大涅槃經云如天帝釋有千種名解脫亦爾多諸名字又云佛性者有五種名故皆是赴機利物爲立異名也而法體是一未曾有異如帝釋千名名雖不同終是目於天主豈有聞異名故而言非實相理如人供養帝釋毀憍尸迦供養憍尸迦毀於帝釋如此供養未必得福末代弘法者亦尒或信賴耶自性清淨心而毀畢竟空或信畢竟空無所有毀賴耶識自性清淨心或言般若明實相法華明一乘皆非佛性此之求福豈不處禍若知名異體一則隨喜之善徧於法界何所諍乎又諸經內逗緣稱機更有多名隨處安立以廣大義邊目之爲海以圓明理顯稱之曰珠以萬法所宗號之曰王以能生一切詔之曰母但是無義之眞義多亦不多無心之眞心一亦不一故華嚴私記云取決斷義以智言之取能生長以地言之取其高顯以山言之取其深廣以海言之取其圓淨以珠言之此上約有名尚乃無數更有無名豈可測量如大法炬陀羅尼經云佛告諸菩薩汝等勿謂天定天也人定人也餓鬼定餓鬼也乃至如一事有種種名如一人有種種名如一天乃至餓鬼畜生有種種名亦復如是亦有多餓鬼全無名字於一彈指頃轉變身體作種種形如是衆生於一時間現無量色身云何可得呼其名也若餓鬼等有生處名字受食名字及壽命名字若地獄衆生無有名字生處者則其形亦無定彼中惡業因緣未盡故於一念中種種變身釋曰如地獄中一日一夜之中萬生萬死又無間獄中一一身無間各各盡徧八萬四千由旬地獄之量不相障礙如云清淨妙法身湛然應一切今時人將謂諸佛法身能分能徧不信衆生亦一身無量身以衆生業果不可思議故是以經云佛界不可思議衆生界亦不可思議

宗鏡錄卷第五十　蔦

音義

惛呼昆反不明也　羯居列反　邏郎佐反　諍側迸反　滑戶八反　[illegible]

丁未歲分司大藏都監開板

宗鏡録卷第五十

校勘記

一　底本，麗藏本。

一　五三二頁上二九行末字「不」，磧、南作「下」。

一　五三二頁中末行第一二字「必」，磧、南、徑作「心」。

一　五三三頁上一〇行第一六字「間」，磧、南、清作「問」。

一　五三三頁中二二行第三字「若」，清無。

一　五三三頁下八行第八字及一一行第一三字「十」，磧、南、徑、清作「七」。

一　五三四頁上七行至次行「一體……但是」，清無。

一　五三四頁上一三行「非皆」，清作「皆非」。又第一六字「今」，磧作「令」。

一　五三四頁上二六行首字「今」，磧、南、清作「令」。

一　五三五頁上二一行「不執」，磧、南、清作「不報」。

一　五三五頁上末行第三字「貞」，徑作「真」。

一　五三五頁中一八行「空明」，南作「光明」。

一　五三五頁下六行第一四字「末」，南作「未」。

一　五三五頁下八行「一純」，清作「純一」。

一　五三六頁上一四行末字「所」，清作「可」。

一　五三六頁上一八行第一五字「各」，磧、南、徑作「名」。

一　五三六頁上二二行「出出」，磧、南、徑、清作「出世」。

一　五三六頁上二四行第八字「頓」，清作「顯」。

一　五三六頁中六行首字「五」，徑作「七」。

一　五三六頁下四行第一一字「七」，磧、南作「十」。

一　五三六頁下二九行第九字「一」，清作「亦」。

宗鏡錄卷第五十一

慧日永明寺主智覺禪師　延壽　集　肥

夫因相立名因名顯相名已廣辯識相如何荅詮表呼召目之爲名行狀可觀号之曰相第六分别事識是名取境緣心是相第七現識是名無明熏妄心是相第八藏識是名心淸淨是相第九眞識是名體性不改是相斯皆是無名之名無相之相何者以名相不出心境故是以心無自性因境而生境無自性因心而有則張心無心外之境張境無境外之心若互奪兩亡心境俱泯若相資並立心境宛然此乃無性而空空而不空無性而有有而不有不有之有有顯一如不空之空空成萬德可謂摧萬有於性空蕩一無於畢竟矣又唯識樞要云起自心相之言有二解一云即影像相二云即所執相雖無實體當情現故諸說心相皆准應知釋曰影像相者萬法是心之影像所執相者諸境無體隨執而生因自心生還與心爲相　問阿賴耶識因何得名爲復自體而生爲復和合而有

荅若言自生是自性癡若言他生是他性癡若言和合而生是共性癡若言離自他生是無因癡今依世諦悉檀方便而說如法性與無明合而生一切法似眠心與夢合見一切境界之事此根本識從生滅門建立因眞妄和合得名起信論云心生滅門者謂依如來藏有生滅心轉不生滅與生滅和合非一非異名阿賴耶識此識有二種義謂能攝一切法能生一切法復有二種義一者覺義二者不覺義言覺義者謂心第一義性離一切妄念相離一切妄念相故等虛空界無所不徧法界一相即是一切如來平等法身依此法身說一切如來爲本覺以待始覺立爲本覺然始覺時即是本覺無別覺起立始覺者謂依本覺有不覺依不覺說有始覺又以覺心原故名究竟覺不覺心原故非究竟覺乃至不覺義者謂從無始來不如實知眞法一故不覺心起而有妄念自無實相不離本覺猶如迷人依方故迷迷無自相不離於方衆生亦介依於覺故而有不覺妄念迷生然彼不覺自無實相不離本覺復待不覺以說眞覺不覺旣無眞覺亦遣古德釋云不生滅心與生滅和合非一非異者以七識染法爲生滅以如來藏淨法爲不生滅不生滅心擧體動故心不離生滅相生滅之相莫非神解故生滅不離心相如是不相離故名和合爲阿賴耶識以和合故非一非異若一即無和合若異亦無和合非一非異故得和合也又如來藏淸淨心動作生滅不相離故云和合非謂別有生滅來與眞合謂生滅之心心之生滅無二相故心之生滅因無明成生滅之心從本覺起而無二體不相捨離故云和合如大海水因風波動水相風相不相捨離生與無生若是一者生滅識相滅盡之時心神之體亦應隨滅墮於斷邊若是異者依無明風熏動之時靜心之體不應隨緣即墮常邊離此二邊非一非異又上所說覺與不覺二法互熏成其染淨旣無自體全是一覺何者由無明故成不覺以不覺義熏本覺故生諸染法又由本覺熏不覺故生諸淨法依此二義徧生一切故言識有二義生一切法　問阿賴耶識以何爲因以何爲緣以何爲體　荅顯揚論云阿賴耶識者謂先世所作增長業煩惱爲緣無始時來戲論熏習爲因所生一切種子異熟爲體此識能執受了別色根根所依處及戲論熏習於一切時一類生死不可了知又能執持了別外器世界與不苦不樂受等相應一向無覆無記與轉識等作所依因經云無明所覆愛結所繫愚夫感得有識之身此言顯有異熟阿賴耶識　問阿賴耶識當體是自相酬善惡因故是果相受熏持種故是因相第八旣是因果相於六因中屬何因向五果中是何果　荅六因中有四能持種子義邊是持種因若因種子俱時而有即俱有因若望自類種子前後相引即是同類因若望同時心所等即相應因無餘二因者異熟因是善惡性此識是無記若徧行因是染謂見疑無明等此識非染於五果中具四唯除離繫望自種子是等流果望作意等心所是士用果望第七識爲增上果望善惡因即異熟果　問諸心識中何識堅牢不爲諸緣之所飄動　荅世間無有一法不從緣生緣生之法悉皆無常唯有根本心不從前際生不從中際住不於後際滅實爲萬有之根基諸佛之住處是以喻之如鏡可以精鑒妍醜深洞玄微仰之爲宗猶乎巨浸納川太虛含像密嚴經云心有八種或復有九與無明俱爲世間因世間悉是心心法現是心心法及以諸根生滅流轉爲無明等之所變異其根本心堅固不動世間因緣有十二分若根

若境能生所生刹那壞滅從於梵世至非非想皆因緣起唯有如來離諸因緣內外世間動不動法皆如瓶等壞滅為性又頌云汝等諸佛子云何不見聞藏識體清淨衆身所依止或具三十二佛相及輪王或為種種形世間皆悉見譬如淨空月衆星所環遶諸識阿賴耶如是身中住譬如欲天主侍衛遊寶宮江海等諸神水中而自在藏識處於世當知亦復然如地生衆物是心多所現譬如日天子赫奕乘寶宮旋遶須弥山周流照天下諸天世人等見之而禮敬藏識佛地中其相亦如是十地行衆行顯發大乘法普與衆生樂當謂於如來在於菩薩身是即名菩薩佛與諸菩薩皆是賴耶名佛及諸佛子已受當受記廣大阿賴耶而成於正覺密嚴諸定者與妙定相應能於阿賴耶明了而觀見佛及辟支佛聲聞諸異道見理無怯人所觀皆此識種種諸識境皆從心所變瓶衣等衆物如是性皆無忘依阿賴耶衆生迷惑見以諸習氣故所取能取轉此性非如幻陽燄及毛輪非生非不生非空亦非有譬如長短等離一即皆無智者觀幻事此皆唯幻術未曾有一物與幻而同起幻燄及毛輪和合而可見離一無和合過未亦非有幻事毛輪等在在諸物相此皆心變異無體亦無名世中迷惑人其心不自在妄說有能幻幻成種種物幻師幻瓦等所作衆物類種種若去來此見皆非實如鐵因磁石所向而轉移藏識亦如是隨於分別轉一切諸世間無處不周遍如日摩尼寶無思及分別此識遍諸處見之謂流轉不死亦不生本非流轉法定者勤觀察生死猶如夢是時即轉依說名為解脫此即是諸佛最上之教理審量一切法如秤如明鏡又如大明燈亦如試金石遠離於斷滅正道之標相修行妙定者至解脫之因永離諸雜染轉依而顯現　問本識與諸識和合同起同滅至轉依位諸煩惱識滅唯本識在如何分別滅不滅之異　答攝大乘論云若本識與非本識共起共滅猶如水乳和合云何本識不滅非本識滅譬如於水鵝所飲乳釋云譬如水乳雖和合鵝飲之時唯飲乳不飲水故乳雖盡而水不竭本識與非本識亦尒雖復和合而一滅一在　問此根本識心既稱為一切法體又云常住不動只如萬法即此心有離此心有若即此心萬法遷變此心云何稱為常住若離此心復云何得為一切法體　答開合隨緣非即非離以緣會故合以緣散故開開合但緣卷舒無體緣但開合緣亦本空彼此無知能所俱寂密嚴經偈云譬如金石等本來無水相與火共和合若水而流動藏識亦如是體非流轉法諸識共相應與法同流轉如鐵因磁石周迴而轉移二俱無有思狀若有思覺賴耶與七識當知亦復然習繩之所繫無人而若有普遍衆生身周行諸險趣如鐵與磁石展轉不相知　問第八藏識當有幾種　答釋摩訶衍論云阿賴耶識揔有十種所以者何於契經中別別說故一者名為大攝主阿賴耶識所謂即是揔相大識義如前說二者名為根本無明別立以為阿賴耶識故十種妄想契經中作如是說剎闇只多提王識直是妄法不能了達一法界體一切染法阿賴耶識以為根本出生增長無斷絕時若無提王識黑品眷屬永無所依不能生長故此阿賴耶識當何決擇攝於本論中作如是說所言不覺義者謂不如實知真如法一故不覺心起而有其念乃至廣說故三者名為清淨本覺阿賴耶識所謂自然本智別立以為阿賴耶故本覺契經中作如是說自體淨佛阿賴耶識具足無漏圓滿功德常恒決定無受熏相無變異相智體不動具足白品是故名為獨一淨識故此阿賴耶識當何決擇攝於本論中作如是說復次覺體相者有四種大義與虛空等猶如淨鏡乃至廣說故四者名為染淨本覺阿賴耶識所謂不守自性陀羅尼智別立以為阿賴耶識故本因緣起契經中作如是說尒時光嚴童子即白佛言尊者以何因故難入未曾有會中作如是說隨他緣起陀羅尼智名為楞伽王識云何名為楞伽王以之為喻示彼緣起陀羅尼智於是尊者告光嚴童子此楞伽王常在大海摩羅山中率十萬六千鬼神之衆以為眷屬如是諸眷屬乘華宮殿遊於諸剎皆悉承賴彼楞伽王方得遊行所謂諸鬼神衆作如是言我等神衆無有威德無有氣力於諸所作無有其能如宜大王我等衆中與堪能力彼楞伽王即隨其時與殊勝力不相捨離而共轉謂楞伽王雖非分身而能徧滿諸神衆中各各令得全身之量於一切時於一切處共轉不離不守自性智亦復如是能受一切無量無邊煩惱染法鬼神衆熏不相

捨離而俱轉故以此因緣故我難入中作如是說隨轉覺智名爲楞伽王識故此阿賴耶識當何決擇攝於本論中作如是說自性清淨心因無明風動心與無明俱無形相不相捨離乃至廣說故五者名爲業相業識阿賴耶識所謂根本業相及與業識別立以爲阿賴耶故本性智契經中作如是說阿賴耶識無能了作無所了作不可分析不可隔別唯由精動隱流義故名爲鍵摩故此阿賴耶識當何決擇攝於本論中作如是說復次依不覺故生三種相與彼不覺相應不離云何爲三一者無明業相以依不覺故心動說名爲業覺則不動動則有苦果不離因故六者名爲轉相轉識阿賴耶識所謂能見境界之相及與轉識別立以爲阿賴耶故大無量契經中作如是說阿賴耶識有見見轉無見見起故此阿賴耶識當何決擇攝於本論中作如是說二者能見相以依動故能見不動則無見故七者名爲現相識阿賴耶識所謂境界之相及與現識別立以爲阿賴耶故實際契經中作如是說別異別異現前地轉相異相具足行轉是故名爲阿賴耶識復次此阿賴耶識眞是異熟無記之法白淨相故或名成就故此阿賴耶識當何決擇攝於本論中作如是說三者境界相以依能見故境界妄現離見則無境界故第八者名爲性眞如理阿賴耶識所謂正智所證清淨眞如別立以爲阿賴耶故故諸法同體契經中作如是說有識是識非識識攝所謂如如阿賴耶識故此阿賴耶識當何決擇攝所謂清淨般若質境

眞如攝故九者名爲清淨始覺阿賴耶識所謂本有清白始覺般若別立以爲阿賴耶故果圓滿契經中作如是說佛告菩提樹王言自然始覺阿賴耶識常當不離清淨本覺清淨本覺常當不離始覺淨識隨是彼有隨彼是有或非同種或非異種故此阿賴耶識當何決擇攝於本論中作如是說本覺義者對始覺者即同本覺故十者名爲染淨始覺阿賴耶識所謂隨緣始覺般若別立以爲阿賴耶故果圓滿契經中作如是說復次樹王如始覺淨識及自本覺說染淨始覺阿賴耶識不守自性緣起本覺亦復如是故此阿賴耶識當何決擇攝於本論中作如是說始覺義者依本覺故而有不覺依不覺故而有始覺又以覺心原故名究竟覺不覺心原故非究竟覺乃至已說藏識剖字別相門次說摠識攝生圓滿門此識有二種義能攝一切法生一切法一者覺義二者不覺義者而摠顯示大識殊勝圓滿相故此義云何所謂具足二種圓滿故一者功德圓滿二者過患圓滿功德圓滿者覺義字句能攝一切無量無邊過於恒沙不離不斷諸功德故能生一切無量無邊過於恒沙不離不斷諸功德故過患圓滿者不覺義字句能攝一切無量無邊過於恒沙若離若脫諸過患故能生一切無量無邊過於恒沙若離若脫諸過患故

問若不立此第八識有何等過　荅有大過失一切染淨法不成俱無因故識論云若無此識持煩惱種界地往還無染心後諸煩惱起皆應無因餘法不能持彼種故若諸煩惱無因而生則無三乘學無學果諸已斷者皆應起故又若無此識持世出世清淨道種異類心後起彼淨法皆應無因又出世道初不應生無法持彼法介種故初不生故後亦不生是則應無三乘道果若無此識持煩惱種轉依斷果亦不得成謂道起時現行煩惱及彼種子俱非有故染淨二心不俱起故道相應心不持彼種自性相違如涅槃故餘法持種理不成故既無所斷能斷亦無依誰由誰而立斷果若由道力後惑不生立斷果者則初道起應成無學後諸煩惱皆已無因永不生故許有此識一切皆成唯此能持染淨種故證此識有理趣無邊恐厭繁文略述綱要則有此識教理顯然諸有智人應深信受又此眞唯識旨千聖同遵此土西天無有破者如百法鈔云眞唯識量者此量即大唐三藏於中印土曲女城戒日王與設十八日無遮大會廣召五天竺國解法義沙門婆羅門等幷及小乘外道而爲對敵立一比量書在金牌經十八日無有一人敢破斥者故因明疏云且如大師周遊西域學滿將還時戒日王王五印土爲設十八日無遮大會令大師立義徧諸天竺揀選賢良皆集會所遣外道小乘競生難詰大師立量無敢對揚者大師立唯識比量云眞故極成色是有法定不離眼識宗因云自許初三攝眼所不攝故同喻如眼識合云諸初三攝眼所不攝故者皆不離眼識同喻如眼識異喻如眼根問何不合自許之言荅非是正因但是因初寄言簡過亦非小乘不許大乘自許因於有法上轉三支

皆是共故初明宗因後申問荅初文有二初辯宗次解因且初宗前陳言眞故極成色五箇字色之一字正是有法餘之四字但是防過且初眞故二字防過者簡其世間相違過及違教等過外人問去世間淺近生而知之色離識有今者大乘立色不離眼識以不共世間共所知故此量何不犯世間相違過荅夫立比量有自他共隨其所應各有標簡若自比量自許言簡若他比量汝執言簡若共比量勝義言簡今此共比量有所簡別眞故之言表依勝義即依四種勝義諦中體用顯現諦立問不違世間非學即可尒又如世尊於小乘阿含經亦許色離識有學者小乘共許心外有其實境豈不違於阿含等教學者小乘荅但依大乘殊勝義立不違小乘之教學者世間之失間眞故之言簡世間及違敎等過極成二字簡何過耶荅置極成言簡兩般不極成色小乘二十部中除一說部說假部說出世部雞胤部等四餘十六部皆許最後身菩薩染汙色及佛有漏色大乘不許是一般不極成色大乘說他方佛色及佛無漏色經部雖許他方佛色而不許是無漏餘十九部皆不許有并前兩師不極成色若不言極成但言眞故色是有法定不離眼識是宗且言色時許之不許盡包有法之中在前小乘許者大乘不許今若立爲唯識便犯一分自所別不極成亦犯一分違宗之失又大乘許者小乘不許今立爲有法即犯他一分所別不極成及至舉初三攝眼所不攝因便犯自他隨一一分所依不成前陳無極成色爲所依故今具簡此四般故置極成言問極成二字簡其兩宗不極成色未審三藏立何色爲唯識荅除二宗不極成色外取立敵共許餘一切色揔爲唯識故因明疏云立二所餘共許諸色爲唯識故宗後陳言定不離眼識是極成能別問何不犯能別不極成過且小乘誰許色不離於眼識荅今此是宗依但他宗中有不離義便得以小乘許眼識緣色親取其體有不離義兼許眼識當體亦不離眼識故無能別不極成過問既許眼識取所緣色有不相離義後合成宗體應有相扶過耶荅無相扶失今大乘但取境不離心外無實境若前陳後陳和合爲宗了立者即許敵者不許立敵共諍名爲宗體此中但諍言陳未推意許辯宗竟次辯因者有二初明正因次辯寄言簡過且初正因言初三攝者十八界中三六界皆取初之一界也即眼根界眼識界色境界是十八界中初三界也問設不言初三攝但言眼所不攝復有何過荅有二過一不定過二違自教過且不定過者若立量云眞故極成色定不離眼識因云眼所不攝喻如眼識即眼所不攝因闊向異喻後五三上轉皆是眼所不攝故被外人出不定過云爲如眼識眼所不攝眼識不離眼識證極成色不離眼識耶爲如後五三亦是眼所不攝後五三定離眼識卻證汝極成色定離眼識耶問今大乘言後五三亦不離眼識得不荅設大乘許後五三亦不離眼識免犯不定便違自宗大乘宗說後五三定離眼識故故置初三攝半因遮後五三非初三攝故問但言初三攝不言眼所不攝復有何過荅亦犯二過一不定過二法自相決定相違過且不定者若立量云眞故極成色定不離眼識因云初三攝喻如眼識即初三攝因闊向異喻眼根上轉出不定云爲如眼識初三攝眼識不離眼識證極成色不離眼識耶爲如眼根亦初三攝眼根非定不離眼識證汝極成色非定不離眼識耶問何不言定離而言非定不離荅大乘眼根望於眼識非定即離且非離者根因識果以同時故即是非離也又色心各別名非即故今但言非定不離二犯法自相決定相違過者言法自相者即宗後陳法之自相言決定相違者即因違於宗也外人申相違量云眞故極成色是有法非不離眼識宗因云初三攝故喻如眼根即外人將前量異喻爲同喻將同喻爲異喻問得成法自相相違耶荅非眞能破夫法自相相違之量須立者同無異有敵者同有異無方成法自相相違今立敵兩家同喻有異喻有故非眞法自相相違過問既非法自相相違作決定相違不定過得不荅亦非夫決定相違不定過立敵共諍一有法因喻各異皆具三相偏是宗法性同品定有性異品偏無性但乎不生其正智兩家猶預不能定成一宗名決定相違不定過今眞故極成色雖是共諍一有法因且是共又各闕第三相故非決定相違不定過問既無此過何以因明疏云犯法自相相違決定過荅但是疏主縱筆之勢是前共不定過中分出是似法自相相違決定過非眞有故有此所因故置初三攝眼所不攝更

三簡諸不定及相違等過次明寄言簡過者問因初目許之言何用答緣三藏量中犯有法差別相違過因明之法量若有過許著言遮今三藏量既有此過故置自許言遮問何得有此過耶答謂三藏量有法中言雖不帶意許諳含緣大乘宗有兩般色有離眼識本質色有不離眼識相分色若離眼識色小乘即許若不離眼識色小乘不許今三藏量云眞故極成色是有法若望言陳自相是立敵共許色及舉初三攝眼所不攝因亦但成立共許色不離於眼識若望三藏意中所許但立相分色不離眼識將初三攝眼所不攝因成立有法上意之差別相分色定不離眼識故因明疏云謂眞故極成色是有法自相定不離眼識色是法自相定離眼識色非定離眼識色是有法差別立者意許是不離眼識色問外人出三藏量有法相違過時自許之言如何遮得答待外人申違量時將自許兩字出外人量不定過外量既自帶過更有何理能顯得三藏量中有法差別相違過耶問小乘申違量行相如何答小乘云乍觀立者言陳自相三支無過及推所立元是諳含若於有法上意之差別將因喻成立有法上意許相分色不離眼識者即眼識不得爲同喻且如眼識無不離色以一切色皆離眼識故旣離眼識不得爲同喻便成異喻即初三等因卻向異喻眼識上轉故論云同品無處不成立者之宗異品有處返成敵者相違宗義即小乘不改立者之因申相違量云眞故極成色是有法非不離眼識宗因云初三攝眼所不攝故同喻如眼識合云諸初三攝眼所不攝故者皆非不離眼識同喻如眼識言非者無也小乘云無不離眼識色即遮三藏意許相分色是無也所以三藏預著自許之言句取他方佛色卻與外人量作不定過出過云爲如眼識是初三攝眼所不攝眼識非不離眼識色證汝極成色非不離眼識色耶爲如我自許他方佛色亦是初三攝眼所不攝他方佛色是不離眼識色卻證汝極成色是不離眼識耶外人相違量旣犯共中他不定過明知非眞能破也三藏量卻成眞能立也問因中若不言自許空將他方佛色與外人相違量作不定過有何不可答若空將他方佛色不言自許者即他小乘不許犯一分他隨一過他不許此一分他方佛色在初三攝眼所不攝因中故因明疏云若不言自許即不得以他方佛色而爲不定此言便有隨一過故問何不待外人申違量後著自許言何要預前著耶答臨時恐難所以先防犬申問答者一問眞故二字已簡違教過何故前陳宗依上若不著極成言又有違宗之失答眞故二字旦簡宗體上違教過不簡宗依上違宗若極成二字即簡宗依上違宗等過也問後陳眼識與同喻眼識何別答言後陳眼識雖同意許各別後陳眼識意許是自證分同喻眼識意許是見分即見不離自證分故如同宗中相分不離自證分也問若介何不立量云相分是有法定不離自證分是宗因云初三攝眼所不攝故同喻如見分答小乘不許有四分故恐犯隨一等過故但言眼識

問此量言陳立得何色耶答若但望言陳即相質二色皆成不得若將意就言即立得相分色也又解若小乘未徵問前即將言就意立若大乘答後即將意就言立也問既分相分本質兩種色便是不極成故前陳何言極成色耶相分非共許故答若望言陳有法自相立敵共許色故著極成若相分色是大乘意許何開言陳自相寧有不極成乎諸鈔皆云不得分開者非也若介小乘執佛有漏色大乘佛無漏色等在於前陳若不分開應名極成色耶彼既不介此云何然　問今設宗顯性云何廣引三支比量之文　答諸佛說法尚依俗諦況三支比量理貫五明以破立爲宗言生智了爲體摧凡小之異執定佛法之綱宗所以教無智而不圓木非繩而靡直比之可以生誠信伏邪倒之疑心量之可以定眞詮杜任愚之妄說故得正法之輪永轉唯識之旨廣行則事有顯理之功言有定那之力如慈恩大師云因明論者元惟佛說文廣義散備在衆經故地持論云菩薩求法當於何求當於一切五明處求求因明者爲破邪論安立正道劫初足目創標眞似爰暨世親再陳軌式雖紀綱已列而幽致未分故使賓主對揚猶疑立破之則有陳那菩薩是稱命世賢劫千佛之一佛也匿跡巖藪栖巒等持觀述作之利害審文義之繁約于時巖谷振吼雲霞變彩山神捧菩薩足高數百尺唱言佛說因明玄妙難究如來滅後大義淪絕今幸福智攸邈深達聖旨因明論道願請重弘菩薩乃放神光照燭機感時彼南印土按

達羅國王見放光明疑入金剛喻定請證無學果菩薩曰入定觀察將釋深經心期大覺非願小果王言無學果者諸聖攸仰請尊速證菩薩撫之欲遂王請妙吉祥菩薩因彈指警曰何捨大心方興小志為廣利益者當轉慈氏所說瑜伽匡正頹綱可製因明重成規範陳那敬受指誨奉以周旋於是譚思研精乃作因明正理門論正理者諸法本眞之體義門者權衡照解之所由又瑜伽論云云何名因明處謂於觀察義中諸所有事所建立法名觀察義能隨順法名諸所有事諸所有事即是因明為因照明觀察義故且如外道執聲為常若不以量比破之何由破執如外道立量云聲是有法定常為宗因云所作性故同喻如虛空所以虛空非所作性則因上不轉引喻不齊立聲為常不成若佛法中聲是無常立量云聲是有法定無常為宗因云所作性故同喻如瓶盆異喻如虛空等是知若無比量焉能顯正摧邪所以實際理地不受一塵佛事門中不捨一法若欲學諸佛方便須具菩薩徧行一一洞明方成大化如上廣引藏識之文祖佛所明經論共立第八本識眞如一心廣大無邊體性微細顯心原而無外包性藏以該通攝持種之名作總報之主建有情之體立涅槃之因居初位而總号賴耶處極果而唯稱無垢備本後之智地成自他之利門隨有執無執而立多名據染緣淨緣而作衆體孕一切而如太虛包納現萬法而似大地發生則何法不收無門不入但以迷一眞之解作第二之觀初因覺明能了之心發起內外塵勞之相於一圓湛析出根塵衆內四大為身分外四大為境內以識情為垢外因想相成塵無念而境貫一如有想而眞成萬別若能心融法界境豁眞空幻翳全消一道明現可謂裂迷途之纖網抽覺戶之重關惛夢醒而大覺常明狂性歇而本頭自現

宗鏡錄卷第五十一　肥

音義

基居之反　浸子鴆反　環戶關反　磁疾之反可以引鍼也　鍵　剖　詣　序　麥　蹬　詰　匿　數　振　吼　警　穎　譚　衡　孕　裂　纖　惛

戊申歲分司大藏都監開板

宗鏡錄卷第五十一

校勘記

一　底本，麗藏本。

一　五三九頁上五行第五字「事」，清作「有」。

一　五三九頁上一〇行第一三字「張」，清作「強」。

一　五三九頁下二五行首字「基」，磧作「舉」。

一　五四一頁上末行第一六字「質」，徑、清作「智」。

一　五四一頁中五行「彼是」，磧、南、徑、清作「是彼」。

一　五四二頁下一一行「二犯」，磧作「一犯」。

一　五四四頁上七行首字「非」，磧、南、徑、清作「矩」。

一　五四四頁上九行首字「我」，磧、南、徑、清作「義」。

一　五四四頁上一一行首字「能」，磧、南、徑、清作「法」。

一　五四四頁上一九行第三字「此」，徑、清作「比」。

一　五四四頁上二四行第五字「藏」，徑、清作「相」。

一　五四四頁中三行第一三字「貫」，徑、清作「觀」。

宗鏡録卷第五十二　　　　肥

慧日永明寺主智覺禪師延壽集

夫第二能變識者識論頌云次第二能變是識名末那依彼轉緣彼思量爲性相四煩惱常俱謂我癡我見幷我慢我愛及餘觸等俱有覆無記攝隨所生所繫阿羅漢滅定出世道無有乃至應知此意但緣藏識見分非餘彼無始來一類相續似常似一故恒與諸法爲所依故此唯執彼爲自內我我語勢故說我所言或此執彼是我之我故於一見義說二義若作是說善順教理多處唯言有我見故我我所執不俱起故未轉依位唯緣藏識既轉依已亦緣眞如及餘諸法平等性智證得十種平等性故爲諸有情緣解差別示現種種佛影像故釋云此第七識但緣見分非餘相分種子心所等唯緣見分者謂無始時來微細一類似常似一不斷故似常簡境界彼色等法皆間斷故種子亦然或被損伏或時永斷由此遮計餘識爲我似一故簡心所心所多法故何故不緣餘識夫言我者有作用相見分受境作用相顯似於我故不緣餘識自證等用細難知問何不但緣一受等爲我亦常一故荅夫言我者是自在義萬物主義與一切法而爲所依心所不然不可爲我唯心王是所依故此第七識恒執爲內我非色等故不執爲外我若唯緣識即唯起我無有我所我語勢故論說我所言非是離我別起我所執唯執第八是我之我前五蘊假者是第六所緣之我後我第七所計或前我前念後我後念二俱第七所計或即一念計此即是此唯第七所計或前是體後是識用於一我見之上亦義說之爲我及所二言實但一我見多處唯言有我見故者瑜伽論云由此末那我見慢等恒共相應顯揚論云由此意根恒與我見我慢等相應我我所執不俱起故者行相及境二俱別故不可並生無此事故若已轉依位善心等可然彼非執故亦不可例人法二執境是一故若未起對治斷其我執名未轉依唯緣藏識初地已去既轉依已入無漏心亦緣眞如及餘一切法二乘無學等唯緣異熟識證得十種平等性者佛地經云一諸相增上喜愛二一切領受緣起三遠離異相非相四弘濟大慈五無待大悲六隨諸有情所樂示現七一切有情我愛所說八世間寂靜皆同一味九世間諸法苦樂一味十修植無量功德究竟即知十地有情緣解意樂差別能起受用身之影像論云未轉依位恒審思量所執我相已轉依位亦審思量無我相故者第七末那以思量爲自性故攝論云思量是意即自證分前第八識了別是行相今既言意故知即是第七行相即是見分體性難知以行相顯其實思量但是行相其體即是識蘊攝故初地已前二乘有學恒審思量我相知有漏末那已轉依位亦審思量無我相故亦名末那論問如世尊言出世末那云何建立荅有二義一名不必如義彼無漏第七不名末那名是假故二能審思量無我相故亦名末那顯通無漏即知此名非唯有漏論云謂從無始至未轉依此意任運恒緣藏識與四根本煩惱相應我癡者謂無明愚於我相迷無我理故名我癡我見者謂我執於非我法妄計爲我故名我見我慢者謂倨傲恃所執我令心高舉故名我慢我愛者謂我貪於所執我深生耽著故名我愛乃至此四常起擾濁內心令外轉識恒成雜染有情由此生死輪迴不能出離故名煩惱釋云此第七意除四惑外不與餘心所相應者一恒故二內執故三一類境生故所以不作意而向外馳求唯任運而一向內執此第七識於五受中唯捨受相應論云此無始來任運一類緣內執我恒無轉易與變異受不相應故又問末那心所何性所攝論荅云此意相應四煩惱等是染法故障礙聖道隱蔽自心說名有覆非善不善故名無記若已轉依唯是善性密嚴經偈云末那緣藏識如磁石吸鐵如蛇有二頭各別爲其業深意亦如是執取阿賴耶能爲我事業增長於我所復與意識俱爲因而轉謝於身生煖觸運動作諸業飲食與衣裳隨物而受用騰躍或歌舞種種自嬉遊持諸有情身皆由意功力如火輪垂髮乾闥婆之城不了唯自心妄起諸分別身相器世間如動轉勢無力不堅固分別亦復然分別無所依但行於自境譬如鏡中像識種動而見愚夫此迷惑非諸明智者仁主應當知此三皆識現於斯遠離處是即圓成實　問此意有幾種差別　荅略有三種論云一補特伽羅我見相應二法我見相應三平等性智相應初通一切異生相續二乘有學七地已前一類菩薩有漏心位彼緣阿賴耶識起補特伽羅我見次通一切異生

聲聞獨覺相續一切菩薩法空智果不現前位彼緣異熟識起法我見後通一切如來相續菩薩見道及順道中法空智果現在前位彼緣無垢異熟識等起平等性智　問人法二執俱起何故分位前後不同　荅人法必依法執起又法我通人我局論云補特伽羅我見起位彼法我見亦必現前我執必依法執而起如要迷杌等方謂人等故釋云今顯初位必帶後位以初短故人我位必有法我人我必依法我起故人我是主宰作者等用故法我有自性勝用等故即法我通人我局問此第七識云何離眼等識別有自體出何經文　荅論云聖教正理為定量故謂薄伽梵處處經中說心意識三種別義集起名心思量名意了別名識是三別義如是三義雖通八識而隨勝顯第八名心集諸法種起諸法故第七名意緣藏識等恒審思量為我等故餘六名識於六別境麤動間斷了別轉故如入楞伽頌說藏識說名心思量性名意能了諸境相是說名為識釋云雖通八識皆名心意識而隨勝顯第八名心為一切現行熏集諸法種現行為依種子識為因能生一切法故是起諸法第七名意者因中有漏唯緣我境無漏緣第八及真如果上許緣一切法故餘六識名識於六別境體是麤動有間斷法了別轉故易了名麤轉易名動不續名間各有此勝各別得名又論云謂契經說不共無明微細恒行覆蔽真實若無此識彼應非有謂諸異生於一切分恒起迷理不共無明覆真實義障勝慧眼如有頌說真義心當生常時為障礙俱行一切分謂不共無明是故契經說異生類恒處長夜無明所盲惛醉纏心曾無醒覺若異生位有暫不起此無明時便違經義謂異生位迷理無明有行不行不應理故此依六識皆不得成應此間斷彼恒緣故許有末那便無此失釋云如緣起經有四無明一現二種三相應四不相應或有為二共不共等今說不共者謂此微細常行行相難知覆無我理蔽無漏智名覆蔽真實真實有二一無我理二無漏見義有二義一謂境義見分境故二謂義理真如即理故

問深汙末那常與四惑相應如何說不共無明　荅論云應說四中無明是主雖三俱起亦名不共從無始際恒內惛迷曾不省察癡增上故乃至謂第七相應無明無始恒行障真義智如是勝用餘識所無唯此識有故名不共又不共無明總有二種一恒行不共餘識所無二獨行不共此識非有釋云主是自在義為因依義與彼為依故名不共何故無明名為不共謂從無始際顯長夜常起恒內惛迷明一切時不了空理曾不省察彰恒執我無循反時此意總顯癡主自在義一恒行不共者此識俱是今此所論餘識無也二獨行不共者則與忿等相應起故名為獨行或不與餘俱起無明獨迷諦理此識非有又不共無明者無明是主故名不共者以主是不共義不共即是獨一之義謂無明是闇義七俱無明恒行不斷是長闇義由長闇故名為長夜唯此無明為長夜體餘法皆無長夜之義唯此獨有故名不共除此已外餘法有一類長相續義而無闇義或有一類雖有闇義而無長相續義應作四句分別一者有是長而非是夜如七俱貪等三及妙平二智相應心品等二者有是夜而非是長如前六識相應無明三是長亦是夜七俱無明是四者非長非夜前六識除無明取餘貪等及因中善等并果中觀察成事二智相應心品等今此七俱無明准此不但不與餘識共兼亦不與自聚貪等三共謂雖與同聚貪等俱起而貪等無長夜闇義貪等以染著等為義此以長闇為義與彼不同故名不共此以第七恒時迷闇名不共六識中者無恒時義但有獨起之義名為不共　問恒行不共無明相應有幾種義　荅有四義古德云一是主者謂前六識無明是客有間斷故第七無明是主無間斷故二恒行者有漏位中常起現行不間斷故名恒行三不共者不同第六識獨頭名不共第六不共但不與餘九煩惱同起名為不共若第七名不共者障無漏法勝故又恒行不間斷故四前六識通三性心時此識無明皆起現行謂前六識善性心時於施等不能亡相者皆是第七恒行不共無明內執我令六識等行施時不能達三輪體空又以有不共無明常能為障而令彼當生無漏智不生此無明與第七識俱有故至今不捨故名俱行又經云眼色為緣生於眼識乃至意法為緣生於意識若無此識彼意非有眼根色境為二緣能發引得眼識乃至意識法境為二緣能發得意識若無第七識者即應第六識唯有一法境為緣應無所依根緣也既有

俱有根者明知即是第七識與第六識爲俱有根小乘云我宗取肉團與第六識爲依何要别執有第七識耶論主破云亦不可說第六依於色故第六必依意有説意非是色故又說第六有三分别隨念計度自性分别故若許第六依色而住者即同前五識無隨念計度二種分别救云我宗五識根先識後故即前念五根發後念五識論主破云但有根者如芽依種起芽種俱時影藉身生身影同有識依根發理必同時無前念根發後念識故既若五識有俱有根將證第六亦須有俱有根即第七識是也引理證者教中說有思量者即是第七識小乘云但是第六等無間名思量意何要别說第七爲思量意耶論主破云且如第六意識現在前時念等無間意已滅無體如何有思量用名意耶且如第六識若居現在時雖有思量但名爲識不名意故要待過去方名意故須信有第七識具恒審思量方得名意意者依止義若等無間意依此第七假得意名俱有依止思量用故又第七識與四惑俱名爲染汙恒審思量名之爲意常有恒行不共無明故名染汙正是有覆性即覆眞緣義蔽淨妙智恒審思量者此揀第八前六識恒者不間斷審者決定執我法故問第八亦無間斷第六決定有思量何不名意答有四句一恒而非審第八恒無間斷不審思量我法故二審而非恒即第六雖審思量而非恒故不名意也前五俱非非恒非審第七俱攝而恒審故獨名意也問第七思量何法答執第八見分思量有我法故二

乘無學無我執以思量法我執故名意佛果我法二執俱無恒審思量無我理佛果第七亦名意問爲第七自體有思量爲第七相應遍行中思名思量意不答取心所思量者即八識皆有思何獨第七問若唯取自體有思量者即何用心所中思耶答具二義一有相應思量二亦自體思量今取自體有思量名意問心所與心王一種是常審思量執第八爲我如何不說心所爲意答言意者依止義心所雖恒審思量非主是劣法非所依止故不名意也二者自體識有思量與餘七識爲所依止唯取心王即名意也問若言自體有思量名意者即第七有四分何分名思量意答有二解第一見分名思量內二分不名思量但名意見分不名意有思量以是用故思量我無我內二分不能思量我無我但名意以是體故第二見分是思量相相者體相相狀內二分是思量性即內外皆名意三分皆思量但除相分相分是所量境也問何以得知內外三分摠是思量答識論云思量爲性相內二分是體名思量性外見分是思量相是用一種是思量三分皆名意即不取相分名思量以無能緣用故問見分緣執我法即思量我故得名思量自證分不緣於我相分如何自證分亦名思量答自證分證彼見分思量我執故亦名思量也問見分思量我是非量攝自證分證彼見分思量我自證分亦是非量耶答見分思量我見分妄執故名非量自證是內證見分妄執故自證體是現量即體用皆是思量即內二分亦名意亦名識

見分亦名意亦名識是意之用故思量是用意是體思量即意持業釋也問第七識但緣第八見分爲我云何不取相分及內二分等答相分間斷又是外緣內二分作用沉隱難知不執也種子無作用故不執爲我以見分作用顯現故　問第七識三量假實如何分别　答古釋三量分别者第七見分是非量境不稱心故其第八見分本非是我今第七妄執爲我即不稱本質又親緣第八見分不著變相分緣相分本非是我第七又執爲我又不稱相分即兩重不稱境故知非量假實分别者第七緣他本質第八見分不著但緣得中間假我相分故境假非實問中間相分爲定是假爲亦通實答第七中間相分是假無實種生但從兩頭起此相分仍通二性若一半從本質上起者是無覆性即屬本質若一半從自能緣第七見分上起者同見分是有覆性但兩頭心法爕起成一相分今言境假者但約隨妄心我相分以說問若言第七當情相分但是假從兩頭起通二性者應可第七所緣我相分中一半有覆一半無覆一半是我一半非我答其第八見分上所起無覆性相分與能緣第七妄心徧計相分密合一處若是第七但自執妄起徧計有覆性假相分爲自內我雖密合一處亦不犯所執我中通二性過如水中鹽味但執是水不執於鹽水與鹽元不相離　問第七自有相分如何不自緣相分緣他第八見分爲我耶　答古德云今言緣見分者即是踈緣若言親者唯識義何在又問設許踈緣第八者且第

七自識於何法上起執荅於自識相分起執又問相見何別荅若論外境相見全殊若就心論相見無異相即是見故經云心如相顯現是如心所依　問若無末那有何等過荅若無第七則無凡可厭無聖可欣凡聖不成染淨俱失論云是故定應別有此意又契經說無想有情一期生中心心所滅若無此識彼應無染謂彼長時無六轉識若無此意我執便無乃至故應別有染汙末那於無想天恒起我執由斯賢聖同訶厭彼又契經說異生善染無記心時恒帶我執若無此識彼不應有謂異生類三性心時雖外起諸業而內恒執我內執我故令六識中所起施等不能亡相故瑜伽說染汙末那為識依止彼未滅時相了別縛不得解脫末那滅已相縛解脫言相縛者謂於境相不能了達如幻事等由斯見分相分所拘不得自在故名相縛依如是義有伽陀言如是染汙意是識之所依此意未滅時識縛終不脫釋云於無想天恒起我執由斯賢聖同訶厭彼者有第七於彼起我執是異生故出定已後復沉生死起諸煩惱聖賢訶彼若無第七不應訶彼無過失果由執我故令六識中所起施等不能亡相者此我外緣行相麁動非第七起由第七故第六起此念由七生增明為論第六識中我執體有間斷通三性心間雜生故第七不緣外境生故已上略錄第七末那諸教同詮群賢共釋劍入道者此意須明是起凡聖之因宜窮體性乃立解惑之本可究根原迷之則為人法執之愚悟之則成平等性之智於諸

識內獨得意名向有論中作無明主不間不斷無想定治而不消常審常恒四空天遊而還起雖有覆而無記不外執而內緣常起現行能蔽眞而障道雖稱不共但成染而潤生是以欲透塵勞須知要徑將施妙藥先候病原若細意推尋冥心體察則何塵而不出何病而不消斷惑之門斯爲要矣

宗鏡錄卷第五十二　　　　肥

音義

倨居御反　傲五到反慢也　恃時止反依也　[illegible]　躍以灼反　嬉許其反美也　[illegible]七□反　躚七□反戲也　循辭遵反善也　忿敷粉反　爍書灼反熱也　透他候反跳也

戊申歲分司大藏都監開板

宗鏡録卷第五十二

校勘記

一　底本，麗藏本。

一　五四五頁上三行第三字「二」，磧作「一」。

一　五四五頁中八行第四字「人」，磧作「入」。

一　五四五頁中九行第四字「名」，磧、南、徑、清作「若」。

一　五四五頁中一〇行「二乘」，磧、南、徑、清作「一乘」。

一　五四六頁上六行及一一行「我扃」，磧、清作「我局」。

一　五四六頁上八行第五字「要」，清作「夜」。又第一六字「今」，南、徑作「令」。

一　五四六頁上末行第一三字「真」，磧、南作「具」。

一　五四六頁中二行第一四字「盲」，徑、清作「蒙」。

一　五四六頁中二四行第五字「則」，

清作「不」。

一　五四六頁下三行第八字「貪」，磧、南、清作「今」。

一　五四六頁下九行第五字「三」，磧、南作「二」。

一　五四七頁上八行第一五字「但」，磧、南、徑作「但」；清作「俱」。

一　五四七頁上九行第三字「葉」，徑、清作「芽」。

一　五四七頁上一七行第一一字「但」，磧、南、徑、清作「恒」。

一　五四七頁中四行第九字「不」，清作「耶」。

一　五四七頁中一二行第一三字「若」，清作「者」。

一　五四七頁下九行末字「不」，磧作「非」。

宗鏡録卷第五十三　肥

慧日永明寺主智覺禪師延壽集

第三能變者唯識論頌云次第三能變差別有六種了境爲性相善不善俱非此三能變是了別境識自證分是了別性見分是了別相有體有記識以了境爲自性即復用彼爲行相故則了境者是識自性亦是行相行相是用故識論云隨六根境種類異故或名色識乃至法識隨境立名順識義故謂於六境了別名識色等五識唯了色等法識通能了一切法或能了別法獨得法識名故六識名無相濫失　問若心外無實色則眼等五識無有所緣　荅識論云雖非無色而是識變謂識生時内因緣力變似眼等色等相現即以此相爲所依緣然眼等根非現量得以能發識比知是有此但功能非外所造外有對色理既不成故應但是内識變現釋云眼等雖有所依所緣之色而是識所變現非是心外別有極微以成根境但八識生時内因緣種子力等第八識變似五根五塵眼等五識依彼所變根緣彼本質塵境雖親不得要託彼生實於本識色塵之上變作五塵相現即以彼五根爲所依以彼及此二種五塵爲所緣緣五識若不託第八所變便無所緣緣所緣緣中有親疎故然眼等根非現量得者色等五塵世間共見現量所得眼等五根非現量得除第八識緣及如來等緣是現量得世不共言餘散心中無現量得此但能有發識之用此知是有此但有功能非是心外別有大種所造之色此功能言即是發生五識作

用觀用知體如觀生芽比知種體是有所以密嚴經偈云眼色等爲緣而得生於識猶火因薪熾識起亦復然境轉隨妄心猶鐵逐磁石如乾城陽燄愚渴之所取中無能造物但隨心變異復如乾城人往來皆不實衆生身亦尒進止悉非眞亦如夢中見寤後即非有妄見蘊等法覺已本寂然四大微塵聚離心無所得華嚴經云自在主童子告善財言善男子我復善知十八工巧種種技術并六十二眷屬明論及内明等一切方法治内煩惱何等名爲内身煩惱有四因緣一謂眼根攝受色境二由無始取著習氣三由彼識自性本性四於色境作意希望由此四種因緣力故藏識轉已識波浪生譬如瀑流相續不斷善男子如眼識起一切根識微塵毛孔俱時出生亦復如是譬如明鏡頓現衆像諸識亦尒或時頓現善男子譬如猛風吹大海水波浪不停由境界風飄靜心海起識波浪相續不斷因緣相作不相捨離不一不異如水與波由業生相深起繫縛不能了知色等自性五識身轉彼阿賴耶終不自言我生七識七識不言從阿賴耶生但由自心執取境相分別而生如是甚深阿賴耶識行相微細究竟邊際唯諸如來住地菩薩之所通達愚法聲聞及辟支佛凡夫外道悉不能知　問眼識等爲復依根發識依境發識　荅定依根發百法云眼識依根發識乃至意識亦尒若眼根變異眼識必隨變異如眼病所見青色爲黃色此不是壞境但是根損令識取境變爲黃色故知隨根得名問眼識緣青色爲黃豈

不是非量荅但是同時亂意識以眼根有損令同時意識緣亂故便變青爲黃其實眼識不作青黃緣也意根損意識亦損如初地我法二執即時成無漏此時意根壞無其二執能緣之識亦能壞卻二執也故知依根所發得名眼識但隨根立也護法云六識體性各別但依根境而立其名若執有一識能緣六境者若六境一時到如何一箇意識能一時緣得耶若前後起即不徧故所以隨六根境種類異故依根得名　問眼識等六既依根發識以何爲根　荅護法通用現種爲根根既然境亦尒瑜伽論亦云皆以現行及種子二法爲眼等根由本熏時心變似色從熏時爲名以四大所造清淨色故對所生之果識假說現行爲功能實唯現色功能生識之義大小共設　問根以何爲義　荅根者即五根有增上出生義故名之爲根於中有清淨五色根有扶塵五色根若清淨五色根即是不可見有對淨色以爲體性能發生五識有照境用故若扶塵五色根者即扶清淨根能照其境自體即不能照境爲扶塵根是麁顯色故不妨與清淨根爲所依五蘊論云根者最勝義自在義主義增上義是爲根義云何眼根謂以色爲境淨色爲性謂於眼中一分淨色如淨醍醐此性有故眼識得生無即不生乃至身根以觸爲境並淨色爲性無即不生　問未轉依中前五轉識於三量中定是何量　荅古德云且眼識緣色境相分即各自緣自相分三量分別者是現量現量具三義一現在非過未二顯現非種子三現有簡

無體法緣現量境名現量者不度量也即因修證境不帶名言是任運義即五識緣境得法自相但中間無障礙故名親緣相分有赤色即得赤色之相分但不分別故任運不帶名言故名得自相也護法云五識唯緣實五塵境即不緣假但任運而緣不作行解不帶名言是現量故且如眼識緣青黃赤白四般實色時長短方圓假色雖不離實色上有眼識但緣實不緣長短假色也眼識定不緣長短色唯意識作長短心而緣也如五識初念與明了意識緣五塵境時唯是現量得五塵之實色若後念分別意識起時即行解心中作長短色緣是比量心緣也即五識唯是現量緣實不緣假故論云無有眼等識不緣實境生即五識唯緣實是自相境如眼識緣青境自相時得青色之自相若後念分別意識起時即非青色解便是共相比量也纔作解心時不實青色之體爲帶名言是在假相也故識論云謂假智詮不得自相唯於諸法共相而轉也言假智者即作行解心名假智也言詮者心上解心名句文及聲上名句文是能詮皆不得所詮自相也又釋云顯假不依眞唯依共相轉即此眞事不說心識實體名眞但心所取法自體相言說不及假智緣不著說之爲眞此唯現量智知性離言說及智分別此眞體非智詮及如色法等而爲自性水濕爲性但可證知言說不及第六意識遣五識後起緣此智故發言語等但是所緣所說法之共相非彼自相又遮得自相名得共相若所變中有共相法是可得者即得自體應一切法可說可緣故共相法亦說緣不及然非是執不堅取故如五蘊中以五蘊事爲自相空無我等理爲共相又以理推無自相體且說不可言法體名自相可說爲共相以理而論共既非共自亦非自爲互遮故但各別說說空無我等是共相者從假智說此但有能緣行解都無所緣空實共體入眞觀時則一一法皆別了知非作共解言說若著自相者說火之時火應燒口火以燒物爲自相故緣亦如是緣火之時火應燒心今不燒心及不燒口明緣及說俱得共相若尒喚火何不得水不得火之自相故如喚於水此理不然無始慣習共呼故今緣於青作青解者此比量智不稱前法如眼識緣之稱自相故不作色解後起意識緣色共相不著色故遂作青解遮緣非青之物遂作青解非謂青解即稱青事故唯識頌云現覺如夢等已起現覺時見及境已無寧許有現量此謂假智唯緣共相而得起故法之自相離分別故言說亦尒不稱本法亦但只於共相迺轉今大乘宗唯有自相體都無共相體假智及詮但唯得共不得自相若說共相唯有觀心現量通緣自相共相若法自相唯現量得共相亦通比量所得乃至故言唯於諸法共相而轉此之自相證量所知非言說等境故又跡問云何故名自相共相答曰若法自體唯證智知言說不及是爲自相若法體性言說所及假智所緣是爲共相問曰如一切法皆言不及而復乃云言說及者是爲共相一何乖返答曰共相是法自體上義更無別體又此名詮火等法時遮非火等此義即通一切火上故言共相即其義也非若空等之共相理若尒即一切法不可言不可言亦不稱理遮可言故言不可言非不可言即稱法體法體亦非不可言故而今乃言名得共相之自性故今應解此非法體其義可然言名等詮共相非謂即得共相體但遮得自相故言名詮共相又自相者即諸法之自體相如火以煖爲自相喚火之時不得煖故不得自相此煖自相唯身識現量證故非名所得共相者此以名下所詮之義名共相共相有二一者共自類相二者共異類相如言火時不該於水等但徧一切火上故名共自類相若言苦空無常等則不唯在一類法上及徧一切水火等法上故名共異類相又自相者唯五根五塵心心所得謂五根是第八現證五塵是五八心心所現量證自體性獨散意識等尚不得自體性何況名詮得自體性也五識緣五塵境時具四義故名得法自相一任運故二現量故三不帶名言故四唯緣現在境故得名自相意識所緣境有二若是獨頭意識所緣境即於法處收若明了意識所緣境即於色處攝且如眼識明了意識初一念率尒同緣色時但緣色之自相後念明了意識分別所緣色上長等假色即是共相雖然長等假色是明了意識所緣境亦在於色處收爲是假故眼識不緣也乃至聲亦耳且如耳識初刹那率尒與明了意識同緣聲時亦是得法自相後念意識起緣於聲上名句文三有分別行解等緣假也今五識既無分別行解所以不

緣假也問且如色有二十五種青黃等四般顯色是實餘是假聲有十二種唯執受不執受聲是實餘是假觸有二十六種四大是實餘是假此中實者五識緣於五塵處攝若假者論主既言五識不緣是意識緣如何不於法處攝耶答第六明了意識緣長等假色有三義故所以不於法處攝一明闇不同二以假從實三以影從質具此三義故於色處攝也若獨頭意識無此三故所以法處攝且第一明闇有異者若明了意識與五識初念率尒心時即是現量不緣其假至後念明了意識分別心生即緣假色五識正緣實色時此意於五識所緣實色而生行解緣其假是六與五識不同時起分別故即此意識即是明也所緣假色等即於色處攝不於法處收若是獨頭意不假五識而生分別但約獨起者即是闇意識即於法處攝二以假從實者以長等假色依他實色上立雖意識緣攝此假色歸於實色攝於色處攝也不於法處收三以影從質長等假色是第六識託五塵實色爲質而變起長等假相分緣將此假相分長等色就五塵實色處收攝於色處攝也若獨頭意識不必有本質也此有三義故假五塵色攝於色收若是獨頭生闇意識所緣之境即法處收　問五根於何教中證是現量　答誠證非一圓覺經云譬如眼光照了前境其光圓滿得無憎愛可證五根現量不生分別其眼光到處無有前後終不捨怨取親愛妍增醜倒如耳根不分毀讚之聲鼻根不避香臭之氣舌根不簡甜苦之味身根不隔澁

滑之觸以率尒心時不分別故剎那流入意地纔起尋求便落比量則染淨心生取捨情起　問眼等五根緣境之時當具幾義　答緣者是緣籍之義境有二義一所籍義二所照義言所籍者如緣有體境籍彼爲所緣緣故言所照者雖不籍彼爲所緣然是所照矚處亦說爲境如眼等五根照色等境雖非所緣然對此根得名爲境是所照故又眼根照色眼識緣色乃至身根覺觸身識了觸等又古德問五識既唯緣實色只如長短等依色境現前時眼根不壞此時眼識爲緣爲不緣若言緣者便犯五識緣假之過若不緣者何故開眼不見閉眼乃見耶答此時眼識但得青等實色而同時意識依眼根爲門分明顯了取得長等據意識得合法處收但緣此時意識依眼根取對所依根故色處攝　問前五識具幾業能了前境　答前五識具六業瑜伽論云一唯了別自境所緣二唯了別自相三唯了別現在四唯一剎那了別五隨意識轉隨善染轉隨發業轉六能取愛非愛果　問眼識現量稱境而知若眼病之時或見青爲黃豈稱境耶若不稱境何名現量答一師云見青爲黃實是意識謂由根病故引得病眼識由病眼識故遂引非量意識見青爲黃非眼識見青爲黃由病眼識能起見黃識故作是說二師云由病眼根引病眼識雖見青爲黃而不作黃解故是現量如無分別觀佛性眞如爲八自在我時雖不稱境而無分別智不作我解故得是現量此亦然也雜集論問云若了別色等故名爲識何故但

名眼等識不名色等識耶答以依眼等五種解釋道理成就非於色等何以故眼中之識故名眼識依眼處所識得生故又由有眼識得有故所以者何若有眼根識定生不盲瞑者乃至闇中亦能見故不由有色眼識定生以盲瞑者不能見故又眼所發識故名眼識由眼變異識亦變異色雖無變識有變故如迦末羅病損壞眼根於青等色皆見爲黃又屬眼之識故名眼識由識種子隨逐於眼而得生故又助眼之識故名眼識作彼損益故所以者何由根合識有所領受令根損益非境界故又如眼之識故名眼識俱有情數之所攝故色則不尒不決定故眼識既然餘識亦尒問爲眼見色爲識等耶答非眼見色亦非識等以一切法無作用故由有和合假立爲見又由六相眼於見色中最勝非識等是故說眼能見諸色何等爲六一由生因眼能生彼故二由依處見依眼故三由無動轉眼常一類故四由自在轉不待緣合念念生故五由端嚴轉由此莊嚴所依身故六由聖教如經中說眼能見色故如是所說六種相貌於識等中皆不可得識動轉者當知多種差別生起　問六根所成各有幾義　答古釋云各有二義一是異熟二是長養且如眼根者如過去業招今世眼名異熟眼於今世時因飲食等長小令大養瘦令肥名長養眼餘五根亦然　問若無外境應無現量能覺之心若無現量能覺云何世人作如是覺我今現證如是境耶　答古德云現覺如夢者如正起現量五識證色等五境之時但唯能證

所證色等境不能覺現量能覺之心所以者何覺能覺法是意識正隨起五識時必無意識故於此念必不能覺現量之心至第二念正起意識覺前念五識現量時無所覺現量五識及現量所覺之境並已謝滅所以者何以諸識不並生故起意識時現量五識已滅又有爲法剎那滅故現量五識所緣之境此時亦已謝滅若言須有實外境方能生心者且如後念意識緣前念現量五識爲境豈是實有法耶由過去無體故此過去現量五識已滅今雖無體猶能爲境生於意識何必五識須緣心外實境而生耶謂若在睡時正起夢心即不能起覺夢之心至睡惺後起覺夢心時其所覺之夢心已滅其五識現量正起時未能起覺現量意識心及至第二念起得覺現量五識之意識心其所覺現量五識已滅與覺夢心相似故舉爲喻又難定許有現量耶謂正起覺現量之能覺意識時彼所覺五識定有耶荅此時所覺已滅雖無體猶生能覺之心何妨外境是無能生識耶然大乘五境雖似有而非心外與凡小不同　問於眼等六識中有幾分別　荅略有三種一自性分別唯緣現在所緣諸行自相行分別所緣行即五塵也自相行如色以青爲行相眼識緣時亦任運作青行相名自行又自相行即能緣行簡共相行如緣青時即緣黃不著二隨念分別於昔曾所受諸行追念行分別唯緣過去三計度分別於去來今不現前思搆行分別即非有計有是非量境然約三世計度不定一世又雜集論於三分別中復有七種分別一謂於緣任運分別謂五識身如所緣相無異分別於自境界任運轉故二有相分別謂自性隨念二種分別取過現境種種相故三無相分別謂希求未來境行分別四尋求分別五伺察分別六染汙分別七不染汙分別此四分別皆用計度分別以爲自性所以者何以思度故或時尋求或時伺察或時染汙或不染汙種種分別又攝大乘論有十種根境微細分別論云復次總攝一切分別略有十種一根本分別謂阿賴耶識二緣相分別謂色等識三顯相分別謂眼識等并所依識四緣相變異分別謂老等變異樂受等變異貪等變異逼害時節代謝等變異捺落迦等諸趣變異及欲界等諸界變異五顯相變異分別謂即如前所說變異所有變異六他引分別謂聞非正法類及聞正法類分別七不如理分別謂諸外道聞非正法類分別八如理分別謂正法中聞正法類分別九執著分別謂不如理作意類薩迦邪見爲本六十二見趣相應分別十散動分別謂諸菩薩十種分別釋曰根本分別者謂阿賴耶識是餘分別根自性亦是分別故名根本分別緣相分別者謂分別色等有如是緣相顯相分別者謂眼識等并所依識顯現似彼所緣相故緣相變異分別者謂以色等影識變異所起分別老等變異者謂色等識似老等相起諸變異何以故內外色等皆有老等轉變相故等者等取病死變異樂受等變異者由樂受故身相變異如說樂者面目端嚴等者等取苦及不苦不樂受貪等變異者謂由貪等身相變異等者等取嗔癡忿等如說忿等惡形色等逼害時節代謝等變異者謂殺縛等令身相等生起變異時節代謝亦令內外身樹色等形相改變如說寒等所逼切時身等變異捺落迦等諸趣變異者等即等取一切惡趣彼惡色等變異共了及欲界等諸界變異者等取色界無色界中無似色等影像識故於諸天中及靜慮中亦有有情及器色等種種變異如末尼珠威神力故種種淨妙光色變異顯相變異分別者謂由眼等所依根故令似色等影像顯現眼識等識種種變異即於此中起諸分別即知如前說老等變異隨其所應而起變異何以故如說眼等根有利鈍識明昧故如無表色所依變異彼亦變異由樂受等變異亦尒如說樂者心安定故如說苦者心散動故貪等逼害時節代謝亦尒捺落迦等及欲界等依身變異識亦變異如應當知無色界中亦有受等所作變異諸識分別他引分別者謂善惡友親近所起及與聽聞正非正法爲因分別即是外道迦比羅等及正法中諸驕揭多所有分別名不如理如理分別如是二種隨其所應能生邪見正見相應二種分別薩迦邪見爲因所起六十二見相應分別即梵網經中前際後際分別謂我過去爲曾有耶如是等分別名執著分別言見趣者是品類義散動分別者散亂擾動故名散動此即分別是故說名散動分別此即擾亂無分別智何以故由此擾亂般若波羅蜜多故無分別智即是般若波羅蜜多謂諸菩薩十種分別者謂諸菩薩能發

語言他引而轉不稱眞理十種分別何以故
證會眞理若正現前不可説故　問前三分
別於八識中幾識能具　荅八識中唯第六
識具三分別自第七識唯有自性分別以緣
現在故或可末那亦有計度以計度執我故
若論體性計度分別以慧爲性隨念以念爲
性分別以慧爲性眞法之中既無虛妄八識
所以無此分別又古師於十種分別就八識
廣辯問八識中各具幾分別荅第六識具廣
略十種分別前五識唯自性任運二種分別
五識於自境界任運轉故第七識具計度染
汙有相三種分別第八識同前五識得有自
性任運分別若自性任運分別自現量若計
度染汙無相分別唯比非二量若有相分別
一分緣現在者通三量一分緣過去者唯比
非二量若隨念分別無漏即是現量若有漏
即比非二量　問何故五識無分別執耶
荅夫言執者須是分別籌度之意方能堅執
五識雖有慧而但任運不能分別籌度故五
無執唯第六也

宗鏡録卷第五十三

音義

熾昌志反　澁色立反　滑戶八反　瘦所祐反　搆古候反，合也，成也　伺相吏反，察也　捺奴曷反，手按也　騷蘇遭反，擾也

戊申歲分司大藏都監開板

宗鏡録卷第五十三

校勘記

一　底本，麗藏本。

一　五五〇頁上二八行第三字「言」，磧、南、徑、清作「信」。

一　五五〇頁上二九行第三字「此」，磧、南、徑、清作「比」。

一　五五〇頁下七行第一三字「一」，磧、南作「執」。

一　五五〇頁下一八行「扶塵」，磧、徑、清作「浮塵」。二〇行及二一行同。

一　五五〇頁下二四行第一二字「謂」，磧作「諸」。

一　五五二頁上一三行「是六」，磧、南、徑、清作「色故」。

一　五五二頁上二九行第二字「增」，南、徑、清作「憎」。

一　五五二頁中一四行「得青」，磧作「色言」。

一　五五三頁上二五行第一七字「行」，磧、南、徑、清無。

一　五五三頁上二八行末字「緇」，磧、南、徑、清作「構」。

一　五五三頁中二三行末字「相」，磧、南、徑作「用」。

一　五五三頁下一五行第三字「由」，清作「苦」。

一　五五三頁下一六行第二字「如」，磧、南、徑、清作「故」。

一　五五四頁上一三行第一三字「自」，清作「唯」。

一　五五四頁上一八行第一五字「能」，磧、南、徑、清無。

宗鏡錄卷第五十四　肥

慧日永明寺主智覺禪師延壽集

夫意言分別萬有俱空則名義無性一切衆生於見聞中應不成顛倒以名中無義義中無名俱是客故　答萬法本空熏習成有於本空中起諸情執顛倒實性論二問名中無義義中無名二俱客者若人執名異於義義異於名此人既無顛倒則於義中應無僻執不應聞說好惡生憂喜心名義不相關故當知客義是汝顛倒荅由久時數習顛倒故有此僻執不關名義相應由名言熏習心故必由此法門生分別心起虛妄僻執如密嚴經偈云是時金剛藏復告大衆言賴耶無始來為戲論熏習諸業所繫縛輪轉無有窮亦如於大海因風起波浪恒生亦恒滅不斷亦不常由不悟自心隨識境界現若了於自心如火焚薪盡通達於無漏則名為聖人藏識變衆境弥綸於世間意執我我所思量恒流轉諸識類差別各各了自境積集業為心徧積集名意了別名為識五識取現境如瞖見毛輪隨見而迷惑於似色心中非色計於色譬如摩尼珠日月光所照隨其所應現各兩自類物阿賴耶亦尒如來清淨藏和合於習氣變現周世間與無漏相應兩諸功德法譬如乳變異成酪至酪漿藏識亦如是變似於衆色如瞖見毛輪有情亦復尒以惡習氣瞖住藏識眼中於諸非色處此所見諸色猶如於陽燄遠離於有無皆賴耶所現仁者依眼色而生似色識如幻住眼中飄動猶熱燄色皆是藏識與色習相應變似體非有愚夫妄分別諸惛醉放逸坐卧及狂走頓起諸事業皆是賴耶識猶如盛赫日舒光照於地蒸氣如水流渴獸望之走賴耶亦復尒體性實非色而似於色現惡覺妄生著如磁石吸鐵迅速而轉移雖無於情識似情識而動如是賴耶識為生死所攝往來於諸趣非我而似我如海中漂物無思隨水流賴耶無分別依身而運動譬如二象鬬被傷者永退賴耶亦如是斷染無流轉譬如淨蓮華離泥而皎潔人天皆受用莫不咸珍敬如是賴耶識出於習氣泥轉依得清淨佛菩薩所重譬如殊勝寶野人所輕賤若用飾冕旒則為王頂戴如是賴耶識是清淨佛性凡位恒雜染佛果常寶持如美玉在水苔衣所纏覆賴耶處生死習氣縈不現於此賴耶識有二取相生如蛇有二頭隨樂而同往賴耶亦如是與諸色相具一切諸世間取之以為色惡覺者迷惑計為我我所若有若非有自在作世間賴耶雖變現體性恒甚深於諸無智人悉不能覺了譬如於幻師幻作種種獸或行而或走似有情非實賴耶亦如是幻作於世間一切諸有情體性無真實凡愚不能了妄生於取著起微塵勝性有無異分別及與於梵天丈夫等諸見

問眼見色者為是眼見為是識見　答非眼識境等各有決定見性但以三和合故假名為見下五根聞齅嘗觸等例尒雜集論云非眼見色亦非識等以一切法無作用故由有和合假立為見故稱眼能見色又識之於根乍出乍入如鹿在網猶鳥處籠喙一捨一周而復始無暫休息識在根籠亦復如是或在於耳或在於眼來去無定不可執常雖復無定相續不斷何為不斷以妙用無間故若凡夫為色塵所縛不得自在若見一法則被一法礙不能圓通法界是以金剛經云若菩薩心住於法而行布施如人入闇則無所見首楞嚴經云由塵發知因根有相相見無性猶若交蘆由塵發知者即見分因根有相者即相分相見無性者心境互生各無自體心不自立由塵發知境不自生因根有相二虛相倚猶若交蘆知見立知即無明本知見無見斯即涅槃但了了見無可見即通法界見即是涅槃若了了聞無可聞即通法界聞即是涅槃一切諸法本來涅槃以分別心妄見所瞞不知自識翻作無明又首楞嚴經云緣見因明暗成無見不明自發若不假明暗等見見色之時則見餘根若離念徧法界見鐵圍山一切相皆不能蔽若六根伏則不得六根相如十人患瞖共見空華一人眼可則不見餘九人還見各各自除妄見則不得一切相物物皆具又十箇空華一人能見十人眼可餘華總亡但一妄除皆不見諸相一相則一切相為一切相皆我心起是知一瞖在目千華競飛一妄動心諸塵併起若能離念則當處坐道場轉大法輪俱成佛道

問耳聞說法聲時總具幾識　答具三識第八先託佛無漏聲名句文為本質了耳識緣聲意識同時緣名句文等方得名聞古德問云且如緣佛聲名句文時為自耳識意識緣得名句文名聞為先要自第八託佛本質聲變起相分了耳識意識託第八相分為質變

相分緣方得聞耶荅設尒何失難二俱有過若第八不先變佛聲耳意二識便緣名句文者即因中前六劣不能直緣須先假第八變若第八不先變即心外取法唯識不成若託自第八相分為質緣者第六識所變相分即無名句文既無名句文即意不能生解為第八識但變得佛本質徑直聲本質徑直聲上且無名句文為第八不緣故此荅云理實第六識緣自第八相分為境謂佛本質聲及自第八變影像聲合為一聲世尊本質聲既有名句文等第六識於自耳根緣第八相分聲名句文三不無為佛本質聲上有名句文例如世間人共看一紙文書若不識書人但見其紙墨黑白色即不能知其義理差別若識書人見紙墨黑白及能知其閒義理差別今耳識及第八如不識書人第六如識書人第六既緣實聲亦能緣得名句文故又聲是所依名句文是能依名句文依實聲上有既有實聲其名句文自連帶聲上有故意識為能分別故自然緣得又聞即比量聽聞名句文三等時向心所上比度生解唯第六識具比量若緣名義便在意中　問夫聞法者既託諸佛悲願為本質作增上緣眾生但自心識心上所變得影像相分文義此即實無心外法為執見未信者於世法中事如何引證印成後後信入一乘門　荅世法即佛法佛法即世法云何更舉事立況然為未決定信者擧無方便若論比知觸目咸是且舉一二略類此宗如西國婆羅門求聰明常供養天神等後於夢中見有天人授與呪論等法然夢中實無天人為說聰明法論呪等託天人為增上緣自識心上變作論呪解令眾生見聞亦尒然於此況中夢喻最親以自夢中實無外境皆是夢心變起可為現證又此土周暢耕田母欲得子歸其母遂齧指周暢在田下心痛念云是母喚我及歸果如其言母雖有喚子之心而不發言如來但有說法之心而不說法自是眾生心上變起故若正解者即諸佛悲願為應機熟宜聞為感感應道交非一非異唯心方顯不落斷常不可各取一邊違於中道　問根塵所對現證分明如何圓通得入空理　荅眼對色塵無而有見異熟業果不可思議唯智所知非情所測諸法實性親證方明有見有聞世俗心量若約真諦根境俱空且如世俗門中見無自性如眼勝義根如火既能發識又能照境識如人能了別境如物故知無根不能發識無識不能了境無境不能起見三法和合方成見性則見性無從和合非有如思益經偈云悉見十方國一切眾生類而於眼色中終不生二相諸佛所說法一切能聽受而於耳聲中亦不生二相能於一心中知眾生諸心自心及彼心此二不分別廣百門論破根境品云眼等根塵若執實有理必不然所以者何違比量故謂眼非見如耳等根耳亦非聞如眼等根鼻不能齅如舌等根舌不能嘗如鼻等根身不能覺如上諸根一切皆由造色性故或大種故或業果故又眼等根皆有質礙故可分析悉令歸空或無窮過是故不應執為實有但是自心隨因緣力虛假變現如幻事等俗有真無又破情品云眼為到色見耶不到色見耶若眼去到色乃見者遠色應遲見近色應速見何以故去法尒故而今近瓶遠月一時見是故知眼不去若不去則無和合復次若眼力不到色而見者何故見近不見遠遠近應一時見故知見性無從諸根例尒如還原集自他觀門云兩身為自他彼身為他已身為自一身復為自他色身為他心即為自心復為自他心即為他智即為自智復有自他有所得智為他無所得智為自無所得智復有自他淨智為他是淨亦淨為自觀身實相觀佛亦然稽首如空無所依心淨已度諸禪定無住則無本覺此名為佛假名名為佛亦無佛可成無成可成無出可出是名佛出無所見了了見了了見無所見但有名字名字性空無所有鏡像如虛空虛空如鏡像色心如虛空虛空如色心色心如鏡像鏡像身無二亦復非是一若能如是解諸佛從中出諸佛唯有名如空應響聲無心究竟道法法自然平平處亦無平無平作平說此中言語斷心行處亦滅眼空保色空色空保眼空兩空自相保則無眼識賊耳空保聲空聲空保耳空兩空自相保則無耳識賊鼻空保香空香空保鼻空兩空自相保則無鼻識賊舌空保味空味空保舌空兩空自相保則無舌識賊身空保觸空觸空保身空兩空自相保則無身識賊心空保法空法空保心空還是一空能保二空亦能保一空是故号空空假名說見諦若知六根淨即無六塵賊若無六塵賊心王自清淨方便持化凡題名寄佛性釋曰是以

若眼空色不空色空眼不空則不可相保以根境異故必為優害若同一性即無疑矣如世間作保之人若是忠良人即可忠良人作保若惡行人則不可保以情性異故六種根塵和同既尒一切萬法順旨亦然故首楞嚴經云佛告阿難根塵同原縛脫無二識性虛妄猶如空華阿難由塵發知因根有相相見無性同於交蘆是故汝今知見立知即無明本知見無見斯即涅槃無漏真淨云何是中更容他物　問色塵質礙可分析歸空聲性虛通應是實有　答聲塵生滅動靜皆空聲不至於耳根根不往於聲所既無一物中間往來則心境俱虛聲不可得如首楞嚴經云復次阿難云何十二處本如來藏妙真如性阿難汝且觀此祇陀樹林及諸泉池於意云何此等為是色生眼見眼生色相阿難若復眼根生色相者見空非色色性應消消則顯發一切都無色相既無誰明空質空亦如是若復色塵生眼見者觀空非色見即消亡亡則都無誰明空色是故當知見與色空俱無處所即色與見二處虛妄本非因緣非自然性又推聲處文云阿難汝更聽此祇陀園中食辦擊鼓衆集撞鐘鐘鼓音聲前後相續於意云何此等為是聲來耳邊耳往聲處阿難若復此聲來於耳邊如我乞食室羅筏城在祇陀林則無有我此聲必來阿難耳處目連迦葉應不俱聞何況其中一千二百五十沙門一聞鐘聲同來食處若復汝耳往彼聲邊如我歸住祇陀林中在室羅城則無有我汝聞鼓聲其耳已往擊鼓之處鐘聲齊出應不俱聞何況其中象馬牛羊種種音響若無來往亦復無聞是故當知聽與音聲俱無處所即聽與聲二處虛妄本非因緣非自然性又推香處文云阿難汝又齅此鑪中栴檀此香若復燃於一銖室羅筏城四十里內同時聞氣於意云何此香為復生栴檀木生於汝鼻為生於空阿難若復此香生於汝鼻稱鼻所生當從鼻出鼻非栴檀云何鼻中有栴檀氣稱汝聞香當於鼻入鼻中出香說聞非義若生於空空性常恒香應常在何藉鑪中爇此枯木若生於木則此香質因爇成煙若鼻得聞合蒙煙氣其煙騰空未及遙遠四十里內云何已聞是故當知香鼻與聞俱無處所即齅與香二處虛妄本非因緣非自然性推味處文云阿難汝常二時衆中持鉢其間或遇酥酪醍醐名為上味於意云何此味為復生於空中生於舌中為生食中阿難若復此味生於汝舌在汝口中只有一舌其舌尒時已成酥味遇黑石蜜應不推移若不變移不名知味若變移者舌非多體云何多味一舌之知若生於食食非有識云何自知又食自知即同他食何預於汝名味之知若生於空汝噉虛空當作何味必其虛空若作鹹味既鹹汝舌亦鹹汝面則此界人同於海魚既常受鹹了不知淡若不識淡亦不覺鹹必無所知云何名味是故當知味舌與嘗俱無處所即嘗與味二俱虛妄本非因緣非自然性推觸處文云阿難汝常晨朝以手摩頭於意云何此摩所知誰為能觸能為在手為復在頭若在於手頭則無知云何成觸若在於頭手則無用云何名觸若各各有則汝阿難應有二身若頭與手一觸所生則手與頭當為一體若一體者觸則無成若二體者觸誰為在在能非所在所非能不應虛空與汝成觸是故當知覺觸與身俱無處所即身與觸二俱虛妄本非因緣非自然性今推十二根塵處所既無則前六根門無處而入後十八界無界而分可驗衆生界中即今現行心境俱空世俗諦中假施設法悉皆無有夫宗鏡所錄皆是現證法門一入全真更無前後如或不信但靜思看若見一念無生自然與經冥合如菩薩念佛三昧經偈云此身常無知如草木瓦礫菩提無形色寂滅恒不生身不觸菩提菩提不觸身心不觸菩提菩提不觸心而能有相觸實為不思議釋曰故知色不至眼耳不到聲而有見聞是不可思議以自性離中而有顯現故知六根無對皆是無諍法門諸境含虛盡冥不二之道即令衆生境界真不可思議矣曷用遠求諸聖作用而自鄙劣者哉此宗鏡是照衆生之癡闇同諸佛之光明使法界含生一時圓證如法集經云須菩提白佛言世尊眼色二法無所諍競以不和合故以此二法不相到故夫不合不到法皆無違諍世尊法無有二是故不諍廣百門論破根境品云復次若耳根境合知者不應遠近一時俱聞聲從質來既有遠近不應一念同至耳根耳無光明不應趣境又聲離質來入耳聞亦不應理鐘鼓等聲現不離質遠可聞故若耳與聲無聞而取如香等不辯方維若耳與聲不合而取應無遠近一切皆聞不合

體無相無別故或應一切皆不能聞是故耳根聲合不合實取自境二俱不成又云心若趣塵體則不偏心常往境我應無心然微細心身中恒有睡眠悶等諸位常行有息等故夢可得故勞倦增故引覺心故任持身故觸身覺故又若內身恒無心者如死屍等害應無隨供應無福則與空見外道應同有執心體不偏不行但用有行亦同此過心用心體不相離故又若心體往趣前塵有觸內身應無覺受應動思慮不損內心如是諸宗執實根境皆不應理應信非真又一切世間有情無情諸法義相如依陽燄有水想生誑惑自心亦為他說由此妄想建立根塵及餘世間諸事差別如顯此想依多法成是假非真故說想蘊乃至如諸幻事體實雖無而能發生種種妄識眼等亦尒體相皆虛如矯誑人生他妄識想隨此發境豈為真根境皆虛猶如幻事大集經偈云至心念法思惟法是故不見色與聲若得入於深法界尒時則無色聲等般若燈論偈云眼不見色塵意不知諸法此名最上實世人不能度是以根境唯心名相俱寂故知世諦真諦同趣佛乘有情無情咸歸智地以真無中絕名絕相心智路斷是不可思議以俗有中如幻如化無中顯現是不可思議不可以情識知不可以有無測所以廣百門論明世間法有五種難測頌云世間諸所有無不皆難測根境理同然智者何驚異論曰如一思業能感當來內外無邊果相差別極善工匠所不能為是名世間第一難測又如外種生長芽莖無量枝條華葉根果形色間雜嚴麗宛然是名世間第二難測又如華樹名曰無憂婬女觸之眾華競發枝條垂拂如有愛心是名世間第三難測又如華樹名如樂音聞作樂聲舉身搖動枝條裊娜如舞躍人是名世間第四難測又如華樹名好鳥吟聞鳥吟聲即便搖動枝條裊娜如喜抃人是名世間第五難測如是難測世事無邊根境有無方之甚易世俗故有勝義故空諸有智人不應驚異如中觀論偈云以法知有人以人知有法離法何有人離人何有法法者眼耳苦樂等人者是本住汝謂以有法故知有人以有人故知有法今離眼耳等法何有人離人何有眼耳等法復次一切眼等根實無有本住眼耳等諸根異相而分別眼耳等諸根苦樂等諸法實無有本住因眼緣色生眼識以和合因緣知有眼等諸根不以本住故知是故偈中說一切眼耳等根實無有本住眼耳等諸根各自能分別問曰若眼等諸根無有本住者眼等一一根云何能知塵若一切眼耳等諸根苦樂等諸法無本住者今一一根云何能知塵眼耳等諸根無思惟不應有知而實知塵當知離眼耳等諸根更有能知塵者答曰若尒者為一一根中各有知者為一知者在諸根中二俱有過何者若諸根各有知者即成多人若一知在諸根中者或眼正緣色時知已屬眼聲塵起時耳應不聞如無言說經偈云內外地界無二義如來智慧能覺了彼無二相及不二一相無相如是知金光女經云文殊師利語彼童女應觀諸界童女答言文殊師利譬如劫燒時三界等亦尒般若波羅蜜經云彼一切法無知者無見者彼說法師亦不可得不可以心分別不可以意能知佛母經云阿姊眼不見色乃至意不知法如是菩提離故眼色離乃至菩提離故意法離等入楞伽經偈云如水流枯竭波浪則不起如是意識滅種種識不生又偈云此中無心識如虛空陽燄如是知諸法而不知一法究竟一乘寶性論偈云如一切世間依虛空生滅依於無漏界有諸根生滅火不燒虛空若燒無是處如是老病死不能燒佛性地依於水住水復依於風風依於虛空空不依地等如是陰界根住煩惱業中諸煩惱業等住不善思惟不善思惟行住清淨心中自性清淨心不住彼諸法陰入界如地煩惱業如水不正念如風淨心界如空依性起邪念念起煩惱業能起陰界入依上於五陰界入等諸法有諸根生滅如世界成壞淨心如虛空無因復無緣及無和合義亦無生住滅如虛空淨心常明無轉變為虛妄分別客塵煩惱染又五現識不動唯意識分別如首楞嚴經云佛告阿難識性無源因於六種根塵妄出汝今徧觀此會聖眾用目循歷其目周視但如鏡中無別分析汝識於中次第標指此是文殊此富樓那此目揵連此須菩提此舍利弗等如五現量周圓而視如鏡中鑒像而無分別若第六意根即次第分別非如五現量頓見又經云識動見澄者見澄即五現量識分別為動又經云本無所從者此識心本來湛然不從修得本來澄寂五現量識亦復如是　問意識緣境多少三

境三量如何分別　荅古德云第六意識即比量意識能緣三世法三性法三界法一百法等法尒皆是第六意識緣也有二一明了二獨頭且明了者唯於五根門中取五塵境是初念與五同緣時率尒心中唯是現量緣其實五塵境若後念已去不妨通比量非量作行解緣其長等假色即比量或於五塵上起執時便是非量即明了意識前後許通三量三境中若緣五塵實法時是性境若後念行解心緣長等假色時即眞獨影似帶質二獨頭意識有三一夢中獨頭亦緣十八界法唯是獨影境非實此夢中境唯是法處收亦無本質二覺寤獨頭而緣一切法有漏無漏有爲無爲世出世間有體無體空華兎角三世一切法皆悉緣得　問此覺寤意識一念緣十八界時有幾相分幾本質幾見分荅本質相分各有十八箇見分唯一問如何有十八相分荅十八相分從十八本質起即有十八相分如一面鏡中覩無量人影外邊有十八實人鏡即是一於鏡上現有十八人影像見分亦尒一見分能緣得十八相分若質影有十八以是所緣境則無過若一念有十八見分便有多心過三定中獨頭亦緣十八界一百法過未境及眞如等若假若實皆能緣故三量分別者若是明了意識前後念通三量夢中獨頭唯非量以不稱境故覺寤通三量若緣有體法時緣五境界等通現量故若緣五根界七心界等是比量若緣空華過未境等通比量非量若定中唯是現量雖緣假法以不妄執無計度故唯現量又獨頭意識即獨生散意緣影像門影像者諸有極微是極迥極略二色皆是假影色也但於觀心析麁色至色邊際假立極微唯觀心影像都無實體

宗鏡録卷第五十四

音義

癖　瞖　烝　晃　攡　朸　涿　暢　齧　撞　誅　羨　酥　嗽　郤　燆　囊　娜　抃

戊申歲分司大藏都監開板

宗鏡録卷第五十四　校勘記

一　底本，麗藏本。

一　五五五頁上二〇行「瞖見」，磧、南作「各見」。

一　五五六頁上四行末字「託」，清作「記」。

一　五五六頁中二五行第一二字「眼」，徑作「鼻」。

一　五五六頁中二六行第一一字「鼻」，磧、南、徑、清作「身」。

一　五五七頁上二二行第六字「文」，磧、南作「又」。

一　五五七頁上二三行末字「於」，磧、清作「汝」。

一　五五八頁上七行第二字「[illegible]」，磧作「慧」。

一　五五八頁上一〇行第五字「動」，磧、南、清作「勤」。又「内心」，磧作「由心」。

一　五五八頁中四行末字「裏」，南、徑、清作「褭」。六行第一五字同。

宗鏡錄卷第五十五　　肥

慧日永明寺主智覺禪師延壽集

夫論法處之色都有幾種　答有五種一極略色二極迥色三受所引色四徧計色五定果色一極略色者以極微爲體但是析彼五根五塵四大定果色至極微位即此極微便是極略色體二極迥色者即空間六般光影明暗等麁色今析此六般麁色至極微位取此細色爲極迥色體又若上下空界所見青黃赤白光影明暗即總名空一顯色及門牕孔隙中所現者即總名迥色三受所引色者受是領納義所引色者即思種現上有防發功能名所引色意云由於師教處領受爲能引發起思種現上防發功能名所引色即此防發功能不能表示他故亦名無表色即以無表色爲體四徧計色者即妄心徧計五定果色者定中現境色上法處五般色都分爲三門一影像門二無表門三定果門第一影像門者影者流類義像者相似義即所變相分是本質之流類又與本質相似故名影像諸有極微者即是極略極迥二色此但是觀心析麁成細假立極微唯有觀心影像都無實體獨生散意者即簡定中及明了意識今唯取散位獨頭闇意識故此散意識攀獲緣五根五塵水月鏡像時當情變起徧計影像相分此是假非實故與極略等同立一影像門問且如水中月鏡中像眼識亦緣如何言假唯意識緣答水月鏡像唯是法境但以水鏡爲緣其意識便妄計有月有像並非眼識之境亦是徧計色收又徧計是妄心極略等是觀心同是假影像故所以總立第二無表門一律儀有表色者即師前受戒時是由此表色故方熏得善思種子有防發功能立其無表色二不律儀有表色者即正下刀殺生造業時是由此有表色方熏得不善思種子有防發功能立其無表色若處中有表色者即正禮佛行道及毆擊罵詈時是由此有無表色方熏得善惡思種亦有防發功能立其無表色問若水月鏡像是第六意識作解心緣唯是其假長短方圓色收者即是明了意識緣於色塵故如何是獨頭意識緣徧計色收耶答若是智者了此見相彩假即於色歷處收若迷者不了妄執爲實變起影像此假相分但徧計色收法處所攝問所云影像是二所緣者何答一親者影像疎者是質也先辯影像者親所緣緣者謂諸相分與能緣見分體不相離即見分所仗託境是所籌量處也即所託名爲緣所慮名所緣緣此二義名所緣緣也即此影像有四名一影像二相分三內所慮託四親所緣緣次辯本質者若與能緣體相離即疎所緣緣以隔相分故即本質上能緣見分相離故名離問既相離如何名所緣緣答爲質能起相分生故以起約相分令見分有所慮故即本質起所緣故亦名所緣緣也以親所緣緣爲增上緣故亦得名所緣緣即起所緣故亦有三名一名本質二名外所慮託三名疎所緣緣即爲本質能起相分相分起見分見分起自證分自證分能起證自證分即爲質能起約色所慮託相分故說本質亦名所緣緣且如法識能了一切法者即第六意識都有五般皆緣法境一定中獨頭意識緣於定境定境之中有理有事事中有極略極迥及定自在所生法處諸色二散位獨頭緣受所引及徧計所起諸法處色如緣空華兔角鏡像水月構畫所生者並法處攝三夢中獨頭緣夢中境徧計所執法處色四明了意識依五根門與前五識同緣五塵明了取境名明了意識五亂意識是散意識於五根中狂亂而起然不與五識同緣如患熱病見青爲黃非是眼識是此緣故緣徧計所執色又若明了意識於五根門與五同緣五塵境故應以五識爲俱有依除獨頭起獨頭起者總有四種一謂定中獨頭緣於定境不與五識同緣二夢中獨頭緣法塵境夢中諸相亦徧計所起三散位獨頭構劃境相緣徧計所起色四亂意識亦名獨頭可知　問六識與幾心所相應　答論頌云此心所徧行別境善煩惱隨煩惱不定皆三受相應此六轉識總與六位心所相應謂徧行等恒依心起與心相應繫屬於心故名心所如屬我物立我所名心於所緣唯取總相心所於彼亦取別相助成心事得心所名如畫師資作模填彩瑜伽說識能了別事之總相作意了此所未了相即諸心所所取別相觸能了此可意等相受能了此攝受等相想能了此言說因相思能了此正因等相故作意等名心所法此表心所亦緣總相餘處復說欲亦能了可樂事相勝解亦了決定事相念亦能了慣習事相定慧亦了得失等相由此於境起善染等諸心所法皆於所緣兼取別

相六位差別者謂徧行有五別境亦五善有十一煩惱有六隨煩惱有二十不定有四如是六位合五十一一切心中定可得故餘別別境而得生故唯善心中可得生故性是根本煩惱攝故唯是煩惱等染性故於善染等皆不定故乃至此六轉識易脫不定故皆容與三受相應皆領順違非二相故領順境相適悅身心說名樂受領違境相逼迫身心說名苦受領中容境相於身於心非逼非悅名不苦樂受釋云上三句頌列六位心所摠名下一句正解受位心所行相者心取境之摠相但摠取而已不別分別如言緣青但摠取青不更分別心所於彼取摠別相故說亦言如畫師資作模填彩者師謂博士資謂弟子如師作模畫形既已弟子填彩彩於模填不離模故如取摠相著彩色時令媚好出如亦取別相心心所法取境亦尒識能了別事之摠相不言取別相以是主故若取別相即心所故作意一法獨能了別衆多別相由作意能令心心所取境功力勝故有此摠取多法別相瑜伽論云以作意爲初此論以觸爲初和合勝故各據一義觸能取三謂可意不可意俱相違相受中攝受損害俱相違等想能了言說因相者能取境分劑相故謂此是青非青等便起言說故想之相言說因也思了正因邪因俱相違等即是境上正邪等相業之因也一切心中定可得者即徧行不問何心但起必有故餘別境而得生者五別境也唯善心中可得生故者善十一法唯善心有體是根本能生諸惑即貪等六於善染心

皆不定者即不定四謂於善染無記三性心皆不定故此六轉識易脫不定故者然此六識非如七八體皆易脫恒不定故易脫是間斷轉變義不定是欣慼捨行互起故皆通三受　問如何是六識現起分位　荅唯識頌云依止根本識五識隨緣現或俱或不俱如濤波依水意識常現起除生無想天及無心二定睡眠與悶絕根本識者阿陀那識染淨諸識生根本故依止者謂前六轉識以根本識爲共依五識者謂前五轉識種類相似故摠說之隨緣現言顯非常起緣謂作意根境等緣謂五識身内依本識外隨作意五根境等衆緣和合方得現前由此或俱或不俱起外緣合者有頓漸故如水濤波隨緣多少五轉識行相麁動所藉衆緣時多不具故起時少不起時多第六意識雖亦麁動而所藉緣無時不具由違緣故有時不起第七八識行相微細所藉衆緣一切時有故無緣礙令摠不行又五識身不能思慮唯外門轉起藉多緣故斷時多現行時少第六意識自能思慮内外門轉不藉多緣唯除五位常能現起故斷時少現起時多由斯不說此隨緣現釋云依止者謂前六轉識以根本識爲共依者此前六識以根本識爲共依即現行本識也識皆共故親依者即種子識各別種故前五轉識種類相似者有五一謂俱依色根二同緣色境三俱但緣現在四俱現量得五俱有間斷種類相似故摠合說如水波濤隨緣多少者解深密經云如大瀑流水若有一浪生緣現前唯一浪轉乃至多浪生緣現前有多浪

轉諸識亦尒如瀑流水依阿陁那故乃至諸識得轉等此以五識喻於濤波本識喻瀑水五識身不能思慮無尋伺故不能自起藉他引故第六意識自能思慮内外門轉唯除無想天無想定滅盡定睡眠悶絕等五位常能現起故又古釋云一者如多波浪以一大海爲依起多浪二者鏡像以一大鏡爲依起多像海鏡二法喻本心識浪像喻於轉識一念之中有四業一了別器業二了別依業三了別我業四了別境業此諸了別刹那刹那俱轉可得是故一識於一刹那有如是等業用差別如密嚴經偈云如奔電浮雲皆偽而非實如匠作瓶等由分別所成仁主應諦聽世間諸有情習氣常覆心生種種戲論末那與意識并諸識相續五法及三性二種之無我恒共而相應如風擊瀑水轉起諸識浪浪生流不停賴耶亦如是無始諸習氣猶如彼瀑流爲境風所動而起諸識浪恒無斷絕時八種流注心雖無若干體或隨緣頓起或時而漸生取境亦復然漸頓而差別心轉於舍宅日月與星宿樹枝葉華果山林及軍衆於如是等處皆能漸頓生多令能頓現或漸起差別若時於夢中見昔所更境及想念初生乃至於老死筭數與衆物尋思於句義觀於異文彩受諸好飲食於如是境界漸次能了知或有時頓生而能取之者心性本清淨不可得思議是如來妙藏如金處於礦意生從藏識餘六亦復然識六種或多差別於三界賴耶與能熏及餘心法等染淨諸種子雖同住無染佛種性亦然定非定常淨如海水常住

波濤而轉移賴耶亦復然隨諸地差別修有
下中上捨除而明顯如上廣明意根緣境分
別最強諸識所以一切善惡意為先導覺起
速疾意在言前意善即法正意惡即境邪如
一氣喻之即温吹之即冷似一水寒之即結
暖之即融況一心縱之即凡弘之即聖轉變
雖異真性無虧如鴦崛魔羅經云意法前行
意勝意生意法淨信若説若作快樂自追如
影隨形我為聲聞乘説此偈意者謂如來藏
義若自性清淨意是如來藏勝一切法一切
法是如來藏所作及淨信意法斷一切煩惱
故見我界故若自淨信有如來藏然後若説
若作得成佛時若説若作度一切世間如人
見影見如來藏亦復如是故説如影隨順
意法前行意勝意生意法為惡若説若作衆
苦自追如輪隨跡此偈説煩惱義意法惡者
為無量煩惱所覆造作諸惡故名為惡自性
淨心如來藏入無量煩惱義如是躁濁不息
故若説若作一切衆苦常隨不絶如輪隨跡
者諸惡積聚生死輪迴轉一切衆生於三惡
趣中如輪隨跡是故説於福邊緣者心樂於
惡法釋曰一念心淨見如來藏性能自度度
他受寂滅樂如影順身若一念心惡入塵勞
網墮諸趣中受生死苦如輪隨跡以影順喻
者即常不離故以輪跡喻者即速疾轉故所
以善惡隨心未曾間斷若善見者當處解脱
所以大乘理趣經云是故菩薩觀察五蓋何
因而起云何遠離菩薩應當先觀色欲猶如
水月水動月動心生法生貪欲之心亦復如
是念念不住速起速滅大乘本生心地觀經

云以清淨心為善業根以不善心為惡業根
心清淨故世界清淨心雜穢故世界雜穢我
佛法中以心為主一切諸法無不由心所以
如樹提生於猛火之中火不能害佛言是兒
業報非我所作故知自心所造他力不移則
昇沉之路匪造黑白之報斯在善惡果報雖
殊皆從妄想心鏡所現如入楞伽經偈云譬
如鏡中像雖見而非有熏習鏡心見凡夫言
有二不知唯心見是故分別二如實但知心
分別則不生故知若實識心如鏡中自見面
像終不更於外塵妄生執取既無相縛業海
全枯如賢劫定意經云消滅一切諸所有業
觀見一切衆生根原是曰智慧　問意識於
五位不起者如何是五位行相能令意識不
起　答識論云無想天者謂修彼定厭麁想
力生彼天中違不恒行心及心所想滅為首
名無想天及無心二定者謂無想定滅盡定
俱無六識故名無心無想定者謂有異生伏
徧淨貪未伏上染由出離想作意為先令不
恒行心心所滅想滅為首立無想名令身安
和故亦名定滅盡定者謂有無學或有學聖
已伏或離無所有貪上貪不定由止息想作
意為先令不恒行恒行染汙心心所滅立滅
盡名令心安和故亦名定無心睡眠與悶絶
者謂有極重睡眠悶絶令前六識皆不現行
至此五位中異生有四除在滅定聖唯後三
於中如來自在菩薩唯得有一無睡悶故釋
云無想天厭麁想力者謂諸外道以想為生
死之因即偏厭之唯前六識想非第七八故
言麁想細想在故滅於六識七八微細彼不

能知故不滅也無想定伏徧淨貪者謂第三
禪無第四禪已上貪猶未伏顯離欲也出離
想者顯想即作涅槃想也不恒行等滅者顯
所滅識多少也作意伏染而入定者觀想如
病如癰如箭於所生起種種想中厭背而住
唯謂無想寂靜微妙於無想中持心而住如
是漸次離諸所緣心便寂滅滅盡定者謂有
無學等者有學聖者除初二果唯身證不還
第三果人有學中除異生故離無所有貪上
貪不障定者以滅定唯依非想定起故此依
初修二乘者言離菩薩伏不離貪即此亦名
滅受想定此五位中異生有四等者除滅盡
定聖唯有後三佛及八地已去菩薩唯得有
一滅定無睡眠悶絶二以惡法故現似有睡
實無有故即二乘無學亦有悶絶也　問滅
盡定與無想定俱稱無心二定何別　答有
四義不同古釋云一約得人異滅盡定是聖
人得無想是凡夫得二祈願異入滅盡定者
作正息想求功德入無想定作解脱入三感
果不感果異無想定是有漏能感無想天別
報果滅定是無漏不感三界果四滅識多少
異滅盡定滅識多兼滅第七染分末那無想
定滅識少空滅前六識　問且如滅盡無心
等位既是無心云何不出三界　答無心者
但伏前六識麁心亦稱無心七八識心猶在
非全無心如成業論云心有二種一集起心
無量種子集起故二種種心所緣行相差
別轉故滅定等位闕第二心名無心如一足
馬闕一足故亦名無足　問五根四大種而
成內外一切諸法何法具大何法具種

答古釋四句料簡一是大而非種即虛空周徧故是大非生故非種二是種非大即五根等能生故名種不徧故非大三亦種亦大即地水等體寬廣故名大與所造色爲依故名種四非大非種即趣寂聲聞　問六根分見聞覺知都具幾量　答准瑜伽有三量一證量二比量三至敎量論云三量建立六根依證量中眼根心心數法名見依餘耳等五根心心數法名知依比量心心數法名覺依至敎量心心數法名聞又云若見若知言說是依現量若覺言說是依比量若聞言說依至敎量釋云證量者即境現在前分明證了名證量眼心心數名見耳等五根心心數法於證量中了自境時揔名知意根心心數法於比量中了別境界名覺如隔牆見角比知是牛比度推求唯在意根依至敎量心心數法名聞即至聖之言敎名爲至敎量亦云聖言敎量西土簡法須具此三量　問四大六根中以何爲主　答以心爲主四大等無自體故互無力用因心而有故稱爲主遺敎經云此五根者心爲其主此明託胎之始心在諸根之初名之爲主然雖一期爲主亦不定故台敎明其心不能控制諸根心爲受揔門若身病時心亦隨病寧得是主耶或時更互論主如地具四微則鈍爲水所制水有三微爲火所制火但二微爲風所制風有一微爲心所制心無有微故得爲主復爲四大所惱主義不成故無正主又若四大各守其性者地守堅性不應動水守濕性不應波火守熱性不應談風守動性不應持失本性故則是不

實不實故空請觀音經云地無堅性水性不住火從緣生風性無礙一一皆入如實之際又心亦不定善惡互奪強熟業牽識論云心意識一法異名對數名心能生名意分別名識又前起爲心次起爲意後了爲識或此世心雖行善先世惡業熟既與時合即受惡報故爲熟業所牽或一生心雖行惡臨終時善心猛盛即隨善上昇故爲強業所牽以知世間無一法定有自體但隨緣轉念念不可得故不可定執一門而生取捨既一一法無體用不自在念念不可得則悉入如實之際於實際中名義俱息如四眼入佛眼十智入實智皆失名字如物投蜜似川會海一一異味無不甘醎如萬法歸宗鏡之中同遵一道　問隨境各立六識之名此依五色根未自在說於自在位如何分別　答若自在位中則諸根互用如法華明鼻根即能見色觀心等論云若得自在諸根互用一根發識緣一切境但可隨根無相濫失乃至佛地經說成所作智決擇有情心行差別起三業化作四記等若不徧緣無此能故釋云三業化合有十種佛地經說身化有三一現神通化二現受生化三現業果化語化亦有三一慶慰語化二方便語化三辯物語化意化有四一決擇意化二造作意化三發起意化四領受意化領受化中四記者一謂一向記二分別記三反問記四默置記已上六識之相揔成三業之門未轉依中隨流徇境發雜染之種結生死之根唯起蓋纒但縈苦集背清淨之覺性合界處之妄塵立三有之垣牆作四流之波

浪至轉依位冥眞返流隨智慧行成無漏善道諦所攝正理相應現妙觀察心決四生之疑網爲成所作智起三輪之化原若也究之於心塵勞爲菩提之妙用失之於旨常樂作生滅之苦輪故知染淨非他得喪在我似手反覆如人醉醒何者反亦是手覆亦是手要且反時非覆時覆時非反時然俱不離手醉亦是人醒亦是人要且醉時非醒時醒時非醉時然不離醉有醒亦不即醉是醒如迷亦是心悟亦是心要且迷時非悟時悟時非迷時然迷悟非別即時節有異唯在沒若轉變臨時一體匪移千差自別迷之枉遭沉沒念念成凡悟之本自圓明心心證聖　問一切諸法皆藉緣生八識之中各具幾緣成立　答眼具九緣一空緣謂空疎無物障礙於前境故謂無障礙引發生起能緣識故又離中知故二明緣明謂光明離暗相故分明顯了開闢引導能緣識故三根緣謂自眼根爲所依故四境緣與能緣識爲所緣故牽生引發能緣識故五作意緣發作心意能生起故於心種位警令生現於現行位引心至境六根本緣謂第八識與其眼等識而爲根株作元本故與前七識爲所依故七染淨緣謂第七識與前六皆爲染淨所依故八分別緣謂第六識分明了別於前境故九種子緣謂眼識種子能生現故亦名親辦自果緣親實建辦自識現行名爲自果若耳識緣徑直之聲唯具前八緣除前明緣設於暗中亦能聞故若鼻舌身三識緣香味觸時唯具七緣除前空明二緣此三是合中知故不假空緣若第六

意識緣一切境時唯具五緣一根本二根緣三作意四種子五境緣除空明分別染淨四緣又第六意識四種中若定夢獨散此三即具五緣若明了意隨前五識或七八九等具緣多少故若第七識有漏位中緣第八見分為我之時唯具三緣一根本緣即第八識二作意三種子若第八識緣種子根身器世間時唯具四緣一境緣即前三境二根緣即第七識三種子四作意若加等無間緣於前八識上更各添一緣眼即具十緣等　問八識於三界中摠具不　荅不具古釋云八識於三界九地共有無者欲界一地具有八種識色界初禪一地只有六識無鼻舌二識從二禪已上乃至無色界已來唯有後三識無前五識欲界人天鬼畜四趣皆具八識就地獄趣中無間獄無前五識唯有後三識或兼無第六已居極重悶位故　問如何是諸識徧計有無　荅古德云五八識無執以因緣變故唯現量失為執者必須強思計度等有執也唯第六第七有徧計分別故即六七二識有執也又四句一徧而非計即第六獨頭意識徧緣一切不計執故二計而非徧即第七識唯緣賴耶起計度故三亦徧亦計第六識因中有周徧計度四非計非徧即五識唯緣五塵無計度故前五識任運證境不帶名言唯現量故第八亦然

宗鏡錄卷第五十五

音義　卷　肥

隙綺逆反　毆烏后反擊也　罵莫駕反　詈力智反　孀居反　慼　噏許及反　躁則到反動也　祈渠之反　控苦貢反　癱　鬖含王反也　於容反

戊申歲分司大藏都監開板

宗鏡録卷第五十五

校勘記

一　底本，麗藏本。

一　五六〇頁上八行第六字「今」，南、徑、清作「令」。

一　五六〇頁中二八行「分相」，磧、南、清作「分別」。

一　五六一頁上一一行第七字「位」，清作「俱」。

一　五六一頁上二三行第一一字「害」，清作「益」。

一　五六一頁中一〇行及二三行「共依」，清作「共親依」。

一　五六一頁中一〇行第七字「者」，清無。

一　五六一頁中二三行末字「此」，清無。

一　五六一頁下一四行第一五字「末」，南作「未」。

一　五六一頁下一六行「風擊」，磧、南、徑、清作「風激」。

一　五六二頁下一九行第二字「正」，清作「止」。

一　五六二頁下二三行第五字「空」，清作「止」。

一　五六二頁下二七行「行相」，磧、南、徑作「行想」。

一　五六二頁下二八行第八字「闕」，清作「關」。

一　五六四頁上三行「此三」，磧、南、徑、清作「此二」。

一　五六四頁上一二行「其有」，磧、南、徑、清作「具有」。

宗鏡録卷第五十六

慧日永明寺主智覺禪師延壽集　肥

夫三能變中已論八識今依經論更有多門舒則無邊卷唯一道經中又明有九種識以兼識性故或以第八染淨別開故言九識非是依他體有九亦非體類別有九識九識者以第八染淨別開為二以有漏為染無漏為淨前七識不分染淨以俱是轉識攝故第八既非轉識獨開為二謂染與淨合前七種故成九識　問以何經論證有九識　答楞伽經說頌云由虛妄分別是則有識生八九識種種如海泉波浪又金剛三昧經云介時無住菩薩而白佛言尊者以何利轉而轉衆生一切情識入唵摩羅佛言諸佛如來常以一覺而轉諸識入唵摩羅何以故一切衆生本覺常以一覺覺諸衆生令彼衆生皆得本覺覺諸情識空寂無生何以故決定本性本無有動論釋云一切情識則是八識唵摩羅者是第九識古德云一切唯心造者然其佛果契心則佛亦心造謂四智菩提是淨八識之所造故若取根本即淨第八若依眞諦三藏此佛淨識稱為第九名阿摩羅識唐三藏云此翻無垢是第八異熟謂成佛時轉第八成無別第九若依密嚴文具說之經云心有八識或復有九又云如來清淨藏亦名無垢智即同眞諦所立第九以出障故不同異熟為九有又眞諦所翻決定藏論九識品云第九阿摩羅識三藏釋云阿摩羅識有二種一者所緣即是眞如二者本覺即眞如智能緣即不空藏所緣即空如來藏若據通論此二並

以眞如為體華嚴論明解深密經說九識為純淨無染識如瀑流水生多波浪諸波浪等以水為依五六七八等皆以阿陁那識為依故又云如是菩薩雖由法住智為依止為建立故此經意令於識处便明識體本唯真智故如彼瀑流不離水體而生波浪又如明鏡依彼淨體無所分別含多影像不礙有而常無故如是自心所現識相不離本體無作淨智所現影相都無自他內外等執任用隨智無所分別又經云阿陁那識甚深細深細者引彼凡流就識成智不同二乘及漸始菩薩破相成空不同凡夫繫而實有不同彼故不空不有何法不空為智能隨緣照機利物故何法不有為智正隨緣時無性相故無生住滅故華嚴經則不然但彰本身本法界一眞之根本智佛體用故混眞性相法報之海直為上上根人頓示佛果德一眞法界本智以為開示悟入之門不論隨妄而生識等如法華經以佛智慧示悟衆生使得清淨出現於世故不為餘乘若二若三今宗鏡大意亦同此說但先摽諸識次第權門然後會同眞智然不即識亦不離識但見唯識實性之時方鑒斯旨似寶鏡普臨衆像若海印頓現森羅萬法同時更無前後又釋摩訶衍論云凡集一代聖說中異說契經揔有十種識一者立一種識揔攝諸識此中有四一者立一切一心識揔攝諸識所謂以一心識偏於二種自在無所不安立故一心法契經中作如是說介時文殊師利承佛威神之力即白佛言世尊說幾種識體相云何當願為我分別開示

介時世尊告文殊言善哉善哉文殊師利為諸大衆當問此事諦聽諦聽善思念之我當為汝分別解說於是文殊白佛言善哉世尊願欲樂聞佛告文殊言我唯建立一種識所餘之識非建立焉所以者何一種識者多一一識此識有種種力能作一切種種名字而唯一識終無餘法是故我說建立一種識所餘之識非建立焉二者立阿賴耶識揔攝諸識所謂以阿賴耶識具足障礙義無障礙義無所不攝故阿賴耶識契經中作如是說介時觀自在菩薩即白佛言世尊云何名為通達揔相識以何義故名為揔相佛告觀自在菩薩言通達揔相識者即是阿賴耶識此識有礙事及非礙事具一切法備一切法譬如大海為水波等作揔相名以此義故名為揔相故三者立末那識揔攝諸識所謂以末那識具足十一種義無所不攝故顯了契經中作如是說種種心識雖有無量唯末那轉無有餘法所以者何是末那識具足十一義無所不作故四者立四種識一者立一意識揔攝諸識所謂以意識有七種轉變自在隨能作其事故七化契經中作如是說譬如幻師唯是一人以幻術力變化七人愚人見之謂有七人而智者見唯有一人無餘七人意識幻師亦復如是唯是一識能作七事凡夫謂之有七事而覺者見唯有意識無餘七事故是名建立同一種識四種契經中作如是說二者立二種識揔攝諸識一者阿賴耶識二者意識阿賴耶識者揔舉業轉現三識故意識者揔舉七種轉識故楞伽經中作如是說

大慧廣說有八種識略說有二種一者了別識二者分別事識乃至廣說故三者立三種識揔攝諸識一者阿賴耶識二者末那識三者意識阿賴耶識者揔舉三相識故末那識者直意根故意識者揔舉六種轉識故慈雲契經中作如是說復次敬首廣說有十種識揔說有三種識一者細相性識二者根相性識三者分離識乃至廣說四者立四種識揔攝諸識謂前三中加一心識故無相契經中作如是說識法雖無量不出四種識一者所依本一識二者能依持藏識三者意持識四者徧分別識乃至廣說故五者立五種識揔攝諸識謂前四中加隨順轉識故大無量契經中作如是說復次有識非彼彼識攝徧於彼彼識所謂隨順轉識故六者立六種識揔攝諸識所為眼等五種別識及第六意識故四聖諦契經中作如是說佛告樹王我為小根諸衆生故以密意趣作如是說但有六識無有餘識而實本意為欲令知六種識中具一切識於大衆中作如是唱故七者立七種識揔攝諸識謂前六識加末那識故法門契經中作如是說復次文殊師利識法有七種所謂六識身及末那識如是七識或一時轉或前後轉復次第七識有殊勝力故或時造作持藏之用或時造作分別之依故八者立八種識揔攝諸識謂前七中加阿賴耶識故道智契經中作如是說心王有八一者眼識心王乃至八者異熟執識心王種種識法不出此數故九者立九種識揔攝諸識謂前八中加唵摩羅識故金剛三昧契經中作如是

說尒時無住菩薩而白佛言世尊以何利轉而轉衆生一切情識入唵摩羅佛言諸佛如來常以一覺而轉諸識入唵摩羅故十者立十種識揔攝諸識謂前九中加一切一心識故法門契經中作如是說心量雖無量而不出十識又攝大乘論明十一種識由本識能變異作十一識本識即是十一識種子分別是識性識性何所分別分別無為有故言虛妄分別為因虛妄為果以此分別性攝一切種子盡諸識差別有十一身識身者識受者識應受識正受識世識數識處識言說識自他差別識善惡兩道生死識身識至言說等九識因言說熏習種子生自他差別識因我見熏習種子生善惡兩道生死識因有支熏習種子生身識謂眼等五界身者識謂染汙識受者識謂意界應受識謂色等六外界正受識謂六識界世識謂生死相續不斷識數識謂從一至阿僧祇處識謂器世間言說識謂見聞覺知又欲顯虛妄分別但以依他性為體相虛妄分別即是亂識變異略有四種識一似塵識二似根識三似我識四似識識若不定明一切法唯有識真實性不得顯現又大乘起信論說三細識六麁相三細相者論云復次依於覺故而有不覺生三種相不相捨離一無明業相以依不覺心動為業覺則不動動則有苦果不離因故二能見相以依心動能見境界不動則無見三境界相以依能見妄境相現離見則無境以有虛妄境界緣故復生六種相一智相謂緣境界生愛非愛心二相續相謂依於智苦樂覺念相應

不斷三執著相謂依苦樂覺念相續而生執著四執名等相謂依執著分別名等諸安立相五起業相謂依執名等起於種種諸差別業六業繫苦相謂依業受苦不得自在是故當知一切染法悉無有相皆因無明而生起故古釋云初無明為因生三細識後境界為緣生六麁相以依無明成妄心依妄心起無明三細相者初業相依不覺心動心動名業業有二種一動作故是業義故云依不覺故心動名業覺則不動得始覺時則無動念是知今動只由不覺也動則有苦如得寂靜無念之時是涅槃妙樂故知今動則有生死苦患此動念極微細是精動隱流之義緣起一相能所不分當阿賴耶識自體分也如無相論問此識相何境界荅相及境界不可分別一體無異當知此約賴耶業相義說也心王念法不分能所故次約本識見相二分為二也能見相即是轉相依前業相轉成能見故言以依動故能見若依性靜門即無能見故云不動即無見反顯能見心必依動義如是轉相雖有能緣以境界微細故猶未辯之如攝論云此識緣境不可知故既所緣不可知則約能緣以明本識轉相義也三境界相則是現識依前轉相能顯境界故云依見故境界妄現楞伽經云譬如明鏡持諸色像現識處現亦復如是此之現相當在本識此三細相並由根本無明動本靜心成此三細後以境界為緣生六種麁相則分別事識也如楞伽偈云境界風所動起種種識浪　問三細屬賴耶六麁屬意識何故不說末那　荅有

二義一前既說賴耶末那必執相應故不別說瑜伽云賴耶識起必第二識相應故又由意識緣外境時必內依末那爲絛汙根方得生起是故隨說六麁必自依末那故亦不別說二以義不便故略不說之不便相者以無明住地動本靜心令心起和合成賴耶末那既無此義故前三細中略不說又由外境牽起事識末那無此緣外境義故六麁中亦略不說亦可計內爲我屬前三細計外爲我所屬後六麁故略不論也楞伽亦同此說彼經云大慧略有三義廣說八相何等爲三謂真識現識分別事識即是六麁又顯識論但說二種識彼論云一切三界但唯有識識有二種一顯識即是本識此本識轉作五塵四大等二分別識即是意識於顯識中分別作人天長短大小男女諸物等分別一切法譬如依鏡影色得起如是緣顯識分別色得起又轉識能迴轉造作無量識法或轉作根或轉作塵轉作我轉作識如此種種不同唯識所作或於自於他互相隨逐於自則轉爲五陰於他則轉爲怨親中人一一識中皆具能所能分別是識所分別是境能即依他性所即分別性由如此義離識之外無別境但唯有識又轉識論明所緣識轉有二轉一轉爲衆生二轉爲法一切所緣不出此二此二實無但是識轉作二相貌也次明能緣識有三種一果報識即是阿賴耶識二執識即是阿陁那識三塵識即是六識果報識者爲煩惱業所引故名果報亦名本識一切有爲法種子所依止亦名宅識一切種子之所栖處亦名

藏識一切種子隱伏之處又此阿賴耶識與五種心所法相應一觸二作意三受四思惟五想以根塵識三事和合生觸心恒動行名爲作意受但是捨受思惟籌量可行不可行令心成邪成正名爲思惟作意如馬行思惟如騎者馬但直行不能避就是非由騎者故令其離非就是思惟亦尒能令作意離邊行也此識及心法但是自性無記念念恒流如水流浪本識如流五法如浪乃至羅漢果此流浪法亦猶未滅是名第一本識依緣此識有第二執識此識以執著爲體即末那與四惑相應此識名有覆無記亦有五種觸等心所法相應前細此麁此識及相應法至羅漢位究竟滅盡及入無心定亦皆滅盡是名第二識第三塵識者識轉似塵更成六種體通三性與十種徧行別境心所法相應及十善惡幷大小或具三種受五識於第六意識及本識執識於此三識中隨因緣或時俱起或次第起以作意爲因外塵爲緣故識得起若先作意欲取色聲二塵後則眼耳二識一時俱起而得二塵若作意欲至某處著色聽聲取香後亦一時三識俱起得三塵乃至一時具五識俱起亦尒或前後次第而起唯起一識但得一塵皆隨因緣是故不同也如是七識於阿賴耶識中盡相應起如衆影像俱現鏡中亦如衆浪同集一水乃至如此識轉不離二義一能分別二所分別所分別既無能分別亦無無境可取識不得生以是義故唯識義得成何者立唯識義意本爲遣境遣心今境界既無唯識又泯即是說唯識義成也

已上能緣三種識亦是三能變又楞伽經云有三種識謂真識現識及分別事識譬如明鏡持諸色像現識處現亦復如是不思議熏不思議變是現識因取種種塵及無始妄想熏是分別事識因又諸識有三種相謂轉相業相真相乃至譬如泥團微塵非異非不異金莊嚴具亦復如是大慧若泥團微塵異者非彼所成而實彼成是故不異若不異者則泥團微塵應無分別如是大慧轉識藏識真相若異者藏識非因若不異者轉識滅藏識亦應滅而自真相實不滅是故大慧非自真相識滅但業相滅若自真相滅者藏識則滅大慧藏識滅者不異外道斷見論議大慧彼諸外道作如是論謂攝受境界滅識流注亦滅若識流注滅者無始流注應斷釋云入楞伽經直明自真相本覺之心不藉妄緣性自神解名自真相是依異義門說又隨無明風作生滅時神解之性與本不異故亦得名爲自真相是依不異義門說又識有二種生謂流注生及相生所言真識是根本無明所熏本覺真心現識是阿賴耶識分別事識是意識經云妙嚴菩薩白佛言世尊麁相意識細相意識以何爲因以何爲緣佛言如是麁細意識以現鏡識而爲其因以六塵境爲緣相續而轉故又三細中麁是現識七識中強是根意識是能依末那是所依略三細識麁有八相又麁分意識細分末那楞伽經偈云譬如巨海浪斯由猛風起洪波鼓溟壑無有斷絕時藏識海常住境界風所動種種諸識浪

騰躍而轉生青赤種種色珂乳及石蜜淡味衆華果日月與光明非異非不異海水起波浪七識亦如是心俱和合生譬如海水變種種波浪轉七識亦如是心俱和合生爲彼藏識處種種諸識轉謂以彼意識思惟諸相義不壞相有八無相亦無相釋論云依此經文作解釋故起六相文今此經文爲明何義謂欲顯示現識之海性自常住爲彼六塵境界之風所飄動故此七種識現識之體以爲內因六塵境界以爲外緣興盛六種麁重相故如經譬如巨海浪斯由猛風起洪波鼓溟壑無有斷絕時藏識海常住境界風所動種種諸識浪騰躍而轉生云何名爲境界之風其風形狀當如何耶謂青黃等種種顯色能起眼識寶珂等珠出現種種勝妙音聲能起耳識檀乳等香熏布種種芬芬香氣能起鼻識木羅石蜜等諸安膳著和種種善美樂具能起身識甘淡等味隨其所應出種種味能起舌識現在之華未來之果種種法塵隨爲彼識所緣境界能起意識今此文中舉塵取識應審觀察彼末那識即是意微細分位無別體耳如是六塵能動心體令使散亂譬如猛風故名爲風如經青赤種種色珂乳及石蜜淡味衆華果如是七識及與藏識同耶異耶非同非異離二邊故譬如日與光明水與波浪非同非異七識藏識非同非異義亦復如是如經日月與光明非異非不異海水起波浪七識亦如是心俱和合生如是七識從何處所來入藏識作七種數流轉起動無斷絕時如是七轉識不從內來不從外來不從中間來唯藏識體變作七識譬如海水變作波浪如經譬如海水變種種波浪轉七識亦如是心俱和合生謂彼藏識處種種諸識轉謂以彼意識思惟諸相義如是現識及七轉識八種心識唯有生滅無常相耶亦有實相常住相耶如是八識從無始來三際不動四相不遷真實常住自性清淨不壞之相具足圓滿無所闕失而如是等一切功德同法界故無有二相無二相故唯是一相唯一相故亦是無相皆以無相故無相亦無相如經不壞相有八無相亦無相此楞伽經凡明幾識即有二門一者略說門二者廣說門如是二門中三本各具說謂一本分流楞伽中作如是說大慧略說有三種識廣說有二相何等爲三謂真識現識分別事識又一本分流楞伽中作如是說大慧廣說有八種略說有二種何等爲二一者了別識二者分別事識又一本分流楞伽中作如是說大慧略說有四種廣說有七種識云何爲四業識轉識現識分別事識如是三經直是真說當應歸依初契經中第一真識直是根本無明所熏本覺真心第二現識直是現相阿賴耶識第三分別事識直是意識麁分意識細分即末那故中契經中作如是說第一了別識直是現相阿賴耶識第二分別事識直是意識義如前說同說末那後契經中四種識法文相明故且略不說言七識者末那意識總爲一故麁細雖別唯一識故法界法輪契經中作如是說第六意識分別六塵境界時中必依末那爲所依根方得生起是故意識當是能依彼末那識當是所依也又華嚴論云世尊於南海中楞伽山說法其山高峻下瞰大海傍無門戶得神通者堪能昇往乃表心地法門無心無證者方能昇也下瞰大海表其心海本自清淨因境風所轉識浪波動欲明達境心空海亦自寂心境俱寂事無不照猶如大海無風日月森羅煥然明白此經意直爲根熟頓說種子業識爲如來藏異彼二乘滅識趣寂者故亦爲異彼般若修空菩薩空增勝者故直明識體本性全真便明識體即成智用如彼大海無風即境像便明心海法門亦復如是了真即識成智此經異彼深密經意別立九識接引初根漸令留惑長大菩提故不令其心植種於空亦不令心猶如敗種解深密經乃是入惑之初門楞伽維摩直示惑之本實楞伽即明八識爲如來藏淨名即觀身實相觀佛亦然淨名與楞伽同深密經文與此二部少別當知入胎出胎少年老年乃至貧生住處若色若空若性若相皆是自識唯佛能知如顯識論云四有者從識支至六歲是生有從七歲巳上能分別生熟起貪至未捨命是業有死有者唯一念中有即中陰就業有中六識起三種業善不善不動等三業有爲有分識所攝持六識自謝滅由有分識攝持力用在問曰何故立有分識一期生中常緣一境若生人天此識見樓觀等事報若起六識用發覆障則不覺此識用若生惡道此識但緣火車等若報起六識用強則不覺此識緣也若欲界六識緣欲界凡夫不能覺乃至無色亦然若無色諸識滅此有分識用則顯

宗鏡五十六卷　十五張　肥

如賴耶及意識也是以諸教同詮圓證非一又如入楞伽經云大慧復有餘外道見色有因妄想執著形相長短見虛空無形相分劑見諸色相異於虛空有其分劑大慧虛空即是色以色大入虛空故大慧色即是虛空依此法有彼法依彼法有此法故以依色分別虛空依虛空分別色故大慧四大種性自相各別不住虛空而四大中非無虛空大慧兔角亦如是因牛角有言兔角無大慧又彼牛角析為微塵分別微塵相不可得見彼何等何等法有何等何等法無而言有耶無耶若如是觀餘法亦然大慧汝當應離兔角牛角虛空色異妄想見等大慧汝亦應為諸菩薩說離兔角等相大慧汝應當知自心所見虛妄分別之相大慧汝當於諸佛國土中為諸佛子說汝自心現見一切虛妄境界尒時世尊重說偈言色於心中無心依境見有內識眾生見身資生住處心意與意識自性及五法二種無我淨如來如是說長短有無等展轉互相生以無故成有以有故成無分別微塵體不起色妄想但心安住處惡見不能淨非妄智境界聲聞亦不知如來之所說自覺之境界攝大乘論云又此識皆唯有識都無義故此中以何為喻顯示應知夢等為喻顯示謂如夢中都無其義獨唯有識雖種種色聲香味觸舍林地山似義影現而於此中都無有義由此喻顯應隨了知一切時處皆唯有識夫從心現境結業受生不出三細六麤九相之法如石壁釋云唯一夢心喻如有一人忽然睡著作夢見種種事起心分別念念無

宗鏡五十六卷　十六張　肥

間於其違順深生取著為善為惡是親是疎於善於親則種種惠利於惡於疎則種種陵損或有報恩受樂或有報怨受苦忽然覺來上事都遣如有一人者即真如一心也忽然睡著者即不覺無明忽起也作夢者最初三細業識相也見者第二轉識相也種種事者第三現識相也起心分別者最初六麤境智相也念念無間者第二相續相也於其違順深生取著者第三執取相也為善為惡是親是疎者第四計名字相也於善於惡得損益者第五起業相也受苦樂報者業繫苦相也忽然覺來上事都遣者即覺唯心得入宗鏡故古佛者覺也如睡夢覺如蓮華開

宗鏡錄卷第五十六

音義

奄烏敢反　漫莫半反　瀰莫鑑反　壑呼各反谷也虛也　珂苦何反
芬撫文反　峻私閏反高也　瞰苦濫反視也　奐呼貫反

戊申歲分司大藏都監開板

宗鏡錄卷第五十六　校勘記

一　底本，麗藏本。

一　五六五頁下二〇行「四者立四種識一」，清作「總攝餘諸種識四」。

一　五六六頁下一一行第二字「今」，南、徑、清作「念」。

一　五六六頁下一二行第一一字「今」，南、徑作「念」。

一　五六六頁下一二行末字「若」，磧、南、徑、清作「苦」。

一　五六六頁下一三行第一〇字「動」磧、南、徑、清作「勤」。

一　五六七頁上二四行「二轉」，磧、南、徑作「二種」。

一　五六七頁中一七行第五字「或」，清作「隨」。

一　五六八頁上六行第五字「入」，磧、南、徑、清作「八」。

一　五六八頁上一六行「芬芬」，清作「芬芳」。

一　五六八頁下二八行「若報」，清作「報若」。

宗鏡錄卷第五十七　肥

慧日永明寺主智覺禪師延壽集

夫楞伽經所明三種識謂眞識現識及分別事識此中三識於八識中如何分別

荅眞謂本覺現謂第八餘七俱名分別事識雖第七識不緣外塵緣第八故名分別事眞謂本覺者即八識之性經中有明九識於八識外立九識名即是眞識若約性收亦不離八識以性徧一切處故　問但說賴耶等八識俗諦已顯云何說十一種識又究竟指歸唯一眞實性復云何說廣略等諸識　荅因相顯性非無所以攝末歸本自有端由攝大乘論云若不定明一切法唯有識眞實性則不得顯現若不具說十一識說俗諦不盡若止說前五識唯得俗諦根本不得俗諦差別義若說俗諦不徧眞識則不明了眞不明了則違俗不盡是故具說十一識通攝俗諦是以了俗無性即達眞空眞空雖空而不壞相俗有雖有恒常體虛是知隨緣非有之眞諦恒不異事而顯現寂滅非無之俗諦恒不異眞而成立上來所引二識三識八識九識十一識等不出一心宗所以楞伽經云一切諸度門佛心爲第一又云佛語心爲宗無門爲法門所言宗者謂心實處約其眞心之性隨其義開體用二門即同起信立心眞如門心生滅門眞如是體生滅是用然諸識不出體用二心一體心是寂滅心即九識體二用心是生滅心即前八識用體用隱顯說爲二心以用即體故生滅即不生滅以體即用故不生滅即生滅以生滅無性用而不多以寂滅隨緣體而非一非多非一體用常寘而一而多體用恒現識性是體識相是用體用互成皆歸宗鏡唯識疏鈔云識性識相無不歸心心王心所皆名唯識者謂圓成實性是識性依他起性是識相皆不離心也或可諸無爲法名識性得等分位色等所變是識相皆不離心也識之相應名心所識之自性名心王心王最勝稱之爲主攝所從心名歸心攝得等分位兼色等所變歸於見分等名泯相性相不相離攝名唯識也　問境不離識識不離境者何秖云唯識不名唯境　荅雖互相生境從識變然古釋境由心分別方生由心生故名唯識識不由境分別生不由境故不可名唯境問心是境家增上緣境假心生名唯識境是心家所緣緣心假境生應名唯境荅雖心執境是虛妄爲遮妄心名唯識悟心無我出沉淪不約二緣名唯境又有境無境皆是自心其心悉生一若緣有境生心者即是自識相分一切實境不離能緣之心於自識外實無其境二若緣無境生心者如獨生散意緣過去未來空華兔角一切無法時心亦起故如百法鈔云舊云緣無不生慮不正問何以不正荅如緣空華兔角一切無法時心亦起故何以言緣無不生慮耶故知有獨影境內心相分此相分望見分亦成所緣緣義若無內心相分其心即不生唐三藏云境非眞處起證知唯有識雖徧計所執相雖即非眞而不無內心相分能牽生心故由此四句分別一無影有質其心不生二有影無質其心得生三影質俱有心生可知四影質俱無心亦得起即根本智證眞如是唯識論云有境牽生心若眞理爲境能牽生智心若俗諦爲境能牽生識心則未有無心境曾無無境心　問八識之中約因位初地已去幾識成無漏　荅古德釋云唯六七二識成無漏六即第六識初地門中二十二心所成妙觀察智七即第七識二十二心所成平等性智此二智品相應俱離障染故名無漏若五八等識定是有漏問云何第六得成無漏耶荅謂初地入無漏心時斷分別二障種現習氣故無漏問第六能斷惑斷惑成無漏第七不能斷惑何故亦成無漏荅謂第七識是第六所依根第六是能依識能依識旣成無漏第七所依亦成無漏謂第六入生法二空觀時第七識中俱生我法二執現行伏令不起故第七成無漏問何故第八是有漏耶荅第八是總報主持種受熏若因中便成無漏即一切有漏雜染種子皆散失故即便成佛何用更三劫修行耶問前五旣非是總報主何故不成無漏荅前五根是第八親相分能變第八旣是有漏所變五根亦有漏五根是所依尚有漏能依五識亦成有漏也如上依經論分別諸識開合不同皆依體用約體則無差而差以全用之體不礙用故約用則差而無差以全體之用不失體故如舉海成波不失海舉波成海不凝波非有非無方窮識性不一不異可究心原如古德云約諸識門雖一多不定皆是體用緣起本末相收本者九識末者五識從本向末寂而常用從末向本用而常寂寂而常用故靜而不結用而常寂故

動而不亂靜而不結故真如是緣起動而不亂故緣起是真如是緣起故無涅槃不生死即八九為六七緣起是真如故無生死不涅槃即六七為八九無生死不涅槃故法界皆生死無涅槃不生死故法界皆涅槃法界皆涅槃故生死非雜亂法界皆生死故涅槃非寂靜生死非雜亂眾生即是佛涅槃非寂靜佛即是眾生是以法界違故說涅槃是生死即理隨情用法界順故說生死是涅槃即情隨理用如此明時說情非理外理非情外情非理外故所以即實說六七為八九實者體也理非情外故所以即假說八九為六七假者用也以假實無礙故人法俱空以體用無礙故空無可空人法俱空故說絕待空無可空故言妙用如斯說者亦是排情之言論其至實者不可以名相得至極者不可以二諦辯不可以名相得故非言像能詮不可以二諦辯故非有無能說故云至理無言賢聖默然言語道斷心行處滅正可以神會不可以心求　問覺海澄源一心湛寂云何最初起諸識浪　答雖云識浪起處無從無始無生能窮識性只謂不覺忽尒念生猶若澄瀾欻然風起不出不入洶涌之洪浪滔天非內非外顛倒之狂心徧境起信論云以不知真法一故心不相應忽然念動名為無明此是現根本無明最極微細未有能所王數差別故云不相應非同心王心所相應也唯此無明為染法之原最極微細更無染法能為此本故云忽然念起也無明之前無別有法為始集之本故云無始則是忽然義非約時節

以說忽然而起無初故也又釋摩訶衍論云不如實知真如法一故不覺心起者即是顯示根本不覺之起因緣根本不覺何因緣故得起而有因不如故得起而有何等法中而不如耶謂三法中而不如故言不如者當有何義謂違逆義故云何三法一者實知一法二者真如一法三者一心一法是名為三實知法者謂一切覺即能達智真如法者謂平等理即所達境一心法者謂一法界即所依體於此三法皆違逆故無明元起是故說言謂不如實知真如法一故不覺心起彼三種法皆守一中終不離故通名一又論云以無明熏力不覺心動最初成其業識因此業識復生轉識等論釋云最初不覺稱為第一業相能見所見無有差別心王念法不可分拆唯有精動隱流之義故名為業如是動流只由不覺第二轉相以業相念為所依故轉作能緣流成了相第三現相以了別轉為所依戲論境界具足現前所緣相分圓滿安布依此見分現彼相分又動相者動為業識理極微細謂本覺心因無明風舉體微動微動之相未能外緣即不覺故謂從本覺有不覺生即為業相喻如海微波從靜微動而未從此轉移本處轉相者假無明力資助業相轉成能緣有能見用向外面起即名轉相雖有轉相而未能現五塵所緣境相喻如海波浪假於風力兼資微動從此擊波轉移而起現相者從轉相而成現相方有色塵山河大地器世間等仁王般若經云尒時世尊告波斯匿王汝先問云復以何相而住觀察菩薩摩訶

薩應如是觀以幻化身而見幻化正住平等無有彼我如是觀察化利眾生然諸有情於久遠劫初剎那識異於木石生得染淨各自能為無量無數染淨識本從初剎那不可說劫乃至金剛終一剎那有不可說不可說識生諸有情色心二法色名色蘊心名四蘊皆積聚性隱覆真實古釋云初剎那識異於木石者有說初識隨於何趣續生位中最初剎那第八識也識有緣慮異於木石有說初識如楞伽經云諸識有三種相謂轉相業相真相言真相者本覺真心不藉妄緣名自真相業相者根本無明起靜令動動為業識極微細故轉相者是能見相依前業相轉成能緣雖有能緣而未能顯所緣境故現相者即境界相依前轉相能現境故又云頓分別知自心現身及身安立受用境界如次即是根身外器色等五境以一切時任運現故此是三細即本識故最初業識即為初依生起門為次第故又遠劫來時無初始過未無體熏習唯心妄念為初違真起故又從靜起動名之為業從內趣外名之為轉真如之性不可增減名為真相亦名真識此真識即業轉現等三性即神解性不同虛空通名識亦名自相不藉他成故亦名智相覺照性故所以云本覺真心不藉妄緣以真心之體即是本覺非動轉相是覺性故又釋云初剎那識異於木石者謂一念識有覺受故異於木石即顯前念中有末心所見赤白二穢即同外器木石種類比識生時攬彼為身故異木石問遠劫無始何名初識耶答過去未來無體剎那熏

習难屬現在現在正起妄念之時妄念違貞
名爲初識非是過去有識創起名爲初識也
故知橫該一切處竪通無量時皆是即今現
在一心更無別理所以法華經云我觀久遠
猶若今日則三世情消契無時之正軌一眞
道現證唯識之圓宗　問經明初刹那識異
於木石生得染淨各自能爲無量無數染淨
識本從初刹那不可說劫乃至金剛經一刹
那有不可說不可說識生諸有情色心二法
者則有染有淨有生有滅此識約生滅門中
有幾種生滅　荅眞門順性妙合無生滅相
隨緣似分起盡楞伽經云大慧菩薩摩訶薩
白佛言世尊諸識有幾種生住滅佛告大慧
識有二種生住滅非思量所知謂流注生住
滅相生住滅古釋云言流注者唯目第八三
相微隱種現不斷名爲流注由無明緣初起
業識故說爲生相續長劫故名爲住到金剛
定等覺一念斷本無明名流注滅相生滅住
者謂餘七識心境麁顯故名爲相雖七緣八
望六爲細具有四惑亦云麁故依彼現識自
種諸境緣合生七說爲相生長劫熏習名爲
相住從末向本漸伏及斷至七地滿名爲相
滅依前生滅立迷悟依依後生滅立染淨依
後短前長事分二別即是流注生住滅相生
住滅是以海水得風變作波濤之相心水遇
境密成流注之生前波引後波皷滄溟而不
絶新念續舊念騰心海以常興從此汩乱澄
源昏沉覺海是知因眞起妄不覺無明之動
搖如從水成波全是外風之皷擊内外和合
因緣發萌遂成能見之心便現所觀之境因

照而俄生智鑒因智而分別妍媸從此取捨
情分愛憎心變於五塵境執著堅牢向六情
根相續不斷因茲愛河浪底沉溺無憂欲火
燄中焚燒罔懼甘心受黑城之極苦不覺不
知役命貪夢宅之浮榮難惺難悟若能了最
初一念起滅何從頓入無生復本眞覺則壓
塵寂滅六趣之籠檻難羈念念虛玄九結之
網羅休絆猶如巨海風息不起微漣寧動相
之本空見緣生之無體則窮源湛性法介清
泠萬像森羅焕然明白所以賢劫定意經云
了一切空是曰一心　問宗鏡搜玄云何說
識　荅只爲識性幽玄難窮本末唯佛能了
下位莫知以無跡無形爲萬有之本唯深唯
妙作衆聖之原如菩薩處胎經五道尋識品
云介時世尊將欲示現識所趣向道識俗識
有爲識無爲識有漏識無漏識華識果識報
識無報識天識龍識鬼神阿脩羅迦樓羅緊
那羅摩睺羅伽人非人識上至二十八天識下
至無救地獄識介時世尊即於胎中現勾鎖
骸骨徧滿三千大千世界佛告阿祈陀能別
此骸骨識耶對曰不別何以故未得通徹行
力未至佛告弥勒菩薩汝此天中未得神通
耶弥勒白佛言有成就者有不成就者佛告
弥勒汝觀勾鎖骸骨令一切衆知識所趣分
別決了令無疑滯介時弥勒菩薩即從座起
手執金剛七寶神杖攪勾鎖骸骨聽彼骨聲
即白佛言此人命終瞋恚結多識墮龍中次
復攪骨此人前身十跡行具得生天上次復
攪骨此人前身破戒犯律生地獄中如是攪
骨有漏無漏有爲無爲從二十八天下至無

救地獄知識所趣善惡果報白黑行報有一
全身舍利無有缺減介時弥勒以杖攪之推
尋此識了不知處如是三攪前白佛言此人
神識了不可知將非如來入涅槃耶佛告弥
勒汝紹佛位於當來世當得作佛成無上道
何以攪舍利而不知識處耶弥勒白佛言佛
不思議不可限量非我等境界所能籌量今
有狐疑唯願世尊當解說之五道神識盡能
得知彼善惡所趣不敢有疑於如來所今此
舍利無有缺減願說此識令我等知佛告弥
勒過去未來現在諸佛舍利流布非汝等境
界所能分別何以故此舍利即是吾舍利何
能尋究如來神識今當與汝分別如來上中
下識至薩芸然各各不同初住菩薩未立根
德力雖得神通二住菩薩以天眼觀知識所
趣退不退地亦復觀見欲界色界無色界者
或復觀見生東方無數恒河沙佛刹供養諸
佛奉律無礙亦復知彼受記劫數一劫二劫
乃至百千億劫或有菩薩於三住地觀見舍
利知識所趣於有餘涅槃無餘涅槃然復不
見四住所行識所趣向四住菩薩見一見二
三住識法然復不見五住舍利識法所趣乃
至唯佛知佛神識所念又偈云識神無形法
五大以爲家分別善惡行去就別眞僞識示
善道趣永到安隱道識爲第六王餘大最不
如　問心識二名有何勝劣　荅心是如來
藏心眞如之性識是心之所生無有一法不
從眞心性起故首楞嚴經云諸法所生唯心
所現心是本即勝識是依即劣如圓覺疏云
生法本無一切唯識識如幻夢但是一心問

設使識無其體云何得是心乎荅以識本是心所成故識無體則是一心何異境從識生攝境歸識若通而論之則本是一心心變爲識識變諸境由是攝境歸識攝識歸心也　問前已廣明識相如何是智　荅分別是識無分別是智如大寶積經云佛言所言識者謂能了別眼所知色耳所知聲鼻所知香舌所知味身所知觸意所知法是名爲識所言智者於內寂靜不行於外唯依於智不於一法而生分別及種種分別是名爲智又舍利弗從境界生是名爲識從作意生是名爲識從分別生是名爲識無取無執無有所緣無所了別無有分別是名爲智又舍利弗所言識者住有爲法何以故無爲法中識不能行若能了達無爲之法是名爲智又月燈三昧經偈云不寂者是想寂滅者是智若知想自性便離於諸想若有想可遣是則還有想彼行想戲論是人不離想若人作是心是想誰所起是想誰能證誰能滅是想起想之法者諸佛莫能得即於此處有無我離取著若其心不生何由得起想若心得解脫彼則無由起若證於解脫心則不思議心不思議故成就不思議我本作是念安住心地已弃捨一切心願成不思議白淨法果報親見於無爲一念能了知一切衆生念衆生即是心心即是如來諸佛不思議顯了於此心　問心王妙義八識眞原顯正理以圓明擇聖教爲定量理事齊擧已斷纖疑心所之門如何開演　荅此中第二心所有法此心所六位都有五十一法徧行有五別境有五善有十一根本煩惱有六隨煩惱有二十不定有四徧行者徧四一切四一切者一性一切者即三性一善二不善三無記性等二地一切者即九地一欲界五趣地色界四禪四地無色界四空四地三時一切者時即同一刹那時也此作意等五心所皆同時起故名時一切四俱一切者俱即徧諸心等與八識俱意云此作意等五徧行與八識心王俱起時必有同時相應五數又如八識俱起時皆有徧行五數故名俱一切即四一切是所行所徧觸等五數是能行能徧者是圓義行者是遊履義緣境義但取見分能緣四一切不取內二分內二分但互相緣即不能外緣一切又若別境欲等五數有行非徧行是能緣徧是所緣即所樂等四境以四境不能令能緣欲等所徧緣故名有行非徧應以四句分別一是行非徧即別境二是徧非行即眞如三俱句即徧行四俱非即色等顯揚論云心所有法者謂若法從阿賴耶種子所生依心所起與心俱轉相應彼復云何謂徧行有五一作意者謂能警心爲性於所緣境引心爲業問作意爲在種位能警心爲在現行能警心荅在種位能警心以作意自性明利雖在種位若有境至而能警心心所種令生起現擧喻如多人同一室宿外邊有賊來時衆中有一人爲性少睡便能警覺餘人此人雖自身未起而能警覺餘人令起亦如內心相分雖與見分同起法尒有能牽心功能令作意亦尒其作意種子既警彼諸心心所種生現行已作意現行又能引心現行令趣前境即此作意有二功能一心未起時能警令起二若起已能引令趣境初是體性後是業用二觸謂根境識三事和合分別爲體受依爲業又即三和是因觸是其果令心心所觸境爲性受想思等所依爲業觸若不生時餘受一心所亦不能生和合一切心及心所令同觸前境是觸自性也即諸心所緣境時皆是觸功能自性也即此觸似彼三和與受等爲所依是觸之業用也三受領納爲體愛緣爲業四想謂名句文身熏習爲緣取相爲體發言議爲業又想能安立自境分劑若心起時無此想者應不能取境分劑相於境取像爲性施設種種名言爲業種種名言皆由於想是想功能五思謂令心造作一切善惡招別報爲思體於善品等役心爲業觸等五法心起必有故是徧行餘非徧行別境有五欲等不徧心故以四境別名爲別境也一欲謂於所樂境希望爲體勤依爲業又於一切事欲觀察者有希望故若不欲觀隨因境勢任運緣者即全無欲由斯理趣欲非徧行二勝解謂於決定境如其所應印解爲體不可引轉爲業又謂邪正等教理證力於所取境審決印持由此異緣不能引轉故猶預境勝解全無非審決心亦無勝解非徧行攝三念謂於慣習境令心明記不忘爲體等持所依爲業又於曾未受體類境中令不起念設曾所受不能明記念亦不生故念必非徧行所攝念與定爲所依爲業用能生正定故言定依爲業四定亦云等持謂於所觀境專注一緣爲體令心不散智依爲業又由定令心專注不散依斯便有決擇

曾生者不繫心專注境位便無定起故非徧行五慧謂於所觀境簡擇為體斷疑為業又於非觀境愚昧心中無簡擇故非徧行攝此別境五隨位有無所緣能緣非定俱故善有十一一信謂於有體有德有能心淨為體斷不信障能得菩提資糧圓滿為業又識論云信以心淨為性此性澄清能淨心等以心勝故立心淨名如水清珠能清濁水釋云唯信是能淨餘善等皆所淨故以心王為主但言心淨不言心所水喻心等清珠喻信體以投珠故濁水便清以有信故其心遂淨二慚謂依自增上及法增上崇恥過惡為體斷無慚障為業三愧謂依世增上崇恥過惡為體斷無愧障為業四無貪謂於有有具厭離無執不蔵不愛無著為體能斷貪障為業五無瞋謂於諸有情心無損害慈愍為體能斷瞋障為業六無癡謂正了真實為體能斷癡障為業七精進謂心勇無惰不自輕賤為體斷懈怠障為業八輕安謂遠離麁重身心調暢為體斷麁重障為業九不放逸謂捴攝無貪瞋癡精進為體斷放逸障為業十捨謂捴攝無貪瞋癡為體依此捨故得心平等得心正直心無發動斷發動障為業十一不害謂由不惱害諸有情故悲哀惻愴愍物為體能斷害障為業根本煩惱有六一貪謂於五取蘊愛樂覆蔵保著為體損害自他能趣惡道為業二瞋謂於有情欲興損害為體能障無瞋為業三慢謂以他劣已計我為勝令心高舉為體能障無慢為業四無明謂不正了真實為體能障正了為業五邪見謂五見為體一薩迦邪見謂於五取蘊計我我所染汙慧為體能障無我無顛倒解為業二邊執見謂於五取蘊執計斷常染汙慧為體能障無常無顛倒解為業三邪見謂謗因果染汙慧為體唯分別起能障正見為業四見取謂於前三見及見所依蘊計最勝上及與第一染汙慧為體唯分別起能障善及不淨無顛倒解為業五戒禁取謂於前諸見及見所依蘊計為清淨解脫出離染汙慧為體唯分別起能障如前無顛倒解為業釋云薩迦邪見者此翻身見也見取者論又云一切鬪諍所依為業此於諸見及所依蘊執為最勝能得涅槃清淨法是見取由此各各互執為勝諸見等故一切外道鬪諍因斯而起戒禁取者又云無利勤苦所依為業謂依諸見所受戒說此戒為勝及能得涅槃由此戒故一切外道受持拔髮等無利勤苦六疑謂於諸諦猶預不決為體唯分別起能障無疑為業　問此十煩惱何識相應　荅第八蔵識全無第七末那有四第六意識具十前五識唯三古釋云五識但三以無分別故無慢等慢等必由有隨念計度分別生故又由慢於稱量門起劣勝真故疑猶豫簡擇門起見推求門起故五識無此等行相故七識具我癡等四煩惱猶具審決故疑無容起由愛著我瞋不得生無一心王中有二慧故餘見不生隨煩惱有二十釋論云唯是煩惱分位差別等流性故名隨煩惱此二十種類別有三謂分等十各別起故名小隨煩惱無慚等二徧不善故名中隨煩惱掉舉等八徧染心故名大隨煩惱一忿謂於現在違緣令心憤發為體能障無瞋為業二恨謂於過去違緣結怨不捨為體能障無瞋為業三覆謂於過犯若他諫誨若不諫誨祕所作惡為體能障發露悔過為業四惱謂於過犯若他諫誨便發麁言心暴不忍為體能障善友為業五嫉謂於他所有功德名譽心妬不悅為體能障仁慈為業六慳謂積聚恡著為體障無貪為業七誑謂惑亂於他現不實事心詭為體能障愛敬為業八諂為欺彼故詐現恭順心曲為體能障愛敬為業九憍謂恃世間興盛等心恃高舉無所忌憚為體能障厭離為業十害謂逼惱有情無悲無慈無哀無憐無惻為體能障不害為業十一無慚謂不恥過惡為體能障慚為業十二無愧謂於世增上不恥過惡為體能障愧為業十三惛沉謂令心憒重為體能障毗鉢舍那為業十四掉舉謂依不正尋求心不寂靜為體能障奢摩他為業十五不信謂於有體有德有能心不淨信為體障信為業十六懈怠謂心不勉勵為體能障發起正勤為業十七放逸謂捴貪瞋癡懈怠為體障不放逸為業十八失念謂染汙不記為體障不妄念為業十九散乱謂於所修善心不喜樂為依止故馳散外緣為體能障等持為業二十不正知謂於三業不正了住染汙慧為體能障正知為業

宗鏡錄卷第五十七　　肥

音義

洶許拱反水洶溶自也　滔土刀反　攪[illegible]　剏初亮反　軌居洧反　汩古忽反又于筆反　誚[illegible]　妍五堅反　媸赤之反　溺奴歷反

宗鏡録五十七卷　十六張　肥

反　檻胡黯反　羈居宜反　絆博慢反　漣力延反漣漪也　祁渠之反

骰户鉤反骰骨也　攪古巧反動也　謦苦影反欬也　憒……反　妬當故反

恡良刃反　詭過委反　諂丑琰反　勵力制反

戊申歲分司大藏都監開板

宗鏡録卷第五十七

校勘記

一　底本，麗藏本。

一　五七〇頁上一二行第九字「未」，磧、南、徑、清作「末」。

一　五七〇頁中二七行第一四字「執」南作「境」。

一　五七一頁中一六行「精動」，南作「精勤」；徑作「情動」。

一　五七一頁中一八行「了別」，南作「分別」。

一　五七一頁下一七行第一一字「任」，清作「住」。

一　五七二頁上一行末字「貞」，磧、南、徑、清作「真」。

一　五七二頁上五行第一五字「軌」，清作「說」。

一　五七二頁上一八行「滅住」，徑作「住滅」。

一　五七二頁中二六行「神枝」，磧、南、徑、清作「神杖」。又第九字「攪」，清作「敲」。

一　五七二頁中二八行第二字「攪」，清作「敲」。下至本頁下六行第三字同。

一　五七二頁中二八行「十跡」，清作「十善」。

一　五七二頁下一一行第一三字「布」，磧作「在」。

一　五七二頁下一五行第三字「雖」，清作「唯」。

一　五七三頁上七行「了別」，磧作「分別」。

一　五七三頁上一七行第一四字「還」，磧作「遠」。

一　五七三頁中二一行末字「在」，磧作「四」。

一　五七三頁下二一行第三字「印」，清作「即」。

一　五七四頁中一九行第一四字「未」，磧、徑、清作「末」。

宗鏡錄卷第五十八　　肥

慧日永明寺主智覺禪師延壽集

夫不定有四悔眠尋伺於善染等皆不定故非如觸等定徧心故非如欲等定徧地故立不定名一惡作謂於已作未作善不善事若悔不悔怏怏追變爲體能障奢摩他爲業又識論釋悔此即於果假立因名先惡所作業後方追悔故二睡眠謂略攝於心不自在轉爲體能障毗鉢舍那爲業三尋謂或時由思於法遣作或時由慧於法推求散行外境令心麁轉爲體障心內淨爲業四伺謂從阿賴耶識種子所生依心所造與心俱轉相應於所尋法略行外境令心細轉爲體障心內淨爲業釋云尋即淺推伺即深度尋於麁發言伺則細發語識論云四不定者於善染等皆不定故釋云一解顯不定義此於界性識等皆不定故二解簡前信等貪等此通三性性不定故如上根隨煩惱過患尤深開惡趣門障菩提道如瑜伽論云煩惱差別者多種差別應知謂結縛隨眠隨煩惱纏瀑流扼取繫蓋株杌垢常害箭所有根惡行漏匱燒惱有諍火熾然稠林拘礙如是等類煩惱差別當知此中能和合苦故名爲結令於善行不隨所欲故名爲縛一切世間增上種子之所隨逐故名隨眠倒染心故名隨煩惱數起現行故名爲纏深難渡故順流漂故名爲瀑流邪行方便故名爲扼能取自身相續不絕故名爲取難可解脫故名爲繫覆真實義故名爲蓋壞善稼田故名株杌自性染汙故名爲垢常能爲害故名爲常害不靜相故遠所隨故名爲箭能攝依事故名所有不善所依故名爲根邪行自性故名惡行流動其心故名爲漏能令受用無有厭足故名爲匱能令所欲常有匱乏故名爲燒無引衰損故名爲惱能爲鬬訟諍競之因故名有諍燒所積集諸善根薪故名爲火如大熱病故名熾然種種自身大樹聚集故名稠林能令衆生樂著種種妙欲塵故能障證得出世法故名爲拘礙諸如是等煩惱差別乃至煩惱過患者當知諸煩惱有無量過患謂煩惱起時先惱亂其心次於所緣發起顛倒令諸隨眠皆得堅固令等流行相續而轉能引自害能引他害能引俱害生現法罪生後法罪生俱法罪令受彼生身心憂苦能引生等種種大苦能令相續遠涅槃樂能令退失諸勝善法能令資財衰損散失能令入衆不得無畏悚懼無威能令鄙惡名稱流布十方常爲智者所訶毀令臨終時生大憂悔令身壞已墮諸惡趣生那落迦中令不證得自勝義利如是等過無量無邊如上所作煩惱生諸過患皆從最初一念無明心起何謂無明以不知前境本空妄生對待唯是自心分別以忿恨風吹心識火自燒自害曾不覺知不了唯心第一義諦故曰無明癡暗所纏空生空死大智度論云復次一切法性皆空無所有汝所瞋因緣亦皆虛誑無定汝云何以虛誑事故瞋罵加害乃至奪命起此重罪業故墮三惡道受無量苦汝莫以虛誑無實事故而起大罪如山中有一佛圖彼中有一別房房中有鬼來恐惱道人故諸道人皆捨房而去有一客僧來維那處分令住此房而語之言此房中有鬼神喜惱人能住中者住客僧自以持戒力多聞故言小鬼何所能我能伏之即入房住暮更有一僧來求住處維那亦令在此房住亦語有鬼惱人其人亦言小鬼何所能我當伏之先入者閉戶端坐待鬼後來者夜暗打門求入先入者謂爲是鬼不爲開戶後來者極力打門在內道人以力拒之外者得勝排門得入內者打之外者亦極力熟打至明旦相見乃是故舊同學各相愧謝衆人雲集笑而怪之衆生亦如是五衆無我無人空取相致鬬諍若支解在地但有骨肉無人無我是故菩薩語衆生言汝莫於根本空中鬬諍作罪鬬諍故人身尚不可得何況值佛又云一切煩惱雖是過去業因緣無明是根本乃至若知先一世無明業因緣則億萬世可知譬如現在火熱過去未來火亦如是復次菩薩求無明體即是明所謂諸法實相名爲實際觀諸法如幻如化衆生顛倒因緣故起諸煩惱作惡罪業輪轉五道受生死苦譬如蠶出絲自裹纏入沸湯火炙凡夫衆生亦如是初生時未有諸煩惱後自生貪欲瞋恚等諸煩惱是煩惱因緣故覆真智慧轉身受地獄火燒湯煑菩薩知是法本末皆空但衆生顛倒錯故受如是苦菩薩於此衆生起大悲心欲破是顛倒故求於實法行般若波羅蜜通達實際種種因緣教化衆生令住實際是故住實際無過釋曰如了今世無明業是心則能通達過去未來一切善惡諸業悉是自心如一火性熱則一切火皆熱既實知已終不更將手觸爛

燒手故苦如實知今現在一塵一念悉是自心終不更故起心貪取前境處失宗故所以寶藏論云一切如幻其幻不實知幻是幻守眞抱一如是則智燈常照業海自枯究竟住於無過咎眞唯識性之實際於實際中不見有一法若生若滅若合若散所以寂調音所問經云寂調音天子言文殊師利爲有煩惱故調伏爲無煩惱故調伏文殊師利言天子喻如有夢爲毒虵所螫此人爲苦所逼即於夢中而服解藥以服藥故毒氣得除天子於意云何此人實爲所螫不耶天子言不也文殊師利言彼毒實爲除不耶天子言文殊師利如實不被螫除亦如是文殊師利言天子一切賢聖調伏亦復如是天子汝作是言爲有煩惱故調伏無故調伏者天子如我與無我有煩惱無煩惱亦復如是乃至一切法無我以無主故一切法無主與虛空等故一切法無來無所依故一切法無去無巢窟故一切法無住無所安立故一切法無安立生即滅故一切法無爲以無漏故一切法無受究竟調伏故大莊嚴法門經云文殊師利見此大衆於金色女無染心已問金色女言汝今煩惱置在何處令諸王子乃至居士等不生染心金色女言一切煩惱及衆生煩惱皆住智慧解脫之岸如如法界平等法中彼諸煩惱非有生非有滅亦不安置如中觀論偈云染法染者一一法云何合染法染者異異法云何合古釋煩惱爲能染衆生是所染一即能所不成異即如同水火俱無合義止觀云若一念煩惱心起具十法界百法不相妨礙雖

多不有雖一不無多不積一不散多不異一不同多即一一即多亦如初燈與暗共住如是明暗不相妨礙亦不相破如是了達煩惱性空則四種瀑流唯正法行日之能竭七重慢阜因平等慧風之所摧能害所害俱消自縛他縛同解逢緣猶蓮華上之水歷事若虛空中之風一切時中常居宗鏡見萬法無異如太虛空因分別識生名色影現分別不起名色本虛向性空地中美惡平等如大智度論云譬如除宮殿及諸陋廬如燒栴檀及雜木其處虛空無有異色及薩婆若等諸法求其實皆如是故淨名疏云但除其病不除其法者即是明其去取也有師解言如人眼病見空中華眼病差時即無華可除衆生亦介妄見諸法但除妄惑妄惑若滅則無法可除此是本無法義何謂不除法也今言一切衆生悉具十法界法無明不了觸處病生若有智慧無礙自在悉爲佛事譬如火是燒法若觸燒痛護愼不觸即是除病不可除火若除此火則失溫身照闇成食之能十二因緣三道之法亦介此有去取法不同除也又火能燒人得法術者出入無礙不須除火也故八萬四千煩惱凡夫爲之受惱諸佛菩薩以爲佛事也亦如治眼之法去病不得損睛珠也經言爲斷病本而教導者此正明化物也病本即是一念無明取相故華嚴經云三界無別法唯是一心作今謂唯是一念無明取相心作也此即三界生死之病本也若知無明不起取有即畢故不造新即是斷病本也是知一念之心既名病本亦是道原執實成非

了空無過悟在刹那更無前後如志公和尚道體不二科云衆生不解修道便欲遣除煩惱不知煩惱本空將道更欲覓道一念之心即是何須別處追討大道皎在目前迷倒愚人不了佛性天眞自然亦無因緣修造不識三毒虛假妄執沉淪生老昔日迷時謂晚今日始覺非早第三色法色有十五種一地有二種一內二外內謂各別身內眼等五根及彼居處之所依止堅硬所攝有執受性復有增上積集所謂髮毛爪齒皮肉筋骨等是內地體形段受用爲業外謂各別身外色等五境之所依止堅硬所攝非執受性復有增上積集所謂礫石丘山等是外地體形段受用爲業又依持資養爲業二水亦二種一內二外內謂各別身內眼等五根及彼居處之所依止濕潤所攝有執受性復有增上積集所謂洟淚涎汗等是內水體潤澤聚集受用爲業外爲各別身外色等五境之所依止濕潤所攝非執受性復有增上積集所謂泉源谿沼等是外水體依治受用資養爲業三火亦二一內二外內謂各別身內眼等五根及彼居處之所依止煖熱所攝有執受性復有增上積集所謂能令有情徧溫增熱又能消化飲噉是內火體成熟和合受用爲業外謂各別身外色等五境之所依止煖熱所攝非執受性復有增上積集所謂炎燎村城或鑽木擊石種種求之是外火體變壞受用對治貧養爲業四風亦二種一內二外內謂各別身眼等五根及彼居處之所依止輕動所攝有執受性復有增上積集所謂上下橫行入出

氣息等是内風體動作事受用為業外謂各別身外色等五境之所依止輕動所攝非執受性復有増上積集所謂摧破山崖偃拔林木等彼既散壞無依故静若求風者動衣揺扇其不動揺無縁故息如是等是外風體依持受用對治資養為業五眼謂一切種子阿頼耶識之所執受四大所造色為境界縁色境識之所依止浄色為體色蘊所攝無見有對性六耳七鼻八舌九身亦尒此中差別者謂各行自境縁自境之所依止十色謂眼所行境眼識所縁四大所造色蘊所攝有見有對性十一聲謂耳所行境耳識所縁四大所造可聞音為體色蘊所攝無見有對性十二香謂鼻所行境鼻識所縁四大所造可齅物為體色蘊所攝無見有對性十三味謂舌所行境舌識所縁四大所造可嘗物為體色蘊所攝無見有對性十四觸謂身所行境身識所縁四大所造可觸物為體色蘊所攝無見有對性十五法處所攝色謂一切時意所行境色蘊所攝無見無對性又百法明色有十一種所謂五根六境五根者同毗達磨論云以造色為體一能造即四大地水火風二所造即四微色香味觸六境者一色有三十一顯色有十三一青二黄三赤四白五光六影七明八暗九雲十煙十一塵十二霧十三空一顯色形色有十一長二短三方四圓五麁六細七高八下九正十不正表色有八一取二捨三屈四伸五行六住七坐八卧法處色有五一極迥色二極略色三定自在所生色四受所引色五徧計所執色五根色以能造為體法處境中以極迥極略為體徧計所執受所引色等四色非是造色無體性故是假非實又除青黄赤白四色是實長短二十七種皆是假四實色上立故以相形立故二聲有十一種一因執受大種聲因者假藉之義即藉彼第八識執受四大所發之聲即血脉流注聲等是也即内四大有情作聲皆是執受故二因不執受大種聲外四大聲是三因執受不執受大種聲如外四大種親造彼聲即手是内四大種親造果聲外四大種但為助縁共造一聲四世所共成聲世間言教書籍陰陽等名共成聲仁義禮智信等五成所引聲或成所作智所引言教即唯如來六可意聲情所樂欲七不可意聲情不樂欲八俱相違聲非樂非不樂名俱相違聲九徧計所執聲謂外道所立言教十聖言量所攝聲十一非聖言量所攝聲三香有六一好約情說隨自識變稱已心等方名好香二惡三平等非好非惡四俱生沉檀等與質俱起五和合衆香等成一香六變異未熟無香之時名變異四味有十二一苦二酸三甘四辛五鹹六淡七可意謂稱情故八不可意謂不稱情九俱相違上二相反十俱生與質同有十一和合衆味聚集十二變異成熟後味異於前五觸有二十六一地二水三火四風五滑六澁七軽八重九軟十緩十一急十二冷十三飢十四渇十五飽十六力十七劣十八悶十九癢二十黏二十一病二十二老二十三死二十四疲二十五息二十六勇前四地水火風是實餘二十二依四大差別建立是假　問色法有幾義　荅有四義百法云一識所依色唯屬五根二識所縁色唯屬六境三揔相而言質礙名色四別相而言略有二種一者有對若准有宗極微所成大乘即用能造色成二者無對非極微成即法處所攝色如上地水火風一切色法因縁似有體用俱虚何者自體他體皆悉性空能縁所縁俱無有力以自因他立他因自生他是自他自是他自互成互奪定性俱無又能因所成所從能立能無有力則入所所無有力則入能互攝互資悉假施設縁會似有縁散還無以唯識所持終歸空性如大智度論云復次地若常是堅相不應捨其相如凝酥蠟蜜樹膠融則捨其堅相墮濕相中金銀銅鐵等亦尒如水為濕相寒則轉為堅相如是等種種悉皆捨相復次諸論師輩有能令無無能令有諸賢聖人及坐禪人能令地作水水作地如是等諸法皆可轉相以無定體故隨縁變現不可執有執無違於法性第四不相應行法有二十四不相應行者相應者和順義如心王心所得等非能縁故不與心心所相應名不相應又得等非質礙義不與色相應又有生滅不與無為相應為揀四位法故名不相應一得謂諸行種子所攝自在生起相續差別性又雜集論云謂於善不善無記法若增若減假立獲得成就善不善無記法者顯依處若增若減者顯自體何以故由有增故說名成就上品信等由有減故說名成就下品信等二無想定謂已離淨欲未離上地欲由於無想天執出離想雜集論云於不恒行心心所滅假

立無想定不恒行者轉識所攝滅者謂定心所引不恒現行諸心心所暫時間滅三滅盡定謂已離無所有處欲或入非想非非想處定又去欲超過有頂作止息想作意為先故於不恒行諸心心所及恒行一分心心所滅假立滅盡定此中所以不言未離上欲者為顯離有頂欲阿羅漢等亦得此定故一分恒行者謂染汙意所攝四無想天謂於此間得無想定由此後生無想有情天中於不恒行心心所滅假立無想異熟五命根謂於衆同分先業所感住時決定假立壽命衆同分者於一生中諸蘊相續住時決定者剎尒所時令衆同分常得安住或經百年千年等由業所引功能差別又依業所引第八識種令色心不斷名為命根六衆同分謂如是如是有情於種種類自體相似假立衆同分七異生性謂行自相發起性又由二障種各趣差別八生謂於衆同分諸行本無今有性假立為生九異謂於衆同分諸行相續變異性假立為異亦名為老十住謂於衆同分諸行相續不變壞性假立為住十一無常謂於衆同分諸行自相生後滅壞性假立無常相十二名身謂於諸法自性增言假立名身十三句身謂於諸法差別增言假立句身十四文身謂於彼前二文句所依諸字假立文身十五流轉謂於因果相續不斷假立流轉十六定異謂於因果種種差別假立定異十七相應謂諸行因果相稱性十八勢速謂諸行流轉迅疾性十九次第謂諸行一一次第流轉性二十時謂諸行展轉新新生滅性二十一方謂諸色行徧分剎性二十二數謂諸行等各別相續體相流轉性二十三和合謂諸行緣會性二十四不和合謂諸行緣乖性此不相應行雖不與心王心所色法無為等四位相應然皆是心之分位亦不離心變及出唯識真性約一期行相分別故尒如廣百論云自心分別所見境界即是自心但隨衆緣諸行種熟自心變作種種分位自心所變無實體相何為精勤安立異法但應信受諸法唯心

問一心妙旨八識真原有為門中已明王所無為法內如何指陳　荅此申第五無為法有為無為皆一心變起故又不出一心性故

問有為無為各有幾種一一行相如何分別

荅有為略有三種無為略有六種初有為極成之法不過三種識論云一現所知法如色心等二現受用法如瓶衣等如是二法世共知有不待因成三有作用法如眼耳等由彼彼用證知是有釋云如色心等者即是五識身他心智境謂色等五塵及心心所此約摠聚不別分別此何識境現量所知非境所知如瓶衣等者此雖現見受用而非現量所緣是假法故但是現世而受用物問此中緣瓶等心是何量攝荅非量收不親緣得法自體故非比度故非量所收如眼耳等者此五色根非現量得亦非現世人所有知此眼耳等各由彼彼有發識用比知是有言證知者證成道理也以現見果比有因故果謂所生心心所法比量知有諸淨色根此非現量他心智知然今大乘第八識境亦現量得佛智緣時亦現量得除佛已外共許為論非世共悉是故但言此知是有次約諸經論有六種無為百法云一虛空無為者離一切色心諸法障礙所顯真理名為虛空無為虛空有三一識變虛空即第六識上作解心變起虛空相分故二法性虛空即真如體有離諸障礙故名為虛空三事虛空即所見頑空是也二擇滅無為由無漏智起簡擇滅諸障染所顯真如理故三非擇滅無為有法不由擇力起無漏智簡擇而本性淨即自性清淨涅槃是也即真如本性離諸障染不由起智斷或本體淨故四不動無為第四禪離八患三災證得不動無為五想受滅無為從第四禪已上至無所有處已來捨受不行并麤想亦無顯得真如名想受滅無為六真如無為有二一約對得名謂真如理對事得名二簡法者即真如簡徧計離於生滅也出體者大乘但約心變相分假說有虛空故非是離心外有空也若說本質無為者即不離於識變有也問若說識變相分說是無為者即是相狀之相隨識而為何成無為耶荅此說是識變假說是無為其實非是無為無為是常住法故今此依無為體者但取隨識僞影相分為體以前後相似無有變而唯有一類空等相故假說無為此六無為地前菩薩識變即是有漏若地上後得智變即無漏若依法性出體者五種無為皆是真如真如體外更無別出六種無為各皆依真如實德也問如何聖教說真如實耶荅今言有者不是真如名實有但說有即是遣惡取空故說有體是妙有真空故言非空非有問如何聖教說真空為空耶荅謂

破執眞如心外實有故說爲空即空其情執即不空其眞如空也又識論云然諸契經說有虛空等諸無爲法略有二種一依識變假施設有謂曾聞說虛空等名隨分別有虛空等相數習力故心等生時似虛空等無爲相現此所現相前後相似無有變易假說爲常二依法性假施設有謂空無我所顯眞如有無俱非心言路絕與一切法非一異等是法眞理故名法性離諸障礙故名虛空由簡擇力滅諸雜染究竟證會故名擇滅不由擇力本性清淨或緣闕所顯故名非擇滅苦樂受滅故名不動想受不行名想受滅此五皆依眞如假立眞如亦是假施設名釋云一依識變假施設有者此無本質唯心所變如極微等變似空等相現此皆變境而緣故也眞如亦是假施設者眞如約詮而詮體是一此五無爲依眞如上假名空等而眞如體非如非不如故眞如名亦是假立如食油蟲等不稱彼體唯言顯故譬如有蟲名曰食油實非食油假名食油不稱體故眞如亦尒又釋摩訶衍論云無爲有四一眞如無爲二本覺無爲三始覺無爲四虛空無爲有爲法有五種一者根本無明有爲二者生相有爲三者住相有爲四者異相有爲五者滅相有爲是名爲五且四無爲者以何爲體有何等用頌曰依各有二種所謂通及別如體用亦尒隨釋應觀察論云眞如無爲有二所依一者通所依非有爲非無爲一心本法以爲體故二者別所依生滅門內寂靜理法以爲體故本覺無爲有二所依一者通所依非有爲非無爲一心本法以爲體故二者別所依生滅門內自然本智以爲體故始覺無爲有二所依一者通所依非有爲非無爲一心本法以爲體故二者別所依生滅門內隨他起智以爲體故虛空無爲有二所依一者通所依非有爲非無爲一心本法以爲體故二者別所依生滅門內無所有事以爲體故復次眞如無爲有二種用一者通用一切諸法令出生故二者別用平等之性令不失故本覺無爲有二種用一者通用不守自性故二者別用不轉變故始覺無爲有二種用一者通用隨妄轉故二者別用對治自過故虛空無爲有二種用一者通用欲有令有故二者別用空無之性令不失故是名二用此中所說通謂他義別謂自義五種有爲以何爲體有何等用頌曰依各有二種所謂通及別如體用亦尒隨釋應觀察論曰根本無明有二種依一者通所依非有爲非無爲一心本法以爲體故二者別所依生滅門內大力住地以爲體故生相有爲有二種依一者通所依非有非無爲一心本法以爲體故二者別所依生滅門內細分染法以爲體故住相有二種依一者通所依非有爲非無爲一心本法以爲體故二者別所依生滅門內麤分染法以爲體故異相滅相二種通依別依如前住相有爲所說無別復次根本無明有爲有二種用一者通用能生一切諸染法故二者別用隨所至處作礙事故生相有爲有二種用一者通用於上下中與其力故二者別用隨所至處作礙事故如說生相住異亦尒滅相有爲有二種用一者通用於上及自與其力故二者別用能作礙事故是名二用以何義故作如是說有爲無爲一切諸法通以一心而爲其體於道智契經中作如是說尒時文殊師利白佛言世尊阿賴耶識具一切法過於恒沙過於恒沙如是諸法以誰爲本生於何處佛言如是有爲無爲一切諸法生處殊勝不可思議何以故於非有爲非無爲處是有爲是無爲法而能生故文殊又白佛言世尊云何名爲非有爲非無爲處佛言非有爲非無爲處者所謂一心本法非有爲故能作有爲非無爲故能作無爲是故我言生處殊勝不可思議復次善男子譬如燕子有二所依一者大王二者父母有爲無爲一切諸法亦復如是各有二依謂通達依及支分依復次善男子譬如一切草木有二所依一者大地二者種子有爲無爲一切諸法亦復如是各有二依謂通達依及支分依乃至廣說不生不滅與生滅和合者即是開示能熏所熏之差別故云何開示所謂顯示染淨諸法有力無力互有勝劣故今當作二門分明顯說一者下轉門二者上轉門生滅門中不出此二如是二門云何差別頌曰諸染法有力諸淨法無力背本下下轉名爲下轉門諸淨法有力諸染法無力向原上上轉名爲上轉門論曰由染淨諸法互有勝劣故二種轉門得成而已今當先說初下轉門根本無明以何等法而爲所熏於何時中而作熏事頌曰所熏有五種爲一法界心及四種無爲非初非中後取前中後故如契經分明說論曰根本無明以五種法而

爲所熏謂一法界及四無爲熏一法界其相云何頌曰一種法界心有二種自在謂有爲無爲是根本無明依於初自在而能作熏事論曰一法界心有二種自在一者有爲自在能爲有爲法而作依止故二者無爲自在能爲無爲法而作依止故根本無明依初自在能作熏事非後自在中實契經中作如是說根本無明依初自在能作熏事非後自在中實契經中作如是說根本無明熏自所依分際之量非他所依故熏眞如法其相云何頌曰眞如無爲法有二種作用所謂通及別如前決擇說是根本無明依於初作用而能作熏事餘無爲亦尒論曰眞如無爲有二種用謂通及別如前所說根本無明依初作用能作熏事非後作用如說眞如餘三無爲亦復如是皆依初作用非後用故作熏時量非初亦非中後取前中後故本智契經中作如是說大力無明作熏事時初及中後一時俱取而非別取故此中所說能熏所熏以何義故名言熏謂能引彼法而合自體不相捨離俱行俱轉故名能熏又能與彼法不作障礙若隨若順不違逆故名爲所熏謂五種有爲能熏四種無爲法及一法界心所熏五法隨來而與五能熏共會和合同事俱轉是故說言不生不滅與生滅和合如大無明一心本法爲通依故依初自在作熏習事四相有爲應如是知如大無明依四無爲通遠作用能作熏事四相有爲應如是知

宗鏡録卷第五十八

音義

悵丑亮反　怏於亮反　扼於革反　株陟輸反　杌五忽反　潰胡對反　似求也　稼古訝反　悚息拱反　螫呵各反　藥苦害反　和也　蓋　阜房久反　陋盧候反　廬力居反　硬五孟反　也　蛹余隴反　滴都歷反　蠨盧鳥反　䗶許　涎敍連反　口液也　噉徒敢反　食也　燎力小反　照也　膠古肴反

戊申歲分司大藏都監開板

宗鏡録卷第五十八

校勘記

一　底本，麗藏本。

一　五七六頁上二四行「之行」，磧、南、徑、清作「之所」。

一　五七六頁中四行第九字「無」，磧、南、清作「能」。

一　五七六頁下二〇行第一六字「裹」，南、徑、清作「纏」。

一　五七七頁中二九行第六字「畢」，磧、南、徑作「異」。

一　五七七頁下二行「二科」，徑作「二歌」。

一　五七八頁下二四行首字「諸」，磧、南作「謂」。

一　五七八頁下二九行第四字「已」，磧作「色」。

一　五七九頁上二一行「同分」，磧、南作「何分」。

一　五七九頁上二九行第七字「謂」，磧、南作「說」。

一　五七九頁下二三行第六字「而」，清作「易」。

一　五八〇頁上一八行第一〇字「如」，磧、南、清作「而」。

一　五八〇頁中二行「始覺」，磧作「如覺」。

一　五八〇頁中二〇行「非有非無」，磧、徑作「非有爲非無」。

一　五八〇頁中二八行至二九行「上下中」，徑、清作「上中下」。

一　五八〇頁下二三行第一五字「背」，南作「皆」。

一　五八一頁上八行第五字至九行第一二字「依……明」，清無。

宗鏡錄卷第五十九　肥

慧日永明寺主智覺禪師延壽集

夫有爲無爲二門爲當是一是異

答非一非異非泯非存何者若是一者仁王經不應云諸菩薩等有爲功德無爲功德悉皆成就又維摩經云菩薩不盡有爲不住無爲等二義雙明豈是一耶若是異者般若經佛告善現不得離有爲說無爲不得離無爲說有爲豈成異耶若云俱泯者華嚴經云於有爲界示無爲之理不滅有爲之相於無爲界示有爲之法不壞無爲之性則有無性相無礙俱存若言俱存者如前論云二依法性假施設有謂空無我所顯真如有無俱非心言路絕則百非莫能惑四句不能詮非可以情謂有無唯應智超言像方達有爲無爲唯識之真性矣如大智度論復次夫生滅法者若先有心後有生則心不待生何以故先已有心故若先有生則生無所生又生滅性相違生則不應有滅滅時不應有生以是故一時不可得異亦不可得是則無生若無生則無住滅若無生住滅則無心數法無心數法則無心不相應諸行色法色法無故無爲法亦無故何以故因有爲故有無爲若無有爲則亦無無爲是故不應言諸法有又勝思惟梵天所問經云有爲無爲之法文字言說有差別耳持世經云有爲法如實相即是無爲

問心所具幾義立心所之門　答古德釋云心所義有三一恒依心起二與心相應三繫屬於心心王緣總相如畫師作摸心所通緣總別相如弟子於總相模中塡衆多彩色即心所於心王總青如眼識心王緣青色境時是總相更不作多般行解心所緣別相者如五心所中作意以警心引心爲別相等上便領納想像造作種種行相是通緣總別相

問心王與心所爲同爲別　答約俗則似同似別論眞則非即非離識論云如是六位心所法爲離心體有別自性爲即是心分位差別設介何失二俱有過若離心體有別自性如何聖教說唯有識又如何說心遠獨行染淨由心士夫六界莊嚴論說復云何通如彼頌言許心似二現如是似貪等或似於信等無別染善法若即是心分位差別如何聖教說心相應他性相應非自性故又如何說心與心所俱時而起如日與光瑜伽論說心所非即心故應說離心有別自性以心勝故說唯識等心所依心勢力生故說似彼現非彼即心又識心言亦攝心所恒相應故唯識等言及現似彼皆無有失此依世俗若依勝義心所與心非即非離諸識相望應知亦然是謂大乘眞俗妙理攝論頌云遠行及獨行無身寐於窟調其難調心是名眞梵志百法釋云如來依意根亂說遠行及獨行也隨無明意識徧緣一切境也故名遠行又諸心相續一一轉故無實主宰名獨行無身者即心無形質故寐於窟者即依附諸根潛轉身內名爲寐於窟也寐者藏也即心之所蘊在身中此偈意謂破外道執有實我也世尊云但是心獨行無別主宰故言獨行也又無始遊歷六塵境故名遠行無別心所故名獨行明知無別心所也士夫六界者瑜伽云佛說皆云四大空識能成有情色動心三法最勝爲所依色所依者即四大也動所依者空即是也謂內空界不取外者由內身中有此空界故所以有動故爲動依心所依者識是也即說六界能成有情不言心所界也釋云許心似二現者此中似言似心外所計實二分等法故名爲似無別染善法者謂唯心變似見相二分二分離心無別有法復言心變似貪信等故貪信等離心之外無別染善法體即心也如二分故應說離心有別自性以心勝故說唯識等者既說離心有所何故說唯識心遠獨行染淨由心六界之中唯說心者以心勝故說此唯識等如何勝總有四義一能爲主二能爲依三行相總四恒決定非如心所等有時不定又若依第一體用顯現諦即心王爲體心所爲用即體用不即不離也若依勝義即是因果差別諦即王所互爲因果法介非離也若依第三證得勝義諦即依詮顯者若依能詮依他起性說非即若依所詮二無我理說即王所非離若第四勝義勝義諦廢詮談旨亦不言即離也即一眞法界離言絕相即三所道理同歸一眞如故　問心王心所云何明假實　答從種生者名實依他立者名假心法唯是實有心所之中徧行別境唯是實有其餘諸法或假或實眞如無爲雖非自從種起亦名爲實不依他故或諸法名義俱假唯眞如無爲一種名假體實離言詮故　問識論云但說識即攝心所者眞如與識非如心所何故不說　答識實性故識俱有故不離識故非我法依故但說識不說眞

如故知真如即識識即真如　問真如即識識即真如且真如非識之所變現何成唯識　荅雖非識變識實性故亦名唯識真如離言與能計識非一非異非如色等可依起執故非執依此中不說若遠望踈言亦可依執法末學者依起執故又真如既非識所轉變應非唯識不以變故名爲唯識不離識故正名唯識　問一百法中凡聖揔具不　荅若凡夫位通約三界九地種子皆具一百法若諸佛果位唯具六十六法除根本煩惱六隨煩惱二十不定四不相應行中四共除三十四法　問心攝一切云何但標五位百法之門　荅雖標百法以爲綱要此中五位次第已攝無盡法門不出於此何者百法云一明心法謂此八種心王有爲法中此最勝故世出世間無不由心造二明心所有法與此心王常相應故名相應法望前心王此即是劣先勝後劣所以次明三色法心王等之所現影謂此色法不能自起要籍前二心王心所之變現故變不親緣故致影言或通本質前二能變此爲所變先能後所所以次明四不相應行謂此得等二十四法不能自起籍前三位差別假立前三是實此即是假先實後假所以次明五無爲法體性甚深若不約法以明無爲無由得顯故籍前四斷染成淨之所顯示前四有爲此即無爲生有後無所以後明又鈔中廣釋第一心法最勝故者華嚴經頌云心如工畫師能畫諸世間一切世間中無法而不造者此八識心王最勝由如畫師能畫一切人天五趣形像乃至佛菩薩等形像然經中舉喻佛但取少分以畫師只畫得色蘊餘四蘊即不能畫法中若是八識即能通造得五蘊且如第六識相應不共無明及餘分別俱生惑等若造得地獄揔別報業即自畫得地獄五蘊乃至若造得人天揔別報業即自畫得人天形像若具修萬行獲得二轉依果即自畫得佛果形像故知一切世出世間五蘊皆是自第六識畫得不簡依報正報皆是心變所以心法獨稱最勝第二心所有法與此相應故者瑜伽論五義略辯相應一時者所謂王所同時起二依者即王所同一所依根三緣者即王所同一所緣境四行者所謂王所三量行相俱同五事者即王所各有自證分體事第三色法二所現影故現者變也爲十一種色皆是心心所所變現故影謂影像是相似流類之義即此十一種色相分是本質之流類似於本質若無質者即似內心故言影也變不親緣故置影言者爲八識皆有變相分緣義且如前五識緣五塵境時須變影像緣第六緣十八界法亦變相分緣第七緣第八見分爲我時亦變相分緣若第八緣他人扶塵及定果色并界器時亦變相分緣相分望八識即親所緣緣本質望八識即踈所緣緣此上所說且望有質影者說若唯有相分無本質者即第八緣自三境定意識緣自定果色是第四分位差別故者此得等二十四法即依他前三位種現上假立第五顯示實性故即五無爲如前已釋又第一八種心王是最勝能緣門第二心所有法與心相應是共勝同緣門第三色法心之影像是所緣境界門第四不相應法是分位建立門第五無爲法是顯示實性門如上勝劣顯現能所互成假實詮量有無隱顯等能彰無盡法門無盡法門不出五位百法五位百法不出色心二法攝末歸本不出唯心一法矣　問八識真原萬法栖止約其體性都有幾種　荅經論通辯有三種性約能所染淨分別隨事說三縱有卷舒皆不離識性合則一體無異開則三相不同三相不同約用而行布一體無異就性以圓融行布乃遺義以施爲圓融則順性而冥寂若無行布無可圓融如無妄情不立真智染淨既失二諦不成是以因妄辯真在行相而須悉尋迹得本假因緣以發明斯三性法門收凡聖境界事無不盡理無不窮今言三性者約經論共立一徧計所執性二依他起性三圓成實性徧計所執性者謂愚夫周徧計度所執蘊等實我實法名爲徧計性有二一自性揔執諸法實有自性二差別別執取常無常等實有自體或依名徧計義如未識牛聞牛名便推度因何道理名之爲牛或依義徧計名或見物體不知其名便妄推度此物名何如未識牛共推度云爲鬼耶爲獸耶此諸徧計約體不出人法二體約執不出名義二種又一有徧非計如無漏諸心有漏善識能徧廣緣而非計執無漏諸心即諸聖人無漏智慧了諸法空即無法不徧都無計執名爲非計唯後得智有漏善識即地前菩薩雖有漏心中能作無我觀故亦能觀一切皆無有我亦是徧而非計二有計非徧如有漏第七識恒緣第八見分起我

法二執從第六識入生空觀時第七識中猶尚緣第八見分起於法執故知計而非徧三亦徧亦計即衆生染心四非徧非計即有漏五識及第八賴耶各了自分境界不徧無計度隨念分別故非計也賴耶唯緣種子根身器世間三種境故尚不能緣前七現行故非徧非計有漏種子能持緣無漏種子即持而不緣況餘境耶又古德云衆生染心於依他起自性中當知有二種徧計所執自性執一者隨覺即現行執二者慣習習氣隨眠即執種子依他起性者依他衆緣和合生起猶如幻事名依他性圓成實性者一味眞如圓滿成就　問如何是能徧計自性之理　答准護法云第六第七心品執我法者是能徧計唯說意識能徧計故　問如何是所徧計自性之理　答准攝論云是依他起徧計心等所緣緣故慈恩云三性之中是依他起言所緣必是有法徧計心等以此爲緣親相分者必依他故不以圓成而爲境也謂不相似故　問三性中徧計是妄想即無依他屬因緣是有不　答此二性能所相生俱無自體何者因妄想故立名相因名相故立因緣若妄想不生名相何有名相不有因緣即空以萬法不出名故楞伽頌云譬如修行事於一種種現於彼無種種妄想相如是釋去此破妄想徧計性也如二乘修諸觀行若作青想觀時天地萬物莫不皆青也以無青處見青由心變故於一色境種種不同譬凡夫妄見生死亦是無生死處妄見生死也又經頌云譬如種種翳妄想衆色現翳無色非色緣起不覺然此破因緣依他起性也如目翳所見差別不同彼實非有緣所起法斯則妄想體空因緣無性即是圓成究竟一法如明眼人見淨虛空況一眞心更無所有　問此三性中幾法是假幾法是實　答識論云徧計所執妄安立故可說爲假無體相故非假非實依他起性有實有假聚集相續分位性故說爲假有心心所色從緣生故說爲實有若無實法假法亦無假法依實因而施設故圓成實性唯是實有不依他緣而施設故釋云徧計有名無體妄情妄立可說爲假談其法體既無有相非假非實非兎角等可說假實必依有體總別法上立爲假實故依他假有三種一聚集假者如瓶盆有情等是聚集法多法一時所集成故能成雖實所成是假二相續假者如過未等世唯有因果是相續性多法多時上立一假法如佛說言昔者鹿王今我身是所依五蘊剎那滅者雖體是實於此多法相續假立一有情至今猶在故三分位假者如不相應行是分位性故皆是假一時一法上立如一色上名有漏可見有對亦名色等並是於一法上假施設故若彼實者應有多體其忿恨等皆此假攝心心所色從因緣種生故說爲實又三性者即是一性一性即無性何者徧計無相依他無生圓成無性解深密經云翳眼人如徧計現青黃如依他淨眼如圓成攝論云分別性如蛇依他性如藤若人緣四塵相分析此藤但見四相不見別藤但是色香味觸相故藤非實有以離四塵外無別有藤所以論偈云於藤起蛇知見藤則無境若知藤分已藤知如蛇知若知藤之性分是空則例如藤上妄生蛇想攝論云菩薩不見外塵但見意言分別即了依他性云何了別此法若離因緣自不得生根塵爲因緣根塵既不成此法無因緣云何得生依初眞觀入依他性由第二眞觀除依他性則唯識想息意言分別顯現似所聞思一切義乃至似唯有識想皆不得生生緣有二謂分別性及依他性分別性已滅依他性又不得生既無二境故一切義乃至似唯識想皆不得生唯識想尚不得起何況餘意言分別而當得生菩薩住何處唯住無分別一切名義中平等平等又依二種平等謂能緣所緣能緣即無分別智以智無分別故稱平等所緣即眞如境境亦無分別故稱平等又此境智不住能取所取義中譬如虛空故說平等平等由此義故菩薩得入眞實性此位不可言說以自所證故證時離覺觀思惟分別故古德問云我見所緣影像若是依他有者應有依他性實我答此相仗因緣生但是依他性幻有之法而非是我由彼妄執爲我故名妄執此有兩重相約此相從因緣生有力能生心此乃是有名依他性法於此不稱所執法義邊名徧計所執乃名爲無如人昏冥執石爲牛石體不無我見所緣緣依他相有如石本非牛妄心執爲牛此所執牛其體全無如相分本非我妄心執爲我此所執其體全無但有能執心而無所執我謂於此石處有所緣石而無所執牛於此相分上有所緣法而無所執我又況云如南方人不識駞毛曾

於一處聞說龜毛後忽見駞毛由不識故妄謂駞毛以爲龜毛此所見駞毛是有故如依他性法其駞毛上無龜毛妄心謂爲龜毛如所執實我法故論云有義一切心心所法由熏習力所變二分從緣生故名依他起徧計依斯妄執定實有無一異倶不倶等此二名徧計所執性　問三性中幾性不可滅幾性可滅耶　答准佛性論云二性不可滅一性可得滅何以故分別性本來是無故不可滅眞實性本來是眞故不可滅依他性雖有不眞實是故可滅所以分別中邊論云分別性者謂是六塵永不可得猶如空華依他性者謂唯亂識有非實故猶如幻物眞實性者謂能取所取二無所有眞實有無故猶如虛寂　問依他起相但是自心妄分別有理事雙寂名體倶虛云何有憂喜所行境界　答譬如夜行見杌爲鬼疑繩作虵虵之與鬼名體都無性相恒寂雖不可得而生怖心以體虛而成事故清凉疏云若依攝論說喻皆喻依他起性然並爲遣疑所疑不同故所喻亦異一以外人聞依他起相但是妄分別有非眞實義遂即生疑云若無實義何有所行境界故說如幻謂幻者幻作所緣六處豈有實耶二疑云若無實何有心心法轉故說如燄飄動非水似水妄有心轉三疑云若無實何有愛非愛受用故說如夢中實無男女而有愛非愛受用覺時亦爾四疑云若無實何有戲論言說故說如響實無有聲聽者謂有五疑云若無實何有善惡業果故說如影謂如鏡影像故亦非實六疑云若無實何以菩薩作利樂事故說如化謂變化者雖知不實而作化事菩薩亦爾是以萬法雖空體虛成事一眞非有無性隨緣則湛爾堅凝常隨物化紛然起作不動眞如

宗鏡錄卷第五十九

音義

縱子用反　獸舒救反　憒古患反　駞徒何反　繩食陵反　湛徒減反　紛撫文反繽紛

戊申歲分司大藏都監開板

宗鏡錄卷第五十九

校勘記

一　底本，麗藏本。

一　五八二頁中一行「於心王揔」，清作「與心王緣」。

一　五八二頁中三行第一二字「爲」，清作「於」。

一　五八二頁下二行「空即」，清作「即空」。

一　五八二頁下六行「二分」，磧、南作「一分」。

一　五八二頁下二三行第四字「明」，徑作「名」。

一　五八三頁上一行第二字「故」，磧作「說」。

一　五八三頁上二六行第九字「坐」，磧、南、徑、清作「先」。

一　五八三頁上末行「形像」，磧作「衆像」。

一　五八三頁中二二行「扶塵」，徑、清作「浮塵」。

一　五八四頁上二八行「由心」，磧作「內心」。又第一四字「譬」，磧作「像」。

一　五八五頁上一四行末字「寂」，磧、南、徑、清作「空」。

宗鏡録卷第六十

慧日永明寺主智覺禪師延壽集　肥

夫此三性法爲當是一是異若道是一不合云依圓是有徧計是無若道是異又去皆同一性所謂無性　荅此三性法門是諸佛密意所説諸識起處教綱根由若即之取之皆落凡常之見若離之捨之俱失聖智之門所以藏法師依華嚴宗釋三性同異義一圓成眞如有二義一不變二隨縁二依他二義一似有二無性三徧計所執二義一情有二理無由眞如不變依他無性所執理無由此三義故三性一際又約眞如隨縁依他似有所執情有由此三義亦無異也是故眞該妄末妄徹眞原性相融通無障無閡問依他似有等豈同所執是情有耶荅由二義故無異也一以彼所執執似爲實故無異法二若離所執似無起故眞中隨縁亦尒以無所執無隨縁故又以三性各有二義不相違故無異性且如圓成雖復隨縁成於染淨而恒不失自性清淨只由不失自性清淨故能隨縁成染淨也猶如明鏡現於染淨而恒不失鏡之明淨只由不失鏡明淨故方能現染淨之相以現染淨知鏡明淨以鏡明淨知現染淨是故二義唯是一性雖現淨法不增鏡明雖現染法不汙鏡淨非直不汙亦乃由此反現鏡之明淨眞如亦尒非直不動性淨成於染淨亦乃由成染淨方現性淨非直不壞染淨明於性淨亦乃由性淨故方成染淨是故二義全體相收一性無二豈相違也由依他無性得成似有由成似有是故無性此即無性即因縁因縁即無性是不二法門也所執性中雖復當情稱執現有然於道理畢竟是無以於無處横計有故如於杌横計有鬼今既横計明知理無是故無二唯一性也問眞如是有耶荅不也隨縁不變故空眞如離妄念故問眞如是無耶荅不也不變隨縁故不空故聖智所行處故問眞如是亦有亦無耶荅不也無二性故離相違故問眞如是非有非無耶荅具法故離戲論故問依他是有耶荅不也縁起無性故約觀遣故異圓成故問依他是無耶荅不也無性縁起故能現無生故異徧計故是智境故問依他是亦有亦無耶荅不也無二性故離相違故問依他是非有非無耶荅不也有多義門故離戲論故問徧計是有耶荅不也理無故無體相故問徧計是無耶荅不也情有故無相觀境故能翳眞故問徧計是亦有亦無耶荅不也無二性故問徧計是非有非無耶荅不也所執性成故已上護執竟今執成過者若計眞如一向是有者有二失一不隨縁二不待了因故問教去眞如爲凝然常既不隨縁豈是過耶荅聖説眞如爲凝然者此是隨縁成染淨時恒作染淨而不失自體即是不異無常之常名不思議常非謂不作諸法如情所謂之凝然也不異無常之常出於情外故名眞如常經云不染而染明常作無常染而不染明作無常時不失常也又不異常之無常故説眞如爲無常經云如來藏受苦樂與因俱若生若滅又依他是生滅法亦得有不異常之無常不異無常之常以諸縁起無常之法即無自性方成縁起是故不異常性而得無常故去不生不滅是無常義此即不異於常成無常也又諸縁起即是無性非滅縁起方説無性即是不異無常之常也經去色即是空非色滅空又衆生即涅槃不更滅也此與眞如二義同即眞俗雙融二而無二故論去智障甚盲闇謂眞俗別執故也又眞如若不隨縁成於染淨染淨等法即無所依無所依有法又墮常也又眞如若有者即不隨染淨染淨諸法既無自體眞又不隨不得有法亦是斷也乃至執非有非無等四句皆墮斷常也若依他執有者謂已有體不藉縁故無縁有法即是常也又由執有即不藉縁不藉縁故不得有法即是斷也問依他性是有義便有失者何故攝論去依他性以爲有耶荅此即不異空之有從縁無體故一一縁中無作者故由縁無作方得縁起是故非有之有爲依他有即是不動眞際建立諸法若謂依他如言有者即縁起有性若有性即不相藉不相藉故即壞依他壞依他者良由執有汝恐墮空立有不謂不違縁所起法無自性故即壞縁起便墮空無又若依他執無者亦二失謂依他是無法者即縁無所起不得有法即是斷也問若説縁生爲空無即墮斷者何故中論廣説縁生爲畢竟空耶荅聖説縁生以爲空者此即不異有之空也此即不動縁生説實相法也若謂縁生如言空者即無縁生縁生無故即無空理無空理者良由執空是故汝恐墮有立空不謂不違無性縁生故失性空故還墮情中惡取空也故淸辯爲成有故破於有護

法為成空故破於空也如情執無即是斷過若說無法為依他者無法非緣非緣之法即常也乃至執非有非無皆成斷常二患若徧計性中計所執為有者聖智所照理應不空即是常也若妄執徧計於理無者即失情有故是斷也乃至非有非無皆具上失上已譏過今當顯德者真如是有義何者迷悟所依故不空故不壞故真如是空義隨緣故對染故真如是亦有亦無義具德故違順自在故鎔融故真如是非有非無義二不二故定取不得故依他是有義無性緣成故依他是無義緣成無性故依他是亦有亦無義緣成故無性故依他是非有非無義隨取一不得故徧計是有義約情故徧計是無義約理故徧計是亦有亦無義由是所執故徧計是非有非無義由所執故故知執則為斷常二患不執成性德之門但除妄情非遣法也是以不離有以談真見有之本際匪存無而觀法了無之真原則不出有無不在有無何取捨之于懷斷常之所惑乎是則三性一性情有而即是真空一性三性真如而能成緣起終日有而不有有徹空原終日空而不空空該有際自然一心無寄萬法俱閑境智相應理行融即方入宗鏡瑩淨無瑕照破古今光吞萬象矣　問若不立三性有何等過　荅若無三性凡聖不成失大因緣成斷常過攝論云於世間中離分別依他二法更無餘法阿賴耶識是依他性餘一切法是分別性此二法攝一切法皆盡三界唯有識故阿毗達磨經說三性法者染汙分清淨分彼二分於依他性說分別性是染汙分真實性是清淨分譬如金土藏有三種可見謂一地界二土三金於地界中土非有而可見金實有而不可見若以火燒土則不現金則顯現復次於地界中土相現時是虛妄體現金體現時是清淨體現是故地界有二分如是如是此識性未為無分別智火所燒時於識性中虛妄分別性顯現清淨性不現此識性若為無分別智火所燒於識性中實有清淨性顯現虛妄分別性不顯現故知妄依真起而能覆真真因妄顯而能奪妄真妄無體皆依識性如土與金俱依地界攝論問云何一識成一切種種識相貌八識十一識等荅欲顯依他性具有三性一識從種子生是依他有種種識相貌是分別分別實無所有是真實性一識謂一本識本識變異為諸識故　問三性行相有假有實義理可分云何復說三無性及云一切法皆無自性　荅論頌云即依此三性立彼三無性故佛密意說一切法無性初即相無性次無自然性後由遠離前所執我法性此諸法勝義亦即是真如常如其性故即唯識實性即依此前所說三性立彼後說三種無性謂即相生勝義無性故佛密意說一切法皆無自性非性全無說密意言顯非了義謂後二性雖體非無而有愚夫於彼增益妄執實有我法自性此即名為徧計所執為除此執故佛世尊於有及無摠說無性云何依此而立彼三謂依此初徧計所執立相無性由此體性畢竟無有如空華故次依他立生無性此如幻事託衆緣生如妄執自然性故假說無性非性全無依後圓成實立勝義無性謂即勝義由遠離前徧計所執我法性故假說無性非性全無如太虛空雖徧衆色而是衆色無性所顯乃至契經中說無性言非極了義諸有智者不應依之摠撥諸法都無自性解深密經偈云相生勝義無自性如是我皆已顯示若不知佛此密意失壞正道不能往相者是徧計生者是依他勝義是圓成無自性者於此三性上皆無妄執我法徧計自然之自性故若人不知佛密意於三性上說三無性破外道小乘我執便撥菩提涅槃依圓皆無者即此人失壞正道不能往至也此言三性三無性不是依圓體亦無但無徧計妄執之我法故名無性也是以三性無際隨一全收真妄互融性相無礙如來一代時教恒沙義門密意摠在三性門中真俗本末一時收盡以顯唯識正理更無異轍以依他性是唯識體從依他起分別即是徧計從依他悟真實即是圓成由分別故一分成生死由真實故一分成涅槃了分別性空即生死成涅槃迷真實性有即涅槃成生死都是一法隨情顯義成三三非三而一理圓一非一而三性具卷舒不失隱顯常如非一非三泯性相於實地而三而一權行布於義天撮要所歸莫先斯旨　問三能變相已細披陳所變之相如何開演　荅三能變謂異熟思量及了別境識此是能變自體所變者即見相二分是自體分之所變故是自體分之用故說自體是二分所依識論云云何應知依識所變假說我法非別實有由斯一切唯有識

耶頌曰是諸識轉變分別所分別由此彼皆無故一切唯識是諸識者謂前所説三能變識及彼心所皆能變似見相二分立轉變名所變見分説名分別能取相故所變相分名所分別見所取故由此正理彼實我法離識所變皆定非有離能所取無別物故非有實物離二相故是故一切有爲無爲若實若假皆不離識唯言爲遮離識實物非無不離識心所法等或轉變者謂諸内識轉似我法外境相現此能轉變即名分別虚妄分別爲自性故謂即三界心及心所此所執境名所分別即所妄執實我法性由此分別變似外境假我法相彼所分別實我法性決定皆無前引教理已廣破故是故一切皆唯有識虚妄分別有極成故唯既不遮不離識法故眞如等亦是有性由斯遠離增減二邊唯識義成契會中道釋云是諸識轉變者轉變是改轉義謂一識體改轉爲二相起異於自體即見分有能取之用相分有質礙之用由識自體轉起能取及有礙故所變見分説名分別能取相故者前所變中以所變見分名爲分別是依他性能取於所變依他相分故起種種偏計所執分別是此識體所變用能分別故名分別其識體所變依他性相分似所執相分者名所分別是前能分別見分之所取相故非謂識自體能緣名爲分別起分別見者識之用也相見俱依自證起故唯既不遮不離識法故眞如等亦是有性者唯言不遮不離識法眞如及心所者亦不離識故體皆有今此位但遮離識所分別有不遮不離識眞

如等有如理應知此意既有能變分別識及所變境依他相分所分別心外實法等決定皆無唯有眞如心所等法皆不離識亦是實有遠離增減二邊者無心外法故除增益邊有虚妄心等故離損減邊離損減邊故除撥無如空清辯等説離增益邊故除心外有法諸小乘執唯識義成契會中道無偏執故又諸師所明揔有四分義一相分二見分三自證分四證自證分相分有四一實相名相體即眞如是眞實相故二境相名相爲能與根心而爲境故三相狀名相此唯有爲法有相狀故通影及質唯是識之所變四義相名相即能詮下所詮義相分是於上四種相中唯取後三相而爲相分又相分有二一識所頓變即是本質二識等緣境唯變影緣不得本質二見分者唯識論云於自所緣有了別用此見分有五類一證見名見即三根本智見分是二照燭名見此通根心俱有照燭義故三能緣名見即通内三分俱能緣故四念解名見以念解所詮義故五推度名見即比量心推度一切境故於此五種見中除五色根及内二分餘皆見分所攝三自證分爲能親證自見分緣相分不謬能作證故四證自證分謂能親證第三自證分緣見分不謬故從所證處得名此四分義揔以鏡喻鏡如自證分鏡明如見分鏡像如相分鏡後弝如證自證分此四分有四師立義第一安慧菩薩立一分自證分識論云此自證分從緣所生是依他起故故説爲有見相二分不從緣生因偏計心妄執而有如是二分情有理無唯

自證分是依他起性有種子生是實有故見相二分是無更變起我法二執又是無以無似無若准護法菩薩即是以有似無見相二分是有體變起我法二執是無體故安慧別楞伽經云三界有漏心心所皆是虚妄分別爲自性故故知八識見相二分皆是徧計妄執有故唯有自證一分是依他起性是實有故密嚴經偈云愚夫所分別外境實皆無習氣擾濁心故似彼而轉故知但是愚夫依實自證分上起偏計妄情變似無體二分現故理實二分無其實體但是愚夫不了妄執爲實故所以論云凡夫執有聖者達無問若言相見二分是假者且如大地山河是相分收現見是實如何言假耶荅雖見山河等是實元是妄執有外山河大地等理實而論皆不離自證分故所以楞伽經偈云由自心執著心似外境轉彼所見非有是故説唯心故知離自證分外無實見相二分第二難陀論師立二分成唯識者初標宗者即一切心生皆有見相二分見相二分是能所二緣也若無相分牽心心法無由得生若無能緣見分誰知有所緣相分耶即有境有心等成唯識也見分爲能變相分是所變能所得成須具二分見分相分是依他起性有時緣獨影境即同種生有時緣帶質境即別種生從種生故非偏計也若不許者諸佛不應現身土等種種影像也安慧却難汝若立相分豈不心外有境何名唯識難陀言見分是能緣相分是所緣攝所從能還是唯識又汝若言無相分則所立一分唯識不成何以故安慧執相分

是妄情有即第八所緣識中相分種子是相分攝即種子是能生自證現行親因緣法若種子相分是妄情者何妨所生現行自證分亦是妄情不違種子識義也若不許自證分是妄情者即能生種子亦是實有即因果皆實證相分亦是實有既有相分即有見分能所既成即二分或立唯識也又五根是第八識相分若相分是偏計豈有偏計根能發生五識也安慧云不假五根發生五識五識俱自從種子生也問若不假根發生但從種子生者汝許五識種子是第八相分不答許是第八相分難既介即種子是偏計能生五識亦是偏計也安慧救云種子但是第八識上氣分有生現行功能故假名種子但是習氣之異名非實也難諸聖教從種子生者名實依他立者名假豈有假種子生實現行若是假種子者如何親報自果耶若種子是假法者即因中第八識因緣變義不成若非因緣變者即違一切安慧絕救既有能所二緣者皆是實依他起性者即知見相是實引證者密嚴經云一切唯有覺所覺義皆無能覺所覺分各自然而轉釋云一切唯有覺者即唯識也所覺義皆無者即心外妄執實境是無能覺所覺分者能覺是依他實見分所覺是依他實相分各自然而轉者見分從心種子生相分從相分種子生起故知須立二分唯識方成會相違者安慧難云若介前來密嚴楞伽二文如何通會正會者前來經文不是證一分但遮執心外實有我法等亦不遮相分不離心第三陳那菩薩立三分非前師安

慧立一分即但有體而無用難陁立見相二分但有用而無體皆互不足立理者謂立量果義論云能量所量量果別故相見必有所依體故相分為所量見分為能量即要自證分為證者是量果也喻如尺量絹時絹為所量尺人為能量記數之智名為量果今見分緣相分不錯皆由自證分為作果故今眼識見分緣青時定不緣黃也如見分緣不曾見境忽然緣黃境時即定不緣青若無自證分即見分不能自記憶故知須立三分若無自證分即相見亦無若言有二分者即須定有自證分自證分喻如牛頭二角喻相見二分集量論頌云似境相所量能取相自證釋云似境相所量者即相分似外境現能取相自證者能取相者即是見分能取相分故自證即是體也第四護法菩薩立四分立宗者心心所若細分別應有四分立理者若無第四分將何法與第三分為量果耶汝陳那立三分者為見分有能量了境用故即將自證分為量果汝自證分亦有能量照境故即將何法與能量自證分為量果耶即須將第四證自證分為第三分量果也引證密嚴經偈云衆生心二性內外一切分所取能取纏見種種差別心二性者即是內二分為一性見相二分為第二性即心境內外二性能取纏者即是能緣麁動是能緣見分所取纏者即是相縛所緣縛也見種種差別者見分通三量有此義故言見種種差別前二師皆非全不正第三師陳那三分似有體用若成量者於中道理猶未足即須更立第四分相分為所

量見分為能量即將自證分為量果若將見分為所量自證分為能量即更將何法為量果故知將證自證分為量果方足也見分外緣虛疎通比非二量故即不取見分為自證量果內二分唯現量故互為果無失夫為量果者須是現量方為量果比非定非量果喻如作保證人須是敦直者方為證若略虛人不能堪為保證又前五識與第八見分雖是現量以外緣即非量果夫量果者須內緣故方為量果又第七識雖是內緣是非量也亦不可為量果夫為量果者具二義一現量二內緣又果中後得見分雖是現量內緣時變影緣故非量果即須具三義又果中根本智見分雖親證真如不變影故是心用故非量果即須具心體須具四義一現量二內緣三不變影四是心體方為量果又論云如是四分或攝為三第四攝入自證分故或攝為二後三俱是能緣性故皆見分攝此言見者是能緣義或攝為一體無別故如入楞伽經云由自心執著心似外境轉彼所見非有是故說唯心如是處處說唯一心此一心言亦攝心所故釋云如是處處唯一心者外境無故唯有一心內執著故似外境轉定無外境許有自心不離心故總名一識心所與心相應色法心之所變真如識之實性又皆不離識故並名唯識又清涼記引論釋第四證自證分若無此者誰證第三心分既同應皆證故釋曰見分是心分須有自證分自證是心分應有第四證論又云自證分應無有果諸能量者皆有果故釋曰見分是能量須有自證果

自證量見分須有第四果恐彼救云却用見分爲第三果故次論云不應見分是第三果見分或時非量攝故由此見分不證第三證自體者必現量故又意明見分通於三量三量者謂現量比量非量即明見緣相時或是非量不可非量法爲現量果或見緣相是於比量及緣自證復是現量故自證是心體得與比量非量而爲果見分非心體不得與自證而爲其量果故不得見分證於第三證自體者必現量故第三四分既是現量故得相證無無窮失意云若以見分爲能量但用三分亦得足矣若以見分爲所量必須第四爲量果若通作喻者絹如所量尺如能量智爲量果即自證分若尺爲所使智爲能使何物用智即是於人如證自證分人能用智智能使人故能更證亦如明鏡鏡像爲相鏡明爲見鏡面如自證鏡背如證自證面依於背背復依面故得互證亦可以銅爲證自證鏡依於銅銅依於鏡

宗鏡録卷第六十

音義

該古哀反備也咸也　瑩烏定反　瑕胡加反　彙于貴反類也　誐古牙反　孳育也　撥北末反　纖七先反　撮倉括反　謬靡幼反差也　弝必駕反弓弝也　敦都昆反……也

戊申歲分司大藏都監開板

宗鏡録卷第六十

校勘記

一　底本，麗藏本。

一　五八六頁上一四行首字「末」，南作「未」。

一　五八六頁下二九行第一六字「還」，磧作「遠」。

一　五八七頁上七行首字「過」，磧作「迥」。

一　五八七頁上二七行「二法」，磧、南、清作「一法」。

一　五八七頁中二八行第八字「此」，清無。

一　五八七頁中末行第一一字「如」，清作「無如」。

一　五八八頁下一〇行「二分」，磧、南、徑、清作「一分」。

一　五八九頁中一三行首字「集」，徑、清作「準」。

宗鏡録卷第六十一

慧日永明寺主智覺禪師延壽集

夫四分義以何爲體性　荅相分所變色心爲體性若内三分即用現行心所爲體　問果位之中親證真如無有境界若四智縁境之時爲具四分不　荅定有見分照前境故有自證分通照見分亦有證自證分照自證分故相分者佛地論云如是所説四智相應心品爲有相分見分等耶若無應無所縁應不名智荅無漏心品無障礙故親照前境無遂心變似前境相以無漏心説名無相無分別故又説縁境不思議故有義真實無漏心品亦有相分諸心心法法爾似境顯現名縁非如鉗等動作取物非如燈等舒光照物如明鏡等現影照物由似境現分明照了名無障礙不執不計説名無相亦無分明妙用難測名不思議非不現影若言無相則無相分言無分別應無見分觀無相見應如虛空兔角等應不名智無執計故言無能取所取等相非無似境縁照義用若無漏心全無相分諸佛不應現身土等種種影像乃至如是分別但就世諦言説道理若就勝義離言絶慮既無相見不可言心及心法等離諸戲論不可思議有義無分別智無分別故所縁真如不離體故如照自體無別相分此無分別若變相分於真如境便非親證若後得智有分別故所縁境界或離體故如有漏心似境相現分明縁照名縁前境是故此後得智定有相分問只如安慧説一分不立見相等今護法攝四歸一分時亦不別立見相等義勢既同何故言非安慧等諸師知見耶荅乍看似同細詳理別且如安慧立一自證分全不説證自證分雖説見相二分然一向判爲徧計所執性此乃四分中一分分無二分有名無體亦是其無唯立一依他自證分今護法雖攝四歸一然不名自證分但惣名一心雖惣説一心分而不失自證等四分義但以與心無決定相離義惣名一分與彼別立自證分義別乃至攝四歸三時内之二分雖互相縁其用各別然其所縁不失自體故但名自證雖惣名自證而互相縁二分之義不失不同陳那自證但有證自見分之自證即無證自證之自證由此義故非諸師之知見　問所變中是相分色云何諸師説現識名爲色識　荅古師云現識名爲色識者此言色識是從境爲名見分識變似色故名爲色識體實是識由能變色故名色識比取見分識爲體由能縁色或能變色故名色識又相分色不離識故名爲色識此即取相分色爲體相分之色實非識由從識變不離識故名爲色識或相分名色見分名識此雙取識境二法爲體以見相同種故此許前念相分爲後念識所縁縁義謂前念識之相分爲後念識之境即本識中生以自果功能念起即前念識相爲後念識境之所以謂因前念所縁故還熏得種由種故生今念歷轉推功歸本乃是前念所縁爲今識縁自果者相分現行也功能者種子也謂由前念識相分爲能熏故熏引得生自種子在本識中能生後念識相分色等與後念識爲境由前念相熏種生後念境相説前念相分爲後識所縁縁也問前相種如何生今識荅由見相同種故問既爾何不即説種爲縁荅種是因縁非所縁縁又古德問如第六識縁龜毛兔角等時此所縁境爲有爲無若言有者聖教不應指此喻於徧計所執性是無若言無者無法無體非所縁縁此意識闕所縁縁如何得起若言此心無所縁縁者云何論言親所縁縁能縁皆有若龜毛兔本無角約此本無喻所執性由所執我及所執法皆本無故其能縁心將縁此等無法之時由無始來熏習力故依種生時從識自證分上變起龜毛等相分及縁此龜毛見分此相見分與識自證分同一種生既依種生是依他性非體全無不同本來無體龜毛故得成所縁縁是故縁此之心亦得説從四縁而生乃至如離蘊計有實我實法等亦復如是離蘊性外都無實我亦無決定實法但是有情虛妄執有以理推徵都無有體故如本來無體龜毛然我法執心縁執此時亦由無始虛妄熏習力故變起假我法相此相與見等同種亦依他起成所縁縁是故論云如是我執自心外蘊或有或無自心内蘊一切皆有自心内蘊者即相分也若言獨影境是徧計性者其體即無猶如龜毛等即此一分相分無何得論言自心内蘊一切皆有耶已上並護法義若安慧見相二分是徧計所執性其體是無今相承多云獨影是徧計所執性非所縁縁者此即安慧宗護法一切四分皆依他起於中妄執爲決定實者方名徧計所執乃至於圓成性及五塵性境若堅執爲

實者亦名徧計所執然本來無體龜毛兔角等不對執心即非徧計性今亦多有妄認龜毛等為徧計性者非也又立況解自證分見相二分者且如自證分起見相二分更執二分為我法如結巾成兔手巾是有喻自證分結手巾為兔頭手巾上本無兔頭今結出之是故名無如自證分上本無見相二分由不證實故似二分起是故名無如所結手巾為兔頭已是一重假更結出二耳又是一重假如從自證分變起見相二分已是一重假更執二分為我法又是一重假則見相二分雖假似有從種生故其我法二執非有是徧計妄執故 問唯心之旨一分尚無云何廣說四分答四分成心千聖同稟只為安慧菩薩唯執自證心體一分尚不識心為難陁菩薩所破乃至陳那菩薩執有三分體用雖具猶闕量果第四證自證分唯護法菩薩唯識義圓四分具足因製唯識論十卷西天此土正義大行製此論終尋當坐蛻乃有空中神人告衆曰護法菩薩是賢劫千佛之中一數故知非十方大覺何以圓證此心若不達四分成心者斯皆但念名言罔知成心實義體用既失量果全無終被心境緣拘無由解脫今時學者全寡見聞恃我解而不近明師執已見而罔披寶藏故茲徧錄以示後賢莫踵前非免有後悔

問苔章第二

夫一心妙門唯識正理能變所變内外皆通舉一例諸收無不盡如衆星列宿匪離於空萬木羣萌咸歸於地則可以拔疑根而開信戶朗智照而洗情塵若攙思邐迴未成勝解須憑問苔漸入圓通眞金尚假鍛鍊而成美王猶伏琢磨而出華嚴私記云正念思惟甚深法門者有二種人能枯十二因緣大樹一者溫故不忘二者諮受新法此之謂也

問心法不可思議離言自性云何廣興問苔 苔然理唯一心事收萬法若不精剖義宗細窮旨趣何以得至覺原今時不到之者皆是謬解麁浮正信力薄玄關綿密豈情識之能通大旨希夷非一期之所入若乃未到如來之地焉能頓悟衆生之心今因自力未到之人少為開示全憑佛語以印凡心憑佛語以契同尠然無際印凡心而不異豁爾歸宗又有二義須說一若不言說則不能為他說一切法離言自性二即說無說說與不說性無二故又此宗但論見性親證非在文詮為破情塵助生正信若隨語生見執解依通則實語是虛妄生語見故若因教照心唯在得意則虛妄是實語除邪執故起信論云當知一切諸法從本已來非色非心非智非識非無非有畢竟皆是不可說相所有言說示教之者皆是如來善巧方便假以言語引導衆生令捨文字入於眞實若隨言執義增妄分別不生實智不得涅槃又若文字顯總持因言而悟道但依義而不依語得意而不徇文則與正理不違何關語默故大般若經云若頓文字不違正理常無諍論名護正法 問楞伽經偈云從其所立宗則有衆雜義等觀自心量言說不可得既違唯心何須演說如大般若經云佛告善現如是如是諸菩薩摩

訶薩雖多劬學而無所學所以者何實無有法可令菩薩摩訶薩衆於中修學又云無句義是菩薩句義譬如空中實無鳥跡 苔若了自心則成佛慧終不心外有法可說有事可立只為不迴光自省之人一向但徇文詮著其外境以無名相中假名相說即彼虛妄以顯眞實既不著文字亦不離文字所以天王般若經偈云總持無文字文字顯總持大悲方便力離言文字說楞伽經云佛告大慧我等諸佛及諸菩薩不說一字所以者何法離文字故非不饒益義說言說者衆生妄想故大慧若不說一切法者教法則壞教法壞者則無諸佛菩薩緣覺聲聞若無者誰說為誰是故大慧菩薩摩訶薩莫著言說隨宜方便廣說經法淨名經云夫說法者當如法說乃至法順空隨無相應無作法離好醜法無增損法無生滅法無所歸法過眼耳鼻舌身心法無高下法常住不動法離一切觀行唯大目連法相如是豈可說乎夫說法者無說無示其聽法者無聞無得譬如幻士為幻人說法當建是意而為說法當了衆生根有利鈍善於知見無所罣礙以大悲心讚于大乘念報佛恩不斷三寶然後說法故知非是不許說法但說時無著說即無咎如思益經云汝等比丘當行二事一聖說法二聖默然但正說時了不可得即是默然不是杜口無說故昔人云幻人說法幻人聽由來兩箇總無情說時無說從君說聽處無聽一任聽又若以四實性自得法本住法約眞諦中即不可說若以四悉檀隨他意語斷深疑生正信有

因緣故則亦可得說又不可說即可說眞理普徧故可說即不可說緣修無性故如楞伽經云大慧復白佛言如世尊所說我從某夜得最正覺乃至某夜入般涅槃於其中間不說一字亦不已說當說不說是佛說大慧白佛言世尊如來應正等覺何因說言不說是佛說佛告大慧我因二法故作是說云何二法謂緣自得法及本住法是名二法因此二法故我作如是說云何緣自得法若彼如來所得我亦得之無增無減緣自得法究竟境界離言說妄想離文字二趣云何本住法謂古先聖道如金銀等性法界常住若如來出世若不出世法界常住如趣彼城道譬如士夫行曠野中見向古城平坦正道即隨入城受如意樂偈云我某夜得道至某夜涅槃於此二中間我都無所說緣自本住故我作如是說彼佛及與我悉無有差別釋云此有二因一即緣自得法自所得法即是證道證法在已離過顯德二即緣本住法本住即古先聖道傳古非作此上是據理約證云不說若但是自心聞則佛常不說如寶性論偈云譬如諸響聲依地而得起自然無分別非內非外住如來聲亦爾依心地而起自然無分別非內非外住是以既非內外所生亦不從四句而起此約實智應須玄會若約權門亦不絕方便如止觀云若言智由心生自能照境諦智不相由藉若言智不自智由境故智境不自境由智故境如長短相待若言境智因緣故有此是共合得名若言皆不如上三種但自然爾即無因皆有四取之過皆不可說隨四悉因緣亦可得說但有名字名字無性無性之字是字不住亦不不住是爲不可思議經云不可思議智境不可思議智照即此義也若破四性境智此名實慧若四悉赴緣說四境智此名權慧則權實雙行自他兼利方冥佛旨免墮已愚　問山河大地一一皆宗五性三乘人人是佛何須宗鏡強立異端　荅諸佛凡數教跡不爲已知者言祖師直指人心只爲未明者說今之所錄但示初機令頓悟圓宗不迂小徑若不得宗鏡之廣照何由鑒自性之幽深匪因智慧之光豈破愚癡之闇如臨古鏡妍醜自分若遇斯宗眞僞可鑒豈有日出而不照燃燈而不明者乎故華嚴記中述十種法明法即是境明即是心以智慧明照二諦法故云法明雖然法無成破此屬第一義門中且教自有開遮寧無善巧方便如大涅槃經云高貴德王菩薩品因瑠璃光菩薩欲來故光佛問於文殊文殊初入第一義荅云世尊如是光明名爲智慧智慧者即常住之法常住之法無有因緣云何佛問何因緣故有是光明廣說無因緣竟末後云世尊亦有因緣因滅無明則得熾然阿耨多羅三藐三菩提燈是知因教明宗非無所以從緣入道終不唐捐方便之門不可暫廢又夫宗鏡中纔說一字便是談宗更無前後以說時有異理且無差如智度論云先分別諸法後說畢竟空然但說之前後法乃同時文不頓書空非漸次　問但云方便說則無妨若約正宗有言傷旨　荅我此圓宗情解不及豈同執方便教人空有不融通體用兩分理事成隔說常住則成常見說無常則歸斷滅斥邊則成邊執存中則著中理之此圓融之旨無礙之宗說常則無常之常說無常則常之無常言空則不空之空言有則幻有之有談邊則即中之邊談中則不但之中立理則成事之理立事則顯理之事是以卷舒在我隱顯同時說不乖於無說無說不乖於說寶藏論云常空不有常有不空兩不相待句句皆宗是以聖人隨有說有隨空道空空不乖有有不乖空兩語無病二義雙通乃至說我亦不乖無我乃至無說事亦不宗何以故不爲言語所轉也釋曰常空不有者常空則不因有而空若因有而空則成對待以他爲體自無力故不自在故不得稱常常有不空者亦不因空而有則一空一切空一有一切有以絕待故乃得句句皆宗也空有既爾法法皆然可謂宗無不通道無不現云何簡法取塵自生差別不爲言語之所轉者以知宗故無一事而不隨實地無一法而不順無生祖師云承言須會宗勿自立規矩何者若立規矩則落限量纔成限量便違本宗但隨言語之所轉也所以一切衆生不知眞實者皆爲言語之所覆大寶積經云音聲語言中若得不隨轉於義乃隨行是名求義者何者名爲義應知秘密說秘密說者即宗鏡旨矣唯佛智之所知非情見之能解如勝天王般若經云爾時衆中有一菩薩摩訶薩名須眞胝白勝天王言如來爲大王受記乎勝天王荅善思惟菩薩言善男子我受記如夢相又問大王如此受記當得何法荅曰善男子佛

授我記竟無所得又問無所得者為是何法答曰不得衆生壽者我人養育陰界入悉無所得若善不善若染若淨若有漏若無漏若世間若出世間若有為若無為若生死若涅槃悉無所得又問若無所得用受記為答曰善男子無所得故則得授記又問若如大王所說義者則有二智一無所得二得授記答曰若有二者則無授記何以故佛智無二諸佛世尊以不二智授菩薩記又問若智不二云何而有授記得記答曰得記授記其際不二又問不二際者云何有記答曰通達不二際即是授記

又問大王住何際中而得授記答曰住我際得授記住衆生際壽命際人際得授記又問我際當於何求答曰當於如來解脫際求又問如來解脫復於何求答曰當於無明有愛際求又問無明有愛當於何求答曰當於畢竟不生際求又問畢竟不生際當於何求答曰當於無知際求又問無知者為無所知云何於此際求答曰若有所知求不可得以無知故於此際求又問此際無言云何可求答曰以言語斷是故可求又問云何言語斷答曰諸法依義不依語又問云何依義答曰不見義相又問云何不見答曰不生分別義是可依我為能依無此二事故名通達又問若不見義此何所求答曰不見不取故名為求又問若法可求即是有求答曰不爾夫求法者是無所求何以故若是可求則為非法又問何者是法答曰法無文字亦離言語又問離文言中何者是法答曰文言性離心行處滅是名為法一切諸法皆不可說其不可說亦不可說善男子若有所說即是虛妄中無實法又問諸佛菩薩常有言說皆虛妄乎答曰諸佛菩薩從始至終不說一字云何虛妄又問若有所說云何過咎答曰謂言語過又問言語何咎答曰謂思量過又問何法無咎答曰無說有說不見二相是即無咎又問過何為本答曰能執為本又問執何為本答曰著心為本又問著何為本答曰虛妄分別又問虛妄分別以何為本答曰攀緣為本又問何所攀緣答曰緣色聲香味觸法又問云何不緣答曰若離愛取則無所緣以是義故如來常說諸法平等是以法平等故說無差別此方說法十剎皆然即一處徧一切處故所以同證同宣互為主伴如華嚴指歸問云如忉利天說十住時既徧虛空未知夜摩天等處亦說十住不設爾何失二俱有過若彼不說則說處不徧若彼亦說何故經中唯言忉利說十住法門夜摩說十行等答此說十住忉利天處盡徧十方一切塵道是故夜摩等處皆有忉利即於如此徧夜摩等忉利天處說十住法是故忉利無不普徧仍非夜摩夜摩等處說十行等皆亦徧於忉利等處仍非忉利當知餘位亦爾若約十住與十行等全位相攝即彼此互無各徧法界若約諸位相資即此彼互有同徧法界又問餘佛說處與舍那說處為相見不設爾何失二俱有過謂若相見即乖相徧若不相見不成主伴答互為主伴若性徧法界彼此互無故不相見若相徧法界此彼互有故無不相見如舍那為主證處為伴無有主而不具伴是故舍那與證處同徧法界謂於東方證法來處彼有舍那還有東方而來作證一一遠近皆同徧法界一切塵道無障無礙思之可見

問既稱觀心自悟不假外緣云何廣讚佛恩稱揚經教

答若不因教所指何由得識自心設不因教發明亦須憑教印可若不然者皆成自然外道闇證禪師直饒生而知之亦是多生聞經熏種或乃諸聖本願冥加所以台教云夫一向無生觀人但信心益不信外佛威加益此墮自性癡又一向信外佛加不內心求益此墮他性癡共癡無因癡亦可解自性癡人眼見世間牽重不前者傍力助進云何不信罪垢重者佛威建立令觀慧得益又汝從何處得是無生內觀從師耶從經耶從自悟耶師與經即是汝之外緣若自悟者必被冥加汝不知恩如樹木不識日月風雨等恩經云非內非外而內而外而內故諸佛解脫於心行中求而外故諸佛護念云何不信外益也又若論至理無佛無衆生豈云感應若於佛事門中機應非一若無衆生機諸佛則不應豈可執自執他論內論外而生邊見耶如法華玄義問云衆生機聖人應為一為異若一則非機應若異何相交關而論機應答不一不異理論則同如是故不異事論有機感是故不一譬如父子天性相關骨肉遺體異則不可若同者父即子子即父同又不可只不一不異而論父子也衆生理性與佛不殊是故不異而衆生隱如來顯是故不一不一不異而論機應也又同是非事

非理故不異衆生得事聖人得理又聖人得事凡夫有理故論異問為用法身應用應身應若應身應身無本何能應若用法身應應則非法答至論諸法非去來今非應非不應而能有應亦可言法應亦可言應應法應則冥益應應則顯益分別冥顯有四義如後說明機應相者約善惡明機相約慈悲論應相若善惡為機為單為共解者不同或言單惡為機承經云我為斷一切衆生瘡疣重病又云如有七子然於病者心則偏重如來亦爾於諸衆生非不平等然於罪者心則偏重又云如來不為無為衆生而住於世又無記是無明終屬惡攝此即單以惡為機或單以善為機承大涅槃經云我觀衆生不觀老少中年貧富貴賤善心者即便慈念此則單善為機或云善惡不得獨為機何者如金剛後心即是佛衆善普會善惡無過此何得為機耶雖云佛佛相念此是通語而無拔無與故知單善不得為機單惡不得為機者如闡提極惡不能感佛大涅槃經云唯有一緣不能勝身即是性得理善此是通機終不成感也或取善惡相帶為機者從闡提起改悔心上至等覺皆有善惡相帶故得為機是故約此善惡明其相也文約慈以明應相者或單以慈應經云慈善根力象見師子廣說如涅槃經或單以悲為應如請觀音經云或遊戲地獄大悲代受苦或合用慈悲為應何者良以悲心熏於智慧能拔他苦慈心熏於禪定能與他樂經云定慧力莊嚴以此度衆生論云水銀和真金能塗諸色像功德和法身處處應現往

豈是水銀眞金單能度色像耶當知慈悲和合論應也問衆生善惡有三世何世為機聖法亦有三世何世為應過去已謝現在不住未來未至悉不得為機亦不得為應云何論機應耶答若就至理窮覈三世皆不可得故無應故經言非謂菩提有去來今但以世俗文字數故說有三世以四悉檀力隨順衆生說或用過去善為機故言我等宿福慶今得值世尊又如五方便人過去集方便者發眞則易不集則難是故以過去善為機或可以現在善為機故言即生此念時佛於空中現或可以未來善為機未生善法為令生故又如無漏無集因而能感佛也故智度論云譬如蓮華在水有已生始生未生者若不得日光翳死不疑三世善若不值佛無由得成惡亦如是或以過去之罪今悉懺悔現造衆罪今亦懺悔未來之罪斷相續心遮未來故名之為救何者過去造惡障現善不得起為除此惡是故請佛又現在果苦報逼迫衆生而求救護又未來之惡與時相值遮令不起故通用三世惡為機應亦如是或用過去慈悲為應故云我本立誓願欲令得此法或用現在慈悲為應者一切天人阿脩羅皆應至此為聽法故未度令度也又用未來為應者即是壽量中未來世益物也亦如安樂品中云我得三菩提時引之令得住是法中若通論三世善惡皆為機別論但取未來善惡為正機也何者過去已謝現在已定只為拔未來惡生未來善耳問若未來為正機者四勤意云何答此以屬通意今更別答者只為過去惡

遮未來善故勤斷過去惡只為過去善不得增長增長者即未來善也是故四正勤中言雖過去意實未來問未來有善惡佛云何照答如來智鑒能如是知非下地知仰信而已何可分別問為是衆生自能感由佛故感如來自能應由衆生故應答此應作四句自他共無因破是性義悉不可無此四句故則無性無性故但以世間名字四悉檀中而論感應能所等無能應屬佛若更番疊作諸語言名字則亂不可分別雖作如此名字是不住是字無所有故如夢幻問既善惡俱為機者誰無善惡此皆應得益耶答如世病者近醫而有差不差機亦如是如有熟不熟則應有遠有近明機感不同者但衆生根性百千諸佛巧應無量隨其種種得度不同故經云名色各異種類若干如上中下根莖葉等隨其種性各得生長即是機應不同意也今略言為四一者冥應二者冥機三者顯機顯應四者顯機冥應其相云何若修三業現在未運身口藉往善力此名為冥機也雖不相見靈應而密為法身所益不見不聞而覺而知是為冥益也二冥機顯益者過去殖善而冥機已成便得值佛聞法現前獲利是為顯益如佛最初得度之人現在向曾修善諸佛照其宿機自往度之即其義也三顯機顯應者現在身口精勤不懈而能感降如須達長跪佛往祇洹月蓋曲躬聖居門閫如即行人道場禮懺能感靈瑞即是顯機顯應也四者顯機冥應者如雖一世勤苦現善濃積而不顯感冥有其利此是顯機冥益若解四意一切低

頭舉手福不虚弃終日無感終日無悔若見 宗鏡錄六十一卷 十六張 梁字號
喜殺壽長好施貧乏不生邪見若不解此者
謂其徒功喪計憂悔失理釋論云今我病苦
皆過去今生修福報在當來正念無僻得此
四意也

宗鏡錄卷第六十一

音義

鉗（巨淹反）蛻（舒芮反，蛻皮也）鍛（丁貫反）琢（陟角反）剖（普后反，破也）踵（之隴反，繼也）悖（蒲昧反，作也）眇（亡少反，小也）胝（丁尼反，皮厚也）疵（疾移反，病也）戮（下革反）閾（況逼反，門限也）磧（七迹反）皺（側救反，皮聚也）圜（戶關反）堵（當古反，音覩）詰（去吉反，問也）

戊申歲分司大藏都監開板

宗鏡錄卷第六十一

校勘記

一 底本，麗藏本。

一 五九一頁上五行第五字「親」，磧、南、徑、清作「現」。

一 五九一頁中四行第一〇字「分」，清作「全」。

一 五九一頁中二五行第七字「以」，徑作「緣」。

一 五九一頁下一七行「決定」，磧作「決是」。

一 五九二頁上二七行「問答章第二」，徑無。

一 五九二頁中三行首字「王」，磧、南、徑、清作「玉」。

一 五九二頁中八行首字「細」，磧、南、徑、清作「初」。

一 五九二頁下一三行「緣覺」，磧作「圓覺」。

一 五九三頁上二一行「寶性論」，磧作「實性論」。

一 五九三頁中一七行第八字「云」，清作「中」。

一 五九三頁下二行第一五字「之」，磧、南、徑、清作「今」。

一 五九三頁下五行第一四字「但」，清作「偏」。

一 五九四頁中二五行第一一字「彼」，磧、南、徑、清無。

一 五九五頁上二行第三字「有」，清作「得」。

宗鏡録卷第六十二　輕

慧日永明寺主智覺禪師　延壽　集

夫平等眞心群生佛智雖然等有信解難生多抱狐疑少能圓證以辟支佛之利智舍利弗之上根乃至不退位中諸大菩薩盡思竭力罔測其原巧辯妙通靡知其際更希再明教理確實指陳顯大旨於目前斷纖疑於意地　苔廣略之教遮表之詮雖開合不同總別有異然皆顯唯心之旨終無識外之文證若恒沙豈唯一二所以法華經偈云知第一寂滅以方便力故雖說種種道其實爲佛乘又偈云我今亦如是安隱衆生故以種種法門宣示於佛道釋曰知第一寂滅者眞如一心是本寂滅非輪迴生滅之滅亦非觀行對治之滅故稱第一於一心寂滅之中即無法可數揚無道可建立爲未了者以方便大慈力故雖說種種別門異道若剋體而論唯但指歸一心佛乘更無餘事今我亦如是者今我與十方佛同證此法悉皆如是以此安樂一切有情示三乘五性種種法門宣揚於唯心佛道楞伽經云佛告大慧身及資生器世間等一切皆是藏識影像所取能取二種相現彼諸愚夫墮生住滅二見中故於中妄起有無分別大慧汝於此義應勤修學又入楞伽經偈云種種隨心轉唯心非餘法心生種種生心滅種種滅衆生妄分別無物而見物無義唯是心無分別得脫又偈云無地及諸諦無國土及化佛辟支聲聞唯是心分別人體及五陰諸緣及微塵勝性自在作唯是心分別心徧一切處一切處皆心以心不善觀心

性無諸相華嚴經偈云一切方海中依於衆生心想而住又云知一切法界所安立悉住心念際三昧大智度論云譬如調馬自見影不驚何以故自知影從身出如信入一乘調順之人見一切怖境不驚自知境從心出唯識論云如契經說三界唯心又說所緣唯識所現又說諸法皆不離心又說有情隨心垢淨又說成就四智菩薩能隨悟入唯識無境又頌說心意識所緣皆非離自性故我說一切唯有識無餘此等聖教誠證非一釋云又說所緣唯識所現者汝謂識外所緣我說即是內識上所現世親說謂識所緣唯識所現乃至佛告慈氏無有少法能取少法無作用故但法生時緣起力大即一體上有二影生更互相望不即不離諸心心所由緣起力其性法爾如是而生心意識所緣皆非離自性者自性即自心法或理體即義之所依本事謂第八心第七意餘六識所緣皆自心爲境佛言由如是理故我說一切有爲無爲皆唯有識無餘實無心外境也乃知凡有見聞皆自心生實無一法當情而有自體獨立者盡從緣起皆逐想成生死涅槃俱如幻夢所以不退轉法輪經云爾時阿難即往佛所白言世尊諸比丘不能得來何以故見祇桓中大水悉滿清淨無垢亦不見精舍樹木以是義故皆不得來佛告阿難彼諸比丘於無水中而生水想於無色中生於色想無受想行識中生受想行識想無聲聞辟支佛中作聲聞辟支佛想華嚴經云佛子云何爲菩薩摩訶薩次第徧往諸佛國土神通三昧佛子此菩

薩摩訶薩過於東方無數世界復過爾所世界微塵數世界於彼諸世界中入此三昧乃至於彼一一諸如來所恭敬尊重頭頂禮敬舉身布地請問佛法讚佛平等稱揚諸佛廣大功德入於諸佛所入大悲得佛平等無礙之力於一念頃一切佛所勤求妙法然於諸佛出興於世入般涅槃如是之相皆無所得如散動心了別所緣心起不知何所緣起心滅不知何所緣滅此菩薩摩訶薩亦復如是終不分別如來出世及涅槃相佛子如日中陽燄不從雲生不從池生不處於陸不住於水非有非無非善非惡非清非濁不堪飲漱不可穢汚非有體非無體非有味非無味以因緣故而現水相爲識所了遠望似水而興水想近之則無水想自滅此菩薩摩訶薩亦復如是不得如來出興於世及涅槃相諸佛有相及以無相皆是想心之所分別佛子此三昧名爲清淨深心行菩薩摩訶薩於此三昧入已而起起已不失是知非唯佛教以心爲宗三教所歸皆云反已爲上如孔子家語衛靈公問於孔子曰有語寡人爲國家者謹之於廟堂之上則政治矣何如子曰其可也愛人者則人愛之惡人者則人惡之所謂不出環堵之室而知天下者知反已之謂也是知若克已以徇物則無事而不歸自然取捨忘懷美惡齊旨是知但了一心無相自顯則六趣塵牢自然超越出必由戸莫不由斯道矣如古德云六道群蒙自此門出歷千劫而不反一何痛矣所以諸佛驚入火宅祖師特地西來乃至千聖悲嗟皆爲不達唯心出要道耳

故知若不了萬法即眞如一心者悉成徧計以眞如無相見有相者皆是情執故起信論云一切境界唯依妄念而有差別若離心念則無一切境界之相問八識自性行相作用爲復是一爲復各異　答非一非異論云八識自性不可言定一行相所依緣相應異故又一滅時餘不滅故能所熏等相各異故亦非定異經說八識如水波等無差別故定異應非因果性故如幻事等無定性故如前所說識差別相依理世俗非眞勝義眞勝義中心言絶故如伽陁說心意識八種俗故相有別眞故相無別相所相無故釋云以三義釋不可定一行相謂見分二所依謂根三緣謂所緣以此三義相應異故如眼識見色爲行相乃至第八變色等爲行相若一識滅餘七等不必滅者七是能熏八是所熏又七是因八是果亦非定異者楞伽經說識如大海水波無有差別相又若定異應非因果更互爲因果故法爾因果非定異如麥不生豆等芽故又一切法如幻等故知無定異性問若爾前來所說三能變相是何答此依四俗諦中第二道理世俗說有八等隨事差別非四重眞諦中第四眞勝義諦勝義諦中若八識理分別心與言皆絶故非一非異相所相無故者相即是能所相是所識上何者爲能相所相謂用爲能相體爲所相或以見分爲能相相分爲所相又以七識爲能相第八爲所相所相既無能相非有若入眞門理皆無別眞門但是遮別言無別無別亦無別無不別釋曰但以從初業識起見相二門因見立能因相立所能所纔具我法互興從此因有爲而立無爲對虛假而談眞實皆無定體似有非眞是以認互起之名見色有表而執空無表對相待之質見牛角有而執兔角無不知以有遮無有非定有以無遮有無非定無若了八識眞心自然絶待疑消能所藤蛇於是併空見息對治形名以之雙寂

問心外無法祖佛正宗今目覩森羅初學難曉不細開示何以斷疑須憑徵詰之由以破情塵之執　答前已廣明今重引證唯識頌云是法識轉變分別所分別由此彼皆無故一切唯識言轉變者即八種識從自證分轉變似二分現即所變見分有能作用說名爲見所變相分爲所作用說名爲相即俱依自證分而轉既若見相二分包一切法盡即此二分從心體上變起故知一切諸法皆不離心分別所分別者見分是能分別相分是所分別由此彼皆無者此見相二分上妄執彼我法二執是無即由此見相二分外妄情執有心外我法之境皆是無故云由此彼皆無故一切唯識者唯遮境有識簡心空除執二邊正處中道即將唯字遮薩婆多執心外有其實境將識字簡清辯等執惡取空即破空有二邊正處中道故疏云外則包羅萬像內則能所俱成可謂四分一心理無逾者又小乘九難難心外無法唯心之旨一唯識所因難謂小乘師云離心之外現見色法是其實境所緣論主何故包羅歸心惣說名爲唯識一乃色心有異二又能所不同關云色境不牽能緣心以色從心可唯識當情色境外迷心心被境迷非唯識義論主云只此外邊色境一是一切有情緣心變二是一切有情心之所持根本皆由於心是故攝歸唯識十地經及華嚴經說三界唯心意云三界之法唯是心之所變離心之外更無一物此亦爲遮我法二執但是妄情執有舉體全無唯有內心故言唯心問欲色二界有外器色境云是心變故所言唯心且如無色界天唯有內心無外色境何要更言唯心豈不成相扶極成過答不但說色境不離心方名唯心此亦遮無色界天貪著取能取之心故爲無色界有情亦貪於空定境起其妄心故無色界亦名唯心若得無漏時其出世無漏色等是出世無漏心心所唯識亦是唯心故云三界唯心解深密經云又說所緣唯識所現即一切所緣之境皆是識之所變更無外法所以佛告慈氏菩薩云無有少法能取少法無作用故楞伽經又說諸法皆不離心無垢稱經又說有情隨心垢淨又鈔釋唯識所因立四種道理即四比量也第一比量成立五塵相分色皆是五識親所緣緣成其唯識義第二成立第六識并闕成立七八二識皆緣自之親相分不離於識是唯識義第三惣成立一切親相分不離心體得成唯識第四成立一切疎所緣緣境皆不離心得成唯識且第一成立五塵相分皆不離五識者今但成立一識相分不離於識餘四識准作量云極成眼識是有法定不親緣離自識色是宗因云極成五識中隨一攝故如餘極成四識將釋此量分之爲二初釋名揀過次略申問答初者宗前

陳去極成者即揀兩宗不極成眼識且如大乘宗中許有他方佛眼識及佛無漏眼識爲小乘不許亦揀之不取若小乘宗中執佛是有漏眼識及最後身菩薩染汙眼識即大乘不許亦須簡之即兩宗互不許者是不極成法今但取兩宗共許極成眼識方立爲宗故前陳言極成眼識也　問若不致極成兩宗簡即有何過　答前陳便有自他一分所別不極成過因中亦犯自他一分所依不成過爲前陳無極成眼識爲所依故所以安極成二字簡後陳言定不親緣離自識色宗者但是離眼識相分外所有本質色及餘四塵但離眼識者皆不親緣若立敵共諍只諍本質也若大乘自宗成立眼識親相分色　問何故不言定親緣不離自識色耶　答恐犯能別不極成過故謂小乘不許色不離於眼識故又因云極成五識中隨一攝故者因言極成亦簡不極成五識若不言極成簡空言五識中隨一攝者即此因犯自他一分隨一不成過所以因安極成言揀之喻云如餘極成四識者喻言極成亦揀不極成法若不安極成犯一分能立所立不極成過所以安極成言簡旣立得相分色不離於眼識餘聲香味觸等皆準此成立皆不離於餘四識故所以唯識論頌云極成眼等識五隨一攝故如餘不親緣離自識色等文中問答一問宗依須兩共許今後揀立者言不親緣離自識色敵者許親緣離自識本質色何言極成答小乘亦許眼識不親緣餘四塵以離眼識故但使他宗許有不親緣離自識色即是宗依極成也二

問他宗旣許餘四塵眼識不親緣後合爲宗便是相扶宜成宗諍　答今所諍者但取色塵本質眼不親緣互相差別順己違他正成宗體以小乘雖許色本質離於眼識且是親緣今言不親緣豈非宗諍三問宗中所諍是眼識不親緣本質色同喻如餘四識餘四識但不親緣餘四塵豈得相似答餘四識是喻依各有不親緣離自識法是喻體今取喻體不取喻依亦如聲無常宗同喻如瓶不應分別聲瓶有異但取聲瓶各有無常義相似爲因等也第二以理成立第六兼闇成立七八二識者量云極成餘識是有法亦不親緣離自識法宗因云是識性故同喻如極成五識釋云宗前陳言極成亦簡不極成若不言極成犯自他一分所別不極成過若言六七八識爲有法他不許七八二識即犯他一分所別不極成過若但立意識爲有法因中便犯不定過彼他將七八二識爲異喻量犯共中自不定過今但摠言餘別取第六意兼七八即闇成立攝取七八於餘識之中後陳言亦不親緣離自識法者亦者同也同前極成五識不親緣離自識諸法因云是識性故者即同五識是識性故喻如極成五識者即同五識亦不親緣離自識故明知即親緣不離自識法旣成立已故知一切親所緣緣境皆不離心是唯識義所以唯識論云餘識識故如眼識等亦不親緣離自諸法第三以理成立前六識親所緣緣相分皆歸心體所言心體者即自證分也然雖見分亦依自證而轉今但立相分者以見分共許故量云六識親所

緣緣是有法定不離六識體宗因云見相二分中隨一攝故如彼能緣見分小乘許見分不離心體故取爲同喻所以唯識論云此親所緣緣定非離此二隨一故如彼能緣第四道理成立一切疎所緣緣境皆不離心是其唯識即第八識相分望前六名疎所緣緣以小乘不許第八故但云疎所緣緣也量云一切隨自識所緣是有法決定不離我之能緣心及心所宗因云以是所緣法故同喻如相應法釋曰此量後陳言定不離我之能緣者謂一切有爲無爲但所緣之法定不離我之能緣識若後陳不言我之能緣者便犯一分相扶之失謂小乘亦許他心智所緣之境不離能緣心故爲簡此相扶過遂言我之能緣即簡他之能緣也同喻如相應法者即是前來已成立親相分是也皆所緣法故所以唯識論云所緣法故如相應法決定不離心及心所是以我法非有空識非無離有離無正契中道由此慈尊說中道二頌云虛妄分別有於此二都無此中唯有空於彼亦有此故說一切法非空非不空有無及有故是則契中道言虛妄分別有者即有三界虛妄分別心言於此二都無者謂無能取所取我法二執之相於此妄心之上都無言此中唯有空所謂此妄心中唯有眞如此是空性依空所顯故言於彼亦有此者彼者依空性中亦有此者亦有此妄分別識即虛妄分別是世俗諦故於此俗諦中亦有眞諦之空性也言故說一切法者即有爲無爲二法是一切法也言非空非不空者非空謂虛妄分別心及空

性即依圓是有故名非空以二諦有故非不空者謂能取所取我法二執之相是空即徧計性也言有無及有故者有謂虛妄分別有故無謂二取我法無故及有故者謂於妄分別中有真空故於真空中亦有妄分別故言是則契中道者謂非一向空如清辯等非一向有如小乘等故名中道謂二諦有不同清辯二取我法無不同小乘故名中道又阿毗達磨經說菩薩成就四智能隨悟入唯識無境即是地前小菩薩雖未證唯識之理而依佛說及見地上菩薩成就四般唯識之智遂入有漏觀觀彼十地菩薩所變大地為黃金攪長河為酥酪化肉山魚米等事此小菩薩入觀觀已即云如是所變實金銀等皆不離十地菩薩能變之心更無外境既作觀已亦能隨順悟入真唯識理又如勝論祖師為守六句義故變身為大石此有實用若定實境者不應隨心變身境為石問且如變大地為金時為滅却地令金種別生為轉其地便成金耶答唯識鏡云為佛菩薩以妙觀察智繫大圓鏡智及異熟識令地種不起金種主現以此為增上能令眾生地滅金性名之為變非為便轉地成金故攝論云由觀行為增上令餘人識變大涅槃經云佛言善男子菩薩摩訶薩修行如是大涅槃者觀土為金觀金為土地作水相水作地相隨意成就無有虛妄觀實眾生為非眾生觀非眾生為實眾生悉隨意成無有虛妄台教云諸物中一切皆有可轉之理如僧護見身為牀瓶等當知色法皆隨感現色無定體隨心所變此理元是

如來藏中不思議法隨心取著成外成小汝等所行是菩薩道平等法界方寸無虧四般唯識智者第一相違識相智者即四類有情各別能緣之識識既相違者其所變相分亦相違故即天見是寶嚴地魚見是窟宅人見是清冷水鬼見是膿河猛火緣此四類有情能變之識各相違故致令所變之境亦乃相違所言相者非是徧計相但是相分之相由四類有情先業之力共於一處各變相分不同故名相違識相言智者即是十地菩薩能緣之智智能了彼四類有情自業識所變相分不同更無心外別四境舊云一境應四心者不正問何以不正答若言一境者未審定是何境若離四類有情所變相分外更別有一境者即是心外有法問其四類有情為是各變相分為本質亦別答四類有情由業增上力其第八所變相分亦別若將此第八相分望四類有情前六識說即為本質故相質皆別故知更無外境唯有識也所以唯識論云一相違識相智謂於一處鬼人天等隨業差別所見各異境若是實此云何成唐三藏云境非定一故為四類有情所變相分隨四類有情能變之心境亦成四一處解成差證知唯有識論云如人見有糞穢處傍生見為淨妙飲食於人所見淨妙飲食諸天見為臭穢不淨故知隨福見異垢淨唯心業自差殊食無麁細大智度論云如佛在耆闍崛山中與比丘僧俱入王舍城道中見大木佛於木上敷尼師壇坐告諸比丘若比丘入禪心得自在能令大木作地即成實地何以故是木

中有地分故如是水火風金銀種種寶物即皆成實何以故是木中皆有其分復次如一美色婬人見之以為淨妙心生染著不淨觀人觀之種種惡露無一淨處等婦見之妬瞋憎惡目不欲見以為不淨婬人觀之為樂妬人觀之為苦淨行之人觀之得道無預之人觀之無所適莫如見土木若此美色實淨四種人觀皆應見淨若實不淨四種人觀皆應不淨以是故知好醜在心外無定也又問定力變化事為實為虛若實云何石作金地作水若虛云何聖人而行不實答曰皆實聖人無虛也三毒已拔故以一切法各各無定相故可轉地或作水相如酥膠蠟是地類得火則消為水則成濕相水得寒則結成冰而為堅相石汁作金金敗為銅或還為石眾生亦如是惡可為善善可為惡以是故知一切法無定相第二無所緣識智者言無所緣識者即是一切異生將自第六獨生散意識緣過去未來水月鏡像等變起假相分是此等相分但是眾生第六識妄構畫徧計情變起都無心外實境名無所緣識言智者即是十地菩薩能緣之心菩薩云此等異生所變假相分皆不離一切異生能變之心是其唯識即以此例於一切實境亦不離一切有情能緣之心離心之外更無一物舊云緣無不生慮即不正問何以不正答且如緣空華等一切假境之時心亦起故何言緣無不生慮故知緣無體假境時不無內心實相分能牽生心望見分亦成所緣緣義未有無心境曾無無境心又不違護法四分成唯識義若離却內心

實相分外其徧計執心之境即無唐三藏云應言境非眞處起證知唯有識所以唯識論云二無所緣識智謂緣過未夢鏡像等非實有境識現可得彼境既無餘亦應爾既若菩薩觀諸異生徧計所執之境皆不離異生心者明知餘一切實境皆悉如是第三自應無倒智者即十地菩薩起智觀察一切衆生妄執自身爲常樂我淨菩薩云此但是凡夫執心倒見離却妄執心外其凡夫身上實無常樂我淨之境必若有者應異生不假修行而得解脫既不爾者明知唯有妄識故唯識論云三自應無倒智謂愚夫智若得實境彼應自然成無顚倒不由功用應得解脫第四隨三智轉智者一隨自在者智轉智即是菩薩起智觀自所變之境皆不離我能變之心是其唯識爲八地已去菩薩能任運變大地爲黃金攪長河爲酥酪此是境隨眞智轉所變事皆成轉者改換舊質義即改轉大地山河舊質成金銀等衆生實得受用鍛鍊作諸器具皆得若離心有外實境者如何山河等能隨菩薩心便變爲金銀等物以相分本質皆悉轉故故知一切諸境皆不離菩薩能變之心乃至異生亦能變火爲水變晝爲夜點鐵成金等此皆是境隨事智轉所變事皆成亦是唯識若是迦多演那所變宮殿金銀等皆不成就故知離心更無實境論云凡變金銀宮殿者是實定果色從初地已去方能變若約自在八地已上菩薩於相及土皆得自在以上品定心有大勢力所變金銀宮殿等皆得成就如變金銀鍛鍊作諸器具實得受用其所變金銀是實定果色皆不離菩薩內心是其唯識心外無境若諸聲聞及地前小菩薩若變金銀宮殿時即託菩薩所變金銀宮殿以爲本質第六識所變金銀等皆不成就無實作用然所變金銀是假定果色不離聲聞諸小菩薩內心是其唯識心外無境今迦多演那緣是聲聞未得上品定故所變金銀雖無實作用然不離內識心外無境所以唯識論云一隨自在者智轉智謂已證得心自在者隨欲轉變地等皆成境若是實如何可變又古德云色自在心生故心能變色所以移山覆海倒地翻天攪長河爲酥酪變大地爲黃金悉無難事二隨觀察者智轉智者無性菩薩云謂諸聲聞獨覺菩薩等若修苦空等觀得相應者或作四諦觀時隨觀一法之上唯有無常苦空無我等衆相顯然非是諸法體上有此衆多苦空等義但是苦空等衆相即是諸法之體既若無常相於聖人觀心上有者故知一切諸法皆不離觀心而有所以唯識論云二隨觀察者智轉智謂得勝定修法觀者隨觀一境衆相現前境若是眞寧隨心轉三隨無分別智轉智者爲菩薩根本智證眞如時眞如境與智冥合能所一般更無分別離本智外更無別境即境隨眞智轉是故說唯心汝小乘若執有心外實境者即證眞如時一切境相何不現前故唯識論云三隨無分別智轉智謂現證實無分別智一切境相皆不現前境若是實何容不現第二世事乖宗難此是經部師難云論主若言唯有內識無心外境者如何現見世間情與非情等物有處定時定身不定作用不定等就此中自有四難一處定難二時定難三身不定難四作用不定難初難云論主若言一切皆是唯識無心外境者且如世人將現量識正緣南山處其識與山俱在其南山不離識可言唯識忽若將現量識緣比之時其山定在南且不隨緣者心轉來向比既若緣比之時緣南山心不生者明知離識之外有實南山之境此何成唯識第二時定難者難云若正緣南山時識現起山亦隨心起即可成唯識義且如不緣南山時其緣山心即不生然山且在不隨心滅即是離心有境何成唯識義此上二難皆是難現量識不難比量若約比量心者即山相分亦於餘處心上現故第三有情身不定難者難云若言一切皆是唯識者且如有衆多有情同在一處於中一半眼有患眩瞖者或十或五或有見空華或有見頭髮或有見蒼蠅或有全不見物者此等皆是病眼人自識變起所變髮蠅等相分皆不離患眩瞖者之心可是唯識且如一半不患眩瞖者或十或五共在一處所見一般物皆同境既是一者明知離心有境何成唯識

宗鏡錄卷第六十二　　軽

音義

酥（素姑反）　窟（苦骨反穴也）　膿（奴冬反膿血也）　攪（古巧反動也）　眩（胡涓反亂也）　瞖（於計反目瞖）　蠅（余陵反）

戊申歲分司大藏都監開板

宗鏡錄卷第六十二

校勘記

一 底本，麗藏本。

一 五九七頁上二一行「貲生」，磧作「質生」。

一 五九七頁中一行「華嚴經偈云」，清作「又華嚴經云」。

一 五九七頁中二行第七字「云」，磧、南、徑、清作「示」。

一 五九七頁下一一行第九字「池」，清作「地」。

一 五九八頁中二行第一三字「定」，磧、南、徑、清作「空」。

一 五九八頁中一一行第三字「法」，清作「諸」。

一 五九八頁中二三行首字「有」，磧、南、徑、清作「有法」。

一 五九九頁上一行第五字「者」，磧、南、徑、清無。

一 五九九頁上二七行第四字「棟」，磧、南、徑、清作「陳」。

一 五九九頁中一八行第一六字「共」，南作「其」。

一 五九九頁下二五行首字「所」，磧、南、徑、清作「者」。

一 六〇〇頁上二二行第一三字「性」，清作「生」。

一 六〇〇頁上二四行「人識」，磧、南、徑、清作「識人」。

一 六〇〇頁中一八行末字「質」，南作「資」。

一 六〇〇頁下四行「瞋憎」，磧、南、徑、清作「憎瞋」。

一 六〇一頁上一八行第一四字「改」，磧、南、徑、清作「隨」。

一 六〇一頁中二行第一五字「及」，南作「又」。

一 六〇一頁中三行「小菩薩」，磧、南、清作「小菩薩等」。

一 六〇一頁中二六行末字「論」，磧、南、徑、清無。

一 六〇一頁下六行第一三字「比」，磧、徑、清作「北」。

一 六〇一頁下一三行第一三字「不」，磧、南、徑、清作「亦」。

宗鏡錄卷第六十三

慧日永明寺主智覺禪師　延壽　集

第四作用不定難者於中分出三難第一難云復有何因患眩翳者所見髮蠅等即無髮蠅等實用餘不患眩翳者所見髮蠅等物是實用非無汝大乘旣許皆是唯識者即須一時有實作用不然一時無實作用今旣不同未審何者是其唯識第二難云復有何因有情於夢中所得飲食刀杖毒藥衣服等即無實作用及至覺時苟得便有實用第三難云復有何因尋香城等即無實作用餘軋土城等便有實作用論主答前四難引三十唯識論頌云處時定如夢身不定如鬼同見膿河等如夢損有用若依此頌答前四難即足且第一答前處定難者論主云汝還許有情於夢中有時見有村園或男或女等物在於一處即定其有情夢心有時便緣餘處餘處便不見前村園等物即夢心不定汝且惣許是唯識不經部荅云我宗夢中雖夢境處定夢心不定然不離有情夢心皆是唯識論主云我覺時境色亦復如然雖山處長定其有情能緣心不定然皆不離現心惣是唯識立量云我宗覺時所見境色是有法定是唯識爲宗因云境處定心不定故喻如汝宗夢中之境皆是唯識第二荅前時定難者論主云且如有情於夢中所見村園等物其夢心若緣時可是唯識若不緣時應非唯識經部荅云我夢中之境若夢心緣時亦是唯識若夢心有不緣時然不離夢心亦是唯識論主云我覺時境色亦復如然我今長時緣南山山不離心是唯識有時緣山心雖不生然不離現心亦是唯識頌云處時定如夢此一句荅前二難第三荅身不定難論主云汝經部還許衆多餓鬼同於一處於中有三有五業同之者即同見膿河定又有三五隨自業力所見不定即同於一處或有見猛火或有見糞穢或有見人把棒欄隔如是餓鬼同於一處一半見境定一半所見各異汝惣許是餓鬼唯識不荅云雖見有同異然不離餓鬼自業識所變皆是唯識論主云我宗唯識亦復如然雖一類悉眩翳者所見各別有一類不患眩翳者所見即同然不離此二類有情識之所變皆是唯識頌云身不定如鬼同見膿河等此兩句須荅此一難成唯識實生論偈云身不定如鬼者實是清河無外異境然諸餓鬼悉皆同見膿滿而流非唯一覩然於此處實無片許膿血可得何容得有溢岸而流雖無實境決定屬一理定不成此即應知覲色等心雖無外境不決定性於身非有遮卻境無即彼成立有境之因有不定過於無境處亦有多身共覩不定如何實無膿流之事而諸餓鬼不別覩之由其同業感於此位俱見膿流悭恡業熟同見此苦由昔同業各熏自體此時異熟皆並現前彼多有情同見斯事實無外境爲思憶故準其道理仁亦如斯共同造作所有熏習成熟之時便無別相色等相分從識而生是故定知不由外境識方得起豈非許此同一趣生然非決定彼情同業由現見有良家賤室貧富等異如是便成見其色等應有差別同彼異類見成非等故知斯類與彼不同彼亦不由外境力故生色等境然諸餓鬼雖同一趣見亦差別由業異相所見亦然彼或有見大熱鐵圍融煮迸濆或時見有屎尿橫流非相似故雖同人趣薄福之人金帶現時見爲鐵鏁赫熱難近或見是虵吐其毒火是故定知雖在人趣亦非同見若如是類無別見性由其皆有同類之業然由彼類有同分業生同分趣復有別業各別而見此一功能隨其力故令彼諸人有同異見復以此義亦荅餘言有說別趣有情鬼傍生等應非一處有不別見由別作業異熟性故此雖成趣業有差別同觀之業還有不異即由有情自相續中有其別異業種隨故彼任其緣各得生起第四惣荅作用不定中三難者論主云汝經部等還許有情夢中所得刀杖飲食等無實作用是唯識不荅云尒又問只如有情於夢中有時遺失不淨及失尿等事即有實作用汝亦許是唯識不荅云尒論主例荅汝既許夢中有實作用及無實作用俱是唯識者即知我宗患眩翳及不患者并夢中現覺衆假城實城此三般皆是有實作用亦如汝夢中有實無實作用皆是唯識論主以量成立云我宗覺時境色是有法定是唯識宗因云有實作用故如汝夢中境色不然汝夢中境色是有法應非唯識宗因云有實無實作用故如汝覺時境色唯識頌云如夢損有用此一句荅上難境又都將一喻摠荅四難三十唯識頌云一切如地獄同見獄卒等能爲逼惱事故四義皆成且如世間處定時定身不定作用不定等事亦如地獄中

受罪有情各見治罰事亦有處定時定身不定作用不定此皆唯識但是諸有情惡業增上雖同一獄然受苦時所見銅狗鐵蛇牛頭獄卒治罰之具或同或異如是苦器逼害罪人此皆是罪人自惡業心現並無心外實銅狗等物今世間事法亦復如然若罪人同一獄者是總報惡業力若各別受苦者即是別報惡業力諸經要集云夫云罪行妄見境染執定我人取著違順便令自他皆成惡業是以經偈云貪欲不生滅不能令心惱若人有我心及有得見者是人為貪欲將入於地獄是故心外雖無別境稱彼迷情強見起染如夢見境起諸貪瞋稱彼夢者謂實不虛理實無境唯情妄見故智度論說如夢中無善事而善無瞋事而瞋無怖事而怖三界衆生亦復如是無明眠故不應瞋而瞋等故知心外雖無別境稱彼迷情妄見起染心外雖無地獄等相惡業成時妄見受苦如正法念經云閻摩羅人非是衆生罪人見之謂是衆生手中執持燄然鐵鉗彼地獄人惡業既盡命終之後不復見於閻羅獄卒何以故以彼非是衆生數故如油炷盡則無有燈業盡亦尒不復見於閻羅獄卒如閻浮提日光既現則無暗冥惡業盡時閻羅獄卒亦復如是惡眼惡口如衆生相可畏之色皆悉磨滅如破畫壁畫亦隨滅惡業畫壁亦復如是不復見於閻羅獄卒可畏之色以此文證衆生惡業應受苦者自然其中妄見地獄問曰見地獄者所見獄卒及虎狼等可使妄見彼地獄處閻羅在中判諸罪人則有此境云何言無答曰彼見獄主亦是妄見直是罪人惡業熏心令心變異無中妄見實無地獄閻羅在中又唯識論中問曰地獄中主烏狗羊等為是衆生為非衆生答曰非是衆生問曰以何義故非是衆生答曰以不相應故此以何義有五種義彼地獄主及烏狗等非是衆生何等為五一者如地獄中罪衆生等受種種苦地獄主等若是衆生亦應如是受種種苦而彼一向不受如是種種苦惱以是義故彼非衆生二者地獄主等若是衆生應遞相殺害不可分別此是罪人此是主等而實不共遞相殺害可得分別此是罪人此是獄主以是義故彼非衆生三者地獄主等若是衆生形體力等應遞相殺害不應偏為受罪人畏而實偏為罪人所畏以是義故彼非衆生四者彼地獄地常是熱鐵地獄主等是衆生者不能忍苦云何能害彼受罪人而實能害彼受罪人以是義故彼非衆生五者地獄主等若是衆生非受罪人不應於彼地獄中生而實生於彼地獄中以是義故彼非衆生此以何義彼地獄中受苦衆生造五逆等諸惡罪業於彼中生地獄主等不造惡業云何生彼以如是等五種義故名不相應問曰若彼主等非是衆生不作罪業不生彼者云何天中得有畜生此以何義如彼中有種種鳥諸畜生等生在彼處於地獄中何故不爾畜生餓鬼種種雜生令彼為主答曰偈言畜生生天中地獄不如是以在於天上不受畜生苦此偈明何義彼畜生等生天上者彼於天上器世間中有少分業是故於彼器世間中受樂果報彼地獄主及烏狗等不受諸苦以是義故彼地獄中無有實主及烏狗等除罪衆生又寶生論云如上所言得差別體地獄苦器不同受之或諸猛火由業力故便無燒苦斯則自非善友誰能輒作斯說凡是密友性善之人不論夷險常為恩益為欲顯其不受燒苦故致斯言然於此時助成立義即是顯出善友之意由其不受彼之苦故意欲成立非那洛迦令復更云由其業力說有大火言不燒者斯則真成立唯識義由無實火但唯業力能壞自性既定不受如斯苦故便成此火自性元無然有實性是宗所許若也許其是識現相事體元無此由業力故無火斯成應理由其先業為限劑故若異此者彼增上業所招之果既現在彼如何不見如無智者欲求火滅更復澆酥令唯識宗轉益光熾由斯衆理證此非成那洛迦類故知唯心所現正理無差如觀佛三昧海經觀佛心品云是時佛心如紅蓮華蓮華葉間有八萬四千諸白色光其光徧照五道衆生此光出時受苦衆生皆悉出現所謂苦者阿鼻地獄十八小地獄十八寒地獄乃至五百億刀林地獄等　問若衆生惡業心感現地獄事理即可然且如觀佛心時云何純現地獄　答此略有二義一若約理而觀佛之心性本含法界無一塵而不徧無一法而不通二若約事而觀佛唯用救苦為意以物心為心則地獄界全是佛心運無緣慈不間同體所以觀佛心品云佛告天王欲知佛心光明所照常照如此無間無救諸苦衆生佛心所緣常緣此等極惡衆生以佛心

力自莊嚴故過筭數劫今彼罪人發菩提心乃至爾時世尊說是語時佛心力放十種白光從佛心出其光徧照十方世界一一光中無量化佛乘寶蓮華時會大衆見佛光明如玻瓈水或見如乳見諸化佛從佛胷出入於佛臍遊佛心間乘大寶船經往五道受罪人所一一罪人見諸化佛如已父母善友所親漸漸爲說出世間法是時空中有大音聲告諸大衆汝等今者應觀佛心諸佛心者是大慈也大慈所緣緣苦衆生乃至大行大喜見諸衆生安隱受樂心生歡喜如已無異旣生喜已大行捨法是諸衆生無來去相從心想生心想生者因緣和合假名爲心如此心想猶如狂華從顚倒起苦從想起樂從想生心如芭蕉中無堅實廣說如經十譬作是觀時不見身心見一切法同如實性是名菩薩身受心法依因此法廣修三十七助菩提分若取證者是聲聞法不取證者是菩薩法又寶生論云時處定如夢者有說由心惑亂遂乃便生時處定解然於夢中無其實境決定可得故世共許如何將此比餘定事爲作過耶乃至爾時於彼夢中實亦無其時處决定相狀在心由何得知如有頌言若眠於夜裏見日比方生參差夢時處如何有定心又云此之夢心有何奇異營大功業不假外形而能巧利構茲壯麗或見崇墉九仞飛甍千丈碧條羅蘼紅華璀璨近人極思亦未能雕若言於他同斯難者彼無此過不假外色功力起故但由種熟仗識爲緣即於此時意識便現又未曾見有經論說於彼夢中生其別色百法鈔云論主言如於夢中與女交會流洩不淨夢被蛇螫能令悶絕流汗心迷雖無實境而有實作用此是唯識不經部答云此是唯識論主云汝旣許夢中有實作用無實作用皆是唯識即我宗夢中現覺眩瞖者不眩瞖者假城實城此三般有實無實作用如汝夢中亦是唯識論主立量云有瞖無瞖等是有法有用無用其理亦成宗因云許無實境故如夢中涤汗等所以唯識論云如夢損有用第三明聖教相違難者小乘難意云論主若言一切皆是唯識無心外實境者何故世尊於阿含經中說有十二處若一切皆唯識者世尊只合說意處法處即不合說有十色處今世尊旣說有十二處者明知離却意法處外別有十色處是心外有何言一切皆是唯識論主答中分三初假答二正答三喻答初假答引三十唯識頌云識從自種生似境相而轉爲成內外處佛說彼爲十言識從自種生者即五識自證分現行各從五識自種而生將五識自種便爲五根言似境相而轉者即五識自證分從自種生已而能變似二分現其所變見分說名五識所變相分似外境現說名五境其實根境十處皆不離識亦是唯識此是假將五識種子爲五根答經部師以經部許有種子問設許有種子豈不執離識有答彼許種子在前六識中持亦不離識有論主云其所變相分似外五境亦不離識有能變五識種即五根亦不離識有雖分內外十處然皆是唯識言佛說彼爲十者以佛密意爲破外道執身爲一合相我故遂於無言之法強以言分別說有根塵十處有大勝利故唯識頌云依此教能入數取趣無我解云爲若有智者即依此佛說根塵十處教文便作觀云我於無量劫來爲惡慧推求愚癡迷闇妄執自他身爲一合相我因此生死沉淪今依教觀自他身但有根塵十處以成其體於一一處中都無主宰自在常一等用何曾有我因此便能悟入無我之理成我空觀此即大乘假將五種子爲五根答小乘也小乘又難云若爾者且如五塵相分色是五識所變故可如汝宗是唯識其本質五境色未審是何識之唯識謂五識及第六皆不親緣本質五境即此本質五境豈不是離心外有何成唯識因此問故便是論主第二正答唯識論云依識所變非別實有解云此依大乘自宗正解即約已建立第八識了旣論主云五塵本質色此是第八識之親相分相分不離第八識亦是唯識第三喻答者即論主舉喻答小乘世尊建立十二處之所以唯識論云如遮斷見說續有情但是佛密意破於衆生一合相我假說有十二處名令衆生觀十二處法都無有我便入我空次依唯識能觀一切諸法之上皆無實執持勝性等用旣除法執便成法空小乘難云旣言一切諸法皆無實執持自在勝性等用成法空觀者即此唯識之體豈不亦空因此便成第四唯識成空難論主答云唯識體即不空非所執故我前言空者但是空其一切法上妄心執有實執持勝性等用徧計虛妄之法此即是空非空離執唯識之體即如根本智正證如時

離言絕相其徧計虛妄一切我法皆不現前於此位中唯有本智與理冥合不分能所此識體亦空便無俗諦俗諦無故眞諦亦無眞俗相依而建立故唯識論云撥無二諦是惡取空諸佛說爲不可治者第五色相非心難唯識論云若諸色處亦識爲體何緣不似色相顯現一類堅住相續而轉小乘難意云若言一切外色皆心爲體由心自證分變似能取說名見分變似可取說爲相分者何故所變色相即頓現其能變心即不顯現又若外色以心爲體者何故所變色即一類相續而轉且如外色山河大地等即千年萬年一類更無改變又相續不斷得多時住若有情能變心即有改變不定又不得多時今外色既不似內心者明知離心有外實色何言一切皆是唯識荅云唯識論云名言熏習勢力起故此但由一切有情無始時來前後遞互以名言虛妄熏習作心外堅住相續等解由此勢力有此相現非是眞實有心外堅色等外人又問既言唯識者有情何要變似外色而現荅唯識論云謂此若無應無顚倒便無雜染亦無淨法是故諸識變似色現論主云一切有情若不變似外色現者便無染淨之法且如一切凡夫由先迷色等諸境顚倒妄執由此雜染便生雜染體即二障汝外人若不許識變似外色現者即有情不起顚倒顚倒妄執既若不起即雜染煩惱不生雜染既若不生淨法因何而有所以攝論頌云亂相及亂體應許爲色識及與非色識若無餘亦無言亂相者即所變色相言亂體者即能變心

體應許爲色識者即前所變亂相及與非色識者即前變心是體若無餘亦無者若無所變似外色境爲亂相者亦無能變之識體故知須變似外境現所以諸色皆不離心惣是唯識第六現量違宗難者唯識論云色等外境分明現證現量所得寧撥爲無小乘難意云且如外五塵色境分明五識現證是現量所得大小乘皆共極成何故撥無言一切唯識三十唯識論中亦有此難云諸法由量刊定有無一切量中現量爲勝若無外境寧有此覺我今現證如是境耶意云論主若言無外實境者如何言五識現量取外五塵境若是比量非量徧計所起徧計所執強思計度構畫所生相分不離於心可成唯識今五識既現量得外實五塵境者何故亦言皆是唯識荅唯識論云現量證時不執爲外後意分別妄生外想論主云且如現量五識正緣五塵境時得法自性不帶名言無籌度心不生分別不執爲外但是後念分別意識妄生分別便執爲外言有實境問且小乘許現量心中不執爲外不荅許問與大乘何別荅唯識鏡云若是大乘即五識及同時意識皆現量不執爲外若小乘宗即唯是五識不執爲外論主云汝小乘既許五識緣境是現量不執爲外者明知現量心中皆無外境是其唯識外人又問云其五識所緣現量五塵境爲實爲假荅是實難云若爾者即是離心外有實五塵境何言唯識荅五識緣五塵境時雖即是實但是五識之所變自識相分不離五識皆成唯識故唯識論云故現量境是自相分

識所變故亦說爲有意識所執外實色等妄計有故說彼爲無意云五識各有四分其五塵境是五識之親相分由五識自證分變似色等相分境現其相分又不離見分皆是唯識若後分別意識起時妄執心外有其實境此即是無不稱境體而知故問且如五識中瞋等煩惱起時不稱本質何言唯是現量荅雖不稱本質然稱相分亦是現量由心無執故其第六意識相應瞋若與執俱時相分本質皆不稱若不與執俱起時即同五識問何故五識無執荅由不通比非二量故無執故知五識現量緣境不執爲外皆是唯識又小乘都申一難若唯識無外境者由何而得種種心生既若無境寧生心即妄心由何而起未有無心境曾無無境心荅論頌云由一切種識如是如是變以展轉力故彼彼分別生一切種識者即是第八識此識能持一切有爲之法種故即一切種子各能自生果差別功能名一切種識功能有二一現行名功能即似穀麥等種能生芽功能是二第八識中種子名功能有能生現行功能故今言一切種識者但取本識中種子功能能生一切有爲色心等法即色爲所緣心便是能緣即色是境不離心是唯識即此心境但從本識中而生起何要外境而方生如是如是變者如是八識從種生即是八識自證分轉變起見相二分相分不離見分是唯識以展轉力故者即餘緣是展轉力以心法四緣生色法二緣起彼彼分別生者即由彼見相二分上妄執外有實我法等分別而生故知但由本識

中種而生諸識不假外妄境而亦得生故知一切皆是唯識又唯識論云問曰如汝向言唯有內識無外境界若爾內識爲可取爲不可取若可取者同色香等外諸境界若不可取者則是無法云何說言唯有內識無外境界荅曰如來方便漸令衆生得入我空及法空故說有內識而實無有內識可取若不如是則不得說我空法空以是義故虛妄分別此心知彼心彼心知此心問曰又復有難云何得知諸佛如來依此義故說有色等一切諸入而非實有色等諸入又以識等能取境界以是義故不得說言無色等入荅曰偈言彼一非可見多亦不可見和合不可見是故無塵法

宗鏡録卷第六十三　　輕

音義

攔落干反　蕊章與反　迸北諍反　濆則肝反　屎式視反　屎
奴弔反　倅夜沒反人爲倅也　烓百之反　遰特計反遰逜　遶古定反沃
也　玻滂禾反　璨力脂反　臍但奚反臏也　墉餘封反也　仞而振反
日七反仍也尺　莞莫耕反　蓰丑反　蘼文反　彼　攉七罪反　璨倉案
洩弘列反　鳖卑列反　亦尸又　刊苦寒反也　定也　𠛬胡反　晝

戊申歲分司大藏都監開板

宗鏡録卷第六十三

校勘記

一　底本，麗藏本。

一　六〇三頁上八行「復有」，磧、南、徑、清作「復云」。

一　六〇三頁上二二行第一六字「立」，清無。

一　六〇三頁上二三行「法定」，南、徑作「決定」。

一　六〇四頁下一六行第三字「令」，磧、南、清作「今」。

一　六〇四頁下一九行第五字「間」，磧、南、徑、清作「開」。

一　六〇四頁下二八行「天王」，磧、南、徑、清作「大王」。

一　六〇五頁中二行「流汗」，磧、南、徑、清作「流汙」。

一　六〇六頁上一五行第九字「心」，清作「以」。

一　六〇六頁中一七行「正緣」，磧、南、徑作「五緣」。

宗鏡錄卷第六十四　慧日永明寺主智覺禪師　延壽　集

第七夢覺相違難唯識論云若覺時色皆如夢境不離識者如從夢覺知彼唯心何故覺時於自色境不知唯識答唯識論云如夢未覺不能自知要至覺時方能追覺夢時境色應知亦爾未眞覺位不能自知至眞覺時方能追覺未得眞覺恒處夢中故佛說爲生死長夜由斯未了色境唯識即第七是生死長夜根本能令起惑造業三界輪迴直須至眞覺位時方知一切皆是唯識所以唯識樞要問云若諸識生似我法時爲皆由我法分別熏習之力爲亦不由若皆由者八識五識無二分別生果時應不似二若不由者此中何故但說我法熏習爲因答二解俱得其皆由解者一切有漏與第七二分別俱故或第六識二分別引故後生果時皆似我法其不由解者此說第六根本兼緣一切爲因緣發諸識令熏習故後生果時似我法相起或非外似外六七計爲似外起故如夢者夢娑剌拏王事此云流轉其王容貌端正自謂無雙求覓形容欲同等比顯已殊類時有人言王舍城中有大迦旃延形容甚好世中無比遣使迎之迦旃延至王出宮迎王不及彼人視迦旃延無看王者王問所以衆曰迦旃延容貌勝王王問大德今果宿因迦旃延答曰我昔出家王作乞兒我掃寺地王來乞食我掃地竟令王除糞掃除糞掃訖方與王食以此業因生人天中得報端正王聞此已尋請出家爲迦旃延弟子後共迦旃延往阿槃地國山

中修道別處坐禪阿槃地王名鉢樹多將宮人入山遊戲宮人見王形貌端正圍遶看之鉢樹多王見娑剌拏王疑有欲意問娑剌拏王曰汝是阿羅漢耶王答言非次第二問餘三果皆答言非又言汝離欲不答言非鉢樹多王瞋曰何故入我婇女之中遂鞭身破悶絕而死至夜方惺至迦旃延所迦旃延見已心生悲愍其諸同學方爲療治娑剌拏王語迦旃延曰我從師乞暫還本國舉軍破彼阿槃地國殺鉢樹多王事畢當還從師修道迦旃延從請語曰汝若欲去且停一宿迦旃延安置好處令眠欲令感夢夢見舉軍征阿槃地國自軍破敗身被他獲堅縛手足赤華插項嚴鼓欲殺王於夢中便大恐怖叫喚失聲云我今無歸願師濟拔作歸依處得壽命長迦旃延以神力手指火燄之令寤問言何故其心未惺尚言災事迦旃延以火照而問之此是何處汝自看其心方寤迦旃延語言汝若征彼必當破敗如夢所見王曰願師爲除毒意迦旃延爲說一切諸法譬如國土假名無實離舍屋等無別國土乃至廣說種種因緣至一極微亦非實事無此無彼無怨無親王聞法已得預流果後漸獲得阿羅漢果故知萬法唯識夢覺一如覺中所見即明了意識夢中所見即夢中意識分別之意既同差別之境何異迷悟若此曷疑慮焉昏覺如斯可洞達矣第八外取他心難若論主言外色實無是內識之境者即可然且如他人心是實有豈非自心所緣耶意云且如此人心若親緣得他人心著即離此人心別有心爲境

若此人心緣他人心不著者即有境而不緣若緣著即乖唯識義若緣不著者即何成他心智耶論主答云雖說他心非自識境但不說彼是親所緣意云雖說他人心非此人境若此人親緣他人心即不得若託他人心爲質自變相分緣亦有他心智但變相分緣時即不得他人本質但由他人影像相自心上現名了他心即知他心相分不離自心亦唯識意云此人心緣他人心時變起相分當情相分無實作用非如手等執物亦非如日舒光親照其境緣他人心時但如鏡中影似外質現鏡中像亦無實作用緣他人心時亦復如是非無緣他人心體故名了他心非親能了親所了者謂自所變又古德問他心智者謂既有他人心爲自心之所知即是離自心外有他人心爲自心之境何得言無境唯有識耶答謂緣他身扶塵根相分色亦不親得但託爲質如自身眼識緣第八識所變器世間色時亦但託爲質亦不親得其耳等四識緣本識所變聲等亦耳以本質是第八識變今望五識故名影識如五識等緣本識所變本質境亦不親得雖亦得緣只成踈所緣緣若如實知即是佛境者論云二智於境各各由無知所覆蔽故不知如佛所行不可言境此有二解一云是眞如妙理言詮不及不可言境謂此離言眞如之境唯佛獨能顯了分別證餘不能證者由第七恒行不共無明所覆故不知二云不可言境者即他心智境及自心智境此二智名不可言境謂眞如自相假智及詮俱非境故詮謂名言能詮之名旣

不得自相即顯自他二智之境是佛智所行不可言境由此二智所知之境自相是佛智所行不可言境餘人由恒行不共無明所覆蔽故不得如實而知也又旣言此人緣他人心時託他人心爲質自變相分緣者即相分不離此人心是唯識若他人心本質緣不著者即離此人心外有他人心何成唯識耶因此便申第九異境非識難小乘云唯識之義但離心之外更無一物方名唯識旣他人心異此人心爲境何成唯識耶又他人境亦異比境即離此人心外有異境何成唯識荅責云奇哉固執觸處生疑豈唯識言但說一識汝小乘何以此堅執處處生疑豈唯識之言但說一人之識若言有一人之識者即豈有凡聖尊卑若無佛者衆生何求若無凡夫佛爲誰說應知我唯識言有深旨趣論云唯識言總顯一切有情各有八識六位心所所變相分分位差別及彼空理所顯眞如言識之一字者非是一人之識總顯一切有情各各皆有八識即是識之自體五十一心所識之相應何獨執一人之識　問維摩詰即入三昧令此比丘自識宿命曾於五百佛所殖衆德本迴向阿耨多羅三藐三菩提即時豁然還得本心者且如過去心已過去未來心未至現在心不住云何觀他過去善根心　荅約眞即無隨俗故有一念心起尚具十世四運分別不可作龜毛兔角斷滅之見過去之法雖念念不住然皆熏在第八識中有過去種子知過去事者過去所熏得種現在阿賴耶識自證分中含藏然過去世時雖即無體

但將識中種爲本質變影而緣即知過去世事此帶質境知也或云可緣心上影像相者即第六意識見分之上變起過去影像相而知也此即獨影境謂過去無體無本質也又過去之法若不落謝不名過去若已落謝無法可知若但曾逕心中有種影現前故說憶知者是則但見自心不見彼法如月燈三昧經云佛言云何菩薩摩訶薩得過去未來現在智藏童子是菩薩如實知一切衆生心行準自心行次第所起觀自心法以無亂想脩習方便如自心行類他亦爾隨所見色聞聲有愛無愛心皆如實知童子是名菩薩得過去未來現在智藏　問觀他心智者爲實知他心爲不實知二俱有過　荅如前已說若立自他於宗俱失此皆約世諦識心分別故識論頌云他心知於境不如實覺知以非離識境唯佛如實知他心智者不如實知以自內心虛妄分別以爲他心以自心意意識離故如彼佛地如實果體無言語處勝妙境界唯佛能知餘人不知以彼世間他心智者於彼二法不如實知以彼能取所取境界虛妄分別故此唯是識無量無邊甚深境界非是心識可測量故如上約法相宗說若約法性宗先德云知他心者皆如實知審於事實見理實故亦非心外可見亦非無境可知若自他相絶則與衆生心同一體故無心外也不壞所故能知也又他心者安慧云佛智緣他心緣得本質餘皆變影若緣本質得心外法壞唯識故今以攝境唯心不壞境故能所兩亡不礙存故第一義唯心非一非異正緣他

時即是自故以即佛心之衆生心爲所緣非即衆生心之佛心即衆生心之佛心爲能緣非即佛心之衆生心如是鎔融非一非異若離佛外別有衆生更須變影却失眞唯識義釋云攝境從心不壞境者即示心境有無彼得本質恐壞唯心旣不壞境得之何妨壞有何失以無心者無心於萬物萬物未嘗無此得在於神靜失在於物虛謂物實有故若唯心壞境則得在於境空失在於心有故以境由心變故說唯心所變不無何必須壞若以緣生無性則心境兩亡故借心以遣境境遣而心亡非獨存心矣若能所兩亡不礙存故者上不壞境且遣攪質之病今遣空有之理故心境並許存亡心境因藉故空相依緣生故有有即存也空即亡也空有交徹存亡兩全云第一義唯心非一非異者正出具分唯心之理上第一釋雖有唯心之義尚通生滅唯心第二義雖兩亡不羈而未言心境相攝今明具分唯識故云第一義唯心同第一義故非異不壞能所故非一非一故有能所緣他義成矣非異故能所平等唯心義成矣云正緣他時即是自故者結成得於本質無心外過以即自故不失唯識云以即佛心之衆生心正示法性他心之相此有兩對語前對明所緣後對明能緣今初言即佛心之衆生心者此明所緣衆生心即是佛心此明不異次云非即衆生心之佛心者此句明衆生心與佛心非即非即故有所緣義非異故不壞唯心義言爲所緣者結成所緣簡非能緣也次下辯能緣云以即衆生心之佛心者此句

明能緣佛心即是衆生心此明非異大云非即佛心之衆生心者此明佛心與衆生心有非一義非一故爲能緣非異故不壞唯識之義言爲能緣者結成能緣簡非所緣也更以喻況如水和乳乳爲所和喻衆生心是所緣水爲能和喻佛心爲能緣以此二和合如似一味鵝王嗟之乳盡水存則知非一然此水名即乳之水此乳名即水之乳二雖相即而有不一之義故應喻云以即水之乳非即乳之水爲所和以即乳之水非即水之乳爲能和義可知矣云如是鎔融非一非異者結成正義若離佛外結彈護法言却失眞唯識者不知外質即佛心故又諸佛如來隨多心念意能頓了如金剛經云介所國土中所有衆生若干種心如來悉知華嚴經頌云無量億劫勤修學得是無上菩提智云何不於一念中善知一切衆生心此是意圓對如來一念之中皆一時頓應無一不應故名圓對斯乃了心非心方能徧應若心在有無則成隔礙故金剛經云如來說諸心皆爲非心是名爲心華嚴論問何謂諸佛知衆生心時與非時荅曰以如來心與一切衆生心本不異故是一心一智慧故以此知時與非時諸佛悟了而與衆生共之衆生迷自謂爲隔一切諸佛以一切衆生心智慧而成正覺一切衆生迷諸佛智慧而作衆生及至成佛時還成衆生迷理之佛所說法門還解衆生心裏迷佛衆生以此不異故知衆生心又問曰大衆何不以言自問因何默念致疑何不自以言讚勸請云何供養雲出音請佛荅曰明佛得法界心與一切衆生同心故以心不異故知彼心疑供具說頌者明一切法惣法界體也法界不思議一切法不思議故明聖衆心境無二故凡夫迷法界自見心境有二故即顚倒生也又云心無内外中間萬法自他同體一亦不一他亦不他故知凡聖同一眞心衆生妄隔而不知諸佛契同而頓了如鏡面照而鏡背昏俱一銅體而分明昧猶河水清而河泥濁在一濕性而有混澄凡心聖心可喻斯旨

問衆生緣佛身時是識所變只如佛緣所化有情身土之時是何所變　荅若衆生見佛是有漏轉識所變相分等流色攝若佛緣有情是無漏智所變定果色攝識智雖殊俱不出自心之境並是增上緣力至令心現如義天鈔云依大乘宗通說依於他身及非情法謂以自心緣他身時不親緣彼但緣自識所變相分爲親所緣此相分色雖託他身本質而起然非依彼他識而生由自識中種子生故故此相分等流色攝是五塵色之流類故託他爲質方變影像是增上緣此所變相分從自種生是因緣義即顯自心緣得他身得依現行處有是於他身現行成就以從自心種子生故亦是依種建立於得即種子成就也以此理故有情見佛色身之時所緣佛身唯是有漏自識變故自種生故等流色攝緣佛所變淨土亦爾若佛緣所化有情色身及穢土時所變相分皆是無漏無實有情雜染等用如鏡中像全是明鏡無漏定果色攝亦是等流色收是外五塵之流類故佛識變故無垢識中淨種生故　問若論一心無外境界如前九難荅已分明則眼際無色耳外無聲如今所見所聞爲當是一爲當是二爲復是有爲復是無若言是一則壞能所若言是二又違自宗若言是有根境常虛若言是無現見不濫如何融會得契斯旨　荅如大地一生種種苐類八識心現種種法所觀是藏識之相分能見是眼識之見分能所雖分俱不離識皆是現量不帶名言則非有非空非一非二若落比量執作外塵則一二情生内外心起密嚴經偈云如地無分別庶物依以生藏識亦如是衆境之依處如人以己手還自摩捫身亦如象與鼻取水自霑沐復似諸嬰兒以口含其指如是自心内現境還自緣是心之境界普徧於三有久修觀行者而能善通達内外諸世間一切唯心現華嚴經頌云譬如深大海珍寶不可盡於中悉顯現衆生之形影甚深因緣海功德悉無盡清淨法身中無像而不現正法念處經云又修行者内心思惟隨順正法觀察法行乃至云何世間愚癡凡夫眼見色已或貪或瞋或生於癡彼諸凡夫若見知識若見婦女心則生貪若復異見則生於瞋見他具足貪瞋所覆以眼於色不如實見癡蔽於心愚癡凡夫唯有分別眼見於色若貪若瞋若癡所覆愛誑之人自意分別此我我所如是染著譬如狗齩離肉之骨涎汁和合望得其髓如是貪狗齒間血出得其味已謂是骨汁不知自血有如是味以貪味故不覺大苐自食其舌復貪其味以貪覆故謂骨汁味愚癡凡夫亦復如是虛妄分別眼識見色貪著喜樂思量分別以色

枯骨著眼口中境界如齒如是齒之涂意如涎受血流出貪愛血味爲色爲美於色得味猶如彼狗凡夫愚癡眼識見彼如骨之色虛妄分別如狗齧骨如是愚癡眼見於色猶如枯骨如是一切愚癡凡夫虛妄分別之所誑惑又云閻羅王說偈責䟽罪人云若屬邪見者彼人非黠慧一切地獄行怨家心所誑心是第一怨此怨最爲惡此怨能縛人送到閻羅處故知諸苦所因貪欲爲本若貪心瞥起爲五欲之火焚燒覺意纔生被三界之輪繫縛如帝釋與脩羅戰勝造得勝堂七寶樓觀莊嚴奇特梁柱楷挮皆容一縱不相著而能相持天福之妙力能如此目連飛往帝釋將目連看堂諸天女皆羞目連悉隱逃不出目連念帝釋著樂不修道本即變化火燒得勝堂嚇然崩壞仍爲帝釋廣說無常帝釋歡喜後堂儼然無灰煙色釋曰以帝釋恃其天福執著有爲故目連垂方便門示無常境　問天堂既嚇然崩壞云何儼然無灰煙之色　答此火非是目連神通之火即是帝釋心中火故法華經云貪著所變則爲所燒既以貪著之心遂見宮殿焚爇及悟無常之事則貪欲之火潛消所以即見堂殿宛然無有灰煙之色以目連爲增上緣故自見被燒然則堂本不燒故知迷悟唯心隱顯在已例餘見聞悉亦如是又經云惡從心生反以自賊如鐵生垢消毀其形樹繁華果還折其枝蚖虵含毒反害其軀方知無始已來至于今日四威儀内十二時中皆是將心取心以識緣識畢竟内外無有一塵爲對爲治可取可捨堪嗟世俗迷倒之人背覺合塵日用心行損他害彼潤已資身並是自陷自傷不知不覺未窮此旨物我難忘直了斯宗自他無寄百論問云如虛空華無故不可見如瓶現見故當知有瓶答曰不見何故不見汝言現見爲眼見爲識見若眼見者死人有眼亦應見若識見者盲人有識亦應見若根識一一别不見和合亦不見喻如一盲不能見衆盲亦不見五根亦爾四性皆空大智度論云色等諸法不作大不作小故凡夫人心於諸法中隨意作大小如人急時其心縮小安隱富樂時心則寬大又如八背捨中隨心故外色或大或小等故摩訶般若經云般若波羅蜜無聞無見諸法鈍故是以凡夫界中觀相元妄聖人境内觀性元眞以觀相故不得無以觀性故不得有以不得無故如但見其波不見其水以不得有故但見其水不見其波又如向瞖眼人說空中無華對狂病人說目前無鬼徒費言語終不信受直待目淨心安自然無見

宗鏡録卷第六十四　　輕

音義

剌盧達反　瘵力照反瘵病也　揷楚洽反刺入也　殖常職反　鷚居直反　噠所甲反　握於角反持也　霑張廉反　沐莫卜反　齩五巧反　𨁃　髓息委反　黠胡八反慧也　瞥芳結反　棉五尚反　綖　箭私　嚇呼格反怒也　儼魚檢反　爇如劣反　蚖五官反毒蛇也　縮所六反斂也　寬苦官反　鈍徒困反不利也

戊申歲分司大藏都監開板

宗鏡録卷第六十四　校勘記

一　底本，麗藏本。

一　六〇八頁上一六行第九字「七」，南、徑、清作「六」。同行末字「六」，磧作「七」。

一　六〇八頁下一七行「扶塵」，清作「浮塵」。

一　六〇九頁上二行第七字「二」，磧、南、徑作「一」。

一　六一〇頁上二三行第八字「此」，磧、南、徑、清無。

一　六一〇頁中二七行第一六字「離」，磧、南作「雜」。

一　六一〇頁下六行第五字「弟」，磧、南、清作「芽」。

一　六一〇頁下二一行第七字「知」，磧、南作「如」。

一　六一一頁上九行第八字「因」，磧、南、清作「若」。

一　六一一頁上一六行第二字「嚇」，

磧作「嚇」。

一六一一頁中八行第六字「如」，磧、南、徑、清無。

宗鏡録卷第六十五　　輕

慧日永明寺主智覺禪師　延壽　集

夫能所之見則心境宛然聖人知見如何甄別　答雙照有空不住内外似谷荅聲而絶慮如鏡鑒像而無心妙湛圓明寂而常照故云常在正念亦名正知非是有念有知亦非無念無知有無皆想俱非正知但無念而照名曰正知若唯無念寂而失照若但照體而失寂並稱不正正在雙行還原集云聖人有二種用心一不見一切物皆空唯見於空不見一切物二見一切物即空了了見一切有不住於有了了見一切空不住於空雙照有無分別宛然而無念動猶如明鏡覩其色像一切皆於中現用心亦爾得其妙性起照照見一切了了知無所知了了見無能見無能不發常見見性既常無一間斷分明徹照十方淨無瑕穢内外圓明廓周法界亦名毗盧遮那無障礙眼圓滿十方照見一切佛刹即此義也所以達人見聞不落能所既非是有見亦非無見但不生二相常合眞空是以全色爲眼常見色而無緣全眼爲色恒稱見而非我以色是所緣之境眼是能緣之根今即是眼故無緣也又眼是我能見今全爲色正見之時即非我也則色心無二能所非殊所以影公頌云法性不並眞聖賢無異道故大集經云慧燈三昧者即是諸法無二相也無二相者不在有無不出有無夫有無者以惑情所執有無皆失理無惑計有無皆眞是知諸法非實非虛非空非有若無於有不成於無若無於無不成於有有無交徹萬化齊融又約聖人親證見聞之境有其四種所以大涅槃經云約佛妙證有四種聞一不聞聞二不聞不聞三聞不聞四聞聞台教釋云初入證道修道忽謝無所可有名爲不聞眞明豁開無所不照即是於聞故名不聞聞證得如是大般涅槃無有聞相故名不聞不聞證起惑滅名聞不聞寂而常照隨扣則應名曰聞聞初句證智次句證理第三句證斷第四句證應若事若理智斷自他於初智證之中具足無缺此一妙證盡涅槃海復次不聞聞是證了因聞不聞是證緣因不聞不聞是證正因聞聞是證境界乃至明四種生生生不生不生生不生不生亦同四種聞義一生生是因緣所生法二生不生是我說即是空三不生生是亦名爲假名四不生不生是亦名中道義若能了此四生之無生方達聖人見聞之境是以不取不捨達一道之原非有非空見諸法之實如肇論云且夫心之有也以其有有自不有故聖心不有有不有有故有無有有無有故則無無無無故聖心不有不無不有不無故其神乃虛何者夫有也無也心之影響也言也象也影響之所攀緣也有無既廢則心無影響影響既淪則言象莫測言象莫測則道絶群方道絶群方故能窮靈極數窮靈極數乃曰妙盡妙盡之道本乎無寄夫無寄在乎冥寂冥寂故虛以謂之妙盡在乎極數極數故數以應之數以應之故動與事會虛以謂之故道超名外道超名外因謂之無動與事會因謂之有謂之有者應夫有爲強謂之然耳彼何然哉故經云聖智無知而無所不知無爲而無所不爲此無相寂然之道豈曰有而爲有無而爲無動而乖靜靜而廢用耶而今之談者多即言以定旨尋大方而徵隅懷前識以標玄存所存之必當是以聞聖有知謂之有心聞聖無知謂等大虛有無之境邊見所存豈是處中莫二之道乎何者萬物雖殊然性本常一不可而物然非不物可物於物則名相異陳不物於物則物而即眞是以聖人不物於物不非物於物不物於物物非有也不非物於物物非無也非有所以不取非無所以不捨不捨故妙存則眞不取故名相靡因名相靡因非有知也妙存即眞非無知也故經云般若於諸法無取無捨無知無不知此攀緣之外絶心之域而欲以有無詰者不亦遠乎釋曰夫說有說無是心之影響豈當眞實乎若能窮其靈智之原極乎心數之表則可妙盡其道矣自然眞心無寄不屬有無不以有故虛以謂之不以無故數以應之然此猶是強言則聖智無心於彼此故云聖人不物於物不非物於物不物於物故名相靡因者以不取諸法無法當情則名相無因得起不非物於物故妙存即眞者以不捨諸法故無法可捨則見諸法之實性湛然常住妙體恒眞此眞實甚深般若豈在即言審定隨意思量說有說無非有非無之所能及故云此攀緣之外絶心之域而欲以有無詰者不亦遠乎應當妙證之時自然明了　問此佛之知見如何開示悟入　荅若約教天台文句疏配圓教四位開即十住示即十行悟即十向入即十地華嚴記釋

大意云謂開除惑障顯示眞理令悟體空證入心體若禪門南北二宗釋者北宗云智用是知慧用是見心不起名智智能知五根不動名慧慧能見是佛知見心不動是開者開方便門色不動是示示者示眞實相悟即妄念不生入即萬境常寂南宗云衆生佛智妄隔不見但得無念即本來自性寂靜爲開寂靜體上自有本智以本智能見本來自性寂靜名示既得指示即見本性佛與衆生本來無異爲悟悟後於一切有爲無爲有佛無佛常見本性自知妄想無性自覺聖智是故菩薩前聖所知轉相傳授即是入義海龍王經云心不住內亦不遊外識無所住度於一切墮顚倒者乃至見諸法寂觀諸法默諸法寂寞無行無處諸法澹然無所成就普觀諸法皆已如是如是觀者是爲法觀法觀如是不見諸法之所歸趣其有見法而不觀者不以見法而成觀也無求無曉不知不見是爲見法法華經云不得諸法不知不見亦不分別是男是女又昔人云亦無見亦無聞無見無聞眞見聞又肇法師云閉智塞聰獨覺冥冥者矣如是則默契寂知俱通宗鏡矣所以首楞嚴經云佛告阿難吾復問汝諸世間人說我能見云何名見云何不見阿難言世人因於日月燈光見種種相名之爲見若復無此三種光明則不能見阿難若無明時名不見者應不見暗若必見暗此但無明云何無見阿難若在暗時不見明故名爲不見今在明時不見暗相還名不見如是二相俱名不見若復二相自相陵奪非汝見性於中暫無如是則知二俱名見云何不見是故阿難汝今當知見明之時見非是明見暗之時見非是暗見通之時見非是通見塞之時見非是塞四義成就汝復應知見見之時見非是見見猶離見見不能及云何復說因緣自然及和合相　問聖人見實相之妙色惑情還見不

答唯見不實不見不實之實如見杌爲賊不見杌也又如一眞空理見成二諦若世人知者名爲世俗諦出世人知名第一義其所知處未必懸殊其所知境各從心現如瞖目見明珠有類淨眼觀瑩淨無瑕美惡唯自見珠珠體本末如一　問衆生不見實色者凡有所見還成妄不　答雖然不實亦不成妄如見杌爲賊賊何所有以無體故華嚴經頌云若能了邪法如實不顚倒知妄本自眞見佛即淸淨起信論云雖有染心而常恒不變法藏和尚云衆生異見不妄所以從凡顧求佛地若異見妄終不從凡趣眞佛地何以故衆生界即佛界佛界即衆生界是以從凡入聖從聖現凡名字有差一體不動然此宗鏡錄唯論一實如法華經以實相爲體此實之一字雖普該萬法以是彼之體性故統論其宗即不簡眞僞若以見解智證論之則須分優劣以情懷取捨智有淺深故法華玄義云夫正體玄絕一往難知又邪小之名亂於正大譬如魚目混雜明珠故須簡僞即爲六意一就凡簡二就外簡三就小簡四就偏簡五就譬簡六就悟簡一就凡簡者釋論云世典亦稱實者乃護國治家稱實也外道亦稱實者邪智僻解謂爲實也小乘稱實者厭苦蘇息以偏眞爲實也如是等但有實名而無其義何者世間妖幻道術亦稱爲實多是鬼神魅法此法入心迷醉狂亂自衒善好謂勝眞實立異動衆示奇特相髑髏盛屎約多人前張口大咽或生魚臭肉增狀餔食或裸形弊服誇傲規矩或直來直去不問不答種種譎詭該誘無智令信染惑著已求脫叵得內則病害其身外則誅家滅族禍延親里現受衆苦後受地獄長夜之苦生生障道無解脫期此乃世間現見何實可論鈍使愛論攝若周孔經籍治法禮法兵法醫法天文地理八卦五行世間墳典孝以治家忠以治國各親其親各子其子敬上愛下仁義揖讓安于百姓霸立社稷若失此法強者陵弱天下焦遑民無聊生鳥不暇栖獸不暇伏若依此法天下太平牛馬內向當知此法乃是愛民治國而稱爲實金光明經云釋提桓因種種勝論即其義也蓋十善意耳修十善上符天心諸天歡喜求天然報此法爲勝故言勝論耳又大梵天王說出欲論即是修定出欲淤泥亦是愛論攝耳世又方術服藥長生鍊形易色飛仙隱形者稱此藥方秘要眞實此亦愛論鈍使攝耳二就外簡者即是外道典籍也若服藥求知聰利明達推尋道理稱此藥方爲勝爲實者藥力薄知不能鑒遠觸藥則失藥歇則失亦非實也若此間莊老無爲無欲天眞虛靜息諸誇企弃世絕智等直是虛無其抱尚不出單四見外何關聖法縱令出單四見外尚墮複四見中見網中行非解脫道若外國論力受梨昌募撰五百明難其一云瞿曇爲

一究竟道爲衆多究竟道佛言但一究竟道論力云諸師各各説究竟道佛指鹿頭汝識其人不論力言識究竟道中其爲第一佛言若其得究竟道云何自捨其道爲我弟子耶論力即悟歎佛法中獨一究竟道又如長爪去一切論可破一切語可轉觀諸法實相千乂不得一法入心釋論云長爪執亦無見又去亦計不可説見如斯流類百千萬種虚妄戲論爲惑流轉見網浩然邪智瀾漫觸境生著或時標牒有無爲有無有爲無乃至有非有非無爲有無非有非無爲無百千番牒悉皆見倒生死諸邊非眞實也大涅槃經云被無明枷繫生死柱遶二十五有不能得脱即比義也三就小簡者聲聞法中亦云離有離無名聖中道大集經云拘隣如沙門最初獲得眞實之知見然小乘不運大悲不濟衆生功德力薄不求作佛不深窮實相則智慧劣弱雖云離有離無名聖中道乃以斷常二見邊眞諦爲中道無漏慧名爲見證涅槃法名爲知雖斷見思除滅分段而住草庵非究竟理對前生死有邊即涅槃無邊二俱可破可壞非眞實道故不名實相也四就偏簡者諸大乘經共二乘經人帶方便説者名字既同義須分別如摩訶衍中云三乘之人同以無言説道斷煩惱中論云諸法實相三人共得者二乘之人雖共稟無言説道自求出苦無大悲心得空則止鈍根菩薩亦爾利根菩薩大悲心爲物深求實相共實相者智如螢火是故非實不共實相智如日光是故爲實大涅槃經云第一義空名爲智慧二乘但空空無智慧菩薩得不但空即中道慧即此慧寂而常照二乘但得其寂不得寂照此非實相菩薩得寂又得寂照即是實相見不空者復有多種一見不空次第斷結從淺至深此乃相似之實非正實也二見不空具一切法初阿字門則解一切義即中即假即空不一不異無三無一二乘但一即別教但二即圓具三即三即眞實相也釋論云何等是實相謂菩薩入於一相知無量相無量相又入一相二乘但入一相不能知無量相別教雖入一相又入無量相不能更入一相利根菩薩空故入一相即假故知無量相即中更入一相如此菩薩深求智度大海一心即三是眞實相體也華嚴不共二乘但約菩薩三智次第得亦非正實不次第得者是正實也若方等中四人得三智三人爲虚一人爲實大品三慧説三智屬三人前二不深求淺而非實後一人深求一心三智是故是實此經云汝實我子無復四三之人十方諦求更無餘乘但一實相智決了聲聞法但説無上道純是一實體也大涅槃經云一實諦者則無有有無有無無二故名一實諦又一實諦名無虚僞又一實諦無有顛倒又一實諦非魔所説又一實諦名常樂我淨常樂我淨無空假中之異異則爲二二故非一實諦一實諦即空即假即中無異無二故名一實諦若有三異即爲虚僞虚僞之法不名一實諦無三異故即一實諦若異即是顛倒顛倒未破非一實諦無三異故無顛倒無顛倒故名一實諦異者不名一乘三法不異具足圓滿名爲一乘是乘高廣衆寶莊校故名一實諦魔雖不證別異空假而能説別異空假若空假中不異者魔不能説魔不能説名一實諦若空假中異者名顛倒不異者名不顛倒不顛倒故無煩惱無煩惱故名爲淨無煩惱則無業無業故名爲我無業故無報無報故名樂無報則無生死無生死則名常常樂我淨名一實諦一實諦者即是實相實相者即經之正體也如是實相即空即假即中即空故破一切凡夫愛論一切外道見論即假故破三藏四門小實破三人共見小實即中故破次第偏實無復諸顛倒小偏等因果四諦之法亦無小偏等三寶之名唯有實相因果四諦三寶宛然具足亦具諸方便因果四諦三寶何以故實相是法界海故唯此三諦即眞實相也又開次第之實即是圓實證道是同故又開三人共得實深求即到底故又開三藏三實決了聲聞法又開諸見論實於見不動而修道品故又開諸愛論實魔界即佛界故行於非道通達佛道一切諸法中悉有安隱性即絶待明實是經體也五譬簡者今借三喻正顯僞眞兼明開合破會等意一譬三獸渡河同入於水三獸有強弱河水有底岸兎馬力弱雖濟彼岸浮淺不深又不到底大象力強俱得底岸三獸喻三人水喻即空底喻不空二乘智少不能深求喻如兎馬菩薩智深喻如大象水軟喻空同見於空不見不空底喻實相菩薩獨到智者見空及與不空到又二種小象但到底泥大象深到實土別智雖見不空歷別非實圓不空窮顯眞實如是喻者非但

簡破兎馬二乘非實亦簡小象不空非實乃取大象不空爲此經體也此約空中共爲眞諦作如此簡也二譬頗梨如意兩珠相似形類欲同而頗梨但空不能雨寶如意珠亦雨寶頗梨無寶以喻偏空如意能雨以喻中道此就有無合爲俗簡僞顯眞今經體同如意也又但約一如意珠爲譬者得珠不知力用唯珠而已智者得之多有所獲二乘得空證空休息菩薩得空方便利益普度一切此就含中眞諦簡其得失也今經如智者得如意珠以爲經體三譬如礦石中金愚夫無識視之謂石擲在糞穢都不領錄賈客得之鎔出其金保重而已金匠得之造作種種釵釧環璫仙客得之鍊爲金丹飛天入地捫摸日月變通自在愚人喻一切凡夫雖具實相不知修習賈客喻二乘但斷煩惱礦保即空金更無所爲金匠喻別教菩薩巧方便知空非空出假化物莊嚴佛土成就衆生仙客喻圓教菩薩即事而眞初發心時便成正覺得一身無量身普應於一切今經但取金丹實相以爲體也就同而爲喻從初至後同是於金凡夫圓教俱是實相也就異爲喻者初石異金次金異器器異丹丹色淨徹類若清油柔軟妙好豈同鐶釧狀乖色別故不一種此就與奪破會簡其得失引此三喻者前喻根性根性有淺深淺得其空深得其假又得其中次喻三情初情但出苦不志求佛道見眞即息次情歷別不能圓修後者廣大徧法界求第三喻三方便二乘方便少守金而住別教方便弱止能嚴飾嘗生圓教方便深故能吞

雲納漢今明此經實相之體如大象得底堅不可壞以譬體妙圓珠普雨譬其用妙巧智成仙譬其宗妙如此三譬即是三德不縱不橫名爲大乘於大乘中別指眞性以爲經體六就悟簡者夫法相眞正緘如上說行未會理豈得名諦徒勞四說逐語生迷聞粖謂軟聞雪謂冷聞貝謂鞹聞鵠謂動終不能見乳之眞色情闇夜遊何能見諦叫喚求食無有飽理執己爲實餘是妄語此有彼無是非互起更益流動云何名諦若欲見諦慚愧有羞若苦到懺悔機感諸佛禪慧開發觀心明淨信解虛融介時猶名闇中見杌騎驢不明人木蟲塵尚不了了若能安忍法愛不生無明豁破如明鏡不動淨水無波魚石色像任運自明清淨心常一如是尊妙人則能見般若金鎞抉眼一指二指三指分明介時見色言有亦是言無亦是云何爲有的的之色與眼相應諦諦之理與智相稱名之爲有云何爲無無堅冷軟動之相名之爲無論云一切實一切非實亦實亦不實非實非不實如是皆名諸法之實相如舍利弗云安住實智中我定當作佛爲天人所敬介時乃可謂永盡滅無餘是名眞實見體故涅槃經云八千聲聞於法華經中見如來性如秋收冬藏更無所作約理明無所作此是究竟之理也約教無所作聞此教已更不他聞也約行無所作者修此行已更不改轍如是等種種無所作義略而言之隨智妙悟得見經體當以隨智妙悟意歷諸諦境中節節有隨情隨情智隨智種種分別簡餘情想唯取隨智明見經體也

問唯識正理我法本空衆生妄執我法二心從何而起　荅從六七二識緣識所起唯識論云諸心心所依他起故亦如幻事非眞實有爲遣妄執心心所外實有境故說唯有識若執唯識眞實有者如執外境亦是法執然諸法執略有二種一者俱生二者分別俱生法執無始時來虛妄熏習內因力故恒與身俱不待邪教及邪分別任運而轉故名俱生此有二種一者常相續在第七識緣第八識起自心相執爲實法二者閒斷在第六識緣識所變蘊處界相或總或別起自心相執爲實法此二法執細故難斷後十地中數數修習緣法空觀方能除滅分別法執亦由現在外緣力故非與身俱要待邪教及邪分別然後方起故名分別唯在第六意識中有此亦二種一緣邪教所說蘊處界相起自心相分別計度執爲實法二緣邪師所說自性等相起自心相分別計度執爲實法此二法執麁故易斷入初地時觀一切法法空眞如即能除滅如是所說一切法執自心外法或有或無自心內法一切皆有是故法執皆緣自心內法一切皆有是故法執皆緣自心所現似法執爲實有然似法相從緣生故是如幻有所執實法妄計度故決定非有故世尊說慈氏當知諸識所緣唯識所現依他起性如幻事等如是外道餘乘所執離識我法皆非實有故心心所決定不用外色等法爲所緣緣緣用必依實有體故釋云若執唯識眞實有者如執外境亦是法執者由是理故但應遣彼心外之境同兎角無能緣彼心如幻事有

故少分不同非謂即心亦名實有又夫心外執我執法者有其兩種一者如外道等執離心等別有一物是常是一名之為我此乃是妄計所執其體都無二者疎所緣緣本質之法能緣之心親緣之不著亦名心外此是依他其體是有　問六七二識執生我見能起計處於心內外云何有無　答論云如是所說一切我執自心外蘊或有或無者釋云能緣緣不著處皆名心外第七計我心外唯有第六計我心外之蘊或是於無論云自心內蘊一切皆有者親所緣也不問即離計為我者影像必有故無有少法能取少法唯有自心還取自心故皆緣蘊此皆辯我所依也論云是故我執皆緣無常五取蘊相妄執為我者結成前義影像相分必是蘊故緣此為我義顯大乘親緣於無心不生也成所緣緣必有法故論云然諸蘊相從緣生故是如幻有妄所執我橫計度故決定非有又諸外道等多於心王計為主宰作者受者由不能知本無自性隨緣流轉故大寶積經佛言迦葉譬如咽塞病即能斷命如是迦葉一切見中唯有我見即時能斷於智慧命故知法我見者違現量境障法空智人我見者為生死根斷智慧命不入宗鏡二患難消　問我法各以何為義　答我者是主宰二義我有自在力宰割斷力義同我故主是我體宰是我所或是我用法者則是軌持軌謂軌範可生物解持謂任持不捨自相　問我是主宰義者主宰二義各屬何識須知有我之病原方施無我之妙藥　答主是俱生我無分別故屬

第七識我宰是分別我有割斷故屬第六識我　問凡有施為無非我為主宰云何言一切唯是識乎　答西天外道多執身有神我故能使身動作若無神我誰使身耶龍樹菩薩破云心是識相自能使身不待神也如火性能燒物非假於人密嚴經云阿賴耶識恒與一切染淨之法而作所依是諸聖人現法樂住三昧之境人天等趣諸佛國土悉以為因常以諸乘而作種性若能了悟即成佛道一切衆生有具功德威力自在乃至有生險難之處阿賴耶識恒住其中作所依止此是衆生無始時界諸業習氣能自增長亦能增長餘之七識由是凡夫執為所作能作內我諸仁者意在身中如風速轉業風吹種遍在諸根七識同時如浪而起外道所計勝性微塵自在等悉是清淨阿賴耶識諸仁者阿賴耶識由先業力及愛為因成就世間若干品類妄計之人執為作者楞伽經云觀諸衆生如死屍無知以妄想故見有往來若離妄想如彼死屍無鬼入中是知人亦如是但有四大無人入中大智度論問云有出入氣則是我相視眴壽命心苦樂愛憎精勤等是我相若無我誰有是出入息視眴壽命心苦樂愛憎精勤等當知有我在內動發故壽命心亦是我法若無我如牛無御有我故能制心入法不為放逸若無我者誰制御心受苦樂者是我若無我者為如樹木則不應別苦樂愛憎精勤亦如是我雖微細不可以五情知因是相故可知為有答曰是諸相皆是識相有識則有出入息視眴壽命等若識離身則無

汝若云我常徧故死人亦應有視眴出入息壽命等復次出入息等是色法隨心風力故動發此是識相非我相壽命是心相應行亦是識相問曰若入無心定中或眠無夢時息亦出入有壽命何以故言皆是識相答曰無心定等識雖暫無不久必還生識不捨身故有識時多無識時少是故名識相如人出行不得言其家無主苦樂憎愛精勤等是心相應共緣隨心行心有故便有心無故便無以是故是識相非我相又云復次四大及造色圍虛空故名為身是中內外入因緣和合生識種身得是種和合作種種事言語坐起去來空六種和合中強名為男強名為女若六種是男應有六男不可以一作六六作一既於地種中無男女相乃至識種亦無男女相若各各中無和合中亦無如六狗各各不能生師子和合亦不能生無性故　問經說所有我見一切皆緣五取蘊起實我若無云何得有憶識誦習恩怨等事若實無我憶識等事不成誰為主宰　答五蘊之法約衆生界說情有遍事以智推檢五蘊俱空經云是身如聚沫不可撮摩即色蘊空是身如泡不得久立即受蘊空是身如燄從渴愛生即想蘊空是身如芭蕉中無有堅即行蘊空是身如幻從顛倒起即識蘊空五蘊既空誰為主宰所有分別是妄識攀緣言語去來唯風力所轉雖情執外中間唯有空性故知我但有名名亦無性名體俱空我法何有唯識論云又諸所執實有我體為有作用為無作用若有作用如手足等應是無常若無作用如兔角

宗鏡六十五卷　十六張　輕

等應非實我故所執我二俱不成又憶識等事皆從本識熏習之力而得成就乃至所執實我既常無變後應如前是事非有前應如後是事非無以後與前體無別故若謂我用前後變易非我體者理亦不然用不離體應常有故體不離用應非常故然諸有情各有本識一類相續住持種子與一切法更互爲因熏習力故得有如是憶識等事故寶積經偈云法同草木無覺知若離於心不可得衆生自性無所有一切諸法亦如是若現在陰入界是念念不住何以故世法無有一念住者若有一念是一念中住亦有生住滅是生住滅亦復不住如生住滅中有內外陰界入是內外陰界入亦有生住滅若如是不住者即是非我非我所又佛言從本已來無我無人無有丈夫但是內心見有我人內心起時彼已害我即名爲害乃至是中無有一法和合聚集決定成就得名爲佛名法名僧名父名母名阿羅漢定可取者又頌云俯仰屈申立去來瞻視言語中無實風依識故有所作是識滅相念念無彼此男女有我心無智慧故妄見有骨鎖相連皮肉覆機關動作如木人內雖無實外似人譬如熱金投水中亦如野火焚竹林因緣和合有聲出華嚴經頌云菩薩一切業果報悉爲無盡智所印如是無盡自性盡是故無盡方便滅菩薩觀心不在外亦復不得在於內知其心性無所有我法皆離永寂滅彼諸佛子如是知一切法性常空寂無有一法能造作同於諸佛悟無我大集經云若復有言眼色因緣故有我者是義不

宗鏡六十五卷　十七張　輕

然何以故眼中無我色亦如是而和合中亦復無我和合因緣生於眼識如是識中亦復無我風中空中悉亦無我如是推尋竟不可得此識但是十二因緣猶環流轉離十二因緣識不可見但因識生名色乃至則有衰老及以病死如是等法因眼識生而是眼識非東方來南西北方四維上下亦復如是所因之念生根識轡是念亦滅眼識不住第二念中亦不語念汝住我滅而是滅法亦非復去至十方面亦復不尋一處住止是故諸法因緣故生若離因緣則不得生因因緣生因因緣滅如是因緣名相續法是故當知實無有我而是因緣亦無作者無有受者無有起者無他起者是故無我若無我者我既是空我所亦空何以故然體性尒故是故眼性無我我所無有積聚非合非散即生滅故一切諸法亦復如是是風因緣亦入根中左旋右轉淸淨照了彼風如幻亦不可捉又雖似有能作所作二事相成但從緣生俱無自性不知唯識之人盡執爲實我如大涅槃經云佛言比丘譬如二手相拍聲出其中我亦如是

宗鏡錄卷第六十五　　輕

音義

廓苦郭反 崘力迷反 域與偪反 澅[illegible] 類盧對反 瑩烏定反 瑕胡加反 僻芳辟反 穌[illegible] 懞[illegible] 妖於喬反 媚[illegible] 衒黃練反 罽[illegible] 餔薄故反 騾[illegible] 徼[illegible] 諂[illegible] 詭[illegible] 誘[illegible] 嘖[illegible] 違[illegible] 褸[illegible] 詮[illegible] 叅[illegible] 複[illegible] 撰[illegible] 擲[illegible] 瀾[illegible] 漫[illegible] 擲直炙反投也 估公戶反市稅也 璫

宗鏡六十五卷　十八張　輕

都郎反耳珠也 捫莫奔反撫持也 抹莫割反摩也 齞五閑反露頭也 齧胡沃反 鎚[illegible]反 咽烏前反 眴許閏反目動也 撮倉括反 捉側角反

戊申歲分司大藏都監開板

宗鏡録卷第六十五

校勘記

一　底本，麗藏本。

一　六一三頁中二六行「謂之」，[清]作「通之」。二八行、本頁下一八行同。

一　六一四頁上三行第二字「知」，[磧]、[南]作「智」。

一　六一四頁下二五行第一四字「失」，[清]作「得」。

一　六一六頁上一〇行首字「含」，[清]作「合」。

一　六一六頁上二〇行「實相」，[磧]、[南]、[徑]作「寶相」。

一　六一六頁上末行第四字「止」，[磧]作「上」，[南]、[清]作「土」；[徑]作「出」。

一　六一六頁中二一行第一二字「安」，[清]作「汝」。

一　六一六頁下一三行第二字「緣」，[清]作「勝」。

一　六一七頁上二四行「二患難消」，[磧]、[南]、[清]作「二難患消」。

一　六一七頁下四行第七字「入」，[磧]、[南]、[清]作「人」。

一　六一八頁上三行第七字「後」，[磧]、[南]、[清]作「從」。

一　六一八頁中四行第一〇字「猶」，[清]作「循」。

一　六一八頁中八行「根識」，[清]作「眼識」。

宗鏡録卷第六十六　　輕

慧日永明寺主智覺禪師　延壽　集

夫既無我亦無於人乃至衆生壽者十六知見等如大涅槃經云佛言如說名色繫縛衆生名色若滅則無衆生離名色已無別衆生離衆生已無別名色亦名名色繫縛衆生亦名衆生繫縛名色師子吼言世尊如眼不自見指不自觸刀不自割受不自受云何如來說言名色繫縛名色何以故言名色者即是衆生言衆生者即是名色若言名色繫縛衆生即是名色繫縛名色佛言善男子如二手合時更無異法而來合也名之與色亦復如是以是義故我言名色繫縛衆生若離名色則得解脫釋曰如二手合時更無異法者二手雖有相合以但是一身之用故無異法雖非異法若以一手合義不成如名色衆生雖然不異要因名色繫縛衆生要離名色方得解脫一切諸法離合縛脫亦復如是維摩經云法無有人前後際斷故肇法師曰天生萬物以人爲貴始終不改謂之人外道以人名神謂始終不變若法前後際斷則新新不同新新不同則無不變之者無不變之者則無人矣既前際無人後際無壽者中際無我無衆生世間凡所有法皆是意言分別立其名相都無實義衆生不了妄有所得沒在其中不能出離是以諸佛方便說人法二空唯識正義於虛誑名相中而能拔出如大智度論云須菩提白佛言世尊若一切法空無根本如夢如幻等衆生在何處住而菩薩拔出須菩提意謂如人沒深泥而得拔出佛答衆生但住名相虛誑憶想分別中佛意一切法中無使定實者但凡夫虛誑故著如人暗中見似人物謂是實人而生畏怖又如惡狗臨井自吠其影水中無狗但有其相而生惡心投井而死衆生亦如是四大和合故名爲身因緣生識和合故動作言語凡夫人於中起人相生愛生恚起罪業墮三惡道菩薩行般若波羅蜜時憐愍衆生種種因緣敎化令知空法而拔出之作是言是法皆畢竟空無所有衆生顚倒虛妄故見似有如化如幻如乹闥婆城無有實事但誑惑人眼乃至佛告須菩提若諸法當實有如毫氂許菩薩坐道場時不能覺一切法空無相無所有得成阿耨多羅三藐三菩提亦不能以此法利益衆生等又云如人遠行獨宿空亭夜中有鬼擔一死屍來著其前復有一鬼從後而來瞋罵前鬼云是我屍何以擔來前鬼復言本是我物我自擔來二鬼各以一手爭之前鬼語曰可問此人後鬼即問是誰死人誰擔將來是人思惟此之二鬼皆有大力實語虛語皆不免死我今不應妄語荅鬼便荅後鬼前鬼擔來後鬼大瞋拔其手足出著地上前鬼愧之取屍補之補之便著臂手足等舉身皆易於是二鬼共食所易活人之身各各拭口分首而去其人思惟父母生身眼見食盡我今此身盡是他肉爲有身耶爲無身耶如是思惟心懷迷亂不知所措猶如狂人天旣明矣尋路而去至前國土見有佛塔凡見衆僧不論餘事但問已身爲有爲無諸比丘問汝何人耶答曰我亦不知是人非人即爲衆僧廣說上事衆僧皆云此人自知已身無我易可化度即語之言汝身本來恒自無我但以四大和合聚集計爲本身如汝本身與今無異時諸比丘度爲沙門斷煩惱盡得阿羅漢是故有時於他人身亦計爲我已無我故有時於我謂爲他人故文殊問經云有老人夜卧手捉兩膝而便問云那得有此兩小兒耶身若有我云何不識謂爲小兒故知橫計皆無定實又云菩薩作是念諸法空無我無衆生而從因緣故有四大六識是十法各各有力能生能起能有所作如地能持水能爛火能消風能迴轉識能分別是十法各有所作衆生顚倒故謂是人作我作如皮骨和合故有語聲或者謂人語如火燒乾竹林出大音聲此中無有作者又如木人幻人化人雖能動作無有作者此十法亦如是廣百論云若隨自覺執有我者豈不但緣無常身等虛妄分別執爲實我所以者何現見世間但緣身等前後隨緣分位差別虛妄計度我肥我瘦我勝我劣我明我暗我苦我樂身等無常可有是事常住實我無此差別由此比知一切我見皆無實我以爲境界唯緣虛妄身等爲境隨自妄想覺慧生故如緣暗繩顚倒蛇執寶行王正論偈云如人依淨鏡得見自面影此影但可見一向不眞實我見亦如是依陰得顯現如實檢非有猶如鏡面影顯揚論問曰若唯有蘊無別我者誰見誰聞誰能了別乃至偈答云如光能照用離光無異體是故於内外空無我義成論曰現見世間即於光體有能照用說爲照者離光體外無別照者如是眼等

有見等用說爲見者乃至了別者無別見者等是故内外諸法等無有我問若實無我云何世間有染有淨荅染淨諸法從因緣生不由實我何以故頌曰如世間外物離我有損益内雖無實我染淨義應成論曰如世外物雖無有我而有種種災横順益事業成就如是内法雖無有我而有種種染淨義成是故無過　問既人法俱空若實無我誰受生死依正果報或復猒苦求趣涅槃縛解去來昇沉等事　荅雖無作者而有作業以衆緣力至於後世相續不斷但以識爲種能有猒求記憶等事大涅槃經云師子吼菩薩言世尊衆生五陰空無所有誰有受教修集道者佛言善男子一切衆生皆有念心慧心發心勤精進心信心定心如是等法雖念念滅猶故相似相續不斷故名修道乃至如燈雖念念滅而有光明除破闇冥念等諸法亦復如是如衆生食雖念念滅亦能令飢者而得飽滿譬如上藥雖念念滅亦能愈病日月光明雖念念滅亦能增長草木樹林善男子汝言念念滅云何增長者心不斷故名爲增長如淨名經偈云雖無我無造無受者善惡之業亦不亡失善惡之業因苦樂之果報非有人我能作能受但是識持因果不亡如古師云衆生爲善惡而受其報者皆由衆生心識三世相續念念相傳如今世現行五藴猶前世識種爲因起今世果今世有作業熏種而爲來世現行因展轉相續爲因果故又善惡之業皆由心識而起謂前念造得善惡業然此一念識雖滅而後念心識生既心識相傳不斷

即能任持善惡之業而亦不亡以由識持故識論云然有情類身心相續煩惱業力輪迴諸趣猒患苦故求趣涅槃由此故知定無實我但有諸識無始時來前滅後生因果相續由妄熏習似我相現愚者於中妄執爲我故知猒苦求樂捨此生彼則驗知無我若定有我有體則不能去來隨緣起滅以定有故不可移易只爲識心如幻無定故乃有從凡入聖之理猒妄求真之門則不壞因緣能含正理大莊嚴論問有縛則有解無我則無有縛若無有縛誰得解脫荅雖無有我猶有縛解何以故煩惱覆故則爲所縛若斷煩惱則得解脫是故雖復無我猶有縛解問若無我者誰至後世荅從於過去煩惱諸業得現在身及以諸根從今現世復造諸業以是因緣得未來身及以諸根譬如穀子衆緣和合故得生芽然此種子實不至芽種子滅故芽便增長子滅故不常芽生故不斷佛說受身亦復如是雖復無我業報不失問若無我者先所作事云何故憶而不忘失荅以有念覺與心相應便能憶念三世之事而不忘失又復問若無我者過去已滅現在心生生滅既異云何而得憶念不忘荅一切受生識爲種子入母胎田愛水潤漬身樹得生如胡挑子隨類而生此陰造業能感後陰然此前陰不生後陰以業緣故便受後陰至滅雖異相續不斷如嬰兒病與乳母藥兒患得愈母雖非兒藥之力勢能及於兒陰亦如是以有業力便受後陰憶念不忘又大智度論云問曰心所趣向心爲去爲不去若去此則無心猶如死人

若不去云何能緣如佛言依意緣法意識生意若不去則無和合荅心不去不住而能知如般若中說一切法無來無去相云何言心有來去若有來去即墮常見諸法無有定相知心不住爲無常相結使未斷或生吾我如是思惟若心無常誰知是心心爲屬誰誰爲心主而受苦樂一切諸物誰之所有即分別知無有別主但於五陰計有人相而生我心以我心故生我所我所心生故有利益我者生貪欲違逆我者而生瞋恚愛等諸煩惱假名爲縛若修道解是縛而得解脫即名涅槃更無有法名爲涅槃如人被械得脫而作戲論是械是脚何者是解脫是人可怪於脚械外更求解脫衆生亦如是離五陰滅更求解脫故知有識則繫縛無識則解脫若離五陰空別求解脫者如離此方空別求他方空故思益經云愚於陰界入而欲求菩提陰界入即是離是無菩提華嚴會意問云若準六根無我誰造誰受耶荅佛說作善生天爲惡受苦者此但因緣法尒非是我能爲受也若言是我非因緣者作惡何不生天乃墮地獄耶我豈愛彼地獄故受苦耶我既作惡而不受樂者故知善惡感報唯因緣非是我也如論云因緣故生天因緣故墮地獄是此意也問既言無我誰感因緣若言無我但是因緣自爲者草木亦稟因緣何不生天與受苦耶荅内外雖但稟因緣因緣有二一善惡增上業因緣但感生天及地獄異熟等二善惡等流業因緣生天者感寶地金華墮地獄者感刀林銅柱等此是因緣業作非我能爲豈謂受

報不同而計有我也故經云無我無造無受者善惡之業亦不亡問若言造業受報但是因緣非由我者何故有誑無我者雖有已造惡業因緣而不感受報耶既得無我即不受報者故知我造惡業受報非是業因緣也答由得無我已即斷惡業因緣無彼因緣故不受報非謂有我無我受不受也故經云因緣故法滅等此之謂也即以如實推究我不可得是故無我唯六根也外我所執外分有六塵也非實我所有問若言唯是色聚等無實財寶非我所者即我等徧有何得世人有富饒財寶有貧無一錢等答財寶是色從業因生以業增勝故即財寶豐盈由業不清淨故貧無一物也此則有無因業非是我所能爲也若言財寶實有非由業因緣有者即一切衆生執有我所何故有貧富不同故知由業因緣非我實有也說長者多盈財寶餓鬼無一毛覆身業是也破中間見聞等病故於中間分爲六識也見聞等病空無所有也若言見聞等是我非是識者如聾盲人有我何不得見聞等耶既聾盲等人雖有於我而不得見聞者故知見是識非是我也是知於此根塵識三處推擇雖有法而無我人問或言有我由迷似生非實有者何不迷他爲自今既以自爲自不得爲他以他爲他不得爲自者故知自他實有非由計生也又但是迷心非實有者何不於水迷見爲火於火迷見於水故知水火實有不是迷生也答曰有二初者然此分別計我藉三緣生謂邪師邪教邪思惟等由此三緣久久熏力慣習遂計彼爲他

執自爲我此但由計有實有故若言實有非熏習而計有者初出胎時何不執自及以他身既初出胎時未熏習故不計自他故知計有自他由妄熏故也如說分別我執藉三緣生故又云惡見熏習等二者凡所見執實必迷似生雖似則無所執性故知如計水火由執似生也何者以水火似有但是虛相誑心以不了相虛執爲實有何以故所得冷熱但是觸塵所見青黃赤白是色法故流相勝缺是法塵故執實水火但唯法塵妄見有也如說從自心生與心作相等是也問既觀驗水火但唯塵等云何有水火相別答六塵不別但是虛似有殊即此似相由迷執所起故是故似之與執但有迷生如說餓鬼恒河見水爲火喻等此但從自心生外非實有也又云凡有見自見他皆是迷心自現如迷東爲西然迷人西不離悟人東但爲迷人迷故不見悟人東也非謂迷見西處無彼東也若言迷見西處無實東者即見西是悟不是迷也以無悟人東無所迷故既知實東謂爲西者何以人不離東也信知衆生不離佛界佛界不離衆生界但爲迷故癡盲對目不知見深自悲哉如大涅槃經云外道先尼言瞿曇若無我者誰見誰聞佛言善男子內有六入外有六塵內外和合生六種識是六種識因緣得名善男子譬如一火因木得故名爲木火因草得故名爲草火乃至衆生意識亦復如是因眼因色因明因欲名爲眼識善男子如是眼識不在眼中乃至欲中四事和合故生是識乃至意識亦復如是若是因緣和合故生

智者不應說見即是我乃至觸即是我善男子是故我說眼識乃至意識一切諸法即是幻也云何如幻本無今有已有還無乃至內外六入是名衆生我人士夫離內外入無別衆生我人士夫又言瞿曇如汝所言內外和合誰出聲言我作我受佛言先尼從愛無明因緣生業從業生有從有出生無量心數心生覺觀覺觀動風風隨心觸候舌齒脣衆生倒想聲出言說我作我受我見我聞善男子如幢頭鈴風因緣故便出音聲風大聲大風小聲小無有作者又百論云我若是有應如色等從緣而生生定歸滅則非常住若非緣生應如兔角無勝體用何名爲我又念念滅所以非常相似相續所以非斷如是佛子遠離二邊悟入緣生甚中妙理 問既無我人云何有生有死 答但生是空生死是空死畢竟無有我人可得如經云一切世間法唯因果無人但是依空法還生於空法是知衆生果中但有名數名數本空萬法何有如法性論云數盡則群有皆虛名廢則萬像自畢因茲以觀斯乃會通之津陘反神之玄路是以境因名立名虛則境空有從數生數虛則有寂名數起處皆是自心若不生萬法何有所以華嚴經頌云世間一切法但以心爲主隨解取衆相顛倒不如實若能如實觀之則見自心之性可謂會通之津陘反神之玄路矣又淨名疏智者廣釋六大性無我如經云是身無我爲如地此正約地種明無我也今例作兩釋一作破外人解二約內觀明義一破外人者外人計云若言身無神我那得

能擔輕負重内人破言地亦能荷負山嶽可有神我耶次約内觀解者若毗曇明衆生是假名地大是實法成論明地大亦是假名四微是實法今明雖復假實之殊同是若諦下無我行觀門所攝如地是四微所成若一微是主三亦是主若一非主三亦非主當知無主若内地四微所成無主者外地四微所成亦無有主也若内外地無主者此三事所成何得有主若無主即是無我故云此身無主爲如地也又請觀音經云地大地無堅性地若是有者爲自性有他性有共性有無因性有四種中隨計一性即是有見若謂是事實餘妄語實即是剛義是性是主義也若檢四性不得此爲見地是無是事實餘妄語實即是剛是性是主若見地亦有亦無是事實餘妄語實即是剛是性是主若見地是非有非無是事實餘妄語實即是性是主若於此四句有所計執者即是性實是剛是主金剛般若經云是諸衆生若心取相則著我人衆生壽者若取法相亦著我人衆生壽者若取非法相亦著我人衆生壽者也若不取四句則是觀地無剛性若無剛實則無主無我故說是身無主猶如地也經云是身無我爲如火亦作兩釋一作破外人解者外人計有神我云何知耶見身能東西馳走及出音聲故知有神我也内人破曰約火一法破其兩計所以者何火燒野草亦能東西自在亦是我也又燒著竹木出諸音聲亦是有神我也次約内觀釋者火爲二微所成無有定性無性即是無火也今身爲名色所成身無定性若身無定性即無我也復次此身中諸煖即是火若外火無我内火亦無我也又請觀音經云火大火性從因緣生若從緣生即無自性無實即無我破性及四句類地可知經云是身無壽爲如風亦作破内外觀釋破外人者外人計有壽者云何知耶若無壽者何得有出入息相續不斷内人破曰出入息者但風相外風無壽者内風豈是壽者也次内觀解者風相關擊故輕虚自在遊中無礙有何壽命大集云出入息者名爲壽命若觀此出入息入無積聚出無分散來無經遊去無履涉如空中風求不可得風既非壽息亦何得是壽也又請觀音經云風性無礙今以四句觀風若言有性有生四句可得者即是礙相不得入道若四句觀風風不可得即是無礙無礙故即是入如實之際觀身三事息非壽命如風故說是身無壽爲如風也經云是身無人爲如水此約水種破人亦作破外人内觀解初明破外人者外人計有神即是人云何知耶若身中無神何能慈恩惻下曲隨物情也内人破曰我見水能下潤隨器方圓水無神無人者而汝能恩惻順物亦無神無人也今明内觀解者水爲三微所成無有定性無性即無水三事成身無有定性無性即無身無身即無人故說是身無人爲如水也又解如小兒水中見影謂言水裏有人入水求人終不可得凡夫三事中生身見謂身是人深觀三事不見身相即無人也又如請觀音經云水性不住以其住者池沼方圓礙之即住非水有住性也今檢人亦如是隨諸法得人名無定性若四句檢水有性有著即是住義若檢水四句無性無著即是無住無住故入如實際經云是身不實四大爲家此是揔約四大破我說無我行也若作破外人解外人計云若身中無實有神我者今現見六情依身而住故知實有神我也内人破曰現見六情依四大住無別我神之所依也若約内觀解者身名是一一身不應在四我住若一大我住三大應無假名身若各有者即有四身若即若離四句約四大中檢身不得故知身無有實若不得身實即身見破身見破即我見十六知見皆破也經云是身爲空離我我所者此是第二約空種破說無我行也若作破外人解外人計有我所若無神我何得所有國土人物是實所若見實當知我亦是實内人破曰若尒所是空我亦應空如身中空種空種及一切外空是所所空故說亦空也若約内觀解者即是正約空種破身見也四大造色圍虛空故假名爲身離空即無身若外内空不名身今約空種檢身不可得即身見破身見破即離我我所也經云是身無知如草木瓦礫者此是第三檢識種破我是知說無我行也若作破外人解外人計云若身中無神那得知四時氣序等事也内人破曰如草木瓦礫亦猶陰陽氣候逐時轉變似有所知而非神知者今身雖有知如草木瓦礫無神知也又外人計身内有神神使知知之内人破曰若神使知知復誰使神知遂無使神何須使若無神使即無知者無知者即如草木瓦礫也若約内觀的觀識種所以者何三事

成身命煖無知知只是識若謂識能知者過去識已滅滅故不能知現在識剎那不住無暫停時亦不得知未來識未有未有之識豈得有知三世求識知不可得離三世無別有知故說此身無知如草木瓦礫也經云是身無作風力所轉次約風動助成破識有作說無我行也若作破外人解外人計身內有神我故能執作施為作一切事內人破曰此非神作身有所作皆風力轉也若約內觀心解妄念心動身內依風得有種種所作故大集經云有風能上有風能下心若念上風隨心牽起心若念下風隨心牽下運轉所作皆是風隨心轉作一切事若風道不通手脚不遂心雖有念即舉動無從譬如人牽關捩即影技種種所作捩繩若斷手無所牽當知皆是依風之所作也今觀此依風不自生亦不他生若無生即是空尚不能自有令三事成身不可得誰是作也釋曰夫外計內執我者皆於地水火風空識六大種中及身內識煖息三事等起執今觀六大三事內唯是識之一大世多堅執以為實我今只用於內外三世中推自然無我無識內外推者只如執識實在身內者且何者是識若言身分皮肉筋骨等是識者此是地大若言精血便利等是識者此是水大若言身中煖觸是識者此是火大若言折旋俯仰言談祗對是識者此是風大除四大外唯是空大何者是識各各既無和合豈有如一砂壓無油合衆砂而豈有似一狗非師子聚群狗而亦無此四大種現推無體即是內空死後各復外四大一一歸空即是外空內外俱空識性無寄又內推既無識應在外者外屬他身自無主宰及同虛空有何分別內外既空中間奚有以因內外立中間故但破內外中間自虛若識內外空者應在心世何者因三世以辯識因識以立三世若無有識誰分三世若無三世何以明識以此三識若不思過去即想未來過未不緣即住現在離三際外更無有識故祖師云一念不生前後際斷今則念念成三世念念識不住念念唯是風念念無主宰故金剛經云過去心不可得未來心不可得現在心不可得以因現在立過去因過去立未來現在既不住過未亦無生互檢互無徹底空寂但有微毫起處皆從識生今推既無分別自滅分別既滅境界無依如依水生波依鏡現像無水則波不起無鏡則像不生故知非關法有法無但是識生識滅如金剛三昧經偈云法從分別生還從分別滅滅是諸分別是法非生滅如是洞達根境豁然自覺既明又能利他普照故經偈云究竟離虛妄無染如虛空清淨妙法身湛然應一切是以世間塵淨不於自身子細明察妙觀不習智眼全盲執妄迷真以空作有若能善觀即齊諸聖如圓覺經云尒時世尊告普眼菩薩善男子汝等乃能為諸菩薩及末世衆生問於如來修行漸次思惟住持乃至假設種種方便汝今諦聽當為汝說時普眼菩薩奉教歡喜及諸大衆默然而聽善男子彼新學菩薩及末世衆生欲求如來淨圓覺心應當正念遠離諸幻先依如來奢摩他行堅持禁戒安處徒衆宴坐淨室常作是念我今此身四大和合所謂髮毛爪齒皮肉筋骨髓腦垢色皆歸於地唾涕膿血津液涎沫痰淚精氣大小便利皆歸於水煖氣歸火動轉歸風四大各離今者妄身當在何處即知此身畢竟無體和合為相實同幻化四緣假合妄有六根六根四大中外合成妄有緣氣於中積聚似有緣相假名為心善男子此虛妄心若無六塵則不能有四大分解無塵可得於中緣塵各歸散滅畢竟無有緣心可見善男子彼之衆生幻身滅故幻心亦滅幻心滅故幻塵亦滅幻塵滅故幻滅亦滅幻滅滅故非幻不滅譬如磨鏡垢盡明現善男子當知身心皆為幻垢垢相永滅十方清淨善男子譬如清淨摩尼寶珠映於五色隨方各現諸愚癡者見彼摩尼實有五色善男子圓覺淨性現於身心隨類各應彼愚癡者說淨圓覺實有如是身心自相亦復如是由此不能遠於幻化是故我說身心幻垢對離幻垢說名菩薩垢盡對除即無對垢及說名者善男子此菩薩及末世衆生證得諸幻滅影像故尒時便得無方清淨無邊虛空覺所顯發覺圓明故顯心清淨心清淨故見塵清淨見清淨故眼根清淨根清淨故眼識清淨識清淨故聞塵清淨聞清淨故耳根清淨根清淨故耳識清淨識清淨故覺塵清淨如是乃至鼻舌身意亦復如是善男子根清淨故色塵清淨色清淨故聲塵清淨香味觸法亦復如是善男子六塵清淨故地大清淨地清淨故水大清淨火大風大亦復如是善男子四大清淨故十二處十八界二十五有清淨

彼清淨故十力四無所畏四無礙智佛十八不共法三十七助道品清淨如是乃至八萬四千陁羅尼門一切清淨善男子一切實相性清淨故一身清淨一身清淨故多身清淨多身清淨故如是乃至十方衆生圓覺清淨善男子一世界清淨故多世界清淨多世界清淨故如是乃至盡於虚空圓裹三世一切平等清淨不動善男子虚空如是平等不動當知覺性平等不動四大不動故當知覺性平等不動如是乃至八萬四千陁羅尼門平等不動當知覺性平等不動善男子覺性徧滿清淨不動圓無際故當知六根徧滿法界根徧滿故當知六塵徧滿塵徧滿故當知四大徧滿法界如是乃至陁羅尼門徧滿法界善男子由彼妙覺性徧滿故根性塵性無壞無雜根塵無壞故如是乃至陁羅尼門無壞無雜如百千燈光照一室其光徧滿無壞無雜善男子覺成就故當知菩薩不與法縛不求法脫不猒生死不愛涅槃不敬持戒不憎毀禁不重久習不輕初學何以故一切覺故譬如眼光曉了前境其光圓滿得無憎愛何以故光體無二無憎愛故善男子此菩薩及末世衆生修習此心得成就者於此無修亦無成就圓覺普照寂滅無二於中百千萬億不可説阿僧祇恒河沙諸佛世界猶如空華亂起亂滅不即不離無縛無脱始知衆生本來成佛生死涅槃猶如昨夢善男子如昨夢故當知生死及與涅槃無起無滅無來無去其所證者無得無失無取無捨其能證者無作無止無任無滅於此證中無能無所

畢竟無證亦無證者一切法性平等不壞善男子彼諸菩薩如是修行如是漸次如是思惟如是住持如是方便如是開悟求如是法亦不迷悶所以凡夫迷夢怕怖生老病死以二乘偏見猒離成住壞空若頓悟之時不猒不怖全將生死法度脱於群生以生死性空故如釋迦如來不離不著生則王宫降誕演獨尊之文老則壽八十年示遷壞之法病則背痛偃卧警泡幻之身死則示滅雙林顯無常之苦令小根者悟其遷變俾大器者頓了圓常故知生老病死之中盡能發覺行住坐卧之内俱可證眞豈同怖猒凡小之見乎

宗鏡録卷第六十六

音義

擠[illegible]反　拭賞職反　揆[illegible]反　壓烏甲反　潰[illegible]反　愈[illegible]　擨[illegible]　饒如招反

戊申歳分司大藏都監開板

宗鏡録卷第六十六　校勘記

一　底本，麗藏本。

一　六二〇頁上五行第一二字「色」，磧作「身」。

一　六二一頁中二行「輪迴」，磧、清作「轉迴」。

一　六二一頁下七行第五字「若」，磧、南、清作「苦」。

一　六二二頁中二〇行末字至二一行首字「何以」，清作「足見」。

一　六二二頁下九行首字「倒」，磧、南、徑、清作「同」。

一　六二二頁下二〇行第一〇字「虚」，徑、清作「空」。

一　六二三頁上四行「若諦」，磧、清作「苦諦」。

一　六二三頁上一一行「因性」，南、徑、清作「共性」。

一　六二三頁上二九行第七字「二」，南、徑、清作「三」。

一　六二三頁下二〇行第五字「今」，徑作「令」。

一　六二四頁中四行末字「心」，磧、南、徑、清作「三」。

一　六二四頁中二六行「假設」，徑作「假說」。

宗鏡錄卷第六十七　　　　　　　輕

慧日永明寺主智覺禪師延壽集

夫雖說我相起盡根由皆是外道凡夫麤重情執如何是內教修行之人微細法我之見　答法執難亡更是微細以法執爲本人執爲末所以法愛不盡皆爲頂墮之人圓證涅槃猶是我見之者如圓覺經中淨諸業障菩薩白佛言大悲世尊爲我等輩廣說如是不思議事一切如來因地行相令諸大衆得未曾有覩見調御歷恒沙劫勤苦境界一切功用猶如一念我等菩薩深自慶慰世尊若此覺心本恒清淨因何染汙使諸衆生迷悶不入乃至佛言善男子一切衆生從無始來妄想執有我人衆生及與壽命認四顛倒爲實我體由此便生憎愛二境於虛妄體重執虛妄二妄相依生妄業道有妄業故妄見流轉厭流轉者妄見涅槃由此不能入清淨覺非覺違拒諸能入者有諸能入非覺入故是故動念及與息念皆歸迷悶何以故由有無始本起無明爲己主宰一切衆生生無慧目身心等性皆是無明譬如有人不自斷命是故當知有愛我者我與隨順非隨順者便生憎怨爲憎愛心養無明故相續求道皆不成就善男子云何我相謂諸衆生心所證者善男子譬如有人百骸調適忽忘我身四支絃緩攝養乖方微加針艾則知有我是故證取方現我體善男子其心乃至證於如來畢竟了知清淨涅槃皆是我相善男子云何人相謂諸衆生心悟證者善男子悟有我者不復認我所悟非我悟亦如是悟已超過一切證者悉爲人相善男子其心乃至圓悟涅槃俱是我者心存少悟備殫證理皆名人相善男子云何衆生相謂諸衆生心自證悟所不及者善男子譬如有人作如是言我是衆生則知彼人說衆生者非我非彼云何非我我是衆生則非是我云何非彼我是衆生非彼我故善男子但諸衆生了證了悟皆爲我人而我人相所不及者存有所了名衆生相善男子云何壽者相謂諸衆生心照清淨覺所了者一切業智所不自見猶如命根善男子若心照見一切覺者皆爲塵垢覺所覺者不離塵故如湯消氷無有別氷知氷消者存我覺我亦復如是善男子末世衆生不了四相雖經多劫勤苦修道但名有爲終不能成一切聖果此我法二執經論徧治助業潤生順情發愛於六七識上妄起端由向根塵法中強爲主宰固異生之疆界爲煩惱之導師立生死之根源作衆苦之基址壞正法之寶藏違成佛之妙宗塞涅槃之要津盲般若之智眼障菩提之大道斷解脫之正因背覺合塵無先於此如上廣引破斥分明願斷疑根頓消氷執則正修有路功不唐捐一念證眞全成覺道

問不了唯識之徒妄執我法聖教之內云何復言有我法等　答對機假設非同情執假有二種一者無體隨情假多分世間外道所執雖無如彼所執我法隨執心緣亦名我法故說爲假二者有體施設假聖教所說雖有法體而非我法本體無名強名我法不稱法體隨緣施設故說爲假又凡聖通論我有六種一執我謂分別俱生在於凡位二慢我謂但俱生在有學位三習氣我謂二我餘習在無學位四隨世流布我謂諸佛等隨世假稱五自在我謂八自在等如來後得智爲性六眞我謂眞如常樂我淨等以眞如爲性圓中稱我通後三種　問云何是無二我義　答人我見如六陰七情畢竟無體法我見猶乾城熖水徹底唯空如經論明二無我者一人無我者梵云補持伽羅唐言數取趣謂諸有情起惑造業即爲能取當來五趣名之爲趣雖復數數起惑造業五趣輪迴都無主宰實自在用故名無我二法無我者謂諸法體雖復任持軌生物解亦無勝性實自在用故言無我　問執有我見雖順所緣是顛倒體無我之心成何勝善　答了二無我理證會眞如則成佛之正宗超凡之妙軌若論法利功德難量古德云無我之心雖不稱境違於緣故名非顛倒如緣眞如作有如解即是法執若作無解雖不稱如仍因成聖釋曰若作如解即是法執若起能解之心即立所證之理所境既立迷現量心知解纔生便成比量皆爲法執失唯識宗所以華嚴經云智外無如爲智所入如外無智能證於如則心境如如一道清淨廣百門論云識能發生諸煩惱業能牽後有如是識心緣色等起無所緣境識必不生若能正觀境爲無我所緣無故能緣亦無能所既亡衆苦隨滅證寂無影清淨涅槃至此位時名自利滿諸有本願爲利益他住此位中化用無盡亦令有識住此涅槃是故欲求自他勝利眞方便者應正勤修空無我理　問涅槃經佛說有眞我佛性之理諸

菩薩等皆申懺悔我等無量劫來常被無我之所漂流今廣說無我者莫不違涅槃之教不　荅今言無我者謂破凡夫外道迷唯識理妄執心外實有我法如外道所執略有三等一僧佉等執我體常周徧量同虛空隨處造業受苦樂等二尼乾子執我其體雖常而量不定隨身大小有卷舒故三徧出執我體常至細如一極微潛轉身中作事業故餘九十種所計我等不異此三故此等妄執俱無道理唯成五見之邪思豈同四德之眞我如涅槃經云外道言如瞿曇說無我我所何緣復說常樂我淨佛言善男子我亦不說內外六入及六識意常樂我淨我乃宣說滅內外入所生六識名之爲常以常故名之爲我有常我故名之爲樂常我樂故名之爲淨夫眞我者是佛性義常恒不變非生因之所生具足圓成唯了因之所了又如經云爾時世尊讚諸比丘善哉善哉汝等善能修無我想時諸比丘即白佛言世尊我等不但修無我想亦更修習其餘諸想所謂苦想無常無我想世尊譬如人醉其心惽眩見諸山河石壁草木宮殿屋舍日月星辰皆悉迴轉世尊若有不修苦無常想無我等想如是之人不名爲聖多諸放逸流轉生死世尊以是因緣我等善修如是諸想爾時佛告諸比丘言諦聽諦聽汝向所引醉人喻者但知文字未達其義何等爲義如彼醉人見上日月實非迴轉生迴轉想眾生亦爾爲諸煩惱無明所覆生顛倒心我計無我常計無常淨計不淨樂計爲苦以爲煩惱之所覆故雖生此想不達其義如彼醉人於非轉處而生轉想我者即是佛義常者是法身義樂者是涅槃義淨者是法義汝等比丘云何而言有我想者憍慢貢高流轉生死汝等若言我亦修集無常苦無我等想是三種修無有實義我今當說勝三修法苦者計樂樂者計苦是顛倒法無常計常常計無常是顛倒法無我計我我計無我是顛倒法不淨計淨淨計不淨是顛倒法有如是等四顛倒法是人不知正修諸法汝諸比丘於苦法中生於樂想於無常中生於常想於無我中生於我想於不淨中生於淨想世間亦有常樂我淨出世亦有常樂我淨世間法者有字無義出世間者有字有義何以故世間之法有四顛倒故不知義所以者何有想倒心倒見倒以三倒故世間之人樂中見苦常見無常我見無我淨見不淨是名顛倒以顛倒故世間知字而不知義何等爲義無我者名爲生死我者名爲如來無常者聲聞緣覺常者如來法身苦者一切外道樂者即是涅槃不淨者即有爲法淨者諸佛菩薩所有正法是名不顛倒以不倒故知字知義若欲遠離四顛倒者應知如是常樂我淨釋曰夫迷四眞實起八顛倒者無非人法二我之見爲生死之樞穴作煩惱之基坰成九結之樊籠開十使之叢道二乘雖斷人我常被無我之所漂流外道誤認識神恒爲妄我所之輪轉所以上云無我者名爲生死者以昧一眞我之門無大自在之力我者名爲如來者達佛性之妙理承如實之道來無常者聲聞緣覺者修生滅之妄因證灰斷之小果常者如來法身者入不動之眞宗契圓常之妙體苦者一切外道者運無益之苦行墮生滅之邪輪樂者即是涅槃者斷二死之妄原入四德之秘藏不淨者即有爲法者積雜染之情塵成夢幻之虛事淨者諸佛菩薩所有正法者乃究竟之圓詮覆無爲之至道是以外道執有我見如蒸砂作飯認妄爲眞二乘證無我門似捉石爲珠以常爲斷俱不達無我之中而有眞我又常樂我淨者但是一法以心性不變異故常常故樂樂故我我故淨以不了心性常住故心外別求妄有所作作故無常無常故無樂無樂故無我無我故無淨何若以無常遷變純受其苦寧有樂乎既不得樂恒俱繫縛不得自在豈成我乎既不見眞我佛性長隨染緣豈得淨耶如上剖析皆屬一期教門不可於此定執有無迷於方便如廣百論云爲止邪見撥無涅槃故說眞有常樂我淨此方便言不應定執既不執有亦不撥無如是乃名正智解脫　問外塵無體唯識理成正教昭然妙旨非謬今凡夫所執多徇妄情以見聞之心熏習之力多執現見之境難斷纖疑前雖廣明猶慮未信更希再示以破執情　荅法性無量得之者有邊眞如相空執之者形礙如還原觀云眞空滯於心首恒爲緣慮之場實際居在目前翻爲名相之境起信鈔云若是唯心則不合有境以心無相不可見故既有所見云何唯心意云一切法從心起故所起無體即是一心何用說見與不見根本是心故又云境本非善但以順已之情便名爲善境本非惡但以違已之

情便名爲惡故知妍醜隨情境無定體旣無自體曷有境乎唯心之門從玆明矣故知佛爲信者說不爲疑者施垢重障深自生疑謗遮輕根利頓入玄微廣百論云一切所見皆識所爲離識無有一法是實爲無始來數習諸見隨所習見隨所遇緣隨自種子成熟若差別變以種種法相而生猶如夢中所見事等皆虛妄現都無一實一切皆是識心所爲難若爾大乘應如夢瘂撥一切法皆悉是虛不能辯說一切世間出世間法自性差別是大苦哉我等不能隨喜如是大乘所立虛假法義以一切法皆可現見不可撥無現見法故答奇哉可愍薄福愚人不能信解大乘法義若有能見可見所見能見旣無誰見所見以諸能見不能自審知自有體亦不審他於審察時能見所見皆無所有是故不應執現見法決定有體以迴心時諸所緣境皆虛假故所以者何起憶念時實無見等種種境界但隨因緣自心變似見等種種境相而生以所憶念非眞實故唯有虛假憶念名生如曾更諸法體相迴心追憶故名爲念當憶念時曾所更境皆無有故能念亦無而名念者隨順慣習顚倒諸見假名施設由此念故世間有情妄起種種分別諍論競執諸法自性差別役惡見泥不能自出若無所見亦無所聞是則一切都無所有云何今時編石爲筏唯識論問云依信說有四種一現見二比知三譬喻四阿含此諸信中現信最勝若無外境云何世人言我現見此青等物偈答現見如夢中見所見不俱見時不分別云何言現見諸

凡夫人煩惱夢中有所見事皆如夢中如現見色不知色義以後時意識分別然後了知意識分別時無眼等識先滅故以一切法念念不住故以見色時無彼意識意識起時無彼眼識入大乘論問云諸法體相世間現見云何無耶答凡愚妄見此非可信生滅之法皆悉是空生滅輪轉無暫停時相似相續故妄見有實猶如燈焰念念生滅凡夫愚人謂爲一燄中觀論問汝雖種種門破去去者住住者而眼見有去住答肉眼所見不可信若實有去去者爲以一法成爲以二法成二俱有過失肉眼者是過去顚倒業因所成如牛羊眼不辯方隅實不可信唯佛眼眞實只可從實不可憑虛又問現見衆生作業受報是事云何答如化人無有實事但可眼見又化人口業說法身業布施等是業雖無實而可眼見如是生死作者及業亦應如是諸業皆空無性如幻如夢又問曰世間人盡見諸法是有是無汝何以獨與世間相違言無所見答曰若人未得道不見諸法實相愛見因緣故種種戲論見法生時謂之爲常取相言有見法滅時謂之爲斷取相言無智者見諸法生即滅無見見諸法滅即滅有見是故於一切法雖有所見皆如幻如夢乃至無漏道見尚可滅何況餘見是故若不見安隱法者則見有無大智度論問若一切諸法空如幻何以故諸法有可見可聞可齅可嘗可觸可識者若無而妄見者何不見聲聞色若皆一等空無所有何以有可見不可見者答曰諸法相雖空亦有分別可見不可見譬如幻化象

馬及種種諸物雖知無實然色可見聲可聞不相錯亂與六情對故諸法亦如是雖空而可見可聞不相錯亂詳斯論意是約世間凡情所見以眼根對色塵及中間眼識三種和合得稱爲見此根塵識自性俱空各各不能生見和合亦不能生見但虛妄情識所對見聞不無故經云以凡夫見之爲世諦以聖人見之爲眞諦所稱諦者審實不虛故稱爲諦世諦不無執假爲諦眞諦非有證實爲諦

問一切內外諸法皆有流類於諸類中約有幾種差別及隨類通別等義　答古釋有五一異熟類一通即一切草木皆是初青後黃豈非異熟二別唯善惡二業感異熟果二長養類一通即是一切皆有長養二別唯是飲食睡眠梵行等持所益故三等流類一通即一切自類相似皆是等流二別唯同類因之所生四實事類一通即一切有體諸法二別唯是無爲簡有爲非是實事故五刹那類一通即一切有生滅法二別唯是見道初一刹那也　問有情所住徧三界中云何維摩經云七識處爲種　答有情通凡至聖有六十二有情身約依處有四十二居止若通門由業繫故樂與不樂並立居止不在七識心住之例爲識心唯樂於七處住故四十二居止者八地獄傍生餓鬼四洲六欲天色界十八無色有四都成四十二居止七識處者一種種身種種想種種身者欲界人天有尊卑上下也種種想者有苦樂捨三受想二種種身一想種種身者初禪梵王爲尊梵衆爲卑故有種種身一想者有一戒取想也梵王自謂

我能生諸梵諸梵謂已從梵王生非因計因是戒取三一身種種想一身者二禪地上無尊卑上下也種種想者有喜樂想也四一身一想一身者三禪無尊卑上下也一想者唯一樂想也空識已上無身唯有一想五空處唯一空想六識處唯一識想七無所有處唯一慧想此上七識處對治衆生計識爲我樂住七處以有漏五陰爲體第四禪有無想定非想地中有滅盡定三塗之中能受諸苦識不樂住故不說也又第四禪及非想地雖復滅識不滅假名衆生居所以不立三惡趣中爲苦所逼衆生不樂居所以不立　問破外境空立唯識有者境從何而空識從何而有荅境隨情起識逐緣生情唯徧計之心緣是依他之性緣法是有依勝義之門情執本空歸世俗之道識論云外境隨情而施設故非有如識內識必依因緣生故非無如境由此便遮增減二執境依內識而假立故唯世俗有識是假境所依事故亦勝義有釋云外境是徧計所執心外實境由隨妄情施設爲假體實都無非與依他內識相似內識體是依他故必依種子因緣所生非體全無如徧計境彼實我法猶如龜毛識依他有故非彼類此中色等相見二分內識所變不離識故揔名內識由此內識體性非無心外我法體性非有便遮外計離心之境實有增減執及遮邪見惡取空者撥識亦無妄空減執即離空有說唯識教有心外法輪迴生死覺知一心生死永弃可謂無上處中道理　問境唯世俗之有識通勝義之門者云何爲世俗諦云何說勝義諦　荅夫一切諦智皆從無諦而起無諦者即絕待眞心非是對有稱無故云絕待猶如虛空非對小空而稱大空從此無諦立一實諦此一實之名是對三權而名一實待虛名實此是對待得名又從此一實對機約教或分開二諦等此二諦者約情智而開如涅槃經云如出世人之所知者名第一義諦世間人知者爲世諦仁王經云於解常自一於諦常自二所以仁王雖分二諦智照常一涅槃本唯一諦解惑分二斯則二而不二不二而二一一二自在爲眞二諦故昔人頌云二諦並非雙恒乖來會各即其義也生公云是非相待故有眞俗名生梁攝論云智障甚盲闇謂眞俗別執然法相務欲分析法性務在融通各據一門勿生偏滯何者若但分析而不融通法成差異若不分析事成混濫又無可融通則性相歷然而非異事理融即而非同非異非同圓中妙理又境則不礙眞而恒俗智則不礙寂而常照意以心寂對於境眞心照對於境俗以照對俗則心境非一以寂對眞則心境非異雖雙融空有二境寂照二心終不得言境則不礙眞而恒俗智則不礙照而恒寂境則不礙俗而恒眞智則不礙寂而常照中觀論偈云若人不能知分別於二諦則於深佛法不知眞實義金剛般若不壞假名論云佛所說法咸歸二諦一者俗諦二者眞諦俗諦者謂諸凡夫聲聞獨覺菩薩如來乃至名義智境業果相屬眞諦者謂即於此都無所得如說第一義非智之所行何況文字乃至無業無業果是諸聖種性是故此般若波羅蜜中說不任布施一切法無相不可取不可說生法無我無所得無能證無成就無來無去等此釋眞諦又說內外世間出世間一切法相及諸功德此建立俗諦又台教約四教四證三接立七種二諦及五種三諦如法華玄義云夫經論異說悉是如來等權方便知根知欲種種不同略有三異一謂隨情二隨情智三隨智隨情說者情性不同說隨情異如毗婆沙明世第一法有無量種眞際尚爾況復餘耶如順盲情種種示乳盲聞異說而諍白色豈即乳耶衆師不達此意各執一文自起見諍互相是非信一不信一浩浩亂哉莫知孰是若世三說及能破者有經文證皆判是隨情二諦意耶無文證者悉是邪見謂同彼外道非二諦攝也隨情智者情謂二諦二皆是俗若悟諦理乃可爲眞眞則唯一如五百比丘各說身因身因乃多正理唯一經云世人心所見名爲世諦出世人心所見名第一義諦如此說者即隨情智二諦也隨智者聖人悟理非但見眞亦能了俗如眼除瞙見色見空又如入禪者出觀之時身虛心豁似輕雲靄空已不同散心何況悟眞而不了俗毗曇云小雲發障大雲發障無漏逾深世智轉淨故經偈云凡人行世間不知世間相如來行世間明了世間相此是隨智二諦也若解此三意將尋經論雖說種種於一一諦皆備三意也二正明二諦者取意存略但點法性爲眞諦辦明十二因緣爲俗諦於義即足但人麤淺不覺其深妙更須開拓則論七種二諦一一二諦更開三種合

二十一種二諦若用初番二諦破一切邪謂執著皆盡如劫火燒不留遺芥況餔後諸諦逈出文外非復世情圖度所言七種二諦者一者實有爲俗實有滅爲真二者幻有爲俗即幻有空爲真三者幻有爲俗即幻有空不空共爲真四者幻有爲俗幻有即空不空一切法趣空不空爲真五者幻有幻有即空皆名爲俗不有不空爲真六者幻有幻有即空皆名爲俗不有不空一切法趣不有不空爲真七者幻有幻有即空皆爲俗一切法趣有趣空趣不有不空爲真實有二諦者陰入界等皆是實法實法所成森羅萬品故名爲俗方便修道滅此俗已乃得會真大品經云空色色空以滅色故謂爲空色不滅色故謂爲色空稱中無𦬀文字中無菩提皆此意是爲實有二諦相也約此亦有隨情智等三義準此可知幻有空二諦者斥前意也何者實有時無真滅有時無俗二諦義不成若明幻有者幻有是俗幻有不可得即俗而真大品經云即色是空即空是色空色相即二諦義成是名幻有二諦也約此亦有隨情情智智等三義隨智小當分別何者實有隨智照真與此不異隨智照俗不同何者通人入觀巧復爲照俗亦巧如百川會海其味不別復爲還源江河則異俗是事法照異非疑真是理法不可不同只就通人出假亦人人不同可以意得例三藏出假亦應如是幻有空不空二諦者俗不異前真則三種不同一俗隨三真即成三種二諦其相云何如大品明非漏非無漏初人謂非漏是非俗非無漏是遣著何

者行人緣無漏生著如緣滅生使破其心還入無漏此是一番二諦也次人聞非漏非無漏謂非二邊別顯中理中理爲真又是一番二諦也又人聞非有漏非無漏即知雙非正顯中道中道法界力用廣大與虛空等一切法趣非有漏非無漏又是一番二諦也大涅槃經云聲聞之人但見於空不見不空智者見空及與不空即是此意二乘謂著此空破著空故故言不空空著若破但是見空不見不空也利人謂不空是妙有故言不空利人聞不空謂是如來藏一切法趣如來藏還約空不空即有三種二諦也復次一切法趣非漏非無漏顯三種異者初人聞一切法趣非漏非無漏者諸法不離空周行十方界還是瓶衣如又人聞趣知此中理須一切行來趣發之又一人聞一切趣即非漏非無漏具一切法也是故說此一俗隨三真轉或對單真或對複真或對不思議真無量形勢婉轉赴機出沒利物一一皆有隨情情智智等三義若隨智證俗隨智轉智證偏真即成通二諦智證不空真即成別入通二諦智證一切趣不空真即成圓入通二諦三人入智不同復爲照俗亦異何故三人同聞二諦而取解各異者此是不共般若與二乘共說則深淺之殊耳大品經云有菩薩初發心與薩婆若相應有菩薩初發心遊戲神通淨佛國土有菩薩初發心即坐道場爲如佛即此意也幻有無爲俗不有不無爲真者有無二故爲俗中道不有不無不二爲真二乘聞此真俗俱皆不解故如啞如聾大涅槃經云我與彌勒共

論世諦五百聲聞謂說真諦即此意也約此亦有隨情情智智等三義圓入別二諦者俗與別同真諦則異別人不空但理而已欲顯此理須緣修方便故言一切法趣不空圓人聞不空理即知具一切佛法無有缺減故言一切趣不空也約此亦有隨情等三義圓教二諦者直說不思議二諦也真即是俗俗即是真如如意珠以珠譬真用以譬俗即珠是用即用是珠不二而二分真俗耳約此亦有隨情情智等三義身子偈云佛以種種緣譬喻巧言說其心安如海我聞疑網斷即其義焉問真俗應相對云何不同耶答此應四句俗異真同真異俗同真俗異相對真俗不異而異相對三藏與通真同而俗異二入通真異而俗同別真俗皆異而相對圓真俗不異而異相對不同而同若不相入當分真俗即相對七種二諦廣說如前略說者界內相即不相即界外相即不相即四種二諦也別接通五也圓接通六也圓接別七也問何不接三藏答三藏是界內不相即小乘取證根敗之士故不論接餘六是摩訶衍門若欲前進亦可得去是故被接問若不接亦不會答接義非會義未會之前即論被接判麤妙者實有二諦半字法門引鈍根人謫除戲論之糞二諦義不成此法爲麤如幻二諦滿字法門爲教利根諸法實相三人共得比前爲妙同見但空方後則麤以別入通能見不空是則爲妙教談理不融是故爲麤以圓入通爲妙妙不異後帶通方便是故爲麤別二諦不帶通方便故爲妙教談理不融是故爲麤圓入

別理融爲妙帶別方便爲麁唯圓二諦正直捨方便但說無上道是故爲妙次約隨情智等判麁妙者且約三藏初聞隨情二諦執實語爲虛語起語見故生死浩然無佛法氣分若能勤修念處發四善根是時隨情二諦皆名爲俗發得無漏所照二諦皆名爲眞從四果人以無漏智所照眞俗皆名隨智二諦隨情則麁隨智則妙譬如轉乳始得成酪既成酪已心相體信入出無難即得隨情情智智等說通別入通圓入通令其恥小慕大自悲敗種渴仰上乘是時如轉酪爲生酥心漸通泰即爲隨情情智智等說別圓入別明不共般若命領家業金銀珍寶出入取與皆使令知既知是已即如轉生酥爲熟酥諸佛法久後要當說眞實即隨情情智智等說圓二諦如轉熟酥爲醍醐是則六種二諦調熟衆生雖成四味是故爲麁醍醐一味是則爲妙又束判麁妙前二教雖有隨智等一向是隨情說他意語故故名爲麁別入通去雖有隨情等一向束爲情智說自他意語故亦麁亦妙圓二諦雖有隨情等一向是隨智說佛自智說佛自意語故稱爲妙問前二二諦一向是隨情應非見諦亦不得道答不得中道故稱隨情諸佛如來不空說法雖非中道第一義悉檀不失三悉檀益大槃判之皆屬隨情爲麁耳次明三諦者妙却前兩種二諦以不明中道故就五種二諦得論中道即有五種三諦約別入通點非有漏非無漏二諦義成有漏是俗無漏是眞非有漏非無漏是中當教論中但異空而已中無功用不備諸法圓

入通三諦者二諦不異前點非漏非無漏具一切法與前中異也別三諦者彼俗爲兩諦對眞爲中中理而已圓入別三諦者二諦不異前點眞中道具足佛法也圓三諦者非但中道具足佛法眞俗亦然三諦圓融一三三一判麁妙者別圓入通帶通方便故爲麁別不帶通爲妙圓入別帶別方便爲麁圓不帶方便最妙約五味教者乳教說三種三諦二麁一妙酪教但麁爲妙生酥熟酥皆是五種三諦四麁一妙此經唯一種三諦即相待妙也開麁顯妙者決前諸麁入一妙三諦無所可待是爲絕待妙也又明一諦者大涅槃經云所言二諦其實是一方便說二如醉未吐見日月轉謂有轉日及不轉日醒人但見不轉不見於轉轉二爲麁不轉爲妙三藏全是轉二同彼醉人諸大乘經帶轉二說不轉一今經正直捨方便但說無上道不轉一實是故爲妙諸諦不可說者諸法從本來常自寂滅相那得諸諦紛紜相礙一諦尚無諸諦安有一一皆不可說可說爲麁不可說爲妙不可說亦不可說是妙亦妙言語道斷故若通作不可說者生生不可說乃至不生不生不可說前不可說爲麁不生不生不可說爲妙若麁異妙相待不融麁妙不二即絕待妙也問何故大小通論無諦答釋論云不破聖人心中所得涅槃爲未得者執涅槃生戲論如緣無生使故破言無諦也問若爾小乘得與不得俱皆被破大乘得與不得亦俱應破答不例小乘猶有別惑可除別理可顯故雖得須破中道不爾云何破問若爾中道唯應有

一實諦不應言無諦答爲未得者執中生惑故須無諦實得者有戲論者無又唯識論於眞俗二諦各開四重都成八諦俗諦四者一假名無實諦謂瓶盆等但有假名而無實體從能詮說故名爲諦二隨事差別諦謂蘊界等隨彼彼事立蘊等法三方便安立諦謂苦集等由證得理而安立故四假名非安立諦謂二空理依彼空門說爲眞性由彼眞性內證智境不可言說名二空如但假說故勝義四者一體用顯現諦謂蘊界等有實體性過初世俗名勝義隨事差別說名蘊等故名顯現二因果差別諦謂苦集等智斷證修因果差別三依門顯實諦謂二空理過俗證得故名勝義依空能證以顯於實故名依門四廢詮談旨諦謂一實眞如體妙離言已名勝義又眞不自眞待俗故眞即前三眞亦說爲俗俗不自俗待眞故俗即後三俗亦名爲眞至理沖玄彌驗於此又華嚴經約其圓數立於十諦等乃至一一法圓融無盡

宗鏡錄卷第六十七　　　　輕

音義

緩 胡管反舒也　殫 都寒反盡也　基 居之反　址 諸市反　斥 昌石反
怯 去劫反　愐 彌兗反思也　眩 胡徧反亂也　坰 古螢反　燓 附袁反
摳 昌朱反　編 卑連反次也　筏 房越反乘水之具也　瞙 慕各反目不明　靄
五蓋反　姚 林反　槩 古代反平斗斛木　紛 撫文反　紜 王分反
窣狀 谷反　拓 他闢

戊申歲分司大藏都監開板

宗鏡録卷六十七

校勘記

一　底本，麗藏本。

一　六二六頁上一二行第三字「恒」，徑、清作「性」。

一　六二六頁中九行第二字「者」，徑、清作「命」。

一　六二六頁中一二行「有别」，徑作「别有」。

一　六二六頁下一二行第二字「任」，磧、南、徑、清作「住」。

一　六二七頁中二四行第一三字「坰」，徑、清作「址」。

一　六二七頁中二六行「所之」，清作「之所」。

一　六三〇頁下一四行「二入」，磧、南、徑、清作「二人」。

一　六三一頁上二八行「二諦」，磧、南、徑、清作「三諦」。

一　六三一頁中一三行「末吐」，磧、徑、清作「未吐」。

宗鏡録卷第六十八　　輕

慧日永明寺主智覺禪師　延壽　集

夫既云約俗假立心境雙陳開之則兩分合之則一味今約開義則互相生未有無心境曾無無境心凡聖通論都有幾境　荅大約有三境頌云性境不隨心獨影唯從見帶質通情本性種等隨應性境不隨心者性境者性是實義即實根塵四大及實定果色等相分境言不隨心者為此根塵等相分皆自有實種生不隨能緣見分種生故獨影唯從見者影為影像是相分異名為此假相分無種為伴但獨自有故名獨影即空華兎角過去未來諸假影像法是此但從能緣見分變生與見分同種故名獨影唯從見帶質通情本者即相分一半與本質同一種生一半與見分同一種生故言通情本情即能緣見分本即所緣本質言性種等隨應者隨應是不定義謂於三境中名隨所應有性種界繫三科異熟等差別不定又廣釋云性境者為有體實相分名性境即前五識及第八心王并現量第六識所緣諸實色得境之自相不帶名言無籌度心此境方名性境及根本智緣眞如時亦是性境以無分別任運轉故言不隨心者都有五種不隨一性不隨者其能緣見分通三性所緣相分境唯無記性即不隨能緣見分通三性二種不隨者即見分從自見分種生相分從自相分種生不隨能緣見分心種生故名種不隨三界繫不隨者如明了意識緣香味境時其香味二境唯欲界繫不隨明了意識通上界繫又如欲界第八緣種子境時其能緣第八唯欲界繫所緣種子便通三界即六八二識有界繫不隨四三科不隨者且五蘊不隨者即如五識見分是識蘊收五塵相分即色蘊攝是蘊科不隨十二處不隨者其五識見分是意處收五塵相分五境處攝是處科不隨十八界不隨者其五識見分是五識界收五塵相分五境界攝此是三科不隨五異熟不隨者即如第八見分是異熟性所緣五塵相分非異熟性名異熟不隨獨影境者謂相分與見分同種生名獨影唯從見即如第六識緣空華兎角過未及變影緣無為并緣地界法或緣假定果極迥極略等皆是假影像此但從見分變生自無其種名為從見獨影有二種一者無質獨影即第六緣空華兎角及過未等所變相分是其相分與第六見分同種生無空華等質二者有質獨影即第六識緣五根種現是皆託質而起故其相分亦與見分同種而生亦名獨影境三帶質者即心緣心是如第七緣第八見分境時其相分無別種生一半與本質同種生一半與能緣見分同種生從本質生者即無覆性從能緣見分生者即有覆性以兩頭攝不定故名通情本質即第七能緣見分本即第八所緣見分又四句分別一唯別種非同種即性境二唯同種非別種即獨影境三俱句即帶質境四俱非即本智緣如以眞如不從見分種生故名非同種又眞如當體是無為但因證顯得非生因所生法故名非別種性種說隨應者性即性境種謂種類謂於三境中各有種類不同今皆須隨應而說

又約八識分別者前五轉識一切時中皆唯性境不簡互用不互用二種變中唯因緣變又與五根同種故第六意識有四類一明了意識亦通三境與五同緣實五塵初率爾心中是性境若以後念緣五塵上方圓長短等假色即有質獨影亦名似帶質境二散位獨頭意識亦通三境多是獨影通緣三世有質無質法故若緣自身現行心心所時是帶質境若緣自身五根及緣他人心心所是獨影境亦名似帶質境又獨頭意識初刹那緣五塵少分緣實色亦名性境三定中意識亦通三境通緣三世有質無質法故是獨影境又能緣自身現行心心所故是帶質境又七地已前有漏定位亦能引起五識緣五塵故即是性境四夢中意識唯是獨影境第七識唯帶質境第八識其心王唯性境因緣變故相應作意等五心所是似帶質眞獨影境　問三境以何為體　荅初性境用實五塵為體具八法成故八法者即四大地水火風四微色香味觸等約有為說若能緣有漏位中除第七識餘七皆用自心心所為體第二獨影境將第六識見分所變假相分為體能緣即自心心所為體第三帶質即變起中間假相分為體若能緣有漏位中唯六七二識心心所為體又成唯識論樞要誌云眞色眞心俱是所緣所變相分俱名性境或能緣心而非妄執分別構畫名為眞心眞心緣彼眞色等境所變相分方名性境若心緣心所變相分相分無實但帶質故性者體也體性是實名為性境獨影者獨者單也單有影像而無本

質故相名獨如緣龜毛石女等相或雖有質相分不能熏彼質種並無能但有假影亦名為獨如分別心緣無為相及第八識心所相分餘準此知帶質之境者質者周易云形體也帶者說文謂之紳也紳也謂束又方言云帶謂行也今云帶質義通二也若依說文謂即挾帶逼附之義如紳束也若依方言影仗質生如因其路行義方有然此相分雖有能熏自及質種然無實用如緣心相相分之心無慮用故通情本者情謂見分本謂質也顯所變相隨見隨質以判種性二義不定又境有二一衆生徧計所執情境心外見法名之曰境二諸聖自在德用智境以從心現故成其妙用智境又二一分劑境廣大無邊故二所知境唯佛能盡故又有二種一是心境唯心現故張心無心外之境張境無境外之心常含一味故二是境界之境謂心境無礙隱顯同時體用相成理事齊現　問心外無境境外無心云何又說心說境　答前已廣明何須重執一心四分理教無差有境有心方成唯識如心緣境時必有相分故如鏡照面時有面影像也量云心緣境是有法心上必帶境之影像宗因云心對外質同喻如鏡照面時　問智境各一何分多種　答智因境分有真俗之異境從智立標凡聖之殊約用似多究體元一如起信鈔問云境智為一為異荅云智體無二境亦無二智無二者只是一智義用有殊約知真處名為真智約知俗處名為俗智境無二者謂色即是空為真境空即是色為俗境由是證真時必違俗違

俗時必證真了俗無性即是真空豈有前後耶況無心外之境何有境外之心是即心境渾融為一法界　問一心二諦理事非虛證理性而成真審事實而為俗皆具極成之義不壞二諦之門大小二乘同共建立如何是極成之義　荅所成決定不可移易隨真隨俗各有道理瑜伽論云一有世間極成真實二道理極成真實世間極成真實者謂一切世間於彼彼事隨順假立世俗慣習悟入覺慧所見同性謂地唯是地非是火等乃至苦唯是苦非是樂等樂唯是樂非是苦等以要言之此即如此非不如此是即如是非不如是決定勝解所行境事一切世間從其本際展轉傳來想自分別共所成立不由思惟籌量觀察然後方取是名世間極成真實道理極成真實者依止現比及至教量極善思擇決定智所行所知事由證成道理所建立所施設義是名道理極成真實　問離識有色文義俱虛心外無塵教理同證其奈名言熏習世見堅牢若不微細剖陳難圖正信只如外色若麁若細云何推檢知其本空了了分明成就唯識　荅麁細之色皆從識變既從識有外色全空故經云色性自空非色滅空為未了者更須破析直至極微方信空現識論云餘乘所執離識實有色等諸法如何非有彼所執色不相應行及諸無為理非有故且所執色總有二種一者有對極微所成二者無對非極微成彼有對色定非實有能成極微非實有故謂諸極微若有質礙應如瓶等是假非實若無質礙應如非色如何可集

成瓶衣等又諸極微若有方分必可分析便非實有若無方分則如非色乃至雖非無色而是識變謂識生時內因緣力變似眼等色等相現即以此相為所依緣然眼等根非現量得以能發識比知是有此但功能非外所造外有對色理既不成故應但是內識變現發眼等識名眼等根此為所依生眼等識此眼等識外所緣緣理非有故決定應許自識所變為所緣緣謂能引生似自識者乃至由此定知自識所變似色等相為所緣緣見託彼生帶彼相起故然識變時隨量大小頓現一相非別變作衆多極微合成一物為執麁色有實體者佛說極微令其除析非謂諸色實有極微諸瑜伽師以假想慧於麁色相漸次除析至不可析假說極微雖此極微猶有方分而不可析若更析之便似空現不名為色故說極微是色邊際由此應知諸有對色皆識變現非極微成餘無對色是此類故亦非實有或無對故如心心所定非實色諸有對色現有色相以理推究離識尚無況無對色現無色相而可說為真實色法　問表無表色不居身外內所動作顯現非虛如成業論偈云由外發身語表內心所思譬彼潛淵魚鼓波而自表此表無表色是實有不　答識論云且身表色若是實有以何為性若言是形便非實有可分析故長等極微不可得故若言是動亦非實有纔生即滅無動義故有為法滅不待因故滅若待因應非滅故若言有色非顯非形心所引生能動手等名身表業理亦不然此若是動義如前破若是動

因應即風界風無表示不應名表故身表業定非實有然心爲因令識所變手等色相生滅相續轉趣餘方似有動作表示心故假名身表語表亦非實有聲性一剎那聲無詮表故多念相續便非實故外有對色前已破故然因心故識變似聲生滅相續似有表示假名語表於理無違表既實無無表寧實然依思願善惡分限假立無表理亦無違　問經中說有三業善惡果報不濫昇沉云何撥無豈不違教　答不撥爲無爲顯識故推其不實於世俗門善順成立識論云不撥爲無但言非色能動身思說名身業能發語思說名語業審決二思意相應故作動意故說名意業起身語思有所造作說名爲業是審決思所遊履處故通生苦樂異熟果故亦名爲道或身語表由思發故假說爲業思所履故說名業道由此應知實無外色唯有內識變似色生　問不相應行是實有不　答識論云不相應行亦非實有所以者何得非得等非如色心及諸心所體相可得非異色心及諸心所作用可得由此故知定非實有但依色等分位假立此定非異色心心所有實體用問二無心定無想異熟應異色心等有實自性若無實性應不能遮心心所法令不現起答識論云若無心位有別實法異色心等能遮於心名無心定應無色時有別實法異色心等能礙於色名無色定彼既不爾此云何然又遮礙心何須實法如堤塘等假亦能遮謂修定時於定加行厭患麁動心心所故發勝期願遮心心所念心心所漸細漸微微微

心時熏異熟識成極增上猒心等種由此損伏心等種故麁動等暫不現行依此分位假立二定此種善故定亦名善無想定前求無想果故所熏成種招彼異熟識依之麁動想等不行於此分位假立無想依異熟立得異熟名故此三法亦非實有　問世間依想建立有爲之法皆虛俗諦從識施爲無體之門盡僞且如聖教文句能詮乃廣長舌相之所宣妙觀察智之所演云何俱稱不實咸是虛耶　答諸聖演教談詮是依世俗文字所以佛告三乘學者只令依義不依語權藉教以明心是以文字俱無自性亦從識變廣百門論云然諸世間隨自心變謂有衆字和合爲名復謂衆名和合爲句謂此名句能有所詮能詮所詮皆自心變諸心所變情有理無聖者於中如實知見云何知見謂彼法皆是愚夫虛妄識心分別所作假而非實俗有眞無隨順世間權說爲有　問音聲可聞色塵有對可言心變只如時法無相應爲實有　答有相尚空無相何有時亦無體延促由心以始從一念終成於劫念若不起時劫本空但有初中後等時量皆是唯識之時廣百論破時品云復次是則一切若假若實皆依世俗假相施設云何汝等定執諸法皆是實體難若一切法皆非實有如何現前分明可見答鏡像水月乾闥婆城夢境幻事第二月等分明可見豈實有耶世間所見皆無有實云何以現證法是眞覺時所見一切非眞是識所緣如夢所見夢心所見決定非眞亂識所緣如第二月如是雖無眞實法體而能爲境生現

見心因斯展轉發生憶念前後俱緣非眞有境是故不可以生憶念證法是眞法既非眞時如何實難若緣妄境生於倒見境可是虛見應是實答境既是虛見云何實如在夢中謂眼等識緣色等境覺時知彼二事俱無妄境倒心亦復如是愚夫謂有聖者知無難有倒心境二種皆虛無倒境心俱應是實答世俗可尒勝義不然以勝義中心言絶故若於勝義心言絶者云何數說心境是虛爲破實執故且言虛實執若除虛亦不有若實若虛皆爲遣執依世俗說非就勝義勝義諦言亦是假立爲翻世俗非有定詮難現見心境可言是無憶念境心云何非有答現見尚無憶念豈有難若一切法都非實有如何世間現造善惡若無善惡苦樂亦無是則撥無一切因果若撥無因果則無邪見豈不怖此邪見罪耶答奇哉世間愚癡難悟唯知怖罪不識罪因一切善惡苦樂因果並世俗有勝義中無我依勝義言不可得不撥世俗何成邪見於世俗中執勝義有不稱正理是爲邪見今於此中爲破時執略說諸法俗有眞無又古釋云凡如來三時說法或云一時三世十世等時皆從能變心生外無三世之境離自心外諸法無體如世尊說彌勒作佛即聽者於自心上變作過去相分生起世尊答云從今十二年後必得往生聽者心上又變作未來相分而起能變心即現在也此過去時無其實境盡從心變但隨心分限變起長時短時是以時因心立無有定性因現在則有過去未來因延有促因一念有大劫若無現在心何處立

過未西域記第七云昔有隱士結廬屏跡博習技藝究極神理能使瓦礫成寶人畜變形但未能馭風雲陪仙駕閱圖考古更求仙法遂得求仙方云將欲求仙當築壇場命一烈士按長劍立壇隅屏息絶言自昏達曙求仙者壇中而坐按長劍誦神呪收視返聽遲明登仙既得此方數年之間求烈士不得後遇一人先為人傭力艱辛五載一旦違失遂被笞辱又無所得悲號巡路隱士見命數加優贍烈士欲求報効隱士曰我彌歷多年幸而遇會音貌應圖非有他故願一旦不語耳烈士曰死尚不辭何況不語於是隱士立壇受仙依事行之日暮之後各思其事隱者誦呪烈士按劍俟將曉矣烈士忽然大叫時空中火下烟焰雲蒸隱士疾引此人入池避難問曰誡子無聲何乃驚叫烈士曰受命之後至夜昏然若夢見昔所事主人躬來至傍感厚恩而不語被打震怒而見致害遂見託生南印土大婆羅門家受生乃至出胎苦厄備受荷恩不語洎乎受冠生子每念前恩恩而不語闔家親戚咸見怪矣年過六十而有一子其妻謂曰汝若不語我殺汝子我自懷念今已隔生唯有一子寧忍令殺因止其妻遂發此言隱士曰我之過也被魔所嬈烈士感激其事忿恚而死故知睡夢與覺所見唯心延促之時不離一念故引夢時以明覺位又法華經安樂行品夢入銅輪成道度生經無量時唯只一夜夢心所以無性攝論頌云處夢謂經年覺乃須臾頃故時雖無量攝在一剎那可證聽者心上自變長短二時實唯現在心心所也故義海云如見塵時是一念心所現此一念心之時全是百千大劫成何以故百千大劫本由一念方成大劫既相由成立俱無體性乃至遠近世界佛及衆生三世一切事物莫不於一念中現何以故一切事法依心而現念既無礙法亦隨融是故一念即見三世事物顯然所以華嚴經頌云一念普觀無量劫無去無來亦無住如是了知三世事超諸方便成十力又頌云始從一念終成劫悉從衆生心想生一切剎海劫無邊以一方便皆清淨又頌云或從心海生隨心所解住如幻無處所一切是分別故知橫收剎海竪徹僧祇皆一念心前後際斷既無大小之剎亦無延促之時以一方便唯心之門令衆生界悉皆清淨何者以知境唯妄識分別則不起心以心不起故則妄境不現妄境不現垢淨之法無依麤想不生長短之時自絶若教中所說劫量延促皆是善巧逗機方便或為怯弱衆生說成佛只在剎那或為懈怠衆生說須經阿僧祇劫若成佛之旨一際無差延促之詮盡歸權智又古釋云一方便者即了唯心也一念與劫並由想心心想不生長短安在非長非短是謂清淨不壞於相則劫海無邊故知一切諸法皆無自體悉不堅牢唯從想生若執為實但是顛倒所以廣博嚴淨經云文殊師利告阿難言愚小之人以日為晝想無黠慧故所以者何若令此晝是真實者是常住者是堅牢者應有積聚不應過去唯應有晝不應有夜　問此三世時既從心變於八識內何識所緣　答古釋云唯意所緣謂時之一法是假前五第八俱不能緣第七又常緣內第八見分為我兼無分別故唯第六能緣又四種意識中唯明了意識不能緣時是假故即定中夢中獨散此三俱能緣若約三境中是獨影境　問不相應行中諸有為法似有作用應不離識如六種無為無有作用應離色心等有其實性　答有無之法皆依識變虛空等五無為皆依妄識所變真如無為是淨識之性亦不離識乃至有無真假一切性相離真唯識性更無所有

宗鏡錄卷第六十八

音義

淵烏玄反深也　堤都奚反　塘徒郎反隄塘也　廬力居反　馭牛據反駕也　閱弋雪反簡閱也　隅虞俱反　曙常恕反曉也　笞丑之反擊也　號胡到反　振職刃反裂也　攀　洎其冀反　嬈奴鳥反戲弄也

戊申歲分司大藏都監開板

宗鏡録卷第六十八

校勘記

一　底本，麗藏本。

一　六三三頁上一八行第七字「名」，徑作「各」。

一　六三四頁上一七行第三字「含」，徑作「合」。

一　六三四頁中七行「真實」，磧、南、清作「實真」。

一　六三五頁上一六行第六字「思」，磧、南作「異」。

一　六三五頁上一九行第四字「行」，南作「有」。

一　六三五頁上末行第八字「念」，清作「令」。

一　六三五頁中二一行第五字「終」，南作「然」。

一　六三五頁下一六行第九字「無」，清作「成」。

一　六三六頁上九行第一四字「命」，徑作「聡」。

一　六三六頁上一三行第一一字「思」，徑作「司」。

宗鏡錄卷第六十九

慧日永明寺主智覺禪師　延壽　集

夫覺王隨順世法曲徇機宜欲顯無相之門先明有相之理因方便而開眞實假有作而證無生非稱本懷但施密意於四俗諦中立第二隨事差別諦說三科法門謂蘊處界等今欲會有歸空應當先立後破須知窟穴方可傾巢只如五蘊初科四大元始以何爲義答蘊者藏也亦云五陰者覆也即蘊藏妄種覆蔽眞心雜集論云蘊者積聚義又荷雜染擔故名爲蘊如有術擔此約俗諦所釋若論眞諦無一法可聚以各無自體亦無作用故楞伽經云佛告大慧當善四大造色云何菩薩善四大造色大慧菩薩摩訶薩作是學彼眞諦者四大不生於彼四大不生作如是觀察觀察已覺名相妄想分齊自心現分齊乃至大慧彼四大種云何生造色謂津潤妄想大種生內外水界堪能妄想大種生內外火界飄動妄想大種生內外風界斷截色妄想大種生內外地界釋云堪能妄想者即計火大堪能成熟萬物之性斷截色妄想者即計可斷截性爲地大四大既空五蘊無主是以先觀色陰從四大所造展轉相因而生四大中既無主宰誰能合集以成色乎以此觀之色陰即空色陰既空四陰何有善學眞諦第一淨心不住一相則無四大可生故知一切莫非眞覺則一覺一切覺統括一心無不覺故外法本無名相所見分劑皆唯心量以般若照五蘊皆空聚沫之色既虛水泡之受何有陽燄之想非實芭蕉之行唯空幻識倐爾無依空大湛然不動窮四大根本性相尚無則六根枝條影響奚有身見既不立妄識又無從唯一眞心神性獨立恒沙海藏無量義門該括指歸理窮於此不出一念人法俱空如持地經云佛言諸凡夫於見聞覺知法中計得識陰貪著念有是人貪著見聞覺知法爲識陰所縛貫其所知以心意識合繫故馳走往來所謂從此世至彼世從彼世至此世皆識陰所縛故不能如實知識陰識陰是虛妄不實顚倒相應因見聞覺知法起此中無有實識者若不能如是實觀或起善識或起不善識或起善不善識是人常隨識行不知識所生處不知識如實相持世諸菩薩摩訶薩於此中如是正觀知識陰從虛妄識起所謂見聞覺知法中衆因緣生無法生法想故貪著識陰故知諸陰不出一念法空之心所以永嘉集云明識一念之中五陰者謂歷歷分明即是識陰領納在心即是受陰心緣此理即是想陰行用此理即是行陰汙穢眞性即是色陰此五陰者舉體即是一念一念者舉體全是五陰歷歷見此一念之中無有主宰即人空慧見如幻化即法空慧故最勝王經云佛告善天女五蘊能現法界法界即是五蘊　問處以何爲義　答論云識生長門義當知種子義攝一切法差別義亦是處義　問界以何爲義　答是界分建立義以內外中間各對待立故雜集論云一切法種子義謂依阿賴耶識中諸法種子說名爲界界是因義又能持自相義又能持因果性義又攝持一切法差別義　問何因五蘊說唯有五　答雜集論云爲顯五種我事故一身具我事謂內外色蘊所攝二受用我事即受蘊三言說我事即想蘊四造作一切法非法我事謂行蘊五彼所依止我自體事謂識蘊是身具等所依我相事義世間有情多於識蘊計執爲我於餘蘊計執我所問色蘊何相答變現相是色相此有二種觸對變壞謂由手足乃至蚊虻所觸對時即便變壞二方所示現謂由方所可相示現問受蘊何相答領納相是受相由此受故領納種種淨不淨業所得異熟若清淨業受樂異熟不清淨業受苦異熟淨不淨業受不苦不樂異熟所以者何由淨不淨業感得異熟阿賴耶識恒與捨受相應唯此捨受是實異熟體苦樂兩受從異熟生故假說名異熟問想蘊何相答構了相是想相由此想故構畫種種諸法像類隨所見聞覺知之義起諸言說諸言說者謂詮辯義問行蘊何相答造作相是行相由此行故令心造作謂於善惡無記品中驅役心故問識蘊何相答了別相是識相由此識故了別色聲香味觸法等種種境界　問何因處唯十二　答雜集論云唯由身及具能與未來六行受用爲生長門故謂如過現六行受用相爲眼等所持未來六行受用相以根及義爲生長門亦爾唯依根境立十二處不依六種受用相識問處以何爲相答如界應知隨其所應謂眼當見色及此種子等隨義應說問何因界唯十八　答雜集論云由身具等能持過現六行受用性故身者謂眼等六根具者謂色等六境過現六行受用者謂六識

能持者謂六根六境能持六識所依所緣故過現六識能持受用者不捨自相故當知十八以能持義故說名界問眼界何相荅謂眼曾現見色及此種子積集異熟阿賴耶識是眼界相眼曾見色者謂能持過去識受用義以顯界性現見色者謂能持現在識受用義以顯界性及此種子積集異熟阿賴耶識者謂眼種子或唯積集爲引當來眼根故或已成熟爲生現在眼根故此二種名眼界者眼生因故如眼界相耳鼻舌身意界相亦爾問色界何相荅諸色眼曾現見及眼界於此增上是色界相眼界於此增上者謂依色根增上力外境生故如色界相聲香味觸法界相亦爾問眼識界何相荅謂依眼緣色以色了別及此種子積集異熟阿賴耶識是眼識界相如眼識界耳鼻舌身意識界相亦爾是以眞諦不有世諦非無迷之則一二情生悟之則性相無礙故先德云眞俗雙泯二諦恒存空有兩亡一味常現如瑜伽論云思正法者乃至云何以稱量行相依正道理思惟諸蘊相應言教謂依四道理觀察何等爲四一觀待道理二作用道理三證成道理四法爾道理云何名爲觀待道理謂略說有二種觀待一生起觀待二施設觀待生起觀待者謂由諸因諸緣勢力生起諸蘊此蘊生起要當觀待諸因諸緣施設觀待者謂由名身句身文身施設諸蘊此蘊施設要當觀待名句文身是名於蘊生起觀待施設觀待即此生起觀待施設觀待生起施設諸蘊說名道理瑜伽方便是故說爲觀待道理云何名爲作用道理謂諸蘊生已由自緣故有自作用各各差別謂眼能見色耳能聞聲鼻能嗅香舌能甞味身能覺觸意能了法色爲眼境爲眼所行乃至法爲意境爲意所行或復所餘如是等類於彼彼法別別作用當知亦爾即此諸法各別作用所有道理瑜伽方便皆說名爲作用道理云何名爲證成道理謂一切蘊皆是無常衆緣所生苦空無我由三量故如實觀察謂由至教量故由現量故由比量故由此三量證驗道理諸有智者心正執受安置成立謂一切蘊皆無常性衆緣生性苦性空性及無我性如是等名證成道理云何名爲法爾道理謂何因緣故即彼諸蘊如是種類諸器世間如是安布何因緣故地堅爲相水濕爲相火煖爲相風用輕動以爲其相何因緣故諸蘊無常諸法無我涅槃寂靜何因緣故色變壞相受領納相想等了相行造作相識了別相由彼諸法本性應爾自性應爾法性應爾即此法爾說名道理瑜伽方便或即如是或異如是或非如是一切皆以法爾爲依一切皆歸法爾道理令心安住令心曉了如是名爲法爾道理如是名爲依四道理觀察諸蘊相應言教故知法性自爾一切如然未有一法而爲障礙了之無過執之患生但依觀待作用證成法爾四種道理觀察則二諦雙通一心無礙　問萬法唯識正量可知又云境滅識亡心境俱遣今觀陰入界等如上分析性相宛然云何同境一時俱拂　荅上約世諦分別似有非眞但立空名終無實體所以首楞嚴經微細推檢陰入界處一一皆空非因非緣非自然性非因即是不自生非緣即是不他生既無自他二法無法和合即是不共生非自然性即是非無因生四句無生陰從何有又當觀此一念心不從根塵離合而生若言合生者譬如鏡面各有像故合生應有兩像若各無像合不應生若鏡面合爲一而生像者今實不合合則無像若鏡面離故生像者各在一方則應有像今實不爾根塵離合亦復如是當知即念無念自他起處俱空即生無生離合推之無體破五陰文云佛告阿難譬如有人取頻伽瓶塞其兩孔滿中擎空千里遠行用餉他國識陰當知亦復如是阿難如是虛空非彼方來非此方入如是阿難若彼方來則本瓶中既貯空去於本瓶地應少虛空若此方入開孔倒瓶應見空出是故當知識陰虛妄本非因緣非自然性釋曰此破識陰也瓶喻於身空喻於識若執有識隨身往來者此處識陰滅往彼處生時如將此方虛空遠餉他國若此陰實滅如於本瓶地應少虛空若彼陰復生如開孔倒瓶應見空出故知虛空不動識無去來一陰既虛四陰皆爾大涅槃經云若人捨命之時然心意識即生善道而是心法實無去來亦無所至直是前後相似相續相貌不異如是之言即是如來秘密之教又佛告阿闍世王如汝所言先王無辜横加逆害者何者是父但於假名衆生五陰妄生父想於十二入十八界中何者是父若色是父四陰應非若四陰是父色亦應非若色非色合爲父者無有是處何以故色與非色性無合故大王凡夫

衆生於是色陰妄生父想如是色陰亦不可害乃至阿闍世王即白佛言世尊我今始知色是無常乃至識是無常我本若能如是知者則不作罪持世經云佛言是諸菩薩如實觀時知識陰虛妄不實從本已來常不生相知非陰是識陰像陰是識陰幻陰是識陰譬如幻所化人識不在內亦不在外不在中間識性亦如是如幻性虛妄緣生從憶想分別起無有實事如機關木人識亦如是從顛倒起虛妄因緣和合而有幻人豈有心識木像誰稱覺知比妄識而況同從幻緣而似有大智度論云日初出時見城門樓櫓宮殿行人出入日轉高轉滅但可眼見而無有實是名乹闥婆城有人初不見乹闥婆城晨朝東向見之意謂實樂疾行趣之轉近轉失日高轉滅飢渴悶極見熱氣如野馬謂之爲水疾走趣之轉近轉滅疲極困厄至窮山挾谷中大喚啼哭聞有響應謂有居民求之疲極而無所見思惟自悟渴願心息無智人亦如是空陰界入中見吾我及諸法婬瞋心著四方狂走求樂自滿顛倒欺誑窮極懊惱若以智慧知無我無實法者是時顛倒願息故知色陰如勞目睛忽現空華之相受陰如手摩觸妄生冷熱之緣想陰如人說酸梅口中自然水出行陰如水上波浪襯之似有奔流識陰如瓶貯虛空持之用餉他國斯則非內非外不即不離和合既不成自然亦非有若此況是實則五陰不虛既並世相而非眞審知陰入而無體唯是性空法界如來藏心無始無終平等顯現是以首楞嚴經云佛告阿難是故如來與汝發明五陰本因同是妄想汝體先因父母想生汝心非想則不能來想中傳命如我先言心想酸味口中涎生心想登高足心酸起懸崖不有酸物未來汝體必非虛妄通倫口水如何因談酸出是故當知汝現色身名爲堅固第一妄想即此所說臨高想心能令汝形眞受酸澁由因受生能動色體汝今現前順益違損二現驅馳名爲虛明第二妄想由汝念慮使汝色身身非念倫汝身何因隨念所使種種取像心生形取與念相應寤即想心寐爲諸夢則汝想念搖動妄情名爲融通第三妄想化理不住運運密移甲長髮生氣消容皺日夜相代曾無覺悟阿難此若非汝云何體遷如必是眞汝何無覺則汝諸行念念不停名爲幽隱第四妄想又汝精明湛不搖處名恒常者於身不出見聞覺知若實精眞不容習妄何因汝等曾於昔年覩一奇物經歷年歲憶忘俱無於後忽然覆覩前異記憶宛然曾不遺失則此精了湛不搖中念念受熏有何籌筭阿難當知此湛非眞如急流水望如恬靜流急不見非是無流若非想元寧受想習非汝六根互用合開此之妄想無時得滅故汝現在見聞覺知中串習幾則湛了內罔象虛無第五顛倒細微精想阿難是五受陰五妄想成汝今欲知因界淺深唯色與空是色邊際唯觸及離是受邊際唯記與忘是想邊際唯滅與生是行邊際湛入合湛歸識邊際此五陰元重疊生起生因識有滅從色除理則頓悟乘悟併消事非頓除因次第盡是以若見五陰有即衆生世間若了五陰空即眞諦世間若達五陰實相即中道第一義正智世間離此五陰三世間外更無一法能建能立爲俗爲眞一代時教所詮除此別無方便悟此成佛迷此爲凡唯是一心開合無異何者以一陰名色四陰名心從心所生故稱爲色心是所依色是能依攝能歸所但是一心本末元同體用常合宗鏡大旨於此絶言破六入文云佛告阿難譬如有人勞倦則眠睡熟便寤覽塵斯憶失憶爲忘是其顛倒生住異滅吸習中歸不相逾越稱意知根兼意與勞同是菩提瞪發勞相因于生滅二種妄塵集知居中吸撮內塵見聞逆流流不及地名覺知性此覺知性離彼寤寐生滅二塵畢竟無體如是阿難當知如是覺知之根非寤寐來非生滅有不於根出亦非空生何以故若從寤來寐即隨滅將何爲寐必生時有滅即同無令誰受滅若從滅有生即滅無執知生者若從根出寤寐二相隨身開合離斯二體此覺知者同於空華畢竟無性若從空生自是空知何關汝入是故當知意入虛妄本非因緣非自然性釋曰此破意入也疏云覽塵斯憶者憶即是生失憶爲忘者忘即是滅失憶不離自心妄謂爲境故云是其顛倒生住異滅吸習中歸不相逾越者吸習生住異滅歸識心內故云中歸前念滅後念生無雜亂失故云不相逾越故經云心性生滅猶如猿猴當知見境生滅者即是自心生滅相故故云心生種種法生吸撮內塵見聞逆流流不及地名覺知性者謂眼耳取外塵境剎那流入意地從外入內名爲逆流

眼耳唯緣現境至第二念緣不及故云流不及地唯意根獨取名覺知性此覺知性因前塵起畢竟無體以妄知强覺成内衆生因滅想凝空爲外國土經云想澄成國土知覺乃衆生迷湛寂一心作内六入更無別體唯是眞空意入既虛前眼等五入亦爾故十二處文云佛告阿難汝常意中所緣善惡無記三性生成法則此法爲復即心所生爲當離心別有方所阿難若即心者法則非塵非心所緣云何成處若離於心別有方所則法自性爲知非知知則名心異汝非塵同他心量即汝即心云何汝心更二於汝若非知者此塵既非色聲香味離合冷煖及虛空相當知何在今於色空都無表示不應人間更有空外心非所緣處從誰立是故當知法則與心俱無處所則意與法二俱虛妄本非因緣非自然性釋曰此破意法二處也夫分能摽所構畫成持立境立心皆是意法先破其分別惑本則前五根十處自傾法處是所緣意處是能緣只如法處爲復即心不即心若即心者法則全心心不見心云何成處若離於心別有方所則法之自性爲有知無知若有知則名心不成於法若無知則不屬自心同他心量以知二處俱無自體則善惡無記三性等法四種意根等心皆同一性無有能緣所緣之異心境皆空故論云凡所分別皆分別自心心不見心無相可得則無相理現有作情亡因緣自然名義俱絕例十處色心亦復如是破十八界文云佛告阿難汝所明意法爲緣生於意識此識爲復因意所生以意爲界因法所生以法爲界阿難若因意生於汝意中必有所思發明汝意若無前法意無所生離緣無形識將何用又汝識心與諸思量兼了別性爲同爲異同意即意云何所生異意不同應無所識若無所識云何意生若有所識云何識意雖同與異二性無成界云何立若因法生世間諸法不離五塵汝觀色法及諸聲法香法味法及與觸法相狀分明以對五根非意所攝汝識決定依於法生汝今諦觀法法何狀若離色空動靜通塞合離生滅越此諸相終無所得生則色空諸法等生滅則色空諸法等滅所因既無因生有識作何形相相狀不有界云何生是故當知意法爲緣生意識界三處都無則意與法及意界三本非因緣非自然性釋曰此破意識界也如十八界中皆因意識建立根本立處尚空所生枝末何有既無處所可得又無界分可憑事誑理虛情危執劣惡見之根株盡拔妄識之巢穴齊傾獨朗眞心圓周法界安國云謂色等五塵界是現量境五識親證都無塵相如來藏中頓現身器無塵相六七妄想謂有我法想所現相是分別變分別變相但可爲境而無實用如日發燄帶微塵而共紅非實紅也如水澄清含輕雲而俱綠非實綠也若了藏性則知塵境而爲妄也故知諸法但從分別而生分別既空名相何有夫人空易了法我難除不達法遂緣生執有自體如攝論云若執法體是有名法我執如二乘人依麁分別事識修行但了法中無我不知法體全空聞諸法空生大怖畏是知法空是本人空是末夜繩未曉蛇想寧除瞖目猶存空華豈滅破七大性文云佛告阿難識性無原因於六種根塵妄出汝今徧觀此會聖衆用目循歷其目周視但如鏡中無別分析汝識於中次第標指此是文殊此富樓那此目犍連此須菩提此舍利弗此識了知爲生於見爲生於相爲生虛空爲無所因突然而出阿難若汝識性生於見中如無明暗及與色空四種必無元無汝見見性尚無從何發識若汝識性生於相中不從見生既不見明亦不見暗明暗不矚即無色空彼相尚無識何所發若生於空非相非見非見無辯自不能知明暗色空非相滅緣見聞覺知無處安立處此二非空則同無有非同物縱發汝識欲何分別若無所因突然而出何不日中別識明月汝更細詳微細詳審見託汝睛相推前境可狀成有不相成無如是識緣因何所出識動見澄非和非合聞聽覺知亦復如是不應識緣無從自出若此識心本無所從當知了別見聞覺知圓滿湛然性非從所兼彼地水火風均名七大性眞圓融皆如來藏本無生滅阿難汝心麤浮不悟見聞發明了知本如來藏汝應觀此六處識心爲同爲異爲空爲有爲非同異爲非空有汝元不知如來藏中性識明知覺明眞識妙覺湛然徧周法界含吐十虛寧有方所循業發現世間無知或爲因緣及自然性皆是識心分別計度但有言說都無實義釋曰此破識大性也諦詳佛旨本契無生但以有情唯迷妄識以昏擾之性起徧計於覺原遂雜染之緣沉圓成於識海眠三

界之夢宅一覺而塵劫不憚造四大之幻身生滅而恒沙莫筭今推此識決定無體從緣所起悉頓無生四句檢之自含妙理此識了知爲生於見者如無明暗色空元無見性見性尚無從何發識此破自生也爲生於相者不從見生則不見暗明明暗不矚即無色空彼相尚無識何所發此破他生也既不得自見之性又不得他相之觀自他既虛即無和合所以推云見託汝睛相推前境可狀成有不相成無如是識緣因何所出識動見澄非和非合聞聽覺知亦復如是以動靜相乖事非和合此破共生也爲生虛空爲無所因突然而出者若生於空非相非見縱發汝識欲何分別若無所因突然而出何不日中別識明月日屬朝陽月合陰魄時候紛刻今古不移各有所因無因非有此破無因生也四句纔空百非俱殄則妄計所執內因外緣心和境合無因自然等妄想情塵皆無實義狂華之影跡俱虛不眞何待戲論之名言頓息纔解全消虛空之性既融六大之體何有以地大無性四輪所成水大無性凝流不定火大無性寄於諸緣風大無性附物彰動空大無性對色得名見性從緣和合而有識性無體如幻即虛且如火大無性者如首楞嚴經云性火眞空者古釋云性是本覺性火是本覺火皆是衆生心變如第六識心熱偏身即燠若第八識中變起即偏同法界悟法界性皆是我心中所變之火如西京崇慧法師於大曆四年在京與道士鬬能入火不燒是求觀音之力何況自證證得已後入地獄中皆不被

燒今世間火隨處發現應衆生業力多少隨意如龍鬬亦起火燒林藪乃至雲中霹靂火如人欲心熾盛火燒天祠皆從心火起由心動搖故有火起但心不動即不被燒譬如人畏時非人得其便如來得性火三界火燒不得如來自起智火焚得舍利其火猛盛諸大弟子將水求不得乃至龍王求亦不得唯天帝釋云我本願力始求得雖有性火而不自燒如刀能割不自割如眼能看不自看如火大性唯心七大性亦如是隨心俱偏法界法界本徧由執心故不能徧如三界中三乘天眼俱不能徧唯如來無執性合眞空故能周徧如般若經中佛自言我以無執故得眞金身圓光常現火燒天祠者昔有漁師河上見公主過因生染心思求不得身漸羸疾其母遂問病因與作方便日送鯉魚一頭公主怪問母直陳其事遂許云我因拜天祠即潛相見子知便尋公主後來正見漁人睡熟撼之不覺便繫帛子在手上公主去後漁人睡覺見手上帛子知公主來心生恨憶心中欲火內燒自身爛壞并燒天祠房室淨盡所以三界有法識外無文皆從四大內外成盡是一心虛妄變何者最初因不覺故有業識從業識因動故有轉識從轉識起見故有現識因見分成相分能所纔分心境頓現古鈔釋首楞嚴經云明妄非他覺明爲咎者六識取塵由業識發起後有第七識執第八識中明變起外四大四大引起六根塵六根塵引起六識六識依六根塵因外有色內引眼根等明妄非他者其妄最初因自心動有風因執有

金因愛有水因求有火皆是自心變起四大還自分別結業受生故非他累覺明爲咎者由強覺了本體明爲咎則無知覺明有知明覺如人見不淨便生厭心由分別故以猪狗見便生淨想皆由強覺無明但無分別妄見唯見法性淨土是知內外四大地水火風念念發現所以經云或各各發明若俱發明各各發明者汝見圓明知心欲取失却本明性空思想搖動心生風輪情愛相續性感水輪執心熾盛金輪則現求心若起火輪方興若俱發明初起強覺四大俱現如人恨憶瞋則火生身心動轉以況於風目中淚盈而表於水面發赤相則表於地是以內外四大元是我心之性以爲自性又自第八識變起根身器內外四大之相分爲自相又因妄念而起強覺而知所以萬像森羅鬱然顯現若能窮因體本皆是自心之性自心之相於中妍醜憎愛全是意識計度分別而成既識根由須存正智但除強覺一念不生自然心境俱空前後際斷故知七大之性性眞圓融一一大俱徧法界皆是一體如七顆氷將火鎔爲一水亦如因陀羅網同而不同如水與氷異而不異乃至五陰六入十二處十八界等皆滿法界一一微塵亦滿法界一一毛孔亦徧法界一一身心亦徧皆如來藏如香水海中常說一切法爲諸菩薩不見菩薩相不見邪師相不見生住異滅相所以盡合眞空俱徧實際如說龜毛兔角鏡水乾城但有言說之名且無實事例凡夫界中所有見聞陰入之根名色之境亦但有其名都無實事今將世間

宗鏡六十九卷　十六張　○

共知龜毛易解之虛破如今現執名色難解之虛還同龜毛無所執著即知從來所執一切境界皆從識變盡逐想生離識無塵識寂則諸塵並寂離想無法想空則諸法皆空因緣自然俱成戲論知解分別本末無從但有意言都無眞實如此明達頓悟前非終不更待空裏之華將期結果取夢中之物擬欲牢藏杌見鬼空繩消蚍想渴鹿罷馳於陽燄猿息弄於月輪遂乃靜慮虛襟若陵空之逸翮隨緣養性猶縱浪之虛舟畢故不造新任眞而合道如是五陰六入十二處十八界七大性等非是本來自然無因而有非從今日和合因緣所生但是識心分別建立今破此識性則七大性乃至一切法皆空如尋流得源捕賊獲將則無明頓斷生死魔軍應念俱消如湯沃雪唯如來藏妙湛明心性眞圓融徧十方界如波澄秋渚含虛洞然雲朗晴空迥無所有所以首楞嚴經云佛告阿難汝猶未明一切浮塵諸幻化相當處出生隨處滅盡幻妄稱相其性眞為妙覺明體如是乃至五陰六入從十二處至十八界因緣和合虛妄有生因緣別離虛妄名滅殊不能知生滅去來本如來藏常住妙明不動周圓妙眞如性性眞常中求於去來迷悟生死了無所得是以先令照徹心境分明後乃頓融須亡心境如華嚴演義云謂此華嚴經中教人觀察若心若境如頌云欲知諸佛心當觀佛智慧佛智無依處如空無所依此令觀佛心也又頌云若有欲知佛境界當淨其意如虛空此教觀佛境也文空心境頌云法性本空寂無

宗鏡六十九卷　十七張　○

取亦無見性空即是佛不可得思量無取即無境無見即無心又頌云若有欲得如來智應離一切妄分別有無通達皆平等疾作人天大導師即空心境也菩薩凡夫所有心境觀照例知故經頌云知妄本自眞見佛則清淨又云心佛與衆生是三無差別

宗鏡録卷第六十九

音義

巢鋤交反　驅豈俱反　犖呂角反　餉式亮反　貯丁呂反　擋古郎反　懊烏皓反　酸素官反　澁色立反　皺側救反　串古患反　吸許及反　瞪丈證反　倦渠卷反　突陀骨反欺也　晷居洧反日影也　刻苦得反　翮下革反鳥羽也　捕薄故反捉也　沃烏酷反　渚章與反

戊申歲分司大藏都監開板

宗鏡録卷第六十九

校勘記

一　底本，麗藏本。

一　六三八頁中二行末字「識」，磧、南、徑、清作「境」。

一　六三八頁中二一行第四字「全」，磧、南、清作「即」。

一　六三八頁下七行第八字「此」，清無。同行第一〇字「三」，清作「二一」。

一　六三九頁中一七行第一〇字「等」，清作「搆」。

一　六三九頁下一五行第一三字「孔」，磧作「入」。

一　六四〇頁上二一行首字「走」，磧作「是」。

一　六四〇頁中二二行第六字「想」，徑作「妄」。

一　六四一頁中二〇行第八字「現」，徑作「限」。

一　六四一頁下一六行第一一字「睛」，

磧作「晴」。

一　六四一頁下二六行第一四字「或」，徑、清作「惑」。

一　六四二頁上一五行第七字「合」，磧、南、徑、清作「含」。

一　六四二頁上一九行第六字「真」，磧作「其」。

一　六四二頁上二二行「彰動」，磧、南、徑作「影動」。

一　六四二頁下一〇行第一二字「起」，磧、南作「欲」。

一　六四二頁下一二行「而表」，磧、南作「面表」。

一　六四二頁下一二行第一六字「表」，清作「衣」。

一　六四二頁下一六行第一〇字「蘿」，南、徑作「羅」。

一　六四三頁上八行第四字「鬼」，磧、南、清作「思」。

一　六四三頁上一五行第五字「將」，南、徑、清作「臟」。

宗鏡録卷第七十　輕

慧日永明寺主智覺禪師延壽集

夫祖佛正意本顯一心何必教中更談陰界　答隨妄心而破妄境謂顯人空除異執而說異門成法解脫無有定法故號之爲阿耨菩提病差藥消如筏喻之法尚應捨識論問云以有何令證驗知故若但心識虛妄分別見外境界不從色等外境界生眼識等者以何義故如來說眼色等十二種入明知有色香味等外境界也答曰偈言說色等諸入爲可化衆生依前人受法說言有化生如來依彼心業相續不斷不絕是故說有化生衆生又說言無我無衆生無壽者唯因緣和合有諸法生如來如是說色等入爲令前人得受法故以彼前人未解因緣諸法體空非謂實有色香味等外諸境界問若實無有色等入者以何義故如來經中作如是說答曰偈言依彼本心智識妄取外境是故如來說有內外諸入此依無始心意識等種子轉變虛妄見彼色香味等外諸境界是故如來依此虛妄二種法故作如是說一本識種子二虛妄外境界等依此二法如來說有眼色等入問依如是偈說有何功德利益答曰偈言觀虛妄無實如是入我空觀知諸法異入諸法無我爲令聲聞解知因彼六根六塵生六種識無有一法是實覺者乃至無有一法是實見者爲令可化衆生等作是觀察入人無我空觀於諸法異者謂菩薩觀實無色等外塵一法可見乃至實無一觸可覺如是觀察得入因緣諸法體空爲欲遮彼虛妄分別故說色等一

切諸法畢竟空無非無言處皆悉空無無言處者所謂諸佛如來行處如是唯有眞識更無餘識不能如是分別觀察入於識空如是依識說入一切諸法無我非謂一向謗眞識我說言無有佛性實我又如來方便漸令衆生得入我空及法空故說有內識而識無有內識可取若不如是則不得說我法空以是義故虛妄分別此心於彼心彼心知此心辯中邊頌云識生變似義有情我及了此境實非有境無故識無變似義者謂似色等諸境性現變似有情者謂似自他身五根性現變似我者謂染汙末那與我癡等恒相應故變似了者謂餘六識了別相麤故此境實非有者謂似義似相無行相故似我似了非眞現故皆非實有境無故識無者謂所取義有情我了別等四境無故能取諸識亦非實有是以若約大根頓悟之人尚不得一何況說多何以故以執多故迷了一故悟於迷多中根有不同遂開陰處界若迷心不迷色則數爲五陰若迷色不迷心則數爲十二處若心色俱迷者則數爲十八界若直見眞心神解之性則非一非多非法非數其餘能詮之教皆是善巧之門將逗機宜廣申破立欲顯眞空之理先明幻有之端究竟指歸一心之海

問於世間法五蘊身中作何見解成外道義云何通達成佛法義　答外道不達諸法因緣和合成諸蘊凡有所爲皆是識陰便於蘊上執有實我受用自在名爲神主於似常似一相續之中說有神性是外道義若了內外和合因緣所成唯識所變似境所現即第八

識任持不斷似有相續即佛法義外道不知將爲實有迷無性之理執身見之愚　問前破五陰六入十八界七大性識義俱無云何建立唯識　答一爲遣境故立識何者若不因識何以立境若不顯識何以遣境二爲以有妄想心故能知名義何者若無妄則不能顯眞若無眞則不能破惑故知破立在我染淨由心三無性論云今爲成就此依他性故說成立道理此性不但以言說爲體何以故言說必有所依故若不依亂識品類名言得立無有是處若不爾所依品類既無有所說名言則不得立若爾則無二性無二性故則無惑品無惑品故則有二過一不由功用自然解脫二則生死涅槃不可顯現由無此二過失故是故應知決有依他性有此性故世諦立若不立世諦亦不得眞諦何者以了俗無性故即成眞諦若撥無二諦是惡取邪空非善通正理又若無眞諦之本何以垂俗諦之跡本迹雖殊不思議一　如法華玄義廣釋本迹爲六本者理本即是實相一究竟道迹者除諸法實相其餘種種皆名爲迹又理之與事皆名爲本說理說事皆名教迹也又理事之教皆爲本稟教修行名爲迹如人依處則有行迹尋迹得處也又行能證體體爲本依體起用用爲迹又實得體用名爲本權施體用名爲迹又今日所顯者爲本先來已說者爲迹約此六義以明本迹也一又約理事明本迹者從無住本立一切法無住之理即是本時實相眞諦也一切法即是本時森羅俗諦也由實相眞本垂於俗迹尋於俗迹即

顯眞本本迹雖殊不思議一故經云觀一切法空如實相但以因緣有從顛倒生二理教明本迹者即是本時所照二諦俱不可說故皆名本也昔佛方便說之即是二諦之教教名爲迹若無二諦之本則無二種之教若無教迹豈顯諦本本迹雖殊不思議一也經偈云是法不可示言詞相寂滅以方便力故爲五比丘說三約教行爲本迹者最初稟昔佛之教以爲本則有修因致果之行由教詮理而得起行由行會教而得顯理本迹雖殊不思議一也經偈云諸法從本來常自寂滅相佛子行道已來世得作佛四約體用明本迹者由昔最初修行契理證於法身爲本初得法身本故即體起應身之用由於應身得顯法身本迹雖殊不思議一也經云吾從成佛已來甚大久遠若斯但以方便教化衆生作如此說五約權實明本迹者實者最初久遠實得法應二身皆名爲本中間數數唱生唱滅種種施權法應二身故名爲迹非初得法應之本則無中間法應之迹由迹顯本本迹雖殊不思議一也經云是我方便諸佛亦然六約今已論本迹者前來諸教已說理事乃至權實者皆是迹也今經所說久遠理事乃至權實者皆名爲本非今所明久遠之本無以垂於已說之迹非已說迹豈顯今本本迹雖殊不思議一也經偈云諸佛法久後要當說眞實　問世間無有一法不從緣生具幾因緣能生萬法　答曾無心外法能與心爲緣但是自心生還與心爲相義海云明緣起者如見塵時此塵是自心現由自心現即與自心爲緣由緣現前心法方起故名爲緣起法也經云諸法從緣起無緣即不起乃至則知塵體空無所有今悟緣非緣起無不妙但緣起體寂起恒不起達體隨緣不起恒起如是見者名實知見何謂實知見若見緣而不見體即是常見若見體而不見緣即是斷見今從因緣而見性則不落常於眞性中而緣起則不墮斷名實知見所以廣辯因緣行相者謂因事而顯理令理不孤因理而成事令事融即然約經論隨順世諦所立有四因緣內外假立不無行相一因緣者論云一因緣謂有爲法親辦自果此體有二一種子二現行釋云若一切煩惱種被加行智折伏已永無生現行用雖種子是因緣法以不能生現行故不得名因緣又如將心種望色現亦不名因緣若心種生心現色種生色現等皆是因緣此雙通新本二類種子故二等無間緣謂八現識及彼心所前聚於後自類無間等而開導令彼定生釋云八現識及心所者出緣體唯見自證此是緣體惣名現識簡色不相應種子無爲非此緣性論說等無間緣唯望一切心心所說以前生開導所攝受故開者避義與彼處義導者招引義即前往避其處招引後法令生前聚於後者簡俱時及後爲前緣義非開導故自類者顯非他識爲緣無間者顯雖前無間爲後緣非中間隔要無間者等而開導者顯緣義令彼定生即顯後果雖經久遠如經八萬劫前眼識望後亦爲此緣以彼後果當定生故即簡入無餘依最後心無果定生故非此緣雖有開義無導引力故問心與心所既非自類如八種識恒時俱轉體用各殊如何俱起望後並得互爲緣義若論云心與心所雖恒俱轉而相應故和合似一不可施設離別殊異故得互作等無間緣和合似一者同一所緣及同一依同一時轉同一性攝不可離別令其殊異不同八識行相所緣及依各不等故非互爲緣又但除却入無餘依者外餘一切心心所皆是等無間緣以力用齊等無自類間隔故三所緣緣謂若有法是帶己相心或相應所慮所託此體有二一親二疎若與能緣體不相離是見分等內所慮託應知彼是親所緣緣若與能緣體雖相離爲質能起內所慮託應知彼是疎所緣緣親所緣緣能緣皆有離內所慮託必不生故疎所緣緣能緣或有離外所慮託亦得生故釋云謂若有法者謂非徧計所執所執無體不能發生能緣之識故非是緣緣者必是依他今此必是有體方緣是帶己相者謂能緣心等帶此色等己之相也帶者是挾帶義相者體相非相狀義謂正智等生時挾帶眞如之體相起與眞不一不異非相非非相若挾帶所緣之己以爲境相者是所緣故若相言體即有同時心心所之體相亦心挾帶而有相者分義或體相義眞如亦名爲相無相之相所以經言皆同一相所謂無相相親所緣緣者若與見分等體不相離者簡他識所變及自八識各各所緣別唯是見分內所慮託此有二種一是有爲即識所變名內所慮託二是無爲眞如體不離識名所慮託即如自證緣見分等並是此例此說親緣

疏所緣緣與能緣心相離法是謂即他識所變及自身中別識所變仗爲質者是又親所緣者即謂見分是帶已相此疏中即影像相分是帶本質之相故名所緣又親所緣緣但是能緣之心皆有離內所慮託之相分一切心等必不行故今大乘中若緣無法不生心也疏所緣緣能緣之法或有或無以是心外法故如執實我法雖無本質然雖彼法心亦生故又觀所緣緣論頌云內色如外現爲識所緣緣許彼相在識及能生識故以自內識所變之色爲所緣緣是依他性有體法故不緣心外所執無法故論云見託彼生帶彼相起見託彼生即是緣義然心起時帶彼相起名爲所緣帶是挾帶逼附之義百法云護法明此所緣如見相無定相分以本智親證如體不取相故與如體冥合故即無相狀之相即但有體相之相即挾帶之義亦所緣緣難云若有見分即有分別相何名無分別相也又云無能取耶答雖有見分而無分別復無能取正智緣如親挾附體相緣故更無相狀之相說無相分言無能取者即無分別妄執實能取故不無內分能緣見分又難若言無相分者所緣緣論云依彼生帶彼相故名所緣相若無眞如相分者即無所緣護法云亦有所緣緣義雖見相分而可有帶如相起不離故即本智見分親挾帶眞如之體相起故名所緣緣如自證分親帶見分名所緣緣此亦應爾實無變帶之義唯有挾帶名所緣緣故與後得別也若變相分緣者便非親證即如後得智應有分別既異後得即明知有見

分無相分也又一切見分皆有挾帶境相義者由相不離見故即是挾帶之義不離有二一者有爲相分望自能變之識血脉相連猶如父子故名不離二者眞如等境雖非識變然是識等實體故名不離　問所緣緣論偈云內色如外現爲識所緣緣許彼相在識及能生識故是以外境雖無而有內色似外境現爲所緣緣既外相在識即是俱起以相在故云何復能生識能作識緣　答如眼等識帶彼相起雖即同時不礙前後以展轉相因成所緣緣之理論問云此內境相既不離識如何俱起能作識緣頌答云決定相隨故俱時亦作緣或前爲後緣引彼功能故境相與識定相隨故雖俱時起亦作識緣而外諸法理非有故定應許在識非餘此根功能與前境色從無始際展轉爲因如是諸識唯內境相爲所緣緣理善成立　問所明挾帶是親所緣緣者爲復挾體挾用　答應作四句分別一體挾體者即自證分緣證自證分證自證分却緣自證分是也二用挾用者即八識心心所見分緣自親相分是也三用挾體者即根本智見分緣眞如是也四體挾用者即自證分緣見分也　問所緣緣義於八識如何料簡親疏　答百法云護法解此第八心及心所名此品若因若果疏所緣緣有無不定若因中第八識託他人扶塵器世間境自變相分緣即可互受用有疏所緣緣義若是自他緣義五根及種子不互變緣即無疏所緣緣義也又有色界即有扶塵器世間可互扶塵即有疏所緣緣若無色界即無色可扶託故

即無疏所緣緣義也若自第八識緣自三境唯有親所緣緣也此是因中料簡若至佛果位中第八識若緣自境及緣眞如及緣過未一切無體法時即無疏所緣緣也若緣他佛身土即變影而緣亦有疏義即第八識心王自果位中疏所緣緣有無不定若第八五心所因果位中皆有疏所緣緣也若爲託第八心王三境爲質而緣故若第七識者論云第七心品未轉依位是俱生故必扶外質故亦定有疏所緣緣於轉依位此非定有緣眞如無外質故今言此第七識有漏位中者體是俱生任運無力必扶第八識以爲外質故自方變影緣故即定有疏所緣緣若約無漏時即疏所緣緣有無不定若第七根本智相應心品緣眞如即無疏緣若後得智緣如即有疏緣若是無漏第七緣過未及諸無體法皆無疏所緣緣問何故有漏第七起執事須扶託本質起耶夫是執者搆畫所生即不合假於外質而起答執有二一有强思分別計度而起執者即所託外質有無不定如第六識獨生散意是也二者有任運起執即第七識是爲第七心心所是俱生任運自無力起要假外質自方起執也故知第七有漏位中疏所緣緣有無不定若第六識者此識身心品行相猛利於一切位能自在轉所仗外質或有或無疏所緣緣有無不定於因果位中皆自在轉或分別起或俱生故緣一切法時有仗質起有不仗質起緣境最廣故疏所緣緣有無不定若前五轉識者未轉依麤觀劣故必仗外質故即定有疏所緣緣若轉依位此

非定有緣過未等無外質故前五轉識因果位中約諸根互用亦須仗質而起定有疎所緣緣若至果位有無不定又諸識互緣者第八識與前七爲所緣緣即八識相分與五識爲所緣緣第六識緣第八四分爲所緣緣第七即唯託第八見分爲所緣緣即第八識四分爲本質即前七識見分變相分緣即第八與前七爲所緣義故八於七有也即第八與前七爲疎所緣緣七於八無者即前七不與第八爲所緣緣以第八不緣前七故不託前七生故唯緣自三境爲所緣緣又廣釋云古大乘師立所緣緣義者彼云謂若有法者即有體本質法名緣言是帶已相者即相分名所緣相相質合說名所緣緣所言帶已相者帶字屬心已字屬本質相即相分謂能緣心緣所緣境時帶起本質家已有之相分故名是帶已相被小乘正量部般若毱多不立相分師造謗大乘論七百偈破古大乘師所緣緣義云汝若言已相是相分將爲所緣者且如汝大乘宗無分別智緣眞如時不帶起眞如相分其眞如望能緣智見分應無所緣緣義必若言本智緣如亦有相分者即違汝自宗一切經論如何通會古大乘師被此一難當時絕救經一十二年無人救得大乘所緣緣義唐三藏救云我宗大乘解帶有二義一者變帶二者挾帶變若變帶者即變帶似質之已相起是相狀之相令根本智緣如時即無若挾帶者即有根本智親挾帶眞如體相而緣更不變相分故亦成所緣緣三藏云謂若有法即眞如是有體法名緣即此眞如是本智所慮處又名所緣二勢合說名所緣緣所緣即緣持業釋亦如八識見分各緣自親相分時皆是挾帶乃至內二分相緣亦爾故知本智緣如雖不變相分然親挾帶眞如體相而緣亦成所緣緣古大乘師錯解所緣緣義者夫所緣緣義者以有體法是緣即此有體法是能緣心所慮處故便名所緣今古大乘師既唯將實相分爲所緣者錯之甚矣正解所緣緣義者謂若有法是帶已相者謂若有法者即有實法簡於假法及徧計相分無體法無體法但是所緣不成緣夫爲緣者須是有體實法有力用故能牽生識即實圓成依他是有體法言是帶已相者帶有二義一者變帶即八箇識有疎所緣緣本質是爲託此有體境爲本質變似質之相起名爲變帶二者挾帶即一切親所緣緣實相分是爲此相分不離能緣心故其能緣心親挾此相分而緣名爲挾帶言已相者亦有二義且第一於變帶疎所緣緣上說者即變似質之已相已者體也即相分似本質已體此是相狀之相二於挾帶親所緣緣上說者即能緣心上親挾帶所緣相分之已相此是境相之相即不同於疎所緣緣帶本質家之已相起忽有人問云言是帶已相者未審能緣心帶誰家之已相而緣應荅云若疎所緣緣即變帶本質家之已相緣若親所緣緣即挾帶相分家之已相緣又疎所緣緣是帶相狀之相即帶似質之相狀若親所緣緣即帶境相之相以親挾境相而緣故有人云帶能緣心之已相者此人不會所緣義問若言親挾帶境相及變帶似質之相狀起成親疎二緣者即外色法亦成親疎二緣且如將鏡照人時於鏡面上亦能親挾於人影像以人影不離於鏡面故應成親所緣緣又鏡面望外邊人本質應成疎所緣緣答將所慮簡之意云夫爲所緣緣者須對能緣慮法所慮方名所緣緣今鏡面既非能緣慮法者即鏡中人影及外邊人本質亦不得名所慮法既闕所慮義者不成所緣緣外人又難若爾者且如第六識緣空華無體法時有所慮義應成所緣緣爲識是能緣慮故答將所託簡之意云其意緣無體法時雖有所慮義又闕所託義以空華等無體不與能緣心爲所託不妨但成所緣即不成緣由是應須四句分別一有所慮非所託即徧計妄執我法等是以無體故但爲所慮不爲所託二有所託非所慮即鏡水所照人等是此但有所託而無所慮以鏡水等非能慮故三俱句即一切所緣緣實相分是四俱非即除鏡水等所照外餘不緣者是又親緣者是逼附義近義即如相分親逼附近於見分更無餘分間隔故言疎者是遠義被相分隔故即本質法是又親所緣緣都有四類一有親所緣緣從質及心而變起即五識緣五塵境所緣相分是二有親所緣緣但從心變不仗質起即第八識緣三境相分是三有親所緣緣不由心變亦不由質起即根本智所證眞如是四有親所緣緣而非相分即內二分互相緣是慈恩云若與能緣體不相離是見分等內所慮託應知彼是親所緣緣者若與能緣者是見分體不相離者即與自證

分體不相離意云相分是見分親所緣緣見分是自證分親所緣緣皆不離自證分體此正簡踈所緣緣本質法望能緣見分有相離八識故此亦簡他人所變相分及自身八識各各所變相分更互相望皆不是親今唯取自識所變相分名親望能變見分體不相離中間更無物隔礙方是親義言是見分等內所慮託者言見分等者即等取自證分及第四分并本智緣如等此皆成親所緣緣且如相分是見分家親所緣緣見分即自證分親所緣緣自證分是證自證分親所緣緣又眞如是根本智親所緣緣又等取心心所緣親相分亦是親所緣緣此上皆是挾帶而緣

宗鏡錄卷第七十　　輕

音義

挾胡頰反　逼彼側反　迴田候反　驗魚窆反　森所今反

戊申歲分司大藏都監開板

宗鏡錄卷第七十

校勘記

一　底本，麗藏本。

一　六四五頁上四行第一二字「空」，磧作「除」。

一　六四五頁上二七行末字「於」，清作「知」。

一　六四六頁上二八行第七字「荅」，磧、南作「自荅」；清作「偈荅」。

一　六四六頁下二八行第一三字「即」，磧作「別」。

一　六四七頁上二五行第七字「見」，清作「無」。

一　六四七頁上二六行末字「故」，磧、南、徑、清作「者」。

一　六四七頁中二六行第一〇字「扶」，磧、南、清作「挾」。

一　六四七頁中二九行第九、一〇字「扶塵」，徑、清作「浮塵」。又末二字「扶塵」，徑作「浮塵」；清作「扶託」。

一　六四七頁下二〇行第八字「外」，磧、南、徑、清作「本」。

一　六四七頁下二三行末字「踈」，磧、南、徑作「度」。

一　六四七頁下二九行第一四字「麁」，徑作「位」。

一　六四七頁下末行第二字「仗」，南作「依」。

一　六四八頁上一行第七字「等」，磧、南作「第」。

宗鏡錄卷第七十一　　　　柒

慧日永明寺主智覺禪師延壽集

夫心不孤起託境而方生還有不仗境質起不　荅有護法菩薩云心生不必有本質正義者若疎所緣緣有無不定不假本質心亦得生唯識之境若親相分若待外質方生慈恩云良恐理乖唯識若第八第六有無不定即如八識緣境時前五第七定有本質第八若緣他人扶塵根并異界器及定果色時即有本質若緣自三境者唯是親變親緣即無本質第六若緣現在十八界時可有本質若緣過去十八界或緣無體法時將何爲質故知六八所仗本質有無不定若定果色有變有化言有變者託質即有本質言有化者是離質或有緣他起者即有變之義即託他爲質自變影像如攪長河爲酥酪變大地爲黃金此皆有本質或有定力生者即有化之義即離質化無而忽有如虛空華化出樓臺七寶等事此皆從定心離質而化應作四句分別本質相分三境有無一有本質相分是實性境即前五識及明了意識初念并少分獨頭意識是二有本質相分是假即有質獨影及帶質境是三無質相分是假即無質獨影是四無質相分是實性境即第八心王緣三境及本智緣如是又別行鈔云所緣緣者謂是心之所慮託故名爲所緣只此所緣境又有牽心令生是心之所託故復說名緣即所緣爲緣名所緣緣緣是體所緣是用六識之中所緣即緣持業釋也今先立正義者汝廻多師不解我大乘所緣緣義只如我大乘言是帶已相者帶與已相各有二義言帶有二義者一者挾帶即能緣心親挾境體而緣二者變帶即能緣心變起相分而緣已相亦有二義一體相名相二相狀名相且初挾帶體相者根本智緣眞如是挾帶體相而緣是所緣緣乃至內二分相緣及自證分緣見分亦是挾帶體相名所緣緣謂能緣心親挾帶內二分見相也二變帶相狀相者有兩解不同初能興鈔主云即有漏心心所及無漏後得智見分緣境之時變相而緣不簡有質無質皆是變帶名帶相狀名相爲所緣緣也第二顯幽鈔云八識見分緣自親相時皆是挾帶者然雖多此說理恐未然若尒即有三失一挾帶變帶無別失親挾境體緣名爲挾帶變起相分而緣名爲變帶今旣呼相分爲挾帶故知無別二今古相違失古時挾帶有少乖理若於變帶即乃無違今言相分是挾帶古云變帶豈不相違三變帶唯緣本質失豈無質相分非心變耶今以理而推但是相分非論有質無質皆名變帶若不變相分直附境體即名挾帶所以唐三藏將挾帶以救前義謂古大乘師但明變帶也大依論破小乘所緣緣義分二初破正量部師論主云夫五識所緣者謂能緣識帶彼相起及有實體令能緣識託彼而生汝正量部師若言所緣緣義但有能生識之一義不許能緣眼識帶彼相起者即應非是所緣緣大乘量云汝眼識所緣緣是有法應非眼識所緣緣宗因云但有能生識一義故同喻如眼識因緣又返立量破云汝眼識因緣是有法應是眼識所緣緣宗因云但有能生一義故如眼緣色時此中意云古大乘師不說挾帶即本智緣眞如時爲所緣緣義如有失若正量部不許變帶即眼識緣色時所緣緣義不成次破經部師者論主云汝經部師將外和合假色作所緣緣者不然設許汝眼識帶彼麤色相故許作所緣亦不得名緣以汝執假色無體故猶如眼識錯亂見第二月彼無實體不能生識但名所緣不得名緣和合假色亦復如是立量破云汝和合麤色是有法設爲眼識所緣非緣宗因云汝執是假無體故同喻如第二月故觀所緣緣論偈云和合於五識設所緣非緣彼體實無故猶如第二月經部有執云和合麤色雖即是假有能成一一極微是其實有各得爲緣引生五識又何不可論主破云其和合色等能成極微設許爲緣又非所緣以眼等識生不帶彼極微相故如眼識生不帶彼眼根相其眼等五根但能生眼等五識然眼等五識即不能緣眼等五根將根爲喻立量云汝色等能成極微是有法設爲五識緣非所緣宗因云五識生不帶彼相故同喻如五根觀所緣緣論偈云極微於五識設許非所緣彼相分無故猶如眼根等若十八部師義已許帶彼相故所以不破今正解者跡云謂若有法是帶已相所言有法者有兩解初顯幽鈔解云有法即有體實法揀於假法及徧計相無體法但是所緣不成緣夫爲緣須是有體實法有力用能牽生識即圓成依他起是有體法二龍興云謂若有法者即依圓二性以有體故能牽於心名之爲緣不通無

體若是徧計以無體故但有所緣而非緣體若是所緣即體通有無問徧計所執既也無體不能生心何得名爲所緣答無體所緣依有體緣生於有體法上妄增益而有非緣故兩解之中後解爲正問前解有何過答若前解有法唯取實法爲所緣者然先德雖多確此義今略推徵有三過失一違疏文失假法若非有體者何以疏主將依圓二性出百法體以百法通假實故今言假法無體豈不相違二徧計無別失依圓假法既言無體與徧計所執無體何別論云依圓是有徧計是無豈不相違三有法倒不成失所緣緣體論云有法便言唯實增上緣體論云有法何乃通假即命根等豈是實耶若依今明有法通取三境假之與實但名有法盡作所緣緣於八識中分別前五第八性境爲所緣緣揀諸假法及徧計所執第七帶質境爲所緣緣唯假非實及簡徧計所執第六意識緣於三境作所緣緣通於假實唯簡徧計所執更立量云諸假相分是有法定爲能變心親所緣緣宗因云法處有無門中影字攝故同喻如實定果色徧計所執爲異喻或作量云帶質獨影是有法是親所緣緣宗因云影之差別故同喻如性境問實法有體名所緣緣假法無體非所緣緣答假法有二種一有體假即依圓性中諸假法也二無體假即徧計所執也若我若法空華兔角等但簡無體非所緣緣不簡有體故問若徧計所執非所緣者如何第六緣空華等時亦有所緣緣義豈即有體耶答但望自親相分爲親所緣緣非望空華也若是空華等但於相分上妄執生華解其體是無若所變相分其體是有得成所緣緣問有何教說帶質獨影境假相分得爲所緣緣答其教極多下約識分別辯所緣緣疏云八於七有七於八無餘七非八所仗質故且如第七緣第八見分豈非帶質境作所緣緣乃至疏云第六於五無餘五於彼有亦是帶質境作所緣緣又唯識論云親所緣緣一切心生決定皆有離內所慮託必不能生爲證極多不能繁引問應一切有體法總是所緣緣以是有法故答疏云是帶已相須是能緣之心緣所緣時帶起所緣已相此有體法即是所緣緣餘不帶起已相者雖是有法不爲所緣緣如眼識緣境時所帶起色已相此有體法即是眼識家所緣緣餘不帶起已相者雖是有法不是眼識所緣緣眼識既介餘識亦然帶與已相各有二義且帶二義者一者挾帶即能緣心親附境體而緣二者變帶即能緣心變起相分而緣言已相亦有二義一體相相二相狀相若無分別智緣眞如是挾帶體相而緣是所緣緣及內二分相緣并自證緣見分是挾帶若有漏心心所見分及無漏後得智起見分緣境時即是變帶相狀而緣是所緣緣謂若有法是緣是帶已相是所緣具此二義名所緣緣義又簡法辯果者先引慈恩徵云緣生於誰誰帶已相疏答云心或相應此辯所緣緣果也以所緣爲緣是因生得心心所是果言心者即八識心王言或相應者即五十一心所有起有不起不定故而言或也即簡不立色及不相應無爲等爲所緣緣彼非心法無緣慮故　問親疎所緣緣中於相分內何者是實　答二俱不實唯識鏡云相見二分之中見分唯實就相分中眞如是實餘親疎相皆非是實疏云以疎所緣緣等取親相不即親得不爲行相者疎所緣緣能緣之心不親得本質故疎所緣不名行相如前五識緣五塵時必託第八所變五塵爲其本質五識緣時但得自識所變相分以此相分必帶本質緣相分時疎緣本質故疎所緣不即親得不名行相五識相分各望自識依他中假攝假從實無心外境故名唯識其本質境望於能變第八識體本質之境亦非實有故親疎二境皆不實也夫所緣緣義者大小雖通疎親莫辯親則挾帶逼附而起如鉗取物似日舒光親照親持體不相離疎則變帶仗託附影而起緣似質之狀離相分之親體不相収內生慮託若如是了達親疎不濫方知心外無境見法是心或愚暗不分則心境寃介深窮緣性始蕩情塵細達見原方明佛旨四增上緣者謂若有法有勝勢用能於餘法或順或違則成增上緣義釋云謂若有法亦是有體此簡所執有勝勢用者謂爲勝義即有爲無爲有勝勢用此用非是與果等用但不障力能於餘法者簡其自體顯不同前所緣緣故或順或違者顯與順違俱能爲緣與後生異法爲緣非前滅法謂十因中前九是順第十是違亦是此緣故

問增上緣約逆順有力無力都有幾種

答古釋有四種夫增上緣者即簡徧計所執是無體法須是有體法得爲增上緣即是依

圓二性皆是有體法爲增上緣義若無體法即是我法等全無體故從妄執生非增上緣一順如水土與青草等順增上緣六波羅蜜行爲佛果爲順增上緣受取二支與五果種子爲順增上緣二違即如霜雹與青草作違增上緣又如智與惑作違增上緣即一念間智起時惑便斷即知一念有二增上一念正與惑作違增上便與二空理作順增上三有力增上亦名親增上如五根發生五識等四無力增上即此人五根望彼人五識是無力增上亦名疎增上如燈燄正生時一切大地等法不礙此燄生名疎增上但取不障礙義邊名增上緣　問因緣與緣起二義同別荅古德云因緣者隨俗差別即是因緣相望顯無自性義正是俗諦體也緣起者順性無分別即是相即相融顯平等義正順第一義諦體也　問染淨諸法有因有緣因親緣疎成其二義緣義已顯因理如何廣略備陳都有幾種　荅經論共立有六因十因且六因者一能作因除自餘能作者除自體外餘一切法不障有爲法生總名能作因因是一切有爲無爲法是體體上有能作之用能作即因持業釋持即任持業即業用因是體能作是用攝用歸體名持業釋二俱有因俱有互爲果心於心隨轉俱時而有果與因俱名俱有因互爲果者有三一四大種互爲俱有因互爲士用果二如能相所相法能相爲因所相爲果所相爲因能相爲果三心心所法心王爲因心所爲果心所爲因心王爲果三同類因即因似果果似因如染性五蘊中色蘊能引色蘊色蘊引餘四蘊四蘊引色蘊雖心色不同同是染性故四相應因使定心心所同依即心王心所具五義一同一所依根二同一所緣境三同一時四同一事五同一行相具足五義名相應相應之因且如心所引起心王時心王是相應法是果即勝心所是因即劣依主釋也五徧行因爲同地染因即十一徧使徧行即因徧行即十一徧使是體上有徧行五部爲因之用持業釋也六異熟因有漏善不善業爲異熟因因通善惡果唯無記異熟即因因即善不善業是體上有異熟之用持業釋也十因者瑜伽論云五明中諸佛語言名內明云何內明論云顯示正因果相謂有十種因當知建立無顛倒因攝一切因或爲雜染或爲清淨或爲世間彼彼稼穡等無記法轉云何十因一隨說因謂一切法名爲先故想想爲先故說是名彼諸法隨說因二觀待因觀待此故此爲因故於彼彼事若求若取此名彼觀待因如觀待手故手爲因故有親持業觀待足故足爲因故有往來業三牽引因一切種子望後自果名牽引因四攝受因除種子外所餘諸緣名攝受因五生起因即諸種子望初自果名生起因六引發因即初種子所生起果望後種子所牽引果名引發因七定異因種種異類各別因緣名定異因八同事因從隨說因至定異因如是諸因總攝爲一名同事因九相違因於所生法能障礙因名相違因十不相違因此障礙因若闕若離名不相違因此一切因二因所攝一能生因二方便因當知此中牽引種子生起種子名能生因所餘諸因名方便因當知此中若能生因是名因緣若方便因是增上緣若等無間緣及所緣緣唯望一切心心法說由彼一切心及心法前生開導所攝受故所緣境界所攝受故方生方轉是故當知等無間緣及所緣緣攝受因攝　問一心建立已具因緣因緣所感必有其果所以法華經云如是因如是緣如是果如是報其果有幾種各依何處而得　荅凡聖通論略有五種識論云一者異熟果謂有漏善及不善法所招自相續異熟生無記釋云有漏善者簡無漏善自相續者簡他身及非情若但言異熟即六識中報非眞異熟攝今爲揔攝彼故言異熟生然本識亦名異熟生是無記故此位稍長至金剛心頓通三乘無學一眞異熟即第八識二異熟生即前六識或本識亦名異熟生故從自異熟種子而生起故若前六識從眞異熟識生起故亦名異熟生是一分心心所緣境昧劣不明利不熏解心種故是無記性異熟有四一異時而熟異謂是別異屬因熟謂成熟是果異因居過去熟果即現在故名異熟二異性而熟過去修異因因五戒十戒等業所招天人揔別報異熟果若因十不善惡業所招三塗不善揔別報異熟果揔無記性三異類而熟造異類業受異類生五趣各別四異聖而熟謂異熟果依分別二障種上有趣生差別功用故聖人已無八識之中唯第八具三義一徧簡前五識二相續簡第六三業招簡第七二等流果者等謂平等流謂流類等流不同有二一眞等流

爲善不善無記三性爲因所引同類果故名等流果如第八識中三性種子各生三性現行果與因性同故即心種子生心現行色種子生色現行有漏種生有漏現行無漏種生無漏現行名等流者是流類義二假等流者前生令他命短今生自身亦命短是先殺業同類果故依所招揔報第八識有短長名假等流理實是增上果但取殺他令他命短今生自命亦短有相似義故假名等流實是善惡感無記果三增上果者增勝殊上但除四果外餘一切所得果者皆是此增上緣果收此增上果最廣如四緣中增上緣五見中邪見不簡有漏無漏有爲無爲但有所得果於前四果中所不攝皆是增上果中收此有二種一與力增上果如外器能受用順益義故二不與力增上果如他人金帛妻子等復有二種一順如眼識得明緣二違如遇暗相等四士用果者謂諸作者餘諸器等成辦種種事業名士用果瑜伽論云一類於現法中依止隨一切工巧業處起士夫用所謂仕農賫賈書算占卜等事由此士夫之用成辦諸稼穡財利等果名士用果　問於八識中一一識如何各具四果　荅古釋云且如眼識從種生現是等流果眼根爲所依故名增上果眼識作意警心爲士用果或眼識能緣賁色等亦士用果眼根是第八親相分故亦異熟果耳等四識亦皆例此若第六識種生現是等流果前念意根爲能引或能引前五識故增上果又能緣三世内外境等用名士用果能造當來揔別報名異熟果約與異熟爲

因故名異熟果若第七識種生現等流果前念第七與後念爲所依即增上果内能緣第八見分爲我即士用果能與眞異熟識爲所依故名異熟果若八識種生現名等流與第七爲所依故是增上果能緣三境及持種受熏名士用果當體是眞異熟故五離繫果者唯聖人非凡夫得瑜伽顯揚等論皆云異生以世俗智滅諸煩惱不究竟故非此果攝唯識論云離繫果謂無漏道斷障證得無漏法故若本智與眞如合時是離繫果攝若後得緣眞如時是士用果攝　問六因能感幾果荅六因揔感五果能作因感增上果相應俱有二因得士用果同類徧行二因得等流果異熟因感異熟果五離繫果以擇滅無爲爲體體是無漏能斷道之所證得名離繫果問相應俱有二因何別荅相應唯心心所法俱有即通色通心得士用果者緣二種因各於所得果有士夫力用名同體別問同類徧行二因何別荅同類徧三性通有漏無漏徧行唯染汙別也二種因所得之果皆似於因名等流果也夫四緣六因十因五果者收盡凡聖之道能成敎法之門闕之則一法不圓昧之則終爲外道且四緣者因緣則於有爲之門親辦自果無間則爲開導之義萬有咸生所緣則具慮託而方成約親踈而俱立增上則有勝勢力不障他緣六因者能作因則業用成辦俱有因則更互同時同類因初後相似相應因則決定一緣徧行因則同其染類異熟因則成熟後果十因者隨説因爲諸法先導之門觀待因了現得作用之事牽引因

則令成自果攝受因則能攝萬緣生起因令萬類能生引發因使諸果成辦定異因則種類各別同事因則體揔一如相違因能起障礙之門不違因隨順緣生之理五果者異熟果則因生果熟異時而成等流則因果性同流類無濫增上則力用殊勝能助他緣士用則功業所成能獲財利離繫則斷障證眞起諸漏縛揔攝如上因緣報成五果咸歸眞異熟第八識中斯異熟果門於異時而熟若起一念善如將甜種子下於肥田内或生一念惡似植苦種子下向瘦田中以水土因緣時節際會則抽芽布葉次第而生華發果成積漸而熟此染淨種子異熟亦然若作善因下人天之樂種或興惡行生四趣之惡田靡起善惡因終無苦樂報不下麁好種豈有華果生故知因果相酬唯識變定如鏡現像似影隨形無有影而不隨形無有鏡而不現像斯則無有作而不受報無有果而不酬因法尒如然世所共悉唯有不作者業果定難羈但了一心宗諸緣皆頓息是以了唯識理無所用心終不妄興三界業果以唯識變定故懼業之人方能信受如前定錄云昔韓公滉之在中書也嘗召一吏不時而至怒將鞭之吏曰某別有所屬不得遽至晉公曰宰相之吏更屬何人吏曰某不幸兼屬陰官晉公以爲不誠怒曰旣屬陰司有何所主吏曰某所主三品已上食料晉公曰若然某明日當以何食吏曰此雖細事不可顯言乞疏於紙過後爲驗乃如之而繫其吏明旦遽有詔命旣對適遇太官進食餻糜一器上以其半賜晉公

宗鏡七十一卷　十三張　榮

晉公食之美又以賜之既退而腹脹歸于私第召醫視之曰食物所壅宜服少橘皮湯至夜可飲漿水明旦疾愈惡前吏言召之視其書云明晨相公只食一飣半餻糜橘皮湯一椀漿水一甌則皆如其言公固復問人間之食皆有籍耶荅曰三品已上日支五品已上有權者旬支無則月支凡六品至一命皆季支其不食祿者年支耳故知飲啄有分豐儉無差所謂玉食錦袍鶉衣藜藿席門金屋千駟一瓢皆因最初一念而造心跡纔現果報難逃以過去善惡爲因現今苦樂爲果絲毫匪濫孰能免之猶響之應聲影之隨形此必然之理也唯除悟道定力所排若處世幻之中爲有能脫之者所以經偈云假使百千劫所作業不忘因緣會遇時果報還自受所以才命論云貧者無立錐之地刀彝則田逾萬頃餓者無擔石之儲李衡則木号千奴故史記楚相孫叔敖盡忠於國及身死其子貧無立錐之地漢書云刀彝歷官尚書郎不隨德行種植爲務有田萬頃奴婢千人魏志云華歆効官清貧家無擔石之儲晉書云李衡植橘千株号爲木奴千頭又不但貧富唯識變定壽命亦然以先心所作慈殺之因今定受後報脩短之果非千今身善惡之行故古無禮必斃跖何事而獨壽行善則吉託何事而早終如莊子云盜跖從卒九千橫行天下侵暴諸侯而其壽考論語疏云項託七歲爲孔子之師而少殀焉

宗鏡錄卷第七十一　　榮

音義

宗鏡七十一卷　十四張　榮

礰告角反　鉗巨海反頭明也　霓蒲用反　賁式羊反貫也　稼古訝反
穡所力反　滉胡廣反滉瀁也　遽其據反急也　鐥古典反　樂武悲反
脹知亮反脹滿也　壅矜反　飣丁定反飣餖也　甌烏侯反瓦器　瓢符宵反　啄竹角反
鶉常倫反　藜郎奚反　藿虛郭反　駟息利反　歆許金反
錐以追反　峯　儲直魚反　敖五勞反
衡戶庚反　斃毗祭反　跖之石反　殀於兆反

戊申歲分司大藏都監開板

宗鏡錄卷第七十一

校勘記

一　底本，麗藏本。

一　六五〇頁上九行「扶壓」，[徑]、[清]作「浮塵」。

一　六五〇頁上一三行第三字「八」，[磧]、[南]、[徑]、[清]作「入」。

一　六五一頁上二行第一六字「也」，[清]作「已」。

一　六五一頁上六行末字「礶」，[徑]作「確」。

一　六五三頁上二九行首字「故」，[清]作「爲」。又第一四字「用」，[清]無。

一　六五三頁中一行第一三字「現」，[清]作「現名」。

一　六五三頁中六行末字「者」下，[清]有「以擇滅無爲爲體體是無漏能斷道之所證得名離繫果」二十二字。

一　六五三頁中一四行第八字「五」，[清]作「及」。

一　六五三頁中一四行第一二字至次行第一六字「以……果」，[清]無。

一　六五四頁上一六行「刀彝」，[徑]、[清]作「刁彝」。一九行同。

一　六五四頁上二五行第一四字「託」，[清]作「槖」。

宗鏡録卷第七十二　　　　　　　　栄

慧日永明寺主智覺禪師　延壽集

夫對登地大士天鼓演無依印之法門破外道邪倫教主述有因緣之正道既立因依之處須憑開折之門未審依處當有幾種　答廣有十五依處略有三依且十五依處者一語依處二領受依處三習氣依處四有潤依處五無間滅依處六境界依處七根依處八作用依處九士用依處十眞實見依處十一隨順依處十二善功能依處十三和合依處十四障礙依處十五不障礙依處百法鈔與十五依處配十因一語依處者即以法名想三爲語因所言法者即一切法爲有此所詮諸法故便能令諸有情内心起想想像此等所詮諸法已次方安立其名内心安立名後方能發語即法名想三爲先是能起方起得所起之語即語依處立隨說因二領受依處者領謂領納受通五受五受皆以領納爲性即領受依處立觀待因觀者對義待者藉義即能所相對藉以立其因三習氣依處者所謂内外一種子未來熟位未經被潤已前此名習氣依處即依此未潤種上立爲牽引因且内種者如第八識中有無量種子若有漏種子未被愛取水潤已前雖未便生現行然此種上且有能牽引生當起現行果之功能即以此種子名牽引因四有潤依處爲前習氣依處種子若曾被潤已去雖未便生現行然且潤了即此有潤種子能與後近現行果爲依處前習氣依處約内外種未被潤者今有潤依處即約内外種曾被潤已去說即有潤依處立生起因五無間滅依處者即心心所法等無間緣謂前滅心心所爲緣緣者是開避導引功能即前滅爲緣能與後念一聚心心所爲依處其後念心心所依他前念爲緣處生故名無間滅依處即無間滅依處立攝受因此一因寛自下六種依處皆是攝受因攝六境界依處者即是一切所緣緣境爲此一切所緣緣境能與一切能緣心心所爲依憑起處故以心不孤起託境方生亦立攝受因七根依處者即内六處謂五色根及意根成六即此六根是八識心所心所依之處前無間滅依處即取八識前念功能爲依處引後念令生今此根依處即取現在五色根及第七意名根依處亦立攝受因八作用依處者問何名作用依處答此通作業幷作具之作用且作業者即有情工巧智能造殿堂或造立種種器具等物是言作具者即世間種種作具如斤斧車船等所受用之具是但知一切疎助現緣能成辦種種事業者皆是此作用依處即除却識中種子及外法種子及種子生現行現行熏種子種子引種子及親助現緣非作用依處此處亦立攝受因九士用依處者即於前作用依處中唯取作者士夫之用此處亦立攝受因十眞實見依處者謂一切無漏見不虛妄故名眞實能與餘一切無漏有爲法及無爲法而所依名依處此處亦立攝受因此前六攝受因者攝受即是因果相關涉義但除却親因緣外取餘一切疎助成因緣者名爲攝受因故對法論云如日水糞埊穀麥芽等雖有自種所生然增彼力名攝受因十一隨順依處者即一切色心等種現皆有隨順自性及勝同類品諸法故名隨順依處言隨順自性者即簡他法不得爲此依因如第八識中三性種子各各自望三性現行爲依爲因言勝同類品諸法者如無漏法即唯與自無漏有爲及無爲勝品法爲因處不與下品劣有漏法爲因就有漏位中亦自有勝劣爲因果亦尒此處立引發因引謂引起發謂發生爲因能引起發生果故十二差別功能依處者謂一切法不簡自性他性各各自有因果相稱名爲差別功能如五八戒善業定引人天第八非引三塗第八以不相稱故若十不善業定引三塗第八非引人天第八性不相稱爲因故若自界法即與自界爲因如是等三界一切有漏法各各自有差別功能爲因如長安一百二十司官職各各自有公事爲因與所綰相稱若淨因者即自三乘種子各望自三乘有爲無爲果爲因此處立定異因定者是因果自相稱義不共他故名異如僧人以持齋戒相稱名定不共他俗人四業同故名異即一切諸法各各相望皆有定異因十三和合依處者立同事因從前第二領受依處乃至第十二差別功能依處即揔攝前六因十一依爲此和合處體謂前十一依各各於自所獲生住成得果中皆有和合力故名和合依處即依此處立同事因爲觀待乃至定異如是六因各共成一事故說六因爲同事略舉一法以辯者且如眼識生時待受明等緣立此爲觀待因由有新本二類種故如其次第得有牽引及生

起因次取等無間緣及根境等立爲攝受因望前引於後是引發因由名言種故有定異因餘法亦尒十四障礙依處立相違因者感能障智明能障暗等即明爲因暗立爲果即依此處立相違因十五不障礙依處立不相違因者唯識論云十五不障礙依處謂於生住成得事中不障礙法即依此處立不相違因略説三依者一因緣依即是俱有依亦種子依二增上緣依即增上緣三等無間緣依即開導依一因緣依者謂自種子諸有爲法皆託此依離自因緣必不生故此因緣依者對果得名因即是緣即不取因由之義此因是果之所依故即現行名果能生種子名因緣又因者是現行果之因緣者即此因有親生現行果之用名緣問因緣依與因緣何別答依狹緣寬若因緣即有三義一種引種二種生現三現熏種若因緣依即唯取種生現一義是其因緣依若種生種但名因緣不得名依以異念因果故即前念無體非依定須同時問且如現熏種亦是同念因果何不爲依答現熏種雖同念然又闕因沉隱果顯現義亦非因緣依故知唯取真因緣義名依都具三義方名因緣依一是主即種是主二因沉隱果顯現即簡現熏種三因果同時即簡種生種問此種子爲因緣依體者取何法爲能依答諸有爲法皆託此依即一切有爲緣生法色之與心皆須託自種爲依有此種故一切色心現行方始得生離自因緣必不生故意云心現若親自心種必不生色法亦尒二增上緣依者若增上緣即寬謂通有無及踈增

上若爲依即狹唯取有力及親增上以五色根并意根處唯此内六處爲增上依體即簡外六處望心心所法但爲增上即不得爲依體又唯取同時八識心王爲意根處以意根處緣得八箇識故若是等無間意即自爲一依故不取即此增上依須具三義一有力二親三内其外六處以不具三義但爲緣非依若能依法即諸心心所皆託此依言諸心心所者即簡色不相應行無爲後三位皆無增上依問其一切心心所法若無内六處時亦得轉不答離俱有根必不轉故意云若無所依根時其心心所定不得轉三等無間緣依者等無間依即狹唯取心王心王有主義故若四緣中等無間緣即寬雙通心心所爲前念心王有力能引生後念一聚心心所法名等以力用齊等故無自類爲間隔名無間問此依以何爲體答以前念八識心王揔名等無間此是依體即前念心王與後念心心所爲依問前念心法已滅無體何得爲依答彼先滅時已於今識爲開導故意云彼前念心王臨欲滅時有其力用能引後念令生作此功能了便滅即現在一念有行後功能以爲法體非取過去已滅無體法爲依問其前念心王有引後力用名爲依者未審將何法爲能依答諸心心所皆託此依即一切心心所法起定能須託此前滅意爲依方起問諸心心所若不依前滅心王亦得起不答離開導根必不轉故意云心心所若不得前念心王爲開避引導即無因得起問心法四緣生何故三緣別立爲依所緣緣不尒答三緣有

常義主義故亦緣亦依所緣緣皆有常義闕主義故但爲緣不爲依又種子依具六義六義者一刹那滅二果俱有三恒隨轉四性決定五待衆緣六引自果一刹那滅者謂體纔生無間必滅有勝功能方成種子二果俱有者謂與所生現行果俱現和合方成種子三恒隨轉者謂要長時一類相續至究竟位方成種子四性決定者謂隨因力生善惡等功能決定方名種子五待衆緣者謂此要待自衆緣和合功能殊勝方成種子六引自果者謂於別別色心等果各各引生方成種子又俱有依者即所依與能依俱時而有依者但是一切有爲生滅法仗因託緣而生住者皆名爲依依具四義一決定二有境三爲主四令心心所取自所緣方名所依此四依各有所簡且第一義者若法決定此正簡將前五識與第六識作不定依夫爲所依者且須決定有方得令有第六時不決定有前五故亦簡將五色根與第八爲依亦是不定有如生無色界第八即無色根爲依又簡將能熏七現與所熏種子爲生長依等即此能熏現識有間斷故無決定義問若有決定義便是所依者即如四大種及命根五塵等及種子皆有決定義應是所依有現行識時必決定有種子故答將第二義簡云有境言有境者即有照境緣境功能除心心所及五色根識餘法皆非有境今四大五塵命根等雖有決定義而闕有境義故非所依問若具二義即名所依者且如徧行五數亦具決定有境二義應與心心所爲所依答將第三義簡云爲主

今徧行五數雖有二義闕主義故亦非所依問若具三義便成所依者且如第八識現行望識中種子亦有決定有境爲主三義即此等八識現行應與種子爲俱有依答將第四義簡云令心心所取自所緣即令能依心心所緣取自所依家境方成所依今第八現行識不能令種子取自所緣故非所依今第八識中種子無緣慮不能取自所緣故第八非種子所依但爲依義闕未審何法具此四義足得名所依答爲五色根及意處即此六處具前四義足獨名所依問內六處爲俱有依與六根體義何別答俱有依唯取六處現行不取種子闕有境義故若但言六根即通種現又俱有依取所依義若言六根即取生長義各據勝以論又若心心所法生時住時即具俱有依若色法生時住時但有因緣依即得定無俱有依以色法無所緣故自體不是能緣法故又瑜伽論云於五識有三依一種子依二俱有依三開導依問所依有幾重答有四重謂五色根六七八識即五識各依自根若後三識即通與五識爲依問五色根六七八識四重所依各有何用而言隨闕一種即便不轉答謂一同境二分別三染淨四根本等所依別故言同境者即自五色根是如眼根照青色境時眼識亦緣青色境以青色境同故名同境乃至身根識亦尒言分別者即第六識能與前五爲分別依同緣境時起分別故此是第六自體與五識爲分別依瑜伽論云有分別無分別同緣現在境故即第六名有分別前五名無分別解深密經云五識起時定有意識同緣境言染淨者即第七識第七識能與五識爲染淨依第七若在有漏位中即與五識爲染依若成無漏時即與前五爲淨依有此染淨依前五方轉若無即不得生言根本者即第八識第八識與前五識爲根本依前五識是枝條又第八能持前五識種種方生現推功歸本皆從第八識中成故此第八不喻與前五識爲根本依亦與萬法爲根本以能持萬法種故於因果位中第八皆爲根本此四重依各各不同即八識俱有所依四種名義不同者如眼等五識即同境等四種所依各有決定義且如眼識以眼根爲決定同境依以決定共取一境故餘四境與四根各決定取自境亦尒以第六識爲決定分別依以第七識爲決定染淨依以第八識爲決定根本依又能所依四句分別一唯能依非所依即心所法二唯所依非能依即五色根三俱句即八識心王四俱非即外色法又開導依者開者避也即開避處所導謂導引導引令生即前念心王臨滅時開避處所引後念心心所令彼生起即後念心心所託前念開導心王所依而生名開導依夫因依之處則染淨出生之始果報之境乃苦樂成熟之時則十因五果以無差三依四緣而非濫皆爲最初一念背覺合塵轉作能心現爲諸境三細識全因不覺六麁相永爲所緣入生死旋火之輪未曾暫歇處塵勞無間之獄曷有出期若能明萬法元起之由了一念最初之際方知自我心起起處無蹤唯我心亡滅時無跡則永枯苦本六趣爲之冰消頓竭愛原二死因茲雲散二十八祖之正意從此皎然三世諸佛之本懷於斯釋矣

問般若無相不受一塵云何廣辯四緣及諸因果　荅夫佛道正法皆從緣生故云心法四緣生色法二緣起若執不從緣生者皆非正法悉屬外道自然邪見且心之一法若無第一因緣者無有親生現行果之義則諸法不成立若無第二等無間緣者則無開導引後生義無有相續全成間斷若無第三所緣緣者則心無所慮處不能牽心用心無所託乃心境俱成斷滅若無第四增上緣者雖具前三緣若無增上即成障礙法亦不生四緣具足方成心法若能明了世間因緣所生之法方乃見無生之旨以即生法達無生故且生法尚不知正因云何能了無生妙理所以華嚴鈔云緣起深義佛教所宗自古諸德多云三教之宗儒則宗於五常道宗自然佛宗因緣然老子雖云道生一一生二二生三三生萬物似有因緣而非正因緣言道生一者道即虛無自然故彼又云人法地地法天天法道道法自然謂虛通曰道即自然而然是雖有因緣亦成自然之義耳佛法雖有無師智自然智而是常住真理要假緣顯則亦因緣矣故教說三世修因契果非無善因惡因故楞伽經大慧白佛佛說常不思議彼諸外道亦有常不思議何以異耶佛言彼諸外道無有常不思議以無因故我說常不思議有因因於內證豈得同耶是則真常亦因緣顯淨名經云說法不有亦不無以因緣故諸法生法華經云諸佛兩足尊知法常無性佛種

從緣起是故說一乘又經云一切諸法因緣爲本中論云未曾有一法不從因緣生是故一切法無不是空者則真空中道亦因緣矣若尒涅槃經云我觀諸行悉皆無常云何知耶以因緣故若一切法從緣生者則知無常是諸外道無有一法不從緣生是故無常則外道有因緣矣釋曰此明外道在因緣內執於緣相以爲常住是故破之言無常耳今明教詮因緣妙理具常無常豈得同耶況復宗者從多分說所以因緣是所宗不應致疑故知唯是一心緣起法門以法無自性隨心所現所現之法全是自心終無心外法能與心爲緣所以本末相收皆歸宗鏡何者内即是本外即是末以唯心義則内收外託境生心則末亦收内若以法性爲本法性融通緣起相由則塵包大身毛容刹土故合爲一大緣起也故知有智慧無多聞有多聞無智慧俱不達實相闇慧具足眞見心原又經云若欲學般若應學一切法以色無邊故般若無邊又經云若欲了達因緣等無間緣所緣緣增上緣者應當學般若智論釋云不破四緣之義唯破四緣之執如水中之月不破所見只破所取故知但有能取執情則非幻而成幻法若成無所得慧則非幻尚自不生執喪情虛萬法無咎般若眞性何所滯乎如大涅槃經云菩薩善知諸緣菩薩摩訶薩不見色相不見色緣不見色體不見色生不見色滅不見一相不見異相不見見者不見相貌不見受者何以故了因緣故如色一切法亦如是又前十因四緣等義是約法相宗說略明行相今依法性宗自在無礙法門說明其體性據華嚴法界緣起無盡宗亦有因門六義緣起十義今且釋因門六義者一空有力不待緣是刹那滅義由刹那滅故即無自體是空也由此滅故果法得生是有力也然此謝滅非由緣力故不待緣二空有力待緣是俱有義由俱有故方有即顯是不有空義也俱故能成有是有力也俱故非散是待緣也三空無力待緣是待緣義由無自性故是空也因不生緣生故是無力也四有力不待緣是決定義由自類不改故是有義然由不改而生果故是有力義然此不改非由緣力故不待緣五有有力待緣引自果義由引現自果是有義雖得緣方生然不生緣果是有力義即由此故是待緣義六有無力待緣恒隨轉義由隨他故無力是故待緣正因對緣唯有三義一因有力不待緣全能生故不雜緣力故二因有力待緣相資發故三因無力待緣全不作故用緣故又由上三義因中各有空有二義二門各三唯有六故不增減也何故不立第四句無力不待緣義者以彼非因義故不立問果中有六義不荅果中唯空有二義謂從他生無體故是空義酬因故是有義若約互爲因果說即爲他因時具斯六義與他作果時即唯有二義是故六義唯在因中待緣者待因事之外增上等三緣也若緣起秘密義皆具此六義六義約體用各有四句一約體有無四句一是有謂決定義故二是無謂刹那滅義故三亦有亦無謂合彼引自果及俱有無二是也四非有非無謂合彼恒隨轉及待衆緣無二是也二就用四句一由合彼恒隨及待衆緣無二故是不自生二由合彼刹那滅及決定義無二故是不他生三由合彼俱有及引自果無二故不共生也四由具三句合其六義因義方成故非無因生也中觀八不據遮詮六義約表詮八不約反情理自現六義據現理情自亡有斯左右耳六義開合者或約體唯一以因無二體故或約義分二謂空有以無自性故緣起現前故或約用分三一有力不待緣二有力待緣三無力待緣初即全有力後即全無力中即亦有力亦無力第四句無力不待緣非因故不論六義據緣起自體六相據緣起義門六義由空有義故有相即門由有力無力義故有相入門由有待緣不待緣義故有同體異體門由諸義門故得有毛容刹海等事也若論相入相持皆因有力無力即此二義不得同時若俱有力無無力者即成多果過一一各生故若俱無力無有力者即成無果過俱不生故論云因不生緣生故緣不生因生故以一有力能持多以多無力即入一中以多有力能持一以一無力即入多中是以一塵有力能含刹海刹海無力潛入一中問有力無力其義如何荅若以一有力者是空無性義無性故能成諸法以有空義故一切法得成則是一有力爲主多無力爲伴若以多有力者則無一法而有自體能獨立者皆假衆緣相待而成則多有力爲主一無力爲伴所以主伴相成自他互立無伴則主不立闕自則他不成又約用由相待故具有力無力義是相收

及相入二約體由相作故具有體無體義是故相即及相是經偈云諸法無作用亦無有體性是故一切法各各不相知以他而爲自故無體性以相待而成故無作用此是無力義又因此無知無性方有緣起若一法有體則不假相依若無相依則無諸法若諸法不空則無道無果此是有力義次緣起十門者即緣起相由之力謂一與多互爲緣起相由成立故有相即相入等此有二種一約緣用有有力無力相待相依全體相收故有相入二約緣體有空不空能作所作全體相是故有相即此即入二門復有二義一異體相望故有微細隱顯謂異體相容是微細義異體相是具隱顯義二同體内具德故有一多廣狹謂同體相入故有一多無礙同體相即故有廣狹無礙又由以異攝同故有帝網義於時中故有十世義緣起無性故有性相無礙義相關互攝故有主伴義十緣義者一諸緣各異義大緣起中諸緣相望要須體用各別不相雜亂方成緣起若雜亂者失本緣法緣起不成此則諸緣各各自守一位經頌云多中無一性一亦無有多二互偏相資義要互相徧方成緣起如一緣徧應多緣各與彼多全爲一故此一即是多箇一也此即一一各具一切經頌云知以一故衆知以衆故一三俱存無礙義凡是一緣要具前二以要住自一方能徧應徧應多緣多緣方是一故以一不自作一以多作一以多不自多以一作多是故唯一多一自在無礙或舉體全住是唯一也或舉體徧應是多一也或俱存或雙泯或摠合或全離經頌云諸法無所依但從和合起此三門摠明緣起本法竟四異體相入義謂法門力用遞相依持互形奪故各有全力全無力義由一有力必不與多有力俱是故無有一而不持多也由多無力必不與一無力俱是故無有多而不入一也多持一依亦然五異體相即義諸緣相望全體形奪有有體無體義是故一緣是能起能成故有體多緣是所起所成故無體由一有體必不得與多有體俱多無體必不得與一無體俱是故無有不多之一無有不一之多六體用雙融義一以體無不用故舉體全用即有相入無相即義二用無不體故舉用全體即唯有相即無相入義三歸體之用不礙用全用之體不失體無礙雙存亦即亦入自在俱現四全用之體體泯全體之用用亡非即非入圓融一味五合前四句同一緣起無礙雙存六泯前五句絶待離言冥同性海此上三門於初異體門中顯義理竟七同體相入義謂前一緣所有多一與彼一緣體無別故名爲同體又由此一緣應多緣故先明相入謂一緣有力能持多一多一無力依彼一緣是故一能攝多多便入一八同體相即義謂前一緣所具多一亦有有體無體義故亦相即以多一無體由本一成多即一也由本一有體能持多一全一攝多如一有多空既尒多有一空亦然九俱融無礙義同前六句體用雙融此三門於前第二同體門中辯義理竟十同異圓滿義以前九門摠合爲一大緣起令多種義門同時具足由住一偏應故有廣狹自在門由就體有相即就用有相入由異體相容具微細門由異體相即具隱顯門就用相入爲顯就體相即爲隱又由異體相入帶同體相入具帝網門由此大緣起即無礙法界有託事門顯於時中有十世門相關互攝有主伴門此圓滿門就第三門中以辯義理竟經頌云菩薩善觀緣起法於一法中解衆多衆多法中解了一如是理事開合緣性融通方達一心無盡之用華嚴演義釋云夫緣起者初有三門一異體門二同體門三同異合明門所有同異體者以諸緣起門内有二義故一不相由義謂自具德故如因中不待緣是二相由義如待緣等是也初即同體門後即異體門若尒何以初異體門中云諸緣各別不相雜亂第二同體門中云互相徧應方成緣起釋曰謂要由各異方得待緣要由徧應方自具德耳所以前之二門各生三者一互相依持有力無力故二互相形奪有體無體故三體用雙融無前後故此即緣起大意次第一異體門者然由相成方各有體二互徧相資義者即同體門則具多箇一如十錢爲緣當體自是本一應二之時乃詺初一以爲二一應三爲三一乃至應十爲十一故有多一若此一緣不具多一則資應不徧不成緣起此則一一各具一切者一既有十二三四等亦各有十故云一一各具如十錢爲喻其法界差別無盡法中各各徧應故隨一一各具法界差別法也三俱存無礙義者唯一多一自在無礙者摠明欲多常多欲一常一故云自在一或舉體偏應二或舉體全住三或

俱存者俱存住自及偏應也亦俱存唯一及多一也四雙泯者即由俱存則相即奪故住一即徧應非住一也徧應即住一非徧應也五或摠合者合前四句爲解境故六或全離者全離前五成行境故四異門相入義者遮相依持者以是緣起一多等非定性一多等謂一有定性不由於多多有定性不由於一令由一無定性假多而起多無定性由一而生故由無性平等之義方成緣起若有一可一此是自性一若有多可多此是定性多若是定性多多不因於一若是定性一一不因於多令由多故一此一不自一令由一故多此多不自多此多則無力此一不自一此一則無力無力隨有力一多互相收故隨一佛會即一切佛會一切法會即是一法會故此一法會不動而常徧不分而常多前後互相成如何不信又謂前一望多中一爲持邊一能攝多一爲依邊一能入多如一望多有依有持者有依者即前多持故一成也有持者即前一有力爲多依故言全力者成上持言無力者成上依言常含多在已中者一有力爲持能攝多故言潛入已在多中者一無力爲依便入多故俱存雙泯者謂一攝多是第一句多攝一是第二句俱存即第三句謂即一攝一入時即多攝多入故雙泯者即第四句一攝一入故則多攝多入故便一攝一入泯多攝多入故即一攝一入故則多攝多入泯故云雙泯對前別明二句則有四句亦可成六五俱照前四成解境故六頓絕前五成行境故五異體相即義者爲能起邊即有體

爲所起邊即無體如去法從緣生是法即空意取所生空也空即無體義若形奪者以能起之緣形對所起奪彼所起令無體也由一有體不得與多有體俱者謂有難言一之與多俱有有體無體二義云何獨言一有體耶故今通云由有無義不得並故令一爲能起邊多必是所起故若不介者能所不成緣起亦壞是故無有不多之一者此一是多故無有不一之多者此多是一故問一不即多有何過荅有二過故一不成多過謂既不成多餘亦不成多故如一不成十二三四等亦不成十故無十過二不成一過謂若一不成十此即不成一由十不成故一義亦不成以無於十是誰一故一不即多成過既介多不即一成過亦然又若不相即緣起門中空有二義即不成立便有自性斷滅等過故俱存雙泯者俱謂正一攝他同已廢已同他時即是多攝一同已廢已同一也雙泯者以一望於他二義即是多望於一二義故則一望於他二義泯矣多望於一二義即是一望於多二義故即多望於一二義泯也皆不異前思之六體用雙融義者一以體就用二以用就體三體用雙存四體用雙泯以體用交徹形奪兩亡即入同原故圓融一味五成解境六成行境七同體相入義者此門即指前第二門以第二是本同體門故如一本自是一爲本一應二爲二一應三爲三一等只是一箇一對他成多亦如一人望父名子望子名父望兄爲弟望弟爲兄等同一人體而有多名令本一如一人多一如諸名也八同體相即義

者一有多空既介者例多一有體也由有多一方詺本一爲本一故多一有體本一無體也多一有體故能攝本一本一無體潛入多一九俱融無礙者同前異體門也即前第六門謂同體緣起法中力用交涉全體融合方成緣起十同異圓滿義者謂前來異體四門同體四門及第三同異俱存並不出同異合居一處不偏一門故去圓滿若具足皆具十玄有多種義門有本有末有同有異有即有入四句六句等合前九門爲同時門也且如由異體相入帶同體相入故有帝網門者同體相入一中已含於多更入異體故有重重之義同體相入如鏡已含多影更入異體如含影之鏡更入餘鏡故有重重無盡之義餘九玄如文今結屬者由第一本門之中融同異故今則融前六門則異體中三門與同體三門相成無異體同體不成無同體異體不成故六門相成後之七門從前三生前三融故後七必融故十門一際也例前第三融遍亦有六句一或舉體全異具入即俱二或舉體全同亦具入即俱三或具同異雙現無二體故四或雙非同異以相奪俱盡故謂同即異故非同異即同故非異五或具前四爲解境故六或絕前五成行境故故約智顯理諸門不同廢智忘筌一切叵說說與不說無礙難思設同果海唯亡言遺照庶幾玄取耳如上緣起摠因云外由內變本末相收外諸器界內識頓變增上之果亦因自業故去內變內即是本外即是末以唯心義則內收外以末攝本若以法性爲本法性融通緣起相由

則塵包大身毛容刹土故合爲一大緣起

宗鏡七十二卷　十九張　宗

宗鏡録卷第七十二　　榮

音義

寬苦官反　斧方矩反，斧鉞也　綰烏板反　詺弥正反　叵普火反

戊申歲分司大藏都監開板

宗鏡録卷第七十二

校勘記

一　底本，麗藏本。

一　六五五頁上一一行第一六字「與」，清作「以」。

一　六五五頁上二一行第三字「一」，清作「一切」。

一　六五五頁中二行「開避」，徑、清作「闢」。次頁中二九行同。

一　六五五頁中九行第一四字「立」，磧、南作「一」。

一　六五五頁中二七行第八字「六」，徑、清作「立」。

一　六五五頁下二九行第七字「愛」，清作「空」。

一　六五六頁上二九行第五字「親」，清作「離」。

一　六五六頁中二二行第一二字「行」，清作「引」。

一　六五六頁中二七行第三字「所」，清作「所法」。

一　六五七頁中一九行第一一字及第一五字「避」，徑、清作「闢」。二一行首字同。

一　六五八頁上一四行第一一字「内」，清作「本」。

一　六五八頁中一二行第三字「是」，磧、徑、清作「果」。

一　六五八頁下一四行第一六字「有」，磧、南、徑無。

一　六五八頁下末行第一五字「是」，清作「是故」。

一　六五九頁上二三行第一三字「各」，磧、清作「名」。

一　六五九頁下一七行「二門」，磧作「一門」。

一　六六〇頁上五行第一二字「門」，清作「體」。

一　六六〇頁上一〇行第四字「自」，清作「定」。

一　六六一頁上一行「大身」，磧、南、清作「一身」。又「一大」，磧、南作「大大」。

宗鏡錄卷第七十三

慧日永明寺主智覺禪師延壽集

夫八識之中覆真習妄何識造業何識為因何識為依成其妄種　答前五識取塵第六識為因第七識計我造業第八識為依以此生死苦果不斷楞伽經偈云如水大流盡波浪則不起如是意識滅種種識不生釋云謂五識取塵轉入六識六識記法為因七識攀緣六識造善惡業得未來生死覆障八識不得顯現若五識不取塵即無六識六識無故七識不生七識不生故則無善惡業無善惡業故即無生死無生死故如來藏心湛然常住即是六七識滅建立八識又八識為五六七識所依與諸識作因者即第六識心諸識依之如水盡則無波浪六識滅七識亦不生故云一念無明風鼓動真如海無明風盡識浪不生則覺海性澄源源澄覺元妙　問一切世間因果相酬生死不絕於諸識中何識為主　答生滅因緣章初依阿賴耶識為體以意識為用如是三世因果流轉不絕功在意識以是義故意名相續識起信論云復次生滅因緣者謂諸眾生依心意意識轉此義云何以依阿賴耶識有無明不覺起能見能現能取境界分別相續說名為意此意復有五種異名一名業識謂無明力不覺心動二名轉識謂依動心能見境相三名現識謂現一切境界相猶如明鏡現眾色像現識亦爾如其五境對至即現無有前後不由功力四名智識謂分別染淨諸差別法五名相續識謂恒作意相應不斷任持過去善惡等業令無失壞

成熟現未苦樂等報使無違越已曾經事忽然憶念未曾經事妄生分別是故三界一切皆以心為自性離心則無六塵境界何以故一切諸法以心為主從妄念起凡所分別皆分別自心心不見心無相可得是故當知一切世間境界之相皆依眾生無明妄念而得建立如鏡中像無體可得唯從虛妄分別心轉心生則種種法生心滅則種種法滅故釋云通論五種之識皆名為意就本而言但取業識以最微細作諸識本故如是業識見相未分然諸菩薩知心妄動無前境界了一切法唯是識量捨前外執順業識義故名業識心不見心無相可得者是明諸法非有之義入楞伽經偈云身資生住持若如夢中生應有二種心而心無二相如刀不自割如指不自觸如心不自見其事亦如是若如夢中所見諸事是實有者即有能見所見二相而其夢中實無二法三界諸心皆如此夢離心之外無可分別故言一切分別即分別自心而就自心不能自見如刀指等故言心不見心既無他可見亦不能自見所見無故能見不成能所二相皆無所得故言無相可得又一心隨無明動作五種識故說三界唯心轉也此心隨熏似現雖有種種然窮其因緣唯心作也離現識則無六塵境反驗六塵唯是一心故云離心則無境等問現有六塵境云何唯心答以一切法皆是此心隨熏所起更無異體故說唯心疑云何作諸法耶答由妄念熏故生起諸法故云從妄念起亦可疑云法既唯心我何不見而我所見唯是異心釋云

異心若是妄念分別而作故云妄念生也既境唯識無外異法是故種種分別皆是自心即塵無相識不自緣是故無塵識不生則心不見心矣攝論云無有別法能取別法能所既窮故無相可得也心生種種法生心滅種種法滅者瑜伽論問諸修觀行者見徧計所執無相時當言入何等性答入圓成實性問入圓成實性時當言遣何等性答遣依他起性以此當知唯識觀成則無有識楞伽經偈亦云無心之心量我說為心量此之謂也若依此論無明動真如成生滅緣起無明風滅識浪即止唯是真如平等平等也此境界離心之外無體可得也又亦即是心故復無體也如鏡外無體鏡內復無體也疑云既其無體何以宛然顯現釋云並是真心之上虛妄顯現何處有體而可得也疑云何以知心上顯現釋云以心生則種種法生以無明力不覺心動能現一切境界則心隨熏動故云生也若無明滅境界隨滅諸分別識皆滅無餘故言心滅則種種法滅此則心原還淨故云滅也既心隨不覺妄現諸境則驗諸境唯心無體也又夫心者形於未兆動靜無不應於自心如詩云願言則嚏願思也言我也謂人或思己則嚏故知心應千里設有處遠而思者我皆知矣是以萬事唯心先知故得稱心靈斯之謂也如太山吳伯武與弟相失二十餘年相遇於市仍共相毆伯武覺心神悲慟因問乃兄弟也　問生滅因緣別以何為因以何為緣而得生起　答古師釋云生滅因緣體相有二一阿賴耶心體不守自性變作

諸法是生滅因根本無明熏動心體是生滅緣又復無明住地諸染根本起諸生滅故說爲因六塵境界能動七識波浪生滅是生滅緣依此二義以顯因緣諸生滅相聚集而生故名衆生而無別體唯依心體故言依心即是阿賴耶自心相也又眞妄和合諸識緣起以四句辯之一以如來藏唯不生滅如水濕性二七識唯生滅如水波浪三賴耶識亦生亦滅亦不生滅如海含動靜四無明倒執非生滅非不生滅如起浪猛風非水非浪問賴耶既通動靜不應唯在生滅門荅爲起靜以成動無別有動體是故靜性隨於動亦在生滅門中非直賴耶具動靜在此生滅中亦乃如來藏唯不動亦在此門中何以故彼生滅無別體故如水作波又起信論說無明爲因境界爲緣生三細之識六麁之相則隨迷昧之緣而沉六趣始覺爲因五度爲緣則隨悟解之緣而昇一乘又說迷則有過恒沙等妄染之法即染緣生而淨緣滅悟則有過恒沙等諸淨功德即淨緣起而染緣亡然但一心所作更無二原義說迷悟迷實無能迷所迷故論云以一切法皆從心起妄念而生凡所分別皆分別自心心不見心無相可得如古德釋波水之喻眞如生滅二門以水濕喻心眞如以波動喻心生滅波無異濕之動則無異眞如之生滅即水以辯於波不變性而緣起也水無異動之濕則無有離生滅之眞如即波以明於水不捨緣而即眞也　問記憶之事定屬何法而生　荅大乘說能記憶法有一一自證分能記憶見分二別境中念能記憶曾所更事三識中種子能不妄生自現行唯識疏云如不曾更境必不能憶如現行色曾被見分緣者後必能憶若不曾爲相分緣者後時必不能記憶也以能緣見分於過去時及現在世但緣相分不曾自緣前已滅心既過去已今時見分有何所以能自憶持以於昔時不曾返緣自見分故既許今時心心所法能自記憶明由昔時有自證分緣於見分證彼緣境作量果故故今能憶

問生滅門中有漏位內約教所論有幾種生死　荅略有二種一分段二變易識論云一分段生死謂諸有漏善不善業由煩惱障緣助勢力所感三界麁異熟果身命短長隨因緣力有定劑限故名分段二不思議變易生死謂諸無漏有分別業由所知障緣助勢力所感殊勝細異熟果由悲願力故轉身命無定劑限故名變易無漏定願正所資感妙用難測名不思議或名意生身隨意願成故如契經說如取爲緣有漏業因續後有者而生三有如是無明習地爲緣無漏業因有阿羅漢獨覺已得自在菩薩三種意生身亦名變化身無漏定力轉令異本如變化故　問論云所知障不障解脫無能發業潤生用故何用資感生死苦爲　荅成二利故更須資生論云自證菩提利樂他故謂不定性獨覺聲聞及得自在大願菩薩已永斷伏煩惱障故無容復受當分段身恐廢長時修菩薩行遂以無漏勝定願力如延壽法資現身因令彼長時與果不絕數數如是定願資助乃至證得無上菩提彼復何須所知障助既未圓證無相大悲不執菩提有情實有無由發起猛利悲願又所知障障大菩提爲永斷除留身久住又所知障爲有漏依此障若無彼定非有故於身住有大助力若所留身有漏定願所資助者分段身攝二乘異生所知境故無漏定願所資助者變易身攝非彼境故由此應知變易生死性是有漏異熟果攝於無漏業是增上果釋云得自在大願菩薩已永斷伏煩惱障者謂八地已去菩薩雖藉煩惱生死受生不同凡夫及二乘說現及種潤由起煩惱利益有情業勢方能感生死果煩惱若伏業勢便盡故須法執助願受生故已永斷伏無容復受當分段果既有二利之益觀知分段報終恐廢長時修菩薩行遂入無漏勝定勝願之力如阿羅漢延壽之法資現身之因即資過去感令身業令業長時與果不絕既未圓證無相大悲不執菩提有情實有無由發起猛利悲願者既未成佛圓證無相大悲一味平等之解若不執菩提可求有情可度爲實有者無有因由可能起猛利大悲及猛利願以所知障可求可度執爲先方能發起無漏業故說業爲因以是勝故無明爲緣以疎遠故非如煩惱資有漏業但緣義同少分相似又所知障障大菩提正障智故爲永斷除此所知障留身久住說之爲緣爲所斷緣故又此所知障能爲一切有漏之依由有此障俱諸行法不成無漏故此所依之障若無彼能依有漏決定非有今既留身久住由有所知障爲緣故說此障爲於身住有大助力說爲緣也此變易生死乃是菩薩成就悲

願圓滿菩提若分段生死即是凡夫妄心所造念念耽著入大苦輪無有休息如大涅槃經云佛告迦葉世間衆生顛倒覆心貪著生相猒患老死迦葉菩薩不介觀其初生已見過患迦葉如有女人入於他舍是女端正顏貌瓌麗以好瓔珞莊嚴其身主人見已便問言汝字何等繫屬於誰女人荅言我身即是功德大天主人問言汝所至處爲何所作女人荅言我所至處能與種種金銀琉璃玻瓈眞珠珊瑚琥珀硨磲瑪瑙象馬車乘奴婢僕使主人聞已心生歡喜踊躍無量我今福德故令汝來至我舍宅即便燒香散華供養恭敬禮拜復於門外更見一女其形醜陋衣裳弊壞多諸垢膩皮膚皴裂其色艾白見已問言汝字何等繫屬誰家女人荅言我字黑闇復問何故名爲黑闇女人荅言我所行處能令其家所有財寶一切衰耗主人聞已即持利刀作如是言汝若不去當斷汝命女人荅言汝甚愚癡無有智慧主人問言云何名爲癡無智慧女人荅言汝舍中者即是我姊我常與姊進止共俱汝若驅我亦當驅彼主人還入問功德天外有一女云是汝妹實爲是不功德天言實是我妹我與此妹行住共俱未曾相離隨所住處我常作好彼常作惡我常利益彼作衰耗若愛我者亦應愛彼若見恭敬亦應敬彼主人即言若有如是好惡事者我俱不用各隨意去是時二女俱共相將還其所止尒時主人見其還去心生歡喜踊躍無量釋曰功德天者即喻於生黑闇女者即喻於死只是世間生死二法諸惡之本衆苦之原賢聖共訶愚癡所蔽主人見已者心矚於境名爲見也即便問言者以解觀生求生之實名爲問女人荅言者境對於心義稱荅也功德大天者喻生是出相也功德報主具六識光明照六塵境界名功德天也繫屬於誰者應言屬感業我今福德者宿修善因今受天報名至我宅也復於門外者死捨身家義云門外繫屬誰家者緣應即死無所屬也我字黑闇者死是没相雖有五根無所覺知名黑闇也我常與姊進止共俱者即生即死爲進止俱主人即言若有如是好惡事者我俱不用者夫於生不喜者見死則不憂也尒時主人見其還去心生歡喜踊躍無量者證初地時離分段死入歡喜地故云歡喜無量　問唯有內識而無外緣云何復說六趣輪迴生死相續　荅識論頌云由諸業習氣二取習氣俱前異熟既盡復生餘異熟諸業謂福業罪業不動業即有漏善不善思業思業之眷屬亦立業名同招引滿異熟果故此雖纔起無間即滅無義能招當異熟果而熏本識起自功能即此功能說爲習氣是業氣分熏習所成簡曾現業故名習氣如是習氣展轉相續至成熟時招異熟果此顯當果勝增上緣相見名色心及心所本末彼取皆二取攝彼所熏發親能生彼本識上功能名二取習氣此顯來世異熟果心及彼相應諸因緣種謂俱業種二取種俱是疎親緣互相助義業招生顯故頌先說前異熟者謂前前生業異熟果餘異熟者謂後後生業異熟果雖二取種受果無窮而業習氣受果有盡由異熟果性別難招等流增上性同易感由感餘生業等種熟前異熟果受用盡時後別能生餘異熟果由斯生死輪轉無窮何假外緣方得相續此頌意說由業二取生死輪迴皆不離識心心所法爲彼性故釋云此雖纔起無間即滅無義能招當異熟果者雖現用無有過去體能招當來眞異熟果而現行之業當造之時熏於本識起自業之功能功能即習氣習氣展轉相續至成熟時招異熟果相見名色心及心所本末彼取皆二取攝者一者相見謂即取彼實能取實所取名二取二者取名色色者色蘊名者四蘊即是執取五蘊爲義前言相中亦通取無爲以爲本質故今此唯顯取親所緣不能緣得心外法故又變無爲之影相分亦名所攝不離心等故三者取心及心所一切五蘊法不離此二故四者本末謂取親果第八識是諸異熟之根本故又攝報品故名本餘識等異熟別報品故名末即取一異熟也五彼取者即彼上四取也此諸取皆是二取所攝即是現行之取也雖二取種受果無窮而業習氣受果有盡由異熟果性別難招等流增上性同易感者二取種子受果無窮攝論說習氣有盡所以者何由異熟果一者性別與業性殊不多相順二者難招業雖招得謂必異世果方熟故業習氣有盡如沉麝穢草有萎歇故其等流果及增上果一者性同體性相順二者易感同時生故此念熏已即能生果故二取種易感果也何者爲等流何者爲增上增上寬但等流必增上等流者謂種子與現行及自種爲俱

生同類因故也增上處無別體即等流性故又是等流果故性同是增上果故易感又種望現行是增上望自類種是等流業種望彼現及種皆異性故但是異熟前異熟受用盡時復不能生餘異熟果意由感當來餘生業等種子熟故於今身中前異熟果受用盡時即是此身臨終之位彼所熟業復別能生彼餘果起即先業盡時後果種熟時其異熟果而復得生所以生死不斷絶也由此業果無斷生死相續輪轉無窮何假藉心外之緣方得生死相續此相續識無有斷時若未觸途成觀論了自心皆對境生疑執有前法一切生死盡是疑情但了唯心自然無咎若疑蛇得病豈有實境居懷猶懸砂止飢但是自心想起如晉書樂廣傳廣有親客久闊不復來廣問其故荅曰前在坐蒙賜酒見盃中有蛇意甚惡之既飲而疾于時河南廳事壁上有角角邊畫作蛇廣意盃中蛇即角影也復置酒前處客豁然意解沉痾頓愈又律中四食章古師義門手鈔云思食者如饑饉之歲小兒從母求食啼而不止母遂懸砂囊誑云此是飯兒七日諦視其囊將為是食其母七日後解下視之其兒見是砂絶望因此命終方驗生老病死皆是自心地水火風終無別體是以衆生耽著生死二乘厭畏生死皆不了心外無法為境所留取捨雖殊俱非解脫何者衆生為生死縛二乘被涅槃縛如楞伽經云復次大慧諸聲聞畏生死妄想苦而求涅槃不知生死涅槃差別之相一切皆是妄分別有無所有故妄計未來諸根境滅以為涅槃不知證自知境界轉所依藏識為大涅槃彼愚癡人不知去來現在諸佛所說自心境界取心外境常於生死輪轉不絶　問生死相續由二取有支我執名言二種習氣成異熟果者其生死業先來後去定屬何識　荅唯第八識是諸異熟之根本若無此識生死不成由前七轉識有間斷非主故此識亦名執持識能執持種子根身初一念有執趣結生相續義即是界趣生義此執趣結生不通果位八地已上不通執趣結生也今但取執持種子根身義故名執持義此通一切位此是生位最初攬胎成體乃至死時前諸識悉皆惛昧遷謝唯異熟識最後執受身分捨執受處冷觸便生壽煖識三不相離故冷觸起時即是非情雖變亦緣而不執受故由此為凡為聖常作所依捨生趣生恒為其主　問生死依處約有幾事　荅生死流轉所依事有三經云有三種流轉一是處流轉於三世處由我分別二是事流轉由外六處由我取執三如是而轉諸業異熟相續流轉　問由二取習氣成生死者必因現行功能方成習氣且現行何法熏成生死　荅初因無明不了發業次因情愛貪著潤生故云從癡有愛則我病生以癡愛故則念念相續當知念即生死經云起一念善受人天身起一念惡受三塗身故知日夜念念造未來生死之身有何窮盡安般守意經序云彈指之間心九百六十轉一日一夕十三億意意有一身心不自知猶彼種夫也菩薩處胎經云一彈指頃有三十二億百千念念念成形形形皆有識佛之威神入彼微識中皆令得度此識教化非無識也　問生死之法是有是無　荅非有非無何者若言是有一身內外地水火風各各性空未曾聚散所以無生之生可說為生無滅之滅可說為滅如菴提遮女師子吼了義經云若能明知地水火風四緣畢竟未曾自得有所和合而能隨其所宜有所說者是為生義乃至若能明知地水火風畢竟不自得有所散壞而能隨其所宜有所說者是為死義若言是無以染淨真如不守自性不覺隨緣起幻生滅故云法身流轉五道号曰衆生如上所明凡聖二種生死須知生死中道方離斷常是以生之無生真性湛然無生之生業果宛然真性湛然不可執常業果宛然不可執斷又復諸佛出世尚如空華亂生亂滅況衆生顛倒生死但如妄夢如狂醉豈是實耶融大師云一切凡聖三塗已上種智已還皆妄想謂有並是夢中如人夢中見在地獄種種方便求脫狼生辛苦但抖擻令覺即一切事盡無如今並是夢中所作還受夢報又如狂醉之人恒隨物轉所以一切衆生飲無明酒卧五住地長劫惛然執有醒者忽得見性之時如同醉醒如經偈云譬如惛醉人酒消然後醒得佛無上體是我真法身又若入宗鏡中頓明實性又擲世間生死名相虛誑猶如兒戲復似技人然雖改換千差一性宛然不動如草堂和尚偈云樂見本是一形軀乍作官人乍作奴名目服章雖改變始終奴主了無殊

宗鏡錄卷第七十三

音義

剸 左反 繢 胡對反 珊 蘇干反 瑚 戶吳反 硨 尺遮反 磲 強魚反

碼 莫下反 瑙 奴皓反 瀸 子廉反 皴 七倫反 艾 五蓋反

耗 呼到反 萎 於為反 歘 許勿反暴起也 痾 烏何反 鑯 子廉反

抖 當口反 擻 蘇后反

戊申歲分司大藏都監開板

[illegible]

宗鏡録卷第七十三

校勘記

一　底本，麗藏本。

一　六六二頁上一七行「源源」，徑作「圓圓」。

一　六六三頁中三行末字「相」，清作「見」。

一　六六三頁中一八行第二字「惻」，南、徑、清作「測」。

一　六六四頁中二行首字「矚」，徑、清作「屬」。

一　六六四頁中一五行末字「趣」，磧、南、徑、清作「處」。

一　六六四頁中二七行「謂俱」，清作「俱謂」。

一　六六五頁上七行第一〇字「所」，徑、清作「有」。

一　六六五頁中二九行第八字「夫」，磧、徑、清作「大」。

一　六六五頁下二八行「服章」，磧、南、徑、清作「服裝」。

宗鏡録卷第七十四　　茉

慧日永明寺主智覺禪師延壽集

夫生死輪迴不待外緣既由內識此即有漏異生生死相續諸佛菩薩淨法相續為復亦由內識為復別有淨體　答淨法相續應知亦然論云謂無始來依附本識有無漏種由轉識等數數熏發漸漸增勝乃至究竟得成佛時轉捨本來雜染識種轉得始起清淨種識任持一切功德種子由本願力盡未來際起諸妙用相續無窮由此應知唯有內識釋云由法尒種新所熏發由本願力即佛世尊利他無盡清淨種識皆通現種皆唯第八能持種故由此上來所說染淨道理應知諸法相續唯有內識也　問人法二空一心妙理云何又說四相所遷二死相續且如四相之中生相則內外無從推不可得住相則念念不住異相則雖似遷移體未嘗變滅相則法本不然今亦無滅　答四相有二一麤約果報而說即生老病死此亦四相二細即生住異滅據感業而論如起信論中釋云不覺心起名為生能見能現妄取境界起念相續名之為住執取計名名之為異造作諸業名之為滅雖即四相似分俱是一心而轉然世人多執住相以為現見今須推破以顯真空凡有一切住持境界悉如夢中似有非實以隨心所現外境本空故心亦無生念念不住如大智度論云佛說諸法無有根本定實如毫氂許所有欲證明是事故說夢中受五欲譬如須菩提意若一切法畢竟空無所有性今何以故現有眼見耳聞法以是故佛說夢譬喻如人夢力故雖無實事而有種種聞見瞋處喜處覺人在傍則無所見如是凡夫人無明顛倒力故妄有所見聖人覺悟則無所見一切法若有漏若無漏若有為若無為皆不實虛妄故有見聞又云現在色亦無住時若法後見壞相當知初生時壞相已隨逐微細故不識如人著屐若初日新而無有舊後應常新不應有舊若無舊應是常常故無罪無福無罪無福故則世俗法亂復次生滅相常隨作法無有住時若有住時則無生滅夫受生死者初因妄識遣分別業因茲有身今先推此身聚散非有以身是積聚義內外四大假和合成微細推窮事無和合以風火常舉地水恒沉一一大性各無定體風以動為性乃附物而彰真理不遷湛然常寂火以熱為性未必皆燒如雲中身內之火何不焚爇地以堅為性且如銅鐵遇鎔成水剛柔不定水以濕為性因火即乾又寒堅冰釋凝流無體各各既無和合非有如一狗無師子性聚群狗而亦不成似一盲不見於明合衆盲而終不覩寶藏論云清虛之理畢竟無身既知身空又執識煖息三事實有能為生死成就命根者台教云此身無常攬壽煖識三事而有身身但假名三事無常無別身也息之出入計為壽命息出不反身如瓦礫命寧可保若煖氣持水水潤於地妄謂此身為常存者火從緣生緣散故即火滅身便臭爛業討妄識剎那異趣謂我常自在業若纔斷心即託生身便散滅大集經云出胎盛年衰老皆是業持三事生滅相續不斷凡夫不了妄取身相不覺氣斷三事分離又如出入息相續百千萬出入息一一息中身不可得剎那心識次第生滅無量一一剎那身不可得不臭不爛三大成皮肉骨髓一一驗之虛假身不可得離此三事無別有身故知身命本空生死恒寂凡夫不了枉入苦輪命如風裏之殘燈剎那磨滅身似潭中之聚沫倐尒消洋所以經云解無不生了有不死若了有空而無我無我今誰生解本無而不生不生今誰死唯持種本識妙湛真心體性圓明寂然常住處異生位持無漏而常熏至佛果門續菩提而不斷又心性本來離生滅相而有無明迷自心性由違心性離相寂靜故能生起動四相四相無明和合力故能令心體生住異滅經云即此法身為諸煩惱之所飄動往來生死名為衆生起信論明自性清淨心因無明風動四相流轉唯一夢心處夢之士謂為前後各隨智力淺深分分而覺大覺之者知夢四相唯一淨心無有體性可辯前後故論云四相俱時無有自立生住異滅一心而轉四相俱有為心所成離一心外無別自體故言俱時而有無有自立者本來平等同一本覺故如般若燈論偈云生死有際不佛言畢竟無此生死無際前後不可得如般若經云復次極勇猛如涅槃無際一切法亦無際何者生死以涅槃為際涅槃以生死為際既不得生死亦不得涅槃生死涅槃既不可得則一切法悉無際如是但了本覺一心念念契圓常之道若逐無明散意塵塵成生死之輪得失在人法無邪正取捨任已道絕昇沉但自內觀

踊普門而頓入唯當正眼履一道以圓成
問動識相與真心性既非一異爲復可壞不
可壞若不可壞則爲墮常若可壞則歸斷滅
荅既非一而非是異即亦可壞而不可壞起
信論云一切心識相即是無明相與本覺非
一非異非是可壞非不可壞如海水與波非
一非異波因風動非水性動若風止時波動
即滅非水性滅衆生亦介自性清淨心因無
明風動起識波浪如是三事皆無形相非一
非異然性淨心是動識本無明滅時動識隨
滅智性不壞根本無明滅者是合風滅相續
即滅者業識等滅合動相滅也智性不壞者
隨染本覺神解之性名爲智性是合濕性不
壞　問生死種子不斷皆因發業潤生於煩
惱中何法發業何法潤生　荅夫業性本空
結成多種先論黑白行相後辯發潤根由今
初黑白行相者如大涅槃經云佛言復次善
男子汝當觀業何以故有智之人當作是念
受想觸欲即是煩惱者能作生業不作受業
如是煩惱與業共行則有二種一作生業二
作受業是故智者當觀於業是業三種謂身
口意善男子身口二業亦名爲業亦名業果
意唯名業不名爲果以業因故則名爲業善
男子身口二業名爲外業意業名因是三種
業共煩惱行故作二種業一者生業二者受
業善男子正業者即意業也期業者謂身口
業先發故名意業從意業生名身口業是故
意業得名爲正智者觀業已次觀業因業因
者即無明觸因無明觸衆生求有求有因緣
即是愛也愛因緣故造作三種身口意業善

男子智者如是觀業因已次觀果報果報有
四一者黑黑果報二者白白果報三者雜雜
果報四者不黑不白果報黑黑果報者作業
時垢果報亦垢白白果報者名無漏業迦葉
菩薩白佛言世尊先說無漏無有果報今云
何言不白不黑果報耶佛言善男子是義有
二一者亦果亦報二者唯果非報黑黑果報
亦名爲果亦名爲報黑因生故得名爲果能
作因故復名爲報淨雜亦介無漏果者故名
爲果不作他因不名爲報迦葉菩薩白佛言
世尊是無漏業非是黑法何因緣故不名爲
白善男子無有報故不名爲白對治黑故故
名爲白我今乃說受果報者名爲黑白是無
漏業不受報故不名爲白名爲寂靜故知業
不可作果不可逃如經偈云非空非海中非
入山石間無有地方所脫之不受業唯除不
作則無果得道則業亡如氣嘘旃陀羅造惡
業而得生天鴦崛魔羅作逆罪而得解脫果
是知受身已來無有不作業者設今生不作
過去曾爲但悟此宗無不解脫何以解脫若
入宗鏡人法自空人空則不見有能作業之
人法空則不見所受果之處只爲妄執人法
而造業不出心境而受殃但心境俱亡即當
處解脫故知一切善惡諸法無有定相由心
迴轉得失任緣如大涅槃經云佛言善男子
若言諸業定得報者則不得有修習梵行解
脫涅槃當知是人非我弟子是魔眷屬若言諸
業有定不定定者現報生報後報不定者緣
合則受不合不受以是義故應有梵行解脫
涅槃當知是人真我弟子非魔眷屬乃至譬

如二人俱涉險路一則有目一則盲瞽有目
之人直過無患盲者墜落墮深坑險故知得
宗鏡之眼者終不墮三有之險陷五欲之坑
自然直過無疑常居覺地次辯發潤根由者
若分別煩惱正發業俱生無明助發業發者
動作義潤者招感義俱生能潤生分別能造
業招生過重俱生能潤生過輕若分別發人
天業即俱生助發以人天業難發要假俱生
助若分別發三塗業不假俱生助發以分別
猛利故不要助發　問俱生分別二種何別
荅古釋經論正意即分別麁俱生細唯識論
云俱生我執無始時來虛妄熏習内力常與
身俱不待邪教及邪分別任運轉故名俱生
十地論云遠隨現行不作意緣無始至今任
運而有不假作意分別尋伺如小孩兒見母
生喜是俱生貪見別人啼哭是俱生瞋即不
假別緣分別尋伺求自任運起故知俱生細
唯識論云分別我執亦由現世外緣方起非
與身俱要待邪教邪師及邪分別然後方起
又此三緣前二是麁第三自思惟細經云緣
力斷善根地獄生時續因力斷善根地獄死
時續即自邪思惟是因力餘二是緣力所以
首楞嚴經云佛告阿難一切衆生輪迴世間
由二顛倒分別見妄當處發生當業輪轉云
何二見一者衆生別業妄見二者衆生同分
妄見云何名爲別業妄見阿難如世間人目
有赤眚夜見燈光別有圓影五色重疊於意
云何此夜燈明所現圓光爲是燈色爲當見
色阿難此若燈色則非眚人何不同見而此
圓影唯眚之觀若是見色見已成色則彼眚

人見圓影者名爲何等復次阿難若此圓影離燈別有則合傍觀屏帳几筵有圓影出離見別有應非眼矚云何眚人目見圓影是故當知色實在燈見病爲影影見俱眚見眚非病終不應言是燈是見於是中有非燈非見如第二月非體非影何以故第二之觀捏所成故諸有智者不應說言此捏根元是形非形離見非見此亦如是目眚所成今欲名誰是燈是見何況分別非燈非見云何名爲同分妄見阿難此閻浮提除大海水中間平陸有三千洲正中大洲東西括量大國凡有二千三百其餘小洲在諸海中其間或有三兩百國或一或二至于三十四十五十阿難若復此中有一小洲只有兩國唯一國人同感惡緣則彼小洲當土衆生覩諸一切不祥境界或見二日或見兩月其中乃至暈適珮玦彗孛飛流負耳虹蜺種種惡相但此國見彼國衆生本所不見亦復不聞阿難吾今爲汝以此二事進退合明阿難如彼衆生別業妄見矚燈光中所現圓影雖現似境終彼見者目眚所成眚即見勞非色所造然見眚者終無見咎例汝今日以目觀見山河國土及諸衆生皆是無始見病所成見與見緣似現前境元我覺明見所緣眚覺見即眚本覺明心覺緣非眚覺所覺眚覺非眚中此實見見云何復名覺聞知見是故汝今見我及汝幷諸世間十類衆生皆即見眚非見眚者彼見眞精性非眚者故不名見阿難如彼衆生同分妄見例彼妄見別業一人一病目人同彼一國彼見圓影眚妄所生此衆同分所現不祥同見業中瘴惡所起俱是無始見妄所生例閻浮提三千洲中兼四大海娑婆世界幷洎十方諸有漏國及諸衆生同是覺明無漏妙心見聞覺知虛妄病緣和合妄生和合妄死若能遠離諸和合緣及不和合則復滅除諸生死因圓滿菩提不生滅性清淨本心本覺常住楞嚴經疏釋云別業妄見者分別煩惱也同分妄見者俱生無明也夜見燈光五重圓影者喻五見也蘊喻燈光此之五見於蘊上起妄生推度是徧計性情有理無色實在燈見病爲影者依他蘊性緣起不無故云色實在燈我見體空從妄心起故云見病爲影影見俱眚者能執所執分別感故見眚非病者正證眞時了知徧計脫體全空故云見眚非病分別感亡同一眞性離能所取故云終不應言是燈是見及非燈非見即釋上來見見之時見非是見如第二月非體非影者本來無月將何爲形形既不立非形亦無是非一相能所俱亡故云何況分別非燈非見然見眚者終無見咎者若知眚即是眼病終不執影以爲實有故無見咎見與見緣似現前境者皆是妄心變起非實有境見相二分俱不離心況是徧計唯影無質此釋妄見也元我覺明見所緣眚者本元眞覺也以眞能覺妄了彼妄見及與所緣俱是眚故覺見即眚本覺明心覺緣非眚者結前眞妄二覺也妄見即是於眚能覺眞心不是於眚但能覺彼妄緣體非是眚故云覺緣非眚覺所覺眚者牒妄覺能所俱眚也覺非眚中者牒眞覺非眚也此之眞妄二見俱離能見所見故云此實見見以證眞時無此二見故能見所見既不妄立云何復名覺聞知見是故汝今見我及汝幷諸世間十類衆生皆即見眚非見眚者彼見眞精性非眚者故不名見者何故眞見不名見以無眚病故只由見病分能立所遂見世間自他相異故云皆即見眚言非見眚者眞見非是眚也以眞無見相可立故不名眚既不名眚亦不名見正明離見之意是以有見即妄徧計情生如眚目人見夜燈之圓影無見即眞圓成智現如明眼人見虛空之清淨又若別業妄見如增上惡業熟生身變爲蛇虎等此不動總報自受別報唯自業識變不同業者即不見如燈上圓影唯眚之觀若非眚人則不同見若同分妄見如同造阿鼻地獄業同受總報同苦無間若不同其惡業者即不見如唯一國人同感惡緣同見一切不祥境界若彼國衆生不同其惡緣者則本所不見亦復不聞故知若緣總緣總報別報因緣和合當處出生因緣離散當處滅盡未曾有一法非出我心耶故經云若能遠離諸和合緣則見淸淨本心常住又若分別煩惱則麁因邪思而方起俱生無明則細自任運而常生雖分麁細之文俱同妄識如別業妄見之者因目眚而見燈上圓光似同分妄見之人因瘴惡而覩國中災怪雖分同別之境皆是妄心可驗衆生界中凡有一切見聞之事皆如一人別業之眚影多人同分之不祥若能知燈影是目眚所成識災境乃瘴惡所起則燈上之重光自沒天中之兩日潛沉如不動一心萬緣俱寂則見聞和合之病

分別全消根本生死之災俱生永絕　問三塗之内還具分別俱生不　答護法云三塗内總無分別而不發業如猿猴之類所有煩惱皆是強盛俱生而非分別設造業者但是別報若有分別造總報者即永無出期問既有分別種子何不造總報答闕主伴故現行是主種子助發是伴問若說三塗不造業者如何大力鬼打舍利弗頭便入地獄鵶鳥聞四諦法而得生天答此等造別報此業有力能助昔日總報總報被助已便能隨業勢墜地昇天又古德問人天趣中定總發業不答人中北洲不造總別二報業以無分別相餘三洲即發業并此洲癡人不發業問前言三塗無分別如何知父母等如慈烏反哺猫狗識人知人嗔喜答此不是分別煩惱彼任運分別非煩惱分別　問無明發業有幾種無明　答有四種一隨眠二纏無明三相應四不共外法異生具四内法異生除不共無明入信位第七心及加行位中是内法十信第七心前有退故及資糧位中名外法若内法異生頓悟即造業漸悟不造頓悟中悲增造智增不造十地位中八地已去定不發業惑體無故七地已前或云聖人以無漏明爲緣而不發業設有俱生但助願潤生而已又云七地已前俱生起時亦造別報善業問聖人因何不造總報業答無分別煩惱故以無漏明爲緣故違生死故但以俱生潤舊總報業受分段生死居人中除北洲人修無我觀無分別不能造業此中除極愚昧者天上唯除無想天以無心故不造業四種無明總能

發業隨眠是種子餘三即現行　問無明發業貪愛潤生者於煩惱中幾法能潤　答古釋云即識等五支種子要假貪等煩惱資潤猶灌方得出生若俱生惑業者即六俱生十分別及二十隨煩惱是於此三十六煩惱中貪一法唯正中正潤餘五俱生即正中助潤若十分別即助中助潤又四句料簡一有是貪愛而非潤生第六識愛也前五識不強盛故但是兼支攝正唯第六二有是貪愛不能潤生即第七識雖有貪愛以内緣故及所知障中者三有是生支而貪愛潤即一切凡夫身中生支也四有是生支非貪愛潤爲最後身菩薩大乘說是化現故或變易身中生支問心爲起惑之因身是造業之本身約幾種有何身能造業　答身總四有一生有即中有後本有前正結生相續時剎那五蘊起名生有二本有者即生有後死有前於其中間所有五蘊皆名本有以是本總報業所招故俱舍頌云本有爲死前居生剎那後三死有者即本有後中有前將死正死諸蘊滅時名死有四中有者即死有後生有前於兩中間有故名爲中有俱舍頌云死生二有中五蘊名中有即生死二有身不能發業以無心故若中本二有身即能發業　問於中有身處中有住及欲趣生時行相如何　答准二十四不相應行中有勢速一法於勢速中有士用勢速古釋云士用勢速者如中有身往當受生處迅疾名士用勢速所言中者對前後以得名有則有其情識身爲此五趣有情身在死有後生有前兩形中間故名中有亦以

異熟五蘊爲體爲同本有身是業招故其中有身便如當生本有身形狀如人中有似於人等五趣亦介但如五六歲等孩兒大其形量雖小然諸根猛利如本有身能作諸事業於父母起顛倒想而生愛恚此中有身唯同類及淨天眼者見於中有中唯食香氣在中有住時其不善不惡中容性者在中有位極遲受生不過四十九日剋此無有緣不會者若極善極惡中有不論近遠但一剎那便往受生起顛倒心趣欲境即第八識結生門於胎卵二中有見父母和合生顛倒想而便受生若濕化二生中有由先業力故不簡近遠淤著稱情當淤香處便即受生問同類眼見中有身未知中有眼爲能見本有身不答亦有見本有身瑜伽論云或云唯見男或唯見女如是漸近彼之處所漸漸不見父母餘處唯見男女根門又若薄福中有當生下賤貧窮家者彼於死時及入胎時便聞種種紛飛不可意聲若是福德位中有當生富貴家者彼於介時自然聞美妙可意音聲乃至香味觸境亦有階降問中有未位皆起愛受生不答於中有位第六識先起愛潤生若執取結生即唯第八若男中有緣母起愛生於欲心女中有緣父起愛生於欲心由起此二種愛心已便爲己身與所愛境合所洩不淨流至胎藏認爲己有後便生歡喜此心生已中有身便沒受生有身實積經云彼中有身入母胎時心生顛倒作邪解心生寒冷想大風雨想雲霧想作此想已隨業優劣復起十種虛妄之心一我入舍宅二我昇樓閣三我昇殿

堂四我昇床座五入草庵六入草舍七入草叢八入林間九入墻孔十入籬間作是念已即入母胎問中有身作何顏色答瑜伽論云造惡業者中有如黑羺光或陰闇夜造善業者中有如白衣光或晴明夜寶積經云地獄中有如燒了杌木傍生中有如煙餓鬼中有如水人天中有如白衣光問如人生身變作蛇虎等有中有身起不答慈恩云無中有身以不改轉捴報故但是順現轉別報若捴報第八即不轉又如地獄中萬死千生亦無中有以不轉捴報故問如將水蛭蟲乾成末已後置水中一一塵皆却成水蛭蟲有中有不答此但是一類有情同業者合託此爲增上緣而受生即不是變作多蟲若不介者犯有情界增過問平等王見中有身不答不見問且如有人被冥司追將亦有見者此是何身答此但是本有身攝有去以此人有業但於自識心上妄見閻羅王鬼所由等是獨影境上自變起離識無見是以唯識頌云境隨業識轉是故說唯心故知識是善惡之原心爲苦樂之本世人唯知尋流徇末失本迷源練行而徒滿三祇違真漸遠積功而空經永劫去道猶賒是以得果聖人過斯而甘稱絕分出假大士對此而未得證真豈況矯亂邪徒冥初外道漆園傲吏恍惚任生者而能希冀信受乎故知宗鏡難信悟者希奇不唯得宗兼能深達因果故云深信大乘不謗因果是以一切含識唯以自心造善惡因招苦樂果或居中有之時作善因者承白淨之光起惡因者見黑闇之色或處胎之日集白業者登樓殿之上造黑業者投草棘之中及出世間爲人依正亦分優劣若有福者挺鸞鎖龍顏之相受華堂金屋之榮若勤德者現五露眇小之形處甕牖席門之弊可謂風和響順形直影端因果同時緣會不失則應觀法界性一切唯心造內德論云小乘以依報爲業有大乘以萬境爲識造隨幻業而施之天地逐妄心而現之土草若瞽目覩于空華比睡夢現其生老若悟之於心業則唯聞於佛道

宗鏡錄卷第七十四　棠

音義

鷙十罣毫之也反　蕤如劣反　鎔余封反　洋与章反　躡尼輒反　歔許反　瞽公戶反　坑苦庚反　險虛檢反　眚所景反　矚之欲反　暈王問反　珮蒲昧反　玦古穴反　孳子之反　哺蒲故反　虹戶公反　覓莫狄反　癃力中反　洎其冀反　俄五何反　喃女咸反　猶以周反　瀣胡介反　濈阻立反　灌古玩反　迅私閏反　紛敷文反　糯奴卧反　蛭之日反　矯居夭反　傲五到反　悅許反　惚呼骨反　挺徒鼎反　領　盧　勘　眇亡沼反

戊申歲分司大藏都監開板

宗鏡録卷第七十四

校勘記

一　底本，麗藏本。

一　六六七頁上二九行第五字「意」，清作「云」。

一　六六八頁上二六行第五字「正」，清作「生」。又第一二字「期」，清作「受」。

一　六六八頁中一六行第一四字「業」，清作「報」。

一　六六九頁上二四行第二字「元」，磧、南作「無」。

一　六七〇頁上六行第一四字「伴」，徑作「作」。

一　六七〇頁中一七行末字「間」，磧、南、徑、清作「間」。

一　六七一頁上一七行第一六字「但」，磧作「根」。

一　六七一頁上一八行第一二字「由」，清作「有」。

宗鏡錄卷第七十五　　棨

慧日永明寺主智覺禪師　延壽集

夫摠別二報障於八識中定屬何識　荅古釋云摠報唯屬第八識者以第八最初生起其前七色心等皆依他第八方生即第八能通與前七色心等為所依得名摠報別報唯在前六識受報各別不同名為別報若摠報定不通今世順現受唯是順生來世受若別報即不定通今世來世皆受不遮又問第七識何不辯報障荅非是業招故無報障又若有報障而無業障即第八識若具有業報二障即前六識若業報二障俱無即第七識又若唯有別報障無摠報障者即前六識若唯有摠報障無別報障者即第八識　問衆生造生死染淨二業受苦樂兩報皆從心起則離心無體於八識內定是何心　荅今古有二解一古師解云是第六識心由識心分別作業受報報起由心故知無有實衆生也以心淨故衆生淨無有別淨心垢故衆生垢無有別垢以垢淨由心得衆生但名耳二神鍇和尚解云心者是第八識由其識內持染淨種子種子遇緣即能招苦樂兩果果起由心故知無衆生也若古師取第六識為垢淨心為此六識與善十一相應能造人天善業與根隨相應能造三塗惡業此摠別業成能招當來苦樂兩報故言染淨由心也此據造業者為心神鍇和尚取第八識為心者此是摠報主具異熟識識中能含藏善不善業種子然識體因中唯無覆無記性為含藏染淨業種故又言持染淨種子者即三雜染種子一煩惱雜染即是見修煩惱二業雜染一切善不善摠報業三果雜染即三界摠別報異熟果淨亦三種一世間淨即是伏惑道故二出世間淨謂無漏三所斷果清淨即所證理上來俱是第八含藏業也古師約能熏能造業心名心鍇師約所熏能持種名心又古師約緣慮以解心鍇師約集起以解心釋云此之二解各出一途前以能熏能造為心若無能熏所熏無用則唯眞不立單妄不成眞妄和合方有是事又若無能造所造亦不成因能立所故經云一切唯心造後約所熏能持種子為心所熏是本若無所熏能熏亦無用又若無能熏種子即善惡種子散壞將何受未來苦樂果報如有物無可盛故即當散失則後解為勝以是諸識中根本故前解亦不失是枝末故今若雙取正理方圓本末相資能所和合非一非異方立世間染淨之位故知生死由識心無衆生可得昇降屬因緣無實我可得　問摠別二報之業如何分別

荅如持五戒招得人身是摠報業由於因中有瞋忍等於人摠報而有妍媸名別報業唯識亦名為引滿業能招第八引異熟果故名引業能招第六滿異熟果名為滿業俱舍論亦云一業引一生多業能圓滿猶如繢像先圖形狀後填衆彩等然其引業能造之思要是第六意識所起若其滿業能造之思從五識起然五識無執不能發潤故非迷理無推度故不能造業雖造滿業亦非自能但由意引方能作故所以海龍王經云尒時世尊告海龍王猗世間者作若干緣心行不同罪福各異以是之故所生殊別龍王且觀衆會及大海若干種形類貌不同是諸形貌皆心所畫又心無色而不可見一切諸法誑詐如是因惑與相都無有主隨其所作各自受之譬如畫師本無造像諸法如是而不可議自然如幻化相皆心所作温室經云佛言觀彼三界天人品類高下長短福德多少皆由先世用心不等是以所受各異不同般若燈論云如阿毗曇中偈云自護身口思及彼攝他者慈法為種子能得現未果所言思者謂能自調伏遠離非法與此心相應思故名為思攝他者謂布施愛語救護怖畏者以如是等能攝他故名為攝他慈者謂心心即名法亦是種子種子者亦名因為誰因耶謂果之因是何等果謂是現在未來之果云何名心為種子耶謂能起身口業故名為種子又如論偈言如芽等相續而從種子生由是而生果離種無相續釋曰此謂從芽生莖乃至枝葉華果等各有其相種子雖滅由起相續展轉至果若離種子芽等相續則無流轉以是故其義云何故論偈言種子有相續從相續有果先種而後果不斷亦不常釋曰云何不斷謂有種子相續住故云何不常謂芽起已種子壞故內法亦尒如論偈云如是從初心心法相續起從是而起果離心無相續釋曰此謂慈心不慈心名為業此心雖滅而相續起此相續果起者謂愛非愛有受相故若離心者果則不起今當說相續法其義云何故論偈言從心有相續從相續有果故業在果先不斷亦不常釋曰云何不斷謂相續能起果故

云何不常不至第二刹那住故是知三業難防應須密護意為苦聚口是禍胎但閉門而守津方斷相續如正法念處經云彼地獄地見閻羅人苦切以偈責言心不可調御甚於大猛火速行不可調牽人到地獄心第一難調此火甚於火難調速疾行地獄中地獄若人心自在則行於地獄若人能制心則不受苦惱欲為第一火癡為第一闇瞋為第一怨此三秉世間汝前作惡時自心思惟作汝本癡心作今受此惡報心好偷他物竊行他婦女常殺害衆生自心之所誑如是業自在將汝到此處是汝本惡業何故尒呻喚又偈云作惡不失壞一切惡有報惡皆從作得因心故有作由心故作惡由有心果報一切皆心作一切皆因心心能誑衆生將來向惡處此地獄惡處最是苦惡處如上經文此是惡心招苦果若善心招樂果者又云復次比丘知業果報觀鬘持天所住之處乃至其地柔軟猶若生酥天人行時隨足上下如兜羅綿一一住處足蹈隨平亦如前說一一寶樹出妙色光其光如日光明悅樂妙色金樹華葉常鮮無有萎落善業所生不可喻說戒力自在善業所得如印印物如是天子遊戲園林蓮華浴池自業受報有上中下受大戲樂自業身相光明可愛色聲香味觸等恣情悅樂身無病惱無有飢渴常恣五欲未曾厭足多起愛欲心不充滿若天憶念隨念所得他不能破自在無礙心常歡喜隨念能至化身隨心大小住意廣大輕軟一眴目頃能行至於百千由旬無少疲極如風行空無所障礙天亦如是無有疲極天身威德從心而生輕淨無垢一切行處如意光色天子天女歡喜遊戲釋曰然雖善惡由心苦樂不等斯乃先明因果知一念無差若論至道之中俱非解脫如經云迦留足天乘閻浮檀金殿入天戲林其林柔軟衆鳥音聲和合美妙天子入已鳥名天音天同業生天善業故即說偈言若有人能作愛樂之善業彼人業果報成就極端嚴既得受天樂若不行放逸從樂得樂處彼必至涅槃一切樂無常要必終歸盡莫受此天樂以為自歡娛此天樂無常壽盡必退没既知此法已常求涅槃道一切法皆盡高者亦當墮和合必有離有命皆歸死又云如是比丘以聞慧觀天樂已而說頌曰五根常愛樂欲境所誑或欲火未曾有須臾間厭足一一諸境界處處見天女一切勝境界欲火燄熾然若合若離散或說或憶念以天女因緣火起燒天人火法和合有不合則不生若合若不合欲火常熾然因緣不合故火遠則不然欲火無遠近常燒愛衆生以意想薪力邪憶念所使愛油投欲火焚燒愚癡人是以既知苦樂由心事非究竟應當斷想薪乾愛油止念風息欲火防制意地恒順真如圓滿菩提常樂妙果故經偈云若正善心者常順法觀察不為過所使如日光除暗又經云寧作心師不師於心若師心則隨六趣而不返作心師則冥一道而常歸如庚桑子云心平正不為外所誘曰清清而能久則明明而能久則虛虛則道全而居之所以阿差末經云常正其心不尚餘學夫心常正直本自玄虛道全是心心全是道以不違故隨思慮心為外緣所拘內結所亂乃令志當歸一不尚餘學虛明自現返本之稱也如是開示可謂把行人手直至菩提若海保不孤然若信受之人可謂不動塵勞頓成正覺　問識生於身身依於識諸根壞日識還離時捨此故身別受餘質去來之識相狀如何斯旨難明舉世皆惑如寶篋藏莫有知者　答此理綿密約教可知顯識經云佛告賢護識之運轉遷滅往來猶風大無色無形不可顯現而能發動萬物示衆形狀或搖振林木摧折破裂出大音聲或為冷為熱觸衆生身作苦作樂風無手足面目形容亦無黑白黃赤諸色賢護識界亦尒無色無形無光明顯現以因緣故顯示種種功用殊異當知受覺法界亦復如是無色無形以因緣故顯發功用賢護衆生死此受覺法界識界皆捨離身識運受覺法界受餘身者譬如風大吹衆妙華華住於此香流至遠風體不取妙華之香香體風體及與身根俱無形色而非風力香不遠至賢護衆生身死識持受覺法界以至他生因父母緣而識託之受覺法界能隨於識亦復如是如從華勝力而鼻有齅從齅勝力而得香境又如從風身勝力得風色觸因風勝力香得至遠如是從識有受從受有覺從覺有法遂能了知善與不善乃至識之運身如面之像現之於鏡如印之文顯之於泥譬如日出光之所及衆暗咸除日沒光謝暗便如故暗無形質非常無常能得其處識亦如是無質無形因受想顯識在於身如暗無體視不可見不可執

持如母懷子不能自知是男是女黑白黃色根具不具手足耳目類與不類飲食熱觸其子便動覺知苦痛衆生來去屈申視眴語笑談說擔運負重作諸事業識相具顯而不能知所在止於身中不知其狀賢護識之自性徧入諸處不爲諸處之所涂汙六根六境五煩惱陰識徧止之不爲其涂由此而顯識之事用賢護如木機關繫執一所作種種業或行走騰躍或跳擲戲舞於意云何機關所作是誰之力賢護白佛言智慧狹淺非所能了佛告賢護當知皆是作業之力作業無形但智運耳如是身之機關以識之力作諸事業仙通乾闥婆龍神人天阿脩羅等種種趣業咸悉依之識能生身如工作機關識無形質普持法界智力具足乃至能知宿命之事故知識性是一無住無形但隨智而彰逐念而轉此陰纔滅彼陰便生如印文現之於泥似面像臨之於鏡至於入胎處卵託質現生來去無蹤隱顯非礙猶珠吐照類日傳光火出木中種生地上其體是一用出千差此一識門亦復如是因念力分十二類種之差殊隨業果變無量生死之形質又大乘同性經云毗毗沙那楞伽王言世尊衆生神識爲當幾大爲作何色佛言楞伽王衆生神識無邊大無色無相不可見無礙無形無定處不可說毗毗沙那白世尊識相如此無有邊大無色無相不可見無礙無形無定處不可說者豈非斷絕佛言楞伽王吾今問汝隨汝意答當爲汝說楞伽王譬如大王在宮殿中或高樓上綵女圍遶安樂坐時著種種衣及諸瓔珞時大園林阿輸歌樹種種雜華莊嚴精麗其園在處有細軟風或大駛風吹彼園林阿輸歌樹衆華香氣至王所者王聞之不毗毗沙那白言世尊我聞此香佛言楞伽王汝聞此香分別知不王言世尊我能得知佛言楞伽王此華香氣王言知者見大小耶定作何色楞伽王言不也世尊何以故此香氣相無色無現無礙無相無定處不可說是故不見大小形色佛言楞伽王於意云何若不見彼香氣大小非斷絕相耶毗毗沙那言不也世尊何以故若此衆香是斷相者無人得聞佛言如是如是楞伽王識相亦爾應如是見楞伽王若識斷相則無生死而可得知如是楞伽王識相清淨唯是無明貪愛習氣業等諸客煩惱之所覆障楞伽王譬如清淨虛空之界唯有四種客塵汙涂何等爲四所謂烟雲塵霧楞伽王識相如是本清淨故無邊不可捉無有色涂唯是諸客煩惱之所覆涂所以者何楞伽王若正觀時不得衆生無我無衆生無壽命無畜養無人無衆數無知者無見者無覺者無受者無聽者乃至無色受想行識等　問外之境色因識分別故名唯識只如夢中無境唯識云何夢中識見種種　答顯識經云佛言賢護色有二種一內二外內謂眼識眼則爲外乃至身識爲內身則爲外賢護如生盲人夢見美色手足面目形容姝麗便於夢中生大愛悅及睡覺已冥無所見乃至此生盲人未曾見物云何夢中而能見色賢護白佛言唯願開示佛告賢護夢見見者名內眼所是慧分別非肉眼見其肉眼所以念力故盲者夢中須臾而現復以念力覺而憶之識之內色亦復如是故於所見唯識聞齅嘗觸亦然見有境界但是念慧分別若離念慧分別決定無有前塵毫末之相　問識性無形至極微細云何能任持大身又持小質　答識性微妙不可思議以隨業故則妍醜俄分以無形故則小大咸等顯識經云佛言大藥如風大無質無形止於幽谷或窾隙中其出暴猛或摧倒須弥碎爲塵粉風大微妙無質無形識亦如是妙無形色大身小身咸悉能持或受蚊身或受象身乃至如尼瞿陀子極微細種子生樹婆娑廣大枝條百千於意云何其子與樹大小類不大藥言世尊其子與樹大小相懸如藕絲孔比虛空界如是大藥樹於子中求不可得若不因子樹則不生微細尼瞿陀子能生大樹微細之識能生大身識中求身身不可得若除於識身則無有又毗耶娑問經云佛言復次大仙此識微細無色無質非是可見識非有色非青等色中無根識若離根則無境界若人心中驚動怖畏若疑思量如是一切皆是識力　問六趣昇沉皆唯是識初生善惡之趣其相如何　答隨福所資果報不等勝福資識則境大劣福資識則相微顯識經云大藥復白佛言世尊衆生捨身云何生諸天中乃至云何生於地獄等中佛言大藥衆生臨終之時福業資者棄本之視得天妙視以天妙視見六欲天爰及六趣見身搖動見天宮殿及歡喜園雜華園等乃至如睡不睡安隱捨壽將捨壽時天父天母同止一坐天母手中自然華出天

母見華顧謂天父甚爲福吉希奇勝果天今當知慶子之歡時將不久天母遂以兩手搖弄其華弄華之時命便終盡無相之識棄捨諸根持諸境業棄捨諸界持諸界事遷變果報猶如乘馬棄一乘一如日發引光如木生火又如月影現澄清水識資善業遷變天報如脉風移速託華內天父天母同坐觀之甘露欲風吹華七日寶瓔嚴身耀動熖爍天童朗潔現天母手大藥白佛言世尊無形之識云何假因緣力而生有形云何有形止因緣內佛言大藥如木和合相觸生火此火木中不可得若除於木亦不得火因緣和合而生因緣不具火即不生木等之中尋火色相覺不可見然咸見火從木出如是大藥識假父母因緣和合生有形身有形身中求識不得雖有形身亦無有識大藥如火未出火相不現亦無發觸諸相皆無如是大藥若未有身識受想行皆悉不現大藥如見日輪光明照曜而諸凡夫不見日體是黑是白黃白黃赤皆不能知但以照熱光明出沒環運諸作用事而知有日識亦如是以諸作用而知有識大藥白佛言云何爲識作用佛言大藥受覺想行恩愛苦惱此爲識之作用復有善不善業熏習爲種作用顯識大藥白佛言云何識離於身便速受身識捨故身新身未受當尒之時識作何相佛言大藥如有丈夫長臂勇健著堅甲胄馬疾如風乘以入陣干戈既交心亂墜馬武藝勁捷還即跳上識棄於身速即受身亦復如是又如怯人見敵怖懼乘馬退走識資善業見天父母同座而坐速託生彼亦復如是大藥如汝所問識棄故身新身未受當尒之時識作何相大藥譬如人影現於水中無質可取手足面目及諸形狀與人不異體質事業影中皆無無冷無熱及與諸觸亦無覆之肉段諸大無言音聲苦樂之聲識棄故身新身未受相亦復如是大藥是資善果生諸天者大藥白佛言云何識生地獄佛言大藥行惡業者入於地獄汝當諦聽大藥此中衆生積不善根命終之時作如是念我今此身死棄捨父母親知所愛甚大憂苦見諸地獄及見已身應合入者見足在上頭倒向下又見一處地血純見此血已心有味著緣味著心便生地獄腐敗惡水臭穢因力識託其中譬如糞穢臭處臭酪臭酒諸臭因有蟲生其中入地獄者託臭物生亦復如是般若燈論云言從死有相續至生有時如授經如傳燈如行印如鏡像現如空聲響如水中日月影如種子生芽如人見酸口中生涎如是後陰相續起時無有中陰往來傳此向彼是故智者應如是解故知識託業現境逐心生刀利刀山誰人鍛鍊華含德水非彼開敷辯果知因見末識本故云心能作佛心作衆生心作天堂心作地獄心異則千差競起心平則法界坦然心凡則三毒縈纏心聖則六通自在心空則一道清淨心有則萬境縱橫如谷應聲語雄而響厲似鏡鑒像形曲而影凹以知萬行由心一切在我內虛外終不實外細內終不麤善因終值善緣惡行難逃惡境蹈雲霞而飲甘露非他所授卧煙焰而噉膿血皆自能爲非天之所生非地之所出只在最初一念致此昇沉欲外安和但內寧靜心虛境寂念起法生水濁波昏潭清月朗修行之要靡出於斯可謂衆妙之門群靈之府昇降之本禍福之原但正自心何疑別境是以離衆生罪行福行不動行終無三界苦樂果報若離衆生見聞覺知豈有陰處界等境界如大般若經云佛言若夢若覺要於見聞覺知法中有覺惡轉由斯起染或復起淨若無見聞覺知法無覺惡轉亦無染淨故知夢覺唯識染淨由心前賢後學之所宗千經萬論之同指如楞伽經偈云衆生及瓶等種種諸形相內外雖不同一切從心起但一念不生諸緣自斷故云一念心不生六根總無過又云一心不生萬法無咎如今厭生患老隨思隨造捨妄除身業果恒新若能了生無生知妄無妄一念心寂萬慮俱消如去畏影畏跡逾走逾極端坐樹陰迹滅影沉是知悟心即休更無異術如祖師云一切由心邪正在己不思一物即是本心智者能知更無別行所以本師云此事唯我能知

宗鏡錄卷第七十五　　　柒

音義

鍇苦駭反　妍五堅反　孍赤之反　掎居綺反　誑居況反　詐
呻失人反呻吟也　瞤舒閏反　糲郎達反　跳徒聊反　駛疎吏反
姝昌朱反　竅苦吊反穴也　隙綺戟反孔也　炫黃練反明也
煥呼貫反　胄直祐反　勁居正反健也　捷疾葉反　腐扶雨反朽也
厲力制反惡也　凹於交反　蹈徒到反踐也　噉徒敢反

戊申歲分司大藏都監開板

宗鏡録卷第七十五

校勘記

一　底本，麗藏本。

一　六七二頁中八行第三字「各」，磧作「名」。

一　六七三頁上一〇行第一五字「行」，清作「婬」。

一　六七三頁上二九行第三字「住」，磧、南、清作「任」。

一　六七三頁下一〇行首字「猶」，磧、南、徑、清作「猶如」。

一　六七四頁上一三行第二字「通」，清作「道」。

一　六七四頁上二八行第一〇字「分」，磧、南、徑、清作「今」。

一　六七四頁中二行第一〇字「駃」，徑作「駛」。

一　六七四頁中末行第一二字「肉」，清作「内」。

一　六七五頁上五行「日愛」，清作「愛日」。

一　六七五頁中五行「苦樂」，磧、南作「苦藥」。

一　六七五頁中一二行「血純」，清作「純血」。

一　六七五頁中一五行首字「有」，清作「力」。

宗鏡録卷第七十六

慧日永明寺主智覺禪師延壽集

夫論一期眞妄生死約事而言還有終始不荅第一義中尚無生死何有始終順世諦門中隨衆生見而妄說生死如古德云眞妄相循難窮初後者釋云若言先妄後眞眞則有始若謂先眞後妄妄由何生若妄依眞起眞亦非眞若妄體即眞則妄亦無始爲破始起立無始言始既不存終從何立無終無始豈有中間故中論云大聖之所說本際不可得生死無有始亦復無有終若無有始終中當云何有是故於此中先後共亦無眞妄兩亡方說眞妄眞妄交徹何定始終　問如上所說生死惡業無量無邊纔了此心得一切同時解脫不　荅實有此理全在當人若障薄遮輕直了直入緣深機熟頓悟頓修如鏡淨明生雲開月朗或垢濃習重觀劣心浮雖信解一心行門難立有八重妄想之垢猶繳網稠林具六種繫縛之門若堅冰膠漆若非大力曷能解分如持地論云妄想有八種一自性妄想即執色等法各有自體二差別妄想即執色等有可見不可見對無對色差別三攝受積聚妄想即於陰中執我衆生於軍林等中起定執實此一分別即前執人後執於法四我見妄想無我計我也五我所妄想即執我用六有念妄想即緣可愛淨境分別七不念妄想即緣可增不淨境分別八俱相違妄想即緣中容境分別約經論有六種縛先論心境二種縛者一相應縛二所緣縛煩惱是心心所起必託於心王心所染心名相應縛心心所法俱能緣境境不離繫名所緣縛次三界中四種縛者一貪二嗔三見取四戒取貪嗔二縛不令衆生出於欲界論家舉喻如守獄卒見取戒取二縛不令有情出色無色界何者見取執劣爲勝執非想非非想處及無想天執爲解脫涅槃名爲見取戒取者非因計因執非想定及無想定并鷄戒爲生天因解脫因名戒禁取由此二縛令諸有情不得出色無色界如上妄想繫縛除上根頓修外即須約地位現觀之力如經所明現觀有六現謂現前觀謂觀察即眞理常現在前妙智恒能觀察不令間斷住運相應瑜伽論云一思現觀謂上品思慧引生煖等四加行道中觀察諸法名爲現觀二信現觀謂緣三寶世間出世間淨信此助現觀令不退轉立現觀名三戒現觀謂道共無漏戒能除破戒垢令觀增明亦名現觀四智諦現觀謂正體後得二智緣眞俗眞俗二諦也五邊現觀謂智諦觀後觀諸緣安立世出世智六究竟現觀謂盡無生等究竟位智古釋前思現觀資粮加行所有智慧但能伏未能斷也初地已上信戒智諦及邊現觀當地即斷後地即伏究竟一觀非伏非斷此斷有二一共相斷二自相斷若斷惑證理之時作空行相及無我行相即名共相爲空無我該通四諦故名共相斷若斷惑證理之時作眞如寂滅行相不通諸諦唯在滅諦名自相斷又有三種斷一自性斷如燈破闇智慧起時煩惱闇障自性應斷二不生斷謂得初地法空之時能令三塗惡道苦果永更不生人中無根二形北州無想天等種子不生後果名不生斷也三緣縛斷者但斷心中之惑於外塵境不起貪嗔於境雖緣而不染著名緣縛斷也於三斷之中自性不生此二任運能斷皆由緣縛一斷能令三界因果不生又古釋智障有其三門一是智障所謂分別有無之心二是體障謂觀非有非無之解立已能者故曰體障三是治想謂妄識中合如正慧依此地有其三初一四地乃至七地斷除四五六地斷除分別取有之心謂解法慢身淨慢等入七地時斷除分別取無之心八地已上斷除體障前第七地雖除分別有無之心猶見已心以爲能觀如爲所觀其所觀如不即心能觀之心不即如心如別故心外求法故有功用法外立心故有體障從第七地入八地時破捨此障觀察如外由來無心心外無如如外無心心不異如心外無如如不異心故能如心泯同法界廣大不動以不異故自外推求故捨功用不復如外建立神智故滅體障體障滅故名無障想第三治想至佛方滅故入八地雖無障想而有治想行八地已上無生忍體轉轉寂滅令彼治想運運自亡至佛乃窮故知萬境雖空須得無心契合不可口雖說空行在有中境智相應能所冥合方能解縛隨順無生耳纔生取著便成魔業如華嚴經云佛子菩薩摩訶薩有十種魔何等爲十所謂蘊魔生諸取故煩惱魔恒雜染故業魔能障礙故心魔起高慢故死魔捨生處故天魔自憍縱故善根魔恒執取故三昧魔久耽味故善知識魔起著心故菩提法智魔不願捨離故是爲十菩

薩摩訶薩應作方便速求遠離疏釋云一蘊魔者身爲道器體與佛同豈即是魔蘊魔之名特由取著下九例亦皆以下句釋成魔義是知以心分別萬法皆魔何但此十故舉善提法智以勝況劣不以心分別一切皆佛豈捨魔界求佛界耶然四魔直就體明十魔多約執取十表無盡故菩提法者即所證智是能證能所冥合故名菩提若不捨於分別菩提之見即是魔矣若入宗鏡分別自亡既無能證之心亦無所證之理又華嚴經云無有少法爲智所入亦無少智而入於法是以駕一智箭破衆魔軍揮一慧刀斬群疑網斯乃宗鏡之力餘何言哉若不悟自心未達斯旨雖修智業不入圓常縱練行門唯增我慢以未達一際法門故但生分別長養無明如經云若分別是聲聞法是緣覺法是菩薩法是諸佛法此名爲淨此名不淨此名爲道此名非道是名菩薩憍慢若入宗鏡智行俱成我慢山崩貪癡水竭勝負情盡差別業亡如弄珠吟云消六賊分爍四魔摧我山兮竭愛河龍女靈山親獻佛貪兒衣裏枉蹉跎　問五陰一法即妄即眞既作塵勞生死之門又成出世菩提之道今且推妄生死無從經云此陰纔滅彼陰便生既唯識無人前陰滅後陰如何得生　答五陰性空非常相續不斷不常不斷即是正因如華嚴疏云五蘊相續即是正因亦名生因言正因者是中道義中道即是佛性謂現在陰滅中陰陰生是現在陰終不變爲中陰五陰故現陰非常如種生芽種不至芽雖不至芽而能生芽此現在陰雖

不至後而能生後則現陰非斷而中陰五陰亦非自生不從餘來因現五陰生中陰陰斯則後陰非無因故後陰非常既能續前故後陰非斷非斷非常是中道義正因性也又依台教略有九種五陰皆無自體唯逐心生是以華嚴經頌云一切衆生界皆在三世中三世諸衆生悉住五蘊中諸蘊業爲本諸業心爲本心法猶如幻世間亦如是九種五陰者一期色心名果報五陰平平想受無記五陰起見起受者二種穢汚五陰動身口業善惡兩種五陰變化示現工巧五陰五善根人方便五陰證四果者無漏五陰如是種種原從心出正法念經云如畫師手畫出五綵黑青赤黃白白畫手譬心黑色譬地獄青譬鬼赤譬畜黃譬脩羅白譬人白白譬天此六種陰止齊界內若依華嚴經云心如工畫師畫種種五陰界內界外一切世間中莫不從心造世間色心尚叵窮盡況復出世寧可凡心知凡眼暨尚不見近那得見遠弥生曠劫不覩界內一隅況復界外邊表如渴鹿逐燄狂狗齩雷何有得理所以龍樹破五陰一異同時前後皆如燄幻響化悉不可得寧更執於王數同時異時耶然界內外一切陰入皆由心起佛告比丘一法攝一切法所謂心是論偈云一切世間中但有名與色若欲如實觀但當觀名色心是惑本其義如是輔行記云若示不思議境體觀心即足以心徧故攝餘法又非但心攝一切亦乃一切攝心故四念處觀云非但唯識亦乃唯色唯聲等今從廣之狹正示境體陰界入三並可爲境以寬緩

難示故從指的略二界入就陰如去丈就尺略四陰從識陰如去尺就寸以由界入所攝寬多陰唯有爲有爲之中義兼心色故置色存心心名復含心及心所今且觀心王置於心所則一念心十界三科如丈一界五陰如尺唯在識心如寸若達心具一切法已方能度入一切色心如一一尺無非是寸及一一丈無非是尺是故丈尺全體是寸故知若眞諦若俗諦若有爲若無爲一剎一塵無非心矣今宗鏡撮其樞要蓋爲斯焉今但觀識陰識陰者心是也既從心生非空非有不生不滅無住無依於生死業果之門不可思議以因緣和合相似相續如有主宰諸趣往來至理窮之畢竟無體如磁石吸鐵明鏡現像此皆法介豈有情乎般若假名論云諸蘊循環受諸異趣名爲取者是中無人能取諸趣捨於現蘊而受後蘊如去故衣而著新衣然依俗諦譬如因質而現於像質不至像而有像現由前蘊故後蘊續生前不至後而後相續是故菩薩無取者想大涅槃經云如蠟印印泥印與泥合印滅文成文非泥出不餘處來以印因緣而成是文經合喻云現在陰滅中陰陰生是現在陰終不變爲中陰五陰亦非自生不從餘來因現陰故生中陰陰譬合云如印印泥印滅文成名雖無差而時節各異是故我說中陰五陰非肉眼見天眼所見釋曰現陰如印中陰生處義之如泥現在陰滅名爲印壞中陰陰起名爲文成於此復以中陰爲印業遍受胎名爲印泥中陰陰滅名爲印壞未來陰起名爲文成業種未斷文復爲

印印復爲文文印相成不可窮巳生死不斷法喻可知又如燈燄前燄引後燄後燄續前燄相續不斷似常似一凡夫不達或執生死爲常不知前燄無體因後燄續起後燄無體仗前燄引生燄燄皆虛自性寂滅此一念心亦復如是新新生滅續續輪迴乃至一念不住猶如燈燄不細觀察執此生滅爲一爲常又不了前燄纔滅後燄續生念念相續未曾間滅或執生死爲斷若深達因緣之理自然不落斷常何者以因緣無性不可得故非常以無性因緣能相續故非斷又此五陰只是一法若執成斷常是凡夫見若破析成空是藏教人若了陰無性體此成空是通教人若悟此五陰不空具足佛法修智斷惑次第生起是別教菩薩若了此即真更無別法念念圓滿具十法界即圓教菩薩如薄運者覩金成蛇厚福人捉石爲寶法無高下人自昇沉耳但不造貧富業終無勝劣報如大智度論偈云先世業自作轉爲種種形虛空不受害無業亦如是　問生死相續由諸習氣有幾習氣能成輪轉　荅古釋習氣自體總有三義習氣者與種子名異體同習氣即約熏習時而論種子即對現行立名都有三義一種子名習氣者氣分習謂熏習由彼現行熏習得此氣分故二現行亦名習氣謂都由種子能生現行是種子家之氣分三習氣名習氣如裛香紙而有氣分唯識論云而熏本識起自功能即此功能說爲習氣功能者是習氣義體即種子略有三種習氣一名言習氣二我執習氣三有支習氣一名言習氣謂有爲法各別親種名言有二一表義名言即能詮義音聲差別二顯境名言即能了境心心所法隨二名言所熏成種作有爲法各別因緣二我執習氣謂虛妄執我我所種我執有二一俱生我執即修所斷我我所執二分別我執即見所斷我我所執隨二我執所熏成種令有情等自他差別三有支習氣謂招三界異熟業種有支有二一有漏善即是能招可愛果業二諸不善即是能招非愛果業隨二有支所熏成種令異熟果善惡趣別應知我執有支習氣於差別果是增上緣前云空死因業習氣者應知即是有支習氣二取習氣應知即是我執名言二種習氣取我我所及取名言而熏成故皆說名取釋云表義名言者唯第六識能緣其名能發其名餘皆不緣亦不能發即唯詮義音聲之差別簡非詮表聲彼非名言故名唯無記然名是聲上屈曲差別唯無記性不能熏成色心等種然因名故心隨其名變似五蘊三性法等而熏成等種因名起種號名言種一切熏種皆由心心所心心所種有因外緣有不依外者不依外者名顯境名言若依外者名表義名言分二別然名自體不能熏種顯境名言者即能了境心心所法即是一切七識見分等心非相分心不能顯境故是以分段生死從正使有即是凡夫若變易生死從習氣生即是二乘雖斷正使不斷習氣於中有二一煩惱習氣二業習氣一煩惱習氣者如難陀有欲習往昔數生身爲國王習近五欲故舍利弗有嗔習往昔數生曾受蝎身畢陵伽婆蹉有慢習往昔數生身是大婆羅門傳學多才我慢輕物乃至解持比丘有癡餘習等二業習氣者如牛呞比丘往昔是牛身林間奔走觸著遺弃故破袈裟以是因緣雖得道果以業習故使之然也又如迦葉聞琴起舞阿難常好歌吟俱以往昔曾爲樂人以業習之餘故若煩惱餘習是變易緣有業餘習是變易因感變易生死即是果報此二乘人未得如來一心三點涅槃於無學位雖見修惑盡所有無知皆是無明之餘習亦名無明住地亦名所知之障亦名塵沙無知又菩薩約化門有十種習氣華嚴經離世間品云佛子菩薩摩訶薩有十種習氣何等爲十所謂菩提心習氣善根習氣教化衆生習氣見佛習氣於清淨世界受生習氣行習氣願習氣波羅蜜習氣思惟平等法習氣種種境界差別習氣是爲十若諸菩薩安住此法則永離一切煩惱習氣得如來大智習氣非智習氣故知染淨二業昇沉兩門皆從熏習而生不是無因而得應須勤修白業淨法時熏念念功夫自成妙果所以一一衆生八識藏中各具十法界種子本自具足非從新生雖常內熏須假外緣熏發若聞十惡熏發三塗種子若聞戒善熏發人天種子若聞諦緣熏發二乘種子若聞六度熏發菩薩種子若聞一乘熏發諸佛種子各隨習熟濃厚處先發如今多習三塗種子人天尚少豈況佛乘然地獄界現行時佛種子亦不沒只是轉更賒遠如今既在人天直須努力常親知識樂聽一乘內外資熏一生取辦故佛說羅睺羅頌云十方無量諸衆

生念念已證善逝果彼既丈夫我亦尒何得自輕而退屈　問生死涅槃苦樂報應以何爲因　荅如來藏爲因　問如來藏是無漏常住非刹那生滅之法云何與生滅爲因　荅一切異生因覺故迷迷無自體楞伽經云佛言大慧七識不流轉不受苦樂非涅槃因大慧如來藏者受苦樂與因俱若生若滅古釋云七識念念生滅不能往來六道故名不流轉以念念滅故不知苦樂不與涅槃爲因又七識從緣本無自性尚不能爲生死苦樂之本豈復與涅槃作因明如來藏常令諸識知苦樂七識若無如來藏自體念念滅不知苦樂依如來藏故知苦樂名如來藏受苦樂如來藏體不受苦樂也言與因俱者如來藏與七識生死苦樂因俱念念生滅也又云七識念念生滅無常當起即謝如何流轉自體無成故不受苦樂既非染依亦非無漏涅槃依矣其如來藏眞常普徧而在六道迷此能令隨緣成事受苦樂果與七識俱名與因俱不守自性而成故七識依此而得生滅云若生若滅此明如來藏即是眞如隨緣故受苦樂等又釋云以本害末今末空故無可流轉唯如來藏受苦樂者末害本故不守自性淸淨之體隨緣成有若相順則如水乳之和常恒共器若相背則如父母之讎不與同天又存上有不存之義泯上有不泯之義若唯泯無不泯則色空俱亡無可相即以不泯故雖相即而色空歷然若唯存無不存則色空各有定性不得相即由有不存故雖歷然而得相即如起信眞如生滅二門無礙唯是一心者結歸起信依一心法立二種門故須具足二義方名具分唯識問唯識第九亦說其所轉依有其二種一持種依謂第八識二迷悟依謂即眞如何以說言然依生滅八識唯有心境依持荅彼雖說迷悟依非即心境持種以眞如不變不隨於心變萬境故但是所迷耳後還淨時非是攝相即眞如故但是所悟耳今乃心境依持即是眞妄非有二體故說一心約義不同分成兩義說二門別故論云然此二門皆各揔攝一切法以此二門不相離故所以楞嚴經云生滅去來本如來藏如今世人只信有生滅不信有如來藏不知生死有名無體如來藏有名有體只可從實不可憑虛憑虛則妄執所宜從實則佛所印可

問夫論心含教法如何是一心四諦法門

荅四諦法門橫該竪徹法無不備教無不窮今約台教一心具無作四諦者一念心中具十界苦名爲苦諦具十界惑名爲集諦苦即涅槃名爲滅諦惑即菩提名爲道諦此唯論一心四諦又四教四種四諦藏教生滅四諦通教無生四諦別教無量四諦圓教無作四諦今但論圓教無作四諦止觀云法性與一切法無二無別凡法尚是況二乘乎離凡法更求實相如避此空彼處求空即凡法是實法不須捨凡向聖經言生死即涅槃一色一香皆是中道即無作四諦又玄義云以迷理故菩提是煩惱名集諦涅槃是生死名苦諦以能解故煩惱即菩提名道諦生死即涅槃名滅諦即事而中無思無念無誰造作故名無作亦名一實諦一實諦者無虛妄無顛倒常樂我淨等是故名爲無作四聖諦法華經偈云更以異方便助顯第一義又云唯此一事實即是無作一實諦也以眞如之性是自心之實名一實諦念念圓成更何所作名無作四諦所以八千聲聞於法華會上見如來性如秋收冬藏更無所作以達本故法尒如斯若未見性人不可安然拱手傚無作無修直須水到渠成自然任運故又但了一心自然無作非是強爲故云陰入皆如無苦可捨無明塵勞即是菩提無集可斷邊邪皆中正無道可修生死即涅槃無滅可證無苦無集故無世間無道無滅故無出世間純一實相實相外更無別法又文殊道行經云佛告文殊師利若見一切諸法無起即解苦諦若見一切諸法無住即能斷集若見一切諸法畢竟涅槃即能證滅文殊師利若見一切諸無自體即是修道

宗鏡錄卷第七十六　　染

音義

緻直利反密也　曷胡葛反　爍書藥反　蹉七何反　跎徒何反　齩五巧反　蝎胡葛反　呞書之反牛笑也　拱居勇反

戊申歲分司大藏都監開板

宗鏡録卷第七十六

校勘記

一　底本，麗藏本。

一　六七七頁上一七行「習重」，磧、南、清作「重習」。

一　六七七頁上二四行第四字「執」，南作「此」。

一　六七七頁上二七行第七字「增」，清作「憎」。

一　六七七頁中一二行第七字「住」，磧、南、徑、清作「任」。

一　六七七頁下九行第一一字「除」，南作「際」。

一　六七七頁下一八行第七字「自」，徑、清作「息」。

一　六七七頁下二一行第四字「行」，徑、清作「從」。

一　六七八頁上一四行第四字「業」，磧、南、徑、清作「慧」。

一　六七八頁下二七行第一〇字「義」，清作「喻」。

一　六七九頁中一一行末字「空」，磧、南、徑、清作「生」。

一　六八〇頁下一六行第一六字「諸」，徑作「諸法」。

一　六八〇頁下一七行「修道」，磧、南無。

宗鏡録卷第七十七　　榮

慧日永明寺主智覺禪師　延壽集

夫一念無明心鼓動真如海成十二緣起作生死根由若了之為佛智海之彼瀾昧之作生死河之漩洑去何啟佛智云何成生死荅天真之佛智本有妄緣之生死體空雖有二名但是一義只謂不了第一義諦号曰無明因不了之所首成惑業之衆苦了無明之實性成涅槃之妙心若迷為惑業則成三道一無明愛取是煩惱道二行有是業道三識名色六入觸受生老死是苦道若悟為三因佛性一識名色六入觸受生老死七支是正因佛性二無明愛取三支是了因佛性三行有二支是緣因佛性如是等義差別不同唯是一心迷成多種雖成多種不離一心華嚴經云佛子此菩薩摩訶薩復作是念三界所有唯是一心如來於此分別演說十二有支皆依一心如是而立何以故隨事貪欲與心共生心是識事是行於行迷惑是無明與無明及心共生是名色名色增長是六處六處三分合為觸觸共生是受受無厭足是愛愛攝不捨是取彼諸有支生是有有所起名生生熟為老老壞為死大集經云十二因緣一人一念悉皆具足但隨一境一念起處無不具足且如眼見色不了名無明生愛惡名行是中心意名識色共識行即名色六處生貪名六入色與眼作對名觸領納名受於色纏綿名愛想色相名取念色心起名有心生名生心滅名死乃至意思法亦復如是一日一夜凡起幾念念念織幾十二因緣成六趣無

窮之生死是以生死無體全是如來藏第一義心迷悟昇沉了不可得輔行記云十二因緣華嚴大集等經皆云一念心具凡諸大乘云一念者意皆如是若不介者云何徧收一切諸法止觀亦云緣生正一念心十二門論問云為在一心為在異心論問意者為在一人多人一念心耶如是一念異念並得多人一人於今一念悉皆具足多人一人所起之心不出百界百界為多一念為一一多相即非一非多大品明一切諸法皆趣因緣百界因緣不出一念是故名為是趣不過故得名為一念具足遠法師云無明緣行者有四無明一迷理無明義通始終二發業無明在於行前三覆業無明此在行後識前四受生無明與識同時或在識後望過去種子心識在於識後望結生識與識同時又內外諸法皆具因緣如稻稈經云介時弥勒語舍利弗言世尊常說見十二因緣即是見法見法即是見佛乃至有因有緣是名因緣法此是佛略說因緣相以此因能生是果如來出世因緣生法如來不出世亦因緣生法性相常住無諸煩惱究竟如實非不如實是真實法離顛倒法復次十二因緣法從二種生云何為二一者因二者果因緣生法復有二種有內因緣有外因緣外因緣法從何而生如似種子能生於芽從芽生葉從葉生節從節生莖從莖生穗從穗生華從華生實無種子故無芽乃至無有華實有種子故芽生乃至有華故果生而種子不作念我能生芽芽亦不作念我從種子生乃至華亦不作念我能生實實

亦不作念我從華生而實種子能生於芽如是名為外因生法云何名外緣生法所謂地水火風空時地種堅持水種濕潤火種成熟風種發起空種不作障礙又假於時節氣和變如是六緣具足便生若六緣不具物則不生地水火風空時六緣調和不增減故物則得生地亦不言我能持水亦不言我能潤火亦不言我能熟風亦不言我能發起空亦不言我能不作障礙時亦不言我能令生種亦不言我從六緣而得生芽芽亦不言我從介數緣生雖不作念從介數緣生而實從衆緣和合得生芽亦不從自生亦不從他生亦不從自他合生亦不從自在天生亦不從時方生亦不從本性生亦不從無因生是名生法次第如是外緣生法以五事故當知不斷亦非常亦不從此至彼如芽種少果則衆多相似相續不生異物云何不斷從種芽根莖次第相續故不斷云何非常芽莖華果各自別故非常亦不種滅而後芽生亦非不滅而芽便生而因緣法芽起種謝次第生故非常種芽各各相異故不此至彼種少果多故當知不一是名種少果多如種不生異果故名相似相續以此五種外緣諸法得生內因緣法從二種生云何為因從無明乃至老死無明滅則行滅乃至生滅故則老死滅因無明故有行乃至因有生故則有老死無明不言我能生行行亦不言我從無明生乃至老死亦不言我從無明生而實有無明則有行有生則有老死是名內因次第生法云何名內緣生法所謂六界地界水界火界風界空界識

界何謂爲地能堅持者名爲地界何謂爲水能潤漬者名爲水界何謂爲火能成熟者名爲火界何謂爲風能出入息者名爲風界何謂爲空能無障礙者名爲空界何謂爲識四陰五識亦言爲名亦名爲識如是衆法和合名爲身有漏心名爲識如是四陰爲五情根名爲色如是等六緣名爲身若六緣具足無損減者則便成身是緣若減身則不成地亦不念我能堅持水亦不念我能潤漬火亦不念我能成熟風亦不念我能出入息空亦不念我能無障礙識亦不念我能生長身亦不念我從尒數緣生若無此六緣身亦不生地亦無我無人無衆生無壽命非男非女亦非非男非女非此非彼水火風乃至識等亦皆無我無衆生無壽命乃至亦非此非彼云何名無明無明者於六界中生一想聚想常想不動想不壞想內生樂想衆生想壽命想人想我想我所想生如是種種衆多想是名無明如是五情中生貪欲瞋恚想行亦如是隨著一切假名法名爲識四陰爲名色陰爲色是名色名色增長生六入六入增長生觸觸增長生受受增長生愛愛增長生取取增長生有有增長故能生後陰爲生生增長變名爲老受陰敗壞故名爲死能生嫉熱故名憂悲苦惱五情違害名爲身苦意不和適名爲心苦乃至如月麗天去地四萬二千由旬水流在下月耀於上玄像雖一影現衆水月體不降水質不昇如是舍利弗衆生不從此世至於後世不從後世復至於此然有業果因緣報應不可損減是以如月不動影現衆流類識不行身分六趣雖無作者業果宛然但逐緣生不乖法尒又有德女所問大乘經云尒時有德婆羅門女白佛言世尊所言無明爲內有耶爲外有耶佛言不也有德女言世尊若於內外無有無明云何得有無明緣行復次世尊有他世法而來至於今世以不佛言不也有德女復白佛言世尊無明行相是實有耶佛言不也無明自性從於虛妄分別而生非真實生從顛倒生非如理生有德女復白佛言世尊若如是者則無無明云何得有諸行生起於生死中受諸苦報世尊如樹無根則無枝葉華果等物如是無明無自性故行等生起定不可得佛言有德女一切諸法皆畢竟空凡愚迷倒不聞空義設得聞之無智不了由此具造種種諸業既有衆業諸有則生於諸有中備受衆苦第一義諦無有諸業亦無諸有而從業生及以種種衆苦惱事有德女如來應正等覺隨順世間廣爲衆生演說諸法欲令悟解第一義故有德女第一義者亦隨世間而立名字何以故實義之中能覺所覺一切皆悉不可得故有德女譬如諸佛化作於人此所化人復更化作種種諸物其所化人虛誑不實所化之物亦無實事此亦如是所造諸業虛誑不實從業有生亦無實事是以但了唯心之旨自然萬法常虛隨有見聞悉順無生之道凡關動作皆歸無得之門　問此十二有支云何名緣生復何名緣起　荅無有主宰作者受者無自作用不得自在從因而生託衆緣轉本無而有有已散滅唯法所顯能潤所潤墮相續法名爲緣生論云由煩惱繫縛往諸趣中數數生死故名緣起又因名緣起果名緣生　問一念無明心起十二有支爲自生他生共生無因生　荅緣起甚深非四句能測了則一心冥寂迷則六道輪迴非妄非真不常不斷若云是妄妄不可得若云是真復能流轉若云是斷相續恒生若云是常念念起滅所以從心生故生無能生無有定性佛性論云復次一切諸法無有自性何以故依因緣生故譬如火依他而生離薪即不可見亦如螢火若火有自性則應離薪空中自然雜集論云諸緣起法雖剎那則成滅而住可得雖無作用緣而有功能緣可得雖離有情而有情可得雖無作者而諸業果不壞可得是故甚深業果不壞者雖內無作者而有作業受果異熟又諸緣起法有差別謂待衆緣生故非自作雖有衆緣無種子不生故非他作彼俱無作用故非共作種子及衆緣皆有功能故非無因作如上所說是約世俗緣起之門若如實說尚不見一法是緣非緣何況十二緣然尊者云不見色相是行支滅不見色緣是無明滅不見色體是識名色六入觸受滅不見色生是愛取有生滅不見色滅是老死滅不見一相是不見十二因緣空不見見者是不見因緣假真俗雙亡二諦俱泯亦不見中如是通達了知因緣若爲此例見萬法亦復如然　問萬境無明與一心法性爲是一爲是二若是一不合分染淨二名若是二云何教中說無明即法性　荅體一是真名二是假名因情立真以智明情智自分真原不動

不可定同不壞世諦故不可定異不失眞諦故涅槃經云明與無明愚人爲二智者了達其性無二無二之性即是實性古德約十法界釋云愚人者九界之愚也愚人取相見一切法法性隨其取相心悉無明也如寒谷千年堅氷未曾作水也智者佛界之智也圓觀行人開佛眼者見同古佛也圓眼所見無明本元是清淨法性如太陽常照海水未曾作氷也氷水性一隨緣成二一不守性恒自隨緣雖復隨緣不壞自性況法性無明亦何定一亦何定異則不隨事而失體非共非分不守性而任緣亦同亦別　問三界初因四生元始莫窮本末罔辯根由莊老指之爲自然周孔詺之爲渾沌最初起處如何指南

答欲知有情身土眞實端由無先我心更無餘法謂心法剎那自類相續無始時界展轉流來不斷不常憑緣憑對非氣非稟唯識唯心肇論鈔云老子云無名天地始有名萬物母若佛教意則以如來藏性轉變爲識藏從識藏變出根身器世間一切種子推其化本即以如來藏性爲物始也無生無始物之性也生始不能動於性即法性也南齊沈約均聖論云然則有此天地以來猶一念也融大師問云三界四生以何爲道本以何爲法用答虛空爲道本森羅爲法用問於中誰爲造作者答此中實無造作者法界性自然生金剛三昧經云善不善法從心化生可謂揔持之門萬法之都矣光未發處尚無其名念欲生時似分其影初因強覺漸起了知見相纔分心境頓現首楞嚴經云皆是覺明明了知性因了發相從妄見生山河大地諸有爲相次第遷流因此虛妄終而復始釋曰此皆最初因迷一法界故不覺念起念起即是動相動相即是第一業識未分能所乃覺明之咎也從此變作能緣流成了相即明了知性爲第二見分轉識後因見分而生相分即因了發相爲第三相分現識能所纔分盡成虛妄何者見分生於瞖眼相分現於幻形於是密對根塵堅生情執從此隔開眞性分出湛圓於內執受知覺作有識之身於外雖執想澄成無情之土遂使鏡中之形影滅而又生夢裏之山河終而復始但以本源性海不從能所而生湛尒圓明照而常寂只爲衆生違性不了背本圓明執有所明成於妄見因明立所觀之境因所起能觀之心能所相生心境對待隨緣失性莫反初原不覺不知以歷塵劫所以經云覺非所明因明立所所既妄立生汝妄能無同異中熾然成異異彼所異因異立同同異發明因此復立無同無異如是擾亂相待生勞勞久發塵自相渾濁由是引起塵勞煩惱起爲世界靜成虛空虛空爲同世界爲異彼無同異眞有爲法覺明空昧相待成搖故有風輪執持世界因空生搖堅明立礙彼金寶者明覺立堅故有金輪保持國土堅覺寶成搖明風出風金相摩故有火光爲變化性寶明生潤火光上蒸故有水輪含十方界火騰水降交發立堅濕爲巨海乾爲洲潬以是義故大海之中火光常起彼洲潬中江河常注水勢劣火結爲高山是故山石擊則成炎融則成水土勢劣水抽爲草木是故林藪遇燒成土因絞成水交妄發生遞相爲種以是因緣世界相續古釋云覺明空昧相待成搖者由初妄覺影明不了遂成空昧如障明生闇二相相形覺明即是動相空昧即是靜相一明一昧一動一靜剎那相生如風激浪相待不息於內初起即名爲搖於外即成風輪世界空昧即是虛空旣無形相不名世界因空生搖堅明立礙者地相也因空異明相待成搖搖能堅明以成於礙如胎遇風即成堅礙亦是執明生礙義於內即是覺明堅執於外即成金寶故云彼金寶者明覺立堅故知寶性因覺明有是故衆寶皆有光明小乘但知業感而不知是何因種堅覺寶成搖明風出風金相摩故有火光爲變化性者堅執覺性即成於寶搖動所明即出於風動靜不息即是風金相摩於外即成火光能成熟萬物故言爲變化性寶明生潤火光上蒸故有水輪含十方界者寶明之體性有光潤爲火熱蒸水便流出又覺明生愛愛即是潤於內即是愛明於外即成寶闇火性上蒸融愛成水一切業種非愛不生一切世間非水不攝故四大性互相因藉體不相離同一妄心所變起故如虛空華不離心故又妄性不恒前後變異所感外相優劣不同愛心多者即成巨海執心多者即成洲潬風性生慢火性生瞋於色起愛潬中流水還愛生瞋海中火起慢增愛劣結爲高山愛增慢輕抽爲草木瞋愛慢三互相滋蔓異類成形草木山川千差萬品先從妄想結成四大從四大性愛慢滋生雖有情心更無別體故云交妄發

生遂相爲種又云富樓那而白佛言世尊若復世間一切根塵陰處界等皆如來藏清淨本然云何忽生山河大地諸有爲相次第遷流終而復始又疑云若此妙覺本妙覺明與如來心不增不減無狀忽生山河大地諸有爲相如來今得妙空明覺山河大地有爲習漏何當復生佛言富樓那如汝所言清淨本然云何忽生山河大地汝常不聞如來宣說性覺妙明本覺明妙富樓那言唯然世尊我常聞佛宣說斯義佛言汝稱覺明爲復性明稱名爲覺爲覺不明稱爲明覺富樓那言若此不明名爲覺者則無所明佛言若無所明則無明覺有所非覺無所非明無明又非覺湛明性性覺必明妄爲明覺覺非所明因明立所所既妄立生汝妄能無同異中熾然成異異彼所異因異立同同異發明因此復立無同無異如是擾亂相待生勞勞久發塵自相渾濁由是引起塵勞煩惱起爲世界靜成虛空虛空爲同世界爲異彼無同異真有爲法釋曰此二覺義幽旨難明若欲指陳須分皂白大約經論有二種覺一性覺二本覺又有二種般若一本覺般若二始覺般若又有二種心一自性清淨心二離垢清淨心又有二種真如一在纏真如二出纏真如此四種名隨義異體即常同今一切衆生只具性覺清淨本覺自性清淨心在纏真如等於清淨本然中妄忽生於山河大地以在纏未離障故未得出纏真如等若十方諸佛二覺俱圓已具出纏真如等無有妄想塵勞永合清淨本然則不更生山河大地諸有爲相等如金出礦終不雜於塵泥似木成灰豈有再生枝葉將此二覺已豁疑情性覺妙明者是自性清淨心即如來藏性在纏真如等本性清淨不爲煩惱所染名性覺經云佛告阿難及諸大衆汝等當知有漏世界十二類生本覺妙明覺圓心體與十方佛無二無別由汝妄想迷理爲咎癡愛發生生發徧迷故有空性化迷不息有世界生則此十方微塵國土非無漏者皆是迷頑妄想安立當知虛空生汝心內猶如片雲點太清裏況諸世界在虛空耶汝等一人發真歸元此十方虛空皆悉消殞云何空中所有國土而不振裂以此文證即知凡聖本同此妙明之覺本覺明妙者出纏真如等從無分別智覺盡無始妄念名究竟覺始覺即本覺悟本之覺得本覺名論云於真如門名爲性覺於生滅門名爲本覺由迷此性覺而有妄念妄念若盡而立本覺以性覺不從能所而生非假修證而起本自妙而常明故云性覺妙明以始覺般若明性覺之妙故云本覺明妙又真如之性性自了故則性覺妙明始覺之智了本性故則本覺明妙又摩訶衍論有四種覺一清淨本覺二染淨本覺三清淨始覺四染淨始覺若論本始明昧之事皆依染淨之覺得名若清淨覺原愚智俱絕非迷悟之所得豈文義之能詮經中佛常說真如爲迷悟依故如萬像依虛空虛空無所依所以滿慈領言我常聞佛宣說斯義此二覺義亦同起信論所立一心分真如生滅二門以本性清淨是性覺義但以性中說覺如木中火性未具因緣有而無用非是悟已而更起迷悟時始立本覺之号悟本覺已更不復迷諸佛重爲凡夫無有是處佛問汝稱覺明爲復覺性自明名爲覺明爲復覺體不明能覺於明富樓那意必有所明當情爲其所覺若無所覺之明則無覺明之号但可稱覺而無所明故云則無所明佛意性覺體性自明不因能覺所明方稱覺明起信論云真如自體有大智慧光明義徧照法界義等只緣迷一法界強分能所故成於妄若要因所明方稱覺明者此乃因他而立非自性覺故云有所非覺如緣塵分別而有妄心離塵則無有體不可將斷滅之心以爲本來真覺故若以無體之法爲究竟者故經云法身則同龜毛兔角其誰修證無生法忍又釋若以不明名爲覺者則無所明者故知覺體本無明相佛證真際實不見明若見於明即是所明既立所明便有能覺但除能所之明方稱妙明此妙之明是不明之明不同所明因明起照故般若無知論云難曰聖智之無惑智之無俱無生滅何以異之耶答曰聖智之無者無知惑智之無者知無其無雖同所以無者異也何者夫聖心虛靜無知可無可曰無知非謂知無惑智有知故有知可無可謂知無非曰無知也故去般若無知無所不知無知者無能所之知無不知者真如自性有徧照法界義又聖人唯有無心之心無見之見非同凡夫有心有見皆是分別能所相生故涅槃經云不可見了了見華嚴經頌云無見即是見能見一切法於法若有見此則無所見又云菩薩悉見諸法而無所見普知一

宗鏡七十七卷　十三張　榮

切而無所知則般若無知無所不知矣但不落有無之知能所之見非是都無知見矣諸佛皆具五眼三智四辯六通三諦理圓一心具足若不見空與不空非空非不空方與實相相應耳故楞伽經云一一相相應遠離諸見過者若於諸相常與實相相應自然遠離諸過會第一義清淨眞心朗然明徹而無念著即事即如唯心直進即諸佛所知唯實相矣離此立見皆成諸過無所非明者若能覺之體要因所明者若無所覺之明則能覺之體便非是明故云無所非明故知覺之與明互相假立本無自體豈成自性圓明之覺無明又非覺湛明性者顯妄覺體無湛明之用若言但覺於明何須覺體自明者則自性非明便無覺湛之用故云無明又非覺湛明性性覺必明妄爲明覺者釋妄覺託眞之相也何以得知妄覺初起有覺明只緣性覺必有眞明所以妄覺託此性明而起影明之覺執影像之明起攀緣之覺迷眞認影見相二分自此而生覺明之咎覺非所明因明立所者夫一眞之覺體性雖明不分能所故覺非所明由影明起覺能所斯分故云因明立所所既妄立生汝妄能無同異中熾然成異者此則元因覺明起照生所所立照性迷亡則是識精元明能生諸緣緣所遺者乃是但隨能緣之相覆眞唯識性一向能所相生如風動水波浪相續澄湛之性隱而不現從此迷妄生虛空之性復因虛空成立世界之形於眞空一心畢竟無同異中熾然建立成諸法究竟之異皆因情想攪亂勞發世間之塵迷妄

宗鏡七十七卷　十四張　榮

昏沉引起虛空之界分世界差別爲異立虛空清淨爲同於分別識中又立無同無異皆是有爲之法盡成生滅之緣未洞本原終爲戲論

宗鏡録卷第七十七　榮

音義

漩 似宣反 回漩也　洑 房六反　稻 古早反　穗 徐醉反　漬 前智反　燿 弋灼反　蘼 非糜反　撣 徒旱反　藪 蘇后反　絞 古巧反 縛也　蔓 母官反　皂 昨早反 黑色也

戊申歲分司大藏都監開板

宗鏡録卷第七十七　校勘記

一　底本，麗藏本。

一　六八三頁中六行「以不」，清作「得不」。

一　六八五頁下二三行第七字「如」，磧、南、徑作「知」。

一　六八五頁上一〇行首字「嘗」，徑作「常」。

一　六八五頁中末行首字「說」，南、徑、清作「本」。

宗鏡録卷第七十八　　業

慧日永明寺主智覺禪師延壽集

夫言一覺一切覺云何教中分其多種　荅覺體是一隨用分多用有淺深覺無前後如瓔珞經云妙覺方稱寂照等覺照寂又覺有三義一覺察如睡夢覺亦如人覺賊賊無能爲妄即賊也二覺照即照理事也亦如蓮華開照見自心一眞法界恒沙性德如其勝義覺諸法故三妙覺即上二覺離覺所覺故爲妙耳非更別覺故經云無有佛涅槃遠離覺所覺又覺性無覺即根本智覺相歷然即後得智　問既云眞如一心古今不易因何而有衆生相續　荅平等眞法界無佛無衆生隨於染淨緣遂成十法界以眞心隨緣不守自性只爲衆生不自知無性之性故但隨染緣成凡隨淨緣成聖如虛谷響任緣所發又如大虛忽雲明鏡忽塵求一念最初起處了不可得故号無始無明首楞嚴經云佛告阿難云何名爲衆生顛倒阿難由性明心性明圓故因明發性性妄見生從畢竟無成究竟有此有所有非因所因住所住相了無根本本此無住建立世界及諸衆生迷本圓明是生虛妄妄性無體非有所依將欲復眞欲眞已非眞眞如性非眞求復宛成非相非生非住非心非法展轉發生生力發明熏以成業同業相感因有感業相滅相生由是故有衆生顛倒古釋云因明發性性妄見生因託性明變影而起託影而生從虛執有故云從畢竟無成究竟有即業相也此有所有非因所因轉相也業相爲能有轉相爲所有能所既分二相斯有故云有所有相即此轉相能行現形而立因前而起引後而生展轉相因名非因所因即此現相能引六塵境界現相是能住六塵是所住故云住所住相本此無住以立世界者現相從妄所立本無所依此現相以成世界之本故云本此無住以立世界從無住本立一切法無住者即是無明無明無因故無住此之三相俱是無始一念妄心揔号無明迷本圓明是生虛妄妄性無體非有所依將欲復眞欲眞已非眞眞如性非眞求復宛成非相非生非住非心非法者初是業相即是妄覺之心體即虛妄此妄初起更無因始名非有所依將欲復眞欲眞已非釋轉相即眞上影像相似眞非眞妄覺執此爲眞即初念名動動必有靜靜復似眞形動立靜非眞不動故云欲眞已非眞眞如性本不因動而立於靜故云非眞求復宛成非相釋現相從此現相變起一切境界非相現相非生現生非住現住非心現心非法現法釋次第者初從明暗二相相形而生於色即是結暗成色形顯色也因色即有根塵留礙名之爲住因有根塵即有能分別識名之爲心覽此塵像爲識境界名之爲法此等展轉相因而有返顯眞如相無明暗無相形故非相無起滅故非生無留礙故非住無緣慮故非心離塵像故非法又解或前標三相相因而有以列次第後三相合釋都言三相虛妄體即無明更無所因故云非有所依即此三相影眞而起似眞非眞執影爲實故云將欲復眞影既不實故云欲眞已非宛成非相下對妄說眞以立名号既依妄顯眞以立名号故知建立地位從此而有若不因妄說眞亦無地位名字可說故知三界有法皆揑所成本無根緒無始妄習展轉相傳迄至于今成其途轍如最初一人揑出一事後人信受展轉相傳則一人傳虛萬人傳實從迷積迷以歷塵劫若識最初一念起處不眞即頓悟前非大道坦然更無餘事如云但知今日是何處昔年非是知有情無情究其初原皆不出一心本際如法性論云問本際可得聞乎荅理妙難觀故有不知之說旨微罕見故發幢英之問有天名曰幢英問文殊師利所言本際爲何謂乎文殊荅曰衆生之原名曰本際又問衆生之原爲何謂乎荅曰生死之本爲衆生原又問於彼何謂爲生死本荅曰虛空之本爲生死原幢英於是抱玄音而輟問始悟不住之本若然則因緣之始可聞而不可明可存而不可論問虛空有本乎荅無問若無有本何故云虛空之本爲生死原荅此猶本際之本耳則於虛空無本爲衆本之宗化表無化爲萬化之府矣又凡亦是心聖亦是心以所習處下不能自弘則溺塵勞耳若以心託事則狹劣若以事從心則廣大凡世人多外重其事而內不曉其心是以所作皆非究竟以所附處卑故耳如搏牛之䖟飛極百步若附鸞尾則一翥萬里非其翼工所託迅也亦如墻頭之草角裏之聲皆能致其高遠者所託之勝也如入宗鏡一一附於自心則毛吞巨海塵含十方豈非深廣乎　問內外唯識心境皆空云何教中又立外相　荅因了

相空方談唯識若執有相唯識義不成若執無相眞空理不顯以無相即相方達眞空相即無相始明唯識所以攝大乘論云唯識道理須明三相一通達唯量外塵實無所有故二通達唯二相及見唯識故三通達種種色生但有種種相貌而無體故所以攝大乘論云一切相有二種謂現住及所立散心所緣六塵名現住定心所緣骨鎖等爲所立復次似塵顯現名相謂所緣境似識顯現名見謂能緣識此二法一是因二是果又一是所依二是能依是知因內起念想像思惟則外現其相貌念若不起相不現前以因內生外故攝末歸本全境是心何者若心不起境本空故一切境界唯心妄動　問約世間妄見定是何識　答衆生所見即是亂識中邊分別論云謂一切世間但唯亂識此亂識云何名虛妄由境不實故由體散亂故又若執永無亂識繫縛解脫皆不成就即起邪見撥淨不淨品故知因迷得悟非無所以從凡入聖蓋有緣由如影像表鏡明因妄識成眞智　問定中所見定果色是定心自現非緣現在外色又非憶持過去境可驗唯心未得定者皆是散意所見外色云何證是自心　答定內定外靜亂雖殊所見之色皆唯自識以外塵無體從緣而生生性本空無相可得識論云如觀行人定中所見色相境界識所顯現定無境界此青等色相是定境非所憶持識憶持識有染汙此起現前所見分明淸淨則唯識之旨於此弥彰如依鏡面但有自面無有別影何以故諸法和合道理難可思議不可

見法而令得見定心亦尒定心有二分一分似識一分似塵此二種實唯是識若憶持識是過去色此定中色若在散心五識可言緣現在外塵起若散意識緣過去塵起若在觀中必不得緣外色爲境色在現前又非緣過去境當知定心所緣色即見自心不見別境以定中色比定外色應知亦無別境是知一心即萬法萬法即一心何者以一心不動舉體爲萬法故如起信鈔釋疏云舉體者謂眞如舉體成生滅生滅無性即是眞如未曾有眞如處不生滅未曾有生滅處不眞如又云不同空者靈然覺知覺知即神解義陰陽不測謂之神解即是智智即是知知即一心也故以知爲心體所以祖師云空寂體上自有本智能知大意云於一切染淨法中有眞實之體了然鑒覺目之爲心　問外諸境界既拼內識似色顯現但是唯識者云何不隨識變異　答若執外色實住即是於無色中見色妄生顚倒如捏目生二相豈是眞實攝論問云若無別色塵唯是本識何故顯現似色等云何相續堅住前後相似若是識變異所作則應乍起乍滅改轉不定云何一色於多時中相續久住故知應有別色答由顚倒故顚倒是煩惱根本由識變異起諸分別依他性與分別性相應即是顚倒煩惱所依止處顚倒煩惱又是識變異所依止處若無互爲依止義則識無變異於非物中分別爲物不應有此顚倒若無煩惱豈有聖道故此義亦不成是故應信離識無別法　問內心分別拼識外色不分別如何是識　答能見所見

皆是亂識無中執有色本自虛攝論云亂識者無中執有名亂十一識中世等六識隨一識唯二分一分變異成色等相一分變異成見等不出此二識性能分別則成見不能分別則成相如無所有菩薩經云尒時世尊告無所有言汝當爲此諸菩薩等說五陰聚和合身事無所有菩薩言世尊如我所見如佛色空我色亦尒如佛色一切衆生色一切樹林藥草色亦尒如一切樹林藥草色彼一切界和合聚色亦尒所有空色及我色如來色一切衆生色一切樹林藥草等色一切界和合聚色無有二相非法非非法諸少智者於無色中或作是想希望欲入此法行於無色中妄起行想略說乃至受想行識中如是作如色所作如虛空識我識亦尒如彼識如來識亦尒如如來識彼識一切衆生識亦尒如一切衆生識彼識一切樹林藥草識亦尒如虛空識如來識及我識一切衆生識一切樹林藥草識亦尒一切和合識無二相不可知不可分別不生無等等　問旣拼唯有識何得立色名　答一切名皆是客義名中無法法中無名名不當法法不當名經云是自性無生無滅無染無淨此色無所有爲通相若有生即有滅若有染即有淨由無此四義故色無別相經大由假立客名隨說諸相攝論云一切法以識爲相眞如爲體又云一切相有二種一如外顯現二如內顯現如外是相如內是思惟故知一體現二內外雙分則心非內外內外是心又能所相成心境互攝二而不二常冥一味之眞原不二而二恒分心

境之虛相　問心念念滅剎那相內身外色亦剎那滅耶　答內外諸色唯心執受亦隨心念念剎那滅心外更無一法可作常住可作生滅雜集論云如心心法是剎那相當知色等亦剎那相有其八義一由心執受故謂色等身由剎那心念念執受故剎那滅等二等心安危故謂色等身恒與識俱識若捨離即便爛壞三隨心轉變故謂世間現見心在苦樂貪嗔等位身隨轉變隨剎那心而轉變故身念念滅四是心所依故謂世間共知心依止有根身如火依薪如芽依種等是故此身是剎那心依止故亦剎那滅五心增上生者謂一切內外色皆心增上所生能生因剎那滅故所生果亦剎那滅六心自在轉故謂若證得勝威德心於一切色如其所欲自在轉變由隨剎那能變勝解轉變生故色等剎那生滅道理成就七於最後位變壞可得故謂諸色等初離自性念念變壞於最後位欻尒變壞不應道理然此可得故知色等從初已來念念變壞自類相續漸增爲因能引最後麤相變壞是故色等念念生滅八生已不待緣自然壞滅故謂一切法從緣生已不待壞緣自然壞滅故知一切可滅壞法初纔生已即便壞滅是故諸法剎那義成大智度論云若諸法實有不應以心識故知有相若以心識故知有是則非有如地堅相以身根身識知故有若無身根身識知則無堅相又因緣和合生故空唯心故空是知內色外色皆識建立隨心有無實無自體　問論唯有內心實無外境者如修十善業受天堂樂作五

宗鏡七十八卷　第七張　宗

逆罪受地獄苦昇忉利則五欲悅目墮泥犂則萬苦攢身悅目有靈鳳翔鸞作歡樂之事攢身有鐵蛇銅狗爲逼惱之殃明知非但內心實有外境　答天堂地獄苦樂之相皆是自心果報業影既以自心所作爲因還以自心所受爲果故經云未有自作他受今且約地獄界受苦以證唯心十法界中例皆如是識論問云何名爲四大轉變彼四大種種轉變動手脚等及口言說令受罪人生於驚怖如有兩羊從兩邊來共殺害彼地獄衆生見有諸山或來或去殺害衆生以是義故不得說言唯有內心無外境界答曰偈言若依衆生業四大如是變何故不依業心如是轉變汝向言彼罪人業外四大等如是轉變何故不言依彼衆生罪業力故內自心識如是轉變又偈言業熏於異法果云何異處善惡熏於心何故離心說故偈言業熏於異法果云何異處者此以何義彼地獄中受苦衆生所有罪業依本心作還在心中不離於心以是義故惡業熏心還應心中受苦果報何以故以善惡業熏於心識而不熏彼外四大等以四大中無所熏事云何虛妄分別說言四大轉變於四大中受苦果報是故偈言善惡熏於心何故離心說如無盡意菩薩經云菩薩所作精進常與身口意相應雖身口精進皆由於心心爲增上云何菩薩心精進所謂心始心終云何心始初發心故云何心終菩提心寂滅故是知起盡俱心初終咸尒非唯淨業萬事皆然不出一心圓滿覺道又如油盡燈滅業喪苦亡若定有外境可觀非內所感

宗鏡七十八卷　第八張　宗

只合長時受苦無解脫期既有休時當知無實可驗心生法生心滅法滅矣是以一切衆生從無始來作虛妄因受虛妄果皆從情結唯逐想生所以首楞嚴經云即時阿難及諸大衆乃至而白佛言世尊若此妙明真淨妙心本來徧圓如是乃至大地草木蝡動含靈本元真如即是如來成佛真體佛體真實云何復有地獄餓鬼畜生脩羅人天等道世尊此道爲復本來自有爲是衆生妄習生起世尊如寶蓮香比丘尼持菩薩戒私行婬欲妄言行婬非殺非偷無有業報發是語已先於女根生大猛火後於節節猛火燒然墮無間獄瑠璃大王善星比丘瑠璃爲誅瞿曇族姓善星妄說一切法空生身陷入阿鼻地獄此諸地獄爲有定處爲復自然彼彼發業各各私受唯垂大慈發開童蒙令諸一切持戒衆生聞決定義歡喜頂戴謹潔無犯佛告阿難快哉此問令諸衆生不入邪見汝今諦聽當爲汝說阿難一切衆生實本真淨因彼妄見有妄習生因此分開内分外分阿難内分即是衆生分内因諸愛染發起妄情情積不休能生愛水是故衆生心憶珍羞口中水出心憶前人或憐或恨目中淚盈貪求財寶心發愛涎舉體光潤心著行婬男女二根自然流液阿難諸愛雖別流結是同潤濕不昇自然從墜此名内分阿難外分即是衆生分外因諸渴仰發明虛想想積不休能生勝氣是故衆生心持禁戒舉身輕清心持呪印顧眄雄毅心欲生天夢想飛舉心存佛國聖境冥現事善知識自輕身命阿難諸想雖別輕舉是

宗鏡七十八卷　第九張　宗

同飛動不沉自然超越此名外分故知因情滯著能成愛水浸漬不休自然成墜以情地幽隱故為内分以舉念緣塵取像名想運動散亂故名外分一切境界非想不生故經云若知一切國土唯想持之是則名為初發心菩薩又華嚴經頌云勇猛諸佛子隨順入妙法善觀一切想纏網於世間衆想如陽燄令衆生倒解菩薩善知想捨離一切倒衆生各別異形類非一種了達皆是想一切無真實十方諸衆生皆為想所覆若捨顛倒見則滅世間想世間如陽燄以想有差別知世住於想遠離三顛倒譬如熱時燄世見謂為水水實無所有智者不應求衆生亦復然世趣皆無有如燄住於想無礙心境界若離於諸想亦離諸戲論愚癡著想者悉令得解脫遠離憍慢心除滅世間想住盡無盡處是菩薩方便又云譬如有人將欲命終見隨其業所受報相行惡業者見於地獄畜生餓鬼所有一切衆苦境界或見獄卒手持兵仗或瞋或罵囚執將去亦聞號叫悲歎之聲或見灰河或見鑊湯或見刀山或見劍樹種種逼迫受諸苦惱作善業者即見一切諸天宮殿無量天衆天諸婇女種種衣服具足莊嚴宮殿園林盡皆妙好身雖未死而由業力見如是事大智度論云如乾闥婆城者非城人心想為城凡夫亦如是非身想為身非心想為心故知地獄天堂本無定處身猶未往已現自心境不現前唯心妄見可驗苦樂之境本無從出善惡之事唯自召來空是空非妄生妄死如達磨大師云由已見故不得道已者我也若無我者逢物不是非是者我自是而物非是也非者我自非而物非非也若入宗鏡我法俱空心境自亡是非咸寂神性獨立對待無從斯皆悟本而成非因學得如先德云境自虛不須畏終朝照曠元無對設使任持浮幻身任運都無舌身意又昔人偈云寧神泯是非現身安樂國所以論云智境豁然名為佛國又如有學人問百丈和尚云對一切境如何得心如木石答一切諸法本不自言是非垢淨亦無心繫縛人但人自虛妄計著作若干種解起若干種見生若干種畏愛但了諸法不自生皆從自己顛倒取相而有知心與境本不相到當處解脫一一諸法一一諸心當處寂滅當處是道場又本有之性不可名目本來不是凡不是聖不是愚不是智不是垢不是淨亦非空有善惡與諸染法相應名衆生界與諸淨法相應名人天二乘若垢淨心盡不住繫縛解脫無一切有為無為縛脫等心量處於生死其心自在畢竟不與諸虛幻塵勞蘊界生死諸入和合迥然無住一切不拘去來無礙往來生死如門開相似　問地獄既是非情云何動作　答是有情不思議業力所感令受罪衆生自見有如是事如成劫風雖是無情亦能成劫似礠毛石豈有識想令鐵轉移設使衆生輪迴六趣善惡昇沉實無主宰人法俱空所以先德云住復無際動靜一原含衆妙而有餘超言思而迥出者其唯法界乎故知若入一際法界之中有何差別能所冥合境智同如豈可更有一法為動為靜隨業識之轉乎若未入法界不悟此宗但有一法當情皆是自之業識離識之外決定無法　問凡所施為皆是自心者云何殺生而得殺罪　答皆是依於自心分別強執善惡之因妄受苦樂之果若究三輪之體能殺所殺本空是以文殊執劍於瞿曇鴦崛持刀於釋氏終不見生見殺執自執他妄受輪迴酬還罪報識論問云若彼三界唯是内心無有身口外境者何故屠獵師等殺害猪羊等得殺生罪偈荅云死依於他心亦有依自心依種種因緣破失自心識釋曰如人依鬼毗舍闍等是故失心或依自心是故失心或有憶念愛不愛事是故失心或有夢見鬼著失心或有聖人神通轉變前人失心如一比丘夜蹋瓜皮謂殺蝦蟇死入惡道故云死依於他心亦有依自心者以依仙人瞋心瞋毗摩質多羅阿脩羅王故殺餘衆生此依他心他衆生心虛妄分別命根謝滅以彼身命相續斷絕應如是知頌云經說檀拏迦迦陵摩燈國仙人瞋故空是故心業重問依仙人瞋心依仙人鬼殺害如是三國衆生非依仙人瞋心而死荅佛問尼乾子言摩登伽等三國衆生汝頗曾聞云何而死為身業殺為意業殺尼乾子言瞿曇我昔曾聞仙人瞋心以意業殺尒所衆生佛言以是成我義三界唯心無身口業何以故如世人言賊燒山林聚落城邑不言火燒此義亦尒唯依心其善惡業得成故偈云諸法心為本諸法心為勝離心無諸法唯心身口名成實論云若離心有業非衆生亦應有罪福如風頹山岳害衆生風應有罪若吹香華來墮塔寺亦應有福是

則不可故知離心無罪福也以此文證罪福
據心無身口業身口業者但有名字實是意
業身口名說華嚴會意云凡有見自見他皆
是迷心自現何者如見他持刀殺自當知他
自皆從自生以離自見心無自他故非但自
他是心妄現即所持刀杖故亦是自心何以
故心外無彼實刀杖故見所持者唯六塵故
由不知自心現見殺即惶懼不安若了唯是
自心縱殺誰憂誰懼皆由妄心生故種種有
妄心滅故種種無旣知唯心妄現心不見心
即物我俱亡憂喜咸寂又如夢中殺事亦如
是也如說世間恒如夢不可得有無密嚴經
云內外境界心之所行皆唯是識惑亂而見
此中無我亦無我所能害所害害及害具一
切皆是意識境界依阿賴耶識如是分別又
古師問云若所見皆是自相分如何殺自相
分而得怨報荅雖觀他人扶塵根是自相分
於他是親相分有執受故如悞殺他即斷命
根即有罪於自即是疎相分　問經中所云
一切法如夢以證唯心者云何夢中事虛寤
中事實果報不等法喻不齊云何引證
荅所申譬況皆為不信之人假此發明所以
智不難喻但求見道證會自心何用捨方便
之詮執圓常之理此夢喻一法證驗最親識
論荅外難云汝言夢中所見飲食飢飽刀杖
毒藥如是等事皆悉無用寤時所見如是等
事皆悉有用此義不然須云如夢中無女動
身失不淨如夢交會漏失不淨衆生如是無
始世來虛妄受用色香味等外諸境界皆亦
如是實無而成又問若夢中無境寤亦尒者

何故夢中寤中行善惡法愛與不愛果報不
等荅唯有內心無外境界以夢寤心差別不
同是故不依外境成就善不善業是以在夢
位心由睡眠壞勢力羸劣心弱不能成善惡
業覺心不尒故所造行當受異熟勝劣不同
非由外境設覺中所受苦樂實果報亦無作
者受者悉如幻夢又論云睡眠昧略為性者
䟽云昧簡在定略別寤時義天鈔云昧簡在
定者此睡眠位雖然專注一類微細之境與
定不同定意識取境明了故此乃闇昧略別
寤時者彼覺寤時心極明利具能緣於六塵
之境則寤時心心所緣境寬廣也此睡眠位
心心所不明利故唯緣一法塵境取境少故
名為略也寶積經偈云諸法自性不可得如
夢行欲悉皆虛但隨想起非實有世尊知法
亦如是以一切法念念無住故念念生滅故
念念不可得故念念無自性故夢寤所受憂
喜苦樂雖延促不等果報有殊然悉從識變
皆因想成道理推窮無不平等並是明闇意
識所行境界覺中是明了意識夢中是夢中
意識覺夢雖殊俱不出意故經云寤則想心
寐為諸夢若無夢則諸境不現無想則萬法
不成以隨意生形從想立法故若有入此如
夢法門則親證唯心疾成佛智能滿菩提之
道廣興法利之門如華嚴經頌云菩薩了世
法一切皆如夢非處非無處體性恒寂滅諸
法無分別如夢不異心三世諸世間一切悉
如是夢體無生滅亦無有方所三界悉如是
見者心解脫夢不在世間不在非世間此二
不分別得入於忍地譬如夢中見種種諸異

相世間亦如是與夢無差別住於夢定者了
世皆如夢非同非異非一非種種衆生諸
剎業雜染及清淨如是悉了知與夢皆平等
菩薩所行行及以諸大願明了皆如夢與世
亦無別了世皆空寂不壞於世法譬如夢所
見長短等諸色是名如夢忍因此了世法疾
成無礙智廣度諸群生修行如是行出生廣
大解巧知諸法性於法心無著成唯識寶生
論云如夢有損用雖無外境理亦得成由於
夢內男女兩交各以自根更互相觸雖無外
境觸而有作用成現流不淨但是識想自與
合會為其動作此旣如是於餘亦然惡毒刀
兵霜雹傷害雖無外境但依其識有毒刀
等何理不成乃至若尒夢餐毒等應成身病
此亦由其唯識有用猶如於境而有定屬還
將後荅用杜先疑或復有時見其毒等雖無
實境而有作用由見不被蛇之所螫然有疑
毒能令悶絕流汗心迷若遭蛇螫亦於夢中
由呪天等增上力故遂令飽食氣力充強又
復聞乎為求子息事隱林人夢見有人共為
交集便得其子如何得知於彼夢內被毒等
傷是為非有睡覺之後不覩見故今此所論
還同彼類於現覺時將為實事見毒藥等執
為非謬真智覺時便不見故同彼夢中體非
是實然於夢中許實色等彼亦獲斯非所受
事毒等果用便成實有若言無者但有毒相
等用無此云毒狀便成違害許毒相等固成
無益於其識上藥體無故是故定知實無外
境但於覺心生其作用猶如於夢覺亦同然
斯乃真成無外道理釋曰且如夢中實無蛇

螫識心纔變怖境縱然如同蛇螫若覺中實被蛇螫疑心不生亦不爲害近聞世間有人於路被毒蛇螫脛其人自見爲是樹椿所傷行經三十餘里毒亦不發忽遇禁蛇之人指云汝被毒蛇螫了纔聞是語疑心頓起毒發便終若執心外實有毒蛇之境心未生時毒何不發故知心外無境蛇毒不能殺人心毒起時自能成害是以境無心有境便現前境有心無境終不現例一切法悉亦如然可驗唯心成就宗鏡如教中佛密意説如幻等揔有十喻於中夢喻所悟不同隨智淺深且約五種一世間凡夫解者只知浮生短促如夢不久二聲聞證處但了夢心生滅無常苦空無我三小菩薩悟夢不實徹底唯空四大菩薩達夢唯心非空非有夢中所見故非空覺後寂然故非有五祖佛圓證法界如正夢時只一念眠心現善惡百千境界況醬起一念心時具十種法界因果重重無盡歷歷區分如法華夢入銅輪成佛度生經無量劫華嚴善財登閣於一念夢定之心刹那之間悉見不可思議三世佛事如古詩云枕上片時春夢中行盡江南數千里

宗鏡録卷第七十八　榮

音義

緒徐呂反　迄許訖反　憧宅江反　輟陟劣反止也　欻許勿反　攢在丸反聚也　翔似羊反　鸞落官反瑞鳥也　蠕而兖反動也　涎叙連反口液也　眄莫甸反斜視也　頹杜回反　螫呼各反又音釋　脛胡定反脚脛也　椿書容反

戊申歲分司大藏都監開板

宗鏡録卷第七十八

校勘記

一　底本，麗藏本。

一　六八七頁上八行「恒沙」，磧、清作「恒河」。

一　六八八頁中一行「亦爾」，磧、南、徑、清作「亦是」。

一　六八九頁下一六行「發開」，清作「開發」。

一　六九〇頁下一四行「爪皮」，磧、徑、清作「瓜皮」。

一　六九一頁上一七行「扶塵」，清作「浮塵」。

一　六九一頁中一五行「知法」，南、徑、清作「之法」。

一　六九一頁下一五行第三字「由」，磧、南、徑作「中」。

一　六九一頁下一八行第七字「汙」，徑、清作「汗」。

宗鏡錄卷第七十九　　染

慧日永明寺主智覺禪師　延壽集

夫心外無法法外無心如是了知則眞善知識一心妙理圓證無疑何故聞外善惡知識而生聽受　荅皆是增上因緣和合虛妄分別而成彼此情生無有眞實識論問云何故遇善知識聞說善法值惡知識聞說惡法若無外一切外境者彼云何說若不說者云何得聞若不聞者此云何成偈荅遞共增上因彼此心緣合以一切衆生虛妄分別思惟憶念彼說我聞而實無有彼前境界是以若執內外則心境對治尚未入於信門何乃稱於聽法持心梵天所問經云眼耳鼻舌身意無所流聞乃曰聽經其有染汙於諸入者則無所聞便在於色金剛場陁羅尼經云無有諸法是名一字陁羅尼法門若能如是信解則聽者無聞無得心境不二方聞佛所說經可謂眞聞遇善知識若以緣心聽法此法亦緣非得法性則隨境界流逐因緣轉皆爲不了自法遂令內外緣分如經云佛言隨有是經之處則爲有佛若我住世無異故知自心之佛無處不徧寧論前後出沒耶若隨異境則生滅無常見他佛則隱顯無恒誦他經則音聲間斷故祖師云外求有相佛與汝不相似志公云每日誦經千卷紙上見經不識又先德云出息不依外緣入息不依陰界而住常轉如是經非但百千萬卷爭如悟此眞善知識念念現前自轉無盡藏經爛然恒演

問若心虛境寂理實無差現對根塵事相違反如何明徹境智一如　荅一期根境俗有眞無畢竟自他皆無所得又若定執眞有俗無則成增減二謗但二諦雙會圓了一心如佛性論難云若諸法無實性者即與證量相違則能所習不可得我現見聲耳相對所以得聞故知不空釋曰是義不然何以故是能所及證量自性皆不可得自性不成若一性不成者多性云何成又汝說證量云何成者今我立證量顯了二空諸法空故自性不可得如見幻事幻物者證量所見不如實有諸法亦尒不如所見而有所見由體不實故不有由證量故不無由體無故空義得成以證量故假有不失又云依他性相者能執所執增益又損減由解此性故此執不生若見眞爲有則是增益名爲常見若見俗定無則是損減名爲斷見唯有似塵識故別無能所無能所故無增益執由有似塵識故無損減執若知外塵是識而似顯現則非無了外相本虛如幻所作則非有非無則不壞俗諦非有則不隱眞諦是以眞俗融即而常異空有變現而恒同方超戲論之情始會一心之旨如摩訶般若經云說是般若波羅蜜品時佛在四衆中天人龍鬼神緊那羅摩睺羅伽等於大衆前而現神足變化一切大衆皆見阿閦佛比丘僧圍遶說法乃至尒時佛攝神足一切大衆不復見阿閦佛聲聞人菩薩摩訶薩及其國土不與眼作對何以故佛攝神足故尒時佛告阿難如是阿難一切法不與眼作對法法不相見法法不相知如是阿難如阿閦佛弟子菩薩國土不與眼作對如是阿難一切法不與眼作對法法不相知法法不相見何以故一切法無知無見無作無動不可捉不可思議如幻人無受無覺無眞實菩薩摩訶薩如是行爲行般若波羅蜜釋曰若行般若者則是直了一心智性了色無形非眼境界乃至達法體寂非意所知但是隨心暫現還隨心滅故云一切法無知無見大智度論云相不能知無相譬如刀雖利不能破空無相不能知相者有人言內智慧無定相外所緣法有定相心隨緣而生是故說無相不應知相譬如無刀雖有物無刀可斫是知若心有境無亦不知見若心無境有亦不知見若心境俱有各無自性各既不知合豈成見若心境俱無亦不知見有尚不知無豈成見則心境俱空萬有咸寂如是則尚無一法冥合相順寧有根境對待而作相違者乎如一切差別違順之境皆是一心之量無有障礙亦無解脫譬如水不洗水火不滅火何者以一體故不相陵滅若有異法方成對治如今但先得旨自合眞如故經云法隨於如無所隨故若有所隨則有能隨之別既無所隨亦無能隨故則法外無如如外無法所以經云如理作意於一切法平等相應是則具足一切佛法華嚴疏云以如爲佛則無境非如者大品經荅常啼云諸法如即是佛金剛經云如來者即諸法如義既以如爲佛一切法皆如也何法非佛耶若信一如此是開悟本法生決定解入自在門如華嚴論云經云善男子我得自在決定解力信眼清淨智光照曜普觀境界離一切障善巧觀察普眼明徹具清淨行往詣十方一切佛國土恭敬供養一

切諸佛此明舉本果法令凡信樂修行從初發心修行慣習十地功終方依及此初時本攝果法也還以法界中時不遷智不異悲不異願行不異之所成就以於法界大智無延促中修行故不如情解有修行者莫作延促時分修學應須善觀法界體用莫如世情作一刹那計作三僧祇計如法界中都無修短遠近故以此解行如法修行於諸境界善照生滅令使執盡而成智之大用於自心境莫狼攝持但知放蕩任性坦然習之觀照執盡智現生滅自無業垢自淨會佛境界同如來心佛見自會非由捉搦纏作別治令心狂惑但自明心境見融執業便謝見亡執謝一切萬法本自無瘡智境朗然名爲佛國也無煩強生見執永自沉淪自作自殃非他能與

問若約見聞外境則色不至眼眼不至色可言唯心無相可得只如飲噉之時根境相入若言無相不可以心喫心　荅六根六境雖則離合不同皆唯識變味性本空若非是識誰知鹹淡古師云只喫相分本質自在

問如喫了質亦亡如何　荅能隨既亡所隨亦滅亦如二十人共一株樹一人伐之十九人所隨亦滅又唯識義鏡釋云共果同在一處不相障礙者　問且如一樹有情共變而一有情伐用之時爲用自變爲兼用他若唯自者餘人變者應存不亡樹何不見若亦用他何名唯識　荅有云樹等既是共相種生皆相隨順互相增益彼一有情自所變者所緣親用他所變者與自所變爲增上緣亦疎緣用一切相望自爲所順他爲能順由所順無能順亦滅由斯樹喪唯識亦成問何以得知互相增益荅對法論云有情共業爲增上緣

問既但唯心無有萬法目前差別從何建立　荅萬法但名實無體相因名立相相狀元空因相施名名字本寂唯想建立名相俱虛反窮想原亦但名字既無想體分別則空故知萬法出自無名萬名生於無相名不當相相不當名彼此無依萬法何在相待之名既寂分別之想俄空如幻之境冥眞所執之情合覺密嚴經頌云世間種種法一切唯有名但想所安立離名無別義又頌云能知諸識起無有所知法所知唯是名世法悉如是以名分別法法不稱於名諸法性如是不住於分別以法唯名故想即無有體想無名亦無何處有分別若得無分別身心恒寂靜如木火燒已畢竟不復生又頌云如見杌爲人見人以爲杌人杌二分別但有於名字諸大和合中分別以爲色若離於諸大色性即無有

問若以唯識爲宗則世出世間唯是一識萬法皆使定空耶　荅以唯識故則有世俗諦既有世俗則有似塵識幻相不無以無實不可得故稱空耳不可起蛇足鹽香使定斷空之見如密嚴經偈云瓶等衆境界悉以心爲體非瓶似瓶現是故說爲空世間所有色諸天宮殿等皆是阿賴耶變異而可見衆生身所有從頭至手足頓生及漸次無非阿賴耶習氣瀰於心凡愚不能了此性非是有亦復非是空如人以諸物擊破於瓶等物體若是空即無能所破譬如須弥量我見未爲惡憍慢而著空此惡過於彼又經云寧可執有如須弥不可執空如芥子大般涅槃經云解脫者名不空空空空者名無所有無所有者即是外道尼乾子等所計解脫而是尼乾實無解脫故名空空眞解脫者則不如是故不空空不空空者眞解脫眞解脫者即是如來又解脫者名曰不空如水酒酪酥蜜等瓶雖無水酒酪酥蜜時猶故得名爲水等瓶如是瓶等不可說空及以不空若言空者則不得有色香味觸若言不空而復無有水酒等實解脫亦尒不可說色及以非色不可說空及以不空若言空者則不得有常樂我淨若言不空誰受是常樂我淨者以是義故不可說空及以不空空者謂無二十五有及諸煩惱一切苦一切相一切有爲行如瓶無酪則名爲空不空者謂眞實善色常樂我淨不動不變猶如彼瓶色香味觸故名不空是故解脫喩如彼瓶彼瓶遇緣則有破壞解脫不尒不可破壞不可破壞即眞解脫眞解脫者即是如來

問經云五陰即世間者一陰名色四陰名心云何說內外種種世間皆從心出　荅種種五陰皆從心起從心現相名之曰色經偈云一切世間中但有名與色若欲如實觀但當觀名色色即收盡無情國土名即收盡有識世間五陰即世間故若了五陰俱空則是出世間是知世出世間皆從心起何者若意地起貪嗔心覽三塗五陰罪苦衆生發現意地脩戒善心覽人天五陰受樂衆生發現意地證人空心覽無漏五陰眞聖衆生發現意地立弘誓心覽慈悲五陰大士衆生發現意地運平等心覽常住五陰尊極衆

生發現今所以置前四陰但觀識陰如伐樹
除根灸病得穴則生死之苦芽永絕煩惱之
沉痾不生又若毗藍之風卷群疑而淨盡猶
劫燒之火蕩異執而無餘所以一切世間凡
聖同居之處無不悉是自心如此悟入名住
真阿蘭若正修行處非論大小之隱不隱喧
靜之覩所以古德云處衆不見喧譁獨自亦
無寂寞何故不見喧寂以但了一心故如大
乘本生心地觀經云介時佛告弥勒菩薩摩
訶薩言汝善男子當修學者但有一德是人
應住阿蘭若處求無上道云何爲一謂觀一
切煩惱根原即是自心了達此法堪能住止
阿蘭若處所以者何譬如狂犬被人驅打但
逐瓦石不逐於人未來世中住阿蘭若新發
心者亦復如是若見色聲香味觸法其心涤
著是人不知煩惱根本不知五境從自心生
即此名爲未能善住阿蘭若處以是因緣樂
住寂靜求無上道一切菩薩摩訶薩等若五
欲境現前之時觀察自心應作是念我從無
始至于今日輪迴六趣無有出期皆自妄心
而生迷倒於五欲境貪愛涤著如是菩薩名
爲堪任阿蘭若處是知不悟自心徒棲遠谷
避喧求靜古人云舉世未有其方若頓了自
心是真阿蘭若乃至光明徧照萬德俱圓若
不自明則輪迴諸趣如頌證毗盧遮那法身
字輪瑜伽儀軌經如來法身觀者先觀發起
普賢菩薩微妙行願復應以三密加持身心
則能入文殊師利大智慧海然修行最初於
空閑處攝念安心閉目端身結加趺坐運心
普緣無邊刹海諦觀三世一切如來徧於一

一佛菩薩前懇懃恭敬禮拜旋遶又以種種
供具雲海奉獻如是等一切聖衆廣大供養
已復應觀自心心本不生自性成就光明徧
照猶如虛空復應深起悲念哀愍衆生不悟
自心輪迴諸趣我當普化拔濟令其開悟盡
無有餘復應觀察自心諸衆生心及諸佛心
本無有異平等一相成大菩提心瑩徹清淨
廓然周徧圓明皎潔成大月輪量等虛空無
有邊際故知心無際故猶若虛空豈存初後
如華嚴經頌云心住於世間世間住於心於
此不妄起二非二分別是以說一說二是世
間語言立是立非屬意地分別若頓悟自心
直入宗鏡尚不見無分別豈特生分別乎如
經頌云了知非一二非涤亦非淨亦復無雜
亂皆從自想起不唯世法施爲乃至諸聖作
用起盡根由皆不出宗鏡故經偈云刹海無
邊妙莊嚴於一塵中無不入如是諸佛神通
力一切皆由業性起如斯妙旨是現證法門
但初生比信猶可虛襟况證入之時自斷餘
惑言亡象絕識滅情消故祖師云唯證乃知
難可測起信論云證發心者從淨心地乃至
菩薩究竟地證何境界所謂真如以依轉識
說爲境界而此證者無有境界唯真如智名
爲法身　問內外唯心是平等理云何身土
不同內身有覺外境無知　荅世界身土法
介如然不可執一執異自生情見若言法介
者即法如是或云法性者若是法性即以本
識如來藏身爲所依持恒頓變起外諸器界
不出此二一法應如是二藏識變起又衆生
業力亦菩薩萬行爲因等所現世界皆是藏

識相分相分之中半爲外器而不執受半爲
內身執爲自性生覺受故如來藏識何緣如
此法如是故行業引故上雖分執受不執受
二義俱無自性全以佛法界如如一真心爲
體當知依即正正即依不出一心真性矣且
性無不包有情無情有覺無覺皆自心性爲
體隨緣發現應處方知如世間致生祠堂有
政德及民往往有遺愛去思爲立祠宇中塑
像以四時饗之其人當饗祭日則酒氣腹飽
亦如丁蘭至孝刻木爲母晨昏敬養形喜慍
之色且土木不變唯心感耳　問立識方成
唯識義云何境識俱遣　荅顯識論云立唯
識乃一往遣境留心究竟爲論遣境爲欲空
心是其正意是故境識俱泯即是實性實性
即是阿摩羅識所以唯識論亦名破色心論
佛性論云經中佛以幻師爲譬佛告迦葉譬
如幻師作諸幻像所作等幻虎還食幻師迦
葉如是觀行比丘隨觀一境顯現唯空故實
無所有虛無真實云何能得離此二邊由依
意識生唯識智唯識智者即無塵體智是唯
識智若成則能還滅自本意識何以故以塵
無體故意識不生意識不生故唯識自滅故
意識如幻師唯識智如幻虎以意識能生唯
識故唯識觀成還能滅於意識何以故由塵
等無故意識不生譬如幻虎還食幻師如提
婆法師說偈言意識三有本識塵是其由若
見塵無體有種自然滅入楞伽經云但不取
諸境名爲識滅實不滅識何者以境本空從
識變故以識無體不須滅故是以識心無體
隨境有無見空生空見色生色事來即起事

去還無如傳奥法師云妄念所緣於有色處則不見空但見於色於無色處則見有空緣有時無時亦尒緣有時則見有心生見無心滅緣無時則見無心生見有心滅此皆妄念所緣之境又事上無事本全是心念起塵生念寂塵滅如起信論云以一切色法本來是心實無外色然既無外色亦無外空空尚是無色爲能有論云若無色者則無虛空之相䟽釋云本以待色爲空今既唯心無色何得更有於空也故知萬法皆相待而有若入宗鏡自然諸法絕待歸本真心故論云所謂一切境界唯心妄起若心離於妄動則一切境界滅唯一真心無所不徧　問世人多執有情動作有識無情不動作無識且如葵藿向日而轉芭蕉聞雷而生橘得屍而敷榮鐵因石而移動又如麴發酒醋火爇山林此等皆是無情云何動作　荅有情無情各有二義若有情生死一是衆生業力所爲二是法界性自然生若無情轉動一是異法性自尒二是法作如大涅槃經云佛告師子吼菩薩善男子汝言衆生悉有佛性得阿耨多羅三藐三菩提如磁石者善哉善哉以有佛性因緣力故得阿耨多羅三藐三菩提若言不須修聖道者是義不然善男子譬如有人行於曠野渴乏遇井其井極深雖不見水當知必有是人方便求見罐綆汲取則見佛性亦尒一切衆生雖復有之要須修集無漏聖道然後得見乃至譬如衆生造作諸業若善若惡非內非外如是業性非有非無亦復非是本無今有非無因出非此作此受此作彼受彼作

彼受無作無受時節和合而得果報衆生佛性亦復如是亦復非是本無今有非內非外非有非無非此非彼非餘處來非無因緣亦非一切衆生不見有諸菩薩時節因緣和合得見時節者所謂十住菩薩摩訶薩修八聖道於諸衆生得平等心尒時得見不名爲作善男子汝言如磁石者是義不然何以故石不吸鐵所以者何無心業故善男子異法有故異法出生異法無故異法滅壞無有作者無有壞者善男子猶如猛火不能焚薪火出薪壞名爲焚薪善男子譬如葵藿隨日而轉如是葵藿亦無敬心無識無業異法性故而自迴轉善男子如芭蕉樹因雷增長是樹無耳無心意識異法有故異法增長異法無故異法滅壞善男子如阿叔迦樹女人摩觸華爲之出是樹無心亦無覺觸異法有故異法出生異法無故異法滅壞善男子如橘得屍果則滋多如是橘樹無心無觸異法有故異法滋多異法無故異法滅壞善男子如安石榴樹轢骨糞故果實繁茂安石榴樹亦無心觸異法有故異法出生異法無故異法滅壞善男子磁石吸鐵亦復如是異法有故異法出生異法無故異法滅壞衆生佛性亦復如是不能吸得阿耨多羅三藐三菩提善男子無明不能吸取諸行行亦不能吸取識也亦得名爲無明緣行行緣於識有佛無佛法界常住故知法法無心塵塵本寂寂而常用用而常寂法無心而隨緣成壞人無心而諸行遷流如芭蕉聞雷葵藿向日無明不取諸行諸行不吸識心則法法不相到法法不相知

法法不相待法法不相借皆性自尒故法如是故是以金剛三昧經云心不生境境不生心何以故凡所見境唯所見心即不相到也華嚴經頌云諸法無作用亦無有體性是故彼一切各各不相知即不相知也維摩經云一切法生滅不住如幻如電諸法不相待乃至一念不住即不相待也寶藏論云火不待日而熱風不待月而涼堅石處水天鼓遊光明暗自尒乾濕同方物尚不相借豈況道乎即不相借也如火以熱爲性風以涼爲性豈假藉他緣乎天鼓者日也常遊光照四天下日出即明日没即暗皆是法尒非關造作堅石處水者石雖處水水不入石雖同一處石自乾而水自濕故知法法標宗塵塵絕待則非因緣亦非自然矣　問既唯一真心教中云何復説諸法如幻　荅了境是心萬法奚有以依心所起無有定體皆如幻化畢竟寂滅寶積經云尒時世尊告幻師言一切衆生及諸資具皆是幻化謂由於業之所幻故諸比丘衆亦是幻化謂由於法之所幻故我身亦幻智所幻故三千大千一切世界亦皆是幻一切衆生共所幻故凡所有法無非是幻因緣和合之所幻故又教中摠明十喻如幻如化如夢如影等此是諸佛密意破衆生執世相爲實起於常見世間共知幻夢等法是空則不信人法心境等如幻夢亦空所以將所信之虛破所信之實令所信之實同所信之虛然後乃頓悟真宗徧一切處心內心外決定無有實法建立大莊嚴論云我昔曾聞有一幻師有信樂心至耆闍山爲僧設會供

養已訖幻尸陁羅木作一女人端正奇特在大衆前抱捉此女而嗚咂之共爲欲事時諸比丘見此事已咸皆嫌忿而作是言此無慙人所爲鄙褻知其如是不受其供時彼幻師既行欲已聞諸比丘譏訶嫌責即便以刀斫剌是女分解支節挑目截鼻種種苦毒而殺此女諸比丘等又見此事倍復嫌忿我等若當知汝如是寧飲毒藥不受其供乃至尒時幻師即捉尸陁羅木用示衆僧合掌白言我向所作即是此木於彼木中有何欲殺欲安衆僧身故設此飲食欲令衆僧心安故爲此幻耳願諸比丘聽我所說豈可不聞佛於脩多羅中說一切法猶如幻化我今爲欲成彼語故作斯幻如斯幻身無壽無命識之幻師運轉機關令其視眴俯仰顧眄行步進止或語或笑以此事故深知此身眞實無我華嚴經頌云世間種種法一切皆如幻若能如是知其心無所動諸業從心生故說心如幻若離此分別普滅諸有趣譬如工幻師普現諸色像徒令衆貪樂畢竟無所得世間亦如是一切皆如幻無性亦無生示現有種種度脫諸衆生令知法如幻衆生不異幻了幻無衆生衆生及國土三世所有法如是悉無餘一切皆如幻幻作男女形及象馬牛羊屋宅池泉類園林華果等幻物無覺知亦無有住處畢竟寂滅相但隨分別現菩薩能如是普見諸世間有無一切法了達悉如幻衆生及國土種種業所造入於如幻際於彼無依著如是得善巧寂滅無戲論住於無礙地普現大威力又入法界品時童子童女告善財言善男子我等證得菩薩解脫名爲幻住得此解脫故見一切世界皆幻住因緣所生故一切衆生皆幻住業煩惱所起故一切世間皆幻住無明有愛等展轉緣生故一切法皆幻住我見等種種幻緣所生故一切三世皆幻住我見等顚倒智所生故一切衆生生滅老死憂悲苦惱皆幻住虛妄分別所生故一切國土皆幻住想倒心倒見倒無明所現故一切聲聞辟支佛皆幻住智斷分別所成故一切菩薩皆幻住能自調伏教化衆生諸行願法之所成故一切菩薩衆會變化調伏諸所施爲皆幻住願智幻所成故善男子幻境自性不可思議大集經偈云如來法界無差別爲鈍根者說差別宣說一法爲無量如大幻師示衆生清涼疏釋如幻忍者如一巾幻作一象楞伽經云智不得有無而興大悲心由了體空不壞幻相差別故如象生即是象死此二對應成四句謂此二無二故非異無不二故非一非一即非異故非非一非異即非一故非非異亦絶雙照故非亦一亦異若以巾上二義對象上二義辯非一異略有十句一以巾上成象義對象上差別義合爲一際名不異此是以本隨末就末明不異經云法身流轉五道号曰衆生如來藏受苦樂與因俱若生若滅等二以巾上住自位義與象上體空義合爲一際名不異此是以末歸本就本明不異經云一切衆生即如不復更滅等三以攝末所歸之本與攝本所從之末此二雙融無礙不異此是本末平等爲不異以前二經文不相離故四以所攝歸本之末亦與所攝隨末之本此二相奪故名不異此是本末雙泯明不異以眞妄平等異不可得次下四門明非一謂五以巾住自位義與象上差別義此二本末相違相背故名非一楞伽經云如來藏不在阿賴耶中是故七識有生滅如來藏者不生滅此之謂也六巾上成象義與象上體空義此二本末相反相害故非一勝鬘經云七識不流轉不受苦樂非涅槃因唯如來藏受苦樂等七以初相背與次相害此二義別故名非一謂相背則各相背捨相去懸遠相害則相與敵對親相食害是故近遠非一以前經文不相離故八以極相害俱泯而不泯與極相背俱存而不存不存不泯義爲非一此是成壞非一以七識即空而是有故眞如即隱而是顯故九上四非一與四非異而亦非一以義不雜故又相違是存相害是泯然存上有不存之義泯上有不泯之義若唯泯無不泯則色空俱亡無可相即以不全泯故雖相即而色空歷然若唯存無不存則色空各有定性不得相即由有不存故雖歷然而得相即以體虛故十然亦不異以理徧通故法無二故若以不異門取諸門極相和會若以非一門取諸門極相違害極違而極順者是無障礙法也又釋云別明義理於中有二先成有無後成四句言有無者以三性中各有二義皆有無故圓成二者一性有二相無依他二者一緣有二性無徧計二者一情有二理無今初巾中即圓成二義術馬皆是依他二義而術是能成之因託眞而起故用有體無用有即是緣有體無即是性

無三馬是所成之果故相有實無相有即是緣有實無即是性無四明依圓不離即事同眞生喻於事死喻於眞事泯理顯故生無死有以無礙故者出其所因即事理無礙也五中就情則有妄見分明故就理則無以是妄計必非有故所以幻喻廣說有無者以惑情所封有無皆失理無惑計有無皆眞是知幻喻諸法非實非虛非空非有若無於有不成於無若無於無不成於有有無交徹萬化齊融又五中各具四句顯成四句者於中有二初一重四句後重重四句今初又二先正顯後簡非今初也初性有相無四者一有眞性有故二空無諸相故三亦有亦空義門異故四非有非空互融奪故二用有體無四者一有迷眞有用故二空依眞無體故三亦有亦空體用不壞故四非有非空無體之用故非有即用之體故非空三相有實無四者一有事相現故二空緣成無實故三俱存無性不礙緣成緣成不礙無性故四俱非緣成即無性故非有無性即緣成故非空四生即是無死即是有四者一眞性顯故二依他即無性故三性相雙存故四性相即奪故五情有理無四者一徧計妄情能招生死故二即理而求不可得故三要由理無方即情有若無情有不顯理無故四情有即理無理無即情有故已上四句然皆具德以稱眞故不同情計定執四句成謗皆即有之空方爲具德之空即空之有方爲具德之有又盡有之空盡空之有方爲具德又四句齊照成解境故四句齊泯成行境故皆言亡慮絕方爲具德耳所

以昔人云巫山臺上託雲雨以去來舒姑水側寄泉流而還往故知聚沫之身非有如幻之心本空豈有欲情而成實事又如莊周達體虛如幻見自身爲蝴蝶及夢中自見己身遊天崖是以凡夫盲無慧目妄取前塵男女等相如幻化法但誑心眼都無實事皆業識心動起見現相意識分別強立我人自他差別若能識幻方悟前非終不於空而興造作又此幻法多人錯解執一切法如幻如化便作空無之見如方廣外道立空無爲宗不知實義故華嚴論云了如幻法是堅固義言堅固者即是常住義豈可作空無之解故知此幻即眞幻不可得無幻之幻名爲幻法絕見之見方名見幻　問諸法不眞各無自性刹那變異故稱爲幻佛身常住豈稱幻耶

荅諸佛略有二身一眞實身二方便身以衆生有不見如來眞實身故示方便身令入眞實若悟入時即方便身是常住體了幻不可得故如鴦崛魔羅是一切寶莊嚴國一切世間樂見上大精進佛以本願力入幻網門現跡同凡示行殺害後見佛悟道惡業頓消令一切衆生知得道業亡不生邪執皆令仰慕佛法難量不可思議有大威力所以鴦崛魔羅經偈云如來所變化衆生悉不知如來所作幻衆幻中之王大身方便身是則爲如來

問一切法如幻云何有垢淨能所對治

荅只爲如幻故垢淨不定由心迴轉凡聖法生故思益經云垢法誑淨見垢實性故淨法誑垢貪著淨相故又莊嚴經論云問若諸法同如幻以何義故一爲能治一爲所治偈荅云譬如強幻王令餘幻王退如是清淨法能令染法盡釋曰彼能治淨法亦如幻王由能對治染法得增上故彼所治染法亦如幻王由於境界得增上故如是清淨法能令染法盡者如彼強力幻王能令餘幻王退以染淨法各有增上力隨境自在轉故稱爲王所以圓覺經云介時世尊告普眼菩薩言善男子彼新學菩薩及末世衆生欲求如來淨圓覺心應當正念遠離諸幻先依如來奢摩他行堅持禁戒安處徒衆宴坐靜室恒作是念我今此身四大和合所謂髮毛爪齒皮肉筋骨髓腦垢色皆歸於地涕唾膿血津液涎沫痰淚精氣大小便利皆歸於水煖氣歸火動轉歸風四大各離今者妄身當在何處即知此身畢竟無體和合爲相實同幻化四緣假合妄有六根六根四大中外合成妄有緣氣於中積聚似有緣相假名爲心善男子此虛妄心若無六塵則不能有四大分解無塵可得於中緣塵各歸散滅畢竟無有緣心可見善男子彼諸衆生幻身滅故幻心亦滅幻心滅故幻塵亦滅幻塵滅故幻滅亦滅幻滅滅故非幻不滅譬如磨鏡垢盡明現善男子當知身心皆爲幻垢垢相永滅十方清淨善男子譬如清淨摩尼寶珠映於五色隨方各現諸愚癡者見彼摩尼實有五色善男子圓覺淨性現於身心隨類各應彼愚癡者說淨圓覺實有如是身心自相亦復如是由此不能遠於幻化釋曰珠中無五方之色因光所映性中無五趣之身隨業而現迷珠者執珠中實色昧性者認性內虛身法喻皎然眞僞可驗

宗鏡録卷第七十九　　宗鏡七十九卷　十九張　宗

音義

閦初六反　搦女白反　縵莫半反繒文也　噉徒敢反　譁呼瓜反　葜

渠追反　藿呼郭反　鑵古患反汲水器　綆古杏反　汲居立反引也　吥反

子合反　鄙方美反耻也　洒　褻私列反　譏居依反　挑土凋反撥也

筋　欣　唾湯臥反　膿奴紅反

戊申歲分司大藏都監開板

宗鏡録卷第七十九

校勘記

一　底本，麗藏本。

一　六九三頁中一七行末字「本」，磧、南、徑、清作「太」。

一　六九四頁上二三行第一三字「共」，磧作「其」。

一　六九四頁中五行第二字「元」，磧、南、清作「無」。

一　六九四頁下五行第九字「真」，磧、南、徑、清作「即真」。

一　六九五頁中一九行第四字「比」，磧、南、徑、清作「此」。

一　六九六頁上一〇行第一三字「而」，磧作「心」。

一　六九六頁中一七行第一五字「橘」，磧、南、徑、清作「樹」。

一　六九八頁上一八行「緣成」，磧、南、徑、清作「圓成」。下至二〇行同。

宗鏡錄卷第八十

慧日永明寺主智覺禪師延壽集　榮

夫入此宗門云何了一切法如化　答以萬法無體名相本空無而忽有名之曰化如華嚴經十忍品云佛子云何為菩薩摩訶薩如化忍佛子此菩薩摩訶薩知一切世間皆悉如化所謂一切眾生意業化覺想所起故一切世間諸行化分別所起故一切苦樂顛倒化妄取所起故一切世間不實法化言說所現故一切煩惱分別化想念所起故復有清淨調伏化無分別所現故於三世不轉化無生平等故菩薩願力化廣大修行故如來大悲化方便示現故轉法輪方便化智慧無畏辯才所說故菩薩如是了知世間出世間化現證知廣大知無邊知如事知自在知真實知非虛妄見所能傾動隨世所行亦不失壞譬如化不從心起不從心法起不從業起不受果報非世間生非世間滅不可隨逐不可攬觸非久住非須臾住非行世間非離世間不專繫一方不普屬諸方非有量非無量不厭不息非不厭息非凡非聖非染非淨非生非死非智非愚非見非不見非依世間非入法界非黠慧非遲鈍非取非不取非生死非涅槃非有非無有菩薩如是善巧方便行於世間修菩薩道了知世法分身化往不著世間不取自身於世於身無所分別不住世間不離世間不住於法不離於法以本願故不棄捨一眾生界不調伏少眾生界不分別法非不分別知諸法性無來無去雖無所有而滿足佛法了法如化非有非無佛子菩薩摩

訶薩如是安住如化忍時悉能滿足一切諸佛菩提之道利益眾生是名菩薩摩訶薩第九如化忍故知善不善法從心化生以無作之因受忽有之果故六祖云思惡法即化為地獄思善法化為天堂毒害化為畜生慈悲化為菩薩乃至皆是自性變化大智度論問云若一切法皆空如化何以故有種種說法別異答曰如佛所化及餘人所化雖不實而有種種形像別異夢中所見種種亦如是人見夢中好惡事有生喜者有生怖者如鏡中像雖無實事而隨本形像有好醜諸法亦如是雖空而各各有因緣如佛此中說於是化法中有聲聞變化有辟支佛變化有菩薩變化有佛變化有煩惱變化有業變化又云如化者化主無定物但以心生便有所作皆無有實人身亦如是本無所因但從先世心生今世身皆無有實以是故諸法如化問不應言變化事空何以故變化心亦從修定得從此心作種種變化若人若法是化有因有果云何空答如佛說觀無生從有生得脫像無為從有為得脫雖觀無生法無而可作因緣無為亦尒變化雖空亦能生心因緣復次空不以不見為空以其無實用故言空以是故言諸法如化故知一切法皆從心生悉如幻化雖幻化不實亦可作善惡之因緣受昇沉之報應不可生於斷見但了體虛莫生取捨問凡有相法皆從變化心無形相云何化現答心本是化理不思議從心現心如化起化佛地論云心化唯二一自身相應謂自心上化現種種心及心法影像差別二他身相應

謂令他心亦現種種心及心法影像差別此並相分似見分現有義定力能令自心解非分法名化自心加被有情令愚昧者解深細法令失念者得正憶念名化他心然心無化無形質故如論說言心無形故不可變化又說化身無心心法此說二乘及諸異生定力而說彼定力劣不能化現無形質法諸佛菩薩不思議定皆能化現若不尒者云何如來現貪瞋等云何聲聞及傍生等知如來心云何經說化無量類皆令有心云何此論說諸化意業云何經說有依他心但諸化色同實色用化根及心但有相現不同實用又說下類故作是說若尒云何不化非情令心相現非情已是心等相分云何復令有心相現若心相現則名有情非非情攝是故化心但說二種一自身二他身化等　問此一心門理無異轍約機對法教有多門於一法中名字差別或名佛性或稱如來藏云何成藏義云何名佛性　答如來藏者是真識心是真心中具有一切恒沙佛法如妄心中具有恒沙染法是心與法同一體性故名如來藏即一切眾生有如來藏能為佛因名有佛性如睡心中有覺悟性如黃石中有金性白石中有銀性如是一切世間法中皆有涅槃性此性即是眾生自實故名為我我即佛性隱則名為如來藏顯則名為法身　問若眾生自實名為佛性覺此性故名為佛者但了一性即契本原云何教中或說二三四五種等佛性不同　答大涅槃經云正因佛性眾生心是也又云佛性者不名一法不名十法不名百

法不名千法不名萬法未得善提時一切善惡無記皆名佛性故知未得菩提時一切諸法尚非名數豈況悟了更說二三然雖開合一性無差約本末因果而分多種佛性論云佛性有三種所謂三因三種佛性三因者一應得因二加行因三圓滿因此三因前一因則以無爲如理爲體後二因則以有爲願行爲體三種佛性者應得因中具有三性一住自性性二引出性三至得果性此三性復成三藏一所攝藏二隱覆藏三能攝藏一所攝爲藏者佛說約住自性如如一切衆生是如來藏言如者有二義一如如智二如如境並不倒故名如如言來者約從自性來來至至得是名如來故如來性雖因名應得果名至得其體不二但由清濁有異在因時爲違二空故起無明而爲煩惱所雜故名染濁雖未即顯必當可現故名應得若至果時與二空合無復惑累煩惱不染說名清淨果已顯現故名至得所言藏者一切衆生悉在如來智內故名爲藏以如如智稱如如境故一切衆生決定無有出如如境者並爲如來之所攝持故名所藏衆生爲如來藏二隱覆爲藏者如來自隱不現故名爲藏言如來者有二義一者現如不顛倒義由妄想故名爲顛倒不妄想故名之爲如二者現常住義此如性從住自性性來至至得如體不變異故是常住義如來性住道前時爲煩惱隱覆衆生不見故名爲藏三能攝爲藏者謂果地一切過恒沙數功德住如來應得性時攝之已盡若至果時方言得性者此性便是無常何以故非

如今得故知本有是故言常雖說三因佛性但是一性何以故正因是本有以衆生不覺故爲客塵所蔽如金在礦金體不現要假其功方成金用此正因佛性亦復如是在纏不現處煩惱礦中須先假了因智慧知有開發次藉緣因方便助顯方成大用緣用雖分體恒一味不動衆生性而成佛性矣以住自性之理在凡而即真以引出性之事成果而不虛以應得之文處染而何失以至得之道證聖而無疑又因自性有故能引出應得至果剋證非虛如大涅槃經云一闡提等定當得成阿耨多羅三藐三菩提故善男子譬如有人家有乳酪有人問言汝有酥耶荅言我有酪實非酥以巧方便定當得故故言有酥衆生亦尒悉皆有心凡有心者定當得成阿耨多羅三藐三菩提以是義故我常宣說一切衆生悉有佛性又經論通明四種佛性初因性即染淨緣起二因因性即內熏發心三果性即始覺已圓四果果性即本覺已顯又初隨緣隱顯二徹起淨用三染盡淨圓四還原顯實又初自性住性即正因二是引出佛性即了因三四皆是至得果性即緣因又初二因中理智後二果中理智因果雖異智不殊理契同無二唯一心轉絕相離言無不包融故名佛性又涅槃疏云涅槃正性有五一正性非因非因因非果非果果二因性十二因緣三因因性十二因緣所生智慧四果性三藐三菩提五果果性大般涅槃雖復分別只是一法又古釋有三種性一理性謂眞如二行性謂無漏種子三隱密性即塵勞之疇三

性隱顯雖分一體凡聖共有又約常住隨緣而分二種佛性一常住義經云其藥本味停留山中如常不輕菩薩敬四衆等以此佛性混煩惱而不汙顯菩提而不淨以常住不變故所以菩薩不敢輕一小衆生以佛性不壞故二隨緣義經云隨其流處成種種味如常慘菩薩愍四衆等以眞心不守自性舉體隨緣而作人法經云法身流轉五道号曰衆生以衆生隨緣失性不覺不知所以菩薩常生悲慘又衆生佛性皆有二義一是所依佛性如上二義一是常住二是隨緣二能依雜染一緣成似有義二無性即空義由染法有即空義故所依佛性常淨不變也由染法有似有義故所依佛性隨緣成染也故知以衆生無性即空故在凡不凡以法身隨緣故處聖非聖又以衆生緣成似有故聖不是凡以法身常住不變故凡不是聖則眞俗一際染淨恒分凡聖兩途生佛無異如是鎔融方明一心佛性古德問一切衆生佛性常住爲現爲當荅三世皆常問若現常者衆生即佛耶荅如胎中子豈不同父姓若問父姓寧責書少又佛性非當現者只見此理不可推當修道乃得不可言現只見此理則約理無差修道乃得則隨事不濫又涅槃經明六盲摸象各說異端雖說不諦亦不離象如各執五陰空大等六法爲佛性雖說不著亦不離六法如頭足之中既無有象不可即也頭足之外亦無別象不可離也非即非離非內非外而得言象衆生佛性亦復如是非即六法非離六法非內非外故名中道名爲佛性若取六法

爲佛性者乃是衆盲之佛性若離六法爲佛性者如指虛空爲佛性如諸婆羅門所謗爲仙預所害取不即不離中道爲佛性者如大王智目所見佛性十地經云衆生身中有金剛佛性猶如日輪佛者是覺人有靈知之覺今第一義空與之爲性故名佛性非情無覺但持自體得稱爲法今眞性與之爲性故名法性故云假說能所而實無差云何無差同一性故外典亦云天地萬物同稟陰陽之元氣也　問夫言佛性境智俱收故云菩提菩提斷俱名爲菩提說智及智處俱名爲般若云何教中云在有情數中稱佛性在無情數中稱法性　荅在心稱佛性在境稱法性從緣雖別能所似分約性本同一體無異如瓶貯醍醐隨諸器而不等猶水分江海逐流處而得名一味眞心亦復如是凡聖境智一際無差所以法王經云一切衆生一心佛性平等等諸法故只爲眞心不守自性隨緣轉動於轉動處立其異名古德云譬如珠向月出水向日出火一珠未曾異而得水火之名以珠體是一能應二緣且如月爲水緣時月中未曾無火性日爲火緣時日中未曾無水性何以故二性相冥故但緣水火事有優劣故使二性冥伏不現各從自體得水火名非全無性眞如一心亦復如是在有情中名佛性在無情中名法性一如未曾異而得法佛之名以眞如體一能應二緣且如有情正爲佛緣時有情未曾無法性無情正爲法緣時無情未曾無佛性何以故二性相冥故但猶色心事有優劣故二性冥伏不現各從自體得

法佛名非全無性淸涼記云法性即佛性者故經云知一切法即心自性若以心性爲佛性者無法非心性則不隔內外而體非內外內外屬相性不同相何有內外然迷一性而變成外外旣唯心何有非佛所變無實故說牆壁言無佛性以性說相無非性矣如煙因火煙即是火而煙翳火依性起相相翳於性而相即性如水成波波即是水境因心變境不異心心若有性境寧非有況心與境皆即眞性眞性不二心境豈乖若以性從相不妨內外若以外境而例於心令有覺知修行作佛即是邪見外道之法故須常照不即不離不一不異無所惑矣故知佛性非內非外隨物迷悟强說昇沉又令爲遮妄執一切無情有佛性義就計此義自有淺深一謂精神化爲土木金石梟獍負塊以成於子情變非情非情變情斯爲邪見不異外道衆生計生草木有命故不可也若說無情同一性故則稍近宗亦須得意彼本立意約於眞如自體徧故眞實之性無有二故涅槃經說第一義空爲佛性故一切法中有安樂性攝境從心無非心故色性智性體無二故如是等文諸經具有今謂此釋太即太過失情無情壞於性相若以涅槃第一義空該通心境涅槃可以簡於瓦礫言無性耶今直顯正義謂性與相非一非異情與非情亦非一異故應釋言以性從緣則情與非情異一如涅槃簡去牆壁瓦礫等故二無覺不覺者眞性之中無心境故三無非覺悟以無情性融覺性故起信論問云若諸佛法身離於色相者云何能現

種種色相荅曰即此法身是色體故能現於色所謂從本已來色心不二以色性即智故色體無形說名智身以智性即色故說名法身徧一切處今取二性相即互融之義說耳百門義海云謂覺塵及一切法從緣無性名爲佛性經云三世佛種以無性爲性一切處隨了無性即爲佛性不以有情故有不以無情故無今獨言有情者偏出勸人爲器常於一毛一毫之處明見一切理事無非如來性是開如來性起功德名爲佛性是知六道四生山河大地情與非情皆同一性如世尊最後垂示應盡還原品三告之又經云介時世尊如是逆順入諸禪已普告大衆我以甚深般若徧觀三界一切六道諸山大海大地含生如是三界根本性離畢竟寂滅同虛空相無名無識永斷諸有本來平等無高下想無見無聞無覺無知不可繫縛不可解脫無衆生無壽命不生不起不盡不滅非世間非非世間涅槃生死皆不可得二際平等等諸法故閑居靜住無所施爲究竟安置必不可得從無住法法性施爲斷一切相一無所有法相如是其知是者名出世人是事不知名生死始汝等大衆應斷無明滅生死始又復告大衆我以摩訶般若徧觀三界有情無情一切人法悉皆究竟無繫縛者無解脫者無主無依不可攝持不出三界不入諸有本來清淨無垢無煩惱與虛空等不平等非不平等盡諸動念思想心息如是法相名大涅槃眞見此法名爲解脫凡夫不知名曰無明作是語已復入超禪從初禪出乃至入滅盡定從

滅盡定出乃至入初禪如是逆順入超禪已
復告大衆我以佛眼徧觀三界一切諸法無
明本際性本解脫於十方求了不能得根本
無故所因枝葉皆悉解脫無明解脫故乃至
老死皆得解脫以是因緣我今安住常滅寂
光名大涅槃如上真實慈父廣大悲心不可
思議三告之文或有偶斯教者可以折骨爲
筆剝皮爲紙刺血爲墨而書寫之不可頃刻
暫忘刹那失照且如第一文云徧觀三界一
切六道諸山大海大地含生如是三界根本
性離畢竟寂滅第二文云徧觀三界有情無
情一切人法悉皆究竟第三文云徧觀三界
一切諸法無明本性性本解脫是以徧法界
內盡十方中若有情若無情若有性若無性
山河大地草芥人畜不在三界不出三界不
隨生死不住涅槃皆同真如一心妙性如是
信解頓入一乘更無秘文能出斯旨離此有
說皆是權施誘引提攜咸歸宗鏡　問既云
一切衆生皆有佛性云何涅槃經云或有佛
性闡提人有善根人無等　答一切衆生實
有佛性經約善惡無記理果等互說有無薦
福疏云今准經明佛性略有五種謂善不善
無記及理果等今言一闡提有善根人無者
此是不善佛性也然善根人有其二種一是
離欲善根人離欲斷一切不善故二是五住
已上五住已上無不善性故此之二人俱無
不善性也善根人有闡提人無者此是善佛
性也闡提斷一切善故云無也二人俱有者
理及無記也二人俱無者俱無果性故涅槃
經云如來佛性則有二種一有二無有者所

謂三十二相乃至無量三昧是名爲有無者
所謂如來過未諸善不善無記業因果報煩
惱五陰十二因緣是名爲無乃至闡提佛性
亦介是則上從于佛下至闡提皆有有無二
性非全無性是知但約三性及果而論有無
若言理性尚無凡聖豈說有無則約理無不
具者所以生法師云夫稟質二儀皆是涅槃
正因闡提含生之類何得獨無佛性蓋是此
經度未盡耳故生法師忍死十年以證斯旨
及涅槃後分到後果有斯文遂踞師子座因
而坐蛻　問如上決定說一切衆生有佛性
者衆生既具云何不免沉淪　答衆生雖具
正因而無緣了所以圓覺經云未出輪迴而
辯圓覺彼圓覺性即同流轉若免輪迴無有
是處故先德頌云圓成沉識海流轉若飄蓬
是以真如本覺不守自性以無性故但隨緣
轉如云法身流轉五道故号衆生應須以善
巧方便發之以智照助之以良緣了了見時
方逃境縛如起信鈔云且夫真之與妄皆依
一法界心所說蓋以此心本來有體有用即
用之體則蕩然空寂即體之用則了然覺知
以無始時來迷故於空寂之處確然根身塵
境於覺知之處則紛然分別緣念故肇論云
法身隱於形𣪍之中真智隱於緣慮之內然
其形𣪍緣念元來體空空寂覺知元來不變
不變之真元來隨緣體空之妄元來成事非
因造作法介如斯衆生身心現今若此即約
此義以明染淨緣之義相也大涅槃經云佛
告善男子如汝所言若一闡提有佛性者云
何不遮地獄之罪善男子一闡提中無有佛

性善男子譬如有王聞箜篌音其聲清妙心
即耽著喜樂愛念情無捨離即告大臣如是
妙音從何處出大臣荅言如是妙音從箜篌
出王復語言持是聲來介時大臣持箜篌置
於王前而作是言大王當知此即是聲王語
箜篌出聲出聲而箜篌聲亦不出介時大王
即斷其弦聲亦不出取其皮木悉皆拆裂推
求其聲了不能得介時大王即嗔大臣云何
乃作如是妄語大臣白王夫取聲者法不如
是應以衆緣善巧方便聲乃出耳衆生佛性
亦復如是無有住處以善方便故得可見以
可見故得阿耨多羅三藐三菩提一闡提輩
不見佛性云何能遮三惡道罪善男子若一
闡提信有佛性當知是人不至三惡是亦不
名一闡提也以不自信有佛性故即墮三惡
故名一闡提是知一切衆生雖有正因不得
了緣枉沉生死爲不知故甘稱下凡爲不聞
故不親善友常迷智眼豈有了因恒習惡緣
何成善本今爲未聞者廣搜秘藏發起信心
爲未知者直指心原了然無滯爲已聞者智
慧開發萬善資熏爲已知者一向保任理行
成就有斯深益豈厭文繁普望後賢廣垂傳
授　問佛性若定有無即成斷常之見如何
體會理合正因　答非一非異能契一乘之
門亦有亦無不謗三因之性如大涅槃經云
佛言善男子若有說言一切衆生定有佛性
常樂我淨不作不生煩惱因緣故不可見當
知是人謗佛法僧若有說言一切衆生都無
佛性猶如兔角從方便生本無今有已有還
無當知是人謗佛法僧若有說言衆生非有

如虛空非無如兔角何以故虛空常故兔角無故是故得言亦有亦無有破兔角無破虛空如是說者不謗三寶　問教說一心佛性之理有何因緣獲何善利　荅佛眼諦觀正理不謬若人決定信受則除五種過失生五種功德佛性論云如來為除五種過失生五種功德故說一切衆生悉有佛性除五過失者一為令衆生離下劣心故有諸衆生未聞佛說有佛性理不知自除必當有得佛義故於此身起下劣想不能發菩提心二為離慢下品人故若有人曾聞佛說衆生有佛性故因此發心既發心已便謂我有佛性故能發心作輕慢意謂他不能為破此執故佛說一切衆生皆有佛性三為離虛妄執故若人有此慢心則於如理如量正智不得生顯故起虛妄虛妄者是衆生過失過失有二一本無二是客一本無者如如理中本無人我作人我執此執本無乃至故知能執皆成虛妄由於此執所起無明諸業果報並是虛妄無受者作者而於中執有是虛妄故言本無二是客者有為諸法皆念念滅無停住義則能罵所罵二無所有但初剎那為舊次剎那為客能罵所罵起而即謝是則初剎那是怨次則非怨以於客中作於舊執此執不實故名虛妄若起此執正智不生為除此執故說佛性佛性者即是人法二空所顯真如由真如故無能所罵通達此理離虛妄執四為除誹謗真實法故一切衆生過失之事並是二空由解此空故所起清淨智慧功德是名真實言誹謗者若不說佛性則不了空便執實有違

謗真如淨智功德皆不成就五離我執故若不見虛妄過失真實功德於衆生中不起大悲由聞佛說佛性故知虛妄過失真實功德則於衆生中起大悲心無有彼此故除我執為此五義因緣佛說佛性生五種功德一起正勤心二生恭敬事三生般若四生闍那五生大悲由五功德能翻五失由正勤故翻下劣心由恭敬故翻輕慢意由般若故翻妄想執由生闍那俗智能顯實智及諸功德故翻謗真法由大悲心慈念平等故翻我執乃至由般若故不捨涅槃由大悲故不捨生死由般若故成就佛法由大悲故成就衆生是以若了一切衆生皆有佛性自然不謗不慢無失無違何者以衆生妙故皆不可思議如佛在竹林中說法授白鴿鳥劫國名号八相之記諸大菩薩等皆中懺悔咸云若智未齊如來我等自此已後更不敢稱量衆生寶堅和尚云我見老鵶在生槃上迴頭轉腦便全體見渠法身又有俗官入寺與盤山和尚登殿問云此雀兒還有佛性不師云有問既有佛性為甚麼向佛頭上屙師云是何不向鷂子頭上屙　問佛性於五眼中何眼能見　荅涅槃經云佛眼見故而得明了以佛眼見一切美惡差別等事悉皆不動為見性故維摩經云善能分別諸法相於第一義而不動此是心鑒無礙為眼非取根塵所對是以肉眼見麤天眼觀細慧眼明空法眼辯有佛眼觀不二相一實之理華嚴經離世間品說十眼所謂肉眼見一切色故天眼見一切衆生心故慧眼見一切衆生諸根境界故法眼見一

切法實相故佛眼見如來十力故智眼見諸法故光明眼見佛光明故出生死眼見涅槃故無礙眼所見無障故一切智眼見普門法界故又慧眼所見無法可見故名為見者見法空故名為慧眼非獨慧眼能見五眼俱現如是五眼照如千日十方之中無處不見於一切處地平如掌無諸穢惡若有可見即是生盲何以故無所有故當知無空色空俱遣又見一切塵全是眼更不可見聞一切聲全是耳不復更聞所以云一切聲是佛聲一切色是佛色又云離心之外更無一法縱見內外但是自心所見無別內外此無過也乃至若了塵時塵全是知也終不以知知於塵即有所知也若知於無知不異知也今塵即知不復更以知及不知知於無知但無能所之知非無知也此方顯無知也經云顯現一切法各各不相知見亦如是又聞者圓教明我我即聞故能聞所聞皆法界故故使我外更無別聞是以若見若聞若知若覺皆一心故華嚴經云所見不可見所聞不可聞所知不可知一心不思議　問五眼凡聖共有則衆生具佛眼如來有肉眼云何唯佛眼能觀十住菩薩等不見佛性　荅以十住菩薩有行有住故所以不了了見若見性了了證實之時不見已外更有菩提可行可住以十住位緣觀未盡故心有所在心有所在故有所不在是故不能覺一切法至佛位息緣真心平等無處不在無不在故無有一法在於心外亦無一心在於法外心與法界同體照明故覺一切又此心性是真實了知義徧照法界

義以本有爲所照以淨眼智明爲能照如涅槃經云見性肉眼即名佛眼大涅槃經明二種見佛性一相貌見二了了見相貌見者謂登地菩薩方便權智識變似空名相貌見了了見者謂地上菩薩根本正智親證眞理不變相緣名了了見即是親證相貌見者比量知了了見者現量得　問既云佛眼能觀佛性如何教中又言我以五眼不見三聚衆生狂愚無目而言見耶　荅若約實相體性徧法界以實相無相故則不可見若論照用相徧法界以無相之相亦可得見又五眼圓照三諦之理諸境分明雖云洞鑒未必是有雖云不見未必是無斯乃無相之相不觀之觀當知相中無相只勿相觀中無觀只勿觀體萬物而自虛同一道之清淨豈同執實隨塵作能所斷常之見耶　問夫佛眼者皆是圓修圓證方具十住菩薩尚未分明云何無明煩惱凡夫尚未得天眼云何得同佛眼

荅如來五眼衆生悉具非待證聖方有涅槃經云若學大乘人雖是肉眼而名佛眼二乘雖具天眼不名佛眼又云見如來性者雖有煩惱如無煩惱若實明宗見性即肉眼而明佛眼以智照爲眼故台教約五品初位中以凡夫心同佛所知用所生眼齊如來見若論明昧淺深即落修證今直論見性即無前後所以鴦崛摩羅經偈云所謂彼眼根於諸如來常具足無減修了了分明見者止觀釋云彼是九法界眼根也於如來常者九界自謂各各非眞如來觀之即佛法界無二無別無減修者觀諸眼即佛眼一心三諦圓因具足無有缺減也了了分明見者照實爲了了照權爲分明三智一心中五眼具足圓照名爲了了見佛性也見論圓證修論圓因又具足修者觀於眼根捨二邊漏名爲檀眼根不爲二邊所傷名爲尸眼根寂滅不爲二邊所動名爲羼提眼根及識自然流入薩婆若海名爲精進觀眼實性名爲上定以一切種智照眼中道名爲智慧是爲眼根具足無減修無減故了了分明見眼法界乃至彼意根於諸如來常具足無減修了了分明見於一一根即空即假即中三觀一心名無減修證慧眼法界佛眼一心中得名了了見皆如上說根既如此塵亦復然一切諸法亦復如是是爲圓教調伏諸根滿足六度此則究竟調伏究竟滿足如是助道助究竟道當知六度徧能調伏一切諸根也又若論差別者則諸天是報得二乘是修得我此宗門非報非修是發得五眼以本圓具故若悟佛乘人雖具煩惱性能知如來秘密之藏即肉眼而名佛眼二乘人雖證滅修道具漏盡通即天眼而爲翳眼所以志公云大士肉眼圓通二乘天眼有翳融大師云不取天眼等五通造事外道唯取入理凡夫耳

宗鏡録卷第八十　榮

音義

蔽（必袂反掩也）　礦（古猛反金璞也）　慘（七感反）　耆（渠脂反）　梟（古堯反）　獍（居慶反）　剝（北角反削也）　踞（居御反）　蛻（書芮反蛻皮）　鴿（古合反）　鵄（尺之反）

戊申歲分司大藏都監開板

宗鏡録卷第八十

校勘記

一　底本，麗藏本。

一　七〇〇頁下六行第二字「化」，磧、南、徑、清作「法」。

一　七〇一頁中八行第七字「眞」，磧、南、徑、清作「具」。

一　七〇一頁下二一行第一一字「問」，徑、清作「同」。

一　七〇二頁下八行「爲器」，清作「了性」。

一　七〇三頁上五行「滅寂」，南作「寂滅」。

一　七〇三頁下二行「即吉」，磧、南、徑、清作「即告」。

一　七〇三頁下二一行「保任」，磧、南、徑、清作「任保」。

一　七〇三頁下二二行第一六字「重」，磧、南、徑、清作「垂」。

一　七〇四頁中一行第一二字「五」，徑作「五爲」。

一　七〇四頁中六行第八字「事」，南、徑、清作「意」。

一　七〇四頁中二一行第九字及次行第三字「阿」，南、徑、清作「屙」。

一　七〇四頁中二三行第一三字「以」，清作「然」。

一　七〇五頁上一行第九字「淨」，磧、南、徑、清作「浮」。

宗鏡録卷第八十一

慧日永明寺主智覺禪師　延壽　集

夫真如一心平等法界衆生不了妄受沉淪令悟此宗欲入圓覺位於六度萬行莊嚴門中以何法助道保任速得成就　荅若論莊嚴無非福智二業於六波羅蜜中前五是福德業後般若是智慧業前五福德業中唯禪定一門最爲樞要前以廣明今更再述此宗鏡所集禪定一門唯約宗説於諸定中而稱第一名王三昧惣攝諸門囊括行原冠戴智海亦名無心定與道相應故亦名不思議定情智絶待故亦名真如三昧萬行根本故亦名一行三昧一念法界故亦名金剛三昧常不傾動故亦名法性三昧恒無變易故諸佛智光明海無量觀行皆從此生若不體此理非佛智故以此佛智證斯本理理則不待照而自了智則必資理而成照若本覺性智性自了故以平等性智了本性故故知理無興廢寂照靈知弘之在人豈有前後人有照分功由理發失理則失照要見此理方成佛耳此理即是一心惣該萬有頓悟頓修更無漸次爲未了不入者於一心法分出多門義演恒沙乃至無盡故法華經偈云少智樂小法不自信作佛是故以方便分別説諸果是以信心是佛罕遇其機乃諸佛出世之本懷祖師西來之正意自古先德一聞即心是佛之言疑根頓盡或欲燈傳後嗣便坐道場或樂灰息遊心住深蘭若其或障濃信薄唯思向外馳求隨他意似鸚鵡之徒借彼眼如水母之屬纔生不信便起謗心今則廣引徧搜探微攝要所冀證成後學決定無疑頓悟自心成佛妙軌若論法利功德無邊虛空可量斯旨難盡所以台教云若人欲得一切佛法相好威儀説法音聲十方無畏者當行此一行三昧勤行不懈則能得入如摩尼珠隨磨隨光證不思議功德一行三昧者繫緣法界一念法界信一切法皆是佛法無前無後無復際畔住佛所住如諸佛住安處寂滅法界秘密藏中則理無不圓事無不足故稱秘密亦號惣持究竟指歸自他俱利云何俱利以平等故云何平等以無相故如入佛境界經偈云入諸無相定見諸法寂靜常入平等故敬禮無所觀又一切諸法有事有理具體具用不可偏執乖此圓乘以自性定爲理用引發定爲事因事顯理理則昭然因理成事事方圓足以性實之理相虛之事體用交徹隱顯同時無礙雙行能契宗鏡若唯修事定但集世禪雖曰修行猶生惡覺以不制意地未斷其原長劫練磨迭沉苦道所以大涅槃經云一切凡夫雖護身心猶故生於三種惡覺三惡覺者欲覺恚覺害覺以貪欲故即生瞋恚因瞋恚故便行損害夫修行趣道本爲出五欲之泥翻求利養名聞如踐蚰蚓之地凡修禪定護念之人尚被外緣覺觀破壞何況縱情放逸之人故知日夜常爲煩惱欲火焚燒覺觀怨賊侵害是以欝頭藍弗以世俗智伏下地惑獲非想定具五神通時君敬重就宮供養欝頭藍弗每來與去皆乘神通赴宮供養王因出巡命其愛女依前舊儀供養藍弗王女珍敬接足作禮欝頭藍弗觸女身手因茲起貪便生欲覺遂失神通飲食已訖觸施興計語王女言我須來去皆乘神通國人思敬莫由見我我今食竟意欲步歸令國内人咸得見我王女謂實送出閤門步遊歸山既失神通情懷悵怏端坐林藪潔志安禪林間鳥鳴喧噪鬧亂久不得定移就池邊安布求禪池中魚遊驚聒禪思又不得定因茲起瞋便生恚覺遂發惡願願我來生作著翅水獺身上樹害鳥入水食魚報魚鳥怨誓不相放因茲便起害覺現前復移異處專志習禪久方得定依前證得非想三昧命終之後生非想天順生受業八萬大劫受異熟果八萬劫滿順後受業酬前惡願生于欲界作水獺身亦去飛狸身若到所在水陸空行一切物命悉皆喫盡故經云雖斷煩惱生非想處猶故還墮三惡道中即其義也故須先入宗鏡達一心萬行根本然後福智莊嚴則不枉功程永無退轉得其旨則大智圓明得其事則大用成就如師子奮迅成熟法界衆生猶象王迴旋啓發十方含識故華嚴論云師子奮迅三昧者於十方世界普同一切衆生想念作用而成熟之大用而無作是奮迅義夫入宗鏡萬事周圓鏡外更無一法可得如遺教經云是故汝等當好制心制之一處無事不辦若不制心無有是處一念纔起生死如煙燄五陰六入之舟航結十二種類之窟宅如從一妄念中結成十二類根塵相對發識造業因色有情見時生想於此情想二法各生四相從情上生一有色二無色三非有色四非無色從想上生一有想二無想三非有想四

非無想胎因情有卵爲想生情想合爲濕生情想離爲化現情上無色則是空散消沉想上無想則爲土木株杌此二雖屬無情然皆從識變若一念不生則諸類皆絕所以信心銘云心若不異萬法一如眼若不睡諸夢自除又如云譬如動目能搖湛水以眼勞觀水見水有動眼若不瞬弛水則不搖妄見若除亦無草木成壞之相若舉眼見色由有色陰舉身受苦樂由有受陰舉心即亂由有想陰舉眼見生滅由有行陰精明湛不搖處即識陰又若以偏身針刺俱知不帶分別則是識陰若次第分別則餘識陰故知一念纔起五陰俱生微識未亡六塵不滅若唯識之義燈常照妄何由生一心之智鏡恒明旨終不昧

問四弘十度皆可發行云何須依一心具足菩提之道　荅若不依一心求大乘之人疑情不斷古德云求大乘者所疑有二夫大乘法體爲一爲多如其是一即無異法無異法故無諸衆生菩薩爲誰發弘誓願若是多法即非一體非一體故物我各別如何得起同體大悲由是疑惑不能發心今爲遣此二疑立一心法開眞如生滅體用二種門立一心法者遣彼初疑明大乘法唯有一心一心之外更無別法但有無明迷自一心起諸波浪流轉六道雖起六道之浪不出一心之海良由一心動作六道故得發弘誓之願六道不出一心故能起同體大悲如是依於一心能遣二疑得發大心具足佛道華嚴演義記云釋如來法身觀者先觀發起普賢菩薩微妙行願復應以三密加持身心則能入文殊師利大智慧海然修行最初於空閑處攝念安心閉目端身結加趺坐運心普緣無邊剎海諦觀三世一切如來徧於一一佛菩薩前殷勤恭敬禮拜旋遶又以種種供具雲海奉獻如是等一切聖衆廣大供養已復應觀自心心本不生自性成就光明徧照猶如虛空復應深起悲念哀愍衆生不悟自心輪迴諸趣我當普化拔濟令其開悟盡無有餘復應觀察自心諸衆生心及諸佛心本無有異平等一相成大菩提瑩徹清淨廓然周徧圓明皎絜成大月輪量等虛空無有邊際是以垢淨世界大小法門乃至六度萬行皆從凡聖心現故經云菩薩摩訶薩以離垢心現見無爲眞如法界以自在心現生三界爲教化彼諸衆生故又經云依自虛妄染心衆生染依自性清淨心衆生淨諸法無行經云雖讚發菩提心而知心性即是菩提雖讚大乘經而知一切諸法皆是大相雖說菩薩道而不分別阿羅漢辟支佛諸佛雖讚布施而通達布施平等相雖讚持戒而了知諸法同是戒性雖讚忍辱而知諸法無生無滅無盡相雖讚精進而知諸法不發不行相雖種種讚歎禪定而知一切法常定相雖種種讚於智慧而了智慧之實性雖說貪欲之過而不見法有可貪者雖說瞋恚之過而不見法有可瞋者雖說愚癡之過而知諸法無癡無礙雖示衆生墮三惡道怖畏之苦而不得地獄餓鬼畜生之相如是諸菩薩雖隨衆生所能信解以方便力而爲說而自信解一相之法故知心外無法於第一義而不動爲未信者以方便力雖說種種道其實爲一乘所以般若說一切法皆摩訶衍靡不運載思益明解諸法是菩薩徧行華嚴入法界不動祇園淨名一念知一切法是道場故知一法周備無事不該可謂圓滿菩提成就佛道乃至坐禪見境諸魔事起但了一心境界自滅可謂降魔妙術治惑靈方匪用心神安然入道起信論云修行止者住寂靜處結加趺坐端身正意不依氣息不依形色不依虛空不依地水火風乃至不依見聞覺知一切分別想念皆除亦遣除想以一切法不生不滅皆無相故前心依境以捨於境後念依心復捨於心以心馳外境攝住內心後復起心不取心相以離眞如不可得故乃至魔事現前念彼一切皆是思惟剎那即滅遠離諸相入眞如三昧心相既離眞相亦盡摩訶衍論釋云若眞若僞唯自妄心現量境界無有其實無所著故又若眞若僞皆一眞如皆一法身無有別異不斷除故是以但了一心不忘正念一切境界自然消滅可謂應念斷除豈勞功行此乃西來的旨諸佛正宗圓信圓修不同權漸直下得力如師子就人一擲便成猶王之寶器可謂等賜高廣大車悉與如來平等滅度豈同貧所樂法下劣之乘者哉若有人不信此宗鏡正義又墮邪思徇假執權而迷眞實如金易鍮石鳳換山鷄如此愚盲過在無眼如昔人乘馬者著金帶見乘驢者著驢條帶即便問之或中何物貴彼即荅云驢條甚貴其人即易之或爲色聲而弃正法其猶如是　問既一心圓滿覺道云何又發菩提等諸心若有能發

則有所證能所既成唯一之義即墮　荅夫言發者即無所發終不離心有菩提離菩提有心大寶積經云菩提中心不可得心中菩提亦不可得離菩提心不可得離心菩提亦不可得乃至若言見有菩提而取證者當知此輩即是增上慢人若能如是信解乃爲眞發菩提之者般若經云若菩薩知心性即是菩提而能發起大菩提心是名菩薩又無所發菩薩云知一切法皆無所發而發菩提心然於所證眞如如外無智能發妙智智外無如雙照雙遮不存不泯不二而二理智似分二而不二能所俱寂則是一心菩提萬行之本既能通達法爾利他運同體之大悲豈有能所以無得之方便誰立自他止觀云發眞正菩提心者既深識不思議境知一苦一切苦自悲昔苦起惑躭湎麁弊色聲縱身口意作不善業輪環惡趣嬰諸熱惱身苦心苦而自毀傷而今還以愛繭自纏癡燈所害百千萬劫一何痛哉設使欲捨三塗欣五戒十善相心修福如市易博換翻更益罪似魚入筍口蛾赴燈中枉計邪黠論逆逾遠渴更飲鹹龍鬚縛身入水轉痛牛皮繫體向日彌堅盲入棘林溺墮洄澓把刃抱炬痛那可言虎尾蛇頭悚惕慄自惟若此悲他亦然假令階路數出怨國備歷辛苦絶而復穌往至貧里傭賃一日止宿草菴不肯前進樂爲鄙事不信不識可悲可怪思惟彼我哽痛自他即起大悲興兩誓願衆生無邊誓願度煩惱無邊誓願斷雖知衆生如虛空誓度如虛空之衆生雖知煩惱無所有誓斷無所有之煩惱雖知衆生數甚多而度多多之衆生雖知煩惱無邊底而斷無底之煩惱雖知衆生如如佛如而度如佛如之衆生雖知煩惱如實相而斷如實相之煩惱何者若但拔苦因拔苦果此誓雜毒故須觀空若偏觀空則不見衆生可度是名著空者諸佛所不化若偏見衆生可度即墮愛見大悲非解脫道今則非毒非僞故名爲眞非空邊非有邊故名爲正如鳥飛空終不住空雖不住空跡不可尋雖空而度雖度而空是故誓與虛空共鬪故名眞正發菩提心即此意也又識不思議心一樂心一切樂心我及衆生昔雖求樂不知樂因如執瓦礫謂如意珠妄指螢光爲日月今方始解故起大慈興兩誓願謂法門無量誓願知佛道無上誓願成雖知法門永寂如空誓願修行永寂如空雖知菩提無所有無所有中吾故求之雖知法門如空無所有誓畫繢莊嚴虛空雖知佛道非成所成如虛空中種樹使得華得果雖知法門及佛果非修非不修而修非證非得以無所證得而證而得是名非僞非毒名爲眞非空非見愛名爲正如此慈悲誓願與不可思議境智非前非後同時俱起慈悲即智慧智慧即慈悲無緣無念普覆一切任運拔苦自然與樂不同毒害不同但空不同愛見是名眞正發菩提心義　問華嚴經頌云禪定持心常一緣智慧了境同三昧云何悟入一心能令根境悉成三昧　荅內外一切境界皆從眞如一心而起眞心不動故稱爲三昧王以統御一切萬法萬行故得稱爲王無有一法不從一心眞如三昧起此是一切三昧根本了此根本則從本所現念念塵塵盡成三昧以本末無異故寶積經偈云如鑽木出火要假衆緣力若緣不和合火終不得生是不悅意聲畢竟無所有知聲性空故瞋亦不復生瞋不在於聲亦不身中住因緣和合起離緣終不生如因乳等緣和合生酥酪瞋自性無起因於麁惡聲愚者不能了熱惱自燒然應當如是知究竟無所有瞋性本寂靜但有於假名瞋恚即實際以依眞如起了知如法界是名瞋三昧又偈云是大夜叉身從於自心起是中無有實妄生於恐怖亦無有怖心而生於怖畏觀法非實故無相無所得空無寂靜處現此夜叉身如是知虛妄是夜叉三昧且夜叉一身於外相分甚爲麁惡令人怖畏瞋之一門是根本煩惱最能煩亂此內外二法尚成三昧舉一例諸可爲龜鏡其餘一切心境即無非三昧矣楞伽經云佛言大慧云何三昧樂正受意生身謂第三第四第五地三昧樂正受故種種自心寂靜安住心海起浪識相不生知自心現境界性非性是名三昧樂正受意生身故知了境即心更無一物會於本寂即心海常安分別不起即是正受是以無物可納名爲正受無境可動名爲正定首楞嚴三昧經云問現意天子菩薩當修何法得是三昧天子荅欲得三昧當行凡法若見凡法不合不散是名修行楞嚴三昧又問諸佛法中有合散耶天子曰凡法尚無合散況佛法耶云何修習若見凡法佛法不二是名修習是以了一心成現之門則無修而修逹萬法具足之體乃

不習而習出入無際心境一如即於一切差別法中念念入念念起故所以華嚴經云佛子等菩薩摩訶薩入一切衆生差別身三昧於此三昧內身入外身起外身入內身起同身入異身起異身入同身起乃至眼處入耳處起耳處入眼處起鼻處入舌處起舌處入鼻處起身處入意處起意處入身處起自處入他處起他處入自處起一微塵中入無數世界微塵中起無數世界微塵中入一微塵中起不唯根境盡成三昧萬法咸作智門承此宗鏡之光可謂盡善盡美何者體含虛寂不能讚其美理絕見聞不能書其過降茲已下皆隨形名則難逃毀讚矣如昔人云夫大道混然無形寂然無聲視之不見聽之不聞非可以影響知不得以毀譽稱也降此以往則事不雙美名不並盛矣雖天地之大三光之明聖賢之智猶未免於毀譽也故天有[illegible]之象地有裂之形日月有謫蝕之變五星有勃彗之妖堯有不慈之誹舜有詷父之謗湯有放君之稱武王有弒主之譏齊桓有貪婬之目晉文有不臣之聲伊尹有無君之迹管仲有僭上之名以夫二儀七曜之靈不能無虧況堯舜湯武之聖也不能免嫌謗桓文伊管之賢也不能遣纖過由此觀之宇宙庸流矣能自免怨謗而無悔悋也若以心智通靈成無爲之化則萬累不能干矣　問一心旨趣蓋是總門法義難明廣須開演如何是法如何是義　答法本無差隨義有別從法生義義別難明因義顯法一心易了禪原集以況解釋法義二門如眞金隨工匠等緣作鐶釧等物金性必不變爲銅鐵金即是法不變隨緣是義設有人問何物不變何物隨緣只令答云金也以喻一藏經論義理只是說心心即是法一切是義故論云所言法者謂衆生心經云無量義者從一法生然無量義統唯二種一不變二隨緣諸經只說此心隨迷悟緣成垢淨凡聖等亦只說此心垢淨等時元來不變常自寂滅眞實如如等設有人問何法不變何法隨緣只答云心也不變是性隨緣是相當知性相皆是一心上義今性相二宗互相非者良由不識眞心每聞心字將謂只是八識不知八識但是眞心上隨緣之義故馬鳴以一心爲法以眞如生滅二門爲義論云依於此心顯示摩訶衍義心眞如是體心生滅是相用只說此心不虛妄故云眞不變易故云如不守自性故隨緣以隨緣故成無量義又由不變故始能隨緣由隨緣故方能不變何者謂若變自體將何隨緣如無水豈能成波浪故知一心不動義徧恒沙雖徧恒沙皆是一心之義　問欲淨其土當淨其心則心外有土何成自淨　答至極法身常寂光土離身無土離土無身依報是心之相正報是心之體體相無礙依正本同所以攝境歸心眞空觀中則攝相歸體顯出法身從心現境妙有觀中則依體起用修成報身若心境秘密圓融觀中則心境交參依正無礙心謂無礙心諸佛證之以成法身境謂無礙境諸佛證之以成淨土淨名疏中觀心釋四種境界者一因緣境二空境三假境四中道境境是心所依住即是上也衆生者佛告比丘汝等日夜常生無量百千衆生令因緣心多境亦多心少境亦少觀心照少境即是小國土觀心照多境亦是多國土如是觀因緣境即是化衆生或調惡境而悟即是穢土入佛智慧或觀善境而悟即是淨土入佛智慧起菩薩根者隨所觀善惡之塵了知此塵即是一切法此法本來畢竟常寂常寂之境發於眞智眞智所依佛土即常寂光土也復次行人觀是四境非爲貪著境界但化伏煩惱心數衆生用此四心而起誓願法界衆生皆得如我化此心數悉令清淨即是淨土安立有爲緣集衆生也行人當知一切菩薩淨佛國土根本從此而起合抱之樹起於毫末又凡聖共居同一妙土眞俗所依唯一法身所依不二能依自殊所旣不殊能亦何別無始妄習謂依正殊若能一切皆融豈有身土別見如此觀心實眞淨土是眞了義若離此者多是執文隨語生見義海云塵毛刹海是依佛身智慧光明是正今此塵是佛智現舉體全是佛智是故光明中見佛刹等又刹海塵等全以佛法界如如爲塵體是故塵中現一切佛事當知依即正正即依乃至一事一法一毛一塵各各如是合佛依正也故知萬像繁興唯一致矣

宗鏡錄卷第八十一　　功

釋音

括古活反　嗣祥吏反　蹴[illegible]　[illegible]　鬱紆物反　嬌舉喬反

怏於亮反不足也　[illegible]　藪蘇后反　[illegible]　闔[illegible]

獮[illegible]　[illegible]　狸里之反　迅[illegible]　涵[illegible]

鍮[illegible]　[illegible]

嬰於盈反 蕑古典反 筭蘇管反 蛾五何反 黠胡八反 洄戶恢反 狀 悚息拱反 悼徒到反 慄力質反 嗌 澥 蚑 傭餘封反 鄙方美反 哽古杏反 繽

宗鏡八十一卷 十二張 功

戊申歲分司大藏都監開板

宗鏡録卷第八十一

校勘記

一　底本，麗藏本。

一　七〇七頁上一四行第一四字「易」，磧作「異」。

一　七〇八頁上六行第三字「如」，徑、清作「經」。

一　七〇八頁上二八行末字「云」，磧、南、徑、清作「一」。

一　七〇八頁中二行「結加跏坐」，磧、南、清作「結跏趺坐」。

一　七〇八頁下一三行第七字「超」，磧、南、徑、清作「起」。

一　七〇八頁下二七行末字「或」，磧、南、徑、清作「市」。

一　七〇八頁下二九行第一二字「是」，磧、南、徑作「是正」；清作「是耳」。

一　七〇九頁上一三行末字「有」，磧、南、徑、清作「存」。

一　七〇九頁上一六行第五字「苦」，清作「因」。

一　七一〇頁上一七行第八字「免」，磧、南作「勉」。

一　七一〇頁中末行第一〇字「上」，磧、南、徑、清作「土」。

宗鏡録卷第八十二　　功

慧日永明寺主智覺禪師　延壽　集

夫云何一心而成止觀　答法性寂然名止寂而常照名觀非能所觀但是一法若台教惣論二種止觀一相待止觀二絶待止觀前是拙度後是巧度相待止觀者有三止三觀三止者一止息義二停止義三不止止義三觀者一觀穿義二觀達義三不觀觀義絶待止觀者有三止三觀三止者一體眞止二方便隨緣止三息二邊分別止三觀者一從假入空名二諦觀二從空入假名平等觀三二觀爲方便道得入中道雙照二諦心心寂滅自然流入薩婆若海名中道第一義諦觀今宗鏡所明唯論一心圓頓之旨圓頓止觀相者以止緣於諦則一諦而三諦以諦繫於止則一止而三止譬如三相在一念心雖一念心而有三相止諦亦如是所止之法雖一而三能止之心雖三而一也以觀觀於境則一境而三境以境發於觀則一觀而三觀如摩醯首羅面上三目雖是三目而是一面觀境亦如是觀三即一發一則三不可思議不權不實不優不劣不前不後不並不別不大不小故中論云因緣所生法即空即假即中又如金剛般若經云譬如人有目日光明照見種種色若眼獨見不應須日若無色者雖有日眼亦無所見如是三法不異時不相離眼喻於止日喻於觀境喻於色如是三法不前不後一時論三三中論一亦復如是若見此意即解圓頓教止觀相也何但三一一三惣前諸義皆在一心其相云何體無明顚倒即是實相之眞名體眞止如此實相徧一切處隨緣歷境安心不動名隨緣方便止生死涅槃靜散休息名息二邊止體一切諸假悉皆是空空即實相名入空觀達此空時觀冥中道能知世間生滅法相如實而見名入假觀如此空慧即是中道無二無別名中道觀體眞之時五住盤石砂礫一念休息名止息義心緣中道入實相慧名停止義實相之性即非止非不止義又此一念能穿五住達於實相實相非觀亦非不觀如此等義但在一念心中不動眞際而有種種差別經言善能分別諸法相於第一義而不動雖多名字蓋乃般若之一法佛說種種名衆名皆圓諸義亦圓相待絶待對體不可思議不可思議故無有障礙無有障礙故具足無減是圓頓敎相顯止觀體也又三止三觀爲因所得三智三眼爲果三智者一切智道種智一切種智三眼者慧眼法眼佛眼若一心眼智者眼即是智智即是眼眼故論見智故論知知即是見見即是知佛眼具五眼佛智具三智王三昧一切三昧悉入其中首楞嚴定攝一切定如來雖具五眼實不分張只約一眼備有五用能照五境所以者何佛眼亦能照麤色如人所見亦過人所見名肉眼亦能照細色如天所見亦過天所見名天眼達麤細色空如二乘所見名慧眼照達假名不謬如菩薩所見名法眼於諸法中皆見實相名佛眼當知佛眼圓照無遺故經云五眼具足成菩提永與三界作父母而獨稱佛眼者而衆流入海失本名字非無四用也佛智照空如二乘所見名一切智佛智照假如菩薩所見名道種智佛智照空假中皆見實相名一切種智故言三智一心中得故知一心三止所成三眼見不思議三諦此見從止得故受眼名一心三觀所成三智知不思議三境此智從觀得故受智名境之與諦左右異耳見之與知眼目殊稱不應別說雖作三止三觀之三說實是不思議一法耳又云善巧安心者以觀止安於法性無明癡惑本是法性以癡迷故法性變作無明如眠來變心有種種夢雖顚倒起滅如旋火輪不信顚倒起滅唯信此心但是法性起是法性起滅是法性滅體其實不起滅妄謂起滅以法性繫法性以法性念法性常法性無不法性時體達既成不得妄想亦不得法性還原反本法界俱寂是名爲止觀者觀察無明之心等於法性本來皆空譬如劫盡下等一切妄想善惡皆如虛空無二無別又如劫盡從地上至初禪炎炎無非是火如虛空藏菩薩所現之相一切皆空如海慧如來所現一切皆水介爾念起所念念者無不即空空亦不可得如火木能使薪燃亦復自燃法界洞朗咸皆大明名之爲觀上所言止者尚不得法性何況妄想所言觀者尚不得空何況有法則有無俱寂染淨雙融方成究竟一心止觀耳又絶待止觀者絶橫豎諸待絶諸思議絶諸教觀悉皆不生故名止止亦不可得觀冥如境境既寂滅清淨尚無清淨何得有觀世人約種種語釋絶待義終不得絶若得意忘言心行亦斷隨智妙悟無復分別緣理分別皆名爲待眞慧開發絶此諸

待絶即復絶諸法不相待乃至一念不任故即此意也輔行記云若無生門千萬重疊唯是一心者為欲修觀人措心難當故撮示其正意名為一心此即正明一心無生之門乃至既於念念止觀現前約此心念名為衆生何者揔攝前來若横若竪既入一心凡一念起不離於我我即衆生達念念心而寂而照寂故名止照故名觀一心既爾諸心例然止觀為因眼智為果一一念中無非止觀眼智也如上三一若有三可三便成差別有一可一便成無差若差則失無差若無差則失差開一為三則失一合三為一則失三今明不爾昔三猶是今一今一猶是昔三開三不失一合一不失三即是差即無差無差即差若得此意本有今無三世有法無有是處亦應例云本無今有三世有法斯有是處無常非無常境智非境智因果非因果例皆如是昔三猶是今一今一猶是昔三者即是不動衆生之性能成諸佛之性亦是從實開權會權歸實亦是因果同時迷悟一際故云汝等所行是菩薩道一切衆生即涅槃相又説一心三觀三觀一心若三觀一心即約縱説一心三觀即約横説今非縱故不一非横故不三三一一三但是眞心上義不可定執為一為三非三非一之解以宗非數量道絶名言故問經云一切無礙人一道出生死云何立多種觀門行相差別　答所觀是一能觀自殊諸佛徇機密施善巧又法是心體觀是心用自心起用還照自體如炷生燄明還照炷似珠吐光反照珠體如華嚴經善財叅見彌伽

長者徹見十方佛海顯此定者唯心之觀知衆生界無量無邊皆心現故明隨心念佛諸佛現前以唯心觀徧該萬有是以湛然尊者云上根唯觀一法謂觀不思議境境為所觀觀為能觀所觀者謂陰界入不出色心色從心造全體是心此之能造具足諸法衆生理具諸佛已成成之與理莫不性等頌云一一心中一切心一一塵中一切塵一一心中一切塵一一塵中一切心一一塵中一切刹一切刹塵亦復然諸法諸塵諸刹身其體悉然無自性無性本來隨物變所以相入事恒分故我身心刹塵徧諸佛衆生亦復然一一身土體恒同何妨心佛衆生異異故分別染淨緣緣體本空空不空三諦三觀三非三三一一三無所寄諦觀名別體復同是故能所二非二如是觀時名觀心性隨緣不變故名為性不變隨緣故名為心故此妙境為諸法本故此妙觀為諸行原上根一觀横竪該攝便識無相衆相宛然若中下根不逗此門則隨機差別教分多種雖説種種道其實為佛乘佛乘不動種種隨心猶玻瓈珠隨前塵而變衆色若金剛寶置日中而無定形　問自性清淨心本無垢染云何説斷惑之義　答有二種心一自性清淨心二離垢清淨心以自性心雖本清淨以客塵不染而染修諸對治得成離垢未必有垢可離以自性離故此即不斷而斷雖有能斷而無所斷此是圓斷惑義如古師云斷惑相者要性相無礙由能斷無性方為能斷所斷本空方成所斷若定有者則墮於常不可斷故若定無者則墮斷失

聖智故中論偈云能説是因緣善滅諸戲論拙度為不善滅巧度為善滅也善滅者不斷斷不善滅者是定斷也又智障有其三門一是智障所謂分別有無之心二是體障謂觀非有非無之解立已能知故曰體障三是治想謂妄識中合如正慧若四五六地斷除分別取有之心入七地時斷除分別取無之心八地已上斷除體障前第七地雖除分別有無之心猶見已心以為能觀如為所觀其所觀如不即心能觀之心不即如心如別故心外求法故有功用法外立心故有體障從第七地入八地時破捨此障觀察如外由來無心心外無如如外無心心不異如心外無如如不異心故能如心泯同法界廣大不動以不異故息外推求故捨功用不復如外建立神智故滅體障體障滅故名無障想第三治想至佛方滅故入八地雖無障想而有治想從八地已上無生忍體轉轉寂滅令彼治想運運自亡至佛乃窮今此未盡又若依頓教一切煩惱本來自離不可説即與不即如法界體性經云佛告文殊師利汝依何教法發菩提心文殊言教發我見心何以故我見際即是菩提故若華嚴圓教一切煩惱不可説其體性但約其用即甚深廣大以所障法一即一切具足主伴故能障惑亦如是也是故不分使習種現但如法界一得一切得是故煩惱亦一即一切即也普賢品明一障一切障經云以普賢眼見一切衆生皆已究竟矣故知但了眞心無惑可斷設有餘習還以一心佛知見而治之不入此宗皆成權漸以此纖

罪何罪不消除三毒根如翻大地以此發行何行不成徹十地源似窮海底遊行奮迅猶師子之王自在翱翔若金翅之鳥　問雖一眞心入平等際云何學者證有差殊　答此於能證智見有淺深向無爲法自生差別涅槃疏云佛性如世間道有未行者有欲行者有正行者有已行者雖有未行等不同不可言道有二佛性亦爾有未見欲見正見已見雖見不同理無有二諸佛同一法界則理無二是一塵無非法界則事弗差此即是所證一若能證殊者如藏通二教只見空而不見不空如尋夢得眼若別圓二教見不空中道之理如尋夢得心又別門猶執教道次第生起若圓乘直了心性即今具足又藏通以滅心爲極果頓皆圓乘台教云六識是緣因種善惡並是六識起七識是了因種惑之與解皆是七識八識是正因種無八識則無生死涅槃若此三種非佛種類此外何處更有圓頓之法二乘斷結盡便無佛慧之因不能成一切種智失了因種也若除惡有善惡盡則不能生一切善豈有緣因種若離生死入無餘涅槃滅身不受生者豈有正因種所以圓覺經云淸淨慧菩薩白佛言世尊願爲一切諸來法衆重宣法王圓滿覺性一切衆生及諸菩薩如來世尊所證所得云何差別乃至佛言善男子圓覺自性非性性有循諸性起無取無證於實相中實無菩薩及諸衆生何以故菩薩衆生皆是幻化幻化滅故無取證者譬如眼根不自見眼性自平等無平等者衆生迷倒未能除滅一切幻化於滅未

滅妄功用中便顯差別若得如來寂滅隨順實無寂滅及寂滅者善男子一切衆生從無始來由妄想我及愛我者曾不自知念念生滅故起憎愛耽著五欲若遇善友教令開悟淨圓覺性發明起滅即知此生性自勞慮若復有人勞慮永斷得法界淨即彼淨解爲自障礙故於圓覺而不自在此名凡夫隨順覺性善男子一切菩薩見解爲礙雖斷解礙猶住見覺覺礙爲礙而不自在此名菩薩未入地者隨順覺性善男子有照有覺俱名障礙是故菩薩常覺不住照與照者同時寂滅譬如有人自斷其首首已斷故無能斷者則以礙心自滅諸礙礙已斷滅無滅礙者脩多羅教如標月指若復見月了知所標畢竟非月一切如來種種言說開示菩薩亦復如是此名菩薩已入地者隨順覺性善男子一切障礙即究竟覺得念失念無非解脫成法破法皆名涅槃智慧愚癡通爲般若菩薩外道所成就法同是菩提無明眞如無異境界諸戒定慧及婬怒癡俱是梵行衆生國土同一法性地獄天堂皆爲淨土有性無性齊成佛道一切煩惱畢竟解脫法界海慧照了諸相猶如虛空此名如來隨順覺性善男子但諸菩薩及末世衆生居一切時不起妄念於諸妄心亦不息滅住妄想境不加了知於無了知不辯眞實彼諸衆生聞是法門信解受持不生驚畏是則名爲隨順覺性釋曰居一切時不起妄念者念雖即空不可故起或串習而生或接續而起或覺前念非別生後念改悔捴皆是病但一坐之時內外心不生即是眞

如定設有異境牽生唯明正念正念者即一心本法心境俱虛了無所得於諸妄心亦不息滅者即推初念不見起處何須斷滅不見起處是名眞滅住妄想境不加了知者妄想內外諸境皆空何須強生分別則不取不捨妙定相應於無了知不辯眞實者亦不住無分別非實非虛心無所寄則得本之正宗還原之妙性矣　問一切衆生皆同法性故思益經云衆生如即是涅槃解脫如云何衆生不具性起功德　答性有二種一種性義因所起故二法性義若眞若應皆此性故若是法性凡聖皆同若是種性須萬善熏修以淨奪染性方起故妄雖即性不順性故清涼記云如來出現義亦名緣起亦名性起若八相覽緣出現故名緣起謂由衆生業感如來大悲而出現故八相成道從法性故名性起今以從緣無性緣起即名性起又淨緣起常順於性亦名性起故云應雖從緣不違性故即無不從此法界流即相成門明性成於緣故此性起自有二義一從緣無性而爲性起二法性隨緣故名性起無不還證此法身故此乃緣起能成性起即是相成門也以淨奪染性即起故若明相奪門亦是通妨謂有問言性起唯淨緣起即是性起故爲此通謂起有二一染二淨淨謂如來大悲菩薩萬行等染謂衆生惑業等若以染奪淨則屬衆生故唯緣起今以淨奪染唯屬諸佛故名性起乃至萬法出興皆是眞性中緣起所以菩薩凡有施爲皆順法性衆生以無明根本未盡我執情見不亡所有施爲皆違法性但成有爲生

滅之行不成性起功德之門如起信論云此菩薩知法性離慳貪相是清淨施度隨順修行檀波羅蜜知法性離五欲境無破戒相是清淨戒度隨順修行尸羅波羅蜜知法性無有苦惱離瞋害相是清淨忍度隨順修行羼提波羅蜜知法性離身心相無有懈怠是清淨進度隨順修行毗棃耶波羅蜜知法性無動無亂是清淨禪度隨順修行禪那波羅蜜知法性離諸癡闇是清淨慧度隨順修行般若波羅蜜故知菩薩所修一度一行皆順眞如一心法性之理非是於自性外別有所修以隨順心性故所有功德皆如性起無盡無爲不取不捨凡夫所造慳貪乃至癡闇皆是違眞背性起我見心所以不隨性起成無漏功德設有妄修皆於自心外別有所得盡成外道天魔有爲生滅以不順眞如違法性故又以修顯性以性成修若無性修亦不成若無修性亦不顯如古德云本有如眞金修生如嚴具由嚴具方顯金德嚴具無體全攬金成喻顯二德者如修生在因漸顯於本有在果圓滿於本有非本有理有漸有圓如初生月明雖漸滿而常帶圓月以圓月常在故故十五日月徧在初一二三等中則知滿果徧在因位亦令後後常具前前前前常具後後以初一日有二日月乃至十五日月以十五日月即初月故法合可知由此故云修生本有以初圓時先已圓故本有修生以初生時亦已圓故忘懷思之若不能如是思之而失大利猶如窮子於已庫藏以爲他物或持衣珠而乞丐或守金藏以貧窮皆爲不知自心之

寶致茲況矣又如首楞嚴經云佛言一切衆生從無始來迷己爲物失於本心爲物所轉故於是中觀大觀小若能轉物則同如來身心圓明不動道場於一毛端徧能含受十方國土夫云轉物者物虛非轉唯轉自心以一切法皆從分別生因想而成隨念而至所以金剛三昧經頌云法從分別生還從分別滅滅諸分別法是法非生滅故知一切諸法皆從分別識生若能悟了分別識空則知諸法寂滅若生若滅俱是分別分別若亡法非生滅亦如法華經三變土田唯是變心非變土耳首楞嚴經鈔云若能轉物即同如來者心外無物物即是心但心離分別爲正智正智即是般若周徧法界無有障礙是故西方國土水鳥樹林悉皆說法說法之處即如如心所以如來一一根門徧塵剎土乃至毛端而說妙法如今但得離念便同如來眞實知見昔有禪師在蜀地綿竹縣無爲山修道時有三百餘家設齋俱請和尚皆由心離分別即應機無礙　問法界群機以何智證悉入平等一心究竟如來之藏　答約佛性論有五種如來藏釋摩訶衍論列十種如來藏且佛性論云藏有五種一如來藏在纏含果法故二自性清淨藏在纏不染三法身藏果位爲功德所依四出世間上上藏出纏超過二乘菩薩五法界藏通因微果外持一切染淨故名法界內含一切恒沙性德故名藏次釋摩訶衍論云如來藏有十種於契經中別別說故一者大總持如來藏盡攝一切如來故諸佛無盡藏契經中作如是說佛告文殊有如

來藏名曰大寶無盡殊勝圓滿陁羅尼盡攝諸藏無所不通無所不當圓滿圓滿平等平等一切所有諸如來藏無有以此非爲根本何以故此如來藏如來藏王如來藏主如來藏天如來藏地以此義故名曰大寶無盡殊勝圓滿陁羅尼如來藏故此經文明何義所謂顯示陁羅尼藏所依揔相餘契經中諸如來藏能依別相故以何義故名如來藏謂攝持故二者遠轉遠縛如來藏一淸一滿故實際契經中作如是說佛子如來藏者唯有覺者唯有如如離流轉因離慮知縛一一白白是故名爲如來之藏故此經文明何義所謂顯示眞如一心無有惑因無有覺因無有惑果無有覺果一眞一如唯有淨妙如來體故以何義故名如來藏諸無雜故三者與行與相如來藏與流轉力法身如來令覆藏故楞伽契經中作如是說如來藏者爲善不善因受苦樂與因俱若生若滅猶如技兒故此經文明何義所謂顯示生滅一心於惑與力於覺與力出現生死涅槃之法譬如非幻幻人於諸幻事隨其所應與力用故以何義故名如來藏謂令覆故四者眞如眞如如來藏唯有如故眞修契經中作如是說如理如理如來藏非建立非誹謗非常非無常非正體智之所證得亦非意識之所緣境界何以故唯有理理無彼彼故此經文明何義所謂顯示眞如門中性眞如理唯理自理非智自理故以何義故明如來藏謂無他故五者生滅眞如如來藏不生不滅被生滅之染故楞伽契經中作如是說大慧愚癡凡夫不覺不知

執著諸法剎那不住墮在邪見而作是言無漏之法亦剎那不住破彼眞如如來藏故復次大慧金剛如來藏如來證法若剎那不住者一切聖人不成聖人故此經文明何義所謂顯示生滅門中性眞如理遠離無常之相不生不滅之法故以何義故名如來藏謂被染故六者空如來藏一切謂空覆藏如來故勝鬘契經中作如是說世尊空如來藏若離若脫若異一切煩惱藏故此經文明何義所謂顯示生滅門中一切染法隱覆自相本覺無量性功德故以何義故一切染法揔名爲空所謂一切染法幻化差別體相無實作用非眞故名爲空而能隱覆法身如來實德眞體是故名爲如來之藏從能藏染立其名故七者不空如來藏一切不空被空染故勝鬘契經中作如是說世尊不空如來藏過恒沙不離不脫不異不思議佛法故此經文明何義所謂顯示生滅門中自相本覺備過恒沙一切功德被過恒沙一切染法之所染故以何義故一切淨法揔名不空所謂一切淨法自體中實作用勝妙遠離虛假超越巧偽故名不空被染之覆名如來藏於出現時名爲法身於隱覆時名如來藏故從所淨立其名故八者能攝如來藏無明藏中自性淨心能攝一切諸功德故不增不減契經中作如是說如來藏本際相應體及清淨法此法如實不虛妄不離不脫智不思議法無始本際來有此清淨相應法體故此經文明何義所謂顯示一切諸衆生自性清淨心從無始已來具足三智圓滿四德無所闕失故以何義故

名如來藏由顛倒心不知不覺故從能淨立其名故九者所攝如來藏一切染法無明地藏既乃出離圓滿覺者爲所攝故不增不減契經中作如是說如來本際不相應體及煩惱纏不清淨法此本際離脫不相應煩惱纏不清淨法唯有如來菩提智之所能斷故此經文明何義所謂顯示始覺滿佛斷一切障具一切智智明爲外障闇爲內一切染法智所攝持故以何義故心如來藏謂攝持故十者隱覆如來藏法身如來煩惱所覆隱沒藏故不增不減契經中作如是說如來藏未來際平等恒及有法即是一切諸法根本備一切法具一切法於世法中不離不脫故此經文明何義所謂顯示多一心體等於法界徧於三際具足圓滿染淨諸法無所不通無所不至故復次顯示隨緣門中自性淨心於染法中隱藏沉沒法身如來未出現故是名爲十今取佛性論中第五法界藏及釋摩訶衍論中第一大揔持如來藏此義弘通揔攝一切以實相智當能證入如星拱北似海會川猶太虛空無一塵而不入若宗鏡內無一法而不歸衆聖之所乘諸佛之同證其餘諸藏隨染淨緣成眞如生滅二門功德過患隱顯對治故以不差而差不守自性故以差而不差不失自性故則揔別同原本末一際如究竟一乘寶性論偈云法身徧無差皆實有佛性是故說衆生常有如來藏此偈明何義有三種義是故如來說一切時一切衆生有如來藏何等爲三一者如來法身徧在一切衆生心識偈言法身徧故二者眞如之體一切

衆生平等無差別偈言無差故三者一切衆生皆悉等有眞如佛性偈言皆實有佛性故　問能證智與所證藏爲同爲異　答約分別門亦同亦異若冥合一味則無境智之殊若言用即同而異境不能照智有照故言寂即異而同境智無異味故同故無心於彼此忘心契合故異故不失於照功智異木石故是以境智之原非離非合合則境智俱壞離則境智相乖無境而不成智以離法無有人故無智而不成境以離人無有法故是以智心常寂雖照境而無緣寂不失照雖空寂而恒用斯則智照境亦照境寂智亦寂寂照雙分而一味境智融即而歷然若一二情生則違眞理或作有情無情之見自分彼我之懷或執有用無用之心唯隨斷常之網都爲不了萬法之實性一道之眞宗若洞斯文諸情頓破

問三界五趣既唯一心云何而有迷悟不同凡聖昇降　答只爲因心故迷因心故悟又因悟成聖因迷作凡凡聖但因迷悟得名名亦本空唯有眞心湛然不動但於一眞心上妄執人法二我所以似迷又因了人法二空所以似悟古德云覺非始終以迷故執我以悟故見性如闇中迷杌爲鬼至明杌有鬼無迷杌爲鬼見杌非新有了鬼本無悟鬼非始無既唯得杌不得鬼者故知鬼不新無杌非新有無取捨也既二念不生即爲實觀何以故念盡心澄無生現故如說水澄得眞寶等又凡有所見一切或見自見他皆是迷心自現如迷東爲西方實不轉以迷人西不離悟人東但爲迷人迷故不見悟人東也若至

悟時西全是東也故知迷常在悟生不離佛　宗八十二卷　十七張　功
經云衆生界即佛界佛界即衆生界但爲迷
故癡盲對目不知見深自悲哉故知依方故
迷方位不動因覺故眛覺體靡移則迷無所
迷悟無所悟迷則以眞爲妄悟則以妄爲眞
如夜見杌爲人晝見人爲杌一物未嘗異二
見自成差既知迷悟空眞妄亦何有　問若
無迷悟平等一心云何斷惑證果遲速不等
荅雖了一心本末平等以妄習衆生界中差
別種子不熏而熏無始堅牢卒難除遣至十
地位猶有色心二習若不勇猛精進念念常
與佛知見治之無由得淨如華嚴經云爾時
文殊師利菩薩問勤首菩薩言佛子佛教是
一衆生得見云何不即悉斷一切諸煩惱縛
而得出離然其色蘊受蘊想蘊行蘊識蘊欲
界色界無色界無明貪愛無有差別是則佛
教於諸衆生或有利益或無利益時勤首菩
薩以頌荅曰佛子善諦聽我今如實荅或有
速解脫或有難出離若欲求除滅無量諸過
惡當於佛法中勇猛常精進譬如微少火樵
濕速令滅於佛教法中懈怠者亦然如鑽燧
求火未出而數息火勢隨止滅懈怠者亦然
如人持日珠不以物承影火終不可得懈怠
者亦然譬如赫日照孩稚閉其目怪言何不
覩懈怠者亦然如人無手足欲以芒草箭徧
射破大地懈怠者亦然如以一毛端而取大
海水欲令盡乾竭懈怠者亦然又如劫火起
欲以少水滅於佛教法中懈怠者亦然如有
見虛空端居不摇動而言普騰躡懈怠者亦
然釋云如鑽燧求火未出而數息火勢隨止

滅懈怠者亦然者當以智慧鑽注於一境以　宗鏡八十二卷　十八張　功
方便繩善巧迴轉心智無住四儀無閒則聖
道可生瞥爾起心暫時忘照皆名息也所以
寶積經云譬如繫絲帛在頭上火來燒絲帛
無暇救火救實理急故外書勸學尚云輕尺
璧而重寸陰況學般若求出生死法豈可暫
忘乎

宗鏡録卷第八十二　功

音義

醓呼鴆反　烓之戍反　翺五勞反翺也　翔徐羊反　鑽借官反剸也
燧徐醉反燧丨也　躕尺反　瞽芳減反

戊申歲分司大藏都監開板

宗鏡録卷第八十二

校勘記

一　底本，麗藏本。

一　七一二頁上二五行第一〇字「須」，清作「頂」。

一　七一二頁中三行第二字「静」，磧、清作「淨」。

一　七一三頁中末行第一五字「墮」，徑、清作「墮於」。

一　七一四頁上一五行第七字「皆」，磧、南、徑、清作「背」。

一　七一五頁下二七行第一二字「自」，清作「智」。

一　七一六頁下一七行第七字「既」，磧作「即」。

一　七一七頁上一二行首字「與」，清作「以」。

一　七一七頁中五行「救火救實理急」，清作「救帛救頭是急」。

宗鏡錄卷第八十三　功

慧日永明寺主智覺禪師　延壽　集

夫真心是一字之王般若之母云何論說諸佛常依二諦說法　答若約正宗心智路絕若離二諦斷方便門以真心是自證法有何文字凡能詮教無非假名故云依二諦說法金剛三昧經偈云因緣所生義是義滅非生滅諸生滅義是義生非滅論釋云此四句義有惣別別則明二門義惣則顯一心法如是一心二門之内一切諸法無所不攝前二融俗為真顯平等義後二融真為俗顯差別門惣而言之真俗無二而不守一由無二故則是一心不守一故舉體為二又真俗無二一實之法諸佛所歸名如來藏明無量法及一切行莫不歸入如來藏中無邊教法所詮義相更無異趣唯一實義所言實者是自心之性除此之外皆是虛幻智度論云除一實相外其餘盡成魔事法華經云唯此一事實餘二即非真凡經論大意並是顯宗破執獨標心性若通達一切諸法即心自性心外無法性無不包猶若虛空徧一切處則一切諸法無非實相故知諸義但一念心一理應一切名以理外無名故一切名即一理以名外無理故則是無名之真名無理之真理是以一心二諦體用周足本約真論俗從一起多還約俗論真從多會一如如意珠珠以譬真用以譬俗即珠是用即用是珠不二而二分真俗耳起信論明一心二門心真如門者是體以一切法無生無滅本來寂靜唯是一心如是名為心真如門楞伽經云寂滅者名為一

心心生滅門者是用此一心體有本覺而隨無明動作生滅故於此門如來之性隱而不顯名如來藏楞伽經云一心者名如來藏又云如來藏者是善不善因此二門約體用分二若以全體之用用不離體全用之體體不離用還念其一以一心染淨其性無二真妄二門不得有異故名為一此無二處諸法中實不同虛空性自神解故名為心既無有二何得有一一無所有就誰曰心如是道理離言絕慮不知何以言之強為一心也　問摩訶衍論云一即是心心即是一無一別心無心別一一切諸法平等一味一相無相作一種光明心地之海者云何復說同相異相

答若同若異俱一心作故如海涌千波千波即海以眾生差別性故不能同種以如來平等性故不能異種眾生雖差別不能自異如來雖平等不能自同不能自異故即異無異也不能自同故即同非同也摩訶衍論云同相者一切諸法唯一真如異者唯一真如作一切法金剛三昧論云平等一味故聖人所不能異也有通有別故聖人所不能同也不能同者即同於異不能異者即異於同又不可說異故可得說是同不可說同故可得說是異耳說與不說無二無別也又云依甚深教如言取義者有二種失一者聞佛所說動靜無二便謂是一一實一心由是撥無二諦道理二者聞佛所說空有二門計有二法而無一實由是誹謗無二中道又云如是一心通為一切染淨諸法之所依止故即是諸法根本本來靜門恒沙功德無所不備謂一切

是隨緣動門恒沙染法無所不具然舉染法以望心體不能徧通所以經云若離若脫若舉心體望諸淨法無所不徧故經言於世法中不離不脫惣明一心通於動靜為染淨所依別顯動門染法所依別顯靜門淨法所依亦如起信於一心立真如生滅二門若卷若舒或惣或別皆是一心之體用如日月之光明似江河之波浪真心無寄不落言思但約世諦隨緣門中分其二義以真心不守性故隨緣成異即成異門以隨緣時不失自性故隨緣不變即成同門雖立同異常冥一際古釋一真心非一非異者真心全體動故心與生滅非異而恒不變真性故與生滅不一先明不異門有三義一本從末明不異經云如來藏是善不善因能徧造一切趣生又經云佛性隨流成別味二攝末同本明不異經云眾生即如也又云十二因緣即佛性地論云三界唯一心者第一義諦也前即末之本本無別本唯有生滅更無別法可相異也後即本之末末無別末故唯有不生滅亦無別法可相異也三本末平等明不異經偈云甚深如來藏而與七識俱又論云唯真不立單妄不成此顯本末鎔融際限不分故云不異也次明不一門者此中非直不乖不異以明不一亦乃由不異故成於不一何以故若如來藏隨緣作生滅時失自不生滅者即不得有生滅也如水失濕性則不能成大小之波是故由不生滅得有生滅是故即不異故不一也起信明如來藏與生滅和合非一非異而成辦世出世間染淨等事　問論云同相者

一切諸法唯一眞如異相者唯一眞如作一切法此同異二義爲復法爾自作爲復因人所置　荅法性不動豈有同異之文改變從心自起一多之見如大乘起信論云復次覺與不覺有二種相一者同相二者異相言同相者譬如種種瓦器皆同微塵性相如是無漏無明種種業幻皆同眞如性相是故脩多羅中依於此義説一切衆生本來常住入於涅槃菩提之法非可修相非可作相畢竟無得亦無色相可見而有見色相者唯是隨染業幻所作非是智色不空之性以智相無可見故言異相者如種種瓦器各各不同如是無漏無明隨染幻差別性染幻業差別故論釋曰即此文中故有二門一者同相門二者異相門爲明何義故建立同相門爲欲顯示一切諸法唯一眞如無餘法故當眞如門爲明何義故建立異相門爲欲顯示唯一眞如作一切法名相各別義用不同故當生滅門依何契經所建立耶謂文殊師利荅第一經彼契經中當何説耶謂彼經中作如是説佛問文殊汝久遠來恒無休息普徧遊行十方刹中見何殊事文殊荅曰我久遠來不見餘事唯見微塵又佛問言汝百年中居于輪家不見種種瓦器相耶文殊對曰我唯見塵不見瓦器又佛問言汝實不見地水火風山川林樹等種種相耶對曰我實不見如是等相唯見微塵如是如是世尊問訖文殊荅曰至一百數佛問文殊見微塵耶文殊對曰我久遠來不見微塵爾時世尊告文殊言善哉善哉汝是大士能覺一相能覺一相即無相法

文殊師利汝一仁者非如是覺依一相門一切衆生本來常住入於涅槃菩提之法非可修相非可作相畢竟無得亦無色相可見而有見色相者唯是隨染業幻所作非是智色不空之性以智相無可見故異相門者彼契經中作如是説佛告身子汝見此土作何心見身子荅曰我見此土山川林樹沙礫土石日月宮殿舍宅等種種相各各形相名字差別不同佛言汝智慧力下劣狹少心有高下見如是異唯汝一人非如是見一切衆生亦復如是乃至諸法亦復如是眞妄互熏染淨相待功德過患形相名字各各差別隨凡夫心所立名相有而非實皆如幻化　問一心開眞如生滅二門有何所以　荅甚有功能深諸事理一心者起大乘之信二門者破邪見之執約眞如門信妙理決定約生滅門信業用不亡可謂理事圓通眞俗無滯釋摩訶衍論云心眞如門有十種名一者名爲如來藏門無雜亂故二者名爲不二平等門無差別故三者名爲一道清淨門無異岐故四者名爲不起不動門離作業故五者名爲無斷無縛門無治障故六者名爲無去無來門無上下故七者名爲出世間門無四相故八者名爲寂滅寂靜門無往向故九者名爲大惣相門無別相故十者名爲眞如門無虛僞故是名爲十如是十名惣攝諸佛一切法藏平等義理法門名字生滅門有十種名一者名爲識識門攝持一切染淨法故二者名爲如來藏門覆藏如來法身故三者名爲起動門相續作業故四者名爲有斷有縛門有治障

故五者名爲有去有來門有上下故六者名爲多相分異門染淨之法過恒沙故七者名爲世間門四相俱轉故八者名爲流轉還滅門具足生死及涅槃故九者名爲相待俱成門無自成法故十者名爲生滅門表無常相故如是十名惣攝諸佛一切法藏種種差別法門名字又夫眞如者雖在不起不動門非是凝然不動寂爾離緣此落靜塵生於斷見斯乃隨緣會寂約法明眞是以無性因緣理事一際因緣無性隱顯同時如義海云入眞如者謂塵隨心迴轉種種義味成大緣起雖有種種而無生滅雖不生滅而恒不礙一切隨緣令無生滅是不變不礙一切是隨緣隨緣不變是眞如義　問上説一切衆生皆有本覺常熏無明成其淨用此眞如妙用諸佛化門爲在眞如門中生滅門中　荅此是生滅門中本覺眞如故有熏義眞如門中則無此義由此本覺内熏不覺令成厭求反流順眞故云用也涅槃經云闡提之人未來佛性力故還生善根佛性力者即本覺内熏力成其淨用乃至八相成道十地行位並約世諦門收　問上立一心眞如生滅二門爲復從何門入疾得成就　荅但從生滅門入直至道場不動塵勞而成正覺起信論云復次爲令衆生從心生滅門入眞如門故令觀色等相皆不成就云何不成就謂析麁色漸至微塵復以方分析此微塵是故若麁若細一切諸色唯是妄心分別影像實無所有推求餘蘊漸至刹那相別非一無爲之法亦復如是離於法界終不可得如是十方一切諸法應

知悉然猶如迷人謂東爲西方實不轉衆生亦爾無明迷故謂心爲動而實不動若知動心即不生滅即得入於眞如之門如上二諦之義不可一向作一解亦不可一向作二解所以仁王經二諦品云爾時波斯匿王白佛言世尊勝義諦中有世俗諦不若言無者智不應二若言有者智不應一一二之義其事云何佛言大王汝於過去龍光王佛法中已問此義我今無說汝今無聽無說無聽是即名爲一義二義汝今諦聽當爲汝說爾時世尊即說偈言無相勝義諦體非自他作因緣如幻有亦非自他作法性本無性勝義諦空如諸有幻有法三假集假有無無諦實無寂滅勝義空諸法因緣有有無義如是有無本自二譬如牛二角照解見無二二諦常不即解心見無二求二不可得非謂二諦一一亦不可得於解常自一於諦常自二了達此一二眞入勝義諦世諦幻化起譬如虛空華如影如毛輪因緣故幻有幻化見幻化愚夫名幻諦幻師見幻法諦幻悉皆無若了如是法即解一二義徧於一切法應作如是觀故涅槃經況二鳥雙遊者生死俱常無常涅槃亦爾在下在高雙飛雙息即事而理即理而事二諦即中中即二諦非二中而二中是則雙遊義成二鳥者即鴛鴦鳥雙飛雙止雙飛即況雙照雙止即況雙遮亦是體用理事不即不離　問眞諦云何不稱第一義諦　答眞但對俗得名未是中道又通了一切法無我但是眞詮未窮實性不通眞俗如中道第一義諦者非離二邊稱中即是一切法之實性徧通凡聖情與非情故稱第一亦云無等以無法可過故稱第一以無法可比故稱無等此非約勝劣而言以一切法即眞如一心故所以起信論云所言法者謂衆生心古釋云諸法既無故唯心矣如萬像本空唯是一鏡　問妙明眞心徧一切處云何涅槃經云佛性除於瓦礫　答能所不同不可執一心境一味不可稱異若以性從緣則情非情異爲性亦殊若泯緣從性則非覺不覺若二性互融則無非覺悟華嚴經云眞如無少分非覺悟者則眞如徧一切有情無情之處若無少分非覺悟者豈無情非佛性乎又經意但除執瓦礫無情之見非除佛性則性無不在量出虛空寧可除乎又古德云覺性是理覺了屬事如無情中但有覺性而無覺了如水中但有火性亦無火照今言性者但據理本誰論枝末又覺智緣慮名情自性不改名性愚人迷性生情故境智不一智者了情成性故物我無二　問萬法唯心誠證非一入楞伽經偈云三界上下法我說即是心離於諸心法更無有可得若四維上下皆是自心者則行住坐卧依何而住若無依報所居正報如何成立　荅有識之身無情之土皆是內外四大悉皆無體且如地大唯依風輪衆微所成本無自性但是有情心變更無異理安庠動止皆在心中似鳥飛空不離空界如魚潛水豈越水源入楞伽經偈云若一切唯心世間何處住去來依何法云何見地中如鳥虛空中依心風而去不住不觀察於地上而去如是諸衆生依分別風動自心中來去如空中飛鳥見是資生器佛說心如是故知舉足下足不離自心如鳥若離空何以騫翥魚若離水豈得浮沉所以西天祖師彌遮迦問婆須蜜曰何方而來復往何所荅曰自從心來欲往無處又此土五洩和尚臨終歇食三日而告寂學人問云師何處去荅無處去學人何不見荅非眼所覩故大集經云佛言即四大中求於菩提不餘處求求時不見一切諸物不見者即是無處無處者即是無住無住者即是一切諸法之性一切諸法若無性者即是實相實相者非常非斷名畢竟節金剛三昧經云無住菩薩言尊者我從無本來今至無本所佛言汝本不從來今亦不至所汝得本利不可思議乃至色無處所清淨無名不入於內眼無處所清淨無見不出於外心無處所清淨無上無有起處清淨無動無有緣別性皆空寂乃至如彼心王本無住處凡夫之心妄分別見如如之體本不有無有無之相見唯心識云何無本以無住故有本則有住無住則無本明知衆生業趣去來諸聖淨界動止來是心來去是心去動是心動止是心止畢竟無有去來動止而可得不離法界故則未有一法非心所標是以文殊師利化善財童子現三千世界滿中臺觀善財觀之忽然不現世界皆空問世界來去之處文殊荅言從來處來却歸去處去即是清淨法界中來却歸清淨法界中去故知諸法所生唯心所現生滅去來皆如來藏斯乃窮迹達本見法明宗矣又如瑠璃光法王子云我憶往昔經恒沙劫有佛出世名無量聲開示菩薩

本覺妙明觀此世界及衆生身皆是妄緣風力所轉我於爾時觀界安立觀世動時觀身動止觀心動念諸動無二等無差別我時了覺此群動性來無所從去無所至十方微塵顛倒衆生同一虛妄如是乃至三千大千一世界內所有衆生如一器中貯百蚊蚋啾啾亂鳴於分寸中鼓發狂鬧乃至我以觀察風力無依悟菩提心入三摩地令十方佛傳一妙心斯爲第一故知群動無二唯一妄風風賴衆緣本無依處若能諦觀風力無依頓悟唯心不動則本覺妙明恒照法界故云十方諸佛傳此一妙心耳風力既無依萬法皆無主來從緣有去逐幻空唯本覺心本無生滅所以法華經但說一乘開示於此般若經唯言無二付囑於此涅槃經佛性平等廣喻於此華嚴經法界無盡顯現於此無邊妙旨同歸宗鏡矣　問楞伽經云佛語心爲宗旣立一心爲宗云何復云無心是道　答心爲宗者是眞實心此心不是有無無住無依不生不滅有佛無佛性相常住爲一切萬物之性猶如虛空體非一切而能現一切只爲衆生不了此常住眞心以眞心無性不覺而起妄識之心遂遺此眞心妙性逐妄輪迴於畢竟同中成究竟異一向執此妄心能緣塵徇物背道違眞則是令息其緣慮妄心若不起妄心則能頓覺所以云無心是道亦云冥心合道又即心無心常順本覺未必滅心取證却成背道然雖即心無心又不可故起此妄識心對境而生無體可得如海上波隨風斷續境界妄風不起分別識浪不生密嚴經云一

切諸世間譬如熱時燄以諸不實相無而妄分別覺因所覺生所覺依能覺離一則無二譬如光共影無心亦無境量及所量事但依於一心如是而分別能知所知法唯依心妄計若了所知無能知則非有所知無者則是無境能知無者則是無心妄心幻境既空一道眞心自現故知但心不起萬法無生纔有起心即成住著如大法炬陁羅尼經云佛言一切住即是非住但是思想移來次第相續故有生耳乃至若正思惟一切皆是無住也故知一切萬法皆從思生凡有思惟皆是邪思惟若無思惟即是正思惟故云若正思惟一切皆是無住住也無住住者乃萬法之根本矣　問若云心同境空了不可得者如今介爾心起果報非虛一念善心速階佛果一念惡想長劫受殃豈同外色前塵性是無記依心假有體畢竟無若緣念心即應是有答此一念心亦不孤起依他假有內外皆空此一念瞥起覺了能知之心如阿難妄執在其七處世尊一一推破俱無所在然因依之處不過此七世人同執熏習堅牢若非大聖子細推尋情見無由可脫此七處既破則一切處皆無可以即今現知無勞更執如首楞嚴經云佛告阿難如汝所說眞所愛樂因于心目若不識知心目所在則不能得降伏塵勞譬如國王爲賊所侵發兵討除是兵要當知賊所在使汝流轉心目爲咎吾今問汝唯心與目今何所在阿難白佛言世尊一切世間十種異生同將識心居在身內縱觀如來青蓮華眼亦在佛面我今觀此浮根四塵只

在我面如是識心實居身內佛告阿難汝今現坐如來講堂觀祇陁林今何所在世尊此大重閣清淨講堂在給孤園今祇陁林實在堂外阿難汝今堂中先何所見世尊我在堂中先見如來次觀大衆如是外望方矚林園阿難汝矚林園因何有見世尊此大講堂戶牖開豁故我在堂得遠瞻見乃至佛告阿難如汝所言身在講堂戶牖開豁遠矚林園亦有衆生在此堂中不見如來見堂外者阿難答言世尊在堂不見如來能見林泉無有是處阿難汝亦如是汝之心靈一切明了若汝現前所明了心實在身內爾時先合了知內身頗有衆生先見身中後觀外物縱不能見心肝脾胃爪生髮長筋轉脉搖誠合明了如何不知必不內知云何知外是故應知汝言覺了能知之心住在身內無有是處阿難稽首而白佛言我聞如來如是法音悟知我心實居身外所以者何譬如燈光然於室中是燈必能先照室內從其室門後及庭際一切衆生不見身中獨見身外亦如燈光居在室外不能照室是義必明將無所惑同佛了義得無妄耶佛告阿難是諸比丘適來從我室羅筏城循乞摶食歸祇陁林我已宿齋汝觀比丘一人食時諸人飽不阿難答言不也世尊何以故是比丘雖阿羅漢軀命不同云何一人能令衆飽佛告阿難若汝覺了知見之心實在身外身心相外自不相干則心所知身不能覺覺在身際心不能知我今示汝兜羅綿手汝眼見時心分別不阿難答言如是世尊佛告阿難若相知者云何在外是故應

知汝言覺了能知之心住在身外無有是處阿難白佛言世尊如佛所言不見內故不居身內身心相知不相離故不在身外我今思惟知在一處佛言處今何在阿難言此了知心既不知內而能見外如我思忖潛伏根裏猶如有人取瑠璃椀合其兩眼雖有物合而不留礙彼根隨見隨即分別然我覺了能知之心不見內者爲在根故分明矚外無障礙者潛根內故佛告阿難如汝所言潛根內者猶如瑠璃彼人當以瑠璃籠眼當見山河見瑠璃不如是世尊是人當以瑠璃籠眼實見瑠璃佛告阿難汝心若同瑠璃合者當見山河何不見眼若見眼者眼即同境不得成隨若不能見云何說言此了知心潛在根內如瑠璃合是故應知汝言覺了能知之心潛伏根裏如瑠璃合無有是處阿難白佛言世尊我今又作如是思惟是衆生身腑藏在中竅穴居外有藏則闇有竅則明今我對佛開眼見明名爲見外閉眼見闇名爲見內是義云何佛告阿難汝當閉眼見闇之時此闇境界爲與眼對爲不對眼若與眼對闇在眼前云何成內若成內者居暗室中無日月燈此室闇中皆汝焦腑若不對者云何成見若離外見內對所成合眼見闇名爲身中開眼見明何不見面若不見面內對不成見面若成此了知心及與眼根乃在虛空何成在內若在虛空自非汝體即應如來今見汝面亦是汝身汝眼已知身合非覺必汝執言身眼兩覺應有二知即汝一身應成兩佛是故應知汝言見闇名見內者無有是處阿難言我常聞

佛開示四衆由心生故種種法生由法生故種種心生我今思惟即思惟體實我心性隨所合處心則隨有亦非內外中間三處佛告阿難汝今說言由法生故種種法生隨所合處心隨有者是心無體則無所合若無有體而能合者則十九界因七塵合是義不然若有體者如汝以手自挃其體汝所知心爲復內出爲從外入若復內出還見身中若從外來先合見面阿難言見是其眼心知非眼爲見非義佛言若眼能見汝在室中門能見不則諸已死尚有眼存應皆見物若見物者云何名死阿難又汝覺了能知之心若必有體爲復一體爲有多體今在汝身爲復徧體爲不徧體若一體者則汝以手挃一支時四支應覺若咸覺者挃應無在若挃有所則汝一體自不能成若多體者則成多人何體爲汝若徧體者同前所挃若不徧者當汝觸頭亦觸其足頭有所覺足應無知今汝不然是故應知隨所合處心則隨有無有是處阿難白佛言世尊我亦聞佛與文殊等諸法王子談實相時世尊亦言心不在內亦不在外如我思惟內無所見外不相知內無知故在內不成身心相知在外非義今相知故復內無見當在中間佛言汝言中間中必不迷非無所在今汝推中中何爲在爲復在處爲當在身若在身者在邊非中在中同內若在處者爲有所表爲無所表無表同無表則無定何以故如人以表表爲中時東看則西南觀成北表體既混心應雜亂阿難言我所說中非此二種如世尊言眼色爲緣生於眼識眼有分

別色塵無知識生其中則爲心在佛言汝心若在根塵之中此之心體爲復兼二爲不兼二若兼二者物體雜亂物非體知成敵兩立云何爲中兼二不成非知不知即無體性中何爲相是故應知當在中間無有是處阿難白佛言世尊我昔見佛與大目連須菩提富樓那舍利弗四大弟子共轉法輪常言覺知分別心性既不在內亦不在外不在中間俱無所在一切無著名之爲心則我無著名爲心不佛告阿難汝言覺知分別心性俱無在者世間虛空水陸飛行諸所物像名爲一切汝不著者爲在爲無無則同於龜毛兔角云何不著有不著者不可名無無相則無非無則相相有則在云何無著是故應知一切無著名覺知心無有是處如上所推即今生滅身中妄心無寄現量所知分明無惑可謂頓悟眞心直了無生矣

宗鏡錄卷第八十三

音義

鎔餘封反丨鑄也　庠似羊反　潛昨鹽反　騫去乾反　翥章恕反　脾符支反丨胃也　脉莫獲反　筋舉欣反丨骨也　兜當侯反　忖倉本反　腑方矩反膀丨也　竅苦弔反穴也　燋即消反　挃丁結反擣也

戊申歲分司大藏都監開板

宗鏡録卷第八十三

校勘記

一　底本，麗藏本。

一　七一八頁上一六行第五字「趣」，磧、南、徑、清作「起」。

一　七一八頁上二〇行「通達」，磧、南、徑、清作「通達者」。

一　七一八頁中二七行末字「而」，磧、南、徑、清作「法」。

一　七一九頁中一〇行第五字「唯」，清作「非」。又第九字「非」，清作「作」。

一　七一九頁中一七行第四字「立」，磧、南、徑、清作「亡」。

一　七一九頁下二六行第一二字「析」，磧、南、徑、清作「分析」。

一　七二〇頁上二〇行第四字「師」，南、徑、清作「即」。

一　七二〇頁下六行末字「人」，磧、南、徑、清作「人云某甲」。

一　七二〇頁下九行第三字「見」，磧、南、徑、清作「見見」。

一　七二〇頁下一一行第一五字「節」，清作「空」。

一　七二一頁上八行第一二字「令」，徑作「合」。

一　七二一頁下二六行「知見」，磧、南、徑、清作「能知」。

一　七二二頁中四行第一三字「法」，徑、清作「心」。

一　七二二頁下九行第三字「在」，磧、南作「有」。

宗鏡録卷第八十四　功

慧日永明寺主智覺禪師 延壽 集

夫妄心虛假諸聖同推此執堅牢故須具引又約經論有三種假一因成假因前境對方乃生心二相續假初心因境後起分別念念相續乃至成事三相待假如待虛空無生識心有生又計於有心待於無心如短待長似近待遠此三非實故稱爲假所以異相至無如中觀論偈云異中無異相不異中亦無無有異相故則無彼此異如長與短異長中無短相長無可對故無有長短中無長相短無可對故無有短長中無長相短無可對故無有短短中無短相長無可對故無有長既無長短孰言異耶又百論云若實有長相若長中有若短中有若共中有是皆不可得何以故長中無長相以因他故因短爲長故短中亦無長相性相違故若短中有長不名爲短共中亦無長二俱過故長相既無短相亦爾若無長短云何相待故遮異言不異非謂有無異此雙絕以契性若約雙顯者謂上但顯實則唯性而非異今性相皆具故云雙顯謂由體一故非異相差別故非不異此舉雙是以顯雙非斯乃非一非異而一而異遮照無礙性相融通長短既然萬法皆爾若以初心破此三假一念無生得入空觀夫空觀者乃一切觀之根本從此次入假觀因不得假而入空復不得空而入假以非空非假後入中觀乃至絕觀所以上觀廣破四句撿而不得橫竪推而無生性相俱空名字亦寂若一念心起即具三假當觀此一念心若心自生者

前念爲根後念爲識爲從根生心爲從識生心若根能生識根爲有識故生識根爲無識故生識根若有識根識則並又無能生所生根若無識而能生識諸無識物不能生識根既無識何能生識根雖無識而有識性故能生識者此之識性是有是無有已是識並在於根何謂爲性根無識性不能生識又識性與識爲一爲異若一性即是識無能無所若異還是他生非心自生若言心不自生塵來發心故有心生引經云有緣思生無緣思不生若爾塵在意外來發內識則心由他生今推此塵爲是心故生心爲非心故生心塵若是心則不名塵亦非意外則同自生又二心並則無能所塵若非心那能生心如前破若塵中有生性是故生心此性爲有爲無性若是有性與塵並亦無能所若無無不能生若根塵合故有心生者根塵各各有心故合生心各各無心故合生心若各各有有合則兩心生墮在他性中若各各無合時亦無又根塵各有心性合則心生者當撿此性爲有爲無如前破若根塵各離而有心者此是無因緣生爲有此離爲無此離若有此離還從緣生何謂爲離若無此離無何能生若言此離有生性爲有爲無若性是有還從緣生不名爲離若性是無無何能生如是四句推求知心畢竟不生是名從假入空觀若不悟者轉入相續假破之何以故雖因成假四破不得心生今現見心念念生滅相續不斷何謂不生此之念念爲當前念滅後念生爲前念不滅後念生爲前念亦滅亦不滅後念生爲前

念非滅非不滅後念生若前念不滅後念生此則念自生念兩生相並亦無能所若前念有生性生於後念此性爲有爲無有則非性無則不生如前破若前念滅後念生者前不滅生名爲自性今由滅生不滅望滅豈非他性他性滅中有生故生無生故生有生是生生滅相違乃至生生何謂滅生若滅無生無何能生若滅有生性性破如前若前念亦滅亦不滅後念生者若滅已屬滅若不滅已屬不滅若不滅合滅能生即是共生共自相違相違何能生又若各有生即有二過各各無生合亦不生若滅不滅中有生性者爲有爲無若性定有何謂滅不滅若性定無亦何爲謂滅不滅此不免斷常之失還墮共過若前念非滅非不滅而後念生者爲有此非滅非不滅爲無此非滅非不滅若有則非無因若無無因不能生若無因有生性此性即因何謂無因若無無不能生如是四句推相續假求心不得無四實性但有心名字是字不住內外兩中間不常自有相續無性即世諦破性名爲性空相續無名即眞諦破假名爲相空性相俱空乃至作十八空若不得入者猶計有心待於無心相待惑起此與上異因成假取根塵兩法和合爲因相續假竪取意根前後爲相續竪望生滅此是別滅別滅則狹今相待假待於通滅此義則寬通滅者如三無爲不併是滅而得是無生待虛空無生而說心生即是相待假今撿此心爲待無生心生爲待有心生爲待亦生亦無生而心生爲待非生非無生而心生若待無生而生心者

有此無生無此無生若有生可待還是待有何謂待無有有相待即是自生若無此無生無何所待若只待此無無而生心者一切無無亦應生心無望於有無即是他生又無生雖無而有生性待此性故而知有心此性爲已生爲未生若已生生即是於生何謂爲性性若未生未生何能生若待生而心生者生還待生長應待長旣無此義何待心生若待生無生故有心生如待短得有於長此墮二過各有則二生並各無生全不可得如前破若待非生非無生而有心生者論云從因緣生尚不可得何況無因緣又此無因爲有爲無若有還是待有若無還是待無何謂無因若言有性性爲有爲無性若是有爲生非生若生已是生何謂爲性若無生云何能生如是四句推相待假求心不得不起性實但有名字名字之生生則無生復次性相中求陰入界不可得即是法空性相求人我知見不可得名衆生空乃至十八空等輔行記釋因成假初破自生中云前念爲根後念爲識者根無別體還指無間滅意爲體根名能生由前意滅生後意識故俱舍論云由即六識身無間滅爲意身者體也無間滅時爲意根體爾時五識亦依無間滅意以爲親緣用五色根以爲疎緣而生五識五識無間分別生時即名意識今此文意不是五識是第六識緣於有見以爲法塵即名爲識即以此識對根研責故云根爲有識故生識根爲無識故生識大智度論問曰前念若滅何能生後答有二義一念念滅二念念生有此二故故滅得

生恐生斷見是故須立今爲破故是故須責生滅雖殊根之與識俱是自心從根從識俱屬自性於自性中根識互責求不可得又心之與識俱對於塵以立心名乃至根若有識則有二妨謂根識並及能所並則有生生無窮之過若無能所生義不成云何言生又無間滅方名生識根若有識生滅相違故並有過根若無識即類無識能生識也又責有識性此是縱破有還同有亦成並生無還同無同無情生又識性作一異責若一者凡言性者後方能生識與性一故無能所若異者若異識則同外境境能生識即同他如何計自次破他性者雖言心不自生由有外塵而來發心塵望於根塵名爲他先責是心則有三妨一塵非心妨則心不名塵二塵非意外同自生妨三並生妨塵若非心容許塵生塵若是心還成心處生心即名並生子若生苗則有能所子還生子則二子並生有何能所塵若非心則與前根中無識義同責意亦爾故云如前破塵有識性例前可知破共生者墮自他性名爲共生今破若自他各各無生和合亦無如二砂無油和合亦無破無因不生亦爾結成性相二空者但無性計名爲性空性既破已但有色心内外之相既不住於無四句中故相亦叵得名爲相空言不在内外中間者内只是因外只是緣中間是共常自有者只是無因無此計故即無四性此之二空言雖前後意不異時復以二諦結成二空若有性執世而非諦破性執已乃名世諦故云世諦破性性執破已但有名字名之爲假

假即是相爲空相故觀於法性觀理證真名眞諦破相空非前後二諦同時爲辯性相前後説耳又有四運心一未運二欲運三正運四運已傅大士頌云獨自作問我心中何所著推檢四運併無生千端萬累何能縛釋曰未起欲起二運之心屬未來未來何處有心正起一運之心屬現在現在不住何處有心又屬生時因未生已生立生時未生已生既無生生時亦無生如已去未去去時俱無去法如中論所破起已一運之心屬過去過去已謝何處有心所以金剛經云過去心不可得未來心不可得現在心不可得三際俱空一心何有以所依根本之心尚不有能依枝末一切萬法寧是實耶故云千端萬累何能縛故知但了一念空諸塵自然破所依既不有能依何得生如源盡流乾根危葉謝所以阿難七處執而無據故知邪法難扶二祖直下求而不生可驗解空方悟祖佛大約只指斯宗既不得能起之心亦不得所生之境心不可得故即我喪境不可得故即法亡若能人法俱空即顯一心妙理但以心塵相對萬法縱横境智一如千差頓寂如是方能豁悟本覺靈智眞心無住無依徧周法界廣百論云經言無有少法自性可得唯有能造能造即是心及心法又云三界唯心如是等經其數無量是故諸法唯識理成豈不決定執一切法實唯有識者亦成顛倒境即無識云何有經言唯識者爲令觀識捨彼外塵既捨外塵妄心隨息妄心息故證會中道故經偈言未達境唯心起種種分別達境唯心已分別

則不生若知境唯心便捨外塵相從此息分別悟平等眞空顯識論問境識俱遣何識所成答境識俱泯即是實性實性即是阿摩羅識維摩經云華嚴菩薩曰從我起二為二見我實相者不起二法若不住二法則無有識無所識者是為入不二法門故知見有二法乃至纖毫並皆屬識境識俱亡乃入眞空之理所以智光論師立中根說法相大乘境空心有唯識道理未能全入平等眞空為上根說無相大乘辯心境俱空平等一味為眞了義是以因唯識入眞空究竟之門離此別求非眞解脫唯識鈔問云內心唯識者為是眞實有為非眞實有耶答論云諸心心所(前陳也)依他起故(因也)亦如幻事(喻也)非眞實有(法也)問若爾心境都無差別何故乃說唯有識耶　答為遣外道等心心所外執實有境故假說唯有識非唯識言便有實識論云為遣妄執心心所外實有境故說唯有識若執唯識眞實有者如執外境亦是法執若法執不生即入眞空矣　問約唯識理人法俱空者即今受用是何等物　答所受用法但是六塵因緣故生因緣故滅決定內無人能受外無塵可用十八空論云外空者亦名所受空離六外入無別法為可受者若諸衆生所受所用但是六塵內既無人能受外亦無法可受即人法俱空唯識無境故名外空以無境故亦無有識即是內空乃至十八空　問人法俱空識又不立即今見聞從何而有　答一切前塵所現諸法盡隨念而至皆對想而生念息境空意虛法寂故經云想滅閑靜識停無為

又經云一切諸佛一切諸法從意生形又經云諸法不牢固唯立在於念以解見空者一切無想念故知見聞但是緣起見畢竟空如世幻施為似空華起滅故云見聞如幻翳三界若空華且如眼根具五緣得見然此能見只是五緣無見者故若言具五緣發識能見者未知何緣定能生識若言一一不生和合故能生見者即如五盲和合應成一見衆盲既不見和合云何生故知非別識生但有見即是衆緣所以名緣起也故經云眼不自見屬諸因緣緣非見性眼即是空眼根既然諸根例爾但起唯緣起滅唯緣滅起滅唯緣人法俱寂若了此我法二空即證圓理故云若見因緣法是名為見佛　問凡夫界中取捨分別逆順關念欣猒盈懷常縛六塵以為隔礙如何得根境融通一切如意　答但見法性證大涅槃尚無一法可通豈有諸法為礙則常如意無有不如意時故涅槃論云今言涅槃如意者一切苦樂善惡無不是理故名如意釋曰無不是理者皆一心眞如理故以苦樂是心受善惡從心生則無外塵所違所隔若了一心豈非如意若有一法當情則成諍競楞伽經偈云乃至有所立一切皆錯亂若見唯自心是則無違諍所以迷時人逐法悟後法由人且如摩尼珠無情色法尚能無私雨寶周給群情故稱如意況靈臺妙性豈弗能耶但歸一心得大無礙故云轉變天地自在縱橫　問論云唯是一心故名眞如者眞則無偽如則不變妙色湛然不空之性云何經中復說心空則一切法空　答夫言空

者說世間一切妄心染法是空以徧計情執無道理故若出世佛法眞心則不空以有道理故起信論云眞如有二一如實空以能究竟顯實故二如實不空以有自體具足無漏性功德故所言空者從本已來一切染法不相應故謂離一切法差別之相以無虛妄心念故當知眞如自性非有無一異等相乃至揔說依一切衆生以有妄心念念分別皆不相應故說為空若離妄心實無可空故所言不空者已顯法體空無妄故即是眞心常恒不變淨法滿足則名不空清涼記釋云不與妄合則名為空性具萬德即名不空又至釋文乃云若離妄心實無可空則顯空藏因妄而顯而不空藏要由翻染方顯不空故云以顯法體空無妄故即是眞心等如本有檀德今為慳貪本有尸德今隨五欲本有寂定今為亂想本有大智今為愚癡是則慳藏於施乃至癡藏於慧故論云以知法性無慳貪故隨順修行檀波羅蜜等萬行例然故論云本有眞實識知義云若心有動非眞識知明妄心之動藏其眞知是以即妄之空藏不空之萬德故經頌云知妄本自眞見佛則清淨故論云以能究竟顯實故名為空故知空藏能藏不空能藏既空則顯不空之藏本來具矣二者自性心上無妄為空隨所無者即不空德如空無慳悋即顯有檀空無妄動顯有性空故是空藏藏不空也故知一切衆生本覺佛智本自圓具但以妄覆而不自知若了妄空眞覺頓現如雲開月朗塵去鏡明見性之時故云發得非是修成三身滿日亦云萬行

引出不從外來皆約一心本有具足故知不空之空體含萬德不有之有理合圓宗空有相成無諸障礙若離空之有有則是常若離有之空空則成斷今有無齊行不違一旨是以智能達有慧能觀空若達有而不知空則失慧眼觀空而不鑒有則喪智心菩薩不盡有爲不住無爲盡有則智業不成住無則慧心不朗故義海云若空異於有即淨不名淨以迷空故若有異於空即染不名染以執有故今有即全空方名染分空即全有方名淨分由空有無礙染淨自在也若空即有有即空乃至一切法皆互相即也既互相即則畢竟無一異空有等法於心外發現設有發現皆是自心相分不同凡小不知取而執有捨而沉空若入此一心中道之門能成萬行方便之道如大莊嚴法門經云文殊師利言方便有二種一者不捨生死二者不住涅槃復有二種一者空門二惡見門復有二種一者無相門二者相覺觀門復有二種一者無願門二者願生門復有二種一者無作門二者種善根行門復有二種一者無生門二者示生門是以悟宗則逆順同歸達體則善惡並化　問論云說智及智處俱名爲般若智處即是境云何成般若　答般若有二種一眞實常住般若二觀照有用般若若眞實般若性徧一切處寂而常照唯一眞心不分能所即不同世間頑境以爲所照亦不同偏小妄心以爲所照又亦不同假立眞如以爲所照今則一體潛通心心互照以無心外境亦無境外心以心是境心境是心境故如是融鎔

豈非般若乎所以云色無邊故般若無邊故知離色無心離心無色如般若經云復次勇猛菩薩摩訶薩應如是行色非所緣何以故一切法無所緣無有少法可取故彼若是可取此則是所緣如是勇猛非色行色乃至非識行識勇猛一切法不行故非色見亦非識見乃至非識知亦非可見若色至識非知非見是名般若波羅蜜又文殊般若經云文殊師利白佛言世尊修般若波羅蜜時不見法是應住是不應住亦不見境界可取捨相何以故如諸如來不見一切法境界相故乃至不見諸佛境界況取聲聞緣覺凡夫境界不取思議相亦不取不思議相不見諸法有若干相自證空法不可思議如是菩薩摩訶薩皆已供養無量百千萬億諸佛種諸善根乃能於是甚深般若波羅蜜不驚不怖又云復次修般若波羅蜜時不見凡夫相不見佛法相不見諸法有決定相是爲修般若波羅蜜

問世出世間唯是一心者云何復分眞妄及與內外　答眞妄內外但約世間文字分別所以心非內外內外是心體非眞妄眞妄是體因內立外而成對治假妄顯眞非無所以進趣大乘方便經云心義者有二種相一者內心相二者外心相內相者復二一眞二妄所言眞者謂心體本相如如不異清淨圓滿無障無礙微密難見以徧一切處常恒不壞建立生長一切法故所言妄者謂起念分別覺知緣慮憶想等事雖復相續能生一切種種境界而內虛僞無有眞實不可見故所言心外相者謂一切諸法種種境界等隨有所

念境界現前故知有內心及內心差別如是當知內妄想者爲因爲體外妄想者爲果爲用依如此等義是故我說一切諸法悉名爲心又復當知心外相者如夢所見種種境界唯心想作無實外事一切境界悉亦如是以皆依無明識夢所見妄想作故復次應知內心念念不住故所見所緣一切境界亦隨心念念不住所謂心生故種種法生心滅故種種法滅而生滅相但有名字實不可得以心不往至於境界境界亦不來至於心如鏡中像無來無去是故一切法求生滅定相了不可得所謂一切法畢竟無體本來常空實不生滅如是一切法實不生滅者則無一切境界差別之相寂靜一味名爲眞如第一義諦自性清淨心彼自性清淨心湛然圓滿以無分別相故無分別相者於一切處無所不在無所不在者以能依持建立一切法故是以華嚴經頌云如金與金色其性無差別法非法亦然體性無有異又云剎平等不違衆生平等衆生平等不違剎平等一切衆生平等不違一切法平等一切法平等不違一切衆生平等離欲際平等不違一切衆生安住平等一切衆生安住平等不違離欲際平等過去不違未來未來不違過去過去未來不違現在現在不違過去未來世平等不違佛平等佛平等不違世平等菩薩行不違一切智一切智不違菩薩行釋曰剎與衆生云何平等以各無體故悉不成就若自類相望如剎望剎平等若異類相望如剎望衆生平等以一無性之理乃至心境自他同異高下十方

三世悉皆平等又事事無違理理無違事事無違者略有三因一法性融通二緣起相由門此二即事事無礙義三直語同一緣起通事通理如觀一葉落知天下秋同一秋矣由不壞之事不變之性皆同一緣起故理理無違者亦有二門一剎無性即眾生無性二理同故以無可即亦無可違

宗鏡錄卷第八十四　　功

音義

寬苦官反　狹侯夾反　研五堅反　豁呼括反　泯武盡反　墍古[illegible]　[illegible]也　恡良刃反

戊申歲分司大藏都監開板

宗鏡錄卷第八十四

校勘記

一　底本，麗藏本。

一　七二四頁下二七行第三字「不」，磧、南、徑、清作「雖不」。

一　七二五頁中一行第一四字「是」，磧、南、徑、清作「又」。

一　七二五頁中四行第一一字「名」，磧作「若」。

一　七二五頁中一二行第八字「能」，南作「性」。

一　七二五頁下二七行第一三字「即」，清作「既」。

一　七二六頁中二六行第二字「兩」，磧、南、徑、清作「雨」。

一　七二六頁下二〇行第七字「云」，清作「也」。

一　七二七頁中七行「非識」，清作「非色」。又「可見」，清作「識知」。

一　七二七頁中二四行第九字「內」，徑、清作「內心」。

宗鏡録卷第八十五　功

慧日永明寺主智覺禪師　延壽　集

夫稱一心無外境界者云何華嚴經十地品說初地見百佛乃至地地增廣見於多佛荅所見多少皆從念生心狹見少佛心廣鑒多形舒卷由心開合在我離心之外實無所得大集經云憍陳如復作是念我當云何得見諸佛爾時隨其所觀方面悉得見佛多觀多見少觀少見見已復念諸佛世尊無所從來去無所至我觀三界是心是心因身我隨覺觀欲多見多欲少見少諸佛如來即是我心何以故隨心見故心即我身身即是虛空我因覺觀見無量佛我以覺心見佛知佛心不見心心不知心我觀法界性無堅牢一切諸法皆從覺觀因緣而生是故法性即是虛空虛空之性亦復如空我因是心見青黃赤白雜色虛空作神變已所見如風無有眞實則名爲共凡夫如實陀羅尼又云復次賢護如人盛壯容貌端嚴欲觀已形美惡好醜即便取器盛彼淸油或持淨水或取水精或執明鏡用是四物觀已面像善惡妍醜顯現分明賢護於意云何彼所見像於此油水水精明鏡四處現時是爲先有耶賢護荅言不也曰是豈本無耶荅言不也曰是爲在內耶荅言不也曰是豈在外耶荅言不也世尊唯彼油水精鏡諸物淸朗無濁無滓其形在前彼像隨現而彼現像不從四物出亦非餘處來非自然有非人造作當知彼像無所從來亦無所去無生無滅無有住所時彼賢護如是荅已佛言賢護如是如是如汝所說諸物淸

淨彼色明朗影像自現不用多功菩薩亦爾一心善思見諸如來見已即住住已問義解釋歡喜即復思惟今此佛者從何所來而我是身復從何出觀彼如來竟無來處及以去處我身亦爾本無出趣豈有轉還彼復應作如是思惟今此三界唯是心有何以故隨彼心念還自見心今我從心見佛我心作佛我心是佛我心是如來我心是我身我心見佛心不知心心不見心心有想念則成生死心無想念即是涅槃諸法不眞思想緣起所思既寂能想亦空賢護當知諸菩薩等因此三昧證大菩提首楞嚴經云隨衆生心應所知量者古釋云隨衆生根熟處即現所知量者即衆生差別境即知一法塵中等周法界爲鄰虛塵無自性自性是虛空虛空即是眞空眞空即是本覺故知如來於一毛孔中爲無量衆生常說妙法即知一切毛孔微塵亦不出我但解得一微塵法即數得等同法界微塵是以如來能知四大海水滴數大地須彌皆知斤兩皆由觀此一身於一身上觀一毛塵俱知無自性但於一毛孔中觀實無有自性一毛孔亦不可得不可得處遍法界知一切智也所以信心銘云一即一切一切即一若能如是何慮不畢若能如是了達一塵一毛無有自性唯心所現則知一切諸法悉然更無別體以徇塵執見一切衆生一法不通諸塵自滯華嚴論云以實而論初發心住中如一滴之水入海水中槩同海體諸龍魚寶藏咸在其中爲教化衆生故教網筌罤方法不可不具以名言竹帛著錄即似如前後義

生體道者應須明鑒如持寶鏡普臨萬像又須云無限智悲成佛德佛以智悲成十地還將十地成諸位前後五位加行門不離十地智悲起是故十地初發心即入十地智雖然五位方便殊只爲成熟十地智猶如迅鳥飛虛空不廢遊行無所至亦如魚龍遊水中不廢常遊不離水如是五位行差別不廢差別不離智所有日月歲差別以智法印無別異智體不成亦不壞以明諸位除習氣了習無習智悲行成萬行常興無作智　問若心外無法唯是一心者於外則無善惡業果苦樂報應何成佛法翻墮僻邪　荅若了一心有無見絕境智雙寂契彼性空根塵兩亡內外解脫亦常照內外脫於無知空尚不存妄從何起所現外諸苦樂境界如鏡中像以自心爲明鏡還照自之業影古德云以如來藏性而爲明鏡隨業緣質現果影像夫業通性及相謂此業體以無性之法而爲其性以不失業果之相而爲其性由無性故能成業果由不壞相方顯眞空何者若有性則善惡業定不可改移無有苦樂果報若壞業相則成斷滅以一切因果從自心生心外實無善惡業可得以業無自性但由心起故所以如影如幻無有定相又以業無自性故不落有以不壞業果故不墮無非有非無則一心中理問雖然心即是業業即是心既從心生還從心受如何現今消其虛妄業報　荅但了無作自然業空所以云若了無作惡業一生成佛又云雖有作業而無作者即是如來秘密之教又凡作業悉是自心橫計外法還自對

治妄取成業若了心不取境自不生無法牽情云何成業義海云除業報者爲塵上不了自心爲心外有法即生憎愛從貪業成報然此業報由心迷塵妄計而生但以有顯現皆無眞實迷者爲塵相有所從來而復生是迷今了塵相無體是悟迷本無從來悟亦無所去何以故以妄心爲有本無體故如繩上虵本無從來亦無所去何以故虵上妄心横計爲有本無體故若計有來處去處還是迷了無去來是悟悟之與迷相待安立非是先有淨心後有無明此非二物不可兩解但了妄無妄即爲淨心終無先淨心而後有無明故知迷悟唯只一心如手反覆但是一手如是深達業影自消如華嚴經云爾時文殊師利菩薩問德首菩薩言佛子一切衆生等有四大無我無我所云何而有受苦受樂端正醜陋内好外好少受多受或受現報或受後報然法界中無美無惡時德首菩薩以頌荅曰隨其所行業如是果報生作者無所有諸佛之所說譬如淨明鏡隨其所對質現像各不同業性亦如是亦如田種子各各不相知自然能出生業性亦如是又如巧幻師在彼四衢道示現衆色相業性亦如是如機關木人能出種種聲彼無我非我業性亦如是亦如衆鳥類從觳而得出音聲各不同業性亦如是譬如胎藏中諸根悉成就體相無來處業性亦如是又如在地獄種種諸苦事彼悉無所從業性亦如是譬如轉輪王成就勝七寶來處不可得業性亦如是又如諸世界大火所燒然此火無來處業性亦如是淨業障經

云觀一切法即是佛法是則爲淨諸業障如有學人問安國和尚云若未悟時善惡業緣是有不荅非有喻如夜夢被惡人逐或作梵王帝釋將爲是有豁然睡覺寂然無事信知三界本空唯是一心又有問大珠和尚云若爲得知業盡荅現前心通前生後生猶如眼見前佛後佛萬法同時經云一念知一切法是道場成就一切智故是知從心所生皆無眞實如夢心不實夢事亦虛世間共知可深信受是以善惡之業理皆性空不壞緣生恒冥妙旨量云正業是有法定即有即空故是宗因云即緣成即無性故同喻云如幻幻法術等生即有不礙虛正業從緣生空有不相礙故知萬法從徧計情生但有虛名都無實義如首楞嚴經云妙覺湛然周徧法界含吐十虛寧有方所循業發現世間無知惑爲因緣及自然性皆是識心分別計度但有言說都無實義含吐十虛者含即一眞不動在如來藏中吐即依妄分別乃隨處發現但有纖塵發現之處皆是自心生從分別有若知發處虛妄則頓悟眞空眞空現前豈存言說

問眞心不動三際靡遷云何說心流轉又云絕流轉義　荅所云隨流返流皆約衆生緣慮之心妄稱流轉其體常寂但不見一念起處即是不流未必有念可斷智嚴經云文殊師利言云何斷流轉以於過去心不起未來識不行現在意不動不住不思惟不覺不分別故知以境對境將心治心狗逐塊而逾多人避影而徒乏若能知身是影捨塊就人則影滅迹沉安然復道故知萬動皆婬悉成魔

業若知心不動則不隨流方入宗鏡之中永超魔幻自然心智寂滅諸見消亡如大虛空藏菩薩所問經云山相擊王菩薩曰譬如有孔隙處風入其中搖動於物有往來相菩薩亦爾若心有間隙心則搖動以搖動故魔則得便是故菩薩守護於心不令間隙若心無間隙則諸相圓滿以相圓滿故則空性圓滿是爲菩薩超魔法門乃至文殊師利菩薩曰仁者汝等所說悉是魔境何以故施設文字皆爲魔業乃至佛語猶爲魔業無有言說離諸文字魔無能爲若無施設即無我見及文字見以無我故則於諸法無有損益如是入者則超魔境是爲菩薩超魔法門大乘千鉢大教王經云佛言諸天魔幻惑種種相貌障修學人心眼聖道乃至令見一切幻相前後生死之事善惡諸相魔作幻惑非關正智唯心示變莫取外緣修學行人必不得於夢境界及現眼前取相執著動轉人心恐畏怕怖則被天魔鬼神之所障礙行人正見須常諦觀心性見性寂靜心性無物是相莫取則無境界妄想因緣是故行人勤行精進實勿退轉懈怠嬾墮則得速證無上正等菩提大智度論云除諸法實相皆是魔事若證般若能契實相即過魔事此是約說證實相時事當親證時如人飮水不可取說而不證若但說過魔不離魔界若過魔界說證俱絕是知必無境魔但從心起何者若內心樂生死則身爲天魔內心著邪見則身爲外道乃至心外見法理外別求皆成外道　問凡聖一心同其種性種性無異云何所受因果不同報

應有別　荅雖自業各受妄有昇沉而緣性無生了不可得諸法無行經云佛告文殊師利一切衆生其心皆一是名種性種性即根本義根本常一而衆生妄起自他差別凡聖高下雖起差別一體不動以差別性非有故但是妄起無實體故所以經云佛言文殊師利一切衆生皆無有心緣性不可得故是名、種性又一切善惡境界皆是心光一切勝劣受用皆是心果大莊嚴論偈云種種心光起如是種種相光體非體故不得彼法實種種心光即是種種爭相或異時起謂貪瞋光等或同時起謂信進光等如是染位心數淨位心數唯有光明而無光體是故世尊不說彼爲眞實之法又云諸行剎那增上者如佛說心將世間去心牽世間來由心自在世間隨轉識緣名色此說亦爾故知諸行是心果又隨淨者淨是禪定人心彼人諸行隨淨心轉修禪比丘具足神通心得自在若欲令木爲金則得隨意故知諸行皆是心果又隨生者如作罪衆生可得外物一切下劣作福衆生可得外物一切妙好故知諸行皆是心果當知一切萬法既以心爲因亦以心爲果雖然淨穢顯現不同於心鏡中如光如影了不可得　問入唯識門觀一切境自然無相何用更言破相顯理復云弃有觀空若有所破之宗則立能空之理既存空法還成有相之因若守觀門豈合無爲之道　荅夫言破相者是未入唯識去其妄執雖言破相實無所破既無所破之有亦無能破之空情執若消空有俱寂前塵無定破立隨心迷眞之妄不生對妄之眞亦絕大智度論云種種取相皆爲虛妄如玻瓈珠隨前色變自無定色諸法亦如是無有定相隨心爲異若常無常等相如以瞋心見此人爲弊若瞋心休自婬欲心生見此人還復爲好若以憍慢心生見此人以爲卑賤聞其有德還生敬心如是等有理而憎愛無理而憎愛皆是虛妄憶想若除虛誑亦無空相無相相無作相無所破故尚不宗無相之理豈存破立之門以成壞去取皆自心故若直了心自然絕觀如楞伽經偈云一切無涅槃無有涅槃佛無有佛涅槃遠離覺所覺若有若無有是二悉俱離牟尼寂靜觀是則遠離生是名爲不取今世後世淨有二偈半大雲解云初一偈了今一如謂此約無願觀以顯圓成無涅槃佛故無願矣初句謂色心等一切法中無得涅槃以一切法本如故若得涅槃是斷常見滅法是斷證得是常次句既無涅槃云何有佛故經云見斷煩惱而得成佛此則名爲壞佛法者煩惱與佛性寂靜故第四句中所覺如故無有涅槃能覺如故無有得佛離覺所覺涅同一如　問見聞覺知不出俗諦心量眞諦無得無生還出心量不　荅夫量者是能緣心但有對俗說眞因虛立實斥差別論平等遣異相建如如盡是對待得名破執設教若能眞俗雙拂空有俱消了邊即中無邊可離達中即邊無中可存能證之智既亡所證之理亦寂方超心量入絕待門若有得無得有生無生盡不出於心量楞伽經偈云離一切諸見及離想所想無得亦無生我說爲心量非性非非性性非性悉離謂彼心解脫我說爲心量如如與空際涅槃及法界種種意生身我說爲心量所以涅槃經云若有一法過涅槃者我亦說如幻如化以涅槃無相若取於相即自心現量非眞涅槃故佛說言設有一佛過於涅槃趣所得心亦成心量自心所變盡爲幻化故知似形言跡皆生妙解皆是心量所收未有一法不關心矣若能悟心無心了境無境理量雙消可入宗鏡　問夫論心量不出見聞若約見聞則存前境云何成唯心之義　荅此是無心之心量非有實體　問若無實體云何建立一切諸法　荅只由無體無性方成萬有萬有所起不離眞空若言有性一法不成則空不自空豈能容色若色不自色方能合空摩訶衍論云一切諸法唯心迴轉無餘法者如是心法亦不可得楞伽經云無心之心量我說爲心量由心不可得之句立大空之義由無心之心量句成幻差別之義由大空之義諸法得成由幻差別義空理得顯　問妄能覆眞全成生死眞能奪妄純現涅槃眞妄若離互不生起眞妄若合二諦不成如何會通一心妙理　荅一心二諦教理所歸開即迷眞合則壞俗何者相隨眞起即相而可辯眞原覺因妄生因妄而能知覺體無妄則覺不自立無眞則相無所依眞妄相和染淨成事唯眞不立無妄而對誰立眞單妄不成無眞而憑何說妄眞妄各無自體名相本同一原是則二諦恒分一味常在藏性不動緣起萬差故知實無一法而有自體獨立者皆從眞妄二法和合而起如起信論云不生不滅與生滅和合非一非異名阿賴耶識變起根身器世間等釋摩訶衍論云生滅因緣者有二一者不相應生滅因緣二者相應生滅因緣論云現鏡識體六塵境界如其次第爲彼三種相應染法能作因緣是故說言龕重生滅之因緣門現識體中又有緣義應審思惟復次更有二重因緣一者本徧因緣二末徧因緣言本徧者舉本無明及本覺心望於六塵相應有因緣義言末徧者舉業轉現相望於三相應有因緣義故復次更有二因緣一者上下因緣二者下上因緣言上下者無明爲始果報爲終上下與力不越其數作因緣故言下上者果報爲始無明爲終下上與力不越其數作因緣故復次一切有爲生滅之法刹那不住無因無緣故復次因緣之法空而無主其實自性不可得故復次不可得法不可得亦不可得故復次生滅因緣者所謂衆生心意意識轉故此文爲明何義謂欲顯示所依能依之差別故云何所依謂本覺心云何能依謂即衆生言衆生者當何法耶謂意意識何故意及意識名爲衆生意及意識一切衆緣合集而生故名衆生而無別自體唯依心爲體是故說言依心而轉又云無明之相不離覺性非可壞非不可壞猶如大海風水相不相捨離者大海喻阿賴耶識水喻本覺心風喻根本無明不覺能起動轉慮知之識如彼風故波動者喻諸識論識遷流無常水相風相不相捨離者喻眞妄相資俱行合轉謂本覺心不自起故當資無明之力方得而起根本無明不自轉故要因眞

心之力方得而轉如水不自作波當因風力風不自現動要資水力方得現動相經云煩惱大海中有圓滿如來宣說實相常住之理本覺實性中有無明衆生起無量無邊煩惱之波如經云佛告大衆始覺般若者從具縛地漸漸出離乃至金剛圓滿因行發究竟道頓斷根本無明住地覺日圓照無所不徧二本覺般若從清淨性漸漸遠離乃至信初發究竟智斷滅相品入無明海隨緣轉動於是大衆聞此事已覺知諸法一相一體亦無一相亦無一體而諸法性亦是實相亦是常住亦是決定亦是實有　問本始二覺從何立名　答本覺者因始得名始覺者從本而立如起信鈔云未審始覺從何而生爲本所對故此云也元其始覺是本所生斬新而有故名爲始反照其體元來有之鄙對於始故名爲本苟無其始何所待耶如母生子對子稱母乃至問始覺本覺既殊何因無二又既同本覺因何名始答即是本覺初顯相用名爲始覺相用非別外來故得融同一體又若非本覺舉體之相用即不是始覺以心外有法故若不然者但名相似覺亦名隨分覺是知直待合同本體方得名眞始覺也既合於本始即非始既無於始即無於本本始之名既喪但可名爲覺焉如上所釋若入宗鏡方爲究竟之覺未入宗鏡但稱相似覺耳此雖稱覺乃是不覺故論云又以覺心原故名究竟覺不覺心原故非究竟覺即其義矣　問上說眞心無生妄念起滅如何會妄歸眞入一乘平等之道　答妄元無體本自全眞何須

更會今謂情見妄執之人引祖佛善巧個心原之智搜經論微細窮性海之詮令頓豁情塵便成眞覺如釋摩訶衍論云一心眞如體大通於五人平等平等無差別故云何名爲五種假人一者凡夫二者聲聞三者緣覺四者菩薩五者如來是名爲五如是五名人自是五眞自唯一所以者何眞如自體無有增減亦無大小亦無有無亦無中邊亦無去來從本已來一自成一同自作同猒異捨別唯一眞如是故諸法眞如一相三昧契經中作如是說譬如金剛作五趣像五人平等亦復如是於諸人中無有增減故起信論云心眞如者即是一法界大總相法門體以心本性不生不滅相一切諸法皆由妄念而有差別若離妄念則無境界差別之相古釋云執者問云現見諸法差別遷流云何乃云性無生滅釋云差別相者是徧計妄情所作本來無實如依病眼妄見空華故云皆依妄念而有差別疑者又云以何得知依妄念生釋云以諸聖人離妄念故盡無其境即驗此境定從妄生又若此境非妄定實有者聖人不見應是迷倒凡夫既見應是覺悟如不見空華是病眼返結準之故若離於念即無差別也所執本空故眞心不動由此一切諸法皆即眞如斯則會妄顯眞可絕疑矣如首楞嚴經云佛告阿難我非勑汝執爲非心但汝於心微細揣摩若離前塵有分別性即眞汝心若分別性離塵無體斯則前塵分別影事昔人有箭金頌云君不見澄清麗水出黃金逐浪隨波永被沉有幸得逢良鑒者披砂細揀暫

知音因此遂蒙皇上寵直入瓊樓寶蓆中一練一明光照耀一迴掌上一迴欽以此塵沙含妙寶故喻衆生覺照心衆生無始沉三有元來浪被境侵對塵恰似眞如慧離境元無照體心迷即一眞名二體只爲群生不照心若能對境常眞照隨塵離境一般心如來今日除分別意遣衆生妄習心但除妄習存終始眞照何妄不眞心

宗鏡録卷第八十五

功

音義

滓阻史反　滯都計反　籙力玉反圖籙　筌此緣反取魚竹器　羃莫狄反覆食巾

反見網也　迅私閏反疾也　㲉苦角反鳥卵　隙綺戟反壁孔也　憍舉喬反逸也

戊申歲分司大藏都監開板

宗鏡録卷第八十五

校勘記

一　底本，麗藏本。

一　七二九頁中一八行第一四字「同」，磧、南、徑、清作「周」。

一　七二九頁下一九行第九字「性」，清作「相」。

一　七三〇頁上五行「復生」，清作「復去」。

一　七三〇頁中末行第一四字「婬」，磧、南、徑、清作「摇」。

一　七三〇頁下一七行第二字「示」，磧、徑、清作「所」。

一　七三一頁下七行第一五字「牧」，徑作「收」。

一　七三二頁上六行首字「重」，清作「聖」。

一　七三二頁上一六行第五字「主」，磧、南、徑、清作「生」。

宗鏡録卷第八十六

慧日永明寺主智覺禪師 延壽 集

夫確定一心心外無法聖教所印理事圓通只如法華方便品明十界十如相性因緣果報本末初後不濫行相非虛今唯説一心如何合教　答一心者即諸法實相也亦諸法實性也然諸法即實相實相即諸法從心所現性相全同依本垂迹理事非異如群波動而水體常靈以水奪波波無不盡雖衆法似起而心性恒現以心收法法無不空大品經云不見一法出法性外又云一切法趣色是趣不過如台教釋法華經十法界十如因果之法一切唯心造者則心具一切法一切法者只是十如十如者即如是相如是性如是體如是力如是作如是因如是緣如是果如是報如是本末究竟等如是相者夫相以據外覽而可別釋論云易知故名爲相如水火相異則易可知如人面色具諸休否覽外相即知其內昔孫劉相顯曹公相隱相者舉聲大哭四海三分百姓荼毒若言有相闇者不知若言無相占者洞解當隨善相者信人面外具一切相也心亦如是具一切相衆生相隱彌勒相顯如來善知故遠近皆記不善觀者不信心具一切相當隨如實觀者信心具一切相也如是性者性以據內不改名性又性名性分種類之義分分而不同各各不可改如火以熱爲性水以濕爲性等不改約理種類約事又性是實性實性即是理性極實無過即一心佛性之異名耳又無行經云稱不動性即不改義今明內性不可改如竹中

火性雖不可見不得言無燧人乾草徧燒一切心亦如是具一切五陰性雖不可見不得言無以智眼觀具一切性如是體者體是主質義此十法界陰入俱用色心爲體質也如是力者堪任義如王力士千萬技能病故謂無病差有用心亦如是具有如來十力煩惱病故不能運動如實觀之具一切力如是作者運爲建立義若離心者更無所作故知心具一切作也如是因者招果爲因亦名爲業十法界業起自於心但使有心諸業具足若無於心即無諸業以一切善惡凡聖等業唯心造故如是緣者緣名緣由助業皆是緣義無明愛等能潤於業即心爲緣離心緣不起故如是果者克獲爲果若自心造善克獲樂果若自心造惡克獲苦果如是報者酬因爲報一念心正妙報相酬一念心邪劣果潛現風和響順形直影端故則邪正在心得喪由我相爲本報爲末本末悉入緣生緣生故空則空等也相但有字報亦但有字悉假施設則假等也又相即無相無相而相非相非無相報亦然一一皆入如實之際則中等也若三塗以表苦爲相定惡聚爲性摧折色心爲體登刀入鑊爲力起十不善爲作有漏惡業爲因愛取等爲緣惡習果爲果三惡趣爲報本末皆癡爲等乃至菩薩佛類者緣因爲相了因爲性正因爲體四弘爲力六度萬行爲作智慧莊嚴爲因福德莊嚴爲緣三菩提爲果大涅槃爲報本末皆智爲先導爲等故知十界十如善惡因緣凡聖果報皆是一心終無別法斯乃發究竟菩提心者之慈父度虛

妄生死野者之導師轉凡入聖之津梁會俗歸眞之蹊徑矣譬如天樂隨衆生念出種種聲亦如摩尼隨意所求雨種種寶此心無盡淨法何窮色法尚然眞靈豈劣　問凡聖既同一心云何聖人成一切種智凡夫爾事不知乎　答只爲凡夫背覺合塵爲塵所隔迷眞徇妄被妄所遮所以教中訶之爲生盲不開智眼訶之作聾俗豈達眞闇自心與他心二俱不了焉能博通萬類成一切種智乎如守護國界主陀羅尼經云佛言善男子若諸佛子欲得成就阿耨多羅三藐三菩提者若欲善能知自心者乃至應先發起大慈悲心普爲衆生歸依三寶受菩薩戒等是以自心難知莫能善察不入宗鏡焉能照明若了自心即是頓發菩提心者是以心之緜密世莫能知古人有心隱篇云二儀之大可以章程測也三綱之動可以圭表度也雷霆之聲可以鐘鼓傳也風雨之變可以音律知也故有象可覩不能匿其量有光可見不能隱其跡有聲可聞不能藏其響有色可察不能減其性以夫天地陰陽之難明猶可以術數揆而耳目知至於人心則異於是矣心居於內情伏於衆非可以筭數測也凡人之心險於山川難知於天天有春秋冬夏旦暮之期人者厚貌深情不可而知故有心剛而色柔容毅而質弱意強而行慢性悄而事緩假飾於外以蔽其情喜不必愛怒不必憎笑未必樂泣未必哀其藏情隱行未易測也他心尚不可測外境則爲能知故起信論云衆生以依染心能見能現妄取境界迷平等性故以一切

法常靜無有起相無明不覺妄與法違故不能得隨順世間一切境界種種知故是知心外無法法外無心但了一心諸塵自會起心背法即乖法體既與法違則不通達若能順法界性合眞如心則般若無知無所不知矣　問若了一心何用廣知諸法　荅一心是揔諸法是別別雖從揔事起千差若不子細通明遮照雙運則理孤事寡不入圓通維摩經云善能分別諸法相於第一義而不動台教云於諸法門文義教海須了非字非字雙照字非字不可說非不可說不可見非不可見何所簡擇何所不簡擇何所攝何所不攝何所弃何所不弃是則俱是非則悉非能於墨色通達一切非於一切非通達一切是通達一切非非非是一切法邪一切法正若於墨色不如是解則不知字與非字如蟲食木莫辯所歸似鳥言空何知旨趣　問一色一香無非中道以何爲中道　荅且約古師四句分別如中論玄樞云問汝以不生不滅爲中道有此中道不若有此中道則不名中道若無此中道無亦不名中二俱不可得何名中道荅有四義一有此中道何者本將中道破偏何得無中道以有空義故一切法得成若無空義者一切則不成空即中道也二無此中道何者爲破偏病是故說中偏病既亡中藥須遣若有中道中還是病三亦有中道亦無中道何者至理虛存故名亦有無形無相故名亦無如涅槃經云內外合故名爲中道四非有中道非無中道何者既云中道何得是有既云中道何得是無此是一往爲言耳若更再論則非四句所謂言語道斷心行處滅問若爾云何取定荅若也有執則無所不礙若也無執則無所不通如智論云若人見般若是則名被縛若不見般若是亦名被縛若人見般若是則名解脫若不見般若是則名解脫中道即實相是有也中道即性空是無也亦名爲假名亦有亦無也亦名爲中道非有非無也故知無執則四句皆是涅槃經云有緣服毒生無緣服毒死有服甘露傷命而早夭或有服甘露壽命得長存此之謂矣問爲中即是道爲離中別有道爲道即是中爲離道別有中荅如彼中品人此則是中而非道如彼三乘人道此即是道而非中如彼菩薩道此即亦中亦是道如彼外道道此即非中又非道今言中道者即菩薩道離中無別道離道無別中即以道爲中即以中爲道此之中義即是一心道即是心心即是道以眞心徧一切處故所以云一色一香無非中道前辯所見不同故論得失若入宗鏡則泯同平等三乘五性若內若外無非一心中道矣又中道者以一眞心不住有無一邊故稱中道若言其有相不可尋若言其無性不可易所以菩薩以行契理覩一切法雙遮雙照雙亡雙流台教明雙亡正入常冥中道無心亡照任運寂知雙亡即亡空亡假故名爲寂正入只是入中故名爲照而亡而照故曰雙流遝流約智用亡照約智體無心釋智體智體成就不須作意念念忘照而常任運而寂而知寂即是亡知即是照又能所雙寂故曰雙亡門理歷然稱爲正入正入則理無不契雙亡則相無不寂斯即不住空有遮照分明不滯二邊方成正入肇論云有心者衆庶是也無心者太虛是也衆庶處於妄想太虛絕於靈照不可以處妄想絕靈照而語聖心乎故須遮照無滯體用自在方成理行之門華嚴經云菩薩住是不思議於中思議不可盡住是不可思議地思與非思俱寂滅若唯遮思議境者則凡聖絕分故非但遮常心亦應融常心是則於中思議不可盡遮融無二則思與非思體俱寂滅方曰眞不思議也是則遮照無滯理事不虧即遮而照故雙非即是雙行即照而遮故雙行即是雙遣不壞本而常末萬行紛然不壞末而常本一心恒寂所以色塵體寂香界性空執作有無之邊邪達成唯心之中理法法皆圓願海塵塵盡具行門應念而六度咸成目擊而眞心普徧如無盡意菩薩經云普賢如來國土彼諸菩薩當見佛時尋能分別諸深妙義具足成就六波羅蜜何以故若不取色相即是具足檀波羅蜜若除色相即是具足尸波羅蜜若觀色盡即是具足羼提波羅蜜若見色寂滅即是具足毗梨波羅蜜若不行色相即是具足禪波羅蜜若不戲論色相即是具足般若波羅蜜是諸菩薩即觀佛時尋具如是六波羅蜜得無生忍　問此唯識門未了之人以何方便而爲開導　荅初覺之人先以比知後當信驗攝論云一切時處皆唯有識其有未得眞智覺者於唯識中云何比知由聖教及正理如教云如是三界皆唯有心理顯者如於定心中隨所觀見諸青瘀等所知影像一切

無別青瘀等事但見自心又云外種内爲緣
外法種子皆是衆生感受用業熏種子依阿
賴耶力所變現是故外種離内無別有種如
有頌言天地風虚空陂池方大海皆眞内所
作外義俱非有又頌云聖教及正理各別有
功能爲生於信慧無一不成故是以識生此
識說名相分知此相唯内心變外義不成故
如有頌言於一端嚴婬女身出家耽欲及餓
狗䑛屍昌艷美飲食三種分別各不同以前
塵無決定相唯心自分妍醜若外法是實云
何各隨自見不同是以比知唯心自現非他
境界古德云菩薩從初正信創發心時即觀
本識自性緣起因果之體得成正信故攝論
云得彼本識說菩薩初起應先觀諸法如實
因緣此之謂也如實者無非一心餘皆虚妄
若有猛提直入之者頓悟圓信之人即初發
心時便成正覺不動塵勞之位徧坐一切道
場靡移所習之門遊戲十方國土是以法華
經偈云得如是乘令諸子等日夜劫數常得
遊戲與諸菩薩及聲聞衆乘此寳乘直至道
場以是因緣十方諦求更無餘乘除佛方便
若能依實修行果滿不離一念如還原觀云
卷舒無礙隱顯同時一際絶其始終出入亡
於表裏初心正覺攝多生於剎那十信道圓
一念該於佛地即無生願而幻有立兩相泯
而雙事存攝法界而攝一塵舉一身而十身
現　問既以聖教正理比知已生勝解欲入
聖位緣何境界親證修行　荅但了人法二
空即入此觀人法何以成空以唯有意言分
別故攝論云從願樂位乃至究竟位若欲入

唯識觀修加行緣何境界緣意言分別爲境
離此無別外境何以故此意言分別似文字
言說及義顯現唯有意言分別無別有名言
菩薩能通達名無所有則離外塵邪執又此
義依名言唯意言分別前以遣名此下依名
遣義義者即六識所緣境離名無別此境名
言既唯意分別故義亦無別體菩薩通達義
無所有亦離外塵邪執又此名義自性差別
唯假說爲量前已遣名義名義既無自性及
差別云何可立若離假說無別名義自性及
名義差別由證見此二法不可得故名爲通
達智磬禪師六行法云大乘頓悟菩薩能觀
唯識無外空者謂觀相空唯是空解心作空
解無外相空是故大根知唯識者則滅空解
離諸緣觀故智論云菩薩行般若波羅蜜時
普觀諸法皆空空亦復空滅諸觀得無礙般
若波羅蜜以此文證無外相空大根觀智則
證空空謂法空空有皆是妄見悉是當時意
分別作如人心起則唯見人微塵心起則唯
見微塵空心起時則唯見空是故空有皆是
心作故諸凡聖見境不同皆是當時意言有
異是以世諦各唯有識覺無外邊則名眞諦
以其二諦不相離故即以無外名爲眞諦是
故若能觀見唯識即知無外則亦達眞此達
眞時則無外解便遣世俗妄取之心故攝論
云知塵無所有通達眞知唯有識通達俗若
不通達俗無以能得見眞以離俗無眞故若
不通達眞無以遣俗以俗無別體故所以通
達眞俗由能解唯識理故以此文證觀唯識
者即達二諦能遣妄心雖復就實唯識無境

稱情則有凡聖大小謂若見塵意謂是人如
此意言則是凡夫若觀此身意謂是塵如此
意言則是二乘若觀細塵意謂體空如此意
言是小菩薩若觀空有知皆意言即是大乘
大菩薩人故諸衆生雖皆唯識意言不同凡
聖各異故大根人知唯識者恒觀自心意言
爲境此初觀時雖未成聖分知意言則是菩
薩故攝論云初修觀者則是凡夫菩薩此等
能觀深法空者即亦曾遊小乘觀來非是不
解衆生無我一往即能頓見法空故攝論云
若得法無我必先得人無我故知學大要先
從小雖復從小漸頓仍別謂觀生空執爲極
者後觀相空進學名漸若有久習知小非極
即解空空名爲頓悟雖知心外無境然入觀
時亦從塵起以其色塵唯佛不見以佛常證
唯識無境妄想盡故不見外塵故彼論云如
來常不出觀故寂靜若大菩薩入眞觀時則
知唯識亦不見塵故彼論云菩薩若入無分
別觀一切塵不顯現以此文證故知大聖入
眞觀時皆不見色自餘凡聖莫問大小未入
空觀則皆見塵大根出觀雖妄見塵若入觀
時則知唯識以其自知妄作塵解無塵可破
便證唯心若能觀中了知唯心後雖出觀妄
見自他尋復思時知自妄見不同凡小定執
有外乃至觀空猶見能所故彼論云菩薩以
無分別後智觀此因果相然無顛倒不執有
外塵内根唯識是實有法故知大根一證唯
心後雖出觀不執有外若觀自心妄見境時
則知衆生各唯有識故大菩薩乃至佛來常知
衆生唯心妄見謂知衆生或作名解名則是

凡意言分別情謂似外名字顯現理是心作是自心相或作名下所詮法解法義則是意言分別情謂有外法義顯現理實法義亦是心相故彼論云十二部經是名爲教十二部經所詮是名爲理心相似此理教顯現以此文證所緣境界悉是心作名爲心相但此心相亦名心影亦名相識及境界識稱諸凡小謂與心異理無別體實唯一識故彼論云唯識不出二法一者相識二者見識似塵顯現名相謂所緣境似識顯現名見謂能緣識定心亦爾顯現似塵謂異定心一分似識一分似塵此二實唯是識以此文證境界相識即是相識亦名相結故彼論云結有二種一者相結二者麁重結相結難解麁重結難滅心分別諸塵名相結由此分別起欲瞋等惑名麁重結若得無分別智即解相結相結不起麁重結即墮滅以此文證境是相結凡小迷執故名難解是故諸法名之與義皆是心作凡小不知理實無始所緣名義常是凡夫意言分別故彼論云凡夫從本來意言分別有二種一似名二似義名義攝一切法皆盡此名義但是意言分別所作離此無別餘法以此文證故知凡夫妄見境界或名或義皆是當時意言分別如食莨菪妄見針火據彼妄情意謂是實不知妄見謂有外火據實唯是意作火解火則唯是意言分別謂有火名名是意言謂有火事事是意言衆生妄見自身他身地水火風等皆亦似彼雖復就實義唯識無外據凡妄情謂有能所故彼論云唯識

義不失亦不無能取所取義雖復據情謂有內外理唯一心無別塵體故彼論云識所變異雖有內外事相不同實唯一識無有塵等別體故知自他內外事相唯是一心轉變妄解故諸大聖知生妄見自恒不見凡所見境如人不食莨菪之者唯見他人妄見針火自仍不見空中火事佛知唯識其事似此故不同凡妄見境界以生妄見本無外塵是以如來恒不見色唯凡與聖有見不見但眞異妄莫不唯識凡唯識直是妄心故唯識論偈云唯識無境界無塵虛妄見若佛唯識但有眞心故攝論云唯有眞如及眞智獨存說名法身又唯識論云諸佛如來行處唯有眞識更無餘識以此文證佛無識故不同凡妄見外境以實唯識本無外故業不同者一質異見如人見水鬼見爲火魚謂住處天以爲地又如舍利妄見穢土螺髻菩薩即此見淨若使實有水火染淨同處相妨不得和合以各妄見齊無外故多心共處得作別解若諸衆生同業之者妄見則同更無別解此同業者遞互爲因妄想見聞唯心緣合故唯識論云一切衆生虛妄分別思惟憶念彼說我聞依彼前人說者意識於此聽人聞者意識起如是心彼說我聞而實無有彼前境界是偈言遞共增上因彼此心緣合以此文證業相由者遞互爲因各妄見聞以其六道皆心緣合三界則是唯心轉作故十地經云三界虛妄但一心作論自釋言一心作者唯心轉故故知三界同見別見皆是自心轉變解異同見聞者雖心緣合心無形相恒非內外若謂心

外有他心者則是妄解實無外識故唯識論云而實無有外識可取乃至二乘知他心者謂有外識亦仍是妄故彼論云虛妄分別此心知彼心彼心知此心以此文證實無外識直是凡小妄作外解故彼論云他心智者不如實知何以故以自內心虛妄分別以爲他心不能了知問曰若言凡小作他心解云何得與他心相應釋言由先方便想作他解似他解故得與相應凡小不知自作他解便謂我今知他人心雖作他解得與相應謂有能所猶非實知故彼論云世間他心智者於彼二法不如實知以彼能取可取境界虛妄分別故以此等文證無外識故作外解皆非實知若觀心識本無形相非彼非此無來無去不依外解息分別時則是實知一切生心故智論云若一切衆生心心數法性實有不虛誑者佛不能知一切衆生心心數法以一切衆生心心數法性實虛誑無來無去故佛能知一切衆生心心數法譬如比丘貪求者不得供養無所貪求則無所乏知心外如是若分別取相則不得實法不得實法故不能通達知一切衆生心心數法若不取相無所分別則得實法故能通達知一切衆生心心數法無所罣礙以此文證心無去來佛知無外稱實能知不同凡小他心智者向外緣心猶黏妄識故唯識偈云他心知於境不如實覺知以非離識境唯佛如實知以此文證佛知唯識自作他解無外可取以知自心作諸心解永斷向外分別之心入楞伽經云如實知一切諸法唯是自心是故不生分別之心

以此文證佛知他心即是自心離外分別但緣自心意言爲境爲諸衆生心識無邊各各異解差別難量佛離外念一心徧知如水不動萬像現中此佛一心知諸心時一作多解多即是一如彼一水照諸萬像雖即一水而與水外萬像相應佛心亦爾徧照他心雖是一心作諸心解而與一切他心相應由久修學唯識觀成故離外念方能徧知故華嚴經頌云摩醯首羅智自在大海龍王降雨時悉能分別數其滴於一念中皆明了無量億劫勤修學得是無上菩提智云何當於一念中不知一切衆生心故知諸佛念念徧知此即是佛意言分別雖知世諦各唯識時別知諸心是佛分別據恒自覺唯自意言離外念邊無復分別故諸大智觀唯識者緣自意言知世諦時即亦達眞離外分別是故大乘從凡至佛皆觀自心意言爲境則知心外無別他心凡聖等心雖非內外仍有因緣爲他變者如維摩經云即時天女以神通力變舍利弗令如天女天自化身如舍利弗此變舍利弗令心異見非有別身改形換質衆生心中修勝行者則有無中妄見佛業由有勝業感佛神力令心變異似見化身故攝論云於他修行地中由佛本願自在力故彼識似衆生變異顯現故名變化身以此文證如來化身如釋迦等皆是凡小自心變作以妄見佛成道化生後還妄見如來滅度此妄見者由佛變故彼論云菩提涅槃爲二但變異他心令他爲二體實不有以此文證佛變他心令妄見佛心外無佛據諸凡小不知妄見謂有外佛

來度衆生故經偈云佛不得佛道亦不度衆生衆生強分別作佛度衆生故攝論云由觀行人識爲增上緣故餘人識變異如觀行人願力顯現故知定無外塵唯有本識以此文證見聖化者皆由佛力爲增上緣故彼論云淺行菩薩欲作衆生利益事於現在先發願竟即入眞觀出觀後隨所欲樂方得成就若深行菩薩欲作利益衆生事現在不須發願及入觀出觀但由本願力隨所欲作一切皆成若聲聞等得九定自在因此定自在得六通自在於一物中隨願樂力各能變異爲無量種若諸塵實有自性此事則不得成以此文證本無外境聖力令他無中見化以皆妄見無外境故若多聖人同處變物各隨意成亦不相礙故彼論云於一物中若多觀行人別願同能變異一境此變異得成何故得成隨彼意成故實無外境唯有識故是故各隨彼意得成以此文證於一處中多聖變化隨意各別令諸衆生見境各異和而不同參而不亂此義甚深大根方知故至佛來皆觀唯識故彼論云從願樂位乃至究竟位通名唯識觀以此文證大乘入道同觀唯識漸明至佛言觀唯識願樂位者謂從師友聞說唯識即能解者心生願樂由有願樂學思量時即是大乘願樂位人故彼論云諸菩薩但由聽聞一切法唯有識依此教隨聞起信樂心於一切法唯識理中意言分別生由此願樂意言分別故說菩薩已入唯識觀作如此知名入唯識願樂位以此文證學觀唯識即是大根菩薩入道上來惣明大小入道淺深雖別

皆唯修慧以其慧觀是正道體若不修觀餘行皆非此明慧觀是入道體如上所說若了一切境界唯是意言分別則意無所思口無所說攀緣既息名相即空妙明眞心從此披露故得塵勞路絕生死河枯念念冥眞心心合道所以金剛三昧經云佛言善不善法從心化生一切境界意言分別制之一處衆緣斷滅何以故一本不起三用無施住於如理六道門杜

宗鏡錄卷第八十六

音義

礭 苦角反推丨也 兗 符部反 荼 同都反 跌 胡鐵反徑路也 誚 才笑反責也
瘵 仙偕反 整 之郢反別也 蒗 正宕反 蕩 徒朗反大也 遆 特計反
迹 丨反也 適 都歷反水丨也

戊申歲分司大藏都監開板

宗鏡録卷第八十六

校勘記

一　底本，麗藏本。

一　七三五頁中六行首字「則」，清作「亦」。

一　七三五頁中二一行第一五字「一」，磧、徑、清作「二」。

一　七三五頁下四行第五字「不」，清作「豈」。

一　七三七頁上一八行第五字「墮」，清作「隨」。

一　七三七頁中九行第一六字「異」，清作「與」。

一　七三七頁中一七行「舍利」，清作「舍利佛」。又「菩薩」，清作「梵王」。

一　七三七頁中二〇行第六字「妾」，磧、徑、清作「妄」。

一　七三七頁下二〇行第一四字「外」，清作「亦」。

一　七三七頁下二六行「唯論識」，磧、徑、清作「唯識論」。

一　七三八頁中一二行首字「量」，磧、徑、清作「異」。

一　七三八頁下五行「合道」，清作「念道」。

宗鏡錄卷第八十七　功

慧日永明寺主智覺禪師　延壽　集

夫入道之門綱途咸是簡要分別無出四門
今約天台四教藏通別圓各有四門入道前
三教四門廣在彼說今引圓教四門堪當入
道一有門二空門三亦有亦空門四非有非
空門止觀云圓教四門妙理頓說異前藏通
二教圓融無礙異於別教歷別若有門即假
寄於有以爲言端而此有門亦即三門一門
無量門無量門一門非一非四而言一四此
即圓門相也若有爲門即生死之有是實相
之有一切法趣有即法界出法界外更無
法可論生死即涅槃涅槃即生死無二無別
舉有爲門端耳實具一切法圓通無礙是名
有門三門亦如是此門微妙不可思議豈同
藏通拙度而但空別教不融而隔別又圓四
門皆妙無麁若有門爲法界攝一切法況復
三門空門即是法界攝一切法況復三門餘
二亦如是法相平等無復優劣若爾無四門
之異但因頓根機赴緣四說如四指指一月
月一指四又如藏通別圓四教如空中四點
雖四點似別不出一空雖四指不同唯指一
月一有門者觀見思假即是法界具足佛法
又諸法即是法性因緣乃至第一義亦是因
緣大經云因滅無明即得熾然三菩提燈是
名有門二空門者觀幻化見思及一切法不
在因不屬緣我及涅槃是二皆空唯有空病
空病亦空此即三諦皆空也三亦空亦有門
幻化見思雖無眞實分別假名則不可盡如
一微塵中有大千經卷於第一義而不動善

能分別諸法相亦如大地一能生種種芽無
名相中假名相說乃至佛亦但有名字是爲
亦空亦有門四非空非有門觀幻化見思即
是法性法性不可思議非世故非有非出世
故非空一色一香無非中道一中一切中此
盧遮那徧一切處豈有見思而非實法是名
非空非有門云何一門即是三門一門尚是
一切法何止三耶所以者何觀因緣所生法
是初門一切皆初門初門即空一空一切空
即是第二門此初門即假一假一切假即是
第三門此初門即中一中一切中即是第四
門初門即是三門三門即是一門但舉一門
爲名雖有四名理無隔別即是圓教四門正
是今之所用也若爾何用前來種種分別但
凡情闇鈍不說不知先謗開之後入正道法
華經云雖說種種道其實爲一乘若得此意
終日分別無所分別涅槃名爲復有一行是
如來行法華名正直捨方便但說無上道大
品名爲一切種智知一切法淨名稱爲瞻蔔
林不齅餘香華嚴稱爲法界即是此四門意
也故知若了一心修行因果圓備猶如地萬
物出生故猶如海衆寶所聚故猶如車能運
載故猶如城善防護故是以大涅槃經云佛
言我爲須達說言長者心爲城主長者若不
護心則不護身口又華嚴入法界品中寶眼
主城神眷屬圍遶於虛空中而現其身種種
妙物以爲嚴飾手持無量衆色寶華以散善
財作如是言善男子應守護心城謂不貪一
切生死境界應莊嚴心城謂專意趣求如來
十力應淨治心城謂畢竟斷除慳嫉諂誑應

清涼心城謂思惟一切諸法實性應增長心
城謂成辦一切助道之法應嚴飾心城謂造
立諸禪解脫宮殿應照耀心城謂普入一切
諸佛道場聽受般若波羅蜜法應增益心城
謂普攝一切佛方便道應堅固心城謂恒勤
修習普賢行願應防護心城謂常專禦扞惡
友魔軍應廓徹心城謂開引一切佛智光明
應善補心城謂聽受一切佛所說法應扶助
心城謂深信一切佛功德海應廣大心城謂
大慈普及一切世間應善覆心城謂集衆善
法以覆其上應寬廣心城謂大悲哀愍一切
衆生應開豁心城謂悉捨所有隨應給施應
密護心城謂防諸惡欲不令得入應嚴肅心
城謂逐諸惡法不令其住應決定心城謂集
一切智助道之法恒無退轉應安立心城謂
正念三世一切如來所有境界應瑩徹心城
謂明達一切佛正法輪脩多羅中所有法門
種種緣起應部分心城謂普曉示一切衆生
皆令得見薩婆若道應住持心城謂發一切
三世如來諸大願海應富實心城謂集一切
周徧法界大福德聚應令心城明了謂普知
衆生根欲等法應令心城自在謂普攝一切
十方法界應令心城清淨謂正念一切諸佛
如來應知心城自性謂知一切法皆無有性
應知心城如幻謂以一切智了諸法性佛子
菩薩摩訶薩若能如是淨修心城則能積集
一切善法釋曰夫城者能防外寇護國安人
堅密牢強即無衆患況心城須謹密守關津
無令外緣六塵魔賊所侵內結煩惱奸臣所
亂防非禁惡常加瑩淨之功立德運慈廣備

莊嚴之事遂得四門無滯一道常通力敵大千威臨法界可以撫提弱擾攝化無遺伏外降魔永固眞基矣華嚴疏云城有三義一防外敵二養人衆三開門引攝今言法城通教理行果行契理教則無不俱嚴故各有三義謂了心城之性空則衆惑不入見恒沙性德則萬行受增道無不通則自他引攝便能契果絕百非以成解脫養衆德以全法身開般若而無不通矣方顯教城無非養所詮旨句句通神有斯多義淨名疏云佛法如城能爲行人防非擬敵故名爲城若護佛法即是護城又陰界入法即空即空之理名涅槃衆生是王而種性具足恒沙佛法如城中人物故立一切衆生即大涅槃即菩提相但此妙理外爲天魔外道之所欲壞內爲通別見思之所侵菩薩爲護衆生本有涅槃之城不令妄起諸愛見也　問聖人大寶曰位若無位次即是天魔外道旣有信入須假鍊磨於初心方便門中證解唯識約教所分有幾位次

荅有五位門準識論云謂具大乘二種性者略於五位漸次悟入一本性住種性謂無始來依附本識法爾所得無漏法因二習所成種性謂聞法界等流法已聞所成等熏習所成要具大乘此二種性方能漸次悟入唯識乃至云何漸次悟入唯識謂諸菩薩於識性相資糧位中能深信解在加行位能漸伏除所取能取引發眞見在通達位如實通達修習位中如所見理數數修習伏斷餘障至究竟位出障圓明能盡未來化有情類復令悟入唯識性相何謂悟入唯識五位一資糧位

頌曰乃至未起識求住唯識性於二取隨眠猶未能伏滅論曰從發深固大菩提心乃至未起順決擇分求住唯識眞勝義性齊此皆是資糧位攝爲趣無上正等菩提修習種種勝資糧故爲有情故勤求解脫由此亦名順解脫分此位菩薩依因善友作意資糧四勝力故於唯識義雖深信解而未能了能所取空多住外門修菩薩行故於二取所引隨眠猶未有能伏滅功力令彼不起二取現行此二取言顯二取取執能取所取性故二取習氣名彼隨眠隨逐有情眠伏藏識或隨增過故名隨眠即是所知煩惱障種煩惱障者謂執徧計所執實我薩迦邪見而爲上首百二十八根本煩惱及彼等流諸隨煩惱此皆擾惱有情身心能障涅槃名煩惱障所知障者謂執徧計所執實法薩迦邪見而爲上首見疑無明愛恚慢等覆所知境無顚倒性能障菩提名所知障乃至菩薩住此資糧位中二麤現行雖有伏者而於細者及二隨眠止觀力微未能伏滅此位未證唯識眞如依勝解力修諸勝行應知亦是解行地攝乃至所修勝行謂福及智等釋云本性住種姓者未聞正法但無漏種無始自成不曾熏習令其增長名本種姓性者體也姓者類也謂本性成住此菩薩種子姓類差別不由今有名本性住種姓菩薩地說無始法爾六處殊勝名本性住種姓習所成種姓者此聞正法已去令無漏舊種增長數習種姓菩薩地說聞十二分教法界等流平等而流又法界性善順惡違具諸功德此亦如是故名等流依因善

友作意資糧四勝力故者此上四力攝論云能悟入中大乘多聞熏習相續此乃因力已得奉事無量諸佛出現於世即善友力已得一向決定勝解非諸惡友所能動搖名作意力已善積習諸善根等名資糧力隨眠義者隨逐有情常在生死眠伏藏識不現餘處故名隨眠或隨增過故名隨眠隨逐有情多增過失故名隨眠何故眠者乃是增義如人睡眠眠即滋多故過失增是隨眠義即二障種也二加行位頌曰現前立少物謂是唯識性以有所得故非實住唯識論曰菩薩先於初無數劫善備福德智慧資糧順解脫分旣圓滿已爲入見道住唯識性復修加行伏除二取謂煖頂忍世第一法此四摠名順決擇分順趣眞實決擇分故乃至菩薩此四加行中猶於現前安立少物謂是唯識眞勝義性以彼空有二相未除帶相觀心有所得故非實安住眞唯識理彼相滅已方實安住依如是義故有頌言菩薩於定位觀影唯是心義想旣滅除審觀唯自想如是住自心知所取非有以能取亦無後觸無所得乃至此加行位未遣相縛於麤重縛亦未能斷唯能伏除分別二取違見道故於俱生者及二隨眠有漏觀心有所得故有分別故未全伏除全未能滅乃至此位亦是解行地攝未證唯識眞勝義故釋云四尋思名順決擇分者則名眞實決擇分決擇是智即擇法也決簡疑品彼猶預故擇簡見品彼不擇故分者是支因義即擇法覺支現前立少物者心上變如名爲少物此非無相故名帶相若證眞時此相便滅相

者即是空所執相三通達位頌曰若時於所緣智都無所得爾時住唯識離二取相故論曰若時菩薩於所緣境無分別智都無所得不取種種戲論相故爾時乃名實住唯識眞勝義性即證眞如智與眞如平等平等俱離能取所取相故能所取相俱是分別有所得心戲論現故乃至此智雖有見分而無分別說非能取非取全無雖無相分而可說此帶如相起不離如故如自證分緣見分時不變而緣此亦應爾變而緣者便非親證如後得智應有分別故應許此有見無相加行無間此智生時體會眞如名通達位初照理故亦名見道乃至前眞見道證唯識性後相見道證唯識相二中初勝故頌偏說前眞見道根本智攝後相見道後得智攝諸後得智有二分耶乃至此智現身土等為諸有情說正法故若不變現似色聲等寧有現身說法等事轉色蘊依不現色者轉四蘊依應無受等又若此智不變似境離自體法應非所緣緣色等時應緣聲等又緣無法等應無所緣緣彼體非實無勝用故由斯後智二分俱有釋曰又若此智不變似境離自體法應非所緣既無相分自他之心他身土等離自己體之法不帶影像應非所緣緣直親照彼不變為相故不同眞如眞如即是智自體故問若爾眞如應非所緣緣無似境相故若不然帶如之相起故離自體法既無影像不可言帶彼相起如何說有所緣緣彼皆離自體故既亦帶相起名所緣緣色等時應緣聲等緣色等智不帶聲等相故又緣無法等應無所緣緣

者不變為無相為見所緣故以無相分直照於無無非有體所緣緣義如何得成由此故知佛亦不能親緣於無此文理證也四修習位頌曰無得不思議是出世間智捨二麁重故便證得轉依論曰菩薩從前見道起已為斷餘障證得轉依復數修習無分別智此智遠離所取能取故說無得及不思議或離戲論說為無得妙用難測名不思議是出世間無分別智斷世間故名出世間二取隨眠是世間本唯此能斷獨得出名或出世名依二義立謂體無漏及證眞如此智具斯二種義故獨名出世餘智不然即十地中無分別智數修此故捨二麁重二障種子立麁重名性無堪任違細輕故令彼永滅故說為捨此能捨彼二麁重故便能證得廣大轉依依謂所依即依他起與染淨法為所依故染謂虛妄徧計所執淨謂眞實圓成實性轉謂二分轉捨轉得由數修習無分別智斷本識中二障麁重故能轉捨依他起上徧計所執及能轉得依他起中圓成實性由轉煩惱得大涅槃轉所知障證無上覺成立唯識意為有情證得如斯二轉依果或依即是唯識眞如生死涅槃之所依故愚夫顛倒迷此眞如故無始來受生死苦聖者離倒悟此眞如便得涅槃畢竟安樂由數修習無分別智斷本識中二障麁重故能轉滅依如生死及能轉證依如涅槃此即眞如離雜染性如雖性淨而相雜染故離雜染時假說新淨即此新淨說為轉依修習位中斷障證得雖於此位亦得菩提而非此中頌意所顯頌意但顯轉唯識性二

乘滿位名解脫身在大牟尼名法身故云何證得二種轉依謂十地中修十勝行斷十重障證十眞如二種轉依由斯證得五究竟位頌曰此即無漏界不思議善常安樂解脫身大牟尼名法論曰前修習位所得轉依前即是究竟位相此謂此前二轉依果即是究竟無漏界攝諸漏永盡非漏隨增性淨圓明故名無漏界者藏義此中含容無邊希有大功德故或是因義能生五乘世出世間利樂事故莊嚴經論說四加行位偈曰爾時此菩薩次第得定心唯見意言故不見一切義釋曰此菩薩初得定心離於意言不見自相總相一切諸義唯見意言此見即是菩薩煖位此位名明如佛灰河經中所說明此明名見法忍偈曰為長法明故堅固精進故法明增長已通達唯心住釋曰此中菩薩為增長法明故起堅固精進住是法明通達唯心此通達即是菩薩頂位偈曰諸義悉是光由見唯心故得斷所執亂是則住於忍釋曰此中菩薩若見諸義悉是心光非心光外別有異見爾時得所執亂滅此見即是菩薩忍位偈曰所執亂雖斷尚餘能執故斷此復速證無間三摩提釋曰此中菩薩為斷能執亂故復速證無間三摩提問有何義故此三摩提名無間答由能執亂滅時爾時入無間故受此名此入無間即是菩薩世間第一法位乃至五位第一資糧位初學唯識為發心之始第一發心分依止大菩提而發心故菩薩善生有四義一種子勝以菩提心為種子故二生母勝以般若波羅蜜為生母故三胎藏勝以福智

二聚任持爲胎藏故四乳母勝以大悲長養
爲乳母故第二通達位頌曰已知義類性善
任唯心光現見法界故解脱於二相論曰此
位由解一切諸義唯是意言爲性則了一切
諸義悉是心光菩薩爾時名善住唯識從彼
後現見法界了達所有二相即解脱能執所
執第三見道位頌曰心外無有物物無心亦
無以解二無故善住眞法界論曰此位如彼
現見法界故解心外無有所取物所取物無
故亦無能取心由離所取能取二相故應知
善住法界自性第四修道位頌曰無分別智
力恒平等徧行爲壞過聚體如藥能除毒論
曰此位菩薩入第一義智轉依已以無分別
智恒平等作及徧處行何以故爲壞依止依
他性熏習稠林過聚相故此智力譬如阿伽
陀藥能除一切衆毒第五究竟位頌曰緣佛
善成法心根安法界解念唯分別速窮功德
海論曰緣佛善成法者諸菩薩於佛善成立
一切妙法中作總聚緣故問云何總聚緣荅
心根安法界是故此心名根此後起觀如前
觀事處處念轉解知諸念唯是分別非實有
故如此知已速窮功德海即佛果功德海能
速窮彼岸故攝論偈云福德智慧二資粮菩
薩善備無邊際於法思量善決已故了義趣
唯言類若知諸義唯是言即住似彼唯心理
便能現證眞法界是故二相悉蠲除體知離
心無別物由此即會心非有智者了達二皆
無等住二無眞法界慧者無分別智力周徧
平等常順行滅依榛稉過失聚如大良藥消
衆毒佛說妙法善成立安慧并根法界中了

知念趣唯分別勇猛疾歸德海岸釋曰復有
現觀伽他如經莊嚴論說其中難解於此顯
示福德智慧二資粮菩薩善備無邊際者資
粮有二種一福德資粮二智慧資粮謂施等
三波羅蜜多是福德資粮第六般若波羅蜜
多是智慧資粮精進波羅蜜多二資粮攝何
以故若爲智慧而行精進是智慧資粮若爲
福德而行精進是福德資粮如是靜慮波羅
蜜多亦通二種若緣無量而修靜慮是福德
資粮餘是智慧資粮如是資粮是誰所有謂
諸菩薩長遠難度名無邊際如無邊語非無
有邊但以多故得無邊稱此亦如是於法思
量善決已者要由定後思惟諸法方善決定
非餘所能故了義趣唯言類者謂了知諸義
唯意言爲因若知諸義唯是言即住似彼唯
心理者謂若了知似義顯現唯是意言即住
似義唯心正理便能現證眞法界是故二相
悉蠲除者謂從此後現證眞如永離所取能
取二相如入現證大當顯示體知離心無別
物由此即會心非有者體知離心無所緣義
彼無有故即會能緣心亦非有智者了達二
皆無者謂諸菩薩了達此二悉皆是無等住
二無眞法界者謂平等住離義離心眞實法
界慧者無分別智力者謂諸菩薩無分別智
所有勢力周徧平等常順行者於平等中隨
順而行觀契經等一切諸法猶如虛空性平
等故內外諸法皆如是觀故名周徧常恒滅
依榛稉過失聚如大良藥消衆毒者滅謂除
滅依謂所依即所依中雜染法因極難了故
如谿谷林榛稉難入過失聚者是雜染法熏

習自性佛說妙法善成立安慧并根法界中
者謂由佛教善安其慧實眞如中及能緣彼
根本心中根本心者謂緣如來所有正教總
爲一相應知即是無分別心了知念趣唯分
別者謂彼安住根本心已爲說正教由後得
智念諸義趣知此念趣唯是分別勇猛疾歸
德海岸者謂諸菩薩由無分別智及後得智
巧方便故速趣佛果功德海岸如是五頌總
略義者謂第一頌顯資粮道第二頌初半顯
加行道後半第三顯於見道第四一頌顯於
修道第五一頌顯究竟道金剛三昧經云大
力菩薩言云何二入不生於心心本不生云
何有入佛言二入者一謂理入二謂行入理
入者深信衆生不異眞性不一不共但以客
塵之所翳障不去不來凝住覺觀諦觀佛性
不有不無無已無他凡聖不二金剛心地堅
住不移寂靜無爲無有分別是名理入行入
者心不傾倚影無流易於所有處靜念無求
風鼓不動猶如大地捐離心我救度衆生無
生無相不取不捨菩薩心無出入無出入心
入不入故故名爲入菩薩如是入法法相不
空不空之法法不虛弃何以故不無之法具
足功德非心非影法爾清淨又云佛言從闡
提心乃至如來如來實相住五等位一者信
位信此身中眞如種子爲妄所翳捨離妄心
淨心清白知諸境界意言分別二者思位思
者觀諸境界唯是意言意言分別隨意顯現
所見境界非我本識知此本識非法非義非
所取非能取三者修位修者常起能起所起
同時故先以智導排諸障難出離蓋纒四者

行位行者離諸行地心無取捨極淨根利不動心如決定實性大般涅槃唯性空大五者捨位捨者不住性空正智流易大悲如相不住如三藐三菩提虛心不證心無邊際不見處所是至如來善男子五位一覺從本利入若化衆生從其本處如上經論所言諸佛菩薩四加行位唯識五位等皆從一心分其深淺從本起末似現初心因末顯本復歸元地所以經云五位一覺從本利入若化衆生從其本處如上諸位但是一心因智有淺深證分初後於行布中似有階降如慇跳云首楞嚴經於一念上立六十位如珠中影像物類雖多珠全是一一中含衆像衆像還入一珠中如六十位中一一位含六十位且如位位全是心證一心能生多心多心還入一心心心丑含有何障礙

宗鏡録卷第八十七　　　功

音義

誘與久反進也導也　慳苦閑反悋也　謟丑琰反佞諂也　礫狼擊反也　扞侯旰反衛也　廓苦郭反　[illegible]　撫芳武反安存也　敵徒歷反當也　基居之反址也　奚而元反　榛側詵反　梗古杏反

戊申歲分司大藏都監開板

宗鏡録卷第八十七

校勘記

一　底本，麗藏本。

一　七四〇頁下二〇行第一一字「貴」，資、南、徑、清作「實」。

一　七四一頁上二三行第三字「謂」，資、南作「請」。

一　七四一頁中九行第九字「念」，清作「令」。

一　七四二頁上三行第八字「餘」，清作「緣」。

一　七四二頁上一六行第九字「士」，資、南、徑、清作「土」。

一　七四二頁上二八行末字「亦」，徑作「不」。

一　七四二頁下五行「前即」，清作「應知」。

一　七四二頁下一九行第九字「任」，資、南、徑、清作「住」。

一　七四四頁上一一行「階降」，清作「皆降」。

宗鏡録卷第八十八　功

慧日永明寺主智覺禪師　延壽　集

夫證唯識理而登佛果從初資粮位至究竟位具幾智而得成就　荅准一無分別智約初後有三種一加行無分別謂尋思等智即是道因二無分別智即是道正體三無分別後智即是出觀智謂道果　問此三智行相如何　荅攝論云無分別智自性應知離五種相一離非思惟故二離非覺觀地故三離滅想受定寂靜故四離色自性故五於眞實義離異分別故此智若由離思惟故名無分別智熟眠放逸狂醉同離思惟應得此智若由過覺觀地故名無分別智從二定以上已過覺觀應得此智若依此二義凡夫應得此智是處能離心及心法應說名無分別智謂想受滅定等若人在此位中得無分別智此則不成智何以故於滅定等位無心及心法故若言如色自性智自性亦如此如色鈍無知此智應鈍無知若於眞實義由已分別顯現是分別應成無分別智何以故此分別能分別眞實義謂此義眞實若智離五相緣眞實義起若不異分別眞實義謂此法眞實但緣眞實義如眼識不以分別爲性是名無分別智無分別智衆行中最爲上首更以偈顯諸菩薩自性五種相所離無分別智性於眞無分別菩薩以無分別智爲體無分別智與菩薩不異無分別智自性即是菩薩自性由於眞無分別故離五相得無分別名又三智揔以喻顯頌曰如五求受塵如五正受塵如非五受塵三智譬如是釋曰譬如人在眼等

五識中求覓五塵或緣實或緣虛意識與五識相間起故加行無分別智亦爾或證一分爲實或不證爲虛譬如人正在五識中得眞實境無分別無言說根本無分別智亦爾得眞實境無分別無言說譬如人在意識中但緣先所受塵名緣虛境有分別有言說無分別後智亦爾緣虛境有分別有言說又偈云如人初開目是名加行智如人正閉目是無分別智即彼復開眼後得智亦爾應知如虛空是無分別智於中現色像後得智亦爾問此無分別智從何而成　荅了一切名義無所有故能成無分別智攝論頌云鬼畜人天等各隨其所應一切意有異故知義不成過去等及夢幷餘二影像無有爲攀緣然彼攀緣成釋曰若義成於境無無分別智此智若不有佛果無可得於一物中各隨其意見有差別是故應知義無所有故彼等所取既不成就若爾義無所有故識應不緣境而生荅亦有識不緣境而生如夢及過去未來等無實攀緣即自攀緣如鏡像及定境謂自心爲境而攀緣若義有自性爲境則無無分別智此智若有有佛果可得　問於宗鏡中最初信入有何位次　荅若圓信人初有五品位台教據法華經分別功德品依圓教立五品位第一品初發一念信解心第二品加讀誦第三品加說法第四品兼行六度第五品正行六度從初品須依靜處建立道場於六時中行四三昧懺六根罪修習五悔五悔者一懺悔破大惡業罪二勸請破謗法罪三隨喜破嫉妬罪四迴向破諸有罪五發願順空無相

願所得功德不可限量譬算校計亦不能說若能勤行五悔方便助開觀門一心三諦豁爾開明如臨淨鏡徧了諸色一念心中圓解成就不加功力任運分明正信堅固無能移動此名深信隨喜心即初品弟子位也分別功德品云若有聞佛壽命長遠解其義趣是人所得功德無有限量能起如來無上之慧乃至若聞是經而不毀呰起隨喜心當知已爲深信解相即初品文也以圓解觀心修行五悔更加讀誦善言妙義與心相會如膏助火是時心觀益明名第二品也經云何況讀誦受持之者斯人則爲頂戴如來又以增品信心修行五悔更加說法轉其內解導利前人以曠濟故化功歸己心更一轉倍勝於前名第三品也經云若有受持讀誦爲他人說若自書若教人書供養經卷不須復起塔寺及造僧坊供養衆僧又以增進心修行五悔兼修六度福德力故倍助觀心更一重深進名第四品也經云況復有人能持是經兼行六度其德最勝無量無邊譬如虛空東西南北四維上下無量無邊是人功德亦復如是無量無邊疾至一切種智又以此心修行五悔正修六度自行化他事理具足心觀無礙轉勝於前不可比喻名第五品也經云又爲他人種種因緣隨義解說此法華經復能清淨持戒與柔和者而共同止忍辱無瞋志念堅固常貴坐禪得諸深定精進勇猛攝諸善法利根智慧善荅問難乃至當知是人已趣道場近阿耨多羅三藐三菩提坐道樹下始自初品終至初住一生可修一生可證不待

位登七地爾乃修習何假歡喜始入雙流前教所以髙其位者方便之説圓教位下者眞實之説法華經云如此之事是我方便諸佛亦然今當爲汝説最實事即此意也又約藏通別圓四教論位高以言優劣如圓教圓修至十行中第二行便與別教妙覺位齊若登三行所有智斷別人不識其名況知其法大乘別教詮中道佛性不空之理尚此懸殊何況藏通但空灰斷之果若從圓教第三行乃至十向十地等妙二覺所有智斷皆非境界別教但知至十行第二行中只斷無明爲已家之極果不知是他家之下因譬如構甎石爲基以金寶飾上豈如從基至頂悉累金剛非唯高位有殊亦乃寶非寶別乃至約斷惑門論斷不斷者別教但明斷不論不斷圓具二義若教道明斷證道不斷倒如小乘方便論斷證眞不論斷不斷今亦如是若不思議觀者内不見有煩惱可斷煩惱性不障菩提菩提不障煩惱煩惱即菩提菩提即煩惱故淨名云佛爲增上慢人説斷婬怒癡名爲解脫無增上慢者婬怒癡性即解脫六根六塵而無限礙只眼中見色亦眼中入三解脫門華嚴明十眼乃至六根皆明於一塵中具十方三世諸佛八相成道轉法輪度衆生皆不斷而明了又五品位同小乘五停心觀今五品以四弘誓願四種三昧以明五停心四弘誓願明四種停心四種三昧明第五停心四弘誓願者一者未度令度二者未解令解三者未安令安四者未滅令滅四種三昧者一常行二常坐三半行半坐四非行非坐且四

弘誓願明四種停心者生死苦諦即是涅槃無二無別此即信事順理信是道元功德母此是第一誓願未度苦諦令度苦諦是初品信理停心煩惱即菩提無二無別是爲未解集諦令解集諦是第二品讀誦解脫停心即是大悲拔苦與前兩誓願未安道諦令安道諦即是以無惜之慈而爲説法即第三品説法停心未入滅諦令入滅諦即是兼行六度六度蔽此岸生死即第四停心大慈與樂與此兩誓願四種三昧明第五停心者此四三昧皆修念佛破障道罪自有人數息覺觀不休若念佛若稱名即破覺觀恬然心定故經云若有衆生多於貪欲常念觀音即便得離破根本無明又云一念知一切法是道場皆是念佛法門也即常行三昧諸佛停立現前觀法界佛也常坐三昧者繫緣法界一念法界而念佛也半行半坐三昧者思惟諸佛實法法華經云當成就四法爲諸佛護念此語初心行人若人行道者常好坐禪觀心無心法不住法名大懺悔非行非坐三昧者行住坐卧語默等皆是摩訶衍以不可得故若三藏中以事觀緣事謂數息不淨慈悲界分別念佛五停心觀等今圓教五品之位以理觀緣理生死即涅槃煩惱即菩提生命是衆生之息命涅槃是法身之息命雖不可數而可散動明寂對於數息也煩惱是底下之穢惡菩提是尊極之淨理對前顯後故以文字解脫對不淨停心也若大悲誓願拔因果苦者若有我所尚不自出況拔他苦謂無我所故所以發慈悲心自拔拔他苦大慈誓願與因

果樂者若於十二因緣起無明癡愛尚自無樂況與他樂今自無癡故能與他樂耳若小乘念生身應佛相好今念法身相好事理永殊乃至藏教佛與圓教十信心位齊以同除界内四住煩惱故十信雖與三藏佛同除界内煩惱齊而十信又圓伏界外根本無明藏教尚未識住地無明云何稱伏三藏佛位猶稱爲劣況二乘乎所以云同除四住此處爲齊若伏無明三藏即劣佛尚猶劣二乘可知今略明圓信初入之位其五十二位智斷行相廣在彼明故知圓信頓修與漸證權機功行鍊磨日劫相倍入此宗鏡功德無邊是以祖師云即心是者疾發心行者遲故台教云大機扣佛譬忍辱草圓應頓説譬出醍醐又頓教最初始入内凡仍呼爲乳呼爲乳者意不在淡以初故本故如牛新生血變爲乳純淨在身犢子若啾牛即出乳佛亦如是始坐道場新成正覺無明等血轉變爲明八萬法藏十二部經具在法身大機犢子先感得乳乳爲衆味之初譬頓在衆教之首故以華嚴爲乳耳如大涅槃經云雪山有草名曰肥膩牛若食者純得醍醐無有青黃赤白黑色穀草因緣則有色味之異是諸衆生以明無明業因緣故生於二相若無明轉則變爲明一切諸法善不善等亦復如是無有二相則法華一乘之教爲醍醐耳華嚴論云此華嚴大意一乘正宗但識滅時亡情塵頓絶唯眞智境一念則五位齊明爲全將佛果以爲因故設凡夫住世百年及以多劫而於自見不見須臾可遷不見當成佛不見已成佛不見現

成佛十住之位法既如是更有何生不成佛耶更有何生而成正覺此華嚴經是本法界門一切諸佛本住大宅一切佛子究竟所歸化身攝乘揔居其外若有入者一入全眞此位中初發心住菩薩見道住佛知見入佛知見直與如來同身心性智相故頓印五位行相揔在其中如持明鏡普臨衆色此經法門法合如是所有歎說應如是知應如是信解爲法界法門圓無始終於一念中歲月晦明重重無盡一毫之內佛境衆生境色相無邊一成一切成一壞一切壞又華嚴經即以普門法界普見法門如來藏身三昧境因陁羅網莊嚴法世界海旋重重妙智一時同得爲一證一切證一斷一切斷故即自身之內有十方諸佛刹海莊嚴佛身之內即自身之境重重隱現十方世界法合如斯猶如衆流歸於大海雖未入海濕性無差若入大海皆同鹹味一切衆生亦復如是迷之與悟雖然有殊本來佛海元本不出　問眞如寂滅本無次第之殊法界虛玄豈有階降之別云何一眞體上而分五位十地之名　荅若以唯識眞性則性融一切尚不指一何況分多以解行證入之門不無深淺如太虛空本無差異嬰孩之時覩帷不遠長大之後見則無邊非彼空之有短長乃是眼之自明昧又如大摩尼寶瘷礦雖淨無良工巧治焉能成器如蘇迷盧山雖資所集無日輪迴照何以出光又如指盡虛空是無數量之數量猶心量法界乃非淺深之淺深如華嚴論云初地菩薩多百法明門王化多百佛世界二地菩薩多千法明門王化多千佛世界者不同權敎實有分限如前數法互相徹入又如人以指盡空作百千微塵數復以手除之令盡然彼空中無有增減以情量故見彼虛空數有增減此經亦爾所有菩薩安立諸地法門增減亦復如是爲成諸有情故使令進修若也一槩皆平無心進也凡夫無有策修之心發心修至不修方知萬法無修也而實敎菩薩一得一切得爲稱法體中無前後故猶如帝網光影互相參徹相入無前後際也亦如百千寶鏡同臨妙像一一鏡中影像相入色像齊平如佛果位中諸菩薩爲從性起法身根本智爲十位之中創證心故所有法門境界皆悉依本以體用通收皆悉徹故還以性齊即時齊故更有餘不齊之法爲不可也又云十住以來菩薩所行皆是助道非是正位故意欲明行所行者是爲助道無住無行任眞自體名之爲正果故若以初發心住以法性無相根本智不離無作用之體行諸萬行菩薩與佛因果本來體齊若簡佛果無作無修菩薩正加行已來揔名助道以動寂無礙正助元來不異一法門也眉目不可不簡體用圓寂正助全同此即全別全同門還以重玄門思之可解聞所未聞之法聞之不疑全別全同境界難解佛及凡夫各自別有是全別義故二見恒存若全同故便成滯寂圓融道理事理不礙若也法門全分兩向是凡夫法全合一體是二乘法但以理事自在其道在中留心滅之此亦不可以心存之此亦不可此助道行門與正智果德無作之門體合無二事中執則不可不分以其體用不可一向全別以全同作全別以全別作全同不可全別無全同不可全同無全別如迷此同別二門即智不自在又經云智入三世悉皆平等者明智能隨俗言入三世即俗體本眞故言平等以揔別同異成壞門六相義該括即揔而全別即別而全揔即同而俱異即異而恒同即成而俱壞即壞而俱成皆非情繫一異俱不俱有無非有無常無常生滅相故如是皆是如來理智體用依正悉自在故以自體無念力大智照之可見是以若上上根人頓了心空入眞唯識性現行餘習種子俱云則何用更立地位只爲中下之根或有緣信或有正信或有解悟或有證悟根機莫等見解不同於妄功用中分其深淺雖即明知信入唯識心境俱空以微細想念不盡未得全除分分鍊磨於昇進中故有地位差別以根塵五陰微細難亡若得識陰盡方超地位了無所得究竟圓成如淨瑠璃內含寶月如首楞嚴經云佛告阿難及諸大衆汝等當知有漏世界十二類生本覺妙明覺圓心體與十方佛無二無別由汝妄想迷理爲咎癡愛發生生發徧迷故有空性化迷不息有世界生則此十方微塵國土非無漏者皆是迷頑妄想安立當知虛空生汝心內猶如片雲點太清裏況諸世界在虛空耶汝等一人發眞歸元此十方空皆悉消殞云何空中所有國土而不振裂次消五陰之文如經云此五陰元重疊生起生因識有滅從色除理則頓悟乘悟併消事非頓除因次第盡消色陰文云佛告阿難當知

汝坐道場銷落諸念其念若盡則諸離念一切精明動靜不移憶忘如一當住此處入三摩提如明目人處大幽闇精性妙淨心未發光此則名爲色陰區宇若目明朗十方洞開無復幽黯名色陰盡是人則能超越劫濁觀其所由堅固妄想以爲其本盡受陰文云佛告阿難彼善男子修三摩提奢摩他中色陰盡者見諸佛心如明鏡中顯現其像若有所得而未能用猶如魘人手足宛然見聞不惑心觸客邪而不能動此則名爲受陰區宇若魘咎歇其心離身返觀其面去住自由無復留礙名受陰盡是人則能超越見濁觀其所由虛明妄想以爲其本盡想陰文云佛告阿難彼善男子修三摩提受陰盡者雖未漏盡心離其形如鳥出籠已能成就從凡身上歷菩薩六十聖位得意生身隨往無礙譬如有人熟寐寱言是人雖則無別所知其言已成音韻倫次令不寐者咸悟其語此則名爲想陰區宇若動念盡浮想消除於覺明心如去塵垢一倫生死首尾圓照名想陰盡是人則能超煩惱濁觀其所由融通妄想以爲其本盡行陰文云佛告阿難彼善男子修三摩提想陰盡者是人平常夢想消滅寤寐恒一覺明虛靜猶如晴空無復麤重前塵影事觀諸世間大地山河如鏡鑒明來無所黏過無蹤跡虛受照應了罔陳習唯一精眞生滅根元從此披露見諸十方十二衆生畢殫其類雖未通其各命由緒見同生基猶如野馬熠熠清擾爲浮根塵究竟樞穴此則名爲行陰區宇若此清擾熠熠元性性入元澄一澄元習如波瀾滅化爲澄水名行陰盡是人則能超衆生濁觀其所由幽隱妄想以爲其本盡識陰文云佛告阿難彼善男子修三摩提行陰盡者諸世間性幽清擾動同分生機倏然隳裂沉細綱紐補特伽羅酬業深脉感應懸絕於涅槃天將大明悟如雞後鳴瞻顧東方已有精色六根虛靜無復馳逸內內湛明入無所入深達十方十二種類受命元由觀由執元諸類不召於十方界已獲其同精色不沉發現幽秘此則名爲識陰區宇若於群召已獲同中銷磨六門合開成就見聞通隣互用清淨十方世界及與身心如吠瑠璃內外明徹名識陰盡是人則能超越命濁觀其所由罔象虛無顛倒妄想以爲其本乃至識陰若盡則汝現前諸根互用從互用中能入菩薩金剛乾慧圓明精心於中發化如淨瑠璃內含寶月如是乃超十信十住十行十迴向四加行心菩薩所行金剛十地等覺圓明入於如來妙莊嚴海圓滿菩提歸無所得　問既論初心入道何用廣錄上地行位　答若論其道必有其果若無行位即是天魔外道經論所說微細難知台教有六即之文仁王具五忍之位恐墮上慢執解不修皆是古聖所詮不敢不錄非是叨濫自立異端唯望後賢願遵先製　問佛地功德都具幾法成就圓滿　答成就五法具攝一切佛地功德故佛地論云一清淨法界者一切如來眞實自體無始時來自性清淨具足種種過十方界極微塵數性相功德無生無滅猶如虛空徧一切有情平等共有與一切法不一不異非有非無離一切相一切分別一切名言皆不能得唯是清淨聖智之所證二空無我所顯眞如爲其自性諸聖分證諸佛圓證二大圓鏡智者能現生一切境界諸智影像一切身土影像所依任持一切佛地功德窮未來際無有斷盡三平等性智謂觀自他一切平等遠立佛地無住涅槃四妙觀察智謂於一切境界差別常觀無礙於大衆會能現一切自在作用斷一切疑雨大法雨五成所作智謂能徧於一切世界隨所應化成熟有情釋曰清淨法界者則無垢淨識眞如一心即此正宗凡聖共有此一法界是四智之體四智則一體之用以諸佛現證衆生不知以不知故執爲八識之名以現證故能成四智之相若昧之則八識起執藏之號七識得染汙之名六識起徧計之情五識變根塵之境若了之賴耶成圓鏡之體持功德之門末那爲平等之原一自他之性第六起觀察之妙轉正法之輪五識興所作之功垂應化之迹斯則一心匪動識智自分不轉其體但轉其名不分其理而分其事　問於五法中一清淨法界者即是自性清淨圓明之體從本已來性自滿足非生因之所生唯了因之所了此則不論心境其四智等行相不同於妙用時各緣何境　答識論云圓鏡智相應心品有義但緣眞如爲境是無分別智非後得智行相所緣不可知故莊嚴論說大圓鏡智於一切境不愚迷故又比決定緣無漏種及身土等諸影像故行緣微細說不可知　阿賴耶識亦緣俗故緣眞如故是無分別智緣餘境故後得

智攝其體是一隨用分二了俗由證眞故說爲後得平等性智相應心品有義但緣第八淨識如染第七緣藏識故有義但緣眞如爲境緣一切法平等性故有義徧緣眞俗爲境莊嚴論說緣諸有性自他平等隨他勝解示現無邊佛影像故由斯此品通緣眞俗二智所攝於理無違妙觀察智相應心品緣一切法自相共相皆無障礙二智所攝成所作智相應心品有義但緣五種現境莊嚴論說如來五根一一皆於五境轉故有義此品亦能徧緣三世諸法不違正理佛地經說成所作智起作三業諸變化事決擇有情心行差別領受去來現在等義若不徧緣無此能故又後得智攝此四心品雖皆徧能緣一切法而用有異謂鏡智品現自受用身淨土相持無漏種平等智品現他受用身淨土相成所作智品能現變化身及土相觀察智品觀察自他功能過失雨大法雨破諸疑網利樂有情如是等門差別多種　問成所作智與第六識相應起於化用與觀察智性有何差別　荅識論云觀察智觀諸法自相共相此所作智唯起化故有差別此二智品應不並生一類二識不俱起故同體用分俱亦非失或與第七淨識相應依眼等根緣色等境是平等智作用差別謂淨第七起他受用身土相者平等品攝起變化者成事品攝　問說有爲法皆蘊處攝如來純無漏法還具蘊處界不　荅識論云處處經說轉無常蘊獲得常蘊界處亦然寧說如來非蘊處界故言非者是密意說又佛身中十八界等皆悉具足而純無

漏此轉依果又不思議超過尋思言議道故微妙甚深自內證故　問此智是佛知見無師自爾何假因緣稱揚開示　荅此智雖不約緣生而從緣顯若執無因皆成外道如古師云佛法雖有無師智自然智而是常住眞理要假緣顯則亦因緣矣法華經云佛種從緣起楞伽經云大慧白佛佛說常不思議彼諸外道亦有常不思議何以異耶佛言彼諸外道無有常不思議以無因故我說常不思議有因因於內證豈得同耶是則眞常亦因緣起故知無有一法不從心而生三乘之道悉皆內證若心外立義任說幽玄皆成外道又若入唯識智雖不執前境不同愚闇無知無見雖照境虛智眼斯在能斷金剛般若論頌云雖不見諸法非無了境眼所以永嘉集云夫境非智而不了智非境而不生智生則了境而生境了則智生而了智生而了了無所了了境而生生無能生生無能生雖智而非有了無所了雖境而非無無即不無有即非有有無雙照妙悟蕭然如火得薪彌加熾盛薪喻發智之多境火比了境之妙智其詞曰達性空而非縛雖緣假而無著有無之境雙照中觀之心歷落又頌曰若智了於境即是境空智如眼了空華是了空華眼若智了於智即是智空智如眼了眼空是了眼空眼智雖了境空及以了智空非無了境智境空智猶有了境智空智無境智不了如眼了空華及以了眼空非無了空眼華空眼猶有了華眼空眼無華眼不了

宗鏡録卷第八十八

八十八卷

呰　殨　殫　膏　檠　緒　糵　熠　櫝　寱　細　擻　瀾　咎　黏　脉　膩　猕

戊申歳分司大藏都監開板

宗鏡録卷第八十八

校勘記

一　底本，麗藏本。

一　七四五頁中一七行末字「旣」，清作「即」。

一　七四七頁中二一行「行巳」，磧、南、徑、清作「巳行」。

一　七四七頁下一九行首字「竟」，磧、南作「見」。

一　七四八頁上二六行末字「无」，磧、南、徑、清作「元」。

一　七四八頁上末行第一一字「火」，徑作「入」。

一　七四八頁中六行第一一字「候」，徑作「後」。

一　七四八頁中七行「内内」，清作「内外」。

一　七四八頁下五行第五字「住」，磧、南、徑、清作「任」。

一　八四八頁下二八行第五字「比」，磧、徑、清作「此」。

一　七四八頁下二九行第四字「緑」，磧、南、徑、清作「緣」。又第一〇字「知」，磧、南、徑、清作「知如」。

宗鏡録卷第八十九

慧日永明寺主智覺禪師　延壽　集　丁

夫諸佛唯一法身云何說三身差別　荅約用分三其體常一識論云如是法身有三相別一自性身謂諸如來眞淨法界受用變化平等所依離相寂然絕諸戲論具無邊際眞常功德是一切法平等實性即此自性亦名法身大功德法所依止故二受用身此有二種一自受用謂諸如來修集無量福慧資糧所起無邊眞實功德及極圓淨常徧色身相續湛然盡未來際恒自受用廣大法樂二他受用謂諸如來由平等智示現微妙淨功德身居純淨土爲住十地諸菩薩衆現大神通轉正法輪決衆疑網令彼受用大乘法樂三變化身謂諸如來由成事智變現無量隨類化身居淨穢土爲未登地諸菩薩衆二乘異生稱彼機宜現通說法令各獲得諸利樂事是以轉滅三心得三身一根本心即第八識轉得法身二依本心即第七識轉得報身三起事心即前六識轉得化身又一斷德斷一切煩惱即法身二智德摠四智爲報身三恩德憐悲育一切有情爲化身則八解六通一心而起三身四智八識所成終無一理一行而從外來皆從自識施爲一心而轉乃至一身無量身如華嚴所明無量身雲重重無盡皆從性起無礙圓融又古德問夫法身者法是軌持義軌謂軌則令物生解即法身能令三根本智而生解故持謂任持不捨自性謂持法身凝然之體不捨無爲之自體故且如根本智正證如時不作如解能所冥合一體如日光與虛空合不分彼此是無分別如何得明軌解若有軌解義即有分別若有分別即與後得智何別　荅凡論分別有其三種一隨念分別剎那後念續於前念二計度分別即周徧計度三自性分別任運緣境不帶名言今本智證如但無隨念計度二分別名無分別然不妨有自性分別如人飲水雖無言說然冷煖自知故知亦有軌義　問變化身與他受用身爲是眞實心是化現心　荅此二身是化然化不離眞識論云此二身雖無眞實心及心所而有化現心心所法無上覺者神力難思故能化現無形質法若不爾者云何如來現貪瞋等久已斷故云何聲聞及傍生等知如來心如來實心等覺菩薩尚不知故由此經說化無量類皆令有心又說如來成所作智化作三業又說變化有依他心依他實心相分現故乃至自性法身雖有眞實常樂我淨離諸雜染衆善所依無爲功德無色心等差別相用自受用身具無量種妙色心等眞實功德若他受用及變化身唯具無邊似色心等利樂他用化相功德是以如來妙體清淨法身不去不來如影如像猶四王天之日月顯清淨水中不出不入似憍尸迦之宮殿現瑠璃地內非有非無涅槃無名論云法身無像應物以形般若無知對緣而照萬機頓赴而不撓其神千難殊對而不干其慮動若行雲止猶谷神豈有心於彼此情繫于動靜者乎旣無心於動靜亦無像於去來去來不以像故無器而不形動靜不以心故無感而不應然則心生於有心像出於有像像非我出故金石流而不燋心非我生故日用而不勤紜紜自彼於我何爲所以智周萬物而不勞形充八極而無患益不可盈損不可虧寧復痾癘中逵壽極雙樹靈竭天棺體盡焚燎者哉是以諸佛不出世亦不入涅槃本悟眞心成道眞心無形豈有出沒耶但隨有心機熟衆生感見報化之身所有見聞皆是衆生心中之影像故云心生於有心像出於有像則諸佛無心無身豈有勞慮疲患者乎復禮法師述三身義云法身猶虛空之性雲慧即翳霧般即明其性本常矣報身者乘空之日赫矣高昇朗然大照其體恒在矣化身如鑒水之影泚清即現流濁乃昏顯晦不恒往來無定夫化佛者豈他歟報身圓應之用報身者何哉悲智所成之體也悲以廣濟爲理智以善權爲業所以因時降跡隨物現身身跡者用也悲智者體也體是其本用是其末依體興用攝末歸本欲求其異理可然乎報身即化也化身即法也化身即法理微矣還寄影喻而述焉夫水中之日影也不從外來不從內出不此不彼不異不一不無其狀不有其質條然而存忽焉而失像著而動性靈而謐執實者爲妄知妄者了實曰何謂也曰若從外來者水外寧在乎若從內出者水內先有乎若言在此者於彼不見乎若言在彼者於此不覩乎若言是異者一見有二乎若言是一者二見豈一乎若言是無者於見可亡乎若言是有者求體曾得乎謂其生生無所從謂其滅滅無所往不生矣不滅矣性相寂然心言路斷斯可謂見水影之實性也見影之

性者可見化身實性見化之性者即證法身之體也淨名云佛身即法身也又觀身實相觀佛亦然般若云若見諸相非相即見如來又離一切諸相即名諸佛是以舉足下足道場觸處而無盡開眼閉眼諸佛現前而不滅如上所說一體三身理事相成體用交徹不出不在隱顯同時皆是一心本宗正義是以一身多身皆是法界所悟一法即無礙法界即事之理全在多中所現乃是即理之事全居一內又成壞一際緣起同時如始造衆寶像時十年像成百年像壞初得一寶之時十年像成百年像壞揔在得寶緣起之時以百年不去現在不住衆寶緣中無成壞體以明智慈萬行諸波羅蜜三十七道品衆善法中以成如來身然一一緣中無我無作者無成壞體方名正覺　問諸佛法身湛然明淨如何起六根之相　荅一以即相明眞何乘大用二以利他勝業不斷化門如實性論云依自利利他成就業義故說偈云無漏及徧至不滅法與恒清涼不變異不退寂靜處諸佛如來身如虛空無相妙色常湛然六根甚明淨佛眼見衆色耳聞一切聲鼻能齅諸香舌能練衆味身覺三昧觸意知一切法除諸稠林行佛離虛空相又偈云如虛空無相而現色等相法身亦如是具足六根相又偈云如來鏡像身而不離本體猶如一切色不離於虛空如法華經中明六根清淨眼見一切色耳聞一切聲鼻齅一切香舌了一切味身現一切境意知一切法等　問若衆生可度則諸佛界增衆生界減若不可度諸有行願皆

悉虛指如何會通斷其邪見　荅經云一切愚癡凡夫不如實知一法界故不如實見一法界故起邪見心爲衆生界增衆生界減所以只爲不如實了一法界心故見增減又經云衆生定相不可得故又經云衆生界無性故衆生界無邊故古德云以要言之衆生界猶如虛空假使無量勝神通者各無量劫行於虛空求空邊際終不可盡非以不盡不名遊行非以遊行令得其際當知此中佛度生道理亦爾非以當得令其有終非以無終說有無得是故若難一切衆生皆當作佛是則衆生雖多必有終盡之疑無不通也起信論明不思議業相則諸佛境界云何不思議以非一非異不有不無非言思可定情解所測故稱不思議之業相此不思議之業相者謂與衆生作六根境界故實性論云諸佛如來身如虛空無相爲勝智者作六根境界示現微妙色出顯妙音聲令齅佛戒香與佛妙法味便覺三昧觸令知深妙法常化衆生是眞如之用故云不思議業也此本覺用與衆生心本來無二但不覺隨流用即不現用則於彼心中稱根顯現而不作意我現差別故云隨根自然相應見無不益是隨染本覺之相所以菩薩能行非道通達正道若入宗鏡門究竟之道則染淨由心無非無正若入方便門分別之道則菩薩大悲力故常行無礙古德問云非道之行是煩惱業菩薩應斷云何行之荅有三義一漸捨門止惡行善二捨相門善惡俱離三隨相利益門染淨俱行此第三門更有三意一約行自行修淨化他隨染

二約人化凡同染化聖同淨三約法隨世間法必須現染修菩薩法必須修淨又問菩薩行非通修何道荅道有三種一證道謂二空眞如正體智證二助道緣修萬行助顯眞理三不住道即是悲智不住生死不住涅槃所以菩薩示行現同其事爲欲同惡止惡同善進善若其跡異敎化即難故須行非而度脫之皆令悟入同體眞心耳所以楞伽經云出世間上上波羅蜜者如實能知但是自心虛妄分別見外境界爾時實知唯是自心見內外法不虛妄分別不取內外自心色相故菩薩摩訶薩如實能知一切法故行檀波羅蜜爲令一切衆生得無怖畏安隱樂故乃至菩薩如實觀察自心分別之相不見分別不墮二邊依如實修行轉身不見一法生不見一法滅自身內證聖行修行是菩薩般若波羅蜜還原觀云智身影現衆緣觀者謂智體唯一能鑒衆緣緣相本空智體寂照諸緣相盡如如獨存謂有爲之法無不俱合眞性故知眞心徧一切處無緣不具無法不隨所以華嚴經云佛身充滿於法界普現一切衆生前隨緣赴感靡不周而恒處此菩提座大智度論云如日照天下不能令高者下下者高但顯現而已佛亦如是於諸法無所作故經云佛身無爲不墮諸數　問一心實相福智同如云何分眞化虛實之佛身有供養福田之優劣　荅佛非眞化眞化從心心眞則眞福無邊心假則假報有限如惡心出佛身血執佛身實有則血從心生若敬心欲見佛化身則佛從心現故知隱顯在我佛身無爲優

劣唯心福田平等如大智度論問云佛若無分別者供養眞佛乃至無餘涅槃福故不盡供養化佛亦爾不佛荅供養化佛眞佛其福無異何以故佛得諸法實相故供養福無盡化佛亦不離實相故若供養者心能不異其福亦等問曰化佛無十力等諸功德云何與眞佛等荅曰十力等諸功德皆入諸法實相若十力等離諸法實相則非佛法墮顚倒邪見問曰若爾眞化中定有諸法實相者何以言惡心出佛身血得逆罪不說化佛荅曰經中但說惡心出佛身血不辯眞化若供養化佛得具足福者惡心毀呰亦應得逆罪惡人定謂化佛是眞而惡心出血血則爲出便得逆罪故知隨心虛實佛無定形實相理中罪福俱寂　問報化既同實相云何敎中說佛壽量有其延促　荅一心眞如性無盡故即十方諸佛之壽量是以山斤海滴尚可比方空界地塵猶能知數況如來常樂我淨法身慧命豈窮邊際乎故云法性壽者非得命根亦無連持強指不遷不變名之爲壽此壽非長量亦非短量無延促強指法界同虛空量此即非身之身無壽之壽不量之量也故金光明經偈云一切諸水可知幾滴無有能數釋尊壽命諸須彌山可知斤兩無有能量釋尊壽命一切大地可知塵數無有能筭釋尊壽命虛空分界尚可盡邊無有能計釋尊壽命法華疏釋如來壽量品云壽者受也若法身眞如不隔諸法故名爲受若報身境智相應故名爲受若應身一期報得百年不斷故名爲受法身如來以如理爲命報身如來以

智慧爲命應身如來以同緣理爲命法身如來如理命者有佛無佛性相常然不論相應與相續亦無有量及無量經云非如非異非虛非實蓋是詮量法身如理命也詮量報身如來者以如如智契如如境境發智爲報智冥境爲受境既無量無邊常住不減智亦如是函大蓋大經偈云我智力如是久修業所得慧光照無量壽命無數劫此是詮量報身如來智慧命也詮量應身者應身同緣緣長同長緣促同促紜紜自彼於我無爲經云數數現生數數現滅或復自說名字不同年紀大小此是詮量應佛同緣命也無生義云性自爾者即是法性空空即菩提令生身命從過去貪取中生意既是法性空當知今生身命亦即是從法性空中出法性既空所生身命亦還法性空去故涅槃經云如八大河及諸小河悉入大海如是一切人中天上地及虛空壽命大河悉入如來壽命海中又如阿耨達池出四大河如來亦爾出一切命命既從如出還如去六根亦如是從如出還如去若信如上所說如來壽量佛親校量功德譬如有人於無量億劫行五波羅蜜不如以般若正智發一念信心比前功德百千萬倍故法華經偈云是人於百千萬億劫數中行此諸功德如上之所說有善男女等聞我說壽命乃至一念信其福過於彼　問既立一心正報之身須有一心依報之土身已具三土有幾種　荅隨義區分相亦多種華嚴具十土或一二三等開合不定台敎云佛國有四一染淨國凡聖同居二有餘國方便人住三

果報國純法身菩薩居即因陀羅網無障礙土四常寂光即妙覺所居又經論通辯有五古釋云一法性土眞如爲體或五法中以清淨法界爲體眞如與法界擧相門中即不殊別相門中即有異眞如徧一切因果兼該通即廣淸淨法界即狹唯果位故二實報土力無畏等一切功德無漏五陰以爲體性攝相歸性以眞如爲體因修萬行果起酬因眞實果報之所招感名實報土於佛自受用身中以四智爲身所依十力四無所畏功德以之爲土三色相土攝境從心自利後得智爲體最極自在淨識爲相第八無垢名爲淨識大圓鏡智後得智中之所變攝相歸性亦以眞如爲體若約相別四塵爲體四他受用土攝境從心利他後得智爲體攝相歸性以眞如爲體若約相別四塵爲體五變化土菩薩變化土有漏者同前攝境從心本識爲體無漏者同前自利後得智爲體佛亦同此體約性眞如爲體相別四塵五塵爲體然變土者若第八識中從種子變生四塵五塵現行者名因緣變佛唯無漏菩薩有漏通淨穢若六七識所變者名分別變佛唯無漏報化二土或通淨穢若第七識有漏位中但內緣第八識見分不能變土若無漏六七後得智中能變之者唯通影不可受用爲不從種生故但可現淨穢之相敎化衆生上諸身土言惣體則皆以一心法界如來藏性爲體以法爾故約別體則如上所辯　問淨穢二土爲當同體異見爲當別體異見爲當無體妄見爲當有體妄見　答非同非異不有不無但隨自心

因業所現安法師云淨穢二土四句分別一質不成淨穢虧盈異質不成一理齊平無質不成緣起萬形有質不成搜原即冥故楞伽經偈云不知唯心現是故分二見如實但知心分別即不生密嚴經偈云是心有二性如鏡含衆像亦如水現月瞖者見毛輪毛輪瓔珞珠此皆無所有但從病瞖眼若斯而顯現瓶衣皆自識衆生亦復然虛妄計我人不知恒執取衆生及瓶等種種諸形相內外雖不同一切從心起依止賴耶識一切諸種子心如境界現是故說世間世間非作者業及微塵作但是阿賴耶變現似於境清涼記云此上分別淨穢二土四句是一向遮過實則即異即同即有即無若互相形奪則一異而兩亡有無雙寂若圓融無礙則即一即多即無即有有是無有無是有無多是即一之多一是即多之一有無即事理無礙一多兼事事無礙由此重重故華嚴藏剎一一塵中皆見法界又依正無二四句渾融一佛身即剎者佛體即是法性土故廢他從已佛體虛故土外無佛法性無二故二剎即佛身者剎體即是法性身故廢已從他剎體虛故佛外無法性無二故由性無二以性融相故身剎相即三俱者謂有身有土不壞相故若無身土無可相即故四泯者謂佛即剎故非佛剎即佛故非剎以互奪故　問身土既揔唯一心法界之體如何是自他各受用身土之行相荅一體雖同不妨互徧同中有異自入於他異中有同他徧於自古德問云自受用身土一一無邊諸佛身土不相障礙行相如何荅如水乳一處其體無別鵝王飲之但得其乳不得其水乍見將謂水乳是一若飲已即知有異又如衆燈光同處一室自色不可分若論光體元來各別自受用身雖合一處元來各各有異皆自受用法樂則一一皆具八識故所以得互徧非同一體無異非一非異可辯佛身　問既是眞如何分身土耶　荅據義立之於眞如中以性成萬德爲身以空之理爲土約義即別體不相離又眞理中具四德常淨二德爲土我樂二德爲身故云我此土淨而汝不見則眞身含萬法爲土耳若心外取土見相迷眞成妄想之垢故稱爲穢若見心性則名淨耳是以一法不動異見常生迷有作塵勞悟空成佛國非移妙喜匪變娑婆亦非神力所爲法性何曾遷變猶眩瞖之者同處各覩蠅鬚毛輪所見差別如執外境界皆是妄心如經云例如今目覩山河皆是無始見病　問心外無法道外無心云何諸佛自稱出世得道廣說教門　荅只爲衆生不了唯心妄生外境以不實故所以諸佛出世若有一法是實則諸佛終不出世所說方便教門不爲知者說但爲未知者破執除疑似形言教若執喪疑消則無道可得無法可說思益經云佛言我坐道場時唯得顛倒所起煩惱畢竟空性以無所得故得以無所知故知又思益梵天問文殊師利得何法故名爲得道文殊師利言若法不自生不彼生亦不衆緣生從本已來常無有生得是法故說名得道又問若法不生爲何所得荅言若知法不生即名爲得是故佛說若見諸有爲法不生相即入正位又問云何名爲正位荅言我及涅槃等不作二是名正位夫正位者即自眞心入此位中諸見自泯入佛境界經云如來不應以色見不應以法見不應以相見不應以好見不應以法性見大集經云爾時衆中有一天子名曰勝意語不可說菩薩言善男子若一切法不可說者衆生云何而得言說不可說言善男子汝寧知響有言說不勝意言善男子響者皆從因緣而有善男子是響之因爲定在內爲定在外天子言善男子如是因者不定在內不定在外天子一切衆生強作二想而有所說諸法之性實不可說天子言善男子若不可說云何如來宣說八萬四千法聚令諸聲聞受持讀誦天子如來世尊實無所說無所說者即是如來天子汝知何等爲如來耶將不謂色受想行識是如來乎將不說佛是去來現在有爲無爲陰界諸入三界所攝是因是果是和合耶或想非想亦想非想非想非非想耶不也善男子天子若如是等非如來者云何可說若不可說如何而言如來世尊演說八萬四千法聚是故八萬四千法聚實不可說聲聞受者亦不可說不可說者即是正義若無說即是眞實楞伽經云我唯說無始虛僞妄想習氣種種諸惡三有之因不能覺知自心現量而生妄想攀緣外性斯則但了自心外境無性以不覺心量故妄取外緣若知心即是道心即是法豈於心外有法可說耶所以華嚴經頌云諸佛不說法佛於何有說但隨其自心爲說如是法廣百論云諸有行願隨順世俗所見所

問强假施設勝義理中二俱不許一切分別戲論絶故非諸如來有法可說亦無有法少有所得問若爾精進則爲唐捐應弃如來甘露聖教荅爲欲方便除倒見執施設二事俱無有過問既言一切所見能見皆無所有云何無過荅雖無眞實所見能見而諸愚夫顚倒爲有除彼增上慢見隨順世間施設無過若能隨此聖教修行隨俗說爲眞佛弟子世俗愚夫隨自心變顚倒境相而起見心佛非其境於彼無用乃至謂佛世尊在昔因位爲欲利樂一切有情發起無邊功用願行由此證得無分別慧因此慧力發起無量利樂有情作用無盡諸有情類用佛願行所得妙慧爲增上緣自心變現能順世間最勝生道及順上緣又本願行亦非顚倒以能了知諸法實義於一切法無所執著能爲無上妙果生因雖復發心起諸勝行求無上果利樂有情然似幻師起諸幻事都無所執故非顚倒又古德問衆生即佛心衆生衆生心佛自教化佛心衆生何故說言佛悲願力荅即此眞心是佛悲願謂同體大悲及自體無障礙願等即性起大用也又衆生者即是諸雜雜心識念念起滅故号衆生經云佛告比丘汝等日夜常生無量百千衆生若能智照不起相續之念即是度衆生又了念即空無有起處即是度盡無量百千衆生不見有一衆生而得滅度者台教云無明爲父貪愛爲母六根爲男六塵爲女識爲媒嫁出生無量煩惱爲子孫故經云有念即生死無念即尼洹　問若如上說成佛度生不離一念諸佛何以發願更度他衆生　荅雖發願度生皆令依此眞修究竟同此指歸一念所以先發誓度盡一切衆生方成正覺則念盡心登天眞獨朗即成佛義也先佛已如是自度竟然後轉示他人即是眞實之慈離此興悲皆成妄想如舍利弗問菴提遮女何不轉女身偈荅言自男生我女徒生妄想悲則是不了自是非男錯認衆生之相却乃執生他女徒興彼我之情於一眞內而妄立自他向同體中而強分受見如古師云有二義門俱無可度一契空如性空寂滅故無可度二契不空同一法性法性平等故無可度故金剛三昧經云若化衆生無生於化不生於化其化大焉又大虛空藏菩薩所問經偈云猶如於幻師害多幻化衆實無有所害所度生亦然幻化及有情諸佛法亦爾若悟同一性無自性爲性所以先德云八地已上菩薩得無生忍恒河沙世界外有衆生求救菩薩都不起念衆生自然見菩薩到其前與其說法四事供養菩薩得如是智由是無心之心量故我說爲心量亦爲無量之量耳　問大涅槃經云解脫之法亦非涅槃如來之身亦非涅槃摩訶般若亦非涅槃如何是涅槃正義　荅欲知涅槃正義即我眞如心性故經偈云如無生性佛出興如無滅性佛涅槃言辭譬喻悉皆斷一切義成無與等是以非即三法非離三法不縱不橫不並不別豈可言一言三而指斯妙道乎清涼記釋云法身爲所證般若爲能證解脫爲離障又佛身者即是法性有佛身義作二所依故有智慧義徧照法界光明故有解脫義性離一切障故此三亦不相離令三俱不思議焉可縱俱不思議焉可橫俱不思議焉可並俱不思議焉可別意云即一而三即三而一非三非一雙照三一焉可作一三等思故肇論云菩提之道不可畫度高而無上廣不可極淵而無下深不可測大包天地細入無間故謂之道又涅槃無名論云夫涅槃之爲道也寂寥虛曠不可以形名得微妙無相不可以有心知超群有以幽昇量太虛而永久隨之弗得其蹤迎之罔眺其首六趣不能攝其生力負無以化其體潢漭惚恍若存若往五目莫覩其容二聽不聞其響冥冥窈窈誰見誰曉彌綸靡所不在而獨曳於有無之表然則言之者失其眞知之者反其愚有之者乖其性無之者傷其軀乃至何者本之有境則五陰永滅推之無鄉而幽靈不竭幽靈不竭則抱一湛然五陰永滅則萬累都捐萬累都捐故與道通同抱一湛然故神而無功神而無功故至功常存與道通同故沖而不改沖而不改不可爲有至功常存不可爲無然則有無絶於內稱謂淪於外視聽之所不泊四空之所昏昧恬焉而夷泊焉而泰九流於是乎交歸衆聖於是乎冥會斯乃希夷之境太玄之鄉而欲以有無題牓標其方域而語其神道者不亦邈哉是以心道孤標神無方所豈在有無之朕迹見聞之影響乎所以般若波羅蜜經云文殊師利如是應知彼一切法不起不滅名爲如來又梵王問經云第一義中佛不出世亦不涅槃從本已來無起滅故般若燈論偈云不應捨生死不應立涅

宗鏡八十九卷　十八張　功

槃生死及涅槃無二無分別乃至如般若波羅蜜經云佛告極勇猛菩薩言善男子色無縛無脫受想行識無縛無脫若色至識無縛無脫是名般若波羅蜜又如梵王所問經云佛言梵王我不得生死不得涅槃何以故言生死者但是如來假施設故而無一人於中流轉說涅槃者亦假施設而無一人般涅槃者　問宗鏡唯心者何分始末乎　答始末是述心之義用約行布門中相雖歷然體常融即起信鈔　問云據其論旨初是一心後亦一心初後何別　答初之一心心當能起後之一心心當所歸雖前後體同且為始終義異由是行布諸門歷然又云但以本是一心離名絕相任其迷悟萬法隨生生法本空但唯一體宗鏡亦爾為廣義用前後不同然是一心之前後前後之一心耳所以理事平等何者非初無以立後初等於後非後無以成初後等於初又理從事顯理等於事事因理成事等於理故云萬法雖殊不能自異也況宗鏡中一尚不能一豈況異乎所以起信論云一切諸法平等平等鈔釋有二一謂真性於一切法中平等如像中鏡二即諸法本空故平等如鏡中像

宗鏡錄卷第八十九

功

音義

紜王分反紛紜也　燋即消反傷火也　痾烏何反病也　癘力制反疫也　逵渠追反　眩胡絹反目眩亂也　瞖於計反目瞖也　謐彌畢反靜也　嫫莫胡反　嫁古訝反　傚胡教反　沖直弓反和也　潰胡對反漏也　滌徒歷反　捐與專反棄也　洎其冀反及也　恬徒兼反靜也　泊傍各反止也　朕直引反

戊申歲分司大藏都監開板

宗鏡錄卷第八十九

校勘記

一　底本，麗藏本。

一　七五一頁下四行第五字「遠」，磧、南作「達」；清作「建」。

一　七五一頁下一二行第一二字「在」，磧作「布」。

一　七五二頁上末行第八字「滅」，磧、南、清作「減」。

一　七五二頁下三行第三字「通」，徑、清作「道」。

一　七五三頁上三行「佛答」，南、徑作「答曰」。

一　七五三頁中一五行第四字「是」，磧、南、徑、清作「命」。

一　七五三頁下三行首字「古」，磧無。

一　七五三頁下二一行「有漏通」，磧、南、徑、清作「漏通有」。

一　七五四頁上一六行「是即」，磧、南、清作「即是」。

一　七五五頁上一八行第二字「似」，磧、南、徑、清作「是」。

一　七五五頁中一三行末字「空」，磧、南、徑無。

一　七五五頁中二八行第八字「爲」，磧、南、徑作「無」。

一　七五六頁上九行「用約」，磧、南、徑、清作「約用」。

一　七五六頁上二三行末字「像」，磧、清作「鏡」。

宗鏡録卷第九十　　　　功

慧日永明寺主智覺禪師　延壽　集

夫如上所說涅槃非有故經云設有一法過涅槃者我亦說如幻如夢即後學之人徒勞思慕　答斯言破著非壞法性如覲和尚云難一切法如幻者妄法緣生可許如幻涅槃眞實又不從緣如何同幻故牒釋有二意一明雖眞而亦從緣雖非緣生而是緣顯亦空無性二明涅槃非幻爲破著涅槃心云如幻耳是則破心中涅槃亦顯涅槃體即眞而成妙有故知四種涅槃初後俱有所以唯識論云一本來自性清淨涅槃謂一切法相眞如理雖有客塵而本性淨具無數量微妙功德無生無滅湛若虛空一切有情平等共有與一切法不一不異離一切相一切分別尋思路絕名言道斷唯眞聖者自內所證其性本寂故名涅槃二有餘依涅槃謂即眞如出煩惱障雖有微苦所依未滅而障永寂故名涅槃三無餘依涅槃謂即眞如出生死苦煩惱既盡餘依亦滅衆苦永寂故名涅槃四無住處涅槃謂即眞如出所知障大悲般若常所輔翼由斯不住生死涅槃利樂有情窮未來際用而常寂故名涅槃　問夫言法身者心爲法家之身身是積聚義積集含藏一切萬法故名爲心即何用更立般若及解脫二法　答法身即是人人須有靈智故名般若若得般若照則顯現法身故經云隱名如來藏顯名爲法身又若得般若則一切處無著不爲境縛即是解脫若顯法身得解脫功全由般若非唯此二法一切萬行皆由般若成立故

五度如盲般若如導若布施無般若唯得一世榮後受餘殃債若持戒無般若暫生上欲界還墮泥犁中若忍辱無般若報得端正形不證寂滅忍若精進無般若徒興生滅功不趣眞常海若禪定無般若但行色界禪不入金剛定若萬善無般若空成有漏因不契無爲果故知般若是險惡徑中之導師迷闇室中之明炬生死海中之智檝煩惱病中之良醫碎邪山之大風破魔軍之猛將照幽途之赫日警昏識之迅雷抉愚盲之金錍沃渴愛之甘露截癡網之慧刃給貧乏之寶珠若般若不明萬行虛設祖師云不識玄旨徒勞念靜不可剎那忘照率爾相違以此三法不縱不橫非一非異能成涅槃祕藏如大涅槃經云佛言我今當令一切衆生及以我子四部之衆悉皆安住祕密藏中我亦復當安住是中入於涅槃何等名爲祕密之藏猶如伊字三點若並則不成伊縱亦不成如摩醯首羅面上三目乃得成伊三點若別亦不得成我亦如是解脫之法亦非涅槃如來之身亦非涅槃摩訶般若亦非涅槃三法各異亦非涅槃我今安住如是三法爲衆生故名入涅槃所以云法身常種智圓解脫具一切皆是佛法無有優劣故不縱三德相冥同一法界出法界外何處別有法故不橫能種種建立故不一同歸第一義故不異雖三而一雖一而三一則壞於三諦異則迷於一實在境則三諦圓融在心則三觀俱運在因則三道相續在果則三德周圓如是本末相收方入大涅槃秘密之藏古德云此之三德不離一如

德用分異即寂之照爲般若即照之寂爲解脫寂照之體爲法身如一明淨圓珠明即般若淨即解脫圓體法身約用不同體不相離故此三法不縱不橫不並不別如天之目似世之伊名秘密藏爲大涅槃又台教類通三軌法一眞性軌二觀照軌三資成軌即是三德以眞性軌爲一乘體此爲法身一切衆生悉一乘故以觀照軌爲般若只點眞性寂而常照便是觀照第一義空以資成軌爲解脫只點眞性法界含藏諸行無量衆善即如來藏三法不一不異如點如意珠中論光論寶光寶不與珠一不與珠異不縱不橫三法亦如是今更廣類通十種三法一三道二三識三三佛性四三般若五三菩提六三大乘七三身八三涅槃九三寶十三德此十種三法通收一切凡聖因果諸法今引金光玄義觀心廣釋十種三法門者淨名經云諸佛解脫當於衆生心行中求若不觀自心非已智分不能開發自身寶藏今欲論凡夫地之珍寶即聞修故明觀心釋也一觀心明三道者一煩惱道過去無明現在愛取三支二業道過去行現在有二支三苦道現在識名色六入觸受未來生死憂悲苦惱七支今觀心王即苦道觀慧數心即煩惱道觀諸數心即業道淨名經云觀身實相觀佛亦然者若頭等六分各各是身此即多身若別有一身則無是處各各非身合時亦無若頭六分求身叵得現在不住故不可得過去因滅亦不可得未來未至亦不可得如是橫竪求身畢竟不可得則是無無亦不可得亦有亦無亦不可得

非有非無亦不可得但有名字名字為身如
是名字不在內非四陰中故不在外非色陰
中故不在中間非色心合故亦不常自有非
離色心故當知名無得物之功物無應名之
實假實既空名物安在如此觀身是觀實相
觀身是假名假名既如此觀色受想行識亦
如是即為若道觀也觀煩惱道者煩惱與業
皆是身因今且取煩惱為身因而觀也淨名
經云不壞身因而隨一相者應作四句分別
誰身因果俱壞誰身因果俱不壞誰壞果不
壞因誰壞因不壞果云何身果父母所生頭
等六分是也云何身因貪恚癡身口意業等
是今且置三業觀貪恚癡等四果以無常苦
空觀智破貪恚癡千斷名壞身因不受後有
名壞身果凡俗之流名衣好食長養五陰縱
心適性放逸貪恚自惱惱他一身死壞復受
一身因果相續無有邊際是名因果俱不壞
如犯王憲付栴陀羅如怨對者自害其體身
既爛壞四陰亦盡是為壞果貪恚癡身因轉
更熾盛彌綸生死無得脫期是為壞果不壞
因以無常觀智斷五分下因縛五分下果身
由未盡是名壞身因不壞身果如此四句存
壞不同皆不隨一相而隨一相者所謂修大
乘觀觀一念貪恚癡心心為自起為對塵起
為根塵共起為離根塵起皆無此義非自非
他非共非無因亦非前念滅故起非生非非
生亦非滅非非滅如是橫竪求心叵得心尚
無本何所論壞是名不壞身因而隨一相觀
業道者如淨名經云舉足下足無非道場具
足一切佛法矣觀舉足時為是業舉為是業

者舉為是業業者共舉為離業業者舉若業
舉不關業者業者舉不關於業各既無舉合
亦無舉合既無舉離那得舉舉足既無下足
亦無觀行既然住坐卧言語執作亦復如是
是為觀業道實相二觀心明三識者諦觀一
念即空即假即中即是觀心識於三識何者
意識託緣發意本無其識緣何所發又緣中
為有識為無識若有識緣即是識何謂為緣
若無識那能發識若意緣合發二俱無故合
不能發離亦不可當知此識不在一處從衆
緣生從緣生法我說即是空於此空中假作
分別是惡識是善識是非惡非善識種種推
畫強謂是非識若定空不可作假識若定假
不可作空當知空非空假非假非空非假雙
亡二邊正顯中道一念識中三觀具足識於
三識亦不得三觀故淨名云不觀色不觀色
如不觀色性乃至不觀識不觀識如不觀識
性雖不得識不得識如不得識性雙照識識
如識性宛然無濫以照識性故是菴摩羅識
照識如故是阿賴耶識亦照亦滅故是阿陁
那識是名觀心中三識三觀心三佛性者一
正因佛性佛名為覺性名不覺即是非常非
無常如土內金藏天魔外道所不能壞二了
因佛性覺智非常非無常智與理相應如人
善知金藏此智不可破壞三緣因佛性一切
非常非無常功德善根資助覺知開顯正性
如耘除草穢掘出金藏觀心即中是正因佛
性即空是了因佛性即假是緣因佛性復次
佛是覺智也性者理極也能以覺智照其理
極智境相稱合而言之名為佛性今觀五陰

心稱五陰實相名正因佛性觀假名實相名
了因佛性觀諸心數稱心數實相名緣因佛
性故經云佛性者不即六法不離六法此之
謂也四觀心三般若者一實相般若非寂非
照即一切種智二觀照般若非照而照即一
切智三方便般若非寂而寂即道種智觀一
念心即空即假即中即是三般若何者一念
心一切心一切心一心非一非一切一念心
一切心者從心生心雜雜沓沓長風駛流不
得為喻日夜常生無量百千萬億衆生六道
輪迴十二鉤鎖從闇入闇無邊際皆心之
過也故言一念心一切心是則凡夫所迷沒
處一切心一心者若能知過生厭皆自持出
如世小火燒大積薪置一小珠澄清巨海能
觀心空從心所生一切心無不即空故言一
切心一心如此一心乃是二乘所迷沒處非
究竟道雙亡二邊故煩惱非一非一切大經
云依智勿依識識但求樂凡夫識求妄樂二
乘識求涅槃樂是故雙亡不可依止智則求
理如是觀者即是一心三智即空是觀照般
若一切智即假是方便般若道種智即中是
實相般若一切種智是三智一心中得即空
即假即中無所無後不竝不別甚深微妙最
可依止是為觀心三般若五觀心三菩提者
一真性菩提以理為道二實智菩提以智慧
為道三方便菩提以善巧逗會為道今觀一
念之心即空即假即中是三菩提心何者一
心一切心交橫嬈亂如絲如砂如蠶如蛾為
苦為惱若知即空真諦菩提心度妄亂心數
之衆生通四住之塵若即假發菩提心者空

雖免妄亂經言空亂意衆生而智眼甚盲闇復是三無爲坑是大乘怨鳥未具佛法不應滅受而取證若知即假俗諦菩提心度沉空心數之衆生通塵沙之惑分別可否分別時宜分別藥病分別逗會不住無爲故言即假發菩提心空是浮心對治假是沉心對治由病故有藥藥存復成病病去藥止宜應兩捨非空非假雙亡二邊即發中道第一義諦菩提心度二邊心數之衆生通無明惑以不住法住於中道故言即中說時如三次第觀則不然一心中具三菩提心也六觀心三大乘者一理乘理性虛通任運荷諸法故二隨乘智隨於境如蓋隨函三得乘若得果故自解脫若得機故令他解脫觀一念之心即空即假即中三大乘何者雖觀一念心而實有四運此心迴轉不已所謂未念欲念正念念已從未念運至欲念從欲念運至正念從正念運至念已復更起運運運無窮不知休息如閉目在舟不覺其疾觀一運心即空即假即中一一運心亦復如是從心至心無不即空即假即中是則從三諦運至三諦無不三諦時若隨四運運入生死若隨四運運入涅槃即空之觀乘於隨乘運到真諦即假之觀乘於得乘運到俗諦即中之觀乘於理乘運到中諦三乘即一乘是乘微妙第一觀智普賢大人所乘故七觀心三身者所謂理法聚名法身智法聚名報身功德法聚名應身諦觀一念心即空即假即中即是三身何者華嚴經頌云心如工畫師造種種五陰若心緣破戒事即地獄身緣無慚愧慢即畜生身緣諂

曲慳貪即餓鬼身緣嫉妬諍競即脩羅身緣五戒防五惡即人身緣十善防十惡緣禪定防散亂即天身緣無常苦空無相願聲聞身緣十二因緣法即緣覺身緣慈悲六度即菩薩身緣眞如實相即佛身登難墜易多緣諸惡身故知諸身皆由心造譬如大地一能生種種牙若觀五受陰洞達空無所有從心所生一切諸身皆空無所有如翻大地草木傾盡故言即空若即空者永沉灰寂尚不能於一空心能起一身云何能得遊戲五道以現其身不能應以佛身得度者爲現佛身應以三乘四衆天龍八部種種身得度者皆悉示現同其事業爲此失故故言即假即假同六道身如是觀身墮在二邊非善觀身善觀身者大經云不得身不得身相乃至畢竟清淨爲此義故云即中言即中者即是法身即空者即是報身即假者即是應身八觀心三涅槃者一性淨二圓淨三方便淨不生不滅名涅槃諸法實相不可染不可淨不染即不生不淨即不滅不生不滅名性淨涅槃修因契理惑畢竟不生智畢竟不滅不生不滅名圓淨涅槃寂而常照機感即生此生非生緣謝即滅此滅非滅不生不滅名方便淨涅槃諦觀心性本來寂滅不染不淨染故名生淨故名滅生滅不能毀故常不能染故淨不能礙故我不能受故樂是爲性淨涅槃若妄念心起悉以正觀觀之令此正觀與法性相應妄念不能毀不能染不能礙不能受者名圓淨涅槃以無緣慈無生示生以同體悲無滅現滅一切生滅境界外道天魔不能毀不能染

不能礙不能受者方便淨涅槃九觀心明三寶者佛法僧是爲三可尊可重爲寶至理可尊名法寶覺理之智可尊名佛寶毗盧遮那徧一切處即事而理此和可尊名僧寶諦觀一念之心即空即假即中是三寶三諦之理不覺故是法寶三諦之智能覺故是佛寶三諦三智相應和故是僧寶無諦智不發無智諦不顯智不和不能大用利益衆生二種皆可尊可重是故俱稱爲寶十觀心明三德者云何三云何德法身般若解脫是爲三常樂我淨是爲德一法身者法名可軌諸佛軌之而得成佛故經云諸佛所師所謂法身者聚也一法具一切法無有缺減故名爲身經云我身即是一切衆生眞善知識般若者覺了諸法集散非集非散即是覺了三諦之法解脫者於諸法無染無住此三法皆具常樂我淨之四德諦觀一念之心即空即假即中即空故一空一切空無假無中而不空空無積聚而名藏藏具足故名之爲德即假故一假一切假無空無中而不假假攝諸法亦名爲藏藏具足故名之爲德即中故一中一切中無空無假而不中中攝一切亦名爲藏藏具足故稱之爲德不可思議不縱不橫不並不別諸佛即中爲體故名法身以即空爲命故名般若以即假爲力故名解脫一一皆常樂我淨無有缺減故稱三德一一皆法界多所含藏故稱秘藏故淨名云諸佛解脫當於衆生心行中求當知我心亦然衆生亦然彼我既然諸佛亦然心佛及衆生是三無差別上十種三數亦一非一非一非非一不思議三

法也始終只是一種三法在凡為三道若入聖成三德其餘約理智行解等成諸三法以為眷屬究竟不動衆生因地三道成滿諸佛果地三德本末相在因果同時以本有妙理故名三性妙理不虛故名三諦迷此妙理故名三障既有三世輪轉攀緣不息故名十二因緣具足三苦若欲反本還原了達今日三障即是本來三性故名三觀妙理顯現故名三德又軌則行人呼為三法所照為三諦所發為三觀觀成為三智教他呼為三語歸宗呼為三趣得斯意類一切皆成法門今又以三軌類通因中三道一苦道二煩惱道三業道若道即真性軌經云世間相常住豈不即彼生死而是法身耶煩惱道即觀照軌觀照本照惑無惑則無照一切法空是也資成軌即業道惡是善資無惡亦無善書云善者是不善人之師不善者是善人之資經云我等念佛故皆當忍是事惡不來加不得用念所以云善知識者提婆達多是又云苦即法身非顯現故名法身貪恚癡即般若非能明故名般若無所可照性自明了業行繫縛皆名解脫非斷縛而脫亦無體可繫亦無能繫故稱解脫又先德云應說佛地障果盡故稱解脫體色實性即如來身種智圓明為大般若三事即我何處縱橫我即三事若為成別如是安住乃大涅槃是為一切諸佛即一色心證體既無別誰復縱橫直由不了心緣生二心為能變色為所變所變即相見能變即自妄想相縛麤重遂成驫礙迷執色相為我所身我所身生實由癡闇癡闇覆故見死見生

生死相漂心亦流轉流轉之苦素在身心若能了心及境則妄想不生相縛既除麤重亦遣永絕驫礙遂成解脫通達色相皆藏性現無復我所即如來身照阿賴耶甚深細處癡闇不覆為摩訶般若悟斯本性由來不生體用無窮終亦不滅又三德者有道前性得道中分得道後究竟得若性得者如維摩經云衆生如彌勒如一如無二如此性得法身一切衆生即菩提相不可復得此性得般若一切衆生即涅槃相不可復滅此性得解脫此約道前圓性得道中圓分得即從十住位至等覺五十一位圓修智斷等道後圓究竟得即果上義既了性得須具歷後二德以五忍六即簡其訛濫直至圓滿妙覺究竟之位如入此錄中智眼明淨圓修圓解雙照雙遮二鳥俱遊不隨偏見一義不動分別了然如懸鏡高堂無心虛照萬像斯鑑不簡妍媸以絕常無常之靜心照常無常之圓理遮照無滯破立同時即非常非無常而常而無常常與無常唯論真性一一之性性攝無邊淨名經云畢竟不生不滅是無常義遠大師云實相理窮名為畢竟體寂無為名不生滅此不生滅是彼無常真實性故名無常義肇法師云畢竟者決定之詞也小乘觀法以生滅為無常義大乘之士以不生滅為無常義無常名同而幽致殊絕其道虛微故非常情之所能測妙得其旨其唯淨名乎遣常故言無常非謂有無常無常與常俱無故云畢竟不生不滅是無常義又非常者性徹相故非無常者相徹性故如庵提遮女經云生滅與不生滅

交絡而釋經中答文殊師利言若知諸法畢竟生滅變易無定如幻相而能隨其所宜有所說者是為常義以諸法生不自得生滅不自得滅故云何無常謂若知諸法畢竟不生不滅隨如是相而能隨其所宜而有所說是無常義以諸法自在變易無定明不自得隨如是知說者為常義也釋曰此意正顯性相交徹二義相成生滅相盡無常即常故不生不滅是無常義隨緣變易常即無常則生滅是常義也又性即相故不生不滅是無常義相即性故生滅是常義至季則變非至成則變立雙樹中間入涅槃者即斯意矣常無常既爾我樂淨等乃至一切諸法皆然即處處而入大涅槃非獨雙林之下若不了此旨悉隨邪即塵塵而盡成生死豈止閻浮之中若入宗鏡即一切法趣無常無常攝法無遺義理無盡方真無常總收諸義以為一致問涅槃三德真如一心果上因中收盡無邊義理豈唯十種三法乃至無盡法門息化疑神究竟指歸何法　答總別指歸還即指歸三德秘藏如止觀指歸者大涅槃經云安置諸子秘密藏中我亦不久自住其中是名總相指歸別相者身有三種一色身二法門身三實相身若息化論歸者色身歸解脫法門身歸般若實相身歸法身復次三法非三非一不可思議所以者何若謂法身真法身者非法身也當知法身亦身非身非身非非身住首楞嚴經云種種示現作衆色像故名為身所作辦已歸於解脫智慧照了諸色非色故名非身所作辦已歸於般若實相之身非

色像身非法門身是故非身非非身所作辦已歸於法身達此三身無一異相是名爲歸說此三身無一異相是名爲指俱入秘藏故言指歸當知般若亦知非知非知非不知道種智般若徧知於俗故名爲知所作辦已歸於解脫一切智般若徧知於眞故名爲非知所作辦已歸於般若若一切種智般若徧知於中故名非知非不知所作辦已歸於法身達三般若無一異相是名爲歸說三般若無一異相名爲指俱入秘藏名指歸當知解脫亦脫非脫非脫非非脫方便淨解脫調伏衆生不爲所染名脫所作已辦歸於解脫圓淨解脫不見衆生及解脫相故名非脫所作辦已歸於般若性淨解脫則非脫非非脫所作辦已歸於法身若達若說如此三脫非一異相俱入秘密藏故名爲指歸當知種種相種種說種種神力一一皆入秘密藏中何等是指歸指歸何處誰是指歸言語道斷心行處滅永寂如空是名指歸故知能化所化無盡法門未有一法不指歸宗鏡所以普智禪師云佛道皆因何法成悟心無體蕩無明莫怕落空沉斷見萬法皆從此處生

宗鏡録卷第九十　　功

音義

攕即兼反舟丨也　碎蘇對反細破也　謦居款反丨也　抰於決反抰出也　鋭逸奐反丨叡也　沃烏酷反　憲許建反法也　耘王分反耨耘也　沓徒合反重也　駛疎吏反速也　積子智反草名　燎落蕭反相燎戴又力弔反燎庚炷自是　訛五戈反謬也　鑑古銜反　絡盧各反絡也　越音戉

戊申歲分司大藏都監開板

宗鏡録卷第九十

校勘記

一　底本，麗藏本。

一　七五七頁上二四行第一二字「集」，徑作「浆」。

一　七五七頁上二六行「須有」，清作「俱有」。

一　七五七頁中一一行第一〇字「給」，徑、清作「濟」。同行第一二字「乏」，磧、南作「濟乏」。

一　七五七頁中一六行第一一字「中」，磧作「本」。

一　七五七頁中一八行第一三字「成」，清作「成伊」。

一　七五七頁下三行第七字「體」，清作「即」。

一　七五七頁下九行首字「常」，磧作「當」。

一　七五八頁上五行第二字「假」，磧作「寂」。

一　七五九頁上一五行第三字「中」，清作「中是」。

一　七五九頁上二五行「觀智」，南、徑作「觀音」。

一　七五九頁中三行第一四字「願」，清作「願即」。

一　七五九頁下末行首字「十」，磧、南、徑、清作「下」。

一　七六〇頁中一二行「五十一」，南、徑、清作「四十二」。

一　七六〇頁下二行第一〇字「相」，磧、南作「根」。

一　七六〇頁下二八行「現作」，徑作「作現」。

宗鏡錄卷第九十一　茂

慧日永明寺主智覺禪師延壽集

夫凡聖之道同一法身彼此俱亡物我咸絕則心內無得身外無餘如何起應化之身攝機宜之衆　荅只為衆生不了自他唯心橫生彼此若自達真空則諸佛終不出世菩薩亦無功夫古德問云若言自他俱是自心現離心無實我人者諸佛亦見有衆生豈可有妄心未盡耶荅諸佛見有衆生俱是緣生幻有不知謂實有我所以造業受報枉有輪迴此由無實我感諸佛慈悲若實有我非是妄有者諸佛何故妄救衆生以我實有不可救故今為救者定知無我妄計有也故知衆生不離佛界迷不覺知華嚴經頌云佛身非是化亦復非非化於無化法中示有變化形古釋云此則依真起化真化各有二義初真中二者一不變義雖化而常湛然則佛身非是化也二隨緣義謂不守自性無不現時則亦復非非化也化中二者一無體即空義謂攬緣無性故則於無化法中也二從緣幻有義則示有變化形也以隨緣幻有不異不變體空是故現化紛然未嘗不寂真性湛然未曾不化若不達此理自尚未度焉能化他又以無緣慈如石吸鐵豈分能所之化以同體悲猶若虛空誰見自他之身故先德云窮源莫二執迹多端謂若據本以討源則千途無異轍若三江之浩渺並源出於岷山也乃窮源莫二若執迹多端則據末以適本不知多端是應迹耳故光明覺品頌云一身為無量無量復為一了知諸世間現形徧一切此身無

所從亦無所積聚衆生分別故見佛種種身即其義也但是一法身義分二三四五乃至十身且如說五身者叡公維摩疏釋云所謂法性生身功德法身變化法身實相法身虛空法身詳而辯之一法身也何者言其生則本之法性故曰法性生身推其因則是功德所成故言功德法身就其應則無感不形則是變化法身稱其大則弥綸虛空所謂虛空法身語其妙則無相無為故曰實相法身故知一體不動名逐緣分矣故云同時異處決是多身而是一身全現故非多矣其猶一月一剎那中百川齊現皆即一即多又普現故非一一月故非多如智幢菩薩偈云譬如淨滿月普現一切水影像雖無量本月未曾二是也又經頌云如來清淨妙法身一切三界無倫疋以出世間言語道其性非有非無故雖無所依無不往雖無不至而不去如空中劃夢所見當於佛體如是觀由非真非應非一非多故不可作真應一多等思也故光明覺品頌云佛身無生超戲論非是蘊處差別法故難思也又云皆是自他相作之身能所共成之化自他相作者如華嚴經云此菩薩能隨衆生心之所樂能以自身作國土身衆生身業報身聲聞身緣覺身菩薩身如來身法身智身虛空身此即自作他也又隨衆生心之所樂能以衆生身作自身即他作自也能所共成者若無所化之機則無能化之跡又若無所應之身亦無能感之事自他能所非一非異緣起相由成茲密旨然緣起相由者皆是自心為緣終無心外法能與心

為緣所以古德云十方諸佛皆我本師海印頓現且法華分身有多淨土如來何不指已淨土而今別往弥陀妙喜思之故知賢首弥陀等佛皆本師矣復何怪哉言賢首者即壽量品中過百萬阿僧祇剎最後勝蓮華世界之如來也經中偈云或見蓮華勝妙剎賢首如來住其中若此不是歎本師者說他如來在他國土為何用耶且如捴持教中亦說三十七尊皆遮那一佛所現謂毗盧遮那如來內心證自受用成於五智從四智流出四如來謂大圓鏡智流出東方阿閦如來平等性智流出南方寶生如來妙觀察智流出西方無量壽如來成所作智流出北方不空成就如來法界清淨智即自當毗盧遮那如來又問若依此義豈不違於平等意趣若言即我者依於平等意趣而說非即我身如何皆說為本師耶荅平等之言乃是一義唯識尚說一切衆生中有屬多佛多佛共化以為一佛若屬一佛佛能示現以為多身十方如來一一皆介今正一佛能為多身依此而讚本師耳如華嚴不思議解脫境界品頌云佛智通達淨無礙剎那普了三世法皆從心識因緣現生滅無常無自性於一剎中成正覺一切剎處悉亦然一切入一一亦介隨衆生心而示現大乘千鉢大教王經云如是一切諸佛教化方便法智我皆集在一心中同金剛菩提聖性三摩地故金光明最勝王經云譬如日月無有分別亦如水鏡無有分別光明亦無分別三種和合得有影生如是法如如如如智亦無分別以願自在故衆生有感現應

化身如日月影和合出現如來者無去無來故云往應群機而不去恒歸寂滅而不來何者依體起用故是去以即體之用故不去應機現前合是來以應不離體如月之影故不來又往應合故是去應無應相故不去恒歸寂滅合是來滅不可得故不來乃至一切法皆無來去如經偈云一切法無來是故無有生然於無生法中現起悲化所以大丈夫論云菩薩思惟一切衆生能為我作端嚴業不使一衆生作不端嚴意菩薩作是思惟言利他者求他人之相都不可得都如自己又云菩薩思惟使我悲猶如虛空一切山河樹木飛鳥走獸皆依空住一切衆生一切時皆入我悲中斯則以同體之大悲何生而不度起平等之大慧何道而不成如華嚴論云無盡功德藏迴向者此位明禪與智冥智與悲會以無盡虛空為一道場以無盡衆生無明行相而為佛事身恒承事無盡諸佛而徧周法界化無盡衆生摠成佛身表裏相亡始終都盡徧知諸法不壞無心無盡功德藏品云於一毛孔見阿僧祇諸佛出興於世得入法無盡藏者明心性本無大小繫盡身為智影國土亦然智淨影明大小相入如因陀羅網境界喻是也經云以佛智力觀一切法悉入一法者明萬境雖多皆一心而起心亡境滅萬境皆虛如淨水中衆影也水亡影滅此約破有成無說又以境約智生智虛境幻多相相入不離一虛幻不異虛虛不異幻幻虛無二一異摠虛此約以智幻虛自在無礙門說此皆借法況說如實所知唯亡思者智會其智

會者方可用而常真不惑心境以大願力隨智幻生等衆生數身如應攝化故名無盡功德藏又云法雲地菩薩隨心念力廣大微細自他相入一多大小互叅神通德用自在皆隨自心念所成故如一切衆生作用境界皆是自心執業所成人天地獄畜生餓鬼善惡等報果一依心造如此十地菩薩以無作法身大智之力隨所心念莫不十方一時自在皆悉知見以普光明智為體為智體無依稱性徧周法界與虛空量等周滿十方世界以無性智大用隨念以不忘失智隨念皆成以具摠別智摠別同異成壞俱作以廣狹大小自在智化通無礙以與一切衆生同體智能變一切衆生境界純為淨土之剎以自他無二智一身而作多身多身而作一身以法身無大小離量之智能以毛孔廣容佛剎以等虛空無邊無方之智而一念現生滿十方而無去來以如響智而能響應對現等衆生應形以是具足圓滿福德智而恒居妙剎常與一切衆生同居若非聖所加持力而衆生不見又問曰云何見佛出興荅曰當見自身無身無心無出無没無內無外不動不寂無思無求世及出世都無住處無心所法無心心法心法無條性無始末以無依住智說如斯法教化衆生皆令悟入是名見佛出興如光明覺品文殊師利頌云世及出世見一切皆超越而能善知法當成大光燿若於一切智發生迴向心見心無所生當獲大名稱衆生無所生亦復無有壞若得如是知當成無上道又大乘大集經云佛告賢護如火未生或時

有人發如是言我於今日先滅是火賢護於意云何彼人是語為誠實不賢護荅言不也世尊佛告賢護如是諸法從本以來畢竟無得云何於今乃作斯說我能證知一切諸法我能了達一切諸法我能覺悟一切諸法我能度脫一切衆生於生死中此非正言所以者何彼法界中本無諸法亦無衆生云何言度但世諦中因緣度耳故知心外無法何所得耶佛身無為但隨緣現如肇論云放光云佛如虛空無去無來應緣而現無有方所然則聖人之在天下也寂寞虛無無執無競導而弗先感而後應譬猶幽谷之響明鏡之像對之不知其所以來隨之罔識其所以往恍焉而有惚焉而亡動而逾寂隱而弥彰出幽入冥變化無常其為稱也因應而作顯迹為生息迹為滅生名有餘滅名無餘然則有無之稱本乎無名無名之道于何不名是以聖人居方而方止圓而圓在天而天處人而人原夫能天能人者豈天人之所能哉果以非天非人故能天能人耳是以明鏡無形能現萬形聖人無心能應萬心隱不韜光顯不現迹故論云聖人寂怕無兆隱顯同原存不為有亡不為無何者佛言吾無生不生雖生不生無形不形雖形不形　問如來法身即真心性如來報身依真而起若如來化身還有心否　荅若約體亦不離若約事即分如深密經云曼殊室利菩薩復白佛言世尊如來化身當言有心為無心耶佛告曼殊室利善薩曰善男子非是有心亦非無心何以故無自依心故有依他心故　問經云菩薩開闢

一切諸惡趣門者夫一切衆生隨自心業各受苦報所以經偈云假使百千劫所作業不亡因緣會遇時果報還自受云何菩薩能關一切惡趣門　荅只約自心常開六識門何曾暫閑日夜計挍緣想一切不善事徧諸境界念念恒造生死地獄經云集起心想名爲地獄若能觀自心識性無所有即是開善趣門若不起心想即是閉惡趣門若得自在智境前即現身生五道入地獄餓鬼畜生等界救苦衆生故禪門中立無念爲宗以爲要畢故經偈云勤念於無念佛法不難得何謂不難得以無念故萬境不生當處解脫若有念起非獨開惡趣之門二十五有一時俱現故知萬質皆從念異十二之類縱橫千差盡逐想生八萬之門競起如信心銘云眼若不睡諸夢自除心若不異萬法一如以諸法無體從自心生心若不生外境常寂故云萬法本閑而人自鬧所以肇論云是以聖人乘真心以履順則無滯而不通審一氣以觀化故所遇而順適無滯而不通故能渾雜致純所遇而順適則觸物而一如此則萬象雖殊而不能自異不能自異故知象非眞象象非眞象則雖象而非象然則物我同根是非一氣潛微幽隱殆非群情之所盡故知乘一心而履踐則何往而不眞如稟一氣而化行則何物而不順如莊子云天地一氣而能萬化老子云天得一以清地得一以寧神得一以靈萬物得一以生故聖人以一眞心而觀萬境則所遇而順適觸物而冥一矣是知諸法無體緣假相依似有差殊不能自異何者長無長

相且自不言我是短無短相亦自不言我短皆是隨念計度分別徧計執著情生則知萬物本虛即象而無象也　問如上所說衆生自心造業自受苦報又云何說代一切衆生苦　荅約古德釋代苦有七意一起悲意樂事未必能二修諸苦行能與物爲增上緣即名代苦三留惑潤生受有苦身爲物說法令不造惡因亡果喪即名代苦四若見衆生造無間業當受大苦無異方便要須斷命自墮地獄令後脫苦五由初發心常處惡道乃至飢世身爲大魚即名爲代六大願與苦皆同眞性今以即眞之大願潛至即眞之苦七法界爲身自他無異衆生受苦即是菩薩初唯意樂次二爲緣次二實代後二理觀然約有緣方能代耳還原觀云普代衆生受苦德者謂菩薩修諸行法不爲自身但欲廣益群生怨親平等普令斷惡備修萬行速證菩提又是菩薩本行菩薩道時大悲大願以身爲質於三惡趣救贖一切受苦衆生要令得樂盡未來際心無退屈不於衆生希望毛髮報恩之心也經頌云廣大悲雲徧一切捨身無量等剎塵以昔劫海修諸行令此世界無諸垢謂衆生妄執念念遷流名之爲苦菩薩教令了蘊空寂自性本空故言離苦問曰衆生無邊苦業亦無邊云何菩薩而能代受荅曰菩薩代衆生受苦者由大悲方便力故但以衆生妄執不了業體從妄而生無由出苦菩薩教令修行止觀兩門心無暫替因亡果喪苦無由生但令不入三塗名爲代衆生受苦也是以三界生死之苦者皆是衆生妄受以不

了根塵無性本末常空於畢竟無中執成究竟之有因茲貪取結業受生於無量劫來受輪迴苦無明所覆莫省莫知菩薩於是垂大悲心愍茲顚倒說性空之法藥破情有之病根則達苦無生不造惡業知諸受空起能破惑因妄受之苦既空對治之樂自絕所以先德云苦是樂樂是苦只箇修行斷門戶亦無苦亦無樂本來自性無繩索以茲妙悟入一際門遂得人法俱空不爲心境所縛當處解脫永出苦源豈非代苦乎又經云說法是大神變能令即凡成聖變禍爲祥於地獄火輪之中踊淨剎蓮臺之上豈非神變耶　問一切境界因心分別若有分別即屬無明故云無心分別一切法正有心分別一切法邪諸佛如來已斷無明無有心相云何能知眞俗差別之境名一切種智　荅以法無自體故即分別無分別以體不礙緣故無分別即分別如起信論云自體顯照故名爲覺者謂有自體顯現如珠有光自照珠體珠體喻心光喻於智心之體性即諸法性照諸法時是自照耳故論文甚分明然論中問曰虛空無邊故世界無邊世界無邊故衆生無邊衆生無邊故心行差別亦復無邊如是境界不可分劑難知難解若無明斷無有心想云何能了名一切種智荅曰一切境界本來一心離於想念以衆生妄見境界故心有分劑以妄起想念不稱法性故不能決了諸佛如來離於見想無所不徧心眞實故即是諸法之性自體顯照一切妄法有大智用無量方便隨諸

宗鏡九十一卷　第十張　茂

衆生所應得解皆能開示種種法義是故得名一切種智釋云心眞實故則是諸法之性佛心離想體一心原離妄想故名心眞實體一心故爲諸法性是則佛心爲諸妄法之體一切妄法皆是佛一心相現於自體自體照其相如是了知有何爲難故能自體顯照一切妄法是謂無所見故無所不見之由也鈔云以內迷眞理識外見塵故於如量之境不能隨順種種知也如人動目天地傾搖故不能如實知也是知心海波停萬像齊鑒澄潭浪起諸境皆昏

宗鏡録卷第九十一　茂

音義

吸許及反　渺亡沼反　岷武巾反　歠叉芮反飲也　劃胡麥反計策也　怳許昉反怳惚也　惚呼骨反　怕普伯反憺怕靜也　殆徒亥反危近也　贖時視反　罩陟教反

戊申歲分司大藏都監開板

宗鏡録卷第九十一

校勘記

一　底本，麗藏本。

一　七六二頁上一五行第一二字「示」，磧、南、徑作「云」。

一　七六二頁中七行第一六字「感」，磧作「成」。

一　七六三頁下三行末字「無」，磧作「所」。

一　七六三頁下一三行末字「怳」，磧、南、徑、清作「慌」。

一　七六三頁下末行第四字「故」，南作「致」。

一　七六四頁上一五行首字「想」，磧、南、徑、清作「相」。

一　七六五頁上六行第三字「相」，磧、南作「根」。

宗鏡錄卷第九十二　　　　茂

慧日永明寺主智覺禪師延壽集

夫約世諦門中凡聖夭絶凡夫心外立法妄執見聞聖人既了一心云何同凡知見答聖雖知見常了物虛如同幻生無有執著如大涅槃經云迦葉菩薩白佛言世尊若以因此煩惱之想生於倒想一切聖人實有倒想而無煩惱是義云何佛言善男子云何聖人而有倒想迦葉菩薩言世尊一切聖人生作牛想亦說是牛馬作馬想亦說是馬男女大小舍宅車乘去來亦介是名倒想善男子一切凡夫有二種想一者世流布想二者著想一切聖人唯有世流布想無有著想一切凡夫惡覺觀故於世流布生於著想一切聖人善覺觀故於世流布不生著想是故凡夫名爲倒想聖人雖知不名倒想又以境本自空何須壞相以心靈自照豈假緣生不同凡夫能所情執知見故肇論云夫有所知則有所不知以聖心無知故無所不知不知之知乃曰一切知故經云聖心無知無所不知信矣是以聖人虛其心而實其照終日知而未嘗知也如止水鑒影豈立能所之心則境智俱空何有覺知之想楞伽經云佛告大慧爲世間以彼惑亂諸聖亦現而非顛倒大慧如春時燄火輪垂髮乾闥婆城幻夢鏡像世間顛倒非明智也然非不現釋曰上七喻者明境即是一而見有殊然聖人用彼惑亂之境一同凡現色等諸塵以聖人無念著故而非顛倒然聖人非不見彼惑亂法見時正同水月鏡像龍樹菩薩云日光著塵微風吹之曠野中轉名之爲燄愚夫見云謂之野馬渴人見之以爲流水業報亦介煩惱日光熱諸行塵邪憶念風於生死曠野中吹之令轉妄見爲人爲鬼爲男爲女渴愛深著耽湎無已不近聖法無由識之夫火日外朗水鏡內照光在上爲影光在下爲像像以明傳而像現於水形以日映而光隔爲影二物雖虛而所待妄有妄有雖空而狂惑見之以不狂則形與影一像與形同世法亦介衆緣所起起者之有與所起之緣俱爲空物無一異也而人以虛妄風病顛倒故不應見而見不應聞而聞若得大慧之明則風狂心息無此見也又般若無知者不同木石不是有知者非同情想古德云佛見無我不是無知但是不知知不見見以知是不知知故即無心而不知見是不見見故無色而不見無色而不見故由不見見也無心而不知故以不知知也如淨名經云所見色與盲等者崇福疏云譬如五指塗空空無像現不以空無像現便言指不塗空豈以五指塗空便欲令空中像現事亦不然不妨纖然塗空空中元無像現豈以眼根見色便令如盲豈以眼根如盲而便都無所見不妨滿眼見色了色本自性空雖然見色之時元來與盲無異但息自分別心非除法也法本自空無所除也又所聞聲與響等者豈是不聞但一切聲皆如谷響無執受分別也所以滿眼見色滿耳聞聲不隨不壞了聲色之正性故何者若隨聲色之門即墮凡夫之執分別妍醜之相深著愛憎領受毀讚之音妄生欣厭若壞聲色之相即同小乘之心則有三過一色等性空無可壞故若壞方空非本空故二由空即眞同法性故若壞則斷滅是以如來五眼洞照無遺豈同凡夫生盲二乘眇目都無見耶但不隨不壞離二見之邊邪非有非空契一心之中理則逢緣無礙觸境無生矣是以萬物本虛從心見實因想念而執無執有墮惑亂之門以取著而成幻成狂受難深之報若能反照唯心大智鑒窮實相眞原則幻夢頓惺影像俱寂然後以不二相洞見十方用一心門統收萬彙則見無所見衆相參天聞無所聞群音揭地如此了達心虛境空則入大總持門紹佛乘種性楞伽經云謂覺自心現量外性非性不妄想相起佛乘種性若迷外法以心取心則成業幻之門續衆生種性首楞嚴經偈云自心取自心非幻成幻法不取無非幻非幻尚不生幻法從何立故知一切染淨諸法皆從取生是以云取我是垢不取我是淨若無能取所取之心亦無是幻非幻之法非幻實法尚乃不生幻起虛蹤憑何建立又如心外見法盡成相待以無體無力緣假相依故所以楞伽經偈云以有故有無以無故有有若無不應受若有不應想若開方便或說有治無說無破有即無所礙如十地毗婆沙論偈云若用有與無亦遮亦應聽雖言心不著是則無有過若約正宗則有無雙泯故大智度論云佛有不言無無不言有但說諸法實相譬如日光不作高下平等一照佛亦如是非令有作無非令無作有是知若迷大旨則見有無如

涅槃論云無名曰有無之數誠已法無不該理無不統然其所統俗諦而矣經曰眞諦何也涅槃道是俗諦何耶有無法是何者有者有於無無者無於有有無所以稱有無有所以稱無然則有生於無無生於有離有無無離無無有有無相生其猶高下相傾有高必有下有下必有高矣然則有無雖殊俱未免于有此乃言像之所以形是非之所以生豈足以統夫幽極而擬夫神道者乎是以論稱出有無者良以有無之數止乎六境之內六境之內非涅槃之宅故借出以祛之耳庶希道之流髣髴幽途託情絕域得意忘言體其非有非無耳豈曰有無之外別有妙道而可稱哉經曰三無爲者蓋是群生紛擾生乎篤患篤患之尤莫先於有絕有之稱莫先於無故借無以明其非有明其非有非謂無也有名曰論旨云涅槃既不出有無又不在有無不在有無則不可於有無得之矣不出有無則不可離有無求之矣求之無所便應都無然復不無其道其道不無則幽途可尋所以千聖同轍未嘗虛返者也其道既存而曰不出不在必有異旨可得聞乎無名曰夫言由名起名以相生相因可相無相無名無名無說無說無聞經云涅槃非法非非法無聞無說非心所知吾何敢言之而子欲聞之耶雖然善吉有言衆若能以無心而受無聽而聽者吾當以無言言之庶述其道亦可以言淨名曰不離煩惱而得涅槃天女曰不出魔界而入佛界然則玄道在於妙悟妙悟在於即眞即眞則有無齊觀有無齊觀則彼已莫二所以天地與我同根萬物與我一體同我則非復有無異我則乖於會通所以不出不在而道存乎其間矣何者夫至人虛心冥照理無不統懷六合於胷中而靈鑒有餘鏡萬像於方寸而其神常虛至能拔玄根於未始即群動以靜心恬澹淵默妙契自然所以處有不有居無不無居無不無故不無於無處有不有故不有於有故能不出有無而不在有無者也然則法無有無之相聖無有無之知聖無有無之知則無心於內法無有無之相則無數於外於外無數於內無心此彼寂滅物我冥一怕尒無朕乃曰涅槃涅槃若此啚度絕矣豈容責之於有無之內又可徵之於有無之外耶釋曰玄道在於妙悟妙悟在於即眞者夫幽玄之道無名無相淺近之情知莫及麤淨之意解難量唯當妙悟之時方省斯旨得其旨故實不思議心境融通如同神變指法界於掌內收萬像於目前如鏡照空含一時平現既無前後亦絕中間妙旨煥然言思絕矣可謂妙悟可謂即眞則有無齊觀彼已莫二不出不在其道在茲乎　問六塵境界但依妄念而有差別若無念之人還見一切境界不　荅妄念執有前塵作實知解妙性不通遂成差別若無念之人非是離念但是即念無念念無異相雖有見聞皆如幻化又一念頓圓常見十法界萬法中道之理古德問云若言念唯無念豈得揔不聞不見人畜聲色等耶荅恒聞見以聞見即不聞見故何者以但聞見聲色等法即是眼耳等識見聞也知是畜等色聲自是意識分別也然眼等識見聞性無別但稱色等法得更無異緣也意識妄有了知無體所知如幻也故云所見色與盲等又觀彼色聲等法從緣生緣無作者自性不有故非人畜等也又人畜等由名相起名相非彼即妄除也即此但由見聞等故即無念心非謂盲聾人一念無念也如說聞不聞見不見等是也故經云常求無念實相智慧等是也又但就緣起名見求緣見實不生此見乃名眞見何以故無見之見照法界故所以寶藏論云無眼無耳謂之離有見有聞謂之微無我無造謂之離有通有達謂之微又離者涅槃微者般若般若故頓興大用涅槃故寂滅無餘無餘故煩惱永盡大用故聖化無窮若人不達離微者雖復若行頭陀遠離塵境斷貪恚癡法忍成就經無量劫數終不入眞實何以故依止所行故心有所得不離顛倒夢想惡覺諸見若復有人體解離微者雖復近有妄想習氣及見煩惱數數覺知離微之義此人不久即入眞實無上道也何以故了正見根本也釋曰離微者萬法之體用也離者即體經中云自性離故亦云自性空故斯乃無名無相非見非聞通凡聖之體爲眞俗之原思益經云知離名爲法即諸佛所師所謂法也微者即用有見有聞能通能達以微者妙也於無見中有見於無聞中有聞斯乃不思議之法微妙難知唯佛能覺思益經云知法名爲佛離微不二體用和融名之爲僧則一體三寶常現世間有佛無佛性相常住即正見之本眞實之門矣故聖人照體是無約用爲有此有不有即有

以辯於無當無非無即無以辯於有有而不
有是妙有無而不無是真無故真無是涅槃
之體如太虛不離於五色猶明鏡不合於萬
像故稱離也妙有是般若之用於不二法內
現妙神通向無作門中興大佛事故稱微也
是以凡夫不達離微故常被內結所縛外塵
所羈外道即執作斷常二乘迷證爲生滅若
不入宗鏡中難究離微之妙旨矣　問無明
違理自性差別者其事可然本覺淨法云何
復說恒沙差別功德　荅由對治彼染法差
別故成始覺萬德差別也起信論云對業識
等差別染法故說本覺恒沙性德如是染淨
皆是真如隨緣顯現似而無體染法尚空淨
法何有淨名經云見垢實性即無淨相又所
言淨者對垢得名因客塵煩惱不染而染穢
汙真性稱之爲垢因始覺般若不淨而淨開
悟本心名之爲淨是以真如一心湛然不動
名義唯客垢淨本空祖師云性本清淨淨無
淨相方見我心華嚴經頌云若有知如來體
相無所有修習得明了是人疾作佛故經云
一切眾生無始已來常入涅槃菩提非可修
相非可生相畢竟無得無有色相而可得見
見色相者當知皆是隨染幻用非是智色不
空之相以智相不可得故釋云隨染幻用者
無流法也染幻性自差別者是無明法也以
彼無明迷平等理是故其性自差別諸無流
法順平等性空論其性即無差別但隨染法
差別相故說無流有差別耳又若能觀心性
法尒顯性起功德是無盡法門非論差別如
無盡意菩薩經云云何菩薩觀心念處乃至

我今當勤修集莊嚴不離心性云何心性云
何莊嚴心性者猶如幻化無主無作無有施
設莊嚴者所作布施悉以迴向嚴淨佛土乃
至以一念智成阿耨多羅三藐三菩提舍利
弗是名菩薩正心念處而不可盡釋曰心雖
性空能成萬行了之而頓圓正覺修之而廣
備莊嚴故云體性雖空能成法則又云以有
空義故一切法得成若離此真空之門無有
一法建立則菩薩行廢佛道不成如不依風
輪世界隳壞　問一切眾生無始無明種子
堅牢現行濃厚云何一念而得頓除　荅根
隨結使體性本空愚夫不了自生纏縛若明
佛知見開悟本心更有何塵境而能障礙乎
寶積經云佛言譬如燃燈一切黑闇皆自無
有無所從來去無所至非東方來去亦不至
南西北方四維上下不從彼來去亦不至而
此燈明無有是念我能滅闇但因燈明法自
無闇明闇俱空無作無取如是迦葉實智慧
生無智便滅智與無智二相俱空無作無取
迦葉譬如千歲冥室未曾見明若燃燈時於
意云何闇寧有念我久住此不欲去耶不也
世尊若燃燈時是闇無力而不欲去必當磨
滅如是迦葉百千萬劫久習結業以一實觀
即皆消滅其燈明者聖智慧是其黑闇者諸
結業是所言一實觀者即是唯心真如實觀
離心之外盡成虛幻故稱一實境界亦云實
相實地實際實法乃至名佛知見聖智慧等
以此一心法治煩惱病如熱疾得汗無有不
應手差者出要之道唯在茲乎如大智度論
云尒時菩薩照明菩薩道其心安隱自念我

但斷著心道自然至知是事已念眾生深著
世間而畢竟空亦空無性無有住處眾生難
可信受爲令眾生信受是法故學一切法修
行生起是度眾生方便法觀眾生心行所起
知好何法念何事何所志願觀時悉知眾生
所著處皆是虛誑顛倒憶想分別故著無有
根本實事尒時菩薩大歡喜作是念眾生易
度耳所以者何眾生所著皆是虛誑無實譬
如人有一子喜不淨中戲聚土爲穀以草木
爲鳥獸而生愛著人有奪者瞋恚啼哭其父
知已此子今雖愛著此事易離耳小大自休
何以故此物非真故菩薩亦如是觀眾生愛
著不淨臭身及五欲是無常種種苦因知是
眾生得信等五善根成就時即能捨離若小
兒所著實是真物雖復年至百歲著之轉深
不可得捨若眾生所著物定實有者雖得信
等五根著之轉深亦不能離以諸法皆空虛
誑不實故得無漏清淨智慧眼時即能遠離
所著大自慚愧譬如狂病所作非法惺悟之
後著慚無顏菩薩知眾生易度已安住般若
中以方便力教化眾生是以如來密藏經云
若人父爲緣覺而害盜三寶物母爲羅漢而
汙不實事謗佛兩舌間賢聖惡口罵聖人壞
亂求法者五逆初業之瞋奪持戒人物之貪
邊見之癡是爲十惡者若能知如來說因緣
法無我人眾生壽命無生無滅無染無著本
性清淨又於一切法知本性清淨解知信入
者我不說是人趣向地獄及諸惡道果何以
故法無積聚法無集惱一切法不生不住因
緣和合而得生起起已還滅若心生已滅一

切結使亦生已滅如是解無犯處若有犯有住無有是處台教釋云此經具指四菩提心若知如來說因緣法即指初藏教菩提心若無生無滅指第二通教菩提心若本性清淨指第三別教菩提心若於一切法知本性清淨指第四圓教菩提心初菩提心已能除重重十惡況第二第三第四菩提心耶行者聞此勝妙功德當自慶幸如闇處伊蘭得光明栴檀故知見佛罪滅如阿闍世王之深懺得道業亡若鴦崛摩羅之重罪但了無人無我緣生性空無我則無能受罪之人性空又無所受罪之法人法俱寂罪垢何生以心生罪生心滅罪滅故若能如是信入諦了圓明猶伊蘭之林布栴檀之香氣若積闇之室耀桂爓之光明能悟此心功力無量纔入宗鏡業海頓枯如風吹雲似湯沃雪猶燈破闇若火焚薪如密嚴經頌云如火燎長楚須臾作灰燼智火焚業薪當知亦如是又如燈破闇一念盡無餘諸業習闇冥無始之熏聚牟尼智燈起剎那皆頓滅所以大涅槃經云有智慧時則無煩惱故云夫免三塗惡業者要須離有無二相證解一心方得解脫也是知迷從自心迷悟還自心悟迷悟無性但任緣興如華嚴論問云一切眾生本有不動智何故不應真常何故隨染荅一切眾生以此智故而生三界者為智無性不能自知是智非智善惡苦樂等法為智體無性但隨緣現如空中響應物成音無性之智但應緣分別以分別故癡愛隨起因癡愛故即我所病生有我所故自他執業便起因執取故号曰末那執取不斷名之為識因識種子生死相續以生死故眾苦無量以苦無量方求不苦之道迷不知苦者不能發心知苦求真者還是本智會苦緣故方能知苦不會苦緣不能知苦故知苦緣故方能發心求無上道有種性菩薩以宿世先已知苦發信解種強者雖受人天樂果亦能發心求無上道是故因智隨迷因智隨悟是故如人因地而倒因地而起正隨迷時名之為識正隨悟之時名之為智在纏名識在覺名智識之與智本無自名但隨迷悟而立其名故不可繫常繫斷也此智之與識但隨迷悟立名若覔始終如空中求迹如影中求人如身中求我依住所在終不可得也故新長短處所之相也如此無明及智無有始終若得菩提時無明不滅何以故為本無故更無有滅若隨無明時不動智亦不滅為本無故亦更無滅但為隨色聲香所取緣名為無明但為知苦發心緣名之為智但隨緣名之為有故體本無也如空中響思之可見是以若入宗鏡成佛義圓昇降隨緣知眾生無永沉之義聖凡不隔明諸佛有同體之文

問上所說一心諸法門海為復是自行權實法化他權實法　荅若說隨自意自行權實則但說一心門若隨他意化他權實廣開八萬法今但說自行權實本末歸宗台教云若佛心中所觀十界十如皆無上相唯是一佛法界如海總眾流千車共一轍此即自行權實若隨他等意則有九法界十如即是化他權實隨他則開隨自則合橫竪周照開合自在雖開無量無量而一雖合為一一而無量雖無量一而非一非無量雖非一非無量而一而無量

問此自他權實二門於正理中決定耶　荅但隨化門無有決定經云無有定法故号阿耨菩提若執一門皆成外道或定一相即是魔王是以一切法權一切法實一切法亦權亦實一切法非權非實台教云若一切法權何所不破如來有所說尚復是權況復人師若一切法皆實者何所不破唯此一事實但一究竟道寧得衆多究竟道耶若一切法亦權亦實復何所不破一切悉有權有實不得一向權一向實若一切法非權非實復何所不破何得紛紜強生建立古德云即實而權則有而不有即權而實則無而不無若雙遮權實即有無俱非若雙照權實則有無俱是若非遮非照則是非俱非而遮而照則是非俱是若是非俱是終日非而不非若是非俱非終日是而不是若是而不是則非是非非之非若非而不非則非是是是之是是則心徹色末色徹心原心色一如何非何是故知心外有法是非競生法外無心取捨俱喪

問此宗鏡錄何教所攝　荅真唯識性理無偏圓約見不同略分五教一小乘教唯說六識不知第八賴耶二初教說有賴耶生滅亦不言有如來藏三終教有如來藏生滅不生滅和合為賴耶識四頓教揔無六七八識等何以故以一心真實從本已來無有動念體用無二是故無有妄法可顯五一乘圓教說普賢圓明之智不言唯識次第又言佛子三界虛偽唯一心作亦攝入故此宗則圓教所攝乃是如來所說法門之根本以

如來依此心成佛故此心得爲如來根本之義無有一法不收無有一理不具如明鏡照物昜有遺餘若寶印文成更無前後　問凡立五乘之道皆爲運載有心若境識俱亡則無乘可說今約方便乘理不無此宗究竟何乘所攝　荅於諸乘中一乘所攝亦云最上之乘出過諸法頂故亦云不思議乘非情識測量故今所言一乘者即一心也以運載爲義若攀緣取境則運入六趣之門若妄想不生運至一實之地楞伽經云云何得一乘道覺謂攝所攝妄想如實處不生妄想是名一乘覺斯則了生死妄即涅槃眞頓悟一心更無所趣乃不覺而覺稱爲大覺不來而來名爲如來所以情塵已遣人乘即是眞歸心跡未亡佛乘猶非究竟何者有心分別一切皆邪無意攀緣萬途自正是以無乘之乘爲一乘無教之教爲眞教褰足而便登寶所言下而即契無生若未能萬境齊觀一法頓悟遂乃教開八教乘出五乘則寶所程遙豈唯五百無生路遠何啻三祇論位則天地懸殊校功則日劫相倍雖登聖位猶爲絶分之人經劫練磨唯得假名之稱若達斯旨直入無疑當迷心而見悟心全成覺道即世智而成眞智靡易絲毫可謂虛明自照不勞心力矣
問既有能說必對所機此宗鏡錄當何等機
荅當上上機若已達者遇佛旨而印可若未入者假教理以發明又若圓通之人不俟更述自覺聖智無說無示眞如妙性無得無聞若聞昧之者須假助成因教理而照心即言詮而體道若宗明則教息道顯則言空絶待眞心境智俱亡矣如是則方入宗鏡深達玄門眞能躡佛說經親談妙旨可謂得諸法之性徹一心之原如首楞嚴經云阿難承佛悲救深誨垂泣叉手而白佛言我雖承佛如是妙音悟妙明心元所圓滿常住心地而我悟佛現說法音現以緣心允所瞻仰徒獲此心未敢認爲本元心地願佛哀愍宣示圓音拔我疑根歸無上道佛告阿難汝等尚以緣心聽法此法亦緣非得法性如人以手指月示人彼人因指當應看月若復觀指以爲月體此人豈唯亡失月輪亦亡其指何以故以所標指爲明月故豈唯亡指亦復不識明之與暗何以故即以指體爲月明性明暗二性無所了故汝亦如是若以分別我說法音爲汝心者此心自應離分別音有分別性譬如有客寄宿旅亭暫止便去終不常住而掌亭人都無所去名爲亭主此亦如是若眞汝心則無所去云何離聲無分別性斯則豈唯聲分別心分別我客離諸色相無分別性如是乃至分別都無非色非空拘舍利等昧爲冥諦離諸法緣無分別性則汝心性各有所還云何爲主釋曰阿難言而我悟佛現說法音現以緣心允所瞻仰徒獲此心未敢認爲本元心地者阿難尚認緣心聽佛說法音以爲常住眞心取佛定旨佛言若執因緣心聽只得因緣法以法隨情變境逐心生故又定緣佛音聲是自心者若說法聲斷時分別心應滅此心如客不常住故今時多迷自性本聞但隨能所之聞一向徇他聲流轉此聲是對因緣所生法非眞實有但因聲而立名字因名字而有詮表若旋復本聞則脫聲塵之境所脫之境既虛能脫之名何立則能脫所脫皆空以強記多聞是識想邊際本非實故若因聞見性則多聞有助顯之功若背性徇聞則畜聞成邪思過悞故文殊頌云今此娑婆國聲論得宣明衆生迷本聞循聲故流轉阿難縱強記不免落邪思豈非隨所淪旋流獲無妄阿難汝諦聽我承佛威力宣說金剛王如幻不思議佛母眞三昧汝聞微塵佛一切秘密門欲漏不先除畜聞成過悞將聞持佛佛何不自聞聞非自然生因聲有名字旋聞與聲脫能脫欲誰名一根既返原六根成解脫見聞如幻瞖三界若空華聞復瞖根除塵消覺圓淨故知若耳根歸本原六根皆寂滅以六根同一心故何者在眼曰見在耳曰聞若攝用歸根時見聞如幻瞖若攝境歸心時三界若空華則瞖滅塵消覺圓心淨如是解者則是因指見月藉教明宗者也若執指爲月迷心徇文者如經云如人以手指月示人彼人因指當應看月若復觀指以爲月體此人豈唯亡失月輪亦亡其指夫三乘十二分教如標月指若能見月了知所標若因教明心從言見性者則知言教如指心性如月眞悟道者終不滯言實見月人更不存指或看經聽法之時不一一消歸自己但逐文句名身而轉即是觀指以爲月體此人豈唯不見自性亦不辨於教文指月雙迷教觀俱失故經云此人豈唯亡失月輪亦亡其指又既亡其指非唯不了自心之眞妄亦乃不識教之遮表錯亂顚倒莫辯方隅猶鳥言空如鼠云即

似形音響豈合正宗故經云豈唯亡指亦復不識明之與暗何以故即以指體爲月明性明暗二性無所了故所以證道歌云吾早年來積學問亦曾討䟽尋經論分別名相不知休入海筭沙徒自困却被如來苦訶責數他珍寶有何益從來蹭蹬覺虛行多年枉作風塵客種性邪錯知解不達如來圓頓制二乘精進勿道心外道聰明無智慧亦愚癡亦小騃空拳指上生實解執指爲月枉施功根境法中虛揑怪不見一法即如來方得名爲觀自在是以若常眞心不逐他聲而起分別湛然恒照性自了故如掌亭人都無所去云何離色離聲無分別性此須得旨覩見性時方知離聲色諸緣性自常住不假前塵所起知見則悟無始已來皆是執聲爲聞而生顛倒故文殊頌云旋汝倒聞機反聞聞自性性成無上道圓通實如是若非色非空都無分別不見性之人到此之時全歸斷滅便同外道無知以爲至極從此復立二十五諦迷眞實拘舍離等已眼不開昧爲冥諦以冥寂闇昧心成外道種或有禪宗不得旨者法學起空見人多拂心境俱空執無分別狂解癡盲以爲至道然非離因緣求法性滅妄心取眞心對增上慢人初學之者不可雷同應須甄別如經云雖諸法緣無分別性則汝心性各有所還云何爲主阿難言若我心性各有所還則如來說妙明元心云何無還唯垂哀愍爲我宣說佛告阿難且汝見我見精明元此見雖非妙精明心如第二月非是月影汝應諦聽今當示汝無所還地阿難此大講堂洞

開東方日輪昇天則有明耀中夜黑月雲霧晦暝則復昏暗戶牖之隙則復見通牆宇之間則復觀壅分別之處則復見緣頑虛之中徧是空性鬱𡋯之象則紆昏塵澄霽斂氛又觀清淨阿難汝咸看此諸變化相吾今各還本所因處云何本因阿難此諸變化明還日輪何以故無日不明明因屬日是故還日暗還黑月通還戶牖壅還牆宇緣還分別頑虛還空鬱𡋯還塵清明還霽則諸世間一切所有不出斯類汝見八種見精明性當欲誰還何以故若還於明則不明時無復見暗雖明暗等種種差別見無差別諸可還者自然非汝不汝還者非汝而誰則知汝心本妙明淨汝自迷悶喪本受輪於生死中常被漂溺是故如來名可憐愍故知一切衆生即今見精明心非定眞忘昧之則麤明之則妙只於八種不還之中了了見性常住云何隨境流轉失本眞常永沒苦輪常漂死海大聖憐愍非不驚嗟阿難示起疑心寄破情執釋迦微細開演直指覺原可謂不易凡身頓成聖體現於生滅顯出圓常宗鏡前後明文一一全證於此又江西馬祖和尚問亮座主蘊何經業對云講三十本經論師云正講時將什麼講對云將心講師云心如工技兒意如和技者爭解講他經對云不可是虛空講也師云却是虛空講得座主於言下大悟遂下堦禮拜驀目汗流師云者鈍根阿師用禮拜作什麼其座主却迴本寺語學徒言某一生學業將謂天下無人敵者今日被開元寺老宿一唾淨盡我今許多時皆是誑謼汝遂散學徒一入西

山更無消息又如有學士問馬祖和尚如水無筋骨能勝萬斛舟時如何師云我遮裏水亦無舟亦無說什麼筋骨又學人問龍潭和尚久響龍潭及至到來爲什麼龍亦不見潭亦不見師云却是子親到龍潭又俗官王常侍問先洞山和尚五十二位菩薩中爲甚麼不見妙覺菩薩師云却是常侍親見所以智者大師一生弘敎雖廣垂開示唯顯正宗如止觀中云究竟指歸何處言語道斷心行處滅永寂如空又觀心論中云復以傷念一家門徒隨逐積年看心稍久遂不研覈問心是以不染內法著外文字偷記注而奔走負經論而浪行何不絕語置文破一微塵讀大千經卷若能如上聽法講經提宗問答方諳祖意稱可佛心如遇此機可歸宗鏡

宗鏡録卷第九十二　　茂

音義

躭 丁含反　酗　眇 亡沼反　槀　揭 居列反　𨯗　歸　篤　懅　恬　諾　懵　淵　眹　沃　爆　啻　燿　爐　駃　儡　隙　燉　紆　齊　氣　鬱　驀　筋　聚　譃

戊申歲分司大藏都監開板

宗鏡録卷第九十二

校勘記

一　底本，麗藏本。

一　七六六頁上九行末字「生」，磧、南、徑、清作「牛」。

一　七六七頁上二五行第八字「敢」，磧、南、徑、清作「故」。

一　七六七頁中六行第七字「滄」，徑、清作「濸」。

一　七六八頁上一四行第一六字「又」，磧作「人」。

一　七六八頁下三行第一三字「學」，磧、南、徑、清作「覺」。

一　七六九頁上一七行第一三字「楚」，清作「焚」。

一　七六九頁中一四行第二字「新」，清作「無」。

一　七六九頁中二四行「廣開」，磧、南作「廣門」。

一　七六九頁中二七行第八字「千」，磧、南、徑、清作「十」。

一　七六九頁中二八行第一二字「十」，磧、南、徑、清作「千」。

一　七七〇頁中一八行第一二字「斯」，磧、南作「者」。

一　七七〇頁下六行第一一字「脩」，磧、南、徑、清作「循」。

一　七七〇頁下一八行第一六字「拍」，磧、南、徑、清作「指」。

一　七七〇頁下二六行第一二字「人」，磧、南、徑、清無。

一　七七一頁中四行第六字「炒」，徑、清作「㶭」，九行第三字同。又第一六字「氛」，磧作「氣」。

一　七七一頁中一六行第五字「忘」，南、清作「妄」。

一　七七一頁中二六行末字「目」，磧、南、徑、清作「自」。

一　七七一頁中末行第九字「誶」，徑、清作「詵」。

宗鏡録卷第九十三

慧日永明寺主智覺禪師延壽集　茂

夫宗鏡録是實相法門若信得何福若毁得何罪　荅此一心實相之門般若甚深之旨於難信之中或有信者法利無盡唯佛能知若有毁者謗般若罪過莫大焉現世受殃生身陷獄何以受報如此廣大以般若是一切世出世間凡聖之母猶如大地無物不從地生或若謗之則謗一切佛地三寶功德如十法界中一切衆生若昇若沉若愚若智無不皆從般若中來若不得般若威光實無一塵可立如般若經云欲尊貴自在乃至欲得菩提當學般若又云若欲得六根完具當學般若乃至鬼畜亦要完具以此鬼畜皆從學般若來故知不信宗鏡無有是處如諸法無行經云尒時文殊師利言世尊師子吼皷音王如來滅度之後尒時有菩薩比丘名曰喜根時爲法師質直端正不壞威儀不捨世法尒時衆生普皆利根樂聞深論其喜根法師於衆人前不稱讚少欲知足細行獨處但教衆人諸法實相所謂一切法性即是貪欲之性貪欲性即是諸法性瞋恚性即是諸法性愚癡性即是諸法性其喜根法師以是方便教化衆生衆生所行皆是一相各不相是非所行之道心無瞋礙以無瞋礙因緣故速得法忍於佛法中決定不壞世尊尒時復有比丘法師行菩薩道名曰勝意其勝意比丘護持禁戒得四禪四無色定行十二頭陁世尊是勝意比丘有諸弟子其心輕動樂見他過世尊後於一時勝意菩薩入聚落乞食悮至喜根弟子家見舍主居士子即到其所敷座而坐爲居士子稱讚少欲知足細行說無利語過讚嘆遠衆樂獨行者又於居士子前復說喜根法師過失是比丘不實以邪見道教化衆生是雜行者說婬欲無障礙瞋恚無障礙愚癡無障礙一切諸法皆無障礙是居士子利根得無生法忍即語勝意比丘大德汝知貪欲爲是何法勝意言居士我知貪欲是煩惱居士子言大德是煩惱爲在内在外耶勝意比丘言不在内不在外大德若貪欲不在内不在外不在東西南北四維上下十方即是無生若無生者云何說若垢若淨尒時勝意比丘瞋恚不喜從座起去作如是言是喜根比丘以妄語法多惑衆人是人以不學入音聲法門故聞佛音聲則喜聞外道音聲則瞋於梵行音聲則喜於非梵行音聲則瞋以不學入音聲法門故乃至尒時喜根菩薩於衆僧前說是諸偈云貪欲是涅槃恚癡亦如是如此三事中有無量佛道若有人分別貪欲瞋恚癡是人去佛遠譬如天與地菩提與貪欲是一而非二皆入一法門平等無有異凡夫聞怖畏去佛道甚遠貪欲不生滅不能令心惱若人有我心及有得見者是人爲貪欲將入於地獄貪欲之實性即是佛法性佛法之實性亦是貪欲性是二法一相所謂是無相若能如是知則爲世間導若有人分別是持戒毁戒以持戒誑故輕蔑於他人是人無菩提亦無有佛法但自安住立有所得見中若住空閑處自貴而賤人尚不得生天何況於菩提皆由著空閑住於邪見故邪見與

菩提皆等無有異但以名字數語言故別異若人通達此則爲近菩提分別煩惱垢即是著淨見無菩提佛法住有得見中若貪著佛法是則遠佛法貪無礙法故則還受苦惱若人無分別貪欲瞋恚癡入三毒性故則爲見菩提是人近佛道疾得無生忍若見有爲法與無爲法異是人終不得解於有爲法若知二性同必爲人中尊佛不見菩提亦不見佛法不著諸法故降魔成佛道若欲度衆生勿分別其性一切諸衆生皆同於涅槃若能如是見是則得成佛其心不閙靜而現閙靜相是於天人中則爲是大賊是人無菩提亦無有佛法若作如是願我當得作佛如是之凡夫無明力所牽佛法湛清淨其喻如虛空此中無可取亦無有可捨佛不得佛道亦不度衆生凡夫強分別作佛度衆生是人於佛法則爲甚大遠若見衆生苦則是受苦者衆生無衆生而說有衆生住衆生相中則無有菩提若人見衆生是畢竟解脫無有婬恚癡知是爲世將若人見衆生不見非衆生不得佛法實佛同衆生性若能如是知則爲世間將乃至說是諸偈法時三萬諸天子得無生法忍萬八千人漏盡解脫即時地裂勝意比丘墮大地獄以是業障罪因緣故百千億那由他劫於大地獄受諸苦毒從地獄出七十四萬世常被誹謗若干百千劫乃至不聞佛之名字自是已後還得值佛出家學道而無志樂於六十二萬世常返道入俗亦以業障餘罪故於若干百千世諸根闇鈍世尊尒時喜根法師於今東方過十萬億佛土有國名寶

莊嚴於中得阿耨多羅三藐三菩提号曰勝光明威德王如來應供正徧知今現在彼其勝意比丘今我身是世尊我未入如是法相門時受如是苦分別苦顛倒苦是故若發菩薩心者若發小乘心者不欲起如是業障罪不欲受如是苦惱者不應排逆佛法無有處所可生疑佛告文殊師利汝聞是諸偈得何等利世尊我畢是業障罪已聞是偈因緣故所在生處利根智慧得深法忍巧說深法文殊師利為誰力故能憶如是無量阿僧祇劫罪業因緣世尊諸菩薩有所念有所說有所思惟皆是佛之神力所以者何一切諸法皆從佛出故知若不信宗鏡中所說實相之理則如勝意比丘沒寃受裂地之大苦若有信如是說則如文殊師利智慧演深法之妙辯信毀交報因果無差普勸後賢應深信受若信般若福廣具前文今述謗方等罪略引誠證如大般若經中廣說謗法之罪謂此方墮阿鼻地獄此土劫壞罪猶未畢移置他方阿鼻地獄中他方復經劫壞罪亦未盡復移他方如是巡歷十方十方各經劫盡還生此土阿鼻地獄中千佛出世救之猶難若欲說其所受之身聞者當吐熱血而死故善現請說所受之身佛竟不說乃至華嚴地獄天子法華不輕四衆皆是不信悉墮阿鼻若有聞者應須驚懼以為鑒誡曾曉群蒙次明信毀現受報者第一明信者唐釋慧璿姓董氏住襄陽少出家聽三論初住光福寺居山頂引汲為勞明欲往他寺夜見神人身長一丈衣以紫袍頂禮璿曰請住於此常講大乘經勿

以小乘為處其小乘者如高山無水不能利人大乘經者猶如大海自上此山多佛出世一人讀誦說大乘能令所住珍寶光明眷屬榮勝若有小乘前事並失唯願弘持勿孤所望法師須水此易得耳來月八日定當得之自往劒南慈母山大泉請一龍王去也言已不現恰至來月七日夜大風卒起從西南來雷震雨霆唯見清泉香而且美合衆卒及云龍泉漸便乾竭信之為益其類是焉第二明毀者佛藏經云於未來世當有比丘不修身戒心慧是人輕笑如來所說畢竟空法又云若有聞空即當驚畏是人可愍直至地獄無有救者唐釋慧眺姓莊氏少出家以小乘為業住襄陽報善寺哲公座下龍泉關講三論心生不忍曰三論明空講者著空發言訖舌出三尺眼耳鼻並皆流血七日不語有伏律師聞其拔舌告已汝太癡也一言毀謗罪過五逆可信大乘方得免耳乃令燒香發願懺悔前言舌還收入遂往哲公所誓心斂迹唯聽大乘後往香山神足寺足不蹈閫常習大乘時講華嚴等經用由懺謝常於衆中陳其前失獨處一房常坐常念貞觀十一年四月三日在寺後松林坐禪見有三人來形貌奇異禮拜請受菩薩戒訖曰禪師大利根若不改心信大乘者千佛出世猶在地獄又昔有人謗大乘臨終出現牛聲則知華報昭然果報寧失已上皆是障深不信或智淺謬傳依文起見悉成謗法如文殊師利巡行經云文殊師利言大德舍利弗若人說言過去未來現在如來有依不依如是之人則謗如來何

以故真如無念亦無所念真如不退真如無相今宗鏡大意所錄之文或祖或教但有一字一句若理若事若智若行皆悉迴向指歸真如一心何者心之實性名曰真如性以不改為義真以無僞得名如則不變不異以此心性周徧圓融橫該十方竪徹三際至一切時處未嘗間斷凡有一毫善根悉皆迴向念念合真如之體體無不寂一一順真如之用用何有窮所以但契一如自含衆德如華嚴經中真如相迴向有一百句一一句中無不同指皆為成就一心妙門如經云佛子此菩薩摩訶薩正念明了其心堅住遠離迷惑專意修行深心不動成不壞業趣一切智終不退轉志求大乘勇猛無畏植諸德本普安世間生勝善根修白淨法大悲增長心寶成就乃至譬如真如徧一切處無有邊際善根迴向亦復如是徧一切處無有邊際譬如真如真實為性善根迴向亦復如是了一切法真實為性譬如真如恒守本性無有改變善根迴向亦復如是守其本性始終不改譬如真如以一切法無性為性善根迴向亦復如是了一切法無性為性譬如真如無相為相善根迴向亦復如是了一切法無相為相譬如真如若有得者終無退轉善根迴向亦復如是若有得者於諸佛法永不退轉譬如真如一切諸佛之所行處善根迴向亦復如是一切如來所行之處譬如真如離境界相而為境界善根迴向亦復如是離境界相而為三世一切諸佛圓滿境界譬如真如能有安立善根迴向亦復如是悉能安立一切衆生譬

如真如性常隨順善根迴向亦復如是盡未來劫隨順不斷譬如真如無能測量善根迴向亦復如是等虛空界盡衆生心無能測量譬如真如充滿一切善根迴向亦復如是一剎那中普周法界譬如真如常住無盡善根迴向亦復如是究竟無盡譬如真如無有比對善根迴向亦復如是普能圓滿一切佛法無有比對譬如真如體性堅固善根迴向亦復如是體性堅固非諸惑惱之所能沮譬如真如不可破壞善根迴向亦復如是一切衆生不能損壞譬如真如照明爲體善根迴向亦復如是以普照明而爲其性譬如真如無所不在善根迴向亦復如是於一切處悉無不在譬如真如徧一切時善根迴向亦復如是徧一切時譬如真如性常清淨善根迴向亦復如是住於世間而體清淨譬如真如於法無礙善根迴向亦復如是周行一切而無所礙譬如真如爲衆法眼善根迴向亦復如是能爲一切衆生作眼譬如真如性無勞倦善根迴向亦復如是修行一切菩薩諸行恒無勞倦譬如真如體性甚深善根迴向亦復如是其性甚深譬如真如無有一物善根迴向亦復如是了知其性無有一物譬如真如性非出現善根迴向亦復如是其體微妙難可得見譬如真如離衆垢翳善根迴向亦復如是慧眼清淨離諸癡翳譬如真如性無與等善根迴向亦復如是成就一切諸菩薩行最上無等譬如真如體性寂靜善根迴向亦復如是善能隨順寂靜之法譬如真如無有根本善根迴向亦復如是能入一切無根本

法譬如真如體性無邊善根迴向亦復如是淨諸衆生其數無邊譬如真如體性無著善根迴向亦復如是畢竟遠離一切諸著譬如真如無有障礙善根迴向亦復如是除滅一切世間障礙譬如真如非世所行善根迴向亦復如是非諸世間之所能行譬如真如體性無住善根迴向亦復如是一切生死皆非所住譬如真如性無所作善根迴向亦復如是一切所作悉皆捨離譬如真如體性安住善根迴向亦復如是安住真實譬如真如與一切法而共相應善根迴向亦復如是與諸菩薩聽聞修習而共相應譬如真如一切法中性常平等善根迴向亦復如是於諸世間修平等行譬如真如不離諸法善根迴向亦復如是盡未來際不捨世間譬如真如一切法中畢竟無盡善根迴向亦復如是於諸衆生迴向無盡譬如真如與一切法無有相違善根迴向亦復如是不違三世一切佛法譬如真如普攝諸法善根迴向亦復如是盡攝一切衆生善根譬如真如與一切法同其體性善根迴向亦復如是與三世佛同一體性譬如真如與一切法不相捨離善根迴向亦復如是攝持一切世出世法譬如真如無能映蔽善根迴向亦復如是一切世間無能映蔽譬如真如不可動搖善根迴向亦復如是一切魔業無能動搖譬如真如性無垢濁善根迴向亦復如是修菩薩行無有垢濁譬如真如無有變易善根迴向亦復如是愍念衆生心無變易譬如真如不可窮盡善根迴向亦復如是非諸世法所能窮盡譬如真如性常

覺悟善根迴向亦復如是普能覺悟一切諸法譬如真如不可失壞善根迴向亦復如是於諸衆生起勝志願永不失壞譬如真如能大照明善根迴向亦復如是以大智光照諸世間譬如真如不可言說善根迴向亦復如是一切言語所不可說譬如真如持諸世間善根迴向亦復如是能持一切菩薩諸行譬如真如隨世言說善根迴向亦復如是隨順一切智慧言說譬如真如徧一切法善根迴向亦復如是徧於十方一切佛剎現大神通成等正覺譬如真如無有分別善根迴向亦復如是於諸世間無所分別譬如真如徧一切身善根迴向亦復如是徧十方剎無量身中譬如真如體性無生善根迴向亦復如是方便示生而無所生譬如真如無所不在善根迴向亦復如是十方三世諸佛土中普現神通而無不在譬如真如徧在於夜善根迴向亦復如是於一切夜放大光明施作佛事譬如真如徧在於晝善根迴向亦復如是悉令一切在晝衆生見佛神變演不退輪離垢清淨無空過者譬如真如徧在半月及以一月善根迴向亦復如是於諸世間次第時節得善方便於一念中知一切時譬如真如徧在年歲善根迴向亦復如是住無量劫明了成熟一切諸根皆令圓滿譬如真如徧成壞劫善根迴向亦復如是住一切劫清淨無染教化衆生咸令清淨譬如真如盡未來際善根迴向亦復如是盡未來際修諸菩薩清淨妙行成滿大願無有退轉譬如真如徧住三世善根迴向亦復如是令諸衆生於一剎那

見三世佛未曾一念而有捨離譬如眞如徧一切處善根迴向亦復如是超出三界周行一切悉得自在譬如眞如任有無法善根迴向亦復如是了達一切有無之法畢竟清淨譬如眞如體性清淨善根迴向亦復如是能以方便集助道法淨治一切諸菩薩行譬如眞如體性明潔善根迴向亦復如是令諸菩薩悉得三昧明潔之心譬如眞如體性無垢善根迴向亦復如是遠離諸垢滿足一切諸清淨意譬如眞如無我我所善根迴向亦復如是以無我我所清淨之心充滿十方諸佛國土譬如眞如體性平等善根迴向亦復如是獲得平等一切智智照了諸法離諸癡翳譬如眞如超諸數量善根迴向亦復如是與超數量一切智乘大力法藏而同止任興徧十方一切世界廣大法雲譬如眞如平等安住善根迴向亦復如是發生一切諸菩薩行平等住於一切智道譬如眞如徧住一切諸衆生界善根迴向亦復如是滿足無礙一切種智於衆生界悉現在前譬如眞如無有分別普住一切音聲智中善根迴向亦復如是具足一切諸言音智能普示現種種言音開示衆生譬如眞如永離世間善根迴向亦復如是普使衆生永出世間譬如眞如體性廣大善根迴向亦復如是悉能受持去來今世廣大佛法恒不忘失勤修一切菩薩諸行譬如眞如無有間息善根迴向亦復如是爲欲安處一切衆生於大智地於一切劫修菩薩行無有間息譬如眞如體性寬廣徧一切法善根迴向亦復如是淨念無礙普攝一切寬廣法門譬如眞如徧攝群品善根迴向亦復如是證得無量品類之智修諸菩薩眞實妙行譬如眞如無所取著善根迴向亦復如是於一切法皆無所取除滅一切世間取著普令清淨譬如眞如體性不動善根迴向亦復如是安住普賢圓滿行願畢竟不動譬如眞如是佛境界善根迴向亦復如是令諸衆生滿足一切大智境界滅煩惱境悉令清淨譬如眞如無能制伏善根迴向亦復如是不爲一切衆魔事業外道邪論之所制伏譬如眞如非是可修非不可修善根迴向亦復如是捨離一切妄想取著於修不修無有分別譬如眞如無有退捨善根迴向亦復如是常見諸佛發菩提心大誓莊嚴永無退捨譬如眞如普攝一切世間言音善根迴向亦復如是能得一切差別言音神通智慧普發一切種種言詞譬如眞如於一切法無所希求善根迴向亦復如是令諸衆生乘普賢乘而出離於一切法無所貪求譬如眞如住一切地善根迴向亦復如是令一切衆生捨世間地住智慧地以普賢行而自莊嚴譬如眞如無有斷絕善根迴向亦復如是於一切法得無所畏隨其類音處處演說無有斷絕譬如眞如捨離諸漏善根迴向亦復如是令一切衆生成就法智了達於法圓滿菩提無漏功德譬如眞如無有少法而能壞亂令其少分非是覺悟善根迴向亦復如是普令開悟一切諸法其心無量徧周法界譬如眞如過去非始未來非末現在非異善根迴向亦復如是爲一切衆生新新恒起菩提心願普使清淨永離生死譬如眞如於三界中無所分別善根迴向亦復如是現在念念心常覺悟過去未來皆悉清淨譬如眞如成就一切諸佛菩薩善根迴向亦復如是發起一切大願方便成就諸佛廣大智慧譬如眞如究竟清淨不與一切諸煩惱俱善根迴向亦復如是能滅一切衆生煩惱圓滿一切清淨智慧釋曰是知百句之內一一義中無一字而不約心明無一行而不隨性起可謂眞該行末無一一行而非眞行徹眞原無一一眞而非行如是則理事周備心境融通匪著有以疑空免滯眞而混俗能令頓生正信步步成菩薩之因門直顯圓修念念滿諸佛之果海所以具錄百句廣大全文究竟證明宗鏡妙旨今則普勸十方學士一切後賢但願道富人貧情疎德厚以法爲侶以智爲先用慈修身開物是務爲法施主匪悋家風無問不從有疑咸決則履佛行處免負本心妙行恒新至道如在所以證道歌云窮釋子口稱貧實是身貧道不貧貧則身常披縷褐道則心藏無價珍無價珍用無盡利物應時終不悋三身四智體中圓八解六通心地印斯則以法界爲身虛空爲量情亡取捨見泯自他以物心爲心何門不順以彼意爲意何法能違入宗鏡中法爾如是故書云以兆人之耳聽以四海之目視以己身知人身以己心知人心聖人無常心以百姓爲心又云攝己從他萬事消和攝他從己諸事競起則內外指歸證明無盡

問信受毀謗此宗鏡法罪福何重　答此乃群賢之父諸佛之母萬善由生信謗豈不獲

報重耶所以法華經云又如大梵天王一切衆生之父此經亦復如是一切聖賢學無學及發菩薩心者之父起信鈔云若謗此法以深自害亦害他人斷絕一切三寶之種一切如來皆依此法得涅槃故一切菩薩因之修行得入佛智故

宗鏡録卷第九十三　　茂

音義

蔑莫結反輕也　璿似緣反　汲居立反引也　恰苦洽反用心也　霓五雞反
[illegible]反趣也　霍之白反霍霍也　眺他弔反視也　跨苦化反越也　闊苦本反
[illegible]反門陂也　沮七余反　悕虛豈反

戊申歲分司大藏都監開板

宗鏡録卷第九十三

校勘記

一　底本，麗藏本。

一　七七四頁上一八行首字「誠」，磧作「誡」。

一　七七四頁中九行「第二」，磧、南、徑、清作「第一」。

一　七七四頁中一七行第七字「巳」，南、徑、清作「曰」。

一　七七四頁中二〇行第五字「往」，清作「住」。

一　七七六頁下一行「三界」，磧、徑、清作「三世」。

一　七七六頁下二一行第八字「時」，徑、清作「機」。

宗鏡錄卷第九十四　茂

慧日永明寺主智覺禪師延壽集

引證章第三

夫所目宗鏡大旨煥然前雖問荅決疑猶慮難信上根纔覽頓入揔持之門中下雖覿猶墮狐疑之地今重爲信力未深纖疑不斷者更引大乘經一百二十本諸祖語一百二十本賢聖集六十本都三百本之微言揔一佛乘之眞訓可謂舉一字而攝無邊教海立一理而收無盡眞詮一一標宗同龍宮之徧覽重重引證若鷲嶺之親聞普令眼睿立雪之人坐參知識遂使究理探玄之者盡入圓宗尋古佛之叢林如臨皎日履祖師之閫域猶瞰淨天大覺昭然即肉眼而圓通佛眼疑情豁尒當凡心而顯現眞心可謂現知指法界於掌內便同親證探妙旨於懷中

大般若經云一切如來同在一處自性清淨無漏界攝又云三世諸佛住十方界爲諸有情宣說正法無不皆用本性空爲佛眼離本性空無別方便釋曰本性空者即是自性清淨心本性即自性空即清淨義此心則凡聖本有今古常然衆生不知諸佛因茲指授含靈現具祖師爲此相傳故云離此別無方便

大方廣佛華嚴經頌云言詞所說法小智妄分別是故生障礙不了於自心不能了自心云何知正道彼由顛倒想增長一切惡

大涅槃經云信於二諦一乘之道更無異趣爲是衆生速得解脫又云道者雖無色像可見稱量可知而實有用善男子如衆生心雖非是色非長非短非麁非細非縛非解非是見法而亦是有　寶積經云一切法虛妄如夢以唯念故又云自爲洲渚自爲歸處法爲洲渚法爲歸處無別洲渚無別歸處釋曰起信論云所言法者即衆生心故知所向皆心豈有歸處住自境界無別方所

法華經偈云又復不行上中下法有爲無爲實不實法亦不分別是男是女不得諸法不知不見是則名爲菩薩行處一切諸法空無所有無有常住亦無起滅是名智者所親近處顛倒分別諸法有無是實非實是生非生在於閑處修攝其心安住不動如須弥山觀一切法皆無所有猶如虛空無有堅固不生不出不動不退常住一相是名近處釋曰若入一心一相之門尚無常住之法豈有起滅之緣自然不動如山心安如海可謂菩薩行處諸佛所居矣故華嚴經頌云法性如虛空諸佛於中住　大集經云云何菩薩修心念處觀是心性不見內入心不見外入心不見內外入心不見陰中心不見界中心既不見已作是思惟如是心緣爲異不異若心異緣則一時中應有二心若心即緣不應復能觀於自心猶如指端不能自觸心亦如是作是觀已見心無住無常變異所緣處滅又云不見一法一法相貌一法光明若如是見是名佛法之正見　圓覺經云一時婆伽婆入於神通大光明藏三昧正受一切如來光嚴住持是諸衆生清淨覺地身心寂滅平等本際圓滿十方不二隨順於不二境現諸淨土又云善男子一切衆生種種幻化皆生如來圓覺妙心猶如空華從空而有幻華雖滅空性不壞衆生幻心還依幻滅諸幻盡滅覺心不動依幻說覺亦名爲幻若說有覺猶未離幻說無覺者亦復如是是故幻滅名爲不動善男子一切菩薩及末世衆生應當遠離一切幻化虛妄境界由堅執持遠離心故心如幻者亦復遠離遠離爲幻亦復遠離離遠離幻亦復遠離得無所離即除諸幻譬如鑽火兩木相因火出木盡灰飛煙滅以幻修幻亦復如是諸幻雖盡不入斷滅善男子知幻即離不作方便離幻即覺亦無漸次一切菩薩及末世衆生依此修行如是乃能永離諸幻釋曰知幻即離不作方便者以幻無定相自性常離離即空也即一切凡聖染淨萬法皆同幻如空故何用更作方便而求離離幻即覺亦無漸次者當離之時全成大覺即離即覺平等一照既無前後豈有漸次耶

密嚴經偈云一切諸世間譬如熱時炎以諸不實相無而妄分別覺因所覺生所覺依能覺離一則無二譬如光共影無心亦無境量及所量事但依於一心如是而分別能知所知法唯依心妄計若了所知無能知則非有心爲法自性及人之所偏入於入地中而彼得清淨九地行禪定十地大閑覺法水灌其頂而成世所尊法身無有盡是佛之境界究竟如虛空心識亦如是又云尒時金剛藏菩薩告諸大衆仁者阿賴耶識從無始來爲戲論熏習諸業所繫輪迴不已如海因風起諸識浪恒生恒滅不斷不常而諸衆生不自覺知隨於自識現衆境界若自了知如火焚薪即皆息滅入無漏位名爲聖人　楞伽經

云第一義諦者但唯是心種種外相悉皆無有彼愚夫執著惡見欺誑自他不能明見一切諸法如實住處大慧一切諸法如實者謂能了達唯心所現　首楞嚴經云佛告文殊及諸大衆十方如來及大菩薩於其自住三摩地中見與見緣幷所想相如虛空華本無所有此見及緣元是菩提妙淨明體云何於中有是非是文殊吾今問汝如汝文殊更有文殊是文殊者爲無文殊如是世尊我眞文殊無是文殊何以故若有是者則二文殊然我今日非無文殊於中實無是非二相佛言此見妙明與諸空塵亦復如是本是妙明無上菩提淨圓眞心妄爲色空及與聞見如第二月誰爲是月又誰非月文殊但一月眞中間自無是月非月是以汝今觀見與塵種種發明名爲妄想不能於中出是非是由是精眞妙覺明性故能令汝出指非指

四十二章經云出家沙門者斷欲去愛識自心原達佛本理悟無爲法內無所得外無所求心不繫道亦不結業無念無作非修非證不歷諸位而自崇最名之曰道又佛言觀天地念非常觀世界念非常觀靈覺即菩提如是心識得道疾矣　金剛三昧經云佛言如是衆生之心實無別境何以故心本淨故理無穢故以染塵故名爲三界三界之心名爲別境是境虛妄從心化生心若無妄即無別境大力菩薩言心若在淨諸境不生此心淨時應無三界佛言如是菩薩心不生境境不生心何以故所見諸境唯所見心心不幻化則無所見　大方廣入如來智德不思議經云皆悉了達諸法實相自性平等猶如虛空又云於一法中了一切法無分別智常現在前釋曰一法者即是自心此心爲諸法平等之性於自心性中了一切法有何分別　不增不減經云甚深義者即第一義諦第一義諦者即衆生界衆生界者即如來藏如來藏者即法身釋曰夫心者爲諸法總持之門作萬有眞實之性故稱第一義諦雜雜心念故号衆生是心之界即衆生界從眞如性起名曰如來無所缺減乃目爲藏能積聚恒沙功德故名法身是以仁王經云最初一念具足八萬四千波羅蜜　集福德三昧經云如瑠璃寶器隨所在處不失其性如是若有菩薩住是三昧雖在家當說是人名爲出家能不失是法界體性釋曰是以悟心方能得道見性是名出家若見性則在家出家若不見性則出家在家故阿難未見性前自懺悔言我身雖出家心不入道　佛地經云當知清淨法界者譬如虛空雖徧諸色種種相中而不可說有種種相體唯一味如是如來清淨法界雖復徧至種種相類所知境界而不可說有種種相體唯一味釋曰清淨法界者即一心無雜之法界以法爲界豈有邊畔則一切色中皆有虛空性況一切法中皆有安樂性以隱覆此性故隨所知境應其情量現種種境界若以空明即有空現若以色明即有色現但隨處發明即隨處現所現種種皆妄心生相不可得唯一味眞心湛然不動　不空羂索經云持眞言者以心置心觀自心心作於一切諸佛如來廣大出生殊勝尊妙菩薩地經云迷聖道者不知理道從自心生唯常普身以求解脫如犬逐塊不知尋本所以大莊嚴論釋云譬如師子打射時而彼師子尋逐人來譬如癡犬被人打擲便逐瓦石不知尋本言師子者喻智慧人解求其本而滅煩惱然癡犬者即是外道五熱炙身不識心本　法集經云能知一切唯是一心名爲心自在於其掌中出諸珍寶亦以虛空而爲庫藏名爲物自在一切身口意業以智爲本名智自在又云觀世音白佛言菩薩若受持一法一切諸佛法自然如在掌中何者是一法所謂大悲釋曰此是同體大悲此悲性徧一切衆生界故能一雨普潤蘭艾齊榮一念咸收邪正俱濟　大灌頂經云禪思比丘無他想念唯守一法然後見眞釋曰一法爲宗諸塵無寄他緣自絕妙性顯然志當歸一而何智不明尋流得源而何疑不釋撮要之旨斯莫大焉　寶雲經云一切諸法心爲上首若知於心則能得知一切諸法

般舟三昧經偈云諸佛從心得解脫心者無垢名清淨五道鮮潔不受色有解此者成大道釋曰五道由心心體常淨雖徧五道不受彼色則論五趣而不墜居一相而非昇展法界而不周入微塵而非縮以眞如一心本性清淨無增減故以此一法能收一切似濫觴一滴之水與四海水潤性無差如芥子孔中之空等十方空包容匪別故云天得一以清地得一以寧萬物得一以生今得一而道成又云聖人抱一爲天下式即此宗鏡作禪門之法式也　大方等陀羅尼經云舍利弗

問文殊言受記當於何求文殊師利言當於如如性中求釋曰如如性即是一切衆生眞心之性思益經云衆生如即是涌盡解脫如以一切法悉入於如無有體性即是諸佛解脫於衆生心行中求　因果經偈云一切造善惡皆從心想生是故眞出家皆以心爲本　大法炬陀羅尼經云佛告毗舍佉如是色相不可眼見當知彼是心識境界唯意所知是故不可以眼見毗舍佉一切衆生所有心意不可言說唯佛智知　像法決疑經云今日坐中無央數衆各見不同或見如來入涅槃或見如來住世一劫若減一劫若無量劫或見如來丈六之身或見小身或見大身或見報身蓮華藏世界海爲千百億釋迦牟尼佛說心地法門或見法身同於虛空無有分別無相無礙徧同法界或見此處山林地土沙礫或見七寶或見此處乃是三世諸佛所行之處或見此處即是不思議諸佛境界眞實之法釋曰故知佛無定形隨識而自分麤妙境無異相因心而空見短長可謂現證法門理歸宗鏡　如來興顯經偈云諸佛所行性一切諸衆生皆在心性中相可相同相　現寶藏經云菩薩問文殊師利以何緣故一切諸法皆是佛法文殊言如佛智所覺又問如何佛智所覺乃至答言解自心如故　修行慈分經云一切諸法體相微細皆悉空寂凡夫之人以自分別生諸境界自分別中還自繫縛乃至未了心之自性剎介許時如在夢中妄著諸境復應觀察一切三界皆悉是空空不礙空　入楞伽經

偈云介時佛神力復化作山城崔嵬百千相嚴飾對須弥無量億華園皆是衆寶林香氣廣流布芬馥未曾聞一一寶山中皆示現佛身亦有羅婆那夜叉衆等住十方佛國土及於諸佛身佛子夜叉王皆來集彼山而此楞伽城所有諸衆等皆悉見自身入化楞伽中如來神力作亦同彼楞伽諸山及園林寶莊嚴亦介一一山中佛皆有大慧問如來悉爲說內身所證法出百千妙聲說此經法已佛及諸佛子一切隱不現羅婆那夜叉忽然見自身在已本宮殿更不見餘物而作是思惟向見者誰作說法者爲誰是誰而聽聞我所見何法而有此等事彼諸佛國土及諸如來身如此諸妙事今皆何處去爲是夢所憶爲是幻所作爲是實城邑爲乾闥婆城爲是翳妄見爲是陽燄起爲夢石女生爲我見火輪爲見火輪煙我所見云何復自深思惟諸法體如是唯自心境界內心能證知而諸凡夫等無明所覆障虛妄心分別而不能覺知能見及所見一切不可得說者及所說如是等亦無佛法眞實體非有亦非無法相恒如是唯自心分別如見物爲實彼人不見佛不住分別心亦不能見佛不見有諸行如是名爲佛若能如是見彼人見如來智者如是觀一切諸境界轉身得妙身即是佛菩薩
虛空孕菩薩經偈云一切諸法相眞實無知者若人住諸陰六根皆蔽塞釋曰故知諸法皆眞無知無見纔有知見即落識陰則一心不通六根閉塞終不能見無見之見知無知之知若有見之見則不見一切若無知之知則

無所不知所以　賢護經云若菩薩觀四念處時無法可見無聲可聞無聞見故則無有法可得分別亦無有法可得思惟而亦非聾盲聾故但是諸法無可見故以唯一眞心見外無法　寶星經云介時世尊告妙音梵王汝今何故目不暫捨乃至無相觀於我耶善男子頗有一法名爲佛耶頗有一物可名爲名耶釋曰故知名體俱空妙旨斯在是以絶觀方見如來有無之觀皆是虛妄不入宗鏡豈辯眞佛乎　十住斷結經云一切諸法常自存在衆生不達爲興莊嚴法法自生法法自滅法法不生法法不滅法生法滅性不移轉斯是菩薩大士之道非諸凡俗之所及也釋曰一切諸法常自存在者眞心不易性相恒如衆生不達爲興莊嚴者以外道執斷見小乘證無常菩薩爲對治凡小故不盡有爲常修福業不住無爲深入智淵廣大莊嚴靈興萬行念念圓備十波羅蜜拔斷常外道之曲木出邪見之稠林拯偏眞小果之燋身昇解脫之坑底所以華嚴經云第七遠行地當修十種方便慧殊勝道所謂雖善修空無相無願三昧而慈悲不捨衆生雖得諸佛平等法而樂常供養佛雖入觀空智門而勤修習福德雖遠離三界而莊嚴三界雖畢竟寂滅諸煩惱燄而能爲一切衆生起滅貪瞋癡煩惱燄雖知諸法如幻如夢如影如響如燄如化如水中月如鏡中像自性無二而隨心作業無量差別雖知一切國土猶如虛空而能以清淨妙行莊嚴佛土雖知諸佛法身本性無身而以相好莊嚴其身雖知諸佛

音聲性空寂滅不可言說而能隨一切衆生出種種差別清淨音聲雖隨諸佛了知三世唯是一念而隨衆生意解分別以種種相種種時種種劫數而修行釋曰經云雖善修空無相無願三昧者是對治凡夫著有徇樂之見而慈悲不捨衆生者是對治二乘沉空畏苦之見下諸句義皆同此釋故云聲聞畏苦緣覺無悲俱失菩薩二利之行　須真天子經云須真天子問文殊師利菩薩不從三脫門而求道耶文殊荅言天子不可從空而成道亦不可於無相而成道亦不可於無願而成道也所以者何於是中無心意識念亦無動故有心意識念念動者乃成其道也釋曰若取三解脫門作證者即是溺實際之海背靈覺之原遺性徇空何成大道若直了神解心性念念菩提果圓不墮斷見之邪無豈涉常見之實有介尒起意大用現前無得無依非取非捨從真起行體用相收以行契真卷舒一際可謂心心合道念念冥真矣故還原觀云用則波騰海沸全真體以運行體則鏡淨水澄舉隨緣而會寂斯則不離體之用用乃波騰不離用之體體常湛寂體雖湛寂常在萬緣用雖波騰恒冥一際　大方廣師子吼經云佛告電燄菩薩善男子法唯一字所謂無字本無言說何所言說善男子當知無說是爲真說尒時淨身菩薩承佛威神白佛言世尊若無所說是爲真說者啞默不言皆應說法佛言如是善男子如汝所說非唯啞默者說法不啞默者亦皆說法而不知法世尊云何一切衆生說法而不知法善男子如生盲人處日光中而不見日傍人爲說以他聲故乃知有日如是諸法悉入法界法界無字離諸字性非諸衆生而能宣辯釋曰審知未達宗人依通見解隨他語轉妄有所說如彼盲者不見日光聽傍人聲豈窮日體若眼開親見即知本無名字言說故知有言傷旨不達法界是以經云如是諸法悉入法界法界無字離諸字性若能深達一字唯心法界自然言語道斷法尒知解情亡豈是無辯智不能窮也如肇論云釋迦掩室於摩竭淨名杜口於毗耶須菩提唱無說以顯道釋梵絕聽而雨華斯則理爲神御口以之默豈曰無辯辯所不能言也　普超三昧經決狐疑品云於是阿闍世王曰唯願孺首解我狐疑孺首荅言大王所疑恒河沙等諸佛世尊所不能決時王自省無救護從牀而墮如斷大樹摧折躃地大迦葉曰大王自安莫懷恐懅勿以爲懼所以者何孺首童真被大智鎧善權方便而設此言可徐而問時王即起問孺首曰向者所說恒河沙諸佛不能爲我而決狐疑孺首報曰王意云何假若有人而自說言我以塵瞋灰烟雲霧汙染虛空寧堪任乎荅不能汙孺首又問設令大王取此空洗之使淨寧堪任乎荅曰不能淨孺首報曰吾以是向者說言恒河沙等諸佛世尊所不能決也釋曰一切衆生不了自性清淨心故妄生垢淨迷悟自沒迷於無疑中起疑於無決中求決若能諦了豁尒意消即見一切染淨諸法皆同虛空性既達虛空性不可染淨方悟本心未曾迷悟設有說無生無得之理皆是一期隨互方便若入宗鏡妙旨了然尚無疑與無疑何懷決不決耶　月燈三昧經頌云譬如有童女夜卧夢產子生欣死憂感諸法亦復然如人飲酒醉見地悉迴轉其實未曾動諸法亦復然如淨虛空月影現於清池非月形入水諸法亦復然如人自好喜執鏡而照面鏡像不可得諸法亦復然如人在山谷歌哭言笑響聞聲不可得諸法亦復然釋曰狂醉見聞事何真實昏夢境界憂喜皆虛鏡裏之形因誰所起谷中之響起自何來所以入楞伽經云佛告楞伽王譬如有人於水鏡中自見其像於燈月中自見其影於山谷中自聞其響便生分別而起取著此亦如是法與非法唯是分別由分別故不能捨離但更增長一切虛妄不得寂滅寂滅者所謂一心一心者是最勝三昧從此能生自證聖智以如來藏而爲境界　法王經云於諸法中若說高下即名邪說其曰當破其舌當裂何以故一切衆生心垢同一垢心淨同一淨衆生若病同一病衆生須藥應須一藥若說多法即名顛倒何以故爲妄分別拆善惡法破一切法故隨機說法斷佛道故釋曰同一病須一藥者以一心爲病還以一心爲藥以心生則法生心滅則法滅故若說多法即名顛倒者若諦自心尚不得一何況說多以心外見法即成顛倒如狂心見鬼病眼生華緣中執有豈成真正隨機說法斷佛道故者執有前機早違大旨更說多法實壞正宗如法華經云若有深愛法者亦不爲多說以心法甚深非多非少既不可多說亦不可少說以非

多故不增以非少故不減以不增故不生以不滅故不滅故華嚴經頌云一切法不生一切法不滅若能如是解諸佛常現前又藥王菩薩云我捨兩臂必當得佛金色之身兩臂即是斷常二法若捨生滅斷常之見則心佛現前頓成佛體故云必當得佛金色之身　無涯際摠持經云一念之頃能知三世一切諸法悉皆平等無不通達其人終無異行亦無異念釋曰無涯際摠持經者以名標宗謂眞心無際摠持萬法攝歸一體故云平等如是通達之人終無異行者以知心外無法可作差別故亦無異念者以心內無法可起思惟故所以華嚴經十迴向品云菩薩摩訶薩如是迴向時眼終不見有不淨佛剎亦不見有異相衆生以心境一如故不退轉法輪經云善知一切衆生無相悉同法界非見非不見何以故法界即是一切衆生心界是名信行　持世經云三界唯皆是識是心意識亦無形無方不在法內不在法外凡夫爲虛妄相應所縛於識陰中貪著於我若我所　瓔珞經云佛言吾今有十四億大衆以金剛口說決定義佛子我昔法會有一億八千無垢大士即於法會達一性原頓覺無二一切諸法皆一合相從法會出各於十方說此瓔珞又云行從心得心淨道成　思益經云聖人無所斷凡夫無所生是二不出法性平等之相釋曰以凡夫迷執心外有法妄見法生若聖人明見心外無法無法可生了凡無生即聖無斷則是入一心不二法門故云不出法性平等之相以無有一法出法性外故

如華嚴經頌云法性徧在一切處一切衆生及國土三世悉在無有餘亦無形相而可得　勝跡菩薩所解諸法經云法唯一字所謂無字本無言說當知無說是爲眞說釋曰心爲一字中王攝盡無邊之教海心爲諸佛智母演出無盡之眞詮若能發明決定信入則如來常不說法是名具足多聞亦是唯願少聞多解義趣即斯旨矣故涅槃疏云涅槃之義浩然無盡欲舉一蔽諸指鹹談海者即一心也　法句經偈云森羅及萬像一法之所印云何一法中而見有種種又云雖誦千章句義不正不如一要聞可滅意釋曰雖誦千章者但徇音聲不知正義不如一要者若了一心爲萬法之要違宗則息意意息則境空以萬法常虛隨意生形故　不思議光菩薩經偈云一切非如法等住於如中覺了知是已無過無功德釋曰一切非如法者即是心外徧計妄執無體之法若了妄無實則一切諸法等住於一如心中如是覺知則覺外無法可爲對待染淨俱空故如思益經云菩薩所化衆生無有功德以無對處故因有過患方顯功德以眞心徧一切處故更無一法可爲過患既無所治過患亦無能治功德二俱不立故云無過無功德　諸法無行經云善住天子問文殊言若有人來求出家者當云何荅文殊言若不發出家心者當教汝眞出家法何者若求出家是求三界及以五欲未來報等彼不見心故不證法心無爲故故不發心釋曰若證自心即入無爲之理若是無爲之理則無心可發斯則是眞發心是眞出家矣　法華三昧觀經云所謂十方三世衆生若大若小乃至一稱南無佛者皆當作佛唯一大乘無二無三一切諸法一相一門所謂無生滅畢竟空相唯有此大乘無有二也習如是觀者五欲自斷五蓋自除五根增長即得禪定釋曰一稱南無佛皆當作佛者昔法界含生三乘五性能歸命一心無不成佛以離自心一相一門外更無有法可作歸依無二無三畢竟空寂如是觀者五欲自斷以六塵境隨妄念故有無念則無境何用更斷故能不斷五欲而淨諸根諸根既淨五蓋自除五根五力自然增長不唯即得禪定乃至六度萬行悉皆成就如金剛三昧經云空心不動具六波羅蜜心空則一切皆空故云唯有此大乘無有二也　雜藏經云爲善福隨履惡禍追響之應聲善惡如音非天龍鬼神所授非先祖所爲造之者心成者身口矣佛說偈曰心爲法本心尊心使中心念惡即言即行罪苦自追車轢于轍心爲法本心尊心使中心念善即言即行福樂自追如影隨形

宗鏡錄卷第九十四

音義

敪（[illegible]）擲（[illegible]投也）縮（所六反[illegible]）斂 廬（[illegible]）孕（以證反）嵬（五灰反）馥（房六反）拯（[illegible]）茶 磬 濡（人朱反）稠 瘂 [illegible]

戊申歲分司大藏都監開板

宗鏡録卷第九十四

校勘記

一　底本，麗藏本。

一　七七八頁上六行第二字「狐」，磧、南、徑、清作「謗」。

一　七七八頁下二二行「入地」，磧、南、徑、清作「八地」。

一　七七九頁中二九行末字「心」，磧、南、徑、清作「之」。

一　七七九頁下三行第一二字「打」，清作「被打」。

一　七七九頁下二三行「居一」，南無。

一　七七九頁下二四行「入微」，磧、南作「微入」。

一　七七九頁下二八行第一二字「今」，南、徑、清作「人」。

一　七八一頁下一四行第八字「由」，磧、南、徑作「曰」。

一　七八二頁上一七行末字「信」，磧、南、徑、清作「言」。

一　七八二頁中九行第一二字「詼」，南、清作「淡」。

一　七八二頁下一二行「不唯」，磧、南、徑作「不進」；清作「不退」。

一　七八二頁下一九行第一二字「磔」，徑、清作「轢」。

宗鏡錄卷第九十五　　茂

慧日永明寺主智覺禪師延壽　集

勝天王般若經云三世如來同在一處自性清淨無漏法界若一若異不可思議智慧神力同一法界般若方便二相平等釋曰同在一處自性清淨者一切凡聖皆以無所住而住自性清淨心秘密藏之一處若一若異不可思議者以報身妙土之相相入相資故云若異以法身自體之性相徧相即故云若一如芥瓶燈室同異難量故云不可思議般若方便二相平等者諸佛以般若方便常相輔翊何者以般若觀空不住生死以方便涉有不住涅槃以不住生死故智眼常明以不住涅槃故悲心恒續悲智體同故云平等最勝王經云離無分別智更無勝智離法如如無勝境界釋曰一切境界皆是意言分別則無境唯識若了識空但一眞心成無分別智此乃無等之智第一之說豈有餘智更能過者此眞如一心之性爲萬法之所依故離此之外何處別有纖塵能爲標指若離此一心境智或有所見皆是瞖眼狂心不見眞實所以如來不思議境界經云如衆瞖者同於一處見各差別互不相礙皆由眼瞖不見正色衆生亦介色性無礙心緣異故蔽於正見不了眞實　禪要經云棄諸蓋菩薩白佛言世尊禪門祕要爲有一門爲是多門若有多者法則有二若是一者云何容受無量無邊衆生而不迫迮佛言善男子此禪要門亦非是一亦非多數一切衆生性同虛空雖同虛空各於身心自有禪門實不共修何以故息口不言冥合於理口爲禪門攝眼分別混合無異眼爲禪門耳所聞聲了知虛妄畢竟寂滅猶如聾人耳爲禪門乃至身意亦復如是善男子攝諸塵勞入不二門曠徹清虛湛然凝定釋曰心是禪門身爲慧聚禪能洞寂慧能起照寂照無差方入平等如永嘉集云以奢摩他故雖寂而常照以毗婆舍那故雖照而常寂以優畢叉故非照而非寂照而常寂故說俗而即眞寂而常照故說眞而即俗非寂而非照故杜口於毗耶故知若了念本不起常在等持不察境因念生翻悟眞心亦動所以圓覺經云雲駛月運舟行岸移不知妄想之雲自飛眞月何動豈悟攀緣之舟常泛覺岸靡移如圓覺疏序云心本是佛由念起而漂沉岸實不移因舟行而騖驟

大樹緊那羅王所問經云介時天冠菩薩問於大樹緊那羅王如是琴中妙偈從何而出荅言善男子從諸衆生音聲中出又問諸衆生音從何而出荅言善男子衆生音聲從虛空出乃至當知是聲即虛空性聞已便滅若其滅已同空性住是故諸法若說不說同虛空性是故應當不捨空際如音聲分諸法亦介乃至又以音聲名爲言說然是音聲無有住處若無住處則無堅實則名爲實若其是實則不可壞若不可壞則無有起若無有起則無有滅若無有滅是名清淨若是清淨是則白淨若是白淨是則無垢若是無垢則是光明若是光明則是心性若是心性則是出過若是出過則出過著相若出過諸相則是正位若菩薩在正位是則名得無生法忍釋曰入一心正位是究竟指歸最後垂示言窮理極更無過矣　大方等修多羅王經云介時世尊告頻婆娑羅王言行識滅已初識次生或生天中或生人中或生地獄或生畜生或生餓鬼大王以初識不斷自心相續應受報處而生其中大王觀諸生滅頗有一法從於今世至未來世大王如是行識終時名之爲滅初識起時名之爲生大王行識滅時去無所至初識生時無所從來何以故識性離故大王行識行識空滅時滅業空初識初識空生時生業空觀諸業果亦不失壞大王當知以初識心相續不斷而受果報　華手經云佛言復次堅意菩薩以善修習一佛相故隨意自在欲見諸佛皆能現前堅意譬如比丘心得自在觀一切入取青色相能得信解一切世界皆一青相是人所緣唯一青色觀內外法皆一青色於是緣中得自在力故堅意菩薩亦復如是隨其所聞諸佛名字在何世界即取是佛及世界相皆緣現前菩薩善修習此念佛緣故觀諸世界盡皆作佛常善修習是觀力故便能了達一切諸緣皆爲一緣謂現在佛緣是名得一相三昧門

佛昇忉利天爲母說經云佛告月氏天子何謂菩薩曉了一切猶如虛空其三界者心之所爲不計斯心無有色像亦不可覩無有處所無有教令猶如幻化因其心本而求諸法則不可得若以於心不求于心則無所獲心不可逮以不得心一切諸法亦不可得諸法則無有法無形類想亦無有影而無所有及與實諦亦無所覩無所覩者於一切法心無

所入知一切法無所成就亦無所生譬如虛空　菩薩念佛三昧經云心如金剛善根穿徹一切法故心如迦隣提衣柔軟善根能作業故心如大海善根攝諸戒聚故心如平石善根住持一切事業故心如山王善根發生一切善法故心如大地善根負持衆生事業故　演道俗業經云佛告長者智慧有四事一曰解於身空四大合成散壞本無主名二曰其生三界皆心所為心如幻化倚立衆形三曰了知五陰本無處所隨其所著因有斯情四曰曉十二緣本無根原因對而現是為四佛於是頌曰悉解其身空四大而合成散滅無處所從心而得生五陰本無根所著以為名十二緣無端了此至大安

善夜經云佛言過去之法不應追念未來之法不應希求現至之法不應住著若能如是當處解脫釋曰此緣三世之境是相續識若初心人未得一念不生或前念忽起但後念莫續亦漸相應若欲頓消直觀一念生時不得起處自然前後際斷當處虛寂如金剛般若經云過去心不可得未來心不可得現在心不可得以無得故自不相續

入一切佛境界經云佛言若得修行正念法者彼無一法非是佛法何以故以覺一切法空故乃至文殊師利言修行正念者不取不捨即名正念不觀不異名為行不著不縛不脫名為行不去不來名為行文殊師利正念行者彼處無行無利無果無證何以故文殊師利心自性清淨故彼心客塵煩惱染而自性清淨心不染而彼自性清淨心即體無染不染者彼處無對治法故以何法對治能滅此煩惱何以故彼清淨非淨即是本淨若本淨者即是不生若不生者彼即不染若不染者彼不離染法若不離染法者彼滅一切染以何等法滅一切染彼不生若不生者是菩提菩提者名為平等平等者名為真如真如者名為不異不異者名為如實住一切有為無為法釋曰但了無生即入平等言平等者即一切有為無為如實之性見此性故以無住義住一切法中若不違一切法是一心真如平等無生之性在染離染俱為煩惱所染若了諸法無生則一切有為無為皆是菩提之道何所染耶　海龍王經云佛告龍王是無盡藏總持說德無量入無極慧集菩薩行乃至嚴淨道場逮諸佛法是謂無盡之藏總持其有文字名号之數及法諸數遊于正法皆來歸斯無盡之藏為總持也菩薩入斯於諸文字無所分別諸法清白不壞本淨故乃至由是總持後當來世是離垢總持所流布處皆是如來之所建立八萬四千法藏是總持門為首也八萬四千行皆來歸於總持八萬四千三昧皆從總持八萬四千總持無盡之藏總持為本原釋曰以一切衆生自性清淨心是諸法總持之門從心所生用不失體故云不壞本淨故末不離本故云皆是如來之所建立萬法出生故云無盡之藏凡聖之地故号本原　大方廣如來秘密藏經云是時大德阿難白言世尊是無量志莊嚴王菩薩自以其身供養如來當以何身覺菩提道時華室中諸菩薩等問阿難言於意云何可以身覺於菩提耶阿難勿作斯觀當以身心覺於菩提阿難報言諸善丈夫若非身心覺於菩提當用何等而覺菩提諸菩薩言大德阿難身之實性是菩提實性菩提實性是心實性心之實性即是一切法之實性覺是一切諸法實性故名覺菩提　堅固女經云堅固女言復次舍利弗所言阿耨多羅三藐三菩提者我不見彼法為阿耨多羅三藐三菩提舍利弗言若不見有法名阿耨多羅三藐三菩提者汝云何發菩提心欲覺菩提女言欲令行邪道衆生住正道故我發阿耨多羅三藐三菩提心乃至佛言善哉善哉能如是知未來當得阿耨多羅三藐三菩提女言世尊無有見如是法不得菩提者是故我今必定當得阿耨多羅三藐三菩提佛言妹汝未來世教化衆生耶女言世尊無有見如是法不教化者是故我今必定當能教化衆生佛言汝於來世作大導師耶女言世尊無有見如是法不作導師是故我今必定當得作大導師釋曰故知若有見如是唯心一法入宗鏡中法尒常為一切教化之主十方大導之師以自得本故能普攝一切枝末之法悉還歸於一心本地故決定無疑矣如攝波歸水會色歸空有何疑哉　大莊嚴法門經云佛言復次長者子清淨攀緣方便行菩薩於一切衆生心法中悉有菩提何以故若彼心無色離色分別體性如幻彼此內外不相續者是名菩提復次長者子菩薩不應覺於餘事但覺自心何以故覺自心者即覺一切衆生心故若自心清淨即是一切衆生心

清淨故如自心體性即是一切衆生心體性如自心離垢即是一切衆生心離垢如自心離貪即是一切衆生心離貪如自心離瞋即是一切衆生心離瞋如自心離癡即是一切衆生心離癡如自心離煩惱即是一切衆生心離煩惱作此覺者名一切智知覺釋曰若了一心徧知一切夫一切者是一之一切故名一切智知覺若各隨相解則不得名一切智知覺以不覺諸法自性故所以華嚴經頌云世間一切法但以心爲主隨解取衆相顛倒不如實　大乘本生心地觀經云尒時文殊師利菩薩白佛言世尊如佛所說過去已滅未來未至現在不住三世所有一切心法本性皆空彼菩提心說何名發善哉世尊願爲解說斷諸疑網令趣菩提佛告文殊師利善男子諸心法中起衆邪見爲欲除斷六十二見種種見故心心所法我說爲空如是諸見無依止故譬如叢林蒙密茂盛師子白象虎狼惡獸潛住其中毒發害人迥絕行跡時有智者以火燒林因林空故諸大惡獸無復遺餘心空見滅亦復如是乃至善男子以是因緣服於空藥除邪見已自覺悟心能發菩提此覺悟心即菩提心無有二相善男子自覺悟心有四種義云何爲四謂諸凡夫有二種心諸佛菩薩有二種心善男子凡夫二心其相云何一者眼識乃至意識同緣自境名自悟心二者離於五根心心所法和合緣境名自悟心善男子賢聖二心其相云何一者觀眞實理智二者觀一切境智善男子如是四種名自悟心釋曰凡夫二心者一根境同緣心此則和合而生無有自體凡夫執實故說爲空二離根境心即是眞心不從緣生若了此心即眞發菩提之道賢聖二心者一理智心即第一義諦空有兩亡性相俱寂二境智心即隨緣俗諦眞俗雙照理事相含若入宗鏡之中摠前凡聖四心或入相資門若聖若凡交徹無礙或入相泯門若一若多冥同性海成具光明定意經云何謂廣一心曰孝事父母則一其心尊敬師友而一其心斷愛遠俗而一其心入三十七品而一其心空閑寂寞而一其心在衆煩亂而一其心多欲多諍多作多惱於是之處而一其心褒訕利失善惡之事於是不搖而一其心數息入禪捨六就淨而一其心身自能行復教他人此謂廣一心也　文殊師利問經偈云若見有一法餘法悉應見以一法空故一切法亦空釋曰心有法則有心空法則空萬法一心宗空有皆無寄舉一例諸悉歸宗鏡

大乘千鉢大教王經云曼殊室利菩薩對世尊大衆菩薩前告言若有一切菩薩及一切有情衆生志求無上菩提修持眞實佛金剛聖性三摩地一切法者一切法即是一切有情心是也爲有情衆生心地法藏有煩惱種性煩惱種性則是菩提性者有情心處本性眞淨空無所得是故有情心是大圓鏡智心處是也　摩訶衍寶嚴經云譬如畫師作鬼神像即自恐懼如是迦葉諸凡愚人自造色聲香味細滑之法輪轉生死不知此法亦復如是　文殊悔過經云文殊師利言人民所行衆德本者志性各異使入摠持光明之慧其有諸天一切人民愁憂苦惱爲除衆患悉入摠持光明之耀一切諸論文字本際入於摠持光明之耀一切諸行諸想所應悉入摠持光明之耀使致普門諸根轉輪使入摠持光明之門一切莊嚴清淨衆飾使入摠持光明之門乃至住於一事普見衆事住於衆事悉見一事則以一事入一切事以一切事入於一事則以一義告誨開化一切諸義以一切義興發一義以無因緣入於諸緣化于諸緣令入無緣以無事法入于衆生性行各異從其相行而教誨之釋曰夫能泯異性永拔苦輪融諸行門清淨嚴飾者悉令入一心摠持之門被宗鏡光明之耀故能住一事而見衆事以一成多用諸義而發一義以多成一一成多而用徧多成一而體融體用交羅一多自在　觀佛三昧海經云復次阿難譬如有人貧窮薄福依諸豪貴以存性命時有王子遇行出遊執大寶瓶於寶瓶內藏王印綬是時貧者詐來親附得王寶瓶擎持逃走王子覺已遣六大兵乘六黑象手執利劍疾走追之時持瓶人走入深草空野澤中見曠野澤滿中毒蛇四面吐毒吸持瓶者時貧窮人惶惶恐怖馳走東西蛇亦隨之無藏避處於空澤中見一大樹蓊鬱扶疎甚適其意頭戴寶瓶攀樹而上既上樹已六兵乘象馳疾如風尋復來至貧人見已吞王寶印持瓶冠頭以手覆面生貪惜故不忍見之時六黑象以鼻絞樹令樹倒躃貧人落地身體散壞唯金印在寶瓶現光諸蛇見光四散馳走佛告阿難住念佛者心印不壞亦復如是釋

曰夫觀佛三昧者則諦了自心名爲觀佛既識心已不爲境亂湛然常定名爲三昧有人貧窮薄福者有人者有即二十五有人即一切衆生以無法財名爲貧窮不悟心佛故稱薄福依諸豪貴者即是諸佛菩薩以存性命者即是依觀佛三昧門得見自性以成慧命乃至貧人落地者即是於凡夫身達人法二空證會一心住眞如地身體散壞者既洞唯識之性身見自亡唯金印在者即是悟心常住所以一鉢和尚云塵勞滅盡眞如在一顆圓明無價珠寶瓶現光者即般若智照諸蛇見光四散馳走者即四大之身蛇三毒之煩惱智了即空名爲馳走住念佛者心印不壞亦復如是者以無念智見眞覺性故云住念佛者諸塵不動一體不移名爲心印恒住法位究竟寂滅名爲不壞況如唯金印在故稱亦復如是所以起信論云得見心性名究竟覺即斯旨矣

首楞嚴三昧經云尒時佛告現意天子汝可示現首楞嚴三昧本事少分現意天子語堅意言仁者欲見首楞嚴三昧少勢力不荅言天子願樂欲見現意天子善得首楞嚴三昧力故即現變令衆會者皆作轉輪聖王三十二相而自莊嚴及諸眷屬七寶侍從乃至復現神力普令衆會皆如釋迦牟尼佛身相好威儀各有比丘眷屬圍遶釋曰天子名現意者以一切法從意生形因心所現故名現意是知自心如幻無有定儀所見差殊隨心生滅若能知幻無實即見眞性以得眞性故方能周徧法界示如幻法門普現色身引幻衆生同歸實地

轉有經偈云若爲眞實說眼則不見色意不知識法此是最秘密釋曰入此一心秘密之藏則能所俱亡不與六塵作對故云眼不見色等

大法鼓經云一切衆生悉有佛性無量相好莊嚴照明以彼性故一切衆生得般涅槃釋曰故知一切衆生悉有正因佛性以萬行莊嚴爲引出性乃至因圓爲至得果性畢竟成就一心常樂涅槃之道

寶頂經云佛言迦葉譬如有人怖畏虛空搥胷叫呼作如是言善友汝等爲我除此虛空除此虛空迦葉於汝意云何此空爲可除不迦葉言不可世尊佛言迦葉若有如是沙門婆羅門怖畏性空我說是人失心狂亂所以者何迦葉一切諸法並是說空方便若畏此空云何不畏一切諸法若惜諸法云何不惜此空佛性論問云此經爲顯何義荅爲示一切諸法本性非有故說法空非關法滅然後得空故於空性不應生怖釋曰一切諸法並是說空方便者夫有所說皆爲顯空所以空則一切法法則一切空非先有而後無寧歸斷滅豈先無而後有不墮無常是以性本常空空無間斷體應諸有有自繁興能入斯宗聞諸法空心大歡喜不了此義聞諸法空心大怖畏以不了法空遠現量境執爲外解聞說唯心之旨恐墮空見之門心境俱迷遂生怖畏

度一切諸佛境界經云佛言文殊師利菩提者無相無緣云何無相云何無緣不得眼識是無相不見色是無緣不得耳識是無相不聞聲是無緣乃至意法亦如是釋曰無相則無能緣之心無緣則無所緣之境能所俱亡眞心自現

文殊師利行經偈云過現未來法唯語無眞實彼若於實處一相無差別釋曰若說三世所有之法皆是世諦語言若了一心眞實之處一道自無差別何言之所議意之所緣耶

宗鏡録卷第九十五　茂

音義

輔扶雨反助也　翊與職反輔也　迫博陌反近也急也　迮側革反　漂[illegible]　鶩莫卜反鴨屬也　驟鋤祐反疾步也　茂莫候反卉木盛　褒博毛反進也　訕所晏反謗也　綬植酉反組綬也　蓊烏孔反　絞古巧反縛也　躃必益反倒也

戊申歲分司大藏都監開板

宗鏡録卷第九十五

校勘記

一　底本，麗藏本。

一　七八五頁上一六行「現至」，清作「現在」。

一　七八五頁中二五行第八字「末」，清作「未」。

一　七八五頁中二八行第一四字「志」，磧、南作「忘」。

一　七八六頁上八行第六字「覺」，磧、南作「見」。

一　七八六頁上二三行「二相」，磧、南、徑作「一相」。

宗鏡錄卷第九十六　　茂

慧日永明寺主智覺禪師　延壽集

菩薩處胎經云譬如泉源陂池五河駛流各各有名悉歸于海便無本名亦如須弥峙立難動雜色衆鳥往依附山皆同一色便無本色菩薩摩訶薩教化衆生淨佛國土亦復如是衆生心識所念不同若干思想能令一切至解脫門想定意滅便無本念同一解脫

十善業道經云介時世尊告龍王言一切衆生心想異故造業亦異由是故有諸趣輪轉龍王汝見此會及大海中形色種類各別不耶如是一切靡不由心造乃至又觀此諸大菩薩妙色嚴淨一切皆由脩集善業福德而生又諸天龍八部衆等大威勢者亦因善業福德所生今大海中所有衆生形色麁鄙或大或小皆由自心種種想念作身語意諸不善業是故隨業各自受報

寂照神變三摩地經云佛告賢護寂照神變三摩地者謂一切法平等性智一切言說不現行智乃至悟入心智於心自性能隨覺智於引不引及引發中成善巧智

師子莊嚴王菩薩請問經云佛言如是一法隨心變現即能具足六波羅蜜應當廣說教化衆生爲大利益乃至成佛

賢劫定意經云若有菩薩平等三昧諸根具足聖慧成就是曰一心又云其在禪定不著內外亦無中間是曰一心　舍利弗陀羅尼經云唯脩一心念佛不以色見如來不以無色見如來不以相不以好不以戒定慧解脫解脫知見不以生不以家不以姓不以眷屬乃至非自作非他作若能如是名爲念佛

寶主天子所問經云寶主天子問言文殊師利云何菩薩能清淨心答言天子若知諸心皆是一心如是菩薩名得淨心　大乘流轉諸有經偈云諸法唯假名但依名字立離於能詮語所詮不可得釋曰故知法但有名因名立法又名因於語語因覺觀覺觀心不起能所悉皆空　弘道廣顯定意經云佛言又復三事心之所生諸法無常從其心生諸法皆若亦由心生諸法無我亦從心生乃至能一其心知衆生心順行化之是則心力

阿含經偈云我與己爲親不與他爲親智者善調我則得生善趣釋曰所以云天下至親無過於心可謂入道真要修行妙門若善調之速登大果所以般若經云調心爲善哉調心招樂果　雜藏經偈云心能導世間心能徧攝受如是心一法皆自在隨行

文殊菩薩問法身經云如言摩尼寶舍有四角從一角視悉見諸角無所缺減是故見諸本際釋曰若了一心本際何法不通以諸法從心所生皆同一際住此際中一一圓滿舉目咸是何待意思智不能知言不能及故云金剛寶藏無所缺減　象腋經偈云種種幻無實凡夫人見異是中無有異一切同一相

老姥經云眼見好色即是意意即是色是二者俱空無所有生滅亦如是　無所希望經云時舍利弗知諸衆會心之所念即時告此諸比丘言仁等何故發於斯言吾等之身從今已往無佛世尊因從異學出爲沙門時諸比丘報舍利弗吾從今始敢事六師一切所歸爲一相耳不倚六入是以不見若干種師不想出家沙門也釋曰倚六入而爲差妄分邪正歸一相而爲本彼我雙亡如是解者可謂真出家矣　寂調音所問經云寂調音天子言文殊師利何等如與垢淨等文殊師利言空無相無願如所以者何涅槃空故天子如瓦器中空寶器中空無二無別如是天子垢空淨空俱同一空無二無別釋曰器雖不等空本無形垢淨雖殊性何曾異如是了者入無相門頓悟真空不墮修證

月藏經偈云諸法無有二導師捨憎愛一道如虛空此是佛境界又偈云不分別諸法不見有衆生諸法唯一相得見佛境界

佛語經云佛言若有處語是魔王語是魔見語不名佛語善男子若無一切諸處語者是名佛語釋曰無一切諸處語者即是無所證之法亦無能證之智既無有法豈可說耶但了唯心自然無語無語是真語故云無法可說是名說法若著處所若有所說悉違本宗不見法性如云報化非真佛亦非說法者

雜藏經偈云如世有良醫以妙藥救病諸佛亦如是爲物說唯心　大乘理趣經偈云一切有爲法如乾闥婆城衆生妄心取雖現非實有諸法非因生亦非無因生虛妄分別有是故說唯心無明妄想見而是色相因蔵識爲所依隨緣現衆像如是目有瞖妄見空中華習氣擾濁心從是三有現眼識依賴耶能現種種色譬如鏡中像分別不在外所見皆自在非常亦非斷賴耶識所變能現於世間法性皆平等一切法所依藏識恒不斷末

那計爲我集起說爲心思量性名意了別義爲識是故說唯心心外諸境界妄見毛輪華所執實皆無感是識心變色具色功德皆依賴耶識凡愚妄分別謂是眞實有睡眠與悶醉行住及坐卧作業及士用皆依藏識起有情器世間非由自在作亦非神我造非世性微塵如木中火性雖有未能燒因燧方火生由此破諸暗展轉互爲因賴耶爲依止諸識從彼生能起滿無滿如海遇風緣起種種波浪現前作用轉無有間斷時藏識海亦然境界風所動恒起諸識浪無間斷亦然如酪未鑽搖其酥人不見施功既不已醍醐方可得賴耶妄集習隱覆如來藏修習純熟時正智方明了諸識隨緣轉不見本覺心自覺智現前眞性常不動　寶雨經云菩薩云何行心念處善男子菩薩作是思惟心實無常執著爲常實是其苦執著爲樂本無有我執著爲我本來不淨執著爲淨其心輕動無時暫停以不停故於諸雜染能爲根本壞滅善道開惡趣門生長三毒與隨煩惱等作其因緣爲主爲導又能積集淨不淨業迅速流轉如旋火輪亦如奔馬如火焚燒如水增長徧知諸境如世彩畫菩薩如是觀察心時便得自在得自在已於諸法中亦無罣礙是名菩薩善行心念處　持地經云佛言持世何謂菩薩摩訶薩修心觀心菩薩摩訶薩觀心生滅住異相如是觀時作是念是心無所來去無所至但識緣相故生無有本體無一定法可得是心無來無去無住異可得是心非過去未來現在是心識緣故從憶念起是心不

在內不在外不在兩中間是心無一生起相是心無性無定無有生者無使生者起雜業故說名爲心識雜緣故說名爲心念念生滅相續不斷故說名爲心但令衆生通達心緣相故心中無心相是心從本已來不生不起性常清淨客塵煩惱染故有分別心不知心亦不見心何以故是心空性空故本體無所有是心無有一定法定法不可得故是心無法若合若散是心前際不可得後際不可得中際不可得是心無形無能見者心不自見不知自性但凡夫顛倒相應以虛妄緣識相故起是心空無我無我所無常無堅牢無不變異相如是思惟得修心念處是人尒時不分別是心是非心但善知心無生相通達是心無生性何以故心無決定性亦無決定相智者通達是心無生無相尒時如實觀心集沒滅相如是觀時不得心若集相若沒滅相不復分別心滅不滅而能得心眞清淨相諸菩薩以是清淨心客塵所不能惱何以故諸菩薩見知心清淨相亦知衆生心清淨作是念心垢故衆生垢心淨故衆生淨如是思惟時不得心垢相不得心淨相但知是心常清淨相持世諸菩薩摩訶薩修心觀心如是
寶網經偈云普徧諸佛土法王之境界釋師子人尊一毛光所照釋曰如無量無邊諸佛土不出一毛頭心地以智了達者故云光所照　十住經云金剛藏菩薩是菩薩三千大千世界所有衆生一時問難以無量無邊音聲差別問難是菩薩於一念中悉受如是問難但以一音皆令開解釋曰但以一音皆

今開解者萬法從心何疑不釋依心所示何法不融可謂得佛法之精華開人天之眼目廣博嚴淨經偈云自在世導師不可說而說於空中作結即空而解之釋曰心有即結心空即解若無於心無結無解故首楞嚴經云佛告阿難此寶華巾汝知此巾元止一條我六綰時名有六結汝審觀察巾體是同因結有異於意云何初綰結成名爲第一如是乃至第六結生吾今欲將第六結名成第一不不也世尊六結若存斯第六名終非第一縱我歷生盡其明辯如何令是六結亂名佛言六結不同循顧本因一巾所造令其雜亂終不得成則汝六根亦復如是畢竟同中生畢竟異佛告阿難汝必嫌此六結不成願樂一成復云何得阿難言此結若存是非鋒起於中自生此結非彼彼結非此如來今日若總解除結若不生則無彼此尚不名一六云何成佛言六解一亡亦復如是由汝無始心性狂亂知見妄發發妄不息勞見發塵如勞目睛則有狂華於湛精明無因亂起一切世間山河大地生死涅槃皆即狂勞顛倒華相阿難言此勞同結云何解除如來以手將所結巾偏掣其左問阿難言如是解不不也世尊旋復以手偏牽右邊又問阿難如是解不不也世尊佛告阿難吾今以手左右各牽竟不能解汝設方便云何解成阿難白佛言世尊當於結心解即分散佛告阿難如是如是若欲除結當於結心釋曰左右偏掣況有無二見當於結心即正明中道所以昧眞空而有無情起執根塵而一六義生諦了自心解縛

俱泯故知垢淨解縛悉從自心以心垢故見垢心淨故見淨心縛故見縛心解故見解若無於心何垢何淨如首楞嚴三昧經云尒時會中有一菩薩名魔界行不汙現於魔宮語惡魔言汝寧不聞佛說首楞嚴三昧無量衆生皆發阿耨多羅三藐三菩提心出汝境界亦皆當復度脱餘人出汝境界魔即報言我聞佛說首楞嚴三昧名字以被五縛不能得往所謂兩手兩足及頸又問惡魔誰繫汝者魔即荅言我適發心欲往壞亂聽受首楞嚴三昧者即被五縛我適復念諸佛菩薩有大威德難可壞亂我若往者或當自壞不如自住於此宮殿作是念已即於五縛而得解脱菩薩荅言如是一切凡夫憶想分別顛倒取相是故有縛動念戲論是故有縛見聞覺知是故有縛此中實無縛者解者所以者何諸法無縛本解脱故諸法無解本無縛故常解脱相無有愚癡如來以此法門說法若有衆生得知此義欲求解脱勤心精進則於諸縛而得解脱　寶篋經云文殊師利告大德舍利弗如恒沙劫火災熾然不燒空如是舍利弗一一衆生恒河沙劫造作逆罪不善之業然其心性終不可汙　大虛空藏菩薩所問經偈云虛空離生滅法界無去來衆色現於空諸法依心住空無色非色心性亦復然虛空唯假名心意識如是　菴提遮女經偈云我雖內室中尊如目前現仁稱阿羅漢常隨不能見釋曰故知念念釋迦出世步步彌勒下生以自業所遮對面不見十地尚隔羅縠二乘可知守護國主陀羅尼經云尒時世尊告一切法自在王菩薩摩訶薩言此深三昧以菩提心而爲其因以大慈悲而爲根本方便修習無上菩提以爲究竟善男子此中何者名爲菩提善男子欲知菩提當了自心若了自心即了菩提何以故心與菩提眞實之相畢竟推求俱不可得同於虛空故菩提相即虛空相是故菩提無所證相無能證相亦無能所契合之相何以故菩提畢竟無諸相故善男子以一切法即虛空相是故菩提畢竟無相尒時一切法自在王菩薩復白佛言世尊若此菩提同虛空一切智體當何所求云何證得菩提現前一切智智當於何生佛告一切法自在王菩薩言善男子一切智體當於心求一切智智及與菩提從心而生何以故心之實性本清淨故善男子此心之性不在內不在外不在中間善男子一切如來說此心相非青非黃非赤非白非紅非紫亦非金色非長非短非圓非方非明非暗非男非女非非男女亦復非是亦男亦女善男子此心非欲界性非色界性非無色界性非天龍非夜叉非乾闥婆非阿脩羅非迦樓羅非緊那羅非摩睺羅伽人非人等一切同類善男子此心不住於眼亦復不住耳鼻舌身意於三世中亦不可見何以故此心同於虛空相故以是義故遠離一切麁細分別何以故此虛空性即心性故如其心性即菩提性如菩提性即陀羅尼性善男子是故此心虛空菩提陀羅尼性無二無二分無別無斷如是一切皆以大慈大悲而爲根本方便波羅蜜之所攝受善男子是故當知我今於此諸菩薩等大衆之中說如是法爲淨廣大菩提心故爲今一切了自心故是故一切法自在王若有善男子善女人欲知菩提眞實性者當了自心如其心性即菩提性云何而能了知心性謂此心性於一切相若形若顯乃至若五陰若六入若十二處若十八界如是等法觀察推求竟不可得善男子若諸菩薩如是了知即得成就第一清淨法光明門住此門已任運得此不可思議一切智智諸佛境界甚深三昧　文殊般若經云佛告文殊師利汝已供養幾所諸佛文殊師利言我及諸佛如幻化相不見供養及與受者佛告文殊師利汝今可不住佛乘耶文殊師利言如我思惟不見一法何當得住於佛乘佛言文殊師利汝不得佛乘乎文殊師利言如佛乘者但有名字非可得亦不可見我云何得佛言文殊汝得無礙智乎文殊師利言我即無礙云何以無礙而得無礙佛言汝坐道場乎文殊師利言一切如來不坐道場我今云何獨坐道場何以故現見諸法住實際故釋曰若了一心實際則一切無所得於無所得中故能成辦無邊佛事於事事中皆不違實際故若如是解者未必是不坐道場是坐道場當坐道場時是不坐道場矣何以故道場等不出實際故　大品經云若住一切法不住般若波羅蜜不住一切法方住般若波羅蜜釋曰若住法則不見般若若住般若則不見法以法有相般若無相有無相反故尒又非離有相法別立無相般若以相即無相全是般若故經云色無邊故般若無邊

又云若學般若應學一切法何以故夫般若者是無住義起心即是住著若不住一切法即是般若故云若學般若應學一切法設住般若亦成愚闇但一切處皆無住則無非般若　金剛場陀羅尼經云文殊白佛言頗有一法菩薩行已能入一切陀羅尼諸法門不佛言有一字法門菩薩得已能說千萬字法門而此一字法門亦不可盡說諸法已還攝入一字法門　轉女身經云若於諸法不見差別是則必能成就衆生又云若知諸法皆解脫相是則名爲究竟解脫釋曰執心爲境觸目塵勞知境是心無非解脫所以二乘只證人空但離人我虛妄名爲解脫未得法空一切解脫以不識心故如入楞伽經偈云諸法無法體而說唯是心不見於自心而起於分別　出曜經云身被戒鎧心無慧劍者則不能壞結使元首故知若不觀心妙慧成就則不能斷無明根本所以首楞嚴經云持犯但束身非身無所束元非徧一切云何獲圓通　正法華經云第一大道無有兩正釋曰志當歸一萬法所宗如國無二王家無二主若離此別有所求則成兩道如善薩行方便經云夫求法者名不求於一切諸法又云若有所求則不能師子吼也若無所求能師子吼釋曰涅槃經云師子吼者決定說一切衆生皆有佛性若知自心佛性具足則性外豈有法而可求耶　那先經云王問那先何等爲一其心者那先言諸善獨有一心最第一一其心者諸善皆隨之那先言譬若樓陛當有所倚諸善道者皆著一心

雜藏經云闍王施寶衣與文殊師利菩薩文殊忽於座上隱身不見如是展轉施諸菩薩聲聞亦復如是乃至自著亦不見身因茲悟道釋曰夫祖佛起教之由莫不皆是破身心二執故金剛經云佛說非身是名大身寶藏論云清虛之理畢竟無身心亦如是若能直悟自他身心俱不可得心外無法萬境皆空即同闍王所悟　無量義經云佛告大莊嚴菩薩有一法門能令菩薩疾得菩提世尊是法門者字号何等其義云何善男子是一法門名無量義菩薩欲得修學無量義者應當觀察一切諸法自本來今性相空寂無大無小無生無滅非住非動不進不退猶如虛空無有二法而諸衆生虛妄横計是此是彼是得是失釋曰是一法門名無量義者即是一心門能生無量義以不守自性隨緣成諸法正隨緣時亦不失自性以衆生不了故但隨起動之緣不見寂滅之性故於諸法横計有無彼此得失　如來示教勝軍王經云大王當知譬如男子或諸女人於其夢中夢心所見可愛園林可愛山谷可愛國邑及諸異類彼夢覺已所見皆無如是大王國祚身命虛僞無常一切皆如夢之所見故知夢中境界覺時境界唯心所見更無有異世人但信夢境是虛例執晝境是實是以大覺垂慈說況比知將所信之虛破所信之實令所信之實同所信之虛頓悟法空皆入宗鏡入法界體性經云尒時長老舍利弗從自在處出往詣文殊師利童子住處到已不見文殊師利即詣佛所到已在佛別門外邊而住

尒時世尊告文殊師利童子言文殊師利是舍利弗比丘今在門外爲欲聽法汝今使入文殊師利言世尊若彼舍利弗際若法界際世尊此二際豈有在内在外若中間二耶佛言不也文殊師利言世尊言實際者亦非實際如是際非際無内無外不來不去世尊長老舍利弗際即是實際舍利弗界即是法界世尊然此法界無出無入不來不去其長老舍利弗從何處來當入何所佛言文殊師利若我在内共諸聲聞語論汝在於外而不聽入汝意豈不生苦惱想耶文殊師利言不也世尊何以故世尊凡所說法不離法界如來說法即是法界法界即是如來界說法界如法界言說界無二無別所有名者說者此等皆不離法界世尊以是義故我不苦惱世尊若我恒河沙劫等不來至世尊說法所我時不生憂樂亦無憂惱何以故若有二者即生憂惱法界無二故無惱耶釋曰是以内外無際真俗一原入宗鏡中忻戚不盈於懷抱住無二處憎愛靡挂於情田故知不去不來見佛匪移於當念非近非遠聞法豈越於毫端得文殊之心方知法尒起衆生之見自隔情塵深密解脫經云諸佛如來善覺所覺離於二行到無相處行諸佛行得諸如來一切平等到無障礙之所去處能到一切不退法輪能到不可降伏境界不可思議體能到一切三世平等徧至一切諸世界身到於諸法無疑之處能到一切究竟智行悉能到於法智無疑境界得諸一切無分別身能答一切菩薩問智能到無二行之彼岸能到諸佛無有差

別解脫智處能到無邊無中三昧境界廣大
如法界究竟若虛空盡未來際釋曰夫親到
諸法無疑之處悟心方知頓照萬境無相之
門見性方了斯乃如來行處大覺所知故云
廣大如法界究竟若虛空無始無終盡未來
際　金剛王菩薩秘密念誦儀軌經云端
身正坐作是思惟一切諸法從自心起從本
已來皆無所有　弥勒成佛經偈云久念
衆生苦欲拔無由脫今日證菩提豁然無所
有釋曰心識念念攀緣繫縛塵境不得自在
即是衆生苦若了境空無縛內結不生證會
一心根塵俱寂即入性空法界證無相菩提
所以法華三昧經云無著無所依無累心寂
滅本性如虛空是名無上道又法華經云諸
佛於此得阿耨多羅三藐三菩提諸佛於此
轉于法輪諸佛於此而般涅槃是以諸佛八
相成道菩薩四攝度生自利利他悉皆於此
本性空中成辦　雜藏經云譬如兩木相
揩則自生火還燒其木火不從風出不從水
出不從地出其四魔者亦復如是皆從心生
不從外來譬如畫師畫作形像隨手大小雖
因緣合有彩有板有筆畫師不畫不能成像
四魔如是心已堅固便無所起釋曰是以一
心不動法不現前如畫師不畫且無形像故
不動一心有大功德如法句經云佛言善男
子善知識者有大功德能令汝等於貪欲瞋
恚愚癡邪見五蓋五欲衆塵勞中建立佛法
不起一心得大功德譬如有人持堅牢船渡
於大海不動身心而到彼岸

宗鏡錄卷第九十六　　茂

音義

跱（直里反）　姥（莫補反，女師也）　燧（徐醉反）　綰（烏板反，繫也）　掣（昌列反，挽）　陛（傍礼反，階陛也）

戊申歲分司大藏都監開板

宗鏡録卷第九十六

校勘記

一　底本，麗藏本。

一　七九〇頁上二五行第七字「地」，清作「世」。

一　七九〇頁上二六行「修心」，清作「循心」。本頁中一三行及二三行同。

一　七九〇頁中七行第一一字「性」，清作「性自」。

一　七九〇頁中二一行「心淨」，清作「清淨」。

一　七九〇頁下一二行第五字「脩」，徑作「循」。

一　七九二頁中二八行末字「在」，南、徑、清作「住」。

一　七九二頁下二〇行首字「二」，磧、南、徑、清作「一」。又第三字「增」，磧、南、徑、清作「憎」。

宗鏡錄卷第九十七　茂

慧日永明寺主智覺禪師延壽集

夫佛教已明須陳祖意達佛乘者皆與了義相應如法華經云是人有所思惟籌量言說皆是佛法無不眞實亦是先佛經中所說第一毗婆尸佛偈云身從無相中受生由如幻出諸形像幻人心識本來無罪福皆空無所住　第二尸棄佛偈云起諸善法本是幻造諸惡業亦是幻身如聚沫心如風幻出無根無實性　第三毗舍浮佛偈云假借四大以爲身心本無生因境有前境若無心亦無罪福如幻起亦滅　第四拘留孫佛偈云見身無實是佛見了心如幻是佛了了得身心本性空斯人與佛何殊別

第五拘那含牟尼佛偈云佛不見身知是佛若實有知別無佛智者能知罪性空坦然不懼於生死　第六迦葉佛偈云一切衆生性清淨從本無生無可滅即此身心是幻生幻化之中無罪福　第七釋迦牟尼佛偈云幻化無因亦無生皆即自然見如是諸法無非自化生幻化無生無所畏復告摩訶迦葉吾有清淨法眼涅槃妙心實相無相微妙正法付囑於汝無令斷絕聽吾偈曰法本法無法無法法亦法今付無法時法法何曾法

西天第一祖摩訶迦葉傳法偈云法法本來法無法無非法何於一法中有法有不法

第二祖阿難傳法偈云本來付有法付了言無法各各須自悟悟了無無法　第三祖商那和脩傳法偈云非法亦非心無心亦無法說是心法時是法非心法　第四祖優波毱多尊者傳法偈云心自本來心本心非有法有法有本心非心非本法　第五祖提多迦亦名香衆初投優波毱多出家尊者問曰爲心出家耶身出家耶香衆曰我來出家非爲身心而求利益尊者曰不爲身心復誰出家香衆曰夫出家者無我之故無我之故即心不生滅心不生滅即是常道旣是常故佛亦常心無形相其體亦尒尊者曰汝當大悟心自明朗依佛法中度恒沙衆付法偈云通達本法心無法無非法悟了同未悟無心得無法　第六祖彌遮迦付法偈云無心無可得說得不名法若了心非心始解心心法　第七祖婆須蜜付法偈云心同虛空界示等虛空法證得虛空時無是無非法

第八祖佛陀難提付法偈云虛空無內外心法亦如是若了虛空故是達眞如理

第九祖伏馱蜜多尊者問佛陀難提尊者偈云父母非我親誰爲最親者諸佛非我道誰爲最道者偈荅云汝言與心親父母非可比汝行與道合諸佛心即是外求有相佛與汝不相似欲識汝本心非合亦非離因茲悟道付法偈云眞理本無名因名顯眞理受得眞實法非眞亦非僞　第十祖脅尊者傳法偈云眞體自然眞因眞說有理領得眞實法無行亦無止　第十一祖富那夜奢時脅尊者於一樹下以手指樹下地告大衆曰此地若變爲金色當有聖者而入此會言當未久須臾之頃以爲金色尊者舉手而見一人當會前立尊者曰汝從何來夜奢曰我心非往尊者曰何處所住夜奢曰我心非止尊者曰汝不定耶夜奢曰諸佛亦然尊者曰汝非諸佛夜奢曰諸佛亦非尒時夜奢說偈讚曰師坐金色地常說眞實義迴光而照我令入三摩諦又傳法偈云迷悟如隱顯明暗不相離今付隱顯法非一亦非二　第十二祖馬鳴尊者傳法偈云隱顯即本法明暗元不二今付悟了法非取亦非弃　第十三祖毗羅尊者傳法偈云非隱非顯法說是眞實際悟此隱顯法非愚亦非智　第十四祖龍樹尊者行化到南印土彼國人多修福業不會佛理唯行小辯不具大智及問佛性而云布施我求福業非解佛性汝會佛性爲我說之師曰汝欲學道先除我慢生恭敬心方得佛性衆曰佛性大小師曰非汝所知非說大小若說大小即是大小非佛性也彼衆曰我欲棄小辯歸于大海龍樹即爲說法對大衆而現異相身如月輪當於座上唯聞說法不覩其形彼衆有一長者名曰提婆謂諸衆曰識此瑞不彼衆曰非其大聖誰能識也尒時提婆心根宿淨亦見其相默然契會乃告衆曰師現佛性之義非師身者無相三昧形如滿月佛性之義也語未訖師即現本身座上說偈曰身現滿月相以表諸佛體說法無其形用辯非聲色又傳法偈云爲明隱顯法方說解脫理於法心不證無瞋亦無喜

第十五祖迦那提婆尊者傳法偈云本對傳法人爲說解脫理於法實無證無終亦無始

第十六祖羅睺羅尊者傳法偈云於法實無證不取亦不離法非有無相內外云何起

第十七祖僧迦難提尊者傳法偈云心地本

無生因種從緣起緣種不相妨華果亦復尒第十八祖伽耶舍多初第十七祖僧伽難提因至其舍忽見一子手執銅鏡而至師所尊者曰子幾歲耶子曰我當百歲是時尊者見荅百歲覆問曰汝當無知看甚幼小荅吾百歲非其理也子曰我不會理正當百歲尊者曰子善機耶子曰佛偈云若人生百歲不會諸佛機未若生一日而得決了之時尊者敬之深知是聖又徵問曰汝執此鏡意況如何尒時童子以偈荅曰諸佛大圓鏡内外無瑕翳兩人同得見心眼俱相似父母見子奇異遂捨出家尊者即領遊化至一古寺而爲受戒名曰伽耶舍多於彼殿上有銅鈴被風搖響尊者問曰彼風鳴耶彼鈴鳴耶彼銅鳴耶子曰我心鳴耳非風銅鈴尊者曰非風銅鈴我心誰耳子曰二俱寂靜非三昧耶尊者曰善哉眞比丘善會諸佛理善說諸法要善識眞寄義又告曰我今將此法眼藏付囑於汝汝受吾偈當行化之偈曰心地本無生因種從緣起緣種不相妨華果亦復尒伽耶舍多後付鳩摩羅多傳法偈曰有種有心地因緣能發萌於緣不相礙當生生不生

第十九祖鳩摩羅多尊者傳法偈云性上本無生爲對求人說於法既無得何懷決不決

第二十祖闍夜多尊者傳法偈云言下合無生同於法界性若能如是解通達事理竟

第二十一婆修槃頭尊者傳法偈云泡幻同無礙如何不了悟達法在其中非今亦非古

第二十二祖摩拏羅付鶴勒尊者傳法偈後即從座起踊身虛空作十八變訖却歸本座以手指地化爲一泉而說偈言心地清淨泉能潤於一切從地而涌出徧滿十方濟又傳法偈云心逐萬境轉轉處實能幽隨流認得性無喜亦無憂　第二十三祖鶴勒尊者付法已竟即從座起踊身虛空作十八變已却歸本座寂然滅度尒時大衆欲分舍利各自起塔臨闍維訖欲分舍利尒時尊者現身說偈一法一切法一切一法攝吾身非有無何分一切塔又傳法偈云認得心性時可說不思議了了無所得得時不說知

第二十四祖師子尊者傳法偈云正說知見時知見俱是心當心即知見知見即于今

第二十五祖婆舍多尊者傳法偈云聖人說知見當境無非是我今悟眞性無道亦無理

第二十六祖不如密多尊者傳法偈云眞性心地藏無頭亦無尾應緣而化物方便呼爲智　第二十七祖般若多羅尊者傳法偈云心地生諸種因事復因理果滿菩提圓華開世界起　西天波羅提尊者化異見王現神通力乘雲至王殿前尒時大王問乘雲者曰汝爲是邪汝爲是正波羅提尊者荅曰我非邪正而來正邪大王若正我無邪正王又問曰何者是佛波羅提曰見性是佛王曰師見性不波羅提曰我見佛性王曰性在何處波羅提曰性在作用王曰是何作用今不覩見波羅提曰今現作用王自不識王曰師既所見云有作用當於我處而有之不波羅提曰王若作用現前揔是王若不用體亦難見王曰若當用之幾處出現師曰若出用時當有其八卓立雲端以偈告曰在胎曰身處世名人在眼曰見在耳曰聞在鼻辯氣在口談論在手執捉在脚雲奔徧現俱該法界收攝不出微塵識者知是佛性不識者喚作精魂　此土初祖菩提達磨多羅南天竺國王第三之子常好理論心念衆生而不識佛又自歎曰世有形法而易了之唯佛心法難有會者尒時般若多羅尊者至于其國王賜一寶珠其珠光明璨然殊妙尊者見已用珠試曰此寶珠者有大光明能照于物更有好珠能勝此不菩提多羅曰此是世寶未得爲上於諸光中智光爲上此是世明未得爲上於諸明中心明第一其此珠者所有光明不能自照要假智光智辯於此既辯此已即知是珠既知是珠即明其寶若明其寶寶不自寶若辯其珠珠不自珠珠不自珠者要假智珠而辯世珠寶不自寶者要假法寶以明俗寶然則師有其道其寶既現衆生有道心寶亦然尊者異之因出家悟道迷行化此土實誌識是傳佛心印觀音聖人師述安心法門云迷時人逐法解時法逐人解則識攝色迷則色攝識但有心分別計校自心現量者悉皆是夢若識心寂滅無一動念處是名正覺問云何自心現荅見一切法有有自不有自心計作有見一切法無無自不無自心計作無乃至一切法亦如是並是自心計作有自心計作無又若人造一切罪自見已之法王即得解脫若從事上得解者氣力壯從事中見法者即處處不失念從文字解者氣力弱即事即法者深從汝種種運爲跳踉顚蹶悉不出法界亦不入法界若以界入界即是癡

人凡有所施爲終不出法界心何以故心體是法界故問世間人種種學問云何不得道答由見已故不得道已者我也至人逢苦不憂遇樂不喜由不見已故所以不知苦樂者由亡已故得至虛無已自尚亡更有何物而不亡也問諸法既空阿誰修道答有阿誰須修道若無阿誰即不須修道阿誰者亦我也若無我者逢物不生是非是者我自是而物非是也非者我自非而物非非也即心無心是爲通達佛道即物不起見名爲達道逢物直達知其本原此人慧眼開智者任物不任已即無取捨違順愚者任已不任物即有取捨違順不見一物名爲見道不行一物名爲行道即一切處無處即是法處即作處無作處無作法即見佛若見相時則一切處見鬼取相故墮地獄觀法故得解脫若見憶想分別即受鑊湯爐炭等事現見生死相若見法界性即涅槃性無憶想分別即是法界性心非色故非有用而不廢故非無又用而常空故非有空而常用故非無傳法偈云吾本來兹土傳法救迷情一華開五葉結果自然成第二祖可大師云凡夫謂古異今謂今異古復離四大更有法身解時即今五陰心是圓淨涅槃此心具足萬行正稱大宗傳法偈云本來緣有地因地種華生本來無有種華亦不能生　第三祖璨大師傳法偈云華種雖因地從地種華生若無人下種華種盡無生　第四祖道信大師云夫欲識心定者正坐時知坐是心知有妄起是心知無妄起是心知無内外是心理盡歸心心既清淨淨

即本性内外唯一心是智慧相明了無動心名自性定又示融大師云百千妙門同歸方寸恒沙功德揔在心原一切定門一切慧門一切行門悉皆具足神通妙用並在汝心傳法偈云華種有生性因地華生生大緣與性合當生生不生　第五祖弘忍大師云欲知法要心是十二部經之根本唯有一乘法一乘者一心是但守一心即心眞如門一切法行不出自心唯心自知心無形色諸祖只是以心傳心達者印可更無別法又云一切由心邪正在已不思一物即是本心唯智能知更無別行傳法偈云有情來下種因地果還生無情既無種無性亦無生　第六祖慧能大師云汝等諸人自心是佛更莫狐疑心外更無一法而能建立皆是自心生萬種法經云心生種種法生其法無二其心亦然其道清淨無有諸相汝莫觀淨及空其心此心無一無可取捨行住坐卧皆一直心即是淨土依吾語者決定菩提傳法偈云心地含諸種普雨悉皆生頓悟華情已菩提果自成讓大師云一切萬法皆從心生若達心地所作無礙汝今此心即是佛故達磨西來唯傳一心之法三界唯心森羅及萬像一法之所印凡所見色皆是自心心不自心因色故心汝可隨時即事即理都無所礙菩提道果亦復如是從心所生即名爲色知色空故生即不生馬大師問曰如何用意合禪定無相三昧師曰汝若學心地法門猶如下種我說法要譬如天澤汝緣合故當見于道馬大師又問曰和尚云見道道非色故云何能覩師曰

心地法眼能見于道無相三昧亦復然矣馬大師曰有成壞不師曰若契此道無始無終不成不壞不聚不散不長不短不靜不亂不急不緩若如是解當名爲道汝受吾教聽吾偈言心地含諸種遇澤悉皆萌三昧華無相何壞復何成　吉州思和尚云即今語言即是汝心此心是佛是實相法身佛經云有三阿僧祇百千名号隨世界應處立名如隨色摩尼珠觸青即青觸黄即黄寶本色如指不自觸刀不自割鏡不自照隨像所現之處各各不同得名優劣不同此心與虛空齊壽若入三昧門無不是三昧若入無相門揔是無相隨立之處盡得宗門語言啼笑屈伸俯仰各從性海所發故得宗名相好之佛是因果佛即實相佛家用經云三十二相八十種好皆從心想生亦云法性家焰又云法性功勳隨其心淨即佛土淨諸念若生隨念得果應物而現謂之如來隨應而去故無所求一切時中更無一法可得自是得法不以得更得是以法不知法法不聞法平等即佛佛即平等不以平等更行平等故云獨一無伴迷時迷於悟悟時悟於迷迷還自迷悟還自悟無有一法不從心生無有一法不從心滅是以迷悟揔在一心故云一塵含法界非心非佛者眞爲本性過諸數量非聖無辯辯所不能言無佛可作無道可修經云若知如來常不說法是名具足多聞即見自心具足多聞故草木有佛性者皆是一心飯食作佛事衣服作佛事故　嵩山安和尚昔讓和尚與坦然禪師在荊州玉泉聽律二人共相謂言

我聞禪宗最上佛乘何必局此小宗而失大理遂乃雲遊博問先知至嵩山安和尚處問如何是祖師西來意旨師云何不問自家意旨問他別人意旨作什麼問如何是自家意旨師云汝須密作用問如何是密作用伏請指示師舉視之二人當時大悟　　崛多三藏師因行至太原定襄縣歷村見秀大師弟子結草爲庵獨坐觀心師問作什麼對云看靜師曰看者何人靜者何物其僧無對問此理如何乞師指示師曰何不自看何不自靜師見根性遲迴乃曰汝師是誰對云秀和尚師曰汝師只教此法爲當別有意旨云只教某看靜師曰西天下劣外道所習之法此土以爲禪宗也大悞人其僧問三藏師是誰師曰六祖又云正法難聞汝何不往彼中其僧聞師示訓便往曹谿禮見六祖具陳上事祖曰誠如崛多所言汝何不自看何不自靜教誰靜汝言下大悟　　智策和尚遊行北地遇見五祖下智隍禪師二十年修定師問在此間作什麼隍云入定師云入定者爲有心入也爲無心入也若有心入者即一切有情悉皆有心亦合得定若言無心入者一切無情亦合得定隍曰吾正入定之時不見有有無之心師曰若不見有有無之心即是常定不應更有出入隍無對却問汝師是誰云六祖問汝師以何法爲禪定師曰妙湛圓寂體用如如五陰本空六塵非有不出不入不定不亂禪性無住離住禪寂禪性無生離生禪想心如虛空亦無虛空之量隍聞此說未息疑心遂振錫南行直往曹谿禮見六祖祖乃

亦如上說隍於言下大悟　　南嶽思大和尚云若言學者先須通心心若得通一切法一時盡通聞說淨不生淨念即是本自淨聞說空不取空譬如鳥飛於空若住於空必有墮落之患無住是本自性體寂而生其心是照用即寂是自性定即照是自性慧即定是慧體即慧是定用離定無別慧離慧無別定即定之時即是慧即慧之時即是定即定之時無有定即慧之時無有慧何以故性自如故如燈光雖有二名其體不別即燈是光即光是燈離燈無別光離光無別燈即燈是光體即光是燈用即定慧雙修不相去離

牛頭融大師絕觀論問云何者是心荅六根所觀並悉是心問心若爲荅心寂滅問何者爲體荅心爲體問何者爲宗荅心爲宗問何者爲本荅心爲本問若爲是定慧雙遊云心性寂滅爲定常解寂滅爲慧問何者是智云境起解是智何者是境云自身心性爲境問何者是舒云照用爲舒何者爲卷云心寂滅無去來爲卷舒則弥遊法界卷則足跡難尋問何者是法界云邊表不可得名爲法界

法照禪師云經云三阿僧祇百千名号皆是如來異名即眞心之別稱也又經云萬法不出一心此義是也夫縛從心縛解從心解縛解從心不關餘事出要之術唯有觀心乃至若舉一心門一切唯一心若一法非心則是心外有誰能在心外別制一條者

梵禪師云若知一切法皆是法即得解脫眼是法色是法經云不見法還與法作繫縛亦不見法還與法作解脫　　臧禪師云於一

切法無所得者即心是道眼不得一切色耳不得一切聲　　緣禪師云譬如家中有大石尋常坐卧或作佛像心作佛解畏罪不敢坐皆是意識筆頭畫作自怕自怕石中實無罪福　　安禪師云直心是道何以故直念直用更不觀空亦不求方便經云直視不見直念不思直受不行直說不煩　　覺禪師云若悟心無所屬即得道跡眼見一切色眼不屬一切色是自性解脫經云一切法不相屬故心與一切法各不相知　　圓寂尼云一切法唯心無對即自性解脫經云一切法不與眼作對何以故法不見法法不知法

堯禪師云了心識性自體恒眞所緣念處無非佛法　　朗禪師云凡有所見皆自心現道似何物而欲修之煩惱似何物而欲斷之稠禪師云一切外緣名無定相是非生滅一由自心若自心不心誰嫌是非能所俱無即諸相恒寂　　慧慈禪師云夫法性者大道也法是法身性是覺性即衆生自然性也是以金剛般若如大火聚三昧焰焰諸累莫入故稱天上天下唯我獨尊　　慧滿禪師六諸佛說心令知心相是虛妄法今乃重加心相深違佛意又增論議殊乖大理常賫四卷楞伽經以爲心要隨說隨行

宗鏡録卷第九十七　　茂

音義

坦（他但反平也）　馱（唐佐反又音陀字）　脅（虛業反胷骨也）　拏（女加反牽也）　璨（倉案反）　跐（[illegible]）　踉（呂張反跳踉也）　癲（都年反）　蹶（居月反走也遺也）　嵩（息弓反山高也）　策（楚革反謀也）　隍（胡光反）　齎（祖稽反持也）

戊申歲分司大藏都監開板

宗鏡録卷第九十七

校勘記

一　底本，麗藏本。

一　七九五頁中二行第一五字「濟」，南、徑、清作「際」。

一　七九五頁下二行第九字「雲」，徑、清作「運」。

一　七九六頁下一九行「可得」，磧、南、徑、清作「可行」。

一　七九七頁上六行第四字「舉」，徑、清作「舉目」。

一　七九七頁中二〇行第一四字「足」，磧、南、徑作「定」。

宗鏡録卷第九十八　茂

慧日永明寺主智覺禪師　延壽　集

志公和尚偈云頓悟心原開寶藏隱顯靈蹤現眞相獨行獨坐常巍巍百億化身無數量縱令逼塞滿虛空看時不見微塵相可笑物空無比況口吐明珠光晃晃尋常見說不思議一語標宗言下當　龐居士頌云萬法從心起心生萬法生生不了有來去枉虛行寄語修道人空生有不生如能達此理不動出深坑　寒山子詩云男兒大丈夫作事莫莽鹵徑直鐵石心直取菩提路邪道不用行行之必辛苦不要求佛果識取心王主　懶瓚和尚歌云莫謾求眞佛眞佛不可見妙性及靈臺何曾受熏練心是無事心面是孃生面劫石可移動箇中無改變又云吾有一言絶慮忘緣巧說不得只用心傳更有一語無過直與細於毫末大無方所本自圓成不勞機杼　騰騰和尚歌云修道道無可修問法法無可問迷人不悟色空達者本無逆順八萬四千法門至理不過方寸煩惱正是菩提淨華生於泥糞識取自家城邑莫謾遊他州郡　高僧釋法喜臨遷化時告衆云三界虛妄但是一心端坐而卒　高僧釋靈潤云捨外塵邪執得意言分別捨唯識想得眞法界前觀無相捨外塵相後觀無生捨唯識想又常與法侶登山遊觀野火四合衆並奔散唯潤安行如常顧陟語諸屬曰心外無火火實自心謂火可逃無由免火及火至潤潛然自斂　高僧釋法空入臺山幽居每有清磬召曰空禪如是非一自後法空知

是自心境界以法遣之遂乃安靜初以禪修終爲對礙遂學大乘離相從所學者並以此誨之以法爲親以法爲侶　高僧釋靖邁臨終云心非道外行在言前言畢坐蛻　高僧釋通達因以木打塊塊破形消旣覩斯變廓然大悟心跡　高僧釋轉明凡有所諮學者常以平等唯心一法志而奉之　高僧釋道英入水卧雪而無寒苦如是隨事以法對之縱任自在不以爲難良由唯識之旨洞曉心腑外事之質豈得礙乎常講起信至心眞如門奄然入定　高僧釋道世六勤勇懺悔者雖知依理須知心妄動遠離前境經云譬如豔花千斤不如眞金一兩翛能觀心強即滅罪強　伏陁禪師云籍教明宗深信含生同一眞性凡聖一路堅住不移不隨他教與道冥符寂然無爲名爲理入　高僧釋智通云若夫尋近大乘修正觀者察微塵之本際許一念之初原便可判棘播無常之音梟鏡說甚深之法十方淨土未必過此矣　高僧釋曇遂每言三界虛妄但是一心追求外境未悟難息　高僧解脫和尚依華嚴作佛光觀於清宵月夜光中忽見化佛說偈云諸佛秘密甚深法曠劫修行今乃得若人開明此法門一切諸佛皆隨喜解脫和尚乃禮拜問云此法門如何開示於人化佛遂隱身不現空中偈荅云方便智爲燈照見心境界欲知眞實法一切無所見　太原和尚云夫欲發心入道先須識自本心若不識自本心如狗逐塊非師子王也善知識直指心者即今語言是汝心舉動施爲更

是阿誰除此之外更無別心若言更別有者即如演若覓頭經云信心清淨即生實相又經云無依是佛母佛從無處生　天皇和尚云只今身心即是性身心不可得即三界不可得乃至有性無性揔不可得無佛無衆生無師無弟子心空三界一切揔空以要言之三界內外下至蠖蠓蠢動之者悉在一塵中彼此咸等一一皆如是各各不相妨一切法門千般萬種只明見性更無餘事　興善和尚云從上已來祖佛相傳一心之法以心印心不傳餘法初祖指一言以直說譬如龍吐水至津津滿至河乃至大海龍是水之源以知如今已後學人相傳一心之法皆是簡要說而喚心時不得別覓佛當佛時不得更求心是以若人信自心是佛此人所有言說當能轉法輪若人不信自心是佛此人所有言說皆是謗方等大乘所以經云性外得菩提譬如壓砂求油不是油正因　顯禪師有問涅槃明衆生即佛性佛性即衆生但以時異有淨不淨未審非情亦是衆生不荅經云文殊問金色女汝身有五陰十二入十八界不女言如我身有五陰十二入十八界梵網經云一切地水是我先身一切火風是我本體又依正二身至相依立華嚴經云一切法無相是則佛眞體經明若計靈智之心是常色是敗壞無常者則外道斷常之見華嚴明衆生界即佛界佛界即法界法界之外更無別法乃至萬法雖異其體常同若不迷於所同體用常無有二無二之旨蓋出世之要津一念相應不隔凡成聖矣　卧輪

禪師云詳其心性湛若虛空本來不生是亦不滅何須收捺但覺心起即須向內反照心原無有根本即無生處無生處故心即寂靜無相無爲　南泉和尚云然燈佛道了也若心想所思出生諸法虛假合集彼皆不實何以故心尚無有何所出生若取諸法猶如分別虛空如人取聲安置篋中亦如吹網欲令氣滿又云如今但會一如之理直下修行又云但會無量劫來性不變即是修行

汾州無業和尚初問馬祖三乘至理粗亦研窮常聞禪師即心是佛實未能了伏願指示馬祖曰即汝不了底心即是更無別物不了時是迷了時是悟亦猶手作拳拳作手也師又問如何是祖師西來密傳心印祖曰大德正鬧在且去別時來一足始跨門限祖云大德便卻迴頭祖云是什麼遂豁然大悟示徒云祖師來此土觀其衆生有大乘根性唯傳心印印汝諸人迷情得之者即不論凡之與聖愚之與智多虛不如少實大丈夫兒不如直下休歇去好頓息萬緣截生死流迥出常格靈光獨照物類不拘巍巍堂堂三界獨步何必身長丈六紫磨金輝項佩圓光舌相長廣若以色見我是人行邪道設有眷屬莊嚴不求而自至山河大地不礙眼光一聞千悟獲大總持又臨終告衆云汝等見聞知覺之性與虛空齊壽猶如金剛不可破壞一切諸法如影如響無有實者經云唯此一事實餘二即非眞言訖奄然而化　眞覺大師云夫心性靈通動靜之原莫二眞如絕慮緣計之念非殊識見紛馳窮之則唯一寂靈原不

狀鑒之則乃千差千差不同法眼之名自立一寂非異慧眼之号斯存理量雙消佛眼之功圓著是以三諦一境法身之理恒清三智一心般若之明常照境智冥合解脫之應隨機非縱非橫圓伊之道玄會故知三德妙性宛尒無乖一心深廣難思何出要而非路是以即心爲道者可謂尋流而得源矣

神秀和尚云一切非情以是心等現故淤淨隨心有轉變故無有餘性要依緣故謂緣生之法皆無自性空有不俱即有情正有時非情必空故他即自故何以故他無性以自作故即有情修證是非情修證也經云其身周普等眞法界既等法界非情門空全是佛故又非情正有時有情必空故自即他故何以故自無性以他作故即非情無修無證是有情無修無證也善財觀樓閣時徧周法界有情門空全一閣故經云衆生不違一切剎剎不違一切衆生雖云有無同時分相斯在矣

隋朝命大師融心論云圓機對教無教不圓理心涉事無事非理無事非理何亂而不定無亂不定則定亂兩亡無事非理故事理雙絕乃至雖離二邊非有邊而可離言亡四句實無句而可亡此處幽玄融心可會若以心融心非融心矣心常如實何所融也實不立心說融心矣　智達禪師心境頌云境立心便有心無境不生若將心繫境心境兩俱盲境心各自住心境性恒清悟境心無起迷心境共行若迷心作境心境亂縱橫悟境心元淨知心境本清知心無境性了境心無形境虛心寂寂心照境玲玲　甘泉和尚云夫

欲發心入道先須識自本心心者萬法衆生之本三世諸佛十二部經之宗雖即觀之不見其形應用自在所作無礙洞達分明了了無異若未識者以信爲先信者信何物信心是佛無始無明輪迴生死四生六道受種種形只爲不敢認自心是佛若能識自心心外更無別佛佛外無別心乃至舉動施爲更是阿誰除此心外更無別心若言別更有者汝即是演若達多將頭覓頭亦復如是千經萬論只緣不識自心若了自心本來是佛者一切唯假名況復諸三有則明鏡可以鑒容大乘可以印心又云求經覓佛不如將理勘心若勘得自心本自清淨不須磨瑩本自有之不因經得何乃得知經云修多羅教如標月指若復見月了知所標若能如是解者一念相應即名爲佛　普岸大師云大道虛曠唯一眞心善惡勿思神清物表更復何憂潙山和尚云內外諸法盡知不實從心化生悉是假名任他法性周流莫斷莫絕

臨濟和尚云如今諸人與古聖何別你且欠少什麽六道神光未曾間歇若能如是秖是箇一生無事人欲得與祖佛不別但莫向外馳求你一念清淨光是你屋裏法身佛你一念無分別光是你屋裏報身佛你一念差別光是你屋裏化身佛此三種身即是今日目前聽法底人此三種是名言明知是光影大德且要識取弄光影底人是諸佛本源是一切道流歸舍處你四大六根及虛空不解聽法說法是箇什麽物歷歷地孤明勿箇形段是這箇解說法聽法所以向你道向五陰身

田内有無位眞人堂堂顯露無絲髮許間隔何不識取大德心法無形通貫十方在眼曰見在耳曰聞本是一精明分成六和合心若不生隨處解脫灌溪和尚偈云五陰山中古佛堂毗盧晝夜放圓光箇中若了非同異即是華嚴徧十方　　石頭和尚云且汝心體離斷離常性非垢淨湛然圓滿凡聖齊等應用無方三界六道唯自心現水月鏡像有生滅耶汝能知之無所不備諸聖所以降靈垂範廣述浮言蓋欲顯法身本寂令歸根耳　黄蘗和尚云達磨西來唯傳一心法直下指一切衆生心本來是佛不假修行但令識取自心見自本性莫別求法云何識自心即如今言語者是汝心若不言語又不作用心體猶如虛空相似實無相貌亦無方所亦不一向是無只是有而不見又云但悟一心更無少法可得此即眞佛佛與衆生一心更無有異不如言下自認取本法此法即心心外無法此心即法法外無心　　丹霞和尚云汝等保護一靈之物不是汝造作得不是汝說邈得吾此地無佛無涅槃亦無道可修無法可證道不屬有無更修何法唯此餘光在在處處則是大道　　水潦和尚云若說一法十方諸佛收入一法中百千妙門在一毛頭上千聖同轍決定不別普照十方猶如明鏡心地若明一切事盡皆看破從上已來以心傳心本心即是法　　仰山和尚云頓悟自心無相猶若虛空寄根發明即本心具恒沙妙用無別所持無別安立即本地即本土　大顛和尚云老僧往年見石頭和尚問曰阿

那箇是汝心對云言語者是心被師喝出經旬日却問前日既不是心除此之外何者是心師云除却揚眉動目一切之事外直將心來對云無心可來師云汝先來有心何得言無心無心盡同謗我時於言下大悟即對云既令某甲除却揚眉動目一切之事和尚亦須除之師云我除竟對云將示和尚了也師云汝既將示我心如何對云不異和尚師云不關汝事對云本無物師云汝亦無物對云既無物即眞物師云眞物不可得汝心現量意旨如此也大須護持　　三平和尚偈云即此見聞非見聞無餘聲色可呈君箇中若了渾無事體用無妨分不分又偈云見聞知覺本非因當體虛玄絕妄眞見相不生癡愛業洞然全是釋迦身　　安國和尚云經云應無所住而生其心無所住者不住色不住聲不住迷不住悟不住體不住用而生其心者即是一切處而顯一心若住善生心即善現若住惡生心即惡現本心即隱沒若無所住十方世界唯是一心信知風幡不動是心動有權越問和尚是南宗北宗荅云我非南宗北宗心爲宗又問和尚曾看教不荅云我不曾看教若識心一切教看竟學人問何名識心見性荅喻如夜夢見好與惡若知身在牀上安眠全無憂喜即是識心見性如今有人聞作佛便喜聞入地獄即憂不達心佛在菩提牀上安眠妄生憂喜　　歸宗和尚云即心是佛徹底唯性山河大地一法所印是大神呪眞實不虛是諸佛之本原菩提之根骨佛何者是即今言下是更無別人經云譬

如一色隨衆生見得種種名一切法唯是一法隨處得名　　大悲和尚云能知自心性含於萬法終不別求念念功夫入於實相若不見是義勤苦累劫亦無功夫　早堂和尚云夫帝網未張千瓔爲觀宏綱忽舉萬目自開心佛雙照觀也心佛雙亡止也定慧既均亦何心而不佛何佛而不心心佛既然則萬境萬緣無非三昧也　　百丈慧海和尚因撥火示潙山靈祐因茲頓悟百丈乃謂曰此暫時岐路經云欲見佛性當觀因緣時節時節既至如迷忽悟似忘忽憶方省舊道已物不從他得是故祖師云悟了同未悟無心得無法秖是無虛妄凡聖等心本來心法元自備足是汝今既介善自護持又廣語問云見不荅見又問見復如何荅見無二既云無二不以見見於見若見更見爲前見是爲後見是經云見見之時見非是見所以云不行見法不行聞法不行覺法諸佛疾與授記又云自心是佛照用屬菩薩自心是主宰照用屬客如波說水照萬有以顯功若能寂照不存玄旨自然貫於今古如云神無照功至功常存又云如今欲得驀直悟解但人法俱泯俱絕俱空　　盤山和尚云大道無中復誰前後長空絕跡何用量之空既如是道豈言哉心月孤圓光吞萬像光非照境境亦非存光境俱亡復是何物譬如擲劍揮空莫論及之不及斯乃空輪無跡劍刃非虧若能如是心心無知全心即佛全佛即人人佛無異始爲道矣　　大梅和尚初問馬祖如何是佛荅即汝心是問如何是法荅亦汝心是問

祖無意耶答汝但識取自心無法不備後住梅山示衆云汝等諸人應當各自明心達本勿逐其末但得其本其末自至汝等欲得其本但識取汝心此心元是一切世間出世間法之根本但心不附一切善惡而生即知萬法本自如如時有學人問心外別無法耶答祖佛是汝心生耳心是萬法之本豈別有法過於心耶釋曰如六祖云善惡都莫思量自然得入心體湛然常寂妙用恒沙以諸佛是極善邊際衆生是極惡邊際以善惡收盡一切法故云若不思量全歸心體但有微毫之法皆是思想心生如寒山子頌云萬機俱泯跡方見本來人泯之一字未必須泯以心外元無一法所見唯心如谷應聲鏡寫我像祇謂衆生不達鼓動心機立塵別之前塵如空華起滅織無邊之妄想似燄水奔騰不復一心本源故令泯絕若入心體雖去湛然不落斷滅自然從體起用周徧恒沙又大梅云此心法門眞如妙理不增不減種種方便善能應用當知摠是此性本來具足不生不滅能知三世一切作用所以云我觀久遠猶若今日常在於其中經行及坐臥　巖頭和尚云於三界中有無唯自己知更無餘事但識自己本來面目喚作無依神蕩蕩地若道別有法有祖賺汝到底但向方寸中香逈逈明朗但無欲無依便得決了　高城和尚謌云無相心能運耀應聲應色隨方照雖在方而不在方任運高低摠能妙尋無頭復無尾燄光運運從何起只者如今全是心心用明心心復介不居方何處覓運用無蹤復無跡

識取如今明覓人終朝莫謾別求的勸心學近叢林莫將病眼認華針說教本窮無相理廣讀元來不識心識取心了取境識心了境禪河靜若能了境便識心萬法都如閒婆影千頃和尚云一切衆生驢騾象馬蜈蚣蚰蜒十惡五逆無明妄念貪瞋不了之法並從如來藏中顯現本來是佛只爲衆生從無始劫來瞥起一念從此奔流迄至今日所以佛出世來令滅意根絕諸分別一念相應便超正覺豈用教他多知多解擾亂身心所以菩提光明不得發現汝今但能絕得見聞覺知於物境上莫生分別隨時著衣喫飯平常心是道此法甚難學人問和尚夜後無燈時如何師云悟道之人常光現前有什麼晝夜問何不見和尚光師云擬將什麼眼見學人云世人同將現在眼見師彈指云苦哉一切衆生根塵相涉從無始來認賊爲子至于今日常被枷鎖汝將眼見意識分別擬求佛道即是背却本心逐念流轉如此之人對面隔越
惟政和尚云古聖今聖其理齊焉昔日日今日日照不雨鮮昔日風今日風鼓無二動一滴之水潤爲大海之水潤焉又頌云一念得心頓超三界見無所見貪瞋爛壞
牛頭山忠和尚學人問夫入道者如何用心答曰一切諸法本自不生今則無滅汝但任心自在不須制止直見直聞直來直去須行即行須住即住此即是眞道經云緣起是道場知如實故又問今欲修道作何方便而得解脫答曰求佛之人不作方便頓了心原明見佛性即心是佛非妄非眞故經云正直捨

方便但說無上道又問眞如妙法理智幽深淺識之徒如何得見答曰汝莫謗佛佛不如是說一切諸法非深非淺汝自不見謂言甚深若也見時觸目盡皆微妙何以高推菩薩別立聖人且如生公云非曰智深物深於智耳此傷不達之詞耳汝莫揀擇法莫存取捨心故云法無有比無相待故夫經者以身心爲義華嚴經云身是正法藏心爲無礙燈照了諸法空名曰度衆生　衆山和尚云目前無法意在目前不是目前法非耳目之所到　大安和尚云汝諸人各自身中有無價大寶從眼門放光照破山河大地耳門放光領覽一切善惡音聲六門晝夜常放光明亦名放光三昧汝自不識在四大身中內外扶持不教傾側兩脚手斗大擔得石二擔從獨木橋上過亦不教伊倒地且是什麼汝若覓毫氂即不可見故志公云內外推尋覓摠無境上施爲渾大有　長沙和尚偈云最甚深最甚深法界人身便是心迷者迷心爲衆剎悟時剎海是眞心身界二塵元實相分明達此号知音又學人問盡法界衆生識心最初從何而有偈答云性地生心主心爲萬法師心滅心師滅方得契如如　龍牙和尚云夫言修道者此是勸喻之詞接引之語從上已來無法與人只是相承種種方便爲說出意旨令識自心究竟無法可得無道可修故云菩提道自然今言法者是執持之名道是衆生體性未有世界早有此性世界壞時此性不滅喚作隨流之性常無變異動靜與虛空齊等喚作世間相常住亦名第一義

空亦名本際亦名心王亦名真如解脫亦名菩提涅槃百千異号皆是假名雖有多名而無多體會多名而同一體會萬義而歸一心若識自家本心喚作歸根得旨譬如人欲得諸流水但向大海中求欲識萬法之相但向心中契會會得玄理舉體全真萬像森羅一法所印　德山和尚云若有一塵一法可得與汝執取生解皆落天魔外道只是箇靈空尚無纖塵可得處處清淨光明洞達表裏瑩徹又云汝莫愛聖聖是空名更無別法只是箇烜赫靈空無礙自在不是莊嚴修證得從佛至祖皆傳此法而得出離　牛頭下佛窟和尚云若人不信一文殊說十方文殊一時說一佛涅槃一切諸佛俱涅槃何以故不違色根本故問了色性無所有是本不荅此是住覲語非是即事是根本若即事見者只汝生老病身及無明婬怒是色根本事外無理故是以若了一色根本即舉十方色同名爲一說一切說一涅槃一切涅槃當知色體無性性無不包又云雖同凡夫而非凡夫不得凡夫不壞凡夫謂別有殊勝在心外者即墮魔網我今自觀身心實相作佛即是見十方佛同行同證處問佛身無偏戒定熏修五陰不縛不脫不敢有疑且如大品經云衆生不善五陰之身亦不縛不脫甚令人驚疑荅若向衆生五陰外別有諸佛解脫無有是處只了衆生自性從本已來無有二法可得誰縛誰脫何得更有縛脫之異問經云衆生與佛平等無有縛脫何得六道衆生沉淪不得解脫荅衆生不了色心清淨妄想顛倒不

得解脫若知人法常空其中實無縛脫問作何觀行懺悔臨終免被業牽荅汝須深信諸佛所行所說處與我今日所行所說處無別乃至成佛尚不得涅槃相何況中間罪福妄業可得此是真實正知正見真實修行真實懺悔但於行住坐卧不失此觀臨終自然不失正念　佛窟下雲居和尚心境不二篇云世出世間俱不越自一念妄心而有一念纔起萬像分劑一念相生便成心境若非心境何得有念可見既有所見之念又有能見之心將知念即是境見即是心所見之念便成色蘊能見之心便成四蘊經云五蘊是世間一念具五蘊一一蘊中皆具五蘊故得一不礙多多不礙一所以心境交通互爲賓主經云境智互相涉入重重無盡即是一塵含法界一一法皆徧也觀自一念動即恒沙世界一時撼動觀自一念常定即六道衆生悉皆常定若諦了一念之體即恒沙世界常現自心由迷一念即境智胡越　大珠和尚云心性無形即是微妙法身心性體空即是虛空無邊身示行莊嚴即是功德法身此法身是萬化之本隨處立名智用無盡是無盡藏問何者是法身荅心能生恒沙萬法故号法家之身經云一念心塵中演出恒沙偈時人自不識問真法幻法各有種性不荅佛法無種應物而現若心真也一切皆真若有一法不真真義則不圓若心幻也一切皆幻若有一法不是幻幻法則有定若心空也一切皆空若有一法不空空義則不圓迷時人逐法悟罷法由人森羅萬像至空而極百川衆

流至海而極一切賢聖至佛而極十二部經五部毗尼四圍陀論至心而極心是總持都院萬法之原亦是大智慧藏無住涅槃百千名号皆是心之異名　先洞山和尚心丹訣云吾有藥号心丹煩惱爐中鍊歲年知伊不變胎中色照耀光明徧大千開法眼觀毫端能變凡聖刹那間要知真假成功用一切時中鍛鍊看無形狀勿方圓言中無物物中言有心用即乖真用無意安禪無不禪亦無滅亦無起森羅萬像皆驅使不論州土但將來入此爐中無不是無一意是吾意無一智是吾智無一味無不異色不變轉難辯更無一物於中現莫將一物制伏他體合真空非鍛鍊　先曹山和尚云古佛心牆壁瓦礫是者亦喚作性地亦稱體全功亦云無情解說法若知有這裏得無辯處十方國土山河大地石壁瓦礫虛空與非空有情無情草木叢林通爲一身喚作得記亦云一字法門亦云總持法門亦云一塵一念亦喚作同轍若是性地不知有諸佛千般喻不得萬種況不成千聖萬聖盡從這裏出從來不變異故云十方薄伽梵一路涅槃門　靈辯和尚云夫一心不思議妙義無定相應時而用不可定執經云一切賢聖皆以無爲法而有差別用有差別隨處得名究竟不離自心此心能壞一切能成一切故云一切法皆是佛法心作天心作人心作鬼神畜生地獄皆心所爲好惡皆由心要生亦得要不生亦得即是無礙義只今一切施爲行住坐卧即是心相心相無相故名實相體無變動亦名如來如者

不變不異也無中現有有中現無亦曰神變亦曰神通揔是一心之用隨處差別即多義一中解無量無量中解一了彼互生起當成無所畏又東方入正定西方從定出書了心外無法一切唯心即無一法當情無有好惡是非即不怖生死一切處皆是解脫故云當成無所畏縱然心外有一切境法亦從自心妄想因緣而生無有自性其體本空如幻如化　先雲居和尚云佛法有什麼多事行得即是但知心是佛莫愁佛不解語欲得如是事還須如是人若是如是人愁箇什麼若去如是事即不難自古先德淳素任真元來無巧設有人問如何是道或時荅甗甎木頭作麼皆重元來他根本脚下實有力即是不思議人把土成金若無如是事饒你說得簇華簇錦相似直道我放光動地世間更無過也盡說却了合殺頭人揔不信受元來自家脚下虛無力釋曰雲居和尚乃物外宗師此土七生爲善知識道德孤邁智海泓深具大慈悲常盈千衆所示徒云但知心是佛莫愁佛不解語者此爲今時學人一向外求但學大乘之語不能返本内自觀心明見天真之佛若了此心佛即自然智無師之智現前何煩外學如云從門入者非實又云從天降下即貧窮從地涌出却富貴若從心地涌出智寶有何窮盡故云無盡之藏但若得心真實去根脚下諦去自然出語盡與實相相應言下救人生死變凡爲聖提礫成金道有亦得道無亦得句句悉成言教若也心中未諦圓信不成空任虛浮只成自誑直饒辯說縱橫只增狂慧設或說得天華墜石點頭事若不眞揔成妖幻所以志公見雲光法師講法華經感天華墜云是齩蚤之義是以先聖誡言實爲後學龜鏡可以刻骨可以書紳令偏搜揚深有意矣

宗鏡録卷第九十八

音義

畐（芳逼反，滿也） 陟（竹力反） 晃（胡廣反，明也） 莽（莫補反） 鹵（郎古反） 瓚 [illegible]

腑（方矩反） 靖（疾郢反） 遷 蛻（舒芮反） 曇 [illegible]

蒸 [illegible] 氈 [illegible] 槃 [illegible] 覺 [illegible] 壓 [illegible] 顯 [illegible]

蔞 [illegible] 藍 [illegible] 獼 [illegible] 堂 [illegible]

滌 [illegible] 龍 [illegible] 賺 [illegible] 驪 [illegible] 騾 [illegible]

蠑 [illegible] 蚣 [illegible] 蚰 [illegible] 蜒 [illegible] 烜 [illegible]

剥 [illegible] 竅 [illegible] 紳 [illegible] 敲 [illegible] 鑿 [illegible] 搜 [illegible]

戊申歲分司大藏都監開板

宗鏡録卷第九十八

校勘記

一　底本，麗藏本。

一　七九九頁上三行「志公」，徑、清作「南岳思大」。

一　七九九頁上一一行第四字「菡」，磧、南、徑作「鹵」。

一　七九九頁上二六行第五字「常」，徑作「嘗」。

一　七九九頁中一〇行第一四字「常」，磧、南、徑、清作「當」。

一　七九九頁中一八行第六字「許」，磧、南、徑、清作「計」。

一　八〇〇頁中九行末字「生」，磧、南、徑、清作「等」。

一　八〇〇頁下一九行末字「絶」，磧、南、徑、清作「續」。

一　八〇一頁上二行第六字「德」，磧、南、徑、清作「心」。

一　八〇一頁上一二行第一五字「今」，磧、南、徑、清作「令」。

一八〇一頁中四行第六字「來」，徑作「將來」。

一八〇一頁下五行第一六字「綱」，磧、南、清作「網」。

一八〇二頁中一六行第一二字「苦」，磧、南作「善」。

一八〇二頁中二一行第一五字「二」，磧、南作「一」。

一八〇二頁下二二行第一四字「主」，磧、南、徑、清作「王」。

一八〇三頁上二三行第四字「同」，磧、南、徑作「問」。

一八〇三頁上二七行「二法」，磧、南、徑、清作「一法」。

一八〇三頁中二一行首字「虚」，磧、南、徑、清作「度」。

一八〇三頁下一四行第九字「古」，磧、南、徑、清無。

宗鏡録卷第九十九　　　　茂

慧日永明寺主智覺禪師延壽集

夫製論釋經傍申佛意或法身大士垂迹闡助化之門或得旨高人依教弘法施之道乃至義疏章鈔銘訣讚序等與宗鏡相應者皆當引證是以衆生言論悉法界之所流外道經書盡諸佛之所說　大智度論云諸法入佛心中唯一寂滅一三昧門攝無量三昧如牽衣一角舉衣皆得亦如得蜜蜂王餘蜂盡攝又頌云佛法相雖空亦復不斷滅雖生亦非常諸行業不失諸法如芭蕉一切從心生若知法無實是心亦復空　毗婆沙論云善覺長者爲那伽說四韋陀典曰若人心生而不起若人心起而不滅心起而起心滅而滅又云若離初發心則不成無上道所以云一切功德皆在初心　大乘攝論云問何以故此識取此識爲境若無有法能取餘法雖不能取此識變生顯現如塵譬如依面見面謂我見影此影顯現相似異面　顯揚論云由所依所緣力而得建立由所依力者謂立眼識乃至意識由所緣力者謂立色識乃至法識青識黃識乃至苦識樂識　發菩提心論云過去已滅未來未至現在不住雖如是觀心心數法生滅散壞而常不捨聚集善根助菩提法是名菩薩觀三世方便　大乘阿毗達磨雜集論云如契經等法如理作意發三摩地依止定心思惟定中所知影像觀此影像不異定心依此影像捨外境想唯定觀察自想影像介時菩薩了知諸法唯自心故內住其心知一切種所取境界皆無

所有所取無故一切能取亦非眞實故次了知能取非有次復於內捨離所得二種自性證無所得依此道理佛薄伽梵妙善宣說偈云菩薩依靜定觀心所現影捨離外塵想唯定觀自想如是內安心知所取非有次觀能取空後觸二無得依者謂轉依捨離一切麁重得清淨轉依故　十二門論偈云衆緣所生法是即無自性若無自性者云何有是法釋曰故知萬法從心所生皆無自性所依之心尚空能依之法何有　入大乘論云若離衆生則無有得菩提道者從衆生界出生一切諸佛菩提如尊者龍樹所說偈云不從虛空有亦非地種生但從煩惱中而證成菩提故知從心證道不假他緣能成無師自然之智　俱舍論云眼所現見名爲所見從他傳聞名爲所聞自運己心諸所思構名爲所覺自內所受及自所證名爲所知　佛地論云現見虛空雖與種種色相相應而無諸色種種相故如烟霧等共相應故有時見空有種種相由虛妄分別力故但見烟等有種種相非見虛空以虛空性不可見故乃至心淨法界離名言故一切名言皆用分別所起爲境然諸法教亦不唐捐是證法界展轉因故如見字書解所說義由此法教是諸如來大悲所流能展轉說離言說義如以衆彩彩畫虛空甚爲希有若以言說說離言義復過於彼　般若論云須菩提言如來無所說此義云何無有一法唯獨如來說餘佛不說謂佛所說但是傳述古佛之教非自製作釋曰故知此法過去佛已說今佛現說未

來佛當說所以一佛說時十方佛同證乃至智慧刹土眞俗等法凡聖等性皆同無二以唯共一心故終無異旨如華嚴經佛不思議品云佛子諸佛世尊有十種無二行自在法何等爲十所謂一切諸佛悉能善說授記言辭決定無二一切諸佛悉能隨順衆生心念令其意滿決定無二一切諸佛悉能現覺一切諸法演說其義決定無二一切諸佛悉能具足去來今世諸佛智慧決定無二一切諸佛悉知三世一切刹那即一刹那決定無二一切諸佛悉知三世一切佛刹入一佛刹決定無二一切諸佛悉知三世一切佛語即一佛語決定無二一切諸佛悉知三世一切諸佛與其所化一切衆生體性平等決定無二一切諸佛悉知世法及諸佛法性無差別決定無二一切諸佛悉知三世一切諸佛所有善根同一善根決定無二是爲十又信心銘云要急相應唯言不二可成堅信永斷纖疑則宗鏡之文傳光不朽矣　廣百論云覺慧等諸心心法非隨實有諸法轉變但隨串習成熟種子及心所現衆緣勢力變生種種境界差別外道等隨其自心變生種種諸法性相若法性相是實有者豈可如是隨心轉變諸有智者不應許彼所執現在實法有生以必不從去來二世更無第三可從生故滅必隨生生既非有滅亦定無乃至三世行皆相待立如長短等何有實性又須云眼中無色識識中無色眼色內二俱無何能令見色依他起性即是心心法從緣起時變似種種相名等塵應知有心心法但無心外所執諸

塵云何定知諸法唯識故佛告善現無毛端量實物可依　　寶藏論云夫天地之內宇宙之間中有一寶秘在形山識物靈照內外空然寂寞難見其謂玄玄巧出紫微之表用在虛無之間端化不動獨而無雙聲出妙響色吐華容窮觀無所寄号空空唯留其聲不見其形唯留其功不見其容幽顯朗照物理玄通森羅寶印萬像眞宗乃至其寶也煥煥煌煌朗照十方隱寂無物圓應堂堂應聲應色應陰應陽奇特無根妙用常存瞬目不見側耳不聞其本也冥其化也形其爲也聖其用也靈可謂大道之眞精其精甚靈萬有之因凝然常住與道同倫故經云隨其心淨即佛土淨任用森羅其名曰聖　　釋摩訶衍論云一切諸法一心量無心外法以無心外法故豈一心法與一心法作障礙事亦一心法與一心法作解脫事無有障礙無有解脫一心之法一即是心心即是一無一別心無心別一一切諸法平等一味一相無相作一種光明心地之海　　寶生論偈云微笑降伏大魔軍明智覺了除衆欲於此大乘能善住深識愛原唯自心　　寶性論偈云如空徧一切而空無分別自性無垢心亦徧無分別　　金剛三昧論云一切心相本來無本本無本處空寂無生若心無生即入空寂空寂心地即得心空善男子無相之心無心無我一切法相亦復如是者一切心相種子爲本求此本種永無所得若是現在則與果俱無本末異如牛兩角若已過去則無作因無體性故猶如兎角如是道理本來法尒故言本來無本又生滅心生必依本處本處既無則不得生當知心相本來無生故言空寂無生所入空寂即是一心一切所依名之爲地故言即入空寂之心地　　分別功德論云有論沙門行諸禪觀或在塚間或在樹下時在塚間觀於死屍夜見餓鬼打一死屍沙門問曰何以打此死屍耶答曰此死屍困我如是是以打之道人曰何以不打汝心打此死屍當復何益也於須臾頃復有一天以天曼陀羅華散一臭屍沙門問曰何爲散華此臭屍耶答曰由我此屍得生天上此屍即是我之善友故來散華報往昔恩道人答曰何以不散華汝心中乃散臭屍夫爲善惡之本皆心所爲乃捨本求末耶　　思益論云不見一切諸法是菩提相不證一法而證諸法是故說爲應正徧知　　金剛論云教中譬如星宿爲日所映有而不現能見心法亦復如是釋曰此有二解一若迷心爲境如日爍眼光入室不見自物如被外境所換不見自心亦復如是二若以悟境是心則萬法如星宿一心如日光心光徧爍時無法可披露　　法性論云蓋聞之先覺曰體空入寂莫先於見法尋法窮原莫妙於得性得性則照本照本則達自然達自然見緣起見緣起斯見法法乎心法者神明之營魄精識之丹譽其運也將窮其原必存其要要而在用者其唯心轉也弥綸於萬行其感物也會通於群數統極而言則無不在矣　　顯性論云一念見性者見性是凡聖之本體普徧一切而不爲一切之所傾動在染不染而能辯染在淨不淨而能辯淨其性不在一切法而能徧一切法若觀一法即不見性若不覩一法亦不見性其性不在觀不在不覩於一衆生身中見心性時一切衆生悉皆見於一微塵中見心性時一切微塵悉皆見以性徧凡聖善惡故凡處徹聖處聖處徹凡處善惡相徹本性自尒以一切法並不得取並不可捨性相自尒自性淨故終日說不得一說終日聞不得一聞終日見不得一見終日知不得一知並非凡聖之所安立是故經云若我出世及不出世此法常然　　顯宗論云我此禪門一乘妙旨以無念爲宗無住爲本眞空爲體妙有爲用夫眞如無念非念想能知實相無生豈色心能見眞如無念念者即念眞如實相無生生者即生實相無住而住常住涅槃無行而行能超彼岸如如不動動用無窮念念無求常求無念用而常空空而常用用而不有即是眞空空而不無便成妙有妙有即摩訶般若眞空即清淨涅槃般若無見能見涅槃涅槃無生能生般若西天諸祖共傳無住之心同說如來知見　　顯正論云問欲顯何義名爲顯正答欲顯明一切衆生本原清淨無生心體即是諸佛之正性也所以者何一切萬法心爲其本然其心性都無所依體自圓融不礙萬法雖應現萬法而性自常眞無住無依不可取捨　　勝天王經云清淨心性爲諸法本自性無本虛妄煩惱皆從邪念顚倒而生當知此心即是最勝清淨第一義諦一切諸佛證知所歸問曰定以何法爲心體答曰不應求心之定體何以故心非所緣

無無相故亦云非能所絕相待故體不可染性常淨故非合非散自性離故不礙緣起性虛融故不可說示名字空故諸法虛淨緣相離故靈照不竭用無盡故果報不同作業異故因果宛然不斷絕故亦非真實業性如幻故又不斷絕現施爲故亦不可取畢竟空故諸法平等一相如故境智無差離分別故萬法即空性無生故是以一切分別不離自心一切諸境不離名相若了萬法不了自心分別無由能絕乃至楞伽經云若彼心滅盡無乘及乘者無有乘建立我說爲一乘彼心者即取相所得心也一乘者即離相清淨無生心也此心悉能包含運載一切諸法故名一乘　法苑珠林云夫擁其流者未若杜其源揚其湯者未若撲其火何者源出於水源未杜而水不窮火沸於湯火未撲而湯詎息故有杜源之客不擁流而自乾撲火之人不揚湯而自止故知心爲源境爲流不察本心源但隨諸法轉意如火事如湯不制自意地唯從境界流斯皆失本迷源隨流徇末若能頓明意地直了心源不求脫於諸塵不繫縛於一法可謂究末過本尋流得源矣迷乃無功而自辦無作而自成顯此一心萬法如鏡歸心論云夫論心性者若別說一一生佛皆以法界爲身一一摩耶胎內亦如是廣狹皆等不相妨礙若摠說一一生佛同在胎內十方諸如來同共一法身互隱互顯互存互奪重重互現皆不思議法界說時不增不說時不減性海如是豈可言盡不盡耶
六妙門云此爲大根人善識法要不由次第懸照諸法之原所謂衆生心也一切法由心而起若能反觀心性不得心原即知萬法皆無根本　頓教五位門云第一識心者語是心見是心聞是心覺是心知是心此是第一悟一一能知如許多心皆是一心一心能徧一切處第二知身同無情身不知痛痒好惡一切皆是心不干身事心能作人畜心能作魚鳥第三破四大身身即是空空即是無生空無內外中間離一切相第四破五陰色陰若有四陰不虛色陰若無四陰何有第五見性成佛湛然常住　十住經序云以靈照故統名一心以所緣故摠号一法若夫名隨數變則浩然無際統以心法則未始非二十二門論序云論之者欲以窮其心原盡其至理也若一理之不盡則衆異紛然有惑趣之乖一原之不窮則衆途扶踈有殊致之迹殊致之不夷乖趣之不泯大士之憂也
般若燈論序云始夫萬物非有一心如幻心如幻故雖動而恒寂物非有故雖起而無生是以聖人說如幻之心鑒非有之物了物非物則物物性空知心無心則心心體寂達觀之士得其會歸而忘其所寄於是分別戲論不待遣而自除無得觀門弗假修而已入蕩蕩焉不出不在無住無依者也　華嚴論云猶如大海有清淨德而能影現七金山等衆生心海影現六道四生分明顯現山河大地色空明闇等　緣生論云元是一心積爲三界凡則迷而起妄聖則悟以通眞
陀羅尼三昧法門偈云是法法中高猶如須弥山是法法中海衆源所共歸是法法中明猶如星中月是法法中燈能破無邊闇是法法中地荷載徧十方是法法中母出生諸佛種　法華演秘云事理圓融者即種種事稱理而徧以眞如理爲洪鑪融萬事爲大冶鐵汁洋溢無異相也若開權顯實一切唯心者亦先融爲本事事無礙也重重交映如地獄苦報身各自徧難思妙事本自如此佛佛自覺衆生不知今解此知即衆生心是佛智也即事玄妙入心成觀　法華玄贊疏云如經中說一時者即是唯識時說聽二徒心識之上變作三時相狀而起實是現在隨心分限變作短長事緒終訖摠名一時如夢所見謂有多生覺位唯心都無實境聽者心變三世亦尒唯意所緣是不相應行蘊法界法處所攝此言一時一則不定約剎那工則不定約相續三則不定約四時六時八時十二時等四則不定約成道已後年數時節名爲一時但是聽者根熟感佛爲說說者慈悲應機爲談說聽事訖摠名爲一時不定約剎那等者聽法之徒根器或鈍說時雖短聽解時長或說者時長聽者亦久於一剎那猶未能解故非剎那亦不定約相續者猶能說者得陀羅尼說一字義一切皆了或能聽者得淨耳意聞一字時一切能解故非相續由於一會聽者根機有利有鈍如來神力或延短念爲長劫或促多劫爲短念亦不定故摠約說聽究竟名時亦不定約四時六時八時十二時者一日一月照四天下長短暄寒近遠晝夜諸方不定恒二天下同起用故又除巳下上諸天等無此四時及八時等經擬上地諸

方涨通若說四時等涨行不偏故亦不定約成道已後年數時節者三乘凡聖所見佛身報化年歲短長成道已來近遠各不同故釋曰上所說不定約剎那時及相續時與四時六時八時十二時等及約成道已後年數時節名爲一時者以長短不定前後無憑但說唯心之一時可爲定量無諸過失事理相當既亡去取之情又絕斷常之見不唯一時作唯識解實乃萬義皆歸一心則稱可教宗深諳秘旨能開正見永滅群疑所以經云一切諸法以實際爲定量又云但以大乘而爲解說令得一切種智故知但說大無過大言大乘者即是一心之乘乘是運載義若論運載豈越心耶又夫不識心人若聽法看經但隨名相不得經旨如僧崖云今聞經語句句與心相應又釋法聰因聽慧敏法師說法得自於心蕩然無累乃至見一切境亦復如是若不觀心盡隨物轉是故大乘入道安心法云若以有是爲是有所不是若以無是爲是則無所不是一智慧門入百千智慧門見柱作柱解得柱相不作柱解觀心是柱法無柱相是故見柱即得柱法一切形色亦復如是故華嚴經頌云世間一切法但以爲心主隨解取衆相顛倒不如實又古人云六道群蒙自此門出歷千劫而不返一切痛哉是知因心得道如出必由戶何所疑乎　　百法鈔云大乘一切皆是心所變故離心之外更無有法即萬般造作皆不離心千種起言豈超心外　法界觀序云法界者一切衆生身心之本體也從本已來靈明廓徹廣大虛寂唯一眞之境而已無有形貌而森羅大千無有邊際而含容萬有昭昭於心目之間而相不可覩晃晃於色塵之內而理不可分非徹法之慧目離念之明智不能見自心如此之靈通也於是稱法界性說華嚴經令一切衆生自於身中得見如來廣大智慧而證法界也乃至故佛身一毛端則徧一切含一切也世界尒衆生尒塵塵尒念念尒法法尒無有一法定有自體而獨立者　　提婆傳云提婆菩薩博識淵覽才辯絕倫誕名天竺爲諸國所推所愧以爲所不盡者唯以人不信用其言爲憂其國中有大天神鑄黃金像之坐身二丈号曰大自在天人有求願能令現世如意提婆詣廟求入拜見主廟者言天像至神人有見者既不敢正視又令人退後失守百日汝但詣門求願何須見耶提婆言若神必能如汝所說乃從令我見之若不如是豈是吾之所欲見耶時人奇其志氣伏其明正隨入廟者數千萬人提婆既入天像搖動其眼怒目視之提婆問天神則神矣何其小也當以精靈感人智德伏物而假黃金以目多動玻瓈以熒惑非所望也即便登梯鑿出其眼時諸觀者咸有疑意大自在天何爲一小婆羅門所困將無名過其實理屈其詞耶提婆曉衆人言神明遠大故以近事試我我得其心故登金聚出玻瓈令汝等知神不假質精不託形吾既不慢神亦不辱也言已而出即以其夜求諸供備明日清旦敬祠天神提婆先名既重加以智參神契其所發言聲之所及無不響應一夜之中供具精饌有物必備大自在天貫一肉形數高四丈左眼枯沒而來在坐歷觀供饌歎未曾有嘉其德力能有所致而告之言汝得我心人得我形汝以心供人以質饋知而敬我者汝畏而誣我者人汝所供饌盡善盡美矣唯無我之所須能以見與眞上施也提婆言神鑒我心惟命是從神言我所乏者左眼能與我者便可出之提婆言敬如天命即以左手出眼與之天神力故出而隨生索之不已從旦終朝出眼數萬天神讚曰善哉摩納眞上施也欲求何願必如汝意提婆言我稟明於心不假外也唯恨悠悠童蒙不知信受我言神賜我願必當令我言不虛設唯此爲請他無所須神言必如所願於是而退詣寺受出家法剃髮法服周遊揚化於天竺大國之都四衢道中敷高座作三論言一切諸聖中佛聖最第一一切諸法中佛法正第一一切救世衆佛僧爲第一八方諸論士有能壞此語者我當斬首以謝其屈所以者何立理不明是爲愚癡愚癡之頭非我所須斬以謝屈甚不惜也八方論士既聞此言亦各來集而立誓言我等不如亦當斬首愚癡之頭亦所不惜提婆言我所修法仁活萬物要不如者當剃汝鬚髮以爲弟子不斬首也立此要已各撰名理建無方論而與酬酢智淺情近者一言便屈智深情遠者極至二日則辭理俱匱即皆下髮如是日日王家送衣鉢終竟三月度十餘萬人釋曰稟明於心不假外者審如斯悟何往不從故能德動明神鑒大自在天之眼化諸人意度十萬外道之心可謂救世良醫度人妙術不得

斯旨悲願何成自利利他理窮於此

天台無量壽佛跡云就一字說者釋論云所行如所說所說即是敎如即是理行即是行佛即是法身觀即般若無量壽即解脫當知即一達三即三達一一中解無量無量中解一於一字上達無量義況諸字況一題況一經況一切經耶故經云若聞首題名字所得功德不可限量若不如上解者安獲無限功德耶釋云若不歸一心解安獲無限功德以無量功德即一心具足若離心所見皆不圓滿悉成邪倒設具行門皆成分限

起信跡云夫眞心寥廓絕言像於筌罤沖漠希夷亡境智於能所非生非滅四相之所不遷無去無來三際莫之能易但以無住爲性隨派分岐逐迷悟而昇沉任因緣而起滅雖繁興鼓躍未始動於心原靜鑒虛凝未嘗乖於業果故使不變性而緣起染淨恆分不捨緣而即眞凡聖一致其猶波無異水之動故即水以辯於波水無異動之濕故即波以明於水是則動靜交徹眞俗雙融生死涅槃夷齊同貫　安樂集云問何因一念佛之力能斷一切諸障答如經云譬如有人用師子筋以爲琴絃音聲一奏一切餘絃悉皆斷壞若人菩提心中行念佛三昧者一切煩惱一切諸障悉皆斷滅亦如有人構取牛羊驢馬一切諸乳置一器中若將師子乳一渧投之直過無難一切諸乳悉皆破壞變爲淸水若人但能菩提心中行念佛三昧者一切惡魔諸障直過無難　寶藏論注云實此非彼實彼非此鳥跡空文奇特現矣者破彼此也

諸法如幻比鳥跡空文皆從心生奇特現矣又云光超日月德越太淸萬物無作一切無名轉變天地自在縱橫者萬物不能自立人爲作名皆自心起轉變天地了一切唯心則萬法無累其神明即所向自由即自在縱橫

天台涅槃疏云煩惱與身一時者除彼所計之一時若是所解言一時者此是前後而一時一時而前後只於一時義中說有前後即煩惱爲前身屬於後何以故因果無二色心體一三道三德一念無乖五陰五脫制那理等責在破執執已了性同空無前後如炷與明一時有要因炷有明煩惱與身亦然故知前後一心一心前後如是解者有何差別只恐心外取法而自異耳　杜順和尚攝境歸心眞空觀云謂三界所有法唯是一心外更無一法可得故曰歸心謂一切分別但由自心曾無心外境能與心爲緣何以故由心不起外境本空論云由依唯識故境本無體眞空義成故以塵無有故本識即不生由此方知由心現境由境顯心心不至境境不入心常作此觀智慧甚深　唯識序云離心之境克湮即識之塵斯在帶數之名攸顯唯識之稱兆彰故得一心之旨永傳而不窮八識之燈恆然而無盡

宗鏡錄卷第九十九　　茂

音義

燬（呼貴反）煌（胡光反火光也）瞤（舒閏反目瞤也）屣（[illegible]）爍（書藥反灼也）擿（[illegible]）冶（[illegible]）洋（[illegible]）鄜（[illegible]）誕（徒旱反）擿（[illegible]）熒（戶扃反光明也）鑿（在各反）鑽（[illegible]）詆（[illegible]）酬（市流反）酢（在各反酬酢也）匱（求位反乏也）諧（戶皆反和也）沖（直弓反和也）漠（暮各反沙漠也）派（匹卦反分流也）

戊申歲分司大藏都監開板

宗鏡錄卷第九十九

校勘記

一　底本，麗藏本。

一　八〇六頁上七行「諸法」，磧、南、徑作「論法」。

一　八〇六頁上二四行首字「住」，磧、南作「在」。

一　八〇七頁上一〇行第七字「特」，磧、南、徑、清作「物」。

一　八〇七頁中四行「心地」，磧、南作「心地之心」。

一　八〇八頁上一四行第八字「擁」，徑、清作「壅」。一七行第八字同。

一　八〇八頁上二八行「法界」，磧、徑、清作「法身」。

一　八〇八頁中一三行第一六字「非」，清作「有」。

一　八〇八頁下一五行「工則」，磧、南、徑、清作「二則」。

一　八〇九頁上二三行「爲心」，南、徑、清作「心爲」。

一　八〇九頁中七行第三字「故」，南、徑、清作「於」。

一　八〇九頁中八行「一法」，磧、南、徑、清作「法」。

一　八〇九頁中一〇行第一〇字「誕」，清作「擅」。

一　八〇九頁中一七行第六字「從」，清作「當」。

一　八〇九頁下一行第四字「貫」，清作「變」。

一　八〇九頁下二八行第一一字「悟」，徑作「語」。

一　八一〇頁中一四行「自異」，磧作「目異」。

宗鏡錄卷第一百　茂

慧日永明寺主智覺禪師延壽集

東國義相法師釋華嚴經云當知此一部華嚴經雖七處九會而唯在十地品所以者何以根本攝法盡故雖在十地不同而唯在初地何以故不起一地普攝一切諸地功德故一地中雖多分不同而唯在一念何以故三世九世即一念故一切即一故如一念多念亦如是一即是一切一念即多念陀羅尼法主伴相成一即爲主一切爲伴隨舉一法盡攝一切乃至一文一句盡攝一切何以故若無此彼不成故陀羅尼法法如是故經云如來於一語言中演出無邊契經海

復禮法師云觀業義者夫業因心起心爲業用業引心而受形心隨業而作境然則因業受身身還造業從心作境境復生心若影隨形而曲直猶響隨聲而大小矣　慧集法師悟道頌云普光初學道無邊世界動迴天復轉地併入一毛孔　弘沇法師云若人執衆生心外別有無情佛性不徧皆違如來藏徧法界義唯識論云根身器世間即是賴耶相分相分不離見分又云若時於所緣智都無所得離二取相故眞實住唯識如第六識緣現在心唯一剎那誰爲能所設緣三世亦現在心妄分能所若得此意三界唯心法界一相亦何不適　神鍇法師云一念淨心微細如芥子森羅萬像猶若須弥萬像雖復衆多要從一心變起離心之外畢竟無法是則攝相從心云內須弥於芥子也

元康法師云明悟入者如來說法八萬四千

所明至理更無異道華嚴經云一道出生死涅槃經云一道清淨大品經云一相無相淨名經云不二法門論云自知不隨他寂滅無戲論無異無分別是則名實相乃群賢所趣衆義同歸咸指一心之實道矣　智者大師與陳宣帝書云夫學道之法必須先識根原求道由心又須識心之體性分明無惑功業可成一了千明一迷萬惑心無形相內外不居境起心生境亡心滅色大心廣色小心撒乃至知心空寂即入空寂法門知心無縛即入解脫法門知心無相即入無相法門覺心無心即入眞如法門若能知心如是者即入智慧法門　圓覺疏序云夫血氣之屬必有知凡有知者必同體所謂眞淨明妙虛徹靈通卓然而獨存者也衆生之本原故曰心地諸佛之所得故曰菩提交徹融攝故曰法界寂靜常樂故曰涅槃不濁不漏故曰清淨不妄不變故曰眞如離過絕非故曰佛性護善遮惡故曰摠持隱覆含攝故曰如來藏超越玄秘故曰密嚴國統衆德而大備鑠羣昏而獨照故曰圓覺其實皆一心也背之則凡順之則聖迷之則生死始悟之則輪迴息親而求之則止觀定慧推而廣之則六度萬行引而爲智然後爲正智依而爲因然後爲正因其實皆一法也終日圓覺而未嘗圓覺者凡夫也欲證圓覺而未極圓覺者菩薩也住持圓覺而具足圓覺者如來也離圓覺無六道捨圓覺無三乘非圓覺無如來泯圓覺無眞法其實皆一道也三世諸佛之所證蓋證此也如來爲大事出現蓋爲此事也三藏

十二部一切修多羅蓋詮此也釋曰心之一法名爲普法欲照此心應須普眼虛鑒寂照靈知非偏小而可窮以圓滿而能覺故曰圓覺此約能證也眞如妙性寂滅無爲具足周徧無有缺減故曰圓覺此約所證也能所冥合唯是一心此一心能爲一切萬法之性又能現三乘六道之相攝相歸性曾無異轍則世出世間昇降雖殊凡有種種施爲莫不皆爲此也離此則上無三寶一乘下無四生九有　臺山釋暉楞伽經疏云佛法大旨舉要言之不出心爲大旨所以楞伽經以心爲正宗故云佛語心爲宗無門爲法門所言心者謂佛語心所言宗者謂心實處又云迷則萬惑累心解則眞照法界迷則生死紛紜解則涅槃常寂迷解雖殊莫不皆是一心隱顯　三藏法師云衆生之類是菩薩佛土驗此六識即究竟果處而惑者終日作迷解　跋陀三藏云理心者心非理外理非心外心即是理理即是心心理平等名之爲理理照能明名之爲心覺心理平等名之爲佛心會實性者不見生死涅槃有別凡聖無異境智一如理事俱融眞俗齊觀圓通無礙名修大道　釋道世云四禪無像三達皆空千佛異迹一智心同　澄觀和尚華嚴疏云上來諸門乃至無盡不離一心一心即法界故起信云所言法者謂衆生心心體即大心之本智即方廣觀心起行即華嚴覺心性相即是佛覺非外來全同所覺故理智不殊理智形奪雙亡寂照則念念皆是華嚴性海則物我皆如泯同平等爲未了者令了自心若

知觸物皆心方了心性故梵行品云知一切法即心自性成就慧身不由他悟然今法學之者多弃内而外求習禪之者好亡緣而内照並爲偏執俱滯二邊既心境如如則平等無礙昔曾瑩兩面鏡鑑一盏燈置一尊容而重重交光佛佛無盡見夫心境互照本智雙入心中悟無盡之境境上了難思之心心境重重智照斯在又即心了境界之佛即境見唯心如來心佛重重而本覺性一皆取之不可得則心境兩亡照之不可窮則理智交徹心境既介境境相望心心互研萬化紛綸皆一致也唯證相應名佛華嚴矣釋云今人只解即心即佛是心作佛不知即境即佛是境作佛今明以如爲佛心境皆如心如即佛境如焉非又心有心性心能作佛境有心性安不作佛以心收境則心中見佛是境界之佛以境收心境中見佛是唯心如來

華嚴錦冠云觀心釋大方廣佛華嚴經者若約教詮義則有多門若不攝歸一心於我何預夫言大者即是心體心體無邊故名爲大方是心相相具德相之法故名方廣是心用心有稱體之用佛是心果心解脫處名佛華是心因心所引行喻之以華嚴是心功心能善巧嚴飾目之爲嚴經是心教心起名言詮顯此理故名爲經然心之一字雖非一切能爲一切觀者以三大中具四法界對彼四界故成四觀法本如是故依法而觀若依此悟解念念即是華嚴法界念念即是毗盧遮那法界也　肇論注云近而不可知者其唯物性乎者尚書云天生萬物唯人之靈有情無情爲萬物也靈是心之性亦即萬物之性也即物之性空目擊而非遥雖近而不可知也故論云遠不可見如空中鳥跡近不可見如眼中之藥遠喻三祇至道近喻即眞不見也　如上所引祖教委細披陳可以永斷纖疑圓成大信若神珠在掌實印當心諸佛常現目前法界不離言下是以從初標宗於一心演出無量名義無量名義不出理智非理不智故理外無智非智不理故智外無理亦攝智從理離體無用攝用歸體體性自離故體即非體即一切法如虛空性空性亦空畢竟寂滅斯滅亦滅不知以何言故強名之無盡眞心耳今選攝無量義海摠歸一句乃至無句一字一點卷舒自在不動一心究竟指歸言思絕矣又此乃是内證自心眞性絕待無依平等法門如華嚴疏鈔云悟一切法自性平等者入於諸法眞實之性故謂眞實性中無差別相無種種相無無量相萬法一如何有不等此眞實性依何立故復次明證無依法所謂不依於色不依於空若萬法依空空無所依今萬法依眞眞無所依即無依印法門故捨離世間世間即有種種差別斯則性尚不立何況於相亦不依空立色亦不依色立空亦無異無不異無即無不即斯見即絕強名内證介　問如上解釋引證皆是祖佛之言何不自語　答我若自語一切茫然罔措津涯豈有中間之處設祖佛之教皆是隨他意語曲順時機是以世尊言三世諸佛所說之法吾四十九年不加一字又經云先佛已說後佛隨順若能如是了達則知佛語是自語自語是佛語故本師云一切外道經書皆是佛說非外道說又云釋迦如來語提婆達多語無二無別若於此不信不明皆成二見常縈分別凡聖之想恒生取捨自他之情欲紹吾宗無有是處　問前標宗章已廣說唯心之旨何故十帙之中卷卷委曲重說　答此是秘要之門難信之法轉深轉細難解難知悉抱疑情盡居惑地夫疑者於諸諦理猶豫爲性能障善品爲業故疑有多種略說具三一疑自謂己不能入理二疑師謂彼不能善教三疑法謂於所學爲令出離爲不出離況如有病之人疑自疑醫疑藥病終不愈若具前三疑終不能決定信入今宗鏡所錄皆是正直捨方便但說無上道隨聞一法盡合圓宗實可以斷深疑成大信如清涼記云謂聞空莫疑斷是即事之空非斷滅故聞有莫疑常非定性有從緣有故聞雙是莫疑兩分但雙照二諦無二體故聞雙非莫疑無據以但遮過令不著故又聞空莫疑有是即有之空故聞有莫疑空是即空之有故聞雙是莫疑雙非是即非有無爲有無故聞雙非莫疑雙是是即有無方是非有無故是知諦了一心羣疑頓斷則有不能有空不能空凡不能凡聖不能聖豈世間言語是非之所惑哉如佛藏經云佛告舍利弗須弥山王爲高大不高大世尊舍利弗四天下中普雨大石皆如須弥有人以手承接此石無有遺落如芥子者於意云何爲希有不希有世尊舍利弗如來所說一切諸法無生無滅無相無爲令人信解倍爲希有舍利弗譬如有

人以一切衆生置左手中右手接擧三千世界山河草木皆能令是一切衆生同心喜樂其意不異於意云何爲希有不希有世尊舍利弗如來所說一切諸法無生無滅無相無爲令人信解倍爲希有此宗鏡文所以前後廣引者只爲此心深奥故難信秘密故難知乃至菩薩大智尚須佛力所加豈況淺劣而能知者如寶雨經云佛言云何菩薩深信如來意業秘密若諸菩薩聞於如來意之秘密謂如來所有意樂法義依止於心依心而住一切菩薩聲聞緣覺及諸有情無能知者唯除如來之所加持是以雖前引後證文廣義繁則語語內而利益根機聞聞中而驚新耳目何厭重說起此慢心所以本師云行住坐臥常說妙法又云我於得道夜及涅槃夜是二夜中間常說般若是以機多生熟信有淺深前聞熏而未堅後聞熏而方入如大智度論云譬如搖樹取果熟者前墮若未熟者更須後搖又如捕魚前網不盡後網乃得又云復次是般若波羅蜜相甚深難解難知佛知衆生心根有利鈍鈍根者少智爲其重說若利根者一說二說便悟不須種種說譬如駃馬下一鞭便走駑馬多鞭乃去如是等種種因緣故經中重說無咎又問曰上來數說是般若波羅蜜甚深因緣今何以復重說答曰處處說甚深多有所利益凡人不知謂爲重說譬如大國王未有嫡子求禱神祇積年無應時王出行夫人産子男遣信告王大夫人産男王聞喜而不答乃至十反使者白王向所白者王不聞也王曰我即聞之久來願滿故喜心内悅樂聞不已耳即勅有司賜此人百萬兩金一語十萬兩王聞使者言語語中有利益非是重說不知者謂爲重處處說甚深亦如是佛與菩薩須菩提知大有利益須菩提聞佛說深般若不能得底轉覺甚深聽者處處聞甚深得禪定智慧利益等凡夫人謂爲重說且如國王聞於一語有多利益賜十萬兩金此乃增生死根成於識樂今聞宗鏡卷卷之中文文之内重重唱道一一標宗長菩提根成於法樂盡大地爲黃金未酬一字請不生怠猒於頻聞令已達者重堅信心使未入者速發聞慧

問此宗鏡門還受習學不

答學則不無略有二義一者若論大宗根本正智不從心學非在意思圓明了知不因心念故台教云手不執卷常讀是經口無言音徧誦衆典佛不說法恒聞梵音心不思惟普照法界此論上上根器聞而頓悟親自證時二者若未省達亦有助發之力印可之功或機思遲迴乃至中根下品及學差別智門須依明師以辯邪正先以聞解信入後以無思契同須得物物圓通事事無滯方乃逢緣對境不失旨迷宗故云會萬物爲自己者其唯聖人乎又若約大綱應須自省設有相助亦指自知如有學人問先德如何是禪答悟自理爲禪問如理心性但是假名何者是實答有三阿僧祇百千名号但假施設實相無相如虛空須自反悟問悟後更有何法答只箇悟處是法從緣發明反得自理問此性還可示人令見不答還示渠教自省達即得不是眼見耳聞意知之事此箇眞精妙明性不同太虛木石天生靈妙不思議即自性佛法僧若不悟推求欲見一毫亦不可得但離前塵好醜即是自家本心若一毫不盡與佛道者無有是處問見色但見色如何見心答即思思之是阿誰見色豈不是當境者全是不應更求見答自思量看是之與不是莫問他人若直下見更不啚度佛法只在方寸心外斷行蹤但一心一智慧離内外中間取受三際理玄便入無爲道問悟何心是道答悟心無心即是道問請爲指示答指示了也汝自不見問是何物教學人見答緣直下見也不是物又先德問即今見何物答見本心問見與本心爲別不別答不別眞如體上自有照用以明故得名爲見以不動故得名爲心又自性清淨名照常見自性名用故知此心目前顯露何須問答豈假推窮即圓滿門是成現法如有學人問忠國師和尚如何是解脫心答解脫心者本來自有視之不見聽之不聞摶之不得衆生日用而不知此之是也此乃直指目擊道存今古常然凡聖共有夫宗鏡所錄皆是佛說設有菩薩製作法師解釋亦是遠佛說意順佛所言以此土衆生皆以聞慧入三摩地故須以音聲爲佛事顯示正義破除邪執非言不通此有二義一者約畢竟門則實不可說如起信論云一切諸法從本已來離言說相離名字相離心緣相又云復次究竟離妄執者當知染法淨法皆悉相待無有自相可說是故一切法從本已來非色非心非智非識非有非無畢竟不可說相而有言說者當知如來善巧

方便假以言說引導衆生得其旨趣者皆爲離念歸於眞如以念一切法令心生滅不入實智故此是引導一切初發菩提心人且令自利理行成就歸於實智究竟指歸宗鏡矣二者約方便門是利他行故云如來善巧方便假以言說引導衆生又不可一向執發言爲非起念成過何者以即言無言即念無念是知言言契道念念歸宗若分別門不無一說若畢竟門言思絶矣　問如上所立一心之旨能攝無量法門融通一切此心爲復能含一切法能生一切法爲復自生他生共生無因生　答此心不縱不橫非他非自何者若云心含一切法即是橫若云心生一切法即是縱若云自生心不生心若云他生既不得自云何有他若云共生自他既無將何爲共若云無因生有因尚不生況無因乎

問心非四性者教中云何說意根生意識心如工畫師無不從心造則是自生又云心不孤起必藉緣而起有緣思生無緣思不生則是他生又云所謂六觸因緣生六受得一切法則是共生又云十二因緣非佛天人脩羅作性自尒則無因生既屬教文云何成過　答諸佛隨緣差別術爲羣機生善破惡令入第一義理皆是四悉方便權施空拳誑小兒誘度於一切　問既非縱橫不墮四性則一切法是心心是一切法不　答是則成二　問如是則一切不立俱非耶　答非亦成二如文殊言我眞文殊無是文殊若有是者則二文殊然我今日非無文殊於中實無是非二相　問既無二相宗一是不　答是非既

乖大旨一二還背圓宗　問如何得契斯旨　答境智俱亡云何說契　問如是則言思道斷心智路絶矣　答此亦強言隨他意轉雖欲隱形而未亡跡　問如何得形跡俱亡　答本無朕跡云何欲亡　問如是則如人飲水冷煖自知當大悟時方合斯旨　答我此門中亦無迷悟合與不合之道理撒手似君無一物徒勞苦說數千般此事萬種況不成千聖定不得大地載不起虛空包不容非大器人無由構荷如古德云盡十方世界覓一人爲伴不得又云只有一人承紹祖位終無第二人若未親到徒勞神思直饒說玄之又玄妙中更妙若以方便於稱揚門中助他信入一期傍讚即不然若於自巳分上親照之時特地說玄說妙起一念殊勝不可思議之解皆落魔界所以圓覺經云虛僞浮心多諸巧見不能成就圓覺又先德偈云得之不得天魔得玄之又玄外道玄袍却父孃村草裏認他黃葉作金錢百丈竿頭使撒手不須觀後復觀前如今但似形言跡紋絲生時皆是執方便門迷眞實道並是認他黃葉喚作金錢若大悟之時似百丈竿頭放身更不顧於前後此宗鏡中是一切凡聖大捨身命之處不入此宗皆非究竟　問畢竟如何　答亦無畢竟　問前去不入此宗皆非究竟此又云何稱無畢竟　答前對增上慢人未得爲得認虛妄爲眞實執顛倒作圓常爲破情塵權稱究竟今論見性豈言虛實耶　問以此通明之後如何履踐　答教誰履踐　問莫不成斷滅不　答尚不得常住云何斷滅

問乞最後一言　答化人問幻士谷響答泉聲欲達吾宗旨泥牛水上行　問此錄括略微細理事圓明於纂道人得何資益　答若第一義中無利無功德就世俗門內似有於稱揚總有二途能俾初學一者爲未信人令成正信攝歸一念不外馳求二者爲已信人助成觀力理行堅固疾證菩提步步而不滯實所功程念念而流入薩婆若海似乘廣大之輦立至寶坊如駕堅牢之船坐登覺岸　問集此宗鏡有何功德　答此不思議大威德法門但有見聞深種善利如一塵落嵩嶽之巔雖已帶陵雲爾露入滄海之波瀾便同廣潤可謂直紹菩提之種全生諸佛之家何況信解受持正念觀察爲人敷演傳布施行約善利門無法比喻功德無盡非種智而不可稱量利樂何窮過太虛而莫知邊際以滿空珍寶供養恒沙如來化十方衆生盡證辟支佛果未若弘宣斯旨開演此宗以此校量莫能儔比可謂下佛種子於衆生身田之中抽正法芽向煩惱欲泥之內然後七覺華發菩提果成展轉相生至無盡際如華嚴探玄記云於遺法中見聞信向此無盡法成金剛種子當必得此圓融普法如經云吞服金剛喻小火廣燒喻又如兜率天子從地獄出得十地無生忍展轉利益不可窮盡皆由宿聞此法爲本因故頌云雖在於大海及劫盡火中決定信無疑必得聞此經大智度論云受持般若校量功德於是持遊正憶念最勝今如諸佛憐愍衆生故爲解其義令易解勝自行正憶念是時佛欲廣分別福德故說言若

有人盡形壽供養十方佛不如為他解說般若義此中說勝因緣三世諸佛皆學般若成無上道乃至教恒河沙世界中人令得聲聞辟支佛道不如為他人演說般若波羅蜜義此中說因緣是諸賢聖皆從般若波羅蜜出故首楞嚴經云佛告阿難若復有人徧滿十方所有虛空盈滿七寶持以奉上微塵諸佛承事供養心無虛度於意云何是人以此施佛因緣得福多不阿難荅言虛空無盡珍寶無邊昔有衆生施佛七錢捨身猶獲轉輪王位況復現前虛空既窮佛土充徧皆施珍寶窮劫思議尚不能及是福云何更有邊際佛告阿難諸佛如來語無虛妄若復有人身具四重十波羅夷瞬息即經此方他方阿鼻地獄乃至窮盡十方無間靡不經歷能以一念將此法門於未劫中開示未學是人罪障應念消滅變其所受地獄苦因成安樂國得福超越前之施人百倍千倍千萬億倍如是乃至筭數譬喻所不能及所以讚弘此典善利無邊謂首楞嚴經以如來藏心為宗如來藏者即第八阿賴耶識密嚴經偈云如來清淨藏世間阿賴耶如金與指鐶展轉無差別以諸佛了之成清淨藏異生執之為阿賴耶如真金隨工匠爐火之緣標指鐶之異名作圓小之幻相金體不動名相妄陳類真心隨衆生染淨之緣成凡聖之異名現昇沉之幻相心性不動名相本空認假名而二見俄分悟真體而一心圓證迷悟即於言下法喻皎在目前昧之者歷劫而浪修達之者當體而凝寂法華經云我滅度後能竊為一人說法華經乃至一句當知是人則如來使如來所遣行如來事何況於大衆中廣為人說竊為一人者竊者私也若私地只為一人說此一句此人則是從一心真如中遣來作使告報異生直了一如之理即是行真如中事以真如無邊至一切處故則所得法利亦隨真如之性無量無盡又云當知是人與如來共宿則為如來手摩其頭乃至入如來室著如來衣坐如來座以要言之持此經人四威儀中舉足下足皆不離一心真如諸佛行處矣鴦崛魔羅經云若人過去曾值諸佛供養奉事聞如來藏於彈指頃暫得聽受緣是善業諸根純熟所生殊勝富貴自在是衆生令猶純熟所生殊勝富貴自在由彼往昔曾值諸佛暫得聽聞如來藏故乃至佛告鴦崛魔羅非是如來為第一難事更有難事鴦崛魔羅譬如士夫擔須弥山王及大地大海經百千歲此為大力第一難不鴦崛魔羅白佛言是如來境界非彼聲聞緣覺所及佛告鴦崛魔羅彼非大力非為甚難若以大海一塵為百億分百千億劫持一塵去乃至將竭餘如牛跡復能擔負須弥山王大地河海百千億劫而彼不能於正法住世餘八十年時演說如來常恒不變如來之藏唯菩薩人中之雄能說如來常恒不變如來之藏護持正法我說此人第一甚難又法華見寶塔品云若接須弥擲置他方無數佛土亦未為難若以足指動大千界遠擲他國亦未為難又云假使有人手把虛空而以遊行亦未為難又云假使劫燒擔負乾草入中不燒亦未為難我滅度後若持此經為一人說是則為難故知竭海移山非無為之力任使蹋虛履水皆有漏之通曷若開諸佛心演如來藏紹菩提種入一乘門能託聖胎成真佛子何以故謂得本故如從源出水因乳得酥如鴦崛魔羅經云復次文殊師利如知乳有酥故方便鑽求而不鑽水以無酥故如是文殊師利衆生知有如來藏故精勤持戒淨修梵行復次文殊師利如知山有金故鑿山求金而不鑿樹以無金故如是文殊師利衆生知有如來藏故精勤持戒淨修梵行言我必當得成佛道復次文殊師利若無如來藏者空修梵行如窮劫鑽水終不得酥故知入宗鏡中見如來性菩提道果應念俱成如下水之舟似便風之火若背宗鏡不識自心設福智齊修終不成就如求乳鑽水離山鑿金任歷三祇豈有得理如宗鏡所錄前後之文皆是諸佛五眼所觀五語所說無一言而不諦非一義而不圓可俟後賢決定信入如月上經偈云假動須弥山倒地脩羅住處皆悉滅大海枯涸月天墜如來終不出妄言假使十方衆同心或火成水水成火無量功德最大尊利益衆生無異說大地虛空成渾沌百刹同入芥子中羅網可用縛猛風如來終不有妄語以茲誠實可徧傳持功德無邊言思罔及所以唯識論偈云作此唯識論非我思量處諸佛妙境界福德施群生斯論大旨非情識知解之所思量乃是大覺不思議絕妙境界以此弘揚不思議無盡之福悉用普施一切法界無量含生同入此宗齊登佛地華嚴疏主藏法師發願偈云誓願見

聞修習此圓融無礙普賢法乃至失命終不離盡未來際願相應以此善根等法性普潤無盡衆生界一念多劫修普行盡成無上佛菩提

宗鏡錄卷第一百　　　　　茂

音義

沉令准反誑出也　錯皆莫反詐也　鏁蘇果反　瞎許鎋反　鑑古陷反　洼烏瓜反　措倉故反　津將鄰反　涯五佳反　摘他歷反　鶩亡遇反　嫡都歷反　倂必正反　躡尼輒反　犛力之反　嵩息弓反山高也　朧力公反　瀾落干反大波也　酥素姑反　渾戶昆反

戊申歲分司大藏都監開板

宗鏡錄卷第一百

校勘記

一　底本，麗藏本。

一　八一二頁上七行「唯在」，磧、南作「雖在」。

一　八一二頁中一三行「圓覺」，徑、清作「裴休圓覺」。

一　八一二頁下二四行第七字「澄」，徑作「證」。

一　八一三頁中一九行末字「證」，磧作「燈」。

一　八一四頁上末行第七字「也」，清作「耶」。

一　八一五頁中一九行第一三字「散」，徑、清作「撒」。

一　八一六頁上二五行第三字「相」，磧、南、徑、清作「根」。

一　八一六頁下二一行第七字「方」，磧、南、清無。

一　八一七頁上二行「法性」，磧、南、徑、清作「此性」。

六祖大師法寶壇經贊

宋 明教大師 契嵩 述

贊者告也發經而溥告也壇經者至人之所以宣其心也何心耶佛所傳之妙心也大哉心乎資始變化而清淨常若凡然聖然幽然顯然無所處而不自得之聖言乎明凡言乎昧昧也者變也明也者復也變復雖殊而妙心一也始釋迦文佛以是而傳之大龜氏大龜氏相傳之三十三世者傳諸大鑒大鑒傳之而益傳也說之者抑亦多端固有名同而實異者也固有義多而心一者也曰血肉心者曰緣慮心者曰集起心者曰堅實心者若心所之心益多也是所謂名同而實異者也曰眞如心者曰生滅心者曰煩惱心者曰菩提心者諸修多羅其類此者殆不可勝數是所謂義多而心一者也義有覺義有不覺義心有眞心有妄心皆所以別其正心也方壇經之所謂心者亦義之覺義心之實心也昔者聖人之將隱也乃命乎龜氏教外以傳法之要意其人滯迹而忘返固欲後世者提本而正末也故涅槃曰我有無上正法悉已付囑摩訶迦葉矣天之道存乎易地之道存乎簡聖人之道存乎要要也者至妙之謂也聖人之道以要則爲法界門之樞機爲無量義之所會爲大乘之椎輪法華豈不曰當知是妙法諸佛之祕要華嚴豈不曰以少方便疾成菩提要乎其於聖人之道利而大矣哉是故壇經之宗尊其心要也心乎若明若冥若空若靈若寂若惺有物乎無物乎謂之一物固彌於萬物謂之萬物固統於一物一物猶萬物也萬物猶一物也此謂可思議也及其不可思也不可議也天下謂之玄解謂之神會謂之絕待謂之默體謂之冥通一皆離之遣之遣之又遣亦烏能至之微其果然獨得與夫至人之相似者孰能諒乎推而廣之則無往不可也探而裁之則無所不當也施於證性則所見至親施於修心則所詣至正施於崇德辯惑則眞妄易顯施於出世則佛道速成施於救世則塵勞易歇此壇經之宗所以旁行天下而不厭彼謂即心即佛淺者何其不知量也以折錐探地而淺地以屋漏窺天而小天豈天地之然耶然百家者雖苟勝之弗如也而至人通而貫之合乎羣經斷可見矣至人變而通之非預名字不可測也故其顯說之有倫有義密說之無首無尾天機利者得其深天機鈍者得其淺可擬乎可議乎不得已況之則圓頓教也最上乘也如來之清淨禪也菩薩藏之正宗也論者謂之玄學不亦詳乎天下謂之宗門不亦宜乎壇經曰定慧爲本者趣道之始也定也者靜也慧也者明也明以觀之靜以安之安其心可以體心也觀其道可以語道也一行三昧者法界一相之謂也謂萬善雖殊皆正於一行者也無相爲體者尊大戒也無念爲宗者尊大定也無住爲本者尊大慧也夫戒定慧者三乘之達道也夫妙心者戒定慧之大資也以一妙心而統乎三法故曰大也無相戒者戒其必正覺也四弘願者願度度苦也願斷斷集也願學學道也願成成寂滅也滅無所滅故無所不斷也道無所道故無所不度也無相

懺者懺非所懺也三歸戒者歸其一也一也者三寶之所以出也說摩訶般若者謂其心之至中也般若也者聖人之方便也聖人之大智也固能寂之明之權之實之天下以其寂可以泯衆惡也天下以其明可以集衆善也天下以其權可以大有爲也天下以其實可以大無爲也至矣哉般若也聖人之道非夫般若不明也不成也天下之務非夫般若不宜也不當也至人之爲以般若振不亦遠乎我法爲上上根人說者宜之也輕物重用則不勝大方小授則過也從來默傳分付者密說之謂也密也者非不言而闇證也眞而密之也不解此法而輒謗毀謂百劫千生斷佛種性者防天下亡其心也偉乎壇經之作也其本正其迹効其因眞其果不謬前聖也後聖也如此起之如此示之如此復之浩然沛乎若大川之注也若虛空之通也若日月之明也若形影之無礙也若鴻漸之有序也妙而得之之謂本推而用之之謂迹以其非始者始之之謂因以其非成者成之之謂果果不異乎因謂之正果也因不異乎果謂之正因也迹必顧乎本謂之大用也本必顧乎迹謂之大乘也乘也者聖人之喻道也用也者聖人之起教也夫聖人之道莫至乎心聖人之教莫至乎修調神入道莫至乎一相止觀軌善成德莫至乎一行三昧資一切戒莫至乎無相正一切定莫至乎無念通一切智莫至乎無住生善滅惡莫至乎無相戒篤道推德莫至乎四弘願善觀過莫至乎無相懺正所趣莫至乎三歸戒正大體裁大用莫至乎大般若發大信務大道莫至乎大志天下之窮理盡性莫至乎默傳欲心無過莫善乎不諍定慧爲始道之基也一行三昧德之端也無念之宗解脫之謂也無住之本般若之謂也無相之體法身之謂也無相戒戒之最也四弘願願之極也無相懺懺之至也三歸戒眞所歸也摩訶智慧聖凡之大範也爲上上根人說直說也默傳傳之至也戒謗戒之當也夫妙心者非修所成也非證所明也本成也本明也以迷明者復明所以證也以背成者復成所以修也以非修而修之故曰正修也以非明而明之故曰正證也至人暗然不見其威儀而成德爲行藹如也至人頹然若無所持而道顯於天下也蓋以正修而修之也以正證而證之也于此乃曰罔修罔證罔因罔果穿鑿叢脞競爲其說繆乎至人之意焉噫放戒定慧而必趨乎混茫之空則吾未如之何也甚乎含識溺心而浮識識與業相乘循諸響而未始息也象之形之人與物偕生紛然乎天地之間可勝數耶得其形於人者固萬萬之一耳人而能覺幾其鮮矣聖人懷此雖以多義發之而天下猶有所不明者也聖人救此雖以多方治之而天下猶有所不醒者也賢者以智亂不肖者以愚壅平平之人以無記惛及其感物而發喜之怒之哀之樂之益蔽者萬端曖然若夜行而不知所至其承於聖人之言則計之博之若蒙霧而望遠謂有也謂無也謂非有也謂非無也謂亦有也謂亦無也以不見而却蔽固終身而不得其審焉海所以在水也魚龍死生在

海而不見乎水道所以在心也其人終日說道而不見乎心悲夫心固微妙幽遠難明難湊其如此也矣聖人既隱天下百世雖以書傳而莫得其明驗故壇經之宗舉乃直示其心而天下方知即正乎性命也若排雲霧而頓見太清若登泰山而所視廓如也王氏以方乎世書曰齊一變至於魯魯一變至於道斯言近之矣涅槃曰始從鹿野苑終至跋提河中間五十年未曾說一字者示法非文字也防以文字而求其所謂也曰依法不依人者以法眞而人假也曰依義不依語者以義實而語假也曰依智而不依識者以智至而識妄也曰依了義經不依不了義經者以了義經盡理也而菩薩所謂即是宣說大涅槃者謂自說與經同也聖人所謂四人出世（即四依也）護持正法應當證知者應當證知故至人推本以正其末也自說與經同故至人說經如經也依義依了義經故至人顯說而合義也合經也依法依智故至人密說變之通之而不苟滯也示法非文字故至人之宗尚乎默傳也聖人如春陶陶而發之也至人如秋濯濯而成之也聖人命之而至人効之也至人固聖人之門之奇德殊勳者也夫至人者始起於微自謂不識世俗文字及其成至也方一席之說而顯道救世與乎大聖人之云爲者若合符契也固其玄德上智生而知之將自表其法而示其不識乎死殆四百年法流四海而不息帝王者聖賢者更三十世求其道而益敬非至乎大聖人之所至天且歆之又矣烏能若此也予固豈盡其道幸蚊蝱飲海亦預其味敢稽首布之以遺後學者也

六祖大鑒眞空普覺圓明禪師

唐憲宗皇帝諡大鑒禪師塔曰靈照

宋太宗皇帝加謚眞空塔曰太平興國

仁宗皇帝加普覺　神宗皇帝加圓明

六祖大師法寶壇經

門人法海等集

時祖師至寶林韶州韋刺史璩與官僚入山請師出於城中大梵寺講堂爲衆開緣說法師陞座次刺史官僚三十餘人儒宗學士三十餘人僧尼道俗一千餘人同時作禮願聞法要大師告衆曰善知識總淨心念摩訶般若波羅蜜大師良久復告衆曰善知識菩提自性本來清淨但用此心直了成佛善知識且聽慧能行由得法事意慧能嚴父本貫范陽左降流于嶺南作新州百姓此身不幸父又早亡老母孤遺移來南海艱辛貧乏於市賣柴時有一客買柴使令送至客店客收去慧能得錢却出門外見一客誦經慧能一聞經云應無所住而生其心心即開悟遂問客誦何經客曰金剛經復問從何所來持此經典客云我從蘄州黃梅縣東禪寺來其寺是五祖忍大師在彼主化門人一千有餘我到彼中禮拜聽受此經大師常勸僧俗但持金剛經即自見性直了成佛慧能聞說欲往求法念母無依宿昔有緣乃蒙一客取銀十兩與慧能令充老母衣糧教便往黃梅參禮五祖慧能安置母畢即便辭違不經三十餘日便至黃梅禮拜五祖祖問曰汝何方人欲求何物慧能對曰弟子是嶺南新州百姓遠來

禮師惟求作佛不求餘物祖言汝是嶺南人又是獦獠若為堪作佛慧能曰人雖有南北佛性本無南北獦獠身與和尚不同佛性有何差別祖更欲與語且見徒衆總在左右乃令隨衆作務慧能曰慧能啓和尚弟子自心常生智慧不離自性即是福田未審和尚教作何務祖云這獦獠根性大利汝更勿言著槽廠去慧能退至後院有一行者差慧能破柴踏碓經八餘月祖一日忽見慧能曰吾思汝之見可用恐有惡人害汝遂不與言汝知之否慧能曰弟子亦知師意不敢行至堂前令人不覺祖一日喚諸門人總來吾向汝說世人生死事大汝等終日只求福田不求出離生死苦海自性若迷福何可救汝等各去自看智慧取自本心般若之性各作一偈來呈吾看若悟大意付汝衣法為第六代祖火急速去不得遲滯思量即不中用見性之人言下須見若如此者譬如輪刀上陣亦得見之衆得處分退而遞相謂曰我等衆人不須澄心用意作偈將呈和尚有何所益神秀上座現為教授師必是他得我輩謾作偈頌枉用心力餘人聞語總皆息心咸言我等已後依止秀師何煩作偈神秀思惟諸人不呈偈者為我與他為教授師我須作偈將呈和尚若不呈偈和尚如何知我心中見解深淺我呈偈意求法即善覓祖即惡却同凡心奪其聖位奚別若不呈偈終不得法大難大難五祖堂前有步廊三間擬請供奉盧珍畫楞伽經變相及五祖血脈圖流傳供養神秀作偈成已數度欲呈行至堂前心中恍惚徧身汗流前後經四日一十三度呈偈不得秀乃思惟不如向廊下書著從他和尚看見忽若道好即出禮拜云是神秀作若道不堪枉向山中數年受人禮拜更修何道是夜三更不使人知自執燈書偈於南廊壁間呈心所見偈曰

身是菩提樹　心如明鏡臺　時時勤拂拭
勿使惹塵埃

秀書偈了便却歸房人總不知秀復思惟五祖明日見偈歡喜即我與法有緣若言不堪自是我迷宿業障重不合得法聖意難測房中思想坐卧不安直至五更祖已知神秀入門未得不見自性天明祖喚盧供奉來向南廊壁間繪畫圖相忽見其偈報言供奉却不用畫勞爾遠來經云凡所有相皆是虛妄但留此偈與人誦持依此偈修免墮惡道依此偈修有大利益令門人炷香禮敬盡誦此偈當得見性門人誦偈皆歎善哉祖三更喚秀入堂問曰偈是汝作否秀言實是秀作不敢妄求祖位望和尚慈悲看弟子有少智慧否祖曰汝作此偈未見本性只到門外未入門內如此見解覓無上菩提終不可得無上菩提須得言下識自本心見自本性不生不滅於一切時中念念自見萬法無滯一眞一切眞萬境自如如如如之心即是眞實若如是見即是無上菩提之自性也汝且去思惟更作一偈將來吾看汝偈若入得門付汝衣法神秀作禮而出又經數日作偈不成心中恍惚神思不安猶如夢中行坐不樂復兩日有一童子於碓坊過唱誦其偈慧能一聞便知

此偈未見本性雖未蒙教授早識大意遂問童子曰誦者何偈童子曰爾這獦獠不知大師言世人生死事大欲得傳付衣法令門人作偈來看若悟大意即付衣法爲第六祖神秀上座於南廊壁上書無相偈大師令人皆誦依此偈修免墮惡道依此偈修有大利益慧能曰上人我此踏碓八箇餘月未曾行到堂前望上人引至偈前禮拜童子引至偈前禮拜慧能曰慧能不識字請上人爲讀時有江州別駕姓張名日用便高聲讀慧能聞已遂言亦有一偈望別駕爲書別駕言汝亦作偈其事希有慧能向別駕言欲學無上菩提不得輕於初學下下人有上上智上上人有沒意智別駕言汝但誦偈吾爲汝書汝若得法先須度吾勿忘此言慧能偈曰

菩提本無樹　明鏡亦非臺　本來無一物
何處惹塵埃

書此偈已徒衆總驚無不嗟訝各相謂言奇哉不得以貌取人何得多時使他肉身菩薩祖見衆人驚怪恐人損害遂將鞋擦了偈曰亦未見性衆人疑息次日祖潛至碓坊見能腰石舂米語曰求道之人爲法忘軀當如是乎乃問曰米熟也未慧能曰米熟久矣猶欠篩在祖以杖擊碓三下而去慧能即會祖意三鼓入室祖遂徵其初悟應無所住而生其心慧能言下大徹遂啓祖言一切萬法不離自性何期自性本自清淨何期自性本不生滅何期自性本自具足何期自性本無動搖何期自性能生萬法祖知悟本性謂能曰不識本心學法無益若識本心見自本性即名丈夫天人師佛三更受法人盡不知便傳衣鉢云汝爲第六代祖善自護念廣度有情流布將來無令斷絕聽吾偈曰

有情來下種　因地果還生　無情既無種
無性亦無生

祖復曰昔達磨大師初來此土人未之信故傳此衣以爲信證代代相承法則以心傳心皆令自悟自證自古佛佛惟傳本體師師密付本心衣爲爭端止汝勿傳若傳此衣命如懸絲汝須速去恐人害汝慧能啓曰向甚處去祖云逢懷則止遇會則藏三更領得衣鉢云能本是嶺南人素不知此山路如何得出江口祖言汝不須憂吾自送汝祖送至九江驛邊祖令上船慧能隨即把艣祖云合是吾渡汝慧能云迷時師度悟了自度度名雖一用處不同慧能生在邊方語音不正蒙師付法今已得悟只合自性自度祖云如是如是以後佛法由汝大行汝去三年吾方逝世汝今好去努力向南不宜速說佛法難起慧能辭違祖已發足南行兩月中間至大庾嶺祖歸數日不上堂衆疑詣問曰和尚少病少惱否曰病即無衣法已南矣問誰人傳受曰能者得之衆乃知焉逐後數百人來欲奪衣鉢一僧俗姓陳名慧明先是四品將軍性行麤慥極意參尋爲衆人先趁及慧能慧能擲下衣鉢於石上云此衣表信可力爭耶慧能隱草中慧明至提掇不動乃喚云行者行者我爲法來不爲衣來慧能遂出坐盤石上慧明作禮云望行者爲我說法慧能云汝既爲法而來可屏息諸緣勿生一念吾爲汝說明良

久慧能曰不思善不思惡正與麼時那箇是明上座本來面目慧明言下大悟復問云上來密語密意外更有密意否慧能云與汝說者即非密也汝若返照密在汝邊明曰慧明雖在黄梅實未省自己面目今蒙指示如人飲水冷暖自知今行者即慧明師也慧能曰汝若如是吾與汝同師黄梅善自護持明又問慧明今後向甚處去慧能曰逢袁則止遇蒙則居明禮辭回至嶺下謂趂衆曰向陟崔嵬竟無蹤跡當別道尋之趂衆咸以為然慧明後改道明避吾上字慧能後至曹溪又被惡人尋逐乃於四會避難獵人隊中凡經一十五載時與獵人隨宜說法獵人常令守網每見生命盡放之每至飯時以菜寄煮肉鍋或問則對曰但喫肉邊菜一日思惟時當弘法不可終遯遂出至廣州法性寺值印宗師講涅槃經因二僧論風旛義一曰風動一曰旛動議論不已慧能進曰不是風動不是旛動仁者心動一衆駭然印宗延至上席徵詰奧義見慧能言簡理當不由文字宗云行者定非常人久聞黄梅衣法南來莫是行者否慧能曰不敢宗於是作禮告請傳來衣鉢出示大衆宗復問曰黄梅付囑如何指授慧能曰指授即無惟論見性不論禪定解脫宗曰何不論禪定解脫能曰為是二法不是佛法佛法是不二之法宗又問如何是佛法不二之法慧能曰法師講涅槃經明佛性是佛法不二之法如高貴德王菩薩白佛言犯四重禁作五逆罪及一闡提等當斷善根佛性否佛言善根有二一者常二者無常佛性非常非無常是故不斷名為不二一者善二者不善佛性非善非不善是名不二蘊之與界凡夫見二智者了達其性無二無二之性即是佛性印宗聞說歡喜合掌言某甲講經猶如瓦礫仁者論義猶如真金於是為慧能剃髮願事為師慧能遂於菩提樹下開東山法門慧能於東山得法辛苦受盡命似懸絲今日得與史君官僚僧尼道俗同此一會莫非累劫之緣亦是過去生中供養諸佛同種善根方始得聞如上頓教得法之因教是先聖所傳不是慧能自智願聞先聖教者各令淨心聞了各自除疑如先代聖人無別師復告衆曰善知識菩提般若之智世人本自有之只緣心迷不能自悟須假大善知識示導見性當知愚人智人佛性本無差別只緣迷悟不同所以有愚有智吾今為說摩訶般若波羅蜜法使汝等各得智慧志心諦聽吾為汝說善知識世人終日口念般若不識自性般若猶如說食不飽口但說空萬劫不得見性終無有益善知識摩訶般若波羅蜜是梵語此言大智慧到彼岸此須心行不在口念口念心不行如幻如化如露如電口念心行則心口相應本性是佛離性無別佛何名摩訶摩訶是大心量廣大猶如虛空無有邊畔亦無方圓大小亦非青黄赤白亦無上下長短亦無嗔無喜無是無非無善無惡無有頭尾諸佛剎土盡同虛空世人妙性本空無有一法可得自性真空亦復如是善知識莫聞吾說空便即著空第一莫著空若空心靜坐即著無記空善知識世界虛空能含萬物色像日

月星宿山河大地泉源溪澗草木叢林惡人善人惡法善法天堂地獄一切大海須彌諸山總在空中世人性空亦復如是善知識自性能含萬法是大萬法在諸人性中若見一切人惡之與善盡皆不取不捨亦不染著心如虛空名之為大故曰摩訶善知識迷人口說智者心行又有迷人空心靜坐百無所思自稱為大此一輩人不可與語為邪見故善知識心量廣大徧周法界用即了了分明應用便知一切一切即一一即一切去來自由心體無滯即是般若善知識一切般若智皆從自性而生不從外入莫錯用意名為眞性自用一眞一切眞心量大事不行小道口雖終日說空心中不修此行恰似凡人自稱國王終不可得非吾弟子善知識何名般若般若者唐言智慧也一切處所一切時中念念不愚常行智慧即是般若行一念愚即般若絕一念智即般若生世人愚迷不見般若口說般若心中常愚常自言我修般若念念說空不識眞空般若無形相智慧心即是若作如是解即名般若智何名波羅蜜此是西竺語唐言到彼岸解義離生滅著境生滅起如水有波浪即名為此岸離境無生滅如水常通流即名為彼岸故號波羅蜜善知識迷人口念當念之時惟妄惟非念念若行是名眞性悟此法者是般若法修此行者是般若行不修即凡一念修行自身等佛善知識凡夫即佛煩惱即菩提前念迷即凡夫後念悟即佛前念著境即煩惱後念離境即菩提善知識摩訶般若波羅蜜最尊最上最第一無住無往亦無來三世諸佛從中出當用大智慧打破五蘊煩惱塵勞如此修行定成佛道變三毒為戒定慧善知識我此法門從一般若生八萬四千智慧何以故為世人有八萬四千塵勞若無塵勞智慧常現不離自性悟此法者即是無念無憶無著不起誑妄用自眞如性以智慧觀照於一切法不取不捨即是見性成佛道善知識若欲入甚深法界及般若三昧者須修般若行持誦金剛般若經即得見性當知此功德無量無邊經中分明讚歎莫能具說此法門是是上乘為大智人說為上根人說小根小智人聞心生不信何以故譬如大龍下雨於閻浮提城邑聚落悉皆漂流如漂棗葉若雨大海不增不減若大乘人若最上乘人聞說金剛經心開悟解故知本性自有般若之智自用智慧常觀照故不假文字譬如雨水不從天有元是龍能興致令一切衆生一切草木有情無情悉皆蒙潤百川衆流卻入大海合為一體衆生本性般若之智亦復如是善知識小根之人聞此頓教猶如草木根性小者若被大雨悉皆自倒不能增長小根之人亦復如是元有般若之智與大智人更無差別因何聞法不自開悟緣邪見障重煩惱根深猶如大雲覆蓋於日不得風吹日光不現般若之智亦無大小為一切衆生自心迷悟不同迷心外見修行覓佛未悟自性即是小根若開悟頓教不執外修但於自心常起正見煩惱塵勞常不能染即是見性善知識內外不住去來自由能除執心通達無礙能修此行與般若經本無差

別善知識一切修多羅及諸文字皆因人置因智慧性方能建立若無世人一切萬法本自不有故知萬法本自人興一切經書因人說有緣其人中有愚有智愚爲小人智爲大人愚者問於智人智者與愚人說法愚人忽悟解心開即與智人無別善知識不悟即佛是衆生一念悟時衆生是佛故知萬法盡在自心何不從自心中頓見真如本性菩薩戒經云我本元自性清淨若識自心見性皆成佛道淨名經云即時豁然還得本心善知識我於忍和尚處一聞言下便悟頓見真如本性是以將此教法流行令學道者頓悟菩提各自觀心自見本性若自不悟須覓大善知識解最上乘法者直示正路是善知識有大因緣所謂化導令得見性一切善法因善知識能發起故三世諸佛十二部經在人性中本自具有不能自悟須求善知識指示方見若自悟者不假外求若一向執謂須要他善知識方得解脫者無有是處何以故自心內有知識自悟若起邪迷妄念顛倒外善知識雖有教授救不可得若起正真般若觀照一刹那間妄念俱滅識自本性一悟即至佛地善知識智慧觀照內外明徹識自本心若識本心即本解脫若得解脫即是般若三昧般若三昧即是無念何名無念若見一切法心不染著是爲無念用即徧一切處亦不著一切處但淨本心使六識出六門於六塵中無染無雜來去自由通用無滯即是般若三昧自在解脫名無念行若百不思常令念絕即是法縛即名邊見善知識悟無念法者萬法盡通悟無念法者見諸佛境界悟無念法者至佛地位善知識後代得吾法者將此頓教法門於同見同行發願受持如事佛故終身而不退者定入聖位然須傳授從上以來默傳分付不得匿其正法若不同見同行在別法中不得傳付損彼前人究竟無益恐愚人不解謗此法門百劫千生斷佛種性善知識吾有一無相頌各須誦取在家出家但依此修若不自修惟記吾言亦無有益聽吾頌曰

說通及心通　如日處虛空　唯傳見性法
出世破邪宗　法即無頓漸　迷悟有遲疾
只此見性門　愚人不可悉　說即雖萬般
合理還歸一　煩惱暗宅中　常須生慧日
邪來煩惱至　正來煩惱除　邪正俱不用
清淨至無餘　菩提本自性　起心即是妄
淨心在妄中　但正無三障　世人若修道
一切盡不妨　常自見己過　與道即相當
色類自有道　各不相妨惱　離道別覓道
終身不見道　波波度一生　到頭還自懊
欲得見真道　行正即是道　自若無道心
闇行不見道　若真修道人　不見世間過
若見他人非　自非却是左　他非我不非
我非自有過　但自却非心　打除煩惱破
憎愛不關心　長伸兩脚卧　欲擬化他人
自須有方便　勿令彼有疑　即是自性現
佛法在世間　不離世間覺　離世覓菩提
恰如求兔角　正見名出世　邪見是世間
邪正盡打却　菩提性宛然　此頌是頓教
亦名大法船　迷聞經累劫　悟則刹那間

祖復曰今於大梵寺說此頓教普願法界衆

生言下見性成佛時韋史君與官僚道俗聞師所説無不省悟一時作禮皆歎善哉何期嶺南有佛出世次日韋刺史爲師設大會齋齋訖刺史請祖升座同官僚士庶肅容再拜問曰弟子聞和尚説法實不可思議今有少疑願大慈悲特爲解説祖曰有疑即問吾當爲説韋公曰和尚所説可不是達磨大師宗旨乎祖曰是公曰弟子聞達磨初化梁武帝帝問云朕一生造寺度僧布施設齋有何功德達磨言實無功德弟子未達此理願和尚爲説祖曰實無功德勿疑先聖之言帝心執著不知正法造寺度僧布施設齋名爲求福不可將福便爲功德功德在法身中不在修福祖又曰見性是功平等是德念念無滯常見本性眞實妙用名爲功德内心謙下是功外行於禮是德自性建立萬法是功心體離念是德不離自性是功應用無染是德若覓功德法身但依此作是眞功德若修功德之人心即不輕常行普敬心常輕人吾我不斷即自無功自性虛妄不實即自無德爲吾我自大常輕一切故善知識念念無間是功心行平直是德自修性是功自修身是德善知識功德須自性内見不是布施供養之所求也是以福德與功德別武帝不識眞理非我祖師有過刺史又問曰弟子常見僧俗念阿彌陀佛願生西方請和尚説得生彼否願爲破疑祖言史君善聽慧能爲説釋迦世尊在王舍城説觀經有云阿彌陀佛去此不遠經文分明若論相説十萬億刹即人身中十惡等障説遠爲其下根説近爲其上智人有兩種法無兩般迷悟有殊見有遲疾迷人念佛求生於彼悟人自淨其心所以佛言隨其心淨即佛土淨史君東方人但心淨即無罪雖西方人心不淨亦有愆東方人念佛求生西方且西方人念佛更求生何國凡愚不了自性不識身中淨土願東願西悟人在處一般所以佛言隨所住處恒安樂史君心地但無不善西方去此不遥若懷不善之心念佛往生難到今勸善知識能除十惡等障乃過十萬億刹念念見性常行平直到如彈指便覩彌陀史君但行十善何須更願往生不斷十惡之心何佛即來迎請若悟無生頓法見西方只在刹那不作念佛求生路遥如何得達慧能與諸人移多方於刹那間目前便見各願見否衆皆隱澄云若此處見何須更願往生願和尚慈悲便現西方普令得見祖言大衆世人自色身是城眼耳鼻舌是門外有諸門内有意門心是地性是王王居心地上性在王在性去王無性在身心存性去身心壞佛向性中作莫向身外求自性迷即是衆生自性覺即是佛慈悲即是觀音喜捨名爲勢至能淨即釋迦平直即彌陀人我是須彌貪慾是海水煩惱是波浪毒害是惡龍虛妄是鬼神塵勞是魚鱉貪嗔是地獄愚癡是畜生善知識常行十善天堂便至除人我須彌倒去貪慾海水竭煩惱無波浪滅毒害除魚龍絶自心地上覺性如來放大光明外照六門清淨能破六欲諸天自性内照三毒即除地獄等罪一時消滅内外明徹不異西方不作此修如何到得大衆聞説了然見性悉皆禮

拜俱歎善哉唱言普願法界衆生聞者一時悟解祖言善知識若欲修行在家亦得不但在寺在家能行如東方人心善在寺不修如西方人心惡但能心常清淨即是自性西方韋公又問在家如何修行願爲教授師言吾與大衆說無相頌但依此修常與吾同處無別若不依此修剃髮出家於道何益頌曰

心平何勞持戒　行直何用修禪
恩則孝養父母　義則上下相憐
讓則尊卑和睦　忍則衆惡無喧
若能鑽木出火　淤泥定生紅蓮
苦口的是良藥　逆耳必是忠言
改過必生智慧　護短心內非賢
日用常行饒益　成道非由施錢
菩提只向心覓　何勞向外求玄
聽說依此修行　西方只在目前

祖復曰善知識總須依偈修行見取自性直成佛道時不相待衆人且散吾歸曹溪衆若有疑却來相問時刺史官僚在會善男信女各得開悟信受奉行

祖示衆云善知識我此法門以定慧爲本大衆勿迷言定慧別定慧一體不是二定是慧體慧是定用即慧之時定在慧即定之時慧在定若識此義即是定慧等學諸學道人莫言先定發慧慧定各別作此見者法有二相口說善語心中不善空有定慧定慧不等若心口俱善內外一如定慧即等自悟修行不在於諍若諍先後即同迷人不斷勝負却增我法不離四相善知識定慧猶如何等猶如燈光有燈即光無燈即暗燈是光之體光是燈之用名雖有二體本同一此定慧法亦復如是

祖示衆云善知識一行三昧者於一切處行住坐臥常行一直心是也如淨名經云直心是道場直心是淨土莫心行諂曲口但說直口說一行三昧不行直心但行直心於一切法勿有執著迷人著法相執一行三昧直言常坐不動妄不起心即是一行三昧作此解者即同無情却是障道因緣

祖示衆云善知識道須通流何以却滯心不住法道即通流心若住法名爲自縛若言常坐不動是只如舍利弗宴坐林中却被維摩詰訶善知識又有人教坐看心觀靜不動不起從此置功迷人不會便執成顛如此者衆如是相教故知大錯

祖示衆云善知識本來正教無有頓漸人性自有利鈍迷人漸修悟人頓契所以立頓漸之假名自識本心自見本性即無差別善知識我此法門從上以來先立無念爲宗無相爲體無住爲本無相者相而離相無念者念而無念無住者人之本性於世間善惡好醜乃至冤之與親言語觸刺欺爭之時並將爲空不思酬害念念之中不思前境若前念今念後念念念相續不斷名爲繫縛於諸法上念念不住即無縛也此是以無住爲本善知識外離一切相名爲無相能離於相即法體清淨此是以無相爲體善知識於諸境上心不染曰無念於自念上常離諸境不於境上生心若執百物不思念盡除却一念絕即死別處受生是爲大錯學道者思之若不識法

意自錯猶可更悞他人自迷不見又謗佛經所以立無念爲宗善知識云何立無念爲宗只緣口說見性迷人於境上有念念上便起邪見一切塵勞妄想從此而生自性本無一法可得若有所得妄說禍福即是塵勞邪見故此法門立無念爲宗善知識無者無何事念者念何物無者無二相無諸塵勞之心念者念眞如本性眞如即是念之體念即是眞如之用眞如自性起念非眼耳鼻舌能念眞如有性所以起念眞如若無眼耳色聲當時即壞善知識眞如自性起念六根雖有見聞覺知不染萬境而眞性常自在故經云能善分別諸法相於第一義而不動

祖示衆云此門坐禪元不著心亦不著淨亦不是不動若言著心心元是妄知心如幻故無所著也若言著淨人性本淨由妄念故蓋覆眞如但無妄想性自清淨起心著淨却生淨妄妄無處所著者是妄淨無形相却立淨相言是工夫作此見者障自本性却被淨縛善知識若修不動者但見一切人時不見人之是非善惡過患即是自性不動善知識迷人身雖不動開口便說他人是非長短好惡與道違背若著心著淨即障道也

祖示衆云善知識何名坐禪此法門中無障無礙外於一切善惡境界心念不起名爲坐內見自性不動名爲禪善知識何名禪定外離相爲禪內不亂爲定外若著相內心即亂外若離相心即不亂本性自淨自定只爲見境思境即亂若見諸境心不亂者是眞定也善知識外離相即禪內不亂即定外禪內定是爲禪定淨名經云即時豁然還得本心菩薩戒經云我本性元自清淨善知識於念念中自見本性清淨自修自行自成佛道

時祖師見廣韶洎四方士庶駢集山中聽法於是陞座告衆曰來諸善知識此事須從自性中起於一切時念念自淨其心自修自行見自己法身見自心佛自度自戒始得本不假到此既從遠來一會于此皆共有緣今可各各胡跪先爲傳自性五分法身香次授無相懺悔衆胡跪師曰一戒香即自心中無非無惡無嫉妒無貪嗔無劫害名戒香二定香即覩諸善惡境相自心不亂名定香三慧香自心無礙常以智慧觀照自性不造諸惡雖修衆善心不執著敬上念下矜恤孤貧名慧香四解脫香即自心無所攀緣不思善不思惡自在無礙名解脫香五解脫知見香自心既無所攀緣善惡不可沉空守寂即須廣學多聞識自本心達諸佛理和光接物無我無人直至菩提眞性不易名解脫知見香善知識此香各自內熏莫向外覓今與汝等授無相懺悔滅三世罪令得三業清淨善知識各隨我語一時道弟子等從前念今念及後念念念不被愚迷染從前所有惡業愚迷等罪悉皆懺悔願一時消滅永不復起弟子等從前念今念及後念念念不被憍誑染從前所有惡業憍誑等罪悉皆懺悔願一時消滅永不復起弟子等從前念今念及後念念念不被嫉妒染從前所有惡業嫉妒等罪悉皆懺悔願一時消滅永不復起善知識已上是爲無相懺悔云何名懺云何名悔懺者懺其前

愆從前所有惡業愚迷憍誑嫉妬等罪悉皆盡懺永不復起是名為懺悔者悔其後過從今已後所有惡業愚迷憍誑嫉妬等罪今已覺悟悉皆永斷更不復作是名為悔故稱懺悔凡夫愚迷只知懺其前愆不知悔其後過以不悔故前愆不滅後過又生前愆既不滅後過復又生何名懺悔善知識既懺悔已與善知識發四弘誓願各須用心正聽自心衆生無邊誓願度自心煩惱無邊誓願斷自性法門無盡誓願學自性無上佛道誓願成善知識大家豈不道衆生無邊誓願度恁麼道且不是慧能度善知識心中衆生所以邪迷心誑妄心不善心嫉妬心惡毒心却是等心盡是衆生各須自性自度是名真度何名自性自度即自心中邪見煩惱愚癡衆生將正見度既有正見使般若智打破愚癡迷妄衆生各各自度邪來正度迷來悟度愚來智度惡來善度如是度者名為真度又煩惱無邊誓願斷將自性般若智除却虛妄思想心是也又法門無盡誓願學須自見性常行正法

是名真學又無上佛道誓願成既常能下心行於真正離迷離覺常生般若除真除妄即見佛性即言下佛道成常念修行是願力法善知識今發四弘願了更與善知識授無相三歸依戒善知識歸依覺兩足尊歸依正離欲尊歸依淨衆中尊從今日去稱覺為師更不歸依邪魔外道以自性三寶常自證明勸善知識歸依自性三寶佛者覺也法者正也僧者淨也自心歸依覺邪迷不生少欲知足能離財色名兩足尊自心歸依正念念無邪見以無邪見故即無人我貢高貪愛執著名離欲尊自心歸依淨一切塵勞愛欲境界自性皆不染著名衆中尊若修此行是自歸依凡夫不會從日至夜受三歸戒若言歸依佛佛在何處若不見佛憑何所歸言却成妄善知識各自觀察莫錯用心經文分明言自歸依佛不言歸依他佛自佛不歸無所依處今既自悟各須歸依自心三寶內調心性外敬他人是自歸依也善知識既歸依自三寶竟各各志心吾與說一體三身自性佛令汝等

見三身了然自悟自性總隨我道於自色身歸依清淨法身佛於自色身歸依圓滿報身歸於自色身歸依千百億化身佛善知識色身是舍宅不可言歸向者三身佛在自性中世人總有為自心迷不見內性外覓三身如來不見自身中有三身佛汝等聽說令汝等於自身中見自性有三身佛此三身佛從自性生不從外得何名清淨法身佛世人性本清淨萬法從自性生思量一切惡事即生惡行思量一切善事即生善行如是諸法在自性中如天常清日月常明為浮雲蓋覆上明下暗忽遇風吹雲散上下俱明萬象皆現世人性常浮游如彼天雲善知識智如日慧如月智慧常明於外著境被妄念浮雲蓋覆自性不得明朗若遇善知識聞真正法自除迷妄內外明徹於自性中萬法皆現見性之人亦復如是此名清淨法身佛善知識自心歸依自性是歸依真佛自歸依者除却自性中不善心嫉妬心諂曲心吾我心誑妄心輕人心慢他心邪見心貢高心及一切時中不善

之行常自見已過不說他人好惡是自歸依常須下心普行恭敬即是見性通達更無滯礙是自歸依何名圓滿報身譬如一燈能除千年暗一智能滅萬年愚莫思向前已過不可得常思於後念念圓明自見本性善惡雖殊本性無二無二之性名爲實性於是性中不染善惡此名圓滿報身佛自性起一念惡滅萬劫善因自性起一念善得恒河沙惡盡直至無上菩提念念自見不失本念名爲報身何名千百億化身若不思萬法性本如空一念思量名爲變化思量惡事化爲地獄思量善事化爲天堂毒害化爲龍蛇慈悲化爲菩薩智慧化爲上界愚癡化爲下方自性變化甚多迷人不能省覺念念起惡常行惡道迴一念善智慧即生此名自性化身佛善知識法身本具念念自性自見即是報身佛從報身思量即是化身佛自性自修自性功德是眞歸依皮肉是色身色身是舍宅不言歸依也但悟自性三身即識自性佛吾有一無相頌若能誦持言下令汝積劫迷罪一時消滅頌曰

迷人修福不修道　只言修福便是道
布施供養福無邊　心中三惡元來造
擬將修福欲滅罪　後世得福罪還在
但向心中除罪緣　名自性中眞懺悔
忽悟大乘眞懺悔　除邪行正即無罪
學道常於自性觀　即與諸佛同一類
吾祖唯傳此頓法　普願見性同一體
若欲當來覓法身　離諸法相心中洗
努力自見莫悠悠　後念忽絕一世休
若悟大乘得見性　虔敬合掌志心求

祖言善知識總須誦取依此修行言下見性雖去吾千里如常在吾邊於此言下不悟即對面千里何勤遠來珍重好去一衆聞法靡不開悟歡喜奉行

六祖大師法寶壇經

御製六祖法寶壇經敘

朕聞佛西方聖人也爲善不倦博濟無窮又曰佛弼也其能弼世教而隆大行者也故周頌曰佛時仔肩爲我顯德行是知佛爲弼訓無餘蘊矣昔達磨遠歸東土不立文字直指人心見性成佛夫性天人一也文字惟心之畫而性融焉有善有惡有邪有正得其正則性善而言順得其邪則性惡而言乖子思曰自誠明謂之性又曰誠者天之道不誠無物苟能於性上究其眞宗辯其善惡則聖賢地位何患乎不至耶故佛樂於爲善心無邪見性體圓明虛靈澹泊於空而不着空於相而離諸相所以成佛果而弼隆朕治道也若謂崇供養而求福田利已朕所不取焉越之南有禪和者盧惠能乃新州人也師於黃梅得衣鉢之傳究性宗之學隱於曹溪沒後其徒會其言傳爲壇經法寶其言正其性善大槩欲人循諸善道離諸惡趣與吾儒窮理盡性自誠入聖之理而無殊矣因萬幾之暇製

爲敘命廷臣趙玉芝重加編録鋟梓以傳爲見性入善之指南云故敘

成化七年三月　日

刻法寶壇經序

甞攷孔子有曰朝聞道夕死可矣又曰原始要終故知死生之説豈不以必聞道者乃不徒死不徒死者乃不爲虛生也乎噫乎此非眞有見於性命之際者未易以語此也故子貢以夫子之文章可得而聞其言性與天道不可得而聞而世之學者復漫曰文章之所在即性與天道之所在也此其所以曠數千年而聖人至命盡性之學卒以不盡聞於世也釋氏之爲學誠與儒異然以其不立文字故牿亡晦蝕者少而宗傳因以不泯其徒之慧達者亦閒起而追繹之有以紹明其如綫之緒如六祖者其尤傑然者也今其書具在利生說法何啻萬有餘言總之俱從自性起用無一蔓語謂非眞有見於性命之際不可也新與自漢巳入中國逮今二千餘禩藻雅猷伐世有其人求能脫然於世累超然有悟於性命以幾不畔於道者有其人乎吾是以有愧於其人因諸生之請也畀邑令王君道服刻而廣之庶因有悟者且有激云

大明萬曆改元歲在癸酉秋孟上澣見羅山人李材書

六祖大師法寶壇經

校勘記

一　底本，明永樂北藏本。

一　明永樂北藏本所收法寶壇經係法海等集，即法海本；而明徑山藏本所收係宗寶所編，即宗寶本。宗寶本分十品，每品均有品名；就文字内容言，前六品文字與法海本殊多出入，後四品内容爲法海本所無，且經後附文六篇亦爲法海本所未收者。玆將徑山藏本兼收於卷後。

一　明永樂南藏本所收亦爲宗寶本，但經淨戒重校後，其内容文字反而與法海本相近，故仍作爲北藏本之校本。

一　八一八頁上一行「六祖大師法寶壇經贊」前，清有御制六祖法寶壇經敘、刻法寶壇經序，現附載於卷後，即八三〇頁下一行至八三一頁中六行。

一八一八頁上八行「釋迦文佛」，清作「釋迦佛」。
一八一八頁上一四行「煩惱」，清作「以惱」。
一八二〇頁中三行第一二字「者」，南作「大」。
一八二〇頁中一五行「圓明」，南作「圓明云」。
一八二〇頁中一七行「門人法海等集」，南作「風旛報恩光孝禪寺住持嗣祖比丘宗寶編　僧録司右闡教兼鍾山靈谷禪寺住持淨戒重校」。
一八二〇頁下五行「慧能」，南作「惠能」。下同。
一八二三頁上一七行首字「講」，清作「論」。
一八二四頁下一行「是是上乘」，南、清作「是最上乘」。
一八二六頁上一行「史君」，南作「使君」。下至本頁下一行同。
一八二六頁下三行「不作」，南、清作「不悟」。
一八二六頁下四行「多方」，南、清作「西方」。
一八二六頁下五行「隱澄」，南、清作「頂禮」。
一八二九頁下三行首字「歸」，南、清作「佛」。

六祖大師法寶壇經目錄

目錄

六祖大師法寶壇經序

古筠比丘德異撰

妙道虛玄不可思議忘言得旨端可悟明故世尊分座於多子塔前拈華於靈山會上似火與火以心印心西傳四七至菩提達磨東來此土直指人心見性成佛有可大師者首於言下悟入末上三拜得髓受衣紹祖開闡正宗三傳而至黃梅會中高僧七百惟負舂居士一偈傳衣爲六代祖南遯十餘年一旦以非風旛動之機觸開印宗正眼居士由是祝髮登壇應跋陀羅懸記開東山法門韋使君命海禪者錄其語目之曰法寶壇經大師始於五羊終至曹溪說法三十七年霑甘露味入聖超凡者莫記其數悟佛心宗行解相應爲大知識者名載傳燈惟南嶽青原執侍最久盡得無巴鼻故出馬祖石頭機智圓明玄風大震乃有臨濟潙仰曹洞雲門法眼諸公巍然而出道德超群門庭險峻啓迪英靈衲子奮志衝關一門深入五派同源歷徧罏錘規模廣大原其五家綱要盡出壇經夫壇經者言簡義豐理明事備具足諸佛無量法門一一法門具足無量妙義一一妙義發揮諸佛無量妙理即彌勒樓閣中即普賢毛孔中善入者即同善財於一念間圓滿功德與普賢等與諸佛等惜乎壇經爲後人節略太多不見六祖大全之旨德異幼年嘗見古本自後徧求三十餘載近得通上人尋到全文遂刊于吳中休休禪庵與諸勝士同一受用惟願開卷舉目直入大圓覺海續佛祖慧命無窮斯余志願滿矣至元二十七年庚寅歲中春日敘

六祖大師法寶壇經贊

宋明教大師契嵩撰

贊者告也發經而溥告也壇經者至人之所以宣其心也至人謂六祖也篇內同何心邪佛所傳之妙心也大哉心乎資始變化而淸淨常若凡然聖然幽然顯然無所處而不自得之聖言乎明凡言乎昧昧也者變也明也者復也變復雖殊而妙心一也始釋迦文佛以是而傳之大龜氏大龜氏相傳之三十三世者傳諸大鑒六祖謚號大鑒禪師大鑒傳之而益傳也說之者抑亦多端固有名同而實異者也固有義多而心一者也曰血肉心者曰緣慮心者曰集起心者曰堅實心者若心所之心益多也是所謂名同而實異者也曰眞如心者曰生滅心者曰煩惱心者曰菩提心者諸修多羅其類此者殆不可勝數是所謂義多而心一者也義有覺義有不覺義心有眞心有妄心皆所以別其正心也方壇經之所謂心者亦義之覺義心之實心也昔者聖人之將隱也乃命乎龜氏教外以傳法之要意其人滯迹而忘返固欲後世者提本而正末也故涅槃曰我有無上正法悉已付囑摩訶迦葉矣天之道存乎易地之道存乎簡聖人之道存乎要要也者至妙之謂也聖人之道以要則爲法界門之樞機爲無量義之所會爲大乘之椎輪法華豈不曰當知是妙法諸佛之祕要華嚴豈不曰以少方便疾成菩提要乎其於聖人之道利而大矣哉是故壇經之宗尊其心要也心乎若明若冥若空若靈若寂若惺有物乎無物乎謂之一物固彌於萬物謂之萬物固統於一物一物猶萬物也萬物猶一物也此謂可思議也及其不可思也不可議也天下謂之玄解謂之神會謂之絕待謂之默體謂之冥通一皆離之遣之遣之又遣亦烏能至之微其果然獨得與夫至人之相似者

孰能諒乎推而廣之則無往不可也探而裁之則無所不當也施於證性則所見至親施於修心則所詣至正施於崇德辯惑則眞妄易顯施於出世則佛道速成施於救世則塵勞易歇此壇經之宗所以旁行天下而不猒彼謂卽心卽佛淺者何其不知量也以析錐探地而淺地以屋漏窺天而小天豈天地之然邪然百家者雖苟勝之弗如也而至人通而貫之合乎群經斷可見矣至人變而通之非預名字不可測也故其顯說之有倫有義密說之無首無尾天機利者得其深天機鈍者得其淺可擬乎可議乎不得已況之則圓頓教也最上乘也如來之清淨禪也菩薩藏之正宗也論者謂之玄學不亦詳乎天下謂之宗門不亦宜乎壇經曰定慧爲本者趣道之始也定也者靜也慧也者明也明以觀之靜以安之安其心可以體心也觀其道可以語道也一行三昧者法界一相之謂也謂萬善雖殊皆正於一行者也無相爲體者尊大戒也無念爲宗者尊大定也無住爲本者尊大慧也夫戒定慧者三乘之達道也夫妙心者戒定慧之大資也以一妙心而統乎三法故曰大也無相戒者戒其必正覺也四弘願者願度度苦也願斷斷集也願學學道也願成成寂滅也滅無所滅故無所不斷也道無所道故無所不度也無相懺者懺非所懺也三歸戒者歸其一也一也者三寶之所以出也說摩訶般若者謂其心之至中也般若也者聖人之方便也聖人之大智也固能寂之明之權之實之天下以其寂可以泯衆惡也天下以其明可以集衆善也天下以其權可以大有爲也天下以其實可以大無爲也至矣哉般若也聖人之道非夫般若不明也不成也天下之務非夫般若不宜也不當也至人之爲以般若振不亦遠乎我法爲上上根人說者宜之

也經物重用則不勝大方小授則過也從來默傳分付者密說之謂也密也者非不言而闇證也眞而密之也不解此法而輒謗毀謂百劫千生斷佛種性者防天下亡其心也偉乎壇經之作也其本正其迹效其因眞其果不謬前聖也後聖也如此起之如此示之如此復之浩然沛乎若大川之注也若虛空之通也若日月之明也若形影之無礙也若鴻漸之有序也妙而得之之謂本推而用之之謂迹以其非始者始之之謂因以其非成者成之之謂果果不異乎因謂之正果也因不異乎果謂之正因也迹必顧乎本謂之大用也本必顧乎迹謂之大乘也乘也者聖人之喻道也用也者聖人之起教也夫聖人之道莫至乎心聖人之教莫至乎修調神入道莫至乎一相止觀軌善成德莫至乎一行三昧資一切戒莫至乎無相正一切定莫至乎無念通一切智莫至乎無住生善滅惡莫至乎無相戒篤道推德莫至乎四弘願善觀過莫至乎無相懺正所趣莫至乎三歸戒正大體裁大用莫至乎大般若發大信務大道莫至乎大志天下之窮理盡性莫至乎默傳欲心無過莫善乎不諭定慧爲始道之基也一行三昧德之端也無念之宗解脫之謂也無住之本般若之謂也無相之體法身之謂也無相戒戒之最也四弘願願之極也無相懺懺之至也三歸戒眞所歸也摩訶智慧聖凡之大範也爲上上根人說直說也默傳傳之至也戒謗戒之當也夫妙心者非修所成也非證所明也本成也本明也以迷明者復明所以證也以背成者復成所以修也以非修而修之故曰正修也以非明而明之故曰正證也至人暗然不見其威儀而成德爲行藹如也至人頹然若無所持而道顯於天下也蓋以正修而修之也以正證而證之也於此乃曰罔修罔證

罔因罔果穿鑿叢脞競爲其說繆乎至人之意焉噫放戒定慧而必趣乎混茫之空則吾未如之何也甚乎含識溺心而浮識識與業相乘循諸響而未始息也象之形之人與物偕生紛然乎天地之間可勝數邪得其形於人者固萬萬之一耳人而能覺幾其鮮矣聖人懷此雖以多義發之而天下猶有所不明者也聖人救此雖以多方治之而天下猶有所不醒者也賢者以智亂不肖者以愚壅平平之人以無記惛及其感物而發喜之怒之哀之樂之益蔽者萬端曖然若夜行而不知所至其承於聖人之言則計之博之若蒙霧而望遠謂有也謂無也謂非有也謂非無也謂亦有也謂亦無也以不見而卻蔽固終身而不得其審焉海所以在水也魚龍死生在海而不見乎水道所以在心也其人終日說道而不見乎心悲夫心固微妙幽遠難明難湊其如此也矣聖人既隱天下百世雖以書傳而莫得其明驗故壇經之宗舉乃直示其心而天下方知卽正乎性命也若排雲霧而頓見太清若登泰山而所視廓如也王氏以方乎世書曰齊一變至於魯魯一變至於道斯言近之矣涅槃曰始從鹿野苑終至跋提河中間五十年未曾說一字者示法非文字也防以文字而求其所謂也曰依法不依人者以法眞而人假也曰依義不依語者以義實而語假也曰依智而不依識者以智至而識妄也曰依了義經不依不了義經者以了義經盡理也而菩薩所謂卽是宣說大涅槃者謂自說與經同也聖人所謂四人出世（卽四依也）護持正法應當證知者應當證知故至人推本以正其末也自說與經同故至人說經如經也依義依了義經故至人顯說而合義也合經也依法依智故至人密說變之通之而不苟滯也示法非文字故至人之宗尚乎默傳也聖人

如春陶陶而發之也至人如秋濯濯而成之也聖人命之而至人效之也至人固聖人之門之奇德殊勳者也夫至人者始起於微自謂不識世俗文字及其成至也方一席之說而顯道救世與乎大聖人之云爲者若合符契也固其玄德上智生而知之將自表其法而示其不識乎歿殆四百年法流四海而不息帝王者聖賢者更三十世求其道而益敬非至乎大聖人之所至天且猒之久矣烏能若此也予固豈盡其道幸蚊䖟飲海亦預其味敢稽首布之以遺後學者也

六祖大師法寶壇經

風旛報恩光孝禪寺住持嗣祖比丘宗寶編

行由第一

時大師至寶林韶州韋刺史（名璩）與官僚入山請師出於城中大梵寺講堂爲衆開緣說法師陞座次刺史官僚三十餘人儒宗學士三十餘人僧尼道俗一千餘人同時作禮願聞法要大師告衆曰善知識菩提自性本來清淨但用此心直了成佛善知識且聽惠能行由得法事意惠能嚴父本貫范陽左降流于嶺南作新州百姓此身不幸父又早亡老母孤遺移來南海艱辛貧乏於市賣柴時有一客買柴使令送至客店客收去惠能得錢卻出門外見一客誦經惠能一聞經語心即開悟遂問客誦何經客曰金剛經復問從何所來持此經典客云我從蘄州黃梅縣東禪寺來其寺是五祖忍大師在彼主化門人一千有餘我到彼中禮拜聽受此經大師常勸僧俗但持金剛經即自見性直了成佛惠能聞說宿昔有緣乃蒙一客取銀十兩與惠能令充老母衣糧教便往黃梅參禮五祖惠能安置母畢即便辭違不經三十餘日便至黃梅禮拜五祖祖問曰汝何方人欲求何物惠能對曰弟子是嶺南新州百姓遠來禮師惟求作佛不求餘物祖言汝是嶺南人又是獦獠若爲堪作佛惠能曰人雖有南北佛性本無南北獦獠身與和尚不同佛性有何差別五祖更欲與語且見徒衆總在左右乃令隨衆作務惠能曰惠能啓和尚弟子自心常生智慧不離自性即是福田未審和尚教作何務祖云這獦獠根性大利汝更勿言著槽廠去惠能退至後院有一行者差惠能破柴踏碓經八月餘祖一日忽見惠能曰吾思汝之見可用恐有惡人害汝遂不與汝言汝知之否惠能曰弟子亦知師意不敢行至堂前令人不覺祖一日喚諸門人總來吾向汝說世人生死事大汝等終日只求福田不求出離生死苦海自性若迷福何可救汝等各去自看智慧取自本心般若之性各作一偈來呈吾看若悟大意付汝衣法爲第六代祖火急速去不得遲滯思量即不中用見性之人言下須見若如此者輪刀上陣亦得見之（喻利根者）衆得處分退而遞相謂曰我等衆人不須澄心用意作偈將呈和尚有何所益神秀上座現爲教授師必是他得我輩謾作偈頌枉用心力餘人聞語皆息心咸言我等已後依止秀師何煩作偈神秀思惟諸人不呈偈者爲我與他爲教授師我須作偈將呈和尚若不呈偈和尚如何知我心中見解深淺我呈偈意求法即善覓祖即惡卻同凡心奪其聖位奚別若不呈偈終不得法大難大難五祖堂前有步廊三間擬請供奉盧珍畫楞伽經變相及五祖血脈圖流傳供養神秀作偈成已數度欲呈行至堂前心中恍惚徧身汗流擬呈不得前後經四日一十三度呈偈不得秀乃思惟不如向廊下書著從他和尚看見忽若道好即出禮拜云是秀作若道不堪枉向山中數年受人禮拜更修何道是夜三更不使人知自執燈書偈於南廊壁間呈心所見偈曰

身是菩提樹　心如明鏡臺　時時勤拂拭
勿使惹塵埃

秀書偈了便卻歸房人總不知秀復思惟五祖明日見偈歡喜即我與法有緣若言不堪自是我迷宿業障重不合得法聖意難測房中思想坐臥不安直至五更祖已知神秀入門未得不見自性天明祖喚盧供奉來向南廊壁間繪畫圖相忽見其偈報言供奉卻不用畫勞爾遠來經云凡所有相皆是虛妄但留此偈與人誦持依此偈修免墮惡道依此偈修有大利益令門人炷香禮敬盡誦此偈即得見性門人誦偈皆歎善哉祖三更喚秀入堂問曰偈是汝作否秀言實是秀作不敢妄求祖位望和尚慈悲看弟子有少智慧否祖曰汝作此偈未見本性只到門外未入門內如此見解覓無上菩提了不可得無上菩提須得言下識自本心見自本性不生不滅於一切時中念念自見萬法無滯一真一切真萬境自如如如如之心即是真實若如是見即是無上菩提之自性也汝且去一兩日思惟更作一偈將來吾看汝偈若入得門付汝衣法神秀作禮而出又經數日作偈不成心中恍惚神思不安猶如夢中行坐不樂復兩日有一童子於碓坊過唱誦其偈惠能一聞便知此偈未見本性雖未蒙教授早識大意遂問童子曰誦者何偈童子曰爾這獦獠不知大師言世人生死事大欲得傳付衣法令門人作偈來看若悟大意即付衣法爲第六祖神秀上座於南廊壁上書無相偈大師令人皆誦依此偈修免墮惡道依此偈修有大利益惠能曰（一本有我亦要誦此結來生緣）上人我此踏碓八箇餘月未曾行到堂前望上人引至偈前禮拜童子引至偈前禮拜惠能曰惠能不識字請上人爲讀時有江州別駕

姓張名日用便高聲讀惠能聞已遂言亦有一偈望
別駕爲書別駕言汝亦作偈其事希有惠能向別駕
言欲學無上菩提不得輕於初學下下人有上上智
上上人有沒意智若輕人即有無量無邊罪別駕言
汝但誦偈吾爲汝書汝若得法先須度吾勿忘此言
惠能偈曰

菩提本無樹　明鏡亦非臺　本來無一物
何處惹塵埃

書此偈已徒衆總驚無不嗟訝各相謂言奇哉不得
以貌取人何得多時使他肉身菩薩祖見衆人驚怪
恐人損害遂將鞋擦了偈曰亦未見性衆以爲然次
日祖潛至碓坊見能腰石舂米語曰求道之人爲法
忘軀當如是乎乃問曰米熟也未惠能曰米熟久矣
猶欠篩在祖以杖擊碓三下而去惠能即會祖意三
鼓入室祖以袈裟遮圍不令人見爲說金剛經至應
無所住而生其心惠能言下大悟一切萬法不離自
性遂啓祖言何期自性本自清淨何期自性本不生
滅何期自性本自具足何期自性本無動搖何期自
性能生萬法祖知悟本性謂惠能曰不識本心學法
無益若識自本心見自本性即名丈夫天人師佛三
更受法人盡不知便傳頓教及衣鉢云汝爲第六代
祖善自護念廣度有情流布將來無令斷絕聽吾偈
曰

有情來下種　因地果還生　無情既無種
無性亦無生

祖復曰昔達磨大師初來此土人未之信故傳此衣
以爲信體代代相承法則以心傳心皆令自悟自解
自古佛佛惟傳本體師師密付本心衣爲爭端止汝
勿傳若傳此衣命如懸絲汝須速去恐人害汝惠能
啓曰向甚處去祖云逢懷則止遇會則藏惠能三更
領得衣鉢云能本是南中人素不知此山路如何出
得江口五祖言汝不須憂吾自送汝祖相送直至九
江驛祖令上船五祖把艣自搖惠能言請和尚坐弟
子合搖艣祖云合是吾渡汝惠能云迷時師度悟了
自度度名雖一用處不同惠能生在邊方語音不正
蒙師傳法今已得悟只合自性自度祖云如是如是
以後佛法由汝大行汝去三年吾方逝世汝今好去
努力向南不宜速說佛法難起惠能辭違祖已發足
南行兩月中間至大庾嶺（五祖歸數日不上堂衆疑詣問曰和尚少病少惱否
曰病即無衣法已南矣問誰人傳授曰能者得之衆乃知焉）逐後數百人來欲奪
衣鉢一僧俗姓陳名惠明先是四品將軍性行麁慥
極意參尋爲衆人先趁及惠能惠能擲下衣鉢於石
上云此衣表信可力爭耶能隱草莽中惠明至提掇
不動乃喚云行者行者我爲法來不爲衣來惠能遂
出坐盤石上惠明作禮云望行者爲我說法惠能云
汝既爲法而來可屏息諸緣勿生一念吾爲汝說明
良久惠能云不思善不思惡正與麼時那箇是明上
座本來面目惠明言下大悟復問云上來密語密意
外還更有密意否惠能云與汝說者即非密也汝若
返照密在汝邊明曰惠明雖在黃梅實未省自己面
目今蒙指示如人飲水冷暖自知今行者即惠明師
也惠能曰汝若如是吾與汝同師黃梅善自護持明
又問惠明今後向甚處去惠能曰逢袁則止遇蒙則
居明禮辭（明回至嶺下謂趁衆曰向陟崔嵬竟無蹤
跡當別道尋之趁衆咸以爲然惠明後改
道明避師上字）惠能後至曹溪又被惡人尋逐乃於四會避
難獵人隊中凡經一十五載時與獵人隨宜說法獵
人常令守網每見生命盡放之每至飯時以菜寄煮
肉鍋或問則對曰但喫肉邊菜一日思惟時當弘法
不可終遯遂出至廣州法性寺值印宗法師講涅槃
經時有風吹幡動一僧曰風動一僧曰幡動議論不
已惠能進曰不是風動不是幡動仁者心動一衆駭
然印宗延至上席徵詰奧義見惠能言簡理當不由
文字宗云行者定非常人久聞黃梅衣法南來莫是
行者否惠能曰不敢宗於是作禮告請傳來衣鉢出
示大衆宗復問曰黃梅付囑如何指授惠能曰指授
即無惟論見性不論禪定解脫宗曰何不論禪定解
脫能曰爲是二法不是佛法佛法是不二之法宗又
問如何是佛法不二之法惠能曰法師講涅槃經明
佛性是佛法不二之法如高貴德王菩薩白佛言犯
四重禁作五逆罪及一闡提等當斷善根佛性否佛
言善根有二一者常二者無常佛性非常非無常是
故不斷名爲不二一者善二者不善佛性非善非不
善是名不二蘊之與界凡夫見二智者了達其性無
二無二之性即是佛性印宗聞說歡喜合掌言某甲
講經猶如瓦礫仁者論義猶如真金於是爲惠能剃
髮願事爲師惠能遂於菩提樹下開東山法門惠能
於東山得法辛苦受盡命似懸絲今日得與使君官
僚僧尼道俗同此一會莫非累劫之緣亦是過去生
中供養諸佛同種善根方始得聞如上頓教得法之
因教是先聖所傳不是惠能自智願聞先聖教者各
令淨心聞了各自除疑如先代聖人無別一衆聞法
歡喜作禮而退

般若第二

次日韋使君請益師陞座告大衆曰總淨心念摩訶
般若波羅蜜多復云善知識菩提般若之智世人本
自有之只緣心迷不能自悟須假大善知識示導見
性當知愚人智人佛性本無差別只緣迷悟不同所
以有愚有智吾今爲說摩訶般若波羅蜜法使汝等
各得智慧志心諦聽吾爲汝說善知識世人終日口
念般若不識自性般若猶如說食不飽口但說空萬

劫不得見性終無有益善知識摩訶般若波羅蜜是梵語此言大智慧到彼岸此須心行不在口念口念心不行如幻如化如露如電口念心行則心口相應本性是佛離性無別佛何名摩訶摩訶是大心量廣大猶如虛空無有邊畔亦無方圓大小亦非青黃赤白亦無上下長短亦無瞋無喜無是無非無善無惡無有頭尾諸佛刹土盡同虛空世人妙性本空無有一法可得自性真空亦復如是善知識莫聞吾說空便即著空第一莫著空若空心靜坐即著無記空善知識世界虛空能含萬物色像日月星宿山河大地泉源谿澗草木叢林惡人善人惡法善法天堂地獄一切大海須彌諸山總在空中世人性空亦復如是善知識自性能含萬法是大萬法在諸人性中若見一切人惡之與善盡皆不取不捨亦不染著心如虛空名之為大故曰摩訶善知識迷人口說智者心行又有迷人空心靜坐百無所思自稱為大此一輩人不可與語為邪見故善知識心量廣大遍周法界用即了了分明應用便知一切一切即一一即一切去來自由心體無滯即是般若善知識一切般若智皆從自性而生不從外入莫錯用意名為真性自用一真一切真心量大事不行小道口莫終日說空心中不修此行恰似凡人自稱國王終不可得非吾弟子善知識何名般若般若者唐言智慧也一切處所一切時中念念不愚常行智慧即是般若行一念愚即般若絕一念智即般若生世人愚迷不見般若口說般若心中常愚常自言我修般若念念說空不識真空般若無形相智慧心即是若作如是解即名般若智何名波羅蜜此是西國語唐言到彼岸解義離生滅著境生滅起如水有波浪即名為此岸離境無生滅如水常通流即名為彼岸故號波羅蜜善知識迷

人口念當念之時有妄有非念念若行是名真性悟此法者是般若法修此行者是般若行不修即凡一念修行自身等佛善知識凡夫即佛煩惱即菩提前念迷即凡夫後念悟即佛前念著境即煩惱後念離境即菩提善知識摩訶般若波羅蜜最尊最上最第一無住無往亦無來三世諸佛從中出當用大智慧打破五蘊煩惱塵勞如此修行定成佛道變三毒為戒定慧善知識我此法門從一般若生八萬四千智慧何以故為世人有八萬四千塵勞若無塵勞智慧常現不離自性悟此法者即是無念無憶無著不起誑妄用自真如性以智慧觀照於一切法不取不捨即是見性成佛道善知識若欲入甚深法界及般若三昧者須修般若行持誦金剛般若經即得見性當知此經功德無量無邊經中分明讚歎莫能具說此法門是最上乘為大智人說為上根人說小根小智人聞心生不信何以故譬如大龍下雨於閻浮提城邑聚落悉皆漂流如漂棗葉若雨大海不增不減若大乘人若最上乘人聞說金剛經心開悟解故知本性自有般若之智自用智慧常觀照故不假文字譬如雨水不從天有元是龍能興致令一切衆生一切草木有情無情悉皆蒙潤百川衆流卻入大海合為一體衆生本性般若之智亦復如是善知識小根之人聞此頓教猶如草木根性小者若被大雨悉皆自倒不能增長小根之人亦復如是元有般若之智與大智人更無差別因何聞法不自開悟緣邪見障重煩惱根深猶如大雲覆蓋於日不得風吹日光不現般若之智亦無大小為一切衆生自心迷悟不同迷心外見修行覓佛未悟自性即是小根若開悟頓教不能外修但於自心常起正見煩惱塵勞常不能染即是見性善知識內外不住去來自由能除執心通

達無礙能修此行與般若經本無差別善知識一切修多羅及諸文字大小二乘十二部經皆因人置因智慧性方能建立若無世人一切萬法本自不有故知萬法本自人興一切經書因人說有緣其人中有愚有智愚為小人智為大人愚者問於智人智者與愚人說法愚人忽然悟解心開即與智人無別善知識不悟即佛是衆生一念悟時衆生是佛故知萬法盡在自心何不從自心中頓見真如本性菩薩戒經云我本元自性清淨若識自心見性皆成佛道淨名經云即時豁然還得本心善知識我於忍和尚處一聞言下便悟頓見真如本性是以將此教法流行令學道者頓悟菩提各自觀心自見本性若自不悟須覓大善知識解最上乘法者直示正路是善知識有大因緣所謂化導令得見性一切善法因善知識能發起故三世諸佛十二部經在人性中本自具有不能自悟須求善知識指示方見若自悟者不假外求若一向執謂須他善知識方得解脫者無有是處何以故自心內有知識自悟若起邪迷妄念顛倒外善知識雖有教授救不可得若起正真般若觀照一剎那間妄念俱滅若識自性一悟即至佛地善知識智慧觀照內外明徹識自本心若識本心即本解脫若得解脫即是般若三昧即是無念何名無念若見一切法心不染著是為無念用即遍一切處亦不著一切處但淨本心使六識出六門於六塵中無染無雜來去自由通用無滯即是般若三昧自在解脫名無念行若百物不思當令念絕即是法縛即名邊見善知識悟無念法者萬法盡通悟無念法者見諸佛境界悟無念法者至佛地位善知識後代得吾法者將此頓教法門於同見同行發願受持如事佛故終身而不退者定入聖位然須傳授從上以來默傳分付

不得匿其正法若不同見同行在別法中不得傳付損彼前人究竟無益恐愚人不解謗此法門百劫千生斷佛種性善知識吾有一無相頌各須誦取在家出家但依此修若不自修惟記吾言亦無有益聽吾頌曰

說通及心通　如日處虛空　唯傳見性法
出世破邪宗　法即無頓漸　迷悟有遲疾
只此見性門　愚人不可悉　說即雖萬般
合理還歸一　煩惱闇宅中　常須生慧日
邪來煩惱至　正來煩惱除　邪正俱不用
清淨至無餘　菩提本自性　起心即是妄
淨心在妄中　但正無三障　世人若修道
一切盡不妨　常自見己過　與道即相當
色類自有道　各不相妨惱　離道別覓道
終身不見道　波波度一生　到頭還自懊
欲得見真道　行正即是道　自若無道心
闇行不見道　若真修道人　不見世間過
若見他人非　自非卻是左　他非我不非
我非自有過　但自卻非心　打除煩惱破
憎愛不關心　長伸兩腳臥　欲擬化他人
自須有方便　勿令彼有疑　即是自性現
佛法在世間　不離世間覺　離世覓菩提
恰如求兔角　正見名出世　邪見是世間
邪正盡打卻　菩提性宛然　此頌是頓教
亦名大法船　迷聞經累劫　悟則剎那間

師復曰今於大梵寺說此頓教普願法界眾生言下見性成佛時韋使君與官僚道俗聞師所說無不省悟一時作禮皆歎善哉何期嶺南有佛出世

疑問第三

一日韋刺史爲師設大會齋齋訖刺史請師陞座同官僚士庶肅容再拜問曰弟子聞和尚說法實不可思議今有少疑願大慈悲特爲解說師曰有疑即問吾當爲說韋公曰和尚所說可不是達磨大師宗旨乎師曰是公曰弟子聞達磨初化梁武帝帝問云朕一生造寺度僧布施設齋有何功德達磨言實無功德弟子未達此理願和尚爲說師曰實無功德勿疑先聖之言武帝心邪不知正法造寺度僧布施設齋名爲求福不可將福便爲功德功德在法身中不在修福師又曰見性是功平等是德念念無滯常見本性真實妙用名爲功德內心謙下是功外行於禮是德自性建立萬法是功心體離念是德不離自性是功應用無染是德若覓功德法身但依此作是真功德若修功德之人心即不輕常行普敬心常輕人吾我不斷即自無功自性虛妄不實即自無德爲吾我自大常輕一切故善知識念念無間是功心行平直是德自修性是功自修身是德善知識功德須自性內見不是布施供養之所求也是以福德與功德別武帝不識真理非我祖師有過刺史又問曰弟子常見僧俗念阿彌陀佛願生西方請和尚說得生彼否願爲破疑師言使君善聽惠能與說世尊在舍衛城中說西方引化經文分明去此不遠若論相說里數有十萬八千即身中十惡八邪便是說遠說遠爲其下根說近爲其上智人有兩種法無兩般迷悟有殊見有遲疾迷人念佛求生於彼悟人自淨其心所以佛言隨其心淨即佛土淨使君東方人但心淨即無罪雖西方人心不淨亦有愆東方人造罪念佛求生西方西方人造罪念佛求生何國凡愚不了自性不識身中淨土願東願西悟人在處一般所以佛言隨所住處恒安樂使君心地但無不善西方去此不遙若懷不善之心念佛往生難到今勸善知識先除十惡即行十萬後除八邪乃過八千念念見性常行平直到如彈指便覩彌陀使君但行十善何須更願往生不斷十惡之心何佛即來迎請若悟無生頓法見西方只在剎那不悟念佛求生路遙如何得達惠能與諸人移西方於剎那間目前便見各願見否眾皆頂禮云若此處見何須更願往生願和尚慈悲便現西方普令得見師言大眾世人自色身是城眼耳鼻舌是門外有五門內有意門心是地性是王王居心地上性在王在性去王無性在身心存性去身心壞佛向性中作莫向身外求自性迷即是眾生自性覺即是佛慈悲即是觀音喜捨名爲勢至能淨即釋迦平直即彌陀人我是須彌貪欲是海水煩惱是波浪毒害是惡龍虛妄是鬼神塵勞是魚鱉貪瞋是地獄愚癡是畜生善知識常行十善天堂便至除人我須彌倒去貪欲海水竭煩惱無波浪滅毒害除魚龍絕自心地上覺性如來放大光明外照六門清淨能破六欲諸天自性內照三毒即除地獄等罪一時消滅內外明徹不異西方不作此修如何到彼大眾聞說了然見性悉皆禮拜俱歎善哉唱言普願法界眾生聞者一時悟解師言善知識若欲修行在家亦得不由在寺在家能行如東方人心善在寺不修如西方人心惡但心清淨即是自性西方韋公又問在家如何修行願爲教授師言吾與大眾說無相頌但依此修常與吾同處無別若不依此修剃髮出家於道何益頌曰

心平何勞持戒　行直何用修禪
恩則孝養父母　義則上下相憐
讓則尊卑和睦　忍則眾惡無諠
若能鑽木出火　淤泥定生紅蓮
苦口的是良藥　逆耳必是忠言

改過必生智慧　護短心內非賢
日用常行饒益　成道非由施錢
菩提只向心覓　何勞向外求玄
聽說依此修行　西方只在目前

師復曰善知識總須依偈修行見取自性直成佛道時不相待衆人且散吾歸曹溪衆若有疑却來相問時刺史官僚在會善男信女各得開悟信受奉行

定慧第四

師示衆云善知識我此法門以定慧爲本大衆勿迷言定慧別定慧一體不是二定是慧體慧是定用即慧之時定在慧即定之時慧在定若識此義即是定慧等學諸學道人莫言先定發慧先慧發定各別作此見者法有二相口說善語心中不善空有定慧定慧不等若心口俱善內外一如定慧即等自悟修行不在於諍若諍先後即同迷人不斷勝負却增我法不離四相善知識定慧猶如何等猶如燈光有燈即光無燈即闇燈是光之體光是燈之用名雖有二體本同一此定慧法亦復如是

師示衆云善知識一行三昧者於一切處行住坐臥常行一直心是也淨名云直心是道場直心是淨土莫心行諂曲口但說直口說一行三昧不行直心但行直心於一切法勿有執著迷人著法相執一行三昧直言常坐不動妄不起心即是一行三昧作此解者即同無情却是障道因緣善知識道須通流何以却滯心不住法道即通流心若住法名爲自縛若言常坐不動是只如舍利弗宴坐林中却被維摩詰訶善知識又有人敎坐看心觀靜不動不起從此置功迷人不會便執成顚如此者衆如是相敎故知大錯

師示衆云善知識本來正敎無有頓漸人性自有利鈍迷人漸修悟人頓契自識本心自見本性即無差別所以立頓漸之假名善知識我此法門從上以來先立無念爲宗無相爲體無住爲本無相者於相而離相無念者於念而無念無住者人之本性於世間善惡好醜乃至冤之與親言語觸刺欺爭之時並將爲空不思酬害念念之中不思前境若前念今念後念念念相續不斷名爲繫縛於諸法上念念不住即無縛也此是以無住爲本善知識外離一切相名爲無相能離於相即法體清淨此是以無相爲體善知識於諸境上心不染曰無念於自念上常離諸境不於境上生心若只百物不思念盡除却一念絕即死別處受生是爲大錯學道者思之若不識法意自錯猶可更勸他人自迷不見又謗佛經所以立無念爲宗善知識云何立無念爲宗只緣口說見性迷人於境上有念念上便起邪見一切塵勞妄想從此而生自性本無一法可得若有所得妄說禍福即是塵勞邪見故此法門立無念爲宗善知識無者無何事念者念何物無者無二相無諸塵勞之心念者念真如本性真如即是念之體念即是真如之用真如自性起念非眼耳鼻舌能念真如有性所以起念真如若無眼耳色聲當時即壞善知識真如自性起念六根雖有見聞覺知不染萬境而真性常自在故經云能善分別諸法相於第一義而不動

坐禪第五

師示衆云此門坐禪元不著心亦不著淨亦不是不動若言著心心元是妄知心如幻故無所著也若言著淨人性本淨由妄念故蓋覆真如但無妄想性自清淨起心著淨却生淨妄妄無處所著者是妄淨無形相却立淨相言是工夫作此見者障自本性却被淨縛善知識若修不動者但見一切人時不見人之是非善惡過患即是自性不動善知識迷人身雖不動開口便說他人是非長短好惡與道違背若著心著淨即障道也

師示衆云善知識何名坐禪此法門中無障無礙外於一切善惡境界心念不起名爲坐內見自性不動名爲禪善知識何名禪定外離相爲禪內不亂爲定外若著相內心即亂外若離相心即不亂本性自淨自定只爲見境思境即亂若見諸境心不亂者是真定也善知識外離相即禪內不亂即定外禪內定是爲禪定菩薩戒經云我本元自性清淨善知識於念念中自見本性清淨自修自行自成佛道

懺悔第六

時大師見廣韶洎四方士庶駢集山中聽法於是陞座告衆曰來諸善知識此事須從自性中起於一切時念念自淨其心自修自行見自己法身見自心佛自度自戒始得不假到此既從遠來一會于此皆共有緣今可各各胡跪先爲傳自性五分法身香次授無相懺悔衆胡跪師曰一戒香即自心中無非無惡無嫉妬無貪瞋無劫害名戒香二定香即覩諸善惡境相自心不亂名定香三慧香自心無礙常以智慧觀照自性不造諸惡雖修衆善心不執著敬上念下矜恤孤貧名慧香四解脫香即自心無所攀緣不思善不思惡自在無礙名解脫香五解脫知見香自心既無所攀緣善惡不可沈空守寂即須廣學多聞識自本心達諸佛理和光接物無我無人直至菩提真性不易名解脫知見香善知識此香各自內熏莫向外覓今與汝等授無相懺悔滅三世罪令得三業清淨善知識各隨我語一時道弟子等從前念今念及後念念念不被愚迷染從前所有惡業愚迷等罪悉皆懺悔願一時銷滅永不復起弟子等從前念今念及後念念念不被憍誑染從前所有惡業憍誑等罪

念皆懺悔願一時銷滅永不復起弟子等從前念今念及後念念念不被嫉妬染從前所有惡業嫉妬等罪悉皆懺悔願一時銷滅永不復起善知識已上是爲無相懺悔云何名懺云何名悔懺者懺其前愆從前所有惡業愚迷憍誑嫉妬等罪悉皆盡懺永不復起是名爲懺悔者悔其後過從今以後所有惡業愚迷憍誑嫉妬等罪今已覺悟悉皆永斷更不復作是名爲悔故稱懺悔凡夫愚迷只知懺其前愆不知悔其後過以不悔故前愆不滅後過又生前愆既不滅後過復又生何名懺悔善知識既懺悔已與善知識發四弘誓願各須用心正聽自心衆生無邊誓願度自心煩惱無邊誓願斷自性法門無盡誓願學自性無上佛道誓願成善知識大家豈不道衆生無邊誓願度恁麼道且不是惠能度善知識心中衆生所謂邪迷心誑妄心不善心嫉妬心惡毒心如是等心盡是衆生各須自性自度是名眞度何名自性自度即自心中邪見煩惱愚癡衆生將正見度既有正見使般若智打破愚癡迷妄衆生各各自度邪來正度迷來悟度愚來智度惡來善度如是度者名爲眞度又煩惱無邊誓願斷將自性般若智除却虛妄思想心是也又法門無盡誓願學須自見性常行正法是名眞學又無上佛道誓願成既常能下心行於眞正離迷離覺常生般若除眞除妄即見佛性即言下佛道成常念修行是願力法善知識今發四弘願了更與善知識授無相三歸依戒善知識歸依覺兩足尊歸依正離欲尊歸依淨衆中尊從今日去稱覺爲師更不歸依邪魔外道以自性三寶常自證明勸善知識歸依自性三寶佛者覺也法者正也僧者淨也自心歸依覺邪迷不生少欲知足能離財色名兩足尊自心歸依正念念無邪見以無邪見故即無人我貢高貪愛執著名離欲尊自心歸依淨一切塵勞愛欲境界自性皆不染著名衆中尊若修此行是自歸依凡夫不會從日至夜受三歸戒若言歸依佛佛在何處若不見佛憑何所歸言却成妄善知識各自觀察莫錯用心經文分明言自歸依佛不言歸依他佛自佛不歸無所依處今既自悟各須歸依自心三寶內調心性外敬他人是自歸依也善知識既歸依自三寶竟各各志心吾與說一體三身自性佛令汝等見三身了然自悟自性總隨我道於自色身歸依清淨法身佛於自色身歸依圓滿報身佛於自色身歸依千百億化身佛善知識色身是舍宅不可言歸向者三身佛在自性中世人總有爲自心迷不見內性外覓三身如來不見自身中有三身佛汝等聽說令汝等於自身中見自性有三身佛此三身佛從自性生不從外得何名清淨法身佛世人性本清淨萬法從自性生思量一切惡事即生惡行思量一切善事即生善行如是諸法在自性中如天常清日月常明爲浮雲蓋覆上明下暗忽遇風吹雲散上下俱明萬象皆現世人性常浮游如彼天雲善知識智如日慧如月智慧常明於外著境被妄念浮雲蓋覆自性不得明朗若遇善知識聞眞正法自除迷妄內外明徹於自性中萬法皆現見性之人亦復如是此名清淨法身佛善知識自心歸依自性是歸依眞佛自歸依者除却自性中不善心嫉妬心諂曲心吾我心誑妄心輕人心慢他心邪見心貢高心及一切時中不善之行常自見己過不說他人好惡是自歸依常須下心普行恭敬即是見性通達更無滯礙是自歸依何名圓滿報身譬如一燈能除千年闇一智能滅萬年愚莫思向前已過不可得常思於後念念圓明自見本性善惡雖殊本性無二無二之性名爲實性於實性中不染善惡此名圓滿報身佛自性起一念惡滅萬劫善因自性起一念善得恒沙惡盡直至無上菩提念念自見不失本念名爲報身何名千百億化身若不思萬法性本如空一念思量名爲變化思量惡事化爲地獄思量善事化爲天堂毒害化爲龍蛇慈悲化爲菩薩智慧化爲上界愚癡化爲下方自性變化甚多迷人不能省覺念念起惡常行惡道迴一念善智慧即生此名自性化身佛善知識法身本具念念自性自見即是報身佛從報身思量即是化身佛自悟自修自性功德是眞歸依皮肉是色身色身是舍宅不言歸依也但悟自性三身即識自性佛吾有一無相頌若能誦持言下令汝積劫迷罪一時銷滅頌曰

迷人修福不修道　只言修福便是道
布施供養福無邊　心中三惡元來造
擬將修福欲滅罪　後世得福罪還在
但向心中除罪緣　各自性中眞懺悔
忽悟大乘眞懺悔　除邪行正即無罪
學道常於自性觀　即與諸佛同一類
吾祖惟傳此頓法　普願見性同一體
若欲當來覓法身　離諸法相心中洗
努力自見莫悠悠　後念忽絕一世休
若悟大乘得見性　虔恭合掌至心求

師言善知識總須誦取依此修行言下見性雖去吾千里如常在吾邊於此言下不悟即對面千里何勤遠來珍重好去一衆聞法靡不開悟歡喜奉行

機緣第七

師自黃梅得法回至韶州曹侯村人無知者（他本云師去時至曹侯村住九月餘然師自言不經三十餘日便至黃梅此求道之切豈有逗留作去時者非是）有儒士劉志略禮遇甚厚志略有姑爲尼名無盡藏常誦大涅槃經師暫聽即知妙義遂爲解說尼乃執卷

問字師曰字卽不識義卽請問尼曰字尚不識焉能會義師曰諸佛妙理非關文字尼驚異之徧告里中耆德云此是有道之士宜請供養有魏（一作晉）武侯玄孫曹叔良及居民競來瞻禮時寶林古寺自隋末兵火已廢遂於故基重建梵宇延師居之俄成寶坊師住九月餘日又爲惡黨尋逐師乃遯于前山被其縱火焚草木師隱身挨入石中得免石今有師趺坐膝痕及衣布之紋因名避難石師憶五祖懷會止藏之囑遂行隱于二邑焉

僧法海韶州曲江人也初參祖師問曰卽心卽佛願垂指諭師曰前念不生卽心後念不滅卽佛成一切相卽心離一切相卽佛吾若具說窮劫不盡聽吾偈曰

卽心名慧　卽佛乃定　定慧等持
意中清淨　悟此法門　由汝習性
用本無生　雙修是正

法海言下大悟以偈讚曰

卽心元是佛　不悟而自屈　我知定慧因
雙修離諸物

僧法達洪州人七歲出家常誦法華經來禮祖師頭不至地師訶曰禮不投地何如不禮汝心中必有一物蘊習何事耶曰念法華經已及三千部師曰汝若念至萬部得其經意不以爲勝則與吾偕行汝今負此事業都不知過聽吾偈曰

禮本折慢幢　頭奚不至地　有我罪卽生
亡功福無比

師又曰汝名什麼曰法達師曰汝名法達何曾達法復說偈曰

汝今名法達　勤誦未休歇　空誦但循聲
明心號菩薩　汝今有緣故　吾今爲汝說
但信佛無言　蓮華從口發

達聞偈悔謝曰而今而後當謙恭一切弟子誦法華經未解經義心常有疑和尚智慧廣大願略說經中義理師曰法達法卽甚達汝心不達經本無疑汝心自疑汝念此經以何爲宗達曰學人根性闇鈍從來但依文誦念豈知宗趣師曰吾不識文字汝試取經誦一徧吾當爲汝解說法達卽高聲念經至譬喻品師曰止此經元來以因緣出世爲宗縱說多種譬喻亦無越於此何者因緣經云諸佛世尊唯以一大事因緣出現於世一大事者佛之知見也世人外迷著相內迷著空若能於相離相於空離空卽是內外不迷若悟此法一念心開是爲開佛知見佛猶覺也分爲四門開覺知見示覺知見悟覺知見入覺知見若聞開示便能悟入卽覺知見本來真性而得出現汝慎勿錯解經意見他道開示悟入自是佛之知見我輩無分若作此解乃是謗經毀佛也彼旣是佛已具知見何用更開汝今當信佛知見者只汝自心更無別佛蓋爲一切衆生自蔽光明貪愛塵境外緣內擾甘受驅馳便勞他世尊從三昧起種種苦口勸令寢息莫向外求與佛無二故云開佛知見吾亦勸一切人於自心中常開佛之知見世人心邪愚迷造罪口善心惡貪瞋嫉妬諂佞我慢侵人害物自開衆生知見若能正心常生智慧觀照自心止惡行善是自開佛之知見汝須念念開佛知見勿開衆生知見開佛知見卽是出世開衆生知見卽是世間汝若但勞勞執念以爲功課者何異犛牛愛尾達曰若然者但得解義不勞誦經耶師曰經有何過豈障汝念只爲迷悟在人損益由己口誦心行卽是轉經口誦心不行卽是被經轉聽吾偈曰

心迷法華轉　心悟轉法華　誦經久不明
與義作讎家　無念念卽正　有念念成邪
有無俱不計　長御白牛車

達聞偈不覺悲泣言下大悟而告師曰法達從昔已來實未曾轉法華乃被法華轉再啓曰經云諸大聲聞乃至菩薩皆盡思共度量不能測佛智今令凡夫但悟自心便名佛之知見自非上根未免疑謗又經說三車羊鹿牛車與白牛之車如何區別願和尚再垂開示師曰經意分明汝自迷背諸三乘人不能測佛智者患在度量也饒伊盡思共推轉加懸遠佛本爲凡夫說不爲佛說此理若不肯信者從他退席殊不知坐卻白牛車更於門外覓三車況經文明向汝道唯一佛乘無有餘乘若二若三乃至無數方便種種因緣譬喻言詞是法皆爲一佛乘故汝何不省三車是假爲昔時故一乘是實爲今時故只教汝去假歸實歸實之後實亦無名應知所有珍財盡屬於汝由汝受用更不作父想亦不作子想亦無用想是名持法華經從劫至劫手不釋卷從晝至夜無不念時也達蒙啓發踊躍歡喜以偈讚曰

經誦三千部　曹溪一句亡　未明出世旨
寧歇累生狂　羊鹿牛權設　初中後善揚
誰知火宅內　元是法中王

師曰汝今後方可名念經僧也達從此領玄旨亦不輟誦經

僧智通壽州安豐人初看楞伽經約千餘徧而不會三身四智禮師求解其義師曰三身者清淨法身汝之性也圓滿報身汝之智也千百億化身汝之行也若離本性別說三身卽名有身無智若悟三身無有自性卽明四智菩提聽吾偈曰

自性具三身　發明成四智　不離見聞緣
超然登佛地　吾今爲汝說　諦信永無迷

莫學馳求者　終日說菩提

通再啓曰四智之義可得聞乎師曰旣會三身便明四智何更問耶若離三身別談四智此名有智無身卽此有智還成無智復說偈曰

大圓鏡智性清淨　平等性智心無病
妙觀察智見非功　成所作智同圓鏡
五八六七果因轉　但用名言無實性
若於轉處不留情　繁興永處那伽定

如上轉識爲智也教中云轉前五識爲成所作智轉第六識爲妙觀察智轉第七識爲平等性智轉第八識爲大圓鏡智雖六七因中轉五八果上轉但轉其名而不轉其體也

通頓悟性智遂呈偈曰

三身元我體　四智本心明　身智融無礙
應物任隨形　起修皆妄動　守住匪眞精
妙旨因師曉　終亡染汙名

僧智常信州貴溪人髫年出家志求見性一日參禮師問曰汝從何來欲求何事曰學人近往洪州白峯山禮大通和尚蒙示見性成佛之義未決狐疑遠來投禮伏望和尚慈悲指示師曰彼有何言句汝試舉看曰智常到彼凡經三月未蒙示誨爲法切故一夕獨入丈室請問如何是某甲本心本性大通乃曰汝見虛空否對曰見彼曰汝見虛空有相貌否對曰虛空無形有何相貌彼曰汝之本性猶如虛空了無一物可見是名正見無一物可知是名眞知無有青黃長短但見本源清淨覺體圓明卽名見性成佛亦名如來知見學人雖聞此說猶未決了乞和尚開示師曰彼師所說猶存見知故令汝未了吾今示汝一偈

不見一法存無見　大似浮雲遮日面
不知一法守空知　還如太虛生閃電
此之知見瞥然興　錯認何曾解方便
汝當一念自知非　自己靈光常顯現

常聞偈已心意豁然乃述偈曰

無端起知見　著相求菩提　情存一念悟
寧越昔時迷　自性覺源體　隨照枉遷流
不入祖師室　茫然趣兩頭

智常一日問師曰佛說三乘法又言最上乘弟子未解願爲教授師曰汝觀自本心莫著外法相法無四乘人心自有等差見聞轉誦是小乘悟法解義是中乘依法修行是大乘萬法盡通萬法俱備一切不染離諸法相一無所得名最上乘乘是行義不在口爭汝須自修莫問吾也一切時中自性自如常禮謝執侍終師之世

僧志道廣州南海人也請益曰學人自出家覽涅槃經十載有餘未明大意願和尚垂誨師曰汝何處未明曰諸行無常是生滅法生滅滅已寂滅爲樂於此疑惑師曰汝作麼生疑曰一切衆生皆有二身謂色身法身也色身無常有生有滅法身有常無知無覺經云生滅滅已寂滅爲樂者不審何身寂滅何身受樂若色身者色身滅時四大分散全然是苦苦不可言樂若法身寂滅卽同草木瓦石誰當受樂又法性是生滅之體五蘊是生滅之用一體五用生滅是常生則從體起用滅則攝用歸體若聽更生卽有情之類不斷不滅若不聽更生則永歸寂滅同於無情之物如是則一切諸法被涅槃之所禁伏尚不得生何樂之有師曰汝是釋子何習外道斷常邪見而議最上乘法據汝所說卽色身外別有法身離生滅求於寂滅又推涅槃常樂言有身受用斯乃執悋生死耽著世樂汝今當知佛爲一切迷人認五蘊和合爲自體相分別一切法爲外塵相好生惡死念念遷流不知夢幻虛假枉受輪迴以常樂涅槃翻爲苦相終日馳求佛愍此故乃示涅槃眞樂剎那無有生相剎那無有滅相更無生滅可滅是則寂滅現前當現前時亦無現前之量乃謂常樂此樂無有受者亦無不受者豈有一體五用之名何況更言涅槃禁伏諸法令永不生斯乃謗佛毁法聽吾偈曰

無上大涅槃　圓明常寂照　凡愚謂之死
外道執爲斷　諸求二乘人　目以爲無作
盡屬情所計　六十二見本　妄立虛假名
何爲眞實義　惟有過量人　通達無取捨
以知五蘊法　及以蘊中我　外現衆色象
一一音聲相　平等如夢幻　不起凡聖見
不作涅槃解　二邊三際斷　常應諸根用
而不起用想　分別一切法　不起分別想
劫火燒海底　風鼓山相擊　眞常寂滅樂
涅槃相如是　吾今彊言說　令汝捨邪見
汝勿隨言解　許汝知少分

志道聞偈大悟踊躍作禮而退

行思禪師生吉州安城劉氏聞曹溪法席盛化徑來參禮遂問曰當何所務卽不落階級師曰汝曾作什麼來曰聖諦亦不爲師曰落何階級曰聖諦尚不爲何階級之有師深器之令思首衆一日師謂曰汝當分化一方無令斷絕思旣得法遂回吉州青原山弘法紹化謚弘濟禪師

懷讓禪師金州杜氏子也初謁嵩山安國師安發之曹溪參扣讓至禮拜師曰甚處來曰嵩山師曰什麼物恁麼來曰說似一物卽不中師曰還可修證否曰修證卽不無汙染卽不得師曰只此不汙染諸佛之所護念汝旣如是吾亦如是西天般若多羅讖汝足下出一馬駒踏殺天下人應在汝心不須速說一本無西天以下二十七字讓豁然契會遂執侍左右一十五載日臻玄奧後往南嶽大闡禪宗敕謚大慧禪師

永嘉玄覺禪師溫州戴氏子少習經論精天台止觀法門因看維摩經發明心地偶師弟子玄策相訪與其劇談出言暗合諸祖策云仁者得法師誰曰我聽方等經論各有師承後於維摩經悟佛心宗未有證明者策云威音王已前即得威音王已後無師自悟盡是天然外道曰願仁者爲我證據策云我言輕曹溪有六祖大師四方雲集並是受法者若去則與偕行覺遂同策來參繞師三帀振錫而立師曰夫沙門者具三千威儀八萬細行大德自何方而來生大我慢覺曰生死事大無常迅速師曰何不體取無生了無速乎曰體即無生了本無速師曰如是如是玄覺方具威儀禮拜須臾告辭師曰返太速乎曰本自非動豈有速耶師曰誰知非動曰仁者自生分別師曰汝甚得無生之意曰無生豈有意耶師曰無意誰當分別曰分別亦非意師曰善哉少留一宿時謂一宿覺後著證道歌盛行于世（諡曰無相大師時稱爲眞覺焉）

禪者智隍初參五祖自謂已得正受菴居長坐積二十年師弟子玄策游方至河朔聞隍之名造菴問云汝在此作什麼隍曰入定策云汝云入定爲有心入耶無心入耶若無心入者一切無情草木瓦石應合得定若有心入者一切有情含識之流亦應得定隍曰我正入定時不見有有無之心策云不見有有無之心即是常定何有出入若有出入即非大定隍無對良久問曰師嗣誰耶策云我師曹溪六祖隍云六祖以何爲禪定策云我師所說妙湛圓寂體用如如五陰本空六塵非有不出不入不定不亂禪性無住離住禪寂禪性無生離生禪想心如虛空亦無虛空之量隍聞是說徑來謁師師問云仁者何來隍具述前緣師云誠如所言汝但心如虛空不著空見應用無礙動靜無心凡聖情忘能所俱泯性相如如無不定時也（一本無汝但以下三十五字止云師憫其遠來遂垂開決）隍於是大悟二十年所得心都無影響其夜河北士庶聞空中有聲云隍禪師今日得道隍後禮辭復歸河北開化四衆

一僧問師云黃梅意旨甚麼人得師云會佛法人得僧云和尚還得否師云我不會佛法

師一日欲濯所授之衣而無美泉因至寺後五里許見山林鬱茂瑞氣盤旋師振錫卓地泉應手而出積以爲池乃跪膝浣衣石上忽有一僧來禮拜云方辯是西蜀人昨於南天竺國見達磨大師囑方辯速往唐土吾傳大迦葉正法眼藏及僧伽黎見傳六代於韶州曹溪汝去瞻禮方辯遠來願見我師傳來衣鉢師乃出示次問上人攻何事業曰善塑師正色曰汝試塑看辯罔措過數日塑就眞相可高七寸曲盡其妙師笑曰汝只解塑性不解佛性師舒手摩方辯頂曰永爲人天福田（師仍以衣酬之辯取衣分爲三一披塑像一自留一用椶裹瘞地中誓曰後得此衣乃吾出世住持於此重建殿宇宋嘉祐八年有僧惟先修殿掘地得衣如新像在高泉寺祈禱輒應）

有僧舉臥輪禪師偈曰

臥輪有伎倆　能斷百思想
對境心不起　菩提日日長

師聞之曰此偈未明心地若依而行之是加繫縛因示一偈曰

惠能沒伎倆　不斷百思想
對境心數起　菩提作麼長

頓漸第八

時祖師居曹溪寶林神秀大師在荊南玉泉寺于時兩宗盛化人皆稱南能北秀故有南北二宗頓漸之分而學者莫知宗趣師謂衆曰法本一宗人有南北法即一種見有遲疾何名頓漸法無頓漸人有利鈍故名頓漸然秀之徒衆往往譏南宗祖師不識一字有何所長秀曰他得無師之智深悟上乘吾不如也且吾師五祖親傳衣法豈徒然哉吾恨不能遠去親近虛受國恩汝等諸人毋滯於此可往曹溪參決一日命門人志誠曰汝聰明多智可爲吾到曹溪聽法若有所聞盡心記取還爲吾說志誠稟命至曹溪隨衆參請不言來處時祖師告衆曰今有盜法之人潛在此會志誠即出禮拜具陳其事師曰汝從玉泉來應是細作對曰不是師曰何得不是對曰未說即是說了不是師曰汝師若爲示衆對曰常指誨大衆住心觀靜長坐不臥師曰住心觀靜是病非禪長坐拘身於理何益聽吾偈曰

生來坐不臥　死去臥不坐
一具臭骨頭　何爲立功課

志誠再拜曰弟子在秀大師處學道九年不得契悟今聞和尚一說便契本心弟子生死事大和尚大慈更爲教示師云吾聞汝師教示學人戒定慧法未審汝師說戒定慧行相如何與吾說看誠曰秀大師說諸惡莫作名爲戒諸善奉行名爲慧自淨其意名爲定彼說如此未審和尚以何法誨人師曰吾若言有法與人即爲誑汝但且隨方解縛假名三昧如汝師所說戒定慧實不可思議吾所見戒定慧又別志誠曰戒定慧只合一種如何更別師曰汝師戒定慧接大乘人吾戒定慧接最上乘人悟解不同見有遲疾汝聽吾說與彼同否吾所說法不離自性離體說法名爲相說自性常迷須知一切萬法皆從自性起用是眞戒定慧法聽吾偈曰

心地無非自性戒　心地無癡自性慧
心地無亂自性定　不增不減自金剛
身去身來本三昧

誠聞偈悔謝乃呈一偈曰

五蘊幻身　幻何究竟　迴趣眞如
法還不淨

師然之復語誠曰汝師戒定慧勸小根智人吾戒定慧勸大根智人若悟自性亦不立菩提涅槃亦不立解脫知見無一法可得方能建立萬法若解此意亦名佛身亦名菩提涅槃亦名解脫知見見性之人立亦得不立亦得去來自由無滯無礙應用隨作應語隨答普見化身不離自性即得自在神通游戲三昧是名見性志誠再啓師曰如何是不立義師曰自性無非無癡無亂念念般若觀照常離法相自由自在縱橫盡得有何可立自性自悟頓悟頓修亦無漸次所以不立一切法諸法寂滅有何次第志誠禮拜願爲執侍朝夕不懈（誠吉州太和人也）

僧志徹江西人本姓張名行昌少任俠自南北分化二宗主雖亡彼我而徒侶競起愛憎時北宗門人自立秀師爲第六祖而忌祖師傳衣爲天下聞乃囑行昌來刺師師心通預知其事即置金十兩於座間時夜暮行昌入祖室將欲加害師舒頸就之行昌揮刃者三悉無所損師曰正劒不邪邪劒不正只負汝金不負汝命行昌驚仆久而方蘇求哀悔過即願出家師遂與金言汝且去恐徒衆翻害於汝汝可他日易形而來吾當攝受行昌稟旨宵遁後投僧出家具戒精進一日憶師之言遠來禮覲師曰吾久念汝汝來何晚曰昨蒙和尚捨罪今雖出家苦行終難報德其惟傳法度生乎弟子常覽涅槃經未曉常無常義乞和尚慈悲略爲解說師曰無常者即佛性也有常者即一切善惡諸法分別心也曰和尚所說大違經文師曰吾傳佛心印安敢違於佛經曰經說佛性是常和尚卻言無常善惡之法乃至菩提心皆是無常和尚卻言是常此即相違令學人轉加疑惑師曰涅槃經吾昔聽尼無盡藏讀誦一徧便爲講說無一字一義不合經文乃至爲汝終無二說曰學人識量淺昧願和尚委曲開示師曰汝知否佛性若常更說什麼善惡諸法乃至窮劫無有一人發菩提心者故吾說無常正是佛說眞常之道也又一切諸法若無常者即物物皆有自性容受生死而眞常性有不徧之處故吾說常者正是佛說眞無常義佛比爲凡夫外道執於邪常諸二乘人於常計無常共成八倒故於涅槃了義教中破彼偏見而顯說眞常眞樂眞我眞淨汝今依言背義以斷滅無常及確定死常而錯解佛之圓妙最後微言縱覽千徧有何所益行昌忽然大悟說偈曰

因守無常心　佛說有常性　不知方便者
猶春池拾礫　我今不施功　佛性而現前
非師相授與　我亦無所得

師曰汝今徹也宜名志徹徹禮謝而退

有一童子名神會襄陽高氏子年十三自玉泉來參禮師曰知識遠來艱辛還將得本來否若有本則合識主試說看會曰以無住爲本見即是主師曰這沙彌爭合取次語會乃問曰和尚坐禪還見不見師以拄杖打三下云吾打汝痛不痛對曰亦痛亦不痛師曰吾亦見亦不見神會問如何是亦見亦不見師云吾之所見常見自心過愆不見他人是非好惡是以亦見亦不見汝言亦痛亦不痛如何汝若不痛同其木石若痛則同凡夫即起恚恨汝向前見不見是二邊痛不痛是生滅汝自性且不見敢爾弄人神會禮拜悔謝師又曰汝若心迷不見問善知識覓路汝若心悟即自見性依法修行汝自迷不見自心卻來問吾見與不見吾見自知豈代汝迷汝若自見亦不代吾迷何不自知自見乃問吾見與不見神會再禮百餘拜求謝過愆服勤給侍不離左右一日師告衆曰吾有一物無頭無尾無名無字無背無面諸人還識否神會出曰是諸佛之本源神會之佛性師曰向汝道無名無字汝便喚作本源佛性汝向去有把茆蓋頭也只成箇知解宗徒祖師滅後會入京洛大弘曹溪頓教著顯宗記盛行于世（是爲荷澤禪師）

師見諸宗難問咸起惡心多集座下愍而謂曰學道之人一切善念惡念應當盡除無名可名名於自性無二之性是名實性於實性上建立一切教門言下便須自見諸人聞說總皆作禮請事爲師

宣詔第九

神龍元年上元日則天中宗詔云朕請安秀二師宮中供養萬機之暇每究一乘二師推讓云南方有能禪師密授忍大師衣法傳佛心印可請彼問今遣內侍薛簡馳詔迎請願師慈念速赴上京師上表辭疾願終林麓薛簡曰京城禪德皆云欲得會道必須坐禪習定若不因禪定而得解脫者未之有也未審師所說法如何師曰道由心悟豈在坐也經云若言如來若坐若臥是行邪道何故無所從來亦無所去無生無滅是如來清淨禪諸法空寂是如來清淨坐究竟無證豈況坐耶簡曰弟子回京主上必問願師慈悲指示心要傳奏兩宮及京城學道者譬如一燈然百千燈冥者皆明明明無盡師云道無明暗明暗是代謝之義明明無盡亦是有盡相待立名故淨名經云法無有比無相待故簡曰明喻智慧暗喻煩惱修道之人倘不以智慧照破煩惱無始生死憑何出離師曰煩惱即是菩提無二無別若以智慧照破煩惱者此是二乘見解羊鹿等機上智大根悉不如是簡曰如何是大乘見解師曰明與無明凡夫見二智者了達其性無二無二之性即是實性實性者處凡愚

而不減在賢聖而不增住煩惱而不亂居禪定而不寂不斷不常不來不去不在中間及其內外不生不滅性相如如常住不遷名之曰道簡曰師說不生不滅何異外道師曰外道所說不生不滅者將滅止生以生顯滅滅猶不滅生說不生我說不生不滅者本自無生今亦不滅所以不同外道汝若欲知心要但一切善惡都莫思量自然得入清淨心體湛然常寂妙用恒沙簡蒙指教豁然大悟禮辭歸闕表奏師語其年九月三日有詔獎諭師曰師辭老疾為朕修道國之福田師若淨名托疾毗耶闡揚大乘傳諸佛心談不二法薛簡傳師指授如來知見朕積善餘慶宿種善根值師出世頓悟上乘感荷師恩頂戴無已并奉磨衲袈裟及水晶鉢敕韶州刺史修飾寺宇賜師舊居為國恩寺

付囑第十

師一日喚門人法海志誠法達神會智常智通志徹志道法珍法如等曰汝等不同餘人吾滅度後各為一方師吾今教汝說法不失本宗先須舉三科法門動用三十六對出沒即離兩邊說一切法莫離自性忽有人問汝法出語盡雙皆取對法來去相因究竟二法盡除更無去處三科法門者陰界入也陰是五陰色受想行識是也入是十二入外六塵色聲香味觸法內六門眼耳鼻舌身意是也界是十八界六塵六門六識是也自性能含萬法名含藏識若起思量即是轉識生六識出六門見六塵如是一十八界皆從自性起用自性若邪起十八邪自性若正起十八正若惡用即眾生用善用即佛用用由何等由自性有對法外境無情五對天與地對日與月對明與暗對陰與陽對水與火對此是五對也法相語言十二對語與法對有與無對有色與無色對有相與無相對有漏與無漏對色與空對動與靜對清與濁對凡與聖對僧與俗對老與少對大與小對此是十二對也自性起用十九對長與短對邪與正對癡與慧對愚與智對亂與定對慈與毒對戒與非對直與曲對實與虛對險與平對煩惱與菩提對常與無常對悲與害對喜與瞋對捨與慳對進與退對生與滅對法身與色身對化身與報身對此是十九對也師言此三十六對法若解用即道貫一切經法出入即離兩邊自性動用共人言語外於相離相內於空離空若全著相即長邪見若全執空即長無明執空之人有謗經直言不用文字既云不用文字人亦不合語言只此語言便是文字之相又云直道不立文字即此不立兩字亦是文字見人所說便即謗他言著文字汝等須知自迷猶可又謗佛經不要謗經罪障無數若著相於外而作法求真或廣立道場說有無之過患如是之人累劫不得見性但聽依法修行又莫百物不思而於道性窒礙若聽說不修令人反生邪念但依法修行無住相法施汝等若悟依此說依此用依此行依此作即不失本宗若有人問汝義問有將無對問無將有對問凡以聖對問聖以凡對二道相因生中道義如一問一對餘問一依此作即不失理也設有人問何名為闇答云明是因闇是緣明沒即闇以明顯闇以闇顯明來去相因成中道義餘問悉皆如此汝等於後傳法依此轉相教授勿失宗旨

師於太極元年壬子延和七月（是年五月改延和八月玄宗即位方改元先天次年遂改開元他本作先天者非）命門人往新州國恩寺建塔仍令促工次年夏末落成七月一日集徒眾曰吾至八月欲離世間汝等有疑早須相問為汝破疑令汝迷盡吾若去後無人教汝法海等聞悉皆涕泣惟有神會神情不動亦無涕泣師云神會小師卻得善不善等毀譽不動哀樂不生餘者不得數年山中竟修何道汝今悲泣為憂阿誰若憂吾不知去處吾自知去處吾若不知去處終不預報於汝汝等悲泣蓋為不知吾去處若知吾去處即不合悲泣法性本無生滅去來汝等盡坐吾與汝說一偈名曰真假動靜偈汝等誦取此偈與吾意同依此修行不失宗旨眾僧作禮請師說偈偈曰

一切無有真　不以見於真　若見於真者
是見盡非真　若能自有真　離假即心真
自心不離假　無真何處真　有情即解動
無情即不動　若修不動行　同無情不動
若覓真不動　動上有不動　不動是不動
無情無佛種　能善分別相　第一義不動
但作如此見　即是真如用　報諸學道人
努力須用意　莫於大乘門　卻執生死智
若言下相應　即共論佛義　若實不相應
合掌令歡喜　此宗本無諍　諍即失道意
執逆諍法門　自性入生死

時徒眾聞說偈已普皆作禮並體師意各各攝心依法修行更不敢諍乃知大師不久住世法海上座再拜問曰和尚入滅之後衣法當付何人師曰吾於大梵寺說法以至于今抄錄流行目曰法寶壇經汝等守護遞相傳授度諸群生但依此說是名正法今為汝等說法不付其衣蓋為汝等信根淳熟決定無疑堪任大事然據先祖達磨大師付授偈意衣不合傳偈曰

吾本來茲土　傳法救迷情　一華開五葉
結果自然成

師復曰諸善知識汝等各各淨心聽吾說法若欲成就種智須達一相三昧一行三昧若於一切處而不

住相於彼相中不生憎愛亦無取捨不念利益成壞等事安閒恬靜虛融澹泊此名一相三昧若於一切處行住坐臥純一直心不動道場眞成淨土此名一行三昧若人具二三昧如地有種含藏長養成熟其實一相一行亦復如是我今說法猶如時雨普潤大地汝等佛性譬諸種子遇玆霑洽悉得發生承吾旨者決獲菩提依吾行者定證妙果聽吾偈曰

心地含諸種　普雨悉皆萌　頓悟華情已
菩提果自成

師說偈已曰其法無二其心亦然其道清淨亦無諸相汝等愼勿觀靜及空其心此心本淨無可取捨各自努力隨緣好去爾時徒衆作禮而退

大師七月八日忽謂門人曰吾欲歸新州汝等速理舟楫大衆哀留甚堅師曰諸佛出現猶示涅槃有來必去理亦常然吾此形骸歸必有所衆曰師從此去早晚可回師曰葉落歸根來時無口又問曰正法眼藏傳付何人師曰有道者得無心者通又問後莫有難否師曰吾滅後五六年當有一人來取吾首聽吾記曰頭上養親口裏須餐遇滿之難楊柳爲官又云吾去七十年有二菩薩從東方來一出家一在家同時興化建立吾宗締緝伽藍昌隆法嗣問曰未知從上佛祖應現已來傳授幾代願垂開示師云古佛應世已無數量不可計也今以七佛爲始過去莊嚴劫毗婆尸佛尸棄佛毗舍浮佛今賢劫拘留孫佛拘那含牟尼佛迦葉佛釋迦文佛是爲七佛

已上七佛今以釋迦文佛首傳

第一摩訶迦葉尊者　第二阿難尊者
第三商那和修尊者　第四優波毱多尊者
第五提多迦尊者　第六彌遮迦尊者
第七婆須蜜多尊者　第八佛馱難提尊者
第九伏馱蜜多尊者　第十脇尊者
十一富那夜奢尊者　十二馬鳴大士
十三迦毗摩羅尊者　十四龍樹大士
十五迦那提婆尊者　十六羅睺羅多尊者
十七僧伽難提尊者　十八伽耶舍多尊者
十九鳩摩羅多尊者　二十闍耶多尊者
二十一婆修盤頭尊者　二十二摩拏羅尊者
二十三鶴勒那尊者　二十四師子尊者
二十五婆舍斯多尊者　二十六不如蜜多尊者
二十七般若多羅尊者
二十八菩提達磨尊者此土是爲初祖
二十九慧可大師　三十僧璨大師
三十一道信大師　三十二弘忍大師

惠能是爲三十三祖從上諸祖各有稟承汝等向後遞代流傳毋令乖誤

大師先天二年癸丑歲八月初三日是年十二月改元開元於國恩寺齋罷謂諸徒衆曰汝等各依位坐吾與汝別法海白言和尚留何教法令後代迷人得見佛性師言汝等諦聽後代迷人若識衆生即是佛性若不識衆生萬劫覓佛難逢吾今教汝識自心衆生見自心佛性欲求見佛但識衆生只爲衆生迷佛非是佛迷衆生自性若悟衆生是佛自性若迷佛是衆生自性平等衆生是佛自性邪險佛是衆生汝等心若險曲即佛在衆生中一念平直即是衆生成佛我心自有佛自佛是眞佛自若無佛心何處求眞佛汝等自心是佛更莫狐疑外無一物而能建立皆是本心生萬種法故經云心生種種法生心滅種種法滅吾今留一偈與汝等別名自性眞佛偈後代之人識此偈意自見本心自成佛道偈曰

眞如自性是眞佛　邪見三毒是魔王
邪迷之時魔在舍　正見之時佛在堂
性中邪見三毒生　即是魔王來住舍
正見自除三毒心　魔變成佛眞無假
法身報身及化身　三身本來是一身
若向性中能自見　即是成佛菩提因
本從化身生淨性　淨性常在化身中
性使化身行正道　當來圓滿眞無窮
婬性本是淨性因　除婬即是淨性身
性中各自離五欲　見性刹那即是眞
今生若遇頓教門　忽悟自性見世尊
若欲修行覓作佛　不知何處擬求眞
若能心中自見眞　有眞即是成佛因
不見自性外覓佛　起心總是大癡人
頓教法門今已留　救度世人須自修
報汝當來學道者　不作此見大悠悠

師說偈已告曰汝等好住吾滅度後莫作世情悲泣雨淚受人弔問身著孝服非吾弟子亦非正法但識自本心見自本性無動無靜無生無滅無去無來無是無非無住無往恐汝等心迷不會吾意今再囑汝令汝見性吾滅度後依此修行如吾在日若違吾教縱吾在世亦無有益復說偈曰

兀兀不修善　騰騰不造惡　寂寂斷見聞
蕩蕩心無著

師說偈已端坐至三更忽謂門人曰吾行矣奄然遷化于時異香滿室白虹屬地林木變白禽獸哀鳴十一月廣韶新三郡官僚洎門人僧俗爭迎眞身莫決所之乃焚香禱曰香煙指處師所歸焉時香煙直貫曹溪十一月十三日遷神龕併所傳衣鉢而回次年七月出龕弟子方辯以香泥上之門人憶念取首之記仍以鐵葉漆布固護師頸入塔忽於塔內白光出

現直上衝天三日始散韶州奏聞奉勅立碑紀師道行師春秋七十有六年二十四傳衣三十九祝髮說法利生三十七載嗣法四十三人悟道超凡者莫知其數達磨所傳信衣（西域屈眴布也）中宗賜磨衲寶鉢及方辯塑師真相并道具永鎮寶林道場留傳壇經以顯宗旨興隆三寶普利羣生者

六祖大師法寶壇經 終

附錄

六祖大師緣起外紀

門人法海等集

大師名惠能父盧氏諱行瑫唐武德三年九月左官新州母李氏先夢庭前白華競發白鶴雙飛異香滿室覺而有娠遂潔誠齋戒懷妊六年師乃生焉唐貞觀十二年戊戌歲二月八日子時也時毫光騰空香氣芬馥黎明有二僧造謁謂師之父曰夜來生兒專為安名可上惠下能也父曰何名惠能僧曰惠者以法惠濟衆生能者能作佛事言畢而出不知所之師不飲母乳遇夜神人灌以甘露三歲父喪葬於宅畔母守志鞠養既長鬻薪供母年二十有四聞經有省往黃梅參禮五祖器之付衣法令嗣祖位時龍朔元年辛酉歲也南歸隱遯至儀鳳元年丙子正月八日會印宗法師詰論玄奧印宗悟契師旨是月十五日普會四衆為師薙髮二月八日集諸名德授具足戒西京智光律師為授戒師蘇州慧靜律師為羯磨荊州通應律師為教授中天耆多羅律師為說戒西國蜜多三藏為證戒其戒壇乃宋朝求那跋陀羅三藏創建立碑曰後當有肉身菩薩於此授戒又梁天監元年智藥三藏自西竺國航海而來將彼土菩提樹一株植此壇畔亦預誌曰後一百七十年有肉身菩薩於此樹下開演上乘度無量衆真傳佛心印之法主也師至是祝髮受戒及與四衆開示單傳之旨一如昔讖（梁天監元年壬午歲至唐儀鳳元年丙子得一百七十五年）次年春師辭衆歸寶林印宗與緇白送者千餘人直至曹溪時荊州通應律師與學者數百人依師而住師至曹溪寶林覩堂宇湫隘不足容衆欲廣之遂謁里人陳亞僊曰老僧欲就檀越求坐具地得不僊曰和尚坐具幾許闊祖出坐具示之亞僊唯然祖以坐具一展盡罩曹溪四境四天王現身坐鎮四方今寺境有天王嶺因茲而名僊曰知和尚法力廣大但吾高祖墳墓並在此地他日造塔幸望存留餘願盡捨永為寶坊然此地乃生龍白象來脈只可平天不可平地寺後營建一依其言師遊境內山水勝處輒憩止遂成蘭若一十三所今曰華果院隸籍寺門其寶林道場亦先是西國智藥三藏自南海經曹溪口掬水而飲香美異之謂其徒曰此水與西天之水無別溪源上必有勝地堪為蘭若隨流至源上四顧山水回環峯巒奇秀歎曰宛如西天寶林山也乃謂曹侯村居民曰可於此山建一梵剎一百七十年後當有無上法寶於此演化得道者如林宜號寶林時韶州牧侯敬中以其言具表聞奏上可其請賜寶林為額遂成梵宮落成於梁天監三年寺殿前有潭一所龍常出沒其間觸撓林木一日現形甚巨波浪洶湧雲霧陰翳徒衆皆懼師叱之曰你只能現大身不能現小身若為神龍當能變化以小現大以大現小也其龍忽沒俄頃復現小身躍出潭面師展鉢試之曰你且不敢入老僧鉢盂裏龍乃游揚至前師以鉢舀之龍不能動師持鉢堂上與龍說法龍遂蛻骨而去其骨長可七寸首尾角足皆具留傳寺門師後以土石堙其潭今殿前左側有鐵塔鎮處是也

師墜腰石鐫龍朔元年盧居士誌八字此石今存黃梅東禪又唐王維右丞為神會大師作祖師記云師混勞侶積十六載會印宗講經因為削髮又柳宗元刺史作祖師諡號碑云師受信具遯隱南海上十六年度其可行乃居曹溪為人師又張商英丞相作五祖記云五祖演化於黃梅縣之東禪院蓋其便於將母龍朔元年以衣法付六祖已辭衆入東山結庵有居人馮茂以山施師為道場焉以此考之則師至黃梅傳受五祖衣法實龍朔元年辛酉歲至儀鳳丙子得一十六年師方至法性祝髮他本或作師咸亨中至黃梅恐非

歷朝崇奉事蹟

唐憲宗皇帝諡大師曰大鑒禪師

宋太宗皇帝加諡大鑒真空禪師詔新師塔曰太平興國之塔

宋仁宗皇帝天聖十年迎師真身及衣鉢入大內供養加諡大鑒真空普覺禪師

宋神宗皇帝加諡大鑒真空普覺圓明禪師具見晏元獻公碑記

賜諡大鑒禪師碑

扶風公廉問嶺南三年以佛氏第六祖未有稱號疏聞于上詔諡大鑒禪師塔曰靈照之塔元和十年十月十三日下尚書祠部符到都府公命部吏洎州司功掾告于其祠幢蓋鐘鼓增山盈谷萬人咸會若聞鬼神其時學者千有餘人莫不欣踴奮厲如師復生則又感悼涕慕如師始亡因言曰自有生物則好鬭奪相賊殺喪其本實悖乖淫流莫克返于初孔子無大位沒以餘言持世更楊墨黃老益雜其術分裂而

吾浮圖說後出推離還源合所謂生而靜者梁氏好作有為師達摩譏之空術益顯六傳至大鑒大鑒始以能勞苦服役一聽其言言希以究師用感動遂受信具遁隱南海上人無聞知又十六年度其可行乃居曹溪為人師會學者來嘗數千人其道以無為為有以空洞為實以廣大不蕩為歸其教人始以性善終以性善不假耘鋤本其靜矣中宗聞名使幸臣再徵不能致取其言以為心術其說具在今布天下凡言禪皆本曹溪大鑒去世百有六年凡治廣部而以名聞者以十數莫能揭其號乃今始告天子得大謚豐佐吾道其可無辭公始立朝以儒重剌虔州都護安南由海中大蠻夷連身毒之西浮舶聽命咸被公德受旂纛節戟來莅南海屬國如林不殺不怒人畏無噩允克光于有仁昭列大鑒莫如公宜其徒之老乃易石于宇下使來謁辭其辭曰

達摩乾乾傳佛語心六承其授大鑒是臨勞勤專默終挹于深抱其信器行海之陰其道爰施在溪之曹尨合猥附不夷其高傳告咸陳惟道之褒生而性善在物而具荒流奔軼乃萬其趣匪思愈亂匪覺滋誤由師內鑒咸獲于素不植乎根不耘乎苗中一外融有粹孔昭在帝中宗聘言于朝陰翊王度俾人逍遙越百有六祀號謚不紀由扶風公告今天子尚書既復大行乃誄光于南土其法再起厥徒萬億同悼齊喜惟師化所被洎扶風公所履咸戴天子天子休命嘉公德美溢于海夷浮圖是視師以仁傳公以仁理謁辭圖堅永胤不已

大鑒禪師碑 并佛衣銘 [illegible]撰

元和十年某月日詔書追褒曹溪第六祖能公謚曰大鑒寔廣州牧馬總以疏聞繇是可其奏尚道以尊名同歸善不隔異教一字之褒華夷孔懷得其所故也馬公敬其事且謹始以垂後遂咨於文雄今柳州刺史河東柳君為前碑後三年有僧道琳率其徒由曹溪來且曰願立第二碑學者志也維如來滅後中五百歲而摩騰竺法蘭以經來華人始聞其言猶夫重昏之見曾曦後五百歲而達摩以法來華人始傳其心猶夫昧旦之覩白日自達摩六傳至大鑒如貫意珠有先後而無同異世之言真宗者所謂頓門初達摩與佛衣俱來得道傳付以為真印至大鑒置而不傳豈以是為筌蹄邪芻狗邪將人人之莫已若而不若置之邪吾不得而知也按大鑒生新州三十出家四十七年而沒百有六年而謚始自蘄之東山從第五師得授記以歸中宗使中貴人再徵不奉詔第以言為貢上敬行之銘曰

至人之生無有種類同人者形出人者智蠢蠢南裔降生傑異父乾母坤獨肖元氣一言頓悟不踐初地五師相承授以寶器宴坐曹溪世號南宗學徒爰來如水之東飲以妙藥差其瘖聾詔不能致許為法雄去佛日遠群言積億著空執有各走其域我立真筌揭起南國無修而修無得而得能使學者還其天識如黑而迷仰目斗極得之自然竟不可傳口傳手付則礙於有留衣空堂得者天授

佛衣銘

吾既為僧琳撰曹溪第二碑且思所以辯六祖置衣不傳之旨作佛衣銘曰

佛言不行佛衣乃爭忽近貴遠古今常情尼父之生土無一里夢奠之後履存千祀惟昔有梁如象之狂達摩救世來為醫王以言不痊因物乃遷如執符節行乎復關民不知官望車而畏俗不知佛得衣為貴壞色之衣道不在茲由之信道所以為寶六祖未彰其出也微既還狼荒憬俗蚩蚩不有信器衆生曷歸是開便門非止傳衣初必有終傳豈無已物必歸盡衣胡久恃先終知終用乃不窮我道不朽衣於何有其用已陳孰非芻狗

師入塔後至開元十年壬戌八月三日夜半忽聞塔中如拽鐵索聲衆僧驚起見一孝子從塔中走出尋見師頸有傷具以賊事聞于州縣縣令楊侃刺史柳無忝得牒切加擒捉五日於石角村捕得賊人送韶州鞫問云姓張名淨滿汝州梁縣人於洪州開元寺受新羅僧金大悲錢二十千令取六祖大師首歸海東供養柳守聞狀未即加刑乃躬至曹溪問師上足令韜曰如何處斷韜曰若以國法論理須誅夷但以佛教慈悲冤親平等況彼求欲供養罪可恕矣柳守加歎曰始知佛門廣大遂赦之上元元年肅宗遣使就請師衣鉢歸內供養至永泰元年五月五日代宗夢六祖大師請衣鉢七日敕刺史楊緘云朕夢感能禪師請傳衣袈裟卻歸曹溪今遣鎮國大將軍劉崇景頂戴而送朕謂之國寶卿可於本寺如法安置專令僧衆親承宗旨者嚴加守護勿令遺墜後或為人偷竊皆不遠而獲如是者數四憲宗謚大鑒禪師塔曰元和靈照其餘事蹟係載唐尚書王維刺史柳宗元刺史劉禹錫等碑守塔沙門令韜錄

跋

六祖大師平昔所說之法皆大乘圓頓之旨故目之曰經其言近指遠詞坦義明誦者各有所獲明教嵩公常讚云天機利者得其深天機鈍者得其淺誠哉言也余初入道有感於斯續見三本不同互有得失其板亦已漫滅因取其本校讎訛者正之略者詳之復增入弟子請益機緣庶幾學者得盡曹溪之旨按察使雲公從龍深造此道一日過山房睹余所編謂

得壇經之大全慨然命工鋟梓顯爲流通使曹溪一派不至斷絶或曰達磨不立文字直指人心見性成佛盧祖六葉正傳又安用是文字哉余曰此經非文字也達磨單傳直指之指也南嶽青原諸大老嘗因是指以明其心復以之明馬祖石頭諸子之心今之禪宗流布天下皆本是指而今而後豈無因是指而明心見性者耶問者唯唯再拜謝曰予不敏請併書于經末以詔來者至元辛卯夏南海釋宗寶跋

附録　終

明覺禪師語録卷第一　　綺三

參學小師惟蓋竺編

住蘇州洞庭翠峯禪寺語

師在萬壽開堂日白槌了師云宗乘一唱三藏絶詮祖令當行十方坐斷其有達士不避死生眨上眉毛出衆相見問人天普集佇聽雷音學人上來乞師垂示師云十萬八千不是遠進云恁麽則大衆霑恩也師云後五日看問師唱誰家曲宗風嗣阿誰師云分明記取進云恁麽則昔日智門今朝和尚師云有甚麽交涉問如何是和尚爲人一句師云量才補職學云謝師方便師云自領出去師乃云一問一答總未有事在直饒乾坤大地草木叢林盡爲衲僧異口同聲各置百千問難也不消長老彈指一下並乃高低普應前後無差曠祖佛之妙靈廓天人之幽迹如是則何假覺城東際五衆咸居古佛廟前此時參畢

師在杭州靈隱受疏了衆請陞座時有僧問寶座先登於此日請師一句震雷音師云筏勞側耳進云恁麽則一音普徧於沙界大衆無不盡咸聞師云忽有人問爾作麽生舉僧云三十年後敢爲流芳師云賺了也師乃云天下絶勝之覺場靈隱導師之廣座暫借畢僧陞陟實愧非材豈敢於五百員衲子前提唱佛祖抑揚古今衒耀見知恥他先作假饒說得天雨四華地分六震於曹溪路上一點使用不著何以行脚高士有把定世界函蓋乾坤底眼誰敢錯悞絲毫其知有者必共相悉

師在靈隱諸院尊宿茶筵日衆請陞座僧問禪侶盡臨於座側未審師還說也無師云寰中天子塞外將軍進云恁麽則一震雷音滿大唐也師云看取令行師乃云上士相見一言半句如擊石出火瞥爾便過應非即言定旨滯句迷源從上宗乘合作麽生議論直得三世諸佛不能自宣六代祖師全提不起一大藏教詮注不及所以棒頭取證喝下承當意句交馳並同流浪其有知方作者相共證明

師到蘇州日僧俗迎在萬壽衆請上堂問向上一路千聖不傳和尚從何而得師云將謂是衲僧學云恁麽則大衆霑恩學人禮謝也師云龍頭蛇尾問選佛場開還許學人選也無師云切忌點額學云恁麽則心空及第歸也師云堦下漢師乃云如天普蓋似地普擎有如是自在具如是威德誰不承恩誰不景慕過去諸聖於無量劫勤苦受盡所得秘要法門今將普示大衆不用纖毫心力各請一時驗取於此薦得便能求出四流高步三界其或不知剛是諸人諱却

師初到院陞座僧問杖錫已居於此日請師一句定乾坤師云百雜碎進云恁麽則海晏河清去也師云非公境界問如何是佛法大意師云龍吟霧起虎嘯風生問如何是祖師西來意師云山高海闊進云學人不會師云緊峭草鞋師乃云未來翠峯多人疑著及乎親到一境蕭然非同善財入樓閣之門暫時歛念莫比維摩掌中世界別有清覲冀諸人飽足觀光以資欣慰

上堂問答罷師乃云釋迦已滅彌勒未生正當今日佛法委在翠峯放開揑聚總由者裏放開也七縱八横是處塡溝塞壑揑聚也天下老和尚盡在拄杖頭不消一劄

上堂僧問如何是實學底事師云針劄不入進云乞師方便師云水到渠成問如何是教外別傳一句師云看看臘月盡學云恁麼則流芳去也師云瘂子喫苦瓜問言迹之興異途之所由生不犯鋒鋩請師道師云誰家無白月清風進云還當也無師云土上加泥漢師乃云劒輪飛處日月沉輝寶杖敲時乾坤失色衆魔從茲膽裂千聖由是眼開其如二聽不圓震迅雷而莫覺孤根將敗霈春雨以非滋致使凡聖岐分悟迷派列奔馳七趣汩沒四流重業相纏無有休日爾諸禪德覩善条詳如人上山各自努力

上堂僧問昭昭於心目之間而相不可覩晃晃在色塵之內而理不可分既於心目之間爲甚麼不覩其相師云華須連夜發莫待曉風吹進云恁麼則雲散家家月師云毗婆尸佛早留心僧方禮拜師以拄杖打一下云不得放過問猿抱子歸青嶂後鳥銜華落碧巖前古人意旨如何師云夾山猶在學云和尚如何師云依稀似曲纔堪聽又被風吹別調中僧却問如何是翠峯境師云春至桃華亦滿溪僧禮拜師云山僧今日敗闕有人點檢得出許他頂門上一隻眼便下座

上堂僧問古人借問田中事插鍬叉手意如何師云人從陳州來不得許州信問古人道有讀書人到來意旨如何師云且在門外立學云請師相見師云任是顏回亦不通師乃云立賓立主剜肉作瘡舉古舉今抛沙撒土直下無事正是無孔鐵槌别有機關合入無間地獄明眼衲子應須自看

上堂僧問古人一喝不作一喝用是否師云是僧便喝師便棒僧無語師云譗我問古人道有佛法處不得住無佛法處急走過意旨如何師云氣急殺人僧擬議師云甚麼處去也問只在目前爲恁麼再三不覩師云截耳卧街僧云恰是師云令我攢眉問黒豆未生芽時如何師云餧驢餧馬進云生後如何師云透水透沙僧禮拜師云一似不齋來問功巧諸技藝盡現行此事如何是此事師云諸方牓樣進云莫便是學人會處也無師云有頭無尾漢師乃云過去諸如來斯門已成就放過一著現在諸菩薩今各入圓明兩重公案未來修學人總被翠峯穿却鼻孔

上堂云智者聊聞猛提取莫待須臾失却頭問丹霄獨步時如何師云脚下踏索進云天下横行去也師云徐六擔板問學人乍入叢林諸事不會未審師還拯濟也無師云蘇州紙貴進云和尚豈無方便師云腦後拔楔師云爐鞴之所固無鈍鐵良醫之門誰是病夫向後鼻孔遼天莫辜負人好

上堂云欲得不招無間業莫謗如來正法輪便下座

上堂纔有僧出禮拜師云大衆一時記取者僧話頭便下座

上堂大衆雲集以拄杖抛下云棒頭有眼明如日要識眞金火裏看

上堂云從天降下從地湧出南北東西一棚傀儡顱杼停機苦屈苦屈

上堂云古人道譬如擲劒揮空莫論及之不及斯乃空輪絶跡劒刃非虧好諸禪德若能如是心心無知即是踞妙峯孤頂非但善財七日不逢設使文殊百劫親來也摸㨲不著

上堂有僧出禮拜了方伸問師云啼得血流無用處便下座

上堂云藏鋒劒客便請施呈有僧方出來師云什麼處去也便下座

上堂云語漸也返常合道且任諸人點頭論頓也不留朕跡衲僧又奚爲開口師以拄杖一劃云上無衝天之計下無入地之謀蔡州千箇萬箇打破只在須臾

上堂問答罷乃云映眼時若千日萬像不能逃影質凡夫只是未曾觀何得自輕而退屈師拈起拄杖云把定世界不漏絲髮還覩得也無所以雲門大師道直得乾坤大地無纖毫過患分只是轉句不見一色猶爲半提直得如此更須知有全提時節諸上座翠峯若也全提盡大地人並須結舌放一線道轉見不堪以拄杖一時趂下

上堂僧問如何是翠峯境師云有眼底見學云如何是境中人師云貪觀白浪失却手橈問如何是和尚家風師云客來須看進云恁麼則學人得見也師云三十年後問如何是第一義師云道士倒騎牛學云乞師再垂方便師云無孔鐵槌問道遠乎哉師云青山夾亂流學云恁麼則得聞於未聞去也師云千里萬里師乃云大衆前共相詶唱也須是箇漢始得若未有奔流度刃底眼不勞拈出所以道如大火聚近者則燎却面門亦如按太阿寳劒衝前則喪身失命師乃頌云太阿橫按祖堂寒千里應須息萬端莫待冷光輕閃爍復云看看便下座

拈古

舉米胡問僧近離甚處僧云藥山米云藥山近日如何僧云大似頑石一般米云得恁麼鄭重僧云也無提撥處米云非但藥山米胡亦恁麼僧近前顧視而立米云看看頑石動也其僧便出師拈云米胡也縱奪可觀爭柰死而不弔

舉罽賓國王仗劒詣師子尊者所乃問師得蘊空否尊者云已得王曰可施我頭尊者曰身非我有豈況於頭王遂斬之白乳高丈餘王臂自落師拈云作家君王天然有在

舉鏡清於僧堂前自擊鍾子云玄沙道底玄沙道底時有僧出來云玄沙道什麼鏡清作一圓相僧云若不久叅爭知恁麼清云還我草鞋錢來師拈云洎被打破蔡州

舉寳公云終日拈香擇火不知身是道場玄沙云終日拈香擇火不知真箇道場師拈云一對無孔鐵槌

舉五通仙人問佛云佛有六通我有五通如何是那一通佛召五通仙人仙人應喏佛云那一通爾問我師云老胡元不知有那一通却因邪打正

舉思和尚令石頭送書去讓和尚處云廻日與子箇鈯斧子住山去石頭纔到讓和尚處便問不慕諸聖不重己靈時如何讓云子問

太高生何不向下問將來石頭云作可永劫沉淪不求諸聖解脫便歸思和尚問書達否石頭云書亦不達信亦不通去日蒙和尚許鈯斧子便請思垂下一足石頭便禮拜師拈云石頭洎擔板過却又云大小讓師不解據令

擧長髭到石頭處頭問什麼處來髭云嶺南來石頭云大庾嶺頭一鋪功德還成就也未髭云成就久矣只欠點眼石頭云莫要點眼麼髭云便請石頭垂下一足髭便禮拜石頭云見什麼道理便禮拜髭云如紅爐上一點雪石頭便休師拈云無眼功德有什麼點處

德山和尚到龍潭問久響龍潭及手到來潭又不見龍又不現龍潭云子親到龍潭德山便休去師拈云將錯就錯又云大小德山

師一日因事擧往日有老宿一夏不爲師僧說話有僧自歎云我只恁麼空過一夏不望和尚說佛法得聞正因兩字也得老宿聞云闍黎莫𧨋速若論正因一字也無恁麼道了扣齒云適來無端恁麼道隣壁有老宿聞云好一釜羹被兩顆鼠糞汚却師拈云誰家鍋釜無一兩顆

觀和尚見新到來觀作麵引次示之其僧便去觀晚間問第一座今日新到在什麼處第一座云當時去也觀云是即是只得一橛師拈云老觀大似失錢遭罪

擧外道問佛不問有言不問無言世尊據坐外道禮拜云世尊大慈大悲開我迷雲令我得入外道去後阿難問佛外道有何所證而言得入佛云如世良馬見鞭影而行師拈云邪正不分過猶鞭影

傅大士云夜夜抱佛眠朝朝還共起起坐鎮相隨如身影相似要識佛去處只者語聲是玄沙云大小傅大士只認得箇昭昭靈靈師拈云玄沙也是打草蛇驚

寶公令人傳語思大和尚何不下山教化衆生目視雲漢作什麼思大云三世諸佛被我一口吞盡何處更有衆生可度師拈云有什麼屎臭氣

趙州云至道無難唯嫌揀擇纔有語言是揀擇是明白老僧不在明白裏是爾作麼生護惜時有僧問云既不在明白裏護惜箇什麼州云我亦不知僧云和尚既不知爲什麼道不在明白裏州云問事即得師拈云趙州到退三千

南泉示衆云三十年來牧一頭水牯牛欲擬東邊放不免侵他國王水草欲擬西邊放不免侵他國王水草不如隨分納些子免被官主勞撓長慶云爾道南泉前頭爲人後頭爲人雲門云且道牛內納牛外納直饒道得納處分明我更問你牛在甚處師拈云一時穿却

鄧隱峯在襄州破威儀堂只著襯衣於砧搥邊擧搥云道得即不打于時大衆默然隱峯便打一下師拈云果然果然

僧問玄沙大耳三藏第三度爲什麼不見國師玄沙云爾道前來兩度還見麼師拈云敗也敗也

室中擧古

擧睦州問僧近離甚處僧云河北睦州云河

比有箇趙州和尚曾到麼僧云某甲近離彼中睦州云趙州有何言教示徒僧云每見新到便問曾到此間來麼云曾到趙州云喫茶去忽云不曾到趙州亦云喫茶去睦州云慚愧却問僧趙州意作麼生僧云只是一期方便睦云苦哉趙州被爾將一杓屎潑了也便打睦州却問沙彌爾作麼生沙彌便禮拜睦州亦打其僧往沙彌處問適來和尚打爾作什麼沙彌云若不是我和尚不打某甲師云者僧克由叵耐將一杓屎潑他二員古佛諸上座若能辯得非唯趙睦二州雪屈亦乃翠峯與天下老宿無過若道不得到處潑人卒未了在

舉僧問長慶如何是正法眼慶云有願不撒沙保福云不可更撒也師云夫宗師決定以本分相見不敢撒沙且那箇是諸人正眼不受人瞞底漢出來對衆道看共相知委若道不得翠峯一一與爾點過開眼也著合眼也著

舉黄檗有六人新到五人作禮其中一人提起坐具作一圓相檗云我聞有一獵犬甚惡僧云尋羚羊聲來檗云羚羊無聲到汝尋僧云尋羚羊跡來檗云羚羊無跡到汝尋僧云尋羚羊蹤來檗云羚羊無蹤到汝尋僧云恁麼則死羚羊也黄檗便休到來日上堂云獵犬在甚處僧便出來檗云昨日公案未了老僧休去你作麼生僧無語檗云將謂是本分衲子元來是義學沙門以拄杖打出師云只如聲響蹤跡既無獵犬向甚處尋逐莫是絶聲響蹤跡見黄檗麼諸禪德要明陷虎之機也須是本分衲子

舉外道問佛不問有言不問無言世尊良久外道云世尊大慈大悲開我迷雲令我得入師云諸禪德迷雲既開決定見佛還許他同叅也無若共相委知則天下宗師並爲外道伴侶如各非印證則東土衲僧不如西天外道

舉龍牙和尚問翠微如何是祖師西來意翠微云與我過禪板來牙取禪板與翠微接得便打牙云打即任打要且無祖師意後又問臨際如何是祖師西來意際云與我過蒲團來牙取蒲團與臨際接得便打牙云打即任打要且無祖師意師云臨際翠微只解放不解收我當時若作龍牙待伊索蒲團禪板拈得劈脊便擲

舉椑樹問定山不落數量請師道定山提起數珠云是落不落樹云圓珠三竅人人有請師圓前話山便打椑樹便去定山云三十年後槌胷大哭去在椑樹果後開堂示衆道三十年前被定山老子瞞我一上不同小小師云定山用即用爭奈險椑樹知即知要且未曾具擇法眼試請辯看

舉雪峯問投子一槌便成時如何投子云不是性懆漢峯云不假一槌時如何投子云者漆桶師云然則一期折挫雪峯且投子是作家爐鞴我當時若作雪峯待投子道不是性懆漢只向伊道鉗槌在我手裏諸上座合與投子著得箇什麼語若能道得便乃性懆平生光揚宗眼若也顱頂頂上一槌莫言不道

舉趙州問僧曾看法華經麼僧云看來州云

衲衣在空閑假名阿練若誑惑世間人爾作麼生會其僧擬禮拜州云爾披衲衣來麼僧云披來州云莫惑我僧云如何得不惑去州云莫取我語師云大小趙州龍頭蛇尾諸人若能辯得便乃識破趙州如或不明箇箇髙擁衲衣莫惑翠峯好 十三

舉長髭問僧甚處來僧云九華控石菴髭云菴主是什麼人僧云馬祖下尊宿髭云名什麼僧云不委他法號髭云他不委爾不委僧云尊宿眼在甚處髭云若是菴主親來今日也須喫棒僧云賴遇和尚放過某甲髭云百年後討箇師僧也難得師云是則二俱作家要且只解收虎尾不能據虎頭若使德山令行並須克解

舉保福示衆云此事如擊石火閃電光搆得搆不得未免喪身失命僧便問未審搆得底人還免喪身失命也無保福云適來且致闍棃還搆得麼僧云若搆不得未免大衆笑保福云作家作家僧云是什麼心行福云一杓屎攔面潑不知臭師云諸上座保福有生擒虎兕底爪牙者僧也不易相敵雖然如此要且放過保福一著只如翠峯與大衆還許諸方撿責也無若免不得平地上死人無數其中有得活底麼師拈起拄杖云來也來也

舉歸宗鋤草次見一條蛇以鋤斬之僧見便問久嚮歸宗元來是箇麤行沙門宗云爾麤我麤後雪峯問德山古人斬蛇意旨如何德山便打雪峯便走德山召云布衲雪峯迴首德山云他後悟去方知老漢徹底老婆心師云歸宗只解慎初不能護末德山頗能據令且未明斬蛇師召大衆云看翠峯今日斬三五條以拄杖一時打下

勘辯

問僧甚處來僧云和尚問誰師云我問爾僧云何不領話師云翠峯今日敗闕 十四

寶華侍者來看師師問寶華多少衆侍者云不勞和尚如此師云我好好問爾勃跳作什麼侍者云不得放過師云真師子兒喫茶了師把住云適來得恁麼無禮侍者擬議被師一掌云歸去分明舉似寶華

有數人新到至師云新到那僧云是師云条堂去僧便去師復喚來來其僧却迴師云洞庭難得師僧與爾一椀茶喫

問僧甚處受業僧云天章師云將得蘭亭記來麼僧云爭敢呈似和尚師云草本不勞拈出

五人新到師云洞庭絶頂無行路不假梯航速道看僧云特來禮拜和尚師云湛水停舟徒誇運濟僧無語師云過者邊來其僧齊過師云將頭不猛悞累三軍叅堂去

問僧名什麼云義懷師云何不名懷義僧云當時致得師云誰與汝安著僧云某甲受戒來十年也師云行脚費却多少草鞋僧云和尚莫瞞人好師云我也没量罪過爾作麼生僧無語師云脱空謾語漢便打

問新到近離甚處僧云興教師云達磨一宗掃土而盡僧無語師云天上天下唯我獨尊 十五

復問僧闍黎名什麼僧云宗雅師云雅即不問作麼生是宗僧無對師云且限三日其僧頻來下語師皆不諾僧却問某甲見處只恁

麼和尚作麼生師云爾何不問我僧方擬問
被師連打數下
問新到發足甚處僧拍掌一下師云兩重公
案僧云恰是師便喝僧無語師云還我一拍
來僧擬議師云瞎漢叅堂去
六人新到師問叅頭夫爲上將須是七事隨
身兩刃交鋒作麼生僧云久嚮翠峯有此一
著師云一著放過還我草鞋錢來僧喝師便
棒僧約住拄杖與師一拍師云未到翠峯與
爾二十棒了也僧無語師云且在一邊却問
第二副將作麼生僧茫然師云一狀領過喫
茶了師把住叅頭云適來公案者裏即恁麼
堂中作麼生舉僧擬議師打一坐具推出
雪峯和尚塔銘并序
夫從緣有者始終而成壞非從緣得者歷劫
而常堅堅之則在壞之則捐雖然離散未至
何妨預置者哉所以疊石結室翦木合函般
土積石爲龕諸事已備頭南脚北橫山而卧
惟願至時同道者莫違我意知心者不易我
志深囑載囑幸勉勵焉縱饒他日邪造顯揚

豈如當今正眼密弘善思之審思之　師註
兄弟添十字云罔無二君又云知麼同心著一儀云鳳行草
假又云直與土主曰松山云四顧匪絶又云看卵塔號難提
云獨露相侍又云嶮更有胡家曲云一西一東又云大難汝等切
須知云自南自北又云會也我唱泥牛吼云聞莫舉頭又云呵呵
詩三　十六
汝和木馬嘶云見應合眼又云撫掌但看五六月云豈可徒
然又云吁氷片滿長街云事非草草又云苦薪盡火滅後云云去
去誰同又云好住寮室爛如泥云須到如此又云勢力
受師號上堂僧問皇恩已降海衆同觀學人
上來願聞舉唱師云好音在耳人皆聽進云
聽後如何師云問著元來總不知僧云學人
到者裏實謂不知師云許爾是箇草賊復云
禪家流還如戰將見鬪勇健索不來即便擒
下雖一期之作爭似借水獻華唱太平歌好
夜雨山草滋爽籟生古木閑吟笁仙偈勝於
嚼金玉蟋蟀啼壞墻苟免悲局促道人優曇
華迢迢遠山綠是知道無不在誰云閒然故
天有道以輕清地有道以肅靜谷有道以盈
滿君有道以敷化故我今上皇帝金輪統御
敷澤霧流草木禽魚無遠不及巖野抱疾之

士俄承寵光此生他生無以云報賢守司封
髙扶堯舜下視龔黄龔千載之雅風鎮萬邦
之春色佇當明詔別振休聲貳車屯田諸廳
朝宰不敢飾辭褒讚仲尼言云吾禱久矣
住明州雪竇禪寺語　詩一
師開堂日於法座前顧謂大衆云若論本分　十七
相見不必高陞寶座乃以手指一劃云諸人
隨山僧手看無量諸佛國土一時現前各各
子細觀瞻其或涯際未知不免拖泥帶水即
便陞座僧正宣疏了維那白槌云法筵龍象
衆當觀第一義時有僧出來師乃約住云如
來正法眼藏委在今日放行則瓦礫生光把
定則真金失色權柄在手殺活臨時其有作
者相共證據僧乃問遠離翠峯祖席已届雪
竇道場未審是一是二師云馬無千里謾追
風進云與麼則雲散家家月也師云龍頭蛇
尾漢問德山臨濟棒喝已彰和尚如何接人
師云放過一著僧擬議師便喝僧云未審只
與麼別有在師云射虎不真徒勞没羽問布
髮掩泥因底事全身半偈爲誰施師云天上

天下唯我獨尊進云若然者立雪豈能傳妙旨三拜伸後始爲親師云莫亂統問梵王請佛蓋爲羣生學士請師當爲何事師云相識滿天下進云與麼則大衆霑恩也師云你分上作麼生進云學士證明師云未在有俗士問十方同聚會箇箇學無爲此是選佛處心空及第歸如何得及第去師云徒遭點額進云如此則辜負平生也師云教休不肯休問一焚龍鬪萬像咸臻未審是何境界師云金殿草漫漫進云向上更有事也無師云白雲千里萬里問吹大法螺擊大法鼓朝宰臨筵如何即是師云清風來未休進云與麼則得遇於師也師云一言已出駟馬難追僧禮拜師云放過一著師又普觀大衆一迴乃云人天普集合發明箇什麼事焉可互分賓主馳騁問答便當宗乘去廣大門風威德自在輝騰今古把定乾坤千聖只言自知五乘莫能建立所以聲前悟旨猶迷顧鑑之端言下知宗尚昧情識之表諸人要知眞實相爲但以上無攀仰下絶己躬自然常光見前箇箇壁立千仞還辯明得也無未辯辯取未明明取既辯明得能截生死流同踞祖佛位妙圓超悟正在此時堪報不報之恩以助無爲之化

師在翠峯受疏日洞庭檀越與明州專使相爭紛紛不已師乃陞座普告大衆不須作閙事在汎僧家也無固無必住則孤鶴冷翹松頂去則片雲忽過人間應非彼此殊源動靜乖趣今與諸人評議念三二年洞庭晦迹承四遠信心恩顧棲衆方諸舊轍藏教復乃新歸豈可知感頓忘遠致前邁誠爲不可而又四明太守星馳介使輜重儀臨既已跋涉數州迢遞千里投誠若逼一至於斯進退審詳不能自決敢問大衆住翠峯好往雪竇好于時衆僧髙聲云往雪竇好師乃顧謂洞庭諸檀越云不用爲訝宜各知時且佛法委自王臣兼住持亦以緣斷在彼在此本無閒然希披跡文以塞來命便下座

師至晚小叅僧問四明侯伯遠降公文未涉程途請師速道師云劄進云鄮江一枝今日獨秀師云不許夜行師乃云諸仁者未有長行而不住未有長住而不行古之今之各有攸往且如茲院僻處一隅若非念報佛恩無以四來居此恐山僧進發之後法席空虛今命素公開士接續住持幸冀衆慈同心勸請

師辭翠峯上堂僧問承學士有言輟翠峯之祖席登雪竇之道場如何是不動尊師云下坡不走快便難逢進云與麼則動若行雲止猶谷神師云你須緊悄草鞋師乃云山僧斯者抑徇彼請難可稽留束裝告行但多攀感況住持久煩勤舊備認歲寒希各務道專致以副誠祝其有叅隨諸高士動逾千里俯近百僧忽齋粥踈遺船車隘窄與相回互禪悅自貽則佛國徧遊亦不爲遠何以諸禪德去來不以象故無器而不形動靜不以心故無感而不應然則心生於有心象出於有象象非我出故金石流而不燋形非我生故日用而不勤紛紛自彼於我何爲請諸人高挂征帆不勝珍重

師到萬壽衆請上堂僧問七事隨身便請相見師云打退鼓進云方始交鋒已見大敗師

云嚧僧擬議師便喝者般漢有什麼死急問翠峯一箭已射雪竇雪竇一箭當射何人師云不爲鼯鼠發機進云非但聞名今日親見師云添得一場愁僧禮拜師云若是便休師乃云萬壽門下一一作家蓋是强將之兵也然雖如此保福有言擊石火閃電光搆得搆不得未免喪身失命若教據令而行盡蘇嚧一境人箇箇三頭六臂到翠峯手裏也須瓦解氷消如今放過一著分付萬壽和尚

師到秀州百萬道者備茶筵請陞堂僧問赴請雪竇先至嘉禾向上宗乘請師舉唱師云烏啼處處皆相似進云與麼則得聞於未聞也師云不是苦心人不知僧擬進語師便喝僧禮拜師云别有問話者出來問如何是教外别傳一句師云三生六十劫進云學人未會師云碧眼胡僧笑點頭師乃云山僧此者承鄞江太守之命俾赴雪竇住持再至嘉禾彌增嘉幸仍承百萬道者曲賜周勤仰荷之懷無以忘也兼勞廣命碩德抑令舉唱宗乘况達士相逢非存目擊若云言中有響句裏呈機猶曲爲中下之流向本分衲僧遠之遠矣秖如適來僧問教外别傳一句對云三生六十劫諸人還知落處也無且鷲池鷲嶺海甸菴園三百法會之中甚處有者箇消息所以道三世諸佛不能自宣一代時教詮注不及除非知有莫能知之久立衆慈伏惟珍重

師到靈隱衆請陞座僧問遠别翠峯丈室將届雪竇道場如何是不動尊師云看風使帆進云恁麼則觀方知彼去去者不至方師云龍頭蛇尾問如何是祖師西來意師云點進云猶有者箇在師云三十年後進云與麼則翠峯今日瓦解氷消師云有些子師乃云莫是與上座相爭然則論戰也箇箇力在箭鋒相拄又須是箇特達漢始得若意根尚滯直須向前決擇所以長沙和尚道百尺竿頭坐底人雖然得入未爲眞百尺竿頭須進步十方世界是全身僧舉問南泉百尺竿頭如何進步泉云更進一步僧復問瓦官官云百尺竿頭用進作什麼僧不肯官便打師云大衆古人機變出在一時其間别有商量亦未言著且如雪竇今日再入靈隱也似百尺竿頭依南泉之言得進一步喜與大衆相見則十方世界一時周帀便下座

師到越州承天寺衆請陞座僧問學人不問西來意藏身北斗意如何師云拈頭作尾漢進云請師答話師云西天令嚴問有問有答賓主歷然無問無答時如何師云古路草漫漫進云若不上來焉知與麼師云利劒不斷死漢師乃云作者相見一撈一捺撩起便行若佇思停機卒摸捺不著若言問在答處答在問處箇箇依草附木問不在答處答不在問宗罕見頂上有眼諸人還薦得也無薦得薦不得並是新雪竇之過且莫鈍致承天和尚

越州檀越備茶筵請師陞座僧問檀越殷勤伸三請乞師方便指迷津師云不許夜行投明須到進云非但學人四衆有賴師云百千年後問如何是祖師西來意師云迢迢十萬餘僧禮拜師云拄杖不在師乃云諸檀信山僧暫以經過邂逅相遇何沐特隆異待抑俾

數揚且如承天和尚寅暮流慈諸人況是聶聞已絶希奠何必更煩雪竇重爲發宣直饒三世聖人六代閑士利生間出故不敢錯誤諸人絲毫然雖與麼放過即不可良久云不解作客勞煩主人

師歸寺上堂有僧問如何是雪竇正主師云何不問雪竇山中人進云與麼則把定乾坤去也師云出門唯恐不先到當路有誰長待來問如何是古佛家風師云青天白日進云還許學人領會也無師云不是劒客請莫相過問如何是第一句師云袖裏金槌僧便喝師云朝三千暮八百問如何是雪竇境師云天無四壁進云如何是境中人師云月在中峯進云與麼則從苗辯地因語識人師云是僧禮拜師云酌海持蠡一場困苦師乃云甚生標格還知也無諸禪德祖佛不能宣傳天地不能覆載二乘聞之膽裂十地到此蒐驚其或達士切磋頗逢決戰一撥一捺略露風規句滯則嶽立磨空源迷則雲横布野所以先聖道一言纔舉千車同轍該括微塵猶是化門之説你衲僧合作麼生覿自知時便下座

上堂僧問承師有言三更過鐵門意旨如何師云忠言不避截舌僧禮拜師云臨筌方覺取魚難問千山萬水穿雲去撥草瞻風事若何師云躡破草鞋進云爲什麼如此師云人無遠慮必有近憂問如何是向去底人師云伊蘭樹下坐進云却來時如何師云白日繞須彌進云天上天下唯我獨尊師云二頭三手漢問承師有言釋迦老子出氣不得甚處請訛師云君子千里同風進云與麼則殃及子孫也師云素非鴨類師乃云諸禪德直饒文殊辯説認螢火爲太陽居士杜詞指魚目同明月所以雪竇尋常道威音王已前無師自悟是第二句還我第一句來若未能把定要津不免奔馳南北

上堂因僧送拄杖上師師拈起成頌云清峻孤根別有靈勢含山水自分明提來勝得豐城劒報盡人間兩不平復云大凡以平報不平是義烈常準以不平報不平爲格外清規亦猶以智遣惑頗逢下士以智遣智罕遇作家要會兩不平麼諸人也没量罪過雪竇也没量罪過雪竇過自能檢責你者漆桶不打更待幾時以拄杖一時趂下

冬至上堂僧問鼓聲纔罷海衆齊臻新節一句請師垂示師云三日前五日後進云與麼則聞於未聞師云索短不攜深泉問文殊仗劒其意如何師云八十老僧開灌頂進云學人不會師云四溟無浪月輪孤僧良久師喝云甚處去也僧禮拜師云放過一著師乃云相逢不拈出舉意便知有早是不唧𠺕漢更亂蹋步向前實謂苦屈諸禪德看他先覺未離兜率已降閻浮未出母胎度人已訖若言周行七步目顧四方天地之間唯我獨尊尚有人不放伊過如今巧説異端不肯荷負眞可衰愍所以道天魔外道是辜恩德漢聲聞二乘是自欺誑人你見如此不平之事便合慣悱驅將去喝將去隨例道我不知不會者般底苦海裏有什麼出頭時

上堂云形興未質名起未形名既兆遊氣

亂清師拈起拄杖云大衆拄杖子是形名雙舉還有過也無有即水裏月無即形名兆若也究得實謂恩大難酬

上堂云未出母胎見成公案周行七步過犯彌天更入鹿野苑中枝蔓上復生枝蔓乃拈起拄杖云吽吽便下座

上堂僧問如何是觸目菩提師云風動塵起鳥飛落毛進云乞師再垂方便師云洎被打破蔡州問如何是教外別傳一句師云好問進云還許學人領會也無師云有頭無尾漢師乃云諸仁者夫宗師唱道譬若滄溟上客獨泛蘭舟月渚煙波隨情放曠欲拋香餌須待長鯨縱有纖鱗應無希冀

上堂云一徑直二周遮衲子辯得眼裏生華便下座

上堂僧問達磨西來單傳心印諸方爲什麽各說異端師云誰進云爭柰即今何師云西天令嚴進云與麽則入水見長人師云韓信臨朝底問三通鼓罷羣賢集請師拋下御前題師云長因送人處憶得別家時進云與麽則退身三步師云依舊漁翁把釣竿問不除妄想不求眞底是什麽人師云一宿覺進云與麽則天上天下唯我獨尊師云一撥便轉師乃云大凡出衆切磋也須是本分禪客若未具啐啄同時眼卒摸摝不著

上堂衆方集定師云不用低頭思量難得便下座

上堂云直釣釣鯤鯨曲釣釣鼉鼈曲釣若在鯤鯨理應未可直釣若在鼉鼈情亦不甘如今拋釣也負命者上鈎來良久云勞而無功便下座

上堂衆集定師起立云雪竇得與麽長諸人得與麽短若人道得齊肩句許伊把定乾坤便下座

上堂云久雨不晴衲僧向甚處曬眼皮草便下座

上堂云布袋裏盛錐子不出頭是好手復云大衆雪竇錐頭出也莫有傍不肯底禪客出來良久云諸人既乃縮頭且聽諸方檢責

明覺禪師語録卷第一

明覺禪師語録卷第一

校勘記

一 底本，明永樂北藏本。

一 八五〇頁上二行「參學小師惟蓋竺編」，南作「僧録司右闡教兼靈谷禪寺住持淨戒重校」。

一 八五〇頁上二行與三行之間，南有「雪竇明覺禪師諱重顯遂州李氏子初參智門問不起一念云何有過門召師近前來師纔近前門以拂子驀口打師擬開口門又打師豁然開悟」五十六字。

一 八五〇頁上三行末字「語」，南無。

一 八五〇頁上四行首字「師」，南無。

一 八五〇頁上一九行「杭州」，南作「杭」。

一 八五一頁上一行「上堂問答罷」，南無。

一 八五一頁中一九行「恁麽」，徑作「甚麽」。

一 八五二頁上一五行「上堂問答罷」，

［南］作「師」。

一　八五三頁下一一行第七字「你」，［南］作「儞」。

一　八五六頁上一四行「并序」，［南］作「并序師註」。

一　八五六頁中一行「師註」，［南］無。

一　八五六頁下五行首字至一九行第一五字「住……羽」，［南］無。

一　八五七頁上一一行第五字至本頁中三行末字「問……化」，［南］無。

一　八五八頁上六行「然雖」，［徑］作「雖然」。

一　八六〇頁上七行「上堂僧」，［南］無。

一　八六〇頁上一〇行第一六字「尾」，［徑］無。

明覺禪師語録卷第二　綺四

門人一軫等編

舉古

舉僧問趙州道人相見時如何州云呈漆器師云諸禪德還有識趙州底麼出來相共商量若未能辯明大好從頭舉與你點破四九三十六收

舉臨濟示衆云有一無位眞人常在汝等面門出入初心未證據者看看時有僧問如何是無位眞人臨濟下禪牀擒住者僧擬議濟托開云無位眞人是什麼乾屎橛雪峯聞云臨濟大似箇白拈賊師云夫善竊者神鬼莫知既被雪峯覷破臨濟不是好手復召大衆雪竇今日換你諸人眼睛了也你若不信各歸寮舍自摸𢱢看

舉僧侍立保福次福云你得與麼麤心福拈一塊土與僧你拋向門外著僧拋了却來云甚處是某甲麤心福云我見你築著磕著所以道你麤心師云然則者僧被保福熱瞞爭奈眞不掩僞曲不藏直雪竇將今視古於理不甘是你者一隊漢忽僧堂裏來寮舍內出築著磕著亦乃不知近來麤心轉盛我若放過便見諸方檢責師驀拈拄杖下座大衆一時走散

舉雪峯敲覰和尚門覰云誰峯云鳳凰兒覰云作什麼峯云嗃老覰覰便開門雪峯方入被覰把住云道道峯擬議被覰推出峯住後示衆云我當時若入得老覰門你者一隊噇酒糟漢向甚處摸𢱢有老宿云雪峯徒有此語當時入不得如今也入不得師云者辜恩負德漢有什麼交涉當時入不得豈是教你入今既摸𢱢不著累他雪峯俱在老覰門下

舉臨濟侍立德山山云今日困濟云者老漢寐語作什麼山便打濟掀倒繩牀山便休師云二員作者具啐啄同時眼有啐啄同時用雪竇擬向猛虎口中奪鹿饑鷹爪下分兎敢謂臨濟德山二俱瞎漢有人辯得天下橫行

舉乾峯和尚云舉一不得舉二放過一著落在第二雲門出衆云昨日有人從天台來却往南嶽去峯下座云大衆來日不要普請師云看他作者吐露箇消息宛爾不同若是瞎睡漢遞相鈍致乃拈起拄杖云放過一著便下座

舉玄沙云吾有正法眼藏付囑摩訶大迦葉猶如話月曹谿豎拂猶如指月鼓山云月咊玄沙云者阿師就我覔月鼓山不肯却歸衆云道我就他覔月師云玄沙鼓山如排百萬軍大陣只拋瓦子相擊或有衲僧辯得當知正法眼藏付囑有在

舉長慶云淨潔打疊了也却近前就我覔我劈脊與你一棒有一棒到你你須生慚愧無一棒到你你又向什麼處會師云雪竇即不然淨潔打疊了也直須近前我劈脊與你一棒有一棒到你你即受屈無一棒到你與你平出但與麼會

勘辯

一日侍者報有三人新到從瑞巖來師云教伊大展坐具禮拜著其僧方入門師驀拈起拄杖僧云某甲特來禮拜和尚師云吽吽那箇是衆頭一僧近前問訊師云你爲什麼失

却本道公驗僧云深領和尚慈悲師云過者邊立復問第二人求朋須勝已似我不如無師以拄杖指衆頭云你爲什麼隨者漆桶僧云某甲新戒師亦約云過者邊立又問第三人適來兩箇敗闕了也你堪作箇什麼僧擬議師便喝云過者邊乃云據合一時埋却且念遠來叅堂去

問新到尋師訪道翫水遊山僧云謝和尚顧問師便喝鼻孔裏秖對我僧無對師云若殺人來來曾到雪竇麼僧云不曾到師打一棒云他後不得諱却

一日二人新到師云座主衲僧僧云請和尚鑑師云一不成二不是僧云不勞如此師云我且放過朝到西天暮歸東土作麼生僧無對師云杜衲僧叅堂去

問新到近離甚處僧云和尚道什麼師云我問你近離甚處僧退身立師云克由叵耐不言來處將拄杖來僧云某甲近離奉川師云打野㮖漢何不早與麼道復問第二人你也一處來僧云某甲近離大梅師云兩段不同好與三十棒且放過

一日宗首座到方擬人事師約住云既知信之韜略便須拱手歸降宗云今日敗闕師云劒刃未施賊身已露宗云氣急殺人師云敗將不斬宗云是師云禮拜著宗云三十年後有人與在師云已放你過

問聰道者久叅事作麼生道者云青天白日師云亂走作什麼者便喝師云喫棒者擬舉手師打一坐具云你看者瞎漢亂與

一日五人新到師云你總不消行脚僧擬議師云一狀領過

有良周上座到師作瞌睡勢僧云新到相看師不應僧又云新到相看師高聲云阿誰僧云新到師云已知叅堂去僧云某甲是大龍受業師喝云漆桶誰識你僧便近前人事師云好好禮拜著相看了師云還識宗首座麼僧云是師兄師云你爲什麼鈍致他僧云和尚休得也師云踏破草鞋漢不能打得你且坐喫茶

問僧近離甚處僧云天台師云還見智者麼僧云見師云爲什麼在我脚底僧無語師云脫空妄語

問僧近離甚處僧云温州師云還識永嘉大師麼僧云是鄉人師云與你隔海僧云酌然師云面赤不如語直僧無對師云噓

師在大龍爲知客李殿院到山茶話次問師知客是長老鄉人師云不敢院云且在者裏不得亂走師云本爲行脚院云行脚爲甚事師云看亂走底院微笑

師在池州景德爲首座時太守曾學士入院相訪茶果次學士拈箇棗子拋在地上召師首座師應諾士云古人道不離當處常湛然在那裏師指景德長老云只者老子也不知落處士云首座知也不得無過師云明眼人難瞞

師到太湖有余巡檢請師并志依上座齋臨起檢問畢官今日命二衲僧齋得何果報師云圖他一粒米失却半年粮依云臨行方覺主人寛師召舍人舍人擡頭師指依云梁根衲子齋他有甚益巡檢大笑師便起去

師赴雪竇經過杭州徐轉運問師雪竇名山多有具眼底衲僧忽相靠來長老作麼生支遣他師高聲召客司客司近前師云運使問箇什麼使云推過來師云推過又爭得使無語師云彼此沒便宜使又問長老幾日渡錢塘江師云山僧未敢前去使云作箇什麼師云徐轉運把斷要津使云今日被長老揉我一上師便辭退

師在南嶽福嚴爲藏主李殿院同雅長老入藏院師出接殿院云藏主那師云不敢院云藏中說著下官麼師云目前可驗院云驗底事作麼生師云不消一劄院無語師云且請殿院歸寮喫茶坐次山嵐忽起雅云殿院遊山恰阻煙霧院云靈峯聖跡爲什麼却有者箇師云下方無院擬道雅云藏主壯觀福嚴師云和尚且莫開眼院云作家作家師云殿院尊重時有道士秀才到院又問三教中那教最尊師乃起側身而立院云有口何不道師云對夫子難言院云休休便起師云適來造次

師在舒州海會時因看胥通判問山中多少衆師云一百來僧胥云既是海會爲甚只有百僧師云人貧智短胥云更道師云他後有人舉在又問山中長老每日說箇什麼師云路逢劒客胥云吽師便辭退

師在明州看曾學士坐次士問曾與清長老商量趙州勘破婆子話端的有勘破處麼師云清長老道箇甚麼士云又與麼去也師云清長老且放過一著學士還知天下衲僧出者婆子繼積不得麼士云者裏別有箇道處趙州若不勘破婆子一生受屈師云勘破了也

師與僧衆入城緣化學士先有公文止絕僧道投刺師亦同例乃有頌寄士云碧落煙凝雪乍晴住山情緒寄重城使君道在未相見空戀甘棠影裏行學士回荅云勞勞世務逐浮沈一性澄明亘古今目擊道存無阻隔何須見面始知心復令人請師相見了士云道存無阻因甚入來不得師云他後見別處長老學士不請舉向伊士云舉著又何妨師云山僧罪過士云好好師云諾諾

學士解印後師送到越州住數日乃辭士堅留師云歸山住持不忘學士此日士云衲僧家愛把不定師云爭得到者裏士無語師云已沐學士放辭士云容出城相送師便退士至客亭排果子茶湯了師問學士自此一別甚處再得相見士云長老何以對面忘却師云微僧心亦足矣時廣慧和尚復問師自此一別甚處與學士再得相見師云直是千里萬里於是取別士云善爲道路師云諾諾

訶頌

贈天衣長老

天衣長老無價之寶金烏東昇是何杲杲他年或要兒孫無端須入荒草

寄妙果政長老

有叟機宜太孤絕冷澹情懷止金鐵游歷不知參訪誰曾道天無第二月近聞鎖斷奔馳問何物拈來固其本飛騰直上三十三見不見兮爲君困中巖藏晦亦枯槁年先休競七十九南北東西追古風時有其人繼其後

送宗侍者

深憶韶陽示奇句言人到此猶不住宗禪九萬曾列程吾想七閩還獨步重巖忽爾來扣門自謂孤蹤若斷雲雪庭乍遠雖多恨且有中峯月共分（斯句乃宗禪者離山日有作）如斯慷慨非希冀浩浩清風無處避天上天下知不知五葉千燈復何啻

小谿贈溥禪者

歲月將闌天光普寒鄙叟復桃盤桓且難萬杉禪客來尋我言意勤勤勉清墮拂曙片帆重率歸百節四肢難負荷風之泠泠潮之平平强寫離辭幾不成巖層落落舊知已相見無忘極此情

送清禪者

有禪者兮曠發靈機出洪都兮聲光步隨一文一技不爲用方內方外誰論之春風來兮何所別何曾拂盡古巖雪極目寥寥思遠人曹谿堪共此時節清兮清苦宜存歷亮兮辜馬休同跡彈指凋殘六葉華西山一去斷消息

送一禪者

天得一地得一王得一兮無等匹谷得一兮歸巨溟應見三山皆岌岌一得一又何必今古不曾居丈室千華影裏復是誰八面風清照紅日一禪一禪須記取象骨齡難兮且相許負石投針忽戴來拂袖雙雙便回去

送全禪者

有龍彪兮時之相宜有藝行兮人之所歸東西武步兮復誰是我上下觀方兮存機未機全禪全禪知不知大施門開兮塵區可依

送靜山水

松根石上曾唯我四顧寥寥誰未可豈知白鳳傳好音拋却亂雲千萬朶谿山重疊春將暮風遞殘華柳飛絮金盂待月應有期寶冠照水寧無據靜禪復記吾深囑彼兮國士眞烈宿相見從容莫等閑人天景行存高躅

寄藏主收禪者

新州出箇賣樵者龍朔年中藏晝夜黃梅春得古菱華不倚物兮便高挂秀禪拂拭無塵埃歷盡諸難眼未開交馳石上求文字爭得孤峯却戴來近還有箇尋吾祖云在盧村深處住偷得隣家些子光用作千燈擬流布呵呵呵地久天長爭奈何

送雲禪德

中巖老兮八十一　閑寄十年助辭筆縱誇步驟當此時豈免龍鍾笑他日他時誰也流機變午夜寒蟾生水面別有清光何處來舉目亂飛星斗轉歌兮歌兮苦搜索遠贈雲禪愧標格黃梅席上追古風高唱自知天地窄

贈陸學士

古之陸大夫多集遊方輩今之陸使君復與空生會大國正搜羅長劒今磨淬或問清曠閑不知若爲對

舟行

孤舟選勝傍江干乘興幽游思未闌向日望來春色晚順潮歸去野情寬高歌釣客收綸線弄影沙禽刷羽翰迴想古祠無限意海蟾初上逼人寒

東軒偶作

叢竹小山些子境偶來閑坐解疎慵怡然繼

目誰知我勝ㄟ摩雲千萬峯
明覺禪師後録
上堂云日日東上日日西没循環三百
六十幾箇解知窠窟放開精精冥冥把定恍
恍惚惚君不見毗耶離城彼上人一室寥寥
是何物師召大衆云高著眼便下座
上堂云黄金爲地白銀爲壁釋迦老子不合
向者裏䦨師以拄杖撥一下云看看落爾諸
人頭上
上堂云三千劒客今何在獨許莊周致太平
便下座
一日云大衆者一片田地分付來多時也爾
諸人四至界畔猶未識在若要中心一樹子
我也不惜良久云放憨作麼便下座
因雪示衆云頭上皚皚脚下皚皚金色尊者
獨上高臺開眼造罪合眼受災如何如何天
網恢恢
上堂衆方集定師云勘破了也便下座
上堂拈起拄杖云物中眼眼中物十方如來
同此超出還會麼瞎漢歸堂

上堂云龍泉與刀斧同鐵利鈍懸殊駑駘與
驥馬同途遲速有異酌然酌然一出一入半
合半開平展之流試辯緇素
上堂云直得動地雨華何如歸堂向火便下
座
師一日晚衆於僧堂前立云不打鼓上去不
得把却門入來不得速道速道大衆眼目定
動師以拄杖一時打趂
上堂舉雲門大師云禪河隨浪靜山河大地
不是浪師拈起拄杖云看看一處起千處百
處没背一處息千處百處不識還會麼歸堂
上堂云見一則瞎汝眼知一則翳汝眼翳生
則天上人間瞎却則三頭六臂或若辯得許
爾十字縱横
上堂云以字不成八字不是優曇華正開齅
著無香氣翻笑釣魚船上客不愛南山鼈
鼻僧問萬里無雲伸一問青天喫棒意如何
師云軍隨印轉僧云恁麼則在和尚手裏師
云利劒不斬死漢
上堂云春山疊亂青春水漾虛碧寥寥天地

間獨立望何極便下座却顧謂侍者云適來
有人看方丈麼云有師云作賊人心虛
上堂云大無外小無内半合半開成圍成堁
老胡既隔絶衲子多違背從他千古萬古長
漫漫塡溝塞壑没人會以拄杖卓地一下云
歸堂
一日上堂衆方集以拄杖横按膝上云恁麼
會得瞎却天下人眼復抛下拄杖云救取一
半便下座
上堂云十方無壁落四面亦無門淨躶躶赤
傻傻没可把灌溪老出頭不得且致我騎牛
入爾鼻孔裏一般漢聞人恁麼道若風過樹
頭有什麼共語處
上堂云一不定二不可上下四維春風包裹
桃華杏華鬪開柳條桑條憨破可憐昔日靈
雲剛道逑逢達磨師拈起拄杖云靈雲鼻孔
穿了也
上堂云垂絲千尺意在深潭離鉤三寸釣得
一箇是好手良久云負命者上鉤來
一日小衆示衆云須善提巖中宴坐諸天雨

華讚歎尊者云空中雨華讚歎復是何人云我是梵天尊者云汝云何讚歎天云我重尊者善說般若波羅蜜多尊者云我於般若未曾說一字汝云何讚歎天云尊者無說我乃無聞無說無聞是真說般若波羅蜜多又復動地雨華師云避喧求靜處世未有其方他在巖中宴坐也被者一隊漢塗糊伊更有者老把不住問云空中雨華讚歎復是何人早見敗闕了也我重尊者善說般若波羅蜜多惡水驀頭潑我於般若未曾說一字草裏走尊者無說我乃無聞識甚麼好惡總似者般底何處有今日師復召大衆雪竇幸是無事人爾來者裏覔箇甚麼以拄杖一時趂下

上堂舉僧問趙州至道無難唯嫌揀擇是時人窠窟否州云曾有人問我直得五年分疎不下師云識語不能轉死却了也好與二十棒者棒須有分付處爾若辯不出且放此話大行

示衆云春力不到處枯樹亦生華九年人不識幾度過流沙便下座

有時云馬祖陞堂百丈捲蓆正令不從拗曲爲直

上堂云似地擎山不知山之孤峻如石含玉不知玉之無瑕晝行三千夜行八百是我尋常用底拈放一邊爾諸人向甚處見盤山速道速道

上堂舉僧問趙州二龍爭珠誰是得者州云老僧只管看師云看即不無爭即不得且道扶者僧扶趙州

上堂云不是金色頭陀有理也無雪處便下座

一日示衆云城東老母與佛同時而生一世共處而不欲見佛每見佛來即便廻避周廻上下皆避不及乃以手掩面十指掌中悉皆見佛諸上座他雖是箇老婆宛有丈夫之作既知廻避稍難不免吞聲飲氣如今不欲見佛即許爾切忌以手掩面何以明眼底覰著將謂雪竇門下教爾學老婆禪

舉黃檗入堂於南泉位中坐泉問長老甚年中行道檗云威音王已前泉云猶是王老師兒孫下去檗便起去師云可惜王老師只見錐頭利我當時若作南泉待伊道威音王已前即便於第二位坐令黃檗一生起不得雖然如此也須救取南泉

舉藥山久不上堂知事白云大衆久思和尚示誨山云教搥鍾著大衆方集山便掩却門知事咨白既許爲大衆上堂爲什麼一言不施山云經有經師論有論師爭怪得老僧師云可惜藥山老漢平地上喫攧盡大地人扶不起

舉石鞏曾爲獵人趂一鹿從馬大師菴前過問云還見我鹿麼大師云爾是甚人鞏云我是獵人馬云爾還解射也無云解射馬云一箭射幾箇云一箭射一箇馬云爾不解射鞏云和尚莫解射否云我解射鞏云和尚一箭射幾箇馬云我一箭射一羣鞏云彼此生命何用射他馬云爾既知是何不自射鞏云若教某甲自射直是無下手處馬云者漢無明煩惱頓歇鞏於是以刀斷其髮在菴給侍師云馬大師一箭射一羣信彩射得有甚用處

不如他石鞏一箭射一箇却是好手雪竇今
日劾古人之作擬放一箭高聲喝云看箭復
云中也便下座
舉同光帝命諸禪師坐次云朕收得中原之
寶只是無人酬價興化云如何是陛下中原
之寶帝以兩手展幞頭脚化云君王之寶誰
敢酬價師云至尊所得只可傍觀若非興化
作家往往高價酬却
一日上堂良久云大施門開無擁塞忽然有
箇衲子出來雪竇倒退八百何以臨危不悚
人便下座
舉保壽問胡釘鉸云莫便是胡釘鉸云不敢
壽云還釘得虛空麼云請和尚打破將來壽
便打鉸云莫錯打某甲壽云向後遇多口阿
師與爾點破去在後至趙州舉前話問云不
知某甲過在甚處趙州云只者一縫尚不奈
何胡釘鉸於此有省師云雪竇要打者三箇
漢第一趙州不合瞎却胡釘鉸眼第二保壽
不能塞斷趙州口第三胡釘鉸放過保壽師
驀拈起拄杖云更有一箇大衆一時走退師

擊繩牀一下便起去
上堂善財別後誰相訪樓閣門開竟日閑便
下座
舉肅宗帝問國師百年後所須何物國師云
與老僧作箇無縫塔子帝曰請師塔様國師
良久云會麽帝云不會國師云吾有付法弟
子躭源却諳此事請詔問之國師遷化後帝
詔躭源問此意如何源云湘之南潭之北中
有黃金充一國無影樹下合同船瑠璃殿上
無知識師云肅宗不會且致躭源還會麽只
消箇請師塔様盡西天此土諸位祖師遭者
一拶不免將南作北有傍不肯底出來我要
問爾那箇是無縫塔
舉雲門與長慶在雪峯日因舉石鞏見僧便
云看箭三平到遂擘開胷鞏云三十年一張
弓兩下箭只射得半箇聖人雲門問長慶作
麽生道免得石鞏喚作半箇聖人慶云若不
還價爭辯眞僞雲門云入水始知有長人師
云石鞏要先拗折不難爭奈三平中的了也
然則老宿要活三平且未免張弓架箭

上堂云一華開天下春古佛爲什麽不著便
爾若透得救取天下老宿忽若有箇衲僧出
來云和尚且自救也許伊是金毛獅子
舉舍利弗問須菩提夢中說六波羅蜜與覺
時同別須菩提云此義幽深吾不能說此會
有彌勒大士汝往彼問師云當時若不放過
隨後與一劄誰名彌勒誰是彌勒者便見氷
消瓦解
舉傅大士云要知佛去處師云三生六十劫
末後一句天下衲僧跳不出直饒口挂壁上
漢別有一竅勘過了打
舉紫湖和尚山門立一牌牌上有字云紫湖
有狗上取人頭中取人腰下取人脚擬議則
喪身失命時見新到便喝看狗僧纔迴首湖
便歸方丈師云衆中總道者僧著一口著即
著了也爭奈者僧在敢問諸人紫湖狗著者
便死因甚麽者僧猶在若無知方眼救得者
僧設使紫湖出世咬殺百千萬箇有甚益我
當時若見先斫下牌然後入院待者老漢喝
云看狗與伊放出箇焦尾大蟲如今諸人要

見麽日勢稍晚歸堂
上堂云國無定亂之劒四海晏清也不是分外還有梯山入貢底麽
因中山主爲師煎茶師問僧爾隨例喫茶將何報答僧云因風吹火師不肯自代云難爲和尚復云還會麽僧云不會師云爾也須煎一會茶始得
舉長慶示衆云撞著道伴交肩過一生參學事畢師云是即是針不劄風不入有甚麽用處
上堂云摩竭掩室計校未成毗耶杜辭伎倆俱盡還有人點檢得者兩箇老漢出頭不得處麽直饒覷透更有箇漢礙著以拄杖擊繩牀一下便下座
有時云搥擊妙喜世界百雜碎底人爲甚麽處處解持鉢
又云知時頻到香積國底人爲甚麽拄杖頭上失却眼
一日云義出豐年儉生不孝於佛法中作麽生辯損益便下座
上堂云一塵一佛國一葉一釋迦德山何以卓牌於鬧市又云入林不動草入水不動波投子因甚麽脚下五色索透關底試辯看
上堂云世事悠悠不如山丘卧藤蘿下塊石枕頭者般底有甚用處喚起了打
有時云一切不是句瞎却時人眼還有出得底麽
上堂云一切法皆是佛法瞞瞞頇頇非爲正觀一切法即非一切法莽莽鹵鹵還同天鼓賞箇名安箇是立箇非向甚處見釋迦老子還會麽以拄杖卓地一下云各請歸堂
示衆云父子親其居尊卑異其位於衲僧分上是放開是捏聚或若辯得分半院與爾
一日云寶山到也須開眼勿使茫茫空手廻便下座
上堂云機輪轉處作者猶迷千眼頓開與君相見
師問新到闍棃甚處人僧提起坐具師云蝦跳不出斗僧云跨跳師便打僧云更跨跳師又打僧便走師喚廻僧便禮拜云觸忤和尚
師云我要者話行爾又走作什麽僧云已徧天下了也師復打五下僧云有諸方在師云爾只管喫棒師喚第二人近前來甚處人云鼎州人師云敗也僧云青天白日師云兩重公案僧云恰是師以拄杖指云爾擬跨跳僧擬議師亦打五下叅頭云者僧喫棒與某甲不同師一時喚近前其僧珍重便走師隨後與一拄杖
上堂云孟甞之門劒客何在良久云點即不到便下座
上堂云泡幻同無礙拈起拄杖云怎幻何處得來又擊一下云西天四七聖東土二三祖鼻孔眼睛總穿在者裏瞌睡漢歸堂
上堂云目前無法意在目前不是目前法非耳目之所到師拈起拄杖云夾山老子甚處去也何不出來百草頭與大衆相見又卓地一下云在者裏復云咄者野狐精縮頭去便下座
僧問牛頭未見四祖時如何師云恰𣾰麽僧云見後如何師云三生六十劫僧禮拜師長

呼一聲
上堂云一舉不載說作麼生舉得作麼生會
上堂云久雨不晴今日晴衲僧曬了也未良
久自云曬了也師云收復拈起拄杖大衆定
動師云無一箇靈利便下座打趂
示衆云譬若二龍爭珠有爪牙者不得或有
衲僧問既是有爪牙者爲什麼不得請大衆
爲雪竇下一轉語
上堂僧問承和尚有言道士倒騎牛意旨如
何師云死人眼赤僧云不會師云有甚麼了
期便下座
上堂云天得一以清地得一以寧衲僧得一
無風浪起爾若辯得禍不入愼家之門
舉僧問鏡清學人啐請師啄清云還得活也
無學云若不活遭人怪笑清云也是草裏漢
師云衲僧有此奇特事若一人半箇互相平
展古聖也不虛出來一廻問承和尚有言金
剛鑄鐵券意旨如何師云三頭六臂云學人
不會師云擡上擡下師拈起拄杖云人天交
接兩得相見太茫茫何擾擾穿來且放一邊

三十三二十八敲落又在一處復云退後退
後便起去
問承古有言九九八十一意旨如何師云金
剛合掌進云學人不會師云依佛法僧
上堂云應緣而化物方便呼爲智拈起拄杖
喚作什麼爾若道不得也許具一隻眼
上堂舉雪峯示衆云盡乾坤是箇解脫門把
手拽不肯入一僧云和尚怪某甲不得一僧
云用入作什麼師云三箇中有一人受赦在
忽若總不辯明平地上有甚數便下座
一日云此大講堂洞開東方日輪昇天則有
明曜中夜黑月雲霧晦暝則復昏暗戶牖之
隙則復見通墻宇之間則復觀壅分別之處
則復見緣頑虛之中徧是空性鬱埻之象則
紆昏塵澄霽斂氛又觀清淨慚愧釋迦老子
說甚還與不還文殊堂裏萬菩薩到處覓不
得元來總在者裏靈利漢一見便請拗折拄
杖
上堂舉鏡清問僧近離甚處云石橋清云本
分事作麼生云某甲近離石橋清云我不答

爾石橋本分事作麼生云和尚何不領話清
便打僧云某甲話在清云爾但喫棒我要話
行師云然則倚勢欺人奈緣事不孤起著僧
若能愼初護末棒則須是鏡清自喫
舉雲門大師示衆云爾若不相當且覓箇入
頭處微塵諸佛在爾舌頭上三藏聖教在爾
脚跟底不如悟去好還有人悟得麼出來對
衆道看師拈云然則養子之緣爭奈壓良爲
賤其間忽有不甘底出來倒繩牀豈不是大
丈夫漢然雖如此且問據箇甚麼師驀拈起
拄杖云泊合停囚長智擊繩牀一下便下座
上堂云窮諸玄辯若一毫致於太虛竭世樞
機似一滴投於巨壑不如歇去好還會麼洛
亭不遠
上堂云青蘿夤緣直上寒松之頂白雲淡泞
出沒太虛之中師拈起拄杖云國師眼睛在
者裏瞌睡漢七穿八穴甚處得來
一日舉乾峯示衆云舉一不得舉二放過一
著落在第二雲門大師出衆云昨日有人從
天台來却住南嶽去峯云來日不要普請師

云諸禪德雲門老漢只解一手擡不能一手搦還有共相著力底麼試露爪牙看

上堂云不得春風華不開華開又被風吹落爾若明得褒貶句未必善因而招惡果歸堂

一日云古人道其爲也形其寂也冥轉變天地自在縱横河沙而用混沌而榮誰聞不喜誰聞不驚如何以無價之寶隱在陰入之坑師以拄杖擊一下云打破了也寶在甚處

有時云不犯之令大衆必合依行

上堂云萬法本閑而人自鬧國師走入露柱裏去也見麼見麼良久云出頭便死歸堂

示衆云迴而更相涉拈起拄杖云頭上是天脚下是地眼前緑水背靠青山衲僧道我會也忽若驢騎入爾鼻孔裏牽牛入爾眼睛中又作麼生商量

上堂云欲得現前莫存順逆者裏參見祖師了更買草鞋行脚三千里外也被雪竇穿却鼻孔

一日舉馬祖上堂衆方集百丈出捲席祖便下座諸方皆謂奇特滑麼舉還當麼若當譬若水母以蝦爲目若不當又空讃歎圖箇什麼衆中一般漢亂踏向前問古人意旨如何更有老底不識好惡對云將謂仙陀客又云來日更到座前苦哉苦哉如此自稱宗匠欲開人天眼目驢年去諸上座雪竇當時若見伊出來捲席劈胷與一踏令坐者倒者俱起不得且要後人別有生涯去免見互相鈍置豈不箇箇英靈底漢還會也無歸堂

上堂云虚空爲鼓須彌爲槌打者甚多聽者極少且問誰是解打者莫謗壚官好只如南泉道王老師不打者破鼓法眼去王老師不打兩箇既不柰何一箇更是懡㦬

上堂云還有鬧市裏出頭底麼良久云不如策杖歸山去長嘯一聲煙霧深便下座

舉僧問趙州學人乍入叢林乞師指示州云喫粥了也未云喫粥了也州云洗鉢盂去雲門大師云且道有指示無指示若云有向他道什麼若道無何得悟去師拈云我不似雲門爲蛇畫足直言向爾道問者如蟲蝕木答者偶爾成文然雖恁麼瞎却衲僧眼作麼生免得此過諸仁者要會麼還爾趙州喫粥未拈却者僧喫粥了雪竇與爾拄杖子歸堂

舉雲門大師云盡十方世界乾坤大地天下老和尚以拄杖一畫云百雜碎師云者老漢是即是要且未有出身之路如今拄杖在雪竇手裏復横按云東西南北甚處得來

舉僧問投子如何是十身調御投子下繩牀立又問凡聖相去多少投子下繩牀立師云此公案諸人無不委知若滑麼舉天下衲僧盡爲念話杜家雪竇莫有長處也無試爲大衆舉看凡聖相去多少投子下繩牀立如何是十身調御投子下繩牀立且道與前來舉底同別若道一般許上座具一隻眼若云別有奇特也許上座具一隻眼復更闢一線道凡聖相去多少請上座下一轉語如何是十身調御答一轉話非但參見投子亦乃知雪竇長處或若總道下繩牀立惜取眉毛便下座

舉洞山聰和尚每見新到便問潙山水牯牛上座作麼生會前後皆不相契師到亦乃垂

問師云後人標牓洞山擬道師以坐具拂一下便行洞山云且來上座師云未參堂

舉雲門大師云三乘十二分教達磨西來放過即不可若不放過不消一喝師隨舉了便喝復云大衆好喝落在甚處若要鼻孔遼天辯取者一喝便下座

師因事示衆云杜耳目於胎殼掩玄象於霄外而責宮商之異辯玄素之殊底是甚麽人還知落處麽那一箇者一箇兼本三人放過一著便下座

上堂云三十年來尋劒客有麽有麽幾迴葉落又抽枝衲僧眼光失却了也自從一見桃華後塡溝塞壑直至如今更不疑敗軍之將以拄杖卓地一下云看便下座

舉歸宗問僧甚處去云諸方學五味禪去宗云我者裏有一味禪爲甚不學僧云如何是一味禪宗便打僧云莫打某甲會也宗云爾作麽生會僧擬開口宗又打黃檗聞舉云馬大師出八十四員善知識問著箇箇阿轆轆地只有歸宗老較些子師云以彊欺弱有甚麽難我者裏有一味禪爲甚麽不學但向道收待伊拈起有般無眼漢只管喫吽吽雪竇門下誰敢便下座

上堂云胡蜂不戀舊時窠猛將不在家中死若是箇漢聊聞舉著驀起眉毛便行

一日六人新到師問云還有作家禪客麽衆頭云和尚道什麽師云點即不到僧擬議師便喝僧無語師云龍頭蛇尾復問第二箇僧指衆頭云和尚問何不祇對師與一掌僧無語師復指云第三其僧茫然師云一狀領過

上堂僧問如何是時節因緣師云瞌睡漢僧便喝師云詐惺惺復云譬若世界壞時大水競作其間無量衆生或沒未沒互相悲號仰望蒼蒼皆云相救當爾之時四禪天人一見高聲便喝咄哉衆生我預曾報汝令頻頻上來汝都不聽如今有甚麽救處乃拍手一下云歸堂

上堂云乾坤之內宇宙之間中有一寶挂在壁上達磨九年不敢正眼覷著如今衲僧要見劈脊打

上堂僧問如何是佛師云頭鬅鬙耳卓朔學云不會師云堪笑堪悲復云不著便也不奈何爾從江南江北來笠子下爲什麽撈破絡涌偏參底

上堂云乾坤把定即不無爾作麽生是手擘日月底句又云周遊四天下道我知有須彌頂上著得幾人復云舉步已經諸佛刹是爾草鞋踏破多少

上堂云長觜鳥芳樹不棲喃喃獨語摩斯吒潛溟不入戰戰却迴三十年後悟去提起手云吽吽便下座

上堂舉在衆日僧問如何是佛師云四衆圍繞如何是涅槃師云雙林樹下復云便是釘觜鐵舌漢也卒話會不及歸堂

有時豎起拄杖云洪機在掌排巨靈擘太華之峯復橫按云明鏡當臺絕演若逐東西之徑又以拄杖一劃云比擬張麟兔亦不遇便下座

上堂云不與一法作對便是無諍三昧或是箇漢聞我舉著悉能坐斷有甚麽近處雖然

如此向後莫辜負人好便下座

上堂舉古人道明眼漢沒窠臼我且問爾各從德山臨濟下來棒喝向爾不能施語言向爾便不著我既如此汝合必然又作麼生露得箇消息令雪竇知爾是箇風不入底漢去便下座

一日三僧辭師把住云天無門地無戶亂走衲僧擬往何處僧皆無對師劈面唾云杜喫我多少粥飯便推出

示衆云摩竭正令譬若披沙揀金毗耶杜辭頗類守株待兎設使頓開千眼未辯機關點著不來白雲萬里

舉未嘉云六般神用空不空一顆圓光色非色雲門大師拈起拄杖云是色非色師云雪竇即不然圓光一顆儼伺眞如神用六般和泥合水摸窟人設齋且致水中拈月致將一問來

有時云袖頭打領腋下剜襟諸方一任前裁南山起雲北山下雨衲子作麼生話會

一日上堂大衆纔集師云一任諸方貶剝便下座

舉僧問乾峯十方薄伽梵一路涅槃門路頭在什麼處乾峯云在者裏師代僧便喝復有僧問長慶長慶云問取堂中第二座師代僧云錯復有僧問師師云墮坑落塹自代云作賊人心虛

上堂云糞掃堆上現丈六金身遇賤則貴赤肉團上壁立千仞遇明則暗鼻孔遼天底衲僧試辯雪竇爲人眼

示衆云一法不通萬緣方透會與不會成羣作隊築著磕著一時拈却管取乾坤獨露便下座

上堂云禪河隨浪靜定水逐波清若拄杖子是浪衲僧便七縱八橫忽乾坤大地是浪便見扶籬摸壁且道放行好把定好一日云春雷已發陽鳥未啼迷身句即不問爾透出一字作麼生道

上堂云巢知風穴知雨靈利衲僧未可相許若問如何苦哉佛陀參

舉馬大師云一切語言是提婆宗以者箇爲主雲門大師云好語只是無人問我僧便問如何是提婆宗雲門云西天九十六種爾是最下種師云赤旛被者僧奪了也便下座

一日云山河無隔礙光明處處透傳大士騎驢入爾鼻孔裏見爾諸人不惺惺却歸雙林寺去也便下座

舉僧問翠微自到和尚法席每沐上堂不蒙一法示誨意在於何微云嫌箇什麼僧復問洞山山云爭怪得老僧後有僧問法眼眼云祖師來也師云兩箇老漢被者僧穿却唯有法眼與他同參若是雪竇門下喫棒了趕出

上堂云種種幻化皆生如來圓覺師云住住三世諸佛是幻六代祖師是幻天下老和尚是幻復拈起拄杖云拄杖子是幻那箇是圓覺良久以拄杖擊繩牀一下云幻出大衆擬議師云者一隊漆桶總無孔竅以拄杖一時趁下

舉夾山問僧甚處來云湖南來山云曾到石霜麼云要路經過爭得不到山云承聞石霜有毬子話是否云和尚也須急著眼山云作

麽生是毬子云趓不出云作麽生是毬杖云勿手足山云老僧未曾與闍梨相識出去師云雪竇親見者僧從石霜來夾山因甚麽道不相識

舉趙州問僧甚處來云雪峯來州云雪峯近日有何言句示徒僧云雪峯道盡大地是沙門一隻眼爾諸人向什麽處屙州云爾若過嶺我附箇鍬子去師云者僧既不從雪峯來可惜趙州鍬子

舉僧問石霜三千里外遠聞石霜有箇不顧霜云是僧云只如萬像歷然是顧不顧霜云我道不驚衆僧云不驚衆是不與萬像合如何是不顧霜云徧界不曾藏師拈云誰是不顧者

示衆云世界與麽廣闊爲甚麽向雪竇手裏乞命

上堂云乾坤側日月星辰一時黑東西不辯南北不分底衲僧向甚處見雪竇

上堂僧問雪覆蘆華時如何師云㸃僧云恁麽則爲祥爲瑞也師云兩重公案復成一頌雪覆蘆華欲暮天謝家人不在魚船白牛放却無尋處空把山童贈鐵鞭

師問大龍語底默底不是非語非默底更非總是總不是拈却大用現前時人知有大龍如何龍云子有如是見解那師云這老漢今日瓦解氷消至晚龍問師那裏是老僧瓦解氷消處師云轉見不堪拂袖便出龍云叵耐叵耐師不顧後舉似福嚴雅雅云何不與他本分草料師云和尚更買草鞋行脚始得

僧問只在目前爲甚麽再三不覩師云截耳卧街云黑豆未生芽時如何師云餧驢餧馬云生芽後如何師云透水透沙

明覺禪師語録卷第二

明覺禪師語録卷第二

校勘記

一 底本，明永樂北藏本。

一 八六二頁上二行「門人一軫等編」，南作「僧録司右闡教兼靈谷禪寺住持淨戒重校」；徑作「門人軫等編」。

一 八六二頁中一三行「臨濟」，南作「林際」，下同。又第一三字「際」，徑、清作「濟」，一四行第九字同。

一 八六四頁上一〇行第一二字「師」，南無。

一 八六五頁中一八行「新州」，南作「辛州」。

一 八六六頁上二行「明覺禪師後録」，南無。

一 八六六頁上末行第三字「超」，徑作「起」。

一 八六九頁中一九行第七、八字「踍跳」，南作「敎跳」。下同。

一 八六九頁下五行第七字「師」，南

無。

一八七〇頁上五行「靈利」，南作「伶利」。下同。

一八七〇頁中四行「皈依」，南、徑、清作「皈依」。

一八七〇頁下七行第六字「悟」，徑作「悮」。第一二字同。

一八七一頁中一〇行第八字「打」，南作「脫」。

一八七一頁下四行第八字「畫」，南作「劃」。

一八七二頁下一四行第三字「舌」，徑作「石」。

一八七三頁上一五行「儱侗」，南作「㦕統」；清作「儱侗」。

一八七四頁中二行末字「鞭」下，南有「示衆云青山疊亂青春水漾虛碧寥寥天地間獨立望何極便下座却顧侍者云適來有人看方丈麽者云有師云作賊人心虛」一段。

一八七四頁中九行末字「得」下，南有「師問僧近離甚處云和尚道甚麽師云我問你近離甚處僧退身而立師云克由㕽耐不言來處將拄杖來僧云甲近離奉川師云打野榸漢何不早恁麽道復問第二人云你也一處來云某甲近離大梅師云兩段不同好與三十棒且放過」一段。

明覺禪師語錄卷第三　綺三

參學小師允誠等編

拈古

師舉德山示衆云今夜不答話問話者三十棒時有僧出禮拜山便打僧云某甲話也未問山云爾是甚處人云新羅人山云未踏船舷好與三十棒法眼拈云大小德山話作兩橛圓明道大小德山龍頭蛇尾師云二老宿雖善裁長補短捨重從輕要見德山亦未可何故德山大似握閫外威權有當斷不斷不招其亂底劒諸人要識新羅僧麼只是撞著露柱底箇瞎漢

舉雪峯一日普請自負一束藤路逢一僧峯便拋下僧方擬取峯便踏倒歸舉似長生乃云我今日踏者僧快生云和尚替者僧入涅槃堂始得峯便休去師云長生大似東家人死西家助哀也好與一踏

舉百丈再參馬祖侍立次祖以目視禪牀角頭拂子丈云即此用離此用祖云爾他後開兩片皮將何為人丈取拂子豎起祖云即此用離此用丈挂拂子於舊處祖便喝百丈直得三日耳聾師云奇怪諸禪德如今列其派者甚多究其源者極少總道百丈於喝下大悟還端的也無然刀刀相似魚魯參差若是明眼漢瞞他一點不得只如馬祖道爾他後開兩片皮將何為人百丈豎起拂子為復如蟲禦木為復啐啄同時諸人要會三日耳聾麼大冶精金應無變色

舉崇壽指凳子云識得凳子周帀有餘雲門云識得凳子天地懸殊師云澤廣藏山理能伏豹

舉永嘉大師到六祖繞禪牀三帀振錫一下卓然而立祖云夫沙門具三千威儀八萬細行大德從何方而來生大我慢師便喝乃云當時若下得者一喝免見龍頭蛇尾又再舉繞禪牀三帀振錫一下卓然而立代祖師云未到曹溪與爾三十棒了也

舉仰山指雪師子云還有過得此色者麼雲門云當時便與推倒師云只解推倒不能扶起

舉香嚴垂語云如人上樹口嗛樹枝手不攀枝脚不踏樹樹下有人問西來意不對則違他所問若對又喪身失命當恁時作麼生即是有虎頭上座云上樹即不問未上樹請和尚道嚴呵呵大笑師云樹上道即易樹下道即難老僧上樹也致將一問來

舉僧問魯祖如何是不言言祖云爾口在什麼處僧云某甲無口祖云將什麼喫飯僧無語師云好劈脊便棒者般漢開口了合不得合口了開不得

舉僧問雪峯古澗寒泉時如何峯云瞪目不見底僧云飲者如何峯云不從口入僧舉到趙州州云不可從鼻孔裏入僧却問趙州古澗寒泉時如何州云苦云飲者如何州云死雪峯聞舉云趙州古佛從此不答話師云衆中總道雪峯不出者僧問頭所以趙州不肯如斯話會深屈古人雪竇即不然斬釘截鐵本分宗師就下平高難為作者

舉僧問西堂和尚有問有答賓主歷然無問無答時如何堂云怕爛却去那僧問長慶有

問有答賓主歷然無問無答時如何慶云相逢盡道休官去林下何曾見一人師云何不與本分草料

舉臨濟示衆云我於先師處三度喫六十棒如蒿枝子拂相似如今思一頓棒喫誰爲下手僧出衆云某甲下手濟拈棒與僧僧擬接便打師云臨濟放處較危收來太速

舉欽山一日上堂竪起拳又開云開即爲掌五指叅差復握云如今爲拳必無高下還有商量也無一僧出衆竪起拳山云爾只是箇無開合漢師云雪竇即不然乃竪起拳云握則爲拳有高有下復開云開則成掌無黨無偏且道放開爲人好把定爲人好開也造車握也合轍若謂閉門造車出門合轍我也知爾向鬼窟裏作活計

舉僧問睦州高揖釋迦不拜彌勒時如何州云昨日有人問趯出了也僧云和尚恐某甲不實州云拄杖不在苕帚柄聊與三十師云睦州只有受璧之心且無割城之意

舉棗樹問僧近離甚處云漢國樹云天子還重佛法也無僧云苦哉賴值問著某甲問著別人即禍生云作箇什麼僧云人尚不見有何佛法可重云闍黎受戒多少時僧云二十夏云大好不見有人便打師云者僧棒即喫要且去不再來棗樹令雖行爭奈無風起浪

舉趙州問婆子什麼處去云偷趙州笋去州云忽遇趙州又作麼生婆子便掌州便休去師云好掌更下兩掌也無勘處

舉保壽開堂日三聖推出一僧壽便打聖云渭麼爲人瞎却鎮州一城人眼去在壽便歸方丈師云保壽三聖雖發明臨濟正法眼藏要且只解無佛處稱尊當時者僧若是箇漢纔被推出便掀倒禪牀直饒保壽全機也較三千里

舉無業馬祖僧問如何是佛云莫妄想師云塞却鼻孔又問如何是佛云即心是佛師云拄却舌頭

舉僧問德山從上諸聖什麼處去山云作麼作麼僧云勑點飛龍馬跛鼈出頭來山便休去至來日山浴出其僧過茶與德山山撫僧背一下僧云者老漢方始瞥地師云然精金百煉須要本分鉗鎚德山既以巳方人者僧還同受屈以拄杖一劃云適來公案且致從上諸聖什麼處去大衆擬議師一時打趁

舉保福簽瓜次太原孚上座到來福云道得與爾瓜喫孚云把將來福度一片瓜與孚孚接得便去師云雖是死蛇解弄也活誰是好手者試請辯看

舉南泉示衆云道非物外物外非道趙州出問如何是物外道泉便打州云和尚莫打某甲向後錯打人去在泉云龍蛇易辯衲子難瞞師云趙州如龍無角似蛇有足當時不管盡法無民直須喫棒了趁出

舉洞山到雲門門問近離甚處山云查渡云夏在甚處山云湖南報慈云甚時離山云去年八月門云放爾三頓棒山至來日却上問訊昨日蒙和尚放三頓棒不知過在什麼處門云飯袋子江西湖南便渭麼去山於此大悟師云雲門氣宇如王揆著便氷消瓦解當時若據令而行子孫也未到斷絶

舉一僧叅馬大師師畫一圓相云入也打不入也打僧便入師便打僧云和尚打某甲不得大師靠却拄杖休去師云二俱不了和尚打某甲不得靠却拄杖擬議不來劈脊便打

舉興化問克賓維那不久爲唱道之首賓云不入者保社化云會來不入不會不入賓云没交涉化便打乃云克賓維那法戰不勝罰錢五貫充設饡飯至來日齋時興化自白槌云克賓維那法戰不勝不得喫飯即便趕出師云克賓要承嗣興化罰錢出院且致却須索取者一頓棒始得且問諸人棒既喫了作麼生索雪竇要斷不平之事今夜與克賓維那雪屈以拄杖一時打散

舉僧問長慶衆手淘金誰是得者慶云有伎倆者得僧云學人還得也無慶云大遠在師代者僧當時便喝復云有伎倆者得一手分付有伎倆者不得兩手分付學人還得也無蒼天蒼天

舉大慈示衆云山僧不解答話只是識病時有僧出大慈便歸方丈師云大凡扶竪宗乘須辯箇得失且大慈識病不答話時有僧出便歸方丈雪竇識病不答話或有僧出劈脊便打諸方識病不答話有僧出必然别有長處敢有一箇動著大唐天子只三人

舉趙州到黄檗檗見來便關却方丈州云救火救火黄檗便出擒住云道道州云賊過後張弓師云直是好笑笑須三十年忽有箇衲僧問雪竇笑箇什麼笑賊過後張弓

舉僧問鏡清學人未達其源乞師方便清云是什麼源云其源清云若是其源爭受方便師云死水裏浸却有什麼用處侍者問適來成褫伊清云無侍者云不成褫伊清云無侍者云和尚尊意如何清云一點水墨兩處成龍師云猶較些子雪竇不是減鏡清威光要與者僧相見是什麼源其源三十年後與爾三十棒

舉僧問香林如何是衲衣下事林云臘月火燒山師云臘月燒山萬種千般翹松鶴冷踏雪人寒達磨不會大難大難

舉本仁和尚示衆云尋常不欲向聲前句後鼓弄人家男女何故且聲不是聲色不是色時有僧問如何是聲不是聲仁云喚作色得麼云如何是色不是色仁云喚作聲得麼僧禮拜仁云且道爲汝說答汝話若人辯得有箇入處師云本仁也甚奇怪要且貪觀天上既非聲前句後且作麼生入

舉雲門示衆云老胡生下一手指天一手指地周行七步目顧四方天上天下唯我獨尊當時若見一棒打殺與狗喫却貴圖天下太平師云便與掀倒禪牀

舉國師三喚侍者點即不到侍者三應到即不點將謂吾辜負汝誰知汝辜負吾瞞雪竇不得雲門道作麼生是國師辜負侍者處會得也是無端師云元來不會作麼生是侍者辜負國師粉骨碎身未報得師云無端無端

復舉僧問投子國師三喚侍者意旨如何投子云抑逼人作麼師云埰根漢僧問興化化云一盲引衆盲師云端的瞎僧問玄沙沙云侍者却會師云停囚長智僧問趙州州云如人暗中書字字雖不成文彩已彰師便喝僧

問雪竇雪竇便打也要諸方點檢乃成頌云
師資會遇意非輕無事相將草裏行負汝頗
吾人莫問任從天下競頭爭
舉僧問智門和尚如何是佛云踏破草鞋赤
脚走僧云如何是佛向上事云拄杖頭上挑
日月師云千兵易得一將難求
舉師祖問南泉摩尼珠人不識如來藏裏親
收得如何是如來藏云王老師與爾往來者
是藏師云草裏漢祖云不往不來者云亦是
藏師云雪上加霜祖云如何是珠師云嶮百
尺竿頭作伎倆不是好手者裏著得箇眼竇
主互換便能深入虎穴或不滑麼縱饒師祖
悟去也是龍頭蛇尾漢
舉僧禮拜雪峯峯打五棒僧云某甲有什麼
過峯又打五棒師云雪竇不曾與人葛藤前
五棒日照天臨後五棒雲騰致雨爾若辯得
也好與五棒
舉馬大師令智藏馳書上徑山山接書開見
一圓相於中下一點國師聞舉云欽師猶被
馬師惑師云徑山被惑且致若將呈似國師

別作箇什麼伎倆免被惑去有老宿云當時
坐却便休亦有道但與劃破若與麼只是不
識著敢謂天下老師各具金剛眼睛廣作神
通變化還免得麼雪竇見處也要諸人共知
只者馬師當時畫出早自惑了也
舉鏡清問僧趙州喫茶去爾作麼生會僧便
出去清云邯鄲學步師云者僧不是邯鄲人
爲什麼學唐步若辯得出與爾茶喫
舉僧問雲門如何是法身向上事云向上與
爾道即不難作麼生會法身僧云請和尚鑑
云鑑即且致作麼生會法身僧云與麼與麼
云者箇是長連牀上學得底我且問爾法身
還喫飯麼僧無語師云將成九仞之山不進
一簣之土過在什麼處
舉趙州訪茱萸纔上法堂茱萸云看箭州亦
云看箭茱萸云過州云中師云二俱作家蓋
是茱萸趙州二俱不作家箭鋒不相拄直饒
齊發齊中也只是箇射垛漢
舉臨濟與普化去施主家齋濟問毛吞巨海
芥納須彌爲復是神通妙用爲復法爾如然

化踢倒飯牀濟云太麤生化云者裏是甚所
在說麤說細濟休去至來日又同赴一施主
齋濟復問今日供養何似昨日化又踢倒飯
牀濟云太麤生化云瞎漢佛法說什麼麤細
濟吐舌師云兩箇老賊喫飯也不了好與二
十棒棒雖行且那箇是正賊
舉三角示衆云若論此事眨上眉毛早是蹉
過麻谷出云蹉過即不問如何是此事角云
蹉過谷便掀倒禪牀三角便打師云兩箇有
頭無尾漢眉毛未曾眨上說什麼此事蹉過
有僧問眉毛爲什麼不眨上師便打
舉睦州喚僧大德僧迴首州云擔版漢師云
睦州只具一隻眼何故者僧喚既迴頭因甚
却成擔版
舉巖頭參德山跨門便問是凡是聖德山便
喝巖頭便禮拜洞山聞舉云若不是奯公大
難承當巖頭云洞山老漢不識好惡我當時
一手擡一手搦師云然則德山門下草偃風
行要且不能塞斷人口當時纔禮拜劈脊便
打非唯勦絕洞山亦乃把定奯老還會麼拳

將軍有嘉聲在不得封侯也是閑

舉巴陵示衆祖師道不是風動不是旛動既不是旛風向什麼處著有人與祖師作主出來與巴陵相見師云雪竇道風動旛動旣是風旛向甚處著有人與巴陵作主亦出來與雪竇相見

舉則川與龐居士摘茶次士云法界不容身師還見我麼川云若不是老師洎與龐公答話士云有問有答蓋是尋常川不管士云適來莫怪相借問麼川亦不管士喝云者無禮儀漢待我一一舉似明眼人去在川拈茶籃便歸師云則川只解把定封疆不能同生同死當時好與將下幞頭誰敢喚作龐居士

舉僧問雲門一言道盡時如何門云裂破師彈指三下

舉僧問睦州一言道盡時如何州云老僧在爾鉢囊裏師呵呵大笑

舉本生和尚以拄杖示衆云我若拈起爾便向未拈起時作道理我若不拈起爾便向拈起時作主宰且道老僧爲人在甚處時有僧出云不敢妄生節目生云也知闍黎不分外僧云低低處平之有餘高高處觀之不足生云節目上更生節目僧無語生云掩鼻偷香空招罪犯師云者僧也善能切磋爭奈弓折箭盡然雖如此且本生是作家宗師拈起也天迴地轉應須拱手歸降放下也草偃風行必合全身遠害還見本生爲人處也無師復拈起拄杖云太平本是將軍致不許將軍見太平

舉僧問雪峯聲聞人見性如夜見月菩薩人見性如晝見日未審和尚見性如何峯打三下其僧復問巖頭巖頭打三掌師云應病設藥且與三下若據令而行合打多少

舉太原孚上座叅雪峯至法堂上顧視雪峯便下看知事師云一千五百人作家宗師被孚老一覷便高竪降旗孚至來日入方丈云昨日觸忤和尚峯云知是般事便休師云果然僧問雲門作麼生是觸忤處門便打師云打得百千萬箇有什麼用處直須盡大地人喫棒方可扶竪雪峯且道太原孚具什麼眼

舉安國問僧得之於心伊蘭作栴檀之樹失之於旨甘露乃蒺蔾之園我要箇語具得失兩意僧竪起拳云不可喚作拳頭國云只爲喚作拳頭師云無繩自縛漢拳頭也不識

舉僧請益雲門大師玄沙三種病人話門云爾禮拜著僧禮拜起門以拄杖便挃僧退後門云爾不是患盲復喚近前來僧近前門云爾不是患聾乃云還會麼僧云不會門云爾不是患瘂僧於此有省師便喝云者盲聾瘖瘂漢若不是雲門驢年去如今有底或拈拄竪拂不管教近前又不來還會麼不應諸方還奈何得麼雪竇若不奈何爾者一隊驢漢有堪作箇什麼以拄杖一時打趂

舉僧問香嚴如何是王索仙陀婆嚴云過者邊來師云鈍置殺人僧問趙州王索仙陀婆時如何州曲躬叉手師云索塩奉馬

舉鼓山示衆云若論此事如一口劒時有僧問承和尚有言若論此事如一口劒和尚是死屍學人是死屍如何是劒山云拖出者死屍僧應諾歸衣鉢下打揲便行山至晚問首

座問話僧在否座云當時便去也山云好與二十棒師云諸方老宿總道鼓山失却一隻眼殊不知重賞之下必有勇夫然雖如此若仔細點撿來未免一時埋却

舉睦州問武陵長老了即毛端呑巨海始知大地一微塵作麽生云和尚問誰州云問長老云何不領話州云我不領話爾不領話師云墮也墮也復云者葛藤老漢好與劃斷拈拄杖云什麽處去也

舉仰山坐次大禪佛到翹一足云西天二十八祖亦如是唐土六祖亦如是和尚亦如是某甲亦如是山下禪牀打四藤條師云藤條未到打折因什麽只與四下須是箇斬釘截鐵漢始得大禪後到菴山自云集雲峯下四藤條天下大禪佛叅山云打鍾著禪便走師云者漢雖見機而變爭奈有頭無尾

舉玄沙與天龍入山見虎龍云前面是虎沙云是汝師云要與人天爲師前面端的是虎

舉南泉山下有一菴主行僧經過謂菴主云近日南泉和尚出世何不去禮拜主云非但南泉直饒千佛出興亦不能去泉聞令趙州去看州見便禮拜主不管州從西過東主亦不管州又從東過西主亦不管州云草賊大敗拽下簾子便行歸舉似南泉泉云從來疑著者漢師云大小南泉趙州被箇擔版漢勘破了也

舉僧問風穴語默涉離微如何通不犯穴云常憶江南三月裏鷓鴣啼處百華鮮曾有僧問雪竇對他道劈腹剜心又且如何復云因風吹火別是一家傷鱉恕龜必應有主

舉巖頭雪峯欽山到德山欽山問天皇也恁麽道龍潭也恁麽道未審德山作麽生道山云爾試舉天皇龍潭底看欽山擬議德山便打欽山被打歸延壽堂云是即是打我大殺巖頭云爾恁麽他後不得道見德山師云諸禪德欽山致箇問端甚是奇特爭奈龍頭蛇尾爾試舉天皇龍潭底看坐具便摵大丈夫漢將虎鬚也是本分他既不能德山令行一半令若盡行雪峯巖頭總是涅槃堂裏漢

舉僧問智門和尚如何是般若體云蚌含明月僧云如何是般若用云兔子懷胎師云非唯把定世界亦乃安貼邦家若善能叅詳便請丹霄獨步

舉烏臼有玄紹二上座到臼云二禪伯近離甚處云江西臼便打僧云久聞和尚有此機要臼云爾既不會第二箇近前來僧擬議臼亦打云同坑無異土叅堂去師云宗師眼目須至恁麽如金翅擘海直取龍呑有般漢眼目未辯東西拄杖不知顛倒只管說照用同時人境俱奪

舉僧辭大隨隨問甚處去云峨眉禮拜普賢去隨豎起拂子云文殊普賢總在者裏僧畫一圓相拋於背後隨云侍者將一貼茶與者僧雲門別云西天斬頭截臂者裏自領出去師云殺人刀活人劍具眼底辯取

舉雪峯問僧見說大德曾爲天使來是否云不敢峯云爭解與麽來僧云仰慕道德豈憚關山峯云汝猶醉在出去僧便出峯乃召大德僧迴首峯云是什麽僧亦云是什麽峯云者漆桶僧無語峯却顧謂鏡清云好箇師僧

向漆桶裏著到清云和尚豈不是據欵結案峯云也是我尋常用底忽若喚廻是什麼杖他道者漆桶又作麼生清云成何道理峯云我與麼及伊爾又道據欵結案他與麼及我又道成何道理一等是什麼時節其間有得不得清云不見道醍醐上味爲世所珍遇此之人翻成毒藥師云看他父子相投言氣相合知者謂粉骨碎身此恩難報不知者謂扶高抑下臨危悚人毒藥醍醐千載龜鑑還會麼者漆桶

舉僧問大梅如何是祖師西來意梅云西來無意僧舉到鹽官云一箇棺材兩箇死漢玄沙聞舉云鹽官是作家師云三箇也得

舉雲門問新羅僧爾是甚處人云新羅人門云將什麼過海云草賊大敗門云爲什麼在我手裏云恰是門云一任敕趯師云雲門老漢龍頭蛇尾放過者僧爲什麼在我手裏恰是劈脊便打

舉北禪問僧近離甚處云黄州禪云夏在甚處云資福禪云福將何資云兩重公案禪云爭奈在我手裏云在手裏即收取禪便打老僧不甘隨後趁出師云奇怪究有趂師之作還知者僧麼只解貪前不能顧後若在雪竇手裏棒折也未放在

舉睦州示衆云我見百丈不識好惡大衆方集以拄杖一時打下復召大衆廻首[十六]丈云是什麼有什麼共語處黄檗和尚大衆方集以拄杖一時打下復召大衆廻首檗云月似彎弓少雨多風猶較些子師云說什麼猶較直是未在若據雪竇衆集一時打下便休或有箇無孔鐵槌爲衆竭力善能撑拄可以籠罩古今乾坤把斷師驀拈拄杖云放過一著

舉玄沙見鼓山來作一圓相山云人人出者箇不得沙云情知爾向驢胎馬腹裏作活計山云和尚又作麼生玄沙云人人出者箇不得山云和尚潛麼道得某甲爲什麼不得沙云我得爾不得師云只解貪覩白浪不知失却手橈

舉南泉示衆云王老師賣身去也還有人買麼一僧出衆云某甲買泉云不作貴不作賤作麼生買僧無語卧龍代云和尚屬某甲來山云是何道理趙州云明年與和尚作領布衫師云雖然作家競買要且不解輸機且道南泉還肯麼雪竇也擬酬箇價直令南泉進且無門退亦無地不作貴不作賤[十七]作麼生買別處容和尚不得

舉茱萸把一橛竹上堂云還有虚空裏釘得橛麼時有靈虚上座出云虚空是橛茱萸便打虚云莫錯打某甲萸休去師云若要此話大行直須打了趁出

舉夾山與定山同行言話次定山云生死中無佛則無生死夾山云生死中有佛則不迷生死互相不肯同上大梅相見了具說前事夾山問未審那箇親那箇疎梅云一親一疎山又問那箇親梅云且去明日來夾山至來日又問未審那箇親梅云親者不問問者不親夾山住後云我當時在大梅失却一隻眼師云夾山畢竟不知換得一隻眼大梅老漢當時聞舉若以棒一時打出宣止劃斷兩人葛藤亦乃爲天下宗匠

舉僧問保福雪峯平生有何言句得似羚羊挂角時福云我不可作雪峯弟子不得師云一千五百箇布衲保福較些些子

舉僧問長慶羚羊未挂角時如何慶云草裏漢云挂角後如何慶云亂叫喚云畢竟如何慶云驢事未了馬事到來師云寧可碎身若微塵終不瞎箇衆生眼長慶較些些子復云一般漢設使羚羊未挂角也似萬里望鄉關

舉僧問巴陵祖意教意同別陵云雞寒上樹鴨寒下水僧問睦州祖意教意同別州云青山自青山白雲自白雲師云問既一般答亦相似其中有利他自利瞞人自瞞若點撿分明管取解空第一

舉趙州示衆云今夜答話去有解問者出來時有僧出州云比來拋塼引玉引得箇墼子法眼和尚遂乃舉問覺鐵觜先師意作麽生覺云如國家拜將乃問甚人去得時有人出云某甲去得云爾去不得法眼云我會也師云靈利漢聞舉便知落處然雖如此放過覺鐵觜夫宗師語不虛發出來必是作家因什麽拋塼引墼諸禪德要識趙州麽從前汗馬無人見只要重論蓋代功

舉耽源辭國師歸省覲馬祖於地上作一圓相展坐具禮拜祖云子欲作佛去源云某甲不解捏目祖云吾不如汝師云然猛虎不食其子爭奈來言不豐諸人要識耽源麽只是箇藏身露影漢

舉溈山問仰山甚處來云田中來溈云田中多少人山插下鍬子叉手而立溈云南山大有人刈茆山拈得鍬子便行玄沙云我當時若見與踏倒鍬子鏡清云不奈船何打破戽斗僧問明招古人意在插鍬處叉手處招喚某甲僧應諾招云還曾夢見仰山麽師云諸方老宿咸謂插鍬話奇特也大似隨邪逐惡若據雪竇見處仰山被溈山一問直得草繩自縛去死十分

舉玄沙問僧近離甚處云瑞巖沙云瑞巖有何言句僧云長喚主人翁自云諾醒醒著他後莫受人瞞沙云一等是弄精魂甚奇怪却云何不且在彼中僧云瑞巖遷化也沙云如今還喚得應麽無對師云蒼天蒼天

舉雪峯問僧近離甚處云覆船峯云生死海未渡爲什麽覆船師代云久嚮雪峯待老老漢擬議拂袖便行其僧當時無語歸舉似覆船船云何不道渠無生死僧再至雪峯舉此語峯云此不是爾語云是覆船恁麽道峯云我有二十棒寄與覆船二十棒老僧自喫不干闍黎事師云能區能別能殺能活若也辯得天下橫行

舉德山圓明示衆云但有問答只豎一指頭寒則普天普地寒師云什麽處見俱胝老熱則普天普地熱師云莫錯認定盤星森羅萬像徹下孤危大地山河通上嶮絕甚麽處得一指頭禪

舉僧問南院從上諸聖什麽處去院云不上天堂即入地獄云和尚作麽生院云還知寶應老落處麽僧擬議院以拂子驀口打復喚僧近前云令合是爾行又打一拂子師云令既自行且拂子不知來處雪竇道箇瞎且要雪上加霜

舉保福問長慶盤山道光境俱忘復是何物洞山道光境未忘復是何物據二老宿總未得勦絶作麽生道得勦絶去慶良久福云情知向鬼窟裏作活計慶云爾作麽生福云兩手扶犁水過膝師云俱忘未忘總由我保福因什麽道未得勦絶酌然能有幾箇諸人又作麽生道免得長慶在鬼窟裏師云抑絮隨風自西自東

舉大梅聞鼯鼠聲謂衆云即此物非他物汝善護持吾當逝矣師云者漢生前莽鹵死後顢頇即此物非他物是何物還有分付處也無有般漢不解截斷大梅脚跟只管道會程太速

舉雪峯示衆云望州亭與爾相見了也烏石嶺與爾相見了也僧堂前與爾相見了也保福問鵝湖僧堂前且致望州亭烏石嶺什麽處相見鵝湖驟步歸方丈保福便入僧堂師云二老宿是即是只知雪峯放行不見雪峯把定忽有箇衲僧出問未審雪竇作麽生豈不是別機宜識休咎底漢還有望州亭烏石嶺相見底衲僧麽良久云擔版禪和如麻似粟

舉趙州問大慈般若以何爲體慈云般若以何爲體州呵呵大笑至來日州掃地次大慈却問般若以何爲體州放下掃箒呵呵大笑師云前來也笑後來也笑笑中有刀大慈還識麽直饒識得也未免喪身失命

舉德山一日飯遲自掌鉢至法堂上雪峯見云者老漢鍾未鳴鼓未響托鉢向什麽處去德山便回峯舉似巖頭頭云大小德山不會末後句山聞舉令侍者喚巖頭至方丈問爾不肯老僧那巖頭密啓其意山至來日上堂與尋常不同巖頭到僧堂前撫掌大笑云且喜得老漢會末後句他後天下人不奈何雖然如此只得三年明招代德山云咄咄沒處去沒處去師云曾聞說箇獨眼龍元來只有一隻眼殊不知德山是箇無齒大蟲若不是巖頭識破爭得明日與昨日不同諸人要會末後句麽只許老胡知不許老胡會

舉雪峯一日見獼猴乃云者獼猴各各背一面古鏡三聖便問歷劫無名何以彰爲古鏡峯云瑕生也聖云一千五百人善知識話頭也不識峯云老僧住持事煩師云好與二十棒者棒放過也好免見將錯就錯

舉僧問國師如何是本身盧舍那云與老僧過淨瓶來僧將到淨瓶云却安舊處著僧復問如何是本身盧舍那云古佛過去久矣雲門大師道無眹跡師云直得一手指天一手指地爭得無還會麽雲在嶺頭閑不徹水流澗下太忙生

舉僧問洞山時時勤拂拭莫遣惹塵埃爲什麽不得他衣鉢山云直饒道本來無一物也未合得他衣鉢且道什麽人合得僧下九十六轉語皆不相契末後云設使將來他亦不要洞山深肯師云他既不受是眼將來底必應是瞎還見祖師衣鉢麽若於此入門便乃兩手分付非但大庾嶺頭一箇提不起設使闔國人來且欵欵將去

舉僧問投子依稀似半月髣髴象若三星乾坤收不得師於何處明子云道什麽云想師只

有湛水之波且無滔天之浪子云閑言語師云投子古佛不可道不知若點撿來直是天地懸隔纔問便和聲打

舉洛浦久爲臨濟侍者到夾山問自遠趨風乞師一接山云目前無闍梨此間無老僧浦便喝山云住住闍梨莫草草怱怱雲月是同溪山各異截斷天下人舌頭即不無爭教無舌人解語浦無對山便打師云者漢可悲可痛鈍致他臨濟他既雲月是同我亦溪山各異説什麽無舌人不解語坐具劈口便摵夾山若是箇知方漢必然明窻下安排

舉三聖問雪峯透網金鱗以何爲食峯云待汝出網來向汝道聖云一千五百人善知識話頭也不識峯云老僧住持事煩師云可惜放過好與二十棒者棒一棒也饒不得直是罕遇作家

舉伏牛爲馬祖馳書到國師處國師問馬祖有何言句示人牛云即心是佛國師云是什麽語話良久再問更有什麽言句牛云不是心不是佛不是物國師云猶較些子師代當時便喝牛却問和尚此間如何國師云三點如流水曲似刈禾鐮師云是什麽語話也好與一摑見之不取千載難忘

舉玄沙問鏡清我不見一法爲大過患爾道不見什麽法清指露柱云莫是不見者箇法麽沙云浙中清水白米從爾喫佛法則未在師云大小鏡清被玄沙熱瞞我當時若見但只向道靈山授記也未到如此

舉先報慈問僧近離甚處云卧龍慈云在彼多少時云經冬過夏慈云龍門無宿客爲什麽在彼許多時云師子窟中無異獸慈云爾試作師子吼看云若作師子吼即無和尚慈云念汝新到且放三十棒師云奇怪諸禪德若平展則兩不相傷據令則彼此俱嶮還點撿得麽

舉船子云千尺絲綸直下垂一波纔動萬波隨夜靜水寒魚不食滿船空載月明歸師云者漢勞而無功忽若雲門道一句合頭語萬劫繫驢橛又作麽生免此過良久云莫謂水寒魚不食如今釣得滿船歸

舉投子問巨榮禪客老僧未曾有一言半句挂諸方耳目何用要見山僧僧云到者裏不施三拜要且不甘子云出家兒得恁麽沒碑記僧繞禪牀一帀而出子云有眼無耳朶六月火邊坐師云也不得放過纔轉便與擒住便喝是誰不甘若跳得出不妨是一員衲僧

舉祖師道六塵不惡還同正覺拄杖子是塵有甚麽過過既無應合辦主所以道糞掃堆上現丈六金身且拈在一邊赤肉團上壁立千仞又放過一著直饒八面四方正好連架打

舉古云眼裏著沙不得耳裏著水不得忽若有箇漢信得及把得住不受人瞞祖佛言教是什麽熱椀鳴聲便請高挂鉢囊拗折拄杖管取一員無事道人又云眼裏著得須彌山耳裏著得大海水一般漢受人商量祖佛言教如龍得水似虎靠山却須挑起鉢囊横擔拄杖亦是一員無事道人復云恁麽也不得不恁麽也不得然後沒交涉三員無事道人中要選一人爲師

明覺禪師語録卷第三

明覺禪師語録卷第三

校勘記

一　底本，明永樂北藏本。

一　八七六頁上二行「条學小師允誠等編」，南作「僧録司右闡教兼靈谷禪寺住持淨戒重校」。

一　八七六頁中一〇行第一六字「理」，清作「貍」。

一　八七七頁上四行「臨濟」，南作「林際」。下同。

一　八七七頁上六行第一〇字「濟」，南作「際」。

一　八七七頁上末行「樹云」，南無。

一　八七七頁中五行「起浪」，南、徑作「浪起」。

一　八七八頁上五行第一一字「爲」，南無。

一　八七九頁上末行第八字「被」，清作「彼」。

一　八七九頁中三行第二字「著」，清作「着」。

一　八七九頁中一九行第一二字「濟」，南作「際」。下至本頁下五行首字同。

一　八八〇頁下五行第一六字「門」，南作「雲門」。

一　八八一頁下八行第六字「金」，徑作「令」。

一　八八二頁下一行第一五字「專」，清作「某」。

一　八八三頁上一二行「點檢」，徑作「檢點」。

一　八八三頁上一九行「靈利」，南作「剑利」。

一　八八三頁下三行第一五字「待」，徑作「侍」。

一　八八五頁上一〇行「劈口」，清作「劈扣」。又末字「夾」，清作「來」。

明覺禪師瀑泉集卷第四　　綺六

參學小師圓應編

師自兩處道場多應機語句門人集之雖三巳行於世斯所紀者乃垂帶自答及古今因緣朝暮提唱辭意曠崄而學黨未喻復致之請益師蓋不獲巳隨所疑問以此以彼乍放乍收或抑或揚或代或別近百五十則實一時之能事也況圓應忝預參承寧忘捃拾然多聞未益誠有愧於宗師必記諸善言諒無識於弟子可命曰瀑泉集意以飛流無盡爲義凡知我者幸同味焉時天聖八年八月十五日圓應序

上堂汝等諸人盡是久經陣敵慣戰作家倚天長劒即不問你作麽生是袖裏藏鋒代云寡不敵衆又云彼此

上堂寡不敵衆什麽人分上事代云總由和尚又云彼此又云龍蛇易辯衲子難瞞許你眼正頂後一相拈得也無代云收

有時云收之一字飲氣吞聲作麽生辯代云衲子難瞞

或云傾湫倒嶽尋常之用不涉泥水道將一句來代云三千里外

示衆云三千里外還且如何代云過或云佛未出世時一人人鼻孔遼天出世後爲什麽杳無消息代云賊不打貧兒家問僧云賊不打貧兒家因什麽却打代云須到如此

或云祖師不到處時人知有時人不知處過在祖師作麽生辯代云不得春風華不開

上堂云不得春風華不開箇箇道我會會即且致作麽生舉代云時人相師又云空劫巳前徒指註空劫之後錯商量正當空劫什麽人爲主代云本是將軍致太平

有時云太平本是將軍致莫錯認定盤星我爲拈了也還會麽代云掩面出去

或云交鋒兩刃要定生死彼此無傷功勲不立作麽生是將軍正令代云到即不點

或云到即不點還甘也無代云赤心片片

有時云釋迦老子出氣不得甚麽處誵訛代云塡溝塞壑又代云退身三步問云塡溝塞壑負恩者多甚處見老底代云香積世界

或云五千四十八卷止啼之說如今啼止也還我黃葉來代云事不孤起

有時云事不孤起你也分一半代云哪又云合到某甲又云單傳心印過犯彌天甚人委悉代云須見如此

上堂須見如此著甚來由代云也是

或云善來文殊還知敗闕麽代云一箭兩垜

或云一箭兩垜爲什麽却敗闕代云善來文殊

或云乾坤崩陷且致再見天日道將一句來代云悔不愼當初

有時云悔不愼當初便下座却問僧他後作麽生舉代云好事不如無

有時云雄兵百萬且定邊疆劒客三千若爲驅使代云不許夜行投明須到

示衆云不許夜行投明須到何似生代云孟嘗門下或云一筆勾下不甘底出來代云只宜拄杖子

上堂云只宜拄杖子勾下屬何人代云傍觀者

或云威音王已前無師自悟是第二句還我
第一句來代云掃土而盡問僧掃土而盡你
還知麼代云因誰致得
有時云三世諸佛說夢六代祖師說夢翠峯
今日說夢還有夢見底麼代云掀倒禪牀
或云掀倒禪牀蓋是本分過在什麼處代云
惱亂春風卒未休
或云奔流度刃也是尋常啐啄同時略請相
見代云什麼處去也
上堂云什麼處去也代云日月易流又云針
眼裏藏身即不問你作麼生是遊戲十方代
云踞虎頭收虎尾
一日云踞虎頭收虎尾諸方未曾見代云也
是
或云上來則擾擾端坐則昏昏脫灑一句作
麼生道代云春無三日晴
示衆云春無三日晴去住還堪笑且問諸衲
僧曬却何時了代云某甲只管看
或云有佛法處不得住無佛法處急走過趙
州爲什麼摘楊華代云更事多矣問僧更事
多矣亦要商量代云莫教屈著
有時云明眼衲僧入門便話墮三十年後誰
是知音代云拂袖便出
有時云拂袖便出也好與三十棒代云賊過
後張弓
或云七縱八橫拈却把定乾坤眼爲什麼却
有沙代云黄連未是苦
或云黄連未是苦黄蘗好爲隣復問還辯得
這時節麼僧云不會自代云抑已而已
或云繞天下行脚到處豈無尊宿相爲還有
盡力道得底句麼代云口只堪喫飯
上堂云口只堪喫飯雲門大師拈了也你來
者裏聽什麼梲鳴聲以拄杖一時打下代僧
當時但近前把住拄杖云和尚今日困又云
闍梨子即不問上座作麼生是牛頭横說豎
說代云著甚來由
一日云著甚來由便下座代云能有幾箇
有時拈起拄杖云天不能蓋地不能載復以
拄杖畫一畫云百千諸佛諸代祖師盡向翠
峯乞命代云官不容針
或云舉一明三爲甚不著便代云作賊人心
虚又云文殊起佛見法見貶向二鐵圍山衲
僧起佛見法見列在三條椽下翠峯起佛見
法見誰敢覷著代云秤尺在手
或云洞庭湖水一吸淨盡魚鼈向甚處藏身
代云咦又云喝下承當崖州萬里棒頭薦得
別有條章作麼生是衲僧本分代云惡
或云虚空爲鼓須彌爲槌王老師不打還肯
得諸方也無代云千年田八百主
有時云髑髏常千世界鼻孔摩觸家風拈却
別致一問來代云祖師遺下又云你若龜頭
鼈頭向後道親見翠峯好代云何必
上堂天不能蓋地不能載衲僧坐斷如恒河
沙闍市裏指出一箇來代云便摑傍僧
或云生門易過死門難入逆順無拘底爲什
麼不垂手代云收得安南又憂塞北
或云荒田不揀草變爲金信手拈來金變爲
草古聖日用不知且致你爲什麼臨機道得
代云如蟲禦木
上堂云如來惟一說無二說穿却衲僧鼻孔

換却衲僧眼睛即得若教我明破恐帶累你不是好人代云欲見其師先觀弟子

或云諸佛有難炭庫裏衆生有難火𤇆裏你衲僧不得動著代云魯般繩墨

或云火待日熱風待月涼北斗南星句不要你道留與後人聚剩代云一言已出駟馬難追

上堂云色不異空空不異色團頭甚要古人道了也因什麼知而故犯代云爭奈轉多問僧我道轉多你作麼生僧云某甲不會師云惱亂春風卒未休

或云本分事道我知有將錯就錯甚人承當代云不惜眉毛者

或云年來一度春也畢竟事作麼生代云藏身露影

或云至道無難惟嫌揀擇德山不在付與黃檗代云洗脚上船復問僧云我恁麼道正是時人窠窟趙州直得五年分疎不下你何不救取僧無語師云雪峯道底

上堂云開門待知識知識不來過直得出門相接爲什麼土曠人稀代云和尚年老

或云放憨道著藥忌即不管你死中得活致將一問來代云略無些子

上堂云遠則照近則明你會也笠子拄杖拈放一邊入水見長人作麼生辯代云平出

或云因一事長一智針筒藥袋不得失却如履輕氷道將一句來代云以己妨人又云會則事同一家且放你過不會則東西南北付與驢年代云一日便頭白

或云今日也恁麼明日也恁麼第三第四不問你後五日事作麼生若道只恁麼代云若哉佛陀耶

有時云什麼劫中無祖佛你不著便猶可代云解笑底亦少或云朝堂門下難舉令雲門道底不要代云但咳嗽一聲

一日云謀臣猛將用不著到即不點是什麼人代云不犯之令

上堂云若道得隔身句知你是箇了事人忽若總道不得我也知你親代云猛虎不食其子

一日云千兵易得一將難求上將來也三軍在什麼處代云退後退後

或云閫内者不出閫外者不入將相雙行句作麼生道代云弔民伐罪

因普請問僧甚處來云摘茶來師云茶園裏有玄沙見底還見麼代但指露柱云和尚問又問僧甚處來云摘茶來師云人摘茶茶摘人不問你無底籃子重多少代云慣得其便又問僧甚處來云摘茶來云茶叢列作鼻孔茶葉是你眼睛作麼生摘代云今日不著便

一日云佛法不用學觸目皆成滯百城既未遊樓閣門長閑勸君廻首看請下一轉語自云莫辜負人好

一日問僧南泉斬猫兒你作麼生會云有什麼難師云作麼生無語代云一刀兩段

一日遊園次問僧苦瓠連根苦甜瓜徹蔕甜明得箇什麼邊事僧無對代云平出

一日請益退侍者問訊云和尚不易師云有什麼不易無對師代云法堂上寸草不生僧便禮拜師云若不是我

師一日問僧諸方道不得底句你作麼生道僧云天平地平云𧬙麼則王老師不如你僧無語師云只道得一半

師一日見僧來師云是什麼物與麼來僧云口痛秖對和尚不得師云鼻孔吥僧無語師云黃連未是苦

師一日見二僧來拈起拄杖云與你二人分取僧云只恐和尚不平第一僧云那上座先到雪竇師云有功者賞

師一日見二化主城中歸問云你𨒂箇什麼入城教化衆生僧云雖有好心且無好報第二僧云禍不入愼家之門師云近火先燋

師一日晚叅問僧是什麼時候也僧應諾師便喝僧云和尚何不領話師云日勢稍晚

師一日見僧來拈起拄杖云我兩手分付你作麼生僧退身云不敢師云爲什麼捧上不成龍僧云三十年後恐辜負和尚師放下拄杖云吽吽

師一日問僧你見雪竇後録未僧云見了師云向甚處見我僧云也知和尚是川中人師將拄杖打一下云夢見

師一日見僧出歸師云鬧市裏還見天子麼僧無語師代云非但又云苦哉佛陀耶

一日十數僧侍立次師云佛法無人說雖慧不能了復問僧還有無師自悟底麼衆無語師云負命者上鉤

師因在莊數僧侍立次師問云維摩老云步步是道場這裏何似山裏衆下語師皆不諾師代云只恐和尚不肯

師一日問僧你作箇什麼來僧云合靈寶丹來師云靈即不問作麼生是寶僧云不敢秖對和尚師不肯自代云洎與和尚答話

師一日問僧你浴未僧云某甲此生不浴師云你不浴圖箇什麼僧云今日被和尚勘破師云賊不打貧兒家

師一日同僧遊山次到開山和尚塔頭僧云見說開山便是黃巢師云黃巢是草頭天子爲什麼却作住山人僧云忌辰也好與他設粥師不肯自代云賞不避仇讎

師一日同三五僧看種田師云靈苗無根作麼生種僧云明年更有新條在師云你問我我與你道僧便問師云分付田舍奴

師一日出城見下院山主師云既是山主爲什麼却在城中山主無語師自云負命者上鉤來

師一日與數僧遊山次見牯牛舉頭師問牯牛舉頭作什麼僧云怕和尚穿却師不肯自云看入草底

師一日燒亡僧師問僧還將得火來麼僧云將得來師云弄假像眞

師一日問僧甚處來僧云浴來師云三身中那一身浴僧云或鼓聲前或鼓聲後師云飽叢林

師一日問僧你尋常爲什麼不上來僧云長上來只是門閉師云爲什麼不入來僧云來也師云賊過後張弓

師一日爲首座寫眞師云既是首座爲什麼却有兩箇首座云爭之不足師云你問我我與你道首座擬問師云雪竇門下

宋太宗皇帝因事六問當時無人奏對因入

寺見僧看經問云看什麼經對云仁王經帝云既是寡人經爲甚在卿手裏師代云皇天無親唯德是輔

因入塔院問僧卿是甚人僧云塔主帝云此是寡人塔爲什麼卿作主代云盡國咸知

因僧燒却藏經朝見告乞宣問昔日摩騰不燒如今爲什麼燒却代云陛下不忘付囑

因帝夜夢神人報云請陛下發菩提心帝至曉宣問左右街菩提心作麼生發代云實謂今古罕聞

因僧朝見帝問甚處來云卧雲來帝曰朕聞卧雲深處不朝天爲什麼却到這裏代云難逃至化

因僧朝見帝賜坐僧云陛下還記得麼帝云甚處相見來僧云靈山一別直至如今帝曰以何爲驗僧無對代云貧道得得而來

唐憲宗迎舍利現五色光百辟俱賀惟韓愈端立帝問百僚皆賀卿爲甚不賀愈曰臣曾看經來佛光非青黃赤白等相此是神龍衛助之光帝云作麼生是佛光代云陛下高垂天鑑

裴相公捧一尊佛像於黃檗前䠒云請師安名檗云裴休師代相公當時便喝

廣南劉王請雲門入內於含春殿坐次帝令鞠常侍宣問靈樹果子熟也未門云甚年中得信道生師代進語云猶帶酸澀在又代雲門云聖意難測又云諾諾復宣問如何是禪云皇帝有敕臣僧對代進語云錯又代雲門云念以臣僧年邁

龍光問僧名什麼云自覯光云自覯見什麼代云有悞龍光

悟空禪師問座主講什麼經云法華經空云有說法華經處我現寶塔當爲證明座主讃請甚人證明代云私通車馬

投子示衆云汝等諸人盡道我實頭若出門三步有人問你作麼生是投子實頭處作麼道代云疑殺天下人

有老宿見官人手中執笏乃問在官人手中爲笏在天子手中爲珪在老僧手中喚作什麼代云弄巧成拙

四祖到牛頭後庵見虎便作怕勢牛頭云和尚猶有這箇在祖云適來見什麼代云但亦作怕勢又代云泊合放過

僧問惠濟古人道得坐披衣向後自看如何是得坐披衣濟云暢我平生代云諾諾

問投子定慧等學明見佛性此理如何投子云打水用桶舀粥用杓代云爭得不問

玄沙見孚上座便云新到相看孚云已相見了也沙云什麼劫中曾相見來孚云莫瞌睡別云這賊敗也

玄沙與地藏在方丈說話夜深沙云侍者關隔子門汝作麼生出得地藏云喚什麼作門別云珍重便行

崇壽問僧泉眼不通被沙礙道眼不通被甚麼礙僧云眼礙別云强將下無弱兵

保福在疾問僧我與你相識年深有何名方妙藥相救僧云甚有聞說和尚不解忌口別云只恐難爲和尚

有西天聲鳴三藏到王大王處王令玄沙驗過玄沙以銅火筯擊鐵火爐問三藏云是什

麼聲云銅鐵聲沙云大王莫受外國人瞞師
別云大王宜加信敬又別三藏云莫瞞外國
人
國師問座主講什麼經云金剛經國師云最
初是什麼字座主云如是國師云是什麼別
云以拄杖便打
陸郎中問仰山如何是不斷煩惱而入涅槃
仰山豎拂子郎中便拜異時仰山却問郎中
曾問不斷煩惱而入涅槃老僧豎拂子郎中
作麼生會陸云據某甲見處入之一字也不
用得仰山云入之一字不爲郎中師云作麼
生會云別陸云拂子到某甲手裏也又別仰
山後語云我將謂你是箇俗漢
陸大夫問南泉大悲菩薩甚處得許多手眼
來泉云如國家用大夫作什麼別云不及大
夫所問
僧問雲門十方薄伽梵一路涅槃門如何是
一路涅槃門門云我道不得云和尚爲什麼
道不得云你舉話即得別云淺水無魚徒勞
下釣

吳尚書訪睦州至門首便問三門俱開弟子
從何門而入睦召尚書尚書應諾睦云從信
門而入別云客是主人相師
南泉遷化陸亘大夫到院主云大夫何不哭
大夫云道得即哭長慶代云合笑不合哭別
云蒼天蒼天
雲巖遷化時道吾問離却殼漏子了後向何
處再得相見巖云向不生不滅處相見別云
喚侍者與我記取這一問
僧問法燈百骸俱潰散一物鎮長靈未審百
骸一物相去多少燈云百骸一物一物百骸
別云吾不如汝
僧問歸宗如何是佛宗云我向你道還信麼
云和尚言重爭得不信宗云只汝便是別云
侍者寮裏喫茶去
麻谷持錫到國師處振錫而立國師云汝既
如是何用見吾谷又振錫一下別云洎不到
此
妙濟於僧前書一字問云是什麼僧云不識
濟云滿口道著別云老僧罪過

僧問曹山清稅孤貧請師拯濟山云稅闍梨
應諾山云清源白家酒三盞猶道未霑唇別
云稅闍梨應諾是什麼心行
僧問玄覺先師舉不及處請和尚舉覺云聽
者須是奇人別云大衆看者一員禪客
石頭問讓大師不慕諸聖不重己靈時如何
讓云子問太高生何不向下問將來別云三
十棒教誰喫
僧問玄沙盡十方世界是一顆明珠學人爲
什麼不會沙云用會作麼別云諸方即得我
這裏不得
玄沙問南際云此事惟我能知長老作麼生
會際云須知有不求如者別云雪峯門下幾
箇如斯
法眼問百法座主云百法是體用雙陳明門
是能所兼舉座主是能法座是所作麼生說
箇兼舉有老宿代云和尚喚什麼作法座別
云和尚分半院與某甲始得
睦州問座主講什麼經云涅槃經州云問大
德一段義得麼云問什麼義州以脚趯空吹

一吹云箇是什麼義云經中無此義州云胎空護語漢此是五百力士揭石義麼老宿代云和尚瞞某甲瞞大衆別云和尚慣得其便

雲門示衆云世尊生下一手指天一手指地周行七步目顧四方云天上天下唯我獨尊我當時若見一棒打殺與狗喫貴得天下太平法眼云雲門氣勢甚大要且無佛法道理老宿代云將謂無人證明別云鉤在不疑之地

巖頭雪峯欽山三人坐次洞山點茶來欽山閉眼洞云什麼處去來欽山云入定來洞云定本無門從何而入老宿代云大有人恁麼會別云當時但指巖頭雪峯云與者兩箇瞌睡漢茶喫

雲門問僧近離甚處云新羅門云將甚麼過海云草賊大敗門云你爲什麼在我手裏僧云恰是別云嚧嚧

雲門到洞巖得數日上參恰見巖下來巖問什麼處去云親近去巖云亂走作什麼云暫時不在巖云什麼處去來別云好與三十棒

東平問官人風作何色無對却問僧僧提起衲衣云者箇在府下鋪平云用多少帛子別云蝦跳不出斗

雲門問曹山密密爲什麼不知有山云只爲密密所以不知有別云達磨來也

雪峯在國清拈起鉢盂問座主道得與你鉢盂主云此是化佛邊事別云只恐鈍置和尚峯當時云你作座主奴也未得主云某甲不會峯云你問我我與你道座主方禮拜峯便踏倒後座主舉似雲門云某甲得七年方見門云你得七年方見云是別云草賊敗也

道吾見雲巖掃地問云太驅驅生巖云須知有不驅驅者吾云恁麼有第二月也別云洎合放過

清峯辭雪峯問甚處去清峯云識得者漢即知去處雪云你是了事人亂走作什麼別云西天斬頭截臂清峯當時云和尚莫塗汙人好雪云我即塗汙你你適古人吹布毛作麼生清峯云殘羹餿飯已有人喫了也雪峯休去師出雪峯語云一死更不再活

韶山勘僧云莫便是多口白頭因云不敢韶云多少口云徧身是韶云大小二事向甚處出云韶山口裏別云從來疑著韶山

保福到庵主處茶話次庵主云有僧問某甲如何是祖師西來意某竪起拂子不知得不得福云某爭敢道得不得有箇問有人讚歎此事如虎帶角有人輕毀此事分毫不直一等是恁麼事爲什麼讚毀不同庵主云適來出自偶爾有老宿云毀又爭得又老宿云惜取眉毛師都別云若非和尚證明拂子一生無用

石頭大師叅同契

予嘗覽斯作頗見開士皆摛辭肇極成賛厥道因亦隨興以擬之匪求蝕木於文也噫先覺洪規可洞照遐古豈復情謂逾越於其間哉蓋往往學者抑問勉意不獲而已其或金沙混流淘之汰之固必存彼匠手明矣

竺土大仙心誰是能舉東西密相付惜取眉毛人根有利鈍作麼生道無南北祖且欵欵靈源明皎潔撫掌呵呵枝派闇流注亦未相許執事元是迷展開兩手契理

亦非悟(枯抑了也)門門一切境(捨短從長)回互不回互
(以頭換尾)回而更相涉(這箇是拄杖子)不爾依位住(莫錯認定)
(盤星)色本殊質像(豈弁開眸)聲元異樂苦(還同掩耳)闇合
上中言(心不須人)明明清濁句(口宜掛壁)四大性自復
(隨所依)如子得其母(可知也)火熱風動搖(春水自消)水
濕地堅固(從旦至暮)眼色耳音聲(海晏河清)鼻香舌鹹
醋(可憑可據)然於一一法(重報君)依根葉分布(好明取)
本末須歸宗(惟我能知)尊卑用其語(不犯之令)當明中
有闇(闇必可明)勿以闇相遇(明還非觀)當闇中有明(見一)
三勿以明相覩(無異說)明闇各相對(若為分)比如
前後步(不如此)萬物自有功(旨爾穿止)當言用及處
(縱橫十字)事存函蓋合(子細看)理應箭鋒拄(莫教錯)承
言須會宗(未兆非明)勿自立規矩(突出難弁)觸目不會
道(又何妨)運足焉知路(也不惡)進步非近遠(唱彌高)
迷隔山河爾(和彌塞)謹白參玄人(聞必同歸)光陰莫

綺六　十八

虛度(誠哉是言也)

眞讚

禪定大師

虛凝不器有象殊域伊何郢流卓爾原極鷲
峯崔嵬蟾輪乍回列剎望重勞生眼開開也

誰覩迅振高古或葉或華自三自五天子褒
稱兮禪定師而今而後兮香風吹

集賢殿學士曾侯

天石麟豈輕獻日角月角藏億萬當年文陣
獲全功不奪龍頭幾人怨

若氷大師

氷之有光非珠澄徹山之有光非玉凝潔若
氷大師殊彼清絶殊兮必羣絶兮可覩一字
根極三千頂住乍曰義龍或稱律虎相對風
規分不分金田獨步君看取

清照大師

江海秋碧鼇峯晝寒巧出匠手依依對看寶
凡作凭華巾非結以餘續餘話月指月古兮
今兮請試甄別

恭首座

綺六

道離微兮誰與隣貌古澹兮飛清塵巖檜蒼 十九
蒼經幾春乳竇堂中第一人

禪徒寫予幻質復請爲讚辭曰

祖佛怨兮非其師叢林害兮誰相資氷枯雪
殘深索索水冷雲澹空纍纍寶聖錯僧繇知
人間天上爭容伊

周生强圖夢身予亦不能伏筆
上下三指彼此七馬枯華未曾微笑何也石
謂玉兮器必分水凌虛兮月非下不知誰是
傍觀者

咄者枯拚遠生瓜葛來自三川欺乎兩浙指
鹿爲馬將日作月羅兮彌天焉可分說

廣慧禪師

寥寥雄機落落虛宇本之不兆傳之奚取取
既有規規還倫古凝明孤寬垂應萬端海蚌
光絶天珠影殘南來北來玄眸可覩

安巖山照禪師(并序)

愚昔遊漢水抵廬嶽率訪叢窾龔禪家流皆
象馬蹴踏至於心口憤悱品藻當代誠難其
師然非厚誣方來且指掌輪握何取豈斯歟
陪老作覩繪眞相古之今之歎恨亡矣高深
莫究其極明晦靡盡其際故時欽依乃勉扶
稱詠庶文外之士道存而同歸者也

覺雄慧燈記歆光滅光聯不已龍昌遠絶善
續者誰梅峯之師化偃二浙聲流四維大名

無當高議太白韜晦殊運虛明曠索歸休安巖寒籠翠杉我笑方外華非類嘲郢工筆狂梵儀頌舉肩雲頂絲秋蟾夜渚靜應南軒兮相對時空生未解兮聞斯語開眸凝瞻迅雷不及掩耳

綪六　二十

明覺禪師瀑泉集卷第四

明覺禪師瀑泉集卷第四

校勘記

一　底本，明永樂北藏本。

一　八八七頁上一行書名，南作「明覺禪師語録卷第四」。卷末書名同。

一　八八七頁上二行「參學小師圓應編」，南作「僧録司右闡教兼靈谷禪寺住持淨戒重校」。

一　八八七頁上三行首字至一二行末字「師……序」，南無。

一　八八七頁中四行第五字「一」，清無。又第一〇字「遼」，清作「撩」。

一　八八七頁中一〇行第二字「致」，南作「止」。

一　八八七頁下一六行末字至次行首字「孟常」，清作「孟嘗」。

一　八八八頁下一三行第一六字「恒」，南無。

一　八八九頁中八行「放你過」，南作「放過你」。

一　八八九頁下一七行第八字「僧」，南無。

一　八九〇頁中三行末字「耶」，徑無。

一　八九〇頁中四行「待立」，南、清作「侍立」。

一　八九〇頁下一一行末字「中」，南無。

一　八九〇頁下末行首字「宋」，南作「巨宋」。

一　八九〇頁上一行末字至次行首字「帝云」，南無。

一　八九一頁下一一行「與地藏在方丈」，南作「在方丈與地藏」。

一　八九二頁中五行末字至六行首字「別云」，南無。

一　八九三頁中一二行「軀軀」，清作「區區」。一三行同。

一　八九四頁上五行「火熱」，徑作「火日」。

一　八九四頁上一九行「郢流」，徑作「逞流」。

一　八九四頁下五行末字「者」下，南有「又」字。

一　八九四頁下一八行第三字「庶」，南作「覩」。

明覺禪師祖英集卷第五　綺七

叅學小師文政編

師之形言也且興乎陽春白雪碧雲清風者也夫大圭不琢貴乎夫眞至言不文尚於理實乃世之衡鑑豈智識而擬議哉師自庚止翠峯雪竇或先德言句淵密師因而頌之或感興懷别貽贈之作固亦多矣其有好道者並録而囊之一日總緝成二百二十首乃寫呈師師曰余偶興而作寧存乎本不許行焉禪者應曰乃祖閑千載之芳烈也勿輕舍諸師察其懇志勉弗獲已抑而從之文政幸侍座机輙述序引用識歲時炎宋天聖十年孟陬月文政謹序

偈頌

送寶相長老并序

大師歎禪德將赴丹立辟命光闡宗乘蓋時應必行固不可抑留者也且撫會之作聳矚絶之道雖一凝一流一彼一此又何間然率織蕪辭以代贐别

奥域靈區存物外獨標台嶺爲絶槩掩勝潛奇列作屏堆青寫碧深如黛彤霞暖影生巖壁香桂茂陰龍鮮石赤松子也浪虛閑白道猷兮大輕擲曹溪有叟歸其中風從虎兮雲從龍乘興正值二三月坐斷還依千萬峯華飛飛日遲遲清飇颰颰吹無時玲瓏八面自回合峭峻一方誰敢窺窺來須得乾坤眼照古騰今謂非閑若能此去副全提開發人天有何限

送法海長老

常愛裴相國式芳塵斷際高風慕要倫擬欲事師爲弟子不知將法付何人常愛李相國垂列星蘂嶠深源宅性靈我來問道無餘說雲在青天水在瓶緬想當時二台輔出鎮藩維訪諸祖寥寥浮幻輕百年落落宏規照千古今聞仙都賢太守入政褰帷聲浩浩英佐一一分化條文經武緯亦難討遠遠戢函飛乳峯選開士兮恢吾宗覿夜光非震滄海聆正音豈玩焦桐徒誇麟龍自西自東應排閫象得象必須覺雄讓雄今既塞請還也奇别茫茫普熱紛紛下雪倒流四河截發枯林巻舒立方外乾坤縱横掛域中日月黃頭碧眼知未知去去憑誰繼清絶

送文政禪者

古有焦桐音聽寡不在彈古有陽春曲和寡不在言言兮牙齒寒未極離微根彈兮歲月閑未盡昇沉源少林幾坐華木落庾嶺獨行天地寬因笑仲尼温伯雪傾蓋同途不同轍麟兮鳳兮安可論許兮巢兮復何說秋光澄澄蟾印水秋風蕭蕭葉初墜送君高蹈誰不知如曰不知則爲貴

送昭敏首座

君不見鷲峯勝集百萬茫茫等閑過壞衲之外皆清塵君又不見熊嶺孤運歲月索索艱難生深雪之中有一箇死轉流落千餘年危分嶮布空平闕辯龍蛇兮眼何正擒虎兕兮機不全石窻四顧滄溟窄寥寥不許白雲白掣斷金鎖天麒麟高搴鐵鞭擊三百猶輕舍爭知也别有七星光鬭射風前把欲贈行人將報不平繞天下

送知白禪者

松不直棘不曲誰笑卞和三獻玉經天緯地太無端邁古超今亦輕觸靡羇束何必云素範還還眞䂓復復梅檀葉落香風清千里萬里長相逐

送勝因長老

黃梅散席三百載續燄聯芳事空在宗兮派兮生異端華兮葉兮太煩碎韶陽閒出多慷慨權要雄雄曾絕待曲木據位知幾何利刀剪却令人愛近還有箇披老衲楚甸橫身風颾颾鐵作一尋非等閑壁立千仞須摧踏報君知江南江北徒纍纍鼇轉海運兮纖鱗片甲雷奔電驅兮寸毫尺氂斯言勿謂存䂓矩平不留兮險非取周行獨立如便休誰振宏綱照千古

送重部禪者

春雨如膏春雲如鶴忽此忽彼乍休乍作枯荄離離維風太遲幽石片片邃空亦危一華開五葉兮不相似獨孤明兮還自知還自知歷魏遊梁徒爾爲

送僧歸靈隱 因瞩白雲無羇

白雲無羇冷淡清奇雪格未可鶴態還卑垂天沃日兮似結不結爲雨從龍兮後期必期噫悠悠忽爾春風吹南北東西唯我知誰知藹菡峯前布影時

送僧之石梁

萬卉流芳不知春力巖畔澗底蹙紅皺碧乘興復誰同孤蹤遠儺敵君不見五百聖者導雄機靈峯晦育深無極寒山老寒山老隨沉跡迢迢此去須尋覓華落華開獨望時記取白雲抱幽石

送師旻禪者

深巖寂寂披蘭芷碧霧紅霞映流水空生別我期未期絕域殊方擬輕擬堪笑歸嶺南奔馳何鄙彼危急亂拋下盡云提不起伊予本自不將來相送奚憑掛脣齒旻禪客旻禪客師子子應須落落存終始君不見古人有言兮撲碎驪龍明月珠大丈夫到如此行行不用頻彈指

寄白雲長老

八紘雲靜明寥沉夜未松堂對寒月凋殘片葉墜虛庭冷寂何人立深雪因憶錢唐部禪者十載巖栖曾未下分飛誰謂絕相同遠念冥冥欲奚寫忽聞赴請之仙都聲光藹藹登清途執云天驥驟方外自笑大鵬離海隅乾坤窄乾坤窄湛盧潛射斗牛白茫茫無限未歸人到必爲時除點額

送智邊首座

雲蘿杳杳藏巖曲碧疊清飛冷相促瘦藤輕衲休便休短談殘芳續何續禪家本自冥羇絆洲渚園林曾不憚十影神駒立海涯五色祥麟步天岸君看取君看取帀地茫茫有誰攀競瓴頻磨如未回爲吾深憶虛公語

送善暹首座

名之基實之蒂深兮固兮宛相繼古之名也在希聲今之實也同浮瞖子州善卷之流也堯驅舜馳讓無暇歸去來兮歸不歸到頭未出冥冥者吾徒孰謂標奇絕動靜憑君試甄別葉零零兮秋暮半凋華片片兮春暖齊發暹禪老暹禪老意曾高曠排詀待忽致譏褒天人列請兮屢輕笑祖佛位卑兮還擬逃我

恐逃之逃不得大方無外皆充塞茫茫擾擾
知何極八面香風惹衣裓

送僧

吳山碧楚江碧吳楚悠悠興何極一尋寒木
自爲隣三事秋雲更誰識乾坤不是無知已
玉石休云辨眞僞待時沽譽漫淪生晦跡韜
光亦何意春風急春風急八駿奔馳追不及
南北東西把定時爲君直上孤峯立龜氣分枝兆獨
古有誠之言也

頌藥山師子話送僧

戹想金毛師子子梅檀林下青莎裏置也置
也威自全一出六出眉剔起非擬擬知幾幾
星流不問三千里天外風清哮吼時爲君吸
盡西江水咄

送秀大師

巖竇宵寒擁山帔月高古木霜禽睡西庵禪
者來扣門別我淩晨下層翠欲留不可留寫
意不及意屈晌迢迢安足云華偈聯聯太容
易君不見劉陽叟絕希冀送人只道無他事
行行會有知音知何必清風動天地

送廣華巖歸鷲峯

海山孤僻非蓬島霧冷雲深松桂老有客凝
冬何太高巨野宵征苦相討巖房杳杳凌寒
空氷霜落落分譚叢誰云百城沉古月自笑
八面生清風依然別我還歸去惠理之徒望
回馭重重無盡樓閣門到必爲時略輕據

送遠塵禪者

衲卷殘雲風高絕鄰倚天照雪堪抗要津八
紘極目兮春山若黛九野縱步兮汀草如茵
三十四老未輕識凜然方外奚相親

送德隆山主

霜葉凋殘巖風凜寒彼之禪老忽下崇巒衲
有雲兮曾卷未卷琴無絃兮解彈不彈迢迢
既行宜聽斯語明闇路岐生死洲渚而今而
後知不知類網委地憑誰舉

送澄禪者

春色依依襲爾原草春風浩浩拂我窻牖念
此分飛贈無瓊玖片片亂飄巖上梅條條縱
舞溪邊柳澄禪澄禪聽斯言古也今也行路
難知之者石火星流未急不知者龍驤步驟

魯寬看看孰云平地起波瀾

送惠儔禪者

少林風規何大瀟灑籠古罩今睥眞睨假誰
云發機射虎自笑品類觀馬翎客茫茫不要
呈觔人往往須擒下儔禪儔禪崢嶸象駕

送惠文禪者

正法眼絕塵沙二三四七水月空華千燈續
餘曾聞五葉分披未葩君不見卷席百丈掩
耳丹霞龍行虎步爭孤立盡同雲雨去無涯
文禪文禪騰煥吾家

送道成禪者

曹溪流非止水一點忽來千波自起直須釣
鼇釣鯨莫問得皮得髓君不見石頭有言兮
聖不慕他靈不在己成禪成禪誰家之子

送清演禪者

我年老大心力衰微贈別無語冥同振飛因
思古之送人有言吾不知其殊途同歸獨愛
新豐曲騰清輝寸草不生千萬里出門春色
共依依

送繼寶禪者

寶非寶日杲杲上上機無處討赤水求來何
太狂荆山覓得苦相惱不惱不狂排夜光險
惡道中爲津梁

送小師元楚

道之冥機一何相守汝競光陰我親蒲柳毋
孚弁之奪席毋薄愚之誦箒深思彼伐木丁
丁之聲照古照今兮宜善求友

送清果禪者

春雨濛濛春風颸颸動兮靜兮匪待時出雲
霞閑澹作性金鐵冷落爲骨知我者謂我高
蹈世表不知我者謂我下視塵寰道怹隨方
情融釋鎖紫栗一尋青山萬朶行行思古人
之言無可不可南北東西但唯我

酬行養長老

黄金爲骨松爲姿道高曾鄙天人師有言遺
我千古奇無人知石虎吞却木羊兒

至人不器

誰當機舉不賺亦還稀摧殘峭峻銷爍玄微
重關曾巨闢作者未同歸玉兔乍圓乍闕金
烏似飛不飛盧老不知何處去白雲流水共
依依

因事示衆

石本落落玉自碌碌古之今之一何誓速師
子不咬麒麟猛虎不食伏肉君不見洞庭孤
島煙浪深木馬追風有人識

日暮遊東澗五首

極目生晚照溪雲偶成朶大朴曾未分青山
自唯我

極目生晚照遠樹籠微陰誰知清淺流別有
滄海深

極目生晚照幽情眷蘭芷白蘋葉裏風不在
秋江起

極目生晚照步影何遲遲歸禽古木中相對
頻相窺

極目生晚照蓬萊匪仙境釣得十二鼇重來
謝孤影

思歸引三首

一住翠峯頂兩見溪草綠不知朝市間幾番
生榮辱蕭條巖上雲冷淡水邊竹報誰歸去
來向此空躑躅

常憶在盧山隨時寄瓶錫五百與一千聚頭
同遣日猿攀影未回鶴望情還失教他王老
師癡鈍無處覓

時雨灑如膏萬卉皆滋益枯根甘自休也似
春無力耕夫曉尚眠蠶婦夜多息從兹家業
荒共落風塵跡

送蘊歡禪者西上

金闕路曾遥行行値關泰石房雲未開杳杳
若相待高蹤逾履水何人不傾蓋早晚承帝
恩再卜林泉會

送僧

春雲情既高片段飛虚碧去留機未消今古
望還積澄澄天影回杳杳地形直別夜共相
思誰栖此泉石

法爾不爾

夏雲多奇峯乾城冷相映借問諸禪僧那箇
堪憑定乾城高鎖月夏雲欲爲雨若謂非全
功子細看規矩

送諸方化主

空巖暖律回極目望還普數點方外雲幾處

人間雨寥寥滄海月依依少林祖去必示勞
生清風立千古
劉禹端公問雲居雨從何來東平問官人風
作何色
雨從何來風作何色龍門萬仞曾留宿客進
退相將誰遭點額
風作何色雨從何來不用彈指樓閣門開波
波稜稜南方未回
送僧
松風清未休水月淡相對去來非等閑必許
孤雲會
頌雲門九九八十一 二首
三三九九八十一一一觀風隨召出千古有
誰同共知一毛師子衆毛畢
九九八十一大動不豎賞若謂無諸訛金剛
曾合掌
烏龍和尚
空巖清夜坐蘚徑積深雪瞑目思古人徹曙
落殘月童敲石磬寒猿掛枯枝折香香無限
情分明向誰說

秋日送僧
邊鴈影邪寒蟬聲速乘時毳流遠别巖谷林
驚一葉兮微風觸袖水肅百川兮片月在目
因憶象骨老師曾送人行行不謂抽金鏃
早叅示衆
曉天雲靜濃霜白千峯萬峯鎖寒色驪龍失
珠知不知無限平人遭點額
春風辭寄武威石秘校
春風何蕭蕭和雨復兼雪拆華功未深偃草
勢曾烈毗城癡愛老怯寒對清拙裏巖影響
士難御同孤劣鼇峯人不來柴門亦休閑松
頭栗鼠下時把藤牀嚙庭際霜禽歸屢啄苔
錢闕一旦春風息暖日生林樾幽徑盤石上
拄笻行且歇無絃兮莫彈有語兮存舌吟落
流水聲古之若爲說凋殘早梅樹今之若爲
别俯仰身力輕翻憶春風切爲吾吹却塵欲
華分岐轍爲吾吹却雲欲問遼空月不知天
地間堪爲誰交結
送百丈專使
大雄孤頂曾遐舉徧索諸方誰敢拒乳竇峯

前捋虎鬚再得完全又歸去
送清素禪者之金華
古策風高瓶浪闊春雲片段分清絶金盆後
夜孤頂寒去去誰同落殘月
擬寒山送僧
擇木有靈禽寒空寄羽翼不止蓬萊山冥冥
去何極
送如香大師
梅檀葉落雨初歇天外風清亦何别後夜蓮
城溪月寒孤光誰共倚寥泬
寄于秘丞 二首
石徑通巖竇引步藏欹側蓬萊人不來掃盡
蒼苔色
飛瀑千萬層五月狀冰雪將期雲霧開永夜
對孤月
再成古詩
霜華一鏁中玉童摘未摘斯言如不聞千古
動愁色因憶商山吟在鳥不在白
答當生不生
咄咄休强名芻狗亦爲累寂寥金粟身曾未

求諸己

戲靠安巖呈雙溪大師

陝府鐵牛却知有春秋幾幾成過咎一身還作二如來黑白不分辯香臭跡黑白無從

天地不仁萬化蠢蠢若謂非緣竹何從筍髮兮髮兮黑白是準

暮冬感懷寄瑞巖禪師

雪水繞松檻遲遲結清涘病眼時懶開幽情況難遣故人久相別飛文屢慚覥仰謝十二峯分照月如翦

送知久禪者

霜竹凝寒携九節銅瓶浪鎖千溪月天上人間不自知行行誰共分請絕

送慶賴禪者

巖桂風清香露滴定起高秋映虛碧斷雲不是歸帝鄉飛落人間有誰識

春日懷古四首

門外春將半巖氷暖有聲玄沙曾未到虛得偃溪名

門外春將半青青野色分桃華開欲盡無處覓靈雲

門外春將半羣芳鬬盛時鄰家有庭栢諸祖共相知

門外春將半幽禽語共新寶陀巖上客應笑未歸人

送僧之金陵

勝遊生末跡杳自狎時羣巻衲消寒木揚帆寄斷雲曙瓶華外汲午磬浪邊聞別後石城月依依遠共分

送僧

知方流古意雲樹別諸鄰月不澄微水山應立是塵靜空孤鶚遠高柳一蟬新欲究勞生問歸思莫歎頻

千里不來

不見古君子因循又隔秋浮生多自擲好事更誰留碧巘高沉月寒雲靜鎖樓宗雷何處是白鳥下汀洲

僧歸雪上

海國浮輕棫悠悠興未闌草隨春岸緑風倚夜濤寒沙鷺宜相狎霜蟾望更寬河聲西聽日誰得共雲端

春晴野步

乘興携多士遲遲傍水濱春山不在目啼鳥共誰聞片石寒籠蘚殘華冷襯雲只應融老輩庵際境猶分

賦瑞雪送穆大師

五六皆名出飄華獨見稀若教同一色還似負羣機玉馬猶空說銅駝轉更非爭如千萬里相對共依依

送鐵佛專使

荷策來尋我泛舟思舊山不知何處月相照在深灣風助秋濤急雲兼野樹閑到時如請益先憶趙州關

同子秘丞賦瀑泉

大禹不知鑿來源亦自成色應鄰衆白聲合讓孤清遠勢曾吞海飛流未噴鯨靈槎如可泛天派問歸程

送簡能禪者歸仙都

荷策下冊嶂紛紛雪正飛浮生誰未到舊國

自重歸雲背猿聲斷天遥鷃影微蓮城古風
月又得振清機
天竺送僧
雪霽蓮峯頂孤禪起石牀向時機自絶異域
路空長啼挑衝寒影歸鴻見斷行後期無定
跡煙水共茫茫
寄石秘校
重林冥坐久引望復遲遲煩暑未消日凉風
來幾時天雲飛積水巖溜散垂絲欲擬相尋
去浮生已共知
因事示衆
客從遠方來遺我徑寸璧中有四箇字字字
無人識清涵鯨海寬冷射蟾輪窄今朝呈似
看請道末後句
靜而善應二首
覿面相見不在多端龍蛇易辯衲子難瞞金
梔影動寶劒光寒直下來也急著眼看
對揚殊特本同條誰自遼空强指南今古不
存師弟子一輪秋月印寒潭
自誨

麟龍不爲瑞草木生光輝三尺一丈六且同
携手歸慚爾循世師巍巍何巍巍
宗門三印三首
印空印水印泥炳然字義還迷黄頭大士不
識敢問誰得親提
印泥印空印水而地寒濤競起其中無限鱗
龍幾處爭來出𦜟
印水印泥印空衲子不辯西東撥開向上一
竅千聖齊立下風
華轍二門四首
劫火曾洞然木人淚先落可憐傅大士處處
失樓閣
德雲閑古錐幾下妙峯頂喚他癡聖人擔雪
共塡井
祖佛未生前已震塗毒鼓如今誰欒聞請試
分回互
究轉復究轉真金休百鍊喪却眦耶離無人
解看箭
擬弋者慕
翠羽立高枝危巢對落暉碧潭千萬丈直下
取魚歸
透法身句二首
潦倒雲門泛鐵船江南江北競頭看可憐無
限垂鈎者隨例茫茫失釣竿
一葉飄空便見秋法身須透鬧啾啾明年更
有新條在惱亂春風卒未休
靈隱小參
六合茫茫竟不知靈山經夏是便宜虛堂夜
靜無餘事留得禪僧立片時
因雪示衆
清光歆月不相饒堆積虛庭卒未消爲瑞爲
祥也難得不知誰解立齊腰
秘魔巖
把斷重津過者難擎杈須信髑髏乾叢山到
後知端的同死同生未足觀
保福四謾人
竿木隨身老作家逢場作戲更難加謾人謾
我無人會水長船高眼裏沙
靈雲和尚
本無迷悟數如麻獨許靈雲是作家借問徧

叅諸祖客不知何處見桃華

僧問緣生義

義列緣生笑未聞執呈布鼓向雷門金剛鐵券諸方問報道三千海嶽昏

名實無當

玉轉珠回祖佛言精通猶是汙心田老盧只解長春米何得黃梅萬古傳

迷悟相返

霏霏梅雨灑危層五月山房冷似氷莫謂乾坤乖大信未明心地是炎蒸

道貴如愚

雨過雲凝曉半開數峯如畫碧崔嵬空生不解巖中坐惹得天華動地來

大功不宰

牛頭峯頂鎖重雲獨坐寥寥寄此身百鳥不來春又過不知誰是到庵人

錡七　十八

晦跡自貽

圖畫當年愛洞庭波心七十二峯青如今高卧思前事添得盧公倚石屏

五老師子

踞地盤空勢未休爪牙何必競時流天教生在千峯上不得雲擎也出頭

與時寡合

居士門高謁未期閑隈巖石且相宜太湖三萬六千頃月在清波說向誰

宜謙山主赴鄞城命

休向千峯過好時白雲高卧趣還卑塗中無限未歸客不待相依更待誰

庭前栢樹子二首

七百甲子老禪和安貼家邦苦是他人問西來指庭栢却令天下動干戈

千聖靈機不易親龍生龍子莫因循趙州奪得連城壁秦主相如總喪身

贈琴僧

太古清音發指端月當松頂夜堂寒悲風流水多嗚咽不聽希聲不用彈

錡七　十九

送僧

帆掛澄江雨霽時綠鋪春岸草離離定乾坤句輕相送逢著知音舉向伊

送僧之婺城二首

孤雲徒自類行蹤高指金華思不窮日暮輕帆映秋色沙禽啼斷一江風

婺溪煙景稱生涯輕泛蘭舟意未賖八詠清風好相繼碧雲流水是詩家

送文用庵主歸舊隱

太白峯前舊隱基杉松寒翠滴無時經年拋却又歸去再聽巖猿只自知

送顯冲禪者之雪上覲兄著作

選佛選官應在我難兄難弟不唯他汀華岸草芳菲日遠遠清風爭奈何

送寶月禪者之天台

春風吹斷海山雲別夜寥寥絕四隣月在石橋更無月不知誰是月邊人

玄沙和尚

本是釣魚船上客偶除鬚髮著袈裟祖佛位中留不得夜來依舊宿蘆華

偶作

拾翠尋芳烈夜燈蘆芽穿膝笑無能飛泉冷淡與誰聽空落斷崖千萬層

送僧

路岐長草帶青青雲片相兼野思生多謝春
風莫吹散等閑爲蓋贈君行
送純禪者
莎蘿雨滴蒼苔痕前峯後峯啼斷猿携笻别
我下層翠何處靜敲仁者門
和頎書記見寄
古松吟繞石磷磷湯惠休辭豈易聞紅葉寫
成藏不得暮風吹斷碧溪雲
送允誠侍者
飛泉列岫壓窮野冷碧寒青光鬪射片雲片
石何太高爲誰留在長松下
送僧
古藤枝寒索索方倚靠又拈却海闊天遥非
等閑風前曾共孤雲約
送清禪者
瘦藤春雲深天涯去無侶時笑野泉聲似共
流鶯語落落風規今古情相逢會有知音舉
辭于祕丞
永夜潛思槁木身逢仙門館漸經旬雖于清
政爲高客爭奈白雲無主人巖濤瀑泉機未

息雨零寒葉夢猶頻此時賢宰容歸去古像
焚檀祝有因
送僧
涼飈新葉墜巖陰禪起高秋别翠岑孤月冷
光清有興斷雲閑影合無心瓶分吴浪情何
極鉢化膺門道更深好是却迴舊房日倚欄
同看橘鋪金
往復無間十二首
平旦寅睽兆之前已喪真老胡鶴樹漸開口
猶舉雙趺誑後人
日出卯萬國香華競頭走邯鄲學步笑傍觀
豈知凶禍逐其後
食時辰大嚮那堪列主賓維摩香飯本非設
怪他鶖鷺獨生瞋
禺中巳荊棘園林徧大地南北東西卒未休
金剛錟復從何起
日南午家廓騰輝示天鼓鬱頭藍已定全身
何假周行誇七步
日昳未碧眼胡來欺漢地九年計較不能成
剛有癡人求斷臂

晡時申急急逃生路上人草鞋踏盡家鄉遠
頂畢燒鍾一萬斤
日入酉室內覆盆且依舊塵塵彼彼丈夫兒
井中之物同哮吼
黄昏戌寰中不礙平人出瓦礫光生珠玉閑
將軍豈用驅邊卒
人定亥六合茫茫誰不在長空有月自尋常
霧起雲騰也奇怪
半夜子樵唱漁歌聲未已雨華徒說問空生
高枕千門睡方美
雞鳴丑貴賤尊卑各相守忙者忙兮閑者閑
古今休論自長久
送僧
巖泉高鎖黄金宅衲卷秋雲古標格離歌誰
贈欲行人徧界同爲一宿客春色依依日杲
杲南北東西好看好閙市摻笑嬌尸迦草頭
青點俱胝老阿呵呵人間天上不知他繫竭
節有頂門眼歸去清風拂薜蘿
寄李都尉
水月拈來作者殊東西南北謾區區也知金

粟李居士端坐重城笑老盧咄

寄池陽曾學士

山萬重兮水萬枝堆青流碧冷便宜算來免得生遥恨不在詩情在祖師

寄四明使君沈祠部二首

露晃民謡物成江山千里古風清曹溪客是無機者日在深雲聽頌聲

蒼蒼德也亦如斯政化全歸副倚毗十萬人家寫春色不知誰解立生祠

寄内侍太保二首

千尺巖泉噴冷聲草堂雲淡竹風清蒲團時倚無他事來日寥寥謝太平

離龕鮮室狎猿猱忽捧綸言掛紫袍恩大不知何以報五雲天上望空勞

寄曹都護 綺七

故國休言萬里程爲官爲釋且廿三分明道存不必曾傾蓋俱有清風帀地生

送僧

虎角深藏不待時全機曾許雪林知如今百越拈來也草偃風行是信旗

寄靈隱惠明禪師二首

千峯影裏葉初凋極望還將慰寂寥也謂毫端不相隔秋雲秋水奈遥遥

海嶠生片雲有時忽如蓋不掛飛來峯悠悠擬何待

送益書記之霅水

白蘋汀是舊家鄉歸興蘭舟泛渺茫日暮沙禽啼欲斷不知誰在碧雲房

明覺禪師祖英集卷第五

明覺禪師祖英集卷第五

校勘記

一　底本，明永樂北藏本。

一　八九六頁上一行書名，南作「明覺禪師語録卷第五」。卷末書名同。

一　八九六頁上二行「參學小師文政編」，南作「僧録司右闡教兼靈谷禪寺住持淨戒重校」。

一　八九六頁上三行首字至一三行末字「師……序」，南無。

一　八九七頁上一九行與末行之間，南有七言詩四首「送僧四首　乘興飛帆別翠峯水光春静冷涵空到人若問曹溪意祇報盧能在下風　禪石飛流濺碧莎利生還喜下雲坡途中若立三千客剔起眉毛不在多　栴檀林裏振金毛四顧清風拂幾遭曾許全威作雲雨不知何處是塵勞　雲衣輕拂下層巒松檜生風觸袖寒誰問親游乳峯意百千年後與誰看」。

一　八九九頁下二行第一三字「夫」，南、徑、清作「失」。

一　九〇〇頁中九行第一一字「折」，徑作「折」。

一　九〇〇頁下一八行第一一字「不」，南作「如」。

一　九〇一頁上一四行第一〇字「請」，南、徑作「清」。

一　九〇三頁上七行第三字「春」，南、徑、清作「春」。

一　九〇四頁上一二行「送僧」，南作「送僧一」。

一　九〇四頁中四行第一四字「岑」，南作「岑」；徑作「今」。

明覺禪師祖英集卷第六

參學小師文政編

三寶讚并序

予天禧中寓跡靈隱與寶眞禪者爲友或遊或處固以道義相揖投報相襲泠泠然自樂天常之性也一日眞公謂予曰愚近偶作三寶讚三十韻宜請賡唱因披閱加歎率爾而繼之類蝕木也俄屬分飛吳楚將二十載殊不復記憶眞公不以事曠誠隔遠遠附僧如衍而至再窺荒斐愧慰多集且夫聖人之立言也必眹虛必冥奥使文外之士同振古風垂千萬世又焉知來者及之不及道在其中也斯之讚辭曾不沾不待但退仰覺皇宗致禪徒告而行之得不曲爲序引

佛寶

甘蔗流苗應剎塵覺場高發利生因紫金蓮捧千輪足白玉毫飛萬德身孤立大方資定慧等觀含類捨慈親挨星相好中天主市地名聞出世人螺髮右旋仙島碧月眉斜印海門新鸞翔鳳舞非殊品象轉龍蟠絕比倫瓔珞聚中騰瑞色華鬘影裏奪芳春慈儀戀望知何極梵德言辭莫可陳肯字杳分無量義頂珠常照百由旬雙林孰謂歸圓寂坐斷乾坤日見眞

法寶

後得智生功德聚大悲留演潤禽魚貫華雖自科千品標月還歸理一如過量劫應期廣布剎那心合未忘書四衢道內拋紅燄五欲波中綻白蕖排斥衆魔登壽域引攜諸子上安車義天星象熒熒也辭海波瀾浩浩歟違背此恩難拯拔遭逢末世豈躊躇闡來半偈須相敎惜去全身莫共居飛辯恨曾虧激問賾幽欣且免長噓生生頂奉輝心鏡廓照塵勞信有餘

僧寶

方袍圓頂義何宣續燄千燈豈小緣華雨座前猶滯相虎馴庵畔尚稽詮巖棲塚宿難依望鶴貌雲心逈灑然寶杖夜鳴寒嶠月銅瓶秋漱碧潭煙名標練若澄諠猾跡念昏衢警睡眠林下雅爲方外客人間堪作火中蓮情高不是超三際道在非同入四禪浮世勉誰知逝水深峯甘自聽飛泉慈蒭草馥僧祇後琉璃孟傳古佛先珍重覺皇有眞子坤維高步列金田

夏寄辯禪者山房

枕簟雲作伴必固黃金宅軒窻月爲晝豈止虛生白麟龍愧頭角鵰鶚慚羽翮庶擬羣類心在寬如在窄

和錢太博見寄覓山藥二首

文柄誰持合自持憂民風緊乍清羸禪林草藥如爲效願見皇家急詔時

聖君鴻業在扶持日角龍章固不羸攜藻玉堂歸未晚百華開赴御筵時

送錢太博應賢良選

賢才當召試彪炳對吾君千古不遺恨八元應主文岸華明列旆天籟拂微雲後夜觀乘象中台位已分

答天童新和尚

中峯深且寒欹接海邊島松凋不死枝華拆未萌草飛瀑吼蛟宮幽徑分鳥道伊余空寂

徒浮光寄枯槁冥遊天地間誰兮可尋討孤立雲霞外誰兮可長保茲來仁者來還稱太白老荷策扣巖扃重席展懷抱示我商頌清休誇郢歌好報投慚抒辭難以論嘉藻

和頌

玲瓏巖古寺冠乎明越境海眼通洌泉天心聳危嶺嘗遊輿未闌退想神忽凝彼士真覺雄相鄰不孤迥吾愛溯橫流孰云煩應犀吾愛整頹綱豈止浮根靜棲梧瑞九苞追風駿十影顧我不爭衡與誰開關茗乘時飫磊落照世非昏暝佇爲王者師三千統摩頂

贈別太臻禪者

武陵山水何祕邃元化功兮不容易壇曾善卷韜龍光洞亦桃華副麟趾仍思昔日吾祖浩浩提綱宗消息曠斷寰宇空又闡高大舜讓公器祥瑞却生蘆叢叢人由境兮冥道德境有人兮分玉石臻禪本自優殊方忽向其中誕孤跡迢迢海甸來尋我一十二年同吟坐羽翼搏風今是時拂盡天雲乃飛過雲門俱宇百草頭何太極重與禪徒下錐剌雲門俱宇好來詳雪峯輥毬亦端的黛非青兮藍一色辰錦砂兮敢言赤紫羅帳裏有真珠曹溪路上生荆棘還會麼此時若不究根源直向當來問彌勒

詩八　四

僧問四賓主因而有頌頌之

如何是賓中賓云滿面埃塵又曰噫

頌

賓中之賓少喜多嗔丈夫壯志當付何人

如何是賓中主云兆分其五又曰引

頌

賓中之主玄沙猛虎半合半開唯自相許

如何是主中賓云月帶重輪又曰收

頌

主中之賓溫故知新互換相照師子嚬呻

如何是主中主云大千捏聚又曰揭

頌

主中之主正令齊舉長劒倚天誰敢當禦

都頌

賓主分不分顢頇絕異閑解布勞生手寄言來白雲令僧把衲七八既難直須教透來不在前去不在後麤細自看緊緩相就一日圖成呈似君想得諸方未知有

送知一入京兼簡清河從事

詩八　五

六月千江水似秋片帆高掛岸雲收行行莫謂朝天闕況倚文星在巨舟

送德珉山主

溪山春色映雲袍愛住隍城意轉高翻笑忘機自安者不能垂手入塵勞

送僧二首

紅芳桀邊方舞蝶碧梧桐裏正啼鶯離亭不折依依柳況有春山送又迎

祖域高親日未央家林歸去意何長舊交不識初相見曾振滄溟奪夜光

送崇巳闍黎歸天台

石橋雲瀑冷相侵辭徑蘿龕入更深却羨措筇遠歸去半千尊者是知音

送遂悟上人之會稽

百越江山冠九州如屏還媿謾相褒惠休此
去多吟賞贏得清風價轉高

送僧四首

乘興飛帆別翠峯水光春靜泠涵空到人若
問曹溪意只報盧能在下風

禪石飛流濺碧莎利生還喜下雲坡途中若
立三千客剔起眉毛不在多

梅檀林裏振金毛四顧清風拂幾遭曾許全
威作雲雨不知何處是塵勞

雲衣輕拂下層巒松檜生風觸袖寒誰問靚
遊乳峯意百千年後與誰看

寄員外黄君

碧岫層層列杳冥漣漪環繞貢寒青韜藏未
識古君子空仰嘉聲過洞庭

送僧

五色祥麟白月輪乘時應不念離羣松根石
上未歸日誰看暮山飛斷雲

寄劉秀才

遠遠飛來一幅書愈風誠重復何如相逢相
見未期日目斷千山插太虚

送僧

古之別今之別目對春江倚寥泬三樹兩樹
啼斷猿千峯萬峯落殘雪華蒙蒙雨濛濛坤
維步步生清風

聞百舌鳥送僧

曾來芳樹幾回飛煙靄初晴又見伊巧語向
人莫相笑知音知後更誰知

送中座主入廣

船主船中寄惠持雲霞無跡共依依海山見
說多嘉賞莫便因循忘却歸

送隴西秀才入京

國器難藏孰可知携來書劒莫遲遲明年桂
籍登文陣奪取龍頭更是誰

送僧

雪殘春島路迢迢水靜雲開見碧霄別後誰
同此深意只應孤月共寥寥

因仰山氣毬頌

四大假合非虚妄儱儱侗侗為一相東西南
北不相知留與衲僧作榜樣

赴翠峯請別雲隱禪師

臨行情緒懶開言提唱宗乘亦是閑珍重導
師并海衆不勝依戀向靈山

送僧歸閩

雪老當年曾入嶺眞禪今日又思鄉孤帆隱
隱曾唯我月照夜濤空渺茫

送僧

春風飀飀華正飛紅霞碧靄籠高低越山日
暮少林客應聽子規深夜啼

寄陳悦秀才

水中得火旨何深握草由來不是金莫道莊
生解齊物幾人窮極到無心

寄錢塘觀音朋山主

遠念依依閑附書還同秋水淡相於冲雲況
是曾無定幾掩寒蟾出太虚

送僧

極目春光水照空岸莎汀草碧茸茸三千里
外生靈望獨倚寒藤振祖風

春日示衆二首

門外春將半閑華處處開山童不用折幽鳥
自衛來

門外春將半開華處處開山童曾折後幽鳥不啣來

寄烏龍長老

雪帶煙雲冷不開相思無復上高臺江山況是數千里只聽嘉聲動地來

寄太平端和尚

千朶危峯香靄間石房長帶瀑聲寒鳥啼華發尋常事松本青青雪裏看

送僧

千峯雨雪時別我情何極不知天地間更有誰相識

因官人請陞座

曉天雲靜冷涵霜滿檻風清敲夜光莫謂塵間人不識孤明孤影射虛堂

因金鵝和尚語藥病

藥病相治見最難百重關鎖太無端金鵝道者來相訪學海波瀾一夜乾

賦沖雲鷂送僧

側翼雄飛天勢闊電閃星流太輕脫南北東西相對看千里萬里阿喇喇

風旛競辯二首

不是旛兮不是風衲僧於此作流通渡河用筏尋常事南山燒炭北山紅

不是風旛何處著新開作者曾拈却如今懵懂癡禪和謾道玄玄爲獨脚

漁父

春光冉冉岸煙輕水面無風釣艇橫千尺絲綸在方寸不知何處得鯤鯨

牧童

嘔呵唱與那嗚咿百草拈來鬪不知日晚騎牛未歸去指前坡笑又嘘嚱

送僧

巖房高下拆寒梅極目寥寥鴈影回相別相逢竟何事一聲江上發春雷

寄天童凝

經句抱疾阻春霖彡砌重重蘚暈侵曾約偕遊未能得暮山空鎖碧雲深

送僧入城

雲籠碧嶂月籠臺此去城中早晚回不爲佛光謁韓愈問君何事出山來

病中寄諸化主

雪裏梅華見早春東西南北路行人不知何處圓蟾夜同念山頭老病身

和于祕丞見召之什二首

民瘼求來吏散閑萬家深夜啓重關齋中既是清涼國應笑支公別買山

垂垂甘自養衰殘度歲無人到竹關何幸支星枉嘉什殷勤相唤出層山

和王殿直見寄二首

華野非殊古所難得安閑處未爲安大方無外誰相到空笑重雲鎖碧巒

清風凜凜守人官堪對彌天釋道安不日歸朝押鴛鷺也須音問寄層巒

送僧

澄江依棹碧光流風冷蒹葭雨乍收別夜新吟許誰約白蘋汀上月陵秋

送僧歸永嘉

韶石曾披此性靈三年孤與急流爭永嘉舊隱今歸去堪聽海濤中夜聲

兎角拄杖

少室傳來兔角杖千聖護持爲頂相虎踞龍
蟠勢未休雲影山形冷相向有時閑倚在虗
空家家帀地凝秋霜有時大作師子吼德嶠
臨濟何茫茫今日提來還不惜分明普示諸
知識解拈天下任橫行高振風規有何極

送從吉禪者
君不見行路難亦容易握草爲金不爲貴難
曾平地湧波瀾易復到處列祥瑞堪笑堪悲
能幾幾天上人間立高軌兄弟十字越參星
一義同心淡秋水因憶韶陽古風骨石火電
光遲出沒隔身之句是程途和門之間非窠
窟殷勤報君君記取方外周遊看爪距虎狼
叢不遇知音剔起眉毛便歸去

寄承天長老
道義相資復是誰巖房深夜思遲遲海山雲
靜見孤月高照𤼵城人不知

送僧
古路枝分列洲渚綱兮領兮若爲舉病眼方
開忽送人落華鷲嶺山禽語親禪客親禪客
行復行獨步坤維消此情

送因大師
瘦藤清對紫方袍閑步坤維意轉高若到愼
江人借問金輪王子是吾曹

送實師弟
天倫曾重意難分爭奈孤蹤若斷雲去去休
同亮禪者西山一入杳無聞

送新茶二首
元化功深陸羽知雨前微露見鎗旗收來獻
佛餘堪惜不寄詩家復寄誰
黍春雀舌占高名龍麝相資笑解醒莫訝山
家少爲送鄭都官謂草中英

賦月生雲際送誠監寺
皎潔離雲鶴夢時孤光還與雪相宜金盆後
夜重垂影拂盡天風不自知

送僧之金華兼簡周屯田
瘦藤輕屨辭衣弁路過危峯截杳冥若到金
華拂雲霧不應容易見文星

送僧之永嘉
故園不是阻天涯華木光中見獨歸蚕水鄞
江人莫問月分春浪冷依依

寄送凝長老
德不孤兮必有鄰四明留住是因循如今高
步錢塘境只許靈山箇老人

放白鷴
朱冠青氅雪爲毛不近鸞凰意亦高放你雲
林莫迴首如今何處是仙曹

喜禪人迴山
別我遊方意未論瓶盂還喜到雲根舊巖房
有安禪石再折松枝拂蘚痕

送僧
七尺巖藤握便行舊山歸去幾多程相逢忽
問迢迢意應發春雷動地聲

送僧歸天童
峩峩太白峯倚翠列霄岸羨君乘興歸凭欄
與誰看

和曾推官示嘉遁之什
少微星出古風還帀地聲光不掩關三館峻
遷同陌路九華高卧是蓬山巖泧步入祥麟
穩海樹飛來白鳳閑只恐致君休未得蒲輪
重到薜蘿間

經古堰偶作
出城四十里古堰若天外飛棹清淺中孤影
自相對
謝張太保見訪
老病還同葉半凋經旬門掩夜蕭蕭海城都
緇八 十三
護曾乗訪一片清風慰寂寥
送宗朴禪者
洞庭乳竇皆泉石抱疾何緣寄幽跡曾列狂
機一二三東山西嶺非相識屈指嚬眉不可
尋雲飛雨散空沉沉如今轉覺流年陽强把
冥悰苦搜索縱止言欺白雪辭寧忘笑與黄
梅客朴禪者朴禪者珠月有光慚照夜
送尚辭
浮屠之子履道爲貴天兮地兮何泰何否動
無飾非靜還雕僞辭也云行後生可畏
歌寄留英禪德
當時臨濟辟黄檗或指河南或河北英禪出
日下中峯机案曾焚笑仍則九苞一角慚稱
瑞導月觀星亦非意爭似韶陽振古風半途
未肯還希冀歸去來歸去來飛泉浩浩聲如

雷
送小師元貴
愧爾求師爲吾弟子學雖無聞道亦可擬平
飛辯月照復流水斯意斯言兮如不忘行行
颼颼兮步蘭芷善應矜宗不知也思之
送文佶歸廬嶽
春色未深興無遲早瓶謝九江峯尋五老到
日攀蘿獨上時依依莫忘海山腦
送佩禪者之丹丘
石橋多古跡路嶮少人過如同白日闇冷拂
青苔坐寒老若相逢爲吾略嘲破
送實山主
野水春山風光極目千里萬里太遲太速絶
域澄澄兮非犀炬可照希聲杳杳兮非鳳膠
緇八 十四
可續葉落華開知不知人天景行爲高躅
示衆
丫角女子白頭絲報你諸方作者知借問住
山何境界春風颼颼春鳥喧喧翠峯不能助
發心印却是他傳
和范監簿二首

吏散廉垂思莫窮山光溪影恣相容誰諮靖
御偏栽柳自笑隱居高聽松丹闕尚遥芝檢
寥訟庭閒列蘚華重巖間野客雖多病終再
携笻謁士龍
品彙不自適善政還可尋縣樓清夜上島月
思雲侵誰有古菱華照此眞宰心
因香嚴和尚
我有一機禪子須知爍迦羅眼總是膠黐若
人借問伏惟伏惟
送雄直歲
罷衆還欲勸諸方竿木隨身不易當是則俱行非則
檢下翻憶古來興化老主賔用盡力牽羊
爲道日損
三分光陰二早過靈臺一點不揩磨貪生逐
緇八 十五
日區區去喚不迴頭爭奈何
跳古
我有面鏡到處懸挂凡聖不來誰上誰下
訪俞秀才
萬疊雲山未得歸寂寥心許老盧知江城雨
雪書名紙不謁鴻儒更謁誰

再訓

萬卷無書道用歸閑文公也未須知倚天長劒如重戰更有龍頭復是誰

留還首座

從龍爲雨復清閑片段依依水石間慚悶秋風欲吹散不能留得覆青山不慚悶者爲我留之

送俞居士歸蜀

何處深棲役夢頻青城抛却數溪雲如今老大歸難得只寫情懷遠送君

和王殿丞龔粟種之什

纖纖圓實占芳春得自侯門勝楚珍閑葉閑華人不會百千年是等閑身

和江橋晚望

公餘縱目望江山萬化窮來罔象間聞說聖君將下詔未容清淡與僧閑

病起示衆

門掩還同歲月摧石窓經雨積莓苔一牀枕簟淨名老時見斷雲孤月來

送麻居士

紗帽山儀白苧袍遠披孤頂近吾曹擕來七尺霜前竹劃斷天雲不放高

酧李校書

一回辭我一回吟睠戀巖叢意轉深翻謝霜松不凋落與君同有歲寒心

苦熱中懷寄永固山主

火雲高下影相連幾欲披尋恨不前無限清風無處問只應遲步繞林泉

送元安禪者

羣峯杳靄留不住遠道依依只藤屨舊隱蘿龕付與誰寒猿後夜啼高樹

賦病鶴送奉倫禪者

欲飛飛未得冷泊杉松枝如何垂天雲遠遠同一涯

偶作

列岫霽新雨凭欄只澹交夕陽明遠水秋葉露空巢思極曾無玷神清未動爻只應千古意誰得共雲坳

謝鮑學士惠臘茶

叢卉乘春獨讓靈建溪從此振嘉聲使君分賜深深意曾敵禪曹萬慮清

因遊育王亭寄牧主郎給事

冷翠千萬峯當軒列如黛蒲團及禪板永日澹相對形雲曾無機燒松亦成蓋遠謝幽隱情難與台星會

送遇能禪者

湖繞嚴城列象寬萬家臺榭水光寒片帆隱隱生遥極誰問曹溪意轉難

送覺海大師

秋雲巖葉兩悠悠半逐風馳半水流憑問禪家有何意不知方外若爲酬

送曾侍禁

冷匣秋波射斗星鐵衣隨從古霜清宣弛莫問當年事一片威風動地生

病起酬如禪德

大明一寸光腐草一何假人命呼吸間誠哉是言也呼之曾已休吸之尚未合寄問諸苦源來者不來者

送雲禪德

古之送人言作懷實我慚老病困乏辭藻態嶺迢迢兮曾立夜雪謝池依依兮笑生春草

頭角麟龍安可論清風步步應相討

送久禪德歸蘭亭

右軍墨池月照我復照誰千里忽相到中峯多病師

送義大師

巖房抱病經一月門有諸生阻來謁長往之期猶未能七十之年更何說若耶溪老忽留語溪上舊遊且歸去春風颸颸兮兼斷雲弱柳依依兮帶輕絮古今離恨雖如此動靜於吾亦多意高握霜節獨步時音書莫忘遠飛寄

酬海宗二侍者 二首

蓀之得蘭其道匪難扶吾病起如珠在盤一兮二兮自看誰看

蘭之得蓀其道必存扶吾病起古風入門二兮一兮且論勿論

謝郎給事送建茗

陸羽仙經不易誇詩家珍重寄禪家松根石上春光裏瀑水烹來鬭百華

送山茶上知府郎給事

穀雨前收獻至公不爭春力避芳叢煙開曾入深深塢百萬鎗旗在下風

送郎侍郎致政歸錢塘

帆掛西風別海城二踈千古道相應誰誇富貴沽時譽自笑經綸作技能殘葉賦題紅片片遠山供望碧層層武林到日符嘉遁高訪巖扃只許僧

山行逢懃禪德

乳巖秋日無他作策杖層層止寥廓四顧有誰分野情一點彤雲起深壑蘚石遲遲略輕跚逢箇衲僧忽驟步頻裝回頭不肯回及至回兮眉卓竪阿喇喇千里萬里横該抹咄

送小師元拒

老盧之子四三二一將欲振飛卷比叢室松啖霜兮運青水帶巖兮流急南北東西雲開見日

求豐莊新植徑松忽二本鄰偃抒辭紀之

雙偃松何似螺文結數遭清聲雖競發寒影不相高對客圓分蓋孤禪翠滴袍若教圖畫得爭奈有蕭搔

送白雲宣長老

鄞江秋晚忽成春況有台星作主人去去高携古刀尺二千年運續芳塵

送親禪者

萬木帶秋聲古今念睽別我有贈行意臨行爲君說重巖休滯雲遠水且觀月生生知不知天風助清徹

送顯冲禪者

聚散非常準古今亦標格如何無事人還似未歸客秋風生羣林野水資寒色誰兮謝寸陰觀彼青山白冲禪行復行五葉待時拆

送天童普和尚

迢迢别海涯帆掛杪秋時島樹落寒葉人誰訪祖師浪開遊象急天闊過鴻遲早晚歸林下千徒不共知

張秀才下第

得第何人愧不平道存顔巷亦爲榮應知未喪斯文也且把新詩樂性情

寄久監收

田中稻熟及時收顆粒圓成免外求一日歸

來古巖上白雲紅樹共悠悠

暮冬夜坐寄岫禪者

碧落無片雲虛庭積深雪負春還有誰徹曙對孤月巖松影拂翠不斷瀑水聲來聽忽絕岫禪岫禪知也如未知八面清風遠遠待時說

寄崇壽懷長老歌

寂住峯兮觸星斗寂住師兮古爲道死中得活未輕詶不許夜行投曉到藹藹聲光一百年吾其後兮吾其先振領提綱笑多事掩扉塞路空依然龍朔老盧同兀兀土爲貌兮金作骨萬國爭求肯便行我要重新敲鐵佛東西南北休云識枯槁冥冥頗相憶天外清風結陣來狂歌遠寄從拋擲

送廷利禪者

雪峯孤頂誰家路上兮下兮復何故曾列三千一半徒我今獨滿當時數鯨鱗龍鱗鱗坤維高步生清塵休云裴相慕黃檗額有圓珠七尺身利禪者利禪者倚天長劒應牢把或謂風雲不再來誰爲蒼蒼分晝夜

送倧禪者

浩江怒激鯨鼇宅岌岌三山大傾側冥數俄然一箇來步武羣方作禪客振聲謂我分綱宗今兮古兮何怱怱今吾强爲扶辭句句字字凜凜生狂風拂散四七單傳之落葉掃蕩二三直指之流蓬似帶微芒敢未勦絕寒木在握兮全機可笑秋水撈摝兮半提可滅使八極頂目者不自爭衡見斯人兮駕御昂栟

送鼎禪者

落落禪家流鑴節卷雲毳別我振錫夜堂消祖偈（鼎禪之句）霜天飛一鶚目對彈其滯春岸立千峯指也乎其勢行行復行行清飇起蘭蕙

覩泉送演禪者

雲根漱野泉照空復照月冷聲曾未消飛瀾似相別巖近生風雷天遥新氷雪演禪乘興知不知源流依依共澄潔

答忠禪者

一字七字三五字萬象窮來不爲據夜深月白下滄溟搜得驪珠有多許

和陸軫學士夏日見寄

良牧歸詩匠雅風消鬱蒸官清難滯爵吏散遠同僧棠樹非煙合仙槎碧浪乘因思窮萬化（使君早製圜明鑑圖冠之序引或闡或兒今人曠達）千古更無能

送化主

春色依依籠遠樹卷衲擡蹤輕屨塵世茫茫無限人不知誰問曹溪路

送通判劉國博（黃中）

爲星嘗貳職權化不相饒白屋如多恨清風何處消岸鷗窺列旆天陛看朝別有生靈意寒枝未變條

送別陳祕丞古意

悠悠層山雲斷兮仍復續離離雙岸草要兮且兼綠如何苦雪霜後凋盡松竹松竹有節操雪霜無伎倆敢折歲寒枝贈君作嘉賞行行天地間清風在誰掌

送通判學士歸南國（楊）

旆擁帆開照德星天風高興國風清武夷仙仗知回也各下祥雲到地迎（千里之外應之非此則殊待者也）

和酬郎簽判殿丞

向國心存了了身大方無外且同塵江城早晚重相見解笑宗雷十八人

歌送范陽盧君兼簡華嚴昱大師

范陽居士來鄞水動地仙飈向人起乳峯直上雲霞閑步驟天衢到如此茫茫塵世誰知交當場問我非相饒禪家畢竟無他事古雪巖前曾未消俄然悵望辭叢室荷負難兮淚深溢遠幸流方且莫論再得從容又何日迢迢故國殊存想冷碧柯山分指掌況有覺雄華藏師歸去百城共遊賞

送廣教專使

峩峩石頭使乎讓祖己之匪存聖之奚慕或妄以山或索云斧音耗不通兮清源派分吾斯語兮詎可論古

送微文章

雙蓮亭上送行客菡萏清香散秋色野興斷山雲片高孤影澄江月華白希聲險絕堪誰知大道機存曾未可緘關天常立下風安教類變叢流大君不見梁兮閫國難滯留千古遺恨空悠悠君又不見魏兮小桂生寒峯一華對雪開無休微禪亦並聯芳駕德星文星仰蕭灑物外情深不等閑環中趣別非輕捨相訪從容為我言屈指多求更何者

送懷秀禪者

麻衣草座思靈徹一食安閑更無別條忽遷流數百年杳杳誰來繼其絕吾兮亦是踈慵輩冷澹身心存慷愷偶續靈峯照夜燈遠從鐵船下滄海深嗟知困不知休奔馳嶮浪空淹留縱得長鬚擬何待堪白頭時好白頭因觀壞衲秀禪客清苦如氷復如檗別我携節步大方為葉為華恣披拆伏枕寥寥情意闌率寫狂歌贈行色

孤運銘

雲根石壙容身待老南來北來閑且尋討五葉一華兮堪對誰家寥寥萬古兮空知有

寄海會之長老

百華開後一華開風遞清香遠遠來誰問黃梅不平事照中依舊惹塵埃

雜言送賢專使

使乎誰老作者百戰場中飛鐵馬秋水藏來人不知笑李將軍被擒下阿呵呵却歸湖山唱凱歌

歌紀四明汪君信士

古君子兮道諸己道器用兮合天理同塵還若待時生覩象不知何處起荊叢叢龍義叢叢孝兮悌兮非沚中聚鴈落落滴仙露散或泠泠揚士風風之上兮風之下近一指兮遠一馬秋水澹交無限情夜光照乘胡為者伊予匪謂存餘力詠高義兮困肯臆巴歌百字巖葉書飛寄汪門舊知識

送仲卿禪德

高兮竺卿秋水虛明夫何之象堪云指程知吾不知笑理出情謂宜撫掌爾伽耶城

眞州資福禪院新鑄鍾銘并序

國朝紫微舍人趙公丙戌年出鎮姑蘇裁情示空巖之客所恨不能効善財展轉南方以求先覺如別幅叙雲嶽長老令僧惠敏造鍾既成物重樓以簴之欲為銘記且言當使學者有所警悟槩也縱能道其歸禪人惡肯信

惟師爲善知識行重名當代顧爲此銘因櫕垂化不亦美乎然重顯固陋荷大君子外獎敢不從命輒復引寄夫形聲未先曠然寂器用之後幽靈絕常故聖人以鍾爲大惟聖人則之聾兮忘兮求以深矣其能具諸種智對飛雄辯但未兼極有生權化之來未易窮也感通傳稱昔拘留孫於乾竺造青石鍾如青玉色可容十斛頂類諸天腹陷衆寶八角四面華光互分有化如來與日偕出明宣祕演或聞不聞王舍城中大千界內匪同錚錚者乎今嶽禪老於淮甸造青銅鍾如青珠色過百鈞之用上旋旁植繞獸蹲熊其或層城晝閑祇園夜永家家霜月射寒影以爭輝殷殷地雷發虛音而交振師之唱險賞之繼難寅夕鏗鏗主伴索索足使一鱗半甲無違眞化之方二聽五觀有寄神遊之域善存殊應扣惟良哉謹爲銘曰

淮之要衝　眞之會府　中列梵摩　居我禪祖
衆徒騈羅　慧敏千櫓　爰構鯨音　息彼輪苦
峻橫崇臺　金飛碧回　斯門屢掩　向人或開
希兮微兮　作延作催　先聞未及　後時不來
增悲退宣　無因天理　帶識萬端　警悟齊起
遵晦陟明　其母得子　塵塵訪誰　剎剎問已
大緣斯成　大功不宰　君奉禹湯　臣仰元凱
碑勒紺園　銘寡文彩　庶期妙峯　永聳滄海

明覺禪師祖英集卷第六

明州雪竇山資聖寺第六祖明覺大師塔銘

尚書屯田員外郎直秘閣兼充史館檢討騎都尉賜緋魚袋呂夏卿撰

夫眞空不空是有無證寂滅不滅是往來相佛以權實一法開頓漸之徑使隨器而趨之有不離道場得大智慧有難行苦行爲人天業日月爲明矣而盲者不見睫毛舟楫可濟矣而溺者淪於波浪人之未有惡明而忘濟者其心一也其途異矣昆蚑之性羣行食喙倦則息觸則避求所以安樂不待教而能也人之於貴賤貧富壽夭得喪不知自然之分愛惡悲欣廉貪靜躁糾纏桎梏無所解脫晝勞形骸夜動夢寐至于老死且不知息彼昆蚑知所以安樂人顧不能也佛之教人推性命之際以極天地之外乃至觀身如掌中物傳付法寶不寓文字是謂禪那山嶽之大有時而泐金石之剛有時而刓形器之用也我則異於是無去無住無取無離不見于內不見于外不見中間自利義也利他仁也是謂涅槃妙心諸佛法印無上微妙祕密圓明眞實正法眼藏佛以授摩訶迦葉傳僧伽棃衣以待補處出世爲成道之符自是衣法相傳二十有七世香至王子初入中國謚曰圓覺圓覺傳大祖大祖傳鑑智鑑智傳大醫大醫傳大滿大滿傳大鑑大鑑藏衣傳法而已大慧繼之大寂承之其後皆以所居稱若天皇龍潭德山雪峯雲門香林智門其世次也禪師諱重顯字隱之大寂九世之孫智門之法嗣也俗姓李氏母文氏以太平興國五年四月八日生大師於遂州始生瞑目若寐三日既浴乃豁然而寤屛去葷血不習戲弄七歲

有僧過其門挽持袈裟喜不自勝聞梵唄之聲輙泣下父母問其故懇請出家父母執不可師不食者累日咸平中終父母喪詣益州普安院仁銑師落髮爲弟子大慈寺僧元瑩講定慧圓覺疏師執卷質問大義至心本是佛由念起而漂沉伺夜入室請益往復數四瑩不能屈乃拱手稱謝曰子非滯教者吾聞南方有得諸佛清淨法眼者子其從之彼待子之求也久矣師於是東出襄陽至石門聰禪師之席居三歲機緣不諧聰諭之曰此事非思量分別所解隨州智門祚禪師乎之師也師乃徙錫而詣之一夕問祚曰古人不起一念云何有過祚招師前席師攝衣趨進祚以拂子擊之師未曉其旨祚曰解麽師擬答次祚又擊之師由是頓悟尋往廬山林禪師道場問之曰法爾不爾云何指南林曰只爲法爾不爾師遂拂衣而退衆皆股栗有毀於林者林諭衆曰此如來廣大三昧也非汝等輩以取捨心可了別也師辭往池州景德寺爲首座爲衆解肇法師般若論知州曾公會以果手抵于地曰古人云不離當處常湛然即今在何許師指景德長老曰只此長老亦不知落處曾公云上座知也不得無過師曰明眼人難瞞師南遊杭州住持蘇州洞庭翠峯嗣智門也未幾曾公出守明州手疏請師住持雪竇資聖蘇人固留不可師曰出家人止如孤鶴翹松去若片雲過頂何彼此之有雪竇本智覺禪師道場智覺亦雪峯五世孫備傳琛琛傳益益傳韶而壽繼之智覺其號也一法同源而地有盈虛師之至猶家喬決潢汙變清洸挖壁偃爭迅馳州邦遠近輻輳座下駙馬都尉和文李公表錫紫方袍侍中賈公又奏加明覺之號師住持三十一載度僧七十八人先是門弟子建壽塔於寺之西南五百餘步一日命侍者灑掃塔亭行至山椒歷覽久之曰自今過此何日復至左右皆大驚衆迎師還師堅指塔所衆皆號泣隨至塔前或曰師無頌辭世耶師曰吾平生患語之多矣翌日出杖屨衣盂散遺其徒有問疾者留食殷勤與之約曰七月七日復來相見其夜盥浴整衣側卧而滅時皇祐四年六月十日俗壽七十三僧臘五十夏以七月初六日入塔如師之約嗚呼師得妙用善機不取諸法能知去來達性命故方是時陞堂皇遊墻藩者悟性相體空頓息萬緣爲大乘法器曰義懷在和凡百五十人傳其法於天下彼遮護意根網絆初心背覺合塵逐念流徙得少爲多妄立知見雖三詣投子九陟洞山師亦援手濡足而無以救之是猶孔子之有宰我孟子之有盆成括非其師之過也自師出世門人惟益文軫圓應文政遠塵允誠子環相與裒記提唱語句詩頌爲洞庭語録雪竇開堂録瀑泉集祖英集頌古集拈古集雪竇後録凡七集師患語之多而其徒愴然猶以爲編擯有遺蓋利他之謂也余得其書而讀之二十餘年雖瞻仰高行而禄利所縻無由親近使得稽首避席霑彼法雨覺悟塵勞庶幾可教者今蔑如之何師辭世十有三年碑表未立餘杭僧惠思撰行業録與其徒元圭覺濟大師悟朋繼踵衷文請銘以予跂慕之

心重之以門人之請之勤抑有待耶愚公叩壞以移山雖不量力其誠則至矣謹焚香再拜繫之以銘曰

噫惷愚 背本源 一念異 生二根
勝與劣 駟馬奔 嗜所得 自詐誣
失大道 南北轅 艾至老 愉朝昏
正徧覺 人天尊 迷者挽 溺者掀
朝暾出 彗霾雲 渴得漿 寒得薪
悟報化 知非真 趣安隱 擺客塵
王叔生 廣佛事 破六宗 應彈指
法來東 非會際 信衣傳 隻履逝
頂五山 真法器 立積雪 殊其臂
忍非忍 得法髓 債必償 有裔嗣
皖公潛 佛日翳 翩南遊 立如檣
乞解脫 節八 彊哉慧 攘蜂蠆 二十 神嶽衛
破頭峯 衆雲從 横六氣 醲二宗
教任意 任懶融 黃梅兒 陌上童
關七相 了諸空 聖服勞 杵臼傭
和心偈 措爭鋒 夜南鶩 懷是逢
帝稽首 睎下風 舟復新 葉歸叢

有道得 無心通 世有承 四衆依
燈相續 塤應篪 師異稟 自孩提
斥腴雋 蹈聖梯 慈固拒 不得施
起恭孝 終苴縗 銑落髮 瑩質疑
漢之東 得我師 扶盲瞶 柞荒菑
昔無有 今委蛇 遇霑洽 發萌荑
淫黿鳴 鍾未篕 魚目藏 明珠吐
歸二山 下檐聚 來萬里 足繭踽
訇春雷 披蟄户 辯縛解 決去住
沃醍醐 斟甘露 百五十 冑蕃廡
窮車轍 誦句語 瞻骨目 軸繪素
遠胡越 近杖屨 捐麤相 悉開悟
山茀鬱 泉咿幽 虎跡交 鼯猱啾
塔門闕 松栢樛 天南垂 海彪彪
囊破褐 笈單裯 來環繞 卅一 五體投
名彊身 節八 禄飽喉 狃怨憎 甘飽餔
睨真乘 等贅疣 慶我生 辯薰蕕
斷誘掖 邈無由 琢堅石 攄我憂

治平二年乙巳歲二月五日

明覺禪師祖英集卷第六

校勘記

一 底本，明永樂北藏本。

一 九〇七頁上一行書名，南作「明覺禪師語録卷第六」。

一 九〇七頁上二行「參學小師文政編」，南作「僧録司右闡教兼靈谷禪寺主持淨戒重校」。

一 九〇七頁上四行首字「子」，徑作「子」。上六行第一一字，南、徑同。

一 九〇七頁下一九行末字「折」，徑作「折」。一〇一一頁中一三行第五字同。

一 九〇九頁上三行首字至一一行末字「送……看」，南無。

一 九一一頁上三行首字「空」，南作「堂」。

一 九一一頁上四行「臨濟」，南作「臨際」。次頁上一七行同。

一 九一二頁中末行「二首」，南無。

一 九一二頁下五行首字「品」，南作

「又品」。

一　九一四頁中一〇行首字「誰」，徑作「人」。

一　九一四頁下一一行末字「折」，徑、清作「折」。九一六頁中一二行第一〇字同。

一　九一五頁中四行第四字「右」，南、徑、清作「古」。

一　九一六頁上一一行第二字「藏」，徑作「嚴」。

一　九一六頁中一五行第四字「壙」，徑作「廣」。

一　九一六頁下四行第二字「紀」，南作「寄」。

一　九一六頁下末行第五字「悟」，徑作「悮」。

一　九一七頁上九行第一三字「偕」，南作「俱」。

一　九一七頁中五行第一〇字「期」，徑作「其」。

一　九一七頁中六行卷末書名，南作「明覺禪師語録卷第六」。

一　九一七頁中六行卷末書名後塔銘全文，南無。

一　九一九頁中三行第九字「拒」，徑、清作「拒」。

圓悟佛果禪師語錄序

漢四

龍圖閣直學士左朝奉大夫發遣州軍州事兼管內勸農使耿延禧撰

佛以一音而演說法故一切法同此一音三世諸佛此一音六代祖師此一音天下老和尚此一音吾有正法眼藏分付摩訶迦葉乃此一音正法眼藏向這瞎驢邊滅却亦此一音以至風動林響泉鳴谷應亦此音雷霆霹靂雨雹交横亦此音人語市聲鵝鴨蚯蚓倉庚寒蟬亦此音麻三斤庭前栢樹子得髓得皮老兄未徹拄杖子踍跳上三十三天觀音胡餅却是饅頭無非此音以至一切語言銅鑼盛油銀椀盛雪鷓鴣啼華珊瑚撐月不落不昧通身徧身將心與汝安吸盡西江水亦無非此音不作此音會而作語言聲說妄生分別無有是處昔楊岐以此音簧鼓天下至圓悟大禪師此音益震師因頻呼小玉之音與檀郎認得之音然後大唱此音不數德山歌壓倒雲門曲凡棒子我若無心之音及盤山紅輪西去之音皆當立下風盡是老凍膿所以於建炎中興天子前奏此一音四海寂默而無敢鳴雲居安樂堂上擅此一音衆人憎嫉而無敢和且道此老子秉誰恩力得恁麼奇特昔孔子窮於陳蔡之間左據槁木右擊槁枝而歌猋氏之風有其具而無其數有其聲而無宮角木聲與人聲犁然有當於人之心乃曰今之歌者其誰乎是亦此音而世未之知也圓悟老師其知之矣予叅事佛鑑晚見老師叩此一音更無別調學徒若平亦唱師家曲者集師語要將以刊行求爲序篇以冠卷首若知此音則圓悟老師功不浪施若不知此音而以語言文字求會解者是入行邪道不能見老師云紹興三年十二月二十日序

圓悟禪師克勤嘗被遇今上皇帝對揚正法眼藏其道盛行僧若平鳩工聚材欲以師法語傳諸天下以待後學託嚴州天寧老元弼丐予爲叙吁此果師之本旨哉予聞師常偃處一室坐斷語言轉無上法輪不容擬議揚眉開口立便喪身纔涉廉纖老拳隨起每舉到不與萬法爲侶公案已是拖泥帶水落第二義今乃欲裒集其平昔咳唾之音鋪陳而揄揚之師其聞而有不懌然者乎雖然師之不得已而有言我知之矣譬彼時雨隨物濟潤遐陬僻處枯根蠹芽若大若小各各霑足而太虛空本自無相亦無有作觀覽于斯者宜得之言意之表此集之行在在處處當有神物護持云紹興四年二月日檢校少保定國軍節度使知樞密院事南陽郡開國侯張浚序

圓悟佛果禪師語錄卷第一

宋平江府虎丘山門人紹隆等編

住成都府崇寧萬壽禪寺師在昭覺初受六祖請拈帖示衆云幸自無事須要箇護身符子作麼然禍不入愼家之門且作麼生斷這公案會麼兵隨印轉請維那剖露

擧法衣云古人事不獲已掛弊垢衣如今推免不下入這群隊去也大庾嶺頭藏不得如今也要大家知

指法座云盡十方都是箇寶華王座長在裏

許又何須特地車不横推理不曲斷
陞座乃云蝸牛角上三千界雲月溪山共一
家旣爾業緣無避處不如隨分納些些一不
做二不休還有共相建立底麽僧問逢人即
不出出即便爲人逢人即出出即不爲人未
審如何師云兩箇無孔鐵槌進云把斷要津
還有爲人處也無師云百雜碎進云恁麽則
如龍得水去也師云知則得問承師有言如
今也要大家知未審知箇什麽師云風行草
偃進云恁麽則思深無語懷抱分明師云分
明底事又作麽生僧云通身無影象步步絶
行蹤師云一不成二不是問如何是道中至
寶師云待爾脱却業識來向爾道進云業識
已脱請師指示師云種穀不生豆問寶劒出
匣海蚌初開向上宗乘乞師直指師云横按
鏌鎁全正令進云恁麽則坐斷十方去也師
云七縱八横進云寶藏撥開於此日五葉千
燈事轉新師云曲不藏直乃云一向目視雲
霄壁立千仞則孤負諸聖一向拖泥涉水灰
頭土面則埋没自己如今恁麽也得不恁麽
也得且貴正眼流通還委悉麽直饒高步毘
盧頂不稟釋迦文婢視聲聞奴呼菩薩底來
也須亡鋒結舌自餘故是出頭不得所以道
三世諸佛只言自知歷代祖師全提不起一
大藏教詮註不及明眼衲僧自救不了若據
本分草料猶是節外生枝不涉化門一句作
麽生道陣雲横海上拔劒攪龍門下座
次受昭覺請拈帖云有眼者見有耳者聞不
從天降不從地湧旣然符到奉行豈可囊藏
被蓋請維那宣過
陞座云火不待日而熱風不待月而涼鶴脛
自長鳧脛自短松直棘曲鵠白烏玄頭頭露
現若委悉得隨處作主遇緣即宗竿木隨身
逢場作戲有麽有麽問靈雲見桃華衲子如
何通信師云滿山紅爍爍進云上機頓曉中
下何如師云頂門上著眼進云功不浪施去
也師云爾脚跟下作麽生僧云踏破澄潭月
師云當空轟霹靂進云泥牛吼處天關轉木
馬嘶時地軸揺師云闍梨還和得麽僧拍手
三下師云錯錯進云靈山授記未到如此
師云不是苦心人不知進云輕輕蹋足龍門
過惹得清風動地來師云被闍梨帶累問大
庾嶺頭提不起如今何得在師邊師舉拂子
進云拈來當宇宙錦上更鋪華師云一葉落
知天下秋進云九九八十一還歸有道君師
云但恁麽信取問兵隨印轉和尚今日兵印
在手如何受用師云看取令行時進云和尚
還用得斬諸侯劒麽師云嚇殺人進云四海
浪平龍睡穩九天雲靜鶴飛高師云却得闍
梨共證明進云昭覺從此佛日光輝去也師
云也不消得乃云我本無心有所希求今此
寶藏自然而至上是天下是地左邊廚庫右
邊僧堂前是佛殿三門後是寢堂方丈寶藏
在什麽處還見麽如今坐立儼然見聞不昧
光輝溢目寂爾無眼盡凡聖情脱知見縛長
河爲酥酪大地變黄金從自己胸襟流出一
句作麽生道今古長如白練飛一條界破青
山色下座
指方丈云衲僧家魔宮虎穴尚乃安居何況
利生接物處所還知此室麽諸天擁護諸聖

證明其善知識端居此中與人解黏去縛既有如是勝相山僧於中如何施設不入驚人浪難覓稱意魚作麼生是入門句水歸巨海波濤靜雲到蒼梧氣象閑便入方丈

開堂拈疏示衆云靈山單傳密旨曹溪嫡嗣正音盡在箇裏請表白拈出

指法座云三世諸佛於此轉法輪歷代宗師於此提祖印欲行千里一步爲初不免起模畫樣去也遂陞座拈香云奉爲今上皇帝祝嚴聖壽萬歲萬歲萬萬歲又拈香云奉爲判府内翰諸位勲貴又拈香云此一瓣香不從葱嶺帶來亦非胷襟流出在南中見三十餘員尊宿末後撞著箇老作家被他一槌擊碎今日對衆說破奉爲見住蘄州五祖演和尚以酬法乳保福贊和尚白槌云法筵龍象衆當觀第一義師云把斷世界還觀得也無直饒一槌未落已前薦得猶落二三且作麼生是第一義有知落處底麼出衆相見僧問釋迦說法多寶證明和尚開堂内翰臨顧半山相見即不問妙峯孤頂事如何師云瑞氣騰空進云恁麼則片雲生谷口萬仞碧嵯峨師云能有幾人知進云聖明天子以何報荅師舉拂子進云天上有星皆拱北人間無水不朝東師云且得領話問七擒七縱則不問賓主相逢事若何師云寶劒倚天光爍爛進云碧眼胡僧笑點頭師云相識滿天下進云昨夜三更明月下奪取驪珠歸去來師云誰是箇中人僧問三賢未達十聖難知如何是此宗師云無孔鐵槌當面擲進云嚇殺人師云嚇得一箇進云也知和尚慣恁麼師云儞又作麼生僧云鷂子過新羅師云自知較一半乃云玄機獨唱截斷衆流擺撥不拘更無回互直饒釋迦彌勒不敢當頭著眼倚天長劒凜凜神威杲日當空澄澄光彩無物不爲妙用無法不是真乘控佛祖大機廓人天正眼當陽曉示只貴知歸纔涉思量白雲萬里是故先聖道我此法印爲欲利益世間故說在所遊方勿妄宣傳今日人天普集對衆分明剖露舉拂示衆云大衆見麼一處真千處百處一時真一句透千句百句一時透拈起也乾坤炭粤放下也河海晏清不拈不放又作麼生萬仞峯頭高著眼大千沙界一浮漚遂舉法燈云山僧本欲深棲巖竇隱遁過時蓋緣清涼老人有未了底公案出來爲諸人了却時有僧問如何是未了公案法燈便打云祖禰不了殃及兒孫僧云過在什麼處法燈云過在儞殃及我師云法燈縱域中殺活握閫外威權直得氣槩驚群風標獨立山僧卑志本亦如斯今日出來正緣五祖老師有箇見成公案對衆舉揚有不惜性命底試出挨拶看如無不免自拈自弄去也喝一喝以拂子擊禪牀下座

上堂僧問言無展事語不投機時如何委悉師云未問已前百雜碎進云恁麼則只許老胡知也師云摸索不著進云千聖出來也摸索不著師云眼睛突出乃云不是目前法亦非心外機直下絶承當當陽無向背一處明去千處百處光輝一言通時千言百言透脫非心非佛拈向一邊舉古舉今撥致一處只諸人分上還證據得麼若證據得三世諸佛

於中成道神通變化於中流出大地山河於中發現九類四生於中長育且作麼生是談羅萬有一句來年更有新條在惱亂春風卒未休下座

上堂僧問祖意教意是同是别師云兩輪交互照進云恁麼則足上不足也師云又被風吹别調中問如何是涅槃心師云萬派悉歸源進云如何是差别智師云千差俱不動進云都來不消得去也師云倆放寶劍在什麼處僧云高著眼師云話作兩橛乃云遠問近對萬世如今舉東明西千途一轍無事上演事無爲處作爲非色非聲青黄順逆非心非佛賓主交參全承此箇威光不在别處流轉且道此箇是什麼若喚作佛頭上安頭若喚作法無繩自縛祖師巴鼻是抱贓叫屈向上機關是揚聲止響直得總不恁麼始較些子且道既總不恁麼因什麼却較些子莫怪從前多意氣他家曾謁聖明君下座

上堂云獨掌不浪鳴獨樹不成林建法幢立宗旨須是互爲賓主安貼家邦所以道我若坐時爾須立我若立時爾須坐我若孤峯獨宿爾須偃息干戈我若天上人間爾須三頭六臂然後可以光揚佛日且道浩浩之中如何辨主是處是慈氏無門無善財下座

上堂僧問掬沙獻佛果感輪王法寶今聞有何利益師云千重百帀進云過往生天見存獲益去也師云不用闍黎重註脚問向上一路請師直指師云一棒打破虛空進云過在什麼處師云不識痛癢漢進云此猶是德山底師云山僧從來借路經過乃云眨上眉毛蹉過大似開眼尿牀見成公案放行正是黠兒落節恁麼不恁麼總得曳尾靈龜不是心不是佛不是物虛空釘橛進得許多關門破戶猶是死水藏龍傾湫倒嶽一句作麼生道巨靈擡手無多子分破華山千萬重下座

上堂云覺即了不施功麗天杲日印長空淨五眼得五力帀地清風有何極途中受用底似虎靠山世諦流布底如蛾投焰且道放行爲人好把住爲人好攙鏌鎁全正令太平寰宇斬癡頑下座

上堂云化育之本物我同途祖佛之源古今不易靈然獨露透聲色無遺廓爾見前拘動寂不得坐却意見截却語言根塵中不隔絲毫聲色外去來無際恁麼透得古今生死頭出頭没悉皆坐斷苟或未然有寒暑兮促君壽有鬼神兮妬君福下座

上堂云法界不容身佛眼覷不見聖智離言說海口莫能宣直截當陽已成階級轉身吐氣轉見周遮明明無覆藏明明絕點翳寬若太虛清如古鏡若以眼見文殊橫身若以耳聞觀音彰用若以心知普賢當堂且道毗盧遮那在什麼處眨上眉毛下座

上堂云一毫穿衆穴大地没遮攔徧界不曾藏古今無向背刹刹爾塵塵爾句句爾念念爾還明得麼若明得去不費纖毫力直入解脫門絕承當一句作麼生道喝一喝下座

上堂云機輪未轉大地黑漫漫古鏡當軒沙界淨躶躶坐却意根無動轉處塞却咽喉無吐氣處却是箇真實底人提得即天上人間撥著便氷消瓦解正當命脉上如何點八月

秋何處熱下座
上堂云一即一切實際理地一切即一本來
無物拈起也吒吒沙沙放下也綿綿密密三
界長時獨露十方無處容身孤峯頂上倒行
十字街頭橫卧目視雲霄則且致魚行酒肆
一句作麽生道放憨作麽下座
改昭覺寺爲崇寧勑黃到開堂師拈勑黃示
眾云帀地普天皆承恩力九州四海悉稟威
靈百千法門中殊特法門無量妙義中眞實
勝義如今從天降下不在眼目定動唇吻合
開驗在目前一時薦取宣勑罷
指法座云大眾這一條路千聖共知徐行踏
斷流水聲縱觀寫出飛禽跡且道如何進步
要提無相毗盧印須向千峯頂上行
陞座拈香示眾云光吞萬象氣絶諸塵始從
撥草瞻風以至入鄽垂手等閑不欲全彰切
恐驚群動眾今日拈來奉爲今上皇帝祝嚴
聖壽次拈香云奉爲判府尚書諸衙勳貴次
拈香云十年淮甸受盡辛勤一道清虛親蒙
印可不敢孤負奉爲五祖老師以酬法乳正
法和尚白搥師乃云駕千鈞弩一擊便行射
透鐵圍不容擬議一言之下煞活全彰寸機
之中包括群象直須當頭點破可以千眼頓
開更若四顧躊躇便見撐天摸地有構得底
出眾相見僧問三通鼓罷四眾臨筵學人上
來請師說法師云天晴日出進云莫只這是
爲復別有師云且只了一頭進云兩頭時如
何師云看儞承當不得問百華競秀妙德家
風一亘晴空普賢境界去此二途請師指示
師云石笋抽條長一丈進云莫便是和尚爲
人處也無師云這邊那裏兩頭垂進云請師
拈出師云猶自不知進云恁麽則騎牛穿市
過師云終是謷訛問有一語全規矩今日開
堂有何祥瑞師云乾坤廓落無邊際杲日當
空宇宙明進云一點水墨兩處成龍去也師
云說什麽兩處僧問語默涉離微如何通不
犯師云天知地知進云恁麽則驗在目前去
也師云儞見什麽進云日月光天德山河壯
帝居師云卻較些子乃云全機大用觸處見
成溢目清光貫通今古一塵含法界一念徧
十方盡大地是眞實人總剎海爲大解脫只
在當人略回光相自著眼看可以克證無生
頓超方便是故諸佛出世爲一大事因緣祖
師西來亦不出見性成佛只如今日奉皇帝
勑建大伽藍賜額度僧祝嚴聖壽一場佛事
耀古騰今判府旌旆光臨群賢車蓋畢集四
眾瞻仰萬姓歌謠爲國開堂舉揚宗教山僧
不敢囊藏被蓋其有諸佛說不盡底祖師提
不起處對眾八字打開去也遂舉拂子云大
眾還見麽擊禪牀云還聞麽見處透脫聞處
精明一念返本還源即具頂門三眼萬里更
無纖翳千聖齊立下風坐斷報化佛頭直得
壁立千仞且道是什麽人境界鵰弓已掛狼
煙息萬里歌謠賀太平下座
上堂云通身是眼見不及通身是耳聞不徹
通身是口說不著通身是心鑑不出直饒盡
大地明得無絲毫透漏猶在半途據令全提
且道如何展演城中日月縱橫掛一亘晴空
萬古春下座
上堂云當陽有路祖佛共知覿面相呈見聞

不隔萬象不能藏覆千聖無以等階活鱍鱍絶承當淨躶躶無回互直饒棒如雨點喝似奔雷猶未動著向上關捩在如何是向上關捩瞎却諸聖眼瘂却山僧口日午打三更面南看北斗下座

閩五祖訃上堂云大庾嶺頭笑却成哭崇寧門下哭却成笑何故喫泉水貴地脉且要正眼流通宗風不墜所謂無常生死法與我不相干若能如是見不用哭蒼天旣不用哭蒼天如何通信請大衆拈香兩彩一賽下座

上堂云般若流運四象遷移正眼寥弘一陽來復昆蟲動植悉禀此恩履地奉天咸知慶賀且道無陰陽地上還有這箇消息也無日南長至晷運推移錯下座

上堂云大人具大見大智得大用胸中懷六合袖裏掛金槌高提祖印據寰中萬里孤光長溢目直得清風帀地雨灑長空截斷兩頭歸家穩坐所以道映眼時若千日萬象不能逃影質凡夫只是未曾觀何得自輕而退屈只如盡華藏世界海窮虛空邊際都盧是箇金剛眼且作麼生觀捺石渡頭風浪靜三三兩兩釣魚船下座

上堂僧問一大藏教那箇是頭師云如是我聞進云此是阿難底如何是和尚底師云山僧用得甚快乃云一言道合隨處皆真一句無私全彰實印問得也善不問甚奇烜赫光明本無向背所以道無邊刹海自他不隔於毫端十世古今始終不移於當念不隔處總十方爲真境不移處貫十世於目前淨躶躶脫塵情赤灑灑無蓋覆直得千聖同蹤萬機頓赴還會麼竿頭絲線從君弄不犯清波意自殊下座

上堂僧問如何是教外別傳一句師云問取燈籠進云謝師荅話師云自領出去進云却是禪外別傳也師云三千里外過崖州問學人不恁麼時如何師云莫亂統進云趙州庭前栢崇寧庭前楠是同是別師云莫眼華進云一種沒絃琴惟師彈得妙師云山僧亦不承當乃云在天成象在地成形日月爲照臨四時作寒暑居谷盈谷處坑滿坑有情則動轉施爲無情則森羅顯煥如今在山僧拄杖頭上指山山崩指海海竭點鐵成金點金成鐵攪長河爲酥酪化酥酪爲長河見諸人不會變作無邊身菩薩十方六趣悉皆普現去也還見麼鴛鴦綉出從君看不把金針度與人以拄杖擊禪牀下座

上堂僧問如何是正主師云萬派皆歸海千山必仰宗進云見成公案去也師云脚下黑如漆進云莫謾學人好師云具行脚眼未僧云和尚道什麼師云墮坑落塹乃云智光洞照十方萬有全歸一念寬濶非外寂寥非內鬧市裏天子百草頭老僧物物頭頭全身塵塵刹刹大用不落巳見外緣一句作麼生道禹力不到處河聲流向西下座

上堂僧問入門一句作麼生道師云引得一箇上鈎來進云爭奈吞却萬象師云無孔鐵槌進云學人今日失利師云三點兩點愁殺人乃云覿面見得在聖猶虧纔涉關津白雲萬里諦實處不思議綿密處同真際把斷世界無絲毫透漏脫灑一句作麼生道萬仞峯

頭獨足行下座

上堂孤迥峭巍巍始終活鱍鱍喚作禪道祖佛眼中著屑不喚作禪道祖佛掘地覓天還有得入者麼從他千古萬古黑漫漫填溝塞壑無人會下座

上堂云點即不到一大藏教錦上鋪華到即不點祖師西來金聲玉振且道祖意教意是同是別碧潭雲外不相關下座

上堂云三轉法輪於大千其輪本來常清淨一切諸佛皆恁麼轉若向下去三乘五性頓漸偏圓若向上去不唯覓下口處不得臨濟德山目瞪口呿且道不落上下又作麼生誰是出頭人下座

上堂云僧云直待金星現燒然始到頭學人金星在手時如何師云點進云恁麼則不到頭也師云亂走衲僧進云爭奈金星何師云蹉過了也僧問祖師也恁麼道天下老和尚也恁麼道未審崇寧作麼生道師云山僧不恁麼道進云撞著磕著去也師云撞著箇什麼進云禪客相逢只彈指師云兩頭三面進云殺活臨時師云腳頭腳底師云入荒田不揀三千里外黑漫漫牛頭沒馬頭回百億萬劫沒交涉拈一放一節外生枝舉古舉今無風起浪山僧今日一時坐斷且道還有爲人處也無千峯勢到嶽邊止萬派聲歸海上消下座

上堂僧問譬如擲劒揮空有一人劒亦無虛空亦不揮時如何師云大衆見儞敗闕進云學人只管推出和尚何不放行師云莫謗崇寧好進云爲什麼不肯承當師云藏身露影進云今日捉敗師云果然問牛頭未見四祖時如何師云天地莫能知進云見後如何師云古今成牓樣進云仁義只從貧處斷去也師云鬼窟裏出頭來乃云青鬱鬱碧湛湛百草頭上泄天機華簇簇錦簇簇鬧市堆邊露真智金聲玉振擲地風光電轉星飛通天作用不與萬法爲侶則且致針眼魚吞却嘉州大像時如何惡下座

上堂問如何是塵塵三昧師云點滴不萢進云是一是二師云毫端寶刹進云兩彩一賽去也師云痛領一門僧云蒼天蒼天師云未領在問世尊拈華迦葉微笑和尚說法有何指示師云一物也無進云爲什麼一物也無師云爲儞無眼進云爭奈學人何師云一任跨跳乃云目前絶對待萬境森然物外有玄機當陽卓犖棒喝照用拈向一邊語路縱橫放過一著爾諸人向這裏撥得一線路去直下孤危倘未撥得鼻孔盡在山僧手裏拈拄杖云穿却了也擊禪牀下座

上堂僧問團團無縫罅因甚麼得恁奇特師云七華八裂進云言中有響去也師云且緩緩問長至一陽生君子道長時如何師云衲僧門下無許多事進云萬法是心光又作麼生師云却好高著眼進云直下承當去也師云利劒揮空乃云離相離名絶塵絶跡一回拈出一回新一度用著一度快橫該萬有豎透金輪內沒纖毫外無點綴若能不作聖情凡解擔荷展演得去入鄽垂手著著有出身之機退處孤峯處處歷刹塵之境恁麼中不恁麼不恁麼中却恁麼全提一句作麼生道

撥開向上一竅千聖齊立下風下座
上堂僧問去歲今朝今日去今年年是去年年如何是物不遷師云眉毛在眼上進云恁麼則改故換新去也師云莫錯認進云如何是不錯認底師云好看取進云劫火洞然毫末盡青山依舊白雲中師云轉得回來不直錢問萬物維新之際一人納慶之辰如何是新年頭佛法師云孟春猶寒進云恁麼則法不孤起師云坐却主人翁什麼處出氣進云長空有月千門照師云隨人脚跟轉乃云一法若有毗盧墮在凡夫萬法若無普賢失其境界一法萬法若有若無毗盧普賢凡夫法界盡在箇裏好不資一毫醜不資一毫帀地普天內外包括未有天地世界巳早見成及乎萬彙資彰凝然不變若向一氣未兆巳前著得眼去落第二頭更於萬物見成之際信得及去轉沒交涉新年舊歲歷歷分明一句作麼生道日日香華夜夜燈下座
上堂僧問十五日即不問如何是和尚分明爲人一句師云當陽見定無毫髮擬議尋思隔萬山問正當上元水牯牛在什麼處師云鐵棒打著瘡痕露乃云撥塵見佛未免眼裏撒沙聞聲悟道亦是耳中著水直得生佛無階級空界悉等平淨躶躶絕思惟赤灑灑沒可把猶未離這邊事在更須揮金剛寶劍斬斷謷訛拈殺活拄杖打破得失亦未明向上一竅在儻或具大丈夫意氣有烹佛祖鉗鎚直下向那邊承當得却來這裏橫三竪四坐一走七荷負宗乘提持祖印有時放行同彼同此見隨類身和光順物有時把住莫道弗眼覷不見設使大地草木悉變爲千百億身放無數光明也照不著且道即今作麼生若不藍田射石虎幾乎悞殺李將軍下座
上堂僧問橫穿碧落倒卓須彌未審是什麼人分上事師云入地獄人分上事進云却是他安身立命處師云凡解氷消進云此心能有幾人知師云只恐不知乃云終日相逢無半面剛然千里有知音不須格外論奇特只此全機耀古今傾蓋如舊白頭如新兩鏡相照不隔纖塵徧界未甞示相毫端普現色身止猶谷神動若行雲相見又無事不來還憶君下座
上堂云禪非意想立意乖宗道絕功勳建功失旨聞清聲外句莫向意中求轉照用機關柄佛祖鉗鍵有佛處互爲賓主無佛處風颯颯地心寧意泰響順聲和似恁麼人且道向什麼處安著披蓑側立千峯外引水澆蔬五老前下座
上堂云本來是佛無成不成正體湛然離出不出本分事上直得萬里無片雲猶未可放過更說什麼諸餘其或隨機且論箇出世不出世所以道淨法界身本無出没大悲願力示現受生且道釋迦老子即今在什麼處只知事逐眼前過不覺老從頭上來下座
上堂僧問了了見無一物未審如何師云好箇消息進云功不浪施去也師云只恐脚不點地進云回頭看滸眼特地一場愁師云果然浪走僧問學人不起一念時如何師云自傷巳命進云因誰致得師云莫換崇寧舌頭好問妙體本來無處所時如何師云腦後拔

楔問如何是玄中玄師云玄殺儞進云石人暗點頭師云言猶在耳乃云舉無遺照十方剎海目前觀五體堂堂大千同一真如性各守本位去山是山水是水互換投機去星辰易位祖佛潛蹤兩處絶聲訛二邊純莫立無可不可悉得安居隨時應緣凝然湛寂且道長養聖胎一句作麼生道不起纖毫修學心無相光中常自在下座

上堂僧問如何是平展之機師云縱橫十字進云且得沒交涉師云什麼處沒交涉僧云腦後拔箭師云搊問父母非我親誰是最親者師云吾常於此切進云諸佛非我道誰是最道者師云須是有轉身處始得僧云欲行千里一步為初師云信受奉行乃云國無定亂之紉四海晏清門無白澤之圖全家吉慶若道有承恩力處正是土上加泥更或削跡吞聲亦乃將南作北到這裏縱橫十字未免謷訛據位投機猶較些子且作麼生是據位底句寒山逢拾得撫掌笑呵呵下座

上堂僧問江邊臨水者盡是揉魚人錦鱗紅尾作麼生取師云莫妄想進云不妄想時如何師云不計工程得便休進云碧潭深萬丈直下取魚歸也師云更須退步問一塵含法界時如何師云暗裏髑髏明世界乃云祖祖相傳傳底事佛佛授手不唯他若存情識論知解耳裏塵沙眼內華所以道見聞覺知是法法離見聞覺知不著佛法僧求呼喚不回籠羅不住更須知棒喝交馳照用同時向上一竅始得且作麼生是向上一竅鶴有九臯難翥翼馬無千里謾追風下座

上堂僧問一雨普滋還有佛法也無師云全承他力進云頭上漫漫脚下漫漫去也師云也須乾剥剥始得進云盡大地總是教學人如何趣入師云和頭沒却進云恁麼則兩重相見師云料掉沒交涉乃云牛頭沒馬頭回千聖不知前三三後三三河沙莫筭低低處平之有餘高高處觀之不足東勝身洲走馬南贍部洲著撲扇子踍跳上天東海鯉魚發怒直得雨似盆傾大千沙界悉已瀰漫且道是牛頭沒馬頭回是前三三後三三海神知貴不知價留向人間光照夜下座

上堂云捧頭取證撒土撒沙喝下承當承虛接響向上向下轉更顢頇說妙談玄和泥合水這一片田地分付來多時也平白欺人盡大地撮來如粟米粒大拄棒打月佛祖凡聖粘向一邊總不依倚時如何紅霞穿碧海白日遶須彌下座

上堂僧問生死交謝寒暑迭遷未審無位真人還有寒暑也無師云汗流似雨進云分明在目前也師云莫向目前作窠窟進云爭奈即今何師云鈍置阿師乃云暑氣蒸人如墮甑四肢流汗似澆湯賴他白羽全施力引得清飈一襲涼諸人還覺寒毛卓豎麼劄下座

上堂僧問須彌山意旨如何師云推不向前約不退後進云未審還有過也無師云坐却舌頭問法不孤起仗境方生提坐具云這箇是境如何是法師云却被闍梨奪却槍進云和尚今日為什麼退已讓人師云只有先鋒無殿後進云未審如何是殿後師云還我話頭來乃云田地穩密底撞脚不起探頭太過

神通妙用底放脚不下收身未轉直饒十字縱橫朝打三千猶較些子且道蹔說在什麽處若知有去始見全提半提儻或未知布袋裏老鴉雖活如死下座

上堂僧問南泉斬猫兒意旨如何師云殺活臨時進云趙州戴草鞋又作麽生師云是他屋裏事進云打鼓弄琵琶去也師云且莫詐明頭乃云有佛處羅籠不住無佛處荒草尋人放行也觸處光新把住也乾坤陡變且道向上人來時如何他家自有通霄路下座

上堂云休夏自恣海衆常規秋色澄清乾坤肅殺般若流運動靜一如時節不相饒炎涼倏攺變無生曲調韻出清霄至寶當軒光吞萬象古今不覆蓋見在没遮攔一念不落諸緣證取自家境界何必靈山覓佛少林問祖會麽解開布袋無拘束切更勤看水牯牛下座

上堂云一言截斷千聖消聲一劒當前横屍萬里所以道有時句到意不到有時意到句不到句能剗意意能剗句意句交馳衲僧巴鼻若能恁麽轉去青天也須喫棒且道憑箇什麽可憐無限弄潮人畢竟還落潮中死下座

上堂云殺人刀活人劒上古之風規亦是今時之樞要言句上作解會泥裏洗土塊不向言句上會方木逗圓孔未擬議已蹉過正擬議隔關山擊石火閃電光搆得搆不得未免喪身失命且道此理如何苦瓠連根苦甜苽徹蔕甜下座

上堂云雲騰致雨世界索然日照天臨乾坤廓爾文殊堂裏萬菩薩縱然顯現睛是睛雨是雨山是山水是水阿那箇是萬菩薩風暖鳥聲碎日高華影重下座

上堂云定乾坤句包古括今透生死關超聲越色兠竄活計百千萬刼難出頭截斷衆流一片虛凝没依倚設使乾坤倒覆大海翻騰草木叢林悉皆化爲刀槍矛盾也動他一點不得且道憑箇什麽恁麽地手執夜明符幾箇知天曉下座

上堂云眨上眉毛早蹉過塞却眼更形言語轉周遮合取口盡大地都爲一座佛眼覷不見一大藏都爲一句海口莫能宣也未提得一半在忽然踏破化城時如何行到水窮處坐看雲起時下座

上堂云風清户牖明明古鏡高懸光射斗牛凜凜太阿横按外魔臨之膽慴妖邪擬之魂亡千聖拱手歸降十方居然坐斷外絶四維内絶理事直下便是諸人還見麽不離當處常湛然覓則知君不可見下座

退院歸辭衆上堂云未有長行而不住未有長住而不行爲無爲益無益梯航三有津濟四生是衲僧家本分事雖然時節到來一刀兩段要且鼻孔不在别人手裏所以道動若行雲止猶谷神既無心於彼此亦無象於去來如是則去來不以象動靜不以形豈不綽綽然有餘裕哉且道臨行一句作麽生道本是林下人却歸林下去下座

圓悟佛果禪師語録卷第一

圓悟佛果禪師語録卷第一

校勘記

一　底本，明永樂北藏本。

一　九二一頁上六行第九字「這」，清作「者」。下同。

一　九二一頁下九行與一〇行之間，經有「圓悟佛果禪師語録目録」：

「卷第一　上堂一
卷第二　上堂二
卷第三　上堂三
卷第四　上堂四
卷第五　上堂五
卷第六　上堂六
卷第七　上堂七
卷第八　上堂八　小參一
卷第九　小參二
卷第十　小參三
卷第十一　小參四
卷第十二　小參五
卷第十三　小參六　普説
卷第十四　法語上
卷第十五　法語中
卷第十六　法語下　書　拈古上
卷第十七　拈古中
卷第十八　拈古下　頌古上
卷第十九　頌古下
卷第二十　偈頌　真讚　雜著　佛事
圓悟佛果禪師語録目録終」。

一　九二一頁下一一行與一二行之間，經有「上堂二」一行。

一　九二一頁下一一行編者「宋平江府虎丘山門人紹隆等編」，南無。

一　九二二頁上六行「鐵槌」，南、經、清作「鐵鎚」。次頁中九行同。

一　九二二頁上一七行第一六字「䈎」，南、清作「葉」。

一　九二二頁下一五行第八字「眼」，南、經、清作「垠」。

一　九二四頁中一七行第五字「刀」，南、經、清作「力」。

一　九二五頁下一八行「城中」，南、經、清作「域中」。

一　九二六頁上一六行第六字「槌」，南、經、清作「鎚」。九一七頁中七行末字同。

一　九二七頁中六行「下坐」，至此，經卷第一終，卷第二始。正文前有「上堂二」一行。

一　九二七頁下一行第八字「門」，南、經、清作「問」。

一　九二八頁中一一行第七字「業」，南、經、清作「盡」。

一　九二八頁下五行第五字「鍵」，經、清作「鎚」。

一　九二九頁上三行第六字「五」，南、經作「正」。

一　九二九頁中三行第一二字「步」，清作「涉」。

一　九三〇頁上二行第一三字「謷」，南作「譊」。

一　九三〇頁下一三行「兩段」，南作「四段」。

一　九三〇頁下卷末經名，經無（未換卷）。

圜悟佛果禪師語錄卷第二　漢五
宋平江府虎丘山門人紹隆等編
住夾山師在公安天寧受請拈帖示衆云百
草頭上薦取爭如箇裏承當旣然符到奉行
豈可當爐避火若也見得坐斷一切人舌頭
苟或未然却請維那剖露
師指法座云毗耶借座燈王萬壽燈王借座
且道是同是別還委悉麼幸自可憐生應須
高著眼
陞座示衆云鈎頭有餌句裏無私已泛扁舟
放行綸線還有衝浪錦鱗麼僧出云有師云
高著眼僧擬議師云著問錦官罷釣澤國重
遊方爲萬壽之賓又作碧巖之主流水下山
即不問白雲歸洞意如何師云舊店新開進
云好音在耳人皆聳一句無私亘古今師云
大家在這裏進云萬丈白雲藏不得一輪光
透照無私師云到家一句作麼生道僧擬議
師云了師乃云目前無異草徧界絕遮攔域
中日月斬新方外乾坤獨露直得龍天釋梵
動地雨華妙德空生目瞪口呿行棒行喝拈
向一邊雲月溪山放過一著一處透脫千處
百處誸通一機洞明千機萬機圓轉碧巖不
離此處此處不離碧巖攝大千於毫端融芥
塵於剎海啣華鳥過抱子猿歸湛寂凝然應
真不借則且致只如無陰陽地上成得箇什
麼邊事萬卉正資和氣力碧巖先發一枝春
復舉馬大師問藥山子在此許多時本分事
作麼生山云皮膚脫落盡唯有一真實祖云
據汝所見可謂恊於心體而布四肢何不將
三條篾束取肚皮隨處住山去山云某甲何
人敢言住山祖云不然未有長行而不住未
有長住而不行欲益無所益欲爲無所爲宜
作舟航由是住山師云大衆古人得意之後
不忘利生直入深山提持宗要山僧暗昧豈
敢仰攀如是則更不用篾束肚皮却有箇折
脚鐺子與方來共守寂寥若信得及不在忉
忉或未諳詳聽取箇末後句高峯突兀倚天
門青嶂虛閑可探跟折脚鐺兒幸然在不妨
携去隱深雲雖然如是也須是大家出一隻
手始得且道畢竟如何妙舞應須誇徧拍三
臺須是大家催
師入院指方丈云箇是毗耶據坐處正同摩
竭令行時夾山頂顊通一竅放出天彭老古
錐旣放伊出頭且道作得箇什麼伎倆衝浪
錦鱗來入罟漫天網舉不饒伊
師指法座云大衆還識寶華王麼更不落二
落三便敷座云野猿抱子歸青嶂幽鳥啣華
過碧巖此地昔時曾作客今茲爲主愧無慙
衆中還有辯得賓主底衲僧麼僧問兩細柳
拖金線風和華綻錦昇雲月溪山即不問到
家一句若爲論師云坐斷天下人舌頭進云
只如尖新底事又作麼生師云儞還識得舌
頭麼進云雲到碧巖千仞翠月當青嶂萬溪
春師云更進一步始得進云莫便是摩竭令
也無師云放儞三十棒師乃云門外青山潑
黛遠中細雨如膏靈雲陌上桃華處處芳菲
溢目香嚴巖畔翠竹時時撼影搖風直得一
擊忘所知一見絕疑惑不免尚留觀聽未透
聲色若能見無見之色聞無聞之聲撥轉路
頭踏翻關捩句句超佛越祖塵塵耀古騰今

處處離色絶名箇箇斬釘截鐵心外無法法外無心用王庫刀發千鈞弩壁立萬仞坐斷十方可以入大解脱門傳正法眼藏向堯時舜日共樂昇平鼓腹謳歌歸家穩坐且到家一句作麼生道但願春風齊著力一時吹入我門來復云昔傳明有通天作略跨海神機使無舌人説無義語收洛浦接青峯辨石霜賞佛日險崖句峻陷虎機深電激星飛珠回玉轉建兹寶刹風範具存而山僧庶事不才何以繼其高躅既辭讓不及轉透無門不免借一條路向無言處演言無事處生事無佛處現佛無祖處示祖且貴始末相符頭正尾正敢問諸人還見夾山老子麼莫從百草巔頭驀覿面無私亘古今

澧州權郡張朝散請師就香積院開堂師於權府手中接得疏示衆云言言錦繡句句取璣讚無上乘顯正法眼應須未擧已前薦珠文彩之外承當苟或未然却請宣過

師指法座云大衆見麼寶華王座列祖共登車不横推理無曲斷便陞座拈香云此一瓣香奉爲今上皇帝祝嚴聖壽萬歲萬歲萬萬歲伏願睿筭等乾坤聖明逾日月龍圖鳳曆彌億萬年玉葉金枝亘百千劫次拈香奉爲權府通判朝請檢法在坐尊官諸衙勳貴伏願高遷禄位永固壽基又拈香云此一瓣香准向昔年酬價錦官舊日曾拈如今海衆要知不免分明説破奉爲蘄州五祖山第十二代故演禪師爇向爐中與天下衲僧出氣遂斂坐洛浦和尚白槌云法筵龍象衆當觀第一義師云早是第二了也若論勝義諦中真勝義文彩未兆一槌未落把斷要津不通凡聖不於言下薦不向意中求既然草偃風行不免隨波逐浪還有共相證據者麼師乃云爍迦羅眼頂上放大光明摩醯首羅面門現奇特相一言含衆象一句逞群機何止猛虎穴裏横身萬仞峯頭側足所以道顯大機明大用得失俱喪是非杳忘絶塵絶跡透色透聲重重無盡事事圓融又如華嚴法界無邊香水海不可説浮幢王刹盡向這裏一時開現即此現成即此受用不以眼見不以耳聞不以口談不以心知還證得麼若也證得不必覺城東際初見文殊樓閣門開方參慈氏敢問大衆且道即今是什麼人境界擧拂子云盧舍本身全體現當機直下没纖毫

到洛浦上堂云萬木縈紆一逕遥虩虩古屋桃山腰今朝喜到深深處幾度飛書辱見招爍爍山桃似火絲絲溪柳拖金日暖風和鸎吟燕語所以不離普光殿不出菩提場徧遊華藏海無邊刹境左穿右穴重重無盡一一交羅且作麼生是洛浦深深處覿面若無宗正眼回頭只見翠山巖

留首座上堂古路坦然真規不墜紀綱得所耒帥得人内肅外寧安家樂業以大千界爲一真境以十方佛同一舍那文殊普賢交光相羅觀音彌勒彈拳合掌臨濟德山互相賛成白牯狸奴了無向背可以演無生曲唱太平歌且超情離見一句作麼生道木人把板雲中拍石女含笙井底吹

上堂云三春已過九夏方新聚玄徒雲閒扇真風世外不促一念不涉三祇當人隨處見

成箇箇頂門有眼若便恁麼承當得去放行把住全不由他出没縱横更非外物若使上流觀見正在半途明眼相逢難爲透脫山僧雖無金剛寶劒衲僧向上鉗鎚昔在五祖白雲拾得數箇金剛圈一籃栗棘蓬九夏之中與諸人共相切磋遂舉拂子云大衆還見麼且道這箇是金剛圈是栗棘蓬不容淺見衲僧會唯許通方作者知

上堂云丁一卓二本分鉗鎚捏聚放開作家受用灰頭土面處壁立千仞壁立千仞處土面灰頭自然雙放雙收到處爲祥爲瑞還委悉麼掬水月在手弄華香滿衣

上堂云太虛寥廓萬彙森然正眼洞明纖毫不立孤峻處祖師莫近坦夷處人天共知擊開大解脫門識取無面目底且作麼生是無面目底芍藥華開菩薩臉樓欄葉現夜叉頭

解夏上堂云圓覺伽藍豁開户牖華嚴刹海大座當軒促百千億劫爲一念豈止百二十日長期延一念作百千億劫寧論此世來生始見流金爍石俄然玉露垂珠時節不相饒物理有變復當時結夏普天帀地一時結此時解制普天帀地一時解結時初不相著解時初不相離到這裏通一線曉一機去儞爲儞我爲我長底長短底短清者自清濁者自濁於中也無去來亦無動轉浩然太均同歸一致然後放收擒縱得大解脫更喚什麼作儞作我作長作短一時截斷且自恣一句作麼生道雲在嶺頭閑不徹水流澗下太忙生

謝維那直歲上堂云真金琢玉須資作者鉗槌荷教扶宗必仗本分兄弟交爲肘臂互作主賓便可以顯大機發大用布慈雲灑甘露駕慈航觀斷岸超生死越涅槃令他天下衲僧頂門上放光脚跟下歷落箇箇如龍如虎人人玉轉珠回非唯扶竪叢林亦乃流通正眼豈不是奇特事敢問大衆奇特一句作麼生道妙舞更須誇徧拍三臺須是大家催

開爐上堂僧問古者道敲空作響擊木無聲如何是敲空作響師云釋迦老子來也師乃云三世諸佛向火焰裏轉大法輪熱發作什麼火焰爲三世諸佛說法三世諸佛立地聽也須照顧眉毛若是聊聞徹骨徹髓信得及見得徹直下與三世諸佛同生同死與火焰同起同滅當處解脫得大安隱衲被蒙頭便是箇清涼世界苟或未然只知事逐眼前過不覺老從頭上來

上堂云一向不恁麼目視雲漢不徇人情一向恁麼灰頭土面帶水拖泥恁麼中不恁麼就下平高不恁麼中却恁麼從空放下或有箇恁麼不恁麼總不管亦無明亦無暗亦不放亦不收且道如何到頭霜夜月任運落前溪

上堂云天寒人寒大家在箇裏滴水滴凍無這閑工夫庭際之人驀地覓心不得衲衣下事誰諳野火燒山千重百帀没遮攔漢去胡來絶回换且作麼生是不離當處底一句鶴飛千尺雪龍起一潭冰

上堂云雪竇道義出豐年儉生不孝於衲僧門下是放行是把住若人道得老僧分半院與伊住師云雪竇病多諳藥性經効始二人箇中或有知豐知儉知放行知把住底亦何

必分半院與伊住燒香發願只圖他早有箇院子住使嘗些滋味且免得窮廝煎餓廝炒

上堂云滿天和氣帀地韶光柳眼洋洋開桑條懲破華枝似錦鳥語如簧八穴七穿篆不雕之心印百頭千緒演不說之妙門物物上明頭頭上現當處截得斷去死火不重燃直下信得及去枯荄生物外不涉程途則且置和泥合水一句作麼生道還家盡是兒孫事祖父從來不出門

上堂云韶華二月半漏逗渾莫筭未少食無氈飣菜崖空飯吞底栗棘蓬跳底金剛圈分外展家風泰時轆轢鑽

請首座上堂合千差包萬有齊往來印今古混有無一生死舉不犯之令行不言之教齊不齊平不平於此建立於此辨明於此紀綱於此表帥何法不容何事不成何德不圓何心不契且風行草偃一句作麼生道爲山登九仞捻土定千鈞

上堂云牙上生牙角上生角機上生機巧上生巧毒蛇鼻頭揩癢飢鷹爪下奪肉千尺井底施籌略百尺竿頭作伎倆納須彌於芥子擲大千於方外奇則甚奇妙則甚妙子細檢點將來爭如向這裏直下似桶底脫去三界平沉得箇休歇過去自過去未來由未來只今見成坐斷天下人舌頭還委悉麼聱聲不斷前句雨電影還連後夜雷

上堂云鬱蒸無處避覿體通同薰風自南來披襟獨得衆熱不到衆苦無餘須知佛祖閫域之中有轉物回天之用是故雪竇道茫茫普熱紛紛下雪倒流四河截發枯栟且道正當恁麼時如何蟬聲時到耳鴈影忽迎眸

上堂云華開世界起達者先知葉落即驚秋賢明早悟而況鴈連湘浦影蟲作促織吟明明節換時移歷歷星馳電急正當恁麼時機關脫落底萬法本閑尚留見聞底長安正鬧若能善觀時節把斷要津堂堂越聖超凡一一騎聲蓋色當處平和一句作麼生道志士惜日短愁人知夜長

解制上堂云尋常一味無過朴實頭坐斷千差更須高著眼壁立萬仞處淨躶躶平田淺草裏峭危危當處平和拖泥帶水深挑痛劄犯手傷鋒欲得兩不相妨各請休機罷釣且九夏賞勞一句作麼生道險處豈嘗忘顧鑑縱行平地索隄防

上堂云突出難辯久叅未免躊躇信手拈來後學那知端的金風扇物玉露垂珠鴈過長空蛩吟幽砌一一七穿八穴明明百撒手便何必棒喝交馳方論照用直下懸崖撒千重可承當還有恁麼人麼見義不爲非勇士臨危不變始驚群

看藏經上堂祥煙繚繞瑞氣氤氳公案見成有誰扣擊乃云塵中大經卷莫測津涯聰慧淨眼人始能拈出直得義天性海若帝網交羅智照神光如洪爐猛焰今日幸遇皇風蕩蕩帝道平平有大心檀越爲汝發機使諸人各各八字打開直得霞儔展處玉牒舒時文彩已彰各宜薦取且不落文墨一句作麼生道一堂風冷淡千古意分明

上堂云一塵入正受盡大地冷湫湫諸塵三昧起徧十方闊浩浩分身百億未足爲多端

坐虛堂未嘗言静到這裏卷舒收放擒縱殺活以金剛寶劒截斷疑情將衲僧巴鼻脫生死關坐斷要津不通凡聖千人萬人羅籠不住百千境界轉變不得始能爲如來使普現色身且道正當恁麽時如何日用無回互當機有卷舒

上堂云萬機不到千聖不携截斷葛藤掀翻路布若也從苗辨地因語識人猶落第二機在若論第一機上實無如是事且道第一機上還著得計較麽著得向上向下麽著得佛祖麽到這裏直須恁麽超然地把斷要津不通凡聖若未薦得不免放一線道向第二義門無言處演言無相中現相直下似十五夜月澄湛孤圓一室千燈交光相照始終一貫前後無差也須是箇同道者方知同得者方證且那箇是同得同證底一言才契證未悟已先知

知縣入山上堂拈香示衆信手拈來光明烜赫結而爲蓋散而爲雲爇向爐中莊嚴知縣宣德妍智道人伏願道心堅固種智圓明遂敷座適來錦上鋪華如今鋪華錦上還有明眼底解拈得採得麽試出來擊揚看師乃云心不是佛認心乖宗智不是道立智失旨道本無爲佛亦無相於無相無爲處辨得去一切諸相悉皆是佛一切所爲悉皆是道拈起也天回地轉放下也草偃風行若是向上更不落二落三直下單刀直入其或尚存光彩猶滯皮膚不免向這裏談妙談玄演事演理行棒行喝舉古舉今且道山僧畢竟將什麽爲人不住舊時無相貌外尋知識也非真

上堂云山頭鼓浪井底揚塵眼聽似震雷霆耳觀如張錦繡三百六十骨節一一現無邊妙身八萬四千毛端頭頭彰寶王剎海不是神通妙用亦非法爾如然苟能千眼頓開直下十方坐斷且超然獨脫一句作麽生道試玉須經火求珠不離泥

上堂云風吹風動無二種水洗水濕豈兩般淺聞深悟底錦上鋪華深聞不悟底生鐵鑄就春盡羣芳已歇夏初百穀方滋時節不相饒乾坤得自在且不涉迷悟一句作麽生道薰風自南來殿閣生微涼

王待制生日請上堂示衆云當陽一句直截根源不昧時機出衆相見師云靈機廓爾豈有階梯智照洞然本無迷暗一切處作奇特事不動絲毫脚跟下亘堅容身徧塵沙界坐斷千差路突出四威儀何假七步周行十種祥瑞明明絶滲漏歷歷無覆藏包古今齊物我平得失混去來分明直下現成是箇本來面目只如透出形聲且道如何通信還委悉麽一塵才舉處全體現優曇

上堂云第一句下薦得祖師乞命第二句下薦得人天膽落第三句下薦得虎口裏横身不是循途守轍亦非革轍移途透得則六臂三頭未透亦人間天上且道三句外一句作麽生道生涯只在絲綸上明月扁舟泛五湖

住道林語録師在夾山受請拈帖示衆云大衆湖外有知音千里通消息透出威音王誰解知端的還知麽箇裏辨取苟或未然却請對衆宣過

陞座云數載碧巖藏拙訥幽深頗愜再南心

業緣苦死相驅逼隨順還須過道林二途俱不涉底出來道看僧問天得一以清地得一以寧衲僧得一時如何師云藏身無路進云兵隨印轉去也師云一句合頭語進云意氣不從天地得英雄豈待四時推師云瞻之仰之進云只如跡中道本來真性不減不增隨處道場無罣無礙和尚爲什麽不住夾山却赴道林師云只爲現成公案進云恁麽則慈悲不等去也師云什麽處不等進云驗在目前師云蹉過也不知進云承師有言湖外有知音千里通消息未審是什麽消息師云高著眼進云還許學人說道理也無師云啐啄即不堪師乃云孤峯頂上眠雲孤負先聖十字街頭垂手埋沒宗風不擇地而安失却正眼揀所在而住理涉多端若是本色衲僧直下一刀劃斷無彼無此離去離住明如杲日寬若太虛隨處作主遇緣即行且應物利生一句作麽生道渠儂無向背一鏃破三關師復云雲縱卷舒豈有彼此谷神靜應那列高低融通萬有而混成坐斷要津而一致壓中經卷長時轉大法輪句下分身是處光輝烜赫箇是衲僧家尋常受用或撮大地如粟米粒大抛向面前攔須彌跨跳上三十三天且道是雲縱卷舒谷神靜應還會麽行船須是把梢人

到梁山上堂云擊布鼓於龍門曜螢火於太陽到這裏直得藏身無路還有忍俊不禁底麽師乃云無生師子窟哮吼驚群不二栴檀林香風帀座直得言超象外句演真乘道出古今用過佛祖山僧到這裏如何啓口所謂見所未見聞所未聞雖然借路經過不免逢場作戲乃古乃今無彼無此適來覺海舉夾山道太陽溢目萬里不掛片雲清清之水遊魚自迷目前無闍梨此間無老僧若能知雲月是同溪山各異便見但知作佛愁什麽衆生如此則三玄三要八字打開五位君臣一筆勾下諸人還見麽出頭天外看須是箇中人

到德山上堂云高懸古鏡列萬象於臺前橫按鏌鎁截群機於句下開作家爐鞴奮佛祖鉗鎚演見性之真風紹圓明之宗範直得如天普蓋似地普擎頭頭物物明明了了要津坐斷選佛場開到這裏豈可飲氣吞聲不免借華獻水大衆當年見性禪師據一條白棒佛來也打至於隔江摇扇斫木傳心嚴頭雪峯唱末後句洞山龍牙明殺活機今古流傳叢林龜鑑而今堂頭繼此真風截斷衆流不存涓滴山僧幸獲觀光敢問人境相稱一句作麽生道五溪清不盡千古美無虧

入院至方丈云摩竭陀親行此令毗耶離已現神通而今總不重拈出坐斷千差繼祖風且坐斷一句作麽生道已在言前

陞座云炎炎伏暑離青嶂肅肅清秋渡碧湘古殿耽耽松檜密無塵金地足清涼旣到這裏還有本色衲僧麽出來共相證明僧問黃檗因裴相國美譽彌高大顛得韓文公佳聲逾遠未審和尚恩歸何人師云那將魚目比明珠進云若然者從此希聲天下聞師云退身有分進云今日和尚添得一重光彩師云什麽處是添得進云虎頭帶角出荒草師云

切忌合頭語師乃云法無住相著相乖宗道不虛行隨行得路須知住中無住行中無行寬若太虛明如杲日萬象不能藏覆千聖豈可擬倫一塵飛而翳天一芥墮而覆地一華開而見佛一葉落而知秋物物須頭明明歷歷事有千差理歸一揆須是通方作者始解證明不見道盡乾坤都盧是沙門一隻眼又道盡大地撮來如粟米粒大非是神通妙用亦非本體如然到這裏遇緣即宗隨處應機且到山一句作麼生道古殿倚巖腹新徑繞雲根復云諸佛不出世四十九年說威音已前沒交涉祖師不西來少林有妙訣達磨一宗掃土淨盡若人識祖佛渠無面目甚處識渠當處便超越前是三門佛殿後是方丈寢堂左右廚庫僧堂作麼生說當處超越還委悉麼撒手到家人不識更無一物獻尊堂

八月一日於天寧寺開堂師拈疏云大衆見麼箇裏薦得正法眼藏明明無覆藏大事因緣歷歷生光彩其或未然却請表白對衆宣過宣疏罷

師指法座云大衆借座燈王昔人模範當陽定奪此日機鋒要明佛祖淵源須踏毗盧頂上遂陞座拈香云此一瓣香奉爲祝嚴今上皇帝聖壽伏願金輪長御極寶祚永昌隆拱北極以稱尊空芥城而彌固第二瓣香奉爲判府安撫侍講運使中大運判檢討提學刪定提舉大夫承受奉御兩廳通判大夫在座勳貴伏願爲風后力牧作稷卨夔皐副具瞻則八座三台簡帝心乃塩梅霖雨第三瓣香千佛出興何人酬價威音那畔誰辨端倪昔年白雲一句下承當今日潭城第三回拈出奉爲蘄州五祖山第十二代故演禪師以酬法乳乃攝衣趺坐天寧和尚白槌云法筵龍象衆當觀第一義師云好箇第一義直得八面玲瓏如印印空如印印泥如印印水恁麼說話早是落二落三了也莫有具透關眼底便請出來激揚看僧問透白雲關佩黃梅印握楊岐正令恢慈明舊里臨濟三玄即不問妙峯孤頂事如何師云覿面相呈無向背進云善財七日不逢則且致文殊爲什麼百劫摸摝不著師云你什麼處見文殊進云一句迥超千聖外滿筵目擊盡知音師云高高處觀之不足低低處平之有餘進云恁麼則瀟湘江上月照破碧巖秋師云也須急著眼始得進云只如侍講昔日有詩道解語乃無舌老僧非此間正當恁麼時如何師云知心有幾人進云今人轉憶龐居士天上人間不可陪師云却被闍黎道著師乃云大道無向背至理絕言詮迥出三乘高超十地萬法不到處特地光輝生佛未分時靈源獨曜不落聞見不隨色聲直下無一絲毫頭徧界全彰奇特事直饒棒頭取證喝下承當猶是曲爲今時更或光境俱忘契心平等畢竟亦非的旨所以道向上一路千聖不傳學者勞形如猿捉影到這裏理絕事絕行絕照絕用絕權絕實絕直似倚天長劍凜凜神威如鐵牛之機羅籠不住今日幸對明眼人前不敢被蓋覆藏八字打開去也拈拂子云還委悉麼耀古騰今活鱍鱍大千沙界露全身復云大衆昔日雪峯拈拄杖示衆云我這箇爲中下機人

時有僧出問云忽遇上上機人來時如何峯拈却拄杖雲門云我不似雪峯打破這葛藤乃拈拄杖云我這箇爲中下機人時有僧問忽遇上上機人來時如何雲門便打師拈云大凡扶宗立教須是頂門上具眼肘臂下有符看他二老宿縱横殺活出沒卷舒甚生奇特子細點檢將來猶是節外生枝若據山僧見處乃拈拄杖云山僧只將這箇普爲一切人無論上中下若要擎展一任擎展若要承當一任承當處處把斷要津箇箇壁立千仞且道忽遇其中人來時如何萬國醉心嘗大鼎相逢携手上高臺

謝監寺上堂云滴水氷生百了千當鐵作脊梁骨金鑄堅實心荷負叢林賛弼知識典刑可法直下朴實頭底且道是什麼人相逢相見呵呵笑更有春風春又春

借五　十八

運判請上堂示衆云驚群敵勝乃英靈佛祖當機貴見成幸遇通人爲證據何妨出衆決疑情僧問龐居士圖機如疾焰過風馬祖大師捷辯如奔流度刃二人酬唱還有優劣也無師云通身是徧身是進云一槌擊碎去也師云且莫錯認進云不與萬法爲侶者是什麼人師云問從何來進云好箇消息師云道什麼進云只如一口吸盡西江水又作麼生師云杲日麗天進云將爲有多少奇特師云備又作麼生進云覿面相呈師云眨上眉毛

師乃云明明不退轉歷歷無生忍彌綸萬有含吐十虛離見絶聞超聲越色若謂即心即佛正如頭上安頭更言非佛非心大似撥漚覓火超出二見不隨中間淨躶躶無遺赤灑灑全露是故古人道靈源不昧萬古徽猷入此門來莫存知解到這裏纖毫不立徧界不藏萬派朝宗千差同轍直得威音已前乃至窮未來際不移易一絲毫用處覿體全真拈來當機直截只如今日開選佛場演最上乘且道薦嚴一句作麼生道內宮慈氏當臺見偏界全彰淨妙身復舉乾峯示衆云舉一不得舉二放過一著落在第二雲門大師出衆云昨日有人從天台來却往徑山去峯云典座今日不得普請師云閃電光中著眼擊石火裏横身乾峯既鐵樹生華雲門亦紅爐皷浪拳踢相應唱拍相隨所請要明恁麼事須是恁麼人若是恁麼人須解恁麼事只如今日大明普照上根圓證作殊勝緣現奇特事且道與雲門乾峯是同是别不逢别者不閑拳一遇知音便分付

瀆五　十九

上堂云樹凋葉落頭頭體露金風海闊天高處處月圓秋夜佛祖提不起棒喝用不著清奇水石玲瓏心印全彰瀟灑巖崖峭拔門庭成見安家樂業則且止海衆雲臻時如何豁開戶牖相延諸淡飯麤羹守寂寥

上堂云深深處無物堪比倫淺淺箇兩手相分付以一統萬穿衆穴於毫端補短截長秤尺於掌內換却髑髏裏底且致把將靴鞋袋來一句作麼生道意氣不從天地得英雄豈藉四時推

周侍御請上堂云祝一人無窮之壽開十方選佛之場建殊勝緣作奇特事須是作家漢共相激揚始得僧問秋去冬來忽忽過流年日月信無多決去玄沙三種病趙州茶盞事

如何師云放去收來進云須信天真佛與悲錢萬般師云一點水墨進云直得微甘回齒頰已輸崖蜜十分甜師云却須透得趙州關進云不煩魏帝一丸藥去也師云天下衲僧取則進云趙州老漢猶是入泥入水未審過林門下作麼生為人師云截鐵斬釘進云可謂是一句當機迅若雷爍迦羅眼頂門開師云分明記取師乃云玄機透脫融萬象於目前至理高明會千差於物表一明一切明一見一切見一用一切用一說一切說直截根源當陽顯露若能於此洞達去自己脚跟下一段大事明如杲日寬如太虛可以修身可以見性可以祝一人上壽可以種未來勝因是故靈山拈華迦葉微笑少林面壁神光傳心於是中間如擊石火似閃電光須是奇特人方明本分事要知本分事還他奇特人只如今日奇特本分底一句作麼生道葵藿同傾仰高祝萬年春

上堂云玄玄玄太顢頇了了了没邊表有生有滅特地乖張無去無來轉見漏逗不起滅盡定而現諸威儀不捨凡夫法而修諸勝行且道是放行是把住隨流認得性無喜亦無憂

上堂云葉落知秋動絃別曲定光招手智者點頭承當於文彩未生前相照向是非得失外不涉廉纖如何通信萬景徒有象孤雲本無心

糧越請上堂僧問教云初日分中日分後日分皆以恒河沙等身布施如何是初日分恒河沙等身布施師云大海若不納百川應倒流進云如何是中日分恒河沙等身布施師云見成公案進云如何是後日分恒河沙等身布施師云盡未來際一時收師乃云日面月面珠回玉轉有句無句絲來線去如來禪父母未生前祖師意井底紅塵起透得者權實句下雙明透未得者葛藤窠裏埋没透得透不得總不恁麼時如何薰風自南來殿閣生微涼

結夏上堂云高超十地不歷僧祇物我一如身心平等不與萬法為侶不與千聖同途歷歷常光現前處處壁立萬仞直饒透出威音已前猶是這邊事在及乎理隨事變應物應機或現十種他受用身或現三尺一丈六有時孤峯頂上目視雲霄有時淺草平田橫三豎四亦只是這邊事只如不動步而廓周沙界不起念而周徧十虛底人且道九旬三月還結夏也無雲在嶺頭閑不徹水流澗下太忙生

上堂云月圓月望月旦月朔斬釘截鐵堆山積嶽小乘錢貫大乘井索有漏笊籬無漏木杓定龍蛇句全殺活散向諸方任貶剝叅

鄧樞密奏到紫衣師名上堂云此一瓣香奉為祝嚴今上皇帝伏願帝基永久寶祚彌昌億萬斯年永隆聖壽次拈香奉為兩府樞密相公伏願長居三事永處巖廊壽算等喬松福祿深巨海陞座僧問師名遠賜全提佛祖大機椹服初披獨露人天正眼百帀千重則且置孤峯頂顛事如何師云優鉢羅華火裏開進云只如朕兆未分已前是何面目師云渠無面目進云龍得水時添意氣虎逢山勢

長威獰師云誰不恁麼進云空生若解巖中
坐爭得天華動地來師云却被闍黎勘破進
云聖明天子未審將何報答師云此心心外
更無心進云還許學人轉身吐氣也無師云
儞作麼生著力進云三事衲衣青嶂外一爐
沉水白雲中師云大家讚歎師乃云大道絕
遮攔其誰趣向虛空無背面何處雕鐫迥出
威音王高超毗盧頂直得絕塵絕跡離相離
名海口莫能宣佛眼覷不見其柰巖中宴坐
諸天雨華淨室掩關梵音慰諭遠稟一人洪
造特資宰輔陶鎔樵服師名荐臻巖穴既爾
從天降下理應直下承當泉石光輝林巒增
秀嵐行草偃水到渠成由是擊開解脫門顯
示正法眼調無生曲唱太平歌樂無為之化
去也還委悉麼優鉢羅華開䫻著無香氣名
自樞密府恩從九天至草木生光輝麟龍不
為瑞誓奮鐵石心仰答丘山惠
舉泰首座立僧上堂云大人具大見大智得
大用一飛六月息一諾千金重滔天必江海
崔嵬必山嶽先知覺未知先覺覺後覺打開
無盡藏運出無價珍不依倚一物顯示本來
人
浴佛上堂云一手指天一手指地末上一機
衲僧巴鼻步步蓮華金盆澡洗西天東土共
流傳至今處處澆香水良久云車不橫推理
不曲斷下座
劉提舉請上堂云般若智光破生死昏衢之
暗金剛寶劍截結使纏縛之憂透脫處一念
無多受用處通身具眼直得如天普蓋似地
普擎如日普照如風普涼一絲不移纖塵不
翳所以道一切法不生一切法不滅若能如
是解諸佛常現前又道未達境唯心起種種
分別達境唯心已分別即不生於分別不生
法中認取不變不移無窮無盡清淨本然周
徧法界本來自性若了得去於天地未分先
佛未立乃至劫火洞然大千俱壞於中無一
絲毫動搖無一絲毫起滅無一絲毫增減無
一絲毫榮悴若能恁麼始知提舉朝議未嘗
滅未嘗虧未嘗移未嘗去且獨超物外一句
作麼生道九蓮開合處百寶自莊嚴久立珍
重
解夏上堂云妙淨明心本無延促金剛正眼
豈有開遮絲毫不移古今獨露理隨事變事
逐理融隨所作心應所知量便有春夏秋冬
生住異滅從無住本立一切法用無功用成
一切事且隨緣不變一句作麼生道秋風吹
八極木落露千山下座
上堂云古佛有通津當陽亘古今懸崖能撒
手一語直千金參
上堂云行棒行喝拽石搬土象骨輥毬禾山
打鼓溈嶺牧牛玄沙見虎喫茶趙州面壁魯
祖爭似老雲門臘月二十五參

圓悟佛果禪師語錄卷第二

圓悟佛果禪師語録卷第二

校勘記

一　底本，明永樂北藏本。

一　九三二頁上一行經名，[徑]無(未換卷)。

一　九三二頁上二行編者，[南]作「僧録司右闡教兼靈谷禪寺住持淨戒重校」，以下各卷同；[徑]無(未換卷)。

一　九三二頁下一五行第一四字「外」，[徑]作「下」。

一　九三二頁下一六行「桃華」，[清]作「妙華」。

一　九三三頁上一六行末字「取」，[南]、[徑]、[清]作「珠」。

一　九三三頁上一七行末字「珠」，[南]、[徑]、[清]作「取」。

一　九三四頁中一〇行首字「槌」，[南]、[清]作「鎚」。

一　九三四頁中一四行第八字「唯」，[南]作「爲」。

一　九三四頁下三行第一四字「被」，[南]作「帔」。

一　九三四頁下一九行「二人」，[南]、[徑]作「傳人」。

一　九三五頁上一二行「秦時𨍏轢鑽」，至此，[徑]卷第二終，卷第三始。正文前，有「上堂三」一行。

一　九三五頁下七行「百撒手便」，[南]、[徑]、[清]作「百帀千重」。

一　九三五頁下八行「撒千重」，[南]、[徑]、[清]作「撒手便」。

一　九三七頁中三行「踍跳」，[南]作「踣跳」。

一　九三八頁上五行「須頭」，[南]、[徑]、[清]作「頭頭」。

一　九四〇頁下二行「所請」，[南]、[徑]作「所謂」。

一　九四一頁下末行「卷第二」，[徑]作「卷第三」。

圓悟佛果禪師語録卷第三　漢六

宋平江府虎丘山門人紹隆等編

住建康府蔣山師在潭州道林受請拈勑黄示衆云龍蟠鳳翥鐵畫銀鈎出自九重從天降下大衆瞻仰請爲敷宣拈香祝聖云大衆見麼祖佛同根本人天共讃揚結成寶蓋祥雲共祝南山聖壽奉爲今上皇帝萬歲萬萬歲伏願道超盤古徳冠羲軒位永固於金輪壽彌堅於刼石遂陞座云大衆時平道泰天清地寧一人高拱無爲萬物各得其所普天率土無不承恩航海梯山均蒙陶鑄直得塵塵刹刹物物頭頭放大寶光開正法眼運般若力復太古風知恩報恩一句作麼生道萬靈莫測無爲化處處全開五葉華

道林辭衆上堂云十虛同一漚寧分彼此大千同一塵豈有去來若能各人明見本心顯發妙用通天作略動靜一如市地風光彼此無二住也浮雲凝於幽谷去也虛舟泛於長江去住本自圓成解脱更無異路如是則全起全滅全動全靜全去全來全收全放且出門一句作麼生道頭頭物物皆成現正眼當陽廓太虛復云三年承乏幸叅陪道業荒蕪愧不材赴詔直從天外去何時相與復徘徊

入院至方丈云達磨面壁維摩默然有條攀條豈可形言雖然如是脱體宏開不二門只要解黏兼去縛

陞座云道不虛行如風偃草緣不虛應似鏡臨形若能於心無心於已無已於彼無彼於我無我蕩蕩廓周沙界皆非外物縱歷盡乾坤際悉在目前法隨法行法幢隨處建立理亦如是事亦如是況寶公道場梁時示化舒王福地聖世重興宏闢選佛場宣唱大般若於其中間且作麼生是於心無心於已無已坐斷要津不通凡聖底一句三山半落青天外二水中分白鷺洲

結夏上堂云一塵含法界無邊子細點檢猶有空缺處在百億毛頭師子百億毛頭一時現著實論量未是極則之談若論本分事大人具大見大智得大用設使盡無邊香水海越不可說不可說世界都盧是自已安居處舉一念超越無邊剎海猶未是衲僧行履處不犯鋒鋩不拘得失不落二見不在中間正當恁麼時如何山中九十日雲外幾千年

上堂云法無二相道豈多途彼此絶功勳古今不變易有依倚底碧落青霄無依倚底銀山鐵壁設使神通妙用百帀千重爭如息見忘機家堂穩坐且不涉二途一句作麼生道他家自有通霄路罷却干戈百草頭

五月初二日開堂於知府手中接得疏呈示大衆云字字演無量義句句如優曇華佛祖鉗鎚人天標牓當陽拈出文彩已彰錦上鋪華請重宣過

指法座云高高無外深深無際更不作禮須彌燈步步堦梯全體是且道是箇什麼看看

拈香云大衆還見麼熏五分法身結五雲瑞彩爇向爐中奉爲祝嚴今上皇帝聖壽萬歲萬歲萬萬歲伏願道齊堯舜徳冠羲軒南山壽逾億萬年北極尊亘河沙劫第二瓣香奉爲判府尚書諸衙勳貴伏願贊一人箇在副四海具瞻爲周邵甫申作皐夔益卨第三瓣

香云昔年白雲堆裏最初一句截流今日人天衆前箇是四回拈出奉爲蘄州五祖山第十二代演禪師爇向爐中以酬法乳之恩乃攝衣敷座天禧和尚白椎云法筵龍象衆當觀第一義師云一椎便成光輝溢目要津把斷誰是唱酬還有能觀第一義底出來相見師乃云曠劫來事只在如今威音那邊全歸掌握頭頭物物成現明明了了無差獨用宏機全提祖印設使奮逸群作略施竭世樞機未免節外生枝水中捉月所以諸佛出世罕遇作家祖師西來承虛接響向上一路千聖不傳學者勞形如猿捉影到這裏不拘格式不躡前蹤不昧當機如何舉唱明眼漢沒窠臼本分事絕羅籠幸遇帝道平平皇風蕩蕩祝嚴聖壽爲國開堂台旆光臨皇華作證鍾山頂上實公塔前八字打開分明顯示去遂拈起拄杖云還見麽諸佛搆不著祖師提不起千日並照萬鏡臨臺不隔纖毫當陽薦取且不涉諸緣一句作麽生道八方霖露無爲化萬國謳謠樂太平

上堂云不滅不生亘古亘今圓融無際應用無差佛祖由茲圓成人天因其發現至於千聖萬聖出來移易一絲毫不得要識文殊普賢釋迦彌勒觀音勢至盡在這裏不起纖毫凡聖情念不拘得失是非境界直下全真更非他物且薦嚴一句作麽生道還委悉麽彌陀非外得徧界是西方

上堂云一切無收攝觸處圓成應用絕參差莫窮形相向千聖頂顊上有時露出祖佛莫窮底機關於一毫端中有時演出主賓互換底文彩經天緯地玉轉珠回即且置舉拂子作點勢云這一點落在什麽處海神知貴不知價留與人間光照夜

上堂云至真非內大千非外表裏一如含融法界月印寒潭珠沉滄海樹彫葉落無在不在萬法本通同從來無向背要是箇中人始終無變改且作麽生是無變改雪後始知松栢操事難方見丈夫心

上堂云格外真乘當陽正眼騎聲蓋色離見絕聞非三賢十聖所知非神通變化所測撥開向上一竅威音已前把斷封疆直饒達磨西來也無措手足處到這裏更說心說境說得說失得麽掀知有什麽交涉若是利根漢一刀截斷不落第二見不落第二機直下便承當豈不省要乃至若行若住若坐若卧一香一華一瞻一禮無不皆從自己流出無不皆從本有道場中來以此坐斷報化佛頭不妨隨時著衣喫飯三世諸佛只言自知祖師西來全提不起一大藏教詮註不及且道到這裏作麽生說預作津梁底道理還委悉麽片雲點太清已落第二見

報寧民和尚受帖上堂云一向孤峯獨宿目視雲霄雖則不埋沒宗風無乃太高生一向十字路口土面灰頭利物應機雖則埋沒自己無乃太屈辱生況明悟之士頂門具眼肘下有符出沒卷舒得大自在動若行雲止猶谷神可以或孤峯獨宿不礙土面灰頭或土面灰頭不礙孤峯獨宿恁麽中有不恁麽不恁麽中却有恁麽且應時應節一句作麽生道良久云瑞氣逢嘉運靈苗觸處春

交季善友爲僧上堂云三界無安四生拘促欲脫愛網超步大方正應披忍辱鎧操智慧刀運上品心發殊勝志與蘊魔煩惱魔死魔共戰滅三毒破魔網始是大丈夫漢豈不見教中道三界無安猶如火宅衆苦充滿甚可怖畏又道是舍唯有一門而復狹小雖然狹小過去諸佛現在諸佛未來諸佛盡從箇裏出去且道必竟如何良久云何似生遼天鶻萬里雲只一突

上堂云千聖不同轍正體獨露萬象無所覆妙用常真法隨法行無處不徧心隨心用無處不周若能上絕攀仰下絕己躬放出人人常光目前各各獨露便可以於一塵中現寶王剎坐毛端裏轉大法輪以無轉而轉即一切皆轉以無身現身一切處無不是身亘古亘今凝然寂照所以道唯一堅密身一切塵中現雖居塵中而塵中收他不得雖居四相而四相羅籠不住雖一切處覓其纖毫形相了不可得然而要用便用要行便行亦不於一塵中覓塵亦不尋其纖毫形相謂之無生法忍且只如截斷兩頭一句作麼生道死生同一際萬化悉皆如

解夏上堂云毫端寶剎寬闊優游十世隣虛古今渺邈洞視不見徹聽不聞到這裏非止善財七日歛念設使文殊百劫運大智力延無邊神用亦不能覷見只如諸人九十日間各各於中全體遊歷出沒卷舒縱橫收放八穴七穿東涌西沒儻忽於此知得歸當去不妨步步踏著實地心心契證平常苟或未然今日布袋口開還委悉麼良久云勿謂清秋多勝致低回且復按雲頭

八月一日上堂云撥正三界窠窟放出無位真人透過荊棘叢林便居常寂光土非如非異耀古騰今非色非心超宗越格淨躶躶絕承當赤灑灑沒回互只如今在諸人頂門貫通一切若能各各返照內觀即坐自己家堂所以祖師道有一物上拄天下拄地常在動用中動用中收不得謂之本源佛性顯成知解宗徒更云說似一物即不中亦不免涉三寸路直得不墮常情不拘格式諸人若能於此定當得更不在指東劃西若定當不得不免重重指注去也不見道有物先天地無形本寂寥能爲萬象主不逐四時彫既不逐四時彫又能爲萬象主且當陽截斷路頭如何趣向還委悉麼八月秋何處熱復云抖擻自精神搆取自家底如斬一綟絲不分前後際力刃既雙行一斬截一切倘能劒刃上承當一口吸盡西江水

開爐上堂云乾茆近火理合先燋滴水冰生事不相涉倘或透生死明寒暑融動靜一去來直得意遣情忘如癡似兀然後乃可飢則喫飯倦則經行熱則乘涼寒則向火雖然如是趙州道我在南方三十年有箇無賓主句直至如今無人舉得且無賓主話火爐頭如何舉得還委悉麼衲被幪頭萬事休此時山僧都不會

褒山珪禪師爲佛眼和尚設齋請上堂云還有助哀者麼僧問明鏡當臺舉無遺照只如佛眼和尚還化向什麼處去師云妙喜世界藏不得蓮華影裏現全身進云和尚只道得一半師云𠈁全道底又作麼生進云煩惱海

中爲雨露無明山上作雲雷師云天地懸隔進云誰人知此意令我憶南泉師云且莫詐明頭問臨濟滅却正法眼三聖直下便承當盤山會裏要傳真普化當時翻筋斗未審此意如何師云跳出金剛圈吞過栗棘蓬進云萬里神光頂後相只明這一段時節去也師云方木逗圓孔進云學人是直截根源師云一任跨跳師乃云此方緣盡他方顯化此界身殁他界出現大善知識以無邊虛空爲正體以香水海不可說塵刹爲化境以日月爲明燭以形骸爲逆旅以死生爲晝夜其來也電光晃耀其去也石火星飛雖示世人有去有來極其本體不動不變所以南泉和尚昔爲馬大師作齋問大衆云今日爲先師設齋且道先師來麼有底道合取鉢盂有者道真堂前更添一分食蓋明此箇不動不變至靈至妙各有奇特處要且只見錐頭利不見鑿頭方今日褒山珪公長老爲佛眼和尚設齋敢問大衆佛眼和尚還來麼有道得底試出來道看若無不消一箇普同供養何故驀頭水滴滴相承五葉華葉葉相付且道綿綿不斷一句作麼生道祖月凌空圓勝智何山松栢不青青

檀越請陞座僧問祖師門下水泄不通明眼人前圓難啓口未審和尚如何爲人師云無孔鐵鎚當面擲進云劒閣路雖險夜行人更多師云捉敗這漢進云收得安南又憂塞北師云腦後添一倢問聲前一句非聖不傳未曾親近如隔大千如何是聲前一句師云咕嚓舌頭進云如大火聚近之燎却面門又如何親近師云只得瞻之仰之進云爭柰推倒嘉州大像倒騎陝府鐵牛師云孟八郎漢師乃云心不是佛心與佛俱非智不是道智與道俱遣到這裏金屑雖貴落眼成翳珍食雖美難中飽人若是向上人須知向上事若於向上提持去也威音已前空劫那畔不恁麼至於毗婆尸佛婆竭陀國不恁麼靈山拈華迦葉微笑亦不恁麼少林面壁神光斷臂亦不恁麼何故若使恁麼彼此相鈍置既不恁麼又且如何舉唱所以道諸佛不出世四十九年説祖師不西來少林有妙訣若人識祖佛當處便超越上根利智千里同風一刀兩段聊聞舉著徹骨徹髓剔起便行隨處作主遇緣即宗草偃風行全機獨露正當恁麼時不依倚一物一句作麼生道萬象之中長獨露千峯頂上現全身

僧復披剃謝恩陞座云天中之天聖中之聖處域中之大超方外之尊執寶籙以臨民覆金輪而御極廓清六合停毒萬方聿降綸言重興佛法遂使普天釋子復換僧儀歸本笏於裴相公納冠簪於傅大士重圓應真頂相再披屈眴田衣俄頃之間追還舊觀皇恩崇重倍萬丘山草木之微云何圖報輒傾肝膽少出毫芒大衆先佛有頂顫一機如擊石火似閃電光祖師有末後一句吞栗棘蓬跳金剛圈可以敵聖驚群可以轉凡成聖騰今現古蓋色騎聲如今對衆拈來不犯從前路布還委悉麼洪鈞妙力先天地覆載恩歸大聖人

上堂僧問選佛場開上根圓證不昧當機如

何指示師云一超直入如來地進云龐居士道不昧本來人請師高著眼馬大師因什麼直下覷師云頂門上有進云居士道一種没絃琴唯師彈得妙馬大師直上覷未審意旨如何師云睛裏能抽骨進云直上覷底是直下覷底是師云莫謗馬大師進云爭奈龍袖拂開全體現象王行處絕狐蹤師云有龐居士證明師乃云真妄窠窟生死根株論其汗漫則千差掬其趣向則一致起唯法起滅唯法滅起滅全真了無二致所以道三界唯心萬法唯識離心之外無別識境揚岐又道群靈一源假名爲佛體竭形消而不變金流朴散而常存如此則亘古亘今不生不滅羅籠不住呼喚不回古聖不安排至今無處所且始終不變一句作麼生道還委悉麼不從千聖中傳得透出威音更那邊

楊安撫請上堂僧問白雲生滿座瑞氣擁禪堂少室真消息當機願舉揚師云一舉千差同一照進云一音清迅生潮舌萬類聊聞道眼開師云風行草偃進云只如蘊定乾坤謀略有蓋世英雄具殺人刀兼活人劍還有佛法道理也無師云有進云如何是佛法道理師云直是天下無敵師乃云十虛融攝正眼洞明八表昇平圓機獨運萬象不能藏覆千聖無以擬倫明明絕承當歷歷無回互見成是箇大解脫門有超宗越格底眼具離見絕情底機出没於中往復同用直得拈起也天回地轉應須拱手歸降放下也草偃風行必合全身遠害可以集衆福可以滅諸殃可以報君親可以安邦國全明一道神光不落見聞知覺正當恁麼時收因結果一句作麼生道萬里江河歸有道凱歌齊唱賀郎回

劉宣教請上堂僧問劒輪頂上飛大寶光虎眼峯前豁開宗要既是向上人須明向上事如何是向上事師云坐却舌頭進云此猶是向下事師云果然轉不得進云直得蓋天蓋地底來和尚向甚處出頭師云且向千里外立進云爭奈覿面相呈毫髮無間師云已遭點額也師乃云生平唯以此相知促榻論心到極微轉眼奄然今五載人間空只想形儀祖佛知見生死根源萬世不移易一絲毫千聖莫能窮趣向其生也電光石火舉必全真其滅也玉轉珠回通身無影所以道群靈一源假名爲佛體竭形消而不滅金流朴散而常存於一現一切而普該於一切現一而無剎不徧同古同今契物契我正體一如非生非滅所以道生滅去來本如來藏妙真如性夫如是則生未嘗生滅未嘗滅去未嘗去來未嘗來都盧是箇如來藏體真如正性敢問提舉中奉即今在什麼處還委悉麼無生無住著處處是全身

上堂僧問單拈獨弄只貴眼辨手親正按傍提須是作家手段棒喝交馳則且置頂門一句事如何師云倒行此令進云將山門下不爲分外師云分身兩處看進云學人更向上行時如何師云且只向下問進云任大也須從地起更高爭奈有天何師云過師乃云目擊塵塵剎剎同居華藏海中頂門竅竅堂堂渾是無生法忍拈一莖草現丈六身吹一布毛傳正法眼離無翻有絕聖絕凡八字打開

分明顯示了也若委悉得去遂舉拂子云東方妙喜世界不離箇裏西方極樂世界亦不離箇裏上方兜率世界亦不離箇裏如是則一處通千處百處一時通一處圓千處百處一時圓且不離本有一句作麼生道閻浮樹下親修處九品蓮中妙果圓

開聖節上堂云頂天履地共荷皇恩含齒戴髮均承帝力神霄降慶真主示生傾萬國丹心祝一人聖壽當陽有路萬派朝宗一句無私輾輸肝膽還委悉麼大明齊北極聖壽等南山

散聖節上堂云神霄真人降駕長生帝君御極神靈開且夷夏欽風萬瑞咸臻千靈擁祐布羲軒無私之政追盤媧太古之風萬國赤子歌謡八表昆蟲鼓舞福流千界慶集一人林下禪人如何圖報共持清淨無爲化仰祝吾皇億萬春

寶公生日上堂云悲智種中圓證四生海裏横身圓如明月珠快似金剛劍一向恁麼去千人萬人乃至無窮億人羅籠他不住及至恁麼來千人萬人乃至無窮億人盡承他庥蔭賑濟四生舒卷九有或現十二面或現百億身鷹爪中露受生機屈膝處示涅槃相此猶是應機接物隨方逐圓時節若論本分提持坐斷異同不通凡聖直得釋迦彌勒飲氣吞聲文殊普賢亡鋒結舌且利物應機一句作麼生道杖頭湧出金剛劍四生九有示津梁

上堂云壁立千仞處攢華簇錦平田淺草裏劒戟縱横欲提持向上那邊事直下無啓口處始欲捲而懷之又乃文彩已彰正當恁麼時如何要識他家全意氣三千里外絶請訛

上堂云薩怛阿竭二千年前費分疎摩醯首羅一眼頂門先漏逗有轉變識機宜到這裏如虎戴角骨碌錐守窠臼於箇中似龜負圖直須自悟自修切忌依他作解所以道有一句子堪與祖佛爲師有一句子堪與人天爲師有一句子自救不了只如截斷衆流不落三句又且如何還委悉麼言下未開千聖眼鋒前已泄法王機

鐵運使請上堂僧問北山天下呼禪窟大冶洪爐烹祖佛玲瓏八面有誰知一句當機露風骨忽遇其中人來時如何師云倚著一邊去進云恁麼則五鳳樓前聽玉漏須彌頂上擊金鐘師云足下雲生進云低低處平之有餘高高處觀之不足師云胷襟流出一句作麼生道進云覿面相逢更無回互師云朝議與備作證師乃云祖佛頂顙上單提本分宗乘萬機不到處宣布正法眼藏明明絶回互歷歷無邊表一句坐斷千差一言朝宗萬派是佛非佛向上向下權實照用卷舒擒縱一時拈却直得淨躶躶赤灑灑人人常光現前處處壁立萬仞所以道一切法不生一切法不滅若能如是解諸佛常現前不唯諸佛現前乃至一切有情無情盡無邊香水海過現未來湛然凝寂不變不異交光相羅如寶絲網諸人還見麼須知此一段事有如是奇特相有如是解脫力敢問大衆且過往八孺人承箇什麼功力還委悉麼國土動揺迎勢至寶華彌滿送觀音

三月望日上堂云華殘雨過已度韶光風暖雲凝將臨夏景不逐四時凋變隨例七八五分更或削跡吞聲未免牽藤引蔓百草頭上則且置脚下泥深一句作麼生道春日晴黃鶯鳴

結夏上堂云築著磕著立卓縱橫或纖或洪徧界十身調御不踐青草豈冐紅塵且放下一句作麼生道拗折拄杖子高掛舊瓶盂復云塵塵剎剎自家風不在瞻睹聽覷中既爾結將布袋口直須牢把主人公

結夏請上堂云豁開戶牖當軒者誰無面目可見徧界不藏無形相可覩全機獨用以無面目而諸相歷然以無形相而十身具足解脫門廣啓選佛場宏闢作不可思議功勳成無量殊勝奇特直得一爲無量無量爲一小中現大大中現小坐微塵裏轉大法輪猶未是衲僧本分事於中若得桶底子脫五色線斷目前無法心外無機則圓融一切無有所爲成就諸法全體顯現且當恁麼時不落功勳一句作麼生道三尺龍泉光照膽萬人叢裏奪高標

峽州東山馳法嗣書到上堂云靈山會上千葉騰芳少室峯前一枝獨秀生佛未具已見觜根空劫那邊轉彰文彩渾崙擘不破撲鼻更馨香八面自玲瓏通身轉綿密箭鋒相拄針芥相投則且置獨脫一句作麼生道倏爾風雲會廓然天地春復云坐見東山振古風頂門眼正有全功操持臨濟金剛劒倜儻楊岐栗棘蓬鐵壁銀山須作用魔宮虎穴亦流通攝將香水無邊剎併入鉗鎚爐鞴中

八月旦上堂云秋光清淺明明不退轉群木蕭疎一一解脫道不出陰界可以徧歷浮幢王不立纖塵可以具足金剛智何況園裏菜青田中禾熟豈非歲稔時和心融境寂且不離向背一句作麼生道星河秋一鴈砧杵夜千家

住東京天寧寺宣和六年四月十九日於當寺爲國開堂師拈疏云現成公案未言時文彩已彰洞徹根源才擧處重重漏泄儻或尚留觀聽却請對衆敷揚

指法座云柔和忍辱衣諸法空爲座既披此衣必據此座況佛佛祖祖籍此爲梯爲航見麼有條攀條無條攀例遂陞座拈香云此一瓣香恭爲今上皇帝祝嚴聖壽萬歲萬萬歲伏願聖明逾日月睿筭等乾坤空芥城而有餘拂劫石而彌固次云此一瓣香奉爲中宮天眷宰執諸王少師相公節使太尉閤朝文武在筵勳貴伏願高扶聖日永佐堯明壽筭等松椿福祿齊江海拈第三瓣香云大衆還見麼昔日白雲堆裏當風一句全提今朝萬壽堂前次第五回拈出奉爲蘄州五祖山眞惠禪院第十二代演禪師爇向爐中以酬法乳智海和尚白槌云法筵龍象衆當觀第一義云明明無覆藏一一絶滲漏初無第一第二豈復言觀到這裏草偃風行渠成水到還有共相證明底麼僧問時雍道泰樂升平萬里山河舜日明妙唱以資天子壽爐煙爲瑞國風清未審和尚如何擧唱師云萬壽堂前增瑞氣一人有慶等乾坤僧云師將萬古靈山事祝讃當今有道君師云傾盡此時心僧

云如是則金枝永茂天庭秀玉葉長芳內苑春師云誰人不仰此時風僧云祝聖已蒙師指示向上宗乘事若何師云七十三八十四僧云德基永固金剛界萬國來朝賀聖明師云風前一句超調御僧云須知此道直機妙

應用隨方得卷舒師云更須抖擻眼中塵師乃云問話且止大衆祕密妙嚴深機莫能考究淨圓超證諸聖無以擬倫靈山單傳正音少室密付的旨洞明如杲日寬曠若虛空把斷諸法無遺蔭覆群靈有作頂門上如如不動脚跟下了了常知今朝幸遇祝聖開堂對衆分明剖露遂拈拄杖卓一下云大衆還知落處麼諸佛心髓祖師淵源十成八字打開徧界全彰勝相纖洪長短黑白方圓一一絶羅籠處處無回互澄澄湛湛密密堂堂無深可深無妙可妙是故佛佛授手唯授此心祖祖相傳唯傳此妙上根種智略請回光可以千眼頓開可以萬緣透脫豈不見阿難問迦葉世尊傳金襴外更傳何物迦葉召阿難阿難應喏迦葉云倒却門前刹竿著三要印開

十方通透直得王舍城裏萬壽堂前瑞氣凝九重祥光朝鳳闕一一發輝正法眼藏傳持涅槃妙心了也且當陽不昧一句作麼生道太平瑞氣無邊表航海梯山仰聖朝以此開堂一毫善利上祝今上皇帝聖壽伏願金輪永固寶祚殊昌四海樂文明萬邦陶至化復舉昔有僧問投子如何是一大事因緣投子云尹司空與老僧開堂師云投子古佛叢林中推其得逸群之辯得朴實頭道用看其等閑拈掇不妨世法佛法打成一片雖然如是惜其不甚寬廓今日忽有人問天寧如何是一大事因緣即對他道手握金輪清四海聖躬彌億萬斯年

師在蔣山受勅拈示衆云大衆見麼龍飛鳳舞降自九重佛祖綱宗盡在裏許却請維那對衆宣讀

陞座僧問承師有言龍飛鳳舞降自九重此意如何師云無人不仰最深恩進云好音在耳人皆聳去也師云水到渠成是一家進云直得樵夫舞袖野老謳歌去也師云誰不係麼進云莊野春林與天華而合彩師云一枝別是太和春進云爭柰雲本無心自有從龍之勢師云却得闍黎出氣進云只如寶公還肯放和尚去也無師云放來久矣進云從教猿鶴怨且副一人心師云是處是彌勒無門無善財師乃云寒巖枯木白雲堆散貨何能中巨林豈爲虛聲徹清禁紫微聖詔九天來既然事出意外要須直下承當所貴正眼流通仰祝無疆睿筭直得昆蟲草木悉仰動地風光大地生靈咸霑唐虞膏澤處處和風徧野人人喜氣盈眸感覆燾無疆之恩荷一人生成之德正當恁麼時還委悉麼碧桃冉冉凝朝露紅杏蒙蒙映彩霞

入院詣方丈坐云摩竭陀國三七日內口呀呀毗耶城中八萬人衆眼睹睹雖然一期拈掇未免犯手傷鋒爭似這箇八面玲瓏四方洞達上賴一人庥廕傍贊聖化無窮一句截流萬機寢削還委悉麼識取鈎頭意莫認定盤星

指法座云三萬二千師子座爭及此箇曲录

木坐斷報化佛不涉聞見知揭起鷲嶺高風仰祝南山齊筭還見麼看取令行時

上堂拈香此一瓣香祝嚴今上皇帝聖壽無疆萬歲萬歲萬萬歲師乃云入門便見更不容擬議尋思開口便説亦不復周由者也假使善財入彌勒樓閣尚資斂念普眼入普賢妙境亦借威神只如今直得八穴七穿四通五達一處透千處萬處通明一光明千光萬光普照且到家一句作麼生道風前有路超調御鼓腹謳歌樂太平復有頌云本是山中人無能唯守拙豈謂有虚名遠達丹鳳闕降勅住天寧竹輿星夜發今朝親到來一句無言説別別金色頭陀曾漏泄

圓悟佛果禪師語録卷第三

圓悟佛果禪師語録卷第三

校勘記

一　底本，明永樂北藏本。

一　九四三頁上一行「卷第三」，徑作「卷第四」。

一　九四三頁上二行與三行之間，徑有「上堂四」一行。

一　九四三頁上八行「水固」，南、徑、清作「永固」。

一　九四五頁中一〇行第一四字「勿」，徑作「無」。

一　九四五頁下六行第五字「目」，南、清作「自」。

一　九四五頁下七行首字「力」，南作「刀」。

一　九四六頁下六行「千夆頂」，南、徑、清作「千峯頂」。

一　九五〇頁中一三行「億萬斯年」，至此，徑卷第四終，卷第五始。正文前有「上堂五」一行。

一　九五〇頁下七行第三字「林」，南作「材」。

一　九五一頁上末行經名，徑無（未換卷）。

圓悟佛果禪師語錄卷第四　洪七

宋平江府虎丘山門人紹隆等編

東京天寧寺語喬貴妃請上堂云一句全提千差併會一華開現萬福來臻往復無間而有源動靜不移而常寂處處是佛頭頭是道若也深信得及更不假他人餘力直似壯士屈伸臂頃全出此機若動若靜若出若處殊勝中現殊勝奇特中現奇特更非外緣全承渠德所以道天人群生類皆承此恩力若識此恩動止作爲百千變現悉不落虛正當恁麼時一句作麼生道當陽徧界無回互千重百帀轉光輝

祖師會上堂僧問少林首傳於頓旨五葉爲芳葱嶺遂別於衆流千燈續照門庭雖異五家般若同歸地位如何是五家宗派師云吒吒沙沙歷歷落落進云若不借問爭達本源師云一筆勾下進云趯倒淨瓶不留活計兩口無舌正是吾宗如何是潙仰宗師云天下人跳他圓相不出進云三回喫棒猶若蒿枝末後瞎驢人天正眼如何是臨濟宗師云敲唱俱行進云休去歇去古廟香爐枯木生華祖佛心要如何是曹洞宗師云兩兩不成雙進云對機餬餅本自天然一鏃遼空三句可辨如何是雲門宗師云當面蹉過進云色空明暗觸處光輝刹刹塵塵頭頭顯露如何是法眼宗師云點進云祖師心印狀似鐵牛之機去即印住住即印破只如無鼻孔衲僧作麼生印師云便是闍黎進云天下祖師鼻孔盡被和尚一串穿却未審和尚鼻孔被什麼人穿師云莫謗佛果好師乃云千聖頂𩕳上可容刹海衲僧命脉中不許真機更通一線路以佛現祖從祖證佛印印無差機機圓證靈山拈華示衆建立此箇宗風金色頭陀曾承妙旨以至西天四七此土二三自曹溪散席已來數百年間列刹相望各各握靈蛇珠人人抱荊山璧有照有用有權有實提振向上宗風傳持正法眼藏要且百川異流同歸大海千重百帀無出一源所以道西天二十八祖也恁麼唐土六祖也恁麼天下列刹相望諸老宿也恁麼山僧也恁麼且道恁麼事作麼生商量還提掇得出麼還緇素得明麼山僧不惜兩莖眉毛與諸人點破遂拈拄杖云還見麼三世諸佛歷代祖師天下老和尚盡在拄杖頭上放大光明現權現實現機現境列五位君臣開三玄宗要機境相投箭鋒相拄一字三句同源圓相境致殊別若也於此委悉百草頭上罷却平生事根株亦不留聞清聲外句莫向句中求儻或未然山僧不免又拖泥涉水也達磨不來東土二祖不往西天人人壁立萬仞箇箇常光現前卓拄杖一下下座

蓮華會上堂僧問菡萏叢中選佛場法筵大啓一爐香靈山萬古拈華事今日憑師爲舉揚師云不是苦心人不知進云恁麼則法法已隨諸法住分明露出白蓮機師云即今覿面已相呈進云妙性海中爲雨露菩提場裏起清風師云猶落第二頭進云學人只如此師意又如何師云頂門三千腦後八百師乃云毗婆尸已前千華現瑞天中天正地優曇呈祥直得徧界不曾藏通身無影像現大蓮

華王周帀千華座一葉一釋迦一顆一彌勒塵塵爾剎剎爾處處爾念念爾一塵舉大地收一華開世界起可謂殊勝中最殊勝奇特中倍奇特感慈塔前蜒瑞氣羅漢洞邊顯真容法會儼然人天普集到這裏合談何事說玄說妙得麼說佛說祖得麼舉古舉今得麼顯作顯用得麼盡是從前已後大宗師拈出了也即今不如總不動著只呈一箇現成公案若也薦得人人心華發明處處照十方剎正當恁麼時推功歸本一句作麼生道還委悉麼萬方有慶歸明聖願見黃河百度清

喬貴妃娘子請爲法真和尚病起上堂師云鷲峯單提向上機千聖不謀而會合少室密傳正法眼萬象不融而圓通契印相投緣因相入神功如天地之覆載妙智若日月之照臨沙界等平略無向背有大解脫士證大解脫道闢大解脫門示大解脫事現古人擯簇不得底病直教千聖覓起處不見諸佛衆生皆有是病諸佛若病即非衆生衆生若病即非諸佛是故以衆生病故示有此疾由茲王舍城人各各稟頂上光悉來問病而是大士隨求顯示令其萬仞壁立以至衆生病盡六解脫士亦安既安之後有大檀越作大法施建大法幢演大法義雨大法雨一一交羅重重無盡正當恁麼時應時應節一句作麼生道還委悉麼靈苗增秀氣瑞草發祥光復成一偈示病維摩元不病問疾文殊初不來建大法幢啓大施頓令千眼一時開

喬貴妃設千佛會上堂云千華顯瑞應萬異積靈臺廣闢解脫門大開無價藏舉揚正法眼表示千佛因直得徧界絕龍羅當陽無取捨透聲透色亘古亘今有具大信根修菩薩行發難思願力啓清淨莊嚴建大道場具列珍羞一香一華一茶一果同法性等太虛塵塵剎剎千佛放光如理如事十方普應所以道大匠無繩墨良材無曲直紅輪爍太虛徧界皆輝赫一華開一佛出世一塵舉一佛成道主伴交參森羅顯煥集無涯福祿祝睿算無疆正當恁麼時作麼生道室內千燈相照耀天邊寶月更清圓

郢國大王請上堂僧問如何是第一句師云豈容聲相從君見進云半夜碧雲籠古殿天明海岸迸金烏師云肘臂有符人共看進云如何是第二句師云真金須向爐中煆進云倒騎鐵馬上須彌踏斷曹溪流水聲師云正在半途問進云如何是第三句師云出草入草要求人進云妙喜剎中爲雨露無明山上起雲雷師云分明垂手處子細好生觀師乃云至理自調然千華曾現瑞無在無不在十方即目前若是利根上智一舉便解承當既能截斷衆流可以超今冠古以如是智以如是力以如是心以如是願明同杲日寬若太虛所以道譬如虛空體非群相而不拒彼諸相發輝又道若人欲了知三世一切佛應觀法界性一切唯心造蓋此清淨本元離去離來離聲離色若以真實正見契寂如如雖二六時中不思不量無作無爲至於動靜語默覺夢之間無不皆是本地風光本來面目現諸祥瑞現諸奇特皆是從無量無邊劫海薰習種智從清淨微妙根智如是應現正當恁

麼時如何無相光中千佛現一道清虛亘古今復舉釋迦老子靈山會上說大般若舍利弗於佛前問須菩提夢中說六波羅蜜與覺時是同是別須菩提云此義幽深吾不能說此會中有彌勒大士次補佛處可往問之彌勒云誰爲彌勒誰是彌勒者師拈云還委悉麼一句當機萬緣寢削更聽一頌夢中說法覺無殊妙用神通不出渠誰是誰名總彌勒祥光起處現心珠

本然居士請上堂云寸絲不掛猶有赤骨律在萬里無片雲處猶有青天在若乃不盡去未免者也周由直饒一切坐斷已落佛祖圈繢到這裏作麼生舉揚作麼生提持雖然如是從上來有箇現成公案不免提持去也古者道吾有大病非世所醫僧後問曹山未審是什麼病山云攢簇不得底病僧云未審一切衆生還有此病也無山云衆生若病即非衆生僧云只如和尚還有麼山云正覔起處不得大衆此病即非世所醫須要本分作家以金剛鎚與他頂上一劄正覔起處不得也與一服直教祖病佛病玄妙之病機緣境界悉灑灑落落脫然解脫不住解脫機到這裏羅籠不肯住呼喚不回頭古聖不安排至今無處所只這無處所早是處所了也直須千峯萬峯那邊承當得去好等閑拈一機舉一句盡與人抽釘拔楔解黏去縛更說什麼直指人心更覔什麼見性成佛正當恁麼時如何不假纖毫力碎佛祖窠窟

少保張丞相忌日請上堂僧問維摩大士去何從千古今人望莫窮不二法門今正問夜來明月上高峯只如維摩一默意旨如何師云逼塞虛空進云恁麼則當陽無向背覿體露全機師云無你插觜處進云爭奈前三三後三三師云也是聾縣茶瓶進云只如文殊道我於一切處無言無說與他一默是同是別師云落在第二頭進云爭奈斬釘截鐵師云横按鏌鎁進云只如無盡居士與和尚平昔道契相知且道即今何在師云爲你說了也進云學人今日小出大遇師云你將什麼報恩進云萬古碧潭空界月師云閑言語師乃云大衆握佛祖鉗鎚控作家爐鞴烹煅古今驗證衲僧唯用向上一機金剛王寶劍臨濟祖師傳黃檗馬祖此箇機要向大河之北獨振正宗一喝分賓主照用一時行坐斷天下人舌頭奔走四海雲水以至乃子乃孫傳此正見用此真機若非大解脫人安能當陽證驗憶昔無盡大居士生平以此箇事爲務徧案海宗師無不咨叅到兜率山下逢見老衲論末後句始得脫體全真言解道理一時脫却遂作偈云鼓寂鐘停托鉢回巖頭一拶語如雷果然只得三年活莫是遭他授記來鏗金戛玉虎驟龍驤不妨具大機得大用以此正印印天下叢林善知識山僧昔在湖北相見與伊電卷星馳一言契證表裏一如居士功業書於竹帛遺德在於生民後來當此之日撒手那邊行止且道無盡居士向什麼處去還委悉麼大千沙界諸佛土剎剎塵塵現勝身復云盛德在生民四方共欽仰三教大宗師秤頭有銖兩七十九歲佛齊年是日霜風亘霄壤一聲振忽雷前星墮雲帳麒麟

掣斷黃金鎖一躍直歸梵天上萬載千秋著
還想
上堂一二三四五六七今朝此月當初一昨
宵大火還西流金風動地聲蕭瑟聲蕭瑟圓
通門大啓便請直截入還委悉麼有念盡爲
煩惱鎖無心端是水晶宮
月旦上堂云本來無形段那復有唇觜特地
廣稱揚替他說道理且道他是誰參
上堂云月生一室生白月生二產靈異月生
三萬回憨格外無蹤跡風前强指南頭頭無
向背一一絕廉纖拈華特地生風草令人長
笑老瞿曇
李典御作年齋上堂云大衆如來涅槃心菩
薩大解脫祖師正法眼衲子金剛鏈有照有
用有權有實有縱有擒有殺有活尚在向上
關捩子上是箇人向箇裏出没向箇裏拈提
終未能全機剔脫若也全機剔脫去變大地
作黃金攪長河爲酥酪改禾莖爲粟柄易短
壽作長年不爲分外何故提向上綱宗用作
家鼻孔回歲旦於今朝用變年於此日正當
恁麼時如何萬人叢裏插高標錦上鋪華轉
光彩　冬朔上堂云日日劈箭急朝朝暮
暮轉滄溟箇是人間好消息力囮叱更須高
著眼免使頭盧白
鄭太師請上堂僧問萬機休罷時如何師云
坐斷毗盧頂進云可謂風前一句超調御擬
問如何歷劫迷師云只得拱手讚歎師乃云
靈光未兆萬彙含太虛一氣既彰華開世界
起過去諸佛現在諸佛未來諸佛皆同箇中
出現若天若人若群生無不從是中流出以
一處明百處千處光輝一機轉千機萬機歷
落所以道淨法界身本無出没大悲願力示
現受生然而此悲此願此力若是宿稟靈根
具超脫種智則才生下時已作師子吼已具
大神通至於若行若住若坐若卧或放行或
把住無不皆從諸聖頂𩕳上縱橫十字乃至
享福享壽享富貴多子孫悉承渠儂威力正
當恁麼時一句作麼生道重重彰瑞氣一一
湧金蓮復頌云威音已前靈苗秀到今光彩
轉新鮮萬卉芬芳風景麗壽山高到大椿年
大內慶國夫人請上堂僧問空劫中還有佛
法也無師云逼塞虛空僧云未審學人向什
麼處安身立命師云蹉過也僧云和尚喚什
麼作虛空師云闍黎問從何來僧云三際斷
時凡聖盡十身圓處剎塵空師云爭奈你踏
不著師乃云處處真無回互塵塵爾有鑑覺
萬象以不見而見萬法以不聞而聞不見見
其見逼塞虛空不聞聞其聞包含萬有雖却
見不見聞不聞別有一段奇特事要須是箇
大解脫機大解脫用然後方能歷落起處全
真豈不見僧問雲門如何是塵塵三昧門云
鉢裏飯桶裏水又僧問如何是諸佛出身處
門云東山水上行一等是箇時節朴實頭處
直是朴實頭孤危峭峻處直是孤危峭峻正
當恁麼時將箇什麼提持將箇什麼眼目辨
別還委悉麼試玉須經火求珠不離泥復頌
云此心含法界明契本來人千祥如霧集萬
善若雲臻
大悲生辰鄆國大王請上堂僧問聞聲悟道
見色明心盡大地是色那箇是心師云觀世

音菩薩來也進云可謂掬水月在手弄華香
滿衣師云爲什麽却是饅頭進云只如雲門
恁麽道意作麽生師云重引重退輕引輕退
進云畢竟水朝滄海去到頭雲自覓山歸師
云也須是頂門上具觀音眼始得師乃云當
年此日大悲生千臂莊嚴千眼明世出世間
殊勝事神通無不總圓成恁麽去步步踏佛
階梯恁麽來處處現身現土於六根得深圓
通於解脫得普門智所以無刹不現無處不
真或爲寶公十二面或作達磨傳心印或向
泗洲運神通或向香山發妙身周旋往返或
證三真實得二殊勝四不思議十四無畏三
十二應向娑婆世界獨有大緣說無說無窮
妙呪現無身寶王妙身隨類示悲應機赴感
求饒益得饒益應求男女得男女應求如意
得如意應此猶是觀世音方便之力敢問大
衆作麽生是觀世音諦當之處不見一法即
如來方得名爲觀自在

十月一日上堂云無邊刹海廓同太虚昨宵
秋盡今日冬初曾無纖易豈有親踈直下歇
去蘇嚧蘇嚧

上堂云我我我渠渠渠千聖頂顊乃遮盧不
是心不是物一口吞盡三世佛淨幢王香水
海拈起擲向他方外淨躶躶赤灑灑萬象森
羅無縫罅平懷的實鎮巍然飢來喫飯困來
眠

大禮令節上堂七日來復各歸至盡之本一
陽生起韋見天地之心徹底闡重玄當陽闢
正眼直得萬國共慶四海同歡福聚一人位
隆無極有箇奇特應時應節因緣舉似大衆
還委悉麽皇帝有勑大赦天下

今上皇帝在藩邸時請陞座僧問一月在天
影含衆水一佛出世各坐一華只如佛未出
世時如何師云風颱颱地進云恁麽則霧起
龍吟風生虎嘯師云猶較些子進云佛出世
後如何師云徧界不曾藏進云但存心地無
諸惡刀劒叢中也立身師云鐵石身心報國
恩進云古今無異路達者共同途師云要得
瞻之仰之大家讚歎師乃云金剛心真華藏
界闊一佛出世千佛擁衛一華開敷萬華周
帀現殊勝因作奇特事可以保安家國可以
入聖超凡唯仗不思議神通難思微妙作用
車不横推理不曲斷豈不見昔日波斯匿王
問釋迦老子聖義諦中還有世俗諦否若言
其有智不應一若言其無智不應二一二之
義其事云何釋迦老子道大王汝於龍光王
佛時曾問此義吾今無說汝亦無聞無說無
聞是真聖義諦是名一理二義一二之義其
事如是釋迦老子頂顊放光肘下懸符於百
千萬億境界中提起當陽一著諸人還證據
得麽若證據得按頭獲勑如證據不得伏聽
處分正當恁麽時如何放開一線道觸處現
神通復舉昔日有一王者往見西天祖師既
相見已遂命祖師說法祖師云大王來時好
道去如來時師拈云佛法即是世法世法即
是佛法以真道而行風行草偃山僧有箇小
頌至簡至易最尊最貴往還千聖頂顊頭世
出世間不思議彈指圓成八萬門一超直入
如來地

奉王請陞座僧問普光明殿在人間凡聖交

羅絶往還若向一塵覷得見舒光照處奉慈顏正當恁麼時毗盧遮那在什麼處師云在你頂顊上進云學人爲什麼撞不著師云只爲你不是銅頭鐵額進云大小天寧和尚語脉裏轉却師云大小禪客隨人脚跟走進云須知同途不同轍師云也不是這箇道理進云天共白雲曉水和明月流師云蝦跳不出斗進云昔日趙州端居丈室侍者報云大王來也州云大王萬福此理如何師云頂𩕳金剛眼放光進云雖然入草求人爭柰拖泥帶水師云莫謗趙州好進云忽然華國大王今日親臨又且如何師云八字打開說法了也師乃云大衆以佛見佛無異見以法說法無別說佛法聞見總現成當陽直下全超越當陽一著非佛非法非見非說非有非無非異非如寬若太虛明如杲日所以三世如來於此示生於此修行於此悟道於此成佛全不由他獨承渠力即如今千聖頂𩕳上拈出了也不以眼見不以耳聞不以口宣不以心知正當恁麼時須是箇人始得所以道大人具大見大智得大用舉一明三告往知來正當恁麼時不涉黨緣一句作麼生道還委悉麼楚澤蓂開五百歲蟠桃暗長一千年復頌云一塵纔舉一刹現一華開時一佛生克證金剛得長壽六根晝夜放光明

濟王請陞座以無漏根作奇特事以解脱智種金剛緣不於他處現身長在頂門獨露非心非佛非異非如等閑拈一莖草作丈六金身等閑說一句可以當金剛寶劒人人皆稟此用各各悉稟此心若能返照迴光便是毗盧正體豈不見波斯匿王問釋迦老子云我昔未承佛誨見迦旃延咸言此身死後斷滅我雖值佛心猶狐疑此身念念遷變不知有不變者於是釋迦世尊謂波斯匿王言爾雖知遷變不停還知身中有不變者否王合掌白佛云我實不知佛言大王汝年幾歲時見恒河水王言我生三歲時見佛言如今云何王云經今六十二年見與三歲時無異佛言大王汝面雖皺皺者爲變而此見精性未曾變變者受滅不變者元無生滅釋迦老子向千聖頂𩕳萬仞峯頭指出金剛性不變不易湛寂凝然堂堂顯露由是波斯匿王識其本心敢問大衆只如今一切人皆見山僧陞堂且道此見從何而得與威音已前空劫那畔是同是別若見得無異無別則見現前正當恁麼時一句作麼生道覿面擊開無盡藏頭頭湧出夜明珠復云濟國大王具大根器有上乘種性生爲帝子身極貴榮不忘諸佛付囑知有此大因緣垂神教典深識果因凡所施爲心源洞照所以此之作善因緣行陰隲保其富貴長久福祿彌隆有福修福若大海之納衆流唯利根種智之人具如是作用只此便是普光殿無相身爲盧舍那萬行因華圓果海福源洪注溢天河

圓悟佛果禪師語録卷第四

圜悟佛果禪師語録卷第四

校勘記

一　底本，明永樂北藏本。

一　九五二頁上一行經名，二行編者，徑無（未換卷）。

一　九五二頁上三行末字「楻」，南、徑、清作「提」。

一　九五六頁中八行第一二字「闢」，南、清作「闢」。

一　九五七頁下末行「卷第四」，徑作「卷第五」。

圓悟佛果禪師語録卷第五　　漢八

宋平江府虎丘山門人紹隆等編

東京天寧寺語王貴妃請上堂僧問如天普蓋長見日月光輝似地普擎萬古山河永固正當恁麼時承誰恩力師云千華叢裏一華春進云可謂野老旣知堯舜力歌謡此日樂升平師云也須知此恩始得進云誰人不瞻仰師云速禮三拜師乃云突出難辨只貶得眼閃電提持衲僧無湊泊處放一線道轉見聱訛不落階梯猶形唇吻到這裏如何即是車不横推理不曲斷千華現相萬古一春處處顯奇特頭頭彰殊勝莫是新年頭佛法麼要且挨傍他不得莫是向上提持麼要且議論他不出莫是應機境一時比今時麼未免拖泥涉水莫是一筆勾下壁立萬仞麼要且望空啓告所謂法隨法行法幢隨處建立遇奇人則拈出逢奇機則提持且一人光隆萬劫次闡九有悉仰威光一言一句示機示境一出一没一挖一挨悉是大解脱中流出且道畢竟承箇什麼便得恁麼奇特若知有去不假形言其或未然露箇消息去也淨智莊嚴功德聚柷融峯頂萬年松復成頌曰大道虛玄天地先昆蟲草木悉陶埏神功已極三千界睿筭仍過億萬年

衆道友爲李道山披剃上堂云頂門闡金剛正眼始辨大機殺人不眨眼底漢立地成佛方明大用直得如此猶只是吾門建法幢立宗旨趣向在且向上還有事也無若知有向上事去設使盡乾坤大地草木叢林一一現千百億釋迦身不消一捏至於傾懸河辯用嶮崖機盡四聖六凡一時豁提得將來不消一挖且道據箇什麼便恁麼所謂大人具大見大智得大用向無明窟子裏便放無量寶光向衆生境界中便作不思議事如丹霞相似才方擧起便知落處更不涉唇吻更不落言詮始似過他一箇擡頭便乃十分領略只如未剗草時在什麼處旣要剗草與説戒兩手掩耳又落在什麼處過量人有過量事只如當機一句作麼生道數聲清磬是非外一箇閑人天地間復頌云丹霞剗草燒木佛宮使拾緑吹布毛驚群敵勝真師子一釣須連十二鼇

知省太尉請上堂一句當陽顯赫徧界已絶羅籠不從諸佛心髓中流亦非乾坤未生時立只如今凛凛孤危澄澄絶照若是具超方眼有格外機未彰文彩已前已是十分勘破及乎彰言句立機境形問答作彼此直得千重百帀百帀千重和中下機一時收拾在這裏還有當處證明直下解脱底麼試出來通箇消息看如無威音已前活鱍鱍直至如今淨躶躶復成頌云法界廣包含開敷優鉢曇普熏般若力萬善自莊嚴

大内貴妃請上堂云一句子出於千聖頂門一妙機發於無盡寶藏逈無依倚杳絶端倪非色非心非如非異盡虛空窮法界都盧是箇大解脱門你諸人浩浩地於中出入還覺寒毛卓竪麼若向脚跟下一念不生全體顯露則淨躶躶活鱍鱍要行即行要住即住要用即用要休即休不指第二頭不落第二見到這裏亘古亘今凝然寂照若踏著去透脱

生死是甚閑事能以無漏根力建法幢立宗旨衣被一切群靈盡未來際無有窮盡正當恁麼時且道承誰恩力還委悉麼五蘊山頭無相佛放光動地廓周沙須云一心無住著徧界法王家崇成無漏福端坐寶蓮華

坦然居士爲貢沙彌作齋上堂僧問達磨未傳心地印釋迦未解髻中珠有人若問西來意還有西來意也無師云庭前石獅子進云若然者歷劫坦然無異色呼爲心印早虛言師云一點也入不得進云爭柰今古應無墜分明在目前師云你試舉目前底看進云一點也瞞和尚不得師云爭柰大衆何師云舉步越東勝身退身入西瞿耶回首望北鬱單捻拳觸南閻浮淨地裏看是箇沒量大人以正眼觀來猶是麻滓麵末須知四維上下無邊香水海不可說淨幢王剎捏爲微塵一一塵中現無邊身說無量法猶只是順機應教看孔饒著楔而況提向上鉗鎚用作家爐鞴便是徧界德山有棒無下手處徧界臨濟有喝無啓口處徧界金色頭陀有定力無容身處正當恁麼時驀然有箇承當得擔荷得趣向得行履得且道向什麼處著渠山僧有箇著處擬待說又恐成路布擬不說又卻孤負當機說與不說一時拈卻最後一句放開話會去也長松下明窗內玉殿珠樓未爲對衲被蒙頭萬事休此時山僧都不會還委悉麼天台華頂秀南嶽石橋高昨夜磨盤生八角鷺鷥將露柱笑咍咍引得門前石獅子倒緣蘿壁上天台

退院上堂建大廈非一木之能濟巨川非一人之力而況長空絕跡大道體寬了之由人斷之在已或出或處或語或默虎穴魔宮纖邪淨土山林城市荊棘叢中若能著著有出身之機處處有超情之見無可不可把定也祖佛不能窺放行也同生復同死且道放行爲人好把定爲人好還委悉麼披衰側立千峯外引水澆蔬五老前幻軀將逼縱心年懶汨塵勞久世間憑仗護身箇符子强扶衰疾且歸山

住金山龍游語錄師在高郵乾明受勅拈起示衆云見麼拈時十日並照舉處千界光輝九重天上降來宰輔手中親付更不敢囊藏被蓋請僧正一爲數宣

次拈疏云毫端寶剎閫外威權有卷有舒有照有用字字珠回玉轉一一草偃風行雖然文彩已彰更請重新拈出

指法座云竿木隨身逢場作戲須彌燈王只今見在目前更不須作禮還信得及麼千聖不傳微妙訣妙峯孤頂有人行

陞座云正令已行十方同應獻華借水全藉傍人還有共相證明底麼僧問唱罷御樓一曲高陞淨王孤峯未過揚子江如何道得接手句師云風不來樹不動進云只這裏何異妙峯頂師云吹毛寶劍當頭截進云忽若德雲比丘出來道箇隔和尚如何轉身師云也則摸索不著進云爭柰處處無回互頭頭不讓機師云七日何曾得見來進云設使親見也只是山上底師云苦屈之詞最難吐進云學人若也通消息只恐揚子江水逆流去師云三十棒且待別時師云大道無背面直饑

有卷舒攝大地如陶家輪運大千向針鋒上猶未是衆中正令閫外全威所以萬國仰瞻同歸舜日靈光一道共照皇家重興佛祖道場追還普天寶所正令全提主賓同用山僧今日得奉一人聖詔傍資宰輔威權共建法幢竪立宗旨揚子江心酒天輥浪妙峯孤頂舒卷閑雲是處著眼不前頂顊正令全現若是箇同得同用同殺同活底共一眼見共一耳聞同一口宣同一音演更無異緣亦無異見說什麽九十六種二十五有正要當頭辯取一時列在下風且如今日應時應節事作麽生道一句迴超今古格萬年仰祝聖明天

陞座僧問遠辭帝闕已届南徐不涉程途請師垂示師云到此已六日進云竹密不妨流水過山高豈礙白雲飛師云猶涉脣吻在進云不涉脣吻請師道師云高高處有餘進云衲僧家入林不動草入水不動波且以何爲證師云猶較些子進云只許老胡知不許老胡會師云且莫詐明頭師乃云三十年前曾到此如今樓閣翠參差善財參處真消息誰識德雲閑古錐還有識得底麽未渡瓜洲時有一句子已與諸人道了也若以心思若以意識若以眼見若以耳聞則没交涉直得七佛已前威音那畔薦得猶是話會在若委悉得更不用如之若何便請丹霄獨步苟或未然不免落第二義門去也江心一峯樓臺相映水面雙塔金碧交輝誠聖帝福田乃禪林上刹爲琳宮爲佛宇爲淨土爲畿邦建立法幢弘荷祖道若非今上皇帝睿聖文明深信此道安能首降詔書復此寶坊以爲福地如今所以與諸人向此古道場中各得相見既到這裏直須念德修德知恩報恩若也如此則佛法付囑有在正當恁麽時一句作麽生道銀山鐵壁無回互草偃風行得自由

開堂判府延康度䟽與師師接了云斷盡現成公案擲地金聲發明古刹家風耀天光彩出自大手筆顯示最上乘正欲四海普聞便請僧正宣過

指法座云須彌燈王如來見居此座放大光明說法了也還聞麽苟或未聞既爾當爐不避火更須撥轉上頭關遂陞座拈香云此一瓣香奉爲今上皇帝祝嚴聖壽恭願文明齊二曜睿筭等乾坤奪少康復禹跡之功成宣光興漢室之業萬邦歸聖化八表偃干戈此一瓣香奉爲判府安撫延康通判學士合郡文武官僚伏願位隆磐石功濟維城居方面則魯衛晉齊陟巖廊則皐夔稷卨此一瓣香佛眼也覷不見江淮十載受盡辛懃一旦白雲打破漆桶六處忝領大刹七回拈出此香奉爲蘄州五祖山真慧禪院第十二代演禪師以酬法乳遂斂衣陞座焦山和尚白槌云法筵龍象衆當觀第一義師乃云適來未陞此座第一義已自現成如今槌下分踈知他是第幾義也還有打成一片解觀得底麽試出來對衆舉看僧問目視雲漢德雲不下妙高峯至化難逃金山且過一線路報恩一句請和尚道師云萬年長祝聖明君進云可謂帝力丘山重君恩宇宙寬師云愈令心似鐵進云金枝永茂千年秀玉葉長芳萬古春師云又得閑黎共證明進云昔日裴相公入寺

石霜借笏垂慈今日台八親臨未審如何相見師云只了箇見成公案進云瑞氣直從天上降祥雲元自日邊來師云高著眼進云只如和尚六處開堂爲人說法還有人相肯也無師云一時不肯進云爲什麼不肯師云獨許師乃云大道絕中邊至真離言說諸佛莫能提祖師莫能傳透聲透色絕遮攔蓋天蓋天無向背豈止棒頭取證喝下承當直饒千眼頓開未免依草附木到這裏要須是針劄不入風吹不倒把斷要津不通凡聖底始得是故靈山會上廣額屠兒放下屠刀云我是千佛一數大集會中大力魔王云待一切衆生盡皆成佛了然後發菩提心豈不是龍象蹴踏師子嚬呻敵勝驚群蘊大丈夫意氣始可承當擔荷所以道殺人不眨眼底立地成佛立地成佛底殺人不眨眼還他過量人提持過量智發明過量機展演過量用正當恁麼時向過量境界中作麼生道還知麼仰祝聖君無量壽河清海晏樂升平

上堂云大衆赤肉團上人人古佛家風毗盧頂門處處祖師巴鼻拈一機千機萬機通透用一句千句萬句流通不假他人全彰已用若也人人恁麼返照則亘古亘今凝然寂照一段光明非中非外非色非心行棒也打他不著行喝也喝他不得直得淨躶躶赤灑灑是箇無生法忍不退轉輪截斷兩頭歸家穩坐正當恁麼時不須他處覓只此是西方

秦魯國大長公主降香請陞座拈香云此一瓣香奉爲秦魯國大長公主今辰修設祝嚴今上皇帝聖壽無疆師乃云天高無極無極有尊地厚無垠無垠有主鏡萬象方寸懷六合智中發大機顯大用是故乃祖乃佛或拈華或面壁或行棒或行喝或詞辯縱橫或寂家無說周旋往返只明此箇無爲宗旨所以人人分上各各壁立萬仞無一絲毫移易虧欠豈不見道譬如帝力不棄一民不謂不知而不容不謂知之而含育到箇裏渾無爲之化行不言之教各各頂天履地飲泉水貫地脉正當恁麼時還委悉麼一穗寶香天上降金輪皇億萬斯年

錢二學士請陞座云透生死關出有無見脫佛祖機超格則量須是利根上智一聞千悟直下承當始得撒手那邊更無餘事所以道幾回生幾回死達者悠悠無定止自從頓悟了無生於諸榮辱何憂喜諸人還識無生麼劫火洞然毫末盡青山依舊白雲中

陞座云蓋天蓋地觸處逢渠亘古亘今全彰正體法無異相不落生滅時無異緣不涉春秋所以道處生死流驪珠獨耀於滄海踞涅槃岸桂輪孤朗於碧天如是則人人脚跟下輝騰今古迥絕見知六處惹絆不住三界收攝不得唯當陽直截承當便見透脫分曉正當恁麼時如何天上有星皆拱北人間無水不朝東

上堂云法身無相應機現形法眼無瑕隨照鑑物安排不得處是天真佛受用不及處乃向上機若能上絕攀仰下絕已躬鼻孔摩觸家風髑髏常千世界則一爲無量無量爲一小中現大大中現小更討甚麼生死去來地水火風聲香味觸都盧是箇真實人體還有

人向箇裏承當得麼識取摩尼無價珠當來受用無窮極

黄運使請上堂云大衆一句截流鐵壁銀山莫湊泊萬緣俱透照地照天絶羅籠明明無覆藏歷歷非照用三世諸佛出興唯此一事歷代祖師傳持亦此一心所以般若如大火聚般若如無盡藏般若如泛海舟檝般若如照夜明燈若向下委曲提持則敲牀竪拂瞬目揚眉或語或黙説有説無若向上提掇如擊石火似閃電光有時行棒有時行喝有時箭鋒相拄有時佛眼覷不見雖然如是猶有向上向下忽遇其中人却没許多般事只是見成所以道山是山水是水天是天地是地不移易一絲毫正當恁麼時還委悉麼萬邦有道歸皇化偃息干戈樂太平

鄭龍學請上堂云相逢不拈出舉意便知有且道此意作麼生舉知有箇什麼若論佛論祖論玄論妙論機論境論棒論喝盡是末邊事上頭還著得麼若著得去盡十方世界香水海向一毫頭上見得物物頭頭初無變易若向一毫端蹉過設使用得七穿八穴亦没交涉只如有交涉一句你作麼生道吃嘹舌頭三千里壺中日月自分明

呂左丞請上堂云一句語全規矩應出毗盧印一種機截衆流透過祖師關若是明眼人已透過三千里其或尚留觀聽猶滯皮膚未免向第二義門重話會去也所以道知幻即離不作方便離幻即覺亦無漸次釋迦老子三世諸佛心髓一時頓現便恁麼承當全心即佛全佛即心心佛無二更疑箇什麼正當恁麼時作麼生道千古萬古黒漫漫填溝塞壑無人會

上堂云靈山話月語密難藏曹溪指月心真莫測倒却門前刹竿著已落第二頭金剛堦下蹲神龜火裏走徧落第三首又如未有佛祖已前還有恁麼時節麼到這裏不論懵底唯是俊流還委悉麼巨浪湧千尋澄波不離水

耿左丞請上堂云無佛世界是般若光百千聖賢是般若用金剛正體是般若根摧魔城壘是般若力有如是自在威神得如是解脫知見用一絲毫千里萬里盡光輝拈一絲毫無邊世界無變易全體承當如如不動所以乃佛乃祖提持此事令一切人各各於根脚下洞明正見得其光顯其用證其根獲其力正當恁麼時如何天上有星皆拱北人間無水不朝東

陳大夫請上堂云有句無句初無兩端如藤倚樹打作一片樹倒藤枯忽俊韓獹呵呵大笑金毛師子若是鐵眼銅睛當陽覷透便可以把斷要津不通凡聖終不向他語言裏作窠窟機境上受羅籠所以道言無展事語不投機承言者喪滯句者迷不落語言不立機關布漫天網打衝浪魚垂萬里鈎駐千里烏騅也須還他大達之士始得所以趙州勘破處爲方便玄沙蹉過處驗作家雪峯輥毬雲門顧鑑睦州見成俱胝一指如生鐵鑄就通上徹下只要箇本分人忽若總不恁麼又作麼生委悉麼了取平常心是道飢來喫飯困來眠復頌云即心即佛開心印非佛非心蹈

大方當處分身千百億普光明殿放毫光趙觀察請上堂僧問有一句子從上千聖不曾道著未審喚作什麼句師云你那裏得這消息來僧云他千聖也不曾恁麼道師云莫謗他千聖好僧云寧可截舌不犯國諱師云拶破面門猶自不知僧云未審千聖密祝用那一句師云用鼻孔上一句僧云此一句還該一切也無師云闍黎不空缺師乃云當陽直截不昧時機答去問來全彰奧旨直得千古萬古只如今前佛後佛無別道寬廓無外大千沙界箇中藏寂寥非內香水海裏浮幢剎若能無彼無此非色非心直下坐斷要津不通凡聖則古釋迦不先新彌勒不後只如今人人頂門上放大寶光壁立千仞顯一切妙用神通挺單提不思議力正當恁麼時一一句作麼生道一一山河無障礙重重樓閣應時開

爲亡僧下火云五蘊山頭涅槃路四方八面没遮攔通身盡是金剛眼一粒靈丹火裏燃

爲範和尚下火云忠臣不畏死故能立天下之大事勇士不顧生故能成天下之大名衲僧家透脫生死不懼危亡故能立佛祖之紀綱昭覺和尚神機峭拔智辯滔天肘臂下有符頂門上具眼奮喝散白雲底意氣操打破虛空底鉗鎚一歸錦官兩住雄剎闢開荊棘路坐斷是非關接物利生光揚佛日臨岐一著擺撥便行絕後光前頭正尾正如今既到這裏可謂世緣畢備末後懸懃截斷路頭一堆猛火大衆且道畢竟向什麼處去舉火炬云烈焰亘天留不得當空寶月鎮長圓

圓悟佛果禪師語錄卷第五

圓悟佛果禪師語錄卷第五

校勘記

一 底本，明永樂北藏本。

一 九五八頁上一行「卷第五」，徑作「卷第六」。

一 九五九頁上二行與三行之間，徑有「上堂六」一行。

一 九五九頁上一〇行首字「謷」，南作「請」。

一 九六〇頁中六行首字「被」，南作「帔」。

一 九六〇頁下一二行第五字「王」，南、徑作「玉」。

一 九六一頁下一三行第一二字「槌」，南作「鎚」。

一 九六一頁下一六行第一〇字「過」，南作「通」。

一 九六二頁上一行第一〇字「入」，南、徑、清作「茆」。

一 九六二頁中一八行「預天」，南、徑、清作「頂天」。

一　九六三頁中二行第一五字「吃」，[清]作「咭」。

一　九六四頁上二八行第六字及末行第七字「云」，[徑]無。

一　九六四頁上一八行至本頁中一〇行「爲亡僧下火云……寶月鎮長圓」，[徑]爲卷第二十末兩段。

一　九六四頁中卷末經名，[徑]無（未换卷）。

中華大藏經(漢文部分)

校勘凡例

一　《中華大藏經(漢文部分)》的底本以《趙城金藏》爲主;《趙城金藏》缺佚,則以《高麗藏》等作底本。各卷所用底本的名稱及涉及底本的其他問題,均在校勘記的第一條中說明。

一　《中華大藏經(漢文部分)》選用的參校本共八種,即《房山雲居寺石經》(石)、宋《資福藏》(資)、《影印宋磧砂藏》(磧)、元《普寧藏》(普)、明《永樂南藏》(南)、明《徑山藏》(徑)、《清藏》(清)、《高麗藏》(麗)。

一　校勘記中的「諸本」,若底本爲金藏,即包括石、資、磧、普、南、徑、清、麗全部八種校本;若底本爲麗藏,則包括石、資、磧、普、南、徑、清全部七種校本。其他情況若用「諸本」,校勘記中則另加說明。

一　校勘採用底本與校本逐字對校辦法,只勘出經文中的異同及字句錯落,一般不加評注。參校本若有缺卷,或有殘缺、漫漶等字迹可辨認者,則略去不校,校勘記亦不作記録。

一　一經多卷,經名、譯者、品名出現同樣性質的問題,一般只在第一卷出校,並注明以下各卷同;分卷不同時,以底本爲主出校。

一　古今字、異體字、正俗字、通假字及同義字,一般不出校。如:

古今字:宍(肉);猗(倚);距(跛);鉾(矛);誼(義)等。

異體字:脎(槃);剎(刹);皃(貌);惱(惱);㝵(碍、礙、閡)等。

正俗字:怪(恠);滴(渧);體(躰);刺(刾);閇(閉)等。

通假字:惟(唯);嫉(疾);頻(嚬、顰);揣(摶);尠(鮮)等。

同義字:言(曰);如(若);弗(不)等。

國立北平圖書館

讀書月刊

第二卷第四號(民國二十二年一月十日)

中華郵局特准掛號認爲新聞紙類

專著

京師同文館略史(吳宣易)

書報介紹

創造十年、看雲集　太平洋大戰　清季外交史料　圖書評論(月刊)　旁觀(旬刊)

學術界雜訊

設立國樂館　河南考古新發現　北大化學系試烟幕彈　蘇聯科學專家考察太平洋　俄國國家印刷局將出版高爾基著作之華文本

中學生參考書目(續完)

民國二十一年十二月份本館新編日中文普通書選錄